Älteres Häuserbuch der Stadt München.
Hausbesitz und Steuerleistung der Münchner Bürger
1368-1571
herausgegeben vom Stadtarchiv München
Band 1

HELMUTH STAHLEDER

Älteres Häuserbuch der Stadt München.
Hausbesitz und Steuerleistung der Münchner Bürger
1368 – 1571

Innere Stadt Petri
Anger- und Hackenviertel

München 2006

Bibliographische Informationen der Deutschen Bibliothek

Die Deutsche Bibliothek verzeichnet diese Publikation
in der Deutschen Nationalbibliographie; detaillierte bibliographische Daten
sind im Internet über http://dnb.ddb.de abrufbar

Satz: Horst Gehringer
Umschlaggestaltung: Rosi Hüller

© Verlag: Ph. C. W. Schmidt, 91413 Neustadt an der Aisch
Herstellung: Verlagsdruckerei Schmidt, 91413 Neustadt an der Aisch

Alle Rechte, insbesondere das Recht der Vervielfältigung und Verbreitung sowie der Übersetzung, vorbehalten. Kein Teil des Werkes darf in irgendeiner Form durch Fotokopie, Mikrofilm usw. ohne schriftliche Genehmigung des Verlages reproduziert oder unter Verwendung elektronischer Systeme verarbeitet, vervielfältigt oder verbreitet werden. Bezüglich Fotokopien verweisen wir nachdrücklich auf §§ 53, 54 UrhG.

Printed in Germany

ISBN 3-87707-678-5

Vorwort des Herausgebers

Seit im Jubiläumsjahr 1958 mein Amtsvorgänger Reinhold Schaffer mit dem „Häuserbuch der Stadt München" eine vom 15. bis zum 20. Jahrhundert laufende Bestandsaufnahme aller innerstädtischen Gebäude (Hausnummern) und aller diesen Gebäuden im Verlauf von fünf Jahrhunderten zuzuordnenden Eigentümer vorstellte, besitzt Bayerns Hauptstadt ein einzigartiges Nachschlagewerk der urbanen Besitzentwicklung und Besitzverteilung bis zurück ins Spätmittelalter. Es informiert nicht allein über die wechselnden Eigentumsverhältnisse innerhalb der Altstadt, sondern ruft durch die Rekonstruktion der familiären Verhältnisse der Hauseigentümer, ihren Berufsstand und die bei Eigentumswechsel bezahlten Kaufsummen etwas von der existenziellen Situation längst untergegangener Geschlechter in Erinnerung. Ergänzt durch die von Gustav Schneider minutiös gezeichneten vergleichenden Ansichten der Straßen- und Platzabwicklungen nach dem Stand der Jahre 1570 und 1939 ist das „Häuserbuch" nicht allein ein wichtiger Indikator der neuzeitlichen Stadtentwicklung, sondern ermöglicht dem Leser zugleich einen virtuellen historischen Stadtrundgang in zwei durch beinahe vier Jahrhunderte voneinander geschiedenen Zeitebenen.

Es war nicht vorstellbar, dass dieses gleichermaßen der Präzision und der Anschaulichkeit verpflichtete „Grundbuch" Altmünchens noch eine Steigerung erfahren sollte, doch ist es meinem langjährigen Mitarbeiter, dem bis 2005 stellvertretenden Archivleiter Helmuth Stahleder gelungen, das einzigartige Informationspotential über die Besitzstrukturen in Altmünchen noch weiter zu vertiefen. Aufgrund einer vielseitigen Quellenzuschaltung konnte Helmuth Stahleder die Eigentumsverhältnisse an der gesamten Bausubstanz innerhalb der unter Kaiser Ludwig dem Bayern abgeschlossenen zweiten Stadtummauerung bis zurück zur Mitte des 14. Jahrhundert rekonstruieren. Damit ist unser Wissensstand um die Stadtentwicklung praktisch bis in eine Frühphase der urbanen Entwicklung Münchens vorgeschoben. Die Ergiebigkeit der Straße für Straße, Haus für Haus fortschreitenden Recherche ist faszinierend: neben den Hauseigentümern erfasst Helmuth Stahleder erstmals auch die in den Gebäuden lebenden „inquilini", also die Mieter und Nutzer mit ihrem Stand, Beruf und ihrem finanziellen Vermögen. Dadurch erweitert sich das ins 14. Jahrhundert vorgeschobene „Grundbuch Altmünchens" zu einer echten Soziotopographie der noch jungen Stadt, in der die Trennungslinien aber auch die Überlagerungszonen patrizischer, handwerklicher und unterbürgerlicher Bewohnerschaft sichtbar werden. Ein derart reichhaltiges Informationsangebot über die historische gesellschaftliche Schichtung und die Steuerleistung urbaner Population kann keine vergleichbare deutsche Großstadt aufweisen. Wieder einmal zeigt sich, dass ungeachtet der in München so zahlreich konkurrierenden Kulturattraktionen gerade der überreiche Archivschatz das eigentliche Patrimonium dieser Stadt darstellt, dessen Wert freilich nicht in seiner bloßen Existenz, sondern in seiner notwendigen Erschließung und Aufbereitung liegt. Jahrelange Forschungstätigkeit in unterschiedlichen Quellengattungen unter Beachtung und Zusammenführung auch scheinbar nebensächlicher Details haben das in diesen beiden Bänden vorgestellte wissenschaftliche Ergebnis möglich gemacht. Durch die Verbindung mit dem älteren Teil der von Gustav Schneider für das „Häuserbuch" von 1958 angefertigten Bildsequenzen gewinnt der ob seiner unverzichtbaren Informationsfülle gewiss nicht einfache Lesetext jene Anschaulichkeit, die zur Orientierung innerhalb der sozialen und ökonomischen Stadtstruktur des 14. und 15. Jahrhunderts notwendig ist.

Anders als 1958, als man das „Häuserbuch" zu den hochoffiziellen Projekten des Münchner Jubiläumsjahres zählte, zeigt das aktuelle München bei seiner Vorbereitung für das 850- jährige Stadtjubiläum 2008 nur begrenztes Interesse an dieser ebenso akribischen wie gehaltvollen Vergangenheitsaufbereitung. Deshalb wird Helmuth Stahleders „Älteres Häuserbuch" nicht mehr in den neuen Jubiläumszusammenhang gestellt, sondern soll vielmehr dem 2005 erfolgten Abschied des Autors vom aktiven städtischen Archivdienst gewidmet sein. Dem zweibändigem Werk wird auf viele Jahrzehnte hinaus jene wahre „Nachhaltigkeit" beschieden sein, von der man andernorts nur floskelhaft redet. Aus den hier zusammengetragenen Informationen werden noch Generationen von Wissenschaftlern reichen Gewinn ziehen.

München, den 22. Juni 2006   Richard Bauer
                               Direktor des Münchner Stadtarchivs

Vorwort des Bearbeiters

Das schon vor Jahrzehnten veröffentlichte „Häuserbuch der Stadt München" hat die überlieferten Grundbücher ausgewertet und alle Hauseigentümer dort ermittelt. Die früheste vollständig erhaltene Grundbuchserie stammt aus den Jahren 1572 bis 1576. Das nach fast 25 Jahren Arbeitszeit jetzt fertiggestelle „Ältere Häuserbuch der Stadt München" rekonstruiert die Hauseigentümer der etwa 200 Jahre davor, nämlich im wesentlichen von 1368 bis 1571. Dies ermöglicht vor allem das Einsetzen der Gerichtsbücher – Kurzfassungen aller Beurkundungen von Haus- und Grundstücksgeschäften vor dem Stadtgericht – und das Einsetzen der Steuerbücher, beide im Jahr 1368, erstere reichend bis 1417 und mit einer langen Unterbrechung von 1522 bis 1530, letztere mit größeren Lücken besonders im 15. Jahrhundert reichend bis 1808. Zu ergänzen waren die dort gewonnenen Eigentümer durch eine Fülle von ergänzenden Quellen, wie Urkunden, Leibgedingbücher, Spitalrechnungen usw.

Durch die durch alle Jahrhunderte hindurch immer gleiche Anordnung der Steuerzahler in den Steuerbüchern in der Weise, wie die Steuerkommission von Haus zu Haus ging, ergibt sich die Möglichkeit, die einzelnen steuerzahlenden Bewohner oder Mieter ebenfalls den einzelnen Häusern zuzuteilen, sodaß sich ein sehr geschlossenes und punktgenaues Bild der Eigentümer und Bewohner jedes einzelnen Hauses ergibt. Die Anordnung der Häuser folgt bewußt dieser Reihung, weil sie selbst wieder eine historische Information darstellt und Einblick in die Arbeitsweise der mittelalterlichen Steuer"behörde" gibt und weil sie zweitens die Identifizierung der Häuser und die Nachprüfung der Zuordnung erleichtert, indem diese Identifizierung vor allem durch die Angabe der Nachbarhäuser ermöglicht wird. Hausnummern gab es ja im Mittelalter noch nicht. Deshalb mußte man sich anders behelfen, um ein Haus in einer Urkunde eindeutig zu benennen.

Vorgelegt wird hier die Erfassung der sogenannten inneren Stadt, bestehend aus annähernd 300 Häusern innerhalb der ältesten fünf Stadttore: Rathausturm, Ruffini- oder Blauententurm, Schöner Turm, Wilbrechtsturm und Krümbleinsturm und damit der Häuser an Marienplatz, Petersplatz, Rindermarkt, Fürstenfelder Straße, Rosenstraße, Kaufingerstraße, Frauenplatz, Thiereckstraße, Weinstraße, Sporerstraße, Gruftstraße, Landschaftstraße, Dienerstraße, Burgstraße, Altenhofstraße. Als letztes Jahr wurde 1571 gewählt, weil damit der Anschluß an das Grundbuch ab 1572 erreicht ist und 1572 die Steuerbuchserie ohnehin eine Lücke aufweist.

Selbstverständlich ist das Silber eines solchen Berges nicht ohne fremde Hilfe zu heben, die dem Bearbeiter von Kolleginnen und Kollegen des Stadtarchivs zuteil wurde. Allen voran ist Frau Diplom-Bibliothekarin (FH) Christine Schaumaier für die Beschaffung nötiger Literatur zu nennen. Frau Tanja Wieland als Leiterin der Fotostelle des Stadtarchivs hat sich der schwierigen Aufgabe unterzogen, den Abbildungsteil mit Akribie und unendlicher Geduld in eine anschaubare Form zu bringen. In bewährter Weise ist auch wieder Herr Diplom-Archivar (FH) Horst Gehringer dem Bearbeiter am Computer beigestanden, hat Steine aus dem Weg geräumt, die Folgen von Unglücksfällen repariert und endlich die gesamten Satzarbeiten ausgeführt. Der Leiter des Stadtarchivs, Stadtdirektor Dr. Richard Bauer, hat die Arbeit von Anfang an mit wachem Interesse und großer Nachsicht verfolgt und mit zahlreichen Anregungen und kritischen Kommentaren begleitet. Schließlich ist ihm auch das Zustandekommen des Drucks und die Aufnahme des Werkes unter den weiten Mantel der Veröffentlichungen des Stadtarchivs München zu danken.

Frau Oberkonservatorin Dr. Nina Gockerell vom Bayerischen Nationalmuseum München hat in großzügiger Weise dem Nachdruck von Fotos des Sandtner-Modells zugestimmt. Nicht vergessen sein soll schließlich eine langjährige Freundin der Münchner Stadtgeschichte und des Stadtarchivs, Frau Elfi Zuber, die mit ihrem Institut Bavaricum eine aufmerksame und kritische Beobachterin der Münchner Geschichtsszene ist. Im gegebenen Fall hat sie nun auch mit einer kräftigen finanziellen Unterstützung dazu beigetragen, daß das vorliegende Werk endlich in Erscheinung treten kann.
An sie alle ergeht der herzlichste Dank.

München, Juni 2006　　　　　　　　　　　　　　　　　　　　　　　　　　　　　　Helmuth Stahleder

Inhaltsverzeichnis

VORWORT DES HERAUSGEBERS	5
VORWORT DES BEARBEITERS	7
INHALTSVERZEICHNIS	9
EINLEITUNG	15
ANGERVIERTEL	63
Marienplatz 16 - 21	69
Petersplatz 4	70
Marienplatz 16	73
Marienplatz 17 A/B	77
Marienplatz 18	86
Marienplatz 19	93
Marienplatz 20	98
Marienplatz 21 A	104
Marienplatz 21 B	106
Marienplatz 21 C	114
Marienplatz 21 D	114
„S(ant) Peters Freithof" (Petersplatz)	116
Petersplatz 2	116
Petersplatz 3	121
Petersplatz 4	121
Petersplatz 5*	121
Petersplatz 6*	121
Petersplatz 7*	121
Petersplatz 8	122
Petersplatz 9	122

Petersplatz 10, 11	122
Petersplatz 2, 3, 6*, 10, 11 (Bewohner)	123
Rindermarkt 1	129
Rindermarkt 2	133
Rindermarkt 3	137
Rindermarkt 4	146
Rindermarkt 5	152
Rindermarkt 6	156
Rindermarkt 7 B (Ost)	159
Rindermarkt 7 A (West)	164
Rindermarkt 8	168
Rindermarkt 9*	176
Rindermarkt 10*	180
Rindermarkt 11*	185
Rindermarkt 12*A (Ost)	190
Rindermarkt 12*B (West)	194
Pütrich-, Blauententurm	199

HACKENVIERTEL — 201

Fürstenfelder Straße Südseite	205
Läden „under des Putrichs tor"	205
Sendlinger Straße 981*	207
Sendlinger Straße 982*	211
Fürstenfelder Straße 983*	216
Fürstenfelder Straße 984*	221
Fürstenfelder Straße 11	228
Fürstenfelder Straße 12 (- 14)	232
Fürstenfelder Straße 13	235
Fürstenfelder Straße 14	237

Fürstenfelder Straße 15	241
Fürstenfelder Straße 16	245
Fürstenfelder Straße 17	248
Fürstenfelder Straße 18*	253
Fürstenfelder Straße 1* – 8	253
Fürstenfelder Straße 1*	256
Fürstenfelder Straße 2*	256
Fürstenfelder Straße 3	257
Fürstenfelder Straße 4*	257
Fürstenfelder Straße 5*	258
Fürstenfelder Straße 6	258
Fürstenfelder Straße 7	258
Fürstenfelder Straße 8 (Teil)	259
Fürstenfelder Straße 9	259
Fürstenfelder Straße 10	262
Rosenstraße 7	266
Rosenstraße 8	271
Rosenstraße 9	279
Rosenstraße 10	282
Rosenstraße 11 A/B	288
Rosenstraße 11 A	289
Rosenstraße 11 B	292
Rosenstraße 12/13*	297
Rosenstraße 12	298
Rosenstraße 13*	303

ANGERVIERTEL   307

Rosenstraße 1*	309
Rosenstraße 2	311

Rosenstraße 3	316
Rosenstraße 4	321
Rosenstraße 5	326
Rosenstraße 6 A/B	331
Rindermarkt 13	338
Rindermarkt 14	342
Rindermarkt 15	346
Rindermarkt 16	351
Rindermarkt 17	357
Rindermarkt 18	362
Rindermarkt 19	365
Rindermarkt 20	370
Rindermarkt 21	374
Rindermarkt 22	379
Rindermarkt 23	383
Marienplatz 22	390
Marienplatz 23	396
Marienplatz 24	405
Marienplatz 25	411
Marienplatz 26*	418
Marienplatz 27*	424
Marienplatz 28	436
Marienplatz 28/29, Bewohner	440
Marienplatz 28/29	459

HACKENVIERTEL 461

Nebenhaus von Kaufingerstraße 1* oder Rosenstraße 13*	463
Kaufingerstraße 1*	464
Kaufingerstraße 2*	468

Kaufingerstraße 3*	474
Kaufingerstraße 4*	482
Kaufingerstraße 5	489
Kaufingerstraße 6	493
Kaufingerstraße 7/8	499
Kaufingerstraße 8	504
Kaufingerstraße 9	508
Kaufingerstraße 10	513
Kaufingerstraße 11*	520
Kaufingerstraße 12*	524
Kaufingerstraße 13	528
Kaufingerstraße 14*	535
Kaufingerstraße 15*	539
Kaufingerstraße 16* (15*)	542
Kaufingerstraße 15 (= 17*)	545
Kaufingerstraße 84* (Uhrmacherhaus)	550
Kaufingerturm, Schöner Turm	551
Kaufingerstraße 18*(A) (= 15)	552
Kaufingerstraße 18*A/B, Bewohner	553
Kaufingerstraße 18*B	557
Färbergraben 1*	559
ABKÜRZUNGEN	567
QUELLEN UND LITERATUR	568
PERSONENREGISTER	573
ORTSREGISTER	614
BERUFSREGISTER	616
SACHREGISTER	622

Einleitung

Das Recht der Besteuerung von Einzelpersonen lag zunächst beim Stadtherrn (Herzog). Der Stadt München erteilte Herzog Ludwig II. (der Strenge) am 22. Februar 1265 das Privileg, ihre Bürger zu besteuern und versprach, niemanden, außer seinen Kastner und seinen Richter, davon auszunehmen.[1] Der Stadtherr forderte seit dem 20. August 1315 von der Stadt jährlich einen Pauschalbetrag von 600 Pfund Pfennigen „und niht mer"[2], im 16. Jahrhundert umgerechnet in 685 Gulden und 5 Schillinge. Die Steuer wurde am 20. April 1597 von Herzog Wilhelm V. aufgehoben als Entschädigung, weil die Stadt durch den Bau von Jesuitenkirche und -kollegium sowie den Bau der neuen Residenz [Maxburg] so viele steuerpflichtige Häuser verloren habe, wodurch ihre Steuereinkünfte merklich geschmälert wurden.[3] Inzwischen hielt sich der Herzog auch längst nicht mehr daran, keinen Bürger davon auszunehmen, an die Stadt Steuern bezahlen zu müssen. Durch Verleihung des Hofschutzes und andere Privilegierungen entzog er der Stadt zahlreiche wohlhabende Steuerzahler.

Die Sprache

Die Steuerbücher verwenden zunächst noch überwiegend die lateinische Sprache, jedoch häufig nicht rein lateinisch, sondern in einer gemischten Form. Die einfachste dabei ist, daß Namen in ihrer deutschen Form mit einer Berufsbezeichnung in lateinischer Form kombiniert werden (Schreiber institor, Lochhawser cocus, Dietrich mercator (nicht Dietricus mercator)) oder daß lateinische Bezeichnungen dem deutschen Namen voran- (relicta Wilbrechtin, pueri Walckůn, pueri Hanns Hudler, et pueri Jacob yrcher, pueri Weyrmairin) oder nachgestellt werden (Hans verber cum uxore). Es wird aber auch durchdekliniert (domus Ulrici scriptoris, patrimonium Háczzerii, pueri Klewberii) oder gemischt: patrimonium Francz Ridler cum aliis pueris Ridlerii, oder: pueri uxoris Weyssenvelder, oder: Ulrich (nicht Ulricus!) servus Sentlingerii inquilinus.

Auch nach deutschen Präpositionen wie „für" wird das folgende lateinische Wort nicht mit dem lateinischen Kasus, sondern mit dem lateinischen Singular verbunden, also nicht mit lateinischem Ablativ („für pueris guster"), auch nicht mit dem deutschen Akkusativ („für pueros guster"), sondern "für pueri guster", „für pueri Zeiling".

Erst ab 1387 setzt sich die deutsche Sprache durch. Jedoch werden gewisse Vermerke als stehende Formeln – wie „juravit" oder „gracianus/gracion/gratia" oder „puer[i]" für unmündige, beim Tod hinterlassene Kinder usw. – auch noch im 16. Jahrhundert generell lateinisch verwendet.

Die Steuerer
und die technische Abwicklung der Einhebung

Die Steuer wurde jedes Jahr, je nach Bedarf einmal oder zweimal, eingehoben. Im 16. Jahrhundert hob man manchmal statt zweier Steuern eine doppelte oder zwifache Steuer ein. Die Steuer wurde von Stadtrat und Gemain beschlossen. Dann wurden drei Steuerer gewählt, je einer (später zwei) aus dem inneren Rat (gewählt vom äußeren Rat und der Gemain), einer vom äußeren Rat und einer von der Gemain (beide bestimmt vom inneren Rat). Sie hatten dann die Steuer nach der eidlichen Selbsteinschätzung des einzelnen Steuerpflichtigen vorzunehmen und waren dabei durch einen Amtseid gebunden (Eid der Steuerer) unter anderem an das Steuergeheimnis. Stadtrat und Gemain legten außerdem jedes Jahr die Termine für Beginn und Ende fest, zu denen die Steuer einzuheben war. Sie umfaßten in der Regel vier bis sechs Wochen. Außerdem wurde von Stadtrat und Gemain die Höhe der einzuhebenden Steuer festgelegt und bestimmt, ob es sich um eine geschworene oder ungeschworene Steuer handeln sollte, das heißt, ob jedem einzelnen Steuerzahler der Steuereid (Eid des Steuerzahlers) abgenommen werden mußte oder nicht. Desgleichen wurden Umrechnungswerte für andere erlaubte Währungen festgelegt, die Höhe des Versäumniszuschlags (Post) und Regelungen für die Besteuerung von Minderbemittelten (Habnit) und Kirchengütern.

---

[1] Dirr, Denkmäler S. 21/22 Nr. 9.
[2] Dirr, Denkmäler S. 83/85 Nr. 51. – Stahleder, Chronik der Stadt München Bd. 1, S. 84/85.
[3] Urk. A I a 180; RP 212 S. 119v/120r (14.4.1597); KR 1597 S. 85r.

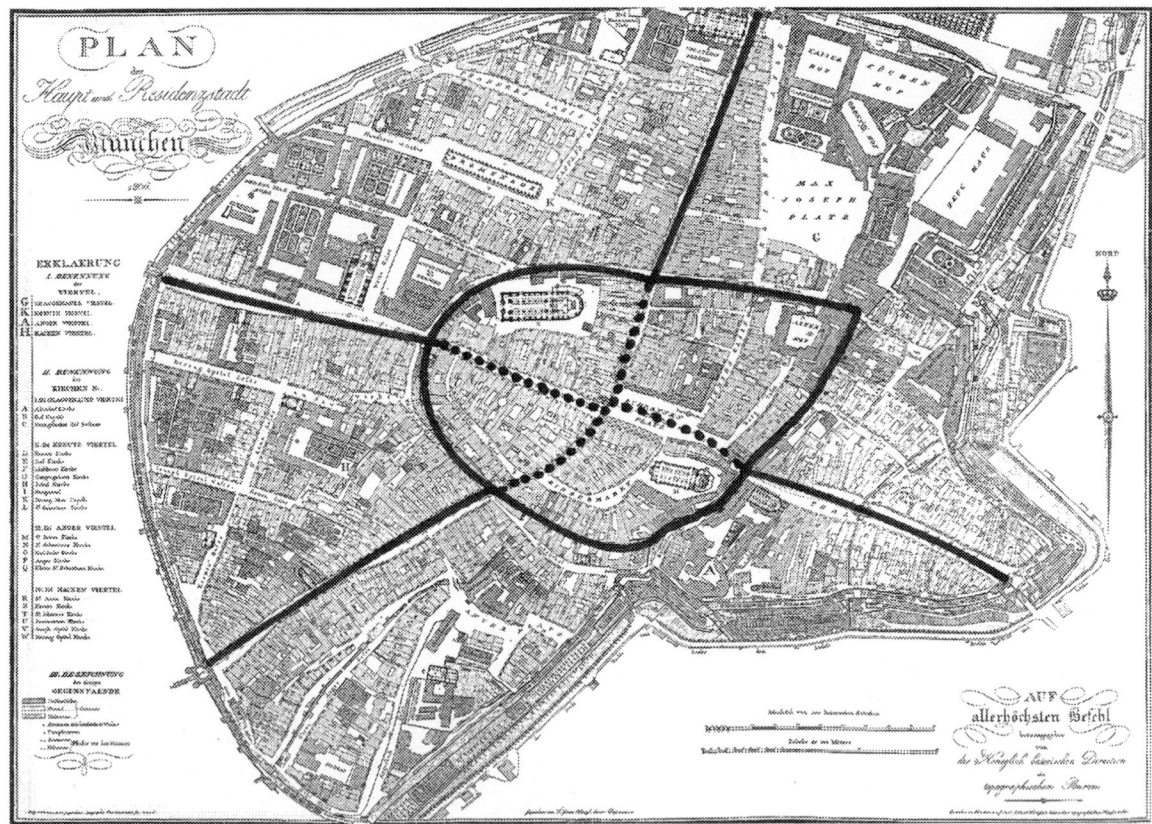

Abb. 1 Die Einteilung der Stadt in Innere Stadt (innerer Ring) und Äußere Stadt (bis zur Stadtmauer) und in die vier Viertel: A = Anger-, H = Hacken, K = Kreuz- und G = Graggenauviertel.

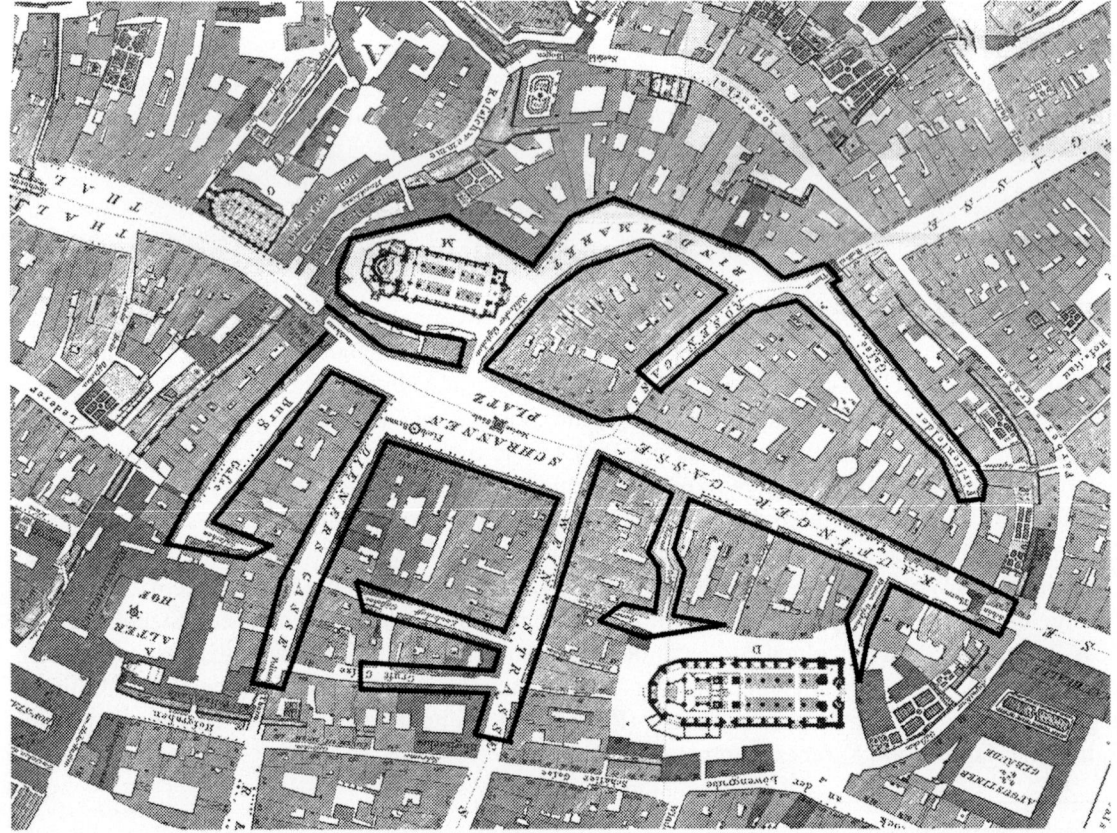

Abb. 2 Die Innere Stadt auf der Stadtkarte von 1806 mit Einzeichnung des Weges der Steuerer, beginnend südlich des Rathausturmes und endend am Ende der Burgstraße mit dem (heute Alten) Rathaus.

Die Steuerer waren nur in der festgelegten Frist für die Einhebung im Amt und traten dann wieder ab, im Unterschied etwa zu den drei Kämmerern, die das ganze Jahr über amtierten. Die Steuerer hatten den Steuerknecht als Hilfskraft an der Seite und den Steuerschreiber für die Schreibarbeiten. Auch Steuerschreiber und Steuerknecht leisteten einen Amtseid.

Die Steuerpflichtigen wurden durch Hausbesuch der Steuerkommission (Steuerer, Steuerschreiber, Steuerknecht) in Begleitung eines Amtmannes (= Gerichtsamtmannes, Fronboten oder Schergen, also eines „Polizisten") des jeweiligen Stadtviertels ermittelt, wobei offensichtlich der Steuerschreiber eine auf Grund der Vorjah-ressteuerliste vorgefertigte Liste mitbrachte, die dann unterwegs auf den neuesten Stand gebracht wur-de. Auch die Steuerordnung von 1511/1561 spricht von einem „beraiten register", also vorbereiteten Register, in dem die steuerbaren Personen festgehalten wurden („Damals beschreiben sy alle die, so steuerpar sind, aigentlich und in sondere darzue beraite register"). Solche Namenslisten – allesamt Reinschriften, alle auf Papier und ohne jede Korrektur – liegen noch für die Jahre 1453-1458 vor. Sie haben den „Umgang" offensichtlich nicht miterlebt. Unterwegs korrigierte und nachher auf dem Rathaus mit den Steuersummen ergänzte Listen, also Konzept- oder Schmierhefte, sind überhaupt nicht überliefert. Außer für die Jahre 1453 bis 1458 kennen wir nur die Reinschriften, die endgültigen Fassungen, der Steuerbücher.

Der Weg der Steuerkommission

Der Weg, den die Kommission bei der Ermittlung der Steuerzahler ging, blieb von 1368 bis 1806 immer der gleiche. Deshalb folgt auch die Einteilung des Stadtgebietes immer derselben Reihenfolge der einzelnen „Kapitel":

Bei dem Spital (circa hospitalem) [Roßmarkt]
Krotental [= Rosental]
Anger (pratum) [Sebastians- und St.-Jakobs-Platz]
Mühlgasse [Unterer Anger]
Roßmarkt [Oberer Anger, mit Dultgasse]
Sendlinger Gasse (Angerviertel)
Sendlinger Gasse (Hackenviertel, mit Anfang Färbergraben)
Altheim/Hacken [Altheimer Eck]
Schmalzgasse [= Brunn- und Kreuzstraße]
Brunngasse [= Josephspital- und Damenstiftstraße]
Rörenspeckergasse [= Herzogspitalstraße]
Neuhauser Gasse (Hackenviertel)
Neuhauser Gasse (Kreuzviertel)
Enge Gasse [Maxburgstraße und Löwengrube]
Schäfflergasse [anfangs zur Engen Gasse gerechnet]
Kreuzgasse [Promenadeplatz und Pacellistraße]
Prannersgasse [Kardinal-Faulhaber-Straße, Prannerstraße, Salvatorstraße, Maffeistraße]
Schwabinger Gasse, hintere oder erste oder prima (Kreuzviertel) [Theatinerstraße Westseite]
Schwabinger Gasse, vordere oder zweite oder secunda [Theatinerstraße Ostseite, Schrammerstraße, Residenzstraße]
Graggenau [Hofgraben, Pfistergasse, Platzl, Münzstraße]
Irchergasse [= Ledererstraße, anfangs noch zu Graggenau gerechnet]
Tal in Unser Frauen Pfarr (Tal Marie) (Tal Graggenauer Viertel)
Grieß in Unser Frauen Pfarr (Grieß prima) [Graggenauer Viertel, draußen vor dem Isartor]
Grieß in St.Peters Pfarr (Grieß secunda) [Angerviertel, draußen vor dem Isartor]
Tal in St. Peters Pfarr (Tal Petri) (Tal Angerviertel) [mit Heiliggeistgasse]
Innere Stadt Petri (Anger- und Hackenviertel) mit:
    Marienplatz Süd bis Einmündung des Rindermarktes, Petersplatz, Rindermarkt Süd, Fürstenfelder Gasse Süd, dann Nord, Rosenstraße West, dann Ost, Rindermarkt Nord, Kramen (= Marienplatz Süd von Einmündung Rindermarkt bis Einmündung Rosenstraße), Kaufingerstraße Südseite
Innere Stadt Marie (Kreuz- und Graggenauer Viertel) mit:

Kaufingerstraße Nord mit Thiereckstraße und Frauenplatz Südseite,[1] Kornmarkt (= Marienplatz 1 und 2), Weinstraße Westseite (zeitweise mit Sporerstraße, Frauenplatz, Thiereckstraße); Weinstraße 13, Gruftgasse Nord, dann Süd, Weinstraße 14, Landschaftstraße Nord, dann Süd, Weinstraße Ost bis Marienplatz, Marienplatz Nord bis Einmündung Dienerstraße, Dienerstraße West, Dienerstraße Ost, Marienplatz Nord zwischen Dienerstraße und Burgstraße, Burgstraße West, Altenhofstraße, Burgstraße Ost (Marienplatz 15).

Die Kommission ging immer den kürzesten Weg von Haus zu Haus und sie ging immer links herum die eine Straße bis zum Ende, dann über die Straße hinüber und auf der Gegenseite wieder zurück. Das bedeutet für die innere Stadt:

Sie begann am Rathausturm mit dem Haus Petersplatz 4 (Kleines Rathaus), dann Marienplatz 16 – 21. Von Marienplatz 21 (Ecke Rindermarkt) ging sie in die Schleckergasse (auch St. Peters Gässel genannt, heute zu Rindermarkt gerechnet) hinein und dann – aber erst ab 1453 – nach links im Kreis um die Peterskirche herum (Häuser Petersplatz 2 – 11), dann weiter Rindermarkt Südseite (Rindermarkt 1 – 12) bis zum Ruffiniturm, dort über die Straße (Häuser Sendlinger Straße 981*, 982*, Fürstenfelder Straße 983*, 984*), von da nach links in die Fürstenfelder Straße hinein, diese auf der Südseite (Häuser Fürstenfelder Straße 11 – 18*) bis zur Neuhauser Straße, dort über die Straße und auf der Nordseite wieder die Fürstenfelder Straße zurück (Häuser Fürstenfelder Straße 1* – 10) zur Rosenstraße, dann nach links in die Rosenstraße hinein (Häuser Rosenstraße 7 – 13), von da über die Straße und die Ostseite der Rosenstraße (Häuser 1 – 6) zurück zum Rindermarkt, diesen auf der Nordseite zurück (Rindermarkt 13 – 23) bis zum Marienplatz. Von da aus wieder links die Häuserzeile zwischen Rindermarkt und Rosenstraße am Marienplatz (Marienplatz 22 – 29) entlang, über die Rosenstraße hinüber und die Kaufingerstraße (Kaufingerstraße 1 – 18 und Färbergraben 1*) hinauf bis zum Kaufingerturm.

Dort ging es wieder über die Straße und die Kaufingerstraße/Nordseite (Häuser 19* – 23, Frauenplatz 2*, Kaufingerstraße 24* – 31/32) zurück. Hier gingen sie in die Thiereckgasse hinein, besuchten die Häuser der Thiereckstraße West (Nr. 1 und 2), am Frauenplatz Nr. 9, Thiereckstraße Ost (Nr. 4). Erst ab 1395 gingen sie von Thiereckstraße 1 und 2 aus auf den Frauenplatz zu den Häusern 9, 8, 7, Mazaristraße 1, Frauenplatz 6, 5, 4*. Dann mussten sie allerdings zurückgehen zu Frauenplatz 10 (Haus des Reichen Almosens), dann Frauenplatz 13, 14, 15 und von da zurück zur Kaufingerstraße und diese mit den Häusern Nr. 33 – 37 bis zum Marienplatz. Dort gingen sie wieder nach links (Häuser Marienplatz 1 und 2), dann Weinstraße West (Nr. 1 – 5, mit Sporerstraße 1* – 4), dann weiter Weinstraße 6 – 12. Am Wilbrechtsturm wird wieder die Straße gequert. Von Weinstraße 13 aus ging es in die Gruftstraße hinein, dann weiter zu Weinstraße 14, von da aus in die Landschaftstraße Nordseite (Nr. 1 – 6), dann Südseite (Nr. 7* – 12*) und zurück zur Weinstraße 15* (Kleubereck) und die Weinstraße Ost (Häuser 15* – 20*) bis zum Marienplatz. Von hier aus (Marienplatz 3*, Wurmeck), diesen entlang bis zur Trinkstube an der Ecke Dienerstraße (Marienplartz 10*), die Dienerstraße auf der Westseite hinter bis zum Krümleinsturm (Dienerstraße 1* – 11), bei diesem über die Straße und die Diensterstraße Ostseite (Dienerstraße 12 – 23) wieder zurück zum Marktplatz. Dort wieder nach links (Häuser Marienplatz 11 – 14), dann Burgstraße Westseite von Haus 1 bis 6, von da in die Altenhofstraße hinein (Altenhofstraße 4, 1 – 3), dann weiter Burgstraße 7, am Tor zum Alten Hof über die Straße und die Ostseite der Burgstraße (Nr. 8 – 18) zurück zum Marienplatz (Marienplatz 15, heute Altes Rathaus).

Kleine Abweichungen gibt es, wenn gelegentlich die Häuser in der Altenhofstraße zwischen Dienerstraße 7 und 8 aufgesucht wurden, meist aber zwischen Burgstraße 6 und 7, oder wenn gelegentlich die Hälfte der Häuser der Gruft- und Landschaftstraße von der Dienerstraße aus besucht wurden statt von der Weinstraße aus.

Dieser stets konstant bleibende Weg und die damit stets konstant bleibende Reihenfolge der Häuser ist eine der wichtigsten Grundlagen für die Zuordnung von Hauseigentümern und Mietern zu den einzelnen Häusern in der vorliegenden Bearbeitung.

Unklar ist, worauf die „Kapitel"-Einteilung der Steuerbücher zurückgeht. Da diese „Kapitel" sehr unterschiedlichen Umfang haben, scheidet es aus, sie jeweils für eine Tagestour der Kommission zu

---

[1] Im Kleinen wird hier gelegentlich variiert. So geht die Kommission z. B. 1372, 1381, 1382 Kaufingerstraße 31, 32 (Bäcker), Thiereckstraße/Frauenplatz, Kaufingerstraße 33 usw.; 1387 und 1390/I: Kaufingerstraße 31, Frauenplatz 9, Kaufingerstraße 32, 33 usw.

halten. Keinesfalls sollte man von „Steuerdistrikten" oder „-bezirken" sprechen, weil man bei Distrikten oder Bezirken jeweils eigenes Verwaltungspersonal unterstellt, wie im 19. Jahrhundert bei Schul-, Kaminkehr- oder Leichenfrauen-Distrikten oder bei Postzustell- oder Wahlbezirken. Bei der Steuer handelt für die ganze Stadt dasselbe Personal. Es liegen keine gegeneinander abgegrenzte, selbständige Gebiete vor.

Wenn nach einigen Tagen der Rundgang der Kommission abgeschlossen war – die Steuerordnung von 1511/1561 ging von zwei bis drei Tagen aus –, wurde am Rathaus die Steuerfahne ausgesteckt. Von da an saßen die Steuerer und der Steuerschreiber in der Steuerstube und warteten auf die Steuerzahler; denn die Steuer ist – wie auch heute noch – eine Bringschuld. Vor der Türe wachte der Steuerknecht darüber, daß immer nur ein Steuerzahler in die Stube trat, um nun seine Steuer einzuzahlen. Dabei legte er seine Wirtschaftsverhältnisse offen und die Steuerer entschieden, was er alles in welcher Höhe veranlagen musste, was er von der Steuer absetzen durfte oder ob ihm der Habnit zustand. Dabei lag die beim Umgang aktualisierte Namensliste auf, die der Steuerschreiber mit den Steuersummen und gegebenenfalls Vermerken ergänzte.

Schließlich hatte nach Abschluß des Termins, wenn der Post verstrichen war, der Steuerschreiber noch die Arbeit, die Liste als Steuerbuch ins Reine zu schreiben, bis 1632 auf Pergament, dann auf Papier. Nach einigen Monaten kam die ganze Kommission noch einmal auf dem Rathaus zusammen, um in einem „Rechttag" die „Widerraitung" (Gegenrechnung), also die Rechnungslegung vor einer Stadtratsdelegation über sich ergehen und sich entlasten zu lassen. Für die Steuerer war das meist im Herbst. Dem Ausschuß gehörten die beiden Bürgermeister (vom inneren und äußeren Rat), dazu je zwei Mitglieder vom inneren Rat, vom äußeren Rat und von der Gemain, außerdem die drei Kämmerer (ebenfalls vom inneren Rat, äußeren Rat und der Gemain), die drei Steuerer für die kommende Steuer sowie der Stadt- und Steuerschreiber an. War diese Widerraitung erfolgreich verlaufen, mussten diese Kommissionsmitglieder vor dem gesamten Rat und der Gemain beeiden, daß die Steuerer ordnungsgemäß Rechnung gelegt haben und daß sie von der Richtigkeit und Rechtlichkeit der Amtsführung überzeugt seien.[1]

Steuerschreiber

Als Steuerschreiber sind belegt[2]:
Hermann Schellsner (Schlessner) 1378 (1368 ?) – 1383/II.
  Die Steuerbücher von 1387 – 1395 sind größtenteils von den Stadtschreibern Wolfhart Lonerstater und Niclas Vainagg geschrieben.
Hainrich Degenhart 1396 – 1412.
Lawginger 1413. Er leistete schon 1399 Schreiberdienste für die Stadt.
Hainrich Degenhart 1414 – 1424. Er war 1414 auf Verwendung der Stadt Reichenhall in sein Amt zurückgekehrt.
Eberhart Daum (Daumen) 20. Mai 1424 – 1458. Er schrieb die vorhandenen Steuerbücher, die Widerraitungen der Kammerrechnungen, die Baumeister-Memoriale, zahlreiche Steuerregister und Zettel für das Steueramt.
Wilhalm Günther 1459 – Januar 1465.
Linhart Stefensperger 1465 – 25. Februar 1482. Er war gleichzeitig kaiserlicher Notar des Bistums Freising.
Johannes Hofstetter 1482 – 1489.
Sigmund Swartzperger (-purger) 1490 – 1510. Auch er war gleichzeitig kaiserlicher Notar im Bistum Freising.
Antoni Rösch 1511 – 1512.
Hanns Prew 1513 – 1535. Er war auch Krötelschreiber, Stadtschreiber-Substitut und 1517 – 1537 Kammerschreiber.

---

[1] Vgl. Koller S. 70/71 nach Eidbuch und Ratsprotokollen sowie den Einträgen am Ende des jeweiligen Steuerbuches.
[2] Vgl. R. v. Bary III S. 875/876.

Conrad Schynweis 1538 – 1560. Er war 1536 noch deutscher Schulmeister und Steuerknecht, ab 1538 Kammer- und Steuerschreiber.[1]

Michael Renngolt 1561 – 1577 Kammer- und Steuerschreiber.

Eide der Steuerzahler und des Steuerpersonals[2]

1377: Juramentum: Daz du dein gut, deiner hausfrawn gut und deiner kind gut, dez du gewaltig bist, und allez daz gut, daz dir ze gewinn und ze gesellschaft leit oder daz du hin gelihen hast oder daz du selber arbaitest[3] und hast ynner lands und awzzer lands nach der stat gesetzt verstewert habst sechs Múnicher pfennig von ainem pfunt Múnicher an gevaerd, dez bitt dir Got ze helffen.

1388: Daz du dein gut, deiner hausfrawn gut, deiner kind gut, dez du gewalttig bist, und allez daz gut, daz dir ze gewinn und ze gesellschaft ligt oder daz du hingelihen hast oder daz du selber arbaytst und hast ynner lands und auzzerhalb lands getrewlich nach der stat gesetzt verstewrt habst acht Municher pfennig von ainem pfunt Múnicher an gevaerd, dez bitt dir Got de helffen. Willickleich.

1390/II: Gleicher Wortlaut wie 1388.

1399: Das du dein gut, deiner hausfrawn gut, deiner chind gut, des du gewalttig bist und daz man dir schuldig ist und allez daz gut, daz dir ze gewinne und ze geselschaft leit oder daz du hin gelihen hast oder selb arbaczt und daz du hast ynner lands oder ausser lands trewlich verstewrt hast mit dem gut nach der stat gesetzt sechs pfenng von ainem pfunt, dez bit dir Got zehelffen und all haeligen etc.

1401/I: Gleicher Wortlaut wie 1399, aber Schlußformel: Deo gracias.

1401/II: Gleicher Wortlaut wie 1399, aber anderer Steuersatz.

1405/I: Also sold du swern, das du verstewrst dein gut, deiner hausfrawn gut, deiner kind gut, des du gewaltig pist und das man dir schuldig ist, und alles das gut, das dir ze gewinne und ze geselschaft leid oder das du hin gelihen hast oder selber arbartz oder ob du von yemant gut ynnhabst, das der stat pilleich ze stewrn sey, und was du habst ynner lands oder ausser lands, das du das allez trewlich an als gevaerde verstewrst nach der stat gesetzt hie zu Múnchen und von ainem pfunt sechs Municher pfennig.

1405/II: Also sold du swern, das du verstewrst dein gut, deiner hausfrawn gut, deiner kind gut, des du gewaltig pist und das man dir schuldig ist und alles das gut, das dir ze gewinne und zu gesellschaft leyt oder das du hin gelihn hast oder selb arbacz[t] oder ob du von yemand gut ynnehast, das der stat pillich ze stewrn sey und waz du hast ynner lands oder ausser lands, das du das alles trewlich und an all gevaerde verstewrest nach der stat gesetzt hie ze Munichen und von ainem pfunt Múnicher pfennig sechs Múnicher pfenig. Deo gracias.

1413: Gleicher Wortlaut wie 1405/II. Überschrift: „Ain gesworne stewr".

1415: Gleicher Wortlaut wie 1405/II. Schlußformel: „und ist ain gsworne stewr".

1418: Also sold du swern, das du verstewrst dein gut, deiner hausfrawn gut, deiner kind gut, des du gewaltig pist und was man dir schuldig ist und alles das gut, das dir ze gewinge (!) und zu gesellschafft leit oder [das du] hin gelihn hast oder selb arbaicz[t] oder ob du von yemant gut ynnhast, das der stat pilleich zu stewrn sey und was du hast ynner land oder ausser land, das du das alles trewlich und ungevaerleich verstewrst nach der stat gesetzt zu Munichen und von ainem pfunt acht Múnicher pfenig.

---

[1] R. v. Bary III S. 859, 878.
[2] Es werden hier alle in den Steuerbüchern überlieferten Formeln abgedruckt.
[3] Vorlage „arbaiset".

1423: Also sold du swern, das du verstewrst dein gut, deiner hausfrawn gut, deiner kind gut, des du gewaltig pist und was man dir schuldig ist und alles das gut, das dir ze gewinne und zu gesellschafft leyt oder [das du] hin gelihen hast oder selb arbarcz[t] oder ob du von yemant gut ynnhast, das der stat pilleich zu stewŕn sey und was du hast ynner land oder ausser land, das du das alles trewleichen und ungevaerleichen verstewrst nach der stat geseczt zu Munichen und von ainem pfunt sechs Múnicher pfennig.

1431: [Eid der Steuerzahler:]
Also sold du swern, das du verstewrst dein gut, deiner hausfrawn gut, deiner kind gut, des du gewaltig bist und was man dir schuldig ist und alles das gut, das dir zu gewinne und zu gesellschaft leit oder [das du] hin gelihen hast oder selb arbaitz[t] oder ob du von yemant gut inne hast, das der stat pilleich ze stewrn sey und was du hast ynner land und ausser land, das du das alles trewleichen und ungevárleichen verstewrst nach der stat gesetzt zu Múnichen und von ainem pfund [Múnicher pfennig] vier Múnicher pfenning.

Der stewrer aid.
Die stewrer sullen die gesworn stewr einbringen und einnemen also: Wer fúr die stewrer kumbt, der stewern wil und sol, der selb piderman sol den stewrern alles sein gut und hab, die er verstewren wil, gaenczleich erczelen von stuck ze stuck, von we er sein stewr geben wil, was er hab an parschaft, an gúlt, an schuld, an zinsgelt, an ewigen gelt, an gúlt auf dem land, an ligendem erb, an leibding, das yedes besunder sol ain yeglichew person melden vor den stewrern, was er von yedem ze stewr geben will und ob die stewrer dáucht, das ain piderman der stewr und im selber nicht ain benúgen tun wolt, den sullen die stewrer fúr ainen rat schieben und sullen den ewigen gelt allen besunder in ain púch schreiben und verstewern lassen und sullen von dhainem den habnicht nemen, er swer dann darauf, und was armer láwt sind, da plosse armut ist, da sullen si von nemen angeváŕd als es gestalt ist. Das ist also vor inndrem und aussrem rat aintráchtikleichen herkomen. Actum feria secunda vor Galln anno domini M°CCCC°XXXI^{mo} (15. Oktober 1431).

[Die Gnadensteuer betreffend:]
Item von der genaden stewr wegen hat ain rat auf hewt an freytag nach Lucie 1431 [14. Dezember] derkennt, das all genaden stewr furbas genomen werden, das aller waisen gut an die stewrer bracht sol werden trewleichen angeváŕd von aller hab und gutz wegen und das sol dann gerechent werden nach der stat recht und gewonhait und da sullen die zwen pfenning ze genaden stewr abgen und den dritten pfening sullen die stewrer ze genaden stewr also nemen und also all genaden stewr armen und reichen furbas hie zu Munichen besteen. Es sullen auch all pfleger aller waisen gut bey iren trewen an aides stat den stewrern furbringen etc.

1465: Stewrer[eid][1]:
Die stewrer sóllen sweren die steur trulich nach dem ayde[2] einzunemmen und der nyemantz ze überheben, weder durch lieb noch laid und sollen nemmen vom pfund etc. und des posts der da stet auf etc.[3] nyemantz vertragen trulich angeváŕde und nyemant davon sagen noch die steur gen nyemantz öffnen.

Stewrschreiber[eid]:
Der stewrschreiber sol sweren die stewr trulich ze beschreiben und daraus nit sagen, davon schad kóme trulich angeváŕde. Krotlschreiber fol[io] [16r].[4]

---

[1] Zimelie 18 (Eidbuch 1465) S. 4r. Druck bei: Fritz Koller, Der Eid im Münchener Stadtrecht des Mittelalters = Neue Schriftenreihe des Stadtarchivs München Bd. 5, München 1953, S. 101.
[2] „Nach dem ayde" am Rand eingefügt.
[3] „Der da stet auf etc" am Rand eingefügt.
[4] Verweis auf den Eid des Krötelschreibers, weil dieser auch gelegentlich Steuerschreiber war. Der Eid des Krötelschreibers steht bei Koller S. 11.

[Eid des Steuerknechts]:
Der steurknecht sol schweren, den steurárn treulichen zu wartten und sol auch nyemantz verhalten am umbgeen der steur, sunder ainem yeden melden und nyemantz hinschieben und ob er icht hóret an der steur von den steurárn oder von den, die da steurn, das er das nit óffen treulichen angevárde.

1486 [Steuerbeschluß von Rat und Gemain:]
Anno domini M°CCCC°LXXXVI^{to} an montag nach Michaeli [2. Oktober] nach ains rats und gemain anlegung der stewr und erwelen der stewrer mit namen Francz Ridler, Sigmund Vachner, paid von innderm rat, Caspar Halldenberger der elter von ausserm rat und Georg Stúpff von der gemain, die haben angefanngen die stewr zeschreiben und einzenemen und ist ain geschworne stewr und man geit vom pfunnt ain pfennig und darzu ain yegclicher, reich und arm, den habnit XLV d[enarios], doch der uber den habnit nit ze stewrn hat, der geit LX d[enarios] den gemainen habnit als mit alter herkomen ist und die stewr sol maniclich bezaln zwischen hynn[en] und sant Andreas tag [30. November] schierst und wer des nit tůt, der geit hinach den post des vierden pfenning mer und man sol nemen ain unger[ischen] oder ducaten gulden fúr VIIII ß X d[enarii] und ain reinischen gulden fúr VII ß 2 d[enarii]. Actum ut supra.

[Eid der Steuerer:]
Wer stewrn wil und sol, so sol der selb piderman oder fraw all ir hab und gut verstewrn nach der stat geseczt als mit allter herkomen ist, trewlich angevárde auf den ayd, den sy darumb swern als hernach geschriben stet. Sy sullen auch den habnit von niemant nemen, er schwer dan darauf, dann wo plosse armůt, da sol man von nemen nach genaden als es gestalt ist.

[Eid der Steuerzahler:]
Also solt du swern, das du verstewrst dein gůt, deiner hausfaw gůt, deiner kind gůt, des du gewaltig pist, und was man dir schuldig ist und alles das gůt, das dir zů gewin und zu gesellschafft leit oder hingelichen hast oder selb arbaiczt oder ob du von yemannt gut innhabst, das der stat pillich zestewrn sey und was du hast inner und ausser lannds, das du das alles trewlich und ungevarlich verstewrst nach der stat geseczt und gewonhait zů Múnchen.
Item was die goczheuser in dem purckfrid haben, die sullen stewrn als die purger. Was aber goczheuser ausserhalb des purckfrid sind, die ewigen gelt oder aufligent gůt hie haben, die sullen stewrn als die gesst. [2. Oktober 1486].

1488: [Eid der] Stewrer [Ur-Fassung][1]:
Die stewrer sullen sweren, die stewer trewlichen beim aide[2] einzenemen und der niemands úberheben, weder durch lieb noch laide und sullen nemen vom pfund[3] 1 dn und des posts, der da stet auff N.[4] tag, niemands vertragen und auch die stewer niemands óffnen noch davon sagen trewlichen ongevárde.

[Eid der] Stewrschreiber [Ur-Fassung]:
Sol schweren, die stewer trewlich zu beschreiben und daraus nicht sagen, davon schaden kúm, treulichen angevarde.[5]

---

[1] Der Text wurde später mehrmals verändert, außerdem die Blätter am linken Rand beschnitten, sodaß teils Buchstaben verloren gingen: Es wurde „beim aide" getilgt und ersetzt durch „nach dem aide", „pfund" wurde ersetzt durch „gulden", der Passus von „und sullen" bis „niemands vertragen" gänzlich getilgt, rechts daneben eingefügt „S. Martini", darunter „Andreastag". Am linken Rand neben der großen Tilgung wurde – heute schlecht lesbar – eingefügt „ei[n] Nem[en], vermög der fúr genomnen reformierten ordnung". – Die Eide von 1488 stehen in: Zimelie 5 S. 4v (alt) = 14v (neu).
[2] „beim aide" vom selben Schreiber am Rand eingefügt, später wieder getilgt.
[3] Danach Lücke für die Anzahl der Pfennige, die von Jahr zu Jahr entsprechend der vom Stadtrat festgesetzten Höhe einzusetzen war. Der Passus „und sullen nemen vom pfund" später getilgt und dahinter – wohl 1516 – ersetzt durch "gulden", aber auch dieses wieder getilgt.
[4] Bei „N." war von Jahr zu Jahr der festgesetzte Termin einzusetzen.
[5] Dahinter späterer Nachtrag: „Item er soll auch für sich selbs von niemant khain steur einnemen, sondern allain beschreiben". Am linken Rand „vide infra". Der Einschub findet sich am unteren Rand des Blattes mit

[Eid des] Stewerknecht[s]:
Sol schweren, den stewrárn trewlich ze wartten und auch am umbgeen der stewer gevarlich niemands verhalten, sonnder ainen yeden melden und niemands hinschieben, und ob er von den stewrern oder von den, die da stewern, an der stewer ichts hórte, das er des nicht offnen wolle[1] trewlichen ongevarde.

1527/II [Steuerbeschluß von Rat und Gemain:]
Item anno domini tausennt fúnfhundert unnd sibenunndzwaintzigistn jars an pfintztag vor Galli [10. Oktober] nach ains rats unnd ainer gemain anlegung der steur unnd erwelung der steurer mit namen Sigmund Pótschner, Pauls Rudolf, bed von innerm, Linhart Weiler von ausserm rate, unnd Andre Part von der gemain, die haben angefanngen die steur zubeschreiben unnd einzenemen und ist ain geschwornne steur unnd man gibt vom pfundt 1 d. unnd dartzu ain yedlich, reich unnd arm, den habnit XLV d., doch der uber den habnit nit zesteurn hat, der gibt LX d. den gemainen habnit, alls mit allter herkhomen ist. Unnd die steur sol menigclich zalen zwischen hie unnd sannd Andreas tag [30. November] schirst. Wer das nit tut, der gibt hinnach den posst den viertn pfennig mer. Unnd man sol nemen ain ungrischen oder ducatn gulden umb 1 ½ fl, Krona umb LXXXIIII kr[euzer] unnd reinischen gulden fúr VII ß XIV d.

[Eid der Steuerer:]
Wer steurn wil unnd sol, derselb piderman oder fraw solln all ir hab und gút versteurn nach der stat gsatz alls mit allter herkhomen ist, trúlich ongeverdt auf den aid, den sy darumb schwern alls hernach geschriben stet. Sy sollen auch den habnit von nyemanndt nemen, er steur[2] dann darauf, dann wo plosse armút wár, davon sol man nemen nach gnaden alls es gestallt ist.

[Eid der Steuerzahler:]
Also solltu schwern, das du versteurst dein gút, deiner hausfaw gút, deiner kind gut, des du gewalltig pist, unnd was man dir schuldig ist unnd alles das gut, das dir zu gewin unnd zu gesellschaft leyt oder hingelihen hast oder selb arbaitz oder ob du von yemanndts gut innhasst, das der stat pillich zesteurn sey unnd was du hasst inner oder ausser lannds, das du das alles treulich unnd ungeverlich versteurest nach der stat gsatz unnd gewonhait. Was du aber dasselb jar, darinn die geschworn steur ist, an ewigengellt, leibtting, zynns oder traidguts einzenemen oder eingenomen hast, dasselb gellt oder traid bedarfstu nit versteurn.
Item was die gotzheuser im burckhfrid haben, die solln steurn alls die búrger. Was aber gotzheuser ausserhalb des burckfrids sind, die ewigengellt oder aufligennde gúter hie haben, die solln steurn alls gesst.

1540 [Steuerbeschluß von Rat und Gemain:]
Anno domini tausent funffhundert unnd viertzigkh jare, freitag nach Mathei den 24. tag Septembris nach aines rats unnd ainer gemain anlegung der steur unnd erwelung der steurer mit namen Gabriel Ridler von innerm, Hanns Mándl von ausserm rath unnd Achaci Degernseer von der gemain, die haben angefanngen die steur zubeschreiben unnd einzenemen unnd ist ain ungeschworne ainfache steur unnd [man] gibt vom pfunt ain pfennig unnd darzu ain yedlich, reich unnd arm, den habnit 45 d[enarios], doch der uber den habnit nit zesteurn hat, gibt 60 d[enarios] den gemainen habnit als mit alter herkomen ist, unnd die steur soll menigclich zwischen hie unnd Martini [11. November] negst khoment zalen. Wer das nit thuet, der gibt hinach den post den viertn pfennig meer unnd man soll nemen ain ungerischn dacaten gulden umb 98 kr[euzer], Saltzburger per 96 kr[euzer], Sonnakrona per 90 kr[euzer], das reinisch gold umb 70 kr[euzer], Jochimstaler per 66 kr[euzer].

---

dem Rückverweis „vide supra" und lautet: „Item pfintztag nach Mathei 22. Septembris anno etc. [15]30 hat ein ersamer rath dem stewerschreyber lassen undersagen und fúrhalten, daz er furohin fúr sich selbs von niemant kain stewer einnemen soll, sonder allain beschreyben, hat auch darauf ...." Darauf folgen in der letzten Zeile noch zwei durch Beschneiden des Blattes durchgeschnittene und nicht mehr rekonstruierbare Wörter.

[1] Hinter „wolle" später am Rand eingeschoben: „so er auch von den steurern (?) umb gelt und ausstand (?) aus schickhet und das soll er ....nit auffhalten bei leibs straff".

[2] Muß heißen „swer", vgl. Eid von 1486.

iuravit N:

Die Steuer von 1431 ist eine geschworene Steuer. Fast bei jedem Steuerzahler findet sich der Vermerk „iuravit". Zahlreiche Steuerzahler schwören dabei auf eine bestimmte Vermögenshöhe: iuravit 15 lb, iuravit 70 lb. Bei manchen Personen ist aber dem Steuerschreiber die Höhe des beschworenen Vermögens nicht bekannt und er gibt deshalb die unbekannte Höhe des beschworenen Vermögens mit einem N an, also „iuravit N".[1]

Steuertermine und Steuersatz, eingehobene Steuersumme
(ganze Stadt)

Ständig wiederkehrende Daten:

1. September = Egidi, 8. September = Marie Geburt (Nativitatis Marie), 29. September = Michaeli, 16. Oktober = Galli, 28. Oktober = Simonis et Jude, 11. November = Martini, 30. November = Andree, 6. Dezember = Nicolai, 25. Dezember = Weihnachten.

Angegeben wird auch die Gesamtsumme der eingehobenen Steuer, aufgeschlüsselt nach Innerer Stadt (IS), Äußerer Stadt (ÄS) und ganze innere und äußere Stadt (GS) und in der Form Pfund/Schilling/Pfennig bzw. ab 1522 nach Gulden/Schilling/Pfennig; pf = Pfennig.

In den Jahren, aus denen kein Steuerbuch erhalten ist (mit + vor dem Jahr), ist die Summe angegeben, die die Steurer an die Stadtkammer übergeben haben, zusammen mit meist zahlreichen Nachzahlungen oder Nachträgen, die bei der Kämmerei eingelaufen sind, nachdem der Termin für die Bezahlung der Steuer schon verstrichen war.

Soweit Steuerbücher vorhanden sind wurden die genannten Zahlen aus diesen übernommen. Deshalb treten gelegentlich Differenzen beim Addieren der einzelnen Summen auf, z.B. 1372 und 1375.

Die Reihenfolge ist: Steuerjahr, Termin, Steuersatz pro Pfund Vermögen, eingehobene Steuer für Innere Stadt, Äußere Stadt, Ganze innere und äußere Stadt, Vermerke (doppelte Steuer usw.).

1368   keine Angaben[2], IS: 707/-/52, ÄS: 552,5/-/8, GS: 1259/6/-
1369   25. Mai – 24. Juni, 6 pf, IS: 880/-/68, ÄS: 716/6/16, GS: 1597/-/24
1370   keine Angaben, Fragment[3]
1371   19. Mai – 24. Juni, 6 pf, IS: 934/3/5, ÄS: 743/3/18, GS: 1677/6/23
1372   12. April – 9. Mai, 6 pf, IS: 863/5/10, ÄS[4]: 719/-/8, GS: 1572/3/-
1375   19. März – 8. April, 4 pf, IS: 1117/-/11, ÄS: 903/-/13, GS: 2027/6/10, doppelte ?
1377   11. Juni – 12. Juli, 6 pf, IS: 983/3/8, ÄS: 672/6/-, GS: 1656/-/38
1378   ab 26. März (Wahl der Steurer), 6 pf, IS: 861/3/20, ÄS: 614/5/19, GS: 1476/-/40
1379   22. März – 19. Mai, 6 pf, IS: 830/6/20, ÄS: 599/7/12, GS: 1430/6/2
1381   6. März – 7. April, 6 pf, IS: 943,5/-/27, ÄS: 615/-/66, GS: 1558/7/27
1382   3. März – 30. März, 6 pf, IS: 856,5/-/5, ÄS: 563/3/10, GS: 1420/-/13
1383/I   keine Angaben, IS: 933/5/1, ÄS: 532/-/61, GS: 1465/7/13
1383/II   15. Dez. 1383 – 2. Febr. 1384, 6 pf, IS[5]: 1299/-/14, ÄS: 786/-/11, GS: 2083,5/-/26, doppelte ?
1387   ab 25. Juni, 4 pf, IS: 660/-/28, ÄS: 386/5/9, GS: 1046/6/7
1388   keine Angaben, 8 pf, IS: 1270/-/37, ÄS: 752/6/21, GS: 2023/-/89
1390/I   22. Januar – 13. März, 8 pf, IS: 1217/3/29, ÄS: 722/5/1, GS: 1939/-/66 und -/5/20 und vom Ewiggeld: 44/3/16
1390/II ab 11. August, 8 pf, IS: 1226/-/17, ÄS: 727/3/5, GS: 1953/3/22 und 12/7/21 Ewiggeld
1392   21. März – 19. Mai, 6 pf, IS: 1145/5/6, ÄS: 692/6/22, GS: 1838/3/34 und 5,5/-/- vom Ewiggeld
1393   ab 20. Februar, 8 pf, IS: 1465/-/69, ÄS: 933/-/11, GS: 2398/-/80 und 4/-/89 vom Ewiggeld
1394   24. September – 15. November, 8 pf, IS: 1340/3/1, ÄS: [807/4/27][6], GS: 2147/7/28
1395   10. Juni – 12. Juli, 4 pf, IS: 807/6/13, ÄS: 639/3/14, GS: 1447/1/17

---

[1] StB 1431 S. 26r.
[2] Keine Angaben, da der Anfang des StB fehlt.
[3] Auch eine Kammrrechnung fehlt für dieses Jahr, ebenso die Kammerrechnungen für 1372-1374, 1382-1392. Für 1375/76 ist nur ein Fragment erhalten.
[4] Die Summe Äußere Stadt wurde mehrfach korrigiert. Deshalb stimmt die Gesamtsumme nicht.
[5] 1299 korrigiert aus 1298. Aber auch dann stimmt die Quersumme nicht genau.
[6] Zahl aus der Differenz von Innerer Stadt und Gesamtstadt errechnet, da im StB nicht enthalten.

1396   23. März – 24. Juni, 6 pf, IS: 1247/5/14, ÄS: [772/-/-][1], GS: 2019/-/80
1397   13. Mai – 12. Juli, 6 pf, IS: 1275/5/5, ÄS: 837,5/-/24, GS[2]: 2113/-/59

Die im folgenden mit + vor der Jahreszahl versehenen Angaben stammen aus den Kammerrechnungen für die Jahre, aus denen es keine Steuerbücher gibt. Die Kammerrechnungen führen anfangs lediglich die von den Steuerern bei den Kämmerern abgelieferten Beträge an. Von 1409 bis 1464 geben sie auch das Datum wieder, an dem die Steuerer die eingehobene Steuersumme übergeben haben. Das ist meistens ein paar Wochen nach dem Schluß der Einhebung. Dieses Datum wird im folgenden in Klammern vermerkt. Erst ab 1465 nennen die Kammerrechnungen auch die Daten für die Steuererhebung.

Da auch die Steuersätze für diese Jahre nicht bekannt sind, mag die Angabe der von den Steuerern an die Kämmerer ausgehändigten Summe einen vagen Hinweis auf den erhobenen Steuersatz geben. Die Summe wird hinter dem Übergabedatum angegeben.

+ 1398   GS: (645/-/- und 220/-/-)
1399   19. Februar – 6. April, 6 pf, IS: 1017/5/27, ÄS: 768/5/12, GS[3]: 1796/4/-
1400   5. Juli – 10. August, 6 pf, IS: 726/-/58, ÄS: 736/-/49, GS[4]: 1462/3/17
1401/I   6. April – 22. Mai, 6 pf, IS: 667/6/11, ÄS: 714,5/-/- minus 1 pf, GS: 1382/-/71
1401/II 14. Dez. 1401 – 25. Jan. 1402, 8 pf, IS: 752/6/26, ÄS: 803/5/6, GS: 1556/4/2
1402   keine Angaben (Fragment Kreuzviertel)
1403   17. Dez. 1403 – 2. Febr. 1404, 8 pf, IS: 1130/3/3, ÄS: 824,5/-/8, GS: 1954/7/11
+ 1404   GS: (800/-/-)
1405/I   8. Januar – 29. März, 8 pf, IS: 986/6/18, ÄS: 816,5/-/61, GS: 1802/6/18
1405/II 15. Oktober – 6. Dezember, 6 pf, IS: 982/-/69, ÄS: 818/-/34, GS: 1800/3/13
1406   14. Dez. 1406 – 13. Febr. 1407, 8 pf, IS: 1214,5/-/10, ÄS: 1028/5/18, GS: 2243/-/58
1407   14. Nov. 1407 – 6. Jan. 1408, 8 pf, IS: 1232/7/18, ÄS: 1066/6/21, GS: 2299/6/9
1408   30. September – 30. November, 8 pf, IS: 1195/3/26, ÄS: 1040/3/23, GS: 2235/7/19
+ 1409   GS (mit Nachträgen): (3835/5/3)
1410/I   6. Februar – 16. März, 6 pf, IS: 915/3/8, ÄS: 830/-/34, GS: 1745/4/12
1410/II 16. Dez. 1410 – 25. Jan. 1411, 8 pf, IS: 1227/-/29, ÄS: 1048/-/88, GS: 2275/3/27
1411   18. August – 21. September, 6 pf, IS: 927/-/45, ÄS: 808/5/6, GS[5]: 1735/6/21
1412   8. Februar – 27. März, 8 pf, IS: 1208/-/36, ÄS: 1035,5/-/6, GS: 2243/5/12
1413   14. März – 23. April, 6 pf, geschworene, IS: 881/-/88, ÄS: 804/-/22, GS: 1685/3/20
+ 1414/I GS: (Widerreitung 18.8.1414: 1956/6/20, dazu mehrere Nachträge, zusammen 1971/-/42)
+ 1414/II GS: (Widerreitung 6.2.1415: 1931/7/20, dazu drei Nachträge, zusammen 2094/5/-)
1415   23. Sept. 1415 – 6. Jan. 1416, 6 pf, IS: 994/-/83, ÄS: 957/3/5, GS: 1951/5/28
1416   27. Oktober – 6. Dezember, 8 pf, IS: 1341,5/-/5, ÄS: 1213/6/15, GS: 2555/-/80
1417   keine Angaben, Fragment Sendlinger Straße/Kreuzgasse, GS (mit Nachträgen): (2310/-/89)
1418   25. Oktober – 21. Dezember, 8 pf, geschworene, IS: 1317/5/27, ÄS: 1142/6/2, GS: 2460/3/29
1419   7. November – 21. Dezember, 8 pf, IS: 1266/-/45, ÄS: 1128/5/11, GS[6]: 2394/6/26
+ 1420   GS (mit Nachträgen): (2615/-/53))
+ 1421   GS (mit Nachtrag): (2075/6/25)
+ 1422   GS (mit Nachtrag): (2614/-/87)
1423   25. Okt. 1423 – 6. Jan. 1424, 6 pf, geschworene, IS: 1178/5/1, ÄS: 1154/5/25, GS[7]: 2333/-/86
1424   Fräuleinsteuer (22. 5.1424)[8], IS: 351/7/1, GS: 568/6/28 (555/-/79)

---

[1] Zahl aus der Differenz von Innerer Stadt und Gesamtstadt errechnet.
[2] Die KR 1397 nennt als Gesamtsumme 2113/6/12.
[3] Einschließlich 10/-/42 „vor den Toren". – Die KR 1398/99 nennt (S. 30v) als „Summa in toto" 1021/-/43.
[4] Die KR 1399/1400 gibt als Summa summarum an (S. 36r): 1267 lb 3 ß 1 pf, dazu 929 fl ung. und 953 fl rh.
[5] Mit mehreren Nachzahlungen verbucht die Stadtkammer schließlich als Gesamtbetrag 3803/7/-.
[6] Mit Nachträgen verbucht die Kämmerei schließlich den Betrag 2583/-/3.
[7] Bei der Kämmerei liefern die Steuerer am 25.2.1424 die Summe von 2362/6/27 ab.
[8] 566 Pfund 82 Pfennige liefern die Steuerer am 22. Mai 1424 bei der Kämmerei ab. – Hierbei handelt es sich um die erste Rate einer Fräuleinsteuer (Prinzessinnensteuer) („zu der ersten frisst der herschaft von dez frewleins wegen dem von Zily zu heyrattgutt") in der Gesamthöhe von 1500 ungarischen Gulden für die Verheiratung der Herzogstochter Beatrix mit dem Grafen Hermann II. von Cilley, die am 22. Mai an die Kämmerer übergeben wurde, insgesamt 566 Pfund und 82 Pfennige und noch zwei Nachträge in Höhe von 14 Schillingen, vgl. KR 1423/24 S. 17r. Das sind zusammen 568 Pfund und 22 Pfennige (= 566 Pfund und 82 Pfennige). Das entspricht fast genau dem Betrag, den die Steuerliste (Steueramt 583) als Summe nennt: 568 Pfund 6 Schillinge und 28 Pfennige.

+ 1424　　GS (mit Nachträgen): (2524/7/15)
+ 1425　　GS (mit Nachträgen): (2437/-/21)
+ 1426　　GS (mit Nachtrag): (2472/-/17)
+ 1427　　GS (mit Nachträgen): (1736/-/79) (= 1736/2/17)
+ 1428　　vor 26. Februar 1429, GS (mit Nachträgen): (1761/1/20)
　1428　　Reichs-Hussitensteuer (Frühjahr)
　　　　　　Innere und Äußere Stadt Marie: 7550 pehaimisch grosch[en] und 2 Pfennig
　　　　　　Innere und Äußere Stadt Petri: 4691 grosch[en]
　　　　　　Ganze Stadt: 12 241 grosch [en] = in Gold 652 rheinische Gulden und 37 Pfennige
+ 1429　　GS (mit Nachträgen): (1699/3/5)
+ 1430　　GS (mit Nachträgen): (1773/5/8)
　1431　　18. Oktober – 25. Dezember[1], 4 pf, geschworene, IS: 974/7/28, ÄS: 984/7/22, GS: 1959/7/20
+ 1432　　GS (mit Nachträgen): (2059/-/24)
+ 1433　　GS (mit Nachträgen): (2098/-/60)
+ 1434　　GS (mit Nachträgen): (2039/-/73)
+ 1435　　GS (mit Nachträgen): (2047,5/-/14)
+ 1436　　GS (mit Nachträgen): (2670/-/27)
+ 1437　　vor 3. Mai 1438, GS (mit Nachträgen)[2]: (2679/5/3)
+ 1438　　GS (mit Nachträgen): (2652/-/65)
+ 1439　　GS (mit Nachträgen): (2658/-/36)
+ 1440-1449 keine Angaben[3]
　1447　　keine Angaben, Fragment, GS: 1662/7/12, einschließlich 29/-/50 vom Ewiggeld
+ 1450　　GS (mit Nachtrag): (1240/4/20)
+ 1451　　GS (mit Nachträgen): (1237/-/41)
+ 1452　　GS (mit Nachträgen): (1238/-/46)
　1453　　ab 12. Oktober, GS (mit Nachträgen): (1229/5/28)
　1454　　ab 26. September, geschworene, GS (mit Nachträgen): (1325/3/21)
　1455　　(29.11.1455), weiter keine Angaben GS (mit Nachträgen): (1342/-/5)
　1456　　(9.12.1456), weiter keine Angaben GS (mit Nachträgen): (1365/4/3)
　1457　　(3.12.1457), weiter keine Angaben, geschworene GS (mit Nachträgen): (1377/-/24)
　1458　　(18.12.1458), 3 Haller pro Pf, GS (mit Nachträgen): (2051/-/52 und 1 Haller)[4]
+ 1459　　(13. 1.1460), 3 Haller pro Pf, GS (mit Nachträgen): (2069/3/26)
+ 1460　　(13.12.1460), 3 Haller pro Pf, GS (mit Nachträgen): (2093/-/21)
+ 1461　　(17.12.1461), 3 Haller pro Pf, GS (mit Nachträgen): (2071/5/16)
　1462　　24. September – 11. November[5], 1 pf, IS: 611/3/5, ÄS: 808/-/24, GS: 1419/3/29

Ab 1462 ist der Steuersatz auf 1 Pfennig pro Pfund festgelegt, der auch nach der Umstellung der Währung von Pfund auf Gulden 1516 das ganze 16. Jahrhundert gilt. Der Habnit liegt bei 60 Pfennigen (= 2 Schillingen).

+ 1463/I　　vor 11. Juni 1463[6], „ungewondliche stewr", pro Pfund 1 Haller (= ½ Pfennig), der Habnit 30 Pfennige, als Heiratssteuer für die Schwester der Herzöge, Margarete, für ihre Heirat nach Mantua: GS: (678/-/7)

---

[1] Als die Steuerer am 26. Januar zur Rechnungslegung antreten, vermerkt die Kammerrechnung: „und gedenck kain mann, das [Steuerer] ain gesworen stewr so furderlich und in so kurczer zeit einpracht habent als die [diesmaligen] stewrer, der stat ze nücz und ze frumen und ist dennoch gar ain klayner post geben worden. Aber sie sässen [auf der Steuerstube] frü und spat pis zum hossaws, damit die lewt ordenlichen und furderlichen awsgericht möchten werden" (S. 16r). – Die Steuerer lieferten am 26.1.1432 bei der Stadtkammer die Summe 1968,5/-/5 ab. Dazu nahm die Kämmerei noch 112/6/- an Hussengeld ein und die Steuerer reichten am 11. März noch 29 Pfund weniger 20 Pfennige nach, die sie erst nach der Rechnungslegung von zwei Bürgern (Lorenz Schrenck und dem Wickenhauser) einnehmen konnten, weil diese zur Zeit der Steuererhebung nicht in der Stadt waren. So ergibt sich bei der Kämmerei letztlich die Summe 2110/-/45 (= 2110/1/15).

[2] Einzahlung bei der Stadtkammer und Widerrechnung am 3.5.1438.

[3] Für diese Jahre gibt es weder StB noch KR, außer dem StB-Fragment von wahrscheinlich 1447.

[4] 1 Haller = ½ Pfennig.

[5] Übergabe am 1.12.1462 laut KR. – Die Steuerer übergaben jedoch nur die Summe 1391/3/22. Dazu nahm die Kämmerei noch zahlreiche kleinere Einzelbeträge von einzelnen Bürgern ein und kam am Ende auf die Summe 1413/-/38.

[6] Am 11. Juni fand die Widerrechnung der Steuerer vor dem Stadtrat statt und die Übergabe des Geldes an die Stadtkammer.

+ 1463/II	weil im Herbst 1463 „der lauff des geprechens so gross [war], das man des nit tun mocht", d. h. eine Steuer einheben, hat man sie zwischen Weihnachten 1463 und März 1464 eingehoben:
+ 1464/I	25.12.1463 – 11.3.1464, ungeschworen [1 Haller (= ½ d) pro Pfund], GS (mit Nachträgen): (701/-/20)[1]
+ 1464/II	(Ende 1464 – Anfang 1465)[2], geschworene, 1 Haller pro Pf, GS (mit Nachträgen): (825/-/9)
+ 1465	29. September – 11. November, 1 pf, GS (mit Nachträgen): (1749/-/78)
+ 1466	29. September – 25. Dezember, 1 pf, GS (mit Nachträgen): (1728/7/2)
+ 1467	1. September – 28. Oktober, 1 pf, GS (mit Nachträgen): (1765/-/9)
+ 1468	8 September – 11. November, 1 pf, GS (mit Nachträgen): (1730/1/3)
+ 1469	8 September – 28. November, 1 pf, GS (mit Nachträgen): (1828/4/4)
+ 1470	8. September – 28. November, 1 pf, GS (mit Nachträgen): (1771/3/28)
+ 1471	8. September – 28. November, 1 pf, GS (mit Nachträgen): (1784/1/3)
+ 1472	8. September – 28. November, 1 pf, GS (mit Nachträgen): (1766/1/26)
+ 1473	29. September – 6. Dezember, 1 pf, geschworene, GS (mit Nachträgen): (1820/1/12)
+ 1474	29. September – 11. November, 1 pf, GS (mit Nachträgen): (1769/6/29)
+ 1475	29. September – 11. November, 1 pf, GS (mit Nachträgen): (1833/2/15)
+ 1476	29. September – 11. November, 1 pf, GS (mit Nachträgen): (1830/7/27)
+ 1477	29. September – 11. November, 1 pf, GS (mit Nachträgen): (1844/4/21)
+ 1478	29. September – 11. November, 1 pf, GS (mit Nachträgen): (1828/3/23)
+ 1479	29. September – 11. November, 1 pf, geschworene, GS (mit Nachträgen): (1954/4/10)
+ 1480	29. September – 11. November, 1 pf, GS (mit Nachträgen): (1960/5/20
+ 1481	29. September – 11. November, 1 pf, GS (mit Nachträgen): (1948/3/18)
1482	8. Oktober – 11. November[3], 1 pf, IS: 841/-/9, ÄS: 1063/7/18, GS[4]: 1904/7/27
+ 1483	keine Einhebung wegen Pest[5]
+ 1484	29. September – 11. November, 1 pf, GS (mit Nachträgen): (1917/7/3)
+ 1485	29. September – 11 November, 3 Haller (= 1,5 pf) pro Pfund, Habnit 3 ß, GS (mit Nachträgen): (2858/5/15)
1486	2. Okt. – (Post) 30. Nov.[6], 1 pf, geschworene, IS: 870/4/5, ÄS: 1124/6/3, GS[7]: 1995/2/8
1487 (1489 ?)	keine Angaben, Fragment
+ 1487	29. September – (Post) 11.November, 1 pf, GS (mit Nachträgen): (1995/4/24)
+ 1488	29. September – (Post) 11.November, 1 pf, GS (mit Nachträgen): 2016/5/27)
+ 1489	29. September – (Post) 11. November, 1 pf, GS (mit Nachträgen): 2040/7/29)
1490	11. Oktober – 11. November, 1 pf, IS: 855/7/2, ÄS: 1106/4/22, GS[8]: 1962/3/24
+ 1491	29. September – (Post) 11. November, 1 pf, geschworene, GS (mit Nachträgen): (1968/-/4)
+ 1492	29. September – (Post) 11. November, 3 Haller (= 1,5 pf), der Habnit 3 ß, GS (mit Nachträgen): (2949/2/17)
+ 1493	29. September (Post) 11. November, 1 pf, GS (mit Nachträgen): (1942/5/29)
+ 1494	29. September – (Post) 11. November, 1 pf, GS (mit Nachträgen): (1952/3/21)
+ 1495	keine Einhebung wegen der Pest[1]

---

[1] Das ist also eigentlich die Steuer vom Herbst 1463. Die KR gibt als Einhebungszeitraum für die Steuer an „in dem 64. jar zwischen weinnachten und mitvassten des benanten jars". Da das neue Jahr mit dem 25. Dezember beginnt (Weihnachtsanfang), gehört der 25. Dezember 1463 bereits zum Jahr 1464. – Aus dem geringen Gesamtbetrag ergibt sich, daß der Steuersatz nur ½ Pfennig, also 1 Haller, gewesen sein kann.

[2] Der Zeitpunkt der Erhebung der Steuer wird in der KR nicht genannt, nur das Datum der Rechnungslegung der Steuerer und damit die Übergabe der eingehobenen Summe an die Stadtkammer. Dies war der 19. Januar 1465.

[3] Laut StB von 1482 wurde der Beschluß zur Steuererhebung am 8. Oktober gefasst (Eritag vor Dionisi) und die Steuer sollte erhoben werden „zwischen hin und Martinstag", also von hier/heute und dem 11. November. Laut KR war die Einhebung jedoch von Michaeli (29. September) bis Martini. Dann wäre die Steuer schon erhoben worden, ehe der Stadtrat sie beschlossen hatte.

[4] Die KR nennt einschließlich Nachträgen die Summe 1943/3/19.

[5] „Des sterbens halber des pestilencz" und darum, „das vill leut nit anhaim sind gebesen und das der gemain man grossen mangel gehabt hat" wird in diesem Jahr keine Steuer eingehoben, vgl. KR 1483/84 S. 37r.

[6] Von 1486 bis 1494 differiert in den Kammerrechnungen (!) der Zeitraum der Einhebung mit dem Termin des Post: 1486 wird eingehoben von Michaeli (29.9.86) bis Lichtmeß 1487 (2.2.87), der Post steht aber bereits auf Andree (30.11.86); 1487-1494 wird eingehoben von Michaeli (29.9.) bis Weihnachten (25.12.), der Post steht aber bereits auf Martini (11.11.), so jedenfalls laut KR.

[7] Die KR nennt mit Nachträgen die Summe 2031/3/3.

[8] Die KR nennt mit Nachträgen die Summe 2005/2/16.

1496	29. September² – 11. November, 1 pf, IS: 771/7/13, ÄS: 1044/5/1, GS³: 1816/4/14
+ 1497	29. September – 11. November, 1 pf, geschworene, GS (mit Nachträgen): (2017/4/25,5)
+ 1498	29. September – 11 November, 1 pf, GS (mit Nachträgen): (2000/5/1)
+ 1499	29. September – 11. November, 1 pf, GS (mit Nachträgen): (1976/1/22)
1500	30. September – 11. November, 1 pf, IS: 865/1/13, ÄS: 1038/5/24, 1903/7/7
+ 1501	29. September – 11. November, 1 pf, GS (mit Nachträgen): (1960/-/10)
+ 1502	29. September – 11. November, 1 pf, GS (mit Nachträgen): (1894/2/10)
+ 1503	29. September – 11. November, 1 pf, GS (mit Nachträgen): (1869/6/3)
+ 1504	1. September – 16. Oktober, 2 pf, Habnit 4 ß, GS (mit Nachträgen): (3767/3/15), zwifache
+ 1505	(Post) 30. November, 1 pf, geschworene, GS (mit Nachträgen): (1871/5/27)
+ 1506	keine Erhebung.⁴
+ 1507	(Post) 11. November, 1 pf, GS (mit Nachträgen): (2066/5/29)
1508	4. Oktober – 11. November, 1 pf, IS: 849/6/4, ÄS: 986/6/21, GS: 1836/4/25
1509	3. Oktober – 11. November, 1 pf, IS: 873/2/28, ÄS: 990/7/-, GS: 1864/1/28
+ 1510	(Post) 11. November, 2 pf, Habnit 4 ß, GS (mit Nachträgen): (3851/5/9), zwifache
+ 1511	(Post) 11. November, 1 pf, GS (mit Nachträgen): (1931/7/18)
+ 1512	(Post) 30. November, 1 pf, geschworene, GS (mit Nachträgen): (2086/5/20)
+ 1513	(Post) 11. November, 1 pf, GS (mit Nachträgen): (2082/1/3)
+ 1514	(Post) 11. November, 1 pf, GS (mit Nachträgen): (2085/6/6)
+ 1515	(Post) 11. November, 1 pf, GS (mit Nachträgen): (2038/3/18)

Mit dem Rechnungsjahr 1516 erfolgt in der Stadtkammer die Umstellung von Pfund auf Gulden.⁵ Auch in den Steuerbüchern ist deshalb ab 1522 jeweils der erste Betrag in Gulden angegeben, der Gulden zu 210 Pfennigen oder 7 Schillingen. Der Steuersatz bleibt jedoch auf das Pfund zu 240 Pfennigen oder 8 Schillingen bezogen.

+ 1516	(Post) 11. November, 1 pf pro Pfund, GS (mit Nachträgen): (2338/6/15)
+ 1517	(Post) 11. November, 1 pf, GS (mit Nachträgen): (2330/6/19)
+ 1518	(Post) 11. November, 1 pf, GS (mit Nachträgen): (2325/5/6)
+ 1519	(Post) 30. November, 1 pf, geschworene, GS (mit Nachträgen): (2538/3/25)
1520	keine Erhebung wegen der Pest⁶
1521	keine Erhebung wegen der Pest⁷
1522	18. September – 11. November, 1 pf, IS⁸: 1219/4/24, ÄS: 1190/1/21, GS: 2409/6/15
1523	17. September – 11. November, 1 pf, IS: 1140/-/12, ÄS: 1158/5/7, GS: 2298/5/19
1524	22. September – 11. November, 1 pf, IS: 1255/5/16, ÄS: 1175/-/17, GS: 2430/6/3
1525	22. September – 11. November, 1 pf, IS: 1131/6/27, ÄS: 1181/3/11, GS: 2313/3/8
1526	20. September – 11. November, 1 pf, IS: 1159/1/10, ÄS: 1179/5/19, GS: 2338/6/29
1527/I	15. März – 13. April, 1 pf, IS: 1131/1/26, ÄS: 1164/4/26, GS: 2295/6/22, Türkenhilfe⁹
1527/II	10. Oktober – 30. November, 1 pf, geschworene, IS: 1209/-/20, ÄS: 1195/5/4, GS: 2404/5/24
1528	17. September – 11. November, 1 pf, IS: 1274/6/24, ÄS: 1253/1/19, GS: 2528/1/13
1529	23. September – 11. November, 1 pf, IS: 1254/-/10, ÄS: 1253/6/5, GS: 2507/6/15
+ 1530	(Post) 11. November¹⁰, 1 pf, GS (mit Nachträgen): (2592/3/20)

---

[1] RP 4 S. 124v, der Stadtrat beschließt am 14.9.1495, die Einhebung der Steuer „der leuf und sterbens halb" auf nächstes Jahr zu verschieben.

[2] So laut KR. Laut Steuerbuch hat der Stadtrat die Steuer am Freitag St. Colmanstag beschlossen. Das war der 13. Oktober. Jedoch war das 1496 kein Freitag, sondern ein Donnerstag. Die Steuer sollte eingehoben werden „von hinnen", also von jetzt (13.10.) an, bis zum St.-Martins-Tag (11.11.).

[3] Die KR nennt einschließlich Nachträgen die Summe 1864/1/18.

[4] Auch Kamerrechnung und Ratsprotokoll enthalten keinen Hinweis auf eine Steuererhebung in diesem Jahr.

[5] In Bayern erfolgte die Umstellung von Pfund auf (rheinischen) Goldgulden bereits durch die Münzreform von 1506, und zwar zu 7 Schillingen oder 210 Pfennigen, vgl. Solleder S. 104. Dieser Umrechnungssatz war in München bereits seit mindestens 1480 üblich, Solleder S. 97.

[6] Am 20.9.1520 beschloß der Stadtrat, wegen der sterbenden Läufe (Pest) keine Steuer zu erheben, vgl. RP 7 S. 110v.

[7] Im September 1521 beschloß der Stadtrat, wegen der sterbenden Läufe (Pest) keine Steuer zu erheben, vgl. RP 8 S. 15v.

[8] Ab jetzt die erste Zahl in Gulden !

[9] Dazu in der KR der Vermerk: ist beschlossen worden nachfolgende Steuer „in der hilf wider den Túrcken, so jüngst gehalltner lanndschafft zu Innglstat bewilligt worden ist, einzenemen".

[10] Zu 1530 vgl. auch RP 10 S. 109v.

+ 1531	(Post) 11. November, 1 pf, GS (mit Nachträgen): (2569/1/12)
1532	19. September – 11. November, 1 pf, IS: 1146/3/24, ÄS: 1143/2/9, GS: 2289/6/3
+ 1533	(Post) 11. November, 1 pf, GS: (mit Nachträgen): (2505/-/6)
+ 1534	keine Angaben in der KR
+ 1535	(Post) 11. November, 1 pf, GS (mit Nachträgen): (2573/2/1)
+ 1536	(Post) 30. November, 1 pf, geschworene, GS (mit Nachträgen): (2776/6/1)
+ 1537	(Post) 11. November, 1 pf, GS (mit Nachträgen): (2914/5/21)
+ 1538	(Post) 11. November, 1 pf, GS (mit Nachträgen): (3002/2/17
+ 1539	(Post) 11. November, 1 pf, GS (mit Nachträgen): (5983/4/25), zwifache
1540	24. Sept. – 11. Nov. , 1 pf, IS: 1466/5/19, ÄS: 1404/3/21, GS: 2871/2/10
1541	6. Oktober – 11. November, 1 pf, IS: 1455/5/1, ÄS: 1407/4/5, GS: 2863/2/6
1542	keine Angaben[1], 1pf, Habnit 2 ß, IS: 1427/2/11, ÄS: 1410/3/1, GS: 2837/5/12
1543	10. August – 29. September, 2 pf, IS: 2712/5/28, ÄS: 2823/2/21, GS: 5536/1/19, zwifache
1544	16. Oktober – 11. November, 1 pf, IS: 1398/3/8, ÄS: 1399/6/20, GS: 2798/2/28
1545	15. Oktober – 30. November, 2 pf, geschworene, IS: 2605/1/15, ÄS: 2857/2/26, GS: 5462/4/11, zwifache
1546	20. Oktober – 11. November, 1 pf, IS: 1435/4/11, ÄS: 1463/1/27, GS: 2898/6/8
1547	9. März – 26. März, 1 pf, IS: 1376/2/18, ÄS: 1414/1/14, GS: 2790/4/2
1548	14. Juni – 29. Juni, 1 pf, IS: 1384/6/28, ÄS: 1411/3/12, GS: 2796/3/10
1549/I	22. März – 7. April, 1 pf, IS: 1370/3/2, ÄS: 1381/5/16, GS: 2752/1/18
1549/II	21. Oktober – 11. November, 1 pf, IS: 1386/5/29, ÄS: 1459/1/12, GS: 2846/-/11
1550	21. Oktober – 11. November, 1 pf, IS: 1426/3/19, ÄS: 1421/6/23, GS: 2848/3/12
1551/I	10. März – 23. April, 1 pf, IS: 1354/5/19, ÄS: 1456/4/27, GS: 2811/3/16
1551/II	21. September – 21. Oktober, 1 pf, IS: 1428/3/25, ÄS: 1483/4/28, GS: 2912/1/23
1552/I	4. Juni – 20. Juni, 1 pf, IS: 1360/1/-, ÄS: 1438/-/14, GS: 2798/1/14
1552/II	13. Oktober – 3. November, 1 pf, IS: 1561/6/10, ÄS: 1471/3/6, GS: 3033/2/16
1553	21. September – 25. Oktober, 1 pf, geschworene, IS: 1548/3/25, ÄS: 1489/2/28, GS: 3037/6/23
1554/I	28. Februar – 12. März, 1 pf, IS: 1649/2/16, ÄS: 1607/-/28, GS: 3256/3/14
1554/II	21. September – 25. Oktober, 1 pf, IS: 1675/6/19, ÄS: 1518/1/23, GS: 3194/1/12
1555	21. September – 24. Oktober, 1 pf, IS: 1694/-/17, ÄS: 1564/1/15, GS: 3258/2/2
1556	21. September – 26. Oktober, 1 pf, IS: 1657/6/23, ÄS: 1548/4/26, GS: 3206/4/19
1557	21. Oktober – 11. November, 1 pf, IS: 1628/-/14, ÄS: 1577/2/23, GS: 3205/3/7
1558	27. Okt. – 30. Nov., 2 pf, IS: 3308/5/21, ÄS: 3024/6/17, GS: 6333/5/8, doppelte/zwifache
1559	21. September – 25. Oktober, 1 pf, IS: 1749/3/17, ÄS: 1610/2/17, GS: 3359/6/4
1560	21. Oktober – 11. November, 1 pf, IS: 1664/2/9, ÄS: 1596/2/6 + 1 Heller, GS: 3260/4/15 + 1 H.
1561	29. Oktober – 30. November, 1 pf, geschworene, IS: 1485/2/18,5, ÄS: 1558/3/18,5, GS: 3043/6/7
1562	keine Einhebung wegen der Pest[2]
1563	18. Juni – 12. Juli, 1 pf, IS: 1653/6/13, ÄS: 1592/5/13, GS: 3246/4/26
1564/I	29. Mai – 29. Juni, 1 pf, IS: 1594/5/10, ÄS: 1673/6/-, GS: 3268/4/10
1564/II	23. Oktober – 25. November, 1 pf, IS: 1922/6/19, ÄS: 1721/3/25,5, GS: 3644/3/14,5
1565	25. Oktober – 11. November, 1 pf, IS: 1586/6/25,5, ÄS: 1778/2/12,5, GS: 3365/2/8
1566/I	28. Mai – 24. Juni, 1 pf, IS: 798/4/10, ÄS: 1695/6/25, GS: 3298/6/8,5
1566/II	22. Oktober – 11. November, 1 pf, IS: 804/1/6,5, ÄS: 1703/6/27,5, GS: 3368/3/24
1567/I	30. Mai – 24. Juni, 1 pf, IS: 737/-/18, ÄS: 1608/1/12,5, GS: 3215/-/29,5
1567/II	27. Oktober – 30. November, 1 pf, IS: 728/5/23,5, ÄS: 1623/5/9,5, GS: 3168/4/12,5
1568	21. Oktober – 30. November, 2 pf, IS: 1393/2/17,5, ÄS: 3066/6/10,5, GS: 5955/2/2, doppelte
1569	24. Oktober – 11. November, 1 pf, IS: 786/4/24,5, ÄS: 1791/3/28,5, GS: 3466/4/12
1570	26. Oktober – 30. November, 1 pf, IS: 714/5/19,5, ÄS: 1753/1/12, GS: 3427/3/9
1571	29. Oktober – 11. November, 1 pf, IS: 670/5/21, ÄS: 1577/6/9,5, GS: 3096/5/26,5
1572	keine Steuererhebung[3]

1 Pfennig pro Pfund entspricht 0,42 %. Der Höchstsatz von 8 Pfennigen pro Pfund entspricht 3,36 %, 6 Pfennige pro Pfund sind 2,52 %, 4 Pfennige sind 1,68 %.

---

[1] Vom Steuerbuch 1542 fehlen das Deckblatt und zwei Blätter der Sendlinger Straße. Zudem sind alle Blätter am rechten Rand beschnitten, sodaß bei Vermerken am Rand jeweils Buchstaben und Zahlen fehlen. Die Angaben über den Steuersatz (1 pf pro Pfund) und die Habnitsteuer macht die Kammerrechnung. Ihr zufolge war es auch eine ungeschworene Steuer.

[2] Vgl. KR 1562 S. 36r, Steuererhebung in diesem Jahr „der sterbenden leuff halber eingestellt".

[3] Weder Kammerrechnung noch Ratsprotokoll nennen einen Grund.

Geschworene und ungeschworene Steuern

Nicht jede Steuer wurde beschworen. Wann eine geschworene Steuer erhoben wurde, wurde jeweils eigens vom Stadtrat festgelegt und ist im Steuerbuch, aber im 14. und 15. Jahrhundert auch hinter jedem einzelnen Steuerzahler vermerkt („iuravit"). Darüber hinaus musste auch jeder Erstzahler den Eid leisten, was sowohl für Berufsanfänger galt als auch für Witwen bei der ersten Steuer nach dem Tod des Ehemannes.

Die Steuern waren – soweit Angaben vorhanden – ungeschworen in den Jahren: 1455, 1456, 1458-1462, 1464, 1465-1472, 1474-1478, 1480-1482, 1484, 1485, 1487-1490, 1492-1494, 1496, 1498-1504, 1507-1511, 1513-1518, 1522-1526, 1528, 1529-1533, 1535, 1537-1544. Dann nur noch Angaben, wenn die Steuer geschworen war.

Geschworen in den Jahren: 1413, 1418, 1423, 1431, 1454, 1457, 1473, 1479, 1486, 1491, 1497, 1505, 1512, 1519, 1527/II, 1536, 1545, 1553, 1561.

Keine Angaben: 1527/I, 1542.

Andere Währungen

Die Steuer konnte auch in anderen als der Münchner Währung bezahlt werden[1]. Deshalb geben die meisten Steuerbücher ab 1399 Umrechnungswerte an:

Die Steuereinnehmer sollen nehmen

1399: Den ungarischen Gulden zu 5 Schillingen 4 Pfennigen, den rheinischen Gulden zu ½ Pfund 18 Pfennigen (= 1 ung. fl zu 5 ß 4 d, 1 rh. fl zu ½ lb 18 d).
1400, 1401/I-II: 1 ung. fl zu 5 ß 4 d, 1 rh. fl zu ½ lb 16 d.
1403: 1 ung. fl zu 6 ß 6 d, 1 alten rh. fl zu ½ lb 17 d, 1 neuen rh. fl zu ½ lb 14 d.
1410/I: 1 ung. fl für „an vier VI ß", 1 rh. fl „an vier 5 ß" d.
1410/II, 1411, 1415: 1 ung. fl für 5 ß 26 d, 1 rh. fl für ½ lb 26 d.
1412: 1 ung. fl zu 5 ß und [Rest fehlt].
1413: 1 ung. fl zu 6 ß minus 6 d, 1 rh. fl für 5 ß minus 5 d.
1416, 1418: 1 ung. fl für „an drey sechs schilling pfennig", 1 rh. fl für „an siben funf schilling pfennig".
1419: 1 ung. fl zu 6 ß, 1 rh. fl zu ½ lb 18 d.
1423: 1 ung. fl zu 6 ß, 1 rh. fl zu ½ lb 12 d.
+ 1455: 1 rh. fl zu 6 ß, 1 ung. und Dukatengold für 7 ß 22 d.
+ 1456: 1 rh. 6 ß 2 d, 1 ung. und Dukatengulden für 1 Pfund.
+ 1457: 1 rh. fl für 6 ß 8 d.
+ 1458: 1 ung. fl und Dukaten für 8 ½ ß, 1 rh. fl für 6 ½ ß.
+ 1459: 1 ung. fl zu 10 ß, 1 rh. fl zu 8 ß.
+ 1460: 1 ung. fl zu 8 ß 8 d, 1 rh. Gold zu 6 ß 11 d.
+ 1461: 1 ung. fl zu 8 ß 17 d, 1 rh. fl zu 6 ß 17 d.
1462: 1 ung. oder Dukatengulden für 1 lb 26 d, 1 rh. fl für 6 ß 26 d.
+ 1463: 1 rh. fl zu 7 ß.
+ 1464/I: 1 ung. fl zu 9 ß 4 d, 1 rh. fl zu 7 ß 4 d.
+ 1464/II: 1 ung. fl zu 9 ß, 1 rh. fl zu 6 ß 27 d.
+ 1465: 1 ung. fl zu 8 ß 26 d, 1 rh. fl zu 6 ß 26 d.
+ 1466: 1 ung. fl zu 1 Pfund 20 d, 1 rh. fl zu 6 ß 25 d.
+ 1467: 1 ung. Gulden und Dukaten zu 1 Pfund 20 d, 1 rh. fl zu 6 ß 28 d.
+ 1468: 1 ung. fl und Dukaten für 1 Pfund 22 d, 1 rh. fl zu 6 ß 29 d.
+ 1469: 1 ung. fl und Dukaten zu 1 Pfund 22 d, 1 rh. fl zu 6 ß 28 d.
+ 1470: 1 ung. fl zu 1 Pfund 23 d, 1 rh. fl zu 6 ß 29 d.
+ 1471: 1 ung. fl und Dukaten zu 1 Pfund 26 d, 1 rh. fl zu 7 ß.
+ 1472: 1 ung. fl und Dukaten zu 1 Pfund 27 d, 1 rh. fl zu 7 ß.
+ 1473: 1 ung. fl zu 9 ß, 1 rh. fl zu 7 ß.
+ 1474: 1 ung. fl 9 ß 2 d, 1 rh. fl zu 7 ß.

---

[1] In München hat das Pfund 240 Pfennige oder 8 Schillinge zu je 30 Pfennigen, der Gulden (ab 1516) 210 Pfennige oder 7 Schillinge zu je 30 Pfennigen.

+ 1475: 1 ung. fl 9 ß, 1 rh. fl zu 6 ß 27 d.
+ 1476: 1 ung. fl zu 9 ß 2 d, 1 rh. fl zu 6 ß 28 d.
+ 1477, 1478: 1 ung. Gold zu 9 ß 3 d, 1 rh. fl zu 7 ß.
+ 1479: 1 ung. Gold zu 9 ß 3 d, 1 rh. fl zu 6 ß 28 d.
+ 1480: 1 ung. Gold zu 9 ß 6 d, 1 rh. fl zu 7 ß.
+ 1481: 1 ung. fl zu 9 ß 8 d, 1 rh. fl zu 7 ß.
1482: 1 ung. oder Dukatengulden für 9 ß 10 d, 1 rh. fl für 7 ß.
+ 1483: keine Erhebung.
+ 1484: 1 ung. fl und Dukaten zu 9 ß 10 d, 1 rh. fl zu 7 ß.
+ 1485: 1 ung. fl zu 9 ß 10 d, 1 rh. fl zu 7 ß 2 d.
1486: 1 ung. oder Dukatengulden zu 9 ß 10 d, 1 rh. fl für 7 ß 2 d.
+ 1487: 1 ung. fl und Dukaten zu 9 ß 12 d, 1 rh. fl zu 7 ß 3 d.
+ 1488: 1 ung. fl und Dukaten zu 9 ß 14 d, 1 rh. fl zu 7 ß 3 d.
+ 1489: 1 ung. fl und Dukaten zu 9 ß 12 d, 1 rh. fl zu 7 ß 3 d.
1490: 1 ung. oder Dukatengulden zu 9 ß 12 d, 1 rh. fl 7 ß 3 d.
+ 1491: 1 ung. fl oder Dukaten zu 9 ß 12 d, 1 rh. fl zu 7 ß 3 d.
+ 1492: 1 rh. fl zu 7 ß 3 d.
+ 1493: 1 ung. fl zu 9 ß 10 d, 1 rh fl. zu 7 ß 3 d.
+ 1494: 1 ung. fl zu 9,5 ß, 1 rh. fl zu 7 ß 2 d.
+ 1495: keine Erhebung wegen der Pest
1496: 1 ung. oder Dukatengulden für 9 ß 15 d, 1 rh. fl 7 ß 2 d.
+ 1497: 1 ung. fl zu 9 ß 20 d, 1 rh. fl zu 7 ß 2 d.
+ 1498, 1499: 1 ung. fl zu 9 ß 20 d, 1 rh. fl zu 7 ß 1 d.
1500: 1 ung. oder Dukatengulden für 9 ß 20 d, 1 rh. fl für 7 ß 1 d.
+ 1501-1504: 1 ung. fl zu 9 ß 20 d, 1 rh. fl zu 7 ß 1 d.
+ 1505: 1 ung. fl zu 9 ß 20 d, 1 rh. fl zu 7 ß 2 d.
+ 1506: keine Angaben.
+ 1507: 1 ung. fl zu 9 ß 20 d.
1508, 1509: wie 1500.
+ 1510, 1511: wie 1505.
+ 1512: 1 ung. fl zu 9 ß 20 d, 1 rh. fl zu 61 kr.
+ 1513: 1 ung. fl zu 9 ß 20 d, 1 rh. fl zu 7 ß 1 kr.
+ 1514: 1 rh. fl zu 61 kr.
+ 1515: 1 rh. fl zu 7 ß 5 d.
+ 1516: 1 ung. fl zu 9 ß 20 d, 1 rh. fl zu 7 ß 5 d.
+ 1517: 1 ung. fl zu 9 ß 24 d, 1 rh. fl zu 7 ß 7 d.
+ 1518: 1 ung. fl zu 7 ß 5 d.
+ 1519: 1 ung. fl zu 10 ß 1 d, 1 rh. fl zu 7 ß 7 d.
+ 1520, 1521: keine Angaben.
1522-1524: 1 ung. oder Dukaten Gulden für 10 ß 8 d, den rh. fl für 7 ß 10 ½ d.
1525, 1526, 1527/I: 1 ung. oder Dukaten Gulden für 10 ß 15 d, den rh. fl für 7 ß 14 d.
1527/II: 1 ung. oder Dukatengulden für 1 ½ fl, Krona für 84 kr[euzer][1], rheinische Gulden für 7 ß 14 d.
1528, 1529: 1 ung. oder Dukaten Gulden für 10 ß 15 d, den rh. Gulden für 7 ß 14 d, „Kronagold" für 84 kr.
+ 1530: 1 Kronagold für 84 kr, 1 ung. Gold für 1,5 fl, 1 rh. Gold für 7 ß 14 d.
+ 1531: 1 Kronagold für 84 kr, 1 ung. Gold für 1,5 fl, 1 rh. Gold für 64 kr.
1532: Alle Werte wie 1528 und 1529.
+ 1533: 1 Kronagold für 84 kr, 1 ung. Gold für 1,5 fl, 1 rh. Gold für 66 kr.
+ 1534: keine Angaben.
+ 1535: 1 Kronagold für 90 kr, 1 ung. Gold für 95 kr, 1 rh. Gold für 70 kr.
+ 1536: 1 Kronagold für 90 kr, ung. Gold keine Angaben, 1 rh Gold für 70 kr.
+ 1537: 1 Kronagold für 91 kr (am Rand : 90/89 kr), 1 rh. Gold für 70 kr.
+ 1538: 1 Dukatengold umb 96 kr, Kronagold und Venediger umb 91 kr, 1 rh Gold umb 70 kr.
+ 1539: 1 ung. Dukatengold für 98 kr, 1 Salzburger für 96 kr, 1 Sonnakrona für 90 kr, 1 rh. Gold für 70 kr, 1 Jochimsthaler für 66 kr.
1540: 1 ung. Dukatengulden für 98 kr, Salzburger für 96 kr, Sonnakrona für 90 kr, das rheinische Gold für 70 kr, Jochimstaler für 66 kr.
1541: „… man nam ainen ungerischen ducaten umb 98 kr, Saltzburger per 96 kr, Krona per 90 kr, das reinisch gold umb 70 kr, Jochimstaler per 66 kr".

---

[1] 1 Kreuzer = 3,5 Pfennige.

1542: 1 ung. Dukaten für 100 kr, Salzburger für 90 kr, Krona für 90 kr, rheinisch Gold für 71 kr, Taler für 67 kr. Angaben aus der Kammerrechnung, da beim StB das Deckblatt fehlt.

1543: „... man nam die ungerischen ducaten um 104 kr, die Saltzpurgischen per 100 kr, Sunnenkrona per 92 kr, die andern per 90 kr, das reinisch gold per 72 kr, Jochimstaler umb 68 kr."

1544: Alle Werte wie 1543.

1545-1547: 1 ung. Dukaten für 105 kr. Alle anderen Werte wie 1543.

1548-1549/II: 1 ung. Dukaten für 103 kr. Alle anderen Werte wie 1543.

1550, 1551/II: 1 ung. Dukaten für 102 kr, Salzburgische für 100 kr, Sonnakrona für 92 kr, die anderen für 90 kr, das rheinische Gold für 72 kr, die Taler für 68 kr.

1551/I: Ungarische und bayerische Dukaten für 102 kr, die Salzburgischen und Portugaleser für 100 kr, die Sonnakrona für 92 kr, die anderen um 90 kr, das rheinische Gold um 72 kr, die Taler um 68 kr.

1552/I: 1 ung. Dukaten für 102 kr, Salzburgische und Portugaleser für 100 kr, Sonnakrona für 92 kr, die anderen für 90 kr, das rheinische Gold für 72 kr, die Taler für 68 kr.

1552/II-1554/II: 1 ung. Dukaten für 102 kr, Salzburger für 100 kr, Sonnakrona für 92 kr, andere für 90 kr, rheinisch Gold für 72 kr, die Taler um 1 Pfund Pfennige.

1555: 1 ung. Dukaten für 103 kr, Salzburgische für 100 kr, Sonnakrona für 92 kr, die anderen für 90 kr, rheinisch Gold für 72 kr, Taler für 1 Pfund Pfennige.

1556, 1558: 1 ung. Dukaten für 105 kr, Salzburgische für 100 kr, Sonnenkronen für 92 kr, die anderen für 90 kr, das rheinische Gold für 72 kr, die Taler für 8 ß.

1557: 1 ung. Dukaten für 105 kr, die Salzburger für 102 kr, die Sonnakrona für 93 kr, die Kreuzdukaten für 100 kr, die anderen welschen um 92 kr, das rheinische Gold um 74 kr, die Taler um 8 ß.

1559: 1 ung. Dukaten für 105 kr, den Salzburger für 100 kr, die Sonnakrona für 94 kr, die anderen für 92 kr, das rheinische Gold für 75 kr, die Taler für 8 ß.

1560: 1 ung. Dukaten für 105 kr, die Sonnenkronen für 94 kr, die anderen für 92 kr, das rheinische Gold für 75 kr, die Taler für 68 kr 2 d.

1561-1567: Keine Angaben.

1568: 1 ung. und Salzburger Dukaten für 105 kr, Sonnenkronen für 96 kr, gemeine Dukaten für 100 kr, Kronen für 92 kr und die Taler für 68 kr.

1569: 1 ung. und Salzburgischen Dukaten für 105 kr, gemeine Dukaten für 106 kr, Sonnenkronen für 96 kr, gemeine Kronen für 92 kr, Taler für 17 Batzen, Goldgulden für 75 kr.

1570: 1 ung. und Salzburgische Dukaten für 105 kr, gemeine Dukaten für 100 kr, Sonnenkronen für 96 kr, die welschen Kronen für 92 kr, rh. Gulden für 75 kr, die Taler für 8 ß.

1571: Wie 1570, jedoch die Taler für 68 Kreuzer.

1572: Keine Steuererhebung.

Berechnung der Steuer

Der Steuersatz ist nur scheinbar so einfach wie es der Eid des Steuerzahlers vermuten lässt: Pro Pfund soundsoviele Pfennige. Tatsächlich wurden unterschiedliche Arten von Vermögen auch mit einem unterschiedlichen Satz belegt. Aus dem Ewiggeldbuch von 1392/98 (geschrieben am 24. Juli 1398) ist zu erfahren, daß Ewiggelder aus Häusern, Hofstätten, Gärten, Äckern und Ängern innerhalb der Stadt mit 48 Pfennigen pro Pfund besteuert wurden. Gleiches gilt für die Ewiggelder des Heiliggeistspitals und die Ewiggelder aller Gotteshäuser, Klöster, Altäre und Seelhäuser. 48 Pfennige pro Pfund bedeuten für die Jahre 1392, 1396, 1397 (von 1398 ist kein Steuerbuch erhalten) jeweils den 8-fachen Satz der für dieses Jahr festgesetzten 6 Pfennige pro Pfund, in den Jahren 1393 und 1394 den 6-fachen Satz der festgesetzten 8 Pfennige pro Pfund und 1395 gar den 12-fachen Satz der festgelegten 4 Pfennige pro Pfund. Außerdem heißt es in diesem Ewiggeldbuch speziell für das Heiliggeistspital, es solle von 125 Pfund Pfennigen 25 Pfund Steuer zahlen[1], also 1 Fünftel oder 20 %.

Das Steuerbuch von 1415 bestätigt diese Praxis. Auch hier heißt es ausdrücklich, man habe „von dem pfunt gebėn ze stewŕ sechs Municher pfenig". Dann heißt es weiter: „Summa daz spital hat 97 lb ewigs gelcz und hat zinsgelt und leipgeding 138 lb dn und daz leipgeding ist auch angeslagen für zinsgelt. Summa davon ze stewŕ 36 lb 5 ß 6 dn".[2] Würde man diese 97 und 138 Pfund mit je 6 Pfennigen pro Pfund umrechnen, käme lediglich ein Betrag von 5 Pfund und 7 Schillingen heraus, aber nicht über 36 Pfund. Dieser Betrag ist nur zu erreichen, wenn man beim Ewiggeld den Steuersatz von 48 Pfennigen pro Pfund zu Grunde legt (= den 8-fachen Satz). Das ergibt dann bei den 97 Pfund Ewig-

---

[1] Steueramt 982/1 S. 1r, 5r.
[2] StB 1415 S. 35r.

geld den Betrag von 19 Pfund 3 Schillingen und 6 Pfennigen. Bei den 138 Pfund Zinsgeld und Leibgeding muß man dagegen den 5-fachen Satz zu Grunde legen, also 30 Pfennige pro Pfund. Das ergibt dann 17 Pfund und 2 Schillinge. Beide Beträge zusammen ergeben die 36 Pfund 5 Schillinge und 6 Pfennige, die auch das Steuerbuch errechnet hat.

Von dieser Berechnungsgrundlage geht auch die Steuerordnung von 1511/1561 aus. Nach der Steuerordnung von 1511/1561 stellt sich die Sache aber noch vielschichtiger dar. Sie nennt im einleitenden Text das Entstehungsjahr 1511. Im Titel steht jedoch das Jahr 1561 und auch aus einem Vermerk am Ende des Buches (S. 13v) ergibt sich dieses Jahr. Sie dürfte demnach im Kern von 1511 stammen. Die vorliegende Abschrift[1] dürfte eine erneuerte und vielleicht in einzelnen Punkten, die aber nicht erkennbar sind, revidierte oder ergänzte Fassung darstellen.

Nach dieser Steuerordnung sind zu belegen:

Das Pfund Barschaft, Schulden und Kaufmannschaft, ebenso das Pfund Kaufmannsware, mit der man Handel treibt und seine Nahrung findet (anzuschlagen nach dem ungefähren Wert oder dem Einkaufswert) mit je 1 Pfennig pro Pfund (Art. 1 und 2), ebenfalls Getreide auf dem Kasten sowie Bienen, Schafe, Weidevieh, Roß, Schwein, Hausküche, Wägen, Karren, Pflüge, Handwerkzeuge, Wein, Bier und Met mit je 1 Pfennig pro Pfund (angeschlagen nach dem ungefähren Wert) (Art. 21, 24-32)[2];

das Pfund Ewiggeld jährlich mit 8 Pfennigen (= dem 8-fachen Betrag, also der Schilling mit 1 Pfennig, deshalb auch der Gulden mit 7 Pfennigen, also ebenfalls der Schilling mit 1 Pfennig) (Art. 3);

das Pfund Zinsgeld (Art. 4), das Haus, das man selbst bewohnt (ungefähr veranschlagt) (Art. 5), alle leerstehenden Wohnungen im Haus (Art. 6), alle Wiesen, Äcker, Änger, Gärten, Städel (ebenfalls ungefähr zu veranschlagen) (Art. 7), Ewiggelder aus dem selbst bewohnten Haus (nach Art. 5 und 6) und Ewiggelder aus den Grundstücken (Art. 7) sind mit je 5 Pfennigen pro Pfund zu belegen (= 5-facher Betrag), ebenso gibt man von Ewiggeldern oder Gülten aus einem Hof oder Gut (Art. 21) und von liegenden Stücken, es seien Bauerngüter, Höfe, Haus, Hof oder anderes (Art. 22) pro Pfund 5 Pfennige;

Leibgedinggelder sind mit 3 Pfennigen pro Pfund zu belegen (Art. 9);

Getreidegülten sind zu belegen: Korn und Weizen je Münchner Schäffel mit 12 Schillingen (!), Korn/Roggen je Münchner Schäffel mit 8 Schillingen, Gerste mit 5 Schillingen und 10 Pfennigen pro Münchner Schäffel und Haber mit 4 Schillingen pro Münchner Schäffel; Erbsen mit 2 Schillingen pro Metzen, Hanf und Magöl mit 2 Schillingen und 10 Pfennigen pro Metzen, Schmalz das Pfund mit 8 Pfennigen (oder der Zentner mit 3 Gulden 5 Schillingen und 20 Pfennigen), Wiesgült mit 5 Pfennigen pro Pfund (Art. 10-23);

Gänse, Hennen, Hühner, Käse und Eier sind steuerfrei.

Die Salzsender oder Schenken geben als Mindestbetrag 5 Schillinge und 10 Pfennige (*Salzsendersteuer*, *Schenkensteuer*) als Pauschalbetrag, wenn einer aber mehr besitzt, steuert er normal (Art. 29);

der *Habnit* gibt 60 Pfennige pauschal (Art. 33). Wenn er aber doch etwas Vermögen hat, werden 45 Pfennige zu Grunde gelegt und dann das versteuerbare Vermögen nach den oben festgelegten Grundsätzen dazu gerechnet. Hat er aber insgesamt nicht mehr als 15 Pfund Vermögen, werden trotzdem 15 Pfennige zu den 45 dazugerechnet, damit 60 Pfennige entstehen;

Pflegekinder (Mündel) werden von ihren Vormündern versteuert (Art. 34-38);

Arme Leute schwören nicht (Art. 39).

---

[1] Steueramt 627. – Abdruck in: Elisabeth Lukas-Götz, Die Münchner Steuerordnung aus dem Jahre 1561, in: Quellen zur Verfassungs-, Sozial- und Wirtschaftsgeschichte bayerischer Städte in Spätmittelalter und früher Neuzeit. Festgabe für Wilhelm Störmer zum 65. Geburtstag, hrsg. von Elisabeth Lukas-Götz u. a., München 1993, S. 103-132.

[2] Wenn Solleder, München im Mittelalter S. 217, von der Witwe des Hans IV. Ligsalz (Weinstraße 4) sagt, sie sei damals (um 1500) eine der reichsten Frauen Münchens mit einem Vermögen von 5659 Gulden gewesen, was er aus ihrer Steuersumme von 23 Gulden 4 Schillingen und 19 Pfennigen errechnet hatte – der Steuersatz war 1 Pfennig pro Pfund –, dann ist er davon ausgegangen, daß sie nur Steuern aus dieser ersten Kategorie von Vermögen laut Steuerordnung bezahlt hat. Da sie aber sicher auch Einkünfte aus manchen der folgenden Kategorien hatte, müßte die Rechnung völlig anders aussehen. Da wir dies aber im einzelnen nicht wissen, ist eine genauere Berechnung ihres Vermögens nicht möglich. Außerdem hat Solleder nicht beachtet, daß der Pfennig pro Pfund (240 Pfennige) genommen wurde und nicht pro Gulden (210 Pfennige).

Es folgen Artikel über das Ab- und Zusetzen in besonderen Fällen:
Patrimonium, Nachsteuer und *Gratianer* (Art. 40-63);
Gäste und *Fremde* (Art. 49, 50);
Ehalten, Fremde, Almosen, Gotteshäuser usw. (Art. 64-76);
Fürstliche Räte (Art. 77, 78);
Hofgesinde, Witwen, Kinder, Beisitzer (Art. 79-87);
Gelder von *Gesellschaften* (Art. 88-100).

Es ist demzufolge unmöglich – im übrigen nicht anders als heute –, aus der Gesamtsumme der Steuer das Vermögen des Steuerzahlers errechnen zu wollen, da ja die Einzelposten nicht bekannt sind, aus denen sich dieser im Steuerbuch erscheinende Betrag ergab. Geht man allerdings davon aus, daß nicht bei allen Steuerzahlern, sondern nur bei den wohlhabendsten, diese verschiedenen Vermögensformen vorlagen, kann man doch mit aller Vorsicht gewisse Rückschlüsse auf das Vermögen ziehen.

Steuerpflicht

Steuerpflichtig waren alle selbständigen Wirtschafts- und Familieneinheiten, auch Witwen und Dienstboten, wenn sie eigenen Rauch hatten oder sich mit eigenen Mitteln an Geschäften beteiligten oder Einkünfte aus Renten bezogen. Auch Vormundschaften über verwaiste Kinder von Mitbürgern wurden besteuert, ebenso Beisassen und kirchliche Einrichtungen, letztere jedoch meist mit vermindertem Satz.

Das Hofgesinde war von der Stadtsteuer befreit. Das machte keine Schwierigkeiten, solange seine Zahl klein blieb. Als sie im 16. Jahrhundert immer größer wurde, immer häufiger auch Hofadel, Beamte und Hofbedienstete Häuser in der Stadt erwarben, kam es zu Differenzen jurisdiktioneller und steuerrechtlicher Art. Diese wurden am 31. Oktober 1561 im Albertinischen Rezeß[1] geklärt und dann auch in die Neufassung der Steuerordnung vom selben Jahr übernommen. Danach war das gesamte Hofgesinde mitsamt Hausfrauen, Kindern und Dienerschaft von aller bürgerlichen Obrigkeit exempt und frei, solange es in herzoglichen Diensten stand und nicht nebenher ein bürgerliches Gewerbe betrieb. In letzterem Fall war dann das nebenher betriebene Gewerbe zu versteuern. Die herzoglichen Räte und die sechs ältesten Sekretäre waren auch mit ihrem Haus von der Steuer befreit, außer sie vermieteten Gemächer (Wohnungen). Diese Mietzinsen waren dann zu versteuern. Auch jeder weitere Besitz von Haus und Grund innerhalb des Burgfriedens war steuerpflichtig. Es folgen weitere detaillierte Festlegungen, auch für die unter Hofschutz stehenden Handwerker.

Inquilini:
Auch „inquilini" waren Vollbürger, sie wohnten lediglich in den Häusern anderer Bürger zur Miete. Man kann sie deshalb als Mieter oder Bewohner oder Inwohner oder Einwohner bezeichnen. Auch Angehörige der ratsfähigen (Patrizier-) Geschlechter erscheinen immer wieder als "inquilini" in den Häusern anderer Bürger. Sie sind keineswegs Bürger minderen Rechts, wie in der älteren Forschung gelegentlich angenommen wurde.

Wie sich ständig zeigt, haben die Schreiber die Kennzeichnung als „inquilinus" nicht regelmäßig und zuverlässig vorgenommen. Gegen Ende des 15. Jahrhunderts verliert sie sich bis auf Ausnahmen gänzlich.

Gleichbedeutend mit „inquilinus" ist „Hoffrau", „Hofherr", also = Inwohnerin/Inwohner, Mieterin/Mieter, ebenfalls gleichbedeutend sind „Inmann" und „Infrau".[2]

„Domus"-Bezeichnung:
Die „domus"-Bezeichnung erscheint bis zum Ende des 16. Jahrhunderts nur in Fällen, in denen erstens der Hauseigentümer nicht eindeutig feststellbar ist, also in der Regel bei noch unverteiltem Erbe

---

[1] Urk. B I 24.
[2] Vgl. Dirr, Denkmäler S. 332 Art. 80 (ca. 1340). – Deutsches Rechtswörterbuch. Wörterbuch der älteren deutschen Rechtssprache, 5. Bd., bearb. von Otto Gönnenwein und Wilhelm Weizsäcker, Weimar 1953/60, Sp. 1209.

(Erbengemeinschaften), zweitens wenn der Hauseigentümer seinen Lebensmittelpunkt außerhalb der Stadt hat (z. B. Adelige mit Stadtwohnung) und drittens wenn der Eigentümer eine Institution ist (Kirche oder Kloster, Benefiziatenhaus). Nicht sicher ist, ob dies im 14. und 15. Jahrhundert von den Steuerschreibern immer genau befolgt wurde. Im Steuerbuch von 1482 scheint es erstmals verlässlich und systematisch durchgeführt zu sein. Es wird also in dieser Zeit die „domus"-Bezeichnung immer nur dann verwendet, wenn ein Haus keine natürliche Person als Hauseigentümer hat oder diese natürliche Person nicht feststeht oder für die Steuerer nicht feststellbar ist.

Erst seit 1577 tritt hier ein Wandel ein, indem in diesem Jahr erstmals zahlreichen Hauseigentümern die domus-Bezeichnung vorangestellt wurde, seit 1581 generell allen Hauseigentümern, die auf diese Weise von den Mietern oder übrigen Bewohnern des Hauses getrennt wurden. Gärten und andere zum Besitz gehörende Gebäude (Nebengebäude, Gewerbebetriebe) wurden erst im 18. Jahrhundert eigens genannt („domus et hortus" usw.).

Erbschaften (patrimonium, matrimonium):
Auch vererbtes Vermögen musste versteuert werden. Dabei wurde meist der Begriff „patrimonium" (abgeleitet von „pater" = Vater) verwendet, seltener bei Frauen der Begriff „matrimonium" (von „mater" = Mutter). Meist wurde auch bei Erbschaften nach dem Tod einer Frau „patrimonium" verwendet. Die Erbschaftssteuer wurde meist nur einmal bezahlt, konnte aber auch auf mehrere Jahre verteilt werden, höchstens offenbar auf drei Jahre (patrimonium das erst, patrimonium das ander, patrimonium das dritt). Manchmal findet sich auch der Vermerk „ist noch unvertailt", das heißt, die Erbschaft ist noch nicht unter die Erben aufgeteilt und wird als Gesamtvermögen versteuert.

relicta = Witwe:
Witwen wurden besteuert, wenn sie eigenen Rauch, also eigenen Haushalt, hatten oder sich an der Führung eines Unternehmens beteiligten oder Einkünfte aus verliehenem Vermögen bezogen.

p[ueri]:
Damit sind die unmündigen Kinder (Waisen) verstorbener Bürger gemeint, für die der Vormund oder ein Verwandter die Steuer zahlt. Da aus den Steuerbüchern meist nicht zu entnehmen ist, ob es sich um *ein* Kind oder um mehrere handelt, wurde die ab 1540 verwendete Abkürzung „p" in eckigen Klammern mit Mehrzahl aufgelöst (p[ueri]) und damit offen gelassen, ob es im Einzelfall nicht auch Einzahl (p[uer]) sein kann. Das Wort „puer" steht dabei nicht für „Knabe", sondern für „Kind". Es unterscheidet also nicht zwischen Knaben und Mädchen. In den Jahren vor 1540 steht meist „pui" mit Abkürzungsbalken und wird mit „pueri" aufgelöst, wenn nicht eindeutig die Einzahl erkennbar ist (etwa p mit er-Kürzungsschlinge).

„Anderswo":
Manche Bürger besaßen mehrere Liegenschaften in der Stadt und stehen deshalb auch an mehreren Stellen im Steuerbuch. Bezahlt wurde die Steuer jeweils am Wohnsitz, sodaß sich bei anderen steuerpflichtigen Objekten dann der Vermerk „anderswo" findet, das heißt, sein Steuerbetrag steht an einer anderen Stelle im Steuerbuch. „Anderswo, im ewigen Geld" heißt, daß die Steuer in dem am Ende des Steuerbuchs angefügten Kapitel über die Besteuerung der Darlehens- oder Leibgeding-Zinsen aufgeführt und mit diesen verrechnet ist.

Einschränkungen (Ermäßigungen) bei der Steuer

Heiratgut:
Wie auch heute üblich, konnten bestimmte Umstände zu einer Reduzierung oder auch Erhöhung der Steuer führen, was dann als Vermerk hinter der Steuersumme angegeben wird, z. B. führte das Heiratgut, das an Kinder ausbezahlt wurde, beim Vater oder der Mutter zu einer niedrigeren Steuer (es konnte von der Steuer abgesetzt werden), während es die Steuersumme des Sohnes oder Schwiegersohnes erhöhte. Bezahlt wird hier aber in jedem Fall die korrekt errechnete Steuer.

Anders in den folgenden Fällen, wo eine echte Ermäßigung von der an sich fälligen Steuer vorliegt:

Gast-, Beisitzer-Steuer, Steuer „de domo":

Auch Nicht-Bürger (Beisitzer, Gäste) konnten steuerpflichtig sein, vor allem wenn sie ein Haus in der Stadt hatten. Sie versteuerten dann natürlicherweise nicht ihr ganzes Vermögen, sondern zahlten nur für den Hausbesitz. Die Steuer wurde dann zwischen Stadtrat und Gast/Beisitzer ausgehandelt. Sie war ein Pauschalbetrag, der sich nach der Größe des Objekts richtete. Der Beisitz war auch zeitlich begrenzt, weshalb auch die vereinbarte Steuersumme nur für eine festgelegte Zahl von Jahren galt (z. B. auf zehn Jahre „und ist das erst Jahr", „und ist das ander Jahr", „und ist das dritt Jahr" usw.). Zudem findet sich häufig zur Erklärung des Steuerbetrages der Vermerk „de domo", was ebenfalls unterstreicht, daß nur der Hausbesitz versteuert wurde, kein weiteres Vermögen.

Auch mit Klöstern wurde schon sehr früh für ihren Hausbesitz eine Pauschalsteuer ausgehandelt, so z. B. am 24. August 1295 mit dem Kloster Scheyern[1], am 16. Dezember 1297 mit Kloster Ebersberg[2], am 15. Juni 1300 mit dem Kloster Schäftlarn.[3] Der Hof des Klosters Fürstenfeld wurde schon am 26. Januar 1289 für steuerfrei erklärt, außer es wird darin eine öffentliche Schenke, Herberge (Übernachtungsbetrieb) oder anderes Gewerbe betrieben. Dafür müsse dann Steuer bezahlt werden wie bei anderen Bürgern auch.[4]

Gracianus/Gracion/gracia/sub gratia:

Darunter versteht man eine Gnadensteuer, also eine gnadenweise verminderte Steuer. Sie wurde in der Regel Berufseinsteigern bis zu drei Jahren als Starthilfe gewährt. Aber auch unter Vormundschaft stehenden Mündeln, Witwen, unschuldig in Not geratenen Bürgern und auch bei noch nicht abgeteilten Erbschaften (patrimonium/matrimonium) konnte diese Gnadensteuer gewährt werden. Der Grund wird allerdings nie angegeben. Er kann nur aus den Umständen erschlossen werden.

Die Schreibweise ist von 1368-1423 mit vielfach auch ausgeschriebener us-Endung, also „gracianus"[5], von 1431-1532 ebenfalls vielfach ausgeschrieben belegt oder mit n-Endung, also „gracion"[6] oder „gracian", ab 1540 häufig „gratia" oder „sub gratia", ab 1561 gelegentlich auch (ausgeschrieben) „Gratianer", ein Begriff, den auch die erste erhaltene Steuerordnung von 1511/1561 verwendet.

Habnit, für nichil:

Der Habnit ist eine Pauschale für Minderbemittelte, die mangels Masse nicht exakt veranlagt werden konnten. Die „Masse" konnte bis zu Null gehen, das heißt, es konnte eventuell gar kein besteuerungsfähiges Vermögen vorhanden sein. Dann wurde ein Betrag „für nichil" (= für nichts) festgelegt. Der Habnit (Habenichts) in der Höhe von 60 Pfennigen oder 2 Schillingen bildete sich erst allmählich heraus. So wurden 1412 (Steuersatz 8 Pfennige pro Pfund) noch berechnet 60 Pfennige für 4 Pfund und für 5 Pfund, 80 Pfennige für 10 Pfund, 64 Pfennige für 8 Pfund, 16 Pfennige „für nichil". 1413 (Steuersatz 6 Pfennige pro Pfund) wurden auch 60 Pfennige für 8 Pfund verlangt. 1415 kristallisieren sich zwei Größen heraus: 60 Pfennige für 10 Pfund und 60 Pfennige „für nichil" – in diesem Jahr beträgt der festgelegte Steuersatz 6 Pfennige pro Pfund, also „nichil" ist in diesem Jahr gleichgesetzt mit 10 Pfund Mindestvermögen. 1416 (Steuersatz wieder 8 Pfennige pro Pfund) kommen ebenfalls meist die beiden Größen 60 Pfennige „für nichil" und 60 Pfennige für 10 Pfund vor, was wieder identisch ist und 10 Pfund Vermögen für den Nichts-Habenden annimmt. Es kommen aber immer noch auch Ausnahmen vor, z. B. 60 Pfennige für 5 Pfund oder 60 Pfennige für 6 Pfund. Solche Abweichungen gibt es auch später noch. Sie sind ausdrücklich vorgesehen, wenn der Eid der Steuerer diesen das Recht einräumt, auch diesen Mindestbetrag noch gegebenenfalls ermäßigen zu dürfen. Später im 15. und im 16. Jahrhundert betrug der Habnit dann grundsätzlich – mit gelegentlichen Ermäßigungen – 2 Schillinge oder 60 Pfennige und setzte sich zusammen aus 45 Pfennigen Grundsteuer und 15 Pfennigen für ein angenommenes Vermögen von 15 Pfund.[7]

---

[1] Dirr, Denkmäler S. 50/51 Nr. 24.
[2] Dirr, Denkmäler S. 52/53 Nr. 26.
[3] Dirr, Denkmäler S. 54/55 Nr. 28.
[4] Dirr, Denkmäler S. 38/39 Nr. 20.
[5] Ausgeschrieben „gracianus" z. B. 1413 bei Kaufingerstraße 20/21 Jorg et Ulrich Tichtel, ebenso bei Kaufingerstraße 31 Franz Tichtel und bei Weinstraße 3.
[6] „Gracion" findet sich ausgeschrieben des öfteren, z. B. 1522 bei Marienplatz 1 Adam Trampl, oder 1525 ebenda bei Utz barbierer, dann wiederholt 1508 und 1509, 1522, 1532.
[7] Vgl. auch Lukas-Götz S. 91/102.

Der Habnit begegnet erstmals 1394 im Steuerbuch, allerdings noch in verschlüsselter Form (nihil habet = hat nichts = Habenichts). Dies bedeutet jedoch nicht, daß nicht in teils zahlreichen Fällen noch wesentlich geringere Beträge bezahlt wurden. Ja, manche Bürger waren so arm, daß ihnen überhaupt nichts abverlangt werden konnte. Dies erklärt dann der Vermerk „pauper" (= arm). Die Festlegung auf diese Ermäßigungen lag im Ermessen der Steuerer, die aber in ihrem Eid beschwören mussten, daß sie damit keinen Mißbrauch treiben.

Die unterschiedliche Schreibweise von nihil wurde in der vorliegenden Bearbeitung beibehalten, also 1368-1532 nichil, 1540-1559 nihil, 1560-1564/II wieder nichil, 1565-1571 wieder nihil. Sie hängt aber teils vom jeweiligen Schreiber ab.

Nichil, hofgesind:

Angestellte des Hofes, auch in höheren Rängen „Hofgesind" genannt, waren von der Steuerleistung an die Stadt befreit. Dies wird mit dem Hinweis „nihil/nichil hofgesind" erklärt. Die Erklärung „servit" (= er/sie dient) kann ebenfalls auf Hofgesinde deuten. Es kann sich aber auch um steuerbefreite Dienstboten anderer Herrschaften handeln. Dies ist in der Regel dem Eintrag nicht entnehmbar.

Schenkensteuer/Salzsendersteuer:

Die Schenkensteuer gibt es in den Steuerbüchern seit 1423, die Salzsendersteuer schon vorher. Auch dies ist eine Pauschalsteuer, die Weinschenken und Salzsendern gewährt wird. Für 1410 und 1411 ist für die Salzsender der Steueranschlag 2 ½ Pfund, 1416 aber 3 Pfund und 80 Pfennige festgesetzt. Sie ist ab 1423 für beide Gewerbe, die meist in Personalunion ausgeübt wurden, gleich hoch, nach dem Steuerbuch von 1423 meist 2 1/2 Pfund (= 20 Schillinge), was einem versteuerten Vermögen von 100 Pfund entsprach[1], 1431 mit 13 Schillingen 10 Pfennigen (entsprach in diesem Jahr ebenfalls 100 Pfund Vermögen), 1462 mit 4 Schillingen und 25 Pfennigen (= 145 Pfennigen), ab 1482 (bis 1584 für den Salzshandel, bis 1606 für die Schenken) mit 5 Schillingen und 10 Pfennigen (-/5/10), also 160 Pfennigen. Da in diesen Jahren der Steuersatz 1 Pfennig pro Pfund betrug, legte man also 1462 ein Vermögen von 145 Pfund und ab 1482 ein solches von 160 Pfund zu Grunde. Meist wird der Begriff „Schenkensteuer" oder „Salzsendersteuer" zur Erklärung für diese Pauschalsteuer angegeben, jedoch nicht immer. Es ist deshalb nicht geraten, jeden entsprechenden Steuerbetrag als Schenken- oder Salzsendersteuer zu deuten, da sich der Betrag auch zufällig bei der Errechnung der wirklichen Steuer ergeben haben kann.

Wenn jedoch das Vermögen die 100 Pfund überstieg, wurde das tatsächliche Vermögen versteuert. Ebenso konnte es von dem Pauschalsatz von Fall zu Fall Abzüge geben.

Befreiungen von der Steuer

Manche Personen(gruppen) waren ganz von der Steuer befreit, so z. B. – abgesehen von den Hofbediensteten – die Ärzte, Apotheker und Hebammen im städtischen Dienst (nicht aber die Chirurgen, Wundärzte und Bader). Die Apotheker lieferten jedoch in der Regel eine bestimmte Menge „Confect". Die Befreiung der Hebammen galt auch für deren Ehemänner, jedoch nur so lange wie die Frau lebte und den Hebammendienst versah. Außerdem waren städtische Bedienstete ganz allgemein von der Steuer befreit. Deshalb findet man die städtischen „Beamten" in der Regel nicht in den Steuerbüchern. Gleiches gilt für Hofbedienstete und unter Hofschutz stehende Handwerker, außer sie übten ein bürgerliches Gewerbe aus oder hatten Grundbesitz oder Renten- und Gülteinkommen aus Liegenschaften.

Versäumnisse bei der Bezahlung der Steuer

Der Post:

Der Name ist abgeleitet vom lateinischen Wort „post" = nach, nachher, später, zuletzt. Der Post ist der Endtermin, der letzte Termin, an dem die Steuer einzuzahlen war (der Post steht auf Martini = Martini (11. November) ist der letzte Tag zum Einzahlen).

---

[1] Vgl. auch Zimelie 10 S. 14 (Schenkensteuer) mit Datum 1426. Die Salzsendersteuer schon S. 19v (um 1380) genannt.

Wer diesen letzten Termin versäumt hatte, musste eine Strafe („pro pena" = für die Strafe) zahlen, einen Versäumniszuschlag, der ebenfalls „Post" hieß (im 14. Jahrhundert vielfach „ob post" oder „obpost" = wegen des Posts). Der Name bildete sich erst gegen Ende des Jahrhunderts heraus. Noch bei den Steuern von 1390/I und 1392 kennen die Steuerbücher keinen Terminus dafür und umschreiben die Sache: „und wer die stewer nicht geit vor dem suntag, so man singet in der vasten Letare, der muzz hinnach dez virden pfennigs mer geben"[1], „und wer die stewer nicht geit vor dem suntag vor dem aufarttag, der geit hinnach dez virden pfennigs mer".[2] 1394 findet sich dann erstmals die Bezeich-nung „Post": „oder wer daz nit tût, der geit zu post den vierden pfennig".[3] Die Bezeichnung „pro pe-na" gibt es von da an nicht mehr.

Der Post betrug 25 % der zu zahlenden Steuersumme (der Post steht auf den 4. Pfennig = er beträgt 25 %; Gleiches bedeutet: er zahlt den 4. Pfennig mehr). Im 14. Jahrhundert konnte er auch auf den halben Satz ermäßigt werden („semi post" = halber Post).

Die Einführung des Post dürfte ihren Grund in der schlechten Steuermoral der Bürger gehabt haben. Besonders auffallend ist die säumige Zahlung der Steuer im Steuerbuch von 1381 mit den meisten Vermerken „de anno preterito" oder „de annis preteritis", wo also manche Steuerzahler gleich mit mehreren Jahren im Rückstand waren.

Trotzdem sieht es alles in allem nicht so trübe aus: 1375 etwa ist bei den 2195 aufgeführten Steuerzahlern nur bei 193 überhaupt kein Betrag eingetragen, 73 tragen einen Post-Vermerk, 76 zahlen die ermäßigte Gnadensteuer (Gracianus) und 12 ausdrücklich „nihil".

„Versessene Steuer":

Die Steuer ist versessen bedeutet, daß sie nicht rechtzeitig einbezahlt wurde und meist im nächsten Jahr, manchmal auch für mehrere Jahre, nachbezahlt wurde. Auch die Formel „anno preterito" (= für das vergangene Jahr) weist darauf hin. Diese Formulierungen ergeben jeweils einen Hinweis auf die in manchen Jahren vor allem des 14. Jahrhunderts bedenkliche Zahlungsmoral der Münchner Bürger.

„An Kammer":

Für die Erhebung der Steuer waren mehrere Wochen bestimmt, der Anfangs- und Schlußtermin wurde jedes Jahr vom Stadtrat neu bestimmt. Nur in diesen Wochen waren die Steuerer oder Steuerherrn (in der Regel ein Mitglied des inneren Rats, ein Mitglied des äußeren Rats, ein Mitglied der Gemain) im Amt. Es gab also kein das ganze über amtierendes „Steueramt". Da aber nun manche Steuerpflichtigen während dieser festgelegten Zeit ihre Steuer nicht bezahlen konnten – meist wegen Abwesenheit von der Stadt oder weil sie die Summe zur Zeit nicht aufbringen konnten oder weil es Fälle gab, bei denen es den Steuerern nicht möglich war, den Verbleib eines Steuerpflichtigen festzustellen – musste es auch für die Zeit nach dem Steuertermin eine Möglichkeit geben, die Sache weiterzuverfolgen. Dies übernahm die ganzjährig amtierende Stadtkämmerei oder Stadtkammer. An sie wurde mit dem Vermerk „an Kammer" der Fall weitergleitet und sie ging dann der Sache nach, trieb die Steuer ein oder versuchte den Verbleib eines Steuerzahlers festzustellen. Manchmal findet sich deshalb das Ergebnis der Nachforschung nachgetragen: „ist im spital" oder „ist nit mer hie" oder "ist ime [nach auswärts] geschriben worden".

Die Nachsteuer

Bereits am 25. Juni 1317 wurde in München die Nachsteuer eingeführt, indem das Satzungsbuch B die Bestimmungen über den Erwerb des Bürgerrechts ergänzte: Wer das Bürgerrecht empfange, solle (mindestens) fünf Jahre in der Stadt bleiben, wer aber vor dieser Zeit wieder aus der Stadt fahre, zahle 5 Pfund Pfennige. 1411 wurde diese Nachsteuer von den Herzögen Ernst und Wilhelm auf drei Jahressätze der zuletzt bezahlten Steuersumme festgelegt.[4] Damit sicherte sich die Stadt gegen allzu plötzlichen Schwund an Steuereinkommen durch Aufgabe des Bürgerrechts und Wegzug zahlungskräftiger Bürger ab. Die Nachsteuer betrug immer drei Jahressätze der letzten bezahlten Steuer. Sie wurde nicht

---

[1] StB 1390/II S. 1r.
[2] StB 1392 S. 1v.
[3] StB 1394 S. 1r. – Solleder S. 503.
[4] Dirr, Denkmäler S. 270 Art. 201. – MB XXXV/II S. 273. – Solleder S. 205.

selten von zurückbleibenden Verwandten, etwa den Eltern oder von Geschwistern erlegt und im Steuerbuch vermerkt.

Verrechnung der Steuer mit Guthaben-Zinsen bei der Stadt

Die Stadt nahm gelegentlich bei Bürgern Darlehen gegen jährliche Zinsen (Ewiggelder, Leibgedinge) auf. Diese Zinsen der Stadt an den jeweiligen Steuerzahler wurden mit der Steuersumme, die der Steuerzahler an die Stadt zu zahlen hätte, verrechnet. Nur für die ersten Jahre bis 1378 soll hier das Kapitel über diese Leibgedinge (Ewiggelder) aufgenommen werden, weil sich hieraus beispielsweise die manchmal erstaunlich geringe Steuersumme von wohlhabenden Bürgern erklärt.

Leibgeding 1369:
Daz sind die, den die stat schuldig gewesen ist und den wir ir gelt an der stewer abgezogen haben:

Hainrich Toldel vectori -/12/-
Eberhart draechsel 3/-/-
Ulrich Tewrerio maurer 0,5/-/15
Chunrat fúrerio pellifici -/3,5/-
Stephan Scheibenvail, Johanni Knaellinch et Dollri (?) 6/5/20
Hainrich Purolfingerio [Salzsender[1]] 27/-/10
maurerio vectori 1/-/3
Hainrich maurerio 2/-/18
Jacob Kirichpúchler -/9/-
Hainrich scriptori, Húczgut, satlerinne, Ulrici Sun[2] et kuchenmaister de Lochhausen 14/5/24 exclusa pecunia ad raysam concessa
Hovoltingerinne 6/-/-
Grúnwaldinne, Johanni Muncherio, Chunrad[i] Múncherio, Siglino pader 8/-/60
Ridleriis et Sprúnginne 16/-/-
des Taellingers aydem[3] -/-/45
Ulrich maurerio 2/-/25
Zwixauf pistori -/7/-
Ulrich zollnerio 6/-/-
Waegendlerio 17/-/60
Nicel Schrenchoni 47/-/60
Johanni Langenmantel 4/-/-
Johanni verberio 3/-/72
Martino Strangoni 20/5/-
Putricis 23/-/- über 20 fl, di si in die rays [ge]lihen
Ludwig Potschnerio 9/-/60
Paulo Campsori de matris et sororis sue 7/-/3
Ludwig Kúchel 10/-/-
Chunrat draechsel -/12/-
Ulrich Pótschnerio 20/-/60
Georio Schrenchoni 15/-/-, salvis tribus libris concessis
Greimoldo draechsel 5/-/-
Werndel Perchofer 1/-/-
den Paerten 50/-/18
Andre [I.] dem Sentlinger 8/-/-
Andree [II.] seinem sun 5/-/-
Klewberinne -/9/-

---
[1] Vgl. Weinstraße 5.
[2] Ulrich Sun ist 1371 und 1372 Ausfuhrzollner am Oberen Tor (Neuhauser Tor), vgl. Vietzen S. 163, R. v. Bary III S. 884.
[3] Chunrad gener Taellingerii ist 1388 Salzscheibenzollner am Isartor, vgl. Vietzen S. 162.

Hudler 4/-/-
Chunrat Eysenman 3/-/-
Wilbrecht 10/-/20
Ulrich Stupf 31,5/-/-
Jacobo Rúshaimer [Stadtrat] 3,5/-/-
Reiczen der Schaeczel 0,5/-/24
Rúlein -/6/-
Impler 15/-/60
Hainrich Rudolf 33/-/- uber 3 lb, die er in die rays leh
item Paertel [et] Zachras [Rudolf] 18/3/4
Chunrat Diener 3/-/-
Hans Perchofer 9/-/-
Altman et Weinman 3/-/84
Hainrich Wolf 2/-/12
Martino maler -/12/-

Summa: 487 lb.

Leibgeding 1371:
Daz sind die, den die stat schuldig ist und den man ir stewer daran abgezogen hat anno [13]71

P[ri]mo Schaurlino -/6/-
Aygenmanno[1] maurerio -/3/-
Vlrich Tewrer [Maurer] -/4,5/-
Eberhart dráchsel 3/-/-
[Heinrich] Sentlingerio calciatore -/6/-
Purfingerio 20/-/-
Leoni mawrerio -/6/-
Jacob Kirichpuhlerio -/9/-
Hainrich scriptori 6/-/54
Húczgut 4,5/-/-
Hofolttingerin 6/-/-
Lewtel zewer 0,5/-/-
Grúnwalldinne 10/-/-
Gabriel Ridlerio et Sprúnginne 33/3/14
Fridrich Paybrunnerio -/3/-
Wágendlerio 17/-/30
Tichtlinne 12/-/82
Máwslino 6/-/-
Nicolao Schrenchoni 47/-/60
Nicolao filio suo 24/-/-
Langenmantel 4/-/-
Pótschnerio 20/-/-
Jeorio Schrenchoni 18/-/-
Werndlino Perchoferio 7/-/20
Paulo institori 7/-/3 salvo patrimonio Ponfras
Albrecht ledrer et Stainhawserinne 12,5/-/-
Dietel Weygel 1/-/-
Hainrich [II.] Part et fratris [kein Eintrag]
Chunrat [II.] Sluder 2/5/28
Andre [I.] Sentlinger 7/-/44
Johanni [II.] filio suo 2/-/-
Schafswol 16,5/-/-

---

[1] Andre Aygenman war 1398-1405 Stadtmaurer, vgl. R. v. Bary III S. 1004 nach KR.

item ex parte Werndel sororii sui -/17/10
Kleẃberinne 0,5/-/-
Nicolao Húbschwirt 2/-/-
Kaczmair 4/-/- uber daz gelt, daz im der Greimolt geschaft hat
Nicolao et Ulrico [III.] Tichtel 6/-/-
Hainrico [II.] Tulbeck -/3/14
Siglino Hudlerio 13/3/10
Jeorio Altman -/6/28
Stuph et filio suo 33,5/-/24
Kúnig -/14/-
[Fridrich] Plúmoni [Stadtrat] 2/-/-
Francz[o]ni [?] Sentlingerio et Ymplerio 22/-/48
Hainrich Rudolf et filiis suis 53/6/10
Chunrat Diener 7,5/-/-
Hainrich Wolf et Witscheit 6/5/-
Perchtolt Altman 5,5/-/-
Pútricis 16/-/-
Zaecherl Rudolfo 0,5/-/24
Eberhart Wurm et Eysenman 2/-/-

Summa: 502 lb 5 ß 16 pf

Leibgeding 1372:
Daz sind die, den die stat schuldig ist und den man ir stewer daran abgezogen hat anno [13]72:

P[ri]mo Schaurlino -/6/-
Aygenmanno maurerio -/3/-
Chunrad Geyger et Jeorio [I.] Ligsalcz 4/-/-
Fridrich Plumoni [Stadtrat] 2/-/-
Sentlingerio calciatori -/6/-
Hainrich Purolfingerio 12/-/-
Leoni maurerio -/3/-
Chunrat maurerio vettori 0,5/-/3
dem Herczogen wagenmann 0,5/-/-
pueri Ulrici Púhler 4/-/-
relicte Penditterin -/10/-
Stephan Purolfingerio 5/-/-
Jacob Kirichpúhlerio -/12/-
Húczguttoni 3/-/-
Hofolttingerinne et Ymplerio 16/-/-
Walderio vettori -/10/-
Lewtlino zawerio -/-/60
Gabriel [I.] Ridlerio et Jacobi [II.] fratri sui et Ludwig Pótschnerio 33,5/-/24 ex parte And[r]e de Priss
Fridrich Paybrunnerio -/3/-
[Stefan] Scheybenfail 2/3/6
item capell[ae] hospital[i] 16/-/-
Plóhlino [Kürschner ?[1]] 5/-/-
Chunrad verber 3/-/-
Wágendlerio 17/-/60
Tichtlinne 10/-/-
Hainrich Maẃslino 6/-/-
Nicolao Schrenchoni[2] 47/-/60

---
[1] Ein Plöchel Kürschner ist 1368 bei Burgstraße 1 belegt.
[2] Beide Schrenck wieder getilgt und am Rand mit dem Vermerk „sile" versehen.

Nicolao filio suo 8/-/-
Jeorio Schrenchoni 11/-/-
Langenmantel 4/-/-
Johanni Klingoni 2/6/12
Ulrico Pótschner 7/-/60
Martino Strang 11/-/40[1]
Hainrich Áppel [Salzsender, Stadtrat] -/10/18
Johanni [II.] Sentlingerio [kein Eintrag]
Paulo institori et sorori eius et de patrimonio Ponfras 8/-/63
Alberto ledrer et Stainhauserinne 15,5/-/-
relicte Ebnerinne [kein Eintrag]
Chunrat [II.] Sluder 3/-/-
Werndlino Perchhoferio 3/6/-
Hainrich [II.] Part et Johanni [II.] Part 18/-/-
Andre [I.] Sentlingerio 8/-/-
Klewberinne 0,5/-/-
Schafswol 16,5/-/-, ex parte Werndlini sororis sui 3/-/12
Nicolao et Ulrico Tichtel 6/-/-
Hainrich Tulbech 3/6/-
[Heinrich] Sengenwein 6/-/-
Sighardo Hudler 13/-/80
Ymplerio 8/6/-
Stuph 15/-/24
Francisco Sentlingerio et pro stewera puerorum Zehentnerii 13/5/-
Hainrich Rudolfo et pro stewera aliarum personarum[2] 88,5/-/-
Johanni Schrench 15/-/-
Wartholome Schiet 4/-/-
Chunrat Diener 7,5/-/-
Perchhoferinne et sorori sue [kein Eintrag]
Weissenvellderinne 1/-/-
Perchtolt Altman 4,5/-/-
Matheis Eysenman et [Eberhart] Wurm 2/-/-
Hainrich Wolf et Grúnwaldinne 10/-/-

Leibgeding 1375:
Daz sind die, den di stat schuldig ist und den man ir stewer daran abgezogen hat:

Item Chunrat Hegerio -/14/- umb holcz
Item Hainrich Purolfingerio racione precarii sui 16/-/-
Item Háutlino pro precario uxoris sue 7/6/20
Chunrat maurerio -/3/-
Jacobo Kirichpuhlerio -/12/-
Perengero -/14/-
Ridlerio pro stewera sua et aliorum sociorum suorum 100/-/- n[ullu]s [= minus[3]] -/-/40
Fridrich Paybrunnerio -/5/-
Martino Strangoni 16/-/-
Ulrich zollnerio [kein Eintrag]

---

[1] Vgl. R. v. Bary III S.738.
[2] Ganzer Eintrag getilgt und mit Vermerk „sile" versehen.
[3] In der KR von 1452/53 S. 38r stehen untereinander die Geldbeträge 5 ß m[in]us 5 d – dabei das „m[in]us" mit Kürzungsschlinge in Gestalt einer hochgestellten 9, laut Capelli mit „minus" aufzulösen –, und: 8 ß n[ull]us 2 d. – „n[ull]us" mit derselben Kürzung –, laut Capelli mit „nullus" aufzulösen; „minus" und „nullus" werden also in den Steuerbüchern gleichbedeutend gebraucht, letzteres häufing sogar verdoppelt zu „n[ull]us n[ull]us". Gelegentlich kommt auch vor „[m]i[n]us" „mi[n]us" jeweils mit der hochgestellten 9 als us-Kürzung.

Flöhlino 6/-/-
Wágendlerio 10/-/-
relicte Tichtlinne 18/-/60
Johanni [I.] Pútrich 32/-/-
Hainrich [IV.] Pútrich 40/-/74
Hainrich Strangoni 2,5/-/-
Nicol[ao] [II.] Schrenckoni seniori 45/-/-
filio Schrenck 4/-/-racione precarii Langenmantel
Ulrich Pótschnerio 23/-/80
Ulrich sneyder 10/-/-
Georio [I.] Schrenck 12,5/-/-
Chunrad de Hawsen 8,5/-/-
Albrecht ledrer pro stewera sua et Ulrich filio suo 17/-/-
Werndel Perchhoferio racione precarii sui 4/-/-
Johanni Krug ex parte Ulrich Awsenhoferii 3/-/-
Johanni Sluder racione precarii sui novi 22/-/-
Hainrich Part pro stewera sua et Johanni fratri sui 20/-/-
Ulrich Schafswol 22/-/-
Johanni [I.] Kaczmair 26,5/-/12
Hainrich [II.] Tulbeck 3/6/-
Niclas et Ulrich Tichtel 6/-/-
Sighardo Hudlerio 25/-/-
Eysenman Johanni seniori et juniori 11/-/-
Fridrich Altman et uxori nunc Sentlinger 9,5/-/16
Ulrich Stuph 14,5/-/-
Thoman Nortgaw [Stadtrat[1]] 28/-/80 fur 25 gulden ung[arisch]
Francisco Sentlingerio pro se et pueris Zehentnerii 14/5/-
H[ainrico] Rudolfi pro stewera sua et filiorum suorum 54/-/40
Johanni [I.] Schrenck 20/5/-
Dienerio -/12/-
Perchoferinne 3/-/-
Weizzenvellderinne 3/-/-
Wallderio vettori -/5/-
Hainrich Wolf 6,5/-/80
Perchtolt Altman 13/-/80
Ulrich Kúchelmair[2] [kein Eintrag]
Casparn dem goltsmid von Lienharcz dez Haydens wegen 18/-/80
Lienhardo Haydem 2/-/-

Summa huius facit 708/-/52

Ewiggeld/Leibgeding 1377:
Daz ist daz gelt, daz wir an der stewer von leipgeding wegen abgezogen haben:

Item der alten Klewberin -/12/- Múnicher
Hainrich Purolfinger [kein Eintrag]
Háutlino 4/-/40 Múnicher
[Jacob] Kirichpúhlerio 3,5/-/- Monacenses
Dietrico Sweindl 5/6/- Monacenses
Lienhardo Strangoni 1/-/-
Ulrich maurerio 2/-/-
Gabrieli Ridlerio 57/-/-

---

[1] Vgl. R. v. Bary III S. 741.
[2] Vgl. Kaufingerstraße 2*.

Ulrico zollner 3/-/-
Hainrich Waegendler 8/-/-
Tichtlinne et filiis suis 15/-/66
Nicolao [II.] Schrenck 31,5/-/-
Elizabete Sentlinger [Witwe von Andre II.] 4/-/-
Johann Putrich 31,5/-/-
Hainrich Strangoni ex parte Haylbeyginne Straenginne -/10/-
Hainrich Putrich 49/-/40 Múnicher
Hainrich Aepplino [Salzsender, Stadtrat[1]] 0,5/-/6 Monacenses
Elizabete Stúpfinne 3/-/80 Monacenses
Ulrich Pótschnerio 40/3/10 Monacenses
Georio [I.] Schrenckoni 9/-/- Monacenses
Albrecht ledrer 9/-/- Monacenses
Johann Sluder 10/-/- Monacenses
Werndel Perckhoferio 4/-/- Monacenses
Schafswol 10/-/-
Matheis [I.] Sentlingerio 5,5/-/-
Johanni Kaczmair 15,5/-/-
Nicolay et Ulrico Tichtel 3/-/-
Peter Geroldi -/12/-
Sighardo Hudler 19,5/-/6
Ulrich Stúph 19/6/-
Thoman Nortgaw 12,5/-/- Monacenses
Francisco Sentlingerio 5/-/- n[ullu]s [= minus] -/-/20
Hainrich Rudolfo pro se et filio suo Betholomeo 75/6/20
Chunrat Diener 3/-/-
Johanni [I.] Schrenckoni 4,5/-/-
relicte Perckoferinne 3/-/- ex parte hospitalis
Jacobo Weizzenvelderio ex parte Pairinne 3/-/-
Hainrich Wolf ex parte Schúlerii 10/-/-
Altmanno 4/6/15

Summa: 481/-/53

Das Kapitel über die Ewiggelder in den Steuerbüchern wurde ab 1567 jeweils mit eigenen Blattzahlen getrennt durchnumeriert. Auf diese alt-numerierten Blattzahlen verweisen die Steuerbücher bei ihren Vermerken ab 1567. So erklärt es sich, daß diese Ewiggelder ab 1561 hohe Seitenzahlen tragen (1561 bis 1565 jeweils ab S. 86r, 1566/I-II ab S. 87r), während sie ab 1567/I jeweils mit Seite 1r neu durchgezählt sind, sodaß dann niedrige Seitenzahlen entstehen.

Wichtige weitere herangezogene Quellen

Kammerrechnungen (KR):
  Überliefert sind die städtischen Kammerrechnungen seit 1318, jedoch im 14. Jahrhundert noch mit Lücken. Sie enthalten die Einnahmen und Ausgaben der Stadt voneinander und in einzelne Sachbereiche getrennt.

---

[1] Vgl. R. v. Bary III S. 738.

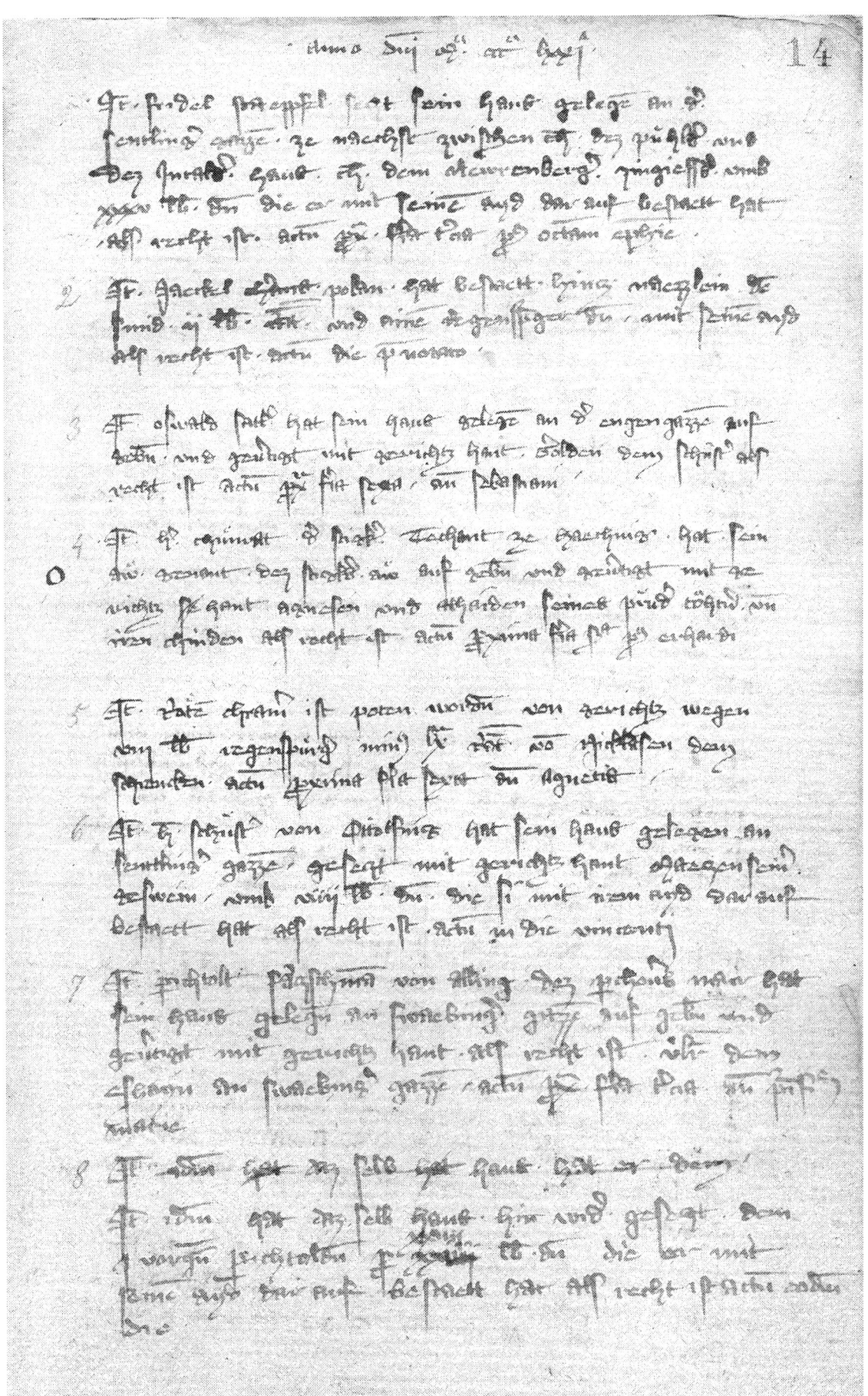

Abb. 3 Gerichtsbuch (GB) für 1368 – 1391 S. 14, Einträge aus dem Jahr 1371.

Gerichtsbücher (GB):

Sie sind überliefert für die Jahre 1368 bis 1417 (in drei Bänden) und 1522-1530 (in einem Band). Es handelt sich dabei um die Kurzfassungen der Ergebnisse der vor dem Stadtgericht ausgetragenen Rechtsstreitigkeiten in Haus- und Grundstücks- sowie Erbschaftsangelegenheiten und die Kurzprotokolle von Haus- und Grundstücksverkäufen und -übertragungen.

Baukommissions-Bericht über abzubrechende Vorbauten (Vordächer, Verkaufsbänke) an den Häusern der Krämer und Bäcker, 1370:

Anno domini millesimo trecentesimo septuagesimo [= 1370] sind die von dem ynnerm und von dem auzzerm rat und ein ganczew gemayn uberain chomen und cze rat worden, daz man ab sol prechen alle die paw, die hie ze München unordenleich geschehen sind, und darczu hat man geseczt XXXVI [Mann], den enpholen ist worden umb den nachgeschriben paw, und daz sol man allez abprechen hie und dem sunbentag [= 24. Juni]. Swer dez ubervert, der geit dem richter 1 lb pfenning, der stat XII lb dn, und dez nächsten werchtagz schickt man werchláut darczu, die es abprechen auf seinen schaden und was man gemeurs abpricht, daz sol iederman auzfúren und ab dem weg tun vor Jacobi [= 25. Juli] und in die weg nicht werffen oder dem richter ½ lb dn, civitati 2 lb dn.[1]

Trotz dieser eindeutigen Datierung auf 1370 ergeben sich bei manchen Häusern Differenzen. So stimmt diese Datierung etwa bei Kaufingerstraße 1* und 2* nicht mit der tatsächlichen Reihenfolge der Hauseigentümer überein. Das Haus 2* kam nämlich erst am 9. Oktober 1371 an Küchelmair, das Haus 1* sogar erst am 23. Januar 1372 an Mörel und die Rotschmiede. Das würde bedeuten, daß diese Auflistung erst etwa 1372 angelegt sein müsste. Wahrscheinlich wurde diese Liste über mehrere Jahre geführt und erst später, um 1372, die überlieferte Reinschrift angefertigt.

Salbücher des Heiliggeistspitals im 14. und 15. Jahrhundert:

Einkünfteverzeichnisse des Heiliggeistspitals über Hypothekenzinsen (Ewiggeldern) auf Häusern und Grundstücken von Bürgern liegen vor im Salbuch A, dessen Einträge zum größten Teil aus den 90er Jahren des 14. Jahrhunderts stammen.[2] Das Verzeichnis wurde jedoch fortgeführt bis 1454. Da-zu sind zwei weitere Salbücher B (1449)[3] und C (1487-1545)[4] erhalten, die unveröffentlicht sind. Sie enthalten einen großen Bestand von Hauseigentümern für die jeweilige Zeit.

Pferdemusterungen um 1398:

Die Liste[5] wurde für Kriegszüge (Raisen) während der Zeit der Bürgerunruhen von 1397/1403 angelegt und einmal von einer anderen, flüchtiger und ungelenker schreibenden Hand aktualisiert (korrig. Fassung), sodaß die genannten Personen zeitlich nicht zusammenpassen. Da manche der Namen am Rand mit einem Kreuz, manche mit einem waagrechten Strich „abgehakt" wurden, wurde die Liste vielleicht öfter als zweimal verwendet. Ausschlaggebend für die Datierung ist, daß in der Ur-Fassung beim Haus Kaufingerstraße 26 noch Jörg Katzmair aufgeführt ist, der wegen gegen ihn ausgestoßener Drohungen am 3. August 1398 die Stadt verließ und erst nach Beendigung der Unruhen – 1403 – wieder zurückkehrte. In der korrigierten Fassung wurde deshalb sein Name getilgt und durch „die zwo Kaczmaerin" ersetzt, womit seine Mutter und seine Ehefrau gemeint sind. Die Ur-Fassung stammt demnach aus der Zeit vor dem 3. August, die korrigierte Fassung aus der Zeit nach dem 3. August 1398. Daß sie beide zum Jahr 1398 gehören dürften, darauf deutet auch, daß 1397 – von 1398 selbst liegt kein Steuerbuch vor – noch der Goldschmied Hans Rudolf beim Haus Burgstraße 5 aufgeführt ist, bei der Steuererhebung von 1399 (19. Februar – 6. April) bereits seine Witwe bei Burgstraße 3 A/B. Auch Nicklas Drächsel von Rosenstraße 12/13 ist im Steuerbuch von 1399 bereits durch seine Witwe ersetzt.

---

[1] Zimelie 9 (Ratsbuch IV) S. 3r. Es folgen die 36 Namen der Kommissions-Mitglieder. Der Text ist in einheitlicher Schrift abgefasst, ohne Nachträge oder Korrekturen. – Vgl. auch das parallele Dokument von 1546.

[2] Vgl. Hubert Vogel, Das Salbuch des Heiliggeistspitals in München von 1390 = Quellen und Erörterungen zur Bayerischen Geschichte, Bd. XVI, 2. Teil, München 1966.

[3] StadtA, Zimelie 40.

[4] StadtA, Zimelie 43.

[5] Stadtverteidigung 225.

Nicht irritieren darf, daß gelegentlich zwei Personen unterschiedlichen Wohnorts gemeinsam veranlagt wurden. Personen, die nur (bis) 1397 am angegebenen Wohnort erscheinen, können natürlich auch 1398 noch hier gewohnt haben. Ebenso können Personen, die erst (ab) 1399 an der betreffenden Stelle vorkommen, auch 1398 schon hier gewohnt haben. Im übrigen ist nicht in allen Bereichen die Reihenfolge streng Haus für Haus eingehalten. Die Reihenfolge der Namen springt hier öfter. Vor allem wurden für die korrigierte Fassung Namen an falscher Stelle eingeschoben.

Das Dokument listet auf, mit wievielen Pferden jeder zum Kriegszug anzutreten hatte und ob er persönlich mitreiten musste oder ob er einen Vertreter (Knecht) schicken durfte und welche zusätzlichen Leistungen zu erbringen waren (Trabzeug, Panzer). Es sind sichtlich nicht nur Hauseigentümer veranlagt worden, sondern auch einzelne wohlhabende Mieter.

Der Liste wurde von Thoman I. Wilbrecht (Weinstraße 13) ein bemerkenswertes, aber nicht leicht zu verstehendes Gedicht vorangestellt:

> Ir hern ritter und auch knecht
> Yr seit zu trinken allzeit grecht
> Yr kunt witub unde waissen
> Reissen und auch gar zersnaisen
> Und allen den ir gelten sult
> Den wert ir nymmer recht an gut
> Und wer sein gelt von ew will haben
> Mocht ir den mit dem tod begaben
> Da waert ir alzeit kuchelmunt[1]
>   Ist dir gesunt
>   Die essend hunt
>   Gern in den slunt
> Paidew spat und auch fru
> Wer dez nit gelawben well
> Der yst nymmer[2] mein gsell
> Wann es mir wol[3] ist worden kunt
> Dar umb mag ichz von herczen gruntt
> Sprechen wol und ist auch war
> Daz ich sein pin verdorben gar
> Dez müssen die ein póz jar han
> Die mir den schaden hand getan
> Amen daz ist war und recht
> Ez hat geschriben der Wilbrecht.

Fräuleinsteuer (Prinzessinnensteuer)[4] von 1424:

Das Register enthält überwiegend die Hauseigentümer und langfristigen Pächter von Häusern, jedoch nicht alle und in manchen Fällen auch nur einen der Mieter, sodaß das System unklar ist.

Am 14. Mai 1424 quittierten die Herzöge Ernst und Wilhelm der Stadt den Erhalt von 1500 ungarischen Gulden als Hilfe für die Bezahlung des Heiratgutes von Beatrix, der Tochter Herzog Ernsts, als sie den Grafen Hermann II. von Cilli (Cilley) heiratete (Heiratssteuer, später auch „Prinzessinnensteuer" genannt). Weitere 1000 Gulden sollten im folgenden Jahr hinzukommen.[5] Laut Kammerrechnung von 1423/24 übergaben die Steuerer am 22. Mai 1424 an die Kämmerer den Betrag von 566 Pfund und 82 Pfennigen als 1. Rate der Fräuleinsteuer wegen der von Cilli Heiratgut.[6] Dieser Betrag entspricht fast genau dem mit der vorliegenden Steuerliste eingehobenen Betrag von 568 Pfund 6 Schillingen und 28 Pfennigen, nach Abzug einiger Spesen/Trinkgelder für das Erhebungspersonal.

---

[1] Über „kuchelmunt" „willig zu".
[2] „nymmmer" mit drei „m", darüber und darunter je ein unleserliches Wort.
[3] „es mir wol" über Korrektur.
[4] Steueramt 583.
[5] MB XXX//II S. 287.
[6] KR 1423/24 S. 17r.

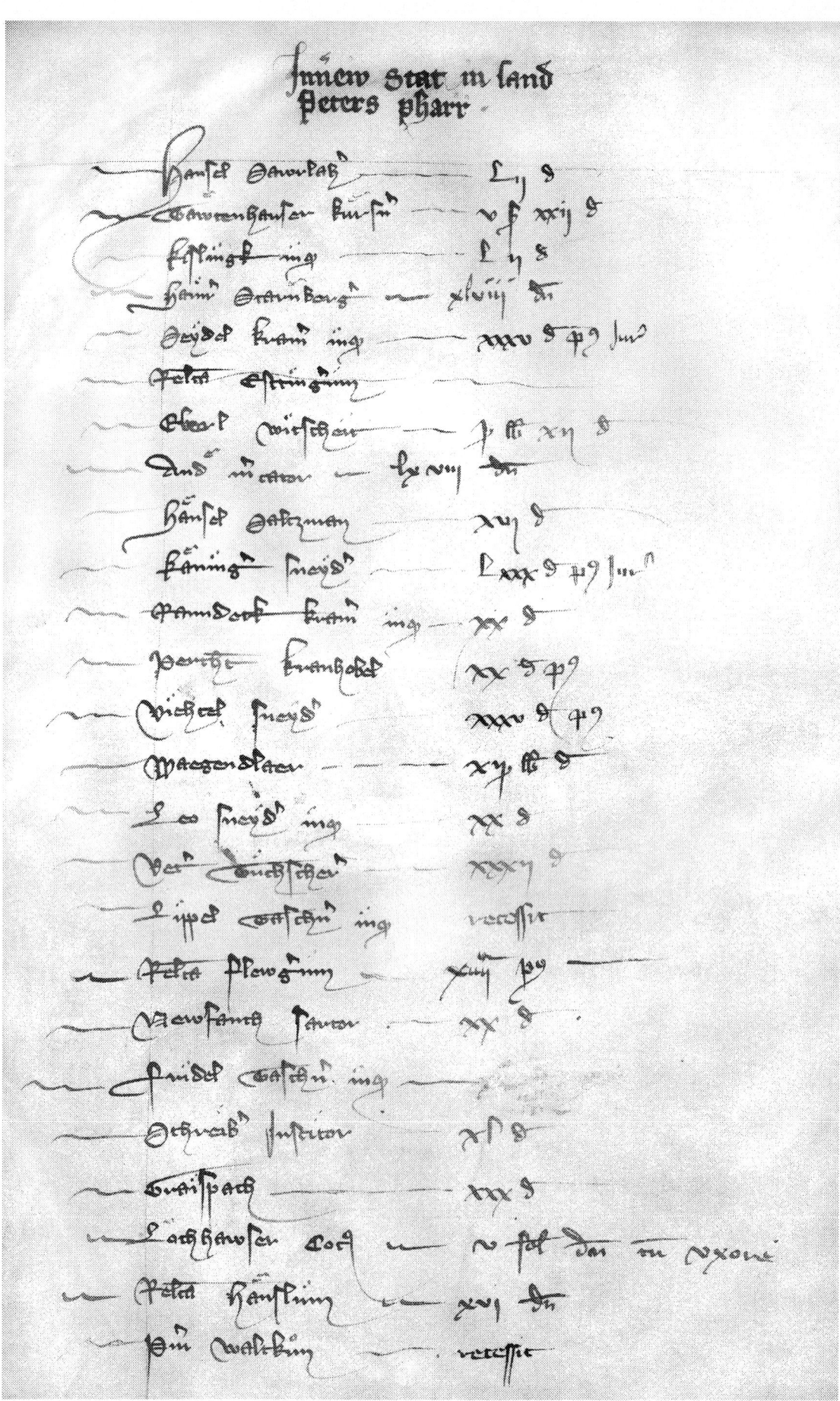

Abb. 4 Steuerbuch 1368 S. 29v, Petersplatz 4 bis Marienplatz 21.

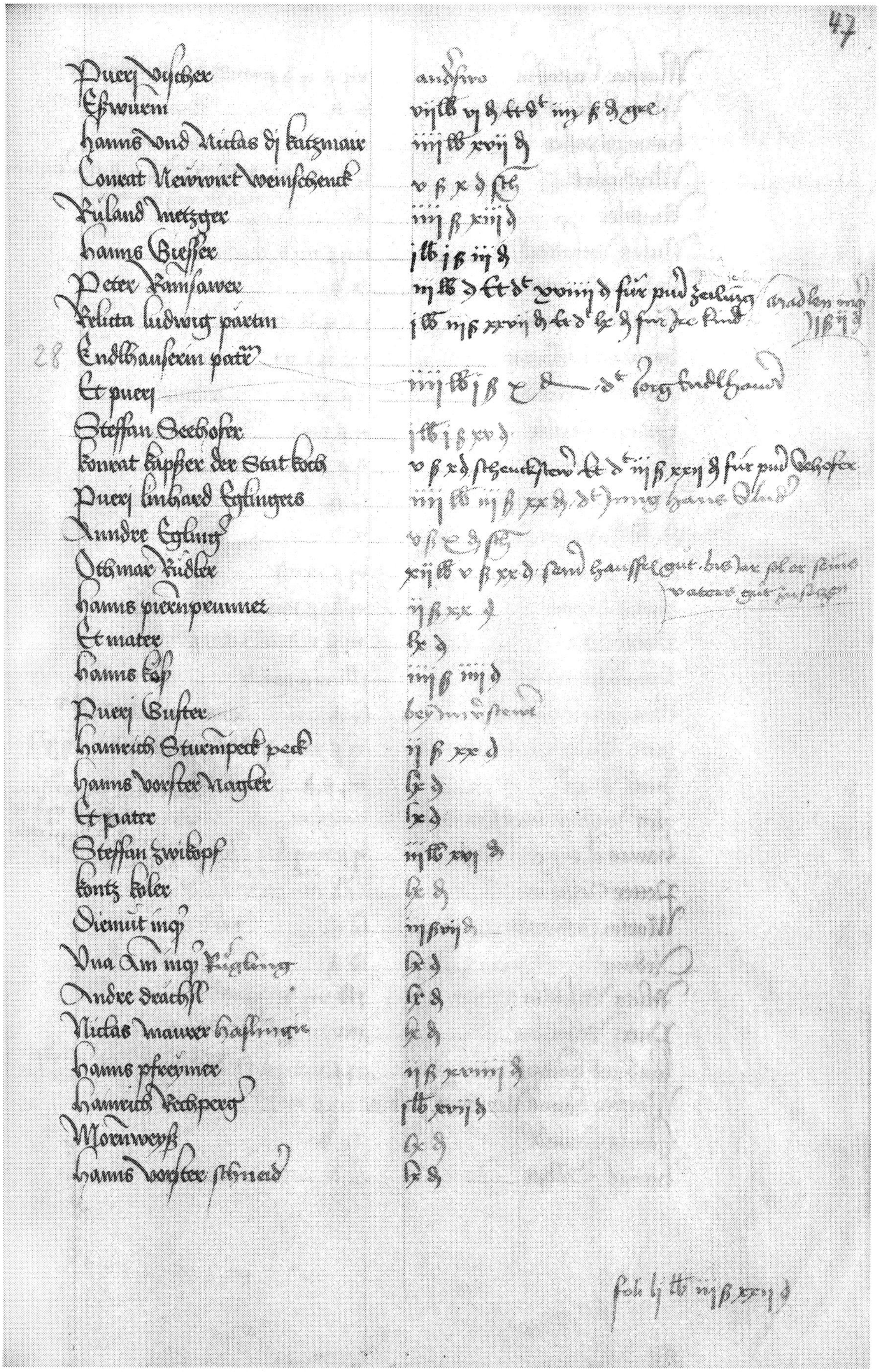

Purg vischer	andrwo	
Schouem	viij lb ij ß ec dt iiij ß d gre	
hanns vnd niclas di katzmair	iiij lb xvij d	
Conrat Neuwirt weinschenck	v ß x d ec	
Ruland metzger	iiij ß xiij d	
hanns Biesser	j lb j ß iij d	
Peter kamsawer	iij lb d et dt xviij d für pud zerlug	
Felicia ludwig partin	j lb iiij ß xxvij d et d für die kind	gradien mj jb ij d
28 Endlhauserin pat[er]	iiij lb ß ec d — dt Jorg Endlhaus	
Et puer		
Steffan Seehofer	j lb j ß xv d	
konrat tapster der Stat koch	v ß x d Stendthoui et d iij ß xxij d für pud Sehofer	
Puerj linhard Eslingers	iiij lb iij ß xx d dt mj hanns Slnd	
Andre Egling	v ß d et	
Othmar kidler	xij lb v ß xx d pand hansse Egut die der plas sind	vacare gut jn haftt
hanns pirenpeumer	ij ß xx d	
Et mater	lx d	
hanns tof	iiij ß iiij d	
Puerj Buster	bey der müter	
hainrich Stumpeck peck	ij ß xx d	
hanns vorster nagler	lx d	
Et pater	lx d	
Steffan zwikopf	iij lb xvj d	
kontz koler	lx d	
Diemut mg	iij ß vij d	
Vna Am mg Rigling	lx d	
Andre drachsl	lx d	
Niclas maurer haftinger	lx d	
hanns pfeymer	ij ß xviij d	
hainrich krebsperg	j lb xvij d	
Mornweyß	lx d	
hanns vorster smid	lx d	

sok lj lb iiij ß xxij d

Abb. 5 Steuerbuch 1486 S. 47r, Kaufingerstraße 25 bis Sporerstraße 3.

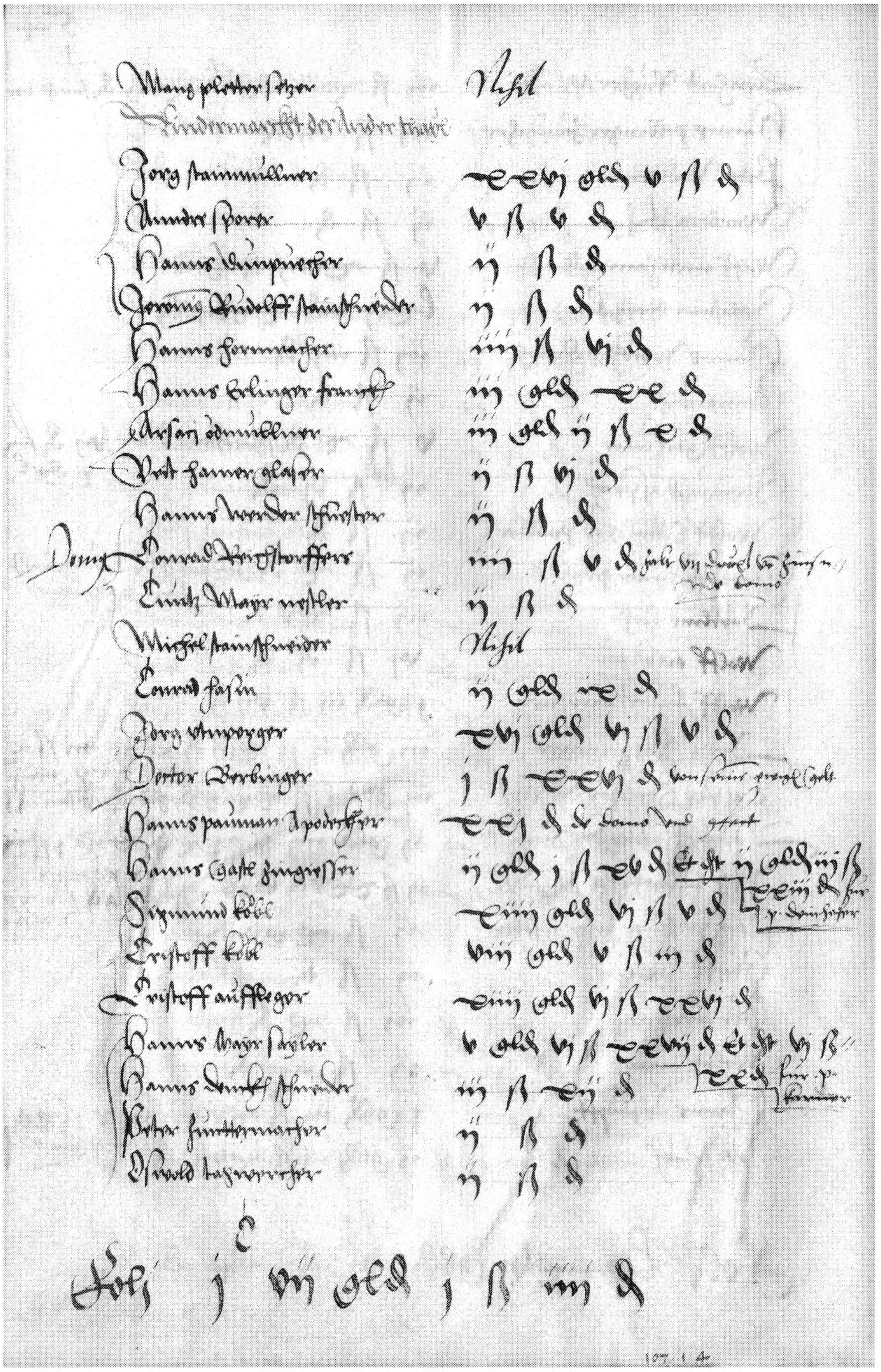

Abb. 6 Steuerbuch 1542 S. 54v, Rosenstraße 6 bis Rindermarkt 21.

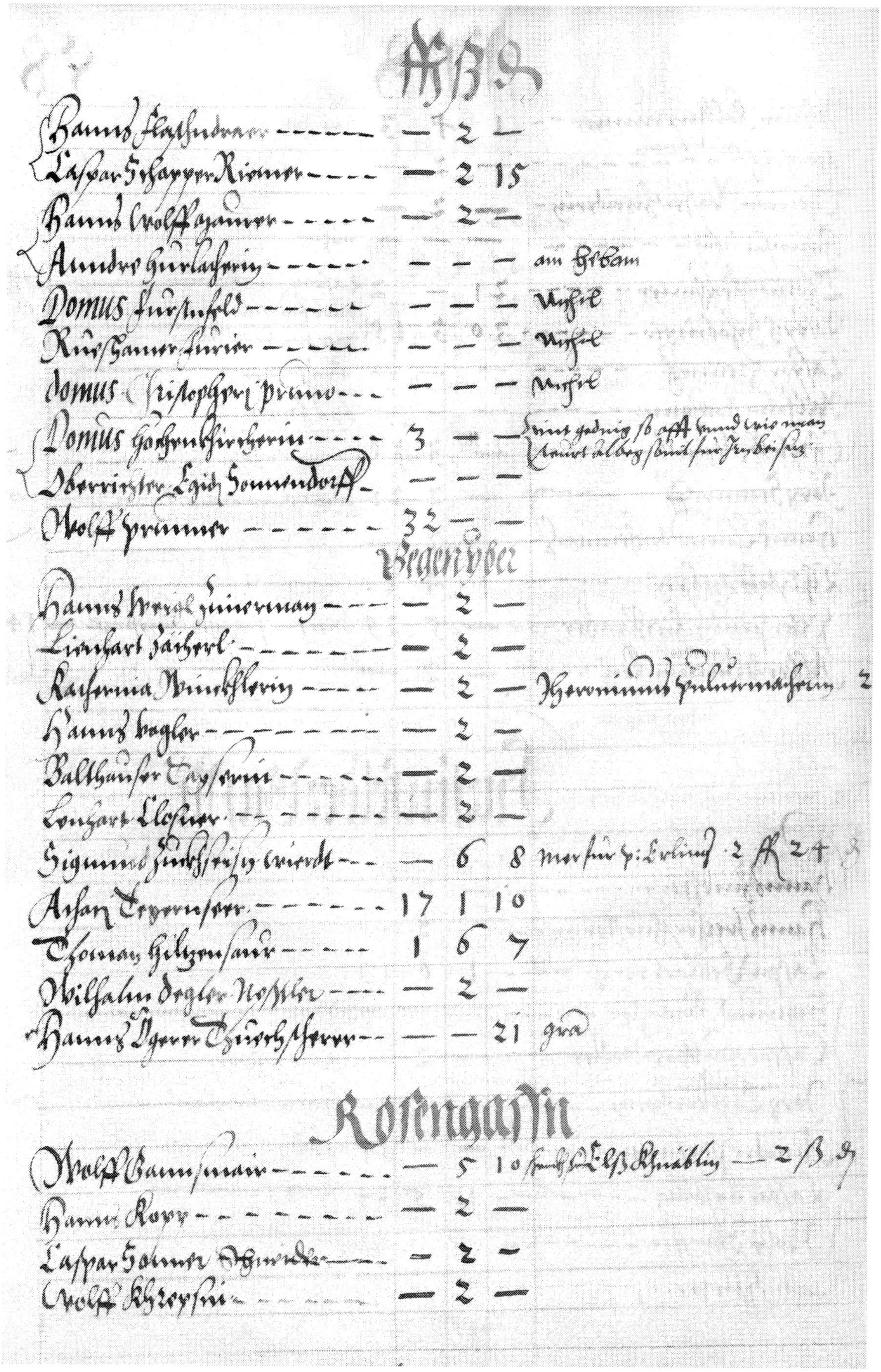

AGS

Hanns Rachendran	—	2	—
Caspar Schapper Riemer	—	2	15
Hanns Wolf Zainer	—	2	—
Aender Gurlacherin	—	—	— am Podem
Domus Fürstenfeld	—	—	— nichts
Rüchhauser Schneider	—	—	— nichts
domus Christophen premer	—	—	— nichts
Domus Hohenkircherin	3	—	— seine ...
Oberrichter Egidi Sonnendorf	—	—	—
Wolf Grimmer	32	—	—

Praunböck

Hanns Weigl Zimmerman	—	2	—	
Lienhart Sacherl	—	2	—	
Katharina Winckhlerin	—	2	—	Hieronimus Huetermacher 2
Hanns Vogler	—	2	—	
Balthauser Tayschni	—	2	—	
Conrart Closner	—	2	—	
Sigmund Hirschfelder Wierdt	—	6	8	... 2 ß 24
Achar Tegernseer	17	1	10	
Thomas Hiltzensaur	1	6	7	
Wilhalm Degler Nestler	—	2	—	
Hanns Iherr Büchsenscherer	—	—	21	gra

Rosengassn

Wolf Baumpair	—	5	10	... Knäblin — 2 ß 9
Hanns Kopp	—	2	—	
Caspar Sommer Schneider	—	2	—	
Wolf Khreysm	—	2	—	

Abb. 7 Steuerbuch 1560 S. 58v, Fürstenfelder Straße 12 bis Rosenstraße 8.

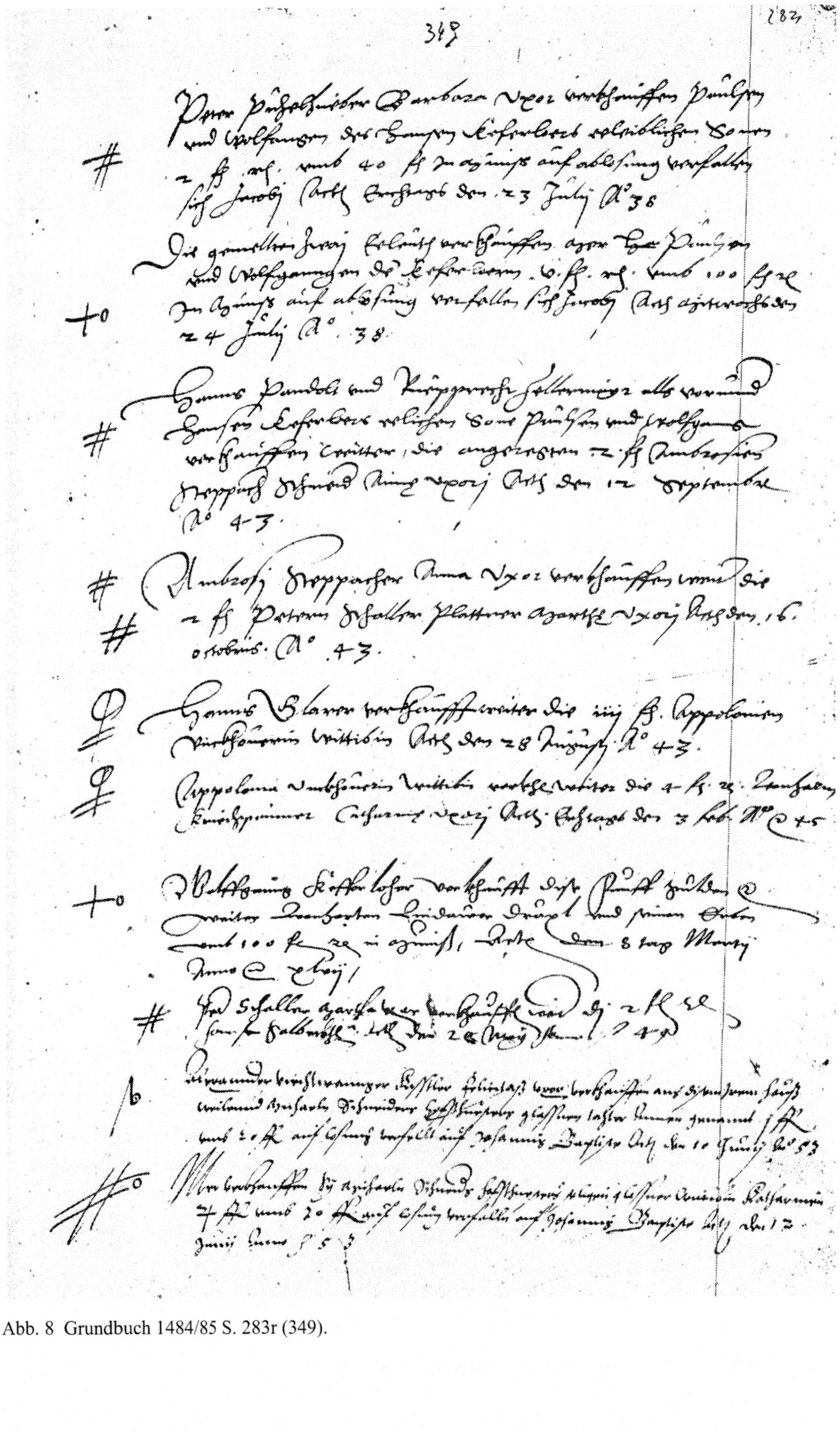

Abb. 8 Grundbuch 1484/85 S. 283r (349).

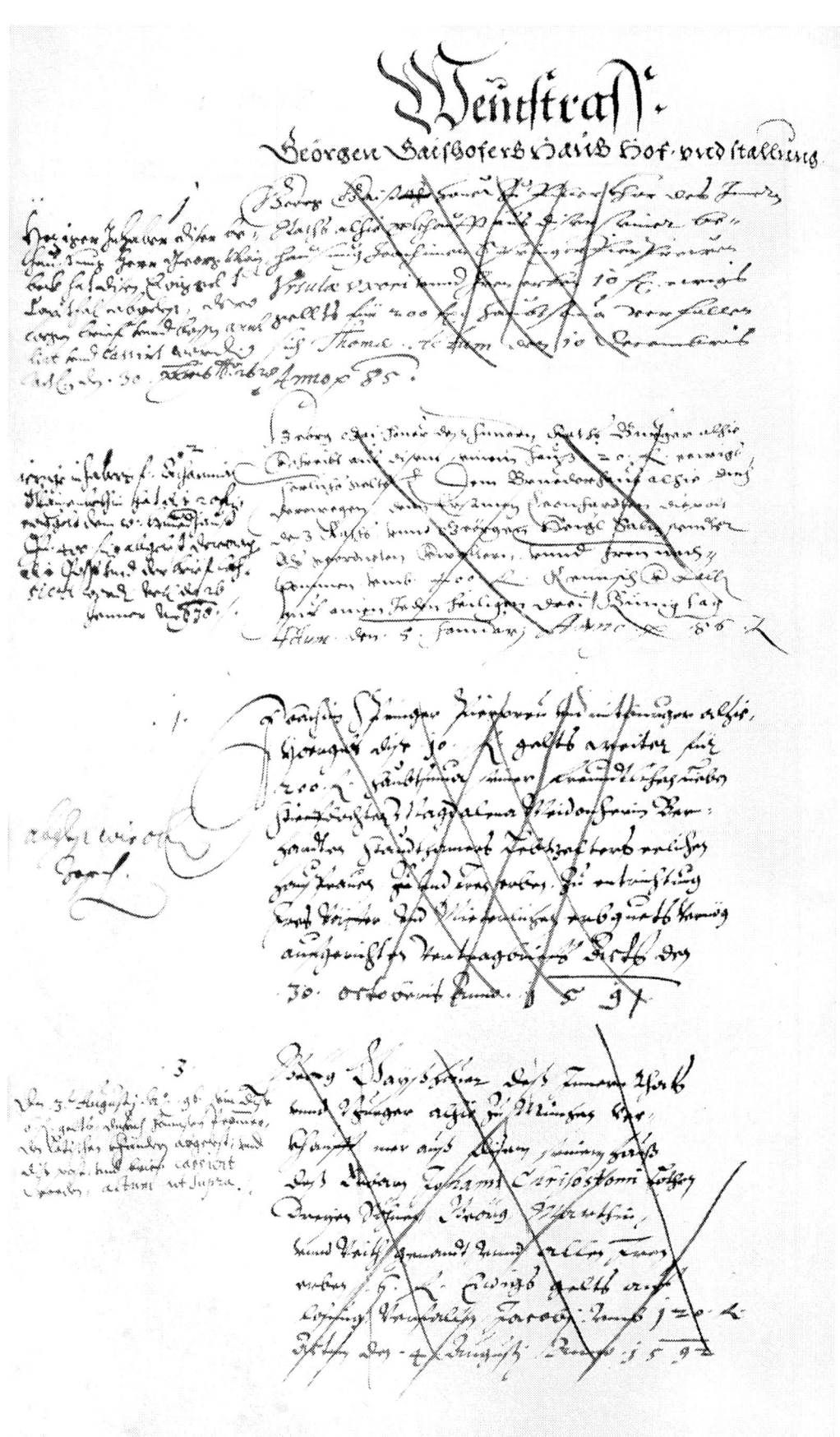

Abb. 9 Grundbuch 1574 S. 532v, Graggenauviertel, Dienerstraße 18. StadtAM, Stadtgericht 207/1.

Hussitensteuer-Liste von 1428:

Eine im Stadtarchiv seit langem mit „ca. 1425" datierte Quelle muss auf die Erhebung der Hussitensteuer, einer Reichspfennigsteuer, bezogen werden. Diese war am 22. Dezember 1427 auf dem Reichstag in Frankfurt beschlossen worden. Am 15. Februar 1428 zahlte die Stadt München bereits dem Krötelschreiber einen Geldbetrag für den Anschlag des Hussengeldes. Um diese Zeit lief also die Erhebung in München bereits oder war sogar schon abgeschlossen. Für die Annahme, daß es sich bei diesem Dokument um einen Teil der Hussitensteuer-Liste handelt, spricht auch, daß das Geld in böhmischen Groschen („grosch", "gross", auch latinisiert „duos grossos") eingehoben wurde[1], nicht wie sonst in München üblich in Pfund, Schillingen und Pfennigen. „Groschen" ist sonst in den Münchner Steuerbüchern und Kammerrechnungen dieser Zeit nicht gebräuchlich. Diese Geldbeträge in Groschen erscheinen auch in den Hussitensteuer-Listen anderer bayerischer Städte.[2] Außerdem spricht für die Einhebung einer Steuer gegen einen Religionsfeind, daß manche Steuerzahler freiwillig einen höheren Betrag gaben als sie mussten und dies begründeten „von andacht wegen" – so zum Beispiel eine Seelnonne im Pienzenauer-Seelhaus[3] –, oder sogar „von irer gewissen und andacht wegen".[4] Für die allgemeine Reichssteuer, die eine Kopfsteuer war, spricht auch, daß im Unterschied zur Stadtsteuer hier auch die Schwester Elisabeth des (noch nicht regierenden) Herzogs Albrecht (Beatrix war schon seit 1424 verheiratet, Amalie lebte als Nonne im Angerkloster), das gesamte Hofgesinde des Herzogs (u. a. die „Pernauerin"), die Juden und die Seelnonnen in den Seelhäusern veranlagt wurden, vgl. unter Burgstraße 8 Alter Hof. Ausgenommen waren offenbar nur Herzog Ernst und sein Sohn Albrecht, Ernsts Gemahlin Elisabeth und Herzog Wilhelm III. sowie die weltliche und die Klostergeistlichkeit.

Für die Einordnung des Dokuments bei 1428 gibt den Ausschlag, daß am 20. November 1426 der Zöllner Wolfhard Lonerstater gestorben war und sein Nachfolger Martin am 21. Dezember 1426 erstmals mit der Stadtkammer die Zolleinnahmen abrechnete.[5] Der „Martine zolner" steht bereits in der vorliegenden Steuerliste. Sie kann demnach erst *nach* November/Dezember 1426 entstanden sein. Für 1428 spricht zudem, daß der in der Liste genannte Kanzler Oswald Tuchsenhauser auch in anderen Quellen erst seit 1428 als Kanzler belegt ist. Er war allerdings schon seit 1425 im Kanzleidienst tätig.[6] Außerdem wird in dieser Liste "Johanes, der Herzogin [Elisabeth] Schreiber" genannt, bei dem es sich sicher um den in mehreren Schriftstücken von 1427/28 in der Umgebung der Herzogin vorkommenden Schreiber Johannes Kratzer handelt.[7] Desgleichen ist der Stadtunterrichter Fridrich Oberndorffer nur für die Jahre 1429 und 1430 sicher als solcher belegt.[8] Am 9. März 1427 war es jedenfalls Hanns Endelhauser. Bei dem um 1424/25 belegten Unterrichter Fridrich könnte es sich um Oberndorfer handeln, aber auch um Fridrich Starckman.[9]

Diese Steuerliste ist ein Fragment. Es ist nur die nördliche Stadthälfte überliefert, also die Steuerzahler der Frauenpfarrei (Gebiet nördlich der Achse Tal, Marienplatz, Kaufinger- und Neuhauser Straße), also das Kreuz- und das Graggenauviertel.

Scharwerksverzeichnisse 1439/1441, 1445:

Sie wurden angelegt für die Einhebung der Beitragszahlungen der Bürger zum Bau des Stadtgrabens („Im graben zu arbaiten gemainer stat angelegt in posta anno 1439"). Außer 1445, wo die Zahl der Ehalten angegeben ist, die jeder zu stellen hatte, wurden diese Scharwerksleistungen in Geld umgelegt, sodaß keine Arbeitskräfte gestellt werden mussten. Es wurden Tagessätze für die Löhne von

---

[1] Steueramt 584 S. 1r „grosch" und „gross", S. 31r „dederunt duos grossos", S. 46r Summa summarum der gantzen stat: „XII m[ilia] II c[entum] grosch und XLI g[rosch]" = 12 241 Groschen; S. 46r „pehaimisch grosch". – Die Kammerrechnung schreibt 1421: „24 gros, daz ist 6 ß", also 1 Groschen = 7,5 Pfennige, vgl. Solleder S. 89 Anm. 8, vgl. auch S. 88, 86 (Mitte), 82 (ganz unten).

[2] BayHStA, Lit. Altbayr. Landschaft 1489 von 1429/30.

[3] Steueramt 584 S. 37v, vgl. auch S. 9v, 10r, 12v „von andacht wegen",

[4] Steueramt 584 S. 32v „Ott Sánnftel dedit 1 rh[einischen] gulden fur sich und sein hausfrau von irer gewissen und andacht wegen et dedit 5 gross fur sein ehalten".

[5] KR 1426 S. 5r, 6r: „Nu ist der Martine angestanden und ist zolner worden, wan der Wolfhard starb".

[6] Heinz Lieberich, Klerus und Laienwelt der Kanzlei der baierischen Herzöge des 15. Jahrhunderts, in: ZBLG 29, 1966, S. 244, 245, 248.

[7] Von Andrian-Werburg, Urkundenwesen S. 61 und S. 47 (Schreiber P (1426-1432)).

[8] R. v. Bary III S. 802; vielleicht als „Fridrice undterrichter" schon am 6.12.1427 in KR 1427 S. 53v

[9] R. v. Bary III S. 802 mit Quellen.

Arbeitern berechnet. Veranlagt wurden auch Familienmitglieder und Dienstboten eines Beitragspflichtigen. Die Beiträge wurden 1439/I, 1440 und 1441/II jeweils viermal pro Liste eingezogen und die drei weiteren Einhebungen nach derselben Liste jeweils am linken Rand durch Längsstriche „abgehakt". Die Kürzung „t" mit Kürzungszeichen wurde lediglich einmal voll ausgeschrieben („taglon") und einmal unvollständig („tagl").[1] Vorhanden sind jeweils zwei Listen für 1439 und 1441 und eine Liste für 1440. Auch in diesen Listen folgt die Reihenfolge der Einträge dem Prinzip der Steuerbücher, also straßenweise und dann Haus für Haus.

Diese Listen wurden hier eingearbeitet, um den langen Zeitraum von 1431 bis 1462 (1453) zu überbrücken, für den keine Steuerbücher überliefert sind.

Salbuch der Stadt von 1443-1449:
Davon liegt ein Konzept vor (1443/44) und eine endgültige Fassung (1444/49). Es enthält den städtischen Hausbesitz und die Zinseinnahmen aus Häusern und Läden.[2]

Stiftungsbuch des Reichen Almosens 1449-1516:
Es enthält Urkundenabschriften über Stiftungen an das Reiche Almosen.[3]

Einwohner-Liste des Graggenauviertels („Sigmunden Pótschners viertel"), Titel: „Anlegung des Grigk (?) anno L^{mo}" (1450)[4]:
Der Entstehungszweck ist unbekannt. Grigk könnte ein Familienname sein.

Steuerlisten (= Liste) von 1453-1458, 1514:
Bei diesen Quellen handelt es sich um Listen der Steuerzahler, die der Steuerschreiber vor der Einhebung der Steuer angelegt hat, wahrscheinlich auf Grund der Von-Haus-zu-Haus-Erbehung, die der Einhebung der Steuer vorausging. Die Liste diente dann als Grundlage für das nach Abschluß der Einhebung auf Pergament in Reinschrift geschriebene Steuerbuch.[5]

Sitzungsprotokolle des Stadtrats ab 1459 (Dezember 1458) (RP):
Die Sitzungsprotokolle des Stadtrats setzen mit der Wahl des Stadtrats für das Jahr 1459 im Dezember 1458 ein. Sie enthalten vorwiegend die Namen aller Stadträte, aller städtischen Amtsinhaber (Beamten) und aller Handwerksvierer, dazu einige dem Stadtschreiber wichtig erscheinende Verhandlungen in Streitigkeiten zwischen den Handwerken um deren Rechte, um Erbschaftsauseindersetzungen und Kriminalfälle.

Im Zusammenhang mit der vorliegnden Edition der Steuerbücher sind vor allem die Listen der Handwerksvierer wegen der Identifizierung von Berufen wichtig. Sie finden sich von 1458 bis 1532 in den Protokollen jeweils am Ende des Jahres anlässlich der Wahlen für das nächste Jahr, sind also leicht aufzufinden, weshalb hier nur jeweils auf „RP" verwiesen und auf die Angabe von Band-Nummern und Seitenzahlen verzichtet wird.

Grundbuch Hackenviertel 1484/85:
Dieses Grundbuch, das von den Häuserbuch-Bearbeitern jeweils auf „um 1480" datiert wurde, ist 1484/85 zu datieren. Am 12. April 1483 zahlte die Stadtkammer einem Amtmann und einem Schreiber den Lohn dafür, „das sie die heuser, städel, hofstet nach lenngs in der stat hie beschriben haben, damit mans in ain ordenung pracht". Mit dieser Bestandsaufnahme ist die Vorarbeit zur Anlage der Grundbücher geleistet.[6] Ende des Jahres 1485 oder Anfang 1486 rechnet die Stadtkammer unter dem Titel „was die vier newn gruntpucher kosten" einen Betrag von über 21 Pfund Pfenningen ab. Davon sind alleine 8 Pfund für den „statschreiber von den newen vier gruntpuchern zuzerichten, zu capitulirn [= mit Kapitel-Überschriften zu versehen] und das alt gruntpuech mitsambt den zetteln in di newen zu schrei-

---

[1] Bauamt-Hochbau 34/1 (1439/I) S. 1r. Die weiteren Verzeichnisse von 1439-1441 liegen in Bauamt-Hochbau 34/2-4.
[2] Zimelie 30 (Salbuch-Konzept 1443/44) und Zimelie 19 (Salbuch 1444/49).
[3] Zimelie 27a und 27b (1449-1516).
[4] Einwohneramt 235.
[5] Steueramt 652, 1457 mit dem Titel „Vermerkung der steur", 1514 „Steuerregister".
[6] KR 1483/84 S. 96r.

ben, alles von dem [14]84. und [14]85. jaren" (es gab also auch vor dieser Zeit schon ein Grundbuch).[1] Von dieser Grundbuch-Serie ist nur der Band über das Hackenviertel erhalten geblieben.[2]

Weinschenken-Verzeichnis von 1489/1527:
Die Liste wurde angelegt für die Weinschenken-Ordnung vom Urbanstag 1489 (25. Mai). Dies war allerdings kein „Freytag", wie die Quelle behauptet, sondern ein Montag. Die Liste wurde dann fortgeführt bis 1527.[3]

Goldschmiede-Meisterbücher:
Mehrere überlieferte Meisterbücher für das Handwerk der Goldschmiede des 16. Jahrhunderts wurden von Max Frankenburger ausgewertet und mit einer Fülle von zusätzlichen Quellenbelegen für den jeweiligen Goldschmied ergänzt.[4] Außerdem wurden dort auch alle anderen Nachrichten über Münchner Goldschmiede, auch aus der Zeit vor dem 16. Jahrhundert, verwertet.

Baukommissions-Bericht über abzubrechende Vorbauten (Vordächer, Verkaufsbänke) an den Häusern der Krämer und Bäcker, 1546:
Der Inhalt dieser Liste deckt sich mit derjenigen von 1370, siehe dort.[5]

Grundbücher 1572-1576:
Diese Grundbuch-Serie trägt für die vier Bände der Stadt innerhalb der Stadtmauer (innere Viertel) die Jahreszahlen: (inneres) Anngervierthail 1572, (inneres) Hagkenviertel 1573, (inneres) Graggenau Viertel 1574, (inneres) Creutzviertel 1575.[6] Diese Serie der Grundbücher wurde bis 1628, bis zur Neuanlage einer Grundbuch-Serie, geführt.

Die vier Bände für die äußeren Viertel – vor der Stadtmauer – tragen die Jahreszahlen: äußeres Anger- und äußeres Hackenviertel 1573, äußeres Kreuzviertel 1574, äußeres Graggenauer Viertel 1576.

Das Grundbuch ist auch in dieser Zeit immer noch lediglich ein Ewiggeldbuch oder Hypothekenverzeichnis. Es überliefert Hauseigentümer nur in den Fällen, in denen ein Haus mit einer Hypothek – einem Ewiggeld – belastet war. Nur die Überschriften, die das Haus lediglich identifizieren sollen, nennen den Hauseigentümer der Zeit der Anlage des Buches, die bei jedem Band eine andere ist.

Aus diesem Grund beginnen die Einträge bei den einzelnen Häusern zu unterschiedlichen Zeiten. Bei manchen konnte der Schreiber noch rückwirkend Belege ermitteln, bei anderen beginnen die Eintragungen (außer dem Hauseigentümer von 1572-1576 in der Überschrift) erst mit der ersten Hypothek Anfang des 17. Jahrhunderts.

Das Häuserbuch der Stadt München:
Es enthält im wesentlichen die Reihenfolge der Hauseigentümer jedes Hauses der Stadt innerhalb der Stadtmauern wie sie sich aus den vorhandenen Grundbüchern ergibt. Nur gelegentlich haben die Bearbeiter Einträge in die Häuserbücher vorgenommen, die sie aus den Steuerbüchern und anderen Quellen ergänzt haben, leider ohne die Herkunft dieser Einträge zu kennzeichnen. Dabei sind sie aber leider auch Irrtümern zum Opfer gefallen und haben solche Einträge gelegentlich auf ein falsches Haus bezogen. Es ist deshalb bei den Daten der Zeit vor dem 16. Jahrhundert generell erst zu überprüfen, ob sie wirklich aus dem Grundbuch stammen und damit authentisch sind. Die krasseste Fehlzuweisung ist bei der Einarbeitung der Urkunden aus dem 14. Jahrhundert beim Haus Burgstraße 11 geschehen.

In der vorliegenden Arbeit wird deshalb immer nach den Originalen der Grundbücher zitiert (Stadtgericht Nr. 207/1, 3, 5a, 7). Die verwendeten Hausnummern beziehen sich jedoch immer auf das Häuserbuch, um den Anschluß dort zu erleichtern.

---

[1] KR 1485/86 S. 138r.
[2] StaatsAM, Grundbücher Nr. 240. – Kopie in StadtAM, Stadtgericht 207/5.
[3] Gewerbeamt 1418.
[4] Vgl. vor allem Max Frankenburger, Die Alt-Münchner Goldschmiede und ihre Kunst, München 1912.
[5] LBK 4.
[6] Stadtgericht 207/7 (Angerviertel), 207/5a (Hackenviertel), 207/1 (Graggenau Viertel, Graggenauviertel), 207/3 (Kreuzviertel).

Textgestaltung

Groß- und Kleinschreibung:

Alle Eigennamen werden in der vorliegenden Edition groß geschrieben, ebenso die akademischen Titel Doctor und Licentiat. Alle Berufs- und Amtsbezeichnungen sowie „herr" und „fraw" werden klein geschrieben, auch wenn der Verdacht oder sogar die Sicherheit besteht, daß bei einer Berufs- oder Amtsbezeichnung ein Familienname vorliegt und nicht der ausgeübte Beruf oder das ausgeübte Amt bezeichnet werden soll.

Diakritische Zeichen:

Fliegende Zeichen über dem „u" werden bei der vorliegenden Edition ignoriert, wenn das Zeichen eindeutig als u-Häubchen zu erkennen ist (wobei das u-Häubchen ja nur bei handschriftlichen Texten nötig ist, um das „u" vom „n" unterscheiden zu können, im modernen Textdruck stellt sich das Problem der Verwechslung nicht). Als Kriterium für Eindeutigkeit wurde es dabei genommen, wenn das Wort auch heute mit „u" gesprochen wird. Dann ist davon auszugehen, daß es auch im Mittelalter schon so gesprochen wurde. Es wird also transkribiert: steur, nicht steúr; gut, nicht gút; schuster, nicht schúster, zu, nicht zú, jung, nicht júng, durch, nicht dúrch usw.

Ebenso wurde das Zeichen unterlassen bei Diphthongen oder Umlaut, wo bei au, eu, ue, uo eine andere Aussprache ohnehin kaum möglich erscheint, also Hueber und Huober, nicht Húeber oder Húober; guet, nicht gúet; schuester, nicht schúester. Auch hierbei dürfte ein u-Häubchen gemeint sein.

Auch alle Vornamen oder von Vornamen abgeleitete Familiennamen werden ohne Zeichen wiedergegeben, also Chunrat, nicht Chúnrat; Rudolf, nicht Rúdolf; Lucas, nicht Lúcas; Sigmund, nicht Sigmúnd.

Anders jedoch sún, da es „Sohn" oder „sün", also „Söhne", bedeuten kann.

Das Zeichen wird beibehalten, wenn das Wort auch heute mit Umlaut gesprochen wird, also búrger, fúr, gúrtler, hinfúran, gúltcn, da es in sochen Fällen nicht sicher ist, ob der Schreiber nur ein u-Häubchen meinte oder sich bereits der künftige Doppelpunkt über dem a, o oder u andeutet und für uns ungewiß ist, wie es in der jeweiligen Zeit gesprochen wurde. Unsicherheit der Aussprache liegt auch bei Namen oder Bezeichnungen vor wie Zúgkler.

Das Zeichen über dem „w" wurde offensichtlich von den Schreibern des Mittelalters ausschließlich als u-Häubchen verwendet, also nur dann, wenn sie andeuten wollten, daß das „w" für „u" steht, also in „prew̓", um anzudeuten, daß es „preu" gersprochen werden soll und nicht „prew"; in „pew̓tler", weil es „peutler" gesprochen werden soll und nicht „pewtler"; in „zew̓g", weil es „zeug" heißen soll, in „haw̓sfraw̓", weil es „hausfrau" gesprochen werden soll, in „paw̓maister" usw., nicht aber in „leinweber", „wirt", „wúrfler" oder „wegen" usw.

Verzichtet wurde auf die Wiedergabe von schräggestellten doppelten Punkten über „i" und „y".

Auf die Zeile heruntergezogen werden andere über der Zeile, zwischen zwei Buchstaben, schwebende Buchstaben, so z. B. bei „Werndl" das zwischen „d" und „l" hochgestellte „e", also „Werndel", oder bei „Fraenczl" das zwischen „z" und „l" hochgestellte „e", also „Fraenczel".

i und j, iuravit und juravit:

Wenn heute „j" gesprochen wird, wurde das „j" beibehalten, z. B. in „jar", nicht aber wenn heute „i" gesprochen wird, deshalb „irn" (= ihren), nicht „jrn".

Eine Ausnahme wurde nur bei der vorwiegend von der Vorliebe der Schreiber abhängigen Schreibung von „iuravit" und „juravit" gemacht. Die Schreiber von 1368 bis 1383 schreiben juravit, der Schreiber von 1387 iuravit, derjenige von 1388 juravit, derjenige von 1390-1392 iuravit, die Schreiber von 1393-1395 wieder juravit (aber 1393 gelegentlich auch iuravit), diejenigen von 1396-1486 iuravit, derjenige von 1490 verwendet beide Formen. Von 1496-1571 wird nur noch juravit geschrieben. Gelegentlich wird auch „juratus" verwendet, so im Steuerbuch 1371.

Doppelkonsonanten:

Nicht beibehalten wurden unsprechbare Verdoppelungen am Anfang von Namen, z. B. bei Ffricz und Ffrancz. Deshalb also Fricz und Francz, nicht Helffenstainer, sondern Helfenstainer, nicht Hofolttinger, sondern Hofoltinger.

Vokale/Diphtonge/Umlaute:

Zeichen über a, o und u, die nicht eindeutig als zwei parallele Punkte oder parallele Schrägstriche erkennbar sind, schräg gestellte Punkte, Schleifen oder Bögen, werden einheitlich als Akzent (accent aigu) wiedergegeben. Sie sollen nur andeuten, *daß* ein Zeichen über dem Vokal ist. Die Interpretation, ob schon ä, ö, ü gemeint ist oder Diphtong gesprochen wurde, muß offen bleiben.

Eindeutig erkennbare übergeschriebene „o" über „u" wurden übernommen, also ů. Auch gelegentlich vorkommende schräg hinter einem „u" stehende „o" (Stu°pf, Ru°dolf) wurden über das „u" gestellt (Stůpf, Růdolf). „Ruodolf" wurde jedoch so übernommen.[1]

Übergeschriebenes (scheinbares ?) „e" wurde jedoch mangels technischer Möglichkeiten in einen Akzent umgewandelt.

c/t:

Diese beiden Buchstaben sind bis zum Ende des 15. Jahrhunderts nicht zu unterscheiden. Deshalb wurde bis dahin generell die Schreibweise mit „c" bevorzugt. Erst gegen Ende des 15. Jahrhunderts – etwa ab 1462 – wird abgewechselt. Vor allem im 16. Jahrhundert sind die beiden Buchstaben gut zu unterscheiden. Dann wurde der Text so wiedergegeben wie in der Vorlage.

v/u:

Stimmhaftes „v" wird als „u" wiedergegeben, also „und", nicht „vnd", „Ulrich", nicht „Vlrich".

Abkürzungen:

Diese wurden ohne eckige Klammern aufgelöst, wenn die Abkürzung eindeutig erschien. Ansonsten wurden Zutaten des Bearbeiters in eckige Klammern gesetzt.

Streiten kann man aber über die Auflösung von Abkürzungen mit Querstrich über dem Wort oder Namen, also „Chunr" und „Ch" (mit Balken) als „Chunrat" oder als „Chunrad", „Percht" (mit Balken) als „Perchtold" oder „Perchtolt", „Ulr" (mit Balken) als „Ulrich" oder „Ulreich", „Frid" (mit Balken) als „Fridrich", „Fridrych" oder „Fridreich" usw. Hier wurde vom Bearbeiter die Normalform bevorzugt, aber gelegentlich auch, wenn eine erkennbare Systematik vorlag, der Gewohnheit des Schreibers des jeweiligen Steuerbuchs gefolgt. Hier wurde das Risiko der Uneinheitlichkeit eingegangen.

Jedoch wurden unvollständige Namen und Wörter – ohne erkennbares Abkürzungszeichen – in ekkigen Klammern vervollständigt.

Beibehalten wurde nur die seit 1540 gebräuchliche Abkürzung „adi" vor einem Datum („adi 17. Juli 1563"). Sie wird später auf deutsch mit „am Tag" oder „den Tag" oder „den" oder „am" ersetzt und ist entstanden aus „ad diem".[2]

Lateinisch-deutsche Mischsprache:

Die Mischung der beiden Sprachen enthält bei diesen Quellen auch bei der Auflösung von Abkürzungen beträchtliche Tücken, weil nie sicher ist, ob lateinisch oder deutsch aufgelöst und lateinisch durchdekliniert werden soll. Die Schreiber der Steuerbücher verhalten sich selbst uneinheitlich, deklinieren sogar deutsche Namen und Wörter lateinisch: „Ulr [mit Balken] maurerio" (mit nach oben gezogener Kürzungsschlinge hinter r), also „[dem] Ulrich maurer", „Hainr [mit nach oben gezogener Schlinge] maurerio", also „[dem] Hainrich maurer". Hier könnte man streiten, ob man nicht „Hainrico maurerio" und „Ulrico maurerio" auflösen soll. Da aber in anderen Fällen hinter der Kürzungsschlinge eine lateinische Endung –io ausdrücklich angefügt ist, hat hier der Bearbeiter nur dann lateinisch dekliniert, wenn es der Schreiber eigens so gewünscht hat, wo nicht, wurde mit deutscher Endung aufgelöst, wie auch der Schreiber selbst schreibt „Johj [mit Balken] Langenmantel", also „Johanni Langenmantel", ebenso „Johj [mit Balken] Knaellinch" für „Johanni Knaellinch". Er schreibt auch „Ulr [mit Balken] Tewrio [mit nach oben gezogener Schlinge hinter r] maur [mit nach oben gezogener Schlinge hinter r]", soll also heißen „Ulrich Tewrerio maurer" (= dem Ulrich Tewrer maurer).[3]

---

[1] 1490 schreibt derselbe Schreiber den Namen Rudolf am Rindermarkt abwechselnd „Ruodolf" und „Růdolf", was die Empfehlung der meisten Transkriptions-Regeln in Frage stellt, auf keinen Fall hochgestellte Buchstaben auf die Zeile herunterzuziehen.

[2] In Kirchen und Kultusstiftungen 23 ständig abwechselnd „adi" und „den Tag".

[3] Alle Beispiele aus StB 1369, Leibgedinge S. 51r-v.

Reduzierung der Schreibvarianten:
Um den Text nicht unnötig aufzublähen und um eine gewisse Übersichtlichkeit zu erreichen, wurde darauf verzichtet, jeweils alle Schreibvarianten von Namen und Berufsbezeichnungen anzugeben. Das hätte beim Haus Weinstraße 10 so aussehen können: „Hanns (Hans, Hannß) púxnmaister (púchsenmaister, püchsenmaiser, pixnmaister, püxnmaister, puxnmaister, púchsnmaister, púchsnmaister, púchsenmaister) kupfferschmid (kupferschmid, khupferschmid, kup[f]erschmid, kupferschmidt, khupferschmidt)". Es wurde vereinfacht zu: „Hanns púxnmaister kupfferschmid". Oder bei Dienerstraße 23: „Martein (Marten, Martin, Marthin) Schötl (Schötl, Schotl, Schottl, Schöttl, Schóttl), 1527/II, 1552/II, 1556, 1559 kramer (cramer, chramer)". Das wurde vereinfacht zu: „Martein Schötl (Schötl, Schotl) kramer". Ebenso wurde „Jorg (Jörg, Georg, Jórg, Geórg) Schótl (Schöttl, Schöttl, Schottl)" vereinfacht zu: „Jorg (Georg) Schótl (Schöttl, Schottl)". Bei Marienplatz 12 wurde „Leẃpold sneyder. 1418, 1419, 1423-1428, 1455 Leẃpold (Lewpold) gewantschneider (gewantschneyder, gewantsneyder, gwantsneider)" vereinfacht zu: „Leẃpold sneyder. 1418-1428, 1455 Leẃpold gewantschneider" und beim selben Haus „Wilhelm (Wilhalm) Mayr (Mair), 1556-1561, 1564/I, 1565, 1566/I-II wirt (wierdt, wiert), 1564/II, 1565, 1567/I, 1568, 1569 silberchamerer (silbercamerer), 1570 f[ürstlicher] ainspeniger" vereinfacht zu: „Wilhelm Mayr, 1556-1561, 1564/I, 1565, 1566/I-II wirt, 1564/II, 1565, 1567/I, 1568, 1569 silberchamerer, 1570 f[ürstlicher] ainspeniger". Dabei wurde jeweils die erste an der jeweiligen Stelle vorkommende Schreibweise übernommen und die in den weiteren Jahren vorkommenden Varianten fallengelassen.

Nur für die Register wurden die Personennamen noch weiter vereinfacht, Orts-, Personennamen und Berufsbezeichnungen überhaupt in heutiger Schreibweise wiedergegeben.

Bei schwierigeren Familiennamen wurden die Varanten beibehalten, so bei Landschaftstraße 7* „Húrlapayn (Húrlapain, Húrapain, Hurlapain, Húrlepain, Húrlepayn, Húrlpain)". Auch bei Vornamen wurden vor allem Koseformen beibehalten „Ull (Ulrich, Utz)", „Lienhart (Liendel)", „Jórg (Georg)", „Hans (Johans)", „Chuncz (Chunczel)" usw., aber nicht „Blasy (Blasi)", Hanns (Hans, Hannß)" usw. Ebenso wurden Varianten beibehalten bei heute nicht mehr gebräuchlichen Vornamen wie „Hailweig (Haellweig)" usw. Generell wurden Namensvarianten fallengelassen, die nur auf Konsonanten-Verdoppelung oder –Vereinfachung beruhen, also „Gastlin", nicht „Gastlin (Gasstlin)", „Zweng", nicht „Zwenng (Zweng)", „Prannt", nicht „Prannt (Prant)", nicht „Sehofer (Seehofer, Sehover, Seehoffer)". Gleiches gilt für Berufs- und andere Bezeichnungen, also nicht „methschenckh (metschenckh)", sondern nur die erstgenannte Schreibweise, nicht „wittib (wittiben, witib)", sonder nur die zuerst genannte Schreibung. Auch wurden Varianten, die nur im Unterschied von „i" und „y", „c" und „k" oder „s" und „ß" beruhen, ignoriert, also nur „Zayser" oder „Zaiser", aber nicht „Zayser (Zaiser)" oder umgekehrt, und nicht „Mayr (Mair)", sondern nur die jeweils zuerst genannte Form, auch nur „Closner" oder „Klosner" oder „Cloßner", nicht aber „Cloßner (Closner, Klosner)".

Generell genannt werden lateinische Berufsnamen, also „calciator (schuster)", „sneider (sartor)" usw., auch Varianten wie „schuster (schumacher)", „weber (leinweber)", „preu (pierpreẃ)" usw.

Schreibweise der Steuerbeträge:
Um die ständige Wiederholung von „Pf" oder „lb" für Pfund, „ß" für Schilling oder „pf" oder "dn" für Pfennig zu vermeiden, werden in der vorliegenden Edition alle Steuerbeträge in Dreiergruppen, getrennt durch Schrägstriche, wiedergegeben, also: 3/8/10 bedeutet: 3 Pfund 5 Schillinge 10 Pfennige. Ab 1522 bedeutet die erste Zahl jeweils Gulden, also ab 1522 wäre das Beispiel zu lesen als: 3 Gulden 5 Schillinge 10 Pfennige. -/-/60 bedeutet entsprechend: 0 Pfund/Gulden 0 Schillinge 60 Pfennige.

Klammern:
In runden Klammern stehen innerhalb der Steuerbuch-Edition Varianten von Namen, Berufsbezeichnungen und anderen Wörtern, die in den angegebenen Steuerjahren abwechselnd gebraucht werden, außerhalb der Steuerbuch-Edition alles, was sich aus der betreffenden Quelle selbst ergibt, Paraphrasen zur Verdeutlichung eines Wortes – z. B. Glockenschwengel (Klächel) oder Amtleute (Beamte) oder Bayern-Landshut (Niederbayern) – sowie Daten – z. B. Sonntag nach Heiligdreikönig (11. Januar) –, auch Geldbeträge, Lebensjahre oder Amtszeiten.

In eckigen Klammern (und in Anmerkungen) stehen alle nicht in der jeweiligen Quelle vorkommenden Ergänzungen des Bearbeiters.

Bei den Steuer- und Scharwerks-Vermerken (StV, SchV) wurde die Jahreszahl, zu der der Vermerk gehört, ebenfalls in runde Klammern gesetzt. Hier dient die runde Klammer lediglich zur besseren optischen Erfassung. Doppelpunkte hinter der Jahreszahl wären vor allem bei den vielen Vermerken ab 1540, in denen häufig ebenfalls Jahreszahlen vorkommen, verwirrend geworden.

St, StV und Sch, SchV, Bem.:
    St bedeutet „Steuer", also die zu zahlende Steuersumme.
    StV bedeutet „Steuervermerk". Das sind Vermerke zur Steuer im Steuerbuch selbst. Sie stehen meist rechts neben dem Steuerbetrag, in Ausnahmefällen auch links am Rand. Häufig sind sie, jedoch manchmal kaum erkennbar, von anderer Hand nachgetragen.
    Analog bedeutet Sch = „Scharwerk" und SchV = „Scharwerksvermerk".
    „Bem." sind Bemerkungen des Bearbeiters, soweit nicht in die Anmerkungen aufgenommen.

Sternchen:
    Ein Sternchen (*) vor dem Namen bedeutet, daß die Person oder Familie durch Quelle ausdrücklich als Hauseigentümer belegt ist, *zwei* Sternchen (**) bedeuten, daß dieser Beleg das Grundbuch ist. Weitere aufgeführte Familienmitglieder oder Verwandte werden ohne Sternchen angegliedert, sofern sie nicht ausdrücklich ebenfalls als Miteigentümer belegt sind (dann haben sie ebenfalls ein oder zwei Sternchen). Ein Fragezeichen hinter dem Sternchen besagt, daß die Person als Hausbesitzer wahrscheinlich ist oder zumindest in Frage kommt, aber nicht nachgewiesen ist.

Die Schreiber der Steuerbücher:
    Bei der Fülle der Schreiberhände alleine bei den Hauptteilen der Steuerbücher, wurde davon abgesehen, alle ermitteln zu wollen. Dies müsste einer eigenen Arbeit vorbehalten bleiben.

Beispiel zur Interpretation

* Hainrich [IV.] Pútrich (Putrich, Putreich, Pútreich, Puttreich) [innerer Rat]. 1399, 1401-1410/II relicta Hainrich Pútreich. 1411 relicta Sabey Puttreichin
    St: 1368, 1369, 1371: -/-/-, 1372: 12/-/- ex gracia, 1375: 40/-/- non juravit, 1377-1379, 1381, 1382, 1383/I: 50/-/-, 1383/II: 75/-/-, 1387: 33/-/80, 1388: 66/5/10 juravit, 1390/I-II: 66/5/10, 1392: 46/-/60, 1393, 1394: 61/5/10, 1395: 42/-/60, 1396, 1397: 63/3/-, 1399: 63/3/- patrimonium, 1400: 50/-/- gracianus, 1401/I: 50/-/- gracianus, 1401/II: 50/-/-, 1403, 1405/I-II, 1406-1408, 1410/I-II, 1411: -/-/-
    StV: (1401/II) und sol swern alz pald sy gesunt wirt. (1410/I) iuravit Khatrey die Pútreichin.
    Bem.: (1403, 1405/I-1411) Steuer gemeinsam mit Wilhalm Púttrich.

Der Eintrag bedeutet: Innerhalb der Jahre 1368-1411 wird der Name auch in den in runden Klammern angegebenen Variationen gebraucht. In eckigen Klammern stehen Ergänzungen des Bearbeiters. In den Jahren 1368, 1369 und 1371 wurde von Hainrich Pútrich keine Steuer eingehoben. 1372 zahlt er 12 Pfund gnadenhalber, 1375 40 Pfund, aber er hat keinen Steuereid geleistet (non juravit), das heißt, er zahlt einen ermäßigten Pauschalbetrag. In den Jahren 1377, 1378, 1379, 1381, 1382 und 1383 bei der 1. Steuer – da in diesem Jahr zwei Steuern eingehoben wurden – zahlte er jeweils 50 Pfund, bei der 2. Steuer 1383 75 Pfund, 1387 33 Pfund 0 Schillinge und 80 Pfennige, 1388 66 Pfund 5 Schillinge und 10 Pfennige. Außerdem wurde ihm 1388 – wie allen Steuerzahlern – der Steuereid abgenommen. 1399 ist er tot. Deshalb wird sein hinterlassenes Vermögen oder Erbe versteuert, das patrimonium. Deshalb steht auch ab 1399-1410 (zweite Steuer) seine Witwe an seiner Stelle (relicta Hainrich Pútreich), 1411 als relicta Sabey Puttreichin. Sie zahlt bei den nächsten beiden Steuern (1400 und 1401/I) eine gnadenhalber festgesetzte Pauschale, bei der zweiten Steuer 1401 wird vermerkt, daß sie den Steuereid zu leisten habe, sobald sie gesund sei. Von da an muß sie ihre Steuer genau nach ihrem Vermögen versteuern. Von nun an führt sie aber Haushalt und Geschäft mit dem Sohn Wilhelm gemeinsam. Deshalb werden sie auch gemeinsam (unverteilt) veranlagt. Bei der ersten Steuer 1410 schwört sie – wie alle Steuerzahler – den Steuereid.
    Das Sternchen * vor dem Namen bedeutet, daß Hainrich Pútrich als Eigentümer dieses Hauses ausdrücklich belegt ist.

Der Eintrag über Ulrich Pángartner bei Kaufingerstraße 32/33 ist folgendermaßen zu lesen:

Ulrich Pángartner (Pangartner, Pámgartner, Pamgartner), 1431, 1441/I, 1447, 1457, 1462 schlosser, 1447, 1462 inquilinus. 1445 Pángartner
St: 1431: -/-/64 iuravit, 1447: 0,5/-/1, 1453-1458: Liste, 1462: -/3/10
Sch: 1439/I-II, 1440, 1441/I-II: 1 t[aglon], 1445: 1 knecht, dedit
SchV: (1440) de Pangartner duo t[aglon].

Das bedeutet: Während der angegebenen Jahre 1431-1462 kommt der Name auch in den in runden Klammern angegebenen Schreibweisen vor. Die erstgenannte Schreibweise Pángartner ist diejenige von 1431. Es kann in diesen Jahren auch „Pángarttner" oder „Pamgarttner" usw. vorkommen, oder andere geringfügige Varianten, die aber nicht aufgenommen wurden, um den Text nicht zu überladen. Auch könnte Ulrich als „Ullrich" erscheinen, was ebenfalls nicht vermerkt wird, nicht aber als „Ull" oder „Utz"; denn Koseformen wurden bei dieser Edition aufgenommen. Lediglich 1445 wird er alleine mit dem Familiennamen Pángartner (abgegrenzt mit einem Punkt) genannt. 1447 und 1462 wird er als „inquilinus" bezeichnet. Nur in den Jahren 1431, 1441/I, 1447, 1457 und 1462 wird der von Beruf Schlosser genannt. 1431 zahlt er nur 64 Pfennige an Steuer und schwört den Steuereid, 1447 zahlt er 1/2 Pfund, 0 Schillinge und 1 Pfennig, 1462 0 Pfund, 3 Schillinge und 10 Pfennige. Von den Jahren 1453-1458 liegen nur Namenslisten der Steuerzahler vor, die keine Steuersummen enthalten. 1439 und 1441 entrichtet er bei jeweils zwei Einhebungen, 1440 bei einer Einhebung *einen* Taglohn zur Scharwerksleistung zum Mauerbau, 1445 stellt er dafür einen Knecht. Mit „Dedit" hat der Schreiber vermerkt, daß die jeweilige Leistung auch tatsächlich erbracht wurde. Zum Scharwerk 1440 findet sich noch der korrigierende Vermerk „de Pangartner duo t[aglon]". Er hat also nicht einen, sondern zwei Taglöhne bezahlt.

Bei der dreigliedrigen Angabe des Steuerbetrages ist zu beachten, daß die erste Zahl bis 1509 den Pfundbetrag (das Pfund zu 240 Pfennigen gerechnet) angibt, ab 1522 aber den Guldenbetrag (den Gulden zu 210 Pfennigen gerechnet).

Berufsbezeichnungen werden bei der Auflistung der Steuerzahler generell klein geschrieben, selbst dann, wenn es wahrscheinlich ist, daß es sich um einen Familiennamen handelt.

Bei der Angabe der Steuersumme bedeutet etwa 1394-1396: 3/5/2, daß es in den angegebenen Jahren jeweils *eine* Steuererhebung gab (1394, 1395, 1396) und daß in jedem dieser Jahre 2 Pfund 5 Schillinge und 2 Pfennige bezahlt wurden. 1527/I-II: 3/5/2 bedeutet, daß in diesem Jahr zwei Steuern eingehoben wurden und beidemale der angegebene Betrag bezahlt wurde.

Bei Verkäufen von Ewiggeldern, die das Grundbuch vermerkt, bedeutet die Angabe, daß ein Ewiggeld von 40 Gulden um 800 Gulden Hauptsumme verkauft wurde: Der Verkäufer hat eine Summe von 800 Gulden geliehen und dafür als Sicherheit sein Haus eingesetzt, d. h. er hat das Haus mit einer Hypothek von 800 Gulden belastet. Dafür bezahlt er jedes Jahr 40 Gulden Zinsen (Ewiggeld), also die in dieser Zeit üblichen 5 %. Die Denkweise ist dabei aber umgekehrt: Der Schuldner verkauft dem Gläuber jährlich 40 Gulden Ewiggeld (d. h. Zins) für den Gegenwert von 800 Gulden Hauptsumme (als Darlehen). Allerdings wird nicht nur der Zins Ewiggeld genannt, sondern auch die Hypothek selbst.

Ein Sternchen * vor dem Familiennamen bedeutet, daß die genannte Person durch schriftliche Quelle als Hauseigentümer belegt ist, *zwei* Sternchen ** bedeuten, daß diese Quelle das Grundbuch ist. In den „Stammbäumen" der einzelnen Straßenabschnitte ist der durch Grundbuch belegte Hausbesitz durch Schattierung gekennzeichnet.

Die Hausnummern beziehen sich immer auf das „Häuserbuch der Stadt München".

Die „Stammbäume" der Häuser

Dem Text sind, um die Übersicht zu erleichtern, eine Art „Stammbäume" der Häuser und ihrer Eigentümer beigegeben. Die durch Grundbuch belegten Hauseigentümer sind mit einer Schattierung unterlegt. Die senkrechten Verbindungslinien der Kästchen bedeuten, daß der Besitzübergang von der einen zur nächsten Familie oder Person durch Quelle belegt ist oder sich aus dem Verwandtschaftsverhältnis (Schwiegersohn usw.) ergibt. Die dazu gehörige Quelle ist dem Text zu jedem Haus zu ersehen. Waagrechte Verbindungslinien bedeuten, daß die beiden Häuser ausdrücklich als Nachbarn belegt sind. Die Quelle dafür ist ebenfalls dem Text zu jedem Haus zu entnehmen.

Hauseigentümer ohne Verbindung zu den Nachbarn oder den Vor- und Nachbesitzern sind auf Grund ihrer Position im Steuerbuch dem betreffenden Haus zugeordnet. Gestrichelt umrandete Namen sind als Eigentümer wahrscheinlich, aber nicht ausdrücklich belegt.

Nicht gelungene Zuweisung

Folgende Häuser konnten nicht identifiziert werden:

1309 Juli 29 Hainrich Palch (Balg) erhält 3 Pfund Pfennige Zins aus einem Haus „an dem margte", das die Weismalerin dem Spital gegeben hat.[1]

1352 Markgraf Ludwig der Brandenburger erteilt Meister Ulrich Zinngießer die Vergünstigung, den alten Graben in der Breite seiner beiden Wohnhäuser nach Belieben zu bebauen.[2]

1353 April 1 Das Heiliggeistspital hatte ein Ewiggeld aus Irngarten der Stadlerin Haus „an Chaufringergazzen", zunächst „der Pósin haus" gelegen.[3]

1411 Juli 13 Hainrich Eckler versetzt sein Haus „an Kauffinger gassen" als Pfand dem Herman von Mosach um 5 Pfund Pfennige. Der Eintrag ist im Gerichtsbuch wieder getilgt. Für den Namen des Hausnachbarn wurde Platz frei gelassen.[4]

1429 Januar 8 ein kranker Dieb, der „in des Peter sneiders haus in Furstenfelder gassen gestoln het" wird aus der Stadt gewiesen[5].

Nach 1429 November 1 „de domo Toemair auff dem graben aput Augustinenses" geht ein Zins zu den Barfüßern.[6]

Nach 1429 wird ein Haus „sita an der Purckgassen" des Michael Röchs und seiner Hausfrau Beatrix genannt, aus dem ein Zins zu einem Jahrtag bei den Barfüßern geht.[7]

1517 die Kirche St. Peter kauft einen Gulden Ewiggeld aus dem Alblischen Wirthshaus am Rindermarkt.[8]

---

[1] Vogel, Heiliggeistspital Urk. Nr. 37.
[2] Solleder S. 443 nach BayHStA, Privilegienbuch 25 fol. 9.
[3] Vogel, Heiliggeistspital Urk. 85.
[4] GB III 111/14.
[5] KR 1428/29 S. 56v.
[6] Barfüßerbuch S. 173.
[7] Barfüßerbuch S. 167.
[8] Geiß, St. Peter S. 76 nach Salbuch von 1651.

Angerviertel

Abb. 10 Innere Stadt auf dem Sandtner-Modell von 1572 in Süd-Nord-Richtung. Untere Bildhälfte Angerviertel (rechts) und Hackenviertel (links). Foto: Bayerisches Nationalmuseum.

Abb. 11 Innere Stadt Anger- und Hackenviertel auf dem Sandtner-Modell von 1572 in Ost-West-Richtung.
Foto: Bayerisches Nationalmuseum.

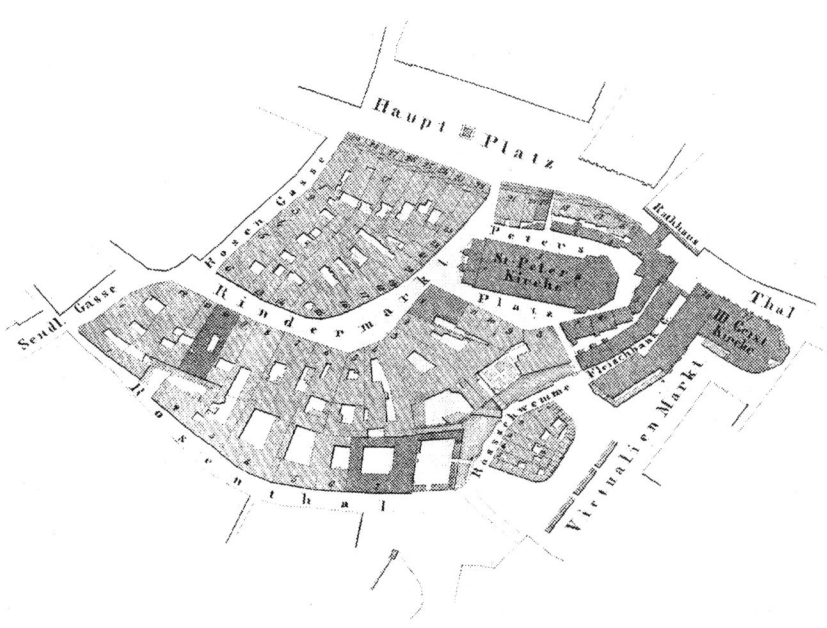

Abb. 12 Innere Stadt Angerviertel auf dem Wenng-Plan von 1849.

Marienplatz 16 - 21

Die Häuserzeile vom Rathausturm bis zur Schleckergasse (heute Einmündung des Rindermarktes in den Marienplatz) heißt „unter den Schneidtischen" oder „unter den Gewandgadem" oder „unter den Watgaden", nach den Läden zum Tuchausschnitt in diesen Häusern.

1370 kontrolliert eine Baukommission alle Häuser in der inneren Stadt auf Vorbauten (Verkaufsbänke, Lauben, Vordächer), die die Baulinie überschreiten und läßt sie teils wieder beseitigen. Im Protokoll dazu heißt es unter anderem:

„Under den sneitischen biz herauf [gegen] den Waegendler [Marienplatz 19] mugen si penck machen einer ellen prait und die sullen gemezzen werden von dem auzzern tail der saulen und sulln ie zwai gadem ain panck haben und sullen durchganch lazzen. Derselb durchganch sol haben 1 drittail und die penck czwai drittail an der leng und vor dez Mánhers gadem [unter Marienplatz 18, neben dem Pfaffengäßchen] sol ein durchganch sein und inderhalb [niderhalb ?] stet, da sol man dhain panck herfür seczen. Man sol auch auf den pencken gewant vail haben und sol dhain kramer darauf sten".

Weiter heißt es:

„Von dem Waegendler [Marienplatz 19] hinauf biz an daz eckhaws [Marienplatz 21 B] sol man neben der maur abprechen strebpfeiler, trúchen und allez daz, das fur die maur get. Und sullen die penck nicht für die pfeiler raichen, weder innerhalb noch auzzerhalb, und sullen in dem durchganck nicht vail haben, newer [= nur] in gaedmeren". Und weiter:

„Von dem Waegendlár [Marienplatz 19] biz an das egg [Marienplatz 21 B] soll man allw lócher zu werffen vor sand Jacobs tag [= 25. Juli] und sol man penck und auch durchgeng machen in der weit und in der mazz alz under den sneitischen und sullen zwischen der hausmaur und der penck nichcz vail haben noch seczen" bei Strafe an den Richter (24 Pfennige) und an die Stadt (60 Pfennige), so oft es geschieht. „Und die laitter sol abgen an dez Strangen haus [Marienplatz 21 B]".[1]

Für die Rückseite dieser Häuserzeile bestimmt die Baukommission 1370: „Swaz lauben, staell und daecher ist zwischen sand Peters kirchhoff und der hawser von dem Witscheit [Marienplatz 16] herauf uncz an dez Schrenchen eckhaws [Marienplatz 21 D], daz sol man allez abprechen und daz voder dach sol auch ab".[2]

Am 13. Dezember 1424 wird wieder eine Kommission eingesetzt, die diese Vorbauten kontrolliert. Auch hierbei wird wieder eingeschärft: „Item alle dáchel ob [= über] láden, ob chrámen, in allen gassn in der gantzen stat sullen zu soleicher mazz gemacht und angehengt werden, das sy nicht prayter seyn dann dreyer viertail ayner ellen und an der höch von dem phlaster bis an das tropfstal sol ein yegleich dachel haben vierdhalbe ellen, ausgenomen der peckn dáchel ob irn láden, da sy ir prot vail haben, und die sol man in aller stat also machen zwischen hie [= jetzt] und Liechtmessen" (22. Februar 1425).[3]

---

[1] Zimelie 9 (Ratsbuch IV) S. 3v (neu).
[2] Zimelie 9 (Ratsbuch IV) S. 3r (neu).
[3] Stadtgericht 917 (Bußordnung von 1433) S. 13v.

Petersplatz 4

Lage[1]: Zwischen dem Rathausturm und dem Petersplatz.
Charakter: Kleines Rathaus, enthaltend teils: Landschaftsstube, Geistliches Archiv, Registratur, Unterrichter- und Vormundschaftsamt,[2] auch Wohnung des Bürger- oder Ratsknechts.
Läden[3] **(vier):** 1443 eine Kram talwärts an die Wickenhauserin verpachtet. Dazu drei weitere Gaden.

Hauseigentümer:

1315 März 12 eines der drei Häuser des „Ritters von München" Ainwig des Gollir „an sand Peters freithof gelegen, uncz [= bis] an daz Talpurgtor" reichend, aus denen der Ritter jetzt dem Kaplan Niclas ein Ewiggeld von 5 Pfund Münchner Pfennigen verkauft, die dieser wiederum als Seelgerät an die Allerheiligenkapelle „an dem margt" („Gollirkapelle") stiftet, an der er Kaplan ist.[4]
Wahrscheinlich gehört auch das Haus Marienplatz 16 zu diesen drei Häusern. Das spätere Kleine Rathaus war eine unübersichtliche, in sich verschachtelte Baugruppe, deren einzelne Bestandteile von außen schwer erkennbar waren. Möglicherweise bildete um diese Zeit auch der Bauteil außerhalb des Turms das dritte Haus. In seiner Nähe lag 1304 auch das Steinhaus des Heinrich Sander „beym Talpurgerthor", auf dessen Hofstatt Kaiser Ludwig 1315 die Fleischbank vom Markt hinunter verlegen ließ („bey dem Talpurgthor ... auf div Hofstatt, die weyland Heinriches des Sanders gewesen ist").[5]
Der Ritter Gollir hatte auch noch zwei Häuser am Kornmarkt, später Weinstraße 1 und 2 genannt.
1382 April 18 zum Einkommen des Kaplans der Jodoks- oder Allerheiligenkapelle („Gollirkapelle") gehören Gülten aus zwei Häusern am Getreidemarkt (Weinstraße 1 und 2) sowie aus drei Häusern am St.-Peters-Kirchhof und neben der „porta vallis", dem Taltor.[6]
1392 obwohl das letzte der drei Häuser erst 1443 an die Stadt kommt, wird jetzt am Petersplatz 4 bereits eine neue Ratsstube eingebaut und ein Gemach für Hensel den Bürgerknecht.[7] 1396 ist von einer „großen Ratsstube" die Rede,[8] 1398/99 von einer Ratsstube "unter dem Turm"[9], 1400/02 von der "kleinen Ratsstube".[10] In derselben Zeit (nach 1392) wird auch eine Stube für den städtischen Waagmeister eingebaut.[11] Aber erst 1412/13 wird östlich an die Gollirhäuser und damit außerhalb des Turms das neue Waaghaus angebaut.[12] In seinem Obergeschoß kommt 1415/16 eine weitere Ratsstube hinzu.[13] 1418 und 1422 heißt der ganze Komplex „das neue Rathaus".[14] Dieses erhält 1415 durch eine außen angebrachte Treppe einen eigenen Zugang zu den beiden Ratsstuben vom Petersbergl aus.[15]
1392 domus Gümplin (StB). Dieses Haus steht in den Steuerbüchern von 1392 bis 1409 jeweils noch vor dem Haus des Heiliggeistspitals (Marienplatz 16), muß also Teil von Petersplatz 4 gewesen sein. Es ist jedoch offensichtlich ein Bauteil, der auf dem Petersplatz lag. Nach dem Stadtzinsbuch (ca. 1388/1459) hatte die Stadt nämlich ein Ewiggeld „aus des Otten Gümpleins haus auf sand Peters freit-

---

[1] Zu den Häusern Petersplatz 4 bis Marienplatz 21 vgl. Stahleder, Stadtplanung S. 217/218. – Diese Häuserzeile wird schon 1253 „situm infra forum vulgo inter watmangerios" genannt, vgl. MB III 44 S. 150 = Krausen, Die Urkunden des Klosters Raitenhaslach 198.
[2] Schattenhofer, Das alte Rathaus S. 67.
[3] Zu dieser Ladenzeile vgl. Stahleder, Stadtplanung S. 217.
[4] Urk. D I e 2 - XLII Nr. 1 (Vidimus vom 1.9.1370).
[5] Dirr, Denkmäler Urk. Nr. 44. – Bergmann UB Nr. 54.
[6] BayHStA, GUM 2838.
[7] Kämmerei 19/1 S. 6.
[8] KR 1396/97 S. 55.
[9] KR 1398/99 S. 82.
[10] KR 1400/02 S. 89.
[11] Schattenhofer, Das alte Rathaus S. 16.
[12] KR 1412/13 S. 12, 46.
[13] KR 1415/16 S. 43, 45, 47; 1416 S. 44, 46v, 47, 48.
[14] KR 1418/19 S. 64v; 1422/23 S. 70v.
[15] KR 1415 S. 44, 45v. – Schattenhofer, Das alte Rathaus S. 67.

hof, hinder der schull".[1] Die Schule war Petersplatz 7*. Anfang November 1409 heißt es in der Kammerrechnung, die Stadt habe gezahlt „umb zuber und schefl zu dem fewer, das des Gümpleins haws abprant und den knechten trinkgelt, die da gerett[et] haben".[2] Das Haus ist wahrscheinlich nicht wieder aufgebaut worden und im Kleinen Rathaus aufgegangen.

1402 Juni 17 dürfte ein weiteres Haus zu diesem Komplex des Kleinen Rathauses zu rechnen sein. Da versetzt Hainrich Wändelhauser sein Haus in St. Peters Pfarr, „znächst an dem rathaus" als Pfand dem Hans Tichtel um 198 gute ungarische Gulden.[3] Da das Haus Marienplatz 16 zu dieser Zeit schon dem Vater von Hans Tichtel (Ulrich Tichtel) gehört, kann das Haus des Wändelhauser nur noch hierher zu beziehen sein.

1443 Juni 11 der Kaplan der Gollirkapelle am Markt, Meister Hans Ewgenpeck, und die Gebrüder Hans und Peter Schluder als Lehenherrn der Gollirkapelle verkaufen „das haus, darauf die grozz ratsstuben yetzo stet", also das Haus unter der großen Ratsstube, anstoßend an St. Peters Freithof um 200 Pfund Pfennige an den Rat der Stadt. Drei Gaden (Verkaufsläden) liegen darunter und eine Kram (Krämerladen) talwärts, die jetzt die Wickenhauserin (als Pächterin) innehat.[4]

1525 Juni 26 das Rathaus ist Nachbar zum Haus des Heiliggeistspitals (Marienplatz 16).[5]

1572 und

1596 März 21 laut Grundbuch (Überschrift) Nachbarhaus zum Haus des Tuchhändlers Hieronimus Röll (Marienplatz 16).[6]

Wann die anderen beiden Gollirhäuser an die Stadt kamen, läßt sich nicht mehr feststellen.
Die Häuser des Gollirkaplans an dieser Stelle sind 1395 Nachbar des Hauses des Andre Tewrer beziehungsweise Ulrich Tichtel und 1404 ebenfalls von Ulrich Tichtel beziehungsweise der Stadt und des Heiliggeistspitals, 1525 des Spitals beziehungsweise der Stadt (Marienplatz 16). Die Bewohner waren teils städtische Beamte (Rats- oder Bürgerknecht, Waagmeister), teils handelt es sich vielleicht auch nur um die Pächter der Läden unter dem Haus. Das könnte erklären, warum sie meist überhaupt keine Steuer zahlen (sie werden dort veranlagt, wo sie ihren Wohnsitz haben), ansonsten nur sehr geringe Beträge.

Eigentümer Petersplatz 4:

* Ainweig Gollir, Ritter von München [um 1315 März 12]
* domus Gúmplin. 1393-1396 Gúmpl (Gúmpel). 1397, 1399-1408 domus Gúmpel (Gumpel)
   St: 1392: -/-/20, 1393: -/-/26, 1394: -/-/26, 1395: -/-/12, 1396, 1397, 1399, 1400, 1401/I: -/-/18, 1401/II: -/-/24, 1403, 1405/I: -/-/22, 1405/II: -/-/17, 1406: -/-/23, 1407, 1408: -/-/22
* Gollir und Gollirkaplan [bis 1443 Juni 11]
** Stadt München, Rathaus [seit 1443 Juni 11]

Bewohner Petersplatz 4:

Hansel (Haensel, Hans) Sawrlaher (Saẃrlacher, Saurlaher) [Steuerknecht[7]]
   St: 1368: -/-/52, 1369, 1371, 1372: -/-/78, 1375: nichil, 1387, 1388: -/-/-, 1390/I-II: -/-/12, 1392: -/-/18, 1393: -/-/24, 1394: -/-/18, 1395: -/-/45 fur drew lb, 1396, 1397, 1399: -/-/-, 1400: nichil
   StV: (1399) hat der rat ledig gesagt. (1400) und ist vor ledig gesagt.
Taẃtenhauser (Tauttenhauser) kúrsner St: 1368: -/5/22, 1369: 1/-/18
Kislingk inquilinus St: 1368: -/-/52

---

[1] Zimelie 34 (Stadtzinsbuch) S. 4r.
[2] KR 1409/10 S. 52r.
[3] GB III 1/3.
[4] Urk. B II c 275a; Zimelie 34 (Stadtzinsbuch) S. 18v. – Von einem Wickenhauser kauft die Stadt im Jahr 1424 Glasscheiben für die alte Ratsstube, vgl. KR 1423/24 S. 55v.
[5] Urk. F I/II Nr. 9 Marienplatz.
[6] Stadtgericht 207/7 (GruBu) S. 645r.
[7] Der Sauerlacher ist 1377-1383 als Steuerknecht belegt, also städtischer Beamter, vgl. R. v. Bary III S. 876.

Hainrich Starnberger St: 1368: -/-/48
    Chunrat Starenberger. 1371, 1372 Starenberger St: 1369: -/-/72, 1371: -/3/- voluntate, 1372: -/3/-
Seydel kramer inquilinus St: 1368: -/-/35 post, juravit, 1369: -/-/48
relicta Estingerin, 1369 inquilina St: 1368, 1369: -/-/-
Gorel (Gerel ?) mercator inquilinus St: 1371: -/-/12
Crystl jud inquilinus St: 1393: -/-/24
Hans tůchscherer inquilinus[1] St: 1394: -/-/-
Asem Sewrer gewandschneider St: 1394: -/10/- gracianus
Ott zingiesser inquilinus St: 1394: 0,5/-/8, 1395: -/-/60 non juravit, 1396: -/-/60 non iuravit
    sein brůder inquilinus St: 1394: -/-/32
(Percht(olt)) nadlerin, 1395 kauflin, 1395-1397 inquilina
        St: 1395, 1396: -/-/60 für aht lb, 1397: -/-/45
        StV: (1397) und die hat ir gut verlorn.
Jeronimus půchschreiber St: 1395, 1396: -/-/20, 1397: -/-/-
Gret kerczlerin, 1397 dacz dem turner, 1399 inquilina
        St: 1397, 1399, 1400: -/-/31, 1401/I: -/-/-
        StV: (1401/I) ir man ist mesnerknecht worden zu sand Peter.
Gaspar snyczer
        St: 1397: -/-/-
        StV: (1397) den habent mein hern daz iar ledig lazzen.
nadlerin inquilina St: 1399: -/-/-
Told schuster St: 1400: -/-/20 fůr nichil, 1401/I: -/-/16 fůr nichil
[Heinrich[2]] Fůnsinger (Finnsinger) sneyder St: 1399: -/-/50, 1400: -/-/60
Chůnczel dez Tichtleins knecht inquilinus St: 1400: -/-/-
Ull Ettenperger inquilinus St: 1401/II: ist mesnerchnecht
Perchtolt holczhacker St: 1403: -/-/50 fůr 4 lb
Peter Kunigunder St: 1405/I: -/-/20 fur nichil
Peter Hofhaimer [später Baumeisterknecht, Steuerknecht[3]]
        St: 1405/II: -/-/60 fur 3 lb, iuravit, 1406: -/-/-
        StV: (1406) ist meiner hern [= des Stadtrats] diener.
Cristoff Scheuhel (Scheuher) wagmaister. 1561 Christoff Scheucherin
        St: 1540-1542: -/2/-, 1543: -/4/-, 1544: -/2/-, 1545: -/4/-, 1546-1548, 1549/I-II, 1550, 1551/I-II,
        1552/I-II: -/2/-, 1553, 1554/I-II, 1555-1557: 1/-/1, 1558: 2/-/2, 1559, 1560: 1/-/1, 1561: -/-/-
        confect, gratia
        StV: (1543-1560) und confect. (1548-1551/I, 1552/I) mer -/-/28 für sein(er) hausfrau[en] gueth
        auffm landt. (1552/II) mer -/-/28 seiner hausfrau halber. (1558) mer 1/2/10 für p[ueri] Heg-
        linger.
Lienhart (Lenhart, Leonhart) Schwaiger, 1551/II-1560, 1563-1571 ratknecht
        St: 1551/II, 1552/I-II, 1553, 1554/I-II, 1555: -/-/28, 1556-1560: nihil, 1561, 1563, 1564/I: -/-/1,
        1564/II, 1565: -/-/-, 1566/I-II, 1567/I-II: -/-/1, 1568: -/-/2, 1569-1571: -/-/1
        StV: (1552/II-1555) von 4/-/- gelts. (1561) mer von seiner gullt -/1/5. (1563) mer von seinem
        ewigen gellt -/1/5. (1564/I) mer de domo -/1/2. (1564/II) steurt folio 27 [= 27r Schmalzgasse,
        dort „domus"]. (1565) steurt bei seinem hauß. (1566/I-II, 1567/I-II) mer von 5 fl gelts -/1/5.
        (1566/I) mer von seiner schuld, so er auff seinem verkhauftn hauß hab, von ime jerlich ver-
        zinst, doch alle jar 1 fl abgelest, thuet ditz jars -/1/12. (1566/II) mer von der schuld auff sei-
        nem hauß -/1/12. (1567/I) mer von seiner schuld 100 fl auf dem hauß -/1/12. (1567/II) mer
        von 4 fl von seinem hauß -/-/28. (1568) mer von 9 fl gelts -/4/6. (1569) mer von 7 fl gelts
        -/1/19. (1570) mer von seinen 7 fl gelts -/1/20. (1571) mer von 2 fl gelts -/-/14.
Hans Kharner (Karrner) wagmaister
        St: 1561: -/-/-, 1563-1567/II: confect, 1568: -/-/-, 1569: confect, 1570, 1571: confect
        StV: (1561) ir man heur gratia, seiner hausfrau guet der zeit noch nit vertailt -/1/12. (1565) mer

---

[1] Ganzer Eintrag wieder getilgt.
[2] So 1403-1413 bei Rindermarkt 23.
[3] Peter Hofhaimer 1413-1439 Steuerknecht, 1417-1437 auch Baumeisterknecht, vgl. R. v. Bary III S. 877, 996.

von seinem ewiggelt, ist verkaufft. (1569) mer für sein khind anderer ee 1/2/9. Mer für sein khind dritter ee -/1/5. (1570) Mer für sein khündt andrer ehe 1/2/9. Mer für sein khindt dritter ehe -/1/5. Für Hanns Herbst folio 9v [Ewiggeld]. (1571) mer für sein khind andrer ee 1/2/9. Mer für sein khind dritter ee -/1/5.

Nach dem Salbuch-Konzept von 1443/44 lagen auf dieser, der Südseite des Rathausturms folgende Läden[1]:

Item der zwelft[2] laden, gegen der obgeschriben seiten uber an dem waghaus, darin yetzo die Wickenhauserin ist.

Item der dreytzehent laden darnach an derselben zeilln under dem ratturn, darin der Cristel kramer yetzo ist.

Item der viertzehent laden an derselben zeilln, auch under dem turn, darin der Urban tuchmanger yetzo ist.

Item der funftzehent laden an derselben zeilln, darin der Chuntz Grasser yetzo ist.

Item es ist auch der weberkeller vornen, da man von dem marck hinauf get under dem rathaus, darin man die leinwat mist, an die plaich und zu der mang gehörig, als das hernach bey der mang geschriben stet.

Das waghaus:
Item under der indern ratstuben stet der stat waghaus, darin sind sechs gewelb, wann kauflawt von Aichstet oder andernhalben herkomen mit gewant und das hie verkauffen wellent, denselben leicht dann der stat wagmaister nach irer begerung zu irem gewannt der gewelb ains und was er gewantz verkauft, da ist er schuldig von zu geben zu hausgelt ainen pfening Müncher zusampt dem pfuntczol und was dem wagmaister zu hausgelt geben wirt, daz legt er in ain besunders puchsel und tregt daz zu kotembern an die kamer, das haist dann hausgelt.[3]

Marienplatz 16

Lage: 1304 „an dem marcte pei dem Gollir". 1391 „an dem gaesslin bey sand Peter" beziehungsweise „bey sand Peters gaesslin" (Ratsknechtsgässel).[4] 1395 „nyden an dem margt, ze nächst bey dem rathaus, an dem gaesslein gen sand Peters freythof". 1395 „an dem rathaws über". 1404 „zunachst bey dem rathaws". 1449, 1572 „am egk", „Egkhaus".

Läden (zwei): Unter dem Haus lagen zwei Läden, die vom Heiliggeistspital verpachtet wurden. 1449 hat den einen der Jakob Zweng in Pacht, den anderen der Sigmund Ruckenhauser[5], 1487 den einen der Glarcher, den anderen der Lucas Käpler. Beide zahlen dem Spital jährlich zusammen 17 Gulden rheinisch an Gült (Pacht).[6]

Hauseigentümer Marienplatz 16:

1304 Dezember 6 die Witwe des „Johansen dez Schieten" hat ein Ewiggeld „aus meinem haus an dem marcte pei dem Gollir", in dem zu dieser Zeit Niklas der Tulbeck sitzt. Es könnte dieses Haus sein als Nachbar der drei Gollirhäuser Petersplatz 4.[7] Die Gollirkapelle kann hier nicht als Nachbar gemeint sein, da sie 1315 erst gestiftet wurde.

1370 ist Witscheit Hauseigentümer.[8]

1390/98 „des Witscheit hauz" steht im Salbuch des Heiliggeistspitals mit einer Gült von einem Pfund Pfennigen. Ein Nachtrag aus der Zeit

---
[1] Zimelie 30 (Salbuch-Konzept 1443/44) S. 6r/v.
[2] Die ersten 11 Läden lagen auf der gegenüberliegenden Seite, nördlich des Turms, vgl. Graggenauviertel.
[3] Zimelie 30 (Salbuch-Konzept 1443/44) S. 6v.
[4] Zu diesem Straßennamen vgl. Stahleder, Haus- und Straßennamen S. 261/262.
[5] Zimelie 40 (Heiliggeistspital, Salbuch B) S. 7v.
[6] Zimelie 43 (Heiliggeistspital, Salbuch C) S. 19v.
[7] Vogel, Heiliggeistspital, Urk. 27. – BayHStA, GUM 2937.
[8] Zimelie 9 (Ratsbuch IV) S. 1r.

um 1410/13 besagt „item daz hauz ist nu gar des spitals, also daz es die stát dem spital geben hat fúr III hundert guld(ein)".[1]

1391 Anfang Mai Andre der Tewrer hat sein Haus, gelegen „ze naechst an dem gaesslin bey sand Peter, ze naechst an dez Grúnwaldes [Marienplatz 17] hawss" (beziehungsweise „ze naechst bey sand Peters gaesslin an dez Grúnwalders hawss") um 285 Gulden als Pfand an Ulrich den Tichtel „auf dem Sneperg" (= an der Gruftgasse) versetzt.[2]

1392/1398 Das Kloster Schäftlarn hat ein Ewiggeld aus „Ulrich Tichtls haws, daz dez Tewrers waz ... bey dem stathaws". Steuerfrei ist in derselben Zeit ein Ewiggeld an das Heiliggeistspital aus dem „domus Ulrich junger Tichtel".[3]

1395 Juli 11 Andre Tewrer und seine Ehefrau Kathrey verkaufen ihr Haus „nyden an dem margt, ze náchst bey dem rathaus, an dem gaesslein gen sand Peters freythof", mit Ausnahme eines Ewiggeldes, an Ulrich Tichtel den Jüngeren um 400 Gulden und 15 neue ungarische Gulden Leikauf.[4] Ein Rückenvermerk des 15. Jahrhunderts besagt noch: „darin ietz Lucasz Kápler ist".

1395 Juli 20 das Gerichtsbuch vermerkt den Verkauf erst jetzt: Andre der Tewrer hat sein Haus „vor[ne] an dem marcht in sand Peters pharr vor dem rathaws über" dem Ulrich Tichtel ausgefertigt.[5]

1403 nach der Entmachtung Ulrich Tichtels nach den Unruhen von 1397/1403 wird sein Vermögen von der Stadt eingezogen, vor allem die Häuser „am Schneeberg" (Gruftgasse) und am Rathausturm:

1404 März 1 wird es so beschrieben: „ain haus gelegen hinder sand Peters freithof znáchst Tóldel des Grúnwalcz [Marienplatz 17 A] haus".[6]

1404 April 8 Rat und Bürgerschaft übereignen dem Heiliggeistspital für eine genannte Schuld zwei Häuser des Ulrich Tichtel, das eine am Schneeberg, „das ander ist gelegen in sand Peters pfarr zunachst bey dem rathaws bei sand Peters freithof, und ist vor gewesen Andre des Tewrers".[7]

1405-1410 domus hospitalis (StB).

Um 1410/13 „item daz hauz ist nu gar des spitals, also daz es die stát dem spital geben hat fúr III hundert guld(ein)".[8]

1449 „unser [= des Heiliggeistspitals] hauß an dem Scharfzand [Marienplatz 17] am egk und ist der [Heinrich] tör kramer daryn",[9] vgl. Bewohner des Hauses.

1487 immer noch ist das Haus des Spitals demjenigen der Scharfzahn (Marienplatz 17) benachbart.[10]

1508 das Haus des Heiliggeistspitals am Markt Petri ist benachbart dem Haus des Goldschmieds Kaspar Giesinger (Marienplatz 17).[11]

1525 Juni 26 das Heiliggeistspital verkauft sein Haus und Hofstatt am Markt herunten, zwischen Kaspar Gyesingers Haus (Marienplatz 17) und an der anderen Seite an das Rathaus (Petersplatz 4) stoßend, um 500 Gulden rheinisch an die Stadt.[12] Dazu enthält die Spitalsrechnung von 1525/26 den Vermerk: „Dises hauß hab wir muessen verkauffen auß pevelch ains rats in gmayner statkamer zw ainer ratstuben, darumb uns geben 10 fl rh. und 15 fl rh. E[wig]gelt".[13]

1572 laut Grundbuch (Überschrift) immer noch, aber nicht mehr zutreffend „Deß Heiligen Geists Egkhaus gegen der Stadt Ratthurn über gelegen".[14]

1596 März 21 Bürgermeister und Rat verkaufen das Haus laut Grundbuch an den Tuchhändler Hieronymus Röll um 1025 Gulden, dessen Familie es schon seit 1549 bewohnt. Deshalb gibt es eine zweite Überschrift im Grundbuch: „Hieronimus Rellens Tuechhandlers und Mitburgers alhie hauß, zwischen

---

[1] Vogel, Heiliggeistspital, Salbuch A Nr. 222.
[2] GB II 5/7, 5/8.
[3] Steueramt 982/1 S. 28r, 33v.
[4] Vogel, Heiliggeistspital, Urk. 189. – Urk. C IX c 1 Nr. 285.
[5] GB II 98/6.
[6] GB III 22/2.
[7] Vogel, Heiliggeistspital, Urk. 204.
[8] Vogel, Heiliggeistspital, Salbuch A Nr. 222.
[9] Zimelie 40 (Heiliggeistspital, Salbuch B) S. 7v.
[10] Zimelie 43 (Heiliggeistspital, Salbuch C) S. 19v.
[11] Zimelie 27b (Salbuch Reiches Almosen) S. 100.
[12] Urk. F I/II Nr. 9 Marienplatz.
[13] Heiliggeistspital, Rechnungen 176/20 S. 26v, aber fälschlich beim Haus 17 stehend.
[14] Stadtgericht 207/7 (GruBu) S. 644v/645r.

gemainer Statt Rathhauß [Petersplatz 4] und Georg Käppler Cramers [Marienplatz 17] heysern, hinden hinauß an das Sämergässl stossent".

Eigentümer Marienplatz 16:

*? Johannes der Schiet [um 1304 Dezember 6]
* Eberl (Eberhart) Witscheit. 1381 relicta Witscheittin
    St: 1368: 0,5/-/12, 1369: 1/-/- voluntate, 1371, 1372: 1/-/-, 1375: -/13/10, 1377: -/12/- juravit, 1378, 1379: -/12/-, 1381: -/6/- sub gracia
  puer Witscheit
    St: 1382: -/-/- dedit alibi
* Andre Tewrer [später Zöllner[1]], 1383/I cum uxore
    St: 1383/I: 4/-/- gracianus, 1383/II: 5/5/-, 1387: -/13/10, 1388: 3/-/80 juravit, 1390/I-II: 3/-/80, 1392: -/14/-, 1393: 2/-/80
  puer(i) uxoris, 1390/II inquilini
    St: 1383/I: -/3/-, 1383/II: 0,5/-/15, 1387: -/-/60, 1388, 1390/I-II: 0,5/-/-, 1392: -/-/67,5, 1393: -/3/-
* Ulrich Tichtel [IV.] der Jüngere [1395 Juli 11 bis 1404 April 8]
* Stadt München [seit um 1404 April 8]
** domus hospitalis
    St: 1405/I-1410/II: -/-/-
    StV: (1407) daz stewrt man in die kamer.
** Heiliggeistspital [bis 1525 Juni 26 (GruBu)]
** Stadt München [seit 1525 Juni 26]
  Hanns Róll (Röll), 1552/II-1554/I, 1556-1559 gwantschneider, 1555 gschlachtgwantter, 1564/I-II, 1565, 1566/I, 1568, 1569 thuehmaniger[2]
    St: 1549/II, 1550, 1551/I-II, 1552/I-II: 2/5/8, 1553, 1554/I-II, 1555-1557: 3/1/22, 1558: 6/3/14, 1559, 1560: 3/1/22, 1561, 1563, 1564/I-II, 1565, 1566/I-II, 1567/I-II: 4/2/9, 1568: 8/4/18, 1569-1571: 5/2/26
** Hieronimus Röll, Tuchhändler [seit 1596 März 21]

Bewohner Marienplatz 16:

Andre mercator, 1369 inquilinus St: 1368: -/-/68, 1369: -/3/12
Fridel (Fridrich) Wein[s]perger sartor inquilinus St: 1371: -/3/- gracianus, 1372: -/4,5/- post
Peter tuchscherer (scherer, tůchscherer), 1375-1379, 1383 inquilinus
    St: 1375: -/-/40, 1377: -/-/24 juravit, 1378, 1379: -/-/24, 1383/I: -/-/30, 1383/II: -/-/45, 1387: -/-/28, 1388: -/-/56 juravit, 1390/I-II: -/-/56, 1392: -/-/42, 1393: -/-/56, 1394: -/-/40, 1395, 1396, 1397, 1399, 1400, 1401/I: -/-/60 fur 5 lb, 1401/II: -/-/60 fur 5 lb, iuravit, 1403, 1405/I: -/-/60 fur 5 lb, 1405/II: -/-/60 fur 5 lb, iuravit, 1406-1408: -/-/60 für 5 lb, 1410/I: -/-/-
    StV: (1410/I) der ist in dem spital.
Peter Saurlaher taschner inquilinus St: 1381: -/-/36
Ulrich goltsmid inquilinus St: 1381: -/-/72 juravit
Frómd (Fremd) sartor (sneider, schnider), 1381, 1390/II, 1393, 1395, 1396 inquilinus
    St: 1381: -/-/24 gracianus, 1382: -/3/6 juravit, 1390/II: -/-/16, 1392: -/-/18, 1393, 1394: -/-/24, 1395, 1396: -/-/60 für 8 lb
Herl sartor inquilinus St: 1382: -/-/57
Hainrich mercator inquilinus St: 1382: -/-/12
Ott Schirmer [tuch]scherer inquilinus St: 1382: -/-/24 gracianus, r[aci]o[n]e ip[s]ius (?)

---

[1] Andre Tewrer war von 1398 bis 1403 Zöllner am Neuhauser Tor, vgl. R. v. Bary III S. 884.
[2] Hans Röll, „der beim Ratthurn", Gewandschneider, und sein Bruder Oswald Röll, singen am 19. Juni 1558 zusammen mit anderen Handwerkern in der Augustinerkirche deutsche (= lutherische) Lieder. Hans Röll hat acht Kinder und eine hochschwangere Frau, vgl. Dorn S. 131, 132. Das Ehepaar Hans und Anna Röll muß sich auch 1569 beim Religionsverhör verantworten, Hans Röll auch wieder 1571, vgl. Dorn S. 229, 264.

Hanns kramer inquilinus St: 1382: -/-/12
Ulrich sneyder von dem (vom) Urssenberg, 1383/I, 1388 inquilinus
    St: 1383/I: -/-/45, 1383/II: -/-/67,5, 1388: -/-/52 juravit
Hainrich Ryeder sartor (sneyder) St: 1383/I: -/-/12, 1383/II: -/-/18
Wernlein sneider inquilinus St: 1387: -/-/40
Straws sartor inquilinus St: 1388: -/-/16 juravit
Gottinger inquilinus St: 1393: -/5/10 juravit
  puer Gottinger St: 1393: -/-/80
Seicz Fúss sneyder inquilinus St: 1399: -/-/60 fur 8 lb
Weindel weberin inquilina St: 1399: -/-/50 fur 2 lb
Ainweyg sneyder inquilinus St: 1400: -/-/-
Pippin St: 1401/I: -/-/24
Kristel sneider, 1401, 1405-1408, 1411 inquilinus
    St: 1401/II: -/-/-, 1405/I: -/-/32 fúr nichil, 1405/II: -/-/32 fúr nichil, iuravit, 1406: -/-/32 fúr nichil, 1407: -/-/32, 1408: -/-/32 fúr nichil, 1411: -/-/16 fúr nichil, 1412: -/-/16
[Ulrich] Prenberger sneyder St: 1401/II: -/-/80 fur 10 lb iuravit
Khatrey Sentlingerin inquilina St: 1401/II: -/-/20 für nichil iuravit
Jacob taschner inquilinus St: 1403: -/-/60 fur 5 lb, 1405/I: -/-/60 fúr 4 lb
Kayser weber St: 1405/II: -/-/20 fúr nichil, 1406-1408: -/-/24 fúr nichil, 1410/I: -/-/60 fúr nichil
Moczenhoferin inquilina St: 1407: -/-/60 fúr nichil
Chuncz Aengstleich taschner St: 1408: 0,5/-/-
dez Siczingers muter inquilina St: 1408: -/10/20
Lienhart Stainawer St: 1410/I: 3,5/-/- iuravit, 1410/II: 5/-/-, 1411: 3/6/-, 1412: 5/-/-
Gasper Ruf (Rúf), 1410/I inquilinus
    St: 1410/I-II, 1411-1413: -/-/40 fúr nichil, 1415: -/-/60 fúr 10 lb, 1416: -/-/80 fúr 10 lb
Fridel Kaens sneyder St: 1410/II: -/-/28 fúr nichil
relicta Póchsslin (Póschlin) St: 1415: -/-/63, 1416: -/-/88, 1418, 1419, 1423: -/-/70
Jackel kúrsner St: 1415: -/-/45
Chuncz Viechter St: 1415: -/-/60 fúr 10 lb
Smydel sneyder St: 1415: -/-/60 fúr nichil
Graser schuster St: 1416: -/5/10, 1418, 1419: -/6/12, 1423: 0,5/-/24
Khatrey St: 1416: -/-/-
Hanns Prenner schneyder St: 1418: -/-/60 fúr nichil
Preyal[1] platner St: 1418: -/-/60 fúr nichil
Aendel paemhackerin St: 1418: -/-/10 gracianus
maister Hanns sneyder St: 1423: -/3/-
Hanns Grabman tuchscherer St: 1423: -/-/58 gracianus
Jorg Smidmair St: 1423: -/-/30 fúr nichil
Michel kramerin St: 1431: -/-/84 iuravit
Fridreich sniczer St: 1431: -/-/68 iuravit
Gerolt kramer St: 1431: -/-/60 iuravit
Eberhart schuster inquilinus St: 1431: nichil
Hainrich Stor (Stór), 1439/I-II, 1454, 1456, 1458 kramer
    Sch: 1439/I-II, 1440, 1441/I-II: 1,5 t[aglon], 1445: 1 ehalten, dedit -/-/8
      St: 1453-1458: Liste, 1462: nichil
      StV: (1462) ist tott, hat nicht glassn.
  Hanns Stór inquilinus St: 1462: -/-/60
Hainrich Fresser inquilinus Sch: 1440: 1 t[aglon]
relicta Gablerin, 1455, 1456, 1458 inquilina St: 1455-1458: Liste

---

[1] „a" verbessert aus „l".

Lucas Cäplär (Kápeler, Kaplár, Kápler, Kapler) [Nestler¹]. 1509 relicta Lucas Kaplerin
    St: 1482: -/4/12, 1486, 1490: -/4/13, 1496: -/3/25, 1500: -/5/-, 1508: -/4/13, 1509: -/4/13 patrimonium
    StV: (1496) et dedit 5/6/6 patrimonium fur Jacob Kapler. Et dedit -/2/24 von 3 gulden geltz gen Sentling. (1500) et dedit 1/2/25 fur pueri Käpler.
Mang apotecker² St: 1514: Liste
Martein Rieger (Rueger), 1527/I, 1528, 1529 ratknecht, 1532 ratsdiener³
    St: 1522-1526, 1527/I-II, 1528, 1529, 1532: -/-/10, 1540: 2/1/1 patrimonium
    StV: (1522) von seinem essichhanndl, hat nit weiter handl. (1523-1532) von seinem essichhandl. (1540) hat ir steur von neuem gmacht, aber des aids entlassen worden.
Adam Schluder St: 1526, 1527/I: 2/1/17
Caspar Pórtzl wagmaister [Weinschenk⁴]. 1529 Caspar Pórtzl patrimonium St: 1528, 1529: 1/6/20
Khuen [= Kain] peitler St: 1529: -/1/5 gracion
Steffan ratknecht. 1541-1548 Steffan Leyß (Leys) ratknecht⁵
    St: 1540-1542: -/-/10, 1543: -/-/20, 1544: -/-/10 und confect, 1545: -/-/20, 1546-1548: -/-/10
    StV: (1540-1548) von seinem essighandl. (1541, 1542) et dedit -/1/5 von 5 fl gelts. (1545) mer -/-/14 für 1 fl gelts. (1546, 1547) mer -/-/14 von 2 fl gelts. (1548) mer -/-/21 von 3 fl gelts.
Paule (Pauls) Peham
    St: 1542: -/2/11, 1543: -/4/22, 1544: -/2/11, 1545: -/4/-, 1546-1548: -/2/-, 1549/I: -/5/10 schenckhsteur
    StV: (1542) mer -/-/28 gracion von seiner h[ausfrau] heiratg[ueth].⁶
Wolff Wáx (Wax) rathknecht (rathknecht) St: 1549/I-1551/I: nihil

Marienplatz 17 A/B

Name (Ende 18. Jhd.)**:** Onuphrius-Haus⁷.
Lage: 1417 „niden an dem marckgt". Eckhaus am Ratsknechtsgässel, das 1500/01 überbaut wurde.⁸
Charakter: Gewandhaus, Tuchhandlung.
Läden: 5 (in Privathand), davon 1417 ein Gaden unter 17 A und vier Gaden unter 17 B.

Das Haus bestand offenbar ursprünglich aus zwei Teilen, hier mit A (östlich) und B (westlich) bezeichnet. Das ergibt sich einmal aus einem Eintrag im Gerichtsbuch von 1417, wo das Haus der Grünwalderin (A) und das Haus des Gabriel Ridler (B) als Nachbarn bezeichnet werden. Man glaubt die beiden Häuser aber auch noch auf dem Sandtner-Modell zu erkennen, wo an der Stelle, an der sich später das Onuphrius-Gemälde befindet, mindestens eine Fensterachse fehlt und sich über dieser Stelle eine Dachgaube befindet, die aber vielleicht als zwei aneinanderstoßende „Ohrwaschl" zu deuten ist. Offensichtlich hat erst Scharfzahn die beiden Häuser vereinigen können.

---

[1] Der Nestler Lucas Cäpeler/Keppler ist 1484-1503 und 1509 wiederholt Vierer der Beutler, Gürtler, Taschner, Ircher und Nadler, vgl. RP.

[2] Zu einem der Läden unter diesem Haus dürfte demnach der Eintrag von 1521 in der KR gehören, wonach die Stadt 4 Gulden und 4 Schillinge Zins übernimmt „von ainem gwelb sanndt Peters goczhaus auf dem kirchhof für maister Mangen [Hicker] apotecker". Er hätte schon für die Jahre 1517 und 1518 bezahlt werden sollen, vgl. KR 1521 S. 90r. Meister Mang ist demnach Stadtapotheker und die Stadt stellt ihm das Geschäftslokal.

[3] Martein Rueger 1513-1540 als Bürgerknecht belegt, vgl. R. v. Bary III S. 789.

[4] Kasper Pörczl 1524 Aufnahme in die Weinschenkenzunft, vgl. Gewerbeamt 1418 S. 19r, als Waagmeister von 1525 bis 1529 belegt, vgl. R. v. Bary III S. 952 nach KR, RP.

[5] Vgl. R. v. Bary III S. 789. – Er ist 1548/49 gestorben, da bei der Steuer 1549/I der Priechler Linhart Kriechpaumer bei Marienplatz 17 Steuern für die unmündigen Kinder des Sefan Leys bezahlt.

[6] Text des StB 1542 am rechten Rand beschnitten.

[7] Zu diesem Hausnamen vgl. Stahleder, Haus- und Straßennamen S. 357/360.

[8] Schattenhofer, Das alte Rathaus S. 70.

Hauseigentümer Marienplatz 17 A:

1390/98 das Heiliggeistspital hat 1 Pfund Pfennige Gült „auz Grúnwalcz hauz".[1]
1391 Anfang Mai das Haus des Andre Tewrer (Marienplatz 16) liegt „ze naechst an dez Grünwaldes hawss".[2]
1392/1398 das Steueramt nennt die Gült des Heiliggeistspitals aus „domus Toldel Grünwalt" in der inneren Stadt.[3]
1404 März 1 des Ulrich Tichtels Haus (Marienplatz 16) liegt „znächst Töldel des Grünwalcz haus".[4]
Ca. 1415/20 die Gült des Heiliggeistspitals auf dem Haus hat nach einem Eintrag dieser Zeit „der [Ludwig I.] Scharfzant [ab]gelówst".[5]
1417 Januar 21 das Haus der Grünwaldin ist benachbart dem Haus des älteren Gabriel Ridler (Marienplatz 17 B).[6]

Hauseigentümer Marienplatz 17 A/B:

1417 Januar 21 Gabriel Ridler der ältere hat sein Haus „niden an dem marckgt" zwischen „Niclasen des Reschen [Marienplatz 18] und der Grúnwaldin haẃs" (Marienplatz 17 A), mitsamt den vier Gaden darunter, ausgefertigt dem Ludwig Scharfzahn. Es handelt sich um das „haẃs ob [= oberhalb, über] den vier gádmern und ob Matheus des Schrenckn gadem".[7] Auch 1424 hat Matheis Schrenck einen „gewantgadem", den die Michel Messerschmiedin zur Zeit „mit gewant sneydern" besetzt hat.[8]
1449 das Haus des Heiliggeistspitals (Marienplatz 16) liegt „an dem Scharfzand" als Nachbarn.[9]
1487 „der [Jacob und Martin] Scharfzandt haws" am Markt Petri ist Nachbar des Hauses des Heiliggeistspitals (Marienplatz 16).[10]
Ca. 1491 Margaret Giesingerin verkauft dem Reichen Almosen ein Ewiggeld aus ihrem Haus am Markt Petri, das jetzt Kaspar Giesinger innehat.[11]
1508 des Kaspar Giesingers, Goldschmieds, und seiner Hausfrau Lucia (vorige Hausfrau Margaret) Haus am Markt Petri liegt zwischen den Häusern des Heiliggeistspitals (Marienplatz 16) und des Ludwig Hundertpfund (Marienplatz 18).[12]
1514 aus Kaspar Giesingers des Goldschmieds Haus am Markt geht ein Ewiggeld, das später der Glarcher ablöst.[13]
1515 Januar 19 der Goldschmied Kaspar Giesinger und seine Hausfrau Anna verkaufen laut Grundbuch aus diesem ihrem Haus ein Ewiggeld an ihren Schwiegersohn Hieronimus Reischl.[14]
1523/24-1525/26 das Heiliggeistspital hat Zinseinnahmen von je 24 Gulden pro Jahr aus Hanns Glarchers, „tuechschneiders", Haus und Laden am Markt.[15]
1524 September 30 die Erben des Kaspar Giesinger sind mit ihrem Haus am Markt Petri Nachbarn des Hauses der Hundertpfund (Marienplatz 18).[16]

---

[1] Vogel, Heiliggeistspital, Salbuch A Nr. 223.
[2] GB II 5/7, 5/8.
[3] Steueramt 982/1 S. 33v.
[4] GB III 22/2.
[5] Vogel, Heiliggeistspital, Salbuch A Nr. 223.
[6] GB III 181/15.
[7] GB III 181/15.
[8] Stadtgericht 917 (Bußordnung von 1433) S. 14r.
[9] Zimelie 40 (Heiliggeistspital, Salbuch B) S. 7v.
[10] Zimelie 43 (Heiliggeistspital, Salbuch C) S. 19v.
[11] Zimelie 27a (Stiftungsbuch Reiches Almosen) S. 54v.
[12] Zimelie 27b (Salbuch Reiches Almosen) S. 100.
[13] Zimelie 33 (Stadtbruderhausbuch) S. 10.
[14] Stadtgericht 207/7 (GruBu) S. 646v/647r.
[15] Heiliggeistspital, Rechnungen 176/18 S. 25v erstmals, 176/20 S. 26v letztmals.
[16] GB IV S. 63v.

1525 Juni 26 das Haus des Kaspar Gyesinger ist Nachbar vom Haus des Heiliggeistspitals, das jetzt an die Stadt verkauft wird (Marienplatz 16).[1]

1530 Februar 2 Regina Glarcher, des Hanns Glarchers Hausfrau, verschreibt mit Wissen ihres Hauswirts ihrer Mutter Anna, der Ehefrau des Dr. Johan Crabl, für ihren Erbteil, der ihr von der verstorbenen Tochter Sabina des Caspar Giesinger zugefallen ist, ein Ewiggeld von 15 Gulden um 300 Gulden Hauptsumme aus dem Haus (GruBu). Die Mutter der Regina Glarcher war demnach eine Verwandte des Vorbesitzers Giesinger. Sie hat ab jetzt eine Hypothek in Höhe von 300 Gulden auf dem Haus, das die Tochter mit 5 % jährlich, nämlich 15 Gulden, verzinste.

1530 November 15 Regina, des Hanns Glarchers Hausfrau, verschreibt ihrem Ehemann ein Ewiggeld von 13 Gulden für 260 Gulden Hauptsumme (GruBu).

1546 beanstandet die Baukommission auch bei Hans Glarcher („der sailer") das „furhengen" an der „lederschneiderpenckh".[2]

1547 April 5 und

1547 Oktober 26 Lienhard Kottmair und seine Hausfrau Regina verkaufen laut Grundbuch Ewiggelder aus diesem Haus, in beiden Fällen je 10 Gulden für 200 Gulden Hauptsumme (GruBu).

1550-1552/I domus Kothmair (StB).

1550 Nobember 7 Regina Glarcher, jetzt Kottmair, verkauft ein Ewiggeld von 2 Gulden für 40 Gulden Hauptsumme (GruBu).

1551/II domus Glarherin (StB).

1552/II domus Jorgn Kothmair (StB).

1552 Juli 20 und

1552 November 18 Ewigeldverkäufe von Regina Glarcher, jetzt Kottmair, und zwar 13 Gulden 15 Kreuzer für 265 Gulden sowie 7 Gulden für 140 Gulden Hauptsumme (GruBu). Auf dem Haus liegen also mittlerweile Hypotheken in Höhe von 1405 Gulden, für die Regina Glarcher-Kottmair jährlich 70 Gulden und 15 Kreuzer Zinsen zahlt.

1553-1554/II domus Kothmair(s) (StB).

1555 domus Kothmair, nachgetragen: „jetz Käpler" (StB).

1557 Oktober 12 Hans Cäppler und seine Ehefrau Anna Scherpl verkaufen ein Ewiggeld von 20 Gulden um 400 Gulden Hauptsumme aus dem Haus an den Vater und Schwiegervater Georg Käppler (GruBu).

1572 laut Grundbuch (Überschrift) des Hanns Cäpplers Haus.

1596 März 21 das Haus des Georg Käppler Kramer ist laut Grundbuch (Überschrift) Nachbarhaus zum Haus des Tuchhändlers Hieronimus Röll (Marienplatz 16).[3]

Die Käpler behalten das Haus bis um 1652.

Die vom Häuserbuch zu 1462 und 1482 genannten Scharfzahn sind durch Quellen als Hauseigentümer mehrfach belegt, jedoch nicht im Grundbuch, wie das Häuserbuch glauben machen will. In diesen beiden Jahren stehen sie im jeweiligen Steuerbuch. Auch Ulrich [Arnolt] Eisenkramer steht 1496 nur im Steuerbuch. Es gibt keine Quelle, die ihn als Hauseigentümer ausweisen würde. Zu dieser Zeit gehört das Haus eindeutig dem Goldschmied Giesinger. Der Eisenkramer Ulrich (Utz) als Hauseigentümer hängt mit der Legende um das Onuphrius-Gemälde zusammen. Dafür, daß sich dieses Gemälde schon 1496 am Haus dieses Eisenkramers befunden habe,[4] gibt es keine Quelle, noch weniger dafür, daß er Hauseigentümer war.

Nicht aus dem Grundbuch stammt auch die Jahreszahl 1522, unter der der Häuserbuchbearbeiter den Hanns Glarcher als Hauseigentümer anführt. Unter diesem Jahr steht Hanns Glarcher lediglich im Steuerbuch. Das Haus gehörte zu dieser Zeit den Erben des Kaspar Giesinger, zu denen – wie die weiteren Einträge im Grundbuch zeigen – auch die Schwiegermutter von Hanns Glarcher zählte. Da bei den späteren Ewiggeldverkäufen immer die Regina Glarcher als Verkäuferin auftritt oder zumindest an erster Stelle des Ehepaares genannt wird, war wohl sie die eigentliche Besitzerin des Hauses.

---

[1] Urk. F I/II Nr. 9 Marienplatz.
[2] LBK 4.
[3] Stadtgericht 207/7 (GruBu) S. 645r.
[4] Wie Schattenhofer, Das alte Rathaus S. 13 meint.

Eigentümer Marienplatz 17:

* Toldel Grünwald [1391Anfang Mai, 1404 März 1]
* Gabriel [I.] Ridler [bis 1417 Januar 21]
* Ludwig [I.] Scharfzahn [seit 1417 Januar 21]
* [Ludwig II.] Scharfzahn [1449]
* Ludwig [II.] Scharfczand (Scharfzant) [Stadtrat[1]]
    Sch: 1439/I-II, 1440: 6 t[aglon], 1441/I-II: 8 t[aglon], 1445 (ohne Eintrag)
    St: 1453-1458: Liste, 1462: 9/3/-
* Jacob und Martin Scharfzand[2]
    St: 1482: 6/1/2, 1486: 6/5/13, 1490: -/-/- in di camer, pfant
    StV: (1482) et dedit -/-/39 von 8 fl ung[arisch] ir swester leiptinggeltz.
** Caspar Giesinger g(oltschmid) [äußerer Rat[3], ∞ 1. Margaret, 2. Lucia, 3. Anna], 1522 patrimonium
    St: 1508: 6/4/7, 1509: 5/5/-, 1514: Liste, 1522: 2/2/24
    StV: (1508) darinn seins weibs gut zugesetzt. (1509) hat seiner tochter muterlich gut abgesetzt.
        Et dedit -/6/- fur pueri Walthaser.
** Hanns Glarher, 1528, 1529 gwandtschneider.[4] 1532 Hanns Glarher der alt
    St: 1522-1525: 12/5/4, 1527/II, 1528, 1529: 13/-/8, 1532: 12/2/8
    StV: (1527/II) ist seiner hausfraw gut nit darinn. (1529) sol biß jar seiner hausfraw schwester
        gut zusetzen.
** Glarher der jung. 1532 Hanns Glarher der jung. 1540-1547 Hanns Glarher. 1551/II domus [Regina] Glarherin
    St: 1529: 2/6/18 gracion, 1532: 6/-/2, 1540-1542: 5/5/11, 1543: 11/3/22, 1544: 5/5/11, 1545: 12/1/6, 1546, 1547: 6/-/18 patrimonium, 1551/II: 3/5/- von zinsn
    StV: (1547) mer -/1/5 zalt Lienhart Kothmayr gracion.
** Lienhart Kothmayr[5] [∞ Witwe Regina Glarher]. 1549/II-1552/I domus Kothmair
    St: 1548: 3/3/7 juravit, 1549/I: 3/3/7, 1549/II: 3/5/-, 1550: an chamer, 1551/I: 3/5/-, 1552/I: an chamer
    StV: (1549/I) mer 7/-/- für 3 nachsteur. (1549/II) von zinsen. (1551/I) mer 3/5/- versessne steur. (1552/I) zalt 3/5/- am 15. Octorbris.
* domus Jorgn Kothmair. 1553-1554/II domus Kothmair(s)
    St: 1552/II: an chamer, 1553, 1554/I-II: 2/1/10
    StV: (1552/II) zalt 3/5/- am 29. Junii. (1553-1554/II) von zinsn.
** domus Kothmayr, [nachgetragen:] jetz Kápler
    St: 1555: -/-/-
    StV: (1555) zalt infra, folio 81 col. 1 [81r, Ewiggeld]
** Hanns Cápler (Käppler, Khäpler) [∞ Anna Schärpl], 1559, 1566/II, 1569, 1570 chramer
    St: 1556, 1557: 6/5/27, 1558: 13/4/24, 1559-1561, 1563, 1564/I-II: 6/5/27, 1565, 1566/I-II, 1567/I-II: 7/1/26, 1568: 14/6/18, 1569-1571: 8/2/27
    StV: (1556) zugsetzt seins schwehern erb. (1558) mer 1/6/15 für p[ueri] Paungartner. (1559, 1560) mer -/6/23 für p[ueri] Paungartner. (1561, 1563) mer für p[ueri] Paungartner -/6/26. (1563-1567/II) mer für p[ueri] Urspringer 1/5/3,5. (1564/I-1567/II, 1569-1571) mer für p[ueri] siber (syber) -/6/26. (1565) zuegesezt Melchior Herzogs erb. (1568) mer für p[ueri] siber 1/6/22.

---

[1] Ludwig II. Scharfzahn war 1459-1465, 1467, 1468 äußerer, 1469, 1471 und 1473 innerer Stadtrat, vgl. RP.
[2] Söhne von Ludwig II. Scharfzahn.
[3] 1515 Goldschmied laut HB AV S. 71 (GruBu), verheiratat in erster Ehe mit einer Margaret, die 1508 schon tot ist, in zweiter Ehe mit einer Lucia. Das GruBu gibt aber für 1515 eine Anna an. – Caspar Giessinger ist 1508 bis 1510 auch äußerer Stadtrat, 1507 Mitglied der Gemain, vgl. RP. – Frankenburger S. 282.
[4] Ein Hanns Glarcher ist 1512, 1517-1519 Vierer der Gewandschneider, vgl. RP.
[5] 1548 vor seinem Namen „Hanns Glarher" getilgt.

Bewohner Marienplatz 17:

Hánsel (Hans) Salczman. 1381, 1382, 1390/I-1393, 1396-1401/II Salczman sartor (sneider), 1387, 1395, 1396 inquilinus
 St: 1368: -/-/16, 1369, 1371: -/-/24, 1372: -/-/30 post, 1381, 1382: -/-/12, 1383/I: -/-/18, 1383/II: -/-/27, 1387: -/-/6, 1388: -/-/12 juravit, 1390/I-II, 1392: -/-/12, 1393: -/-/16, 1394: -/-/16, 1395: -/-/36 für zway lb, 1396, 1397: -/-/36 fur nichil, 1399: -/-/-, 1400: -/-/15 fur nichil, 1401/I: -/-/15, 1401/II: -/-/24 iuravit
 StV: (1381) item de anno preterito -/-/8. (1383/II) item t[enetu]r (?) penaz adhuc.
Fridrich Kúmsdorffer St: 1375: -/-/16, 1377: -/-/18 juravit, 1378: -/-/18
Marquard páutler inquilinus St: 1375: -/5/10
Percht[olt] sartor St: 1375: -/-/24, 1377: -/-/18 juravit, 1378: -/-/-, 1379: -/-/18
Múnsperger sartor St: 1375: -/-/48
Górig maler inquilinus St: 1377: -/-/12 juravit, 1378: -/-/-
Marquard sayler inquilinus St: 1377: -/-/72 juravit, 1379: -/-/72
Kaeninger sartor (sneyder). 1390/I Khaeningerin sneiderin inquilina
 St: 1377: -/-/24 juravit, 1378: -/-/24, 1379, 1382: -/-/-, 1383/I: -/-/60, 1383/II: -/-/-, 1387: -/-/32, 1388: -/-/64 juravit, 1390/I: -/-/32
 StV: (1383/I) item de preteritis steweris -/-/60.
Herman túchscherer St: 1379: -/3/-
Lewtl prewknecht St: 1383/I: -/-/12 gracianus
[Konrad] Lehner káufl inquilinus St: 1390/I: -/-/24
Chunrat Prunner inquilinus St: 1390/II: -/-/16
Heinrich (Hainrice) kelner, 1392-1393 inquilinus
 St: 1392: 3/-/-, 1393, 1394: 4/-/-, 1395: 2/-/-, 1396, 1397, 1399: 3/-/-
 pueri uxoris St: 1392: -/-/45
Spiczin inquilina St: 1394: -/-/16
Hensin tuchschererin inquilina St: 1395: -/-/- hinweg[1]
 Hans tuchscherer inquilinus St: 1397: -/-/-
relicta Lieblin kramerin inquilina St: 1399: -/-/32 gracianus
Seidel verber [Stadtrat[2]]
 St: 1401/II: 1/-/16 iuravit, 1403, 1405/I: -/10/12, 1405/II: -/12/- iuravit, 1406-1408: 2/-/-
Chunrat Aengstleich (Aengstlich) taschner, 1410/II inquilinus
 St: 1410/I: -/5/18 iuravit, 1410/II: -/7/14, 1411: -/5/18, 1412: -/7/14, 1413: 1/-/- iuravit
Kayser weber, 1410 inquilinus St: 1410/II, 1411: -/-/60 für nichil, 1412: -/-/-
Stachlerin kramerin St: 1413: -/20/- iuravit, 1415: 3/-/60, 1416: 4/-/80
Ott cháuffel St: 1418, 1419: 0,5/-/-
Perchtold, 1418 [tuch]scherer, 1419, 1423 tuchscherer
 St: 1418, 1419: -/3/22, 1423: 0,5/-/-, 1431: -/-/80
Gráser schuster St: 1431: -/-/64
Peters et mater St: 1431: -/-/60
Chunrat Kamer (Kamerer) St: 1453-1457 Liste
Wernher (Werndl) Háuczinger (Hauczinger, Hainczinger), 1454 kramer,[3] 1458 inquilinus
 St: 1453-1458 Liste, 1462: -/4/15
Ulrich Kólspacher (?) St: 1458: Liste
Achaci Sitenpeckin St: 1490: -/2/15
Útz (Ulrich) [Arnolt] eysenkramer[4] St: 1496: 3/1/21, 1500: 5/1/-

---

[1] Mit Ausnahme von „hinweg" ganzer Eintrag getilgt.
[2] Seidel verber war am 9.3.1400 einer der beiden Bürgermeister, vgl. R. v. Bary III S. 755 und GB II S.152v.
[3] Werndel (Werndl, Weindl) Heuczinger (Heitzinger, Heutzinger) ist 1460 und 1468 Vierer der Kramer, vgl. RP 1 S. 18v, 141v; 1464-1467 ist er jeweils einer der Barchantschauer, vgl. RP 1 S. 77v (1464), 94r (1465), 112r (1466), 126v (1467).
[4] Ulrich Ornolt eysenkramer oder Ulrich eysenkramer ist 1487, 1489, 1490, 1492, 1493, 1495, 1497-1501 Vierer der Kramer, vgl. RP.

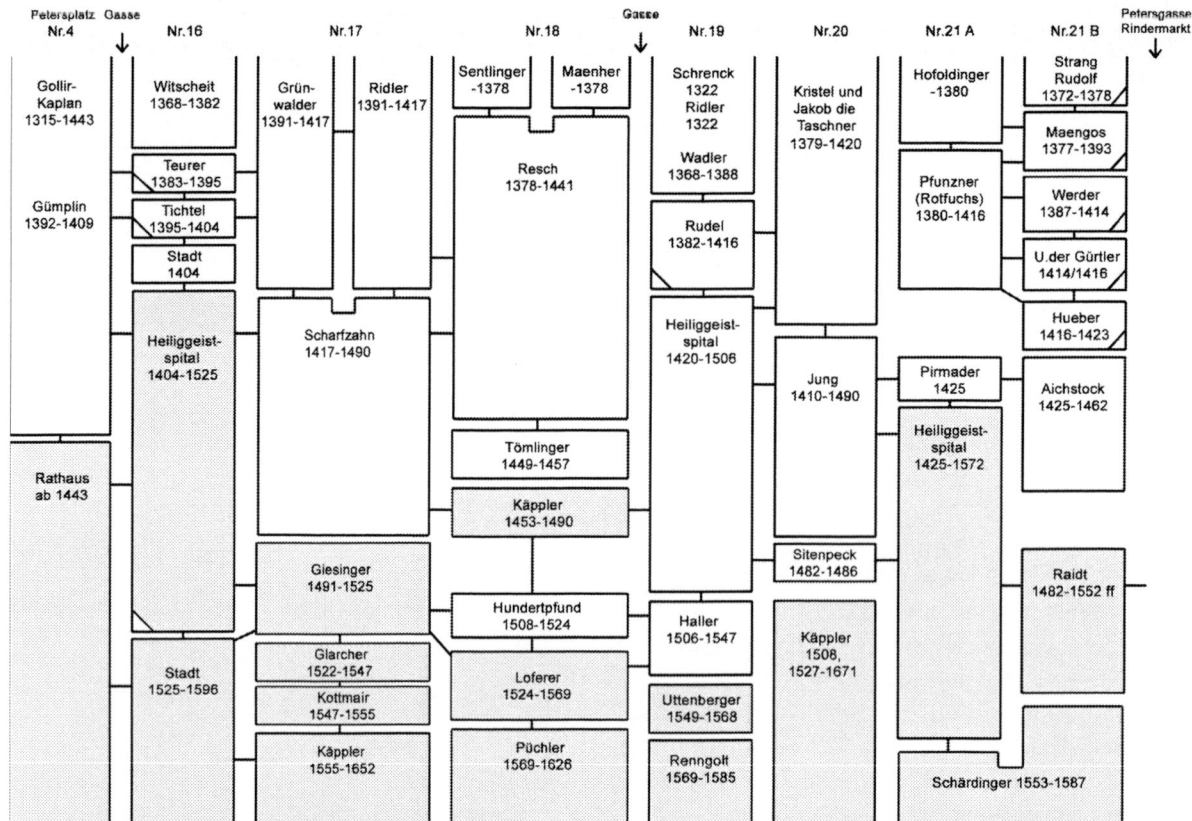

Abb. 13 Hauseigentümer Petersplatz 4, Marienplatz 16 – 21.

Abb. 14 Marienplatz Süd Nr. 16 – 21 auf dem Sandtner-Modell von 1572.

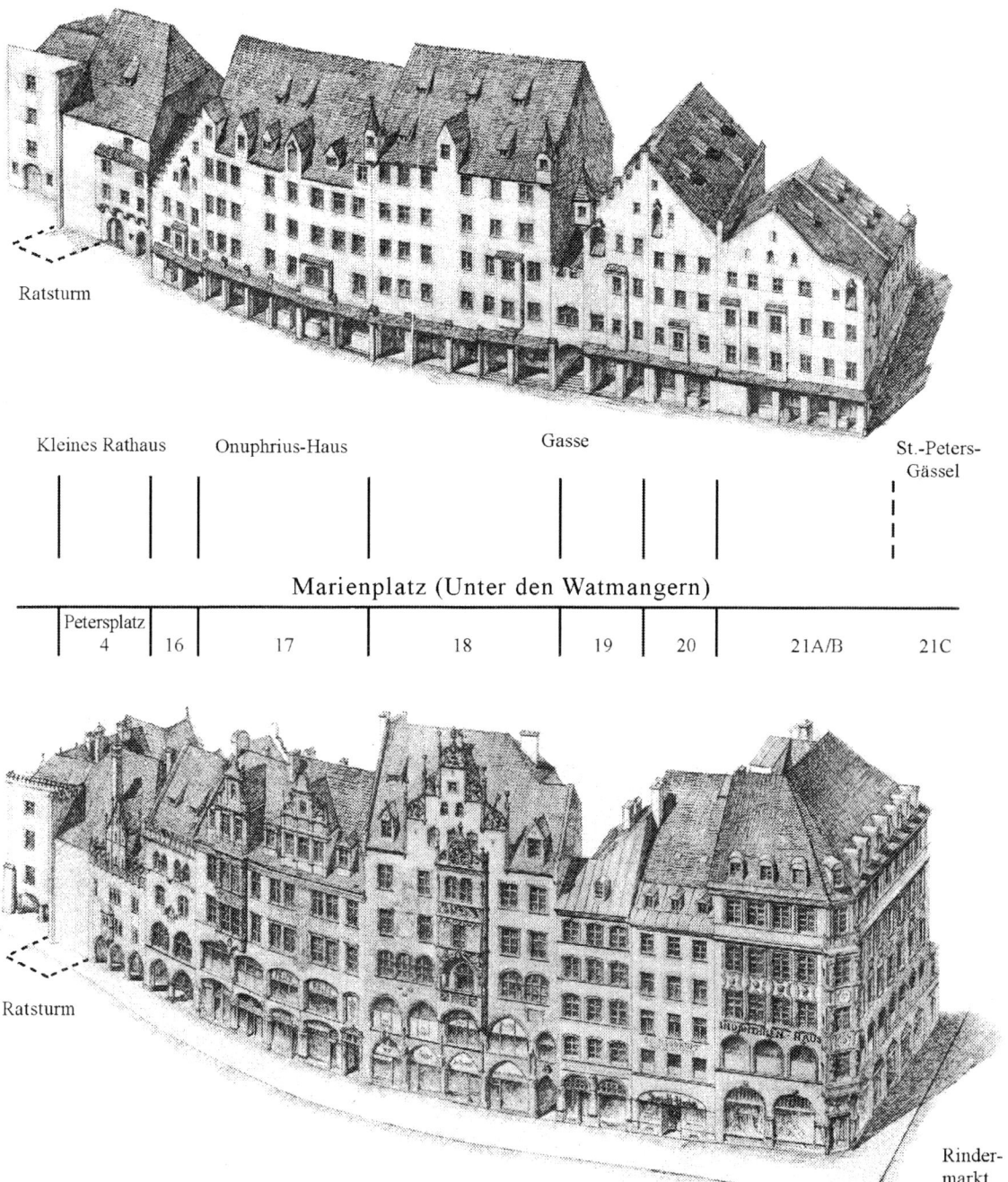

Abb. 15 Marienplatz Süd Nr. 16 – 21, Häuserbuch Angerviertel S. 88/89.

Wolf gúrtler. 1500-1514 Fritz Wolf gurtler St: 1496: -/-/60, 1500, 1508, 1509: -/2/10, 1514: Liste

Hanns gúrtler St: 1496: -/1/12 gracion

Doctor Antoni Pfannzelter St: 1496: anderswo im ebiggelt

Sebastian peitler St: 1496: -/-/60, 1500: -/4/21

Erhart túchscherer[1] St: 1496, 1500: -/3/-

Hanns palbierer St: 1500: -/3/14

Utz Stangel (Stängel, Stángl) t[uchscherer][2] St: 1508, 1509: -/3/19, 1514: Liste

Hanns Rol (Roll, Ról, Róll, Röll), 1508 t[uchmaniger ? Weinschenk[3]], 1509, 1514, 1523, 1525, 1527/II, 1529, 1532 gwandtschneider.[4] 1543, 1544 Hanns Röll der alt

    St: 1508, 1509: 2/3/25, 1514 Liste, 1522, 1523: 7/-/-, 1524-1526, 1527/I: 7/-/18, 1527/II, 1528: 6/1/11, 1529, 1532: 5/2/25, 1540-1542: 3/4/1, 1543: 7/1/2 patrimonium

    StV: (1522-1526) et dedit -/1/24 fúr p[ueri] Fuxtaler. (1524) hat seiner schwiger gut zugesetzt. (1527/I) et dedit -/1/24 fúr Fuxtalers kind. (1527/II) et dedit -/1/24 fúr Fuxtaler. (1528, 1529) et dedit -/1/24 fúr p[ueri] Fuxtaler. (1529) hat abgesetzt seiner tochter heyratgut. (1532, 1540, 1541) et dedit -/-/21 fúr (p[ueri]) Fuxtaler. (1532) et dedit -/1/5 fur Rechtaler. (1542) mer -/-/21 fúr [p.] Fuxtaler. (1544) haben die erben zugsetzt und versteurt.

  Hanns Roll, 1543-1545 der jung

    St: 1543: -/-/-, 1544: -/3/- gracion, 1545: 5/3/16, 1546-1548, 1549/I: 2/5/8

    StV: (1543) sein steur ist noch im patrimonium supra.

Cristane Mair, 1508-1527/I k(ramer)[5]

    St: 1508, 1509: 2/-/24, 1514: Liste, 1522-1526, 1527/I: 3/-/6

    StV: (1522) hat seiner hausfraw gut zugesetzt.

Peter Kůn, 1509 peitler St: 1508, 1509: -/2/9

Jacob tuchscherer[6] St: 1509: -/3/28

Hanns spänngler St: 1509: -/-/60

Utz Helfenstainer (Helfenstain) peitler St: 1522-1526, 1527/I: -/5/18

Leglin

    St: 1522: -/2/24

    StV: (1522) fúr irn man patrimonium, mag biß jar steurn wass [= was sie] hat.

Caspar von Haebach. 1524, 1527/II Caspar Haebach kramer. 1525, 1527/I Caspar Hábach (Haewach)

    St: 1523-1526, 1527/I: -/2/-, 1527/II, 1528: -/3/5

Doniel gúrtler St: 1523: -/-/21 gracion

Jobs Tegerer (Tegrer) tuchscherer, 1528 scherer

    St: 1524: -/2/23, 1525: -/4/3 juravit, 1526, 1527/I: -/4/3, 1527/II, 1528, 1529, 1532: -/2/13

    StV: (1524) sol biß jar schwern.

Conrad Růml St: 1525: -/2/17

Michel Ársinger [Salzstößel[7]]

    St: 1526, 1527/I: 1/-/17

    StV: (1526) bis jar gracion

Hanns Tälsch (Delsch), 1527-1542 peitler. 1559 Hanns Delschin cramerin. 1560-1566/I Hanns Dellschin. 1566/II Hanns Delschin erben

    St: 1527/II, 1528, 1529, 1532: -/4/18, 1540-1542: -/5/8, 1543: 1/3/16, 1544: -/5/8, 1545: 2/-/20, 1546-1548, 1549/I-II, 1550, 1551/I-II, 1552/I-II: 1/-/10, 1553-1557: 1/1/23, 1558: 2/3/16, 1559: 1/1/23 patrimonium, 1560, 1561, 1563, 1564/I-II, 1565, 1566/I: -/2/-, 1566/II: -/2/- matrimonium

---

[1] Erhart Tuchscherer ist 1460-1489 wiederholt Vierer der Tuchscherer, vgl. RP.

[2] Utz Stänngl ist 1508, 1513 und 1514 Vierer der Tuchscherer, vgl. RP.

[3] Hanns Röll seit 1512 Mitglied der Weinschenkenzunft, vgl. Gewerbeamt 1418 S. 16r.

[4] Ein Hanns Röll „unter den läden" ist 1516-1518 Vierer der Gewandschneider, vgl. RP.

[5] Cristanne Mair ist 1503, 1505, 1506, 1511, 1513, 1518 und 1519 Vierer der Kramer, vgl. RP.

[6] Jacob tuchscherer ist 1498, 1500, 1503, 1504, 1506, 1508, 1510, 1513 Vierer der Tuchscherer, vgl. RP. Ein anderer aber Marienplatz 18.

[7] Vgl. Kaufingerstraße 29, Weinstraße 9 und 10.

StV: (1549/I) mer -/5/21 fúr p[ueri] [Hans[1]] Gastl zingiesser. (1549/II) mer -/5/21 fúr p[ueri] zingiesser. (1549/II) mer 1/-/- von wegen des altn Loffers erben 3 nachsteur.

Linhart Kriechpámer priechler (pruechler). 1540-1558, 1560-1564/II Lienhart (Lenhart, Leonhart) Kriegpaumer (Kriegpámer, Kriechpám, Khriechpamer), 1555 der alt. 1569-1571 Lenhart (Leonhart) Khrichpámerin (Khriechpaumerin), 1569 wittibin

    St: 1532: -/3/7, 1540-1542: 1/-/10, 1543: 2/-/20, 1544: 1/-/10, 1545: 2/-/20, 1546-1548, 1549/I-II, 1550, 1551/I-II, 1552/I-II: 1/-/10, 1553, 1554/I-II, 1555-1557: 1/1/5, 1558: 2/2/10, 1559-1561, 1563, 1564/I-II, 1565, 1566/I-II, 1567/I-II, 1568: 2/2/10, 1569: 1/1/5 patrimonium, 1570, 1571: 1/1/5

    StV: (1549/I) mer -/-/21 fúr p[ueri] Leysn. (1549/II-1551/II) mer -/4/16 fúr p[ueri] (Steffan) Leysn. (1552/I-1557, 1559, 1560) mer -/3/25 fúr p[ueri] (Steffan) Leysn. (1558) mer 1/-/20 fúr p[ueri] Leysn. (1561) mer zalt fur Zandl jäger von Geisnfeld fúr erbschafft Anthoni Rindfleisch nachsteur -/2/3. (1561) mer fúr p[ueri] Leysn -/1/5. (1561) mer fúr p[ueri] Leisn 3 nachsteur -/5/18. (1563) vormundschafft nichil.

    Kriechpámer z[immermann ? ammacher ?] St: 1532: -/2/-

Jorg Herl gúrtler St: 1540-1542: -/3/4

Alban Krener

    St: 1540: -/6/13, 1541: 1/5/8

    StV: (1540) et dedit -/-/28 gracion von seins weibs heyratgueth halber. (1541) hat seiner hausfraw heiratgueth zugsetzt.

relicta Fueslin goltschmidin

    St: 1543: 1/2/10

    StV: (1543) mer -/-/28 fúr p[ueri] Sintzhauser.

Andre zuemúllner von hoff St: 1544: -/1/1 hoffgsind

Valten (Valtin) lederschneider

    St: 1545: -/4/8, 1546-1548, 1549/I-II, 1550, 1551/I-II, 1552/I-II: -/2/4, 1553, 1554/I-II, 1555, 1556, 1557: -/2/-, 1558: -/4/-, 1559, 1560: -/2/-

    StV: (1545) mer -/-/28 fúr sein son. Mer -/2/10 fúr p[ueri] peutler. (1546-1555) mer -/-/14 fúr sein son. (1546, 1547) mer -/1/5 fúr p[ueri] peutler. (1548) mer -/-/14 fúr p[ueri] peutler. Mer -/1/12 fúr 3 nachsteur, ain tayl ains ains kinds, so hinaus verheirat worden. (1559) fúr p[ueri] Jorg schmid. (1560) mer fúr p[ueri] schmid -/-/7.

Caspar zellschneider. 1550, 1551/I, 1552/II, 1555 Caspar Werder zellschneider, 1551/II, 1554/I, 1556 schneider. 1552/I, 1553, 1554/II Casper Werder

    St: 1549/II, 1550, 1551/I-II, 1552/I-II: -/4/17, 1553, 1554/I-II, 1555, 1556: 1/-/5

Hanns Kaltner St: 1549/II: -/2/28

Hanns Malvater

    St: 1551/II: 6/3/25 juravit, 1552/I-II: 6/3/25, 1553: 3/3/29, 1554/I-II: an chamer

    StV: (1554/I) zalt 3/3/29 per Kriegpámer am 19. May.

Andre Schón (Schön, Schöen) cramer

    St: 1557: -/3/15 gracion, 1558: 5/-/20 juravit, 1559-1561, 1563, 1564/I-II, 1565, 1566/I: 2/3/25

    StV: (1557) mer 1/1/5 von wegen seiner hausfrau gueth, wie die pfleger versteurt haben, soll hinfúro ain gschworne steur machen.

Jörg Stúmpfin (Stundpfin), 1564/I wittib

    St: 1561, 1563, 1564/I: 3/2/23, 1564/II: 3/3/-

    StV: (1561, 1563, 1564/I) ausser der Ligsaltz schuld. (1564/II) zuegesezt der Ligsalzischen schuld den achten tail.

Jórg Ruepl kháskheufl St: 1565: -/5/24,5

Andre Tanner cramer St: 1566/I-II, 1567/I-II: 2/2/14, 1568: 4/4/28, 1569-1571: 2/3/23

organist von Regenspurg, hofgsind St: 1567/II: -/-/-

Volandt canntzleyschreiber St: 1567/II: -/-/-

---

[1] Vgl. Rindermarkt 19.

Bárthl (Bárthlme) Khárl visierer. 1571 Cärl visierer
> St: 1569-1571: -/-/1
> StV: (1569) mer von seinem ewiggelt -/1/5. (1570) unnd von seinem ewigen gelt -/1/5. (1571) mer von seinem ewigen gelt -/1/5.

Sigmundt Partnhauser
> St: 1569, 1570: -/-/-, 1571: -/-/- hofgesind
> StV: (1569) Ist vorhabens, wider wegzeziechen.

Marienplatz 18

Name: 1444/49 „Cröndel". 1457 „Kran". 1487 „Kron". 1572 „Die Kron".[1]
Lage: 1391 „under den waltmangern in sand Peters pharr". 1524 „am markt in sand Peters pfarr". Haus mit Durchgang zum Peters-Friedhof („Pfaffengäßchen")[2], der auf dem Sandtner-Modell noch nicht voll überbaut ist, deutlich sichtbar zwischen Haus 18 und 19.
Charakter: Gewandhaus, Tuchhandlung, Tuchschererei, zeitweise auch Weinschenke.
Läden („Gewandgaden") (zwei): 1378 gehört einer der Läden dem Karl Maenher, der andere dem Aelblein Grozz. Aber auch Franz Sendlinger hat um diese Zeit einen Gaden neben dem Albrecht Grozz. Desgleichen hat unter dem Hausanteil des Sendlinger auch der Impler einen Gaden. 1391 verkauft Franz Impler seinen Gaden an Ainwig Resch. 1409 gehört einer der Anna Rudolf, 1409 und 1411 der andere Ludwig Schlehdorfer.

Hauseigentümer Marienplatz 18:

Auch dieses Haus ist offensichtlich erst aus mehreren Teilen zusammengewachsen. Auch hier dürfte die spitze Dachgaube die Nahtstelle markieren und aus zwei aneinanderstoßenden „Ohrwascheln" entstanden sein. Erst Ainwig Resch hat sie 1411 vereinigen können. Die Besitzanteile sind schwer voneinander zu scheiden.

1370 bestimmt die Baukommission: „Dem Kaemler get der kellerhals ab und dem Impler sein lauben ab und den (!) kellerhals. Si habent aber wol gewalt, mit ganczen hawsern herfúr ze varen und daz sullen si tun zwischen hie und sand Jacobstag [25. Juli] und darnach in dem naechsten iar oder si habent furbaz dhainen gewalt".[3] Wahrscheinlich ist hier von zwei Gaden bei diesem Haus die Rede. Der Kaemler ist zwar hier nie nachgewiesen, aber der Impler hat 1378 und 1391 einen Gaden in diesem Haus. Daß sich der Eintrag nicht auf das Impler-Haus Rindermarkt 17 bezieht, dürfte sich daraus ergeben, daß dieses Haus an anderer Stelle eigens aufgeführt wird.[4] Der Kaemler steht in dem Verzeichnis unmittelbar hinter dem Lochhauser (Rindermarkt 7 A). Danach ist die Reihenfolge gestört. Es folgt der Impler, dann des Katzmairs Haus (Martienplatz 22), dann Rindermarkt 23, dann Rindermarkt 22. Auch am Rindermarkt ist um diese Zeit niemand mit dem Namen Kaemler nachweisbar.
1378 Februar 8 Francz Sentlinger übergibt seinen Gaden, gelegen „ze naehst an dez Albrechts [Grozz] gadem" und das halbe Haus, das über demselben Gaden und über dem Gaden des Implers gelegen ist, dem Ainweigen dem Resch.[5]
1378 April 3 Karl Maenher übergibt seinen Gaden und sein Haus darüber, „ze naehst an dez Grozzen Aelbleins dez ledrers gadem" gelegen, dem Ainweig dem Resch.[6] Ainwig Resch steht schon seit 1375 hier in den Steuerbüchern. Damit hat Ainwig Resch zwei halbe Häuser, das des Sendlinger und das des Maenher, mit je einem Gaden, in seine Hand gebracht.

---

[1] Zu diesem Hausnamen vgl. Stahleder, Haus- und Straßennamen S. 343/344.
[2] Zu diesem Straßennamen vgl. Stahleder, Haus- und Straßennamen S. 241.
[3] Zimelie 9 (Ratsbuch IV) S. 4r (neu).
[4] Zimelie 9 (Ratsbuch IV) S. 4r (neu).
[5] GB I 93/21.
[6] GB I 96/12.

1391 Mai 11 Francz Ympler verkauft seinen Gaden, „daz gelegen ist under dez Ainlins haws under den waltmangern in sand Peters pharr" dem Ainlin dem Reschen.[1]
Merkwürdig ist, daß danach das Haus wieder in zwei Hälften geteilt in anderen Händen ist:
1409 April 29 übergibt Anna die Rudolfin, des Hans Rudolf selige Witwe, „ir halbs haus mitsambt dem ganczen gewantgadem darunder ... in sand Peters pfarr znächst an Ludweigen des Slechdorfer halbem haus" an Niclas den Resch.[2]
1411 März 16 „Ludbeg Slechtarffer" übergibt nunmehr ebenfalls sein „halbs haws mitsampt dem gebantgadm darunder", gelegen in St. Peters Pfarr, „zu nachst an dem halben haws, daz Nygel Rechs vor gechawft hat von Annen der Rodolfin" an Niclas den Resch.[3]
Damit sind wieder beide Hausteile in der Hand eines Resch vereinigt. Wahrscheinlich handelte es sich bei den verschiedenen Verkäufern und Käufern um eine ursprüngliche Erbengemeinschaft. Das legt auch der spätere Streit um das Erbe nahe.
1417 Januar 21 das Haus des Niclas des Resch ist Nachbar des Hauses von Gabriel Ridler dem Älteren (Marienplatz 17 B).[4]
1424 Dezember 13 die Baukommission befindet: „Under des Reschen haws sullen durchgäng seyn und sol ain durchganck haben ain drittail und sullen ye zway gädmer ain panck haben und die penck sullen haben zway drittail an der leng. Man sol in den durchgängen nichts vail haben". An anderer Stelle heißt es: „Item Peter Rudolf, des Reschen kind, süllen ir körll und venster, die fur die mawr raichent, abprechen und dannen tun".[5]
1440 Februar 4 es gibt Streit um das Erbe der Jungfrau Barbara Resch selig zwischen 1) Franz Zaler nebst seinen zwei Schwestern Agnes Kniepäntl und Dorothea Ruckenhauser, 2) Peter Rudolf und 3) Ludwig Tömlinger.[6] Peter Rudolf war 1424 einmal vom Stadtgericht als „des Reschen Kind" bezeichnet worden.[7] Das heißt sicher „Stiefsohn" des Ainwig oder Niklas Resch. Der Streit wird jetzt von Seiten des Zaler und seiner Schwestern gegen die Kinder des Peter Rudolf und gegen Ludwig Tömlinger geführt. Am 4. Mai 1441 bestätigt Herzog Albrecht das ergangene Hofgerichtsurteil,[8] das das Stadtgericht am 15. Mai 1441 verkündet. Jetzt werden auch die beiden Brüder Wilhelm und Ludwig Scharfzahn als Prozeßbeteiligte genannt.[9] Ludwig Scharfzahn wird in den Steuerbüchern mehrmals ebenfalls als Sohn des Ainwig Resch bezeichnet, vgl. unten.
1449 o. D. kauft die Stadt von Ludwig Tömlinger 20 Gulden rheinisch Ewiggeld aus seinem Haus „mit namen aws dem Cröndel an marckt", und einem anderen Haus (dem Rabeneck-Haus).[10]
1457 o. D. hat die Stadt 152 Pfund 4 Schillinge eingenommen von Ludwig Tömlinger um 10 Gulden rheinisch Ewiggeld aus seinen Häusern, unter anderem „der Kran" (= Kron), die er jetzt abgelöst hat.[11]
1487 o. D. das Haus des Heiliggeistspitals (Marienplatz 19) liegt zwischen den Häusern des Sittenpeck (Marienplatz 20) „und gegen der Kron über" (Marienplatz 18).[12]
1488 Februar 6 Jacob Cäppler hat nach dem Tod seines Vaters ein Ewiggeld von 25 Gulden für 500 Gulden Hauptsumme aus diesem Haus an seine Stiefmutter Catharina Cäppler verkauft, ihr also eine Hypothek von 500 Gulden zu einem jährlichen Zins von 25 Gulden = 5 % verschrieben (GruBu).[13]
1488 Februar 13 erneuter Ewiggeldverkauf von 15 Gulden um 300 Gulden Hauptsumme durch Jacob Cäppler (GruBu).

---

[1] GB II 5/17.
[2] GB III 87/13.
[3] GB III 105/2.
[4] GB III 181/15.
[5] Stadtgericht 917 (Bußordnung von 1433) S. 14r, 15v.
[6] BayHStA, GUM 247.
[7] Stadtgericht 917 (Bußordnung von 1433) S. 15v.
[8] BayHStA, GUM 251.
[9] BayHStA, GUM 252.
[10] Zimelie 19 (Salbuch 1444/49) S. 99r.
[11] KR 1457/58 S. 34r.
[12] Zimelie 43 (Heiliggeistspital, Salbuch C) S. 19v.
[13] Stadtgericht 207/7 (GruBu) S. 650v/651r.

1508 Ludwig Hundertpfund ist Nachbar des Hauses des Goldschmieds Kaspar Giesinger (Marienplatz 17) am Markt Petri.[1]

1524 September 28 Anna Lofer(er) verkauft den Brüdern Hundertpfund (Anton, Balthasar, Gabriel) ein Ewiggeld von 20 Gulden für 400 Gulden Hauptsumme aus diesem Haus (GruBu).

1524 September 30 der Münzmeister Anthoni Hundertpfund, der Münzmeister zu Augsburg Balthasar Hundertpfund und Barbara Hundertpfund verkaufen ihre eigene Behausung und ihre Hofstatt „am marckht in sant Peters pfarr", gelegen zwischen den Häusern von Caspar Giesingers Erben (Marienplatz 17) und Hanns Hallers (Marienplatz 19) an Frau Anna, die Hausfrau von Jorg Loferer.[2]

1546 die Baukommission beanstandet beim Jorg Loferer, daß insgesamt seine Vorbauten „3/4 [Ellen] ze weit" hervorstehen und daß „mer ain laden, so man beym tag aufthuet, ze weit herfür furhengen". Das betrifft die „lederschneider- unnd obserpenckh".[3]

1565 Juli 26 eine Erbengemeinschaft von Loferern (Georg und Sigmund Loferer, Buchbinder zu München; Wilhelm Loferer, Bürger zu Rosenheim; Anna Loferer, Ehefrau des Leonhard Lindauer; Hans Loferer, ledig; Felizitas Loferer, Ehefrau des Hans Mair zu Rosenheim; Margareta Loferer, Ehefrau des Wolf Püchler zu München) verkauft dem Gabriel Ridler ein Ewiggeld von 20 Gulden für 400 Gulden Hauptsumme (GruBu). Das Haus übernimmt dann die letzte der sieben genannten Loferer, Margareta, mit ihrem Ehemann, dem Tuchscherer Wolfgang Püchler.

1569 März 31 Ewiggeldverkauf von 10 Gulden für 200 Gulden Hauptsumme durch das Ehepaar Püchler an ihre Schwägerin und Schwester Anna Loferin, des Linhard Lindauers Hausfrau (GruBu). Mittlerweile liegen auf dem Haus 1800 Gulden Hypotheken, für die jährlich 90 Gulden an Zinsen zu zahlen sind.

1572 laut Grundbuch (Überschrift) des „Wolfgangen Püchler tuechscherers Haus „die Cron"".
Die Püchler/Pichler haben das Haus noch bis um 1626. Von 1656 bis um 1840 gehört es stets einem Buchbinder.

Eigentümer Marienplatz 18:

* Francz Sentlinger [bis 1378 Februar 8], Karl Maenher [bis 1378 April 3], je ein halbes Haus
* Ainweig (Aindl, Ayndl)[4] Resch [äußerer Rat[5]]. 1382 Ainweig. 1403 relicta Aindlin
    St: 1375: 4,5/-/-, 1377: 7,5/-/- juravit, 1378, 1379: 7,5/-/-, 1381, 1382, 1383/I: 8,5/-/-, 1383/II: 12/6/-, 1387: 13/5/20, 1388: 27/3/10 juravit, 1390/I-II: 27/3/10, 1392: 16,5/-/-, 1393, 1394: 22/-/-, 1395: 15/-/-, 1396, 1397, 1399: 22,5/-/-, 1400, 1401/II, 1403: -/-/-
    Bem.: (1375, 1378, 1379, 1381) Steuer gemeinsam mit den pueri uxoris. (1403) Steuer gemeinsam mit Nicklas Resch.
    Pferdemusterung, um 1398: (Ur-Fassung): Aynweig Roschs sol haben 3 pferd umb 10 guldein, [und soll damit der] stat warten [und] spiezz schniczen; (Korrig. Fassung): Aynweig Roschs sol haben zway pferd umb 15 guldein.
  pueri uxoris. 1379, 1381 pueri prioris uxoris
    St: 1375: -/-/-, 1377: nichil, 1378, 1379, 1381: -/-/-
    Bem.: (1375, 1377-1379, 1381) Steuer gemeinsam mit Ainweig Resch.
  item uxor [secunda] Ainwici Resch
    St: 1379: 2,5/-/-
  pueri uxoris secunde. 1383/I-II, 1387, 1388 puer(i) uxor(is)
    St: 1381, 1382, 1383/I: -/6/-, 1383/II: -/9/-, 1387: 1/-/-, 1388: 2/-/-
  Ludwig (Lúdl) sein sun. 1394 Ludwig sein sun Scharpffzant, 1390/II, 1392-1393 inquilinus
    St: 1390/I-II: 2/-/-, 1392: -/12/-, 1393, 1394: 2/-/-
  Reschin inquilina
    St: 1392: 0,5/-/15, 1393: -/6/-

---

[1] Zimelie 27b (Salbuch Reiches Almosen) S. 100.
[2] GB IV S. 63v.
[3] LBK 4.
[4] 1387 „Aindl" neben getilgtem „Ludw".
[5] Aindel Resch 1381 Mitglied des Großen Rats, 1382-1384 äußerer Rat, vgl. R. v. Bary III S. 741, 745. Er war Tuchhändler: 1377 läßt er Heinrich König um vier Loden pfänden, vgl. GB I 88/14.

Chunrat Merwoder [Vetter von Ainweig Resch]
    St: 1399: -/18/- iuravit
    Pferdemusterung, um 1398: Chuncz dez Aindleins [Reschs] vetter sol haben ain pferd umb 16 guldein, selber reiten.

* Nicklas Resch (Rechss, Rechs). 1405/I-1406 Nicklas [Sohn des] Ainweyg Resch [Wirt].[1] 1419 relicta Rechssin [Teilbesitz]
    St: 1403: 30/-/-, 1405/I: 5/-/- gracianus, 1405/II: 3/6/- sein gracianus, 1406: 5/-/- gracianus, 1407: 29/-/- sein stewr iuravit, 1408: an dez stewr haben wir eingenomen 36/3/12, 1410/I: 25/-/- iuravit, 1410/II: 33/-/80, 1411: 25/-/-, 1412: 33/-/80, 1413: 25/-/- iuravit, 1415: 25/3/6, 1416, 1418: 33/6/28 patrimonium, 1419: -/-/-
    StV: (1403) nach alter stewr alz sy der Aindel [Resch] salig verstewrt hat. (1405/I) item und von seinen drei geswistreit 9 lb gracianus. (1406) und zu der nächsten stewr sol er swern. (1407) item dedit 9 lb von seinen geswistreten gracianus und hincz der nächsten stewr sol er dieselb gracianus und waz er noch von seinen geswistreiten und von seiner hausfrauen wegen ereribt, daz sol er mit dem ayd verstewrn. (1408) et dedit -/12/18 damit hat er gar zalt.
    Bem.: (1403) Steuer gemeinsam mit der Witwe von Aindel Resch.
  und seinew geswistreit
    St: 1405/II: 6/6/- gracianus, 1406: 9/-/- gracianus
* Anna, Witwe von Hans I. Rudolf [bis 1409 April 29, halbes Haus]
* Ludbeg Slechtorffer [bis 1411 März 16, halbes Haus]
* pueri Niclas Resch. 1439/I pueri Reschin. 1439/II pueri Niclas Resch. 1440 pueri Resch
    St: 1423: 9/-/- gracianus, 1424: 3/-/- hat zalt, 1431: 5/-/- gracion
    Sch: 1439/I-II, 1440, 1441/I-II: 3 t[aglon]
* Ludwig Tömlinger [Stadtrat[2]; 1449, 1457]
* Hanns Kappeler (Cäplär, Kápeler) [Kramer[3], ∞ 2. Catharina], 1456, 1458, 1462 inquilinus
    St: 1453-1458: Liste, 1462: -/3/16, 1482: 13/7/29, 1486: 14/2/6
    StV: (1482, 1486) et dedit -/2/24 von 3 gulden geltz gen Sentling.
** Jacob Kapplár[4]
    St: 1490: 10/4/-
** Jorg (Jórg) Lofrer (Loferer), 1508, 1509, 1523, 1525, 1527/II gwandtschneider[5], 1545-1549/I der alt. 1549/II-1565 Jorg Lófer (Lófererin, Loferin, Lofererin, Lofrerin) die alt
    St: 1508, 1509: 1/6/25, 1522: 5/2/6, 1523-1526, 1527/I: 4/1/27, 1527/II, 1528, 1529, 1532: 4/1/1, 1540-1542: 3/3/22, 1543: 7/-/14, 1544: 3/3/22, 1545: 4/2/8, 1546-1548, 1549/I-II: 2/1/4, 1550, 1551/I-II, 1552/I-II: 1/6/4, 1553, 1554/I-II, 1555-1557: 1/3/15, 1558: 3/-/-, 1559-1561, 1563, 1564/I-II, 1565: 1/3/15 matrimonium
    StV: (1523) hat seiner tochter heyratgut abgesetzt. (1550) hat abgsetzt ainer tochter heiratgueth.
* Ludwig [I.] Hundertpfunt [Salzhändler, Schankungelter, äußerer Rat[6]]
    St: 1514: Liste
* Anton [I.], Balthasar [II.], Gabriel und Barbara Hundertpfund [Söhne von Ludwig I. Hundertpfund, bis 1524 September 30]
** Anna Loferer [seit 1524 September 30]

---

[1] Ainweig Resch hat 1395 und 1396 einen Leibgedingzins von der Stadt für „Nyclas seinen sun", vgl. Steueramt 570 S. 7r, 571 S. 13v. – Die Stadt zahlt am 8.9.1408 dem Nyclasen Reschen 7 Schillinge und 12 Pfennige „die die soldner verzert haben zu Freising", vgl. KR 1408/09 S. 92v. Er war offenbar Gastwirt. – 1387 „Aindl" neben getilgtem „Ludw".

[2] Ludwig Tömlinger am 15.2.1453 als Bürgermeister belegt, vgl. R. v. Bary III S. 758. Vgl. Weinstraße 11 A.

[3] Hanns Kappeller ist 1465, 1475, 1478, 1480 und 1482 (der alt) Vierer der Kramer, vgl. RP.

[4] Vetter von Ludwig Hundertpfund genannt am 27. April 1508, vgl. Hufnagel/von Rehlingen, St. Peter Urk. 229, gestorben noch vor der Steuererhebung von 1496, vgl. Marienplatz 16, wo Lucas Käpler 1496 das patrimonium für ihn bezahlt.

[5] Jorg Loffrer ist 1507, 1514-1516, 1518, 1520 ff. Vierer der Gewandschneider, vgl. RP.

[6] Ludwig Hundertpfund 1478-1481, 1487, 1489, 1492-1497, 1500, 1501 Vierer der Salzsender, vgl. Vietzen S. 152 und RP und KR 1478/79 S. 80v. – Ludwig Hundertpfund ist 1499-1519 äußerer Stadtrat, als solcher 1502-1513 auch Schankungelter, vgl. RP und R. v. Bary III S. 879.

* Jorg (Georg) Loferer (Lofrer), 1545-1565 der jung, 1568 thuechmaniger [äußerer Rat[1]]
   St: 1545: 8/2/10, 1546: 6/5/18 juravit, 1547, 1548, 1549/I-II, 1550, 1551/I-II, 1552/I-II: 6/5/18, 1553, 1554/I-II, 1555-1557: 7/1/24, 1558: 14/3/18, 1559, 1560: 7/1/24, 1561, 1563, 1564/I-II, 1565, 1566/I-II, 1567/I-II: 6/6/7, 1568: an chamer
   StV: (1545) seiner hausfrau alte steur zwifach. (1545) mer -/3/15 fúr sein gracion. (1555) mer 8/2/20 fúr p[ueri] Stainmullner. (1556, 1557, 1559-1565) mer 10/1/15 fúr Conrad (Cunrat) Seehofer. (1558) mer 20/3/- fur Conrad Seehofer. Mer 20/4/- fúr p[ueri] Stainmullner. (1559, 1560) mer 10/2/- fúr p[ueri] Stainmúllner. (1561, 1563, 1564/I) mer fúr p[ueri] Stainmúller 9/3/5, ausser der Ligsaltz schuld. (1566/I) mer vyr Conrat Seehoffer 10/1/15.
** Loferer-Erben [1565 Juli 26]
** Wolff(gang) Puehler (Pühler, Puchler, Púchler) tuechscherer. 1560-1564/I Wolff Puchler (Püchler, Pühler) [∞ Margareta Loferer]
   St: 1549/II: -/-/21 gracion, 1550: -/-/14 gracion, 1551/I: -/-/14 gracion die ander, 1551/II: -/2/19 juravit, 1552/I-II -/2/19, 1553, 1554/I-II, 1555-1557: -/2/-, 1558: -/4/-, 1559, 1560: -/2/-, 1561, 1563, 1564/I-II, 1565, 1566/I-II, 1567/I-II: 1/5/8, 1568: 3/3/16, 1569-1571: 1/2/3,5
   StV: (1550) mer -/2/- von wegen seiner schwiger abgsetztn heiratguth, soll hinfúro schwern. (1551/I) mer -/2/-, so sein schwiger hat abgsetzt, soll hinfúro schwern. (1569-1571) mer fúr p[ueri] Rólln -/1/1,5. (1570) mer fúr Elena Róllin drey nachsteur -/1/12.
   Sigmund Lofrer puechpindter
   St: 1566/I-II, 1567/I-II: -/2/-, 1568: -/4/-, 1569-1571: -/2/-

Bewohner Marienplatz 18:

Káninger (Kaeninger) sneyder, 1369-1372, 1381 sartor
   St: 1368: -/-/80 post, juravit, 1369: 0,5/-/- post, 1371: -/3/6, 1372: 0,5/-/- post, 1381: -/-/-
Ranndeck (Ranndegk) kramer inquilinus
   St: 1368: -/-/20, 1369: -/-/-
   StV: (1369) [Nachtrag am Rand:] solvit -/-/24 post
Perchtolt Kranhobel St: 1368: -/-/20 post
Vichtel sneyder St: 1368: -/-/35 post
Chunrat sartor St: 1369: -/-/18
Newfanchk sneyder St: 1369: -/-/30
Jacob Pecznhauser (Peczenhauser, Pocznhauser) sartor
   St: 1371: -/-/24 gracianus, 1372: -/-/36 juravit
Chunrat Gerhart, 1371 sartor St: 1371: -/-/24 voluntate, 1372: -/-/-
Kolb sartor. 1378 relicta Kólblin
   St: 1371: -/-/20 gracianus, 1372: -/-/32, 1375: -/3/10, 1377, 1378: -/-/-
Seicz carpentarius inquilinus St: 1371: -/-/32 gracianus, 1372: -/-/40 post
Veter [tuch]scherer St: 1371: -/-/48
Fridrich Weinsperger [sartor ?] St: 1375: -/3/6
   Pillunchk institor inquilinus Weinsperger St: 1375: -/3/14
Múnsperger sartor. 1381 relicta Múnspergerin St: 1379: -/-/24, 1381: -/-/18
Paurenermel sartor St: 1379: -/-/18 gracianus
Kristel sartor (sneyder) de (von) Rosenhaim
   St: 1381: -/-/18 gracianus, 1383/I: -/-/33, 1383/II: -/-/49,5, 1388: -/-/80 juravit
Peter (tuch)scherer, 1381 inquilinus St: 1381: -/-/24, 1382: -/-/30 voluntate
[Heinrich] Ryeder sartor St: 1382: -/-/12
Ott [tuch]scherer St: 1383/I: -/-/24, 1383/II: -/-/36
Ott schuster St: 1387: 1/-/-
   Eberl sein sun. 1390/I-II, 1392 Eberl (Eberhart) Ott [Wirt]
   St: 1387: -/-/-, 1390/I-II: 2/-/-, 1392: 5/-/84
   Bem.: (1387) Steuer gemeinsam mit dem Vater.

---

[1] Loferer Tuchmaniger im Sommer 1569 Religionsverhör, vgl. Dorn S. 229. – Georg Lofrer Frühjahr 1571 Religionsverhör, vgl. Dorn S. 254. – Jörg Loferer war 1554-1558 äußerer Stadtrat, vgl. RP.

Fridl kramer hosnestler St: 1393: -/-/32
Matheis tůchscherer St: 1394: 1/-/-
Hainrich (Haincz) Werder, 1396-1400, 1403 poniuex/ponnivex [= pannifex], 1405/I-1408 gewantsneider
    St: 1395: 0,5/-/4, 1396, 1397, 1399, 1400: -/6/6, 1401/I: -/6/-, 1403, 1405/I: 0,5/-/-, 1405/II: -/6/- iuravit, 1406-1408: 1/-/-, 1410/I: 0,5/-/- iuravit, 1410/II: -/5/10
    Pferdemusterung, um 1398: (Korrig. Fassung): Hainrich kellner und Hainczl Werder sůllen haben ain pferd umb 18 guldein , einer [soll] reiten.
(relicta) Lintmairin inquilina St: 1395: -/-/60 für sechs lb, 1396: -/-/50 fur 6 lb
Johannsen (Johannes) Praẇscher inquilinus
    St: 1396, 1397: -/6/- gracianus
    Pferdemusterung, um 1398: Hanns Prewscher schreiber sol haben ein pferd umb 20 [korrigiert in 24] gulden und ein trabzewg [nachgetragen:] stat warten.
Klatrey (!) (Khatrein, Khatrey) Sentlingerin, 1397, 1400 inquilina
    St: 1397: -/-/20 fur nichil, 1400, 1401/I: -/-/20
Asem Sewer [Weinschenk[1]], 1399 inquilinus
    St: 1399, 1400: -/12/-, 1401/II: 2/5/26 iuravit
    Pferdemusterung, um 1398: (Ur-Fassung): Erasm Sewer soll haben 1 pferd umb 16 guldein, selber reiten; (Korrig. Fassung): Hainrich kellner, Erasm Sewer, Cunczel dez Ayndleins vetter, sůllen all drey haben ain pferd umb 18 guldein, einer reiten.
Margred kramerin inquilina St: 1401/II: -/-/27 iuravit
Statler stainmecz St: 1401/II: -/-/60
Dietreich (Dietel) tuchscherer
    St: 1403, 1406-1408: -/-/64 fúr 8 lb, 1410/I: -/-/60 fúr 8 lb, iuravit, 1410/II: -/-/64 fúr 8 lb, 1411: -/-/60 fur 8 lb, 1412: -/-/-
Andre schenck et uxor St: 1405/I: -/-/-
relicta Teiningerin inquilina St: 1410/I: nichil habet
Peter tuchscherer St: 1413: -/-/60 iuravit, 1415: -/3/-, 1416: 0,5/-/-
Kaschawerynn St: 1413: -/-/20 fúr nichil
Hanns Ramler [Weinschenk[2]], 1431 inquilinus
    St: 1423: 2,5/-/-, 1424: -/6/20, 1431: -/13/10 schenckenstewr, iuravit LXXV
    StV: (1423) zu dem nachsten sol er swern.
Kristan Kern [Weinschenk[3]] Sch: 1439/I: 2 t[aglon]
Hanns Púckel [Weinschenk[4]] inquilinus. 1440 Hanns Púcklin Sch: 1439/II, 1440: 2 t[aglon]
Peter púchsnmaister inquilinus Sch: 1440: 1 t[aglon]
Albrecht Seperger [Salzsender[5]] Sch: 1445: 2 ehalten, dedit -/-/16
Oswald Fus [Gewandschneider] Sch: 1445: 2 ehalten, dedit -/-/16
Symon schaidmacher, 1456 inquilinus. 1462 relicta Simon scheydmacherin
    St: 1453-1456 Liste, 1462: -/-/60
Hanns Láuchtrock (Lauchtrock), 1456, 1458 (tuch)scherer St: 1456-1458: Liste
Hanns Storer St: 1457, 1458: Liste
Conrat arczt St: 1458: Liste
Hanns haffner inquilinus St: 1462: -/-/70
Fritz nadler, 1462 inquilinus St: 1462, 1482: -/-/60
Hainrich maurer ringler. 1486 Hainrich ringler maurer. 1490 Gregk maurer
    St: 1482: -/2/17, 1486, 1490: -/4/-
    Haintz Gregk ringler[1] St: 1496: 1/1/-

---

[1] Asem Sewer ist Mitglied der Weinschenkenzunft, vgl. Gewerbeamt 1411 S. 3v.

[2] Hanns Ramler ist 1433 und 1451 Mitglied der Weinschenken-Bruderschaft, 1455 und 1457 Vierer der Schenken, vgl. Gewerbeamt Nr, 1411 S. 8v, 10r, 11v. – 1430 gehört der Ramler zu den Wirten am Markt, die Ungeld zahlen, vgl. Steueramt 987.

[3] Kristan Kern ist 1458 Mitglied der Weinschenken-Bruderschaft, vgl. Gewerbeamt 1411 S. 14r.

[4] Hanns Puckel ist 1433 Mitglied der Weinschenken-Bruderschaft, vgl. Gewerbeamt 1411 S. 8v.

[5] Albrecht Seberger 1445 als Salzsender belegt, vgl. Vietzen S. 147.

Lebin et mater St: 1482: -/4/-

Ulrich Arnolt eysenkramer, 1490 eysenkramer[2] St: 1486, 1490: 1/5/25

Jórg maurer inquilinus St: 1486: -/-/60

Jacob tůchscherer,[3] 1508 scherer
    St: 1490: -/-/60, 1496: -/2/10, 1500: -/2/19, 1508: -/3/28, 1514: Liste

Geórg Rorer St: 1496: -/-/60

Sigmund Zaiser k[ramer][4]
    St: 1496: -/2/7, 1500: -/3/8
        StV: (1496) et dedit -/7/22 fúr den von Raitnhaslach. (1500) et dedit -/7/20 fur den von Raitn-haslach.
    Hanns Zayser sein sun St: 1500: -/1/5 gracion

Hanns von Hailprunn [peitler[5]] St: 1496: -/7/23

statschreiber [= Licentiat Sigmund Eisenhofer[6]] St: 1500: -/7/11

Marx nestler St: 1500: -/-/60

Hanns spanngler (spángler, spängler) St: 1508: -/-/60, 1522-1526, 1527/I-II, 1528, 1529: -/2/5

Wolfgang kramerin St: 1508, 1509: -/7/10

Wolfgang Franck et mater
    St: 1509: -/-/60
        StV: (1509) et mater -/1/5 das jar
    Jorg Franck St: 1509: -/-/60

una inquilina St: 1509: vacat

Linhart průchler St: 1514: Liste

relicta Schnurlerin St: 1514: Liste

Jórg Dingpucher, 1522, 1523, 1525, 1526 kramer[7] St: 1514: Liste, 1522-1526, 1527/I: -/2/15

[Hanns] Higwein [Kramer[8]]. 1522-1532 Higweinin, 1524, 1525 inquilina
    St: 1514: Liste, 1522-1526, 1527/I-II, 1528, 1529, 1532: -/2/-

Hanns Paungartner, 1523-1525, 1527/II priechler
    St: 1522-1526, 1527/I: -/2/25, 1527/II, 1528, 1529, 1532: -/2/29

Jacob Spickenfelder, 1523, 1525, 1527/II tuchscherer
    St: 1522-1526, 1527/I: -/5/18, 1527/II, 1528, 1529: -/6/27
        StV: (1527/II) et dedit -/6/9 fur p[ueri] Pronner.
    Hanns Spickenfelder St: 1532: -/3/26

puchpindter. 1529, 1532 Jórg puchpindter St: 1528, 1529: -/-/21 gracion, 1532: nichil, servit

Gabriel nadler St: 1532: -/2/-

Hirschpůhler St: 1532: -/2/20 juravit

Jacob schwertfeger St: 1532: -/1/19 gracion, sol biß jar schwern

Wilhalm Stegerin St: 1532: 3/2/24

alt wagmaisterin. 1552/II alt wagmaisterin Próbstin. 1555 alt wagmaisterin Barbara Próbstin. 1559 alt wagmaisterin erben
    St: 1540-1542: 3/5/10, 1543: 7/3/20, 1544: 3/5/10, 1545: 4/6/14, 1546-1548, 1549/I-II, 1550, 1551/I-II, 1552/I-II: 2/3/7, 1553, 1554/I-II, 1555-1557: 1/4/8, 1558: 3/1/16 matrimonium, 1559: 1/4/8 matrimonium das ander, 1560: -/-/-
    StV: (1560) hat Jörg Probst versteurt.

---

[1] Ein Hainrich Gregk ist 1506 Vierer der Kramer, vgl. RP, ansonsten aber ein Hainrich Gregk 1474-1506 wiederholt und 1511, 1513-1515 Vierer der Ringler, Würfler und Bürstenbinder, vgl. RP.
[2] Ulrich Ornolt eysenkramer oder Ulrich eysenkramer ist 1487-1501 wiederholt Vierer der Kramer, vgl. RP.
[3] Jacob Tuchscherer ist 1498, 1500, 1503, 1504, 1506, 1508, 1510, 1513 Vierer der Tuchscherer, vgl. RP.
[4] 1482 bei Marienplatz 19 ein „Zaiser kramer".
[5] Vgl. Rindermarkt 7 A (1482).
[6] Vgl. R. v. Bary III S. 787 und Rindermarkt 1.
[7] Jorg Dunpucher ist 1512 Vierer der Kramer, vgl. RP.
[8] Hanns Higwein ist 1513 Vierer der Kramer, vgl. RP.

Mathes Stángl (Stängl), 1540 tuechscherer
    St: 1540: -/2/11, 1541, 1542: -/3/16, 1543: 1/-/2, 1544: -/3/16, 1545: -/4/8
    StV: (1541) hat seins schwehern guth, des Köllpeckhen, zugsetzt.
Walthasar (Walthauser) púrstnpintter
    St: 1540-1542: -/2/-, 1543: -/4/-, 1544: -/2/-, 1545: -/4/22, 1546, 1547: -/2/11
Hanns Knaur nadler St: 1540: -/2/-
Walthasar Zweng patrimonium St: 1541: -/3/25 patrimonium
Hanns jágerin. 1543-1545 Hanns jáger (jäger) St: 1542: -/2/-, 1543: -/4/-, 1544: -/2/-, 1545: -/4/-
Bartlme Hueber sadtler. 1548, 1549/I Bartlme Hueber sadtler St: 1546-1548, 1549/I: -/2/-
Wolffgang Kotter (Quotter) nestler
    St: 1548, 1549/I-II, 1550, 1551/I-II, 1552/I-II, 1553, 1554/I-II, 1555-1557: -/2/-, 1558: -/4/-,
        1559: -/2/-
Wolffgang Wielandt peutler St: 1548, 1549/I: -/2/-
Jorg Schalhamer, 1550-1554/II schuester
    St: 1549/II, 1550, 1551/I-II, 1552/I-II, 1553: -/2/-, 1554/I-II: -/2/15
    StV: (1549/II-1554/II) mer -/1/5 fur p[ueri] Tellinger.
Balthasar Schóferle (Schofferle) nadler St: 1555, 1556: -/2/-
Cristoff Kirhmair (!) procurator. 1558, 1559 Cristoff Reuthmayr (Reutmair) procurator
    St: 1557-1559: nihil
Casper Petz St: 1560: -/3/26
Mathes (Matheus) Hegndorffer, 1564/II-1571 peitler (peydler)
    St: 1560, 1561, 1563, 1564/I-II, 1565, 1566/I-II, 1567/I-II: -/2/-, 1568: -/4/-, 1569-1571: -/2/-
Jorg Holtzpockh nesstler
    St: 1560, 1561: -/2/-
    StV: (1560) fúr sein hausfrau und fúr ine gracion -/-/14.
Melchior khoch, 1564/I-1565 puechpinter St: 1563, 1564/I-II, 1565: -/2/-
Jacob Mayr nesstler
    St: 1563, 1564/I-II, 1565, 1566/I-II, 1567/I-II: -/2/-, 1568: -/4/-, 1569, 1570: -/2/-
Georg Ruepl käßkhaffl St: 1566/I: -/5/24,5
Hanns Puckh spangler
    St: 1566/II, 1567/I-II: -/2/-
    StV: (1566/II-1567/II) mer für sein(e) (stieff)kind(er) -/1/5.
Hanns Franckh, 1568-1571 seckhler St: 1568: -/4/-, 1569: -/2/-, trabannt, 1570, 1571: -/2/-
fraw Schellhamerin St: 1569: an chamer.
Bastian Khern spángler St: 1570: -/-/21 gratia, 1571: -/2/-
Hanns Sittnhofer seckhler
    St: 1570, 1571: -/-/-
    StV: (1570, 1571) steurt in der Grackhenaw, (1570) bei seinem hauß.
Mathes Reiß kháffl St: 1571: -/2/-
Wolf Púchler St: 1571: steurt oben[1]

Marienplatz 19

Lage: Eckhaus zum Pfaffengäßchen. 1315 „an dem gaezzlin, do man get hintz sant Peter". 1398 „pei sand Peter am egk". 1420 „under den krámen". 1424 „undter den pogen".
Charakter: 1420 „des spitals kramhaws".
Läden („watgaden", „kram") (vier): 1487 hat zwei der Wolfgang Perl kramer, einen der Jörg Lercher und einen ein Schuster.

---

[1] Er wurde versehentlich zweimal ins Steuerbuch eingetragen, vgl. bei den Hauseigentümern.

Hauseigentümer:

Zu Beginn der Geschichte des Hauses Vermengung von Besitz an den Verkaufsläden und den darüberliegenden Häusern.

1315 Juni 24 das Angerkloster kauft ein Ewiggeld von Herrn Ludwig Küchel, Bürger zu München, „uz dem watgaden sines teils, daz da leit under dem gewelbe an dem gaezzlin, do man get hintz sant Peter".[1] Nur von einem (Verkaufs-)Gewölbe über dem Laden ist die Rede, nicht von einem Haus!
1322 Oktober 8 Hainrich Ridlaer und seine Hausfrau Irengart, eine geborene Schrenck, stiften ein Ewiggeld von 12 Schillingen „aus unserm halben haus, dem watgadem", „der gelegen ist an der gassen von dem margt zů sand Peter münster", der ihnen vererbt worden war von Herrn Perhtold dem Schrench und Frau Angnes der Schrenchin.[2] Rückenvermerke nennen als weitere Eigentümer: für das 14. Jahrhundert „Wág[end]ler" und „Hánsel Rúdel" und für das 15. Jahrhundert „Hans Rudl" und nehmen damit eindeutig Bezug auf dieses Haus.
Bartlme Schrenck und Gabriel Ridler haben gemeinsam eine Messe nach St. Peter gestiftet.[3] Die Ridler-Chronik berichtet: „aus dem haws pey sant Peter, was des Waegenlers" gingen 12 Schillinge alter Münchner Münze an diese Messe, „da Hanns der Ridler [dem] Rudel das haws bestund für 3 fl ung[arisch] und ist stewrfrey und gehört umb ein ewigs mal ze Hinrich und Irngart Ridler iartag den dürftigen im spital meynes een und meyner an".[4]
1390/92 sagt das Salbuch des Heiliggeistspitals: „auß des Haensel Ruedleins hauz hat daz spital 16 guldein, gehoert zue des Waegler prot [die Wadler-Brenzenspende] am freitag; item und geit dann 3 guldein von Hainreich dem Rydlaer und ist stewrfrey".
1392/1398 aus des Hannsen Rúdels Haus und Kram darunter gehen 18 Gulden Ewiggeld, von denen drei der Stadt gegenüber steuerfrei sind.[5] Später –

um 1415/20 – wird im Salbuch nachgetragen: „daz haus ist nu gar dez spitals".[6] Noch um 1430 heißt es, das Spital habe „in Wägenlers Haus unter den pogen" (Verkaufs-)Bänke.[7]
Um 1315 hatte also zumindest einen Teil des Hauses Ludwig Küchel, vor 1322 Berthold Schrenck, dann dessen Tochter und der Schwiegersohn. Von ihnen ging das Haus dann an den Wadler/Waegendler über und von diesem an die Familie Rudel. Von dieser kam es noch vor 1420 an das Heiliggeistspital, bei dem es das ganze 15. Jahrhundert blieb.
1398 Februar 25 Mächthild, die Hausfrau des Kramers Hannß Rüdel versetzt ihr Haus, gelegen „pei sand Peter am egk" und zunächst Kristel des Taschner Haus (Marienplatz 20) und ein weiteres Haus (gegenüber dem Waaghaus) ihrem Bruder Hans dem Güss.[8]
1398 das Spital hat ein Ewiggeld aus Hanns Ruedels Haus und Kram darunter, insgesamt 18 Gulden. Aber nur 3 davon sind steuerfrei.[9]
1405 Januar 22 und **Mai 16** das Haus des Kramers Hanns Rüdel („Rúdel") ist Nachbar des Hauses von Kristel dem Taschner (Marienplatz 20).[10]
1420 April 24 das Angerkloster vertauscht an das Spital ein Ewiggeld (vgl. 1315) „aws des spitals kramhaws, das vormalens des Hannsen Rúdels, kramers, gewesen ist", gelegen in St. Peters Pfarr „under den krámen" und an Jakob des Taschners Haus (Marienplatz 20).[11]
1424 Dezember 13 das ehemalige Waegenler/Wadler-Haus gehört nunmehr dem Heiliggeistspital. Deshalb bestimmt die Baukommission: „Item das Spital mag und sol an des Wägenlers haws undter den pogen penck haben. Die süllen nicht prayter seyn dan der hawspfeiler prayt ist. Und als weyt und

---

[1] MB XXI 6 S. 261/262. – BayHStA, KU München-Anger 99.
[2] Vogel, Heiliggeistspital, Urk. 51.
[3] StadtAM, Schrenck-Chronik (Abschrift) S. 98.
[4] Geiß, Beiträge zur Geschichte des Patrizier-Geschlechts der Ridler S. 91.
[5] Steueramt 982/1 S. 4v.
[6] Vogel, Heiliggeistspital, Salbuch A Nr. 224.
[7] Stadtgericht 917 S. 13v/14r.
[8] GB II 133/12.
[9] Steueramt 982/1 S. 4v.
[10] GB III 35/7, 41/7.
[11] Vogel, Heiliggeistspital, Urk. 254.

[Platz] zwischen den pogen ist, sol das drit tail zu ainem gemaynen ganck beleiben und die zway tail zu der panck. ... Man sol auch auf den pencken nichtz vail haben und sol auch in durchgängen nichtz vail haben, newr [= nur] in den gaedmern, es wär dan ain gewantsneder in dem laden. Der mag auf seyner panck wol loden vail haben als vor andern gewandgaedmeren und sol auf das phlaster nyemant versetzen noch pawen und auf das sol der [Ulrich] Jung [Marienplatz 20] in dem durchgang abprechen und rawmen desgeleichen sol der Kawffer ringler [Marienplatz 20] den durchganck mit seiner chram auch rawmen".

1449 „Unser [= des Heiliggeistspitals] hauß, da der Lerär kramer ynn ist, gilt[et] von dem oberen gemach und von ainem laden" 9 1/2 ungarische Gulden.[1] Zum Kramer Lerer vgl. Bewohner. Ein Nachtrag im Salbuch besagt, das Haus sei nunmehr „verkauft dem Hanns Haller". Dieser ist seit 1508 in den Steuerbüchern hier belegt. Außerdem gibt der Grändel aus dem Laden „under dem selben hauß" 5 ungarische Gulden an das Spital.[2]

Im selben Jahr behauptet das Salbuch auch: „Item Peter tuchscherer gibt aus seinem hauß und laden all jar 6 fl ung[arisch]".[3] Da das Haus aber in dieser Zeit eindeutig noch dem Spital gehört, dürfte das „seinem hauß" ein Irrtum des Schreibers sein. Peter Tuchscherer hatte wohl nur den Laden gepachtet.

1474 März 14 das Haus des Kaspar Jung (Marienplatz 20) liegt zwischen des hl. Geists zwei Häusern (Marienplatz 19 und Marienplatz 21 A).[4]

1487 das Spital hat „mer ain haws", das zwischen demjenigen des Achaci Sitenpeck (Marienplatz 20) und gegen der Kron über (Marienplatz 18) liegt, „am marcht in sand Peters pfarr, darinn yetz Wolfgang Perl kramer ist, und hat vier läden: Wolfgang [Perl] kramer zwen, Jörg Lercher ainen unnd der schuster ain". Es giltet jährlich, einschließlich der Läden, 21 Pfund und 5 Schillinge[5]. Ein Nachtrag dazu gibt an: „daß hauß ist verkauft dez Hanns Haller unnd verraid [= verrechnet] Jory 1506. Jar". Also

1506 April 23 wurde der Kauf mit dem neuen Besitzer Hans Haller abgerechnet.

1513 und

1515 hat das Spital immer noch Gilten „aus Hanns Hallers haws", die nacheinander in den beiden genannten Jahren abgelöst werden.[6]

1524 September 30 das Haus des Hanns Haller ist Nachbar des Hauses der Familie Hundertpfund beziehungsweise nunmehr der Anna Loferer (Marienplatz 18).[7]

1546 stehen beim Hanns Haller Vordächer „3/4 [Ellen] ze weit" vor, beanstandet die Baukommission.[8] 1547 steht er letztmals im Steuerbuch. Bald danach muß das Haus den Besitzer gewechselt haben; denn

1549 Juli 15 und **Juli 16** verkaufen laut Grundbuch bereits die Kinder von Georg Uttenberger selig zwei Ewiggelder, eines von 10 Gulden um 200 Gulden und eines von 15 Gulden um 300 Gulden Hauptsumme aus diesem Haus.[9] Es dürfte also wohl der Vater bereits Eigentümer des Hauses gewesen sein. Das Grundbuch nennt ihn jedoch nicht (schon gar nicht „um 1540" wie das Häuserbuch unterstellt), ebensowenig 1556 den Hans Uttenberger. Das Grundbuch nennt aber

1562 Mai 30 eine Ewiggeldverschreibung aus dem Haus durch die Vormünder von Leonhard Uttenberger, des Georg Uttenberger seligen Sohn (GruBu).

1562 Oktober 18 Ewiggeldverkauf (10 Gulden um 200 Gulden Hauptsumme) durch Leonhard Uttenberger und seine Ehefrau Jakobe an die Witwe Barbara von Arsaci Schlesitzer (GruBu).

1563 April 20 weiterer Ewiggeldverkauf (5 Gulden um 100 Gulden Hauptsumme) durch das Ehepaar Uttenberger, diesmal an den Lederer Georg Schmidt (GruBu).

1569 domus Renngolt (StB).

1571 domus Michael Renngolt (StB).

---

[1] Zimelie 40 (Heiliggeistspital, Salbuch B) S. 8r.
[2] Zimelie 40 (Heiliggeistspital, Salbuch B) S. 8r.
[3] Zimelie 40 (Heiliggeistspital, Salbuch B) S. 8r.
[4] Urk. D I f – LII Nr. 90.
[5] Zimelie 43 (Heiliggeistspital, Salbuch C) S. 19v.
[6] Zimelie 43 (Heiliggeistspital, Salbuch C) S. 56r.
[7] GB IV S. 63v.
[8] LBK 4 (Visitation der Dächer und Bänke der Kramer und Bäcker).
[9] Stadtgericht 207/7 (GruBu) S. 653v/654r.

1572 laut Grundbuch (Überschrift) des „Micheln Renngolts Cammerschreibers Haus".
Die Renngolt besitzen das Haus nun bis 1585.
Die Einträge im Häuserbuch zum 15. Jahrhundert, zu „um 1540" und zu 1556 sind Ergänzungen des Häuserbuchbearbeiters, die nicht aus dem Grundbuch stammen.

Eigentümer Marienplatz 19:

Haller, Käpler, Schopper, Dickh sind 1547 mit Klammer verbunden. Haller und Käpler, also Marienplatz 19 und 20, sind meist durch Klammer verbunden, manchmal – so 1527 – auch in der Reihenfolge vertauscht.

* Ludwig Küchel [Teilbesitz, 1315 Juni 24]
* Berthold [III.] Schrenck [vor 1322 Oktober 8]
* Irmgard [II.] Schrenck, dessen Tochter, und ihr Ehemann Heinrich [I.] Ridler [um 1322]
* Waegendlaer (Wágendlaer, Waegendler). 1375, 1377-1379 Hainrich Wágendler (Waegendler) [ehem. äußerer Rat[1]]. 1381-1383/II, 1387, 1388 patrimonium Waegenlerii (Wágendlerii)
    St: 1368: 11,5/-/-, 1369, 1371, 1372: 17/-/60, 1375: 18/-/-, 1377: 11/-/- juravit, 1378, 1379: 11/-/-, 1381: 11/-/- post 5,5/-/- post, 1382, 1383/I-II, 1387, 1388: -/-/-
* Hans (Hensel, Hannsel) Rúdel (Ruedel, Růdel, Rudel) [∞ Mechthild, geb. Güss], 1382 institor, 1390/I-1399, 1401, 1403, 1405/I-1413 kramer, 1382, 1387, 1388 inquilinus. 1400 Hanns Rúdel kramerin
    St: 1382, 1383/I: -/3/18, 1383/II: -/5/12, 1387: -/-/80, 1388: -/5/10 juravit, 1390/I-II: -/14/-, 1392: -/12/-, 1393, 1394: 2/-/-, 1395: -/11/- minus -/-/10, 1396, 1397, 1399: 2/-/-, 1400: -/-/60, 1401/I: -/-/-, 1401/II: -/-/40 fúr nichil, 1403, 1405/I: -/-/50, 1405/II: -/-/60 fur nichil, iuravit, 1406: -/-/60 fur nichil, 1407, 1408: -/-/60, 1410/I-II, 1411: -/-/60 fúr nichil, 1412: -/-/60, 1413: -/-/60 iuravit, 1415: -/-/60 fúr nichil, 1416: -/-/-
    StV: (1400) nach dez racz geschafft. (1416) der ist in dem spital.
* Heiliggeistspital [vor 1420 bis 1506]
* Hanns Haller, 1508 g[ürtler, äußerer Rat[2]]
    St: 1508, 1509: 3/7/1, 1514: Liste, 1522: 9/2/15, 1523-1526, 1527/I: 8/1/10, 1527/II, 1528, 1529, 1532: 9/-/-, 1542: 6/4/-, 1543: 13/1/-, 1544: 6/4/-, 1545: 13/1/-, 1546: an chamer, 1547: 6/4/- patrimonium
    StV: (1522) hat seins sons heyratgut abgesetz[t]. (1523) hat seiner tochter heyratgut abgesetzt. (1523-1527/I) et dedit 1/2/6 fúr (fůr) p[ueri] Thoman Hueber. (1527/II) et dedit 2/5/25 fúr p[ueri] Thoman Hueber. (1532) et dedit 1/-/23 fúr Anna Zaunhackin. (1547) mer 6/4/- hintterstellige steur von dem [15]46. jar.
  Jórg Haller patrimonium
    St: 1522: 1/4/20
    StV: (1522) sol sein hausfraw bis jar schwern.
  Georg Uttnperger [vor 1549 Juli 15/16]
** Hans, Kaspar, Leonhard, Felicitas Uttnperger, Kinder von Georg Uttnperger [1549 Juli 15]
** Hanns Uttnperger (Uttnwerger), 1559 cramer [Sohn von Georg Uttnperger]
    St: 1556: -/3/15 gracion, 1557: 3/2/8 juravit, 1558: 6/4/16, 1559, 1560: 3/2/8, 1561: 2/5/14
    StV: (1556) fúr in und seiner hausfrau heiratguet. (1556) mer 1/-/17 sein anthail wies seine pfleger versteurt haben.
** Lenhart (Leonhart) Uttnperger (Uttenperger) [Sohn von Georg Uttnperger; ∞ Jacobe]
    St: 1563: 1/-/10, 1564/I: 1/1/20 juravit, 1564/II, 1565, 1566/I-II, 1567/I-II: 1/1/20, 1568: 2/3/10
    StV: (1563) fúr ine. Mer fúr sein hausfraw -/-/28 gratia.
** domus Renngolt, 1570 chamerschreiber. 1571 domus Michael Renngolt chamerschreiber
    St: 1569: -/-/-, 1570, 1571: -/-/1
    StV: (1570, 1571) mer von seinem ewiggelt -/6/26,5.

---

[1] Hainrich Waegendler war 1363 und 1364 äußerer Stadtrat, vgl. R. v. Bary III S. 743.
[2] Der Gürtler Hanns Haller ist 1506 und 1509 Vierer der Beutler, Gürtler, Taschner, Ircher und Nadler, vgl. RP, 1526-1536 und 1540-1546 äußerer Stadtrat, vgl. RP.

Bewohner Marienplatz 19:

Leo sneyder inquilinus St: 1368: -/-/20
Lippel sneyder inquilinus St: 1369: -/-/36 post
Geslaecht inquilinus. 1372 Dietl Geslaecht inquilinus St: 1371, 1372: -/-/54
Gerel mercatrix inquilina St: 1372: -/-/12
Chunrat Kechkerman (Keckerman) inquilinus, 1377, 1379 sartor
    St: 1375: -/-/24, 1377: -/-/18 juravit, 1378, 1379: -/-/18
Kristel sneyder von Rosenhaim inquilinus St: 1382: -/-/33 juravit
Neytl kaemler inquilinus St: 1382: -/-/12 post -/-/4
Hanns sneyder vom Grúnnwald inquilinus St: 1383/I: -/-/18, 1383/II: -/-/27
Mácz krámerin inquilina St: 1387: -/-/36
Strauzz sneider inquilinus St: 1387: -/-/8
Werndl sneyder von Altkirichen inquilinus. 1390/I-II, 1392 Werndlein sneider inquilinus
    St: 1388: -/-/80 juravit, 1390/I-II: -/3/2, 1392: -/3/18
Fróleich kaltsmit inquilinus St: 1390/I: -/-/16
Hans maurer (mawrer) inquilinus St: 1390/II: -/-/20 gracianus, 1392: -/-/12
Dietel (Dietreich) tuchscherer, 1400, 1401/I, 1405 inquilinus
    St: 1400: -/-/60 fur 8 lb, 1401/I: -/-/60 fur 8 lb, 1401/II: -/-/64 fur 8 lb, iuravit, 1405/I: -/-/64 fur
       8 lb, 1405/II: -/-/60 fur 8 lb iuravit
[Kathrey] Stachlerin kramerin, 1400 inquilina St: 1400, 1401/I: -/6/-
Hainczel Merwoder inquilinus St: 1400: -/-/28 gracianus
Peter tuchscherer
    St: 1418: 0,5/-/- iuravit, 1419: 0,5/-/-, 1423: -/3/12 iuravit, 1431: -/3/18 iuravit, 1453-1455: Liste
    Sch: 1439/I-II, 1440, 1441/I-II: 1 t[aglon], 1445: 1 knecht, dedit -/-/8
Jorig schneyder St: 1418: -/3/6
Haczler cháuffel St: 1418: -/-/24 gracianus
Pauls (Paule) Judenkopf (Judnkopf), 1423, 1441/II kramer
    St: 1419: 2/5/10, 1423: 2,5/-/-, 1424: -/6/20, 1431: -/15/10 iuravit
    Sch: 1439/I-II, 1440, 1441/I-II: 1,5 t[aglon]
Hanns Ursentaler (Úrsntaler) [später Stadtrat[1]] St: 1423: 4,5/-/-, 1424: -/12/-
Pauls messrer St: 1423: -/3/-
Albrecht Offing [Weinschenk[2]] Sch: 1445: 2 ehalten, dedit -/-/16
Hainrich Lerer, 1454, 1456 kramer[3] St: 1453-1456 Liste
    Peter Lerer, 1458 inquilinus, 1462 kramer St: 1457, 1458: Liste, 1462: -/-/77
Wolfgang Perlin (Perl), 1490, 1496 kramer. 1500 Wolfgang kramer
    St: 1482: -/4/25, 1486, 1490: -/7/10, 1496: 1/2/8, 1500: 1/1/20
Franck gúrtler et mater St: 1482: -/-/60
Ann seidennaterin inquilina St: 1482: anderswo
Hanns Atenkircher [Kramer[4]] St: 1482: -/5/10
[Sigmund] Zaiser kramer St: 1482: -/5/20
Hanns Haman peitler St: 1486: -/7/23
Steffan Tanpeck mesner St: 1490: nichil
Ruprecht gurtler St: 1490: -/4/-
Hanns nadler amer (?) St: 1496: -/-/60

---

[1] Vgl. Kaufingerstraße 11*.
[2] Albrecht Offing 1458 Mitglied der Weinschenken-Bruderschaft, vgl. Gewerbeamt 1411 S. 14v.
[3] Zum Kramer Heinrich Lerer und seinem Geschäftsbuch vgl. Ingo Schwab, Das Lererbuch. Ein Münchner Kaufmannsbuch des 15. Jahrhunderts = Materialien zur Bayerischen Landesgeschichte Bd. 18, hrsg. von der Kommission für Bayerische Landesgeschichte bei der Bayerischen Akademie der Wissenschaften, St. Ottilien 2005.
[4] Hanns Artenkircher (!) ist 1473, 1475, 1478, 1479, 1481, 1485, 1486, 1488, 1490, 1493-1496, 1498 und 1499 Vierer der Kramer, vgl. RP. Vgl. auch Marienplatz 20.

Neithartin St: 1500: -/2/11
Barbara Meußlin. 1524 junckhfraw Barbara Meußlin. 1525 Barbara Meußlin matrimonium
    St: 1523-1525: 1/-/26
Wilhalm nadler St: 1532: -/2/-
Margretht (!) naterin St: 1532: -/2/-
Frueauf koch St: 1532: -/2/-
Utz wirfler St: 1532: -/2/-
Jórg Fůrtner schuster St: 1532: -/5/-
Walthasar Lerchenfelder St: 1540, 1541: 10/-/26
Jorg meltzer St: 1548, 1549/I-II: 3/-/-
Bonaventura fueterschreiber. 1552/II Bonaventura Karthuser fueterschreiber. 1553-1555 Bonaventura zirgadner
    St: 1550, 1551/I-II, 1552/I-II, 1553, 1554/I-II, 1555: 2/6/23
Ulrich (Uez) Popfinger, 1564/II-1566/II pùrstnpinder
    St: 1563: -/-/21 gratia, 1564/I-II, 1565, 1566/I-II: -/2/-
Hanns Obermair reiter St: 1567/I-II: -/2/-, 1568: -/4/- burger unnd hofgsind
Margreth Plassnaurin St: 1567/I: -/2/-

Marienplatz 20

Lage: 1405 „am marckt in sand Peters pfarr under den krámen".
Laden: 1425 dem Heiliggeistspital gehörig.[1]

Hauseigentümer Marienplatz 20:

1390/98 das Heiliggeistspital hat aus „des Christan des taschner haus" 2 Pfund Pfennige Gilt, sind steuerfrei.[2]
1392/1398 die Peterskirche hat ein Ewiggeld aus des Cristel Taschners Haus.[3]
1398 Februar 25 Kristel des Taschners Haus ist Nachbarhaus zum Haus der Mächthild, Ehefrau des Kramers Hannß Rüdel (Marienplatz 19).[4]
1398 St. Peter hat ein Ewiggeld aus „Cristel taschners haus".[5]
1405 Januar 22 Kristel der Taschner versetzt sein Haus „am marckt in sand Peters pfarr under den krámen", zunächst gelegen dem Haus des Kramers Hanns Rüdel (Marienplatz 19), „Jacob dem Rúdel um 20 gute neue ungarische Gulden.[6]
1405 Mai 16 Elspet, Witwe des Kristel des Taschners, übergibt ihr halbes Haus „am margkt under den krámen", zunächst des Kramers Hänsel Rüdels („Rúdel") Haus (Marienplatz 19), ihrem Stiefsohn Jacob dem Taschner.[7]
1408 Mai 5 das Haus (hier dessen Rückseite) Jacob des Taschners ist dem Haus Werndel Schusters bei Sankt Peter (Marienplatz 21 D) benachbart.[8]
Um 1415/20 sagt ein Nachtrag im Salbuch des Heiliggeistspitals, das Haus: „hat Jacob taschner".[9]
1420 April 24 das Haus des „Jacoben des taschners" ist Nachbarhaus von des Spitals Kramhaus, das vormals dem „Hanns Rúdel" dem Kramer gehört hatte (Marienplatz 19).[10]

---

[1] MB XXI 44 S. 84/86 = MB XIXa 64 S. 102/104.
[2] Vogel, Heiliggeistspital, Salbuch A Nr. 225.
[3] Steueramt 982/1 S. 10r.
[4] GB II 133/12.
[5] Steueramt 982/1 S. 10r.
[6] GB III 35/7.
[7] GB III 41/7.
[8] GB III 77/9.
[9] Vogel, Heiliggeistspital, Salbuch A Nr. 225.
[10] Vogel, Heiliggeistspital, Urk. 254.

1425 August 28 das Haus des Ulrich des Jungen, Krämers, ist Nachbar vom Haus des Hanns des Pirmeter (Marienplatz 21 A).[1]

1449 hat das Spital „aus des Jungen kramer hauß" zwei Pfund Pfennige Ewiggeld. Es wird 1454 vom Jung um 40 Pfund abgelöst.[2]

1454 März 5 vermerkt das Salbuch des Heiliggeistspitals über die Gilt des Spitals aus diesem Haus: „hat gelost der Jung kramer umb XL lb den. zu vasnacht 1454 [März 5]".[3] Der Kramer Jung ist also Hauseigentümer. Auch Ludwig Scharfzahn hat in diesem Jahr 12 Gulden ungarisch aus des Ulrich Jungen Haus.[4]

1474 März 14 Caspar Jung der gwandschneider und seine Hausfrau Elspet verkaufen ein Ewiggeld aus ihrem eigenen Haus und Hofstatt in St. Peters Pfarr am Markt, zwischen des hl. Geists zwei Häusern (Marienplatz 19 und Marienplatz 21 A) gelegen, um 60 Gulden.[5]

1487 das Haus des Achaci Sitenpeck, „darinn Hanns Ättenkircher ist", ist Nachbar des Hauses des Heiliggeistspitals (Marienplatz 19) und gleichzeitig auch Nachbar eines weiteren Hauses des Heiliggeistspitals (Marienplatz 21 A).[6]

1538/39-1542 das Heiliggeistspital hat ein Ewiggeld aus dem Haus des Jorg Käpler am Markt. 1542 ist der Eintrag wieder getilgt.[7]

1546 beim Haus des Jörg Käpler beanstandet die Baukommission, daß das Vordach „1 eln ze weit" vorsteht[8] und fügt lapidar an: „obser, nadler für setzen", was immer damit gemeint sei.

1572 März 29 Georg Cäppler der Ältere, des Rats, verschreibt ein Ewiggeld von 5 Gulden um 100 Gulden Hauptsumme aus dem Haus.[9]

1572 laut Grundbuch (Überschrift) des Georg Cäpplers Haus und Hofstatt.

1574 August 27 Lucas Khäppler (verstorbene Ehefrau Katharina Hundertpfund) durch Erwerb aus der Hand des Stadtrats Hans und des Kramers Georg Khäppler, seiner Brüder (GruBu).

Die Jahreszahl 1545 im Häuserbuch ist willkürlich und stammt nicht aus dem Grundbuch, wo die Eintragungen erst mit dem 29. März 1572 beginnen.

Die Käppler besitzen das Haus bis 1671.

Eigentümer Marienplatz 20:

* Kristel (Kristl, Kristan, Krystan) taschner. 1381 Kristel institor [∞ 2. Elspet]. 1405/II relicta Kristel taschner
    St: 1379, 1381, 1382, 1383/I: 0,5/-/-, 1383/II: -/6/-, 1387: 0,5/-/-, 1388: 1/-/- juravit, 1390/I-II: 1/-/-, 1392: 0,5/-/24, 1393, 1394: -/6/12, 1395: -/3/6, 1396, 1397, 1399, 1400, 1401/I: 0,5/-/24, 1401/II: -/-/80 für 10 lb, iuravit, 1403: -/-/80 fur 10 lb, 1405/I: -/-/70, 1405/II: -/-/36 fúr nichil
  Liebel gener eius inquilinus
    St: 1381: -/-/18 gracianus, 1382: -/-/30
* Jacob [Rándel, Ráudel ?] taschner. 1395 Jacob taschnár Kristels aydn. 1400-1401/I Jacob taschner sein [= des Kristel taschner] sun, 1390-1401 inquilinus
    St: 1390/I-II: -/9/18, 1392: -/5/18, 1393, 1394: -/7/14, 1395: -/-/60, 1396: -/-/60 non iuravit, 1397: -/-/60 fur 10 lb, iuravit, 1399, 1400: -/-/60 fur 10 lb, 1401/I: -/-/60, 1401/II: -/-/60 non iuravit et non atest, 1405/II: -/-/72 für 12 lb, iuravit, 1406-1408: -/3/6, 1410/I: -/-/72 für 12 lb, iuravit, 1410/II: -/3/6, 1411: -/-/72, 1412: -/3/6, 1413: -/-/72 fúr 12 lb, iuravit, 1415: -/6/12, 1416: 1/-/16, 1418, 1419: -/5/10

---

[1] Vogel, Heiliggeistspital, Urk. 271.
[2] Zimelie 40 (Heiliggeistspital, Salbuch B) S. 8r, 35v.
[3] Vogel, Heiliggeistspital, Salbuch A Nr. 225.
[4] Kämmerei 64 S. 17v.
[5] Urk. D I f – LII Nr. 90.
[6] Zimelie 43 (Heiliggeistspital, Salbuch C) S. 19v.
[7] Heiliggeistspital (Rechnungen) 176/29 S. 37v (1538/39), 176/31 (1542) S. 38v.
[8] LBK 4.
[9] Stadtgericht 207/7 (GruBu) S. 655v.

StV: (1415) und er sol all stewr 0,5 lb gelcz verstewrn, get gen alten Hochaw, dedit -/-/24. (1416) und von dem ewigen gelt gen Alten Hochnaw, dedit davon -/-/32. (1418) und den ewigen gelt gen Altenhochnnaw, den hat Hanns Part in sein stewr genomen.

* Ulrich Jung (Junger), 1410/II-1413 sein [= des Jacob taschner] aydm (aydem), 1431, 1439/I-II, 1441/II, 1458 kramer, 1415-1418 inquilinus. 1462 allt Jung
    St: 1410/I: -/-/60 gracianus, 1410/II: 1/-/- iuravit, 1411: -/6/-, 1412: 1/-/-, 1413: -/5/- iuravit, 1415: -/7/-, 1416: -/9/10, 1418, 1419: -/10/20, 1423: -/10/-, 1431: -/15/10 iuravit, 1453-1458: Liste, 1462: -/13/16
    Sch: 1439/I-II, 1440, 1441/I-II: 2 t[aglon], 1445: 2 ehalten, dedit -/-/16

* Caspar Jung [Gewandschneider[1], ∞ Elspet]
    St: 1455-1458: Liste, 1462: -/7/16

    relicta Jungin
    St: 1486, 1490: -/3/13

    Berchtold Sittenpeck [Kramer] patrimonium
    St: 1482: -/5/22 patrimonium

* Achaci Sittenpeck
    St: 1486: 2/3/28
    StV: (1486) et dedit -/5/4 fur pueri Berchtolt Sitenpeck.

** Jorg (Georg) Kápler (Khápler, Káppeler), 1527/II kramer, 1560-1571 der alt [äußerer Rat[2]]
    St: 1527/II: -/1/12 gracion, 1532: -/5/18, 1540-1542: 1/4/15, 1543: 3/2/-, 1544: 1/4/15, 1545: 15/3/-, 1546-1548, 1549/I-II, 1550, 1551/I-II, 1552/I-II: 7/5/-, 1553, 1554/I-II, 1555-1557: 8/-/15, 1558: 16/1/-, 1559, 1560: 8/-/15, 1561, 1563, 1564/I: 5/5/12, 1564/II: 6/1/9,5, 1565, 1566/I-II: 8/-/7, 1567/I: 7/6/19,5, 1567/II: 8/-/7, 1568: 16/-/14, 1569-1571: 7/2/8
    StV: (1527/II) sol biß jar schwern. (1541, 1542, 1544, 1546-1551/II) et dedit -/1/5 für p[ueri] Umpach. (1541) mer -/1/12 versessne oder hinterstellige steur. (1542) et [dedit] -/5/7 für [...] ma[...].[3] (1543, 1545) mer -/2/10 für p[ueri] Umpach. (1548) mer 4/2/20 für p[ueri] Utnperger, seind die zwen tayl aus des Hallers steur, ain rath hats also verschafft, dweils unvertailt. (1550-1552/II) mer -/5/7 für p[ueri] Karner. (1553-1557, 1559, 1560) mer -/5/- für p[ueri] Karner. (1558) mer 1/3/- für p[ueri] Karner. (1561-1564/I, 1569, 1570) ausser(halb) der Ligsaltz schuldt. (1564/II) zuegesezt den 8. tail Ligsaltzische schuld. (1565) zuegesetzt Ligsaltzischer schuld andern empfang unnd seiner hausfrauen guet. (1567/I) zugestzt dritten empfang Ligsaltzische schuld, abgesetzt seiner hausfrauen erbschafft, so er hinaus geben.

    Wolfgang Käpler [Nestler]
    St: 1532: vacat

    Hanns Käpler [Kramer[4]]
    St: 1553: -/4/20 gracion, 1554/I: -/4/20 gracion die ander, 1554/II: 3/3/25 juravit, 1555: 3/3/25

** Jorg Käpler (Khapler, Kápler) der jung [bis 1574 August 27 Mitinhaber]
    St: 1560: -/1/5 gracion, 1561, 1563, 1564/I-II: 1/1/6

** Lucas Khapler (Khápler, Khäppler), 1565, 1566/I, 1568-1570 cramer [Ehefrau: Katharina Hundertpfund[5]; seit 1574 August 27 Alleininhaber]
    St: 1561: 2/-/3 gratia, 1563: 2/5/26 juravit, 1564/I-II, 1565, 1566/I-II, 1567/I-II: 2/5/26, 1568: 5/4/22, 1569-1571: 3/6/22
    StV: (1561) soll auffs jar den 3. tail zuesezn.

** und seine Brüder Hans (Stadtrat) und Georg (Kramer) [bis 1574 August 27].

---

[1] Casar Jung ist 1464, 1466, 1468 und 1474 Vierer der Gewandschneider, vgl. RP. – Kaspar Jung, der Gewandschneider, verkauft 1471 ein Gut in Fahrenzhausen um 175 Gulden rheinisch an das Reiche Almosen der Ridler, vgl. OA 5 S. 105 (Ridler-Chronik).

[2] Jörg Käpler ist 1549 und von 1551 bis 1574 stets äußerer Stadtrat, vgl. RP und Fischer, Tab. IV S. 2/3.

[3] Text verstümmelt, da das StB von 1542 am rechten Rand beschnitten ist.

[4] Vgl. Marienplatz 17.

[5] Lucas Käplers Hausfrau bzw. Lucas Käpplerin 1569 und 1571 Religionsverhör, vgl. Dorn S. 230, 266.

Bewohner Marienplatz 20:

Veter tuchscherer (scherer) St: 1368: -/-/32, 1369: -/-/48, 1372: -/-/60 voluntate
Lippel taschner inquilinus St: 1368: -/-/- recessit
relicta Flewgerin St: 1368: -/-/14 post
Peter tuchscherer, 1371 inquilinus St: 1369: -/-/16 gracianus, 1371: -/-/32, 1372: -/-/40 voluntate
Kristlin vragnerin inquilina St: 1375: -/-/16, 1377-1379: -/-/-
Hainrich Merwot [sartor[1]] [Merwoder ?] St: 1375: -/-/18
Gerhart sartor St: 1377, 1378: -/-/-
Seydl institor[2], 1381-1383/II inquilinus
    St: 1377: -/9/24 juravit, 1378, 1379, 1381, 1382, 1383/I: -/9/24, 1383/II: -/14/21
  Lienhart gener eius inquilinus St: 1379: -/-/15 gracianus
relicta Sentlingerin, 1377, 1378 inquilina St: 1377: -/-/24 juravit, 1378, 1379: /-/24
Hanns gúrtler inquilinus St: 1379: -/-/18
Kolb sartor inquilinus St: 1379: -/-/12 gracianus
Ott institor inquilinus St: 1379: -/-/-
Maecz kramerin inquilina St: 1381, 1382, 1383/I: -/-/54, 1383/II: -/-/81, 1388: -/-/72 juravit
Óttel (Ottel, Ott) sartor inquilinus St: 1382, 1383/I: -/-/18, 1383/II: -/-/36 voluntate
Hainrich Gúndelwein [Fragner] inquilinus St: 1383/I: -/-/18 gracianus, 1383/II: -/-/45 juravit
Margret inquilina, 1383/I, 1388 kramerin St: 1383/I: -/-/12, 1383/II: -/-/18, 1388: -/-/16
Ortolfin inquilina St: 1387: -/-/16 gracia
Ull taschner inquilinus St: 1387: -/-/32, 1388: -/-/64 juravit, 1390/II: -/-/64, 1392: -/3/18
Ott [tuch]scherer inquilinus St: 1387: -/-/16, 1388: -/-/32 juravit
Fránczlin inquilina St: 1387: -/6/-
senior Hell inquilinus. 1390/I Hellin inquilina St: 1388: -/-/16 juravit, 1390/I: -/-/12
Matheis múnsser inquilinus St: 1388: -/-/24 juravit
Hanns tagwercher inquilinus St: 1388: -/-/12 juravit
Dyemut káufflin inquilina St: 1388: -/-/-
Margret kaufflin inquilina. 1390/I Margret kúrsnerin kaeflin St: 1388: -/-/16 juravit, 1390/I: -/-/12
Ull pawtler inquilinus St: 1388: -/-/16 juravit
[Heinrich[3]] Fúnsinger sneider inquilinus St: 1390/I-II: -/-/40, 1393: -/-/56
Kolb nadler inquilinus St: 1390/II: -/-/16
Chunrat satler inquilinus St: 1390/II: -/-/24
Hanns arczt inquilinus St: 1390/II: -/-/-
Fridl hosnestler St: 1390/II: -/-/12 gracianus
Fróleichin inquilina St: 1392: -/-/18
Stadler inquilinus St: 1392: -/3/- iuravit, 1393: 0,5/-/-
Fridl kramer inquilinus St: 1392: -/-/24
Matheis holczschuher inquilinus St: 1392: -/-/12 gracianus
Aell kauflin inquilina St: 1392: -/-/12 de gracia
Dyetel scherer (tùchscherer) inquilinus St: 1394: -/-/64, 1395-1397, 1399: -/-/60 für 8 lb
Kristel Heger inquilinus, 1394 kramer, 1395-1396, 1399 taschner
    St: 1394: 0,5/-/8, 1395: -/-/64, 1396, 1399: -/3/6
zawerin inquilina Ottel Haydel. 1395 zawerin Ottel Haiderin. 1396 Ottlin Hayderin zawerin inquilina.
  1397 Haiderin zawerin
    St: 1394: -/-/80, 1395: -/-/40 non juravit, 1396: -/-/60 fur 3 lb, 1397: -/-/50 fur 3 lb
Herman Senfft inquilinus St: 1394: -/-/16
(relicta) Stachlerin, 1395-1408, 1410/II cramerin. 1396 Katrey Stachlerin, 1396, 1401, 1405-1410/I inquilina
    St: 1395, 1396: -/-/60 fur zehn lb, 1401/II: -/10/4 iuravit, 1405/I: -/10/4, 1405/II: 2/-/30 iuravit,
    1406: 2/6/20, 1407, 1408: 2,5/-/80, 1410/I: -/22/- iuravit, 1410/II: 3/5/10, 1411: -/22/-

---

[1] So 1381 bei Rindermarkt 5 und 1382 bei Marienplatz 25 jeweils mit gleicher Steuersumme.
[2] Seidl kramer 1381 Mitglied des Großen Rats, vgl. R. v. Bary III S. 745.
[3] So 1403-1413 bei Rindermarkt 23.

und ir tochter, 1407 inquilina. 1412 der Stachlerin tochter
 St: 1407: -/-/72 fúr 9 lb, 1408: -/-/72, 1410/II, 1411: -/-/60, 1412: 4/-/-
Háringin (Haeringin), 1396 inquilina St: 1395: -/-/50 für 2 lb, 1396: -/-/30 fur 2 lb
Kristel sneyder inquilinus St: 1397: -/-/-
Ulrich holczschuher inquilinus St: 1397, 1399: -/-/60 fur 5 lb
 Hanns Holczschucher inquilinus St: 1403: -/-/68 fur 8,5 lb
Symon (Syman) nadler inquilinus St: 1400, 1401/I: -/-/60 fur 10 lb
Gúndel sneyder inquilinus St: 1400: -/-/60 fúr 5 lb, 1401/II: -/-/60 fúr 5 lb, iuravit
relicta Lieblin inquilina, 1405/I kramerin
 St: 1400: -/-/50, 1401/I: -/-/60, 1401/II: -/-/60 iuravit, 1403, 1405/I: -/-/60
Vital goltslaher inquilinus St: 1401/II: -/-/32 gracianus
Róll (Roll) schuster inquilinus
 St: 1403, 1405/I: -/-/60, 1405/II: -/-/60 fur 6 lb, iuravit, 1406: -/-/60 fur 6 lb
Lewpold sneider inquilinus St: 1403: -/6/4
Chuncz holczhacker inquilinus St: 1403: -/-/44 fur 3 lb
Herman hofschuster inquilinus St: 1405/I: -/-/-
Hanns (der) sneider von Pedms (Pedmes), 1405/II, 1406, 1408 inquilinus. 1410/I-II, 1413 relicta
 Hanns sneyder. 1411, 1412 relicta Hannsin sneyderin. 1415 relicta Hannsen sneyder, 1410/I, 1413,
 1415 inquilina
 St: 1405/I: -/-/45, 1405/II: -/-/50 fúr 5 lb, iuravit, 1406, 1407: -/-/54 fúr 5 lb, 1408: -/-/25 fúr ni-
  chil, 1410/I: -/-/40, 1410/II: -/-/54, 1411: -/-/40 fúr nichil, 1412: -/-/40, 1413: -/-/45 fúr ni-
  chil, 1415: -/-/45
Hainrice von Aichach St: 1405/I: -/-/50 gracianus, 1405/II: -/3/- iuravit, 1406: 0,5/-/-
des Siczinger(s) muter inquilina St: 1405/II: 1/-/- iuravit, 1406, 1407: -/10/20
Katrey prtenwurcherin inquilina St: 1405/II: -/-/18 fúr nichil, iuravit
Herman Probst inquilinus. 1410/I-II relicta Hermanin inquilina
 St: 1406: nichil habet, 1410/I: -/-/10 fúr nichil, 1410/II: -/-/12 fúr nichil
Aendelin (Aenderlin) kramerin inquilina
 St: 1407: -/-/28, 1408: -/-/28 fúr nichil, 1410/I: -/-/48 iuravit, 1410/II: -/-/64, 1411: -/-/60 fúr 8
  lb, 1412: -/-/64 fúr 8 lb, 1413: -/-/60 fúr nichil
Hellerin St: 1407: -/-/16 für nichil
Fridel dez Ofenhaẃser knech(t) inquilinus St: 1408: -/-/24 gracianus, 1410/I: -/3/6 iuravit
Ull wúrfler inquilinus. 1413 patrimonium Ulrich wurfler inquilinus
 St: 1410/I: -/-/72 iuravit, 1410/II: -/3/6, 1411: -/-/72, 1412: -/3/6, 1413: -/-/31
Chunczel Trwchtel inquilinus St: 1410/I: nichil
Khatrey Schonin inquilina St: 1410/I: nichil habet
Peter Wólfel [Fragner[1]] St: 1410/I: -/-/60
relicta Gúntlin inquilina St: 1410/II: -/-/20 fúr nichil
Chúnczel Freysinger inquilinus St: 1411: -/-/40 gracianus, 1412, 1413: -/3/6 iuravit
Hanns Kamermair inquilinus St: 1411: -/-/20 gracianus 1412: -/-/64 fúr 8 lb, 1413: -/3/12 iuravit
Pauls Judenkoppf [Kramer]
 St: 1412: -/6/20, 1413: -/7/6 iuravit, 1415: -/10/-, 1416: -/13/10, 1418: 2/5/10
Schonschsvederl gúrtler inquilinus St: 1415: -/-/60 fúr 7 lb
Gred schusterin inquilina St: 1415: -/-/24
der alt Spicz St: 1415, 1416: -/-/-
Hannsel Seydel paẃtler. 1418 Hanns paẃtler, 1416-1419 inquilinus
 St: 1416: -/-/60 fúr nichil, 1418: -/-/32 fúr nichil, 1419: -/-/32
Francz nadler inquilinus St: 1416: -/-/75
Haincz kellner kramer inquilinus St: 1416: -/-/60 non iuravit
Ull (Ulreich) Veter kramer, 1419 inquilinus St: 1418, 1419: -/11/14
Ges inquilina St: 1418: -/-/12
Khatrey weberin St: 1418: -/-/20
Jórg schneyder inquilinus St: 1419: -/3/6

---

[1] So bei Rindermarkt 23 und Marienplatz 24.

Ulreich Peẃinger kramer inquilinus St: 1423: -/-/60
Martein Smidel inquilinus St: 1423: -/-/75
Hanns Huber inquilinus St: 1423: -/-/20
Hanns Ursprunck messrer inquilinus St: 1423: -/-/75
Hanns Grabl, inquilinus, ringler St: 1431: -/-/60 iuravit
Ludl Helt schuster inquilinus St: 1431: -/-/60 iuravit
Symon wúrfler inquilinus St: 1431: -/-/64 iuravit
Erhart paẃtler, 1441/I-II inquilinus
    Sch: 1439/I-II, 1440, 1441/I-II: 1 t[aglon], 1445: 1 ehalten, dedit -/-/8
Symon messer(er) inquilinus Sch: 1439/I-II, 1440, 1441/I-II: 0,5 t[aglon]
Chunrat ringlerin, 1439/I, 1441/I-II, 1453, 1455 relicta, 1441/I inquilina
    Sch: 1439/I-II, 1440, 1441/I-II: -/-/4
    St: 1453-1455 Liste
Ulrich (1454 Hanns) Teninger pautler St: 1453, 1454: Liste
Thoman purstnpinter, 1456 inquilinus St: 1453-1456: Liste
Chunrat nadler St: 1455: Liste
Peter [tuch]cherer inquilinus St: 1457, 1458: Liste
Barbara hafnerin, 1458 inquilina St: 1457, 1458: Liste
Hanns Áttenkircher (Attenkircher), 1496 kramer[1] St: 1486, 1490: -/5/17, 1496: -/5/3
Agnes Erl Loherin, ir gůt. 1490 Erhart Loherin St: 1486, 1490: -/-/60
Niclas maler Slesinger St: 1496: -/-/60
Hainrich (Haintz) Gregk (Grek, Greckh), 1508 k(ramer)[2]
    St: 1500: 1/2/11, 1508, 1509: 1/1/1, 1514: Liste
Hanns Maulperger [Kramer[3]]
    St: 1500: -/5/7
    StV: (1500) sol bis jar seiner mueter gut sein tail zusetzen.
Hanns spángler St: 1500: -/-/60
Hanns Pelchinger amer[4] St: 1500: -/-/60
Partlme (Partel) Schiltperger k[ramer ?] St: 1508: -/4/4, 1509: 1/-/19 juravit, 1514: Liste
Wolfgang Franck St: 1508: -/-/60 sol aufs jar swern.
relicta Wolfgang Gantnerin St: 1508: -/2/2
    Clas Gánnter g[...]
        St: 1509: -/-/14 gracion
        StV: (1509) et dedit -/2/2 patrimonium fúr sein vorvodern.
Stefan Koburger [Lernmeister[5]] St: 1509: -/-/60
Wolfgang nestler St: 1509: anderswo
maister Hanns barbierer St: 1532: -/-/21 gracion
Mathes gurtler St: 1532: -/2/16
Fleugenfeindt pogner St: 1532: -/2/-
Anndre Schopper riemer. 1542, 1543 Anndre riemer
    St: 1540-1542: -/4/25, 1543: 1/2/20, 1544: -/4/25, 1545: 2/-/2, 1546-1548, 1549/I: 1/-/1
Hanns Dickh nadler [Salzsender[6]]
    St: 1540-1542: -/2/2, 1543: -/4/4, 1544: -/2/2, 1545: -/4/4, 1546-1548, 1549/I-II, 1550, 1551/I-II, 1552/I-II: -/2/2, 1553, 1554/I: -/2/20

---

[1] Hanns Artenkircher ist 1473, 1475, 1478, 1479, 1481, 1485, 1486, 1488, 1490, 1493-1496, 1498 und 1499 Vierer der Kramer, vgl. RP.
[2] Hainrich Gregk ist 1506 Vierer der Kramer, ebenso 1501 ein Greck, ohne Vorname, vgl. RP. – Gleichzeitig gibt es aber auch einen Hainrich Gregk, der Ringler ist.
[3] Hanns Maulperger ist 1505-1510 Vierer der Kramer, vgl. RP.
[4] Wahrscheinlich derselbe Hanns Pelchinger, der 1510-1530 Weinunterkäufel bzw. Weinkoster war, ursprünglich Nadler, vgl. R. v. Bary III S. 970.
[5] Steffan Koberger ist 1506 und 1509 Vierer der Lernmeister, vgl. RP.
[6] Der Nadler Hanns Tyck ist 1559 und 1560 auch als Salzsender belegt, vgl. Vietzen S. 148 nach KR.

alt Stúmpffin
>St: 1551/II: 1/1/20, 1552/I-II: -/2/25, 1553-1557: -/6/19, 1558: 1/6/8, 1559, 1560: -/6/19
>StV: (1552/I) hat abgsetzt 200 fl parschafft, so ir son Jorg Stúmpff zugsetzt.[1]

Utz Pfuntnerin
>St: 1557: 3/2/27,5 juravit
>StV: (1557) mer 9/4/27 fúr Sebastian Ernst von Wasserwurg fúr 3 nachsteur.

Cristoff Stáml reysser St: 1558: -/4/-

Lenhart schmid cramer
>St: 1566/II, 1567/I: 6/6/5, 1567/II: -/-/-
>StV: (1566/II) man hat ine des juraments entlassen, weil er die schuld nit fúr gewiss versteurn khúnden. (1567/II) steurt beim Andre Reitmor.

Marienplatz 21

Auf dem Areal dieses Hauses stehen zeitweise vier Häuser, die zum Teil vielleicht auch nur eine Größe auf dem Papier dargestellt haben (Besitzanteile, die äußerlich nicht sichtbar sind). Auch äußerlich voneinander getrennt gab es an der Marienplatz-Seite die Häuser 21 A und 21 B, die erst um 1570 zu einem einzigen Haus verbaut werden. Das Sandtner-Modell zeigt bereits eine einheitliche Fassade. Das Grundbuch derselben Zeit sagt aber über 21 A noch: „Des Heiligen Geists clain Häusel, ist anjetzt zu nachgehendem Haus des Schärdinger verpaut",[2] also mit 21 B vereinigt worden.

Dafür zeigt aber das Sandtner-Modell eine Zweiteilung mit einer Feuermauer etwa auf halber Höhe der Flanke am Schleckergäßchen (Rindermarkt), sodaß man deutlich ein gegenüber dem Petersturm an der Ecke zum Petersplatz stehendes Haus erkennen kann, mit einer Toreinfahrt in den Hof gegenüber dem Petersturm. Hier dürfte sich 1370 das Haus des Schrenck befunden haben, das am Kirchhof liegt, ebenso die halben Häuser von Sendlinger und Rudolf um 1374.

Der Reihenfolge der Einträge in den Steuerbüchern nach muß es nach dem Eckhaus am Marktplatz zur Schleckergasse noch das „domus" (1456) des Hans Freisinger gegeben haben (1453-1496 in den Steuerlisten und -büchern). Es wird hier mit Marienplatz 21 C bezeichnet. Dazu noch das Haus des Werndel schuster (1381-1410 in den Steuerbüchern), dann vielleicht ebenfalls hierzu das Haus des Konrad Huber kramer (1410-1416 in den Steuerbüchern), aber wohl sicher das domus (1453-1456) des Wernher gurtler (1423-1445 in den Steuerbüchern und Scharwerksverzeichnissen an dieser Stelle), schließlich das Haus des Hans Ebersberger (1453-1482 hier). Das Haus wird mit Marienplatz 21 D bezeichnet. Sie gehen alle nacheinander im Haus Marienplatz 21 auf.

Ein zusätzliches Problem stellen die Läden dar, die sich in dem Häuserkomplex befanden. Sie führen teilweise ein rechtliches Eigenleben und gehören nicht immer den Eigentümern der darüberliegenden Häuser.

Marienplatz 21 A

Lage: 1425 am Markt unter den (unteren, niederen) Kramen/Krämen (am Markt).
Läden (einer): 1425.

Hauseigentümer:

1380 November 29 Hainrich der Hofoltinger gibt „daz hauss, daz an dem markt leit ze naechst bey dez Maengozz hauss" (Marienplatz 21 B) als lediges Haus (freies Eigen) an Hainrich den Phunczner.[3]

---

[1] Jörg Stumpf war Goldschmied, vgl. Frankenburger S. 291.
[2] Stadtgericht 207/7 (GruBu) S. 657v.
[3] GB I 130/4. – Zu Pfuntzner und Rotfuchs vgl. auch Rindermarkt 18.

1389 Januar 28 das Haus des Hainrich Werder und seiner Hausfrau Alhait (Marienplatz 21 B) liegt am Markt bei St. Peters Freithof „zunächst an Heinrichs des Rotfuchs Haus".[1]
1414 November 23 und
1416 Juni 9 das Haus „des Phunczners" ist Nachbarhaus zum Haus des Jorg Werder beziehungsweise zu „Ulrichen dem gúrtler", künftig des Hans Hubers Haus (Marienplatz 21 B).[2]
1425 August 28 Hanns Pirmeter, ein Vetter des Propstes Johann Fuchsmundel von Ilmmünster, hat an das Heiliggeistspital ein Seelgerät gestiftet. Dazu hat er als rechtes Eigen sein eigen Häusel, die Kram und den Keller darunter gegeben, gelegen in St. Peters Pfarr am Markt unter den Kramen. Das Häusel liegt zwischen denen des Ulrich Jung (Marienplatz 20) und des Ulrich Aichstock (Marienplatz 21 B).[3] Am selben Tag gibt der Pirmater für ein Ewiglicht in St. Peter seine Kram und den Keller darunter, die der Kramer Vetter jetzt von ihm erstanden hat, als Eigengut an St. Peter. Das Gut liegt in St. Peters Pfarr unter den niederen Krämen, zwischen den Kramen des Lorenz Schrenck (Marienplatz 21 A) und des Heiliggeistspitals (Marienplatz 20).[4] Das Haus befindet sich dann beim Heiliggeistspital. Hans Pirmater ist Tuchhändler. 1418 schuldet Herzog Wilhelm III. ihm und seiner Hausfrau Elspet 300 Gulden, die der Herzog teils in bar, teils in Form von „Gewand" (Tuch, Kleiderstoff) erhalten hatte.[5]
1449 nennt es das Salbuch des Heiliggeistspitals: „unser hauß, da der [Perchtold] Sitenpekch kramer ynn ist", vgl. Bewohner. Dieser zahlt von Haus und Laden jährlich 6 Pfund an das Spital.[6]
1474 März 14 das Haus des Gewandschneiders Caspar Jung (Marienplatz 20) liegt zwischen den beiden Häusern des Heiliggeistspitals (Marienplatz 19 und Marienplatz 21 A).[7]
1487 das Heiliggeistspital hat „mer ain haws am marckt", gelegen zwischen denen des Achaci Sitenpeck (Marienplatz 20) und des Hans Raid (Marienplatz 21 B). Es giltet jährlich vom Haus und Laden 8 Pfund Pfennige.[8]
1572 laut Grundbuch (Überschrift): „Des Heiligen geists clain Heusel, ist anietzt zu nachgeendem Schärdingers Haus verpaut".[9] Dieser Zusammenschluß scheint aber schon spätestens 1557/58 geschehen zu sein, da schon seit 1553 auf die Bewohner von Marienplatz 20 gleich Schärdinger folgt. Es deutet nichts mehr daraufhin, daß hier noch ein Haus dazwischen ist.

Da der Hauseigentümer „Heiliggeistspital" meist nicht in den Steuerbüchern erscheint, sind die Bewohner dieses Häuschens nicht immer eindeutig von denen des Nachbarhauses Marienplatz 20 zu scheiden. Es mögen also manche auch dorthin gehören.

Eigentümer Marienplatz 21 A:

* Hainrich der Hofoltinger [bis 1380 November 29]
* Hainrich der Phunczner [seit 1380 November 29]
* Hainrich Rótfuchs (Rotfuchs, Rotfúsch, Rotfusch), 1394-1397 kramer
    St: 1382, 1383/I: 2,5/-/-, 1383/II: 3/6/-, 1387: 3/-/80 sein vetter, 1388: 6/5/10 juravit, 1390/I-II: 6/5/10, 1392: 5/-/-, 1393, 1394: 6/5/10, 1395: 3/-/80, 1396, 1397, 1399, 1400, 1401/I: 5/-/-, 1401/II: 3/-/28 iuravit
    Bem.: (1401/II) Steuer gemeinsam mit seinem Bruder.
    Pferdemusterung, um 1398: (Ur-Fassung): Hainrich Rotfuchs und Bercht[olt] Pfunczner súllen haben ain pferd umb 20 guldein und der Bercht[olt] sol selber reiten oder ainer ander an seiner stat; (Korrig. Fassung): Hainrich Rotfuchs und Bercht[olt] Pfunczner súllen haben 2 pferd umb 32 gulden und der Bercht[olt] sol selber reiten oder ainer ander an seiner stat.

---
[1] RB X 234. – Urk. D I e 2 - XXXVI Nr. 11
[2] GB III 155/10, 174/14.
[3] Vogel, Heiliggeistspital, Urk. 271 = MB XXI 45 S. 86/89 = Urk. D I e 2 - XXVIII Nr. 21.
[4] MB XXI 44 S. 84/86 = MB XIXa 64 S. 102/104 = Urk. D I e 2 - XXVIII Nr. 16.
[5] RB XII 280 (28. März).
[6] Zimelie 40 (Heiliggeistspital, Salbuch B) S. 8r. – Der Name ist abgeleitet vom Ortsnamen Sittenbach im Lkr Dachau.
[7] Urk. D I f - LII Nr. 90.
[8] Zimelie 43 (Heiliggeistspital, Salbuch C) S. 19v.
[9] Stadtgericht 207/7 (GruBu) S. 657v.

Berchtolt [Pfunczner ?] sein vetter, 1390/I inquilinus
    St: 1390/I-II: -/-/32
und sein bruder, 1397, 1401/II inquilinus. 1401/I Ulrich sein [= des Rotfuchs] brúder inquilinus
    St: 1397: -/-/60 fur 7 lb, 1399: -/-/40, 1400-1401/I: -/-/20, 1401/II: -/-/-
    Bem.: (1401/II) Steuer gemeinsam mit Hainrich Rotfuchs.
Ull (Ulrich) Pfunczner inquilinus
    St: 1382, 1383/I: -/-/60, 1383/II: -/3/-, 1387: -/-/40, 1388: -/-/80
*   Phunczner [1414 November 23, 1416 Juni 9]
*   Hans pirmater [bis 1425 August 28]
** Heiliggeistspital [seit 1425 August 28]
** Pauls Schärdinger [Kramer] [ab 1557/58 ?, sicher schon um 1572]

Bewohner Marienplatz 21 A (können auch zu Nr. 20 gehören):

Newfanch sartor St: 1368: -/-/20
Fridel taschner inquilinus St: 1368: -/-/-
Hiltprant sartor
    St: 1369: -/-/36 gracianus, 1371, 1372: -/5/-, 1375: 0,5/-/28 post
    StV: (1372) et obpost -/-/30.
Lippel taschner inquilinus St: 1369: -/-/24
Gerel káufflin inquilina St: 1375: -/-/12
Werndl calciator St: 1377: 0,5/-/- juravit, 1378, 1379: 0,5/-/-
[Heinrich] Ryeder sartor
    St: 1381: -/-/12
    StV: (1381) Item de anno preterito -/-/15.
Hainrich Spitz schneider St: 1394: -/-/16
Asem Sewer [Weinschenk[1]] St: 1403: 2/5/26
Kolbeckin St: 1403: nichil habet
relicta Chunrat pawtler (pawtler, pawtlerin) inquilina
    St: 1406, 1407: 1/-/-
    StV: (1406) sy hat vollen gewalt, abzeseczn mit dem ayde fúrbaz ob sy wil.
(relicta) Lieblin kramerin St: 1407: -/-/60 fur nichil, 1408: -/-/40 fúr nichil
Stachlerin kramerin, 1431 relicta St: 1419: 4/-/80, 1423: -/10/-, 1424: -/3/10, 1431: -/9/10 iuravit
Perchtold Sitnpeck (Sitenpeck), 1456 kramer[2]
    Sch: 1439/I-II, 1440, 1441/I-II: 2 t[aglon], 1445: 1 ehalten, dedit -/-/8
    St: 1453-1458: Liste, 1462: -/7/14
Cristan kramer St: 1500: 1/2/22
Barbara Meyslin (Meußlin) St: 1508, 1509: 1/-/11, 1514: Liste
Utz wúrfflerin. 1541, 1542 Utz wúrffler
    St: 1540-1542: -/2/-, 1543: -/4/-, 1544: -/2/-, 1545: -/4/-, 1546-1548, 1549/I-II, 1550, 1551/I-II,
    1552/I-II, 1553, 1554/I-II, 1555-1557: -/2/-

Marienplatz 21 B

Lage: 1323 „oben an dem egk under den sneittischen gen dem margt". 1377 „vor den kramen an dem ekk". 1378 „an sand Peters freythof ob den chramen". 1390/98 „an dem ekk an dem margt". 1407 „unter den Schneidtischen". 1414, 1416 „under den nidern kramen". Das Haus hat eine Flanke am Marktplatz, eine an der Schleckergasse (heute zu Rindermarkt) und zeitweise die Rückseite am Petersplatz. Die drei oder vier Läden liegen offensichtlich nicht alle an der Marktseite.

---

[1] Asem Sewer um 1414 im Weinschenken-Verzeichnis stehend, vgl. Gewerbeamt 1411 S. 3v.
[2] Berchtold Sitenpekch ist 1460-1480 wiederholt Vierer der Kramer, vgl. RP.

Charakter: Eckhaus. Zeitweise offenbar Weinschenke.
Läden (drei bis vier): 1425 der dem Haus Marienplatz 21 A zunächst gelegene Laden dem Lorenz Schrenck gehörig.[1]

Hauseigentümer:

1323 April 8 das Kloster Raitenhaslach hat hier einen Watgaden – nicht ein ganzes Haus! – „oben an dem egk under den sneittischen gen dem margt". Diesen Tuchladen (zum Ausschneiden von Tuch) haben zur Zeit Konrad und sein Sohn Heinrich die Pötschner leibgedingsweise vom Kloster inne.[2]
1370 die Baukommission entscheidet, daß „die laitter sol abgen an dez Strangen haus" und weiter: „Und die kram an dem eckhaus get ab und die stieg an dem gang".[3]
1377 April 18 Liendel Strang übergibt sein halbes Haus, gelegen „vor den kramen an dem ekk" und eine Kram mit Gerichtshand an den Oswald Maengos.[4] Dafür gibt der Maengos dem Strang ein Ewiggeld von 7 Gulden aus dem Haus[5] (Hypothek an den Verkäufer, da der Käufer die Kaufsumme nicht voll erlegen kann).
1378 Februar 22 Heinrich Rudolf übergibt ebenfalls seinen Teil am Haus „an sand Peters freythof ob den chramen" an Oswald den Maengos. Dieser soll ihm jährlich daraus 9 Gulden zahlen.[6] Der Maengos hat also nunmehr die beiden Hälften des Strang und des Rudolf vereinigt.
1378 September 16 Niklas der junge Schrenck übergibt seinen Keller „under dem Maengos pey sand Peter" dem Oswald Maengos[7].
1380 November 29 das Haus des Maengos ist Nachbar des Hauses von Hainrich Hofoltinger (Marienplatz 21 A).[8]
1381 Dezember 13 „Thómel der jung Prant" „hat sein gaden, daz gelegen ist under der Mengossin haus und ze naechst leit bey dez Schrenken gaden under dem selben haus, alz im ez sein pase dew Waegenlaerin saelig geschaft hat, daz hat er gevertigt ... Hainrich dem Rotfuchs dem chramer und Chungunden seiner hausfrawen".[9] Der Schrenk hat also seinen Laden unter dem Haus immer noch. Ihm benachbart ist der Gaden des jungen Prant, den dieser jetzt dem Rotfuchs verkauft hat. Auch bei diesem Haus hatten die Wadler oder Waegendler Besitz, vgl. Marienplatz 19.
1388 November 11 wieder wird der Mayngozzin Haus bei St. Peter genannt und eine Kram unter demselben Haus.[10]
1389 Januar 28 Hainrich Werder und seine Hausfrau Alhait bestätigen, daß aus ihrem Haus und Hofstatt am Markt bei St. Peters Freithof ein Ewiggeld an die Sentlinger-Messe in St. Peter geht.[11] Am selben Tag wird das Haus des Ehepaares Werder als „zunächst an Hainrichs des Rotfuchs Haus" (Marienplatz 21 A) gelegen bezeichnet.[12]
1390/98 das Heiliggeistspital hat sechs Schillinge Gilt „auz der chram under dem Werdár am ekk an dem margt", steuerfrei,[13] und „die nachst chram daran geit auch VI Schillinge".[14]
1392/1398 der Sentlinger-Altar in St. Peter hat ein Ewiggeld aus des Werders Haus bei St. Peter.[15]

---

[1] MB XXI 44 S. 84/86 = MB XIXa 64 S. 102/104.
[2] Krausen, Raitenhaslach Urk. 645.
[3] Zimelie 9 (Ratsbuch IV) S. 3v.
[4] GB I 86/17.
[5] GB I 86/18, 88/17.
[6] GB I 95/10.
[7] GB I 101/6.
[8] GB I 130/4.
[9] GB I 151/5.
[10] MB XXI 20 S. 42/44.
[11] Urk. D I e 2 - XXXVI Nr. 11.
[12] RB X 234.
[13] Vogel, Heiliggeistspital, Salbuch A Nr. 226.
[14] Vogel, Heiliggeistspital, Salbuch A Nr. 227.
[15] Steueramt 982/1 S. 21r.

1392/1398 das Spital hat eine steuerfreie „craum underm Werder" beziehungsweise „under dez Werders haws".[1]

1398 frei von der Stadtsteuer ist am Markt Petri unter anderem ein Ewiggeld des Klosters Raitenhaslach „aus des Seydel cramers cramgadem".[2] Steuerfrei ist auch „dez spitals craum underm Werder" und „aber[mals = eine weitere] dez spitals craum bey dem freithof".[3] 1398/99 – während der Unruhen – hat die Stadt auch Einnahmen „von dem Harttel kramer aus des Schrencken kram unter dem Werder".[4] Hintergrund ist, daß der Schrenck aus der Stadt flüchten mußte. Sein Besitz wurde von der neuen Führung der Stadt beschlagnahmt und gegen entsprechende Zahlungen vermietet, hier an den Kramer Hartel.

Nicht ganz auf dem Laufenden in Bezug auf den Hausbesitz scheinen die neuen Herren der Stadt zu sein, wenn sie

1398/99 das Haus immer noch dem Rudolf zuschreiben: Unter den Einnahmen der Stadt aus den Häusern derer, die die Stadt verlassen haben, findet sich auch ein Betrag von Eberlein dem Otten „aus des Rudolfs Haus am Markt",[5] und schließlich

1399/1400 „aus des Rudolfs Häusel an dem markt, da der Werder gwantsneider inn ist",[6] ähnlich 1400/1402[7] und 1402/03 „auz Hansen dez Rudolf hawsel und gadem pey sant Peter".[8] Trotzdem muß der Hans Rudolf noch Anteile am Haus gehabt haben; denn bei einem anderen Hauseigentümer (Werder) hätte man das Haus (Häusel) nicht so einfach beschlagnahmen können. Tatsächlich wird das gleich bestätigt:

1407 August 19 Hans Rudolf hat die Gewährschaft für Hans den Pirmater und seine Hausfrau Elspet (Marienplatz 21 A) übernommen und als Fürpfand gesetzt „meinen gadem unter den schneidtischen, darinnen Eberhart der Ott sein gwant hat, und das halbe haus darob".[9]

1414 November 23 Jorg Werder hat sein Haus „in sand Peters pfarr, daz egghaus under den nidern kramen" zw nächst an des Pfunczners haws" (Marienplatz 21 A) „Ulrichen dem gúrtler" ausgefertigt.[10]

1416 Juni 9 Ull Gürtler überläßt das Haus, mit gleicher Lagebeschreibung wie 1414, dem Hans Huber dem Holzschuher.[11] Ein Holzschuhmacher hat 1449 immer noch den Laden „pei sand Peter", der dem Heiliggeistspital giltpflichtig ist, mit 6 Schillingen jährlich. Den anderen Laden des Spitals, ebenfalls für 6 Schillinge, hat zu dieser Zeit Jacob Messerschmied inne.[12]

1425 August 28 das Haus des Ulrich des Aichstock ist Nachbar vom Häusel des Hanns Pirmeter (Marienplatz 21 A).[13]

1485 Oktober 5 Hans Raidt verschreibt dem Schluder-Stift zum Goller (Gollirkapelle) ein Ewiggeld von 2 Gulden um 30 Gulden Hauptsumme aus diesem Haus „und den dreien Läden darunter".[14]

1487 das Haus des Hanns Raid Kramer ist Nachbar des Hauses des Heiliggeistspitals (Marienplatz 21 A).[15] Aus seinem Haus hat das Spital 5 Gulden rheinisch jährliche Gilt.[16] Außerdem sagt das Spital in diesem Jahr: „Item mer haben wir zwen läden am marcht bey sand Peters freythof under des Raiden haws, [wovon] in ainem Franck peitler ist und im anderen der holtzschuchmacher, gelten jarlich 12 Schilling". Ein Nachtrag besagt: „item die zwen läden sind verkauft nach ains rats geschäft [= auf An-

---

[1] Steueramt 982/1 S. 33v, 21r.
[2] Steueramt 982/1 S. 35r.
[3] Steueramt 982/1 S. 33v.
[4] KR 1398/99 S. 23v.
[5] KR 1398/99 S. 23r.
[6] KR 1399/1400 S. 24v.
[7] KR 1400/02 S. 27v.
[8] KR 1402/03 S. 25r.
[9] MB XXI 30 S. 60/62.
[10] GB III 155/10.
[11] GB III 174/14.
[12] Zimelie 40 (Heiliggeistspital, Salbuch B) S. 8r.
[13] Vogel, Heiliggeistspital, Urk. 271.
[14] Stadtgericht 207/7 (GruBu) S. 658v/660r.
[15] Zimelie 43 (Heiliggeistspital, Salbuch C) S. 19v.
[16] Zimelie 43 (Heiliggeistspital, Salbuch C) S. 56r.

ordnung des Stadtrats], der den kauf hat ausgesprochen, Hannsen Rayden und seiner hausfrawen um 60 lb und das gelt verraitt [= verrechnet] in beywesen der[er] vom rat an freitag in den Walpurgfeirtags anno [14]87"[1]. Der Raid hat also schon angefangen, zu arrondieren.

1508 April 27 liegt das Haus Marienplatz 22 (Ecke zur Schleckergasse/Rindermarkt-West)[2] gegenüber „der Raiden Haus".[3] Dann Ewiggeldverkäufe:

1509 März 14 (7 Gulden um 140 Gulden Hauptsumme),

1509 März 22 (3 Gulden um 60 Gulden Hauptsumme),

1510 August 9 (5 Gulden um 100 Gulden),

1510 September 10 (5 Gulden um 100 Gulden),

1511 März 13 (5 Gulden um 100 Gulden),

1524 Mai 12 (13 Gulden um 260 Gulden),

1524 Juni 4 (6 Gulden 1 Schilling um 122 Gulden 6 Schillinge), und weiter bis

1528 September 30 ständige Ewiggeldverkäufe durch Lorenz Raidt und seine Hausfrau Katharina, insgesamt noch 22 Gulden 7 Schillinge um über 440 Gulden Hauptsumme (GruBu).

(1524/25-) 1526/27-1550 das Heiliggeistspital hat ein Ewiggeld aus des Larentz Raid Kramers Haus am Markt.[4]

1540 September 16 Ewiggeldverschreibung (5 Gulden um 100 Gulden Hauptsumme) durch die Vormünder von Lukas Raidt, Sohn des Hanns Raidt (GruBu).

1546 beanstandet die Baukommission bei des „Raidn haus": „1 eln ze weit, 1/4 ze nider; mer etliche tächel doselbst 3/4 ze weit, 1/4 ze nider; der chramer [soll] fürsetzen".[5]

1547 Juni 15 Lukas Raidt und seine Hausfrau Margaret verkaufen ein Ewiggeld von 10 Gulden um 200 Gulden Hauptsumme (GruBu), desgleichen

1551 Juli 7 (5 Gulden um 100 Gulden Hauptsumme).

1552 Januar 22 Lucas Raidt verschreibt der Tochter Apollonia seiner Schwester Anna Zirgkhl ein Ewiggeld (2 Gulden 30 Kreuzer um 50 Gulden Hauptsumme) (GruBu). Das Haus ist also mittlerweile mit über 1839 Gulden Hypotheken belastet und über 90 Gulden jährlichen Hypothekenzinsen.

1554/I der Schneider Hans Roth von Oberföhring verschreibt ein Ewiggeld aus Paulsn Schärdingers Haus am Markt, wobei Paulsn Schärdinger über getilgtes „Lucasn Raidn" gesetzt ist.[6]

1572 laut Grundbuch (Überschrift) des Paul Schärdinger Haus. Schärdinger und seine Witwe haben das Haus bis 1587 inne.

Die Einträge im Häuserbuch zu „um 1530" und „1558" sind vom Häuserbuchbearbeiter erschlossen und stammen nicht aus dem Grundbuch.

Eigentümer Marienplatz 21 B:

* Liendel Strang [bis 1377 April 18, halbes Haus]
* Heinrich [II.] Rudolf [1378 Februar 22, halbes Haus]
* (Oswald) Maengos. 1381-1383/II, 1387, 1388 relicta Maengósin (Mángosin, Mayngozzin), 1388, 1392, 1393 inquilina. 1390/I-1393 Maengossin (Mayngossin)
    St: 1378, 1379: 5/-/-, 1381, 1382, 1383/I: 3/-/-, 1383/II: 4,5/-/-, 1387: 0,5/-/-, 1388 1/-/- juravit, 1390/I-II: 3/6/28, 1392: 3/-/-, 1393: 2/6/- juravit
    Hanns Maengos inquilinus [Weinhändler[7]]
    St: 1383/II: -/6/- gracianus

---

[1] Zimelie 43 (Heiliggeistspital, Salbuch C) S. 20r.
[2] Zum Straßennamen Schleckergasse vgl. Stahleder, Haus- und Straßennamen S. 285/286.
[3] Hufnagel/von Rehlingen, St. Peter Urk. 239.
[4] Heiliggeistspital (Rechnungen) 176/21 (1526/27) S. 11v erstmals „am Markt", davor bereits in 176/19 (1524/25) S. 12v und 176/20 (1525/26) S. 10v ohne Orts- oder Straßenangabe; letztmals 176/38 (1550) S. 20v.
[5] LBK 4.
[6] StB 1554/I S. 73r.
[7] Hans Maengos ist um 1400/02 Weinhändler, vgl. KR 1400/02 S. 43v.

* Hainrich Werder, 1394 kramer, 1399 schenck,[1] 1395-1405 der elter [∞ Alhait]
    St: 1387: -/-/80, 1388: -/5/10 juravit, 1390/I-II: -/5/10, 1392: 2,5/-/-, 1393, 1394: 3/-/80, 1395: -/13/10, 1396, 1397, 1399, 1400, 1401/I: 2,5/-/-, 1401/II: 2/7/6 iuravit, 1403, 1405/I: 2/7/6, 1405/II: 4,5/-/-
    Pferdemusterung, um 1398: Hainrich Werder sol haben ain pferd umb 18 gulden, damit er der stat wart [nachgetragen:] und sein sun sol selber reiten.
    Bem.: (1405/II) Steuer gemeinsam mit Jorig Werder.
* Hans [I.] Rudolf [1398/99 bis 1407 August 19, halbes Haus und Gaden]
* Jórg (Jorig) Werder [Weinschenk, später Stadtrat[2]]
    St: 1405/I: -/4,5/- gracianus, 1405/II: iuravit der Jörig Werder, 1406-1408: 6/-/-, 1410/I: 4/6/-, 1410/II: 6/-/80, 1411: 4/6/-, 1412: 6/-/80, 1413: 5/-/- iuravit
    Bem.: (1405/II) Steuer gemeinsam mit Heinrich Werder.
* Ulreich gúrtler
    St: 1415: 7,5/-/-
* Hanns (Huber) holczschucher. 1423 relicta Hanns holczschuchmacher
    St: 1416: -/6/12, 1418, 1419: -/7/14, 1423: 1/-/-
* Ulrich Aichstock, 1431, 1440, 1441/I kramer
    St: 1431: 10,5/-/12 iuravit, 1453-1458: Liste
    StV: (1431) et dedit -/6/12 von 8 gulden ewigs gelcz von des von Raitnhaslach wegen. (1453-1456) und der ewig gelt.
    Sch: 1439/I: 6 t[aglon], 1439/II, 1440, 1441/I-II: 5 t[aglon], 1445: 1 ehalten, dedit -/-/8
    SchV: (1439/I-1441/II) und 8 gulden gelcz -/-/32.

Chunrat Aichstock schlaiffer inquilinus
    St: 1431: -/9/2 iuravit

Jorg Aichstock [Weinschenk, Salzsender[3]]
    Sch: 1445: 2 ehalten, dedit -/-/16

Anna Aichstockin. 1454, 1462 junckfraw Aichstockin (Eichstockin). 1455, 1457-1458 junckfraw Ann (Anna)
    St: 1453-1458: Liste, 1462: -/5/13
    StV: (1457-1458) und der ewig gelt. (1462) und der ebig gelt 1/-/1.

dez jungen Eichstokz tochter inquilina
    St: 1462: -/-/-
    StV: (1462) ist gestort oben pey der junckfrawn.

** Hanns Raid [Kramer, äußerer Rat[4]]. 1490-1500 relicta Raidin, 1496 k[ramerin]
    St: 1482: 5/2/11, 1486: 8/5/13, 1490: 7/4/20, 1496: 7/1/17, 1500: 6/4/8
** Larentz Raid, 1508, 1509 k[ramer] [äußerer Rat[5], ∞ Katharina]
    St: 1508, 1509: 4/5/11, 1514: Liste, 1522-1526, 1527/I: 3/1/1, 1527/II, 1528: 2/5/25, 1529: 2/5/25 patrimonium
    StV: (1508) darinn seins weibs gut zugesetzt. (1526) et dedit -/-/29 für der junckhfraw Meußlin ererbt gut, sein tail. (1527/I) et dedit -/-/29 fur junckhfraw Meußlin, sein tail. (Vgl. Nr. 21 A und unten: Bewohner).

---

[1] „Hainrich Werder schenk" steht auch im Verzeichnis der Mitglieder der Weinschenkenzunft von 1414, vgl. Gewerbeamt 1411 S. 2r.

[2] Jörg Werder am 8.6.1415 einer der Bürgermeister, vgl. R. v. Bary III S. 756 nach KR. – Um dieselbe Zeit ist Jorg Werder Mitglied der Weinschenkenzunft, vgl. Gewerbeamt 1411 S. 4r.

[3] Jórg Aychstock 1433, 1451 und 1458 Mitglied der Weinschenken-Bruderschaft, vgl. Gewerbeamt 1411 S. 9r, 10r, 13r. – Aychstock, ohne Vorname, 1445 Salzsender, 1433 Weinschenk, vgl. Vietzen S. 145.

[4] Hanns Raid wird 1487 als „kramer" bezeichnet, vgl. Zimelie 43 (Heiliggeistspital, Salbuch C) S. 56r. – 1461-1463, 1466-1468, 1472 und 1474 ist er Vierer der Kramer, vgl. RP. – 1484 verkauft er der Stadt „7 puecher mittelpappir" und „1 puech clain pappir", und weiteres Papier, vgl. KR 1484/85 S. 86r, 97r. – Hanns Rayd ist 1480-1487 äußerer Stadtrat, 1471-1479 Mitglied der Gemain, 1478 und 1479 „der elter" genannt, vgl. RP.

[5] Larentz Raid ist 1514 Vierer der Kramer, vgl. RP, 1509-1512 auch äußerer Stadtrat, vgl. RP.

** Lucas Raid (Rayd) [später Weinvisierer[1], Sohn von Hanns Raidt, ∞ Margaret]
  St: 1546: 2/-/6 juravit, 1547, 1548, 1549/I-II, 1550, 1551/I-II, 1552/I-II: 2/-/6
  StV: (1546-1552/II) mer -/-/28 für seine stieffkinder.
** Pauls (Paulus) Schárdinger (Schardinger, Scherdinger),[2] 1559, 1565, 1566/II, 1567/II, 1569-1571 cramer
  St: 1553, 1554/I-II, 1555-1557: 2/-/-, 1558: 4/-/-, 1559, 1560: 2/-/-, 1561, 1563, 1564/I-II, 1565, 1566/I-II, 1567/I-II: 6/-/-, 1568: 12/-/-, 1569-1571: 6/-/-

Bewohner Marienplatz 21 B:

schreiber institor St: 1368: -/-/40
kráutlerin cum marito St: 1369: 0,5/-/- gracianus
Zangk cum uxore. 1372 Zangk [et] pueri uxoris. 1375 Ulrich Zangk
  St: 1371: -/-/75 juravit, 1372: -/-/75, 1375: -/-/60
Fridrich mercator inquilinus St: 1375: -/-/-
[Hans] Salczman sartor, 1378 inquilinus St: 1377, 1378: -/-/-
Helt calciator inquilinus St: 1378: 7,5/-/-
Hanns messrer inquilinus St: 1382: -/-/18 gracianus
Chunrat ledrer inquilinus, 1382 institor St: 1382, 1383/I: -/10/-
Hainrich Lintmair inquilinus. 1387, 1388 (relicta) Lintmárin inquilina. 1390/II-1393 Lintmaerin (Lintmárin, Lintmayerin) inquilina
  St: 1383/II: -/3/18, 1387: -/-/32, 1388: -/-/64 juravit, 1390/II: -/-/64, 1392: -/-/48, 1393: -/-/64
maler inquilinus St: 1383/II: -/-/24
Fránczlin, 1390/I inquilina St: 1390/I-II: 1/-/-
Rieder calciator inquilinus St: 1390/I: -/-/84 iuravit
Peter Pótschner goltsmid, 1399 inquilinus St: 1397, 1399: -/-/60 fur 10 lb
Engelhart goltsmid inquilinus St: 1400: -/-/72, 1401/I: -/-/60
Húmppel sneider St: 1403: -/-/60 für 7 lb, iuravit
Gabriel goltsmid inquilinus St: 1405/II: -/-/27 gracianus
Hainrice von Aichach inquilinus St: 1407: 0,5/-/-
Peter der alt (der elter) Giesser, 1408 inquilinus St: 1408, 1410/I: -/-/-
Reichenmacher kramer inquilina St: 1410/II: 2/-/-
Rúdel messrer inquilinus St: 1415: -/-/84, 1416: -/3/22, 1418, 1419: -/7/14, 1423: -/7/18
Palwein kramer inquilinus St: 1415: -/3/-, 1416: 0,5/-/-
  und sein swiger Diettreichin inquilina. 1416 Diettreichin sein swiger St: 1415: -/-/40, 1416: -/-/48
Aberdar [Beutler, Vorsprech ?[3]] und sein aydem St: 1418: -/-/-
Hanns gúrtler
  St: 1418: 0,5/-/-
  StV: (1418) und von drein lb ewigs gelcz dez plinten Fridreich -/6/12.
Feyal gúrtler inquilinus St: 1419: 0,5/-/-
Werndel gúrtler inquilinus
  St: 1419: -/6/28
  StV: (1419) und von dem ewigen gelt der plint Fridel.
Thómel kramer inquilinus St: 1423: -/3/18
relicta Prantlin inquilina St: 1431: -/-/60 iuravit
Hanns Haimhauser gúrtler et mater St: 1482: -/-/60
Hanns tagwercher St: 1482: anderswo, im taschnturn
relicta Jungin, Kathrei inquilina St: 1482: -/-/60

---

[1] Lucas Raid lt. HB (nicht jedoch GruBu!) AV S. 77 Sohn von Hans Raid. Lucas Raid ab 1556 Weinvisierer, vgl. R. v. Bary III S. 971.
[2] Paul Schärdinger im Sommer 1569 Religionsverhör, vgl. Dorn S. 228.
[3] Aberdar ist 1394 bei Marienplatz 25 und 1401-1416 bei Rindermarkt 23 als Beutler belegt, 1427, 1429-1434 und 1438 ist ein Aberdar Vorsprech, vgl. R. v. Bary III S. 806.

[Sigmund] Zayser [Kramer¹]
    St: 1486: -/3/5
    StV: (1486) et dedit -/7/22 von des von Rotenhaslach wegen.
jung [Hanns] Furtner [Schuster²] St: 1486: -/2/14
    Jórg Furttner, 1522, 1523, 1525, 1527/II-1529 schuster
        St: 1522-1526, 1527/I: -/3/23, 1527/II, 1528, 1529: -/5/-
Wolfgang Guntensperger peitler St: 1500: -/4/3 juravit
Hanns schmerler St: 1500: -/-/60
relicta Vilserin St: 1508, 1509: 2/5/5
Conrat Schaur, 1508, 1509 g[úrtler]³ St: 1508, 1509: -/2/10, 1514: Liste
Utz Helffenstainer gúrtler St: 1514: Liste
Hirschpúhler St: 1514: Liste
Sickenhofer St: 1514: Liste
junckhfraẃ Meußlin St: 1522: 1/-/26
Caspar girtler (gúrtler)
    St: 1522-1526, 1527/I: -/3/19, 1527/II, 1528: -/2/26
    StV: (1522) hat seins schwehern gut zugesetzt.
Jórg Uttnperger [Weinhändler, Stadtrat⁴] St: 1522: 1/6/5 juravit
Peter paumaister St: 1522: 2/2/3
tuchheffterin St: 1522: -/2/-
Conradt Haß pirschtnpindter⁵ St: 1522-1526, 1527/I: -/6/15
Caspar Pórtzl, 1523 kramer St: 1523: 2/1/22 juravit, 1524: 2/1/22
Hanns Holltzner kramer St: 1523: -/4/13
Hanns jágerin, 1524 schneiderin St: 1524, 1525: -/2/-
Hanns Strasser [Kramer⁶] St: 1524, 1525: -/2/-
Hanns heiblmacher (heublmacher) St: 1525, 1526, 1527/I: -/2/-
Caspar Kárgl (Kärgl) St: 1525, 1526, 1527/I-II, 1528: -/2/-
maler inquilinus St: 1525: vacat
unus kramer inquilinus. 1527/I Perl kramer St: 1526: das jar nichil, 1527/I: nichil
Hanns zimerman St: 1526, 1527/I: -/2/-
naterin St: 1527/II: -/1/2
Mathes gúrtler (girtler) St: 1527/II, 1528, 1529: -/2/16
Jórg Marschalckh pirstnpindter St: 1527/II: -/2/-
malerin im hófl St: 1528, 1529: -/2/-
Wilhalm kramer St: 1528, 1529: -/2/-
Margreth naterin St: 1529: -/2/-
Hanns maler St: 1529: an kamer
Hanns Schwartzperger St: 1529: -/2/-
Jórg spángler St. 1529: -/2/-
Bonaventura zingiesser St: 1540-1542: 1/1/23, 1543: 2/3/16
Caspar von Hábach. 1545 Casparin von Häbach
    St: 1540-1542: -/5/26, 1543: 1/4/22, 1544: -/5/26, 1545: 1/4/22 patrimonium.
Jacob gúrtler. 1550 Jacob gurtler Niclas
    St: 1540-1542: -/2/-, 1543: -/4/-, 1544: -/2/-, 1545: -/4/-, 1546-1548, 1549/I-II, 1550, 1551/I-II,
        1552/I-II, 1553, 1554/I-II, 1555: -/2/-
Hainrich Lachner puechfierer. 1541 Hainrich puchfuerer
    St: 1540-1541: -/2/-
    StV: (1541) [Nachtrag:] zalt 3 nachsteur an chamer, 4. Aprilis.

---

1   Vgl. Marienplatz 18 und 19.
2   Hanns Furtner der junger ist 1478 und 1481 Vierer der Schuster, vgl. RP.
3   Der Gürtler Conradt Schaur 1516-1518 Vierer der Beutler, Gürtler, Taschner, Ircher, Nadler, vgl. RP.
4   Vgl. Rindermarkt 17 und 18.
5   Der Bürstenbinder Conradt Haß ist 1519 Vierer der Ringler, Würfler, Bürstenbinder, vgl. RP.
6   So 1508-1514 bei Frauenplatz 9.

Melchor (Melcher) Hertzog [Buchbinder[1]] St: 1542: -/2/-, 1543: -/4/-, 1544: -/2/-, 1545: -/4/-
    Jacob Hertzog[2] [Buchbinder] St: 1549/I-II: -/2/-
Adam wagner[3] St: 1544: -/2/10, 1545: -/4/-, 1550: -/2/-
Anndre Straucher, 1546-1549/I, 1554/II, 1555 zingiesser
    St: 1546-1548, 1549/I-II: 2/5/-, 1554/II, 1555: -/2/-
    StV: (1554/II) mer -/-/28 für sein kind.
Anndre Zirckhlin St: 1546, 1547: -/2/-
Jorg Kirhlehner [Kürschner[4]] St: 1550, 1551/I-II: -/2/-
Adam ringler St: 1551/I: -/2/-
Conrad Frueauf St: 1551/I-II:-/2/7
Melcher (Melchior) Taninger (Daninger, Tayninger), 1551/II, 1552/I, 1553, 1554/I leermaister
    St: 1551/II, 1552/I-II, 1553, 1554/I: -/2/-
naterin doselbst Anna Ranpeckhin. 1552/I-II Anna naterin Ranpeckhin
    St: 1551/II: -/1/- der zeit, 1552/I: -/2/-, 1552/II: -/-/-
    StV: (1552/II) steet supra folio 4 col. 1 [= 4r, Anger bei St. Sebastian]
Hanns Widman puechfuerer St: 1552/I-II, 1553, 1554/I: -/2/-
Hanns Ventt wirt St: 1554/II: -/5/10 schenckhsteur
Wolff Nidermayr wirt
    St: 1556, 1557: -/5/10 schenckhsteur, 1558: 1/3/20 schenckhsteur, 1559, 1560: -/5/10 schenckh-
        steur
Peter Kest spángler.[5] 1560-1570 Peter spánngler
    St: 1557: -/2/-, 1558: -/4/-, 1559-1561, 1563, 1564/I-II, 1565, 1566/I-II, 1567/I-II: -/2/-,
        1568: -/4/-, 1569: -/2/-, 1570: an chamer
    StV: (1557, 1559-1561, 1563) mer -/-/10,5 für p[ueri] Gebriel schneider(in). (1558) mer -/-/21
        für p[ueri] Gabriel schneiderin. (1564/I) mer für p[ueri] Gabriel schneider -/-/7. (1564/II)
        mer für Gabriel schneiders khinder -/-/10,5. (1570) adi 29. Junii anno [15]71 zalt er nach-
        steur unnd ist wegzogen.
Caspar Háckhl cramer St: 1557: 1/-/10 juravit, 1558: 2/-/20
Hanns múnsser (műnser, münser), 1564/I-1567/I cramer
    St: 1558: -/4/-, 1559, 1560: -/2/-, 1561, 1563, 1564/I-II, 1565, 1566/I-II, 1567/I: -/3/7
Rueprecht Pfattndorffer
    St: 1561: 1/-/- gratia
    StV: (1561) soll auffs jar den 3. tail zuesezn.
Caspar Perchtold, 1564/I gwandschneider
    St: 1563: 1/-/27 juravit, 1564/I-II: 1/-/27, 1565: -/-/-
    StV: (1565) ist aus der stat geschafft.
drew trabannten St: 1564/II: nichil, hofsind
Cristoff Pollinger laistschneider trabant. 1566/I Christoff laystschneider trabant
    St: 1565: -/-/-, 1566/I: -/-/- hofsind
    StV: (1565) trabant, ist ime vergundt auff ain jar alhie ze arbaiten. (1566/I) ist ime bis auff Mar-
        tini vergundt ze arbaiten.
Fridrich Sax, 1566/I gewester weinschennckh St: 1565: -/-/28 gratia, 1566/I: an chamer
Hanns koch von Freising St: 1565: nihil, hoffgesindt
Anndre Ödmüller (Edmüller, Ödmüller), 1565-1567/I cramer St: 1565, 1566/I-II, 1567/I: 1/3/-
Thoman Fleckhamer der alt[6] St: 1566/I: nihil, 1566/II, 1567/I: -/-/- nit burger, 1567/II: -/-/-

---

[1] 1546-1548 wird Melchior Hertzog bei Färbergraben 1 Buchbinder genannt, vgl. dort. – 1458 gibt es aber auch einen Melchior Hertzog als Salzsender und Mitglied in der Zunft der Weinwirte, vgl. Vietzen S. 149 nach KR.
[2] 1549/I „Melchor" getilgt, daneben „Jacob".
[3] 1550 vor „wagner" getilgt „ringler".
[4] So 1546-1549 und 1552/II bei Weinstraße 10*.
[5] Peter Reß (!) Spengler, 1569 Religionsverhör, vgl. Dorn S. 228. – Peter Kös Spängler Religionsverhör 1571, konnte nicht verhört werden, da nicht in München weilend, vgl. Dorn S. 268.
[6] Vgl. Rindermarkt 11*.

Steffan Saltzburger cramer
    St: 1567/I: -/1/12 gratia, 1567/II: -/5/26 juravit, 1568: 1/4/22, 1569-1571: 1/1/23
Doctor Andre Kartnhauser St: 1568-1571: -/-/-
Hanns Puckh spängler
    St: 1568: -/4/-, 1569: -/2/-
    StV: (1568) mer für seine khinder -/2/10. (1569) mer für sein khind -/1/5.
Marx Diefsteter trabant St: 1568: -/-/-, 1569, 1570: -/-/- hofgsind
Niclaß nadler [darüber:] zimerman St: 1571: -/2/-
Wilhalm Důrrner St: 1571: -/2/-
Anndre schmid puechpindter St: 1571: -/2/-

Marienplatz 21 C

Hauseigentümerschaft aus der „domus"-Bezeichnung 1456 zu ersehen.

* Hanns Freisinger, 1453 kramer, 1496 k[ramer][1], 1454, 1457, 1462 inquilinus. 1456 domus Freisinger [Teilbesitz ?]
    St: 1453-1458 Liste, 1462: -/3/10, 1482: -/7/5, 1486, 1490: 1/4/28, 1496: 1/2/27
    StV: (1490) et dedit -/3/3 für pueri Ursntaler. (1496) ist im patrimonium, ist in der steur, tod.

Bewohner Marienplatz 21 C:

Graispach St: 1368: -/-/30, 1369: -/-/45, 1371, 1372: -/-/44
Lienhart pawtler, 1439/II inquilinus Sch: 1439/I-II: 1 t[aglon]
Ulrich Rappel (Ráppel), 1439/I tagwercher, 1439/II inquilinus Sch: 1439/I-II: -/-/8, 1440: 1 t[aglon]
relicta Stachlerin inquilina Sch: 1441/II: 1 t[aglon]
junckfraw Angnes St: 1458: Liste
Allex Rott [Gewandschneider[2]] inquilinus
    St: 1462: -/3/-
    StV: (1462) fur sein hausfraw und -/-/60 gracianus von seinem gut.
die alt Kaplerin St: 1490: 2/7/4
Palbein peitler St: 1496: -/2/1

Marienplatz 21 D

Lage: 1370 Eckhaus.

Hauseigentümer:

1370 stellt die Baukommission fest, daß am Peters-Kirchhof Lauben, Ställe und Dächer zwischen dem Kirchhof und der rückwärtigen Häuserfront der Häuser am Marktplatz „von dem Witscheit (Marienplatz 16) herauf bis an des Schrenchen eckhaws" alle abgebrochen werden müssen.[3] Der Schrenck hat also wohl den hinteren Teil des Hauses Marienplatz 21 B, die Ecke zum Petersplatz (also wohl 21 C oder D).
1374 März 23 Andre Sentlinger und seine Hausfraw Agnes haben einen halben Teil des Hauses und die halbe Kram darunter, von denen noch ein halber Teil Heinrichs des II. Rudolfs ist und das alles „ze naechst an sand Peters freythof bei dem gaeter ligt, do man von dem margt hinein hintz sand Peter

---

[1] Hanns Freisinger ist 1459, 1465, 1473, 1476-1481, 1484, 1485, 1487, 1488, 1490, 1492, 1494 und 1495 Vierer der Kramer, vgl. RP.
[2] Ein Lex (Alex) Rot ist 1476, 1481, 1485, 1486 Vierer der Gewandschneider, vgl. RP.
[3] Zimelie 9 (Ratsbuch IV) S. 3r (neu).

get".[1] Es dürfte sich dabei also um denselben Hausteil handeln, der zur Hälfte den Rudolf/Schrenck und zur Hälfte dem Sentlinger gehört (Marienplatz 21 C und D). Die Schenkung dient der Ausstattung der Sentlinger-Messe.

1408 Mai 5 der „Werndel schuster pei sand Peter hat sein haus, gelegen pei sand Peter, znächst Jacob des taschner haus gevertigt ... Chunraden dem Húber dem kramer".[2] Mit dem Haus des Jakob des Taschners ist Marienplatz 20 – hier wohl dessen Rückseite – gemeint.

1417 Mai 4 „Chunrat Huber der kramer hat sein haus, gelegen pei sand Peters freithof, znächst Jacobs des taschner haus [Marienplatz 20, also rückwärts anstoßend] gevertigt ... Hansen dem Vayal".[3]

1453-1456 domus Wernher gurtler (Liste).

1460 November 16 ein Ewiggeld wird genannt aus Hans Ebersbergers des gürtlers Haus in St. Peters Pfarr „hinter den Kramen gegen St. Peters Freithof über".[4] Der Friedhof ist – wie auf dem Sandtner-Modell zu sehen – duch eine Mauer von den Häusern getrennt. Deshalb heißt es „gegenüber".

Eigentümer Marienplatz 21 D:

* [..?..] Schrenck [um 1370, ein (halbes?) Haus]
* Andre Sentlinger und seine Hausfrau Agnes [ein halbes Haus bis 1374 März 23]
* Werndl (Wernlein, Werndlein) calciator (schuster)[5]
    St: 1381, 1382, 1383/I: 0,5/-/-, 1383/II: -/6/-, 1387: -/3/6, 1388: -/6/12 iuravit, 1390/I-II: -/6/12, 1392: -/3/-, 1393, 1394: 0,5/-/-, 1395: -/-/60 für 15 lb, 1396, 1397, 1399, 1400, 1401/I: -/3/-, 1401/II: 0,5/-/- iuravit, 1403, 1405/I: 0,5/-/-, 1405/II: -/-/72 für 12 lb, iuravit, 1406, 1407: -/3/6, 1408: -/3/-, 1410/I: -/-/60 für 8 lb, iuravit
* Chunrat Huber institor (kramer), 1383/I-II inquilinus
    St: 1383/I: -/-/- dedit alibi, 1383/II: 0,5/-/15, 1410/II: 10/5/10, 1411: 8/-/-, 1412: 10/5/10, 1413: 8/-/72 iuravit, 1415: 11/6/-, 1416: 15/5/10
* Hans der Vayal [seit 4. Mai 1417]
    Werndel (Wernher, Wernhart) gurtler (gúrtler), 1431, 1439/II inquilinus. 1445 Werndel gurtlerin
    St: 1423: -/11/-, 1424: -/3/20, 1431: -/10/- iuravit
    Sch: 1439/I-II, 1440, 1441/I-II: -/-/15, 1445: nichil
* domus Wernher gurtler (1455 Grüntler)
    St: 1453-1456 Liste
* Hanns Ebersperger, 1454, 1462 inquilinus, 1456, 1458 gúrtler. 1482 relicta Ebspergerin
    St: 1453-1458: Liste, 1462: -/5/20, 1482: -/-/60

Bewohner Marienplatz 21 D:

Lochhawser cocus St: 1368: -/5/- cum uxore
relicta Hánslin St: 1368: -/-/16
pueri Walckůn St: 1368: -/-/- recessit
Ottl (Ott) Fróleich inquilinus St: 1387: -/-/44, 1390/I-II: -/-/88
relicta Kaennyngerin. 1392, 1393 Chaeningerin inquilina
    St: 1390/II: -/-/32, 1392: -/-/36, 1393: -/-/32 juravit
[getilgt:] relicta Spindlerin inquilina St: 1394: -/-/-
relicta Peter (Petrin) salẃrchin (salbúrchin), 1396 inquilina
    St: 1395: -/-/60 für 13 lb, 1396: -/-/78 fur 13 lb
relicta Lintmairin inquilina St: 1397: -/-/45 fur 6 lb
Seicz Rainer schreiber inquilinus St: 1399: -/-/60 gracianus
Percht chauflin inquilina St: 1400: -/-/-

---

[1] MB XXI 13 S. 27/30. – Urk. D I e 2 - XXXVI Nr. 6. Pfintztag vor Palmsonntag ist 1374 der 23. April.
[2] GB III 77/9.
[3] GB III 185/1.
[4] Urk. D I e 2 - XXXVI Nr. 26.
[5] Werndel schuster ist 1381 Mitglied des Großen Rats, vgl. R. v. Bary III S. 745.

Thurathea messrerin inquilina St: 1400: -/-/12 pauper
Ann sneyderin inquilina St: 1400, 1401/I: -/-/-
Graeffenrewderin
    St: 1400: 2/-/- gracianus
        StV: (1400) und si sol zu der nächsten stewr swern an verziehen und hat der rat also ausgesprochen, daz sy dez nicht überhaben sol sein in dhein weis.
relicta Hainricein gewantsneiderin inquilina St: 1405/I: 1/-/16
Lieblin kramerin inquilina St: 1405/II: -/-/60 fúr nichil, iuravit, 1406: -/-/60 fúr nichil
Chuncz Aengstleich taschner inquilinus St: 1407: 0,5/-/-
Ull wúrffler inquilinus St: 1408: -/-/64 fúr 8 lb, iuravit
Hanns Sachs goltsmid[1] Sch: 1439/I-II: 1 t[aglon]
Wolfgang maler Sch: 1440: 1 t[aglon], 1441/I: [kein Eintrag]
relicta Knódlin (Knodlin), 1456, 1458 inquilina St: 1456-1458: Liste
Ann, ein infraw inquilina St: 1462: -/-/15 das jar

„S(ant) Peters Freithof" (Petersplatz)

Die Überschrift „S. Peters Freithof" steht seit 1563 über den darunter folgenden Namen. 1368 vor Tichtel (Rindermarkt 2) über der Seite „Rindermarkt". 1390/I gibt es einen größeren Abstand zwischen Werndl (Marienplatz 23 D) und Tichtel (Rindermarkt 2), um die Zäsur anzuzeigen. 1412 nach Werder (Marienplatz 21 B) ebenfalls größere Lücke. 1500 neben dem Greyl guster Großbuchstabe V als Zeichen für den Wechsel der Straße.

Da die Reihenfolge der Namen im Bereich zwischen Marienplatz 21 und Rindermarkt 1, also rund um den Petersplatz, häufig wechseln, auch die von den Schreibern gesetzten Klammern um die Namen nicht zur Klarheit beitragen, wird hier auf die Zuweisung der Namen zu einzelnen Häusern verzichtet (außer Petersplatz 7* – 9). Am Beginn der Reihe der Namen steht im 16. Jahrhundert immer der Sämler von St. Peter, Maulberger. Er dürfte zum späteren Mesnerhaus Petersplatz 2* gehören. Später folgt meist unmittelbar hinter ihm schon einer der Türmer, aber nach mehreren Namen Abstand jeweils zwei weitere Türmer. Letztere dürften dem Türmerhaus Petersplatz 6* zugehören. Die anfangs gelegentlich hier auftauchenden städtischen Steuerknechte oder Kammerschreiber könnten im Stadtkammergebäude gewohnt haben (Petersplatz 3). In den 20-er Jahren des 16. Jahrhunderts steht überhaupt erst ein einziger Name hier, nämlich der von Maulberger. Das bedeutet, daß die verschiedenen Häuser für Mesner, Türmer usw. erst im Laufe dieses Jahrhunderts entstanden sind.

Petersplatz 2

Charakter: Mesnerhaus von St. Peter. Langgestrecktes Gebäude zwischen der Kirche und der rückwärtigen Häuserfront des Marktplatzes (Marienplatz 16-21). Zwischen diesem Gebäude und den Häusern am Marktplatz verläuft die Sämer-, besser Sämlergasse.[2]

Hauseigentümer:

1572 laut Grundbuch (Überschrift) Sankt Peters Gotteshaus Haus.[3]

---

[1] Frankenburger S. 271.
[2] Zu diesem Straßennamen vgl. Stahleder, Haus- und Straßennamen S. 274/275.
[3] Stadtgericht 207/7 (GruBu) S. 662v.

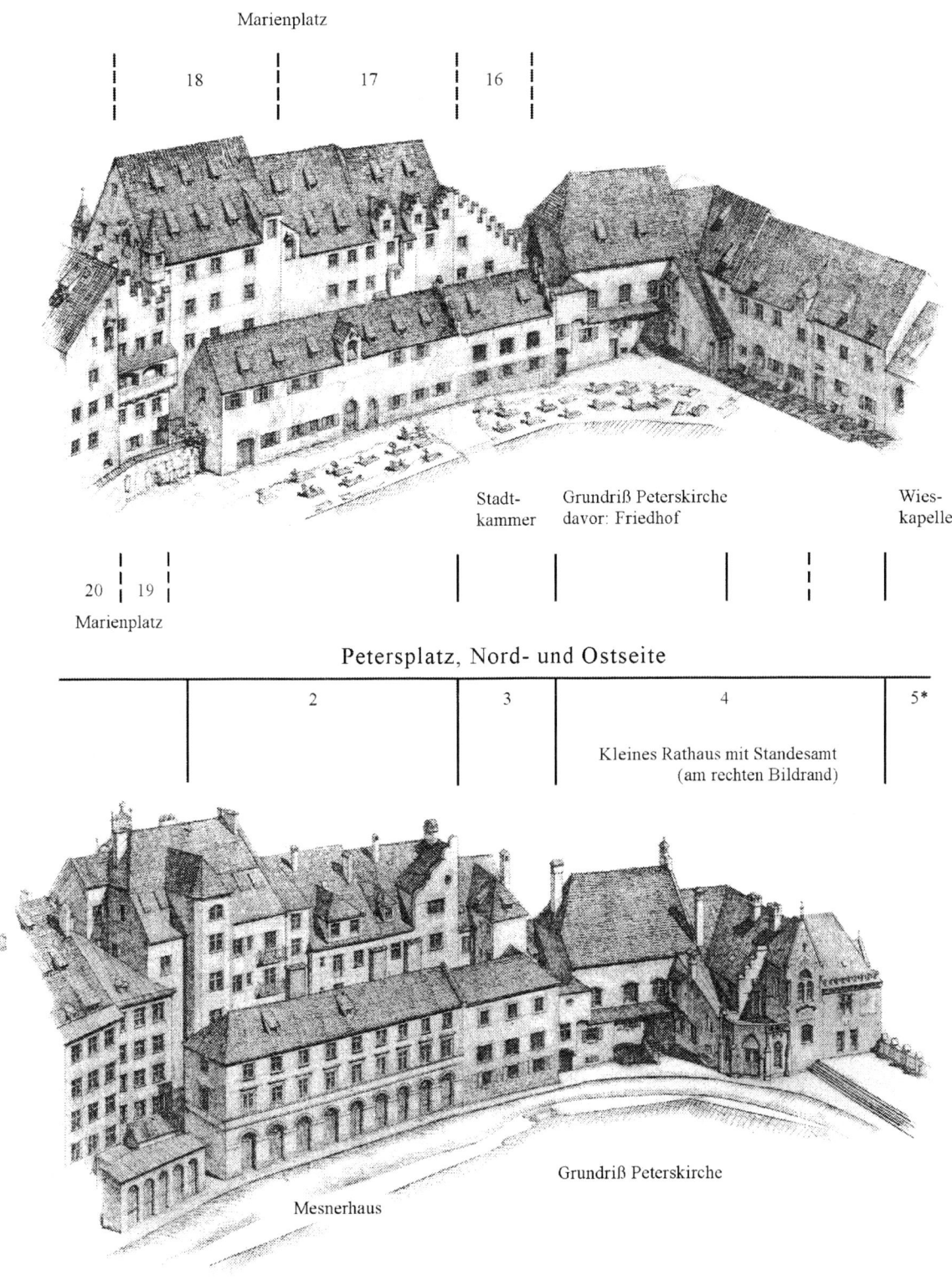

Abb. 16 Petersplatz Nord und Ost Nr. 2 – 5*, Häuserbuch Angerviertel S. 184/185.

1572

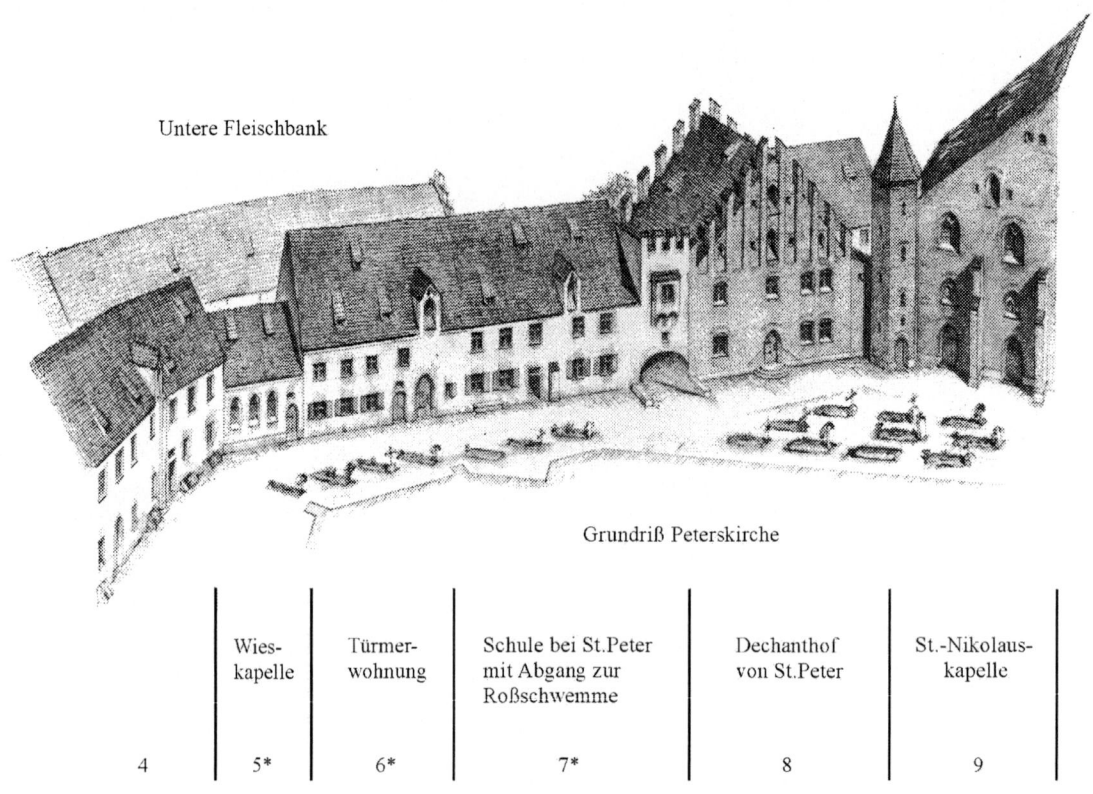

	Wies- kapelle	Türmer- wohnung	Schule bei St. Peter mit Abgang zur Roßschwemme	Dechanthof von St. Peter	St.-Nikolaus- kapelle
4	5*	6*	7*	8	9

Petersplatz, Ostseite

				8	9

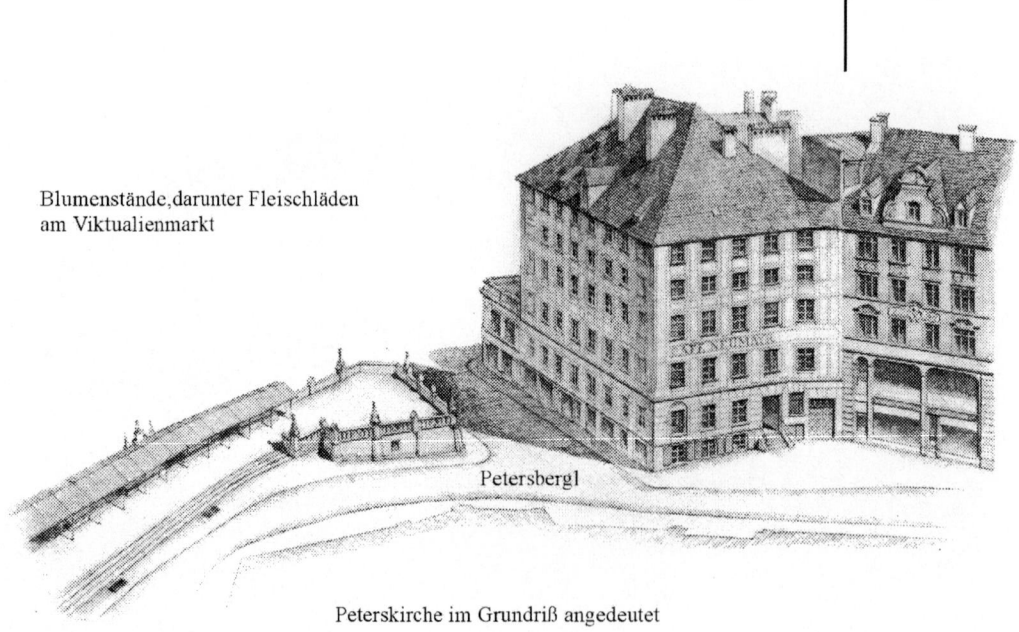

1939

Abb. 17 Petersplatz Ost Nr. 4 – 9, Häuserbuch Angerviertel S. 188/189.

1572

	St.Nikolaus-Kapelle					

Petersplatz, Südwestseite

	9	10	11	Rindermarkt 1	
				Pfarrhof von St.Peter	

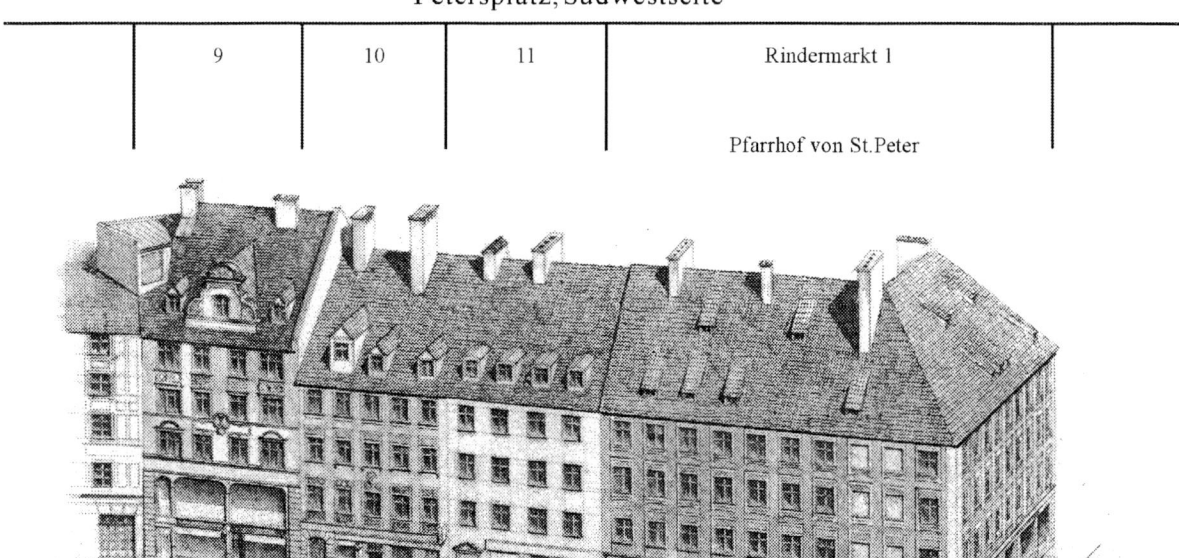

1939

Abb. 18 Petersplatz Südwest Nr. 9.

1572

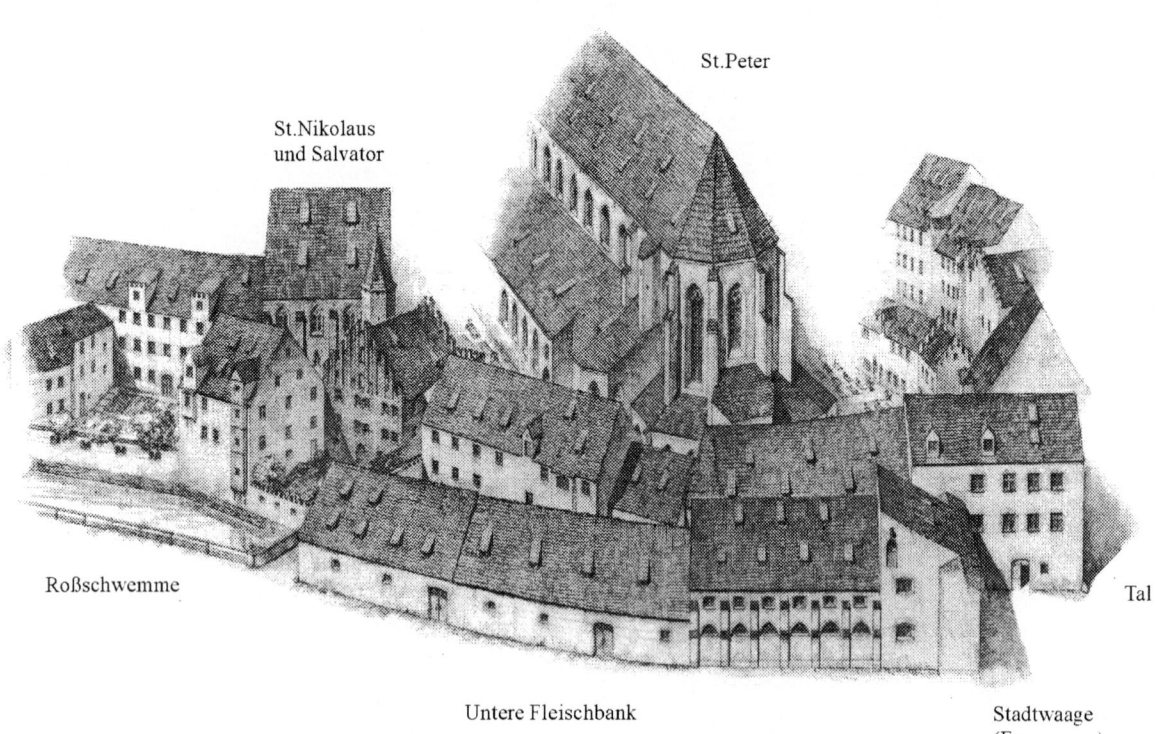

St.Peter

St.Nikolaus und Salvator

Roßschwemme

Untere Fleischbank

Stadtwaage (Fronwaage)

Tal

Viktualienmarkt, Westseite

| 14 | 15 | zu Petersplatz 4 |

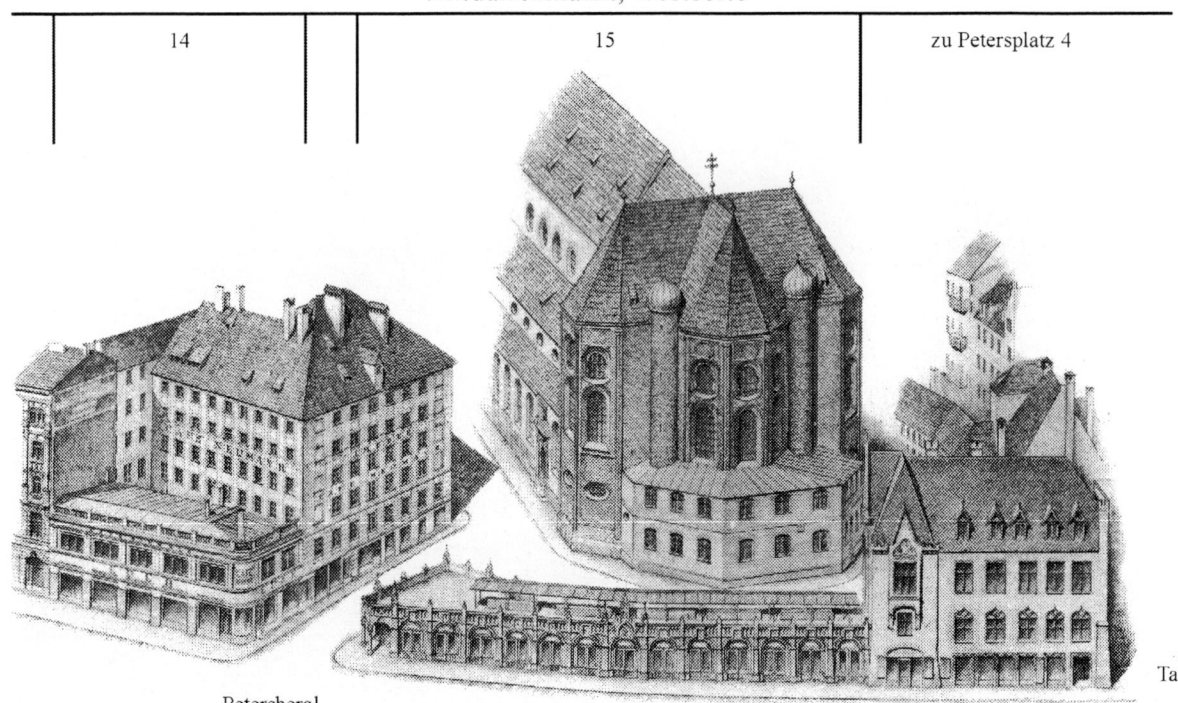

Petersbergl

Tal

1939

Abb. 19 Viktualienmarkt West (= Petersplatz aus Richtung Osten), Häuserbuch Angerviertel S. 544/545.

Petersplatz 3

Charakter: 1520/21 Stadtkammer-Gebäude, Neubau, nach Osten zu an das Mesnerhaus von St. Peter angebaut.[1]

Hauseigentümer: Stadt München.

Petersplatz 4

Charakter: Kleines Rathaus, enthaltend teils: Landschaftsstube, Geistliches Archiv, Registratur, Unterrichter- und Vormundschaftsamt,[2] auch Wohnung des Bürger- und Ratsknechts.

Hauseigentümer: Stadt München.

Petersplatz 5*

Charakter: Wieskapelle.

Hauseigentümer: St. Peter.

Petersplatz 6*

Charakter: Stadttürmerswohnung.[3]

Hauseigentümer: Stadt München.[4]

Petersplatz 7*

Charakter: Schulhaus von St. Peter.[5]

Hauseigentümer: Stadt München.

---

[1] KR 1520/21 S. 110 ff., 99v. – Schattenhofer, Das alte Rathaus S. 73/74.

[2] Schattenhofer, Das alte Rathaus S. 67.

[3] Die Stadt zahlt 1469/70 dem Stadtuhrmacher für ein Schloß und sechs Schlüssel „an der turner hawß" seinen Lohn, vgl. KR 1469/70 S. 93r. Ob schon hierher bezüglich?

[4] Solleder S. 258.

[5] 1371 wurde der Friedhof von St. Peter im Abschnitt zwischen der Kirche und der Mauer des Schulhauses sowie des Hauses des Bäckers Zollner durch eine blutige Rauferei entweiht, vgl. Geiß, St. Peter S. 18 und Stahleder, Chronik der Stadt München Bd. 1 S. 152/153. Die Platzangabe ist etwas unsicher (gegen die Mauer des Schulhauses und Zollner des Bäckers Haus), weshalb sich auch das Haus des Bäckers Zollner nicht ermitteln läßt. Nachbarhaus des Schulhauses ist auf der einen Seite Haus 6*, die Stadttürmerswohnung, auf der anderen Seite der Dechanthof, der ja wohl nicht in Frage kommt. Der Bäcker Zollner hat an sich sein Haus um diese Zeit im Tal Petri und ist dort 1371 der letzte Name im Steuerbuch, dürfte demnach etwa zu Tal Nr. 76 gehören. Dieses Haus grenzt natürlich nicht an den Petersfriedhof. – Nach 1426: „Das Haus auf der schul hat man dem Fridrich schnitzer um zins gegeben 1426", vgl. Zimelie 34 (Stadtzinsbuch) S. 4v; auch Zimelie 30 (Salbuch-Konzept 1443/44) S. 14r.

Bewohner Petersplatz 7*:

schuelmaister zu S. Peter St: 1561: an chamer
schuelmaister. 1564/II, 1565, 1566/II-1568 schuelmaister m(agister) Georgius
    St: 1563, 1564/II: -/-/1 an chamer, 1565, 1566/I: -/-/1, 1566/II: -/-/-, 1567/I-II: -/-/1, 1568: -/-/-,
    1569: -/-/1
schuelmaister, 1570 [nachgetragen:] Peter Gramleder St: 1570: -/-/1, 1571: -/-/-

Petersplatz 8

Charakter: Ehemaliger Dechanthof von St. Peter: 1419 Widemhaus von St. Peter.

Hauseigentümer:

1419 zum Widemhaus von St. Peter haben Bartlme Schrenckh, Hainrich Part, Ludwig Potschner und die Lalerin – muß heißen Zalerin – 64 ungarische Gulden „Zue Steur geben Zue dem widenhauß, Darinn die Dechant Zue S. Peter Ir wonnung haben, dasselb zue bössern und zue Helff dem Hauß, das auf die Seiten mit gemaur nit wol versorget gewesen ist".[1]
1510 o. D. im Dechanthof von St. Peter ist ein Feuer ausgebrochen. Die Stadthausknechte bekommen von der Stadt 7 Schillinge Ehrung, weil sie „sind die ersten gwesen zum fewr".[2]
1572 laut Grundbuch (Überschrift) „Sanct Peters Gotshaus, so auf den freithof hinein geet".[3]

Bewohner:

relicta Arsingerin (Ársingerin) [Mutter des Dechanten von St. Peter ?]
    St: 1456-1458: Liste, 1462: -/-/60
    StV: (1462) zalt Hanns Partt.
Symon schaidmacher St: 1457, 1458: Liste
Thoman Seemúller zimerman. 1565 Thoman Seemúllerin im dechantshof
    St: 1564/II, 1565: -/2/-
    StV: (1564/II) der zeit im dechantshof [= Rindermarkt 1].

Petersplatz 9

Charakter: Nikolauskapelle

Hauseigentümer: St. Peter.

Petersplatz 10, 11
(oder Rückgebäude von Rindermarkt 1)

Seit 1541 werden die an dieser Stelle in den Steuerbüchern stehenden Namen durch Klammer zusammengefaßt und stehen vor (!) der Überschrift „Rindermarckht der erst tayl", der dann mit Rindermarkt 1 beginnt.

---

[1] StadtAM, Schrenck-Chronik (Abschrift) S. 98v.
[2] KR 1510/11 S. 85r.
[3] Stadtgericht 207/7 (GruBu) S. 663v.

Hauseigentümer:

Hierher gehört vielleicht schon die Urkunde vom 16. Oktober 1296, wonach Wernhart der Zimmermann ein halbes Haus und eine halbe dazugehörige Hofstatt „an der Niwenstift in sant Peters pharre" dem Dechanten von St. Peter, Konrad Wilbrecht, übereignet.[1]

1572 laut Grundbuch (Überschrift) „Sanct Peters Gotshaus, so auch auf den freithof hinein geet".[2]

Eigentümer Petersplatz 10/11:

** Pfarrei St. Peter.

Petersplatz 2, 3, 6*, 10, 11 (Bewohner)

Bewohner Petersplatz 2, 3, 6*, 10, 11:

Cuntz mesnerknecht St: 1482: nichil
Erhard vorster, 1496 snierler [smerler ?], 1500 w[...] St: 1482: -/1/-, 1496: -/2/28, 1500: -/2/28
Vordermairin inquilina St: 1482: -/-/40
Liephartin St: 1482: -/-/60
guster St: 1482: nichil
Margreth inquilina St: 1482: -/-/32
Krippinger turner St: 1486: nichil
Linhard Weisenfelder schneider St: 1486: -/-/60
Hanns durner St: 1490: nichil
Matheus mesner inquilinus St: 1490: nichil
Hannsin inquilina St: 1490: -/-/28 das jar
witiber gusster
    St: 1490: -/-/8
    StV: (1490) von 1 lb geltz aus Pfluog haus.
Cristoff Guetler samner
    St: 1490: -/2/-
    StV: (1490) et dedit -/-/8 von 1 lb geltz.
relicta Ruperßkircherin inquilina St: 1490: -/-/60
die alt Gregkin St: 1490: -/-/60
Linhart kertzlerin, 1496 inquilina St: 1490, 1496: -/-/60
Asem nestler St: 1490: -/5/4, 1496: -/4/1
Matheus Greil guster. 1500 Greyl guster. 1508-1514 Mathes Greil sámner (sámler)
    St: 1496, 1500: -/-/14, 1508, 1509: -/1/-, 1514: Liste
    StV: (1496, 1500) von 2 gulden geltz. (1508, 1509) von -/30/- geltz.
Danpek mesner St: 1496: nichil
Hanns mesner St: 1496: nichil
Caspar sámler St: 1496: nihil
Caspar turner St: 1496: nichil
Wilhalm gúrtler St: 1500: -/2/20
Jorg Täntzel guster St: 1508: nichil
Hanns Maulperger [Kramer ?[3]]
    St: 1522-1526, 1527/I-II, 1528, 1529, 1532, 1540, 1541: -/1/5, 1542: -/2/-
    StV: (1522-1541) von fünf (5) gulden gellts.

---

[1] Hufnagel/von Rehlingen, St. Peter Urk. 15 (14).
[2] Stadtgericht 207/7 (GruBu) S. 664v.
[3] Ein Hanns Maulperger ist 1505-1510 Vierer der Kramer, vgl. RP.

Marten (Martin) Maulperger [Maler[1]], 1553, 1554/I, 1555-1559 S[ant] Peters sámler (sämler (zu (bey) santt Peter)
    St: 1542-1554/I: nihil, 1554/II: pro se nihil, 1555, 1556: nihil, 1557-1560: pro se nihil, 1561, 1563, 1564/I-II, 1565, 1566/I-II, 1567/I-II: -/-/1, 1568: -/-/2, 1569-1571: -/-/1
    StV: (1542) samler bey S. Peter. (1543) sámler bey sandt Peter. (1544-1552/II) sámler (samler) zu (bey) S. Peter. (1552/II) mer -/1/26 fúr p[ueri] Ludwig Refinger. (1553) fúr p[ueri] Refinger maler -/1/28. (1554/II) sámler bey S. Peter. (1554/I-1555) fúr p[ueri] Refinger -/1/28. (1556) fúr p[ueri] Refinger -/1/12. (1556) mer -/1/18 von wegen 2 lb, so hinaus verheirath, fúr 3 nachsteur. (1557, 1559-1561, 1563) (mer) fúr p[ueri] Refinger -/1/5. (1558) fúr p[ueri] Refinger -/2/10. (1560) mer fúr p[ueri] Balthauser Lamprecht von 2 fl gellts 3 nachsteur, damit er seins erbteils hinden gericht -/1/12. (1561, 1563) mer fúr p[ueri] Lamprecht -/-/21. (1566/II) mer fúr seine khinder. (1571) Ir tochter Sabina ist hinaus beheurat unnd zalt fúr 1 fl gelts nachsteur -/-/21.

relicta Schwartzpergerin St: 1522: -/-/21 das jar, 1523: an kamer

Conradt Strobl [Gewandunterkäufel[2]] St: 1523: -/2/13

Conrad Schinweyß (Schinweis) chamerschreiber. 1541, 1548-1551/I, 1552/I Conrad Schinweyß. 1543 Schinweyß chamerschreiber[3]
    St: 1540: nihil, chamerschreiber, 1541: nihil, 1542: nihil, steurschreiber, 1543: nihil, 1544: -/-/-, 1548: nihil pro se, 1549/I-II: nihil, steurschreiber, 1550, 1551/I: nihil, chamerschreiber, 1551/II: nihil, chamerschreiber, 1552/I: nihil, steuerschreiber, 1552/II: nihil, 1553, 1554/I: nihil, 1554/II: nihil, chamerschreiber, 1555: nihil
    StV: (1541, 1542) sed dedit -/1/1 fúr p[ueri] Katzmair. (1543) sed dedit -/2/3 fúr p[ueri] Kastmayr (!). (1544) -/1/1 fúr sein pflegson p[uer] Katzmayr. (1548) fúr p[ueri] Kastmayr -/1/1.

Cristoff Dornner [Gantknecht, Weinstadelmeister, später Zöllner[4]]
    St: 1540-1549/II: nihil, steurknecht

Bartlme Karl (Kárl), 1540, 1541, 1543, 1545 visierer[5]
    St: 1540, 1541: nihil, visierer, 1542, 1543, 1545: nihil, 1546, 1547: nihil, visierer

Jorg Widmanin laderin. 1541-1543 Jorg laderin. 1547 Anna laderin Widmanin
    St: 1540-1542: -/2/-, 1543: -/4/-, 1547: -/2/-
    Jorg laderin töchter. 1546 Jorg laderin tochter St: 1544: -/2/-, 1545: -/4/-, 1546: -/2/-

Jacob Els beym Neuhauser meßner St: 1541: -/2/-

Johann Kaltnprunner
    St: 1541, 1542: 1/4/11, 1543: 3/1/22, 1544: 1/4/11, 1545: 3/4/12, 1546, 1547: 1/5/21
    sein dirn Casperin
    St: 1543: -/2/-
    StV: (1543) halbe steur als ain halbe dienerin.

Margreth ibidem St: 1542: -/2/-, 1543: -/4/-, 1544: -/2/-, 1545: -/4/-, 1546-1548, 1549/I-II: -/2/-

Urs doselbst
    St: 1544: -/1/-
    StV: (1544) halbe steur, da ain halbe dienerin.

Dionisi Öder (Eder, Óder), 1545 peutler, 1552/II-1554/I, 1555-1557, 1559 cramer. 1561, 1563 Dionisy Oderin
    St: 1545: 1/4/22, 1546-1548, 1549/I-II, 1550, 1551/I-II, 1552/I-II: -/5/26, 1553, 1554/I-II, 1555-1557: -/4/25, 1558: 1/2/20, 1559, 1560: -/4/25, 1561, 1563: -/2/-
    StV: (1561) khinder guet der zeit eingestellt.

---

[1] Martin Maulperger Maler 1569 Religionsverhör, vgl. Dorn S. 228. – Martin Maulperger Religionsverhör 1571, vgl. Dorn S. 264.

[2] Vgl. Rindermarkt 1 (1522, 1524-1526).

[3] Conrad Schynweis ist 1536 Steuerknecht, ab 1538 Steuer- und Kammerschreiber, vgl. R. v. Bary III S. 878, 859, 876.

[4] Christoph Dorner war bis Mai 1530 Weinstadelmeister und trat dann krankheitshalber ab, 1536-1549 war er Steuer- und Gantknecht, ab 1550 Zöllner am Oberen Tor (Neuhauser Tor), vgl. R. v. Bary III S. 970, 878, 831, 884.

[5] Bartlme Karl 1537-1553 Weinvisierer, vgl. R. v. Bary III S. 971 nach KR und RP.

Conrad Frueauf St: 1549/II, 1550, 1551/II: -/2/7
   sein schwager St: 1549/II: -/2/-
Cristan (Cristanne, Cristani) Kóbl. 1553, 1554/I, 1555-1557, 1559 Cristan(ne) Kóbl (Kobl) steurknecht[1]
   St: 1550, 1551/I-II, 1552/I-II: nihil, steurknecht, 1553, 1554/I: nihil, 1554/II: nihil, steurknecht, 1555-1557: nihil, 1558: nihil, steurknecht, , 1559, 1560: nihil, 1561, 1563, 1564/I-II, 1565, 1566/I: -/-/1
   StV: (1550) sein pflegschafft hat versteurt der Gagarser, folio 45 col. 1 [= 45r, Tal Marie]. (1566/I) mer fúr p[ueri] Aufhauser -/1/26.
Hanns jagerin (jágerin), 1552/II ibidem St: 1551/II, 1552/I-II, 1553, 1554/I-II, 1555: -/2/-
Sibilla schopperin St: 1552/I-II: -/2/-
Jeronimus Waller weinreysser. 1557, 1558 Jeronimus Wallnerin
   St: 1556, 1557: -/2/-, 1558: -/4/-
   StV: (1556) mer -/1/12 fúr p[ueri] Affra ringlerin.
Hanns Pezin (Petzin), 1556, 1557, 1564 gweste custorin, 1566/II alt custerin, 1569 wittibin
   St: 1556: 1/1/26 juravit, 1557: 1/1/26, 1558: 2/3/22, 1559, 1560: 1/1/26, 1561, 1563, 1564/I-II: 1/5/10, 1565, 1566/I-II, 1567/I-II: 1/2/23, 1568: 2/5/16, 1569: 2/2/16,5 juravit, 1570: 2/2/16,5
   StV: (1556-1561) sambt irer (2) kinder steur. (1561) ir tochter nichil. (1565) abgesetzt irer tochter heuratguet.
Wolff Sunderreutter [Stadtsöldner ?[2]]
   St: 1556, 1557: -/2/- als (ain) burger, 1558: -/4/-, 1559: -/2/- als burger
   Mamhoferin (Manghoferin[3]), 1558 sein schwiger
   St: 1557: -/2/-, 1558: -/4/-, 1559-1561, 1563: -/2/-, 1564/I-II: -/2/-
Cristoff Stäml (Stáml, Stambl, Stämbl, Stemel), 1564/II, 1565, 1566/I ungeltschreiber[4]
   St: 1557, 1559, 1560: -/2/-, 1561, 1563: -/2/13, 1564/I-II, 1565, 1566/I: -/4/23
   StV: (1563) soll auffs jar seines vattern erb zusetzn. (1564/I) zuegesezt seines vattern erb.
Anna schneiderin infraw St: 1560: -/5/4, 1561: 1/-/10
Manng Múlech thurner. 1563-1570 Manng thurner[5]
   St: 1561, 1563, 1564/I-II, 1565, 1566/I-II, 1567/I-II: -/-/1, 1568: -/-/2, 1569, 1570: -/-/1
   StV: (1561, 1563) (mer) von seinem ewiggelt -/-/28. (1564/I) mer von 4 fl gelts -/-/28. (1564/II) mer von 4 fl ebig gelts -/-/28. (1564/II) mer von iren 2,5 fl gelts -/-/17,5. (1565-1567/II) mer von 6,5 fl gellts -/1/15,5. (1568) mer von 6/5 fl gelts -/3/1. (1569) mer von seinem ewiggelt -/1/15,5. (1570) mer fur seinen ebigen gelt -/-/28.
Hanns Schwägerl St: 1561: -/-/1
Erhart mesner St: 1561: -/-/1
Hanns Alt (Alth) mesner
   St: 1561, 1563, 1564/I-II, 1565, 1566/I-II, 1567/I-II: -/-/1, 1568: -/-/2, 1569-1571: -/-/1
   Veith beim Hannß mósner St: 1571: -/-/1
Brosy Prunner custer (custor) St: 1561, 1563, 1564/I-II, 1565, 1566/I-II, 1567/I-II
Hanns thurner St: 1563, 1564/II: -/-/1
Lenhart koch mesner [= Lenhart kürschner[6] mesner]. 1564/I-1566/ Lenhart (Leonhart) kirßner mesner. 1569 Lenhart khürschner [darüber: koch] mesner
   St: 1563, 1564/I-II, 1565, 1566/I-II, 1567/I-II: -/-/1, 1568: -/-/2, 1569-1571: -/-/1

---

[1] Cristan Köbl ist seit 1550 bis 1559 Steuer- und Gantknecht, vgl. R. v. Bary III S. 878, 831.
[2] Ein Wolff Sunderreuter ist 1560 als Stadtsöldner belegt, vgl. R. v. Bary III S. 839.
[3] Mang Hoferin ?
[4] In diesem Amt schon seit 1558, vgl. R. v. Bary III S. 880.
[5] 1563 wohl versehentlich „Hanns" statt „Mang". – Mang Turner und Mang Turners Weib 1569 Religionsverhör, vgl. Dorn S. 228, Mang Thurner auch wieder 1571, ebenda S. 263.
[6] 1567/I-II über getilgtem „kirschner" steht „koch", 1570 und 1571 „khoch" über getilgtem „khirschner".

1572

| Rosenturm später ersetzt durch Seefeldbogen | zu Rindermarkt 4 | zu Rindermarkt 3 | zu Rindermarkt 2 | St. Nikolaus und Salvator |

Roßschwemme am Zusammenfluß von Großem und Kleinem Angerbach

Einleitung des Roßschwemmbaches durch den Zwinger in die ummauerte Stadt
Dahinter: Gartenpavillon und Belvedere der "Wartenbergischen Behausung" (Stadtresidenz des Herzogs Ferdinand)

Viktualienmarkt, Westseite, vormals Roßschwemme

—	zu Rosental 7	12	13	
	Städtische Kaufmannsschule			

Rosental

1939

Abb. 21 Innere Stadt Angerviertel auf dem Sandtner-Modell von 1572, Blick von Ost nach West. Am unteren Bildrand der Roßschwemmbach, ganz links unten ein Stadtmauerturm, schräg darüber der Rosenturm, ganz rechts unten der Rathausturm mit dem Tanzhaus, Brothaus und Stadtgefängnis (alles heute „Altes Rathaus"), links vom Turm das später sog. Kleine Rathaus (Petersplatz 4). Rechts oben der Markt oder Platz, später Schrannen-, ab 1854 Marienplatz. Links oben der weite Bogen des Rindermarktes. Foto: Bayerisches Nationalmuseum.

◄
Abb. 20 Oben: Viktualienmarkt West, linke Bildhälfte ganz unten: Einleitung des Roßschwemmbaches durch den Zwinger in die ummauerte Stadt. Dahinter (darüber) Gartenpavillon und Belvedere der „Wartenbergischen Behausung" (Stadtresidenz von Herzog Ferdinand). Links davon der Drächsel- oder Rosenturm, später ersetzt durch den „Seefeldbogen".
Rechte Bildhälfte oben rechts St. Nikolaus- und Salvatorkapelle (angeschnitten). Daran anschließend nach links Hinterhäuser der mittleren Reihe von Rindermarkt 2, 3 und 4. Davor Gärten.
Die beiden Stege über den Roßschwemmbach kommen aus je einem Rückgebäude von Rindermarkt 2 (der rechte Steg) und 3 (der linke Steg). Häuserbuch Angerviertel S. 544/545.

Georg (Jorg) Parth (Pardt) thurner[1]
    St: 1564/I-II, 1565, 1566/I-II, 1567/I-II: -/-/1, 1568: -/-/2, 1569-1571: -/-/1
    StV: (1568) mer von 6 1/2 fl gelts -/3/1.
Bastian (Sebastian) Graf [Schuster]
    St: 1564/I-II: -/2/-
    StV: (1564/I) mer ain versessne steur -/2/-.
ain naderin Margret ringlerin. 1565 Margreth naterin. 1566/I ain naterin Margretha. 1566/II-1567/II Margret Zehetmairin (Zehentmairin)
    St: 1564/I-II, 1565, 1566/I-II, 1567/I-II: -/2/-
    StV: (1564/I) mer fúr ain versessne steur -/2/-.
Bernhart Schwaiger. 1568 Bernhart Schwaigerin
    St: 1565: -/-/21 gratia, 1566/I: -/3/4 juravit, 1566/II, 1567/I-II: -/3/4, 1568: -/6/8
    StV: (1568) auch fúr ire khind zuegesetzt.
    Hanns Schwaiger thurner. 1566/I-II, 1567/I-II Hanns Schwaiger turner
    St: 1565, 1566/I-II: -/-/1, 1567/I: nihil, hinweg, 1567/II: nihil
Steffan Pertzlin, 1565, 1567/I ain naterin[2]. 1568 Pertzlin ain naterin
    St: 1565, 1566/I-II, 1567/I-II: -/2/-, 1568: -/-/-
    StV: (1568) ist in der Rosenpusch selhauß.
alt Diepoltin. 1566/II alt Diepoltin erben
    St: 1565, 1566/I-II: -/-/-
    StV: (1565, 1566//) steurt (zalt) (fúr sy) Hans Spángl. (1566/II) haben die erben zuegesetzt.
Madl Kesslmanin St: 1566/I: -/2/-
Hanns Gscheidlin St: 1566/II: -/2/27
Jorg (Geórg) Ainhauser [später Zöllner[3]] St: 1566/II, 1567/I-II: -/-/1, 1568: -/-/2, 1569-1571: -/-/1
    StV: (1569-1571) mer fur sein hausfrau -/-/10,5.
Lenhart hardtschier (hádschier) [nachgetragen:] oder Scater, 1567/II hofgsind, 1568 ainspeniger. 1570, 1571 Lenhart Scater reiter
    St: 1567/I: -/2/-, 1567/II: -/-/-, 1568: -/4/-, 1569: -/2/2,5, 1570, 1571: -/2/2,5 búrger unnd hofgsind
    StV: (1568) búrger und hofgsind.
Wolff Katzmair [Maurer[4]] St: 1567/II: -/2/-
Hanns Albegin St: 1568: -/4/-
Jórg Ottnhofer (Öttnhofer) custer (custor). 1570 Jörg Ettnhoferin custorin. 1571 Jorg Ottnhoferin mesnerin
    St: 1568: -/-/2, 1569-1571: -/-/1
    StV: (1568) mer fúr Oßwald khoch -/1/12. (1569) mer fúr Oswald khoch -/-/21. (1570, 1571) (mer) fúr ire khinder -/1/1,5.
Hanns peckh cantzleischreiber
    St: 1569: -/3/4, 1570, 1571: -/4/12
    StV: (1569) fúr sein hausfrau und ine sambt ires khinds guet gratia -/1/5. (1570, 1571) mer fur sein stiefkhind -/-/17,5.
Loy khóchin
    St: 1569: -/2/-
    StV: (1569) mer fúr die versessen steur -/2/-, ire mueter gibt nihil.
Wilhalm turner St: 1569, 1570: -/-/1
Veit Hórl tagwercher, 1570 Veyt Hórl mösner St: 1569: -/2/-, 1570: -/-/1
organist St: 1570: -/-/1, 1571: -/-/-
Hanns Schrofl thurnner St: 1570, 1571: -/-/1

---

[1] Georg Part Turner 1569 Religionsverhör, vgl. Dorn S. 228. – Im StB 1568 und 1569 zweimal aufgeführt.
[2] 1567/II „ain naterin" getilgt.
[3] Jörg Ainhauser ist 1574-1587 Salzscheiben-Zöllner am Isartor, vgl. Vietzen S. 162.
[4] Ein Wolf Katzmair ist 1557 bei Kaufingerstraße 23 B Maurer.

Rindermarkt

Für den Rindermarkt legt die Baukommission 1370 fest: „Man sol an dem Rindermargt und anderhalb abprechen all kellerhaels, die vor den hawsern sind und sol niemer vor der maur nichcz haben. Aber kellervenster sind erlaubt, eins redleichen schuchs weit, iedem man, der si bedechen wil mit einem eysneinen gaeter".[1]

Rindermarkt 1

Das Haus hat offenbar ein Rückgebäude am Petersplatz, da ein Teil der Namen schon 1514 und dann wieder seit 1514/1541 stets vor der Überschrift „Rindermarkt" steht. 1500 neben Fues der Großbuchstabe R (für „Rindermarkt") als Zeichen für den Straßenwechsel. 1514 ebenfalls Name „Rindermarch" zwischen Fueß und den Mietern des Hauses.

Lage: 1435 Eckhaus an St. Peters Freithof. 1445 „ze nachst an sand Peters Freythof". 1503 Eckhaus. 1518 das Haus stößt auf den Freithof.
Charakter: Seit Ende des 15. Jahrhunderts Weinschenke.

Eigentümer Rindermarkt 1:

1435 Oktober 24 Ludwig der jung Pötschner besitzt Haus und Hofstatt am Rindermarkt, das Eckhaus an St. Peters Freithof und an Wilhalm des Tichtels Haus (Rindermarkt 2).[2]
1445 September 12 Oswald der Füss hat Haus und Hofstatt „an dem Rindermargt ze nachst an sand Peters freythof und an Wilhalm des Tichtels haus" (Rindermarkt 2).[3]
1482 domus Niclaus Fuos (StB).
1503 Juli 7 Niklas Fues hat ein Eckhaus am Rindermarkt beim Haus des Tichtel (Rindermarkt 2).[4]
1518 Februar 22 Haus von St. Peter, stößt auf den Freithof. Nachbar ist Bernhard Tichtels Haus (Rindermarkt 2).[5]
1524 das Haus von St. Peter ist neben anderen Hauseigentümern am Rindermarkt vom Brunnen in der Fürstenfelder Straße befreit. Wahrscheinlich ist der davor genannte „Conrade" ebenfalls zu diesem Haus zu ziehen und der Unterkäufel Contz Strobel damit gemeint, also Conrade in St. Peters Haus.[6]
1550 April 2 das Haus von St. Peter ist Nachbarhaus des Hauses der Tichtel, künftig des Sebastian Unterholzers Haus (Rindermarkt 2).[7]
1565 ff. domus Petri (StB).
1572 laut Grundbuch (Überschrift) „Sanct Peters Gotshaus Haus und Hof, vom freithof heraus auf den Rindermarckht hinumb".[8]
Im Besitz der Kirchenstiftung St. Peter als Teil des Pfarrhauses noch heute (2005).

---

[1] Zimelie 9 (Ratsbuch IV) S. 4r (neu).
[2] MB XIXa 69 S. 118/119.
[3] Hufnagel/von Rehlingen, St. Peter Urk. 121 = MB XIXa 75 S. 129/134.
[4] Hufnagel/von Rehlingen, St. Peter Urk. 226.
[5] Hufnagel/von Rehlingen, St. Peter Urk. 265.
[6] RP 8 S. 66v.
[7] Beierlein, Regesten ungedruckter Urkunden, in: OA 11, Heft 2, Nr. 31 S. 273.
[8] Stadtgericht 207/7 (GruBu) S. 666v.

Eigentümer Rindermarkt 1:

relicta Ludweigin [I.] Pótschnerin [= Elisabeth, geb. Sentlinger[1]] et pueri. 1416 patrimonium Ludweyg dez eltern Pótschner hausfraw
    St: 1415: 8/-/33, 1416: 10/6/24
pueri Ludwig (Ludweyg) Potschner (Pótschner)
    St: 1418, 1419: 4/-/- gracianus, 1423: 3/-/- gracianus, 1424: 1/-/-, 1431: -/15/4 gracion
Peter Pótschner goltsmid
    St: 1416: -/-/60 fúr nichil, 1418: -/-/-
* Ludwig der jung Pötschner [1435 Oktober 24]
* Oswald Fús (Fus) [Gewandschneider[2]]
    St: 1453-1458: Liste, 1462: 4/-/-
relicta, sein swester. 1462 sein swester inquilina
    St: 1458: Liste, 1462: -/-/22
der jung Fuss, sein [= des Oswald] sun, inquilinus
    St: 1462: -/-/70 gratian
* Niclas Fúes (Fues, Fuos) [Gewandschneider[3], Stadtrat, Stadtunterrichter[4]]. 1482 domus Niclaus Fús
    St: 1482: nichil, 1486, 1490: -/2/7, 1496: -/1/8, 1500: 2/4/24
    StV: (1486) von seinem ewigen gelt und zinsgelt. (1496) et dedit -/1/2 von 1 lb geltz. (1500) et dedit -/1/2 von 1 lb gelts.
* Wolfganng Fús (Fueß), 1509 l[ern]m[aister][5]
    St: 1509: -/5/5, 1514: Liste, 1522-1526, 1527/I: -/5/12, 1527/II, 1528, 1529, 1532: -/4/17, 1540: -/5/4
    StV: (1509) et dedit 4 lb 4 ß fur pueri Pöndl.
** domus Petri [seit vor 1518 Februar 22]
    St: 1565-1571: -/-/-

Bewohner Rindermarkt 1:

Jórig snyczer goltsmid. 1411-1412 Jorig goltsmid[6]
    St: 1410/I: -/3/-, 1410/II: 0,5/-/-, 1411: -/3/-, 1412: 0,5/-/-, 1413: -/3/18 iuravit, 1415: -/5/18
    StV: (1410/I) sein stewr. Et dedit 0,5/-/24 von 3 lb ewigs gelcz, den die Gósweinin klosterfraw zu Anger hat auz sechs haussern auf dez Slaespecken hofstat. (1410/II) sein stewr. Et dedit 0,5/-/24 von seiner tochter der klosterfraw leipgeding wegen. (1411) und von seiner tochter klosterfrawn leipgeding wegen -/3/18. (1412) und seiner tochter leipgeding -/-/-. (1413, 1415) und (von) seiner tochter leipgeding zu Anger 0,5/-/24. (1416) dez Jorgen snyczers tochter zu Anger ewiger gelt, dedit davon -/6/12.
dez Jorigen sniczer tochter zu Anger St: 1418, 1419: -/6/12
Hanns Tryener [Weinschenk] St: 1410/I: -/18- iuravit, 1410/II: 3/-/-
Thoman kistler inquilinus St: 1413: -/-/60 fúr 8 lb iuravit
Hanns Haerttel chauffel inquilinus St: 1413: -/-/40 fúr nichil
Ortel Kemmater St: 1416: 2/-/80

---

[1] Ludwig der I. Pötschner war 1385 mit Elisabeth, des Ulrich Schafswol sel. Tochter verheiratet, für die Ludwig in diesem Jahr ein Leibgeding von der Stadt kaufte. Ein Nachtrag dazu besagt: „die ist tod an pfintztag vor Jacobi anno [14]16", vgl. Kämmerei 63/1 S. 36v. Vgl. auch Vogel, Heiliggeistspital Urk. 213 (1408). – Allerdings behauptet eine Urkunde vom 11.11.1388 des Ludwig Pötschners Hausfrau Elisabeth Vater und sein Schwiegervater sei Andre Sentlinger selig, vgl. MB XXI S. 42/44. So auch Ernest Geiß, St. Peter S. 276 nach „Copie" vom 23.1.1375. Sie dürfte demnach die zweite Ehefrau gewesen sein (ab mindestens 1388) und die Schafswolin, ebenfalls Elisabeth geheißen, die erste (um 1385).
[2] Oswold Füß ist 1460 Vierer der Gewandschneider, vgl. RP.
[3] Niclas Füß ist 1465, 1470 und 1474 Vierer der Gewandschneider, vgl. RP.
[4] Niclas Fues ist von 1480 bis 1497 Stadtunterrichter, in den Jahren davor (1477-1480) und den Jahren danach (1498-1505) äußerer Stadtrat, vgl. RP und R. v. Bary III S. 804.
[5] Wolfgang Fues ist 1509 und 1510 Vierer der Lernmaister, vgl. RP.
[6] Frankenburger S. 269.

Hanns Krangebel, 1419, 1423 inquilinus St: 1418, 1419: -/-/80, 1423: -/3/-
Jobs [Kleck[1]] goltsmid, 1419 inquilinus St: 1419: -/-/32 gracianus, 1423: -/5/18
[Konrad] Pyber sneyder, 1423 inquilinus St: 1423: -/15/-, 1424: -/5/-
Ulrich Schaffwol inquilinus St: 1431: -/-/30 iuravit
Ulrich Prant messerer inquilinus St: 1431: -/5/10 iuravit
relicta Ulrich Huber St: 1431: -/-/15
Chunrat Scholderl kistler inquilinus St: 1431: -/-/60 iuravit
    relicta Scholderlin inquilina St: 1431: -/-/7
relicta hantmalerin inquilina St: 1431: -/-/7
Ulrich Holnstain (Holnstainer) sneider
    Sch: 1439/I-II: 1 t[aglon]
    SchV: (1439/I-II) und 5 gulden gelcz -/-/20.
Peter Strobel Sch: 1440, 1441/I-II: 2 t[aglon], 1445: 2 ehalten, dedit -/-/16
Walcher goltsmid[2] Sch: 1441/I: 1 t[aglon]
Symon Resch [Schneider[3]] Sch: 1445: 3 ehalten, dedit -/-/24
Ulrich Suskofer (Súskofer, Sússnkofer), 1455 sneider inquilinus St: 1453-1455 Liste
Fricz nadler, 1453, 1456 inquilinus St: 1453, 1455, 1456 Liste
relicta Klas (Klaus) schusterin St: 1455-1457: Liste
Hainrich Schedlich schuster[4] St: 1457: Liste
Jórg Mánhart (Jorg Manhart) sneider, 1457 inquilinus St: 1456, 1457: Liste
der lang Erhart [Kramer] St: 1458: Liste
Jorg Stabel Stabler (!) St: 1458: Liste
Lienhart Umpach inquilinus St: 1458: Liste, 1462: -/-/60
    Húntlin sein swiger inquilina St: 1462: nichil
Doman Schercz weber inquilinus St: 1462: -/11/5
Hanns Herman St: 1482: -/-/60
Conrad Gregk. 1486 Grágk ringler[5] St: 1482: -/3/-, 1486: -/-/60
Fritz peitler St: 1482, 1486: -/-/60
Diemůt inquilina[6] St: 1482: -/-/71
Hanns Wismair (Wismer), 1496 weinschenk,[7] 1508 wirt
    St: 1490, 1496: -/5/10, 1500, 1508, 1509: -/6/10, 1514: Liste, 1522-1524: 1/1/7, 1525: 1/1/7 pa-
       trimonium
    StV: (1508, 1509) et dedit 4 lb 5 ß fur pueri Ulrich Pendl. (1522-1524) et dedit 1/2/6 fúr p[ueri]
       Hanns Pónndl.
Sigmund Eysenhofer Licentiat s[tatschreiber].[8] 1509 Licentiat Eysenhofer s[tatschreiber]. 1514 stat-
    schreiber. 1522 relicta Eisenhoferin
    St: 1508, 1509: 1/-/5, 1514: Liste, 1522: -/2/28
    StV: (1522) et dedit 1/1/24 fúr ir drey nachsteur.
Wolfgang Gúndensperger (Gúndersperger), 1523 peitler
    St: 1522, 1523: -/2/-, 1524-1526, 1527/I: -/3/5
    StV: (1523) sol bis jar seiner mueter gut zusetzen. (1524) hat seiner muter gut zugesetzt.
    relicta Gúndenspergerin matrimonium St: 1523: -/3/4
Jórgin St: 1522: -/2/-

---

[1] Frankenburger S. 268.
[2] Frankenburger S. 272 (Walther).
[3] Vgl. Rosenstraße 6 und Fürstenfelder Straße 12.
[4] Haintz Schedlich 1460 und 1461 Vierer der Schuster, 1463 „ist tod", vgl. RP.
[5] Der Ringler Conrat Gregk ist 1460-1479 wiederholt Vierer der Ringler, Würfler und Bürstenbinder, vgl. RP.
[6] Ihre Steuer wird ungewöhnlicherweise in römischen Zahlen angegeben: lx xi d, also wohl 71 Pfennige.
[7] Hanns Wismair ist 1489 Mitglied der Weinschenkenzunft, vgl. Gewerbeamt 1418 S. 4r. – 1503-1505, 1511 ist Hanns Wißmair Vierer der Schenken, vgl. RP.
[8] Sigmund Eisenhofer Stadtschreiber von 1497 bis 1517, 1486 bis 1489 Leiter der Poetenschule, gestorben 1519, vgl. RP und R. v. Bary III S. 787.

Peter Rieder [Wetschkomacher[1]] St: 1522: -/3/22

Conntz alt unndterkeufl. 1524-1529 Contz (Conradt) Strobl[2]

    St: 1522, 1524-1526, 1527/I: -/2/13, 1527/II, 1528, 1529: nichil, undterkeufl (gwandts)

  Cristof sein aiden. 1532 Cristof Dornner [Weinstadelmeister, Steuerknecht, Gantknecht, später Zöllner[3]].

    St: 1529: -/-/21 gracion, 1532: -/3/25

Doctor Alexander, 1546-1554/II, 1556, 1557, 1559 leibartzt. 1555 Doctor Alexander Karthuser leibartzt. 1558, 1560, 1561, 1564/I-II Doctor Alexander. 1563 Doctor Alexnnder Khartauser[4]

    St: 1523-1528: nihil, 1532: 1/1/15, 1540-1546: nihil, 1547-1551/II: nihil, leibartzt, 1552/I-1560: nichil (nihil), 1561: nihil, an chamer, 1563: nichil, 1564/I: -/-/- steurfrei, 1564/II, 1565, 1566/I: -/-/-, 1566/II: nichil, 1567/I-II, 1568-1571: -/-/-

    StV: (1532) für Regina Hofsteterin.

  Veit Erlinger, 1556 sein aidn

    St: 1556: -/2/24 gracion, 1557: an chamer

      StV: (1556) mer 2/3/29 wie seine pfleger versteurt haben. (1557) zalt am 21. Januarii anno [15]58, facit 7/4/27 für 3 nachsteur.

Wolfganng Schliphamer kramer St: 1523: -/2/-

relicta Schwartzpergerin (Schwarpergerin). 1527/I-1528 Schwartzpergerin

    St: 1524-1526: -/-/21, 1527/I-II: an kamer, 1528: -/-/21

Wolfganng apotecker St: 1524, 1526, 1527/I-II, 1528, 1529: -/2/-

Wolfganng kramer [Schliphamer ?] St: 1525: -/2/-

Jórg (Geórg) Pfábendorffer (Pfáttendorffer, Pfádendorffer, Pfanndorffer, Pfandorfer, Pfaittndorffer, Pfátndorffer, Pfattendorffer, Pfättndorfer), 1532 weinschenk, 1553-1557, 1559 wirt[5]

    St: 1525: -/1/5 gracion, 1526: 1/2/15 juravit, 1527/I-II, 1528, 1529, 1532: 1/2/15, 1540, 1541: 2/5/18, 1542: 2/5/18, 1543: 5/4/6, 1544: 2/5/18, 1545: 9/5/18, 1546-1548, 1549/I-II, 1550, 1551/I-II, 1552/I: 4/6/9, 1552/II: 5/2/24, 1553: 5/1/22, 1554/I-II, 1555-1557: 5/-/22,5, 1558: 10/1/15, 1559, 1560: 5/-/22,5, 1561, 1563, 1564/I-II, 1565, 1566/I-II, 1567/I-II: 3/4/20, 1568: 7/2/10, 1569-1571: 3/2/24

    StV: (1540-1542) et dedit -/-/12 für ain von Piburg. (1540, 1541) et dedit 1/-/23 patrimonium für p[ueri] Welshoferin. (1542) mer 1/-/23 für p[ueri] Welshoferin. (1543) mer -/-/24 für ain von Piburg. (1543) mer 2/1/16 für p[ueri] Welshofer. (1551/II) mer -/-/14 für p[ueri] tagwercher. (1552/I-II) mer -/-/14 für ain tagwercher. (1552/I) seins weibs heiratgueths halber, ist die gracion eingestelt, dieweil sy im ewigen gelt nachversteurt hat wie hoffgsind. (1552/II) sambt dem zusatz seiner hausfrauen gueth. Mer -/1/12 für 3 nachsteur. (1556, 1557, 1559-1561, 1563) mer 1/1/4,5 für p[ueri] Pauman (apoteckher). (1558) mer 2/2/9 für p[ueri] Pauman. (1561, 1563) mer für p[ueri] Jorg Schellshorn -/1/5. (1561) mer folio 86v, 89v [Ewiggeld]. (1563) mer nachsteur von 25 fl, so man hinaus geerbt -/-/24,5. (1563) mer folio 89v [Ewiggeld]. (1564/I, 1566/I-1567/II) mer für p[ueri] Schelshorn -/-/26. (1564/I-1566/II) mer folio 90r [Ewiggeld] für Hanns Pfattndorffer. (1564/II) mer für ain meß der Perkofer. (1564/II, 1565) mer für Schólshorn (Schelshorn) khinder -/-/26. (1567/I-1569) mer für Hanns Pfattndorffer folio 5r [Ewiggeld]. (1568) mer für p[ueri] Schelshorn -/1/22. (1569-1571) mer für p[ueri] Schölshorn -/-/9. (1570, 1571) mer für Hanns Pfattndorffer folio 1v [1571 richtig: 2r] [Ewiggeld]. (1571) zalt Pfattndorffer 3 nachsteur.

relicta Eßwůrmin St: 1529: 1/4/19

  Eßwurm

    St: 1532: 1/-/- gracion

    StV: (1532) sol biß jar auf den aid steurn.

---

[1] So 1514 bei Rindermarkt 14 und 1529 und 1532 bei Rosenstraße 11 A.

[2] Conradt Strobl 1514-1518 und 1527-1530 Unterkäufel des Gewands, 1531 liegt er in der Schergenstube und wird gefoltert, vgl. R. v. Bary III S. 948, 949.

[3] Christoph Dorner bis Mai 1530 Weinstadelmeister, 1536-1549 Steuer- und Gantknecht, ab 1550 Zöllner am Oberen Tor (Neuhauser Tor), vgl. RP und R. v. Bary III S. 970, 878, 831, 884.

[4] Dr. Alexander Karthauser von 1522 bis nach 1560 Stadtleibartzt, vgl. R. v. Bary III S. 1017.

[5] Jorg Pfändorffer 1525 Aufnahme in die Weinschenkenzunft, vgl. Gewerbeamt 1418 S. 20r.

Hanns Pólchingerin St: 1532: -/2/-
Sigmund zolnerin
    St: 1540: 2/2/11 juravit, 1541: 2/2/11, 1542: 5/-/5, 1543: 10/-/10, 1544: 5/-/5 matrimonium
    StV: (1542) hat Paulsn Rudolff ererbt gut zugsetzt.
Bonaventura thurhueter. 1549/I Bonaventura Karthuser. 1549/II Bonaventura fueterschreiber
    St: 1546-1548, 1549/I-II: 2/6/23
N. Crafft St: 1550, 1551/I: nihil

Rindermarkt 2

Lage: 1368: „Rindermargt". 1541 über diesem Haus: „Rindermarckht der erst tayl".

Hauseigentümer:

1382 Mai 5,
1395 April 26,
1395 April 29 wird jeweils „Hanns der Tichtel an dem Rindermarkt" genannt.[1] In diesem Fall darf aus der Formulierung „an dem Rindermarkt" auf Hausbesitz geschlossen werden, da er auch für später belegt ist.
1395 Juli 19 im Haus des Hans Tichtel ist ein dem Kramer „Fridrich sarwurch" gehöriges und gepfändetes Faß Wein eingelagert.[2]
1435 Oktober 24 Wilhalm des Tichtels Haus ist Nachbar des Hauses von Ludwig dem jungen Pötschner (Rindermarkt 1).[3]
1445 September 12 Wilhalm Tichtels Haus ist dem des Oswald Füs (Rindermarkt 1) benachbart.[4]
1496 domus der Tichtel (StB).
1503 Juli 7 das Haus der Tichtel ist dem Eckhaus von Niklas Fues (Rindermarkt 1) benachbart.[5]
1514 aus Bernhart Tichtels Haus am Rindermarkt hat das Stadtbruderhaus einen Zins von 10 rheinischen Gulden. Er wurde später angelöst.[6]
1518 Februar 22 das Haus des Bernhard Tichtel ist dem von St. Peter (Rindermarkt 1) benachbart.[7]
1523, 1524, 1527/II-1532 domus (Bernhart) Tichtl (StB).
1524 das Haus des Dichtl am Rindermarkt, aufgeführt in der Liste zwischen den Häusern von St. Peter (Rindermarkt 1) und des Schluder (Rindermarkt 3), ist vom Ehaft für den Brunnen an der Fürstenfelder Straße befreit.[8]
1525-1527/II domus Bernhardtin Tichtl (StB).
1527 April 22/24 das Haus des Bernhard Tichtl ist Nachbar des Hauses der „Katherina Sluderin", künftig des Ulrich Eysnreichs Haus (Rindermarkt 3).[9]
1540-1554/II domus [Lucia] Dichtlin (StB).
1550 April 2 Verkauf des Hauses am Rindermarkt durch Lucia von Weichs, Witwe von Bernhart Tichtel zu Tutzing, und ihren Sohn Bernhart II. Tichtel zu Tutzing an den Münchner Bürger Sebastian Unterholzer. Nachbarn sind: St. Peters Haus (Rindermarkt 1) und Andre Ligsalz (Rindermarkt 3).[10]
1572 laut Grundbuch (Überschrift): „Der Undterholtzer Haus, Hof, hindterhaus und Garten".[11]

---

[1] GB I 159/9, II 89/5, 90/11, 90/6.
[2] GB II 98/4.
[3] MB XIXa 69 S. 118/119.
[4] Hufnagel/von Rehlingen, St. Peter Urk. 121 = MB XIXa 75 S. 129/134.
[5] Hufnagel/von Rehlingen, St. Peter Urk. 226.
[6] Zimelie 33 (Stadtbruderhausbuch) S. 34.
[7] Hufnagel/von Rehlingen, St. Peter Urk. 265.
[8] RP 8 S. 66v.
[9] GB IV S. 137v (2x).
[10] Beierlein, Regesten ungedruckter Urkunden, in: OA 11, Heft 2, Nr. 31 S. 273.
[11] Stadtgericht 207/7 (GruBu) S. 667v.

Von den Unterholzer geht das Haus am 30. April 1580 durch Verkauf um 4000 Gulden an Georg Ligsalz zu Berg über, der bisher Rindermarkt 7 B innehatte.
Die Eintragungen im Häuserbuch zu 1435, 1550 und „vor 1572" stammen nicht aus dem Grundbuch. Der erste Eintrag zu diesem Haus im Grundbuch stammt überhaupt erst von 1580.

Eigentümer Rindermarkt 2:

    Eberhart [I.] Tichtel [Stadtrat[1]]. 1369 relicta Eberhardi Tichtel. 1371-1383/II, 1387-1388, 1390/I-II relicta Tichtlin (Tichtel)
        St: 1368: 19/-/24, 1369: -/-/-, 1371, 1372: 16/5/22, 1375: 17/-/60, 1377: 6/6/6 juravit, 1378, 1379, 1381, 1382, 1383/I: 6/6/6, 1383/II: 10/-/39, 1387: -/12/15, 1388: 3/-/30 juravit, 1390/I-II: 6/-/30
        StV: (1383/I) item si hat geben 6/-/- von dem gelt, daz ir von irem vater worden ist und darumb si leipgeding bey der stat gekauffet hat und dez selben gelcz sol si furbaz stewrfrey beleiben.
    Ulrich [IV.] Tichtel (Tichtl) [Stadtrat[2]], 1387 inquilinus
        St: 1368: -/6/20, 1377, 1378, 1379, 1381, 1382, 1383/I: 3/-/-, 1383/II: 3/-/- gracianus, 1387: 5/6/11, 1388: 11/-/72 juravit, 1390/I-II: 14/-/24
        StV: (1387) links am Rand: Nota: patrimonium Petri notarii.[3]
        Bem.: (1377-1383/I) gemeinsame Steuer mit Erhart Tichtel („et Erhart frater suus").
* Hans [I.] Tichtel (Tichtl) [Weinschenk[4]], 1375, 1377, 1387 inquilinus. 1400-1405/II relicta (dez) Hanns (Hannsen) Tichtel (Tichtels)
        St: 1375: 1/-/- gracianus, 1377: 5,5/-/- juravit, 1378, 1379, 1381, 1382, 1383/I: 5,5/-/-, 1383/II: 8/-/60, 1387: 5/3/10, 1388: 10/6/20 juravit, 1390/I-II: 10/6/20, 1392: 12/-/18, 1393, 1394: 16/-/24, 1395: 5/-/- juravit, 1396: 7,5/-/-, 1397: 7,5/-/- iuravit, 1399, 1400, 1401/I: 7,5/-/-, 1401/II: 3/-/- minus -/-/16, iuravit et gracianus, 1403, 1405/I: 3/-/- minus -/-/16, 1405/II: -/18/- gracianus
        StV: (1397) dedit von vergangner stewer 12,5/-/-.
        Pferdemusterung, um 1398: Hanns Tichtel sol haben zway pferd umb 40 gulden und ein erbern man an seiner stat.
    Erhart [II.] Tichtel [Salzsender[5]], 1387 inquilinus
        St: 1377, 1378, 1379, 1381, 1382, 1383/I: -/-/-, 1383/II: -/12/-, 1387, 1388: -/-/-
        Bem.: (1377-1383/I) gemeinsame Steuer mit Ulrich („Ulrich Tichtel et Erhart frater suus").
    pueri Schafschwol (Schaffwol),[6] 1400-1401 inquilini
        St: 1399, 1401/I: 6/-/-, 1401/II: 8/-/-
    Agnes Schafschwolin, 1405/I inquilina
        St: 1403, 1405/I: 4/-/- gracianus
* Wilhalm [I.] Tichtel (Tichtl, Tüchtl) [Salzsender, Wirt, Stadtrat[7]], 1458, 1462 der alt (alter)
        St: 1410/I: -/18/- gracianus, 1410/II: 3/-/- gracianus, 1411: -/18/- gracianus, 1412: 3/-/- gracianus, 1413: 2/-/60 gracianus, 1415: 5/-/-, 1416, 1418, 1419: 6/5/10, 1423: 5/-/- iuravit, 1424: -/13/10, 1431: 7/-/72 iuravit, 1453-1458: Liste, 1462: 3/-/22

---

[1] Eberhart Tichtel war 1363, 1364 und 1368 innerer, 1365-1367 äußerer Stadtrat, vgl. R. v. Bary III S. 739.
[2] Ulrich IV. der jüngere Tichtel, Sohn von Eberhart I. Er war 1381 Mitglied des Großen Rats, am 26.3.1401 und am 4.2.1402 einer der Bürgermeister, vgl. R. v. Bary III S. 745, 755.
[3] Peter Krümmel, Stadtschreiber, sein Schwiegervater.
[4] Hans I. Tichtel ist Sohn von Eberhart I. Hans war 1381 Mitglied des Großen Rats, vgl. R. v. Bary III S. 745, und handelte am 19. Juli 1395 mit Wein, vgl. GB II 98/4.
[5] Erhart (Erel) Tichtel ist Sohn von Eberhart I. 1381 ist er Mitglied des Großen Rats und 1377-1381 auch als Salzsender belegt, vgl. R. v. Bary III S. 745, Vietzen S. 143.
[6] Die Schafswolin, Tochter von Elisabeth und Eberhart I. Tichtel, verheiratet um 1399 mit Ulrich Schafswol, ist am 26. und 29. April 1395 eine Schwester von Hans Tichtel, vgl. GB II 89/5, 90/11.
[7] Wilhalm Tichtel ist Sohn von Hans I. und Enkel von Eberhart I. und verheiratet mit Barbara Bart. 1423 ist er Kirchpropst von St. Peter und damit sicher Stadtrat, vgl. R. v. Bary III S. 765. Er dürfte auch der 1443-1447 belegte Salzsender Wilhelm Tichtel sein, vgl. Vietzen S. 145. – 1430 gehört der Tichtel am Rindermarkt zu den Wirten und zahlt Ungeld, vgl. Steueramt 987.

StV: (1431) aws des Wilhalm Tichtls haws am margt gend 12 gulden ung[arisch] gen Anger, dedit -/9/18. (1462) zalt Gunther.

Sch: 1439/I-II, 1440, 1441/I-II: 4 t[aglon], 1445: 3 ehalten, dedit -/-/24

Jorig [I.] Tichtel und sein bruder

St: 1415: -/18/- gracianus, 1416: 3/-/- gracianus, 1418: 0,5/-/16, 1419: 0,5/-/16 gracianus

StV: (1418) et Thoman Tichtel dedit -/3/- gracianus nach dez racz haissen. (1419) et Thoman Tichtel -/3/- gracianus.

Andre et Thoman die Tichtel

St: 1423: -/5/- gracianus

Wilhalm [II.] sein [= Wilhelms I.] sun. 1458, 1462 Wilhalm Tichtl der jung (júnger), 1462 inquilinus. 1482, 1486 Wilhalm Tichtl (Túchtl) [Salzsender, Stadtrat[1]]

St: 1457, 1458: Liste, 1462: -/10/8, 1482: 2/4/3, 1486, 1490: 2/-/27

StV: (1482) et dedit fur p[ueri] Sentlinger 1/5/26. (1486) et dedit 1/3/2 fúr pueri Sentlinger.

et pueri Sentlinger

St: 1490: 1/3/2

StV: (1490) dedit Tichtl.

* domus der Tichtel

St: 1496: 1/3/4

Hanns [VI.] Tichtel, 1500 et fratres eius

St: 1500: 1/5/10, 1509: -/3/15

* Bernhart [I.] Tichtl (Tichtel). 1514 Bernhartin Túchtl [Stadtrat[2]]. 1523, 1527/II, 1529, 1532 domus Bernhart Tichtl (Tûchtl). 1524, 1528 domus Tichtl. 1525, 1526, 1527/I domus Bernhardtin Tichtl. 1540-1554/I domus [Lucia] Dichtlin (Tichtlin)

St: 1508, 1509: 12/6/10, 1514: Liste, 1522: nichil, 1523: 5/2/12, 1524-1526, 1527/I-II, 1528, 1529: 3/-/-, 1532: an kamer, 1540-1542: 3/5/25, 1543: 7/4/20, 1544: 3/5/25, 1545: 7/4/20, 1546-1548, 1549/I-II, 1550, 1551/I-II, 1552/I-II, 1553, 1554/I: 3/5/25

StV: (1523) von seinem haus, stadl, ewigengellt und anger. (1524-1527/I) von seinem haus, anger und stadl. (1524) et dedit 102 gulden fur sein drey nachsteur. (1527/II-1529) von seinem haus, stadl und garten. (1551/II) soll hinfúro irer zins halber weitter befragt werden. (1552/I) der zeit. (1552/I-II) soll hinfúro ire zins von neuem machen.

* Lucia Tichtl, Witwe, und ihre Söhne Bernhard [II.] und Ludwig [IV.] Tichtl [bis 1550 April 2]

** Sebastian Untterholtzer. 1564/I-1571 domus Sebastian Underholtzer.[3]

St: 1554/II: 20/3/22 juravit, 1555: 20/3/22, 1556: 24/2/1, 1557: 25/3/22, 1558: 51/-/14, 1559, 1560: 25/3/22, 1561, 1563: 36/-/-, 1564/I: an chamer, 1564/II, 1565, 1566/I-II, 1567/I-II: 6/-/-, 1568: 12/-/-, 1569: an chamer, 1570, 1571: 6/-/-

StV: (1556) zugsetzt 1000 fl von der Lerchenfelderin, gwester seiner hausfrau halben. (1557) zugsetzt seiner hausfrau erb. (1563) adi 15. Januarii [15]64 zalt er an die statchamer für 3 nachsteur 108 fl. (1564/II) für seine zins unnd hauß, doch als ain frembder. (1565-1567/I) von seinen zinsen unnd hauß, doch als ain frembder. (1567/II, 1568) von seinem hauß und zinsen. (1570) als offt [und] wie man steurt unnd ain versessne steur 6/-/-. (1571) als offt unnd wie man steurt.

Bewohner Rindermarkt 2:

Hainrich kistler inqilinus St: 1369: -/-/21 post

[Hans[4]] Krewbsch calciator inquilinus St: 1377: -/-/-

Schemerl vragner inquilinus St: 1377: -/-/24 juravit, 1378: -/-/24

Haelweig chaeflin (kawfflerin), 1393 inquilina St: 1393, 1394: -/-/16

---

[1] WilhalmTichtel ist 1463, 1465, 1467, 1469, 1471 und 1473 Vierer der Salzsender und von 1462 an abwechselnd äußerer und innerer Stadtrat, vgl. RP.

[2] Bernhard Tichtel ist 1503-1509, 1511, 1513 äußerer Stadtrat, 1510, 1512, 1514-1522 innerer Rat, vgl. RP.

[3] Bürger und Rat zu Nürnberg, verheiratet mit Justina geb. Rudolf, vgl. HB AV S. 210.

[4] So bei Marienplatz 28/29.

Graeffenrewderin. 1403, 1405/I patrimonium Graeffenrewderin, 1401, 1405 inquilina
  St: 1401/I: 5/6/- iuravit, 1401/II: 7/5/10, 1403: 12/5/21, 1405/I: 1/-/51
  StV: (1401/II) und die stewr hat sy lebentig begriffen und die nächst stewr wirt patrimonium.
  (1403) von der stewr und von der vergangen stewr wegen.
Tegernseer (Tegerseer) peck,[1] 1401/II inquilinus
  St: 1401/I: -/5/24, 1401/II: -/-/60 fur nichil iuravit
Jordan Gollhúder et uxor inquilinus St: 1405/II: 5/-/- gracianus
Nicklas goltsmid,[2] 1407 inquilinus St: 1406: 0,5/-/- iuravit, 1407, 1408: 0,5/-/-
Lienhart goltsmid St: 1407: 2/-/-
Eysenman goltsmid.[3] 1408 Ludweyg Eysenman, 1407, 1408 inquilinus
  St: 1407, 1408: -/-/60 gracianus
relicta Aengstleichin kramerin inquilina St: 1408: -/-/60
pueri Hainrich platner. 1439/II, 1441/II pueri platner Sch: 1439/I-II, 1440, 1441/I-II: 2 t[aglon]
Peter Strobel, 1453, 1457-1462 inquilinus St: 1453-1458: Liste, 1462: -/4/25
relicta Klaus schusterin St: 1455: Liste
Jórg Stúpf St: 1482: 7/-/28
relicta Schrenckin
  St: 1486: 1/-/-
  StV: (1486) ir gesetzte stewr.
Hanns Stockhamer [Salzmesser, Salzsender, Stadtrat, ∞ Barbara IV. Part[4]]
  St: 1490: 6/4/15, 1496: 5/2/16, 1500: 5/1/10
  StV: (1500) et dedit 6/1/20 fur pueri Jeronimus Schrenck.
Hanns confecter St: 1496: -/-/60
relicta Perbangerin
  St: 1508, 1509: 1/6/-
  StV: (1509) wirt sy burgerin, sol sy bis jar sweren.
statschreiber. 1523, 1525, 1527/I-II Blasius (Blasy) Kótterl statschreiber. 1524 statschreiber Blasius
  Koterl Licenciat[5]
  St: 1522-1527/I: nichil, 1527/II: nichil, statschreiber
relicta [Balthasar II. ?] Hundertpfundtin
  St: 1540, 1541: 1/-/-
  StV: (1540, 1541) dweil (diweil) sy unverrechet ist zu hoff.
Frantz Poschndorfferin. 1542-1544 Frantz Poschndorffer
  St: 1540-1542: -/2/2, 1543: -/4/4, 1544: -/2/2, 1545: -/4/4, 1546-1548, 1549/I-II, 1550, 1551/I:
  -/2/2, 1551/II: -/2/2 matrimonium, 1552/I: -/2/2 matrimonium das ander
Jorg Otnhofer pfenttermaister. 1543 pfenttermaister Ottnhofer St: 1542, 1543: nihil
Kneuttinger oberrichter. 1550-1552/II oberrichter Cristof von Kneutting.[6] 1553-1554/II Cristoff von
  Kneuting rántmaister
  St: 1544-1554/II: nihil
Gilg Súnderl St: 1551/II, 1552/I: -/2/-
Michel Heerfart, 1553, 1554/I hauspfleger St: 1552/II, 1553, 1554/I: -/2/-
Colman Múnch f(urstlich)er kúchenmaister St: 1553, 1554/I: nihil
Bonaventura Karthauser [Futterschreiber, Zehrgadmer[7]] St: 1556: 2/6/23

---

[1] Dem Tegernseer pek (und dem Schäuchenpflug) schuldet die Stadt 1402 5 Schillinge und 10 Pfennige „von der alten rais" an Zehrkosten. Ist er Wirt ?, vgl. Steueramt 572 (Leibgedingbuch 1402/03) S. 37r.
[2] Vgl. Frankenburger S. 268/269.
[3] Vgl. Frankenburger S. 269. – Vgl. auch Rindermarkt 2, 3, 5, 17.
[4] Hanns Stockhamer 1497 und 1500 äußerer, 1498, 1499, 1501, 1502, 1504-1509 innerer Stadtrat, vgl. RP. – 1484-1496 Hans Stockhamer als Salzmesser belegt, 1497 ein Stockhamer ohne Vornamen Vierer der Salzsender, vgl. Vietzen S. 153, 160 und RP.
[5] Blasius Kötterl ist von 1520 bis 1528 Stadtschreiber, vgl. R. v. Bary III S. 787.
[6] Christof von Kneitting zu Niederpeuerbach 1542-1553 Stadtoberrichter, dann Rentmeister, vgl. R. v. Bary III S. 799.
[7] Als solcher zumindest 1546-1555 bei den Häusern Rindermarkt 1 und Marienplatz 19 bezeichnet.

Hanns sayler, 1561, 1564/I, 1567/I-1571 kheuffl, 1565 fragner, 1566/I khuekh[euffl], 1566/II käskäffl
    St: 1556, 1557: -/3/25, 1558: 1/-/20, 1559, 1560: -/3/25, 1561, 1563, 1564/I-II, 1565, 1566/I-II, 1567/I-II: 1/3/8, 1568: 2/6/16, 1569-1571: 2/6/26
    StV: (1556, 1557, 1559, 1560) mer -/-/10,5 für p[ueri] Stichl. (1558) mer -/-/21 für p[ueri] Stichl. (1561) mer für p[ueri] Stichl -/-/7. (1561) mer für p(ueri) Stichl 3 nachsteur -/-/10,5.
relicta Krafftin (Kräfftin) St: 1556, 1557: 2/5/28, 1558: 5/4/26, 1559: 2/5/28
Hanns [IV.] Reutmor (Reuthmor, Reitmair, Reitmor) [Stadtrat[1]]
    St: 1557: 5/-/25, 1558: 31/-/15, 1559, 1560: 15/3/22,5, 1561: 13/5/11, 1564/I: 12/-/21, 1566/I-II, 1567/I: 12/5/22, 1567/II: 13/-/4, 1568: 26/-/8, 1569-1571: 12/1/15
    StV: (1557) sein alte steur wie die pfleger versteurt haben. Mer 1/-/- gracion von seiner hausfrau gueth. (1558) zugsetzt seiner hausfrauen heurathgut. (1564/I) ausser der Ligsalz schuldt. (1567/I) soll Ligsaltzn empfanng zuesetzn. (1567/II) zuegesetzt Ligsaltz empfanng.
Ernnst Hundertpfundt St: 1563: nichil, hofgsind
Jörg (Georg) Pollinger[2], 1569 Underholtzischer factor
    St: 1564/I-II, 1565, 1566/I-II, 1567/I-II: -/3/16, 1568: 1/-/2: 1569-1571: 2/6/7
Hanns Newhofer (Neuhofer), 1565-1567/II secretari
    St: 1564/II-1567/II: -/-/-
    StV: (1564/II) der zeit eingestellt.
Marthin Schónnawer (Schónauer), 1565 cantzleischreiber St: 1564/II, 1565: -/-/-
Hanns Baltherin. 1567/II Hanns[3] Muschinger. 1568 Hanns Baltherin Muschinger. 1569 Hanns Muschinger fürstlicher tafldiener. 1570 Hanns Muschinger f(ürstlicher) diener. 1571 Hanns Muschinger
    St: 1566/I-II, 1567/I-II: -/2/-, 1568: -/4/-, 1569-1571: -/2/20
    StV: (1567/I) hat Hannsen Muschinger lackheyen. (1567/II, 1568) trabannt, bürger (und) hofgsind. (1569) bürger unnd hofgsind.
Magdalena Tischingerin St: 1569: an chamer, 1570: -/-/- nit mer hie

Rindermarkt 3

Hauseigentümer:

1370 „dez Mäusleins furschus an der stuben sol ab[gebrochen]" werden, legt die Baukommission fest. Er ragt zu weit in die Straße herein[4].
Heinrich Mäusel war verheiratet mit einer Tochter von Hans I. Rudolf. Eine gemeinsame Tochter von Mäusel und der Rudolf-Tochter war wiederum mit Peter Giesser verheiratet.[5]
1407 Mai 30 Peter der Giesser, der alte Münzmeister, verkauft sein Haus am Rindermarkt, auch im Namen seiner Hausfrau Anna, an Hainreich den Rudolf, den Sohn des Hanns Rudolf. Nachbar ist Hans der Rudolf, Heinrich Rudolfs Vater (Rindermarkt 4).[6]
Clara Rudolf, Tochter von Peter I. Rudolf, war mit Hans III. Schluder als seine 1. Ehefrau verheiratet. So kam das Haus an die Schluder.
1453 domus Hainrich Rudolf (StB).

---

[1] Hans IV. Reitmor war später äußerer (1583-1585), dann 1586-1595 innerer Stadtrat, vgl. Stahleder, Bürgergeschlechter. Die Reitmor S. 330.
[2] Georg Pollinger 1569 Religionsverhör, vgl. Dorn S. 228. – Jörg Pollinger Religionsverhör 1571, konnte aber nicht verhört werden, da er nicht in der Stadt war, vgl. Dorn S. 268.
[3] „Hanns" neben gestrichenem „Baltherin".
[4] Zimelie 9 (Ratsbuch IV) S. 4r (neu).
[5] Stahleder, Bürgergeschlechter. Die Rudolf S. 165.
[6] GB III 66/3.

1508 April 28 Georg Schluder und seine Hausfrau Dorothea verkaufen aus ihrem 4. Teil von Haus und Hofstatt, hinten gelegen, ein Ewiggeld von 8 (!) Gulden um 200 Gulden Hauptsumme an Adam Schluder.[1]

1513 April 27 und **29** weitere Ewiggeldverkäufe des Ehepaares Schluder aus diesem (Hinter-)Haus (1 Gulden um 20 Gulden Hauptsumme und 60 Pfennige um eine nicht genannte Summe) (GruBu).

1524 das Haus des Schluder am Rindermarkt, aufgelistet zwischen Tichtel (Rindermarkt 2) und Rudolf (Rindermarkt 4), ist vom Ehaft für den Brunnen an der Fürstenfelder Straße befreit.[2]

1526, 1527/I domus Ulrich Eisenreich (StB).

1527 April 22/24 Katherina Schluderin, Bürgerin zu München, verkauft ihren halben Teil des Hauses und ihrer Hofstatt, des hinteren Stocks, das obere Gemach, an ihren Vetter Ulrich Eysnreich zu Weilbach. Nachbarn des Hauses sind: Bernhard Tichtls (Rindermarkt 2) und „der Ruedolfin haws" (Rindermarkt 4).[3] Katharina war eine geborene Rueland und die Witwe von Anton I. Schluder.[4]

1541 November 26 Georg Bart zu Harmating vertauscht ein Ewiggeld (Hypothek) aus des seligen Georg Schluder[5] Haus am Rindermarkt, das des Barts Vetter Andre Ligsalz an sich gebracht hat.[6] Am selben Tag tauscht sich das Angerkloster ein Ewiggeld aus dem Haus des Dr. Georg Bart am Rindermarkt ein, das früher dem Jörg Schluder gehört hatte und jetzt dem Andreas Ligsalz gehört.[7]

1545 Februar 12 das Haus des Andre Ligsalz ist dem Haus von Dr. Thoman (II.) Rudolf und seines Neffen Joachim Rudolf (Rindermarkt 4) benachbart.[8]

1550 April 2 des Andre Ligsalz Haus am Rindermarkt ist Nachbarhaus zum Haus der Witwe von Bernhart Tichtel, künftig des Sebastian Unterholzers Haus (Rindermarkt 2).[9]

1572 laut Grundbuch (Überschrift) besitzen die Gebrüder Hans, Otmar und Andreas Ligsalz Haus und Hof, auch ein Hinterhaus, Höfel und Garten dahinter. Karl Ligsalz ist im Gegensatz zum Häuserbuch im Grundbuch nicht genannt. Er wurde vom Häuserbuchbearbeiter wohl aus dem nachfolgenden Eintrag von 1574 erschlossen.

Das Haus bleibt bis 1610 im Besitz der Familie Ligsalz.

Eigentümer Rindermarkt 3:

* Hainrich Mawsel (Máusel) [Stadtrat[10]]. 1381 relicta H[ainrici] Máwslin cum patrimonio. 1382 patrimonium H[ainrici] Máwsel. 1383/I relicta Máwslin. 1383/II, 1387-1388, 1390/I-II, 1392 patrimonium H[ainrici] (Heinrich) Máwsel (Meusl, Mewsl) [∞ Tochter von Hans I. Rudolf][11]

    St: 1368: 4/-/-, 1369, 1371, 1372, 1375: 6/-/-, 1377: 4/-/- juravit, 1378, 1379: -/-/-, 1381, 1382: 4/-/-, 1383/I: -/10/20, 1383/II: 2/-/-, 1387: -/7/- minus -/-/2,5, 1388, 1390/I-II: 1/5/25, 1392: -/10/10

    StV: (1375) Item de anno preterito 6/-/-. (1377) [Nachtrag am Rand:] Item de anno preterito 6/-/-. (1383/II) ex parte Munssmaisterinne.

    patrimonium Hainrici Máwslin
    St: 1383/I: -/10/20
    StV: (1383/I) ex parte Múnssmaisterinne.

---

[1] Stadtgericht 207/7 (GruBu) S. 669v.
[2] RP 8 S. 66v.
[3] GB IV S. 137v (2x).
[4] Stahleder, Bürgergeschlechter. Die Schluder S. 65.
[5] Georg Schluder zu Weilbach starb 1525, vgl. Stahleder, Bürgergeschlechter: Die Schluder S. 61.
[6] BayHStA, KU München-Anger 1096.
[7] BayHStA, KU München-Ebersberg, Jesuiten, alt: GU Wolfratshausen.
[8] StaatsAM, Archiv Toerring-Seefeld, Anhang, Urkunde.
[9] Beierlein, Regesten ungedruckter Urkunden, in: OA 11, Heft 2, S. 273.
[10] Hainrich Mäusel war 1362-1368 und 1372-1380 abwechselnd innerer und äußerer Stadtrat, vgl. R. v. Bary III S. 741.
[11] Zur Verwandtschaft der Rudolf/Mäusel/Giesser/Schluder/Wilbrecht, vgl. Stahleder, Bürgergeschlechter. Die Rudolf S. 147 ff., 165/166. – Stahleder, Bürgergeschlechter. Die Schluder. – Stahleder, Bürgergeschlechter. Die Wilbrecht.

Hainrich Aeppel inquilinus [Salzsender, äußerer Rat, Schwiegersohn von Hainrich Mäusel[1]]. 1381 relicta Aepplin
   St: 1375: 4/-/-, 1381: -/12/-
* Peter [I.] Gieser (Gyesser, Giesser), 1405/II-1407, 1412 der elter [Münzmeister[2], ∞ Anna Mäusel, Tochter von Hainrich Mäusel und einer Tochter von Hans I. Rudolf]
   St: 1393: 30,5/-/-, 1394: 31/-/- absolutum,[3] 1395: 11/3/-, 1396, 1397, 1399, 1400, 1401/I: 17/-/15, 1401/II: 8/-/- iuravit, 1403, 1405/I: 8/-/-, 1405/II: 7/-/30 iuravit, 1406: 9,5/-/-, 1407, 1412: -/-/-
   Pferdemusterung, um 1398: Peter Giesser sol haben ain [darüber 2] pferd umb 20 [korrigiert in 32] gulden und ein schuczen, [nachgetragen: und der] stat warten.
Geysenvelder dez munssmaister aydm
   St: 1405/I: -/-/-
* Hainrich Rudolf [Sohn von Hans I. Rudolf, wie Hs. Nr. 4, seit 1407 Mai 30]
relicta [Hans I.] Rudolfin
   St: 1418, 1419: 10/-/40, 1423: 8/-/-, 1424: 2,5/-/-
* Hainrich [IV.] Rudolf [Sohn von Hans I., Bruder der Hainrich Mäuslin]. 1453 domus Hainrich Rudolf
   St: 1418, 1419: 13/-/10, 1423: 14,5/-/18, 1424: 4/6/23, 1431: 10/3/27, 1453: Liste
   StV: (1419) et dedit -/21/16 von der herschafft gelt wegen.
   Sch: 1439/I-II, 1440, 1441/I-II: 4 t[aglon], 1445: 3 ehalten, dedit -/-/24
relicta Stupfin[4] inquilina et pueri
   St: 1431: 2/-/- iuravit
Hanns [III.] Schluder (Sluder), 1482 der elter [Stadtrat[5], ∞ 1. Clara Rudolf, 2. Magdalena Wilbrecht[6]]. 1490 relicta Sluderin [geb. Wilbrecht]
   St: 1454-1458: Liste, 1462: 3/7/14, 1482: 18/1/13, 1486: 14/4/8, 1490: anderswo
   StV: (1486) die ander nachsteur.
Jorg (Gorg) [II.] Rudolf [Sohn von Heinrich IV.[7]], 1462 inquilinus
   St: 1455-1458: Liste, 1462: 2/-/9
Wilhalm Gunther (Gúnther) [Weinschenk, Steuerschreiber[8], ∞ Tochter von Heinrich IV. Rudolf], 1456, 1462 inquilinus
   St: 1456-1458: Liste, 1462: nichil
** Jórg (Geórg, Georg, Jorg) Schluder (Sluder), 1482 sein [= des Hans III. Schluder] sun [Stadtrat[9], ∞ Dorothea]
   St: 1482: 2/5/8, 1486: 2/5/16, 1490: 2/6/26, 1496: 4/6/9, 1500: 4/5/28, 1508, 1509: 3/-/24, 1514: Liste, 1522-1524: 5/-/2, 1525: 5/-/2 patrimonium
   StV: (1490) et dedit 2/1/19 seins vater gut zugesetzt. (1500) hat abgesetzt 40/5/- geltz und 107 gulden rh[einisch] parschaft von seiner hausfrauen wegen abgesetzt. (1508, 1509) et dedit 3/1/3 fur pueri Cristof Pütrich. (1525) dedit Eisenreich.

---

[1] Der Salzsender Hainrich Aeppel ist 1374, 1379 und 1380 als äußerer Stadtrat belegt, auch 1385 und 1393 gibt es einen Salzsender Hainrich Äpplein, vgl. R. v. Bary III S. 738, Vietzen S. 143. – Hainrich Mäusel kaufte 1379 in Augsburg ein Leibgeding für seine 19-jährige Tochter Anna (aus seiner Ehe mit einer Agnes), die mit Hainrich Epplin oder Aepplin verheiratet war, vgl. Haemmerle, Leibgedingbücher Nr. 165 (1379), 883 (1424).

[2] Da das eine das andere nicht ausschließt, könnte er auch der Peter der Giesser sein, dem die Stadt als einem der Wirte Geld für Einquartierungen und Bewirtungen schuldet, vgl. KR 1398/99 S. 115r.

[3] „absolutum" am Rand.

[4] Eine Enkelin von Hans I. Rudolf und wahrscheinlich Nichte von Heinrich IV. Rudolf – Margaret II. Rudolf – war mit Andre Stupf verheiratet.

[5] Hans III. Schluder war 1474-1476 und 1479 äußerer, 1478, 1480, 1481, 1483-1485 innerer Stadtrat, vgl. RP.

[6] Stahleder, Bürgergeschlechter. Die Schluder S. 55.

[7] Jörg Rudolf ist von 1453-1463 als Ungelter des Rats, 1461 und 1462 auch als Mitglied der Gemain belegt, vgl. R. v. Bary III S. 879, nach KR und RP.

[8] Wilhalm Günther ist 1458 Mitglied der Weinschenken-Bruderschaft, vgl. Gewerbeamt 1411 S. 13v, von 1459 bis 1465 Steuerschreiber, vgl. R. v. Bary III S. 875 nach RP und KR.

[9] Jörg Schluder war 1479, 1486, 1487, 1489, 1491 äußerer, 1488, 1490, 1492-1525 innerer Stadtrat, vgl. RP.

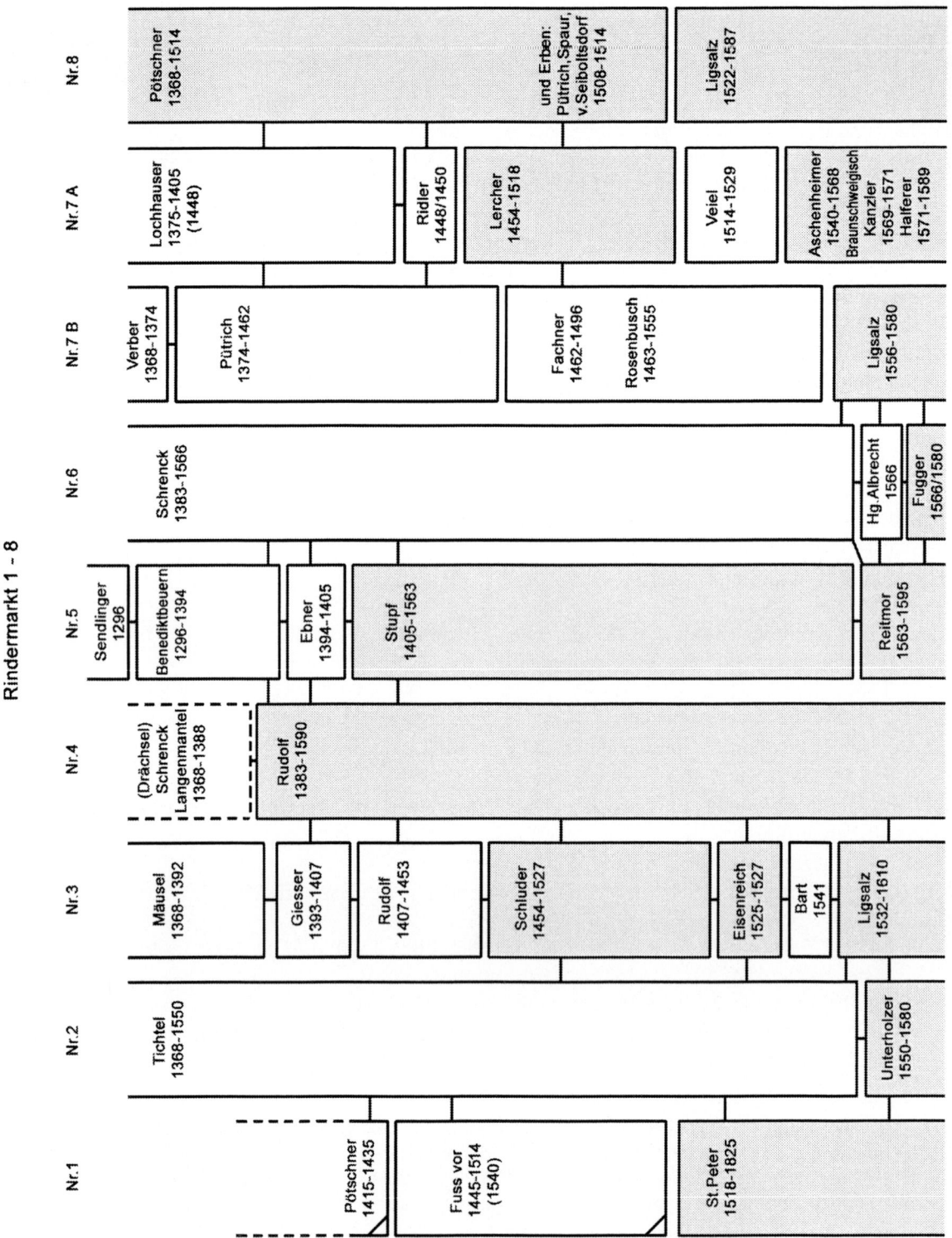

Abb. 22 Hauseigentümer Rindermarkt 1 – 8.

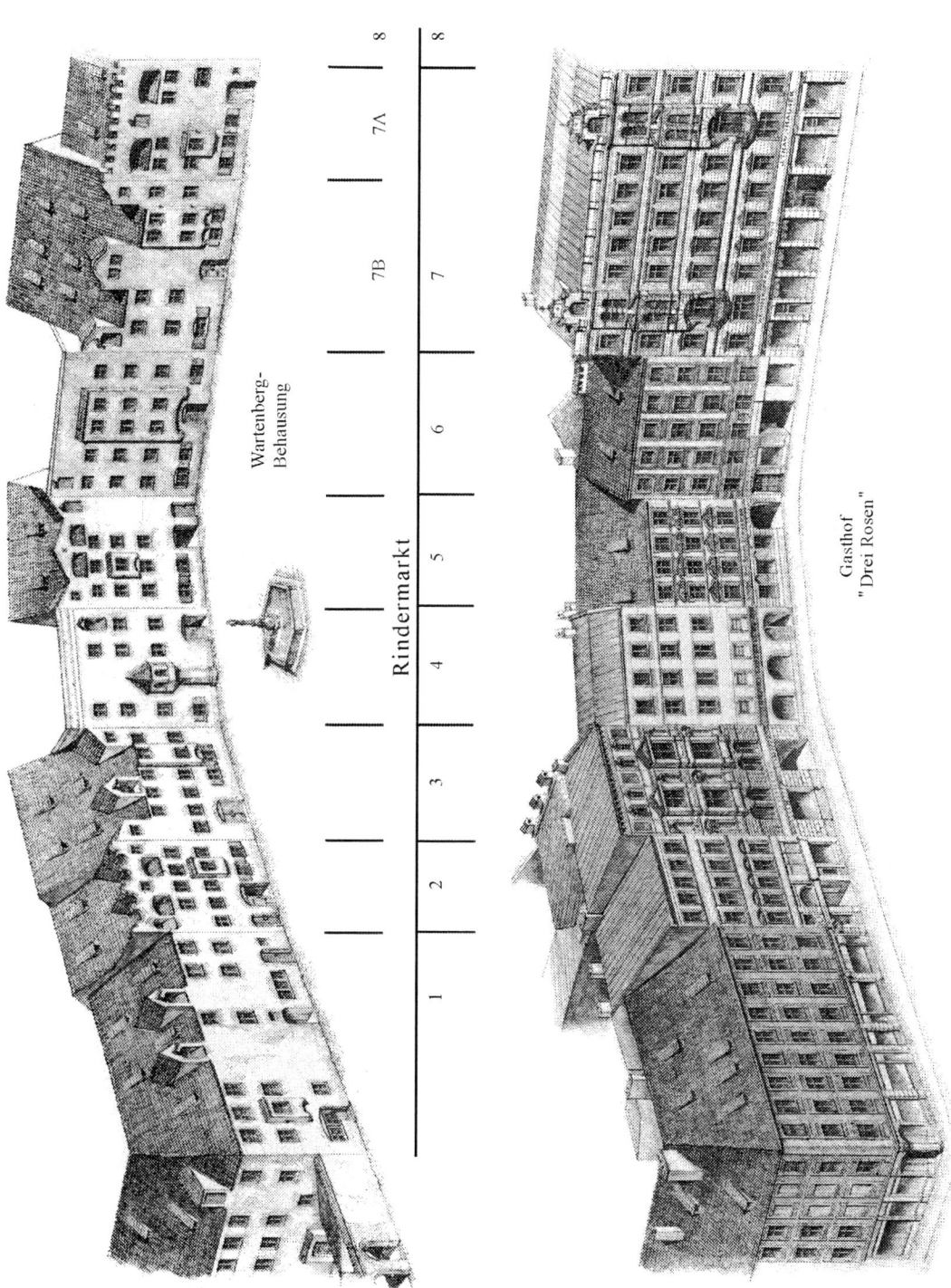

Abb. 23 Rindermarkt Südost Nr. 1 – 7, Häuserbuch Angerviertel S. 224/225.

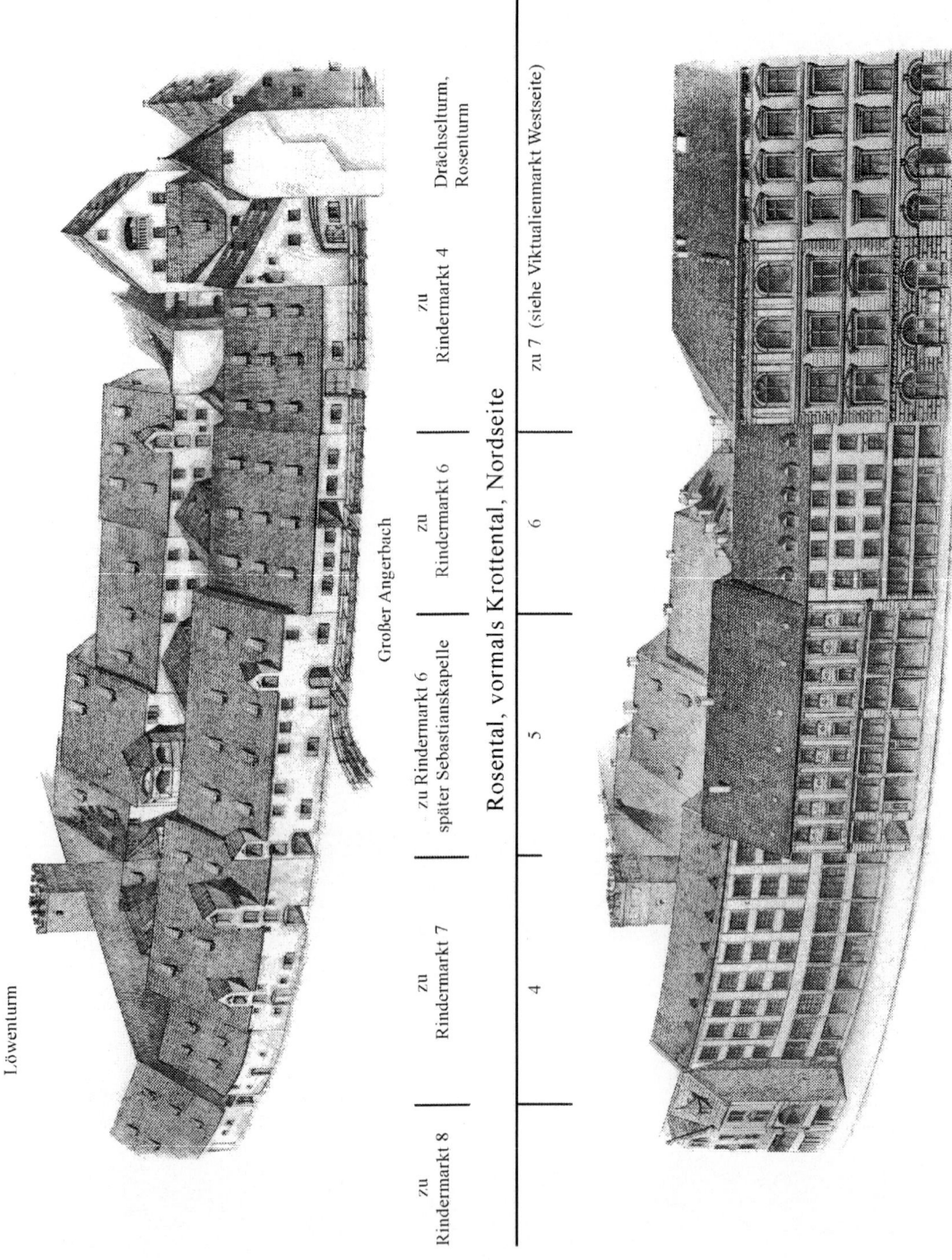

Abb. 24 Rosental Nord Nr. 4 – 7, Häuserbuch Angerviertel S. 264/265.

pueri Sluder: Adam, Antoni [I.], Elspet [I.] [Kinder von Hans III. Schluder und der Wilbrechtin]
  St: 1490: 6/4/24
  StV: (1490) dedit [Hans III.] Wilbrecht [Bruder der Mutter].
Adam und Antoni [I.] (di) Sluder
  St: 1496: 6/-/28, 1514: Liste
* Anthoni (Antoni) [I.] Sluder [∞ Katharina, geb. Rueland]
  St: 1500: 2/-/23, 1508, 1509: 3/1/-
Hanns [IV.] Ridler [∞ Maria I., Schwester von Andre I. Ligsaltz]
  St: 1525, 1526, 1527/I: 12/6/7, 1527/II, 1528, 1529: 12/5/6
Karl [VI.] Ligsalltz [Bruder von Andre I.]
  St: 1525: 14/-/10
* domus Ulrich Eisenreich [Vetter der Katharina Rueland-Schluder, halbes Haus]
  St: 1526, 1527/I: -/2/-
* Andre [I.] Ligsaltz[1]. 1563-1566/I domus Anndre Ligsalz (Ligsaltz). 1568-1571 (fraẃ) Andre Ligsaltzin [= Appollonia II. Ridler].[2]
  St: 1532: 13/6/8, 1540-1542: 20/4/-, 1543: 41/1/-, 1544: 20/4/-, 1545: an chamer, 1546-1548: 18/1/5, 1549/I-II, 1550, 1551/I-II, 1552/I-II: 21/3/26, 1553, 1554/I: 27/6/15, 1554/II, 1555, 1556, 1557: 24/4/19, 1558: 49/2/8, 1559, 1560: 24/4/19, 1561, 1563, 1564/I: an chamer, 1564/II, 1565, 1566/I: -/-/-, 1568: 5/3/-, 1569-1571: 16/5/4
  StV: (1540) et dedit 1/4/20 fúr Madlen Ligsaltzin. (1540) mer zalt fúr dieselb Madlen[3] 4/2/10 fur 3 nachsteur. (1540, 1541) et dedit 14/-/25 fúr p[ueri] Ligsaltzn. (1542) mer 14/-/28 fúr p[ueri] Ligsaltzn. (1545) zalt 36 fl 20 kr[eutzer] zwifache steur. Actum 2. Augusti. (1549/I) hat der Othmar Ridlerin erb zugsetzt. (1554/II) abgsetzt des Schotls[4] heiratguet.
Caspar [I.] Ligsalltz [Bruder von Andre I.]
  St: 1532: 10/6/1, 1540: an chamer, 1541, 1542: 17/2/26, 1543: an chamer, 1544: 17/2/26, 1545: an chamer, 1546: 9/6/25, 1547, 1548: an chamer, 1549/I: 9/6/25
  StV: (1540) [Nachtrag:] 17/2/26, samptztag nach Lucie. (1543) [Nachtrag:] zalt 34/5/22. (1546) mer 19/6/20 sein zwifache gschworne steur von dem (16)45. jar. (1548) [Nachtrag:] zalt zwo steur 19/6/20. Actum den 14. Augusti.
** Hanns [VIII.] Ligsaltz, 1555-1560, 1564/I der jung(er) [Sohn von Andre I.[5]]
  St: 1554/II: 1/-/- gracion, 1555: 9/2/24 juravit, 1556, 1557: 9/2/24, 1558: 18/5/18, 1559, 1560: 9/5/21, 1561, 1563: an chamer, 1564/I: -/-/-
  StV: (1558) der Kirhmairin erb hinfúro zusetzn. (1559) der Kirhmairin erb darin zugsetzt. (1564/I) ist nimer hie, hat sein búrgerrecht aufgsagt.
Jorg [II.] Ligsaltz [Sohn von Sebastian I.]
  St: 1555: 15/1/21
Balthauser Ligsalltz [Sohn von Hans VI. und Neffe von Sebastian I.[6]]
  St: 1560: 5/3/15, 1561, 1563, 1564/I: an chamer
** Anndre [II.] Ligsaltz [Sohn von Andre I.[7]]
  St: 1569-1571: 9/1/15
  StV: (1571) mer vir Caspar Ligsaltzin 1/4/10.

---

[1] Gestorben 1564. – 1569 und 1571 Religionsverhör ? oder der unten genannte. – Andre I. und seine Hausfrau Apollonia Ridler zeigen zwei Porträts von Hans Mielich von 1540, vgl. Löcher, Hans Mielich S. 118 Abb. Nr. 6 und S. 119 Abb. Nr. 7. – Zu den Ligsalz vgl. Stahleder, Bürgergeschlechter. Die Ligsalz.

[2] Appollonia II. Ridler, gestorben 1571, Tochter von Otmar I. Ridler (gestorben 1517) und Katharina Hofer (gestorben um 1548).

[3] Magdalena I. Ligsalz, Tochter von Hans I. Ligsalz, heiratete Sebastian Unterholzer von Salzburg, vgl. Stahleder, Bürgergeschlechter. Die Ligsalz S. 210 und KR 1540 S. 80r (Weingeschenk zur Hochzeit).

[4] Alexander Schöttl, verheiratet mit Katharina IV. Ligsaltz, Tochter von Andre I. Ligsaltz. – Vgl. Dienerstraße 23 (1553 – nach 1574).

[5] Religionsverhör 1569 ?, vgl. Dorn S. 227.

[6] Später Bürger zu Augsburg, gestorben nach 1564.

[7] Andre Ligsalz, Bürger des inneren Rats, 1569 Religionsverhör, vgl. Dorn S. 227. – Andre Ligsalz des inneren Rats Religionsverhör 1571, vgl. Dorn S. 250.

** Othmar (Ottmair) [I.] Ligsaltz [Sohn von Andre I.[1]]
    St: 1569-1571: 3/-/15
** Karl [VII.] Ligsalz [Sohn von Andre I.] um 1574.

Bewohner Rindermarkt 3:

Herman Senift gener Guldein St: 1387: -/3/10
Liendl Lang, 1390/II, 1392 inquilinus [später Stadtschreiber[2]] St: 1390/I-II: -/-/60, 1392: -/-/45
Góttinger St: 1394: -/-/-
relicta Michel Leincz St: 1400: -/-/-
Andreas Unger St: 1407: 0,5/-/- gracianus
    relicta Unigerin inquilina St: 1423: -/6/-
Ludweyg Eysenman [Goldschmied ?, Weinschenk ?, Stadtrat[3]], 1423 inquilinus
    St: 1419: 4/-/80, 1423: 3/-/60 iuravit, 1424: 1/-/20
Lewkart inquilina St: 1431: -/-/60
Lienhart Walcher inquilinus St: 1453: Liste
Lienhart páutler inquilinus St: 1453: Liste
Peter pogner salburch St: 1453: Liste
Ulrich leismulner St: 1453: Liste
Martein Grebmer St: 1454: Liste
relicta Francz Potschnerin (Pótschnerin),[4] 1455, 1456 inquilina St: 1454-1457: Liste
des Fricz sniczers tochter St: 1458: Liste
Anna naterin inquilina St: 1462: -/-/10 daz jar
ein peschech am (?) inquilina St: 1462: -/-/-
Gabrihell [III.] Ridler inquilinus
    St: 1462: 2/-/8
    StV: (1462) die erst nachstewr.
Els inquilina St: 1482: nihil
Swartzhanns tagwercker St: 1486: -/-/60
Conrade Reichstarffer [Schreiber, Lernmaister[5]] St: 1500: -/-/60
Margret, maister Hainrichs köchin St: 1500: -/-/60
Andre Fachner, 1522, 1523, 1525, 1527/I seidnater[6] St: 1522-1526, 1527/I: -/3/17
poet [Meister Rochus ?[7]] St: 1523: nichil
Simon Stetner statrichter. 1527/I stattrichter[8] St: 1526, 1527/I: nichil
Bernhart Hóhnkircher statoberrichter. 1528, 1529 statoberrichter[9] St: 1527/II-1532: nichil
Marten Ruegerin, 1546, 1547 matrimonium
    St: 1541, 1542: 2/1/1, 1543: 4/2/2, 1544: 2/1/1, 1545: 4/2/2, 1546, 1547: 1/3/2
    StV: (1546) matrimonium die zwen tayl, der drit ist abgstorben, ist leibting gwest der Martenin.
    (1547) die zwen tayl, der drit ist abgstorben, ist leibting gwest der Martenin.

---

[1] Otmar (Othmayr) Ligsalz 1569 und 1571 Religionsverhör, vgl. Dorn S. 227, 252.
[2] Vgl. R. v. Bary III S. 785.
[3] Ludwig Eysenman ist 1417, 1420 und später noch öfter als Bürgermeister nachgewiesen, vgl. R. v. Bary III S. 756/758. 1407 wird er bei Rindermarkt 2 Goldschmied genannt, vgl. Frankenburger S. 269. – Ein Ludwig Eysenman ist aber um 1414 auch Mitglied der Weinschenkenzunft, vgl. Gewerbeamt 1411 S. 3v. – Ein weiterer Eisenman, ohne Vornamen, ist 1429-1431 auch als Salzsender belegt, vgl. Vietzen S. 143.
[4] Auch bei ihr dürfte Verwandtschft zu den Rudolf vorliegen. Georg II. Rudolf, Enkel von Hans I. und Sohn von Heinrich IV., war möglicherweise in erster Ehe mit einer Pötschner verheiratet, ein weiterer Enkel von Hans I., Hans III., sicher mit einer verwitweten Pötschner. Außerdem waren zu dieser Zeit mehrere Schluder mit Pötschnern verehelicht.
[5] Conrad Reichsdorfer 1496-1520 wiederholt Vierer der Lernmaister, vgl. RP und Rindermarkt 15, 22 und Fürstenfelder Straße 10.
[6] Ab 1510 wiederholt Vierer der Maler, Glaser, Seidennater, Schnitzer, vgl. RP.
[7] Vgl. R. v. Bary III S. 1035.
[8] Simon Stetner zu Altenbeuren seit 1523 Stadtoberrichter, vgl. R. v. Bary III S. 826, 799, dann Rentmeister.
[9] Bernhart Höhenkircher zu Königsdorf und Iffldorf seit 1527 Stadtoberrichter, vgl. R. v. Bary III S. 799.

relicta [Balthasar II. ?] Hundertpfundtin. 1561-1571 Hundertpfundtin, 1564/II, 1566/I-II, 1570 wittib
> St: 1542-1546: 1/-/-, 1547: nihil derzeit, 1548: 1/-/-, 1549/I: -/-/-, 1549/II, 1550: 1/-/-, 1551/I: derzeit nihil, 1551/II, 1552/I-II, 1553, 1554/I: 1/-/-, 1554/II: 4/5/9 juravit, 1555-1557: 3/6/14, 1558: 7/5/28, 1559, 1560: 3/6/14, 1561, 1563, 1564/I: 2/5/25, 1564/II: 2/6/12,5, 1565, 1566/I-II: 3/-/-, 1567/I-II: 3/-/17,5, 1568: 6/1/5, 1569-1571: 3/-/17,5
>> StV: (1542-1544) dweil sy unverrechet ist zu hoff. (1545) dweil sy unverrechet ist gen unserm gnedigen hern fúr irn beysitz. (1546) fúr iren beysitz. (1547) hat ain jarlichs geding. (1548) fúr irn beysitz, der sich Martini des [15]47. jars verfallen hat. (1548) zalt mer 1-/-/ irn beysitz, verfallen Martini anno [15]48. Actum den 30. Januarii anno [15]49. (1549/I) der zeit nihil, gibt ain jerlich geding. (1549/II, 1550, 1551/II) mit ainem geding. (1551/I) sitzt mit geding. (1552/I) mit geding, als offt und wie man steurt, ainfach oder doplt, soll sy auch steurn. (1552/II, 1553) mit geding, als (und wie) offt man steurt, ainfach oder doplt, (dermassen) soll sy auch steurn. (1554/I) mit geding, als offt man steurt und wie man steurt, also soll sy auch steurn. (1555) abgsetzt ainer tochter heiratguet. (1555) mer 2/3/15 fúr 3 nachsteur des heiratguets. (1561, 1563, 1564/I, 1569) ausser der Ligsaltz schuld. (1561) ir tochter guet abgesetzt. (1564/II) zuegesetzt den 8. Tail von der Ligsalz schuld. (1565) zuegesetzt iren empfang Ligsaltzische schuld. (1567/I) zuegesetzt dritten empfang Ligsaltzischer schuld. (1570, 1571) ausser der Ligsaltz schuld.

Achatz Degernseer (Tegernseer) [ehem. äußerer Rat[1], ∞ Felicitas Ridler, Schwester von Kaspar I. Ridler]
> St: 1548, 1549/I-II, 1550, 1551/I: 5/3/28, 1551/II, 1552/I-II: 6/2/7, 1553, 1554/I-II: 17/1/10
>> StV: (1549/I) ad 13. Julii anno eodem zalt Achatz Degernseer fúr Caspam Ridler fur 5 versessne steur und diser zeit fúr alle versessne steur, nemlich 7/3/15. (1551/II) hat Casparn Ridlers erb zugsetzt.

Caspar [I.] Ridler [∞ N. Schrenck]
> St: 1549/II: 1/3/19, 1550: 1/3/19 patrimonium, 1551/I: 1/3/19 patrimonium zum andern mal

Mathes Obristin (Óbristin, Oberstin)
> St: 1549/II, 1550, 1551/I-II, 1552/I-II: 4/3/27, 1553, 1554/I-II: 4/5/15

Hanns Mollin St: 1557: -/5/9

Jorg Pollinger [später Factor des Unterholzer[2]]
> St: 1558: -/-/28 gracion, 1559, 1560: -/2/-, 1561, 1563: -/3/16

Hanns Uttnperger (Uttenperger) [Kramer]
> St: 1563, 1564/I-II, 1565, 1566/I-II: 2/5/14
>> StV: (1565) zalt fúr Barbara Erlingerin oder Forsanin (?) oder 2 fl gelts folio 91r [Ewiggeld][3] auff der pfeilschmidin sligen behausung -/-/14. (1566/I-II) mer folio 91r [Ewiggeld] für Barbara Felingerin (Erlingerin).

Anndre Schickh(t) (Schigkh) statsóldner St: 1564/I-II, 1567/I-II: -/-/1, 1568: -/-/2, 1569-1571: -/-/1

[Jeremias] Lauginger oberrichter[4]
> St: 1564/I-II: nichil
>> StV: (1564/I) ist gefreyt.

herr von Máxlrain St: 1565, 1566/I: -/-/-, 1566/II: -/-/- hofgsind

Mathes (Matheus) Raid [äußerer Rat[5]]
> St: 1566/II, 1567/I-II: 4/2/20
>> StV: (1566/II) allain fúr seiner hausfrauen guet. Mer fúr in unnd sein mueter 14/-/-. (1567/II) zalt nachsteur adi 8. Aprillis 13/1/-.

allt Raydin
> St: 1567/I-II: 14/-/-
>> StV: (1567/II) zalt nachsteur adi 8. Aprillis 42/-/-.

---

[1] Achatz Tegernseer war 1542 und 1545 und 1546 äußerer Stadtrat, vgl. RP.
[2] Vgl. Rindermarkt 2.
[3] Dort heißt sie „Barbara, ain dienerin bey Hanns Uttnperger von 2 fl". 1566/II S. 91r heißt sie eindeutig Erlingerin, 1566/I an derselben Stelle Felingerin.
[4] Jeremias Lauginger Stadtoberrichter von 1564-1574, vgl. KR „Amtleute".
[5] Mathias Raidt war 1563 und 1567 und 1568 äußerer Rat, vgl. Fischer, Tab. IV S. 2 und 3.

Balthauser Lerchenfelderin St: 1567/I-II: 6/3/10
Hannß Neuhofer secretari St: 1568: -/-/- hofgsind

Rindermarkt 4
(mit Rosental 7 und (Rosen-)Turm)

Hauseigentümer:

Vorbesitzer dieses Hauses muß Marquard Draechsel gewesen sein. Das Grundstück reichte rückwärts bis zum Rosental, wo es an den Rosenturm an der Stelle des späteren Seefeld-Bogens, stieß. Dieser Turm heißt 1325 „Turm beim Marquard Draechsel". Von Marquard Draechsel muß das Haus an seine beiden Schwiegersöhne – Niclas II. Schrenck und Johann Langenmantel von Augsburg – gekommen sein, die das Steuerbuch von 1368 erstmals an dieser Stelle aufführt. Rosental 7 gehörte bis 1598 zu diesem Haus. Dazu gehörte wohl auch pachtweise der Turm. Er befand sich grundsätzlich im Besitz der Stadt.[1] Diese verkaufte ihn Ende des 17. Jahrhunderts an Törring-Seefeld.
Marquard Draechsel handelte mit Tuchen und Kleidern (1291/1294) und ist mit Weinhandel belegt. 1308 sind er und Konrad Draechsel in einer Handelsgesellschaft mit Berthold Schrenck verbunden.[2]
1368-1388 Niklas [II.] Schrenck hier in den Steuerbüchern,[3] ebenso
1368-1372 Johann Langenmantel, dazu
1369-1381 der jüngere Niklas [III.] Schrenck.
Niklas I. Schrenck war mit Selinta Draechsel verheiratet, Johann Langenmantel mit deren Schwester Katharina Draechsel.
Dann wurde das Haus offensichtlich – wahrscheinlich als Heiratgut – an die Tochter Elisabeth des Niklas [II.] Schrenck vererbt, die mit Hans Rudolf verheiratet war. Fortan haben die Rudolf das Haus inne bis zum Verkauf am 16. Januar 1590 an den Stadtrat Georg Müller.[4]
1383 Februar 26 Hans Rudolf verpfändet „dem Chaephenberger" sein Haus am Rindermarkt, „do er selber inne ist".[5]
1394 Januar 16 Hanns des Rudolfs Haus ist eines der Nachbarhäuser des Benediktbeurer Klosterhauses (Rindermarkt 5) am Rindermarkt.[6]
1395 November 13 Hans der Rudolf hat sein Haus am Rindermarkt, „do er selben inne ist", wieder verpfändet.[7]
1398/99 in des Rudolfs Haus sind Gäste gesetzt, für die die Stadtkammer ihren Beherbergungslohn einnimmt (7 Pfund und 7 Schillinge), da der Hauseigentümer wegen der Unruhen geflohen ist und die von den Aufständischen regierte Stadt es beschlagnahmt hat.[8] Das Haus wurde offensichtlich jetzt als Gasthaus genutzt. Die Stadt verkaufte daraus auch das dort lagernde Kaufmannsgut des Rudolf, „vechs werich" (= Pelzwerk), im Wert von 14 ungarischen und 17 rheinischen Gulden, dazu 10 Pfund Pfennige vom „Vasolt smyd von dez Rudolfs eysens wegen". Sie lässt sogar eigene Verkaufsbänke in des Rudolfs Haus einbauen, auf denen man „daz gwant und kaufmanschaft hat vayl gehabt".[9]
1399 domus Rudolf (StB). Hans Rudolf seit 1383 (2. Steuer) hier in den Steuerbüchern, folgt also lückenlos auf die Schrenck.

---

[1] HB AV S. 214 und 265/266. – Stahleder, Haus- und Straßennamen S. 562/564, 622/625. – Stahleder, Bürgergeschlechter. Die Schrenck S. 84/86. – Stahleder, Stadtplanung S. 64/66.

[2] Bastian, Oberdeutsche Kaufleute S. 28, 30; Solleder S. 32 und S. 11, 23, 31 ff., 293, 442; OA 26 S. 281-317; StadtAM Urk. C IX i Nr. 35; Vogel, Heiliggeistspital, Urkunden Nr. 18a (1299 März 6).

[3] Er war 1363 auch Viertelhauptmann im Rindermarktviertel (später Angerviertel genannt), vgl. Zimelie 17 (Ratsbuch III) S. 145v.

[4] HB AV S. 214 (GruBu).

[5] GB I 182/2.

[6] Urk. D I e 1 X Nr. 2 = MB XX 117 S. 73/75.

[7] GB II 105/3.

[8] KR 1398/99 S. 39v.

[9] KR 1398/99 S. 40r, 81v.

1407 Mai 30 Hanns Rudolf ist Nachbar des Hauses des Münzmeisters Peter Giesser, künftig aber des Hainreich Rudolfs Haus (Rindermarkt 3), seines, des Hanns Rudolf, Sohnes.[1] Die Rudolf haben also jetzt zwei nebeneinanderliegende Häuser am Rindermarkt, durchgehend bis ins Rosental.

1408/09 Arbeiten „an dem turn hinder dem Rudolf, darauf der stat zewg leit" werden durchgeführt.[2] Ebenfalls 1408 wird „an dez Rudolffs turen" eine Tafel angemalt.[3] Gemeint ist der Rosenturm im Rosental, in dem die Stadt Kriegsausrüstung verwahrt.

1410 Oktober 17 Herzog Ludwig im Bart von Ingolstadt vergleicht sich mit der Stadt um alle Geldschuld aus den Unruhen von 1397/1403, unter anderem wegen des Hauses des Hans Rudolf selig (gestorben 1408) und aller Baumaßnahmen, die der Herzog in diesem Haus hatte vornehmen lassen. Insgesamt geht es dabei um 4 000 Gulden.[4]

1458 Oktober 23 das Haus der Rudolf am Rindermarkt ist Nachbar des Hauses von Hans und Andre Stupf (Rindermarkt 5).[5]

1524 das Haus der Rudolf, aufgeführt zwischen denjenigen des Schluder (Rindermarkt 3) und des Stupf (Rindermarkt 5), ist vom Ehaft für den Brunnen an der Fürstenfelder Straße befreit.[6]

1527 April 22/24 die Rudolfin ist Nachbarin des Hauses der Katharina Schluderin (Witwe von Hans V. Schluder), künftig des Ulrich Eisenreich von Weilbach (Rindermarkt 3).[7]

1545 Februar 12 der ganze Besitz, mit Vorder- und Hinterhaus, wird anläßlich einer Teilung beschrieben, die der Kanzler zu Landshut, Dr. Thoman (II.) Rudolf zu Heidenkam, und sein Neffe Joachim Rudolf zu Berg vornehmen: Sie besaßen die Behausung, vorne am Rindermarkt, hinten aber im Krottental und an der Roßschwemme liegend (= Rosental Nr. 7[8]) zwischen Ruprecht Stupf (Rindermarkt 5) und Andre Ligsalz (Rindermarkt 3) Häusern, bisher gemeinsam. Joachim überläßt dem Thoman Rudolf und allen seinen Erben nunmehr das hintere Haus, von seinem gewöhnlichen Eingang auf der vorderen Stiege durch und durch gehend bis in das Krottental, mitsamt dem danebenliegenden Garten, dem Sommerhaus daran und dem Sommerhaus auf dem Bach, auch dem besonderen Gemach, „der Freydenstain" genannt, bis an die Gasse (= Krottental) hinunter. Nur dem Vetter – also nicht auch seinen Erben – überläßt er auch das ganze Holzhaus, die halbe Stallung und Heulege im Stadel und dann die Holzlege vor dem Haus, ferner auch die beiden vorderen Kammern unter dem Brunnengewölbe, ebenso das große Gewölbe im vorderen Hof samt dem halben Weinkeller, auch dem oberen ganzen Keller neben des Joachim Rudolfs zugeeignetem Keller.

Im Gegenzug überläßt der Kanzler dem Joachim und seinen Erben das vordere Haus gegen den Rindermarkt zu, wie es mit Türe ebenda, auch folgends auf der Stiege eingeschlossen (begrenzt) ist, des weiteren auch den halben Teil des genannten Weinkellers, weiter das vordere Gewölbe beim Tor, den oberen Keller unter der Stiege, das Kammerl oberhalb der Stiege, auch die zwei Kammern, welche vom Brunnen herauf unter dem Gewölbe gebaut sind, ebenso die Stallungen auf der rechten Seite im Hof durch und durch bis in die Gasse, samt dem halben Stadel ebenda, auch der Bauernstallung, dem Heustadel, der halben Heu- und Holzlege unter seinem Dach. Nur seinem Vetter (gemeint: Onkel) überläßt Joachim „ain Hennenhöfl an dem pach und der padmaur daselbs", die Holzlege unter dem Wagenhaus allda, wo das Tor und die Einfahrt vom Krottental aus sind, ebenso einen Garten vor dem Schiffertor, zunächst bei der Stadtmühle am Bach und schließlich vier Tagwerk Wiesmahd vor dem Angertor im Burgfrieden.

Weiterhin ungeteilt behalten die beiden Rudolfe das Bad, die Wartkuchel samt der Waschbank, die Tenne im Stadel, auch den vorderen und hinteren Hof.[9]

---

[1] GB III 66/3.
[2] KR 1408/09 S. 69v.
[3] Bauamt-Hochbau 1/1 S. 27r (Baumeisterrechnung).
[4] MB XXXV/2 204 S. 270/271.
[5] Zimelie 20 (Kopialbuch Priesterbruderschaft St. Peter) S. 9r/v, 10r.
[6] RP 8 S. 66v.
[7] GB IV S. 137v (2x).
[8] Vgl. HB AV S. 265/266.
[9] StaatsAM, Archiv Toerring-Seefeld, Anhang, Urkunde.

Nur zum Vorderhaus gehören laut Grundbuch:

1542 Mai 22 Ludwig Rudolf, Bürger und innerer Rat, verkauft ein Ewiggeld (15 Gulden um 300 Gulden Hauptsumme) aus diesem seinem (halben) Haus.[1]

1543 Oktober 31 und **November 2** Dr. Thoman Rudolf, Kanzler zu Landshut, Joachim Rudolf und seine Schwester Ju-stine (unter Vormundschaft) verkaufen Ewiggelder (je 25 Gulden um 500 Gulden Hauptsumme) aus dem Haus (GruBu).

1553 April 23 Joachim Rudolf, Bürger und innerer Rat, und seine Hausfrau Rosina verkaufen ein Ewiggeld (5 Gulden um 150 Gulden Hauptsumme) aus ihrem halben Haus (GruBu).

1561 Januar 4 Ewiggeldverkauf (10 Gulden um 200 Gulden) durch Joachim Rudolf (GruBu).

1572 laut Grundbuch (Überschrift) „Joachimen und Christoffen der Ruedolphen Haus, Hofe und Hindterhaus. Aber[mals] ain hofe und stadl darhinder und stesst mit dem Summerhaus und Gartten auf die Rosschwemb und mit dem stadel in das Rosenthal".

Nur über das Hinterhaus verfügen laut Grundbuch:

1563 September 12 Christof Rudolf, des inneren Rats, und seine Ehefrau Felizitas (geb. Ligsalz) verkaufen ein Ewiggeld (10 Gulden um 200 Gulden) aus ihrem halben Hinterhaus (GruBu).

1563 September 22 erneut Ewiggeldverkauf (10 Gulden um 200 Gulden) durch Christof Rudolf (1571 „zu Hättenkhaim und Puech") und seine Hausfrau Felizitas Ligsaltz (GruBu), ebenso

1563 November 5 (10 Gulden um 200 Gulden),

1568 September 18 (10 Gulden um 200 Gulden),

1569 März 16 (10 Gulden um 200 Gulden),

1571 Juni 13 (20 Gulden um 400 Gulden Hauptsumme aus ihrem halben Haus),

1572 August 28 (10 Gulden um 100 Gulden) und

1573 Juni 4 (11 Gulden 45 Pfennige um 224 Gulden 15 Kreuzer) (GruBu). Das macht alleine für das Hinterhaus Hypotheken in Höhe von 1824 Gulden für über 91 Gulden jährliche Zinsen.

1572 laut Grundbuch (Überschrift) „Christoffen Ruedolphs Haus, stallung und Gartten hindten hinaus in das Crotental geendt und zu vorgeendem [gemeint ist das vorher genannte Vorderhaus] gehörig, daraus aber hernachvolgendt ewiggelt allain verschriben sein".

1587 Juni 23 die Witwe Felizitas und ihre Söhne Johann und Thomas Rudolf verkaufen ein Ewiggeld aus ihrem Hinterhaus.

Das Haus bleibt bis zum 16. Janaur 1590 im Besitz der Familie Rudolf.

Eigentümer Rindermarkt 4:

*? Marquard Draechsel [vor 1368]

*? Niclas (Nicklas) [II.] Schrench (Schrenchk, Schrenck) [innerer Rat, ∞ 1. Selinta Draechsel, 2. Margaretha Vötter[2]], 1377, 1379 senior, 1377 inquilinus. 1381 relicta Nicolaii Schrenckonis cum patrimonio. 1382, 1383/I, 1388 relicta Schrenckin. 1383/II relicta Nicolaii Schrenckonis inquilina

    St: 1368: 31,5/-/-, 1369, 1371, 1372: 47/-/60, 1375: 31,5/-/-, 1377-1379: 31,5/-/-, 1381: 47/-/60, 1382: -/-/-, 1383/I: 5/-/- sub gracia, 1383/II: 7,5/-/-, 1388: 10/-/- juravit

Hans Langenmantel. 1371, 1372 Langenmantel inquilinus [∞ Katharina Draechsel, Schwester der Selinta, beide Töchter von Marquard Draechsel]

    St: 1368: 4/-/-, 1369: -/-/- [Nachtrag am Rand:] solvit 4/-/-, 1371, 1372: 4/-/-

Hans [I.] Schrench [Bruder von Niklas II.]

    St: 1368: -/12/-

Niclas [III.] filius [von Niklas II.] Schrench. 1371, 1377 Niclas junior Schrenck inquilinus. 1372, 1375 Niclas filius suus inquilinus. 1378-1379 Nicklas junior Schrenck. 1381 patrimonium Nicolaii junioris Schrenckonis. 1382 patrimonium Nicolaii Schrenckonis

    St: 1369: -/-/-, 1371: 24/-/-, 1372: 8/-/-, 1375: 17/-/-, 1377: 12/-/- juravit, 1378, 1379, 1381: 12/-/-, 1382: -/-/-

    StV: (1371) de tribus annis.

---

[1] Stadtgericht 207/7 (GruBu) S. 671v/674r.

[2] Nyclaus Schrenck war von 1362-1380 innerer Stadtrat, am 21. Januar 1363 auch 1. Viertelhauptmann im Rindermarktviertel, vgl. R. v. Bary III S. 742 und Zimelie 17 (Ratsbuch III) S. 145v.

Bartholome [I.] (Praertel (!)) Schrenck [Sohn von Niklas II.], 1377 inquilinus
   St: 1377-1379: -/-/-
* Hans [I.] Rudolf (Růdolff)[1] [ehem. innerer Stadtrat, hgl. Rat[2], ∞ 1. Elisabeth II. Schrenck, Toch-ter von Niclas II. Schrenck]. 1399 domus Rudolf. 1408, 1410/I relicta dez Hannsen Rudolfen. 1410/II-1416 relicta Rudolfin
   St: 1383/I: 28/-/- juravit, 1383/II: 42/-/-, 1387: 22/5/10, 1388: 45/-/80 juravit, 1390/I-II: 45/-/80, 1392: 70/-/-, 1393, 1394: 93/-/80, 1395: 45/3/20, 1396, 1397: 68/-/45, 1399: -/-/-, 1403: 73/-/- iuravit, 1405/I-II: -/-/-, 1406: 29/-/-, 1407: 27,5/-/- iuravit, 1408: 38/7/6, 1410/I: 8/-/- iuravit, 1410/II: 10/5/10, 1411: 8/-/-, 1412: 10/5/10, 1413: 4/5/- iuravit, 1415: 7/5/-, 1416: 10/-/40
   StV: (1406) an des stewr haben wir angenomen 29 lb, et non iuravit. (1407) darinn hat er hindan gesaczt der herschaft schuld, die er daz der stat hat.
patrimonium Zachreis [I.] Rudolf
   St: 1383/I: -/-/-
   StV: (1383)I) satisfecerunt fratres.
Ludweig [I.] Wilbrecht, 1406, 1407 inquilinus [hgl. Rat, ∞ Anna Rudolf, Tochter von Hans I. Ru-dolf[3]]
   St: 1406: -/-/-, 1407: nichil, 1408: 2/-/- gracianus
   StV: (1408) zu der nächsten stewr sol er swern.
Hainrich [IV.] Rudolf, 1410, 1411 ir [= der Hans Rudolfin] sun
   St: 1410/I: 6/-/- gracianus, 1410/II: 8/-/-, 1411: 6/-/- gracianus, 1412: 8/-/- gracianus, 1413: 6/-/- gracianus, 1415: 9/-/-, 1416: 12/-/-
   StV: (1416) et dedit 2,5/-/23 von seinem tail gelcz, daz er von der herschafft wegen genomen hat und waz er furbaz einnymbt, daz sol er zuseczn.
Hanns [II.] und Peter [I.] die Rudolfen. 1411-1413 Hanns Rudolf, Peter Rudolf [Söhne von Hans I.]
   St: 1410/I: 15/-/- gracianus, 1410/II: 20/-/- gracianus, 1411: 15/-/- gracianus, 1412: 20/-/- graci-anus, 1413: 15/-/- gracianus
Hanns [II.] Rudolf [Stadtrat, hgl. Rat[4]]
   St: 1415: 10/-/- gracianus, 1416, 1418, 1419: 13/-/80 gracianus, 1423: 37/6/- iuravit, 1424: 12,5/-/20, 1431: 32/5/- iuravit
   Sch: 1439/I-II, 1440, 1441/I-II: 8 t[aglon]
Peter [I.] Rudolf [Stadtrat, hgl. Rat[5]]
   St: 1415: 20/-/-, 1416: 26/5/10, 1418, 1419: 28/-/60, 1423: 21,5/-/- iuravit, 1424: 7/-/40, 1431: 15/-/20 iuravit
   StV: (1416) et dedit 2,5/-/23 von seinem tail gelcz, daz er von der herschafft wegen eingenomen hat und waz er nu hinfúr einnymbt, daz sol er auch zuseczn. (1418) und er hat hinzugesoczt, waz er daz jar von der herschafft wegen eingenomen hat. (1419) et dedit -/21/16 von der her-schafft gelt wegen.
* Hainrich [IV.] Rudolf [Wirt[6], Sohn von Hans I.]
   Sch: 1445: 4 ehalten, dedit -/-/32

---

[1] Hanns I. Rudolf, ∞ 1. Elisabeth Schrenck, ∞ 2. Anna, geb. Gossenbrot aus Augsburg, vgl. Stahleder, Bür-gergeschlechter: Die Rudolf S. 146/150. – 1391 verschreibt ihm Herzog Stephan für 209 Goldgulden, die er ihm für Gewand schuldig ist, die Herbststeuer zu Kufstein und Kitzpühel, vgl. RB X 291. – Ab 1381 ist Hans Rudolf als innerer Rat belegt, 1404 ist er einer der Bürgermeister, vgl. R. v. Bary III S. 742, 756, 762, 765. – 1401 ist Hanns Pfleger von Tölz, 1405 Pfleger von Dachau, vgl. RB XI 234, 368.
[2] Vgl. auch v. Andrian-Werburg, Urkundenwesen S. 141/142.
[3] Vgl. auch v. Andrian-Werburg, Urkundenwesen S. 145.
[4] Hans II. Rudolf ist 1431, 1435, 1437, 1438 und am 3.2.1442 jeweils als einer der beiden Bürgermeister be-legt, vgl. R. v. Bary III S. 757, 758. – Vgl. auch v. Andrian-Werburg, Urkundenwesen S. 142.
[5] Vgl. v. Andrian-Werburg, Urkundenwesen S. 142/143. – Peter Rudolf ist 1418, 1422, 1424, 1431, 1432 und 1435 einer der beiden Bürgermeister, vgl. R. v. Bary III S. 756, 760, 761, 765.
[6] Heinrich Rudolf gehört zu den Wirten am Rindermarkt, die um 1430 Ungeld zahlen, vgl. Steueramt 987.

* Thoma (Thomann, Doman) [I.] Rudolf (Ruodolf, Rŭdolf) [Sohn von Hans II., innerer Rat[1]]
    St: 1453-1458: Liste, 1462: 12/-/-, 1482: 18/-/23, 1486: 17/1/2, 1490: 10/1/22
    StV: (1490) hat Katzmer sein heiratgut abgesetzt und di lehen Hannsen Rudolf auch abgesetzt.
* Hanns [V.] Rudolf (Rŭdolf, Ruodolff, Ruedolf), 1482 sein [= des Thoman I.] sun [Stadtrat[2]]. 1525-1528 relicta Hanns Rudolfin. 1529 relicta Hanns Rudolfin matrimonium [= Anna, geb. Fieger von Melans]
    St: 1453-1458: Liste, 1462: 5/7/2, 1482: 5/-/8, 1486, 1490: 5/2/9, 1496: 7/1/12, 1500: 9/3/10, 1508, 1509: 14/1/12, 1514: Liste, 1522-1526, 1527/I: 12/2/10, 1527/II, 1528, 1529: 11/4/13
    StV: (1490) et dedit 1/7/10 fur die lehn, die sein vater seinen sunen ubergeben hat. (1525) patrimonium für irn haußwirt.
  Peter [I.] Rudolf [Onkel von Thoman I.]
    St: 1462: -/13/26
    StV: (1462) für 2 gulden sein gesacz[t]e stewr.
* Peter [II.] Rŭdolf (Ruodolf), 1532 patrimonium
    St: 1496: 1/6/-, 1500: 2/1/15, 1508, 1509: 3/2/-, 1514: Liste, 1522-1526, 1527/I: 4/4/-, 1527/II, 1528, 1529, 1532: 6/-/-
  Pauls Rŭdolf (Ruodolf, Rudolf) [Sohn von Thoman I., später innerer Rat]
    St: 1496: 1/6/25, 1500: 2/1/11, 1508, 1509: 3/3/-, 1514: Liste, 1522-1524: 4/2/24
    StV: (1524) et dedit -/6/16 fur Jórgn Katzmair.
  Geórg (Jorg, Jórg) [III.] Rŭdolf (Ruodolf, Rudolf, Ruedolf) [Sohn von Thoman I., später zu Ulm]
    St: 1496: 1/5/10, 1500: 2/2/-, 1508, 1509: 3/2/10, 1514: Liste, 1522-1524: 7/-/28
** Ludwig [III.] Rudolf [Enkel von Thoman I., innerer Rat[3]; ∞ Anna Stöckl von Schwaz]. 1544 relicta Ludwig Rudolffin. 1545-1554/I, 1555-1557 Ludwig Rudolffin (Ruedolffin)
    St: 1525: 1/-/- gracion, 1526: 10/2/27 juravit, 1527/I: 10/2/27, 1527/II, 1528, 1529: 12/-/27, 1532: 12/4/13, 1540, 1541: 13/-/21, 1542: 14/3/8, 1543: 28/6/16, 1544: 14/3/8 patrimonium, 1545: an chamer, 1546-1548, 1549/I-II, 1550, 1551/I: 2/-/19, 1551/II: an chamer, 1552/I-II, 1553, 1554/I, 1555: 2/-/19, 1556: 2/-/19 matrimonium, 1557: -/-/-
    StV: (1525) sol bis jar schwern. (1542) hat Paulßn Rudolffs ererbt guth zugsetzt. (1545) [Nachtrag:] zalt 4/1/7. Actum 11. Februarii [1546]. (1551/II) zalt per Tuecherin 2/-/19 am 2. Januarii [1552]. (1556) zalt Untterholtzer, soll hinfúro 2000 fl zusetzn. (1557) haben die erben zugsetzt.
  Augustin Rudolf (Ruedolf) [Enkel von Thoman I., ∞ N. N. von Tirol (Anna Hartmann ?]
    St: 1529: 2/-/-, 1532: 11/2/-, 1540, 1541: 7/3/15, 1542: 9/3/15, 1543: 19/-/-, 1544: 9/3/15, 1545: 14/1/10, 1546: an chamer
    StV: (1529) sol bis jar schwern, ratsgescháft. (1542) [Er und Hanns] haben Paulsn Rudolffs erb zugsetzt. (1545) darin auch seins sons gueth versteurt. (1546) [Nachtrag:] zalt 14/-/- fúr 3 nachsteur. Actum 5. Januarii anno [15]47.
  Hanns [VI.] Rudolf (Ruedolf) [Enkel von Thoman I.]
    St: 1529: nichil das jar, 1532: 3/1/19, 1540, 1541: 3/5/4, 1542: 5/6/4, 1543: 11/5/8, 1544: 5/6/4, 1545: 11/5/8, 1546-1548, 1549/I-II, 1550, 1551/I-II, 1552/I-II, 1553, 1554/I-II, 1555-1557: 5/6/4, 1558: 11/5/8, 1559: 5/6/4: 11/5/8, 1560, 1561, 1563: an chamer, 1564/I-II, 1565, 1566/I-II, 1567/I-II: 1/-/13, 1568: 2/-/26
    StV: (1542) Vermerk siehe Augustin R. (1554/II-1555) zalt Caspar Schrenckh. (1564/I) mer anno [15]60 5/6/4, mer anno [15]61 und [15]63 die steur 2/-/26: zalt her Joch[im] Ruedolff.
  Caspar [II.] Schrenckh [innerer Rat, ∞ Margarete IV. Rudolf, Tochter von Thoman II., Enkelin von Hans V. Rudolf[4]]
    St: 1541: 14/1/26, 1542: 16/1/26, 1543: 32/3/22, 1544: 16/1/26, 1545: 23/5/18, 1546-1548: 11/6/9
    StV: (1541) et dedit -/4/20 von seins weibs heiratguth gracion. (1542) hat seiner hausfrau guth

---

[1] Thoman Rudolf war von 1459 bis zu seinem Tod vor dem 12.10.1491 innerer Stadtrat, vgl. RP.

[2] Hans V. Rudolf war 1492 und 1493 äußerer, dann von 1494 bis 1524 innerer Stadtrat, 1484-1487 auch jeweils einer der Hauptleute des Rindermarktviertels, vgl. RP.

[3] Ludwig Rudolf 1528-1542 innerer Stadtrat, vgl. RP.

[4] Caspar Schrenck war 1547-1554 innerer Stadtrat, vgl. RP.

zugsetzt. (1545) mer 11 gulden fúr p[ueri] Diepolt Kheuss(in). (1546-1548) mer 5/3/15 fur p[ueri] Diepolt Kheussin. (1546, 1547) mer 1/4/10 von wegen des Hofers gartn.

** Jochim (Joachim) Rudolff (Ruedolff)[1] [Sohn von Ludwig III. und Urenkel von Thoman I.]

St: 1544: -/-/-, 1545: 12/4/-, 1546-1548, 1549/I-II, 1550, 1551/I: 6/2/-, 1551/II: an chamer, 1552/I-II: 6/2/-, 1553, 1554/I, 1555: 5/-/10, 1556, 1557: 4/3/27, 1558: 9/-/24, 1559: an chamer, 1560: 4/3/27, 1561, 1563, 1564/I: 3/3/15, 1564/II: 3/4/9,5, 1565, 1566/I-II: 3/5/8, 1567/I-II: 3/6/1, 1568: 7/5/2, 1569-1571: 3/5/11

StV: (1544) steurt das jar noch im patrimonium supra [= bei Ludwig]. (1551/II) zalt 6/2/- per Tuecherin am 2. Januarii [1552]. (1553, 1554/I) darin seiner schwester gueth auch versteurt. (1555) sambt seiner schwester steur. (1556) abgsetzt seiner schwester anthayl. (1560) mer die ferttig steur 4/3/27. (1561, 1563, 1564/I) ausser der Ligsaltz schuld. (1564/II) zuegesetzt den 8. tail der Ligsalz schuld. (1565) zuegsezt anndern empfang Ligsaltzische schuld. (1567/I) zuegesetzt die 3/8 von Ligsaltzn.

** cantzler von Landshuet. 1546-1563 Doctor Thoman [II.] Rudolff (Ruedolff) [Enkel von Thoman I.]

St: 1545: an chamer, 1546: 20/-/-, 1547: -/-/-, 1548: 20/-/-, 1549/I: nihil, 1549/II, 1550: 20/-/-, 1551/I: nihil, rath, 1551/II: -/-/-, 1552/I-II: -/-/-, 1553, 1554/I-II, 1555, 1556: nihil, furstlicher rath, 1557: nihil, rath, 1558-1561, 1563: nihil

StV: (1546) mit ainem geding auf 5 jar und das ist das erst jar. (1547) der zalt nihil, gibt ain jerlichs geding. (1548) seinen beysitz, Martini des [15]47 jars verfallen, und das ist das ander jar vermóg des [15]46. steurpuechs. Adi 4. Februarii anno [15]49 zalt Dr. Ruedolff sein beysitz, thuet 20/-/-, verfallen Martini anno [15]48, das ist das drit jar. (1549/I) der zeit nihil, gibt ain jerlich geding. (1549/II) sein beysitz, das ist das viert jar, vermóg des 46. steurpuechs. (1550) laut seins gedings ist das das 5. und letst jar. (1551/II-1552/II) (ist) der zeit eingstelt.

** Justine Rudolf [Schwester von Joachim, ∞ Sebastian Unterholzer]

** Cristoff [IV.] Rudolf (Ruedolf) [Sohn von Thoman II., ∞ Felizitas III. Ligsaltz, Stadtrat[2]]

St: 1549/II: 1/-/- gracion, 1550: 5/6/5 juravit, 1551/I-II, 1552/I-II: 5/6/5, 1553, 1554/I-II, 1555-1557: 5/2/20, 1564/I: 5/2/26, 1564/II: 6/-/16, 1565, 1566/I-II: 7/5/6, 1567/I-II: 9/2/26, 1568: 18/5/22, 1569-1571: 12/3/28

StV: (1564/I, 1569, 1570) ausser der Ligsaltz schuld. (1564/II) zuegesetzt den 8. tail von der Ligsaltz schuld. (1565) zuegesetzt andern empfanng Ligsaltzische schuld. (1567/I) zuegesetzt zum dritten mal Ligsaltzische schuld.

Hannß [VI. oder VII.] Ruedolf [Hans VI. Enkel von Thoman I., Hans VII. Sohn von Christoph IV.]

St: 1569: an chamer, 1570, 1571: 1/-/13

StV: (1570) mer ain versessne steur 1/-/13.

Bewohner Rindermarkt 4:

relicta Völckweinin inquilina St: 1375: 0,5/-/- sub gracia
Jacob [I.] Tulbeck, 1377, 1378 inquilinus
    St: 1377: -/-/-, 1378, 1379: 0,5/-/-
    StV: (1378) item de anno preterito tantum.
Herman Kirchmair inquilinus St: 1383/I: -/-/18, 1383/II: -/-/27
Lúdl Pózz inquilinus St: 1387: -/-/8
Herman Senift inquilinus St: 1388: -/6/20 juravit
Pillunck kramer St: 1390/II: -/-/80
Hanns [VI.] Tichtel St: 1508: -/3/15
relicta Scharsaherin St: 1514: Liste
herr vom Liechtnstain, 1551/II-1553, 1554/II chamerrath
    St: 1551/II-1553: nihil, 1554/I: nihil, chamerrath, 1554/II: nihil

---

[1] Joachim Ruedolph und Joachim Ruedolphs Hausfrau 1569 Religionsverhör, vgl. Dorn S. 229. – Joachim Ruedolff, des inneren Rats, Religionsverhör 1571, vgl. Dorn S. 249.

[2] Christoph IV. Rudolf 1551-1558 äußerer, dann innerer Stadtrat, vgl. RP.

Dorothea haubmstrickherin
    St: 1555-1557: -/2/-, 1558: nihil
    StV: (1558) ist ins spital komen.
Clas Pabmstuber pflasterer. 1560 Pabmstuber pflassterer. 1561, 1563, 1564/I Claß Pabmstubner
    St: 1559-1561, 1563, 1564/I: -/2/-
Lorentz Dánckhlin. 1560-1564/I allt Lorenntzin
    St: 1559-1564/I: -/-/-
    StV: (1559) der zeit nihil. (1560) pauper, der zeit nichil. (1561, 1563, 1564/I) pauper.
Othmar [I.] Ligsalz
    St: 1564/II: -/-/-
    StV: (1564/II) steurt folio 74v [= Kaufingerstraße 3*] bei seiner mueter [Andre Ligsaltzin].

Rindermarkt 5

Charakter: Benediktbeurer Klosterhaus vor 1296 bis 1394. Später Gasthaus „Zu den drei Rosen".

Hauseigentümer:

Vor 1296 gehörte das Haus dem Niclas Sentlinger und seiner Hausfrau Margaret, wie man 1394 erfährt. Niklas Sentlingert erscheint letztmals am 30. Januar 1274 in einer Quelle.[1]
1296 Januar 20 der Stadtrat schreibt dem Abt von Benediktbeuern die Steuer für sein Haus und seine Hofstatt am Rindermarkt vor („von ir hausse und von dez selben hofstat mit dem, daz zue gehoeret, demselben hawse, daz si an dem Rindermarict ze Mue[n]chen habent und auch von dem, swaz uf dem vorgenanten gemacht oder gepautt wirt, ob halt daz grossez lonez wert ist oder wirde, ze glicher stewr, diu wir geben, nach der ahtunge fuen[f]zick pfunde Muencher pfenninge, dieweil und zeit die vrowe Margaret diu Nicleusinne diu Sentlingerinne lebet", nach ihrem Tod aber 70 Pfund. Als erster der Zeugen ist Marquard Draechsel genannt, der Nachbar von Haus Nr. 4.[2]
1368-1393 domus abbatis de Paẁrn (StB).
Das Benediktbeurer-Haus wird auch
1384 Oktober 11 genannt. Da bewohnt es ein Mann namens Nikolaus, wohl Niklas Stadler.[3]
1394 Januar 16 Nachbarn des Hauses des Klosters Benediktbeuern sind Hanns Rudolf (Rindermarkt 4) und Bartlme Schrenck (Rindermarkt 6). Das Haus, das das Kloster zum Unterhalt des Sendlinger-Jahr-tages im Kloster von Niklas Sentlingers seliger Witwe Margaret erhalten hatte, wird nunmehr vom Kloster – von des Gotteshauses Notdurft wegen – verkauft an Ulrich den Ebner.[4] Ulrich Ebner handelt 1395 unter anderem mit Wein.[5] Auch dieses Haus ist in der Zeit der Unruhen beschlagnahmt und die Stadt bezieht nicht näher deklarierte Einnahmen aus des Ebners Haus.[6] Ulrich Ebner ist früh gestorben. Er war mit einer Tochter von Sighart Hudler von Marienplatz 2 verheiratet, die 1406 bereits Witwe genannt wird (StB). Aber schon bei der zweiten Steuer des Jahres 1405 wird des Ulrich Ebner „patrimonium" versteuert. Da ist er bereits tot. Von dieser Erbschaft zahlt bei dieser Steuererhebung bereits ein Drittel der Steuer Hans Stupf, die anderen zwei Drittel die Witwe Ebner.
Hans Stupf war demnach entweder einer der Erben von Ulrich Ebner oder er hat die Witwe Ebner geheiratet. Jedenfalls geht der Besitzerwerb an diesem Haus durch die Stupf bereits auf die zweite Hälfte des Jahres 1405 zurück.

---

[1] Stahleder, Stadtplanung S. 59/61.
[2] BayHStA, KL Benediktbeuern 9 fol. 61.
[3] GB I 207/12.
[4] Urk. D I e 1 X Nr. 2 = MB XX 117 S. 73/75. – Vgl. auch BayHStA, KL Benediktbeuern 11 fol. 136 (1393).
[5] GB II 98/4.
[6] KR 1398/99 S. 52r.

1399 domus Ulrich Ebner (StB).
Mitte des 15. Jahrhunderts stiften die Brüder Gabriel und Martin Ridler ein Ewiggeld aus dem Haus von Hans und Andre der Stupfen am Rindermarkt an St. Peter.[1]
1458 Oktober 23 Hans und Andre die Stupfen haben Haus und Hofstatt am Rindermarkt. Nachbarn sind der Rudolf (Rindermarkt 4) und Bartlme Schrenck (Rindermarkt 6).[2]
1491 Januar 15 Andre Stupf verkauft ein Ewiggeld (10 Gulden um 200 Gulden Hauptsumme) aus seinem halben Haus und Hofstatt.[3]
1496 ist des Andre Stupf halbes Haus am Rindermarkt, „darin er wesenlich ist" (= darin er sein Wesen hat, darin er wohnt), mit einer Hypothek (Ewiggeld) belastet, die im Jahr 1490 gekauft worden war.[4]
1524 das Haus der Stupf am Rindermarkt, aufgeführt zwischen dem der Rudolf (Rindermarkt 4) und dem des Schrenck (Rindermarkt 6), ist vom Ehaft am Brunnen an der Fürstenfelder Straße befreit.[5]
1545 Februar 12 das Haus des Ruprecht Stupf ist dem Haus von Dr. Thoman (II.) Rudolf und Joachim Rudolf (Rindermarkt 4) benachbart.[6]
Wohl 1563 ging das Haus an Jörg Reitmor über. Dessen Ehefrau Anna, geborene Pernöder, fand in diesem – „in deß alten herren Rueprecht Stupfens behausung am Rindermarckht zu München" – im Jahr 1563 die Handschrift der Kazmair-Denkschrift über die Ereignisse von 1397 bis 1403, und zwar „an ainem unzimlichen verworfen orth". Sie meinte den Abort, wo sie die Vorbesitzer bei Räumung des Hauses zur gefälligen weiteren Verwendung hinterlegt hatten.[7]
1563 Mai 9 der innere Stadtrat Georg Reitmor verkauft ein Ewiggeld von 7 Gulden um 140 Gulden Hauptsumme aus dem Haus, ebenso
1564 Juli 31 die hohe Summe von 75 Gulden um 1500 Gulden Hauptsumme (GruBu).
1565 wird das Haus des Georg Reitmor als Nachbarhaus zu Bartlme Schrenck (Rindermarkt 6) angegeben,[8] ebenso
1566 Januar 11.[9]
1572 laut Grundbuch (Überschrift) „Georgen Reitmors vorderhaus, hof und hinderhaus und mer ain Hof und stadl darhinder, geet in das Rosenthal".
Von dessen Sohn Mathias Reitmor zu Deutenhofen, innerer Rat der Stadt Regensburg, geht das Haus schließlich am 4. Februar 1595 an Andre Ligsalz zu Ascholding über, der es am 7. Januar 1597 schon wieder an Herzog Ferdinand in Bayern verkauft. Bis 1616 bleibt es in dessen, seiner Witwe Maria Pettenbeck und seiner Kinder, der Grafen von Wartenberg, Händen.

Eigentümer Rindermarkt 5:

* Niclas [gestorben um 1274] und Margaret Sentlinger [vor 1296]
* domus abbatis de [Benedikt-]Pawrn (Páurn). 1387 domus de Pewern [seit 1296]
    St: 1368, 1369, 1371, 1372, 1375, 1377-1379, 1381: -/10/-, 1382: -/12/-, 1383/I: -/10/-, 1383/II: -/15/-, 1387: -/6/20, 1388, 1390/I-II: -/13/10, 1392: -/10/-, 1393: -/13/10
    StV: (1381) item de anno preterito tantum. Item t[enetu]r (?) penaz duas.
* Ulrich Ebner. 1399 domus Ulrich Ebner. 1406 relicta Ebnerin [Weinhandel, Schankungelter, Stadtrat, hgl. Rat,[10] ∞ Tochter von Sighart Hudler, vgl. Marienplatz 2]
    St: 1395: 11/-/24, 1396, 1397: 16/5/6, 1399, 1401/I-II: -/-/-, 1403, 1405/I: 22/-/48, 1406: 3/-/80 iuravit
    StV: (1395) item dedit Ulrich Ebners stieffkind -/7/- Muncher. (1403, 1405/I) nach alter stewr.

---

[1] Ridler-Chronik in: OA 5, 1844, S. 102.
[2] Zimelie 20 (Kopialbuch Priesterbruderschaft St. Peter) S. 9r/v, 10r.
[3] Stadtgericht 207/7 (GruBu) S. 676v.
[4] Zimelie 43 S. 56r (Heiliggeistspital, Salbuch C).
[5] RP 8 S. 66v.
[6] StaatsAM, Archiv Toerring-Seefeld, Anhang, Urkunde.
[7] Muffat, Einleitung zur Kazmair-Denkschrift S. 458/460.
[8] Hartig, Künstler S. 336 Nr. 707, nach: BayHStA, Hofzahlamtsrechnung S. 366v.
[9] Hartig, Künstler S. 342 Nr. 728, nach: BayHStA, GUM 1115.
[10] Vgl. v. Andrian-Werburg, Urkundenwesen S. 140. – Ulrich Ebner war am 10.8.1403 einer der beiden Bürgermeister, 1404/05 war er Schankungelter, vgl. GB III S. 9r und R. v. Bary III S. 755, 878.

(1406) und die 40 gulden ewigs gelcz, die sy hat, die hat ir vater in seiner stewr mit seinem ayd verstewrt.

Bem.: (1406) Vgl. denselben Eintrag bei Sighart Hudler, Marienplatz 2.

patrimonium Ulrich Ebner
　　St: 1405/II: 22/-/48, 1406, 1407: -/-/-, 1408: 5/-/-, 1410/I: -/-/-
　　StV: (1405/II) dez hat zway tail ausgericht dez Hudler tochter und ainen tail der Hanns Stüpff. (1407) für 10 lb von zwayn jarn von Ulrich Ebner[s] patrimonium wegen.
　　Bem.: (1410/I) Steuer gemeinsam mit Hanns Stüpf.

und seineẃ steẃfkind (stewfchind)
　　St: 1396, 1397: -/10,5/-

Hanns Altman dez Ebner sún. 1405/I Hanns Altman sein sun
　　St: 1403, 1405/I: -/14/- gracianus

* Hanns Stúpff (Stẃpff). 1416, 1418, 1419 domus Hanns Stwpff
　　St: 1407, 1408: 20/-/80, 1410/I: 25/3/- iuravit, 1410/II: 33/6/20, 1411: 25/3/-, 1412, 1413: 9 ungerisch gulden, 1415, 1416, 1418, 1419: 2/-/-, 1423: 20/-/-, 1424: 6/5/10
　　StV: (1407) und er hat geben 16 reinisch gulden. (1423) der rat geseczt.

pueri Hanns Stupf (Stúpf)
　　St: 1431: 4/-/- gracion
　　StV: (1431) nach ratz gesetzt, get auf und ab.

Ulrich Stúpf [Schankungelter[1]]. 1453 relicta Ulrich Stupfin
　　Sch: 1439/I-II, 1440, 1441/I-II: 3 t[aglon], 1445: 4 ehalten, dedit -/-/32
　　St: 1453: Liste

pueri Ulrici Stupf (Stúpff). 1458 pueri Ulrichs kind Stupf
　　St: 1455-1458: Liste, 1462: -/-/16
　　StV: (1462) zalt der Krumel.

Hanns Stúpf (Stupf)
　　Sch: 1439/I-II, 1440, 1441/I-II: 2 t[aglon]

pueri Hanns Stupf. 1440 pueri Stupf
　　Sch: 1439/I, 1440, 1441/II: 2 t[aglon][2]

* Hanns Stupf (Stúpff) [innerer Rat[3]]. 1482, 1486 domus Hanns Stúpff, 1486 zollner, 1490 medium partem. 1496 Hanns Stupf der alt
　　St: 1453-1458: Liste, 1462: 4/-/78, 1482, 1486, 1490: nichil, 1496: an camer

** Andre Stupff (Stúpf, Stüpf) [Stadtrat[4]]
　　St: 1453-1458: Liste, 1462: 5/-/24, 1482: 5/2/25, 1486, 1490: 5/-/18, 1496: 4/1/10, 1500: 3/1/18

Jorg (Jórg) Stupf (Stúpf)
　　St: 1453-1458: Liste, 1462: -/11/22

Hanns Stupf (Stúpf, Stůpf) [Stadtrat[5]]. 1486 jung Hanns Stúpff. 1496 Hanns Stúpf der jung. 1540 Hanns Stupf, sollen die erben zusetzen
　　St: 1486, 1490: -/6/-, 1496: -/7/2, 1508, 1509: 5/4/12, 1514: Liste, 1522-1526, 1527/I: 6/3/24, 1527/II, 1528: 4/1/27, 1529: 4/5/13, 1532: 4/5/15, 1540: nihil
　　StV: (1528) et dedit -/5/16 für seiner schwester matrimonium. (1529) hat seiner schwester gut zugesetzt. (1540) ist alles verricht und zugsetzt.

* Ruprecht Stupf (Stůpf, Stúpf) [Stadtrat[6]], 1541, 1542 kastner, 1553-1554/II fürstlicher rath. 1556, 1558-1563 domus (Ruprechtn) Stupffn (Stipfen)
　　St: 1500: 1/6/-, 1508, 1509: 6/-/20, 1514: Liste, 1522-1526, 1527/I-II: 10/-/-, 1528, 1529, 1532:

---

[1] Ulrich Stupf 1450-1452 (Tod) als Schankungelter belegt, vgl. R. v. Bary III S. 879.
[2] 1439/II derselbe Eintrag gestrichen.
[3] Hanns Stupf 1459 bis 21.3.1466 innerer Stadtrat, sagt an diesem Tag das Bürgerrecht auf und wird Zöllner und Rentmeister Herzog Albrechts in Straubing, vgl. RP, vor allem RP 1 S. 111r.
[4] Andre Stupf 1467 und 1469 äußerer, 1468, 1470-1505 innerer Stadtrat, vgl. RP.
[5] Hanns Stupf, 1506 äußerer, 1507-1538 innerer Rat, 1511-1514 auch Ratsverordneter des Weinhandels, vgl. RP und R. v. Bary III S. 974.
[6] Ruprecht Stupf 1504, 1505, 1507 äußerer, 1506, 1508-1530 innerer Stadtrat, tritt dann in herzoglichen Dienst, vgl. RP. – Von Ruprecht Stupf gibt es ein Gemälde von Hans Mielich von 1549, vgl. Löcher, Hans Mielich S. 140 Abb. Nr. 28.

nichil, casstner, 1540-1542: nihil, 1543: 2/4/20, 1544: 1/2/10, 1545: 2/4/20, 1546-1548, 1549/I-II, 1550, 1551/I-II, 1552/I-II, 1553, 1554/I-II, 1555: 1/2/10, 1556: an chamer, 1557: 1/2/10, 1558: 2/4/20, 1559: an chamer, 1560: -/2/10, 1561: an chamer, 1563: -/-/-

StV: (1500) et dedit 1/3/20 seiner muoter gut, das noch untailt. (1508, 1509) et dedit -/-/28 von 1 guld(en) geltz fur Stofl (Stoffl) von Iberling (Überling). (1540-1542) ain yeder kastner zu hoff ist aller steur gfreit gegen der stat. (1545-1555) von seinen zinsn (zinsen). (1556) zalt per steurknecht am 24. Julii, thuet 1/2/10. (1557, 1558) von zinsn. (1560) de domo. Mer von anno [15]59 de domo -/2/10, soll hinfúran von seinen zinsen versteuern. (1563) khaufft an sich Jorg Reitmor.

ju(nckhfrau) Katherine Stúpfin
    St: 1500: 1/6/10

junckfraw Madlen Stupfin (Stúpfin). 1514 j[unckhfrau] Madlen inquilina
    St: 1514: Liste, 1522-1526, 1527/I-II: -/5/16

Eberhart Stúpf [Schankungelter[1]]
    St: 1522, 1523: nichil, ist spitlmaister.

** Jorg (Georg) Reitmor (Raitmair) [äußerer Rat, ∞ 2. Anna Pernöder[2]]
    St: 1563, 1564/I-II, 1565, 1566/I-II, 1567/I-II: 35/4/5, 1568: 71/1/10, 1569-1571: 25/4/2
    StV: (1563, 1564/I) mer fúr Pernoderin ausser der Ligsalltz schuld -/6/15. (1565) soll von wegen Peter Fróschls bezaln und di gult inbehalten sollang bis er bezalt, raths geschafft, deshalb sein einkhomen in verpot beleiben solle.

Hanns [IV.] Reitmor [Bruder von Georg]
    St: 1563: 12/-/21

** Mathias [I.] Reitmor [Sohn von Georg] nach 1563 bis 1595 Februar 4 (GruBu).
** Andre Ligsalz zu Ascholding [1595 Februar 4 bis 1597 Januar 7]
** Herzog Ferdinand in Bayern [seit 1597 Januar 7]

Bewohner Rindermarkt 5:

Prántel (Praentl) calciator inquilinus St: 1368: -/-/24, 1369, 1371, 1372: -/-/36, 1375: -/-/20
Kúngund (Kunigund) inquilina. 1369, 1371 Kunigund mercatrix inquilina
    St: 1368: -/-/50 post, 1369, 1371, 1372: -/-/60, 1375: -/3/22
Perchtolt kramer inquilinus St: 1368: -/-/10 gracianus
Górig kramer inquilinus St: 1377: -/3/18 juravit, 1378: -/3/18
Jngram sartor inquilinus St: 1379: -/-/18
Hainrich Stawdel (Stáwdl) inquilinus, 1382 mercator St: 1381, 1382: -/-/12
Rúppel scriptor inquilinus St: 1381, 1382: 1/-/-
Hainrich Merbot sartor inquilinus
    St: 1381: -/-/18
    StV: (1381) item de anno preterito tantum.
Hainrich Geraẃter inquilinus St: 1382: -/-/18
Nicklas Stadler inquilinus St: 1383/I: -/-/27, 1383/II: -/-/40,5
Pillungk (Pillunck) institor (kramer), 1383, 1388, 1392 inquilinus
    St: 1383/I: 0,5/-/6, 1383/II: -/6/9, 1387: -/-/40, 1388: -/-/80 juravit, 1390/I: -/-/80, 1392: -/-/72, 1393: -/3/6
Ull (Ulrich) Krell inquilinus St: 1387: -/-/80, 1390/I: -/5/10
lautenmacher (1388 lauttenslaher) inquilinus St: 1387: -/-/12, 1388: -/-/24 juravit
Katrey doctrix. 1388, 1390/I-II, 1392, 1393 Katrey (Katren, Katerina) lernfraw[3], 1387-1393 inquilina
    St: 1387: -/-/20 gracia, 1388: -/-/-, 1390/I-II: -/-/24, 1392: -/-/36, 1393: -/-/48
Prenn(er) institor (kramer) inquilinus St: 1388: -/5/10 juravit, 1392: -/3/-

---

[1] Eberhart Stupf 1516-1547 Schankungelter, vgl. R. v. Bary III S. 879.
[2] Anna Reitmorin [geb. Pernöder] 1569 Religionsverhör, vgl. Dorn S. 228. – Zu den Reitmor vgl. Stahleder, Bürgergeschlechter. Die Reitmor S. 312 ff. – Georg Reitmor 1547, 1548, 1552, 1554 und 1557 äußerer Stadtrat, vgl. RP und Weinstraße 15.
[3] 1392 vor „lernfraw" ein „p".

Hainrich von Munchen inquilinus St: 1390/II: -/13/10
Chunrat kaeffer St: 1392: -/-/12
[Ulrich[1]] Kurcz goltsmid inquilinus[2] St: 1393: 0,5/-/-
relicta Michel Leincz (?) inquilina St: 1399: -/-/45
Pferinger inquilinus St: 1401/II: -/-/-
Ludweyg Eysenman [Goldschmied ? Weinschenk ?[3]] St: 1413: -/14/- iuravit, 1415: 3/-/60
Gócz cháuffel,[4] 1413-1416 inquilinus
    St: 1413: -/3/12 iuravit, 1415: -/6/12, 1416: 1/-/16, 1418, 1419: -/9/10, 1423: -/7/18
Hainrice (Hainrich) Greymold, 1416 inquilinus St: 1416: 3/-/80, 1418, 1419: 6/5/10
Ulrich Swab, 1439/I-II tagwercher, 1440 inquilinus Sch: 1439/I-II, 1440: 0,5 t[aglon]
Niclas Tállinger [Weinschenk[5]] St: 1455: Liste
Sigmund [II.] Pötschner [Stadtrat[6]]
    St: 1523-1525, 1528, 1529: 6/-/7, 1532: 6/3/22
    StV: (1528, 1529) et dedit 2/4/20 fůr p[ueri] Alex Ridler. (1529) dedit -/2/- fůr seiner paßn gut.
Adam Schluder St: 1527/II, 1528, 1529, 1532: 2/1/17
Caspar [II.] Partt [Stadtrat[7]]
    St: 1541: 5/4/20, 1542: 13/-/17, 1543: 26/1/4, 1544: 13/-/17, 1545: 40/1/14, 1546-1548, 1549/I-II, 1550, 1551/I: 20/-/22
    StV: (1542) hat seins weibs heyratgueth, auch seins vatern ererbt gueth zugsetzt.
N[iclas] Neuchinger, 1551/II rath St: 1551/II, 1552/I: nihil
herr von Schellenberg St: 1552/II: nihil, hoffrath
Cristoff Raindorffer chamerrath St: 1553-1555: nihil
Peringer fůrstlicher rath. 1557 N. Peringer rántmaister St: 1556, 1557: nihil
Barbara feylnhauerin St: 1559, 1560: -/2/-
herr von Gumppnberg St: 1559: nihil
Hainrich Haslinger St: 1560: nichil, 1561: nichil, hofgesind
junckhfraw Weissenfelderin St: 1561, 1563: an chamer

Rindermarkt 6
(mit Rosental 5 und 6)

Name und Charakter: Später sog. Wartenbergische Behausung mit Sebastianskapelle im Rosental.

Hauseigentümer:

1394 Januar 16 das Haus des Bartlme Schrenck ist Nachbar des Hauses des Klosters Benediktbeuern, künftig des Ulrich Ebner (Rindermarkt 5).[8]
1399 domus Bartholme Schrenck (StB).

---

[1] So bei Kaufingerstraße 15* (1383).
[2] Vgl. Frankenburger S. 265.
[3] Vgl. Rindermarkt 2, 3, 5, 17. – Frankenburger S. 269. – Ein Ludwig Eysenman ist um 1414 Mitglied der Weinschenkenzunft, vgl. Gewerbeamt 1411 S. 3v.
[4] 1424 wieder getilgt „Gócz kauff".
[5] Nycklas/Nicklas Dällinger/Tállinger 1451 und 1458 Mitglied der Weinschenken-Bruderschaft, vgl. Gewerbeamt 1411 S. 10r, 13r.
[6] Sigmund [II.] Pötschner ist 1500-1502, 1504, 1509, 1514 und 1517 als äußerer Stadtrat, 1503, 1510-1513, 1515, 1517 und von Februar 1517 an als innerer Rat belegt, vgl. RP.
[7] Kaspar II. Bart ist 1542 bis 1572 innerer Stadtrat, jedoch mit Ausnahme der beiden Jahre 1543 und 1545, in denen er äußerer Rat ist, vgl. RP und Fischer, Tab. III S. 2.
[8] Urk. D I e 1 X Nr. 2 = MB XX 117 S. 73/75.

1458 Oktober 23 das Haus des Bartlme Schrenck ist Nachbar des Hauses und der Hofstatt des Hans und Andre der Stupfen am Rindermarkt (Rindermarkt 5).[1]

1524 das Haus des Schrenck, aufgeführt zwischen denen der Stupf (Rindermarkt 5) und dem des Rosenbusch (Rindermarkt 7 B), ist vom Ehaft für den Brunnen an der Fürstenfelder Straße befreit.[2]

1565 beziehungsweise

1566 am 11. Januar verkauft Bartlme Schrenck, fürstlicher Rat und gewesener Kastner zu München, sein Haus am Rindermarkt, einschließlich Schmiede und Garten im Krottental, um 7 300 Gulden an Herzog Albrecht V. Nachbarn sind: das Haus des Georg Reitmor, das früher dem Stupfen gehörte (Rindermarkt 5), und das Haus des Georg Ligsalz (Rindermarkt 7 B).[3] Als Haus des Herzogs steht es nur einmal – bei der ersten Steuer des Jahres 1566 – im Steuerbuch.

Noch im selben Jahr schenkt Herzog Albrecht V. dem Hans Jakob Fugger zu Kirchberg und Weißenhorn für mancherlei Dienste, namentlich für eine mit seinem Sohn, Herzog Ferdinand, nach Italien gemachte Reise, sein Haus am Rindermarkt, wie er solches nebst einiger Fahrnis am 11. Januar 1566 vom fürstlichen Pfleger Bartlme Schrenck zu Eggmühl um 7 300 Gulden erworben hat, mit der Bedingung des Vorkaufsrechts, falls der Fugger es wieder verkaufen möchte.[4]

Der erste im Grundbuch nachgewiesene Hauseigentümer ist deshalb auch:

1572 Herrn Hans Jacob Fuggers Vorderhaus, Höfel und Stadel dahinter, gehen in das Rosenthal hinaus.[5] Er steht seit der zweiten Steuer von 1566 hier in den Steuerbüchern. Von ihm geht es nach 1580 an den Herzog Ferdinand in Bayern über und bleibt bei seiner Familie (Witwe Maria Pettenbeck und die Kinder und weiteren Nachkommen) bis 1739. Es ist dies die Wartenbergische Behausung oder das später sogenannte Haslingerhaus. Der erste Eintrag im Grundbuch unterhalb der Überschrift (von 1572) stammt vom 20. Juni 1598. Alle Einträge im Häuserbuch bis zu dieser Zeit stammen nicht aus dem Grundbuch.

Eigentümer Rindermarkt 6:

* Bartholome[6] [I.] und Andre die Schrencken [Söhne von Niklas II. Schrenck]
    St: 1383/I: 15/-/- sub gracia, 1383/II: 22,5/-/-
  relicta [Niclas II.] Schrenckin. 1393 die alt Schrenkin [Mutter von Bartlme und Andre]
    St: 1387: 5/-/-, 1390/I-II: 10/-/-, 1392: 6/3/-, 1393: 8,5/-/-
* Bartholme (Partelme) [I.] Schrenck (Schrenk) [Stadtrat[7]]. 1399 domus Bartholme Schrenck
    St: 1387: 16/-/-, 1388: 12/-/- gracianus, 1390/I-II: 32/-/-, 1392: 19/-/-, 1393, 1394: 25/-/80, 1395: 15/-/60, 1396, 1397: 22/7/-, 1399, 1401/I-II: -/-/-, 1403: 21,5/-/- iuravit, 1405/I: 21,5/-/-, 1405/II: 26/-/60 iuravit, 1406-1408: 35/-/-, 1410/I: 27/-/- iuravit, 1410/II: 36/-/-, 1411: 27/-/-, 1412: 36/-/-, 1413: 20/4/-, 1415: 19,5/-/-, 1416: 26/-/-, 1418, 1419: 21/-/60, 1423: 21/-/78, 1424: 7/-/26, 1431: 14/-/- iuravit
    StV: (1387) und 32/-/- de preterita stewra. (1394) item und 5/-/- an seiner muter stewr und Weissenfelder[-Erbschaft] -/10/- M[ü]n[chner]. (1431) et dedit 0,5 lb von 5 gulden gelcz den frawn von Anger.
  Andre [I.] Schrenck, 1387 inquilinus
    St: 1387: 11/-/40 iuravit, 1388: 10/-/-, 1390/I: 32/-/80
  Matheis (Mathias) Schrenck, 1392-1393 inquilinus
    St: 1392: 3/-/-, 1393, 1394: 4/-/-, 1395: 2/-/-, 1396: 3/-/-, 1397: 3/-/- gracianus, 1403: 8,5/-/- gracianus
    StV: (1403) fur sich und sein hausfrawn.

---

[1] Zimelie 20 (Kopialbuch Priesterbruderschaft St. Peter) S. 9r/v, 10r.
[2] RP 8 S. 66v.
[3] Hartig, Künstler S. 336 Nr. 707, nach: BayHStA, Hofzahlamtsrechnung S. 366v (1565); GUM 1115 (1566).
[4] Hartig, Künstler S. 342 Nr. 729, nach: BayHStA, GUM 1121.
[5] Stadtgericht 207/7 (GruBu) S. 678v.
[6] Bertel Schrenck 1381 Mitglied des Großen Rats, vgl. R. v. Bary III S. 745.
[7] Paertel Schrenk ist am 4.11.1391 einer der Bürgermeister, ebenso am 6.4.1408 und 1409, vgl. GB II 16/15 und R. v. Bary III S. 756, 765. 1407 ist er der erstgenannte Kirchpropst von St. Peter und damit wohl innerer Rat. Gestorben ist er 1433.

* Bartlme [II.] Schrenckh [innerer Rat[1]]. 1482 relicta Schrenckin
    Sch: 1439/I-II, 1440, 1441/I-II: 4 t[aglon], 1445: 5 ehalten
    St: 1453-1458: Liste, 1462: 14/-/-, 1482: 1/3/22
  Bartholome [III.] Schrenck [Weinschenk, Handel mit Wein, Wolle, Schmalz und Eiern, Stadtrat[2]]
    St: 1482: 31/4/29, 1486, 1490: 8/1/18, 1496: 6/3/10, 1500: 5/5/6, 1508, 1509: 6/1/17, 1514: Liste
    StV: (1482 gemeinsamer Betrag mit Jeronimus).
  Nicklas [IV.] Schrenck [Sohn von Bartlme II.]
    St: 1462: -/6/18 gracion
  Jeronimus [I.] Schrenck. [Sohn von Bartlme II.]. 1496 relicta Jeronimus Schrenckin [= Anna V. Pütrich, Schwester von Bernhardin Pütrich]
    St: 1482: -/-/-, 1486: 8/2/15, 1490: 9/6/5, 1496: 11/7/16
    StV: (1482 gemeinsamer Betrag mit Bartholome). (1486) et dedit 2/-/5 die ander nachsteur fur Sunderdorffer.
  Bernhart (Bernhardin) Pútrich [äußerer Rat[3]]
    St: 1482: 5/-/17, 1486, 1490: 4/2/25
  relicta Hoferin
    St: 1500: nichil
* Caspar [I.] Schrenck [gestorben 1521, Sohn von Bartlme III.]. 1522-1528 relicta Caspar Schrenckin [= Elisabeth geb. Hofer], 1522, 1523 und ire kind
    St: 1508, 1509: 38/5/9, 1522: 44/-/-, 1523-1526, 1527/I: 40/-/-, 1527/II, 1528, 1529: 36/-/-
    StV: (1522) geben die bis auf ain geschworne steur. (1523) gibt die biß auf ain geschworne steur.
  Thoman Fleckhamer [∞ Katharina IV. Schrenck, Tochter von Kaspar I.]
    St: 1523: 1/-/- gracion
* Bartlme [IV.] Schrenck [Sohn von Kaspar I., Stadtrat[4], hgl. Rat, Kastner zu München]. 1563-1565 domus Bartlme (Bartholome) Schrennckh
    St: 1532: 16/2/28, 1540-1542: 28/1/25, 1543: an chamer [Nachtrag:] zalt 56/3/20, 1544: an chamer [Nachtrag:] zalt 28/1/25, 1545-1547: an chamer, 1548: 17/4/-, 1549/I-II: an chamer, 1550: 17/4/-, 1551/I: an chamer, 1551/II: 17/4/-, 1552/I: an chamer, 1552/II: 17/4/-, 1553, 1554/I-II, 1555, 1556: 7/-/5, 1557, 1558: an chamer, 1559, 1560: 7/-/5, 1561: nichil, 1563, 1564/I-II: an chamer, 1565. -/-/-
    StV: (1532) et dedit 12/1/4 für sein bruder C[aspar] Schrenckn. (1545) [Nachtrag:] zalt 35/1/- sein gschworne zwifache steur. Actum 4. Juni. (1546) [Nachtrag:] zalt 17/4/- in rechnung. Actum 24. Decembris anno [15]46. (1551/I) dise steur zalt er hernach den steurherrn vermóg des steurpuechs, Martini des [15]51. jars. (1551/II) mer 17/4/- ain versessne stewr im monat Aprilis des 51ten jars, soll noch 3 alt versessn steur, aine im 47ten und zwo im 49ten jarn [zahlen], hat dieselben auff rechnung gegen [...] lassen ansteen etc. (1552/II) mer 17/4/- für die steur verfallen im monat Julii dises [15]52. jars. (1553) ad 27. Januarii anno [15]54 zalt Schrenckh 52/5/- für 3 versessn steur per rechnung, inhalt memorials des [15]53. jars, folio 66 col. 2 [= 66v, Vor dem Thor]. Actum per Caspar Schrenckhen. (1559) noch soll er die steur von dem [15]57., auch die doplt des [15]58. jarn [zaln]. (1560) noch soll er die steur von dem 1557., auch die doplt steur von dem 1558. jar [zaln]; [Nachtrag:] zalt an chamer den

---

[1] Bartlme II. Schrenck war 1442, 1452 und 1455 bereits einer der beiden Bürgermeister, 1459 bis zu seinem Tod am 17.6.1472 innerer Rat, 1459 auch Viertelhauptmann im Rindermarktviertel, vgl. RP und R. v. Bary III S. 758.

[2] Bartlme III., gestorben 1518/19, war 1473 und 1474 äußerer, 1475 und 1477-1515 innerer Stadtrat, vgl. RP. – Er handelte mit Wolle, Schmalz und Eiern. Davon hatte er 1481 in der Fastenzeit an die Stadt für nicht weniger als 316 Pfund Pfennige 4 Schillinge und 18 Pfennige verkauft, wovon den halben Teil die Stadt bezahlte, die andere Hälfte Herzog Albrecht IV., vgl. KR 1481/82 S. 76v. – 1495 Aufnahme in die Weinschenkenzunft, vgl. Gewerbeamt 1418 S. 8r.

[3] Bernhardin Pütrich war 1479 bis 1489 stets äußerer Stadtrat, vgl. RP, er starb um 1512.

[4] Bartlme IV., Sohn von Kaspar I., 1531 äußerer, dann bis 1546 fast jedes Jahr innerer Rat, vgl. RP und BayHStA, GL 1.

15. Januarii anno [15]61. (1561) mer folio 90v [Ewiggeld]. (1563) abgsetzt 1000 fl der Ligsaltz schuld. (1565) raths geschafft: soll mit werth oder gelt bezaln.
* domus unnsers genedigen f[ürsten] unnd herrn [= Herzog Albrecht V.].
    St: 1566/I: -/-/-
** domus herr (herrn) Fugger [= Hanns Jakob Fugger zu Kirchberg und Weißenhorn]
    St: 1566/II: an chamer, 1567/I-II: -/-/-, 1568: an chamer, 1569, 1570: -/-/-, 1571: an chamer

Bewohner Rindermarkt 6:

Jacob Kellermaws inquilinus St: 1405/I: -/3/- gracianus
Wilhalm Gúnther [später Stadtrat[1]] St: 1413: 10/-/- iuravit
Hanns Wiser sein [= des Jeronimus Schrenck] schreiber St: 1482: -/-/60
[Hanns] Stockhamer [Salzmesser[2]] St: 1486: 6/4/15
Altman St: 1486: 1/-/27
Jórg Westendarfer schenckschreiber St: 1496: -/-/60
Utz Fettinger St: 1500: -/-/60
[Georg[3]] Aschennhamer St: 1532: an kamer

Rindermarkt 7 B (Ost)
(mit Rosental 4)

Charakter: Um 1482 bis 1508 Apotheke.[4]

Hauseigentümer:

1373 März 12 aus „Hannß dez vaerbers" Haus an dem Rindermarkt, „do er ieczunt wesenlich inn ist", hat Heinrich der Wolf einen Span (als Zeichen einer Pfandschaft).[5]
1373 Juni 13 „Hans vaerber" hat sein Haus am Rindermarkt um 300 Gulden und 45 Gulden ungarisch dem Hans [I.] Tichtel versetzt.[6]
1374 Juli 14 „Haensel vaerber" übergibt sein Haus am Rindermarkt im Tausch gegen das Haus Kaufingerstraße 10 an Hans [I.] den Pütrich.[7]
1402 Oktober 2 Peter Pütrich ist Hausnachbar von Hans Lochhauser (Rindermarkt 7 A),[8]
1436 Oktober 16 ebenso.[9]
1448 September 23 „des [wohl Sigmund] Pütrichs Haus" ist Nachbar von der Lochhauserin, künftig des Ludwig Ridler Haus (Rindermarkt 7 A).[10]
1463 April 4 Sigmund Fachner und die Tochter des Rosenbusch werden vor dem Stadtgericht wegen des Hauses am Rindermarkt vereinigt. Beide waren je zur Hälfte Eigentümer. Jetzt aber wird die Rosenbusch-Tochter Alleininhaberin gegen 400 Gulden rheinisch, die sie dem Fachner auszahlt.[11] Hintergrund ist, daß eine namentlich nicht bekannte Tochter des Stadtschreibes Hans Rosenbusch mit einem Fachner verheiratet war. Ein Hans Fachner ist Enkel des Rosenbusch, so am 18. Juli 1460.[12]

---

[1] Vgl. Rindermarkt 10*.
[2] Hans Stockhamer 1484-1496 als Salzmesser belegt, vgl. Vietzen S. 160 und RP.
[3] Vgl. Rindermarkt 7 A (ab 1540).
[4] Aber nicht die erste, wie das HB meint. Diese unterhielt Schaprant von 1454-1462 in Rindermarkt 9*.
[5] GB I 36/1, 36/7 (getilgt).
[6] GB I 39/5.
[7] GB I 52/1, 9.
[8] Wittmann, Urkunden-Regesten, ungedruckt. – Hans vielleicht irrtümlich für Konrad.
[9] Kirchen und Kultusstiftungen 252, 278 Nr. 17 S. 42r.
[10] Urk. D I e 2 - XXXIV Nr. 10. – MB XXI 63 S. 141/146.
[11] RP 1 S. 67v.
[12] RP 1 S. 67v. – Stahleder, Bürgergeschlechter, Die Rosenbusch S. 242/243.

1494 Juni 2 und

1496 Oktober 3 Sigmund Fachner (Vachner) ist Jörg Lercher am Rindermarkt (Rindermarkt 7 A) benachbart.[1]

1512 Mai 6 und

1514 August 18 die [Jakob I.] Rosenpuschin ist am Rindermarkt Georg Lercher (Rindermarkt 7 A) benachbart.[2]

1524 ist auch der [Jakob II.] Rosenbusch am Rindermarkt von den Ehaftabgaben für den Brunnen an der Fürstenfelder Straße befreit. Das Haus ist aufgeführt zwischen den Häusern des Schrenck (Rindermarkt 6) und der Veichlin Haus (Rindermarkt 7 A).[3]

1554/II, 1555 domus (Cristoffn) Rosnpusch (StB).

1558 Juni 23 Ewiggeldverschreibung (5 Gulden um 100 Gulden Hauptsumme) aus diesem Haus durch Georg Ligsalz.[4]

1565 und

1566 Januar 11 Georg Ligsalz ist Nachbar des Hauses des Bartlme Schrenck, künftig des Herzogs Albrecht V. (Rindermarkt 6).[5]

1567 Dezember 13 Georg Ligsalz zu Berg, fürstlicher Rat, verkauft ein Ewiggeld (25 Gulden um 500 Gulden Hauptsumme) aus diesem Haus, ebenso

1571 Januar 5 (5 Gulden um 100 Gulden) (GruBu).

1572 laut Grundbuch (Überschrift) des „Georgen Ligsaltzen Vorderhaus, Hof und hindters Haus, Hof, Gartten und zwen städel darhinder, stossen in das Rosenthal hinaus".

Georg Ligsalz verkauft am 13. April 1580 dieses Haus an Herzog Ferdinand in Bayern um 5500 Gulden und erwirbt zwei Wochen später, am 30. April 1580, das Haus Rindermarkt 2 um 4000 Gulden.

Eigentümer Rindermarkt 7 B:

* Hans verber,[6] 1368, 1371 cum uxore, 1369 sine uxore
    St: 1368: -/-/-, 1369: 6/3/6, 1371, 1372: 6/3/10
    StV: (1368) [Nachtrag:] solvit 4/-/64
* Hans [I.] Pútrich (Pútreich, Bútrich, Puttreich, Bútrich) [äußerer Rat[7], ∞ 1. Dorothea I. Ridler, 2. Elisabeth Rudolf ?]. 1401/I-II relicta Hanns Püt-reich
    St: 1375: 32/-/-, 1377: 32,5/-/- juravit, 1378, 1379, 1381, 1382, 1383/I: 32,5/-/-, 1383/II: 48/6/-, 1387: 33,5/-/- minus -/-/9 M[ünchner], 1388: 66/7/12 juravit, 1390/I-II: 66/7/12, 1392: 44,5/-/12, 1393, 1394: 59/3/6, 1395: 45/5/28, 1396, 1397, 1399: 68,5/-/27, 1400, 1401/I-II: -/-/-
    Pferdemusterung, um 1398: (Ur-Fassung): Hanns Putrich sol haben 4 pferd [umb] 70 gulden und zwen raisig knecht mit trabzewgen und die 3 pferd súllen 51 gulden wert sein, und sein stat warten; (Korrig. Fassung): Hanns Putrich sol haben 4 pferd [umb] 70 gulden und zwen raisig knecht mit trabzewgen und [der] stat warten.
    pueri Hanns Puttreich (Púttreich) [Söhne: Franz I., Peter III., Stephan[8]]
    St: 1403: 8/-/- gracianus, 1405/I: 8/-/- gracianus, 1405/II: 6/-/- gracianus, 1406-1408: 8/-/- graci-

---

[1] Hufnagel/von Rehlingen, St. Peter Urk. 208, 211.
[2] Hufnagel/von Rehlingen, St. Peter Urk. 252, 258.
[3] RP 8 S. 66v.
[4] Stadtgericht 207/7 (GruBu) S. 680v.
[5] Hartig, Künstler S. 336 Nr. 707, nach: BayHStA, Hofzahlamtsrechnung S. 366v (1565); GUM 1115 (1566).
[6] Da er schon 1379 aus den Quellen verschwindet, ist er sicher nicht der „Klaffer und Jaherr", wie Muffat meint, den Katzmair nennt, vgl. Muffat, Kazmair-Denkschrift S. 464, 510. – Es gibt aber seit mindestens 1396 einen Hanns verber im Krottental (Rosental). 1368 folgt gestrichen Ebinger.
[7] Hanns Pütrich 1365, 1371-1377, 1381-1384 äußerer Rat, 1381 Mitglied des Großen Rats, 1398 einer der beiden Bürgermeister, vgl. R. v. Bary III S. 739, 745, 755; gestorben 1400. Er handelte u. a. mit Baumaterial, vgl. bei den Kindern. – Zu den Pütrich vgl. Stahleder, Bürgergeschlechter. Die Pütrich S. 252 ff.
[8] Aus 2. Ehe des Hans. – 1403 soll man aus der Stadtkammer des Hansen Putrich „kinden ... 12,5 lb [= Pfund Pfennige] um 20 mut kalichs und umb aichein holcz" geben, die die Stadt vom Hans gekauft und noch nicht bezahlt hatte, vgl. Steueramt 573 (Leibgedingbuch 1404/09) S. 35. Hanns I. Pütrich handelte also u. a. mit Baumaterial.

anus, 1410/I: 6/-/- gracianus, 1410/II: 8/-/- gracianus, 1411: 6/-/- gracianus, 1412: 8/-/- gracianus, 1413: 6/-/- gracianus

Francz [I.] Pútrich (Púttreich) [Sohn von Hans I., später Bürger zu Regensburg][1]
    St: 1390/II: -/-/-, 1405/I: -/-/-

* Peter [III.] Púttreich (Puttreich, Pútrich) [Sohn von Hans I., Stadtrat, hgl. Rat[2], ∞ N. N., verwitwete Stolzner]
    St: 1403, 1405/I: 10/-/-, 1405/II: 18/-/60 iuravit, 1406-1408: 24/-/80, 1410/I: 14/-/36 iuravit, 1410/II: 18/6/28, 1411: 14/-/36, 1412: 18/6/28, 1413: 12,5/-/- iuravit, 1415: 12,5/-/-, 1416: 16/5/10, 1418, 1419: 16/5/4, 1423: 13/-/-, 1424: 4/-/80, 1431: 11/5/10 iuravit
    Sch: 1439/I-II, 1440, 1441/I-II: 4 t[aglon]
    StV: (1403) dedit Peter Puttreich sua gracianus. (1405/I) gracianus und zu der nächsten stewr sol er swern.

Stephan (Steffl) Púttreich (Puttreich, Pútrich) [Sohn von Hans I., Stadtrat, hgl. Rat[3], ∞ Martha N.]
    St: 1415: 3/-/- gracianus, 1416, 1418, 1419: 4/-/- gracianus, 1423: 3/-/- gracianus, 1424: 1/-/-, 1431: -/17/20

pueri Steffan Pútrich [= Sigmund Pútrich]
    Sch: 1439/I-II: 3 t[aglon]

* Sigmund Putreich (Pittreich, Pútreich, Pútrich) [Stadtrat[4], ∞ Helena N.]
    Sch: 1441/I-II: 3 t[aglon]
    St: 1453-1458: Liste, 1462: 4/4/28

* Sigmund Fachner (Vachner) [Stadtrat[5], ∞ Rosenbusch-Tochter ?, halbes Haus], 1462 inquilinus
    St: 1462: -/11/20, 1482: 5/7/18, 1486, 1490: 5/3/-, 1496: 6/6/-

* Rosenbusch-Tochter [1463 April 4, erst halbes Haus, dann Alleineigentümerin]

* Jacob [I.] Rosenpusch [Stadtrat[6]]. 1509-1542 relicta Rosenpusch(in),[7] 1542 matrimonium [= Margret III. Rudolf]
    St: 1500: 4/6/28, 1508, 1509: 4/5/17, 1514: Liste, 1522, 1523: 4/-/-, 1524: 2/2/2 juravit, 1525, 1526, 1527/I: 2/2/2, 1527/II, 1528, 1529, 1532: 3/2/3, 1540, 1541: 12/1/12, 1542: 12/1/12 matrimonium
    StV: (1523) sol bis jar, sy und jre kind, yetwedes sein tail versteurn. (1532) sol biß jar der Rudolf gut zusetzen. (1540) soll Giengerin aufs jar zusetzen.

* Jacob [II.] Rosenpusch (Rosnpusch) [äußerer Rat, Sohn von Jacob I.[8], ∞ Benigna Wenig]
    St: 1522: an kamer, 1523: das jar nichil, 1524: -/5/12, 1525, 1526, 1527/I: 3/3/8, 1527/II, 1528, 1529, 1532: 3/5/20, 1540-1542: 9/1/19, 1543: 19/2/18, 1544: 9/4/24, 1545: 19/2/18, 1546, 1547: 9/4/24, 1548, 1549/I-II: an chamer, 1550, 1551/I: 9/4/24, 1551/II: 9/4/24 patrimonium, 1552/I: an chamer, 1552/II: nihil
    StV: (1523) hat sein muter und schweher versteurt, sol biß jar sein gut selbs versteurn. (1524) sol bis jar steurn wie ain burger als [= alles] sein gut. (1525) hat anglobt an aids stat. (1541) der Giengerin halben [tail] an chamer. (1542) et dedit -/3/5 von seinen ererbtn zinsn aus Paulsn Rudolffs haus, hat dieselben versteurt wie ein burger. (1543) hat Paulsn Rudolfs zins zugsetzt. (1548) [Nachtrag:] zalt 9/4/24. (1549/I) zalt 9/4/24 am 18. May. (1549/II) zalt 9/4/24 am 24. Decembris.[9]

---

[1] Später Bürger zu Regensburg, gestorben nach 1417.
[2] Zu ihm vgl. auch v. Andrian-Werburg, Urkundenwesen S. 141. – Am 12.10.1405 ist Peter Pütrich einer der Bürgermeister, ebenso am 8.7.1429 Bürgermeister vom äußeren Rat, vgl. R. v. Bary III S. 756, 757.
[3] Steffan Pütrich ist am 28.10.1433 einer der beiden Bürgermeister, vgl. R. v. Bary III S. 757. – Vgl. auch von Andrian-Werburg, Urkundenwesen S. 141.
[4] Sigmund Pütrich 1459, 1460 und 1462 äußerer, 1461 und 1463 bis 1470 stets innerer Stadtrat, vgl. RP.
[5] Hanns Fachner ist 1460 ein Enkel des Stadtschreibers Hanns Rosenbusch, vgl. Stahleder, Bürgergeschlechter. Die Rosenbusch S. 242/243. – Sigmund Fachner 1480-1485 äußerer, 1486 bis 1498 innerer Stadtrat und starb am 27.10.1498, vgl. RP.
[6] Jakob I. Rosenpusch ist 1500, 1502-1508 innerer Stadtrat, davor seit 1484 auch schon äußerer Rat, vgl. RP.
[7] Zu den Rosenbusch vgl. Stahleder, Bürgergeschlechter. Die Rosenbusch S. 240/252.
[8] Gestorben nach 1552, äußerer Rat in den Jahren 1522 und 1526, vgl. RP.
[9] Gestrichen „29. Novembris".

Hanns [V.] Rosnpusch (Rosenpusch) [Stadtrat, Sohn von Jakob I.[1]], 1541 patrimonium
    St: 1524: 1/2/3 juravit, 1525, 1526, 1527/I-II, 1528, 1528, 1532: 1/2/3, 1540: 1/3/15, 1541: 1/3/15 patrimonium, 1542: nihil

Wolfgang [I.] Rosenpusch [Sohn von Jakob I.[2], ∞ Barbara Schrenck]
    St: 1524: an kamer, 1525, 1526: nichil, ist nit burger

* Cristoff [I.] Rosnpusch [Sohn von Jakob II., ∞ 1. Magdalena Schwabl, 2. Dorothea Nothaft]. 1554/II domus Rosnpusch. 1555 domus Cristoffn Rosnpusch[3]
    St: 1551/II: -/-/-, 1552/I: an chamer, 1552/II: 30/1/8, 1553: an chamer, 1554/I: 5/2/10, 1554/II, 1555: 4/1/13,5
    StV: (1551/II) [Am linken Rand, mit Klammer zu Jacob und Cristoff Rosenpusch und Cantzler Doctor Schwappach gezogen:] Hinfúro des Wolfgang Rosnpusch erben nachzefragen. (1551/II) [Rechts neben Cristoff Rosnpusch:] Nota im bedacht, búrger ze werden oder steurn wie ain landsass. (1552/II) von seinen zinsen und ewigen gelt. Mer 30/1/8 ain vergangen steur [1552/II, Nachtrag:] Nota dem Cristoffn Rosnpusch seind seine zway heuser und gartn in der Althamgassn umb ain benante summa auff die zins, so er aus denselben hat haben mögen angeschlagen, darinne ist gfallen die steur wie obstet, darin auch der ewig gelt noch (?) versteurt. (1554/I) von seinen zinsn. (1554/I) mer 5/2/10 ain alte steur, Martini des [15]53. jars. (1554/II) von ewigen gelt und zinsn. (1555) von zinsn und ewigen gelt, gibt hinfúro mit geding 10 fl, auch als offt und vil wie ander beysitzer.

** Jorg (Georg) [II.] Ligsaltz [zu Berg, Stadtrat, frstl. bair. Rat[4]; bis 1580 April 13, ∞ 1. Benigna Stupf, 2. Anna Bart]
    St: 1556, 1557: 15/1/21, 1558: 30/3/12, 1559, 1560: 15/1/21, 1561, 1563, 1564/I: 9/1/17, 1564/II: 9/5/23, 1565, 1566/I-II: 10/2/29, 1567/I: 11/-/5, 1567/II-1569: an chamer, 1570, 1571: -/-/-
    StV: (1561, 1563, 1564/I) ausser der Ligsaltz schuld. (1564/II) zuegesezt den 8. tail von der Ligsaltzische[n] schuld. (1565) zuegesezt andern empfanng Ligsaltzische schuld. (1567/I) zuegesetzt dritten empfang Ligsaltzischer schuld. (1569) [am Rand nachgetragen:] 10 fl Ruedolff. (1570) zalt fúr 2 nachsteur 22/-/10. Mer von 35 fl zinß unnd 15 fl gellts 4 steur 19/4/20, thuet in allem 41/5/-. (1571) soll hinfúron steur von zinsen seiner stuckh unnd 15 fl gelts.

Hanns Urmůller (Uhrmůller) [∞ Kunigunde Rosenbusch, Tochter von Wolfgang I. Rosenbusch]
    St: 1563: nichil, hofgsind, 1564/I: -/-/- fúrstlicher rath, 1564/II: nichil, hofgsind

** Herzog Ferdinand in Bayern [seit 1580 April 13]

Bewohner Rindermarkt 7 B:

Hainrich (Haincz) Strang inquilinus St: 1369: 3/-/60 juravit, 1371, 1372: 3/-/60
Lienhart Schiet[5], 1377, 1378, 1383/II inquilinus
    St: 1375: -/-/-, 1377-1379, 1381, 1382, 1383/I: -/-/60, 1383/II: -/3/-
    puer(i) Andre [II.] Sentlingerii, 1377, 1378 inquilinus (inquilini)
    St: 1377-1379, 1381, 1382, 1383/I: 1/-/-, 1383/II: -/12/-

Hainrich [Sohn von Andre II. ?] Sentlinger inquilinus St: 1388: 4/-/-
(Chuncz) Halmberger [Weinschenk ?[6]] inquilinus St: 1383/I: -/-/-, 1383/II: 1/-/-
Hanns Offingk [Weinschenk[7]] inquilinus
    St: 1403: 3/-/24 iuravit, 1405/I: 3/-/24 iuravit, 1405/II: -/18/18

---

[1] Von 1526-1541 abwechselnd innerer und äußerer Stadtrat, vgl. RP.
[2] Wolfgang Rosenbusch war Pfleger zu (Markt) Schwaben.
[3] Christoph Rosenbusch war Pfleger zu Wolfratshausen.
[4] Vgl. Stahleder, Bürgergeschlechter. Die Ligsalz S. 215/217.
[5] Liendel Schiet 1381 im Großen Rat, vgl. R. v. Bary III S. 745.
[6] Ein Chunrat Halmberger ist später Mitglied der Weinschenkenzunft, vgl. Gewerbeamt 1411 S. 2v, 7v.
[7] Hans Offing ist 1414 Mitglied der Weinschenkenzunft und Vierer der Schenken, vgl. Gewerbeamt 1411 S. 3v, 10v.

Seidel Rainer, 1403-1407 schreiber, 1403-1408 inquilinus
    St: 1403: -/-/60 gracianus, 1405/I-II: -/-/60 gracianus, 1407, 1408: -/-/80 gracianus
[Urban] Wernstorffer [Pfändermeister[1]] Sch: 1445: 2 ehalten, dedit -/-/16
Francz Pocznerin inquilina St: 1462: -/-/36
    Jorg Poczner ir sun St: 1462: vacat
Yppolite [Schaprant] apentecker[2]. 1486 relicta appoteckerin und ire kind. 1490 relicta Ypolite apotegkerin et pueri. 1496 relicta apotegkerin et pueri
    St: 1482: nichil, 1486: -/-/-, 1490, 1496: 1/-/-
        StV: (1486) dedit confect. Et dedit 1 lb von ewigem gelt. (1490) von dem ewigen gelt. (1490, 1496) et dedit confect.
    Hanns (Johannes) Schaprannt, 1500 aptegker[3]
        St: 1500: dedit confect unnd sunst nichts, 1508: dedit confect
Jacob [III.] Ridler[4]
    St: 1496: -/4/16, 1508: 1/6/11
        StV: (1496) et dedit -/6/17 patrimonium für [Hans V.] Sentlinger [Schwager von Jacob Ridler].
Cristof [II. oder III.] Ruodolf St: 1500: 5/-/12
Jacob [II.] Katzmer[5] St: 1508, 1509: 2/3/20
    Hanns [V.] Katzmer[6] St: 1509: nichil
Karl [VI.] Ligsaltz[7] St: 1526, 1527/I: 14/-/10, 1527/II, 1528, 1529: 22/-/-
    relicta Hanns [V.] Ligsaltzin[8] St: 1527/I: anderßwo
    Caspar [I.] Ligsaltz[9] St: 1527/II, 1528, 1529: 9/6/1
    Doctor [Wilhelm ?] Stockhamer[10]
        St: 1532: an kamer
        StV: (1532) sol seins zins versteurn.
cantzler. 1549/II cantzler Schwapacher. 1550, 1551/II cantzler Dr. Schwappach. 1551/I cantzler Dr. Johan Schwappach[11]
    St: 1540-1543, 1545-1551/II: nihil
N. (herr) Paumgartner (Paungartner) chamerrath St: 1553-1555: nihil
Cristoff Puechpeckh St: 1553, 1554/I: -/2/-
Jorg von Westerburg hauspfleger
    St: 1554/II: -/2/-
        StV: (1554/II) zalt -/3/- an chamer für 3 nachsteur am 5. Februari.
Hanns Stängl hauspfleger St: 1555: -/2/-

---

[1] Urban Wernstorfer war 1443-1446 städtischer Pfändermeister, vgl. R. v. Bary III S. 825.
[2] Hypolitus Schaprant ist von 1453-ca. 1482/86 als Stadtapotheker belegt, vgl. R. v. Bary III S. 1030. – Yppolitus apotekarius obiit [14]83, uxor eius obiit 16. Mai 1510, so laut Zimelie 20 (Kopialbuch Priesterbruderschaft St. Peter) S. 22v.
[3] Johannes Schaprant ist von 1498-1508 als Apotheker belegt, vgl. R. v. Bary III S. 1030.
[4] Gestorben nach 1509, ∞ Elisabeth Sentlinger.
[5] Jakob ist Sohn von Georg II. Katzmair und stirbt ca. 1524.
[6] Hans V. ist Bruder von Jakob II. Katzmair und stirbt nach 1514. – Auf die Wohnung in diesem Haus dürfte sich der Inhalt folgender Urkunde vom 27. Januar 1506 beziehen: Hanns Katzmair, Bürger zu München, nimmt seinen Bruder Jakob Katzmair „plödigkeitshalber seins leibs" und seinen unehelichen Sohn zu sich und verpflichtet sich, ihm einen eigenen Raum zu geben und vollkommen für ihn zu sorgen, auch wenn nötig den Arzt zu bezahlen und das Kind ganz zu sich zu nehmen. Dafür ist Hans Katzmair von Bürgermeister und Rat von sämtlichen Zins- und Ewiggeldabgaben an die Stadt befreit. Der Bruder Jakob soll dem Hans nach Möglichkeit bei kleinen Arbeiten helfen, besonders beim Zimmern (!), vgl. Urk. B II c Nr. 170/173.
[7] Sohn von Hans V., gestorben 1530.
[8] Witwe von Hans V., Mutter von Karl VI. und Kaspar I.
[9] Sohn von Hans V., gestorben 1568.
[10] Vielleicht Wilhelm Stockhamer, ∞ Anna V. Ligsalz, Tochter von Hans V. Ligsalz, Schwester von Karl VI. und Kaspar I. Ligsalz.
[11] Von Dr. Johann Schwappach gibt es ein Porträt von Hans Mielich von 1559, vgl. Löcher, Hans Mielich S. 167 Abb. Nr. 56.

Hans Gautinger, 1558-1571 hauspfleger
    St: 1557: -/2/-, 1558: -/4/-, 1559, 1560: -/2/-, 1561, 1563, 1564/I-II, 1565, 1566/I-II, 1567/I-II: -/2/13, 1568: -/4/26, 1569-1571: -/2/13
(Niclas) Neuchinger pfenttermaister[1]
    St: 1557-1560: nihil, 1561: -/-/-, 1563: nichil, 1564/I: -/-/-, 1564/II, 1565: nihil, 1566/I-1571: -/-/-
Cristoff von Kneutting, 1558 chamerrath. 1559 herr von Kneutting chamerrath St: 1557-1559: nihil
Doctor Khrymbl St: 1560: nichil, 1561: nichil, furstlicher leibartzt
Jeremias (1567/I Jheronimus) Lauginger (Layginger) (stat)oberrichter St: 1565-1571: -/-/-

Rindermarkt 7 A (West)
(mit Rosental 4)

Charakter: Zeitweise im 15. und 16. Jahrhundert Wirtshaus.

Hauseigentümer.

Das Haus ist wahrscheinlich schon vor 1374 mit Haus 7 B vereinigt gewesen, da auffallend ist, daß genau seit diesem Jahr, in dem Hans Vaerber sein Haus am Rindermarkt veräußert, sowohl bei Haus B als auch bei Haus A ein neuer Hauseigentümer auftritt, bei Haus A Lochhauser. Der Besitz ist also möglicherweise wegen der Schulden des Vaerber zertrümmert worden.
Der Lochhauser erscheint seit 1375 hier in den Steuerbüchern.
1370 die Baukommission verfügt, „dez Lochhausers schoph sol ab[gebrochen werden]".[2]
Ca. 1388 wird ein Ewiggeld der Stadt aus des Chunrat Lochhausers Haus am Rindermarkt genannt.[3]
1402 Oktober 2 Hans des Lochhausers Haus liegt am Rindermarkt zwischen den Häusern des Peter Pütrich (Rindermarkt 7 B) und des Peter Pötschner (Rindermarkt 8), ebenso
1436 Oktober 16.[4]
1448 September 23 der Lochhauserin Haus am Rindermarkt, „das yetzo mein [= Ludwig Ridlers] ist", liegt zwischen den Häusern der Pütrich (Rindermarkt 7 B) und der Pötschner (Rindermarkt 8).[5] Wahrscheinlich ist sie die „uxor" des Stadtschreibers Lonerstater. Eigentümerin sind aber offenbar die Frau und die Kinder aus ihrer ersten Ehe mit dem Lochhauser.
Ca. 1450 aus der Lochhauserin Haus – „hat nu Ludweig Ridler dasselb hawsz" – gehört ein Ewiggeldzins an den Berghofer-Altar zu St. Peter, das der Dechant einnimmt.[6]
1485 Januar 2 Jörg Lercher ist Hausnachbar des Balthasar Pötschner (Rindermarkt 8) am Rindermarkt.[7]
1494 Juni 2 Georg Lercher verschreibt aus diesem Haus zum Jahrtag seiner Hausfrau ein Ewiggeld von 2 Pfund Pfennigen um 50 Pfund Hauptsumme.[8]
1496 Oktober 3 der Gewandschneider Jörg Lercher und seine Hausfrau Anna verkaufen ein Ewiggeld aus ihrem Haus am Rindermarkt. Nachbarn sind Sigmund Fachner (Rindermarkt 7 B) und Balthasar Pötschner (Rindermarkt 8).[9]
1507 August 20 Georg Lercher und seine Hausfrau Magdalena verschreiben aus dem Haus ein Ewiggeld von 10 Gulden um 200 Gulden Hauptsumme (GruBu).

---
[1] Niclas Neuchinger ab 1556 Pfändermeister, vgl. R. v. Bary III S. 826.
[2] Zimelie 9 (Ratsbuch IV) S. 4r (neu).
[3] Zimelie 34 (Stadtzinsbuch) S. 2r.
[4] Wittmann, Urkunden-Regesten, ungedruckt. – Kirchen und Kultusstiftungen 252, 278 Nr. 17 S. 42r (1436).
[5] Urk. D I e 2 - XXXIV Nr. 10. – MB XXI 63 S. 141/146.
[6] Ridler-Chronik, in: OA 5, 1844, S. 98.
[7] Urk. D I e 2 - XLV Nr. 1.
[8] Stadtgericht 207/7 (GruBu) S. 682v/683r.
[9] Hufnagel/von Rehlingen, St. Peter Urk. 208, 211.

1508 Dezember 18 Georg Lerchers Haus ist Nachbar des Hauses von Martha von Spaur (geb. Pötschner) und Ehrentraud Pütrich (geb. Pötschner) (Rindermarkt 8).[1]

1510 November 13 weiterer Ewiggeldverkauf (5 Gulden um 100 Gulden Hauptsumme) durch das Ehepaar Lercher, ebenso

1512 Mai 6 (2 Pfund um 40 Pfund Hauptsumme) (GruBu).

1514 August 18 Haus des Georg Lercher am Rindermarkt. Nachbarn sind: die Rosenpuschin (Rindermarkt 7 B) und die (1514: Bernhard) Putrichin.[2]

1524 das Haus der Veichlin (Feielin) am Rindermarkt ist von der Ehaft am Brunnen an der Fürstenfelder Straße befreit.[3]

1548-1556 domus Aschnhamer (StB).

1558 Juni 4 Georg Aschenheimer und seine Hausfrau Susanna verkaufen ein Ewiggeld von 10 Gulden um 200 Gulden Hauptsumme aus diesem Haus (GruBu). Sie stehen seit 1540 in den Steuerbüchern.

1569-1571 domus des Braunschweigischen Kanzlers (StB).

1571 Januar 15 Ewiggeldverschreibung (15 Gulden um 300 Gulden) aus diesem Haus durch Dr. iur. Luedolph Halferer, herzoglicher Rat in München, an Georg Aschenhaimers Witwe, jetzt des Christoph Ligsalz Hausfrau Susanna Salzbergerin (GruBu).

1572 laut Grundbuch (Überschrift) „Luedolphen Halferers Doctors Haus, stallung und ain ausgang in das Rosenthal".

Die Halferer, zuletzt Heinrich Halferer zu Gögging, behalten das Haus bis zum 17. Juli 1589.

Das Haus kauft am 25. Februar und 17. Juli 1690 Kurfürst Max Emanuel, der seit 1687 schon das Nachbarhaus 7 B besitzt. Damit sind 7 A und B endgültig vereinigt. Der Kurfürst richtet hier nun die kurfürstliche Fabrica ein. Nach 1761 wird es zu einem Spinnhaus umgebaut.

Eigentümer Rindermarkt 7 A:

* Chunrat Lochhawser (Lawchhawser, Lochhauser, Lauchhausner) [Weinschenk[4]]. 1405/I relicta Lochhawserin
    St: 1375: 6/5/12, 1377: 2,5/-/- juravit, 1378, 1379, 1381, 1382, 1383/I: 2,5/-/-, 1383/II: 3/6/-, 1387: 1/-/28, 1388: 2/-/56 juravit, 1390/I-II: 2/-/56, 1392: -/6/-, 1393: 0,5/-/-, 1394: 1/-/-, 1395: 0,5/-/-, 1396, 1397, 1399, 1400, 1401/I: -/6/-, 1401/II: 1/-/- iuravit, 1403, 1405/I: 1/-/-
    StV: (1405/I) ir stewr und -/-/80 von irem [neuen Ehe-]mann gracianus.
    Pferdemusterung, um 1398: Chunrat karrner und Chunrat Lochhawser súllen haben ain pferd umb 20 gulden [später angefügt: und damit der] stat warten.[5]
* Hans der Lochhauser [1402 Oktober 2, 1436 Oktober 16]
* ? Wolfhart [Lonerstater] zollner et uxor[6] et pueri uxoris. 1406-1410/I, 1411-1419 Wolfhart zollner (et) pueri uxoris. 1423, 1424 Wolfhart zollnár (zólner) [∞ Witwe Lochhauser ?]
    St: 1405/II: 2/-/- iuravit, 1406: 2,5/-/40, 1407, 1408: -/21/10, 1410/I: -/17/- iuravit, 1410/II: -/22/20, 1411: -/17/-, 1412: -/22/20, 1413: 2/-/- iuravit, 1415: -/22/-, 1416, 1418, 1419: 3/5/10, 1423: 3/-/-, 1424: 1/-/-, 1431: 3/-/80 iuravit
    StV: (1431) et dedit -/-/32 von 1 lb gelcz zu aim liecht.

---

[1] Geiß, St. Peter S. 246 ohne Quelle.
[2] Hufnagel/von Rehlingen, St. Peter Urk. 252, 258.
[3] RP 8 S. 66v.
[4] Lochawser 1391 Mitglied des Großen Rats, vgl. R. v. Bary III S. 745. – Chunrat Lochawser laut Weinschenken-Verzeichnis Weinschenk, vgl. Gewerbeamt 1411 S. 2r.
[5] Der ganze Eintrag steht systemwidrig zwischen den Häusern Rindermarkt 20 und 23.
[6] Witwe Lochhauser ? Zu Wolfhard Lonerstater vgl. auch von Andrian-Werburg, Urkundenwesen S. 52. – Wolfhart Lonerstater 1387-1394, 1397-1399, 1403-1416 Stadtschreiber, ab 22.1.1420 bis zum Tod am 20.11.1426 Zöllner für den Eezoll und Salzscheibenzoll am Isartor, vgl. R. v. Bary III S. 784, 883. – Noch 1430 wird der Lochhauser am Rindermarkt unter den Wirten genannt, die Ungeld zahlen (obwohl seine Stelle im Steuerbuch schon längst der Lonerstater eingenommen hat, was ebenfalls darauf deutet, daß der Lonerstater die Witwe Lochhauser geheiratet hat). Er steht in der Liste zwischen dem Tichtel von Rindermarkt 2 und Peter Pötschner von Rindermarkt 8, vgl. Steueramt 987.

* Lochhauserin [vor 1448 September 23]
* Ludwig [I.] Ridler [1448 September 23]
** Jorg (Geórg) Lercher [Gewandschneider, äußerer Rat[1], ∞ 2. Anna]
    St: 1454-1458: Liste, 1462: 2/7/21, 1482: 5/4/-, 1486, 1490: 4/4/-, 1496: 5/1/-
    StV: (1490) und seins weibs stewr anderswo bey irem sun.
  Hanns Lercher, 1486 sein sun [Gewandschneider[2]]
    St: 1486: 1/1/20, 1490: 2/2/2, 1496: 2/6/-
    StV: (1486) et dedit -/3,5/- gr(acion) fúr sein hausfrau.
  Georg (Jorg) Lercher [∞ Magdalena N.]
    St: 1500: 1/1/20 juravit, 1508, 1509: -/3/5
* Peter Feiel [Beutler[3]]. 1523-1529 relicta Feielin. 1532 relicta Feielin matrimonium
    St: 1514: Liste, 1522: 1/6/5 patrimonium, 1523-1526, 1527/I: 1/6/5, 1527/II, 1528, 1529: 1/1/22, 1532: -/5/25
    StV: (1532) hat ir aiden Jörg Schick sein drittail zugesetzt.
  jung Feiel peitler. 1526 jung Feiel. 1527/I-II Achaci (Schaci) Feiel. 1528, 1529 Arsaci Feiel [Weinschenk[4]]
    St: 1525: -/6/1, 1526: 1/3/2 juravit, 1527/I: 1/3/2, 1527/II: 1/6/5, 1529: 2/2/1
    StV: (1525) sol bis jar schwern. (1528) sol 7 fl ewigs geltz zusetzen, [daneben:] hat 7 fl ewigs geltz von seinem schweher zugesetzt.
  Jórg Schickh [Schwiegersohn der Feielin]
    St: 1532: 2/2/2 juravit
* Aschnhamer. 1548-1556 domus Aschnhamer
    St: 1540: an chamer, 1541: -/4/2,5, 1542: -/4/2,5 hoffgsind, 1543: 1/1/5, 1544: -/4/2,5, 1545: 1/1/5, 1546, 1547: an chamer, 1548: 1/5/7, 1549/I-II, 1550, 1551/I-II, 1552/I-II, 1553, 1554/I-II, 1555: 1/1/20, 1556: an chamer
    StV: (1540) [Nachtrag:] zalt -/4/2,5 an kamer von seinen zinsn und ewigen gelt. (1547) Anndre Ligsaltz soll mit dem hern von Egckh handln. (1548) von seinen zinsn, von dreyen steurn. Soll hinfúro andere handlung gegen den erben der steur halben fúrgenomen werden. (1549/I) von zinsn aus der behausung und anger. (1549/II, 1550, 1551/II) von zinsn aus dem haus und änger(n). (1551/I) von zinsn aus und (!) angern und haus. (1552/I-II) von zinsen aus seinem haus und angern. (1553-1555) von zinsn aus dem (disem) haus und angern.
** Jorg (Georg) Aschnhamer [äußerer Rat[5], ∞ Susanna, geb. Salzberger, später verh. Christoph Ligsalzin]. 1567/I-1568 Georg Aschnhamerin
    St: 1557: 1/-/- gracion, 1558-1560: an chamer, 1561, 1563, 1564/I-II, 1565, 1566/I-II, 1567/I: 1/6/23, 1567/II: an chamer, 1568: 3/6/16
    StV: (1561) seiner hausfrauen guet samb sein guet belangt, weil es nit richtig, diser zeit eingestelt, an chamer. (1563, 1564/I) diser zeit von seiner hausfrauen guet unnd weil sein guet nit richtig [eingestelt], an chamer. (1564/II) von seiner hausfrauen guet. Mer von seinem guet von [15]58, [15]59, [15]60, [15]61, [15]63 fur yedes jar, weil es nit richtig gwest 2 fl, thuen 10 fl. Mer de anno [15]64 von zwaien steuren 8 fl unnd soll hinfuron albegen von seinem guet ausser seiner hausfrauen 4 fl geben und wann er ain merers yberkhumbt, sol ers zuesezn. (1565, 1566/I-II) von seiner hausfrauen guet. Mer von seinem guet unnd wann er ain merers yberkhumbt, soll er zuesetzen (diser zeit) 4 fl. (1565) mer für die Fanndtnerin von Landtshuet 18 fl 2/2/24, [daneben:] soll Arsaci Parts leibgeding zuesezn. (1565-1567/I) mer

---

[1] Jörg Lercher ist 1459, 1461, 1468, 1471, 1472 und 1478 Vierer der Gewandschneider, vgl. RP. Auch 1494 und 1496 wird er Gewandschneider genannt, lt. Hufnagel/von Rehlingen, St. Peter Urk. 208, 211 und GruBu, vgl. oben. – Jörg Lercher 1476-1489 und 1491-1493 stets äußerer Stadtrat, 1460 Mitglied des Rats der 36, 1471, 1474 und 1490 Mitglied der Gemain, vgl. RP.

[2] Hanns Lercher ist 1494, 1496, 1497 und 1501 und 1502 Vierer der Gewandschneider, vgl. RP.

[3] Der Beutler Peter Feiel ist 1508, 1510-1514, 1516, 1518 und 1519 Vierer der Beutler, Gürtler, Taschner, Ircher, Nadler, vgl. RP.

[4] Arsaci Feiel 1528 Aufnahme in die Weinschenkenzunft, vgl. KR 1528 S. 40v. 1530 ist in des Feiels Wirts Haus ein Totschlag geschehen, vgl. RP 1530 S. 83v.

[5] Georg Aschenhamer ist 1562-1567 äußerer Stadtrat, vgl. Fischer, Tab. IV S. 2/3.

fur Sebastian Tennen von 2 fl (gelts) -/1/26. (1565-1567/I) mer fúr p[ueri] [Hans] Saltzberger 4/2/25. (1566/I) mer fúr den Fanndtner an chamer. Mer fúr den zehent Arsaci Part zuesezn. (1566/II, 1567/I) mer fúr die Fandtnerin von 3 fl (gelts) -/2/24. Mer fúr ain versesene steur -/2/24. Die Fandtnerin noch 3 nachsteur, zalt de anno [15]64. (1567/I) fúr ir guet unnd von ires hauswirdts guet. Wann sy ain merers yberkhumbt, soll sy zuesetzn 4 fl. (1567/II) zalt adi 27. Aprillis anno [15]68 all versessn steur 21/2/8. (1568) mer fúr ir muter von 3 fl gelts -/5/18. Mer fúr ir leibgeding irs heyzehets 3/3/-. Mer fúr Sebastian Donner -/3/22.

* domus praunschweigisch cantzler
    St: 1569-1571: -/-/-
** Doctor Luedolph Halferer, frstl. Rat [1571 Januar 15]

Bewohner Rindermarkt 7 A:

Chunrat Kuntter inquilinus St: 1383/I: -/10/-, 1388: 3/-/- juravit
    Kúntter (Kunter) múnsser, 1400 inquilinus. 1401/II patrimonium Kúntter múnsser inquilinus
        St: 1400, 1401/I-II: -/-/-
Veyal inquilinus St: 1383/II: -/-/30
Gorg [I.] Ligsalcz inquilinus St: 1387: -/-/-
Hainrich Krell. 1390/I H[ainrich] Krell inquilinus St: 1387: -/-/12 iuravit, 1390/I: -/-/24
    Ulrich Krell (Króll) kistler inquilinus. 1405/I Króll kistler inquilinus
        St: 1394: -/-/40, 1395, 1396: -/-/60 für aht lb, 1405/I: -/-/60
Plabenstain inquilinus St: 1387: -/-/12
kreutler cum pueris suis St: 1388: -/-/-
[Ulrich] Vettinger goltsmid St: 1390/I: 1/-/8
Berchtolt kistler inquilinus St: 1390/I-II: -/-/24
Ull koch inquilinus St: 1390/II: -/-/24
Hainrich Pfenter inquilinus St: 1390/II: -/-/24
Werndlein inquilinus Zwinckger St: 1390/II: -/-/12
Degen sneider inquilinus St: 1392: -/-/12, 1393: -/-/16
Maecz múlnerin inquilina St: 1392: -/-/-, 1393: -/-/12
Hanns pildmacher inquilinus St: 1393: -/-/12 gracianus
Chunrat von Amberg [später Stadtmaurer[1]] inquilinus St: 1394: -/-/40
pueri Felysen (Feleysen, Feyleisen, Feileisen, Feyleysen, Veileysen), 1394-1396, 1399 inquilini
    St: 1394, 1395: -/-/-, 1396: -/-/19 gracianus, 1397: -/-/16, 1399-1401/I: -/-/-
Hans maler inquilinus St: 1395, 1396: -/-/60 für zechen lb
Gúndel sneyder inquilinus St: 1397: -/-/60 fur 3 lb
Lewpolt Staeczer inquilinus St: 1397: 1/-/- iuravit
Gráffenrewderin (Graefenrewderin), 1396 und ir sún St: 1396: 30/-/- gracianus, 1397: -/-/-
maister Hanns sneyder inquilinus St: 1399: -/-/40 gracianus
weinmaister, 1400-1401/I inquilinus St: 1400: -/-/60, 1401/I-II: -/-/-
Hanns seidennater St: 1403: -/3/22
Hanns sneider von Holczkirchen inquilinus St: 1405/I: -/-/80 fur 10 lb
Chuncz Aen[g]stleich da[s]chner inquilinus St: 1406: 0,5/-/- fur 15 lb
Thoman kistler, 1410, 1411 inquilinus
    St: 1410/I: -/-/60 für 10 lb iuravit, 1410/II: -/-/80 fúr 10 lb, 1411: -/-/60 für 10 lb, 1412: -/-/80
        fúr 10 lb
Hanns platner inquilinus St: 1413: -/-/60 iuravit
Hanns seydennater St: 1419: -/-/60
relicta Hanns [III.] Partin. 1445 relicta Partin Sch: 1441/II: 2 t[aglon], 1445: 2 ehalten, dedit -/-/16
maister Hanns Hartlieb [Arzt] St: 1453: Liste
relicta [Hans IV.] Sentlingerin St: 1453: Liste
Hanns Klain, 1456 tuchscherer[2] inquilinus St: 1455, 1456: Liste

---

[1] Chunrat von Amberg ist 1405 als Stadtmaurer belegt, vgl. R. v. Bary III S. 1004 und KR 1402/03 S. 62v.
[2] Hanns Klain ist von 1459 bis 1479 wiederholt Vierer der Tuchscherer, vgl. RP.

Hanns kaufman inquilinus St: 1456, 1457: Liste
Hanns Mosawer [Weinschenk[1]] inquilinus. 1462 relicta Hanns Mossawerin inquilina. Lucia Mosauerin
    St: 1457, 1458: Liste, 1462: -/10/26, 1482: 2/3/21
    StV: (1462) zalt Gabrihell Leupold die ander nachstewr, er ist porg.
Kristan Pernhart páutler St: 1458: Liste
    Cristan Pernhart peitler[2] St: 1490: -/7/10
Jorg Laffrer inquilinus St: 1462: -/11/20
Hanns peitler von Halprunn St: 1482: -/2/25
Hanns kramer St: 1486: -/-/60
Streicherin amer[in][3] inquilina St: 1486: -/-/60
relicta Kolberin St: 1496: 3/1/2, 1500: pfannt in camer
Gilg schmidin, 1496 relicta St: 1496: -/-/60, 1500: pfannt in camer
junckfraw Ursula inquilina St: 1496: -/6/2 patrimonium
Hanns Daum [Gewandschneider, Weinschenk ?[4]]
    St: 1500: 6/-/2
    StV: (1500) et dedit -/3/22 von 4 gulden geltz pis jar nichts mer.
Hanns Genstaler peitler St: 1500: -/4/10
Zentz [Mielich ?] maler St: 1514: Liste
Jórg Stámpfinger St: 1522-1524: 2/-/12
[Franz] Polmoser pfeiffer St: 1522-1524: -/2/-
(Linhart) Schaittnauer (Schaittenauer) [Weinschenk[5]] St: 1525, 1526, 1527/I-II: -/5/10 schencknsteur
Schaci [= Achaci] Hamman [Weinhandel[6]]
    St: 1532: 2/2/1
    StV: (1532) et dedit 2/4/10 fúr p[ueri] Genstaler.
Bartlme Kárl [Wein]visierer[7] St: 1549/II-1552/II: nihil
Urban Wagnhueber St: 1550, 1551/I-II, 1552/I: -/2/28
Hanns sayler, 1553-1554/II schmaltzkeuffel
    St: 1553, 1554/I-II, 1555: -/3/25
    StV: (1553-1555) mer -/-/10 1/2 fúr p[ueri] Stichl.
Hanns collecter St: 1553, 1554/I-II: -/4/12
Anndre Zauner [Kapellmeister[8]] St: 1556: nihil

Rindermarkt 8
(mit Rosental 3 und dem Rosenbad Rosental 2,
mit Löwenturm sowie seit 1477 einer Hauskapelle Heiligdreikönig)

Charakter: Mitte 15. bis Mitte 16. Jahrhundert zeitweise mit Weinschenke.

Hauseigentümer:

1402 Oktober 2 Peter Pötschner ist Nachbar von Hans Lochhauser (Rindermarkt 7 A), vgl. dort.

---

[1] Hanns Mosawer 1469 Vierer der Schenken, vgl. RP.
[2] Cristan Pernhart ist 1474, 1477, 1480 und 1485 Vierer der Beutler, Gürtler, Taschner, Ircher, Nadler, vgl. RP.
[3] Ein Weinamer namens Streicher sonst nicht belegt, vgl. R. v. Bary III S. 966.
[4] Hanns Dawm ist von 1475 bis 1495 wiederholt Vierer der Gewandschneider, vgl. RP. Ein Hanns Dawm wird aber 1492 auch in die Weinschenkenzunft aufgenommen, vielleicht aber schon ein jüngerer, vgl. Gewerbeamt Nr. 1418 S. 7r.
[5] Linhart Schaittenauer 1503 Aufnahme in die Weinschenkenzunft, Gewerbeamt 1418 S. 12v.
[6] Handel mit Wein belegt 1543, KR 1543 S. 86v.
[7] Vgl. Petersplatz 10/11.
[8] Andre Zauner wird 1558 bei Burgstraße 11 als gewesener Kapellmeister bezeichnet.

1409 Februar 28 Hans des Pötschners Haus am Rindermarkt ist Nachbar von Wilhelm Tichtels, künftig Gebhart Vends Haus (Rindermarkt 9*).[1]

1436 Oktober 16 Peter Pötschners Haus am Rindermarkt ist Nachbar vom Haus des Hans Lochhauser (7 A), vgl. dort.

1448 September 23 der Pötschner Haus ist wieder Nachbar des Hauses der Lochhauserin (Rindermarkt 7 A), vgl. dort.

1481 November 3 Balthasar Pötschner hat Streit mit Stefan Tanner wegen der Stecken im Bach (hinter den Häusern am Rosental) und wegen des Gangs durch des Tanners Haus (Rindermarkt 11*) zum Rosenbad. Der Stadtrat entscheidet, der Tanner solle es nachbarlich und freundlich halten.[2]

1485 Januar 2 Balthasar Pötschner der Ältere, zur Zeit Herzog Albrechts Rat, und seine Hausfrau Anna stiften eine ewige Messe in die Kapelle, genannt Pötschenbach, in ihrem Haus am Rindermarkt zwischen den Häusern des Ulrich Rot (Rindermarkt 9*) und des Jörg Lercher (Rindermarkt 7 A).[3]

1486, 1490, 1496, 1500 domus Balthasar Pötschner (StB).

1494 Juni 2 und

1496 Oktober 3 Balthasar Pötschner am Rindermarkt ist Nachbar des Hauses von Jörg Lercher (Rindermarkt 7 A).[4]

1508 April 27 und

1508 Dezember 18 Hiltprand von Spaur (Erbschenk in Tirol, im Namen seiner Hausfrau Martha, geborene Pötschner) und Gertraud (Ehrentraud) Pütrich (Ehefrau von Bernhardin Pütrich zu Stegen, ebenfalls geborene Pötschner, zwei Schwestern) verkaufen Ewiggelder, einmal 5 Gulden um 115 Gulden und einmal 1 Gulden um 23 Gulden Hauptsumme, aus diesem Haus, unter anderem an die Augustiner in München.[5] Gelegen ist das Haus zwischen den Häusern des Georg Lercher (Rindermarkt 7 A) und des Sigmund Kaltenbrunner (Rindermarkt 9*).[6]

1509 domus Hiltprant von Spaur, domus Veit von Seiboltsdorf (StB). Letzterer war mit Maria Pötschner verheiratet, die bereits von Christoph Pütrich verwitwet war.

1511 Juni 20 Hiltprand von Spaur und seine Schwägerin Ehrentraud Pütrich verkaufen aus diesem Haus ein Ewiggeld (5 Gulden um 100 Gulden Hauptsumme) (GruBu).

1512 Mai 6 und

1514 August 18 die (1514: Bernhard) Putrichin ist am Rindermarkt Nachbarin vom Haus des Jörg Lercher (Rindermarkt 7 A).[7]

1514 domus Hiltprant von Spaur (StB).

1541 März 22 Hans der Ältere [VI.] Ligsalz muß der nächste Hauseigentümer gewesen sein, wenngleich es ausdrücklich nirgends belegt ist (der Häuserbuch-Bearbeiter hat ihn lediglich ergänzt, mit „nach 1511" auf jeden Fall zu früh). Dieser Hans VI. Ligsalz war in erster Ehe mit Magdalena Pütrich verheiratet, in zweiter Ehe offenbar mit einer Pötschner. Sein Totenschild in der Frauenkirche zeigt die Wappen der Ligsalz und der Pötschner.[8] Seit 1540 steht Hans Ligsalz an dieser Stelle erst im Steuerbuch. Belegt als Hauseigentümer sind erst seine Söhne Erasmus III., Niklas II., Christoph II., Balthasar und Hans VII. der Jüngere – am genannten Datum. Da verkaufen ihre Vormünder ein Ewiggeld von nicht weniger als 50 Gulden um 1000 Gulden Hauptsumme aus ihrem Haus und dem „Rosen Padt darhinder" (GruBu). Hans der Ältere könnte durch Erbschaft an das Haus gekommen sein. Wahrscheinlich war er in zweiter Ehe mit einer Pötschner verheiratet; denn von einem Kauf ist nichts bekannt. In erster Ehe war Hans Ligsalz aber mit Magdalena Pütrich verheiratet. Die Erbschaft könnte auch auf diesem Wege erfolgt sein.

1572 laut Grundbuch (Überschrift) „Christoff Ligsaltzens gelassner Khinder unverthailts haus, Hof und stadel, geet in das Rosenthal. Die Screibstuben [!] genant".

Das Haus bleibt bis zum 21. Januar 1587 in der Hand der Ligsalz.

---

[1] GB III 84/18.
[2] RP 2 S. 162r.
[3] Urk. D I e 2 - XLV Nr. 1.
[4] Hufnagel/von Rehlingen, St. Peter Urk. 208, 211.
[5] Stadtgericht 207/7 (GruBu) S. 685v/686r.
[6] Geiß, St. Peter S. 246 ohne Quelle.
[7] Hufnagel/von Rehlingen, St. Peter Urk. 252, 258.
[8] Stahleder, Bürgergeschlechter. Die Ligsalz S. 201.

Die Eintragungen im Häuserbuch zu 1477, „nach 1511" und „nach 1541" sind vom Häuserbuchbearbeiter ergänzt, stehen also nicht im Grundbuch.

Eigentümer Rindermarkt 8:

Ulrich Pötschner
St: 1393: 80/-/-
Pötschnerin und ir sun
St: 1394: 40/-/- gracianus, 1395: 20/-/- gracianus
* Hans [I.] und Peter [I.] die Pötschner
St: 1397, 1399, 1400, 1401/I: 30/-/-
Pferdemusterung, um 1398: Hanns und Peter Potschner súllen haben 4 [korrigiert in 5] pferd umb 70 gulden und ir ainer sol selber reiten und ein erbern knecht [haben].
* Hanns [I.] Pötschner[1]. 1416, 1418 patrimonium Hanns Potschner [∞ Klara Auer]
St: 1401/II: 27/-/- iuravit, 1403, 1405/I: 27/-/-, 1405/II: 18/-/36 iuravit, 1406, 1407: 24/-/48, 1408: 28/-/88, 1410/I: 18,5/-/20 iuravit, 1410/II: 24/6/6, 1411: 18,5/-/20, 1412: 24/6/-, 1413: 18,5/-/25 iuravit, 1415: 18/-/68 iuravit pro se, 1416: 24/3/-, 1418: -/-/-
StV: (1407) et dedit 4/-/40 von Pewing[2] wegen.
Bem.: (1405/II) Steuer gemeinsam mit patrimonium Graeffenrewderin. (1418) Steuer gemeinsam mit Hanns Awer.
Graeffenrewderin inquilina
St: 1399: -/6/24 gracianus, 1405/II: -/-/-
Bem.: (1405/II) Steuer gemeinsam mit Hanns Pötschner.
Awer. 1418 Hanns Awer [von Pullach]. 1419 Hanns Awer hausfraw. 1423, 1424 Klara Awerin [geb. Clara I. Ridler]
St: 1416: -/-/-, 1418: 26/-/-, 1419, 1423: 14/-/-, 1424: 4/5/10
StV: (1418) von zwayn stewrn alz der rat geseczt hat. (1419) nach dez racz hayssen. (1423) all stewr nach dez racz haissen.
Bem.: (1418) Steuer gemeinsam mit patrimonium Hanns Pötschner.
* Peter [I.] Pötschner[3]
St: 1401/II: 20/-/- gracianus, 1403: 20/-/- gracianus, 1405/I: 20/-/- gracianus
StV: (1405/I) und sol zu dem nachsten swern.
relicta Peter [I.] Potschnerin[4]
St: 1431: 32/-/31 iuravit
Peter [III.] Pötschner [Wirt[5], Sohn von Peter I.]. 1445, 1453-1454 relicta Peter Potschner(in)
St: 1431: 9/5/-, 1453, 1454: Liste
StV: (1431) uxoris heyratgut.
Sch: 1439/I-II, 1440, 1441/I-II: 7 t[aglon], 1445: 2 ehalten, dedit -/-/16
Bartlme (Bartholome) Pötschner [Bruder von Peter III.]
Sch: 1439/I-II, 1440, 1441/II: 4 t[aglon], 1445: 4 ehalten, dedit -/-/32
junckfraw Barbara [Pötschner, Schwester von Peter III., später ∞ Peter Schluder]
Sch: 1439/I-II, 1440: 2 t[aglon]
junckfraw(n) Kathrey (Katherine) [Pötschner, später ∞ N. Kray]
Sch: 1439/I-II, 1440, 1441/I-II: 2 t[aglon]
Peter [II.] Schluder [∞ Barbara Pötschner]
Sch: 1441/I: 2 t[aglon]

---

[1] Hans Pötschner war am 29.1.1400 Redner des Rats der 300, vgl. KR 1399/1400 und R. v. Bary III S. 755.
[2] Hofmark Poing, bis zur Enteignung 1404 in der Hand von Ulrich Tichtel dem Jüngeren.
[3] Peter Pötschner ist von 1408-1414 als Brückenzollner nachgewiesen, vgl. R. v. Bary, Herzogsdienst S. 883 (nach KR). – Der gleichzeitig lebende Goldschmied gleichen Namens dürfte ein Sohn von Ludwig I. Pötschner sein.
[4] Anna die Pötschnerin, Witwe Peter Pötschners, und ihre Söhne Peter und Bartholome Pötschner stiften am 25. Oktober 1431 eine Messe und weisen ihr bestimmte Gülten zu, Urk. D I e 2 - XXIV Nr. 2.
[5] Peter Pötschner am Rindermarkt gehört 1430 zu den Wirten, die Ungeld zahlen, vgl. Steueramt 987.

* (herr) Walthauser (Balthasar) [I.] Potschner (Pötschner, Póczner) [von Riedersheim, Stadtrat, Weinhandel; ∞ Anna Fröschl[1]]. 1486, 1490, 1496, 1500 domus Walthauser Pötschner
    St: 1455-1458: Liste, 1462: 5/3/7, 1482, 1486: 26/-/-, 1490: 10/6/-, 1496, 1500: 6/4/20
    StV: (1482) et dedit fur pueri Altman 3/2/21. (1486) die drit nachstewr.
  junckfraw Anna [Pötschner, Tochter von Peter II., später ∞ Hans IV. Bart]
    St: 1455-1458: Liste
  Melchior (Melcher) Pótschner [äußerer Rat; Sohn von Balthasar I.[2]]
    St: 1490: in di camer, 1496: 16/4/10, 1500: 35/1/-, 1509: 3/1/6
** Martha geb. Pötschner [∞ Hiltprand von Spaur] und Gertraud geb. Pötschner [∞ Bernhard Pütrich], Töchter von Balthasar I. Pötschner [1508]
** domus der von Spaur und Pütrichin
    St: 1508: -/-/8
** domus Hilprant von Spaur [und] domus Veit von Seiboltstarf [∞ Maria Pötschner, Tochter von Balthasar I.]. 1514 domus Hilprant von Spaur
    St: 1509: -/-/7,5, 1514: Liste
** Bernhardin Putrichin. 1514 relicta Bernhart Pútrichin[3]
    St: 1509: 4/7/20 juravit, 1514: Liste
  Perfaler
    St: 1514: Liste
  Hanns [VI.] Ligsaltz [Stadtrat, Weinschenk[4], ∞ 1. Magdalena Pütrich, ∞ 2. N. Pötschner ?], 1540 der alt
    St: 1522-1526, 1527/I: 20/-/4, 1527/II, 1528, 1529, 1532: 21/6/1, 1540: nihil
    StV: (1540) haben die erbn zugsetzt.
  relicta Eßwurmin [= Anna III. Ligsalz, Schwester von Hanns VI. Ligsalz[5]]
    St: 1524: an kamer, 1525, 1526, 1527/I: 1/1/10
** Hanns [VII.] Ligsaltz [Sohn von Hans VI., ∞ Ursula Reitmor], 1540 der jung
    St: 1540: 9/2/- juravit, 1541, 1542: 9/2/-, 1543: 18/4/-, 1544: 9/2/-
    StV: (1543) mer 28/1/26 fúr p[ueri] Ligsaltzn.
** Erasmus [II.] Ligsaltz und Brüder Christoph [II.], Balthasar und weitere Kinder von Hans VI. Ligsalz
** Niclas [II.] Ligsaltz [Sohn von Hans VI., Stadtrat[6], ∞ 1. Barbara Fröschl von Wasserburg, 2. Ursula Perndorfer von Pähl]
    St: 1544: 14/-/28, 1545: an chamer, 1546-1548, 1549/I-II, 1550, 1551/I-II, 1552/I-II: 8/3/15, 1553-1557: 9/3/20, 1558: 19/-/10, 1559, 1560: 9/3/20, 1561, 1563: an chamer, 1564/I: -/-/-
    StV: (1544) für in und seine gschwistret, dweil sy noch unvertailt sein. (1544) mer -/3/15 gracion von wegen seiner hausfrauen heyrathguet. (1545) [Nachtrag:] zalt sein gschworne zwifache steur, thuet 17 fl. (1545) mer zalt für p[ueri] Ligsaltz zwifache steur, thuet 20 fl. Actum 24. May. (1546-1548) mer 10/-/- für p[ueri] Ligsaltzn.
** Cristoff [II.] Ligsaltz [Sohn von Hans VI., Stadtrat[7], ∞ 1. Barbara Reitmor, 2. Susanna Salzberger], 1552/II und [sein Bruder] Walthas Ligsaltz. 1566/II [am Rand:] domus Ligsaltz. 1569-1571 Christoff Ligsaltz hausfrau
    St: 1548: 1/-/- gracion, 1549/I-II, 1550, 1551/I-II, 1552/I-II: 10/-/-, 1553, 1554/I-II, 1555-1557:

---

[1] Handelt mit Wein, so KR 1471/72 S. 66r. – 1460 bis 1464 und 1466 ist Balthasar Pötschner äußerer Stadtrat, 1565 und von 1567 bis 1482 innerer Rat, vgl. RP. – Ehefrau Anna, Kauf eines Leibgedings in Augsburg im Jahr 1463, vgl. Haemmerle, Leibgedingbücher Nr. 1240.

[2] Er ist Sohn von Balthasar I. Pötschner, vgl. RP 4, S. 90r (18.10.1499) und war von 1494 bis 1499 äußerer Stadtrat, vgl. RP.

[3] Gertraud oder Ehrentraud Pütrich, geborene Pötschner.

[4] Hanns VI. Ligsalz gestorben 1538, Stadtrat, ∞ 1. Magdalena Pütrich zu Fußberg (+1534), ∞ 2. N. Pötschner?. – 1515 Aufnahme in die Weinschenkenzunft, Gewerbeamt 1418 S. 16v. – Zu den Ligsalz vgl. Stahleder, Bürgergeschlechter. Die Ligsalz S. 175/260.

[5] Die Witwe des 1524 gestorbenen Stadtunterrichters Fridrich Esswurm, vgl. R. v. Bary III S. 804, nach RP.

[6] Sohn von Hans VI., gest. 1586, Stadtrat zu München, Land- und Seerichter zu Dießen.

[7] Sohn von Hans VI., gest. 1596, Stadtrat, Richter zu Hohenaschau und Wildenwart. – Im Sommer 1569 und Frühjahr 1571 zum Religionsverhör vorgeladen, Dorn S. 227, 253.

8/-/28, 1558: 16/1/26, 1559, 1560: 8/-/28, 1561, 1563: an chamer, 1564/I-1568: -/-/-, 1569-1571: 2/2/10

StV: (1549/I-1552/I) samt seins bruedern Walthasar(s) steur. (1553, 1554/I) mer 5/3/15 fúr p[ueri] Balthas Ligsaltz. (1554/II-1557) mer 5/3/15 fúr den Balthas(ar) Ligsaltz. (1564/II) steurt Andre [III.] Reitmor.[1] (1567/II) steuren die vormúnder. (1569, 1570) mer fúr ir mueter von 3 fl gelts -/2/24. (1569-1571) mer fúr den heyzehennt 1/5/-. (1569-1571) mer fúr Sebastian Tennen (Tennin)[2] von 4 fl gelts -/1/26. (1571) mer fúr die Fanndtnerin, ir mueter -/2/24. (1571) [zu allen drei zusätzlichen Abgaben am Rand:] zalt Salzburger.[3]

Veit Potschner
    St: 1549/I-II, 1550, 1551/I-II, 1552/I: -/2/-

** Balthasar (Walthas) Ligsaltz [Sohn von Hans VI.[4], später Bürger zu Augsburg]
    St: 1558: 11/-/-, 1559: 5/3/15

Bewohner Rindermarkt 8:

Martein Schúber inquilinus St: 1393: 0,5/-/- gracianus
relicta Sumerstorfferin(n), 1394 inquilina St: 1394, 1397: -/-/-
Martein Schirkhofer (Schirschofer), 1395 inquilinus Pótschner, 1396, 1399 inquilinus
    St: 1394: 1/-/8, 1395: 0,5/-/20, 1396, 1399: -/7/-
Chunrat Kúntter (Küntter) [Münzer] St: 1395: -/12/- non juravit, 1396: 2/-/60
Fricz Pugnhauser [Weinschenk[5]] inquilinus St: 1453-1455: Liste
Liebel weinkoster[6], 1458 inquilinus St: 1456-1458: Liste
Oswolt Fridelmeir [Schenk ?] inquilinus St: 1462: -/4/25 schenckenstewr
Sigmund Helffenprunner, 1482 weinschenk St: 1482: -/7/11, 1486: 1/1/25
Alban müllnerin. 1486 Albanin St: 1482: -/-/20 das jar, 1486: -/-/60
Sonnderdorfferin St: 1482: 2/5/-
Cristof Rûdolf (Ruodolff) [Stadtrat, Münzmeister[7]]
    St: 1482: 16/6/15, 1486, 1490: 17/4/-, 1496: 4/-/29
    StV: (1486) et dedit 1/6/15 pueri lederschneider. (1490) et dedit 1/7/15 für pueri lederschneider.
Hanns Ochsnfurter gsch[lachtgwanter ?] St: 1496: -/4/13
    Jeronimus Ochsenfurter gsch[lachtgwanter ?] St: 1496: -/4/5 juravit
Sebold tuchscherer St: 1500: -/-/60
Jacob Heytzinger maler St: 1508, 1509: -/3/22
Linhart Weiß cramer[8] St: 1514: Liste
Wolfganng kistler wiert[9] St: 1514: Liste
goltspinerin inquilina St: 1514: Liste
Paule (Pauls) Rößlmair [Tagwerker[10]] St: 1522-1524: -/2/-
Mathes Óbrist. 1548, 1549/I Mathes Obristin
    St: 1526, 1527/I: -/3/15 gracion, 1527/II, 1528, 1529, 1532: 3/6/6, 1540-1542: 4/1/10, 1543: 8/2/20, 1544: 4/1/10, 1545: 9/-/24, 1546: 4/3/27 patrimonium, 1547, 1548, 1549/I: 4/3/27

---

[1] Sowohl Christoph II. als auch Hans VII. Ligsalz waren mit Reitmorinnen verheiratet.
[2] Wohl ein Neffe, da Katharina (II.), die Schwester von Christoph II. und Hans VII. Ligsalz, mit Marx Tenn von Salzburg verheiratet war.
[3] Die 2. Ehefrau von Christoph II. war Susanna Salzberger/Salzburger. Der hier genannte dürfte der Schwiegervater oder Schwager von Christoph sein.
[4] Sohn von Hans VI., später Bürger zu Augsburg, gest. nach 1564.
[5] Fricz Pogenhawser ist 1458 Mitglied der Weinschenken-Bruderschaft, vgl. Gewerbeamt 1411 S. 13v.
[6] Liebel Weinkoster „an dem Rindermarkt" begegnet schon 1437, als die St.-Nikolaus-Kapelle aus seinem Anger vor dem Neuhauser Tor einen Zins innehat, vgl. MB XIXa 35 S. 412. Wegen des Fehlens von StB dieser Zeit ist er jedoch nicht früher nachweisbar. Vgl. auch KR 1437/38 S. 25r, 1451/52 S. 59v.
[7] Vgl. Stahleder, Bürgergeschlechter. Die Rudolf S. 166/167. – Christoph Rudolf ist 1466 bis 1470 äußerer, 1472 bis zu seinem Tod am 12.10.1493 innerer Rat, vgl. RP.
[8] Linhart Weiß ist 1507, 1512-1515 Vierer der Kramer, vgl. RP.
[9] Wolfgang Kistler am Rindermarkt 1512 Vierer der Kistler, vgl. RP.
[10] So 1525-1527/I bei Kaufingerstraße 20*/21*.

Adam Obrist [Salzsender[1]]
    St: 1561: an chamer, 1563: -/5/25
    StV: (1563) von seiner hausfrauen guet. Sein guet, so er bey den Ligsaltzen hat, ist der zeit eingestellt. (1563) mer für ain steuer de anno [15]61 -/5/25.
Jorg Lehner St: 1527/II: -/-/13 gracion
relicta Hanns [IV.] Schluderin St: 1528, 1529: 2/5/14
Michel Reichel. 1560-1569 Michel Reychlin (Reichlin, Reichelin)
    St: 1540-1542: 1/4/3, 1543: 3/1/6, 1544: 1/4/3, 1545: 3/1/6, 1546-1548, 1549/I-II, 1550, 1551/I-II: 1/4/3, 1552/I-II: 2/3/3, 1553, 1554/I-II, 1555-1557: 1/6/1, 1558: 3/5/2, 1559: 1/6/1 patrimonium, 1560: 1/1/5 juravit, 1561, 1563, 1564/I: -/1/22, 1564/II: -/2/9,5, 1565: -/2/27, 1566/I-II, 1567/I: -/2/25, 1567/II: -/3/2, 1568: -/6/4, 1569: -/3/11
    StV: (1552/I) hat zugsetzt seiner hausfr[auen] guet. (1552/I) mer -/6/5 für sein schwiger matrimonium zum 4. mal. (1552/II) mer -/6/5 matrimonium zum 5. mal, geht hinfüro in tayl. (1554/II-1557, 1559) mer -/4/2 für sein schwägerin. (1558) mer 1/1/4 für sein schwägerin. (1560) mer für ir schwester -/4/2. (1561) Anna Ottlin -/3/25, ausser der Ligsaltz schuld. (1563, 1564/I) ausser der Ligsaltz schuld. (1563, 1564/I-II) mer für Anna Ottlin -/3/25. (1564/II) zuegesezt den 8. tail von der Ligsaltzischen schuld. (1565) zuegesetzt Ligsaltzische schuld den 8. tail andern empfang. Mer für Anna Ottlin -/3/25. (1566/I) und für Anna Ottlin -/3/25. (1566/II) mer für ir schwesster, Anna Ottlin genant -/3/25. (1567/I-II) mer für ir schwester Anna Ottlin -/3/25. (1567/I) soll Ligsaltzischen empfang zuesetzen. (1569) ausser der Ligsaltz schuld.
    Sigmairin sein schwiger. 1551/I-II sein schwiger
    St: 1550: -/6/5 matrimonium, 1551/I: -/6/5 matrimonium zum andern mal, 1551/II: -/6/5 matrimonium zum dritten
    Anna sein schwägerin St: 1553, 1554/I: -/4/2
    ir schwester Ottlin
        St: 1568: -/-/-
        StV: (1568) obdormivit, nihil, verlassen.
Michel färber St: 1557: -/2/-
Püentzenauer (Pientznauer) (f(ürstlicher)) hofmaister St: 1565, 1566/I-II: -/-/-
Hanns Uttnperger [Kramer]
    St: 1567/I: 2/-/-
    StV: (1567/I) und für den heizehent im burckhfrid, so auff 30 lb angeschlagen, yedes jars -/12/-, soll khünfftig zaln de anno [15]64, [15]65, [15]66, [15]66, [15]67, thuet 8/4/-. (1567/I) [Nachtrag am Rand:] Hansen Uttnperger, nach dem er wegzeucht, ist ime für di 3 nachsteur 2 fl zu bezaln bewilligt und zalt wie oben.
herr Torer, 1568 fürstlicher rath St: 1567/I-II, 1568: -/-/-, 1569: -/-/- hofgsind, 1570: nihil, hofgsind
Anndre Edmüller (Ödmüller, Öttmüller), 1569-1571 der jünger [Kramer[2]]
    St: 1567/II: 1/3/-, 1568: 2/6/-, 1569-1571: 3/-/15
Jorg (Georg) Steckhl (Stöckhl) trabannt
    St: 1568: -/4/-, 1569: -/4/- burger, hofgsind, 1570: -/2/- burger, hofgsind, 1571: -/2/-
    StV: (1571) zalt nachsteur adi 3. Februari anno [15]73.
haubtman Peninger St: 1571: -/-/-
[...][3] Anngst trabant St: 1571: -/-/-

---

[1] Adam Obrist 1571, 1575-1577 als Salzsender belegt, vgl. Vietzen S. 150.
[2] Andre Ödmüller d. J. 1565-1567/I bei Marienplatz 21 B Kramer. – Edmüller, des Heigls von Tölz Tochtermann, Sommer 1569 Religionsverhör, Dorn S. 230. Dieser ?
[3] In der Handschrift hier Platz für den Vornamen gelassen.

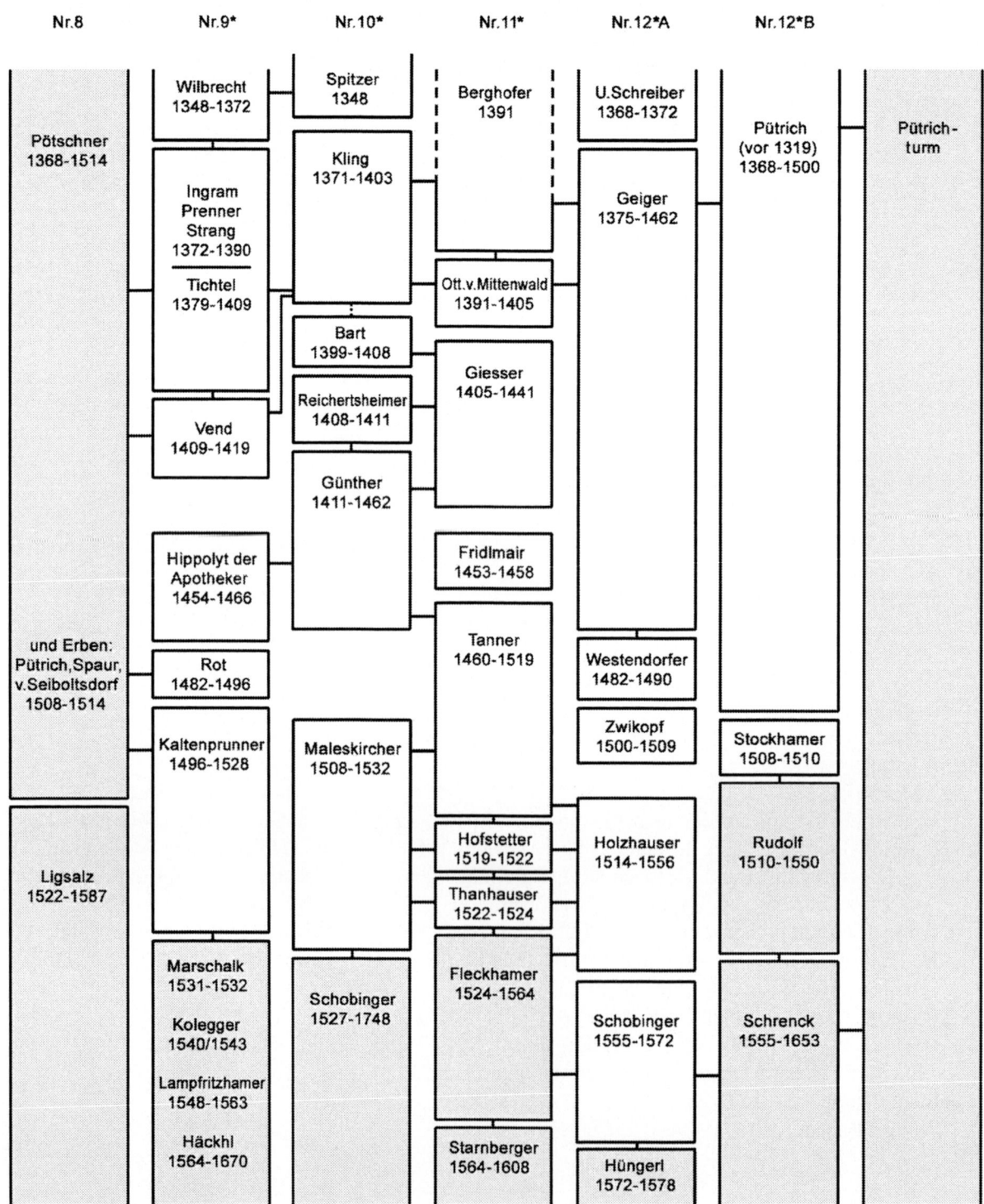

Abb. 25 Hauseigentümer Rindermarkt 8 – 12.

1572

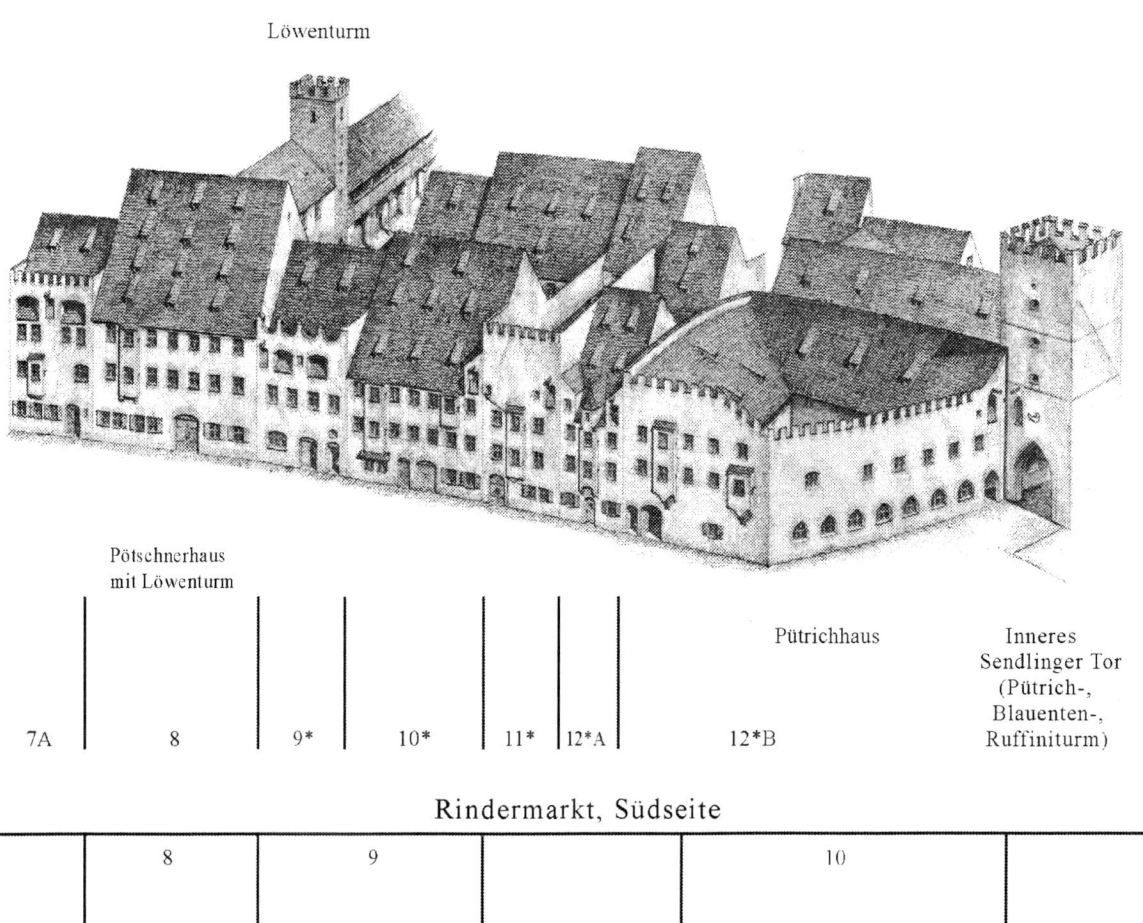

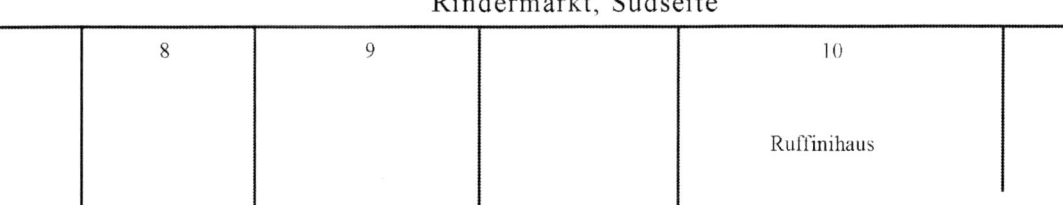

Pettenbeckstraße

1939

Abb. 26 Rindermarkt Süd Nr. 7 – 12, Häuserbuch Angerviertel S. 224/225.

Rindermarkt 9*

Charakter: 1454-1462 Apotheke.

Hauseigentümer:

1348 Februar 4 Heinrich der Wilbrecht ist am Rindermarkt Nachbar des Hauses von Hans und Jörg Spitzer (Rindermarkt 10*).[1]

1372 Januar 31 Hans Wilbrecht und sein Bruder Thomel übergeben ihr Haus am Rindermarkt an Hainrich den Ingram.[2] Möglicherweise gehört dem Ingram nur ein Teil des Hauses; denn wahrscheinlich ist hierher auch folgender Eintrag im Gerichtsbuch zu beziehen:

1379 August 22 der Prenner übergibt sein halbes Haus am Rindermarkt Ulrich dem Strang und Hans dem Tichtel, seinem Schwager. Dem Prenner war das Haus durch sein Weib zugefallen.[3] Da um 1403 Hans Tichtels Kinder als Eigentümer dieses Hauses erscheinen und von 1375 bis 1379 auch mehrere Strang in diesem Haus wohnen, dürfte also dieses Haus gemeint sein.

1403 September 3 des Hans des Tichtel seligen Kinder sind am Rindermarkt Nachbarn des Hauses von Lienhart dem Kling (Rindermarkt 10*).[4]

1409 Februar 28 Wilhalm, Sohn des Hanns Tichtel, verkauft sein Haus am Rindermarkt, zunächst an des Hanns des Pötschners Haus (Rindermarkt 8) gelegen, für sich selbst und im Namen seiner Schwestern Verena und Ursel, an ihren Stiefvater Gebhart den Vend (Fend) (von Aichach).[5]

1410/II domus Vend von Aichach (StB).

1460 März 29 und

1466 April 17 das Haus des Yppoliten apothekers ist Nachbarhaus von Zacharias Günther (Rindermarkt 10*).[6]

1485 Januar 2 das Haus des Ulrich Rot ist am Rindermarkt Nachbar des Hauses von Balthasar Pötschner (Rindermarkt 8).[7]

1508 Dezember 18 Sigmund Kaltenbrunner am Rindermarkt ist Nachbar des Hauses der Pötschner-Erbinnen Martha von Spaur und Gertraud Pütrich, beide geborene Pötschner (Rindermarkt 8).[8]

1531 Dezember 20 Magdalena, Ehefrau von Hans Marschalk, verkauft aus ihrem Haus am Rindermarkt am selben Tag drei Ewiggelder (Hypotheken) von je 10 Gulden um je 200 Gulden Hauptsumme, erstere an ihren Bruder Hans Kaltenbrunner. So enthält es bereits das Grundbuch.[9] Das Häuserbuch verschweigt, daß die Magdalena Marschalk eine geborene Kaltenbrunner ist, was den Übergang des Besitzes von Kaltenbrunner auf Marschalk erklärt.

1543 August 3 Valentin Kolegker und seine Ehefrau Margret sind jetzt die Hauseigentümer und verkaufen ein Ewiggeld (GruBu).

1559 März 5 Paul Lampfritzhamer verkauft ein Ewiggeld (5 Gulden um 100 Gulden) (GruBu).

1563 domus Lampltzhamerin (StB).

1566 ff. domus Caspar Häckhls (StB).

1572 bei Anlage des Grundbuches (Überschrift) ist Eigentümer von Haus, Hof und Stallung – „stosst auf den Pach" – der Kramer Kaspar Häckhl.

Die Häckhl behalten das Haus nun bis zum 1. Februar 1670.

---

[1] Urk. D I e 2 - XXXIV Nr. 3.
[2] GB I 22/11.
[3] GB I 112/6.
[4] GB III 13/11.
[5] GB III 84/18.
[6] BayHStA, Kurbayern Urk. 13930, 16501. – Wittmann, Urkunden-Regesten, ungedruckt.
[7] Urk. D I e 2 - XLV Nr. 1.
[8] Geiß, St. Peter S. 246 ohne Quelle.
[9] Stadtgericht 207/7 (GruBu) S. 687v.

Eigentümer Rindermarkt 9*:

* Hainrich Wilbrecht [1348 Februar 4]
  relicta Wilbrechtin[1]
     St: 1368: -/-/-
* Hans [I.] und Thoman [I.] Wilbrecht [bis 1372 Januar 31]
* Hainrich Jngram (Yngram) [Bierbrauer, äußerer Rat[2], seit 1372 Januar 31]
     St: 1375: 2,5/-/-, 1377: 2,5/-/- juravit, 1379, 1381, 1382, 1383/I: 2,5/-/-, 1383/II: 3/6/-, 1387: 1/-/-, 1388: 2/-/- juravit, 1390/I-II: 2/-/-
  Tólldel gener eius, 1381 inquilinus. 1382 Tólldel Kúmbsvelder (!) inquilinus. 1383/I-II Tólldel Kumbsdorffer inquilinus
     St: 1379: -/-/-, 1381: -/5/15 gracianus, 1382: 3/6/- non juravit, 1383/I: 3/6/-, 1383/II: 5/5/-
*? Hainrich Strang, 1375 inquilinus
     St: 1375: 2,5/-/-, 1377: -/10/- juravit, 1378, 1379: -/10/-
  relicta [Andre II.] Sentlingerin, 1378 uxor Johannis [Sentlinger], 1378-1379 inquilina [= Elspet, Schwester von Lienhart und Urban Strang]
     St: 1378: 3/-/39, 1379: -/-/-
  pueri eius
     St: 1378: 2/-/-, 1379: -/-/-
  Lienhart Strang inquilinus
     St: 1379: -/-/-
  Urban Strang inquilinus
     St: 1379: -/-/-
* Prenner [bis 1379 August 22, halbes Haus]
* Ulrich der Strang [seit 1379 August 22, halbes Haus]
* Hanns [I.] Tichtel[3] selig [seit 1379 August 22, Schwager des Prenner, halbes Haus]
  pueri Hanns Tichtel [= Wilhalm, Verena, Ursel Tichtel]
     St: 1406: -/-/-, 1407-1408: 3/-/- gracianus
* domus Vend von Aichach. 1411-1413 Fend von Aichach. 1415-1416, 1418 Gebhart Vend. 1419 patrimonium Gelbhart (!) Vend [Stiefvater der Tichtel-Kinder]
     St: 1410/II: 0,5/-/-, 1411: 0,5/-/- gracianus, 1412: 3/-/80 iuravit, 1413: 3/-/- iuravit, 1415: 3/-/60, 1416, 1418, 1419: 4/-/80
     StV: (1419) die hat halbs ausgericht der Knaelingk und halbew der Siczinger von des Venden wegen.
*? Hanns Vachner
     Sch: 1439/I-II, 1440, 1441/I-II: 6 t[aglon]
* Ypolitus (Ypolite) appoteker (appotecker, appodecker) [Schaprant][4]
     St: 1454-1458: Liste, 1462: -/-/85
     StV: (1462) Steuer gemeinsam mit den pueri Andre [Drottner] appodecker[5].
  pueri Andre [Drottner] appoteker, 1462 inquilini
     St: 1458: Liste, 1462: -/-/-
     StV: (1462) Steuer gemeinsam mit Ypolite appodecker.

---

[1] Witwe von Konrad II. ?
[2] Hainrich Ingram 1381 im Großen Rat bzw. äußerer Rat und Bierbrauer, vgl. R. v. Bary III S. 740, 745.
[3] Ehefrau Ottilie N., diese seit 1405/06 wiederverehelichte Vend von Aichach. Vgl. Stahleder, Bürgergeschlechter. Die Tichtel S. 223/225.
[4] „Meister Andre [Schaprant] appotegker" wird 1453 zum Stadtapotheker bestellt. „Die Stat hat ain andern Appotecker nach maister Andres [Drottner] abgeen bestellt nach des Techants zu Sand Peter Rat, genant Ypolitus, der hat maister Andres hausfrawen zu der ee genomen. Den hat man bestelt funf jar und geit im 8 gulden, all wochen kotember 2 gulden. Actum und stet an Lucien 1453", vgl. Zimelie 34 (Stadtzinsbuch) S. 21r.
[5] Kinder von Schaprants Ehefrau aus deren erster Ehe mit dem Apotheker Andre Drottner, vgl. Zimelie 34 (Stadtzinsbuch) S. 21r: Ypolitus. Hat Andres Hausfrau geheiratet 1453. – Andre Drottner war von 1443 bis 1450 Stadtapotheker, Hippolyt Schaprant von 1453 bis ca. 1482/83, ab 1498 bis 1508 Johannes Schaprant Stadtapotheker, vgl. R. v. Bary III S. 1029 ff.

* Ulrich Rot
St: 1482: 2/1/15, 1486, 1490: 1/4/26
StV: (1490) et dedit 1/3/21 fur maister Kristof Anderl (?) die erst nachstewr.
pueri Ulrich Rot
St: 1496: -/-/-
StV: (1496) annderswo, bey eichmaister.
* Sigmund Kaltnprunner (Kaltenprunner), 1496 weinschenk [Schankungelter, vorher Gewandschneider ?[1]]. 1522-1528 relicta Kaltenpronnerin[2]
St: 1496: 1/2/6, 1500: 1/5/6, 1508, 1509: 2/5/25, 1514: Liste, 1522-1526, 1527/I: 3/2/10, 1527/II: 3/5/-, 1528: 3/5/- matrimonium
StV: (1496) et dedit -/5/29 fur Ursula Sánftlin.
** Hanns Marschalck [∞ Magdalena Kaltenbrunner]
St: 1532: 1/3/22 patrimonium
StV: (1532) et dedit -/1/- für sein son Hannsen.
** Valten collecter
St: 1540-1542: 5/-/-, 1543: 10/-/-
** relicta Lampltzhamerin (Lämpltzhamerin, Lampfritzhamerin). 1561 Lampltzhamer. 1563 domus Lampltzhamerin
St: 1548: 5/-/-, 1549/I: der zeit nihil, 1549/II, 1550: 5/-/-, 1551/I: der zeit nihil, 1551/II: 5/-/-, 1552/I: an chamer, 1552/II: 5/-/-, 1553, 1554/I-II, 1555, 1556: 5/-/-, 1557: an chamer, 1558: 10/-/-, 1559-1561: an chamer, 1563: -/3/15 dieser zeit
StV: (1548) zalt irn beysitz 5/-/- am 3. Martii an chamer, zalt mer 5/-/- von irn beysitz, verfallen Martini anno [15]48. Actum den 23. Februari anno [15]49. (1549/I) hat ain jerlich geding. (1549/II) mit ainem geding. (1550) für irn beysitz mit geding. (1551/I) sitzt mit geding. (1551/II) mit geding für irn beysitz. (1552/II, 1553) mit geding, als offt und wie man steurt, ainfach oder doplt, soll sy auch steurn. (1552/II) mer 5/-/- zalt ain alte steur. (1554/I-II, 1555) mit geding, als offt und wie man steurt, soll sy auch steurn. (1556) mit geding, als offt und wie man steurt, beysitz. (1557) zalt per Kobl 5/-/- am 20. Januarii irn beysitz, verfallen Martini anno [15]57. (1558) als doplter beysitz. Ad 30. Septembris zalt per Seehofer die Lampltzhamerin iren verfallen beysitz, thuet 5 fl. Sagt auch der zeit auff iren beysitz. (1563) mer für 3 versessn steur 1/3/15.
** domus Caspar Häckhl (Hackl). 1566/I-II, 1567/II-1569, 1571 Caspar Háckhl (Hägkhl) chramer. 1567/I, 1570 Caspar Hágkhl
St: 1564/I: 1/5/6, 1564/II: -/-/-, 1565, 1566/I-II, 1567/I-II: 1/5/6, 1568: 3/3/12, 1569-1571: 4/5/20,5
StV: (1564/I) vormundschafft nichil. (1564/II) steurt beim Odmúller [= Rindermarkt 14]. (1568) mer für Partnhausers khinder 56/6/14. Mer für der Schimel mess 1/2/2. (1571) mer für Niclas Ligsaltz khinder 5/3/4.

Bewohner Rindermarkt 9*:

Sigel Leo inquilinus St: 1368: -/-/12 post
Seicz goltsmid inquilinus[3]
St: 1368: -/-/45
StV: (1368) post. Item de anno preterito -/-/40.
Spilhaincz servus Sentlinger[ii] inquilinus St: 1368: -/-/32
Werder gener Gósweininne St: 1369: -/15/-

---

[1] 1492 Aufnahme in die Weinschenkenzunft, Gewerbeamt 1418 S. 7r. – 1513-1515 Schankungelter, lt. RP. – 1506-1514 Viertelhauptmann von der Gemain des Rindermarktviertels, lt. RP. – Ein Sigmund Kaltenprunner war aber 1487, 1488 und 1490 Vierer der Gewandschneider, vgl. RP.
[2] Kaltnprunerin 1520 Aufnahme in die Weinschenkenzunft, Gewerbeamt 1418 S. 18r.
[3] Vgl. Frankenburger S. 261.

Rótel (Rotel) auftrager
    St: 1369, 1371: -/-/60, 1372: -/-/74
    Bem.: (1369) post [daneben getilgt:] dedit -/-/68 post
Perchtolt Kranhobel inquilinus St: 1369: -/-/30 post
Chunrat Slipfhaimer St: 1371, 1372: -/-/-
Marquard calciator inquilinus St: 1371: -/-/32
Haincz gener Kumsdorfferii inquilinus St: 1372: -/-/32 post
    Berchtolt Kúnigstorffer (Kúmbstorffer) inquilinus St: 1387: 0,5/-/12, 1388: 1/-/24 juravit
Praentel calciator inquilinus St: 1372: -/-/24 gracianus
Halpschuster St: 1375: 2/-/- juravit
Nicklas Húbschwirt [dann Pfändermeister[1]] inquilinus St: 1379: -/-/-
Laecher [Fragner[2]] inquilinus St: 1382: nichil
Hainrich melczer inquilinus St: 1383/I: -/-/12, 1383/II: -/-/18
[Hans] Maisterl káufl inquilinus St: 1390/I-II: -/-/32
Martein Degen sneider inquilinus St: 1390/I-II: -/-/16
Jacob Pirttendorffer St: 1400, 1401/I: 4/-/30, 1401/II: -/-/-
Francz [I.] Astaler[3]
    St: 1401/II: 3/5/10 iuravit, 1403: 1/-/-
    StV: (1403) nach dez racz haissen.
relicta (Chunradi) Astalerin, 1401/II sein muter St: 1401/II, 1403: -/-/-
Herbschaendel múnsser inquilinus St: 1401/II: -/9/2 iuravit
Hanns Triener [Weinschenk, Weinhandel[4]] et uxor St: 1403: 2/-/- iuravit
Chunrat (Chuncz) von Hawsen [Stadtrat[5]], 1406, 1407 inquilinus
    St: 1406: 5/6/20, 1407, 1408: 5/6/20 patrimonium, 1410/I-II: 4/3/- gracianus
Andre schenck St: 1410/II: 7/-/80
Peter peck (beck), 1431 von Aichach [Wirt[6]] St: 1423: 5/-/-, 1424: -/13/10, 1431: 3/-/80
Leutterstarfer inquilinus St: 1496: nichil
Margret von der Hayd St: 1500: -/2/20
Hanns maurer St: 1500: -/-/60
Hainrich Werder, 1509 sneider St: 1509: -/-/60, 1514: Liste
Rúprecht Wild der jung St: 1509: -/2/11
Sigmund Eisenreich St: 1522: nichil
Hanns kamerschreiber. 1524 Hanns Breẃ kamerschreiber[7] St: 1523, 1524: nichil
Frannck nestler St: 1523, 1524, 1527/I-II: -/2/-
maister Michel stainschneider. 1532 Michel stainschneider St: 1527/II, 1528, 1529, 1532: nichil
Conradt nestler St: 1528, 1529: -/2/-
Hanns Ornollt [Wirt, Salzstößel[8]] St: 1528: -/6/-
Fridrich Eßwúrm St: 1529: annderßwo
Stefan Perwein peitler St: 1532: -/2/24
Jacob lezelter St: 1540-1542: -/5/10 schencknsteur, 1543: 1/3/20

---

[1] Niclas Hübschwirt 1381 und 1382 als Pfändermeister belegt, vgl. R. v. Bary III S. 822.
[2] Vgl. 1369 bei Marienplatz 28/29.
[3] Zu den Astaler vgl. Stahleder, Bürgergeschlechter. Die Astaler S. 197/205.
[4] Hans Triener um 1414 Mitglied der Weinschenkenzunft, vgl. Gewerbeamt 1411 S. 3r. – Vgl. Rosenstraße 10 und Steueramt 572 (Leibgedingbuch 1402/03) S. 64r (35v), 573 (Leibgedingbuch 1404/09) S. 49v. – 1404/05 ist Hans Triener Schankungelter, vgl. R. v. Bary III S. 878.
[5] Chunrat von Hawsen 1406 erstgenannter Kirchpropst von St. Peter und damit wohl innerer Stadtrat, 1378 bis 1397 war er schon wiederholt der an zweiter Stelle genannte Kirchpropst von St. Peter und damit wahrscheinlich äußerer Stadtrat, vgl. R. v. Bary III S. 765.
[6] Peter peck am Rindermarkt gehört 1430 zu den Wirten, die Ungeld zahlen, vgl. Steueramt 987.
[7] Hanns Prew 1517-1537 Kammerschreiber, vgl. R. v. Bary III S. 859.
[8] Hans Ornolt ist 1508 bei Kaufingerstraße 26 und 1509 und 1514 bei Kaufingerstraße 27 Wirt. 1512, 1514 und 1515 ist ein Hans Ornolt als Salzstößel belegt und 1519 als Bierbräu, vgl. dort.

relicta Thoman hamerschmidin
   St: 1540-1542: 2/-/18, 1543: 4/1/6 matrimonium
   StV: (1544) haben die erben zugsetzt.
Hanns Schaihenstuel (Scheuhenstuel)
   St: 1544: 19/4/21, 1545: 30/-/-, 1546: 15/-/-, 1547: an chamer
   StV: (1547) [Nachtrag:] zalt an chamer 3 nachsteur. Actum in der wochen Palmarum.
Balthasar Lerchenfelderin
   St: 1564/I: an chamer, 1564/II: 6/3/10 juravit
   StV: (1564/II) mer fúr 3 versessn steur 19/3/-.
Hanns Sigmund von Seyboltstorff St: 1564/I: -/-/- hofgsind, 1564/II: nichil, hofgsind
Hanns Vischpacher [Kramer[1]]
   St: 1564/I: 1/5/6, 1564/II: an chamer, 1565: -/4/25 juravit, 1566/I-II: -/4/27, 1567/I: 3/3/14,5
   StV: (1564/I) hat termin bis auff Michaelis, das er anzaigen soll, búrger ze sein oder nit. (1564/II) ist mit ime vor rath also gehandelt, das er 2 verfaln steur bezaln unnd schwören [soll] unnd soll hinfúran von seinen guetern, damit er hanndlt, mautt unnd zol bezaln, nemlich halben tail als ain búrger und halben tail als ain frembder. Auch die verganngen zol unnd mautt [soll er] dermassen bezaln. Actum 31. Januarii anno 1565 unnd ist ime sollichs auf 3 jar bewilligt. (1565) mer 2 verfalln steur 1/2/20, anno 1565 adi 31. Januarii ist mit ime verraith also gehanndlet, das er von dato an in 3 jarn von seinen guetern soll zol unnd meutt bezaln, nemlich halben tail als ain búrger unnd halben tail als ain frembder. (1566/I) anno 1565 adi 31. Januari ist mit ime gehandlet, das er auff 3 jar seine gueter halb als ain frembder unnd halb als ain búrger verzoln sollte. (1566/II) anno 1565 31. January ist mit ime gehanndlet, das er auf drey jar seine gueter, damit er handtiert, halben tail als ain frembder unnd halben tail als ain búrger verzaln (!) sollte etc. (1567/I) zuegesetzt seiner h[ausfrauen] guet.
Augustin Sánftl (Sänfftl) [ehem. äußerer Rat[2]]
   St: 1565, 1566/I-II, 1567/I-II: 3/4/5, 1568: 7/1/10, 1569: 9/-/-, 1570: an chamer, 1571: -/-/-
   StV: (1566/II-1567/II) mer fúr der Schiml mess -/4/16. (1566/II) mer fúr p[ueri] Partnhauser 28/2/11, (1567/I:) zuegesetzt. (1567/I-II) mer fúr p[ueri] Partnhauser 28/3/7. (1569) mer fúr B. Partnhauser 10/2/2. (1570) zalt adi 9. Martii anno [15]71 zalt 9 fl. Mer von seinem schweher, so er zuegesetzt 3733 fl haubtsuma 6/1/15. (1571) zalt an chamer steur adi 9. Martii anno [15]71 9 fl. Mer von seinem schweher, so er zuegesetzt 3733 fl steur 6/1/15, ist also steur schuldig des [15]71. jars.

Rindermarkt 10*

Charakter: Im 15. Jahrhundert Weinschenke.

Hauseigentümer:

1348 Februar 4 Hans und Jörg Spitzer, zwei Brüder, verkaufen ein Ewiggeld aus ihrem Haus am Rindermarkt, zunächst an Hainrich des Wilbrechts Haus (Rindermarkt 9*) gelegen.[3]
1375 September 24 Hans der Kling verpfändet sein Haus am Rindermarkt um 460 Gulden auf vier Jahre dem Wölfel Pilgreim als Bevollmächtigtem der Hausfrau Ottilie des Hermann Tichtel und ihren Geschwistern Hans, Konrad und Peter (nicht genannten Familiennamens).[4] Die Vollmacht trägt ein Nürnberger Siegel.

---

[1] Vgl. Rindermarkt 14.
[2] Augustin Sänftl 1569 und 1571 zum Religionsverhör geladen, vgl. Dorn S. 228, 251. – Augustin Sänftl 1561-1564 äußerer Stadtrat, vgl. Fischer, Tab. IV S. 2.
[3] Urk. D I e 2 - XXXIV Nr. 3.
[4] GB I 69/7.

1390/98 Liendel Chling gibt aus seinem Haus (am Rindermarkt) 20 Gulden Gült an das Heiliggeistspital „und ist stewrfrey". Um 1410/15-1420 wird sie von Hans Bart abgelöst.[1]

1391 April 8 das Haus des Kling am Rindermarkt ist Nachbar des Hauses von Erasmus Berghofer (Rindermarkt 11*).[2]

1392/1398 das Heiliggeistspital hat aus des Klingen Haus am Rindermarkt 20 Gulden Ewiggeld.[3]

1395 November 18 Liendel der Chling hat wiederholt sein Haus am Rindermarkt an den Ott von Mittenwald (vgl. Rindermarkt 11*) verpfändet.[4]

1398 wieder wird ein Ewiggeld an das Heiliggeistspital aus des Klingen Haus am Rindermarkt genannt.[5]

1403 September 3 Lienhart der Kling verpfändet sein Haus am Rindermarkt, gelegen zunächst dem Haus von des Hans des Tichtels seligen Kindern (Rindermarkt 9*) dem Hans Bart um dritthalb hundert gute neue ungarische Gulden.[6]

1408 Dezember 7 Hans der Bart wird vom Augustinerkloster um 10 Schillinge Ewiggeld verklagt, die aus seinem Haus am Rindermarkt, das neben dem Haus des Peter Giesser (Rindermarkt 11*) liegt, gehen.[7]

1410/15-1420 Hans Bart löst die Hypothek auf dem Haus aus der Zeit von 1390/98 ab.[8]

1411 Januar 15 „Freydreich Reicherczhaimer", zur Zeit Pfleger zu Schwaben, und seine Hausfrau Diemut übergeben ihr Haus am Rindermarkt, zunächst dem Haus des Giesser (Rindermarkt 11*) gelegen, dem Wilhalm Günther.[9]

1460 März 29 und

1466 April 17 Zacharias Günther verkauft seinem Neffen Matheis Pötschner ein Ewiggeld aus seinem Haus und Hofstatt am Rindermarkt, gelegen zwischen den Häusern des Yppoliten apothekers (Rindermarkt 9*) und Hans Tanners, des Kramers selig (Rindermarkt 11*) (1466 Weiterverkauf des Ewiggeldes).[10]

Danach ist ein Hauseigentümer erst wieder mit Kaspar Maleskircher fest verbürgt, der seit 1508 in den Steuerbüchern steht. Da es das einzige Haus am Rindermarkt ist, für das in dieser Zeit kein Hauseigentümer ausfindig zu machen ist, könnte die folgende Nachricht hierher zu beziehen sein:

1468 März 28 Herzog Wolfgang sagt bei seinem Regierungsverzeicht auf 12 Jahre und anlässlich der Regelung seiner Apanage „und auch für Uns von dem Hause zu München an dem Rindermarkt, darinn unser lieber Bruder [Herzog Albrecht IV.] jetzt ist und wir die Zeit füro sein werden, jährlich zu Hauszins geben achtzig Gulden rheinisch Landeswährung ...".[11] Die Herzöge bewohnen also am Rindermarkt ein Haus, das ihnen aber offensichtlich nicht gehört, sodaß sie dafür Miete zahlen müssen. In Frage kommt allerdings dafür auch das Haus Rosenstraße 6/Ecke Rindermarkt, das zu dieser Zeit der Familie des Dr. Hanns Hartlieb gehört.

Zu Herzog Albrecht IV. und Gabriel Maleskircher, dem Vater von Kaspar, vgl. beim Haus Landschaftstraße 4.

1519 Januar 28 Caspar Maleskirchers Haus am Rindermarkt ist Nachbar des Hauses von Stefan Tanner, künftig des Gregori Hofstetter (Rindermarkt 11*).[12]

1522 Januar 27 Caspar Meleskirchers Haus am Rindermarkt ist Nachbar des Hauses der Witwe von Gregori Hofstetter, künftig des Balthasar Thanhausers Haus (Rindermarkt 11*).[13]

---

[1] Vogel, Heiliggeistspital, Salbuch A Nr. 228.
[2] GB II 4/4.
[3] Steueramt 982/1 S. 5r.
[4] GB II 105/7.
[5] Steueramt 982/1 S. 5r.
[6] GB III 13/11.
[7] GB III 83/1.
[8] Vogel, Heiliggeistspital, Salbuch A Nr. 228.
[9] GB III 107/10.
[10] BayHStA, Kurbayern Urk. 13930, 16501. – Wittmann, Urkunden-Regesten, ungedruckt.
[11] Krenner, Landtags-Handlungen V S. 305 f.
[12] BayHStA, KU Schäftlarn 814, alt: GUM 628.
[13] GB IV S. 7r. – BayHStA, KU Schäftlarn 821, alt: GUM 652.

1524 August 5 wieder ist das Haus des Caspar Meleskircher am Rindermarkt Nachbar des Hauses des Balthasar Thannhauser (Rindermarkt 11*).[1]

1531 September 26 Heinrich Schobinger und seine Hausfrau Anna verkaufen laut Grundbuch aus diesem Haus ein Ewiggeld von 8 (!) Gulden um 200 Gulden Hauptsumme und zwar an (den Vorbesitzer) Caspar Maleskircher und seine Hausfrau Veronica.[2]

1562 August 14 und

1562 August 15 Ewiggeldverkäufe von je 25 Gulden um jeweils 500 Gulden Hauptsumme durch Heinrich Schobinger (GruBu).

1572 laut Grundbuch (Überschrift) des „Hainrichen Schobingers Vorderhaus, Höfel und Hinderhaus, stosst auf den Pach".

Das Haus bleibt jetzt bis ins 18. Jahrhundert im Besitz der Familie Schobinger.

Eigentümer Rindermarkt 10*:

* Hans und Jörg Spitzer [1348 Februar 4]
*? Martein Strang [ehem. äußerer Rat[3]]
    St: 1368: 13/6/-, 1369: 20/5/-, 1371: 13/-/- juravit, 1372: 13/-/-
    StV: (1371) item de anno preterito 3/-/60 pro parte stewre et pene.
* Hans Kling [äußerer Rat[4]], 1371 cum uxore. 1394 relicta Hans Klingen
    St: 1371: -/-/-, 1372: 10/-/- juravit, 1375: 8/-/-, 1377: -/-/-, 1378, 1379, 1381, 1382, 1383/I: 3/-/-, 1383/II: 4,5/-/-, 1387: 1/-/-, 1388: 2/-/- juravit, 1390/I-II: 2/-/-, 1392: -/18/-, 1393, 1394: 3/-/-
    StV: (1371) item ex parte uxoris 2,5/-/-. Item de patrimonio 2/-/- gracianus. [Folgt gestrichen:] Item de preterito anno remanet -/5/-. (1372) item -/5/- de anno preterito. (1377) [Nachtrag am Rand:] solvit 4/-/-.
  pueri uxoris
    St: 1371: -/-/-
  Nyclaus Kling
    St: 1390/I: -/11/-
* Lienhart Kling
    St: 1395: 1/-/-, 1396, 1397: -/12/-, 1399, 1400, 1401/II: -/-/-
* Hanns [III.] Part und sein muter [Weinschenk[5]]
    St: 1399: 25/-/-
    StV: (1399) sein stewer und 4/6/- seiner muter stewer.
* Hanns [III.] Part [Stadtrat]
    St: 1400, 1401/I-II: -/-/-, 1403: 26/-/- iuravit, 1405/I: 26/-/-, 1405/II 19/-/- iuravit, 1406-1408: 25/-/80
    Bem.: (1405/II) Steuer gemeinsam mit der Mutter.
    Pferdemusterung, um 1398: Hanns Part sol haben zway [darüber korrigiert 3] pferd umb 60 gulden und sol selber reiten und ein erberger knecht.
  Altmanin sein [= des Hans Bart] muter. 1403 und sein muter. 1405/I patrimonium mater sua. 1405/II patrimonium sein muter die Altmanin, 1400, 1401/I inquilina
    St: 1400, 1401/I: 4/6/-, 1401/II: 2,5/-/- iuravit, 1403, 1405/I: 2,5/-/-, 1405/II: -/-/-
    Bem.: (1405/II) Steuer gemeinsam mit dem Sohn Hanns Part.

---

[1] BayHStA, KU Schäftlarn 824, alt: GUM 683.
[2] Stadtgericht 207/7 (GruBu) S. 689v.
[3] Martein Strang war 1362, 1365 und 1366 äußerer Stadtrat, vgl. R. v. Bary III S. 743.
[4] Hans Kling 1377, 1383 und 1384 im äußerer Stadtrat, 1381 im Großen Rat, 1391 einer der Bürgermeister, 1386-1394 jeweils der zweitgenannte Pfleger und Hochmeister des Heiliggeistspitals und damit wohl äußerer Stadtrat, vgl. R. v. Bary III S. 740, 745, 755, 759, 760.
[5] Hans Bart und seine Mutter betreiben eine Gaststätte. Die Stadtkammer ersetzt ihnen wiederholt Spesenrechnungen von einquartierten Soldaten für das, was bei ihm „verzert" wurde „in der rais", vgl. KR 1398/99 S. 115v (gegeben Hans dem Bart), 1399/1400 S. 120r (Hans des Barts Mutter), 1400/1402 S. 103r ff. (Hans des Barts Mutter). – Steueramt 572 (Leibgedingbuch 1402/03) S. 35r, 36r, 38v (1402), 573 (Leibgedingbuch 1404/09) S. 35v (1403). – Zu den Bart vgl. Stahleder, Bürgergeschlechter. Die Bart S. 289/391.

* domus Fridreich Reicherczhaimer [Pfleger zu Schwaben]
    St: 1408, 1410/I: -/-/-
    StV: (1408) das sol all stewr 10 lb zinsgelcz verstewrn alz daz der rat gesect hat.
* Wilhalm Günther [Stadtrat[1]]
    St: 1415: 12,5/-/18, 1416: 16/6/4, 1418, 1419: 13/-/80
  pueri Wilhalm Günther
    St: 1423: -/12/- gracianus, 1424: 0,5/-/-
* Wilhalm Günther (Gunther) [Weinschenk, später Steuerschreiber[2]]
    St: 1431: -/18/20 gracion
    Sch: 1439/I-II, 1440, 1441/I-II: 4 t[aglon], 1445: 4 ehalten, dedit -/-/32
* Zacharias (Zacheras, Zachreis) Günther (Gunther) [Gürtler, Salzsender, Weinschenk, Schankungelter, äußerer Rat, 1459 auch Viertelhauptmann im Rindermarktviertel[3]]
    St: 1431: -/18/20 gracion, 1453-1458: Liste, 1462: 3/-/17
    Sch: 1439/I-II, 1440, 1441/I-II: 4 t[aglon], 1445: 4 ehalten, dedit -/-/32
* das Haus fehlt 1482-1500 in den Steuerbüchern
* Caspar Meleßkircher (Mäleßkircher, Maleßkircher) [Weinschenk, Maler[4]]
    St: 1508, 1509: 2/5/15, 1514: Liste, 1522-1526, 1527/I: 2/3/16, 1527/II, 1528, 1529, 1532: 2/4/10
    StV: (1526, 1527/I-II) et dedit 4/-/17 für p[ueri] Doctor [Mang] Airmschmalltz. (1528) et dedit 4/-/17 für Doctor Airmschmaltz kind. (1529) et dedit 4/-/17 für p[ueri] Airmschmaltz.
  relicta Doctor Airmschmaltzin. 1527/I relicta Airmschmaltzin matrimonium
    St: 1525: 4/-/17, 1526, 1527/I: anderßwo
    StV: (1525) sol biß jar schwern.
** Hainrich Schobinger [äußerer Rat[5]]. 1540 relicta [Anna] Schobingerin. 1541 die erben Hainrich Schobingerin. 1542 des Hainrich Schobingers erben.
    St: 1527/II: an kamer, 1528: 6/1/7, 1529, 1532: 7/1/8, 1540: 19/4/20 matrimonium, 1541, 1542: 19/4/20
    StV: (1528) sol bis jar seiner hausfrawen gut zusetzen. (1529) hat seiner schwiger gut zugesetzt. (1541, 1542) haben das jar noch miteinander gsteurt.
  Joseph Schobinger [äußerer Rat[6]]
    St: 1543: -/-/-, 1544: 6/3/15 juravit, 1545: 20/-/-, 1546-1548, 1549/I-II, 1550, 1551/I-II, 1552/I-II: 10/-/-, 1553, 1554/I-II, 1555, 1556: 30/3/15, 1557: an chamer, 1558: 61/-/-, 1559: 30/3/15
    StV: (1543) hat termin pis auf weinachtn. (1543) et dedit 39/2/10 für p[ueri] Schobinger. (1544) mer -/3/15 für sein eingstelte gracion. (1544) mer 19/4/20 für p[ueri] Schobinger. (1545) mer 56/-/- für p[ueri] Schobinger. (1546-1550) mer 28/-/- für p[ueri] Schobinger. (1550) mer 7/3/15 für Veitn Degernseer von Ried von 600 fl an seinem heiratguth für 3 nachsteur, sollen hinfüro abgsetzt werden. (1551/I-1552/I) mer 25/3/15 für p[ueri] Schobinger. (1551/II) mer 5/-/- für Veit Tegernseer von 400 fl für 3 nachsteur, sollen hinfüro abgesezt werden. (1552/II) mer 24/-/- für p[ueri] Schobinger. (1552/II) mer 11/1/21 für Veitn Tegernseer von 900 fl für 3 nachsteur. [Nachtrag:] Ad 24. Martii anno [15]55. jars Veit Tegernseer per Jo-

---

[1] Wilhalm Günther war am 24.10.1416 Bürgermeister vom inneren Rat, vgl. R. v. Bary III S. 756.

[2] Wilhalm Günther ist 1458 Mitglied der Weinschenken-Bruderschaft, vgl. Gewerbeamt 1411 S. 13v.

[3] Dem Gürtler Zacharas Gunther zahlt die Stadt 1477 2 Pfund und 4 Schillinge für 500 kleine Spangen für das Tanzhaus, das 100 zu 4 Schillingen, vgl. KR 1477/78 S.85r. – Zacharias Günther war aber 1443-1446 Salzsender, 1458 auch Mitglied der Weinschenken-Bruderschaft, vgl. Gewerbeamt 1411 S. 13v, Vietzen S. 145. – Zacharas Günther war 1459-1466 Mitglied des äußeren Stadtrats, 1459 Viertelhauptmann des Rindermarktviertels, 1464-1470 Schankungelter, vgl. RP und R. v. Bary III S. 879.

[4] Caspar Maleskircher 1498 Vierer der Maler, Glaser, Seidennater, vgl. RP. – Caspar Mäleskircher 1501 Aufnahme in die Weinschenkenzunft, vgl. Gewerbeamt 1418 S. 11v. – 1517 und 1518 ist Caspar Mäleßkircher Vierer der Schenken, vgl. RP.

[5] Hainrich Schobinger war 1531-1533 und 1536 äußerer Stadtrat, vgl. RP.

[6] Joseph Schobinger von Wyl war 1548 bis 1559 und 1561 äußerer Stadtrat, vgl. RP und Fischer, Tab. IV S. 2. – Von ihm gibt es ein Porträt von Hans Mielich von 1553, vielleicht auch eines seiner Ehefrau, vgl. Löcher, Hans Mielich S. 148 Abb. Nr. 36, vielleicht auch S. 149 Abb. Nr. 37.

seph Schobinger von 560 fl fúr 3 nachsteur, thuet 7 fl. (1553-1556) mer 8/2/5 fúr (den) Hainrichn Schobinger. (1557) [Nachtrag:] zalt 30/3/15. Mer fúr den Heinrich Schobinger 8/2/5. Actum den 18. Decembris. (1558) mer 16/4/10 fúr den Heinrich Schobinger.

** Hainrich Schobinger. 1560 domus Hainrich Schobingers[1]

St: 1559: 8/2/5, 1560: -/-/-, 1561, 1563, 1564/I-II, 1565, 1566/I-II, 1567/I-II: 13/2/3, 1568: 26/4/6, 1569: an chamer, 1570, 1571: 38/5/8

StV: (1559) mer 3/5/15 fúr p[ueri] Danner. (1560) zalt Joseph Schobinger. (1567/II) mer von 1/2 fl fúr di gesellschafft -/-/14. Mer fúr Tonndrers 50 fl, so hinaus geerbt, drey nachsteur -/4/10. (1568) mer von 1/2 fl fúr seine mitverwondte gesellschaftter -/-/28. (1569) adi 9. May anno [15]70 juravit, zalt 38/5/8.

Bewohner Rindermarkt 10*:

Pfaefflin St: 1379, 1381: -/-/36
relicta Paerttin inquilina St: 1382: 0,5/-/12 sub gracia
Fridreich Flyesenhamer [Großer Rat[2]] St: 1383/I: -/-/48, 1383/II: -/-/72
Hans schenck inquilinus St: 1397: -/-/21 fur 3 lb
Andre schenck inquilinus St: 1410/I: 5,5/-/- iuravit
Warbera Reckenprunnerin St: 1415, 1416: -/-/-
Hainrice, dez [Wilhalm] Gunthern schreiber St: 1416: -/-/60 gracianus
Jacob ledrer, 1423 inquilinus [später Zöllner[3]] St: 1423: 2,5/-/-, 1424: -/6/20
Hanns Wolfersperger [Salzsender, Weinschenk[4]] inquilinus St: 1431: 7/5/10 iuravit
Lienhart, ir [= der beiden Gúnther] schenck Sch: 1441/I: [kein Eintrag], 1445: -/-/8
pueri Matheis Potschner (Pótschner) St: 1453, 1454: Liste
Jórg [II.] Rudolf [Salzsender, Schankungelter[5]], 1453 inquilinus St: 1453, 1454: Liste
des [Zacharias] Gunther schenck St: 1454: Liste
Hanns Praun [Weinschenk[6]] inquilinus St: 1455-1458: Liste
Hanns Kray (Krey) inquilinus [innerer Rat[7]] St: 1456-1458: Liste, 1462: 8/3/6
Linhart Puchlacher [Weinschenk[8]] inquilinus St: 1462: -/7/27
[Herzogs-Brüder Wolfgang und Albrecht IV. ?[9]]
Frannckh nestler St: 1525, 1526: -/2/-
zimerman, 1529 inquilinus. 1532 Linhart zimerman St: 1528, 1529, 1532: -/2/-
Hanns (Johann) Kaltenproner (Kaltnprunner)
St: 1532: 1/1/19, 1548, 1549/I-II, 1550, 1551/I-II, 1552/I-II: 1/5/21, 1553, 1554/I-II, 1555-1557: 1/4/3, 1558: 3/1/6, 1559: 1/4/3, 1560: 1/4/3 patrimonium
Margreth sein dienerin St: 1560: -/2/-
Gabriel [V.] Ridler
St: 1540-1542: 2/3/15, 1543: 5/-/-, 1544: 2/3/15, 1545: 6/-/6, 1546, 1547: 3/-/3
StV: (1546, 1547) mer 5/-/12 úr p[ueri] Partt.
Hanns (Johann) Schwartz
St: 1540-1542: -/1/7, 1543: -/2/14, 1544: -/1/7, 1545: -/3/22, 1546, 1547: -/1/26

---

[1] Heinrich Schobinger 1569 Religionsverhör, vgl. Dorn S. 228.
[2] Vgl. Rosenstraße 7 (1368-1382).
[3] Jacob ledrer 1431-Januar 1433 Ausfuhrzöllner am Neuhauser Tor, Januar 1433-1440 Salzwagenzöllner am Isartor, vgl. R. v. Bary III S. 882, 884.
[4] Hans Wolfersperger um 1414 und 1451 Mitglied der Weinschenkenzunft, vgl. Gewerbeamt 1411 S. 4r, 9v. – Auch 1430 gehört Hans Wolfersperger am Rindermarkt zu denWirten und zahlt Ungeld, vgl. Steueramt 987. – Wohl auch der Wolfersperger ohne Vornamen, der 1429 als Salzsender belegt ist, vgl. Vietzen S. 145.
[5] Jörg Rudolf ist 1443-1445 als Salzsender belegt, 1453-1463 als Schankungelter, vgl. Vietzen S. 144, R. v. Bary III S. 879.
[6] Hans Prawn 1458 Mitglied der Weinschenken-Bruderschaft, vgl. Gewerbeamt 1411 S. 14r.
[7] Hanns Kray ist von 1459 bis 1463 innerer Stadtrat, vgl. RP.
[8] Linhart Púlacher ist 1458 Mitglied der Weinschenken-Bruderschaft, vgl. Gewerbeamt 1411 S. 13v.
[9] Vgl. aber auch Rosenstraße 6.

StV: (1540) hat zugsetzt. (1541-1543) von seins (seinem) ewigen gelt(s). (1544-1547) von seinem ewigen gelt.

Hanns maurer. 1541 Hanns Kerger maurer St: 1540, 1541: -/2/-

Sigmund Altnperger, Stockhamers diener. 1546 Sigmund Altnperger, Stockhamers dieners hausfrau. 1547 Sigmund Altnpergers hausfrau. 1548 Sigmund Stockhamers dieners hausfrau. 1549/I-II, 1551/I Sigmund Altnperger. 1550 Sigmundt Altnperger pot[1]

St: 1545: -/-/14 gracion, 1546-1548: -/1/1 hoffgsind, 1549/I-II, 1550, 1551/I: -/2/-

Thoman Wasserschneiderin. 1556-1557 Thomanin St: 1555-1557: -/2/-, 1558: -/4/-, 1559-1561: -/2/-

Doctor Anndre Karthauser St: 1560, 1561, 1563: nichil

Hannsin ibidem. 1561, 1563 allt Hannsin

St: 1560: nichil, 1561: -/-/-, 1563: nihil

StV: (1563) diendt bey Schobinger.

Urban Wagnhueber St: 1561: -/2/-

Jochim Gayshoferin St: 1563, 1564/I-II, 1565: 12/4/20

Steffan Hueber, 1564/I-1566/II pot St: 1563, 1564/I-II, 1565, 1566/I-II: -/2/-

Reycherstorffer, 1564/I, 1566/II luttenist

St: 1563: nichil, ist hinweg, 1564/I: -/-/- hofgesind, 1564/II: nichil, hofgesind, 1565, 1566/I-II: nichil, hofgesind

Pauls Dislin schopperin St: 1566/II: -/2/-

Doctor Sebastian [Mayr, Stadtleibarzt] St: 1567/I-II: -/-/-

Hanns tagbercher. 1567/II Hanns Probst tagbercher St: 1567/I: an chamer, 1567/II: -/2/-

Thomas Peris (Peri) depitziermaister (tepetzereimaister) St: 1569: nichil, hofgsind, 1570: -/-/- hofgsind

zellschneider St: 1569: nihil, hofgsind

ain Augspurgerin St: 1570: -/-/-

Dellingerin wittib St: 1571: -/2/-

Rindermarkt 11*

Charakter: Im 15. Jahrhundert Weinschenke. Um 1445 vielleicht auch Apotheke.

Hauseigentümer:

1391 April 8 „Erasem Perchover" übergibt sein Haus am Rindermarkt, zwischen den Häusern des Chling (Rindermarkt 10*) und des Geyger (Rindermarkt 12*A) gelegen, dem Ott von Mittenwald.[2]

1408 Dezember 7 das Haus des Peter Giesser am Rindermarkt ist Nachbar des Hauses von Hans Bart (Rindermarkt 10*).[3]

1411 Januar 15 der Giesser ist Nachbar des Hauses von „Frydreich Reicherczhaimer", künftig des Wilhalm Günther (Rindermarkt 10*).[4]

1440 domus Kristof Giesser (Sch).

1455-1458 domus Oswald (Fridlmair) (Steuerlisten).

1460 März 29 und

1466 April 17 des Hans Tanners, des Kramers, seligen Haus am Rindermarkt ist Nachbar des Hauses des Zacharias Günther (Rindermarkt 10*).[5]

1481 November 3 Balthasar Pötschner (Rindermarkt 8) hat eine gerichtliche Auseinandersetzung mit Stefan Tanner wegen Stecken im Bach (hinter ihren Häusern im Rosental) und wegen des Gangs

---

[1] 1551/I „pot" wieder getilgt.

[2] GB II 4/4. – Ott von Mittenwald hatte am 26. September 1381 das Bürgerrecht erworben und dafür 5 Pfund gezahlt. Seine fideiussores waren Kunz von Hausen und Sighart Hudler. Seine Ehefrau hieß Diemůd, KR 1381/82 S. 25r, 26v.

[3] GB III 83/1.

[4] GB III 107/10.

[5] BayHStA, Kurbayern Urk. 13930, 16501. – Wittmann, Urkunden-Regesten, ungedruckt.

durch des Tanners Haus zum (Rosen-)Bad hinunter (das zum Haus des Pötschner gehört). Der Stadtrat als Stadtgericht entscheidet, der Tanner soll es nachbarlich und freundlich halten.[1]

1519 Januar 28 Steffan Tanner verkauft das Haus an den Stadtleibarzt Dr. Gregori Hofstetter. Nachbarn sind Caspar Mäleskircher (Rindermarkt 10*) und Hans Holzhauser (Rindermarkt 12*A).[2]

1522 Januar 27 Regina, die Witwe des Dr. Gregori Hofstetter, verkauft ihr Haus am Rindermarkt, gelegen zwischen den Häusern des Caspar Meleskircher (Rindermarkt 10*) und des Hans Holzhauser (Rindermarkt 12*A), an den Ritter Balthasar Thanhauser zu Dürnstein, Pfleger zu Aibling, und seine Erben um 1075 Gulden.[3]

1523, 1524 domus Herr Balthasar Thonhauser (StB).

1524 August 5 der Ritter Balthasar Thanhauser verkauft das Haus an die bürgerlichen Eheleute Thoman und Katharina Fleckhamer um 1050 Gulden. Nachbarn wie 1519 und 1522.[4] Das Grundbuch weiß davon nichts.

1525 Mai 24 Thoman Fleckhamer und seine Frau Catharina verkaufen aus diesem Haus ein Ewiggeld an Regina Hofsteter (15 Gulden um 300 Gulden Hauptsumme),[5] im Häuserbuch nicht erwähnt.

1555 Oktober 10 und

1560 Februar 20 das Haus des Thoman Fleckhamer ist dem Haus des Stadtrats Joseph Schobinger am Rindermarkt (Rindermarkt 12*A) benachbart, auch mit dem Hinterhaus im Rosenthal.[6]

1564 domus Thoman Fleckhamer (StB).

1564 Juli 3 Kauf des Hauses durch Hans Starnberger und seine Hausfrau Justina von den zu den Schuldsachen der Ligsalz-Gesellschafter verordneten Kuratoren, an die der Fleckhamer das Haus abgetreten hatte.[7]

1564, 1565 domus Hans Starnberger (StB).

1572 laut Grundbuch (Überschrift) „Hannsen Starnbergers Haus, Höfel und Hindterhaus, stosst auf den Pach".

Das Haus bleibt bis zum 11. April 1608 im Besitz der Familie Starnberger.

Die Einträge zu „vor 1524", 1524 August 5 und 1564 Juli 3 stehen nicht im Grundbuch. Dieses enthält bei diesem Haus außer der Überschrift von 1572 den ersten Eintrag erst zum 12. Mai 1587, der jedoch im Häuserbuch nicht enthalten ist.

Das Haus befindet sich von 1681 bis 1803 im Besitz des Klosters Schäftlarn. 1901 wird es wegen Anlage der Pettenbeckstraße abgebrochen.

Eigentümer Rindermarkt 11*:

* Erasmus Perckofer [bis 1391]
* Ott(en) von Mittemwald (mittem wald) [Weinschenk, Wein- und Holzhändler[8], ∞ Diemůd 1381, später Margaret], 1387-1388 inquilinus. 1403, 1405/I patrimonium Ott von Mittenwald (Mittewald) St: 1387: 6,5/-/40, 1388: 13/-/80 juravit, 1394: 8/-/80 absolutum, 1395: 6/-/- gracianus, 1396, 1397: 9/-/-, 1399, 1400, 1401/I: 15/-/60, 1401/II: 20/-/80 iuravit, 1403: 20/-/80, 1405/I: -/-/-

---

[1] RP 2 S. 162r.
[2] BayHStA, KU Schäftlarn 814, alt: GUM 628.
[3] GB IV S. 7r. – BayHStA, KU Schäftlarn 821, alt: GUM 652.
[4] BayHStA, KU Schäftlarn 824, alt: GUM 683.
[5] Stadtgericht 207/7 (GruBu) S. 691v.
[6] Städtischer Grundbesitz 1994 (Wasserbrief 1555); Urk. F I/II Nr. 1 (Rindermarkt, 1560).
[7] BayHStA, GUM Nr. 1097.
[8] Den Ott von Mittenwald rechnet Katzmair zu den ersten Bösen bei den Bürgerunruhen, vgl. Muffat, Kazmair-Denkschrift S. 463, 508. – Er handelt mit Wein, vgl. KR 1400/02 S. 43v, und betreibt auch eine Weinschenke, da um dieselbe Zeit Soldaten „in der rais" bei ihm einquartiert sind und die Stadt die Verpflegung für sie bezahlt, vgl. KR 1399/1400 S. 120v, 1398/99 S. 116r. 1403 schuldet die Stadtkammer dem Wirt Ott von Mittenwald 22 Pfund 6 Schillinge und 18 Pfennige von der alten Rais, vgl. Steueramt 572 (Leibgedingbuch 1402/03) S. 38r, 66v. Aber auch im Holzhandel sind Ott von Mittenwald und seine Hausfrau Margaret tätig. So kauft 1403 die Stadt auch 56 geschnittene Bruckladen zur Isarbrücke von der Margaret. Ansonsten zahlt sie aber auch wieder „von zerung wegen in der rais" nicht weniger als 160 Gulden an Ott von Mittenwald, vgl. Steueramt 573 (Leibgedingbuch 1404/09) S. 5r.

Bem.: (1405/I) Steuer gemeinsam mit Peter Gyesser.

Pferdemusterung, um 1398: Ott von Mittenwald sol haben ain [darüber korrigiert 2] pferd umb 20 [korrigiert in 40] gulden und ein erberger knecht.

* Peter [II.] Giesser, 1405-1413 der jünger [Stadtrat[1], Münzmeister], 1405/I et uxor

    St: 1405/I: 6/-/32 iuravit, 1405/II: 5/3/- iuravit, 1406-1408: 7/-/40, 1410/I: 8/-/30 iuravit, 1410/II: 10/6/20, 1411: 8/-/30, 1412: 10/6/20, 1413: 8/-/- iuravit, 1415: 11/-/60, 1416: 15/-/-, 1418, 1419: 21/-/40

    StV: (1405/I) alz der rat geschaft hat.

    Bem.: (1405/I) Steuer gemeinsam mit patrimonium Ott von Mittemwald.

  Peter Giesser

    Sch: 1439/I-II: 3 t[aglon]

* domus Kristof Giesser. 1441/I Kristoff Giesser

    Sch: 1440: 2 t[aglon], 1441/I-II: 1 t[aglon]

* Oswald Fridlmair [Weinschenk ?]. 1455-1458 domus Oswald

    St: 1453-1458: Liste

* Hanns Daner. 1482, 1486, 1490 relicta Tannerin

    St: 1462: 5/-/46, 1482: 2/7/27, 1486, 1490: [gemeinsam mit Steffan Tanner]

* Steffan Tanner [Weinschenk, Weinhandel[2]]

    St: 1482: 2/7/-, 1486, 1490: 4/3/25, 1496: 3/2/17, 1500: 3/1/2, 1508, 1509: 1/1/24, 1514: Liste

    StV: (1482) et dedit 1/1/20 von 10 gulden geltz dem Langn. Et dedit -/1/26 fur 8 gulden geltz Pechtalerin. (1486) [gemeinsam mit der Tannerin]. Et dedit -/4/6 von 18 gulden geltz aus seinem haus. (1490) et dedit -/4/6 von 13 (!) gulden geltz aus Hans Tanner haus. (1496) et dedit -/4/6 von 18 gulden geltz aus Hanns Tanners haws. (1500-1509) et dedit -/4/6 von 18 gulden geltz.

  Hanns Tanner

    St: 1482: 2/2/28

* relicta Doctor Gregorin[3] [Dr. Gregori Hofstetter, Stadtleibarzt]

    St: 1522: 3/3/24 juravit, 1523: 3/3/24

* domus herr Walthasar Thonhauser[4]

    St: 1522, 1523: nichil, ist [herzoglicher] rat

** Thoman Fleckhamer. 1564/I domus Thoman Fleckhamer [Stadtrat[5]]

    St: 1524: an kamer, 1525, 1526, 1527/I: 2/6/23, 1527/II: an kamer, 1528, 1529: 14/4/2, 1532: 19/6/9, 1540-1542: 19/2/13, 1543: 38/4/26, 1544: 19/2/13, 1545: an chamer, 1546-1548, 1549/I-II, 1550, 1551/I-II, 1552/I-II: 18/3/15, 1553, 1554/I-II, 1555-1557: 21/-/2, 1558: 42/-/4, 1559, 1560: 21/-/2, 1561, 1563: an chamer, 1564/I: -/-/-

    StV: (1524) sol schwern. (1545) [Nachtrag:] zalt 37/-/- sein gschworne zwifache steur. Actum 29. Martii anno [15]46.

  Caspar Fleckhamer

    St: 1560: 1/-/- gracion, 1561, 1563, 1564/I: an chamer

** domus Hans Starnberger. 1566/I-1571 Hanns Starnberger, 1568 chramer

    St: 1564/II, 1565: -/-/-, 1566/I-II, 1567/I-II: 1/6/22, 1568: 3/6/14, 1569-1571: 5/6/20

---

[1] Peter Giesser ist am 15.11.1417, am 13.10.1420 und am 18.9.1421 einer der beiden Bürgermeister, vgl. R. v. Bary III S. 756.

[2] Handel mit Welschwein, vgl. KR 1484/85 S. 73r/v u. ö.; seit 1489 Mitglied der Weinschenkenzunft, Gewerbeamt 1418 S. 2r.

[3] Witwe des Stadtleibarztes Dr. Gregorius Hofstetter (1504-1521), vgl. R. v. Bary III S. 1017. Eigentümer vom 28.1.1519 – 27.1.1522.

[4] Thonhauser zum Dürnstein, Ritter, Pfleger von Aibling, herzoglicher Rat, Eigentümer 27.1.1522 – 5.8.1524.

[5] Thoman Fleckhamer 1530-1532, 1536, 1539 äußerer Rat, 1545 bis 1559 innerer Rat, vgl. RP.

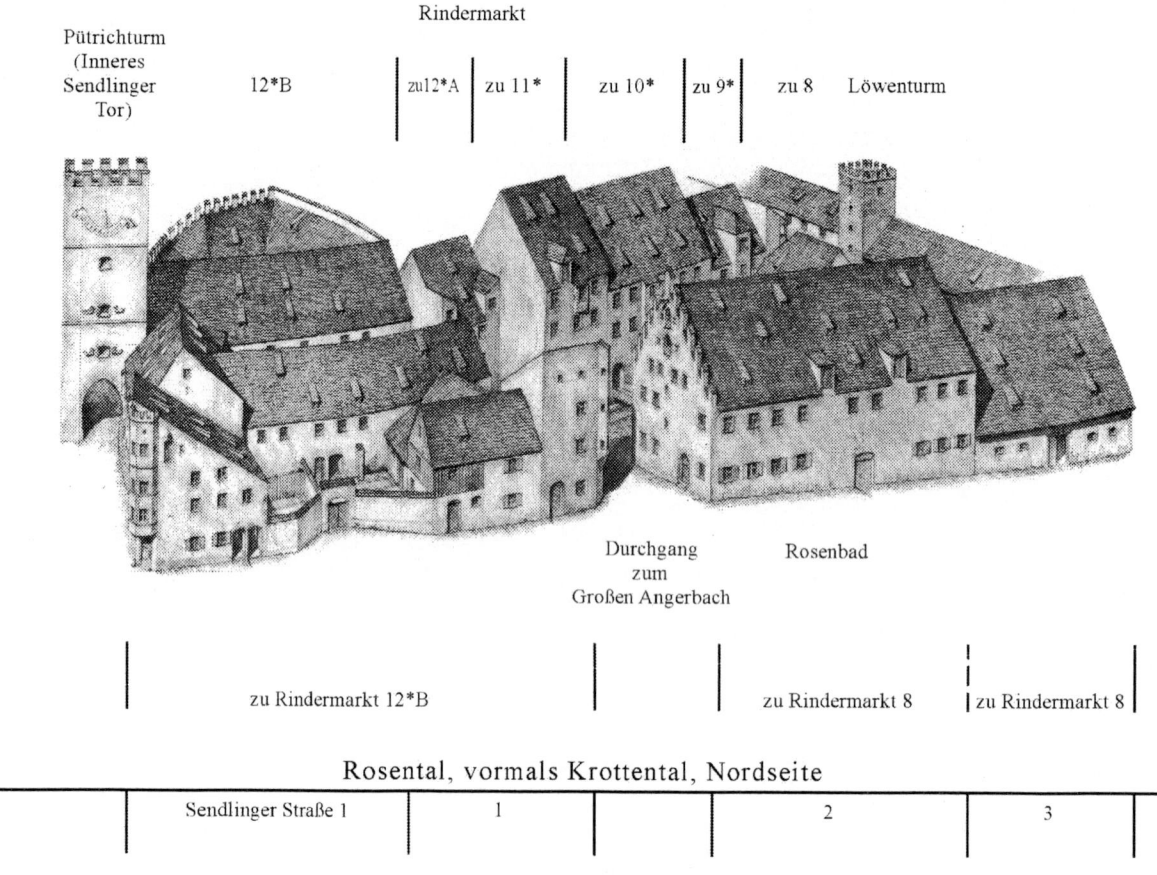

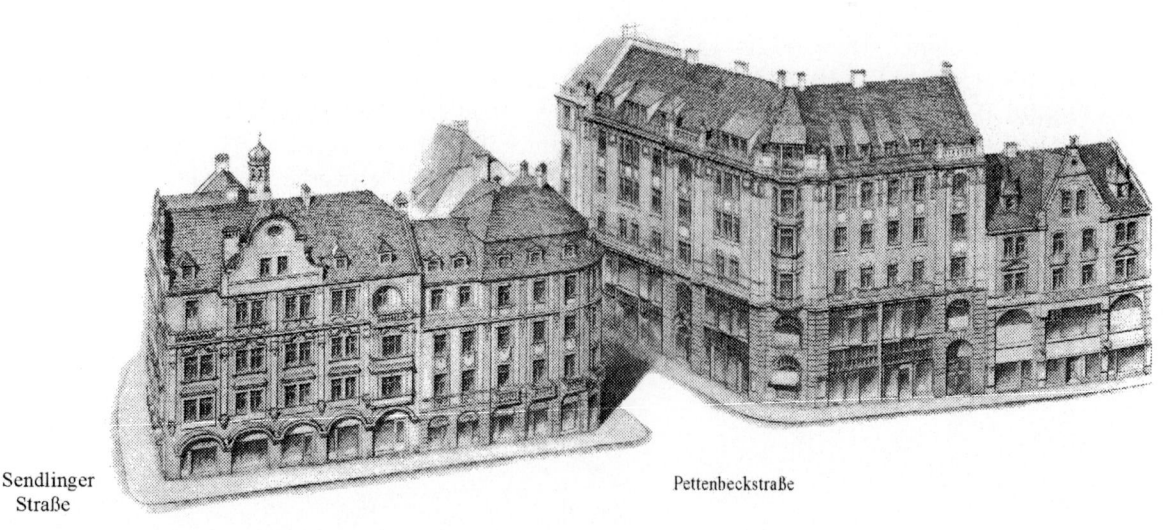

Abb. 27 Rosental Nord Nr. 1 – 3, Häuserbuch Angerviertel S. 264/265.

Bewohner Rindermarkt 11*:

Chunrat Pilgrein. 1369 relicta Pilgreimin St: 1368: 3/-/60 voluntate, 1369: 2,5/-/-
Niclas Kranvesel (Kravesel), 1369, 1372 inquilinus
    St: 1368: -/13/10 juravit, 1369: -/-/60 juravit, 1371: -/-/-, 1372: -/-/30
    StV: (1372) Item de anno preterito -/-/30.
Perchtolt schróter [äußerer Rat[1]], 1368 inquilinus
    St: 1368: -/5/10, 1369, 1371, 1372: 1/-/-, 1375: 9/-/2, 1377: 0,5/-/- juravit, 1378: -/-/-
relicta Wainerin inquilina St: 1368: -/-/-
Hainrich Aeppel [Salzsender, später äußerer Rat[2]] St: 1369: 1/-/- gracianus
Grául (Graul) kúrsner, 1372 inquilinus St: 1371, 1372: -/-/30 gracianus (de gracia)
Werder inquilinus
    St: 1371: 1/-/- juravit
    StV: (1371) item de anno preterito -/15/-. Ob post -/3/24.
Hainrich ringler inquilinus St: 1375: 1/-/20
Andre Hausner St: 1382: -/3/- juravit
[Fridrich] Fliezzhaimer (Flyesenhamer)[3] St: 1387: -/-/24, 1388: -/-/48 juravit
Warbera Reckenprunnerin St: 1418, 1419: -/-/60
Hanns Offinck [Weinschenk[4]] St: 1423: 5/3/- iuravit, 1424: -/14/10
Andre [II.] Part [Salzsender, Wirt[5]]
    St: 1431: 7/-/45 iuravit
    StV: (1431) aws des Andre Part kramhaws gend 10 gulden dem Schremer[6], dedit 1 lb.
Ulrich Viechter Sch: 1439/I-II, 1440: 1 t[aglon]
Hanns Funfschillinger Sch: 1440: 1,5 t[aglon]
Andre [Drottner] appoteker[7] Sch: 1445: 1 ehalten, diern, dedit
Veit Gallen peck Sch: 1445: 1 knecht und ain diern, dedit -/-/8
des [Zacharias] Gúnther schenck[8] St: 1453: Liste
Jorg Astaler[9] St: 1453: Liste
der jung Öder inquilinus St: 1453: Liste
Hanns Grigk (Grick) inquilinus St: 1454, 1455: Liste
Fricz Pugnhauser [Weinschenk[10]], 1456, 1457 inquilinus St: 1456-1458: Liste
Caspar schreiber inquilinus St: 1456: Liste
Hainrich [IV.] Rudolf inquilinus St: 1458: Liste, 1462: -/6/-
Els seydennaterin inquilina St: 1462: -/-/20
Martin, des Adeltzhausers diener St: 1482: in die camer
Hanns Wismair [Weinschenk[11]] St: 1486: -/2/15

---

[1] Perchtolt Schrötter war 1374-1376 äußerer Stadtrat, vgl. R. v. Bary III S. 742.
[2] Der Salzsender Hainrich Aeppel 1374, 1379 und 1380 äußerer Rat, vgl. R. v. Bary III S. 738.
[3] Vgl. Rosenstraße 7.
[4] Hans Offing ist 1414 Mitglied der Weinschenkenzunft und Vierer der Schenken, vgl. Gewerbeamt 1411 S. 3v, 10v.
[5] Andre Part 1429 und 1430 als Salzsender belegt, vgl. Vietzen S. 144 und Stahleder, Bürgergeschlechter. Die Bart S. 322/323. – 1430 gehört Andre Part am Rindermarkt auch zu den Wirten, die Ungeld zahlen, vgl. Steueramt 987.
[6] Oder „schreiner".
[7] Andre Drottner 1443-1450 als Apotheker belegt, vgl. R. v. Bary III S. 1029.
[8] Vgl. Rindermarkt Nr. 10*.
[9] Jorg Astaler ist Sohn von Fridrich II., gestorben vor Januar 1472 als Bürger zu Innsbruck. – Vgl. Stahleder, Bürgergeschlechter. Die Astaler S. 204/205.
[10] Fritz Pogenhauser ist 1458 Mitglied der Weinschenken-Bruderschaft und wird 1461 Weinschenk genannt, vgl. Kirchen und Kultusstiftungen 59a S. 6 und Gewerbeamt 1411 S. 13v.
[11] Hanns Wismair 1489 Mitglied der Weinschenkenzunft, vgl. Gewerbeamt 1418 S. 4r.

Jorg Schrenckhamer [Salzsender/Krötler[1]]
    St: 1486: 1/6/4
    StV: (1486) dedit Prantsteter.
Sigmund Weyler [Weinschenk[2], Kramer, äußerer Rat] St: 1486, 1490: 1/1/25, 1496: 1/2/17
Sigmund peitler St: 1490: -/-/60, 1496: -/2/28, 1500: -/3/7
Hanns Schrahamer, 1496 schencksch(reiber), 1508 wirt[3]
    St: 1496: -/5/10, 1500: -/2/15, 1508, 1509: -/5/10 [Schenkensteuer]
Hanns Lercher [Gewandschneider, Viertelhauptmann[4]] St: 1500: 2/5/1, 1508, 1509: 2/7/18
Hanns kellner wirt St: 1514: Liste
Hanns Gúnther windnmacher St: 1514: Liste
Hanns Stauffer St: 1522: 4/4/28
Carl Wáhinger (Wähinger)
    St: 1550: -/2/10 gracion, 1551/I: -/2/10 gracion die ander, 1551/II, 1552/I: 3/2/10, 1552/II: 3/2/10 juravit, 1553: an chamer, 1554/I-II: 3/6/5
    StV: (1553) [Nachtrag:] zalt 3/6/5.
Doctor Peyrl St: 1564/I: -/-/- hofgsind
Reiff procurator St: 1564/II: nichil, hofgsind
Hanns Steidl schneider St: 1564/II, 1565: -/2/-
Caspar kupferschmid St: 1565, 1566/I: -/2/-
Jochim (Joachim) Ostermair, 1566/II seidnnader St: 1566/I: -/-/28 gratia, 1566/II: -/2/28 juravit
Ostermairin, sein mueter
    St: 1566/I: -/2/-, 1566/II: -/-/-
    StV: (1566/II) ir sun mues sy lebendig und tod versehen.
haubtman Schechsin. 1567/I-II, 1570 haubtman Schechs. 1568 Schechs haubtman der trabanten. 1569 haubtman Schechs trabantenhaubtman. 1571 haubtman Scheckhin
    St: 1566/II-1568: -/-/-, 1569: nichil, hofgsind, 1570: -/-/-, 1571: an chamer
Anthonius Jussonius, 1567/I singer St: 1567/I-II: 1/-/4
    Ludwig Praunin, 1567/I sein schwiher St: 1567/I-II: -/6/5
Arsati (1569: Achati) wagner cantzleischreiber St: 1568: -/-/-, 1569: nihil, hofgsind
Wigulus (!) Hofer St: 1570: -/-/-
Hanns Steindl vorierer [= Furier ?] St: 1571: an chamer

Rindermarkt 12*A (Ost)
(mit Rosental 1)

Charakter: Im 15. Jahrhundert Weinschenke.

Hauseigentümer:

1368 domus Ulrici scriptoris (StB).
1369 domus Ulrici Kuchenmaister (StB).
1381 April 1 ein Acker auf dem Sendlinger Feld gehört zur Hälfte „Chunraden dem Geyger an dem Rindermarkt",[5] wo er offenbar schon Hauseigentümer ist. Er wird auch wieder
1382 November 10 genannt („Chunrad der Geyger an dem Rindermarkt").[6]

---

[1] Jörg Schrenckhamer ist 1501, 1505, 1507-1516 Vierer der Salzsender (Krötler), vgl. RP und Vietzen S. 153.
[2] Sigmund Weiler 1489 Mitglied der Weinschenkenzunft, vgl. Gewerbeamt 1418 S. 4v. – Sigmund Weiller ist 1494, 1496, 1497, 1499-1502 und 1504 Vierer der Kramer, 1505 auch äußerer Rat, vgl. RP.
[3] Hanns Schrahamer 1496 Aufnahme in die Weinschenkenzunft, vgl. Gewerbeamt 1418 S. 8v.
[4] Hanns Lercher 1505 Viertelhauptmann von der Gemain, 1494, 1496, 1497, 1501 und 1502 Vierer der Gewandschneider, vgl. RP.
[5] GB I 138/8.
[6] GB I 170/8.

1391 April 8 „dez Geygers" Haus am Rindermarkt ist Nachbar des Hauses des Erasm Perchover, künftig des Ott von Mittenwald (Rindermarkt 11*).[1]

1393 Chunrad Geyger am Rindermarkt hat ein Leibgeding bei der Stadtkammer.[2]

1397 wird wieder des Konrad Geiger am Rindermarkt Gnaden-, Ewig- und Leibgedinggeld genannt.[3]

1401 domus Chunrat Geyger (StB).

1414 April 22 des Hansel Geigers Haus am Rindermarkt ist Nachbar des Hauses des Hans Pütrich (Rindermarkt 12*B).[4]

1472 September 26 die Stadt hat vier Flöße Baumstämme vom Wesstendorffer „am Rindermarkt" gekauft. Später kommen noch einmal fünf Flöße vom Sigmund Wesstendorffer dazu.[5] 1473 Dezember 4 hat die Stadt erneut vom „Wesstendorffer weinschenken" vier Flöße mit Fichtenstämmen gekauft.[6] Sigmund Westendorfer ist ein Verwandter der Geiger, da die Witwe Lucei des Hans Geiger einen Friedrich Westendorfer geheiratet hat, mit dem sie schon am 25. August 1403 verheiratet ist.[7] Deshalb lösen sich auch beim Haus Kaufingerstraße 37 Geiger und Westendorfer im Hausbesitz ab.

Um 1500 Haus des Hans Zwikopf am Rindermarkt.[8]

1519 Januar 28 des Hans Holzhausers Haus ist Nachbar des Hauses von Stefan Tanner, künftig des Gregori Hofstetter (Rindermarkt 11*).[9]

1522 Januar 27 das Haus des Hanns Holtzhauser ist Nachbar des Hauses der Witwe Hofstetter, künftig des Ritters Balthasar Thanhauser (Rindermarkt 11*).[10]

1524 August 5 immer noch ist das Haus des Hans Holzhauser Nachbar des Hauses des Ritters Balthasar Thannhauser, künftig des Ehepaares Fleckhamer (Rindermarkt 11*).[11]

1546 bei der Visitation der Dächer und Bänke der Kramer und Bäcker vor ihren Häusern ergibt sich, daß auch beim Hanns Holtzhauser am Rindermarkt ein Vorbau eine halbe Elle zu breit ist.[12]

1555 Oktober 10 der Stadtrat Joseph Schobinger kauft von der Stadt ein Wasserrecht für seine Behausung am Rindermarkt, zwischen den Häusern des Thoman Fleckhamer (Rindermarkt 11*) und des Caspar Schrenckh (Rindermarkt 12*B).[13]

1560 Februar 20 der Stadtrat Joseph Schobinger hat ein Haus am Rindermarkt, gelegen zwischen den Häusern des Thoman Fleckhamer (Rindermarkt 11*) und des Caspar Schrenckh (Rindermarkt 12*B), die beide auch mit den Hinterhäusern im Rosenthal seine Nachbarn sind. Über den Bach hinter seinem Haus hat er eine Brücke ins Rosenthal gebaut und bekennt nun in einer Urkunde, daß er die Mauer am Bach in Stein aufbauen wolle und darauf erst bauen dürfe.[14]

1566/I-1571 domus Joseph Schobingerin (StB).

Joseph Schobinger ist mit Anna Hüngerl verheiratet, die das Grundbuch – aber schon als Witwe – für

1572 März 19 als Hauseigentümerin mit einem Ewiggeldverkauf von 50 Gulden um 1000 Gulden Hauptsumme an Andre Reitmor nennt.[15]

1572 laut Grundbuch (Überschrift) der „Annen Hüngerlin Vorderhaus, Höfel und hindters haus, geet hindten hinaus in das Rosenthal". Von ihren Bevollmächtigten wird das Haus am 23. Oktober 1578 an den Handelsmann Hans Kharrner verkauft.

---

[1] GB II 4/4.
[2] Kämmerei 63/2 S. 7r.
[3] Kämmerei 63/2 S. 7r
[4] GB III 149/1.
[5] KR 1472/73 S. 83r, 84v.
[6] KR 1473/74 S. 87v.
[7] GB III 12/14, 15.
[8] Stadtgericht 868a.
[9] BayHStA, KU Schäftlarn 814, alt: GUM 628.
[10] GB IV S. 7r. – BayHStA, KU Schäftlarn 821, alt: GUM 652.
[11] BayHStA, KU Schäftlarn 824, alt: GUM 683.
[12] LBK 4.
[13] Städt. Grundbesitz 1994 (Wasserbrief).
[14] Urk. F I/II Nr. 1 (Rindermarkt).
[15] Stadtgericht 207/7 (GruBu) S. 693v.

Eigentümer Rindermarkt 12*A:

* domus Ulrici scriptoris [= Küchenmeister]. 1369 domus Ulrici Kuchenmaister. 1372 patrimonium domini Ulrici Kuchenmaister
    St: 1368, 1369: -/-/-, 1372: -/-/60
* Chunrat Geyger.[1] 1401/I-II domus Chunrat Geyger
    St: 1375: -/13/10, 1377: 2/-/- juravit, 1378, 1379, 1381, 1382, 1383/I: 2/-/-, 1383/II: 3/-/-, 1387: -/15/10, 1388: 3/-/80 juravit, 1390/I-II: 4/-/-, 1392: 4,5/-/-, 1393, 1394: 6/-/-, 1395: 3/-/-, 1396, 1397: 4,5/-/-, 1399, 1401/I-II: -/-/-
    StV: (1387) und -/-/80 de uxore.
    Pferdemusterung, um 1398: Chunrat Geiger sol haben ain pferd umb 20 gulden und ein erbern knecht.
* Hanns Geyger [Weinschenk, später Stadtrat[2]], 1405/II et uxor sua [= Witwe Pawrenfeint]
    St: 1403: -/5/6 gracianus, 1405/II: 5/-/- iuravit, 1406-1408: 6/5/10, 1410/I: 5/6/- iuravit, 1410/II: 7/5/10, 1411: 5/6/-, 1412: 7/5/10, 1413: 6,5/-/- iuravit, 1415: 7/-/-, 1416: 9/-/80, 1418, 1419: 9/5/10
    StV: (1405/II, 1410/I, 1413) item -/12/- gracianus de pueri uxoris sua.
pueri (Chunrad) Pawrnfeint (Pawrenfeint). 1413-1415 (et) pueri uxoris [= des Hanns Geyger]
    St: 1405/II: -/-/-, 1406-1408: 2/-/- gracianus 1410/I: -/6/- gracianus, 1410/II: 1/-/- gracianus, 1411: -/6/- gracianus, 1412: 1/-/- gracianus, 1413:- /6/- gracianus, 1415: -/6/- gracianus, 1416: 1/-/- gracianus, 1418, 1419: 1/-/- gracianus
    Bem.: (1405/II) Steuer gemeinsam mit Hanns Geyger.
Alban Pawrnfeint [Wirt[3]]
    St: 1423: 1/-/-, 1424: -/-/80
Hanns Geyger [der jung, Weinschenk, Stadtrat[4]]
    St: 1423: 10/-/18, 1424: 3/-/86, 1431: 12/3/6 iuravit, 1453-1458: Liste
    Sch: 1439/I-II, 1440, 1441/I-II: 4 t[aglon], 1445: 3 ehalten, dedit -/-/24
    StV: (1431) und hat 30 lb hind angeseczt, diewil er der mess geben, beschách dez nicht, so sol er si wider zuseczen.
relicta Geigerin, 1462 die alt
    St: 1453-1458: Liste, 1462: 2/3/6
    StV: (1462) fur sy und ir zwen sún Gasper und Walthauser, zalt Hanns Deininger drey nachstewr fur die Hans Geigerin.
pueri Hanns Geiger et mater
    St: 1462: 3/4/-

---

[1] Chunrat Geiger 1381 im Großen Rat, vgl. R. v. Bary III S. 745. – 1393/1397 hat Chunrad Geyger am Rindermarkt ein Leibgeding von der Stadt, vgl. Kämmerei 63/2 S. 7r.

[2] Hans Geiger ist Gastwirt. Die Stadtkammer zahlt ihm 1408 (am 21. Januar) 7 ½ Schillinge aus um Wein, den man [= die Stadt] dem Herrn Kraft von Lantesheim, den sie auch „aus der herwerg gelöst hat von Geiger, da er die gute potschaft bracht [hat] um die berichtung zwischen der herschaft", vgl. KR 1407/08 S. 50r. Der Geiger betreibt also auch eine Fremdenherberge (Gasthaus, „Hotel"). Um 1414 nennt auch das Weinschenken-Verzeichnis Hans Geyger, vgl. Gewerbeamt 1411 S. 3r. – 1430 gehört der Geiger am Rindermarkt zu den Wirten, die Ungeld zahlen, vgl. Steueramt 987. – Ab 1421 ist Hans Geiger wiederholt als Bürgermeister und innerer Rat belegt, vgl. R. v. Bary III S. 756, 757, 1772.

[3] Alban Pawrnfeint ist um 1430 unter den Wirten aufgeführt, die Ungeld zahlen, allerdings am Beginn der Kaufingerstraße, wo er aber 1431 nicht im Steuerbuch erscheint, vgl. Steueramt 987.

[4] Hanns Geyger ist am 21. Dezember 1431 Mitstifter des Weinschenken-Benefiziums in St. Peter, mit einem Ewiggeld aus 30 Pfund Pfennigen, vgl. Hufnagel/von Rehlingen, St. Peter Urk. 100. – MB XXI 50 S. 99/105. – Vgl. auch den Steuervermerk von 1431. – 1451 ist Hanns Geyger der jung Mitglied der Weinschenken-Bruderschaft und 1451, 1454 und 1458 Vierer der Weinschenken, vgl. Gewerbeamt 1411 S. 9v, 11r, 11v. – 1421, 1428, 1431, 1432 und 1437 ist Hans Geiger als Bürgermeister belegt, 1427 als innerer Stadtrat, vgl. R. v. Bary III S. 756, 757, 772. – 1458 ist im Weinschenken-Verzeichnis nachgetragen „er ist tod", daneben: „Gabriel [Geiger]", vgl. Gewerbeamt 1411 S. 12v.

Gabrihell Geigerin [Weinschenk[1]]
   St: 1462: -/-/-
Gasper Geiger, Walthausser Geiger
   St: 1462: -/-/-
   StV: (1462) oben gestortt, pey der muter gestort.
* Sigmund Westendorffer [Weinschenk]. 1490 relicta Westendorferin [Weinschenkin[2]]
   St: 1482: 1/6/7, 1486: 1/7/10, 1490: -/5/10
* Hanns Zbykopf (Zbikopf) [Goldschmied ?[3]]
   St: 1500: 2/-/22, 1508, 1509: 2/3/18
   StV: (1500) et dedit -/3/20 für pueri Reischl.
* Hanns Holtzhauser
   St: 1514: Liste, 1523-1526, 1527/I: 4/4/28, 1527/II, 1528, 1529, 1532, 1540-1542: 5/5/-, 1543: 11/3/-, 1544: 5/5/-, 1545: 11/6/-, 1546-1548, 1549/I-II, 1550, 1551/I-II, 1552/I-II: 5/6/15, 1553, 1554/I-II, 1555, 1556: 1/5/19
   StV: (1523) [am Rand:] pflegkind. (1524-1527/I) et dedit -/5/19 fúr p[ueri] Portzl. (1527/II, 1528-1532) et dedit 1/1/15 fúr p[ueri] Pórtzl.
Peter Holtzhauser
   St: 1552/I-II: -/-/-, 1553, 1554/I: 1/-/10, 1554/II: 1/2/2
   StV: (1552/I) ist noch unverheirat. (1552/II) ist noch unbeheyrat. (1553) seiner hausfrau heiratguet halber soll erstlich gracion gegeben werden, alsdan zusetzn. (1554/I) mer -/-/28 gracion die erst von wegen seiner hausfrau zugeprachtn heiratguet. (1554/II) sambt dem zusatz seins weibs heiratgueth.
** Joseph Schobinger [äußerer Rat[4]]. 1561, 1563-1565 Joseph Schobingerin. 1566/I-1571 domus Joseph Schobingerin [= Anna Hüngerl]
   St: 1560: 30/3/15, 1561, 1563: 27/5/23, 1564/I: 5/3/29 juravit, 1564/II: 5/3/29, 1565, 1566/I-II, 1567/I-II, 1568: -/-/-, 1569: 4/5/-, 1570: 12/-/-, 1571: -/-/-
   StV: (1560) mer fúr Hainrich Schobinger 8/2/5. Mer fúr Andre Danner 3/5/15. (1561, 1563) sambt irer khinder guet. (1565, 1566/I, 1567/I) steurt im Rosental. (1569) zalt Hanns Spengl fúr die Schobingerin. (1570) fúr yetzige unnd drey nachsteur raths geschafft unnd soll hinfúron vom hauß, als offt unnd wie man steurt, albegen zway gulden steur geben. (1571) steurt Christoff Sehofer.
** Anna Hüngerl [1572]

Bewohner Rindermarkt 12*A:

Eberl von Weylhaim St: 1368: -/7,5/-/ semipost
(Ull) Eckler (Egkler) mercator inquilinus. 1383/II relicta Ecklerin inquilina
   St: 1375: -/-/40, 1377: -/-/15 juravit, 1378, 1379: -/-/15, 1381, 1382, 1383/I-II: -/-/18
Ebersperg hofman und sein kellnerin St: 1405/I: -/-/-
Jorg Ostermeir inquilinus St: 1462: -/6/13
Grayspachin St: 1482: -/-/10 pauper
Augustin Eyrl [Weinschenk, Eichmeister der Weine[5]] St: 1486: -/5/10 sch(enckhsteur), 1490: -/5/10
Haidel weinschenk[1] St: 1490: -/-/60 grac[ion]

---

[1] Gabriel Geyger nach 1458 als Nachfolger von Hans Geyger Mitglied der Weinschenken-Bruderschaft, vgl. Gewerbeamt 1411 S. 12v.
[2] Sigmund Westendarffer ist 1458 Mitglied der Weinschenken-Bruderschaft, die Sigmund Westendorferin 1489 ebenfalls Mitglied der Weinschenkenzunft, Gewerbeamt 1418 S. 1r, 13v. – 1465 Sigmund Westendorffer Vierer der Weinschenken, vgl. RP.
[3] Gräbt im Schlierseer Winkel nach Schwefelerz, vgl. Solleder S. 42. – Ein Hanns Zwikopf ist – vielleicht um 1520 – Goldschmied. Wegen der Verbindung zu Reischl vielleicht dieser, da es um diese Zeit auch einen Goldschmied Jeronimus Reischl gibt, vgl. Frankenburger S. 286. – Zwikopf könnte auch zum Nachbarhaus 12 A gehören.
[4] Joseph Schobinger war 1548-1559 äußerer Stadtrat, vgl. RP.
[5] Augustin Ewrl 1489 Mitglied der Weinschenkenzunft, Gewerbeamt 1418 S. 5v. – 1474-1489 Augustin Ewrl (Eyrl) Eichmeister der Weine, vgl. R. v. Bary III S. 971.

Hanns Daum [Gewandschneider, Weinschenk ?[2]]. 1514 Daumin
    St: 1509: 2/1/4, 1514: Liste
    StV: (1509) et dedit -/4/20 fur pueri Hanns Perner.
Sigmund Swábinger wirt St: 1509: -/5/10
Mathes Rösler [Eisenkramer[3]] St: 1555: 2/1/15
alt Hannsin
    St: 1564/I-II: -/-/-, 1565: -/-/- obdormivit
    StV: (1564/I-II) ain pfriendnerin bey der Schobingerin.
Peter Oberburger (Obernwurger), 1565-1566/II f(úrstlicher) rath
    St: 1564/II: nichil, hofgsind, 1565, 1566/I-II: -/-/-
Hanns Sigmundt Seyboltstorffer St: 1567/II: -/-/-
Anndre [IV.] Partin
    St: 1568: 9/5/4, 1569, 1570: 4/4/20
    StV: (1570) zalt Augustin Sänfftl ausser der Ligsalz schuld.
haubtman Teutschiel St: 1571: -/-/-

Rindermarkt 12*B (West)
(mit Hinterhaus auf dem Graben, Sendlinger Straße 1)

Lage: 1387 „zunächst dem tör". 1435 des Pütrichs Tor/Turm. 1546 stößt an den Blauententurm.

Hauseigentümer:

1319 dürfte das Haus schon der Familie Pütrich gehört haben, weil die Bezeichnung „ad pontem Pütrici" (zur Pütrichbrücke) in der Kammerrechnung[4] wohl schon auf die Brücke über den Stadtgraben vor dem später sogenannten Blauententurm zu beziehen ist.
1363 Januar 21 Hainricus Pütrich, der an diesem Tag 1. Viertelhauptmann im Kramenviertel (später Hackenviertel genannt) ist, dürfte ebenfalls auf dieses Haus bezogen gehören, obwohl das Haus – zumindest später – zum Angerviertel gehört. Als 1. Hauptmann dürfte er innerer Rat gewesen sein und natürlich war er Hauseigentümer im genannten Viertel.[5]
1387 Februar 23 Hainrich Pütrich versetzt sein Haus am Rindermarkt zunächst dem Tor und dazu sein Hinterhaus, gelegen „auf dem graben daselbs", als Pfand an seinen Sohn Wilhelm für dessen Heiratgut um 1100 Gulden ungarisch und böhmisch.[6]
1388 November 11 hinter Hainrich Pütrichs Haus liegt an der Sendlinger Gasse das Haus des Hainrich Chastner.[7]
1407 wird durch städtische Arbeiter „dy pruk bey dem Pütreich gar gemacht ... und die wür darunder geslagen", ebenso wird
1414 die „pruken bey dem Hannßen Pütreich gemacht".[8]
1414 April 22 Hans Pütrich am Rindermarkt ist Nachbar von Hansel Geiger (Rindermarkt 12*A).[9]
1435 im April (um Ostern = 17. April) wurde wieder „gearbait an dem gewelb under des Pütrichs tor" beziehungsweise „an der prugken des gewelbs ... pei des Pütrichs turn"[10] und

---

[1] Der jung Haydel 1490/1491 Aufnahme in die Weinschenkenzunft, vgl. Gewerbeamt 1418 S. 6v.
[2] Hanns Dawm 1475-1495 wiederholt Vierer der Gewandschneider, vgl. RP. Ein Hanns Daum seit 1492 auch Mitglied der Weinschenkenzunft, vgl. Gewerbeamt Nr. 1418 S.7r.
[3] So 1556-1559 bei Kaufingerstraße 36.
[4] KR 1319 S. 11v. – Stahleder, Haus- und Straßennamen S. 686/687.
[5] Zimelie 17 (Ratsbuch III) S. 145v.
[6] GB I 227/11.
[7] MB XXI 20 S. 42/44. – Vgl. auch GB II 4/1 (6.4.1391): Anna die chastnerin selig hat ihrem Bruder Wilhelm von Schönpuhel ein Haus "auf der Teyferpruck, do Werlin der prew yeczen inne ist" als Erbe hinterlassen".
[8] KR 1407/08 S. 66r; 1414/15 S. 43r.
[9] GB III 149/1.
[10] KR 1434/35 S. 64v, 65r/v, 70v, 71r.

1435 Oktober 29 werden Kosten abgerechnet „auf des Putrichs prugken ... von pesserung wegen, do die stat die selben prugken gepawt und gewelbt hat".[1]

1443 wird erneut die Brücke gewölbt und die Stadt läßt dabei auf der Brücke – vor dem Turm draußen zur Sendlinger Straße hin – zwei Läden bauen: „die stat hat machen lassen auf der prucken pey des Putrichs haus zwen laeden." Sie sind gemacht worden als man die Brücke gewölbt hat im Jahr 1443.[2]

1452 wird gepflastert „pey Pueteich under dem turn".[3]

1460 Vierer der Salzstößel ist der „Steffel unter des [Anthoni] Pütrich turn",

1468 „Jacob unterm Putrich hauß",

1470 desgleichen „der [Jacob] Kamppler unterm Putrich".[4] Es handelt sich durchweg um Jahre, zu denen es kein Steuerbuch gibt, so daß sie nur hier nachgewiesen sind.

1496 Mai 1 zwischen Christoph Pütrich und Ludwig Layminger, einem Schäffler, gibt es Streit um die Nutzung des Pütrichturms.[5]

1500: Das Steuerbuch führt letztmals einen Pütrich bei diesem Haus an, Christoph II. Pütrich. Dann geht es auf unbekanntem Weg zunächst an Hans Stockhamer, dann an die Rudolf über.

1508 und **1509** Hanns Stockhamer findet sich hier in den Steuerbüchern. Das Ratsprotokoll von

1510 November 19 nennt ihn ausdrücklich den gewesenen Besitzer dieses Hauses und erstmals den neuen Eigentümer Dr. Jacob Rudolf: dem Doktor Jacob Rudolf, Chorrichter zu Freising, hat der Stadtrat bewilligt, von seinem Haus am Rindermarkt, das des Stockhamers gewest ist, jährlich für seine Steuer 4 Gulden rheinisch zu geben.[6] Das bedeutet entweder eine Pauschalsteuer für einen Geistlichen, der als solcher eigentlich gar keine zahlen müßte, oder für einen Nicht-Bürger (Beisitzer) mit Haus in der Stadt.

Hintergrund ist, daß Anton II. Pütrich zwei Söhne hatte: Anton III. und Christoph. Davon war Anton III. (gest. ca. 1489/90) verheiratet mit Katharina III. Rudolf, Schwester von Dr. Jacob, Paul und Jörg III. Rudolf. In 2. Ehe heiratete sie Niklas Katzmair. Die Ehe blieb kinderlos.[7]

1514 domus Doctor [Jacob] Ruedolf (Steuerliste).

1524 Februar 14 das Haus des Dr. Jacob Rudolf am Rindermarkt wird anlässlich einer Ewiggeldverschreibung an die Schwestern des Rudolf-Seelhauses im Rosental genannt.[8]

1546 beanstandet die Baukommission am „Plabäntnthurn", daß die Läden sowohl innerhalb als auch außerhalb des Turms „1/2 eln ze prait" und „1/2 eln ze nider" seien. Außerhalb des Turms haben die Rosenbusch einen Laden, der „3/4 eln ze weit" vorsteht.[9]

1550 Januar 10 Ewiggeldverkauf (40 Gulden um 800 Gulden Hauptsumme) aus des Dr. Simon Ruedolph, Domherr zu Freising, halbem Haus durch seinen Bruder Dr. Thoman Rudolf, ebenso

1554 Januar 8 (10 Gulden um 200 Gulden).[10]

1554 Februar 28/März 12 das Steuerbuch vermerkt die Steuer eines Zinses durch Dr. Sigmund (oder Simon) Ruedolf von Freising von seinem gebührenden Teil der Zinsen aus Paulsn Ruedolfs Haus.[11]

1555 April 23 wieder Ewiggeldverkauf (15 Gulden um 300 Gulden) aus des Dr. Simon Ruedolph Haus durch (GruBu).

1555 Juli 24 der fürstliche Rat und Lehenpropst Kaspar Schrenck verkauft zwei Ewiggelder aus diesem Haus, jedes in Höhe von 10 Gulden um je 200 Gulden Hauptsumme. Im Grundbuch heißt es ausdrücklich, das Haus stoße an den „Plabenntenthurn" (GruBu).

1555 Oktober 10 das Haus des Caspar Schrenckh am Rindermarkt ist dem Haus des Joseph Schobinger (Rindermarkt 12*A) benachbart.[12]

---

[1] KR 1435/36 S. 56v.
[2] Zimelie 30 (Salbuch-Konzept 1443/44) S. 11v; Zimelie 34 (Stadtzinsbuch) S. 19v.
[3] KR 1452/53 S. 113v.
[4] RP 1 S.18v (1460), 141v (1468), RP 2 S. 17r (1470).
[5] Urk. B II 1 Nr. 1.
[6] RP 6 S. 71v.
[7] Stahleder, Bürgergeschlechter. Die Pütrich S. 273.
[8] StadtAM, Hist. Verein von Obb., Urk. 2126; Beierlein, Regesten ungedruckter Urkunden, in: OA 11 S. 272.
[9] LBK 4.
[10] Stadtgericht 207/7 (GruBu) S. 695v/696r.
[11] StB 1554/I S. 69v (Ewiggelder).
[12] Städtischer Grundbesitz 1994 (Wasserbrief).

1558 Juni 19 merkwürdigerweise wird der Stockhamer als Hauseigentümer bezeichnet: „Der Kholer Nadler unter dem Pla[b]ententhurm in Stockhamers Haus" singt mit anderen in der Augustinerkirche deutsche (lutherische) Lieder.[1] Vielleicht wird der Stockhamer als langjähriger Bewohner des Hauses für dessen Besitzer gehalten. Eigentümer ist aber in dieser Zeit eindeutig Kaspar Schrenck. Dieser Kaspar II. Schrenck kam ebenfalls wieder durch Heirat an das Haus, da er mit Margarete IV. Rudolf, einer Nichte von Dr. Simon Rudolf, verheiratet war.[2]

1560 Februar 20 wieder wird in einer Urkunde des Haus des Caspar Schrenckh als Nachbarhaus zu dem des Joseph Schobinger am Rindermarkt (Rindermarkt 12*A) angegeben. Beide Häuser stoßen mit der Rückseite über den Bach und in das Rosental hinaus.[3]

1567 Juli 29 Ewiggeldverkauf aus diesem Haus durch Caspar Schrenck (GruBu).

1570-1571 domus Caspar Schrenckh (StB).

1572 laut Grundbuch (Überschrift) „Casparn Schrenckhen Vorderhaus und Hof und ain hindters Haus, Hof, Gartten und Stallung und stosst in das Rosenthal und darzu an den Plabenndtenthurn".

Im Besitz der Schrenck bleibt das Haus jetzt bis um 1671.

Eigentümer Rindermarkt 12*B:

* Familie Pütrich [1319 ?]
* Hainrich [IV.] Pútrich (Putrich, Putreich, Pútreich, Puttreich) [innerer Rat[4]]. 1399, 1401-1410/II relicta Hainrich Pútreich. 1411 relicta Sabey Puttreichin[5]
    St: 1368, 1369, 1371: -/-/-, 1372: 12/-/- ex gracia, 1375: 40/-/- non juravit, 1377-1379, 1381, 1382, 1383/I: 50/-/-, 1383/II: 75/-/-, 1387: 33/-/80, 1388: 66/5/10 juravit, 1390/I-II: 66/5/10, 1392: 46/-/60, 1393, 1394: 61/5/10, 1395: 42/-/60, 1396, 1397: 63/3/-, 1399: 63/3/- patrimonium, 1400: 50/-/- gracianus, 1401/I: 50/-/- gracianus, 1401/II: 50/-/-, 1403, 1405/I-II, 1406-1408, 1410/I-II, 1411: -/-/-
    StV: (1401/II) und sol swern alz pald sy gesunt wirt. (1410/I) iuravit Khatrey die Pútreichin.
    Bem.: (1403, 1405/I-1411) Steuer gemeinsam mit Wilhalm Püttrich.
Wilhalm filius suus [= des Heinrich IV.] inquilinus. 1383/I-II, 1387-1393, 1396-1408, 1411 Wilhalm Pútrich (Pútreich, Puttreich), 1383/II inquilinus. 1394-1395 Wilhalm Pútreich sein sun. 1412 Wilhalm Puttreich et mater. 1413 patrimonium Wilhalm Púttreich
    St: 1382: 1/-/- gracianus, 1383/I: 3/6/- juravit, 1383/II: 5/5/-, 1387: 3/-/60, 1388: 6,5/-/- juravit, 1390/I-II: 6,5/-/-, 1392: 4/3/-, 1393, 1394: 6,5/-/-, 1395: 4,5/-/-, 1396, 1397, 1399, 1400, 1401/I: 6/6/-, 1401/II: -/-/-, 1403, 1405/I: 53/-/80, 1405/II: 47,5/-/-, 1406-1408: 63/-/80, 1410/I: 40/-/-, 1410/II: 53/-/80, 1411: 40/-/-, 1412: 53/-/80
    StV: (1405/II) iuravit der Wilhalm Püttreich.
    Bem.: (1403, 1405/I-1411) Steuer gemeinsam mit der Mutter. (1413) Steuer zahlt Hanns Pútreich.
    Pferdemusterung, um 1398: (Ur-Fassung): Wilhalm Pútrich sol haben 6 pferd umb 70 gulden und ein erbern man an seiner stat und zwen raisig knecht; (Korrig. Fassung): Wilhalm Pútrich sol haben 6 pferd umb 80 gulden und ein erbern man und zwen raisig knecht oder sol selber reiten.
Herman [II.] Pútrich [Bruder von Heinrich IV.]
    St: 1368: 8/-/60, 1369: 12/3/-

---

[1] Dorn S. 130.
[2] Stahleder, Bürgergeschlechter. Die Rudolf S. 205 und Stahleder, Bürgergeschlechter. Die Schrenck S. 128.
[3] Urk. F I/II Nr. 1 (Rindermarkt).
[4] Hainrich Pütrich war von 1362-1376 und 1378-1384 innerer, 1377 äußerer Stadtrat, auch 1391 wohl innerer Rat, vgl. R. v. Bary III S. 739, 755. – Am 21. Januar 1363 ist er erster Viertelhauptmann im Kramenviertel, dem späteren Hackenviertel, vgl. Zimelie 17 (Ratsbuch III) S. 145v. – Vorausgesetzt daß es sich dabei immer um denselben handelt, dürfte Hainrich Pütrich auch der Hainrich an dem Rindermarkt vom 13.5.1381, der H[ainrich] am Rindermarkt vom 3.10.1384 und der Hainrich an dem Rindermargkt vom 30.5.1404 sein, zweimal als Schätzer, einmal als Pfleger, vgl. GB I 140/9, 207/13, III 28/11. Kein anderer Hainrich sitzt so lange am Rindermarkt und kommt auch für solche Ämter in Frage. Er starb 1397. – Zu den Pütrich vgl. Stahleder, Bürgergeschlechter. Die Pütrich S. 252/281.
[5] Sabina geb. von Laimingen, gest. 1412.

Hans [I.] Pútrich (Pütreich) [teils äußerer Rat, Bruder von Heinrich IV.]
   St: 1368: 11/-/-, 1369: 16,5/-/-
Lud[wig III. Pütrich][1]
   St: 1390/I: dei gracia et c[...]
* Hanns [II.] Pútrich (Putreich, Putrich) [Salzsender[2]], 1416 und sein bruder [Söhne von Wilhelm]
   St: 1413: 40/-/-, 1415: 20/-/- gracianus, 1416: 26/5/10 gracianus, 1418, 1419: 51/-/-, 1423: 42/6/-, 1424: 14/-/60, 1431: 47/-/21 iuravit, 1453-1457: Liste
   Sch: 1439/I-II, 1440: 12 t[aglon], 1441/I-II: 16 t[aglon], 1445: 7 ehalten, dedit -/-/54
   Bem.: (1413) Steuer gemeinsam mit patrimonium Wilhalm Púttreich. (1416) Steuer gemeinsam mit seinem Bruder. (1418) Steuer gemeinsam mit patrimonium Ulreich Puttreich.
pueri Hanns Putreich
   St: 1458: Liste, 1462: 22/-/31
* Anthoni [II.] Putreich (Putrich, Pútreich, Pütrich) [Sohn von Hans II., Stadtrat[3]]
   St: 1453-1458: Liste, 1462: 8/3/16, 1482: 7/5/24, 1486: 7/3/14
* Cristoff [II.] Putrich (Pütrich) [Sohn von Anton II., Stadtrat[4]]
   St: 1490: 2/3/20, 1496: 3/1/10, 1500: 3/1/10 patrimonium
et heredes Anthoni [II.] Pútrichs, fratris sue [= des Christoph II.]
   St: 1490: 2/-/11
[Anton III. Pütrich (gest. 1489/90, Sohn von Anton II.), ∞ Katharina III. Rudolf, Schwester von Dr. Jakob I., Paul und Jörg III. Rudolf]
* Hanns Stockhamer [Salzmesser, Salzsender, Stadtrat[5]]
   St: 1508, 1509: 4/4/16
* domus Doctor Ruedolf. 1522-1524 domus Doctor Jacob [I.] Rudolf[6]
   St: 1514: Liste, 1522: 12/-/-, 1523, 1524: 4/-/-
   StV: (1522) von drey jarn, ains yeden jars 4 gulden
* Pauls Rudolf [Bruder von Dr. Jakob I., Hans V. und Peter II., innerer Rat[7]]
   St: 1525, 1526, 1527/I: 4/2/24, 1527/II, 1528, 1529, 1532: 6/3/15, 1540: 20/3/15, 1541: 20/3/15 patrimonium, 1542: -/-/-
   StV: (1525-1527/I) et dedit -/6/16 fúr Jórgn [III.] Katzmair.[8] (1527/II-1532) et dedit -/6/2 fúr Jórg Katzmair. (1542) haben die erben zugsetzt.
Jörg [III.] Rudolf [Bruder von Jakob I. und Paul]
   St: 1525, 1526, 1527/I: 7/-/28, 1527/II, 1528, 1529: 8/3/1, 1532: 8/3/1 patrimonium
** Doctor Simon Rudolph [Neffe der vorigen, 1550 Januar 10, 1554 Februar/März]
** Doctor Thoman Rudolf [1550 Januar 10, 1554 Februar/März]
** Caspar [II.] Schrenckh. 1570, 1571 domus Caspar Schrenckh [∞ Margarete IV. Rudolf, Nichte von Dr. Simon Rudolf]
   St: 1555-1561, 1563-1564/II: an chamer, 1565: -/-/-, 1566/I-II: -/2/10, 1567/I-II, 1568: an chamer, 1569: -/2/10 de domo, 1570: an chamer, 1571: -/2/10
   StV: (1555) zalt 4/5/27 fúr p[ueri] Diepolt Kheussin am 19. Decembris. (1565) dem sollen alle seine ladenzinß verpoten werden bis die nachsteur zalt und ander steur zalt, raths geschafft.

---

[1] Steht neben Wilhalm am Rand. Gemeint ist Ludwig III. Pütrich, Bruder von Heinrich IV., gest. vor 1402.
[2] Als Salzsender 1429 belegt, vgl. Vietzen S. 144.
[3] Anthoni II. Pütrich ist nur 1474 innerer Stadtrat, sonst von 1461 bis 1478 stets äußerer Rat, vgl. RP.
[4] Cristoff Pütrich wurde zwar für das Jahr 1500 in den inneren Stadtrat gewählt, aber vom Herzog am 26.12.1499 nicht bestätigt und gehörte dann – jedoch auch nur im Jahr 1500 – dem äußeren Rat an. Er starb noch im selben Jahr, vgl. RP.
[5] Hanns Stockhamer um 1485 verh. mit Barbara Bart, Tochter von Peter Bart. Vater Georg Stockhamer war verheiratet mit Dorothea Schrenck, vgl. StadtAM, Schrenck-Chronik (Abschrift) S. 191. – Hans Stockhamer 1497, 1500 äußerer, 1498, 1499, 1501, 1502, 1504-1509 innerer Rat, vgl. RP. – Hans Stockhamer 1484-1496 als Salzmesser belegt, 1497 ein Stockhamer ohne Vornamen Vierer der Salzsender, wohl auch dieser, vgl. Vietzen S. 153, 160 und RP.
[6] Dr. Jacob Rudolf 1510 Chorrichter zu Freising. – Zu den Rudolf vgl. Stahleder, Bürgergeschlechter. Die Rudolf S.135/218, vor allem S. 182/190, 197/198.
[7] Paulus Rudolf ist 1525-1536 innerer Rat, vgl. RP.
[8] Sohn von Niklas Katzmair und Katharina Rudolf-Pütrich-Katzmair.

(1566/I) von zinsen seiner heuser, soll die nachsteur 36 fl. (1566/II) adi 25. Januarii anno 1567 zalt herr Caspar Schrenckh 36/-/18 nachsteur an chamer. (1567/I) [Nachtrag:] zalt -/3/10 adi 23. octobris [15]67. (1568) [Nachtrag:] -/2/10. Mer -/4/20 zalt. (1570) [Nachtrag:] zalt -/2/10. (1571) mer ain versessne steur.

Bewohner Rindermarkt 12*B:

relicta Ulrici Stúphonis (Stúpfonis) inquilina. 1383/I-II relicta Stúpffin inquilina
 St: 1377: 3/-/80 juravit, 1378, 1379: -/14/19, 1381: -/14/18, 1382: -/12/27 sub gracia, 1383/I: 1/-/24, 1383/II: -/12/- sub gracia

pueri Johannis [I.] Schrenck(ii), 1383, 1387 inquilini St: 1383/II: 10,5/-/-, 1387: 2/-/-, 1388: -/-/-
 Matheis Schrenck [Sohn von Hans I.] St: 1390/I-II: 4/-/-

Hanns Lindner pader Sch: 1441/II: 1,5 t[aglon]

Caspar Schr[...] Sch: 1445: -/-/8

[Steffel unter des Pütrich turn, 1460 Vierer der Salzstößel[1]]

[der [Jacob] Kamppler unterm Putrich, 1461 und 1470 Vierer der Salzstößel]

[Jacob unterm Putrich hauß, 1468 Vierer der Salzstößel]

und sein [= des Anthoni Pütrich] diener St: 1482: nichil

relicta Hanns saltzstößlin patrimonium St: 1514: Liste

Jórg saltzstößl.[2] 1532 Jörg Kirchmair saltzstößl
 St: 1522-1526, 1527/I: -/5/19, 1527/II, 1528, 1529, 1532: -/6/11
 StV: (1522) et dedit -/5/10 fúr Cristofn Heuss pierpreẃs patrimonium. (1523-1532) et dedit -/3/26 fúr p[ueri] Cristof Heuss (Heyss, Heiss).

Hanns Albeg schneider[3] St: 1522, 1523: -/2/-

Sigmund [II.] Pótschner
 St: 1526, 1527/I-II: 6/-/7
 StV: (1526, 1527/I) et dedit 13/1/27 fúr C(aspar) [I.] Ligsaltz. (1526, 1527/I) et dedit 2/-/13 fúr p[ueri] Alex Ridler. (1527/II) et dedit 2/4/20 fúr p[ueri] Alex Ridler.

Albrecht schnitzerin St: 1526, 1527/I: -/1/12

relicta Ludwig [II.] Ridlerin St: 1526, 1527/I: 7/3/9, 1527/II: 6/5/20
 Caspar [I.] Ridler St: 1542: 1/3/19, 1543: 3/-/18, 1544: 1/3/19

Doctor Ziner statschreiber[4] St: 1532: nichil

Wilhalm Stockhamer, 1554/I-II fúrstlicher kastner, 1559 fúrstlich rath
 St: 1540-1542: 6/4/-, 1543: an chamer, 1544-1553: nihil, (fúrstlicher) kastner, 1554/I-II: nihil, 1555-1560: an chamer, 1561: nichil, 1563: an chamer, 1564/I: -/-/- fúrstlicher rath, hofgsind, 1564/II: -/-/-, 1565: nihil, hofgsind, 1566/I-II: -/-/-
 StV: (1545) soll durchaus aller steur gegen gmainer stat frey sein.

Achaci Degernseer
 St: 1541, 1542: 5/1/25, 1543: 10/3/20, 1544: 5/1/25, 1545: 11/-/26, 1546, 1547: 5/3/28
 StV: (1541) et dedit 1/3/19 fur Caspar Ridler.

Els Herlin. 1545-1547 Herlin St: 1542: -/2/-, 1543: -/4/-, 1544: -/2/-, 1545: -/4/-, 1546, 1547: -/2/-

Apl [Apollonia] zolnerin St: 1545: -/5/10, 1546-1548: -/2/20

Staudigl. 1549/I-1554/II Jorg Staudigl
 St: 1548, 1549/I-II, 1550, 1551/I-II, 1552/I-II, 1553, 1554/I-II: -/2/-

Bartlme lauttnmacher. 1554/II, 1555 Bartlme Márckhl lauttenmacher
 St: 1548: -/-/-, 1549/I: nihil, 1549/II, 1550, 1551/I: -/-/-, 1554/II, 1555: -/2/-
 StV: (1548) ist steur- und wachfrey, als lang ain erber rath will. (1549/I) ist steur- und wachfrey, als langs ainem erbern rath gefellig. (1549/II) ist steur und wach gfreit, als lang ains raths gelegenhait. (1550, 1551/I) ist steurfrey als lang ain erber rath will.

---

[1] Vgl. RP, auch zu den folgenden.

[2] Wohl der Jorg saltzstößel, der 1520 und 1521 Vierer der Salzstößel und 1521-1539 Salzstadel-Büchsenknecht ist, vgl. RP und Vietzen S. 158, 159.

[3] Hanns Albeg ist 1516 Vierer der Schneider, vgl. RP.

[4] Dr. Nicolaus Ziner aus Salzburg 1530-1534 Stadtschreiber, vgl. R. v. Bary III S. 787.

Doctor [Jacob III.] Rosnpusch[1] St: 1551/II: nihil
Caspar Schingal St: 1551/II, 1552/I-II: -/2/-
Doctor Söld St: 1552/II: nihil, hoffrath
Jorg Segenwolff (Sengenwolff), 1558, 1559 cramer
    St: 1553: -/-/21 gracion, 1554/I: -/-/21 gracion die ander, 1554/II, 1555-1557: -/2/-, 1558: -/4/-,
        1559: -/2/-, 1560: -/2/21
    StV: (1560) zugsetzt seiner hausfrauen heuratguet.
   sein schwiger St: 1555: -/2/-
Hanns Chamerer (1561 Donnerer) deckhenmacher
    St: 1556, 1557: -/2/-, 1558: -/4/-, 1559-1561: -/2/-
Christoff Weindl, 1564/I maurer St: 1560: -/3/10, 1561, 1563, 1564/I: -/2/-
Jheronimus Widman schuester St: 1561, 1563, 1564/I-II: -/2/-
   Caspar Widman schuester St: 1571: an chamer
Christoff Strasmair (Straßmair), 1564/II-1571 cramer
    St: 1561: -/-/21 gratianer, 1563, 1564/I-II, 1565, 1566/I-II, 1567/I-II: -/2/-, 1568: -/4/-,
        1569-1571: -/2/-,
Hanns Hennenmanin deckhenmacherin
    St: 1563, 1564/I-II, 1565, 1566/I-II, 1567/I-II: -/2/-, 1568: -/4/-, 1569, 1570: -/-/-
    StV: (1570) nit mer vorhannden.
Jobst Koler (Kóler), 1564/II nadler, 1565-1567/II, 1569-1571 cramer, 1568 cramer und nadler[2]
    St: 1564/II: -/5/8 juravit, 1565, 1566/I-II, 1567/I-II: -/5/8, 1568: 1/3/16, 1569-1571: -/4/15
Katherina Allingerin St: 1567/I: -/2/-
Hanns Motzingerin. 1568 ain infraw Motzingerin. 1569 Motzingerin
    St: 1567/II-1569: -/-/-
    StV: (1567/II) it durch ainen ersamen rath bevolchen, khain steur von ir ze nemen, sonnder ab-
        gschafft. (1568) soll fúr rath.
Doctor Nadler, 1570 fürstlicher rath St: 1569-1571: -/-/-
Doctor Hainrich St: 1569: -/-/-
Páchlerin satlerin [nachgetragen:] Tiblerin. 1571 Pachelein sayllerin [am Rand:] Hans Tiblerin
    St: 1570, 1571: -/2/-

Ab 1570 folgt auf diese Namen die Überschrift „gegenüber". Damit verlassen die Steuerer das Angerviertel und wechseln auf das Hackenviertel hinüber.
Es folgen in den Steuerbüchern die Häuser Sendlinger Straße 981* (Ecke Färbergraben-Nord) und 982* (hinter dem Pütrichturm), sowie 983* (Ecke Fürstenfelder Straße-Süd) und das bereits in der Fürstenfelder Straße gelegene und an 983* anschließende Haus 984*.

Pütrich-, Blauententurm

Name: 1310 „daz tor, daz gen Sentlingen get". 1331 „interior(is) Sentlingertor", also inneres Sendlinger Tor. 1359 „Sentlingerthor". 1398 „des Pütreichs Tor". Mit dem Namen der Besitzer des Nachbarhauses (Rindermarkt 12*) wechsel auch der Name: 1502 „Stockhamers durn", 1528 „der Rudolf(en) Thurn". Seit 1536 „Blau-Enten-Turm", wegen seiner Bemalung mit Enten.[3]

---

[1] Gestorben nach 1551, Pfarrer zu Vohburg. Seine Großeltern waren Jakob I. Rosenbusch und Margarete III. Rudolf, Schwester von Dr. Jakob I., Paul und Katharina III. Rudolf-Pütrich-Katzmair.

[2] Über ihn sagt Dorn S. 130: „Der Kholer Nadler unter dem Pla[b]ententhurm in Stockhamers Haus" singt am 19. Juni 1558 zusammen mit anderen deutsche, also lutherische Lieder in der Augustinerkirche. Das passt nicht ganz zusammen: nach den Steuerbüchern steht der Nadler Kholer erst seit der zweiten Steuer von 1564 bei Rindermarkt 12* und zweitens gehört das Haus um diese Zeit schon längst nicht mehr dem Stockhamer.

[3] Stahleder, Haus- und Straßennamen S. 559/561, 615/616.

Hackenviertel

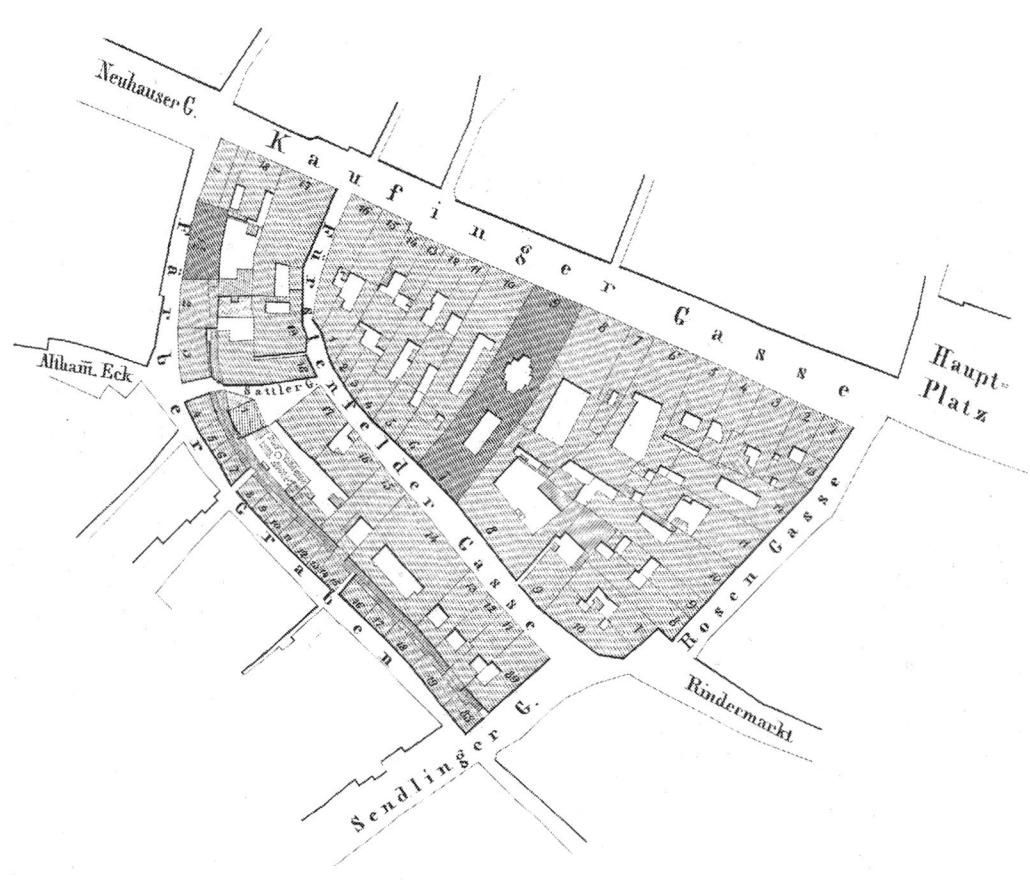

Abb. 28 Innere Stadt Hackenviertel auf dem Wenng-Plan von 1849.

Fürstenfelder Straße Südseite

Der Bereich vom Pütrichturm bis zum Fürstenfelder Klosterhof (Fürstenfelder Straße 14), zwischen dem Färbergraben und der Fürstenfelder Straße, liegt auf dem sogenannten Graben. Das war der Bereich um Mauer und Graben um die innere Stadt. Dieser Bereich war Eigentum des Landes- und Stadtherrn. Deshalb konnte auch nur er darüber verfügen. Er verteilte die Grundstücke nach und nach an Vasallen, die sie ihrerseits meist wieder weitergaben, u. a. für Stiftungen an Klöster (Ebersberg, Ettal, Fürstenfeld).

Der Fürstenfelder Hof kam zwischen 1266 und dem 26. Januar 1289 über den Ritter Heinrich von Sachsenhausen an das Kloster Fürstenfeld[1]. Im Laufe des 14. Jahrhunderts hat Fürstenfeld offensichtlich fast das ganze Areal zwischen seinem Haus und dem Pütrichturm an sich gebracht.[2]

1310 Februar 14 Herzog Ludwig (der Bayer, der spätere Kaiser) erlaubt „Diemueden der Wechslerin" („Diemuden Wechslermund") und ihren Erben gnadenhalber, daß sie auf dem Graben der Stadt zu München, von ihrem Haus, das sie innehat, „untz an daz tor, daz gen Sentlingen get" (Pütrichturm) bauen darf, was sie meine, daß gut für sie sei, doch nicht zum Schaden der Stadt.[3] Diese Diemut wird in der Literatur für die Mutter des Bischofs von Freising aus der Familie Sendlinger, Konrad Sendlinger[4], gehalten (Bischof 1314-1322). Diese Urkunde befindet sich später im Besitz des Klosters Fürstenfeld. Das kann nur bedeuten, daß die Grundstücke, von denen hier die Rede ist, sich später im Besitz von Fürstenfeld befanden.

1330 Mai 6 erhält Fürstenfeld von Kaiser Ludwig erneut eine Urkunde, wonach es auf seinem Graben zu München von des Klosters Haus „untz an Sentlinger thor" bauen und zimmern möge wie auf seinem eigen Gut.[5]

1359 Juni 29 siehe Sendlinger Straße 981*.

Läden „under des Putrichs tor"

Unter den Häusern 981* oder 982* befinden sich Verkaufsläden, teils auch „auf der Brücke" genannt, weil sie über dem Stadtgraben liegen. Diese Läden hat 1438 die Stadt auf ihre Kosten einbauen lassen, zusammen mit einem (öffentlichen?) Abort („Item die zwen laeden under des Puetrichs tor hat die stat gemacht desmals, do mann die selben prucken gewelbet 1438 von der stat gut und geyt ieglicher lad ze zins 13 ß d[enarii] und mann pawet ain scheyskuebel darunder. Actum ut supra (= 1443)".[6] An anderer Stelle: „Die laeden auf der prucken bey des Putrichs haus gen Sentlinger gassen": „Es ist zu wissen, das die stat hat lassen machen auf der prucken pey des Putrichs haus zwen laeden. Wann man die hin gelassen mag, die sol man der stat verzinsen, nach dem und man sie dann hin gelassen mag. Sind gemacht worden, do man die selben prucken gewelbet in der jarzall unsers lieben hern Ihesu Cristi vierzehenhundert und in dem drew und viertzigstem jar".[7]

1546 gibt es sowohl innerhalb als auch außerhalb des „Plabäntnthurn" Läden. Bei der Visitation der Dächer und Bänke der Bäcker und Kramer durch die Baubehörde sind diese bei den Läden außerhalb

---

[1] Dirr, Denkmäler S. 38/39 Nr. 20. – Urkunden-Abschrift des Fürstbischofs Eckher der Urkunde vom 26. Januar 1289, vgl. OA 8 S. 244. – BayHStA, KL Fürstenfeld 366 S. 264/265.

[2] Krenner, Siegel S. 136/137.

[3] BayHStA, KL Fürstenfeld 366 S. 219, 264. – MB IX 32 S. 120.

[4] Muffat S. 521. – Krenner, Siegel S. 137/138, 106, 107 Anm. g. – In seinem 1319 errichteten Testament nennt der Bischof von Freising auch „Diemoudi Matri meae" und als „Matertera mea" eine Hailwig, Krenner S. 107 nach Meichelbeck II Teil II S. 160. Krenner hält sie für die Hailwig die Wadlerin von 1324. – Der Freisinger Bischof wird von dem etwa 50 Jahre nach seinem Tod verfaßten Chronicon Schlierseense „Chunradus Episcopus dictus Wechssler" genannt, Krenner ebenda mit Anm. *).

[5] BayHStA, KL Fürstenfeld 366 S. 222, 265.

[6] Zimelie 34 (Stadtzinsbuch) S. 19r.

[7] Zimelie 30 S. 11v (Salbuch-Konzept 1443/44). – Vgl. auch Liegenschaftsamt 1410 S. 2r.

1572

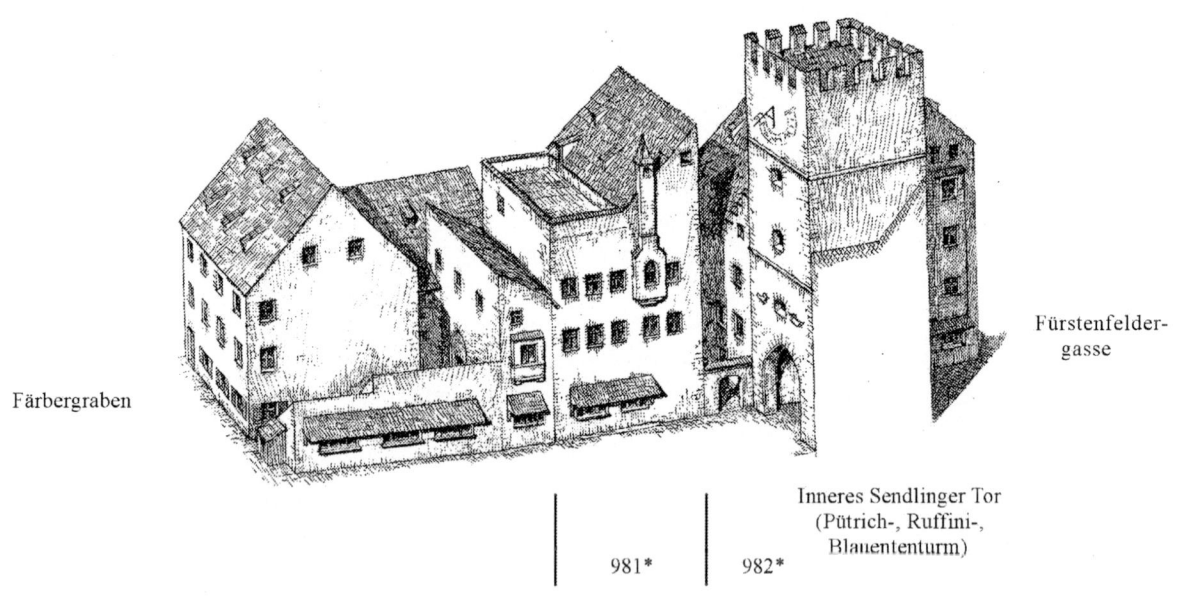

Färbergraben

981* | 982*

Inneres Sendlinger Tor
(Pütrich-, Ruffini-,
Blauententurm)

Fürstenfelder-
gasse

Sendlinger Straße

89

Färbergraben

Fürstenfelder Straße

1939

Abb. 29 Sendlinger Straße West Nr. 89, mit Nr. 981*, 982*, Häuserbuch Hackenviertel S. 448/449.

des Turms (Haus 981*) „1/2 eln ze prait" und „1/2 eln ze nider". Diejenigen innerhalb des Turms (Haus 983*) sind „1 eln ze prait" und „1/2 eln ze nider".[1]
Bei dieser Gelegenheit wird aber an dieser Stelle auch ein Laden des „Rosnpusch ausserhalb thurns" genannt. Sein Vordach oder die Bank sind „3/4 [eln] ze weit".

Ladenpächter sind[2]:

1441: Die laeden under des Putrichs tor gen Sentlinger gassen, der sind zwen, item yeder lad doselben geyt 13 Schilling.
1444: Putrichtor zwen laden, davon [insgesamt Einnahmen der Stadt] -/9/15.
1448/49: Pútreichs tór: Item geyt [Ulrich] Plinthaimer schuster 1/-/-, item geyt der Haenselin 1/-/-, facit 2/-/-.
1450: Under des Puetrichs tor: der Plinthamer schuster 1/-/-, der Hanselin fragner -/11/-, summa -/19/-.
1451/52: Plinthamer schuster -/11/-, Hánselin -/11/-.
1453 Plinthamer -/11/-, Henselin peym Putrich -/11/-.

Sendlinger Straße 981*

Lage: Eckhaus außerhalb des Pütrichturms, Ecke Färbergraben, über dem Bach stehend. Deshalb 1484/85 „auf der Teyfferpruck" genannt.[3] 1398 „bei des Pütreichs Tor". 1399, 1508 und 1509 neben Strobl und Wolf Koler ein Zeichen, das den Wechsel der Straßenseite markiert.

Hauseigentümer:

1359 Juni 29 Ulrich Weissenfelder, Bürger zu München, verspricht dem Kloster Fürstenfeld jährlich 40 Münchner Pfennige Zins zu geben aus dem Graben, der da liegt „ze nächst bey der pruck vor seinem Haus pey Sentlinger thor, der des Gotteshaus Fürstenfeld rechtes Sällgeräth ist" (beziehungsweise „zenechst bei der brugg bei Sentlinger thor"). Er verspricht, den Graben auf seine Kosten zu räumen usw. Ein Nachtrag im Kodex des Klosters aus dem Jahr 1678 besagt: „ist nit mehr vorhanden".[4] Wahrscheinlich hierher zu beziehen.
1392/1398 Kloster Fürstenfeld hat ein Ewiggeld „aus Strobel sneiders Haus bei des Pütreichs Tor".[5]
1400-1408 domus Perchtold sniczer (StB).
1410/I domus Gasper snyczer (StB).
1410/II-1411 domus snyczer von Landsberg, domus snyczer (StB).
1413 dez Ehingers haws (StB).
1423 „von des [Ehingers] haws wegen" (StB).
1431 domus pueri Andre sniczer (StB).
1478 Dezember 24 Hainrich Altkircher und seine Hausfrau verkaufen dem Kaspar Haldenberger ein Ewiggeld von 5 Gulden um 100 Gulden Hauptsumme aus diesem Haus.[6] Es ist allerdings auch möglich, daß es sich hier nur um einen Weiterverkauf eines Ewiggeldes handelt. Dann ist keiner von beiden Hauseigentümer gewesen.
1484/85 laut Grundbuch (Überschrift) „Hanns Enngelspergers haws auff der Tefferpruck" (GruBu).
1490 Juni 10 als Andre Reitmair und seine Hausfrau Anna, geborene Engelsperger, das Haus verkauften, verkauften sie dem Hanns Enngelsperger und seiner Hausfrau Anna ein Ewiggeld von 10 Gulden um 200 Gulden daraus (GruBu).

---
[1] LBK 4 Visitation der Dächer und Bänke der Kramer und Bäcker.
[2] Vgl. Liegenschaftsamt 1410 S. 2r, 3r, 6v, 8v, 13r, 14v.
[3] Zum Namen vgl. Stahleder, Haus- und Straßennamen S. 686/687.
[4] BayHStA, KL Fürstenfeld 366 S. 219r. – Krenner, Siegel S. 139, 101.
[5] Steueramt 982/1 S. 27v.
[6] Stadtgericht 207/5 (GruBu) S. 273r und 207/5a (GruBu) S. 615v. Demnach war nicht Haldenberger der Hauseigentümer, wie das HB HV S. 455 angibt, sondern der Altkircher.

1527 Januar 29 Michel Widmann Schuster und seine Hausfrau Anna verkaufen aus diesem ihrem Haus ein Ewiggeld von 10 Gulden, wohl um 200 Gulden, an Andre Reitmor (GruBu). Anna heiratet als Witwe laut Grundbucheintragungen von 1541 und 1542 den Hans Schmalzgruber (GruBu).
1534 Juli 3 wieder Verkauf eines Ewiggeldes durch das Ehepaar Widman (2 Gulden um 40 Gulden Hauptsumme) (GruBu).
1537 Juni 20 die Witwe Anna des Michel Widman Schuster verkauft ein Ewiggeld aus dem Haus (2 Gulden, wohl um 40 Gulden) (GruBu).
1539 Februar 25 Hanns und Anna Schmalzgrueber richten einen neuen Ewiggeldbrief auf, da der alte verlorengegangen ist. Es geht um ein Ewiggeld von 10 Schillingen um 22 Pfund Hauptsumme an die Kirche Teining (GruBu).
1541 Mai 20 das Ehepaar Hanns und Anna Schmaltzgrueber verkaufen ein Ewiggeld (1 Gulden um 20 Gulden) an die Augustiner (GruBu).
1542 Juni 2 Anna, des Michel Widman, anjetzt Hannsen Schmaltzgruebers, eheliche Hausfrau, verschreibt ihren Kindern aus voriger Ehe (Andre, Martin, Wolfgang, Anna und Barbara Widman) zur Entrichtung ihres väterlichen Erbgutes ein Ewiggeld von 4 Gulden für 80 Gulden (GruBu).
1542 Oktober 23 das Ehepaar Schmaltzgrueber verkauft ein Ewiggeld aus dem Haus (1 Gulden um 20 Gulden) (GruBu).
1544 August 12 Christoff Melper und seine Ehefrau Barbara verkaufen Michael Widmans sel. Kindern Andre, Martin, Anna und Barbara ein Ewiggeld aus dem Haus (2 Gulden um 40 Gulden), sind also nunmehr die neuen Eigentümer (GruBu). Einen Tag später,
1544 August 13 verschreibt das Ehepaar Melper dem Hans Schmaltzgrueber und seiner Hausfrau Barbara ein Ewiggeld von 3 Gulden für 60 Gulden „zu völliger entrichtung des verkaufften haus" (GruBu). Das heißt, ein Rest von 60 Gulden aus der Kaufsumme bleibt als Hypothek für die Verkäufer auf dem Haus liegen.
1546 beanstandet die Baukommission bei Cristoff Melper, daß seine Vorbauten „1/2 eln ze prait" seien.[1] Dann folgen wieder Ewiggeldverkäufe:
1548 August 20 (1 Gulden um 30 Gulden an die Stadtkammer),
1559 September 20 (15 Gulden um 300 Gulden),
1565 September 28 (5 Gulden um 100 Gulden),
1565 Dezember 8 weitere Ewiggeldverkäufe aus diesem Haus durch das Ehepaar Melper, in letzterem Fall an ihren Eidam, den Tuchmaniger Hanns Roll, und ihre Tochter Anna, dessen Ehefrau (15 Gulden um 300 Gulden Hauptsumme) (GruBu).
1567 September 5 die Vormünder des Michael Melper, Sohn von Cristof Melper, verkaufen dem Tuchmaniger Hanns Röll ein Ewiggeld (10 Gulden um 200 Gulden) (GruBu).
1573 laut Grundbuch (Überschrift) des „Hannsen Röllen tuechmaniger haus auf der Teufferpruckh". Seinen Erben bleibt das Haus noch bis 1614/15.

Eigentümer Sendlinger Straße 981*:

* Strobel schneider. 1399 relicta Strobel sneyder
    St: 1395: -/-/68, 1396, 1397, 1399: -/3/12
  Herman Strobel (Ströbel) sneider inquilinus
    St: 1401/II: -/-/40 gracianus, 1403, 1405/I: -/-/50, 1405/II: -/-/60 für 4 lb, iuravit, 1406: -/-/60 für 4 lb
* domus Perchtold [armbrust]sniczer
    St: 1400, 1401/I: -/3/-, 1401/II, 1403, 1405/I: 0,5/-/-, 1405/II: -/3/-, 1406-1408: 0,5/-/-
* domus Gasper [armbrust]snyczer[2]
    St: 1410/I: -/3/-

---

[1] LBK 4.
[2] Diese Schnitzer sind Armbrustschnitzer. 1403 schuldet die Stadt dem Kaspar snytzer 4 1/2 Pfund Pfennige „umb armbrust" noch von der alten Kammerrechnung (des Vorjahres) her „und umb 8 armbrust von der newen kamer", also auf den neuen Etat, vgl. Steueramt 573 (Leibgedingbuch 1404/09) S. 27v, 574 (Leibgedingbuch 1406/07) S. 6r.

*   domus [armbrust]sniczer von Landsperg. 1411 domus snyczer
       St: 1410/II: 0,5/-/-, 1411: -/3/-
*? Ulreich [armbrust]sniczer
       St: 1412: -/-/-
       StV: (1413) den habent mein hern der stewr ledig lazzen.
*   Andre [Ehinger ?] [armbrust]snyczer. 1415, 1416, 1418-1423 Andre sniczer uxor
       St: 1413: -/-/-, 1415: -/-/40, 1416, 1418, 1419: -/-/53, 1423: -/3/-
       StV: (1413) aus dez Ehingers haws gent 3 gulden ewigs gelcz ainem ausman, dedit -/3/12. (1415) ir stewr. Et pueri eius de domus (!) -/-/40. Item auz dem selben haws gent gen Deining -/10/-, dedit ze stewr -/-/60. (1416) aus demselben haws von dem ewigen [gelt] gen Teining, dedit davon -/-/80.
*   pueri uxoris. 1418 et pueri. 1419 et pueri, yrew kind. 1423 et pueri eius von dez hawss wegen. 1431 domus pueri Andre sniczer
       St: 1416: -/-/53 gracianus, 1418, 1419: -/-/53, 1423: -/-/60, 1431: -/-/40 gracion
       StV: (1423) von den ewige[n] gelt gen Teining -/-/60. (1431) und von dem ewigen gelt -/-/40.
*? Nicklas Ewgenpeck (Ewgnpeck, Eubnpeck, Egenpeck, Eugnpeck, Ewbnpeck) [Weinschenk[1]], 1415 inquilinus
       St: 1415: 0,5/-/-, 1416: -/5/10, 1418, 1419: 1/-/-, 1423: 2,5/-/-, 1424: -/6/20, 1431: -/13/10 schencknstewr, iuravit, 1453-1458: Liste, 1462: -/-/60
       StV: (1418, 1419) von dem ewigen gelt gen Teining (Deining) -/-/80. (1453) und der ewig gelt. (1454) und der Gegnpeck.[2]
       Sch: 1439/I-II, 1440, 1441/I-II: 1,5 t[aglon]
       Bem.: (1462) Steuer gemeinsam mit Ott.
    Ott (Ottel) Ewgenpeck (Ewgnpeck, Ewbenpeck)
       St: 1454-1458: Liste, 1462: -/-/-
       StV: (1455-1458) und der ewiggelt. (1462) steuert gemeinsam mit Nicklass. (1462) der ebig gelt -/-/40.
** Hainrich Altkircher [1478 Dezember 24]
** Hanns Englsperger [Taschner ?[3]], 1482 et mater
       St: 1482: -/7/24, 1486: 1/7/15
       StV: (1482) et dedit -/1/10 von -/10/- geltz auf das land; et dedit -/-/60 fur sein muter.
    et mater
       St: 1486: -/-/60
** Andre [I.] Reitmair (Rietmair)[4] [∞ Anna, geb. Engelsperger]
       St: 1486, 1490: 1/3/15, 1496: 4/2/25, 1500: 10/4/25
       StV: (1490) et dedit -/-/45 von -/10/- geltz gen Deining.
** Michel Widman, 1525, 1527/I-1532 schuster. 1526 Widman schuster [∞ Anna N.]
       St: 1524: -/1/12 gracion, 1525: -/3/7 juravit, 1526, 1527/I: -/3/7, 1527/II, 1528, 1529, 1532: -/3/15
    Hanns Schmaltzgrueber [∞ Witwe Anna Widman]
       St: 1540-1542: -/3/15, 1543: 1/-/-, 1544: -/3/15, 1545: 1/1/10, 1546: -/6/3, 1547: -/5/3, 1548, 1549/I: -/3/20
       StV: (1540-1544) für in und seine kind, dweil (diweil) sy unverteilt seind. (1545) darin seiner stieffkind guet auch versteurt. (1546, 1547) darin seiner stieffkinder guth auch versteurt, (1546) hat zugsetzt seins schwehern erb. (1548) hat abgsetzt ainer tochter heyratguet.

---

[1] Niclas/Nicklas Ewgenpeck/Ewbenpeck (!) ist 1442 und 1451 Vierer der Weinschenken und auch 1451 und 1458 Mitglied der Weinschenken-Bruderschaft, vgl. Gewerbeamt 1411 S. 9v, 10v, 11r, 13r.
[2] „Gegnpeck" sollte wohl heißen „ewig gelt".
[3] Ein Taschner Hans Englsperger ist 1472, 1475 und 1478 Vierer der Beutler, Gürtler, Taschner, Ircher, Nadler, vgl. RP.
[4] Schwiegersohn der Engelspergerin, vgl. Stahleder, Bürgergeschlechter. Die Reitmor S. 312/337.

** Cristoff Melper (Melperger, Melberger), 1553-1554/II palbirer[1] und wirt, 1556, 1557 wirt [∞ Barbara, geb. Widman ?]
    St: 1544: -/4/-, 1545: -/6/8, 1546-1548, 1549/I-II, 1550, 1551/I-II, 1552/I-II: -/5/10 schenckhsteur, 1553, 1554/I-II, 1555-1557: 1/4/20, 1558: 3/2/10, 1559, 1560: 1/4/20, 1561, 1563, 1564/I-II, 1565, 1566/I-II: 1/-/-
  Christoff Melperger der jung
    St: 1567/II: an chamer
  Christoff Melpergers sun Michel
    St: 1569: -/2/- der zeit
  Christoff Melpergers erben
    St: 1567/I, 1568: an chamer, 1570: -/-/-
** Hanns Röll Tuchmaniger, Schwiegersaohn des Ehepaares Melper [1573]

Bewohner Sendlinger Straße 981*:

Langer taschner St: 1368: -/-/40 post, 1371, 1372: -/-/60
Greymolt mercator inquilinus St: 1368: -/-/40, 1369, 1371, 1372: -/-/60
Seicz Sinn weber inquilinus St: 1369: -/-/24
Chunrat kistler inquilinus St: 1395, 1396: -/-/60 fur drew lb (fur 3 lb)
Tratfelder (Dratvellder) schûster inquilinus St: 1395: -/-/7 fur nichil, 1396: -/-/18 fur nichil
Ludweig Weizz, 1399, 1401, 1403, 1405, 1406 inquilinus, 1406 gewantsneider
    St: 1397, 1399, 1400, 1401/I: -/10/-, 1401/II: 1/-/80 iuravit, 1403, 1405/I: -/10/20, 1405/II: -/10/- iuravit, 1406: -/13/10
Prenenwein satler inquilinus St: 1397: -/-/30 gracianus
Hanns rotsmid inquilinus St: 1400: -/-/60 de uxor[e] et -/-/12 sua gracia, 1401/I: -/3/-
Stephan pheyllschifter inquilinus St: 1401/I: -/-/24
Hannsel Sphorn messrer inquilinus St: 1403: -/-/60 fur nichil
Moczenhoferin inquilina St: 1405/I: -/-/45, 1405/II: -/-/45 iuravit
Hertel zingiesser, 1407 inquilinus St: 1407, 1408: -/9/2
Chunrade Teininger [Kramer[2]] inquilinus St: 1408: -/10/20
Peter taschner der junger St: 1408: -/-/24 gracianus
[Seitz] Fúz sneyder St: 1410/I: -/-/60 fúr 10 lb
Eberl zymerman inquilinus
    St: 1410/II, 1411: -/-/60 fúr nichil, 1412: -/-/56, 1413: -/-/60 iuravit, 1415: -/-/60 fúr 10 lb, 1416: -/-/80 fúr 10 lb
Brostin inquilina St: 1410/II: -/-/34
der jung Angermair kúrsner inquilinus. 1411 Angermair kursner. 1412 der jung Angermair inquilinus
    St: 1410/II: -/-/22 gracianus, 1411, 1412: -/-/60 fur 4 lb
Els weberin inquilina St: 1410/II: -/-/15 fúr nichil, 1411: -/-/20
Khatrey weberin inquilinus St: 1416: -/-/-
Chúnczel Seidel kramer inquilinus St: 1419: 1/-/- iuravit
Witmanin inquilina St: 1419: -/-/12
Hanns pader St: 1423: -/3/-
Andre Werenbrunner St: 1424: -/-/80
  pueri Andre Wernprunner St: 1431: -/-/8 gracion von 1 gulden gelcz.
Peter rotsmid St: 1453: Liste
Gatrey ein hoffraw, Ull schmit tochter, inquilina St: 1462: -/-/24
Hanns Rauschs schreiber inquilinus St: 1462: -/-/50 daz jar
schleyffer inquilinus St: 1486: anderswo
Ulrich Deysenhofer [Messerschmied[3]] St: 1486: -/-/60
Hanns schuster Riegkersperger St: 1490: -/-/60

---

[1] Meister Cristof Melper war 1524-1526 Stadtwundarzt, vgl. R. v. Bary III S. 1018.
[2] So 1410/I-1413 bei Kaufingerstraße 3*.
[3] Vgl. Fürstenfelder Straße 11 (1496) und 12 (1508, 1509).

Leichtrock St: 1490: -/1/1 pauper
Wolf (Wolfgang) Koler, 1508, 1509 g[schlachtgwander][1] St: 1508, 1509: -/7/10, 1514: Liste
Albrecht schnitzer. 1525 Albrecht schnitzerin St: 1524: nichil, 1525: -/2/-
Arsaci (Arschaci) schnitzer, 1527/II, 1529 pfeiffer. 1532 Schaci pfeiffer
    St: 1527/II-1532: nichil
  et mater St: 1527/II: -/1/12
Walthauser (Walthasar) Satzinger St: 1540, 1541: 2/2/2
Jorg kistler melbler St: 1542: -/-/28 gracion
Caspar Mollin St: 1543: -/4/-
Hanns Grávinger St: 1543: -/4/-
Wolff Probst maurer St: 1543: -/4/-
Paulus Eckher schuester
    St: 1565: -/-/21 gratia, 1566/I, 1567/I-II: -/2/-, 1566/II: -/-/-, 1568: -/4/-
    StV: (1566/II) zalt hernach.
Jheronimus Widman, 1565, 1567/I-1568 schuester. 1566/II Georg Jheronimus Widman
    St: 1565, 1566/I-II: -/2/-, 1567/I: an chamer, 1567/II: -/2/-, 1568: -/4/-
    StV: (1567/I) zalt -/2/- ad 23. Octobris [15]67.
  Caspar Widman, 1569, 1570 schuester
    St: 1568: -/1/12 gratia, 1569, 1570: -/2/-
    StV: (1569) mer für sein mueter.
Balthauser Schmelher wierdt
    St: 1568: an chamer, 1569: -/5/10 schenckhsteur
    StV: (1569) mer ain dopelt versessne steur 1/3/20.
Wolf Ringlstorffer
    St: 1569: -/2/-
    StV: (1569) mer für ain doplte fersessne steur -/4/-.
Christoff Egerman wierdt St: 1570: an chamer
Abraham Khuonin St: 1570: -/2/-
Georg Lehner schneider St: 1571: -/2/-
Matheus Grienner schuester St: 1571: chamer
Christoff Fraunhofer reiter St: 1571: -/2/-
  Ellenna Fraunhoferin Frimbtin
    St: 1571: -/2/-
    StV: (1571) mer für ire khinder -/3/25.

Sendlinger Straße 982*

Lage: Haus ohne Fassade, da unmittelbar am Turm stehend. 1392 „under dem tor". 1410 „pei des Pút-
    reichs tor". 1411 „pey des Pútreichs dúren". 1437 „under des Putreichs tor".

Hauseigentümer:

1392 April 23 „Hanß chistlers muter" („dew chistlerin under dem Tor") und Chöllin der Schmied
(Fürstenfelder Straße 983*) werden vom Stadtgericht aufgefordert, daß sie Hans Stertz dem Bäcker
(Fürstenfelder Straße 984*) das Prifet [Abort, Abtritt] räumen helfen, das sie von ihren Häu-
sern aus gemeinsam aufsuchen.[2] Derselbe Fall wird
1395 Mai 14 noch einmal verhandelt, diesmal mit dem Sohn „Hanß chistler",[3] aber mit gleichem Er-
gebnis: Die beiden Nachbarn müssen dem Hans Stertz zu gleichen Teilen helfen, die (Abort-)Grube
und das Prifet zu räumen, worüber sie auch einen Brief hätten.

---

[1] Wolfgang Koler ist 1510, 1512, 1516-1518 Vierer der Gschlachtgwander oder Gewandmacher, vgl. RP.
[2] GB II 26/6, 26/7.
[3] GB II 92/8.

1410 September 16 „Hánnsel dem kistler pei des Pútreichs tor" ist zu Gericht geboten worden wegen 12 rheinischen Gulden geliehenes Geld, die er „Ulreichen dem pfáwffer von Trawbing" (vgl. Bewohner) zurückzahlen soll.[1]

1411 Januar 20 „Hans kistler hat sein haws, gelegen pey des Pútreichs dúren" als Pfand um 10 ungarische Gulden „Andre dem sniczer" versetzt,[2] dem Nachbarn von Nr. 981* also.

1437 und 1454 „des Frydreich Waschmuet Haws under des Putreichs tor" ist zinspflichtig, 1437 an die St.-Nikolaus-Kapelle.[3]

1454 November 4 Steffan Hertzog verkauft laut Grundbuch ein Ewiggeld von 1 Pfund Pfennigen an den Altar der Huf-, Segen- und Kupferschmiede in der Augustinerkirche.[4] Nach den Steuerbüchern ist er Salzstößel. Das Grundbuch nennt ihn nur einmal – 1470 – mit einem Beruf. Da ist er Melbler (Mehlhändler).

1464 Februar 21 Steffan Hertzog verkauft an die Kinder des Niclas Tanner ein Ewiggeld von 2 Schillingen aus diesem Haus (GruBu).

1470 Juli 4 der Melbler Steffan Hörtzog verkauft dem Andre Talhamer ein Ewiggeld von ½ Pfund Pfennigen aus dem Haus (GruBu).

1484/85 laut Grundbuch (Überschrift) „Steffan Hertzogen haws in Putrichs turn" (GruBu).

1495 das Heiliggeistspital hat eine Gilt aus Hans Nerlingers Haus am Rindermarkt gekauft. Es wird 1496 schon wieder abgelöst.[5]

Diese Gilt stiftet im folgenden einige Verwirrung, weil sie mit Hauseigentümern verbunden wird, die sonst nirgends als solche belegt sind: So nennen die Rechnungen des Spitals von

1527/28 – 1561 Jahr für Jahr die Gilt aus Hanns Stainpacher Küchlbachers Haus „unter des Putrich thurn" oder „unter dem plaben änten thurn" usw.[6] Die Rechnungen für 1562 und 1563, 1565 und 1566 lassen an derselben Stelle jeweils Platz für den Namen und schreiben dahinter nur „khiechelpachers hauss under dem plab äntenthurn".[7] 1564 gibt es an dieser Stelle einen neuen Namen: Hans Franperg (?), ab 1567 Kronperg/Kranperg(er) genannt, zunächst Küchelbachers, ab 1568 Melblers Haus „bey" beziehungsweise „underm" Blauententurm. So bis 1571.[8] Dieser Khronperger/Khranperger steht 1563 bis 1571 auch in den Steuerbüchern. Auf ihn folgt an derselben Stelle in den Rechnungen der auch durch das Grundbuch bekannte Eisenkramer Feslmair („Feslmair eisenkramers hauß bey dem plabännthenthurn"), sodaß damit der Bezug zu diesem Haus gesichert ist.[9] Wahrscheinlich gehörten Stainpacher und Kranperger – wie auch Andre Werder – als Schwiegersöhne/Schwäger oder andere Verwandte zur Familie Braun.

1537 Januar 30 Andre Werder und seine Ehefrau Brigitta verkaufen ein Ewiggeld aus diesem Haus (5 Gulden um 100 Gulden Hauptsumme) (GruBu).

1544 Januar 24 Peter Braun und seine Hausfrau Anna verkaufen ein Ewiggeld von 3 Gulden um 60 Gulden aus diesem Haus, ebenso

1544 Februar 1 (2 Gulden um 40 Gulden),

1544 Februar 15 (5 Gulden um 100 Gulden),

1544 März 9 (5 Gulden um 100 Gulden),

1549 März 24 (2 Gulden um 40 Gulden) (GruBu).

1549 Juni 12 der „Pütrichs thurn" (gemeint ist aber das Haus Sendlinger Straße 982*) ist benachbart dem Haus des Wolff Schlosser (Fürstenfelder Straße 983*).[10]

---

[1] GB III 100/13.
[2] GB III 103/5.
[3] MB XIXa 35 S. 412 (1437). – Kämmerei 64 S. 11v (1454).
[4] Stadtgericht 207/5a (GruBu) S. 613v und 207/5 (GruBu) S. 272r/v.
[5] Zimelie 43 (Heiliggeistspital, Salbuch C) S. 56r.
[6] Vgl. z. B. Heiliggeistspital Nr. 176/22 S. 30v (1527/28), 176/31 S. 46v (1542), 176/33 S. 46v (1543/44), 176/34 S. 50v (1546), 176/40 S. 35v (1557), 176/43 S. 31v (1561).
[7] Heiliggeistspital Nr. 176/44 S. 28v (1562) und 176/45 S. 27v (1563), 176/47 S. 27v (1565), 176/48 S. 29v (1566).
[8] Heiliggeistspital Nr. 176/46 S. 28v (1564), 176/49 S. 28v (1567), 176/51 S. 30v (1569), 176/52 S. 29v (1570), 176/53 S. 30v (1571).
[9] Heiliggeistspital Nr. 176/54 S. 30v (1572).
[10] Urk. B II b Nr. 768.

1549 November 14,
1550 Januar 16,
1550 Juni 22,
1551 Dezember 12, das Haus des Peter Praun ist Nachbar zum Haus des Sebastian Wolff Schlosser (Fürstenfelder Straße 983*).[1]
1561 November 5 und
1561 November 10 die Witwe Anna des Melblers Peter Braun verschreibt ihrer Tochter Barbara Ewiggelder aus dem Haus und zwar je 10 Gulden um jeweils 200 Gulden Hauptsumme (GruBu).
1564-1571 Hanns Khranperger (wohl Teilbesitz).
1564 November 4 wohl aus Vorurkunden übernommen und deshalb veraltet wird wieder das Haus des Peter Praun Nachbarhaus von dem des Schlossers Wolf (Fürstenfelder Straße 983*) genannt.[2]
1567 März 7 das Schlosser-Wolf-Haus (Fürstenfelder Straße 983*) ist Nachbar von „des Puttrichs thurn" beziehungsweise des dainter stehenden Hauses (Sendlinger Straße 982*).[3]
1571 Juni 20 die Töchter von Peter Braun, Katharina und Barbara, und ihre Ehemänner Sebastian Ernfried, Bäcker, und Hartmann Feslmair, Eisenkramer, sind neue Eigentümer und verschreiben den Schwestern im Pütrich-Regelhaus ein Ewiggeld von 3 Gulden, wohl um 60 Gulden Hauptsumme und noch einmal 12 Schillinge (GruBu).
1573 laut Grundbuch (Überschrift) ist es nunmehr „Hartman Feslmair Eisenchramers haus In Püttrichs oder Plaben Endten thurn". Das Ehepaar Feslmair besitzt das Haus noch bis zum Verkauf um 600 Gulden am 20. April 1586 an den Käskäufel Hanns Sailer (GruBu).

Eigentümer Sendlinger Straße 982*:

* Fridrich kistler. 1381-1383/II relicta Fridrici kistler. 1387 relicta Fridlin kistler et filius eius. 1388 relicta Fridrich kistler. 1390/I-II, 1392-1393 (relicta) Fridlin kistlerin
    St: 1375: -/-/38 post, 1377: -/-/30 juravit, 1378, 1379: -/-/30, 1381: -/-/18 sub gracia, 1382, 1383/I: -/-/18, 1383/II: -/-/27, 1387: -/-/8, 1388: -/-/16 juravit, 1390/I-II: -/-/16, 1392: -/-/18, 1393: -/-/24
  Chunrat kistler gener eius. 1383/II, 1394 Chunrat kistler, 1383 inquilinus
    St: 1383/I: -/-/12 gracianus, 1383/II: -/-/27 juravit, 1394: -/-/24 gracianus
* Hans (Hensel, Hannsel) kistler [Sohn der Fridrich kistlerin]
    St: 1394: -/-/24, 1395: -/-/20 gracianus, 1396: -/-/40 gracianus, 1397: -/-/65 gracianus, 1399: -/-/60 fur 10 lb, iuravit, 1400, 1401/I: -/-/60 fur 10 lb, 1401/II: -/-/64 für 8 lb, iuravit, 1403, 1405/I: -/-/64 für 8 lb, 1405/II: -/-/60 für 8 lb, iuravit, 1406-1408: -/-/64 für 8 lb, 1410/I: -/-/60 fur 8 lb, iuravit, 1410/II: -/-/64 für 8 lb, 1411: -/-/60 für 8 lb, 1412: -/-/64 für nichil, 1413: -/-/60 iuravit
*? Chunrat Echinger smid
    St: 1415: -/3/-, 1416, 1418: 0,5/-/- iuravit, 1419: 0,5/-/-
*? patrimonium Echingerin
    StV: (1423) hat geerbt der Wachtel.
*? N. N.
    StV: (1431) aws dem haws gend 3 gulden dem Fridel von Tal, dedit davon -/-/72.
* Fridreich Wachsmút (Wasmud)
    Sch: 1441/I-II: 2,5 t[aglon]
    St: 1447: -/6/10
** Steffan salczstesser. 1457-1486 Steffan (Stefl) Herczog, 1457 salczsto[sser] [1454 melbler[4]]
    St: 1454-1458: Liste, 1462: -/-/82, 1482: -/4/15, 1486: -/-/60
  Jórg Hertzog
    St: 1486: -/-/60

---
[1] Urk. B II b Nr. 769-773.
[2] Urk. B II b Nr. 780.
[3] Urk. B II b Nr. 782.
[4] So laut HB. – Er ist der Steffl unter des Putrich turn, der 1460 Vierer der Salzstößel ist, vgl. RP.

*   Hans Nórlinger (Norlinger), 1496, 1508, 1509 melbler. 1500 Norlinger melbler. 1523, 1525 Nórdlinger kuechlpacher
    St: 1496: -/-/60, 1500: -/2/5, 1508, 1509: -/3/8, 1514: Liste, 1522-1526, 1527/I: -/2/20, 1527/II, 1528, 1529, 1532: -/3/7
    StV: (1522) et dedit -/-/7 von 1 gulden gellts seinem weib. (1523-1526) et dedit -/-/7 von 1 gulden gellts ir selbs. (1527/I, 1532) et dedit -/-/7 von 1 gulden gellts. (1527/II-1529) et dedit -/-/7 für 1 gulden geltz seiner hausfraw.
*   Hans Stainpacher Küchlpacher [1527/28-1561]
    Hanns Praun
    St: 1529: -/2/-
** Andre Werder 1537
** Peter Praun, 1540, 1541, 1543-1545, 1547, 1550, 1553-1561 kuechlpacher [Melbler[1]]
    St: 1540-1542: -/2/-, 1543: -/4/-, 1544: -/2/-, 1545: -/4/4, 1546-1548, 1549/I-II, 1550, 1551/I-II, 1552/I-II: -/2/2, 1553, 1554/I-II, 1555-1557: -/5/25, 1558: 1/4/20, 1559, 1560: -/5/25, 1561: -/5/25 patrimonium
    StV: (1544) mer -/6/16 zalt für 7 fl gelts auffs land, so er für steurfrey aus seinem haus verkaufft [hat]. (1545) mer 1/6/2 für 7 fl gelts, so er auffs land steur frey verkaufft hat. (1546-1548) mer -/6/16 für 7/-/- gelts auffs land. (1549/I) der ewig gelt, so aufs land gangen, ist abgelest per Degernseer. (1558) mer -/-/28 für p[ueri] Michl Kipffinger. (1559, 1560) mer -/-/14 für p[ueri] Michl Keffinger (Khupfinger).
*   Hanns Khronperger (Kronperger, Kronsperger, Khranperger) khiechelpacher
    St: 1563: -/6/25 juravit, 1564/I-II, 1565, 1566/I-II, 1567/I-II: -/6/25, 1568: 1/6/20, 1569-1571: 1/-/5
    StV: (1563) mer für sein stieftochter -/6/5. (1564/I) mer für sein stieffdochter -/6/5. (1571) mer sein schweher für die 100 fl erb unnd von [...]s nachsteur 1/4/-.
** Sebastian Ernfrid Bäcker und
** Hartmann Feslmair Eisenkramer, Schwiegersöhne von Peter Braun [1573]

Bewohner Sendlinger Straße 982*:

Fricz calciator, 1369 inquilinus St: 1368: -/-/40 post, 1369: -/-/60 post
Hainrich Snelhart St: 1371, 1372: -/-/18
Ott mercator inquilinus
    St: 1371: -/-/24 gracianus, 1372: -/-/24
    StV: (1372) [Nachtrag, am Rand, getilgt:] solvit -/-/22.
Hainrich calciator de Argat (Argart), 1379 inquilinus
    St: 1375: -/-/24, 1377: -/-/30 juravit, 1378, 1379: -/-/30
nadler inquilinus St: 1375: -/-/-
Hainrich Púchmair inquilinus. 1378 Púchmair inquilinus
    St: 1377: -/-/24 gracianus, 1378: -/-/24
Klaus Spindler, 1377 inquilinus St: 1377: -/-/12 juravit, 1378: -/-/12
Greymel (Greymolt) würffler inquilinus St: 1377: -/-/12 juravit, 1378: -/-/12
Chunrat Franck inquilinus St: 1377: -/-/6, 1378: -/-/-
Kristel maurer inquilinus St: 1378: -/-/-
Pfenning kursner inquilinus St: 1379: -/-/18
Werndl (Holczkircher) sartor inquilinus. 1387, 1388 Werndl (Werndlein) sneider inquilinus
    St: 1381, 1382, 1383/I: -/-/84, 1387: -/-/64, 1388: 0,5/-/8 juravit
Chunrat Tewrer maurer inquilinus St: 1381: -/-/12 gracianus, 1382: -/-/12
relicta Maechthild inquilina. 1387 Mácz inquilina St: 1383/I: -/-/12, 1383/II: -/-/-, 1387: -/-/4
Dyemut Krúgkin (Kruckin) inquilina St: 1383/I-II: -/-/18
Chunrat sneyder inquilinus St: 1383/II: -/-/15
relicta Agnes inquilina St: 1383/II: -/-/18
(Chunrat) Eritag inquilinus St: 1387: -/-/8, 1388: -/-/16 juravit

---

[1] Laut Stadtgericht 207/5 (GruBu) S. 272 (8.11.1561) „Melbler".

Hainrich Werder [Gewandschneider ?] inquilinus St: 1390/I: -/6/12 iuravit, 1390/II: -/6/12
Chunrat kistler St: 1390/I: -/-/24
Heinrich von der müll inquilinus satler St: 1390/I-II: -/-/16
Wernher Spiegl schuster St: 1390/I: -/-/13 gracianus
Kchecklman sneider inquilinus St: 1390/II: -/-/32
Strobl (Strobel) sneider, 1392-1393 inquilinus St: 1392: -/-/18, 1393, 1394: -/-/24
Angnes kauflin inquilina St: 1392: -/-/12
Rauch mawrer inquilinus St: 1393: -/-/40
Hainrich kramer St: 1394: -/3/6
(Ludwig) Weiss (Weizz), 1395, 1396 von Sáchssenkam (Saeschenkaim) inquilinus
    St: 1395: -/6/20, 1396: -/10/-
Ull Awer sporer inquilinus St: 1399: -/-/45 fur 4 lb
naterin inquilina Hans kistler St: 1401/I: nichil
Ull pfeyffer inquilinus St: 1410/I: -/5/24 iuravit
Khatrey naderin inquilina St: 1418: -/-/12
Andre Wernpruner St: 1423: 1/-/-
Stephan ringkler inquilinus St: 1423: -/3/-
Fridel (Fridrich) Gotfrid (Gótfrid), 1431 slczstossel
    St: 1431: -/6/6 iuravit
    Sch: 1439/I-II, 1440: 2,5 t[aglon]
relicta Motznhoferin inquilina St: 1431: -/-/15
Ott Obndorffer (Oberndorffer) melbler.[1] 1455-1457 Ott melber St: 1453-1457: Liste
Diemut inquilina. 1455-1457, 1462 Diemut streicherin, 1457, 1462 inquilina. 1458 Diemut wolstrei-
    cher[in] inquilina
    St: 1453-1458: Liste, 1462: -/-/53
Hainrich morterkocher inquilinus. 1454 Haincz Abt morterkorffer (!) St: 1453, 1454: Liste
relicta Hamerlin et vi[li]e [= filiae ?] St: 1455: Liste
Alhait inquilina St: 1456: Liste
Ulrich vorster kramer inquilinus St: 1458: Liste
Els inquilina St: 1458: Liste
Ull Humel pogner St: 1462: -/-/60
ein schererin inquilina
    St: 1462: -/-/-
    StV: (1462) andersbo gestort, pey der Madalen kuchlpacherin.
Jacob tagwercher St: 1482: -/-/60
Sigmund Swartz schůster St: 1482: -/-/60
Luglperger verber
    St: 1482: -/4/17
    StV: (1482) fur sich und sein tochter.
Lienhard tagwercher St: 1482: -/2/9
Ulrich Pruner St: 1482: -/-/19
    una inquilina Prunnerin St: 1486: -/1/6
Cristein cramerin inquilina St: 1486: -/-/60
Els Jobstin St: 1486: -/-/60
Haintz inquilinus Prunnschópfer. 1490 Prunschópfer. 1496 Haintz Prunnschöpfer. 1500 Haintz Prun-
    schöpferin
    St: 1486, 1490, 1496: -/-/60, 1500: -/1/12
Katrey Rietmairin
    St: 1490: -/-/-
    StV: (1490) anderswo bey irer muter, am graben, genant Diemut Rietmairin.
Hanns platner inquilinus St: 1490: -/-/60
kúchlpacherin inquilina [Nachtrag:] hädrerin St: 1496: -/-/28 pauper

---

[1] Ott Oberndorffer 1462, 1465, 1467 Vierer der Fragner, Obser, Melbler, 1464 und 1466 Vierer der Käufel, vgl. RP.

Martein schmid Kraus St: 1496: -/-/60
Michel Kirchhamer loder St: 1496: -/-/60
wagnerin inquilina St: 1500: anderswo
die dorát (dorat) Katrey St: 1500: -/1/12, 1508: nichil, ist im spital
Utz morterkocher St: 1500: -/-/60
Hans wagner tagwercker St: 1500: -/-/60
Madl (Madlen), 1508-1522, 1524-1527/II, 1529 inquilina. 1528 Madlen daselbs
    St: 1508, 1509: -/-/60, 1514: Liste, 1522-1526, 1527/I-II, 1528: -/2/-, 1529: nichil, im spital
Affra inquilina St: 1509: -/1/2
Peter Rimpacher (?), 1514 inquilinus St: 1509: in camer, 1514: Liste
Erhardt peitlerin, 1514, 1522 inquilina. 1525 peitlerin inquilina St: 1514: Liste, 1522-1525: -/2/-
schmidin, 1522, 1524, 1526-1527/II, 1529 inquilina. 1528 schmidin daselbs
    St: 1522-1524: -/1/19 pauper, 1526, 1527/I-II, 1528: -/2/-, 1529: -/1/21 das jar, 1532: -/1/17 pauper das jar
Wernher messerschmid St: 1522: -/2/-
Apolonia inquilina St: 1524: -/2/-, 1525: [zahlt] anderßwo
Martein Kindler tagwercher. 1526 Martein Krendl. 1527/I Martein Króndl. 1527/II Martein Krendl tagwercher inquilinus.
    St: 1525,1526, 1527/I-II: -/2/-
Briederl St: 1528: -/2/-
Paulsin St: 1532: -/2/-
Wolff Forsterin preuin St: 1540: -/2/-
Gabriel Ostermair nadler St: 1541: -/2/20
Hanns tagwercher schmid St: 1545: -/4/-
   sein schwester St: 1545: -/4/-
Marten (Martin) púxnmaister. 1548 Marten púxnmaister Reinwolff
    St: 1546: nihil, hoffgsind, 1548, 1549/I-II: -/1/1 hoffgsind
Hanns Maysntalerin
    St: 1550, 1551/I: -/4/-
    StV: (1550, 1551/I) diser zeit in abwesen ires hauswirts.
Hanns Walther. 1554/II, 1555 Hanns Waltherin
    St: 1551/II, 1552/I-II: -/4/-, 1553, 1554/I-II, 1555: -/2/-
    StV: (1551/II, 1552/I) diser zeit in abwesen ires mans. (1552/II) in abwesen ires mans, hat ain erber rath dise steur von ir ze nemen verschafft.
Albrecht Gensser, 1557 koch, 1558, 1559 hoffkoch
    St: 1557, 1558: an chamer, 1559: -/2/-
Albrecht Hueber[1] koch St: 1560, 1561: -/2/-
Arsaci (Arsati) Khriechpamer, 1565-1566/II, 1567/II, 1570 priechler. 1571 Arsati Khriechpamerin
    St: 1563: -/-/21 gratia, 1564/I: -/2/20 juravit, 1564/II, 1565, 1566/I-II, 1567/I-II: -/2/20, 1568: -/5/10, 1569, 1570: -/3/7, 1571: -/2/11
    StV: (1571) yetzt Hanns Romer.

Fürstenfelder Straße 983*

Lage: 1437 „under des Pütreichs Tor". 1487 zwischen „des Puetrichs thurn" und dem Bäckerhaus (Fürstenfelder Straße 984*) gelegen. 1492 „under des Puetrichs durn". 1514, 1525-1541, 1546 über beziehungsweise am Rand neben diesem Haus der Name „Furst(e)nfelder gassen". 1549 in der Fürstenfelder Gasse „am Eck". – Eckhaus Sendlinger Straße/Fürstenfelder Straße.
Name: „Schlosser-Eck" vor 1725.[2]
Charakter:. Schlosserei/Schmiede bis mindestens um 1636.

---

[1] Über gestrichenem „Gensser".
[2] Stahleder, Haus- und Straßennamen S. 407.

Hauseigentümer:

1389 Februar 27 das Haus des Schmieds „Kóll" (Kollein, „Chóllin")) ist Nachbarhaus vom „peckenhaus" des Ulrich Püchler, „gelegen in Fúrstenvelder haus" (so!) (Fürstenfelder Straße 983*),[1] ebenso
1393 September 16 und
1393 November 22.[2]
1392 April 23 „Chöllin smid und Hanß chistlers muter" (Sendlinger Straße 982*) werden vom Stadtgericht verpflichtet, daß sie dem Bäcker Hans Stertz (Fürstenfelder Straße 984*) den von den drei Häusern gemeinsam benützten Abort (Prifet) in des Püchlers Haus (Fürstenfelder Straße 984*) räumen helfen müssen.[3] Gleiches geschieht noch einmal
1395 Mai 14: Diesmal gebietet das Stadtgericht dem „Fridreich Chöll dem smid" und dem Hans Kistler, daß sie Hans dem Sterz dem Bäcker helfen müssen, die Grube und das Prifet zu gleichen Teilen zu räumen.[4]
1408 Januar 10 das Haus „Fridreichs des Kólleins des smicz" ist Nachbar des Hauses von Hanns dem Stertz beziehungsweise „Nickl Rótlein dem peckken" (Fürstenfelder Straße 984*).[5]
1414 März 19 und
1414 Juli 25 wieder ist der Schmied Köl (Kol der smit) Nachbar des Bäckers Niclas Rötel (Nykel Rotel, Fürstenfelder Straße 984*),[6] ebenso
1415 Juni 4 (?).[7]
1416 Mai 8 immer noch ist das Haus „Kolen des smids" eines der Nachbarhäuser des Bäckers „Nykel Rotel" beziehungsweise „Eberhart dem Poschel" (Fürstenfelder Straße 984*).[8] Auf eine frühere Quelle dürfte aber der
1437 genannte Zins von 40 Pfennigen zurückgehen, den „der Koll schmid under des Pütreichs Tor" aus zwei Krautäckern an die St.-Nikolaus-Kapelle gibt,[9] denn um diese Zeit gibt es den Schmied Köll schon nicht mehr. Wohl aus einer Vorurkunde abgeschrieben und deshalb nicht mehr aktuell wird auch am 7. März 1440 noch der Schmied Köll als Nachbar des Bäckers Niclas Röttl (Fürstenfelder Straße 984*) angegeben.[10]
1439 domus pueri Wigk (Scharwerksverzeichnis).
1454 Jacob Durchnpach hat 11 Schillinge Gilt aus Peter Sigharts Haus.[11] Der Reihenfolge der Eintragungen in den Steuerbüchern und -listen nach gehört der Sighart zu diesem Haus. Sighart ist außerdem Schlosser. Diesen Beruf üben auch die nachfolgenden Hauseigentümer aus. Hans Heinrich zahlt zudem 1496 noch Steuern für die Sighart-Kinder.
(1482 September 11) Ulrich Pfister [Sattler[12]] hat aus diesem Haus ein Ewiggeld von 1 Pfund Pfennigen, das er von Margaret der Perkircherin und ihren Pflegern gekauft hatte.[13] Letztere war aber offenbar nicht Eigentümerin des Hauses, sondern hatte nur die Hypothek inne.
1483 Januar 6 der Schlosser Hanns Hainrich verkauft aus dem Haus ein Ewiggeld von 4 Gulden, wahrscheinlich um 80 Gulden Hauptsumme (GruBu).
1484/85 das Grundbuch nennt es „Hanns Haynrichs haws" (GruBu).[14]
1487 September 26 der Schlosser Hanns Heinrich („Hayrich") und seine Hausfrau Magdalena sind

---

[1] GB I 238/12. Gemeint ist „Fúrstenvelder gassen".
[2] GB II 54/6, 57/11.
[3] GB II 26/6, 26/7.
[4] GB II 92/8.
[5] GB III 75/4.
[6] BayHStA, KU Fürstenfeld, alt: GUM 2869, 2870; KL Fürstenfeld 366 S. 222.
[7] GB III 164/9.
[8] GB III 173/5.
[9] MB XIXa 35 S. 414.
[10] BayHStA, KL Fürstenfeld 366 S. 221.
[11] Kämmerei 64 S. 20v.
[12] So 1482 bei Kaufingerstraße 1*.
[13] Stadtgericht 207/5 (GruBu) S. 271r und 207/5a (GruBu) S. 609v.
[14] HB HV S. 142 mit falscher Einordnung des Grundbuches „um 1480" wie immer.

laut Grundbuch Eigentümer dieses Hauses und verkaufen ein Ewiggeld von 1 Pfund um 20 Pfund Pfennige Hauptsumme an das Heiliggeistspital (GruBu). Dabei sind Haus und Hofstatt an der Fürstenfelder Gassen, zwischen den Häusern des Hanns Stertz selig (Fürstenfelder Straße 984*) und des Pütrichs Turm gelegen.[1]

1491 Oktober 4 erneuter Ewiggeldverkauf (1 Gulden um 20 Gulden) des Ehepaares Hainrich aus ihrem Haus (GruBu).

1492 September 3/6 das Spital hat Ewiggeld aus „Hannsn Hainrichs des schlossers haws" in St. Peters Pfarr „under des Pútrichs durn".[2] Ein Nachtrag auf der Rückseite der Urkunde besagt, dieses Ewiggeld „gibt jetzt Thomas Khoch, schlosser in der Fúrstenfelder [gasse]". Dieser kaufte das Haus laut Gundbuch erst am 23. November 1589.

1499 September 4 der Schlosser Hanns Hainrich verkauft ein Ewiggeld von 1 rheinischen Gulden um 20 rheinische Gulden an seinen Schwiegersohn und seine Tochter, Conrat und Clara Obermair, Beutler (GruBu).

1514 Wolfgang Hainrich, Schlosser, und seine Hausfrau Katharina sind neue Eigentümer (GruBu).

1525 August 21 das Grundbuch nennt Wolfgang Hainrich Schlosser und seine Hausfrau Katharina als Hauseigentümer. Sie verkaufen ein Ewiggeld von 24 Kreuzern um eine Hauptsumme von 8 Gulden (GruBu). Er ist wohl identisch mit dem Schlosser Wolfgang „Haymeran", aus dessen Haus

1523/24-1546 das Heiliggeistspital ein Ewiggeld hat, ohne daß jedoch eine Orts- oder Straßenbezeichnung für das Haus genannt würde.[3]

1546 September 10 Ewiggeldverkauf von 2 Gulden um 40 Gulden aus dem Haus durch das Ehepaar Schlosser (GruBu).

1546 beanstandet die Baukommission beim Schlosser Sebastian Wolf, daß seine Vorbauten „1/2 eln ze prait" seien.[4]

1547 Juni 12,
1547 Juli 12,
1548 Juli 18 weitere Ewiggeldverkäufe durch das genannte Ehepaar, insgesamt 7 Gulden zu 140 Gulden Hauptsumme (GruBu).

1549 Juni 12 genannt wird ein Ewiggeld aus des [Sebastian] Wolff Schlossers eigen Haus und Hofstatt an der Fürstenfelder Gasse am Eck, zwischen dem Haus des Jacob Feslmair (Fürstenfelder Straße 984*) und des Pütrichs thurn.[5]

1549 November 14 Ewiggeld aus des Sebastian [Wolf] Schlossers und seiner Hausfrau Anna eigen Haus und Hofstatt an der Fürstenfelder Gasse „am Eckh, zenachst an dem Plebenndten thurn, zwischen Jacoben Feslmairs [Haus] (Sendlinger Straße 984*/Fürstenfelder Straße 11) und ermelltem Petern Prauns Heusern (Sendlinger Straße 982*)".[6] Dieses Ewiggeld von 2 Gulden, wohl um 40 Gulden ist auch im Grundbuch genannt. Dort folgen weitere Ewiggeldverkäufe durch das Schlosser-Ehepaar Sebastian und Anna Wolf als Eigentümer

1550 Januar 16 (1 Pfund um 20 Pfund),
1550 Mai 20 (2 Gulden um 40 Gulden),
1550 Juni 20 (1 Gulden, wohl um 20 Gulden) und
1554 Januar 18 (3 ½ Gulden um 70 Gulden) (GruBu).[7]

1554 Januar 18 der Schlosser Lukas Raidt als Hauseigentümer verkauft ein Ewiggeld (GruBu).

1564 November 4 veraltet, weil aus früheren Urkunden übernommen, wird wieder Sebastian Wolf Schlosser als Eigentümer genannt, desgleichen

1567 März 7. Am 21. Januar 1581 erscheint sogar wieder der noch weiter zurückliegende Heinrich Schlosser als Hauseigentümer.[8]

---

[1] Vogel, Heiliggeistspital, Urk. 444 (1492 September 6), darin genannt. – Zimelie 43 (Heiliggeistspital, Salbuch C) S. 48r, 56r.
[2] Vogel, Heiliggeistspital, Urk. 443, 444.
[3] Heiliggeistspital (Rechnungen) 176/18 (1523/24) S. 10v, 176/34 (1546) S. 27v.
[4] LBK 4.
[5] Urk. B II b Nr. 768.
[6] Urk. B II b Nr. 769.
[7] Vgl. auch Urk. B II b Nr. 770, 771-773.
[8] Urk. B II b Nr. 780, 782, 785.

1573 laut Grundbuch (Überschrift) gehört das Haus nunmehr dem Schlosser Hanns Zuckhseisen. (GruBu). Dessen Witwe Barbara heiratet um 1586 den Schlosser Thomas Koch. Die Familie Zuckseisen behält es bis zum 23. November 1589, als es Thomas Koch von den Kindern Zuckseisen erwirbt. Schlosserei bleibt das Haus bis mindestens um 1636.

Hauseigentümer Fürstenfelder Straße 983*:

* Fridrich (Fridl, Fridel) Kól smid. 1392-1408, 1411-1419, 1424 Kóll (Koll) smid
   St: 1381, 1382, 1383/I: -/-/72, 1383/II: -/3/18, 1387: 0,5/-/-, 1388: 1/-/- iuravit, 1390/I-II: 1/-/-, 1392: -/6/12, 1393, 1394: 1/-/16, 1395: -/5/2, 1396, 1397, 1399, 1400, 1401/I: -/7/18, 1401/II: -/7/14 iuravit, 1403, 1405/I: -/7/14, 1405/II: -/5/- iuravit, 1406-1408: -/6/20, 1410/I: -/5/- iuravit, 1410/II: -/6/20, 1411: -/5/-, 1412: -/6/20, 1413: -/10/- iuravit, 1415: -/6/12, 1416, 1418, 1419: 1/-/16, 1423: -/9/-, 1424: -/3/-
  Haincz sein aydem, 1406 inquilinus
   St: 1403, 1405/I: 0,5/-/8, 1405/II: -/-/66 für 11 lb, iuravit, 1406: -/-/88 für 11 lb, 1407, 1408: -/-/88, 1410/I: -/-/84 iuravit, 1410/II: -/3/22, 1411: -/-/84, 1412: -/3/22, 1413: -/-/84 iuravit, 1415: -/5/-, 1416: -/6/20, 1418, 1419: -/5/10, 1423: -/3/12 iuravit
*? Hainrich Rainer, 1431, 1439/II, 1441/I smid
   St: 1431: 0,5/-/21 iuravit
   Sch: 1439/I-II, 1440, 1441/I-II: 1 t[aglon]
* domus pueri Wigk
   Sch: 1439/I: [kein Eintrag]
*? Fridreich Rainer, 1447 schlosser
   Sch: 1445: 1 knaben, dedit -/-/8
   St: 1447: -/3/7
* Peter Sighart, 1447, 1455-1462 slosser,[1] 1447 inquilinus
   Sch: 1445: 1 knaben, dedit -/-/6
   St: 1447: -/3/7, 1453-1458: Liste, 1462: -/-/66
** Hanns Hainnran (!) schlosser [= Haynrich Schlosser]. 1486 Hanns Hainrich. 1490, 1496, 1500, 1508-1514 Hanns Haimrich s(losser)[2]
   St: 1482, 1486, 1490: -/2/13, 1496, 1500: -/2/21, 1508, 1509: -/2/15, 1514: Liste
   StV: (1496) et dedit -/-/28 von 3 gulden geltz fur pueri Sighart.
** Wolfgang Haimrich, 1508-1514, 1523-1527/II slosser[3]
   St: 1508, 1509: -/2/18, 1514: Liste, 1522-1526, 1527/I-II: -/4/5, 1528: -/4/5 patrimonium
   StV: (1524) sol biß jar pflegkind versteurn.
** Sewastian (Wastian) Wolf schlosser
   St: 1529, 1532: -/4/5, 1540-1542: -/4/10, 1543: 1/1/20, 1544: -/4/10, 1545: 1/-/20, 1546-1548, 1549/I-II, 1550, 1551/I-II, 1552/I-II: -/3/25, 1553, 1554/I: -/2/-
** Lucas Raidt Schlosser [1554 Januar 18]
** Hanns Zuckseyssn (Zuckhseisen, Zuckhseusen), 1555-1558, 1563, 1565-1571 schlosser
   St: 1554/II: -/-/21 gracion, 1555-1557: -/2/-, 1558: -/4/-, 1559-1561, 1563, 1564/I-II, 1565, 1566/I-II, 1567/I-II: -/2/-, 1568: -/4/-, 1569-1571: -/2/-
   StV: (1554/II) mer -/3/15 von wegen seiner hausfrauen guet, so die pfleger haben abgsetzt. (1564/II-1567/II) mer für seine kinder -/1/5. (1568) mer für seine khinder -/2/10. (1569, 1570) mer für sein(e) khind(er) -/1/5. (1571) mer vir seine kinder -/1/5.

Bewohner Fürstenfelder Straße 983*:

Chunrat Ehinger (Echinger) inquilinus, 1390/I-II smid
   St: 1390/II: -/-/24 iuravit, 1392: -/-/27, 1393: -/-/36

---

[1] Peter Sighart ist 1465, 1467 und 1468 Vierer der Schlosser, vgl. RP. – Er ist vielleicht auch der Plattner bei dem Pütrich (Rindermarkt 12 B), der 1469 Vierer der Hufschmiede ist, vgl. RP.
[2] Hanns Hainrich ist 1488 und 1497-1511 wiederholt Vierer der Schlosser, vgl. RP.
[3] Wolfgang Hainrich ist 1513 bis 1518 Vierer der Schlosser, vgl. RP.

[Konrad ?] Törsch[1] schmid St: 1394: -/-/-
Hainrich Rosentaw (Rosentaẃ), 1395 sporer, 1397 smid, 1395, 1396 inquilinus
    St: 1395: -/-/60 für vier lb, 1396: -/-/58 fur 4 lb, 1397: -/-/76
Perchtolt rotsmid inquilinus. 1399 relicta Perchtolt rotsmid
    St: 1395-1397, 1399: -/-/60 fúr syben lb (VII lb)
Symon sporer inquilinus St: 1400: -/-/55 fur 5 lb, 1401/I: -/-/60 fúr 5 lb
Katrey verberin inquilina St: 1431: -/-/60 iuravit
Steffan Mawersteter inquilinus Sch: 1441/II: 0,5 t[aglon]
Anna naterin St: 1447: -/-/50
Michel Zossawer [Schlosser ?[2]] St: 1453-1455, 1457, 1458: Liste
Jórg swertfeger St: 1456: Liste
Els, ain hoffraw inquilina St: 1456: Liste
Doman Kappeller inquilinus St: 1462: -/-/60
Claus pirstenpinter St: 1482: -/-/60
Hanns Rósch St: 1486: -/-/60
Ulrich Teysenhofer [Messerschmied[3]] St: 1490: -/-/60
Steffan Manhartin St: 1496: -/-/60
relicta sämnerin St: 1509: -/-/60
Michel pot inquilinus
    St: 1522: -/4/28
    StV: (1522) mag biß jar schwern.
Wernln (Wernlin) messerschmid St: 1523: -/2/-
Andre schuster, 1527/I inquilinus St: 1526, 1527/I: -/2/-
Margreth naterin St: 1527/II: -/2/-
ringmacher von Weilhaim St: 1528: -/2/-
Vesst maurer St: 1529: -/2/-
Hanns von Innderstorf schneider St: 1532: -/2/29
Utz Planckh peckenknecht St: 1540-1542: -/2/-, 1543: -/4/-
Partnhauserin St: 1545: 1/-/12
Caspar preuknecht St: 1546: -/-/21 gracion, 1547: -/-/21 gracion die ander
Utz Háckhl (Häckhl) schuester St: 1548: -/-/14 gracion, 1550, 1551/I-II, 1552/I-II: -/2/-
Wolff Hadersperger [hgl. Türhüter[4]] St: 1549/I-II: -/2/-
messerschmidin St: 1552/II, 1553, 1554/I: -/2/-
Jacob Hertzog puechpintter St: 1553, 1554/I-II: -/2/-
Jorg Graff schuester St: 1555: -/-/14 gracion, 1556: -/2/-
Hanns trescher schuester
    St: 1557: -/-/14 gracion, 1558: -/4/-, 1559, 1560: -/2/-, 1561, 1563, 1564/I-II, 1565, 1566/I: -/2/6
Jorg (Georg) Niclasin gúrtlerin St: 1565, 1566/I-II, 1567/I-II:-/2/-, 1568: -/4/-, 1569, 1570: -/2/-
Paule Eckhart (Ecchart) schuester. 1567/II, 1568 Paule schuester
    St: 1566/II: -/2/-, 1567/I-II, 1568: -/-/-, 1569-1571: -/2/-
    StV: (1567/I-II, 1568) steurt oben [= Sendlinger Straße 981*].
Hanns gúrtler
    St: 1568: nihil, 1569, 1570: -/-/-
    StV: (1569) noch unbeheurat. (1570) arbait gesellenweiß.
Apolonia Widmanin St: 1570: -/-/-

---

[1] Ganzer Eintrag wieder getilgt.
[2] Ein Schlosser Michel Zossauer kommt – allerdings zur selben Zeit – bei Kaufingerstraße 19* vor (1456-1458).
[3] Vgl. Fürstenfelder Straße 11 (1496) und 12 (1508, 1509).
[4] So 1553-1561 bei Burgstraße 6 A, vgl. auch Marienplatz 12 (1550, 1551/I).

Fürstenfelder Straße 984*
(bis 1404 mit Fürstenfelder Straße 11)

Lage: 1523-24 neben diesem Haus am Rand „Furstenfelder gassen".
Charakter: 1389, 1487 „Peckenhaus/Beckenhaws". 1581 „Sternbäckers Haus".

Am 19. August 1404 überläßt der Bäcker Sterz seine Hofstatt neben seinem Haus dem Hans von Seefeld. Jetzt erst entsteht auf diesem Grundstück das Haus Fürstenfelder Straße 11.

Hauseigentümer Fürstenfelder Straße 984*:

Vor 1330 Juni 15 Diemut [Wechslerin, also 1310 Februar 14], Schwester der Cathrein der Notkhaufin, übergibt ihr Haus mit dahinterliegendem Garten dem Kloster Fürstenfeld.[1]
1330 Juni 15 „Cathrein Nottkhauffin unt ihre 3 schwesstern, burgerinnen ze München bestättigen, das ihr schwester Diemued [die Wechslerin] seelig ihr aigens haus ze München auf dem graben zwischen Sentlinger- unnd Neuhauser thor mit aller zuegehör, es sei gartten oder hofstatt für ain rechts freyes seelgereth" dem Kloster Fürstenfeld geschafft habe, mit der Bedingung, „das Sye vier solches haus niessen sollen auf ihr 4 leib" und alle Jahrtage an ihrer genannten Schwester Jahrtag dem Kloster 60 Münchner Pfennige geben sollen.[2]
1336 September 30 gibt es Streit zwischen dem Kloster und Berchtold dem Sattler, genannt der Zünder, Bürger von München, und Frau Guta „beim Fürstenfelder Hof gegen das Sendlinger Tor zu". Es wird entschieden, daß der Berchtold Sattler, wenn Guta einmal nicht mehr lebt, auf die Hofstatt auf dem Graben außerhalb seiner Herberge keinen Anspruch mehr erheben wird und die Herren von Fürstenfeld nicht mehr engen und irren wird.[3]
1361 die von Fürstenfeld haben ein halbes Pfund Pfennige Ewiggeld „auz dem graben dez hauses, daz etwenn Eberhard der Pühler von in bestanden hat".[4] Wegen des Namens Püchler dürfte sich der Beleg auf dieses Haus beziehen.
1370 Juni 19 das Haus, das an das Kloster gekomen sei als Seelgerät „von Dyemuten der Nothafftin" (!) geht jetzt um 17 Pfund Pfennige mit allem Zubehör an Chunrat den Heger und seine zwei Söhne Ludwig und Hans.[5]
1389 Februar 27 Ulrich Püchler hat sein „peckenhaus, gelegen an Fúrstenvelder haus [„haus" irrig für „gassen"] znachst „Kóll des smicz haus" (Fürstenfelder Straße 983*) als Pfand versetzt an Hänslein den Stertz, den Bäcker.[6]
1390/98 nennt das Salbuch des Heiliggeistspitals „des Púchleins hauz in Fúrstenvelder gassen" mit einem Zins von 5 Schillingen.[7]
1392/1398 aus dem „domus Hanns Stertz bek" beziehungsweise „dem bekenhaws an Furstenfelder gazzen" gehen mehrere Ewiggelder.[8]
1392 April 23 der „Chöllin smid [Sendlinger Straße 983*] und Hanß chistlers muter" (Sendlinger Straße 982*) werden vom Stadtgericht verpflichtet, daß sie „Hanß Stercz dem pechen süllen haeffen [= helfen] rawmen daz prifet [Abort, Abtritt], daz in dez jungen Puchlers haws ist, daz der Hanß Stercz verphendet hat dem Pichler, wann si aus iren hewsern in daz selben prifet gesuch habent".[9] Die drei nebeneinanderliegenden Häuser Sendlinger Straße 982*, 983* und Fürstenfelder Straße 984* haben einen gemeinsamen Abort, der sich aber im Bäckerhaus des Püchler und Stertz befindet, und sie müssen sich alle gleichermaßen an der Räumung beteiligen.

---
[1] BayHStA, KL Fürstenfeld 366 S. 120/121, 220. – Krenner, Siegel S. 141.
[2] BayHStA, KL Fürstenfeld 366 S. 120/121, 220.
[3] BayHStA, KU Fürstenfeld 288; KL Fürstenfeld 366 S. 220. – RB VII 161.
[4] Zimelie 17 (Ratsbuch III) S. 121v.
[5] BayHStA, KL Fürstenfeld 366 S. 223. – MB IX 113 S. 205/207.
[6] GB I 238/12.
[7] Vogel, Heiliggeistspital, Salbuch A Nr. 229.
[8] Steueramt 982/1 S. 4v, 10r.
[9] GB II 26/6, 26/7.

1393 August 4 „Ulrich dem jungen Púhler" wird „sein haws in Furstenfelder gaesslin, do Hans Stercz der pechk inne ist" durch Agnes die Tichtlin gepfändet. Hans der Stertz hat aber auch 45 Gulden Hypothek auf dem Haus.[1] Daraufhin kommt das Haus auf die Gant:

1393 September 16: „Item ez hat Hansel der Stercze der pechk geleget auf der gant auf Ulreich dez jungen Púhlers haws, daz gelegen ist an Furstenvelders gaesslin, ze naechst an dez Chóllin dez smides haws [Fürstenfelder Straße 983*] 63 lb Múncher".[2]

1393 November 22 Hans Stertz der Bäcker klagt vor dem Stadtgericht gegen Ulreich den Püchler, „das er im sein haus ... an Fúrstenfelder gázzel znáchst Kolleins des smicz haws" (Fürstenfelder Straße 983*) ausfertigen solle. Der Püchler erschien aber nicht zum Gerichtstag. Daraufhin wurde in seiner Abwesenheit entschieden, daß dem Stertz das Haus mit Gerichtshand einzuantworten sei „fúr sein aigen gut".[3]

1395 Mai 14 wieder muß das Stadtgericht entscheiden, daß der Schmied Friedrich Köll (Fürstenfelder Straße 983*) und Hans der Kistler (Sendlinger Straße 982*) „Hanß dem Sterczen[4] dem pechen haelfen rawmen die grub und daz prifet, daz in seinem [= des Sterzen] pechenhaws stet auf einen geleichen tail" worüber die beiden einen Brief (Urkunde) vom Sterz haben „auf einen geleichen phening".[5]

1398 das Spital hat ein Ewiggeld aus dem „domus Hanns Stertz peck" (5 Schillinge), ebenso hat St. Peter ein Ewiggeld aus dem Bäckerhaus an der Fürstenfelder Gasse und das Kloster Fürstenfeld aus Hensel Stertzen Beckenhaus.[6]

1404 August 15 ist Hanns Stern [gemeint: Stercz/Stertz] mit einem Ewiggeldverkauf aus dem Haus auch durch das Grundbuch als Hauseigentümer belegt.[7]

1404 August 19 (oder Anfang September) „Hanns Stercz der peckk hat sein hofstat, gelegen in Fúrstenvelder gássel znáchst seinem haus [Fürstenfelder Straße 984*] und zwischen des Hámerleins haus [Fürstenfelder Straße 12] gevertigt ... und aufgeben Hansen von Seveld".[8] Damit sind aus einem Haus mit einer Hofstatt, einem unbebauten Bauplatz also, zwei Häuser geworden, Fürstenfelder Straße 984* und Fürstenfelder Straße 11.

1407 Dezember 15 das Haus des Hans Stertz Bäckers ist Nachbar des Hauses des Hans von Seveld (Fürstenfelder Straße 11).[9]

1408 Januar 10 „Hanns der Stercz" hat sein Haus im Fürstenfeldergässel nächst Friedreich des Kölleins des Schmieds Haus (Fürstenfelder Straße 983*) ausgefertigt dem „Nickl Rótlein dem peckken". Ein weiterer Eintrag vom selben Tag, wonach Nickel Rötel dieses Haus wieder dem Stertz um 78 gute neue ungarische Gulden versetzt, ist wieder getilgt. Der Bäcker „Nyckl Rótl" hat erst 1410 das Bürgerrecht in München erworben.[10]

1409 September 12 der Bäcker Nickel Rötel versetzt seine beiden Häuser in der Graggenau und im Fürstenfelder Gässel dem Bäcker Hans Stertz um 78 gute neue ungarische Gulden.[11] Die Ehefrau des Rötel legt am 17. September 1409 einen Gewaltbrief ihres Mannes über die Überteuerung dieser beiden Häuser in Höhe von 8 Pfund und 20 Pfennigen vor, die ihr verschrieben sind.[12]

1411 März 24 „Nyggel (Nygel) Rótel der peck" verpfändet die Überteuerung seiner beiden Häuser in der Graggenau und in der Fürstenfelder Gasse wiederum, diesmal um 6 Pfund und 7 Pfennige an Hans den Rechss,[13] am 18. September 1411 wiederum, diesmal um 8 Pfund und 20 Pfennige sowie 2 Gul-

---

[1] GB II 51/5.
[2] GB II 54/6.
[3] GB II 57/11.
[4] Davor ungetilgt, aber wohl verschrieben „Sterch" statt Sterczen.
[5] GB II 92/8
[6] Steueramt 982/1 S. 4v, 10r, 27v.
[7] Stadtgericht 207/5a (GruBu) S. 607v. – HB HV S. 143. Hier der Name aus unerfindlichen Gründen zu 1392 gezogen.
[8] GB III 31/7.
[9] GB III 71/13.
[10] GB III 75/4 und 75/5. – KR 1409 S. 20v.
[11] GB III 89/3.
[12] GB III 89/8.
[13] GB III 105/12.

den ungarisch an den Bäcker Doldel[1] und erneut am 11. Januar 1412 um 5 1/2 Pfund und 10 Pfennige an den Sitzinger. Diesmal ist als Nachbar seines Hauses in der Fürstenfelder Gasse Hans der Schneider (von Seefeld) (Fürstenfelder Straße 11) angegeben.[2]

1414 März 19 der Bäcker Niclas Rötel verschreibt ein Ewiggeld aus seinem Haus im Fürstenfelder Gässel, zwischen dem Schmied Köl (Fürstenfelder Straße 983*) und dem Hans Schneider von Seefeld (Fürstenfelder Straße 11) gelegen, wie dieses vordem an das Kloster Fürstenfeld zu entrichten war, an seinen Mitbürger, den Bäcker Hans Stercz.[3]

1414 Mai 1 „Nygel Rótel der peck" verpfändet sein Haus in der Fürstenfelder Gasse um 17 Gulden rheinisch, die er ihm schuldig ist, „Herrn Peter dem Kaczman".[4]

1414 Juli 25 der Bäcker Hans Stercz verkauft ein halbes Pfund Pfennige Ewiggeld, wie es ihm aus des Bäckers Nicklas Rötleins Bäckerhaus am Fürstenfelder Gässel, zwischen den Häusern des Schmied Köl (Fürstenfelder Straße 983*) und des Hanns Schneider von Seefeld (Fürstenfelder Straße 11) verschrieben ist, an den Abt von Fürstenfeld.[5]

1415 Juni 4 (?) „Nykel Rotel der pek" verpfändet sein Haus an der Fürstenfelder Gasse, „znachst an Kolen dem smit" (Fürstenfelder Straße 983*) um 26 Säcke Roggen, je Sack um 7 Schillinge, dem Eberharten dem Pöchssel (Pöschel).[6]

1416 Mai 8 „Nykel Rotel der pek" hat sein Haus am Fürstenfelder Gassel, zwischen „Kolen des smids [Fürstenfelder Straße 983*] und Hannsn des schneiders hawsern" (Fürstenfelder Straße 11) ausgefertigt (nach dem Verkauf) „Eberharten dem Poschel".[7] Das Salbuch des Heiliggeistspitals bestätigt ebenfalls, dieses Haus „hat Eberl Pówschel" und damit auch den zu zahlenden Zins an das Spital.[8]

1440 März 7 an diesem Tag nennt eine Urkunde völlig veraltete Hauseigentümer: „Niclas Röttl böckh ze München bekhanntnus, das er iährlich, gleich wie vormals gen Fürstenveldt gangen ist, dem Hanns Stertzen auch böckhen daselbst oder wer den brief von ihme innhat, geben müsse 1/2 lb Münchner pfennig aus seinem haus unnd hofstatt unnd aus aller zuegehörung desselben, so gelegen ist in der statt in St. Peters pfarr in Fürstenfelder gassen, zwischen des Köllen schmidts [Fürstenfelder Straße 983*] und Hannsen schneiders von Seeveldt häuser" (Fürstenfelder Straße 11).[9]

1449 das Heiliggeistspital hat 5 Schillinge Zins „aus Ornolten peckens hauß" (Arnold) an der Fürstenfelder Gasse.[10] Dies ist auch durch eine Urkunde von

1457 Juli 29 belegt.[11]

1484/85 das älteste erhaltene Grundbuch nennt in der Überschrift dieses Haus des „Hanns Stertzen pecken haws und stallung, get bis an den pach".[12]

1487 Februar 28 Hanns Stertz und seine Hausfrau Katharina (geb. Summer) verkaufen aus dem Haus ein Ewiggeld von ½ Pfund um 10 Pfund Pfennige Hauptsumme an Herrn Conradt Summer, Pfarrer zu Aspach und Schwager beziehungsweise Bruder der Verkäufer (GruBu).

1487 September 26 und

1492 September 6 immer noch wird das Haus als des „Hanns Stertzen selligen becken haws" bezeichnet und ist Nachbar des Hauses des Schlossers Hans Heinrich.[13]

1487 das Heiliggeistspital hat einen Zins von 5 Schillingen aus „Hanns Stertzen pecken haws" an der Fürstenfelder Gasse.[14]

---

[1] GB III 115/12.
[2] GB III 115/13.
[3] BayHStA, KU Fürstenfeld, alt: GUM 2869.
[4] GB III 140/3.
[5] BayHStA, KU Fürstenfeld, alt: GUM 2870; KL Fürstenfeld 366 S. 222.
[6] GB III 164/9. Der Schreiber hat nur den Dienstag als Datum angegeben, aber den Tag des Heiligen vergessen. Den benachbarten Einträgen nach dürfte Dienstag der 4. Juni gemeint sein.
[7] GB III 173/5.
[8] Vogel, Heiliggeistspital, Salbuch A Nr. 229.
[9] BayHStA, KL Fürstenfeld 366 S. 221.
[10] Zimelie 40 (Heiliggeistspital, Salbuch B) S. 8r.
[11] Vogel, Heiliggeistspital, Urk. 348.
[12] Stadtgericht 207/5 (GruBu) S. 270r/v und 207/5a (GruBu) S. 607v.
[13] Vogel, Heiliggeistspital, Urk. 444.
[14] Zimelie 43 (Heiliggeistspital, Salbuch C) S. 56r.

1489 Juni 30 verschreiben der Bäcker Michel Wein und seine Hausfrau Ursula dem „Hanns Stertzen, ihren sun" (aus erster Ehe der Ursula) „fur sein vatterlich gut" ein Ewiggeld von 1 Gulden um 20 Gulden aus dem Haus (GruBu). Damit ist laut Grundbuch das Ehepaar Wein jetzt Eigentümer des Hauses.
1520 Juni 22 der Bäcker Hanns Münsinger und seine Hausfrau Margareta verschreiben ihrer Tochter Margareta ein Ewiggeld von 11 Gulden um 220 Gulden aus ihrem halben Haus (GruBu). Neue Eigentümer also jetzt die Münsinger.
1521 gab es im Bäckerhaus an der Fürstenfelder Gasse ein Feuer.[1]
1541 Dezember 1 die Kuratoren von Hans Münsinger und dieser selbst verschreiben aus diesem seinem halben Haus ein Ewiggeld von 10 Gulden um 200 Gulden (GruBu).
1546 beanstandet die Baukommission, daß bei „Sebastian Schram peckh" die Vorbauten „1/2 eln ze prait" und „5/4 ze nider" seien.[2]
1549 Juni 12 und **November 14**,
1550 Januar 16,
1550 Juni 22,
1551 Dezember 12 das Haus des Jacob Feslmair wird als Nachbar zum Eckhaus des Wolf beziehungsweise Sebastian Wolf Schlosser (Fürstenfelder Straße 983*) genannt.[3]
1553 Juli 15 laut Grundbuch sind der Bäcker Kaspar Gebhart und seine Ehefrau Margareta, die nach dem Steuervermerk von 1550 die Witwe von Jacob Feslmair ist, die Eigentümer des Bäckerhauses. Sie verschreiben der Schwester Magdalena Feslmair im Ridler-Regel-haus ein Ewiggeld von 5 Gulden um 100 Gulden Hauptsumme (GruBu). Auch am 29. März 1570 und am 30. Juli 1574 verschreibt dieses Ehepaar Ewiggelder aus dem Haus (5 Gulden um 100 Gulden und 4 Gulden um 80 Gulden) (GruBu).
1564 November 4 und
1567 März 7 immer noch wird Jacob Feslmair – aus früheren Urkunden abgeschrieben – als Eigentümer dieses Hauses gennant.[4] Ja man greift sogar noch weiter zurück, so wenn am 21. Januar 1581 „deß Stern [gemeint: Stertz] Pöckhens" Haus Nachbar von „Hanns Hainrich Schlossers" Haus am Eck (Fürstenfelder Straße 983*) ist.[5]
1573 das Grundbuch (Überschrift) nennt den Besitz „Casparn Gebhart peckhens haus und stallung, geht biß an den pach". Der Witwer Kaspar Gebhart besitzt das Haus noch 1579 zusammen mit einer Erbengemeinschaft aus seinen Stiefkindern Feslmair.
Die im Häuserbuch genannten Bäcker von 1368 bis 1462 sind allesamt nur aus den Steuerbüchern hier ergänzt, stehen nicht im Grundbuch. Sie sind mit Ausnahme von Stertz 1404 allesamt nicht als Hauseigentümer belegt. Hier hat der Häuserbuchbearbeiter wohl angenommen, daß alle Bäcker auch Eigentümer des Hauses seien, was erst bewiesen werden müßte. Auch der Bäcker Schramm steht nicht im Grundbuch, ist aber als Eigentümer belegt.

Hauseigentümer Fürstenfelder Straße 984*:

* Diemut Notkaufin, die Wechslerin [vor 1330 Juni 15]
* Kloster Fürstenfeld [seit 1330 Juni 15]
* Pühler [vor 1361, 1389-1393]
* Ulrich Püchler [1389, 1390/98]
** Hans Stercz peck
      St: 1392: -/12/-, 1393, 1394: 2/-/-, 1395: -/7/- minus -/-/22, 1396, 1397, 1399, 1400, 1401/I: -/9/12, 1401/II: -/11/6 iuravit, 1403, 1405/I: -/11/6, 1405/II: 0,5/-/- iuravit, 1406, 1407: -/5/10
* Nickel Rótel (Rotel) peck [bis 1416 Mai 8]
      St: 1408: -/5/10, 1410/I: 0,5/-/- iuravit, 1410/II: -/5/10, 1411: 0,5/-/-, 1412: -/5/10, 1413: 0,5/-/- iuravit, 1415: -/-/72

---

[1] KR 1521/22 S. 87v.
[2] LBK 4.
[3] Urk. B II b Nr. 768-773.
[4] Urk. B II b Nr. 780, 782.
[5] Urk. B II b Nr. 785.

relicta Póschlin (Poschlin), 1408, 1413 inquilina
   St: 1408: 2/5/10, 1410/I: -/10/- iuravit, 1410/II: -/13/10, 1411: -/-/66 für 11 lb, iuravit, 1412: -/-/88, 1413: -/-/66 iuravit
* Eberhart Poschel [seit 1416 Mai 8]
* Arnold peck. 1453-1462 relicta Arnoltin (Ornoltin), 1456 peckin
   St: 1423: -/3/-, 1431: -/-/64 iuravit, 1447: -/-/60, 1453-1458: Liste, 1462: nichil, servit
   Sch: 1439/I-II, 1440, 1441/I-II: -/-/8, 1445: nichil
** Hanns Stertz [peck, vorsprech, ∞ Katharina, geb. Summer]¹
   St: 1482: -/2/5, 1486: -/-/60
** Michel Wein peck (1500 Weinpeck) [∞ Ursula, Mutter des Hanns Stertz]
   St: 1490: -/-/60, 1496, 1500: -/3/6, 1508, 1509: -/2/22, 1514: Liste
** Hanns Múnsinger (Mynsinger) peck [∞ Margareta]
   St: 1522-1526, 1527/I: -/3/5, 1527/II, 1528, 1529, 1532: -/6/11, 1540: 1/1/5
   StV: (1540) ist vertaylt von seinem weib
   Munsinger schuster. 1526, 1527/I Hanns Múnsinger schuster
   St: 1524-1527/I: -/2/-
   Contz Můnsinger schuster
   St: 1527/II: -/2/-
* Wastian (Sebastian) Schram, 1541-1549/I peckh
   St: 1541: -/-/14 gracion. 1542: -/2/-, 1543: -/4/-, 1544: -/2/-, 1545: -/6/14, 1546-1548, 1549/I-II: -/3/7
* Jacob Feslmair [vor 1549 Juni 12 bis nach 1551 Dezember 12]
   Hanns, Jacobs [Feslmairs ?] brueder
   St: 1549/I: -/2/-
** Caspar (Gaspar) Gebhart peckh [∞ Margaretha, verw. Feslmair]
   St: 1550: 2/5/26 juravit, 1551/I-II, 1552/I-II: 2/5/26, 1553, 1554/I-II, 1555-1557: 1/6/19, 1558: 3/6/8, 1559, 1560: 1/6/19, 1561, 1563, 1564/I: 2/6/3, 1564/II, 1565, 1566/I-II, 1567/I-II: 2/3/23, 1568: 5/-/16, 1569-1571: 2/3/23
   StV: (1550) hat die Feslmairin [zur Ehe] genomen, darin auch seiner stieffkinder steur. (1551/I) darin seiner stieffkinder gueth auch versteurt. (1551/II-1552/II) sambt seiner kinder steur. (1553, 1554/I) sambt seiner kinder gueth (versteurt). (1554/II) darin seiner kinder gueth auch versteuert. (1555) sambt seiner kinder steur. (1561) mer für Johan Egenrieder 2 versessen nachsteur 1/2/10. (1563) mer für sein vormundschafft nichil, ist schon vernachsteurt. (1564/II) abgesezt 10 fl gelts seines stiefsuns heuratguet.
   Michl Feslmair peckh
   St: 1571: -/4/13
** Gebhart-Feslmair-Erbengemeinschaft [noch 1579]

Bewohner Fürstenfelder Straße 984*:

Tólldel pistor
   St: 1368: -/-/40, 1369: -/-/72 voluntate, 1371, 1372: -/-/72, 1375: -/-/80, 1377: -/-/46 juravit, 1378: -/-/46
Chunrat pistor St: 1379: -/-/12 gracianus
Stercz pistor St: 1381, 1382: -/-/12
Hanns leczeltter pistor St: 1383/I: -/-/18, 1383/II: -/-/27
Werndel Holczkiricher sartor inquilinus St: 1383/II: 0,5/-/6
Naegel (Nágell) peck St: 1387: -/-/20, 1388: -/-/40 juravit
relicta Schrenkgin inquilina St: 1387: -/-/8
Dietl taschner inquilinus St: 1388: -/-/48 juravit
Hannsl (Hennsl) Túnczl peck St: 1390/I: -/3/6 gracianus, 1390/II: 1/-/16 iuravit
Ull Eschelwacher peck St: 1411: -/-/72

---

¹ Er dürfte der Vorsprech Hanns Stertz, 1464 auch Stertz peck genannt, sein, der als solcher 1459, 1462, 1464 und 1469 belegt ist, vgl. R. v. Bary III S. 807.

Margred dez Hannsen Geygers tochter inquilina St: 1413: -/-/20 fúr nichil
relicta Swarczmanin inquilina St: 1413: -/-/12 fúr nichil
Hanns Egkel peck St: 1416: 0,5/-/- iuravit, 1418: -/-/60
Fridel Ayblinger peck St: 1419: -/10/20
Hanns tuchtrager St: 1423: -/3/-
Khatrey Scheyrin chaufflin inquilina St: 1423: -/-/29
Hannsin ab dem haws St: 1431: -/-/61
Andre Meczinger (Menczinger), 1441/I inquilinus Sch: 1439/I-II, 1440, 1441/I: 1 t[aglon]
Els Wincklerin inquilina Sch: 1439/I-II: 1 t[aglon]
Andre[1] Winckelmair Sch: 1439/II: [ohne Eintrag]
Chunrat kursner inquilinus Sch: 1440, 1441/I-II: 0,5 t[aglon]
Hainreich Lesch platner Sch: 1440: 0,5 t[aglon]
maister Hanns arczt Sch: 1445: 1 diern, dedit -/-/8
Lienhart messerer inquilinus St: 1447: -/-/20 gracion
Hanns Rogeis, 1453, 1456 inquilinus, 1454, 1456 peck St: 1453-1456: Liste
Peter satler, 1455 inquilinus St: 1454, 1455: Liste
Chunrat turner kursner St: 1456-1458: Liste
Chunrat (Kuncz) Widman (Widenman) peck St: 1457, 1458: Liste, 1462: -/-/60
schlosserin inquilina St: 1462: -/-/15
Hanns Günther windenmacher St: 1482: -/2/3
Haldrerin St: 1486: -/-/60
Cristof maler St: 1490: -/-/60
Kraws schmidknecht St: 1490: -/1/12 pauper das jar
Planck peitler St: 1496: in camer
Andre schuster St: 1500: -/-/60
Peter Part tagwercker St: 1500: -/-/60
Jorg nadler St: 1508: -/-/60
Linhart Steger nadler St: 1508, 1509: -/-/60
Barbara Kolberin St: 1508: -/1/4
Sigmund maurer St: 1509: -/-/60
jung [Hans[2]] Roßkopf zammacher inquilinus St: 1514: Liste
nadlerin, 1514 inquilina St: 1514: Liste, 1522: -/2/-
Hanns Groll peitler St: 1522-1525: -/2/-
Katherina naterin inquilina St: 1522, 1523: -/2/-
Gabriel plattner St: 1523: -/-/14 gracion
Hanns nadler St: 1523: -/2/-
Hanns Kúßlingstain schneider.[3] 1528 Hanns Kußlingstain
    St: 1524-1526, 1527/I: -/5/-, 1528, 1529: -/2/-
Marx vischerin. 1525-1529 Marx vischer. 1552/I Marx vischerin hebam
    St: 1524: nichil, hebamb, 1525-1529, 1552/I: nichil, 1552/II: nihil, hebamb
    StV: (1525-1529) sein weib hebamb.
Hanns Scheiber peck. 1527/I-1532 Hanns Scheiber (Scheuber) pecknknecht
    St: 1526, 1527/I-II, 1528, 1529, 1532: -/2/-
Wilhalm nadler St: 1527/II, 1528, 1529: -/2/-
Alban hueter St: 1532: -/3/7
Wolfganng kramer St: 1532: -/2/-
Sixt loderknapp. 1540-1542, 1547 Six deckhenmacher vischer. 1544-1546 Six deckhenmacher. 1546
    Six vischer loderknapp. 1549/II, 1550, 1551/II Six loder vischer. 1551/I Six loder
        St: 1532, 1540-1542: -/2/-, 1543: -/4/-, 1544: -/2/-, 1545: -/4/-, 1546: nihil hie, 1547: -/2/-,
           1549/II, 1550, 1551/I-II: -/2/-
    StV: (1546) zalt an der andern seitn Six deckhenmacher, ist ain man.[1]

---

[1] Eintrag wieder getilgt.
[2] Vgl. Kaufingerstraße 1*/2* (1522-1532).
[3] Hanns Kußlingstein war 1517-1519 Vierer der Schneider, vgl. RP.

Linhart inquilinus St: 1532: -/1/1 pauper das jar
Sigmund Seemullner peckh St: 1540: -/-/21 garcion
Hanns Erlinger, 1545-1548 cramer
    St: 1540-1542: 1/3/5, 1543: 2/6/10, 1544: 1/3/22, 1545: -/4/26, 1546, 1547: -/2/12, 1548: -/2/13 patrimonium
    StV: (1544) zugsetzt sein erb von Rogeyß.
Cristoff plaicher. 1541, 1542 Cristoff Rueger plaicher. 1543, 1544 Cristoff Rueger
    St: 1540-1542: -/3/7, 1543: -/6/14, 1544: -/3/7
Zilg in Feslmairs stübl. 1543, 1545 Cecilia ibidem. 1544 Zilg ibidem. 1546-1549/II Cecilia
    St: 1542: -/2/-, 1543: -/4/-, 1544: -/2/-, 1545: -/4/-, 1546-1548, 1549/I: -/2/-, 1549/II: an chamer
Sigmund Puecher schneider St: 1545: -/4/-, 1546-1548, 1549/I-II, 1550, 1551/I: -/2/-
Wárbl [= Bärbl] Grillin. 1548 Gryllin St: 1546-1548: -/2/-
Caspar plaicher. 1549/I Caspar Ruedl [gestrichen:] plaicher. 1549/II, 1550, 1552/I Caspar Ruedl plaicher
    St: 1548, 1549/I-II, 1550, 1551/I-II, 1552/I: -/2/-
Caspar Schinagl St: 1548, 1549/I: -/2/-
Caspar schopper, 1551/II riemer St: 1549/II, 1550, 1551/I-II: -/2/20
Jorg Gastl pruechler St: 1551/II: -/2/28 juravit, 1552/I: -/2/28
Conrad (Cuntz) Frueauf St: 1552/I-II: -/2/7, 1553, 1554/I: -/2/-
Andre Stainer [Koch²] St: 1552/I: -/-/14 gracion die erst
Jörg spängler St: 1552/II, 1553, 1554/I: -/2/-
Caspar mautner nadler
    St: 1552/II, 1553, 1554/I-II, 1555-1557: -/2/-, 1558: -/4/-, 1559-1561, 1563: -/2/-
    Felitz[itas] infrau St: 1560: -/2/-
Hanns Lóchler (Löchler) St: 1553, 1554/I-II: -/2/-
Thoman Neumair weinamer³ St: 1554/II: -/2/-
Sigmund Geyer peckh St: 1554/II: -/2/-
Sigmund Cantzler. 1556 Sigmund Cantzlerin hebam. 1557 Sigmund Cantzlerin
    St: 1555: nihil, sein weib ain hebam, 1556: nihil, 1557: nihil, hebam, 1558-1560: nihil, sein weib ain hebam.
Michel Lehner maurer St: 1555: -/2/-
Hagnin St: 1556: -/2/-
Michel Ininger maurer St: 1556, 1557: -/2/-
Hanns Eberl schneider St: 1556, 1557: -/2/-, 1558: -/4/-, 1559: -/2/-
Jorg Stóckhl tagwercher. 1560-1567/II Jorg (Georg) Stóckhlin (Stöckhin) tagwercherin
    St: 1558: -/4/-, 1559, 1560: -/2/-, 1561: -/1/16 pauper, 1563, 1564/I-II, 1565, 1566/I-II: -/-/28 pauper, 1567/I-II: -/-/- pauper
Peter Werner St: 1559: -/2/-
Hanns reuter Köpp St: 1560: -/-/14 gracion
Anndre Popfinger. 1563, 1564/I-II Andre Popfinger schuelmaister
    St: 1560: -/-/14 gracion, 1561, 1563, 1564/I-II: -/2/-
Andre schmid tagwercher
    St: 1561, 1563, 1564/I-II, 1565, 1566/I-II, 1567/I-II: -/2/-, 1568: -/4/-, 1569-1571: -/2/-
Bastl jäger St: 1563: -/1/1 hofgesind
Marx Kolber schneider St: 1564/I: -/-/21 gratia, 1564/II: -/2/-
Anna infrau Hiltznpergerin (Hitzlpergerin) St: 1565, 1566/I: -/2/-
Hanns Hilmair schneider St: 1565, 1566/I-II, 1567/I-II: -/2/-, 1568: -/4/-, 1569-1571: -/2/-
Hanns Peirl stainmetz St: 1566/II, 1567/I-II: -/2/-
Caspar weinamerin St: 1568: -/4/-

---

[1] Gemeint ist: Er ist ein- und derselbe Mann. Six deckhenmacher und Six vischer loderknapp ist dieselbe Person. Die „andere Seite" ist Seite 57r, dieser Eintrag steht bereits auf S. 57v.
[2] So 1554/II, 1555 bei Rosenstraße 8.
[3] Thoman Neumair seit 1550 Weinamer, vgl. R. v. Bary III S. 968.

Jörg fragner maurer St: 1568: -/1/12 der zeit
Thoman Humpl tagwercher St: 1569-1571: -/2/20
Balthauser Grafenrieder St: 1569: -/-/21 gratia

Fürstenfelder Straße 11
(bis 1404 nur Hofstatt von Fürstenfelder Straße 984*)

Hauseigentümer:

Das Haus entsteht auf der bisher unbebauten Hofstatt erst
1404 August 19 (?), als „Hanns Stercz der peckk ... sein hofstat, gelegen in Fúrstenvelder gássel, znáchst seinem haus [Fürstenfelder Straße 984*] und zwischen des Hámerleins haus" [Fürstenfelder Straße 12] an Hansen von Seveld verkauft.[1]
1405 August 13 Hans von Seveld kommt vor das Stadtgericht und klagt, „im hiet Hans der Stercz der peckk ein hofstat ze kauffen geben" und jetzt habe er festgestellt, daß darauf ein halbes Pfund Münchner Pfennige Ewiggeld (Hypothek) des Klosters Fürstenfeld liege.[2] Erst
1407 Dezember 15 wird entschieden, daß Hans der Stertz der Bäcker aufgefordert wird, daß er das halbe Pfund Pfennige Ewiggeld des Klosters Fürstenfeld, das „aus ir paider háuser get" auf sein Haus (Fürstenfelder Straße 984*) nehmen solle, damit des genannten Hans von Seveld Haus von diesem Ewiggeld ledig und los sein solle.[3]
1411 September 18 das Haus des „Nygel Rótel", des Bäckers (Fürstenfelder Straße 984*) an der Fürstenfelder Gasse, ist „Hanßn des sneyders haws" benachbart.[4]
1412 Januar 11 „Hanßn des sneyders haws" an der Fürstenfelder Gasse ist Nachbar des Hauses des Bäckers „Nygel Rótel" (Fürstenfelder Straße 984*).[5]
1414 März 19 und
1414 Juli 25 das Haus des Bäckers Niclas Rötel an der Fürstenfelder Gasse (Fürstenfelder Straße 984*) liegt zwischen den Häusern des Schmieds Köl (Fürstenfelder Straße 983*) und des „Hanns sneyder von Seveld".[6]
1416 Mai 8 wieder ist „Hannsen des schneiders" Haus am Fürstenfelder Gässel Nachbar vom Bäcker Nickel Rotel (Fürstenfelder Straße 984*).[7]
1440 März 7 das Haus des Hanns Schneider von Seeveldt wird immer noch als Nachbarhaus für den Bäcker Niclas Röttl (Fürstenfelder Straße 984*) angegeben.[8]
1483 August 28 der Gschlachtgwander Hans Häring und seine Hausfrau Anna verschreiben laut Grundbuch aus diesem Haus ein Ewiggeld von 2 Gulden um 40 Gulden, sind also Hauseigentümer.[9]
1484/85 laut Grundbuch (Überschrift) ist Hans Häring mit seiner Hausfrau Anna Eigentümer von „haws, hoff und hindters haws".
1505 Mai 16 der Gschlachtgwandergeselle Wolfgang Dietmair verkauft ein Ewiggeld aus dem Haus (1 Gulden um 20 Gulden) (GruBu).
1528 Juli 31 das Haus des Klosters Fürstenfeld (Fürstenfelder Straße 12/14) liegt zwischen den Häusern des Schlegingers (wohl: Schlesitzers, Fürstenfelder Straße 15) und Wolfgang Genstalers (Fürstenfelder Straße 11).[10]

---

[1] GB III 31/7.
[2] GB III 44/7.
[3] GB III 71/13.
[4] GB III 115/12.
[5] GB III 115/13.
[6] BayHStA, KU Fürstenfeld, alt: GUM 2869, 2870; KL Fürstenfeld 366 S. 222.
[7] GB III 173/5.
[8] BayHStA, KL Fürstenfeld 366 S. 221.
[9] Stadtgericht 207/5 (GruBu) S. 269r/v und 207/5a (GruBu) S. 605v, im HB HV meist unvollständig angegeben.
[10] BayHStA, KL Fürstenfeld 366 S. 2/3, 224.

1536 August 18 an des Fendt haws an Fürstenvelder gassen steht ein Brunnen.[1]

1539 Februar 14 Ewiggeldverkauf von 45 Gulden um 900 Gulden Hauptsumme aus diesem ihrem Haus durch Martin Fendt und seine Hausfrau Barbara an Wolfgang Genstaler und seine Hausfrau Barbara (GruBu).

1540 Februar 15 Wolfgang Genstaler und seine Hausfrau Barbara verkaufen ein Ewiggeld aus diesem ihrem Haus (15 Gulden um 300 Gulden) (GruBu).

1546 beanstandet die Baukommission beim Haus des Wolfgang Genstaler, daß sein Vorbau „1/2 eln ze prait" sei.[2]

1552 Juni 20 Hanns Erlinger, genannt Franckh, verkauft ein Ewiggeld aus dem Haus (10 Gulden, wohl um 200 Gulden) (GruBu).

1552 November 6 die Vormünder von des Hanns Erlingers, genannt Franckh, gewesnen fürstlichen Zeugmeisters, seligen Kindern aus erster Ehe, Veit und Anna, und der Tochter aus zweiter Ehe, Sibilla, verschreiben aus deren eigenem Haus ein Ewiggeld von 20 Gulden um 400 Gulden Hauptsumme an die Witwe des Hanns Erlinger, Ursula Groß, ihre Stiefmutter beziehungsweise Mutter (GruBu).

1552/53 domus Hanns Franckh (StB).

1568 domus herr Gabriel (V.) Ridler (StB).

1571 März 5 nunmehr sind Marx Khräler zu Oberkhraling und seine Hausfrau Elsbeth (geborene Bart), Eigentümer des Hauses und verschreiben ein Ewiggeld, 10 Gulden um 200 Gulden (GruBu).

1573 das Grundbuch (Überschrift) nennt des „Marxen Khrälers Zu Oberkhräling haus, hof und hinterhaus".

Die Witwe Elsbeth besitzt es noch bis 1587.

Bei der Zuweisung der Bewohner zu diesem Haus verwirrt es etwas, daß 1368 und 1371 die Namen Strang, Dietel, Neithartin, Heinrich Sattler und der Bote Fridel erst nach dem domus Fürstenfeld (Haus-Nr. 12) stehen, 1369 jedoch Strang, Dietel und Niblung davor, also beim Haus 11. Später folgt jedoch das domus Fürstenfeld jeweils nach dem Heinrich Sattler.

Hauseigentümer Fürstenfelder Straße 11:

* Hans Stercz Bäcker [bis 1404 August 19, nur Hofstatt]
* Hanns sneider von Seveld. 1408 Hanns Sevelder sneyder. 1411 Hanns sneyder
    St: 1406-1408: -/13/10, 1410/I: -/9/- iuravit, 1410/II: -/12/-, 1411: -/9/-, 1412: -/12/-, 1413: -/5/24 iuravit, 1415: -/5/24, 1416: -/7/22, 1418, 1419: -/6/20, 1423: 1/-/12, 1424: -/-/84
*? Hanns Vachner
    St: 1431: 10 gulden rh(einisch), fecit 6/-/60
    StV: (1431) sein gesaczte stewer, die ist im aws und sol bis jar stewrn alz ain ander burger.
*? Mawricz (Maricz, Mawricz, Mauricz) sniczer, 1441/I inquilinus
    Sch: 1439/I-II, 1440, 1441/I-II: 2 t[aglon], 1445: 3 ehalten, dedit -/-/24
    St: 1447: -/13/7, 1453-1458: Liste, 1462: -/14/-
  sein bruder inquilinus
    Sch: 1441/I: 1 t[aglon]
** Hanns Háring (Haring) [Gschlachtgwander, ∞ Anna]. 1500 relicta Háringin
    St: 1482: 1/2/-, 1486, 1490: 2/-/4, 1496: 3/-/24, 1500: 5/2/29
** Wolfgang Dietmair Gschlachtgwandtergesell [1505 Mai 6]
** Wolfgang Genstaler, 1508, 1509 p(eitler) (beitler) [äußerer Rat, Weinschenk[3], ∞ Barbara]
    St: 1508, 1509: 2/2/20, 1514: Liste, 1522-1526, 1527/I: 10/3/-, 1527/II, 1528, 1529: 18/-/-, 1532: 13/6/5
    StV: (1508, 1509) et dedit -/-/10 fur pueri ringler.

---

[1] RP 11 S. 222r.
[2] LBK 4.
[3] Wolfgang Genstaler ist 1503-1505, 1507, 1509, 1512, 1515 und 1520 Vierer der Beutler, Gürtler, Taschner, Ircher, Nadler, vgl. RP. – Wolfgang Genstaler 1520 Aufnahme in die Weinschenkenzunft, vgl. Gewerbeamt 1418 S. 18r; KR 1522 S. 40r. – 1527-1529 ist Wolfgang Genstaler auch als äußerer Stadtrat belegt, vgl. RP.

ir (!) muter, 1522-1524, 1532 et mater
>St: 1514: Liste, 1522-1524: nichil, 1532: -/6/26
>StV: (1523) ratz geschäfft.

** Marten Vent [Weinschenk[1], ∞ Barbara]
>St: 1540-1542: 3/-/15, 1543: 6/1/-

** Hanns Franckh. 1545 Hanns Franckh Erlinger. 1546-1547 Hanns Erlinger puxnmaister. 1549/I, 1550 Hanns Erlinger zeugmaister. 1551/I-II Hanns Erlinger. 1552/I Hanns Erlinger Franckh [∞ 1. N. N., 2. Ursula Groß]
>St: 1544: 1/5/10, 1545: 3/3/20 juravit, 1546-1548, 1549/I-II, 1550, 1551/I-II, 1552/I: 1/5/10
>StV: (1545) mer 4/3/28 für seine khinder. (1546-1552/I) mer 2/1/29 für seine kinder.

* domus Hanns Franckh
>St: 1552/II, 1553: -/-/-
>StV: (1552/II, 1553) zalt supra folio 4 col. 1 [= 4r, Anger bei St. Sebastian].

** Veit, Anna, Sibilla Erlinger, unmündige Kinder des Hanns Franckh Erlinger [1552 November 6]

*? Caspar [I.] Ligsaltz. 1568, 1569 Caspar Ligsaltz(s) erben[2]
>St: 1554/II, 1555-1557: 11/5/24, 1558, 1559: an chamer, 1560: 11/5/24, 1561, 1563, 1564/I-II: an chamer, 1565: -/-/-, 1566/I-II: an chamer, 1567/I: -/-/-, 1567/II: 1/5/12 juravit, 1568: an chamer, 1569: -/-/-
>StV: (1558) zalt per Kobl am 17. Junii, thuet 23/4/18. (1560) zalt sein dochter [Cordula]. Mer die fertig steur 11/5/24. (1565) adi 14. Decembris anno [15]65 zalt junckhfrau Cordula Ligsaltzin an stat ires vattern all versessn steur de anno [15]61, [15]63, [15]64, [15]64, [15]65 an chamer 59/1/-, yedes jars 11/5/24. (1567/I) [Nachtrag:] zuegesetzt dritten empfanng Ligsaltzischer schuld, 2 steur schuldig, sind ime nachgelassen. (1569) steurt auf der Rosschwemb.

* domus herr Gabriel [V.] Ridler
>St: 1568: -/-/-

** Marx Khráler [von Oberkhraling, äußerer Rat[3], ∞ Elsbeth, geb. Bart]
>St: 1569-1571: 8/-/5
>StV: (1569-1571) mer für p[ueri] Hanns(en) Pardt 10/3/11. (1569-1571) ausser der Puelacherin schuld.

Bewohner Fürstenfelder Straße 11:

Reiff mercator
>St: 1368: -/-/-
>StV: (1368) [Nachtrag am Rand:] solvit[4] -/9/18 salva stewra preteriti anni.

Strang sneyder (sartor), 1368 inquilinus, 1371 sartor
>St: 1368: -/9/10, 1369, 1371, 1372: -/12/-, 1375: -/6/20

Ditel smid, 1368 inquilinus St: 1368: -/-/60, 1369: -/3/-

[Konrad[5]] Niblungk naglaer inquilinus St: 1369: -/-/18

Hainrich satler, 1387 inquilinus
>St: 1371: -/-/36 post, juravit, 1372: -/-/36 post, 1375: -/-/40, 1377: -/-/24 juravit, 1378, 1379, 1381, 1382, 1383/I: -/-/24, 1383/II: -/-/36, 1387: -/-/20, 1388: -/-/40 juravit, 1390/I-II: -/-/40, 1392: -/-/36, 1393, 1394: -/-/48, 1395-1397, 1399, 1400, 1401/I: -/-/60 für 6 lb, 1401/II: -/-/64 für 8 lb, iuravit, 1403, 1405/I: -/-/64 für 8 lb, 1405/II: -/-/60 für 10 lb, iuravit, 1406-1408: -/-/80 für 10 lb, 1410/I: -/-/60 für 10 lb, iuravit, 1410/II: -/-/80 für 10 lb, 1411:

---

[1] Martein Venndt 1520 Aufnahme in die Weinschenkenzunft, vgl. Gewerbeamt 1418 S. 18r. – 1522-1527 bei Rosenstraße 10 und 1544-1551/I bei Rindermarkt 13 Tuchhefter genannt.

[2] Sein Bruder Andre I. war mit Apollonia II. Ridler verheiratet, seine Schwester Maria I. mit Hans IV. Ridler.

[3] Marx Kräler 1569 und 1571 Religionsverhöre, vgl. Dorn S. 229, 256. Vielleicht derselbe, der 1546 als äußerer Rat belegt ist, vgl. RP und BayHStA, GL 1. – Ein Marx Kräler ist aber auch 1561 als äußerer und 1562-1567 als innerer Rat belegt, vgl. Fischer, Tab. III. S. 2, IV S. 2.

[4] Folgt getilgt 1/-/- post, darüber -/9/18.

[5] So 1371 bis 1393 bei Kaufingerstraße 22*A/B.

-/-/60 für 10 lb, 1412: -/-/80 fur 10 lb, 1413: -/-/60 fur 10 lb, iuravit, 1415: -/-/66, 1416: -/-/88, 1418, 1419, 1423: -/3/6
  Wolfhart sein aydm
    St: 1400: -/-/15 gracianus, 1401/I: -/-/60 non iuravit, 1401/II: -/-/60 für 3 lb, iuravit, 1403: -/-/60 für 3 lb
Fridel pot inquilinus St: 1371: -/-/26
Pesel servus Kaningerii inquilinus St: 1372: -/-/24 gracianus
Andre servus Pútrich inquilinus St: 1377: -/-/24 gracianus
Hainrich calciator de Argart St: 1381: -/-/-
relicta Chunradi Schrenckonis St: 1381: -/-/30 sub gracia
Chunrat Aengstleich, 1418 taschner St: 1416: -/10/20, 1418: 2/-/-
Ull protknecht St: 1418: -/-/60 für 6/-/-
Ulreich weber St: 1418: -/-/36, 1419: -/-/36 für nichil
Hanns Genspeck und sein tochter St: 1419: -/-/-
Angnes Kamrerin inquilina St: 1423: -/-/36
Chuncz Baibrunner St: 1424: -/5/10
  Hanns Paibrunner St: 1431: -/-/60 iuravit
Peter Wickenhauser Sch: 1439/I: 1 t[aglon]
Erhart satler inquilinus Sch: 1439/II: 1 t[aglon]
prunemacher. 1455 prunngraber inquilinus St: 1453, 1455: Liste
Hanns Huntel kursner, 1458 wollschlacher [gestrichen: kursner] St: 1457, 1458: Liste
Pauls hufsmid
    St: 1457, 1458: Liste, 1462: -/-/74
    StV: (1462) item Asem Pfaeffel obser nachstew[r] -/-/60 zalt Pauls schmit die ander nachstewer, er ist auch porg.
Sigmund gschlachtgwantter St: 1486: -/-/60
Sewold tuchhefter St: 1490: nichil
Hanns Gunther windenmacher St: 1490: -/2/3
[Ulrich] Teysennhofer messerschmid St: 1496: -/2/7
Andre Ornolt schuster
    St: 1496: -/-/21 gracion
    StV: (1496) et dedit -/-/60 fur sein hausfrau patrimonium.
Sigmund maurer St: 1500: -/-/60
Stefan Perwein peitler. 1526 Stefan Perwein St: 1523: -/2/15 juravit, 1524-1526, 1527/I: -/2/15
    et soror St: 1525-1526, 1527/I: -/2/-
Wolff Lotter [Gschlachtgwander[1]] St: 1540-1542: -/2/-, 1543: -/4/-
[Egidi] Sunnendorffer [Stadtoberrichter] St: 1553: nihil dieser zeit
(N.) hauspfleger St: 1559: der zeit eingstelt, 1560: -/2/-
Wolff Stauffer St: 1560: -/3/25 juravit, 1561: -/3/25
Jörg Graff schuester St: 1560: -/2/-
Hanns Riedmair[2] (Reitmair), 1564/I reitter, hauspfleger, 1564/II, 1565 hauspfleger. 1563 Hanns reiter hauspfleger
    St: 1561: -/2/-, 1563: an chamer, 1564/I-II, 1565: -/2/-
    StV: (1564/I) mer ain versessne steur -/2/-.
allt Diepolltin St: 1561: 1/2/27
Hans Taser (Daser) vischmaister St: 1563, 1564/I-II: 1/1/8 búrger (und) hofgesind
Lebel renntschreiber St: 1566/II: -/-/-
Balthasar Schmelher, 1567/II wierdt St: 1567/I-II: -/5/10 schenckhsteur

---

[1] Vgl. Fürstenfelder Straße 10.
[2] 1564/I Riedmair über „reitter" eingefügt, 1564/II, 1565 Reitmair.

Fürstenfelder Straße 12 (- 14)

Bewohner der drei Häuser 12-14 anfangs nicht trennbar.
Das Grundbuch von 1573 sagt in seiner Überschrift: des von Fürstenfeld zwei Häuser und Hof dahinter am Bach und Stallung daneben; mehr zwei Häuser, alle aneinandergelegen. Es sind also um diese Zeit vier Häuser des Klosters mitsamt einer Stallung (und Kapelle).
Ab 1566/I sind alle Bewohner von Nr. 12-14 mit einer Klammer zusammengebunden.

Hauseigentümer:

1332 April 12 Ulrich Strang, des Heinrich Strangs Sohn von München, „schafft sein haus alda unnd den garten, der darhinder leit, durch seiner unnd seiner fordern seel willen" dem Kloster Fürstenfeld, so daß man nach seinem Tod dem Heiliggeistspital zu München ein Almosen gebe.[1] Wahrscheinlich gehört hierher auch noch das Ewiggeld, das das Heiliggeistspital 1526 „aus des Fürstenfelder haus an der Fürstenfelder Gasse" hat.[2]
1337 wird ein Leibgeding auf einem Haus genannt, das Ulrich Strang dem Kloster gegeben hat. Ein Vermerk des Klosters aus dem 17. Jahrhundert meint: Werden es noch haben dieses Haus.[3]
1360 April 23 das Kloster Fürstenfeld verkauft – tatsächlich „verleibrechtet es" – „des Klosters eigenes Haus", gelegen in St. Peters Pfarr samt dabei gelegenem Garten an dem Graben um 17 Pfund Münchner Pfennige als Leibgeding auf ihr beider Lebtag an den Schneider Wernher den Strang und seine Hausfrau Elspet.[4]
1369 November 22 das Haus des Ottl Schimel (Fürstenfelder Straße 13) liegt „ze nechst an dem Strangen".[5]
1404 August 19 (?) [Ulrich] Hämerlein ist Nachbar der Hofstatt des Bäckers Hanns Stertz (Fürstenfelder Straße 984*, Fürstenfelder Straße 11), die dieser nun dem Hans von Seveld verkauft.[6]
1573 „Des von Fürstenveldt zway hewser und hoff darhinter am pach und stallung darneben. Mer zway hewsser, alle aneinander gelegen" (GruBu). Gemeint sind Fürstenfeder Straße 12, 13 und 14.
Das Haus gehörte bis zu seinem Verkauf am 19. Juni 1698 dem Kloster Fürstenfeld.[7] Der Fragner Haemerl hatte das Haus wahrscheinlich leibgedingsweise inne.

Hauseigentümer Fürstenfelder Straße 12:

* Ulrich Strang [1332 April 12, wohl nur zu Leibrecht]
* Wernher Strang [1360 April 23, nur zu Leibrecht]
* domus (abbatis) de Fúrstenveld
    St: 1368, 1369, 1371, 1377, 1378, 1379, 1381, 1382, 1383/I: -/-/60, 1383/II: -/3/-, 1387: -/-/40, 1388, 1390/I-II: -/-/80, 1392: -/-/60, 1393: -/-/80
* [Ulrich] Haemerl fragner [wohl nur zu Leibrecht]
    St: 1400, 1401/I: -/10/-, 1401/II: 1/-/16 iuravit, 1403, 1405/I: 1/-/16, 1405/II: -/-/60 fur 8 lb, iuravit, 1406-1408: -/-/64 fur 8 lb, 1410/I: -/-/60 fur 8 lb, iuravit, 1410/II: -/-/64 für 8 lb, 1411: -/-/60 für 8 lb, 1412: -/-/64 für 8 lb
* domus de Furstnfeld. 1490-1571 domus (von) Fúrstenfeld
    St: 1462: nichil, 1490, 1496, 1500: nichil, 1514: Liste, 1564/I-1567/I: an chamer, 1567/II, 1568: -/-/-, 1569, 1570: an chamer, 1571: -/-/-
** Kloster Fürstenfeld [bis 1698 Juni 19]

---

[1] BayHStA, KL Fürstenfeld 366 S. 221. – Krenner, Siegel S. 136 Anm. a.
[2] Zimelie 43 (Heiliggeistspital, Salbuch C) S. 65r.
[3] BayHStA, KL Fürstenfeld 366 S. 220.
[4] BayHStA, KL Fürstenfeld 366 S. 219r. – Krenner, Siegel S. 141.
[5] BayHStA, KL Fürstenfeld 366 S. 223.
[6] GB III 31/7.
[7] HB HV S. 133.

Bewohner Fürstenfelder Straße 12 (bis 1532):

Neythartin, 1368 inquilina St: 1368: -/-/45 post, 1369: -/-/54
Hainricus[1] inquilinus Fúrstenvelderii St: 1368: -/-/60
Chunrat [III.] Schrenck inquilinus. 1381, 1382 relicta Ch[unradi] Schrenckonis inquilina. 1383/I relicta Chunrad Schrenck. 1383/II, 1388 relicta Schrenckin inquilina
    St: 1377: -/5/6 juravit, 1378, 1379: -/5/6, 1382, 1383/I: -/-/21 sub gracia, 1383/II: -/-/31,5, 1388: -/-/16 juravit
prunngraber inquilinus St: 1378: -/-/-
Ott Hartman, 1392-1394 obser, 1387-1390 inquilinus. 1395, 1397 relicta Ott(en) Hartman (Hartmans)
    St: 1387: -/6/20, 1390/I-II: -/13/10, 1392: 0,5/-/-, 1393, 1394: -/5/10, 1395: -/-/60 für 12 lb, 1396, 1397: -/-/60 fur 8 lb
(Hainrich) Klaindinst (Kleindienst) inquilinus, 1390/I, 1395-1396 káufl
    St: 1387: -/-/12, 1390/I: -/-/24, 1395: -/-/60 für sechs lb, 1396: -/-/60 fur 2 lb
Hainrich Rot, 1387 inquilinus St: 1387: -/-/27 gracianus, 1390/I: 0,5/-/-
Ull von hoff chaefl inquilinus St: 1393: -/-/32
Sumersdorfer St: 1393: -/-/-
relicta Brunnerin. 1395 relicta Prunnerin inquilina[2] St: 1394: -/-/10, 1395: nichil
(Agnes) Stúlvelderin
    St: 1396, 1397, 1399: -/-/60 fur 5 lb, 1400: -/-/-
    StV: (1400) [Name getilgt, daneben:] die hat der rat ledig gesagt.
Herman May rotsmid St: 1397: -/-/60 fur 10 lb
Diemut pechrerin inquilina St: 1397: -/-/50
(Seicz) Ruf (Rúf) (sneider), 1405-1408 inquilinus
    St: 1405/I-II, 1406: -/-/-, 1407: -/-/12, 1408: -/-/-, 1410/I: -/-/12, 1410/II: -/-/12 fúr nichil, 1411, 1412: -/-/-
Hannsel kistler St: 1415: -/-/60 fúr 10 lb
Ulrich weber dez Kamrers aydem St: 1416: -/-/24 gracianus
Margred inquilina St: 1416: servit
Andre saittnmacher Sch: 1439/I: 1,5 t[aglon]
Greimolt von Tal Sch: 1439/I-II: 1,5 t[aglon]
Kristan Newmair hafner Sch: 1439/II: 1 t[aglon]
Jobs pámhawer (pamhawer), 1441/I inquilinus Sch: 1440, 1441/I: -/-/4
Hainreich Lesch platner Sch: 1441/I-II: 0,5 t[aglon]
Symon Resch sneider inquilinus Sch: 1441/II: 1 t[aglon]
Hanns Wisinger inquilinus Sch: 1441/II: 0,5 t[aglon]
Ott sporer inquilinus Sch: 1441/II: 0,5 t[aglon]
relicta Hannsin inquilina St: 1447: -/-/32
relicta Ortel schafflerin inquilina St: 1447: nichil
Hanns Reckseisn (1454 Merkseisn), 1447, 1453, 1456 smid
    Sch: 1445: 1 knecht, dedit -/-/8
    St: 1447: 0,5/-/1, 1453-1456: Liste
pueri Ulrici verber St: 1447: -/-/40
Hanns Staindel. 1453 relicta Hanns Staindlin St: 1447: -/10/15, 1453: Liste
    Michel (Michael) Staindel, 1447 obser. 1453 relicta Michel Staindlin
        Sch: 1445: 1 diern, dedit -/-/8
        St: 1447: -/9/7, 1453: Liste
    pueri Standl St: 1456: Liste
Marckel (Márckel) Schreyer, 1453, 1457-1462 meczker St: 1453-1458: Liste, 1462: -/-/80
Peter Pock (Póck) St: 1453, 1458: Liste, 1462: -/4/25
Hainrich Fúg, 1454, 1456 schuster St: 1454-1457: Liste
    Sigmund Fug (Fúg), 1462 schuster inquilinus St: 1454-1458: Liste, 1462: -/3/14

---

[1] Ganzer Eintrag wieder getilgt. Davor getilgt „domus".
[2] 1395 ganzer Eintrag wieder getilgt.

Els, ain am, inquilina. 1455 Els inquilina St: 1454, 1455 Liste
Peter rotsmid inquilinus St: 1455: Liste
Kathrey kistlerin inquilina St: 1455: Liste
Ulrice Locznkircher St: 1456: Liste
Ulrich morterkocher inquilinus St: 1456-1458: Liste, 1462: -/-/60
Perchtold gurtler St: 1457, 1458: Liste
Hanns Deyber lautnmacher inquilinus St: 1462: -/-/60
Andre holtzschůchmacher. 1486 Andre castner holtzschůchmacher St: 1482, 1486, 1490: -/-/60
Strevs (?) wagnerin St: 1482: -/-/40
Thoman hafner[1] St: 1482: -/-/60
Hainrich peitler St: 1482: -/-/60
Dúrckin kúrsnerin St: 1482: -/1/-
Dorothe am [Amme] inquilina St: 1482: -/1/9
Steffan maurer. 1486, 1500 Steffan Sewer (Sever) maurer[2]
    St: 1482: -/2/6, 1486, 1490, 1496, 1500: -/2/10
   Thoman sein brueder St: 1490: -/-/60
Zacheras [Günther ?] gúrtler[3] St: 1482: -/-/60
der alt Ulrich St: 1482: -/-/60
Hanns Jordan gúrtler St: 1486: -/4/-
Hanns scháfer (schaffer) hafner[4]
    St: 1486, 1490: -/2/5, 1496: -/2/10, 1500: -/2/5, 1508, 1509: -/2/5, 1514: Liste, 1522-1526,
       1527/I: -/2/3, 1527/II, 1528, 1529, 1532: -/2/-
   sein aiden
    St: 1532: -/1/1
    StV: (1532) dieweil er bei seinem schweher ist.
Hanns prewknecht St: 1486: -/-/60
Útz Steger nadler St: 1486: -/-/60
Haintz Vergnerpucz (?) peitler St: 1490: -/-/60
Utz tagwercker inquilinus St: 1490: -/-/60
Thoman tagwercker St: 1496, 1500: -/-/60
Matheus Talerin hebam St: 1496: nichil
Utz Teysenhofer, 1508, 1509 m(esserschmid). 1514 relicta Teisenhoferin patrimonium, messerschmi-
   din
    St: 1500: -/2/5, 1508, 1509: -/2/9, 1514: Liste
    StV: (1500) et dedit -/-/4 für sein swager.
Jacob Tuxnhauserin (Tüxnhauserin) St: 1500, 1508: -/7/-
Caspar samlerin inquilina St: 1508: -/-/60
Hanns saltzstösel[5] St: 1508, 1509: -/4/13
Linhart Swantzel St: 1508: -/-/60
relicta Sliemin (Schliemin) St: 1508, 1509: -/4/16
Hanns nagler inquilinus St: 1509: -/-/21 gracion
Jorg nadler St: 1509: -/-/60
Benedict maurer inquilinus St: 1514: Liste
slairbewerin (!) inquilina St: 1514: Liste
Hanns Rausch. 1522-1525, 1527/I-1532 messerschmid
    St: 1522-1526, 1527/I: -/2/-, 1527/II, 1528, 1529, 1532: -/2/20
Hanns ringler St: 1522: -/2/24

---

[1] Thoman hafner 1471 und 1480 Vierer der Hafner, Zinngießer, Rotschmiede, Salwurchen, vgl. RP.
[2] Er ist wahrscheinlich der Meister Steffan, der 1505 als Vierer der Maurer belegt ist, vgl. RP.
[3] Vgl. Rindermarkt 10*.
[4] Er dürfte der „Hans haffner in Furstenvelder gassen" sein, der 1489 Vierer des Hafner-Handwerks ist, vgl. RP 3 S. 84r. Wahrscheinlich ist er auch der „Hafner in Furstenfelder gassen" der 1487 bezahlt wird, „umb ain offen in der ratstuben news gemacht", vgl. KR 1487/88 S. 78r.
[5] Hans saltzstößel 1498 der Stadt Söldner und Diener, vgl. Vietzen S. 161 nach KR.

Hanns Roßkopf der allt [Zammacher[1]]. 1526, 1528-1529 alt Roßkopf
 St: 1522-1526, 1527/I-II, 1528, 1529: -/2/10
Veit Hueber, 1522 inquilinus, 1523-1525 tagwercher. 1527/I Veit Hueberin
 St: 1522: -/1/16 pauper das jar, 1523-1526, 1527/I: -/2/-
relicta Brobstin. 1528, 1532 Bróbstin. 1529 alt Bróbstin St: 1527/II, 1528, 1529, 1532: -/2/-
Jórg schneider wachter St: 1527/II: nichil
Marx ambtman St: 1528: nichil
Anna inquilina St: 1529: -/2/-
Jórg Schabenperger
 St: 1529: -/1/1
 StV: (1529) dieweil er bey seinem schweher ist.
Hanns Pronner messerschmid St: 1532: -/2/-, 1546: -/-/-
 Urs Prunnerin messerschmidin
 St: 1546: -/-/-
 StV: (1546) zalt infra folio 77 col. 2 [= 77v, Ewiggeld].
Linhart Lehner St: 1532: -/2/-
Steffan Peerwein [peitler] St: 1540: -/3/25
Marten (Martin) Spanhauer (Sponhauer), 1540-1547, 1551/II, 1552/II kistler
 St: 1540-1542: -/3/7, 1543: -/6/14, 1544: -/3/7, 1545: 1/1/8, 1546-1548, 1549/I-II, 1550,
  1551/I-II, 1552/I-II: -/4/4, 1553, 1554/I: -/5/26
Hanns Krinner, 1546, 1547 hauptman. 1550-1554/I Hanns Krinnerin
 St: 1542: -/2/13, 1543: -/4/26, 1544: -/2/13, 1545: -/4/-, 1546-1548, 1549/I-II, 1550, 1551/I-II,
  1552/I-II: -/2/-, 1553, 1554/I: -/2/27
 StV: (1545) sover er etwes kaufft, soll ers zusetzen.
Caspar schopper, 1556-1567/II riemer
 St: 1552/I-II: -/2/20, 1553, 1554/I-II, 1555-1557: -/2/15, 1558: -/5/-, 1559-1561, 1563: -/2/15,
  1564/I-II, 1565, 1566/I-II, 1567/I-II: -/3/20
 StV: (1564/I) zuegesezt seines vattern erb, auch seiner schwiger erb.
Hanns Flaschndräer, 1555, 1556, 1558, 1565-1571 kistler
 St: 1554/II, 1555-1557: -/2/-, 1558: -/4/-, 1559-1561, 1563, 1564/I-II, 1565, 1566/I-II, 1567/I-II:
  -/2/-, 1568: -/4/-, 1569-1571: -/2/-
 StV: (1569-1571) mer fur seine khinder -/-/7.
Hanns Riedmair reiter
 St: 1566/II: -/2/-
 StV: (1566/II) anyetzt zu Menntzing bei herrn cantzler. Mer ain versessne steur -/2/-.
Paulß Lóchler tagwercher St: 1568: -/4/-
Sigmund Zuckhseisen
 St: 1569: -/4/12, 1570: -/-/-
 StV: (1570) steurt hernach beim hauß [= Fürstenfelder Straße 9].
Balthauser Halbinger khäskheuffl St: 1571: -/2/-

Fürstenfelder Straße 13

Hauseigentümer:

1324 September 29 ein Grundstück auf dem Graben befindet sich im Besitz von Fürstenfeld. Das Kloster hatte die Hofstatt (kein Haus!) um 28 Pfund Pfennige von „Halbeig der Wadel[e]rin", Bürgerin zu München, und ihrer Tochter Elspet gekauft, gelegen „ze nechst an des Clossters haus ze München" (Fürstenfelder Straße 14). Das Kloster vermerkt in seinem Kodex von 1678 dazu: „werden es [=

---

[1] Vgl. Rosenstraße 4 (1532-1560).

das Haus] noch haben".[1] Die Wadlerin setzt als Fürpfand dafür ihr anderes Haus, „das auch zunächst anderhalb der von Fürstenfeld Haus liegt".[2]

1369 November 22 Ottl Schimel, Bürger zu München, und seine Hausfrau kaufen von Abt Konrad von Fürstenfeld ein Haus und Stallung an dem Graben, zunächst an dem Strangen (Fürstenfelder Straße 12), als Leibgeding auf drei Leiber um 50 Pfund Pfennige.[3] Von den Schiml kommt es wohl auf dieselbe Art an Thoman den Preysinger, von dem es um 1410 wieder an Fürstenfeld zurückfällt.

1379 Februar 25 (oder 4. März ?) Adelhait Schimlin stellt einen Revers aus um das Leibgeding, das ihr das Kloster Fürstenfeld auf vier Leiber „auf das haus alda ... ze nehst an des Clossters herberg unnd garten" um 12 Pfund Regensburger Pfennige verliehen habe.[4]

1395-1410 domus Thoman Preysinger (domus Preysinger) (StB).

1400 Januar 16 Herr Thoman der Preisinger versetzt sein Haus im Fürstenfelder Gässel, „znächst an Fúrstenvelder hawś" (Fürstenfelder Straße 14) gelegen, pfandschaftsweise um 40 Pfund Münchner Pfennige an Fritz den Kaltofen.[5]

1411 Mai 30 das Kloster verkauft dem Heinrich Bart Haus und Hofstatt, gelegen zwischen Sendlinger und Neuhauser Gassen an dem Graben, samt Garten und Hofstatt hinter dem Haus, wo jetzt der Ludwig Gröbmayer eine Stallung hat.[6]

1573 „Des von Fürstenveldt zway hewser und hoff darhinter am pach und stallung darneben. Mer zway hewsser, alle aneinander gelegen" (GruBu). Gemeint sind Fürstenfelder Straße 12, 13 und 14.

Bis 1698 März 18 Kloster Fürstenfeld Eigentümer.[7]

Eigentümer Fürstenfelder Straße 13:

* Halbeig die Wadlerin und Tochter Elspet [vor 1324 September 29]
* Kloster Fürstenfeld [seit vor 1324 September 29]
* Ott Schimmel (Schiml, Schymel), 1371 cum uxore, 1377 institor. 1383/II Ott Schimlin
    St: 1371, 1372: 3,5/-/-, 1375, 1377: 5/-/- juravit, 1378, 1379, 1381, 1382, 1383/I: 5/-/-, 1383/II: 7,5/-/-, 1387: 4/-/40, 1388: 8/-/80 juravit
* domus (her) Thoman Preysinger. 1403 domus Preysinger[8]
    St: 1395, 1403, 1405/I-1408, 1410/I: -/-/-
* Heinrich Bart [seit 1411 Mai 30, nur zu Leibrecht ?]
** Kloster Fürstenfeld [bis 1698 März 18]

Bewohner Fürstenfelder Straße 13:

Niclas Stadler St: 1371, 1372: -/-/60
Hans Klaener calciator St: 1375: -/-/24 gracianus
Klaus wagenman St: 1383/II: -/7/6, 1388: 0,5/-/- juravit
Pawr múnsser inquilinus St: 1406: -/6/12 iuravit, 1407: 1/-/-
Hanns Wolff maurer. 1561, 1563 Hanns Wolff maurerin
    St: 1540-1542: -/2/-, 1543: -/4/-, 1544: -/2/-, 1545: -/4/-, 1546-1548, 1549/I-II, 1550, 1551/I-II, 1552/I-II, 1553, 1554/I-II, 1555-1557: -/2/-, 1558: -/4/-, 1559-1561, 1563: -/2/-
    Andre Wolf, 1564/I, 1565-1571 stainmetz
    St: 1564/I-II, 1565, 1566/I: -/2/-, 1566/II: -/-/28 gratia, 1567/I-II: -/2/-, 1568: -/4/-, 1569-1571: -/2/-

---

[1] BayHStA, KL Fürstenfeld 366 S. 220.
[2] Krenner, Siegel S. 136 Anm. a und S. 107 Anm. g.
[3] BayHStA, KL Fürstenfeld 366 S. 223.
[4] BayHStA, KL Fürstenfeld 366 S. 219/220.
[5] GB II 150/15.
[6] BayHStA, KL Fürstenfeld 366 S. 222/223. – Krenner, Siegel S. 141.
[7] HB HV S. 135.
[8] 1395 ganzer Eintrag wieder getilgt.

Johann Klamperl (Klámperl, Klämperl), 1546, 1547, 1549/I, 1550, 1552/I leermaister (lernmaister)
    St: 1540-1542: -/2/-, 1543: -/4/-, 1544: -/2/-, 1545: -/4/-, 1546-1548, 1549/I-II, 1550, 1551/I-II,
        1552/I-II, 1553, 1554/I-II: -/2/-
    Cristoff Klámperl St: 1553: -/-/14 gracion, 1554/I: -/-/14 gracion die ander, 1554/II: -/2/-
Lienhart statsoldner St: 1540: nihil
Jacob Plamentaler St: 1541, 1542: -/2/- 1543: -/4/-, 1544: -/2/-, 1545: -/4/-, 1546-1548, 1549/I: -/2/-
Haiderin St: 1544: -/2/-
Urs Prunnerin messerschmidin St: 1546: zalt infra fol. 77 col. 2 [= 77v, Ewiggeld]
Balthauser Perger tagwercher. 1550, 1551/I Walthasar tagwercher
    St: 1549/II, 1550, 1551/I: -/2/-
Andre Harlacherin (Hurlacherin, Hierlacherin, Horlacherin, Hálohnerin, Hórlohnerin, Horlohnerin,
    Horloherin, Holoherin, Horlocherin), 1556, 1563-1571 hebam, 1561 infraw
    St: 1555: nihil, hebam, 1556-1559: nihil, (ain) hebam, 1560: -/-/- ain hebam, 1561: -/-/1, 1563:
        -/-/-, 1564/I-II, 1565, 1566/I-II, 1567/I-II: -/-/1, 1568: -/-/2, 1569-1571: -/-/1
    ir aidn Wolff Hertt
        St: 1556: -/-/-
        StV: (1556) seinem anzaigen nach hat im ain erber rath pis auff negst khonfftig sant Jorgentag
            alhie vergónt, bey seiner schwiger sein gelt zu verzern, als dan umb búrgerrecht anzehaltn.
Lorentzin St: 1555: -/2/-

Fürstenfelder Straße 14

Charakter: Der eigentliche Klosterhof mit Kapelle (bis 1801).

1289 Januar 26 bereits im Besitz des Klosters. Vorbesitzer war danach der Ritter Heinrich von Sachsenhausen. An diesem Tag erkennt die Stadt die dem Kloster von Herzog Ludwig dem Strengen in München verliehenen Freiheiten an und erklärt vor allem den dem Kloster gehörigen Hof zu „sant Leonhart" für steuerfrei. Falls jedoch in dem Hof eine öffentliche Schänke und Fremdenherberge – außer für Ordensleute oder unentgeltlich – betrieben würde („Und sullen in demselben hof nicht schencken kaynerlay sach vailes trincken, noch kaynen gast umb pfenning emphahen noch haymen, wan der irs ordens ist, oder dem sis umsünst ân pfenningen geben wöllen") oder der Wirt des Klosters (Propst, Verwalter) darin ein „geschefte hette und kauffen und verkauffen wolte", „der sol stewren und mit der stat heben und legen, als ein ander burger". Nur der Hof selbst, der dem Kloster gehört, soll nicht steuern, das heißt, das Haus als solches ist von der Haus- und Grundsteuer frei, aber eine eventuell anfallende Einkommens- oder Gewerbesteuer des Verwalters ist zu entrichten.[1] Es ist also ausdrücklich vorgesehen, daß der Verwalter in dem klostereigenen Haus ein bürgerliches Gewerbe betreibt, nur muß der dann auch Steuern dafür zahlen wie jeder andere Bürger.
Das Haus wird von einem Verwalter betreut. Am 4. April 1336 wird „Hainrich der wirt in Fürstenfelder haus zu München" genannt.[2] Am 29. Januar 1413 wird das Fürstenfelder Haus an Hans den Wagner von Biburg und seine Hausfrau Elspet vergeben.[3] Am 3. Januar 1421 kommt als Siegelbittzeuge ein Friedrich Probst in des Klosters (Fürstenfeld) Haus zu München vor.[4] Am 30. Juni 1460 wird ein Peter Pokch in des von Fürstenfeld Haus genannt.[5] Am 21 September 1478 bekennen die Eheleute Mar und Barbara Carly, daß ihnen das Kloster Fürstenfeld das Amt der Propstei über die Isar und die klösterliche Behausung zu München um 100 Gulden leibgedingsweise verliehen habe.[6]

---

[1] Dirr, Denkmäler S. 38/39 Urk. Nr. 20. – BayHStA, KL Fürstenfeld S. 264/265. – Vgl. auch Stahleder, Stadtplanung S. 55/59.
[2] BayHStA, KU Fürstenfeld 286.
[3] BayHStA, KU Fürstenfeld 751.
[4] BayHStA, KU Fürstenfeld 805.
[5] RP 1 S. 26v.
[6] BayHStA, KU Fürstenfeld, alt: GUM 2871.

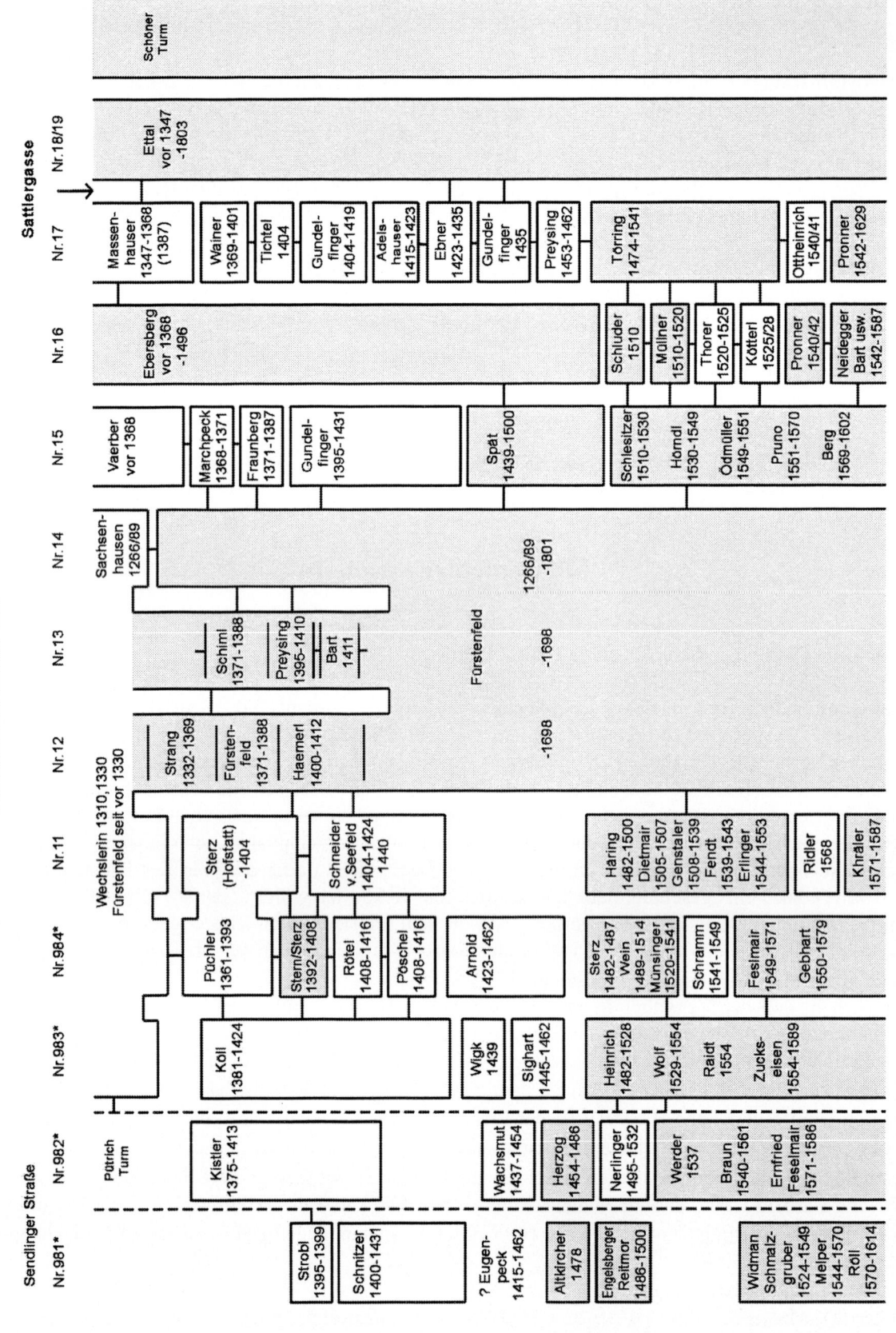

Abb. 30 Hauseigentümer Sendlinger Straße 981*, 982*, Fürstenfelder Straße 983*, 984*, 11 – 18/19.

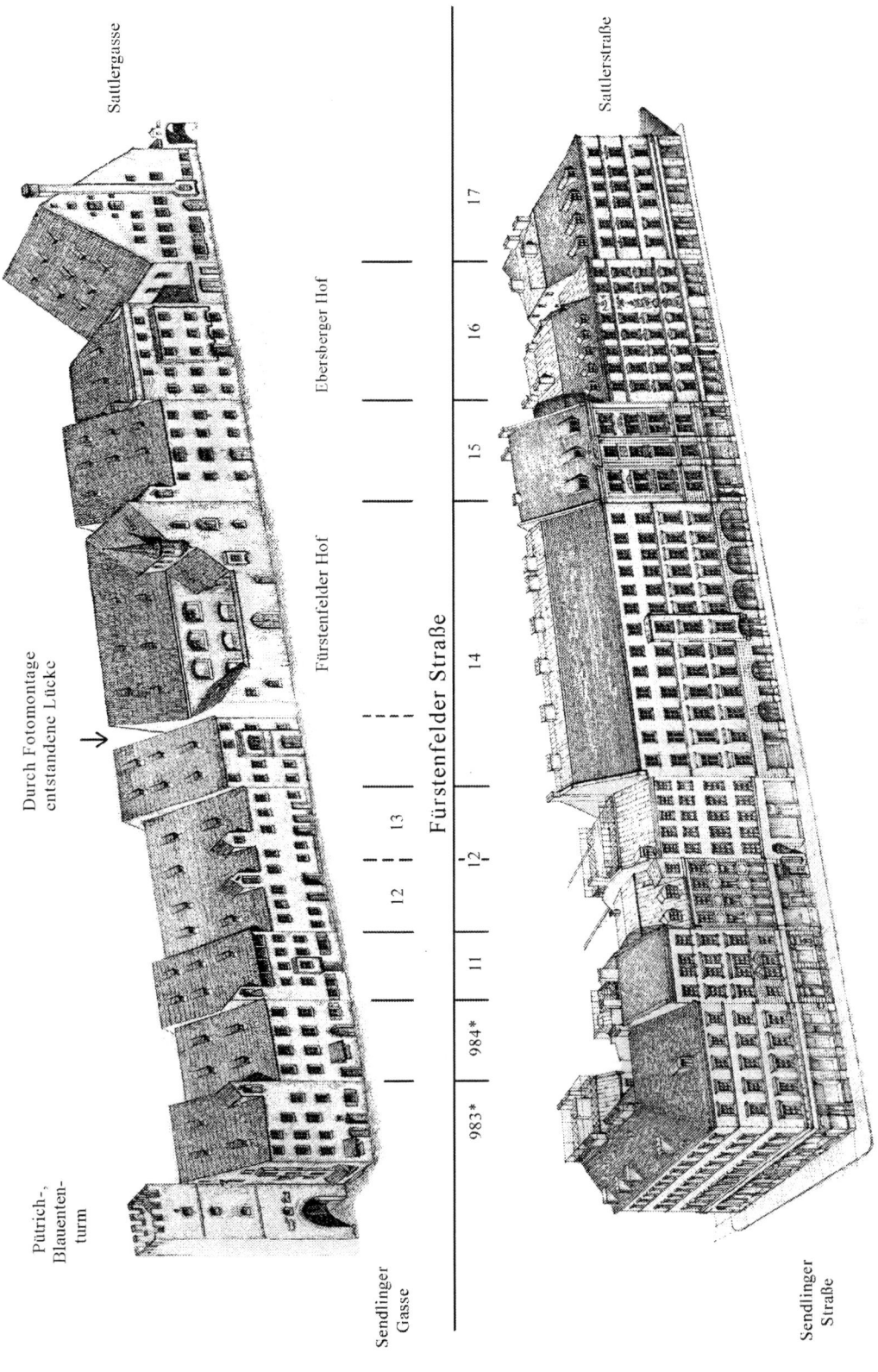

Abb. 31 Fürstenfelder Straße Süd Nr. 983*, 984*, 11 – 17, Montage nach Häuserbuch Hackenviertel S. 136/137.

1371 September 22 das Haus von Fridrich und Peter den Marchpecken, Söhnen von Ott und Walpurg Marchpeck (Fürstenfelder Straße 15), ist „ze naechst an Furstenvelder haus" gelegen.[1]

1371 Oktober 25 das Haus des Dyetel Marchpeck (Fürstenfelder Straße 15), künftig des Ritters Wilhalm des Frawnberger Haus, ist „bey Furstenvelder chappeln" gelegen.[2]

1400 Januar 16 das Haus des Thoman des Preisingers (Fürstenfelder Straße 13) ist „znáchst Fúrstenvelder haẃs" gelegen.[3]

1404 Mai 26 das Haus des Herrn Sweigker des älteren von Gundolfing (Fürstenfelder Straße 15) ist zunächst des von Fürstenfeld Haus gelegen.[4]

1484/85 „Des von Furstenveldt zway hewser und hoff darhinter am Pach und stallung darneben. Mer zway hewsser, alle aneinander gelegen".[5]

1485 das Haus des Hanns Spat (Fürstenfelder Straße 15) ist des von Fürstenfeld Haus benach-bart.[6]

1573 „Des von Fürstenveldt zway hewser und hoff darhinder am pach und stallung darneben. Mer zway hewsser, alle aneinander gelegen" (GruBu). Gemeint sind Fürstenfelder Straße 12, 13 und 14.

Eigentümer Fürstenfelder Straße 14:

* Hainrich von Sachsenhausen, Ritter [bis vor 1289 Januar 26]
* Kloster Fürstenfeld [seit vor 1289 Januar 26]
** domus (abatis, aptz) de (von) Furstenveld (domus (des von) Furstenfeld)
    St: 1372, 1375: -/-/60, 1387, 1395, 1397, 1399, 1400, 1401/I-II, 1403, 1405/I-II: -/-/-, 1482: -/-/-, 1486: nichil, 1514: Liste, 1522-1561: nichil, 1563: an chamer
    StV: (1395) sol nichtz gelten.[7] (1403) ist austragen in dem rat, daz ez stewrfrey ist. (1405/II) das ist stewrfrey und habnt gut brief darumb. (1551/II) hinfuro soll nachfrag ghabt und ghandlt werden. (1552/I) soll hinfůro nachfrag ghabt werden.

Bewohner Fürstenfelder Straße 14:

Mair von Kraling (Kraeling) inquilinus St: 1372, 1375: -/-/60
Dietrich schaeffler inquilinus in domo Fúrstenvelderii (de Fúrstenveld). 1382 Dietrich schaeffler in domo Fúrstenvelderii
    St: 1379, 1381, 1382: -/-/15
Lust weber, 1394 inquilinus Furstenfelder haws, 1395, 1397 inquilinus, 1396 inquilinus abatis de Furstenveld. 1399 Lustrin (!) inquilina
    St: 1394: -/-/20, 1395: -/-/60 für drew lb, 1396: -/-/52 fur 3 lb, 1397: -/-/45 fur 3 lb, 1399: -/-/-
    StV: (1399) die ist dez von Fürstenveld kellnerin.
    Bem.: 1394 getilgt „sein muter". 1395 getilgt „domus".
Chunrat Stul inquilinus St: 1399: -/-/-
Chuncz Vaist von Alling inquilinus St: 1400: -/-/-
(relicta) (Mindel, Múndel, Mundel) Adelczhoferin, 1403, 1405 inquilina
    St: 1403, 1405/I: -/-/80, 1405/II: -/-/60, 1406-1408: -/-/80, 1410/I: -/-/-
    StV: (1403) von irem haus an Swaebinger gassen. (1405/II) von irs hawss wegen an Swaebinger gassen. (1406-1408) von irs haws(s) wegen. (1410/I) die habnt mein hern der rat ledig lassen.
[Friedrich Probst in des Klosters Haus zu München 1421 Januar 3][8]
[Peter Pokch in des von Fürstenfeld Haus 1460 Juni 30][9]

---

[1] GB I 19/7.
[2] GB I 20/2.
[3] GB II 150/15.
[4] GB III 28/6.
[5] Stadtgericht 207/5 (GruBu) S. 268r und 207/5a (GruBu) S. 603v.
[6] Zimelie 27a (Stiftungsbuch Reiches Almosen) S. 52r.
[7] 1395 Eintrag außer dem Steuervermerk wieder getilgt.
[8] BayHStA, KU Fürstenfeld 805.
[9] RP 1 S. 26v.

Brobst[1]
   St: 1482: -/2/4
   StV: (1482) von 2/-/- geltz.
Gabriel Sliem [Weinschenk[2]]
   St: 1486, 1490: 1/1/25, 1496: 1/-/-, 1500: 1/7/24
   StV: (1486) et dedit -/1/5 fur pueri Dachwirt. Et dedit mer -/1/5 fur pueri Sitenpeck. (1490) et dedit -/3/22 für pueri Sehofer. (1496) et dedit -/4/2 fur pueri Sehofer. Et dedit -/-/7 fur pueri Fuger.
Brobst inquilinus St: 1514: Liste, 1523: nichil
Lienhart müllner
   St: 1549/II: -/-/-
   StV: (1549/II) zalt infra, folio 67 col. 1 [= 67r, Vor den Toren].
poet. 1551/I poet m[agister] Jeronimus Ziegler[3] St: 1550, 1551/I: nihil
Steffan obser St: 1550, 1551/I: -/2/-
Jorg Glaner,[4] 1553, 1554/I, 1556, 1558 weinzaler [Salzstößel[5]]
   St: 1551/II, 1552/I-II: 3/3/15, 1553, 1554/I-II: an chamer, 1555: 10/1/26 juravit, 1556, 1557: 10/1/26, 1558: an chamer
   StV: (1555) mer 30/5/18 fur 3 versesn steur.
Martin Seehofer [Salzsender[6]]
   St: 1555: -/1/12 gracion
   StV: (1555) weiter folio 76 [= 76r, Ewiggeld]
(Lienhard, Lenhard, Leonhard) Rueshamer, 1559 fueterer, 1560, 1561, 1564/II-1570 furir
   St: 1559, 1560: nihil, 1561, 1563: nichil, hofgsind, 1564/I-1566/I: an chamer, 1566/II, 1567/I: -/-/-, 1567/II: nihil, hofgsind, 1568, 1569: an chamer, 1570: -/-/-
   StV: (1570) sollen die khinder burger werden.
Georg Rueshamer St: 1571: -/-/-
Hanns Albegin (Alwegin), 1563, 1564/I-1567/II harnaschmaisterin[7]
   St: 1561, 1563, 1564/I-II, 1565, 1566/I-II, 1567/I-II: -/2/-
Hanns Zeisler (Zeiser), Fuggerischer diener St: 1569: -/2/10 gratia, 1570: -/2/-

Fürstenfelder Straße 15
(mit Färbergraben 14*)

Lage: 1371 „bey Fürstenvellder chappeln".

Hauseigentümer:

Vor 1371 Haenslein der vaerber.[8] Er ist aber vielleicht nur Inhaber einer Hypothek auf dem Haus.
1371 September 22 die Gebrüder Friedrich und Peter, Söhne von Otto dem Marchpeck, überlassen

---

[1] Möglicherweise bezieht es sich auf ihn, wenn die Stadt 1477 6 Pfund Pfennige „zalt dem von Fürstenfeld, dem Brobst, uber 6 gefaß und 17 tufftstukch", die sie von ihm gekauft hat, vgl. KR 1477/78 S. 84v.
[2] Gabriel Schliem 1458 Mitglied der Weinschenken-Bruderschaft und auch 1489 Mitglied der Weinschenken-zunft, vgl. Gewerbeamt 1411 S. 13v, 1418 S. 1r. – Vgl. aber auch Kaufingerstraße 4.
[3] Meister Jeronimus Ziegler 1548-1554 Leiter der städtischen Poetenschule, vgl. R. v. Bary III S. 1036.
[4] Jorg Glaner war Propst im Fürstenfelder Haus, deshalb wird 1559 die „Glanerin, geweste Pröpstin" des Klosters genannt, vgl. BayHStA, KL Fürstenfeld 366 S. 226/227.
[5] 1549 ist ein Jörg Glaner auch als Salzstößel belegt, vgl. Vietzen S. 154 nach KR. – Weinzaler 1552-1558, vgl. R. v. Bary III S. 975.
[6] Martin Seehofer ist 1555 Salzsender, vgl. Vietzen S. 151 nach KR.
[7] Albegin, die alt Harnischmeisterin 1569 Religionsverhör, vgl. Dorn S. 229.
[8] GB I 20/2.

mit Einwilligung ihres Vormundes und ihrer Mutter Walpurg ihr Haus „ze naechst an Fürstenvelder haus" (Fürstenfelder Straße 14) ihrem Vetter Dyetreich dem Marchpeck.[1]

1371 Oktober 25 Dyettel Marchpeck übergibt sein Haus, gelegen „bey Furstenvellder chappeln" (Fürstenfelder Straße 14) dem festen Ritter, Herrn Wilhalm dem Frawnberger. Das ist geschehen mit Willlen und Gunst „Haensleins dez vaerbers, dem daz haus vor in dem púch stet", das heißt, auf dessen Namen das Haus vorher im Gerichtsbuch eingetragen war. Außerdem mit Willen und Gunst von Ch(unrat) dem Löchhauser und Martein dem Strangen, die verbriefte Gelder (Hypotheken) auf dem Haus liegen haben.[2]

1375, 1387 domus Frawnbergeriorum (StB).

1395, 1403 - 1423 domus her Sweigger von Gundelfingen usw. (StB).

1404 Mai 26 „Her Sweigker der elter von Gundelfing" verpfändet sein Haus in der Fürstenfeldergasse „znächst des [Abtes] von Fúrstenveld haus" (Fürstenfelder Straße 14) pfandweise „Jórgen dem Kaczmair und Chunraden dem Ebmer" für anderthalb hundert gute neue ungarische Gulden und für 15 Schäffel Roggen und für 5 Schäffel Hafer.[3]

1410/II – 1431 domus Jorg von Gundolfing, domus herr Jorg (StB).

1484/85 laut Grundbuch ist Hanns Spät Eigentümer von Haus, Hof und Einfahrt über den Bach.[4]

1485 Dezember 1 verkaufen der Mangmeister Hanns Spät und seine Hausfrau Anna ein Ewiggeld von 6 Gulden um 120 Gulden aus dem Haus (GruBu). In diesem Jahr hat das Reiche Almo-sen ein Ewiggeld aus Hannsen Spatens Haus an der Fürstenfelder Gasse, gelegen zwischen den Häu-sern des Klosters Fürstenfeld (Fürstenfelder Straße 14) und des Klosters Ebersberg (Fürstenfelder Straße 16).[5]

1488 April 29 und

1494 Oktober 10 dasselbe Ehepaar verkauft laut Grundbuch zwei weitere Ewiggelder von je 5 Gulden um je 100 Gulden, ersteres an Friedrich Eßwurm, der es am 21. März 1489 weiterverkauft an den Tuchscherer Christoph Schlesitzer und seine Hausfrau Barbara (GruBu).

1500 das Reiche Almosen hat immer noch ein Ewiggeld „aus des Spetten Haus" an der Fürstenfelder Gasse.[6]

1510 Juni 21 das Haus des Christoph Schlesitzer ist Nachbarhaus von dem der Eheleute Anton und Katharina Schluder (Fürstenfelder Straße 16).[7]

1512 Mai 31 Arsaci Schlesitzer und seine Hausfrau Barbara verkaufen aus ihrem Haus an die Stiefmutter Magdalena Schlesitzer ein Ewiggeld von 7 Gulden um 140 Gulden Hauptsumme an ihrem Heiratgut (GruBu).

1520 Januar 23 und

1525 März 4 weitere Ewiggeldverkäufe der Schlesitzer.[8]

1528 Juli 31 das Haus des Klosters Fürstenfeld (Fürstenfelder Straße 12/14) liegt zwischen den Häusern „des Schlegingers" (gemeint: Schlesitzers, Fürstenfelder Straße 15) und Wolfgang Genstalers (Fürstenfelder Straße 11).[9]

1529 Mai 17 Arsaci Schlesitzer und seine Hausfrau Barbara verkaufen laut Grundbuch ihrer Stiefmutter Magdalena Schlesitzer ein Ewiggeld aus dem Haus.[10]

1530 Juni 1 der Chorherr zu Unserer Lieben Frau Ludwig Hörndl verkauft aus diesem Haus, „das er an sich erkauft" hat, ein Ewiggeld von 20 Gulden, wohl um 400 Gulden an Balthasar Bart (GruBu).

1530 September 30 der Chorherr zu Unserer Lieben Frau Ludwig Hörndl kauft das Haus des Tuchscherers Arsacius Schlesitzer in der Fürstenfelder Gasse.[11] Eindeutig falsch sind dabei allerdings die Nachbarn angegeben, einerseits des von Törring Haus. Das ist Fürstenfelder Straße 17, also erst das

---

[1] GB I 19/7.
[2] GB I 20/2.
[3] GB III 28/6.
[4] Stadtgericht 207/5 (GruBu) S. 267r. – HB HV S. 137 mit Ergänzungen, die nicht im Grundbuch stehen.
[5] Zimelie 27a (Stiftungsbuch Reiches Almosen) S. 52r.
[6] Zimelie 27a (Stiftungsbuch Reiches Almosen) S. 62r.
[7] Hundt, KU Indersdorf, in: OA 25 Nr. 1810 = BayHStA, KU Indersdorf, alt: GUM 2883.
[8] Hundt, KU Indersdorf, in: OA 25 Nr. 1898, 1919 = BayHStA, KU Indersdorf (alt: GUM 2884, 2885).
[9] BayHStA, KL Fürstenfeld 366 S. 2/3, 224.
[10] Die Jahreszahl 1512 im HB HV S. 137 zu Arsaci Schlesitzer stammt nicht aus dem GruBu.
[11] Urk. B II c 274/1 b (= F III c 12).

übernächste Haus. Der zweite Nachbar soll des Ligsalz Haus sein. Diese Familie kommt in dieser Gegend überhaupt nicht mit einem Haus vor.

1532-1549 domus Hörndl (StB).

1542 Januar 30 der Chorherr zu Unserer Lieben Frau Ludwig Hörndl ist Nachbar des Neydeckhers zu Seeholtzen (Fürstenfelder Straße 16).[1]

1550 Oktober 5 Arsaci Ödmuller und seine Hausfrau Juliana sind Eigentümer des Hauses und verkaufen ein Ewiggeld von 25 Gulden um 500 Gulden Hauptsumme daraus (GruBu). Sie tun das auch noch

1551 Mai 31 (25 Gulden um 500 Gulden).[2] Da hat aber das Haus schon einen neuen Besitzer:

1551 April 24 laut Grundbuch neue Eigentümer Christoff Pruno und seine Hausfrau Felizitas. Diese verkaufen ein Ewiggeld (10 Gulden um 200 Gulden) an die Witwe Juliana Ödmüller „zu völliger Entrichtung der Kaufsumme" (GruBu). Das Ehepaar Pruno verkauft auch noch ein Ewiggeld

1551 Juni 18 (10 Gulden um 200 Gulden) (GruBu).

1551-1568 domus Christophoro Pruno usw. (StB).

1568 Januar 7 Ewiggeldverkauf (5 Gulden um 100 Gulden) aus dem Haus durch Christoff Pruno, der Rechte Licentiat (nicht Doctor!) und fürstlicher Rat, alleine (GruBu).

1568 Oktober 24 dessen Stieftöchter beziehungsweise deren Ehemänner verkaufen ein Ewiggeld (10 Gulden um 200 Gulden) (GruBu).

1573 laut Grundbuch (Überschrift) ist Eigentümer von Haus, Hof und Einfahrt der Buchdrucker Adam Berg. Die Berg behalten das Haus nun bis zum 19. Juli 1602.

Eigentümer Fürstenfelder Straße 15:

* Haenslein der vaerber [vor 1371]
* Ditel Marichpeck, 1371 inquilinus [Vetter von Fridrich und Peter Marchpeck]
    St: 1368: -/12/-, 1369: -/18/-, 1371: -/-/-
    StV: (1369) [Nachtrag am Rand, getilgt:] solvit -/18/-.
    Ott Marichpeck. 1369 relicta Ottonis Marichpechk inquilina. 1371 relicta [Walpurg] Marichpeckin
    St: 1368: -/12/- voluntate, 1369: -/9/- gracianus, 1371: -/-/-
    StV: (1369) [Nachtrag am Rand, getilgt:] solvit -/-/43 post. Item 0,5/-/-.
* Fridrich und Peter, Söhne von Ott dem Marchpeck [bis 1371 September 22]
* domus [Wilhalm] Frawnbergeriorum. 1387 domus Frawnberger
    St: 1375, 1387: -/-/-
* domus her Sweigger von Gundelfingen. 1403-1407, 1410/I domus dez alten (hern) Sweigger(n) (von Gundelfing).1408, 1415-1423 domus des eltern (alten) Sweiggern. 1410/II-1413 domus der alt Sweigger [hgl. Rat[3]]
    St: 1395, 1403, 1405/I-II, 1406-1408, 1410/I-II, 1412, 1413, 1415, 1416, 1418, 1419, 1423: -/-/-
    Bem.: (1395) Eintrag wieder getilgt. (1418) versehentlich die Steuer des Klosters Ebersberg (Nachbarhaus) hier eingetragen.
* domus Jorg (Jorig) von Gundolfing. 1423 domus herr Jorg
    St: 1410/II, 1411-1413, 1415, 1416, 1418, 1419, 1423, 1431: -/-/-
** Hanns Spaet (Spát, Spatt, Spät), 1456 saittnmacher [= Mangmeister um 1480; ∞ Anna], 1482 et mater
    Sch: 1439/II, 1440, 1441/I-II: 1,5 t[aglon], 1445: 1 diern, dedit -/-/8
    St: 1447: 2/-/7, 1453-1458: Liste, 1462: -/6/14, 1482: -/4/24, 1496: -/2/25
    StV: (1496) dedit Kiemseer.
    et mater. 1486, 1496 relicta Spátin
    St: 1482: -/2/11, 1486: -/2/16, 1496: -/3/2

---

[1] BayHStA, KU Beuerberg, alt: GUM 828.
[2] Stadtgericht 207/5 (GruBu) S. 267v und 207/5a (GruBu) S. 600v.
[3] Zu Sweiger dem Älteren von Gundelfingen und seinem Sohn Georg vgl. v. Andrian-Werburg, Urkundenwesen S. 126.

* Cristof Schlesitzer (Schletzitzer) [Tuchscherer¹; seit vor 1510 Juni 21, ∞ 2. Magdalena]. 1527/II allt Schletzitzer. 1529 Cristof Schleßitzer patrimonium
    St: 1522, 1523: 4/2/3, 1524-1526, 1527/I: 3/6/5, 1527/II: 3/1/7, 1528, 1529: 4/-/18
    StV: (1524) hat seiner tochter heyratgut abgesetzt.
** Arsaci Schlesitzer [Sohn von Cristof Schlesitzer; Tuchscherer; ∞ Barbara; seit vor 1512 Mai 31 bis nach 1529 Mai 17]
** domus Horndl (Hórnl, Hörndl) [Chorherr zu Unserer Lieben Frau]. 1544 domus herr Ludwig Hórndl (Hörndl)²
    St: 1532-1545: nihil, 1546-1548: an chamer, 1549/I: 2/6/-
    StV: (1548) zalt 2/6/- von zinsn von 40 fl per [...]. (1549/I) zalt Ódmúllner.
** Arsaci Ödmüllner [∞ Juliana, 1550 Oktober 5]
** domus [Dr. iur.] Cristophoro Pruno rath [∞ Felizitas]. 1552/I domus Prunner. 1552/II domus Pruno. 1553-1554/II domus Pruno, Licentiatn, [fürstlicher] rath. 1555 domus Cristophero Pruno Licenciat. 1557, 1559 domus Pruno rath. 1558 domus Cristofferus Pruno. 1560-1567/II domus Christoph (Christopheri) Pruno. 1568 domus Christoff Prunos erben hauß
    St: 1551/II: nihil, 1552/I-II: nihil, rath, 1553-1557: nihil, 1558: nihil, rath, 1559-1561: nihil, 1563: an chamer, 1564/I: -/-/-, 1564/II, 1565: nihil, 1566/I-1568: -/-/-
    StV: (1561) hofgesind unnd rath. (1564/I-II) hofgsind. (1566/I) furstlicher rath. (1568) khaufft an sich Adam Perg.
* dessen Stieftöchter und ihre Ehemänner [1568 Oktober 24]
** Adam Perg puechtruckher³
    St: 1569-1571: -/-/1

Bewohner Fürstenfelder Straße 15:

Hainrich zollner institor St: 1371: -/3/18
Krúgin, 1387 in domo Frawnberger St: 1387: -/3,5/-, 1390/I-II: -/7/-, 1392: 0,5/-/15
Fridel von Tal St: 1431: -/-/-
Lóterl inquilinus Sch: 1445: 1 diern, dedit -/-/8
Hanns Piburger, 1453, 1454, 1456-1458 huter (húter), 1457, 1458 inquilinus St: 1453-1458: Liste
Chunrat (Chuntz) Tichtel, 1454 inquilinus St: 1453-1455: Liste
Hanns Payr messerer St: 1455: Liste
Ucz Greiner huter inquilinus St: 1462: -/-/67 iuravit
Kunrade Kimseer inquilinus [Salzstößel⁴] St: 1462: -/-/76
    Wernher (Werndel) Kiemseer, 1496 messerschmid St: 1482: -/2/12, 1486, 1490: -/3/21, 1496: -/5/5
Eberhard Stepacher [Salzsender]. 1486 Stepacher St: 1482: -/-/60, 1486: -/5/10 saltzsentersteur
Hanns von Wäldl hafner St: 1482: -/2/20
[Michel] Schott soldner⁵ St: 1486: nichil
Linhart vorsprech St: 1490: nichil
Hanns Strobel kistler⁶ St: 1496: -/-/60
Doctor Eysenreichs knecht St: 1500: -/1/12
[Andre] Bernóder [ehem. Stadtunterrichter⁷] St: 1532: an kamer
Jorg meltzer St: 1545: 6/-/- juravit

---

1   Cristoff Slesitzer 1485-1511 wiederholt Vierer der Tuchscherer, vgl. RP.
2   Laut Grundbuch Priester, Chorherr zu ULF.
3   Adam Berg Buchdrucker 1569 Religionsverhör, vgl. Dorn S. 227.
4   In Kaufingerstraße 23 B 1482-1500 Salzstößel.
5   Michel Schott 1480-1491 als Stadtsöldner belegt, vgl. R. v. Bary III S. 837.
6   Hanns Strobl 1486-1502 wiederholt Vierer der Kistler, vgl. RP.
7   Andre Pernöder war 1525/26 Stadtunterrichter, wurde dann hgl. Secretarius, vgl. R. v. Bary III S. 804.

Sigmund Zuckseysn [Salzstößel, Wirt[1]]
    St: 1548: -/3/8, 1549/I: 1/-/10 juravit
    StV: (1548) sein alte steur wie seine pfleger versteurt haben. Mer -/-/14 gracion seiner hausfrau halben, soll hinfúro schwern.
Wolff Lienhart ain edlman
    St: 1548: an chamer
    StV: (1548) hat sein instant pis er gsundt wirdt, als dann hoffgsind oder burger ze werden oder beysitz haben.

Fürstenfelder Straße 16

Hauseigentümer:

Charakter: Ebersberger Klosterhof (bis um 1500).

1297 Dezember 16 mit Sicherheit ist dieses Haus gemeint, über das die Stadt Vereinbarungen mit dem Kloster Ebersberg wegen der Steuer trifft. Das Kloster erkennt die für sein Haus („unser hus datz Munchen") festgesetzte Steuer an („zwelf phunt Muncher phenning", egal ob Abt und Konvent „daran lutzel bowen oder vil") und erhält dafür das Bürgerrecht in München („und daz wir purchreht und elliu diu reht haben sulen, die ander purger ze Munchen habent, dieweil wir die vorgenanten stiur gebn").[2]
1347 Februar 12 des (Abtes) von Ebersberg Haus ist Nachbar der zwei Häuser des Arnold von Massenhausen auf dem inneren Graben (Fürstenfelder Straße 17).[3]
1368-1496 domus de Ebersperg (StB).
1484/85 des von Ebersberg Haus, Hof, Stadel und Garten, laut Grundbuch (Überschrift).[4]
1485 das Haus des Hanns Spat (Fürstenfelder Straße 15) ist dem Haus des von Ebersberg benachbart.[5]
1510 Juni 21 die Eheleute Anthoni und Katharina Schluder, geborene Rueland, verkaufen ihr Haus an der Fürstenfelder Gasse, gelegen zwischen den Häusern des Seicz von Toerring (Fürstenfelder Straße 17) und des Christoph Schlesitzer (Fürstenfelder Straße 15), an Johannes Müllner, Kirchherrn zu Thalkirchen, genannt Sendling, um 350 Gulden Hauptsumme. Das Haus war der Katharina bei ihrer Eheschließung mit Anthoni Schluder als Heiratgut zugefallen.[6] Am selben Tag verschreibt Müllner dem Ehepaar Schluder ein Ewiggeld (Hypothek) von 15 Gulden um 300 Gulden Hauptsumme aus dem Haus (GruBu).[7] Katharina Schluder verkauft dieses Ewiggeld noch 1530 weiter. Das Haus muß also zwischen 1496, als letztmals Ebersberg hier im Steuerbuch steht, und dem 21. Juni 1510 an die Rueland gekommen sein.
1514 domus maister Hoslodsperger (Liste).
1515 Januar 11 der genannte Meister Hanns Müllner verkauft erneut ein Ewiggeld aus „obgemeltem seinem" Haus (10 Gulden um 200 Gulden) (GruBu).
1520 Januar 23 die Testamentsvollstrecker von Johannes Müllner verkaufen dessen Haus, Hofstatt und Garten (Lage wie 1510) um 335 Gulden an Ulrich vom Thor zu Eurasburg.[8]
1522-1524 domus Torer (StB).
1525 März 4 Ulrich vom Thor zu Eurasburg verkauft sein Haus, gelegen zwischen Johannes von Törring (Fürstenfelder Straße 17) und Christoph Schlesitzers Häusern (Fürstenfelder Straße 15) an den Stadtschreiber, den Licentiaten der Rechte Blasius Kötterl und seine Ehefrau Anna.[9]

---

[1] Sigmund Zuckseisen 1547 als Salzstößel und Wirt belegt, vgl. Vietzen S. 156 nach KR.
[2] Dirr, Denkmäler Urk. 26 S. 52/53.
[3] Urk. F III c Nr. 3.
[4] Stadtgericht 207/5a (GruBu) S. 598v und 207/5 (GruBu) S. 266r.
[5] Zimelie 27a (Stiftungsbuch Reiches Almosen) S. 52r.
[6] Hundt, KU Indersdorf, in: OA 25 Nr. 1810 = BayHStA, KU Indersdorf, alt: GUM 2883. Die Urkunde trägt die Datierung „Freitag nach St.-Veitstag. Das war 1510 der 21. Juni, nicht der 22.
[7] HB HV S. 138 unvollständig.
[8] Hundt, KU Indersdorf, in: OA 25 Nr. 1898 = BayHStA, KU Indersdorf, alt: GUM 2884.
[9] Hundt, KU Indersdorf, in: OA 25 Nr. 1919 = BayHStA, KU Indersdorf, alt: GUM 2885.

1540-1542 domus Doctor Panthaleon (Pronner) (StB).
1542 Januar 30 Frantz Neydeckher zu Seeholtzen und seine Hausfrau Barbara haben das Haus von Dr. Panthaleon Pronner und seiner Hausfrau Walburga erworben.[1]
1542 Dezember 22 die Käufer Franntz Neydeckher und seine Hausfrau Barbara verkaufen dem Verkäufer (Dr. Pronner und Ehefrau) ein Ewiggeld – 10 Gulden um 200 Gulden – aus dem Haus (GruBu).
1544 domus Neideckh (StB). Auch nach Grundbuch erfolgt ein Ewiggeldverkauf durch das Ehepaar Neydeckher in diesem Jahr, nämlich
1544 September 20 3 Gulden um 60 Gulden Hauptsumme (GruBu).
1545-1571 ff. domus Höhenkircher(in) (StB).
1551 April 20 Anna Bart, Witwe des Bernhard Höhenkircher, verkauft aus diesem ihrem und ihrer Kinder Haus ein Ewiggeld (15 Gulden um 300 Gulden). Gleiches geschieht noch mehrmals (21. April 1551 (15 Gulden um 300 Gulden), 30. November und 2. Dezember 1552, je 10 Gulden um je 200 Gulden) (GruBu).
1573 Eigentümerin von Haus, Hof, Stadel und Garten ist nach Grundbuch (Überschrift) Anna Bart, weiland Bernhard Höhenkirchers Witwe.
Die Höhenkircher, Nachkommen der Anna Bart-Höhenkircher, besitzen das Haus noch bis zum 27. April 1655.

Eigentümer Fürstenfelder Straße 16:

** domus (abbatis, aptz) de (von) Ebersperg. 1423, 1455-1456 domus de Ebersperg. 1440, 1462-1496 domus (des) (von) Ebersperg [seit vor 1297 Dezember 16]
    St: 1368: -/-/48, 1369: -/-/62 post, 1371, 1372, 1375: -/-/-, 1377-1379, 1381, 1382, 1383/I: -/-/72, 1383/II: -/3/18, 1387: -/-/48, 1388, 1390/I-II: -/3/6, 1392: -/-/72, 1393, 1394: -/3/6, 1395: nichil, 1396, 1397, 1399, 1400, 1401/I: -/-/72, 1401/II, 1403, 1405/I: -/3/6, 1405/II: -/-/72, 1406-1408: -/3/6, 1410/I: -/-/72, 1410/II: -/3/6, 1411: -/-/72, 1412: -/-/-, 1413: -/-/72, 1415, 1416, 1418[2], 1419: -/3/6, 1423, 1431, 1447: -/3/2, 1453-1458: Liste, 1462, 1482, 1486, 1490, 1496: -/3/2
    StV: (1372) [Nachtrag am Rand:] solvit -/-/72 adhuc remanet tantum. (1423) geit ez all stewr. (1431) dedit hafner. (1462) zalt Erhartt (= Randeck).
    Sch: 1439/I-II, 1440, 1441/I-II: 1 t[aglon]
** Anthoni [I.] und Katharina Schluder [geb. Rueland; bis 1510 Juni 21]
** Hanns Müllner Pfarrer zu Sendling [von 1510 Juni 21 bis 1520 Januar 23]
* domus maister Hoslodsperger
    St: 1514: Liste
* domus Torer [= Ulrich vom Thor zu Eurasburg; seit 1520 Januar 23 bis 1525 März 4]
    St: 1522-1524: -/-/21
    StV: (1522) get ewiger gellt daraus.
* Blasius Khötterl [Lic. iur., Stadtschreiber[3], seit 1525 März 4]. 1528 relicta statschreiberin [= Anna Khötterl]
    St: 1528: nichil
** domus Doctor Panthaleon [Pronner, ∞ Walpurg]
    St: 1540, 1541: -/2/20, 1542: an chamer
** Frantz Neidecker. 1543, 1544 domus Neideckh [= Franz Neydeckher zu Seeholzen, ∞ Barbara]
    St: 1542, 1543: an chamer, 1544: -/2/10
    StV: (1543) [Nachtrag:] zalt -/4/20.
** Anna Bart, Witwe des Bernhard Höhenkircher [1551 April 20 u. ö.]
** domus Höhenkircher. 1550-1552/I, 1553-1560, 1564/I-1571 domus (relicta) Hóhenkircherin. 1563 domus Hochenkhircher. 1566/I fraw[4] Hehenkircherin
    St: 1545-1548: nihil, rath, 1549/I: derzeit nihil, 1549/II: an chamer, 1550: 3/-/-, 1551/I: derzeit

---

[1] BayHStA, KU Beuerberg, alt: GUM 828.
[2] 1418 Steuerbetrag fälschlich neben dem alten Sweigger stehend.
[3] Blasius Kötterl war von 1520-1528 Stadtschreiber, vgl. R. v. Bary III S. 787 und Rindermarkt 2.
[4] Getilgt „domus" und davorgesetzt „fraẃ".

nihil, 1551/II, 1552/I-II, 1553, 1554/I: 3/-/-, 1554/II: an chamer, 1555, 1556: 3/-/-, 1557: an chamer, 1558: 6/-/-, 1559, 1560: 3/-/-, 1561, 1563: an chamer, 1564/I: 5/-/- an chamer, 1564/II, 1565: an chamer, 1566/I-II, 1567/I-II: 5/-/-, 1568: an chamer, 1569, 1571: 5/-/-

StV: (1549/I) hinfúro ains beysitz halber. (1549/II) zalt 3/-/- irn (!) beysitz, so sich Martini anno [15]49 verfallen. Actum den 10. Februarii anno [15]50. (1550) mit ainem geding fúr irn beysitz. (1551/I) hat ain jerlichs geding. (1551/II) mit geding fúr irn beysitz. (1552/I) fúr irn beysitz, als offt und wie man steurt, ainfach oder doplt, ir steur. (1552/II-1554/I, 1556) mit geding, als offt und wie man steurt, soll sy auch steurn. (1553) soll auch fúr 3 nachsteur irer mueter erb halber 3 fl [geben]. Ad 27. Januarii anno [15]54 zalt dise 3 fl nachsteur. (1555) mit geding zum beysitz, als offt und wie man steurt. (1555) Mer 3/-/- ain alte steur. (1557) zalt 3 fl irn beysitz, verfallen Martini anno [15]57. Actum 20. Januarii anno [15]58. (1558) als ir dopler beysitz. (1559) mit geding fur irn beysitz. (1560) mit geding so offt und wie man steurt, albeg sovil fúr irn beisitz. (1563) adi 25. Septembris anno [15]63 zalt fúr iren beisitz 5 fl unnd fúr ain versessne steur auch 5 fl unnd soll hinfúran allwegen 5 fl geben, so offt man steurt. (1565) adi 24. Decembris anno [15]65 zalt sy fúr 3 steur a [15]64, [15]64, [15]65 yede steur 5 fl fúr irn beisiz, thuet 15 fl, zalt und soll auch hinfúran allweg 5 fl geben. (1566/I-1567/II) fúr irn beisitz, als offt (und wie) man steurt. (1568) zalt an chamer den 3. Februarii anno [15]69 10 fl (1569-1571) fúr(n) irn beisitz als offt unnd wie man steurt.

Bewohner Fürstenfelder Straße 16:

Kelner satler, 1368-1390/I, 1392 inquilinus
    St: 1368: -/-/30 post, gracianus, 1372: -/-/48 recessit, 1383/I: -/-/18, 1383/II: -/-/27, 1387: -/-/40, 1388: -/-/80 juravit, 1390/I-II: -/-/80, 1392: -/-/60

Zollner kramer inquilinus. 1372 Haincz Zollner institor inquilinus
    St: 1369: -/3/18 voluntate, 1372: -/-/-

Hans Posch satler, 1375-1378, 1381 inquilinus
    St: 1375: 2/-/60, 1377: -/15/12 juravit, 1378, 1379, 1381: -/15/12
   pueri uxoris St: 1377-1379, 1381: -/-/30

Krúgin St: 1393: -/6/-

Kiczinger inquilinus.[1] 1406 relicta Kiczinger inquilina
    St: 1400: -/-/-, 1406: nichil habet
    StV: (1400) die (!) hat der rat ledig gesagt.

Gesel schlayrlerin inquilina St: 1416: -/-/40

Chuncz Perger St: 1423: -/6/-

Hanns hafner, 1431 inquilinus. 1439/I-II relicta Hanns hafnerin. 1440 relicta hafnerin, 1441/II inquilina
    St: 1423: -/-/75, 1431: -/-/60 iuravit
    Sch: 1439/I, 1440, 1441/II: 0,5 t[aglon]

Kristan Newmair. 1440, 1441/I relicta Newmairin, 1441/I hafnerin
    Sch: 1439/I: 1 t[aglon], 1440, 1441/I: 0,5 t[aglon]

Jorg vom Kray inquilinus Sch: 1441/II: 1 t[aglon]

Liebhart Koppnhofer inquilinus Ursntaler St: 1447: -/-/60

Lienhart Perner verber St: 1447: vacat

Erhart maurer inquilinus. 1462 Erhartt Randeck maurer inquilinus. 1482 Erhard Randecker. 1486 mayster Erhard stainmetz[2]
    St: 1458: Liste, 1462: -/-/60, 1482: 1/-/10, 1486: 1/-/9

maister Úlrich Randek, 1490 maurer, 1496 stainmetz[3]
    St: 1490: -/4/20, 1496: -/5/1
    StV: (1496) et dedit -/4/20 fur sein swester Katrey.

Anna landsknechtin St: 1514: Liste

---

[1] 1395 Name wieder getilgt.
[2] Meister Erhart Randeck laut RP 1459, 1460, 1471, 1475, 1478, 1579, 1481 Vierer der Maurer, 1487 „ist tod".
[3] Meister Ulrich Randeck 1489, 1490, 1492, 1497, 1500, 1502, 1504, 1509 Vierer der Maurer, vgl. RP.

Hess inquilinus St: 1522: -/2/-
Adam tagwercher inquilinus St: 1523: -/2/-
Andre inquilinus St: 1524: -/2/-
relicta Hanns [IV.] Schluderin St: 1525, 1526, 1527/I-II: 2/5/14
herr oberrichter Egidi (von) Sunnendorff (Sunnendorffer). 1559 her oberrichter. 1560 oberrichter Egidi Sonnendorffer. 1561 oberrichter
    St: 1557, 1558: an chamer, 1559, 1561: nihil, 1560: -/-/-
(Jochim, Joachim) Haberstockh procurator, 1564/II hofprocurator
    St: 1563, 1564/I: -/-/1, 1564/II: -/2/- burger und hofgsind.

Fürstenfelder Straße 17
(mit Färbergraben 4*)

Lage: An der späteren Sattlerstraße, ursprünglich einem kleinen Durchgang von der Fürstenfelder Straße zum Färbergraben. Deshalb später ein Eckhaus.

Hauseigentümer:

1347 Februar 12 des Arnold von Massenhausen, Marschalls in Bayern, zwei Häuser auf dem inneren Graben, sind gelegen zwischen den Häusern des (Abtes) von Ebersberg (Fürstenfelder Straße 16) und des (Abtes) von Ettal (Fürstenfelder Straße 18*/19*).[1]
1368-1395 domus Mäzzenhauser (StB).
1401/II domus Peter Wainer (StB).
1401 Oktober 29 Peter der Wayner versetzt seine zwei Häuser an der Fürstenfelder Gasse mit Zubehör, hinten, vorne und daneben, „und da er yeczund wesenleich ynn ist" Paulsen dem Fideller von Augsburg um 174 gute rheinische Gulden.[2]
1402 Januar 31 Peter der Wayner verpfändet die Überteuerung seiner zwei Häuser an der Fürstenfelder Gasse, die er vordem schon einmal um 174 rheinische Gulden dem Paul Fideller von Augsburg versetzt hatte, nunmehr Hanns dem Tichtel um 140 gute neue ungarische Gulden.[3]
1403-1413 domus dez junge(r)n (hern) Sweiggern (von Gundelfing) (StB).
1404 Januar 14 Hanns der Tichtel verpfändet ein Haus an der Fürstenfeldergasse, „daz Peter des Wayner gewesen ist" dem Herrn Sweigker dem jüngeren von Gundolfing, mit einer Vollmacht vertreten durch „Churaden dem Tawrlinger".[4]
1415, 1416 domus Hainrich Adelczhawser (StB).
1418, 1419 domus aber dez alten Sweiggern (von Gundelfing) (StB).
1423 domus Hainrich Adelczhawser, ist nu des Ebners (StB).
1431 domus Hartman Ebner (StB).
1435 April 9 Hartmann Ebner verkauft sein Haus, Hofstatt, Stadel und Garten an der Fürstenfelder Gasse, zunächst an des von Ettal Haus (Fürstenfelder Straße 18*/19*) dem Edlen Jorigen von Gundelfing um 300 ungarische Gulden.[5]
1453-1462 domus (herr Toman) Preisinger (Preyssinger) (Listen).
Die Gundelfinger und Preysinger waren verwandt. Laut Hund war 1407 Thoman der Preysinger der

---

[1] Urk. F III c Nr. 3.
[2] GB III 1/1.
[3] GB III 1/2 („actum feria tercia post Policarpi anno prenotato"). „Prenotato" bezieht sich auf die über der Seite stehende Jahreszahl „CCCC primo", also 1401. Das Fest des heiligen Polycarp wird laut Grotefend am 26. Januar gefeiert. Deshalb wäre das Datum hier mit 1. Februar 1401 aufzulösen. Da sich der Eintrag im Gerichtsbuch aber auf den vorausgehenden Eintrag (GB III 1/1) bezieht, der mit „actum feria sabbata proxima ante festum omnium sanctorum anno prenotato", also 29. Oktober 1401, datiert ist, ist wahrscheinlich „prenotato" ein Irrtum und sollte „secundo" heißen und damit 31. Januar 1402.
[4] GB III 21/4.
[5] BayHStA, Urk. Pfalz-Neuburg, alt: GUM 236.

Schwager von Schweiker von Gundelfing, weil dieser mit seiner Schwester verheiratet war. Dieser Thoman war 1415 schon tot. Ein zweiter Thoman Preysinger zu Wolnzach, des obigen Sohn, habe nach dem Tod von Jörg von Gundelfing um 1450 Seefeld und andere Güter geerbt, jedoch nicht ohne Streit mit den anderen Gundelfingern sowie mit denen von Törring, weil die erste Ehefrau des Wilhelm von Törring eine Gundelfinger war. Hund meint, es sei wohl eine Schwester von Jörg dem Gundelfinger gewesen.[1] Schließlich hätten 1466 Georg, Seitz und Wilham die Törringer Seefeld als ihr ahnfrauliches Erbe, herrührend von den Gundelfingern, erhalten, entgegen Herrn Thoman Preysinger zu Wolnzach. Dieser verwandtschaftliche Zusammenhang erklärt auch die Besitzgeschichte dieses Münchner Hauses.

1474 Oktober 23 dem „Jorgen in des Törringer hawß" zahlt die Stadt einen Botenlohn zum Katzmair (an den Wörthsee).[2]

1482-1496 domus Törringer (StB).

1484/85 laut Grundbuch (Überschrift) hat Sewfrid (Seicz) Torringer Haus und Garten, Stadel und Hof daneben, mit einer Einfahrt.[3]

1490 März 11 dem Veit Törringer zu Jettenbach gehört laut Grundbuch ein halbes Haus und Hofstatt. Er verkauft jetzt ein Ewiggeld von 6 Gulden um 120 Gulden Hauptsumme an die Bart-Messe in St. Peter (GruBu).

1509 April 2 die Vormünder der Kinder des Veit von Törring verkaufen laut Grundbuch ein Ewiggeld aus dem Haus (3 Gulden um 60 Gulden) (GruBu).

1510 Juni 21,

1520 Januar 23 das Haus des Seicz von Törring ist Nachbar von Anton Schluder beziehungsweise Johannes Müllner beziehungsweise Ulrich Thorer von Eurasburg.[4]

1522-1541 domus Törringer (StB).

1525 März 4 das Haus des Johannes von Törring ist Nachbar des Ulrich vom Thor zu Eurasburg beziehungsweise Blasius Kötterl (Fürstenfelder Straße 16).[5]

1540 September 29 Ankauf des Hauses und eines Gartens in München durch Herzog Ottheinrich von der Pfalz.[6] Daß es sich dabei um dieses Haus handelte, ergibt sich aus dem Folgenden:

1541 das Haus gehört bis zu diesem Jahr dem Pfalzgrafen und Herzog Ottheinrich von Ober- und Niederbayern. Er verkauft es jetzt an Dr. Panthaleon Pronner. Jedenfalls behauptet am 8. November 1612 einer seiner Nachfahren, Hans David Pronner, der es zu dieser Zeit noch besitzt, daß es 1541 seine Voreltern von Herzog Ottheinrich erworben hätten und zwar mit allen Rechten wie es davor schon die Törring innegehabt hätten.[7]

1542 Oktober 6 das Haus gehört laut Grundbuch nunmehr dem Dr. Panthaleon Pronner, belegt durch Ewiggeldverkauf von 15 Gulden um 300 Gulden Hauptsumme (GruBu).

1543-1552 domus Doctor Panthaleon (Pronner/Prunner) (StB).

1544 November 5 weiterer Ewiggeldverkauf von 15 Gulden um 300 Gulden durch Dr. Panthaleon Pronner (GruBu).

1570 September 1 laut Grundbuch verkauft Wolff Prunner zu Mühlfelden, Mitglied des inneren Stadtrats, ein Ewiggeld von 80 Gulden rheinisch um 1600 Gulden Hauptsumme aus dem Haus. Von einer Ehefrau ist im Grundbuch nicht die Rede (GruBu).

1573 laut Grundbuch (Überschrift) Wolff Pronners Haus und Garten, Stadel und Hof daneben, mit einer Einfahrt.

Die Pronner besitzen das Haus noch bis zum 20. März 1629.

Der Eintrag zu 1352 über Schweiker von Gundelfingen gehört nicht zu diesem Haus. Ihn hat der Häuserbuchbearbeiter aus der Mordgeschichte willkürlich hierhergezogen,[8] weil man einfach unterstellte,

---

[1] Hund, Stammenbuch I S. 298 und II S. 320/321.
[2] KR 1474/75 S. 71r.
[3] Stadtgericht 207/5a (GruBu) S. 595v/596r und 207/5 (GruBu) S. 265r.
[4] Hundt, KU Indersdorf, in: OA 25 Nr. 1810, 1898 = BayHStA, KU Indersdorf, alt: GUM 2883, 2884.
[5] Hundt, KU Indersdorf, in: OA 25 Nr. 1919 = BayHStA, KU Indersdorf, alt: GUM 2885.
[6] R. Salzer, Beiträge zu einer Biographie Ottheinrichs = Festschrift der Realschule Heidelberg zur Fünfhundertjährigen Jubelfeier der Universität, Heidelberg 1886, S. 71.
[7] Bauamt-Tiefbau 20/1 (8.11.1612 und 18.4.1616).
[8] HB HV S. 140.

daß deshalb, weil dieses Haus um 1403 einem Gundelfinger gehörte, es schon immer so gewesen sein müsse. Die Mordgeschichte fand mit Sicherheit ganz wo anders statt.[1]

Eigentümer Fürstenfelder Straße 17:

* Arnold von Massenhausen , Marschall in Bayern [1347 Februar 12]
* domus Mázzenhauser (Maessenhauserii)[2]
    St: 1368, 1369, 1371, 1372, 1375, 1387, 1395: -/-/-
    [Peter] Wainer kramer (institor), 1368-1375 inquilinus. 1381, 1382, 1383/II relicta Waynerin (Wainerin). 1383/I, 1388-1393, 1396-1400 Waynerin. 1387 Waynerin in domo Messenhawser
        St: 1368: -/-/30 post, 1369: -/-/36, 1371: -/-/45 post, 1372: -/-/44 post, 1375: -/3/10, 1377: -/3/10-juravit, 1378: -/3/10, 1379: -/-/-, 1381: -/-/48, 1382: -/-/42, 1383/I: -/-/30, 1383/II: -/-/45, 1387: -/-/20, 1388: -/-/40 juravit, 1390/I-II: -/-/40, 1392: -/-/24, 1393, 1394: -/-/32, 1395: -/-/60 für vier lb, 1396, 1397, 1399: -/-/48 fur 4 lb, 1400: nichil
        StV: (1379) [Nachtrag am Rand:] solvit -/-/80.
* domus Peter Wainer
    St: 1401/II: -/-/-
    StV: (1401/II) den hat der rat ledig lazzen die stewr.
* domus dez jungen (hern) Sweiggern (von Gundelfing)
    St: 1403, 1405/I-1408, 1410/I-II, 1411-1413: -/-/-
* domus Hainrich Adelczhaẃser
    St: 1415, 1416: -/-/-
* domus aber dez alten Sweiggern [von Gundelfing]
    St: 1418, 1419: -/-/-
* domus Hainrich Adelczhawser, ist nu des Ebners
    St: 1423: dedit 0,5/-/-
* domus Hartman[3] Ebner [bis 1435 April 9]
    St: 1431: 0,5/-/-
* Jörg von Gundelfing [seit 1435 April 9, hgl. Rat, Hofmeister[4]]
* domus Preisinger. 1456-1457 domus herr Toman Preisinger
    St: 1453-1458: Liste, 1462: nichil
** Seifrid Törringer [1474, 1484/85]
* domus Torringer (Tórringer)
    St: 1482, 1486, 1490, 1496: nichil
** Veit Törringer von Jettenbach [1490 März 11, halbes Haus]
** dessen Kinder unter Vormundschaft [1509 April 2]
* Seitz von Törring [vor 1510 Juni 21 bis nach 1520 Januar 23]
** domus Tórringer [= Johannes von Törring]
    St: 1522: nichil, ist steurfrey, 1523-1540: nihil, 1541: an chamer
* Pfalzgraf und Herzog Ottheinrich [seit 1540 September 29; 1541]
* Familie Pronner, wohl Dr. Pathaleon [ab 1541]
** domus Doctor Panthaleon [= Pronner]. 1552/II domus Doctor Prunner
    St: 1543: an chamer, 1544: 1/-/10, 1545: -/5/10, 1546-1548, 1549/I-II, 1550, 1551/I-II, 1552/I-II: -/2/20
    StV: (1543) sed dedit 2/4/20 von 10 fl gelts. (1544, 1545) von seinen zinsen.

---

[1] Stahleder, Haus- und Straßennamen S. 616 ff.
[2] 1395 ganzer Eintrag wieder getilgt.
[3] Hartmann der Ebner war 1435 Küchenmeister Herzog Wilhelms III., vgl. von Andrian-Werburg, Urkundenwesen S. 91.
[4] Zu Georg von Gundelfingen vgl. v. Andrian-Werburg, Urkundenwesen S. 95/97.

Doctor [Hieronymus] Prunner, cantzler der landschafft. 1553, 1554/I domus N. Pruner landschafft cantzler[1]
    St: 1552/I: nihil, 1553, 1554/I-II: -/2/20
    StV: (1552/I) sein brueder soll jerlich geben 12/-/- mit geding auff 3 jar lang, anzaigt per auffleger am 8. tag Julii. (1552/II) sein brueder Wolff Prunner 12/-/- vermóg des [15]52. steurpuechs im monat Julii folio 53 col. 1 [= 53r, Fischergasse], laut sein geding auff 3 jar jerlich sovil ze geben und das ist das erst jar.

** Wolf (Wolffgang) Prunner (Pronner) [= zu Mühlfelden, innerer Rats,[2] ∞ Judith II. Ridler]
    St: 1555: 32/-/- juravit, 1556, 1557: 32/-/-, 1558: 64/-/-, 1559, 1560: 32/-/-, 1561, 1563: 28/-/-, 1564/I-II, 1565, 1566/I-II, 1567/I-II: 29/4/20, 1568: 59/2/10, 1569, 1570: 23/-/-, 1571: an chamer
    StV: (1564/I) zuegesezt 50 fl seiner hausfrauen heuratguet.

Bewohner Fürstenfelder Straße 17 (können teils zu Fürstenfelder Straße 18* gehören):

relicta Gerwirg inquilina St: 1369: -/-/12
Wólfel múlner inquilinus St: 1392: -/-/18
Lienhart Lang inquilinus [Stadtschreiber[3]] St: 1403: facat
Wenndel schlairkauflin inquilina St: 1403: -/-/-
Hainrich goltsmid inquilinus St: 1406: -/-/-
Wilhalm Diener inquilinus St: 1407: nichil
Alhart inquilinus St: 1415: -/-/-
Chunrat Perger inquilinus St: 1431: 0,5/-/- iuravit
relicta Altmanin Sch: 1439/I-II, 1440, 1441/I-II: 3 t[aglon]
    Hanns Altman Sch: 1439/I-II, 1440, 1441/I-II: 1 t[aglon]
Lochauser Sch: 1445: 1 diern, dedit -/-/8
Gebhart sporer St: 1453: Liste
Hanns Payr messer(er) St: 1454, 1456: Liste
Ulrich Krametvogel, 1456 sneider St: 1454-1456: Liste
Jorg gurtler St: 1455, 1457: Liste
relicta Táublerin (Taublerin) inquilina St: 1456, 1457: Liste
Jorg pecknknecht inquilinus St: 1456: Liste
Hanns sáumer slairler St: 1457: Liste
Hanns Kreler St: 1458: Liste
Schiltlin inquilina St: 1462: nichil daz jar
Hanns haffner[4] St: 1462: -/-/64
Linhartt geschlachtgebanter Argat[er] inquilinus St: 1462: -/-/60
Jorg Frolich, 1486 probst[5] St: 1482: -/2/15, 1486, 1490, 1496, 1500: -/-/60
Pauls Gollater St: 1482: -/5/10
Steffan padknecht [nachgetragen:] perlmûtrer St: 1482: -/-/60
Sebastian keller (Koller ?) St: 1486: -/-/60
Fritz Wieler [Salzbereiter, Stadtsöldner[6]] St: 1486: nichil

---

[1] Dr. Hieronimus Pronner/Prunner von Aichbichl und Mühlfelden war seit 1550 bayerischer Hofrat, von 1552 bis zu seinem Tod am 9.1.1585 Landschaftskanzler, vgl. Bosls Bayerische Biographie S. 604, nach Maximilian Lanzinner, Fürst, Räte und Landstände. Die Entstehung der Zentralbehörden in Bayern 1511-1598, Göttingen 1980 = Veröffentlichungen des Max-Planck-Instituts für Geschichte 61. – Von Hieronymus Pronner gibt es ein Porträt von Hans Mielich von 1556, vgl. Löcher, Hans Mielich S. 161 Abb. Nr. 50.

[2] So 1555 und 1557 bis 1571, vgl. RP, Fischer, Tab. III S. 2. Vgl. auch Stahleder, Bürgergeschlechter. Die Ridler S. 165.

[3] Linhart Lang, einer der Wortführer der Umsturzpartei, 1399-1403 Stadtschreiber, vgl. R. v. Bary III S. 785.

[4] Er ist wahrscheinlich der „Hans hafner an Fürstenfelder gassen", den die Stadtkammer „von einem offen in der stat hauß ze pessern" bezahlt, vgl. KR 1463/64 S. 100r u. ö.

[5] Er dürfte der „Jorg in des Törringer hawß" sein, dem die Stadt am 23.10.1474 einen Schilling und 18 Pfennige Botenlohn zum Katzmair (im Wörthsee) zahlt, vgl. KR 1474/75 S. 71r.

[6] Fritz Wieler 1473-1486 Stadtsöldner, 1475-1485 Salzbereiter, vgl. Vietzen S. 161, R. v. Bary III S. 837.

Hanns Gúnther windenmacher St: 1486: -/2/3
sein [= des Törringers] wirt St: 1522: -/2/13 juravit
Hanns [IV.] Pútrich
    St: 1522: 1/5/17 juravit, 1523-1526, 1527/I: 1/5/17, 1527/II: 4/1/5, 1528: 4/1/5 patrimonium
peitler inquilinus. 1525 Martein peitler. 1526, 1527/I Martein peitler inquilinus
    St: 1523: an kamer, 1524-1526, 1527/I-II: -/2/-
Lorentz Bernhart, 1524 peitler St: 1523-1526, 1527/I: -/2/-
Gabriel amer St: 1527/II: -/2/-
Mathes tagwercher St: 1527/II: -/2/-
Wolfganng Reitter St: 1527/II: -/2/-
Hanns kramer von Eßling St: 1527/II: an kamer
Schmálltzl daselbs. 1529 Schmálltzl. 1532 Schmáltzl inquilinus
    St: 1528: an kamer, 1529: -/2/-, 1532: nichil
    StV: (1532) sol nichts in die stat arbaytten, rats gescháft.
Wolfganng z[immermann ?] St: 1529: -/2/-
Wolfganng Ostermair. 1540 Wolff Ostermair seidnnatter. 1541, 1542 Wolff Ostermayr
    St: 1532: -/2/10, 1540-1542: -/2/24
Hanns Kraus St: 1532: nichil, ganndtknecht
Hanns sporer maurer St: 1540, 1541: -/2/-
Steffan Obinger schuester St: 1540: -/-/21 gracion
Jacob Podn lezelter patrimonium St: 1544: -/5/10 schenckhsteur, patrimonium
Jorg Taler tagwercher St: 1546, 1547: -/2/-
Wastl zimerman. 1547-1549/I Wastl (Wastian) zimerman St: 1546-1548, 1549/I: -/2/-
Lienhart weinamer (amer)
    St: 1546, 1547: -/2/13, 1548, 1549/I-II, 1550, 1551/I-II, 1552/I-II: -/2/-, 1553, 1554/I-II: -/2/13
Gabriel segenschmid St: 1548: -/2/-
Hanns sesler Herman. 1549/II, 1550, 1551/I Hanns Herman
    St: 1549/I-II, 1550, 1551/I: -/2/-
Jobst pótin Philip St: 1549/I: -/2/-
Katherina. 1550, 1551/I Katherina Schwábin St: 1549/I, 1550, 1551/I: -/2/-
Els Rudolffin (Ruedolffin)[1] St: 1549/II, 1550, 1551/I-II,1552/I: -/2/-, 1552/II: an chamer
Caspar Pirckherin St: 1551/I: -/2/-
Melcher Recher maurer. 1552/II, 1553 Melchior maurer
    St: 1551/II: -/2/-, 1552/I: an chamer, 1552/II, 1553, 1554/I-II, 1555, 1556: -/2/-
    StV: (1552/II) mer -/2/- ain alte steur.
Hanns Rostaler ainspenig St: 1551/II, 1552/I-II, 1553, 1554/II: nihil
Andre Straucher zingiesser
    St: 1552/I: -/2/-
    StV: (1552/I) mer -/-/28 von wegen seines kinds.
Clas zimerman. 1554/II-1556 Clas Hackhl (Háckhl) zimmerman St: 1553, 1554/I-II, 1555, 1556: -/2/-
Jori Rebeller St: 1555: -/2/-
Lienhart fárber St: 1555, 1556: -/2/13
Melchor Kholer kúrsner St: 1556: -/3/5 patrimonium
Walthas Sighart
    St: 1556: -/-/-
    StV: (1556) zalt infra, folio 56 col.1 [= Rindermarkt 19] Jorg Wilhelm zingiesser.

---

[1] Vielleicht die 1551 nachgewiesene Tochter Elisabeth von Hieronimus Rudolf.

Fürstenfelder Straße 18*
(mit Färbergraben 19* und Kaufingerstraße 15 (17*))

Charakter: Teil des Ettaler Klosterhofs Kaufingerstraße 15 (17*) (bis 1799).

Hauseigentümer:

1347 Februar 12 das Haus des Abtes von Ettal grenzt an die zwei Häuser des Arnold von Massenhausen (Fürstenfelder Straße 17).[1]
1435 April 9 das Haus des Klosters Ettal ist Nachbarhaus des Hauses von Hartman Ebner beziehungsweise Sweigker von Gundelfing (Fürstenfelder Straße 17).[2]
1543, 1544 domus Steger(in) (StB). Entweder Irrtum oder leibgedingsweise an die Steger(in) vergeben.
1545 domus Ettal (StB).
Das Haus gehört bis 1799 dem Kloster Ettal. Es reicht bis zur Kaufingerstraße vor und stößt dort an das ursprüngliche Kaufingertor, den späteren Schönen Turm.

* Kloster Ettal [1347 Februar 12]
* relicta Stegerin. 1544 domus Steger [als Leibgeding ?]
    St: 1543, 1544: -/-/-
    StV: (1543) auff khonfftigs jar hat sy sich bewilligt, ain beysitz ze geben. (1544) infra folio 58 col. 1 domus Eetal [= 58r, Kaufingerstraße 17*]
** domus Etal
    St: 1545: infra folio 59 col. 2 [= 59v, Kaufingerstraße 17*/18*]

Bewohner Fürstenfelder Straße 18*:

Hanns Reichel
    St: 1541: -/-/28 gracion, 1542: -/4/12 juravit, 1543: -/4/-, 1544: -/2/-
    StV: (1544) zalt an chamer 4 nachsteur. Actum 10. Octobris.
Hanns statsoldner St: 1543-1545: nihil

Fürstenfelder Straße 1* – 8
(ab 1564 nur 1* – 7)
(= Rückgebäude der Häuser an der Kaufingerstraße)

Lage: Ab 1557 über den folgenden Namen „gegn über", um den Wechsel der Straßenseite anzudeuten.

Klar trennbar sind die Namen erst seit 1566/II, von wo aus die vorher schon aufgeführten Namen auch in die Vergangenheit zurück noch zuteilbar sind.

Bewohner Fürstenfelder Straße 1* – 8:

Melchor Recher maurer St: 1557: -/2/-
Hanns Weigl, 1558-1560 zimmerman St: 1557: -/-/14 gracion, 1558: -/4/-, 1559, 1560: -/2/-
Peter zimerman. 1558 Peter Mittermayr zimmerman St: 1557: -/-/14 gracion, 1558: -/4/-

---

[1] Urk. F III c Nr. 3.
[2] BayHStA, Urk. Pfalz-Neuburg, alt: GUM 236.

1572

Kaufingerstraße

| 16* | 15* | 14* | 13* | 12* | 11* | 10 | 9 |

| Kaufingerstraße 16* | zu Kaufingerstraße 15* | | | | | zu Kaufingerstraße 10 | zu Kaufingerstraße 9 |
| | 1* | 2* | 3* | 4* | 5* | 6 | 7 | 8 |

Fürstenfelder Straße, Nordostseite

| zu Kaufingerstraße 14 | 3 | 4 | 6 | 7 | 8 |

Liebfrauen-Passage   Schüssel-Passage

1939

Abb. 32 Fürstenfelder Straße Nord Nr. 1* – 7, Häuserbuch Hackenviertel S. 128/129.

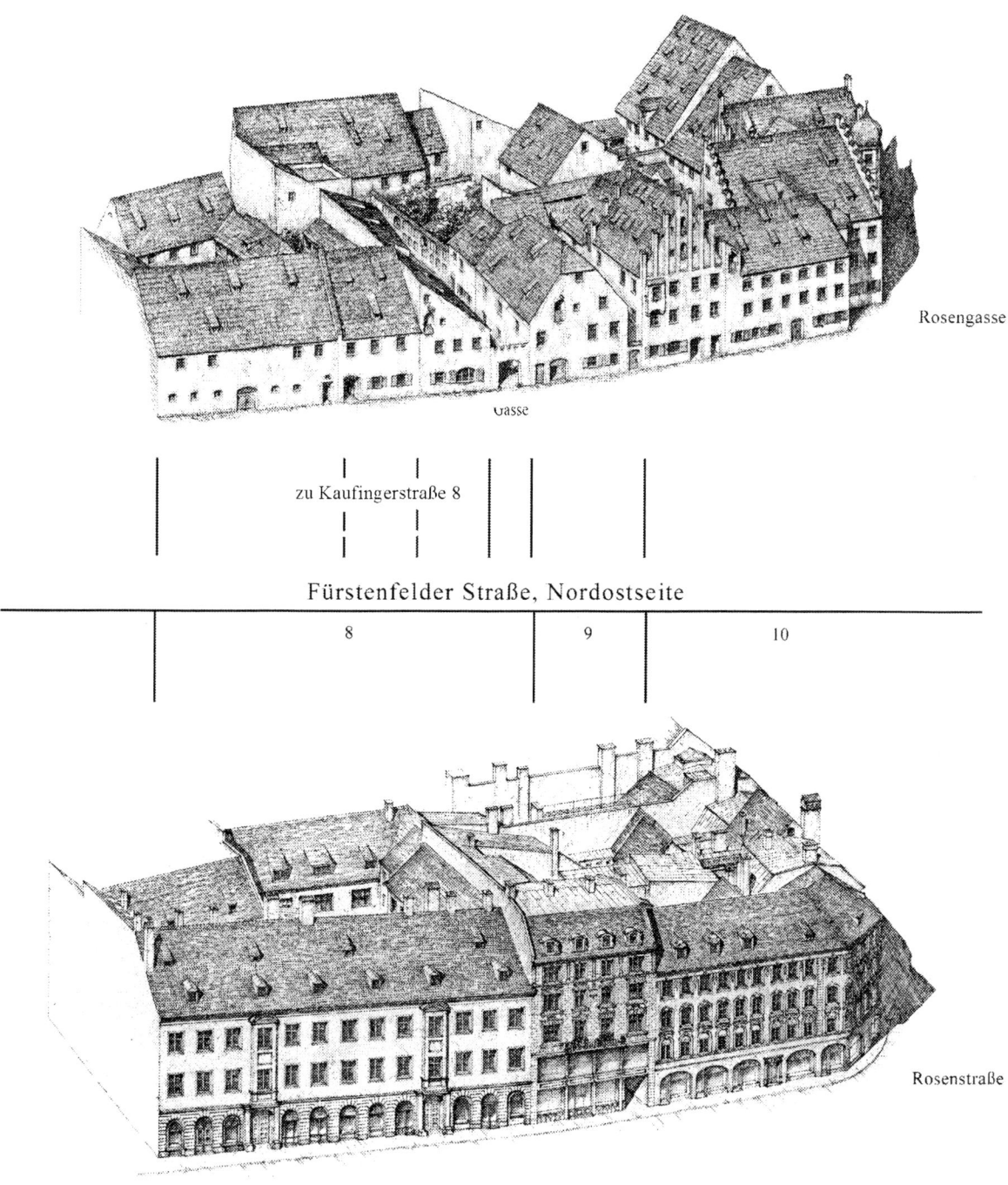

Abb. 33 Fürstenfelder Straße Nordost Nr. 8 – 10, Häuserbuch Hackenviertel S. 128/129.

Lienhart färber St: 1557: -/2/13, 1558: -/4/26
Gaspar Dantzl leinweber St: 1558: -/4/-
Bárbl Hueberin
    St: 1558: -/-/-
    StV: (1558) hat gesteurt den herrn der ehaltnsteur.
Balthasar (Balthauser) Thayserin (Dayserin, Taserin) [Scharsachschleiferin[1]]
    St: 1558: -/4/-, 1559-1561, 1563: -/2/-
Anna müllnerin. 1559 mullnerin Posserin St: 1558: -/4/-, 1559: -/2/-
Lienhart Zácherl (Zächerl), 1559 zimmerman St: 1559, 1560: -/2/-
Clement schopperin St: 1559: -/2/-
Hanns Vogler, 1559 schneider St: 1559, 1560: -/2/-
Lienhart (Lenhart) Clasner (Closner, Khlasner), 1559 seidnnater
    St: 1559-1561: -/2/-, 1563: -/-/-
    StV: (1563) ist in unser frauen gässl.
Katherina Winckhlerin St: 1560: -/2/-
Jheronimus pulvermacherin St: 1560: -/2/-
Melcher Strobl St: 1561: -/-/14 gratia
Jorg Purckh St: 1561: -/2/-
Wolff Kholbeckh St: 1561: -/-/- pauper der zeit
Christoff Hehert zumuller St: 1561: -/-/14 gratia
Bastian Graf schuester St: 1561: -/2/-, 1563: an chamer
Sixt Älbl St: 1563: -/2/23 juravit
Hanns Obermair deckhenmacher St: 1563: -/1/- pauper
Balthasar Mayr handschuechmacher St: 1564/I-II: -/2/-
Peter Stetner pot St: 1564/I: -/2/-
Hanns gartner [schuster[2]] St: 1564/II: -/2/-

Fürstenfelder Straße 1*
(zu Kaufingerstraße 15*)

Fürstenfelder Straße 2*
(meist zu Kaufingerstraße 14*)

Eigentümer:

*   domus Liginger lezelter[3]
    St: 1566/II, 1567/I-II, 1568: -/-/-
** domus Stepacher[4]
    St: 1569-1571: -/-/-

Bewohner Fürstenfelder Straße 2*:

Cuntz Clos (Clas), 1564/II-1570 tagwercher
    St: 1563, 1564/I-II, 1565, 1566/I-II, 1567/I-II, 1569, 1570: -/2/-, 1568: -/4/-
Wolf Rechtaler, 1561, 1564/II-1571 (ain) maurer
    St: 1561: -/-/14 gratia, 1563, 1564/I-II, 1565, 1566/I-II, 1567/I-II: -/2/-, 1568: -/4/-, 1569-1571:
        -/2/-

---

[1] Vgl. Färbergraben 1*.
[2] Vgl. aber auch Kaufingerstraße 14*, Rosenstraße 4 und 5.
[3] Wohnt im Vorderhaus Kaufingerstraße 14 und zahlt die Steuer dort.
[4] Ist Eigentümer von Kaufingerstraße 14.

Mathes (Matheus) Kátzlerin (Kátzl, Khátzl, Kátzlin, Khatzlerin), 1571 infraw
    St: 1567/I-II: -/2/-, 1568: -/4/-, 1569, 1571: -/2/-
Andre Jung tagwercher St: 1568: -/-/-
obserin
    St: 1570: an chamer, 1571: -/-/-
    StV: (1571) ist auf dem Ferbergraben.
Hanns dagwercher [darüber:] mesner St: 1571: -/2/-
Lorentz Siessin witib St: 1571: -/2/-
Hanns daschnerin infraw St: 1571: -/2/-

Fürstenfelder Straße 3
(= Stadel zu Kaufingerstraße 13)

Eigentümer:

* domus Caspar [= Caspar schmid] koch
    St: 1566/II-1571: -/-/-

Bewohner Fürstenfelder Straße 3:

Mathes Kátzler. 1565-1566/II Matheus Kátzlerin, 1566/I wittibin
    St: 1564/II, 1565, 1566/I-II: -/2/-
    StV: (1564/I) mer 2 versessn steur -/4/-.
Jorg (Georg) Strobl tagwercher St: 1565, 1566/I-II: -/2/-
Wolf Táberin [darüber:] Weiglin St: 1565: -/2/-
Paulus Lechler tagwercher St: 1565: -/2/-
Hanns Pöpel ain reiter St: 1566/I-II: -/2/- burger, hofgsind
Jheronimus Khnaus (Khraus), 1567/I, 1568 tagwercher, 1567/II maurer, 1570 peckh
    St: 1567/I-II: -/-/-, 1568: -/2/- der zeit, 1569: -/-/-, 1570: -/1/- der zeit
    StV: (1567/I) die zeit khranckh. (1567/II) pauper und sy khrannckh. (1569) pauper.
Frantz Rothofer tagwercher St: 1568: -/2/- der zeit
Jórg Ostermair tagwercher. 1570 Jórg Osterdorffer (!) tagwercher
    St: 1569, 1570: -/2/-
    StV: (1569, 1570) mer fúr sein khind -/1/5.
Hans Gidl tagwercher St: 1569: an chamer, zalt
j[unckhfrau ?] Lorentz Siessin St: 1571: -/-/- [vgl. Fürstenfelder Straße 2*]

Fürstenfelder Straße 4*
(= zu Kaufingerstraße 12*)

Eigentümer:

* domus Mathes (Matheus) Soner
    St: 1566/II-1571: -/-/-

Bewohner Fürstenfelder Straße 4*:

Lenhart (Leonhart) Gautinger salzstösl
    St: 1564/I-II, 1565, 1566/I-II, 1567/I-II: -/2/11, 1568: -/4/22, 1569: an chamer
Jörg Strobl tagwercher St: 1567/I-II: -/2/-, 1568: -/4/-
Christoff Cratzer St: 1569: nit burger

Hanns obserin St: 1569: -/2/-
Wolf von Orliens (Orlients) [Stadtsöldner[1]] St: 1570: -/-/1, 1571: -/-/-

Fürstenfelder Straße 5*
(= zu Kaufingerstraße 11*)

Eigentümer:

* domus Michel metzger
    St: 1566/II-1571: -/-/-

Bewohner Fürstenfelder Straße 5*:

jungkhfraẃ Weissenfelderin
    St: 1564/I-1570: an chamer
    StV: (1564/II) 4 steur albeg 3 fl. (1565) adi 24. Januarii anno [15]66 zalt sy fúr 5 verfalln steur fúr yede 3 fl irn beisiz unnd soll hinfúran auch albeg 3 fl geben. [Nachtrag:] sol ir ain manbrief geschriben werden, in 14 tag ze bezaln 15 fl. [Nachtrag:] Nota zalt. (1566/II) mer ain versesse steur -/6/-. (1567/I) [ganz rechts am Rand:] 9 fl.
Preisinger rytter St: 1565: -/-/- hoffgesindt, 1566/I: nihil, hofgsind

Fürstenfelder Straße 6
(= zu Kaufingerstraße 10)

Eigentümer:

* Ridler (Ridlerin) stadl
    St: 1566/II, 1567/II-1571: -/-/-

Bewohner Fürstenfelder Straße 6:

Hainrich [III.] Ridler[2] St: 1500: 1/7/15, 1508, 1509: 2/5/9, 1514: Liste
Hans Pótschner St: 1500: 1/1/17
Anna naterin inquilina St: 1514: Liste
Utz Wagenreutl St: 1514: Liste

Fürstenfelder Straße 7
(= zu Kaufingerstraße 9)

Eigentümer:

* Arsati Parts (Pardts) stadl
    St: 1566/II-1571: -/-/-

---

[1] Wolf von Orlientz war von 1548 an Stadtsöldner, vgl. R. v. Bary III S. 838/839.
[2] 1508 neben Ridler ein Zeichen für den Seitenwechsel.

Fürstenfelder Straße 8 (Teil)
(= zu Kaufingerstraße 8)

Auf dem Gelände von Fürstenfelder Straße 8 stehen laut Sandtner-Modell 3 Gebäude.

Eigentümer:

* Strobls stadl
 St: 1566/II-1571: -/-/-

Fürstenfelder Straße 8 (Teil)
(= Schuppen von Kaufingerstraße 6)

Hauseigentümer:

1485 Juni 18 die Stadt zahlt 14 Pfund für 16 rheinische Gulden „Hannsen Sluder dem jungern zinns von seinem stadel an Fürstenvelder gassen, darein man wein gelegt hat".[1] Diese Zahlungen wiederholen sich in den folgenden Jahren 1486 bis 1493[2]. Dann richtet die Stadt den städtischen Weinstadel im eigenen Haus an der Dienerstraße ein (Marienplatz 10*, Trinkstubengebäude). Von dort wandert er um die Mitte des 16. Jahrhunderts an die Burgstraße, wieder in ein stadteigenes Gebäude, wo heute noch der Name eines Lokals an ihn erinnert.

Eigentümer Fürstenfelder Straße 8:

* Hanns Sluder des jungen stadel [1485 Juni 18]
* domus Esswurmbin. 1571 domus Eßwurm
 St: 1564/I-1571: -/-/-

Bewohner Fürstenfelder Straße 8:

H. Göttl kherzler St: 1564/I: -/2/-
Andre Straucher zingiesser St: 1564/II: -/2/-
Caspar Würmseer, 1566/I-II, 1567/I schuester
 St: 1565, 1566/I-II: -/2/-, 1567/I: -/-/-
 StV: (1567/I) ist an Sendlinger gassen.
Paule Schwartz statlmacher. 1571 Paule Schwartz scadlmacherin
 St: 1567/I-II: -/2/-, 1568: -/4/-, 1569-1571: -/2/-
Margreth Mollin St: 1568: -/4/-

Fürstenfelder Straße 9

Lage: Seit 1486 neben dem ersten Namen bei diesem Haus ein großer Buchstabe, der den Beginn der neuen Straße andeutet. Abwechselnd „an Fürstenfelder gassen" und „an der Rosengassen" genannt.
Charakter: Stadel bis Ende 15. Jahrhundert, dann Wohnhaus. 1550 Fremdenherberge, 30 Pferde.

---

[1] KR 1485/86 S. 82r.
[2] KR 1486/87 S. 80v für 1486, 1487/88 S. 77r für 1487, 1488/89 S. 75v für 1488, 1489/90 S. 74v für 1489, 1490/91 S. 77v für 1490, 1491/92 S. 80v für 1491, 1492/93 S. 75v für 1492, 1493/94 S. 79v für 1493.

Hauseigentümer:

1454 das Angerkloster hat fünf ungarische Gulden und einen rheinischen Gulden „aus Kristan Kern stadel an Fürstenvelder gäslein".[1]

1483 April 27 die Stadt zahlt für Zimmermanns-Arbeiten „in des Kerns stadl in Furstenfelder gassen" beziehungsweise es wird gearbeitet „am weinstadl an Fürstenfelder gassen".[2] Als solchen hat die Stadt diesen Stadel nämlich angemietet.

1484 Juni 26 die Stadt zahlt 4 Pfund und 3 Schillinge „dem Jacob Kern zu zinß von seinem stadel an Fürstenfelder gassen, gepraucht man zu ainem weinstadel".[3]

Auch die Schrenck-Chronik nennt – ohne Jahresangabe – ein Ewiggeld zur Schrenck/Ridler-Messe in St. Peter aus Kherns Haus in der Rosengassen.[4]

1484/85 das Grundbuch (Überschrift) nennt hier „Jacob Kerns haws unnd Stadel".[5]

1527 Oktober 2 Ewiggeldverkauf[6] von 1 Gulden durch Hans Kern und Hausfrau Margareth (GruBu).

1528 März 31 immer noch wird „Jacob Kerns stadl" in der Fürstenfelder Gasse als Nachbar des Wolfgang Loter bezeichnet (Fürstenfelder Straße 10),[7] vielleicht auch nur als Übernahme der Formulierung aus einer älteren Quelle.

1542 September 26 erneut Ewiggeldverkauf durch Hans und Margaret Kern (3 Gulden um 60 Gulden Hauptsumme), diesmal an die Schwiegermutter beziehungsweise Mutter des Ehepaares (GruBu). Weitere Ewiggeldverkäufe durch das Ehepaar Hanns und Margarete Kern:

1545 Oktober 20 (10 Gulden um 200 Gulden), hierbei Weinschenk genannt, und

1547 März 23 (2 ½ Gulden um 50 Gulden) (GruBu).

1550 ein Verzeichnis der Herbergen („Hotels", Fremdenherbergen) nennt an der Rosengasse diejenige des Kern. Der Nachtrag von 1565 fügt hinzu: „jetzt Sigmundt Zuxseysen". Die Herberge gehört zu den größten ihrer Art und hat eine Kapazität zur Unterbringung von 30 Pferden.[8]

1551 August 28 das Haus gehört jetzt dem Schlosser Sigmund Zuckhseisen und seiner Hausfrau Anna, die an diesem Tag ein Ewiggeld von 10 Gulden um 200 Gulden verkaufen (GruBu). Dieses Ehepaar verkauft weitere Ewiggelder:

1563 Januar 20 und

1564 Dezember 10, je 10 Gulden um je 200 Gulden Hauptsumme (GruBu).

1565 siehe 1550.

1568 Januar 29 Ewiggeldverkauf durch das Ehepaar Zuckhseisen (6 Gulden um 120 Gulden) (GruBu).

1568 Mai 12 Ewiggeldverkauf des Sigmund Zuckhseisen an seinen leiblichen Sohn Caspar „zu entrichtung seines muetterlichen Erbgutes" (5 ½ Gulden um 110 Gulden) (GruBu).

1569 März 4 weiterer Ewiggeldverkauf des Sigmund Zuckhseisen (4 Gulden um 80 Gulden) (GruBu).

1569, 1570 domus Sigmundt Zuckhseisen (StB).

1572 Juni 3 die Vormünder des Caspar Zuckseisen, Sigmunds hinterlassenen Sohnes, verkaufen sein Ewiggeld weiter (GruBu).

1573 nach Grundbuch (Überschrift) des Sigmunden Zuckhseisen Schlossers Haus und Stadel.

1574 Mai 28 der Weinschenk Sixt Hatzler verkauft dieses Haus, das ihm auf offener Gant „haimgangen", dem Koch Wolf Perner und seiner Hausfrau Apollonia (GruBu).

1575 Juni 9 der Schlosser Hans Zuckhseisen kauft für seine Kinder Hans und Anna einen ewigen Zins aus seinem Haus in der Fürstenfelder Gasse.[9]

---

[1] Kämmerei 64 S. 22r.
[2] KR 1483/84 S. 120r.
[3] KR 1484/85 S. 84v.
[4] Schrenck-Chronik Kopie im StadtAM S. 99.
[5] Stadtgericht 207/5 (GruBu) S. 274r und 207/5a (GruBu) S. 619v.
[6] Nicht 1521 wie HB HV S. 128.
[7] GB IV S. 158r.
[8] Gewerbeamt 1422a.
[9] StadtAM, Hist. Verein von Obb., Urk. 6801.

Eigentümer Fürstenfelder Straße 9:

* Kristan Kerns Stadel [1454]
** Jakob Kern [Wirt[1]; 1484/85]
** Hanns Kern, 1540-1543 wirtt [Salzstößel[2], ∞ Margaret], 1543-1549/I der alt
    St: 1523-1526, 1527/I: -/5/27, 1527/II, 1528, 1529: -/2/-, 1532: -/5/10 schencknsteur, 1540-1542: 3/-/-, 1543: 6/-/-, 1544, 1545: 3/-/-, 1546-1548, 1549/I: 1/3/15
    StV: (1523-1527/I) et dedit -/3/3 für sein schwager. (1527/II) et dedit -/1/12 für sein schwager.
  jung Hanns Kern. 1543-1549/I Hanns Kern der jung
    St: 1542: -/2/10 gracion, 1543: 1/1/24 juravit, 1544: -/4/12, 1545: 2/-/18, 1546: 1/-/9, 1547: 1/-/9 patrimonium, 1548, 1549/I: -/-/-
    StV: (1543) ist doplt gsteurt. (1548) hat Veit Abel versteurt. (1549/I) hat Frantz Abel als ain pfleger versteurt.
** Sigmund Zuckseysn (Zuckhseisn), 1552/I, 1553, 1554/I, 1555, 1556, 1559, 1560 wirt [Salzstößel[3], ∞ Anna], 1567/II eisnkhramer. 1569, 1570 domus Sigmundt Zuckhseisen
    St: 1549/II, 1550, 1551/I-II, 1552/I-II: 1/-/10, 1553, 1554/I-II, 1555-1557: -/6/8, 1558: 1/5/16, 1559, 1560: -/6/8, 1561, 1563, 1564/I-II, 1565, 1566/I-II, 1567/I-II: 2/-/13, 1568: 4/-/26, 1569: -/-/-, 1570: -/4/12
    StV: (1556, 1557, 1559, 1560) mer 2/-/24 für p[ueri] Erlinger. (1558) mer 4/1/18 für p[ueri] Erlinger. (1561, 1563-1565) mer für p[ueri] Hanns Erlinger 3/-/24.
** Caspar Zuckhseisen, Sohn von Sigmund Zuckseisen selig unter Vormundschaft [1572 Juni 3]
** Sigmund Zuckhseisen Schlosser [1573]
** Sixt Hatzler Weinwirt [bis 1574 Mai 28]
* Wolf Perner Koch und seine Hausfrau Apollonia [seit 1574 Mai 28]
* Hans Zuckseisen Schlosser [1575 Juni 9]

Bewohner Fürstenfelder Straße 9:

Hanns Altman St: 1490: 1/-/27
Hanns inquilinus St: 1490: -/-/60
Bartlme Wilfing [Kammerknecht[4]]
    St: 1490: -/1/26
    StV: (1490) von seinem ewign gelt. Et dedit -/1/10 pueri Freyhamer.
Crabat schreiber St: 1490: -/-/60
Bernhart tráxl (dráxl) St: 1490, 1500: -/-/60
Jacob Tüxenhauser St: 1496: nichil
Contz Koler peitler. 1500 Koler peitler St: 1496, 1500: -/-/60
Jorg Hueber tagwercker St: 1496: -/-/60
Kiemseer messerschmid. 1508, 1509 Werndl Kiemseer m(esserschmid). 1514, 1522 relicta Kiemseerin, 1514 messerschmidin
    St: 1500: -/4/17, 1508, 1509: -/5/29, 1514: Liste, 1522: -/4/10
    StV: (1508, 1509) et dedit -/1/5 für pueri Augustin vorster.
Kirchhamer loder St: 1500: -/-/60
Anna inquilina St: 1500: -/1/12 das jar
Fóstl koch Ebner, fur sein muter. 1509 Vestl koch et mater St: 1508, 1509: -/4/19
Marx nestler St: 1508, 1509: -/-/60
Contz Stockhamer pot St: 1514: Liste
Wolfgang Sittenpeck nestler (?)[1] St: 1514: Liste

---

[1] Vgl. Rosenstraße 3.
[2] Hanns Kern 1516 Aufnahme in die Weinschenkenzunft, vgl. Gewerbeamt 1418 S. 17r. – Hanns Kern, entweder dieser oder der Sohn, ist 1546 als Salzstößel belegt, vgl. Vietzen S. 155 nach KR. – Vgl. auch Rosenstraße 8.
[3] Sigmund Zuckseisen 1547 als Wirt und Salzstößel belegt, vgl. Vietzen S. 156 nach KR.
[4] Bartlme Wülfing war 1467-1475 und 1492-1504 Kammerknecht, vgl. R. v. Bary III S. 860.

Clas Hort gúrtler patrimonium St: 1522: 1/-/10
Utz Aicher kramer St: 1523: -/5/27 juravit, 1524-1526, 1527/I: -/5/27, 1527/II: 1/-/15
Hanns von Eßling kramer. 1526-1527/I Hanns kramer inquilinus
    St: 1525: -/6/2, 1526, 1527/I: an kamer
Fridrich handtknecht St: 1529: -/-/14 gracion
Lorentz Trienttinger
    St: 1540: -/2/11
    StV: (1540) hat an chamer zalt 3 nachsteur am 4. Augusti.
Niderlender tebichmacher. 1549/I Niderlender deckhenmacher St: 1548-1549/II: nihil
Christoff Egmair wierdt
    St: 1569: -/3/15 gratia
    StV: (1569) soll khúnfftig sein geschworne steur machen.
Hanns Reißmuller [Gastgeb[2]] St: 1570: an chamer
Balthauser Khuen St: 1571: 4/6/11

Fürstenfelder Straße 10

Lage: 1379, 1381 vor Dietl smid großer Abstand. 1398, 1454, 1484/85 an der Rosengassen. 1454, 1528 am Rindermarkt. 1482 vor Heinrich Perner die Überschrift „Rosengassen". 1514 vor Wolfgang Loter am Rand eine Rose, um den Beginn der neuen Straße anzuzeigen. 1528 Eckhaus.

Charakter: Bis Ende 15. Jahrhundert Schmiedhaus, dann Gewandhaus, im 16. Jahrhundert wahrscheinlich zeitweise auch Weinschenke.

Hauseigentümer:

1392/1398 die erste Frühmesse im Heiliggeistspital hat ein Ewiggeld „aus Jörgen smids Haus an der Rosengassen".[3]

1454 der Melbler „Ulrich mulner" hat ein Ewiggeld von 2 Pfund Pfennigen „aus Hannsen Kraczer smids haus am Rindermargt".[4] Im selben Jahr hat auch Herr Ott Ebmer aus Hanns Kraczers Haus 21 Schillinge Ewiggeld[5] und ebenfalls in diesem Jahr auch der Ostermuncher. Diesmal liegt das Haus des Hanns Kraczer wieder in der Rosengasse.[6]

1484/85 laut Grundbuch (Überschrift) „Hainrich Perners haws, stöst an Jacob Kerns haws" (Fürstenfelder Straße 9), bereits zur Rosengasse gerechnet.[7]

1490 Juli 9 (?) Hainrich Perner verkauft aus diesem Haus ein Ewiggeld von 1 Gulden um 20 Gulden Hauptsumme an Jakob Ridler. Dieser verkauft es am 21. Oktober 1495 wieder weiter (GruBu).

1505 April 22 die Vormünder von Lorenz Perners Kindern (Hans Daumb und seiner Hausfrau Anna, Thoman Hamersmid und Pauls Newmair) und weitere Personen verschreiben an Hainrich Perners Witwe ein Leibgedinggeld in Höhe von 6 Gulden um 120 Gulden aus diesem Haus (GruBu).

1510 Oktober 1 Wolfgang Loter und seine Ehefrau Anna verkaufen an Martin und Arsaci Vennt ein Ewiggeld aus dem Haus (5 Gulden um 100 Gulden) (GruBu).

1520 April 12 Ewiggeldverkauf (2 Gulden, wohl um 40 Gulden) und

1526 Oktober 22 (5 Gulden um 100 Gulden) durch das Ehepaar Loter (GruBu).

1528 März 31 der Gschlachtgwander Wolfgang Loter und seine Hausfrau Anna verkaufen Martein Fennd und seiner Hausfrau Barbara ihr eigen Haus und Hofstatt am Rindermarkt (!), „das egkhaws ze-

---

[1] Wolfgang Sittenpeck 1511 Vierer der Beutler, Gürtler, Taschner, Ircher, Nadler (und Nestler), vgl. RP.
[2] Hans Reißmüller und Hannsen Reißmüllers Gastgebers Hausfrau Religionsverhör 1569, vgl. Dorn S. 228, 230.
[3] Steueramt 982/1 S. 22r.
[4] Kämmerei 64 S. 11v.
[5] Kämmerei 64 S. 16v.
[6] Kämmerei 64 S. 5v.
[7] Stadtgericht 207/5 (GruBu) S. 277r und 207/5a (GruBu) S. 624v.

nagst an Lienharten Reichls [Rosenstraße 7] weinschencken haws und stossend hinden auf Jacob Kerns stadl in Furstenvelder gassen" (Fürstenfelder Straße 9).[1]

1538 Juli 19 Martin Fenndt und seine Hausfrau Barbara verkaufen ein Ewiggeld aus ihrem Haus (5 Gulden um 100 Gulden) (GruBu).

Es folgen Ewiggeldverkäufe von Mathias Rösler:

1549 Januar 21 (5 Gulden um 100 Gulden),

1549 April 15 (10 Gulden um 200 Gulden),

1549 August 7 (5 Gulden um 100 Gulden) und

1550 Juli 8 (5 Gulden um 100 Gulden) (GruBu). Eine Ehefrau wird nicht genannt.

1561 Mai 14 Achaci Tegernseer verkauft aus diesem seinem Haus und Hofstatt ein Ewiggeld von 20 Gulden um 400 Gulden Hauptsumme (GruBu).

1573 bei Anlage des Grundbuchs (Überschrift) ist das Haus nunmehr des „Achacien Tegernseer glassner söhn haus".

Kein Hauseigentümer ist der vom Häuserbuch für 1551 genannte Jörg Thenn von Salzburg. Er verkauft laut Grundbuch lediglich das Ewiggeld (Hypothek) der Sabina Bart von 1549 wieder weiter. Auch das Jahr 1556 für Achaz Tegernseer steht nicht im Grundbuch. Das Steuerbuch enthält ihn schon 1555. Die Tegernseer teilen das Haus später in zwei Teile, sodaß von 1577 bis 1643 die Häuser 10 A und 10 B unterschieden werden.

Eigentümer Fürstenfelder Straße 10:

*? Dietl (Dietrich) smid. 1392-1401/II Dietlin smidlin (smidin). 1400-1410/I relicta Dietlin smidin
   St: 1371, 1372: -/3/-, 1375: 0,5/-/-, 1377: -/-/45 juravit, 1378, 1379, 1381, 1382, 1383/I: -/-/45, 1383/II: -/-/67,5, 1387: -/-/80, 1388: -/5/10 juravit, 1390/I-II: -/5/10, 1392: -/-/75, 1393: -/-/40 juravit 1394: -/-/16, 1395-1397, 1399, 1400, 1401/I: -/-/60 für 8 lb, 1401/II: -/-/60 fur 6 lb, iuravit, 1403, 1405/I: -/-/60 fur 6 lb, 1405/II: -/-/60 fur 6 lb, iuravit, 1406: -/-/60 fur 6 lb, 1407, 1408: -/-/60 für 7 lb, 1410/I: -/-/60 propter patrimonium

* Górg (Jórg, Jorig) smid, 1392-1395 inquilinus, 1395 und Jórg ir [= der Dietlin smidin] ayden, 1410/I, 1411-1413, 1418, 1419, 1423 Jorig hufsmid
   St: 1392: -/-/12 gracianus, 1393: -/-/24 juravit, 1394: -/-/24, 1395/ -/-/60 für 8 lb, 1396, 1397, 1399: -/-/60 fur 3 lb, 1400: -/-/60 fur 8 lb, 1401/I: -/-/60 für 6 lb, 1401/II: -/-/80 für 10 lb, iuravit, 1403, 1405/I: -/-/80 fur 10 lb, 1405/II: -/3/- iuravit, 1406-1408: 0,5/-/-, 1410/I: -/3/- iuravit, 1410/II: 0,5/-/-, 1411: -/3/-, 1412: 0,5/-/-, 1413: -/3/- iuravit, 1415: 0,5/-/-, 1416, 1418, 1419: -/5/10, 1423: 0,5/-/- iuravit

* Hanns (Hannsel) Kraczer (Kratzer), 1410/I-II, 1411, 1418, 1431, 1439/I, 1440-1441/I, 1447, 1458 smid, 1441/II segnssmid. 1462 Kraczer schmid
   St: 1410/I: 0,5/-/- iuravit, 1410/II: -/5/10, 1411: -/3/-, 1412: -/5/10, 1413: 0,5/-/- iuravit, 1415: -/6/12, 1416: 1/-/16, 1418: -/5/26, 1431: 0,5/-/15 iuravit, 1447: -/3/10, 1453-1458: Liste, 1462: -/-/70
   StV: (1415) hat ym der rat geseczt.
   Sch: 1439/I-II, 1440, 1441/I-II: 1,5 t[aglon]
   Haincz Kraczer holczhack[er]
   St: 1457: Liste

** Hainrich Perner [äußerer Stadtrat, Gschlachtgwander[2]]
   St: 1482: 2/7/2, 1486, 1490: 1/6/10, 1496: 2/3/21, 1500: 3/-/25
   StV: (1486, 1490) et dedit 2/5/2 für pueri Zwickof (Zbikopf). (1486) et dedit -/-/28 von 1 gulden geltz gen Schónprun. Et dedit -/-/40 von -/10/- gelts gen Rumatzhausen.

** Lorenz Perners Kinder, u. a. Tochter Anna, ∞ Hans Daumb [1505 April 22]

---

[1] GB IV S. 158r.
[2] Der Gschlachtgwander Hainrich Perner ist 1479-1497 stets als äußerer Stadtrat nachgewiesen, 1499 und 1500 nur noch als Mitglied der Gemain, vgl. RP.

Hanns Daum [Gewandschneider, Weinschenk ?[1], ∞ Anna, geb. Perner]
: St: 1508: 2/1/4
: StV: (1508) et dedit -/4/20 fur Hans Perner.
** Wolfgang Loter, 1514, 1523-1525, 1527/II, 1532 gschlachtgwander[2] [∞ Anna]
: St: 1514: Liste, 1522-1526, 1527/I: -/6/5, 1527/II, 1528, 1529, 1532: -/3/15
** Martein Fennd [Weinschenk[3], ∞ Barbara]
: St: 1528, 1529: 1/1/5, 1532: 1/6/21
: et frater Schaci Fennd. 1529 Arsaci Fenndt
: St: 1528, 1529: 1/4/9
** Mathes Rósler (Rößler) [Eisenkramer[4]]
: St: 1549/I: -/3/29 gracion, 1549/II: 3/-/27 juravit, 1550, 1551/I-II, 1552/I-II: 3/-/27, 1553, 1554/I-II: 2/1/15
** Achatz (Achatzi, Achaci) Tegernseer [ehem. äußerer Rat[5]]
: St: 1555-1557: 17/1/10, 1558: 34/2/20, 1559, 1560: 17/1/10, 1561, 1563, 1564/I-II, 1565, 1566/I-II, 1567/I-II: 14/-/19, 1568: 28/1/8, 1569-1571: 12/1/27

Bewohner Fürstenfelder Straße 10:

Ott mercator inquilinus St: 1375: -/-/28
Maenhart Únsenwanchk sartor inquilinus St: 1375: -/-/12
Chunrat Zeller kramer inquilinus. 1387 Zeller kramer inquilinus
: St: 1381: -/-/24 post -/-/12, 1387: -/-/20
Fúchsel (Fuchssel) kistler, 1382, 1383 inquilinus
: St: 1382, 1383/I: -/-/21, 1383/II: -/-/32, 1387: -/-/12, 1388: -/-/24 juravit
Hainrich von Múnichen inquilinus St: 1383/I: -/-/60, 1383/II: -/3/-
relicta karrerin inquilina St: 1383/I: -/-/12, 1383/II: nichil
relicta Diemut inquilina St: 1383/II: -/-/12
relicta schusterin inquilina St: 1387: -/-/4
Tenckin, 1390/I kramerin. 1390/II, 1392, 1393 Agnes Tánckin, 1387, 1390-1393 inquilina
: St: 1387: -/-/6, 1390/I-II: -/-/12, 1392: -/-/18, 1393: -/-/24
[Heinrich] Ryeder sartor inquilinus St: 1388: -//16 juravit
Smidl káufl inquilinus St: 1390/I: -/-/32
Khekelman sneider inquilinus St: 1390/I: -/-/32
Chunrat kistler, 1392, 1393 inquilinus St: 1390/II: -/-/24, 1392: -/-/18, 1393: -/-/24
Werndlein káufl (chaefl), 1392 inquilinus St: 1392: -/-/18, 1393: -/-/24
Frydreich mawrer inquilinus St: 1394: -/-/16
Chunrat (Chuncz) Ehinger (Echinger) smid , 1394, 1401/II, 1403, 1405/I, 1406, 1408 inquilinus
: St: 1394: -/-/40, 1395-1397, 1399, 1400, 1401/I: -/-/60 fúr 5,5 lb, 1401/II: -/-/64 fúr 8 lb, iuravit, 1403, 1405/I: -/-/64 fúr 8 lb, 1405/II: -/-/64 fúr 8 lb, iuravit, 1406-1408: -/-/64 fúr 8 lb, 1410/I: -/-/60 fúr 10 lb, iuravit, 1410/II: -/-/80 fúr 10 lb, 1411: -/-/60 fúr 10 lb, 1412: -/-/80 fúr 10 lb
: und sein aydem St: 1407: -/-/-
Růdel (Rúdel) messrer inquilinus St: 1394: -/-/12, 1395: -/-/60 fúr drew lb, 1396: -/-/40 fur 3 lb
Hensel (Hannsel, Hanns) ringler inquilinus[6]
: St: 1394: -/-/16, 1396: nichil habet, 1399: -/-/12 pauper, 1400: -/-/12, 1401/I: -/-/12 fúr nichil, 1401/II: -/-/-
Óttel fragner inquilinus St: 1395, 1396: -/-/60 fúr sechs lb

---

[1] Hanns Dawm von 1475 bis 1495 wiederholt Vierer der Gewandschneider, vgl. RP. – Ein Hanns Dawm ist seit 1492 Mitglied der Weinschenkenzunft, vgl. Gewerbeamt 1418 S. 7r.
[2] Wolfgang Lotter 1519 und 1520 Vierer der Gschlachtgwander (Gewandmacher), vgl. RP.
[3] Martein Venndt 1520 Aufnahme in die Weinschenkenzunft, vgl. Gewerbeamt 1418 S. 18r.
[4] So 1556-1559 bei Kaufingerstraße 36.
[5] Achatz Tegernseer war 1542 und 1545 und 1546 äußerer Stadtrat, vgl. RP.
[6] 1395 wieder getilgt „Hans ringler inquilinus".

Martein schneider inquilinus
> St: 1395: -/-/50 fúr zway lb, 1396, 1397, 1399: -/-/36 fur 2 lb, 1400, 1401/I: -/-/32 fúr 2 lb, 1401/II: -/-/40 fúr 2 lb, iuravit, 1405/I: -/-/40 fúr 2 lb, 1405/II: -/-/40 fúr 2 lb, iuravit, 1406, 1407: -/-/40 fúr 2 lb

Hainrich wagenchnecht inquilinus St: 1397: -/-/60 fur 4 lb
Súcher chauffel inquilinus St: 1397: -/-/60
Haincz Y[n]taler inquilinus St: 1399: -/-/60 fur 4 lb
Maecz Praentlin inquilina, 1403, 1405/I-II relicta Praentlin inquilina
> St: 1400: -/-/24 pauper, 1401/I: -/-/24 fúr nichil, 1401/II: -/-/24 fúr nichil, iuravit, 1403, 1405/I: -/-/24 fúr nichil, 1405/II: -/-/60 fúr 6 lb, iuravit

plaicher inquilinus St: 1403: facat
Swaiger tagwercher inquilinus St: 1405/I: -/-/40
Stephan sneyder dez Praechers aydem inquilinus St: 1408: -/-/32 gracianus
relicta Schickin inquilina St: 1410/I: -/-/18 fúr nichil, 1410/II: -/-/20 fúr nichil, 1411: nichil habet
Hannsel gurtler inquilinus St: 1413: -/-/50 fúr nichil
Chuncz (Chunrat) Rot kúrsner [ehem. Stadtsöldner[1]] St: 1415: -/3/-, 1416: 0,5/-/-
die alt plaicherin von Ingoltstat St: 1416: -/-/24 gracianus
Andre Wernpruner
> St: 1418: 0,5/-/- gracianus, 1419: -/9/2 iuravit
> StV: (1419) [am Rand:] novis.

maister Hanns schneyder, 1418 inquilinus St: 1418, 1419: -/-/88
Chuncz Paypruner St: 1423: 2/-/-
> Rúpplin sein muter St: 1423: -/-/-

Fridrich Dachsel (Dáchsel), 1431 smid, 1439/I, 1440, 1441/II schlosser
> St: 1431: 0,5/-/- iuravit
> Sch: 1439/I-II, 1440, 1441/I-II: -/-/15

Veyol gurtler, 1440, 1447 inquilinus
> St: 1431: -/6/20 iuravit, 1447: 0,5/-/28
> Sch: 1439/I-II, 1440: 1,5 t[aglon], 1441/I-II: 1 t[aglon]

Hanns Reckseisen, 1440, 1441/II hufssmid, 1441/I smid, 1441/I inquilinus
> Sch: 1440, 1441/I-II: 1 t[aglon]

Francz [II.] Potschner Sch: 1445: 2 ehalten, dedit -/-/16
Fricz Sturm melbler St: 1447: -/3/14 iuravit
Chunrat Sumerrogk St: 1447: 0,5/-/7
Pauls hufsmid. 1454, 1455 Pauls schmid St: 1453-1456: Liste
pueri Stempf (?) St: 1453: Liste
Corbi[ni]an koch St: 1453-1457: Liste
relicta Jacobin St: 1453: Liste
Margret inquilina St: 1453-1457: Liste
Jorg gurtler, 1454 inquilinus St: 1454: Liste
Hamerlin St: 1454: Liste
Anna naterin St: 1454: Liste
Francz pogner, 1457, 1458 inquilinus St: 1455-1458: Liste, 1462: -/-/80
Lienhart Schleishamer smid St: 1457: Liste
Hanns Winckler smid St: 1458: Liste
Fricz melbler St: 1458: Liste
Michell Zossawer [Schlosser[2]] inquilinus St: 1462: -/-/60
Michell huterin inquilina St: 1462: -/-/60
Kúnczel Daner obser inquilinus St: 1462: -/-/60
Jorg Schaffer glaser[3] inquilinus St: 1462: -/-/80
Grett kuchelpacherin inquilina St: 1462: -/-/18

---

[1] Der Kürschner Chunrat Rot ist 1402/03 als Stadtsöldner belegt, vgl. R. v. Bary III S. 833.
[2] Vgl. Kaufingerstraße 19* und Fürstenfelder Straße 983*.
[3] Der Glaser Jorg Schaffer war 1465 und 1467 Vierer der Maler, Glaser, Seidennater, vgl. RP.

Cristof peck schůster. 1500 Cristof schuster[1] St: 1482, 1486, 1490, 1496, 1500: -/-/60
Bernhard dráchsl (dráxl)[2] St: 1486, 1496: -/-/60
Maria virgo. 1500 Maria inquilina St: 1496, 1500: -/-/7
Conrade Reichstarfer l[ernmaister][3] St: 1508: -/3/13
Hanns dráxl
    St: 1514: Liste, 1522-1526, 1527/I: -/2/20, 1527/II: -/3/4
    StV: (1522-1527/II) et dedit -/-/14 fúr p[ueri] Stiglmair von Wangen.
Utz Aicher [Kramer]
    St: 1522: -/3/25
    StV: (1522) fúr sein vorforder patrimonium. Et dedit -/1/12 gracion, sol bis jar schwern.
Wolff (Wolffganng) Gennstaler [äußerer Rat, Weinschenk[4]]
    St: 1540-1542: 17/-/-, 1543: 34/-/-, 1544: 17/-/-, 1545: 13/2/28
    StV: (1541, 1542) Et dedit 4/-/- von 30 fl gelts fúr die Pätzingerin von Landshuet.
relicta Anna Kirhmayrin
    St: 1540: 4/3/25
    StV: (1540) et dedit 13/4/15 fúr ir 3 nachsteur.
Peter Stumpf, 1550-1554/I tuechheffter
    St: 1550: -/-/14 gracion, 1551/I: -/-/14 gracion die ander, 1551/II, 1552/I-II, 1553, 1554/I-II: -/2/-
Michel Westermayrin St: 1552/II, 1553, 1554/I: -/3/25

Rosenstraße 7

Lage: 1398 an der Rosengasse. 1398 am Rindermarkt. 1399-1400 neben Ulrich Pfaeffel „Rosengass".
Name: Nach 1619 „Zum Kochwirt".[5]
Charakter: Zumindest 1387-1431 und 1522-1555 Weinwirtschaft.

Hauseigentümer:

1370 die Baukommission beanstandet des Fliesenhamers Kellerhals.[6]
1372 Juli 27 Fridreich Flyesenhamer verpfändet sein Haus, gelegen an der Rosengassen dem Ch[unrat] Lochhauser um 108 Pfund Pfennige.[7]
1374 März 13 des Fridrich dez Fliesenhamers Haus ist Nachbar vom Haus des Haensel Chling, ab jetzt des H[einrich] Waegendler (Rosenstraße 8).[8]
1377 Januar 27 Fridrich der Fliesenhamer verpfändet einen Teil seines Hauses an der Rosengasse um 17 Pfund Pfennige an Hans den Müllner von Essling.[9]
1380 Oktober 15 des Fridrich Fliesenhamers Haus ist schon wieder verpfändet (um 9 Münchner

---

[1] Er könnte der Schuster Cristof sein, der 1480 Vierer der Schuster ist, sicher aber ist Cristoff Peck 1491 und 1502 Vierer der Schuster, vgl. RP. Es gibt aber zur selben Zeit auch einen Schuster Cristof Mair.
[2] Bernhart drächsel ist 1493, 1494, 1498 (an Fürstenfelder Gassen), 1500, 1502 Vierer der Drächsler, vgl. RP.
[3] Conrad Reichsdorfer 1496, 1497, 1503, 1504 und 1515-1520 Vierer der Lernmaister, vgl. RP und Rindermarkt 15.
[4] Wolfgang Genstaler 1503-1520 wiederholt Vierer der Beutler, Gürtler, Taschner, Ircher, Nadler, vgl. RP, 1520/1522 Aufnahme in die Weinschenkenzunft, vgl. Gewerbeamt 1418 S. 18r, KR 1522 S. 40r. – Wolfgang Genstaler ist 1544-1546 und 1549 äußerer Stadtrat, vgl. RP.
[5] Stahleder, Haus- und Straßennamen S. 504/505.
[6] Zimelie 9 (Ratsbuch IV) S. 5r (neu).
[7] GB I 29/3.
[8] GB I 46/11.
[9] GB I 83/16.

„Chráucer" und 11 Gulden), diesmal an einen Mann namens Venus, der von Eberhart dem Leitgeb von Innsbruck vertreten wird.[1]

1382 Oktober 10 Fridreich der Friesenhaimer (!) hat sein Haus an der Rosengasse, zunächst an Herman Geswindubels Haus (Rosenstraße 8), Andre dem Hauser und seiner Hausfrau Gathrein verkauft, „dew etwan den Phaefflin saeligen gehabt hat", das heißt, die vorher mit dem „Phaefflin" verheiratet gewesen war.[2] Der ab 1387 in den Steuerbüchern erscheinende Ulrich Pfaeffel dürfte demnach ihr Sohn aus erster Ehe sein.

1392/1398 die St.-Nikolaus-Kapelle hat ein Ewiggeld aus „Ull Pháffels" Haus am Rindermarkt.[3]

1392/1398 das Angerkloster hat ein Ewiggeld aus Ulrich Pfaeffels Haus an der Rosengasse.[4]

1399/1400 Ulrich (Ull) Pfaeffel ist Gastwirt und wird – wie auch 1402/03 wieder – „von der rais wegen" (wegen des Kriegszugs) besonders veranlagt, so wie auch alle anderen Wirte.[5]

1403 Januar 20 Ulrich Pfaeffel versetzt sein Haus an der Rosengasse, zunächst Hermans des Swindübels Haus (Rosenstraße 8) gelegen, als Pfand um 31 Pfund Münchner Pfennige dem Hannsen dem Selman von Mämmingen.[6]

1407 Januar 15 „Ulreich der Pfäffel" versetzt sein Haus an der Rosengasse, benachbart dem Haus des Herman Swindübel (Rosenstraße 8), erneut, diesmal an den Kämmerer Stephan von Herzog Wilhelm III. um 42 gute alte rheinische Gulden.[7]

1407 November/Dezember „Ulrich der Pfäffel" versetzt sein Haus erneut, diesmal um 50 gute neue ungarische Gulden „Siglein dem Mosawer". Nachbar wieder Herman der Swindübel (Rosenstraße 8).[8] Weitere Verpfändungen durch Ulrich Pfaeffel („Pfäffel") erfolgen

1411 August 7 – um 37 rheinische Gulden „Marckhart dem Ráczzel" – und wieder

1412 August 4 um 45 ungarische Gulden „Gabrihel dem Vatersteter von Regenspurck".[9]

1412 Oktober 14 „Ulreich Pfäffel" verkauft sein Haus an der Rosengassen, zunächst an Herman des Swindübels Haus (Rosenstraße 8) gelegen, „Steffan dem kaltsmit".[10] Am selben Tag verpfändet Steffan der Kaltschmied das Haus um 17 Gulden, die er „Ulrich dem Pfäffel" schuldet, diesem.[11]

1413 Dezember 14 „Steffan kaltsmit" verkauft sein Haus an der Rosengasse, zunächst dem Haus des „Herman des Sbindubels" (Rosenstraße 8), „Eberharten dem Póchssel" (Pöschel).[12]

1484/85 laut Grundbuch (Überschrift) besitzt jetzt Erasmus (Asem) Lercher Haus, Hof und Stadel.[13]

1515 Juli 30 Elisabeth Wildenroter und Michael Starnberger der Jüngere verschreiben aus ihrem Haus ein Ewiggeld von 18 Gulden um 360 Gulden Hauptsumme (GruBu), sind also Hauseigentümer.

1525 Mai 24 Leonhart Reichels Haus ist Nachbar des Hauses von Hanns Khern beziehungsweise künftig des Uetz Enichel (Rosenstraße 8).[14]

1528 März 31 Lienhart Reichls des Weinschenken Haus ist Nachbarhaus vom Haus des Gschlachtgwanders Wolfgang Loter (Fürstenfelder Straße 10).[15]

1538 März 7 Ewiggeldverschreibung (12 Gulden um 240 Gulden) aus dem Haus durch den Schneider Lukas Mair von Pasing und seine Hausfrau Agnes (GruBu). Gleiches geschieht

1539 September 10 durch das Ehepaar, diesmal an Thoman Hültzesauer und seine Hausfrau Anna (5 Gulden um 100 Gulden) (GruBu).

1549 September 25 der Käufel Thomas Hylltzensauer verkauft eine Ewiggeld von 10 Gulden um 200

---

[1] GB I 128/5.
[2] GB I 169/8.
[3] Steueramt 982/1 S. 15v.
[4] Steueramt 982/1 S. 17r.
[5] KR 1399/1400 S. 120v, 1402/03 S. 101v.
[6] GB III 7/6.
[7] GB III 60/9.
[8] GB III 71/9.
[9] GB III 109/12, 125/7.
[10] GB III 128/13.
[11] GB III 128/14.
[12] GB III 145/1, 2.
[13] Stadtgericht 207/5 (GruBu) S. 278r/v und 207/5a (GruBu) S. 626v.
[14] GB IV S. 75v.
[15] GB IV S. 158r.

Gulden aus diesem Haus an seine Base Juliana Hylltzensauer (GruBu). Weitere Ewiggeldverkäufe durch den Hylltzensauer geschehen:
1561 April 1 (7 Gulden um 140 Gulden),
1561 April 3 (8 Gulden um 160 Gulden),
1562 August 6 (10 Gulden um 200 Gulden),
1563 November 6 (10 Gulden um 200 Gulden) (GruBu).
1566 August 7 die Witwe (2. Ehefrau) Elena (Helena) Hiltzesauer, jetzt Conradt Frimers (Frimmers, Frumbers) Hausfrau, verkauft ein Ewiggeld von 15 Gulden um 300 Gulden aus dem Haus (GruBu).
1566 August 8 dieselbe verschreibt ihren beiden ehelichen Töchterlein Appollonia und Anna ein Ewiggeld von 10 Gulden um 200 Gulden zur Entrichtung des Legats, das Thoman Hültzesauer selig ihnen verschafft hatte (GruBu).
1567-1571 domus Mänhart (StB).
1569 September 1 Ewiggeldverschreibung durch den Hofbräu Georg Mänhart und seine Hausfrau Barbara (17 1/2 Gulden um 350 Gulden) (GruBu), vgl. auch Rosenstraße 8. Auf dem Haus liegen mittlerweile Hypotheken in Höhe von 2450 Gulden für einen Jahreszins in Höhe von 122 ½ Gulden.
1573 laut Grundbuch (Überschrift) ist es nun des „Georg Mänhart Bräuens Haus, Hof und Stadel. Die Mänhart behalten das Haus bis 1599.

Eigentümer Rosenstraße 7:

* senior Fliesenhamer. 1371, 1372, 1375, 1377-1379 Fridrich Fliesenhamer (Fliesenhaimer). 1381 Fridrich Flieshamer[1]
    St: 1368: 1/-/-, 1369: -/15/- post, 1371, 1372: -/12/-, 1375: 0,5/-/-, 1377: -/-/48 iuravit, 1378, 1379, 1381, 1382: -/-/48
    StV: (1372) et obpost -/-/60. (1382) post -/-/24.
    Seydel gener suus inquilinus
    St: 1369: 0,5/-/- gracianus
* Andre Hawsner (Hawser) [∞ Kathrei, verw. Pfaeffel, 1382 Oktober 10]
    St: 1383/I: -/3/-, 1383/II: 0,5/-/15, 1387: -/-/-, 1388: -/13/10 iuravit
* Ull (Ulrich) Pfaeffel (Pfeffl, Pfäffl, Paeffel, Pfäffel) [Wirt[2]], 1387 et uxor. 1405/II Ulrich Pfaeffel[s] hausfraw, 1413 inquilinus
    St: 1387: -/-/38 gracianus, 1390/II: -/3/18, 1392: -/-/60, 1393, 1394: -/-/80, 1395: -/-/80 für zehen lb, 1396, 1397, 1399, 1400, 1401/I: 0,5/-/-, 1401/II: -/5/10 iuravit, 1403: -/5/10, 1405/I: -/3/-, 1405/II: -/3/- iuravit, 1406: 0,5/-/-, 1407, 1408: -/-/-, 1410/I: 0,5/-/- iuravit, 1410/II: -/5/10, 1411: 0,5/-/-, 1412: -/5/10, 1413: -/3/- iuravit
    StV: (1405/I) alz der rat geschaft hat. (1407) den habent mein hern vom rat der stewr ledig lazzen. (1408) den habent mein hern daz jar ledig gesagt.
    Pferdemusterung, um 1398: Ulrich Pfaefel [sol haben] ein pferd umb 16 gulden.[3]
* Stepfel kaltsmid
    St: 1413: 0,5/-/- iuravit
* Eberhart (Eberl) Póchssel (Bóschl, Poschel, Póschl) [Weinschenk[4]]
    St: 1415: 5/-/-, 1416, 1418, 1419: 6/5/10, 1423: 3/-/-, 1424: 1/-/-, 1431: -/6/-
    StV: (1431) dedit uxor.

---

[1] Fliesenhaimer ist 1381 Mitglied des Großen Rats der Stadt, vgl. R. v. Bary III S. 746.
[2] Ulrich Pfaeffel ist Weinschenk (Wirt); denn 1402 zahlt ihm die Stadtkammer 5 Schillinge und 10 Pfennige Schuld „von der rais wegen". Das sind, wie bei anderen Wirten auch, die Einquartierungskosten für Soldaten, vgl. Steueramt 572 (Leibgedingbuch 1402/03) S. 47r. – Auch die Kammerrechnung nennt unter den Wirten, denen die Stadt Geld schuldet, den Ulrich den Pfaeffel mit 12 Schillingen, vgl. KR 1398/99 S. 114v. – Außerdem nennt auch das Weinschenken-Verzeichnis den Ulrich Pfeffel, vgl. Gewerbeamt 1411 S. 2r. – Ein Ulreich Pfaeffl ist 1408 und 1409 als Stadtsöldner belegt, vgl. R. v. Bary III S. 834. – Er kann auch der Pheffel sein, den das Verzeichnis der bei den Händlern vorhandenen Weinmengen von 1399 mit einem Fass Wein nennt, vgl. Märkte 319.
[3] Ganzer Eintrag am unteren Rand der Seite nachgetragen.
[4] Eberhart Pöschel um 1414 Mitglied der Weinschenkenzunft, vgl. Gewerbeamt 1411 S. 3v. – Der Pöschl gehört auch zu den Wirten, die um 1430 Ungeld zahlen, vgl. Steueramt 987.

Peter Lercher
   Sch: 1439/I-II, 1440, 1441/I-II: 4 t[aglon], 1445: 2 ehalten, dedit -/-/16
   St: 1447: 8/-/22, 1453-1458: Liste
** Asm (Asem) Lercher [Gewandschneider[1]]
   St: 1457, 1458: Liste, 1462: 3/6/11, 1482: 4/1/23, 1486, 1490: 4/-/-, 1496: 3/1/19, 1500: 2/4/24, 1508, 1509: 1/4/-, 1514: Liste
** relicta [Elisabeth] Wildnroterin [und Michel Starnberger d. J., Weinschenk, 1515 Juli 30]
   St: 1508, 1509: -/3/4, 1514: Liste
* Linhart Reichl, 1523, 1529 weinschenckh.[2] 1532 Reichlin. 1540-1555 relicta Reichlin
   St: 1522-1526, 1527/I-II, 1528, 1529, 1532, 1540-1542: -/5/10 schencknsteur, 1543: 1/3/20, 1544: -/5/10 schencknsteuer, 1545: 1/3/10, 1546-1548, 1549/I-II, 1550, 1551/I-II, 1552/I-II: -/5/5, 1553, 1554/I-II: -/4/17, 1555: an chamer
   StV: [1554/II, Nachtrag:] die erbn zaltn für matrimonium und 3 nachsteur an chamer 2/4/8. Actum 30. Martii anno [15]55. Was für ewigen gelt sy noch hie ligen haben, solle hinfúro wie die gest versteurt werden.
** Lukas Mair von Pasing [Schneider, ∞ Agnes]. 1540 Lucas schneiderin von Pásing
   St: 1540: 1/3/15
   StV: (1540) für 3 nachsteur und für die ersessn steur.
** Thoman Húltzensauer (Hiltzensaur, Hültzensauer, Hulzensawer) [Käufel]. 1566/II Thoman Hültzensauer erben
   St: 1540-1543: 3/-/28, 1544: 1/3/29, 1545: 3/2/20, 1546-1548, 1549/I-II, 1550, 1551/I-II, 1552/I-II: 1/4/25, 1553, 1554/I-II, 1555-1557: 1/6/7, 1558: 3/5/14, 1559, 1560: 1/6/7, 1561, 1563, 1564/I-II, 1565, 1566/I: 1/5/4, 1566/II: -/-/-
   StV: (1566/I) der zeit noch unvertailt. Adi 9. Augusti anno [15]66 zalten die erben von 200 fl nachsteur, so sy hinaus geerbt. (1566/II) haben die erben zuegesezt.
** Helene Hultzensauer Witwe, wiederverheiratete Conradt Frumber/Frimber [1566 August 7]
   Cunrad Frúmer (Frymer, Frimer), 1564/I thuechmaniger. 1566/II-1571 Cunrad Frimerin (Femerin)
   St: 1561: -/3/7 gratia, 1563: 1/3/7 juravit, 1564/I-II, 1565, 1566/I: 1/3/7, 1566/II: 1/5/17, 1567/I-II: -/2/-, 1568: -/4/-, 1569, 1570: -/2/-, 1571: -/-/-
   StV: (1561) soll auffs jar den 1/3 zuesetzn. (1566/II) zuegesetzt ires vettern erb Thoman Hiltzensauers 200 fl wegen, hinfúron soll man von irer khinder 200 fl wegen auch versteurn. (1567/I) soll hinfúran 200 fl fur ire khinder versteurn. (1567/II, 1569, 1570) mer fúr ire khinder -/3/25. (1568) mer fúr ire khinder 1/-/20. (1571) steurt hievor beim Lechner schneider.
** domus [Georg] Mänhart, 1567/I-II prew (preuen) [1569 September 1, Hofbräu, ∞ Barbara]
   St: 1567/I-II, 1568-1571: -/-/-

Bewohner Rosenstraße 7:

Hainrich Aeppel [Salzsender, später äußerer Rat[3]] St: 1371, 1372: 6/-/-
Hainrich Máwsel, 1371 cum uxore St: 1371: -/10/- gracianus, 1372: -/10/- juravit et obpost -/-/60
Herman Tichtel [Großer Rat[4]], 1379 inquilinus
   St: 1371: 5/3/6, 1377: 1/-/- juravit, 1378: -/-/-, 1379: -/-/12 sub gracia
Wolfhart Lonersteter, 1379 inquilinus [später Stadtschreiber] St: 1375: 6/-/84, 1379: -/6/- juravit
relicta Grawlin inquilina St: 1378: -/-/-
Fridrich Róthaimer inquilinus St: 1379: 0,5/-/- gracianus
Maenichinger St: 1379: -/-/-
Gerolt sneider inquilinus St: 1387: -/-/8
[Konrad] Kchuntter múnczer St: 1390/I: 3/-/-
(Ulrich) Vettinger goltsmid inquilinus[1] St: 1390/II: 1/-/8, 1392: 0,5/-/6, 1393: -/5/18

---

[1] Asm Lercher ist 1465, 1467, 1469, 1473, 1477, 1479, 1485, 1488 und 1491 Vierer der Gewandschneider, 1486, 1487 und 1492-1502 Viertelhauptmann von der Gemain im Hackenviertel, vgl. RP.
[2] Lienhart Reichl 1506 Aufnahme in die Weinschenkenzunft, vgl. Gewerbeamt 1418 S. 13v.
[3] Der Salzsender Hainrich Aeppel 1374, 1379, 1380 äußerer Rat, vgl. R. v. Bary III S. 738.
[4] Herman Tichtel war 1365 Mitglied des Großen Rats, vgl. Dirr, Denkmäler S. 582 Urk. 2.

Els inquilina St: 1393: -/-/-
Ull Hagnawer inquilinus satler St: 1394: -/3/6
Hensel mawrer St: 1394: -/-/24
Chunrat salwrcht inquilinus St: 1394: -/-/48 gracianus
Moczenhoferin inquilina St: 1401/II: -/-/30 iuravit, 1406: -/-/60 fúr nichil
    Kristel Moczenhofer inquilinus St: 1413: -/-/60 fúr nichil
Westerdorffer [Weinschenk ?[2]] inquilinus St: 1405/I: -/13/10, 1405/II: -/12/- iuravit
Strwmpflin von Swaben inquilina St: 1405/II: -/-/-
Chunrade Teininger [Kramer[3]] inquilinus St: 1407: -/10/20 iuravit
plaicherin inquilina St: 1410/I: -/-/28 fúr nichil
[Seitz] Fús sneyder St: 1410/II: -/-/80 fúr 10 lb
Els weberin inquilina St: 1412: nichil
[Wernher] Smuck inquilinus
    St: 1415: -/9/-
    StV: (1415) hat ym der rat geseczt.
Chunrat (Chuncz) Rampolczhofer St: 1418, 1419: 3/-/80
Martein Pernhart [Kramer[4]] Sch: 1439/I: 2 t[aglon]
Larencz tuchscherer inquilinus St: 1447: -/6/1
Ludwig Kniepántel, 1456 inquilinus St: 1453-1458: Liste
pueri Ludwig (Ludbeig) gurtler, 1462 inquilini
    St: 1453-1458: Liste, 1462: -/12/1
    StV: (1462) dedit Jorg Lercher.
Jackob Sprenger inquilinus St: 1462: -/7/20
Hans schůster smirmacher St: 1482: -/-/60
Conrad Eckhart pirstenpinter[5] St: 1482: -/-/60
Planck peitler St: 1486: -/-/60
Erhard vorster smirmacher und sein sweher
    St: 1486: -/3/5
    StV: (1486) et -/1/26 pueri smid zu Nidervergen.
Steffan Weyß sneider St: 1490: -/-/60
Bernhart zingiesser[6] St: 1490: -/2/10
Hanns inquilinus, Hanns Sluders diener St: 1490: -/-/60
[Hanns ?] Pernhart peitler[7] St: 1496: -/-/60
Hanns Zbikopf [Goldschmied] St: 1496: 1/-/29
Fridrich Prunner glaser. 1500 Prunner glaser[8] St: 1496: -/2/27 juravit, 1500: -/3/24
Anna inquilina St: 1500: -/-/60
Jorg Scháffer maler St: 1500: -/-/60
Jorg pogner St: 1508: -/-/60
sleifferin naterin St: 1509: -/-/60
Claß Hart gúrtler St: 1514: Liste
Ulrich (Utz) Seidl schneider.[9] 1532 Ulrich Seidl St: 1522-1526, 1527/I-II, 1528, 1529, 1532: -/2/8
Hanns Plien[i]nger tuchscherer St: 1522: -/2/3

---

[1] Vgl. Frankenburger S. 260.
[2] Ein Hans Westerdorffer ist um 1414 Mitglied der Weinschenkenzunft, vgl. Gewerbeamt 1411 S. 3r.
[3] So 1410/I-1413 bei Kaufingerstraße 3*.
[4] So ab 1439/II bei Rindermarkt 17.
[5] Der Bürstenbinder Chunrat Egkhart war von 1480 bis 1510 wiederholt Vierer der Ringler, Würfler und Bürstenbinder, vgl. RP.
[6] Pernhart zingiesser ist 1479 und 1486 Vierer der Hafner und Zinngießer, vgl. RP.
[7] Hanns Bernhart ist 1502, 1504-1507, 1516 und 1517 Vierer der Beutler, Gürtler, Taschner, Ircher, Nadler, vgl. RP.
[8] Der Glaser Fridrich Pruner 1507-1520 wiederholt Vierer der Maler, Glaser, Seidennater, Schnitzer, vgl. RP.
[9] Utz Seidel war 1510 und 1512 Vierer der Schneider, vgl. RP.

peitler oben in, Hörtl. 1524 Achaci peitler. 1525-1527/I Achaci Hórtl peitler
    St: 1523-1526, 1527/I: -/2/-
Stefan Perwein, 1528, 1529 peitler St: 1527/II, 1528, 1529: -/2/24
Schaci schmid peitler St: 1532: -/2/-
Jorg Paur karttnmacher St: 1540, 1541: -/2/-
    Hanns Paur karttnmacher St: 1540: -/2/-
Utz weber kartnmacher. 1542, 1543, 1546, 1547 Utz kartnmacher. 1544, 1545 Utz kartnmacher weber
    St: 1541, 1542: -/2/-, 1543: -/4/-, 1544: -/2/-, 1545: -/4/-, 1546-1548, 1549/I-II, 1550, 1551/I-II,
        1552/I-II, 1553, 1554/I-II: -/2/-
Walthas(ar) (Walthes) Satzinger
    St: 1542: 2/2/2, 1543: 4/4/4, 1544: 2/4/3
    StV: (1544) hat zugsetzt von wegen seiner hausfrau heiratguet -/-/61, so Reutter hat abgsetzt.
Hanns Túnpuecher St: 1545: -/4/-
Veit Hamer, 1548, 1549/I maler[1], 1551/I-1552/II glaser
    St: 1548, 1549/I-II, 1550, 1551/I-II; 1552/I-II: -/2/-
Wolff Sittnhofer peutler St: 1554/II: -/2/-
Hanns Koler (Kholer) nadler St: 1555-1557: -/2/-, 1558: -/4/-
Sebastian Dutzman [Goldschmied[2]] St: 1555: -/2/-
Wilhelm Degler nestler
    St: 1556, 1557: -/2/-, 1558: -/4/-, 1559-1561, 1563, 1564/I-II, 1565, 1566/I-II, 1567/II: -/2/-,
        1568: -/4/-, 1569: -/2/-, 1570: -/-/-
    StV: (1556) mer -/4/- fúr 2 versessn steur. (1570) steurt hernach.
Hanns pottin
    St: 1556: -/2/-
    StV: (1556) mer -/2/- ain alte steur.
Hannsin Hoffmanin. 1558 Hannsin ibidem Hoffmanin St: 1557: -/2/-, 1558: -/4/-
Hanns Ögerer (Egerer) thuechscherer St: 1560: -/-/21 gracion, 1561: -/2/-
Wolf von Orlients, 1566/I-1567/II statsóldner[3] St: 1565, 1566/I-II, 1567/I-II: -/-/1
Lamprecht khaufman schneider
    St: 1568: -/4/-, 1569: -/2/-, 1570: -/-/-, 1571: -/2/-
    StV: (1570) steurt hernach [= Rosenstraße 8].
Michel Hatzlin St: 1571: -/2/-

Rosenstraße 8

Lage: Eckhaus. 1380 „an dem ekke". Über oder neben diesem Haus 1490 und ab 1540 Überschrift „Rosenngassen".
Name: Roseneck [seit vor 1725, später:] Spöckmayr-Bräu.[4]
Charakter: Weinschenke. 1550 Fremdenherberge, 6 Pferde.

Hauseigentümer:

1374 März 13 Haensel Chling verkauft sein Haus an der Rosengasse, zwischen des Zehentners Kind (Rosenstraße 9) und Fridrich dez Fliesenhamers Häusern (Rosenstraße 7) an H[einrich] Waegenler.[5]
1380 Januar 19 „Hainrich der Waegenlár" verkauft sein Haus, das gelegen ist an der Rosengasse „an dem ekke", dem Gswindübel.[6]
1381 November 28 Herman dez Geswindubels Haus an der Rosengasse ist Nachbar des Hauses von

---

[1] 1549/I vor „maler" getilgt „glaser".
[2] So 1551/II-1552/I bei Weinstraße 14 und 1553 und 1554 bei Dienerstraße 5*B.
[3] Wolf von Orlientz seit 1548 Stadtsöldner, vgl. R. v. Bary III S. 838/839.
[4] Stahleder, Haus- und Straßennamen S. 402, 480.
[5] GB I 46/11.
[6] GB I 118/10.

Dietmair Glesein, künftig des Hanß Zehentner (Rosenstraße 9).[1]

1382 Oktober 10 das Haus des „Herman Geswindubels" ist Nachbar vom Haus des Friedrich Fliesenhamer beziehungsweise Andre Hauser (vorher Pfaeffel) (Rosenstraße 7).[2]

1403 Januar 20 „Hermans des Swindúbels" Haus ist Nachbarhaus des „Ulreich Pfäffel" an der Rosengasse (Rosenstraße 7),[3] ebenso

1407 Januar 15.[4]

1410 April 7 Hermans des Swindübels Haus ist Nachbarhaus von „Barbara des Weichsenvelder haẃsfraẃ" (Rosenstraße 9).[5] Dann

1411 August 7,

1412 August 4 und **Oktober 14**[6] wieder Nachbarhaus des Ulrich Pfäffel (Rosenstraße 7) und

1413 Dezember 14 Nachbar von „Steffan kaltsmit", ab jetzt von „Eberhart dem Póchssel".[7]

1431 möglicherweise Franz Pötschner Hauseigentümer. Ein Steuervermerk besagt, daß aus dem Haus 10 Gulden Zins an das Angerkloster gehen, die der Pötschner bezahlt (StB).

1437 vom „Pötzschner in der Rosengassen" gehen 24 Pfennige Zins von einem Krautacker an die St.-Nikolaus-Kapelle.[8]

1455, 1456, 1462 domus Rackendorffer (Listen).

1484/85 laut Grundbuch (Überschrift) sind die hinterlassenen Kinder des Jörg Castner Inhaber von Haus, Hof und Stallung.[9]

1491 Mai 10 das Grundbuch vermerkt: Als Jörg Holtzer das obgeschrieben Haus erkauft hat, haben er und seine Frau Ursula daraus ein Ewiggeld verkauft an Jörg Castner und seine Schwester Apollonia Vachenpergerin (15 Gulden um 300 Gulden Hauptsumme), am selben Tag auch an seine Schwiegermutter Elspet Pörtzlin (2 Gulden um 40 Gulden). Die Pfleger von Jörg und Magdalena Castner verkaufen das Ewiggeld noch im selben Jahr weiter (GruBu).

1495 April 27 Geörg Holtzer und seine Hausfrau Catharina verkaufen ein Ewiggeld von 5 Gulden, wohl um 100 Gulden Hauptsumme aus dem Haus (GruBu). Es folgen

1500 Februar 7 (5 Gulden um 100 Gulden),

1509 Juni 21 (5 Gulden um 100 Gulden),

1511 August 22 (5 Gulden, wohl um 100 Gulden) weitere Ewiggeldverkäufe durch das Ehepaar Georg und Katharina Holtzer (GruBu).

1515 April 25 Wolfgang Wielandt und seine Hausfrau Ursula verkaufen ein Ewiggeld aus dem Haus (3 Gulden um 60 Gulden) (GruBu), desgleichen

1515 Oktober 1 (1 Gulden, wohl um 20 Gulden) (GruBu).

1520 August 25 „Hanns Khern pierprew" und seine Hausfrau Margaretha verkaufen am selben Tag zwei Ewiggelder, eines von 3 Gulden, wohl um 60 Gulden, und eines um 5 Gulden, wohl um 100 Gulden Hauptsumme (GruBu).

1522 November 25 das Haus des Hanns Kern liegt dem Haus des Bogners Bernhard Herman (Rosenstraße 9) benachbart.[10]

1525 Mai 24 Hanns Khern, Bürger zu München, und seine Hausfrau Margreth verkaufen ihr Haus und Hofstatt, gelegen an der Rosengasse zwischen Hannsen Maisentalers (Rosenstraße 9) und Leonhart Reichels Häusern (Rosenstraße 7) „dem Uetzen Enichl pirpreuen" und seiner Hausfrau Anna.[11]

1527 Dezember 4 Ulrich Enichl und seine Hausfrau Anna verkaufen 1 Gulden Ewiggeld, wahrscheinlich um 20 Gulden aus diesem Haus (GruBu).

1548 Juli 3 Ewiggeldverkauf durch Benedikt Änichl (Enichl) (1 Gulden um 20 Gulden) (GruBu).

---

[1] GB I 150/3.
[2] GB I 169/8.
[3] GB III 7/6.
[4] GB III 60/9, 71/9.
[5] GB III 95/3.
[6] GB III 109/12, 125/7, 128/13, 14.
[7] GB III 145/1, 2.
[8] MB XIXa 35 S. 414.
[9] Stadtgericht 207/5 (GruBu) S. 279r/v und 207/5a (GruBu) S. 629v/631r.
[10] GB IV S. 21v.
[11] GB IV S. 75v.

Es folgen Ewiggeldverkäufe durch Wolfgang Gannsmair, 1554 Koch genannt, und seine Frau Barbara:
1550 Mai 20 (5 Gulden um 100 Gulden)
1554 Oktober 24 (1 Gulden um 20 Gulden),
1556 Januar 17 (4 Schillinge um 10 Pfund),
1557 Februar 8 (1 Gulden um 20 Gulden),
1558 November 20 (2 Gulden um 40 Gulden),
1559 Januar 9 (5 Gulden um 100 Gulden) und
1561 Oktober 12 (10 Gulden um 200 Gulden) (GruBu).
1562 September 1 der Bierbrauer Georg Mänhart und seine Ehefrau Barbara sind Eigentümer des Hauses und verschreiben ein Ewiggeld von 15 Gulden um 300 Gulden daraus (GruBu).
1573 laut Grundbuch ist es nunmehr „Geörgen Mänhart preuens haus, hof und stallung".
Die Familie Mänhart behält das Haus bis zum 29. August 1592.

Eigentümer Rosenstraße 8:

Seydel Kling
   St: 1368, 1369: 10/-/-
filia Klingonis, 1371 inquilina
   St: 1371: 2/-/-, 1372: -/-/-
* Haensel Chling [bis 1374 März 13]
Nicklaws Kling
   St: 1393: -/11/-
* Hainrich Waegendler [1374 März 13 bis 1380 Januar 19]
* Herman Geswindúbel (Swindúbel, Gschwindúbel, 1408 Swindel), 1383/II cum uxore. 1387, 1390/I Swindúbel [Wirt, Weinhandel, Stadtrat[1]]
   St: 1381, 1382, 1383/I: 6/-/-, 1383/II: 10,5/-/- gracianus, 1387: 3/-/-, 1388: 6/-/- juravit, 1390/I-II: 6/-/-, 1392: 9/-/-, 1393, 1394: 12/-/-, 1395: 6/-/-, 1396, 1397, 1399, 1400, 1401/I: 9/-/-, 1401/II: 10/-/- iuravit, 1403, 1405/I: 10/-/-, 1405/II: 7,5/-/- iuravit, 1406-1408: 10/-/-, 1410/I: 7,5/-/- iuravit, 1410/II: 10/-/-, 1411: 7,5/-/-, 1412: 10/-/-, 1413: 7,5/-/- iuravit, 1415: 10/-/-, 1416: 13/-/80
   StV: (1383/II) r[aci]o[n]e uxoris.
   Pferdemusterung, um 1398: (Ur-Fassung): Swinndubel sol haben czway pferd umb 40 gulden, damit er der stat wart; (Korrig. Fassung): Swinndubel sol haben 3 pferd umb 60 gulden und sol selber reiten.
*? Francz [II.] Pótschner (Potschner). 1447 relicta Francz Pótschnerin
   St: 1410/I: 2/-/- gracianus, 1410/II: 16/7/10 iuravit, 1411: 12/5,5/-, 1412: 16/7/10, 1413: 8/6/- iuravit, 1415: 5/-/60, 1416: 7/-/-, 1418, 1419: 12/5/-, 1423: 8/6/18, 1424: 2/7/16, 1431: 8/6/- iuravit, 1447: -/12/1
   StV: (1431) aws dem haws gend 10 gulden gen Anger, davon dedit 1 lb der Pótschner.
   Sch: 1439/I-II, 1440, 1441/I-II: 3 t[aglon]
* Hanns Rákndorffer (Rákendorffer, Rakendorfer). 1455, 1456 domus Rakendorffer. 1462 domus Rackendorffer
   St: 1453-1458: Liste, 1462: -/-/60

---

[1] Der Swindubel ist 1381 Mitglied des Großen Rates der Stadt, 1383 und 1384 äußerer Rat, 1397 einer der beiden Bürgermeister, am 10.3.1406 Bürgermeister vom inneren Rat, vgl. R. v. Bary III S. 746, 740, 755, 756. – Er ist Gastwirt. In den Jahren 1398-1403 erhält er wiederholt aus der Stadtkammer Bewirtungskosten ersetzt, als „in der Rais" (auf Kriegszug) Soldaten bei ihm einquartiert wurden („bei ihm verzert in der rais"), vgl. KR 1398/99 S. 115v, 1399/1400 S. 120r, 1400/02 S. 103r, 1402/03 S. 100r; Steueramt 572 (Leibgedingbuch 1402/03) S. 35r. – Er handelt auch mit Wein: 1403 schuldet ihm die Stadt „umb schenkwein, den man geschenkt hat dem bischoff von Regenspurg" 5 Pfund und 88 Pfennige, vgl. Steueramt 573 (Leibgedingbuch 1404/09) S. 50r, auch KR 1404/06 S. 65v. – Er beschäftigt einen eigenen Schreiber, den die Stadt auch für Botendienste verwendet: Die Stadtkammer zahlt ihm 6 Schillinge Spesengelder aus wegen einer Reise „von dez Frawenbergers wegen", vgl. KR 1398/99 S. 124r. – Er ist außerdem der Schwiegervater von Konrad Kapfenberger, vgl. Dienerstraße 20, KR 1398/99 S. 115v.

* Augustin Rákendorffer (Rackendorffer) [Wirt und Vorsprech[1]]
　　St: 1456-1458: Liste, 1462: nichil, vorsprech
** Jorg kastner, 1482 et pueri
　　St: 1482: 1/2/25, 1486: 1/7/15
** pueri [= Jorg, Apollonia (später ∞ Vachenperger), Magdalena Castner, Kinder des Jörg Kastner]
　　St: 1482: 1/5/18, 1486: 2/6/25
　　StV: (1482, 1486) dedit Klewber.
** Jorg Holtzer (Holtzner), 1509 k[...] [Wirt, ∞ 1. Ursula, 2. Katharina]
　　St: 1496: 3/5/9, 1500: 2/5/17, 1508, 1509: 3/-/9
** Wolfganng Wielandt et mater [Schuster ?[2], ∞ Ursula]
　　St: 1514: Liste
** Hanns Kern [Bierbräu, Weinschenk, Salzstößel[3], ∞ Margaretha]
　　St: 1522: -/5/27
　　StV: (1522) et dedit -/3/3 für sein schwager
** Utz Enichl (Einichl) prew (pierprew) [Weinschenk[4], ∞ Anna]
　　St: 1526, 1527/I-II, 1528, 1529, 1532: -/5/10 schencknsteur
** Benedikt Enichl [1548 Juli 3]
** Wolff (Wolffgang) Gansmair, 1553, 1554/I, 1556, 1557, 1559 koch [∞ Barbara]
　　St: 1549/II, 1550, 1551/I-II, 1552/I-II, 1553, 1554/I-II, 1555-1557: -/5/10 schenckhsteur, 1558: 1/3/20 schenckhsteur, 1559, 1560: -/5/10 schenckhsteur
　　Caspar Gansmair (Gensmair, Jansmair), 1557, 1558 riemer
　　St: 1557: -/-/28 gracion, 1558: -/4/-, 1559: -/2/-
** (Georg, Jórg) Mänhart (Manhart), 1561-1571 prew [Weinschenk]
　　St: 1561, 1563, 1564/I-II, 1565, 1566/I-II, 1567/I-II: -/5/10 schennckhsteur, 1568: 1/3/20 schenckhsteur, 1569-1571: 1/3/25 schenckhsteur
　　StV: (1561, 1563) mer für p[ueri] Streycher 2/2/7. (1564/I) mer für p[ueri] Streycher 2/5/17,5.
　　Cunradt Frimerin
　　St: 1570: -/-/-
　　StV: (1570) steurt oben [= Rosenstraße 7].

Bewohner Rosenstraße 8:

Franck wolnslaher St: 1392: -/-/12
Glesin schr[e]iber inquilinus St: 1394: -/-/32
Ulrich Hagenawer [später Unterkäufel ?[5]] St: 1394: -/-/16
Schmaltzhafen (Smalczhafen) St: 1395: -/-/60 für zway lb, 1396: -/-/48 fur 2 lb
Hanns Wolfersperger [Salzsender, Weinschenk[6]]
　　St: 1418: 0,5/-/- gracianus, 1423: 3/-/60, 1424: 1/-/20
Narcziss sniczer Sch: 1445: 1 knecht, dedit -/-/8
Hanns vorster sneider St: 1453: Liste
Lienhart Kalczeisen [Weinschenk[1]] St: 1455: Liste

---

[1] Der Rägkendorffer ist Gastwirt: In seinem Haus wird am 4. Januar 1465 der Züchtiger Durchenpusch von den beiden Richtersknechten erstochen, nachdem er mit einem anderen Gast einen Streit angefangen hatte und sich der Festnahme widersetzte, vgl. RP 1 S. 95r. – 1458 ist Augustin Rágkendarffer Mitglied der Weinschenken-Bruderschaft, vgl. Gewerbeamt 1411 S. 13v. – Räckendorffer, stets ohne Vornamen, ist von 1453-1477 wiederholt als Vorsprech belegt, vgl. R. v. Bary III S. 807.
[2] Vgl. Marienplatz 28.
[3] Hanns Kern 1516 Aufnahme in die Weinschenkenzunft, vgl. Gewerbeamt 1418 S. 17r. – Vgl. Fürstenfelder Straße 9. – Das Grundbuch bezeichnet ihn als Bierbrauer, siehe Einleitung zu diesem Haus.
[4] Uotz Enckell 1510 Aufnahme in die Weinschenkenzunft, vgl. Gewerbeamt 1418 S. 15v.
[5] Vgl. Kaufingerstraße 4*.
[6] Hans Wolfersperger um 1414 und 1451 Mitglied der Weinschenkenzunft, vgl. Gewerbeamt 1411 S. 4r, 9v. – Es gibt allerdings zwei Wolfersperger gleichzeitig, da 1422 „der jung Wolfersperger" einer der Vierer der Weinschenken ist, vgl. Gewerbeamt 1411 S. 10v. – Ein Wolfersperger ohne Vornamen ist 1429 Salzsender, vgl. Vietzen S. 145, wohl dieser.

Laurentz (Larentz, Lorenntz) peitler [Weinschenk ?²] [1482 nachgetragen:] Schafswol, 1514 inquilinus
    St: 1482, 1496, 1500: -/-/60, 1508, 1509: -/5/15, 1514: Liste
    Lorentz peitler. 1527/I-1540 Lorentz Schafswol peitler. 1541 Lorentz Schafswol
    St: 1522-1526, 1527/I-II, 1528, 1529, 1532: -/4/-, 1540, 1541: -/2/-
    StV: (1528-1532) et dedit -/5/4 fúr p[ueri] Holtzner. (1529) sol biß jar seiner schwiger gut zusetzen.
Anna naterin, 1496 inquilina
    St: 1482: -/-/60, 1496: in camer
    StV: (1496) ir guot verboten.
Jorg zimermanin witib St: 1482: -/-/50
Gabriel Stainkircher [Weinschenk³] St: 1490: 1/7/17
    pueri St: 1490: anderswo bey Werder.
Hanns Semúlner prew. 1500 Seemúlner prew⁴ St: 1496: -/5/10, 1500: -/5/10
Hans Fuxtaler wirt⁵ St: 1508, 1509: -/5/10 [Schenkensteuer]
Hainrich Kemnater sch[neider]⁶ St: 1514: Liste
Michel Starnberger [Weinschenk⁷] St: 1522: 2/1/15
Linhart Rieger (Rueger), 1522-1542, 1544-1547, 1551/II-1554/I schneider
    St: 1522-1526, 1527/I: -/2/-, 1527/II, 1528, 1529, 1532: -/2/3, 1540-1542: -/3/14, 1543: -/6/28, 1544: -/3/14, 1545: 1/2/10, 1546-1548, 1549/I-II, 1550, 1551/I-II, 1552/I-II: -/4/20, 1553, 1554/I: -/2/20
    StV: (1541, 1542) et dedit (mer) -/-/14 fúr p[ueri] Hainrich Werder. (1543, 1546-1549/I) mer -/-/28 fúr p[ueri] Werder. (1544) mer -/-/14 fúr p[ueri] Werder. (1545) mer -/2/24 fúr p[ueri] Werder. (1546) mer -/-/21 fúr 3 nachsteur fúr 1/-/- gelts dem Walthas[ar]. (1548-1550) mer 1/2/10 fúr p[ueri] Ottnthuehel. (1549/II-1552/II) mer -/-/21 fúr p[ueri] Werder. (1553, 1554/I) mer -/1/26 fúr p[ueri] Werder.
Sigmund nagler St: 1522: -/-/21 gracion, 1523: -/2/-
Pauls Schweindl, 1523 wirt St: 1523, 1524: -/5/10 schencknsteur
Barbara kertzlerin St: 1524: -/2/-
Barbara Stegerin inquilina St: 1525: -/2/-
Peter Kárpf St: 1528, 1529: -/2/-
Michel ambtman St: 1528: nichil
Hanns ringmacher St: 1532: -/2/-
Wolff (Wolffgang) Prunhueber,⁸ 1540 wirt, 1549/I preẃ [Salzstößel ?⁹]
    St: 1540-1542: -/5/10 schenckhnsteur, 1543: 1/3/20 schenckhsteur, 1544: -/5/10 schenckhnsteur, 1545: 1/3/20 schenckhnsteur, 1546-1548, 1549/I: -/5/10 schenckhnsteur
Peter nadlerin
    St: 1540-1542: -/2/-, 1543: -/4/-, 1544: -/2/-, 1545: -/4/-, 1546-1548, 1549/I-II, 1550, 1551/I-II, 1552/I-II, 1553: -/2/-, 1554/I: nihil
    StV: (1554/I) ist der steur erlassen jetzt und hinfúro; ir tohter nam sy zu ir, het sonst sy ins spital khomen muessen.

---

[1] Lienhart Kalczeyssen ist 1451 Mitglied der Weinschenken-Bruderschaft, vgl. Gewerbeamt 1411 S. 10r.
[2] 1458 ist ein Lorencz páutler auch Mitglied der Weinschenken-Bruderschaft, vgl. Gewerbeamt 1411 S. 14r. Vgl. auch Marienplatz 23.
[3] Gabriel Stainkircher 1489 Mitglied der Weinschenkenzunft, nachgetragen der Vermerk: „ist gen Dachaw zogen", vgl. Gewerbeamt 1418 S. 1v. – 1488 ist Gabriel Stainkircher Vierer der Weinschenken, vgl. RP.
[4] Hanns Seemulner ist 1499 und 1509 Vierer der Bierbrauer, vgl. RP.
[5] Hanns Fuxtaler 1505 Aufnahme in die Weinschenkenzunft, vgl. Gewerbeamt 1418 S. 13v.
[6] Hainrich Kemnater ist 1505-1520 wiederholt Vierer der Schneider, vgl. RP.
[7] Michael Starnberger 1489 Aufnahme in die Weinschenkenzunft, vgl. Gewerbeamt 1418 S. 4v (falls dieser ?).
[8] 1546 beanstandet die Baukommission, daß beim „Wollfgang Prunhueber preu" Vorbauten „1/2 eln ze prait" sind, vgl. LBK 4.
[9] Wolf Pruenhueber ist 1563 als Salzstößel belegt, vgl. Vietzen S. 154 nach KR.

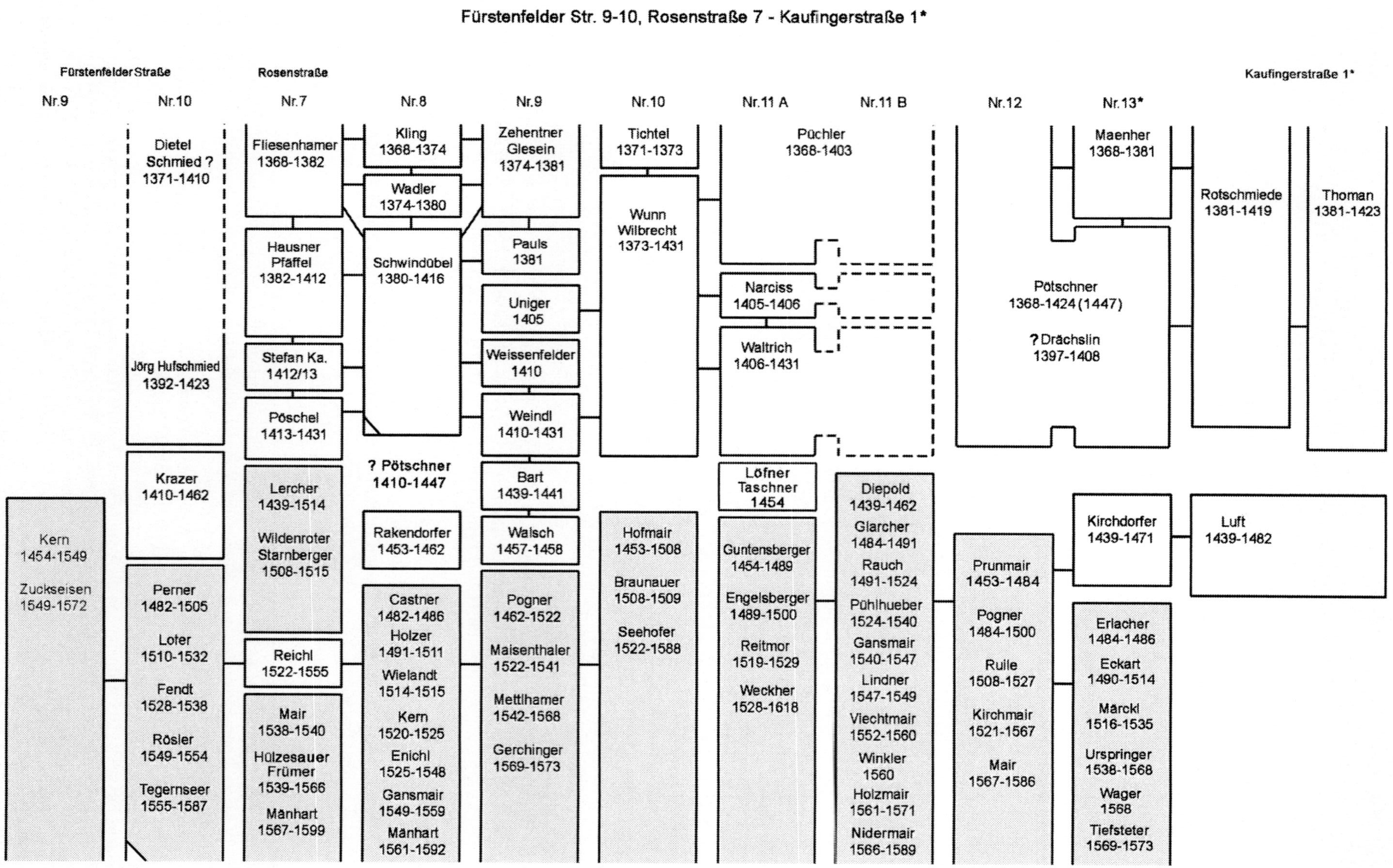

Abb. 34 Hauseigentümer Fürstenfelder Straße 9, 10, Rosenstraße 8 – 13*, Kaufingerstraße 1*.

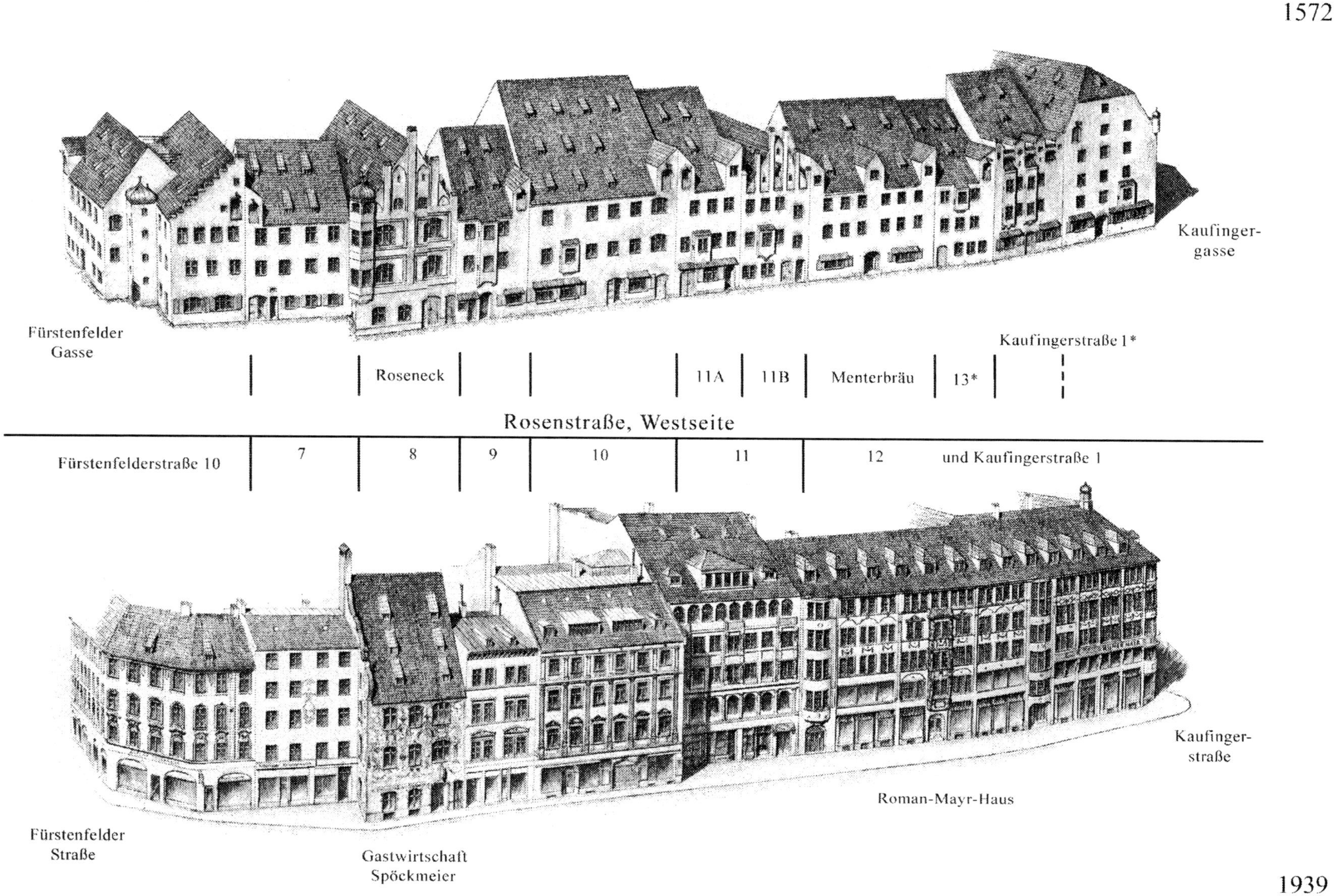

Abb. 35 Fürstenfelder Straße 10, Rosenstraße West Nr. 7 – 13*, Häuserbuch Hackenviertel S. 376/377.

Warbara ibidem St: 1540-1542: -/2/-, 1543: -/4/-, 1544: -/2/-
Hanns Pollinger, 1542-1547, 1553, 1554/I zammacher
    St: 1542: -/3/7, 1543: -/6/14, 1544: -/3/7, 1545: -/4/-, 1546-1548, 1549/I-II, 1550, 1551/I-II, 1552/I-II, 1553, 1554/I: -/2/-
Mathes Frólichin St: 1544: -/2/-
Hanns Knaur [Nadler ?] St: 1548: -/2/-
Madl [= Madlen] peckhin St: 1549/I: -/2/-
Thoman schuesterin, 1550 ibidem St: 1550, 1551/I-II, 1552/I: -/2/-
Jeronimus Widman schuester St: 1554/II, 1555-1557: -/2/-, 1558: -/4/-, 1559, 1560: -/2/-
Hainrich Hagin [Tändlerin[1]] St: 1554/II: -/2/-
alt Els St: 1554/II: -/2/-
Hanns Ott der jung. 1556 Hanns Ott messerschmid junger
    St: 1554/II: -/3/28, 1555, 1556: -/6/22
    StV: (1555) zugsetzt seins schwehern erb.
Michel Westermairin St: 1554/II: -/3/25
Andre Stainer koch St: 1554/II, 1555: -/2/-
Katherina Rueplin St: 1555: -/2/-
lebmaisterin. 1556 alt lebmaisterin St: 1555, 1556: -/2/-
Caspar Atznperger tagwercher St: 1556: -/2/-
[Hans] Dylchingerin St: 1556: -/2/-
Bartlme zimerman St: 1557: -/-/21 gracion
Wolff Mayr. 1559 Wolff Mayrin St: 1557: -/-/14 gracion, 1559: -/2/-
Andre Streinin St: 1557: -/2/-
Jorg Preckh pott St: 1558: -/4/-, 1559: -/2/-
Wolff Aigman tagwercher St: 1558: -/4/-
Els Khnäblin. 1563 Elß schopperin. 1564/I-II Els Knäbin (Knabin) schopperin
    St: 1560, 1561, 1563, 1564/I-II: -/2/-
Hanns Kopp St: 1560: -/2/-
Caspar Sonner schneider St: 1560: -/2/-
Wolff Khrepfin St: 1560: -/2/-
infrau [darüber nachgetragen: hat Ulrich Kellerer[2]]: St: 1560: -/2/-
Hannß schneider St: 1561: -/2/-
Hannß Lenntzhueber [Zimmermann] St: 1561: -/2/-
Hanns Schwaiger taschner. 1565-1566/II, 1568, 1570, 1571 Hanns taschner
    St: 1563, 1564/I-II, 1565, 1566/I-II, 1567/I-II: -/2/-, 1568: -/4/-, 1569-1571: -/2/-
Hanns leinweber St: 1563: -/-/14 gratia
haubtman der trabanten St: 1564/I-II: -/-/-
    sein reitkhnecht St: 1564/I-II: -/-/-
Reiff procurator St: 1564/I: -/-/- hofgsind
Hans Cantzler (Khannzler), 1564/II, 1565, 1566/II-1568, 1570-1571 tagwercher. 1569 Hanns tagwercher oder Canntzler
    St: 1564/II: -/-/14 gratia, 1565, 1566/I-II, 1567/I-II: -/2/-, 1568: -/4/-, 1569, 1570: -/2/-, 1571: an chamer
    StV: (1565) mer für sein mueter Margret cantzlerin -/2/-. (1567/II) mer für sein mueter -/2/-. (1568) mer für sein mueter -/4/-. (1571) [Nachtrag:] adi 3. Decembris [15]73 zalt.
Margret (Margaretha) cantzlerin, 1564/II sein muetter
    St: 1564/II, 1566/II, 1567/I: -/2/-
    StV: (1566/II) und ain versessne steur -/2/-
R. Wälsch singer St: 1565: -/-/-
Jorg Geiger schneider St: 1565: -/2/-

---

[1] 1544-1549/I bei Marienplatz 27* Tändlerin.
[2] Gemeint ist: Der Ulrich Kellerer hat sie jetzt zur Frau.

Peter Prechler schuelmaister St: 1566/I-II, 1567/I-II: -/2/-, 1568: -/4/-, 1569, 1570: -/2/-
Christoff Kirchdorffer (Kürchdorffer), 1566/II, 1567/I thuechscherer
    St: 1566/I-II, 1567/I-II: -/2/-, 1568: -/4/-, 1569: -/2/-
Jochim Köglin wittib St: 1566/I: -/2/-
Regina Sedlmairin St: 1566/II, 1567/I: -/2/-
Wolff von Orlients [Stadtsöldner]
    St: 1567/I: -/-/-
       StV: (1567/I) steurt oben [= Rosenstraße 7].
Christoph Mayrin bescham (?) St: 1567/II: -/2/-, 1568: -/4/-
Wilhalm Tegler nestler St: 1570: -/2/-
Lamprecht khaufman schneider St: 1570: -/2/-

Rosenstraße 9

Charakter: Zeitweise wohl eine Weinschenke.

Hauseigentümer:

1374 März 13 „dez Zehentners chind haus" ist Nachbar vom Haus des Haensel Chling, künftig des H[einrich] Waegendler (Rosenstraße 8).[1]
1381 November 28 Dietmair Glesein „an germagen stat seins suns Petern und Hanß Zehentner" haben ihr Haus, gelegen an der Rosengasse „ze naechst an Herman dez Geswindúbels haus [Rosenstraße 8], daz si mit dem rechten von erbschaft wegen von Jacob dem Zehentner saeligen in ir gewalt habent pracht, Paulsen chramer" überlassen (verkauft).[2]
1405 Juli 16 Jörg der Uniger an der Rosengasse ist Nachbar von Matheus Wunn (Rosenstraße 10).[3]
1410 April 7 Barbara, des Weichsenvelder Hausfrau, hat ihr Haus an der Rosengasse, zunächst Hermans des Swindübels Haus (Rosenstraße 8), „Weindlein dem weber" verkauft.[4]
1418 Dezember 21 die Stadtkammer bezahlt 3 Pfund 5 Schillinge und 15 Pfennige „dem Weindel weber zu zyns von dez statschreibers gemach wegen" für die Zeit von Georgi (23. April) 1418 bis auf Georgi 1419, ein ganzes Jahr.[5] Der gleiche Eintrag wiederholt sich an Georgi 1420 für 1419 bis 1420 (30 Schillinge) und die nächsten Jahre.[6] Ab 1422 ist es die Weindlin Weberin, die den Zins erhält („von des statschreiber gemachs wegen als im der rat geschaft hat alle jar sein zins auszerichten").[7] 1425 heißt es über diesen Zins noch: „Den hat man im versprochen hincz man im das waghaws zuberaitt".[8] Auch 1426 werden die 3 Pfund und 6 Schillinge (gerechnet für 5 Gulden) an die Weindlin Weberin bezahlt („ze hauszins von des statschreibers gemachs wegen, ... dieweil man im das waghaws, das man im zu dem statschreiberampt versprochen hat, gefertigt hat").[9] Die Stadt hatte also dem neuen Stadtschreiber – es handelt sich um Hans Rosenbusch[10] – zugesagt, ihm das bisherige Waaghaus als Stadtschreiberei mit Dienstwohnung herzurichten und mietete ihn deshalb bis zu dessen Fertigstellung im Haus des Weindl in der Rosenstraße ein. Allerdings wurde nichts aus dem Projekt, wie man bei der Abrechung 1427 (für die Mietzeit von Georgi 1426 bis Georgi 1427) erfährt: „darumb das im ain rat

---
[1] GB I 46/11.
[2] GB I 150/3.
[3] GB III 43/9.
[4] GB III 95/3.
[5] KR 1418/19 S. 61v. – Stadtschreiber ist von 1416 bis Ende 1453 Hanns Rosenbusch, eigentlich Arzt, vgl. R. v. Bary III S. 786.
[6] KR 1419/20 S. 63r, 1420/21 S. 75r.
[7] KR 1422/23 S. 57v, auch 1423/24 S. 55r.
[8] KR 1424/25 S. 55r.
[9] KR 1425/26 S. 52r.
[10] R. v. Bary III S. 786.

versprochen hat, dieweil man im das waghaus nicht gemacht hat, das man im versprochen".[1] Letztmals wird der Zins 1428 bezahlt.[2]

1424 März 30 Weindlein des Webers Haus ist Nachbar von Ludwig Wilbrecht (Rosenstraße 10).[3]

1449 hat das Heiliggeistspital 5 ungarische Gulden Ewigzins für die Hauptsumme von 90 ungarischen Gulden „aus des Eberhart [Walsch/Wälsch] schnitzers hauß und ist vor Hainrichs Parts gewesen".[4] Heinrich IV. Bart war in 2. Ehe mit Agnes Weindl verheiratet.

1484/85 laut Grundbuch (Überschrift) besitzt jetzt Eberhard [Wälsch ?] Pogner Haus, Hof, (Verkaufs)-Gewölbe und Stallung.[5]

1497 Oktober 6 das Ehepaar [Bernhard] Hermann und Elsbeth Pogner verkauft ein Ewiggeld von 11 Gulden um 220 Gulden Hauptsumme aus ihrem Haus an Hans Ligsalz (GruBu).

1516 September 5 der Witwer Herman Pogner verkauft wieder ein Ewiggeld (2 Gulden um 40 Gulden) aus seinem Haus, diesmal seinem Töchterl Monika als väterliches Gut (GruBu).

1522 November 25 der Bogner Bernhart Herman verkauft sein eigen Haus und Hofstatt, gelegen an der Rosengasse zwischen den Häusern des Sewastian Sehofer (Rosenstraße 10) und des Hanns Kern (Rosenstraße 8), dem Bürger Hanns Maisentaler und seiner Hausfrau Brigitha.[6]

1523 Oktober 6 Hanns Maisentaler und seine Hausfrau Brigitha verkaufen ein Ewiggeld (3 Gulden um 60 Gulden) aus dem Haus an Bernhard [Herman] Pogner und seine Hausfrau Veronica (GruBu).

1525 Mai 24 das Haus des Hanns Maisentaler ist Nachbarhaus des Hauses von Hanns Khern, künftig des Bierbräuen Uetz Enichl (Rosenstraße 8).[7]

1533 April 3 Ewiggeldverkauf durch Hanns Maysentaler (10 Gulden um 200 Gulden) (GruBu).

1542 August 4 Ewiggeldverkauf (20 Gulden um 400 Gulden) durch den Bürger zu Salzburg Valentin (StB: Wolfgang) Metlhamer (GruBu).

1554/I Apolonia Metlhamerin von Salzburg zahlt 2 Pfund von 21 Pfund Ewigzins aus ihrem Haus an der Rosengasse.[8] Sie dürfte die Witwe von Wolfgang Metlhamer sein.

1573 laut Grundbuch (Überschrift) „weilandt Micheln Gerchingers gwesten Eisenhandlers in Saltzburg gelassner wittib" Haus, Hof und Stallung (GruBu), wahrscheinlich eine geborene Metlhamer, wie auch die Nachbesitzerin am 17. Oktober 1580, Rosina Auer, eine geborene Metlhamer war, ebenfalls mit einem Salzburger Bürger verheiratet.

Den Hanns Metlhamer zu 1553 kennt das Grundbuch nicht. Der Häuserbuchbearbeiter hat ihn – mit willkürlichem Datum – aus den Steuerbüchern ergänzt, wo er schon seit 1552 zu finden ist.

Eigentümer Rosenstraße 9:

* pueri Zehentnerii. 1381 patrimonium puerorum Zehentnerii. 1382 patrimonium Hanns Zehentner
    St: 1377: -/5/12, 1378: 0,5/-/-, 1379, 1381: -/-/72, 1382: -/-/-
    StV: (1377) item de preteritis steweris 2/-/78. (1378) in h[oc anno ?][9] t[enetu]r 10 (?) Mon[acenses].
* Glesein/Zehentner Erbschaft [bis 1381 November 28]
* Pauls kramer [seit 1381 November 28]
* Jörg der Vinger[10] [1405 Juli 16]
* Barbara Weichsenvelder [bis 1410 April 7]
* Weindel weber. 1423, 1424 relicta Weindlin weberin. 1431 relicta Weindlin [seit 1410 April 7]
    St: 1410/II: 3/-/80, 1411: 2,5/-/-, 1412: 3/-/80, 1413: 3/-/- iuravit, 1415: 3/6/-, 1416: 5/-/-, 1418-1419: 6/5/10, 1423: 2,5/-/- iuravit, 1424: -/6/20, 1431: 4/-/55 iuravit

---
[1] KR 1426/27 S. 55v.
[2] KR 1427/28 S. 55r.
[3] Urk. D I e 1 - XIII Nr. 31.
[4] Zimelie 40 (Heiliggeistspital, Salbuch B) S. 8r.
[5] Stadtgericht 207/5 (GruBu) S. 280r und 207/5a (GruBu) S. 634v.
[6] GB IV S. 21v.
[7] GB IV S. 75v.
[8] StB 1554/I S. 71v.
[9] Teils radiert und unleserlich.
[10] Nicht Uniger, da der Name 1398/99 auch Finger geschrieben wird, vgl. KR 1398 S. 28v.

* Hainrich [IV.] Part [Salzsender, Wirt, Stadtrat, ∞ 2. Agnes Weindl[1]]
    Sch: 1439/I-II, 1440, 1441/I-II: 3 t[aglon]
* Eberhart Walsch (Wálsch), 1447, 1453, 1455-1458 sniczer
    St: 1447: -/7/10, 1453-1458: Liste
** Eberhart [Wálsch ?] pogner [äußerer Rat[2]]. 1490 relicta Eberhart pognerin [Veronica]
    St: 1462: -/3/18, 1482: 2/1/11, 1486: 2/2/21, 1490: 1/3/10
    StV: (1462) und hat abgesaczt 200 gulden dez Stainawer heiratgutt. (1482) et dedit -/4/16 fur pueri vischer. (1486) et dedit -/7/10 für pueri vischer.
** [Bernhart] Herman pogner [∞ Elspet]
    St: 1482: -/6/9, 1486, 1490: 1/-/-, 1500: -/3/16, 1508, 1509: -/5/14, 1514: Liste
** Hanns Maisentaler (Maysntaler) [Salzsender[3], ∞ Brigitha]
    St: 1522: 1/-/10 ir steur, 1523: 3/1/15 juravit, 1524-1526, 1527/I: 3/1/15, 1527/II, 1528, 1529: 5/2/18, 1532: 5/3/5, 1540, 1541: 12/6/13
    StV: (1522) et dedit -/2/24 gracion, sol bis jar schwern.
** Wolff (Wolffganng) Metlhamer [zu Salzburg]
    St: 1542: -/5/18 gracion, 1543: 8/3/25 juravit, 1544: 5/-/27, 1545: 8/-/20, 1546-1548, 1549/I-II, 1550: 4/-/10, 1551/I: 4/-/10 patrimonium das erst, 1551/II: 4/-/10 patrimonium, 1552/I: 4/-/10 patrimonium das ander
    StV: (1543) mer -/2/10 von seins weibs heiratgut gracion. (1544) hat seiner hausfrauen heiratgueth zugsetzt.
    Hanns[4] Metlhamer (Methlhamer).[5] 1571 Hanns Metlhamerin
    St: 1552/II: 4/-/10, 1553, 1554/I-II, 1555-1557: 4/2/20, 1558: 8/5/10, 1559, 1560: 4/2/20, 1561, 1563: an chamer, 1564/I-II, 1565, 1566/I-II, 1567/I-II: -/2/-, 1568: -/4/-, 1569-1571: -/2/-
    StV: (1561) dan ir hauswirdt nit hie. Mer folio 89v [Ewiggeld]. (1563) der zeit mer eingestelt. (1564/I) hat an aids stat angelobt, das er nit mer zu versteurn vermogens. Mer folio 90 [Ewiggeld] für Gerchingerin. Mer für 2 versessn steur -/4/-. (1564/II) mer für Apolonia Garchingerin folio 98 [= 90v, Ewiggeld]. (1565) mer für Apolonia Gerchingerin folio 89 [Ewiggeld]. (1566/I-II) mer für Apolonia Gerchingerin folio 90 [Ewiggeld]. (1566/II-1567/II, 1569-1571) mer für p[ueri] Arsinger (khinder) -/-/14. (1567/I-1569) mer für Apolonia Gerchingerin folio 5 [= 5r, Ewiggeld]. (1568) mer für p[ueri] Ersingers -/-/28. (1570) mer für Apolonia Gerchingerin folio 1 [Ewiggeld]. (1571) mer für Apolonia Gerchingerin folio 4 [= 2r, Ewiggeld].
* Apolonia Metlhamerin von Saltzpurg 1554/I
    Christoff Mettlhamer [Salzstößel[6]]
    St: 1567/I: 2/2/16,5, 1567/II: 1/6/5 juravit, 1568: -/-/-
    StV: (1567/I) und für seiner hausfrauen guet gratia -/2/24. (1568) zalt an der Creutzgassn.
** Witwe des Michel Gerchinger, gwesenen Eisenhändlers in Salzburg [wohl geb. Metlhamer, 1573]

Bewohner Rosenstraße 9:

Górig [I.] Ligsalcz inquilinus St: 1377: -/12/- juravit
Herman Geswindúbel [später äußerer Rat, Weinwirt, Weinhandel[7]], 1378 inquilinus
    St: 1378: -/6/- gracianus, 1379: 6/-/- juravit
Hainrich Pachhaimer St: 1383/I: -/7,5/- juravit, 1383/II: -/11/7,5, 1388: -/-/40 juravit

---

[1] Hainrich Part 1429 als Salzsender belegt, vgl. Vietzen S. 144 und Stahleder, Bürgergeschlechter. Die Bart S. 323/324. – 1430 gehört der jung Heinrich Part auch zu den Wirten in der Rosengasse, die Ungeld zahlen, vgl. Steueramt 987.
[2] Eberhard pogner ist von 1467 bis 1485 Jahr für Jahr äußerer Stadtrat, 1487 und 1488 noch Mitglied der Gemain, vgl. RP.
[3] Hanns Maisentaler 1519 Vierer der Salzsender, vgl. Vietzen S. 155 nach KR.
[4] „Hans" 1552/II neben gestilgtem „Wolff".
[5] Hans Metlhammer 1569 Religionsverhör, vgl. Dorn S. 227.
[6] Christoph Mettlhamer ist 1569 als Salzstößel belegt, vgl. Vietzen S. 155 nach KR.
[7] Vgl. Rosenstraße 8.

relicta Krúgin inquilina. 1388 relicta Johannis Krúg [Weinhändler][1] inquilina
    St: 1383/I: -/-/36, 1383/II: -/-/54, 1388: -/7/- juravit
Ulrich Ebner [Weinhandel, Stadtrat, hgl. Rat, später auch Schankungelter[2]]
    St: 1392: 15/5/-, 1393: 20/6/20, 1394: 20/6/20 absolutum
   pueri uxoris St: 1392: -/10,5/-, 1393: -/14/-, 1394: -/14/- absolutum
Dietmair salbúrch
    St: 1401/II: 6/-/-, 1403, 1405/I: -/-/-
    StV: (1401/II) sein stewr iuravit. Et 3/-/- de uxor[e] gracianus und die nachst stewr sol er ir heiratgut ungesworn hin zu seczn 4 gulden.
relicta Kaepffenbergerin [Weinschenkin[3]]
    St: 1408: 6/6/28 patrimonium
    StV: (1408) et patrimonium die alt Kaepffenbergerin.
Chunrat Oder kramer St: 1431: -/20/16 iuravit
Tegnhart Pullinger
    Sch: 1445: 1 diern, dedit -/-/8
    St: 1447: -/12/15
    StV: (1447) c[um] 2 nachstewr, dedit; c[um] noch aine, porg Hanns Pútrich.
Lorentz (Larentz) [Schafswol[4]] peitler [Weinschenk ?[5]] St: 1486, 1490: -/-/60
Anna naterin inquilina. 1490 Anna inquilina St: 1486, 1490: -/-/60
F(ridrich) Eswurm [Weinschenk, Weinhandel, äußerer Stadtrat, später Stadtunterrichter[6]]
    St: 1496: 6/2/28
Útz koch [Weinschenk[7]] St: 1496: -/5/10
Hanns windenmacher St: 1496: -/2/3
Teibler obser St: 1496: -/-/60
ziegler inquilinus St: 1496: -/-/60
Benedict Reb [Salzstößel, Weinschenk[8]] St: 1509: -/5/10 [Schenkensteuer]
Claß jager schneider St: 1514: Liste
Utz Keil t[...] inquilinus St: 1514: Liste
(relicta) Haidlin St: 1525, 1526, 1527/I-II, 1528: -/2/20, 1529: -/2/20 matrimonium

Rosenstraße 10

Charakter: Zeitweise Weinschenke.

Eigentümer Rosenstraße 10:

1373 Oktober 22 Herman Tichtel verkauft sein Haus an der Rosengasse „Ulrich dem sneider" (= Ulrich Wunn).[9]
Hailweig Wilbrechtin, Tochter eines Mannes namens Rumpf, kauft 1379 in Augsburg Leibgedinge für

---

[1] Hanns Krug 1353/55 Weinhändler, vgl. Weinstraße 13.
[2] Vgl. Rindermarkt 5.
[3] Vgl. Dienerstraße 20.
[4] Vgl. Rosenstraße 8.
[5] Ein Lorencz páutler ist 1458 Mitglied der Weinschenken-Bruderschaft, vgl. Gewerbeamt 1411 S. 14r.
[6] Fridrich Eßwurm seit 1490/91 Mitglied der Weinschenkenzunft, vgl. Gewerbeamt 1418 S. 6v. – Weinhandel schon 1490 vgl. KR 1489/90 S. 32v, Vierer der Schenken 1491, vgl. RP. – 1501-1524 ist Fridrich Eßwurm Stadtunterrichter, davor von 1492-1502 war er äußerer Stadtrat, vgl. R. v. Bary III S. 804 und RP.
[7] Utz koch 1489 Mitglied der Weinschenkenzunft, vgl. Gewerbeamt 1418 S. 2v.
[8] Benedict Reb 1489 Mitglied der Weinschenkenzunft, vgl. Gewerbeamt 1418 S. 4r. – 1505 und 1508 Benedict Reb Vierer der Salzstößel, vgl. Vietzen S. 158 nach RP.
[9] GB I 43/12.

ihre Söhne aus erster Ehe mit Ulrich Wunn selig, nämlich Michel Wunn (23 Jahre alt) und Matheus Wunn (17 Jahre alt), sowie ihren Bruder, den Priester Walther Rumpf (38 Jahre alt).[1]

1390 Mai 5 Michel Wunn überläßt sein halbes Haus an der Rosengasse, zunächst Ulreich des Püchlers Haus (Rosenstraße 11 A/B), seinem Bruder Mathes Wunn.[2]

1396 Matheis Wunn hat ein Leibgeding bei der Stadtkammer. Es wird „abgezogen von seiner muoter steuer". Auch sein „schwecher" (= Schwiegervater) Hanns Gswindübel wird genannt.[3] An anderer Stelle heißt es im selben Jahr: „hat er auch verschafft seiner muoter der Wilprechtin". Auch wird der Bruder Matheis Wunn wieder genannt. Des Michel Wunn Hausfrau heißt 1396, Elspet Raydlin.[4]

1399 November 23 der Mathes Wunn wird wegen 23 Gulden rheinisch Schulden von Ludweig Löfner vor das Stadtgericht geladen.[5]

1400 September 4 Mathes der Wunn versetzt sein Haus an der Rosengasse „und da er yeczund wesenleich inn ist" um 400 gute neue ungarische Gulden „seinen zwayen kinden Ulrichen und Ändlein", für die Herman der Swindübel, „ir en" (= Großvater, da Schwiegervater von Mathes Wunn), vormundschaftlich handelt.[6]

1400 Dezember 2 wieder ist Mathes der Wunn vor Gericht geladen, diesmal von seiner eigenen Mutter Hailweig, Witwe des Hans Wilbrecht, wegen 100 ungarischen und 150 rheinischen Gulden, die er ihr schuldet.[7]

1405 Juli 16 Matheus der Wunn übereignet sein Haus an der Rosengasse, zunächst Jörgen des Vingers Haus (Rosenstraße 9), seiner Mutter Hailweig (der Wilbrechtin).[8]

1406 August 9 der Wilbrechtin Haus ist benachbart dem Haus des „Narciss Sweninger" [gemeint: Tömlinger], künftig Ott des Waltreich Haus (Rosenstraße 11 A/B).[9]

1424 März 30 des Ludwig Wilbrecht Haus an der Rosengasse liegt zwischen den Häusern des Weindlein des Webers (Rosenstraße 9) und des Waltreich (Rosenstraße 11 A).[10]

1481 Mai 16 Ludwig Hofmair und seine Hausfrau Elisabeth verkaufen ein Ewiggeld von 5 Gulden um 100 Gulden Hauptsumme aus dem Haus.[11]

1484/85 laut Grundbuch (Überschrift) hat jetzt die Hoffmayrin Haus und Stadel inne.
Weitere Ewiggeldverkäufe durch das Ehepaar Hofmair erfolgen:
1487 September 11 (5 Gulden um 100 Gulden),
1488 Januar 22 (6 Gulden um 120 Gulden),
1490 Juli 19 (3 Gulden um 60 Gulden),
1491 Oktober 3 (2 Gulden um 40 Gulden),
1492 September 6 (3 Gulden um 60 Gulden), sowie
1494 Mai 5 (5 Gulden um 100 Gulden), diesmal an den Bildschnitzer Erasmus Grasser (GruBu).

1508 Oktober 16 der Goldschmied Linhart Prunawer und seine Hausfrau Margareth (geborene Hofmair) verschreiben ihrem Schwiegervater und Vater Ludwig Hofmair ein Ewiggeld von 5 Gulden um 100 Gulden Hauptsumme aus diesem ihrem Haus (GruBu).

1509 Oktober 18 Ewiggeldverkauf (2 Gulden um 40 Gulden) durch die Vormünder der hinterlassenen Kinder von Linhart und Ursula Prunawer (GruBu).

1522 November 25 das Haus des Sewastian Sehofer ist Nachbarhaus des Hauses von Bernhard Herman, künftig des Hanns Maisentalers Haus (Rosenstraße 9).[12]

1527 Februar 26 Ewiggeldverkauf (15 Gulden, wohl um 300 Gulden Hauptsumme) durch Sebastian Seehofer an seinen Bruder Konrad Seehofer (GruBu).

---

[1] Haemmerle, Leibgedingbücher Nr. 573, 575a, 612, 613, 886.
[2] GB I 245/11.
[3] Steueramt 571 S. 8r.
[4] Steueramt 571 S. 8v.
[5] GB II 149/20.
[6] GB II 156/8.
[7] GB II 157/17.
[8] GB III 43/9.
[9] GB III 55/3.
[10] Urk. D I e 1 - XIII 31.
[11] Stadtgericht 207/5 (GruBu) S. 281r/v und 207/5a (GruBu) S. 636v.
[12] GB IV S. 21v.

1546 die Baukommission beanstandet bei Sebastian Sehofer die Vorbauten („3/4 [eln] ze prait").[1]
1573 laut Grundbuch (Überschrift) ist es jetzt „Cristoffen und seines verstorbnen Bruedern Alexander Sehofers glassner Khünder Haus, Hof und Stadl dahinder" (GruBu).

Alexander Seehover und seine Hausfrau Susanna verkaufen es am 19. Dezember 1588 um 4500 Gulden Joachim Freiherrn Fugger zu Kirchberg und Weißenhorn, fürstlichen Rat und Kämmerer (GruBu).

Eigentümer Rosenstraße 10:

* Herman Tichtel
    St: 1372: 3/-/- juravit, 1375: 2/-/32
* Ulrich Wunn, 1375-1377, 1379 sartor. 1381 relicta Ulrici Wunn sartoris [∞ Hailweig, geb. Rumpf, später verheiratete Hanns Wilbrechtin]
    St: 1375: 10/-/-, 1377: 14/-/- juravit, 1378, 1379: 14/-/-, 1381: 10/-/- sub gracia
* Hanns [I.] Wilbrecht [Stadtrat[2]], 1382 cum uxore [= Hailweig, geb. Rumpf, verw. Wunn]
    St: 1382, 1383/I: 16/-/-, 1383/II: 24/-/-, 1388: 32/-/- juravit
  pueri uxoris [= Wunn-Kinder] 1387 pueri Ulrici sneider [= Wunn]
    St: 1382, 1383/I: -/12/-, 1383/II: 2/-/60, 1387: 2,5/-/-, 1388: 5/-/-
  Thoman [I.] Wilbrecht. 1388 item Thoman frater suus [= des Hanns I.], 1390/I inquilinus
    St: 1387: 0,5/-/-, 1388, 1390/I-II: 1/-/-
  Michel Wunn, 1408 inquilinus [∞ Elspet Raydlin, halbes Haus]
    St: 1390/I-II: 2,5/-/-, 1392: -/15/-, 1393: 2,5/-/-, 1394: 5 gulden für 2,5 lb, 1395: 3/-/- gracianus, 1408, 1410/I: -/-/-
* Matheis Wúnn (Wúnn), 1396 ir [= der relicta Hans Wilbrechtin] sun, 1403 inquilinus [halbes Haus]
    St: 1390/I-II: 2,5/-/-, 1392: -/15/-, 1393, 1394: 2,5/-/-, 1395: 2,5/-/- gracianus, 1396: 7,5/-/- iuravit, 1397, 1399: 7,5/-/-, 1400, 1403, 1405/I: -/-/-
    Pferdemusterung, um 1398: (Ur-Fassung): Matheis Wúnn sol haben ein pferd umb 20 gulden, damit er der stat wart; (Korrg. Fassung): Matheis Wúnn sol haben 2 pferd umb 40 gulden und selber reiten.
  pueri Matheis Wúnn (Wunn), 1406-1408 inquilini
    St: 1405/II: -/6/- gracianus, 1406: 1/-/- gracianus, 1407: 1/-/-, 1408: 1/-/- gracianus, 1410/I: -/-/-
  relicta [Hanns I.] Wilbrechtin [= Hailweig, geb. Rumpf]
    St: 1395: 22,5/-/-, 1396, 1397, 1399, 1400, 1401/I: 33/6/-, 1401/II: 31/5/10 iuravit et gracianus, 1403, 1405/I: 31/5/10, 1405/II: 30/-/32 iuravit, 1406-1408: 40/-/42, 1410/I: 18/-/- iuravit, 1410/II: 24/-/-, 1411: 18/-/-, 1412: 24/-/-, 1413: 15,5/-/- iuravit, 1415: 18/6/-, 1416: 25/-/-
    Bem.: (1399-1405/II) Steuer gemeinsam mit Sohn Ludwig I.
    Pferdemusterung, um 1398: (Ur-Fassung): Die Wilbrechtin und ir sun Ludweig súllen haben zway pferd umb 50 gulden und der stat damit warten; (Korrg. Fassung): fraw di[...][3] Wilbrechtin und ewer sun Ludweig[4] súllen haben 3 pferd umb 60 gulden und [der] stat warten [und] ein erbern kneht.
  Ludwig (Ludweig) [I.] Wilbrecht) ir sún, 1401/I inquilinus, 1412-1423 Ludweyg Wilbrecht [Stadtrat[5]]
    St: 1399, 1400, 1401/I-II, 1403, 1405/I-II: -/-/-, 1410/I: 15/-/- iuravit, 1410/II: 20/-/-, 1411: 15/-/-, 1412: 20/-/-, 1413: 13/3/- iuravit, 1415: 14/-/-, 1416: 18/5/10, 1418, 1419: 40/-/-, 1423: 30,5/-/9 iuravit, 1424: 10/-/43, 1431: 23/7/16 iuravit
    StV: (1431) Wilbrecht dedit 0,5/-/24 von 6 gulden des Pretstorffers.
    Bem.: (1399-1405/II) Steuer gemeinsam mit der Mutter.

---

[1] LBK 4.
[2] Zu den Wilbrecht siehe Stahleder, Bürgergeschlechter. Die Wilbrecht S. 228/240. – Hans Wilbrecht war 1380, 1381 und 1384 äußerer, 1382 und 1383 innerer Stadtrat, vgl. R. v. Bary III S. 743.
[3] „di" mit folgender „–er"-Kürzungsschleife.
[4] Der Schreiber des ganzen Textes ist der Schwager der Wilbrechtin, Thoman I. Wilbrecht, und Onkel von Ludwig Wilbrecht. Deshalb hier die persönliche Anrede „ewer sun".
[5] Ludwig Wilbrecht am 2.7.1423, im Juni 1425 und am 1.7.1428 einer der beiden Bürgermeister, vgl. R. v. Bary III S. 756, 757.

*? Hanns Mángos. 1447 Hanns Mángosin
 Sch: 1441/II: 2,5 t[aglon], 1445: 1 diern, dedit -/-/8
 St: 1447: -/-/45 dedit Oswald
 Wilhalm Mangos, 1441/II inquilinus
 Sch: 1441/II: 2 t[aglon], 1445: 1 diern, dedit -/-/8
 St: 1447: -/5/15
 StV: (1447) c[um] 3 nachstwer, dedit c[um] noch zwo, porg Chunrat vorster.
 Fricz Hofman (Hofmair), 1455-1456, 1462 kramer[1]. 1482-1496 relicta Hofmairin
 St: 1453-1458: Liste, 1462: 3/-/58, 1482: -/7/17, 1486, 1490: 1/-/12, 1496: -/7/22
 StV: (1482) et dedit -/7/25 fur Hanns Sefelderin patrimonium.
** Ludwig Hofmair [Kramer[2], ∞ Elisabeth]
 St: 1482: 1/-/9, 1486, 1490: -/6/11, 1500: -/7/-, 1508: 2/2/15
 StV: (1482) et dedit -/-/60 die erst nachstewr für Herman karerin. (1508) drey nachsteur.
** Linhart Praunauer, 1500 goltschmid,[3] 1508 wirt[4] [∞ Margaretha, geb. Hofmair]
 St: 1500: 1/7/23, 1508: 2/-/24
 StV: (1508) et dedit -/-/7 für pueri Tanner, bis jar nichtz mer.
** deren Kinder Lienhart und Ursula Praunauer [1509 Oktober 18]
** Konrad Sehofer, Bruder von Sebastian Sehofer [1527 Februar 26]
** Sewastian Sehofer [Kramer, äußerer Rat[5]]
 St: 1522, 1523: 12/2/22, 1524-1526, 1527/I: 13/1/17, 1527/II, 1528, 1529, 1532: 25/1/26, 1540: 64/1/14, 1541, 1542: 62/-/27, 1543: 124/1/24, 1544: 62/-/27, 1545: 246/6/24, 1546-1548, 1529/I: 123/3/12, 1549/II, 1550: 119/2/7, 1551/I: 119/2/7 patrimonium das erst, 1551/II: 119/2/7 patrimonium das ander, 1552/I: -/-/-
 StV: (1522) sol 1000 fl rh., darumb er unnd sein veter stet, wann das recht ain endt hat und die erlangt, versteurn; et dedit -/2/10 fúr des Jennischs haus in Augspurg. (1523) sol 1000 fl, darumb er im recht stet, wann er die erlanngt, zusetzen. (1524) hat sein tail zu den tausent gulden zugesetzt. (1541) hat abgsetzt 500 fl seins sons heyratguth. (1549/II) hat abgsetzt 1000 fl, so er seinem son Jorgn geben hat, derselb sols zusetzn. (1552/I) haben die erben zugsetzt.
** Cristoff Sehofer [äußerer Stadtrat[6]], 1552/I-1559, 1561-1568 und Alexander Sehofer
 St: 1551/II: 1/-/- gracion, 1552/I: 85/6/18 juraverunt, 1552/II: 85/6/18, 1553: an chamer, 1554/I-II, 1555, 1556: 109/4/28, 1557: 114/3/10, 1558: 228/6/20, 1559: 114/3/10, 1561: 88/3/20, 1563: -/-/-, 1564/I-II, 1565, 1566/I-II, 1567/I-II: 88/3/20, 1568: 177/-/10, 1569, 1570: 35/6/9, 1571: 34/-/5
 StV: (1552/I) ist ir beder steur, auch darin nich[t]s anders den ir guth und zwen habnit gesteurt. Der Rochi Sehofer soll 3 nachsteur [geben], ist der zeit eingestelt. Sebastian Sehofer zu Landshuet soll auch 3 nachsteur [geben], ist auch eingestelt der zeit in ansehung [daß er] hat der landschafft 5000 fl gelihen. (1552/II) mer 75/-/- für den Rochum Seehofer von Anoltzpach von 6000 fl für 3 nachsteur von pffunt pfening 3 d[enarii] ze rechnen. Sebastian Sehofer soll auch 3 nachsteur [geben]. (1554/I-II) sambt seines bruedern Alexanders steur, darin auch 5 fl 3 kr[eutzer] des Cristoffen hausfrawn gueth versteurt. (1554/II) mer 29/3/16 von wegen Barbara Schobingerin, so Paulsn Tegernseer geen Lintz verheyrat für 3 nachsteur. (1555, 1556) darin 5 fl 3 kr[eutzer] des Cristoffn hausfrau guet versteurt. (1555, 1556) mer 3/2/10 des Alexanders hausfrau guet(h) versteurt. (1557) darin auch der zusatz des Alexanders hausfrau erb. (1558, 1559) ir beder steur sambt derselben hausfrauen (steur). (1559) mer -/4/16 von der Kirhmairin erb zusatz. (1561) mer 3 nachsteur für Johan Khalltnprunners auswenndige erben 5/4/19. (1564/I-II) mer für p[ueri] Joseph Schobinger 19/1/21. (1565) mer

---

[1] Fridrich Hofmair ist 1460-1462 und 1464 Vierer der Kramer, vgl. RP.
[2] Ludwig Hofmair ist 1476, 1482, 1491, 1502 (versehentlich „Hofman") und 1504 Vierer der Kramer, vgl. RP.
[3] Frankenburger S. 283. – Linhart Prunawer 1501 und 1502 Vierer der Goldschmiede, vgl. RP.
[4] Lienhart Prunawer, Goldschmied, neuer Wirt, des Hofmairs Eidam, 1498 Aufnahme in die Weinschenkenzunft gegen 2 Pfund Zunftgeld, vgl. Gewerbeamt 1418 S. 10r, KR 1498 S. 30r.
[5] Sebastian Seehofer ist 1509, 1515-1520 ff. Vierer der Kramer, 1522-1530, 1534, 1540, 1542-1547, 1549-1551 äußerer Stadtrat, vgl. RP.
[6] Christoph Seehofer 1552-1559, 1561-1574 äußerer Stadtrat, vgl. RP und Fischer, Tab. IV S. 2/3.

fúr p[ueri] Schobinger 16/1/21, abgesezt fúr Rupreht Khulbinger. Mer fúr Khulbingerin nachsteur 9 fl. (1566/I) mer fúr p[ueri] Schobinger, abgesetzt fúr die Hundertpfundtin von Wasserburg 13/2/1,5. Mer fúr ermelte Hundertpfundtin drey nachsteur 8/5/28,5. (1566/II-1567/II) mer fúr p[ueri] Schobinger 13/2/1,5. (1568) mer fúr p[ueri] Schobinger 26/4/3. (1569) mer fúr p[ueri] Schobinger an chamer, zalt 20/5/-. Mer fúr Caspar Frantz schneider, junger -/1/5. (1570) mer fúr p[ueri] Schobinger 20/5/7,5. Mer fúr p[ueri] Caspar Frantz schneider -/1/5. (1571) abgesetzt 450 fl fúr seines bruedern dochter, so gen Innglstat verheurat, nachsteur 5/4/12. Mer fúr Joseph Schobingers khinder 20/5/5,5. Mer fúr Caspar Frantzn schneider -/1/5. [Nachtrag:] Adi 22. Martii anno [15]72 zalt Seehofer fur Jheronimus Schobinger geburenden vierten tail nachsteur 15/3/18,5. Mer fúr sein hausfrau die Hörlin von 1000 fl nachsteur, sollen dem Hörl abgesetzt werden.

Bem.: (1552/I-II) Steuer gemeinsam mit Alexander Seehofer. (1553-1568) Vgl. Alexander.

Conrad Sehofer [ehem. Zöllner[1]]
    St: 1552/I: -/-/-
    StV: (1552/I) zalt supra, folio 32 col. 1 [= 32r, Kreuzgasse].

** Alexander Sehofer [Bruder von Cristoff Sehofer; ∞ Susanna]
    St: 1552/I-II: -/-/-, 1553: an chamer, 1554/I-1561:-/-/-, 1569-1571: 33/3/22,5
    StV: (1552/I) [wie Cristoff]. (1552/II) [Er und Christoph] steurn miteinander. (1553) zaltn die zwen Sehofer 109/4/28, darin 5/-/10 1/2 des Cristoffen Sehofers hausfrauen guet versteurt. Actum den 26. Februarii anno [15]54, juraverunt ambo. (1554/I) zalt supra, folio 53 col. 2 [= 53v, gleiches Haus, siehe oben] Cristoff Seehover. (1563) bed brueder mitain-ander.

Bem.: (1552/I-1568) Steuer gemeinsam mit Cristoff Seehofer.

Bastian Seehofer von Landshuet
    St: 1553: -/-/-
    StV: (1553) 75/-/- fur 3 nachsteuer.

Cristoph Vennd und Alexander Sehofer St: 1560: 115/-/26

** Des Cristoff und des Alexander Sehofers hinterlassene Kinder 1573

Bewohner Rosenstraße 10:

Hainrich von Echmaring (!) inquilinus St: 1375: 1/-/-
Ludwig Prenn inquilinus St: 1381: 0,5/-/- gracianus
Ulrich Ebmer [Weinhändler, Schankungelter] St: 1390/I-II: 20,5/-/- pueri uxoris St: 1390/I-II: -/14/-
Peter schreiber St: 1390/II: -/-/-
Hanns Maisterl [Weinschenk, Käufel, später auch Bürgermeister[2]] inquilinus
    St: 1397, 1399: -/10/-
    Pferdemusterung, um 1398: Hans Maisterl 1 pferd [umb] 16 gulden [und soll selber] reiten.[3]
Katrey lerenfraw inquilina
    St: 1400: -/-/60, 1401/I: -/-/-
    StV: (1401/I) iuravit quod servit per precium etc.
Purchart (Purckharde) Koppenberger (Poppenberger) inquilinus
    St: 1400: 1/-/- iuravit, 1401/I: 1/-/-, 1401/II: 2/-/- iuravit, 1403: -/12/16 iuravit
Hanns (Hannsel) Triener (Tryener) [Weinschenk, Weinhandel[4]], 1405/II-1407 inquilinus
    St: 1405/I: 2/-/-, 1405/II: -/14/- iuravit, 1406-1408: -/18/20
    StV: (1408) et dedit -/-/60 gracianus de uxore.

---

[1] Conrat Seehofer 1528-1549 Zöllner am Oberen oder Neuhauser Tor, vgl. R. v. Bary III S. 884.
[2] Den Hans Maisterl enthält auch das Weinschenken-Verzeichnis, vgl. Gewerbeamt 1411 S. 3r und Marienplatz 15 A und Rindermarkt 9*. 1414 ist Hans Maisterl auch Bürgermeister, vgl. R. v. Bary III S. 756. Bei Rosenstraße 12 und Rindermarkrt 9 wird er Käufel genannt.
[3] Ganzer Eintrag am unteren Rand der Seite nachgetragen.
[4] Vgl. Steueramt 572 (Leibgedingbuch 1402/03) S. 64r (35v), 573 (Leibgedingbuch 1404/09) S. 49v: Die Stadt schuldet dem Hanns Triener 55 Pfennige „umb roten wein, den man geschenkt hat dem von Hirshorn". Um 1414 Hans Triener Mitglied der Weinschenkenzunft, vgl. Gewerbeamt 1411 S. 3r. 1404/05 war Hanns Triener Schankungelter, vgl. R. v. Bary III S. 878.

Kristel sóldner St: 1407: -/-/-
Chunrat Raspp St: 1410/I: 5/-/- iuravit
Ludweyg rotsmid [Weinschenk[1]] St: 1410/I: 2,5/-/- iuravit
Hanns Púckel [Weinschenk[2]] Sch: 1439/I: 2 t[aglon]
Hainrich Fúg schuster. 1441/II Fueger schuster inquilinus
    Sch: 1439/I-II, 1440, 1441/I-II: 1 t[aglon]
Wilhalm Eschelbeck [Weinschenk, Salzsender[3]] Sch: 1439/II, 1440, 1441/I: 2 t[aglon]
Ott Fauchner, 1439/II schneider, 1440 inquilinus. 1441/I Ott Fauchnerin inquilina
    Sch: 1439/II, 1440: 1 t[aglon], 1441/I: 0,5 t[aglon]
Erhart satler inquilinus Sch: 1440, 1441/I-II: 1 t[aglon]
Hanns Lindner pad[er] Sch: 1441/I: 1 t[aglon]
Michel húter inquilinus St: 1447: -/-/60
Hanns Ángstlich (Angstleich) St: 1453-1456: Liste
    pueri Hanns Angstlich
        St: 1457, 1458: Liste, 1462: -/13/10
        StV: (1462) zalt Etnhoffer.
Hanns Pair messer[er] inquilinus St: 1453: Liste
Matheus pautler inquilinus St: 1454: Liste
Hanns Raid [Kramer[4]] inquilinus St: 1456-1458: Liste
Lienhart Umpach, 1456 inquilinus St: 1456, 1457: Liste
Kristein inquilinus (-ina ?) St: 1457: Liste
Corbian koch St: 1458: Liste
Fricz páutler inquilinus St: 1458: Liste
Erhartt satler St: 1462: -/-/68
Hanns Kegelsperger obsser[5] inquilinus St: 1462: -/-/60
Doman, der kafflin man, inquilinus St: 1462: -/-/21
Johannes Schawr St: 1482, 1486: -/-/60
Cůntz pfeiffer St: 1482: -/-/-
Peter Frey koch [Weinschenk[6]] St: 1486, 1490: 1/-/5
der alt Tanner St: 1490: -/3/7
Margret inquilina St: 1496: -/-/28 das jar
Hans von Speyr (Speir) s(atler) St: 1500: -/3/25, 1508, 1509: -/4/10
Gúnther windenmacher. 1508, 1509 Hans Gunther w(indenmacher) St: 1500, 1508, 1509: -/2/3
Jorg pogner, 1514 et mater St: 1509: -/-/60, 1514: Liste
Jórg Stainmúllner St: 1522-1524: 1/3/4
Martein Fennd, 1523, 1524 tuchheffter [Weinschenk[7]]
    St: 1522: 2/2/22 juravit, 1523-1526, 1527/I: 2/2/22, 1527/II: 1/1/5
    Achaci Fennd St: 1527/II: 1/4/9
Oßwald Kóbl St: 1525: 1/-/10
Bonafentura zingiesser St: 1527/II: -/1/5 gracion

---

[1] Ludbeig rodsmid ist um 1414 Mitglied der Weinschenkenzunft, vgl. Gewerbeamt 1411 S. 3r.
[2] Hanns Puckel/Pugkel 1433 und 1458 Mitglied der Weinschenken-Bruderschaft, vgl. Gewerbeamt 1411 S. 8v, 13v.
[3] Wilhalm Eschelbeck 1451 Mitglied der Weinschenken-Bruderschaft, vgl. Gewerbeamt 1411 S. 10r. – 1443-1445 ist Eschlbeck, ohne Vornamen, Salzsender, vgl. Vietzen S. 145.
[4] Hanns Rayd ist ab 1461 wiederholt Vierer der Kramer, vgl. RP.
[5] Ein Kegelsperger, ohne Vorname, ist 1463 Vierer der Fragner, Obser, Melbler, vgl. RP. – Später, 1489-1505 und 1519, ist ein Hanns Keglsperger Zöllner am Neuhauser Tor, vgl. R. v. Bary III S. 884. Zur selben Zeit aber auch ein Haincz Keglsperger Obser, vgl. Rosenstraße 12.
[6] Peter Frey koch 1489 Mitglied der Weinschenkenzunft, Gewerbeamt 1418 S. 4r.
[7] Martein Venndt 1520 Aufnahme in die Weinschenkenzunft, vgl. Gewerbeamt 1418 S. 18r. – Vgl. auch Rindermarkt 13 (1544-1551/I), Fürstenfelder Straße 10 (1528-1532) und 11 (1540-1543).

Rosenstraße 11 A/B

Eigentümer Rosenstraße 11 A/B:

Bis zur Mitte des 15. Jahrhunderts offensichtlich nur *ein* Haus beziehungsweise derselbe Eigentümer für A und B.

1365 Juni 16 der Münchner Bürger „Friedrich der Puechler an der Rosengassen" wird genannt.[1]
1369 Juni 1 Otto der Greiff von Greiffenberg und sein Bruder Johans verkaufen dem Münchner Bürger „Fridrich Pühler an der Rosengassen" ihre Eigenleute samt Gattinnen und Nachkommen um 16 1/2 Pfund Münchner Pfennige.[2]
1370 Februar 28 Fridrih dem Puehler an der Rosengasse wird ein Haus an der Neuhauser Gasse verpfändet.[3]
1382 November 15 „Ull dez Púchlers sun an der Rosengassen" ist vor Gericht gefordert, weil er seines Vaters Dirn mit dem Messer durch die Hand gestochen und blutwund verletzt haben soll.[4]
1384 Februar 13 „der Púchler an der Rosengazzen" ist einer der Schätzer im Streit um eine Morgengabe.[5]
1390 Mai 5 Ulreich des Püchlers Haus ist Nachbar von Michel und Mathes Wunn (Rosenstraße 10).[6]
1392 März 15 „der jung Púchler an der Rosengassen" schuldet Agnes der Tichtlin, Wirtin von Pasing, ihren verdienten Lohn.[7]
1405/II domus Narciss (StB).
1406 August 9 „Narciss der Sweninger" [= Tömlinger, Stadtwundarzt[8]] verkauft sein Haus an der Rosengasse, zunächst der Wilbrechtin Haus (Rosenstraße 10), Otten dem Waltreich.[9]
1424 März 30 des Waltreichs Haus ist Nachbar vom Haus des Ludwig Wilbrecht (Rosenstraße 10).[10]

Dann die Häuser A und B einzeln.

Eigentümer Rosenstraße 11 A/B:

* Fridel (Fridrich) Púhler (Puhler) [äußerer Rat[11]]
    St: 1368: 2/-/20, 1369, 1371: 3/-/36, 1372: 3/-/35, 1375: 5/-/-, 1377: 7,5/-/- juravit, 1378, 1379, 1381, 1382, 1383/I: 7,5/-/-, 1383/II: 11/-/60, 1388: 10/-/- juravit
* Ulrich[12] Púhler (Búchler, Púchler). 1399 relicta Ulrich Púhler. 1400-1401/II patrimonium Ulrich Púhler
    St: 1387: 5/-/-, 1390/I-II, 1392-1395: -/-/-, 1396, 1397, 1399: 2/-/-, 1400, 1401/I: -/-/-, 1401/II: 0,5/-/- gracianus
    StV: (1393) dedit die stewer und ist mit im getaydingt worden und stet in dem stewrpuch, daz daz sagt von dem [13]94. jar. (1400, 1401/I) Steuer gemeinsam mit Hainrich Wolf.
    pueri Ulrici Pühler
    St: 1403: -/-/-

---

[1] BayHStA, Pfalz-Neuburg, auswärtige Staaten 1672, alt: GU Landsberg Bd. 12.
[2] BayHStA, Kurbayern Urk. 34935, alt: GUM 65.
[3] GB I 10/17.
[4] GB I 170/11.
[5] GB I 200/8.
[6] GB I 245/11.
[7] GB II 23/6.
[8] Narziß Tömlinger 1398-1407 und 1414-1427 Stadtwundarzt, vgl. R. v. Bary III S. 1015.
[9] GB III 55/3.
[10] Urk. D I e 1 - XIII Nr. 31.
[11] Fridrich Puchlär 1381 Mitglied des Großen Rats, 1378, 1381, 1382 und 1384 äußerer Rat, vgl. R. v. Bary III S. 746, 739.
[12] Irrtümlich für „Fridrich" ? – 1395 nach „Ulrich" getilgt „Tewrer", vgl. Bewohner.

Hainrich Wolf
    St: 1400, 1401/I: 2/-/48, 1401/II: -/10/20 iuravit, 1403: -/11/- minus -/-/10
    Bem.: (1400-1401/I) Steuer gemeinsam mit patrimonium Pühler.
* domus Narciss [Swenninger/Tömlinger, Stadtwundarzt]
    St: 1405/II: -/-/-
* Ott Waltreich. 1423-1431 relicta Waltreichin (Waltrichin)
    St: 1406: 2/-/- iuravit, 1407, 1408: 2/-/80, 1410/I: -/12/- iuravit, 1410/II: 2/-/-, 1411: -/12/-,
        1412: 2/-/-, 1413: -/12/- iuravit, 1415: -/12/-, 1416: 2/-/-, 1418, 1419: -/13/10, 1423: -/10/-,
        1424: -/3/10, 1431: 0,5/-/-
    StV: (1431) und so[1] ir icht würd von erbschaft, daz sol si furbas zusetzen.

Bewohner Rosenstraße 11 A/B (1368-1431):

Ulrich Krell St: 1393, 1394: -/18/4, 1395: -/11/- minus -/-/10, 1396: 2/-/-
Andre Tewrer [Zöllner[2]], 1396-1397 inquilinus
    St: 1394: -/13/10, 1395: 0,5/-/-, 1396, 1397: -/6/-
    StV: (1394) et de patrimonio Hagnawer.
  pueri uxoris St: 1394: -/3/-, 1395: -/-/45, 1396, 1397: -/-/-
Jacob rotschmid St: 1394: 2/-/-
Hainrich rotsmid inquilinus St: 1399: 1/-/-
Statler stainmecz inquilinus St: 1400: -/-/60 für 7 lb, 1401/I: -/-/-
Hanns schenck inquilinus St: 1401/II: -/-/-
Andre schenck St: 1411: 5,5/-/-, 1412: 7/-/80
Diemut des Kamerbergers kellnerin St: 1415: -/-/-
Aẇsenhoferin St: 1418, 1419: -/-/-
Albrecht Schober schuster St: 1431: -/-/88 iuravit
Hainrich Fúg schuster St: 1431: -/3/10 iuravit

Dann die Häuser A und B einzeln.

Rosenstraße 11 A

Eigentümer Rosenstraße 11 A:

Bis 1454 Juli 11 Sigmund Löfner, dann kauft
1454 Juli 11 der Hans [Guntensperger] Taschner des Löfners Haus „czw dem Offing" um 292 Gulden.[3] Unklar ist, was der Hinweis „czw dem Offing" bedeutet.
1484/85 laut Grundbuch (Überschrift) ist Hanns Gunttensperger Eigentümer von Haus, Höfel und Stallung.[4]
1489 November 3 als Hanns und Anna Ennglsperger [Schwiegereltern von Andre Reitmor] das Haus kauften, verschrieben sie gleichzeitig den Vorbesitzern, den Brüdern Sigmund und Hans Gunttersperger, ein Ewiggeld von 10 Gulden um 200 Gulden Hauptsumme auf dem Haus (Hypothek für den nicht bezahlten Teil der Kaufsumme) (GruBu).
Um 1490 vgl. 1545 Februar 3.
1502 Juli 8 „Andre Reitmair cramer" steht mit seiner Schwiegermutter, der alten Engelspergerin, der Mutter seiner Hausfrau, vor Gericht. Das Stadtgericht (Stadtrat) entscheidet, der Reitmair soll vom Laden in seinem Haus der Schwiegermutter einen Zins zahlen, auch einen Zins aus dem Haus.[5]

---

[1] Im Text wohl versehentlich „sol".
[2] Andre Tewrer 1398-1403 Zöllner am Oberen oder Neuhauser Tor, vgl. R. v. Bary III S. 884.
[3] Zimelie 22 (Lererbuch), Fragment I S. 3r. – Schwab, Das Lererbuch S. 202 (pag. 3r2).
[4] Stadtgericht 207/5 (GruBu) S. 282r und 207/5a (GruBu) S. 638v.
[5] RP 5 S. 23r.

1519 August 30 Andre Reittmair (Reitmor) „der Ellter" und seine Hausfrau Anna verkaufen ein Ewiggeld von 10 Gulden um 200 Gulden aus ihrem Haus (GruBu).

1529 Februar 17 der Drechsler Hanns Wecker und seine Hausfrau Katharina verkaufen an Andre und Ursula Reitmor ein Ewiggeld von 20 Gulden um 400 Gulden aus dem Haus (GruBu).

1545 Februar 3 wohl aus einer Urkunde um 1490 und deshalb nicht mehr aktuell nennt eine Urkunde den Hans Englsperger als Nachbarn von Leonhard Rauh, Zaummacher (Rosenstraße 11 B).[1]

1573 Laut Grundbuch (Überschrift) ist es jetzt „des Hannsen Weckher träxlers hauß, Höfel und Stallung".

Die Vormünder von Cristof Weckhers seligen Kindern verkaufen dieses Haus am 20. November 1580 um 850 Gulden an ihren Pflegesohn Cristof Weckher, der ebenfalls Drechsler ist (GruBu). Die Wekker/Weckher besitzen das Haus noch bis zum 19. März 1618.

Eigentümer Rosenstraße 11 A:

* Sigmund Lofner (Lófner)
    Sch: 1439/I-II, 1440: 2,5 t[aglon], 1441/I-II: 3 t[aglon]
    St: 1447: 2/3/11 iuravit, 1453, 1454: Liste
* Hanns taschner [= Güntersperger ?]
    St: 1454-1458: Liste, 1462: -/5/2
** Hanns Güntlsperger (Guntlsperger) taschner.[2] 1490, 1496, 1500, 1508, 1509, 1522 relicta Gúnterspergerin, 1490 et pueri
    St: 1482: 1/7/20, 1486: 2/-/25, 1490: 1/-/12, 1496: -/6/11, 1500: -/5/22, 1508, 1509: -/4/29, 1522: -/3/4
    StV: (1490) dedit Jorg mulner prew. (1500) et dedit -/4/23 für ire kind. (1508, 1509) et dedit -/1/19 für iren sun.
** Sigmund Gunttersperger, Bruder von Hans [vor 1489 November 3]
* Hanns Englsperger [Taschner[3]]. 1496, 1500 relicta [Anna] Englspergerin
    St: 1490: 1/7/15, 1496: 2/7/16, 1500: 1/7/-
    et mater
    St: 1490: -/-/60
** Andre Reitmair[4] 1519 [Kramer, ∞ 1. Anna Engelsperger, ∞ 2. Ursula]
** Hanns dräxl. 1532, 1540-1558 Hanns Wecker (Weckher) dräxl [∞ Katharina]
    St: 1528, 1529, 1532, 1540-1542: -/3/4, 1543: -/6/8, 1544: -/3/4, 1545: 1/-/6, 1546-1548, 1549/I-II, 1550, 1551/I-II, 1552/I-II: -/3/18, 1553, 1554/I-II, 1555-1557: -/3/17, 1558: 1/-/4 patrimonium, 1559: -/-/-
    StV: (1528, 1529) et dedit -/-/14 von Stiglmair von Wangen. (1532) et dedit -/-/14 für p[ueri] Stiglmair von Wanngen. (1559) haben die erben zugsetzt.
** Cristoff Weckher [der Ältere], 1553, 1554/I, 1558-1560, 1563-1571 dräxl
    St: 1552/I: -/-/28 gracion, 1552/II: -/-/28 gracion die ander, 1553, 1554/I-II, 1555-1557: -/2/-, 1558: -/4/-, 1559, 1560: -/3/24, 1561, 1563, 1564/I-II, 1565, 1566/I-II, 1567/I-II: -/5/4, 1568: 1/3/8, 1569-1571: -/5/4
    StV: (1559) zugsetzt seins vatern erb.
** Hanns Weckher träxl 1573
** Kinder des Cristof Weckher selig [bis 1580 November 20]
** Cristof Weckher [der Jüngere, seit 1580 November 20]

---

[1] Hufnagel/von Rehlingen, St. Peter Urk. 285.

[2] Der Taschner Hanns Gunttersperger ist 1470-1489 wiederholt Vierer der Beutler, Gürtler, Taschner, Ircher, Nadler, wohl auch identisch mit dem Hanns taschner „an der Rosengasse", der 1484 und 1485 Vierer ist, vgl. RP. Vielleicht ist aber auch Hanns Engelsperger im selben Haus gemeint.

[3] Ein Taschner Hanns Englsperger ist 1472, 1475 und 1478 Vierer der Beutler, Gürtler, Taschner, Ircher, Nadler, vgl. RP.

[4] Zu den Reitmor vgl. Stahleder, Bürgergeschlechter. Die Reitmor S. 312/337.

Bewohner Rosenstraße 11 A:

Ott Fauchner [Schneider] Sch: 1439/I: 1 t[aglon]
Albrecht Offing [Weinschenk[1]] Sch: 1441/II: 2 t[aglon]
Hanns Húber gúrtler Sch: 1445: 2 knecht [kein Betrag]
Eberhart sniczer Sch: 1445: 2 ehalten, dedit -/-/16
Hanns kaufman inquilinus St: 1447: -/6/- iuravit
Jacob satler inquilinus St: 1447: -/-/60
Ulrich Hámerl inquilinus St: 1447: 1/-/22 iuravit
Erhart satler inquilinus St: 1447: -/3/7
Thoman páutler inquilinus St: 1453: Liste
Chunrat Neidlinger [Sattler oder Armbrustschnitzer[2]] inquilinus St: 1453: Liste
Fricz Prager nadler inquilinus St: 1454: Liste
Margret ringlerin inquilina St: 1454: Liste
Hanns zolnerin et mater St: 1456, 1457: Liste
Thoman purstnpinter, 1458 inquilinus St: 1457, 1458: Liste
Daner obser inquilinus St: 1462: -/-/75
Augenstin nadler inquilinus St: 1462: -/-/20 gracion
Peter taschner St: 1500: -/3/-
Bernhart und Balthasar Hórl St: 1514: Liste
Wolfganng seidnatter St: 1528: -/2/10
Peter Rieder wetschkomacher[3] St: 1529, 1532: -/2/7
Jórg scharwachter St: 1532: -/2/-
Anna zimermanin ibidem. 1542 Anna ibidem St: 1540-1542: -/2/-, 1543: -/4/-
Jorg Seehofer [Salzsender, Wirt[4]] St: 1541: 1/3/7 juravit
Peter Endres schneider St: 1543: -/-/21 gracion, 1544: -/2/-, 1545: -/4/4, 1546-1548: -/2/2
Steffan Poldner maurer St: 1544: -/2/-, 1545: -/4/-, 1546, 1547: -/2/-
Thoman paumaister, 1551/II schneider St: 1549/I-II, 1550, 1551/I-II: -/2/2
zimermmanin St: 1552/II: -/2/-
Thoman Hueber koch St: 1553: -/-/14 gracion, 1554/I: -/-/14 gracion die ander
Jacob pott Abinger St: 1555: -/2/-
Wolff schuelerin. 1557 ain nestlerin Wolffgangin. 1558, 1559 Wolff schuelerin nestlerin
    St: 1556, 1557: -/2/-, 1558: -/2/- der zeit pauper, 1559: -/2/-
Wilhelm Wielant [Beutler] St: 1557: -/-/- patrimonium eingstelt, der zeit pauper
Hans zieglerin St: 1559: -/2/-
Lenhart (Lienhardt) Gauttinger [Salzstößel[5]] St: 1560: -/2/15, 1561, 1563: -/2/11
Hanns Steidl schneider St: 1563: -/2/-
Hanns Penntaler trabannt St: 1564/I: -/2/-
Jeremias Ferus notarius St: 1564/I-II: -/2/-
Jórg haubmschmidgesell St: 1564/II: -/2/-
Christoff Kirchdorffer thuechscherer St: 1565: -/-/21 gratia
Walthasar Niclas gúrtler St: 1565: -/-/28 gratia
Augustin schmid tagwercher St: 1566/I-II, 1567/I-II: -/2/-
Mathes Seitz reiter St: 1566/I-II: -/2/- búrger, hofsind
Wilhalm Tegler nesstler St: 1567/I: -/2/-
Jorg ziegler schneider St: 1567/II: -/-/21 gratia, 1568: -/4/-
Andre Haslachinger melber St: 1568: -/4/-

---

[1] Vgl. Marienplatz 19 und 9*B.
[2] Chunrat Neydlinger 1459-1499 wiederholt Vierer der Sattler, vgl. RP, aber bei Rosenstraße 11 B 1454 und 1455 ein Chunrat Neidlinger als Schnitzer bezeichnet.
[3] Wohl von „wetzger/wetschger/wetscher" = „Reisetasche, Felleisen (entstellt aus watsac ?)", vgl. Lexer, Mhd. Taschenwörterbuch S. 316.
[4] Jorg Seehofer 1549 Salzsender und Mitglied der Weinwirtezunft, vgl. Vietzen S. 151 und KR.
[5] Vgl. Fürstenfelder Straße 4*.

Mathes Khúnig, 1570 cramer
    St: 1570: -/2/-, 1571: -/2/-
    StV: (1570) mer ain versessne steur -/2/-.
Hanns Puckh spánngler
    St: 1570: -/2/-
    StV: (1570) mer fúr seine khinder -/1/5.
Leonnhart Willt trabant St: 1571: an chamer

Rosenstraße 11 B

Charakter: Seit Ende 15. Jahrhundert Weinschenke. 1550 Fremdenherberge, 8 Pferde.

Hauseigentümer:

1453 März 8 der Zinngießer Hanns Diepolt und seine Hausfrau Margaret verkaufen laut Grundbuch ein Ewiggeld von 7 rheinischen Gulden, wohl um 140 Gulden Hauptsumme, aus dem Haus.[1]

1484/85 laut Grundbuch (Überschrift) ist jetzt Hanns Glarcher Eigentümer von Haus, Hof und Stadel (GruBu).

1488 Oktober 21 Peter Glarher (Glachner) besitzt das Haus und verkauft ein Ewiggeld von 5 Gulden um 100 Gulden daraus (GruBu).

1491 November 23 als Lienhard Rauch (Raich) und seine Hausfrau Agnes das Haus kauften, verschrieben sie daraus den Kindern Hanns, Margreth, Barbara und Ursula des Peter Glarcher ein Ewiggeld (Hypothek) von 4 Gulden um 80 Gulden Hauptsumme (GruBu). Das Ewiggeld aus Leonhard Rauhens Zaummachers Haus an der Rosengasse mit Angrenzer Hans Englsperger (Rosenstraße 11 A) und Heinrich Pogner (Rosenstraße 12) werden am 3. Februar 1545 noch genannt.[2] Diese Hausbesitzer gehören jedoch alle in die Zeit um 1490/91.

1525/26 – 1533/34 das Heiliggeistspital hat ein Ewiggeld aus des Rauch zammachers Haus an der Rosengasse, 1526/27 bei „Rosengassen" der Nachtrag „vel im Tal". Der Rauch ist wohl um diese Zeit in das Tal übersiedelt beziehungsweise in die Graggenau.[3]

1527 September 2 und

1527 Oktober 15 das Haus des Leonhard Rauch ist benachbart dem Haus des Taschners Benedict Ruile (Rosenstraße 12).[4]

1534 April 17 Ewiggeldverschreibung (4 Gulden um 80 Gulden) durch Peter Puchlhuber und seine Hausfrau Barbara (GruBu), ebenso

1537 April 14 (3 Gulden um 60 Gulden),

1538 Juli 23 (2 Gulden um 40 Gulden),

1538 Juli 24 (5 Gulden um 100 Gulden) und

1539 März 12 (5 Gulden um 100 Gulden) durch den Weinschenken (1537) Peter Rawh (Rauch) „oder Puhlhuber (Püchlhueber)" und seine Hausfrau Barbara (GruBu).

1540 September 9 Ewiggeldverkauf (5 Gulden um 100 Gulden) durch Wolfgang Gannsmair und seine Hausfrau Barbara (GruBu).

1547 Mai 14 der Salzstößel Paule Lindner und seine Hausfrau Margaret haben vom Koch Wolfgang Gannsmair und seiner Hausfrau Barbara deren Haus, Hofstatt und Stallung an der Rosengasse gekauft und sind ihnen 100 Gulden an der Kaufsumme schuldig geblieben.[5]

1550 ein Verzeichnis der Herbergen („Hotels", Fremdenherbergen) nennt an der Rosengasse diejenige

---

[1] Stadtgericht 207/5a (GruBu) S. 640v/642v und 207/5 (GruBu) S. 283r/v.
[2] Hufnagel/von Rehlingen, St. Peter Urk. 285.
[3] Heiliggeistspital (Rechnungen) 176/20 S. 19v erstmals, 176/21 S. 26v; dann 1527/28 „in der Rosengassen im Tall" (176/22 S. 25v), aber 1533/34 wieder „Rosengassen" (176/25 S. 31v), ab 1537/38 nur noch „in der Graggenau".
[4] Urk. B II d Nr. 8.
[5] Urk. B II c Nr. 353.

des Rauch (veraltet), mit Nachtrag von 1565: „jetzt Jeorg Ainhauser" (vgl. Rosenstraße 5), mit 8 Pferden, setzt darunter aber auch: „W[olfgang] Gansmayr" und Stellplätze für 6 Pferde.[1] Ainhauser kommt jedoch in den Steuerbüchern der Zeit an dieser Stelle nicht vor, dagegen aber zusammen mit Peter Rauch bei Rosenstraße 5 (Rauch 1543-1549/I, Ainhauser 1549/II-1552/I). Bei Rosenstraße 5 gibt es aber Gansmayr nicht. Letztlich muß offen bleiben, zu welchem der beiden Häuser der Eintrag gehört.

1553 Juni 10 und

1553 Juni 12 der Kistler Alexander Viechtwanger und seine Hausfrau Felizitas verkaufen Ewiggelder (1 Gulden um 20 Gulden und 1 ½ Gulden um 30 Gulden) (GruBu).

1559 Dezember 20 die Witwe Felizitas Viechtwanger verkauft ein Ewiggeld (3 Gulden um 60 Gulden) (GruBu), ebenso

1560 Januar 31 und **1560 Mai 10** (je 1 Gulden um je 20 Gulden) (GruBu).

1560 Juli 16 der Kistler Sigmund Winckhler und seine Hausfrau Felizitas – wohl die verwitwete Viechtwangerin – verkaufen ein Ewiggeld von 2 Gulden, wohl um 40 Gulden Hauptsumme (GruBu).

1561 August 15 Ewiggeldverkauf (5 Gulden um 100 Gulden) durch den Bäcker Thoman Holtzmair und seine Hausfrau Katharina aus diesem ihrem Haus (GruBu).

1563 Mai 19 Thoman Holtzmair ist Nachbar des Hauses von Jakob Khirhmair (Rosenstraße 12).[2]

1564-1571 domus Holzmair/Holzman peckh (StB).

1566 Oktober 25 der Zimmermann Sebastian Nidermair und seine Hausfrau Dorothea verschreiben aus diesem ihrem Haus ein Ewiggeld von 10 Gulden um 200 Gulden an Thoman Holtzmair, den Bäkker, und seine Hausfrau Katharina (GruBu).

1573 laut Grundbuch (Überschrift) ist es des Thoman Holtzmair Bäckers Haus, Hof und Stadel (GruBu).

1576 April 26 Anna, die Witwe des Drächslers Leonhard Lindauer, verkauft dieses ihr auf der Gant erworbene Haus um das verschriebene Ewiggeld von 1400 Gulden an Thoman Holtzmair und seine Hausfrau Katharina (GruBu).

Eigentümer Rosenstraße 11 B:

* Hanns Diepold, 1439/II-1441/I, 1447, 1453-1456, 1458 zingiesser. 1445, 1457, 1462 Hanns zingiesser [∞ Margaret]
    Sch: 1439/I-I, 1440: -/-/15, 1441/I: (kein Eintrag), 1445: 2 ehalten, dedit -/-/16
    St: 1447: nichcz, 1454-1458: Liste, 1462: nichil
** Hanns Glarcher [1484/85]
** Peter Glarcher (Glarrer) [1488 Oktober 21]
** Kinder Hans, Margaret, Barbara, Ursula des Peter Glarcher [vor 1491 November 23]
** Linhart Rauch zammacher (zämacher) [Weinschenk[3], ∞ Agnes]. 1500 Rawch zämacher, 1509 der elter. 1524 Linhart Rauch patrimonium
    St: 1496: -/4/5, 1500: -/4/5, 1508, 1509: -/5/15, 1514: Liste, 1522, 1523: -/3/25, 1524: -/3/25 patrimonium
    StV: (1496) et dedit -/2/18 die erst nachsteur fur augenarczt. (1500) et dedit -/-/15 für pueri Cristoff hoffschmid.
** Peter wirt. 1525-1532 Peter Púhlhueber (Púlhueber, Puelhueber). [1539 Peter Rawh „oder Puhlhueber/Püchlhueber"]. 1540 Peter Pilhueber wirtt[4] [∞ Barbara]
    St: 1524: -/5/10 schencknsteur, gracion, 1525, 1526, 1527/I-II, 1528, 1529, 1532, 1540: -/5/10 schencknsteur
    StV: (1532) et dedit -/5/28 für p[ueri] Stainauer.
** Wolff (Wolffgang) Gansmayr, 1541 koch, 1544 wirth [∞ Barbara]
    St: 1541: -/4/25, 1542: -/5/10, 1543: 1/3/20 schenckhsteur, 1544: -/5/10 schencksteur
    StV: (1541, 1542) et dedit -/-/7 fúr p[ueri] Dysl.

---

[1] Gewerbeamt 1422a.
[2] Hufnagel/von Rehlingen, St. Peter Urk. 303.
[3] Rauch zammacher, neuer wirt, 1505 Aufnahme in die Weinschenkenzunft, vgl. Gewerbeamt 1418 S. 13v; KR 1505 S. 42r. – Der Zaummacher Linhart Rauch 1491-1515 wiederholt Vierer der Sattler, vgl. RP.
[4] Peter Puechlhueber 1524 Aufnahme in die Weinschenkenzunft, vgl. Gewerbeamt 1418 S. 19r.

* Pauls Lindmayr, 1548, 1549/I saltzstösl [∞ Margaret]
    St: 1548, 1549/I-II: -/2/-
** Alexander Viechtwanger, 1555, 1559 kistler [∞ Felicitas]
    St: 1552/II: -/-/-, 1553, 1554/I-II, 1555, 1556: -/2/-, 1557: -/2/19, 1558: -/5/8, 1559: -/2/19
    StV: (1552/II) zalt supra, folio 16 col. 1 [= 16r, Sendlinger Gasse Hackenviertel]. (1557) zugsetzt seiner mueter erb.
** Felicitas Viechtwanger dessen Witwe [1559 Dezember 20, 1560 Januar 31 und Mai 10]
** Simon (Sigmund) Winckhler [Kistler, ∞ Felicitas]
    St: 1560: -/2/19
    StV: (1560) fúr sein vorforder patrimonium. Mer sein gracion -/-/14.
** domus Holtzmair (Holtzman) peckh [= Thomas Holzmair Bäcker, ∞ Katharina]
    St: 1564/I-II, 1565, 1566/I-II, 1567/II, 1568-1571: -/-/-
    StV: (1564/I) mer folio 97 [Ewiggeld] fur 5 fl fúr Lenhart Schwaiger.
** Sebastian Nidermair zimmermann [∞ Dorothea]
    St: 1567/I: -/2/-
** Thoman Holtzmair Bäcker [1573]

Bewohner Rosenstraße 11 B:

Ulrich Gampler, 1440 inquilinus Sch: 1439/I-II, 1440, 1441/I -/-/15
Hanns Staindel Sch: 1441/II: 3 t[aglon]
Gebl tagwercher inquilinus. 1441/I Gebel Lindmair Sch: 1441/I-II: 1 t[aglon]
maister Hanns arcz[t] Sch: 1441/II: 1 t[aglon]
Erhart satler, 1456 inquilinus. 1457-1458 Erhart Huber (Húber) satler,[1] 1458 inquilinus
    Sch: 1445: 1 diern, dedit [ohne Betrag]
    St: 1456-1458: Liste
Thoman Schercz weber[2] St: 1453: Liste
Chunrat pogner St: 1453: Liste
Chunrat Neidlinger sniczer St: 1454, 1455: Liste
Hanns kaufman inquilinus St: 1455: Liste
Ulrich Westerham[er] abendeurer inquilinus St: 1462: -/-/60
Martin Alber schneider St: 1482: -/2/14
Benedict Reb, 1486 weinschenck [Salzstößel[3]] St: 1486: -/5/10 sch[enckensteur], 1490: -/5/10
Frantz pogner St: 1486: -/2/10
Ulrich Ayblinger[Vorsprech ?] St: 1486: -/5/10
Steffan sawgschawer St: 1490: -/2/29
Hanns von Speir satler St: 1496: -/3/26
Gilg sporerin St: 1496: -/5/8
Peter Krell swertfeger St: 1496: -/-/60
Ursula nadlerin St: 1496: -/-/60
Jorg augnártzt St: 1500: -/2/12
Peter Eysele messerschmid St: 1500: -/-/60
Clas jáger sneider[4] St: 1508, 1509: -/-/60
Contz knap (knapp) St: 1508, 1509: -/-/60
Benigna inquilina, 1508 naterin St: 1508, 1509. -/-/60
Utz Strobl unterkeifl St: 1514: Liste
Hainrich Stich, 1523, 1524 satler[5] St: 1522-1524: -/3/26

---

[1] Erhart Huber 1464 und 1470 Vierer der Sattler, vgl. RP.
[2] 1462 bei Rindermarkt ebenfalls „weber" genannt.
[3] Benedict Reb 1489 Mitglied der Weinschenkenzunft, vgl. Gewerbeamt 1418 S. 4r. – 1505 und 1508 ist Benedict Reb Vierer der Salzstößel, vgl. RP.
[4] Ein Clas jäger ist 1508-1513 Bettlerknecht, vgl. R. v. Bary III S. 848.
[5] Wohl der Hainrich Stich, der 1485, 1488 und von 1500 bis nach 1520 wiederholt als Vierer der Sattler vorkommt, vgl. RP.

Hanns Plannck. 1523 lernmaister inquilinus. 1524, 1525, 1527/I-II Hanns Plannck lermaister (lernmaister)
    St: 1522: -/-/21, 1523-1526, 1527/I-II: -/2/-
    StV: (1522) sol bis jar steurn, was er hat.
Peter kramer St: 1524: an kamer
Hainrich Kemnater schneider St: 1525: -/-/21 gracion
Peter Hutter (Huttner) [= Peter kramer ?] St: 1525, 1526, 1527/I: -/2/-
Herman taschner St: 1526, 1527/I: -/2/-
Wolfganng tagwercher, 1527/II inquilinus St: 1527/II, 1528: -/2/-
nadler, 1527/II inquilinus. 1532 Stefan nadler
    St: 1527/II: -/-/21 gracion, 1528, 1529, 1532: -/2/-
Cristof Mellper barbierer. 1529 Cristof melbler [Weinschenk[1]] St: 1528, 1529: -/4/-
Sigmund Aspeckh, 1540, 1541, 1544, 1545 schneider
    St: 1540-1542: -/2/6, 1543: -/4/12, 1544: -/2/6, 1545: -/4/-
Sittnhoffer peutler. 1541-1547 Wolff (Wolffgang) Sittnhofer peutler
    St: 1540-1542: -/2/-, 1543: -/4/-, 1544: -/2/-, 1545: -/4/-, 1546, 1547: -/2/-
Hanns Stupff St: 1540: -/2/-
Jorg Taler tagwercher St: 1545: -/4/-
Caspar Chamerloer saltzstösl [Weinschenk, später Zöllner[2]] St: 1545: -/4/4, 1546, 1547: -/2/2
Els weschin St: 1546, 1547: -/2/-
Wolffgang Reutterin St: 1546, 1547: -/1/1 hoffgsind
Hanns vischer, 1546-1549/I schneider St: 1546-1548, 1549/I-II: -/2/-
Valten messerschmid St: 1548: -/2/-
Lorentz múlnerin St: 1548: -/2/-
    Lorentz zuemullner St: 1549/I: -/2/-
Anna Preunin. 1549/II Wolff Preunin schneiderin St: 1548, 1549/I-II: -/2/-
Anna Obermairin St: 1548, 1549/I: -/2/-
Wolff Wielant, 1550-1552/II peutler St: 1549/II, 1550, 1552/I-II: -/2/-
Hanns Engl saltzstósl[3] St: 1550, 1551/I: -/2/-
Hanns Kellner schneider St: 1550, 1551/I: -/2/-
Melchor spángler St: 1550, 1551/I: -/2/-
Hanns scherer wirt St: 1551/II, 1552/I: -/5/10 schenckhsteur
Anna[4] Frueaufin St: 1551/II: -/2/-
Keiß Anl St: 1551/II: -/2/-
Narciß Kipfinger, 1552/II-1554/I, 1557 schneider
    St: 1551/II, 1552/I: -/2/20, 1552/II: -/2/20 juravit, 1553, 1554/I: -/2/20, 1554/II, 1555-1557: -/3/11, 1558: -/6/22, 1559: -/3/11
    StV: (1554/II) sambt dem zusatz seins vatern erb.
Gilg Gyndl peutler St: 1552/I: -/2/-
    sein schwiger St: 1552/I: -/2/-
Utz (Uetz) Vogl (Fogl) haubmschmid
    St: 1552/II, 1553, 1554/I-II, 1555-1557: -/2/-, 1558: -/4/-, 1559-1561, 1563, 1564/I-II: -/2/-
Balthas(ar) zolner kartnmacher
    St: 1553: -/-/14 gracion, 1554/I: -/-/14 gracion die ander, 1554/II, 1555-1557: -/2/-, 1558: -/4/-, 1559-1561, 1563, 1564/I-II, 1565, 1566/I-II, 1567/I-II: -/2/-, 1568: -/4/-, 1569-1571: -/2/-
Jorg Pammer padknecht St: 1553, 1554/I: -/2/-

---

[1] Krystof Melper 1523 Aufnahme in die Weinschenkenzunft, vgl. Gewerbeamt 1418 S. 19r. – 1524-1526 ist Meister Cristof Melper Stadtwundarzt, vgl. R. v. Bary III S. 1018.
[2] Caspar Chamerloer auch noch 1565 als Salzstößel, 1566 als Weinschenk belegt, vgl. Vietzen S. 155 nach KR. – 1555-1558 ist Caspar Chamerloer Zöllner am Isartor, vgl. R. v. Bary III S. 882.
[3] Als solcher auch 1547 belegt, vgl. Vietzen S. 154 nach KR.
[4] „Anna" wieder getilgt.

Hanns Roskopff der jung
    St: 1554/II: -/2/-
    StV: (1554/II) mer -/3/- fúr 4 versessn steur, pauper.
Andre pflasterer
    St: 1555: -/2/-
    StV: (1555) zalt -/6/- fúr 3 nachsteur am 13. May.
Moritz, 1557 tagwercher, 1558-1560 kalchprenner
    St: 1557: -/-/14 gracion, 1558: -/4/-, 1559, 1560: -/2/-
Wolff Kurtzin. 1559 Wolff Kurtz
    St: 1558: -/-/-, 1559: -/2/-
    StV: (1558) der zeit nihil, pauper.
Jhonas Fraidich khoch
    St: 1561, 1563: -/2/-
    StV: (1561) mer fúr p[ueri] Wirtenberger -/-/28.
Hanns Rauchperger (Rauchenperger), 1564/I-1566/II schneider
    St: 1561, 1563, 1564/I-II, 1565, 1566/I-II: -/2/-
    StV: (1563) mer fúr p[ueri] Theodus Albich -/-/28. (1564/I-1566/II) mer fúr p[ueri] Theodus Albich -/-/9. (1564/I) mer fúr Balthauser Albich steur sambt der nachsteur -/1/6.
Michel Khretsman St: 1561: -/2/-
Caspar Dänntzl [Leineweber[1]] St: 1563: an chamer
Jórg haubmschmid. 1564/I Jörg Mitterer haubmschmid St: 1563, 1564/I: -/2/-
Hanns Ódnackher (Ednackher), 1564/I khistler
    St: 1564/I-II: -/2/-
    StV: (1564/I-II) mer fúr seine khinder -/-/17,5.
Jorg Strobl tagwercher St: 1564/II: -/2/-
Caspar Eytznperger tagwercher St: 1565, 1566/I-II: -/2/-
Michel Heyss jáger St: 1565: -/1/1 hofgsind
Margreth Trinckhgelltin
    St: 1565, 1566/I-II, 1567/I: -/2/-
    StV: (1565) ir man nit hie.
Jacob Nunnenmacher kistler St: 1566/I: -/-/21 gratia
Lenhart Stich satler St: 1566/I: -/2/-
Hanns wagnerin St: 1566/I: -/1/- pauper
Lenhart Winckhler scháffler St: 1566/II, 1567/I: -/2/-
Jorg Aicher spánngler St: 1566/II, 1567/I-II: -/2/-
Niclas schmid trabant St: 1567/I: -/-/- hofgsind
Hanns Pflieglerin St: 1567/I: -/2/-
Hanns Feslmair lezelter
    St: 1567/II: -/5/10 schenckhsteur, 1568: 1/3/20 schenckhsteur, 1569, 1570: -/5/10 schenckhsteur
Martin Apflpeckh
    St: 1567/II: -/2/17
    StV: (1567/II) mer fúr p[ueri] Arsaci Ellsenpeckh fúr 4 fl gelts -/-/10,5.
Hanns Schwaiger poth St: 1567/II: der zeit nihil, 1568: -/-/- pauper der zeit
Jacob Hupfauf messerschmid St: 1568: an chamer, zalt, 1569, 1570: -/2/-
Joseph tagwercher St: 1568: -/-/28 gratia
Hanns Weiß satler St: 1569: -/2/-, 1570, 1571: an chamer
Hanns gartner schuester St: 1570, 1571: an chamer

---

[1] So 1558 bei Fürstenfelder Straße 1*-8.

Rosenstraße 12/13*

Hauseigentümer:

1381 November 18 das Haus des „Charel Menher" (Rosenstraße 13*) ist benachbart dem Haus des „Ulrich Poczschner", der das Haus des Menher/Maenher nunmehr dazukauft.[1]

1384 Januar 13 Ulrich dem Pötschner an der Rosengasse wird ein Haus an der Engen Gasse verpfändet.[2]

1403 Dezember 18 das Haus von Hans und Peter den Pötschnern ist benachbart dem Haus Jacobs des Rotschmieds.[3]

Eigentümer Rosenstraße 12/13:

* Ulrich [I.] Pótschner [Stadtrat[4]] [bis 1381 nur Haus 12, dann beide Häuser]
    St: 1381, 1382, 1383/I: 45/-/-, 1383/II: 67,5/-/-, 1387: 26,5/-/-, 1388: 53/-/- juravit, 1390/I-II: 53/-/-, 1392: 60/-/-
*? Nicklas Traeschel [= Draechsel]. 1399, 1401-1408 relicta Draeschlin [Weinwirtin[5], auch Witwe von Georg I. Schrenck und damit Mutter von Wilhelm I. Schrenck[6]]
    St: 1397, 1399: 16/-/75, 1400: 14/-/- gracianus, 1401/I: 14/-/- gracianus, 1401/II: 10/-/64 iuravit, 1403, 1405/I: 10/-/64, 1405/II: 12/-/- iuravit, 1406-1408: 16/-/-
    Pferdemusterung, um 1398: (Ur-Fassung): Nicklas Dráchsel sol haben zway pferd umb 40 gulden und ein trabzewg; (Korrig. Fassung): Nicklas Dráchsel sol haben 3 pferd umb 54 gulden und ein erbern knecht, selber reiten.
    Wilhalm [I.] Schrenck inquilinus
    St: 1400: 2/-/-, 1401/I: 2/-/- fur patrimonium
* Hans Pötschner [1403 Dezember 18]
* Peter Pótschner [Goldschmied, Brückenzöllner, später Stadtrat[7]]
    St: 1405/II: 20/5/- iuravit, 1406-1408: 30/5/-, 1410/I: 28/-/60 iuravit, 1410/II: 37/5/10, 1411: 28/-/60, 1412: 37/5/10, 1413: 31/-/- iuravit, 1415: 37,5/-/15, 1416: 50/-/20, 1418, 1419: 56/5/-, 1423: 39/-/8, 1424: 13/-/-
    StV: (1405/II) so sol ym sein sweher 500 gulden zu heiratgut, die hat er hindan gesaczt und sol sy zu der nachsten stewr hinzu seczen und auch verstewrn. (1406) darinn ist zugeseczt worden 150 ungarisch gulden, die im die stat bezalt hat von Pewing [= Hofmark Poing] wegen.
*? Hanns Urschntaler
    St: 1431: 10/-/61 iuravit

---

[1] GB I 149/8.
[2] GB I 197/4.
[3] GB III 23/7.
[4] Ulrich Potschner 1381 Mitglied des Großen Rats, 1362-1372 abwechselnd äußerer und innerer Rat, 1382 noch einmal äußerer Rat, 1378-1388 der jeweils als erster genannte Kirchpropst von St. Peter, also wohl innerer Rat, vgl. R. v. Bary III S. 746, 738, 764/765.
[5] Der Wirtin oder Weinwirtin Drächslin/Drachslin zahlt die Stadt 1403 einmal 3,5 Pfund „um rumanyer, den der Menndorffer und sein ratgesellen datz ir vertrunken haben" und „umb rumanyer, den man schankt den von Tinkelspühel", des weiteren Zehrgeld für die Mendorffer und drei Gesellen wieder um Rumanier, „den sy da gedruncken habend", vgl. Steueramt 572 (Leibgedingbuch 1402/03) S. 67v, 573 (Leibgedingbuch 1404/09) S. 38v.
[6] Vgl. Stahleder, Bürgergeschlechter. Die Schrenck S. 81/82.
[7] Peter Pötschner im Januar 1430 Bürgermeister, vgl. R. v. Bary III S. 757. – Als Goldschmied wird er wiederholt bezeichnet, so 1407 bei Rindermarkt 16, 1416 und 1418 bei Rindermarkt 1, 1394-1396 bei Marienplatz 24, 1397 und 1399 bei Marienplatz 21 B, 1405 und 1406 bei Kaufingerstraße 15*. – Zur selben Zeit ist ein Peter Pötschner von 1408-1414 Brückenzöllner, vgl. R. v. Bary III S. 883.

Bewohner Rosenstraße 12/13 (1383-1431):

Laurentz (Larencz) Růlin (Růlein, Rúlein), 1395-1397 und sein muter
    St: 1394: 6/-/-, 1395: 3/-/-, 1396, 1397: 4,5/-/-
[Werndel] Stil schuster, 1401/I inquilinus St: 1400, 1401/I: 0,5/-/-
Peter Frẃchtinger [= Frútinger] kursner St: 1401/I: 3/7/18
Ull Hagnawer satler inquilinus St: 1401/I: -/-/-

Rosenstraße 12

Name: Ab 1636 „Menter-Bräu".[1]
Charakter: Brauerei. Weinschenke. 1550 Fremdenherberge („Hotel"), 12 Pferde.

Hauseigentümer:

1471 August 30 der Prunmair ist Nachbar des Hauses von Hanns Kirchdorfer (Rosenstraße 13*).[2]
1482 domus Cuntz Prunmayr von Freihaim (StB).
1484 Dezember 13 und
1484 Dezember 20 Ewiggeldverkäufe des Ehepaares Heinrich und Elisabeth Pogner an Ulrich Prunmair von Freiham und an die Kinder des Taschners Peter Manhart, einmal 3 Gulden um 60 Gulden und einmal 8 Gulden um 160 Gulden Hauptsumme.[3]
1484/85 das Grundbuch (Überschrift) nennt als Eigentümer von Haus, Hof und Stadel die Kinder des Prunmayr von Freyhaim, mit dem Zusatz: „Das haws hat Hainrich pogner kaufft". Heinrich Pogner wird auch noch am 3. Februar 1545 als Nachbar des Hauses von Leonhard Rauh (Rosenstraße 11 B) genannt.[4] Die Personen gehören aber alle in die Zeit um 1490.
1512 Januar 5 das Ehepaar Benedict [Ruile] Taschner und Walpurg sind Eigentümer und verkaufen ein Ewiggeld aus dem Haus (6 Gulden, wohl um 120 Gulden) (GruBu).
1518 Juni 22,
1527 September 2 und
1527 Oktober 15 das Haus des Taschners Benedict Ruile an der Rosengasse liegt zwischen den Häusern des Leonhard Rauch (Rosenstraße 11 B) und des Bürstenbinders (Rosenstraße 13*). Es wird vergantet auf Antrag des Ewiggeldgläubigers Anndre Ennglsperger, Bäcker, gemäß Gantbrief vom 22. Juni 1518.[5]
1521 Mai 27 der Bierbräu Hanns Kirchmair und seine Hausfrau Margaret verkaufen ein Ewiggeld von 1 Gulden um 20 Gulden aus diesem ihrem Haus (GruBu).
1530 Oktober 4 im Haus des Hanns [Kirchmair] Bräu in der Rosengasse gab es eine tätliche Auseinandersetzung zwischen zwei Gästen um die Zeche, die vor dem Stadtgericht verhandelt wird.[6]
1534 Dezember 13 der Bräu Hanns Kirchmair und seine Hausfrau Margaretha verkaufen ein Ewiggeld (5 Gulden um 100 Gulden) (GruBu).
1546 bei „Hans Kirchmair preu" an der Rosengasse beanstandet die Baukommission, daß ein Vorbau „1/4 [eln] ze prait" sei.[7]
1550 ein Verzeichnis der Herbergen („Hotels", Fremdenherbergen) nennt an der Rosengasse auch diejenige des „Jacob prew" mit einer Kapazität (zur Unterbringung) von 12 Pferden. Der Nachtrag von 1565 behält dies bei.[8]

---

[1] Stahleder, Haus- und Straßennamen S. 476.
[2] Urk. B II b Nr. 56.
[3] Stadtgericht 207/5 (GruBu) S. 284r und 207/5a (GruBu) S. 643v/645r.
[4] Hufnagel/von Rehlingen, St. Peter Urk. 285.
[5] Urk. B II d Nr. 8.
[6] GB IV S. 202v.
[7] LBK 4.
[8] Gewerbeamt 1422a.

1563 Mai 19 der Bierbräu Jakob Khirhmair verschreibt ein Ewiggeld aus seinem Haus, Hof, Stallung und Bräuhaus an der Rosengasse. Nachbarn sind der junge Urspringer (Rosenstraße 13*) und Thoman Holtzmair (Rosenstraße 11 B).[1]

Auch das Grundbuch nennt für 1563 das Bierbrauer-Ehepaar Jacob und Margaretha Kirchmair, geborene Grasser, als Eigentümer. Zahlreiche Ewiggeldverschreibungen tätigt es im Jahr 1563, insgesamt 44 Gulden für 880 Gulden Hauptsumme. Die Witwe Margaret heiratet um 1569 den Bierbrauer Wolfgang Mair (GruBu).

1567 März 10 Margret Grasser, Jacob Khirmairs Witwe, verschreibt ein Ewiggeld von 8 Gulden für 160 Gulden Hauptsumme (GruBu).

1569 September 14, 15 und 16 Wolfgang Mair, Bierbräu, und seine Hausfrau Margaret verschreiben Ewiggelder, dreimal je 7 Gulden 40 Kreuzer für je 153 Gulden und 20 Kreuzer (GruBu).

1573 das Haus ist laut Grundbuch (Überschrift) des Wolff Mair Bierbrauers Haus, Hof und Stadel.

Das Haus mit Brauerei bleibt bis zum 10. November 1586 in der Hand des Mair, der es an diesem Tag für 2472 Gulden an den Bierbrauer Melchior Pollinger verkauft (GruBu). 1636 kommt es dann an den für die spätere Zeit namengebenden Bierbrauer Hanns Menter.

Eigentümer Rosenstraße 12:

* Ulrich [I.] Pótschner [Stadtrat[2]]
    St: 1368: 13/-/80, 1369, 1371, 1372: 20/-/-, 1375: 23/-/80, 1377: 45/-/- juravit, 1378, 1379: 45/-/-
    Ab 1381 vereinigt mit Rosenstraße 13*, nach 1424 wieder getrennt.
    Chunrat Dráchsel (Draechsel) inquilinus
        St: 1368: 1/-/-, 1369: -/12/-, 1371: -/6/- juratus, 1372: -/7/10 post
*? Peter [II.] Schluder [∞ Barbara Pötschner, Tochter von Peter I., Enkelin von Ulrich I. Pötschner]
    Sch: 1441/II: 2 t[aglon], 1445: 5 ehalten
    St: 1447: 5/-/69
    Perchtold Prunmair (Prunmar)
    St: 1453-1458: Liste, 1462: -/5/-
** domus Cuntz Prunmayr von Freihaim
    St: 1482: 1/5/6
** Kinder des Prunmayr von Freyhaim [bis um 1484/85]
** Hainrich pogner [Weinschenk[3], ∞ Elisabeth]. 1496 relicta pognerin m(ate)r [= des Virgili pogner]
    St: 1482, 1486, 1490, 1496: -/5/10
    StV: (1486, 1490, 1496) et dedit -/2/10 von 2,5 guld(en) geltz (1486:) gen Vorstenried.
    Virgili pogner
    St: 1496: -/1/12 gracion, 1500: 1/-/15
    StV: (1500) et dedit -/2/10 von 2,5 gulden geltz.
** Benedict [Ruile] taschner [∞ Walpurga]
    St: 1508, 1509: -/4/25, 1514: Liste
    sein swiger
    St: 1514: Liste
** Hanns Kirchmair (Kirhmayr, Kirhmair), 1522-1541, 1548, 1549/I, 1551/I, 1552/II-1556 (pier)preu [Weinschenk, Salzstößel ?[4], ∞ Margaret]. 1564/I-II Hanns Kirchmairin
    St: 1522, 1523: -/5/10 schencknsteur, 1524-1526: -/5/10, 1527/I: -/5/10 schenckensteur, 1527/II, 1528, 1529, 1532, 1540, 1541: 1/-/28, 1545: 2/1/26, 1546-1548, 1549/I-II, 1550, 1551/I-II, 1552/I-II: 1/-/28, 1553, 1554/I-II, 1555-1557: 1/1/-, 1558: 2/2/-, 1559, 1560: 1/1/-, 1561: 1/1/13, 1563: 1/1/13 patrimonium, 1564/I-II: -/2/-

---

[1] Hufnagel/von Rehlingen, St. Peter Urk. 303.
[2] Vgl. Rosenstraße 12/13.
[3] Hainrich pogner 1489 Mitglied der Weinschenkenzunft, vgl. Gewerbeamt 1418 S. 2r. – 1487 Handel mit Wein, u. a. Verkauf an die Stadt durch den „Pogner an der Rosengassen", vgl. KR 1487/88 S. 71v.
[4] Hanns Kyrchmair prew 1518 Aufnahme in die Weinschenkenzunft, vgl. Gewerbeamt 1418 S. 17v. – Ein Hans Kirchmair ist 1557 als Wirt und Salzstößel belegt, vgl. Vietzen S. 155 nach KR.

StV: (1522) et dedit -/3/2 fúr Urban kochs kind. (1523) et dedit -/3/2 fúr Urban koch. (1524-1527/I) et dedit -/3/2 fúr p[ueri] Urban koch. (1527/II) et dedit -/1/19 fúr sein stiefson. (1532) et dedit -/1/18 fúr p[ueri] Oxen. (1540, 1541) et dedit -/1/12 fúr p[ueri] Oxn.

** Jacob Kirhmair (Kirchmair, Kürmair), 1542-1548, 1550, 1551/II, 1552/II-1559, 1564/II-1567/I preu [∞ Margaret, geb. Grasser]

St: 1542: -/2/10 gracion, 1543: 7/-/20 juravit, 1544: 3/3/25, 1545: 3/5/10, 1546-1548, 1549/I-II, 1550, 1551/I-II, 1552/I-II: 1/6/5, 1553, 1554/I-II, 1555-1557: 1/3/8, 1558: 2/6/16, 1559, 1560: 1/3/8, 1561, 1563: -/5/10 schenckhsteur, 1564/I-II, 1565, 1566/I-II: 1/5/6, 1567/I: 1/5/6 patrimonium

StV: (1542) fúr in und seiner hausfrau zupracht heyratguet. (1543) ist doplt gsteurt. (1559, 1560) mer -/1/19 fúr p[ueri] Westermair. (1561, 1563) mer fúr p[ueri] Westermair -/1/5. (1561, 1563) mer fúr papierer folio 80 (1563: folio 88v) [Ewiggeld] von 3 nachsteur -/1/22,5. (1564/I-1566/II) mer fúr p[ueri] Wessermair -/1/17,5. (1564/I-1566/II) mer fúr (p[ueri]) Uetz papierer folio 89r (89v) [Ewiggeld]. (1564/I) zuegesezt. (1566/I-II) mer fúr p[ueri] Thumbperger -/5/12 und (mer fúr) Caspar Thumperger -/1/5.

** Wolf Mair prew [∞ Witwe Margaret Kirchmair, geb. Grasser]

St: 1567/II: 1/5/6, 1568: 3/3/12, 1569-1571: -/5/10 schenckhsteur

StV: (1567/I, 1568) gibt die alt steur unnd hat nichts abgesetzt.

Bewohner Rosenstraße 12:

Albrecht Lesch [Salzsender, Weinschenk[1]] St: 1381, 1382: 2,5/-/-
Schónin inquilina
    St: 1381: -/-/-
    StV: (1381) [Nachtrag am Rand:] solvit -/-/9.[2]
Haennsel (Hanns) Wólfel (Wolfel) [Weinschenk ?[3]] St: 1383/I: -/3/24, 1383/II: -/5/21
relicta Kellnerin inquilina St: 1383/II: -/9/-
    Kellner mercator inquilinus[4] St: 1383/II: -/-/18, 1388: -/-/-
Hainrich scriptor inquilinus St: 1383/II: -/-/54
Sinczel von Ingolstat inquilinus St: 1383/II: -/-/-
Hanns schenck St: 1387: -/-/80, 1388: -/5/10 juravit
[Hans] Maisterl kaeffel (mercator) inquilinus St: 1387: -/-/16, 1388: -/-/32 non juravit
Ensinger inquilinus St: 1388: -/13/10 juravit, 1390/I-II: -/13/10
pueri uxoris Múldorfferii inquilini St: 1388: -/3/-
Chunrat Trienner [Weinschenk[5]] St: 1390/I-II: 4/-/-, 1392: 7,5/-/-, 1393: 10/-/-
Sigmund Gúss (Guss) [Wirt[6]] Sch: 1439/I-II, 1440: 2 t[aglon]
Wilhalm Eschlbeck [Weinschenk, Salzsender[7]] Sch: 1441/II: 2 t[aglon]
Ulrich Gampler inquilinus Sch: 1441/II: -/-/15
Caspar Grássel [Weinschenk[8]] inquilinus St: 1447: -/5/- schenckenstewr, und ist gracion
Erhart [= Huber] satler, 1455 inquilinus. 1482 Erhart sattlerin St: 1453-1455: Liste, 1482: -/-/60
Clement kursner, 1456 inquilinus St: 1453-1456: Liste
Matheis pogner St: 1453: Liste
Martein gúrtler, 1458, 1462 inquilinus. 1456 Martein Kegel gurtler St: 1453-1458: Liste, 1462: -/-/66
[Lindel] Ortel obser[9] St: 1453: Liste

---

[1] Albrecht Lesch 1381 Mitglied des Großen Rats der Stadt, vgl. R. v. Bary III S. 746. – Vgl. Marienplatz 24.
[2] Zahl verwischt.
[3] Vgl. Dienerstraße 2.
[4] 1388 statt eines Steuerbetrages noch einmal „inquilinus".
[5] Vgl. Rindermarkt 17.
[6] Vgl. Kaufingerstraße 4* (1431).
[7] Vgl. Rosenstraße 10, Dienerstraße 6.
[8] Caspar Grässel ist 1451 und 1458 Mitglied der Weinschenken-Bruderschaft, vgl. Gewerbeamt 1411 S. 10r, 13r und 1468 Vierer der Weinschenken, vgl. RP.
[9] Der Obser Lindel Ortel ist 1465, 1470, 1472 und 1474 Vierer der Fragner, Obser, Melbler, vgl. RP.

relicta Ostermairin, 1454 inquilina St: 1454-1457: Liste
Warbara von Tekndorff, 1455 relicta St: 1455, 1456: Liste
Haincz (Hainrich) Keglsperger (Kegelsperger), 1457-1462 obser,[1] 1456, 1462 inquilinus
    St: 1456-1458: Liste, 1462: -/-/60
Fricz pautler inquilinus St: 1456: Liste
Hanns Trostperger kramer, 1458 inquilinus St: 1457, 1458: Liste
Hanns Neithart inquilinus St: 1457: Liste
Steffan Ettenhoffer [Weinschenk[2]] inquilinus St: 1462: -/-/60 gracion
[Peter] Landauer schuster inquilinus St: 1462: -/-/60
Martein Hoffmeir schuster inquilinus St: 1462: -/-/60
Gabriel Ursentaler [Weinschenk[3]] St: 1482: -/7/11
Wolfgang gürtler St: 1482: -/2/8
Hanns müllner schůster St: 1482: -/-/60
    müllerin St: 1486: -/-/60
Andre reiter messerschmid St: 1482: -/-/60
Ulrich Aiblinger [Vorsprech ?[4]] St: 1482: nichil
[Hanns] Heyss taschner[5] St: 1486: -/6/27
Barthel Wúlffing [Kammerknecht[6]] St: 1486: -/6/27
der jung Ininger St: 1486: -/-/60
Linhard paderin St: 1486: -/1/2
Lorentz gúrtler Mórl St: 1486: -/-/60
Fritz gúrtler St: 1490: -/5/25, 1496: -/4/12
    Matheus sein sun St: 1496: -/-/12 gracion, pauper
Krell kramer St: 1490: -/2/3
Fritz von Solen St: 1490: -/-/60
Sigmund Schilling schreiber[7] St: 1490: -/-/60
Jacobs prueder peitler St: 1490: -/4/5
Steffan Jobs meserschmid St: 1496: -/2/13
Hanns Staindl kartnmacher St: 1496, 1500: -/-/60
Thoman wirfler amer St: 1496: -/2/9
Thoman peitler St: 1496: -/-/60
Andre Graf messerschmid St: 1500: -/-/60
Cristof Hóltzl m[esserschmid[8]] St: 1500: -/-/60
Partlme kartenmacher St: 1500: -/-/60
Benedict Reb wirt[9] St: 1500: -/5/10
Hanns zingiesser[10]
    St: 1500, 1508: -/6/23, 1509: 1/-/28
    StV: (1509) darinn seins weibs gut zugesetzt.
Mathes gurtler St: 1508: -/-/60
Peter Gótschel n[adler ?[1]] St: 1508: -/2/3

---

[1] Ein Keglsperger, ohne Vorname, ist 1463 Vierer der Fragner, Obser, Melbler, vgl. RP.
[2] Steffan Ettenhofer ist 1458 Mitglied der Weinschenken-Bruderschaft, vgl. Gewerbeamt 1411 S. 13v. – 1466 ist er Vierer der Weinschenken, vgl. RP.
[3] Gabriel Urssendaler ist 1458 Mitglied der Weinschenken-Bruderschaft, vgl. Gewerbeamt 1411 S. 13v.
[4] Ein Aiblinger, ohne Vorname, ist 1490, 1492 und 1493 als Vorsprech belegt, vgl. R. v. Bary III S. 807.
[5] Der Taschner Hanns Heuss ist 1468 bis 1505 wiederholt als Vierer der Beutler, Gürtler, Taschner, Ircher, Nadler belegt, 1492 ist der Taschner Hanns Hews aber auch Vierer der Büchsenschützen, vgl. RP.
[6] Vgl. Fürstenfelder Straße 9.
[7] Sigmund Schilling 1495 Vierer der Stuhlschreiber, vgl. RP.
[8] Vgl. Kaufingerstraße 33.
[9] Vgl. Rosenstraße 9 und 11 B.
[10] Ein Hanns zingiesser „in der Rosengassen" ist 1508, 1511, 1512 Vierer der Hafner, Zinngießer, Rotschmiede, Salwurchen, vgl. RP.

Hans kartnmacher Eisnhut St: 1508: -/-/60

Hainrich (Haintz) Gropmair (Gropner, Groptner, Gropmer) satler[2]. 1522 Hainrich Gropner
St: 1508, 1509: -/-/60, 1514: Liste, 1522-1526, 1527/I: -/2/28, 1527/II, 1528, 1529, 1532: -/2/29

Jacob kartnmacher St: 1509: -/-/60

Linhart koch prew St: 1514: Liste

Hanns Paur (Pauer) kartnmacher
St: 1514: Liste, 1522-1526, 1527/I: -/2/27, 1527/II, 1528, 1529, 1532: -/3/19

Michel pogner St: 1522-1524: -/3/4

Jacob nestler, 1525 inquilinus. 1532 Jacob nestlerin
St: 1525, 1526, 1527/I-II, 1528, 1529, 1532: -/2/-

glufenmacher St: 1525, 1526, 1527/I-II, 1528, 1529, 1532: -/2/-

Bartlme Hecht [Kartenmacher[3]]
St: 1540-1542: -/3/15, 1543: 1/-/-, 1544: -/3/15, 1545: -/6/10, 1546-1548: -/3/5
StV: (1548) zalt Arsaci Ódmullner.

Wolff (Wolffgang) Erlkoffer (Erlkhofer)
St: 1540-1542: -/6/2, 1543: 1/5/4, 1544: -/6/2, 1545: 1/5/2, 1546-1548, 1549/I: -/6/1
StV: (1540) darin ist seins weibs und sein selbs alte steur, ist der gracion und juraments erlassen. (1545) mer -/-/7 fúr p[ueri] Gruenstetter.

Wolff Kotter nestler St: 1540, 1541: -/2/-

Wolff Funckh kúrsner St: 1542: 1/3/7

Bartlme Hueber satler St: 1543: -/-/21 gracion

Jórg Hóher, 1550-1559 kartnmacher
St: 1548, 1549/I-II, 1550, 1551/I-II, 1552/I-II, 1553, 1554/I-II, 1555-1557: -/2/-, 1558: -/4/-, 1559: -/2/-

Michel Schiltperger [Salzstößel[4]]
St: 1549/II, 1550, 1551/I-II: -/6/5
StV: (1551/II) ad 11. Aprilis anno [15]52 zalt sein hausfrau an chamer fúr 3 nachsteur 1 1/2 fl.

[Hans] Dylchingerin St: 1549/II, 1550, 1551/I-II: -/2/-

Lienhart Gautinger saltzstösl St: 1553, 1554/I: -/2/15

Hanns Mayr saltzstósl
St: 1554/II: -/-/-, 1555-1557: -/2/18, 1558: -/5/6, 1559, 1560: -/2/18, 1561, 1563, 1564/I-II, 1565, 1566/I-II: -/5/1
StV: (1554/II) zalt supra, folio 34 col. 1 [= 34r, Prannersgasse]. (1557) mer -/1/24 fúr p[ueri] Ungleb. Hanns Scharrer des (!) Unglebm erb, zalt 3 nachsteur 1/-/-. Actum 8. Octobris. (1561, 1563-1566/II) mer fúr p[ueri] (Jórg) Seybold (Seywold, Seibolt) -/-/14.

Hanns Pennzinger (Penntzinger), 1564/II-1568 thuechmaniger
St: 1560, 1561, 1563, 1564/I-II, 1565, 1566/I-II, 1567/I-II: -/3/18, 1568: 1/-/6
StV: (1564/I-1567/II) mer fúr p[ueri] Khlämperlen -/1/22,5. (1568) mer fúr p[ueri] Khlamperlen -/3/15. Mer fúr p[ueri] Schobser -/2/10.

Lenhart Graser tagwercher
St: 1565: -/-/-
StV: (1565) steurt am Anger.

Hanns Goldman schneider St: 1566/I-II, 1567/I-II: -/2/-, 1568: -/4/-, 1569: -/2/6

Michel Gretzmair zuckhermacher
St: 1567/I-II: -/2/-, 1568: -/4/-, 1569-1571: -/2/-,
StV: (1568) mer fúr p[ueri] Kraiss[er] -/1/12. (1569) mer vyr p[ueri] Kraiß[er] -/-/21. (1570) mer fúr p(uer) Khraysser, der ist beheurat.

---

[1] Ein Nadler Jörg Götschel ist 1479 bis 1504 wiederholt Vierer der Beutler, Gürtler, Taschner, Ircher, Nadler, vgl. RP. Deshalb vielleicht auch dieser Peter Götschel Nadler.

[2] Hainrich Gropner/Grobmayr ist 1512, 1518-1529 Vierer der Sattler, vgl. RP. Vielleicht ist er auch der Sattler-Vierer Hainrich satler von 1510.

[3] Vgl. Weinstraße 9 (1522).

[4] Michl Schiltperger ist 1545 als Salzstößel belegt, vgl. Vietzen S. 155 laut KR.

Jörg (Georg) Plam (Plan) thuechmaniger
    St: 1569: an chamer, juravit, 1570, 1571: 1/2/28
    StV: (1569) zalt 1/2/28.
Jörg Lanngeisen schneider St: 1570: -/1/12 gratia
Michl siber schneider St: 1571: -/2/-

Rosenstraße 13*

Hauseigentümer:

1370 die Baukommission bestimmt unter anderem, daß der Karl Maenher (und der Gross Aelbel) „sullen ain stapfen [Stufe] abprechen an irr stieg".[1]
1381 November 18 „Charel Menher" verkauft sein Haus an der Rosengasse, zwischen den Häusern des „Ulrich Poczschner" (Rosenstraße 12) und des Rotschmieds (Nebengebäude von Rosenstraße 13* oder Kaufingerstraße 1*), dem Ulrich Poczschner an der Rosengasse.[2] Möglicherweise ist hierher auch schon die Urkunde bezüglich Hainrich des Maenher Haus in München vom 6. September 1330 zu ziehen. Es ist offensichtlich eine Gaststätte.[3]
1381-15. Jhd. Mitte: gleiche Eigentümer wie Rosenstraße 12.
1471 August 30 Hanns Kirchdorfer, der Schnitzer, Bürger zu München, und seine Hausfrau Ursch verkaufen ein Ewiggeld aus ihrem Haus und Hofstatt an der Rosengasse, zwischen den Häusern des Prunmair (Rosenstraße 12) und des Lufft selig (Kaufingerstraße 1*) gelegen.[4]
1484/85 laut Grundbuch (Überschrift) ist Andre Erlacher Eigentümer des Hauses.[5]
1502 Januar 29 der Bürstenbinder Konrad Eckhart und seine Hausfrau Agnes verkaufen ein Ewiggeld von 1 Gulden um 20 Gulden Hauptsumme (GruBu).
1504 Februar 7 durch den Priester Martin Sneider und das Ehepaar Eckhart Ewiggeldverkauf von 2 Gulden um 40 Gulden (GruBu).
1516 Oktober 17 der Salzstößel Ulrich Märckhl und seine Hausfrau Madalena haben aus diesem Haus dem Bürstenbinder Conrad Eckhart ein Ewiggeld von 6 Gulden um 120 Gulden verkauft (GruBu)[6].
1521 November 13 Ewiggeldverkauf durch die Märcklin an ihre Tochter Magdalena (20 Gulden um 400 Gulden) (GruBu).
1527 September 2 und
1527 Oktober 15 das Haus des Bürstenbinders ist Nachbarhaus zu dem des Taschners Benedict Ruile (Rosenstraße 12).[7]
1535 September 17 Ewiggeldverkauf der Magdalena Märkl, hinterlassener Tochter des Salzstößels Ulrich Märkl, aus ihrem eigenen Haus (15 Gulden um 300 Gulden) (GruBu).
1538 September 30 Ambrosi Ursprenger und seine Ehefrau Katharina als Hauseigentümer verkaufen ein Ewiggeld von 7 Gulden um 140 Gulden (GruBu).
1543 domus Brosi Ursprenger (StB).
1563 Mai 19 der junge Ursprenger ist Nachbar des Hauses von Jakob Kirhmair (Rosenstraße 12).[8]
1568 November 26 Apollonia Wager, Witwe des Ambrosi Ursprenger des Jüngeren, verschreibt ihren zwei ehelichen Töchtern Apollonia und Regina zur Entrichtung ihres väterlichen Gutes ein Ewiggeld von 25 Gulden für 500 Gulden rheinisch Hauptsumme (GruBu).

---

[1] Zimelie 9 (Ratsbuch IV) S. 4v (neu).
[2] GB I 149/8.
[3] BayHStA, KU Diessen 59. – Schlögl, Die Traditionen und Urkunden des Stiftes Diessen Urk. 126.
[4] Urk. B II b Nr. 56.
[5] Stadtgericht 207/5 (GruBu) S. 285r und 207/5a (GruBu) S. 647v/648r.
[6] Im Grundbuch S. 647v ist das Jahr 1532 getilgt und durch 1516 ersetzt, aber S. 285r XVI getilgt und 1532 davorgestellt. Ersteres ist aber offensichtlich richtig.
[7] Urk. B II d Nr. 8.
[8] Hufnagel/von Rehlingen, St. Peter Urk. 303.

1570 Mai 20 der Eisenhändler Rueprecht Diefsteter und seine Ehefrau Anna Wager verkaufen ein Ewiggeld von 11 Gulden für 220 Gulden Hauptsumme (GruBu).
1573 Dezember 24 Verkauf des Hauses durch Rupprecht Tiefstetter an den Hofzinngießer Georg Gantter und seine Hausfrau Ursula um 1331 Gulden (GruBu).
1573 laut Grundbuch (Überschrift) des Geörgen Gäntter Hofzinngießers Haus (GruBu).
Das Haus bleibt bis zum 23. November 1604 in der Hand der Familie Ganter.

Eigentümer Rosenstraße 13*:

* Karel Mánher (Maenher) [innerer Rat[1]], 1377 cum patrimonio Sentlingerii
    St: 1368: 2,5/-/-, 1369, 1371, 1372: 3/6/-, 1375: 3/-/-, 1377: 1/-/- juravit, 1378: 1/-/-, 1379: -/-/-
    StV: (1369) [Nachtrag am Rand, getilgt:] solvit 3/-/- concessit. (1377) post -/-/40. [Nachtrag am Rand:] Item de anno preterito 3,5/-/- cum pena. (1377) cum patrimonio Sentlingerii.
  Hainricus filius suus. 1377-1379 Hainrich Maenher
    St: 1375, 1377-1379: -/-/-
  patrimonium Sentlingerii
    St: 1377: -/-/-
    StV: (1377) dedit Karolus [Maenher].
* [dann gleiche Eigentümer wie Rosenstraße 12 (1381 bis Mitte 15. Jhd.)].
* Hanns Kirchdorfer (Kirchtarffer), 1439/II, 1440-1441/I, 1447, 1454-1456, 1462 sniczer, 1453 pogner, 1457 inquilinus. 1439/I Hanns schniczer [∞ Ursula]
    Sch: 1439/I-II, 1440, 1441/I-II: 1,5 t[aglon], 1445: 2 ehalten, dedit -/-/16
    St: 1447: -/7/15, 1453-1458: Liste, 1462: -/5/24
** Andre Erlacher [1484/1485]
  Erlloher
    St: 1486: in die camer
** Conrat (Contz) Egkhart (Eckhart), 1496-1514 p(urstenpinter)[2] [∞ Agnes]
    St: 1490: -/4/10, 1496, 1500: -/7/-, 1508, 1509: -/5/-, 1514: Liste
** Martin Schneider, Priester [1504 Februar 7]
** Utz [Märkl, Salzstößel, ∞ Magdalena] saltzstößl patrimonium
    St: 1522: 1/4/-
** Märklin und Tochter Magdalena [1521 November 13
** Magdalena Märkl, des Ulrich Märkl hinterlassene Tochter [1535 September 17]
** Ambrosi (Brosi) Ursprennger. 1543 domus Brosi Ursprenger [∞ Katharina]
    St: 1540: 3/-/-, 1541, 1542: 3/2/13, 1543: -/-/-
    StV: (1540) mer zalt an chamer -/2/13 matrimonium für die Remyn, soll er hinfúro zusetzen. (1541) hat der Remin guth zugsetzt. (1541, 1542) et dedit -/4/15 für p[ueri] Gienger. (1543) infra fol. 58 col. 2 [= 58v, Marienplatz 28/29].
** Ambrosi Ursprenger (Ursringer) der jung (junger)
    St: 1545: 5/-/20, 1546-1548, 1549/I-II: 2/3/25, 1550, 1551/I-II, 1552/I-II: 4/4/23, 1553, 1554/I-II, 1555-1557: 5/6/1, 1558: 11/5/2, 1559-1561, 1563, 1564/I-II, 1565, 1566/I-II, 1567/I-II: 5/6/1, 1568: 11/5/2
    StV: (1549/II) mer -/2/10 gracion von wegen seins weibs heiratguet, sols hinfúro zusetzn. (1550) hat abgsetzt seiner vorigen hausfrau heiratguth und der jetzigen hausfrau heiratguth zugsetzt.
  sein schwester
    St: 1550, 1551/I: -/-/-
    StV: (1550, 1551/I) ist im patrimonio der zeit versteurt worden.
** Appollonia Wager, Witwe des Ambrosi Ursprenger d. J. [1568 November 26]

---

[1] Karel Maenher 1369-1377 innerer Stadtrat, vgl. R. v. Bary III S. 741.
[2] Der Bürstenbinder Chunrat Egkhart war 1480 bis 1510 wiederholt Vierer der Ringler, Würfler, Bürstenbinder, vgl. RP.

** Rueprecht Tiefsteter (Tiefstetter) [Salzsender, Eisenhändler, ∞ Anna Wager[1], bis 1573 Dezember 24]
    St: 1569-1571: 2/-/24,5
    StV: (1569) sambt seiner kinder steur. (1570, 1571) sambt seiner khinder guet.
** Georg Gantter, Hofzinngießer, und seine Hausfrau Ursula [seit 1573 Dezember 24]

Bewohner Rosenstraße 13*:

Chunrat Slipfhaimer St: 1368: 0,5/-/-, 1369: -/6/-
Hanns von Landshut, 1440, 1441/I-II satler. 1439/II Hanns satler
    Sch: 1439/I-II, 1440, 1441/I-II: 1 t[aglon]
Peter Mänhart taschner
    St: 1482: -/2/28
    StV: (1482) et dedit -/-/60 die ander nachstewr fur Hannsn walcher [Fragner[2]].
Hanns Griesser St: 1482: -/2/5
[Lienhart ?] Schrobenhauser [Schuster ?[3]] St: 1486: -/-/60
Larentz Mórl gurtler St: 1490: -/-/60
  und sein swiger St: 1490: nichil, servit
Hanns zingiesser[4]
    St: 1496: -/-/26 gracion, 1514: Liste, patrimonium inquilinus
    StV: (1496) et dedit -/4/29 für sein hausfrau.
Jorg Schwartz [Kramer[5]] St: 1543: 2/3/16, 1544: 1/1/23
relicta Anndre Pernóderin St: 1544: 4/4/- juravit
Anndre Gienger
    St: 1546: -/-/-
    StV: (1546) dedit -/3/6 am 5. Januarii.
Hanns Greindl tuechmaniger St: 1565: -/-/-
fraw Tislingerin St: 1571: -/-/-

---

[1] Laut Grundbuch ist Rupprecht Diefsteter Eisenhändler, 1569 ist er aber auch als Salzstößel nachgewiesen, vgl. Vietzen S. 154 nach KR.
[2] So 1445-1456 bei Marienplatz 3*.
[3] Wahrscheinlich der 1470 als Vierer der Schuster belegte Linhart Schrobenhauser, vgl. Marienplatz 27 (1482) und Dienerstraße 21 (1490).
[4] Hanns zingiesser „in der Rosengassen" ist 1508, 1511 und 1512 Vierer der Hafner und Zinngießer, vgl. RP, aber auch Marienplatz 14 und Rosenstraße 12.
[5] So 1540-1542 bei Marienplatz 28/29.

Angerviertel

Rosenstraße 1*

Lage: 1379 neben „Lienhart calciator" am Rand das Zeichen für den Seitenwechsel. Seit 1496 neben „Thoman pogner", später „Wilhalm zingiesser", ein Zeichen, das den Seitenwechsel andeutet. Seit 1545 neben Schiltperger am Rand „gegnuber" (gemeint ist: gegenüber von Ambrosi Ursprenger). Ab 1549/II über Gilg Dondl „gegenuber".
Charakter: Bis Mitte 15. Jahrhundert Schusterei. Im 16. Jahrhundert Zinngießerei.

Hauseigentümer:

Das Haus ist bis 1376 mit dem Eckhaus Marienplatz 29 im Besitz vereinigt (Strang).
1376 Januar 21 Liendel Strang für sich und seine Schwester „und ... als pfleger eins chnaebleins, daz dez obgenant Liendleins des Strangens bruder ist", haben ihr Haus an der Rosengasse, zunächst an Chunrad des Jörgners Haus (Rosenstraße 2) gelegen, „Liendlein dem schuster" verkauft.[1]
1391 Mai 22 „Liendlins schusters hawss" ist Nachbarhaus vom Haus des Schreibers Herzog Stephans beziehungsweise des Chunrad Smidhofer (Rosenstraße 2).[2]
Der 1431 bis 1439 hier belegte Schuster Lienhart Rosnegker dürfte ein Sohn des Liendel Schusters sein und deshalb vielleicht auch schon zu diesem der Name Rosnegker gehören. Da um diese Zeit, um 1440, das Haus offensichtlich mit dem benachbarten Eckhaus Marienplatz 29 vereinigt wurde, dürfte der Eckhausname „Roseneck" auf diesen Familiennamen zurückgehen. Liendel Schuster und Lienhart Rosnegker haben nicht nur den Vornamen und den Bereuf gemeinsam, sondern des ersteren Witwe und der mutmaßliche Sohn sind auch zum selben Scharwerk von 1,5 Tageslöhnen veranlagt.
Nach 1439 ist das Haus wahrscheinlich wieder mit Marienplatz 29 vereinigt worden.
1539 Oktober 4 Ambros Ursprenger verkauft laut Grundbuch ein Ewiggeld aus dem Haus.[3]
1546 Mai 10 das Haus des Zinngießers Gilg Dandel ist Nachbarhaus des Hauses von Kaspar Seehover dem Älteren (Rosenstraße 2).[4]
1546 die Baukommission beanstandet, daß beim Zinngießer Gilg Dondl an der Rosengasse ein Vorbau „1/4 [eln] ze prait" ist.[5]
1560 Juni 13 Ewiggeldverschreibung des Zinngießers Gilg Tondl und seiner Ehefrau Anna, ebenso
1573 April 28 (GruBu).
1572 bei Anlage des Grundbuchs (Überschrift) des Gilg Tondl Zinngiessers Haus und Hofstatt.
Irgendwann nach dem 28. April 1573 geht das Haus an den Zinngießer Urban Stadler über, durch Erbschaft über seine erste Ehefrau.

Eigentümer Rosenstraße 1*:

* Liendel Strang und Geschwister [bis 1376 Januar 21]
* Lienhart (Liendl, Lyendl) [Rosnegker ?] calciator (schûchster). 1423, 1431, 1440 relicta Lienhart (Lienhartin) schusterin
    St: 1377: 0,5/-/- juravit, 1378, 1379, 1381, 1382, 1383/I: 0,5/-/-, 1383/II: -/6/-, 1387: 1/-/-, 1388: 2/-/15 juravit, 1390/I-II: 2/-/-, 1392: 2/-/15, 1393: 2/6/-, 1394: -/13/10, 1395: -/7/- minus -/-/10, 1396, 1397, 1399, 1400, 1401/I: -/10/-, 1401/II: 1/-/16 iuravit, 1403, 1405/I: 1/-/16, 1405/II: 1/-/- iuravit, 1406-1408: -/10/20, 1410/I: -/5/- iuravit, 1410/II: -/6/20, 1411: -/5/-, 1412: -/6/20, 1413: -/3/- iuravit, 1415: 0,5/-/24, 1416: -/6/12, 1418, 1419: -/-/88, 1423: -/3/-, 1431: -/-/32
    Sch: 1440: 1,5 t[aglon]
    Pferdemusterung, um 1398: Liendl schuster und Spiegl schuster 1 pferd umb 24 [darüber korrigiert 16] gulden [und damit der stat] warten.

---
[1] GB I 72/10.
[2] GB II 6/5.
[3] Stadtgericht 207/7 (GruBu) S. 699v.
[4] Hufnagel/von Rehlingen, St. Peter Urk. 287.
[5] LBK 4.

Lienhart Rosnegker [der Jüngere ?], 1431 schuster
    St: 1431: -/5/10 iuravit
    Sch: 1439/I-II: 1,5 t[aglon]

Zwischen 1441 und 1539 wahrscheinlich mit Marienplatz 29, Ecke Rosenstraße, vereinigt.

** Ambrosi Urspringer [1539 Oktober 4]
** Gilg Dondl (Dóndl, Dándl), 1546-1549/I, 1550-1558, 1560-1569 zingiesser[1] [∞ Anna]
    St: 1546-1548, 1549/I-II, 1550, 1551/I-II, 1552/I-II: 1/-/18, 1553, 1554/I-II, 1555-1557: -/6/-,
        1558: 1/5/-, 1559: -/6/-, 1560: -/4/11, 1561, 1563, 1564/I-II, 1565, 1566/I-II, 1567/I-II:
        1/3/10, 1568: 2/6/20, 1569-1571: 1/6/5
    StV: (1546-1552/I) darin seins stiefsons gueth auch versteurt. (1552/II) sambt seiner stieffkinder
        steur. (1553, 1554/I) darin seins stiefsons gueth auch versteurt. (1554/II-1559) darin seiner
        stieffkinder guet(h) auch versteurt. (1559) adi 3. Augusti zalt Caspar Stadler zingiesser von
        Freising von 7 fl gelts für 3 nachsteur -/4/27. (1560) abgsetzt 7 fl gellts für sein stieffsun.
** Urban Stadler Zinngießer [nach 1573 April 28]

Bewohner Rosenstraße 1*:

Jacob gener [Konrad ?] Klawsner inquilinus, 1378 [darübergeschrieben:] Halbschüster
    St: 1377: -/3/6 juravit, 1378: -/3/6
Werndl calciator inquilinus St: 1377, 1378: -/-/-
Hainrich Fewer (Fewr) inquilinus, 1377, 1379 calciator St: 1377: -/-/27 juravit, 1378, 1379: -/-/27
Ull Schaericzner calciator inquilinus St: 1379: -/-/54 voluntate
Gensstaler sneider inquilinus St: 1387: -/-/24 gracianus
Told (Dolt) calciator (schuster) inquilinus
    St: 1388: -/-/-, 1390/I-II: -/-/24, 1392: -/-/6, 1393: -/-/16, 1394: -/-/24, 1395: -/-/40 für drew lb,
        1396: -/-/20 pro nichil
Hans von Pedmes inquilinus St: 1397: -/-/40 fur 2 lb
Hainrich satler von Freysing inquilinus St: 1397: -/-/56
Pesel sneyder inquilinus St: 1399: -/-/60 fur 3 lb
Peter Fuchss stainmecz St: 1418: 0,5/-/- non iuravit
[Konrad[2]] Wurm schuster St: 1419: -/-/80
    pueri uxoris St: 1419: -/-/15 gracianus
Maerckel schuster von Maincz inquilinus StV: (1423) der hat gestewrt an Sentlinger gassen.
Urban Newnhawser schuster St: 1423: -/10/12, 1424: -/3/14
Michel salburch inquilinus St: 1431: -/-/60 iuravit
Hanns Jordan St: 1482: -/2/21
Adelhaid inquilina St: 1482: -/-/-
Thoma(n) pogner
    St: 1486, 1490: -/5/17, 1496: -/4/9, 1500: -/5/21
    StV: (1486) et dedit -/-/28 pueri Rorer. Et dedit -/3/29 für pueri Sibensprung.
Jörg koch St: 1486: -/-/60
relicta Streyssin St: 1490: -/1/10
Michel Reicher peitler St: 1496: -/-/60
Asem nestlerin St: 1500: -/2/3
Wilhalm zingiesser
    St: 1508, 1509: -/6/5
    StV: (1508, 1509) et dedit -/2/26 fur pueri Gross.
Hanns pogner St: 1508: -/2/20 juravit, 1509: -/2/20, 1514: Liste
    sein swiger St: 1514: Liste

---

[1] Gilgen Zinngießers in der Rosengassen Hausfrau 1569 Religionsverhör, vgl. Dorn S. 230. – Barbara Widmanin, ein Diern beim Zinngießer in der Rosengassen 1569 Religionsverhör, vgl. Dorn S. 229.
[2] So 1410-1418 bei Marienplatz 28/29.

relicta Polsterin St: 1508, 1509: -/2/5
Jacob Weiß messerschmid St: 1514: Liste
Hanns Schnetzer, 1523-1532 zingiesser
    St: 1522-1526, 1527/I: 1/-/24, 1527/II, 1528, 1529, 1532: -/5/10 [Schenkensteuer ?]
Wolfgang Pfundtmair (Pfundtner), 1523, 1527/II saltzstößl[1]
    St: 1522: -/1/22 gracion, 1523: 1/1/25 juravit, 1524-1526, 1527/I: 1/1/25, 1527/II, 1528, 1529,
        1532: 1/2/21
    StV: (1522) sol bis jar schwern.
Michel Schiltperger [Salzstößel[2]] St: 1545: 1/5/10

Rosenstraße 2

Charakter: Um 1400 vielleicht Bäckerei. Ab 1415 Weinschenke. 1550 Fremdenherberge, 6 Pferde.

Hauseigentümer:

1376 Januar 21 das Haus „Chunrad dez Jörigners" ist Nachbar vom Haus der Geschwister Strang beziehungsweise „Liendleins des schusters" (Rosenstraße 1*).[3]
1391 Mai 22 „Ulreich meins hern herczog Stephans schreiber" hat sein Haus an der Rosengasse „ze naechst zwischen Hanß [Posch] satlers [Rosenstraße 3] und Liendlins schusters hawss" (Rosenstraße 1*) verkauft „Chunraden dem Smidhofer".[4] Am selben Tag meldet Herr Hainrich der Pechrer „umb daz hawss, daz Ulrich, meins hern herczog Stephans schreyber, gevertigt und ze chauffen hat geben dem Smidhover dem pechen", daß der Pfarrer von Unserer Lieben Frau 80 Gulden Ewiggeld (Hypothek) auf diesem Haus habe. Auch Ulrich Tichtel „auf dem Sneperg" meldet sich und teilt mit, daß auch er 23 Gulden auf diesem Haus habe.[5]
1391 Mai 26 ein weiterer Bürger, der Kornmesser „Chuncz Engelant" meldet dem Stadtgericht, daß er 12 Pfund Pfennige Ewiggeld auf dem Haus habe, das Herzog Stephans Schreiber Ulrich dem Bäcker Schmiedhofer verkauft habe. Er habe das Ewiggeld von „Chunraden dem Jorgner saelign" gekauft.[6] Demnach besaß das Haus offenbar bis zu seinem Tod um 1377 der Jörgner.
1403 August 23 „Stephan maller" versetzt sein Haus an der Rosengasse, zunächst dem Haus „Hannsen [Poschs] des satlers" (Rosenstraße 3), um 50 gute ungarische Gulden „Ludweigen dem rótsmid".[7]
1407 September 8 die Stadtkammer zahlt Perchtolt Schilling 6 ungarische Gulden Ewiggeldzins „aus des Ludweig rotsmids haws an der Rosengassen", abzulösen mit 20 000 Ziegelsteinen, 20 Mutt Kalk und 52 ungarischen Gulden. Letztere hat die Stadt eingenommen, das Baumaterial aber wurde verbaut.[8] Das Ewiggeld „aus des rotsmids haws", das die Stadt an den Schilling weiterverkauft hat, wird auch später noch einmal genannt.[9]
1412 Dezember 10 „Steffan maler, purger zẃ Hall", überläßt sein Haus an der Rosengasse, benachbart Hainrich des Sattlers Haus (Rosenstraße 3) dem Bürger zu München, „Ludwig dem rotsmit".[10]
1453, 1454 domus pueri rotsmid (Liste).
1462 (vor 1476 November 22) Caspar Vinck,
1476 November 22 das Haus Hanns Tattenhofers (im Steuerbuch: Tanenhofer), das vormals Caspar Vinckens selig gewesen ist, ist Nachbarhaus zum Haus der Anna Kirnyn (Rosenstraße 3).[11]

---

[1] Wolfgang Pfundtmair 1525-1532 Vierer der Salzstößel, vgl. Vietzen 158.
[2] Michl Schiltperger 1545 als Salzstößel belegt, vgl. Vietzen S. 155 nach KR.
[3] GB I 72/10.
[4] GB II 6/5.
[5] GB II 6/9, 6/10.
[6] GB II 6/13.
[7] GB III 12/12.
[8] KR 1407/08 S. 25v.
[9] KR 1407/08 S. 57v.
[10] GB III 130/16.
[11] Urk. D I e 2 – XXXIII Nr. 19.

1498 genannt wird des Heinrich Bräumeisters Haus in der Rosengasse.[1]

1498 Dezember 3 Heinrich Preumaister und seine Frau Anna verkaufen zu ihrem Jahrtag ein Ewiggeld von 2 Pfund Pfennigen (wohl um 40 Pfund Hauptsumme) aus dem Haus, sind also Eigentümer.[2]

1507 Juli 8 das hintere Haus des Caspar Seehofer stößt an die Schusterkram des Melchior Pötschner (Marienplatz 28/29).[3]

1530 Oktober 27 das Haus des Caspar Sehofer ist Nachbarhaus zu dem der Witwe Anna Kern beziehungsweise Jörg Starnberger (Rosenstraße 3).[4]

1546 Mai 10 der Stadtrat Kaspar Seehover verkauft ein Ewiggeld (5 Gulden um 100 Gulden und 3 Gulden um 60 Gulden Hauptsumme) aus seinem Haus, Hofstatt und Stallung an der Rosengasse, gelegen zwischen den Häusern des Schneiders Veit Linckhenheel (Rosenstraße 3) und des Zinngießers Gilg Dandel (Dondl) (Rosenstraße 1*).[5]

1550 März 8 ein Caspar Sehofer verkauft ein Ewiggeld von 15 Gulden um 300 Gulden (GruBu).

1550 ein Verzeichnis der Fremdenherbergen („Hotels") nennt auch diejenige des Caspar Seehofer an der Rosengasse, Kapazität von Stellplätzen für Pferde: 6 Pferde.[6]

1554 April 25 Georg Maisenthaler und seine Hausfrau Katharina verkaufen ein Ewiggeld (10 Gulden um 200 Gulden Hauptsumme) aus dem Haus („stößt hinten an Jacob Segers Apothekers Haus" = Rindermarkt 18) (GruBu).

Im Nachtrag zum Verzeichnis der Fremdenherbergen von

1565 heißt es: „jetzt: Jeorg Maysentaler". Die Kapazität ist gleich geblieben.[7]

1572 bei Anlage des Grundbuches (Überschrift) des Georg Maisenthalers Haus, Hof und Stallung, „stesst hinnden auf Jacoben Segers Apoteckhers Haus" (Rindermarkt 18) (GruBu).

Die Maisenthaler bleiben Eigentümer des Hauses bis zum 9. Oktober 1615.

Eigentümer Rosenstraße 2:

* Chunrat Jörgner (Jórigner, Górgner) [äußerer Rat[8]]. 1378-1379 relicta Górignerin (Jórgnerin)
    St: 1371, 1372: 7,5/-/-, 1375: 3/-/68, 1377: 5/-/- juravit, 1378, 1379: -/-/-
    StV: (1372) [Nachtrag am Rand, getilgt:] solvit 6/-/-. (1375) post -/6/16.
* Ulrich, Herzog Stephans schreiber [bis 1391 Mai 22]
* (Chunrat) Smidhofer (Schmidhofer, 1394 Schmidhammer), 1394-1395, 1400-1401 bek
    St: 1394: 4/-/-, 1395: 1/-/-, 1396, 1397, 1399, 1400, 1401/I: -/12/-, 1401/II: -/-/80 fur 10 lb, iuravit
* Stepfel maler inquilinus. 1403, 1405/I-1412 Stephan maler [Bürger zu Hall]
    St: 1401/II: -/3/- iuravit, 1403, 1405/I: -/3/-, 1405/II: 0,5/-/- iuravit, 1406-1408: -/5/10, 1410/I: 0,5/-/- non iuravit, 1410/II: -/5/10, 1411: 0,5/-/-, 1412: -/5/10
    StV: (1410/I) waer aber daz er mit haus (!) herwider chaem, so sol er dan sein hab mit dem ayd verstewrn.
* Ludweyg (Ludel, Ludwig) rotsmid [Weinschenk[9]], 1419 et uxor sua
    St: 1415: 5/-/- non iuravit, 1416, 1418: 6,5/-/40, 1419: 7,5/-/40, 1423: 5/7/-, 1424: -/15/20, 1431: 5/6/20 iuravit
    StV: (1418) et dedit -/-/60 gracianus de uxor[e].

---

[1] Kirchen und Kultusstiftungen 56.
[2] Stadtgericht 207/7 (GruBu) S. 701v, 702r.
[3] Geiß, St. Peter S. 243 o. Qu.
[4] GB IV S. 204v.
[5] Hufnagel/von Rehlingen, St. Peter Urk. 287.
[6] Gewerbeamt 1422a.
[7] Gewerbeamt 1422a.
[8] Chunrat Jörgner war 1377 und 1384 äußerer Stadtrat, vgl. R. v. Bary III S. 740.
[9] Ludbeig rodsmid ist um 1414 Mitglied der Weinschenkenzunft, vgl. Gewerbeamt 1411 S. 3r. – 1430 gehört der Rotschmied oder Ludweig Rotschmied auch zu den Wirten an der Rosenstraße, die Ungeld zahlen, vgl. Steueramt 987.

* domus pueri rotsmid. 1439/I-1441/II, 1447, 1455-1458 pueri Ludwig rotsmid. 1462 pueri rotschmid
    Sch: 1439/I-II, 1440, 1441/I-II: 1,5 t[aglon]
    St: 1447: 0,5/-/19, 1453-1458: Liste, 1462: in kamer geben
    StV: (1462) item et Poschs von 6 lb gelcz von zwein laden, hat der Luft kauft, dedit -/-/28.
* Gasper Finck [Weinschenk[1]]
    St: 1462: -/15/15
* Hanns Tanenhofer [Tattenhofer[2]] weinschenk
    St: 1482: 1/2/9
** Hainrich Prewmaister [äußerer Rat, Weinschenk, ∞ Anna[3]]
    St: 1486, 1490: 3/5/23, 1496: 4/4/15, 1500: 4/6/15
** Caspar Sehofer [Weinschenk, Salzsender, äußerer Rat[4]], 1540-1552/I der alt
    St: 1508, 1509: 4/6/15, 1514: Liste, 1522-1526, 1527/I: 8/5/15, 1527/II, 1528, 1529, 1532: 9/-/27, 1540, 1541: 4/6/19, 1542: 3/1/29, 1543: 6/3/28, 1544: 3/1/29, 1545: 7/6/4, 1546-1548, 1549/I-II: 2/5/13, 1550: 2/5/13 patrimonium, 1551/I: 2/5/13 patrimonium das ander, 1551/II, 1552/I: -/-/-
    StV: (1508) darinn seiner mutter gut zugesetzt. (1542) hat abgsetzt seins aiden h[eiratgut]. (1546) hat abgsetzt Paurnfeints heiratgut. (1551/II, 1552/I) haben die erben zugsetzt.
* Caspar Seehofer der jung (junger)
    St: 1540-1542: 2/4/20, 1543: 5/2/10, 1544: 2/5/7, 1545: 7/-/-, 1546-1548, 1549/I-II: 3/3/15, 1550: 3/3/15 patrimonium, 1551/I: 3/3/15 patrimonium das ander, 1551/II, 1552/I: -/-/-
    StV: (1540-1542) et dedit -/1/9 für p[ueri] Wenig. (1543) mer 1/1/25 fur p[ueri] Wenig. (1543) mer 1/3/26 für die Wenigin von Inglstat. (1544) hat seiner schwiger guet zugsetzt. (1544) mer -/4/12 für p[ueri] Wenigin. (1545) mer 1/3/- für p[ueri] Wenigin. (1546-1549/II) mer -/5/- für p[ueri] Wenig. (1551/II, 1552/I) haben die erben zugsetzt.
** Jorg (Georg) Maysntaler (Maysentaler, Maisnthaler, Maisentaller), 1555-1571 wirt
    St: 1550, 1551/I: -/1/5 gracion, 1551/II: 2/2/12 juravit, 1552/I-II: 2/2/12, 1553, 1554/I-II, 1555-1557: 2/4/17, 1558: 5/2/4, 1559, 1560: 2/4/17, 1561, 1563, 1564/I-II, 1565, 1566/I-II, 1567/I-II: 2/-/18, 1568: 2/-/5, 1569-1571: 3/3/11
    StV: (1550, 1551/I) mer -/2/- seins weibs alte steur. (1551/II-1554/II) mer -/1/22,5 für seine stieffkinder. (1555-1557, 1559) mer -/1/22 für seine stiefkinder. (1555, 1556) mer -/6/- für p[ueri] Paurnfeint. (1557, 1559) mer -/5/- für p[ueri] Paurnfeint. (1558) mer -/3/14 für sein stieffson. Mer 1/3/- für p[ueri] Paurnfeint. (1560) mer für seine stiefkinder -/1/22,5. Mer für p[ueri] Paurnfeindin -/5/-. (1561, 1563) mer für sein(e) khinder -/1/22,5. (1561, 1563, 1564/I) mer für p[ueri] Paurnfeind -/6/12. (1564/I-1567/I) mer für seine stiefkhinder -/1/22,5. (1566/I) mer für p[ueri] Erlinger 3/-/24. (1567/II) mer für sein ayden Hannsen Khnilling für 300 fl heuratguet unnd soll khünfftig 1/-/5 absetzn, drey nachsteur 3/5/7,5. (1567/II, 1569-1571) mer für sein stiefsun -/-/10,5 abgsetzt 1569. (1568) abgesetzt seines aidens heuratgut. Mer für sein stiefson -/-/21. (1569, 1570) mer für Caspar Stauffer -/4/19,5. (1570) mer für Onofferus Sehofer, zalt an chamer von 2 fl gelts. (1571) mer für Onofferus Sehofer von 2 fl gellts folio 14v [Ewiggeld] -/1/26.

Bewohner Rosenstraße 2:

pueri Langonis
    St: 1375: -/5/-, 1377: 0,5/-/-, 1378, 1379: -/-/-
    StV: (1375) post. Item de anno preterito -/7,5/-.

---

[1] Caspar Finck, 1451, 1458 Mitglied der Weinschenken-Bruderschaft, vgl. Gewerbeamt 1411 S. 9r, 10r, 13r.
[2] So in der Urkunde D I e 2 - XXXIII Nr. 19 vom 22.11.1476.
[3] Hainrich Prewmaister 1489 Mitglied der Weinschenkenzunft, vgl. Gewerbeamt 1418 S. 2r. – Nur 1493 ist er auch äußerer Stadtrat, 1492 Mitglied der Gemain, vgl. RP.
[4] Caspar Seehofer 1500 Aufnahme in die Weinschenkenzunft, vgl. Gewerbeamt 1418 S. 11r. – 1505-1508, 1510, 1513, 1519 Caspar Seehoffer Vierer der Weinschenken, 1508, 1524-1532 auch Vierer der Salzsender (Scheibler) und 1507-1537 und 1539-1549 äußerer Stadtrat, vgl. RP und Vietzen S. 154.

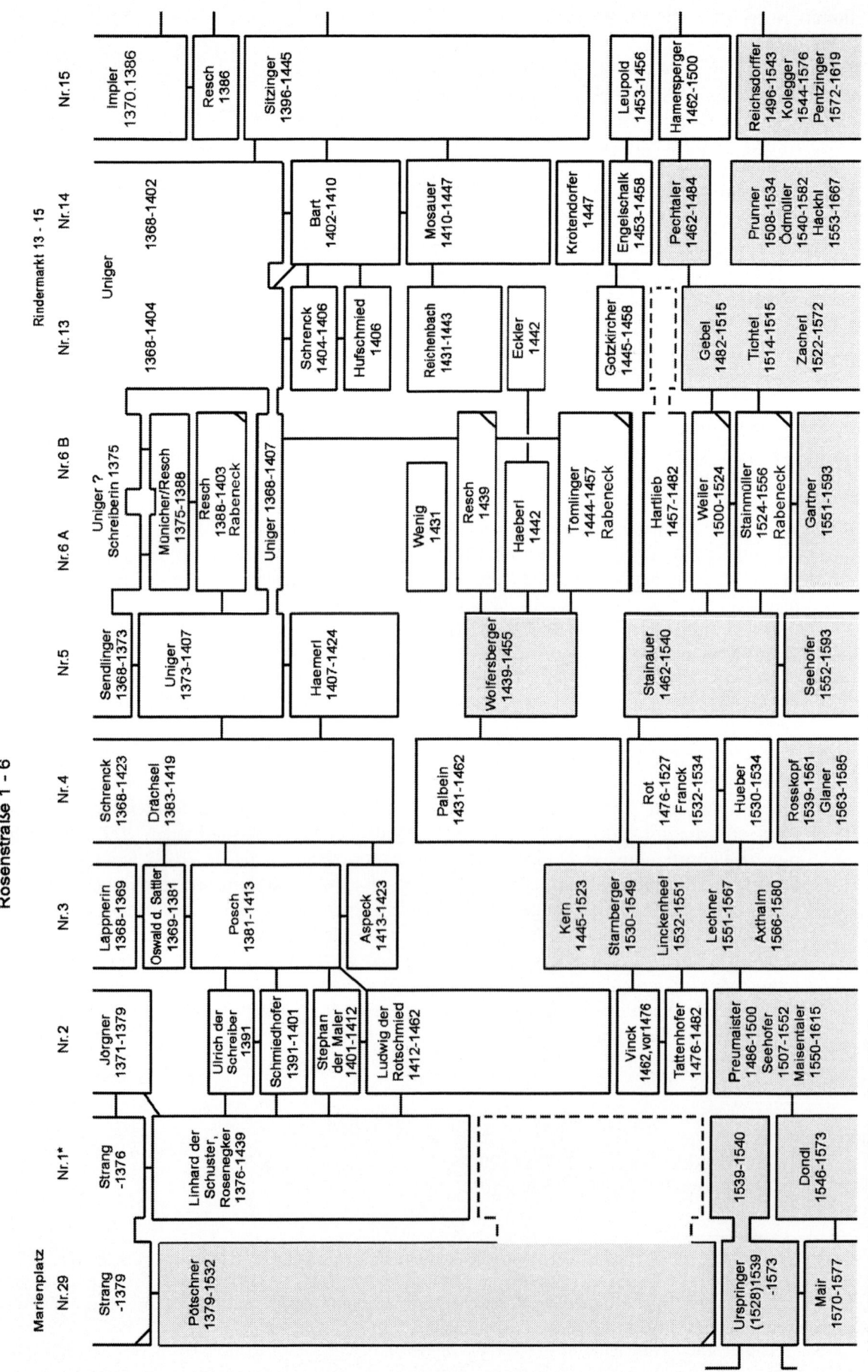

Abb. 36 Hauseigentümer Marienplatz 29, Rosenstraße 1* – 6, Rindermarkt 13 – 15.

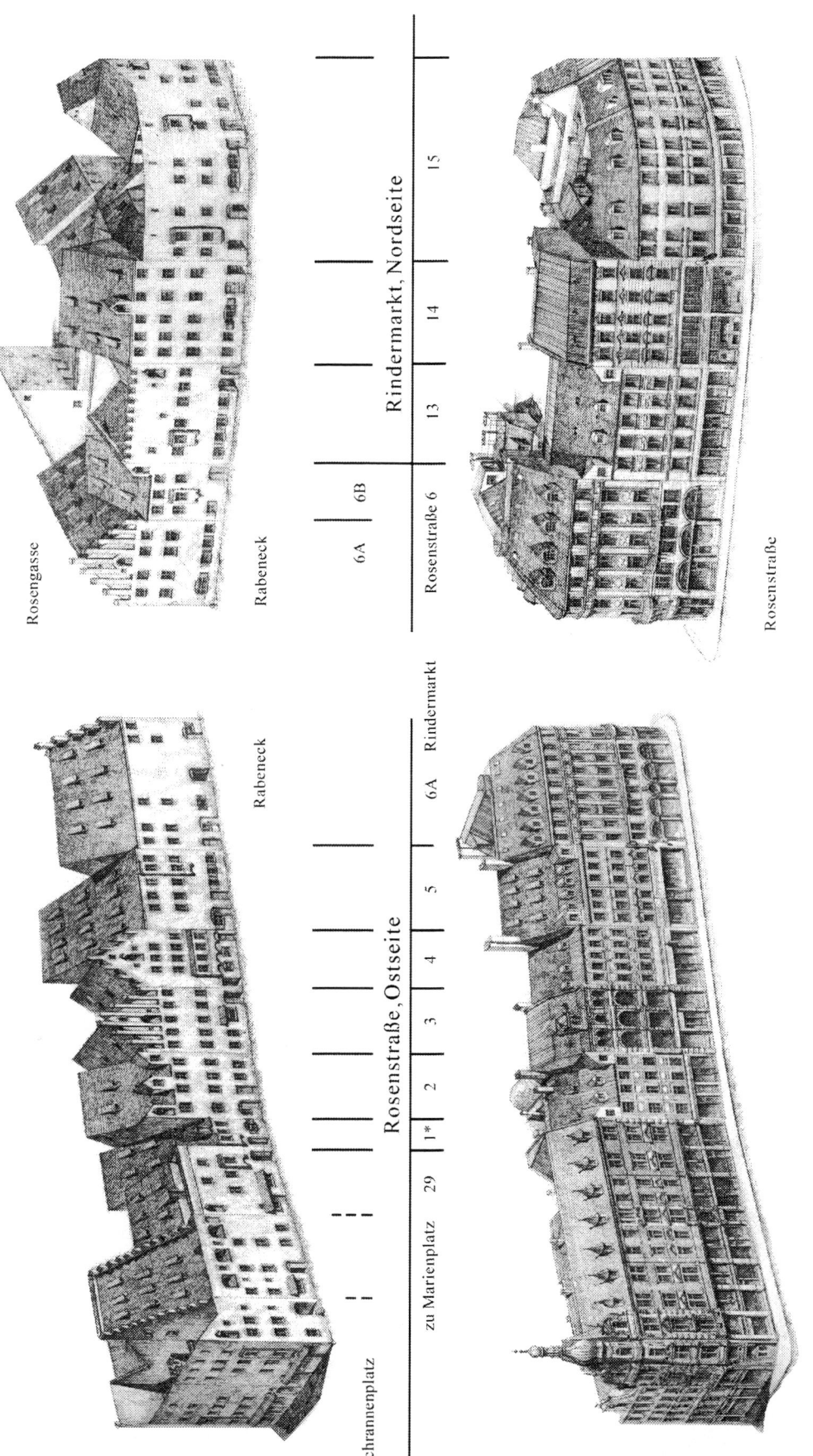

Abb. 37 Marienplatz 29, Rosenstraße Ost Nr. 1*– 6, Rindermarkt Nord Nr. 13 – 15, Montage nach Häuserbuch Angerviertel S. 256/257, 248/249.

Marttein Rogeys (Rogeis) peck, 1397, 1399, 1405/II-1407 inquilinus
    St: 1397, 1399: -/-/60 fur 3 lb, 1405/I: -/-/80 fur 10 lb, 1405/II: -/-/72 fúr 12 lb, iuravit, 1406,
        1407: -/3/6, 1410/I: -/-/72 iuravit, 1410/II: -/3/6, 1411: -/-/72, 1412: -/3/6, 1413: -/-/72 iuravit
der jung Raid peck inquilinus St: 1401/II: -/5/10 iuravit
Ull Harscher peck inquilinus St: 1403: -/-/60 für 6 lb, iuravit
Hanns Rósch peck inquilinus St: 1408: -/-/40 gracianus
Wolfhart satler, 1410/I inquilinus
    St: 1410/I: -/-/78 iuravit, 1410/II: -/3/14, 1411: -/-/78, 1412: -/3/14, 1413: -/3/- iuravit
Elspet inquilina Marttein Rogeis St: 1412: -/-/18 fúr nichil
Ludwig gúrtler [Salzsender[1]], 1440, 1441/I inquilinus Sch: 1439/I-II, 1440, 1441/I: 2 t[aglon]
Hanns Horsapp [Gürtler] inquilinus Sch: 1439/II: -/-/8
Peter Wenig. 1445 Peter gúrtler. 1447 Peter Wenig gurtler [Salzsender, Weinschenk[2]] inquilinus
    Sch: 1441/II: 3 t[aglon], 1445: 2 ehalten, dedit -/-/16
    St: 1447: -/23/12
Hanns Lindner [Bader] Sch: 1445: 1 amen (!), dedit -/-/8
Caspar Grássel [Weinschenk[3]] St: 1453: Liste
Hanns Túncznawer (Tuncznawer) [Sattler] inquilinus. 1456 Tuncznauer
    St: 1453, 1454, 1456: Liste
Ulrich Suss (Súss) [Weinschenk[4]] 1456 inquilinus St: 1454-1456: Liste
Conrat Kamerer inquilinus St: 1458: Liste
Liendel lautenslacher St: 1458: Liste
Thoman tagwercher St: 1458: Liste
Cúntz und Sigmund Hórl St: 1482: -/5/5
relicta Sússin St: 1509: 1/-/1 juravit
Sewastian Truckenstier St: 1532: -/4/17
Cristoff zolnerin
    St: 1548, 1549/I-II: -/2/-
    StV: (1548) mer 2/-/15 patrimonium ires hauswirts seligen. (1549/I) pis zu austrag irer rechtfer-
        tigung.

Rosenstraße 3

Charakter: Weinschenke, Sattlerei, Schneiderei.

Hauseigentümer:

Vor 1370 März 12 Hans Ympler, auch im Namen seiner Muhme der Weissenvelderin, klagt vor dem Stadtgericht gegen „Oswalden den satler" um drei Pfund Ewiggeld, die an das Heiliggeistspital gehen sollen, „aus dem haus [an der Rosengasse], daz dez Laeppners ist gewesen",[5] vgl. 1377 Januar 29.
1370 die Baukommission bestimmt an der Rosengasse unter anderem auch: „Oswalt dez satlers lauben sol man abprechen und die schoph".[6]
1377 Januar 29 erst jetzt kommt der Streit vom 12. März 1370 zum Abschluß: „Hailbeick die Weizzenvelderin hat irew recht erlangt und erzeugt hincz Oswalten dem satler, daz er dem heiligen Geist zu

---

[1] Ludwig gürtler ist 1444-1447 als Salzsender belegt, vgl. Vietzen S. 145.
[2] Peter gürtler ist 1445-1447 als Salzsender belegt, 1459 und 1463 wurde er zum Schenken-Vierer gewählt, vgl. Vietzen S. 146 und RP.
[3] Caspar Grässel (Grásser) ist 1451 und 1458 Mitglied der Weinschenken-Bruderschaft, vgl. Gewerbeamt 1411 S. 10r, 13r.
[4] Ulrich Súss 1451 und 1458 Mitglied der Weinschenken-Bruderschaft, 1456 Vierer der Weinschenken, vgl. Gewerbeamt 1411 S. 10r, 11v, 13r.
[5] GB I 11/2.
[6] Zimelie 9 (Ratsbuch IV) S. 4v (neu).

dem spital drew l[i]b[ras] Mon[acenses] auz dem haus, daz etwen [= einstmals] Ch[unrats] dez Laeppners waz an der Rosengazzen, geben sol ewigs gelts und die selben 3 lb ewigs gelts sol er dem heiligen Geist vertigen".[1]

1381 Januar 19 „Osswalds dez satlers saeligen tochter und ir phleger Hainrich rotsmid und der Chuchelmair" haben „dez obgenant Oswalds chindes haus, daz gelegen ist an der Rosengassen ze naechst dez Schrenken haus" (Rosenstraße 4) „Hanß dem satler dem Poschen" verkauft, ausgenommen 3 Pfund Münchner Pfennige Ewiggeld, die an das Spital gehen.[2]

1391 Mai 22 das Haus des „Hanß [Posch] satlers" ist Nachbarhaus des Hauses von Ulrich, dem Schreiber Herzog Stephans, beziehungsweise Konrad Smidhofers (Rosenstraße 2).[3]

1395 Juni 18 „Hanß [Posch] satler" verpfändet sein Haus an der Rosengasse, zunächst an des Draechsels Haus (Rosenstraße 4) gelegen, um 127 neue ungarische Gulden dem Herrn Ch(unrad) dem Huter, dem Sendlinger-Kaplan.[4]

1403 August 23 „Hannsen [Posch] des satlers" Haus ist Nachbar des Hauses von „Stephan maler" (Rosenstraße 2).[5]

1412 Dezember 10 das Haus Hainreich des Sattlers an der Rosengasse ist benachbart dem Haus des Steffan Maler beziehungsweise Ludwig des Rotsmits (Rosenstraße 2).[6]

1413 März 31 die Pfleger (Hans Zollner und „Ludbeg rotsmit") von „Hainreichs des satlers chind und seiner hawsfrawn" verkaufen deren Haus an der Rosengasse, zunächst an der Drachslin Haus (Rosenstraße 4) gelegen, Ulrich dem Aspeckn.[7]

1454 das Heiliggeistspital hat 2 Gulden rheinisch Ewiggeld „aus Kristan Kern haus".[8]

1476 September 13 laut Grundbuch Ewiggeldverkauf von 1 Pfund Pfennigen durch Anna Khern an die Ridler-Schrenck-Messe in St. Peter.[9] Sie ist damit als Eigentümerin belegt.

1476 November 22 Anna Kirnyn, Witwe Christan Kirns (Kern), verkauft ein Ewiggeld aus ihrem Haus und Hofstatt, gelegen zwischen den Häusern des Hanns Tattenhofer (Rosenstraße 2) und des Alex [Rot] Gwandschneider (Rosenstraße 4).[10]

1478 August 11 Jakob Khern verkauft ein Ewiggeld (2 Gulden, wohl um 40 Gulden) aus dem Haus, ebenso

1489 Jacob Kern und seine Hausfrau Anna (3 Gulden um 60 Gulden) und

1502 Dezember 15 (2 Gulden um 40 Gulden) sowie

1516 Dezember 5 (3 Gulden um 60 Gulden) (GruBu).

1530 Oktober 27 die Witwe und Bürgerin Anna Kern verkauft ihr Haus, Hofstatt und Stallung, gelegen an der Rosengasse zwischen den Häusern des Caspar Sehofer (Rosenstraße 2) und des Jorg Hueber (Rosenstraße 4) dem Schneider Jörg Starnberger und seiner Hausfrau Anna gemäß Verkaufsbriefs vom genannten Datum.[11]

1531 April 30 und **Mai 3** der Schneider Georg Starnberger und seine Hausfrau Anna verkaufen der Witwe Anna Kern ein Ewiggeld (3 Gulden um 60 Gulden und 5 Gulden um 100 Gulden) (GruBu).

1532 November 25 nunmehr sind Veit Linckhenhal und seine Hausfrau Anna [verw. Starnberger ?] Eigentümer des Hauses und verkaufen ein Ewiggeld (1 Gulden um 20 Gulden) daraus (GruBu).

1546 Mai 10 das Haus des Schneiders Veit Linckhenheel ist dem Haus des Stadtrats Kaspar Seehover (Rosenstraße 2) benachbart.[12]

---

[1] GB I 83/19.
[2] GB I 132/8, 132/9.
[3] GB II 6/5.
[4] GB II 96/2.
[5] GB III 12/12.
[6] GB III 130/16.
[7] GB III 137/2.
[8] Kämmerei 64 S. 22r.
[9] Stadtgericht 207/7 (GruBu) S. 703v/706r. – Daß Anna Kern die Witwe von Jakob Kern sei, steht nicht im Grundbuch. Der nächste Eintrag zeigt, daß es offensichtlich auch nicht stimmt.
[10] Urk. D I e 2 - XXXIII Nr. 19.
[11] GB IV S. 204v.
[12] Hufnagel/von Rehlingen, St. Peter Urk. 287.

1549 August 23 die Vormünder des Georg Starnberger, unmündigen Sohnes des Schneiders Georg Starnberger, verkaufen ein Ewiggeld (2 Gulden um 30 Gulden !) aus dem Haus, desgleichen
1549 September 25 (3 Gulden um 60 Gulden) (GruBu).
1551 August 18 der Schneider Georg Lechner und seine Hausfrau Rosina[1] verkaufen ein Ewiggeld (22 Schillinge um 25 Pfund), desgleichen
1557 Juli 12, diesmal mit Ehefrau Sophie (2 Gulden um 40 Gulden), ebenso
1560 Februar 5 (5 Gulden um 100 Gulden) (GruBu).
1564 Februar 24 Ewiggeldverkauf (12,5 Gulden um 250 Gulden) des Ehemannes Lechner an seine Ehefrau und seine vier Kinder (GruBu).
1572 laut Grundbuch (Überschrift) der Christine, Wilhelm Axthalbens Metschenkens Witwe, Haus, Hof und Stallung, „stosst hindten hinaus auf Leonhardten Khäppfels Haus" (Rindermarkt 17). Sie verschreibt am 23. Oktober 1572 ihren sechs leiblichen Kindern Wilhelm, Georg, Andre, Apollonia, Regina und Maria Axthalm ein Ewiggeld von 60 Gulden um 1200 Gulden Hauptsumme aus dem Haus und anderen Liegenschaften (GruBu).
Das Haus wird am 24. April 1580 durch die Axthalm-Kinder bereits wieder verkauft.

Eigentümer Rosenstraße 3:

* relicta [Chunrat] Láppnerin (Laepnerin),[2] 1369 patrimonium
    St: 1368: -/-/-, 1369: -/-/60 juravit
    StV: (1368) [Nachtrag am Rand:] solvit -/12/- Impler.
* Oswald satler inquilinus. 1371-1379 Ósel (Óswald) satler, 1381, 1382 patrimonium Oswaldi satler
    St: 1369: -/9/-, 1371, 1372: -/11/-, 1375: -/12/-, 1377: 2/-/60 juravit, 1378, 1379: 2/-/60, 1381: -/12/- sub gracia, 1382: -/-/-
    StV: (1378) [radiert, fast unleserlich:] in h[oc anno ?] t[enetu]r (?) 40 Reg[ensburger].
* Hans Posch (Bosch), 1383, 1387-1407 satler. 1408, 1410/I-II Hanns satler. 1411 relicta Hannsen satler
    St: 1382: -/15/12, 1383/I: -/15/-, 1383/II: 2/6/15, 1387: 2/-/-, 1388: 4/-/- juravit, 1390/I-II: 4/-/-, 1392: -/18/-, 1393, 1394: 3/-/-, 1395: 1/-/40, 1396, 1397, 1399, 1400, 1401/I: -/14/-, 1401/II: 3/-/16 iuravit, 1403, 1405/I: 3/-/16, 1405/II: 3/-/- iuravit, 1406-1408: 4/-/-, 1410/I: -/6/12 iuravit, 1410/II: 1/-/16, 1411: -/6/12 propter patrimonium
  pueri uxoris
    St: 1382, 1383/I: -/-/30, 1383/II: -/-/45 post -/-/15
* Haincz satler. 1413 relicta Haincz satler
    St: 1410/I: 0,5/-/- minus -/-/10, gracianus, 1410/II: -/12/- iuravit, 1411: -/9/-, 1412: -/12/-, 1413: -/10/-
* Ulreich Aschpeck (Aschspeck), 1416, 1418 meczger
    St: 1415: -/12/-, 1416, 1418: 2/-/-
    StV: (1423) der stewrt am Anger.
  Chunrat Aschspeck
    St: 1419: 2/-/-
* Kristan Kern (Keren) [Weinschenk[3]]
    Sch: 1445: 1 diern, dedit -/-/8
    St: 1447: 1/-/7, 1453-1458: Liste, 1462: -/7/10
    StV: (1462) et dedit -/-/48 fur 2 gulden gelcz.
* Anna Kern [∞ Jacob Kern, 1476 September 13]

---

[1] Nicht „Regina" wie das HB S. 254 schreibt.
[2] Chunrat Läppner war 1362, 1364-1366 äußerer, 1363 innerer Stadtrat, vgl. R. v. Bary III S. 741.
[3] Kristan Kern ist 1458 Mitglied der Weinschenken-Bruderschaft, vgl. Gewerbeamt 1411 S. 14r. – Vgl. aber auch Dienerstraße 12. – 1456 ohne Zusammenhang „aws dem haws".

** Jacob Kern (Keren), 1508 wirt,[1] 1523 patrimonium. 1524, 1525, 1527/I-1529 relicta Jacob Kernin [Weinschenkin]. 1526 relicta Kernin. 1532-1544 alt Kernin
    St: 1482: -/7/2, 1486, 1490: 1/3/2, 1496: -/5/11, 1500: -/6/19, 1508, 1509: -/6/3, 1514: Liste, 1522-1526, 1527/I: -/6/-, 1527/II, 1528, 1529, 1532: -/3/12, 1540-1542: -/3/10, 1543: -/6/20, 1544: -/3/10
    StV: (1482-1529) et dedit -/1/26 von (fúr) 2 gulden geltz. (1482, 1486, 1522-1524, 1527/II, 1528:) gen Hoflting (Hofolting, Hofalting, Hoflating).
** Georg Starnberger Schneider [∞ Anna, 1531 April 30]
** Veit Lindtháckl (Linckhenheel, Linckaheel, Linckhahel), 1532-1547 schneider [∞ Anna]
    St: 1532: -/2/-, 1540-1542: -/2/25, 1543: -/5/20, 1544: -/2/25, 1545: -/4/-, 1546-1548, 1549/I-II, 1550, 1551/I: -/2/-
    StV: (1532) et dedit -/1/26 fúr 2 gulden geltz. (1540) et dedit -/1/26 fúr 2 fl gelts. (1541, 1542) et dedit -/1/26 fúr 2 fl gelts aufs land. (1543) mer -/3/22 fúr 2 fl gelts auffs land. (1544) mer -/1/26 fúr 2 fl gelts aufs land. (1544, 1546-1551/I) mer -/-/7 fúr p[ueri] Leydeckh. (1545) mer -/-/14 fúr p[ueri] Leydeckh.
** Georg Starnberger, Sohn des früheren [1549 August 23]
** Jorg (Georg) Lehner (Lechner) schneider [∞ 1. Rosina, 2. Sophie]
    St: 1551/II: -/-/27, 1552/I-II: -/2/-, 1553, 1554/I-II, 1555-1557: -/2/11, 1558: -/4/22, 1559, 1560: -/2/11, 1561, 1563, 1564/I-II, 1565, 1566/I-II, 1567/I: -/2/-
    StV: (1551/II) sein alte steur wie seine pfleger gsteurt. Mer -/-/28 gracion seins weibs heiratgueth halber. (1561) mer von 2 fl auffs landt folio 89r [Ewiggeld]. (1563) mer folio 89r [Ewiggeld] von 2 fl gelts. (1564/I-II, 1565) mer folio 90r [Ewiggeld] gen Hofalting.
** Wilhalm Axhalm (Axhalbm), 1566/II chramer, 1569 pranndtweiner [1570 Metschenk;∞ Christine]
    St: 1566/I-II, 1567/I-II: 4/1/26, 1568: 8/3/22, 1569-1571: 5/4/22
    StV: (1566/I-II) mer gen Hofaltyng folio 89v [Ewiggeld]. (1567/I) mer gen Hoflting folio 4v [Ewiggeld]. (1567/II, 1568) mer fúr gotshaus Hofelting folio 4v [Ewiggeld]. (1569) mer fúr das gotshauß Hofelting folio 5r [Ewiggeld]. (1570) mer fúr gotshaus Hofelting folio 1v [Ewiggeld]. (1571) mer fúr das gotshauß Hofloding (!) folio [ohne Seitenzahl, gemeint: 1v, Ewiggeld].

Bewohner Rosenstraße 3:

Ott Paemhawer. 1372 Ott Pámhawer inquilinus. 1375 Paemhawer inquilinus
    St: 1371, 1372: -/-/18, 1375: -/-/32
Chunrat rótsmid inquilinus St: 1371: 2,5/-/-, 1372: -/20/-
relicta Grǎwlin inquilina St: 1375: -/5/- post
Hanns Speg calciator inquilinus St: 1377: -/-/12 juravit, 1378, 1379: -/-/12
Jacob rotsmid inquilinus St: 1379: -/6/- juravit
Górig Rabsack St: 1383/I: -/-/66, 1383/II: -/-/-
Ull Hagnawer (Hagenawer), 1399 satler, 1393, 1399 inquilinus
    St: 1392: -/-/24, 1393: -/-/32, 1399: -/-/60
Hainrich Tod inquilinus St: 1394: /-/60
Hainrich Pachhaimer St: 1396: -/-/60 fur 6 lb
Maerckel schuster schenck inquilinus St: 1399: -/-/60 fur 5 lb
Hanns Plúm sporer inquilinus St: 1401/II: -/5/10 iuravit
relicta Matheys zingiesser inquilina
    St: 1413: -/9/- patrimonium
    StV: (1413) zingiesserin belaibt drey stewr hinder sich, porg Ulrich kramer kúrsner.
Hainrice Gutman (Gútman), 1418 inquilinus St: 1418, 1419: 0,5/-/-
Michel zingiesser (zyngiesser) inquilinus St: 1418, 1419: 2/6/20

---

[1] Jacob Kern 1489 Mitglied der Weinschenkenzunft, vgl. Gewerbeamt 1418 S. 5r. – Jacob Kernin witib 1523 Aufnahme in die Weinschenkenzunft, ebenda S. 19r.

Ulrich Herbschaendel (Herbshándel) [Weinschenk[1]] inquilinus
St: 1423: 3/-/-, 1424: -/6/20, 1431: -/13/10 schencknstewr, iuravit[2]
Peter rotsmid inquilinus St: 1423: 0,5/-/-
Hanns Pilgreym inquilinus St: 1423: 0,5/-/22 gracianus
Jorg gurtler St: 1423: -/3/-
Chunrat Piber sneider St: 1431: -/13/10 iuravit
Jorg Kraczer smid inquilinus St: 1431: -/-/45
Herman Mergenthaimer (Mergerthaimer), 1431, 1441/I pawtler, 1431 inquilinus. 1439/II-1440 Herman paẃtler. 1441/II Herman Mergenthaimerin
St: 1431: 0,5/-/24 iuravit
Sch: 1439/I-II, 1440: -/-/15, 1441/I: 1 t[aglon], 1441/II: 0,5 t[aglon]
Peter Lofflár [Weinschenk[3]], 1439/II inquilinus Sch: 1439/I-II: 3 t[aglon]
Andre Kupferl (Kúpferl) Sch: 1439/II, 1440, 1441/I-II: 2 t[aglon]
Chunrat ziegler, 1440-1441/II sneider, 1441/I inquilinus Sch: 1439/I, 1440, 1441/I-II: 1 t[aglon]
Niclas Rager (Ráger), 1441/I-II inquilinus Sch: 1439/II, 1440, 1441/I-II: 1,5 t[aglon]
Lienhart Perner [Färber[4]] Sch: 1445: 1 diern, dedit -/-/8
Nagel kramer inquilinus St: 1447: -/-/30 gracion
Ulrich Krametvogel sneider St: 1453: Liste
Gabriel sneider inquilinus. 1455, 1456 Gabriel Sengnrieder, 1456 inquilinus St: 1454-1456: Liste
   Hanns Sengnrieder St: 1455: Liste
   Linhartt Sengenrieder inquilinus St: 1462: -/3/4
relicta Herman pautlerin.[5] 1457, 1458 relicta páutlerin inquilina. 1462 Herman páutlerin inquilina
St: 1454-1458: Liste, 1462: -/-/45
Chunrat (Conrat) zieglsneider, 1458 inquilinus St: 1457, 1458: Liste
Hanns Ebner inquilinus
St: 1462: -/3/14
StV: (1462) pro se et dedit -/-/40 gracianus von seinem heiratgut.
Peter Spilberger, 1482, 1490 swertfeger St: 1482: -/2/8, 1486: -/2/-, 1490: -/2/3
Haintz Glatz satler St: 1482: -/2/16
Hanns Gropmair St: 1486: -/2/18
Niclas maurer St: 1490: -/-/60
Wilhalm zingiesser St: 1496: -/3/25, 1500: -/3/5
Steffan Weiss sneider[6]
St: 1496: -/2/23, 1500: -/3/16
StV: (1496) et dedit -/-/60 die dritt nachsteur fur dräxlin.
Hanns Herrandt (Herrant) sneider
St: 1508, 1509: -/-/60, 1514: Liste, 1522-1526, 1527/I: -/3/12, 1527/II, 1528, 1529: -/2/29
StV: (1508, 1509) et dedit -/-/28 fur pueri Weiß (Weyss).
Gagnseerin (Gagarschin, Gagarnseerin) St: 1522: -/4/10, 1528, 1529, 1532: -/2/-
   Wolfganng Gagenseer (Gagnseer), 1523 wirt.[7] 1540-1544 Wolff Gagers (Gagars)
St: 1514: Liste, 1523-1526, 1527/I: -/5/10 schencknsteur, 1527/II: -/2/-, 1540-1542: -/2/3, 1543: -/4/6, 1544: -/2/3
Fritz glufenmacher, 1524 glufnmacher St: 1523, 1524: -/2/-
Hanns schmid, 1526 inquilinus St: 1526, 1527/I: -/2/-

---

[1] Ulreich Herbsthändel (Herbsthendel, Herbshan) um 1414 Mitglied der Weinschenkenzunft, vgl. Gewerbeamt 1411 S. 4r, und 1430 einer der Wirte an der Rosengasse, die Ungeld zahlen, vgl. Steueramt 987.
[2] Dahinter der Geldbetrag IIXL = 38 ?
[3] Peter Löffler ist 1433 Mitglied der Weinschenken-Bruderschaft, vgl. Gewerbeamt 1411 S. 8v. – Um 1430 zahlt Peter Löffler an der Rosengasse auch Ungeld, vgl. Steueramt 987.
[4] So 1447 bei Fürstenfelder Straße 16.
[5] 1456 darunter „aws dem haus".
[6] Steffan Weiß 1501, 1503-1505 Vierer der Schneider, vgl. RP.
[7] Wolfgang Gagascher (Gagenser) 1523 Aufnahme in die Weinschenkenzunft, vgl. Gewerbeamt 1418 S. 19r; KR 1523/24 S. 40v.

Michel wirt. 1529 Michel Grätz [Weinschenk[1]] St: 1527/II-1529: -/5/10 schencknsteur

Kůnigund inquilina St: 1532: -/2/-

Jorg Pótschner (Potschner), 1540-1547, 1551/II tuchheffter
    St: 1540: -/-/21 gracion, 1541: -/2/25 juravit, 1542: -/2/25, 1543: -/5/20, 1544: -/2/25, 1545: 1/-/-, 1546-1548, 1549/I-II, 1550, 1551/I-II: -/3/15
    StV: (1550, 1551/I-II) mer -/5/- fúr p[ueri] Davit Wenig.

Stoffl (Steffan) saylerin
    St: 1540-1542: -/2/-, 1543: -/4/-, 1544: -/2/- 1545: -/4/-, 1546-1548, 1549/I-II, 1550, 1551/I-II, 1552/I-II, 1553, 1554/I-II, 1555-1557: -/2/-, 1558: -/4/-, 1559-1561, 1563, 1564/I-II: -/2/-, 1565, 1566/I-II: -/-/- pauper

Jacob Stöckl nagler St: 1545: -/-/14 gracion

Fritzin St: 1546, 1547: -/2/-

Caspar schopper zámmacher St: 1548: -/-/21 gracion, 1549/I: -/2/20 juravit

Gerbolt Páchl [Sattler[2]] St: 1549/II, 1550, 1551/I: -/2/-
    Corbinian Páchl sadtler St: 1551/II, 1552/I: -/2/-

Veyt Lohner St: 1552/II: -/2/-

Jorg santwerffer. 1553, 1554/I-II Jorg vischer santwerffer St: 1552/II, 1553, 1554/I: -/2/-

Hanns Winckhler dráxl
    St: 1553: -/-/14 gracion, 1554/I: -/-/14 gracion die ander, 1554/II, 1555-1557: -/2/-

Thoman vischer riemer St: 1554/II: -/-/21 gracion

Jori peckh schuester. 1558 Jori peckhin St: 1555-1557: -/2/-, 1558: -/4/-

Balthasar (Balthauser) Stöckhl glaser St: 1558: -/4/-, 1559, 1560: -/2/-

Oswold (Oswald) Röll wirt
    St: 1558: 3/2/5, 1559, 1560: 1/4/13, 1561: -/5/10 schenckhsteur
    StV: (1558) sein und seiner hausfrau steur, wie ire pfleger versteurt haben, soll hinfúro schwern.

Christoff Hecht, 1564/I kartnmacher St: 1561, 1563, 1564/I: -/2/-

Florian Metlhamer schneider St: 1561: -/2/-

Jórg Rieder wiert St: 1564/I: -/5/10 schenckhsteur.

Uez weber (1566/II Weger) kartnmacher. 1566/I Uetz karttnmacher
    St: 1564/II, 1565, 1566/I-II, 1567/I-II: -/2/-, 1568: -/4/-

Jacob Gráfinger zámmacher (zämmacher)
    St: 1565, 1566/I-II, 1567/I-II: -/2/-, 1568: -/4/-, 1569, 1570: -/2/-
    StV: (1570) adi 19. Maii anno [15]71 ist hinweg, [hat die] nachsteur zalt.

Lenhart vischer tagwercher (tagwercherin) St: 1565: -/-/21 gratia, 1566/I: -/2/-

Michel Hiendl tagwercher St: 1566/II, 1567/I-II: -/1/- pauper

Wolff Pfendler schneider
    St: 1567/II: 1/-/10, 1568: 2/-/20, 1569-1571: 1/1/15
    StV: (1567/II-1571) sambt seiner khinder guet.

Michl Ollhofer (Olkhofer, Ölkhofer), 1569-1571 tagwercher St: 1568: -/1/12 gratia, 1569-1571: -/2/-

Hanns tagwercher Manhart (Mänhart) St: 1568: -/4/-, 1569, 1570: -/2/-

Hanns Khirchmair visierer St: 1571: -/-/1

Rosenstraße 4

Hauseigentümer:

1370 die Baukommission legt an der Rosengasse unter anderem fest: „Jórigen dez Schrenchen lauben" (und Oswald dez satlers lauben) „sol man abprechen und die schoph".[3]

---

[1] Michel Grätz (Gracz) 1526/27 Aufnahme in die Weinschenkenzunft, vgl. Gewerbeamt 1418 S. 20r; KR 1526/27 S. 41v.
[2] Bei Kaufingerstraße 32/33 1553-1571 Sattler.
[3] Zimelie 9 (Ratsbuch IV) S. 2v.

Die Großmutter von Jörg I. Schrenck war eine Uniger, die erste Ehefrau seines Bruders Niclas II. war Selinta Draechsel. Jörgs I. Schrencks Witwe heiratete nach seinem Tod Niclas Draechsel und starb 1418.[1] So erklären sich die Besitzverhältnisse.

1381 Januar 19 „dez Schrenken haus" an der Rosengasse ist Nachbar vom Haus von „Oswalds dez satlers saeligen tochter" beziehungsweise des Sattlers Hans Posch (Rosenstraße 3).[2]

1395 Juni 18 „dez Draechsels haws" an der Rosengasse ist Nachbar vom Haus des „Hanß [Posch] satler" (Rosenstraße 3).[3]

1401/II domus Michel Schrenck (StB).

1407 Oktober 3 Michels des Schrencken Haus an der Rosengasse ist Nachbar vom Haus der Katrey, Witwe des Hainreich des Üningers (Rosenstraße 5/6), ab jetzt Konrad des Hämerls Haus.[4]

1413 März 31 „der Drachslin haws" an der Rosengasse ist Nachbar von „Hainreichs des satlers" unmündigem Kind und seiner Hausfrau beziehungsweise Ulrichs des Aspecker Haus (Rosenstraße 3).[5]

1419 domus Traechslin (StB).

1423 domus Michel Schrenck (StB).

1439 Januar 6 „Palbeins kramers" Haus an der Rosengasse ist Nachbar zum Haus des Hanns Wolfersperger (Rosenstraße 5).[6]

1444 Dezember 2 das Haus des Palbein Kramer ist benachbart dem Haus des Wolfersperger (Rosenstraße 5).[7]

1476 November 22 das Haus des Alex [Rot] Gwandschneider ist Nachbarhaus des Hauses der Witwe Anna Kirnyn (Rosenstraße 3).[8]

1492 September 3 an das Heiliggeistspital geht ein Ewiggeld aus des Allex Rot seligen Kind Haus an der Rosengasse.[9]

1530 Oktober 27 das Haus des Jorg Hueber ist Nachbarhaus zum Haus der Witwe Anna Kern beziehungsweise Jörg Starnberger (Rosenstraße 3).[10]

1532 Mai 17 der Stadtrat entscheidet: Dem „Franckh puchsenmaister" „ist vergont worden, seines schwehern, des Roten, haus an der Rosengassen, neben dem Stainawer (Rosenstraße 5), das ime dann lautt eines vertrags zuegesprochen ist worden, herfür den andern geleich ze pauen ...".[11] Der Franck darf also mit der Baulinie soweit hervorrücken wie die benachbarten Häuser. Wegen des Hauses gibt es aber noch

1534 gerichtliche Auseinandersetzungen zwischen Hanns Franck und Michel Huber.[12]

1539 April 22 Ewiggeldverkauf von 5 Gulden um 100 Gulden Hauptsumme durch Hanns Rosskopf und seine Hausfrau Barbara laut Grundbuch,[13] ebenso

1539 April 24 (10 Gulden um 200 Gulden),

1539 Juni 28 (5 Gulden um 100 Gulden),

1541 Juli 18 (5 Gulden um 100 Gulden),

1549 Dezember 4 (2 Gulden um 40 Gulden),

1553 September 30 (1 Gulden um 20 Gulden).

1563 Oktober 29 (3 Gulden um 60 Gulden) aus dem Haus durch den Kürschner Sigmund Gloner und seine Hausfrau Katharina (GruBu).

1572 laut Grundbuch (Überschrift) des Sigmund Gloners Kirstners (!) Haus, Hof und Stallung.

Um **1585** besitzt das Haus der Stadtrat Georg Heigl.

---

[1] Vgl. Stahleder, Bürgergeschlechter. Die Schrenck S. 75/76, 81/82.
[2] GB I 132/8, 132/9.
[3] GB II 96/2.
[4] GB III 70/1.
[5] GB III 137/2.
[6] MB XXI 13 S. 109/111. – Urk. D I e 2 - XXXVII Nr. 20.
[7] BayHStA, KU München-Anger 496.
[8] Urk. D I e 2 - XXXIII Nr. 19.
[9] Vogel, Heiliggeistspital, Urk. 443.
[10] GB IV S. 204v.
[11] RP 10 S. 217v.
[12] RP 11 S. 50v, 52v.
[13] Stadtgericht 207/7 (GruBu) S. 708v/709r.

Eigentümer Rosenstraße 4:

* Jórg (Górig) [I.] Schrench (Schrenchk, Schrenck) [äußerer Rat[1]]. 1381 patrimonium Jeorii Schrenckonis. 1382 relicta Schrenckin
    St: 1368: 15,5/-/-, 1369: 18/-/- juravit, 1371, 1372: 18/-/-, 1375: 12,5/-/-, 1377: 20/-/- juravit, 1378, 1379, 1381, 1382: 20/-/-
    Bem.: (1382) Steuer gemeinsam mit Sohn Georg und „pueri uxoris".
  pueri uxoris
    St: 1382: -/-/-
    StV: (1382) Steuer gemeinsam mit der Witwe Schrenck.
  Górig [II.] filius suus inquilinus. 1382 Görig Schrenck
    St: 1377-1379, 1382: -/-/-
    Bem.: (1382) Steuer gemeinsam mit der Mutter.
* Niclas (Niclaus) Dráchsel (Draechssel, Drachsl, Tráchssel, Dráschel), 1383/I cum uxore [= Witwe von Georg I. Schrenck]. 1410/I-1416, 1418 relicta Traeschlin (Traechslin)
    St: 1383/I: 4/-/- gracianus, 1383/II: 10/3/7,5 juravit, 1387: 6,5/-/-, 1388: 13/-/- juravit, 1390/I-II: 13/-/-, 1392: 15/-/30, 1393, 1394: 20/-/40, 1395: 11/-/- minus -/-/30, 1396: 16/-/75, 1410/I: 9,5/-/- iuravit, 1410/II: 12/5/10, 1411: 9,5/-/-, 1412: 12/5/10, 1413: 8,5/-/- iuravit, 1415: 2,5/-/-, 1416, 1418: 3/-/80 patrimonium
* domus[2] Traechslin
    St: 1419: -/6/-
* Michl [I.] Schrenck, 1387 inquilinus. 1401/II, 1423 domus Michel Schrenck [von Notzing, Sohn von Georg I.]
    St: 1383/I: 2/-/-, 1383/II: 3/-/-, 1387: -/12/-, 1388, 1390/I-II: 3/-/-, 1392: -/18/-, 1393, 1394: 3/-/-, 1395: 2,5/-/- gracianus, 1396: 8/-/- iuravit, 1397: 8/-/-, 1399, 1400, 1401/I-II: -/-/-, 1403: 9/-/- iuravit, 1405/I: 9/-/-, 1405/II: 10/-/- iuravit, 1406, 1407: 13/-/80, 1408: -/3/-, 1410/I: -/-/60, 1423: 4,5/-/-
    StV: (1388) item de anno preterito 3,5. (1403) und hat geben -/21/- von dez Impler wegen von seinem viertail [der Erbschaft]. (1405/I) item noch stet an dez Impler stewr. (1408) von seinen ewigen gelt. (1410/I) für seinen gelt in der stat.
    Pferdemusterung, um 1398: (Ur-Fassung): Michel Schrenk sol haben ein pferd umb 20 gulden und ein erbern knecht und ein trabzewg; (Korrig. Fassung): Michel Schrenk sol haben 2 pferd umb 35 gulden [und der] stat warten.
  Wilhalm [I.] Schrenk [Sohn von Georg I.], 1395-1396 inquilinus
    St: 1395: -/10/20, 1396, 1397, 1399: 2/-/-
* Palwein (Paltwein, Palbein) kramer[3]
    St: 1431: 9/-/80 iuravit, 1447: 7/4/4, 1453-1458: Liste, 1462: 3/4/25
    Sch: 1439/I: 3,5 t[aglon], 1439/II, 1440: 4 t[aglon], 1441/I-II: 3,5 t[aglon], 1445: 1 diern, dedit -/-/8
* Alex Rot (Rott) [Gewandschneider[4]]
    St: 1482: 3/3/23, 1486: 4/3/-, 1490: 4/-/10
* Hanns Rot, 1500, 1508, 1514 g(wandschneider)[5]
    St: 1496: 1/3/18, 1500: -/-/60, 1508, 1509: 2/2/18, 1514: Liste, 1525, 1526, 1527/I: 4/2/14, 1527/II: 4/2/14 patrimonium
    StV: (1508, 1509) et dedit -/3/25 für pueri Fûs (Füs).
* Jörg Hueber [1530 Oktober 27]

---

[1] Georg Schrenck war 1362-1374 äußerer Stadtrat, vgl. R. v. Bary III S. 742. – Jorg Schrenck 1381 noch Mitglied des Großen Rates der Stadt, vgl. R. v. Bary III S. 745
[2] „Patrimonium" ersetzt durch „domus".
[3] Palwein kramer ist 1459 und 1460 einer der Vierer der Kramer, vgl. RP 1 S. 18v. Er starb 1462 („Palbein kramer obiit 62"), vgl. Zimelie 20 (Kopialbuch Priesterbruderschaft St. Peter) S. 22r. 1455-1462 war er auch der an zweiter Stelle genannte Kirchpropst von St. Peter, erscheint jedoch ab 1459 nicht unter den Stadträten, vgl. R. v. Bary III S. 765 und RP ab 1459.
[4] Lex (Alex) Rot ist 1476, 1481, 1485 und 1486 Vierer der Gewandschneider, vgl. RP.
[5] Hanns Rott ist 1508 Vierer der Gewandschneider, vgl. RP.

* alt Roßkopf zámmacher
    St: 1532: -/2/10
* Hanns Franck púxenmaister [Schwiegersohn von Hanns Rot]
    St: 1532: anderßwo
** Hanns Roskopff (Roßkopff), 1553, 1554/I zammacher, 1554/II der alt [∞ Barbara]
    St: 1540-1542: 1/3/15, 1543: 3/-/-, 1544: 1/3/15, 1545: -/6/18, 1546-1548, 1549/I-II, 1550, 1551/I-II, 1552/I-II: -/3/9, 1553, 1554/I-II, 1555-1557: -/2/15, 1558: -/5/20, 1559, 1560: -/2/25
    StV: (1540-1542) et dedit -/5/21 fúr p[ueri] Grasser. (1543, 1545) mer 1/4/12 fúr p[ueri] Grasser. (1544, 1546-1549/I) mer -/5/21 fúr p[ueri] Grasser.
  Caspar Roskopff [Riemer, Hofriemer[1]]
    St: 1559-1561: -/2/-
** Sigmund Glaner (Gloner), 1564/II-1571 khúrschner [∞ Katharina]
    St: 1563, 1564/I-II, 1565, 1566/I-II, 1567/I-II: -/4/24, 1568: 1/2/18, 1569-1571: 1/1/7
    StV: (1563-1567/II) mer fúr p[ueri] Probst (Bropst, Probsten) -/4/2. (1564/I-1567/II) mer fúr p[ueri] Khirchmair -/6/26. (1564/I, 1565) mer folio 98v (98r) [Ewiggeld] fúr Warbara (Barbara) Pettingerin. (1564/II, 1566/I-II) mer fúr Barbara Pettingerin folio 97v [Ewiggeld]. (1567/I-II, 1568) mer fúr Barbara Pettingerin (Paittingerin) folio 12v [Ewiggeld]. (1567/I) mer fúr Wolf Gagarseer khinder -/-/21. (1567/II) fúr Gagarseers khinder -/-/21. (1568) mer fúr p[ueri] Probsten 1/1/4. Mer fúr p[ueri] Khirmair 1/6/22. Mer fúr Gagarseers khinder -/1/12. (1569, 1570) mer fúr p[ueri] Probstin -/1/12. (1569-1571) mer fúr p[ueri] Khirmair -/5/-. (1569-1571) mer fúr p[ueri] Gagarseer -/-/28. (1569) mer fur Barbara Pettingerin folio 11v [Ewiggeld]. (1570) mer fúr Barbara Pettingerin folio 9r [Ewiggeld]. (1571) mer fúr p[ueri] Probstin -/-/14. (1571) mer fúr Barbara Pettingerin folio 9r [Ewiggeld] -/-/28.
  Steffan Gloner (Glaner) wierdt
    St: 1569: -/3/15 gratia, 1570: 1/6/2 juravit, 1571: 1/6/2

Bewohner Rosenstraße 4:

Óttel Fróleich inquilinus St: 1388: -/-/88
Hans schenck St: 1401/I: -/-/60
Chunrat Aengstleich (Engstleich, Aenstleich), 1419 taschner, 1423 inquilinus
    St: 1419, 1423: 2/-/-, 1424: -/5/10
relicta Kirchmairin inquilina St: 1423: vacat
des von Furstenveld brobst Sch: 1445: 2 ehalten [ohne Betrag]
Barbara Póschlin (Poschlin), 1456 inquilina St: 1455-1458: Liste
Ossann junckfraw inquilina St: 1462: -/-/7
Warbra junckfraw inquilina St: 1462: -/-/7
Frantz pogner St: 1482: -/3/-
relicta Kornlin (Korndlin) St: 1486: pey irm haus, 1490: 1/1/22
Hanns Hermann, der jung pogner St: 1496: -/3/25
Caspar satler St: 1500: -/2/10
Hanns [III. oder IV.] Ridler St: 1524: 12/6/7
Wilhalm Glaner kúrschner St: 1525, 1526, 1527/I: 1/-/25
Cristof Melper barbierer[2] St: 1527/II: -/4/-
Aßm Schwaiger puchvierer. 1528 Aßm puchvierer St: 1527/II, 1528, 1529: -/2/-
Jheronimus Pfaffenhofer [Salzstößel[3]] St: 1528: -/-/28 gracion
una inquilina St: 1532: -/2/-
Bartlme Kárl lernmaister [später Weinvisierer ?[4]] St: 1532: nichil das jar, rats gescháft

---

[1] So 1563-1570 bei Dienerstraße 22 und 1571 bei Dienerstraße 8.
[2] Vgl. Sendlinger Straße 981*.
[3] Hieronimus Pfaffenhofer ist 1530 als Salzstößel belegt, vgl. Vietzen S. 154 nach KR.
[4] Ein Bartme Karl ist 1537-1553 Weinvisierer, vgl. R. v. Bary III S. 971 und Petersplatz 10/11, Rindermarkt 7, Rosenstraße 4.

Jorg Schickh St: 1540-1542: 2/3/17

Wolff (Wolffgang) Ostermayr, 1543-1545 seidnnatter
    St: 1543: -/5/18, 1544: -/2/24, 1545: -/5/18, 1546, 1547: -/2/24

Jeronimus Rudolt (Ruedolt), 1552/II stainschneider St: 1549/I-II, 1550, 1551/I-II, 1552/I-II: -/2/-

Els schopperin St: 1551/II: -/1/12 pauper der zeit

Paule (Pauls) Múlrad schuester St: 1552/II, 1553, 1554/I-II: -/2/-

Florian Mechhamer (etthamer) [Mettlhamer], 1553, 1554/I, 1555, 1559, 1560 schneider
    St: 1553, 1554/I-II, 1555-1557: -/2/-, 1558: -/4/-, 1559, 1560: -/2/-

Hanns Sittnhofer St: 1555: -/2/-

Jórg Póthschnerin St: 1556, 1557: -/2/-

Wolff Mayr mertlkocher St: 1558: -/4/-

Christoph Hecht kartnmacher
    St: 1560: -/1/26 gracion, 1564/II, 1565, 1566/I-II, 1567/I: -/2/-
    StV: (1567/I) mer für 3 nachsteur kartnmacher -/6/-.

Wolff Katzmair [= Kastmair] St: 1561: -/2/-

Anna Schwartzin St: 1561: -/-/- obdormivit

Jörg Rieder wierd
    St: 1563: -/5/10 schenckhsteur
    StV: (1563) soll auffs jar ain geschworne steur machen.

Hanns Hillmayr (Hilltmair), 1564/I-II schneider St: 1563: -/-/28 gratia, 1564/I-II: -/2/-

[Hans ?] Greyndl gwanndschneider
    St: 1563: -/2/28 gratia
    StV: (1563) soll auffs jar den 3. tail zuesezn.

Jacob Ritschl gürtler St: 1564/I: -/2/-

Hanns jager (jäger) lederschneider. 1564/II Hanns lederschneider. 1565-1570 Jori Hanns lederschneider
    St: 1564/I-II, 1565, 1566/I-II, 1567/I-II: -/2/-, 1568: -/4/-, 1569: -/5/17, 1570, 1571: 1/3/18
    StV: (1570) zuegesetzt den erbtail, so ime ferttigen jars zuegestannden.

Hanns gartner nagler St: 1564/I: -/2/-

Hanns trabannt. Hans von Werfa (Wafa ?) St: 1564/II: -/-/- hofgsind

haubtman trabannt St: 1565: -/-/- hofgsind, trabant.

Hanns Meilinger trabant St: 1565: -/-/- hofgsind, trabant

ain infraw Regina. 1566/I, 1567/II Regina Sedlmairin St: 1565, 1566/I, 1567/II: -/2/-

Urban Wagnhueber, 1566/I-II, 1567/II zuckhermacher St: 1566/I-II, 1567/I-II: -/2/-

ain infraẇ Hilzlpergerin. 1567/I Jörgin infraw Hüzlpergerin. 1567/II Jörgin pflegerin Hitzlpergerin. 1568 Jórg pflegerin
    St: 1566/II, 1567/I-II: -/2/-, 1568: -/4/-

Hanns Gilg, reiter beim Keckh
    St: 1567/II: -/2/-
    StV: (1567/II) adi 26. Marti zalt Hanns Gilg reiter, nachdem er wegzogen, nachsteur -/6/-.

Jörg Dyettlin infraw St: 1567/II: -/2/-

Jörg pflegerin St: 1568: -/4/-

Hanns Geiger schneider St: 1568: -/4/-, 1569: -/2/-

Martin Aigenman schneider
    St: 1570: -/-/28
    StV: (1570) für sein hausfrau fur ire gratia -/-/21.

Christoff Renntz schneider St: 1571: an chamer

Rosenstraße 5

Lage: Neben Wilhalm Kremser 1395 Name „Rindermarkt" ausgeworfen.
Charakter: Weinschenke.

Hauseigentümer:

Vor 1373 Juli 7 Hans Sendlinger und seine Kinder, dann:
1373 Juli 7 H(ainrich) Ueniger hat seine zwei Häuser, „der ains ist gelegen an dem Rindermarckt [Rindermarkt 13/14] und daz ander an der Rozengazzen [Rosenstraße 5, 6], daz er von Hanß dez Sentlingers kinden gekaufft hat" versetzt um 700 Gulden, halb ungarisch und halb rheinisch, dem Waegenler.[1]
1387 quatuor domus Uniger (StB) (= Rosenstraße 5, 6, Rindermarkt 13/14).
1390/I Unigers IIII hawser (StB) (= Rosenstraße 5, 6, Rindermarkt 13/14).
1392-1393 domus Heinrich Uniger (StB).[2]
1406 Unigerin Haus (StB).
1407 Oktober 3 „Katrey, Hainreichs Úninger sáligen witib" verkauft ihr Haus an der Rosengasse, zunächst dem Haus Michels des Schrencken (Rosenstraße 4) gelegen, „Chunraden dem Hámerl".[3]
1439 Januar 6 Hanns Wolffertsperger und seine Hausfrau Katharina verschreiben an den 10 000 Märtyrer-Altar in St. Peter ein Ewiggeld von 2 ungarischen Gulden als Seelgerät aus ihrem eigen Haus an der Rosengasse, zwischen den Häusern des Palbein Kramers (Rosenstraße 4) und des Niclas Resch „zu Rabenek" (Rosenstraße 6). Dieser Ewiggeldverkauf ist auch im Grundbuch eingetragen.[4]
1442 April 18 Hanns Wolfspergers des Segenschmieds (Sensenschmieds) Haus ist Nachbar vom Haus des Schneiders Herman Häberl (Rosenstraße 6).[5]
1444 Dezember 12 ein Ewiggeld des Angerklosters aus des Wolferspergers Haus und Hofstatt an der Rosengasse, zwischen den Häusern des Ludwig Tömlinger (Rosenstraße 6) und des Palwein kramer (Rosenstraße 4) gelegen, wird weiterverkauft.[6]
1518 März 26 die Kinder des verstorbenen Stadtrats Hans Stainawer und die Kinder des Lienhard Stainawer stiften zu einem Jahrtag, den ihr Großvater Hans Stainawer und ihre Väter und ihre Base, Jungfrau Barbara Stainawer, gestiftet hatten, ein weiteres Ewiggeld, und zwar aus dem Haus des Wolfgang Stainawer an der Rosengasse (Rosenstraße 5). Die genannten Kinder des Hans Stainawer sind: der Priester Johannes Stainawer, Jakob, Wolfgang, Anna (∞ Kaspar Sehofer), Barbara (∞ Sebastian Sehofer), Ursula Wenigin. Kinder des Lienhard Stainawer sind: der Chorherr zu St. Veit in Freising Sigismund Stainawer, Elsbeth (∞ Ulrich Ramsawer), auch ihre Schwester und Base Dorothea Schweblin von Ingolstadt.[7]
Der genannte Wolfgang Stainauer ist ein Verwandter des Arsacius Seehofer, der in den Strudel um die Reformation geriet.[8]
1520 April 17 Ewiggeldverschreibung (2 Pfund um 40 Pfund Hauptsumme) durch Jacob Stainauer und seine Hausfrau Ursula (GruBu).
1524 Juli 15 Jacob Stainauers Haus ist Nachbar des Hauses von Sigmund Weillers Sohn Cristoff, genannt „Rabenegkh" (Rosenstraße 6).[9]

---

[1] GB I 41/1.
[2] Ein Ewiggeld des Heiliggeistspitals aus des Hainreichen des Unigers Haus am Rindermarkt (wohl Hs.-Nr. 13/14 ?), das 1392 abgelöst wurde, wird noch am 1.6.1438 genannt, vgl. Vogel, Heiliggeistspital, Urk. 302.
[3] GB III 70/1.
[4] Urk. D I e 2 - XXXVII Nr. 20. – MB XXI 13 S. 109/111. – Bei Geiß zum 17. Januar 1449 (!) genannt, vgl. Geiß, St. Peter S. 296 aber mit Quelle: MB XXI 13 S. 111. – Stadtgericht 207/7 (GruBu) S. 710v.
[5] MB XX 238 S. 317.
[6] BayHStA, KU München-Anger 496.
[7] Hufnagel/von Rehlingen, St. Peter Urk. 266.
[8] Vgl. Theodor Wiedemann, Arsacius Seehofer, in: OA 21, 1859/61, S. 61/70.
[9] GB IV S. 58r.

1532 Mai 17 das Haus des Stainawer ist Nachbarhaus zu des Roten und seines Schwiegersohnes (Franckh puchsenmaister) Haus (Rosenstraße 4).[1]

1552 Januar 31 die Brüder Christoph und Alexander Seehofer verkaufen ein Ewiggeld von 6 (!) Gulden um 200 Gulden Hauptsumme aus dem Haus.[2]

1564/I-1571 domus Seehofer (StB).

1572 laut Grundbuch (Überschrift) Christoff und Alexander der Seehofer, Gebrüder, Haus, Hof und Stallung dahinter.

1593 Januar 26 Verkauf des Hauses durch die Seehofer-Erben, den Gastgeb zu Gangkofen Konrad Seehofer (erbte den 1/4 Anteil des Christoph Seehofer), Vetter von Christoph und Alexander Seehofer, sowie Alexander Seehofer (3/4 Anteil) (GruBu).

Eigentümer Rosenstraße 5:

* Hans [I.] Sentlinger [und Erben (Kinder), Stadtrat, Bräu[3]]
    St: 1368: 12/-/60, 1369: 10/-/-, 1371, 1372: -/-/-
    StV: (1369) ex ordinacione consulum.
* Uniger, 1387 quatuor domus. 1390/I Uniger IIII hewser [vgl. Rindermarkt 13, 14]
    St: 1387: -/-/-
* domus H[ainrich] (Hainr[ich]) Uniger. 1394 Hainr[ich] Unger [äußerer Rat, Zollner[4], ∞ Katrey]
    St: 1392, 1393: -/-/-, 1394: 4/7/4
* Uningerin und ir muter. 1406 [der] Unigerin haus
    St: 1401/II, 1403, 1405/I: 2,5/-/8, 1405/II: 2,5/-/-, 1406: -/13/10
    StV: (1401/II) dedit die Ungerin et iuravit. (1405/II) nach dez racz haissen.
* Chunrat (Chunrade) Haemerl (Hámerl) [sailer]
    St: 1408: 5/-/80, 1410/I: -/18/- iuravit, 1410/II: 3/-/-, 1411: -/18/-, 1412: 3/-/-, 1413: -/18/- iuravit, 1415: 3/-/60, 1416: 4/-/80, 1418-1419: 3/-/80, 1423: 2,5/-/-, 1424: -/6/20
    StV: (1423) und sol auch geben 1/-/80 patrimonium Weczlin.
** Hanns Wolfsperger (Wolfersperger) [Stadtrat, Weinschenk[5], ∞ Katharina]. 1455 relicta Wolferspergerin
    Sch: 1439/I-II, 1440, 1441/I-II: 4 t[aglon], 1445: 2 knecht, dedit -/-/16
    St: 1447: 6/6/20, 1453-1455: Liste
    StV: (1447) et dedit -/-/52 von 5 gulden gelcz.
* Hans Steinawer (Stainawer). 1496 Stainauer [Kramer, äußerer Rat[6]]
    St: 1462: -/5/23, 1482: 5/-/25, 1486, 1490: 4/5/14, 1496: 3/-/26, 1500: 5/6/10
    StV: (1462) seiner ersten frawn heiratgutt. Et dedit -/4/- gracianus von dem andern heiratgut und ander sein gut hat er pey seinem pruder verstewrt. (1486) et dedit 1/-/8 die drit nachsteur fur sein bruder.

---

[1] RP 10 S. 217v.

[2] StadtAM, Hist. Verein von Obb. Urk. 5471.

[3] Johan Sendlinger ist am 21. Januar 1363 der 2. Viertelhauptmann des Rindermarktviertels (Angerviertels), vgl. Zimelie 17 (Ratsbuch III) S. 145v. – 1362, 1364-1365 ist er als äußerer Rat, 1363 als innerer Rat belegt, vgl. R. v. Bary III S. 742. 1363 wurde er außerdem in das Bräuamt aufgenommen, erhielt also vom Herzog ein Lehen, Bier zu brauen, vgl. Dirr, Denkmäler II S. 717 (nach Zimelie 17 S. 1r).

[4] Hainrich Uniger (Unger) ist 1362 und 1364 als äußerer Rat belegt (R. v. Bary III S. 743), 1365 als großer Rat (Dirr, Denkmäler S. 581), 1391-1393 als obrister Zollner zu München wiederholt belegt (Vogel, Heiliggeistspital, Urk. 175, BayHStA, Fürstenbücher I f. 55r, 57r, 58r, 61r, 66r, 67r, 75r, 77r, 79r, 81r, 82r, 103r, 105r). Er ist Großvater von Hans Münicher dem Jüngeren (GB I 244/27; RB XI 38).

[5] Hanns Wolfertsberger ist am 21. Dezember 1431 Mitstifter des Weinschenken-Benefiziums in St. Peter, vgl. Hufnagel/von Rehlingen, St. Peter Urk. 100. – MB XXI 50 S. 99/105. – Um 1414 nennt ihn auch das Verzeichnis der Weinschenken, vgl. Gewerbeamt 1411 S. 4r. 1451 und 1454 ist der der an zweiter Stelle genannte Kirchpropst von St. Peter, also wohl äußerer Stadtrat, vgl. R. v. Bary III S. 765. – Da hier 1455 schon seine Witwe erscheint, ist der 1459, 1462-1465 als Vierer der Sensenschmiede erscheinende Hanns Wolfsperger ein anderer, vgl. RP.

[6] Hanns Stainawer ist 1463, 1464, 1467 Vierer der Kramer, 1466-1469, 1471-1504 äußerer Stadtrat, vgl. RP.

Sebastian Sehofer [Kramer, später Stadtrat, ∞ Barbara Stainauer[1]], 1508, 1509 et frater eius
    St: 1508, 1509: 2/7/25, 1514: Liste
* Wolfgang Stainauer [1518 März 26; Verwandter der Seehofer]
** Jacob Stainauer, 1525, 1527/II, 1529, 1532 kúrschner
    St: 1522: 2/3/24, 1523: 2/4/8 zugesetzt, 1524-1526, 1527/I: 2/4/8, 1527/II, 1528, 1529, 1532: -/4/14, 1540: -/3/19
    StV: (1522) et dedit 1/2/10 fúr seinen bruder fúr 10 gulden gellts seinem bruder von Inglstat. (1523) et dedit 1/2/10 fúr seinen bruder von 10 gulden geltz. (1524) et dedit 1/2/10 fúr 10 gulden gellts das jar. (1532) hat nit abgesetzt. [Nachtrag am Rand:] Nota sein 6 kinds gut absetzen, 19 fl geltz.
** Christoph [1/2 Haus] und Alexander Seehofer [3/4 Haus], Brüder [1552 Januar 31]
** domus Seehofer St: 1564/I-1571: -/-/-

Bewohner Rosenstraße 5:

Fricz (Fridrich) kistler St: 1368: -/-/25 post, voluntate, 1369: -/-/36 post, 1371: -/-/30, 1372: -/-/37 post
Marquard (Marquardus) Fús inquilinus St: 1368: -/-/30 post, 1369: -/-/44 post
    Seicz Fús inquilinus St: 1368: -/-/32
Spindler inquilinus, 1372 Hainrich Spindler inquilinus St: 1368: -/-/12 post, 1372: -/-/16, 1375: -/-/12
relicta Haedrerin inquilina St: 1371: nichil
    Ull Hádrer [Goldschmied ?], 1371 inquilinus
        St: 1371: -/3/18 gracianus, 1372: 1/-/- juravit
        StV: (1371) [Nachtrag:] e[ius]do, qui scriptus sit in Alth[aim][2] -/3/18 gracianus.
[Perchtold[3]] Tahensneider inquilinus St: 1371: -/-/12
Persel (!) sartor inquilinus St: 1372: -/-/12
Fúchsel kistler St: 1375: -/-/16
Lipp taschner inquilinus St: 1375: -/-/24
relicta Klewberin St: 1375: -/-/-
Kellner satler inquilinus St: 1375: -/-/-
Chunrat Triener [Weinschenk[4]] cum uxore
    St: 1381: 2,5/-/-
    StV: (1381) r[aci]o[n]e ip[s]ius.
Martein Tegenhart sartor. 1387 Martein Degen[hart] sneider inquilinus. 1388 Marttein Degenhart
    St: 1382: -/-/15 gracianus, 1383/I: -/-/12, 1383/II: -/-/18, 1387: -/-/8, 1388: -/-/16 juravit
Ull Zeller sartor St: 1382: -/-/27
Hanns Prewmaister [später Bürgermeister, Salzsender, Weinschenk, -händler, Stadtrat[5]]
    St: 1387: 2/-/-, 1388: 4/-/- juravit
   und sein muter inquilina St: 1387: nichil
Ott von Mittenwald [Weinschenk[6]] St: 1390/I-II: 13/-/80, 1392: 7,5/-/-, 1393: 8/-/80
Ulrich kistler St: 1390/I-II: -/-/20 gracianus, 1392: -/-/30, 1393: -/-/40
Conter [Kuntter ?] Chunrat [Münzer] St: 1394: 3/-/-
Byber (Piber) schneider, 1395 inquilinus
    St: 1394: -/-/40, 1395-1397, 1399, 1400, 1401/I: -/-/60 für 6 lb
Asem Sewer, 1395-1397, 1401 inquilinus, 1395 gewantschneider [Weinschenk, Schankungelter[7]]
    St: 1395: 1/-/-, 1396, 1397: -/12/-, 1401/I: -/7/6 de uxor[e] et -/12/- sua gracia, 1405/I: 2/5/26,

---

[1] Tochter von Hans und Schwester von Jakob Stainauer. Deshalb ist ein Wolfgang Stainauer auch ein Verwandter des Protestanten Arsacius Seehofer, vgl. OA 21 S. 66.
[2] Unter Althaim gibt es in dieser Zeit einen Hainrich Haedrer, vgl. StB 1371 S. 13v.
[3] So 1382 bei Marienplatz 14.
[4] Vgl. Rindermarkt 17.
[5] Bürgermeister 1397, 1403, 1408, 1413, vgl. R. v. Bary III S. 755, 756. Vgl. Kaufingerstraße 28.
[6] Vgl. Rindermarkt 11*.
[7] Asem Sewer ist auch in dem um 1414 angelegten Verzeichnis der Weinschenken genannt, vgl. Gewerbeamt 1411 S. 3v. – 1410-1420 ist Erasmus Sewer Schankungelter, vgl. R. v. Bary III S. 878.

1405/II: 2/-/12 iuravit, 1406-1408: 2/5/26, 1410/I: -/13/- minus -/-/12, iuravit, 1410/II: 2/-/24, 1411: -/12/18, 1412: 2/-/24, 1413: -/12/18 iuravit

relicta Sumerstorffer(in) inquilina St: 1395, 1396: -/-/-

Hans schmidknecht taschner inquilinus. 1396 smittknecht daschner inquilinus
    St: 1395: -/-/60 für zway lb, 1396: -/-/52 fur 2 lb

Hanns mawrer inquilinus St: 1397: -/-/-

Hanns [I.] Tulbeck [Goldschmied[1]]
    St: 1399: -/10/- gracianus
    Pferdemusterung, um 1398: Hans Tulbek 1 pferd [umb] 16 gulden, selber reiten.[2]

relicta Plabenstainin inquilina St: 1399: -/-/48 fur 4 lb

Khatrey Sentlingerin inquilina St: 1399: -/-/20 für nichil

Hanns schenck St: 1400: -/-/60

Hanns sneyder (sneider) [von Seveld ?] inquilinus, 1403 maister
    St: 1400: -/-/60 für 7 lb, 1401/I: -/-/78 voluntate, 1401/II: -/5/26 iuravit, 1403: -/5/26

Ulrich Reichher [Wirt und Weinhändler[3]] St: 1403: -/17/10, 1405/I: 2/-/40

Gúndel sneider St: 1403: -/-/60 fur 5 lb

Ottel kornmesser inquilinus St: 1405/I: -/5/10

Hanns sneider von Seveld, 1405/I inquilinus St: 1405/I: -/6/- minus -/-/4, 1405/II: -/10/- iuravit

Margred kramerin, 1405/I inquilina St: 1405/I: -/-/40, 1405/II: -/-/40 für nichil, iuravit

Andre schenck St: 1406, 1407: 16/5/10

Matheis zingiesser
    St: 1408: 0,5/-/-
    StV: (1408) et dedit -/-/40 de uxor[e] sua gracianus.

Michel messrer inquilinus St: 1413: -/-/72 für 12 lb iuravit

Zehentnár von Aenczing
    St: 1423: -/-/84
    StV: (1423) nachstewr und ist die lest.

Hainrich Stor kramer St: 1431: 1/-/- iuravit

Chuncz Haring Sch: 1445: 4 ehalten

(Lienhart) Kalczeisen [Weinschenk[4]]
    Sch: 1445: 1 diern, dedit -/-/8
    St: 1447: -/17/12

Chuncz zieglsneider Sch: 1445: vier knecht und 1 diern, dedit -/-/40

Caspar (Gasper) Grassel [Weinschenk[5]], 1456, 1462 inquilinus St: 1454-1458: Liste, 1462: -/5/25

Hainrich kramer inquilinus St: 1458: Liste

Steffan Kran St: 1482: 1/-/24

Sebold tuchheffter St: 1486: -/-/60

Jorg swertfegerin inquilina St: 1496: -/-/60

Stofl (Cristof) Melper barbierer.[6] 1525 Cristof Melper
    St: 1523: -/4/16 juravit, 1524: nichil, ist statartzt, 1525: nichil, wundartzt

Sewastian schneider. 1527/II Wastian Hauser schneider St: 1526, 1527/I-II: -/2/-

---

[1] Vgl. Kaufingerstraße 4 *, 5 und 15. – Frankenburger S. 264.

[2] Hanns Tulbeck kommt unter Kaufingerstraße 5 noch einmal vor.

[3] Dem Ulrich Reicher schuldet die Stadt 1403 7 Pfund und 23 Pfennige für Schenkwein, den sie dem Herzog Ludwig, des Königs Räten und Herzog Ernst ausschenkte, dann um Wein, den man schenkt dem Herzog von Teck, vgl. Steueramt 573 (Leibgedingbuch 1404/09) S. 43r. – Bald danach wechselt Ulreich Reicher nach Kaufingerstraße 3*.

[4] Lienhart Kalczeyssen 1451 Mitglied der Weinschenken-Bruderschaft, vgl. Gewerbeamt 1411 S. 10r. – Vgl. Rosenstraße 8.

[5] Caspar Grássel (Grásser) ist 1451 und 1458 Mitglied der Weinschenken-Bruderschaft, vgl. Gewerbeamt 1411 S. 10r, 13r.

[6] 1524-1526 war Meister Cristof Melper Stadtwundarzt, vgl. R. v. Bary III S. 1018 und Sendlinger Straße 981*, Rosenstraße 4 und 11 B, Dienerstraße 23 und Burgstraße 17.

Frantz Poschendorffer [Gant- und Steuerknecht]
    St: 1528, 1529: -/2/27, 1532: nichil, steurknecht[1]
    StV: (1528, 1529) et dedit -/-/28 fúr p[ueri] seidennater. (1532) et dedit -/-/18 fúr p[ueri] seidnater. (1528, 1529, 1532) (et) dedit -/-/7 fúr (p[ueri]) Wendlinger. (1528, 1529) et dedit -/-/21 fúr p[ueri] Spáchter. (1532) et dedit -/-/7 von 1 gulden geltz. Et dedit -/1/5 fur Ponhácklin.
Hanns potin schlair[weschin ?] St: 1529: -/1/2
Zacharias metzker, 1541 wirtt St: 1540, 1541: -/5/10 schenckensteur
Manng [Muelich] pletersetzer St: 1540-1543: nihil
Hanns Fachner kúrßner St: 1541: -/3/7 juravit
Peter Rauch,[2] 1544, 1545 wirt
    St: 1543: 2/2/18, 1544: 1/1/9, 1545: 1/3/20 schenckhsteur, 1546-1548, 1549/I: -/5/10 schenckhsteur
Florian Machamer (Mechhamer) [Mettlhamer], 1545-1547 schneider
    St: 1544: -/2/-, 1545: -/4/-, 1546, 1547: -/2/-, 1545: -/4/-
Bartlme Márckl (Märckhl) [Lautenmacher]
    St: 1544, 1545: -/-/-
    StV: (1544) ist steur- und wachfrey, als lang ain rath will. (1545) ist steur- und wachfrey, als langs ainem erbarn rath gfellig.
Hanns Túmpucher (Túnpuecher, Dúnpuecher) St: 1546-1548, 1549/I-II, 1550, 1551/I: -/2/-
    sein schwester St: 1550: nihil
Jorg Ainhauser, 1552/I wirt [Herbergswirt, später Zöllner ?[3]]
    St: 1549/II, 1550, 1551/I-II, 1552/I: -/5/10 schenckhsteur
Hanns vischer schneider
    St: 1550, 1551/I-II, 1552/I-II: -/2/-, 1553, 1554/I-II, 1555-1557: -/2/11, 1558: -/4/22, 1559, 1560: -/2/11, 1561: 1/1/22
Lucas Rayd (Raid) [später Weinvisierer[4]]
    St: 1553, 1554/I-II, 1555: -/6/5
    StV: (1553, 1554/I) mer -/-/28 fúr seine stieffkinder.
Steffan forster visierer[5] St: 1553, 1554/I-II: nihil
Andre sporer, 1564/II, 1566/I-1571 eisenkhramer
    St: 1556, 1557: 3/6/16, 1558: 7/6/2, 1559, 1560: 3/6/16, 1561, 1563, 1564/I-II, 1565, 1566/I-II, 1567/I-II: 7/3/15, 1568: 15/-/-, 1569-1571: 6/4/28
Ludwig Wenig, 1556-1559, 1563-1566/II cantzlschreiber
    St: 1556-1559: nichil, 1560, 1561, 1563: nichil, hoffgsint, 1564/I: -/-/- hoffgsint, 1564/II: nichil, hofgesind, 1565, 1566/I: -/-/- hofgesind, 1566/II: -/-/-
Hanns gartner nagler inman St: 1563: -/2/-
Hanns jager lederschneider St: 1563: -/2/-
Caspar Christane (Christani), 1564/II cramer
    St: 1563, 1564/I-II: 3/4/23
    StV: (1563, 1564/I) mer fúr p[ueri] Anna -/-/7.
Matheus (1566/I Michaeli) Khunig (Kúnig) cramer
    St: 1565: 3/1/6 gratia, 1566/I: 5/1/15 juravit, 1566/II, 1567/I-II: 5/1/15
    StV. (1565) soll auffs jar sein geschworne steur machen. (1566/I) sein mueter soll Martini búrgerrecht khauffen.

---

[1] Frantz Poschndorffer 1519-1535 ff. Gantknecht, 1530-1535 auch Steuerknecht, vgl. R. v. Bary III S. 878, 831.
[2] Die Baukommission beanstandet 1546, daß beim Peter Rauch an der Rosengasse ein Vorbau oder Dach „3/4 [eln] ze prait" ist, vgl. LBK 4.
[3] Das Verzeichnis der Fremdenherbergen von 1550 führt an: Rauch, jetzt: Jeorg Ainhauser, (Kapazität:) 8 Pferde, vgl. Gewerbeamt 1422a. Zur Frage, ob der Eintrag hierher gehört oder nicht eher zum Haus Rosenstraße 11 B vgl. dort. Ein Jörg Ainhauser ist 1574-1587 Salzscheiben-Zollner am Isartor, vgl. Vietzen S. 162.
[4] Lucas Raid ab 1556 Weinvisierer, vgl. R. v. Bary III S. 971.
[5] Meister Steffan Forster von Landsberg ist 1553-1556 Weinvisierer, vgl. R. v. Bary III S. 971 und KR, RP.

Khunigin
    St: 1565: -/-/-
    StV: (1565) ist ir vergund auff ain jar frey ze sitzn, darnach burge[r]recht ze khauffen.
Lenhart Khriechpäm [Tuchscherer[1]]
    St: 1569: -/2/-
    StV: (1569) unnd ain versessne steur -/4/-.
Hanns Pentzinger, 1569 thuechmaniger
    St: 1569-1571: 3/2/15
    StV: (1569, 1570) mer für p[ueri] Khlämperlen -/1/22,5. Mer für p[ueri] Schobser -/1/5.
Jörg (Geórg) Petnpeckh cantzleischreiber St: 1569-1571: -/2/20

Rosenstraße 6 A/B
(bis 1403 mit Rindermarkt 13, 14)

Lage: Eckhaus. 1388, 1474, 1524 am Rindermarkt. 1439, 1444, 1546 an der Rosengasse. Neben dem ersten Namen dieses Hauses seit 1496 ein Zeichen, das den Straßenwechsel andeutet. 1514 über dem Haus „Rindermarckt". Am Rand seit 1540: Rindermarckh der ander tayl.
Name: 1388, 1439, 1457, 1524 Rabeneck.[2]
Charakter: Im 15. Jahrhundert Weinschenke. Ab 1462 auch Apotheke.

Der Grundbesitz besteht teils aus vier, dann aus zwei Häusern.

Das Haus (mit Nebengebäude 6 B) ist anfangs möglicherweise mehr ein Lagerhaus als ein Wohnhaus. Es fällt auf, daß bis um 1431 keiner der Hauseigentümer hier wohnt (Ainwig Resch[3] zahlt seine Steuer Marienplatz 18, Hans Münicher Marienplatz 1 und bei anderen Häusern). Obwohl das Sandtner-Modell für Rosenstraße 6 und Rindermarkt 13/14 drei stattliche Häuser zeigt, enthalten die Steuerbücher nur sehr wenige Einträge. Im Haus Rosenstraße 5 wohnt fast immer nur die Eigentümerfamilie. 1377 bis 1379 folgt auf die beiden Schrenck von Rosenstraße 4 nur Hainrich Uniger und dann der wohl zu Rindermarkt 15 gehörende Niclas Kling, das heißt: es gibt für vier Häuser und ein Nebenhaus nur einen einzigen Steuerzahler, nämlich Uniger, wahrscheinlich Rindermarkt 13/14 zuzurechnen. Auch 1381 steht zwischen dem Schrenck (Rosenstraße 4) und dem Kling (Rindermarkt 15) nur ein einziger Steuerzahler für vier Häuser und ein Nebenhaus. 1383 steht zwischen den Häusern Rosenstraße 4 und Rindermarkt 15 ebenfalls nur der Schneider Martin Degenhart (Rosenstraße 5). 1387 steht zwischen den sicher dem Haus Rosenstraße 5 zuzurechnenden Hanns Prewmaister und seiner Mutter und dem Schneider Degenhart sowie dem Kling (Rindermarkt 15) nur der Vermerk: quatuor domus Uniger, wobei nicht sicher ist, daß die vier Häuser des Uniger an dieser Stelle nebeneinander liegen. In diesem Fall müßte man aber dann annehmen, daß ihm auch mindestens ein Teil von Rosenstraße 6 A/B gehört. 1388 steht zwischen Degenhart (Rosenstraße 5) und Kling (Rindermarkt 15) überhaupt kein Name. Da fehlen also drei ganze Häuser und das Nebenhaus Rosenstraße 6 B. 1390/I findet sich zwischen dem Haus Rosenstraße 5 und Kling (Rindermarkt 15) nur der Hinweis auf „Uniger IIII hewser" beziehungsweise „Uonigers haws" und der Schneider Gündel, also ein Steuerzahler für drei Häuser und ein Nebenhaus. 1392 nennt das Steuerbuch gleich hinter dem Schrenck von Rosenstraße 4 ein domus Hainrich Uniger (Rosenstraße 5), dazu zwei Steuerzahler, dann folgt erneut ein domus Uniger mit dem Schneider Gündel (Rindermarkt 13/14), dann der wohl zu Rindermarkt 15 gehörige Marquart Giesser. Das Eckhaus Rosenstraße 6 A/B fehlt, ähnlich 1393. Im Jahr 1400 gibt es zwischen den Schrenck (Rosenstraße 4) und Hainrich Uniger (Rindermarkt 13/14) für die Häuser Rosenstraße 5 und Rosenstraße 6 A/B nur drei Steuerzahler, 1401/I sind es vier, 1401/II sind es die Unigerin und ihre Mutter (Rosenstraße 5) und zwei weitere Namen. 1403 gibt es ab Rosenstraße 5 mit der Unigerin und

---

[1] So 1564/II bei Kaufingerstraße 11*.
[2] Zum Hausnamen vgl. Stahleder, Haus- und Straßennamen S. 397/399.
[3] Zu einer Erbengemeinschaft nach Resch gehört auch Ludwig Tömlinger, vgl. Marienplatz 18.

ihrer Mutter noch drei Namen bis Rindermarkt 13 (Rindermarkt 14 ist 1402 an Peter Bart verkauft worden), also für drei Häuser mit Nebenhaus wieder nur fünf Namen.

Die Häuser sind also in dieser Zeit entweder noch viel kleiner als auf dem Sandtner-Modell oder sie werden (zumindest überwiegend) nicht als Wohnhäuser genutzt, sondern als Lagerhäuser für Kaufmannsgut („Stadel", vgl. Wein„stadel", Salz„stadel"), allenfalls mit einer Art Hausmeisterwohnung. Das wäre ein ähnlicher Fall wie beim Eckhaus Marienplatz 22, Ecke Schleckergassl (Rindermarkt).

Hauseigentümer:

1309 Juli 29 und 1316 Juni 13 ist ein Hainrich Rabenecger belegt.[1] Vielleicht hierher gehörig. Auch am 7. Dezember 1373 gibt es noch einen Friedrich und einen Heinrich die Rabenegger.[2]

1370 bestimmt die Baukommission: „Item Hansen dez Múnichers und Aynweigs dez Reschen lauben sol ab[gebrochen werden]".[3]

1375 April 10 „Angnes die schreiberin an dem graben, witib, hat ir hintters haus" (Rosenstraße 6 B), gelegen am Rindermarkt um 60 ungarische und böhmische Gulden der Agnes, des Wiechsers Muhme, verpfändet.[4]

1375 Mai 5 „Angnes, Hainrich dez schreibers an dem graben saelig witub, hat ir haus gelegen an der Rosengazzen [Rosenstraße 6 A] mitsampt dem hinterm haus [Rosenstraße 6 B], gelegen ze naechst dar an gen dem Rindermarkt, an Nycklas dez Schrencken stadel" an Hans den Münicher und Aindlein den Resch verkauft.[5] Tatsächlich zeigt noch das Sandtner-Modell ein Nebengebäude zu Rosenstraße 6, gelegen zwischen dem eigentlichen Eckhaus und dem Haus Rindermarkt 13. Der Stadel des Niklas Schrenck ist nicht zu lokalisieren, dürfte aber wohl hinter dem Haus Rosenstraße 4 gelegen haben.
1390 wird Hainrich der Uninger als „en" (Großvater) von Hans des Münichers Sohn bezeichnet,[6] 1395 als Großvater von Hans dem Münicher (dem Jüngeren)[7] und 1393 als Pfleger (Vormund) vom Sohn seiner Tochter Anna, Hans Münicher (dem Jüngeren). Anna war aber auch mit dem Regensburger Bürger Seifried Portner verheiratet.[8] Das kann nur heißen, daß Hans Münichers (des Älteren) Ehefrau eine Tochter (Anna) von Hainrich Üniger war. Also auch beim Eckhaus Rosenstraße 6 tritt Uniger zumindest als Verwandter der Hauseigentümer auf. Möglicherweise war auch Agnes, die Schreiberin auf dem Graben, eine Uniger-Tochter. Eine (frühere) Agnes Uniger war aber auch mit Berthold III. Schrenck (gestorben um 1301) verheiratet. Es kann also beim Haus Rosenstraße 6 A/B ebenfalls ein ursprünglicher Uniger-Besitz vorliegen, der durch Heirat – vielleicht auch nur anteilsmäßig – an die Schreiberin auf dem Graben kam und dann weiter aufgesplittert wurde.

1388 nach Juli 25 Hainrich Üninger „an germagen stat" (= als Verwandter männlicher Linie) und Mathes Sentlinger und Hans Sluder an Pfleger statt haben ein halbes Haus am Rindermarkt, genant „Rabenegk", dem Ainweigen dem Reschen verkauft.[9] Der nicht genannte Eigentümer ist demnach ein Uniger-Verwandter gewesen. Die andere Hälfte des Hauses gehörte offensichtlich dem Resch bereits.

1403 April 23 „auz des Aindlein (Resch) haws zu Rabeneck" gehen an die Stadtkammer 30 Pfund 3 Schillinge 25 Pfennige und 3 ungarische Gulden, aus der Vermietung des Hauses eines vor den Unruhen aus der Stadt Geflohenen. Die Mieter sind der Gundel/Gündel (für das Haus) und der Stangel für einen Gaden (Verkaufsladen).[10] Die Stadt muß in derselben Zeit, da sie ja das Haus konfisziert hat, „den raumern von den grüben [Abortgruben] zu Rabeneck" den Lohn bezahlen.[11]

1431 Peter Wenig „aus seinem haws" (StB). Den Hausbesitz der Wenig bestätigt auch die Ridler-

---

[1] Hufnagel/von Rehlingen, St. Peter Urk. 19. – Vogel, Heiliggeistspital, Urk. 45, 37.
[2] Urk. D I e 2 - XXXVIII Nr. 1.
[3] Zimelie 9 (Ratsbuch IV) S. 4v (neu).
[4] GB I 61/4.
[5] GB I 62/10.
[6] GB I 244/27.
[7] RB XI 38.
[8] RB X 323.
[9] GB I 236/23.
[10] KR 1402/03 S. 25v.
[11] KR 1402/03 S. 81v.

Chronik, indem sie mitteilt, daß Franz Ridler ein Ewiggeld aus Meister Hans Hartliebs zwei Häusern am Rindermarkt (wohl Rosenstraße 6 A und 6 B) hatte, die auch seinem Sohn Gotthart Hartlieb gehörten „und jeczo Bernhardin Wenigs sel. Kindern sind".[1] Die zeitliche Reihenfolge der beiden Familien ist aber wohl umgekehrt, vgl. auch unten zu 1474 Mai 4.

1439 Januar 6 des „Niclas Reschen zu Rabenek" Haus an der Rosengasse ist Nachbar des Hauses von Hanns Wolffertsperger (Rosenstraße 5).[2]

1442 April 18 aus Herman Häberl des Schneiders Haus und Hofstatt in St. Peters Pfarr, gelegen zwischen den Häusern des Hainreich Ekler (Rindermarkt 13) und des Hanns Wolfsperger (Rosenstraße 5) hat Franz Tichtel ein Ewiggeld.[3]

1444 Dezember 12 des Ludwig Tömlinger Haus an der Rosengasse ist Nachbar zum Haus des Hanns Wolfersperger (Rosenstraße 5).[4]

1449 o. D. die Stadt kauft von Ludwig Tömlinger ein Ewiggeld von 20 Gulden rheinisch „aws seinen hewsern mit namen aws dem Cröndel am marckt [Marienplatz 18] und aws Rabenek und aus dem klayn häwsel darbey an dem Rindermarck gelegen".[5]

1457 März 22 Ludwig Tömlinger löst für 152 Pfund und 4 Schillinge ein Ewiggeld bei der Stadtkammer ab, das die Stadt bisher auf seinen beiden Häusern, auf der „Kran" (Kron) (Marienplatz 18) „und Rabenegk", gehabt hat.[6]

1457 domus Hartlieb (Liste).

1458, 1462 domus maister Hans Hartlieb (Liste).

Unter dem Arzt Hans Hartlieb besteht in dem Haus auch eine Apotheke, seit 1462 nachweisbar.

Zu einem dieser Hartlieb-Häuser Rosenstraße/Rindermarkt könnten als Mieter die herzoglichen Brüder Wolfgang und Albrecht IV. gehören. Davon spricht Herzog Wolfgang bei seinem Regierungsverzicht auf 12 Jahre mit Regelung der Apanage

1468 März 28: „und auch für Uns von dem Hause zu München an dem Rindermarkt, darinn unser lieber Bruder [Herzog Albrecht IV.] jetzt ist und wir die Zeit füro sein werden, jährlich zu Hauszins geben achtzig Gulden rheinisch Landeswährung ...".[7] Das Haus ist also von den Herzögen gemietet oder gepachtet. Die – von manchen sogar vermutete verwandtschaftliche – Verbundenheit von Dr. Hans Hartlieb zum Herzogshaus ist hinreichend bekannt.

1474 Mai 4 Meister Hanns Hartlieb selig hat zwei Häuser am Rindermarkt (Rosenstraße 6 A/B ? oder Rosentraße 6 und Rindermarkt 13) hinterlassen, die jetzt sein Sohn Gothart Hartlieb innehat.[8] Das Ewiggeld der Ridler daraus begegnet auch am 18. (oder 25. Mai) 1474 wieder.[9]

1482 domus Gothart (Hartlieb) (StB).

1524 Juli 15 die Pfleger (Lienhart Weiller und Sewastian Sehoffer) von des verstorbenen Sigmund Weillers Sohn Cristoff Weiller verkaufen ihres Pflegesohns eigen Haus und Hofstatt am Rindermarkt, genannt „das Rabenegkh", mit Grund und Boden an Jorg Stainmüler, Bürger zu München, und Rosina seine Hausfrau und ihre Erben. Nachbarn sind: Jacob Stainauers (Rosenstraße 5) und Hanns (Zacherl) des Hornmachers (Rindermarkt 13) Häuser.[10]

1546 die Baukommission beanstandet beim Jorg Stainmullner an der Rosengasse, daß seine Vorbauten „3/4 [eln] ze prait" sind.[11]

1567 Oktober 16 Hanns Gartner und seine Hausfrau Rosina Stainmüller, verkaufen ein Ewiggeld aus dem Haus, ebenso

1567 Oktober 17, in beiden Fällen 25 Gulden um 500 Gulden Hauptsumme,

1571 Februar 14 und

---

[1] OA 5, 1844, S. 107 oben.
[2] MB XXI 13 S. 109/111. – Urk. D I e 2 - XXXVII Nr. 20.
[3] MB XX 238 S. 317.
[4] BayHStA, KU München-Anger 496.
[5] Zimelie 19 (Salbuch 1444/49) S. 99r (alt 97r).
[6] KR 1457/58 S. 34r.
[7] Krenner, Landtags-Handlungen V S. 305 f.
[8] Urk. D I e 1 - VIII Nr. 5.
[9] MB XX 356 S. 640.
[10] GB IV S. 58r.
[11] LBK 4.

1571 Februar 15 (je 15 Gulden um 300 Gulden) (GruBu).[1]
1572 laut Grundbuch (Überschrift) „Hannsen Gartner Eisenhanndlers Haus, stosst hinden an vorgeendts der Seehofer Haus" (Rosenstraße 5).
Das Haus bleibt bis zum 12. Februar 1593 bei dem Ehepaar Gartner und kommt dann an deren Schwiegersohn Hanns Holzmair, einen Maler.

Eigentümer Rosenstraße 6:

* Hans Münicher und Ainwig Resch [1370, ab 1375 Mai 5]
* Agnes Schreiber am Graben, Witwe von Hainrich dem Schreiber an dem Graben [bis 1375 Mai 5]
* Ainweig Resch [ab 1388 Juli, halbes Haus)]
* Peter Wenig gúrtler [Weinschenk, Salzsender[2]]
    St: 1431: -/13/10 schencknstewr, iuravit 80 lb
    StV: (1431) et dedit -/6/12 von 8 gulden ung[arisch], die aws seinem haws gend.
* Niclas Resch [1439 Januar 6]
    Symon Resch sneider inquilinus
    St: 1447: -/-/60
* Ludwig Tömlinger [Stadtrat[3], 1444/1449, 1457 März 22]
* domus Hartlieb. 1458, 1462 domus maister Hans Hartlieb [Arzt]
    St: 1457, 1458: Liste, 1462: -/7/3
    StV: (1462) steuert gemeinsam mit den „pueri".
    pueri meister Hannsen inquilini
    St: 1462: -/-/-
    StV: (1462) steuern gemeinsam mit dem Haus des Meisters Hanns.
* domus Gothart [= Hartlieb[4]]
    St: 1482: 1/-/- dedit Finsinger.
    Nicklass appodecker inquilinus. 1482 Niclaus Hartlieb [Apotheker]
    St: 1462: -/-/80, 1482: nichil
* domus Hartlieb
    St: 1482: nichil
* Sigmund Weyler [Kramer, Weinschenk, äußerer Rat[5]]
    St: 1500: 4/1/4
    Linhart Weyler [Weinschenk, Kramer[6]]
    St: 1500: 7/-/23
    Sewastian Weiler
    St: 1522: 1/3/18
    StV: (1522) hat seiner schwester gut zugesetzt
* Cristoff Weiller, unmündiger Sohn von Sigmund Weiller [bis 1524 Juli 15]
* Jórg Stainmúller (Stainmullner). 1555-1557 Jorg Stainmúllnerin [= Rosina]
    St: 1525, 1526, 1527/I: 1/3/4, 1527/II, 1528, 1529, 1532: 6/3/15, 1540-1542: 26/5/-, 1543: 53/3/-, 1544: 26/5/-, 1545: 67/1/10, 1546-1548, 1549/I-II, 1550, 1551/I-II, 1552/I-II: 33/4/5, 1553: an chamer, 1554/I: 39/5/-, 1554/II: 39/5/- patrimonium, 1555: 3/4/10 juravit, 1556: 3/4/10 matrimonium
    StV: (1540, 1541) et dedit -/1/21 fúr p[ueri] Rechtaler. (1554/I) mer 39/5/- sein gschworne steur, verfallen Martini anno [15]53. (1557) haben die erben zugsetzt.

---

[1] Stadtgericht 207/7 (GruBu) S. 712v.
[2] Peter Gürtler ist 1430 einer der Wirte an der Rosengasse, die Ungeld zahlen, vgl. Steueramt 987. – Peter gürtler ist 1445-1447 als Salzsender belegt, 1459 und 1463 wurde er jeweils zum Schenken-Vierer gewählt, der Name aber wieder getilgt, vgl. Vietzen S. 146 und RP.
[3] Ludwig Tömlinger am 15.2.1453 Bürgermeister, vgl. R. v. Bary III S. 758. Vgl. Weinstraße 11 A.
[4] Gothart Hartlieb hat am 24. Mai 1474 noch einen Bruder Achharius Hartlieb, der im Kloster St. Valentin in Rufach lebt, vgl. Wittmann, Urkunden-Regesten, ungedruckt.
[5] Vgl. Rindermarkt 11*.
[6] Lienhart Weiler 1501 Aufnahme in die Weinschenkenzunft, vgl. Gewerbeamt 1418 S. 11v. – 1503 ist Lienhart Weiler Vierer der Kramer, vgl. RP.

Anndre sporer, 1540 sein aiden
St: 1540-1542: -/5/5, 1543: 1/3/10, 1544: -/5/5, 1545: 1/4/22, 1546-1548, 1549/I-II, 1550, 1551/I-II, 1552/I-II: -/5/26, 1553, 1554/I-II: -/6/16, 1555: 3/6/16
StV: (1550-1552/I) mer -/1/5 von 5/-/- gelts seiner schwiger. (1552/II) mer -/1/5 fúr sein schwiger von 5/-/- gelts. (1553-1554/II) mer -/1/5 seiner schwiger von 5/-/- gelts. (1555) zugsetzt seins schwehern erb.

** Hanns Gartner, 1566/II, 1567/II, 1569, 1570 eysnkhramer[1] [∞ Rosina, geb. Stainmúllner]
St: 1551/II: -/1/12 gracion, 1552/I: -/5/26 juravit, 1552/II, 1553, 1554/I-II: -/5/26, 1555-1557: 3/5/26, 1558: 10/1/2, 1559: 5/-/16, 1560: 5/-/10, 1561: an chamer, 1563, 1564/I-II, 1565, 1566/I-II, 1567/I-II: 11/2/8, 1568: 22/4/16, 1569: an chamer, 1570, 1571: 8/1/2
StV: (1552/I) ist allein sein guet versteurt. (1555) zugsetzt seins schwehern erb. (1556, 1559, 1560) mer -/4/2 fúr p[ueri] Veit(n) Horthschmid (Hort schmid). (1557) mer 1/1/20 von wegen seiner schwiger erb. (1560) mer -/-/17,5 fúr p[ueri] Anna Puckhlin. (1561) zalt adi 6. Junii 11/2/8, juravit. (1561, 1563-1567/I) mer fúr p[ueri] Hordtschmid (Hartschmid) -/4/2. (1561, 1563-1567/I) mer fúr p[ueri] Anna Pickhlin (Púckhlin, Púgling) -/-/17,5. (1564/I) mehr fúr p[ueri] Obrist, ausser der Ligsalz schuld -/-/21. Mehr fúr 2 versesne steur -/1/12. (1564/II) mehr fúr p[ueri] Obrist sambt der Ligsaltz 8. tail zuegesezter schuld -/4/21. (1565) mer fúr p[ueri] Obrist, darinn der Ligsaltz schuld zuegesezt den anndern empfanng 1/1/23,5. (1566/I-1567/II) mer vyr p[ueri] Obrist 1/1/23,5. (1566/II) mer fúr die Altersamerin von Wasserburg die steur und darzue 3 nachsteur 20/-/14. (1567/I) fur Abraham Obrist den Ligsaltzischen empfang zuesetzn. (1567/II) mer fúr Hartschmids khinder -/4/2. Mer fúr Puechlin khinder -/-/17,5. (1568) mer fúr p[ueri] Hardtschmid 1/1/4. Mer fúr Púckhlin khinder -/1/5. Mer fúr p[ueri] Obrist 2/3/17. (1569) mer fúr Mathes Obrist, steurt Adam Obrist. (1569, 1570) mer fúr Abraham 1/-/17. (1569) mer fúr p[ueri] Anna Púckhlin -/-/17,5. Mer fúr p[ueri] Hardtschmid -/1/12. (1570) mer ain versesne steur 8/1/2. Mer fúr Mathes Obrist -/-/-. (1570, 1571) mer fúr Anna Púckhlin (Puecklin) -/-/17,5. (1570) mer fúr p[ueri] Hardtschmid -/1/12. [Nachtrag:] adi 16. Junii anno [15]71 zalt Abraham Obrist nachsteur. (1571) mer fúr p[ueri] Hardtschmidt 1/3/7,5.

Bewohner Rosenstraße 6:

Chunrad (Chunradus) scriptor scriptoris [= Schreiber des Schreibers (auf dem Graben ?)]
St: 1368: -/-/80, 1369: 0,5/-/-, 1371: -/-/60 juravit, 1372: -/-/60
StV: (1371) item de anno preterito 0,5/-/-
Móringer zimmerman inquilinus St: 1368: -/-/12
Holczel sartor inquilinus St: 1371: -/-/48
Wilhalm Kremser (Krembser) [Weinschenk, Schankungelter[2]], 1406 inquilinus
St: 1395: -/5/10, 1396, 1397, 1399, 1400, 1401/I: 1/-/-, 1401/II: 1/-/80 iuravit, 1405/II: 0,5/-/- iuravit, 1406-1408: -/5/10, 1410/I: -/6/6 iuravit, 1410/II: 1/-/8, 1411: 0,5/-/-, 1412: -/-/60
relicta Hainrich Greymoltin (Greinmoltin) [Weinschenkin ?[3]]
St: 1423: 5/-/- patrimonium, 1424: -/13/10
Fricz snyczer St: 1423: -/-/-
Hainrich sneyder von Taefkirchn. 1431 Hainrich Taufkircher sneider
St: 1423: -/3/18, 1431: -/3/- iuravit
StV: (1423) et dedit -/-/15 von dez Zotleins kind.
Niclas Ráger inquilinus St: 1431: -/5/10 iuravit

---

[1] Hans Gartner Eisenkramer 1569 Religionsverhör, vgl. Dorn S. 229.
[2] Wilhalm Kremser dürfte der von Katzmair zu den ersten Bösen der Unruhen gerechnete „Wilhelm von Rabnegkh" sein, vgl. Muffat, Kazmair-Denkschrift S. 464, 508. – Den Wilhalm Kremser nennt auch das Weinschenken-Verzeichnis, vgl. Gewerbeamt Nr.1411 S. 2r. 1400-1402 ist Wilhelm Kremßer Schankungelter, vgl. R. v. Bary III S. 878.
[3] Es dürfte sich um die Agnes Greymoltin handeln, die am 21.12.1431 als Mitstifterin des Weinschenken-Benefiziums in St. Peter genannt wird, mit einem Ewiggeld auf einem Hof zu Bachenhausen im Landgericht Dachau, vgl. Hofmann/von Rehlingen, St. Peter Urk. 100; MB XXI 50 S. 99/105.

Ulrich Pecz paẃtler
    St: 1431: -/-/60 iuravit, habnicht
    Sch: 1439/I-II, 1440, 1441/I-II: -/-/15
pueri Zotel St: 1431: -/-/7 gracion
Fridrich Oberndorffer [ehem. Stadtunterrichter ?[1]] Sch: 1439/I-II, 1440, 1441/I: 2,5 t[aglon]
Hanns Gruber satler Sch: 1439/I: 1 t[aglon]
Wilhalm sniczer, 1439/II, 1441/II inquilinus Sch: 1439/I-II, 1440, 1441/I-II: 1 t[aglon]
    relicta Hannsin, 1441/I-II sein muter. 1439/II, 1440 Hannsin sein muter
    Sch: 1439/I-II, 1440, 1441/I-II: 0,5 t[aglon]
Chunrat ziegler schneider Sch: 1439/II: 1 t[aglon]
Peter Ofenhauser [Weinschenk[2]]: 1441/II: 2 t[aglon]
Hanns Has zingiesser Sch: 1440: 1 t[aglon], 1441/I: [kein Eintrag]
Lienhart Puelacher [Weinschenk[3]] St: 1453-1458: Liste
Michel Schrál smid St: 1453: Liste
Hainrich Schedlich, 1454 schuster[4] St: 1453-1456: Liste
Fricz sniczer[5] St: 1454, 1455: Liste
Lienhart pautler, 1456 inquilinus St: 1454-1456: Liste
ain verber inquilinus. 1456 Lienhart verber St: 1455, 1456: Liste
Anna (Ann) naterin inquilina St: 1456-1458: Liste, 1462: -/-/60
Ullrich Fúttrer maller inquilinus St: 1462: -/3/4
Bernhart Wenig St: 1482: 3/6/14
Sewold Prentzinger St: 1482: -/-/60
Prosserin kauflin St: 1482: -/-/60
Andre Walis appotecker[6] St: 1482: nichil
Mathias (Mathes) Hartman (Hartmon) apotegker [Weinschenk[7]]. 1496, 1500, 1508 Matheus apotegker. 1528 Maister Mathes Hartman. 1529 Mathes Hartmon
    St: 1486: dedit confect, 1490: -/-/-, 1496: dedit confect, 1500: -/3/-, 1508, 1509: dedit confect, 1514: Liste, 1522-1526, 1527/I-II, 1528, 1529: (dedit) confect
    StV: (1500) fur sein tochter, sol bis jar nit mer geben dann was sy hat.
Geórg Holltzner
    St: 1490: 3/1/20
    StV: (1490) et dedit -/3/3 di erst nachsteur fúr Kontz Finsinger von Feltmoching.
Hanns kramer St: 1490: -/-/60
Clara inquilina St: 1490: -/-/60
adhuc una inquilina, Walpurg karnerin St: 1490: -/-/60
Ambrosy goltschlaher St: 1490: -/7/10
statschreiber [= Conrat Pregler[8]] St: 1496: nichil
Herman pogner St: 1496: -/6/4

---

[1] Ein Fridrich Oberndorfer war 1429/30 Stadtunterrichter, vgl. R. v. Bary III S. 802.
[2] Petter Offenhawser ist 1451 und 1458 Mitglied der Weinschenken-Bruderschaft, vgl. Gewerbeamt 1411 S. 10r, 13r.
[3] Linhart Púlacher ist 1458 Mitglied der Weinschenken-Bruderschaft, vgl. Gewerbeamt 1411 S. 13v.
[4] Haintz Schedlich 1460 und 1461 Vierer der Schuster, vgl. RP.
[5] 1456 wieder getilgt.
[6] Andre Waliß, „des Pewger ayden" ist 1469 Vierer der Kramer, vgl. RP. – Von 1474-1482 ist er als Stadtapotheker belegt, vgl. R. v. Bary III S. 1030. – Das Kopialbuch der Priesterbruderschaft St. Peter (1450-1640) vermerkt: Andreas apotekarius obyt [14]83, Anna uxor obyt [14]85, vgl. Zimelie 20 (Kopialbuch Priesterbruderschaft S. Peter) S. 22r.
[7] Mathes Hartman 1493 Aufnahme in die Weinschenkenzunft, vgl. Gewerbeamt 1418 S. 7r.; KR 1493/94 S. 31r. – 1486-1529 ist Matheis Hartmann auch Stadtapotheker, vgl. R. v. Bary III S. 1030.
[8] Konrad Pregler ist von 1484-1497 Stadtschreiber, vgl. R. v. Bary III S. 786.

Larentz Sümerl k(ramer)[1]
    St: 1508, 1509: 1/4/-, 1514: Liste
    StV: (1509) et dedit 2/-/24 patrimonium fur Lienhart Prunawer.
Hainrich Kemmater s[chneider]
    St: 1508, 1509: 1/1/5
    StV: (1508) et dedit -/3/10 für pueri Kůn.
Hanns tuchscherer. 1509 Hanns Pleintinger t(uchscherer) St: 1508, 1509: -/2/7
Peter Veyel p[eitler ?] St: 1508: 1/3/3
Ruprecht Wild der jung St: 1508: -/2/11
Hanns Hannfelder obser St: 1508, 1509: -/-/60
Wolfgang kistler St: 1509: -/-/60
[Hans] Grol peutler inquilinus St: 1514: Liste
Mang Muelich. 1527/I Mang plettersetzer. 1532 Mang Muelich plettersetzer
    St: 1522: -/2/-, 1523: nichil, ist parchantkartter, 1524-1526: nichil, plettersetzer, 1527/I: nichil,
        parchantkartter, 1527/II, 1528, 1529: nichil, plettersetzer, 1532: nichil
Oßwald Kóbl St: 1523, 1524: 1/-/10
Hainrich Schobinger St: 1523, 1524: 1/3/26
maister Michel apotecker[2] St: 1532: dedit confect
Hanns Dúnpuecher St: 1540-1542: -/2/-, 1543: -/4/-, 1544: -/2/-
Wolff (Wolffgang) Funckh kúrßner St: 1540, 1541: 1/3/7
Jeronimus Rudolff (Rudolt) stainschneider
    St: 1542: -/2/-, 1543: -/4/-, 1544: -/2/-, 1545: -/4/- hoffgsind, 1546-1548: -/2/-
Bernhart Frietinger
    St: 1544: -/-/28 gracion, 1545: 1/4/4, 1546, 1547: -/5/17, 1548, 1549/I-II, 1550, 1551/I: 1/1/4
    StV: (1548) hat zugsetzt seiner hausfrau heyratguet von Hansn peckhen herruerent.
Utz (Ulrich) Holl
    St: 1549/II: nihil, hofgsind, 1550: -/1/12, 1551/I: -/-/-, 1551/II, 1552/I: -/1/12, 1552/II an chamer
    StV: (1550) mit ainem jerlichn geding. (1551/I) der zeit nihil, hat ain jerlich geding. (1551/II)
        mit geding. (1552/I) mit geding als offt man steurt.
Lienhart Kápffl [Kramer, Stadtrat[3]] St: 1554/II: 4/2/20
Carl Wáhinger (Wähinger, Wägginger, Wóchinger)
    St: 1556, 1557: 5/1/29, 1558: 10/3/28, 1559, 1560: 5/1/29, 1561, 1563, 1564/I: 1/-/28, 1564/II:
        1/5/0,5, 1565: 2/2/3
    StV: (1556) sambt dem zusatz seiner hausfrau heyratgueth. (1561, 1563, 1564/I) ausser der Lig-
        saltz schuld. (1564/II) mer zuegesezt den 8. tail der Ligsalz schuld. (1565) mer zuegesetzt
        Ligsaltzisch anndern empfanng. [Nachtrag:] adi 26. Januarii [15]66 zalt er die nachsteur und
        wegzogen.
Hanns Starnwerger St: 1557: -/1/12 gracion, 1558: 2/3/16 juravit
Ruprecht Niderwiser
    St: 1557: 3/1/21, 1558: 6/3/12, 1559, 1560: 3/1/21, 1561, 1563: -/4/20
    StV: (1557) zugsetzt seins schwehern erb. (1561, 1563) mer für sein vatter(n) -/2/-. (1563) adi
        23. Februarii anno [15]64 zalt sy nachsteur.
    Rueprecht Niderwiser der alt St: 1560: -/2/- zalt sein sun.
Jorg (Georg) Schweickhartin
    St: 1559, 1560: 2/5/23,5, 1561, 1563, 1564/I-II, 1565: 1/6/29
    StV: (1564/II) zalt Hanns Hörl.
Adam Obrist [Salzsender[4]]
    St: 1564/I: -/5/25, 1564/II: -/6/23, 1565, 1566/I-II: 1/-/17,5, 1567/I: 1/1/12
    StV: (1564/II) zuegesezt den 8. tail von der Ligsalzischen schuld. Mer für sein bruder Jörg Ob-

---

[1] Lorentz Sumerl ist 1510-1512 und 1514-1517 Vierer der Kramer, vgl. RP.
[2] Meister Michel ist von 1532-1550 als Stadtapotheker belegt, vgl. R. v. Bary III S. 1030.
[3] Vgl. Rindermarkt 17.
[4] Adam Oberst 1569 Religionsverhör, vgl. Dorn S. 227. – Adam Obrist 1571, 1575-1577 als Salzsender belegt, vgl. Vietzen S. 150.

rist für den 8. tail der Ligsalz schuld -/1/12. (1565) zuegesezt andern empfanng Ligsaltzische schuld. Mer für sein brueder Jórgen Obrist den 8. tail Ligsaltzische schuld andern empfang -/3/4,5. (1566/I-II) mer für sein brueder Jorgen Obrist -/3/4,5. (1567/I) mer für sein brueder Jórgen -/4/27, zuegesetzt Ligsaltzischen empfang.

Niclaß [II.] Ligsaltz [Stadtrat[1]]
    St: 1564/II-1571: -/-/-
    StV: (1566/II) zalt Lenhart Käpfl. (1568, 1569) steurt Khópfl fur die khinder. (1570, 1571) steurn di vormúnder.

Georg (Jorg) Sächerlen (Záher, Zacherl, Zächerl)
    St: 1566/I: -/-/-noch nit eingezogen, 1566/II, 1567/I-II: -/-/- nit búrger, 1568: -/-/- ist gen Lanndshut

Elß Funderin, 1566/II schopperin St: 1566/II, 1567/I: -/2/-

Doctor Christoff Nidermair St: 1567/II, 1569: -/-/-, 1570: an chamer, 1571: -/-/- hofgsind

Melchior siber St: 1568: -/4/-

Mathes Khúnig chramer St: 1569: an chamer

Babtissta Disstolari goltschmit St: 1571: -/-/- hofgsind

Rindermarkt 13

Charakter: Anfang des 15. Jahrhunderts offenbar Weinschenke.

Hauseigentümer Rindermarkt 13:

1369 August 11 (?) H[ainrich] Uniger versetzt sein Haus, gelegen am Rindermarkt (Rindermarkt 13 und 14), Hainrich dem Waegenler um 400 Gulden.[2]

1373 Juli 7 H[ainrich] der Ueniger versetzt seine zwei Häuser, von denen eines an der Rosengasse (Rosenstraße 5, 6) gelegen ist, das andere am Rindermarkt (Rindermarkt 13/14), Hainrich dem Waegenler um 700 Gulden, halb ungarisch und böhmisch, halb rheinisch.[3]

1376 Juli 10 H[ainrich] Waegenler versetzt sein als Pfandschaft von Hainrich dem Uniger innehabendes Haus am Rindermarkt (Rindermarkt 13/14) weiter dem Jörg dem Fünsinger.[4]

1392 Hainreich Unyger (Unynger) löst ein Ewiggeld des Heiliggeistspitals auf seinem „haws an dem Rindermarrt" ab.[5]

1404 April 15 Hainrich der Uninger verkauft sein Haus, gelegen am Rindermarkt, zunächst Peter Barts Haus (Rindermarkt 14), Osannen (Susanna), der Witwe von Andre Schrenck.[6]

1406 Mai 4 Lorenz der junge Schrenck verkauft sein Haus am Rindermarkt, zunächst an Peter des Barts Haus (Rindermarkt 14), Stephan dem Hufschmied.[7]

1442 April 18 das Haus des Hufschmieds Hainreich Ekler ist Nachbarhaus zum Haus des Herman Häberl (Rosenstraße 6).[8]

1443 April 15 das Haus des Reichenpacher ist benachbart dem Haus des Sighart Mosawer (Rindermarkt 14).[9]

---

[1] Stadtrat zu München, Land- und Seerichter zu Dießen. – 1571 Religionsverhör, vgl. Dorn S. 253.
[2] GB I 7/4.
[3] GB I 41/1.
[4] GB I 79/6.
[5] Vogel, Heiliggeistspital, Urk. 302.
[6] GB III 25/1.
[7] GB III 52/16.
[8] MB XX 238 S. 317.
[9] Urk. D I e 2 - XXXVII Nr. 24.

1453 August 8 das Haus des Arztes Meister Sigmund Walch ist Nachbar des Hauses von Wilhalm Engelschalk (Rindermarkt 14).[1]

1458 domus maister Sigmund (Walch-Gotzkircher) (Liste).

1484 das Haus des Beutlers Jacob Gebl ist dem des Cristof Pechtaler (Rindermarkt 14) benachbart.[2]

1505 April 10 der Beutler Hans Gebl und seine Schwestern Margret und Anna, Kinder von Jakob Gebl selig, verschreiben der Witwe ihres Vaters ein Ewiggeld (3 Gulden, wohl um 60 Gulden Hauptsumme) aus dem Haus. Die „gedachte" Elspet Geblin verkauft davon 1509 1 Gulden weiter.[3]

1515 Januar 26 Ewiggeldverschreibung von 5 Gulden um 100 Gulden durch Augustin Tichtel und seine Hausfrau Ursula (GruBu).

1524 Juli 15 das Haus des „Hannsen [Zacherl] hornmacher" ist Nachbar des Hauses Rabeneck von Sigmund Weillers Sohn Cristoff beziehungsweise Jorg Stainmüller (Rosenstraße 6).[4]

1535 Juni 17 Ewiggeldverschreibung (2 Gulden um 40 Gulden) durch den Hornmacher Hanns Zacherl, ebenso

1544 September 5 (3 Gulden um 60 Gulden) (GruBu).

1572 bei Anlage des Grundbuchs (Überschrift) ist es des Balthasar Zächerl Hornmachers Haus, Hof und Stallung dahinter.

Um 1585 geht das Haus an den Hofmaler Hanns Donauer über (StB 1585 erst- und letztmals: domus Balthasar Zächerl -/5/10, zalt Donauer Maller), der es

1586 Februar 1 an den Salzsender Georg Heigl verkauft (GruBu).

Eigentümer Rindermarkt 13:

* Eigentümer wie Rindermarkt 14 (bis 1402) und (Rosenstraße 5 bis 1407). Zu Hainrich Uniger und zur Belegung der Häuser mit Bewohnern vgl. auch Rosenstraße 6 A/B.
* Hainrich Únger (Unger)
    St: 1368: -/6/- juravit, 1369: -/9/-, 1371, 1372, 1375, 1377-1379: -/-/-
* [Hainrich] Uniger. 1387 quatuor domus. 1390/I Uniger IIII hewser.[5] 1390/II Unigers haws. 1392 domus H[ainrich] Uniger. 1393 domus Uniger
    St: 1387, 1390/I-II, 1392, 1393: -/-/-
* Hainrich Únger (Uniger, Uninger) [ehem. Stadtrat und Zöllner[6]]
    St: 1395: 2/3/17, 1396, 1397, 1399: 3,5/-/40, 1400: 2/-/- an der stewr, 1401/I-II: -/-/-
    Pferdemusterung, um 1398: Hainrich Uniger sol haben ein pferd umb 20 gulden und der stat damit warten [später angefügt:] und ein erbern knecht.
* relicta Osanna (Susanna) Schrenckin, 1415 et pueri, 1416 [et] Larencz [I.] Schrenck. 1419 Susanna Schrenckin [= Susanna, geb. Pötschner[7], Witwe von Andre Schrenck]
    St: 1415: 12/-/-, 1416: 16/-/-, 1418, 1419: 11/-/60

    Hanns Altman [∞ Anna VII. Schrenck, Tochter von Susanna Pötschner-Schrenck]
    St: 1415: 12/6/-, 1416: 17/-/-, 1418, 1419: 15/-/-
    StV: (1418) sein stewr und -/11/24 von seiner hausfrawn leipgeding wegen. (1419) und von seiner hausfrawen leipgeding wegen dedit -/11/24.
* Larencz [I.] Schrenck [Sohn von Andre Schrenck und Susanna Pötschner-Schrenck]
    St: 1418, 1419: 22/-/36
* Stephan hufsmid [seit 1406 Mai 4]
* Hainrich Raichenpacher [bis nach 1443 April 15]
    St: 1431: -/13/10 iuravit

---

[1] Vogel, Heiliggeistspital, Urk. 334. – Sigmund Walch, gen. Gotzkircher, war von 1440-1475 Stadtleibarzt, vgl. R. v. Bary III S. 1016.
[2] Zimelie 27a (Stiftungsbuch Reiches Almosen) S. 50v.
[3] Stadtgericht 207/7 (GruBu) S. 715v/716v.
[4] GB IV S. 58r.
[5] Vgl. Rosenstraße 5 und Rindermarkt 14.
[6] Vgl. Rosenstraße 5, Rindermarkt 14.
[7] Witwe von Andre Schrenck, der ein Urenkel des Berthold III. Schrenck und einer Agnes Unger war. Kauf 1404 von Hainrich Uniger.

* Hainreich Ekler, Hufschmied [1442 April 18]
* maister Sigmund. 1455. 1458 domus maister Sigmund [Walch/Gotzkircher, Stadtleibarzt[1]]
    Sch: 1445: 1 diern, nichil
    St: 1455, 1458: Liste
* Jacob Gebl (Gebel) peitler[2] [∞ Elspet ?]
    St: 1482: 1/7/2, 1486: 3/2/-, 1490: 3/3/14, 1496: 3/1/14, 1500: 2/7/27
    StV: (1496) et dedit 1/1/13 fur pueri Pögl sailer.[3] (1500) et dedit -/-/17 fúr pueri Pernhart.
  Hanns Gebel der junger [Beutler, Jacobs Bruder[4]]
    St: 1496: -/1/12 gracion
** Hanns Gebl Beutler und seine Schwestern Margaret und Anna Gebl, Kinder von Jacob Gebl [1505 April 10]
** Augustin [I.] Tichtl [∞ Ursula]
    St: 1514: Liste
** Hanns Zácherl (Zächerl), 1523-1532 hornmacher. 1540-1548 Hanns hornmacher
    St: 1522-1525: -/4/26, 1526, 1527/I-II, 1528, 1529, 1532, 1540-1542: -/4/6, 1543: 1/1/12, 1544: -/4/6, 1545: 1/1/12, 1546, 1547: -/4/6, 1548: -/4/6 patrimonium
    StV: (1525-1527/I) et dedit -/2/10 fúr p[ueri] Rauch. (1527/II-1529) et dedit -/1/4 fúr p[ueri] Rauch. (1532) sol biß jar seiner hausfrawn gut zusetzen.
    et socra. 1523 relicta Zinßmaisterin socra. 1524-1528, 1532 relicta Zinßmaisterin
    St: 1522-1526, 1527/I-II, 1528, 1529, 1532: -/2/3
** Walthas (Walthasar, Balthasar) hornmacher. 1566/I Balthauser Zacherl hornmacher
    St: 1549/I-II, 1550, 1551/I-II, 1552/I-II, 1553, 1554/I-II, 1555-1557: -/4/6, 1558: 1/1/12, 1559, 1560: -/4/6, 1561, 1563, 1564/I-II, 1565, 1566/I-II, 1567/I-II: -/2/23, 1568: -/5/16, 1569, 1570, 1571: -/3/22
    StV: (1549/I) patrimonium Hannsn hornmachers zum andern mal, seind unvertailt. (1549/II) als patrimonium, seind unvertailt. (1550, 1551/I) (ist) noch unvertailt als patrimonium. (1551/II) patrimonium unvertailt. (1553-1560) fúr in und seine geschwistret (geschwisterget), seind (noch) unvertailt. (1561) mer fúr 3 nachsteur fúr seine brueder -/3/15.
    sein schwester
    St: 1549/II: -/-/- diser zeit nihil

Bewohner Rindermarkt 13:

Gúndl (Gúnnel, Gundel, Gúndel) sneider
    St: 1390/I-II: -/-/24, 1392: -/-/18, 1393, 1394: -/-/24, 1395, 1396: -/-/60 fúr drew lb
Fúr schuster inquilinus St: 1393: -/-/16
Wolfsperger schreiber St: 1393: -/3/22
Láutel (Láwtel) taschner inquilinus St: 1395: -/-/24 fur nichil, 1396: -/-/20 [fur] nichil
Hainrich Scholirer peck St: 1406-1408: -/3/6, 1410/I: -/-/40, 1410/II: -/-/40 fur nichil, 1411: facat
Rósch peck St: 1410/I: 0,5/-/- iuravit
Fridel Aerdinger peck St: 1410/II: -/-/32 gracianus
Fridel Ayblinger peck
    St: 1411: -/-/60 fúr 10 lb, iuravit, 1412: -/-/80 fúr 10 lb, 1413: -/-/60 iuravit, 1415: 1/-/-, 1416, 1418: -/10/20
Purckhart sneyder St: 1415: -/3/- alter stewr, 1416: 0,5/-/-, 1418, 1419: -/3/-
Ull Sponsmeser peck St: 1419: -/-/80
Pauls Schewber peck St: 1423: -/-/45
Perchtold kramer St: 1423: -/-/60 gracianus
Martein Urban Sch: 1439/I: 1 t[aglon]

---

[1] Meister Sigmund Walch oder Gotzkircher 1440-1475 Stadtleibarzt, vgl. R. v. Bary III S. 1016.
[2] Jacob Gebl ist 1470 bis 1501 wiederholt Vierer der Beutler, Gürtler, Taschner, Ircher, Nadler, vgl. RP.
[3] Vgl. Weinstraße 8 (1490).
[4] Hanns („Hanns, Jacobs Bruder") Gebl 1501 und 1502 Vierer der Beutler, Gürtler, Taschner, Ircher, Nadler, vgl. RP.

relicta Schlechtorfferin Sch: 1439/I: 0,5 t[aglon]
Wolfhart Lochauser Sch: 1439/II, 1440: 1 t[aglon]
Fridrich Oberndarffer [ehem. Stadtunterrichter ?[1]] Sch: 1441/II: 2,5 t[aglon]
Narciss sniczer St: 1447: 0,5/-/4
Nicolaus [Hartlieb] appoteker St: 1458: Liste
Ludbeig Kniepántl St: 1462: 3/-/53
Planck peitler St: 1482: -/-/60
Hanns Newmaister St: 1486: -/5/11
Pauls Eyban St: 1490: -/-/60
Sebold tuchhefter St: 1496: -/-/60
Hanns Pernhart p(eitler)[2]
    St: 1500: -/2/23, 1508, 1509: -/2/17
    StV: (1508, 1509) et dedit -/-/4 für pueri (Hanns) Pernhart.
Steffan tuchscherer[3] St: 1508, 1509: -/3/-
Sigmund peitler St: 1508: -/-/60
Voglriederin inquilina St: 1508: -/-/60
Hainrich Schobinger St: 1522, 1525, 1526, 1527/I: 1/3/26
relicta Eßwúrmin St: 1527/II, 1528: 1/4/19
Cristof múllner patrimonium St: 1532: 2/5/-
Hanns Franckh, 1540 wirtt. 1542, 1543 Hanns Erlinger Franckh
    St: 1540: 3/-/20 juravit, 1541, 1542: 3/-/20, 1543: 3/3/20
    StV: (1543) hat seiner kind mueterlich guth abgsetzt, dasselb der kinder pfleger zugsetzt.
Marten Ventt, 1550 tuechheffter
    St: 1544: 3/-/15, 1545: -/4/-, 1546-1548, 1549/I: -/2/-, 1549/II: -/2/21, 1550, 1551/I: -/2/-
    StV: (1549/II) sambt seiner hausfrau Ursula Leutlin steur.
Wolff (Wolffgang) Lotter [Gschlachtgwander[4]]
    St: 1544: -/2/-, 1545: -/4/-, 1546-1548: -/2/-, 1549/I: nihil
Michel Sackhrer wirt St: 1551/II: -/6/22 juravit
Jorg Pötschner [Tuchhefter[5]]. 1552/II Jorg Póthschnerin
    St: 1552/I: -/3/15 patrimonium das erst, 1552/II: -/3/15 patrimonium das ander
Davit Rauch, 1553, 1554/I, 1556 wirt St: 1553, 1554/I-II, 1555, 1556: -/6/22
Rueprecht Niderwiser St: 1556: 1/5/16
Hanns Stauffer St: 1557: 1/5/19
Hanns Holtzhauser
    St: 1558: 3/4/8, 1559: 1/5/19 patrimonium, 1560: -/-/- gracia
    StV: (1560) die erben zugesetzt.
    Wolff sein son St: 1559: -/-/21 gracion
Steffan Neumair (Newmair), 1564/II-1566/I wierdt St: 1560: 1/1/15, 1561, 1563-1566/I: 1/6/21
allt Diepoltin St: 1560: 1/3/14
Christoff Stäml (Stambl, Stämel) [Weinreisser[6]], 1566/II-1568 ungeltschreiber
    St: 1566/II, 1567/I-II: -/4/23, 1568: 1/2/16
Bartlme Pendl seckhler[7]
    St: 1569: -/3/7, 1570, 1571: -/4/16
    StV: (1569) mer für Dickhens khinder -/4/5. (1570) zuegesetzt seiner schwiher erb. (1570, 1571) mer für Regina Dickhin -/4/10. (1571) mer für p[ueri] Lechel -/2/-.

---

[1] Vgl. Rosenstraße 6.
[2] Hanns Bernhart ist 1502, 1504-1507, 1516, 1517 Vierer der Beutler, Gürtler, Taschner, Ircher, Nadler, vgl. RP.
[3] Steffan Tuchscherer ist seit 1477 wiederholt Vierer der Tuchscherer, vgl. auch Rindermarkt Nr. 14 und 19.
[4] Vgl. Fürstenfelder Straße 10.
[5] So 1540-1551/II bei Rosenstraße 3.
[6] Christoff Stäml Weinreisser und Madlena Stämlin 1569 Religionsverhör, vgl. Dorn S. 228.
[7] Bartlme Pendl Säckler 1569, Peitler 1571 Religionsverhör, vgl. Dorn S. 230, 259.

Rindermarkt 14

Hauseigentümer Rindermarkt 14:

1369 August,
1373 Juli 7 und
1376 Juli 10 vgl. Rindermarkt 13.
1402 Oktober 5 „Hainrich der Üninger" verkauft sein Haus am Rindermarkt, zunächst am Haus des Sighart Sitzinger (Rindermarkt 15) gelegen, Peter dem Bart.[1]
1404 April 15 Peter des Barts Haus ist Nachbar des Hauses von Hainrich dem Uninger beziehungsweise Susanna der Schrenckin (Rindermarkt 13).[2]
1406 Mai 4 Peter des Barts Haus ist Nachbar des Hauses von Lorenz dem jungen Schrenck beziehungsweise Stephan dem Hufschmied (Rindermarkt 13).[3]
1410 Juni 30 Peter der Bart verpfändet sein Haus am Rindermarkt, zunächst Sighart Sizingers Haus (Rindermarkt 15) gelegen, Hans dem Schreiber von Dorfen, seinem Schwager, um 210 gute neue ungarische Gulden.[4]
1410 September 25/Oktober 2 Peter der Bart verkauft sein Haus am Rindermarkt, zunächst Sighart des Sitzingers Haus (Rindermarkt 15), Sighart dem Mosauer, unbeschadet der 210 Gulden, die Hans der Schreiber von Dorfen Hypothek (Ewiggeld) darauf hat.[5]
1431 Dezember 21 das Weinschenk-Benefizium in St. Peter wird auch mit einem Ewiggeld auf den zwei Häusern des Sighart Mosauer finanziert.[6]
1443 April 15 das Haus des Sighart Mosawer liegt zwischen den Häusern des Raichenpach[er] (Rindermarkt 13) und des Sighart Sitzinger (Rindermarkt 15).[7]
1449 aus des Krotendorffers Haus (am Rindermarkt) hatte das Heiliggeistspital eine Gilt von 5 rheinischen Gulden, die von Ludwig Rudolf von Augsburg an das Spital gekommen war. Sie sind jetzt abgelöst.[8]
1453 August 8 das Ehepaar Wilhalm und Dorothea Engelschalk, wohnhaft zu München, geben ihr Haus und Hofstatt am Rindermarkt, zwischen den Häusern des Meisters Sigmund Walch (Rindermarkt 13) und des Gabriel Leupold (Rindermarkt 15) gelegen, als Sicherheit.[9]
1484 das Reiche Almosen erhält ein Ewiggeld aus Cristof Pechtalers Haus und Hofstatt am Rindermarkt, zwischen den Häusern des Hainrich Hamersperger (Rindermarkt 15) und des Beutlers Jacob Gebl (Rindermarkt 13) gelegen.[10]
1484 März 18 laut Grundbuch verkauft das Ehepaar Christoph und Katharina Pechthaler ein Ewiggeld von 8 (!) Gulden um 100 Gulden Hauptsumme aus dem Haus, ist also Eigentümer.[11]
1532 Februar 5 der Schlosser Jakob Prunner und seine Hausfrau Dorothea verkaufen ein Ewiggeld von 3 Gulden um 60 Gulden Hauptsumme aus dem Haus (GruBu).
1533 Februar 13 die Witwe Dorothea Prunner verschreibt ein Ewiggeld (5 Gulden um 100 Gulden Hauptsumme), ebenso
1534 Dezember 22 (4 Gulden um 80 Gulden) (GruBu).
1540 Juni 5 das Haus des Arsaci Edmüller ist dem Haus des Chunrad Reichstorfer (Rindermarkt 15) benachbart.[12]

---

[1] GB III 2/7.
[2] GB III 25/1.
[3] GB III 52/16.
[4] GB III 98/11.
[5] GB III 100/16, 92/8.
[6] Hufnagel/von Rehlingen, St. Peter Urk. 100. – MB XXI 50 S. 99/105.
[7] Urk. D I e 2 - XXXVII Nr. 24. – Geiß, St. Peter S. 293.
[8] Zimelie 40 (Heiliggeistspital, Salbuch B) S. 8r.
[9] Vogel, Heiliggeistspital, Urk. 334.
[10] Zimelie 27a (Stiftungsbuch Reiches Almosen) S. 50v.
[11] Stadtgericht 207/7 (GruBu) S. 718v/720r.
[12] BayHStA, KU München-Anger 1083.

1542 Juli 17 Arsacius Odtmüller und seine Hausfrau Anna verkaufen ein Ewiggeld (5 Gulden um 100 Gulden), ebenso
1549 Februar 18 Arsaci und seine Hausfrau Juliana Ödtmüller (15 Gulden um 300 Gulden), ebenso
1553 Januar 18 (10 Gulden um 200 Gulden)
1553 März 11 (5 Gulden um 100 Gulden),
1554 Mai 25 (5 Gulden um 100 Gulden),
1569 Juli 9 (5 Gulden, wohl um 100 Gulden),
1569 Oktober 4 (10 Gulden um 200 Gulden) und
1570 März 20 (10 Gulden um 200 Gulden) (GruBu).
1572 laut Grundbuch (Überschrift) des Arsaci Ödtmüllers Haus, Hof und Stallung.
1582 März 17 Ewiggeldablösung durch den Kaufmann Kaspar Häckhl (GruBu).

Eigentümer Rindermarkt 14:

* Eigentümer wie Rindermarkt 13 und Rosenstraße 5, dann:

* Peter [I.] Part [Weinhandel[1]]
    St: 1403, 1405/I: 13/-/80, 1405/II: 5/-/- iuravit, 1406-1408: 6/5/10, 1410/I: 2,5/-/- iuravit
* Sighart Mosawer [Weinwirt, Weinhandel, Stadtrat[2]], 1418 und sein muter, 1419-1424 et mater
    St: 1410/II: 6/5/10, 1411: 5/-/-, 1412: 6/5/10, 1413: 6,5/-/- iuravit, 1415: 8/6/-, 1416: 11/5/10,
        1418, 1419: 15/-/-, 1423: 14,5/-/- iuravit, 1424: 4/6/20, 1431: 11/5/10 iuravit, 1447: 3/-/22
    Sch: 1439/I-II, 1440, 1441/I-II: 4 t[aglon], 1445: 2 ehalten, dedit -/-/16
  Hanns Mosawer [Weinschenk]
    Sch: 1441/II: [kein Eintrag]
* Hanns Krotndorffer
    St: 1447: -/3/ daz jar
    StV: (1447) sol bis jar swern.
  Steffan Staffer sein swiger
    St: 1447: -/3/22
* Wilhalm Englschalk [∞ Dorothea]
    St: 1453-1458: Liste
  Pecz Pecktaller [Stadtsöldner ?]
    St: 1462: -/4/9
  relicta Pechtalerin et pueri
    St: 1482: 4/2/16
** Cristoff Pechthaler [∞ Katharina]
    St: 1482: -/-/-
    StV: (1482) et dedit 1/-/2 Cristof Pechtaler fur sein hausfrau.
  Fritz (Fridrich) Prunner (Pronner, Průnner), 1508-1514 glaser[3]
    St: 1508, 1509: -/6/23, 1514: Liste, 1522: 2/2/22 patrimonium
    StV: (1509) et dedit -/3/10 für pueri Kuon. Et dedit -/3/5 für pueri Smaltzöder. (1522) et dedit
        -/1/26 fur 8 gulden gellts dem Reichen almüßen, so er versteurn sol.
** Jacob Pronner glaser [Schlosser[4], Sohn von Fritz Prunner]
    St: 1522: -/-/-, 1523-1526, 1527/I: 3/-/13, 1527/II, 1528, 1529: 1/-/18, 1532: 1/-/18 patrimonium

---

[1] Peter Bart handelt mit Wein. 1400/1402 nimmt die Stadt aus seinen Weineinfuhren aus Ötting und Mühldorf – also Osterwein – Geld ein, vgl. KR 1400/02 S. 43r.

[2] Sigel Mosawer handelt mit Wein. Die Stadt nimmt 1400/1402 aus seinen Weineinfuhren von Ötting und Mühldorf her Geld ein, vgl. KR 1400/02 S. 42v. Auch 1414 bezahlt ihn die Stadtkammer für „20 trinken weins", vgl. KR 1414/15 S. 40r. Um dasselbe Jahr 1414 nennt ihn auch das Weinschenken-Verzeichnis, vgl. Gewerbeamt 1411 S. 3r. – 1430 gehört der Mosawer am Rindermarkt zu den Wirten, die Ungeld zahlen, vgl. Steueramt 987. 1431 ist er auch Mitstifter des Weinschenken-Benefiziums in St. Peter. Sighart Mosawer ist am 8.4.1424 einer der beiden Bürgermeister, vgl. R. v. Bary III S. 756.

[3] Der Glaser Fridrich Pruner 1507-1522 (patrimonium) wiederholt Vierer der Maler, Glaser, Seidennater, Schnitzer, vgl. RP.

[4] So laut Grundbuch, siehe oben.

StV: (1522) [zahlt] anderßwo, hienegst hat seins vattern patrimonium bezallt, sol biß jar schwern. (1523) hat seiner hausfraw gut zu setzen. (1523-1527/I) et dedit -/1/26 für 8 gulden gellts dem Reichen almúsen, die er versteurn sol (mueß). (1527/II, 1528) et dedit -/1/26 für 8 gulden gelltz dem Reichen almußn. (1529, 1532) et dedit -/1/26 für 8 fl gelltz.

** Arsaci Ódmúllner (Ödmüller, Odmuller, Odmullner, Odmúler, Odmüler, Ödmüller, Edmüller), 1559, 1564/II, 1566/I-II cramer, 1568-1571 der allt[1] [∞ 1. Anna, 2. Juliana]

St: 1540-1542: 3/2/10, 1543: 6/4/20, 1544: 3/2/17, 1545: an chamer, 1546-1548, 1549/I-II, 1550, 1551/I-II, 1552/I-II: 4/4/15, 1553, 1554/I-II, 1555-1557: 6/2/20, 1558: 12/5/10, 1559, 1560: 6/2/20, 1561, 1563, 1564/I-II, 1565, 1566/I-II, 1567/I-II: 5/6/10, 1568: 11/5/20, 1569-1571: 1/3/21

StV: (1544) hat zugsetzt ain gulden gelts. (1545) adi 13. Februarii anno [15]46 zalt sein steur 9/2/-, juravit. (1553) mer -/1/22 für p[ueri] Hechtn. (1553-1555) mer -/2/10 für Jorg Abnhauser (von 2 1/2 fl gelts). (1554/I) mer -/1/22 für p[ueri] Hechtn. (1560) mer für p[ueri] Stauffer 1/-/17. (1561) mer für p[ueri] Stauffer 1/2/2. Mer für p[ueri] Helena Staufferin folio 97 [Ewiggeld]. (1563) mer für p[ueri] Stauffer zu versteurn. (1569) nachdem Arsaci Odmüllers hausfrau religionssachen halb gen Regenspurg zeucht, zalt sy von 20 fl gellts, so sy noch alhie hat, die yetzig steur unnd 3 nachsteur 2/4/20. (1570) mer für Anndre Ódmüllerin von Regenspurg von 20 fl gelts 2/4/20. (1571) mer für Jacob Mayr [Nestler ?[2]] folio 11v [Ewiggeld].

Andre Odmúller (Edmüller) [Kramer[3]]

St: 1561: an chamer, 1563: -/5/20 gratia, 1564/I: 1/3/- juravit, 1564/II: 1/3/-

StV: (1563) soll auffs jar schwórn.

Arsati Ödmúller der jung

St: 1568: -/4/20 gratia, 1569: -/-/-

StV: (1569) zalt, nachdem er gen Regenspurg zogen, 3 nachsteur 6/1/21.

** Caspar Háckhl (Häckhl, Hackhel), 1564/II chramer

St: 1553, 1554/I-II, 1555, 1556: -/1/15, 1559, 1560: 1/-/10, 1561, 1563, 1564/II: 1/5/6

StV: (1553) der habnit, dweil er seins schwehern diener ist und khain aigen guet hat. (1554/I) ist im allain der habnit erkent, dieweil er seines schwehern diener ist und kain aigen guet hat. (1554/II) gibt allain den habnit, hat kain aigen guet. Ist ime also erkent, dieweil er seins schwehern diener ist. (1555) ist im allain der habnit erkent, dweil er mit seinem schweher haust. (1556) ist im allain der habnit erkhent, dweil er in seines schwehern dienst ist. (1563) mer fur p[ueri] Khern -/5/17.

Bewohner Rindermarkt 14:

Thoman Schercz [Weber[4]] St: 1457, 1458: Liste
Greck ringler inquilinus St: 1462: -/-/70
Pruckner inquilinus St: 1462: -/6/15
Hanns Garchinger kramer. 1490: Hanns schmerler Gárchinger St: 1486, 1490: -/3/17
Cuntz Peham[5] St: 1486: -/-/60
Steffan [Plenntinger ?] tuchscherer[6] St: 1490: -/2/20, 1496: -/3/1, 1500: -/3/17
Margret von der Haid St: 1496: -/3/1
Peter Rieder wetschomacher St: 1514: Liste

---

[1] Juliana Edmüllerin 1569 Religionsverhör, vgl. Dorn S. 230.
[2] Vgl. Marienplatz 18 (1563-1570).
[3] Andre Edmüller 1569 und 1571 Religionsverhör, vgl. Dorn S. 230, 261. – Kramer ist er 1565-1567/I bei Marienplatz 21 B.
[4] Bei Rindermarkt 1 1462 und Rosenstraße 11 B 1453 „weber".
[5] Ein Kuntz Pechaim ist 1476 und 1478 Vierer der Ringler, Würfler, Bürstenbinder, vgl. RP. Dieser ?
[6] Er dürfte der (Meister) Steffan Tuchscherer sein, der 1477, 1478, 1480, 1481, 1484, 1487, 1489-1493 und 1497 Tuchscherer-Vierer ist, vgl. RP. Vgl. auch Rindermarkt 13 und 19. Er ist wohl auch identisch mit dem Tuchscherer-Vierer „Steffan in sand Peters gässel", der 1498-1502 und 1506 genannt ist, vielleicht auch mit dem Steffan Plenntinger, der 1505 und 1509 Tuchscherer-Vierer ist.

Hanns Bernhart, 1514, 1523-1529 peitler St: 1514: Liste, 1522-1526, 1527/I-II, 1528, 1529: -/3/-
- Lorenntz Bernhartin St: 1532: -/2/-
- Lorenntz Bernhart peitler St: 1532: -/2/-

relicta Thoman Hueberin St: 1522 das jar nichil

schmidin amb inquilina St: 1523: -/2/-

Polmoser pfeiffer. 1526 Frantz Polmoser pfeiffer. 1527/I Frantz Pollmoser
    St: 1525, 1526, 1527/I: -/2/-, 1527/II, 1528, 1529, 1532: -/2/22

Veit Hamer, 1540-1547, 1557, 1558 glaser, 1556, 1559 maler. 1560-1568 Veit Hamer malerin
    St: 1540-1542: -/2/6, 1543: -/4/12, 1544: -/2/6, 1545: -/4/-, 1546, 1547, 1553, 1554/I-II, 1555-1557: -/2/-, 1558: -/4/-, 1559-1561, 1563, 1564/I-II, 1565, 1566/I-II, 1567/I-II: -/2/-, 1568: -/4/-
- Veit Hamer maler [der Jüngere]
    St: 1569: -/-/-, 1571: -/2/-
    StV: (1569) steurt noch die mueter.
- sein mueter [vgl. davor „Veit Hamer malerin"] St: 1569, 1571: -/2/-
- Melchior Hamer maler St: 1570: -/2/-
- sein mueter St: 1570: -/2/-

Jorg Fleugnfeint St: 1540: -/2/-

Cristian de Loe deckhenmacher. 1552/I-II Cristian de Loe Niderlender St: 1551/II-1552/II: an chamer

Geysler von Augspurg St: 1552/I: nihil, ist kain burger
- Anndre Geisler (der) jung [Steinschneider]
    St: 1560: -/4/12, 1561, 1563, 1564/I-II, 1565, 1566/I: 1/3/7

Jacob Vogl stainschneider[1]
    St: 1554/II, 1555-1557: 1/5/5, 1558: 3/3/10
    StV: (1554/II-1557) mer -/3/25 fúr p[ueri] Stertzl. (1556, 1557) mer 1/2/20 fúr p[ueri] Mayr prew. (1558) mer 1/-/20 fúr p[ueri] Stertzl; mer 2/5/10 fúr p[ueri] Mayr preu.

Hanns [Riel] pantzermacher
    St: 1557: -/-/-
    StV: (1557) zalt supra, folio 26 col. 2 [= 26v, Neuhauser Straße Hackenviertel].

alt Diepoltin St: 1558: 2/6/28, 1559: 1/3/14

Hanns Thum cramer
    St: 1559: -/1/12
    StV: (1559) mer 3/5/19 von wegen seiner hausfrauen anthail des vatterlichen erbs.

Enpacher canntzleischreiber St: 1565, 1566/I: -/-/-

Follandt (Volannd) cantzleischreiber St: 1565, 1566/I: -/-/-

Caspar Criner canntzleischreiber St: 1565, 1566/I: -/-/-

Hanns Vischpacher, 1567/I [nachgetragen und wieder getilgt: cantzlschreiber], 1568 chramer[2]
    St: 1567/I: -/-/-, 1567/II: 3/3/14,5, 1568: 6/6/29, 1569: an chamer

Ernst Niderspacherin (1570 Widerspacherin) St: 1569: 1/3/21, 1570: -/-/-

Steffan Scheyher (Scheicher) St: 1569: -/1/26 gratia, 1570: 1/-/2 juravit

Andre Popfinger purstenpinder. 1571 Ulrich[3] Popfinger purstnpinder St: 1570, 1571: -/2/-

[...] nadlerin[4] wittib St: 1571: an chamer

Hanns Rauch khirschner St: 1571: -/2/-

[...] Dax[5] ainspeninger St: 1571: -/-/-

---

[1] Jacob Vogl seit 1542 als Steinschneider belegt, vgl. R. v. Bary III S. 1028 nach KR.
[2] Hans Vischpacher 1569 Religionsverhör, vgl. Dorn S. 228.
[3] „Ulrich" über getilgtem „Anndre".
[4] Davor Platz für den Namen gelassen.
[5] Davor Platz für den Vornamen gelassen.

Rindermarkt 15

Charakter: Zeitweise Weinschenke.

Hauseigentümer:

1370 die Baukommission bestimmt (am Rindermarkt), daß „dem Impler sein lauben ab" gehen soll.[1]
1386 November 12 „Francz Ymppler" verkauft sein Haus am Rindermarkt, zunächst des Ridlers Haus (Rindermarkt 16) gelegen, Ainweig dem Resch.[2]
1402 Oktober 5 das Haus des Sighart Sitzinger ist Nachbarhaus zum Haus des Hainrich Üninger beziehungsweise Peter Bart (Rindermarkt 14),[3] ebenso
1410 Juni 30, September 25 und **Oktober 2**.[4]
1414 November 20 das Haus Sighart des Sitzingers am Rindermarkt ist Nachbar des Hauses von Ludwig Ridler (Rindermarkt 16).[5]
1431 Dezember 21 die Stiftung des Weinschenk-Benefiziums in St. Peter wird auch mit einem Ewiggeld auf dem Haus des Sighart Sytzinger am Rindermarkt finanziert.[6]
1437 die St.-Nikolaus-Kapelle hat einen Zins aus des Sitzingers Haus am Rindermarkt.[7]
1443 April 15 das Haus des Sighart Sitzinger ist benachbart dem Haus des Sighart Mosawer (Rindermarkt 14).[8]
1453 August 8 das Haus des Gabriel Leupold ist Nachbarhaus zum Haus des Ehepaares Wilhalm und Dorothea Engelschalk (Rindermarkt 14).[9]
Der Gewandschneider Leupold hat am 28. März 1453 einen Sohn Meister Ludwig, der Pfarrer in Prien ist, und zwei Töchter, die Lucia Mosawerin (Rindermarkt 14) und die Anna Gürtlerin.[10]
1466 Oktober 7 das Haus des Hainrich Hamersperger am Rindermarkt ist Nachbarhaus zu dem des Jorg Werder (Rindermarkt 16).[11]
1484 Hainrich Hamersperger ist Nachbar zum Haus des Cristof Pechtaler (Rindermarkt 14).[12]
1526 Januar 11 das Haus des Lernmaisters Conrad Reichsdorffer liegt dem Haus des Beutlers Mathes beziehungsweise Conrad Haß (Rindermarkt 16) benachbart.[13]
1540 Juni 5 zur Erbmasse des Nachlasses des Chunrad Reichstorffer gehört auch das Haus am Rindermarkt, gelegen zwischen den Häusern des verstorbenen Chunrat Häs (Rindermarkt 16) und des Arsacius Edmüller (Rindermarkt 14).[14]
1540 Juni 8 die Erben des Rentschreibers zu Straubing Hanns Reichstorffer, nämlich seine Kinder Christoph und Sabine unter Vormundschaft, Georg, vertreten von einem Bevollmächtigten, Christine, vertreten durch ihren Ehemann Wolf Hösch, die Nonne Apollonia, vertreten durch den Schaffner des Angerklosters, Hans Sutner und seine Ehefrau Barbara, sowie Hans Vasolt unter Vormundschaft, verkaufen laut Grundbuch ein Ewiggeld von 10 Gulden um 200 Gulden Hauptsumme aus dem Haus.[15]

---

[1] Zimelie 9 (Ratsbuch IV) S. 4r (neu).
[2] GB I 225/7.
[3] GB III 2/7.
[4] GB III 98/11, 100/16, 92/8.
[5] GB III 155/1.
[6] Urk. D I e 2 - XXXVII Nr. 16. – Hufnagel/von Rehlingen, St. Peter Urk. 100. – MB XXI 50 S. 99/105.
[7] MB XIXa 35 S. 412.
[8] Urk. D I e 2 - XXXVII Nr. 24. – Geiß, St. Peter S. 293 ohne Quelle. – Wahrscheinlich bezieht sich auch das Ewiggeld von 11 ungarischen Gulden, das das Leprosenhaus auf dem Gasteig 1454 „aus der Siczinger haus" hat, auch auf dieses Haus (veralteter Hauseigentümer aus einer früheren Urkunde), vgl. Kämmerei 64 S. 19v.
[9] Vogel, Heiliggeistspital, Urk. 334.
[10] Vogel, Heiliggeistspital, Urk. 332. – Hufnagel/von Rehlingen, St. Peter Urk. 136.
[11] BayHStA, GUM 327.
[12] Zimelie 27a (Stiftungsbuch Reiches Almosen) S. 50v.
[13] GB IV S. 95r.
[14] BayHStA, KU München-Anger 1083.
[15] Stadtgericht 207/7 (GruBu) S. 723v/725r.

1541-1543 domus (Conrad) Reichstorffer (StB).
1544 Januar 14 Valentin Kolegger und seine (erste) Ehefrau Margaret verschreiben dem Hans Vasolt, Sohn des Caspar Vasolt, ein Ewiggeld von 4 Gulden um 80 Gulden aus dem Haus und am selben Tag dem Hannsen Saltzberger weitere 5 Gulden um 100 Gulden (GruBu).
1544 Januar 16 weitere Ewiggeldverschreibung von 4 Gulden um 80 Gulden (GruBu).
1547 Juni 15 Ewiggeldverschreibung (15 Gulden um 300 Gulden) des Valentin Kolegger alleine an seinen Sohn Hans Kolegger zur Entrichtung des mütterlichen Gutes (GruBu). Weitere Ewiggeldverschreibungen der Familie Kolegger folgen:
1549 März 22 (Valentin und zweite Ehefrau Magdalena, geb. Khuen, 10 Gulden um 200 Gulden),
1549 Oktober 9 (3 Gulden um 60 Gulden),
1556 Februar 22 (15 Gulden um 300 Gulden),
1558 November 26 (Valentin an seine Ehefrau Magdalena Khuen, 12 Gulden um 240 Gulden),
1566 Juli 28 siehe 1589 August 29,
1569 Mai 18 (Hanns Kolegger und Ehefrau Barbara, 5 Gulden um 100 Gulden),
1570 Mai 6 (5 Gulden um 100 Gulden Hauptsumme) und
1570 Juli 20 (Witwer Hanns Kolegger an Tochter Barbara, 11 Gulden um 220 Gulden) (GruBu).
Auf dem Haus liegen jetzt Hypotheken in Höhe von 1980 Gulden zu einem Jahreszins von 99 Gulden.
1572 bei Anlage des Grundbuchs (Überschrift) des Hanns Penntzinger Tuchmanigers Haus und Höfel.
1576 Mai 27 Ablösung von Ewiggeldern durch den Tuchmaniger Hanns Pennzinger (GruBu).
1589 August 29 das Heiliggeistspital hat laut eines Übergabebriefes vom 28. Juli 1566 ein Ewiggeld von 9 Gulden auf Valltin Kaleckhers, jetzt Hannsen Penzingers Haus am Rindermarkt.[1]
Die Penzinger besitzen das Haus noch, bis es 1619 an den Schwiegersohn von Hans und Maria Penzinger, Tobias Pfundtmayr, übergeht.

Eigentümer Rindermarkt 15:

* [Hans] Impler [um 1370]
* Franz Impler [bis 1386 November 12]
* Ainweig Resch [seit 1386 November 12]
* Sigel (Sighart) Siczinger (Sytzinger). 1440, 1445 Siczinger [Weinhändler, Weinwirt, Stadtrat und herzoglicher Rat[2]]
    St: 1396: -/6/- gracianus, 1397: -/13/12 iuravit, 1399: -/13/12, 1400: -/17/12 voluntate, 1401/I: -/17/12, 1401/II: 3,5/-/- iuravit, 1403, 1405/I: 3,5/-/-, 1405/II: 3,5/-/- iuravit, 1406-1408: 5,5/-/8, 1410/I: 5/-/60 iuravit, 1410/II: 7/-/-, 1411: 5//60, 1412: 7/-/-, 1413: 7/-/60 iuravit, 1415: 11/-/-, 1416: 14/5/10, 1418, 1419: 15/-/80, 1423: 13/-/-, 1424: 4/-/80, 1431: 7,5/-/- iuravit
    Sch: 1439/I-II, 1440, 1441/I-II: 3 t[aglon], 1445: 1 knecht [kein Betrag]
    Pferdemusterung, um 1398: (Ur-Fassung): Sighart Siczinger und sein swiger súllen haben ein

---

[1] Heiliggeistspital, Rechnungen 176/71 S. 85r/v.
[2] Sighart Siczinger ist am 18.9.1417 bis zum September 1439 wiederholt einer der beiden Bürgermeister, vgl. R. v. Bary III S. 756, 757. – Sigel der Siczinger handelt mit Osterwein. Für dessen Lieferung „in die rais" schuldet ihm die Stadt 1398/99 13 Schillinge und 12 Pfennige, vgl. KR 1398/99 S. 124v, ebenso in den folgenden Jahren, vgl. KR 1399/1400 S. 121r, 1402/03 S. 100v. Später kauft die Stadt aber auch Rumanier und welschen Wein vom Sitzinger, den man als Weingeschenk dem Herzog von Teck und Herrn Wilhelm dem Fraunberger verehrt hat, vgl. KR 1409/10 S. 44r. Vgl. auch KR 1414/15 S. 32r (Rotwein, Welschwein), 1420/21 S. 43r. – Aber auch Weinwirt ist er: 1400 schuldet die Stadt dem Sitzinger Wirt 3 1/2 Pfund Pfennige und 1402 denselben Betrag, vgl. Steueramt 572 (Leibgedingbuch 1402/03) S. 38r, 47v. Über ein halbes Pfund zahlt ihm die Stadtkammer 1407/08 aus „umb wein, daz man dacz [= bei] im vertrunken hat, do man den salczstadel hin liezz und [für Lieferung von] wein auf das [rat]haws", vgl. KR 1407/08 S. 50r. – Um 1414 führt ihn auch das Verzeichnis der Weinschenken auf, vgl. Gewerbeamt 1411 S. 2r. – 1430 ist der Sitzinger am Rindermarkt einer der Wirte, die Ungeld zahlen, vgl. Steueramt 987. – 1431 ist er auch Mitstifter des Weinschenken-Benefiziums in St. Peter. – 1422 heiratet er (noch einmal) und hat Hochzeitsgäste aus Hall im Inntal, vgl. KR 1421/22 S. 60v. – 1429/31 ff. hat die alte Zimmermannin, „des Siczingers swiger" ein Leibgeding von der Stadt, vgl. KR 1429/30 S. 43r, 1430/31 S. 38r usw. – Vgl. auch v. Andrian-Werburg, Urkundenwesen S. 144.

pferd umb 25 gulden und er sol selb reiten mit eim trabzewg; (Korrig. Fassung): Sighart Siczinger [sol] haben ein pferd umb 25 gulden und er sol selb reiten mit eim trabzewg.
und sein muter
St: 1403: 1/-/16
* Gabriel Lewpold [Gewandschneider¹]
St: 1453-1456: Liste
* Heinrich Hamersperger [Gürtler, Weinschenk, äußerer Rat²]. 1486-1500 relicta Hamerspergerin
St: 1462: 2/-/-, 1486, 1490: 1/-/23, 1496: -/7/6, 1500: -/7/21
* Conrade (Conradt) Reichstarfer (Reichstorffer), 1496 s[chreiber], 1509 l[ermaister].³ 1540 Conrad Reichstorffers erben. 1541-1543 domus Conrad Reichstorffer(s)
St: 1496: -/-/60, 1509: -/3/13, 1514: Liste, 1522-1526, 1527/I: -/5/5, 1527/II, 1528, 1529, 1532: -/3/29, 1540-1542: -/4/5, 1543: 1/1/10
StV: (1540) von den zinsn de domo zalt Utz dráxl. (1541, 1542) zalt Utz dráxl von zinßn de domo. (1543) zalt Utz dráxl von zinsn aus disem haus. [Nachtrag:] adi 9. January anno [15]44 zalt Wolffgang Hesch von Straubing sein gepurenden teyl 3 nachsteur, so er hinaus geerbt hat, thut 1/4/12.
et vilia
St: 1528, 1529: -/2/-
Kinder des Chunrad Reichstorffer:
* Christoph und Sabine, Georg Reichstorffer, Christine Reichstorffer (∞ Wolf Hösch), Appollonia Reichstorffer (Nonne am Anger), Hans Sutner (∞ Barbara [Reichstorffer ?]) und Hans Vasolt, alle am 5. Juni 1540 bei der Nachlaßverteilung ihres Vaters Hans Reichstorffer, Rentschreibers zu Straubing
** Valten collecter (Kalegger, Coleckher, Kollekher, Kollegkher, Kholegkher) [∞ 1. Margaret N., 2. Magdalena, geb. Khuen]. 1567/II Valtin Kolegkhers erben
St: 1544: 5/-/-, 1545: 2/-/20, 1546-1548: 1/-/10, 1549/I-II, 1550, 1551/I-II, 1552/I-II: 1/1/23, 1553, 1554/I-II, 1555-1557: 2/4/5, 1558: 5/1/10, 1559, 1560: 2/4/5, 1561, 1563: 4/4/4, 1564/I-II, 1565, 1566/I-II, 1567/I-II: 6/4/26,5
StV: (1549/I) hat seiner hausfrau guet zugsetzt. Darin auch seiner kinder gueth versteurt. (1549/II-1552/I) darin seiner kinder gueth auch versteurt. (1552/II) sambt seiner kinder steur. (1564/I) zuegesezt seines schwehern erb. (1566/I-II) mer für Wolf Laymingers khinder (von Freising) folio 100v (100r) [Ewiggeld]. (1567/I) mer für Wolf Laymingers khinder folio 15v [Ewiggeld]. (1567/II) weil sy noch unvertailt, patrimonium. Mer für Wolf Laiminger folio 15r [Ewiggeld].
sein mueter
St: 1546, 1547: -/2/-
** Hanns collecter. 1567/II-1571 Hanns Kalegger (Koleckher, Kholeckher), 1570 chramer [Sohn des vorigen, ∞ Barbara]
St: 1551/II: -/1/5 gracion, 1552/I: -/1/5 gracion die ander, 1552/II, 1567/II: -/2/-, 1568: 4/-/-, 1569, 1570: 2/-/-, 1571: -/-/-
StV: (1569) mer für Wolf Laymingers khinder folio 13v [Ewiggeld]. (1570) mer für Wolf Laymingers khinder folio 8r [Ewiggeld]. (1571) mer für Wolf Layminger folio 7 [Ewiggeld].
** Hanns Penntzinger Tuchmaniger [1572, 1576 Mai 27]

---

¹ Eine Urkunde nennt den Gewandschneider Lewpold und seine Kinder: Meister Ludwig Lewpold, Pfarrer zu Prien; Gabriel Lewpold; Lucia Mosawerin und Anna [Wenig] Gürtlerin, vgl. Vogel, Heiliggeistspital, Urk. 332.

² Hainrich Hamersperger war von 1464 bis 1480 jedes Jahr äußerer Stadtrat, 1470 dabei als Gürtler bezeichnet, 1484 und 1487 war er noch Mitglied der Gemain, vgl. RP. – 1458 ist Hainrich Hamersperger aber auch Mitglied der Weinschenken-Bruderschaft, vgl. Gewerbeamt 1411 S. 14r.

³ Conrad Reichsdorfer/Reichelsdorffer 1496, 1497, 1503, 1504, 1515-1520 ff. Vierer der Lernmeister, Conradus am Rindermarkt 1494 Vierer der Stuhlschreiber, 1501, 1510, 1511 Conrade am Rindermarkt Lernmeister-Vierer und 1505, 1508 und 1512 Conrade Vierer der Lernmeister, vgl. RP.

Bewohner Rindermarkt 15:

Herman Tichtel [Großer Rat[1]] St: 1368, 1369: 6/5/10
    Hólczel gener fratris inquilinus St: 1369: -/3/-
Niclas Kling[2]
        St: 1371, 1372: -/-/-, 1375: 5/-/60, 1377: 2,5/-/- juravit, 1378, 1379, 1381, 1382, 1383/I: 2,5/-/-,
           1383/II: 3/6/-, 1387: -/5,5/-, 1388: -/11/- juravit
Andre Achleitter inquilinus St: 1371: 0,5/-/-
    pueri uxoris St: 1371: -/-/48
Ludwig [I.] Potschner (Pótschner) [Stadtrat[3]] St: 1371, 1372: 9/-/60, 1375: 12/-/-
Chunczel verber inquilinus
    St: 1372: -/12/-
    StV: (1372) item de anno preterito -/12/-.
Keschinger goltsmid inquilinus[4] St: 1377: -/-/-
Zeller sartor inquilinus, 1378 inquilinus Kling. 1383/I Ull Zeller (Zellner) sartor inquilinus
    St: 1378: -/-/27 gracianus, 1379: -/-/27 juravit, 1383/I: -/-/27, 1383/II: -/-/39,5
    StV: (1378) [pro] r[aci]o[n]e uxoris. (1383/II) post -/-/13,5.
Hanns wúrffler inquilinus St: 1379: -/-/15, 1381: dedit alibi
Kolb nadler inquilinus St: 1381: -/-/12
Veyal inquilinus St: 1383/I: -/-/45
prenner Ludwig inquilinus St: 1383/II: -/7/15 juravit
Chunrat Reiswadel [Zöllner[5]] inquilinus St: 1387: 0,5/-/7
Gúndel sneider St: 1387: -/-/12
Percht[olt] Fúnsinger sartor inquilinus St: 1388: -/-/40 juravit
Ulrich filius Peter inquilinus St: 1388: -/-/40 gracianus
Peter taschner St: 1390/I-II: -/10/20
Andre Schrenck St: 1390/II: 32/-/80
Hanns schenck St: 1390/II: -/-/40
Marquart Giezzer [Münzmeister[6]] St: 1392: 3,5/-/- gracianus
Gettinger inquilinus St: 1392: -/10/12 gracianus
[Heinrich ?] Fewer schuster inquilinus St: 1392: -/-/12
Kóchprunner amer inquilinus St: 1396: -/-/56 fur 6 lb
Hanns [III.] Part St: 1397: 25/-/-
    und sein muter St: 1397: 4/6/- iuravit
Hainrich (Hainrice) kellner inquilinus St: 1400: 3/-/-, 1401/I: -/-/-
Ulrich Súskofer sneider inquilinus St: 1447: -/3/2
relicta Oberndorfferin inquilina St: 1447: -/9/24
Ulrich Weissnvelder, 1457, 1458 pautler, 1455, 1456, 1458 inquilinus St: 1455-1458: Liste
Gabriel Sengnrieder [Schneider[7]] St: 1457, 1458: Liste
Hanns Hermann schneyder[8] inquilinus St: 1462: -/-/60
Pandarffer weber inquilinus St: 1462: -/-/60
Peter Albeg (Alweg), 1482, 1486 schneider St: 1482: -/-/60, 1486: -/2/3, 1490: -/-/60
Hanns Allershauser cramer[9] St: 1482: -/5/12
Clara inquilina St: 1482: -/-/-
Pauls Eyban St: 1486: -/-/60

---

[1]   Herman Tichtel war 1365 Mitglied des Großen Rats, vgl. Dirr, Denkmäler S. 582 Urk. Nr. 2.
[2]   Nickel Kling 1381 Mitglied des Großen Rats der Stadt, vgl. R. v. Bary III S. 745.
[3]   Ludwig Pötschner war 1373-1378 äußerer und 1379-1384 innerer Stadtrat, vgl. R. v. Bary III S. 738.
[4]   Auch von Frankenburger S. 263 nur hier festgestellt.
[5]   Chunrad Reiswadl 1398-1401 Scheibenzöllner am Isartor, 1408 Brückenzöllner, vgl. R. v. Bary III S. 883.
[6]   Vgl. Kaufingerstraße 3*.
[7]   Vgl. Rindermarkt 23 und Rosenstraße 3.
[8]   Hanns Herman ist 1464 bis 1491 wiederholt Vierer der Schneider, vgl. RP.
[9]   Hanns Allershauser in diesem Jahr auch Vierer der Kramer, vgl. RP.

Hanns Hailprunner [peitler][1] St: 1490: -/7/23
Sigmund Helfenprunner [Weinschenk[2]] St: 1496: 1/3/24, 1500: 1/3/19
Achacz Sitenpeckin St: 1496: -/2/17
Hanns Gebl p(eitler) [= der junger] St: 1500: -/5/1
Hainrich Werder sneider St: 1508: -/2/6
Hanns Schaur kistler St: 1514: Liste
Wolfgang Wincklmair [Weinschenk[3]] St: 1522: -/2/-
Fritz glufenmacher St: 1522: -/2/-
Hanns Kúßlingstain schneider[4] St: 1523: -/5/-
Contz nesstler St: 1525: -/2/-
Sittenhofer peitler. 1527/II, 1528, 1532 Wolfgang Sittnhofer peitler. 1529 Wolfganng Sittnhofer
    St: 1526, 1527/I-II, 1528, 1529, 1532: -/2/-
Peter auf und dahin [Aufunddahin] gurtler St: 1532: -/2/-
Hanns Reintaler amer[5] St: 1540, 1541: -/4/12
Cuntz Mayr nestler St: 1540-1542: -/2/-, 1543: -/4/-, 1544: -/2/-, 1545: -/4/-, 1546, 1547: -/2/-
Michel stainschneider St: 1540-1543: nihil
Hanns Werder schuester. 1543 Hanns Werderin schuesterin
    St: 1542: -/2/-, 1543: -/4/-
    StV: (1543) zalt Mathes[6] Wurm, ir man, 40 kr[euzer] an chamer [fur] 3 nachsteur, actum 9. Augusti [1543].
Andre Geysler (Geisler), 1564/I-II der alt, 1552/II stainschneider
    St: 1549/I-II, 1550, 1551/I-II, 1552/I-II: 2/1/1, 1553, 1554/I-II, 1555-1557: 3/4/6, 1558: 7/1/12, 1559, 1560: 3/4/6, 1561, 1563, 1564/I-II: 3/4/21
    StV: (1550, 1551/I) mer -/3/15 fúr p[ueri] Paurnfeint. (1551/II-1552/II) mer -/5/7 fúr p[ueri] Paurnfeint. (1552/II) Jacob schmid (?) soll hinfúro 3 nachsteur zaln. (1557, 1559, 1560) mer -/-/17,5 fúr p[ueri] Geysler. (1558) mer -/1/5 fúr p[ueri] Geysler.
Urban Wagnhueber St: 1549/I: -/-/14 gracion, 1549/II: -/2/28 juravit
Madlen (Madl, Madalen) Leschin (Löschin), 1551/I doselbst
    St: 1549/I: -/-/14, 1549/II, 1550, 1551/I-II, 1552/I-II: -/3/1, 1553, 1554/I-II, 1555-1557: 1/2/-, 1558: 2/4/-, 1559, 1560: 1/2/-, 1561, 1563, 1564/I-II: 1/3/-
    StV: (1549/I) mer -/2/17 von 11/-/- gelts von Guckhauers tochter ererbt.
Wolff Heyss tochter St: 1561: -/-/- dienndt der zeit
Martin Paur (Pauer) gúrtler
    St: 1563, 1564/I-II, 1565, 1566/I-II, 1567/I-II: -/2/-, 1568: -/4/-, 1569-1571: -/2/-
Anndre Reiff (Reyff) furstlicher procurator
    St: 1565: -/-/-, 1566/I-II: nihil, hofgsind, 1567/I: -/-/- hofgsind, 1567/II: -/-/-
Balthauser Lerchenfelderin[7]
    St: 1568: 12/6/20
    StV: (1568) der frau Lindaurin hat ein erbar rath ir die nachsteur nachgelassen in ansechung ires hauswierdts, so fúrstlichen groszollners, das er gemainer stat auch wol dienstlich sein khan.
Jacob Reitmor (Reidmor) [Stadtrat[8]] St: 1569-1571: 12/6/26

---

[1] Hanns von Hailprunn 1482 bei Rindermarkt 7 A „peitler" genannt.
[2] Sigmund Helfenprunner 1489 Mitglied der Weinschenkenzunft, vgl. Gewerbeamt 1418 S. 6r.
[3] Wolfgang Wincklmair 1505 Aufnahme in die Weinschenkenzunft, vgl. Gewerbeamt 1418 S. 13r.
[4] Hanns Kußlingstein 1517-1519 Vierer der Schneider, vgl. RP.
[5] 1542 ist ein Hans Reintaler als Salzstößel belegt, vgl. Vietzen S. 155 nach KR.
[6] Folgt gestrichen „Stur".
[7] Hat das Bürgerrecht aufgesagt und wurde deshalb beim Religionsverhör 1571 nicht mehr vornommen, vgl. Dorn S. 268.
[8] Jakob Reitmair (Reutmohr) 1569 Religionsverhör, ebenso 1571 vorgesehen, aber nicht vernommen, da nicht in der Stadt, vgl. Dorn S. 229, 268. – Jakob Reitmor 1569-1572 äußerer Stadtrat, vgl. RP und Fischer, Tab. IV S. 3.

Rindermarkt 16

Charakter: Im 15. Jahrhundert Weinschenke.

Hauseigentümer:

1370 die Baukommission hat entschieden, daß „der Ridler ain stapfen [Treppenstufe] an seiner stieg" abbrechen muß.[1] Beim selben Eintrag werden auch der Maenher (Rosenstraße 12) und der Aelbel Gross (Rindermarkt 19) genannt. Der Eintrag ist also eindeutig auf diesen Ridler am Rindermarkt zu beziehen.
1386 November 12 das Haus des „Francz Ymppler", nun Ainweig Resch (Rindermarkt 15), liegt zunächst von des Ridlers Haus.[2]
1387-1412 domus Jacob Ridler (Rigler) (StB).
1390 Dezember 19 das Haus des Chunrad in dem Winkel beziehungsweise Ott des Schiml (Rindermarkt 17) liegt dem Haus des Ridler benachbart,[3] ebenso
1391 September 26,[4]
1392 Februar 8 und 1392 April 4.[5]
1414 November 20 „Ludbeg Rigler" (Ridler) verkauft sein Haus am Rindermarkt, zunächst dem Haus „Sighart des Siczingers" (Rindermarkt 15) gelegen, „Jorgen dem Werder".[6]
1431 Dezember 21 das Weinschenk-Benefizium in St. Peter wird auch mit einem Ewiggeld auf dem Haus des Jörg Werder am Rindermarkt finanziert.[7]
1440, 1441/II domus Jorg Werder (Scharwerksverzeichnisse).
1466 Oktober 7 Jorg Werder heiratet die Tochter des Lucas Schweller von Ebersberg, Katharina. Ihr Heiratgut wird auf dem Haus des Schwiegersohnes Werder am Rindermarkt versichert, gelegen zwischen den Häusern des Hainrich Hamersperger (Rindermarkt 15) und des Gabriel Ursentaler (Rindermarkt 17).[8]
Ca. 1472 aus des Werders Haus am Rindermarkt hat Jacob Melzer ein Ewiggeld inne.[9]
1496 domus Jörg Werder (StB).
1524 auch das Haus der „peutlerin" am Rindermarkt ist vom Ehaft am Brunnen an der Fürstenfelder Straße befreit.[10]
1526 Januar 11 die Witwe Ursula des „Mathes [Metzger] peuttlers" selig verkauft ihr eigen Haus und Hofstatt am Rindermarkt, zwischen den Häusern des Lernmaisters Conrad Reichsdorffer (Rindermarkt 15) und des Sigmund Pondl (Rindermarkt 17) gelegen, dem Bürstenbinder Conrad Haß zu München.[11]
1540 Juni 5 das Haus des verstorbenen Chunrat Häs ist dem Haus des verstorbenen Chunrad Reichstorffer benachbart (Rindermarkt 15).[12]
1546 die Baukommission beanstandet bei der „Conrad Hasin" die Vorbauten („1/2 eln ze prait").[13]
1553 März 14 Ewiggeldverschreibung von 15 Gulden um 300 Gulden Hauptsumme,

---

[1] Zimelie 9 (Ratsbuch IV) S. 4v (neu).
[2] GB I 225/7.
[3] GB I 248/13.
[4] BayHStA, Kurbayern Urk. 16283.
[5] GB II 21/8, 26/1.
[6] GB III 155/1.
[7] Urk. D I e 2 - XXXVII Nr. 16. – Hufnagel/von Rehlingen, St. Peter Urk. 100. – MB XXI 50 S. 99/105.
[8] BayHStA, GUM 327.
[9] BayHStA, GUM 356.
[10] RP 8 S. 66v.
[11] GB IV S. 95r.
[12] BayHStA, KU München-Anger 1083.
[13] LBK 4.

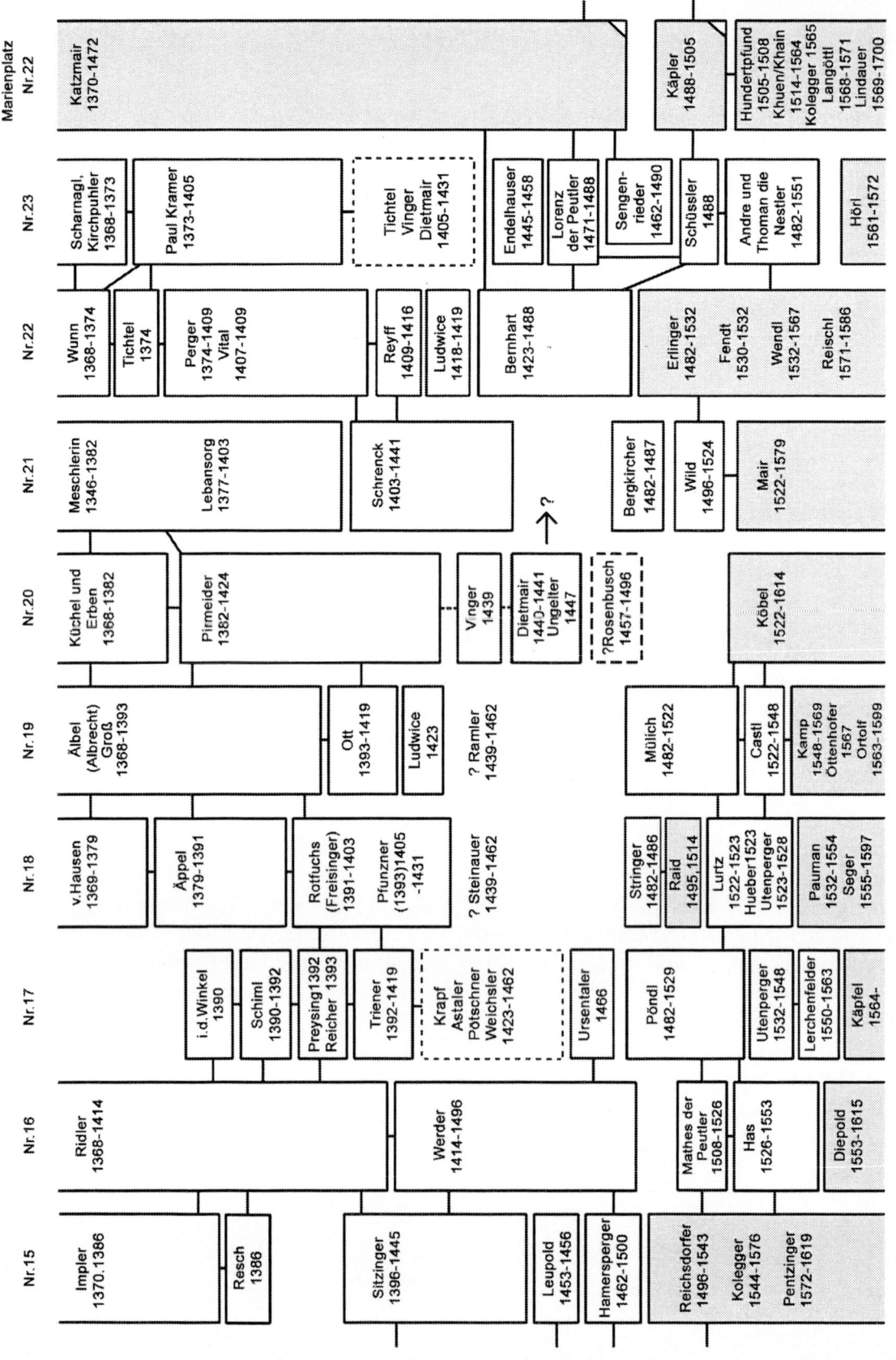

Abb. 38 Hauseigentümer Rindermarkt Nordwest 15 – 23, Marienplatz 22.

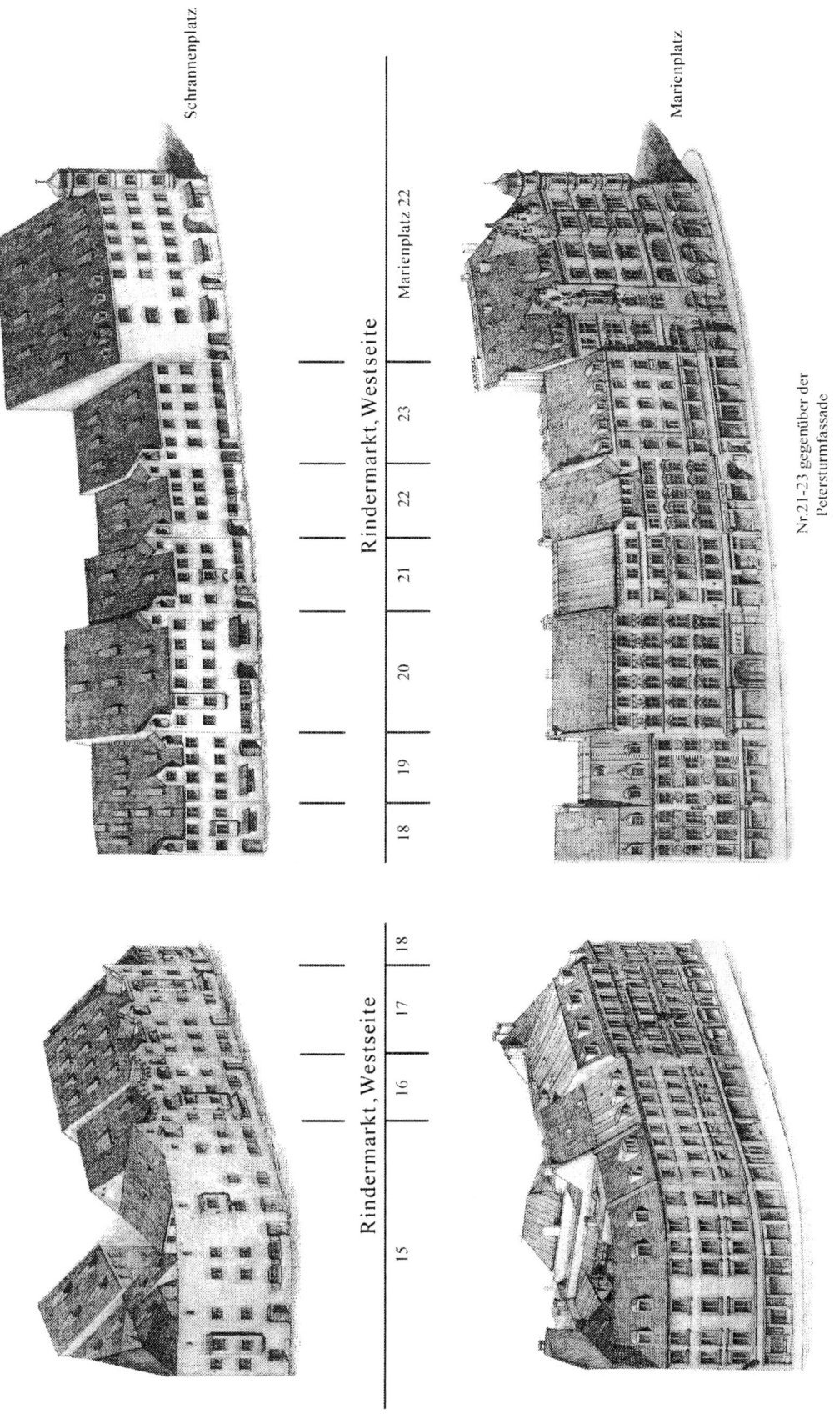

Abb. 39 Rindermarkt Nordwest Nr. 15 – 23, Marienplatz 22, Montage aus Häuserbuch Angerviertel S. 248/249.

1553 März 16 von 10 Gulden um 200 Gulden und
1553 März 18 von 10 Gulden um 200 Gulden durch Leonhard Diepold aus diesem Haus (GruBu).[1]
1572 laut Grundbuch (Überschrift) des Leonhard Diepold Haus, Hof und Stallung.
Die Familie Diepold besitzt das Haus noch bis zum 20. Juli 1615.

Eigentümer Rindermarkt 16:

* Francz [I.] Ridler patrimonium, cum aliis pueris Ridlerii
    St: 1368: 3/-/-
* Jacob[2] [II.] Ridler [äußerer Rat[3]], 1372 inquilinus. 1387-1412 domus Jacob Ridler (Rigler) [Neffe von Franz I., dann Bürger zu Augsburg]
    St: 1369: -/18/- gracianus, 1371, 1372, 1375: -/18/-, 1383/I: 30/-/- juravit, 1383/II: 2/3/15, 1387: 1/-/20, 1388: 2/-/40, 1390/I-II, 1392-1397, 1399, 1400, 1401/I-II, 1403, 1405/I-II, 1406-1408, 1410/I-II, 1411, 1412: -/-/-
    StV: (1410/II) daz ist noch zehn iar stewrfrey.
* Ludwig Ridler [bis 1414 November 20]
* Jorig (Jorg, Gorg) Werder [Weinschenk, Salzsender ?, Stadtrat[4]]
    St: 1415: 6/-/60, 1416: 8/-/80, 1418: 6/6/12, 1419: 7/-/44, 1423: 4/6/15, 1424: -/13/25, 1431: 6/-/10 patrimonium
    StV: (1418) und er sol all jar 20 gulden rh[einisch] zuseczen von des Ruleins wegen bis das er davon zalt wirt. (1419) und er sol all iar zuseczen 20 gulden reinisch von dez Rúleins wegen, als lang bis er gar von ym zalt wirt. (1423) sein stewr. Et dedit -/3/- de uxore gracianus. (1431) dederunt (?) pueri -/21/8 et uxor 3/3/2.
* Jorg Werder [Weinschenk[5]]. 1440, 1441/II domus Jorg Werder
    Sch: 1439/I-II, 1440, 1441/I-II: 1 t[aglon], 1445: 3 ehalten, dedit -/-/24
    St: 1447: -/13/15, 1453-1458: Liste, 1462: -/7/18
* Jörg (Georg) Werder [Weinschenk, äußerer Rat[6]]. 1496 domus Jörg Werder
    St: 1482: 2/-/18, 1486, 1490: 2/4/3, 1496: -/7/13
    StV: (1486) et dedit 3 lb die drey nachsteur für Sigmund Ypoliti sun. (1490) et dedit -/-/52 von 20 gulden leibting fur Plümawerin. (1496) et dedit -/1/22 für die Plůmauerin.
* Matheus peitler. 1509 Matheus metzger p(eitler). 1514-1527/I relicta Mathes peitlerin
    St: 1508, 1509: 3/4/-, 1514: Liste, 1522-1526, 1527/I: -/3/28
* Conradt Haß[7] púrstnpindter. 1540 Conrad Hásin púrstnpintterin. 1541-1553 Conrad Hasin (Hásin)
    St: 1527/II, 1528, 1529, 1532: 1/6/9, 1540-1542: 2/-/9, 1543: 4/-/18, 1544: 2/-/9, 1545: 5/6/22, 1546-1548, 1549/I-II, 1550, 1551/I-II, 1552/I-II: 2/6/26, 1553: -/-/-
    StV: (1540) ist ir steur von neuem gemacht unangesehen, was sy irem schwähern hinaus bezalt, ist des aids erlassen worden. (1552/II) ad 3. Junii zaltn der Hasin erben von Schrobnhausen,

---

[1] Stadtgericht 207/7 (GruBu) S. 727v.
[2] 1369 „Jacob" über getilgtem „patrimonium".
[3] Jacob Ridler 1382 und 1383 äußerer Stadtrat, vgl. R. v. Bary III S. 742.
[4] Jörg Werder ist um 1414 Mitglied der Weinschenkenzunft, vgl. Gewerbeamt 1411 S. 4r. und 1431 auch Mitstifter des Weinschenken-Benefiziums in St. Peter. – 1430 gehört der Werder am Rindermarkt zu den Wirten, die Ungeld zahlen, vgl. Steueramt 987. Am 8.6.1415 und am 17.6.1419 war er einer der Bürgermeister, vgl. R. v. Bary III S. 756. – Wahrscheinlich war er auch der Werder ohne Vornamen, der 1429 und 1430 als Salzsender belegt ist, vgl. Vietzen S. 145.
[5] Jörg Werder bekleidet von 1456 bis 1474 das Amt des städtischen Eichmeisters, vgl. R. v. Bary III S. 971 (nach RP). 1451 und 1458 ist Jörg Werder Mitglied der Weinschenken-Bruderschaft, vgl. Gewerbeamt 1411 S. 9v, 13r. 1470 ff ist ein Jörg Werder auch Richtersknecht, vgl. Wetzel S. 2 (nach RP).
[6] Jörg Werder ist 1466-1486 städtischer Weinversucher, vgl. R. v. Bary III S. 973 und RP, 1489 Mitglied der Weinschenkenzunft, vgl. Gewerbeamt 1418 S. 1r, 1475, 1484, 1486, 1487, 1489 Vierer der Schenken, 1464-1466 äußerer Stadtrat, vgl. RP. Im Mai 1484 zahlt ihm die Stadtkammer 4 Schillinge Leikauf, „die man zu im verzert hat, da man die Wagmul kaufft hat", KR 1484/85 S. 84. Die Stadt hat also die Wagmühle gekauft. Anschließend wurde im Wirtshaus – hier beim Werder – der nach Abschluß des Geschäftes übliche Umtrunk (Leikauf) zwischen Käufer und Verkäufer gehalten, den jeweils der Käufer – hier die Stadt – zahlen mußte.
[7] Vgl. Marienplatz 21 B und Weinstraße 15.

Thonaẃwerd und Oberried per Conrad Schwartzn [Kramer[1]] fúr 3 nachsteur 15 fl. (1553) haben die erben zugsetzt.

** Lienhart (Lenhart, Leonhart) Diepolt, 1559, 1564/II, 1566/I-II, 1567/II, 1569, 1570 cramer
St: 1553: -/3/15 gracion, 1554/I: -/3/15 gracion die ander, 1554/II: 5/2/20 juravit, 1555-1557: 5/2/20, 1558: 10/5/10, 1559, 1560: 5/2/20, 1561, 1563, 1564/I-II, 1565, 1566/I: 9/2/10, 1566/II, 1567/I-II: 9/3/22, 1568: 19/-/14, 1569-1571: 21/2/27
StV: (1561, 1563) mer fúr p[ueri] Anndre Tanner 2/-/9. (1566/II) mer fúr sein mueter erb zuegesetzt. (1568) mer fúr p[ueri] Urspringer 3/3/7. (1569-1571) mer fúr p[ueri] Urspringer 1/6/27. (1569) mer fúr p[ueri] Schwartzn -/4/21.
sein mueter Jorg Diepoltin. 1554/II sein mueter die Diepoltin. 1555, 1556 sein mueter
St: 1553, 1554/I-II, 1555, 1556: 1/3/14
StV: (1554/I-1556) zalt Ödmúllner.

Bewohner Rindermarkt 16:

Ludwig (Lúdel) [I.] Pötschner [später Stadtrat] St: 1368: 0,5/-/- gracianus, 1369: 9/-/60
Hainrich messer inquilinus St: 1371: -/12/- juravit, 1372: -/-/- est supportatus
Chunrat Mitterkiricher inquilinus St: 1375: -/6/20
Hainrich Aeppel [Salzsender, äußerer Rat[2]] St: 1377: 2/-/60 juravit, 1378, 1379: 2/-/60
Agnes ringlerin inquilina St: 1377: -/-/18 juravit, 1378: -/-/18
Spilhaincz[3] St: 1379: -/-/-
Hanns verber, 1382 cum patrimonio patris St: 1381, 1382: -/-/-
Nicklas Stadler[4] St: 1381: -/-/27
Chunrat Triener [Weinschenk[5]] cum patrimonio Halbschuster [et] pueri uxoris
   St: 1382: 5/-/60 juravit
Ull Meck (Mechk) vragner St: 1383/I: -/-/42 juravit, 1383/II: -/-/63
[Konrad] Kuntter [Münzer[6]] inquilinus St: 1383/II: 1/7/- adhuc t[enetu]r (?) [...][7]
Chunrat Hewtl St: 1387: -/-/80
   pueri uxoris St: 1387: 3/-/-
Ludl Resch St: 1387: -/-/52
Ulrich Vettinger goltsmid inquilinus[8]
   St: 1388: 1/-/8 juravit
   StV: (1388) [Nachtrag am Rand:] Item dedit de anno preterito 2,5/-/-.
Pecz Prunner St: 1388: nichil
[Fridrich ?] Weinsperger sneider inquilinus St: 1390/I: -/-/48
Andre Schrenk inquilinus. 1396 relicta Andre Schrenckin [= Susanna, geb. Pötschner] inquilina
   St: 1394: 24/-/- absolutum, 1395: 12/-/-, 1396: 18/-/-
Hans zollner [Weinschenk, Weinhändler, Salzsender[9]] St: 1394: 1/-/24
Hans schenck inquilinus St: 1399: -/-/-
Stadler stainmezz inquilinus St: 1399: -/-/60 fur 7 lb
Peter [I.] Part, 1400, 1401/I-II inquilinus
   St: 1400, 1401/I: 10/6/-, 1401/II: 13/-/80 iuravit, 1410/II: 3/-/80

---

[1] Vgl. Kaufingerstraße 1*/2* (1532).
[2] Der Salzsender Hainrich Aeppel 1374, 1379, 1380 äußerer Rat, vgl. R. v. Bary III S. 738.
[3] 1368 bei Rindermarkt 9* „servus Sentlingerii" genannt.
[4] Stadler ist 1381 Mitglied des Großen Rats der Stadt, vgl. R. v. Bary III S. 745. – Trotz der geringen Steuersumme ist wohl dieser gemeint, da vor ihm der Nickel Kling (Rindermarkt 15) genannt wird und nach ihm Johans Albrecht (Rindermarkt 19), Pauls kramer (Rindermarkt 23) und Pillunck kramer (Rindermarkt 22).
[5] Vgl. Rindermarkt 17.
[6] Vgl. Rindermarkt 7 A u. a.
[7] Letztes Wort unleserlich.
[8] Vgl. Frankenburger S. 260.
[9] Vgl. Kaufingerstraße 4*.

Hainrich Mẃttel inquilinus St: 1405/I: -/-/60, 1405/II: -/-/60 fúr 10 lb, iuravit
Raẃch maẃrer inquilinus St: 1405/II: -/-/-
Peter Pótschner goltsmid St: 1407: -/-/80 fúr 10 lb
Andre Uniger [Vinger ?] inquilinus
    St: 1408: -/5/- gracianus
    StV: (1408) zu der náchsten stewr sol er swern sein gut und seiner hausfrauen gut.
Jacob Kelermaws inquilinus StV: (1408) dedit uxor sua.
Hainrice Greymold
    St: 1410/II: 2/-/-, 1411: -/12/-, 1412: 2/-/-, 1413: -/14/- iuravit
    StV: (1412) et dedit -/-/80 von seiner swiger wegen.
Anna Aichstöckin. 1486 Aichstóckin St: 1482: -/4/22, 1486: -/5/-
Plamawerin (Plúmawerin), 1482 inquilina St: 1482: 1/4/29, 1486: 1/5/29
pueri castner
    St: 1490: 1/3/13
    StV: (1490) fúr Jorg kastner, gibt Werder. Et dedit 4/2/8 die drei nachsteurn fur Apolon[ia] Rau-
        henpergerin, sein swester.
relicta Jacob Káplerin St: 1496: anderswo pei patrimonium
Caspar Sehofer [Weinschenk[1]] St: 1500: 1/6/7
Hanns von Hailprunn p[eitler][2] St: 1500: -/7/10
Hanns [V.] und Jacob [II.] Katzmair [Gebrüder] St: 1514: Liste
Jórg Holtzner St: 1514: Liste
Sewastian peitlerin St: 1522: -/2/-
Peter paumaister St: 1523: 2/2/3, 1524: pfanndt an kamer, 1525: 2/2/3
Wolf Kápler, 1523 nestler St: 1523: -/2/20 juravit, 1524: -/2/20
Caspar inquilinus St: 1523: -/-/21 gracion
Linhart Weiß kramer St: 1525: 1/1/2
Lágellin inquilina. 1526, 1527/I Lágel gúrtler St: 1525, 1526, 1527/I: -/2/-
Jóg pirstnpindter St: 1526, 1527/I: -/-/21 gracion
Hanns heublmacher. 1528 heublmacher St: 1527/II, 1528: -/2/-
Wastian Kirchdorfer tuchscherer St: 1527/II: -/3/9
Peter Aufunddahin gúrtler St: 1527/II, 1528, 1529: -/2/-
Hanns Kaltenpronner St: 1529: 1/1/19 juravit
Valtein Kalecker [Colecter] kramer St: 1532: -/4/16
Arsaci wagner St: 1544: nihil
Jorg [V.] Ridler [von Oberumbach, Sohn von Otmar II.]
    St: 1545: an chamer, 1546-1548: -/6/2, 1549/I-II, 1550, 1551/I-II, 1552/I-II: 1/5/17, 1553,
        1554/I-II, 1555: 3/1/7
    StV: (1545) [Nachtrag:] zalt 1/5/4 zwifache steur am 4. Juni et juravit. (1549/I) hat der Othmar
        Ridlerin erb zugsetzt.
alt Heytzpeckhin St: 1548: nihil, pauper
Schweytzer pusauner St: 1556, 1557: nihil, 1558: nihil, hofgsind, 1559: nihil
Doctor Gotthart St: 1561: nichil
Doctor Andre Kartheuser St: 1564/I-II: nichil, 1565, 1566/I: -/-/-, 1566/II, 1567/I: nihil, 1567/II: -/-/-

---

[1] Caspar Seehofer 1500 Aufnahme in die Weinschenkenzunft, vgl. Gewerbeamt 1418 S. 11r.
[2] 1482 bei Rindermarkt 7 A „peitler" genannt.

Rindermarkt 17

Charakter: Im 14. Jahrhundert Bäckerhaus, dann Weinschenke.

Hauseigentümer:

1390 Dezember 19 „Ch(unrad) in dem winckel" verkauft sein Haus am Rindermarkt, zunächst des Ridler (Rindermarkt 16) Haus, Ott dem Spiegel (muß heißen: Schimel).[1]

1391 September 26 Chunrat der Preysinger, Viztum in Niederbayern, verkauft Otto und Adlhaid Schymmel um 450 ungarische Gulden ein Haus in München und erhält dafür von diesem Ehepaar ein Haus am Rindermarkt, zunächst Jacob Ridlers Haus (Rindermarkt 16) gelegen.[2]

1392 Februar 8 Ott der Schimel verkauft sein Haus am Rindermarkt, zunächst an des Ridlers Haus (Rindermarkt 16) gelegen, „alz [= wie] er daz gechauft hat von Chunczen in dem winckel", Herrn Chunraden dem Preysinger, „meines hern herczog Fridreichs hofmeister".[3] Dafür erhält Ott der Schimel des Preysingers Haus „vor der purg (Burgstraße 10), zenaechst dez gewelbes bey dez Haydens haws" (Burgstraße 11).[4]

1392 April 4 Chunrad der Preysinger läßt durch einen Bevollmächtigten („Peter der jung Schalldorffer von Pairprunen") sein Haus am Rindermarkt, zunächst an des Ridlers Haus (Rindermarkt 16) gelegen, an Chunrad den Triener weiterverkaufen.[5]

1393 August 2 „Haensel, Nicel dez Reichers sun", verkauft „sein pechenhaws an dem Rindermarkt", zunächst an Perchtold des Phunczners Haus (Rindermarkt 18), dem Chunrad dem Triener.[6]

1408 Dezember 13 Guta, des Chunrat Triener seligen Witwe, versetzt ihr Haus am Rindermarkt, zunächst an Perchtold des Pfunczners Haus (Rindermarkt 18), Chunrad dem Krapf von Mittenwald, ihrem Eidam, um 300 gute neue ungarische Gulden.[7]
Mit der Tochter von Konrad Krapf von Mittenwald, Katharina Krapf, war Friedrich II. Astaler verheiratet. Deshalb erscheint nicht zufällig von 1423 bis 1431 Friedrich Astaler hier in den Steuerbüchern, danach 1445 seine Witwe, 1439 bis 1447 seine Kinder und 1454 bis 1462 der Sohn Jörg Astaler. Die Witwe von Friedrich Astaler heiratete nach seinem Tod Ludwig Pötschner, von dem sie 1445 auch schon wieder Witwe war. Dann heiratete sie in dritter Ehe einen Mann namens Weichsler.[8] Über die Pfandschaft von 1408 scheint demnach das Haus aus der Hand der Witwe Triener an ihren Schwiegersohn Krapf, dann an dessen Tochter Katharina, verheiratete Friedrich Astalerin, und ihre Kinder aus den drei Ehen gekommen zu sein. Als Hauseigentümer sind sie allerdings alle nie belegt. Aber von diesen verwandtschaftlichen Beziehungen rührt in den Steuerbüchern und Scharwerksverzeichnissen die Gemengelage der sich zeitlich überschneidenden Familiennamen.

1411 Oktober 24 die Witwe Guta Triener versetzt die Überteuerung auf ihrem Haus am Rindermarkt, zunächst dem Haus „Perchtolt des Pfunczners" (Rindermarkt 18) gelegen, Hans dem Güss um 113 ungarische Gulden, die er Purckhart dem Haller für sie bezahlt hat.[9]

1466 Oktober 7 das Haus des Gabriel Ursentaler ist benachbart dem Haus des Jörg Werder (Rindermarkt 16) am Rindermarkt.[10]

1523 März 6 und **Juli 17** des (Sigmund) Pöndls Haus ist dem Haus des Balthasar Lurtz beziehungsweise Jörg Hueber (Rindermarkt 18) benachbart.[11]

---

[1] GB I 248/13.
[2] BayHStA, Kurbayern Urk. 16283.
[3] GB II 21/8.
[4] GB II 21/9.
[5] GB II 26/1.
[6] GB II 51/3.
[7] GB III 82/12.
[8] Vgl. Stahleder, Bürgergeschlechter. Die Astaler S. 202.
[9] GB III 112/4.
[10] BayHStA, GUM 327.
[11] GB IV S. 25v, 34r.

1524 auch des Pänndls Haus am Rindermarkt ist vom Ehaft am Brunnen an der Fürstenfelder Straße befreit.[1]

1526 Januar 11 das Haus des Sigmund Pondl am Rindermarkt ist Nachbar zum Haus der Witwe des Beutlers Mathes beziehungsweise künftig des Conrad Haß (Rindermarkt 16).[2]

Zwischen 1528 und 1532 wechselt Utnperger den Steuerbüchern zufolge von Haus Nr. 18 auf Nr. 17.

1540/41-1549/50 das Heiliggeistspital hat ein Ewiggeld aus Georg Uttenpergers Haus am Rindermarkt, 1549/50 mit Vermerk: zahlt jetzt Balthasar Lerchenfelder.[3]

1563 domus B[althasar] Lerchenfelder (StB).

1572 laut Grundbuch (Überschrift) des Leonhard Cäpffels Cramers Haus, Hof und Stallung.[4]
Die Familie Käpfel hat das Haus bis nach 1612 inne.

Eigentümer Rindermarkt 17:

*? Chunrat balneator (pader)
    St: 1368: 1/-/4, 1369, 1371, 1372: -/12/-, 1375: 2,5/-/-, 1377: -/9/- juravit, 1378: -/5/6 juravit
* Konrad in dem Winkel [bis 1390 Dezember 19]
* Ott Schiml [1390 Dezember 19 bis 1392 Februar 8]
* Konrad der Preysinger [Viztum von Niederbayern,[5] von 1392 Februar 8 bis April 4]
* Haensel Reichers Bäckerhaus [bis 1393 August 2]
* Chunrat Tryener (Dryener) [Weinschenk[6]]. 1401/I-II relicta Chunrat Triener. 1403, 1405/I-1416-1419 relicta [Guta] Trienerin (Trynerin) [Weinschenkin]
    St: 1394: 10/-/-, 1395: 3/-/80, 1396, 1397, 1399, 1400, 1401/I: 5/-/-, 1401/II: 2/-/- iuravit, 1403, 1405/I: 2/-/-, 1405/II: 2,5/-/- iuravit, 1406-1408: 3/-/80, 1410/I: 2,5/-/- iuravit, 1410/II: 3/-/80, 1411: 2,5/-/-, 1412: 2/-/-, 1413: -/5/- iuravit, 1415: -/5/-, 1416: -/6/22, 1418, 1419: -/6/-
    StV: (1412) nach dez racz haysen.
    Bem.: (1405/I-1408) Steuer gemeinsam mit Hanns (Hannsel) Strang.
    Pferdemusterung, um 1398: (Ur-Fassung): Chunrat Triener sol haben ain pferd umb 25 gulden und ein erbern knecht; (Korrig. Fassung): Chunrat Triener sol haben 2 pferd umb 35 gulden und selber reiten.

Hanns (Hannsel) Strang [Weinhandel, Wirt[7]], 1403 inquilinus, 1405/II-1406, 1408 ir [= der Trienerin] sun
    St: 1403, 1405/I-II, 1406-1408: -/-/-, 1410/I: 0,5/-/- gracianus, 1410/II: -/10/20 iuravit, 1411-1413: -/-/-, 1419: -/-/60
    Bem.: (1405/I-1408) Steuer gemeinsam mit der Witwe Triener.

---

[1] RP 8 S. 66v.
[2] GB IV S. 95r.
[3] Heiliggeistspital (Rechnungen) 176/30 (1540/41) S. 39v, 176/38 (1549/50) S. 45v.
[4] Stadtgericht 207/7 (GruBu) S. 729v.
[5] Vgl. v. Andrian-Werburg, Urkundenwesen S. 109/110.
[6] Chunrad Triener ist Gastwirt. Die Stadt bezahlt ihm – 1402 seiner Hausfrau, der Trienerin – mehrmals Geldbeträge für die Zeche, die hochrangige Soldaten „in der rais" bei ihm „verzert" haben, vgl. KR 1398/99 S. 115v, 1399/1400 S. 120r, 1402/03 S. 100r. – 1402 schuldet die Stadt der Trienerin Wirtin „von der rais wegen" 2 Pfund Pfennige, 1403 sogar 52 Pfund, weil 6 Mann mit 6 Pferden 5 Wochen lang bei ihr einquartiert waren und „datz [= bei] ir verzert" haben von der neuen Rais, weiterhin zahlt die Stadt der Trienerin 1403 34 Pfund 7 Schillinge und 9 Pfennige Spesen, die von der Rais wegen bei ihr verzehrt wurden. Im selben Jahr schuldet die Stadt dem Hanns (!) Triener 55 Pfennige „umb roten wein, den man geschenkt hat dem von Hirshorn", vgl. Steueramt 572 (Leibgedingbuch 1402/03) S. 35v, 64r, 573 (Leibgedingbuch 1404/09) S. 35v, 49v. – Die relicta Trienerin wird auch im Mitgliederverzeichnis der Weinschenkenzunft von 1414 geführt, vgl. Gewerbeamt 1411 S. 2r. – Chunrat Triener wurde im Zuge der Bürgerunruhen von 1397/1403 im Jahr 1400 als Parteigänger der Herzöge Ernst und Wilhelm hingerichtet.
[7] Hans Strang handelt mit Wein: 1403 schuldet ihm die Stadt über 1 Pfund für Wein für den Hochenfelder, einen Gast der Stadt, vgl. Steueramt 572 (Leibgedingbuch 1402/03) S. 70v. – Er dürfte derselbe Hans Strang sein, der 1430 als Wirt belegt ist, vgl. Steueramt 987.

Konrad Krapf von Mittenwald [um 1408 Dezember 13, Pfandinhaber, Schwiegersohn der Witwe Triener]
*? Fridrich [II.] Astaler [Wirt[1], ∞ Katharina Krapf von Mittenwald, Tochter des vorigen]
    St: 1423: 12/-/6, 1424: 4/-/2, 1431: 10/-/-
    StV: (1431) darinn hat er verstewrt 5 gulden perpetuis (?) ex walneo.
*? Ludwig [III.] Potschner (Pótschner) [Stadtrat[2]]. 1440, 1441/II relicta Pótschnerin. 1441/I relicta Ludwig Potschnerin [= Katharina Krapf-Astaler]
    Sch: 1439/I-II, 1440, 1441/I-II: 3 t[aglon]
    SchV: (1439/I-II) und 6 lb gelcz 3 t[aglon]
*? relicta [Friedrich II.] Astalerin. 1447, 1453, 1458, 1462 relicta Weichserin (Weichslerin, Weigslerin).[3] 1457 relicta Potschnerin
    Sch: 1445: 2 ehalten, dedit
    St: 1447: -/20/-, 1453-1458: Liste, 1462: -/10/-
pueri [Hans, Ursula, Jörg] Astaler. 1447 pueri Fridreich Astaler [daneben nachgetragen:] Jorg Astaler
    Sch: 1439/I-II, 1440, 1441/I-II: 2 t[aglon]
    St: 1447: 1/-/26
pueri Ludwig [III.] Potschner (Pótschner)
    St: 1447: -/12/- dedit Stwpf, 1453-1454: Liste
Jacob Potschner (Pótschner) [Sohn von Ludwig III. Pötschner, Halbbruder von Hans und Jörg den Astalern]
    St: 1454-1456: Liste
pueri Weichsler (Weichslerin)
    St: 1453-1456: Liste
Jorg Astaler[4] [Sohn von Fridrich II. Astaler]
    St: 1454-1458: Liste, 1462: -/5/15
    StV: (1462) die trit nachstewr zalt Weigslerin.
relicta Francz [II.] Potschnerin[5]
    St: 1458: Liste
* Gabriel Ursentaler [Weinschenk, 1466 Oktober 7]
Ulrich Pändl und sein vatter. 1486 Ulrich Pándl et pater. 1490, 1496, 1500 Ulrich Póndl (Penndl, Pöndl) [Weinschenk[6]]
    St: 1482: 6/1/18, 1486, 1490: 8/7/4, 1496: 7/7/20, 1500: 8/5/12
* Sigmund (Sigl) Póndl (Pondl, Póndl) [Beutler[7]]
    St: 1508: 2/5/10 juravit, 1509: 2/5/10, 1514: Liste, 1522-1526, 1527/I: 3/-/23, 1527/II: 3/3/6, 1528: -/2/-, 1529: 3/3/6
    StV: (1522) hat seins schwehern gut zugesetzt. (1528, 1529) et dedit 1/4/- fúr p[ueri] Rot.
et frater. 1524 et frater Thoman Póndl. 1525-1527/I Thoman Póndl (Pondl)
    St: 1522-1526, 1527/I: 2/2/18
Hanns Pöndl [später Weinreißer ?[8]]
    St: 1525, 1526, 1527/I: 1/2/6

---

[1] Der Astaler am Rindermarkt gehört 1430 zu den Wirten, die Ungeld zahlen, vgl. Steueramt 987.
[2] Ludwig Pötschner ist 1420, 1424 und 1428 als einer der Bürgermeister belegt, vgl. R. v. Bary III S. 756, 757.
[3] Katharina, Witwe von Friedrich II. Astaler, nach dessen Tod verheiratet mit Ludwig III. Pötschner. Von diesem 1445 auch schon wieder verwitwet heiratete sie nun einen Mann namens Weichsler. Sie ist die Mutter von Jörg Astaler ebenso wie von den Kindern des Ludwig Pötschner, vor allem von Jakob Pötschner, vgl. Stahleder, Bürgergeschlechter, Die Astaler S. 202.
[4] Sohn von Friedrich II. Astaler, später Bürger zu Innsbruck, gest. vor Januar 1472.
[5] Ihr Name ist unbekannt. Franz II. war ein Bruder von Ludwig III. Pötschner.
[6] Ulrich Pöndl 1489 Mitglied der Weinschenkenzunft, vgl. Gewerbeamt 1418 S. 6r.
[7] Sigmund Pendl 1523-1532 bei Marienplatz 25 „peitler", die Sigmund Pendlin 1540-1543 bei Burgstraße 6 A/B „peutlerin" genannt.
[8] Ein Hanns Pöndl ist 1546-1557 als Weinreißer belegt, vgl. R. v. Bary III S. 974.

* Jórg Uttennperger (Utnperger) [Weinhandel[1]]. 1544-1548 relicta Utnpergerin.
    St: 1532: 11/1/26, 1540-1542: 16/6/5, 1543: 33/5/10 patrimonium, 1544-1547: an chamer. 1548: -/-/-
    StV: (1548) der kinder pfleger steurn derhalben, Jorg Kápler.
  Joachim Uttenperger
    St: 1532: 2/5/- juravit
* Walthas (Walthasar, Balthas, Balthasar) Lerchenfelder. 1563 domus B[althasar] Lerchenfelder [Stadtrat[2]]
    St: 1550, 1551/I-II, 1552/I-II: 14/5/-, 1553, 1554/I-II, 1555-1557: 15/6/5, 1558: 32/1/26, 1559, 1560: 16/-/28, 1561: an chamer, 1563: -/-/-
    StV: (1550, 1551/I-II) mer 3/2/- fúr p[ueri] Pernöder. (1550) hat des Ursprengers absatz zugsetzt. (1558) zugsetzt der Khölnerin erb.
** Lenhart (Leonhart) Käpfl (Khápfl), 1564/II, 1566/I-II, 1567/II, 1568, 1569 chramer [äußerer Rat[3]]
    St: 1564/I-II, 1565, 1566/I-II, 1567/I-II: 34/1/4, 1568: 68/2/8, 1569-1571: 51/3/9
    StV: (1564/II) mer fúr p[ueri] Stainmúller 9/4/10. Mer fúr p[ueri] Niclas Ligsalz 5/3/4, zuegesezt der Ligsalz schuld den 8. tail. Mer fúr 3 versessn steur 16/2/12. (1565) mer fúr p[ueri] Stainmullner, zuegesezt der Ligsaltz schuld 10/-/7. (1566/I) mer fúr p[ueri] Stainmúller 10/-/7. (1567/II) mer fúr Niclas khinder steur [15]63, [15]64), [15]65, [15]66, [15]66, [15]67, [15]67 yede 5/3/4. [Nachtrag:] Adi 24. Juli anno [15]68 zalt Kapfl dise steur alle 38/-/28. (1568) mer fúr Niclaß Ligsaltz khinder 10/6/8. (1569, 1570) mer fúr Niclas Ligsaltz khinder (khünder) 5/3/4.

Bewohner Rindermarkt 17:

Niclas goltsmid, 1371-1377 inquilinus. 1379 relicta Nickl goltsmid
    St: 1368: 0,5/-/4, 1369, 1371, 1372: -/6/6, 1375: -/3/6, 1377: -/-/78 juravit, 1378: -/-/78, 1379: -/-/36
Schollirer pistor (pek). 1369 Chunrat Schollirer. 1371-1375 pistor Schollirer. 1377-1381, 1388 Chunrat Schollirer pistor (peck), 1368, 1369, 1378, 1379, 1390/I, 1392 inquilinus
    St: 1368: -/-/16, 1369, 1371, 1372, 1375: -/-/24, 1377: -/-/36 juravit, 1378, 1379, 1381, 1382, 1383/I: -/-/36, 1383/II: -/-/54, 1387: -/-/24, 1388: -/-/48 juravit, 1390/I: -/-/48
  Heinrich Schollirer peck. 1392-1393 Schollirer peck
    St: 1390/II: -/-/48 gracianus, 1392: -/-/30, 1393: -/-/40
relicta Rauschherin inquilina St: 1368: -/-/-
Móringer carpentarius inquilinus kistler St: 1369: -/-/18
Schrámel inquilinus St: 1371: nichil
Gaerr taschner inquilinus St: 1378: -/-/-
Peter kramer inquilinus St: 1379: -/-/-
Hainrich Schúll vragner inquilinus St: 1381: -/-/12 gracianus
Thoman Haydem (!) inquilinus St: 1381: 0,5/-/- post -/-/60
Ulrich Kellner pistor inquilinus St: 1382: -/-/18
Ulrich Kráwczer (Krauczzer) inquilinus St: 1383/I: -/-/12, 1383/II: -/-/18
Hainrich sartor (sneyder) de (von) Grúnnwald inquilinus
    St: 1383/I: -/-/15 gracianus, 1383/II: -/-/27 juravit
[Fridrich ?] Weinsperger sneider (sartor) inquilinus St: 1387: -/-/24, 1388: -/-/48 juravit
Zucherl (Zúcherl) inquilinus, 1388 bot St: 1387: -/-/6, 1388: -/-/12 juravit
Chunrat Lehner mercator inquilinus St: 1387: -/-/12
Ruff inquilinus St: 1387: -/6/20 gracianus, 1390/I: -/-/-
Andre Schrenck [∞ Susanna, geb. Pötschner] St: 1392: 18/-/45, 1393: 24/-/60
Ludweig Heger inquilinus St: 1392: -/6/-
Peter taschner (taeschner) inquilinus St: 1392: 1/-/-, 1393: -/10/20

---

[1] Handel mit Wein durch den Uttnperger 1541 belegt, vgl. KR 1541 S. 82r.
[2] Vgl. Weinstraße 4 (1544-1549).
[3] Leonhard Käpfl 1579-1584 äußerer Stadtrat, vgl. Fischer, Tab. IV S. 3 und 4.

Hanns zolner [Weinschenk, Salzsender[1]] inquilinus St: 1393: 0,5/-/24
Liendl Lang [später Stadtschreiber[2]] St: 1393: -/13/- gracianus
Chunrat Merwoder inquilinus
    St: 1401/II: 1/-/-
    StV: (1401/II) iuravit et 1/-/- die voder stewr.
Hanns Gẃss inquilinus [1411 Pfandinhaber bei der Trienerin von der Überteuerung auf dem Haus]
    St: 1405/I: -/18/-
    StV: (1405/I) nach alter stewr.
Engelhart goltsmid inquilinus St: 1405/I: -/3/6, 1405/II: 0,5/-/- iuravit
Ludweyg Eysenman [Goldschmied ? Weinschenk ? Stadtrat[3]], 1410 inquilinus
    St: 1410/I: -/3/- gracianus, 1410/II: 0,5/-/- gracianus, 1416, 1418: 4/-/80
Peter [I.] Part St: 1411: 2,5/-/-, 1412: 3/-/80, 1413: -/6/18
Hainrich Greymold St: 1415: 2,5/-/-
Aberdar [Beutler, Vorsprech[4]] St: 1419: -/-/-
relicta Stúpfin Sch: 1439/I: 2,5 t[aglon]
Martein Pernhart, 1439/II kramer, 1441/I inquilinus Sch: 1439/II, 1440, 1441/I: 2 t[aglon]
Peter Wickenhauser, 1439/II, 1441/I inquilinus
    Sch: 1439/II, 1440: 1 t[aglon], 1441/I: (kein Eintrag)
Hans Táurl páwtler Sch: 1440: -/-/8
maister Wolfgang maler Sch: 1445: 3 ehalten, [dedit] -/-/24
Jorg [II.] Rudolf [Salzsender[5]] Sch: 1445: 3 ehalten, [dedit] -/-/24
junckfraw[6] St: 1447: -/9/25
Peter Lóffler (Loffler) [Weinschenk[7]], 1447, 1453, 1456-1462 inquilinus
    St: 1447: -/22/-, 1453-1458: Liste, 1462: 2/-/1
Becz Pecktaler [Stadtsöldner[8]] St: 1453: Liste
Cristof Melper barbierer[9] St: 1522: -/1/12 gracion
    maister Mathes Melper. 1523-1525 Mathes Melper procurator.[10] 1526, 1527/I Mathes Melper
    St: 1522-1526, 1527/I: -/-/28
    StV: (1522, 1523, 1525, 1526, 1527/I) von seinem essichhandl. (1524) von seinem messing-
        hanndl (!).
Frólich procurator St: 1527/II: nichil
Joachim Pluemel St: 1540: 3/1/7
Doctor [Onuphrius] Berbinger (Perbinger)
    St: 1540: -/6/2, 1541: 1/2/10, 1542: -/1/26, 1543: -/3/22, 1544: -/4/6
    StV: (1540, 1542, 1544) von seinem ewigen gelt. (1541) hat zugsetzt. (1544) soll hinfúro noch
        12/-/- gelts zusetzn.
Hanns Haller [Gürtler, Stadtrat[11]] St: 1540, 1541: 6/4/-

---

[1] Vgl. Kaufingerstraße 4*.
[2] Vgl. R. v. Bary III S. 785.
[3] Ludwig Eysenman ist 1417, 1420 und dann noch öfter als Bürgermeister nachgewiesen, vgl. R. v. Bary III S. 756/758. – 1407 wird er bei Rindermarkt 2 Goldschmied genannt. – Um 1414 ist Ludwig Eysenman Mitglied der Weinschenkenzunft, vgl. Gewerbeamt 1411 S. 3v. – Ein Eisenman, ohne Vornamen, ist 1429-1431 als Salzsender belegt, vgl. Vietzen S. 143.
[4] Aberdar ist Beutler, vgl. Rindermarkt 23 und Marienplatz 25, 1427, 1429-1434, 1438 als Vorsprech belegt, vgl. R. v. Bary III S. 806.
[5] Jörg Ruedolff ist 1443-1445 als Salzsender belegt, vgl. Vietzen S. 144.
[6] Zur Astaler-Pötschner-Weichsler-Sippe gehörig ?
[7] Peter Loffler ist 1433, 1451 und 1458 Mitglied der Weinschenken-Bruderschaft, 1442, 1455 und 1457-1459 Vierer der Schenken, vgl. Gewerbeamt 1411 S. 8v, 10r, 10v, 11v, 12v. – 1430 Peter Löfler einer der Wirte, die Ungeld zahlen, vgl. Steueramt 987. – 1459 derselbe ebenfalls Vierer der Weinschenken, vgl. RP.
[8] Becz Pechtaler ist 1422-1460 fast jedes Jahr als Stadtsöldner belegt, vgl. R. v. Bary III S. 834.
[9] Vgl. Rosenstraße 4 und 5, Sendlinger Straße 981*.
[10] Mathias Melper auch 1520 und 1521 als Vorsprech belegt, vgl. R. v. Bary III S. 807/808.
[11] Vgl. Marienplatz 19.

Jorg Glaner weinzaler[1]
  St: 1543: 3/2/10
  StV: (1543) mer -/3/15 gracion von seins weibs heyratguth, soll aufs jar zusetzn.
Wilhelm [IV.] Scharpffzand St: 1544: 3/5/27
Andre Werder
  St: 1545: nihil, hoffgsind, 1546: -/-/-
  StV: (1546) zalt infra, folio 78 col. 2 [richtig col. 1 = 78r, Ewiggeld]
Nothhafft landhoffmaister St: 1545: nihil
Hanns[2] sayler St: 1551/II, 1552/I-II: -/2/10
Doctor Valtenmayr St: 1552/I-II: nihil, rath
relicta Kräfftin St: 1554/II, 1555: 2/5/28
Hanns collecter St: 1555-1557: -/4/12, 1558: 1/1/24, 1559, 1560: -/4/12,
Doctor Cristoff Elsnhamer [hgl. Rat] St: 1559: nihil
Peter Obernburger St: 1563: nichil, hofgsind

Rindermarkt 18

Charakter: Um 1400 Weinschenke, ab etwa 1530 Apotheke.

Hauseigentümer.

1379 Februar 17 Chunrat von Hausen verkauft sein Haus am Rindermarkt, zunächst „an dez Grozzen Albrechten haus" (Rindermarkt 19) gelegen, dem Hanns dem Aeppel.[3]

1391 Oktober 24 „Ez hat dew múnsmaister[in] ir haws und daz ir chinde ist, der tochter, die si gehabt bey irem fodern wirt Hainrich dem Aepplin und dew zu Anperg [Amberg] siczt, an irr stat gevertigt ... Pertholden dem Rotfuchs und daz obgenant hawss ist gelegen an dem Rindermarkt, zu naechst an dez Aelblins haws" (Rindermarkt 19).[4]

1393 August 2 „Perchtold dez Phunczners" Haus ist benachbart dem Bäckerhaus des Haensel Reicher, künftig des Chunrad des Trieners (Rindermarkt 17).[5]

Perchtold Phunczner wird bei Marienplatz 21 A als Vetter des Hainrich Rotfuchs bezeichnet. Sie sind also verwandt: Beide haben denselben Vornamen, beide zahlen 1403 und 1405 dieselbe Steuer, sie lösen sich in den Steuerbüchern genau ab, zudem ist 1393 Pfunczner Hauseigentümer, obwohl im Steuerbuch bis 1403 immer Rotfuchs steht. Phunczner ist Wirt, die Stadt zahlt 1403 Zehrkosten an ihn.[6]

1408 Dezember 13 das Haus „Perchtolcz des Pfunczner(s)" ist benachbart dem Haus der Witwe von Chunrad Triener (Rindermarkt 17),[7] ebenso

1411 Oktober 24.[8]

Wegen der langen Verweildauer und des angemessenen Steuersatzes könnten von etwa 1439 bis 1462 die Steinauer Hauseigentümer gewesen sein.

1495 November 19 Anna Raid verkauft laut Grundbuch aus dem Haus ein Ewiggeld von 20 Gulden um 400 Gulden Hauptsumme.[9]

1514 auf des Stringers (StB: Strigner) Haus am Rindermarkt – das „hat jetzo der Raid innen" – liegt ein Ewiggeld.[10]

---

[1] Bei R. v. Bary III S. 975 nur für 1552-1558 belegt, später auch Salzstößel, vgl. Fürstenfelder Straße 14.
[2] 1551/II folgt gestrichen „Stichel".
[3] GB I 105/5.
[4] GB II 16/13, 14.
[5] GB II 51/3.
[6] Steueramt 572 (Leibgedingbuch 1402/03) S. 68v.
[7] GB III 82/12.
[8] GB III 112/4.
[9] Stadtgericht 207/7 (GruBu) S.731v/732r.
[10] Zimelie 33 (Stadtbruderhausbuch) S. 34.

1522 September 23 das Haus des Lurtz liegt benachbart dem Haus des Wolfgang Muelich beziehungsweise Hanns Kasstl (Rindermarkt 19).[1]

1523 März 6 der Bürger zu Enns Palthasar Lurtz verkauft sein eigen Haus und Hofstatt am Rindermarkt, gelegen zwischen den Häusern des Pöndl (Rindermarkt 17) und des Zinngießers Hanns Gastl (Rindermarkt 19), dem Münchner Bürger Jörg Hueber und seinen Erben.[2]

1523 Juli 17 Jörg Hueber verkauft sein Haus und Hofstatt am Rindermarkt, zwischen Sigmund Pöndls (Rindermarkt 17) und des Zinngießers Hanns Kastl (Rindermarkt 19) Haus gelegen, dem Bürger zu München Jörg Utenperger und seiner Hausfrau Margreth und allen ihren Erben.[3]

1524 auch des Uttnbergers Haus am Rindermarkt ist vom Ehaft am Brunnen an der Fürstenfelder Straße befreit.[4]

Zwischen 1528 und 1532 wechselt Utnperger vom Haus Nr. 18 auf Nr. 17.

1534 Oktober 5 das Ehepaar Hanns und Ursula Pauman, Apotheker, verkaufen den Kindern aus erster Ehe, Hanns und Benigna Paumann, aus dem Haus ein Ewiggeld von 11 Gulden um 220 Gulden Hauptsumme, ebenso wieder

1537 August 4 und

1543 August 6, jeweils 5 Gulden um je 100 Gulden Hauptsumme (GruBu).

1546 die Baukommission beanstandet bei „Hanns [Pauman] apotecker" (am Rindermarkt), daß die Vorbauten „1/2 eln ze prait" sind.[5]

1572 bei Anlage des Grundbuchs (Überschrift) des Jacob Seger Apothekers Haus, Hof und Stallung. Das Haus besitzt die Witwe Seger noch 1597, die Tochter und der Schwiegersohn Pürchinger sogar bis 1622.

Eigentümer Rindermarkt 18:

* Chunrat von Hawsen [Stadtrat[6]]
    St: 1369, 1371, 1372: 4/-/30, 1375: 15,5/-/-, 1377: 10/7/- juravit, 1378: 7,5/-/- juravit, 1379: 7,5/-/-

    Francz (Franczel) frater suus inquilinus. 1375-1379 Francz von Hawsen [Stadtrat[7]]
    St: 1369: -/-/-, 1371, 1372: 1/-/-, 1375: 2/-/- gracianus, 1377: 8/-/- juravit, 1378: -/-/-, 1379: 6/-/60 juravit
    StV: (1378) [Nachtrag am Rand:] solvit 4,5/-/-.

* Hanns[8] der Aeppel [seit 1379 Februar 17]
    relicta Máwslin inquilina. 1383/II relicta H[ainrich] Máwsel inquilina
    St: 1382: -/-/- dedit alibi, 1383/II: 2/-/-

* patrimonium Ápplin. 1383/I-II, 1387-1390/II patrimonium (Hainrich) Aeppel (Aepl, Eppl) [Salzsender, äußerer Rat]
    St: 1382, 1383/I: -/12/-, 1383/II: 2/-/60, 1387, 1388: -/-/-, 1390/I-II: -/12/-
    Bem.: (1388) Steuer gemeinsam mit patrimonium relicta H[einrici] Máwsel.
    et patrimonium relicte H(ainrici) Máwsel
    St: 1388: -/12/-
    Bem.: (1388) Steuer gemeinsam mit patrimonium Hainrich Aeppel.

* Münzmeisterin (= Witwe von Hainrich Aeppel) und ihre Tochter zu Amberg [bis 1391 Oktober 24]

* Bercht(olt) Rotfuchs. 1394, 1395 Berchtolt Rotfuchs Freisinger. 1396-1401/II, 1403 Perchtolt Freysinger, 1399 et uxor
    St: 1393: 4/-/40 juravit, 1394: 4/-/40, 1395: 2/-/- minus -/-/40, 1396, 1397, 1399: 2/6/- sein stewer, 1400: 7/3/15, 1401/I: 2/-/32, 1401/II: 2/-/32 iuravit, 1403: 2/-/32

---

[1] GB IV S. 18v.
[2] GB IV S. 25v.
[3] GB IV S. 34r.
[4] RP 8 S. 66v.
[5] LBK 4.
[6] Chunrat von Hausen 1372-1375 äußerer, 1377-1384 innerer Stadtrat, vgl. R. v. Bary III S. 740, 765.
[7] Francz von Hausen 1381-1384 äußerer Stadtrat, vgl. R. v. Bary III S. 740.
[8] Laut GB I 105/5 Vorname Hanns, vielleicht aber doch Hainrich gemeint.

StV: (1401/I) alz der rat geschaft hat. (1401/II) et dedit 2/-/32 die voder stewr alz der rat geschaft hat.

* Perchtold Pfunczner (Pfúnczner) [Weinschenk, Weinhändler, Stadtrat[1]]

    St: 1405/I: 2/-/32, 1405/II: 7,5/-/- iuravit, 1406-1408: 10/-/-, 1410/I: 6/-/60 iuravit, 1410/II: 8/-/80, 1411: 6/-/60, 1412: 8/-/80, 1413: 5/-/48 iuravit, 1415: 5/3/-, 1416: 7/-/40, 1418, 1419: 3/-/80, 1423: 2,5/-/- iuravit, 1424: -/6/20, 1431: -/14/- iuravit

    StV: (1431) [Nachtrag:] et dedit -/-/45 uxor[is] gracion. 5 lb de XII lb et 14 ß czens[us].

*? Hanns Stainawer, 1458 kramer[2]

    Sch: 1439/I-II, 1440, 1441/I-II: 3 t[aglon], 1445: 1 diern, dedit -/-/8

    St: 1447: 5/-/69, 1453-1458: Liste

    Barbara (Warbra, Warbara) Stainawerin, 1462 inquilina. 1455-1458 Barbara sein [= des Hanns] swester

    Sch: 1439/I-II, 1440, 1441/I-II: 1 t[aglon]

    St: 1447: -/9/1, 1453-1458: Liste, 1462: -/6/10

    Linhart Steinawer [Kramer[3]]

    St: 1462: 7/7/18

    StV: (1462) fur sich und seinen pruder Hanssen ir peider stewr.

* Niclas Strigner, 1482 kramer

    St: 1482: 7/1/22, 1486: 5/3/3

** Anna Raid [1495 November 19 und 1514]

* [Balthasar] Lurscht (Lurtz)

    St: 1522: an kamer. [Nachtrag am Rand:] t[enetu]r (?) -/1/12 de domo.

* Jorg Hueber [1523 März 6 bis Juli 17]

* Jórg Uttenperger [später äußerer Rat[4], ∞ Margaret]

    St: 1523-1526, 1527/I: 3/-/10, 1527/II, 1528: 11/1/26

    StV: (1523) hat seiner hausfrau heyratgut zugesetzt.

** maister Hanns Pauman apotecker[5]. 1540-1554/II Hanns Pauman apodeckher

    St: 1532: -/-/21 de domo, 1540: nihil, sed dedit -/-/21 [de domo], 1541: nihil, confect, sed dedit -/-/21 de domo, 1542: -/-/21 de domo und confect, 1543: -/1/12 de domo und confect, doplt, 1544: -/-/21 de domo und confect, 1545: -/1/12 de domo und confect, doplt, 1546-1548, 1549/I: -/-/21 de domo und confect, 1549/II: -/-/21 und confect, 1550, 1551/I-II, 1552/I-II, 1553, 1554/I-II: -/-/21 de domo und confect

    StV: (1540) sed dedit -/-/21. (1541, 1542) sed dedit -/-/21 de domo.

** Jacob Seger (1561, 1564/I, 1565 Steger) apoteckher[6]

    St: 1555-1557: -/-/21 de domo (und) confect, 1558: -/1/12 de domo (und) confect, 1559: -/-/21 de domo (und) confect, 1560: -/-/21 und confect, 1561, 1563, 1564/I-II: -/-/21 de domo (und) confect, 1565, 1566/I: -/-/21, 1566/II: -/-/21 de domo (und) confect, 1567/I: -/-/21 de domo, 1567/II: -/-/21 de domo (und) confect, 1568: -/-/21 de domo, 1569: -/-/21 de domo, confect, 1570, 1571: -/-/21 confect, de domo

    StV: (1555) mer -/3/15 von seiner hausfrau ewigen gelts (1561) mer fúr p[ueri] Jungen 1/-/2. (1561) mer 3 nachsteur 3/-/-. (1563) mer fúr p[ueri] Pranndt 2/2/25. (1564/I) mer fúr des Pranndtn 4 khinder 1/6/14. (1564/II) mer fúr p[ueri] Pranndt 1/6/14. (1565, 1566/I) mer fúr

---

[1] Perchtold Pfuntzner war 1407, 1412, 1413 und 1425 der an zweiter Stelle genannte Kirchpropst von St. Peter und damit wohl äußerer Stadtrat, vgl. R. v. Bary III S. 765. Um 1414 nennt ihn auch das Verzeichnis der Weinschenken, vgl. Gewerbeamt 1411 S. 4r. Auch 1430 gehört der Pfunczner am Rindermarkt zu den Wirten und zahlt Ungeld, vgl. Steueramt 987. 1402/03 und 1404/06 ist er auch im Weinhandel nachgewiesen, vgl. KR 1402/03 S. 39r, 1404/06 S. 65v.

[2] Hanns Stainawer ist 1463, 1464, 1467 und 1470 (?) Vierer der Kramer, vgl. RP.

[3] Linhart Stainawer ist 1474, 1477 und 1479 Vierer der Kramer, vgl. RP. – Dem Linhart Stainawer zahlt die Stadt 1470 4 Pfund und 64 Pfennige für 32 Pfund Wachs für Kerzen, das Pfund zu 32 Pfennigen, vgl. KR 1470/71 S. 76r.

[4] Jörg Uttenperger 1530-1534, 1536 und 1541 äußerer Rat, vgl. RP.

[5] Meister Hanns Pauman ist von 1524-1554 als Stadtapotheker belegt, vgl. R. v. Bary III S. 1031.

[6] Jakob Seger, seit 1555 als Stadtapotheker belegt, vgl. R. v. Bary III S. 1031; 1569 und 1571 Religionsverhör, vgl. Dorn S. 230, 260.

p[ueri] Prantn kinder 1/6/14. (1566/II, 1567/I) mer fúr p[ueri] Pranndtn 1/6/14. (1567/I) mer fúr sein pflegtochter, so dem Alexannder verheurat, nachsteur von 400 fl par, 5/-/-. (1567/II) mer fúr p[ueri] Wenndl -/1/5. Mer fúr p[ueri] Pranndt 1/-/21 abgesetzt. (1568) mer fúr p[ueri] Pranndt 2/1/12. (1569, 1570) mer fúr p[ueri] Pranndt 2/6/1. (1571) mer fúr p[ueri] Pranndt 1/-/11,5.

Bewohner Rindermarkt 18:

Niclas Sternegger
    St: 1368: 0,5/-/-
    StV: (1368) [Nachtrag am Rand, wieder getilgt:] solvit 0,5/-/- et [folgt unleserliches Wort] et scala.
Thoman wagner inquilinus St: 1382, 1383/I: -/-/42, 1383/II: -/-/63
Ludweig Heger inquilinus St: 1393: 1/-/-
    Kristel Heger taschner St: 1397: -/3/6
Engelhart goltsmid St: 1403: -/3/6
Diettreichin kramerin
    St: 1419: -/-/60
    StV: (1419) ir stewr, und Thoman ir man -/-/20 sua gracianus.
Hanns Kreisin relicta St: 1482: nichil
Niclas Preyss St: 1490: 5/3/3, 1496: 3/3/25, 1500: 2/5/17
Erhart Witenpeck inquilinus St: 1490: -/4/22
Hanns Holtzhauser p[eitler ?] St: 1509: -/7/10
Peter Rieger peitler inquilinus St: 1509: -/-/21 gracion

Rindermarkt 19

Charakter: Bis Anfang 16. Jahrhundert Weinschenke, dann Zinngießerei.

Hauseigentümer:

1370 beanstandet die Baukommission beim „Grozz Aelbel" die Stapfen an der Stiege. Er soll sie abbrechen.[1]
1374 April 22 der „Albrecht [Grozz] ledrer an dem Rindermarkt" hat einen Prozeß mit Ulrich Tichtel dem jüngeren um ein Pferd.[2]
1379 Februar 17 „dez Grozzen Albrechten haus" ist benachbart dem Haus des Chunrat von Hausen beziehungsweise Hanns dem Aeppel (Rindermarkt 18).[3]
1382 Mai 7 das Haus des Aelblin ist Nachbarhaus zum Haus des Ludweig Küchl beziehungsweise zu Eberhart dem Pirmeider (Rindermarkt 20).[4]
1388 Mai 27 Streit vor dem Stadtgericht um die Bezahlung von Floßleuten „von des Älbleins wegen am Rindermarckt".[5]
1389 August 7 Hans Albel verpfändet sein Haus am Rindermarkt, zunächst des Pirmeiders Haus (Rindermarkt 20).[6]
1391 Oktober 24 des Aelblins Haus ist benachbart dem Haus der Witwe des Hainrich Aeppl beziehungsweise dem Haus des Perchtold Rotfuchs (Rindermarkt 18).[7]

---
[1] Zimelie 9 (Ratsbuch IV) S. 4v (neu).
[2] GB I 48/12.
[3] GB I 105/5.
[4] GB I 160/7.
[5] GB I 235/11.
[6] GB I 240/23.
[7] GB II 16/13, 14.

1393 Januar 23 Hanns Aelbel verkauft sein Haus am Rindermarkt, zunächst dem Haus des Pirmeiders (Rindermarkt 20) gelegen, dem Hanns, des Ulrich des Aelblins Sohn.[1] Gleich überlegen sie es sich aber anders:

1393 Februar 21 Hanns der ältere Aelbel und sein Vetter Hansel Aelbel von Wasserburg verkaufen ihr Haus am Rindermarkt, zunächst an des Pirmeiders Haus (Rindermarkt 20) gelegen, dem Eberlin Ott, so wie der ältere Hans Aelbel es vor kurzem seinem Vetter Haensel Aelbel übergeben hatte.[2]

1398 Juli 18 das Haus des Eberhart Ott ist benachbart dem Haus von Eberhart und Hanns den Pirmeidern (Rindermarkt 20).[3]

1423 domus Ludwice (StB).

Von 1439 bis 1462 könnte Hans Ramler Hauseigentümer gewesen sein. Aber nur die lange Verweildauer und die teils für einen Hauseigentümer angemessen hohe Steuer und Scharwerksleistung könnten dafür sprechen.

1522 September 23 der Maler und Bürger zu München Wolfganng Muelich verkauft sein eigen Haus und Hofstatt am Rindermarkt, gelegen zwischen den Häusern von Sigmund und Oswalt Kölbl (!) (Rindermarkt 20) und des Lurtz (Rindermarkt 18) an den Zinngießer Hanns Kasstl und seine Hausfrau Margreth und ihren Erben.[4]

1523 März 6 und

1523 Juli 17 das Haus des Zinngießers Hanns Gastl (Hanns Kastl) am Rindermarkt ist Nachbar vom Haus des Balthasar Lurtz beziehungsweise Jörg Hueber (Rindermarkt 18).[5]

1524 auch das Haus des Zinngießers am Rindermarkt ist vom Ehaft am Brunnen an der Fürstenfelder Straße befreit.[6]

1546 beanstandet die Baukommission bei Hanns Gastl zingießer, daß seine Vorbauten „1/2 eln ze prait" sind.[7]

1548 Mai 3 zur Erbmasse des verstorbenen Zinngießers Hanns Castl des Älteren und seiner Witwe Anna Grebmair gehört auch ein Haus am Rindermarkt, das der Erblasser seiner Tochter Margaret Kampp hinterlassen hat. Es wird auf 400 Gulden geschätzt.[8]

1548 April 27 Hanns Khampp und seine erste Ehefrau Margaret (geb. Cässtl), verkaufen aus diesem Haus ein Ewiggeld von 9 Gulden um 180 Gulden Haussumme,[9] ebenso

1549 Oktober 9 (3 Gulden, wohl um 60 Gulden),

1553 Mai 10 (12 Gulden, wohl um 240 Gulden) (GruBu).

1555 August 7 Hanns Kampp und seine (2.) Ehefrau Ursula verkaufen ein Ewiggeld (5 Gulden um 100 Gulden) an den Schwager und Bruder Georg Cässtl.[10] Demnach wäre auch die 2. Ehefrau Ursula eine geborene Cässtl gewesen.

1567 September 26 Ewiggeldverkauf (7,5 Gulden um 150 Gulden) durch den Schuster Georg Öttenhofer und seine Hausfrau Dorothea als Restschuld der Kaufsumme an die Kinder des Riemers Hanns Khampp (Georg, Anna, Regina, Margaret, Barbara Öttenhofer) (GruBu).

1567 September 27 Ewiggeldverschreibung (5,5 Gulden um 110 Gulden) des Ehepaares Öttenhofer an Hanns Khampp Riemer und seine Hausfrau Ursula, desgleichen

1567 September 28 (10 Gulden um 200 Gulden), diesmal zur Entrichtung der Kaufsumme (GruBu).

1569 August 1 das Ehepaar Sebastian Ortolph, Zinngießer, und Sibilla verkaufen der Tochter Regina des Hanns Khampp ein Ewiggeld (3 Gulden um 60 Gulden) (GruBu).

1569 August 5 das Ehepaar Ortolph verkauft der Tochter Barbara des Hanns Khampp ein Ewiggeld (3 Gulden, wohl um 60 Gulden (GruBu),

---

[1] GB II 41/2.
[2] GB II 44/4.
[3] GB II 137/8, 9, 10.
[4] GB IV S. 18v.
[5] GB IV S. 25v, 34r.
[6] RP 8 S. 66v.
[7] LBK 4.
[8] BayHStA, KU München-Anger 1123.
[9] Stadtgericht 207/7 (GruBu) S. 734v/735v.
[10] Im HB AV S. 242 mit falscher Jahreszahl 1557.

1569 August 6 und **August 7** desgleichen an den Sohn Georg und die Tochter Anna des Hanns Khampp (je 3 Gulden, wohl um je 60 Gulden) (GruBu).
1572 laut Grundbuch (Überschrift) des Sebastian Ortolph Zinngiessers Haus, Hof und Stallung.

Die Familie Ortolph behält das Haus noch bis zum 9. November 1599.

Eigentümer Rindermarkt 19:

* Albrecht [Gross] ledrer [Stadtrat[1]]. 1381 patrimonium Albrecht ledrer
    St: 1368: 6/-/-, 1369, 1371: 9/-/-, 1372, 1375: 12/-/-, 1377: 12/-/- juravit, 1378, 1379: 12/-/-, 1381: 14/5/-
    Bem: (1381) Steuer gemeinsam mit Hanns Aelbel cum uxore.
  Ulrich filius suus inquilinus
    St: 1375: 5/-/- juravit
  puer Ulrici Albrecht ledrer. 1387 puer Ulrici Aelbel
    St: 1377: nichil, 1387: 0,5/-/-
* Hanns filius suus. 1378 Hanns Aelbel filius suus. 1379 Hanns filius suus inquilinus. 1381-1393 Hans Álbel (Aelbl) [äußerer Rat[2]], 1381 cum uxore
    St: 1377: nichil, 1378: 2/-/- gracianus, 1379: -/15/- juravit, 1381: -/-/-, 1382: 14/5/-, 1383/I: 6,5/-/- juravit, 1383/II: 9/6/-, 1387: 1/3/-, 1388: 2/6/- juravit, 1390/I-II: 2/6/-, 1392: -/21/-, 1393: 3,5/-/-
    StV: (1382) Darauf maint er ze swern und abzeleczn nach dem ayd.
    Bem.: (1381) Steuer gemeinsam mit patrimonium Albrecht ledrer.
  puer fratris sui [= Ulrich Albrecht]. 1388 puer Johannis fratris sui
    St: 1383/I: -/6/-, 1383/II: -/9/-, 1388: 1/-/-
* (und) sein vetter Hanns [Aelbel von Wasserburg]
    St: 1390/I-II: 1/-/-, 1392: -/6/-, 1393: 1/-/-
* Eberhart (Eberl) Ott [Wirt, Stadtrat[3]]. 1413-1419 relicta Eberhart (Eberhartin) Otten (Ottin) [Weinschenkin[4]]
    St: 1394: 3/5/2, 1395: -/12/-, 1399, 1400, 1401/I: 3,5/-/-, 1401/II: 3/6/20 iuravit, 1403, 1405/I: 3/6/20, 1405/II: 3/-/- iuravit, 1406-1408: 4/-/-, 1410/I: 2,5/-/72 iuravit, 1410/II: 3/5/26, 1411: 2,5/-/72, 1412: 3/5/26, 1413: -/21/10 patrimonium, 1415: -/3/-, 1416: -/6/4, 1418, 1419: -/6/4
    Pferdemusterung, um 1398: (Ur-Fassung): Eberhart Ott sol haben ein pferd umb 20 gulden und ein erbern knecht; (Korrig. Fassung): Eberhart Ott sol haben ein pferd umb 20 gulden und selber reiten.
  Diemut ir swester
    St: 1415: -/-/-
    StV: (1415) die habent mein hern ledig gesagt.
* domus Ludwice
    St: 1423: -/-/-
*? Hanns Ramlár (Ramler). 1445 Ramlar [Weinschenk[5]]
    Sch: 1439/I-II, 1440, 1441/I-II: 2,5 t[aglon], 1445: 3 ehalten, dedit
    St: 1447: -/15/22, 1453-1458: Liste, 1462: -/4/25

---

[1] Albrecht ledrer 1362-1373 abwechselnd äußerer und innerer Stadtrat, vgl. R. v. Bary III S. 741.
[2] Johans Albrecht oder Hanns Aelbel 1381 Mitglied des Großen Rates der Stadt, 1382 äußerer Rat, vgl. R. v. Bary III S. 745, 738.
[3] Eberlein der Ott ist Gastwirt, 1399/1400 sind „in der rais" Leute bei ihm einquartiert, vgl. KR 1399/1400 S. 120v. Auch das Weinschenken-Verzeichnis von um 1414 nennt Eberhart Ott, vgl. Gewerbeamt 1411 S. 2r. 1404, 1405, 1407-1411 war Eberhart Ott der zweitgenannte Pfleger und Hochmeister des Heiliggeistspitals und damit wohl äußerer Stadtrat, vgl R. v. Bary III S. 760.
[4] Die Eberhartin Ottin führt auch das Mitgliederverzeichnis der Weinschenkenzunft von 1414 auf, vgl. Gewerbeamt 1411 S. 2r.
[5] Hanns Ramler ist 1433 und 1451 Mitglied der Weinschenken-Bruderschaft, 1455, 1457 Vierer der Weinschenken, im Bruderschafts-Verzeichnius von 1458 ist nachgetragen „er ist tod", vgl. Gewerbeamt 1411 S. 8v, 10r, 11v, 12v. Auch 1430 gehört der Ramler zu den Wirten, vgl. Steueramt 987.

StV: (1462) Steuer gemeinsam mit den „pueri". (1462) et dedit -/-/24 gracianus von seinem heiratgut.
pueri Ramler
St: 1462: -/-/-
StV: (1462) Steuern gemeinsam mit Hanns Ramler.
Centz weinschenck. 1486 Centz Múlich weinschenck [Weinstadelmeister, Weinunterkäufel[1]]. 1490, 1496, 1500 Zenntz Múlich (Múlach, Müelich). 1514 relicta Zenntzin
St: 1482: -/7/25, 1486, 1490: 1/7/-, 1496: 1/7/-, 1500: -/2/2, 1508, 1509: -/2/2, 1514: Liste
* Wolfgang Müelich, Maler [bis 1522 September 13]
* Hanns Castl (Kastl, Gastl) zingiesser [∞ 1. Margaret, 2. Anna]
    St: 1523-1526, 1527/I: 1/6/11, 1527/II, 1528, 1529, 1532: 1/5/8, 1540-1542: 2/1/15, 1543: 4/3/-, 1544: 2/1/15, 1545: 6/-/-, 1546, 1547: 3/-/-, 1548: 3/-/- patrimonium
    StV: (1540-1542) et dedit 2/3/23 für p[ueri] Deinhofer. (1543) et dedit 5/-/16 für p[ueri] Deinhoffer.
    et pater
    St: 1528-1532: -/2/-
Hanns Gebmair, 1541 kramer [später ∞ Anna, Witwe des Gastl Zinngießer]
    St: 1540, 1541: 1/1/8
* Anna Gebmair, Witwe [auch Witwe von Gastl Zinngießer, 1548 Mai 3]
** Hanns Kamp (Khampp, Khampf), 1550-1551/II zammacher, 1552/I-1569 riemer [∞ 1. Margaret, Tochter von Hans Castl dem Älteren, 2. Ursula]
    St: 1550, 1551/I-II, 1552/I-II: -/6/27, 1553, 1554/I-II, 1555-1557: 1/-/13, 1558: 2/-/26, 1559, 1560: 1/-/13, 1561, 1563, 1564/I-II, 1565, 1566/I-II, 1567/I-II: -/6/26, 1568: 1/6/22, 1569: 1/-/20
    StV: (1564/I-II, 1565, 1566/I-II) mer für herr Jacob Strobl folio 92v [Ewiggeld]. (1567/I-II) mer für herrn Jacob Strobl folio 7v [Ewiggeld].
** Georg, Anna, Regina, Margaret Khamp und Barbara Khamp, verheiratete Öttenhofer, Kinder des Riemers Hanns Khamp [bis 1567 September 26]
** Georg Öttenhofer Schuhmacher [∞ Dorothea, 1567 September 26]
** Sebastian Orttolff (Artolf, Ardorf), 1564/II-1571 zingiesser[2] [∞ Sibilla]
    St: 1563: -/2/10 gratia, 1564/I: 1/4/21 juravit, 1564/II, 1565, 1566/I-II, 1567/I-II: 1/4/21, 1568: 3/2/12, 1569-1571: 1/3/7
    StV: (1568, 1569) mer für her Jacob Strobl folio 7v [Ewiggeld]. (1570, 1571) mer für Jacob Strobl(n) folio 3v [Ewiggeld]. (1570, 1571) mer für Niclas Gottner folio 13v (12r) [Ewiggeld].

Bewohner Rindermarkt 19:

Hainr(icus) servus suus [= des Albrecht ledrer] inquilinus
    St: 1368: -/-/24, 1369: -/-/-
    StV: (1369) invenitur in prato [= am Anger].
Rúmpfing (Rúmpfinck, Rúmpfing, Rumpfinck), 1383/II inquilinus, 1390/I-II de Lanczberg. 1392 Rúmpfin de Lanczberg
    St: 1383/II: 3/6/- gracianus, 1387: -/-/-, 1390/I-II: -/13/10, 1392: -/10/-
    StV: (1387) dedit 5 fl rh[einisch].
Lienhart Stainawer, 1400-1401, 1406-1408 inquilinus
    St: 1400: 3/-/- iuravit, 1401/I: 3/-/-, 1401/II: 5/-/- iuravit, 1403, 1405/I: 5/-/-, 1405/II: 3/-/- iuravit, 1406-1408: 4/-/-
    StV (1408) sein stewr. Et -/-/60 gracianus de uxore.

---

[1] Zentz Mülich 1489 Mitglied der Weinschenkenzunft, vgl. Gewerbeamt 1418 S. 2v. 1500-1509 ist Cenntz Muelich auch Ungelterknecht, vgl. Wetzel S. 24 (nach RP); 1501-1509 Weinkoster oder Weinunterkäufel, 1500-1509 auch Weinstadelmeister, vgl. R. v. Bary III S. 969, 970 nach RP, KR.

[2] Sebastian Orloph (?) Zinngießer 1569 Religionsverhör, vgl. Dorn S. 228. – Sebastian Ortolff Zinngießer Religionsverhör 1571, Dorn S. 258.

Pferdemusterung, um 1398: dez Stainawers sun 1 pferd umb 16 gulden.[1]
relicta dez Pfunczner múns[maister ?] inquilina St: 1401/II: -/-/-
Asem Seẃer [Weinschenk, Schankungelter[2]]
    St: 1415: -/14/12, 1416: 2/3/6, 1418, 1419: -/13/10 [Schenkensteuer ?]
relicta Raẃschlin, 1419 inquilina St: 1416: -/-/32, 1418, 1419: -/-/20, 1423: nichil habet
Seydel Gẃzz (Gúzz), 1423 inquilinus St: 1423: 2,5/-/- schenckenstewr, 1424: -/6/20
relicta Diemut, dez Ott schusters tochter St: 1423: -/-/33
Hanns mulner [Wirt[3]] St: 1431: -/13/10 schencknstewr, iuravit
Witel kauffel inquilinus St: 1431: -/3/14 iuravit
Ulrich Genstaler [Salzstößel[4]], 1458 inquilinus St: 1447: -/14/7, 1453-1458: Liste
Steffan tůchscherer[5] St: 1482: -/2/1, 1486: -/2/20
Contz der plint inquilinus St: 1500: -/-/60
Jorg Rorer n[estler ?] St: 1500: -/-/60
Sebolt tuchhefter (tůchhefter) St: 1508, 1509: -/-/60
Linhart Weiß (Weyss), 1508 kramer[6] St: 1508, 1509: -/5/11
Augustin Kolb [Taschner[7]] St: 1509: -/-/60
Lex inquilinus St: 1514: Liste
Wolfgang Holltzner St: 1524: -/4/13
relicta Zacharaßin
    St: 1525: 1/-/-
    StV: (1525) darinn sind ir drey nachsteur.
Caspar stainmetz St: 1527/II: -/-/28 gracion
Linhart visierer St: 1528, 1529: nichil
Bartlme visierer. 1549/I Bartlme Karl visierer[8] St: 1548, 1549/I: nihil
Jorg Wilhelm zingiesser
    St: 1548: -/-/21 gracion, 1549/I: 1/6/13 juravit, 1549/II, 1550, 1551/I-II, 1552/I-II: 1/6/13, 1553, 1554/I-II, 1555-1557: 1/2/20, 1558: 2/5/10, 1559, 1560: 1/2/20, 1561: 2/3/15
    StV: (1552/I-II) mer -/3/28 fúr p[ueri] Löchler. (1553-1554/II) mer -/4/5 fúr p[ueri] Löchler (Lechler). (1555-1557) mer -/3/25 fúr p[ueri] Löchler. (1555) abgsetzt 1 1/2 fl gelts. (1558) mer 1/-/6 fúr p[ueri] Lóchler abgsetzt 1 fl. (1561) mer fúr p[ueri] Hagn 1/5/-.
Hanns Widman sporer St: 1550, 1551/I: -/2/-
Thoman Wůrmseer schuester St: 1559: -/2/-
Gregori gúrtler St: 1563: -/2/-
Erhart mesnerin, 1565 wittib St: 1564/I-II, 1565, 1566/I: -/1/- pauper
Jorg Hirtz (Herz) puechdruckher St: 1566/II, 1567/I: -/2/-
Joachim Köglin
    St: 1567/II: -/2/-
    StV: (1567/II) adi 1. Octobris [15]68 zalt sy nachsteur unnd ist gen Lanndtshuet gezogen.
Lenhart (Leonhart) Tistl (Distl) schuester St: 1568: -/1/12 gratia, 1569, 1570: -/2/-, 1571: an chamer
Tankauser trabant St: 1568: -/-/- hofgsind

---

[1] Der Eintrag steht – vielleicht nachträglich eingeschoben – zwischen den beiden Pirmeidern von Haus 20, anstatt hinter ihnen, wo Eberhart Ott folgt.

[2] Asem Sewer um 1414 auch im Verzeichnis der Weinschenken enthalten, vgl. Gewerbeamt 1411 S. 3v. 1410-1420 Erasmus Sewer Schankungelter, vgl. R. v. Bary III S. 878.

[3] Hans múlner gehört 1430 zu den Wirten am Rindermarkt, die Ungeld zahlen, vgl. Steueramt 987.

[4] So 1462-1486 bei Marienplatz 9*A/a.

[5] Steffan tuchscherer ist 1477, 1478, 1480, 1481, 1484, 1487, 1489-1493 und 1497 Vierer der Tuchscherer, vgl. RP. Er dürfte auch identisch sein mit dem Tuchscherer-Vierer „Steffan in sand Peters gässel", Vierer in den Jahren 1498-1502 und 1506, sowie dem Tuchscherer-Vierer Steffan Plenntinger von 1505 und 1509. Vgl. auch Rindermarkt 13 und 14.

[6] Linhart Weiß ist 1507 und 1512-1515 Vierer der Kramer, vgl. RP.

[7] Vgl. Marienplatz 28/29.

[8] Vgl. Petersplatz 10/11, Rindermarkt 7.

Fridrich Páchl satler
    St: 1569: -/2/-
    StV: (1569)mer ain versessne, gratia -/-/28.
Colman lautenist St: 1570: -/-/- hofgsind
Hanns Öbner poth. 1571 Hanns poth St: 1570: -/2/-, 1571: an chamer
[Jörg] Graf schuester[1] St: 1571: an chamer
Melcher khoch puechpindter St: 1571: -/2/25

Rindermarkt 20

Charakter: Um 1400 Weinschenke.

Eigentümer Rindermarkt 20:

1382 Mai 7 „Martein chramer von Wasserburg" hat sein Haus am Rindermarkt, zunächst den Häusern der Meschlerin (Rindermarkt 21) und des Aelblin (Rindermarkt 19), und „daz im an erstorben ist und seiner hausfraw von seinem sweher [= Schwiegervater] Ludwig dem Chúchlin und seiner swiger" [Schwiegermutter] an Eberhart den Pirmeider verkauft.[2]

1389 August 7 des Pirmeiders Haus ist benachbart dem Haus des Hans Albel (Rindermarkt 19) am Rindermark,[3] ebenso

1393 Januar 23 und **Februar 21**.[4]

1398 Juli 18 Eberhart der Pirmeider verkauft ein Drittel seines Hauses am Rindermarkt, zunächst von des Eberhart Otten Haus (Rindermarkt 19) gelegen, seinem Bruder Hans dem Pirmeider.[5]

Am 10. September 1439 stiftete die Witwe von Matheis Schrenck (vgl. Rindermarkt 21) auf den Pirmater-Altar in St. Peter einen Jahrtag für den Propst zu Andechs, Herrn Jörg Vinger.[6] Sie dürfte deshalb sowohl eine Verwandte von Georg Vinger als auch der Pirmater/Pirmeider gewesen sein. Ziemlich sicher war sie eine geborene Dietmair.

Das folgende „domus Vinger" und „domus Dietmair" könnten auch zum Nachbarhaus Rindermarkt 21 passen, das heißt als Besitznachfolger des kinderlosen Ehepaares Matheis Schrenck und Anna, wohl geborene Dietmair, vgl. dort. Den Familienverband Lebansorg/Dietmair/Matheis Schrenck/Vinger findet man auch bei Rindermarkt 23 wieder.

1439 domus herr Jorg Vinger (Scharwerksverzeichnis).

1440-1441 domus Dietmair (Scharwerksverzeichnis).

1447 domus Ernst ungelter (StB).

Etwa 1457 bis 1496 könnte das Haus den Rosenbusch gehört haben, ohne daß sie aber als Eigentümer belegt wären.

1522 September 23 das Haus von Sigmund und Oswalt Kölbl ist benachbart dem Haus des Wolfgang Muelich beziehungsweise Hans Kasstl (Rindermarkt 19).[7]

1546 laut Baukommission sind bei Sigmund Köbl die Vorbauten: „1/2 eln ze weit" vorstehend.[8]

1559 April 23 der Stadtrat Christoph Köbel und seine Hausfrau Margarete verkaufen laut Grundbuch

---

[1] Der Schuster Jörg Graf steht noch 1569 bei Rindermarkt 23. Es gibt aber bis in die 60er Jahre auch einen Schuster Sebastian Graf, vgl. Fürstenfelder Straße 1*-8*.

[2] GB I 160/7.

[3] GB I 240/23.

[4] GB II 41/2, 44/4.

[5] GB II 137/8, 9, 10. – Der alte Eberhart Pirmeider kaufte 1379 für seine Söhne Eberhart (20 Jahre alt) und Hans (15 Jahre alt) in Augsburg ein Leibgeding, vgl. Haemmerle, Leibgedingbücher Nr. 145 (1379), 873 (1424).

[6] MB XIXa 72 S. 123/126.

[7] GB IV S. 18v.

[8] LBK 4.

an Christoph Aufleger ein Ewiggeld von 50 Gulden um 1000 Gulden Hauptsumme aus diesem Haus.[1]
1563 Dezember 11 im Haus des Christoff Khöbl am Rindermarkt ist während der Nacht Feuer ausgebrochen.[2]
1572 laut Grundbuch (Überschrift) des Christof Köbels Haus, Hof und Stallung.
Die Köbel besitzen das Haus noch bis um 1614.

Eigentümer Rindermarkt 20:

* Ludwig Kúchel [äußerer Rat[3]]. 1381 relicta Kúchlin. 1382 patrimonium Kúchlin
    St: 1368: 11,5/-/- juravit, 1369: 10/-/60 juravit, 1371, 1372: 10/-/60, 1375: 4/-/40, 1377: 3/-/- juravit, 1378, 1379: 3/-/-, 1381: -/-/-, 1382: 3/-/-
    StV: (1381) [Nachtrag am Rand:] solvit 3/-/- de anno preterito. (1382) de anno preterito 2/-/-.
* Martein chramer von Wasserburg, Schwiegersohn und Erbe von Ludwig Küchel [bis 1382 Mai 7]
* Eberhart pirmeyder (pirmeider, piermútter) [äußerer Rat[4]], 1383/I cum uxore
    St: 1383/I: -/10/-, 1383/II: 2/-/15 juravit, 1387: 4/-/40, 1388: 8/-/80 juravit, 1390/I-II: 8/-/80, 1392: 6/-/60, 1393, 1394: 8/-/80, 1395-1397, 1399, 1400, 1401/I: -/-/-, 1401/II: 3/-/- iuravit, 1403, 1405/I: 2,5/-/-, 1405/II: 5/5/8 iuravit, 1406-1408: 7,5/-/10, 1410/I: 5,5/-/- iuravit, 1410/II: 7/-/80, 1411: 5,5/-/-, 1412: 7/-/80, 1413: 4/-/- iuravit
    Bem.: (1395-1401/I) Steuer gemeinsam mit dem alten pirmeyder und Hans pirmeyder.
    Pferdemusterung, um 1398: Eberhart pirmeider sol haben ein pferd umb 20 gulden, der stat warten.
    filia uxoris inquilina
    St: 1383/II: -/-/-
    der alt piermeider (piermetter). 1397, 1399-1401/II patrimonium der alt pirmeyder
    St: 1394: 2,5/-/-, 1395-1397, 1399, 1400, 1401/I-II: -/-/-
    Bem.: (1395-1401/I) Steuer gemeinsam mit Hanns pirmeyder.
* Hans pirmeider (piermeyder, birmitter, pirmáder) [Wirt[5]], 1388 frater suus [= des Eberhart], 1392 inquilinus
    St: 1387: 2/-/-, 1388: 4/-/- juravit, 1390/I-II: 4/-/-, 1392: 6/-/60, 1393-1395: 8/-/80, 1396, 1397, 1399, 1400, 1401/I: 12,5/-/-, 1401/II: 13/-/80 iuravit, 1403, 1405/I: 13/-/80, 1405/II: 12,5/-/- iuravit, 1406-1408: 16/5/10, 1410/I: 12,5/-/- iuravit, 1410/II: 16/5/10, 1411: 12,5/-/-, 1412: 16/5/10, 1413: 12,5/-/- iuravit, 1415: 16/-/-, 1416, 1418, 1419: 21/-/80, 1423: 17,5/-/-, 1424: 5/6/20
    StV: (1395) juravit Hans. Hansen weibz gůt sol er ze nechst stewrn. (1397) dez Hannsen pirmeyder uxor, der gut leit allez in dem purckfrid zu Aichach, daz si irem man zu heiratgut pracht hat und daz verstewrt si zu Aichach, iuravit, nichcz darinn hindan gesaczt.
    Bem.: (1395-1400) Steuer gemeinsam mit Eberhart und dem alten pirmeyder.
    Pferdemusterung, um 1398: (Ur-Fassung): Hanns pyrmeider sol haben ein pferd umb 20 gulden und ein erbern knecht; (Korrig. Fassung): Hanns pyrmeider sol haben 2 pferd umb 35 gulden und selber reiten.

---

[1] Stadtgericht 207/7 (GruBu) S. 737v.
[2] KR 1563/64 S. 99r.
[3] Ludwig Küchel 1363-1368 äußerer Stadtrat, vgl. R. v. Bary III S. 740.
[4] Eberl Pirmeider war 1377-1379 äußerer Stadtrat, vgl. R. v. Bary III S. 738. Vielleicht aber auf den folgenden alten Pirmeider bezüglich.
[5] Hanns pyrmeider/pirmeider ist Wirt und betreibt eine Gaststätte: 1403 zahlt ihm die Stadtkammer 22 Pfund 6 Schillinge 5 Pfennige und 6 ungarische Gulden aus „von zerung wegen, die der Frawdenberger zu im verzert haben (!)", vgl. Steueramt 573 (Leibgedingbuch 1404/09) S. 40v; und im selben Jahr einen weiteren Betrag von 21 Pfund 6 Schillingen 3 Pfennigen, die 4 Mann mit 4 Pferden, die bei ihm einquartiert waren „datz im verzert haben in 5 wochen". Dazu soll man ihm aber an Georgi 1403 auch noch 6 ungarische Gulden und 3 Schillinge und 2 Pfennige für 26 Pfund minus 6 lot puchsenpulfer auszahlen und außerdem hat man noch bei ihm „ein groß aichein geswell ..., daz nam man zu der slegprugk bey dem Taltor" gekauft, vgl. Steueramt 572 (Leibgedingbuch 1402/03) S. 63v.

*? Hanns Taichsteter [Weinschenk[1]]
    St: 1431: 4/-/- iuravit
* domus herr Jorg Vinger [Propst von Andechs]
    Sch: 1439/I-II: 1 t[aglon]
* domus Dietmair
    Sch: 1440, 1441/I-II: 1 t[aglon]
* domus Ernst ungelter
    St: 1447: 0,5/-/16
    StV: (1447) dedit Hunthaimerin.
*? maister Hanns [IV.] Rosnpusch [ehem. Stadtschreiber[2]]. 1458, 1462 relicta Rosnbuschin [= Clara II. Schrenck]
    St: 1457, 1458: Liste, 1462: 2/-/32
  pueri maister Hanns Rosnpusch(s)
    St: 1458: Liste, 1462: 3/4/14
    StV: (1462) die zwen sún [Bartholome und Jakob I.] und Margret [I.] ir swester -/11/20.
  pueri Vachner[3]
    St: 1458: Liste
*? Jacob [I.] Rosenpusch [äußerer Rat,[4] Sohn von Hanns IV. Rosenbusch]
    St: 1486: 3/1/8, 1490: 3/4/10, 1496: 4/5/26
* Sigmund Kóbl (Köbl) [äußerer Rat[5]]
    St: 1522: 4/2/20, 1523-1526, 1527/I: 4/4/13, 1527/II: an kamer [Nachtrag am Rand:] 11/-/28, 1528, 1529, 1532: 11/-/28, 1540-1542: 14/6/5, 1543: 29/5/10, 1544: 14/6/5, 1545: 11/6/10, 1546-1548, 1549/I-II, 1550, 1551/I-II, 1552/I-II: 5/6/20, 1553: 5/6/20 patrimonium, 1554/I: 5/6/20 patrimonium das ander
    StV: (1522) sol bis jar seins schwehern gut zusetzen. (1523) hat seins schwehern gut zugestzt. (1554/II) setztn die erben zu, der Cristoff Köbl.
* Oßwalt Kóbl
    St: 1522: 1/-/10 juravit
** Cristof (Cristoff) Köbl (Kóbl) [Wirt[6], ∞ Margaret]]
    St: 1540-1542: 8/5/3, 1543: 17/3/6, 1544: 8/5/3, 1545: 19/3/-, 1546-1548, 1549/I-II, 1550, 1551/I-II, 1552/I-II: 9/5/-, 1553, 1554/I: 12/4/15
    StV: (1546) sein pflegschafft zalt er supra, folio 11 col. 2 [= 11v, Sendlinger Straße].
* domus Köbl (Khöbl). 1563 domus Khóbl Jorg Probst [siehe Bewohner]
    St: 1561, 1563-1571: -/-/-

Bewohner Rindermarkt 20:

Óttel Schimmel inquilinus St: 1369: -/12/-
Hainrich [III. oder IV.] Sentlinger kramer inquilinus St: 1375: 0,5/-/-
Martein Glesein [später Bürgermeister[7]] inquilinus St: 1377: -/12/18 juravit, 1378, 1379: -/6/-
Peter Holczhauser (Holczhawser) inquilinus
    St: 1382: 10/-/-, 1383/I: 6/-/60, 1383/II: 9/3/-
    StV: (1382) [Nachtrag am Rand:] und waz andrer lawt umb patrimonium recht ist, daz sol daz mein sein.

---

[1] Hanns Daichsteter ist 1446, 1454, 1455, 1458, 1459 und 1462 Vierer der Weinschenken, vgl. Gewerbeamt 1411 S. 5r, 10v, 11v und RP. – Hans Daysteter am Rindermarkt gehört auch 1430 zu den Wirten, die Ungeld zahlen, vgl. Steueramt 987.

[2] Hans Rosenbusch war von 1416 bis Ende 1453 Stadtschreiber, vgl. R. v. Bary III S. 786.

[3] Ein Vachner war Schwiegersohn des Stadtschreibers Hanns Rosenbusch, die „pueri Vachner" also wohl dessen Enkel.

[4] Jakob I. Rosenpusch 1484-1491, 1494-1499 und 1501 äußerer, dann innerer Stadtrat, vgl. RP.

[5] Sigmund Khöbl ist 1531-1536, 1538-1540, 1542 und 1544-1553 äußerer Rat, vgl. RP.

[6] Christoph Khöbl wird bei Marienplatz 9*B 1554/II-1571 als Wirt bezeichnet.

[7] Vgl. Frauenplatz 2 und Weinstraße 5.

relicta Krúgin inquilina St: 1382: -/-/36

Ulrich Vettinger [Goldschmied[1]] inquilinus St: 1387: 0,5/-/4

Hans zolner [Weinschenk, Salzsender[2]] inquilinus St: 1392: -/3/18 iuravit

Andre Úlchinger. 1395 Andre Tichtel Úlchinger. 1396-1401/II Andre Tichtel
> St: 1392: 15/-/-, 1393: 20/-/-, 1394: 10/-/- absolutum 1395: 2/-/-, 1396, 1397, 1399, 1400, 1401/I: 7,5/-/-, 1401/II: 7,5/-/- iuravit
>> Pferdemusterung, um 1398: Andre Tichtel sol haben ein [darüber korrigiert 2] pferd umb 20 [korrigiert in 35] gulden und sol selber reiten oder ein erberger knecht.

Hanns Maisterl [Weinschenk, Käufel[3]] inquilinus St: 1396: -/10/-

relicta Kuchelmairin. 1423 patrimonium Kúchlmairin
> St: 1415: 3/7/-, 1416, 1418, 1419: 5/-/40, 1423: 3/7/- patrimonium, 1424: 1/-/70

relicta Rawschlin mawrerin St: 1415: -/-/32

Chunrade Veringer inquilinus St: 1416: -/5/- gracianus

Fricz Hofmair [Kramer] inquilinus St: 1447: 1/-/22

Hanns Angstlich inquilinus St: 1447: -/9/22

relicta Jackob kramerin St: 1462: -/4/25

[Hainrich ?] walchmullner [Weinschenk ?[4]] inquilinus St: 1462: -/6/22

Peter Frei koch St: 1482: -/5/10

Jan Poläck maler St: 1482: -/3/25

[Jorg] Santmair kramer[5] St: 1482: -/-/60

Jörg Swab inquilinus St: 1482: -/-/60

Fritz gúrtler St: 1486: -/-/60

[Hans[6]] Haimhauser gúrtler St: 1486: -/-/60

Pauls inquilinus St: 1496: -/-/60

Hans Herman pognerin St: 1500: -/4/13

> Peter Herman [peitler[7]] St: 1509: -/5/4

Cristof aufleger, 1551/II der alt [äußerer Stadtrat[8]]
> St: 1522: 4/2/20, 1523-1526, 1527/I: 4/4/13, 1527/II: an kamer [Nachtrag am Rand:] 11/-/28, 1528, 1529, 1532: 11/-/28, 1540-1542: 14/6/26, 1543: 29/6/22, 1544: 14/6/26, 1545: 26/6/-, 1546-1548, 1549/I: 12/1/8, 1549/II, 1550, 1551/I: 11/2/13, 1551/II, 1552/I-II: 10/3/19, 1553, 1554/I-II, 1555-1557: 6/3/15, 1558: 13/-/-
> StV: (1522) sol bis jar seins schwehern gut zusetzen. (1523) hat seins schwehern gut zugesetzt. (1546, 1547) hat abgsetzt seins sons heiratgueth. (1549/II) hat abgsetzt 200 fl, soll sein aiden, der Rösler, zusetzn. (1551/II) abgsetzt seins sons heiratgueth. (1553, 1554/I) mer 7/2/19 fúr p[ueri] Schobinger.

Cristoff aufleger der jung
> St: 1551/II: -/1/26 gracion
> StV: (1551/II) mer -/5/24, so sein vater hat abgsetzt.

maister Hanns apotecker. 1527/II-1528 maister Hanns Pauman apotecker. 1529 Hanns Pauman apotecker[9]
> St: 1525-1529: dedit confect

---

[1] Vgl. Frankenburger S. 260.
[2] Vgl. Kaufingerstraße 4*.
[3] Hans Maisterl ist Mitglied der Weinschenkenzunft, wird an anderen Stellen in den Steuerbüchern auch als Käufel bezeichnet, vgl. Gewerbeamt 1411 S. 3r und Marienplatz 15 A, Rindermarkt 9*, Rosenstraße 12.
[4] Vielleicht Hainrich walchmúlner, der 1458 als Mitglied der Weinschenken-Bruderschaft belegt ist, vgl. Gewerbeamt 1411 S. 14r.
[5] Jorg Santmair ist 1486-1504 wiederholt Vierer der Kramer, vgl. RP.
[6] Vgl. Marienplatz 21 B.
[7] Der Beutler Peter Herman ist 1511, 1513, 1514 Vierer der Beutler, Gürtler, Taschner, Ircher, Nadler, vgl. RP.
[8] Christoph Aufleger ist 1540-1558 stets als äußerer Stadtrat belegt, vgl. RP und BayHStA, GL 1.
[9] Meister Hanns Paumann ist von 1524-1554 als Stadtapotheker belegt, vgl. R. v. Bary III S. 1031. – Vgl. Rindermarkt 18.

Doctor Schrötl
> St: 1554/II: -/-/-, 1555-1557: 4/-/-, 1558: 8/-/-
> StV: (1554/II) adi 12. Decembris anno eodem ist Doctor [Platz für den Vornamen] Schrötl ain baysitz von actum auff 4 jar lang von ainem erbern rath zugesagt worden, soll derhalben als offt man steurt 4 fl geben und darmit auff negste steur anfahen, auch vor rath recht nemmen und geben etc. (1555) laut seins gedings der vier jar, das ist anfang des 4. (!) jars. (1556, 1557) laut seins gedings auff vier jar, (1556) so ist das das ander jar, (1557) so ist das das 3. jar. (1558) laut seins gedings auff vier jar, so ist das das viert und letzt jar.

Hanns Waltherin St: 1556, 1557: -/2/-, 1558: -/4/-, 1559-1561: -/2/-

Jorg (Georg) Probst (Brobst), 1559, 1564/II cramer [Salzsender ?[1]]
> St: 1559: -/1/15 habnit, 1560: 6/3/2 juravit, 1561, 1563, 1564/I-II, 1565, 1566/I-II, 1567/I-II: 6/3/27, 1568: 13/-/24, 1569-1571: 2/-/9
> StV: (1566/I) zuegesetzt seiner mueter erb. (1567/I) [Nicht sicher, ob auf ihn zu beziehen:] soll khunfftig von wegen der Wendlin als vormunder.

Hanns Neuhofer (Newhofer) secretari
> St: 1560-1563: nichil, 1564/I -/-/-
> StV: (1563, 1564/I) hofgsind.

Thoman Pendl [Weinreisser[2]] St: 1560, 1561, 1563, 1564/I-II: -/2/-

Hanns Ruelannd (Ruelanndt, Rueland) [äußerer Rat[3]]
> St: 1566/I-II, 1567/I-II: 3/2/23, 1568: 6/5/16, 1569-1571: 3/5/25
> StV: (1566/I-1567/II) mer für seins brueder(n) khinder -/2/3. (1566/I-II) mer für p[ueri] Silvester 1/3/25. (1566/I-1567/II) mer für Melchior Rueland 1/2/20. (1566/I) mer für Elisabet Ruelanndin nachsteur 1/1/21. (1566/II) mer für Elisabet Ruelanndin folio 99r [Ewiggeld]. Mer für Caspar Rueland folio 100v [Ewiggeld]. (1567/I-II) mer für Elisabet Ruelanndin folio 14v (14r) [Ewiggeld]. Mer für Caspar Ruelannd folio 15v [Ewiggeld]. (1567/I) mer für p[ueri] Silvester 1/1/15 abgesetzt. (1567/II) mer für p[ueri] Silvester 1/1/15. Davon der tochter von 10 fl 3 nachsteur, zalt Probst adi 17. Septembris [15]68. (1568) mer für p[ueri] Silvester 1/-/20. Mer für Melchior Rueland 2/5/10. Mer für Caspar Rueland folio 15v [Ewiggeld]. (1569) mer für Doctor Heymairin 3 nachsteur 28/3/7. Mer für p[ueri] Silvester -/1/5. Mer für Melchior Rueland 1/2/20. Mer für Caspar Rueland folio 13v [Ewiggeld]. (1570, 1571) mer für Doctor Heymairin 20/4/6. (1570) mer für Melchior Ruelanndt 1/2/20. Mer für Caspar Ruelandt folio 8r [Ewiggeld]. (1571) mer für Melchior Rueland -/5/-, abgesetzt. (1571) mer für Caspar Ruelannd folio 7v [Ewiggeld].

Ottmar (Othmar) [I.] Ligsaltz
> St: 1566/II, 1567/I: 2/4/4, 1567/II: 2/5/16, 1568: 5/4/2
> StV: (1567/I) soll Ligsaltzischen empfanng zuesetzn.

Rindermarkt 21

Lage: Neben diesem Haus seit 1544 „S. Peter gäsl".

Hauseigentümer:

1346 Oktober 6 Hainrich Messchler und Heinrich nadler vereinigen sich wegen Lichtöffnungen ihrer Häuser, die auf Greimolt Drächsels Haus (Marienplatz 26*) hinausgehen, das früher dem verstorbenen Schwiegervater Heinrich Rudolf gehörte.[4] Das Haus Rindermarkt 21 stößt mit seinem rückwärtigen Teil im rechten Winkel mit dem rückwärtigen Teil von Marienplatz 26* zusammen, das noch bis um 1372 den Draechsel gehörte.

---
[1] Ein Jörg Probst ist 1575 als Salzsender belegt, vgl. Vietzen S. 148 nach KR.
[2] Thoman Pändl war 1558 Weinreißer, vgl. R. v. Bary III S. 974.
[3] Hans Rueland ist 1565-1581 äußerer Stadtrat, vgl. Fischer, Tab. IV S. 2/4.
[4] Urk. B II 1 Nr. 9.

1382 Mai 7 das Haus der Meschlerin ist zunächst dem Haus des Ludwig des Küchels und seines Schwiegersohns, „Martein chramer von Wasserburg", beziehungsweise des Eberhart des Pirmeiders (Rindermarkt 20) gelegen.[1]

1407 April 18 und

1409 Januar 21 das Haus des Matheus des Schrencken ist dem Haus des „Vital goltslacher" beziehungsweise Ulrich des Reiff (Rindermarkt 22) benachbart.[2]
Matheus Schrenck wird 1419 als Schwager von Elspet Vinger und ihrem Bruder Dietmar (ohne Vorname) bezeichnet, Kindern des Kramers Paul Dietmar.[3] Deshalb dürften Anna Schrenck, des Matheus Ehefrau, die Elspet Vinger und der Dietmar Geschwister gewesen sein. Deshalb könnten die Einträge über Vinger (1439) und Dietmair (1440, 1441) von Haus Nr. 20 auch hierher gehören.[4]

1439/I-II domus herr Jorg Vinger und

1440-1441/II domus Dietmair (StB) könnten auch hierher gehören statt zu Haus 20.

1482 domus pueri Perkircher (StB).

1487 das Heiliggeistspital hat jährlich ein Ewiggeld von 4 Gulden rheinisch „aus des Perkircher messerschmids haus" am Rindermarkt. Laut eines Nachtrags wurde das Geld 1498 abgelöst.[5]

1508 Januar 15 und **Januar 17** das Haus des Ruprecht Wild ist Nachbarhaus zu dem des Hans Erlinger (Rindermarkt 22).[6]

1524 auch „Rueprecht [Wild] gurtler" Haus am Rindermarkt ist vom Ehaft am Brunnen an der Fürstenfelder Straße befreit.[7]

1569 August 19 der Stadtrat Hanns Mair verkauft ein Ewiggeld von 35 Gulden um 700 Gulden Hauptsumme aus dem Haus als Leibgeding an Margaret Gerlspeckin, Witwe von Christoph Mair.[8]

1570 Dezember 15 erneut Ewiggeldverkauf (30 Gulden um 600 Gulden) durch Hanns Mair (GruBu).

1572 laut Grundbuch (Überschrift) des Hanns Mairs Haus, Hof, Stallung und Häusel darob.

Das Haus wird am 26. Oktober 1579 durch die Kuratoren der Ligsalz-Gläubigergesellschaft in andere Hände verkauft (GruBu).

Eigentümer Rindermarkt 21:

* Hainrich Messchler [1346 Oktober 6]
* relicta [Hainrich[9]] Meschlerin
    St: 1368: 5/-/-, 1369: 7,5/-/-, 1371: 8/-/- juravit, 1372, 1375: 8/-/-, 1377: 7,5/-/- juravit, 1378, 1379, 1381, 1382: 7,5/-/-
    StV: (1371) [Nachgetragen am Rand:] salva de antiqua stewra.
    Bem.: (1377) Steuer gemeinsam mit Chunrat Lebeinsorg.
  pueri eius [= der Meschlerin], 1369 inquilini
    St: 1368: 2/-/-, 1369: 3/-/-, 1371: -/-/-
  Chunrat Lebeinsorg (Lebansorg), 1377 filius eius [= der Meschlerin], 1377, 1383/II inquilinus. 1383/II, 1387 Lebansorg. 1390/I Lebansorgin
    St: 1377: -/-/-, 1383/II: 6/-/- gracianus, 1387: 7/-/24, 1390/I: 12/-/-
    Bem.: (1377) Steuer gemeinsam mit der Meschlerin. (1383/II) [Nachtrag, wieder getilgt:] solvit 3 lb. (1390/I) Steuer gemeinsam mit den Kindern.

---

[1] GB I 160/7.
[2] GB III 64/16, 84/4.
[3] Vogel, Heiliggeistspital U 251.
[4] Vgl. Stahleder, Bürgergeschlechter. Die Schrenck S. 90/91.
[5] Zimelie 43 (Heiliggeistspital, Salbuch C) S. 56r.
[6] Hufnagel/von Rehlingen, St. Peter Urk. 235, 236.
[7] RP 8 S. 66v.
[8] Stadtgericht 207/7 (GruBu) S. 739v.
[9] Hainrich Meschler 1362 und 1363 äußerer Stadtrat, kommt dann nicht mehr vor, vgl. R. v. Bary III S. 741. – 1368 hinter der Meschlerin getilgt „Werder gener Góswininne inquilinus" und über 5/-/- getilgt: solvit 3/-/-.

pueri eius [= des Lebeinsorg]. 1390/II, 1392-1403 pueri Lebansorg
: St: 1390/I-II: -/-/-, 1392: 3/-/-, 1393: 4/-/-, 1394: 4/-/- absolutum, 1395: 2/-/-, 1396, 1397, 1399, 1400, 1401/I: 3/-/-, 1401/II: 4/-/- gracianus, 1403: -/-/-
: StV: (1403) hat gestewrt Matheis Schrenck mit seiner stewr.
: Bem.: (1390/I) Steuer gemeinsam mit der Mutter. (1390/II) Steuer gemeinsam mit Heinrich Úlchinger, vgl. Bewohner.

* Matheis (Mathies) Schrenck. 1431-1439/II, 1441/I-II relicta Matheis Schrenckin. 1440 relicta Schrenckin [geb. Anna Dietmair ?[1]], kinderlos
: St: 1405/I: 18/-/- iuravit, 1405/II: 13/-/45 iuravit, 1406-1408: 17,5/-/20, 1410/I: 9,5/-/- iuravit, 1410/II: 12/5/10, 1411: 9,5/-/-, 1412: 12/5/10, 1413: 10/-/- iuravit, 1415: 8/-/-, 1416: 10/5/10, 1418: 8/5/10, 1419: 9/6/-, 1423: 8,5/-/- minus -/-/6, 1424: 2/6/20, 1431: 4/6/29 iuravit
: Sch: 1439/I-II, 1440, 1441/I: 2 t[aglon]
relicta Vingerin inquilina St: 1431: -/-/80 iuravit
?* domus herr Jorg Vinger 1439/I-II, vgl. Rindermarkt 20
?* domus Dietmair 1440-1441/II, vgl. Rindermarkt 20
* domus pueri Perkircher
: St: 1482: -/4/-
: StV: (1482) hat Caspar Stapf ausgericht.
* des Perkircher messerschmids haus [1487]
* Ruprecht gúrtler (gürtler). 1508 Ruprecht Wild gurtler der elter. 1509, 1514 Ruprecht (Rueprecht) Wild, 1509 der elter [äußerer Rat[2]]
: St: 1496: 3/1/12, 1500: 6/-/1, 1508, 1509: 4/6/13, 1514: Liste
Brosi sailer. 1523, 1526-1529 Ambrosi Mair (Mayr) sailer,[3] 1524, 1525, 1532 Brosy Mair sailer [Schwiegersohn von Ruprecht Wild]
: St: 1522: 1/6/5, 1523-1526, 1527/I: 2/-/28, 1527/II, 1528, 1529, 1532: 6/1/22
: StV: (1522) sol bis jar seins schwehern R[uprecht] gúrtlers steur zusetzen. (1523) hat seins schwehern gut zugesetzt.
** Hanns Mayr (Mair), 1540-1549/I, 1551/I-1554/II sayler [äußerer Rat, Salzsender[4]]
: St: 1540-1542: 5/6/27, 1543: 11/6/24, 1544: 5/6/27, 1545: 13/-/-, 1546-1548, 1549/I-II, 1550, 1551/I-II, 1552/I-II: 6/3/15, 1553, 1554/I-II, 1555-1557: 7/5/-, 1558: 15/3/-, 1559, 1560: 7/5/-, 1561: an chamer, 1563, 1564/I-II, 1565, 1566/I-II, 1567/I-II: 12/-/-, 1568: 18/1/6, 1569: an chamer, 1570, 1571: 9/-/18 patrimonium
: StV: (1541, 1542) et dedit -/6/20 fúr p[ueri] Karner. (1543) mer 1/6/10 fúr p[ueri] Karner. (1544) mer -/6/20 fúr p[ueri] Karner. (1545) mer 1/1/4 fúr p[ueri] Karner. (1548, 1549/I) mer 4/3/2 fúr p[ueri] schmid peckhen. (1553-1557) mer 1/3/11 fúr p[ueri] Sapl. (1553) mer an chamer fúr p[ueri] Hanns Franckhn. Ad 19. Januarii anno [15]54 zalt Mayr fúr p[ueri] Franckn 6/1/15. (1554/I-1555) mer 6/1/15 fúr p[ueri] Franckhn. (1556, 1557) mer 3/2/20 fúr p[ueri] Erlinger. (1556) abgsetzt des Veitn Erlingers anthayl. (1558) mer 2/6/22 fúr p[ueri] Sapl. Mer 6/5/10 fúr p[ueri] Erlinger. (1559) mer 1/3/11 fúr p[ueri] Säpl. (1561) 12 fl zalt den 6. Juni, juravit. (1568) abgesetzt 700 fl seines suns Christoff heuratguet. (1569) soll für sein sun Christof di 700 fl, so er abgesetzt, steurn 5/5/24. (1570) mer ain versessne steur 9/-/18.
Adam Mair [Salzsender[5]]
: St: 1569: an chamer, 1570: -/3/15 gratia

---

[1] Matheis Schrenckin, wohl eine geborene Anna Dietmar. 1441/II steht sie versehentlich vor domus Dietmair. – Pauls der Kramer kaufte 1379 in Augsburg Leibgedinge für seine beiden Kinder Irmengart (6 Jahre alt) und Diemar (2 Jahre alt), vgl. Haemmerle, Leibgedingbücher Nr. 155.

[2] Der Gürtler Ruprecht Wild ist 1513-1519 äußerer Stadtrat, vgl. RP.

[3] Ambros Mair ist 1520 Vierer der Seiler, vgl. RP.

[4] Er dürfte der äußere Stadtrat Hans Mayr sein, der 1557-1559, 1561, 1562-1571 (?) belegt ist, vgl. Fischer, Tab. IV S. 2/3. – Hanns Mayr seyler ist 1552 aber auch als Salzsender belegt, vgl. Vietzen S. 150 nach KR.

[5] Adam Mair 1569 Religionsverhör, 1571 ebenfalls vorgesehen, aber nicht verhört, da nicht in der Stadt, vgl. Dorn S. 228, 268. – Adam Mayr 1569 Vierer der Salzsender, vgl. Vietzen S. 150.

StV: (1570) mer fúr seinen bruedern Christoffen fur 2 versessen steur 5/5/24. (1571) soll aufs jar sein geschworne steur machen.

Bewohner Rindermarkt 21:

Hainrich Werder [Kramer ?, Weinschenk ?] inquilinus
    St: 1368: 3/3/2 de duabus stewris
        StV: (1368) [Nachtrag am Rand, getilgt:] solvit -/13/-. Item 1 flor(enus) in duabus stewris.
Smóczerl iunior inquilinus St: 1368: -/3/10
Thoman wagner inquilinus, 1369 Thoman inquilinus
    St: 1368: -/-/20 post, 1369: -/-/36, 1371: -/-/42, 1372, 1375: -/-/60, 1377: -/-/42 juravit, 1378: -/-/42, 1379: -/-/60, 1381: -/-/42
Fridrich iunior (junger), 1369 taschner, 1371 institor inquilinus, 1372 inquilinus Meschlerin
    St: 1369: -/-/72, 1371, 1372: -/3/-
Nicklas Aechter inquilinus St: 1382: 3/-/- juravit
Hainrich Tewrer inquilinus St: 1382, 1383/I: -/-/60, 1383/II: -/3/-, 1388: -/3/22 juravit
Hanns Zaler, 1383/I cum uxore St: 1383/I: 11/-/60, 1383/II: 13,5/-/- juravit, 1388: 6/5/10 juravit
Hainrich Wesch, 1387, 1392, 1394 inquilinus
    St: 1387: -/-/56, 1390/I-II: -/3/22, 1392: 0,5/-/24, 1393, 1394: -/6/12
Andre Úlchinger. 1403 Andre Tichtel
    St: 1390/II: 12/-/-, 1403: -/13/10 iuravit
        StV: (1390/II) und von Úlchinger 2,5/-/- gracianus.
        Bem.: (1390/II) Steuer gemeinsam mit den pueri Lebansorg.
Erel Gúghan inquilinus, 1397 schreiber St: 1396, 1397: -/-/60 fur 8 lb, 1399: -/-/60 fur 5 lb
Clement Swab St: 1424: -/5/-
Jacob Albrecht, 1453, 1454, 1458 kramer St: 1453-1458: Liste
lang Erhart kramer St: 1453: Liste
relicta Francz [II.] Potschner St: 1453: Liste
Fricz páutler inquilinus St: 1454: Liste
Hanns Herman sneider St: 1455: Liste
Martein abntewrer St: 1455: Liste
Barbara (Warbra) Tekndorfferin (Deckendarfferin), 1456-1458 inquilina
    St: 1456-1458: Liste, 1462: -/-/12
  und ir muter inquilina St: 1462: -/-/12
Fricz kramer inquilinus St: 1462: -/-/60
Cristof gúrtler St: 1482: -/-/60
Jörg Töltzer (Jórg Tóltzer) St: 1482: anderswo [siehe unten], 1486: -/-/60
    Jorg Podnknecht Töltzer St: 1482: -/-/60
Frantz nadlerin St: 1482: -/-/60
Stainawerin St: 1482: 1/-/14
Bernhart peitler. 1486 Cristan Bernhard peitler St: 1482: -/6/15, 1486: -/7/10
Els paddiern inquilina St: 1482: -/-/44 das jar
Steffan koch St: 1486: -/2/29
petlrichter [= Jobst Grünwald[1]] St: 1486: nichil
Sigmund Helfenprunner [Weinschenk[2]] St: 1490: 1/1/25
Sebastian peitler St: 1490: -/-/60
Fritz Wolf gúrtler St: 1490: -/-/60
Matheus peitler St: 1496: -/3/19, 1500: 1/7/15
Peter Selczam t[aschner] St: 1496: -/-/60
Jacob nestler St: 1496, 1500: -/-/60

---

[1] Jobst Grünwald ist 1480-1487 Bettlerknecht (Bettelrichter), vgl. R. v. Bary III S. 848.
[2] Sigmund Helffenprunner 1489 Mitglied der Weinschenkenzunft, vgl. Gewerbeamt 1418 S. 6r.

Linhart peitler. 1514, 1522-1524 Linhart schmid peutler,[1] 1514 inquilinus. 1525 Linhart schmid
    St: 1500: -/3/29, 1508, 1509: -/7/10, 1514: Liste, 1522-1525: -/4/9
  Stefan peitler. 1523, 1525-1527/I. 1529 Stefan Welßhofer. 1524, 1527/II, 1532 Stefan Welßhofer peitler
    St: 1522: -/-/21 gracion, 1523-1526, 1527/II, 1529, 1532: -/2/-
  Schaci peitler. 1524, 1526 Arsaci schmid peitler. 1525 Arsaci schmid. 1527/I Schaci Welßhofer
    St: 1523-1526, 1527/I: -/2/-
Hanns Rödinger (Riedinger) gúrtler St: 1500: -/-/60, 1508: anderswo, auf der Rosschwem
Peter Herman peitler[2] St: 1508: -/5/4
Ulrich karner nadler St: 1509: -/1/5 gracion
Conradt Perckhamer St: 1514: Liste
Hanns Albeg schneider[3] St: 1514: Liste
wetstkhomacher inquilinus St: 1514: Liste
Gúndersperger inquilinus. 1527/II, 1528 Gúnderspergerin St: 1514: Liste, 1527/II, 1528: -/2/-
Gabriel (1524 Lorentz !) Schliem [Weinschenk[4]] St: 1523-1529: -/1/23
Hanns Denck (Denckh, Tenck, Tennckh) schneider
    St: 1526, 1527/I-II, 1528, 1529, 1532, 1540-1542: -/3/12, 1543: -/6/24, 1544: -/3/12, 1545: -/6/24, 1546-1548, 1549/I-II: -/3/12
    StV: (1526) sol biß jar sein pflegtochter steurn. (1527/II-1532) et dedit -/-/11 fúr p[ueri] Stettner. (1540) et dedit -/-/14 fúr p[ueri] Praun.
Wolfganng Jordan St: 1528: -/2/-
riemer. 1532 Jórg riemer St: 1529, 1532: -/2/-
Peter Kest zúnttermacher. 1542, 1543 Peter zúnttermacher St: 1540-1542: -/2/-, 1543: -/4/-
Bernhart tagwercher St: 1540: -/2/-
Johann Kaltnprunner St: 1540: 1/4/11
Stefan schmid naglerin St: 1541: -/2/-
Hanns preuknecht pott St: 1541: -/2/-
Oswold tagwercher St: 1542: -/2/-, 1543 -/4/-
cantor bey (zu) S. Peter [vgl. unten Ubelloner] St: 1542: -/-/14 gracion, 1544-1546: nihil
Rausch gúrtler. 1544-1547 Hans Rauscher gúrtler. 1548-1551/II Rausch (Rauscherin) gúrtlerin
    St: 1543: -/4/-, 1544: -/2/-, 1545: -/4/-, 1546-1548, 1549/I-II, 1550, 1551/I-II: -/2/-
Jeronimus wagner
    St: 1544: -/2/-
    StV: (1544) [Nachtrag:] zalt 24 kr(euzer) an kamer 3 nachsteur. Actum 27. Februarii anno [15]45.
Altkircherin [alt Kircherin ?] St: 1545: -/5/10, 1546, 1547: -/2/20
Hanns Úblloner (Yblloner, Ubelloner, Ublloner), 1548, 1549/I cantor zu Sant Peter, 1549/II-1551/II, 1552/II-1556, 1558, 1559 eychmaister [vgl. oben „cantor bey S. Peter"]
    St: 1548: nihil, 1549/I: -/-/14 gracion, 1549/II-1557, 1559: -/2/-, 1558: -/4/-
Hanns Franckh peutler. 1555 Hanns Franckhin. 1557 Hanns Franckh
    St: 1552/I, 1553, 1554/I-II, 1555-1557: -/2/-
Sigmund Harscher zimmerman St: 1558: -/4/-
Lienhart reutter maurer St: 1559: -/2/-
Paulß Ainhofer [Salzsender[5]] St: 1561: -/3/22 gratia
Hanns Baltherin (= Waltherin) St: 1563, 1564/I-II, 1565: -/2/-
Petter Khaiser khoch
    St: 1571: -/2/-
    StV: (1571) mer fúr sein schweher 1/-/29

---

[1] Der Beutler Linhart smid ist 1507, 1508, 1510, 1515, 1520 Vierer der Beutler, Gürtler, Taschner, Ircher, Nadler, vgl. RP.
[2] Vgl. Rindermarkt 20.
[3] Hanns Albeg ist 1516 Vierer der Schneider, vgl. RP.
[4] Vgl. Kaufingerstraße 4 und Fürstenfelder Straße 14.
[5] Pauls Ainhofer ist 1561 als Salzsender belegt, vgl. Vietzen S. 147 nach KR.

Rindermarkt 22

Lage: 1405 nach Piburger beziehungsweise Lindenplat jeweils größerer Abstand. Über diesem Haus seit 1553: „In sant Peters gäsl".

Hauseigentümer:

1370 bestimmt die Baukommission, daß „Ulreich [Wunn] sneiders lauben und der schoph" abgebrochen werden sollen.[1]

1374 April 25 Herman Tichtel hat sein Haus am Rindermarkt, „daz etwen Ulleinz [Wunn] sneiders ist gebesen", „dem Chunrad dem Perger dem vragner" verkauft.[2]

1407 April 18 „Vital der goltslacher" versetzt das Haus seines Schwiegervaters „Chunracz [Perger] des karrner säligen" am Rindermarkt, banachbart dem Haus Matheus des Schrencken (Rindermarkt 21), seinem Schwager Hannsen dem Perger um 60 gute neue ungarische Gulden. Noch am selben Tag hat Hanns der Perger vor dem Stadtgericht bekundet, daß er „Hansen den satler ledig hab lassen umb die 60 gulden, darumb er im versprochen hat für sein heiratgut zu seiner hawsfrawn".[3]

1409 Januar 21 „Vital der goltslacher" und Hanns der Perger verkaufen ihr Haus am Rindermarkt, zunächst dem Haus des Matheus Schrenck (Rindermarkt 21) gelegen, Ulrich dem Reiff.[4]

1418, 1419 domus Ludwice (StB).

1431 Oktober 10 „pei des Pernharts peutlers haws" liegt eine Hütte des Katzmair, die jetzt der Sturm niedergeworfen hat (Marienplatz 22).[5]

1454 Perchtold Sitnpeck hat ein Pfund Pfennige Ewiggeld „aus der Pernhart pautlerin haws".[6]

1488 (1504) das Haus des Cristan Bernhard liegt dem Haus des Larentz Beutler selig beziehungsweise seines Schwiegersohnes Peter Schüssler (Rindermarkt 23) benachbart.[7] Der Hauseigentümer stammt aber wohl aus älterer Zeit, da er in den Steuerlisten von 1455 bis 1457 steht.

1496 das Heiliggeistspital hat ein Ewiggeld von 2 Gulden rheinisch „aus Hanns Norlingers [= Erlingers] haws" am Rindermarkt. Das Ewiggeld hat laut Stiftsbrief vom 29. November 1495 Niclas Preyß an das Spital gegeben. Es wurde 1496 schon wieder abgelöst.[8]

1508 Januar 15/17 der Gewandschneider Hans Erlinger und seine Hausfrau Barbara verschreiben aus ihrem Haus am Rindermarkt, zwischen den Häusern des Ruprecht Wild (Rindermarkt 21) und des Thoman Nestler (Rindermarkt 23) gelegen, ein Ewiggeld von 3 Pfund um 72 Pfund Pfennige Hauptsumme zu einem Jahrtag an die Peterskirche.[9]

1524 auch des Erlingers Haus am Rindermarkt ist vom Ehaft am Brunnen in der Fürstenfelder Straße befreit.[10]

1530 März 13 Martin Fenndt und seine Ehefrau Barbara verkaufen „aus ihrem halben Teil Haus und Hofstatt" ein Ewiggeld von 10 Gulden zu 200 Gulden Hauptsumme (GruBu).

1532 April 15 Arsacius Wenndl und seine Hausfrau Anna verkaufen an Hans und Ludwig, Kinder des Paul Erlinger, und an Martin Fenndt und seine Ehefrau Barbara ein Ewiggeld (GruBu). Offenbar sind sowohl Martin Fenndt als auch Arsaci Wenndl mit Töchtern des Erlinger verheiratet.

1552 Juli 17 Ewiggeldverkauf, ebenso
1559 Juli 24,
1562 Juli 25, je 5 Gulden um je 100 Gulden Hauptsumme (GruBu).

1565 November 26 die Witwe Anna Wenndl verkauft ein Ewiggeld von 13 Gulden um 250 Gulden aus dem Haus (GruBu).

---

[1] Zimelie 9 (Ratsbuch IV) S. 4r (neu).
[2] GB I 48/8.
[3] GB III 64/16, 17.
[4] GB III 84/4.
[5] KR 1431/32 S. 54v.
[6] Kämmerei 64 S. 9v.
[7] Zimelie 27b (Salbuch Reiches Almosen) S. 53.
[8] Zimelie 43 (Heiliggeistspital, Salbuch C) S. 56r.
[9] Hufnagel/von Rehlingen, St. Peter Urk. 235, 236. – Stadtgericht 207/7 (GruBu) S. 741v/742r.
[10] RP 8 S. 66v.

1572 laut Grundbuch (Überschrift) des Nadlers Hartman Reischel Haus, Hof und Stallung.
Die Familie besitzt das Haus bis zum 20. März 1586.

Eigentümer Rindermarkt 22:

* Ull (Ulrich) Wunn sneyder, 1371-1372 sartor
    St: 1368: 5/-/-, 1369, 1371, 1372: 7,5/-/-
* Herman Tichtel [bis 1374 April 25]
* Chunrat Perger (Berger), 1375-1377, 1379 vragner [auch Karrer], 1381 cum uxore. 1405/I-II relicta Chunrad Perger
    St: 1375: -/9/18, 1377: -/10/- iuravit, 1378, 1379, 1381, 1382, 1383/I: -/10/-, 1383/II: -/15/-, 1387: 1/-/-, 1388: 2/-/- iuravit, 1390/I-II: 2/-/-, 1392: -/9/18, 1393: -/12/24, 1394: -/12/24 absolutum, 1395: -/6/12, 1396, 1397, 1399, 1400, 1401/I: -/9/18, 1401/II: -/7/14 iuravit, 1403, 1405/I: -/7/14 propter patrimonium, 1405/II: -/6/- iuravit
    StV: (1375) Item t[enetu]r steweraz uxoris.
    pueri eius St: 1377: -/-/-
* Hanns Perger [Salzsender[1], Sohn von Konrad Perger] St: 1407, 1408: 3/-/80
* Vital (Vytal), 1403-1408 goltslaher, 1403-1405 inquilinus [Eidam von Konrad Perger]
    St: 1403: -/-/40 gracianus, 1405/I: -/-/80 fur 10 lb, iuravit, 1405/II: -/3/- iuravit, 1406-1408: 0,5/-/-, 1410/I: -/3/- iuravit
* Ulrich Reyf, 1410/II lódler. 1416 patrimonium Reyff
    St: 1410/I: 2/-/12 iuravit, 1410/II: 2/5/26, 1411: 2/-/12, 1412: 2/5/26, 1413: 2/-/12 iuravit, 1415: 3/6/-, 1416: 5/-/-
    dez Reyffen bruder
    St: 1416: 1/-/16 iuravit
* domus Ludwice
    St: 1418, 1419: -/-/-
* Pernhart (Bernhart) pawtler (paẃtler, pàutler).[2] 1453 Pernhartin et pueri. 1454 Kristan Pernhartin
    St: 1423: -/7/-, 1431: 3/-/- iuravit, 1447: -/9/22, 1453, 1454: Liste
    Sch: 1439/I-II, 1440, 1441/I-II: 2 t[aglon], 1445: 2 ehalten
* Kristan Pernhart, 1456-1457 páutler
    St: 1455-1457: Liste
    pueri Pernhart páutler
    St: 1458: Liste, 1462: nichil
    StV: (1462) ist nicht mer vorhanten.
** Hanns Örlinger (Erlinger, Erdlinger), 1508-1514 g(wantschneider). 1490 Erlinger gwantsneider [äußerer Rat[3]]. 1532 relicta [Barbara] Erlingerin
    St: 1482: 1/2/7, 1486, 1490: 1/7/2, 1496: 2/-/-, 1500: 3/4/21, 1508, 1509: 6/-/2, 1514: Liste, 1522-1526, 1527/I: 3/5/-, 1527/II, 1528, 1529: 2/5/20, 1532: 1/4/14
    StV: (1496) et dedit -/5/- für pueri Rot. (1508) darinn seiner hausfrau gut zugesetzt.
** Martin Fend [∞ Barbara, 1530 März 13, halbes Haus]
** Schaci (Arsaci) Wendl (Wenndl) [Weinhandel[4]]. 1546-1560, 1563-1566/I Arsaci (Arsati) Wendlin (Wenndlin). 1561 Wenndlin [Weinhandel]. 1566/II, 1567/I Arsati [Anna] Wenndlin erben
    St: 1532: 2/-/6, 1540-1542: 3/5/22, 1543: 7/4/14, 1544: 3/5/22, 1545: 3/-/24, 1546-1548, 1549/I-II, 1550, 1551/I-II, 1552/I-II: 1/3/27, 1553, 1554/I-II, 1555-1557: 1/5/29, 1558: 3/4/28, 1559, 1560: 1/5/29, 1561, 1563, 1564/I-II, 1565, 1566/I: 1/4/23, 1566/II: 1/4/23 matrimonium
    StV: (1567/I) haben zuegesetzt. Mer für Oßwald Mayr zu Lanndshuet 3 nachsteur.

---

[1] Wahrscheinlich der Hanns Perger, der 1412 als Salzsender belegt ist, vgl. Vietzen S. 143.
[2] Ein Pernhart paẃtler war 1420 Stadtsöldner, vgl. R. v. Bary III S. 834.
[3] Hanns Erlinger ist 1489, 1493, 1498, 1500, 1503, 1506 und 1509 Vierer der Gewandschneider, 1512 bis 1524 ist er auch äußerer Stadtrat. Er „ist tod" 1530, vgl. RP.
[4] Achaci (!) Wendl 1541, die Anna Wendlin 1554 mit Weinhandel nachgewiesen, vgl. KR 1541 S. 82r, KR 1554 S. 85r.

** Hartman Reischl [Nadler]
    St: 1571: 3/-/-
    StV: (1571) mer fúr p[ueri] Erlinger -/4/2. Mer fúr p[ueri] Schulthais -/6/2.

Bewohner Rindermarkt 22:

Eckel sneyder inquilinus St: 1368: -/-/50 post
Ull maler St: 1368: -/-/48, 1369, 1371, 1372: -/-/72
Múnsperger sartor inquilinus St: 1369: -/-/32 gracianus, 1371: -/-/72, 1372: -/-/88 post
Hans wúrfler inquilinus
    St: 1372: -/-/-
    StV: (1372) invenitur eum in vica (!) Sentlingerii[1].
pueri Hainrich karrer inquilini St: 1375: -/-/-
Pesel (Besel) sartor (sneider) inquilinus. 1390/I-II, 1392-1393 Pesolt sneider inquilinus
    St: 1375: -/-/40, 1377: -/-/24 juravit, 1378, 1379, 1381, 1382, 1383/I: -/-/24, 1383/II: -/-/36,
        1387: -/-/16, 1388: -/-/32 juravit, 1390/I-II: -/-/32, 1392: -/-/18, 1393-1394: -/-/24,
        1395-1397, 1400: -/-/60 für drew lb (3 lb), 1401/I: -/-/-
Walich institor inquilinus St: 1375: -/-/-
Pillunck (Pillunchk) institor (kramer) inquilinus[2]
    St: 1377: -/6/12 juravit, 1378, 1379, 1381: -/6/12, 1382: 0,5/-/6 juravit
Els inquilina St: 1382: -/-/-
Hainrich (Heincz) kramer inquilinus
    St: 1383/I: -/-/24, 1383/II: -/-/36, 1387: -/-/57, 1388: -/3/24 juravit, 1390/I-II: -/3/24, 1393: -/3/6
Chunrat Plinczeller inquilinus St: 1383/I: -/-/24 gracianus, 1383/II: -/3/- juravit, 1388: -/3/14 juravit
die lang Aell inquilina St: 1390/II: -/-/16
Kristl Heger [Kramer, Taschner[3]] inquilinus St: 1392: -/3/6 iuravit
(Chunrat) Peyberger (Biberger, Piburger), 1395, 1399-1405 schuster, 1394-1400, 1405/I inquilinus
    St: 1394: -/-/24, 1395: -/-/60 für 6 lb, 1396: -/-/56 fur 4 lb, 1397, 1399, 1400, 1401/I: -/-/60 fúr 6
        lb, 1401/II: -/3/6 iuravit, 1403, 1405/I: -/3/6
Ulrich glaser inquilinus St: 1394: -/-/20
Mátz (Maecz) cramerin (kramerin) inquilina St: 1395: -/-/80, 1396: 0,5/-/-
Peter dez Tichtels chneht inquilinus St: 1397: /-/45 gracianus
Peter Eysenreich inquilinus St: 1399: -/-/72 iuravit
(Ulrich) Aichhorn inquilinus St: 1400, 1401/I: -/-/50 fúr 3 lb
[Ulrich] Lindenplat schuster inquilinus
    St: 1405/II: -/3/6
    StV: (1405/II) fúr patrimonium, zu dem náchsten sol er swern.
pueri Gredel dez karner tochter St: 1406: 1/-/- propter patrimonium mater (!) sua.
Hannsel Kristel sneider inquilinus[4] St: 1407, 1408: -/-/80 fúr 10 lb
Marttein maler inquilinus St: 1408: servit
Hanns Wolmud (Wolmút) [Weinschenk], 1411 inquilinus St: 1411: 0,5/-/-, 1412: -/5/10
Hanns Lochner kramer
    St: 1418: 5/-/-
    StV: (1418) et pueri uxoris 1/-/- gracianus.
[Konrad] Öder kramer St: 1419: -/11/14
Allinger kramer inquilinus St: 1423: -/-/60 gracianus
Perchtold gurtler inquilinus St: 1423: -/-/30 gracianus
Clement Swab St: 1423: -/15/-
Heller kramer St: 1423: -/14/-, 1424: 0,5/-/20
Peter Strobel inquilinus St: 1431: -/7/- iuravit

---

[1] Soll heißen vico = Gasse, vgl. StB S. 12r, Sendlinger Gasse. Die zwei i wieder getilgt.
[2] Pillunck kramer inquilinus ist 1381 Mitglied des Großen Rates der Stadt, vgl. R. v. Bary III S. 745.
[3] Vgl. Marienplatz 20.
[4] 1410/I ganzer Eintrag wieder getilgt.

Andre Stucz [Kramer, Weinschenk ?[1]] Sch: 1445: nichil
statschreiber [= Hanns IV. Rosenbusch[2]] Sch: 1445: 3 ehalten, dedit
relicta Stachlerin inquilina St: 1447: -/5/7
relicta Hanns Kirchhoferin inquilina St: 1447: -/-/60
Chunrat Kráczl kramer inquilinus St: 1447: -/-/75
Hannsel (Hanns) kaufman inquilinus St: 1453, 1454: Liste
relicta Hannsin, 1454 arcztin. 1455, 1456 relicta Hanns arcztin St: 1453-1456: Liste
[Haincz] Kegelsperger obser[3] inquilinus St: 1454, 1455: Liste
Fricz snitzer St: 1456: Liste
Michel Kranfesel inquilinus St: 1456: Liste
relicta Peter rotsmid St: 1457: Liste
Johannes Pflandorffer St: 1457: Liste
Hanns Pair messerer St: 1457, 1458: Liste
Lienhart Gebel pautler St: 1458: Liste
Johannes Frey schreiber St: 1458: Liste
Hanns Raitt [Kramer, Stadtrat[4]] St: 1462: 2/5/15
Hanns Vinger [Gürtler[5]] inquilinus St: 1462: -/-/87
Hanns Krayberger inquilinus St: 1462: -/-/60
Praun messerschmid St: 1482: -/2/5
Lienhard Mentzinger tagwercher St: 1482: -/-/60
Michael Zeich St: 1486: -/2/6
Linhard pecknknecht St: 1486: -/-/60
Koler peitler St: 1490: -/-/60
Jacob padknecht St: 1490: -/-/60
Conrat Reichstarffer schreiber[6] St: 1490: -/-/60
Augustin peitler. 1514 Augustin Grams peitler St: 1496, 1500: -/-/60, 1514: Liste
Matheus zimmermanin
  St: 1496: -/-/60
  StV: (1496) et dedit -/-/24 von 3 lb geltz, nur das jar.
Thoman nestler
  St: 1496: -/-/60
  StV: (1496) et dedit -/-/60 fúr sein hausfraw.
Wilhalm gúrtler St: 1496: -/-/60
Schafkopf gúrtler St: 1496: anderswo
Clas wirfler St: 1496: -/4/9
Haimhauserin St: 1496: -/-/60
Jordan gurtler St: 1496: -/2/11
Gabriel Albeg sneider[7]
  St: 1500: -/-/21 gracion
  StV: (1500) et dedit -/1/- für seins weibs gut.
Thoman wirfler St: 1500, 1508, 1509: -/-/60, 1514: Liste
Margret petswester St: 1500: -/-/60
Augustin peitler St: 1508: -/-/60
Hanns Fueßl St: 1514: Liste
Jórg Kápler nestler St: 1522: -/-/28 gracion
artzt inquilinus St: 1523: nichil
Utz wirfler St: 1524-1526, 1527/I-II, 1528, 1529: -/2/-

---

[1] Vgl. Altenhofstraße 3* (1441/II), Burgstraße 18* (1462), Marienplatz 15 A (1453-1458).
[2] Hanns Rosenbusch, Arzt, von 1416 bis Ende 1453 Stadtschreiber, vgl. R. v. Bary III S. 786, 1014 ff.
[3] Vgl. Rosenstraße 12.
[4] Vgl. Marienplatz 21 B.
[5] So Rindermarkt 23, Marienplatz 23 und Kaufingerstraße 17.
[6] Conrad Reichsdorfer 1496-1520 wiederholt Vierer der Lernmaister, vgl. RP und Rindermarkt 15.
[7] Gabriel Albeg ist 1509, 1510 und 1512 Vierer der Schneider, vgl. RP.

Hanns girtler. 1527/II Hanns Rauscher girtler St: 1524-1526, 1527/I: -/2/-, 1527/II, 1528: -/2/7
Hanns pulfermacher. 1527/II pulfermacher
    St: 1526, 1527/I-II: -/2/-, 1528, 1529: -/1/2
    StV: (1528) dieweil er zu hof ist.
Pranndtmair St: 1532: 1/3/7
Dionisi peutler St: 1540-1542: -/5/26, 1543: 1/4/22
Anthoni Wolffeckh St: 1543: -/4/-
Jorg Lehner St: 1544: -/2/5
Pauls Schárdinger (Scherdinger, Schärdinger), 1544-1548 peutler
    St: 1544: -/2/-, 1545: -/4/-, 1546-1548, 1549/I-II, 1550, 1551/I-II, 1552/I-II: -/2/-
Asm (Erasm) Prantmer (Prantner, Pranndmair, Pranndtmayr), 1565, 1566/I-II, 1568, 1569 cramer
    St: 1545: -/-/21 gracion, 1546: -/3/7 juravit, 1547, 1548, 1549/I-II, 1550, 1551/I-II, 1552/I-II: -/3/7, 1553, 1554/I-II, 1555-1557: -/4/12, 1558: 1/1/24, 1559, 1560: -/4/12, 1561, 1563, 1564/I-II, 1565, 1566/I-II, 1567/I-II: -/5/7,5, 1568: 1/3/15, 1569, 1570: -/5/7,5, 1571: an chamer
    StV: (1571) [Nachtrag:] Adi 26. Decembris [15]73 zalt.
Augustin tagwercher St: 1546-1548: -/2/-
Diemut (Diemuet) Westermairin St: 1546, 1547: -/2/-
Bastl (Sebastian) zimerman St: 1549/II, 1550, 1551/I: -/2/-
    sein schwiger St: 1550, 1551/I: -/2/-
Hanns Haß pott St: 1551/II, 1552/I-II: -/2/-
Bastian Pautzpergerin
    St: 1553, 1554/I: -/2/27
    StV: (1553) sambt ires sons erb.
Gredl naterin St: 1553, 1554/I-II: -/2/-
Hans Lott cantzlschreiber St: 1554/II-1559: nihil
Wolf Helld (Hóld, Hóldt, Hölt, Heldt), 1560, 1564/I-1566/I canzleischreiber. 1566/II Wolff Hóldin
    St: 1560: -/1/22,5 gracion, búrger hofgsind, 1563: -/2/20, 1564/I: -/2/20 búrger und hoffgsind, 1564/II, 1565, 1566/I-II: -/2/20
    Christoff Hölld St: 1561: -/2/20
Hannß Delsch. 1571 Hannß Delschin St: 1561, 1563, 1571: -/2/-
Jacob Grefinger riemer St: 1564/I-II: -/2/-
Caspar Paur pürstenpinder St: 1565, 1566/I-II, 1567/I-II, 1569: -/2/-, 1568: -/4/-
Veit Cosman Frannckh [Barbier[1]]
    St: 1567/I-II: -/5/10 schenckhsteur, 1568: 1/3/20 schenckhsteur, 1569, 1570: -/5/10 schenckhsteur
Christoff Mayr St: 1568: -/-/- steurt hernach [vgl. Marienplatz 22].
Gregori Reinwein gúrtler. 1571 Gregori gúrtler
    St: 1570: -/2/-, 1571: an chamer
    StV: (1571) [Nachtrag:] zalt adi 29. Novembris anno [15]73.
Michl trabanndt St: 1571: an chamer

Rindermarkt 23

Lage: 1373 „bey sand Peter". Etwa 1488 am Rindermarkt „gegen St. Peter über".
Charakter: In diesem Haus befindet sich der städtische Gantladen, erstmals 1516 genannt. In ihm werden Versteigerungsgüter bis zum Tag der Versteigerung aufbewahrt. Dafür übernimmt die Stadt meist die Mietzinsen, so 1519.[2] Dem Gantladen steht der geschworene Käufel oder Gantladen-

---

[1] So 1573 bei Marienplatz 14.
[2] KR 1519 S. 86v: „Ladennzins" „dem Ettnhofer fur Paule ambtman ganntknecht". Vgl. auch R. v. Bary, Herzogsdienst S. 182 und zu 1531 in KR 1531 S. 88v.

knecht vor. Der erste namentlich bekannte ist Paule Hörtl/Härtl.[1] Unter den Steuerzahlern und Bewohnern des Hauses befindet sich 1529-1532 ein Schaci (= Arsaci) Hörtl und 1540 der Gantknecht Hanns Koler.

Hauseigentümer:

1370 die Baukommission bestimmt, daß „dez Paulsen lauben" abgebochen werden muß.[2]
1373 Februar 28 „Maecz Chirchpúhlerin" hat ihr Haus, „daz ir von irem wirt, dem Scharnagel saelig, ist worden" und das gelegen ist zunächst an „Ullein [Wunn] dez sneiders" Haus „bey sand Peter" (Rindermarkt 22), „Paulsen dem salburchen chramer" verkauft. Gewere dafür ist Hainrich Tulbeck.[3] Danach offensichtlich eine Erbengemeinschaft nach Paul dem Kramer, bestehend aus Mitgliedern der Familien Tichtel, Vinger, Dietmair und offenbar auch Endelhauser.
1447 domus Hanns Endlhauser (StB).
1471 April 9 der Schneider Gabriel Sengenrieder ist Nachbar zum Jörg Katzmair (Marienplatz 22).[4]
1471 Dezember 19 nunmehr wird das Haus des „Lorenz peitler" als Nachbarhaus zum Haus des Jörg Katzmair (Marienplatz 22) angegeben.[5] Da Lorenz Beutler nur 1454 hier in der Steuerliste erscheint, muß er demnach zeitlich noch vor Sengenrieder eingeordnet werden.
1488 laut Kaufbrief hat das Reiche Almosen ein Ewiggeld aus Peter Schüsslers und seiner Hausfrau Margaret Schwiegervater beziehungsweise Vater "Larentzen peutlers" seligen Haus und Hofstatt am Rindermarkt, zwischen den Häusern des Cristan Bernhard (Rindermarkt 22) und Jacob Capplers (Ecke Marienplatz 22) Häusern gelegen.[6] Um die selbe Zeit wird das Haus in einem Salbuch des Reichen Almosens „Peter Schislers Haus am Rindermarkt gegen St. Peter über" genannt, „das jetzo Andre nestler inngehabt hat".[7]
1490 die Jungfrau Diemut Pabin, „die bey der Enndlhawserin ist gbesen", hat dem Heiliggeistspital ein Ewiggeld von 1 rheinischen Gulden gegeben, und zwar „aus Andre nestlers haws am Rindermarckt". Die Frau starb später im Spital.[8]
1508 Januar 15 und **Januar 17** das Haus des Thoman Nestler ist benachbart dem Haus des Gewandschneiders Erlinger (Rindermarkt 22).[9]
1524 auch des Thoman Nestlers Haus am Rindermarkt ist vom Ehaft am Brunnen an der Fürstenfelder Straße befreit.[10]
(1523/24, 1524/1525) 1525/26 -1546 das Heiliggeistspital hat ein Ewiggeld aus Thoman Nestlers Haus am Rindermarkt beziehungsweise bei St. Peter.[11]
1546 beanstandet die Baukommission: die Vorbauten beim Gantladen ragen „3/4 [eln] ze weit" vor.[12]
1561, 1563 domus Hörl (StB).
1564-1567 domus Cunrad Hörl (StB).
1568-1571 domus Anndre Hörl (StB).
1572 laut Grundbuch (Überschrift) des Andre Hörls Haus, Hof und Stallung, „stosst hindten an sein, Hörls, annders Haus am Marckht" (Marienplatz 23).[13]

---

[1] R. v. Bary, Herzogsdienst S. 182.
[2] Zimelie 9 (Ratsbuch IV) S. 4r (neu). – Allerdings ist Paul erst seit 1373 Hauseigentümer.
[3] GB I 35/3.
[4] MB XX 343 S. 604/607.
[5] MB XX 347 S. 617/618.
[6] Zimelie 27b (Salbuch Reiches Almosen) S. 53.
[7] Zimelie 27a (Stiftungsbuch Reiches Almosen) S. 56v.
[8] Zimelie 43 (Heiliggeistspital, Salbuch C) S. 56r.
[9] Hufnagel/von Rehlingen, St. Peter Urk. 235, 236.
[10] RP 8 S. 66v.
[11] Heiliggeistspital, Rechnungen 176/20 S. 16v (1525/26) erstmals, 176/34 S. 29v (1546) lestztmals. – Ohne Ortsbezeichnung oder Straßennamen wird dieses Ewiggeld aus Thoman nestlers Haus aber schon 1523/24 und 1524/25 genannt, vgl. 176/18 S. 16v und 176/19 S. 14v.
[12] LBK 4.
[13] Stadtgericht 207/7 (GruBu) S. 744v. – Die Behauptung des Häuserbuchs: „ledig, aber vogtbaren Standes" bezieht sich auf einen Andre Hörl von 1581. Der von 1572 hat bereits eine verheiratete Tochter.

1572 Oktober 20 Andre Hörl verschreibt seinem Eidam (Schwiegersohn) und seiner Tochter, Georg Hueber zu Rosenheim und seiner Hausfrau Maria, ein Ewiggeld von 10 Gulden, wohl um 200 Gulden Hauptsumme, aus dem Haus (GruBu).

Eigentümer Rindermarkt 23:

* Scharnagl bzw. seine Witwe Maecz Kirchpühlerin [bis 1373 Februar 28]
* Pawls (Pauls) kramer (institor).[1] 1377 Pauls salbúrch institor. 1378-1379 Pauls salbúrch. 1403 relicta Paulsin kramerin. 1405/I patrimonium Paulsin kramerin[2] [seit 1373 Februar 28]
    St: 1368: 3/5/10, 1369: 5,5/-/-, 1371, 1372: 6/-/18, 1375: 9/-/80, 1377: 11/-/60 juravit, 1378, 1379, 1381, 1382, 1383/I: 11/-/60, 1383/II: 16/7/-, 1387: 7,5/-/-, 1388: 15/-/- juravit, 1390/I-II: 15/-/-, 1392: 16/6/-, 1393, 1394: 22/-/80 absolutum, 1395: 11/-/40, 1396, 1397: 16/6/-, 1399, 1400, 1401/I: 10,5/-/-, 1401/II: 16/5/10 iuravit, 1403: 16/5/10, 1405/I: 12/-/-
    StV: (1405/I) haben si davon ausgericht nach dez racz haissen.
    Pferdemusterung, um 1398: (Ur-Fassung): Pauls kramer sol haben zway pferd, die 40 gulden wol wert sein und ein guten trabzeẃg; (Korrig. Fassung): Pauls kramer sol haben 3 pferd, die 60 gulden wol wert sein und ein erbern knecht.
    mater eius. 1369 patrimonium matris[3]
    St: 1368: -/13/10, 1369: 0,5/-/18
    soror eius
    St: 1368: -/-/86
    soror cum patrimonio matris sibi pertinenti. 1371-1379 soror eius, 1371-1372, 1377-1378 inquilina
    St: 1369, 1371, 1372: -/7,5/-, 1375: -/-/48, 1377: -/-/46 juravit, 1378, 1379: -/-/46
    Lebansorig [Schwiegersohn von Paul kramer[4]] inquilinus
    St: 1388: 6/5/10 gracianus
    Fridl sein [= des Paul kramer] vetter. 1392, 1393 Fridl (Fridrich) salburch sein vetter, 1390, 1393 inquilinus
    St: 1390/I-II: -/-/40, 1392: -/3/-, 1393: 1/-/- gracianus
    Dietmayr sein [= des Paul kramer] sun.[5] 1399 Dietmair[6] salburch inquilinus
    St: 1397: 2/-/- gracianus, 1399: 8,5/-/- iuravit

---

[1] Pauls kramer ist 1381 Mitglied des Großen Rates, vgl. R. v. Bary III S. 745. – 1393 hat er bei der Stadt ein Leibgeding, das „auf Klarn und Elspetn seiner töchter" liegt, „daran get im ab sein stewr 23 l[i]b[ra] 80 d[enarii] und 4 l[i]b[ra] d[enarii], get im auch ab von dez Lebansorgs kind, die Ulrich Tichtel der elter einnam", vgl. Kämmerei 63/3 S. 5r. – Er handelt mit Tuch. Die Stadt kauft bei ihm „golsch zu vändlein" für die „rais", vgl. KR 1398/99 S. 116r.

[2] Derselbe Eintrag 1405/II wieder getilgt.

[3] Dahinter gestrichen „et sororis".

[4] Pauls kramer hat auch ein Leibgeding „an sein und sein enickleins, dez Lebensorg kind" gekauft, vgl. Steueramt 572 (Leibgedingbuch 1402/03) S. 8r.

[5] „Dietmair, Paulsen sun" gehörte nach Katzmair zu den „Darnach pösen" bei den Bürgerunruhen, vgl. Muffat, Kazmair-Denkschrift S. 464, 509. – Pauls Kramer hat ein Leibgeding bei der Stadt gekauft, das „auf Dietmar und Yrngart", seine beiden Kinder, angelegt war, vgl. Steueramt 570 S. 7v (1395), 571 S. 12v (1396). Auf beide Kinder hatte er auch ein Leibgeding in Augsburg gekauft, vgl. Friedrich Blendinger, Münchner Bürger, Klöster und Stiftungen als Gläubiger der Reichsstadt Augsburg im 14. und 15. Jahrhundert, in: Archive und Geschichtsforschung. Studien zur fränkischen und bayerischen Geschichte. Fridolin Solleder zum 80. Geburtstag, Neustadt a.d.Aisch 1966, S. 87 (nach Haemmerle, Leibgedingbücher Nr. 155).

[6] Ditmar ist der Sohn von Pauls dem Kramer, vgl. Steueramt 573 (Leibgedingbuch 1404/09) S. 50v. – Pauls Kramer kaufte 1385 Leibgedinge von der Münchner Stadtkammer auf den Namen seiner Tochter Elspet, verheiratet mit Georgen Vinger, sowie eines für seine Tochter Irngart, verheiratet mit Andre Tichtel („die ist tod freytag nach Viti anno [14]18"), dazu weitere für den Sohn Dietmar und eine dritte Tochter, Barbara, verheiratet mit Wilhalm Günther („dieselb ist tot samztag vor Andree anno [14]06"), vgl. Kämmerei 63/1 S. 41r. – 1393 kommen dazu Leibgedinge „auf Klaren und Elspetn seiner Töchter" („Daran get im ab sein stewr 23 lb 80 d und 4 lb get im auch ab von dez Lebansorgs kind, die Ulrich Tichtel der elter einnam"), vgl. Kämmerei 63/3 S. 5r. – 1409 erhalten Jörg Finger, Andre Tichtl, Wilhalm Günther und der Ditmar „von irer swiger wegen, der Paulsin" im Namen ihrer „hawsfrawen, der Paulsin töchter" ein Briefel (Urkunde) von der Stadt wegen ihrer Schulden an die Schwiegermutter, vgl. Steueramt 573 (Leibgedingbuch 1404/09) S. 50v.

Pferdemusterung, um 1398: (Ur-Fassung): Dietmar salwurch sol haben ein pferd umb 25 gulden und ein erbern knecht; (Korrig. Fassung): Dietmar salwurch sol haben 2 pferd umb 35 gulden und selber reiten.

Andre Tichtel [Schwiegersohn von Pauls kramer[1]]. 1415 Andre Tichtel uxor. 1416 relicta Andre Tichtel. 1418 patrimonium Andre Tichtlin. 1419 patrimonium Andre Tichtel
    St: 1405/I: 2/5/10, 1405/II: 4/7/- iuravit, 1406-1408: 6,5/-/-, 1410/I: 5/-/-iuravit, 1410/II: 6/5/10, 1411: 5/-/-, 1412: 6/5/10, 1413: 3/6/- iuravit, 1415: 3/6/- patrimonium, 1416: 3/-/- iuravit, 1418: 3/-/-, 1419: -/-/-
    StV: (1419) das hat Matheys Schrenck in sein stewr genomen.

relicta Vingerin [Tochter von Pauls kramer[2]]
    St: 1418, 1419: -/9/24

Hanns Vinger gurtler
    St: 1431: -/5/10 iuravit

* domus Hanns Endlhauser. 1445 Endelhauser. 1455-1458 Hanns Endlhauser (Endlczhauser) [Stadtunterrichter][3]
    Sch: 1445: 1 diern, dedit -/-/8
    St: 1447: 0,5/-/9, 1455-1458: Liste
    StV: (1447) darnach hat er verstewrt 5 gulden des Pauls Dietmer.

pueri Larencz Gúndlhauser (Enndlhauser)
    St: 1447: -/-/60, 1453-1454: Liste

Jorg Endlhauserin
    St: 1453: Liste

Jorg Endlhauser. 1454 Endlhauser
    St: 1454-1458: Liste

* Larencz páutler [Weinschenk[4]]
    St: 1454: Liste

* Gabrihell Sengenrieder. 1482 Gabriel schneider. 1486, 1490 Sengenrieder (Senngnrieder), 1490 sneider[5]
    St: 1462: -/3/6, 1482: -/2/25, 1486, 1490: -/2/5

* Andre nestler. 1486 Andre pfister nestler[6]
    St: 1482: -/5/21, 1486, 1490: -/6/2, 1496: -/3/20, 1500: pfant in camer

* Peter Schüssler, ∞ Margaret, Tochter von Larentz peutler [vor 1488]

* Thoman nestler. 1548-1551/I Thoman nestlerin
    St: 1500: -/3/11, 1508, 1509: -/3/11, 1514: Liste, 1522-1526, 1527/I: -/4/-, 1527/II, 1528, 1529, 1532, 1540-1542: -/3/15, 1543: 1/-/-, 1544: -/3/15, 1545: -/4/-, 1546-1548, 1549/I-II, 1550, 1551/I: -/2/-

et mater
    St: 1500: -/-/60

* domus Hörl. 1563-1567/II domus Cunrad Hórl (Hörl) [vgl. Marienplatz 23]
    St: 1561, 1563, 1564/I-II, 1565, 1566/I-II, 1567/I-II: -/-/-

** domus Anndre Hórl
    St: 1568-1571: -/-/-

---

[1] Vgl. Steueramt 573 (Leibgedingbuch 1404/09) S. 50v und Kämmerei 63/1 S. 41r.
[2] Jörg Finger war ein Schwiegersohn von Pauls kramer. Diese Vingerin ist seine Witwe, also die Tochter von Pauls kramer, der folgende Hans Vinger wohl ihr Sohn und damit ein Enkel von Pauls kramer, vgl. Steueramt 573 (Leibgedingbuch 1404/09) S. 50v.
[3] Hanns der Endlhauser war von 1427 bis 1457 Stadtunterrichter, vgl. R. v. Bary III S. 802; BayHStA, GUM 217 (9.3.1427).
[4] Lorencz páutler ist 1458 Mitglied der Weinschenken-Bruderschaft, vgl. Gewerbeamt 1411 S. 14r.
[5] Gabriel Segenrieder 1459, 1462, 1464, 1465, 1467 und 1470 Vierer der Schneider, vgl. RP.
[6] Der Nestler Andre Pfister ist 1482-1499 wiederholt Vierer der Beutler, Gürtler, Taschner, Ircher und Nadler, vgl. RP.

Bewohner Rindermarkt 23:

patrimonium Ponfras St: 1371, 1372: -/10/-
Fridrich vischer inquilinus St: 1379: 3/-/30
relicta Lewtrerin (Läwtrerin) inquilina St: 1387, 1388: nichil
Chunrat pewtler
    St: 1387: -/-/60, 1390/I-II: 0,5/-/-, 1392: -/15/-, 1393, 1394: 2,5/-/-, 1395: 1/-/-, 1396, 1397: -/12/-
Seybolt taschner inquilinus St: 1394: 0,5/-/24
relicta salwrckin inquilina taschner St: 1394: -/3/14
Andre gúrtler inquilinus[1] St: 1394: -/-/48
Engelhart goltsmid,[2] 1395 inquilinus
    St: 1395: -/-/60 non juravit, 1396, 1397: -/-/72 fur 12 lb, 1399: -/-/72
Nymcherin (?) gúrtler. 1399 Ninderthanin gurtler[in] St: 1397: -/-/60 fur 4 lb, 1399: facat
Maecz kramerin inquilina St: 1397: 0,5/-/-
Stephan kramer maler inquilinus St: 1397: -/-/60 fur 7 llb
Told schuster inquilinus St: 1399: -/-/32 fur nichil
Hellerin et Nickel Ainweig ir man St: 1399: -/-/60 gracianus
Kristel Heger taschner St: 1400: -/3/6, 1401/I: -/-/60
Aberdar pawtler
    St: 1400: -/-/60 fúr 3 lb, 1401/I: -/-/60 fúr 3 lb, 1401/II: -/-/60 iuravit, 1403, 1405/I: -/-/60, 1405/II, 1406-1408: -/-/60 fúr 3 lb, 1410/I: -/-/60 fúr 4 lb, iuravit, 1410/II, 1411, 1412: -/-/60 fúr 4 lb, 1413: -/-/-, 1415: -/-/60, 1416: -/-/60 fúr nichil
    Albrecht sein swager inquilinus St: 1400: -/-/-
(Haincz) Fúnsinger (Funssinger) sneider
    St: 1403, 1405/I: -/-/60, 1405/II: -/-/60 fúr 6 lb, iuravit, 1406-1408: -/-/60 fúr 6 lb, 1410/I-II: -/-/60, 1411-1412: -/-/60, 1413: -/-/-
Seyfrid Tischinger kramer. 1410/II-1413 Seyfrid kramer. 1415, 1416, 1418, 1419 Seicz kramer
    St: 1407, 1408: -/-/60 fúr 6 lb, 1410/I: -/-/60 fúr 8 lb, iuravit, 1410/II: -/-/64 fúr 8 lb, 1411: -/-/60 fúr 8 lb, 1412: -/-/64 fúr 8 lb, 1413: 0,5/-/- iuravit, 1415: 0,5/-/-, 1416: -/5/10, 1418, 1419: -/6/12
Peter Wólfel fragner St: 1407: -/-/60 fur 4 lb, 1408: -/-/60
Ull Praitenawer pawtler inquilinus St: 1410/I: -/-/20 gracianus
Túmmairin inquilina St: 1410/I: -/-/8 fúr nichil
Reychenmacher (Reichnpacher, Reichnmacher, Reichenmacher) kramer
    St: 1410/I: -/12/- iuravit, 1415: -/12/-, 1416: 2/-/-, 1418, 1419: -/18/20
[Konrad[3]] Chauffer ringler
    St: 1415: -/-/84, 1416: -/3/22, 1418, 1419: -/3/20 1423: -/3/-, 1431: -/-/60 iuravit
Hanns gúrtler St: 1415: -/3/-, 1416: 0,5/-/-
Palwein kramer St: 1418, 1419: 2/5/10, 1423: 6,5/-/- iuravit, 1424: 2/-/40
relicta Stachlerin kramerin St: 1418: 4/-/80
Hanns Lochner [Kramer] St: 1419: 5/-/-
    pueri uxoris St: 1419: 1/-/- gracianus
Hainrich Verenpacher gúrtler. 1423 Hainrich gurtler inquilinus St: 1419: -/-/60, 1423: -/3/-
Els inquilina St: 1423: -/-/15
Lienhart Saldnawer, 1441/I kramer, 1439/II, 1440, 1441/II inquilinus
    Sch: 1439/I-II, 1440, 1441/I-II: 1,5 t[aglon]
Magdalen [I.] Ridlerin Sch: 1445: 1 diern, dedit -/-/8
Ulrich Weissenvelder [Beutler] Sch: 1445: 1 knecht, dedit -/-/8

---

[1] Folgt gestrichen „Flewgerin inquilina".
[2] Frankenburger S. 265.
[3] Vgl. Marienplatz 24 (1439-1441).

Ulrich Prant messerer, 1447 inquilinus
    Sch: 1445: 1 knecht, dedit -/-/8
    St: 1447: -/19/16, 1453: Liste
Haincz Prunner zimmerer St: 1454: Liste
Ulrich Scheirmair páutler, 1456 inquilinus St: 1454, 1455: Liste
Symon wúrfler St: 1454: Liste
relicta Larencz [I.] Schrenckin St: 1462: -/-/87
meister Hanns arczt, der alt Zwicken[1] St: 1462: nichil, raczgeschaft
gusterin witib et pueri
    St: 1482: -/-/28
    StV: (1482) von 4 gulden geltz, dedit mater.
Kathrei naterin St: 1482: -/-/40
Koler peitler St: 1482: -/-/60
Peter pogner tagwercher St: 1482: -/-/60
Elß inquilina St: 1486: -/-/60
Zierler nadler St: 1486: -/-/60, 1490: nichil
Peter Seltzam t[aschner] St: 1500: -/-/60
    Jacob Seltzam St: 1500: -/1/12
Palbein peitler St: 1500: -/2/2
Matheus gürtler St: 1500: -/-/60
Clas wirfler St: 1500: -/5/9
Jordan gürtler St: 1500: -/4/3
Sigmund Zayser k[ramer][2] St: 1508: -/3/18
Hans Kleitzer ringler. 1509 Hanns ringler St: 1508, 1509: -/-/60
Mathes nestler St: 1508, 1509: -/-/60
Augustin [Grams] peitler St: 1509: -/-/60
Hanns Kopp St: 1514: Liste
Wolfgang Nonhauser St: 1514: Liste
pirstenpindter inquilinus. 1524, 1525 pirstenpindter. 1526-1527/II Oßwald (Oßwaldt) pirstnpindter
    St: 1523: -/-/21 gracion, 1524-1526, 1527/I: -/2/-, 1527/II: -/2/2
Andre Hueber kramer St: 1523: -/2/-
Barbara St: 1523: -/2/- zeucht in [die] Gracknau
[Wolfgang] Sittenhofer peitler[3] St: 1524: -/2/-, 1525: anderßwo
Felerin St: 1525-1527/II: -/2/-
Hanns Pelchinger nadler [Weinunterkäufel[4]] St: 1528: -/2/-
Jórg spángler St: 1528: -/2/-
Peter padknecht
    St: 1529: -/1/1, 1532: -/-/24
    StV: (1529) pauper das jar. (1532) pauper, 6 kind[er].
Achaci (Schaci) Hórtl [Beutler] St: 1529, 1532: -/2/-
Hanns Rausch (Rauscher) girtler St: 1532, 1540-1542: -/2/-
Oswald tagwercher St: 1540, 1541: -/2/-
Hanns Kriegpaum tagwercher St: 1540: -/-/14 gracion
Ursl ibidem. 1541-1544 Ursl (Urs) naterin St: 1540-1542: -/2/-, 1543: -/4/-, 1544, 1546: -/2/-
Hanns Koler gantknecht[5] St: 1540: nihil
Veyt (Veit) furknecht, 1545 zu hoff
    St: 1541: -/-/28 hofgsind, 1542: -/-/28 furknecht zu hoff, 1543: -/1/26 hoffgsind, 1544: -/-/28
    furknecht zu hoff, 1545: -/1/26 hoffgsind

---

[1] „Der alt Zwicken" nachträglich angefügt.
[2] Vgl. Marienplatz 18 und 19.
[3] Vgl. Rindermarkt 15.
[4] Der Nadler Hans Pelchinger ist 1510 bis 1530 als Weinunterkäufel bzw. Weinkoster belegt, vgl. R. v. Bary III S. 970.
[5] Hanns Koler ist 1540-1558 Gantladenknecht, vgl. R. v. Bary III S. 832.

Bernhartin Schusmanin wittib St: 1541: -/2/-
Conrad Frueauff St: 1542: -/2/-, 1543: -/4/14, 1544: -/2/7, 1545: -/4/14
Warbara Spátin St: 1542: -/2/-
Hanns tagwercher [= Kriegpaum ?] St: 1543: -/4/-
Wilhelm Degler nestler. 1546 Wilhelm nestler
    St: 1543: -/-/21 gracion, 1546-1548, 1549/I-II, 1550, 1551/I: -/2/-
Anna (Anl) vischerin St: 1543: -/4/-, 1544: -/2/-, 1545: -/4/-
Hanns pot. 1545-1549/II, 1551/I-II Hanns Hueber pott (statpott). 1550 Hanns Hueber. 1552/I-II Hanns statpot[1]
    St: 1544: -/2/-, 1545: -/4/-, 1546, 1548, 1549/I-II: nihil, statpot, 1550: -/2/-, 1551/I: nihil, 1551/II, 1552/I-II: nihil
Hanns scharwachterin St: 1544: -/2/-, 1545: -/4/-
Steffan Silber cramer [silbercramer ?]
    St: 1544: -/3/7, 1553, 1554/I: -/2/-
    StV: (1553) mer -/2/- ain alte steur.
Steffan Pórtzlin St: 1544: -/2/-
Walthasarin St: 1545: 1/1/21
Utz von Nórdling. 1547 Uetz Hueber von Nördling St: 1545: -/-/14 gracion, 1547: -/2/-
Hanns Hoffmanin schuesterin
    St: 1545: -/-/-
    StV: (1545) pfant an chamer, ist 20 kr(eutzer) das jar, pauper.
ir pásl St: 1545: [Nachtrag:] nihil, hat khain pásl bey ir.
Hainrich Jórger (Jörger), 1550, 1551/II-1558 schneider
    St: 1546: -/-/21 gracion, 1547: -/-/21 gracion das ander, 1548, 1549/I-II, 1550, 1551/I-II, 1552/I-II, 1553, 1554/I-II, 1555-1557: -/2/-, 1558: -/4/-
Margreth
    St: 1549/I: -/-/-
    StV: (1549/I) derzeit bey Casparn Weiler ain dienerin.
Hanns Gryll St: 1549/I: -/2/-
Ulrich Gyndl (Gindl, Gúndl), 1550-1551/I, 1558-1571 gúrtler
    St: 1549/I: -/-/14 gracion, 1549/II, 1550, 1551/I-II, 1552/I-II, 1553, 1554/I-II, 1555-1557: -/2/-, 1558: -/4/-, 1559, 1560: -/2/-, 1561, 1563, 1564/I-II, 1565, 1566/I-II, 1567/I-II: -/2/18, 1568: -/5/6, 1569-1571: -/3/9
    StV: (1561, 1563) mer folio 91v [Ewiggeld]. (1567/I) mer fúr p[ueri] Graimer. (1567/II) mer fúr p[ueri] Graymer -/-/7.
Steffan Neuchinger tagwercher. 1550, 1551/I, 1552/I-II Steffan tagwercher. 1554/II-1561 Steffan Neuchinger. 1563-1564/II Steffan Neuchingerin
    St: 1549/II, 1550, 1551/I, 1552/I-II, 1553, 1554/I-II, 1555-1557: -/2/-, 1558: -/4/-, 1559-1561, 1563, 1564/I-II: -/2/-
Steffan tagwercher holahipper[2] St: 1551/II: -/2/-
Mang (Mannger) Kotter (Khotter) nestler
    St: 1551/II, 1552/I-II, 1553, 1554/I-II, 1555-1557: -/2/-, 1558: -/4/-, 1559-1561, 1563, 1564/I-II, 1565, 1566/I-II, 1567/I-II: -/2/-, 1568: -/4/-, 1569-1571: -/2/-
Jorg pott Pirckh St: 1554/II, 1555: -/2/-
Sebolt Fluckhin St: 1556, 1557: -/2/-
Mathes Hegndorffer, 1559 seckhler St: 1558: -/4/-, 1559: -/2/-
Hanns ziegler schneider St: 1559-1561, 1563: -/2/-
Hanns Dellsch St: 1560: -/2/28
Bernhart Fauser (Fauster) tagwercher St: 1560, 1561, 1563, 1564/I-II: -/2/-
Uez Allingerin St: 1564/II: -/2/-

---

[1] 1550 „statpot" getilgt.
[2] Holhippen sind ein oblatenförmiges Gebäck, das nach dem Backen zusammengerollt wird. Holahipper ein Hersteller solchen Gebäcks, vgl. Schmeller I 1139/1140.

Martin Eberhart schneider
>St: 1564/I: -/-/21 gratia, 1564/II, 1565, 1566/I-II, 1567/I-II, 1570, 1571: -/2/-

Jorg (Georg) fragner (Franer) maurer
>St: 1565: -/-/21 gratia, 1566/I-II, 1567/I: -/2/-, 1567/II: -/-/-
>StV: (1567/II) steurt in der Grackhnaw beim Tatzl.

Isac (Ysac) Neumair taschner St: 1565, 1566/I-II, 1567/I: -/2/-

Hanns Staudenrauch reiter St: 1567/II: -/2/- búrger, hofgsind 1568: -/4/- búrger, hofgsind

Hanns Hueber pot. 1568 Hanns pot
>St: 1567/II: -/2/-, 1568: -/4/-, 1569: -/2/-, 1570: an chamer, 1571: -/-/-

Hanns Steidl (Steudl) schneider St: 1568: -/4/-, 1569: -/2/-

Jórg[1] Graf schuester St: 1569: -/2/-

Marienplatz 22

Name: 1508 „die Cram".
Lage: 1390/98 „ekkhauz an den chramen pey sand Peter", „under den rechten cramen". 1402/03 „under den krämen". 1424 „under den oberen Krämen". 1471 „an dem Margkt das egkhaus, da man gen sannd Peter und an den Rindermarckt get". 1471 bei Sand Peter.
Charakter: 1471 Kramhaus.

Hauseigentümer:

1370 die Baukommission bestimmt: „Die lauben an dez Kaczmairs haws sol ab[gebrochen werden]".[2]
1390/98 das Heiliggeistspital hat ein halbes Pfund Pfennige Gilt aus „des Chatzmayer ekkhaus an den chramen pey sand Peter" beziehungsweise aus dem „domus Katzmayr". Die Gilt wird am 24. April 1453 abgelöst.[3]
1398 das Heiliggeistspital hat ein Ewiggeld aus dem „domus Katzmayr" unter den rechten Kramen.[4]
1402/03 die Stadt zahlt „den raumern" den Lohn für das Ausfahren der Abortgruben, unter anderem „in dez Katzmer hauz under den krämen".[5]
1403 April 23 die Stadt nimmt 2 Pfund und 3 Schillinge Zins aus der Vermietung von „dez Katzmers keller" an den Ulrich den Glaser ein.[6] Auch der Katzmair war wegen der Unruhen aus der Stadt geflohen und das Umsturz-Regiment hat seine Häuser beschlagnahmt.
1407 Juni 20 Jorigen des Katzmairs Haus unter den Kramen ist benachbart dem Haus des Hainrich des Part (Marienplatz 23).[7]
1424 Dezember 13 die Baukommission befindet: „Under den oberen krämen mit des Katzmairs haws all kräm auf und auf mitsambt den schusterläden sullent chramer und schuster all inwendiklich in irn läden vail haben und auswendiklichen nicht". Außerdem sol der Katzmair das große Geschwell und die Stapfen vor seinen Kramen gegen Sant Peter zu, also im Schleckergassel, vom Pflaster wegräumen (entfernen) und soll die Stufe auf seinen eigenen Grund legen, damit jedermann wohl auf- und abgehen kann.[8]
1431 Oktober 10 am Mittwoch vor Galli „dô was als gross wind, des er des Katzmars hütten derny-

---

[1] Darüber „Bastian".
[2] Zimelie 9 (Ratsbauch IV) S. 2r.
[3] Vogel, Heiliggeistspital, Salbuch A Nr. 230. – Steueramt 982/1 S. 4v.
[4] Steueramt 982/1 S. 4v.
[5] KR 1402/03 S. 81.
[6] KR 1402/03 S. 25r. – Ulrich glaser steht in den StB von 1395 und 1396 bei diesem Haus, 1394 bei Rindermarkt 22.
[7] Hufnagel/von Rehlingen, St. Peter Urk. 70. – Hoffmann, SchloßA Harmating Urk. 3a.
[8] Stadtgericht 917 (Bußordnung von 1433) S. 14r, 14v.

derwarff pei des Pernharts peutlers haws" (Rindermarkt 22).[1] Die beiden Häuser stoßen allerdings nicht aneinander.

1433 die Inhaber der unteren und inneren Kramen unter des Katzmairs und des Heinrich (Barts) (Marienplatz 23) Häusern sollen innerhalb ihrer Keller und Läden feilhalten und nicht draußen auf dem Pflaster vor dem Haus.[2]

1447, 1453, 1455-1458, 1462 domus Kaczmair (Kaczmers) (Listen, StB).

1458 Februar 9 Georg Katzmair verkauft laut Grundbuch aus diesem Haus ein Ewiggeld von 3 Pfund und 6 Schillingen um eine nicht genannte Summe.[3]

1460 September 25 Jörgen Katzmairs Haus ist Nachbar vom Haus des Jörg Smautzhausers, künftig des Gabriel Lewpold (Marienplatz 23).[4]

1461/62 von Michaeli 1461 (29.9.) bis Georgi (23.4.) 1462 zahlte die Stadtkammer Mietzins an Martein Katzmer „von seinem untterm hauß ... von des rattun wegen, den man darin verzinte".[5] In den Jahren 1461 und 1462 wurde der Rathausturm neu mit Zinn gedeckt. Dazu benützte die Stadt über den Winter das Gebäude des Katzmair als Bauhütte oder Werkstatt.[6] Das „obere" Haus der Katzmair war Kaufingerstraße 26, das eigentliche Wohnhaus der Familie.

1465 Dezember 21 Georg Katzmair verkauft ein Ewiggeld von 3 Pfund Pfennigen (GruBu).

1468 Januar 13 Georg Katzmair verkauft aus diesem Haus dem Weinschenken von hier Gastl von Aich ein Ewiggeld von 5 Gulden, wohl um 100 Gulden Hauptsumme (GruBu).

1471 April 9 die Pütrich haben ein Ewiggeld aus des Jörg Katzmairs Haus und Hofstatt in St. Peters Pfarr „an dem Margkt das egkhaus, da man gen sannd Peter und an den Rindermarckt get, vornen zenagst an Gabrieln Leupollts [Marienplatz 23] und hinden an Gabrieln Sengenrieder des schneiders [Rindermarkt 23] häwser" stoßend.[7]

1471 Dezember 19 die Kirchpröpste von Unserer Lieben Frau verkaufen wegen des neuen Kirchbaus ein Ewiggeld „aus Jörgen des Katzmairs kramhaws und hofstat ... pej Sand Peter das egkhaws", zwischen den Häusern des Lorenz Beutlers (Rindermarkt 23) und des Lewpolt (Marienplatz 23).[8]

1472 Juni 27 oder Juli 4 Georg Katzmair verkauft seinem Vater Martin Katzmair ein Ewiggeld von 5 Gulden, wahrscheinlich um 100 Gulden Hauptsumme aus dem Haus. Am selben Tag verkauft Martin Katzmair ein Ewiggeld von 3 Gulden, wohl um 60 Gulden.[9]

1472 Dezember 21 Martin Katzmair verkauft ein Ewiggeld aus diesem Haus (GruBu).

1488 (1504) das Haus des Jacob Cäppler ist dem Haus des Larentz peutler selig beziehungsweise seines Schwiegersohnes Peter Schüssler (Rindermarkt 23) benachbart.[10]

1489 März 10 Ewiggeldverkauf (10 Gulden um 200 Gulden) durch Jacob Cäppler (GruBu).[11]

1497 Dezember 31 die Pfleger des Hieronymus Cäppler, Ludwig Hundertpfund und Lucas Cäppler, verschreiben den Kindern des Peter Lindauer, Barbara, Katharina und Veronica, ein Ewiggeld (5 Gulden um 100 Gulden) aus diesem Haus (GruBu).

1505 Juli 23 Ludwig Hundertpfund und seine Hausfrau Katharina (geborene Leupold[12]) verschreiben nach dem Tod ihres Vetters Hieronymus Cäppler seiner, des Hundertpfund, Schwester Anna Bart „zu Rögkhin" (gemeint ist: Gögging) ein Ewiggeld von 10 Gulden um 200 Gulden Hauptsumme (GruBu).

1508 April 27 Ludwig Hundertpfund verschreibt im Auftrag seines verstorbenen Vetters Jakob Kapler

---

[1] KR 1431/32 S. 54v.
[2] Stadtgericht 917 (Bußordnung 1433) S. 14v.
[3] Stadtgericht 207/7 (GruBu) S. 747v/749r. – Donnerstag nach Lichtmeß ist 1458 der 9. Februar, nicht der 8. wie im HB.
[4] MB XX 316 S. 534/541.
[5] KR 1462/63 S. 73r.
[6] Vgl. Stahleder, Chronik der Stadt München Bd. 1 S. 382 (2x), 383, 387.
[7] MB XX 343 S. 604/607.
[8] MB XX 347 S. 617/618.
[9] Stadtgericht 207/7 (GruBu) S. 747v/748r. – Die Datierung im Grundbuch „Samstag Petri et Pauli" ist unvollständig. Samstag davor wäre der 27. Juni, Samstag danach der 4. Juli. Das Datum 21. Dezember im HB gehört nicht zu 1472, sondern zu 1465, einem Ewiggeldverkauf, der im HB fehlt.
[10] Zimelie 27b (Salbuch Reiches Almosen) S. 53.
[11] Dienstag nach dem Weißen Sonntag ist 1489 der 10. März, nicht der 12. wie im HB.
[12] BayHStA, GUM 2873.

aus seinem Haus, die Cram genannt, in St. Peters Pfarr am Markt, gegenüber der Raiden Haus (Marienplatz 21) und neben dem Haus des Kaspar Hundertpfund (Marienplatz 23) gelegen, St. Peter ein Ewiggeld von 6 Schillingen.[1]

1520 April 27 Peter Khain und seine Ehefrau Margaret verchreiben ein Ewiggeld von 5 Gulden um 100 Gulden Hauptsumme (GruBu).

1525 April 1 Peter Khons [= Khains] Haus ist benachbart dem Haus der Kinder des verstorbenen Dr. Mang Ayrmschmaltz, künftig Conrad Horl [= Hörl] Haus (Marienplatz 23).[2]

1539 Oktober 24 Andre Khain und seine Ehefrau Apollonia sowie sein Bruder Martin Khain verschreiben ein Ewiggeld (10 Gulden um 200 Gulden) aus dem Haus (GruBu).

1544 April 1 Andre Khain alleine verkauft ein Ewiggeld (10 Gulden um 200 Gulden) (GruBu).

1546 beim Haus des Andre Khuen beanstandet die Baukommission, daß die Vorbauen „1/4 [eln] ze weit" vorstehen und „1/4 [eln] ze nider" sind.[3]

1565 Januar 13 Valtin Kolegger und seine (zweite) Ehefrau Magdalena Khain (Khuen) sowie Hanns Lanngöttl und seine Hausfrau Ursula Khain verkaufen ein Ewiggeld (20 Gulden um 400 Gulden) aus dem Haus (GruBu).

1565 Februar 26 nach einem Eintrag in der Stadtkammerrechnung von diesem Tag hat Valtin Kalegger sein Haus am Markt neu gebaut.[4]

1566 Februar 23 beide Ehepaare verkaufen aus dieser ihrer „neu verpauten Behausung" ein Ewiggeld (10 Gulden um 200 Gulden) (GruBu).

1572 laut Grundbuch (Überschrift) „Hannsen Lanngöttls Cramers Haus".

In der Folgezeit heiratete der herzogliche Rat und Großzollner Ludwig Lindauer die Magdalena Khain/Khuen. Dadurch kamen seine Söhne Ludwig und Georg Lindauer an eine Hälfte des Hauses, deren Vormünder am 23. Oktober 1585 um 2280 Gulden Kaufsumme und 20 Gulden Leikauf die andere Hälfte von den Langöttl dazukaufen (GruBu).

Die Einträge zu 14. Jahrhundert, 1403, 1532 und 1569 kommen im Grundbuch nicht vor. Sie sind vom Bearbeiter des Häuserbuches aus unbekannten Quellen ergänzt oder aus anderen Einträgen im Grundbuch abgeleitet.

Ungeklärt ist, wie Forster zu der Behauptung kam, dieses Haus sei ursprünglich der sogenannte Gollir-Stadel gewesen.[5]

Eigentümer Marienplatz 22:

* Kaczmairs haws [1370]
* des Chatzmayer ekkhaws (domus Katzmayr) [1390/1398]
* dez Katzmer hauz (Keller) [1402/03]
* Jorign des Katzmairs Haus [1407 Juni 20]
* des Katzmairs haws [1424 Dezember 13]
* des Katzmars hütten (Haus) [1431 Oktober 10, 1433]
* domus Kaczmair (Kaczmers)
    St: 1447: nichil, 1453, 1455-1458: Liste, 1462: -/-/-
    StV: (1462) ist in seiner stewr gestort.

---

[1] Hufnagel/von Rehlingen, St. Peter Urk. 239 und GruBu.
[2] GB IV S. 75r.
[3] LBK 4.
[4] KR 1564/65 S. 95r.
[5] HB AV S. 78/79. – J. M.Forster, Das gottselige München, München 1895 S. 551: „außerdem besaß Ritter Ainwich die jetzt mit Nr. 22 (vordem „Gollierstadel" genannt), 23 und 24 bezeichneten Häuser, welche die eigentliche Behausung der Gollier bildeten". Forster war offenbar der Meinung, daß dies die drei Gollir-Häuser waren, die 1315 an die Gollir-Kapelle gestiftet worden waren. Diese drei Häuser stehen aber auch später noch mit der Kapelle in Verbindung und sind eindeutig identifizierbar mit den Häusern neben dem Rathausturm und mit zwei Häusern in der Weinstraße. Dazu bei Forster die Anm. 4: In dem „Gollierstadel", jetzt Nr. 22, befanden sich zu ebener Erde große Gewölbe, in denen zur Dultzeit Leder, Seilerwaren usw. feilgehalten wurden. Später kam dieser „Stadel" in den Besitz der Patrizier Katzmair, welche denselben zu einem ansehnlichen Wohnhause umgestalteten.

** Georg [II.] Katzmair [1458 Februar 9, 1472 Juni 27]
*   Martein Katzmer [1461/62, 1472 Dezember 21]
** Jakob Käppler [1488, 1489 März 10]
** Hieronimus Käppler [1497 Dezember 31]
** Ludwig [I.] Hundertpfund [Salzsender, äußerer Rat,[1] Vetter des vorigen, 1505 Juli 23 bis 1508 April 27, ∞ Katharina, geb. Leupold]
** Peter Kain peitler[2], 1522 patrimonium. 1523-1527/I, 1528 relicta Peter Kainin [Margaret]. 1527/II Peter Kainin peitlerin. 1529, 1532 Peter Kainin. 1540 alt Peter Khuenin
    St: 1514: Liste, 1522, 1523-1526, 1527/I: -/3/17, 1527/II, 1528, 1529, 1532: -/6/10, 1540: nihil
    StV: (1540) haben die erben zugsetzt.
** Martin Khain, Bruder von Andre [1539 Oktober 24]
** Andre Khuen [= Kain, Khain], 1559 seckhler, cramer[3] [∞ Apollonia]
    St: 1540-1542: 1/2/6, 1543: 2/4/12, 1544: 1/2/6, 1545: 4/2/20, 1546-1548, 1549/I-II, 1550, 1551/I-II, 1552/I: 2/1/10, 1552/II, 1553, 1554/I-II, 1555-1557: 4/1/27, 1558: 8/3/24, 1559, 1560: 4/1/27, 1561: 4/1/15, 1563: 4/1/15 patrimonium, 1564/I: -/-/-
    StV: (1540) hat zugsetzt, was er von seiner mueter ererbt hat. Et dedit -/3/15 von wegen dreyer seiner geschwistret. (1541, 1542) et dedit -/3/15 für seine gschwistret. (1543) mer 1/-/- für seine geschwistret. (1544) mer -/3/15 von wegen seiner gschwistret 3 nachsteur. (1552/II) sambt seiner hausfrauen gueth zusatz. (1564/I) haben die erben zuegesetzt.
** Valentin Kolegger [∞ 2. Magdalena Khain, 1565 Januar 13]
** Hanns Öttl, 1565-1567/II chramer. 1568-1571 Hanns Langottl (Langöttl, Lang Óttl, Lanng Óthl) chramer[4] [∞ Ursula Khain]
    St: 1561: -/6/25 gratia, 1563: 2/2/5,5 juravit, 1564/I-II, 1565, 1566/I-II, 1567/I-II: 4/2/28, 1568: 8/5/26, 1569-1571: 1/6/13,5
    StV: (1561) auffs jar den 3. tail zuezesetzn. (1564/I) zuegesezt seines schwehern erb [= des Khuen]. (1569, 1570) mer für p[ueri] zellschneider 1/-/25,5, (1569) zalt Lanngottl. (1570, 1571) mer für p[ueri] Fleischman -/4/9. (1571) mer für p[ueri] zellschneider 1/-/15,5, abgesetzt.
   Hanns Lanngóttl (Lang Óttl) melbler
    St: 1568: 3/1/6, 1569-1571: 1/5/8
    StV: (1571) mer fur p[ueri] flosman nihil.
** Ludwig Lindawer, 1569 f[ürstlicher] secretarii, 1571 f[ürstlicher] groszollner [∞ Magdalena Khuen]
    St: 1569: -/-/-, 1570, 1571: 1/-/-
    StV: (1569) ist ime anno [15]68 vor rath bewilligt, von seiner hausfrauen hauß am Annger jerlich ze geben für di steur 1 fl. Mer für p[ueri] Fleischman dritter ee -/4/9. (1570) mer folio 12 [Ewiggeld]. (1571) der zeit vom hauß am Annger.

Bewohner Marienplatz 22:

Da in den früheren Steuerbüchern meist die Hauseigentümer bei den Häusern Rindermarkt 23, Marienplatz 22 und 23 fehlen, ist die Zuweisung von Bewohnern weitgehend hypothetisch. Erstmals 1447-1462 ist für das Haus Marienplatz 22 ein Eigentümer zu definieren, sodaß für diese Zeit die Zuweisung festen Boden bekommt. 1509 sind die Namen Clas würfler, Jorg Niclas, Lorenz Ehinger, Jacob nestler, Hans Reib und Wolfgang Dachauer und 1514 die Namen Clas würfler, Jorg Niclas, Jacob nestler, Sigmund gürtler, Peter Kain und Jorg Planck mit Klammern zusammengefasst, ab 1522 dann ohnehin die Hauseigentümer aufgeführt. Manche der hierher bezogenen Namen können also bis Ende des 15. Jahrhunderts auch zu einem der Nachbarhäuser gehören.

---

[1] Ehefrau Katharina, geb. Lewpold, vgl. BayHStA, GUM 2873. – Handel mit Salz, vgl. KR 1478/79 S. 80v. 1499-1519 äußerer Stadtrat, vgl. RP. – Vgl. auch Marienplatz 18.
[2] Der Beutler Peter Kan/Kain ist 1506, 1509, 1517-1519 Vierer der Beutler, Gürtler, Taschner, Ircher, Nadler, vgl. RP.
[3] Das HB AV nennt ihn fälschlich Beutler.
[4] Hans Langöttl Kramer 1569 und 1571 Religionsverhör, vgl. Dorn S. 228, 262.

wúrffler St: 1368: -/-/26 post
   soror eius St: 1368: -/-/86
Reydenstain maurer inquilinus St: 1368: -/-/15 post, juravit
Ott taschner gener Kúnigsdorfferii inquilinus St: 1368: -/-/15 gracianus
Werndel (Wernher) Kastner calciator St: 1369, 1371: -/-/36, 1372: 0,5/-/- voluntate, 1375: -/6/28
Kadolt messrer inquilinus St: 1369: -/-/37 post
Dietl taschner, 1371, 1372 inquilinus St: 1371, 1372: -/-/36, 1377: -/-/24 juravit, 1378: -/-/24
Hans maler St: 1375: nichil
Hans rötsmid inquilinus St: 1375: -/-/32 juravit
Górig Deininger, 1377 goltsmid
     St: 1377, 1378: -/3/-, 1379: -/-/-
     StV: (1377) In h[oc anno ?] t[enetu]r (?) 5 Rat[isponenses].
   soror eius inquilina St: 1378: -/-/-
Kaergl sartor inquilinus St: 1377: -/-/18 juravit
Ottel institor inquilinus St: 1378: -/-/-
Gerhart sartor St: 1379: -/-/-
[Hans] Salczman sartor inquilinus St: 1379: -/-/6
Hanns Krebss calciator inquilinus St: 1379: -/-/-
relicta ringlerin inquilina St: 1379: -/-/15
Fridrich Scháuchendienst Sch: 1439/I: 0,5 t[aglon]
Haincz (Hainrich) Hamersperger, 1445 gurtler [Weinschenk[1]], 1447, 1456 inquilinus
     Sch: 1445: nichil
     St: 1447: 0,5/-/22, 1453-1458: Liste
   relicta Hamerspergerin
     St: 1482: 1/5/3
     StV: (1482) et dedit -/-/8 von -/-/60 geltz gen Půlach.
Grock ringler. 1447, 1453 Hainrich Grock, 1447 ringler inquilinus
     Sch: 1445: 1 knecht
     St: 1447: -/3/3, 1453: Liste
Symon wúrfler, 1447, 1456-1457 inquilinus. 1462 relicta Simon wurfflerin inquilina
     Sch: 1445: 1 knecht
     St: 1447: -/-/60, 1453, 1455-1458: Liste, 1462: nichil, ist im spitall
Ulrich Pewger, 1447, 1456-1457 kramer [Huter[2]], 1447 inquilinus. 1458 relicta Pewgerin
     Sch: 1445: 1 diern, dedit -/-/8
     St: 1447: -/14/9, 1453-1458: Liste
     StV: (1447) und des von Diessen gelt 1 lb, dedit -/3/6, dedit Kaczmair.
   pueri Ulrich Pewger St: 1458: Liste
Martein ringler inquilinus St: 1447: -/-/60
Larencz (Lorencz) páutler, 1447, 1456, 1458 inquilinus
     St: 1447: 0,5/-/28, 1453, 1455-1458: Liste
   pueri uxoris inquilini St: 1447: -/-/76
Larencz Fúnsinger (Funsinger) messerer St: 1453-1455: Liste
pueri Andre páutler St: 1453-1458: Liste
relicta kaufflerin inquilina St: 1453: Liste
Steffan Frey ringler, 1456 inquilinus. 1462 Steffan ringler inquilinus
     St: 1457, 1458: Liste, 1462: -/-/60
Ulrich Scheirmair (Scheirmeir) páutler, 1462 inquilinus St: 1456-1458: Liste, 1462: -/-/72
maister Hannsin St: 1457: Liste
Klass (Claus, Clas) wúrfler [= Päbinger], 1462 inquilinus, 1523 patrimonium
     St: 1462: -/-/60, 1482: -/2/14, 1486, 1490: -/3/10, 1508, 1509: -/6/8, 1514: Liste, 1522, 1523: -/5/6

---

[1] Vgl. Rindermarkt 15.
[2] Huter und Kramer 1431-1441 bei Marienplatz 24.

Lucassin ir [= der Clas wurflerin] mûter
- St: 1482: -/2/13
- StV: (1482) et dedit fur ir muter -/-/21.

Wilhalm vilius [= filius][1]. 1523-1529, 1540-1544 Wilhalm wirfler. 1532, 1545-1547, 1550, 1553-1554/II Wilhalm Pábinger wirfler. 1548-1549/II, 1551/I-1552/II Wilhelm Pábinger. 1555 Wilhelm Pábingerin
- St: 1522: -/-/14 gracion, 1523: -/2/-, 1524: -/3/- juravit, 1525, 1526, 1527/I-II, 1528, 1529, 1532: -/3/-, 1540-1542: -/2/10, 1543: -/4/20, 1544: -/2/10, 1545: -/4/20, 1546-1548, 1549/I-II, 1550, 1551/I-II, 1552/I-II, 1553, 1554/I-II, 1555: -/2/10
- StV: (1523) sol biß jar schwern.
- et mater [= Päbingerin] St: 1525: nichil, 1526, 1527/I-II, 1528, 1529, 1532: -/-/21

Hanns Pábinger, 1559 wúrffler St: 1558: -/4/-, 1559: -/2/-

Palbein Amberger peitler inquilinus St: 1462: -/-/60

pueri dez Peugers kind inquilinus St: 1462: nichil, von meister Hanssen wegen

Hanns Wáhinger peitler. 1486 Wáhinger peitler
- St: 1482: -/-/60, 1486: -/2/4
- StV: (1482) et dedit -/-/12 fur Haintz Eysenmans kind. (1486) et dedit -/-/12 für pueri Eysenman.

Perweinin nestler[in]. 1486 Perwein St: 1482, 1486: -/-/60

Utz Wolgmût nestler St: 1482: -/2/23, 1486: -/-/60

Ulrich Weissenfelder [Beutler[2]]
- St: 1482: -/3/20
- StV: (1482) et dedit -/-/10 fur pueri Sawmair (?).

stattarzt [= maister Hanns Rulant[3]] St: 1482: nichil

Matheis peitler St: 1486, 1490: -/3/19

Jordan gurtler St: 1490: -/4/-

Michel Pachmair (Pachmer) s[chuster][4] St: 1496, 1500: -/2/20

Jorg Niclas, 1508-1514, 1523-1525, 1527/I-1561 gúrtler. 1561, 1564/I-II Jorg Niclaß gurttlerin. 1563, 1564/I-II Niclas gúrtlerin
- St: 1508, 1509: -/3/2, 1514: Liste, 1522-1526, 1527/I: -/5/13, 1527/II, 1528, 1529, 1532: -/4/25, 1540-1542: -/4/15, 1543: 1/2/-, 1544: -/4/15, 1545: -/5/10, 1546-1548, 1549/I-II, 1550, 1551/I-II, 1552/I-II: -/2/20, 1553, 1554/I-II, 1555-1557: -/2/-, 1558: -/4/-, 1559, 1560, 1561, 1563, 1564/I-II: -/2/-
- Jacob gurtler. 1528 Jacob Niclas girtler St: 1527/II, 1528: -/2/-
- Hanns Niclaß St: 1564/I: -/-/- ist noch unbeheurat.

Larentz Ehinger s[chuster] St: 1508, 1509: -/-/60

Wolfgang Ruthart gurtler St: 1508: -/3/10

Jacob nestler St: 1508, 1509: -/2/29, 1514: Liste, 1522: -/2/-

Hanns Reib peitler St: 1508, 1509: -/-/60

Wolfgang Dachauer g[ürtler?] St: 1509: -/3/10

Sigmund gúrtler St: 1514: Liste

Jórg Planck schuster St: 1514: Liste

wirfler St: 1522: -/2/-

Linhart Neumair. 1522-1524, 1532, 1553-1554/II schuster. 1526-1529 Linhart schuster
- St: 1522-1526, 1527/I-II, 1528, 1529, 1532, 1540-1542: -/2/-, 1543: -/4/-, 1544: -/2/-, 1545: -/4/-, 1546-1548, 1549/I-II, 1550, 1551/I-II, 1552/I-II, 1553, 1554/I-II: -/2/-

Mathes gúrtler St: 1523-1526: -/2/10, 1527/I: -/2/20

Hanns Werder schuster St: 1523, 1524: -/2/-

Wolfgann Kápler nestler. 1526-1529 Wolfgang Kápler
- St: 1525, 1526, 1527/I: -/2/20, 1527/II, 1528, 1529: -/2/29

---

[1] Da 1522 neben Clas wirfler stehend, wohl als Sohn (filius) zu diesem gehörig.
[2] Der Beutler Ulrich Weissenfelder 1493 Vierer der Beutler, Gürtler, Taschner, Ircher, Nadler, vgl. RP.
[3] Meister Hanns Rulant 1479-1489 Stadtleibarzt, vgl. R. v. Bary III S. 1017 und Marienplatz 9*A/b.
[4] Michel Pachmair 1514 bei Marienplatz 24 „schuster" genannt.

schneider St: 1529: anderßwo
Jacob Karner schuster St: 1532, 1540: -/2/-
Contz Lehner nestler St: 1532: -/-/21 gracion
Jeronimus Widman, 1549/I schuester
    St: 1541, 1542: -/2/6, 1543: -/4/12, 1544: -/2/6, 1545: -/4/-, 1546-1548, 1549/I-II, 1550, 1551/I-II: -/2/-
Jorg Zellermayr St: 1552/I: 2/4/- patrimonium das ander
Jeronimus Kriegpamer (Kriegpam) nestler
    St: 1552/II: -/2/-, 1553: -/-/-
    StV: (1553) zalt infra, folio 62 col. 2 [= 62v, Landschaftsstraße 9-11].
Jorg Estinger (Össtinger), 1554/II-1557, 1559 schuester
    St: 1554/II, 1555-1557: -/2/-, 1558: -/4/-, 1559, 1560: -/2/-, 1561, 1563: -/3/19
  sein schwiger St: 1554/II: -/2/-
Balthasar Lieb wúrffler
    St: 1556: -/2/10
    StV: (1556) darin auch seiner stieffkinder gueth versteurt.
Anndre Strauch (Straucher)[1], 1556-1559, 1564/I, 1565-1571 zingiesser
    St: 1556, 1557: -/2/-, 1558: -/4/-, 1559, 1560, 1561, 1563, 1564/I-II, 1565, 1566/I-II, 1567/I-II: -/2/-, 1568: -/4/-, 1569-1571: -/2/-
Thoman Würmseer (Wiermseer, Wurmbseer), 1564/I-1565, 1566/II, 1567/I schuester
    St: 1564/I-II, 1565, 1566/I-II, 1567/I: -/2/-
Hanns Seydl (Steidl, Steindl, Steyndl) schneider St: 1564/I, 1566/I-II, 1567/I-II: -/2/-
Adam Perg puechtruckher St: 1565, 1566/I: -/-/1
Hanns Dopfer secretari St: 1567/II: -/-/-
ain Niderlennder St: 1567/II: -/-/-
Christoph Mair saltz[sender][2] St: 1568: an chamer, soll 700 fl zusetzn
Sigmundt Hebenstreit (Hebmstreit) maler St: 1568: -/4/-, 1569-1571: -/2/-

Marienplatz 23

Lage: 1383, 1386, 1398 unter den Kramen. 1395, 1399 über diesem Haus die Überschrift „Cramen" („Kraemen"), seit 1540 „am Marckht" oder „Marckht". 1405, 1407, 1460 „am margkt under den krámen" u. ä.

Hauseigentümer:

1383 Juli 13 auf Geheiß des Stadtrats wird „von dez Parcz chind wegen" „dez Parcz chind haus ... under den chraemen", zunächst an des Ridlers Haus (Marienplatz 24) gelegen, um 206 Gulden „Ulreichen dem Paerchaimer von Ingolstat" verpfändet.[3]
1386 Mai 22 der Schneider Seitz Ruf muß Konrad dem Karrer ein Ewiggeld aus seinem Keller „under des Parcz haws undern krámen" geben.[4]
1387 Januar 26 der Schneider Ruf verpfändet seinen Keller am Markt, zunächst am (Keller des) Gänslein dem Jörg von Nannhofen. Gleichzeitig versetzt er auch sein Haus am Anger.[5]
1388 April 22 der Schneider Seicz Rüf verpfändet seinen Keller am Markt, zunächst des Gänssleins Keller dem Chunrad Reiswadel.[6]

---

[1] Andre Straucher 1569 und 1571 Religionsverhör, vgl. Dorn S. 228, 264.
[2] Cristof Mayr ist 1555 und 1568 Vierer der Salzsender, vgl. Vietzen S. 150.
[3] GB I 184/9.
[4] GB I 224/9.
[5] GB I 226/8.
[6] GB I 235/5.

1398 der Bart-Altar in St. Peter hat ein Ewiggeld von 7 Gulden aus Hainrich Barts Kind Haus unter den Kramen.[1]

1405 April 10 der Fragner Ulreich Hämerl („Hámerl") hat seinen Keller in St. Peters Pfarr „am margkt under den krámen, znáchst und vor Hainrich des Parcz haus" diesem Hainrich Bart verkauft.[2]

1407 Juni 20 zu einer Meßstiftung durch Hanns Part und seine Brüder Jacob, Hainrich, Peter und Jorig gehört unter anderem ein Ewiggeld aus dem Haus des Ausstellers Hainrich Bart „under den kraemen", zwischen den Häusern Gabriel des Ridlers (Marienplatz 24) und Jorig des Katzmair (Marienplatz 22).[3]

1416 Dezember 12 Heinrich des Barts Haus ist benachbart dem Haus von Gabriel Ridler dem Älteren (Marienplatz 24).[4]

1433 die Inhaber der unteren und inneren Läden in des Heinrich (Barts) Haus sollen innerhalb ihrer Läden und Keller feil haben und nicht draußen auf dem Pflaster.[5]

1453-1458 domus Swaczhauser (!) (Smauczhauser, Schmauczhauser) (Listen).

1454 April 6 Hanns Bart der Ältere beurkundet, daß „Jorg Smavntzhavser" um 140 Gulden die 7 ungarischen Gulden Ewiggeld auf der Bart-Messe abgelöst hat.[6]

1456 Dezember 16 und

1460 September 25 die Gebrüder Ludwig und Gabriel Lewpold, ersterer Pfarrer zu Prien, letzterer Gewandschneider, bestätigen die Stiftung einer Messe durch ihren verstorbenen Bruder Hanns Lewpold in der Frauenkirche und geben dazu ein Ewiggeld aus dem Haus von ihres verstorbenen Bruders Eidam Jörg Smautzhauser und seiner Hausfrau Anna (Tochter des verstorbenen Bruders Hanns Lewpold). Das Haus hat jetzt der Mitstifter Gabriel Lewpold inne. Es liegt in St. Peters Pfarre „an dem Margkt under dem Krämen", zwischen den Häusern des Jörgen Katzmair (Marienplatz 22) und den Kindern des Staindl (Marienplatz 24).[7]

1471 April 9 Gabriel Leupolt ist dem Haus des Jörg Katzmair (Marienplatz 22) benachbart.[8]

1471 Dezember 19 das Haus des Lewpolt liegt dem Kramhaus des Jörg Katzmair (Marienplatz 22) benachbart.[9]

1508 April 27 das Haus des verstorbenen Jakob Kapler, jetzt Ludwig Hundertpfunds Haus (Marienplatz 22), liegt neben dem Haus des Caspar Hundertpfund.[10] Des Caspar Hundetpfund Bruder Ludwig Hundertpfund war mit Kathrei Leupold verheiratet, vgl. Marienplatz 22.

1514, 1522-1524 domus Doctor Airmschmaltz (StB).

1522 Oktober 24 das Haus des Doctor Ayrnschmaltz ist Nachbarhaus zum Haus der Kinder des Huters Hanns Peurl, künftig des Kramers Michel Schmid (Marienplatz 24).[11]

1525 April 1 die Vormünder der Kinder des verstorbenen Dr. Mang Ayrmschmaltz aus erster, zweiter und letzter Ehe verkaufen ihrer Pflegekinder Haus am Markt, zwischen Peter Khons [= Khain] (Marienplatz 22) und Michel Schmidts Häusern (Marienplatz 24) an Conrad Horl und seine Hausfrau Margreth.[12]

1529 April 23 der Gewandschneider Konrad Hörl und seine Ehefrau Margaret verkaufen ein Ewiggeld von 15 Gulden um 300 Gulden Hauptsumme aus diesem Haus.[13]

---

[1] Steueramt 982/1 S. 20r.
[2] GB III 40/7.
[3] Hufnagel/von Rehlingen, St. Peter Urk. 70. – Hoffmann, SchloßA Harmating Urk. 3a.
[4] GB III 179/18.
[5] Stadtgericht 917 (Bußordnung von 1433) S. 14r/v.
[6] Hufnagel/von Rehlingen, St. Peter Urk. 70 (Nachspann). – MB XIXa 51 S. 78/81. – Hoffmann, SchloßA Harmating Urk. 3a.
[7] MB XX 316 S. 534/541.
[8] MB XX 343 S. 604/607.
[9] MB XX 347 S. 617/618.
[10] Hufnagel/von Rehlingen, St. Peter Urk. 239.
[11] GB IV S. 19v.
[12] GB IV S. 75r.
[13] Stadtgericht 207/7 (GruBu) S. 751v/752r. – Die Datierung im GruBu „Freitag Georgenabend" ist unklar. Im Bistum Freising ist Georgi am 23. April. Das ist 1529 ein Freitag. Der Georgenabend, also der Tag davor, wäre Donnerstag der 22. April.

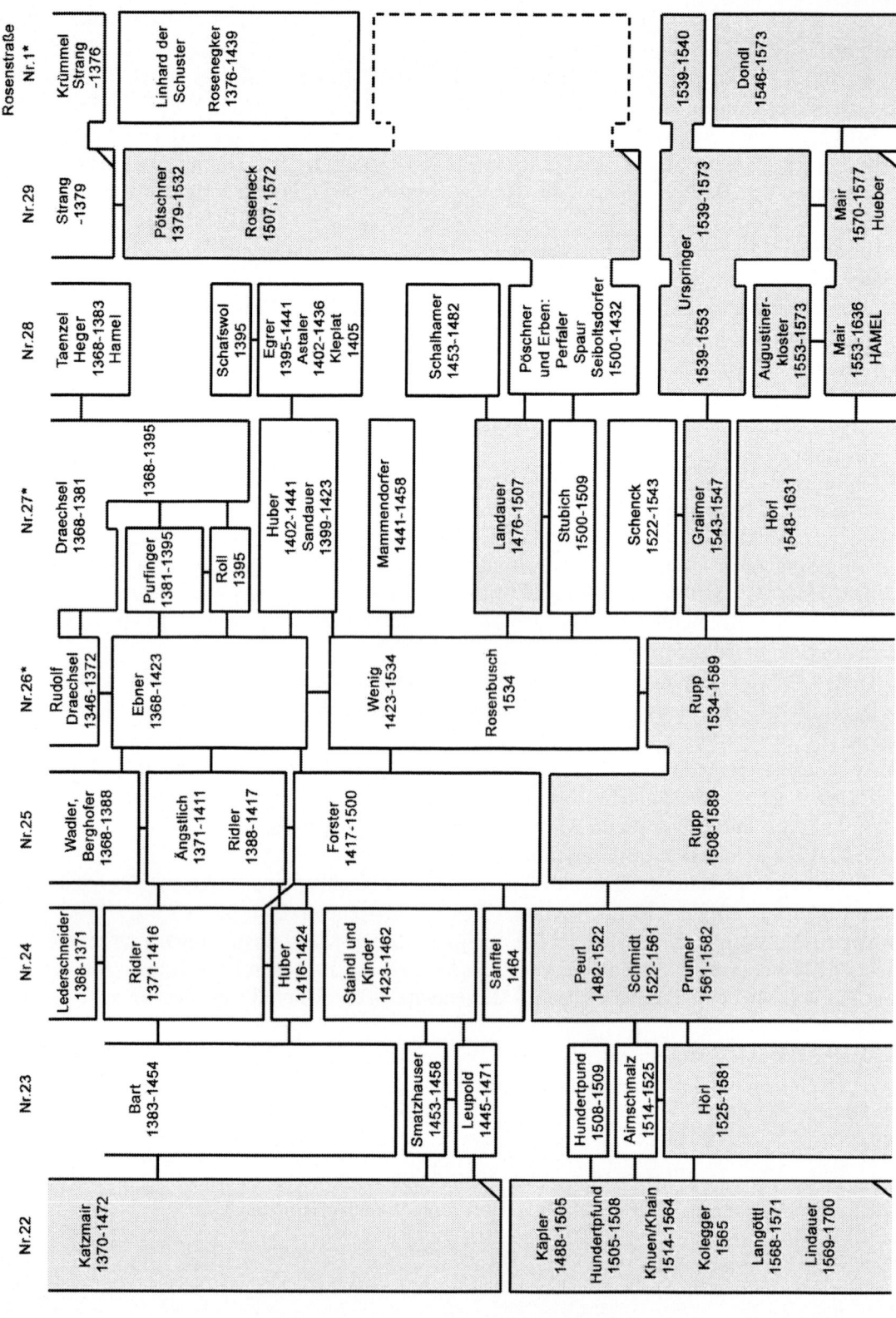

Abb. 40 Hauseigentümer Marienplatz 22 – 29, Rosenstraße 1*.

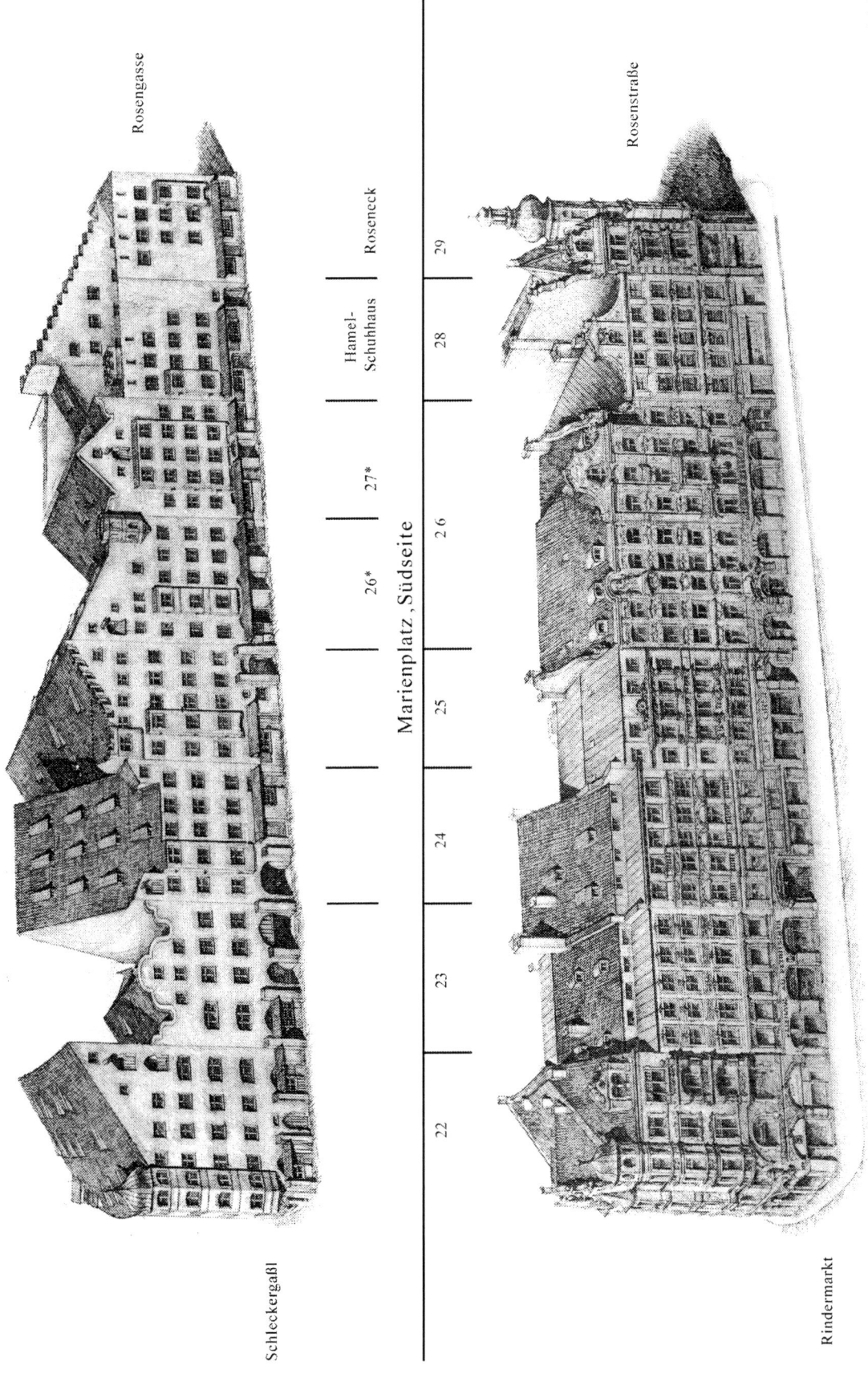

Abb. 41 Marienplatz Süd Nr. 22 – 29, Häuserbuch Angerviertel S. 88/89.

1529 April 27 weiterer Ewiggeldverkauf (40 Gulden um 800 Gulden) des Ehepaares Hörl, diesmal an die Kinder des Dr. Ainrnschmaltz: Franciscus, Georg, Barbara und Katharina (GruBu).
1546 die Baukommission beanstandet, daß beim Haus des Conrad Herl die Vorbauten „3/4 [eln] ze weit" vorstehen.[1]
1572 laut Grundbuch (Überschrift) des Andre Hörl Haus, Höfel und Stallung.
Wahrscheinlich sein Sohn gleichen Namens, der am 14. Juni 1581 noch ledig, aber vogtbar ist, verkauft an diesem Tag das Haus an seine Schwester Elisabeth Hörl und ihren Ehemann Ernst Anton Tegernseer, fürstlicher Einspänniger (GruBu), vgl. Rindermarkt 23.
Erst unter den Hörl – nach 1560 – wurde das Haus mit Rindermarkt 23 vereinigt und blieb bis 1738 mit ihm im Besitz vereinigt, nicht jedoch „von Anfang an", wie das Häuserbuch behauptet.

Eigentümer Marienplatz 23:

* Hainrich [III.] Part und Erben [1383-1454]
* Hanns Lewpold [Salzsender[2]]
    Sch: 1445: 3 ehalten [ohne Betrag]
    St: 1447: 5/6/15
* domus Swaczhauser (Smauczhauser, Schmauczhauser). 1454 Jorg Smauczhauser [∞ Anna Lewpold, Tochter von Hanns Lewpold]
    St: 1453-1458: Liste
* Gabriel Lewpold, Gewandschneider [1460 September 25, 1471 April 9 und Dezember 19]
* relicta [Caspar] Hunderpfundin [= Anna, geb. Sänftl]
    St: 1508, 1509: 3/2/3
* domus Doctor [Mang] Airmschmaltz [und Sohn Wilhelm]
    St: 1514: Liste, 1522-1524: 4/-/17
** Conradt (Cunrat) Hórl (Herl, Hörl), 1559 gwantschneider [äußerer Rat[3], ∞ Margaret]
    St: 1525, 1526, 1527/I: 6/3/8, 1527/II, 1528, 1529, 1532: 5/6/7, 1540-1542: 8/3/15, 1543: 17/-/-, 1544: 8/3/15, 1545: 26/-/14, 1546-1548, 1549/I-II, 1550, 1551/I-II, 1552/I-II: 13/-/7, 1561, 1563, 1564/I: 7/1/-, 1564/II: 7/2/5, 1565, 1566/I-II: 7/3/10, 1567/I: -/-/- obdormivit
    StV: (1542) mer 1/4/20 für p(uer) Herl, so [...] Cristoff Herl hat [...][4]. (1543) mer 5/-/- für p[ueri] Herl 3 nachsteur. Mer 5/2/10 für den ewigen gelt, so dasselb kind noch hier hat. (1546-1552/II) mer -/3/25 für p[ueri] aufleger. (1546) mer 1/-/20 von dem vergangen jar [ain] zwifache steur. (1561) ausserhalben der Ligsaltz und Andtorffer schuld. Mer für des aufflegers kind -/6/5. (1563, 1564/I) ausser der Ligsaltz schuld (1564/II und Andorfferischen). (1564/II) zuegesezt den 8. tail von der Ligsaltzischen schuld. (1565) zuegsezt anndern empfanng Ligsaltzischen schuld.
   Wilhalm Hörl (Herl) [Kramer, Salzstößel ?[5]]
    St: 1532: 2/4/27, 1540: 7/2/2, 1541: 7/3/24
    StV: (1541) hat zugsetzt, so im Sigmundt Herl gschafft hat.
** Andre Herl (Hörl), 1565, 1567/I thuechmanger
    St: 1548: 1/-/- gracion, 1549/I-II, 1550, 1551/I-II, 1552/I-II: -/1/15, 1561: an chamer, 1563, 1564/I-II, 1565, 1566/I-II: 14/5/23, 1567/I: 21/3/12,5, 1567/II: 21/4/17,5, 1568: 43/2/5, 1569: 21/3/12,5, 1570: 19/5/22,5, 1571: 15/4/17,5
    StV: (1549/I) ist im allain der habnit erkent, dieweil sein vater und schwiger nichs (!) haben abgsetzt. (1549/II) gibt allain den habnit, dieweil vater und schwiger nichs (!) absetzn. (1550, 1551/I) ist im allain der habnit erkent, d[ie]weil vater und schwiger nichts (nit) absetzn. (1551/II) der habnit, ist im erkent, dweil vater und schwiger nichs (!) absetzn. (1552/I-II) (ist) im allein der habnit erkent, d[ie]weil (der) vater und schwiger nit absetzn. (1561)

---

[1] LBK 4.
[2] Hanns Lewpold ist 1443-1447 als Salzsender belegt, vgl. Vietzen S. 146.
[3] Konrad Hörl war 1540, 1542, 1545, 1546, 1549, 1555-1557, 1559 und 1561-1567 äußerer Stadtrat, vgl. RP und Fischer, Tab. IV S. 2/3.
[4] StB 1542 am rechten Rand beschnittern.
[5] Vgl. Marienplatz 27.

14/5/23 zalt den 6. Juni anno [15]62. (1567/I) sambt seines vattern steur, abgesetzt 24/-/30, so er verkhaufft. Soll Ligsaltzischen empfang zuesetzen. (1569) ausser der Ligsaltz schuld. (1570) abgesetzt 50 fl gelts, so er seiner tochter, der Hueberin zu heuratguet geben. Mer Hueberin nachsteur, zalt ad 2. Junii anno [15]71 18/2/8, soll hinfúron von 50 fl steurn. (1571) abgesetzt seines suns 1000 fl heuratguet an pargelts stat. Mer fúr sein ayden Jorgen Hueber von Rosenhaim von 50 fl gelts, so er alhie hat, zalt steur 6/4/20.

** Conrad Herl und Andre Herl
St: 1553, 1554/I-II, 1555-1557: 20/4/-, 1558: 41/1/-, 1559, 1560: 20/5/23
StV: (1553-1555) ir beder steur, steurn miteinander. (1553-1555) mer 1/1/6 fúr p[ueri] auffleger. (1556, 1557, 1559) ir beder steur. (1556, 1557, 1559, 1560) mer -/5/21 fúr p[ueri] auffleger. (1557) mer Andre Herl 1/3/25 zusatz seiner schwiger erb. (1558) mer -/3/16 von wegen der Köllnerin erb. Mer 1/4/12 fúr p[ueri] auffleger. Mer Andre Herl 3/-/20 von wegen der Neuwirtin erb. (1559) mer 1/3/25 von wegen der Neuwirtin erb. (1559, 1560) mer -/4/16 von wegen der Kirhmairin erb. (1560) mer fúr p[ueri] Neuwirtin erb 1/3/25.

Jorg (Geórg) Hörl, 1571 der junger
St: 1570: -/-/-, 1571: 8/3/25
StV: (1570) für sein hausfraw guet 4/4/20. Mer fúr in gratia 2 fl.

** Andre Hörl, ledig aber vogtbar 1572
** Anton Tegernseer Einspäniger [∞ Elisabeth, geb. Hörl, 1581 Juni 14]

Bewohner Marienplatz 23:

rötsmid. 1369-1372 Hainrich rótsmid St: 1368: -/7/6, 1369, 1371, 1372: -/10/24
Dachwirt sneyder inquilinus St: 1368: -/-/40
Hainrich Hágendel inquilinus St: 1368: -/-/-
Chunrat von (de) Vilshoven (Vilshofen) (Filshofen), 1371, 1375, 1378 sartor, 1377 sneyder, 1375 inquilinus
    St: 1368: -/-/55 post, 1369, 1371, 1372: -/-/78, 1375: -/3/2, 1377: -/-/72 juravit, 1378: -/-/72
Kadolt messrer inquilinus St: 1368: -/-/25 post, 1388: dedit alibi
Seicz sneyder (sartor) [Ruf], 1368-1372, 1377-1379 inquilinus. 1381-1388 Seicz Rúf inquilinus, 1382 sartor. 1390/I-II Ruff (Rueff) sneider
    St: 1368: nichil, -/-/25 post, 1369: -/-/24, 1371: nichil, 1372, 1375: -/-/32, 1377, 1378: -/-/-, 1379: -/-/15, 1381, 1382: -/-/-, 1383/I: -/-/18, 1383/II: -/-/27, 1387: -/-/32, 1388: -/-/64 juravit, 1390/I-II: -/-/64
    StV: (1369) de anno [13]67. Item -/-/37 de anno [13]68 post. Item -/-/30 de anno [13]69. (1377) [Nachtrag am Rand:] solvit -/-/10 Rat[isponenses] post. (1381) [Nachtrag am Rand:] solvit -/-/15 Rat[isponenses].
relicta Gerwirg inquilina St: 1368: -/-/9 post
Chunrat rótsmid St: 1369: -/-/72 gracianus
Seicz (Seydel) kramer inquilinus St: 1371, 1372: -/-/48
Klausin inquilina. 1372, 1375 relicta Klaesin (Klawsin) inquilina, 1375 inquilina Seicz sartoris
    St: 1371: nichil, 1372, 1375: -/-/-
Dietl (Dietrich) scherer, 1375, 1377-1378 inquilinus
    St: 1375: -/-/36 juravit, 1377: -/-/36 juravit, 1378: -/-/36, 1379: -/-/48
Mospach (Mospacher) pawtler inquilinus St: 1379, 1381, 1382: -/-/18
Dietrich taschner inquilinus St: 1379, 1381: -/-/24
Hanns Walgkershofer (Walggershofer) [Taschner] inquilinus St: 1379, 1381: -/-/18
Chunrat Óder sartor St: 1381, 1382: -/-/54, 1383/I: -/-/30 juravit
Hanns [I.] Tulbeck, 1381 goltsmid cum uxore St: 1381: -/6/- gracianus, 1382: 2,5/-/- juravit
Chunrat Kechkerman (Keckerman, Kekcherman) sartor (sneider)
    St: 1381, 1382: -/-/18, 1387: -/-/16
Hanns wúrffler inquilinus St: 1382: -/-/- invenitur alibi
Peter taschner. 1383/I-II Peter Saurlaher taschner
    St: 1382, 1383/I: -/-/36, 1383/II: -/-/54, 1387: -/5/10, 1388: -/10/20
Ull pawtler inquilinus St: 1382, 1383/I: -/-/12, 1383/II: -/-/18

Haincz kramer inquilinus St: 1382: -/-/12
Fraenczl Kúmbsvelder inquilinus St: 1383/I: 2/-/-, 1383/II: 3/-/-
Chunrat Huber inquilinus St: 1383/I: -/3/-
Ludwig prenner inquilinus St: 1383/I: -/10/-
Bartholome pawtler inquilinus St: 1383/I: -/-/18, 1383/II: nichil
Thoman institor inquilinus St: 1383/I: dedit alibi, 1383/II: -/-/36
Chunrat pawtler, 1383 inquilinus. 1405/II relicta Chunrad[i] pawtler
    St: 1383/I: -/-/18, 1383/II: -/-/27, 1388: 0,5/-/- juravit, 1399, 1400, 1401/I: -/12/-, 1401/II: -/12/-
        juravit, 1403, 1405/I: -/12/-, 1405/II: 1/-/-
    StV: (1405/II) fúr patrimonium und zu dem náchsten sol sy swern.
salbúrchin. 1387 relicta Peter salbúrch. 1388 Peterin salbúrchin
    St: 1383/I: -/5/12 sub gracia, 1383/II: 1/-/3, 1387: -/3/-, 1388: -/6/- juravit
glaser von Freysing
    St: 1383/II: -/-/30
    StV: (1383/II) [Nachtrag am Rand:] In h[oc anno ?], t[enetu]r (?) 10 R[atisponenses].
Hainrich [III. oder IV.] Sentlinger inquilinus St: 1387: nichil
Marbekin. 1388 relicta Marichpeckin (Marbechin), 1387-1393 inquilina, 1390/II, 1392 kramerin
    St: 1387: -/-/21, 1388: -/-/42 juravit, 1390/I-II: -/-/42, 1392: 0,5/-/-, 1393: -/5/10
Flewgerin inquilina, 1388 relicta Flewgerin St: 1387: -/-/6, 1388: -/-/12
relicta Haertlin. 1390/I Hertlin (Hártlin) kauflin, 1387, 1390 inquilina St: 1387: -/-/6, 1390/I-II: -/-/12
Óttel sneyder St: 1388: invenitur alibi
Peter taschner St: 1388: -/10/20 juravit
Dietrich institor inquilinus St: 1388: -/10/20 juravit
Zúrcher páwtler inquilinus St: 1388: -/-/-
Seydl (Seidl) kramer St: 1390/I-II: 5/6/6, 1392: 2/5/3, 1393: 3,5/-/4
Lintmárin inquilina St: 1390/I: -/-/64
Symon sneider St: 1390/I-II: -/-/16, 1392: -/-/12, 1393: -/-/16
Ulrich taschner inquilinus St: 1390/I: -/-/64
Hanns arczt inquilinus St: 1390/I: -/-/12
[Konrad] Zeller kramer St: 1390/I: -/-/40
Gruber mesner vom Goller. 1390/II Ulrich mesner vom Goller, 1390/I-II inquilinus
    St: 1390/I-II: -/-/24
(Hans) Rieder calciator (schuster) inquilinus St: 1390/II: -/-/84, 1392: -/-/84
Gennsel (Gánnsel) fragner St: 1390/I-II: -/3/6
Bercht[olt] rotsmid inquilinus St: 1392: -/-/30 iuravit
Ull fragner inquilinus. 1394 Ull fragner oder cramer St: 1392: -/-/27, 1393, 1394: -/-/36
Chrystan taschner inquilinus St: 1393: 0,5/-/7
Stepffel maler inquilinus. 1399 Stephan maler kramer inquilinus St: 1394: -/-/32, 1399: -/-/60 fur 7 lb
Mátz kramerin inquilina St: 1394: -/5/10
Hainrich kawffel inquilinus Casparin St: 1394: -/-/32, 1395: -/-/60 für vier lb
Hensel (Hans) Krepsser, 1394 inquilinus, 1395 kaufel St: 1394: -/-/24, 1395: -/-/60 für sechs lb
Frydrich (Fridel) hosnestler (hosennestler), 1395-1397 cramer, 1399 inquilinus
    St: 1395: -/-/60 für vier lb, 1396: -/-/52 fur 4 lb, 1397, 1399: -/-/48 fur 3 lb
Spitz prúchler inquilinus St: 1395: -/-/64, 1396: -/3/6
Ulrich glaser inquilinus St: 1395: -/-/80, 1396: 0,5/-/-
relicta Kunigund (Kungund) Ull [glasers ?] inquilina. 1396 relicta Kunigund inquilina. 1397 Kunigund
    fragnerin inquilina
    St: 1395, 1396: -/-/48 für vier lb, 1397: -/-/40 fur 4 lb
Ludwig Ósterreicher St: 1395: 0,5/-/- M[ü]n[chner]
    Osterreicher glaser inquilinus St: 1396: -/-/6
Diemut inquilina St: 1397, 1399: -/-/14 pauper, 1400: -/-/16 pauper, 1401/I: -/-/12 pauper
Ann fragnerin inquilina St: 1399, 1401/II: -/-/-
Khatrey daschnerin, 1400 inquilina St: 1400: -/-/24, 1401/I: -/-/-
Ann (Anna) portenwurcherin, 1400 inquilina St: 1400: nichil, 1401/I: -/-/16 fúr nichil

Aengel (Agnes) portenwurcherin, 1400, 1401/II, 1405/I-II inquilina
   St: 1400: -/-/12 fúr nichil, 1401/II, 1403, 1405/I-II: -/-/16 fúr nichil
Hainrich Weigel inquilinus
   St: 1401/II: -/-/40
   StV: (1401/II) non iuravit und ist bey land nicht.
   Katrey portenwúrcherin Weiglin St: 1403: -/-/32 fúr nichil
Gasper Ruf (Rúf) inquilinus
   St: 1401/II: -/-/16 gracianus, 1405/I: -/-/24 fúr nichil, 1405/II: -/-/40 iuravit
Hanns Hacknsmid schuster, 1403 inquilinus St: 1403: -/-/60 fur 5 lb, 1413: -/-/60 iuravit
aber [= eine weitere] Khatrey porttenwurcherin inquilina. 1405/I Khatrey porttenwurcherin inquilina
   St: 1403, 1405/I: -/-/18 fúr nichil
Els messrerin inquilina St: 1405/I: -/-/12 fur nichil
Margred inquilina St: 1405/II: -/-/24 fúr nichil iuravit
Flewgerin inquilina St: 1405/II: -/-/12 fúr nichil, iuravit
Ludweig Hilpurger fragner. 1410/I relicta Hilpurgerin St: 1408: -/6/28, 1410/I: -/-/72 fúr 12 lb iuravit
   und yr tochter St: 1410/I: -/-/12 fúr nichil
Ulrich (1410/I, 1411, 1415-1416 Ulman) Haedrer, 1408 fragner
   St: 1408: -/6/20, 1410/I: -/5/6 iuravit, 1410/II: -/6/28, 1411: -/5/6, 1412: -/6/28, 1413: 0,5/-/6 iuravit, 1415: -/5/-, 1416, 1418, 1419: -/6/20
[Hans] Klingenfeint kramer St: 1410/II: -/3/14, 1411: -/-/78, 1412: -/-/80
Ulrich Gumpprecht, 1413 gúrtler St: 1411: 0,5/-/-, 1412: -/5/10, 1413: 0,5/-/- iuravit, 1415: 0,5/-/-
Peter taschner, 1418 inquilinus St: 1415: -/-/60 fúr 10 lb, 1416: -/-/80 fúr 10 lb, 1418: -/-/60
Hainrich gurtler St: 1416: -/-/60 fúr 5 lb iuravit
Larencz gurtler, 1416 inquilinus St: 1416, 1419: -/3/6
[Konrad] Oder (Óder) kramer inquilinus
   St: 1416: -/5/10, 1418: -/7/14
   StV: (1418) et dedit -/-/35 de uxor[e] gracianus.
Pernhart paẁtler [Stadtsöldner ?[1]] St: 1418, 1419: -/7/14
Hanns Vinger gúrtler St: 1418, 1419: -/-/60
Feyal gúrtler[2] St: 1419: -/-/-
Perchtold gúrtler, 1439/II-1441/II inquilinus Sch: 1439/I-II, 1440, 1441/I-II: 0,5 t[aglon]
Lienhart Seldnawer [Kramer[3]] Sch: 1445: 1 diern, dedit -/-/8
Thoman Sitnpeck [Salzsender, Weinschenk[4]] Sch: 1445: [kein Eintrag]
Hanns Tuting huter inquilinus St: 1447: -/-/60
Hanns Steger (Stegerer, Stegmair), 1447, 1453, 1455 huter, 1447, 1457 inquilinus
   St: 1447: -/3/19, 1453-1458: Liste
Hanns Tanner, 1455-1458 inquilinus St: 1453-1458: Liste
relicta Stachlerin, 1453-1454 inquilina St: 1453-1455, 1458: Liste
   Stahler kramer inquilinus St: 1462: -/-/85
Thoman Schercz [Weber[5]] St: 1454, 1455: Liste
Larencz (Laurentz) pautler [Weinschenk ?[6]] St: 1462: -/5/5, 1482: -/3/5
Peter Schusler inquilinus St: 1462: -/-/35 gracian
Jackob pautler Gebel [Beutler] inquilinus St: 1462: -/-/60
Lienhart Englstain [Englstam ?] [Huter[7]] St: 1482: -/-/60

---

[1] Ein Pernhart paẁtler ist 1420 Stadtsöldner, vgl. R. v. Bary III S. 834.
[2] Ganzer Eintrag wieder getilgt.
[3] So 1439-1441 bei Rindermarkt 23.
[4] Vgl. Kaufingerstraße 26.
[5] Vgl. Rindermarkt 1 1462 und Rosenstraße 11 B 1453.
[6] Bei Larencz peitler kauft die Stadt 1470 und 1472 jeweils 29 Paar Handschuhe zu je 14 Pfennigen, für insgesamt einen Betrag von 13 Schillingen und 16 Pfennigen. Auch 1471 werden Handschuhe bei ihm gekauft, vgl. KR 1470/71 S. 76r, 1471/72 S. 73r, 1472/73 S. 70v. – Lorencz páutler ist aber 1458 auch Mitglied der Weinschenken-Bruderschaft, vgl. Gewerbeamt 1411 S. 14r.
[7] Linhart Englstain/Englstam 1467 und 1471 Vierer der Huter, vgl. RP.

Liendl (Linhart) Dachawer (Dachauer) g[urtler][1]
>   St: 1486, 1490: 1/2/28, 1496: -/6/5, 1500: -/5/15
>   StV: (1486) et dedit -/1/6 für pueri Dietinger von 4,5 lb geltz. (1490) et dedit -/1/6 fúr pueri Deitinger von 3,5 gulden geltz. (1496, 1500) Et dedit -/1/6 fur pueri Teitinger.

Lucassin. 1490 Lucas kramerin St: 1486, 1490: -/3/-

Ulrich Weyssenvelder (Weyssnfelder) [Beutler[2]]. 1496 relicta Weissnfelderin
>   St: 1486, 1490: -/3/25, 1496: -/4/10

Hanns Herman schneyder[3] St: 1486: -/2/20

balbiererin. 1490 Linhart palbierer matrimonium. 1496 Linhart parbierer
>   St: 1486, 1490, 1496: -/-/60

Hanns Grepner (Grepmair), 1490, 1496 gúrtler[4]
>   St: 1486, 1490: -/4/-, 1496: -/2/29
>   StV: (1490) et dedit -/-/8 von 1 lb geltz pueri Rägkndarfer. (1496) et dedit -/-/8 fur pueri Rägkndarfer.

Jórg Lanckensperger St: 1486: -/-/60

Hanns Wáhinger peitler St: 1490: -/2/4

Linhart Perwein St: 1490: -/-/60

Agstainer St: 1490: -/-/60

Planckenperger (Planckensperger) huoter St: 1490: -/2/14, 1496: -/2/9

Hanns Kůn p(eitler) St: 1496: -/4/5, 1500: -/5/-

jung Werder s(chuster). 1500 Hans Werder s(chuster) St: 1496: -/3/29, 1500: -/4/5

Fritz gürtler St: 1500: -/5/4

Hanns Darfner (Dorffner) huoter St: 1500: -/3/25, 1508, 1509: -/4/16, 1514: Liste

[Linhard] Hacker koch[5] St: 1514: Liste

Pelchinger, 1523 stadlknecht[6]. 1524, 1525 Hanns Pelchinger nadler. 1526-1527/II Hanns Pelchinger
>   St: 1522-1526, 1527/I-II: -/2/-

Mathes nestler St: 1522-1526, 1527/I-II, 1528, 1529, 1532: -/2/-

Hanns wirtzler (wúrtzler)
>   St: 1525, 1526, 1527/I-II: nichil
>   StV: (1525) 3 jar steur- und wachtfrey, ist das annder jar. (1526) 3 jar steur- und wachtfrey, ist das dritt jar. (1527/I) 3 jar steurfrey, ist das drit (!) jar. (1527/II) sol weitter hanndln.

Jórg Hóller St: 1527/II: -/2/-

Jórg Kápler [Nestler[7]] St: 1528: -/5/18 juravit, 1529: -/5/18

Sigmund Albrecht St: 1529: -/2/-

Jorg Schickh St: 1543: 5/-/4, 1544: 2/3/17 patrimonium

Bonaventura Carthuser[8] St: 1545: 5/6/15

Caspar Wechenfelder von Straubing
>   St: 1554/II: 3/-/-
>   StV: (1554/II) von wegen der altn Balthasar Parttin erb 3 nachsteur.

---

[1] Der Gürtler Linhart Dachauer war 1465, 1467-1469, 1472, 1472 und weiter bis 1502 wiederholt, ebenso 1508 und 1510 Vierer der Beutler, Gürtler, Taschner, Ircher, Nadler, vgl. RP.

[2] Der Beutler Ulrich Weissenfelder 1493 Vierer der Beutler, Gürtler, Taschner, Ircher, Nadler, vgl. RP.

[3] Hanns Herman ist 1464 bis 1491 wiederholt Vierer der Schneider, vgl. RP.

[4] Der Gürtler Hanns Grepner ist 1475-1500 wiederholt Vierer der Beutler, Gürtler, Taschner, Ircher, Nadler, vgl. RP.

[5] Linhard Hagcker ist 1506, 1507, 1509, 1511 und 1512 Vierer der Köche, vgl. RP.

[6] Hans Pelchinger nadler 1510-1530 Weinunterkäufel und Weinkoster, auch Weinstadelmeister, laut RP.

[7] Vgl. Rindermarkt 22.

[8] Vgl. Rindermarkt 1, dort wird er 1546-1549 Türhüter genannt, und Marienplatz 19, dort 1549/II-1552 Futterschreiber, ab 1553 Zehrgadmer genannt.

Marienplatz 24

Lage: 1371 „an dem margt". 1416 unter den Krämen.
Charakter: Kramhaus, teils wohl auch Weinschenke.

Hauseigentümer:

1371 September 22 Fridrich Ledersneider verkauft sein Haus „an dem margt" dem Gabriel Ridler.[1]
1383 Juli 13 das Haus des Ridler liegt dem Haus der Kinder des Bart (Marienplatz 23) benachbart.[2]
1407 Juni 20 Gabriel Ridler ist dem Haus des Hainrich Bart (Marienplatz 23) benachbart.[3]
1412 November 29 Gabriel Ridlers Haus am Markt ist dem Haus von „Jacob Ángstlich" (Marienplatz 25), benachbart.[4]
1414 März 16 das Haus des Ridler ist dem Haus Andre des Forsters, künftig des Jacob Ängstlich (Marienplatz 25), benachbart.[5]
1414 August 17 des Ridlers Haus ist benachbart dem Haus des Jacob Ängstlich (Marienplatz 25).[6]
1416 Dezember 12 „Gabriehel der Rigler [= Ridler] der elter" hat sein Haus „under den krámen", zunächst an Heinrich des Barts Haus (Marienplatz 23), samt Laden, hinten und vorne, „Chonraten dem Hueber" verkauft.[7]
1417 Februar 2 das Haus des Chunrat Huber ist dem Haus des Gabriel Ridler des Älteren, künftig des Andre Vorster (Marienplatz 25), benachbart.[8]
1424 Dezember 13 die Baukommission bestimmt: „Der huter in der Huberin chram sol inwendiklichen in der kram vail haben und awswendiklichen nichtz und sol auch seyn lad inwendiklichen angehengt seyn als anderhalb in der stat".[9]
1460 September 25 das Haus der Kinder des Staindl liegt dem Haus des Gabriel Lewpold, vorher Jörg Smautzhauser (Marienplatz 23), benachbart.[10]
1464 Oktober 1 Sigmund Sänftl ist Conrad Forsters Haus (Marienplatz 25) benachbart.[11]
1507 April 22 die Vormünder der Kinder von Hans Peurl und seiner Ehefrau Ottilie, nämlich Hans, Andreas und Barbara, verschreiben laut Grundbuch ihrer Mutter Ottilie ein Ewiggeld von 6 Gulden um 120 Gulden Hauptsumme aus dem Haus,[12] ebenso
1511 Juli 21 (2 Pfund um 40 Pfund) und
1519 April 4 (5 Gulden um 100 Gulden) (GruBu).
1522 Juli 23 Michel Schmidt und seine Hausfrau Barbara (geborene Peurl) verkaufen ein Ewiggeld von 3 Gulden, wohl um 60 Gulden Hauptsumme, an Georg Rapp zu Füssen, ihrer Mutter und Schwiegermutter (neuem Ehemann ?) (Text unvollständig) GruBu.[13] Auch aus den Steuervermerken von 1522 bis 1525 ergibt sich, daß die Witwe Peurl die Schwiegermutter von Michel Schmidt war.
1522 Oktober 24 die Vormünder (Jörg Schechner, Gschlachtgwander, und Caspar Holtzkircher) von des Hanns Peurl Huters hinterlassenem Sohn, auch Hanns genannt, verkaufen ihres Pflegesohnes Haus und Hofstatt, gelegen in St. Peters Pfarr am Markt, zwischen Doctor Ayrnschmaltz (Marienplatz 23) und Jörg Rueppns (Marienplatz 25) Häusern, dem Kramer Michel Schmid und seiner Ehefrau Barbara (geborene Peurl).[14]

---

[1] GB I 19/12.
[2] GB I 184/9.
[3] Hufnagel/von Rehlingen, St. Peter Urk. 70. – Hoffmann, SchloßA Harmating Urk. 3a.
[4] GB III 130/13, 14.
[5] GB III 148/1.
[6] GB III 152/9.
[7] GB III 179/18.
[8] GB III 182/3.
[9] Stadtgericht 917 (Bußordnung von 1433) S. 14v.
[10] MB XX 316 S. 534/541.
[11] Urk. C IX c 16 Nr. 2.
[12] Stadtgericht 207/7 (GruBu) S. 753v/754v.
[13] „Mittwoch nach Maria Magdalena" ist 1522 der 23. Juli, nicht der 22. wie im HB.
[14] GB IV S. 19v.

1525 April 1 das Haus des Michel Schmidt ist dem Haus der Kinder des Dr. Mang Ayrmschmaltz, künftig des Conrad Horl [= Hörl] (Marienplatz 23), benachbart.[1]

1555 Dezember 1 die Brüder Kaspar und Michael Schmidt verschreiben ihrem Bruder Niklas Schmidt ein Ewiggeld (10 Gulden um 200 Gulden) aus diesem Haus. Am selben Tag wird noch ein weiteres Ewiggeld von 8 Gulden um 160 Gulden verkauft, am 3. Dezember noch einmal eines von 5 Gulden um 100 Gulden (GruBu).[2]

1561 Januar 19 der Kramer Leonhard Prunner und seine Ehefrau Anna verkaufen ein Ewiggeld (20 Gulden um 400 Gulden) aus dem Haus an den Sohn Kaspar des Michael Schmidt zur völligen Entrichtung der Kaufsumme um dieses Haus (GruBu).

1561 Januar 20/21 zwei weitere Ewiggeldverkäufe von je 15 Gulden zu je 300 Gulden (GruBu).

1562 Juni 28 das Ehepaar Prunner verkauft ein Ewiggeld von 25 Gulden um 500 Gulden (GruBu).

1571 domus Leonhart Prunners erben (StB).

1572 laut Grundbuch (Überschrift) des Leonhard Prunners Kramers hinterlassener Erben Haus, Höfel und Stallung. Von ihnen kaufen das Haus am 1. März 1582 der Kaufmann Paulus Ruepp und seine Ehefrau Sophia um 2850 Gulden. Sie besitzen auch das Nachbarhaus Marienplatz 25.

Die Einträge im Häuserbuch zu 1500 und 1570 stammen nicht aus dem Grundbuch.

Eigentümer Marienplatz 24:

* Fridel (Fridrich) ledersneyder [Stadtrat[3]]]
    St: 1368: 2/-/-, 1369, 1371, 1372: 3/-/-, 1375: 5/-/-, 1377: -/12/- iuravit, 1378, 1379: -/12/-
  pueri Hainrich ledersneyder
    St: 1368: -/-/-
* Gabriel [I.] Ridler [Tuchhändler[4]] [1371 September 22 – 1416 Dezember 12]
* Chunrat Huber kramer. 1419, 1423, 1424 relicta Húberin kramerin
    St: 1406-1408: 7/-/80, 1410/I: 8/-/- iuravit, 1418: 11/-/40, 1419: 11/-/40 patrimonium, 1423: 5/-/- iuravit, 1424: -/13/10
  Hanns (Hannsel) Huber (Húber), 1406, 1410/I-1412 kramer, 1407-1408, 1410/II, 1411, 1416 inquilinus
    St: 1406-1408: -/6/12, 1410/I: -/3/- iuravit, 1410/II: -/-/60, 1411: -/-/14 fúr nichil, 1412: -/-/16 fúr nichil, 1416: -/3/6
  Staindel (Staindl) obscher. 1439/I-1440 Hanns Staindl, 1441/I obser
    St: 1423: 1/-/- iuravit, 1424: -/-/80, 1431: 3/-/80 iuravit
    Sch: 1439/I-II, 1440, 1441/I: 3 t[aglon]
* pueri Staindel (Steindel)
    St: 1457, 1458: Liste, 1462: -/10/20
  Staintlin
    St: 1457: Liste
* Sigmund Sänftl [1464 Oktober 1]
** Hanns Peirl (Peyerl) hüter (huoter, húter) [und Weinschenk[5], ∞ Ottilie]. 1496 allt Peyrl
    St: 1482: -/7/14, 1486, 1490: 1/4/-, 1496: 1/5/-
  jung Peirl. 1500 Hanns Peyerl [Weinschenk, Huter[6]]
    St: 1496: -/5/10, 1500: -/7/7
    StV: (1500) zugesetzt seins vatern gut.
** dessen [= des älteren Peirl] Kinder Hans, Andreas und Barbara, unter Vormundschaft [1507 April 22, 1519 April 4]

---

[1] GB IV S. 75r.
[2] Erst am 16. Februar 1560 wird Niklas „Mautzollner zu Schärding" genannt.
[3] Fridreich ledersneider war 1362 innerer, 1363-1366 äußerer Stadtrat, vgl. R. v. Bary III S. 741.
[4] Gabriel Ridler handelt mit Tuch, vgl. KR 1417/18 S. 39v.
[5] Hanns Peyrl hutter der elter 1493 Aufnahme in die Weinschenkenzunft, vgl. Gewerbeamt 1418 S. 7v.
[6] Hanns Peyrl hutter der jung 1494 Aufnahme in die Weinschenkenzunft, vgl. Gewerbeamt 1418 S. 8r. – Hanns Peirl 1503 Vierer der Huter, vgl. RP.

** Michel schmid kramer [und Weinschenk[1]]. 1529 Michel schmid [∞ Barbara, geb. Peirl]
   St: 1522: 1/5/4 juravit, 1523: 1/5/4, 1524-1526, 1527/I-II, 1528, 1529: 3/1/1
   StV: (1522, 1523) et dedit -/2/24 für 3 gulden gellts Peurl hueterin. (1524) hat seiner hausfrau gut zugesetzt. (1524, 1525) et dedit -/2/24 für 3 gulden gellts seiner schwiger. (1526-1529) et dedit -/2/24 für 3 gulden gelltz.
** Kaspar und Michael schmid, Brüder, Handelsleute in Nürnberg [1555 Dezember 1]
** Lienhart (Lenhart, Leonhart) Prunner, 1559, 1564/I, 1565, 1566/I, 1567/I cramer. 1567/II Lennhart Prunnerin [Anna]
   St: 1549/II: 5/-/18, 1550: 5/6/15 juravit, 1551/I-II, 1552/I-II: 5/6/15, 1553, 1554/I-II, 1555: 6/2/-, 1556, 1557: 6/2/28, 1558: 12/5/26, 1559, 1560: 6/2/28, 1561, 1563, 1564/I-II, 1565, 1566/I-II: 6/6/5, 1567/I-II: 7/-/10
   StV: (1549/II) sein und seiner hausfrau alte steur, soll hinfüro schwern. (1553-1555) mer 3/3/20 für p[ueri] Utnperger. (1553-1555) mer -/5/18 von wegen der Utnpergerin (Utnpergerischen) gueter. (1553) mer -/5/18 für den fünfften tayl des erbs, so dem gerichtschreiber zu Abmsperg ervolgt etc. (1556) zugsetzt seins schwagern Puehelmairs erb. Mer 1/6/- für p[ueri] Utnperger, ain son ist hindan getadt (?). (1557) mer 1/6/- für p[ueri] Uttnperger. (1558) mer 3/5/- für p[ueri] Utnperger. Mer 1/1/- für p[ueri] Gienger. (1559) mer 1/3/20 für p[ueri] Utnperger zugsetzt. (1559, 1560) mer -/4/- für p[ueri] Gienger, [Nachtrag:] zalt nachsteur adi 3. May [15]61. (1560) mer für p[ueri] Uttnperger 1/3/20. Mer für p[ueri] Püchlmair halb patrimonium -/2/6 und 1 kr[euzer]. (1561) mer für p[ueri] Uettenperger 1/-/10. (1561, 1563, 1564/II) mer für p[ueri] Puchlmair -/1/7. (1564/I) mer für Wolf Püchlmairs khinder -/1/7. (1564/I-1566/II) mer für p[ueri] Petschner (Pötschner) -/5/7. (1567/I-II) mer für p[ueri] Potschner -/5/28, (1567/I) zuegesetzt Kaylerin erb.
Ambrosi Prunner
   St: 1550, 1551/I: -/2/-, 1551/II: -/2/21
   StV: (1551/I) mer -/-/21 wegen seiner hausfrau von 3/-/- gelts. (1551/II) zusatz seiner hausfrau heiratgueth.
** Lenhart Prunners erben. 1571 domus Leonhart Prunners erben
   St: 1568: 14/-/20 patrimonium et matrimonium, 1569-1571: -/-/-
   StV: (1570) steurt Kharner. (1571) steurt Karrner als vormünder.

Bewohner Marienplatz 24:

Ott Schimmel [institor[2]] inquilinus St: 1368: -/3/10
relicta Haertlin [kauflin[3]] inquilina St: 1375: -/-/36
Ludwig smid St: 1378-1379: -/5/6
Hanns Wölfel [Weinschenk[4]] St: 1381: -/3/24
Albrecht Lesch [Salzsender, Weinschenk ?[5]] St: 1383/I: 2,5/-/-, 1383/II: 3/6/-, 1388: 7/-/- juravit
Ulrich Hagenawer [Sattler[6]] St: 1387: 0,5/-/12, 1390/I: -/-/20
Hans Goczman [Weinschenk ?[7]] St: 1390/II: -/7/4 iuravit
Heinrich (Hainczel) Zánckl (Zaenckl, Zangl, Zengel, Zangk, Zaengel, Zaengkel) inquilinus
   St: 1390/II: -/5/10, 1392: 2,5/-/-, 1393, 1394: 3/-/80, 1395: 2,5/-/-, 1396, 1397, 1399: 3/6/-, 1400-1401/II: -/-/-

---

[1] Mychel schmidt kramer 1524 Aufnahme in die Weinschenkenzunft, vgl. Gewerbeamt 1418 S. 19v.
[2] Vgl. Fürstenfelder Straße 13.
[3] Vgl. Marienplatz 23.
[4] Einen Hans Wölfel führt später das Weinschenken-Verzeichnis auf, vgl. Gewerbeamt 1411 S. 2v.
[5] Albrecht Lesch ist Salzsender und damit sicher auch im Weinhandel tätig, seine Witwe wird im Weinschenken-Verzeichnis aufgeführt, vgl. Gewerbeamt 1411 S. 2v. Vgl. auch Dienerstraße 23.
[6] Vgl. Kaufingerstraße 4.
[7] Hans Goczman wird später im Weinschenken-Verzeichnis aufgeführt, vgl. Gewerbeamt 1411 S. 2v und Weinstraße 15/16 und Kaufingerstraße 30. – Von 1371 bis 1388 ist aber auch ein Schneider Hans Gotzman belegt, vgl. Weinstraße 4 und 8 und Kaufingerstraße 30.

Pferdemusterung, um 1398: Hainrich Zenkel sol haben ein pferd umb 20 gulden und der stat damit warten [wieder getilgt:] und ein schúczen.

salburchin (salwurcherin) inquilina St: 1390/II: 0,5/-/8, 1392: -/-/78, 1393: -/3/14

Hainrich kramer, 1397, 1401 inquilinus
St: 1392: -/-/72, 1397, 1400, 1401/I: -/-/60 fúr 3 lb, 1401/II: -/-/60 fúr 3 lb, iuravit

Knyepaentl (Kniepentl, Knyebentel, Kniepenttel, Kniepaentel)
St: 1392: -/-/12, 1393, 1394: -/-/24, 1395: -/-/80, 1396, 1397: 0,5/-/-
StV: (1392) hat nit (?).

[Seitz] Rueff sneider inquilinus St: 1392: -/-/30

Lúdl Osterricher inquilinus St: 1393: -/-/48

Wernher rammaister. 1394 rommaister. 1395, 1396 rammaister kaufel. 1397 rammaister fragner
St: 1393, 1394: -/-/24, 1395: -/-/60 für 15 lb, 1396, 1397: -/3/-

(Peter) Bótschner (Pótschner) goldschmid, 1395, 1396 inquilinus
St: 1394: -/-/80, 1395, 1396: -/-/60 für zehen lb

[Kathrey] Stachlerin (Staechlerin) cramerin, 1399 inquilina St: 1394: -/-/24, 1399: -/6/- fur 30 lb

Ulrich (Ull, Ulman) Haedrer (Haerdrer), 1399-1405 fragner, 1403, 1407 inquilinus
St: 1399, 1400, 1401/I: -/3/6, 1401/II: 0,5/-/8 iuravit, 1403, 1405/I: 0,5/-/8, 1405/II: -/5/- iuravit, 1406, 1407: -/6/20

Hainrich fragner dez Kristleins aydm St: 1399: -/-/35 gracianus

Hainczel kamrer St: 1399: -/5/- gracianus

Peter Eysenreich inquilinus St: 1400, 1401/I: -/-/72

Lienhart pawtler inquilinus
St: 1400: -/-/-
StV: (1400) der hat amb Rosmargk gestewrt.

Symon nadler, 1401, 1405/I inquilinus
St: 1401/II: -/-/60 für 5 lb, iuravit 1403, 1405/I: -/-/60 fúr 5 lb, 1405/II: -/-/60 fúr 5 lb, iuravit

Peter Wólfel fragner St: 1403, 1405/I: -/-/80 fúr 10 lb, 1405/II: -/-/60, 1406: -/-/60 fúr 4 lb

Khatrey Sentlingerin inquilina St: 1403: -/-/20 fúr nichil

Hanns Wolmúd, 1405/II schenck St: 1405/I: -/10/20, 1405/II: 1/-/- iuravit

Fridel Graeczer nadler inquilinus St: 1405/II: -/-/-

relicta Praentlin inquilina St: 1406: -/-/60 fur 6 lb

Gasper Rúf inquilinus St: 1406-1408: -/-/40

Seyfrid Tischinger kramer St: 1406: -/-/60 fur 6 lb, iuravit

(Ludweig) Hilpurger fragner, 1407 inquilinus St: 1406, 1407: -/6/28

Ull cháuffel inquilinus St: 1407: -/-/60 fúr 3 lb

Pernhart paẃtler, 1410, 1411, 1413 inquilinus
St: 1410/I: -/-/60 fúr 6 lb, iuravit, 1411, 1412: -/-/60 fúr 6 lb, 1413: -/-/72 iuravit

Chunrat pader von Aichach St: 1410/I: -/-/60 fúr 10 lb, iuravit

[Hans[1]] Holczschuch sneyder St: 1410/II: -/-/64 fúr 8 lb

Ulrich Aengstleich taschner inquilinus St: 1410/II: -/-/60 fúr 3 lb
  der alt Aengstleich taschner St: 1415: -/-/60 fúr nichil
  Chunrat Aengstleich St: 1415: 1/-/-

Peter taschner, 1413 inquilinus St: 1410/II, 1411, 1412: -/-/60, 1413: -/-/60 fúr nichil

Hanns Ostermair St: 1410/II: 1/-/58, 1411: -/7/6, 1412: -/9/18

Werndel schuster inquilinus St: 1413: nichil habet

Gawtdinger schuster St: 1415: -/-/60 fúr 10 lb

Larencz gurtler, 1415 inquilinus St: 1415: -/-/72, 1423: -/3/12

Hanns Lochner [Kramer] St: 1416: 3/6/20
  et pueri uxoris St: 1416: 1/-/- gracianus

Dietreich (Dietel) paẃtler, 1418, 1423 inquilinus St: 1418, 1419: -/-/64, 1423: -/3/-

Haincz gúrtler inquilinus St: 1418: -/-/60 fúr nichil

Hanns Judenkopff St: 1419: 1/-/-

Chunrat Aichstock St: 1419: -/13/10, 1423: -/6/-

---

[1] So bei Kaufingerstraße 7 (1411-1419) und 8 (1423).

Ulrich Aychstock (Aichstock) St: 1423: 6/-/-, 1424: 2/-/-
Seicz kramer St: 1423: -/6/-
Jobs Glancz St: 1423: 0,5/-/- iuravit
Hanns Klingenfeint kramer St: 1423: -/-/60
Chuncz Neydhart gurtler inquilinus St: 1423: -/3/-
    Hainrich Neithart inquilinus St: 1431: -/-/64 iuravit
    Hanns Neithart inquilinus St: 1447: -/-/30
Perchtold kramer dictus Plúemawer. 1439/II-1458 Perchtold Pluemawer (Plúmawer), 1440 huter, 1447, 1462 inquilinus
    St: 1431: -/-/60, 1447: -/3/10, 1453-1458: Liste, 1462: -/3/10
    StV: (1431) seiner hausfrau stewr, et dedit -/-/22 gracion.
    Sch: 1439/II, 1440, 1441/I-II: -/-/15, 1445: 1 diern, dedit -/-/8
Hanns Plumawer (Plúmawer) [Kramer[1]], 1462 inquilinus St: 1453-1458: Liste, 1462: -/3/10
Hanns Steger, 1441/I inquilinus
    St: 1431: -/-/60 iuravit
    Sch: 1439/I-II, 1440, 1441/I-II: -/-/15
Lorencz gúrtler St: 1431: -/-/60
Perchtold gúrtler inquilinus St: 1431: -/-/60 iuravit
Ulrich Pewǵer, 1431, 1441/I húter, 1439/II kramer, 1441/I inquilinus
    St: 1431: -/13/20 iuravit
    Sch: 1439/I-II, 1440, 1441/I-II: 2,5 t[aglon]
    SchV: (1439/II, 1440) und 3 lb gelcz von Diessn 1,5 t[aglon]. (1441/I) und der ewig gelt gen Diessen 1,5 t[aglon]. (1441/II) und des von Diessen gelt 1,5 t[aglon].
relicta Stachlerin Sch: 1439/I-II, 1440, 1441/I: -/-/15
Káuffer ringler. 1439/II-1441/I Chunrat Kauffer ringler. 1441/II Chunrat Kauffer
    Sch: 1439/I-II, 1440, 1441/I-II: 1 t[aglon]
Symon wúrflár Sch: 1439/I-II, 1440, 1441/I: 1 t[aglon]
Symon messerer Sch: 1441/II: 1 t[aglon]
Ulrich Prant messerer, 1440, 1441/I inquilinus Sch: 1439/I-II, 1440, 1441/I-II: 1,5 t[aglon]
Hanns (ab 1440 Hainrich) Hamersperger [Gürtler[2]] Sch: 1439/I-II, 1440, 1441/I-II: -/-/15
Ott páwtler Sch: 1439/I: 1 t[aglon]
Hanns Lewpold [Salzsender[3]]
    Sch: 1439/I-II, 1440, 1441/I-II: 3,5 t[aglon]
    SchV: (1439/I) und 10 guldin gelcz -/-/40 und 3 lb gelcz gen Giessen (!) 1,5 t[aglon]. (1439/II) der ewig gelt 10 gulden ist abgelost.
Gilg gúrtler, 1440 inquilinus Sch: 1439/I-II, 1440: 1 t[aglon]
Fridrich (Fricz) Hofmair, 1439/II, 1440, 1441/I inquilinus
    Sch: 1439/I-II, 1440, 1441/I-II: 1,5 t[aglon], 1445: 1 diern, dedit
Andre Schússler, 1439/II inquilinus. 1440 der Schúslerin Sch: 1439/I-II: 2 t[aglon][4], 1440: -/-/3
    pueri uxoris Andre Schúslár. 1441/II pueri Andre Schussler Sch: 1441/I-II: 0,5 t[aglon]
Wolfhart Lochauser Sch: 1439/I: 1 t[aglon]
Hanns gurtler, 1439/I-II inquilinus. 1441/I-II Hanns Huber gúrtler
    Sch: 1439/II, 1440, 1441/I-II: 1 t[aglon]
Lienhart páutler Sch: 1440: 1 t[aglon], 1441/I: [kein Eintrag]
Lencz (Laurencz) pawtler, 1441/II inquilinus Sch: 1440: 1,5 t[aglon], 1441/I-II: 1 t[aglon]
Hanns Perbein, 1441/I inquilinus Sch: 1440, 1441/I-II: 1 t[aglon]
Hanns Nogkerl St: 1447: -/10/22
Eberhart Truckawer St: 1453: Liste
Chunrade sailer St: 1453: Liste
Anna, (ain) amm, inquilina. 1457, 1458 Anna inquilina St: 1455-1458: Liste

---

[1] Hanns Plumauer 1462-1477 fast jedes zweite Jahr Vierer der Kramer, vgl. RP.
[2] Vgl. Rindermarkt 15 und Marienplatz 22.
[3] Hanns Lewpold 1443-1447 Salzsender, vgl. Vietzen S. 146.
[4] Darüber 1439/II -/-/18.

Hanns verber [Waagmeister beim Marktzoll[1]], 1456 inquilinus St: 1456, 1457: Liste
Andre Wercker [Weinschenk[2]] inquilinus St: 1462: -/5/28
Linhartt Engelsperger [Kramer[3]] inquilinus St: 1462: -/-/60
Hans Heiß taschner[4] St: 1482: -/2/27
   sein swiger St: 1482: nichil
Asm nestler St: 1482: -/3/21
Hanns Kůn peitler St: 1482: -/2/1
   Peter Kůn peitler St: 1500: -/2/20
Steffan kramer Mánhart St: 1486: -/2/3
Hanns peytler St: 1486: -/4/5
Michel Pachmair, 1514 schuster St: 1490: -/2/11, 1514: Liste
Wilhalm gurtler St: 1490: -/-/60
relicta Vasnachtin [Kramerin[5]] St: 1496: -/2/2
Walch schuster St: 1496, 1500: -/-/60
Hans Krey mulner St: 1500: -/-/24 gracion
Hainrich Lanng hueter St: 1514: Liste
Hanns Marpeck kramer St: 1514: Liste
Hanns Werder schuster St: 1514: Liste, 1522: -/2/-
arglmaisterin inquilina St: 1514: Liste
Hanns Grafinger hueter St: 1522: -/3/5
Hanns wirtzler (wúrtzler)
    St: 1522-1524: nichil
    StV: (1522) ist drew jar wacht- und steurfrey und ist das erst jar. (1523) ist drew jar wacht- und steurfrey, ist das annder jar. (1524) 3 jar steurfrey unnd ist das erst [!] jar dergleichn der wacht.
Jacob nestler, 1524 der allt St: 1523, 1524: -/2/-
   Jacob nestler St: 1524: -/-/21 gracion
zammacher St: 1525: anderßwo
Hanns Kain peitler St: 1525, 1526, 1527/I-II: -/2/-
   Andre Kain peitler St: 1532: -/3/19
Wastian tuchscherer
    St: 1526, 1527/I: -/1/5 gracion
    StV: (1527/I) et dedit -/3/25 fur seiner hausfrawen gut.
Thoman Póndl St: 1529: 1/3/6, 1532: an kamer
Linhart aufleger
    St: 1532: 4/3/25, 1540-1542: 5/6/4, 1543: 11/5/8, 1544: 5/6/4, 1545: an chamer, 1546-1548: -/2/-, 1549/I: -/-/-
    StV: (1532) ist seiner stiefkind gut auch darinn. (1532) et dedit 2/2/26 für p[ueri] Peurl hueter. (1545) [Nachtrag:] zalt -/4/-. Actum 11. Februarii [1546]. (1549/I) zalt infra, eodem folio col. 2 [= Marienplatz 27].
Jorg Kantzler [schuster[6]] St: 1540: -/5/14 juravit
Paule Peham spetzker[7] St: 1540: -/-/28 gracion
Hans Knecht eysnkramer St: 1542: -/-/28 gracion
Caspar furknecht statmúllner. 1544 Caspar furknecht auf der statmul
    St: 1542: -/2/-, 1543: -/4/-, 1544: -/2/-

---

[1] Hanns verber ist 1450 bis 1458 Waagmeister beim Marktzöllner vom Plachsalz an der Stadtwaage, vgl. Vietzen S. 163.
[2] Andre Wercker ist 1479 Vierer der Weinschenken, vgl. RP.
[3] Linhart Englsperger ist 1482-1502 wiederholt Vierer der Kramer, vgl. RP.
[4] Vgl. Rosenstraße 12.
[5] So 1500 bei Marienplatz 25.
[6] Folgt gestrichen „nadler". – Jorg Kantzler ist 1541 und 1542 bei Marienplatz 25 Schuster.
[7] Spetzger = Spezereiwarenhändler, vgl. Schmeller II Sp. 692.

Wilhelm Herl[1]
    St: 1546-1548, 1549/I: 9/4/17
    StV: (1548, 1549/I) mer -/-/21 für p[ueri] Fuesl.
Mathes Kotter nestler St: 1546: -/2/-, -1547: -/2/- patrimonium
    Mang Kotter nestler St: 1548: -/-/14 gracion, 1549/I-II, 1550, 1551/I: -/2/-
Hanns Koler [Gant(laden)knecht[2]] St: 1549/I: -/2/-
Wolff Teyninger (Tayninger), 1549/II-1551/I schuester. 1555 Tayningerin
    St: 1549/II, 1550, 1551/I-II: -/2/-, 1552/I: -/2/- patrimonium, 1552/II: -/2/- patrimonium, 1553: -/-/-, 1555: -/2/-
    StV: (1553) obdormivit, zalt ibidem. (1555) mer -/6/- für 3 nachsteur.
    sein schwiger. 1554/I Wolff Tayninngers schwiger St: 1553, 1554/I: -/2/-
múllner pott St: 1549/II: -/2/-
Wolff Sittnhofer, 1551/II seckler St: 1551/II, 1552/I-II, 1553, 1554/I: -/2/-
Jorg Estinger [Schuster]
    St: 1552/I: -/-/28 gracion die erst, 1552/II: -/-/28 gracion die ander, 1553, 1554/I: -/2/-
Jorg Vogl siber. 1552/II-1554/I Jorg siber, 1556 der jung
    St: 1552/I: -/-/14 gracion, 1552/II, 1553, 1554/I-II, 1555-1557: -/2/-, 1558: -/4/-
Utz (Uetz) Háckhl (Häckhl) laistschneider
    St: 1554/II, 1555-1557: -/2/-, 1558: -/4/-, 1559-1561: -/2/-
Hanns Henneman deckhenmacher St: 1555: -/2/-
Michel Arsinger (Ársinger), 1556, 1558 maler, 1556 der jung St: 1556, 1557: -/2/-, 1558: -/4/-
Hanns Pentzinger [Tuchmanger[3]] St: 1559: -/3/15 gracion für alles und alles
Jacob Rötschl gúrtler St: 1559-1561: -/2/-
taschner[4] St: 1560: -/2/-
Hannß Schwaiger taschner St: 1561: -/2/-
Lorenntz (Larenntz) Nidermair nestler St: 1564/I: -/-/21 gratia, 1564/II, 1565, 1566/I: -/2/-
Georg puechtruckher St: 1566/I: -/-/28 gratia
Teutschl haubtman St: 1568-1570: -/-/-
Peter Meixner trabant St: 1569, 1570: -/-/- hofgsind

Marienplatz 25

Lage: 1371, 1386, 1390/98, 1412, 1414 unter den (rechten) Kramen. Ca. 1388 an der Kramzeil. 1417 „am margkt". 1464 „an dem margkt bey dem Goler under den krämen" = bei der Gollir-Kapelle.
Charakter: Kramhaus.

Hauseigentümer:

1371 Januar 20 „H[ainrich] Waegenler hat sein haus, gelegen unter den chraemen, hintter dez Perchovers haus, daz mitter und daz hintter und ein panck hie vorn ob dez Perchovers cheller" käuflich dem „Ch[unrad] Aengstlich chramer" überlassen.[5] Es gab also hier drei Häuser, das Vorderhaus, das dem Berghofer gehörte, und zwei hintereinander stehende Hinterhäuser (ein mittleres und ein hinteres). Letztere beide gehörten dem Wadler, dazu noch eine Bank (Laden) im Vorderhaus, über dem Keller des Berghofer-Hauses. Der Wadler verkauft seinen Besitz jetzt an den Ängstlich, der Berghofer seinen 1388 an den Ridler.

---

[1] 1546 beanstandet die Baukommission, daß bei Wilhalm Herl die Vorbauten „3/4 [eln] ze weit" vorstehen, vgl. LBK 4. – Da die Hauseigentümer Schmid als Kaufleute in Nürnberg leben, wird wohl der Hörl als Art Hauptmieter angesehen worden sein. Vielleicht gehörte der Vorbau ja auch zu seinem Laden.

[2] Hanns Koler 1540-1558 Gantladenknecht, vgl. R. v. Bary III S. 832 und Rindermarkt 23.

[3] So bei Rosenstraße 5 (1569-1571) und 12 (1560-1568) und Rindermarkt 15.

[4] Folgt gestrichen „Hans Schwaiger".

[5] GB I 15/5.

1386 Februar 3 Hans der Holnstainer verkauft die Überteuerung „an den drein krámen ... under des Perckhofer haẃs under den kraemen" Konrad dem Ängstlich dem Kramer.[1]

1388 Juli 17 (?) Hans Perckhofer verkauft sein (vorderes) Haus, gelegen am Markt, zunächst dem Haus des Ebmer (Marienplatz 26*) dem Gabriel Ridler.[2]

Ca. 1388 die Stadt hat ein Ewiggeld aus drei Kramen unter des Ängstlichs Haus an der Kramzeil.[3]

1390/98 das Heiliggeistspital hat eine Gilt von 1 Pfund Pfennigen aus des Aengstleins Haus „under den chram[en]".[4]

1392/1398 das Ewiggeldbuch nennt drei Kramen[5] „under den rechten cramen", und fügt hinzu „sind des Angstlichs".

1392/1398 die erste Frühmesse im Heiliggeistspital hat ein Ewiggeld aus des Perkhofers Haus am Markt.[6] Im selben Jahr hat das Spital ein Ewiggeld aus einem Haus „unter den rechten Kramen", „auzzer drey cramen, sind dez Angstlichs".[7]

1400/05 das Heiliggeistspital hat „auz Andres Forstár des chramer hauz an dem margt" alle Jahre 5 ungarische Gulden Ewiggeld. Laut eines Nachtrags wurde er 1438 von „Kunrade Vorster" um 100 ungarische Gulden abgelöst. 20 Schillinge Zins blieben aber noch bestehen, die der Kunrade Vorster 1454 um weitere 50 Pfund Pfennige ablöste.[8]

1412 November 29 „Jacob Ángstlich" verkauft sein halbes Haus, gelegen „unter den krámen in sand Peters pfarr", zwischen den Häusern des Gabriel Ridler (Marienplatz 24) und des Chunrat Ebner (Marienplatz 26*), samt Kramladen und Vorläden, dem Ulrich Ängstlich.[9]

1414 März 16 „Andre dem Forster" ist von Gerichts wegen geboten worden, daß er „Jacoben dem Ángstlich" zwei Gulden (Zins) aus seinem Haus, „daz gelegen ist under den chramen zẃ nachst an des Riglers haws" (Marienplatz 24), geben soll.[10]

1414 August 17 Jacob Ängstlich überschreibt sein Haus mitsamt dem Kramladen und den Vorläden, „under den krämen" gelegen, zwischen den Häusern des Ebner (Marienplatz 26*) und des Ridler (Marienplatz 24), um 50 Gulden ungarisch seiner Hausfrau Barbara für ihre Heimsteuer und um 20 ungarische Gulden für ihre Morgengabe.[11]

1417 Februar 12 Gabriel Ridler der Ältere verkauft sein Haus „am margkt", zwischen den Häusern „Chunracz des Húber" (Marienplatz 24) und „Chunracz des Ebmer" (Marienplatz 26*), dem Kramer „Andre dem Vorster".[12]

1423 Juli 9 das Haus des „Andre des Vörschners" (gemeint: Forsters) ist dem Haus des Chunrad Ebner, künftig des Ulreich Wenig (Marienplatz 26*), benachbart.[13]

1424 Dezember 13 die Baukommission bestimmt: „Der Vorster sol desgeleichn in seinen läden auch vail haben und nicht awswendiklichen und die new chram, die er gemacht hat, sol nicht verrer herfur geraichen dann die hawsmawr get".[14]

1449 das Heiliggeistspital hat 20 Schillinge Ewiggeld aus Thoman Rudolfs und Conrade (Forster) sailers drei Krämen. Sie werden 1454 abgelöst,[15] vgl. 1400/05.

1454 April 5 und

---

[1] GB I 219/14.
[2] GB I 236/3.
[3] Zimelie 34 (Stadtzinsbuch) S. 2v.
[4] Vogel, Heiliggeistspital, Salbuch A Nr. 231.
[5] Steueramt 982/1 S. 4v.
[6] Steueramt 982/1 S. 22r.
[7] Steueramt 982/1 S. 4v.
[8] Vogel, Heiliggeistspital, Salbuch A Nr. 236, 238.
[9] GB III 130/13, 14.
[10] GB III 148/1.
[11] GB III 152/9.
[12] GB III 182/3.
[13] StadtAM, Hist. Verein von Obb. Urk. 4522.
[14] Stadtgericht 917 (Bußordnung von 1433) S. 14v/15r.
[15] Zimelie 40 (Heiliggeistspital, Salbuch B) S. 8r, 35v.

1455 Juni 12 das Haus des Chunrad Forster ist dem Haus der Wenig-Kinder (Marienplatz 26*) benachbart.[1]

1454 Ludwig Ridler hat 5 Pfund Ewiggeld aus Conrade Vorsters Haus.[2] Im selben Jahr löst „Conrade Forster am margkt" (= Conrade sailer) 20 Schillinge Ewiggeld des Heiliggeistspitals aus diesem seinem Haus ab,[3] vgl. 1400/05.

1464 Oktober 1 „aus Conrat sailer des hueters, den man nennt Forster" Haus „an dem margkt bey dem Goler under den krämen" geht ein Ewiggeld an das Reiche Almosen. Das Haus liegt zwischen den Häusen des Sigmund Sänftl (Marienplatz 24) und des Peter (Wenig), des Gürtlers.[4] „Bei dem Goler" bedeutet: Bei/gegenüber der Gollir-Kapelle, vgl. auch Marienplatz 27*.

1485 aus „des [wohl Augustin] Vorsters hueters" Haus am Markt hat Franz Ridler im Tal ein Ewiggeld für zwei Hausarme an das Reiche Almosen gestiftet.[5]

1522 Oktober 24 das Haus des Jörg Ruepp liegt dem Haus von des Hanns Peurl Huters Sohn, künftig des Michel Schmids Haus (Marienplatz 24), benachbart.[6]

1546 beim Jeronimus Ruep beanstandet die Baukommission, daß die Vorbauten „3/4 [eln] ze weit" vorstehen.[7]

1572 laut Grundbuch (Überschrift) des Hieronimus Ruepp Haus, Höfel und Hinterhaus.[8] Das Haus bleibt in der Familie bis es Paulus Ruepp am 23. April 1589 verkauft. Dies ist, außer der Überschrift, der erste Eintrag im Grundbuch.

Eigentümer Marienplatz 25:

* Werndel Perchhover (Perchhofer) [später Stadtrat[9]]
    St: 1368: -/-/-, 1369, 1371, 1372: 3/6/9
    StV: (1368) expedivit in libro sequenti. (1371) item de anno preterito 3/6/9.
* Ángstlich (Ángstleich, Ángstel, Ángleich, Aengstleich, Angstleich) institor (kramer), 1375, 1381, 1390-1401/II kramer. 1382-1383/II, 1387-1395 Chunrat Ángstleich.[10] 1403, 1405/I-1406 relicta Aengstleich(in), 1403 kramer[in]
    St: 1371, 1372: -/10/24, 1375: 4/6/-, 1377: 4,5/-/- juravit, 1378, 1379, 1381, 1382, 1383/I: 4,5/-/-, 1383/II: 6/6/-, 1387: -/13/10, 1388: 3/-/80 juravit, 1390/I-II: 3/-/80, 1392: 2/6/-, 1393, 1394: 3/5/10, 1395: 2/-/- minus -/-/40, 1396, 1397, 1399, 1400, 1401/I: 2/6/-, 1401/II: 3/7/6 iuravit, 1403: 3/7/6 propter patrimonium, 1405/I: 1/-/-, 1405/II: 0,5/-/6 iuravit, 1406: -/5/18
    StV: (1405/I) als der rat geschaft.
    Pferdemusterung, um 1398: (Ur-Fassung): Chunrat Ángstleich sol haben ein trabzewg; (Korrig. Fassung): Chunrat Ángstleich sol haben 1 pferd umb 16 gulden [und der] stat warten.
  Stephan Aenstlich (Aengstleich)
    St: 1405/I: 1/-/- gracianus, 1405/II: -/6/- gracianus, 1406-1408: 1/-/- gracianus, 1410/I: 0,5/-/- gracianus, 1410/II: -/5/10 gracianus, 1411: 0,5/-/- gracianus, 1412, 1413: -/-/-
    StV: (1405/I) alz der rat geschafft hat.
  Jacob Aengstlich (Aengstleich). 1418 uxor Jacob Aengstleich
    St: 1405/I: 1/-/- gracianus, 1405/II: 1/-/-, 1406: 1/-/8 iuravit, 1407, 1408: 1/-/8, 1410/I: -/6/6 iuravit, 1410/II: 1/-/8, 1411: -/6/6, 1412: 1/-/8, 1413: -/6/6 iuravit, 1416: 1/-/16, 1418: -/5/10
    StV: (1405/I) hat ym der rat geschepft. (1405/II) für sich und sein uxor, gracianus, und sol zu der nachsten stewr swern.

---

[1] StadtAM, Hist. Verein von Obb. Urk. 4338. – Urk. B II c 275 f.
[2] Kämmerei 64 S. 17v.
[3] Zimelie 40 (Heiliggeistspital, Salbuch B) S. 35v, 8r.
[4] Urk. C IX c 16 Nr. 2.
[5] Zimelie 27a (Stiftungsbuch Reiches Almosen) S. 9r. – Ridler-Chronik, in: OA 5, 1844, S. 105.
[6] GB IV S. 19v.
[7] LBK 4.
[8] Stadtgericht 207/7 (GruBu) S. 756v.
[9] Wernher der Perckhofer von 1373-1380 zunächst äußerer, dann innerer Stadtrat, vgl. R. v. Bary III S. 738.
[10] Angstleich 1381 Mitglied des Großen Rates der Stadt und am 8.11.1400 Redner des großen geschworenen Rats, vgl. R. v. Bary III S. 745, 755 und Zimelie 16 S. 147v.

(Ulrich) Aengstlich (Aengstleich) taschner
St: 1406-1408: -/-/60 für 3 lb
* Gabriel [I.] Ridler [Tuchhandel[1], bis 1417 Februar 12]
* Andre vorster (forster, förster), 1407 amer[2] kramer. 1408 Andre kramer vorster, 1407-1423, 1431 kramer, 1410/I, 1411 inquilinus. 1439/II-1455 relicta forsterin. 1439/I relicta Andre forsterin
St: 1407, 1408: -/3/22, 1410/I: -/5/18 iuravit, 1410/II: -/7/14, 1411: -/5/18, 1412: -/7/14, 1413: -/5/18 iuravit, 1415: 2/-/- non iuravit, 1416, 1418, 1419: -/21/10, 1423: 3/6/-, 1424: -/10/-, 1431: -/21/28, 1447: -/-/60, 1453-1455: Liste
StV: (1431) aws dem haws gend 3 gulden ungarisch zu aim liecht gen parfussn, dedit -/-/72. (1447) aws dem haws gend 3 gulden gen parfussen, dedit -/-/32.
Sch: 1439/I-II, 1440, 1441/I-II: 1 t[aglon]
Oder sein aydem
St: 1415: 0,5/-/-
Chunrat sein [= des Andre vorster] aydm
St: 1423: 3/-/-, 1424: 1/-/-
Chunrade sailer, 1431 inquilinus. 1454, 1455 Chunrade vorster. 1462 Kunrade seyller huter
St: 1431: -/23/18 iuravit, 1447: -/13/-, 1454-1458: Liste, 1462: -/14/6
Sch: 1439/I-II, 1440: 2,5 t[aglon], 1441/I-II: 2 t[aglon], 1445: 3 knecht, dedit -/-/24
* Augustin vorster [Huter[3]]. 1456, 1462 Augustin (Augenstin) sein [= des Chunrade sailer] sun, 1458, 1462 inquilinus, 1482 et mater
St: 1454-1458: Liste, 1462: -/3/22, 1482: -/4/28, 1486, 1490: -/5/3, 1496: -/6/26, 1500: -/6/1
StV: (1482) et dedit -/-/20 fur pueri Andre vorster. (1486) Et dedit fur Hanns vorster -/-/60. Et dedit -/-/14 pueri Schrobenhauser.
relicta Ullrich forsterin
St: 1462: -/-/45
Ulrich vorster
St: 1482: -/3/10
Hanns vorster von Nurnberg
St: 1490: -/-/60
* Jörg Rup (Ruepp), 1508-1514, 1527/II kramer [äußerer Rat[4]]. 1540-1543 relicta Ruepin. 1544 relicta Ruepin matrimonium[5]
St: 1508, 1509: 1/3/27, 1514: Liste, 1522-1526, 1527/I: 11/4/27, 1527/II, 1528, 1529, 1532: 10/5/20, 1540-1542: 3/2/10, 1543: 6/4/20, 1544: 3/2/10 matrimonium.
Frantz Lenngenfelder
St: 1540: an chamer, 1541: 7/-/-
StV: (1541) [Nachtrag:] nemlich für die ersessn doplte steur des 39. jars, mer für 3 nachsteur, thut summarum ut supra. Ist einfach gwest, so die alt Ruppin hat abgsetzt, facit 1/4/2, hat zalt Hanns Hyltz von Landshut. Actum 2. decembris anno [15]41.
** Jeronimus Ruep (Ruepp), 1566/II, 1571 cramer [äußerer Rat[6]]
St: 1540-1542: 5/-/27, 1543: 10/1/24, 1544: 5/-/27, 1545: 12/5/10, 1546-1548, 1549/I-II, 1550, 1551/I: 6/2/20, 1551/II, 1552/I-II: 7/3/6, 1553, 1554/I-II, 1555: 20/1/15, 1556, 1557: 17/5/25, 1558: 35/4/20, 1559, 1560: 17/5/25, 1561: 42/4/13, 1563: 35/6/23, 1564/I: an chamer, 1564/II, 1565, 1566/I-II, 1567/I-II: 25/6/23, 1568: 43/4/6, 1569-1571: 54/1/20
StV: (1540-1542) et dedit 1/4/2 für p[ueri] Ruepn. (1543) mer 3/1/4 für p[ueri] Ruepn. (1544) mer 1/4/2 für p[ueri] Ruepn. (1545) mer 4/2/2 für p[ueri] Ruepn. (1546-1551/I) mer 2/1/1 für p[ueri] Ruepn. (1551/II) hat seiner schwester erb zugsetzt. (1554/II, 1555) sambt seiner stiefftochter guet (versteurt). (1556) abgsetzt 500 lb seinem aiden geben. (1563) abgsetzt

---

[1] Gabriel Ridler handelt mit Tuch, vgl. KR 1417/18 S. 39v.
[2] Zum Amer oder Weinmesser vgl. R. v. Bary, Herzogsdienst S. 286.
[3] Augustin vorster 1467-1494 wiederholt Vierer der Huter, vgl. RP.
[4] Jorg Ruepp 1508, 1510, 1511, 1513, 1515-1518, 1520 Vierer der Kramer, 1533, 1534 und 1536 äußerer Rat, vgl. RP.
[5] Die Ehefrau von Jörg Ruepp war Barbara, geb. Pöndl, vgl. Urk. B II c 342 vom 14.6.1544, vgl. Bewohner.
[6] Jeronimus Ruepp 1554 und 1557, 1561-1564 äußerer Rat, vgl. RP und Fischer, Tab. IV S. 2.

seiner tochter heuratguet 1400 lb den., zalt 3 nachsteur für sein tochterman 20/-/-. (1564/I) zalt adi 26. Augusti anno [15]64 zalt er an chamer sein steur 35/6/23, hat nichts abgsezt. (1564/II) abgesetzt 2100 lb seines tochtermans Jorg Langen heuratguet. Mer für denselben 3 nachsteur 30 fl. (1568) abgesetzt 1000 fl seiner tochter heiratguet dem Hannsen Ainhofer.

Lenhart (Lienhart, Leonhart) Mayr (Mair) [Salzsender ?[1], Schwiegersohn von Jeronimus Ruepp]
    St: 1556: -/2/- gracion, 1557: 2/5/25 juravit, 1558: 5/4/20, 1559, 1560: 2/5/25, 1561, 1563, 1564/I-II, 1565, 1566/I: 3/-/-
    StV: (1556) mer 2/2/20 von wegen der 500 lb, so sein schweher hat abgsetzt, sols pis auf gschworne steur versteurn und seins guets aber ain gschworne steur machen. (1557) darin 50 fl sein jerliche bsoldung versteurt als leibting gelt.

Bewohner Marienplatz 25:

Schón (Schon) kramer inquilinus St: 1368: 1/-/-, 1369: 1/-/24
Walther [Walcher ?] sneyder inquilinus St: 1368: -/-/20
Langer taschner inquilinus St: 1369: -/-/60
Walther sartor St: 1369: -/-/30
Ellent sartor St: 1372: -/-/-
Ull sneyder inquilinus St: 1375: -/-/88
Hainrich Rieder (Ryeder) sartor inquilinus, 1377 inquilinus Ángstleich
    St: 1377: -/-/12 juravit, 1378, 1379: -/-/12
Hainrich Merbot [sartor[2]] inquilinus St: 1382: -/-/18
Ludwig Resch St: 1382: -/5/6, 1383/II: -/7/24
[Hans] Maisterl mercator inquilinus
    St: 1383/I: -/-/-, 1383/II: -/-/27
    StV: (1383/II) item de anno preterito tantum.
Symon sneider inquilinus St: 1387: -/-/8
die jung Hellin inquilina St: 1387: -/-/8
Chunrat Sulczrainer sartor inquilinus St: 1388: -/-/24 juravit
Heinrich Gerewter inquilinus St: 1390/I: -/-/34
(Ulrich) Prenberger (Prenperger) sneider, 1396 inquilius
    St: 1390/I-II: -/-/80, 1392: 0,5/-/18, 1393, 1394: -/6/4, 1395: -/-/72, 1396, 1397, 1399, 1400, 1401/I: -/3/18
Heinrich pewtler inquilinus St: 1390/II: -/-/40, 1392: -/-/30
Katrey(n) Sentlingerin inquilina St: 1392, 1393: -/-/12
Chuncz Grab de Augusta inquilinus St: 1393: -/-/-
[Seitz] Rueff (Rǔf, Rúf) sneider, 1393-1401 inquilinus
    St: 1393, 1394: -/-/40, 1395: -/-/60 für 15 lb, 1396, 1397: -/3/-, 1399, 1400, 1401/I-II: -/-/-, 1403: -/-/24 für nichil
Aberdar pawtler[3] St: 1394: -/-/16
Hans schenck inquilinus St: 1394: -/-/39, 1395, 1396: -/-/21 für 3 lb
Lang taschner inquilinus, 1396 relicta die Lang da[s]chnerin inquilina[4]
    St: 1395: nichil, 1396: nichil habet
taschner smidchnecht inquilinus St: 1397: -/-/52 fur 2 lb
Stephn (Stephan) zingiesser inquilinus St: 1399, 1400: -/7/6
Chunczel (Chuncz) Herel fragner, 1401/I inquilinus
    St: 1401/I: -/-/28 gracianus, 1401/II: -/-/80 für 10, iuravit, 1403, 1405/I: -/-/80 für 10, 1405/II: 0,5/-/- iuravit, 1406-1408: -/5/10, 1410/I: 0,5/-/- iuravit, 1410/II: -/5/10, 1411: 0,5/-/-, 1412: -/5/10, 1413: 0,5/-/- iuravit, 1415: -/5/18
Hainczel Hertel zingiesser St: 1401/II: -/3/6 gracianus

---

[1] Ein Linhart Mayer ist 1556 und 1557 als Salzsender belegt, vgl. Vietzen S. 150 nach KR.
[2] Vgl. Rindermarkt 5 (1381).
[3] Getilgt „Bawtler inquilinus".
[4] Name in beiden Jahren wieder getilgt, nur der Vermerk „nichil" bzw. „nichil habet" blieb stehen.

Symon (Syman) sneider
    St: 1403, 1405/I: -/-/60 fur 4 lb, 1405/II: -/-/60 fur 4 lb, iuravit, 1406, 1407: -/-/60 fur 4 lb, 1408:
    -/-/50 fúr 4 lb
Hanns Wolgemud schenck St: 1406: -/10/20
Symon (Syman) nadler, 1407 inquilinus St: 1406, 1407: -/-/60 fur 5 lb
relicta Aendelerin kramerin inquilina St: 1406: -/-/28 fúr nichil
Khatrey Schonin inquilina St: 1408: nichil habet
Gawttinger schuster, 1410/I, 1413 inquilinus
    St: 1410/I: -/-/60 fúr zehen pfunt, iuravit, 1410/II: -/-/80 fúr 10 lb, 1411: -/-/60 fúr 10 lb, 1412:
    -/-/80 fúr 10 lb, 1413: -/-/60 fúr 10 lb, iuravit
Hannsel Kristel sneyder
    St: 1410/I: -/-/60 fúr 10 lb, iuravit, 1410/II: -/-/80 fúr 10 lb, 1411: -/-/60 fúr 10 lb, 1412: -/-/80
    fúr 10 lb, 1413: -/-/60 fúr 10 lb, iuravit
Werndel gúrtler (gẃrtler), 1413, 1415 inquilinus
    St: 1413: -/-/60 fúr 10 lb, iuravit, 1415: -/-/72, 1418: -/6/28
Hanns Huber inquilinus St: 1415: -/-/72
Stoll schuster
    St: 1415: -/-/72
    StV: (1415) der sol noch drey stewr hinder sich [bringen], dafur porg Jacoben Huber schuster.
Andre gurtler inquilinus St: 1416: -/3/6
Schustel (Schústel) gurtler, 1419 inquilinus St: 1418, 1419: -/-/60
Ulreich Aichstock, 1418 húder, 1419 inquilinus St: 1418: 3/-/8, 1419: 3/-/24
Chunrat Unkoffer fragner, 1419 inquilinus St: 1418, 1419: -/7/14
Schlútenberger schuster St: 1419: -/-/80
    Schlutenperger inquilinus St: 1462: -/-/60
Heller kramer
    St: 1419: -/5/-
    StV: (1419) von seiner vodern hausfrawen patrimonium, et dedit -/6/- sua gracianus (!), zu dem
        nachsten sol er swern.
Johannses (!) sein [= des Andre vorster] schreiber St: 1423: -/3/-
Raendel schuster inquilinus St: 1423: -/3/-
Feyal gurtler inquilinus St: 1423: -/3/18 iuravit
Caspar taschner inquilinus St: 1431: 0,5/-/- iuravit
Hanns Glógler inquilinus St: 1431: -/-/22 gracion
Michel zingiesser [daneben:] der Pangartner et exsolvit (?)
    St: 1431: 3/-/80
    StV: (1431) cum 1 nachstewr
Perchtold Plumawer [Kramer, Huter] Sch: 1439/I: -/-/15
Jörg Kraft inquilinus [Salzsender[1]] Sch: 1439/II, 1440, 1441/I: 1,5 t[aglon]
Hanns Túrck [Huter[2]] Sch: 1440: 1 t[aglon]
Jorg ziegler gurtler inquilinus Sch: 1441/II: 0,5 t[aglon]
Fuchs kuchlpacher inquilinus Sch: 1441/II: 0,5 t[aglon]
Hawg paẃltler (!). 1447 Hanns Hawg pautler inquilinus
    Sch: 1445: 2 knecht [ohne Betrag]
    St: 1447: vacat
  Hanns Hawg pautler inquilinus St: 1447: vacat
Perchtold gurtler inquilinus St: 1447: -/-/45
Diemut Munsterin St: 1447: -/-/30
relicta Horsappin inquilina St: 1447: ist in aim pad
relicta Michel Kranfeslin inquilina St: 1447: -/-/15
[Hans[3]] Has zingiesser, 1454 inquilinus St: 1453, 1454: Liste

---
[1] Jörg Kraft ist 1443-1446 als Salzsender belegt, vgl. Vietzen S. 146.
[2] So 1441 bei Marienplatz 26*.
[3] So bei Rosenstraße 6 (1440, 1441/I) und Marienplatz 28/29 (1439/I-II).

Hanns Mairhofer pautler. 1458 Mairhofer pautler inquilinus St: 1453-1455, 1457, 1458: Liste
siglgraber inquilinus St: 1453: Liste
Peter Perckofer satler inquilinus St: 1454: Liste
Ulrich krapfnpacher St: 1455: Liste
relicta Stachlerin, 1456 inquilina St: 1456, 1457: Liste
Wielant arczt inquilinus St: 1456: Liste
Hainrich (Haintz) Ebersperger obser,[1] 1456 inquilinus. 1486 Ebersbergerin obsserin
    St: 1456-1458: Liste, 1482: -/2/14, 1486: -/-/60
   pueri Ebersbergerin St: 1486: -/-/14 dedit Augustin vorster.
Ulrich Knebl (Knebel) schuster St: 1458: Liste
Peter Selczam taschner inquilinus St: 1458: Liste
Peter satler inquilinus St: 1458: Liste
Erhartt schuster inquilinus St: 1462: -/-/60
Ullrich Weysenfelder [Beutler] inquilinus St: 1462: -/-/88
Hanns Grepner gürtler[2] St: 1482: -/3/15
Steffan Kroll kramer St: 1482: -/-/60
Thoma (Thoman) peitler St: 1482: -/-/60, 1486, 1490: -/2/13
Ursel nadlerin St: 1482: -/-/60
Hanns mesnerknecht St: 1486: nichil, 1490: -/-/60
Pauls taschner St: 1486: -/4/11, 1496: -/5/26
kramer Conrad Aicher St: 1486: -/-/60
Asem nestler St: 1486: -/5/4
Tanhauserin taschnerin St: 1486: -/-/60
Larentz Ehinger schuster. 1496, 1500 Larentz schuster St: 1490, 1496, 1500: -/-/60
   Barbara bey Lentz schuster St: 1500: -/-/21 pauper
Wolfgang tagwercker Keck St: 1490: -/-/60
Matheus zimmerman St: 1490: -/-/60
Ursula nadlerin St: 1490: -/-/60
Hans der plint ketnmacher St: 1490: -/1/1 pauper
relicta Ininngerin. 1500 Ininingerin inquilina St: 1496, 1500: -/-/60
Linhart Perwein n[estler]. 1500 Perwein nestler St: 1496, 1500: -/-/60
Vasnacht kramerin St: 1500: -/3/8
Steffan kramerin St: 1500: -/-/60
Hanns Pelchinger nadler St: 1508, 1509: -/2/20
relicta Werderin, 1509 s[chusterin] St: 1508: -/2/24, 1509: -/-/60
Michel Pachmer s[chuster] St: 1508, 1509: -/2/5
Hainrich Lanng h[ueter] St: 1508, 1509: -/-/60
Hanns Maulperger k[ramer][3]
    St: 1508, 1509: 1/2/25
    StV: (1508) darinn seiner hausfrau heyratgut zugesetzt.
Hanns zieglknecht St: 1508, 1509: -/-/60
Wolfgang Schalhamer s[chuster] St: 1508, 1509: -/-/60
Jorg Furtner (Fůrtner) s(chuster) St: 1508, 1509: -/2/3, 1514: Liste
Contz wurtzler (wirtzler) St: 1508, 1509: -/-/60
maurerin inquilina St: 1508: -/-/60
Anndre Hirschpuhler (Hirspůhler)[4]
    St: 1508, 1509: -/-/60
    StV: (1508) et dedit -/-/24 fur pueri Fleuger. (1509) et dedit -/-/16 von 2 lb geltz.
Barbara inquilina St: 1509: anderswo

---

[1] Hainrich Ebersperger ist 1470 und 1474 Vierer der Fragner, Obser, Melbler, vgl. RP.
[2] Der Gürtler Hanns Grepner ist 1475-1500 wiederholt Vierer der Beutler, Gürtler, Taschner, Ircher, Nadler, vgl. RP und Marienplatz 23.
[3] Hanns Maulperger 1505-1510 Vierer der Kramer, vgl. RP.
[4] 1508 nachgetragen „Huober".

Hanns spángler St: 1514: Liste
Sebastian peitler St: 1514: Liste
Sigmund Póndl (Pöndl), 1523-1532 peitler St: 1522-1526, 1527/I-II, 1528, 1529, 1532: -/2/20
  Thoman Póndl
    St: 1527/II: -/4/11, 1528: 1/3/6
    StV: (1527/II) sol seiner hausfraw gut zuesetzen. (1528) hat seiner hausfraw gut zugesetzt.
Jórg Kratwol nestler. 1526-1527/II Kratwol nestler. 1528 Jacob (!) Kratwol nestler. 1540 Jorg Kratwol. 1541-1543 Jorg Wolkrad nestler
    St: 1522-1526, 1527/I-II, 1528, 1529, 1532, 1540-1542: -/2/-, 1543: -/4/-, 1544: -/2/-, 1545: -/4/-
Schmeltzer inquilinus St: 1526, 1527/I: -/2/-
Brosi maler St: 1527/II: -/2/-
Sebolt Fluckh peutler. 1552/II-1554/I Sebolt Fluckhin. 1554/II Fluckhin
    St: 1540: -/2/28, 1552/II, 1553, 1554/I-II: -/2/-
Hanns Präntl (Prántl), 1541, 1542, 1544-1547 tagwercher
    St: 1540-1542: -/2/-, 1543: -/4/-, 1544: -/2/-, 1545: -/4/12, 1546, 1547: -/2/6
Hanns Tum tagwercher St: 1540: -/2/-
Jorg Kantzler nadler St: 1541, 1542: -/5/14
Mang [= Hickerin] apodeckherin
    St: 1542: 1/4/9, 1543: 3/1/18, 1544: 1/4/9, 1545: 3/1/14, 1546, 1547: 1/4/7, 1548, 1549/I-II, 1550, 1551/I: 2/2/4
    StV: (1542) hat Hanns Geyler an ay[des] stat fúr sy in[...] gmacht und g[...][1]. (1547) soll hinfúro der Martenin gueth zusetzn. (1548) hat der Martenin gueth zugsetzt. (1551/I) [Nachtrag:] Ad 10. Septembris anno [15]51 zaltn Jorg Stromair von Wasserburg und Hans Damian Hofsteter von Augspurg jeder -/2/3 fúr 3 nachsteur, der apoteckherin halber, die andern erben alhie sollen zusetzen.
Mathes Dúringer peutler St: 1543: -/4/-
Peter zúnttermacher St: 1544: -/2/-, 1545: -/4/-, 1546-1548: -/2/-
Gabriel schneiderin St: 1548: -/2/-
Peter Kest [Spängler ?[2]]
    St: 1549/I-II, 1550, 1551/I-II, 1552/I-II: -/2/-
    StV: (1552/I-II) mer -/-/10 fúr p[ueri] Gabriel schneiderin.
Perckhamerin. 1558 Michel Perckhhamerin
    St: 1550, 1551/I-II, 1552/I-II, 1553, 1554/I-II, 1555-1557: -/2/-, 1558: -/4/-, 1559, 1560: -/2/-, 1561: -/-/- obdormivit
Onofferus Seehofer
    St: 1551/II: nihil, cantzlschreiber, 1552/I: -/-/-, 1552/II: nihil, cantzlschreiber
    StV: (1552/I) zalt infra, folio 73 col. 1 [= 73r, Ewiggeld].

Marienplatz 26*

Lage: 1395 unter den Schusterkramen. 1454, 1455 unter den obern Krämen.
Charakter: Schusterei, Taschnerei.

Hauseigentümer:

1346 Oktober 6 des Heinrich Messchlers (Rindermarkt 21) und Heinrich nadlers Häuser haben Lichtöffnungen, die auf Greimolt Drächsels Haus (Marienplatz 26*) hinausgehen, das früher dem verstorbenen Schwiegervater Heinrich Rudolf gehört hatte.[3] Die Häuser Rindermarkt 21 und Marienplatz 26* stoßen mit ihren rückwärtigen Teilen im rechten Winkel aneinander.

---

[1] StB 1542 am rechten Rand beschnitten.
[2] So 1557-1570 bei Marienplatz 21 B.
[3] Urk. B II 1 Nr. 9.

1377 Februar 22 des Ebners Haus ist dem (halben) Haus von Hainrich dem Purolfinger (Marienplatz 27*) benachbart.[1]

1381 Juni 27 des „Greymolcz [Draechsels]" Haus ist Nachbar vom halben Haus des „Nichel Draechsel" (Marienplatz 27*).[2] In der Familie Draechsel betrachtet man offenbar auch das Haus Marienplatz 26* immer noch als ihr Haus, obwohl es sichtlich bereits dem Ebner gehört.

1388 Juli 17 (?) das Haus des Ebmer ist dem Haus des Hans Perckhofer, künftig des Gabriel Ridler (Marienplatz 25), benachbart.[3]

Eine Tochter von Greimolt Draechsel war mit einem Ebner verheiratet. Dieser Ebner hatte drei Kinder, Konrad und Ulrich Ebner und eine Tochter Elspet, die mit Stephan Retzer von Amberg verheiratet war.[4] Konrad Ebner war also ein Enkel von Greimolt Draechsel, was den Besitzübergang Haus erklärt.

1395 April 23 das Haus des Chunrad des Ebner unter den Schusterkramen liegt dem Haus der Purolfinger beziehungsweise des Fridreich Roll (Marienplatz 27*) benachbart.[5]

1395 Mai 14 und **Mai 27** Ch(unrad) des Ebners Haus liegt dem (halben) Haus des Hanns Purfinger (Marienplatz 27*) benachbart.[6]

1402 Oktober 2 (1436 Oktober 16) das Haus des Ulrich (Wenig) gürtlers ist dem Haus des Peter Huber (Marienplatz 27*) benachbart.[7]

1403, 1405-1419 domus Chunrat Ebner (StB).

1412 November 29 das Haus des Chunrat Ebner liegt dem Haus des Jacob Ängstlich, künftig des Ulrich Ängstlichs Haus (Marienplatz 25), benachbart.[8]

1414 August 17 das Haus des Ebner ist banachbart dem Haus des Jacob Ängstlich (Marienplatz 25).[9]

1417 Feruar 12 das Haus des Chunrat Ebmer ist dem Haus des Gabriel Ridler des Älteren, künftig des Kramers Andre Vorsters Haus (Marienplatz 25), benachbart.[10]

1420 Mai 25 Chunrad Ebner ist dem Haus des Hans Purfinger (Marienplatz 27*) benachbart.[11]

1423 Juli 9 Chunrad Ebner, die Zeit gesessen zu München, verkauft sein eigen Haus und Hofstatt am Markt, zwischen den Häusern des Andre Vörschners (gemeint: Forster) (Marienplatz 25) und des Peter Huber (Marienplatz 27*) gelegen, um 450 ungarische Gulden Ulreichen dem Wenig.[12]

1436 Oktober 16, vgl. 1402 Oktober 2.

1454 April 5 die Vormünder (Hans Hundertpfund und Peter Lercher) über Ludwig Wenig, den Sohn des verstorbenen Ludwig Wenig, beurkunden, daß ihr Mündel ein Ewiggeld aus seines Vetters (gemeint ist: Onkels) Peter Wenig eigenem (halbem) Haus und Hofstatt am Markt Petri „under den obern krämen", zwischen den Häusern des Chunrad Forster (Marienplatz 25) und des Schusters Ulrich Mammendorfer (Marienplatz 27*) gelegen, hatte, das jetzt abgelöst wird.[13]

1455 Juni 12 die Vormünder (Peter Lercher und Hans Hundertpfund) von Ludwig Wenig, dem Sohn des verstorbenen Ludwig Wenig, und seine Mutter Anna verkaufen das halbe Haus und Hofstatt ihres Mündels am Markt „under den obern Krämen", „da der genannt Peter Wenig yeczo wesenlich inne ist", zwischen den Häusern des Huters Chunrat Vorster (Marienplatz 25) und des Schusters Ulrich Mammendorfer (Marienplatz 27*) gelegen, um 400 Gulden reinisch an Peter Wenig und seine Hausfrau Anna, „unserm lieben swager" (= Schwager der Mutter Anna Wenig). Das Haus war dem Peter Wenig und dem Ludwig Wenig/Vater erblich von ihrem Vater Ulrich Wenig angefallen. Die eine

---

[1] MB XIXa 72 S. 548/550.
[2] GB I 142/9.
[3] GB I 236/3.
[4] KR 1398/99 S. 52, 1397 S. 40r und GB I 94/14 (16.2.1378).
[5] MB XX 121 S. 81/82.
[6] MB XX 122 S. 82/84. – GB II 100/9.
[7] Kirchen und Kultusstiftungen 252 (1436); 278 Urk. Nr. 17 S. 40v/41r (1436). – Wittmann, Urkunden-Regesten, ungedruckt (1402).
[8] GB III 130/13, 14.
[9] GB III 152/9.
[10] GB III 182/3.
[11] MB XX 178 S. 196/200.
[12] StadtAM, Hist. Verein von Obb. Urk. 4522.
[13] StadtAM, Hist. Verein von Obb. Urk. 4338.

Hälfte gehörte also dem Peter Wenig bereits.[1] „Peter Waenig, gen[annt] Gürtler" zu München kauft 1463 in Augsburg ein Leibgedinge.[2]

1464 Oktober 1 das Haus des Peter (Wenig) gürtlers ist dem Haus des Conrad Forster (Marienplatz 25) benachbart.[3]

1482 Mai 6 das Haus des Peter Wenig liegt neben dem Haus des Schusters Peter Landauer (Marienplatz 27*).[4]

1500 Juli 3 das Haus des Jheronime Wenig ist der Witwe Stuebich (Marienplatz 27*) benachbart.[5]

1534 März 1 Jacob (II.) Rosenbusch, gemeiner Landschaft in Bayern Diener, und seine Hausfrau Benigna (geborene Wenig[6]) verkaufen ihr Haus am Markt dem Stadtrat Jörg Ruepp und seine Hausfrau Barbara um 1600 Gulden rheinisch.[7]

1534 April 27 Ewiggeldverschreibung aus diesem Haus durch das Ehepaar Georg und Barbara Ruepp (10 Gulden um 200 Gulden Hauptsumme).[8] Ebenso

1538 Juni 3 (10 Gulden um 200 Gulden) (GruBu).

1545 April 18 und **September 27** das Haus des Jörg Ruepp ist dem Haus des Wolfgang Greymer (Marienplatz 27*) benachbart,[9] ebenso

1558 März 1 Ewiggeldverkauf (10 Gulden um 200 Gulden) aus dem Haus durch das Ehepaar Georg und Barbara Ruepp (GruBu).

1572 laut Grundbuch (Überschrift) des Georg Ruepp (des Jüngeren) Vorderhaus, Hof und Hinterhaus. Die Familie Ruepp bleibt im Besitz des Hauses bis 1621.

Die übrigen Eintragungen im Häuserbuch (zu 1560 und 1570) stammen nicht aus dem Grundbuch und sind wahrscheinlich Ergänzungen aus den Steuerbüchern nach dem Zufallsprinzip.

Eigentümer Marienplatz 26*:

* Heinrich [I.] Rudolf [Schwiegervater von Greimolt Draechsel; vor 6. Oktober 1346 ?]
* Greimolt Dráchsel [Stadtrat, Weinhändler, Tuchhändler[10]]. 1372 patrimonium Greimold[i]
    St: 1368: 10/-/-, 1369, 1371: 15/-/-, 1372: -/-/-
    relicta Ebnerin, 1368-1371 inquilina. 1375 patrimonium Ebnerinne [Tochter von Greimolt Draechsel]
    St: 1368: -/-/-, 1369: -/3/- gracianus, 1371: -/3/-, 1372: -/-/-, 1375: 3/-/-
    StV: (1368) [Nachtrag:] dedit stewreriis sub anno [13]68.
    ambo Ebmerii (Ebnerii)
    St: 1377-1379: 2/-/-
* Chunrat Ebner (Ebmer, 1401/I Ebmair) [äußerer Rat, Weinhändler, Zöllner[11], 1401/I-II kastner. 1403, 1405/I-1419 domus Chunrat Ebner
    St: 1381: 1/-/-, 1382: 6/-/- juravit,-1383/I: 6/-/-, 1383/II: 9/-/-, 1387: 6/-/60, 1388: 12,5/-/- jura-

---

[1] Urk. B II c 275 f.
[2] Haemmerle, Leibgedingbücher Nr. 1135.
[3] Urk. C IX c 16 Nr. 2.
[4] BayHStA, KU Indersdorf, alt: GUM 2878. – Hundt, KU Indersdorf, in: OA 25 Nr. 1287. – Peter Wenig ist 1493 und 1499 Weinversucher, vgl. R. v. Bary III S. 973/974.
[5] BayHStA, GUM 508.
[6] Vgl. Stahleder, Bürgergeschlechter. Die Rosenbusch S. 244/245.
[7] Urk. B II c 275 g.
[8] Stadtgericht 207/7 (GruBu) S. 758v/759r.
[9] KR 1545/46 S. 90r. - BayHStA, GUM 872.
[10] Greimolt Draechsel war 1362-1371 innerer Stadtrat, vgl. R. v. Bary III S. 739, am 21.1.1363 war er auch capitaneus (Hauptmann) im „regimen Purchstal", vgl. Zimelie 17 (Ratsbuch III) S. 145v. – Greimold Draechsel handelte mit Wein und Tuch, seit 1352 besaß er Schürfrechte für Bergbau im Inntal (Solleder S. 42) und Herzog Stephan verschrieb ihm wegen 100 Pfund Regensburger Pfennigen für Kost und Pferde den Marktzoll in Dorfen (Solleder S. 70); Bastian, Oberdeutsche Kaufleute S. 30; KR 1325/46 S. 168; Zimelie 15 S. 59r (1344), Urk. D I e 2 XXXIV Nr. 1 (1346).
[11] Chunrat Ebner war 1381-1384 äußerer Stadtrat, vgl. R. v. Bary III S. 739. – Er dürfte der Ebner zollner sein, den das Verzeichnis der bei den Weinhändlern vorhandenen Weinmengen von 1399 mit 2 Fässern Wein nennt, vgl. Märkte 319.

vit, 1390/I-II: 12,5/-/-, 1392: 9/-/78, 1393, 1394: 12/3/14, 1395: 6/-/52, 1396, 1397: 9/-/78, 1399, 1400, 1401/I-II: -/-/-, 1403, 1405/I: -/10/-, 1405/II: -/7,5/-, 1406-1408: -/10/-, 1410/I: -/7,5/-, 1410/II: -/10/-, 1411: -/7,5/-, 1412: -/10/-, 1413, 1415: -/7,5/-, 1416, 1418, 1419: -/10/-

Pferdemusterung, um 1398: (Ur-Fassung): Chunrat Ebmer sol haben ain pferd umb 25 gulden und ein einen erbern knecht; (Korrig. Fassung): Chunrat Ebmer sol haben 2 pferd umb 36 gulden und selber reiten.

Ulrich Ebner [Weinhändler, später Schankungelter]
    St: 1382, 1383/I: 1/-/-, 1383/II: -/12/-, 1388: 4/-/-

* Ulreich [Wenig] gúrtler
    St: 1423: 9/-/-, 1424: 2/6/20, 1431: 6/3/18 iuravit, 1447: 3/-/54
    StV: (1423) er hat hindan gesaczt -/12/- gelcz zu Pfaffenhofen.
    Sch: 1439/I-II, 1440, 1441/I-II: 3 t[aglon], 1445: [ohne Betrag]

Hanns Nagel sein swager
    St: 1423: -/-/45 gracianus

* Peter Wenig, 1457-1458 gurtler. 1456 Peter gúrtler [äußerer Rat[1]]. 1482 relicta Wenigin patrimonium
    St: 1453-1458: Liste, 1462: 4/3/8, 1482: 3/4/6

* Jeronimus Wenig patrimonium
    St: 1482: 3/4/6
    StV: (1482) et dedit -/3/24 gr[acion]

* Jeronimus Wenig [Weinschenk, Handel mit Waren aller Art, äußerer Rat, Weinversucher[2]]
    St: 1486, 1490: 3/5/11, 1496: 3/6/-, 1500: 3/7/5, 1508, 1509: 4/5/2, 1514: Liste, 1522-1526, 1527/I: 7/4/8, 1527/II, 1528, 1529: 7/4/26, 1532: 7/4/26 patrimonium
    StV: (1486) et dedit 1/1/8 fúr pueri Bernhard Wenig. (1490) et dedit 1/1/8 fúr pueri Benig. (1496) et dedit 1/5/1 für pueri Pernhardn Wenig. (1500) et dedit 1/-/17 für pueri Bernhartin Wenig. (1508) et dedit -/4/25 fur pueri Jeronimus (!) Wenig. (1509) et dedit -/4/25 fur pueri Pernhart Wenig. (1527/I) et dedit 1/2/10 fúr 10 fl geltz, sind hinfúro ab.

* Jacob [II.] Rosenpusch, gemeiner Landschaft Diener, ∞ Benigna Wenig [bis 1534 März 1]

**Jorg Ruep (Ruepp), 1559-1564/II der alt [Stadtrat, ∞ Barbara]. 1565-1571 Jorg (Georg) Ruep (Rueppin, Rueppens) witib
    St: 1540-1542: 5/1/15, 1543: 10/3/-, 1544: 5/1/15, 1545: 1/3/-, 1546-1548, 1549/I-II, 1550, 1551/I: -/5/-, 1551/II, 1552/I-II: 2/3/16, 1553, 1554/I-II, 1555-1557: 2/5/15, 1558: 5/4/-, 1559, 1560: 2/5/15, 1561, 1563, 1564/I-II, 1565, 1566/I-II, 1567/I-II: 1/5/12, 1568: 3/3/24, 1569-1571: 2/5/-
    StV: (1551/II) hat zugsetzt seins schwehern und schwagern, auch seiner schwester erb. (1564/I) mer fúr p[ueri] Stauffer -/4/16. Mer ain versessne steur -/4/16. (1564/II) mer fúr Caspar Stauffer -/4/16.

** Jorg (Georg) Ruep (Ruepp) der jung[3], 1567/II chramer [äußerer Rat[4]]
    St: 1559: 4/5/- juravit, 1560, 1561, 1563, 1564/I-II, 1565, 1566/I-II, 1567/I-II: 4/5/-, 1568: 9/3/-, 1569-1571: 5/1/15
    StV: (1565-1566/II) mer fúr (vyr) p[ueri] wagmaister -/5/16. (1566/II-1567/II) mer fúr Cunrad (Cunradn) Sehofer 10/1/15. (1567/I) mer fúr des wagmaisters khinder -/6/21 zuegesetzt. (1567/II) mer fúr p[ueri] wagmaister 1/-/26 zuegesetzt. (1568) mer fúr Cunrad Sehofer

---

[1] Peter gürtler bzw. Peter Wenig 1445-1447 Salzsender, 1459 und 1463 zum Schenken-Vierer gewählt, aber wieder getilgt, 1465-1472 Weinversucher oder Weinkoster und äußerer Rat, 1464-1472 äußerer Rat, vgl. RP, Vietzen S. 146, R. v. Bary III S. 973 und Rosenstraße 2 und 6.

[2] Jeronime Wenig 1493 Aufnahme in die Weinschenkenzunft, vgl. Gewerbeamt 1418 S. 7v. – 1493 und 1499 Weinversucher, laut RP. – Sonst Handel mit Waren aller Art, z. B. mit Pergament, Häuten, Nägeln usw., KR 1508 S. 104v, 1512 S. 101r. – 1499-1532 auch stets äußerer Stadtrat, vgl. RP. – 1493 und 1499 Jeronimus Wenig Weinversucher (Weinkoster), vgl. RP.

[3] 1569 „der jung" wieder getilgt.

[4] Wahrscheinlich dieser und nicht der gleichnamige Vater dürfte der von 1569 bis 1601 belegte äußere Stadtrat Georg Ruepp sein, vgl. Fischer, Tab. IV S. 3/5. – Der Vater wird aber 1534 ebenfalls als Stadtrat bezeichnet, siehe oben.

20/3/-. Mer fúr p[ueri] wagmaister 2/1/22. (1569-1571) mer fúr Cunrad (Cainradt) Seehofer 9/4/16. (1569-1571) mer fúr p[ueri] wagmaister 1/3/25.

Bewohner Marienplatz 26*:

Chunrat [II.] Sluder inquilinus St: 1368: -/-/60, 1369: -/3/-
Chunrat Langer taschner, 1377 inquilinus Ebnerii St: 1377, 1378: -/-/-
Ludwig Resch inquilinus St: 1381: -/5/6
Hanns Wólffel [Weinschenk[1]] inquilinus St: 1382: -/3/24
Ulrich hantschucher inquilinus St: 1382: -/-/12 juravit
Óttel taschner inquilinus St: 1382: -/-/12
[Eberhart] Schilcher vorsprech[2] inquilinus St: 1403: der geit nicht
Francz [I.] Astaler. 1405/II, 1406 dez Franczen Astaler inquilinus. 1407 relicta Francz Astaler [= Elsbeth, geb. Diener]. 1408 uxor Francz Astaler
    St: 1405/I: 1/-/-, 1405/II: 1/-/- gracianus, 1406: -/10/20 gracianus, 1407: -/10/20 gracianus, 1408: -/-/-
    StV: (1405/I) nach dez racz haissen. (1405/II) nach dez racz haissen. Et dedit 3 lb von vergangen stewr von iren wegen und irs manns wegen. (1406) nach dez racz haissen.
[Heinrich] Hertel zingiesser inquilinus St: 1405/II: -/6/24 iuravit
Told (Tóld) schuster, 1413 inquilinus
    St: 1410/I: -/-/40, 1410/II: -/-/40 fúr nichil, 1411: -/-/60, 1413: -/-/-
    StV: (1413) hat sein hawsfraw in ir stewr genomen.
[Ulrich] Egkersperger (Eckersperger) schuster, 1410, 1411 inquilinus
    St: 1410/II: -/5/10, 1411: 0,5/-/-, 1412: -/5/10
Chunczel, dez Ebners knecht. 1412-1419 Chuncz(el) sein [= des Chunrat Ebner] knecht
    St: 1411: -/-/16 gracianus, 1412: -/-/40, 1413: -/-/45 fúr nichil, 1415, 1416, 1418: -/-/60 fúr nichil, 1419: -/-/60
Urban (Newnhawśer) schuster, 1413, 1415 inquilinus
    St: 1413: -/-/32 gracianus, 1415: -/5/18, 1416: -/7/14, 1418, 1419: -/9/18, 1431: 2/-/- iuravit
    StV: (1413) und 0,5 lb patrimonium uxoris.
    Sch: 1439/I-II: 2,5 t[aglon]
Chunrat Herel fragner inquilinus St: 1416: -/7/14
Chunrat Unkofer obscher St: 1423: -/5/18
Chunrat Prugschlegel schuster inquilinus St: 1431: -/-/68 iuravit
Becz Weczl schuster inquilinus Sch: 1439/I-II: 1 t[aglon]
Steffan Waler (Walerer), 1439/II inquilinus Sch: 1439/I-II: 1 t[aglon]
Paule Urschnperger [Schuster] Sch: 1439/I-II: 1 t[aglon]
Rudl Swarcz, 1439/II schuster Sch: 1439/I-II: -/-/10
Fridrich Elsinger [Schuster] Sch: 1439/I-II: 1,5 t[aglon]
Jacob messerer, 1439/II inquilinus Sch: 1439/I-II: 1 t[aglon]
Seicz Tischingerin. 1439/II relicta Tischinger inquilina Sch: 1439/I-II: -/-/10
    Jorg ir aidem inquilinus Sch: 1439/II: 0,5 t[aglon]
Lienhart Kristel [Obser[3]] Sch: 1439/I-II: 1 t[aglon]
Jacob Mulich (Muleich) schuster inquilinus Sch: 1440, 1441/I: 1 t[aglon]
Hanns Túrck (Turck) huter inquilinus Sch: 1441/I-II: 1 t[aglon]
Hanns Staindel Sch: 1445: 1 diern, dedit -/-/8
Ulrich Rauscher schuster inquilinus St: 1447: -/-/60
Hartman huter (húter), 1447, 1454-1462 inquilinus St: 1447: -/3/2, 1453-1458: Liste, 1462: -/-/65
Jorg Mair, 1453, 1456-1458 schuster, 1454, 1456, 1458 inquilinus St: 1453-1458: Liste

---

[1] Vgl. Rosenstraße 12 (1383) und Marienplatz 24 (1381).
[2] Eberhart Schilcher 1403-1406, 1408, 1410, 1416, 1418 als Vorsprech belegt, vgl. R. v. Bary III S. 806.
[3] Vgl. Marienplatz 27*.

Haincz Ebersperger obser. 1454 Hainrich obser. 1455 Hainrich Hefnsperger (!) obser[1]
    St: 1453-1456: Liste
siglgraber St: 1455: Liste
Michel Kranfesel et mater St: 1455: Liste
[Haincz] Hachinger schuster[2] inquilinus St: 1462: -/-/60
Hanns Hohngstader, 1482 huter. 1490, 1496 Hochengstader hůter (huoter)
    St: 1482: 1/1/2, 1486, 1490: 1/4/13, 1496: 1/2/18
[Hans] Haithauser schuster
    St: 1486: -/-/60
    StV: (1486) et dedit -/-/7 für Sigmund, sein vetter von 1 gulden geltz.
Pauls taschner St: 1490: -/4/11
[Hanns] Heyss taschner[3] St: 1496: 1/4/18
Hanns Gruober (Grueber, Grůber), 1508-1514, 1523 huoter.[4] 1525, 1527/II relicta Hanns Gruberin. 1526 relicta Gruberin. 1527/I relicta Grueberin hueterin
    St: 1508, 1509: -/2/16, 1514: Liste, 1522, 1523: -/3/19, 1524: -/3/19 patrimonium, 1525, 1526, 1527/I: -/3/19, 1527/II: -/2/-
Peter Strasser taschner[5] St: 1508: -/3/-
Contz Kienmair (Kiemer), 1509, 1514 taschner,[6] 1522 patrimonium. 1523, 1524 relicta Contz Kienmairin. 1525 relicta Contz Kienmairin taschnerin. 1526 Kienmairin taschnerin. 1527/I relicta Kienmairin taschnerin
    St: 1509: -/-/21 gracion, 1514: Liste, 1522: -/4/13, 1523-1526, 1527/I: -/4/13
    StV: (1509) et dedit -/1/6 seiner hausfrau heyratgut.
    et socra, 1523-1527/I et mater St: 1522-1524: -/2/-, 1525, 1526, 1527/I: -/1/2
Hanns Fridrich inquilinus. 1528, 1529 Hanns huetter. 1532 Hanns Fridrich hueter
    St: 1527/II: -/-/21 gracion, 1528, 1529, 1532: -/2/-
Achaci Hórtl, 1527/II peitler St: 1527/II, 1528: -/2/-
Paule (Pauls) taschnerin St: 1529, 1532: -/2/-
Christof Mayr (Mair), 1559-1561 schuester
    St: 1540-1542: -/2/20, 1543: -/5/10, 1544: -/2/20, 1545: -/5/10, 1546-1548, 1549/I-II, 1550, 1551/I-II, 1552/I-II: -/2/20, 1553, 1554/I-II, 1555-1557: -/2/-, 1558: -/4/-, 1559-1561: -/2/-
Jorg kúchenschreiberin
    St: 1545: -/-/-
    StV: (1545) hat ain jar nach absterben ires hauswirts irn bedacht [= Bedenkzeit], ob sy hofgesind oder burgerin werden well oder nit.
[Egidi] Sunnendorffer, 1551/II von adl [Stadtoberrichter] St: 1551/II, 1552/II: nihil
Sebastian Harlacher pusauner St: 1551/II: nihil, statpfeiffer
Adam federmacherin. 1553 Ursl Kholhauffin federmacherin.[7] 1554/I Ursl Kholhauffin. 1554/II Adam federmacherin oder Kholhauffin
    St: 1552/I: an chamer, 1552/II, 1553, 1554/I-II, 1555: -/2/-
    StV: (1552/II) mer -/2/- ain alte steur.
Jorg (Georg) Hóherrieder (Hohenrieder, Höhenrieder, Höchenrieder, Hehenrieder, Hechenrieder) siber
    St: 1556: -/-/14 gracion, 1557: -/2/-, 1558: -/4/-, 1559-1561, 1563, 1564/I-II, 1565, 1566/I-II, 1567/I-II: -/2/-, 1568: -/4/-, 1569-1571: -/2/-
Wolff Dax, 1557, 1558 cramer St: 1556: -/-/28 gracion, 1557, 1558: an chamer
Doctor Sebastian [Mayr] [Stadt]leibartzt St: 1557: nihil
Jorg Widenman St: 1558: 2/-/20

---

[1] Vgl. Marienplatz 25.
[2] Haincz Hachinger ist 1470 und 1475 Vierer der Schuster, vgl. RP.
[3] Vgl. Rosenstraße 12.
[4] Hanns Grueber ist 1486-1520 wiederholt Vierer der Huter, vgl. RP.
[5] Der Taschner Peter Strasser 1503 und 1504 Vierer der Beutler, Gürtler, Taschner, Ircher, Nadler, vgl. RP.
[6] Der Taschner Contz Kienmair 1512-1515, 1519 und 1520 Vierer der Beutler, Gürtler, Taschner, Ircher, Nadler, vgl. RP.
[7] 1553 vor „federmacherin" gestrichen „Adam ringler", davor an den Rand gesetzt: „Ursl Kholhauffin".

Jorg Zentz ain reutter St: 1558: -/-/14 gracion, 1559: -/2/-
Hanns Starnwerger (Starnberger) St: 1559: 1/1/23, 1560: 1/1/24, 1561, 1563, 1564/I-II, 1565: 1/6/22
Caspar Wiermseer (Würmseer), 1564/II schuester St: 1560, 1561, 1563, 1564/I-II: -/2/-
Jorg (Georg) Schmaltzgrueber, 1566/I, 1567/II schuechmacher, 1566/II, 1567/I schuester
    St: 1565: -/-/21 gratia, 1566/I-II, 1567/I-II: -/2/-, 1568: -/4/-, 1569: an chamer
Lenhart Mayr (Mair) [Salzsender ?[1]] St: 1566/II, 1567/I-II: 3/-/-, 1568: 6/-/-, 1569-1571: 4/3/15
Leonhart Dißl schuester St: 1571: -/2/-

Marienplatz 27*

Lage: 1374, 1377, 1381, 1383, 1395, 1398, 1420 unter den Kramen. Nach 1388, 1476 „under den Schustern". 1395, 1402, 1436 1482 unter den Schusterkrämen. 1482 gegenüber der Goller-Kirche.
Charakter: Schusterhaus. Kramhaus.

Hauseigentümer:

1374 Januar 23 Ch(unrad) und Ulrich die Draechsel, Gebrüder, überlassen ihr beider Teil an ihrem Haus „untter den chramen" ihrem Bruder Nycklas Draechsel.[2]
1377 Februar 22 Hainrich Purolfinger hat ein halbes Haus in der inneren Stadt Petri, zunächst an der Ebner Haus (Marienplatz 26*) gelegen.[3] Am gleichen Tag nennt Hainrich Purolfinger auch „meine kram unter den kramen, da der Pauls der kramer inne ist und meinen halben keller davor, da der Ratolt vragner darinnen ist".[4] Auch die Kammerrechnungen nennen
1380 und 1381 „dimidia domus Purolfingerii",[5] allerdings ohne Angabe eines Standortes.
1381 Juni 27 „Nichel Draechsel" verpfändet sein halbes Haus, gelegen „under den chraemen", zwischen den Häusern „Greymolcz [Draechsels]" (Marienplatz 26*) und des Taenczlins seligen Haus (Marienplatz 28) an Ulrich den Pötschner.[6]
1383 April 23 des Hans Purolfinger Tochter Anna erbte nach dem Tod des Vaters unter anderem die Kram unter den Kramen in St. Peters Pfarr, „da Pauls salburch der kramer ietzu ynne ist".[7]
Nach 1388 hat die Stadtkammer ein Ewiggeld aus des Pulfingers (!) Haus „under den schustern".[8]
1392/1398 aus des Purfingers Haus unter den Kramen gehen Ewiggelder an den Purfinger-Altar in St. Peter.[9]
1395 April 23 der Schuster Friedreich Roll gibt den Purolfingern ein Ewiggeld aus dem Haus „under den Schuster Kriaemen", zunächst an Chunrads des Ebner Haus (Marienplatz 26*) gelegen, „und darinn ich ietzu wesenlichen bin und dasselb haus ich kaufleich gechauffet han von ... Hannsen dem Purolfinger ... und seinen erben".[10]
1395 Mai 14 Hanns Purolfinger verkauft ein Ewiggeld von 7 Pfund Pfennigen aus dem halben Haus und Hofstatt, das einst seinem Vetter Hainrich Purolfinger selig gehört hat und das Hanns Purolfinger Frydreichen Rollen dem Schuster und seiner Hausfrau Anna hinterlassen hat. Das Haus liegt in St. Peters Pfarr, dem Haus des Chunrad Ebner (Marienplatz 26*) benachbart. Der andere halbe Teil des Hauses gehört Nyclaus dem Trächssel.[11]
1395 Mai 27 Hanns der Purfinger verkauft sein halbes Haus „under den chraemen", zwischen den

---

[1] Ein Linhart Mayer ist 1557 und 1558 Salzsender, 1573 Salzstößel, vgl. Vietzen S. 150, 155 nach KR.
[2] GB I 45/15. – Nickel Draechsel ist 1381 Mitglied des Großen Rates der Stadt, vgl. R. v. Bary III S. 745.
[3] MB XIXa 72 S. 548/550.
[4] MB XIXa 71 S. 546/548.
[5] KR 1380/81 S. 14v, 1381/82 S. 14v.
[6] GB I 142/9.
[7] MB XX 86 S. 15/17.
[8] Zimelie 34 (Stadtzinsbuch) S. 3v.
[9] Steueramt 982/1 S. 20v.
[10] MB XX 121 S. 81/82.
[11] MB XX 122 S. 82/84.

Häusern des Draechsels (Marienplatz 27*, andere Hälfte) und Ch(unrad) des Ebners (Marienplatz 26*) gelegen, an Fridreich den Röll, wovon dieser jährlich 8 Pfund und 60 Pfennige geben soll.[1]

1398 der Purfinger-Altar in St. Peter hat ein Ewiggeld aus des Purolfingers Haus unter den Kramen.[2]

1401 Januar 5 die Stadt hat Ewiggeld-Einnahmen von 12 Schillingen vom Schuster Roll aus des Purfingers Haus „under den kramen",[3] ebenso im Jahr danach.[4]

1402 Oktober 2 (1436 Oktober 16) des Schusters Peter Huber Haus liegt in St. Peter „unter den Schusterkrämen", zwischen den Häusern des Ulrich (Wenig) Gürtler (Marienplatz 26*) und des Fridrich Astaler selig (Marienplatz 28).[5]

1416 aus des Sandawers Schuster Haus hat der Hanns Purfinger ein Ewiggeld (StB).

1420 Mai 25 immer noch vermacht Hans Purfinger ein Ewiggeld aus dem halben Schusterhaus in St. Peters Pfarr „under den kraemen", zunächst an Chunrad des Ebners Haus (Marienplatz 26*) gelegen. Die andere Hälfte des Hauses gehört der Witwe Traechsslin des Nicklas des Traechssel selig.[6]

1423 Juli 9 das Haus des Peter Huber ist dem Haus des Chunrad Ebner, künftig des Ulreich Wenig (Marienplatz 26*), benachbart.[7]

1436 Oktober 16 (wie 1402 Oktober 29. Im selben Jahr (o. D.) liegt Peter Hubers Schusterhaus in St. Peters Pfarr „unter den Schusterkrämen", zwischen Ulrich (Wenig) Gürtlers (Marienplatz 26*) und Friedrich Astalers seligen Haus (Marienplatz 28).[8]

1454 April 5 und

1455 Juni 12 das Haus des Schusters Ulrich Mammendorfer ist dem Haus der Wenig (Marienplatz 26*) benachbart.[9] Im selben Jahr 1454 gehen aus des Ulrich Mammendorffer Haus ein Pfund Ewiggeld an die Gollir-Kapelle und ein Pfund an den Impler-Altar.[10]

1476 das Reiche Almosen hat ein Ewiggeld aus Peter Landauers des Schusters Haus „unter den schustern".[11]

1482 Mai 6 die Propstei Indersdorf verkauft ein Ewiggeld aus des Schusters Peter Landauer Haus und Hof zu München in St. Peters Pfarr, „gegen der Gollerkirchen uber, undter den schusterkrämen", zwischen den Häusern des Peter Wenig (Marienplatz 26*) und des Schusters Ch(unrad) Schalhaymer (Marienplatz 28) Häusern gelegen, um 100 Pfund Pfennige Hauptsumme, gemäß einem Brief des Unterrichters Wilhalm Gollhüter von 1466.[12]

1487 auch die Ridler-Chronik nennt ein Ewiggeld aus des Peter Landauer Schusters Haus am Markt.[13]

1500 Juli 3 der Anwalt von Elisabeth, Peter Lanndauers seligen Schwester, vermacht den Siechen in Schwabing und auf dem Gasteig ein Ewiggeld von 2 Gulden um 80 Gulden Hauptsumme.[14]

Am selben Tag: Die Witwe des Bürgers zu Bozen Hanns Stuebich, Elisabeth, Tochter des Pauls Wagenman von Landau (Landauer), verschreibt als Seelgerät für ihre Eltern und ihren Bruder Peter Landauer den Sondersiechen zu Schwabing ein Ewiggeld aus ihrem Haus am Markt in St. Peters Pfarr, zwischen den Häusern des Melchior Pötschner (Marienplatz 28/29) und des Jheronime Wenig (Marienplatz 26*) gelegen.[15]

1500 domus Stibicherin im pirg (StB).

---

[1] GB II 100/9.
[2] Steueramt 982/1 S. 20v.
[3] KR 1400/02 S. 36r.
[4] KR 1402/03 S. 33r.
[5] Kirchen und Kultusstiftungen 252 (1436). – Wittmann, Urkunden-Regesten, ungedruckt (1402).
[6] MB XX 178 S. 196/200.
[7] StadtAM, Hist. Verein von Obb. Urk. 4522.
[8] Kirchen und Kultusstiftungen 278 Urk. Nr. 17 S. 40v/41r.
[9] StadtAM, Hist. Verein von Obb. Urk. 4338. – Urk. B II c 275 f.
[10] Kämmerei 64 S. 21r.
[11] Zimelie 27a (Stiftungsbuch Reiches Almosen) S. 19v.
[12] BayHStA, KU Indersdorf, alt: GUM 2878. – Hundt, KU Indersdorf 1287, in: OA 25.
[13] Geiß, Ridler-Chronik in: OA 5, S. 107.
[14] Stadtgericht 207/7 (GruBu) S. 761v/763r.
[15] BayHStA, GUM 508.

1507 Juli 8 Peter Landauers hinteres Haus ist der Schusterkram von Melchior Pötschner (Marienplatz 28/29) benachbart.[1]

1508, 1509 domus Stibicherin von Botzen (de Potzen) (geborene Landauer) (StB).

1522-1528 domus Hanns schenckh (StB).

1529, 1540, 1543 domus schenckh (StB).

1543 Februar 20 Wolfgang Graimer und seine Hausfrau Barbara verschreiben dem Hanns Schenck und seiner Hausfrau Anna ein Ewiggeld aus dem Haus, und zwar zweimal je 20 Gulden um je 400 Gulden Hauptsumme, ebenso

1544 Dezember 6 (2 Gulden um 40 Gulden) (GruBu).

1544 domus Graymair, etwen schenckh (StB).

1545 April 15 das Ehepaar Graimer verschreibt ein Ewiggeld (10 Gulden um 200 Gulden) aus dem Haus (GruBu).

1545 April 18 aus dem Haus des Wolfgang Greymer am Markt Petri, gelegen zwischen den Häusern des Ambrosi Ursprenger (Marienplatz 28) und des Jörg Ruepp (Marienplatz 26*), hat die Stadt ein Ewiggeld von 10 Gulden um 200 Gulden Hauptsumme.[2]

1545 September 12 Ewiggeldverkauf (3 Gulden um 60 Gulden) des Ehepaares Graimer (GruBu).

1545 September 27 die Eheleute Wolfgang und Barbara Graimer verkaufen ein Ewiggeld (5 Gulden um 100 Gulden) aus ihrem Haus am Markt Petri, zwischen den Häusern des Ambrosi Ursringer (Marienplatz 28) und des Georg Ruepp (Marienplatz 26*).[3] Dieser Eintrag findet sich auch im Grundbuch.

1545, 1546 domus Graimer (StB).

1546 August 19 Ewiggeldverschreibung (6 Gulden um 120 Gulden) des Ehepaares Graimer (GruBu).

1546 die Baukommission beanstandet bei „Graimers haus", daß die Vorbauten „3/4 [eln] ze weit" vorstehen und bestimmen: „fursetzen und sailer furhengen".[4]

1547 domus Wolffgang Graimers [∞ Barbara] (StB).

1548, 1549/I domus Wilhelm Hörls (StB).

1570 April 24 Wilhelm Hörl verschreibt aus dem Haus ein Ewiggeld (7 ½ Gulden um 150 Gulden Hauptsumme) (GruBu).

1572 laut Grundbuch (Überschrift) Wilhelm Hörls Haus, Hof und Stallung.

Den Hörl gehört das Haus noch bis 1631, mit dem Schwiegersohn Melchior Stubenbeck sogar bis zum 9. Februar 1637.

Eigentümer Marienplatz 27*:

* Der Draechsel (Ulrich, Konrad, Niklas) [1381 Januar 23, halbes Haus]
* patrimonium H[ainrici] Purolfinger(ii) [ehem. Stadtrat[5]]. 1387, 1388 patrimonium Purolfinger [halbes Haus]
    St: 1379: 1/-/-, 1381, 1382, 1383/I-II, 1387, 1388: -/-/-
    StV: (1379) item de anno preterito tantum. (1381) dabit ad cameraz (!). (1382) dabit ad cameram.
* Fridrich Roll Schuster [∞ Anna; 1395 April 23 und Mai 27, Teilbesitz]
* Hanns Purfingers ewiger gelt. 1418, 1419 dez Hannsen Purfinger [Weinschenk[6]]
    St: 1416, 1418, 1419: -/-/-
    StV: (1419) dedit von allen vergangen stewrn 2/-/- und er wirt hinfúr all iar stewrn -/9/- ewigs gelcz.

---

[1] Geiß, St. Peter S. 243 o. Qu.
[2] KR 1545/46 S. 90r.
[3] BayHStA, GUM 872.
[4] LBK 4.
[5] Hainrich Purolfinger war 1362-1376 abwechselnd innerer und äußerer Stadtrat, vgl. R. v. Bary III S. 739. Vgl. auch Weinstraße 5.
[6] Hans Purfinger ist um 1414 im Weinschenken-Verzeichnis aufgeführt, vgl. Gewerbeamt 1411 S. 2r. vgl. auch Weinstraße 5.

* Hans Santawer (Sandawer) schuster, 1399-1405, 1408, 1419 inquilinus, 1399 et uxor. 1418, 1431 Sandawer schuster.
    St: 1399, 1400, 1401/I: -/-/60 fur 8 lb, 1401/II: 0,5/-/24 iuravit, 1403, 1405/I: 0,5/-/24, 1405/II: -/3/18 iuravit, 1406-1408: 0,5/-/24, 1410/I: 0,5/-/12 iuravit, 1410/II: -/5/23, 1411: 0,5/-/12, 1412: -/5/26, 1413: 0,5/-/12 iuravit, 1415: 0,5/-/24, 1416, 1418, 1419: -/6/12, 1423: 0,5/-/24 iuravit, 1431: -/3/- patrimonium
    StV: (1399) seiner uxor stewer et -/-/24 gracianus. (1416) Auz dez Sandawers schuster haus hat der Hanns Purfinger 2,5 lb gelcz und daz ist in mangen jarn nicht verstewrt worden.
  Thoman Sanndawer schuster inquilinus
    St: 1431: -/-/68 iuravit
* Peter Húber (Huber) schuster, 1412-1416, 1419 inquilinus
    St: 1411: -/-/20 gracianus, 1412: -/-/60 fúr 5 lb, iuravit, 1413: -/-/60 iuravit, 1415: 1/-/-, 1416: -/5/10, 1418, 1419: -/6/28, 1423: -/6/-
  Jacob Húber (Huber), 1423, 1424, 1431, 1439/I, 1440-1441/II schuster
    St: 1423: 1/-/- iuravit, 1424: -/-/80, 1431: 1/-/- iuravit
    Sch: 1439/I-II, 1440, 1441/I-II: -/-/16
* pueri Peter Huber, 1431 schuster
    St: 1431: -/3/- gracion[1]
    Sch: 1440, 1441/I: (kein Eintrag)
* Mammendorffer schuster. 1441/I, 1447, 1453-1458 Ulrich Mamendorffer, 1441/I-II, 1447, 1455 schuster
    Sch: 1441/I-II: 1 t[aglon], 1445: 3 ehalten, dedit -/-/24
    St: 1447: -/-/60, 1453-1458: Liste
* Peter Landawer, 1486, 1496 der elter (der alt). 1490 der alt Lanndawer
    St: 1482: -/4/25, 1486, 1490, 1496: 1/2/5
  Peter sein sun. 1490 Peter der jung Landawer. 1496 relicta Lanndauerin di jung
    St: 1482: -/2/3, 1486: -/2/18, 1490: -/3/18, 1496: -/3/10
** Peter und Elisabeth Laimdauer [= Landauer!] [Geschwister] um 1500 [Steuer bei Hochngstader, siehe unten]
** domus Stibicherin im pirg. 1508, 1509 domus Stibicherin von (de) Botzen (Potzen) [= Witwe Elisabeth des Hanns Stübich, Bürger zu Bozen, Tochter von Paul Wagenmann von Landau = Elisabeth Landauer!]
    St: 1500, 1508, 1509: 2/5/-
* domus Hanns schenckh. 1529, 1540-1543 domus schenck [∞ Anna]
    St: 1522: 1/6/-, 1523-1526, 1527/I: 2/1/20, 1527/II, 1528, 1529: 2/2/25, 1532: an kamer, nit hie, 1540-1542: 2/-/5, 1543: an chamer
    StV: (1522) und sol bis jar das haus im Judngäßl [Gruftstraße 5] auch steurn[2]. (1523) von dem haus sambt dem im Judengäßl. (1523, 1526-1528) et dedit -/2/12 von 2 gulden ungrisch gen Freising. (1524, 1525) et dedit -/2/12 von 2 gulden ungrisch gen Freising von beden heusern. (1526) et dedit -/1/5 von dem yetzigen haus von der Fridpergerin erkaufft, gen 10 fl vorhin daraus. (1527/I) et dedit -/1/5 von der Fridpergerin haus, get 10 fl daraus. (1527/II-1529) von seinen heusern sambt dem haus von der Fridpergerin erkaufft, gen 10 fl daraus. (1529) et dedit -/2/12 von 2 fl ungarisch gen Freising, sol bis jar Teußl schuster zaln. (1543) [Nachtrag:] adi 20. Juni zalt an chamer 4/-/10. Dise behausung hat Graimer an sich kaufft, soll hinfúro dem ewigen gelt, der auffs land geet, nachgefragt und bey dem Graimer pis zu gwiser richtigkeyt in verpot glegt werden.
** domus Graymair, etwen schenckh. 1545, 1546 domus Graimer. 1547 domus Wolffgang Graimers [∞ Barbara]
    St: 1544: -/-/-, 1547: an chamer
    StV: (1544) supra folio 27 col. 1 [= 27r, Neuhauser Straße 44]. (1545) supra folio 28 col. 1 [= 28r, Neuhauser Straße 44]. (1546) infra, folio 77 col. 2 [= 77v, Ewiggeld].

---
[1] Folgt gestrichen „patrimonium".
[2] Das Haus Gruftstraße 5 hat Schenck laut Gerichtsbuch-Eintrag erst am 21.12.1525 von der Fridpergerin erworben, vgl. GB IV S. 93v.

** domus Wilhelm Hórls. 1549/II-1571 Wilhelm Herl (Hörl)[1], 1559 cramer [Salzstößel ?[2]]
St: 1548, 1549/I: -/-/-, 1549/II, 1550, 1551/I-II, 1552/I-II: 9/4/17, 1553, 1554/I-II, 1555: 4/-/15, 1556, 1557: 2/6/27,5, 1558: 5/6/25, 1559: 2/6/27,5, 1560: 2/2/11, 1561, 1563, 1564/I-II, 1565, 1566/I-II: 3/-/7, 1567/I-II: 3/2/3, 1568: 6/4/6, 1569-1571: 3/-/10,5
StV: (1548) zalt supra eodem folio [Marienplatz 24]. (1549/I) zalt supra, eodem folio col. 1 [Marienplatz 24]. (1549/II-1552/II) mer -/-/21 fúr p[ueri] Fuesl. (1553) mer -/1/17 fúr p[ueri] Fuesl. (1554/I-1555) mer -/-/23,5 fúr p[ueri] Fuesl. (1556) abgsetzt dem poetn [Martinus Balticus] heiratgueth 17 ½ fl gelt. Mer der Mollin 15 fl gelt. (1557) mer -/5/2 fúr p[ueri] Genstaler. (1558) mer 1/3/4 fúr p[ueri] Genstaler. Ad 15. Aprilis anno [15]59 zalt Herl fúr p[ueri] Genstaler fúr 3 nachsteur 2/1/6. (1560) abgesetzt seines aydens Frietingers heuratguet. Mer fúr des poeten khinder -/4/2,5 von 17 1/2 fl gellts. (1561) mer folio 96 [Ewiggeld]. (1567/I) zuegesetzt 8 fl gelts seines bruedern erb. Mer fúr p[ueri] Hamman steurt Fesl. (1569) mer fúr p[ueri] Hamman 2/5/-. (1570) mer fúr p[ueri] Hamman 1/5/20, abgesetzt. (1571) mer fúr p[ueri] Hamman 1/6/5.

Bewohner Marienplatz 27*:

Die Bewohner der Häuser Nr. 27 und 28/29 sind im 15. Jahrhundert nicht klar zu scheiden, da die Eigentümer meist nicht im StB erscheinen. Deshalb können die jeweils letzten bei einem Steuerjahrgang bei Nr. 27 aufgeführten Steuerzahler zu Nr. 28/29 gehören. 1490 sind die Bewohner von Nr. 27 durch Klammer verbunden.
Gótinger kramer St: 1368: -/-/80
Peter kramer inquilinus St: 1368: -/-/20
Hainrich von Ehmaring (Echmaring, Echmating) inquilinus
St: 1368: -/-/25 post, 1377: -/3/- juravit, 1378: -/-/18 juravit
Pózzpfenwert taschner inquilinus St: 1368: -/-/32 [daneben gestrichen:] solvit [...][3] 20 dn
Herman kramer von Phaffenhoven inquilinus. 1369 Herman kramer inquilinus. 1371 Herman kramer
St: 1368: -/3/10, 1369: -/10/6 juravit, 1371: -/10/6.
StV: (1368) item t[enetu]r (?) steweriam de uxore sua.
sneyderin vragnerin inquilina St: 1368: -/-/10 post
[Hans] Speg calciator St: 1369: -/5/- juravit, 1371: -/5/-, 1372: -/3/-
relicta Kristlin. 1369 relicta Kristlin vragnerin cum filio. 1372 relicta Kristlin cum filio
St: 1369: -/-/-, 1371, 1372: -/-/34 post
StV: (1369) [Nachtrag am Rand:] filius -/-/20 gracianus, relicta -/-/16 post.
Bem.: (1371) Steuer gemeinsam mit dem Sohn.
   filius eius inquilinus St: 1371: -/-/-
Jórig (Górig) Tichtel. 1371, 1375, 1377-1379 Jórig taschner. 1381 relicta Jórig taschnerin inquilina
St: 1369, 1371, 1372: -/10/-, 1375: 0,5/-/-, 1377: -/-/45 juravit, 1378, 1379: -/-/45, 1381: -/-/30
Chunrat gener Langen (Langer, Longonis, Langonis) taschner, 1369-1372, 1377-1378 inquilinus
St: 1369: -/-/30 post, gracianus, 1371, 1372: -/-/84, 1375: -/5/10, 1377: 0,5/-/- juravit, 1378: 0,5/-/-
Chunrat calciator inquilinus[4] 1369
pueri Veltmach[ing]erii inquilini St: 1371: -/-/43 post, 1372: -/-/36
Herman kramer St: 1372: -/10/6
Pillunchk [Kramer[5]] inquilinus St: 1372: -/-/48
Hainrich in der hauben inquilinus, 1375, 1377 schuster (calciator)
St: 1375: -/-/40, 1377: -/-/24 juravit, 1378: -/-/24

---

[1] Wilhelm Hörl und Margarethe, seine Hausfrau, 1569 Religionsverhör, vgl. Dorn S. 227. – (Der) Wilhelm Hörlin Knecht (nicht hier) und Anna Sedlhaimerin, der Wilhelm Hörlin Köchin 1569 Religionsverhör, vgl. Dorn S. 229. – Wilhelm Hörl 1571 Religionsverhör, vgl. Dorn S. 253.
[2] Ein Wilhalm Härl ist 1561 Salzstößel, vgl. Vietzen S. 154 nach KR.
[3] Wort mehrfach gestrichen, unleserlich.
[4] Ganzer Eintrag wieder getilgt.
[5] So 1375 bei Marienplatz 18, 1377-1382 bei Rindermarkt 22, 1383-1393 bei Rindermarkt 5.

Hans Walgkershofer (Walggershofer), 1382, 1390, 1392 taschner. 1387, 1390 Walkershover (Walckershover), 1375-1390/I inquilinus
: St: 1375: -/-/32, 1382, 1383/I: -/-/18, 1383/II: -/-/27, 1387: -/-/16, 1388: -/-/32 juravit, 1390/I-II: -/-/32, 1392: -/-/24

Nicklas (Nyckl) (Pólgk) calciator (schuster) inquilinus
: St: 1375: -/-/24 gracianus, 1379: -/-/18 post -/-/6, 1381, 1382, 1383/I: -/-/18, 1383/II: -/-/27, 1387: -/-/12, 1388: -/-/24 juravit, 1390/I-II: -/-/24, 1392: -/-/18
: StV: (1381) item de anno preterito /-/24.

Schón kramer St: 1375: -/3/10

Chunrat Scháurel vragner inquilinus St: 1375: 0,5/-/10

Told calciator inquilinus St: 1375: -/-/-, 1379, 1383/I: -/-/12, 1383/II: -/-/18

Óttel taschner inquilinus, 1377 inquilinus Chunradi gener Langonis taschner. 1381 Ott taschner inquilinus
: St: 1377: -/-/6 juravit, 1378: -/-/6, 1381: -/-/12

Ulrich Raschher rotsmit inquilinus St: 1378: -/-/18 gracianus

Werndel calciator Judenpart inquilinus. 1381, 1383/I-II Werndl (Wernher) calciator inquilinus
: St: 1379, 1381, 1382, 1383/I: -/-/30, 1383/II: -/-/45

Chunrat calciator inquilinus St: 1379, 1381: 0,5/-/-

Chunrat Langer taschner inquilinus
: St: 1379: -/-/-, 1381: -/-/12
: StV: (1381) item de anno preterito -/-/12.

Jacob calciator inquilinus St: 1379: -/-/-

Arnolt calciator inquilinus. 1382-1383/II Arnolt Vind (calciator) inquilinus
: St: 1381, 1382, 1383/I: -/-/21, 1383/II: -/-/31,5

Westtenbergerin kramerin inquilina St: 1382: -/-/18

Ulrich (Ull) Schaernczner (Schaerenczer, Scherntzner) [calciator], 1387-1390 inquilinus
: St: 1387: -/-/16, 1388: -/-/32 juravit, 1390/I-II: -/-/32
: puer Schaernczner St: 1392: -/-/15, 1393: -/-/20

Ulrich (Ull) von Púhel (Púhl, Púchel, Puhel, Púher), 1390, 1392, 1395, 1396, 1399-1411, 1415, 1416, 1423, 1431 inquilinus, 1395-1397, 1400, 1401, 1405/I, 1407, 1418, 1419, 1431 schuster
: St: 1387: -/-/12 juravit, 1390/I-II: -/-/24, 1392: -/-/24, 1394: -/-/40, 1395, 1396: -/-/60 für syben lb, 1397: -/-/40 fur 7 lb, 1399, 1400, 1401/I: -/-/60 fur 7 lb, 1401/II: -/-/60 fur 7 lb, iuravit, 1403, 1405/I: -/-/60 fúr 7 lb, 1405/II: -/-/72 fur 12 lb, iuravit, 1406-1408: -/3/6, 1410/I: -/-/84 fúr 14 lb, iuravit, 1410/II: -/3/22, 1411: -/-/84, 1412: -/3/22, 1413: -/-/84 iuravit, 1415: 0,5/-/23, 1416, 1418, 1419: -/6/12, 1423: 0,5/-/24 iuravit, 1431: -/3/10 iuravit

Chunrat Póll dez Langen taschner ayden. 1388 Chunrat calciator gener Langonis taschner inquilinus. 1390, 1410/I-1413 Chunrat Póll. 1390/II-1393, 1401/II-1411 Chunrat Póll calciator (schuster), 1406, 1410/I, 1411-1413 inquilinus
: St: 1387: 0,5/-/-, 1388: 1/-/- juravit, 1390/I-II: 1/-/-, 1392: -/6/24, 1393: -/9/2, 1401/II: -/10/20 iuravit, 1403, 1405/I: -/10/20, 1405/II: -/6/12 iuravit, 1406-1408: 1/-/16, 1410/I: -/5/- iuravit, 1410/II: -/6/20, 1411: -/5/-, 1412: -/6/20, 1413: -/5/- iuravit

(der) Lang taschner inquilinus. 1388 Chunrat Langer taschner inquilinus
: St: 1387: -/-/16, 1388: -/-/-, 1390/I-II: -/-/32, 1392: -/-/18, 1393: -/-/24

Chunrat Swab taschner inquilinus
: St: 1387: -/-/40, 1388: -/-/80 juravit, 1390/I-II: -/-/80, 1392, 1393: -/-/80

Ludwig Heger St: 1388: -/9/10 juravit

relicta Chunradi ballneatoris inquilina St: 1388: nichil

Claus pewtler inquilinus St: 1390/II: -/-/16, 1392: -/-/18, 1393: -/-/-

Hanns von (der) Petms sneider, 1390 inquilinus St: 1390/II: -/-/16, 1392: -/-/12, 1393: -/-/16

Andre Hilfleich (Hilflich), 1392, 1393, 1395-1397 schuster, 1392, 1395, 1397, 1401-1412 inquilinus
: St: 1392: -/-/18 iuravit, 1393, 1394: -/-/24, 1395-1397, 1399, 1400, 1401/I: -/-/60 für vier lb, 1401/II: -/-/80 fúr 10 lb, iuravit, 1403, 1405/I: -/-/80 fúr 10 lb, 1405/II: -/-/72 fúr 12 lb, iuravit, 1406-1408: -/3/6, 1410/I: -/-/72 iuravit, 1410/II: -/3/6, 1411: -/-/72, 1412: -/3/6
: pueri uxoris
: St: 1394: -/-/12, 1395: -/-/8, 1396, 1397: -/-/12, 1399: -/-/8, 1400, 1401/I: daz dient (servit)

Chunrat zuckler[1] schuster St: 1393, 1394: -/-/48
Ulrich Mareis St: 1393: -/-/40 gracianus
Peter taschner St: 1394: -/10/20, 1395: -/-/60 für zwelff lb, 1396, 1397: -/-/72 fur 12 lb, 1399: -/-/72
Prentlin fragner St: 1394: -/-/80
Dietel fragner. 1400, 1401 (relicta) Dietlin fragnerin, 1401/I-II inquilina
 St: 1394: -/3/6, 1400, 1401/I: -/-/60 fúr 10 lb, 1401/II: -/-/60 fúr 3 lb, iuravit
Hans taschner St: 1394: -/-/28
Frydrich Róll, 1395 schuchster, 1395, 1396 inquilinus St: 1395-1397: -/-/60 für aht lb
Seicz Ebersperger schuster. 1401/I relicta Seicz Ebersperger schuster
 St: 1400: -/-/60 fur 5 lb, 1401/I: -/-/50 fur 5 lb
Rudel (Rudolf) Swarcz (schuster), 1400, 1401, 1415, 1416, 1419, 1423, 1431 inquilinus
 St: 1400, 1401/I: -/-/60 fúr 6 lb, 1415: 0,5/-/12, 1416: -/10/4, 1418, 1419: -/13/10, 1423: -/15/- iuravit, 1424: -/5/-, 1431: 0,5/-/- iuravit
 Sch: 1440, 1441/I: -/-/10, 1441/II: 0,5 t[aglon]
 StV: (1415) und von seiner hausfrawn -/3/6 von irs voders mann patrimonium. (1416) et dedit -/-/20 gracianus de suo uxore.
Hanns Dachawer schuster inquilinus St: 1405/II: -/-/60 fur 2 lb, iuravit, 1406: -/-/60 fur 2 lb
Hanns Flewger [ehem. Fronbote ?[2]] inquilinus St: 1405/II: -/-/60 fúr 8 lb iuravit
Hanns Praentel (Pránttl) fragner inquilinus
 St: 1405/II: -/-/60 fur 5 lb[3], iuravit, 1406: -/-/60 fúr 5 lb, 1407: -/-/60
Prándel (Prántl, Praentel) schuster inquilinus. 1415 relicta Praentlin schusterin inquilina. 1416 patrimonium Praentlin schusterin inquilina
 St: 1407, 1408: -/-/88, 1410/I: -/3/- iuravit, 1410/II: 0,5/-/-, 1411: -/3/-, 1412: 0,5/-/-, 1413: -/3/6 iuravit, 1415: est mortuus (!), 1416: -/-/-
Ull (Ulreich) Schaẃrel (Scháwrl, Schawrel) inquilinus
 St: 1406: -/-/60 fúr 5 lb, 1407: 0,5/-/- fúr 15 lb, iuravit, 1415: -/-/72, 1416: -/3/6, 1418: -/-/40 facat, 1419: -/-/32
 StV: (1406) sein stewr. Et -/-/40 gracianus de uxore sua.
Told schuster inquilinus
 St: 1407: -/-/-
 StV: (1407) den habent mein hern der stewr ledig lazzen.
Khatrey taschnerin inquilina St: 1408, 1410/I: -/-/24 fúr nichil, 1410/II: -/-/28 fúr nichil
Haincz Kellermaus (Kellermaws, Kellermawz) inquilinus
 St: 1408: -/-/80 fúr 10 lb, 1410/I-II, 1411: -/-/60 fúr nichil, 1412: -/-/60, 1413: -/-/60 fúr 10 lb
Óttel Pesel fragner inquilinus St: 1408: -/-/60 fúr 5 lb
[Hans[4]] Froleich kaltsmid inquilinus St: 1410/I: -/-/60 iuravit, 1410/II: -/-/60 fúr nichil
Fridel (Fridrich) Elsinger schuster. 1415 Elslinger schuster. 1416 Esslinger schuster, 1413-1416, 1419, 1423, 1431 inquilinus
 St: 1413: -/-/72, 1415: -/3/-, 1416: 0,5/-/-, 1418, 1419: 0,5/-/24, 1423: -/14/18, 1424: 0,5/-/26, 1431: 1/-/- iuravit
 StV: (1413) für sein weip patrimonium, er selb -/-/20 gracianus.
 Sch: 1440, 1441/I-II: 1,5 t[aglon]
Stoll schuster von Ebersperg
 St: 1416: -/3/6
 StV: (1416) et t[enetu]r (?) noch czwo nachsteẃr, darumb hat versprochen Jacob Huber der schuster.

---

[1] Zuckel ist ein Holzschuh (ital. zoccolo), laut Schmeller vor allem an der oberen Isar, wobei der Oberbau aus Legföhren geflochten war. Zogkchl oder Zügkhl brachte der Dichter Jakob Pütrich von Reichertshausen aus Rom einer Prinzessin mit. Zuckler ist also ein Holzschuhmacher, vgl. Schmeller II Sp. 1084. Daher auch das Wort Zockeln oder Zockeltrab, weil diese Art von Fußbekleidung nicht fest am Fuß saß und man deshalb nur in kleinen Schritten tribbeln konnte.

[2] Ein Hans Fleuger ist 1380 bis 1396 fast jedes Jahr als Fronbote belegt, vgl. R. v. Bary III S. 812, 813.

[3] Vor „5 lb" gestrichen „nichil".

[4] Vgl. Färbergraben 1*.

Hanns guster, 1415, 1418, 1419, 1423 obscher, 1415, 1416, 1419 inquilinus
   St: 1415, 1416: -/-/60 fúr nichil, 1418, 1419: -/-/80, 1423: -/3/-
Pesel obscher inquilinus St: 1423: -/3/-
[Konrad] Pugkel schuster inquilinus St: 1423: -/3/12
relicta Kleplattin St: 1423: -/9/- patrimonium, 1424: -/3/-
Ottel Gráfinger schuster inquilinus St: 1431: -/5/10 iuravit
Diemut Unknhoferin inquilina St: 1431: -/-/60 iuravit N
Lienhart (Liendel) Kristel, 1431, 1441/I-II obser, 1440, 1441/I inquilinus
   St: 1431: -/-/60 iuravit N
   Sch: 1440, 1441/I-II: 1 t[aglon]
Hanns Umpach, 1440-1441/II schuster, 1441/I inquilinus Sch: 1439/I-II, 1440, 1441/I-II: 1 t[aglon]
Arnolt Stainkircher, 1441/I-II schuster Sch: 1439/I-II, 1440: 1,5 t[aglon], 1441/I-II: 1 t[aglon]
Chunrat Mittelmair, 1441/I schuster, 1441/I inquilinus Sch: 1439/I-II, 1440, 1441/I-II: -/-/15
Lienhart Straustorffer, 1441/I schuster Sch: 1439/I-II, 1440, 1441/I: -/-/15
Hanns Selczam taschner Sch: 1439/I-II: -/-/10, 1440: 1 t[aglon]
Heglhauser (Hegelhauser), 1439/I, 1440-1441/II schuster, 1439/II, 1441/I inquilinus
   Sch: 1439/I-II, 1440, 1441/I-II: 1 t[aglon]
Schrimpfin, 1439/I relicta Sch: 1439/I-II: -/-/10
relicta Stosserin Sch: 1439/I: 4 t[aglon] (!), 1439/II, 1440: -/-/4 (!)[1]
Fricz Prógl (Progel, Prógel), 1439/I, 1441/I-II koch, 1439/II, 1441/II inquilinus
   Sch: 1439/I-II, 1440, 1441/I-II: 1 t[aglon]
[Konrad ?[2]] Prantmair schuster Sch: 1439/I: 1 t[aglon]
   Chunrat Prantmair St: 1453-1455: Liste
Arnolt Rappolt Sch: 1439/I-II: -/-/15
Albrecht Krell [Schuster] Sch: 1439/I-II: 1 t[aglon]
Albrecht Schober, 1441/I-II schuster Sch: 1439/I-II, 1440, 1441/I-II: 1 t[aglon]
Ulrich Rauscher, 1439/I schuster Sch: 1439/I-II: 1 t[aglon]
Wolfgang (Wólfel) Frey, 1441/I schuster, 1439/I-II, 1441/I inquilinus. 1440, 1441/II Wolfhart Frey
   Sch: 1439/II, 1440, 1441/I-II: 1 t[aglon]
Rándel schuster. 1441/I Randel Kún schuster inquilinus
   Sch: 1439/II: 0,5 t[aglon], 1441/I: (kein Eintrag)
Ulrich Plinthaimer, 1441/I-II schuster, 1439/II inquilinus Sch: 1439/II, 1440, 1441/I-II: 1 t[aglon]
Pauls Úrschnperger (Ursnperger,Urschnperger), 1440-1441/II, 1447 schuster
   Sch: 1440, 1441/I-II: 1 t[aglon], 1445: 2 ehalten, dedit -/-/16
   St: 1447: 0,5/-/9
Jacob messerer inquilinus Sch: 1440, 1441/I-II: 1 t[aglon]
relicta [Seitz] Tischingerin, 1441/I inquilina Sch: 1440, 1441/I-II: -/-/4
Jorg gurtler, 1440 inquilinus forster [Nachbarhaus !] Sch: 1440, 1441/I: 0,5 t[aglon]
Hannsel (Hanns) Stámpfel (Stampfel), 1441/I schuster, 1441/II inquilinus
   Sch: 1440, 1441/I-II: 1 t[aglon]
Niclas Pewger inquilinus Sch: 1441/I-II: 0,5 t[aglon]
Hanns Schilher schuster Sch: 1441/II: 0,5 t[aglon]
Fricz (Friderich) Ininger, 1456, 1458 schuster, 1456, 1462 inquilinus
   St: 1456-1458: Liste, 1462: -/-/61
Chunrat Rampolczhofer (Rampolczhover) [Obser[3]] St: 1456, 1457: Liste
Jackob Perger St: 1462: -/-/60
Lienhard Schrobenhauser [Schuster[4]] St: 1482: -/-/60
   jung Schrobenhauser, 1496 s(chuster ?) St: 1496: -/-/21 gracion

---

[1] Hier liegt wohl ein Irrtum des Schreibes vor, da 4 ganze Taglöhne, was sehr viel ist, mit 4 Pfennigen, also sehr wenig, nicht zusammenpasst.
[2] So 1418, 1419, 1431, 1441/II bei Marienplatz 28/29.
[3] Der Obser Chunrat Rampeltzhofer ist 1459 Vierer der Fragner, Obser, Melbler, vgl. RP.
[4] Linhart Schrobenhauser ist 1470 Vierer der Schuster, vgl. RP.

Jorg zammacher
    St: 1482: -/4/15, 1486: -/5/9
    StV: (1482) Jorg zammacher ist porg für Ulrich Has umb sein drey nachstewr.
Cŭntz (Kontz) Hüllinger (Hilgl, Hulger, Hülger, Húlger), 1482, 1490-1509 melbler
    St: 1482: -/4/24, 1486, 1490: 1/1/3, 1496: 1/4/14, 1500: 1/7/7, 1508, 1509: 1/6/12
Haintz Franck [Schuster¹]
    St: 1482: -/2/14, 1486: -/7/-
    StV: (1482) et dedit sein swiger -/2/19.
Pauls Prugkschlegl taschner² St: 1482: -/2/21
Thoman Manhart St: 1482: -/-/60
Thoman würffler St: 1482: -/-/60
Linhard zammacher (zawmmacher), 1508 h[...] St: 1482, 1486, 1490, 1496, 1500, 1508, 1509: -/-/60
Fritz Claindl (Klaindl) obser. 1490 r[elicta] Klain obserin inquilina. 1496 Klainin inquilina
    St: 1482, 1486, 1490, 1496: -/-/60
[Linhart ?] Praitenloher [Huter³] St: 1482: -/-/60
Jorg wúrtzler. 1496, 1500 würtzlerin St: 1486, 1490, 1496, 1500: -/-/60
Martin Hofmair [schuster⁴] St: 1486: -/-/60, 1490: -/3/-
Walch. 1490 jung Walch schuster Utz St: 1486, 1490: -/-/60
Scheyber cramer St: 1486: -/-/60
Michel Prantmair St: 1486: -/1/2 gr[acion]
Heyß (Heuss) taschner. 1500 Hanns Heys der alt t[aschner].⁵ 1508, 1509 Hanns Heyss taschner, 1523 patrimonium
    St: 1490: -/6/27, 1500: 1/7/21, 1508, 1509: 2/4/3, 1514: Liste, 1522, 1523: 1/6/13
    StV: (1490) et dedit -/-/60 die erst nachstewer für Conrat Lercher. (1500) et dedit -/1/26 für pueri Mánhart.
Hans Heys der jung t[aschner]. 1524 Heuss taschner St: 1500: -/-/60, 1524: -/2/16 juravit
Uberacker (Úberácker) satler. 1508, 1509 Hanns Überäcker (Überacker) satler der elter.⁶ 1514 relicta Uberackerin satlerin
    St: 1490: -/2/17, 1496: -/2/19, 1500: -/2/20, 1508, 1509: -/2/19, 1514: Liste
Hanns Úberácker satler, 1509 z[ammacher]. 1508, 1509 Hanns Überacker der jung. 1523 Úberácker satler.⁷ 1527/I Hanns Uberácker
    St: 1508, 1509: -/2/5, 1522-1526, 1527/I: -/2/-
Urban Viltz (Filtz, Fúltz), 1496, 1508-1523, 1527/II-1529 s(chuster)
    St: 1490: -/-/20 grac[ion], 1496: -/-/60, 1508, 1509: -/2/15, 1514: Liste, 1522-1526, 1527/I-II, 1528, 1529: -/3/10
Gabriel Praunaẃer (Praunauer), 1496, 1500, 1508, 1509 s[chuster]
    St: 1490, 1496, 1500, 1508, 1509: -/-/60
Michel Perckhamer (1496 Perckmair), 1496 s[chuster] St: 1490: -/3/5, 1496: -/4/14
[Wolfgang] Schalhamer schuster St: 1496, 1500: -/-/60
Jorg Mair huoter St: 1496: -/-/60
Hans Hochngstader [Huter]
    St: 1500: 1/3/15
    StV: (1500) et dedit 1/7/3 für pueri Lanndawer.
Pauls taschner. 1514 Paule Erl taschner St: 1500: -/5/17, 1514: Liste

---

¹ Haintz Franck ist 1482-1502 wiederholt Vierer der Schuster, vgl. RP. Vgl. auch Landschaftstraße 4 und 9*.
² Der Taschner Pauls Prugkslegel ist später, 1491-1506 wiederholt, Vierer der Beutler, Gürtler, Taschner, Ircher, Nadler, vgl. RP.
³ Linhart Praitenlocher 1482-1519 wiederholt Vierer der Huter, vgl. RP.
⁴ Martein Hofmair war 1476, 1477 und 1479 Vierer der Schuster, vgl. RP.
⁵ Hanns Heuss 1468 bis 1505 wiederholt Vierer der Beutler, Gürtler, Taschner, Ircher, Nadler, 1492 auch Vierer der Büchsenschützen, vgl. RP.
⁶ Hans Überackern 1477, 1480, 1484, 1488, 1490, 1494, 1498 Vierer der Sattler, vgl. RP. Da 1514 bereits seine Witwe erscheint, dürften sich die weiteren Belege auf den Sohn beziehen.
⁷ Hanns Überackern/Überackerer 1507, 1508, 1510, 1512, 1517 Vierer der Sattler, vgl. RP.

Münsinger schuster St: 1500: -/-/60
Benedict taschner St: 1500: -/2/15
Jorg Sumprer, 1508, 1509 sibmacher. 1514-1527/II Jórg sibmacher (siber), 1527/II der allt
    St: 1500, 1508, 1509: -/-/60, 1514: Liste, 1522-1524: -/2/6, 1525, 1526, 1527/I: -/2/8, 1527/II: -/2/-
    et vilia St: 1526, 1527/I-II: -/2/-
Ulrichin St: 1500: -/-/60
Stefan Krellin St: 1508, 1509: -/-/60, 1514: Liste
Linhart Roeser (Rößler), 1508, 1509 s[chuster ?] St: 1508, 1509: -/2/21, 1514: Liste
Wilhalm peitler (peutler). 1540-1542, 1552/II-1554/I, 1555 Wilhalm Wielant peutler
    St: 1508: -/-/28 gracion, 1509: -/-/60, 1514: Liste, 1522-1526, 1527/I: -/2/16, 1527/II, 1528, 1529, 1532: -/3/-, 1540-1542: -/2/-, 1543: -/4/-, 1544: -2/-, 1545: -/4/-, 1546-1548, 1549/I-II, 1550, 1551/I-II, 1552/I-II, 1553, 1554/I-II, 1555, 1556: -/2/-
schleifer mit dem radl St: 1508, 1509: -/-/60
Benigna natterin [daneben am Rand:] L[ienhart] Páchl vir [eius] St: 1514: Liste
Lentz schusterin, zammacherin inquilina St: 1514: Liste
knopschmidin (knopfschmidin) St: 1514: Liste, 1522-1526, 1527/I-II, 1528: -/2/-
Anna Katzpeckin inquilina St: 1514: Liste
Andre scharwachter St: 1522: -/2/-
Katherina siberin St: 1522: -/2/-
Jacob Karner schuster. 1524 Jacob schuster. 1526, 1527/I, 1528 Jacob Karner
    St: 1522-1526, 1527/I-II, 1528, 1529: -/2/-
Mathes tag[wercher] St: 1522: -/2/-
Herman taschner St: 1522, 1523: -/2/-
Pauls (Paule) huetter St: 1523, 1524: -/2/-
Pauls Felerin St: 1523-1525, 1528: -/2/-
Kaiser tagwercher. 1524, 1525, 1527/II Hainrich Kaiser tagwercher. 1526, 1527/I, 1528, 1529 Hainrich Kaiser
    St: 1523: -/-/14 gracion, 1524-1526, 1527/I-II, 1528, 1529: -/2/-
    una [inquilina ?][1] daselbs [bezieht sich auf Kaiser] St: 1528: -/2/-
Stadler schuster St: 1524: pfandt an kamer
Dorothea inquilina St: 1524, 1525: -/2/-
Mathes Neukircher taschner. 1525-1544 Mathes taschner
    St: 1524-1526, 1527/I-II, 1528, 1529, 1532, 1540-1542: -/2/-, 1543: -/4/-, 1544: -/2/-
Hanns Werder schuster. 1526, 1527/I Hanns Werder. 1529 Hanns Werderin.
    St: 1525, 1526, 1527/I-II, 1528, 1529, 1532, 1540, 1541: -/2/-
Els inquilina St: 1525: anderswo
malerin inquilina St: 1525, 1526, 1527/I-II: -/2/-
Pongratz tagwercher St: 1525: -/2/-
zandprecherin inquilina St: 1525: -/2/-
una inquilina, Steppacherin St: 1525: an kamer
Wolfgang Púhler St: 1526, 1527/I: -/2/-
heublmacher St: 1526, 1527/I-II: -/2/-
Jorg richtersknecht St: 1526: nichil
Barbara Stiegerin St: 1527/I: -/2/-
padknecht St: 1527/II: -/1/16 pauper das jar
Wolfgang tagwercher St: 1527/II: -/2/-
hueterin St: 1527/II: -/1/12 pauper das jar
Michel siber. 1532, 1545-1547, 1556-1559, 1561-1564/II, 1566/I, 1567/II-1570 Michel Hóhenrieder (Höchnrieder, Höhenrieder, Hohenrieder) siber
    St: 1528: -/-/21 gracion, 1529, 1532: -/2/-, 1540-1542: -/2/3, 1543: -/4/6, 1544: -/2/3, 1545: -/4/6, 1546-1548, 1549/I-II, 1550, 1551/I-II, 1552/I-II: -/2/3, 1553, 1554/I-II, 1555-1557:

---

[1] Hinter „una" ist Platz für einen Namen oder Beruf oder die Bezeichnung „inquilina" gelassen.

-/2/-, 1558: -/4/-, 1559-1561, 1563, 1564/I-II, 1565, 1566/I-II, 1567/I-II: -/2/-, 1568: -/4/-, 1569-1571: -/2/-

Hanns wirtzler (wůrtzler) St: 1528, 1529: -/2/-
Gabriel schleiffer St: 1529: -/2/-
Jacob Niclas girtler St: 1529: -/2/-
Paule tagwercher St: 1529: -/2/-
Martein Lóser schuster St: 1532: -/2/-
Valtein Rauhart schuster St: 1532: -/2/-
Kleuberin St: 1532: -/2/-
Gáterl [= Kätherl] Gemsin St: 1532: -/2/-
Andre huetter St: 1532: -/2/-
Jacob gúrtler St: 1532: -/2/-
Sewolt peitler St: 1532: -/-/21 gracion
Jórg spängler St: 1532: -/2/-
Hanns Poltz [Schneider[1]] St: 1532: -/2/-
Thoman Tellinger schuester St: 1540, 1541: -/2/-
Wolff (Wolfgang) Tayninger, 1545-1549/I schuester
    St: 1540-1542: -/2/-, 1543: -/4/-, 1544: -/2/-, 1545: -/4/-, 1546-1548, 1549/I: -/2/-
Jacob floßman St: 1540-1542: -/2/-, 1543: -/4/-, 1544: -/2/-
Michel Próstl (Pröbstl) tagwercher. 1542 Michl tagwercher St: 1540-1542: -/2/-, 1543: -/4/-
Lienhart schmid peutler St: 1540, 1541: -/2/-
Jorg Vogl schuester. 1541-1543 Vogl schuester St: 1540-1542: -/2/-, 1543: -/4/-
Jorg Schalhamer, 1540, 1541, 1545-1547 schuester
    St: 1540-1542: -/2/-, 1543: -/4/-, 1544: -/2/-, 1545: -/4/-, 1546, 1547: -/2/-
Walthauser Ostermairin St: 1540: -/2/-
Hanns Kamp zammacher St: 1540: -/2/-
Mathes Thúring peutler. 1542 Mathes peutler St: 1541: -/-/14 gracion, 1542: -/2/-
Michel Ächter scharwachter St: 1542: -/2/-, 1543: -/4/-
Pauls totngraberin St: 1542: -/2/-
    ir hoffrau vischerin St: 1542: -/2/-
jung Páchl satler. 1545-1547 Corbinian Pächl sadtler. 1548, 1549/I jung Pachl sadtler Corbinian
    St: 1543: -/-/21 gracion, 1544: -/2/-, 1545: -/4/-, 1546-1548, 1549/I: -/2/-
Hanns múllner totntrager, 1545-1547 totngraber.[2] 1544 Hanns totngraber
    St: 1543: -/4/-, 1544: -/2/-, 1545: -/4/-, 1546, 1547: -/2/-
    Els sein infrau. 1546, 1547 Els sein hoffrau St: 1545: nihil, ain dienerin, 1546, 1547: -/2/-
    Hanns múllner pot. 1545 Hanns Stainmúllner pott[3]
    St: 1543: -/4/-, 1544: -/2/-, 1545: -/4/-, 1546-1548, 1549/I, 1550, 1551/I-II: -/2/-
Jorg múllner nestler
    St: 1553: -/-/21 gracion, 1554/I: -/-/21 gracion die ander, 1554/II, 1555: -/2/-
Hanns Hoffman schuester St: 1544: -/2/-
Hainrich tántlerin. 1545 Hainrichin. 1546, 1547, 1549/I Hainrich Hagin. 1548 Hainrich Hagin däntlerin
    St: 1544: -/2/-, 1545: an chamer, 1546-1548, 1549/I: -/2/-
    StV: (1545) [Nachtrag:] zalt 18 kr[eutzer].
Wolffgang Gansmair, 1545 koch
    St: 1545: 1/3/20 schenckhsteur, 1546-1548, 1549/I: -/5/10 schenckhsteur
Jacob tagwercher St: 1545: -/4/-
Jorg Schwartz [Kramer[4]] St: 1545: -/4/-
Jorg furknecht. 1549/I Jorg Heß furknecht[5] St: 1548: -/-/14 gracion, 1549/I: -/2/-

---

[1] Vgl. Marienplatz 28/29 (1527-1529).
[2] 1543 getilgt „totngraber".
[3] „stain" nachträglich eingefügt.
[4] Vgl. Marienplatz 28/29.
[5] Danach gestrichen „auf der Haymul".

Jorg Jordan (ain) tagwercher St: 1548, 1549/I: -/2/-
Steffan Dysl, 1549/II-1551/II, 1553, 1554/I tagwercher. 1552/I-II, 1554/II, 1555 Steffan tagwercher
    St: 1548, 1549/I-II, 1550, 1551/I-II, 1552/I-II, 1553, 1554/I-II, 1555: -/2/-
Hans Hártlin St: 1548: -/2/-
Steffan Haidn (Haydn) pott St: 1548, 1549/I: -/2/-
Florian schneider. 1549/II-1551/I Florian Mechhamer, 1549/II-1551/I schneider
    St: 1548, 1549/I-II, 1550, 1551/I-II, 1552/I-II: -/2/-
Lienhart aufleger St: 1549/I: -/2/-
Lienhart Urpach zimerman. 1549/II Lienhart zimermanin
    St: 1549/I-II: -/2/-
    StV: (1549/II) zalt -/3/- fur 3 nachsteur am 12. Aprilis.
Cuntz zimmermanin St: 1550, 1551/I: -/2/-
Hanns Hueber pott St: 1550: nihil, statpott, 1551/I: -/2/-
Jorg Mair tagwercher St: 1551/II: -/2/-
Jacob Schram lutinist St: 1551/II: nihil, hoffgsind, 1552/I: nihil
Hanns Mayr ain obser St: 1551/II: -/2/-
Pauls Kribler messingschlager, 1552/II messingschaber
    St: 1552/I: an chamer, 1552/II: -/2/-
    StV: (1552/II) mer -/2/- ain alte steur.
Michel saylerin St: 1552/I-II: -/2/-
Thoman zimmerman St: 1552/I-II, 1553, 1554/I-II: -/2/-
Thoman Wúrmseer schuester St: 1552/II: -/-/24 gracion, 1553, 1554/I-II, 1555-1557: -/2/-, 1558: -/4/-
Balthasar (Walthauser) Schröferle (Schrófele, Schroferle), 1553, 1554/I nadler, 1554/II kramer
    St: 1553: -/-/14 gracion, 1554/I: -/-/14 gracion die ander, 1554/II: -/2/-
Hanns Lott cantzlschreiber St: 1553: nihil
Jorg Widman weinschreiber St: 1554/II: -/2/10 gracion 1555: 1/-/10 juravit, 1556, 1557: 1/-/10
Hanns Mollin St: 1555: -/2/- zalt Wilhelm Herl
Jeronimus schuesterin St: 1555: nihil, ist khaine dits namens der ende
Mathes cantzler St: 1555: der zeit nihil, hat noch nit hochzeit ghabt
Hanns Star seckhler
    St: 1556: -/4/12
    StV: (1556) darin seines stieffkinds gueth auch versteurt, juravit.
Andre Eckhnhoferin schuesterin, 1557 lederschneiderin St: 1556, 1557: -/2/-
Cristoff Kolmayr tuechscherer
    St: 1556: -/-/28 gracion, 1557: -/2/6 juravit
    StV: (1556) mer -/1/21 1/2 von wegen seiner hausfrauen, so ire pfleger versteurt haben.
Hanns Schaller stubmwascher St: 1556: -/2/-
Lienhart Gautinger saltzstósl St: 1557: -/2/15, 1558: -/5/-, 1559: -/2/15
Melchor (Melchior, Melcher) Kofler (Koffler, Hofler, Khofler, Kobler) maurer. 1560, 1566/I-II,
    1567/II-1571 Melchior maurer
    St: 1557: -/2/-, 1558: -/4/-, 1559-1561, 1563, 1564/I-II, 1565, 1566/I-II, 1567/I-II: -/2/-, 1568:
        -/4/-, 1569-1571: -/2/-
Hannsin ain weschin. 1561 Hannß weschin St: 1557, 1561: -/2/-
Jorg (Georg) Pfuntner (Pfuntmair, Pfundtmair, Pfundtner), 1558, 1560, 1564/I gwantschneider,
    1565-1567/II tuchmaniger
    St: 1558: 10/-/-, 1559-1561, 1563, 1564/I-II, 1565, 1566/I-II, 1567/I-II: 5/-/-
    StV: (1567/I) mer für p[ueri] Feler 1/5/5. (1567/II) mer für p[ueri] Feler 1/5/4.
Oswold Wurtzer federmacher St: 1558: -/1/5 gracion
Hanns Stuep zimmerman St: 1558: -/-/- ist nymmer hie
Hanns Hueberin thorwártlin St: 1558: -/4/-
Andre lederschneiderin. 1559 tochter Caspar Wúrmseer St: 1558: -/4/-, 1559: -/-/21 gracion
Lenhart (Lienhart, Leonhart) Piechl (Piechel, Puechl) tagwercher
    St: 1559, 1560, 1563, 1564/I: -/2/-
Marten (Marthein) Tellinger maurer. 1560 Martin maurer St: 1559-1561: -/2/-
Sigmund Harscher zimmerman St: 1559: -/2/-

Hanns Rorer St: 1560: 1/4/3

Peter tagwercher, 1565, 1566/I-II chloyber (kleuber)
 St: 1560, 1561, 1563, 1564/I-II, 1565, 1566/I-II, 1567/I-II: -/2/-, 1568: -/4/-, 1569, 1570: -/2/-

Jorg reuter beim Stipfen. 1561 Jörg Zentz ain reitter. 1563 Jorg Tzenntz reiter. 1564/I Jórg ain reiter beim Oberbůrger
 St: 1560, 1561: -/2/-, 1563, 1564/I: -/2/- burger und hoffgesind

Hanns Heinckhomer (Heinckhamer) maurer. 1563, 1564/I, 1565, 1566/I Hanns Heinckhomerin (Heukhamerin) maurerin, 1564/I-II, 1565 wittib. 1564/II, 1566/II Hanns maurerin
 St: 1560, 1561, 1563, 1564/I-II, 1565, 1566/I-II: -/2/-

C(hristoff) Ziegler, 1561 gemainer landtschafft oberschreiber
 St: 1561: -/-/-, 1563: -/1/15
  StV: (1561) ausser der Ligsaltz schuldt, der zeit den habnit. (1563) ausser der Ligsaltz schuld. Adi 29. Februarii anno [15]64, nachdem er gen Weilham auff das gerichtschreiber[amt] gezogen, ist ime die nachsteur nachgelassen und bewilligt, wann er widerumb alher khumb, daz er mit dem búrgerrecht wider (?) gunstigelich bedacht werden soll etc.

Doniel kürßner, neuer arzt St: 1564/I: -/-/- ist hinweg.

Christoph Widman ungellter St: 1564/II, 1565, 1566/I-II: 1/1/15

jung Khöglin wittib. 1565 Anna Köglin witib St: 1564/II, 1565: -/2/-

Hanns Rain tagwercher St: 1565: -/2/-

Georg Wilhelm zingiesserin. 1566/II Jorg Wilhelm zingiesser. 1567/II Jorg zingiesserin wittib. 1568 Jorg Wilhelmin zingiesserin
 St: 1566/I-II, 1567/I-II: 4/-/28,5, 1568: 8/1/27

Michl (Michael) Herfart reiter St: 1566/I-II: -/2/-

Jorg Gotschl (Götschl) flosman. 1568 ain floskhnecht St: 1567/I-II: -/2/-, 1568: -/4/-

Augustin prothüetter. 1568 Augustin gwester prothueter St: 1567/II: -/2/-, 1568: -/4/-

Lienhart Mair St: 1568: -/-/- hofgsind

Jorg zimerman Feltlerin witib St: 1568: -/4/-

alt Ingesserin (?) witib St: 1568: -/-/- steurt hernach

Steffan Spetzl (Spetzel) khaskheuffl St: 1569, 1570: -/2/-

Hanns Steger
 St: 1569: -/-/-
 StV: (1569) hellt zu hof umb dienst an, diser zeit nihil.

Jorg (Georg) zimermanin (Grafin) wittib St: 1569-1571: -/5/10,5

Martin kalchschmid (khaldschmid) (ain) schlosser St: 1569: -/-/21 gratia, 1570, 1571: -/2/-

Cunrad Scharlacher, reiter beim Rosenpusch St: 1569: -/-/- hofgsind, nit búrger

Jorg Sumerspergerin witib, maurerin St: 1569: -/2/-

ain schneider [Nachtrag:] oder Hanß Hagn prüchler. 1571 Hanns Hagn pruechler St: 1570, 1571: -/2/-

Hartman Peringer riemer St: 1571: -/4/1

Widman, des altn panzermachers sun St: 1571: an chamer

Augustin Schickh (Schiehl ?) zimerman St: 1571: -/2/-

Wolf Weigl maurer St: 1571: -/-/21 gratia

Marienplatz 28

1496-1514 sind die Namen des Hauses 28 und die des Hauses 29 jeweils mit Klammern zusammengezogen und 1496 der erste Name jedes Hauses am Rand mit einem Zeichen gekennzeichnet (Anker, Rose), darüber bei Haus 28 der Name „Hamel", bei Haus 29 „schusterhaus".

Bei den Häusern 28 und 29, dem Eckhaus, fallen die auf dem Sandtner-Modell deutlich sichtbaren, offenbar erst später vor die Häuser gesetzten Gebäudeteile auf (vgl. vor allem Abb. 37).

Lage: 1377 unter den Kramen. 1395 unter den Schustern. 1509 unter den Schusterläden.[1] 1510 unter den Schusterkramen.[2]

Name: 1377, 1395, 1404, 1496, 1500, 1508, 1509 der Hamel. 1446 das Hamel Schuchhaus. 1514 „Schusterhaws im Hamel". Um 1572 „der Hämbl".[3]

Charakter: Schusterhaus und Kochküche des Stadtkochs.

Hauseigentümer:

1377 September 27 „Taenczel der kramer" hat sein Haus „under den kramen und ist genant der Hamel, den halben tail" seinem Eidam Chunraden dem Heger übergeben.[4] Möglicherweise ist dieser Taentzel identisch mit dem Zollner am Isartor (Taltor) von 1367 bis 1370 beziehungsweise dem Scheibenzolner am Isartor 1370 bis 1372.[5] Ein Paerbinus Taentzel war vielleicht 1360 bis 1363, sicher aber 1364 und 1365 Gerichtsschreiber.[6]

1381 Juni 27 des Taenczlins seligen Haus liegt neben dem (halben) Haus des Nichel Draechsel (Marienplatz 27*).[7]

1395 April 26 Hans der Tichtel am Rindermarkt überträgt „an germagen [= Verwandter] und an phleger stat" von seiner Schwester, der Schaffwolin Kinder Elsel und Anglin, deren Haus, „genant der Hamel under den schustern", oben und unten, besucht und unbesucht, „Chúnczen dem Egrer, dem schuster, und Ch(unraden) dem Zuchler,[8] payde[9] dez Egrers aydem und irr dreyer erben" gegen einen ewigen Zins von 34 neuen ungarischen Gulden.[10]

1402 Oktober 2 (1436 Oktober 16) des Fridrich Astaler seligen Haus liegt dem Haus des Peter Huber (Marienplatz 27*) benachbart.[11] Fridrich I. Astaler war 1387/88 gestorben.[12]

1404 August 11 Ulrich der Kleplat hat seinen Teil „an dem Hamel und den er gekauft hat von des Schafswols kind pfleger Hansen dem Tichtel", käuflich überlassen „Chunraden dem Egrer seinem sweher und Chunczen dem Zugkler, seinem swager".[13] Wieder getilgt wurde der Eintrag vom selben Tag, der im ersten Teil gleichlautet, aber dann fortfährt, daß auch Chunrat Egrer seinen Teil des Hauses am selben Tag dem genannten Chunczen dem Zugkler, seinem Eidam, übertragen habe.[14]

1436 Oktober 16 (wie 1402 Oktober 2).

1446 Januar 25 zur Lamparter-Messe in Unserer Lieben Frau geht ein Ewiggeld von 17 ungarischen Gulden, die vom Golater gekauft worden waren, „aus dem Hamel Schüchhaus hie ze München".[15]

---

[1] Wahrscheinlich auf dieses – vielleicht aber auch auf das Nachbarhaus Marienplatz 29 – bezüglich: Die Stadt zahlt im November 1509 „des heillig geists knecht" 7 Schillinge Ehrung; denn er „ist der erst gwest zum fewr unter den schusterläden mit dem wasser schlaipffen" (= Wasser herbeiholen), vgl. KR 1509 S. 95r. Auch „dem alten Wuexer" zahlt man 3 Schillinge und 15 Pfennige, „ist der ander [= der zweite] gwesen derselben zeit" und schließlich 1 Schilling und 22 Pfennige „des Wenigels knecht im Tal, ist der drit gwest zum fewr unttter den schusterläden", vgl. KR 1509 S. 95v.

[2] Auch im nächsten Jahr 1510 zahlt man 7 Schillinge den Knechten im Stadthaus am Anger. Auch sie „sind die ersten gwesen zum fewr in den dechantzhoff zu sand Peter und unntter den schusterkramen", vgl. KR 1510 S. 85r.

[3] Vgl. Stahleder, Haus- und Straßennamen S. 349/350. – Stahleder, Stadtplanung S. 218/221.

[4] GB I 91/1.

[5] R. v. Bary III S. 882, 883 nach KR.

[6] R. v. Bary III S. 800.

[7] GB I 142/9.

[8] Danach folgt gestrichen: „und Ull dem Chleplat". Dazu Anmerkung: „suoch Ulrich den Kleplat in dem 1404. jar dez Montags nach Laurenti" (= 11.8.1404).

[9] payde = Züchler und Kleplat.

[10] GB II 89/5, vgl. auch II 90/11 bei Rindermarkt.

[11] Kirchen und Kultusstiftungen 252 (1436); 278 Urk. Nr. 17 S. 40v/41r (1436). – Wittmann, Urkunden-Regesten, ungedruckt (1402).

[12] Stahleder, Bürgergeschlechter. Die Astaler S. 199.

[13] GB III 30/8.

[14] GB III 30/7.

[15] MB XX 247 S. 340/343.

1482 Mai 6 das Haus des Schusters Chunrat Schalhaymer liegt dem Haus des Peter Landauer (Marienplatz 27*) benachbart.[1]

1500 Juli 3 das Haus des Melchior Pötschner ist dem Haus der Elisabeth Stuebich von Bozen, geborene Landauer (Marienplatz 27*), benachbart.[2]

1507 Juli 8 die Vormünder Dr. Anton Pötschner und Bernhard Pütrich zu Stegen ihres Bruders und Gegenschwähers Melchior Pötschner verkaufen im Auftrag ihres Mündels ein Ewiggeld an den Pötschner-Altar (St. Anna) in St. Peter aus dem halben Teil der Häuser und Hofstätten, genannt die Schusterkräm, gelegen zwischen des Kaspar Seehofers (Rosenstraße 2) und Peter Landauers (Marienplatz 27*) hinteren Häusern.[3]

1522-1529 domus Veit von Seibol(t)storf, domus Seiboltstorf(er) (StB), hält den 10. Teil des Hauses. Veit von Seiboltsdorf war mit Maria Pötschner verheiratet, der Schwester von Dr. Anton und von Melchior Pötschner sowie von Bernhard Pütrichs Ehefrau Ehrentraud. Eine weitere Schwester, Martha Pötschner, war mit Hiltprant von Spaur verehelicht.

1522-1532 domus des von Spaur, domus Spaurer (StB), hält einen Teil des Hauses.

1522-1532 domus Perfaler (StB), hält den 6. Teil am Schusterhaus.

1525, 1529, 1532 domus Pötschner (StB).

1539 Juli 26 Ambrosius Urspringer verkauft laut Grundbuch aus dem Haus ein Ewiggeld von 30 Gulden um 600 Gulden Hauptsumme.[4]

1540 April 21 und **August 19** Ambrosius Urspringer verkauft Ewiggelder von je 10 Gulden um je 200 Gulden Hauptsumme (GruBu).

1540-1542 domus Ambrosi Ursprennger, domus Ursprennger (StB).

1545 April 18 und **September 27** das Haus des Ambrosi Ursprenger ist dem Haus des Wolfgang Greymer (Marien-platz 27*) benachbart.[5]

1546 die Baukommission beanstandet bei Ambrosi Ursprenger, daß seine Vorbauten „3/4 [eln] ze weit" sind und ordnet an: „fursetzen und furhengen, riemer, siber unnd sailer".[6]

1549 nach April 21 Ambrosi Urspringer verkauft ein Ewiggeld, wieder 10 Gulden um 200 Gulden Hauptsumme (GruBu).

1553 Dezember 19 Ewiggeldverschreibung (8 Gulden um 160 Gulden) des Ambrosi Urspringer aus dem Haus (GruBu).

1572 laut Grundbuch (Überschrift) „Leonharden Mair Kramers Haus, genant Hämbl, stosst an vorgehendes Hörls Haus [Marienplatz 27*] und an das Roseneck [Marienplatz 29], so hievor auch zu disem Hämbl gehört und hernach beschrieben ist".

1573 Juli 20 Prior und Konvent der Augustiner verkaufen das Haus, der Hämbl genannt, „so ihnen auf der Gant heimbgangen, an Leonharten Mair Cramer [et] Jacobe uxori" (GruBu).

Das Haus ist während der Pötschner-Erbengemeinschaft, also seit etwa 1500, und unter Urspringer mit dem Nachbarhaus Marienplatz 29 vereinigt.

Eigentümer Marienplatz 28:

* Ulrich Tánczel (Taenczl). 1377-1379 Taenczel kramer [Stadtrat[7]]. 1381-1383/I patrimonium Taenczl (Taenczlini) [halbes Haus]
    St: 1368: 4/6/20, 1369: 5/-/36, 1371: 3/-/32 juravit, 1372: 3/-/32, 1375: 3/-/80, 1377: -/10/- juravit, 1378, 1379: -/10/-, 1381, 1382: -/-/- dedit (dabit) alibi, 1383/I: pagatus alibi
* Chunrat Heger gener eius inquilinus [halbes Haus]
    St: 1369: -/12/-

---

[1] Hundt, KU Indersdorf 1287, in: OA 25. – BayHStA, KU Indersdorf, alt: GUM 2878.
[2] BayHStA, GUM 508.
[3] Geiß, St. Peter S. 243 o. Qu.
[4] Stadtgericht 207/7 (GruBu) S. 765v/766r. – Das Datum lautet im Grundbuch 26. Juli, nicht 28. wie im HB.
[5] KR 1545/46 S. 90r. – BayHStA, GUM 872.
[6] LBK 4.
[7] Der Kramer Tänczel war von 1362-1374 äußerer Stadtrat, außer im Jahr 1364, in dem er innerer Rat war, vgl. R. v. Bary III S. 739.

Heger institor
    St: 1383/I: -/-/15, 1383/II: -/-/22,5
Ludweig Heger
    St: 1383/II: 3/6/- gracianus, ex parte uxoris
* Schafswol-Kinder Elsel und Anglin, noch unmündig [bis 1395 April 26, 1404]
* Chunrat zokler [darüber: Egrer] calciator inquilinus. 1390/II Chunrat Egrer inquilinus. 1394 alt Chunrat Egrer. 1396-1399, 1401/I-1410/II, 1412, 1413, 1419 Chunrat Egrer (Echrer) zukler (zúgkler), 1395 schůchster. 1415, 1416, 1418 Chunrad Egrer schuster. 1423 der alt zugkler inquilinus [Teilbesitz]
    St: 1382: -/-/24, 1383/I: -/-/30, 1383/II: -/-/45, 1387: -/-/16, 1388: -/-/32 juravit, 1390/I-II: -/-/32, 1392: -/-/36, 1393, 1394: -/-/48, 1395-1397, 1399, 1400, 1401/I: -/-/60 fúr zehen lb, 1401/II: -/-/80 fúr 10 lb, iuravit, 1403: -/-/80 fúr 10 lb, 1405/I: 0,5/-/-, 1405/II: 0,5/-/- iuravit, 1406-1408: -/5/10, 1410/I: 0,5/-/12 iuravit, 1410/II: -/5/26, 1411: 0,5/-/12, 1412: -/5/26, 1413: -/-/81 iuravit, 1415: -/-/60 fúr 10 lb, 1416: -/-/80 fúr 10 lb, 1418: -/-/60 fúr nichil, 1419: -/-/60, 1423: -/3/-
* Ull (Ulrich) Kleblat [Wirt[1]]. 1394 Ull Chunrat Egrers ayden, 1395-1397 sein [= Chunrat Egrer Zuklers] ayden, 1395 schuchster, 1396-1405 inquilinus. 1405/II Ulrich Kleplat schuster inquilinus [Teilbesitz]
    St: 1394: -/-/24, 1395-1397, 1399, 1400, 1401/I: -/-/60 fúr syben lb (7 lb), 1401/II: -/12/- iuravit, 1403, 1405/I: -/12/-, 1405/II: 2,5/-/- minus -/-/12 iuravit

und sein [= des Chunrat Egrer zugkler] sun Hannsel inquilinus. 1408, 1410/I Hanns zugkler inquilinus
    St: 1407: -/-/40 gracianus, 1408: -/5/- minus -/-/3, iuravit, 1410/I: -/5/- iuravit
Chunrat zukler Egrers ayden. 1390/II Chunrat zuckler inquilinus. 1392 Chuncz zucklers aydem. 1396, 1397, 1405/II-1408, 1410/II-1412 Chunrat (Chuncz) zúgkler inquilinus. 1400 Chunrat zugkler, 1400, 1401/I et uxor. 1410/I Chunrat zugkler der junger inquilinus
    St: 1390/II: -/-/24 gracianus, 1392: -/-/36, 1395: -/-/68, 1396, 1397, 1399, 1400: -/3/12, 1401/I: 1/-/12, 1401/II: -/7/22 iuravit, 1403, 1405/I: -/7/22, 1405/II: -/5/24 iuravit, 1406-1408: -/7/22, 1410/I: -/6/12 iuravit, 1410/II: 1/-/16, 1411: -/6/12, 1412: 1/-/16
    StV: (1400) et -/-/40 de uxor[e] gracianus.
Fridel (Fridrich) Egrer, 1415-1419, 1431, 1439/II, 1441/I schuster, 1415, 1416, 1419, 1431 inquilinus. 1445 Egrer schuster
    St: 1415: -/6/6, 1416: 1/-/8, 1418, 1419: -/5/10, 1431: -/3/21 iuravit
    Sch: 1439/I-II, 1440, 1441/I-II: -/-/15, 1445: 1 knecht, dedit
* Chunrat (Kuncz) Schalhamer (Schalhaimer) [Schuster], 1462 inquilinus
    St: 1453-1458: Liste, 1462: -/-/74
* Fridrich Astaler selig [1436 Oktober 16]
* Melchior Pötschner [Stadtrat[2]; 1500 Juli 3]
* Melchior [der Jüngere], Bruder von Dr. Anton Pötschner [1507 Juli 8, noch unter Vormundschaft]
* domus Veit von Seibolstorf (Seiboltstorf). 1524-1529 domus Seiboltstorf (Seiboltstorfer) [∞ Maria Pötschner, Schwester von Melchior Pötschner]
    St: 1522-1526, 1527/I-II, 1528, 1529, 1532: -/4/-
    StV: (1522, 1523, 1526, 1527/II) vom zehendn tail. (1524, 1525) vom 10. tail.
* domus des von Spaur. 1524-1532 domus Spaur (Spaurer) [∞ Martha Pötschner, Schwester der vorigen]
    St: 1522-1526, 1527/I-II, 1528, 1529, 1532: -/4/-
    StV: (1522-1526) von aim tail. (1528) vom zehendn tail.

---

[1] Dem Ulrich Kleplat ersetzt die Stadt 1403 Zehrkosten für Gäste, vgl. Steueramt 572 (Leibgedingbuch 1402/03) S. 67v.

[2] Melchior Pötschner ist 1494 in den Stadtrat gekommen (äußerer Rat) und dort bis 1499 geblieben. Am 18.10.1499 wollte er durch seinen Bruder Anthoni Pötschner sein Bürgerrecht aufsagen lassen. Der Rat versagte es ihm, u. a. deshalb, weil er Ratsfreund sei und deshalb persönlich erscheinen müsse, vgl. RP.

* domus Perfaler[1] [ein Sechstel des Hauses]
    St: 1522-1526, 1527/I-II, 1528, 1529, 1532: 3/3/-
    StV: (1522-1524) von 6 tail am schusterhaus. (1522, 1523) dedit Máleßkircher.
* domus Pótschner
    St: 1525, 1529, 1532: anderßwo
** domus Ambrosi Ursprennger. 1541, 1542 domus Ursprennger. 1543-1571 Brosi (Ambrosi) Ursprenger (Ursprenger), 1549/I-1559, 1567/II der alt (der elter)
    St: 1540: 3/3/-, 1541: 3/3/- de domo, 1542: -/-/-, 1543: 6/4/26, 1544: 3/2/13, 1545: 6/2/-, 1546-1548, 1549/I-II, 1550, 1551/I: 3/1/-, 1551/II, 1552/I-II: 2/4/15, 1553, 1554/I-II, 1555-1557: 2/-/15, 1558: 4/1/-, 1559, 1560: 2/-/15, 1561, 1563, 1564/I-II, 1565, 1566/I-II, 1567/I-II: 2/3/29, 1568: 5/-/28, 1569-1571: -/6/13
    StV (1542) den ewigen gelt, der auß disem haus aufs landt gangen und dervon gsteurt hat, ist abgelöst. (1543) mer 1/2/- fúr p[ueri] Genger. (1544) mer -/3/15 fur p[ueri] Gienger. (1549/I) mer -/1/26 fúr den Tischn von Paindlkirchen fúr 3 nachsteur von dem altn Mentzinger herrurndt. (1551/II) abgsetzt 1/2 fl seiner tochter heiratguet. (1557) mer 1/3/15 fur den Veitn Strasser fúr 3 nachsteur.
    Bem.: Besitzt auch das Nachbarhaus Marienplatz 29.
** Leonhard Mair Eisenkramer [1572 lt. GruBu]
** Augustinerkloster [vor 20. Juli 1573 durch Gant]

Marienplatz 28/29, Bewohner

Bewohner Marienplatz 28/29:

Da die Hauseigentümer dieser beiden Häuser – fast stets Erbengemeinschaften – entweder gar nicht in den Steuerbüchern erscheinen oder an den Rand geschrieben sind, auch die Klammern, durch die die Schreiber des 16. Jahrhunderts die Namen der Bewohner gelegentlich zu Gruppen zusammenfassen, fast jährlich die Gruppierungen ändern und die Namen neu mischen, lassen sich die Bewohner der beiden Häuser nicht genau voneinander trennen und wurden deshalb hier zusammengefaßt.

Ull (Ulrich) Rieder calciator inquilinus. 1372 Ull Rieder inquilinus. 1375 relicta Riederin inquilina
    St: 1368: -/5/10, 1369, 1371, 1372: 1/-/-, 1375: 0,5/-/-
    Kristel Rieder, 1375 calciator, 1377-1379 inquilinus
        St: 1375: -/-/36 gracianus, 1377: -/-/30 juravit, 1378: -/-/30, 1379: -/-/36
    Rieder schuster St: 1393: -/3/22
Perchtolt Spigel, 1368, 1371, 1375, 1377-1379 inquilinus, 1369, 1371, 1372 calciator. 1381 relicta Spieglin
    St: 1368: -/-/50, 1369: -/-/75, 1371: -/-/82 voluntate, 1372, 1375: -/-/80, 1377: -/-/27 juravit, 1378, 1379: -/-/27, 1381: -/-/18 sub gracia
    Werndel Spiegl inquilinus, 1377 calciator St: 1377, 1378: -/-/-
    Hans Spiegl, 1382, 1383, 1390/II, 1392, 1393 calciator (schuster), 1382, 1390/I inquilinus. 1394 Spiegel schůchster inquilinus
        St: 1382, 1383/I: -/-/24, 1383/II: -/-/36, 1387: -/-/46, 1388: -/3/2 juravit, 1390/I-II: 0,5/-/-, 1392: -/3/18, 1393, 1394: 0,5/-/24
Hans Schullenhover [Schuster, Stadtrat[2]] inquilinus St: 1368: 4/-/-
Hainrich Grashawser calciator inquilinus. 1369-1372 Grashauser calciator, 1369 inquilinus. 1375, 1377-1379 Hainrich Grashawser. 1381 relicta H[ainrici] Grashauserii inquilina
    St: 1368: -/-/32, 1369, 1371, 1372: -/-/48, 1375: -/-/60, 1377: -/-/30 juravit, 1378, 1379: -/-/30, 1381: -/-/15, 1382: -/-/12
    StV: (1381) item de anno preterito -/-/30.

---

[1] Dr. Anton Pötschner war in zweiter Ehe mit einer Margaretha von Perfall verheiratet. Deshalb kam wohl ein kleiner Teil dieses Hauses an die Perfaller-Verwandtschaft.
[2] Vgl. Weinstraße 15*/16* und R. v. Bary III S. 742.

Werndel (Wernher) Gesell calciator inquilinus St: 1368: -/-/40, 1369: -/-/60
Marquardus calciator inquilinus St: 1368: -/-/20, 1369: -/-/38 post
Chunrat Klawsner (Klausner), 1368, 1369, 1371, 1377, 1379, 1382, 1383/I-II inquilinus, 1369, 1383/I calciator. 1371-1377, 1379 Klausner calciator. 1378, 1381 Klausner inquilinus
    St: 1368: -/-/28, 1369: -/-/42, 1371, 1372: -/-/60, 1375: -/-/56, 1377: -/-/60 juravit, 1378, 1379: -/-/60, 1381: -/-/-, 1382, 1383/I: -/-/60, 1383/II: -/-/-
    StV: (1382) item de anno preterito tantum.
Werndel von (de) Varolczhausen (Varnolczhausen), 1368, 1371, 1372 calciator, 1368-1372 inquilinus
    St: 1368: -/-/20, 1369, 1371, 1372: -/-/30
Hainrich calciator Argartter. 1369-1371 Hainrich von Argat (Argart) calciator inquilinus. 1372 Hainrich schuster von Argat
    St: 1368: -/-/16, 1369, 1371, 1372: -/-/24
Prunner koch
    St: 1368: -/-/16, 1369, 1371: -/-/24, 1372: -/-/26, 1375: -/-/80, 1383/I: -/-/30, 1383/II: -/-/45, 1387: -/-/20, 1388: -/-/40 juravit
    Chunrat Prunner vragner, 1377 inquilinus St: 1377: -/-/36 juravit, 1378: -/-/36
Chunrat Óhaim calciator St: 1368: -/-/36, 1369: -/-/54
Mughórn pechrer St: 1368: -/-/24
Hainrich Mader pechrer St: 1368: -/-/12, 1369: -/-/22 post
Ditel salczstózzel St: 1368: -/-/15 post
relicta Agnes vragnerin inquilina Dietlini St: 1368: -/-/-
Werndel salbúrch, 1377-1379 inquilinus
    St: 1368: -/-/64 g[racianus], 1375: -/6/4, 1377: -/5/- juravit, 1378, 1379: -/5/-
Hainrich Lohner von Pǔch cum uxore Kristel St: 1368: -/-/36 post g[racianus]
Hans Walckershover taschner St: 1368: -/6/20
relicta Schuzmanin inquilina St: 1368: -/-/50
Gánsel (Gaensel, Gansel, Gensel) glaser, 1387 fragner
    St: 1368: -/-/30 post, 1369: -/-/36, 1371, 1372, 1375: -/6/-, 1377: -/-/60 juravit, post -/-/20, 1378: -/-/60, 1379: -/-/60 [und] -/-/20 post, 1381, 1382, 1383/I: -/-/60, 1383/II: -/3/-, 1387: -/-/48, 1388: -/-/64 juravit
[Ulrich] Ratolt obzzer, 1375 cum uxore
    St: 1368: -/-/40 voluntate, 1369, 1371, 1372: -/-/48, 1375: -/-/68
Chunrat[1] Perger fragner, 1368 cum uxore St: 1368: -/-/72, 1369: -/3/18, 1371, 1372: -/5/18
pueri Haertlini (Hártlini) Zeller(ii) St: 1369: -/-/-, 1371, 1372: -/6/-
    Ulrich Zeller sartor inquilinus
        St: 1381: -/-/27
    StV: (1381) [am Rand, wieder getilgt:] Item t[enetu]r (?) penaz.
Dietl taschner, 1369, 1387 inquilinus St: 1369: -/-/36, 1375: -/-/40, 1387: -/-/24
Helt calciator inquilinus St: 1369: -/6/- gracianus
Ull pechrer von Auspurg St: 1369: -/-/18
    Ull (Ulrich) pechrer, 1371, 1372 von Freysing St: 1371, 1372: -/-/18
    Ull pechrer. 1379 Ull pechrer calciator inquilinus. 1381 Ulrich pechrer calciator cum uxore inquilinus
        St: 1377: -/-/18 juravit, 1378: -/-/18, 1379: -/-/12 gracianus, 1381, 1382, 1383/I: -/-/30, 1383/II: -/-/21
    senior pechrer
        St: 1381: -/-/12
    StV (1381) item de anno preterito tantum.
    Fridrich pechrer St: 1382: -/-/12
    Chunrat pechrer, 1383/I cum uxore St: 1383/I: -/-/18, 1383/II: -/-/27
    Heinrich pechrer St: 1392: -/-/24
Jórigel kramer St: 1369: -/-/60 gracianus
Laecher [Fragner[1]] inquilinus St: 1369: -/3/18

---

[1] Folgt gestrichen „Karrner vragner".

Chunrat von Aychach, 1372-1379 fragner
    St: 1369, 1371, 1372, 1375: -/-/48, 1377: -/-/72 juravit, 1378, 1379: -/-/72
relicta Fridrich (Friczin) in dem geschuss St: 1369, 1371: -/-/75
Dietl Weygel inquilinus St: 1371: 1/-/-
Liendel calciator de Weilhaim inquilinus St: 1371, 1372: 0,5/-/-, 1375: -/5/20
Chunrat kramer calciator, 1371 inquilinus St: 1371, 1372: -/-/54
(Heincz, Hainrich) Schichk (Schick), 1371, 1372 calciator, 1377, 1378 inquilinus
    St: 1371: -/-/38, 1372: -/-/40, 1377: -/-/36 juravit, 1378: -/-/36
Dietl (Dietrich) vragner
    St: 1371, 1372: -/-/18, 1375: 0,5/-/-, 1379, 1381, 1382, 1383/I: -/-/72, 1383/II: -/3/18, 1388:
        -/3/6 juravit, 1390/I-II: -/3/6
Schemerl vragner St: 1371, 1372, 1375: -/-/24
Órtel sneyder. 1372 Ortel sartor St: 1371, 1372: -/-/60
Hans taschner inquilinus St: 1372: -/-/24 gracianus, 1375: -/-/36
Lang Haincz, 1375 inquilinus St: 1372: -/-/30, 1375: -/-/-
Nicklas Stadler inquilinus St: 1375: -/-/48, 1377: -/-/27 juravit, 1378, 1379: -/-/27
Chunrat Langer taschner inquilinus St: 1375: -/-/-, 1382, 1383/I: -/-/24, 1383/II: -/-/36
    Chunrat gener suus inquilinus. 1383/I-II Chunrat calciator gener eius inquilinus
        St: 1382, 1383/I: 0,5/-/-, 1383/II: -/6/-
Hans calciator gener Darfnerii. 1377-1379 Hanns gener Darfnerii, 1375-1379 inquilinus
    St: 1375: -/3/6, 1377: -/3/- juravit, 1378, 1379: -/3/-
    StV: (1378) [Nachtrag am Rand:] In h[oc anno] t[enetu]r (?) 3 Rat[isponenses].
Chunrat Kúpferl inquilinus, 1377 calciator. 1381 patrimonium Kúpfferlini inquilinus
    St: 1375: -/-/44 juravit, 1377: -/3/- juravit, 1378, 1379: -/3/-, 1381: -/-/-
Epp calciator St: 1375: -/-/80
Chunrat Posch, 1377 vragner St: 1375: -/-/20, 1377: -/-/18 juravit, 1379: -/-/18
    Póschin, 1387 inquilina St: 1387: -/-/20, 1390/I-II: -/-/40
Seydl institor St: 1375: -/7/2
relicta Fridrich Spindler, 1378 inquilina St: 1377: -/-/18 juravit, 1378: -/-/18
relicta Púbingerii inquilina St: 1377: -/-/60 juravit
Nicklas Pólgk [Schuster] inquilinus St: 1377: -/-/18 juravit, 1378: -/-/18
Fridrich (Freydel) Stózzer (Stosser, Stesser), 1387, 1394, 1395, 1397, 1399, 1400, 1401/I koch.
    1390/I-II, 1392, 1393 Stózzer koch
        St: 1377: -/-/48 juravit, 1378, 1379, 1381, 1382: -/-/48, 1383/I: -/3/12 voluntate, 1383/II: -/5/3,
            1387: -/-/60, 1388: 0,5/-/- juravit, 1390/I-II: -/-/32, 1392: -/-/30, 1393: -/-/48, 1394: -/-/72,
            1395: -/-/80, 1396, 1397, 1399, 1400: 0,5/-/-, 1401/I: -/-/-
    Hensel sein ayden inquilinus Bawrlacher St: 1394: 0,5/-/8
    Chuncz (Chunrad) Stozzer (Stosser) koch[2], 1410-1416, 1419, 1423, 1431 inquilinus
        St: 1410/II: -/-/80 fúr 10 lb, 1411: -/-/60 fúr 10 lb, 1412: -/-/80 fúr 10 lb, 1413: -/-/60 fúr 10 lb,
            iuravit, 1415: -/3/-, 1416, 1418, 1419: 0,5/-/-, 1423: 0,5/-/-, 1431: -/3/- iuravit
Ull (Ulrich) Mechk, 1377-1379 vragner, 1377 inquilinus Strózzer (!)
    St: 1377: -/-/54 juravit, 1378: -/-/54, 1379: -/-/-, 1381: -/-/54, 1382: -/-/54 [und] post -/-/12
Hans Weizz (Weiss) taschner, 1379 inquilinus
    St: 1377: -/-/18 juravit, 1378, 1379, 1381, 1382: -/-/18, 1383/I: -/-/24, 1383/II: -/-/36, 1387:
        -/-/20, 1388: -/-/40 juravit, 1390/I-II: -/-/40, 1392: -/-/30, 1393: -/-/40
    und ir (!) (sein) tochter, 1393 inquilina St: 1392: -/-/12, 1393: -/-/16
Ull Told calciator inquilinus St: 1377: -/-/12 juravit, 1378: -/-/12
(Ull) Aengstleich taschner inquilinus St: 1378: -/-/18 gracianus, 1379: -/-/18 juravit
    Chunczel (Chuncz) Aengstleich taschner inquilinus
        St: 1405/I: -/-/80 fur 10 lb, iuravit, 1405/II: -/3/- fur 15 lb, iuravit
Hainrich in der hawben inquilinus, 1383/II calciator
    St: 1379, 1381, 1382, 1383/I: -/-/24, 1383/II: -/-/36, 1387: -/-/80, 1388: -/5/10 juravit

---

[1] So 1368 bei Marienplatz 6*, 1371, 1372, 1375 bei Marienplatz 10* und 1377 bei Marienplatz 9*B.
[2] Wahrscheinlich der Stosser, ohne Vornamen, der 1439 als Stadtkoch belegt ist, vgl. R. v. Bary III S. 862.

Arnolt calciator inquilinus St: 1379: -/-/-
Peter mercator St: 1379: -/-/72 juravit
Hanns vragner inquilinus St: 1379: -/-/12 gracianus
Hanns Rauscher calciator inquilinus. 1382 Rauschher calciator inquilinus
    St: 1381: -/-/12, 1382: -/-/12 gracianer
Ulrich (Ull) Schaernczer (Schaerniczer, Schaern[i]czner, Schaerenczer), 1381-1383 calciator, 1381-1383 inquilinus
    St: 1381, 1382, 1383/I: -/-/54, 1383/II: -/-/81
Fridrich pawtler inquilinus St: 1381: -/-/12 gracianus
Jacob Halbpschuster inquilinus, 1382 cum uxore
    St: 1381: -/3/6, 1382, 1383/I: -/7/6, 1383/II: -/10/24, 1387: -/-/40, 1388: -/-/80 juravit, 1390/I-II: -/-/80, 1392: -/3/-, 1393: 0,5/-/-
Krebss calciator inquilinus. 1382 Hanns Krewbsch calciator inquilinus
    St: 1381: -/-/12, 1382: -/-/21
    StV: (1381) item de anno preterito tantum.
Chunrat Hartman
    St: 1381: -/-/30 gracianus, 1382: -/-/30 juravit, 1383/I: -/-/30, 1383/II: -/-/45, 1388: -/-/40 juravit
    StV: (1381) ip[s]ius preterite (?) steweraz.[1]
Bartholome taschner inquilinus St: 1381: -/-/12 juravit, 1382: -/-/18
Herman Meichsner pechrer St: 1381: -/-/12
Hainrich kaefman cum uxore. 1382, 1383/I Hainrich kaufman vragner
    St: 1381: -/-/78 gracianus, 1382: -/3/12 juravit, 1383/I: -/3/12
    StV: (1381) r[aci]o[n]e (?) ip[s]ius.
Dietrich institor de Wurms. 1382, 1387, 1392, 1393 Dietrich (Dietl, Dietel) vragner. 1397, 1399 relicta Dietlin fragnerin, 1397 inquilina
    St: 1381: -/-/30, 1382: -/-/72, 1387: -/-/48, 1392: -/-/72, 1393: -/3/6, 1395: -/-/60 für zwelff lb, 1396, 1397, 1399, 1400: -/-/60 fur 10 lb
Hanns von (de) Petembs (Petms, Petemss, Pedems, Pedmes) sartor (sneider), 1382, 1399-1401/II, 1403 inquilinus
    St: 1382: -/-/24 voluntate, 1390/I: -/-/16, 1399, 1400, 1401/I: -/-/40 fúr 2 lb, 1401/II: -/-/44 iuravit, 1403: -/-/44 fúr nichil
Chunrat salbúrch inquilinus St: 1382: -/3/24 juravit
Chunrat Swab taschner, 1383 inquilinus St: 1383/I: -/-/60 gracianus, 1383/II: -/3/-
Pawrenschayder hantschucher inquilinus St: 1383/I: -/-/18
Ott Stawdenrauch taschner inquilinus St: 1383/I: -/-/- invenitur alibi
Fridrich (Fridl) Róll, 1383 calciator, 1383, 1387-1393 inquilinus. 1394 alt Róll Frydrich
    St: 1383/I: -/-/18 gracianus, 1383/II: -/-/54 juravit, 1387: -/-/32, 1388: -/-/64 juravit, 1390/I-II: -/-/64, 1392: -/-/48, 1393, 1394: -/-/64
    Chunrat (Chuncz) Róll (Roll), 1387-1395, 1399, 1400, 1410/I-1412 inquilinus, 1394-1397, 1410/I-II schůchster. 1395-1401/I der jung Róll. 1413 relicta Róllin schusterin inquilina
    St: 1387: -/-/16 iuravit, 1390/I-II: -/-/32, 1392: -/-/24, 1393, 1394: -/-/32, 1395-1397: -/-/60 fúr 8 lb, 1399, 1400: -/-/40, 1401/I: -/-/60, 1410/I: -/-/60 fúr 8 lb, iuravit, 1410/II: -/-/64 fúr 8 lb, 1411: -/-/60 fúr 8 lb, 1412: -/-/60, 1413: -/-/-
    Fridel Róll schuster St: 1418: -/-/52
Hanns rótsmid inquilinus St: 1383/I: -/-/78, 1383/II: -/3/27
Zúrcher pawtler inquilinus St: 1383/I: -/-/18 gracianus, 1383/II: -/-/27, post -/-/9, non juravit
relicta Marichpeckin St: 1383/I: -/-/12, 1383/II: -/-/18
Ludwig Resch St: 1383/I: -/5/6
    Chunrat Resch, 1395 schůchster. 1396-1405/II Resch schuster, 1394, 1395, 1397-1405/I inquilinus, 1399 et uxor. 1405/II Chuncz Resch inquilinus
    St: 1394: -/-/32 juravit, 1395, 1396: -/-/60 fúr fúnf lb, 1397: -/-/60 fúr 5 lb, 1399: -/-/70 de uxor[e] et gracianus, 1400, 1401/I: -/-/60 fur 4 lb, 1401/II: -/-/60 fur 5 lb, iuravit, 1403, 1405/I: -/-/60 fur 5 lb, 1405/II: -/-/60 fúr 5 lb, iuravit

---

[1] Vermerk auf Rasur und teils auch wieder gelöscht.

Maenhart tagwercher inquilinus St: 1383/II: -/-/18, 1388: -/-/12 juravit
Hanns sneider inquilinus St: 1387: -/-/8
Hanns Ofenhawser [schuster[1]] inquilinus St: 1387: -/-/36, 1388: -/-/72 juravit
(Hainrich) Gúndelwein fragner St: 1387: -/-/20, 1388: -/-/40 juravit
Claus pewtler inquilinus St: 1387: -/-/8, 1390/I: -/-/16
Prántel (Praentl) fragner. 1388 Hanns Praentel Pózzpfenwert. 1403 Hanns Prantel fragner. 1405/I Hanns Praentel obscher, 1392 inquilinus
    St: 1387: -/-/24, 1388: -/-/48 juravit, 1390/I-II: -/-/48, 1392: -/-/42, 1393: -/-/56, 1395: -/-/60 für 15 lb, 1396: -/3/-, 1403: -/5/10, 1405/I: -/-/60
Pózz Gredl kauflin St: 1387: -/-/8
Ull von Púhel [Schuster[2]] inquilinus St: 1388: -/-/-
Werndel (Werndlein) calciator inquilinus St: 1388: -/-/24 juravit, 1390/I-II: -/-/24
Morgenstern inquilinus St: 1390/I: -/5/10
Fridberger (Fridburger) calciator (schuster) inquilinus St: 1390/I-II: -/-/43, 1392: -/-/18
Hanns smitkneht inquilinus St: 1390/I-II: -/-/16
(Chunrat) Pewerlacher (Bawrlacher, Paurlacher, Páwrlaher, Peirlaher), 1390-1394, 1397, 1399 koch
    St: 1390/I-II: -/-/32, 1392: -/-/24, 1393, 1394: -/-/32, 1395: -/-/60 für vier lb, 1396, 1397, 1399: -/-/50 fur 4 lb
alt und jung Schewerlin St: 1390/I: -/-/10, 1390/II: -/-/-
Werndlein Still calciator inquilinus St: 1390/II: -/5/-
Hans smitkneht, 1393 taschner inquilinus St: 1392: -/-/12, 1393: -/-/16
jung Aynger inquilinus St: 1392: -/-/30 iuravit
    pueri uxoris St: 1392: -/-/12
Hans Wurm (Wrm, Wurem, Wúrm), 1397, 1399-1403 fragner, 1405/I obscher
    St: 1392: -/-/48, 1393, 1394: -/-/64, 1395-1397, 1399, 1401/I: -/-/60 fúr 9 lb, 1401/II: -/-/80 fúr 10 lb, iuravit, 1403, 1405/I: -/-/80 fúr 10 lb
    Chunczel (Chuncz, Chunrad) Wurm (Wurem), 1410/I-II schuster, 1410/II, 1415, 1416 inquilinus. 1418 Wurm schuster
        St: 1410/II: -/-/80 fúr 10 lb, 1415: -/-/60 fúr nichil, 1416: -/-/80 fúr 10 lb, 1418: -/-/80
    (et) pueri uxoris, 1416 inquilini St: 1410/II: -/-/20, 1416: -/-/15 gracianus, 1418: -/-/15
Lúdl obser. 1394 Ludel opsser underm Hamel, 1396, 1397, 1399, 1400 Ludel (Ludwig) fragner, 1396 inquilinus
    St: 1393: -/-/40 juravit, 1394: -/-/40, 1395-1397, 1399, 1400: -/-/60 für funf lb
Chunrat Póll (Bóll, Poell), 1395-1397, 1401/II calciator (schuster), 1395-1401/I, 1415 inquilinus. 1416 relicta Póllin schusterin
    St: 1394: -/9/2, 1395: 0,5/-/16, 1396, 1397, 1399, 1400, 1401/I: -/6/24, 1415: -/5/-, 1416: -/6/20 patrimonium
Lewtel (Leutel) (Plieninger) schůster, 1394 inquilinus. 1399 relicta Plieningerin
    St: 1394: -/-/32, 1395-1397, 1399: -/-/60 für vier lb
Herl (Herel) schůster, 1394-1408 inquilinus. 1413 patrimonium Herel schuster
    St: 1394: -/-/18, 1395-1397, 1399, 1400, 1401/I: -/-/60 für sechs lb, 1401/II: -/3/22 iuravit, 1403, 1405/I: -/3/22, 1405/II: -/3/- iuravit, 1406-1408: 0,5/-/-, 1410/I: 0,5/-/- iuravit, 1410/II: -/5/10, 1411: 0,5/-/-, 1412: -/5/10, 1413: -/-/75
    Ull Herel inquilinus, 1401-1408 schuster
        St: 1401/II: -/-/60 fur 5 lb, iuravit, 1403, 1405/I: -/-/60 fur 5 lb, 1405/II: -/-/60 fur 5 lb, iuravit, 1406-1408, 1410/I: -/-/60 fur 5 lb iuravit
Hans Strasser (Strausser), 1395, 1396 schůchster inquilinus
    St: 1394: -/-/16 gracianus, 1395, 1396: -/-/60 für vier lb
Hans taschner, 1395, 1396, 1399-1401 inquilinus
    St: 1395: -/-/60 für vier lb, 1396, 1397, 1399, 1400: -/-/48 fur 4 lb, 1401/I: -/-/60 fur 4 lb, 1401/II: -/-/60 fur 6 lb, iuravit, 1403, 1405/I: -/-/60 fur 6 lb
Hainrich Hermannes schreibers sun inquilinus[1] St: 1395: nichil

---

[1] Vgl. Kaufingerstraße 4*, 18*.
[2] So 1387, 1390-1431 bei Marienplatz 27*.

(maister) Hans sneider, 1395, 1396 inquilinus
    St: 1395: -/-/64, 1396, 1397, 1399, 1400, 1401/I: -/3/6, 1401/II: -/3/14 iuravit

Els (Elspet) Schrimpfin (Schrympfin, Schrůmpfin), 1396 inquilina Strazzer. 1397 Els Schriempfin inquilina, 1431 ólerin, 1399-1416, 1419, 1423, 1431 inquilina
    St: 1396, 1397: -/-/24 fur (pro) nichil, 1399: -/-22 fůr nichil, 1400: -/-/24 fur nichil, 1401/I: -/-/25 fůr nichil, 1401/II: -/-/38 iuravit, 1403, 1405/I: -/-/57, 1405/II: -/-/60 fůr 10 lb, iuravit, 1406-1408: -/-/80 fůr 10 lb, 1410/I: -/-/60 fur 10 lb, iuravit, 1410/II: -/-/80 fůr 10 lb, 1411: -/-/60 fůr 10 lb, 1412: -/-/80 fůr 10 lb, 1413, 1415: -/-/60 fůr 10 lb, iuravit, 1416: -/-/80 fůr 10 lb, 1418, 1419: -/-/80, 1423: -/3/-, 1431: -/-/60 iuravit

Hannsel Prugkslegel inquilinus St: 1397: -/-/28 gracianus

Chunrat (Chůnczel) Praentel (Prantel, Prentel, Praenttl) von Gawtting(en) inquilinus
    St: 1399: -/-/32 gracianus, 1400: -/-/60, 1401/I: -/-/60 für 8 lb, 1401/II: -/-/64 für 8 lb, iuravit

Diemut Kólblin inquilina St: 1397, 1399: -/-/24

Ull fragner mawrer
    St: 1397, 1399: -/-/60 fur 4 lb, 1400, 1401/I: -/-/ fur 7 lb, 1401/II: -/-/60 fur 7 lb, iuravit

Haincz (Hainczel, Hainrich) Kneisel (Kneistl, Kneysel, Kneystel,), 1397-1400, 1405/I, 1406-1410/I inquilinus, 1397, 1400-1410, 1412, 1413, 1419, 1423 schuster. 1431 Knáussel schuster. 1439/I Knawsslin. 1439/II, 1440 relicta Knausslin
    St: 1397: -/-/28 gracianus, 1399: -/-/52 fur 4 lb, 1400, 1401/I: -/-/60 fůr 4 lb, 1401/II: -/-/60 fur 5 lb, iuravit, 1403, 1405/I: -/-/60 fur 5 lb, 1405/II: -/-/60 fůr 10 lb, iuravit, 1406-1408: -/-/80 fůr 10 lb, 1410/I: -/3/9 iuravit, 1410/II: 0,5/-/12, 1411: -/3/9, 1412: 0,5/-/12, 1413: 0,5/-/6 iuravit, 1415: 0,5/-/12, 1416: -/5/26, 1418, 1419: -/7/14, 1423: 0,5/-/-, 1431: -/-/40 iuravit
    Sch: 1439/I: -/-/10, 1439/II, 1440: -/-/4

    Knaussel schuster. 1453-1455 Chunrat Knaussel (Knassel), 1455 schuster
    Sch: 1441/I-II: -/-/4, 1445: 1 knecht, dedit -/-/8
    St: 1453-1455: Liste

Michel Kranvesel (Kranvoesel) rotsmid, 1399-1401 inquilinus. 1403 Michel rotsmid
    St: 1397, 1399, 1400, 1401/I: -/-/60 fůr 6 lb, 1401/II: -/-/84 iuravit, 1403: -/-/84

Hannsel Klaen (Klaener) inquilinus, 1400, 1401/I schuster
    St: 1399: -/-/28 gracianus, 1400, 1401/I: -/-/60 fůr 6 lb

Seicz schuster von Ebersperg inquilinus St: 1399: -/-/60 fur 5 lb

Órttel schuster inquilinus
    St: 1400, 1401/I: -/-/60 fur 6 lb, 1401/II: -/-/72 fůr 9 lb, iuravit, 1403: -/-/72 fur 6 lb

Hanns Kraczer, 1400-1418 koch,[2] 1411-1415 inquilinus
    St: 1400: -/-/60 fur 4 lb, iuravit, 1401/I: -/-/60 fur 4 lb, 1401/II: -/-/64 fur 8 lb, iuravit, 1403, 1405/I: -/-/64 fur 8 lb, 1405/II: -/3/- iuravit, 1406-1408: 0,5/-/-, 1410/I: 0,5/-/- iuravit, 1410/II: -/5/10, 1411: 0,5/-/-, 1412: -/5/10, 1413: 0,5/-/- iuravit, 1415, 1416, 1418, 1419: -/-/-
    StV: (1415) er sol fůr sein stewr kochen den kamrern und stewrern biz auf dez racz widerruffen.

Prántel (Prentel, Praentel, Prantel) schuster inquilinus
    St: 1400, 1401/I: -/-/60 fur 5 lb, 1401/II: -/-/60 fur 6 lb, iuravit, 1403, 1405/I: -/-/60 fur 5 lb, 1405/II: -/-/66 fůr 11 lb, iuravit, 1406: -/-/88 fůr 11 lb

Albrecht Hackensmid inquilinus, 1400, 1403 schuster
    St: 1400, 1401/I: -/-/60 fur 6,5 lb, 1401/II: -/-/60 fur 4 lb, iuravit, 1403: -/-/60 fur 4 lb

    Hanns Hackensmid, 1405-1408 schuster, 1405, 1415, 1516 inquilinus
    St: 1405/I: -/-/60 fůr 5 lb, 1405/II: -/-/60 fůr 5 lb, iuravit, 1406-1408: -/-/60 fůr 5 lb, 1415: -/-/60 fůr 10 lb[3], 1416: -/-/80 fůr 10 lb

Chunczel (Chunrat) Stadler inquilinus, 1401/II schuster
    St: 1401/I: -/-/20 gracianus, 1401/II: -/3/6 iuravit

Hewslinger (Hẃslinger) sneider inquilinus
    St: 1401/I: -/-/20 gracianus, 1401/II: -/-/36 iuravit, 1403: -/-/-

---

[1] Name wieder getilgt.
[2] Hanns Kraczer 1414-1439 als Stadtkoch belegt, vgl. R. v. Bary III S. 862.
[3] 1415 getilgt „nichil" vor „10 lb".

Ludwig Hielpurger (Hilpurger), 1401 fragner
  St: 1401/I: -/-/60 fúr 5 lb, 1401/II, 1403, 1405/I: -/-/60 fúr 6
Wendel slairchauflin dacz dem Langen St: 1401/I: -/-/60 gracianus
Rudel Swarcz schuster, 1401/II inquilinus
  St: 1401/II: -/-/60 fúr 6 lb, iuravit, 1403, 1405/I: -/-/60 fúr 6 lb, 1405/II: 0,5/-/- iuravit
Hanns Hofman koch, 1405/II, 1423 inquilinus
  St: 1401/II: -/-/24 gracianus, 1403, 1405/I: -/-/60 fúr 3 lb, 1405/II: -/-/78 iuravit, 1406-1408: -/3/14, 1410/I: -/-/72 fúr 12 lb, 1423: -/3/-
Chuncz (Chunczel) Stoll schuster inquilinus St: 1403: -/-/32 gracianus, 1405/I: -/-/60 fúr 3 lb, iuravit
  Stoll schuster inquilinus
    St: 1410/II: -/-/80 fúr 10 lb, 1411: -/-/60 fúr 10 lb, 1412: -/-/80 fúr 10 lb, 1413: -/-/72 iuravit
Jacob Huber (Húber) schuster, 1403-1416, 1419 inquilinus
  St: 1403: -/-/80 fur 10 lb, iuravit, 1405/II: -/3/6 iuravit, 1406: 0,5/-/8, 1407, 1408: 0,5/-/8, 1410/I: -/11/18 iuravit, 1410/II: -/15/14, 1411: -/11/18, 1412: -/15/14, 1413: -/11/18, 1415: -/5/-, 1416: -/6/20, 1418, 1419: -/9/10
  StV: (1413) fúr sich und -/6/12 sein weip patrimonium. (1416) et dedit -/-/32 gracianus de uxor[e] sua.
  Oswald Húber schuster inquilinus St: 1423: -/3/-
  Jacob Huber Sch: 1445: 1 knecht, dedit -/-/8
(Ulrich) Schilperger schuster inquilinus St: 1403: -/-/60 fúr 3 lb, 1406: -/-/64 fur 8 lb
  Andre Schiltperger schuster inquilinus St: 1431: -/-/30 gracianus
Hainrich Smidel chaeffel St: 1403: -/-/64 fúr 8 lb
Chuncz (Chunczel) Dengk, 1405-1408, 1410/II schuster, 1405-1412 inquilinus. 1413 patrimonium
  Chuncz Dengk inquilinus
    St: 1405/I: -/-/40 gracianus, 1405/II: -/-/60 fur 4 lb, iuravit, 1406-1408: -/-/60 fur (fúr) 4 lb, 1410/I: -/3/- iuravit, 1410/II: 0,5/-/-, 1411: -/3/-, 1412: 0,5/-/-, 1413: -/3/-
Werndel Rosentaler (1405/II-1408 Werndel Krótentaler, Krottntaler), 1405/I, 1413 schuster, 1405-1416 inquilinus. 1418 relicta Werndel Rosentaler
  St: 1405/I: -/-/60 fúr 4 lb, 1405/II: -/-/60 fúr 6 lb, iuravit, 1406-1408: -/-/60 fúr 6 lb, 1410/I: -/-/60 fúr 10 lb, iuravit, 1410/II: -/-/80 fúr 10 lb, 1411: -/-/60 fúr 10 lb, 1412: -/-/80 fúr 10 lb, 1413: -/-/60 fúr 10 lb, iuravit, 1415: -/-/60 fúr 10 lb, 1416: -/-/80 fúr 10 lb, 1418: -/-/45
Fridel sein aydem inquilinus, 1405/I, 1406-1408 schuster
  St: 1405/I: -/-/32 gracianus, 1405/II: -/-/60 fúr 3 lb, iuravit, 1406: -/-/60 fúr 3 lb, 1407, 1408: -/-/60 fúr 5 lb, 1410/I: -/3/- iuravit, 1410/II: 0,5/-/-, 1411: -/3/-, 1412: 0,5/-/-, 1413: 0,5/-/- iuravit
  StV: (1413) und sein weip -/5/- patrimonium.
Krell schuster inquilinus. 1408-1411, 1419, 1431 Aelbel (Albrecht) Krell schuster inquilinus. 1412, 1415 Aelbel Krell inquilinus
  St: 1405/II: -/-/60 fúr 4 lb, iuravit, 1406, 1408: -/-/60 fúr 4 lb, 1410/I: -/-/60 fúr 4 lb, iuravit, 1410/II, 1411, 1412: -/-/60 fúr 4 lb, 1413: -/-/60 fúr 6 lb, iuravit, 1415: -/-/78, 1416, 1418, 1419: -/3/14, 1423: -/3/6, 1431: -/3/- iuravit
Hanns taschner inquilinus St: 1405/II: -/-/60 fúr 5 lb, iuravit, 1406-1408: -/-/60 fúr 5 lb, 1410/I: -/-/40
Chunrat Schaẃrel inquilinus St: 1405/II: -/-/
  Ull (Ulrich) Schaẃrel inquilinus St: 1408: 0,5/-/-, 1410/I: -/-/78 iuravit
Hanns (Hannsel) Strawsdorffer inquilinus. 1407-1412 Strawstorffer schuster inquilinus. 1413 patrimonium Strawstorfer schuster inquilinus
  St: 1405/II: -/-/60 fur 10 lb iuravit, 1406-1408: -/-/80 fúr 10 lb, 1410/I: -/-/78 iuravit, 1410/II: -/3/14, 1411: -/-/78, 1412: -/3/14, 1413: -/-/-
Ulrich Lindenplat, 1406 schuster, 1406-1408 inquilinus
  St: 1406: -/3/6 fúr 12 lb, iuravit, 1407: -/3/6, 1408: -/3/6
Dachawer schuster inquilinus St: 1407: -/-/60 fur 2 lb
kúchelpacher zimerman St: 1407: -/-/20 gracianus
[Hans] Fróleich kaltsmid inquilinus St: 1408: -/-/60 fúr nichil
Ulrich Egkersperger schuster inquilinus St: 1410/I: 0,5/-/- iuravit
Kristel chauffel inquilinus St: 1410/I: -/-/60 fúr 10 lb iuravit

Pesel obscher inquilinus. 1415 Pessel obscher uxor inquilina
> St: 1410/I: -/-/60 fúr 8 lb, iuravit, 1410/II: -/-/64 fúr 8 lb, 1411: -/-/60 fúr 8 lb, 1412: -/-/64 fúr 8 lb, 1413: -/-/60 iuravit, 1415: -/-/60 fúr nichil, 1418, 1419: -/-/60

Hertel schuster St: 1410/I: 0,5/-/- iuravit

Lúdel Held schuster inquilinus St: 1410/II: -/-/60 fúr nichil

Erhart schuster inquilinus. 1413 patrimonium Erhart schuster inquilinus
> St: 1410/II: -/5/10 iuravit, 1411: 0,5/-/-, 1412: -/5/10, 1413: -/-/-

oblaterin, 1410-1416, 1419 inquilina
> St: 1410/II: -/-/14 fúr nichil, 1411: -/-/13 fúr nichil, 1412, 1413: -/-/12 fúr nichil, 1415: -/-/20 fúr nichil, 1416: -/-/25, 1418: -/-/44 iuravit, 1419: -/-/44

Hanns Morner (Mörner) koch, 1411-1415 inquilinus
> St: 1410/II: -/5/10, 1411: 0,5/-/-, 1412: -/5/10, 1413: -/6/6 iuravit, 1415: -/3/6

Peter taschner der junger, 1412 inquilinus. 1413 relicta Peter taschner der junger inquilinus
> St: 1411: -/-/60 fúr nichil, 1412: -/-/60, 1413: -/-/60 iuravit

Haincz (Hainrich) Fúgel (Fúg), 1411-1413, 1418, 1419, 1423 schuster, 1411-1416, 1419, 1423 inquilinus
> St: 1411: -/-/20 gracianus, 1412: -/-/64 fúr 8 lb, iuravit, 1413: -/-/60 fúr 8 lb, iuravit, 1415: -/3/- iuravit, 1416, 1418, 1419: 0,5/-/-, 1423: 0,5/-/- iuravit

Haincz Haechinger schuster inquilinus
> St: 1411, 1412: -/-/60 fúr 4 lb, 1413: -/-/60 iuravit, 1415: -/-/60 fúr 10 lb, 1416: -/-/80 fúr 10 lb

Raendel schuster inquilinus. 1418, 1419 Raendel Kun schuster, 1419 inquilinus. 1439/I Randel Kún
> St: 1415: -/-/60 fúr 10 lb, 1416: -/-/80 fur 10 lb, 1418, 1419: -/-/80
> Sch: 1439/I: 0,5 t[aglon]

Ulrich Áwchtlinger (Awchtlinger), 1418, 1419 schuster, 1415, 1416, 1419 inquilinus
> St: 1415: -/-/60 fúr 10 lb, 1416: -/-/80 fúr 10 lb, 1418, 1419: -/-/64

Michel zingiesser inquilinus St: 1415: -/14/-, 1416: 2/-/80

Kellermawz obscher inquilinus St: 1416: -/-/80 fúr 10 lb

Andre Wenig schuster, 1416, 1419 inquilinus. 1419 relicta Andre Wenig schuster
> St: 1416: -/-/40 gracianus, 1418, 1419: -/-/88

Kellner schuster St: 1418: -/-/60

Stepfel schuster von Pael St: 1418: -/-/72

Chunczel (Chuncz) Prantmair, 1418 schuster, 1419 inquilinus. 1431 Prantmair schuster inquilinus
> St: 1418, 1419: -/-/80, 1431: -/-/60 iuravit
> Sch: 1441/II: 1 t[aglon]

Marttein (Perckhaymer) schuster inquilinus St: 1418: -/-/20 gracianus, 1419: -/-/80

Chuncz Pugkel schuster. 1431 Púckel schuster inquilinus
> St: 1418: -/-/30 gracianus, 1431: -/-/60 iuravit [daneben:] 15 lb.

Fayltinger koch St: 1418, 1419: -/3/6

Hanns Moshaymer schneyder inquilinus St: 1419: -/-/60

Albrecht Schober schuster inquilinus St: 1423: 0,5/-/- iuravit
> Hanns Schober schuster inquilinus St: 1423: -/3/6

Chuncz Lengenvelder schuster inquilinus St: 1423: -/3/-

Chuncz (Chunrat) taschner, 1423, 1431, 1441/I inquilinus
> St: 1423: -/3/-, 1431: 0,5/-/4 iuravit
> Sch: 1439/I-II, 1440, 1441/I-II: -/-/15

Hanns Graf schuster inquilinus St: 1423: 0,5/-/-

Hanns Herczog schuster inquilinus St: 1423: -/3/12

Arnolt Grássel schuster inquilinus St: 1431: -/9/2 iuravit

Schluttnperger schuster inquilinus St: 1431: -/-/60 iuravit

Egelhauser [= Hegelhauser] schuster inquilinus St: 1431: -/-/60
> Ulrich Heglhauser (Hegelhauser). 1445, 1454 Heglhauser
> > Sch: 1445: 1 knecht, dedit -/-/8
> > St: 1453-1455, 1458: Liste
> Hainrich (Haincz) Hegelhauser, 1456 schuster St: 1456, 1457: Liste

relicta Aicherin inquilina St: 1431: -/-/45 iuravit

Rappold schuster inquilinus
>   St: 1431: -/3/6
>   StV: (1431) patrimonium antecessoris Graf et dedit -/-/15 sua gracia, matris -/-/30 et uxoris.

Fridrich Holczel schuster inquilinus St: 1431: -/7/14 iuravit

Hanns Reynman Sch: 1439/I: 1 t[aglon]

Hanns Horsapp [Gürtler] Sch: 1439/I: -/-/8
> Horsappin, 1454 inquilina St: 1454, 1455: Liste

Hanns Has, 1439/II zingiesser Sch: 1439/I-II: 1 t[aglon]

Chunrat (1440: Hanns) Aẃscher (Awscher), 1441/I-II obser
>   Sch: 1439/I-II, 1440, 1441/I-II: 1,5 t[aglon]
> Hanns Awscher, 1456 obser
>   Sch: 1445: 1 knecht, dedit
>   St: 1453-1456: Liste
> Els Auscherin inquilina St: 1457: Liste
> Ullrich Auscher obsser inquilinus St: 1462: -/-/84

Ulrich Rauscher schuster Sch: 1440, 1441/I-II: 1 t[aglon], 1445: 2 ehalten, dedit -/-/24 (!)

Chunrat Mochinger schuster Sch: 1441/I: 1 t[aglon]

Els Hartmanin inquilina Sch: 1441/I: -/-/4

Kundel inquilinus Sch: 1441/II: [kein Betrag]

Hanns Seidl (Seidel, Seydl), 1453, 1454, 1456, 1457 schuster, 1456 inquilinus
>   Sch: 1445: 1 knecht, dedit -/-/8
>   St: 1453-1458: Liste

[Fridrich] Elsinger schuster Sch: 1445: 2 ehalten, dedit -/-/16

Jacob messrer Sch: 1445: 2 knecht [kein Betrag]

Hans Umpach, 1456 schuster
>   Sch: 1445: 2 knecht, dedit -/-/16
>   StV: 1453-1458: Liste
> Lienhart Umpach St: 1453: Liste

Haincz Traubinger [Schuster[1]] Sch: 1445: 1 knecht, dedit -/-/8

Mittlmair [Schuster]. 1453-1462 Chunrat (Chuncz) Mitlmair, 1462 inquilinus
>   Sch: 1445: 2 knecht, dedit -/-/16
>   St: 1453-1458: Liste, 1462: -/-/60

Lienhart Strauster Sch: 1445: 3 [ehalten], dedit -/-/16 (!)

der allt Randel Sch: 1445: nichil
> Ulrich Randel Sch: 1445: 1 knecht, dedit

Wolfel Frey [Schuster[2]] Sch: 1445: 3 ehalten, dedit

Hanns Stampfl (Stámpfl) [Schuster[3]]
>   Sch: 1445: 1 knecht, dedit
>   St: 1453-1458: Liste
> Jorg Stampfl Sch: 1445: 2 ehalten, dedit

Arnolt (Ornolt) Stainkircher (Steinkircher) [Schuster[4]], 1462 inquilinus
>   Sch: 1445: 1 knecht, dedit
>   St: 1453-1458: Liste, 1462: -/5/-
>   StV: (1462) et dedit -/-/78 fur den Hanns Stám[p]fel, die trit nachstewr, er wass porg.

Chunrat (Kuncz) taschner, 1462 inquilinus
>   Sch: 1445: 1 knecht, dedit -/-/8
>   St: 1453-1458: Liste, 1462: -/-/83

Fricz Progl (Prógl, Prógel, Prodel), 1445, 1453, 1455, 1456 koch, 1456 inquilinus
>   Sch: 1445: 2 ehalten, dedit -/-/16
>   St: 1453-1456: Liste

---

[1] So 1439/II-1441/I bei Landschaftstraße 1.
[2] Vgl. Marienplatz 27*.
[3] So 1440 und 1441 bei Marienplatz 27*.
[4] Arnold Stainkircher 1459, 1460, 1462, 1463 Vierer der Schuster, vgl. RP.

Sigmund Fúg schuster St: 1453: Liste

Chunrat (Kuncz) Rampolczhofer (Ramppelczhoffer) [Obser[1]], 1462 inquilinus
　　St: 1453-1455, 1458: Liste, 1462: -/3/12

relicta Seicz(in), 1456-1458 kramerin, 1456, 1462 inquilina. 1454 relicta Seiczinger
　　St: 1453-1458: Liste, 1462: -/-/60

Barbara inquilina St: 1453: Liste

Ulrich Ininger St: 1453-1455: Liste

　　Fritz Ininger St: 1482, 1486, 1490: -/-/60

　　Hanns Inninger, 1508, 1509, 1514 s(chuster)[2]
　　　　St: 1490, 1496: -/-/60, 1500: -/2/17, 1508, 1509: -/3/7, 1514: Liste

Ulrich Knebl (Knebel, Knóbl) [Schuster], 1462 inquilinus
　　St: 1453: Liste, 1462: -/-/60, 1482: -/2/6, 1486, 1490: -/2/8

Hainrich Rechinger (!). 1454-1458 Haincz Háchinger (Hachinger), 1456-1457 schuster,[3] 1456 inquilinus
　　St: 1453-1458: Liste

Ulrich Wielant (Wiellant, Wuelandt), 1500 s[chuster]. 1508, 1509 Ulrich Wielantin
　　St: 1453, 1458: Liste, 1462: -/-/66, 1482: -/-/60, 1486, 1490: -/2/9, 1496: -/2/29, 1500, 1508, 1509: -/4/1
　　StV: (1486) et dedit -/-/28 für pueri Strausdorffer.

　　Wolfgang Wielandt s[chuster][4] St: 1500: -/2/20, 1508, 1509: -/2/12

relicta Hanin (Hánin, Haningin, Hónin), 1453 pauper, 1456, 1462 inquilina
　　St: 1453-1458: Liste, 1462: -/-/10

Erhart Valknstain (Valkenstainer, Falknstainer), 1455, 1456 schuster, 1455 inquilinus
　　St: 1453, 1455-1458: Liste

Chunrat Hofmair St: 1453: Liste

　　Martein Hofmair, 1456, 1500 s[chuster][5] St: 1454-1458: Liste, 1482, 1496, 1500: -/-/60

Hanns Neunhauser (Nonhausser, Neuhauser), 1462 inquilinus [Schuster[6]]. 1486, 1490, 1496 (der) alt Newnhauser (Nonhauser) [Schuster[7]]
　　St: 1453, 1456-1458: Liste, 1462: -/-/66, 1482: -/2/12, 1486, 1490: -/2/20, 1496: -/2/24

Ulrich Neunhauser, 1454 schuster St: 1454, 1455: Liste

Hanns Newnhauser. 1486 jung Newnhauser.[8] 1490 jung Hanns Nonhauser
　　St: 1486: -/2/25, 1490: -/2/25

Andre Nonhauser (Neuhauser, Neunhauser), 1500, 1509 s[chuster]
　　St: 1496: -/2/13, 1500, 1508, 1509: -/-/60, 1514: Liste

Contz Nonhauser (Neuhauser, Neunhauser, Newnhauser), 1500, 1508, 1509, 1527/II, 1532 schuster, 1532 patrimonium
　　St: 1500: -/2/25, 1508, 1509: -/2/15, 1514: Liste, 1522-1526, 1527/I: -/2/17, 1527/II, 1528, 1529, 1532: -/3/1

Bartlme (Partl) Neuhauser (Neunhauser), 1532-1540 schuster
　　St: 1522-1526, 1527/I-II, 1528, 1529, 1532, 1540: -/2/-

Michel Neuhauser (Neunhauser, Nonhauser, Newhauser), 1540, 1541, 1543, 1545-1547, 1549/I, 1550-1564/I, 1565-1571 schuester
　　St: 1540-1542: -/2/17, 1543: -/5/4, 1544: -/2/17, 1545: -/4/-, 1546-1548, 1549/I-II, 1550, 1551/I-II, 1552/I-II: -/2/-, 1553, 1554/I-II, 1555-1557: -/2/19, 1558: -/5/8, 1559: -/2/-, 1560: -/2/19, 1561, 1563, 1564/I-II, 1565, 1566/I-II, 1567/I-II: -/2/6, 1568: -/4/12, 1569, 1570: -/2/-, 1571: an chamer

---

[1] Der Obser Chunrat Rampeltzhofer ist 1459 Vierer der Fragner, Obser, Melbler, vgl. RP.
[2] Hanns Ininger 1500-1503 Vierer der Schuster, vgl. RP.
[3] Haincz Hachinger 1470 und 1475 Vierer der Schuster, vgl. RP.
[4] Wolfgang Wielandt 1510 und 1511 Vierer der Schuster, vgl. RP.
[5] Martein Hofmair 1476, 1477 und 1479 Vierer der Schuster, vgl. RP.
[6] Hanns Newnhauser 1471, 1482, 1492 Vierer der Schuster, vgl. RP.
[7] Dieser oder der folgende Hanns Newnhauser ist 1471, 1482 und 1492 Vierer der Schuster, vgl. RP.
[8] Er wird 1486 versehentlich zweimal aufgeführt, deshalb beim zweitenmal der Vermerk „anderswo".

StV: (1553-1557, 1559, 1560) mer -/-/10,5 fúr p[ueri] Pelhamer. (1558) mer -/-/21 fúr p[ueri] Pelhamer. (1571) [Nachtrag:] adi 30. decembris [15]73 zalt.

Hanns Nonhauser (Neunhauser, Neuhauser), 1545-1549/I, 1550-1558 schuester
  St: 1544: -/2/29, 1545: -/6/26, 1546-1548, 1549/I-II, 1550, 1551/I-II, 1552/I-II, 1553, 1554/I-II, 1555-1557: -/3/13, 1558: -/6/26
  StV: (1544, 1546-1552/II) mer -/-/18 fúr p[ueri] Roßler (Rösler). (1544) mer -/-/25 fúr p[ueri] Schaur. (1545) mer -/1/6 fúr p[ueri] Rößler. Mer -/1/20 fúr p[ueri] Schaur. (1553, 1554/I) mer -/-/17,5 fúr p[ueri] Rösler. (1554/II) mer -/1/22,5 fúr p[ueri] fur 3 nachsteur. (1555-1557) mer -/-/21 fúr p[ueri] Gerbolt schneider. (1558) mer -/1/12 so erblich an in gfallen. Adi 28. Januarii zalt herr Simon Judas Nonhauser von wegen seines vaters erb fúr patrimonium und 3 nachsteur, thuet -/4/17.

Wolff Neunhauser (Neuhauser, Neẃhauser, Nohauser) schuester
  St: 1559, 1560: -/2/24, 1561, 1563, 1564/I-II, 1565, 1566/I-II, 1567/I-II: -/2/-, 1568: 1/-/10, 1569-1571: -/6/5
  StV: (1559) zugsetzt das vaterlich erb.

Chunrat (Kuncz) Randlczhauser (Randelczhauser, Ranharczhauser, Ránharczhauser, Ranerczhausser, Rámertzhauser, Ránitzhauser, Ranertzhauser) [Schuster[1]]
  St: 1453-1457: Liste, 1462: -/-/60, 1482: -/2/21, 1486, 1490: -/2/9

Lienhart Randelczhauser (Ranharczhauser) sneider St: 1455, 1456: Liste

Hainrich Reindelczhuser St: 1458: Liste

Jacob Straubinger [Schuster[2]] St: 1453, 1454: Liste

Ulrich Perckhamer (Perckhaimer, Perckamer, Perckhover, Perckhofer), 1456 schuster, 1462 inquilinus, 1490 der alt
  St: 1453, 1456-1458: Liste, 1462: -/-/60, 1482, 1486, 1490, 1496: -/-/60

Chunrat Perckhaimer St: 1454, 1455: Liste

Michel Perckhofer s(chuster). 1508-1542 Michel Perckhamer, 1508, 1509, 1523, 1527/II-1540, 1542 schuster. 1543 Michel Perckhamer schuesterin. 1544, 1545 Michel Perckhamerin
  St: 1500: -/7/25, 1508, 1509: -/7/2, 1514: Liste, 1522-1526, 1527/I: -/2/4, 1527/II, 1528, 1529, 1532: -/2/11, 1540-1542: -/2/-, 1543: -/4/-, 1544: -/2/-, 1545: -/4/-

Cristoff[3] Perckhamer (Berckhamer, 1548-1549/II: Perckhmair, Perckhmer, 1566/I: Berckhofer), 1548-1571 schuester
  St: 1546: -/-/21 gracion, 1547: -/-/21 gracion die ander, 1548, 1549/I-II, 1550, 1551/I-II, 1552/I-II, 1553, 1554/I-II, 1555-1557: -/2/-, 1558: -/4/-, 1559-1561, 1563, 1564/I-II, 1565, 1566/I-II, 1567/I-II: -/2/-, 1568: -/4/-, 1569-1571: -/2/-
  StV: (1569) mer fúr seine khinder. (1570, 1571) mer (und) fúr seine khinder -/-/21.

Ulrich Swaiger, 1454, 1455 schuster St: 1453-1455: Liste

Ulrich Weissnvelder (Weissnfelder), 1454 páutler St: 1453, 1454: Liste

der jung pogner St: 1453: Liste

Kathrey inquilina St: 1454-1456: Liste

relicta Smucklin (Smuckir) St: 1454, 1455: Liste

[Konrad ?] Haithauser schuster St: 1454: Liste
  Kuncz Heythausser (Haithauser), 1462 inquilinus, 1500, 1508, 1509 s[chuster]
    St: 1462: -/-/70, 1482, 1486, 1490, 1496: -/-/60, 1500: -/2/8, 1508, 1509: -/-/60
    StV: (1482) et dedit -/-/28 fur seins bruder kind. Et dedit -/-/8 fur sein sun.
  Hanns Haithauser, 1508, 1509 s[chuster] St: 1490: -/2/8, 1508, 1509: -/-/60
  Michel Haithauser s[chuster][4] St: 1500: -/2/21

Chunrat taschner [zweimal !] St: 1454: Liste

Jorg (Geórg) Kandler (Kándler) schuster[5], 1462 inquilinus
  St: 1454, 1455: Liste, 1462: -/-/64, 1482: -/-/60, 1486, 1490: -/2/12, 1496: -/2/8

---

[1] Chunrat Randeltzhauser 1473, 1474, 1476 Vierer der Schuster, vgl. RP.
[2] So 1482 bei Sporerstraße 1*.
[3] 1553 versehentlich mit Vorname Thoman.
[4] Michel Haithauser ist 1507, 1510, 1511 und 1518 Vierer der Schuster, vgl. RP.
[5] Jörg Kandler 1478 Vierer der Schuster, vgl. RP.

Sixt tagwercher. 1456, 1457 Sixt smidknecht, 1456 inquilinus St: 1455-1457: Liste
Peter satler, 1455 der jung St: 1455-1457: Liste
Jorg swertfeger St: 1455: Liste
Hanns Tuncznawer [Sattler] St: 1455-1457: Liste
Peter Landawer, 1456 schuster St: 1456, 1457: Liste
Hanns Leyrer, plint St: 1456: Liste
Marckel von Maincz, 1456 schuster St: 1456, 1457: Liste
Haincz Wild kauffel, 1456 inquilinus St: 1456-1458: Liste
Pauls Póckl (Pockel). 1462 Paulle Póckel inquilinus St: 1456-1458: Liste, 1462: -/-/60
Peter Pupel satler. 1457 Peter Puckel satler. 1458 Peter satler St: 1456-1458: Liste
Hanns Mairhofer pautler. 1462 Meirhoffer pautler[1] inquilinus St: 1456: Liste, 1462: -/-/75
Lienhart pecknknecht inquilinus St: 1456: Liste
Thoman inquilinus St: 1457: Liste
Jorg koch, 1462 inquilinus St: 1457, 1458: Liste, 1462: -/-/60
Fridrich (Fricz) Rieder, 1462 inquilinus St: 1457, 1458: Liste, 1462: -/-/65
Ulrich Mair obser St: 1457, 1458: Liste
Lienhart kornmesser St: 1457-1458: Liste
Michl Werder, 1500 s[chuster],[2] 1462 inquilinus
    St: 1458: Liste, 1462: -/-/60, 1482, 1486, 1490: -/-/60, 1496, 1500: -/2/5
    Hanns Werder, 1482 schuster St: 1482: -/-/60, 1486, 1490: -/2/17
Hanns Gamperl (Gámperl) koch, 1462 inquilinus. 1482-1490 Gamperl (Gámperl) koch.[3] 1496 relicta
    Gämperlin
    St: 1458: Liste, 1462: -/-/65, 1482, 1486, 1490, 1496: -/-/60
Jacob Perger schuster St: 1458: Liste
Heincz Ebersperger inquilinus St: 1462: -/-/64
    [Hainrich] Ebersperger obsser[4] inquilinus St: 1462: -/-/60
Gablerin inquilina St: 1462: -/-/12
Ullrich Pranthuber holczhacker inquilinus. 1482 Ulrich holtzhacker St: 1462: -/-/60, 1482: -/-/60
Partlme Stiffelpraun inquilinus. 1482 Stiflprawn St: 1462, 1482: -/-/60
Gantrin árcztin inquilina St: 1462: -/-/60
Jackob pogner salburch inquilinus St: 1462: vacat [nachgetragen:] -/-/30
    item Hanns pogner salburch St: 1462: -/-/60
    relicta pognerin inquilina St: 1462: -/-/20
Michell Rackenperger inquilinus St: 1462: -/-/60
Niderlender oblater inquilinus St: 1462: -/-/60
Kuncz koch inquilinus St: 1462: nichil, statkoch
Jackob Heller messerschmid inquilinus St: 1462: -/-/16 gracian
Andres Gránter messerschmid inquilinus St: 1462: -/-/60
Úberácker satler. 1486 Úberácker St: 1482: -/2/25, 1486: -/2/17
    Hanns Uberacker satler St: 1514: Liste
Peter peitler St: 1482: -/-/60
Glatzin (Glátzin) St: 1482, 1486, 1490, 1496, 1500, 1508, 1509: -/-/60
Utz mulner (múlner, mülner), 1508-1514 schuster,[5] 1514 sein [= des Steffan vischer wachter, vgl.
    auch Haus Nr. 28] aiden
    St: 1482: -/3/13, 1486, 1490: -/5/10, 1496: -/5/12, 1500: -/4/12, 1508, 1509: -/4/1, 1514: Liste
    StV: (1500) et dedit -/-/14 von des Hirschhaws wegen.
Steffan vischer wachter St: 1514: Liste

---

[1] Der Beutler Hanns Mairhofer 1476 Vierer der Beutler, Gürtler, Taschner, Ircher, Nadler, vgl. RP.
[2] Michel Werder 1469-1489 wiederholt Vierer der Schuster, vgl. RP.
[3] Hanns (1491 vielleicht fälschlich Heintz) Gämperl/Gamperl ist 1463, 1488, 1489 und 1491 Vierer der Köche, vgl. RP. 1435/38 gab es auch einen Söldner Hans den Gamperlein, vgl. R. v. Bary III S. 835.
[4] Hainrich Ebersperger 1470 und 1474 Vierer der Fragner, Obser, Melbler, vgl. RP.
[5] Ulrich mullner ist 1490-1516 wiederholt Vierer der Schuster, vgl. RP.

Cristof mulner, 1514 t[agwercher], 1522, 1529 tag[wercher], 1532 schuster
   St: 1508: -/-/60, 1514: Liste, 1522-1526, 1527/I-II, 1528, 1529, 1532: -/2/-
Pauls der alt múlner. 1509 der alt mülner St: 1508, 1509: -/-/60
Silvester múlner sein [= des Pauls des alten múllner] sun St: 1508: -/-/60
múllnerin inquilina St: 1514: Liste
Hanns múllner schuster. 1524-1527/I, 1529 Hanns mullner
   St: 1522-1526, 1527/I-II, 1528, 1529, 1532, 1540-1542: -/2/-, 1543: -/4/-, 1544: -/2/-, 1545: -/4/-, 1546-1548, 1549/I-II, 1550, 1551/I-II, 1552/I-II, 1553, 1554/I-II, 1555, 1556: -/2/-
Wolffganng múllner St: 1542: nihil, ist kheiner do diß namens
Madlen schlairwebin St: 1482: -/-/21 das jar
   et mater St: 1482: nichil, pauper
Preid naterin St: 1482: -/-/10
Hainrich oblater St: 1482: -/2/3
Urban koch [Weinschenk[1]] St: 1482: -/5/15, 1486, 1490, 1496: -/6/5, 1500: 2/1/11
Haintz Hagenperger St: 1482: -/-/60
   Conrad (Contz) Hagenperger, 1500, 1508, 1509 s[chuster]
      St: 1486, 1490, 1496, 1500, 1508, 1509: -/-/60
      StV: (1496) et dedit -/-/60 fur sein hausfrauen patrimonium.
Thoman pogner
      St: 1482: -/6/9
      StV: (1482) dedit -/-/29 fur pueri Rorer.
Wassermanin St: 1482: -/-/60
Conrat Pfnändl (!) (Pflándl) St: 1482: 1/1/16, 1486: -/6/16, 1490: -/6/15
Matheis tagwercker St: 1486: anderswo, 1490, 1496: -/-/60
Hanns Griessel spengler. 1490, 1496 Hanns spángler St: 1486, 1490, 1496: -/-/60
Kórbler St: 1486: -/-/18 gr(acion)
Hans swertfeger St: 1486, 1490, 1496, 1500: -/-/60
Jórg oblater St: 1486, 1490, 1496: -/3/-, 1500: -/3/19
Jórg Widman (Widnman), 1490, 1500, 1508, 1509, 1527/II-1532 schuster[2]
   St: 1486, 1490: -/3/7, 1496: -/4/15, 1500: -/4/1, 1508, 1509: -/3/25, 1514: Liste, 1522-1526, 1527/I: -/5/8, 1527/II, 1528, 1529, 1532: -/5/10
   Hanns Widman tagwercker St: 1500: -/-/60
   Jeronimus Widman (Widenman), 1540 schuester St: 1532: -/3/7 juravit, 1540: -/2/6
Hanns pirstenpindter St: 1486: -/-/28 gr(acion)
unus tagwercker, inquilinus Matheis Schonawer St: 1486: -/-/60
Peter tagwercker St: 1486, 1490: -/-/60
relicta Grafin inquilina. 1496 relicta Gráfin St: 1490: -/2/25, 1496: -/2/7
kramerin inquilina St: 1490: -/-/60
Clas peitler St: 1490: nichil, pauper das jar
Benedict taschner St: 1496: nichil, servit
Osterhoferin inquilina St: 1496: anderswo
Fritz Albertshofer (Alber-), 1500, 1508, 1509, 1524 s(chuster).[3] 1525 Fritz schusterin patrimonium
   St: 1496: -/2/5, 1500, 1508, 1509: -/-/60, 1514: Liste, 1522-1525: -/2/24
Contz Münsinger, 1508, 1522, 1523, 1532 schuster. 1528, 1529 Munsinger schuster
   St: 1496: -/-/21 gracion, 1508: -/-/60, 1522, 1523, 1528, 1529, 1532: -/2/-
   StV: (1496) et dedit -/2/8 fur sein hausfrauen patrimonium.
Hans Rósler (Roeser, Róser, Roiser) schuster. 1514, 1522, 1526 Hanns Roiser (Roeser, Róser, Rößler). 1528 Hanns Reisaher. 1529 Hanns Raiser schuster
   St: 1496: -/-/24 gracion, 1500: -/3/29, 1508, 1509: -/4/10, 1514: Liste, 1522-1526, 1527/I: -/5/10, 1527/II, 1528, 1529, 1532: -/5/-
   StV: (1496) et dedit -/3/15 seiner hausfrauen guot.

---

[1] Urban koch 1489 Mitglied der Weinschenkenzunft, Gewerbeamt 1418 S. 3v
[2] Jorg Widman 1493-1519 wiederholt Vierer der Schuster, vgl. RP.
[3] Fritz Albertzhofer ist 1485, 1493, 1494, 1513, 1514 und 1518 Vierer der Schuster, vgl. RP.

Georg melbler St: 1496: -/5/-
Geörg Perger tagwercker St: 1500: -/-/60
Haintz koch [Weinschenk[1]] St: 1500: -/5/10
Hanns Furtner [Schuster[2]] St: 1500: -/-/60
Urban Villtz [Schuster[3]] St: 1500: -/-/60
Reiner kramer St: 1500: -/-/60
Sigmund hafner melbler St: 1500: -/-/60
Andre Ornold (Arnollt) schuster St: 1508, 1509: -/-/60, 1514: Liste, 1523, 1528, 1532: -/2/-
relicta Walchin (Wälhin) St: 1508: -/-/60, 1509: -/-/60 patrimonium
Hanns tagwercher St: 1508: nichil, sein weib ist ain hebam
    una bey der hebamb St: 1514: Liste
Wolfgang koch [Weinschenk[4]] St: 1508: -/5/10 schenckn[steur], 1509: -/5/10
Walpurgerin St: 1508, 1509: -/-/60
Hanns Ottel t[aschner ?] St: 1508, 1509: -/-/60
Pauls taschner St: 1508: -/2/29
Jörg Stör koch [Weinschenk[5]], 1514 patrimonium
    St: 1508: -/5/10 schencks[teur], 1509: -/6/15, 1514: Liste
Hanns Zaiser St: 1509: -/-/60
Hanns Vólcklin sámerin. 1509 Völcklin kertzlerin St: 1508, 1509: -/-/60
Matheus gúrtler St: 1509: -/-/60, 1514: Liste
Michel Praittenwiser St: 1514: Liste
Gabriel Praunauer sch(uster) St: 1514: Liste
Augustin Kolb taschner St: 1514: Liste
Michel aus dem (ausm) mos. 1522-1527/II Michel im moß, 1514, 1522-1527/II melber (melbler)
    St: 1508, 1509: -/2/16, 1514: Liste, 1522-1526, 1527/I-II: -/2/16
Wolfgang zandprecher St: 1514: Liste
Hanns Sálnpeckh St: 1514: Liste
Anna inquilina St: 1514: Liste
Ottin inquilina St: 1514: Liste
naterin inquilina St: 1514: Liste
Michel priefvierer St: 1514: Liste
Jórg Vogl siber. 1529, 1532 Jori siber. 1540, 1541, 1543, 1544, 1546, 1547 Jorg syber
    St: 1522: -/2/8 juravit, 1523-1526, 1527/I: -/2/8, 1527/II, 1528, 1529, 1532, 1540-1542: -/2/18,
    1543: -/5/6, 1544: -/2/18, 1545: -/4/-, 1546-1548, 1549/I-II: -/2/-
  Hanns Vogl siber
    St: 1550: -/-/14 gracion, 1551/I: -/-/14 gracion das ander, 1551/II, 1552/I-II, 1553, 1554/I-II,
    1555-1557: -/2/-, 1558: -/4/-, 1559-1561, 1563, 1564/I-II, 1565, 1566/I-II, 1567/I-II: -/2/-,
    1568: -/4/-, 1569-1571: -/2/-
Jori (Jorg) peck schuster. 1523-1527/II Jori schuster
    St: 1522-1526, 1527/I-II, 1528, 1529, 1532: -/2/20, 1540-1542: -/2/-, 1543: -/4/-, 1544: -/2/-,
    1545: -/4/-, 1546-1548, 1549/I-II, 1550, 1551/I-II, 1552/I-II, 1553, 1554/I-II: -/2/-
  et mater. 1525-1532 et socra St: 1524-1526, 1527/I-II, 1528, 1529, 1532: -/2/-
Jórg pot St: 1522: -/-/14 gracion
Contz Feler, 1522, 1523 saltzstoßl
    St: 1522-1524: 1/1/2
    StV: (1522, 1523) et dedit -/-/14 für p[ueri] Pirckl. (1523) et dedit -/5/26 fur seins brudern kind.

---

[1] Haintz koch 1489 Mitglied der Weinschenkenzunft, Gewerbeamt 1418 S. 3r.
[2] Hanns Furtner der junger ist 1478 und 1481 Vierer der Schuster, vgl. RP.
[3] Urban Vültz bei Marienplatz 27 Schuster genannt.
[4] Wolfgang koch 1508 Aufnahme in die Weinschenkenzunft, Gewerbeamt 1418 S.
[5] Jorg Stör 1499 Aufnahme in die Weinschenkenzunft, Gewerbeamt 1418 S. 10v. – Jörg Stör 1501, 1502, 1507-1510 Vierer der Köche, vgl. RP.

et mater, patrimonium für irn man. 1523, 1524 et mater
    St: 1522-1524: -/2/-
    StV: (1522) et dedit -/5/9 für sein brůdern Sigmund Feler patrimonium, ist der kind pfleger.
Stefan scharwachter St: 1522: -/2/-
Michel richt[er]sknecht. 1524, 1525 Michel allt richtersknecht
    St: 1522: nichil, 1523: nichil, ratsdiener, 1524: nichil das jar, 1525: -/2/-
Mathes Stetner pecknknecht St: 1522: -/2/-
Wolfganng Schalhamer, 1527/II schuster St: 1522-1526, 1527/I-II, 1528, 1529: -/2/-
    Jórg Schalhamer schuster. 1528, 1529 jung Schalhamer
        St: 1527/II: -/-/21 gracion, 1528, 1529, 1532: -/2/-
Wilhalm koch patrimonium St: 1522: -/6/20
Hanns Langg, 1523, 1525, 1532 schuster
    St: 1522-1526, 1527/I: -/2/10, 1527/II, 1528, 1529, 1532: -/2/21
Hanns von Eßling kramer
    St: 1522: -/5/28, Nadlernaur nadler St: 1522-1526, 1527/I-II, 1528, 1529, 1532: -/2/-
Andre Ecknhofer (Eckenhofer), 1522, 1525, 1527/II-1532 schuster. 1540-1543 Andre Eckhnhofer
    (Egnhofer) schuester. 1544, 1545, 1548-1551/I, 1552/II-1555 Andre Egnhoferin (Ecknhoferin,
    Eknhoferin), 1549/I, 1550, 1555 schuesterin, 1552/II-1554/II wittib
        St: 1522: -/-/28 gracion, 1523-1526, 1527/I-II, 1528, 1529, 1532, 1540-1542: -/2/-, 1543: -/4/-,
        1544: -/2/-, 1545: -/4/-, 1546-1548, 1549/I-II, 1550, 1551/I, 1552/II, 1553, 1554/I-II, 1555:
        -/2/-
    Jorg (Georg) Eckhchofer (Egnhofer, Egenhofer, Ekhnhofer, Eckhnhofer, Ettnhofer, Ettenhofer,
    Egenhofer, Öttenhofer, Ögenhoffer), 1551/II-1554/II, 1556-1567/II schuester
        St: 1551/II:-/-/14 gracion, 1552/I-II, 1553, 1554/I-II, 1555-1557: -/2/-, 1558: -/4/-, 1559-1561,
        1563, 1564/I-II, 1565, 1566/I-II, 1567/I-II: -/2/-.
        StV: (1567/I-II) mer für p[ueri] Oswald khoch -/-/21.
    sein mueter [= die Anndre Ecknhoferin ?] St: 1551/II: -/2/-
Jórg pogner. 1540, 1541 Jorg pognerin
    St: 1522-1526, 1527/I-II, 1528, 1529, 1532, 1540, 1541: -/2/-
Wolfganng Sigl koch.[1] 1529 Wolfgang Sigl koch patrimonium
    St: 1522-1526, 1527/I-II, 1528, 1529: 1/-/-
    Hanns Sigl (Sigel) koch. 1524, 1525 Hanns koch St: 1523-1526, 1527/I: -/2/-, 1527/II: -/2/12
Peter Schilher St: 1523: vacat
Anna schusterin St: 1523: -/-/14 das jar
Michel koch St: 1523: [zahlt] anderßwo, 1532: -/2/11
Barbara siberin St: 1523: -/2/-
Thoman richterknecht St: 1524, 1525: nichil
Veronica natterin St: 1524: -/2/-
pfaffenkellerin inquilina St: 1524: vacat
et duo inquilinae St: 1524: vacat
scharwachter St: 1524: vacat
Hanns Lauffinger St: 1524, 1525: -/2/-
Hanns Fennd scharwachter St: 1524: -/2/-
amb inquilina
    St: 1524: -/2/-, 1526: -/-/-
    StV: (1526) an kamer, ir gut verpoten.
Meuß jägerin St: 1525, 1526, 1527/I: -/2/-
Jórg reitter St: 1525: an kamer
Margreth Raidin inquilina St: 1525, 1526, 1527/I: -/2/-
Jórg richtersknecht St: 1525: nichil

---

[1] Wolfgang Sigl ist 1513-1520 Vierer der Köche, vgl. RP, und 1500-1514 Stadtkoch, vgl. R. v. Bary III S. 863.

Wilhalm Steger zingiesser.[1] 1528, 1529 Wilhalm Steger
　　St: 1524-1526, 1527/I: 2/6/15, 1527/II, 1528, 1529: 3/2/24
Hanns Páchl satler St: 1525: -/2/-
　Linhart Páchl (Páchl) satler. 1529, 1532, 1542, 1550, 1551/I, 1552/I-II Páchl satler. 1553-1554/II Páchl sadtler der alt. 1555, 1558, 1560 Páchl (Páchl) sadtlerin. 1556, 1557, 1559 Lienhart Páchl (Páchlin) sadtlerin. 1561 Báchel satlerin
　　St: 1526, 1527/I-II, 1528, 1529, 1532, 1540-1542: -/2/-, 1543: -/4/-, 1544: -/2/-, 1545: -/4/-,
　　　1546-1548, 1549/I-II, 1550, 1551/I-II; 1552/I-II, 1553, 1554/I-II, 1555-1557: -/2/-, 1558:
　　　-/2/- der zeit, 1559-1561: -/2/-
　Friedrich Páchl (Páchler) sadtler St: 1570, 1571: -/2/-
Jórg Franck St: 1526, 1527/I-II: -/2/-, 1532: nichil, hofgesind
　Cuntz Frankh nestler St: 1543: -/4/-
Michel Gástl St: 1526, 1527/I: -/2/-, 1527/II: an kamer
Jórg tagwercher. 1529 Jórg Hóler. 1532 Jorg Hóller tagwercher
　　St: 1526, 1527/I-II, 1528, 1529, 1532: -/2/-
Hanns nadler St: 1526, 1527/I: -/2/-
[Hans] Poltz schneider St: 1527/II, 1528, 1529: -/2/-
Peterin inquilina St: 1527/II: -/2/-
Margreth naterin inquilina [= Raidin ?]. 1528 Margreth naterin St: 1527/II: -/2/-, 1528: an kamer
Herman taschner St: 1527/II: an kamer, 1528: -/2/-, 1529: an kamer
Wolfganng koch. 1529, 1532 Wolfgang (Wolff) Ganßmair (Gannsmayr) koch
　　St: 1528, 1529, 1532: -/2/12, 1540: -/4/25
　　StV: (1540) et dedit -/-/7 fúr p[ueri] Disl.
Frantz melbler. 1541-1547, 1550, 1551/I, 1552/II-1561 Frantz Schultheys (Schultheis, Schultes, Schuldaß) melbler. 1548, 1549/I Frantz Schulthais
　　St: 1528, 1529, 1532: -/2/16, 1540-1542: -/6/24, 1543: 1/6/18, 1544: -/6/24, 1545: 5/6/4,
　　　1546-1548, 1549/I-II, 1550, 1551/I-II, 1552/I-II: 2/6/17, 1553, 1554/I-II, 1555-1557: 3/1/25,
　　　1558: 6/3/20, 1559, 1560: 3/1/25, 1561: 2/-/29
malerin inquilina St: 1529: -/2/-
Wolfgangin inquilina St: 1529: -/2/-
Andre scharwachter St: 1529: -/2/-
Michel Tausenteufl koch St: 1529: -/-/28 gracion
Claß tag[wercher] St: 1529: -/2/-
Gabriel schleiffer St: 1532: -/2/-
Thoman schuster. 1540, 1542 Thoman Flunckh schuester. 1541 Thoman Flunckh
　　St: 1532: -/-/21 gracion, 1540-1542: -/2/-
Michel [Tausenteufel ?] koch St: 1532: -/2/11
Jórg Regenspurger tagwercher St: 1532: -/2/-
Haimeran Stadler, 1532, 1540, 1542 zingiesser St: 1532: -/3/25 juravit, 1540-1542: -/5/5
koch inquilinus St: 1532: -/-/14 gracion
Wastian Pautznperger
　　St: 1540: 1/6/18, 1541: 1/-/-
　　StV: (1541) dise steur hat ir [!] ain rath bewilligt ze geben.
Jorg Schwartz kramer
　　St: 1540: -/-/-, 1541: 1/1/23 juravit, 1542: 1/1/23
　　StV: (1540) infra bey Andre Reutmayr, eodem folio col. 2 [= Kaufingerstraße 1*/2*].
　Cuntz Schwartz [Kramer[2]] St: 1543: -/4/-
Hanns Pollinger riemer St: 1540: -/3/7 juravit, 1541: -/3/7

---

[1] Er dürfte auch der Wilhalm zingiesser sein, der 1501, 1502 und 1505 Vierer der Hafner, Zinngießer, Rotschmiede, Salwurchen war, vgl. RP.
[2] So 1532 bei Kaufingerstraße 1*/2*.

Frantz Hertl (Härtl, Härtl, Hórtl) schuester. 1559 Frantz Hártlin schuesterin. 1560 Frantz Hertl schuesterin
> St: 1540-1542: -/2/-, 1543: -/4/-, 1544: -/2/-, 1545: -/4/-, 1546-1548, 1549/I-II, 1550, 1551/I-II, 1552/I-II, 1553, 1554/I-II, 1555-1557: -/2/-, 1558: -/4/-, 1559, 1560: -/2/-

Sigmundt Hórtl schuester St: 1549/II: nihil, ist khainer dises namens hierin

Prosy Härtl (Hörtl) schuester
> St: 1561: -/-/21 gratianer, 1563: -/-/28 gratia, 1564/I-II, 1565, 1566/I-II, 1567/I-II: -/2/-

Cristoff Stauffer St: 1540: -/2/-

Affra Piberin
> St: 1540: an chamer, 1541, 1542: -/2/-, 1543: -/4/-
> StV: (1543) [Nachtrag:] zalt 5 nachsteur an chamer.

Wastian koch [Salzstößel[1]] St: 1540-1542: -/2/-, 1543: -/4/-

Hanns Kamp zammacher. 1542-1544, 1546, 1547, 1549/I Hanns Kamp riemer
> St: 1541, 1542: -/2/-, 1543: -/4/-, 1544: -/2/-, 1545: 1/1/24, 1546-1548: -/4/12, 1549/I-II: -/6/27
> StV: (1549/I) hat seins schwehern erb des Zúgdessers (?) zugsetzt.

däntler Cuntz loder St: 1541: -/2/-

Jorg Seehofer [Salzsender, Wirt[2]] St: 1542: 1/3/7, 1543: 2/6/14
> Conrad Seehofer [ehem. Zöllner[3]] St: 1550: -/4/13 juravit, 1551/I: -/4/13
> Martin Seehofer [Salzsender[4]] St: 1550, 1551/I: -/2/10 von 10/-/- gelts

Hanns Prosser, 1543 zimerman St: 1542: -/2/-, 1543: -/4/-

Steffan Welsch (Wálsch), 1543 tagwercher St: 1542: -/2/-, 1543: -/4/-

Conrad Thoman nestler. 1545, 1548 Conrad nestler. 1551/II Conrad nestlerin witfraw. 1552/I nestlerin wittib. 1552/II nestlerin wittib Conradin. 1553, 1554/I Conrad nestlerin wittib
> St: 1542: -/2/-, 1543: -/4/-, 1544: -/2/-, 1545: -/4/-, 1546-1548, 1549/I-II, 1550, 1551/I-II, 1552/I-II, 1553, 1554/I: -/2/-

Gilg Dondl zingiesser
> St: 1543: 1/3/10, 1544: -/5/5, 1545: 2/1/6
> StV: (1545) darin seins stiefsons gueth auch versteurt.

Dionisi Öder peutler [Kramer[5]] St: 1544: -/2/26

Philip Prunner schuester St: 1544: -/2/-

Mathes Thúring peutler St: 1544: -/2/-

Hanns Kriechpamer (Kriegpam, Kriegpamer)) tagwercher
> St: 1544: -/2/-, 1545: -/4/-, 1546: -/2/-, 1547: -/-/-, 1555: -/2/-
> StV: (1547) ist im einpotn, der zeit nihil.

Oswald (Oswold) tagwercher St: 1544: -/2/-, 1545: -/4/-, 1546, 1547: -/2/-

Hanns reutter leermaister. 1549/II-1551/I, 1552/I Hanns reutter
> St: 1545: 3/5/10, 1546, 1547: 1/6/5, 1548, 1549/I: 2/3/25, 1549/II, 1550, 1551/I-II, 1552/I-II: 2/5/21
> StV: (1548) hat zugsetzt seins weibs heiratguet. Mer -/3/15 fur 3 nachsteur seiner vorgen[anten] hausfrauen erb. (1549/II) hat seiner schwiger erb zugsetzt.

Andre Gienger
> St: 1545: -/6/12, 1547, 1548, 1549/I: -/3/6
> StV: (1547) zalt Veit Abel.

Mathes Neukircher taschner. 1546-1551/I Mathes (Matheis) daschner
> St: 1545: -/4/-, 1546-1548, 1549/I-II, 1550, 1551/I: -/2/-
> StV: (1549/II-1551/I) mer -/-/7 von ainem gulden gelts irer (!) tochter.

Jorg schuesterin wittib
> St: 1546: nihil
> StV: (1546) ist khaine diß namens vorhanden.

---

[1] Ein Wastian koch ist 1540 als Salzstößel und 1554 als Salzsender belegt, vgl. Vietzen S. 155, 149 nach KR.
[2] Jorg Seehofer 1549 Salzsender und Mitglied der Weinwirtezunft, vgl. Vietzen S. 151 nach KR.
[3] Conrat Seehofer 1528-1549 Zöllner am Oberen oder Neuhauser Tor, vgl. R. v. Bary III S. 884.
[4] Martin Seehofer 1555 Salzsender, vgl. Vietzen S. 151 nach KR.
[5] Vgl. Petersplatz 2 ff. (1545-1563).

Wolff (Wolffgang) Hagner (Hagn) zingiesser
    St: 1546: -/-/21 gracion, 1547: -/-/21 gracion die ander, 1548: -/2/11 juravit, 1549/I-II, 1550,
        1551/I-II, 1552/I-II: -/2/11, 1553, 1554/I-II, 1555-1557: -/4/12, 1558: 1/1/24, 1559: -/4/12
Wolffgang messerschmid. 1549/I Wolffgang Greilntanner (Greyldaner) messerschmid
    St: 1548: -/-/21 gracion, 1549/I-II: -/2/-
Apl [= Appollonia] Fledtnerin wittib St: 1549/I: -/2/-
Sigmund Schärl (Scherl) (1551/I-II Schertl) zimerman. 1552/I, 1553-1554/II Sigmund zimerman
    St: 1549/II: -/-/14 gracion, 1550, 1551/I-II, 1552/I-II, 1553, 1554/I-II: -/2/-
Benedickht (Wenedict) zolner kartnmacher. 1552/I Benedict kartnmacher
    St: 1550, 1551/I-II, 1552/I-II, 1553, 1554/I-II, 1555-1557: -/2/-, 1558: -/4/-, 1559-1561, 1563,
        1564/I-II, 1565, 1566/I-II, 1567/I-II: -/2/-, 1568: -/4/-
Sebastian Peham pusauner St: 1551/II: nihil der zeit
Hanns zimmerman. 1552/I Hanns zimermanin. 1552/II Hanns Dachauerin zimermanin
    St: 1551/II, 1552/I-II: -/2/-
Hanns Lott, 1552/I cantzlschreiber St: 1552/I-II: nihil, cantzlschreiber
Jorg Danerin St: 1552/I: -/2/-
Jorg Egkher schuester St: 1552/I: -/2/-
Bernhart Fauser, 1553-1559 tagwercher
    St: 1552/II, 1553, 1554/I-II, 1555-1557: -/2/-, 1558: -/4/-, 1559: -/2/-
Gilg Fronpeckh holtzmesser St: 1553, 1554/I: -/2/-
Hanns Schwaiger taschner St: 1554/II: -/-/21 gracion, 1555-1557: -/2/-
Jacob Khalheder (Kalcheder, Kalchheder, Kolhöcher, Kholhecher, Khalchóder, Kholhechter) messer-
    schmid
    St: 1554/II, 1555-1557: -/2/-, 1558: -/4/-, 1559-1561, 1563: -/2/-, 1571: an chamer
Hanns scherer aus der Aw, sein weib ain hebam. 1555, 1556, 1558 Hanns scherer. 1557, 1559, 1561
    Hanns schererin (ein) hebam
    St: 1554/II, 1555-1557, 1558, 1559: nihil, 1561: -/-/1
    StV: (1555, 1556, 1558) sein weib ain hebam.
Thoman vischer zammacher, 1556, 1557 riemer St: 1555-1557: -/2/-
Anndre Fachner St: 1556, 1557: -/2/13, 1558: -/4/26, 1559: -/2/13
Hanns Reysmúllner (Reismúller), 1557, 1558 wirt
    St: 1557: 1/4/16 juravit, 1558: 3/2/2, 1559, 1560: 1/4/16, 1561: 3/-/-
Benedict Würmseer (Würmseer, Wirmsecher, Wiermseer) 1557-1570 schuester
    St: 1557: -/-/14 gracion, 1558: -/4/-, 1559-1561, 1563, 1564/I-II, 1565, 1566/I-II, 1567/I-II:
        -/2/-, 1568: -/4/-, 1570: an chamer
    Thoman Würmseer schuester St: 1560, 1561, 1563: -/2/-
    Caspar Wirmseer schuester, 1569 federschuester St: 1568: -/4/-, 1569-1571: -/2/-
Hanns Sedlmor (Sedlmair). 1567/II Hanns Sedlmairin wittib
    St: 1558: 13/1/25, 1559: 5/5/17,5, 1560: 6/1/15, 1561, 1563, 1564/I-II, 1565, 1566/I-II,
        1567/I-II: 5/-/9
    StV: (1558) darin seiner schwiger erb zusatz zusambt ainer altn steur 50 kr(eutzer).
Anna schneiderin von Peutingen, doselbst St: 1558: -/4/-
Jorg (Geórg) Ganntner (Gänntner, Gandtner) zingiesser[1]
    St: 1560: -/4/12, 1561, 1563, 1564/I: 1/6/-, 1564/II: -/5/28, 1565, 1566/I-II, 1567/I-II: 1/3/18,
        1568: 3/-/6, 1569-1571: 1/2/-
    StV: (1560) für sein hausfrau patrimonium und für ine gratia -/1/12. (1564/I) des Veit Ahorners
        hauß hat er sambt seinen miterben noch unvertailt und wann daselb vertailt, soll yede parthei
        zuesezn. (1564/II) abgesezt seiner khinder guet, welches hinfúran die vormúnder versteuern
        und dann für des Veyt Ahorners erb, wann das hauß vertailt oder verkhaufft, soll er sein tail
        zuesetzn, de anno [15]63, [15]64, mer [15]64. (1565) zuegesezt Ahamerin erb.
Wolff Schueler nesstlerin St: 1560: -/2/-
Jorg Stäpflin. 1563 Jórg Stäpfl St: 1561: -/2/-, 1563: -/1/- pauper

---

[1] Gändter Zinngießer und Ursula Gändtnerin Zinngießerin 1569 Religionsverhör, vgl. Dorn S. 230. Georg
    Gänter Zinngießer Religionsverhör 1571, vgl. Dorn S. 259.

Hanns Dibler (Dübler, Dybler, Tibler, Tybler) (wein)amer. 1568, 1569 Hanns Diblerin wittibin
   St: 1563, 1564/I-II, 1565, 1566/I-II, 1567/I-II: -/2/-, 1568: -/4/-, 1569: -/2/-
Uetz Heckher laystschneider St: 1563, 1564/I: -/2/-
Steffan melbler. 1564/I-1571 Steffan Dürr (Důrr, Thür, Tyrr, Türr, Dir, Tirr) melbler
   St: 1563: -/-/28 gracia, 1564/I: -/2/29 juravit, 1565, 1566/I-II, 1567/I-II: -/2/29, 1568: -/5/28,
   1569-1571: -/2/20
Hanns Greindl (Greundl), 1564/I-II tuechgwannter, 1565 tuechmaniger, 1566/I tuechmanigerin
   St: 1564/I: -/4/12 juravit, 1564/II, 1565: -/4/12, 1566/I: -/-/-
   StV: (1566/I) zalt Peter Pfreymer zollner fur sy.
Niclaß zymmerman nadler. 1567/I Niclas nadler
   St: 1564/I: -/-/28 gracia, 1564/II, 1565, 1566/I-II, 1567/I-II: -/2/-, 1568: -/4/-, 1569, 1570: -/2/-
Valthin Reinhart lederschneider
   St: 1564/I-II, 1565: -/2/-
   StV: (1564/I-1565) mer fůr p[ueri] schmid -/-/7.
Niclas Kirchdorffer redner (procurator) St: 1564/I-II: -/-/1
Caspar Lechmair tagwercher St: 1564/II: -/-/21 gratia
Caspar Häberl, 1565-1566/II garttner, 1567/I-II tagwercher
   St: 1565, 1566/I-II, 1567/I-II: -/2/-, 1568: -/4/-
Balthauser gürtler. 1566/II, 1568 Balthauser Niclas girtler St: 1566/I-II: -/2/-, 1568: -/4/-, 1569: -/2/-
Hanns Fleischman, 1566/II, 1567/II, 1568 wiert
   St: 1566/II, 1567/I-II: -/5/10 schenckhsteur, 1568: 1/3/20 schenckhsteur
Benedict Hueber riemer St: 1566/II: -/-/21 gratia
Jorg gürttler
   St: 1567/I: an kamer, 1567/II: -/2/-
   StV: (1567/I) zalt -/2/- adi 23. octobris.
Hanns müller schuester St: 1567/I: -/2/-
Anndre Obnstetter (Obensteter, 1567/II Wagnsted) tagwercher
   St: 1567/II: -/2/-, 1568: -/4/-, 1569, 1570: -/2/-, 1571: an chamer
Christoff Renntz schneider
   St: 1568, 1569: -/-/-
   StV: (1568) nit hie, an chamer. (1569) mer ain versessne doppelte steur.
Jórg (Geórg) Aichel (Aicher) spängler[1] St: 1568: -/4/-, 1569, 1570: -/2/-, 1571: an chamer
Michel Ettl wierdt
   St: 1569: -/5/10 schenckhsteur
   StV: (1569) mer fůr p[ueri] Fleischman der andern ee -/-/21. Mer fůr p[ueri] Fleischman vierter
   ee -/-/14. Mer ain versessne doppelte steur.
Andre Lerch khartnmacher St: 1569-1571: -/2/-
Hanns müller goldschmid St: 1569: -/2/-, 1570: an chamer
Jórg (Geórg) Österreicher (Esterreicher) schuester St: 1570: 1/6/5 juravit, 1571: 1/6/5
drei welsch geiger St: 1570: -/-/-
herr haubtman Welser St: 1571: -/-/-
Uetz Miderhofer trabanndt St: 1571: -/-/- hofgsind
Sebastian Franckhin wittfraw [des Stadtwundarztes[2]] St: 1571: an chamer
Hanns Pruner diecherkhnecht St: 1571: -/1/- der zeit
   Hanns Prunner thuecherkhnecht St: 1571: -/2/-
Mathes Undermoser pott St: 1571: -/2/-

---

[1] Georg Aicher Spengler (Spängler) 1569 und 1571 Religionsverhöre, vgl. Dorn S. 229, 261.
[2] Sebastian Franckh war ab 1557 Stadtwundarzt, vgl. R. v. Bary III S. 1019 nach KR.

Marienplatz 28/29

Lage: 1369, 1377 unter den Chraemen/Cramen. 1378 bei den Schustern. 1379 Eckhaus. 1379 an der Rosengasse.
Name: 1507, 1572 Roseneck.[1]
Charakter: 1455, 1507 Schusterkramen, Schusterhaus.

Hauseigentümer Marienplatz 29:

1368, 1369 pars domus scriptoris (= Stadtschreiber Peter Krümblein) (StB). Der Stadtschreiber war in 2. Ehe mit einer Strang verheiratet, vgl. Dienerstraße 11.
1369 Dezember 13 Ulreich Ratolt hat seinen halben Keller, gelegen „unter den chraemen" seinem Sohn, Herrn Ulrich, Konventual zu Rott am Inn, übertragen.[2]
1370 die Baukommission beanstandet: „An dez Prunners keller sol der voder lad abgen an dem auzzern eck und sol nach einer snúr gepawen werden an das innder egg, vor Egidi" [= 1. September], bei Strafe von 1 Pfund für den Richter und 12 Pfund Pfennige für die Stadt: „Und sullen vor den laeden weder penck noch stecken haben".[3]
1377 März 14 Herr Ulrich von Rott (am Inn), dez Ratolden Sohn, verkauft seinen halben Keller „under den chramen" dem Fragner Chunrad dem Paer (= Chunrat von Aichach ?).[4]
1378 August 5 des Hainrich des Rotschmieds Haus (Kaufingerstraße 1*) liegt an der Kaufingergasse „gen den schuostern über".[5] Hier wird also auch Haus Nr. 29 noch zu den Schusterhäusern gerechnet.
1379 August 22 Lienhart der Strang verkauft sein „ekhaus" an der Rosengassen, gegenüber dem Rotsmit (Kaufingerstraße 1*) an Ulreich den Pötschner.[6]
1382 domus Pótschnerii (StB).
1453, 1455-1458 domus Potschner (Listen).
1455 November 25 Peter Lufts Haus an der Kaufingergasse (Kaufingerstraße 1*) liegt gegenüber den Schusterkramen.[7] Auch hier wird das Eckhaus Marienplatz 29 noch zu den Schusterhäusern gezählt.
1507 Juli 2 die Vormünder (Dr. Anthoni Pötschner und Bernhard Pütrich (auch) als Anwalt Perfelders/Perfalers) von Melchior Pötschner verkaufen laut Grundbuch aus dem Haus, genannt „Rosenöckh", ein Ewiggeld von 7 Gulden um 140 Gulden Hauptsumme.[8]
1508 Oktober 16 die Vormünder des Melchior Pötschner, nämlich Doctor Anthoni Pötschner und der Hofmeister Erhard von Perfall, verkaufen ein Ewiggeld von 3 Gulden um 60 Gulden Hauptsumme aus dem Haus (GruBu).
1539 Juni 4 Ewiggeldverkauf durch Ambrosi Ursringer (47 Gulden um 940 Gulden) (GruBu).
1540 September 1 Ewiggeldverkauf an Hanns Maisentaler (17 Gulden um 340 Gulden) (GruBu).
1546 die Baukommission beanstandet bei Ambrosi Ursprenger dem Jüngeren, daß seine Vorbauten „1/4 [eln] ze prait" seien.[9]
1565 April 2 da der Hauptbrief vom 1. September 1540 verlorenging, stellt Ambrosi Ursringer den beiden Söhnen Sixt und Leonhard des Bierbrauers Wolf Mair einen neuen aus. Die Mair kaufen seit 1550 auch Ewiggeldbriefe anderer Ewiggeldinhaber (Hypotheken-Inhaber) auf (GruBu).
1572 laut Grundbuch (Überschrift) des „Sigmunden Hueber Eisencramers und Caspar Huebers Melbers, Gebrüdern, Haus, das Rosenöckh genant, stosst an vorgeenden Hämbl (Marienplatz 28) und in

---

[1] Stahleder, Haus- und Straßennamen S. 401/402.
[2] GB I 9/7.
[3] Zimelie 9 (Ratsbuch IV) S. 4v (neu). – Insgesamt schreibt die Baukommission vor: „Under den kramen sullen die penck inwendichleich für di pfeiler nicht raichen". „Und under den chramen sol man all laden anhengen, also daz si oben an den mauren geracket aufgen und die nidern tail sullen an den mauren abhangen oder inwendichl[ich] anhengen" (S. 2v).
[4] GB I 85/11.
[5] GB I 99/25.
[6] GB I 112/5.
[7] Mayer ULF S. [16] Anm. 100, nach Regest von Ernest Geiß.
[8] Stadtgericht 207/7 (GruBu) S. 768v/769v.
[9] LBK 4.

die Rosengassen hinein an Gilgen Tondl Zinngiessers Haus (Rosenstraße 1)". Zu zeitlichen Reihenfolge im Grundbuch vgl. jedoch den folgenden Eintrag:

(1573 August 12) Wolfgang Mair von Alling verkauft das Rosenöckh, so er auf der Gant eingetan, Sigmunden Hueber Eisenhandler und Casparn Hueber Melbler, Gebrüder. Der Eintrag wurde wieder getilgt, aber mit neuem Datum 1577 August 12 wortgleich wiederholt (GruBu).

Das Haus ist während der Zeit der Pötschner-Erbengemeinschaft, also seit etwa 1500, und unter Ursprenger mit dem Nachbarhaus Marienplatz 28 vereinigt.

Eigentümer: Marienplatz 29:

* pars domus scriptoris [= Peter Krümmel, Stadtschreiber]
    St: 1368: -/-/80, 1369: -/-/-
    StV: (1369) [Nachtrag am Rand, getilgt:] solvit -/6/- minus -/-/2.
* Lienhart der Strang [bis 1379 August 22]
* Ulrich Pötschner [seit 1379 August 22]
* domus Pótschnerii
    St: 1382: vacat
* domus Potschner
    St: 1453, 1455-1458: Liste
** Melchior [d. J.] Pötschner, Bruder von Dr. Anton Pötschner, noch unter Vormundschaft [1507 Juli 2, 1508 Oktober 16]
** Brosi Ursprenger saltzstößl. 1526-1529 Brosi (Ambrosi) Ursprenger
    St: 1525, 1526, 1527/I: 1/1/25, 1527/II, 1528, 1529: 1/6/15

    ab 1540 vgl. Marienplatz 28

** Sigmund Hueber Eisenkramer und Caspar Hueber Melbler, Gebrüder [1572]
** Wolfgang Mair von Alling [1573 August 12]

Hackenviertel

Nebenhaus von Kaufingerstraße 1* oder Rosenstraße 13*
(vgl. Sandtner-Modell)

Charakter: Rotschmiede und Weinschenke.

Hauseigentümer:

1378 September 20 „Hainrich rotsmid" verpfändet seinen Hausanteil vorne an der Kaufingergasse (Kaufingerstraße 1*) „und das hinder an der Rosengazzen" sowie ein weiteres Haus.[1]
1381 November 18 „dez rotsmids haus" ist Nachbar des Hauses von Charel Menher, künftig des Ulrich Pötschner an der Rosengasse (Rosenstraße 13*).[2]
1392/1398 aus des „Jacob rotschmidz" Haus an der Kaufingergassen hat der Dechant von St. Peter ein Ewiggeld, das der Stadt gegenüber steuerfrei ist.[3]
1399-1401/II domus Jacob rotsmid (StB).
1403 Dezember 18 das Haus, „das gewesen ist Jacobs des rótsmiczs und das gelegen ist ... an der Rósengassen zwischen Hannß und Peter der Pótschner [Rosenstraße 12/13*] und Thomans des satler [Kaufingerstraße 1*] háuser und auch darzu zwen láden, der[en] ainer gelegen ist an Thoman des satler haustúr und der ander znáchst an dem egkladen an der Rósengassen und sind auch baid gelegen an der Chaufringer gassen und gehórnt baid zu dem vorgenant haus", war einer Gruppe von Bürgerinnen und Bürgern verpfändet („Hanns Rudolf, Ulreich Ebmer, Ludweig Pótschner der elter und Osanna sein tochter und Chunrad und Francz von Hausen gebrúder, Mathes Sentlinger, Cunrad Sluder, Katrei die Dráchslin, Sighart Siczinger, Niclas Resch und Jobs der Schafswol"). Diese alle überlassen das Haus und die beiden Läden nunmehr pfandschaftsweise dem „Ludweigen dem rótsmit" gemäß seinem Kaufbrief, den er darüber hat.[4] Zu diesem Haus gehören also zwei Läden, von denen einer neben dem Laden an der Ecke zur Kaufingerstraße liegt (unter Kaufingerstraße 1*), der andere aber neben der Haustür von Kaufingerstraße 1*. Das kann nur bedeuten, daß mindestens einer der beiden Läden im oder unter dem (Nachbar-)Haus Kaufingerstraße 1* liegt.

Hauseigentümer:

* Jacob rótsmid, 1382, 1383 inquilinus, 1387, 1388, 1390-1392 cum patrimonio Hagenawer[ii]. 1399, 1401/I-II domus Jacob rotsmid
    St: 1382, 1383/I: -/6/-, 1383/II: -/9/-, 1387: 1/-/16, 1388: 2/-/32 juravit, 1390/I-II: 2/-/32, 1392: -/12/-, 1393, 1394: 2/-/-, 1395: -/5/10, 1396, 1397: 1/-/-, 1399, 1400, 1401/I-II: -/-/-
* Ludwig rotsmid [Weinschenk[5]], 1400 inquilinus
    St: 1400: 1/-/- iuravit, 1401/I: 1/-/-, 1401/II: -/10/20 iuravit, 1403, 1405/I: -/10/20, 1405/II: -/14/- iuravit, 1406: 2/-/80, 1407, 1408: 2,5/-/-, 1410/II: 3/-/80, 1411: 2,5/-/-, 1412: 3/-/80, 1413: 5/-/- iuravit
    StV: (1405/I) sein stewr und -/3/- de uxor[e] gracianus.
  Chuncz rotsmid inquilinus
    St: 1415: -/-/60 für 10 lb
  Peter rotsmid
    St: 1416: -/-/60 gracianus, 1418, 1419: -/5/10

---

[1] GB I 101/8.
[2] GB I 149/8.
[3] Steueramt 982/1 S. 13r.
[4] GB III 23/7.
[5] Ludbeig rodsmid ist um 1414 Mitglied der Weinschenkenzunft, vgl. Gewerbeamt 1411 S. 3r. – 1401/I unter Kaufingerstraße stehend.

Bewohner:

Werndel schuster, 1403 inquilinus St: 1401/II: -/-/60 fúr 4 lb, iuravit, 1403: -/-/60 fúr 4 lb
Jacob Halbschuster [Wirt[1]] St: 1403: -/-/80
Herman Mayr rotsmid St: 1403: -/7/14
Marttein sneider inquilinus St: 1403: -/-/40 fúr 2 lb
Wilhalm Sambss [Weinschenk[2]] St: 1405/I: -/-/-
Andre Tewrer inquilinus St: 1405/I: -/-/80 fúr 10 lb
Ulrich ṣalbwrch inquilinus St: 1405/I: -/-/72 fúr 9 lb
Michel Kranvesel rotsmid St: 1405/I: -/-/84
Wolfhart satler inquilinus St: 1405/II: -/-/60 fur 10 lb, iuravit
Hanns Ostermair St: 1410/I: -/7/6 iuravit
Hanns sneyder von Dachw (!) St: 1415: -/3/-
Wernher Smuck St: 1416: -/12/-
Hainrich Scheyringer [Salzstößel[3]] St: 1416: -/5/10
Chuncz maler St: 1418: -/-/60 für nichil
Hanns Wolfersperger [Salzsender, Weinschenk[4]] St: 1419: 0,5/-/- gracianus
Chuncz pawtler St: 1423: -/3/-
Schaẇr salbwrch St: 1423: -/3/-
Chuncz sporár inquilinus St: 1423: -/3/-
Hanns satler von Landshut St: 1431: -/-/68 iuravit
Rándel Kún schuster inquilinus St: 1431: -/3/- iuravit
Hanns Wolf inquilinus St: 1431: -/-/60 iuravit 15 lb

Kaufingerstraße 1*

Lage: 1372 „an dem egk". 1455 unter den Läden der Sattler. 1493 „unter den satlern an Káffingergassen".[5] Später „Schützeneck".[6]
Charakter: Sattlerei, um 1400 auch Weinschenke.

Hauseigentümer:

1370 die Baukommission beanstandet „dez Morleins dach und lauben", aber auch „der Rotsmid lauben, schoph, kellerhals und steck [sollen] ab[gebrochen werden]".[7]
1372 Januar 23 „Peter Chrúmmel statschreiber hat sein haus, gelegen an dem egk ze naechst an Dyetreichz Gleseins haus [Kaufingerstraße 2*] an Kauffinger gazzen" verkauft an „Ch[unraden] und Hainreichen den rótsmiden gebrúdern und Hainrichen dem Mórel satler als recht ist".[8]

---

[1] Jacob Halbschuster gehört zu den Wirten, denen die Stadt 1403 Zehrkosten für die vier Pfeifer Herzog Ludwigs [von Ingolstadt], die sie „datz im verzert haben", ersetzt, unter Hinweis: „Daz schuf Ulrich Tichtel und Martein Glesein". Zumindest Ulrich Tichtel war in dieser Bürgermeister, vgl. Steueramt 572 (Leibgedingbuch 1402/03) S. 69v; 573 (Leibgedingbuch 1404/09) S. 37v.
[2] Vgl. Kaufingerstraße 23 B, 28, 30.
[3] So bei Weinstraße 3.
[4] Hans Wolfersperger um 1414 und 1451 Mitglied der Weinschenkenzunft, vgl. Gewerbeamt 1411 S. 4r, 9v. – Wolfersperger, ohne Vornamen, 1429 auch Salzsender, vgl. Vietzen S. 145.
[5] Diese Bezeichnung bezieht sich auf die Häusergruppe Kaufingerstraße 1* – 4*, wo seit 1368 ständig Sattler in den Steuerbüchern erscheinen. Die Bezeichnung selbst beggenet nur einmal, nämlich in der Kammerrechnung von 1493, wo die Stadtkammer eine (nachgezahlte) Steuer von „Hannsen obsser unntter den satlern an Káffingergassen von dem 93. [jar] sein stewr" einnimmt (S. 23r). Da für die Jahre 1491-1495 die Steuerbücher fehlen, ist der Hanns obsser nicht zuzuordnen. Vgl. Stahleder, Stadtplanung S. 221.
[6] Stahleder, Haus- und Straßennamen S. 412.
[7] Zimelie 9 (Ratsbuch IV) S. 5r (neu). – Vgl. Stahleder, Stadtplanung S. 221.
[8] GB I 22/9.

1378 August 5 Hainrich rotsmid versetzt sein Haus, „daz vorder, daz gelegen ist an Kaufinger gazzen gen den schuostern über" (Marienplatz 29) für 38 Pfund Pfennige dem Ch(unrad) dem Heger.[1]

1378 September 20 „Hainrich rotsmid setzt sein tail dez vordern hauz an Kaufinger gazzen und daz hinder an der Rosengazzen (Nebengebäude zwischen Rosenstraße 13* und Kaufingerstraße 1*) und sein haus gelegen an dem Anger ... Annen der Kornvesin" um 177 Pfund Pfennige.[2]

1379 August 22 das Haus des Rotschmieds liegt gegenüber dem Eckhaus des Liendel Strang beziehungsweise Ulrich Pötschner (Marienplatz 29, Ecke Rosenstraße).[3]

1381 Februar 16 „Ez hat Hainrich rotsmid sein voder haus, do er yeczen selber [inne] ist, halbs geseczt in phandes weis ... Chunrad dem Sluder" um 139 ungarische und böhmische Gulden.[4]

1386 Januar 22 „Hainrich rötsmid chöm für recht [= er kommt vor das Stadtgericht] und klagt ..., ez hiet er und sein pruder ein haus gekäft von Peter [Krümmel] dem statschreiber und hieten auch dasselb haus miteinander gepawt auf ainen stuck und dasselb haus wär ein ungetailcz erb ... Er wär des hauzz, nach seins pruder kind tot, nächster erb und genöz und darumb hiet er Thoman [Mörel] dem satler und seiner hausfrawn fürgepoten [= sie vorgeladen] auf das ander". Der Sattler Thoman und seine Hausfrau halten durch ihren Anwalt dagegen und Hainrich der Rotsmid läßt daraufhin seine Klage fallen.[5]

1390 September 3 Margret, die Hausfrau des Hainrich des Rotschmieds, verpfändet mit Willen und Wort ihres Ehemannes Hainrich des Rotschmieds ihr Haus an der Kaufingerstraße, gelegen zunächst an des Küchelmairs Haus (Kaufingerstraße 2*) an den Lederer Hainrich den Grözz (Gross) und an die Hausfrau von Hainrich dem Ledersneider.[6]

1391 April 15 „Hainrich der rotsmid" hat sein Haus an der Kaufingerstraße, zunächst an des „Chuhelmairs" Haus (Kaufingerstraße 2*) für 81 Gulden, 40 Dukaten und 42 Florentiner „Otten dem hofschuster" verpfändet.[7]

1392/1398 der Dechant zu St. Peter hat ein Ewiggeld aus aus „Thoman satlers" Haus an der Kaufingerstraße, das der Stadt gegenüber steuerfrei ist.[8]

1394 April 11 „Hainrich der rotsmid" hat sein Haus an der Kaufingerstraße, zunächst an der Chuchelmairin Haus (Kaufingerstraße 2*), um 74 neue ungarische Gulden an den jungen Konrad den „Chaephenberger" verpfändet.[9]

1395 April 29 „Hainreich der rotsmid" hat sein halbes (Haus) an der Kaufingerstraße in St. Peters Pfarr, zunächst „an dez Chuchelmairs saeligen haws" (Kaufingerstraße 2*), „Thoman dem satler" verkauft, mit Ausnahme von 6 Gulden Ewiggeld des jungen Ulrich Tichtel, die an die Dechanei zu St. Peter ge-hören.[10]

1403 Dezember 18 „Thomans des satler" Haus ist Nachbar vom Haus des Jakob des Rotschmieds beziehungsweise Ludwig des Rotschmieds (Nebenhaus von Kaufingerstraße 1* oder Rosenstraße 13*).[11]

1406 Dezember 6 die Stadtkammer hat 18 Pfund 3 Schillinge 15 Pfennige für 30 Gulden ungarisch und böhmisch an Zins eingenommen von „Thoman dem satler" „aus der rotsmid haws".[12]

1455 November 25 Franz Tichtel hat ein Ewiggeld aus Peter Lusts (gemeint: Peter Lufts) Haus an der Kaufingerstraße gegenüber den Schusterkramen (Marienplatz 27*/29), darunter die Läden der Sattler sind.[13]

1471 August 30 des Lufft seligen Haus ist Nachbar zum Hanns Kirchdorfer (Rosenstraße 13*).[14]

---

[1] GB I 99/25.
[2] GB I 101/8.
[3] GB I 112/5.
[4] GB I 134/8, vgl. auch I 130/6-9.
[5] GB I 219/10.
[6] GB I 247/9.
[7] GB II 4/10.
[8] Steueramt 982/1 S. 13r.
[9] GB II 68/6.
[10] GB II 90/10.
[11] GB III 23/7.
[12] KR 1406/07 S. 28v.
[13] Mayer ULF S. [16] Anm. 100, nach Regest von Ernest Geiß.
[14] Urk. B II b Nr. 56.

1482 September 7 die Gerhaben der Margareth Perkircherin verkaufen aus dem Haus ein Ewiggeld von 10 Pfund um 200 Pfund Hauptsumme.[1]
1484/85 laut Grundbuch (Überschrift) „des Ambrosy Swartzen von Augspurg Eck-haws" (GruBu).
1486-1496 domus Swarcz (von Augspurg) (StB).
1519 Oktober 29 wie 1482 September 7, aber 2 Gulden um 40 Gulden Ewiggeld (GruBu).
1526 Juli 16/17 Anndre Reitmair/Reitmor [I.] der Ältere hat den Augustinern zu einem Jahrtag ein Ewiggeld von 5 Gulden um 100 Gulden aus diesem seinem Haus verschrieben und erhält von den Augustinern einen Reversbrief über sein Begräbnis mit Grabstein in der Augustinerkirche.[2]
1531 Februar 16 Hanns [II.] Reytmor und seine Hausfrau Brigitta verkaufen ein Ewiggeld von 75 Gulden um 1500 Gulden Hauptsumme aus dem Haus (GruBu).
1546 die Baukommission beanstandet, daß „Andre Reutmor der elter" [II.] seine Vordächer „1/2 eln ze weit" vorstehen hat.[3]
1573 laut Grundbuch (Überschrift) des „Andreen [III.] Reitmors Hauß am Eckh" (GruBu).
1586 Februar 11 nach dem Tod von Andre Reitmor, gewesenen Bürgers allhier, und seiner Hausfrau Ursula Fröschlin ist dieses und das nachgeschriebene Haus (Kaufingerstraße 2*) ihres Sohnes Jacob Reitmors seligen Tochter als ihrem Enkelkind, der Jungfrau Ursula Reitmorin, von ihren Vormündern um 3100 Gulden verkauft worden (GruBu).[4]

Eigentümer Kaufingerstraße 1*:

* Peter Krümmel, Stadtschreiber [bis 1372 Januar 23]
* Mórel satler
    St: 1375: 2/-/-
* Hainrich rotsmid [∞ Margaret]
    St: 1375: -/13/14, 1377: 2/-/30 juravit, 1378, 1379, 1381, 1382, 1383/I: 2/-/30, 1383/II: 3/-/45, 1387: 2/-/-, 1388: 4/-/- juravit, 1390/I-II: 4/-/-, 1392: -/12/-, 1393, 1394: 2/-/-, 1395: -/6/20, 1396: -/10/-
    StV: (1379) [Nachtrag am Rand:] In h[oc anno ?] t[enetu]r (?) 13 Rat[isponenses].
* Thoman (Thomas) satler, 1381 cum uxore, 1382-1383/II inquilinus
    St: 1381: -/-/60 gracianus, 1382: -/6/- juravit, 1383/I: -/6/-, 1383/II: -/9/-, 1387: -/6/12, 1388: -/12/24 juravit, 1390/I-II: -/12/24, 1392: -/11/-, 1393, 1394: -/14/20, 1395: -/5/10, 1396, 1397, 1399, 1400, 1401/I: 1/-/-, 1401/II, 1403, 1405/I: -/10/20, 1405/II: -/10/- iuravit, 1406-1408: -/13/10, 1410/I: 1/-/- iuravit, 1410/II: -/10/20, 1411: 1/-/-, 1412: -/10/20, 1413: -/6/- iuravit, 1415: -/5/-, 1416, 1418, 1419: -/6/20, 1423: -/6/-
    StV: (1381) item de anno preterito -/-/60.
* Peter Luft (1440 Lust), 1440 salburch. 1482 relicta Lüfftin patrimonium
    Sch: 1439/I-II, 1440, 1441/I-II: 2 t[aglon], 1445: nichil
    St: 1453-1458: Liste, 1462: nichil daz jar, 1482: 1/3/14
    StV: (1482) patrimonium Caspar Stapff ausgericht.
    Gredl Lüfftin
    St: 1482: -/-/-

Hanns messerer, 1454 inquilinus. 1456, 1457 Hanns Perkircher messerer.[5] 1462 Hanns Perkircher messerschmid inquilinus
    St: 1454-1457: Liste, 1462: -/4/7

---

[1] Stadtgericht 207/5 (GruBu) S. 286r und 207/5a (GruBu) S. 651v.
[2] Hemmerle, Archiv des ehem. Augustinerklosters, Urk. Nr. 108/109. – HB HV S. 247. Die dort genannte Ehefrau stammt nicht aus dem Grundbuch. – Ein Rückenvermerk auf der Urkunde Nr. 108 vom 26. August 1587 besagt: Die Stadtschreiberei bestätigt, daß das Geld auf dem Reutmor'schen Eckhaus Kaufingergasse/Rosengasse (Kaufingerstraße 1*) lag, das aber verkauft worden ist und daß das Geld nunmehr auf das danebenliegende Haus – gemeint ist Haus 2* – an der Kaufingergasse gelegt worden ist, das Haus neben dem Kramer Sebastian Urfringer (gemeint: Urspringer), Kaufingerstraße 3*.
[3] LBK 4.
[4] HB HV S. 247 mit falschem Jahr 1582, ebenso S. 249 bei Kaufingerstraße 2*.
[5] Hanns Perkircher ist 1460 Vierer der Messerer, vgl. RP.

** Margaret Perkircher [1482 September 7]
** domus Swarcz, 1490, 1496 von Augspurg [= Ambros Swart von Augsburg]
    St: 1486: -/6/5 dedit Rauch, 1490, 1496: -/6/5
* Die Eigentümer der Familie Reitmor siehe unter dem gemeinsamen Kapitel Kaufingerstraße 1*/2*.

Bewohner Kaufingerstraße 1*:

Chunrat rótsmid. 1379 relicta Chunradi rótsmid
    St: 1375: 0,5/-/-post, 1377: 0,5/-/- juravit, 1378: 0,5/-/-, 1379: -/-/60
Kellner calciator inquilinus St: 1377: -/-/51 juravit
Hainrich (Morgenstern) zingiezzer inquilinus. 1383, 1387-1388 Hainrich Morgenstern, 1383, 1388 inquilinus
    St: 1378: -/-/30 gracianus, 1379: -/3/- juravit, 1381, 1382, 1383/I: -/3/-, 1383/II: -/4,5/-, 1387: -/-/80, 1388: -/5/10 juravit
Paurenermel sartor inquilinus St: 1381: -/-/24
Fridrich Lesch inquilinus St: 1382: -/-/30
Stephann (Stepffan) zingiezzer inquilinus St: 1392: 0,5/-/12, 1393, 1394: -/5/26
Maehthilt Hawsnerin St: 1392: -/-/12
Berchtolt rotsmid, 1394 inquilinus St: 1393, 1394: -/-/40
Nyenderthanner (Nynnderthaimer) gúrtler inquilinus St: 1395, 1396: -/-/60 für vier lb
Chunrat salẃrcht inquilinus. 1397 Chunrat salbúrch Gilgenstock inquilinus
    St: 1395: -/-/60 für zwelff lb, 1397: -/-/72
Hainrich salbúrch inquilinus St: 1396: -/-/72 fur 12 lb
Ulrich Hagenawer satler inquilinus St: 1397: -/-/60
(Hanns) Schinteldach (Schindeldach) [Weinhandel, Weinschenk[1]] inquilinus
    St: 1397, 1399, 1400, 1401/I: 0,5/-/-, 1401/II: -/5/10 iuravit, 1403, 1406, 1407: -/5/10
relicta Haecklin inquilina St: 1397: -/-/20 für nichil
Hainrich swertfürb inquilinus St: 1399: -/-/24
Hanns (Hannsel) rotsmid inquilinus
    St: 1401/II: -/-/72 fúr 9 lb, iuravit, 1403, 1405/I: -/-/72 fúr 9 lb, 1405/II: -/-/60 fúr 8 lb, iuravit, 1406: -/-/64 fúr 8 lb
Hanns Walcher [Walther ?, Wirt[2]] inquilinus St: 1405/I: -/5/10
Herman Hochenloch inquilinus St: 1408: 0,5/-/- iuravit, 1410/I: -/-/72 iuravit
[Seitz[3]] Tornzway salbwrch, 1412 inquilinus St: 1411: -/-/60 fúr 10 lb, 1412: -/-/80 fúr 10 lb
Haincz flaischhackel inquilinus St: 1413: -/-/-
Hanns Lochrár inquilinus St: 1415: -/23/-
    pueri uxoris St: 1415: -/6/- gracianus
Fricz satler inquilinus St: 1418: -/-/80
Michel zingiesser St: 1423: 3,5/-/-, 1424: 1/-/40
Karel (Karl) Froschaẃer (Fróschawer), 1424 kramer
    St: 1423: 2,5/-/-, 1424: -/6/20
    StV: (1423) et dedit -/-/30 von seiner muter.
Hanns zingiesser St: 1431: 0,5/-/- iuravit
Hanns Horsapp gurtler inquilinus St: 1431: -/-/60 iuravit
Hanns Schierer rotsmid inquilinus St: 1431: -/-/73 iuravit

---

[1] Hans Schintteldach handelt mit Wein. 1403 zahlt ihm die Stadtkammer 74 Pfennige „umb wein für den Hochenfelser", vgl. Steueramt 572 (Leibgedingbuch 1402/03) S. 70v. – Um 1414 nennt den Hensel Schintteldach auch das Weinschenken-Verzeichnis, vgl. Gewerbeamt 1411 S. 3r.
[2] Hanns Walcher (Walther ?) ist Wirt. Die Stadt schuldet ihm 1403 14 Schillinge und 4 Pfennige, die die Schützen bei ihm vertrunken haben. Ulrich Tichtel [der jüngere] hatte es angeordnet, vgl. Steueramt 573 (Leibgedingbuch 1404/09) S. 43r.
[3] So 1410/I bei Kaufingerstraße 36.

Partelme, 1429/I-II, 1445, 1454, 1456-1462 schwertfeger[1], 1441/II, 1456, 1462 inquilinus
    Sch: 1439/I-II, 1440, 1441/I-II: 1 t[aglon], 1445: 2 knecht [ohne Betrag]
    St: 1453-1458: Liste, 1462: -/-/80
Erhart satler Sch: 1439/I: 1 t[aglon]
Hanns Gruber, 1439/II-1441/II, 1454-1462 satler, 1439/II, 1441/II inquilinus
    Sch: 1439/II, 1440, 1441/I-II: 1 t[aglon]
    St: 1453-1458: Liste, 1462: -/-/65
Anna weberin, 1453 inquilina St: 1453, 1458: Liste
Linhard Rauch, 1482 zamacher
    St: 1482: -/2/20, 1486, 1490: -/3/5
    StV: (1490) et dedit -/-/60 für Steffan Schónawer die erst nachstew[r].
Jörg Kröll swertfeger St: 1482: -/2/25
Ulrich pfister sattler[2] St: 1482: -/4/10
Philip swertfeger
    St: 1482: -/-/-
    StV: (1482) dedit -/6/- fur sein drey nachstewr.
salitrer St: 1482: nichil, vacat
Lenntz Húber saltzstößl St: 1486: -/3/15
duo inquilini St: 1486: anderswo
Hainrich (Haintz) Stich (Stichs), 1500 satler[3] St: 1486, 1490: -/3/10, 1496, 1500: -/-/60
Hanns von Speir gartner St: 1486: -/2/24
Andre zammacher St: 1490: -/-/60
Jorg wirt swertfeger St: 1490: -/2/18
Sigmund zammacher [1496 nachgetragen:] Fierenkrieg St: 1496, 1500: -/-/60
P[eter ?] Strasser taschner[4] St: 1496: -/2/6
Gastel sneider St: 1496: -/-/24 gracion

Kaufingerstraße 2*

Charakter: 1378 „smidhauzz". Sattlerei. Weinschenke.

Hauseigentümer:

1370 die Baukommission bestimmt:„dez Kúchelmairs lauben, kellerhals und steck [sollen] ab[sein]".[5]
1371 Oktober 9 Dyetrich der alt Glesen hat sein Haus an der Kaufingerstraße, zunächst an Hans des Chruogs Haus (Kaufingerstraße 3*), Ulrich dem Chüchelmair verkauft.[6]
1372 Januar 23 das Haus des Dyetreich Glesein ist Nachbar von Peter Krümmel, künftig von der Gebrüder Konrad und Hainrich der Rotsmiden und Hainrich des Mörel Haus (Kaufingerstraße 1*).[7]
1378 Januar 9 Katrey die Rotsmidin überläßt ihr Sechstel am „smidhauzz", zunächst an dem Krug an der Kaufingergassen (Kaufingerstraße 3*) gelegen, "Hansen dem satler".[8]
1382 September 19 des Chüchelmairs Haus ist benachbart dem Haus des Chrugs selig beziehungsweise Hainrich Unigers an der Kaufingergasse (Kaufingerstraße 3*).[9]

---

[1] Barthlme swertfeger ist 1465 Vierer der Schlosser, vgl. RP. – 1457 versehentlich „schweger" statt „schwertfeger"
[2] Der Sattler Ulrich Pfister ist 1481 Vierer der Sattler, vgl. RP.
[3] Hainrich Stich 1485, 1488 und 1500-1520 wiederholt Vierer der Sattler, vgl. RP.
[4] Der Taschner Peter Strasser 1503 und 1504 Vierer der Beutler, Gürtler, Taschner, Ircher, Nadler, vgl. RP.
[5] Zimelie 9 (Ratsbuch IV) S. 5r (neu). – Kuchelmair 1381 Mitglied des Großen Rats, vgl. R. v. Bary III S. 746.
[6] GB I 19/16.
[7] GB I 22/9.
[8] GB I 93/11.
[9] GB I 168/11, 169/2.

1388 nach Juli 25 das Haus des Küchelmair ist dem des Hainrich Üninger (Kaufingerstraße 3*) benachbart.[1]

1390 September 3 das Haus des Küchelmair ist dem Haus des Hainrich Rotschmied und seiner Hausfrau Margaret (Kaufingerstraße 1*) benachbart.[2]

1391 April 15 das Haus des „Chuhelmair" ist dem Haus Hainrich des Rotschmies (Kaufingerstraße 1*) benachbart.[3] In diesem Haus – „hincz dem Chuhelmair" – hat „Chlingenfels der sneyder" ein „gemach, do er yeczen inne ist", also eine Wohnung gemietet, die er an diesem Tag wieder aufgibt.[4]

1394 April 11 das Haus der „Chuchelmairin" ist dem Haus des Hainrich des Rotschmieds (Kaufingerstraße 1*) benachbart.[5]

1395 April 29 das Haus des Chuchelmair selig ist dem Haus Hainrich des Rotschmieds, künftig Thoman des Satlers Haus (Kaufingerstraße 1*), benachbart.[6]

1454 auf des Tegnharcz (Schernegker) Haus an der Kaufingerstraße liegen Ewiggelder von 2 rheinischen Gulden und 5 rheinischen Gulden.[7]

1484/85 nach dem Grundbuch (Überschrift) „des Kalltentallers Kinde haws, hoffe und Stallung".[8]

1488 Januar 21 die Pfleger von Anna, des Hanns Kaltentalers Tochter, verkaufen 5 Gulden Ewiggeld um 100 Gulden Hauptsumme an ihre Mutter Elsbeth, die nun mit Hanns Colb verheiratet ist (GruBu).

1489 Januar 20 dieselben Pfleger verschreiben dem Hanns Rot dem Jüngeren, Ehemann der Anna Kaltentaler, ein Ewiggeld von 5 Gulden um 100 Gulden (GruBu).

1490 domus Hanns Rot (StB).

1495 Oktober 24 der Gegenschreiber zu Neustadt Hanns Rot und seine Hausfrau Anna, Tochter des Kaltentaler selig, verkaufen dem Hanns Colb ein Ewiggeld (5 Gulden um 100 Gulden) (GruBu).

1496 domus Rot von der Neustat (StB).

1498 verkauft das Ehepaar Rot ein Ewiggeld (2 Gulden um 40 Gulden) an die Elsbeth Colbin, Schwiegermutter und Mutter der Verkäufer (GruBu).

1500 domus Rot (StB).

1501 Oktober 1 Hanns und Anna Rot verkaufen wieder ein Ewiggeld von 3 Gulden um 60 Gulden an Hanns Kolb (GruBu).

1526 Juli 16 Eigentümer wie Kaufingerstraße 1*. Ewiggeldverkauf von 5 Gulden um 100 Gulden Hauptsumme (GruBu).

1573 laut Grundbuch (Überschrift) des Andree [III.] Reitmor Haus, Hof und Stallung.

1586 Februar 11 Eigentümer wie Kaufingerstraße 1*.

Eigentümer Kaufingerstraße 2*:

* Dietrich [der alt] Glesein [Stadtrat[9], bis 1371 Oktober 9]]
    St: 1368: 3/5/10, 1369: 3/3/- juravit[10], 1371, 1372: 3/3/-
  pueri uxoris
    St: 1368: -/6/-, 1369, 1371, 1372: -/9/-
* Ulrich (Ull) Kuchelmair (Kúchelmair, Kuchelmaer, Küchelmair) [äußerer Rat, Salzsender[11]; seit 1371 Oktober 9]. 1390/I Chúchlmaer. 1394-1413 (relicta) Kůchelmairin (Kúchelmairin)
    St: 1375: 8/-/80, 1377: 7,5/-/- juravit, 1378, 1379, 1381, 1382, 1383/I: 7,5/-/-, 1383/II: 11/-/60, 1387: 4/-/40, 1388: 8/-/80 juravit, 1390/I-II: 8/-/80, 1392: 6/-/60, 1393: 8/-/80, 1394: 3/-/-,

---

[1] GB I 236/24.
[2] GB I 247/9.
[3] GB II 4/10.
[4] GB II 4/11.
[5] GB II 68/6.
[6] GB II 90/10.
[7] Kämmerei 64 S. 10v, 12r.
[8] Stadtgericht 207/5 (GruBu) S. 287r und 207/5a (GruBu) S. 653v.
[9] Dietrich Glesein 1362, 1369-1381 äußerer, 1363-1368 innerer Stadtrat, vgl. R. v. Bary III S. 740.
[10] „juravit" wieder getilgt.
[11] Ulrich Küchelmair ist 1377 als äußerer Rat belegt, vgl. R. v. Bary III S. 740. – Vielleicht ist er auch der 1389 als Salzsender belegte Chuchelmair, ohne Vorname, vgl. Vietzen S. 143.

1395: -/12/-, 1396, 1397, 1399, 1400, 1401/I: -/18/-, 1401/II: 2/3/2 iuravit, 1403, 1405/I: -/19/2, 1405/II: 3/-/84 iuravit, 1406-1408: 4/3/22, 1410/I: 3/3/-, 1410/II: 4,5/-/-, 1411: 3/3/-, 1412: 4,5/-/-, 1413: 3/3/- iuravit

* Katrey die rotsmidin [bis 1378 Januar 9, ein Sechstel Anteil]
* Hans der satler [seit 1378 Januar 9, ein Sechstel Anteil]
*? Hainrich Heller, 1431, 1439/I, 1441/I arczt[1]
>St: 1431: 4/-/-
>StV: (1431) et si aliquid obtineret de amissis, debet ulterius dare.
>Sch: 1439/I-II, 1440, 1441/I-II: 3 t[aglon], 1445: 2 ehalten, dedit -/-/16

[Hans ?] Kaltntaler [Weinschenk ?[2]]
>Sch: 1445: 1 diern, dedit -/-/8

* Tegnhart (Tegenhart) Scherneger (Schernegker, Schernecker). 1457-1462 Tegnhart (Degenhart) [Weinschenk[3]]
>St: 1453-1458: Liste, 1462: -/13/26 patrimonium
>StV: (1462) darin haben kind pezalt 1 lb, zalt Deininger und der frawen man -/5/26.

** Kaltentaler patrimonium [∞ Elspet, spätere Hanns Colbin]
>St: 1482: 1/7/17

** pueri Kaltntaler
>St: 1486: -/2/23 dedit Kolb.

** Anna, des Kaltentalers Tochter [∞ Hanns Rot d. J., Gegenschreiber zu Neustadt, 1488 Januar 21]
** domus Hanns Rot. 1496 domus Rot von der Neustat. 1500 domus Rot [∞ Anna, geb. Kaltentaler]
>St: 1490, 1496: -/3/23, 1500: -/3/15
>StV: (1490) dedit Hanns Kolb die erst nachstewr fur Hanns Rot. (1496, 1500) dedit Kolb.

* Eigentümer der Familie Reitmor siehe unter dem folgenden gemeinsamen Kapitel für die Häuser Kaufingerstraße 1*/2*.
** Andre [I.] Reitmor 1526. Gemeinsame Geschichte mit Nr. 1*.
** Alexander Hundertpfund, ∞ Ursula Reitmor 1591.

Bewohner Kaufingerstraße 2*:

pueri Feltschuster (Veltschuster)
>St: 1368: 0,5/-/-, 1369: -/-/-
>StV: (1369) obiit et testavit bona sua ad hospitalem.

patrimonium Tállingerii (Tállinger) St: 1371, 1372: -/-/-
junior Hagenawer inquilinus St: 1382: 0,5/-/- gracianus
>Ulrich Hagenawer inquilinus St: 1390/II: -/-/20

puer Oswaldi satler
>St: 1383/I: 1/-/-, 1383/II: -/12/-
>StV: (1383/I) item -/12/- de preterita stewera.

Hanns Kniepaentl [Weinschenk ?[4]] inquilinus St: 1388: -/-/44 juravit
Ulrich Halbenberger (Halmberger) St: 1390/I-II: 7/-/-
Dietl (Dietrich) satler inquilinus St: 1390/I: -/-/80, 1390/II: -/-/40
Hainrich von München St: 1394: -/13/10
relicta Fúschmúndlin (Fuschsmúndlin, Fuchsmundlin) inquilina
>St: 1397: nichil, 1403, 1405/I: -/-/20 fúr nichil, 1405/II, 1406: -/-/-

Thómel dez underchauffels sun inquilinus[5] St: 1396: der ist tod

---

[1] Heinrich Heller war 1419 bis 1441 (nichtbeamteter) Arzt, vgl. R. v. Bary III S. 1016.
[2] Vielleicht Hans Kaltentaler, 1458 Mitglied der Weinschenken-Bruderschaft, 1459-1480 wiederholt Vierer der Weinschenken, vgl. RP und Gewerbeamt 1411 S. 5r, 11v, 13r (immer ohne Vornamen). – Ein Kaltentaler 1465-1479 auch wiederholt als Weinversucher belegt, vgl. R. v. Bary III S. 973.
[3] Er dürfte der Degenhart sein, der 1460 Vierer der Schenken ist, vgl. RP. – Vor allem aber ist Tegenhart Scherenecker 1456 und 1458 Vierer der Weinschenken, vgl. Gewerbeamt 1411 S. 11v, 13r.
[4] Ein Hans Kniepäntel ist später Weinschenk, vgl. Gewerbeamt 1411 S. 2v.
[5] Name wieder getilgt.

Kochprunner amer inquilinus St: 1399: -/-/56 fur 6 lb
Chunrade sailer inquilinus [Weinhandel, Weinschenk[1]]. 1405/II-1407 Chunrad Haemerl inquilinus
    St: 1401/II: 3/-/24 iuravit, 1403, 1405/I: 3/-/24, 1405/II: 4/-/- iuravit, 1406, 1407: 5/-/80
Margred kramerin inquilina St: 1406: -/-50 für nichil, 1407: -/-/45, 1408, 1410/I: -/-/40
Rudel sailer, 1408 inquilinus St: 1408: -/15/6 iuravit, 1410/I: -/10/- iuravit, 1410/II: -/13/10
Jacob Kleẃber [Weinschenk, Salzsender[2]], 1413 inquilinus St: 1413: -/10/- gracianus, 1415: -/22/-
Hanns sneyder von Dachaw inquilinus St: 1413: -/-/60 gracianus
[Seitz[3]] Torenczway (Torenzway) salbẃrch St: 1415: -/-/72, 1416: -/3/6
Ulrich von Deining sneyder St: 1416: 2/-/- iuravit
[Konrad ?] Stadler schuster St: 1416: -/10/20
Kleplat schuster St: 1418, 1419: -/13/10
Marttein Hofaltinger [Weinschenk[4]] und sein swiger St: 1418: -/6/12
Hainrich schneyder, 1419 inquilinus
    St: 1418, 1419: 0,5/-/-
    StV: (1418) et dedit -/-/15 von dez Zócel schneider kind. (1419) et dedit -/-/15 von dez Zoczels
        kind.
Chunrat Veringer St: 1419: -/5/10
Hanns Schreier gurtler inquilinus St: 1423: -/3/-
relicta Prantin (Prantlin, Prántin), 1462 inquilina St: 1453-1458: Liste, 1462: -/14/-
Chunrat satler inquilinus. 1456 Chunrat Eytinger satler inquilinus St: 1455, 1456: Liste
Jorg schwertfeger, 1457 inquilinus St: 1457, 1458: Liste
Hanns Knidelsperger [Weinschenk ?[5]] inquilinus St: 1462: -/-/40 gracian
Conrad Neidlinger sattler. 1486, 1490, 1496, 1500 Neydlinger satler[6]
    St: 1482: -/4/15, 1486, 1490: -/5/1, 1496: -/4/26, 1500: -/3/25
    StV: (1490) et dedit -/2/17 fur pueri Jörg zammacher. (1500) et dedit -/5/4 fúr pueri Welßhofer.
Asem Paiprunner weinschenck
    St: 1486: -/5/10
    StV: (1486) und sol bis jar sweren.
Jórg (Georg) vischer swertfeger[7] St: 1486, 1490, 1496, 1500: -/-/60
Hanns Dawm, 1496 g[ewandschneider] [Weinschenk[8]] St: 1490: 6/1/17, 1496: 8/3/23
Peter Krell [Schwertfeger] inquilinus St: 1490: -/-/60
Paule Etlinger wirt St: 1500: -/5/10
et mater St: 1500: -/-/60

---

[1] Dem Chunrade sayler schuldet die Stadt 1403 5 Pfund 6 Schillinge und 5 Pfennige „umb wein gen Paesing im kryeg", vgl. Steueramt 573 (Leibgedingbuch 1404/09) S. 44v. Er handelt also mit Wein. Um 1414 nennt den Chunrat sayler auch das Weinschenken-Verzeichnis, vgl. Gewerbeamt 1411 S. 3r.

[2] Den Jacob Kleẃber nennt das Weinschenken-Verzeichnis um 1414, vgl. Gewerbeamt 1411 S. 2v. – 1429-1431 und 1443-1447 ist Jacob Klewber als Salzsender belegt, später ist er mehrmals Bürgermeister, 1451 auch wieder Weinschenk, vgl. Vietzen S. 144, 146, R. v. Bary III S. 756, 758 und Weinstraße 15*.

[3] So 1410/I bei Kaufingerstraße 36.

[4] Martein Hofolttinger nennt auch das Weinschenken-Verzeichnis von um 1414, vgl. Gewerbeamt 1411 S. 2v.

[5] Ein Kitelsperger, ohne Vornamen, ist 1477 und 1480 Vierer der Weinschenken, vgl. RP. 1482 steht bei Weinstraße 16 bereits seine Witwe.

[6] Chunrat Neydlinger 1459-1499 wiederholt Vierer der Sattler, vgl. RP.

[7] Der Schwertfeger Jorg vischer 1494 Vierer der Schlosser, vgl. RP.

[8] Hanns Dawm 1475, 1478, 1480, 1482, 1487, 1489, 1490, 1492, 1495 Vierer der Gewandschneider, vgl. RP. – Hanns Dawm 1492 Aufnahme in die Weinschenkenzunft, vgl. Gewerbeamt 1418 S. 7r.

Kaufingerstraße 1*/2*

Lage: (Nr. 1*) Eckhaus.
Charakter: Sattlerei, Weinschenke, Kramhaus.

Eigentümer Kaufingerstraße 1*/2*:

Frühere Eigentümer siehe Kaufingerstraße 1* und 2*

** Andre [I.] Reitmair,[1] 1522-1527/I der allt. 1527/II-1528 relicta Reitmorin (Reittmairin) [= N., geb. Englsperger]
 St: 1508, 1509: 20/1/15, 1514: Liste, 1522-1526, 1527/I: 29/6/4, 1527/II, 1528: 5/2/19
 StV: (1522) hat seins sons Hanns Reitmairs gut abgesetzt. (1522, 1523) et dedit -/1/10 von -/10/- gelts aus seinem haus (1522: auf der Teiferprúckn) gen Teining. (1523, 1524) et dedit 3/1/15 fúr seine enenckl, des Raidn kind. (1525, 1526) et dedit 3/1/15 fur seine enenkel. (1524-1527/I) et dedit -/1/10 von -/10/- gelts aus seinem hauss. (1527/I) et dedit 3/1/15 fúr p[ue-ri] Raid.
relicta Engelspergerin [= Schwiegermutter des vorigen]
 St: 1508, 1509: 1/4/20, 1514: Liste
** Hanns [II.] Reitmair (Reitmor) [∞ Brigitta]
 St: 1522: 4/5/5, 1523: 4/2/28 juravit, 1524: 4/2/28, 1525, 1526, 1527/I: 7/-/28, 1527/II, 1528, 1529: 14/3/25, 1532: 15/6/7
 StV: (1522) sol bis jar schwern. (1525) hat seiner hausfraw gut zugesetzt. (1528, 1529) et dedit 3/1/15 fúr der Kolerin kind. (1532) et dedit 4/3/27 fúr der Kolerin kind.
Sebold (Sewolt) Raid [Kramer, äußerer Rat, Schwiegersohn von Andre I. Reitmor[2]]
 St: 1514: Liste, 1522: 8/-/27 patrimonium
** Andre [II.] Reutmair (Reutmor) [äußerer Rat[3], ∞ Ursula Schweindl], 1540, 1542-1547 der alt (der elter). 1549/I-1559 Andre Reuthmairin (Reutmorin, Reutmerin, Reutmairin, Reitmorin, Reitmairin), 1551/I, 1554/I-1561 die elter (die altt)), 1552/II relicta
 St: 1540-1542: 55/6/3, 1543: 111/5/6, 1544: 55/6/3, 1545: 81/2/10, 1546, 1547: 40/4/20, 1548: 40/4/20 patrimonium, 1549/I-II, 1550, 1551/I-II, 1552/I-II: 40/4/20, 1553, 1554/I-II, 1555, 1556: 19/-/28, 1557: 19/-/28 matrimonium, 1558: 38/1/26 matrimonium das ander, 1559: 19/-/28 matrimonium das drit, 1560: 19/-/28 matrimonium das 4., 1561: -/-/-
 StV: (1549/II) die erben sind unvertailt. (1560) zalt Jörg Reitmor. (1560) mer fúr A[nthoni] Schweindl 2/3/1. (1561) sollen die erben vernachsteuern an chamer.
* Andre [III.] Reutmor (Reutmair, Reitmair, Reitmor, Reitmar), 1550-1552/II, 1554/II-1561 der jung(er) [∞ Ursula Fröschl[4]]
 St: 1549/I-II, 1550, 1551/I-II, 1552/I-II: 13/6/22, 1553, 1554/I-II, 1555-1557: 30/5/9, 1558: 61/3/18, 1559, 1560: 30/5/9, 1561: 41/1/26, 1563, 1564/I-II, 1565, 1566/I-II, 1567/I: 37/-/21, 1567/II: 32/6/16, 1568: 57/3/22, 1569: 28/6/25, 1570, 1571: 24/5/20
 StV: (1554/II) mer 14/-/- fur die Jorg Raidin. (1555, 1557, 1559) mer 2/3/1 fúr p[ueri] Schweindl. (1556) mer 2/3/1 fur Anthoni Schweindl. (1558) mer 4/6/2 fúr p[ueri] Schweindl. (1563) abgesezt seiner tochter 1000 fl heuratguet, zalt fúr sein ayden die 3 nachsteur unnd die heurig steur 16/4/20. (1564/II-1567/II) mer fúr Christoff Ligsaltz khinder 9/-/28 (1564/II) unnd fúr 3 versessn steur anno [15]61, [15]63, [15]64 24/2/24, alsdan ir vatter hievor versteurt. (1567/II) abgesetzt 1000 fl, so er seinem sun zu heuratguet gegeben und Jacob Reitmor auch zuegesetzt. (1568) abgesetzt 1000 fl seines tochtermans des [Augustin] Eckhen

---

[1] Zu den Reitmor vgl. Stahleder, Bürgergeschlechter. Die Reitmor S. 312/337.
[2] Sewolt Raid (Rayd) 1519 Vierer der Kramer, 1520 und 1521 äußerer Stadtrat, „obiit anno [15]21", vgl. RP.
[3] Andre II. Reitmor war 1524-1537, 1539-1543 und 1545 und 1546 äußerer Stadtrat, vgl. RP.
[4] Anndre Reitmairin („ist krank") 1569 Religionsverhör, vgl. Dorn S. 229. – Vom Ehepaar Andre III. und seiner Hausfrau Ursula Fröschl gibt es Poträts von Hans Mielich von 1556, vgl. Löcher, Hans Mielich S. 162 Nr. 51 und S. 163 Nr. 52.

heuratguet. Mer fúr ine nachsteur von den 1000 fl, zalt an chamer. Mer fúr Ligsaltz khinder 18/1/26. (1569-1571) mer fúr (des) Christoff Ligsaltz khinder (steur) 6/4/13. (1570) abgesetzt seines ayden Herls 1000 fl heuratguet.

Jacob Reitmor [Sohn von Andreas III.]
    St: 1566/II, 1567/I: 5/-/3,5, 1567/II: 9/1/8,5, 1568: 18/2/17
    StV: (1566/II) fur sein hausfrau, mer fúr ine 1/-/- gratia. (1567/I) fúr sein hausfrau und weil sein vatter sein heuratguet nit absetzt, sonder noch versteurt, beleibt er dabei.

** Ursula Reitmor, Tochter von Jacob, Enkelin von Andre III. Reitmor [∞ Alexander Hundertpfund, 1586 Februar 11]

Bewohner Kaufingerstraße 1*/2*:

Caspar satler St: 1508, 1509: -/2/10
Linhart Rauch der jung St: 1508, 1509: -/-/60
Anndre zollner [Weinschenk[1]]
    St: 1508: -/5/10 schenckensteur, 1509: 2/6/5 juravit
    StV: (1508) et dedit 1/1/16 fur Jorg Keferloher, sol bis jar sweren. (1509) et dedit -/4/23 fur pueri Jorg Keferloher.
Walthauser palbirer St: 1509: -/-/21 gracion
Hanns taschner St: 1514: Liste
Wilhalm hofsatler St: 1514: Liste, 1522-1526, 1527/I: -/3/15, 1527/II, 1528, 1529: -/4/20
Jórg ringler peitler St: 1514: Liste
Hanns Elsasser pogner. 1526 Hanns Elsasser
    St: 1522: nichil, 1523: nichil, juravit, 1524-1526, 1527/I: nichil
    StV: (1522) ist 10 jar steurfrey, ist das viert. (1523) ist 10 jar steurfrey, ist das fúnfft jar. (1524) ist 10 jar steurfrey, ist das 6. jar. (1525) ist 10 jar steurfrey, ist das 7. jar. (1526) ist 10 jar steurfrey, ist das 8. jar. (1527/I) 10 jar steurfrey, ist das 8. (!) jar.
Hanns Roßkopf der jung. 1527/II, 1529-1532 Hanns Roßkopf zammacher.[2] 1528 Hanns Roßkopf
    St: 1522-1526, 1527/I: -/2/28, 1527/II, 1528, 1529, 1532: 1/-/6
    StV: (1527/II-1532) et dedit -/5/21 fur p[ueri] Grasser. [1527/II am Rand:] pflegkind.
Linhart Veichtmúllner St: 1522-1526, 1527/I: 1/5/23, 1527/II, 1528, 1529, 1532: 1/2/7
Conradt nestler St: 1527/II: -/-/21 gracion
Thoman Stich satler St: 1528, 1529, 1532: -/2/8
Contz Schwartz kramer St: 1532: -/1/22 gracion
    Jorg Schwartz St: 1540: -/1/12 gracion
Hans Ramsauer (Romsauer), 1554/II, 1556, 1559 cramer[3]
    St: 1541, 1542: 1/-/12, 1543: 2/-/24, 1544: 1/-/12, 1545: 9/3/15, 1546, 1547: 4/5/8, 1548, 1549/I-II, 1550, 1551/I-II, 1552/I-II: 8/6/13, 1553, 1554/I-II, 1555-1557: 10/6/22, 1558: 21/6/14, 1559, 1560: 10/6/22, 1561, 1563, 1564/I-II: 7/1/-, 1565: 6/5/3
    StV: (1541) ist sein alte steur wie seine pfleger versteurt haben, die gracion eingestelt. (1542) sein steur, soll[4] seiner hausfrau g[uet] zusetzn, wens der Reutmor versteurt. (1546) mer 2/5/25 fúr p[ueri] Harder. (1547) mer 7/5/14 der Kolerin[5] matrimonium und irer kinder alte steur. (1548) hat zugsetzt seiner schwiger erb. (1551/II) mer 2/2/27 fúr p[ueri] Harder. (1552/I) mer 7/1/21 fúr p[ueri] Harder 3 nachsteur. (1553-1557) mer 1/-/10 fúr p[ueri] Egerer. (1557) mer -/6/22 fúr p[ueri] Heushamer. (1557) ad 12. Martii zalt Cristoff Strasser fúr p[ueri] Egerer von 10 fl gelts 3 nachsteur 1 fl, [soll] hinfúro sein neue steur machen. (1558) mer 1/3/- fúr p[ueri] Egerer. Mer 1/6/14 fúr p[ueri] Heushamer. (1559, 1560) mer -/5/- fúr p[ueri] Egerer (Öger). Mer -/6/22 fúr p[ueri] Heushamer (Heysshamer). (1561) mer fúr p[ue-

---

[1] Anndre zollner 1508 Aufnahme in die Weinschenkenzunft und offenbar bald gestorben, da im Zunft-Verzeichnis mit dem Vermerk versehen: „gnad tier (!) gott", vgl. Gewerbeamt 1418 S. 15r.
[2] Der Zammacher Hanns Roßkopf „der jung" ist 1519 und 1520 Vierer der Sattler, vgl. RP.
[3] Hans Ramsauer muß ein Verwandter der Reitmor sein, wie sich aus mehreren Steuervermerken ergibt.
[4] „soll" wieder getilgt.
[5] Margaret, eine Schwester von Andre II. Reitmor, war in 1. Ehe mit Wolfgang Koler verheiratet.

ri] Geishamer -/5/-. Mer fúr p[ueri] Egerer -/4/9. (1563) mer fúr p[ueri] Heishamers khinder -/5/-. Mer fúr p[ueri] Egerers khinder -/4/9. Ramsauer soll für sein tochterman nachsteurn, den gerichtschreiber zu Aybling. (1564/I) sol für sein dochterman ghen Aibling die nachsteur. (1564/II) soll fúr sein aiden nachsteurn, den grichtschreiber von Aibling. [Nachtrag:] Adi 17. Martii anno [15]65 zalt Hanns Lorenz, des Ramsaur anderer tochterman nachsteur von 100 fl heuratguet, die sollen ime khúnftig abgesezt werden 1/1/22,5. (1565) abgesezt 100 fl seines tochtermans Hans Lorenzn heurattgutt und zalt er 3 nachsteur, aber des gerichtschreibers von Aybling heuratguet niht abgesezt.

Jorg Plan thuechmaniger St: 1567/I: -/2/10 gratia, 1568: 3/1/6

Andre Plan St: 1567/II: 1/4/3 juravit

Leonhart (Lenhardt) schmid cramer
St: 1568: 13/5/10, 1569-1571: 11/5/10
StV: (1570) mer fúr p[ueri] Schwartzn, steurt bei maister Sebastian. (1571) mer fúr herr Hochstrasser folio 14r [Ewiggeld].

Benedict Hueber riemer St: 1570, 1571: -/2/-

Urban Wagnhueber St: 1571: -/2/-

Kaufingerstraße 3*

Charakter: Sattlerei, Weinschenke, Weinhandlung.

Hauseigentümer:

1370 die Baukommission bestimmt: „der Kruch sol neben in abprechen. Item die notstaell bei dem Krug sullen bed abgen, in irm hawß mugen si si wol machen".[1]

1370 Mai 21 das Haus des Chrugk ist demjenigen des Chunrad Hagnawer (Kaufingerstraße 4*) benachbart.[2]

1371 Oktober 9 das Haus des Hans Chruog ist benachbart dem Haus von Dyetrich Glesen, künftig des Ulreich des Chüchelmair Haus (Kaufingerstraße 2*).[3]

1377 November 28 Zilig (= Cäcilie) die Krugin versetzt ihr und ihres Hauswirts Haus an der Kaufingergasse in St. Peters Pfarr Zachreis und Hans den beiden Rudolfen, Gebrüdern, für 152 Gulden. Bürge ist Hainrich der junge Ülchinger.[4]

1378 Januar 9 das Haus des Kruog ist dem „smidhauzz" benachbart (Kaufingerstraße 2*), das zu einem Sechstel Katrey der Rotsmidin, künftig Hans dem Satler gehört.[5]

1382 März 4 und **September 19** das Stadtgericht entscheidet in dem Streit „umb dez Chrugs saeligen haus", gelegen an der Kaufingergasse zunächst an des Chüchelmairs Haus (Kaufingerstraße 2*). Das Haus des Krug haben Hainrich der Uniger und der Phlandorfer aus den Händen von Meister Jacob dem Juden wegen einer Borgschaft zurecht in ihren Besitz gebracht und nach Stadtrecht feilgeboten. So hat es um 100 Florentiner (92 Gulden) Hainrich der Uniger vom Phlandorfer gekauft.[6]

1388 nach Juli 25 Hainrich der Üninger verpfändet sein Haus an der Kaufingergasse, zunächst des Küchelmairs Haus (Kaufingerstraße 2*) gelegen, an Ainweig den Resch.[7]

1394 März 30 und

1394 Oktober 26 des Ünigers Haus ist dem Haus der Hagenawer, künftig des Haeczers Haus (Kaufingerstraße 4*), benachbart.[8]

---

[1] Zimelie 9 (Ratsbuch IV) S. 5r.
[2] GB I 11/16.
[3] GB I 19/16.
[4] GB I 92/13.
[5] GB I 93/11.
[6] GB I 155/8, 168/11, 169/2.
[7] GB I 236/24.
[8] GB II 66/11, 80/4.

1394 Dezember 15 des jungen Münzmeisters Marquard (Giesser) Haus ist dem Haus von Herrn Ulrich dem Fuchsmundel (Kaufingerstraße 4*) benachbart.[1]

1397 April 14 Hainrich der Uniger hat sein Haus an der Kaufingergasse, zunächst dem Haus von Hans dem Zollner (Kaufingerstraße 4*) gelegen, seinem Eidam Marquart dem Giesser überlassen. Der Giesser verpfändet es ihm gleich wieder.[2]

1402 August 21 ein Ewiggeld aus Marquard des Gyessers Haus an der Kaufingergasse, das einst des Krugs eigen war, geht an den Pütrich-Altar in St. Peter.[3]

1404 Oktober 9 Märckel der Giesser hat sein Haus an der Kaufingergasse, zunächst Hanns des Zollners Haus (Kaufingerstraße 4*), Herrn Hans dem Reichher, Pfarrer zu Baumkirchen, und seinem Bruder Ulrich dem Reichher verkauft.[4]

1410/11-1411, 1415-1416 domus omnia her Hanns Reichher (StB).

1412, 1413 domus her Hanns Reichher (StB).

1413 März 31 die Pütrich-Messe in St. Peter hat ein Ewiggeld aus Ulrich Reichers Haus an der Kaufingergasse.[5]

1418, 1419 domus her Hanns Reichher (StB).

1431 Dezember 21 Ulrich Reicher (Reycher) gibt aus zwei Häusern ein Ewiggeld zur Stiftung des Weinschenken-Benefiziums in St. Peter.[6] Eines der beiden ist sicher das Haus Kaufingerstraße 3*.

1474 das Haus des Reicher ist dem Haus des Gabriel Schliem (Kaufingerstraße 4*) benachbart.[7]

1484/85 laut Grundbuch (Überschrift) „Hanns Reychers haws, hoffe und Stallung".[8]

1519 Juli 23,
1520 Januar 28,
1534 Februar 19,
1538 November 27 und
1540 September 20 Jacob Weissenfelder und seine Hausfrau Margaret verkaufen Ewiggelder aus dem Haus, insgesamt 42 Gulden um 820 Gulden Hauptsumme (GruBu).

1542 November 9 Arsaci Hamman verkauft ein Ewiggeld von 18 Gulden um 360 Gulden aus dem Haus an den Vorbesitzer Jacob Weissenfelder, wohl zur Entrichtung der Kaufsumme (GruBu).

1546 die Baukommission beanstandet, daß am Haus des Arsaci Hamman die Vorbauten „3/4 [eln] ze weit" vorstehen. Das betrifft offenbar die Läden von „sadtler, Pfundtner".[9]

1558 August 19 die Vormünder der Hamman-Kinder verkaufen ein Ewiggeld von 5 Gulden um 100 Gulden Hauptsumme (GruBu).

1559 Juli 20 die Vormünder der Hamman-Kinder (Jeremias, Georg, Cristoff, Arsaci, Hanns, Regina und Benigna) verkaufen deren Bruder, dem Gastgeben Georg Hamman, ein Ewiggeld von 15 Gulden um 300 Gulden Hauptsumme aus dem Haus.

1560 Juli 16 die Vormünder der Hamman-Kinder verschreiben der Witwe Anna des Hanns Mändl ein Ewiggeld von 10 Gulden um 200 Gulden Hauptsumme (GruBu).

1567 März 24 Jeremias Hamman verkauft seinem Bruder Achaci (!) Hamman, beide Söhne des verstorbenen Achaci (!) Hamman des Älteren, ein Ewiggeld von 25 Gulden um 500 Gulden rheinisch zur Entrichtung seines gleichen 6. Teils am Erbe (GruBu). Gleiches geschieht

1567 März 25 mit der Schwester Benigna (25 Gulden um 500 Gulden) und

1567 März 26 mit dem Bruder Hanns (25 Gulden um 500 Gulden) (GruBu). Allen gehörte jeweils ein Sechstel des Hauses. Auf dem Haus liegen nunmehr Hypotheken in der Höhe von 3280 Gulden, die einen jährlichen Zins von 165 Gulden erfordern. Kein Wunder, daß sich das Haus schon wenige Jahre später in anderen Händen befindet:

---

[1] GB II 82/12.
[2] GB II 127/5, 127/6.
[3] Hufnagel/von Rehlingen, St. Peter Urk. 67. – MB XIXa 48 S. 69/73.
[4] GB III 33/1.
[5] Hufnagel/von Rehlingen, St. Peter Urk. 80. – MB XIXa 60 S. 94/96.
[6] Hufnagel/von Rehlingen, St. Peter Urk. 100. – MB XIXa 68 S. 112/117. – MB XXI 50 S. 99/105. – Geiß, St. Peter S. 292.
[7] Zimelie 27b (Salbuch Reiches Almosen) S. 43/44.
[8] Stadtgericht 207/5 (GruBu) S. 288r und 207/5a (GruBu) S. 654v/655r.
[9] LBK 4.

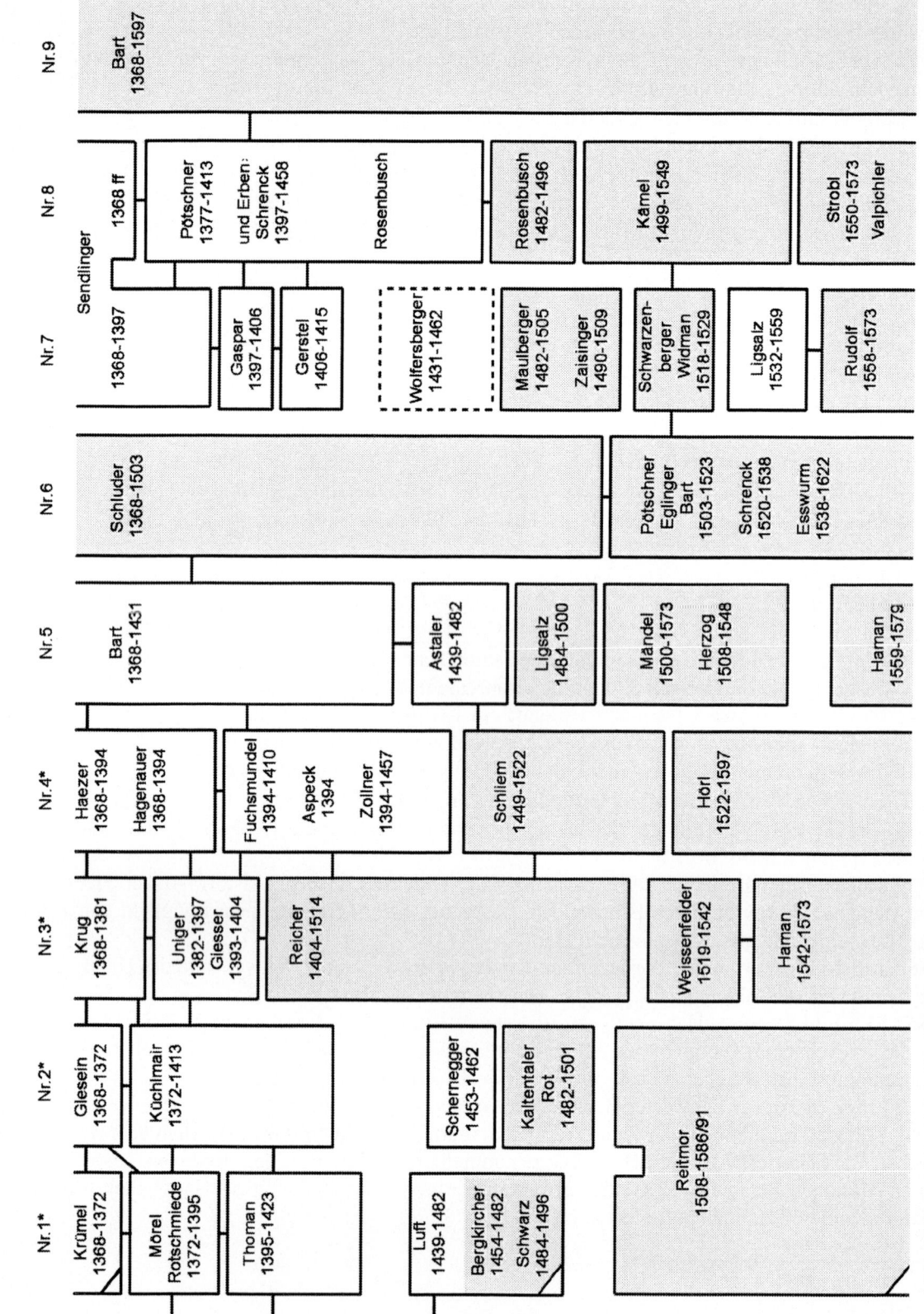

Abb. 42 Hauseigentümer Kaufingerstraße 1* – 9.

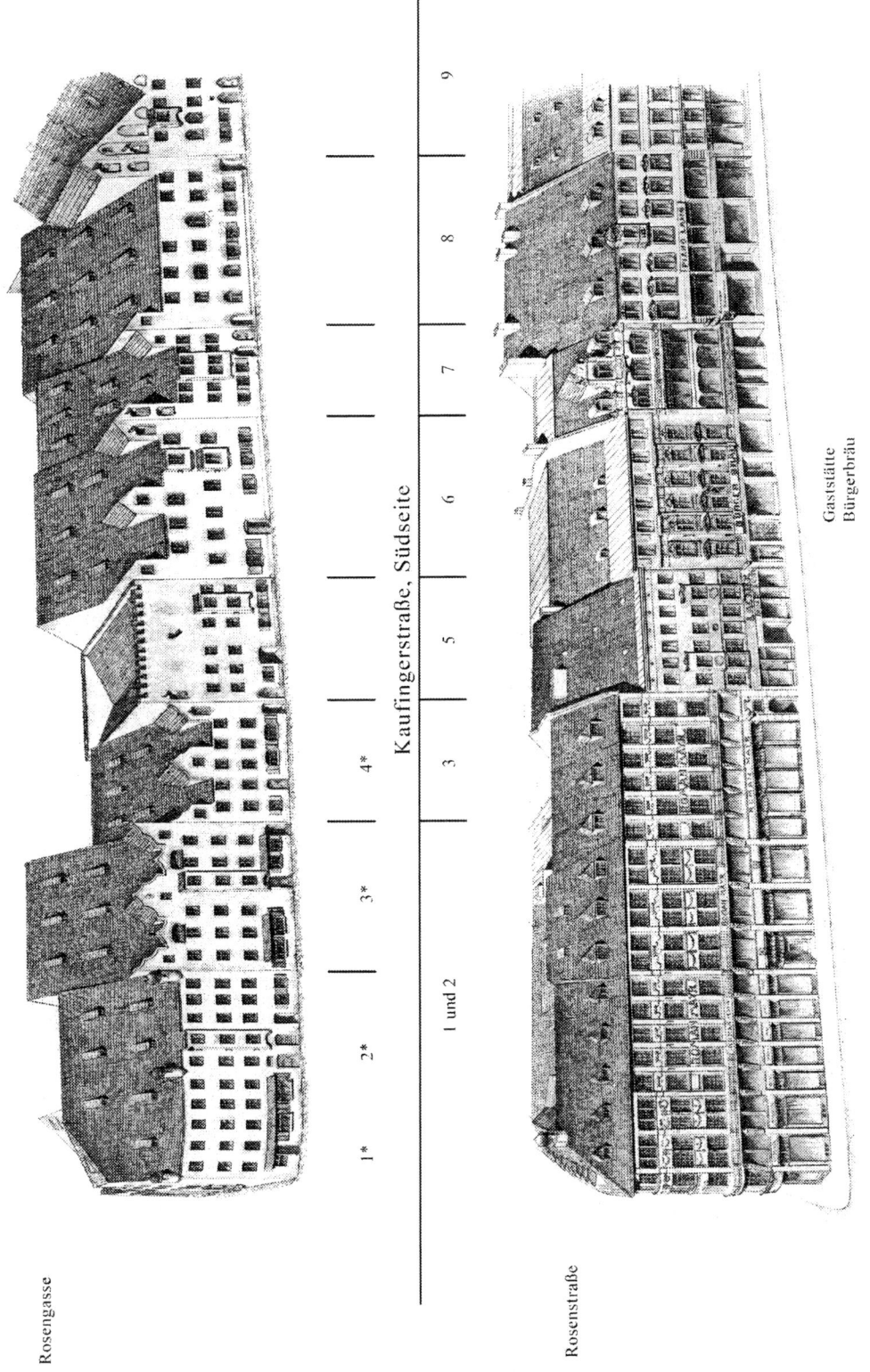

Abb. 43 Kaufingerstraße Süd Nr. 1* – 9, Häuserbuch, Hackenviertel S. 256/257.

1573 laut Grundbuch (Überschrift) des Peter Oberburgers, Rat der römisch-kaiserlichen Mayestät zu Wien, Haus, Hof und Stallung.

Eigentümer Kaufingerstraße 3*:

* Hans Krúg [Weinhändler[1]]. relicta Krúgin
    St: 1368: -/18/-, 1369: 4/-/30 post, 1371, 1372: 3/3/-, 1375: 8,5/-/-, 1377: 3/-/- juravit, 1378: 3/-/-, 1379: -/-/-, 1381: -/-/36 sub gracia
    StV: (1377) [Nachtrag am Rand:] Item solvit de anno preterito 8,5/-/-. (1378) [Nachtrag am Rand:] Item t[enetu]r (?) de antiqua stewera sub anno [13]77 0,5/-/- Mon[acenses] et penas super 2 lb Mon[acenses]. (1381) item de anno preterito tantum.
* Hainrich der Uniger [vor 1382 März 4 bis nach 1394 Oktober 26]
* Marquard (Markwart) Giezzer (Giesser, Gyesser, Geyesser) [d. J., Münzmeister[2], Eidam des Hainrich Uniger]
    St: 1393: 16/-/- juravit, 1394: 9/6/14, 1395: 3,5/-/20, 1396: 5/3/-, 1397: 7/-/- minus -/-/23, 1399, 1400, 1401/I: 6/7/7, 1401/II: -/12/- iuravit, 1403: -/12/-, 1405/I: -/-/-
    StV: (1395) und von seines swechers haws. (1396) item von seins sweher haws -/12/7. (1397) von seiner stewer und von seinem hawz.
    Pferdemusterung, um 1398: (Ur-Fassung): Marquart Giesser sol haben ein pferd umb 25 gulden und ein erbern knecht; (Korrig. Fassung): Marquart Giesser sol haben 2 pferd umb 36 gulden und selber reiten.
    Hans Giesser
        St: 1395: vergangen drey stewr 4,5/-/20
    Spiegler Giezzer inquilinus
        St: 1393: -/-/-
* herr Hanns Reicher [Pfarrer zu Baumkirchen]. 1410/II, 1411, 1415, 1416 domus omnia her Hanns Reichher. 1412, 1413, 1418, 1419 domus her Hanns Reichher. 1423 patrimonium herr Hanns Reichher
    St: 1405/II: -/7/-, 1406-1408: -/9/10, 1410/I: -/-/-, 1410/II: -/11/14, 1411: 1/-/18, 1412: -/11/14, 1413: 1/-/18, 1415: -/10/12 von zinsgelt, 1416, 1418, 1419: -/13/26
    StV: (1405/II) von des halben tail hawss wegen und von seinem haws zu Althaim. (1406) von seinem tail haws und von dem haws zu Althaim. (1407, 1408) von allen seinen tail hawser[n]. (1410/I) dedit von allen seinen tail hawsern -/9/- minus -/-/12. (1415, 1416) und von zinsgelt.
    Bem.: (1423) vgl. StV bei Ulrich Reichher.
* Ulrich (Ulreich) Reichher [Bruder des vorigen, Weinschenk, Weinhändler, Stadtrat[3]]
    St: 1405/II: 3/-/30 iuravit, 1406-1408: 4/-/40, 1410/I: 3/6/- iuravit, 1410/II: 5/-/-, 1411: 3/6/-, 1412: 5/-/-, 1413: 4/-/60 iuravit, 1415: 7,5/-/-, 1416, 1418, 1419: 10/-/-, 1423: 16/-/60 iuravit, 1424: 5/3/10, 1431: 8/5/10 iuravit
    Sch: 1439/I-II, 1440, 1441/I-II: 2 t[aglon]
    StV: (1423) er hat hin ausgesaczt 140 gulden von seins bruder leipgeding zu Ungoltstat, waz ym darauz wirt, daz sol er auch zuseczen.

---

[1] Vgl. Weinstraße 13.

[2] Marquard Giesser war 1391 Münzmeister in Neuötting, vgl. Altbayerische Monatsschrift, hrsg. vom Hist. Verein von Obb., Jg. 10, Heft 1/2, S. 29.

[3] Mitstifter des Weischenken-Benefiziums in St. Peter, vgl. oben. – 1403 schuldet die Stadt dem Wirt Ulrich Reicher 7 Pfund und 23 Pfennige für Schenkwein, die die Stadt als Weingeschenk für Herzog Ludwigs und des Königs Räten und für Herzog Ernst und den Herzog von Teck brauchte, vgl. Steueramt 573 (Leibgedingbuch 1404/09) S. 43r. Auch das Weinschenken-Verzeichnis von um 1414 nennt Ulrich Reicher, vgl. Gewerbeamt 1411 S. 2r, 10v, 1430 ist der Reicher einer der Wirte an der Kaufingergasse, die Ungeld zahlen, vgl. Steueramt 987. Ulrich Reicher war am 23.7.1422 einer der beiden Bürgermeister, 1426-1436 kommt er wiederholt als Kirchpropst von St. Nikolaus und als Pfleger der Siechen auf dem Gasteig vor, vgl. R. v. Bary III S. 756, 767, 768.

Michel Reicher [Wirt[1]]
    St: 1431: 5/6/- patrimonium
    StV: (1431) expedit Reicher.
    pueri Michel Reicher. 1440 pueri Reicher
        Sch: 1439/I-II: 2 t[aglon], 1440: 1 t[aglon], 1441/I: 2 t[aglon]
    Hanns Reicher der jung
        Sch: 1441/II: 2 t[aglon]
* relicta Reicherin
    St: 1453-1458: Liste, 1462: -/10/27
** Hanns Reicher [Salzsender (Krötler), Weinhändler, äußerer Rat[2]]
    St: 1482: 3/4/5, 1486: 2/5/23, 1490: 6/6/2, 1496: 9/3/4, 1500: 8/1/5, 1508, 1509: 5/4/20, 1514: Liste
    StV: (1490) darinn zugesetzt -/7/14 seiner hausfrau gut. (1500) et dedit 2/1/12 fur Wolfgang Halnberger. Et dedit 1/-/27 für pueri Erler.
** Jacob Weißenfelder [Salzsender,[3] ∞ Margret, vor 1519 Juli 23 bis nach 1540 September 20]
** Arsaci Hamman, 1552/II, 1554/II wirt [und Weinhändler, äußerer Rat[4]]. 1556-1566/I Arsaci Hammanin, 1556 wirttin. 1566/II-1569 Arsati Hammanin erben
    St: 1544: 6/3/8, 1545: 11/6/14, 1546-1548, 1549/I-II, 1550, 1551/I-II, 1552/I-II: 6/1/7, 1553, 1554/I-II, 1555-1557: 6/3/-, 1558: 12/6/-, 1559, 1560: 4/5/10, 1561, 1563, 1564/I-II, 1565, 1566/I: 2/5/12, 1566/II, 1567/I-II, 1568, 1569: -/-/-
    StV: (1546) hat zugsetzt der Reuschlin erb. (1552/I) mer -/3/1 fur der altn Dannerin erb für 3 nachsteur. (1559) abgsetzt 400 fl irm son Jorg heirathgueth. (1561) hat abgesetzt für ire zwen verheurete sun. (1566/II) haben die erben zuegesetzt. (1567/I) haben die erbschafft (!) zuegesetzt. (1568) haben zuegesetzt. (1569) hievor vertailt und abgesetzt.
** Jeremias, Georg, Cristoff, Arsaci d. J., Hanns, Regina, Benigna, Kinder des Arsaci Hamman unter Vormundschaft [1558 August 19]
** Jheremiaß Hamman [Salzsender[5]]
    St: 1561: 1/6/25 gratianer, 1563: 2/6/22,5 juravit, 1564/I-II, 1565, 1566/I: 2/6/22,5, 1566/II, 1567/I-II: 3/2/10,5, 1568: 6/4/21, 1569, 1570: 2/6/10
    StV: (1561) soll auf das jar schwern. (1566/II) zuegesetzt seiner mutern erb. (1570) adi 23. Martii anno 1571, nachdem er die bürgerrecht aufgesagt, zalt nachsteur 8/5/- an chamer.
** Peter Oberburger khayser[licher] sec[retarius] [zu Wien]
    St: 1571: an chamer

Bewohner Kaufingerstraße 3*:

Fricz satler St: 1369: -/3/- post, gracianus
Hans [II.] Part St: 1375: 5/-/-
Ludwig Eysenman inquilinus St: 1375: -/-/-
Hanns [II.] Sluder St: 1381: 7/-/-
Ull (Ulrich) Frósttel (Fróschel) slozzer St: 1381: -/-/30 juravit, 1382: -/-/30
Jacob rótsmid inquilinus St: 1381: -/6/-
Chunrat Tórsch. 1387 Tórsch smid St: 1383/I: -/-/12, 1383/II: -/-/18, 1387: -/-/20, 1388: -/-/40 juravit

---

[1] Michell Reicher gehört um 1430 zu den Wirten an der Kaufingergasse, die Ungeld zahlen, vgl. Steueramt 987.
[2] Hans Reicher, der zu seinen Jahren noch nicht gekommen und Ulrich Reichers Sohn ist, kauft am 10. Juli 1453 mit vier anderen Bürgern ein Ewiggeld, vgl. Geiß, St. Peter S. 296, ohne Quelle. Hanns Reicher 1497, 1500, 1501, 1506, 1507 Vierer der Salzsender (Krötler), vgl. RP und Vietzen 153. Der äußere Rat, als solcher 1497-1516 belegt, Hanns Reicher 1511-1514 Ratsverordneter des Weinhandels, vgl. R. v. Bary III S. 974, nach KR und RP.
[3] Jacob Weissenfelder 1520 Vierer der Salzsender, 1525-1535 Weinreisser, vgl. RP und R. v. Bary III S. 974.
[4] Arsaci Hamman 1543 mit Weinhandel belegt, vgl. KR S. 86v, 1545, 1546 und 1549-1552 äußerer Stadtrat, vgl. RP.
[5] Hieremias Hamman und Jeremias Hammans Hausfrau 1569 Religionsverhör, vgl. Dorn S. 228. – Jheremias Haman ist 1561 als Salzsender belegt, vgl. Vietzen S. 149 nach KR.

Thoman Múnicher. 1387 Muncherin St: 1383/II: 0,5/-/-, 1387: 1/-/-
   Hanns Múnicher [ehem. äußerer Rat[1]] St: 1388: 12/-/- juravit
     Múncherin et pueri eius St: 1390/I-II: 2/-/-
     pueri Múnicher St: 1392, 1393: -/-/-
Hanns Pórsttel (1383/II Próbstel) klingensmid inquilinus St: 1383/I: -/-/12, 1383/II: 0,5/-/15
Chunrade Triner [Weinschenk[2]] inquilinus St: 1387: 2/-/-
pueri Hainrich Wolf, 1388 inquilini St: 1387: 0,5/-/-, 1388: 1/-/-
Grunwalt (Grúnwald) smid, 1388 inquilinus St: 1387: -/-/12, 1388: -/-/24 juravit
[Werndel] Stil schuster inquilinus St: 1405/I: -/-/60
Hannsel Walther (Walcher ?) inquilinus St: 1405/II: -/-/60
Els chaufflin, 1405-1411, 1413 inquilina
    St: 1405/II: -/-/60 fúr 4 lb, iuravit, 1406: -/-/60 fúr 4 lb, 1407: -/-/80 fúr 10 lb, 1408: -/-/80,
    1410/I: -/-/60 fúr 10 lb, 1410/II: -/-/80 fúr 10 lb, 1411: -/-/60 fúr 10 lb, 1412: -/-/80 fúr 10 lb,
    1413: -/-/60 fúr 10 lb, iuravit
Ulrich salbwrch inquilinus St: 1406: -/3/6
Chunrad salbẃrch inquilinus St: 1406: -/3/6
Wolfhart satler inquilinus St: 1406, 1407: -/-/80 fur 10 lb
Pauls platner inquilinus St: 1407: -/5/10 iuravit
Peter taschner, 1408 inquilinus St: 1407, 1408: -/-/60 fúr nichil
Chunrade Teininger, 1410/I kramer, 1410/I-1412 inquilinus. 1411, 1412 Chunrade kramer. 1413 relicta Chunrade kramer inquilina
    St: 1410/I: 2,5/-/- iuravit, 1410/II: 3/-/80, 1411: 2,5/-/-, 1412: 3/-/80, 1413: -/20/- patrimonium
Sigel sporer inquilinus St: 1410/I: -/-/60 fur 5 lb, iuravit
Hanns Haeberl sloscher inquilinus St: 1410/I: -/-/60 gracianus
Ulrich Paitelkircher, 1410-1412 sloscher, 1413 ringkler, 1410-1413 inquilinus
    St: 1410/II, 1411: -/-/60 fúr 4 lb, 1412: -/-/64 fúr 4 lb, 1413: -/-/60 iuravit
Fridreich Strawsdorffer, 1415 satler, 1415, 1416 inquilinus St: 1415: -/-/72, 1416: -/3/6
Alhait cháufflin inquilina St: 1416: -/-/80 fúr 10 lb
Púhler (Puhler, Púchler) smid (schloscher, slochsser, sloscher, schlosser), 1416-1419 inquilinus
    St: 1416: -/-/32 gracianus, 1418, 1419: -/-/80, 1423: -/9/- iuravit, 1424: -/3/-
Chuncz rotsmid inquilinus St: 1416: -/-/80 fúr 10 lb
Hanns Murenawer, 1418 satler, 1418, 1419 inquilinus St: 1418, 1419: -/-/80
uxor Hainrich Wolf inquilina St: 1419: -/10/12
Hanns Túncznawer (Tunczenawer), 1431, 1441/I-II satler inquilinus. 1440, 1445 Tuncznawer satler
    St: 1431: 0,5/-/- iuravit
    Sch: 1439/I-II, 1440, 1441/I-II: -/-/15, 1445: 1 knecht, dedit
Hanns Pair [Messerer ?[3]], 1439/II inquilinus Sch: 1439/I-II: 1,5 t[aglon]
Lienhart Kalczeisen [Weinschenk[4]] Sch: 1440, 1441/I: 1,5 t[aglon]
Peter satler Sch: 1445: 2 ehalten, dedit -/-/16
Stachlerin Sch: 1445: 1 diern
Hanns Ostermair [Weinschenk[5]] St: 1453: Liste
Jacob satler, 1454, 1456, 1462 inquilinus. 1458 Jacob Hochsteter satler
    St: 1453-1458: Liste, 1462: -/-/70

---

[1] Hans Münicher wird 1395 als Sohn der Anna Pottnerin und Enkel des Hainrich Uniger bezeichnet, vgl. BayHStA, GU 136 (1395), auch Nr. 85 (1385). Johans Münicher 1377, 1379-1383 äußerer Stadtrat, vgl. R. v. Bary III S. 741.

[2] Vgl. Rindermarkt 17, Rosenstraße 5.

[3] So 1453 bei Rosenstraße 10, 1454 und 1456 bei Fürstenfelder Straße 17, 1455 bei Fürstenfelder Straße 15, 1457, 1458 bei Rindermarkt 22.

[4] Vgl. Rosenstraße 5 und 8.

[5] Hans Ostermair 1458 Mitglied der Weinschenken-Bruderschaft, vgl. Gewerbeamt 1411 S. 13r.

Chunrat Gasner [Weinschenk[1]] St: 1454: Liste
Gabriel Ursntaler (Urschentaler, Urssentaller) [Weinschenk[2]], 1462 inquilinus
    St: 1455-1458: Liste, 1462: 1/-/25
Caspar Stapf [Weinschenk, Weinversucher[3]]
    St: 1482: 1/7/8, 1486: 2/3/25, 1490: 2/3/20, 1496: 2/6/13
    StV: (1482) et dedit fur pueri Cûntz tagwercher -/-/12.
Peter Olhofer (Ólhofer), 1482 satler. 1496 Ólhofer satler[4] St: 1482, 1486, 1490: -/2/5, 1496: -/-/60
pueri Óder St: 1486: andesrswo, 1490: -/3/5 dedit Stapf
relicta Tatenhoferin [Weinschenkin[5]] St: 1500: 2/1/19
Utz Márckl, 1508-1514 s[altzstósl][6] St: 1500: -/3/1, 1508, 1509: -/7/12, 1514: Liste
Linhart vischer [Weinschenk[7]] St: 1509: 1/-/15
Arsaci [I.] Part sch[enk] [Stadtrat, Salzsender[8]] St: 1514: Liste
Caspar Trapp weinschenk[9] St: 1522: -/5/10 schencknsteur
Hanns paumaister
    St: 1522: -/5/13
    StV: (1522) et dedit -/1/5 für seiner schwester son.
Hanns Koler wirt. 1525-1528, 1532 Hanns Koler. 1529 Hanns Koler weinschenckh [und äußerer Rat[10]]
    St: 1523-1526, 1527/I-II, 1528, 1529, 1532, 1540-1542: -/5/10 schencknsteur
maister Wolfgang [wein]visierer. 1525, 1527/I Wolfgang visierer St: 1523-1526, 1527/I: nichil
Sixt schmid saltzstößl. 1525, 1526 Sixt schmid St: 1523-1525: -/3/25, 1526: -/3/25 patrimonium
[Hanns] Kamerer saltzstößl[11]
    St: 1526: anderßwo, 1527/I: -/3/25, 1527/II: -/2/-
    StV: (1527/I) fur seinen vor[vor]dern Sixt schmid patrimonium.
Aßm Krell satler[12] St: 1524-1526, 1527/I-II: -/2/5
    Krell satler St: 1528: -/-/21 gracion, 1529, 1532: -/2/-
Stefan Raid St: 1527/II, 1528, 1529: -/2/10
Walthasar saltzstößl St: 1528, 1529: -/2/-
Perchfelderin St: 1540: 1/-/- für irn beysitz.
Lienhart (Lienhartin) furknechtin
    St: 1540: -/1/1, 1541, 1542: -/1/1 hoffgsind
    StV: (1540) dweil er furknecht zu hof ist.
Wolff (Wolffgang) Pfuntmair (Pfuntner, Pfundtner, Pfundtmer), 1552/II saltzstösl
    St: 1540-1542: 1/3/15, 1543: 3/-/-, 1544: 1/3/15, 1545: 2/5/14, 1546-1548, 1549/I-II, 1550, 1551/I-II, 1552/I-II: 1/2/22, 1553, 1554/I: -/4/5
    StV: (1540-1542) et dedit -/2/10 für p[ueri] Westermair. (1540-1542, 1544, 1546-1551/I) mer

---

[1] Chuntz Gassner ist 1433, 1451 und 1458 Mitglied der Weinschenken-Bruderschaft, vgl. Gewerbeamt 1411 S. 8v, 10r, 13r.

[2] Gabriel Urssendaler ist 1458 Mitglied der Weinschenken-Bruderschaft, vgl. Gewerbeamt 1411 S. 13v.

[3] Caspar Stapf ist 1481, 1482, 1485-1487, 1489, 1492-1498, 1500 Vierer der Schenken, vgl. RP; 1489 ist Caspar Stapf Mitglied der Weinschenkenzunft, vgl. Gewerbeamt 1418 S. 1v. – Ebenso ist Caspar Stapf 1484-1500 in vielen Jahren als Weinversucher oder Weinkoster belegt, vgl. R. v. Bary III S. 973, 974.

[4] Peter Ölhofer 1461, 1470, 1476, 1478 und 1492 Vierer der Sattler, vgl. RP.

[5] Die relicta Táttenhoferin wird 1496 in die Weinschenkenzunft aufgenommen, 1496 wohl ihr Ehemann Hanns Táttenhofer desgleichen, vgl. Gewerbeamt Nr. 1418 S. 9r, 9v.

[6] 1504-1521 wiederholt als Vierer der Salzstößel belegt, vgl. Vietzen 158.

[7] Lienhart vischer 1506 Aufnahme in die Weinschenkenzunft, vgl. Gewerbeamt 1418 S. 14r.

[8] Arsaci Part 1489 Mitglied der Weinschenkenzunft (vgl. Kaufingerstraße 9), vgl. Gewerbeamt 1418 S. 5r. – 1508, 1517-1520 ff. Vierer der Salzsender (Krötler), vgl. RP und Vietzen S. 152. – 1512-1523, 1527, 1530 und 1532 innerer Stadtrat. – Zu den Bart vgl. Stahleder, Bürgergeschlechter. Die Bart S. 289/391.

[9] Kaspar Trapp 1515 Aufnahme in die Weinschenkenzunft, vgl. Gewerbeamt 1418 S. 16v.

[10] Hanns Koler 1521 Aufnahme in die Weinschenkenzunft, vgl. Gewerbeamt 1418 S. 18v; KR 1521 S. 41v. – Hanns Koler ist 1544 und 1546-1548 auch äußerer Stadtrat, vgl. RP.

[11] Vietzen S. 155 nach KR.

[12] Asm Krell 1499, 1501, 1503, 1504, 1506, 1519 Vierer der Sattler, vgl. RP.

für p[ueri] Sigl koch -/-/10. (1543) mer -/4/20 für p[ueri] Westermair. Mer -/-/20 für p[ueri] Sigl koch. (1544, 1545) mer -/2/10 für p[ueri] Westermair. (1545) mer -/-/21 für p[ueri] Sigl koch. (1546-1552/II) mer -/1/5 für p[ueri] Westermair. (1553, 1554/I) mer -/-/14 für p[ueri] Westermair.

Theodo Albeg schneider. 1542, 1543 Theodo schneider St: 1541, 1542: -/2/-, 1543: -/4/-

Anthoni Schweickhart (Schweickher), 1547 weinzaler [Salzsender[1]]
    St: 1544: 3/-/8, 1545: 7/2/24, 1546-1548, 1549/I-II, 1550, 1551/I: 3/4/27
    StV: (1544) hat seiner schwiger gueth zugsetzt. (1549/II) mer -/3/25 für p[ueri] Pauls Schehner, zalt Arsaci Schehner. (1550, 1551/I) mer -/3/25 für p[ueri] Schehner.

Jorg Schweickhartin St: 1557: 2/5/23,5 juravit, 1558: 5/4/17

Mathes Hartman apoteckher[2]
    St: 1552/I-II, 1553, 1554/I-II: confect
    StV: (1552/I-1554/II) mer -/2/27 von seiner krämerey.

Michel Weigl [Apotheker[3]]
    St: 1552/I: -/-/-
    StV: (1552/I) haben die erben zugsetzt.

Lienhart Gautinger, 1555 saltzstösl St: 1554/II, 1555, 1556: -/2/15

Lienhart (Lenhart) Kapffl (Käpffl, Khápfl), 1556, 1559 cramer [Stadtrat[4]]
    St: 1555, 1556: 7/4/12, 1557: 9/-/2, 1558: 18/-/4, 1559, 1560: 9/-/2, 1561, 1563: 34/1/4
    StV: (1555) zugsetzt seins schwehern erb. (1557) zugsetzt seiner schwiger erb.

Jorg Unger goltschmid St: 1559: -/-/28 gracion, 1560: 1/3/7 juravit

Andre [I.] Ligsaltzin [= Appollonia II. Ridler]
    St: 1564/I: an chamer, 1564/II: 2/5/- juravit, 1565: 2/5/-
    StV: (1564/II) mer für 3 versessn steur 8/1/-; zuegesetzt 8. tail Ligsalz schuld. Ottmar Ligsaltz für sein hausfrau 1/-/29. Mer für ine gratia 1/-/-.

Hanns Ramsauer (Ramsawer), 1566/II, 1568-1571 cramer
    St: 1566/I-II, 1567/I-II: 6/5/3, 1568: 13/3/6, 1569-1571: 3/-/10

Lenhart schmid chramer St: 1567/II: 6/6/5

herr Doctor Adler St: 1568: -/-/-

Jörg (Georg) Hamer maler St: 1570: -/-/28 gratia, 1571: -/2/-

Kaufingerstraße 4*

Charakter: Schmiede, Weinschenke, Sattlerei.

Hauseigentümer:

1370 Mai 21 Chunrad Wagner, des Chunrad Hagnawers Eidam (Schwiegersohn), und seine Hausfrau Agnes haben ihren Anteil an des genannten Hagnawers Haus, gelegen an der Kaufingergasse zunächst am Haus des Chrugk (Kaufingerstraße 3*), „Ch[unrad] dem smid, dem jungen Hagnawer" rechtmäßig zu kaufen gegeben.[5]

1370 Dezember 9 Nickel Haeczer hat sein (halbes) Haus an der Kaufingergasse, zunächst dem Haus des Hainrich Bart (Kaufingerstraße 5), um 31 Pfund Pfennige „Chunrad dem Hagnawer" versetzt.[6]

---

[1] 1551 ist Anthoni Schweickhart als Salzsender belegt, vgl. Vietzen S. 151 nach KR. – 1561-1568 ist er auch äußerer Stadtrat, vgl. Marienplatz 8** (1541, 1543, 1551/II-1567).
[2] Matheis Hartmann ist seit 1550 als Apotheker belegt, vgl. R. v. Bary III S. 1031.
[3] Bei Kaufingerstraße 34 1540-1551 Apotheker.
[4] Vgl. Rindermarkt 17.
[5] GB I 11/16.
[6] GB I 13/11.

1372 November 18 Nickel Haeczer hat sein halbes Haus an der Kaufingergasse Chunrad dem jungen Hagnawer dem Schmied verkauft und ihm den anderen halben Teil des Hauses als Pfand gesetzt.[1]
1376 März 3 der Schmied Nyckel Haeczer hat sein halbes Haus an der Kaufingergasse, gelegen neben dem Haus des Hans Bart (Kaufingerstraße 5), Chunrad dem Hagnawer verkauft.[2]
1390/98 das Heiliggeistspital hat ein Ewiggeld aus „Chúnrat smitz" Haus.[3]
1394 März 30 „Maecz, Chunrad [Hagenawers] dez smid saeligen witibe" an der Kaufingergasse, hat ein Viertel aus „Chunrad dez Hagenawers saeligen haws" an der Kaufingergasse, zunächst dem Haus des Ünigers (Kaufingerstraße 3*) gelegen, „her Ulreich dem Fuchsmúndel" käuflich überlassen. Dazu gehören 12 Schillinge Ewiggeld.[4]
1394 Oktober 26 Ull Hagnawer der Sattler hat sein Viertel am Haus an der Kaufingergasse, das einstmals des Haeczers gewesen ist, und das dem Haus des Bart (Kaufingerstraße 5) benachbart ist und „do der Tulwek go[l]tsmid inne ist", „her Ulrich dem Fuchsmundel, einem priester", verkauft.[5] Gleiches geschieht am selben Tag mit einem Viertel des Hauses, nunmehr zunächst an des Unigers Haus (Kaufingerstraße 3*) gelegen, und ebenfalls an Herrn Ulrich den Fuchsmundel verkauft.[6]
1394 Dezember 1 „Maechtilt, Ch(unrad) dez smides saeligen witib", verkauft ihr Haus an der Kaufingergasse Petri, zunächst dem Haus des Jorg Bart gelegen (Kaufingerstraße 5), Hanns dem Zollner.[7]
1394 Dezember 15 Herr Ulrich der Fuchsmundel hat seine drei Viertel des Hauses an der Kaufingergasse in St. Peters Pfarr, zunächst an des jungen Münzmeisters Marquard (Giesser) Haus (Kaufingerstraße 3*) gelegen, an Hans den Zollner, den Eidam von Perchtold dem Hagenauer verkauft. Das vierte Viertel des Hauses besaß der junge Aspeck Fleischhacker. Auch er verkauft sein Viertel an Hanns den Zollner.[8]
1394-1410/I domus Fuchssmundel/Füchssmündel/Fuschmündel/Fuschmundel (StB).
1397 April 14 das Haus des Hanns Zollner ist dem Haus des Hainrich Uniger, künftig des Marquart Giessers Haus (Kaufingerstraße 3*), benachbart.[9]
(1392)/1398 der Dechant von St. Peter hat ein Ewiggeld aus Hans des Zollners Haus an der Kaufingerstraße.[10]
Wahrscheinlich ist ebenfalls hierher zu beziehen das steuerfreie Ewiggeld des Heiliggeistspitals, das ebenfalls 1398 auf dem domus Chunrad [Hagenawer] smids an der Kaufingergasse liegt,[11] vgl. 1449.
1404 Oktober 9 das Haus des Hanns Zollner ist dem Haus von Märckel dem Giesser, künftig der Gebrüder Hanns und Ulrich Reichher (Kaufingerstraße 3*), benachbart,[12]
1410/II domus her Hanns Fuchsmündel (StB).
Ca. 1415 das Haus mit dem Ewiggeld des Heiliggeistspitals, das früher „Chúnrat smitz" inne hatte, gehört nun Hans Zollner.[13]
1431 Dezember 21 auch Hanns Zollner ist Mitstifter des Weinschenk-Benefiziums in St. Peter und gibt zu dieser Stiftung ein Ewiggeld aus seinem Haus an der Kaufingergasse.[14]
1449 das Heiliggeistspital hat aus Hans Schliems Haus ein Ewiggeld. Es wird 1453 von Hans Schliem abgelöst[15]. Auch das Reiche Almosen hat 1449 ein Ewiggeld aus des Schliemen Haus.[16]

---

[1] GB I 32/10.
[2] GB I 75/1.
[3] Vogel, Heiliggeistspital, Salbuch A Nr. 233.
[4] GB II 66/11.
[5] GB II 79/10.
[6] GB II 80/4.
[7] GB II 82/2.
[8] GB II 82/12. Vgl. auch GB II 88/14.
[9] GB II 127/5.
[10] Steueramt 982/1 (alt 632/1) S. 13r.
[11] Steueramt 982/1 (alt 632/1) S. 33v.
[12] GB III 33/1.
[13] Vogel, Heiliggeistspital, Salbuch A Nr. 233.
[14] Hufnagel/von Rehlingen, St. Peter Urk. 100 = MB XXI 50 S. 99/105, MB XIXa 68 S. 112/117. – Urk. D I e 2 - XXXVII 16. – Geiß, St. Peter S. 292
[15] Zimelie 40 (Heiliggeistspital, Salbuch B) S. 8v, 35r.
[16] Zimelie 27a (Stiftungsbuch Reiches Almosen) S. 18r.

1454 aus Hanns Zollners Haus an der Kaufingergasse geht ein Ewiggeld an einen Altar in St. Pe-ter.[1]
1474 das Reiche Almosen hat ein Ewiggeld aus dem Haus des Gabriel Schliem und seiner Hausfrau Margaret an der Kaufingergasse in St. Peters Pfarr, zwischen den Häusern des Reicher (Kaufingerstraße 3*) und der Astalerin (Kaufingerstraße 5) gelegen.[2]
1478 September 2 Gabriel Slyem verkauft ein Ewiggeld von 4 Gulden um 80 Gulden Hauptsumme.[3]
1484/85 laut Grundbuch (Überschrift) des „Gabriel Slyems haws, hoffe unnd Stallung".
1486 domus Sliem (StB).
1506 März 14 Verkauf eines Ewiggeldes von 1 Pfund, wohl um 20 Pfund Hauptsumme, durch Gabriel Schliem (GruBu).
1514 das Stadtbruderhaus hat ein Ewiggeld aus des Gabriel Schliem Haus an der Kaufingergasse.[4]
1544 Februar 1 Sigmund Hörl der Jüngere verschreibt aus diesem Haus ein Ewiggeld von 15 Gulden um 300 Gulden Hauptsumme (GruBu).
1546 die Baukommission beanstandet, daß am Haus des Sigmund Herl des Jungen die Vorbauten „1/2 eln ze weit" vorstehen.[5]
1551 September 14 Ewiggeldverschreibung durch Sigmund Hörl und seine Hausfrau Ursula (25 Gulden um 500 Gulden Hauptsumme) (GruBu).
1573 laut Grundbuch (Überschrift) des Sigmund Hörls, des Rats, Haus, Hof und Stallung.

Das Haus geht am 17. April 1597 durch Erbschaft an Sigmund Hörls Tochter Benigna und ihren Ehemann Stefan Plaichshürn über.

Eigentümer Kaufingerstraße 4*:

* Chunrat [d. J.] Hagenawer smid [∞ Maechtilt]
    St: 1368: 0,5/-/-
  pueri[6] Chunradi Hagenauerii. 1372, 1375, 1377 pueri Hagenawerii
    St: 1369, 1371, 1372, 1375: -/-/60, 1377: dederunt alibi
* patrimonium [Niklas] Háczzerii [Schmied, halbes Haus]
    St: 1368: -/3/-, 1369: -/3/24 salva pena, 1371: -/3/6, 1372: -/3/4, 1375: -/-/-
    StV: (1369) [Nachtrag am Rand, getilgt:] solvit -/3/24.
* Hainrich Fuchsmúndl (Fuchsmundl) [∞ Haylweig[7]], 1369, 1375, 1377, 1381-1383/II, 1388, 1390-1392 inquilinus. 1387 Fuchsmúndel inquilinus. 1393 Hainrich Fuchsmúndlin inquilina
    St: 1369, 1371, 1372: -/-/75, 1375: -/-/32, 1377: -/-/18 juravit, 1378, 1379, 1381, 1382, 1383/I: -/-/18, 1383/II: -/-/27, 1387: -/-/12, 1388: -/-/24 juravit, 1390/I-II: -/-/24, 1392: -/-/18, 1393: -/-/16 de gracia
* Chunrad wagner, Schwiegersohn des Chunrad Hagnawer, und seine Hausfrau Agnes [bis 1370 Mai 21, Hausanteil]
* domus Fuchssmundel (Fuchssmúndel, Fúschmúndel, Fuschmundel). 1410/II domus her Hanns Fuchsmúndel [ein Viertel, später drei Viertel des Hauses]
    St: 1394: -/-/-, 1395: 0,5/-/8, 1396, 1397: -/-/-, 1399: -/6/12, 1400, 1401/I: -/3/6, 1401/II, 1403, 1405/I: 0,5/-/8, 1405/II: -/3/6, 1406-1408: 0,5/-/8, 1410/I-II: -/-/-
    StV: (1394) drew viertel -/3/-. (1395) für aht gulden ewigs gelcz, darzu gat mer darauzz 12 gulden. (1396, 1397) fur (von) 8 gulden ewigs gelcz -/6/12. (1410/II) den selbn gelt hat Hanns Zollner chaufft.
* Ulrich Hagenawer, 1392, 1395, 1396 satler, 1396 inquilinus. 1397, 1399-1408 relicta Hagenawerin (Hagnawerin), 1397, 1399, 1401/II, 1403, 1405/I, 1406, 1407 inquilina [ein Viertel des Hauses]
    St: 1383/I: -/9/27 juravit, 1383/II: -/9/18 juravit, 1388: 1/-/24 juravit, 1392: -/-/72 iuravit, 1393:

---

[1] Kämmerei 64 S. 19r.
[2] Zimelie 27b (Salbuch Reiches Almosen) S. 43/44.
[3] Stadtgericht 207/5 (GruBu) S. 289r und 207/5a (GruBu) S. 657v.
[4] Zimelie 33 (Stadtbruderhausbuch) S. 22.
[5] LBK 4.
[6] 1369 „pueri" vor getilgtem „patrimonium".
[7] So 1380, vgl. GB I 119/8.

-/3/6, 1395-1397, 1399, 1400, 1401/I: -/-/60 fur 10 lb, 1401/II: -/-/60 iuravit, 1403, 1405/I: -/-/60, 1405/II: -/-/60 iuravit, 1406-1408: -/-/70

patrimonium Hagenawer. 1388 puer Hagenawerii
   St: 1387: -/-/12, 1388, 1390/I-II: -/-/24, 1399: -/-/-
   Bem.: (1399) Steuer gemeinsam mit Hanns Zollner.

Ulrich Hagenawer satler inquilinus
   St: 1400: -/-/12
   StV: (1400) hat der rat geschaft.

Ulrich Hagenawer [Weinschenk, Weinhandel ?[1]], 1400, 1401/I schenck inquilinus
   St: 1400: -/-/12 für nichil, 1401/I: -/-/-, 1405/I: -/-/- ist underchauffel

* Hensel (Hanns, Hannsel) zollner [Weinhändler, Weinschenk, Salzsender[2], ∞ Elspet Hagenawer[3]]. 1453, 1454 relicta Hanns zolner(in). 1455-1457 relicta zolnerin [Weinschenkin[4]]
   St: 1395: -/5/- minus -/-/2, 1396, 1397: -/7/12, 1399, 1400, 1401/I: -/9/12, 1401/II: -/18/- iuravit, 1403: -/18/- iuravit, 1405/I: -/18/-, 1405/II: -/23/6 iuravit, 1406: 3/6/28, 1407, 1408: 4/-/2, 1410/I: 2,5/-/- iuravit, 1410/II: 3/-/80, 1411: 2,5/-/-, 1412: 3/-/80, 1413: 3,5/-/- iuravit, 1415: 5/-/-, 1416: 6/5/10, 1418, 1419, 1423: 8/-/-, 1424: 2/5/10, 1431: 5/-/- iuravit, 1453-1457: Liste
   StV: (1396, 1397) und -/-/60 patrimonium Hagenawer. (1401/II) item so ist ze wissen, daz er hindan geseczt hat ain ainhalben 50 gulden, ob dez waer daz er sein übertragen wurd von herczog Ernst wegen, so sol ers ungeswom hinzu seczn. (1431) aws dem haws gend 2 gulden gen Furstnveld, dedit davon -/-/48 der zolner.
   Sch: 1439/I-II, 1440, 1441/I-II: 2 t[aglon], 1445: 1 diern, dedit
   Bem.: (1399) Steuer gemeinsam mit patrimonium Hagenawer.

Hanns Hagnawer [ehem. Stadtrat, Weinschenk[5]]
   Sch: 1445: 1 diern, dedit

** der jung Schliem. 1454-1482 Gabriel Schliem [Weinschenk, Weinversucher, Schankungelter[6], ∞ Margaret]
   St: 1453-1458: Liste, 1462: -/14/25, 1482: 1/7/25
   StV: (1482) et dedit fur pueri Geiger -/2/10. Et dedit -/1/5 fur pueri Dachwirt. Et dedit fur pueri Hansen Etlingers andel -/5/5. Et dedit fur pueri Thoman und Jacob Sitenpeckn kind -/-/28.

* domus Sliem
   St: 1486: anderswo

---

[1] Wahrscheinlich bezieht es sich auf Ulrich, wenn die Stadtkammer 1398/99 5 Pfund Pfennige verrechnet, die sie dem Hagnawer um 1 Fassel Wein, bei 6 Eimern, bezahlt hat, vgl. KR 1398/99 S. 69v. Auch das Weinschenken-Verzeichnis der Zeit um 1414 nennt einen Ulrich Hagenawer, vgl. Gewerbeamt 1411 S, 2r.

[2] Den „Hänsl Zollner" zählte Katzmair zu den „Darnach pösen" der Bürgerunruhen, vgl. Muffat, Kazmair-Denkschrift S. 464, 510. – Hanns Zollner handelt mit Wein, der über Ötting und Mühldorf, also aus Österreich, nach Bayern kommt, vgl. KR 1400/1402 S. 43v; ebenso KR 1406/07 S. 60r: die Stadt Schenkwein um über 14 Pfund Pfennige bei Hans dem Zollner. Der Wein wurde anläßlich des Besuches des Königs von Portugal, des Herzogs Ludwig von Ingolstadt und des Landgrafen ausgeschenkt. Vgl. auch 1402/03 S. 39r. Auch 1413 wird wieder Schenkwein von Hans Zollner von der Stadt angekauft, vgl. KR 1412/13 S. 37r. 1414 ist es Welschwein, also Wein aus Italien, den er der Stadt verkauft, KR 1414 S. 32r. – Um 1414 nennt den Hans Zollner auch das Weinschenken-Verzeichnis, vgl. Gewerbeamt 1411 S. 2r. – Um 1430 gehört Hans Zolner zu den Wirten an der Kaufingergasse, die Ungeld zahlen, vgl. Steueramt 987. – 1462 ist Hanns Zollner auch Weinkoster oder Weinunterkäufel, vgl. StB S. 23v, 35v und R. v. Bary III S. 969/970. – 1431, 1443 und 1444 ist Hanns zollner auch Salzsender, vgl. Vietzen S. 145, 147.

[3] Diemut Hagenawerin hat ein Leibgeding gekauft auf ihrer Tochter Elspeten Leib, des Hensl Zollners weib, vgl. Kämmerei 63/1 S. 38r. Zur Hagenawerin findet sich noch der Nachsatz: „die ist tot Thome [= 21. Dezember] anno [14]12". Vgl. auch KR 1395 S. 22v, 1396 S. 36v.

[4] Die Hanns zollerin ist 1451 Mitglied der Weinschenken-Bruderschaft, vgl. Gewerbeamt 1411 S. 9v.

[5] Hanns Hagnawer war 1440 einer der Bürgermeister, vgl. R. v. Bary III S. 758. – 1451 und 1458 ist Hanns Hagenawer Mitglied der Weinschenken-Bruderschaft, vgl. Gewerbeamt 1411 S. 9v, 13r.

[6] Gabriel Schliem 1458 Mitglied der Weinschenken-Bruderschaft, vgl. Gewerbeamt 1411 S. 13v. – 1471 und 1472 Gabriel Schliem Weinversucher und Weinungelter, vgl. R. v. Bary III S. 973, 879. Vgl. aber auch Fürstenfelder Straße 14.

** Gabriel Schliem (Sliem) [der jung, Weinschenk, Ungeldschreiber, Weinunterkäufel[1]]
  St: 1496: -/4/1 juravit, 1500: 1/1/27, 1508, 1509: -/1/23, 1514: Liste, 1522: -/1/23
  StV: (1496) und bis jar sol er 90 gulden geltz zusetzen, die sein sweher fert von dem Sliem eingenomen hat. (1508, 1509) et dedit -/4/14 fur sein brueder.
** Sigmund Hórl (Herl) [Gewandschneider[2]]. 1540-1544 Sigmund Herlin
  St: 1522-1525: 12/2/21, 1526, 1527/I: 12/-/21, 1527/II, 1528, 1529, 1532: 17/3/8, 1540-1542: 12/-/21, 1543: 24/1/12, 1544: 12/-/21 matrimonium
  StV: (1522) sind die zwen habnit darein gelegt worden. (1527/II) sind zwen habnit darinn. (1527/II-1532) et dedit -/3/25 fúr p[ueri] (Linhart) Schlampp.
  Bem.: 1522-1532 Steuersumme gemeinsam mit Utz Pfundtmair.
** Sigmund Herl (Hörl), 1552/II, 1568-1571 tuechmanger, 1553-1567/II der jung (junger) [äußerer Rat[3], ∞ Ursula]
  St: 1545: 27/-/-, 1546-1548, 1549/I-II, 1550, 1551/I-II, 1552/I-II, 1553, 1554/I-II, 1555-1557: 13/3/15, 1558: 27/-/-, 1559, 1560: 13/3/15, 1561, 1563, 1564/I-II, 1565, 1566/I-II: 14/4/-, 1567/I-II: 10/2/25, 1568: 20/5/20, 1569-1571: 12/-/-
  StV: (1557, 1559) mer 3/-/18 fúr den Mathias Mader. (1557, 1559) mer 3/-/- fúr die Appolonia Maderin. (1558) mer 6/1/6 fúr den Mathias Mader. Mer 6/-/- fúr die Appolonia Maderin. (1565) mer zalt er fúr storndt folio [Seitenzahl fehlt]. (1567/I) abgesetzt seiner tochter heuratguet 1000 fl. Mer fúr 3 nachsteur von gemelten 1000 fl, thuet 14/3/15. (1568) unnd fúr sein hausfrau 3/3/15.
  Jorg Maderin
  St: 1558: 8/5/4

Bewohner Kaufingerstraße 4*:

Chunrat smid,[4] 1368, 1369, 1375 inquilinus. 1395, 1396 relicta Chunrat schmidt,[5] 1396 inquilina. 1397, 1399, 1400 relicta Chunrat smid inquilina. 1401/I-II patrimonium Chunrad smid, 1401/II inquilinus
  St: 1368: -/-/50, 1369, 1371, 1372: -/-/75, 1375: 1/-/28, 1377: 1/-/- juravit, 1378, 1379, 1381, 1382, 1383/I: 1/-/-, 1383/II: -/12/-, 1387: -/5/10, 1388: -/10/20 juravit, 1395: -/5/10, 1396, 1397, 1399, 1400, 1401/I: 1/-/-, 1401/II: -/-/-
  StV: (1401/II) daz habent die in ir stewr genomen, die ez geerbt habent etc.
Hainrich smid von Regenspurg inquilinus St: 1368: -/-/24 gracianus
Hans platner inquilinus St: 1368: -/-/-
Hainrich Swab smid, 1369, 1371 inquilinus
  St: 1369: de anno preterito -/-/75 post. Item de anno presenti -/-/60, 1371: -/-/60, 1372: -/-/75 post
Háberl sporer inquilinus St: 1369: 0,5/-/-
Hainrich vragner inquilinus St: 1369: -/-/-
Schón (Schon) kramer inquilinus St: 1371, 1372: 1/-/24
Hainrich Maessinger [Schlosser[6]] inquilinus St: 1375: -/10/20
Fridrich junger institor inquilinus St: 1375: -/-/-
Hainrich Schick calciator St: 1375: -/-/40
Fridrich Kól sporer inquilinus St: 1377: -/-/72 juravit, 1378, 1379: -/-/72
Ulrich platner inquilinus St: 1379: -/-/24 gracianus, 1381: -/3/-

---

[1] Gabriel Schlyem der jung 1495 Aufnahme in die Weinschenkenzunft, vgl. Gewerbeamt 1418 S. 8r. – 1500-1530 Gabriel Schliem der jung Ungeldschreiber, Ungeldschreiberknecht, 1510-1530 (Tod) Weinunterkäufel und Weinkoster, laut RP, R. v. Bary III S. 880, 970.
[2] Sigmund Hörl ist Tuchmanger, Gwandschneider, vgl. KR 1518 S. 39r; BayHStA, Kurbayern Urk. 17251, 17252 (1538).
[3] Sigmund Hörl von 1568 bis 1597 wohl jedes Jahr äußerer Stadtrat, vgl. Fischer, Tab. IV S. 3/5.
[4] Chunrat smid ist 1381 Mitglied des Großen Rats der Stadt, vgl. R. v. Bary III S. 746.
[5] Zu ihr vgl. auch GB II 88/14 (23.4.1395).
[6] Bei Kaufingerstraße 34 1369, 1377-1379 Schlosser.

Hanns Ofenhawser calciator inquilinus St: 1383/I: -/-/24, 1383/II: -/-/36
relicta Ottin auflegerin inqulina St: 1383/II: -/-/15 sub gracia
Spigl St: 1387: 4/6/-
Fraenczl Kúmbsvelder inquilinus St: 1388: 4/-/40 juravit
relicta Hausnerin inquilina St: 1388: -/-/64 juravit
Lacher sporer, 1390/II, 1392 inquilinus St: 1390/I-II: -/-/40, 1392: -/-/30
    socrus eius St: 1390/I: -/-/12
[Konrad[1]] Staind[l] (Staendl) slozzer inquilinus St: 1390/I-II: -/-/80, 1392: -/-/60, 1393: -/-/80
Chunrat hufsmid. 1394 relicta hůfschmidin
    St: 1390/I-II: -/10/20, 1392: -/11/18, 1393: -/15/14, 1394: 1/-/6
Hanns [I.] Tulbeck [Goldschmied] St: 1390/I: 5/-/84
puer Wappen inquilini St: 1390/I: -/5/10
Dietl Seger inquilinus St: 1393: -/-/16 gracianus
Órttel sporer St: 1394: -/-/40
Hainrich sporer inquilinus St: 1394: -/-/16 gracianus
Hans schwertfůrb St: 1394: -/-/16
Chunrat Hofleich sporer St: 1395: -/-/60 für syben lb
Herman May rotsmid inquilinus St: 1395, 1396: -/-/60 fúr zehen lb
Statler stainmecz inquilinus St: 1397: /-/60 für 7 lb, iuravit
Chunrade mawrer schreiber inquilnus St: 1397: -/-/60 gracianus, 1399: -/-/-
Gúndel sneyder inquilinus St: 1399: -/-/58 fur 5 lb
Kellner satler, 1400 inquilinus St: 1400, 1401/I: -/-/60 fůr 10 lb
Fridel Tod inquilinus St: 1401/II: -/-/40 iuravit, 1403, 1405/I: -/-/56, 1405/II: -/-/60 fúr 6 lb, iuravit
Schẃcz sneider inquilinus St: 1401/II: -/-/
Murnawer satler inquilinus St: 1401/II: -/-/64 fúr 8 lb iuravit
Margred und ir tochter inquilinae St: 1401/II: -/-/
Swaebin weberin inquilina St: 1401/II: -/-/
Hanns sneider inquilinus. 1410/I-II, 1413, 1415 maister Hanns sneyder inquilinus
    St: 1403, 1405/I: -/3/14, 1405/II: -/-/66 fur 11 lb, iuravit, 1406, 1407: -/-/88 für 11 lb, 1408:
    -/-/88, 1410/I: -/-/66 fúr 11 lb, iuravit, 1410/II: -/-/88 fúr 11 lb, 1411: -/-/66 für 11 lb, 1412:
    -/-/88 fúr 11 lb, 1413: -/-/88 iuravit, 1415: -/3/-
Ott platner inquilinus St: 1403: -/-/18 gracianus
[Konrad[2]] Eysenreich smid inquilinus St: 1403: -/-/60
   Ulrich sein vater inquilinus St: 1403: -/-/40 fúr nichil
Chuncz salbẃrch inquilinus St: 1405/II: -/-/72 fur 12 lb, iuravit
Ull salbwrch inquilinus St: 1405/II: -/-/72 fúr 12 lb, iuravit
Hainrich Herttel zingiesser inquilinus St: 1406: -/9/2
Hanns rotsmid inquilinus
    St: 1407, 1408: -/-/64 fúr 8 lb, 1410/I: -/-/60 fúr 10 lb, iuravit, 1410/II: -/-/80 fur 10 lb, 1411:
    -/-/60 fúr 10 lb, 1412: -/-/80
Michel messrer inquilinus St: 1415: -/3/6, 1416: 0,5/-/8, 1418, 1419: 0,5/-/24
Ull sporer inquilinus St: 1415: -/-/60 fúr 10 lb
Stephan sneyder inquilinus St: 1416: -/-/88, 1418, 1419: -/3/6
Chuncz zingiesser inquilinus St: 1416: -/-/60 fur 6 lb
Chuncz rotsmid inquilinus St: 1418, 1419: -/-/80
Hanns Moshaymer sneyder inquilinus St: 1423: -/3/-
Chuncz rotsmid inquilinus St: 1423: -/3/-
Hanns gúrtler Uniger inquilinus St: 1423: 0,5/-/-
Sigmund Gúzz [Wirt[3]] inquilinus St: 1431: 2/-/- iuravit
Peter satler inquilinus St: 1431: 0,5/-/- iuravit

---

[1] Vgl. Kaufingerstraße 22*B (ab 1394).
[2] So 1405 und 1406 bei Kaufingerstraße 32/33.
[3] Der jung Gẃss gehört 1430 zu den Wirten an der Kaufingergasse, die Ungeld zahlen. Er ist dort aufgeführt zwischen dem Reicher von Kaufingerstraße 3* und dem Werker von Kaufingerstraße 6, vgl. Steueramt 987.

Hainrich Lesch platner inquilinus St: 1431: -/-/22
Hainrich Hósel, 1439/I, 1441/I inquilinus Sch: 1439/I-II, 1440, 1441/I: 1,5 t[aglon]
Ludwig Harrer (Harder), 1439/II, 1441/I-II rotschmid, 1441/II, 1454, 1456 inquilinus
    Sch: 1439/I: -/-/10, 1439/II, 1440, 1441/I-II: 1 t[aglon]
    St: 1453-1458: Liste
Erhart gurtler, 1439/II, 1441/I-II inquilinus Sch: 1439/I-II, 1440: 1,5 t[aglon], 1441/I-II: 1 t[aglon]
Sigmund [I.] Pótschner Sch: 1439/I: 3 t[aglon]
relicta Pircknerin inquilina Sch: 1441/I: 0,5 t[aglon]
Ludwig gurtler inquilinus Sch: 1441/II: 2 t[aglon]
Erhart Voburger (Foburger), 1455, 1462 inquilinus, 1456, 1458, 1462 satler. 1482, 1486, 1496 Voburger satler.[1] 1500 Voburgerin
    St: 1453-1458: Liste, 1462: -/-/68, 1482: -/5/20, 1486, 1490: -/5/15, 1496: -/4/21, 1500: -/-/60
    StV: (1486) et dedit -/-/3,5 für pueri Voburger von 1,5 gulden geltz. (1490, 1496) et dedit -/-/3 für pueri Voburger.
    und sein aidm Haintz Stichs [Sattler] St: 1482: -/-/20 gr[acion]
Chunrat Mulhauserin St: 1457: Liste
Hanns Perkircher [Messerer[2]] St: 1458: Liste
Lucz zammacher inquilinus St: 1462: -/4/25
Jorg swertfeger inquilinus St: 1462: -/-/60
Krell (Króll) swertfeger St: 1482: -/2/8, 1486: -/-/60
    Asem Krell, 1496, 1500 satler. 1522, 1523 Aßm Krell satler[3]
    St: 1490: -/2/17, 1496: -/2/5, 1500: -/2/3, 1522, 1523: -/2/5
Roskopf (Roßkopf), 1482, 1496, 1500 zammacher[4]
    St: 1482: -/2/5, 1486, 1490: -/2/10, 1496: -/2/10, 1500: -/2/9
Linhard karner koch [Weinschenk[5]]
    St: 1486, 1490: -/5/10
    StV: (1486) sch[enckensteur]. (1490) et dedit -/-/60 fur Andre koch di drit nachstewr.
Caspar Kapser wirt[6] St: 1500: -/5/10
Lamprecht [wein]ungelter St: 1500: in camer
Haintz (Hainrich) Stich s[atler][7] St: 1508, 1509: -/2/27, 1514: Liste
Linhart vischer wirt[8] St: 1508: 1/-/15
Michel nagler St: 1514: Liste
Utz Pfundtmair [Gewandschneider[9]]
    St: 1522-1532: -/-/-
    Bem.: 1522-1526, 1527/I-II, 1528, 1529, 1532 Steuersumme und Steuervermerke gemeinsam mit Sigmund Herl (Hórl).

---

[1] Erhart Voburger 1459-1498 wiederholt Vierer der Sattler, vgl. RP.
[2] Vgl. Kaufingerstraße 1*.
[3] Asm Krell ist 1499, 1501, 1503, 1504, 1506, 1519 Vierer der Sattler, vgl. RP und Kaufingerstraße 3 und 34.
[4] Der Zammacher Hanns Roßkopf ist 1490, 1494, 1500, 1502, 1505, 1509 Vierer der Sattler, vgl. RP.
[5] Lienhart karner koch 1489 Mitglied der Weinschenkenzunft, vgl. Gewerbeamt 1418 S. 2v.
[6] Caspar Kapser koch 1498 Aufnahme in die Weinschenkenzunft, vgl. Gewerbeamt 1418 S. 10r.
[7] Hainrich Stich 1485, 1488 und 1500-1520 wiederholt Vierer der Sattler, vgl. RP.
[8] Lienhart vischer 1506 Aufnahme in die Weinschenkenzunft, vgl. Gewerbeamt 1418 S. 14r.
[9] Utz Pfundtmair 1520 Vierer der Gewandschneider, vgl. RP.

Kaufingerstraße 5

Charakter: Weinschenke. 1550 Fremdenherberge, 16 Pferde.

Hauseigentümer:

1370 Dezember 9 das Haus des Hainrich Bart an der Kaufingergasse ist benachbart dem (halben) Haus des Nickel Haeczer (Kaufingerstraße 4*).[1]

1370 die Baukommission beanstandet auch beim „Hans Part sein lauben".[2]

1376 März 3 das Haus des Hans Bart ist benachbart dem Haus des Nyckel Haeczer, künftig des Cunrad Hagnawer (Kaufingerstraße 4*).[3]

1394 Oktober 26 das Haus des Bart ist dem Haus des Hagnawer, früher Haeczer, künftig Ulrich Fuchsmundel (Kaufingerstraße 4*), benachbart.[4]

1394 Dezember 1 des Jorg Barts Haus an der Kaufingergasse ist dem Haus der Maechtilt, Chunrads des Schmieds (Hagnawer) seligen Witwe, benachbart (Kaufingerstraße 4*).[5]

1401 der Stadtrat hat entschieden, daß die Stadtkammer dem Jorg Bart 5 Pfund und 60 Pfennige vergüten soll, wegen der halben Mauer, die er zwischen des Schluders (Kaufingerstraße 6) und seinem eigenen Haus aufgemauert hat, vom Keller herauf bis unter den oberen Gaden.[6]

1474 das Haus der [Wilhelm] Astalerin ist dem Haus des Gabriel Schliem (Kaufingerstraße 4*) benachbart.[7] Die Astalerin ist Barbara I. Bart, Tochter von Georg I. Bart, der nur zwei Töchter hatte, von denen Anna II. verheiratet mit Sigmund Pötschner, 1475 schon tot war.[8]

1484/85 laut Grundbuch (Überschrift) des „Sigmundt Ligsaltz haws, hoffe und Stallung".[9]

1489 Juli 24 Sigmund Ligsalz und seine Hausfrau Anna verkaufen an die Witwe Dorothea Fusstainer, ihre Mutter beziehungsweise Schwiegermutter, ein Ewiggeld von 30 Gulden um 600 Gulden Hauptsumme aus dem Haus (GruBu).

1500 Mai 26 die Gerhaben von des Sigmund Ligsalz hinterlassenen Töchtern Regina [I.] (später Äbtissin am Anger) und Margaret [II.] (später Pütrich-Nonne) verkaufen ein Ewiggeld von 10 Gulden um 200 Gulden Hauptsumme (GruBu).

1500 Oktober 29 und

1500 November 3 der Weinschenk Hanns Mandl und seine Hausfrau Barbara verkaufen aus ihrem Haus drei Ewiggelder, jedes zu 10 Gulden um je 200 Gulden Hauptsumme (GruBu).[10]

1511 Juli 14 Ewiggeldverkauf durch die genannte Barbara Mändlin (4 Gulden, wahrscheinlich um 80 Gulden Hauptsumme) (GruBu).

1515 April 25 Barbara Mändl verkauft ihrem Sohn Hanns (Mändl) ein Ewiggeld aus dem Haus (3 Gulden um 60 Gulden) (GruBu).

1519 Oktober 29 „die bemelte Barbara Hertzogin", verkauft ihrem Sohn Wolfgang Herzog und seiner Hausfrau Elspet ein Ewiggeld von 5 Gulden um 100 Gulden Hauptsumme (GruBu).

1527 April 29 Ewiggeldverkauf durch Barbara Herzog, diesmal wieder an ihren Sohn Hanns Mändl (3 Gulden, wohl um 60 Gulden Hauptsumme) (GruBu).

1528 Mai 30 Ewiggeldverkauf von 5 Gulden um 100 Gulden der Barbara Herzog beziehungsweise Barbara Mändl an ihren Sohn Wolfgang Herzog und seine Ehefrau Elisabeth (GruBu).

---

[1] GB I 13/11.
[2] Zimelie 9 (Ratsbuch IV) S. 5r (neu).
[3] GB I 75/1.
[4] GB II 79/10.
[5] GB II 82/2.
[6] Steueramt 572 (Leibgedingbuch 1402/03) S. 8v.
[7] Zimelie 27b (Salbuch Reiches Almosen) S. 43/44.
[8] Stahleder, Bürgergeschlechter. Die Bart, in: OA 125/1, 2001, S. 321, 312/313.
[9] Stadtgericht 207/5 (GruBu) S. 290r/v und 207/5a (GruBu) S. 659v.
[10] Die Jahreszahl 1510 im Häuserbuch HV S. 253 bei Ligsalz und Mändel ist zu korrigieren in 1500. Die Jahreszahl 1558 bei Anna Mändel kommt im Grundbuch nicht vor, die darauf folgende Jahreszahl 1574 ebenfalls nicht. Die beiden Söhne Arsaci und Hanns werden im Grundbuch zu 1579 genannt.

1548 September 5 Hanns Mändl verschreibt seinem Bruder Wolfgang Herzog ein Ewiggeld von 12 Gulden um 240 Gulden zur Entrichtung seines ererbten Muttergutes (beide GruBu).
1549 Mai 10 Hanns Mändl und seine Hausfrau Anna verkaufen Ewiggeld von 4 Gulden um 80 Gulden aus dem Haus (GruBu).
1550 Hanns Mandl betreibt hier eine Fremdenherberge mit Unterstellmöglichkeit für 16 Pferde.[1]
1550 Mai 31 wieder Ewiggeldverkauf durch Hanns Mändl an Wolfgang Herzog, diesmal 10 Gulden um 200 Gulden Hauptsumme (GruBu).
Auch auf diesem Haus lasten inzwischen Hypotheken in Höhe von 2320 Gulden für einen jährlichen Zins von 116 Gulden.
1573 laut Grundbuch (Überschrift) weiland der Anna Mändl hinterlassener Erben Haus, Hof und Stallung.
1579 Mai 31 die Vormünder von Arsaci Hammans selig hinterlassenen zwei Söhnen Arsaci und Hanns verkaufen ein Ewiggeld von einer Hauptsumme von 1500 Gulden (wohl zu einem Zins von 75 Gulden) (GruBu).

Eigentümer Kaufingerstraße 5:

* Hainrich [II.] Part [Stadtrat[2], ∞ Agnes Sentlinger]
    St: 1368: 13,5/-/12, 1369: 20/-/78, 1371, 1372: 14/-/-
* Hanns [II.] Part[3] [Bruder von Hainrich II., ∞ Clara, wohl Schluder]. 1383/I relicta Paerttin. 1383/II relicta Johannis Part. 1387-1388 puer(i) Johannis Bart
    St: 1377: 1/-/- juravit, 1378: 1/-/-, 1379, 1381, 1382, 1383/I: 4/-/-, 1383/II: 6/-/-, 1387: 2,5/-/-, 1388: 5/-/-
* Górg (Jórg, Jorig) [I.] Bart [Sohn von Hans II., ∞ N. N.]
    St: 1390/I-II: 5/-/-, 1392: 3/6/-, 1393, 1394: 5/-/-, 1395: 2,5/-/-, 1396: 3/6/-, 1399: 3/6/- gracianus, 1400: 3/6/-, 1401/I: 3/6/- gracianus, 1401/II, 1403, 1405/I: 5/-/- gracianus, 1405/II: 3/6/- gracianus, 1406-1408: 5/-/- gracianus, 1410/I: 3/6/- gracianus, 1410/II: 5/-/- gracianus, 1411: 3/6/- gracianus, 1412: 5/-/- gracianus, 1413: 3/6/- gracianus, 1415: 6/-/- gracianus, 1416: 15,5/-/11 iuravit, 1418, 1419: 16,5/-/8, 1423: 11/5/1, 1424: 3/7/-, 1431: 6/-/60 iuravit
    StV: (1415) zu der nächsten stewr sol er swern und dedit -/-/10 von -/-/50 gelcz wegen auz seinem schafflerhawz gen Mospurg. (1416) und von seinem ewigen gelt gen Mospurg -/-/13. (1418) und von dem ewigen gelt gen Mospurg -/-/13. (1419) und von dem ewigen gelt -/-/13. (1423) von dem ewigen gelt.
* Wilhalm [I.] Astaler [Stadtrat, ∞ Barbara I., Tochter von Georg I. Bart]. 1482 Astalerin[4]
    Sch: 1439/I-II, 1440, 1441/I-II: 3 t[aglon], 1445: 3 ehalten, dedit
    St: 1453-1458: Liste, 1462: 6/-/82, 1482: 3/-/11
** Sigmund [I.] Lysaltz (Ligsaltz) [Stadtrat[5], ∞ 2. Anna N., verw. Melzer, 3. Ursula Krüml], 1496 patrimonium
    St: 1486, 1490: 3/4/8, 1496: anderswo, bey Passauer
    StV: (1486) et dedit 2/4/6 fur Wolfgang Pútrich.
    et mater Fuesstainerin [= Dorothea II. Pütrich, verw. Ligsalz und verw. Fusstainer[6]]
    St: 1490: -/7/- ir gesaczte stewr
** dessen [= des Sigmund Ligsalz] Töchter Regina [I.] und Margreth [II.] [1500 Mai 26]

---

[1] Gewerbeamt 1422a.

[2] Zu den Bart vgl. Stahleder, Bürgergeschlechter. Die Bart S. 289/391. – Hainrich II. war ab 1362 abwechselnd äußerer und innerer Stadtrat, ab 1372 nur noch innerer, vgl. R. v. Bary III S. 738.

[3] Hanns Bart ist 1381 Mitglied des Großen Rats, vgl. R. v. Bary III S. 746.

[4] Zu den Astaler vgl. Stahleder, Bürgergeschlechter. Die Astaler, in: OA 113, 1989, S. 197/205. – Wilhelm Astaler seit 1447 schon wiederholt einer der beiden Kirchpröpste von St. Peter und damit Stadtrat, 1451 und 1452 auch als Bürgermeister belegt, 1459-1470 innerer Stadtrat, vgl. R. v. Bary III S. 765, 758 und RP ab 1459.

[5] Zu den Ligsalz vgl. Stahleder, Bürgergeschlechter. Die Ligsalz S. 175/260. – Sigmund Ligsalz war 1471-1473, 1475 bis 20.3.1494 äußerer Stadtrat, rückte dann in den inneren Rat nach, starb aber schon am 25.2.1496, vgl. RP.

[6] Zu den Pütrich vgl. Stahleder, Bürgergeschlechter. Die Pütrich S. 252/281.

** Wolfgang Hertzog wirt[1] [∞ Elspet]
   St: 1508: -/5/10 [Schenkensteuer], 1509: 1/1/27 juravit
   StV: (1508) sol bis aufs jar swern.
* relicta Hertzogin, 1509 mater eius [= Mutter von Wolfgang Hertzog, dann offenbar wiederverehelichte Hanns Mändlin, siehe unten]
   St: 1508, 1509: 1/5/27, 1514: Liste
** Hanns Mandl Weinschenk[2] und seine Ehefrau Barbara, verw. Hans Herzog [1500 Oktober 29 und November 3]. Witwe Barbara Mandlin [1511 Juli 14, vgl. Marienplatz 7**]
** Hanns Mändl (Mändl) [Weinschenk, äußerer Rat[3], Sohn von Barbara Herzog-Mändl, Halbbruder von Wolfgang Herzog, ∞ Anna]. 1543, 1552/II, 1554/II, 1556 wirt, 1557 patrimonium. 1558-1569 Hanns Mändlin (Manndlin)
   St: 1522: -/5/10 schencknsteur, gracion, 1523: 2/2/3 juravit, 1524-1526, 1527/I: 2/2/3, 1527/II, 1528, 1529: 2/1/22, 1532: 3/-/5, 1540-1542: 6/-/7, 1543: 12/-/14, 1544: 6/-/7, 1545: 9/-/7, 1546-1548: 4/4/10, 1549/I-II, 1550, 1551/I-II, 1552/I-II: 4/5/22, 1553, 1554/I: 4/6/6, 1554/II, 1555, 1556: 5/-/4,-1557: 5/-/4 patrimonium, 1558: 10/-/8, 1559, 1560: 5/-/4, 1561, 1563, 1564/I-II, 1565, 1566/I-II, 1567/I-II: 3/6/21, 1568: 7/6/12, 1569-1571: 3/6/29
   StV: (1522) sol bis jar schwern. (1527/I) et dedit 2/5/7 fur Cristof haffners patrimonium. (1527/II- 1529) et dedit -/5/- für p[ueri] Cristof haffner. (1532) et dedit -/5/- für p[ueri] hafner. (1540-1542) et dedit -/1/19 für p[ueri] hafner. (1543) mer -/3/8 für p[ueri] haffner. (1546) hat zugsetzt der Reuschlin erb. (1549/I) hat seiner mueter erb zugsetzt. (1554/I-1556) mer -/5/2 für p[ueri] Genstaler. (1554/II) zugsetzt des Fuesls erb.
   relicta Hertzogin. 1523, 1525-1529, 1540-1548 relicta Mändlin (Mändlin)
   St: 1522-1526, 1527/I: 2/3/1, 1527/II, 1528, 1529, 1532, 1540-1542: -/4/20, 1543: 1/2/10, 1544: -/4/20, 1545: 1/2/10, 1546, 1547: -/4/20, 1548: -/4/20 matrimonium
   StV: (1522) hat irer tochter gut zugesetzt.
   Jorg (Georg) Haman [Salzsender, Gastgeb[4]], 1564/II, 1567/I-II, 1569 wierdt
   St: 1559: 1/4/20, 1560: 2/1/15 juravit, 1561, 1563, 1564/I-II, 1565, 1566/I: 2/-/10, 1566/II, 1567/I-II: 2/2/28, 1568: 4/5/26, 1569-1571: 5/2/28
   StV: (1559) welchs sein mueter hat abgsetzt als irn beysitz als offt und wie man steurt. (1559) mer -/4/- gracion von wegen seiner hausfrauen heiratgueth. (1566/II) zuegesetzt seiner mueter erb.
** Erben der Anna Mändl [1573]
** Arsaci und Hanns, Söhne des Arsaci Hamman selig, noch unter Vormundschaft [1579 Mai 31]

Bewohner Kaufingerstraße 5:

(Ulrich) Vettinger goltsmid inquilinus
   St: 1368: nichil, 1369: -/-/60 gracianus, 1371: 4/-/30 juravit, 1372: 4/-/30
   StV: (1372) [Nachtrag am Rand, getilgt:] solvit 2/-/-.

---

[1] Wolfgang Hertzog 1508 Aufnahme in die Weinschenkenzunft, vgl. Gewerbeamt 1418 S. 15r; „Wolfgang Hertzog der weinschenk" ist 1512 und 1519 Vierer der Schenken, vgl. RP. – 1532 ist ein Wolf Hertzog Vierer der Salzsender, vgl. Vietzen S. 152, dieser ?

[2] Hanns Mändl wirt 1499 Aufnahme in die Weinschenkenzunft, vgl. Gewerbeamt 1418 S. 10v. – Ihn stellt wohl das Gemälde von Hans Mielich von 1540 dar, vgl. Löcher, Hans Mielich S. 117 Abb. Nr. 5.

[3] Hanns Mändl 1520 Aufnahme in die Weinschenkenzunft, vgl. Gewerbeamt 1418 S. 18v. – Anna Mändlin Wittib 1569 Religionsverhör, vgl. Dorn S. 229. – Alt Mändlin Wittib 1571 Religionsverhör, vgl. Dorn S. 267. – 1540-1550 war Hans Mändl auch äußerer Stadtrat, vgl. RP.

[4] Georg Haman ist 1559 Salzsender und Mitglied der Wirte-Zunft, 1574 Gastgeb, vgl. Vietzen S. 149 nach KR, GruBu und Zollregistern. – Georg Hamman und Georg Hammans Hausfrau 1569 Religionsverhör, vgl. Dorn S. 228, 229, Georg Hamman auch 1571, vgl. Dorn S. 253. – 1574 wanderten Georg Hamman und seine Hausfrau Anna Simberger (Sibenbürger) aus Religionsgründen nach Regensburg aus. Der Sohn Georg Sigmund Hamman war von 1606 bis 1627 in Regensburg innerer Stadtrat, vgl. Werner Fees-Buchecker, Rat und politische Führungsschicht der Reichsstadt Regensburg 1485-1650, München 1998, S. 224.

Hans [I.] Tulbeck (Tulbek) [Münzmeister, Stadtrat¹], 1397 goltsmid, 1392, 1393, 1396 inquilinus
    St: 1390/II: 5/-/84, 1392: 4/-/3, 1393, 1394: 5/-/84, 1395: 6/-/-, 1396, 1397: 9/-/-
    Pferdemusterung, um 1398: (Ur-Fassung): Hanns Tulbeck munczmeister² sol haben ein pferd umb 25 gulden und sol selber reiten oder ein erbern man an seiner stat; (Korrig. Fassung): Hanns Tulbeck munczmeister sol haben 2 pferd umb 36 gulden und ein erbern man an seiner stat.³

Hainrich Wappen tochter inquilina. 1392, 1393 dez Wappen tochter
    St: 1390/II: -/5/10, 1392: 0,5/-/-, 1393: -/5/10

Ángstlich taschner St: 1390/II: -/-/32

Kristan maler St: 1392: -/-/12

Hans Glesein inquilinus St: 1397: -/-/60 gracianus

Sigel (Sighart) Mosawer [Weinschenk⁴], 1400-1408 inquilinus
    St: 1400: 0,5/-/- gracianus, 1401/I: 1/-/12 iuravit, 1401/II: -/10/4 iuravit, 1403, 1405/I: -/10/4, 1405/II: -/17/- iuravit, 1406-1408: 2/6/20, 1410/I: 5/-/- iuravit

Gilg Maendelhawsers [= Waendelhawser⁵] bruder St: 1401/I: -/-/40 gracianus

Mospurgerin St: 1401/II: -/-/60 iuravit

Wendel schlairchauflin St: 1401/II: -/3/- gracianus

Ulrice Sigel inquilinus St: 1403: -/-/75 gracianus

Hanns Tryener (Tryner) [Weinschenk⁶], 1411 inquilinus
    St: 1411: -/18/-, 1412: 3/-/-, 1413: 1/-/- iuravit

Hainrich Wolfersperger (Wolersperger) [Wirt⁷], 1415 inquilinus
    St: 1415: -/10/-, 1416: -/13/10, 1418, 1419: -/14/12

Chunrade Yckinger [Weinschenk⁸] inquilinus St: 1423: 2,5/-/- iuravit, 1424: -/6/20

relicta Awerin Sch: 1441/I: [kein Eintrag], 1441/II: 2 t[aglon]

Fridrich Hainsteter [Salzsender⁹] inquilinus Sch: 1441/II: 1,5 t[aglon]

Hans Perbein Sch: 1445: 1 diern, dedit

Ulrich Ursntaler [Weinschenk¹⁰] inquilinus St: 1458: Liste

Hans Dawm [Gewandschneider, später auch Weinschenk¹¹]
    St: 1482: 5/1/24
    StV: (1482) und hat seiner hausfrawen heiratgut zugesetzt.

Conrad Hórl (Herl), 1496 g[wandschneider ?]
    St: 1486, 1490: 5/-/6, 1496: 7/-/-
    StV: (1496) et dedit 2/-/7 für pueri Glarcher. Et dedit 1/3/7 patrimonium fur Jorg Welßhofer.

Jórg Stör koch [Weinschenk¹²] St: 1500: -/5/10

[Hanns] Stiglmair zammacher¹³ St: 1514: Liste

Margreth Pruckhschleglin St: 1551/II, 1552/I-II: -/2/- diser zeit, 1553, 1554/I-II, 1555: -/2/28

---

[1] Zu Hans I. Tulbeck vgl. Stahleder, Bürgergeschlechter. Die Tulbeck S. 225/226. – Hans Tulbeck ist am 15.11.1393 einer der beiden Bürgermeister, vgl. KR 1393 S. 52v. – Goldschmied wird er u. a. 1381 bei Marienplatz 23 genannt.

[2] „munczmeister" über der Zeile nachgetragen.

[3] Hans Tulbeck kommt noch einmal bei Rosenstraße 5 vor. – Frankenburger S. 264.

[4] Sigel Mosawer um 1414 Mitglied der Weinschenkenzunft, vgl. Gewerbeamt 1411 S. 3r und Rindermarkt 14.

[5] Vgl. Kaufingerstraße 8

[6] Vgl. Rindermarkt 9*, Rosenstraße 10.

[7] Vgl. Kaufingerstraße 7.

[8] Chunrade Ickinger um 1414 Mitglied der Weinschenkenzunft, 1417 Vierer der Weinschenken, 1433 deren Bruderschafts-Mitglied, vgl. Gewerbeamt 1411 S. 3v, 10v. – Vgl. auch Kaufingerstraße 5 und Weinstraße 17.

[9] Fritz Hainsteter ist 1460 bis 1469 wiederholt Vierer der Salzsender, vgl. RP, wahrscheinlich auch identisch mit dem jungen Hainsteter ohne Vornamen, der 1444-1447 als Salzsender belegt ist, vgl. Vietzen S. 146.

[10] Vgl. Kaufingerstraße 6.

[11] Hanns Dawm ist 1475, 1478, 1480, 1482, 1487, 1489, 1490, 1492 und 1495 Vierer der Gewandschneider, vgl. RP, seit 1492 auch Mitglied der Weinschenkenzunft, vgl. Gewerbeamt 1418 S. 7r.

[12] Jörg Stör 1499 Aufnahme in die Weinschenkenzunft, vgl. Gewerbeamt 1418 S. 10v. – Jörg Stör 1501, 1502, 1507-1510 Vierer der Köche, vgl. RP.

[13] Der Zammacher Hanns Stiglmair ist 1506, 1508, 1513-1518 Vierer der Sattler, vgl. RP.

Kaufingerstraße 6
(mit Fürstenfelder Straße 8, Teil)

Charakter: Weinschenke.

Hauseigentümer:

1370 die Baukommission beanstandet „dez Sluders lauben und sein kellers hals".[1]
1398/99 die Stadt hat Zinseinnahmen aus des Sluders Häusern.[2]
1401 des Schluders Haus ist dem Haus des Jörg Bart (Kaufingerstraße 5) benachbart.[3]
1452 wurde angeblich von Hanns Schluder in diesem Haus die erste und älteste Hauskapelle eingerichtet.[4]
1478/79 erstmals zahlt die Stadt Hans [III.] Schluder dem Älteren den Hauszins für „maister Hainrich schulmaister" (für die Zeit von Georgi 1478 bis Georgi 1479).[5] Gemeint ist Heinrich Grüninger, der Leiter der vom Stadtrat neu gegründeten Poetenschule, die in Schluders Haus in der Kaufingergasse ihr erstes Domizil hatte. Die Mietzins-Zahlungen wiederholen sich noch bis 1485/86 jährlich.[6]
1484/85 laut Grundbuch (Überschrift) des „Hanns [IV.] Sluders des jungen haws, hoffe, Einfart und Stallung darneben".[7]
1491 Mai 5 Hanns Schluder und seine Hausfrau Dorothea verkaufen ein Ewiggeld von 25 Gulden um 500 Gulden Hauptsumme aus diesem Haus (GruBu).
1503 Oktober 19 Hanns Pötschner, Lienhart Eglinger und Michel [I.] Bart verkaufen ein Ewiggeld aus diesem Haus (10 Gulden um 200 Gulden Hauptsumme), nachdem sie es von Hanns [IV.] Schluder selig ererbt haben (GruBu).
1508 April 27 Ewiggeldverkauf, diesmal durch Michael Bart (25 Gulden um 500 Gulden) (GruBu).
1514 Dezember 23 nach dem Tod des Michael Bart verkauft sein Stiefbruder Hanns [VII.] Bart, auch im Namen seiner Brüder Anthoni [I.] und Gabriel [I.] Bart, ein Ewiggeld aus diesem Haus an ihren Vetter Andre [III.] Bart (15 Gulden um 300 Gulden Hauptsumme) (GruBu). Desgleichen
1515 September 20, diesmal 25 Gulden um 500 Gulden Hauptsumme (GruBu).
1520 Januar 24 oder 31 Balthasar [I.] Schrenck und seine Hausfrau Walpurg [= Walpurg I. Bart, Schwester von Michael, Gabriel, Anton und Hans Bart[8]] verkaufen ein Ewiggeld von 25 Gulden um 500 Gulden Hauptsumme an Jörg Schluder (GruBu).
1522 Februar 14 das Haus des Hanns Part an der Kaufingergasse ist dem Haus der Schwartznperger, künftig des Leonhart Wideman (Kaufingerstraße 7) benachbart.[9]
1532 Februar 19 in des Balthasar Schrenck zu Pasenbach Behausung an der Kaufingergasse wird eine Urkunde ausgestellt.[10]
1537 Oktober 27 weiterer Ewiggeldverkauf aus dem Haus durch Balthasar Schrenck, diesmal 50 Gulden um 1000 Gulden Hauptsumme (GruBu).
Balthasar Schrenck vererbte dieses Haus dann als Heiratgut seiner Tochter Katharina Schrenck, die mit Friedich Eßwurm verheiratet war.[11]

---

[1] Zimelie 9 (Ratsbuch IV) S. 5r (neu). – Zu den Schluder vgl. Stahleder, Bürgergeschlechter. Die Schluder S. 39/74.
[2] KR 1398/99 S. 52r.
[3] Steueramt 572 (Leibgedingbuch 1402/03) S. 8v.
[4] Hübner II (1803) S. 470, ohne Quelle. – HB HV S. 255.
[5] KR 1479/80 S. 74v.
[6] KR 1479/80 S. 83r maister Hainrichen lernmaister in des Sluder hauß; KR 1481/82 S. 76r; KR 1480/81 S. 77v; KR 1484/85 S. 83r; KR 1485/86 S. 79r, 84.
[7] Stadtgericht 207/5 (GruBu) S. 291r/v und 207/5a (GruBu) S. 661v.
[8] Stahleder, Bürgergeschlechter. Die Bart S. 348/349.
[9] GB IV S. 5r.
[10] Hoffmann, SchloßA Harmating 60. – Zu den Schrenck vgl. Stahleder, Bürgergeschlechter. Die Schrenck S. 116/117. Balthasar I. starb am 30.5.1538.
[11] StadtAM, Schrenck-Chronik (Abschrift) S. 182.

Abb. 44 Südseite der Kaufingerstraße (Nr. 1 – 18 und Färbergraben 1* außerhalb des Schönen Turms, Bildmitte rechts) auf dem Sandtner-Modell von 1572, Blickrichtung Nord-Süd über die Frauenkirche und die Häuser an der Nordseite der Kaufingerstraße (Nr. 19* – 37) hinweg. Foto: Bayerisches Nationalmuseum.

1538 November 9 Fridrich Esswurm verkauft ein Ewiggeld von 3 Gulden um 60 Gulden Hauptsumme aus diesem Haus an Jeronimus [III.] Schrenck [Sohn von Balthasar I.] (GruBu).
1557 März 3 Katharina [III.] Schrenck [Tochter von Balthasar I. Schrenck], des Fridrich Esswurm zu Ottenhofen hinterlassene Witwe, verkauft ein Ewiggeld (20 Gulden um 400 Gulden) (GruBu).
1565 domus Fridrich Eßwurmbin (StB).
1566-1571 ff. domus Fridrich Eßwurmb (Eswurmb) (StB).
1567 Januar 17 Fridrich Esswurmb zu Ottenhofen verkauft aus diesem seinem Haus seinem Vetter Balthasar Bart, Bürger zu München, ein Ewiggeld von 100 Gulden um 2000 Gulden rheinisch Hauptsumme (GruBu).
Auch auf diesem Haus ruhen inzwischen Hypotheken von 6500 Gulden für einen Jahreszins von 325 Gulden.
1573 laut Grundbuch (Überschrift) des Fridrich Esswurm zu Ottenhofen Haus, Hof, Einfahrt und Stallung daneben.
Die Esswurm besitzen das Haus noch bis 1622.

Eigentümer Kaufingerstraße 6:

* Hans [I.] Sluder [Stadtrat[1]]. 1378, 1379 patrimonium Johannis Sluder[2]
    St: 1368: 10/-/60, 1369: 15/3/-, 1371, 1372: -/-/-, 1375: 21/-/60, 1377: 20/-/- juravit, 1378: 20/-/-, 1379: -/-/-
  gener suus [Hans II.] Part inquilinus
    St: 1368: 10,5/-/-
* Chunrat [II.] Sluder inquilinus. 1377 Chunrat filius suus [= des Hans Schluder] inquilinus. 1378, 1379, 1393-1399, 1403-1408 Chunrat Sluder (Schluder) [Stadtrat[3], ∞ Anna Draechsel ?]. 1410/I-1413 patrimonium Chunrad[i] Sluder
    St: 1371: 1/-/-, 1372: 3/-/-, 1375: 6,5/-/-, 1377: 9/6/- juravit, 1378: 9/6/-, 1379: 13,5/-/-, 1393-1395: 20/-/60, 1396, 1397, 1399: 30/3/-, 1403, 1405/I-II, 1406-1408, 1410/I-II, 1411-1413: -/-/-
    StV: (1403) er ist ledig gesagt worden von gelcz wegen, daz er der stat gelihen hat.
    Pferdemusterung, um 1398: (Ur-Fassung): Chunrat Sluder sol haben zway pferd umb 40 gulden und ein trabzewg [und damit der] stat warten; (Korrig.Fassung): Chunrat Sluder sol haben 3 pferd umb 60 gulden [und damit der] stat warten.
* Hans [II.] Sluder (Schluder), 1377 junior inquilinus [Stadtrat, hgl. Rat, Sohn von Hans I.[4], ∞ Anna Ebner]
    St: 1377: -/-/-, 1387: 4/-/-, 1388: 8/-/- juravit, 1390/I-II: 8/-/-, 1392: 12/-/-, 1393, 1394: 16/-/-, 1395: 14/-/-, 1396, 1397: 21/-/-, 1399: -/-/-, 1403, 1405/I: 28/-/-, 1405/II: 22/-/- iuravit, 1406-1408, 1410/I-1413: -/-/-, 1415: 3/5/3, 1416, 1418, 1419: 4/6/10, 1423: 3,5/-/22
    StV: (1403, 1405/I) nach alter stewr. (1405/II) Item und dedit -/6/24 von seiner tochter zu Anger von ewigem gelt wegen. (1415, 1416) von seiner hausfrawn wegen. (1418) von seinem gelt. (1419, 1423) von seinem ewigen gelt.
  Peter [II.] Schluder et fratres [Kinder von Hans II.]
    St: 1431: 9/-/60 gracion
* Hanns [III.] Schluder, 1439/I et soror [Kinder von Hans II.[5]]
    Sch: 1439/I-II, 1440: 5 t[aglon], 1453: Liste
  pueri Hanns [II.] Schluder [u. a. Ursula I., ∞ 1. Bartlme Pötschner, 2. Hans III. Rudolf]
    Sch: 1441/I-II: 5 t[aglon]
  Peter [II.] Schluder [∞ Barbara, geb. Pötschner]
    St: 1453-1458: Liste, 1462: 3/-/26
    StV: (1462) sein trittew nachstewr.
** Hanns [IV.] Sluder, 1482, 1486 der junger [Stadtrat,[6] Sohn von Peter II., ∞ 1. N. Pütrich, 2. Dorothea III. Pütrich]
    St: 1482: 10/5/25, 1486: 8/-/-, 1490: 10/3/7, 1496: 8/4/10, 1500: 6/3/5
    StV: (1482) et dedit -/4/6 von sein und seiner geswisterg(et) wegen von untailtm erb. Et dedit 2/6/6 fur pueri Pötschner, seiner swester kind. (1496) et dedit 3/-/27 fur pueri Eglinger. Et dedit -/-/60 die dritt nachsteur fur Jobs.

---

[1] Hans Schluder war 1366-1368, 1371 und 1377 äußerer, 1369, 1370, 1372-1376 innerer Stadtrat, vgl. R. v. Bary III S. 742.
[2] Zu den Schluder vgl. Stahleder, Bürgergeschlechter. Die Schluder S. 39/74.
[3] Konrad Schluder 1374-1380, 1382, 1383 äußerer, 1381 und 1384 innerer Stadtrat, vgl. R. v. Bary III S. 742.
[4] Hanns Sluder ist 1381 Mitglied des Großen Rats, vgl. R. v. Bary III S. 746, am 15.11.1393 einer der beiden Bürgermeister, vgl. KR 1393 S. 52v. – Herzog Johann schuldet 1395 dem Hanns Schluder 2110 Gulden, vgl. RB XI 42. – Vgl. auch v. Andrian-Werburg, Urkundenwesen S. 143.
[5] Der alte Hanns Schluder handelt unter anderem mit Fisch: Die Stadt kauft für 34 Pfund 1 Schilling und 7 Pfennige zwei Schaff Fische, nämlich 8 Karpfen, 7 Hechte und 1 großer Rutten, vom alten Hanns Schluder und Hanns Ludel dem Fischer, vgl. KR 1483/84 S. 90r.
[6] Hans IV. Schluder war 1480, 1481 und 1484 äußerer, 1482, 1483 und 1485 bis zu seinem Tod am 21.10.1502 innerer Stadtrat, vgl. RP.

* Hainrich [V.] Part [Stadtrat, Weinschenk, Weinhändler u. a., ∞ Ursula II., Tochter von Peter II. und Schwester von Hans IV. Schluder[1]]. 1522-1528 relicta Hainrich Partin (Pártin)
  St: 1482: 7/-/25, 1486: 10/7/6, 1490: 12/1/15, 1496: 14/3/17, 1500: 11/-/13, 1508, 1509: 4/2/-, 1514: Liste, 1522-1526, 1527/I: 6/2/3, 1527/II, 1528: 3/1/6
  StV: (1486) et dedit -/7/- gr(acion) für sein hausfrau. (1496) et dedit 1/3/13 die dritt nachsteur fur Endlshauser.
  Hanns [VI.], Eberhart [II.] Pötschners [und einer Tochter Peters II. Schluders] kind
  St: 1482: anderswo
  Prigida sein swester
  St: 1482: anderswo
  pueri Pótschner, Hanns Pótschner. 1490 pueri Pötschner
  St: 1486: 2/2/25, 1490: 2/2/15
  StV: (1486) dedit Hanns Sluder.
** Hanns [VI.] Pötschner, Lienhart Eglinger, Michael Bart [1503 Oktober 19, Erbschaft nach Hans IV. Schluder]
** Michel [I.] Part [Weinschenk, Sohn von Heinrich V. Bart[2]]
  St: 1508, 1509: 1/-/24, 1514: Liste
  StV: (1508) et dedit 2/7/10 von 25 gulden geltz, bis jar nichtz, sind abgelost.
** Hanns [VII.], Anton [I.], Gabriel [I.] Bart, Stiefbrüder des vorigen [1514 Dezember 23, 1515 September 20
** Walthasar [I.] Schrenck (Schrenckh) [zu Pasenbach, Weinschenk, innerer Rat, ∞ Walpurga I., Tochter von Heinrich V. Bart[3]]
  St: 1522-1526, 1527/I: 35/-/-, 1527/II, 1528, 1529, 1532: 24/3/7
** Hanns [VII.] Part [Weinschenk[4]]
  St: 1522, 1523: nichil
  Adam Schluder [Sohn von Hans III. Schluder, ∞ Anna N.] St: 1524, 1525: 2/1/17
** Fridrich Eßwurm[5]. 1558-1564/II Fridrich Eswurmin (Esswurmbin) [= Katharina III., Tochter von Balthasar [I.] Schrenck[6]]. 1565 domus Fridrich Eßwurmbin
  St: 1540-1542: 2/2/18 hofgsind, 1543: 4/5/6, 1544: 2/2/18 hofgsind, 1545: 4/5/6 hofgsind, 1546-1548, 1549/I-II: 2/2/18 hofgsind, 1550, 1551/I-II, 1552/I-II, 1553, 1554/I-II: 2/2/18, 1555, 1556: 2/3/12, 1557, 1558: an chamer, 1559, 1560: 10/-/-, 1561: an chamer, 1563: 8/-/-, 1564/I: an chamer, 1564/II: 8/-/-, 1565: -/-/-
  StV: (1551/II-1552/II, 1555) von (seinen) zinsen. (1555) zugsetzt -/6/- gelts. Mer 3/5/15 von wegen der Michl Hueberin 3 nachsteur. (1556) obdormivit, hinfúro andere handlung furzenemen. (1558) zalt für alle pisher versessne steur und beysitz 20 fl, gibt hinfúro alle ainfache steur 10 fl, soll auch bey ainem ersamen rath recht geben und nehmen, actum 1. Februarii anno [im] [15]59ten. (1559) mit geding. (1560) mit geding als offt und wie man steurt. (1561) zalt 6 fl mit geding, so offt und wie man steurt, vermug ires revers. (1563) für iren beisitz als offt man steurt, vermóg ires refers [= Revers]. (1564/II) mer ain versessne steur für den beisiz anno [15]64 8/-/-. (1565) adi 24. Decembris [15]65 zalt Esswurmb 8/-/- fúr sein beisiz.

---

[1] Hainrich Part 1489 Mitglied der Weinschenkenzunft, vgl. Gewerbeamt 1418 S. 4r. – Die Stadt kauft wiederholt Wein bei ihm, vgl. KR 1476/77 S. 68v (1476, 12 Kandel), KR 1480/81 S. 70v (1481, 10 Kandel), 1483/84 S. 90r (Wein aus dem Elsaß), 1484/85 S. 73r (20 Kandel „Wälschwein" und 20 Kandel Rotwein), 1485/86 S. 72v, 73r, 73v (10 Kandel, halb „Varnätscher", halb Welschwein, auch „Tramynner" und Most). 1478 säuft auf der Isar ein Boot ab, das 50 eiserne Schaufeln und ein Faß Wein geladen hatte, die Hainrich Bart in Bozen gekauft hatte, vgl. KR 1478/79 S. 87r. 1488 kauft die Stadt aber auch 1073 Pfund „tafel pley zu dem pranger" bei Hainrich Bart, vgl. KR 1488/89 S. 82v. – Zu ihm vgl. Stahleder, Bürgergeschlechter. Die Bart S. 333/336.

[2] Michel Part 1507 Aufnahme in die Weinschenkenzunft, vgl. Gewerbeamt 1418 S. 14v.

[3] Walthauser Schrenck 1518 Aufnahme in die Weinschenkenzunft, vgl. Gewerbeamt 1418 S. 17v. – Balthasar Schrenck 1519-1530, 1532-1536 innerer Stadtrat, vgl. RP.

[4] Hanns Part 1516 Aufnahme in die Weinschenkenzunft, vgl. Gewerbeamt 1418 S. 17r.

[5] Fridrich Eßwurm gestorben 1556.

[6] StadtAM, Schrenck-Chronik (Abschrift) S. 182, 186. Danach hat sie vom Vater als Heiratgut ererbt die Behausung an der Kaufingergasse.

Walthasar (Balthauser) [II.] Part, 1540-1544 der jung [Stadtrat, ∞ Martha Schrenck, Vetter von Friedrich Eßwurm]
  St: 1540: 6/2/27 juravit, 1541: 6/2/27, 1542: 11/1/7, 1543: 22/2/14, 1544: 11/1/7, 1545: 17/5/2, 1546-1548, 1549/I-II, 1550, 1551/I-II, 1552/I: 8/6/1, 1552/II: an chamer, 1553, 1554/I-II, 1555-1557: 11/6/28, 1558: 24/3/12, 1559, 1560: 12/1/21, 1561, 1563, 1564/I-II, 1565, 1566/I-II, 1567/I-II: 24/1/19, 1568: an chamer, 1569-1571: 28/4/-
  StV: (1540) und hat zugsetzt das, so sein vater hat abgsetzt. Et dedit -/3/15 sein eingstelte gracion. (1542) hat seins vatern ererbt g[uet] zugsetzt. (1552/II) zalt 8/6/1 am 12. Februarii anno [15]53. (1558) zugsetzt der Köllnerin erb. (1561) mer folio 98/r [Ewiggeld], ausser der Andorfferischen [= Antwerpener] und Venedischen schuld. (1563, 1564/I) ausser der Ligsaltz schuld. (1563) mer folio 96r [Ewiggeld] für Po[lner]s (?) satlers anger. (1564/II) ausser der Venedigisch und Antorffer schuld. (1565) ausser der Andorffisch unnd Venedischen schuld. (1566/I-1567/II) ausser der Andorferischen und Venedischen schuld. (1569) mer ain versessne doplte steur 48/3/8.
** domus Fridrich Eßwurmb (Eswurmb)
  St: 1566/I-II: 5/-/-, 1567/I-II: an chamer, 1568: 10/-/-, 1569: an chamer, 1570, 1571: 5/-/-
  StV: (1566/I-II) für seinen beisitz, wie und als offt man steurt. (1568) mer für zwo versessen steur 10/-/-. (1569) adi 23. Februarii [15]70 zalt Eßwurmb 5 fl. (1570, 1571) fur seinen beisitz als offt unnd wie man steurt.

Bewohner Kaufingerstraße 6:

Wólfel swertfürb inquilinus St: 1368: -/-/50 post
Werndel calciator inquilinus St: 1368: -/-/24
Wolferthawserin (Wolferczhauserin) inquilina. 1371, 1372 patrimonium Wolferthauserin (Wolferthawserinne)
  St: 1368: -/10/28, 1369, 1371: -/10/-, 1372: -/-/-
Fridrich Awsenhover inquilinus. 1371, 1372 Awsenhofer inquilinus
  St: 1368: 3/-/- g(racianus), 1369: 3/-/-, 1371, 1372: -/-/-
  StV: (1369) dedit futuris stewreriis.
Hainrich Fránchinger St: 1368: -/-/30 post juravit
Martein swertfürb, 1369 cum uxore Wölflini, 1371-1375 inquilinus
  St: 1369: -/-/24 gracianus, 1371, 1372: -/-/56, 1375: -/-/60
Jacob Polan [Schreiber]
  St: 1369: -/5/- post, 1371: -/-/-, 1372: -/-/60
  StV: (1369) [Nachtrag, wieder getilgt:] solvit -/-/80, item -/-/18. (1371) [am Rand:] solvit -/3/-.
Told calciator St: 1372: -/-/36
Chunrat Hórt St: 1375: 2,5/-/-
Hagen tagwercher inquilinus St: 1387: -/-/6
Chunrat swertfürb inquilinus St: 1387: -/-/48, 1388: -/3/6 juravit, 1390/I-II: -/3/6, 1392: -/-/84
Chunrat Smidl mercator inquilinus. 1390/II, 1392 Smydl káufl inquilinus
  St: 1387: -/-/16, 1390/II: -/-/32, 1392: -/-/42
Vetter sneider inquilinus St: 1387: -/-/12
Herman May rotsmid inquilinus St: 1390/II: -/-/24, 1392: -/-/48
Ull káufl inquilinus St: 1390/II: -/-/32
Dietlin satlerin inquilina
  St: 1392: -/-/-
  StV: (1392) [Vermerk zur Dietlin und der mit Klammer mit ihr verbundenen folgenden Kathrey gehörig:] die stewrn sind geschoben hincz auf irn man.
Kathrey inquilina, Oswalcz swester St: 1392: -/-/-
Lienhart sailer inquilinus St: 1405/I: 3/-/80, 1405/II: 5/-/- iuravit, 1406: 6/5/10
Hanns Múnicher inquilinus St: 1405/II: -/-/60 gracianus, 1406: servit
Andre schenck
  St: 1413: 3/-/- iuravit
  StV: (1413) item seiner kind stewr hat er nicht verstewrt.

Chunrad Aichstock pader inquilinus St: 1415: -/10/24
Chunrade (Chunrat) Werker (Wercker) [Weinschenk[1]], 1431 inquilinus
    St: 1431: 3/-/44 iuravit
    Sch: 1439/I-II, 1440, 1441/I-II: 3 t[aglon]
relicta Awerin Sch: 1445: 3 ehalten, dedit -/-/24
Tegenhart inquilinus Sch: 1445: 1 diern, dedit
Asm Pránpeck inquilinus. 1454 Pranpeck inquilinus St: 1453, 1454: Liste
Ólhuber inquilinus St: 1455: Liste
Niclas Tállinger [Weinschenk[2]], 1457 inquilinus St: 1456-1458: Liste
Ullrich Urssentaller [Weinschenk[3]] inquilinus St: 1462: 2/4/25
[Hainrich Grüninger, Leiter der Poetenschule, 1479-1486 „in des Sluder hauß"]
Hanns wagner weinschenk St: 1482: -/2/11
Cuntz Schehner (Schechner) [Käufel[4]] St: 1486, 1490: -/3/5
Hanns Múldegker [Weinschenk ?[5]] St: 1486: 1/4/9
Conrad Weidlinger St: 1486: -/5/10 schencknst[eur]
Albertus Hósch [ehem. Schulmeister[6]] St: 1486: -/-/60
Conrade Ótterl [Stuhlschreiber, Lernmeister[7]] St: 1486: -/-/60
pueri Bartlme Rosnpusch St: 1490: anderswo, bei der muoter
Linhart Hebnmarckt (Hebenmarckt) St: 1496: -/3/17 schencksteur,[8] 1500: -/3/17
Hanns, sein [= des Michel Part] schenckschreiber. 1514 Hanns wirt
    St: 1508: -/-/28 gracion, 1509: -/-/60, 1514: Liste
  sein swiger St: 1514: Liste
Hanns múllner, 1522-1524, 1527/II schenck.[9]
    St: 1522: -/5/10 schenncknsteur, gracion, 1523: 1/3/20 juravit, 1524-1526, 1527/I-II, 1528,
        1529, 1532: 1/3/20.
    StV: (1522) sol biß jar schwern.
Hanns pogner, 1523 wirt[10] St: 1522-1525: -/5/10 schencknsteur
  et mater St: 1524, 1525: -/2/-
Gabriel [Wein]amer St: 1522-1525: -/2/-
Adam Trampl barbierer St: 1527/II, 1528, 1529: -/2/-
Mathes tagwercher St: 1528, 1529: -/2/-, 1532: anderßwo
relicta Ludwig [II.] Ridlerin St: 1528, 1529: 6/5/20
[Balthasar ?] Lerchenfelder St: 1532: an kamer
Arsaci Hamman [Wirt, Weinhändler, später äußerer Rat[11]]
    St: 1540-1542: 6/3/8, 1543: 12/6/16
    StV: (1540-1542) et dedit 1/1/14 fúr p[ueri] Cristanne Mayr. (1543) mer 2/2/28 fúr Cris-
        tanne Mayr.
Arsaci Hörndl St: 1544: -/5/10 schenckhsteur
Michel Planckh. 1549/II Hanns (!) Planckh. 1550-1559 Michel Planckhin, 1552/II, 1556 wirtin
    St: 1545: 3/2/10, 1546-1548, 1549/I: 1/4/20, 1549/II: 1/4/20 patrimonium, 1550, 1551/I-II,
        1552/I-II: 1/4/20, 1553, 1554/I-II, 1555-1557: 2/1/16, 1558: 4/3/2, 1559: 2/1/16

---

[1] Der Wercker an der Kaufingergasse gehört 1430 zu den Wirten, die Ungeld zahlen, vgl. Steueramt 987. – Chunrade Wercker ist 1446 Vierer der Weinschenken, vgl. Gewerbeamt 1411 S. 10v.
[2] Nycklas/Nicklas Dällinger/Tállinger ist 1451 und 1458 Mitglied der Weinschenken-Bruderschaft, vgl. Gewerbeamt 1411 S. 10r, 13r.
[3] Ullreich Urssendaler 1458 Mitglied der Weinschenken-Bruderschaft, vgl. Gewerbeamt 1411 S. 13v, 14r.
[4] Cuntz Schechner 1512 und 1517 Vierer der Käufel, 1507 auch Vierer der Schenken, vgl. RP.
[5] So ein Hans Mulegker 1508-1514 bei Marienplatz 11.
[6] Albert Hösch ist 1469 als Schulmeister von Unserer Lieben Frau belegt, vgl. R. v. Bary III S. 1034.
[7] Conradus Ötterl 1494 Vierer der Stuhlschreiber, 1498 Vierer der Lernmeister, vgl. RP.
[8] Im Weinschenken-Verzeichnis ab 1489 nicht vorkommend, vgl. Gewerbeamt 1418.
[9] Hanns mülner 1520 Aufnahme in die Weinschenkenzunft, vgl. Gewerbeamt 1418 S. 18r.
[10] Hanns pogner 1520 Aufnahme in die Weinschenkenzunft, vgl. Gewerbeamt 1418 S. 18r.
[11] Vgl. Kaufingerstraße 3 und 6.

Lenhart (Lienhart) zimmerman St: 1550, 1551/I-II: -/2/-
Widerspacher. 1552/II N. Widerspacher. 1553-1559 Caspar (1556 Cristoff) Widerspacher, 1556, 1557 ainspening
 St: 1552/I: der zeit nihil, 1552/II, 1553: nihil, 1554/II, 1555: nihil, ainspenig, 1556-1558: nihil, 1559: nihil, ainspening
N. Fuckher [Nachtrag neben dem Namen:] „herr Jorg" [= Jorg Fugger] St: 1553: nihil, gast
Cristoff von Kneutting (f[urstlicher]) ränthmaister St: 1555, 1556: nihil
Póringer rentmaister. 1561, 1563, 1564/I, 1565 renntmaister. 1564/II herr renntmaister
 St: 1560-1564/I: nichil, 1564/II: nichil, hofgsind, 1565: -/-/-
Loy Ring wierdt. 1567/I Loy Ring wierdtin
 St: 1560, 1561, 1563, 1564/I-II, 1565: -/5/10 schenckhsteur, 1566/I: -/5/10, 1566/II, 1567/I: -/5/10 schenckhsteur
 sein schwicher St: 1561: -/2/20
Lenhart (Leonhart) [wein]visiererin
 St: 1563, 1564/I-II, -/2/20, 1565, 1566/I-II: -/2/-, 1567/I-II: an chamer
ain schuester. 1566/I ain schuester Caspar Wúrmseer
 St: 1565, 1566/I: -/-/-
 StV: (1565, 1566/I) steurt in Furstnfelder gassn [Nr. 8].
haubtman Peninger St: 1566/I: -/-/- hofgsind, 1566/II-1569: -/-/-
Jheronimus Gilgnrainer (Gilgenrainer) dräxl[1]
 St: 1567/II: -/2/-, 1568: -/4/-, 1569-1571: -/2/2
 StV: (1571) mer vir p[ueri] Winckhler -/1/12. Adi 8. Martii anno [15]72 zalt nachsteur.
Anndre Wennckhin St: 1569: -/2/-
Wernhart khistler St: 1570: -/-/21 gratia
Ludwig Griessl spänngler
 St: 1571: an chamer
 StV: (1571) zalt anno [15]73. jar.
Caspar riemer
 St: 1571: an chamer
 StV: (1571) adi 31. Decembris [15]73 zalt.

Kaufingerstraße 7/8

Charakter: Weinschenke.

Hauseigentümer:

1316 März 26 diese Urkunde über „Hainreiches dez Sentlingers" Häuser „an der Chauffringer gazzen", aus denen das Heiliggeistspital ein Ewiggeld hat, ist wohl hierher zu beziehen.[2]
1370 die Baukommission beanstandet „der Sendlingerin kellerhaels und sol ir nusch absneiden".[3]

Eigentümer Kaufingerstraße 7/8:

* Hainrich Sentlinger [1316 März 26]
* Andre [I.] Sentlinger. 1375 relicta Andre Sentlingerii [= Agnes]
 St: 1368: 8/-/80, 1369, 1371: 12,5/-/-, 1372, 1375: -/-/-
 StV: (1371) [Nachtrag am Rand:] solvit 5/-/-. (1372) [Nachtrag am Rand:] solvit 12/-/-
 Andre [II.] filius suus. 1371, 1372 patrimonium Andre junioris Sentlingerii
  St: 1368: 3/-/80, 1371, 1372: -/-/-

---

[1] Hieronymus Gilgrainer Dräxler Religionsverhör Frühjahr 1571, Dorn S. 264.
[2] BayHStA, München-Angerkloster Urk. 105. – Vogel, Heiliggeistspital, Urk. 44.
[3] Zimelie 9 (Ratsbuch IV) S. 5r (neu).

Hanns [II.] filius suus. 1371, 1372 Hans Sentlinger
    St: 1368: -/-/-, 1369,: 6/-/- juravit, 1371, 1372: 6/-/-
    StV: (1368) dedit stewreriis futuris. (1371) [Nachtrag am Rand:] solvit 4/-/-.
patrimonium Johannis [II.] et Andre [II., junioris] Sentlingerii
    St: 1375: -/-/-
Zwischen 1375 und 1377 Trennung der beiden Häuser 7 und 8.

Bewohner Kaufingerstraße 7/8:

relicta Haimerani Rúshaimeroni St: 1368: -/13/10

Kaufingerstraße 7

Hauseigentümer:

1397 Dezember 20 Hainrich der Sentlinger hat sein Haus an der Kaufingergasse, zunächst an Ludweig des Älteren Pötschner Haus (Kaufingerstraße 8) gelegen, Caspar dem Sniczer verkauft, unbeschadet von einem Pfund Ewiggeld, das an Jörg Bart geht.[1]

1403-1408 domus Gasper sniczer (StB).

1406 November 26 „Caspar der sniczer" hat sein Haus an der Kaufingergasse, zunächst an Ludwig Pötschners des Älteren Haus (Kaufingerstraße 8) gelegen, „Öttel [Gerstel] dem kornmesser dem weinschencken" verkauft.[2]

Da Maulperger 1462 die Steuer für die Wolfersperger-Kinder zahlt, könnte dieser der Vorbesitzer gewesen sein und ein Verwandter oder ein neuer Ehemann der Witwe.

1484/85 laut Grundbuch (Überschrift) der Anna, Cristoff Maulpergers Wittibin, Haus und Stallung.[3]

1484 Oktober 25 Anna, Witwe des Christoph Maulperger, verkauft ihren Kindern ein Ewiggeld aus dem Haus (4 Gulden um 80 Gulden Hauptsumme) (GruBu).

1490 September 10 Lienhart Zaissinger und seine Hausfrau Anna [= Witwe Maulperger ?] verkaufen ein Ewiggeld von 5 Gulden um 100 Gulden Hauptsumme (GruBu).

1514 immer noch wird das Haus „des Maulpergers Haus" genannt.[4]

1518 März 18 Hanns Swärtznperger und seine Hausfrau Katharina verkaufen ein Ewiggeld (1 Gulden um 20 Gulden) (GruBu).

1522 Februar 14 die Gerhaben von des verstorbenen Caspar Schwartznperger und Konrad Swartznperger, dessen nächstverwandter Ahne, haben ihres Pflegesohnes eigen Haus und Hofstatt an der Kaufingergasse in St. Peters Pfarr, gelegen zwischen den Häusern des Hanns Part (Kaufingerstraße 6) und des Hanns Kämml (Kaufingerstraße 8) verkauft und vor dem Stadtgericht übergeben dem Wirt und Bürger zu München Leonhart Wideman und seiner Hausfrau Barbara.[5]

1525 Mai 3 Ewiggeldverkauf durch Lienhart Widman und seine Hausfrau Barbara (10 Gulden um 200 Gulden) (GruBu).

1560 Januar 19,
1566 Mai 1,
1567 Januar 29 und
1569 August 16 Ewiggeldverkäufe durch den inneren Stadtrat Christoff Ruedolf und seine Hausfrau Felicitas Ligsalz, insgesamt 90 Gulden für eine Hauptsumme von 1800 Gulden, in letzterem Fall 25 Gulden um 500 Gulden an den Stadtrat Georg Stadler und seine Hausfrau Juliana (GruBu).

1573 laut Grundbuch (Überschrift) des Cristoffen Ruedolfs Haus und Stallung. „Ist den Stadlerischen Erben itzt gehörig".

---

[1] GB II 131/10, 11.
[2] GB III 58/6.
[3] Stadtgericht 207/5 (GruBu) S. 292r und 207/5a (GruBu) S. 663v.
[4] Zimelie 33 (Stadtbruderhausbuch) S. 14.
[5] GB IV S. 5r.

1575 Dezember 1 weiland Georg Stadlers und seiner Hausfrau Juliana Oberhoferin hinterlassene Erben verkaufen das Haus dem Vizekanzler Jeronimus Kheiss (ohne Geldbetrag) (GruBu). Die Kheiss besitzen das Haus bis 1632.

Eigentümer Kaufingerstraße 7:

* Hainrich [III. oder IV.] Sentlinger[1]
    St: 1387: 6/-/- iuravit, 1390/I: 12/-/-, 1390/II: 8/-/- iuravit, 1392: 6/-/-, 1393, 1394: 8/-/-, 1395: 4/-/- juravit, 1396, 1397: 6/-/-
    StV: (1396) item dedit 4/-/- die alt stewer, iuravit.
    Pferdemusterung, um 1398: (Korrig. Fassung): Hainrich Sentlinger [sol haben] 2 pferd p[er] 40 gulden [und sol] selber reiten.[2]
* Gasper [armbrust]sniczer[3]
    St: 1399, 1401/I-II, 1403: -/-/-
    StV: (1399) der geit der stat all iar ain news arm[br]ust und bezzert ir darzu bey XXX, ob sein not ist.
    Pferdemusterung, um 1398: (Ur-Fassung): Hanns zollner und Kaspar snyczer súllen haben ein pferd umb 20 gulden; (Korrig. Fassung): Hanns zollnern sol haben ein pferd umb 20 gulden [und] selber reiten; Kaspar[4] snyczer 1 pferd umb 16 gulden, selber reiten.
* domus Gasper [armbrust]sniczer
    St: 1403: -/7/- minus -/-/10, 1405/I: 1/-/-, 1405/II: -/6/-, 1406, 1407: -/10/20, 1408: -/-/-
    StV: (1403) die stewr und umb die vergangen stewr, die sind nicht abgericht worden und stent noch an nach dez racz haissen auf raitung ze bayder seiten, der stat und sein. (1405/I) nach des racz haissen. (1406, 1407) von zehn gulden gelcz wegen. (1408) denselben ewigen gelt hat der Huber kramer chaufft von dem sniczer.
* Ott (Óttel) Gerstel [Kornmesser, Weinschenk]
    St: 1410/I: -/5/- iuravit, 1410/II: -/6/20, 1411: 0,5/-/-, 1412: -/6/20, 1413: 0,5/-/- iuravit, 1415: 0,5/-/-, 1416: -/5/10
*? Hainrich Wolfsperger (Wolfersperger) [Weinschenk[5]]
    St: 1431: 2/-/- iuravit, 1453-1458: Liste
    Sch: 1439/I-II, 1440, 1441/I-II: 2 t[aglon], 1445: 1 diern, dedit
    pueri Wolfersperger
    St: 1462: -/-/60 zalt Maulperger.
** Cristof Maulperger
    St: 1482: 1/-/21
** Anna Maulperger, Witwe des Christoph Maulperger [1484 Oktober 25, 1484/85]
* pueri Maulperger
    St: 1486: anderswo
** Linhart Zayssinger (Zaissinger), 1508 wirt[6] [∞ Anna, wohl Witwe Maulperger]
    St: 1490: 1/5/5 juravit, 1496: 1/3/20, 1500: anderswo, bey Maulperger, 1508, 1509: 1/-/5

---

[1] Der junge Sentlinger an der Kaufingergasse hat dem Ulrich Eggentaler Geld für 3 Gulden Zins geliehen, was er jetzt vor dem Stadtgericht bestätigt, vgl. GB II 23/3.

[2] Der ganze Eintrag steht zwischen den Häusern Dienerstraße 21 und 23. Dort kommt jedoch nie ein Hainrich Sentlinger in den Steuerbüchern vor.

[3] 1403 erhält Kaspar snyczer (Caspar snitzer) 4 1/2 Pfund Pfennige aus der Stadtkammer „umb armbrust", die von der alten Kammerrechnung noch nicht abgerechnet sind und weiter „umb 8 armbrust von der newen ka-mer[rechnung]", vgl. Steueramt 573 (Leibgedingbuch 1404/09) S. 27v; 574 (Leibgedingbuch 1406/07) S. 6r.

[4] Ab hier der Vermerk für Kaspar syncyzer darüber am oberen Seitenrand nachgetragen.

[5] Hainrich Wolfsperger ist 1430 einer der Wirte an der Kaufingergasse, die Ungeld zahlen, vgl. Steueramt 987, und 1451 Mitglied der Weinschenken-Bruderschaft, 1458 desgleichen die Hainreich Wolfspergerin wirtin, vgl. Gewerbeamt 1411 S. 9v, 13r.

[6] Lienhart Zaissinger 1489 Mitglied der Weinschenkenzunft, vgl. Gewerbeamt 1418 S. 6r. – Auch die Kammerrechnung hat im Jahr 1489 1 Pfund eingenommen „von Lienhardten Zaissinger, auch einem newen weinschencken [sein Zunftgeld] an allerheiligen abent anno 89" (31.10.1489), vgl. KR 1489/90 S. 32v. – Linhart Zaissinger ist 1501, 1502, 1505, 1506, 1509-1511, 1513-1516 Vierer der Schenken, vgl. RP.

StV: (1490) et dedit -/1/5 für pueri Maulperger. (1496) et dedit -/-/14 von 2 gulden geltz fur pueri Maulperger. Et dedit -/-/28 von 1 gulden geltz gen Gauting. (1508, 1509) et dedit -/2/11 fúr pueri Ramler.

Cristof Maulperger [Weinschenk[1]]
St: 1496: -/4/26, 1500: -/3/11
StV: (1500) et dedit 1/5/5 patrimonium fúr sein muter. Et dedit -/-/21 fúr sein brueder Walthasar [Goldschmied[2]].

Widmanin inquilina
St: 1514: Liste

** Hanns Schwarzenberger [1518 März 18, ∞ Katharina]
* unmündiger Sohn von Caspar Schwartznperger [1522 Februar 14]
** Linhart Widman [Weinschenk, Weinhändler, Salzsender[3]]
St: 1522-1526, 1527/I: 16/6/10, 1527/II, 1528, 1529: 25/4/-

*? relicta Karl [VI.] Ligsaltzin [= Dorothea V. Schrenck, Eltern der Felizitas Rudolf[4]]
St: 1532: an kamer, nit hie, 1540-1542: 22/5/6, 1543: 45/3/12, 1544: 22/5/6, 1545: 38/5/22, 1546-1548, 1549/I-II: 19/2/26, 1550, 1551/I-II, 1552/I-II, 1553, 1554/I-II, 1555-1557: 15/2/26, 1558: 30/5/22 matrimonium, 1559: -/-/-
StV: (1550) hat abgsetzt irer tochter [Felizitas] heiratguth. (1559) hat der ainich erb Cristof Ruedolff zugsetzt.

** Cristoff [IV.] Ruedolf. 1564/I-1571 domus Christof Ruedolf [∞ Felizitas III. Ligsaltz, 1560, Stadtrat[5]]
St: 1558: 10/5/10, 1559, 1560: 20/5/16, 1561, 1563: 4/2/26, 1564/I-1571: -/-/-
StV: (1559) sambt dem zusatz seiner schwiger erb. (1561, 1563) ausser der Ligsaltz schuld.

** Georg Stadlers und seiner Hausfrau Juliana Oberhofers Erben [1573]
** Doctor Hieronimus Kheiss, Vizekanzler [seit 1575 Dezember 1]

Bewohner Kaufingerstraße 7:

Ott Spiegl [äußerer Rat[6]]
St: 1377: 4/-/- juravit, 1378, 1379, 1381, 1382, 1383/I: 4/-/-, 1383/II: 6/-/-, 1388: 9,5/-/- juravit
Chunrat Hemerl [Seiler, Weinschenk, -händler[7]] inquilinus St: 1392: -/3/- iuravit
Werndel Stil schuster inquilinus St: 1399: 0,5/-/-
Peter Frútinger kursner [Stadtrat[8]] St: 1400: 3/7/18
Chunrat (Chuncz) Hofperger, 1403, 1405/II sneider inquilinus
St: 1403: -/-/- der ist hofgesind, 1405/I-II: -/-/-
Ott kornmesser inquilinus St: 1407, 1408: -/13/10
Symon sneyder inquilinus St: 1410/I: nichil habet
Madalena zyngiesserin, 1410/I relicta, 1410/I inquilina St: 1410/I: -/-/-, 1410/II: nichil
Hanns Holczschuch sneyder, 1411, 1413 inquilinus
St: 1411, 1412: -/-/60 fúr 4 lb, 1413: -/-/60 fúr 8 lb, iuravit, 1415: -/-/84, 1418, 1419: -/5/18

---

[1] Cristoff Maulperger 1501 Aufnahme in die Weinschenkenzunft, vgl. Gewerbeamt 1418 S. 11v.
[2] Vgl. Dienerstraße 15 B.
[3] Lienhart Wydnman 1516 Aufnahme in die Weinschenkenzunft, vgl. Gewerbeamt 1418 S. 17r. – Das Heiliggeistspital kauft wiederholt Wein bei ihm, 1525 ausdrücklich als Neckarwein bezeichnet vgl. Heiliggeistspital 176/11 S. 5r (1515), 176/12 S. 5r (1516), 176/15 S. 5r (1520), 176/16 S. 5r (1521), 176/17 S. 5r (1522), 176/18 S. 5r (1523), 176/19 S. 5r (1524), 176/20 S. 78r (1525) usw. 1536 ist Leonhard Widman als Salzsender belegt, vgl. Vietzen S. 151 nach GruBu.
[4] Vgl. Stahleder, Bürgergeschlechter. Die Ligsalz S. 207/208, 219 und Stahleder, Bürgergeschlechter. Die Rudolf S. 203/205.
[5] Christoph Rudolf ist 1551-1558 äußerer, 1558 und 1559 innerer Rat, vgl. RP.
[6] Ott Spiegel war 1380-1384 äußerer Stadtrat, vgl. R. v. Bary III S. 742.
[7] Vgl. Rosenstraße 5 und Kaufingerstraße 2* und Landschaftstraße 10*/11* (1393, 1394).
[8] Peter Frütinger ist am 10.9.1400 als Bürgermeister belegt, vgl. R. v. Bary III S. 755 nach GB II S. 156r.

Fridrich (Fricz) Strawsdorfer satler. 1412 Fridreich satler, 1413 inquilinus
    St: 1411: -/-/66 fúr 11 lb, iuravit, 1412: -/-/88, 1413: -/-/60 fúr 10 lb, iuravit
Els weberin inquilina St: 1415: -/-/60, 1416: -/-/60 für nichil
Jacob [II.] Túlweck (Túlbeck) St: 1418: 2/-/-, 1419: 0,5/-/-
Chunrade Veringer St: 1418: -/5/10
uxor Hainrich Wolf inquilina St: 1418: -/10/12
Hainrich Dachberger St: 1419: -/5/10
Ann portenwurcherin inquilina St: 1419: -/-/20
Hainrich zolner [Wirt[1]] St: 1423: 5/7/- iuravit, 1424: -/15/20
Lienhart Haczler (Hatzler) St: 1423: 2,5/-/-, 1424: -/6/20
Chuncz Schlutenperger sneyder inquilinus St: 1423: 0,5/-/-
Maerckel schuster St: 1423: -/3/-
[Ulrich[2]] Sturczenpecher messerer inquilinus St: 1431: 0,5/-/8 iuravit
Peter Halbmassel (Halbmásl), 1439/II, 1441/II, 1455, 1457, 1462 sneider, 1441/II, 1456 inquilinus
    Sch: 1439/I-II, 1440, 1441/I-II: 1 t[aglon], 1445: 1 knecht, dedit -/-/8
    St: 1453-1458: Liste, 1462: -/-/78
Peter satler, 1439/I, 1440, 1453 inquilinus
    Sch: 1439/I-II, 1440, 1441/I-II: -/-/15
    St: 1453: Liste, 1462: -/-/65
Chunrat satler St: 1454: Liste
Chunrat Húren kursner inquilinus St: 1455: Liste
Peter rotsmid inquilinus St: 1456: Liste
Lienhart páutler inquilinus St: 1457: Liste
Hanns Praun [Weinschenk[3]] inquilinus St: 1462: 1/-/16
Hanns Kurtz St: 1482: -/-/60
Tanhauser St: 1482: -/-/60
[Gabriel] Praunawer (Prawnawer) schůster St: 1482, 1486: -/-/60
una inquilina Anna St: 1486: -/1/10 das jar
Hainrich Peyhartinger, 1486 koch[4] St: 1486, 1490: 1/1/25
Sigmund koch
    St: 1486: -/5/9
    StV: (1486) et dedit er -/2/- gr[acion].
Martin Alber schneyder St: 1486: -/2/10
Hanns von Speyr [Met-, Weinschenk[5]]
    St: 1490: -/2/24
    StV: (1490) et dedit -/4/13 fur Kapelmer die erst nachstewr.
Conntz saltzstóssel St: 1490: -/3/15
Hanns vischer inquilinus St: 1496: -/-/21 gracion
[Peter[6]] Ólhofer satler St: 1500: -/-/60
Hanns Roßkopf z[ammacher] St: 1508, 1509: -/2/15
Andre zollner [Weinschenk] St: 1514: Liste
Cristof Meßpucher. 1523 alt pf[endtermaister]. 1524 allt pfendtermaister Meßpucher. 1526 Meßpuecher alt pfendtermaister[7]
    St: 1522-1526, 1527/II: nichil
Gabriel [wein]amer St: 1526, 1527/I: -/2/-

---

[1] Ein Heinrich zollner gehört 1430 zu den Wirten, die Ungeld zahlen, vgl. Steueramt 987.
[2] So 1423, 1428 bei Kaufingerstraße 24*.
[3] Vgl. Rindermarkt 10*.
[4] Haintz Peyhartinger 1474-1504 wiederholt Vierer der Köche, vgl. RP.
[5] Vgl. Dienerstraße 19.
[6] So 1482-1496 bei Kaufingerstraße 3*.
[7] Cristoff Meßpucher war 1491-1520 Pfändermeister, danach Stadtsöldner, vgl. R. v. Bary III S. 826, 837.

Walthas (Walthasar) Hertzog [Wirt, Weinhandel[1]]
    St: 1532: -/5/10 gracion
    StV: (1532) sol bis jar schwern.
Caspar [II.] Schrenckh St: 1540: 14/1/26
Hanns Herman, 1558-1560 truckhenlader St: 1558: -/4/-, 1559-1561, 1563: -/2/-
Doctor Vichhauser (Viechhauser) St: 1564/I: -/-/- hofgsind, 1564/II-1566/II: -/-/-
    sein schwiher St: 1565-1566/II: -/-/-
Christoph Fleckhamer
    St: 1567/I-II: -/-/-
    StV: (1567/I) adi 29. May anno [15]66 ist durch ain erbarn rath bewilligt, ine auf 3 jar steurfrey sitzen zelassen. (1567/II) adi 29. May anno [15]66 ist ime durch ainen rath zuegesagt, von dato an auf 3 jar frei sitzen ze lassen.
Georg [V.] Ridler[2]. 1570 Georg Ridlerin [= Beatrix von Knöring]
    St: 1568: 8/4/20, 1569: 4/4/21, 1570: -/-/-
    St: 1570: steurn die vormúnder.

Kaufingerstraße 8
(mit Fürstenfelder Straße 8, Teil)

Charakter: Gastwirtschaft. 1550 Fremdenherberge, 60 Pferde.

Hauseigentümer:

1397 Dezember 20 das Haus des Ludwig [I.] Pötschner [∞ Tochter von Andre Sentlinger] des Älteren ist Nachbar vom Haus des Heinrich Sentlinger, künftig Caspar des Sniczers (Kaufingerstraße 7).[3]
1399, 1400, 1401 domus Ludwig (der elter) Pötschner (StB).
1406 November 26 das Haus des älteren Ludwig Pötschner ist dem Haus des Caspar Sniczer, künftig des Öttel (Gerstel) des Kornmessers, benachbart.[4]
1414 April 22 das Haus des Ludwig des alten Pötschner an der Kaufingergasse ist dem Haus des Hainrich Bart (Kaufingerstraße 9) benachbart.[5]
Das Haus wurde dann innerhalb der Familie weitervererbt: Ludwig II. Pötschner war mit einer Schrenck verheiratet, Susanna Pötschner mit Andre Schrenck. Deren Sohn Lorenz Schrenck dürfte der nächste Hauseigentümer gewesen sein. Vor allem der Enkel des Lorenz Schrenck, Jacob Rosenbusch, ist dann auch durch das Grundbuch als Hauseigentümer belegt.
1484/85 laut Grundbuch (Überschrift) des Jacob [I.] Rosenpusch Haus, Hof und Stallung.[6]
1485 September 27 Bartlme Rosenbusch von Aschau verkauft ein Ewiggeld von 5 Gulden um 100 Gulden aus dem Haus, das ihm bei der Erbteilung zugefallen ist, an die Zwikopf-Kinder (GruBu).
1485 November 18 derselbe verkauft weitere 15 Gulden Ewiggeld um 300 Gulden an seinen Bruder Jacob Rosenbusch (GruBu).
1486 domus Barthlme Rosenpusch (StB).
1489 Juni 16 die Pfleger von Bartlme Rosenbuschs Kindern Bernhard und Anna, verkaufen ein Ewiggeld (1 Gulden um 20 Gulden) (GruBu).
1499 Mai 23 Ewiggeldverkauf (10 Gulden um 200 Gulden) aus diesem Haus durch den Weinschenken Hanns Käml und seine Hausfrau Margaret (GruBu).

---

[1] Das Heiliggeistspital kauft wiederholt Wein von ihm, Neckarwein und (1537/38) auch Essigwein, vgl. Heiliggeistspital 176/25 S. 79v/80r (1533/34), 176/28 S. 79v (1537/38). 1550 betreibt er – jedoch nicht hier – auch eine Fremdenherberge, vgl. Gewerbeamt 1422a. – Vgl. Kaufingerstraße 9 (1546-1554/I).
[2] Georg Ridler 1569 Religionsverhör, vgl. Dorn S. 228 und Stahleder, Bürgergeschlechter. Die Ridler S. 161.
[3] GB II 131/ 10, 11. – Haemmerle, Leibgedingbücher Nr. 153 S. 44. Vgl. auch Geiß, St.Peter S.276/278.
[4] GB III 58/6.
[5] GB III 149/1.
[6] Stadtgericht 207/5 (GruBu) S. 293r/v und 207/5a (GruBu) S. 666v/668v.

1522 Februar 14 das Haus des Hanns Kämml an der Kaufingergasse ist dem Haus der Familie Schwarzenberger, künftig des Leonhart Wideman (Kaufingerstraße 7), benachbart.[1]

1530 Feruar 1 Niclas Käml verkauft ein Ewiggeld von 10 Gulden, wohl um 200 Gulden (GruBu).

1531 April 17 Niclas Käml und seine Hausfrau Martha verkaufen ein Ewiggeld von 40 Gulden um 800 Gulden Hauptsumme an seine Schwester Barbara (GruBu).

1531 April 19 und

1532 März 12 weitere zwei Ewiggeldverkäufe des Ehepaares Niclas und Martha Käml, beide von je 10 Gulden um je 200 Gulden Hauptsumme (GruBu).

1545 Dezember 7 Bernhard Pätzinger zu Landshut für seine Frau Anna Khäml sowie Wolfgang Genstaler für seine Hausfrau Barbara Khäml verschreiben aus der beiden Schwestern Haus ein Ewig-geld, wohl von 15 Gulden, um eine Hauptsumme von 300 rheinischen Gulden an ihre Schwägerin (und Schwester ihrer Ehefrauen) Martha Talhamer (geb. Khäml) zur Entrichtung ihres Heiratgutes (GruBu).

1550 August 3 dieselben Personen verschreiben dem Christoph Strobl und seiner Hausfrau Anna ein Ewiggeld von 30 Gulden um 600 Gulden Hauptsumme (GruBu).

1550 Christoph Strobl, vorher Gennstaler, betreibt hier eine der größten Fremdenherbergen der Stadt mit der Möglichkleit, 60 Pferde unterzubringen.[2]

1569 September 25 Cristoff Strobl und seine Curatoren verschreiben dem Bäcker Dionys Hueber und seiner Hausfrau Margaret ein Ewiggeld von 8 Gulden, wohl um 160 Gulden, aus dem Haus (GruBu).

1573 laut Grundbuch (Überschrift) des Weinschenken Marthin Vhalpichler Haus, Hof und Stadel. Vhalpichler ist mit Katharina Strobl verheiratet, die das Haus am 13. Januar 1601 verkauft (GruBu).

Eigentümer Kaufingerstraße 8:

* Hainrich Sentlinger [1316 März 26]
  Eigentümer 1368-1375/77 wie Haus 7.
  patrimonium Andre [II.] Sentlinger
    St: 1377: -/-/-
    Bem.: (1377) Steuer gemeinsam mit Ludwig Pötschner.
  relicta Johannis [II.] Sentlingerii inquilina
    St: 1377: 3/-/39 juravit
  pueri eius. 1381-1383/I, 1388 pueri Johannis Sentlingerii. 1387 [wieder getilgt:] puer Hannsen Sentlinger
    St: 1377, 1381, 1382, 1383/I: 2/-/-, 1383/II: 3/-/-, 1387: -/-/-, 1388: 2,5/-/-
    StV: (1381) 1/-/- post. Item de duabus preteritis stewris 3,5/-/-. (1383/I) dedit Andre Tewrer.
* Ludwig (Ludweig) [I.] Pótschner (Potschner) [Gastwirt, Stadtrat, ∞ Tochter von Andre Sentlinger[3]], 1393-1397, 1403, 1405/I-1408 der elter. 1399-1400 domus Ludwig der elter Pótschner. 1401/I-II domus Ludwig Pótschner, 1405/I et uxor. 1410/I-1413 Ludweyg der elter Pótschner (Potschner)
    St: 1377: 9/-/- juravit, 1378, 1379, 1381, 1382, 1383/I: 9/-/-, 1383/II: 13,5/-/-, 1387: 14/-/-, 1388: 28/-/- juravit, 1390/I-II: 18/-/-, 1392: 6/-/-, 1393, 1394: 8/-/-, 1395: 5/-/-, 1396, 1397: 7,5/-/-, 1399, 1400, 1401/I-II: -/-/-, 1403, 1405/I: 10/-/-, 1405/II: 11,5/-/- iuravit, 1406-1408: 15/-/80, 1410/I: 13/-/- iuravit, 1410/II: 17/-/80, 1411: 12/5/-, 1412: 16/6/20, 1413: 13/-/- iuravit
    StV: (1403) sein stewr et 4/-/- seiner hausfrawn stewr et davon 1/-/- gracianus. (1405/I) sein stewr und 5 lb de uxor[e] sua. (1406) et dedit -/13/10 von 10 gulden gelcz wegen auz seinem haws zu der ersten mezz gen spital. (1407) et dedit -/13/10 von 10 lb gelcz wegen aus seinem

---

[1] GB IV S. 5r.
[2] Gewerbeamt 1422a.
[3] Die Stadtkammer zahlt 1408 dem Pötschner und dem Kaczmair 6 Schillinge und 10 Pfennige „von zerung wegen", die bei ihnen geschehen ist. Sie sind also beide Wirte, vgl. KR 1408/09 S. 92v. – Ludwig I. Pötschner war 1373-1378 äußerer, 1379-1384 innerer Stadtrat, vgl. R. v. Bary III S.738. Auch später erscheint er in verschiedenen Stadtratsämtern, so 1396/97 als einer der Siegelbewahrer, 1396-1398 als einer der Pfleger und Hochmeister des Heiliggeistspitals, 1408 als Kirchpropst von St. Nikolaus und 1412 und 1413 als Kirchpropst von St. Peter, vgl. R. v. Bary III S. 771, 760, 767, 765.

haus gen spital. (1408) et dedit -/13/10 von dez ewigen gelcz wegen. (1410/I) und er hat den ewigen gelt, der aus seinen haus get gen spital auch damit verstewrt. (1410/II) und er hat damit auch verstewrt den ewigen gelt gen spital. (1411, 1412) (und) damit hat er (auch) den ewigen gelt gen spital (auch) verstewrt. (1413) damit hat er verstewrt den ewigen gelt, der gen spital get aus seinem haws.

Bem.: (1377) Steuer gemeinsam mit patrimonium Andre Sentlinger. Vgl. Kaufingerstraße 9.

Ludweig [II.] sein sun inquilinus. 1392-1395 Ludwig Pótschner der jung (junger). 1396, 1397 Ludweig Pótschner sein sun [∞ Elisabeth I. Schrenck[1]]

St: 1390/I-II: 11/-/28, 1392: 8/3/15, 1393, 1394: 11/-/60, 1395: 6/6/20, 1396, 1397: 8/6/-

*? relicta Andre Schrenckin [= Susanna geb. Pötschner] inquilina. 1399 uxor Andre Schrenck inquilina et pueri. 1400-1407 relicta Andre Schrenck (Schrenckin) et pueri. 1408 relicta dez Andre Schrencken et pueri. 1410/I relicta Andre Schrenckin et pueri eius. 1410/II-1413 Osana Schrenckin et pueri (eius). 1423, 1424 Sussanna Schrenkin. 1431 relicta Schrenckin [Gastwirtin[2]]

Bem: (1431) gemeinsame Steuer mit Lorencz Schrenck.

St: 1397, 1399: 18/-/-, 1400: 12/-/- gracianus, 1401/I: 12/-/- gracianus, 1401/II: 6,5/-/- iuravit, 1403, 1405/I: 6,5/-/-, 1405/II: 11,5/-/- iuravit, 1406-1408: 15/-/80, 1410/I: 11,5/-/- iuravit, 1410/II: 15/-/80, 1411: 11,5/-/-, 1412: 14/-/- iuravit, 1413: 10,5/-/- iuravit, 1423: 10/-/60, 1424: 3,5/-/20, 1431: -/-/-

Hanns Altman [∞ Anna VII., Tochter von Andre und Susanna Schrenck, geb. Pötschner]

St: 1411: 3/6/- gracianus, 1412: 17/-/- iuravit, 1413: 12/6/-

StV: (1411) zu dem nächsten sol er swern.

*? Lorencz [I.] Schrenck [Sohn von Andre und Susanna Schrenck, geb. Pötschner, hgl. Rat, Wirt, Salzsender ?, äußerer Stadtrat, Pfändermeister[3]]

St: 1423: 12/6/-, 1424: 4/-/60, 1431: 24/-/- iuravit, 1453-1458: Liste

Sch: 1439/I, 1440, 1441/I-II: 6 t[aglon], 1445: 4 ehalten

relicta Altmanin [= Anna VII., Schwester von Lorencz Schrenck[4]]. 1423 relicta Altmannin und irew kind

St: 1423: 9,5/-/-, 1424: 3/-/40, 1431: -/20/-

StV: (1431) nach racz geseczt, stet still.

pueri Hanns Altman

St: 1431: -/17/- gracion

---

[1] Ludwig Pötschner (der jüngere) ist 1403 mit Elisabeth Schrenck, Tochter von Hans Schrenck und Schwester von Matheis Schrenck, verheiratet, vgl. StadtAM, Schrenck-Chronik (Abschrift) S. 45, 46, 51.

[2] Susanna (Osanna), geborene Pötschner, Witwe von Andre Schrenck (gest. 1396), gestorben nach 1431. Eltern von Larenz und Anna Schrenck, verheiratete Hanns Altmannin. Osann die Schrenckin betreibt eine Gastwirtschaft: 1398/99 zahlt ihr die Stadt 10 1/2 Pfund und 27 Pfennige, für Zehrkosten bei ihr „in der rais", vgl. KR 1398/99 S. 115r. Der Andre Schrenckin Wirtin schuldet die Stadt 1403 35 1/2 Pfund 6 Schillinge und 24 Pfennige „für den von Hohenfels und sein gesellen", die bei ihr einquartiert waren, Zehrgeld in der neuen Rais bzw. „von zerung wegen, die der Hohenfelser und sein gesellen zu ir getan haben ... im kryeg", vgl. Steueramt 572 (Leibgedingbuch 1402/03) S. 65r, 573 (Leibgedingbuch 1404/09) S. 42r, 574 (Leibgedingbuch 1406/07) S. 12v.

[3] Sohn von Andre Schrenck und Susanna Pötschner, Schwager von Hanns Altmann (fürstlicher Rat und Mautner zu Straubing), Schwiegervater des Stadtschreibers Hanns Rosenbusch und damit Großvater mütterlicherseits der Brüder Jacob I. und Bartholome Rosenbusch, vgl. Stahleder, Bürgergeschlechter, Die Rosenbusch S. 241/242. – Vgl. auch v. Andrian-Werburg, Urkundenwesen S. 144. – Lorenz Schrenck war 1459 äußerer Stadtrat, Pfändermeister und Viertelhauptmann des Hackenviertels, vgl. RP und R. v. Bary III S. 825. Er starb am 18.1.1460. Er ist möglicherweise auch der 1429-1431 und 1443 und 1444 belegte Salzsender Schrenck, ohne Vornamen, vgl. Vietzen S. 144, 147. Auf jeden Fall gehört er aber um 1430 zu den Wirten an der Kaufingergasse, die (Wein- oder Bier-)Ungeld zahlen, vgl. Steueramt 987.

[4] = Anna Schrenck, Schwester von Lorenz Schrenck, Witwe von Hanns Altmann, vgl. StadtAM, Schrenck-Chronik (Abschrift) S. 100.

** Jacob [I.] Rosenpusch [Enkel von Lorenz I. Schrenck, äußerer Rat[1], ∞ Margaret Rudolf]
   St: 1482: 5/1/12
   StV: (1482) et dedit fur sein brůder 2/3/16.
** Bartholome Rosenpusch von Aschau, Bruder von Jacob I. [1485 September 27]
* domus Barthlme Rosenpusch
   St: 1486: 1/6/27
** Bernhard und Anna Rosenpusch, des Barthlme Kinder [1489 Juni 16]
* relicta Rosenpuschin [Witwe von Barthlme]
   St: 1490: 1/3/25, 1496: 1/-/6
   StV: (1490) fur sy und ire kind.
** Hanns Kämel (Káml, Keml) [Weinschenk[2], ∞ Margaret], 1514 patrimonium
   St: 1500: 1/1/24, 1508, 1509: 6/-/6, 1514: Liste
** Niclas Káml (Kámbl, Käml) [Weinhändler, Weinreisser[3], ∞ Martha]. 1545 relicta Niclas Kämlin
   St: 1532: 4/1/1, 1540-1542: 1/3/25, 1543: 3/-/20, 1544: 1/4/12, 1545: 3/1/24 patrimonium
   StV: (1544) hat seiner schwiger gueth zugsetzt.
** Wolffgang Genstaler [∞ Barbara Käml, Schwester des vorigen; äußerer Rat, Weinschenk[4]]
   St: 1546-1548, 1549/I-II: 6/4/29
   StV: (1546) zaigt daruber an, er hab von Káml nichs ererbt, wiß nichs zuzesetzn.
** Anna Käml [Schwester von Barbara Käml-Genstaler, ∞ Bernhard Patzinger zu Landshut, 1545 Dezember 7]
** Cristoff Strobl, 1552/II, 1554/II, 1559, 1564/II wirt [∞ Anna]
   St: 1550, 1551/I-II, 1552/I-II: 1/4/2, 1553, 1554/I-II, 1555-1557: 2/3/15, 1558: 5/-/-, 1559: 2/3/15, 1560: 3/5/7,5, 1561, 1563: 5/-/-, 1564/I-II, 1565, 1566/I-II, 1567/I: 5/1/5, 1567/II: 4/3/15, 1568: 9/-/-, 1569-1571: -/5/10 saltzsendtersteur
   StV: (1558) mer -/-/21 fúr p[ueri] Margreth Permerin. (1559) mer -/-/10,5 fúr Margreth Permerin. (1560) zuegsetzt seiner hausfrauen heuratguet. (1563, 1564/I) mer fúr p[ueri] Regina Permerin -/-/17,5, zuegesezt von seiner hausfrauen erb. (1567/II) abgesetzt seines aydens heuratguet. (1569) mer fúr sein tochter, steurt Weissenfelder. (1570) zalt Hanns Soyr.
** Martin Valpichler Gastgeb, Weinschenk [∞ Katharina, geb. Strobl] 1573

Bewohner Kaufingerstraße 8:

Jacob [II.] Ridler [äußerer Rat[5]] inquilinus St: 1382: 4,5/-/-
Haemeran Rushaymer (Rúshaimer) St: 1387: nichil, 1388: 0,5/-/13
Wilhalm Jórgner [später Bürgermeister, Weinschenk[6]] St: 1392: 4/4/-, 1393: 6/-/-
Gylg Waendelhawser inquilinus St: 1401/II: -/3/6 iuravit
Rúdel der jung sailer inquilinus St: 1407: 0,5/-/- gracianus
Fridreich [II.] Astaler [Wirt[7]] St: 1415: 18/-/42, 1416: 24/-/56, 1418, 1419: 13/-/80
Hanns Offingk [Weinschenk, Stadtrat[8]] St: 1418: 4/6/20 iuravit, 1419: 4/6/20

---

[1] Zu den Rosenbusch vgl. Stahleder, Bürgergeschlechter. Die Rosenbusch S. 240/252. – Jakob I. Rosenbusch 1484-1508 abwechselnd äußerer und innerer Stadtrat, 1482 und 1483 auch einer der Viertelhauptleute des Hackenviertels, vgl. RP.

[2] Hanns Käml 1499 Aufnahme in die Weinschenkenzunft, vgl. Gewerbeamt 1418 S. 10v. – Das Heiliggeistspital bezieht 1503 bis 1511 wiederholt Wein von Hanns Kämml (Kämmel, Kämel), vgl. Heiliggeistspital 176/4 (1503) (Rechnungen) S. 5r, 176/5 (1506) S. 5r/v, 176/6 (1507) S. 5r, 176/7 (1511) S. 5r.

[3] Das Heiliggeistspital kauft Wein von ihm, vgl. Heiliggeistspital 176/23 S. 82v (1530). – 1535-1545 ist Niclas Käml städtischer Weinreißer, vgl. R. v. Bary III S. 974.

[4] Wolfgang Genstaler ist 1544-!546 und 1549 äußerer Stadtrat, vgl. RP, 1520 Aufnahme in die Weinschenkenzunft, vgl. Gewerbeamt 1418 S. 18r, KR 1522 S. 40r. – Vgl. auch Fürstenfelder Straße 10 und 11.

[5] Jacob II. Ridler 1382 und 1383 äußerer Rat, vgl. R. v. Bary III S. 742.

[6] Wilhalm Jörgner ist am 9.3.1400 als Bürgermeister belegt, vgl. R. v. Bary III S. 755. Vgl. auch Kaufingerstraße 27.

[7] Vgl. Rindermarkt 17.

[8] Hanns Offing ist am 24.10.1416 als Bürgermeister belegt, vgl. R. v. Bary III S.756. – 1414 Hans Offing Mitglied der Weinschenkenzunft und Vierer der Schenken, vgl. Gewerbeamt 1411 S. 3v, 10v.

Hanns Holczschuch sneider inquilinus St: 1423: 0,5/-/12
Ulrich von Pásing, 1454-1456 inquilinus St: 1453-1456: Liste
Ulrich Háwss messerer St: 1456: Liste
Oswald Rúshaimer [Weinschenk, Unterrichter ?[1]] St: 1457: Liste
Chunrat satler inquilinus St: 1457: Liste
Lienhart inquilinus St: 1458: Liste
Ullrich Súss [Weinschenk[2]] St: 1462: -/6/28
Hanns holczschucher inquilinus St: 1462: -/-/60
Hainrich prewmaister [Weinschenk[3]] St: 1482: 3/5/23
Hainrich Kupffinger St: 1482: -/1/-
Martein Adler pruechler St: 1490: -/3/15
Hanns Zehenter tagwercker St: 1490: -/5/15 juravit
Linhart karnner koch [Weinschenk[4]] St: 1496: -/5/10
Anndre Prunner m(esserschmid) St: 1496: -/2/11, 1500: -/2/20, 1508, 1509: -/-/60
Walthas Hertzog [Wirt, Weinhändler[5]]
    St: 1540-1542: 3/6/2, 1543: 7/5/4, 1544: 3/6/19, 1545: 7/6/19
    StV: (1540-1542) et dedit 2/4/3 fúr p[ueri] Talhamer. (1543) mer 2/4/3 fúr p[ueri] Talhamer.
        (1544) mer 1/2/1 fúr p[ueri] Talhamer. (1545) mer 2/6/15 fúr p[ueri] Thalhamer.
Hanns paumaister St: 1548, 1549/I-II: 1/5/2
Lenhart (Leonhart) Oberhofer, 1568, 1571 wierdt
    St: 1566/I-II, 1567/I: -/6/5, 1567/II: 1/3/25, 1568: 3/-/20, 1569-1571: 2/1/15
    StV: (1567/II) zuegesetzt seiner hausfrauen heuratguert. (1568) mer fúr p[ueri] Schwartzperger
        2/-/-. (1569, 1570) mer fúr p[ueri] Schwartznperger 1/4/3.

Kaufingerstraße 9
(mit Fürstenfelder Straße 7)

Charakter: Weinwirtschaft. 1550 Fremdenherberge, 24 Pferde.

Hauseigentümer:

1370 die Baukommission beanstandet „der Partin lauben und kellerhals".[6]
1392/1398 aus Heinrich Barts Kinder Haus unter den Kramen geht ein Ewiggeld an den Bart-Altar in St. Peter.[7]
1399 Oktober 6 Hainrich des Barts Haus an der Kaufingergasse ist dem Haus des Franz Astaler (Kaufingerstraße 10) benachbart.[8]
1414 April 22 Hainrich Bart verpfändet sein Haus an der Kaufingergasse, benachbart dem Haus des alten Ludwig Pötschner (Kaufingerstraße 8).[9]
1473 April 23 um diese Zeit hat der Erzbischof von Mainz „sein herberg gen Hannsen Part" genommen, ist also in seiner Gastwirtschaft abgestiegen.[10]

---

[1] Vgl. Kaufingerstraße 23 A.
[2] Ullreich Súss ist 1456 Vierer der Weinschenken, 1458 Mitglied der Weinschenken-Bruderschaft, vgl. Gewerbeamt 1411 S. 11v, 13r.
[3] Vgl. Rosenstraße 2.
[4] Lienhart karner koch 1489 Mitglied der Weinschenkenzunft, vgl. Gewerbeamt 1418 S. 2v.
[5] Vgl. Kaufingerstraße 7 und 9.
[6] Zimelie 9 (Ratsbuch IV) S. 5r (neu).
[7] Steueramt 982/1 S. 20r.
[8] GB II 147/14.
[9] GB III 149/1.
[10] RP 2 S. 53v. – Solleder sieht es wohl zu persönlich-privat, wenn er schreibt: „Fürsten steigen bei Bürgern ab", vgl. Solleder S. 69.

1484/85 laut Grundbuch (Überschrift) des „Hanns Parts Kinde haws, hoffe und Stadel".[1]
1519 Mai 8 Andre Bart verkauft aus diesem seinem halben Haus ein Ewiggeld von 15 Gulden um eine Hauptsumme von 300 Gulden (GruBu).
1522 April 26 Arsaci Bart und seine Hausfrau Anna verkaufen ein Ewiggeld von 35 Gulden (!) um eine Hauptsumme von nur 100 Gulden. 1535 werden 20 Gulden davon wieder abgelöst (GruBu).
1541 September 27 Ewiggeldverkauf von 15 Gulden um 300 Gulden Hauptsumme durch Hanns Bart den Jüngeren aus seinem halben Teil des Hauses (GruBu).
1573 laut Grundbuch (Überschrift) des Arsaci Barts, inneren Rats, Haus, Hof und Stadel.
Die Bart besitzen das Haus noch bis 1597. Die Eintragungen im Häuserbuch zu den Jahren 1500, 1540, 1542, 1560, 1565, 1567 und 1596 stammen nicht aus dem Grundbuch.

Eigentümer Kaufingerstraße 9:

* Ulrich [II.] Part [Stadtrat[2], ∞ Kathrei, geb. Altmann]. 1371 relicta Ulrici Part
    St: 1368: 12/-/- minus -/-/40, 1369: 14/-/-, 1371: 5,5/-/-
  Hans [II.] Part [Stadtrat, Bruder von Ulrich II., ∞ Clara (?) (Schluder)]
    St: 1369: 15/6/-, 1371: 12/-/-, 1372: 8/-/- juravit
  Hainrich [II.] Part [Stadtrat[3], Bruder von Ulrich II. und Hans II., ∞ Agnes, Tochter von Andre I. Sentlinger]. 1382 relicta Hainrich Part
    St: 1375: 16/-/-, 1377: 6,5/-/15 juravit, 1378: 6,5/-/15, 1379: -/-/-, 1381: 6,5/-/15, 1382: -/-/- invenitur alibi.
    Bem.: (1377) Steuer gemeinsam mit patrimonium Andre [I. oder II.] Sentlinger.
  patrimonium H[ainrici] Part
    St: 1382: 6,5/-/15, 1383/I: 2/-/- sub gracia, 1383/II: 3/-/-, 1387: -/10/20, 1388: 2/5/10
  patrimonium Andre [I. oder II.] Sentlingerii
    St: 1377: -/-/-
    Bem.: (1377) Steuer gemeinsam mit Hainrich Part. Vgl. auch Kaufingerstraße 8.
* Hainrich [III.] Part (Bart), 1431 der elter [Sohn von Heinrich II., Handel mit Wein, Salzsender, Gastwirt, Stadtrat, hgl. Rat[4], ∞ 1. Anna Ridler, 2. N.Pütrich (um 1415), 3. Margarete Prant]
    St: 1390/I-II: 6/-/-, 1392: 5/5/-, 1393, 1394: 7,5/-/-, 1395: 5/-/24, 1396, 1397, 1399: 7/5/6, 1400, 1401/I: 7,5/-/36, 1401/II: 18/-/80 iuravit, 1403, 1405/I: 18/-/80, 1405/II: 16/-/60 iuravit, 1406: 21/5/10, 1407: 17/-/80 iuravit, 1408: 17/-/80, 1410/I: 13/6/- iuravit, 1410/II: 18/-/80, 1411: 13/6/-, 1412: 19/-/80, 1413: 18/6/- iuravit, 1415: 22,5/-/24, 1416: 30/-/32, 1418, 1419: 31/-/16, 1423: 17/-/46, 1424: 5/6/2, 1431: 10/3/11 iuravit
    StV: (1407) und er hat seiner tochter heuratgut abgeseczt. (1415) er hat vor gesworn und gestewrt, und[5] er zu den Puttreich geheirat hat.[1] (1431) aws seinem haws g(e)n(annt) Wurm-

---

[1] Stadtgericht 207/5 (GruBu) S. 294r und 207/5a (GruBu) S. 669v.
[2] Zu den Bart vgl. Stahleder, Bürgergeschlechter. Die Bart S. 289/391.
[3] Hainrich II. Bart ab 1362 äußerer und innerer Stadtrat, ab 1372 nur innerer, vgl. R. v. Bary III S. 738.
[4] Hainrich III. Part betreibt eine Gastwirtschaft. Wiederholt übernimmt die Stadtkammer um 1398/1403 die Spesenrechnungen bis zu 48 Pfund Pfennigen für das, was bei Hainrich dem Part „verzert" wurde „in der rais", also für Offiziere und andere bei ihm einquartierte Militärs, die sich hier zum Kriegszug sammelten, vgl. KR 1398/99 S. 115r, 1399/1400 S. 119v (19 Pfund), 1402/03 S. 100r (über 34 Pfund); auch Steueramt 572 (Leibgedingbuch 1402/03) S. 65r (über 99 Pfund für den Marschalk und seine Gesellen von 13 Wochen), 573 (Leibgedingbuch 1404/09) S. 42v (über 117 Pfund, die Ulrich Marschalk und seine Gesellen in 13 Wochen „umb zerung und kost" bei ihm verzehrt haben); auch: MB XXXV/2 189 S. 244/246 (1403 Eberwein der Gewolf schuldet ihm 170 Gulden für „zerung"). – 1430 gehört Heinrich der alt Part zu den Wirten an der Kaufingergasse, die Ungeld zahlen, vgl. Steueramt 987. – Er handelt auch mit Wein, der über Ötting und Mühldorf nach Bayern eingeführt wird, also Osterwein, vgl. KR 1400/1402 S. 43r. – 1416 ist ein Hinrich Haller des Hainreichs des Parts Weinschenk. Er hat die Schenke also verpachtet, vgl. MB XX 168 S. 178/180. – Entweder dieser Heinrich oder Heinrich IV. (vgl. Rosenstraße 4) war 1429 auch Salzsender, vgl. Vietzen S. 144. – 1406 war Heinrich Bart der an zweiter Stelle genannte Kirchpropst von St. Peter und dürfte äußerer Stadtrat gewesen sein, am 16.5.1413 war Hainrich Part einer der Bürgermeister, ebenso am 27.9.1435, vgl. R. v. Bary III S. 765, 756, 757. – Heinrich Bart war wahrscheinlich auch herzoglicher Rat, vgl. v. Andrian-Werburg, Urkundenwesen S. 141.
[5] Vor „und" ein „E".

egk [= Marienplatz 3*] gend 15 gulden gen Anger, dedit davon -/12/-, und der ewig gelt gen Rotnhaslach hat der Aichstock [Marienplatz 21 B] ausgericht.

Pferdemusterung, um 1398: (Ur-Fassung): Hainrich Part sol haben ein pferd umb 20 gulden und ein erbern knecht und ein trabzewg; (Korrig. Fassung): Hainrich Part sol haben 2 pferd umb 36 gulden und selber reiten.

und sein [= des Hainrich Part] pruder (bruder), 1390/I inquilinus
    St: 1390/I-II: -/12/24, 1392: -/9/18, 1393, 1394: -/12/24

und sein [= des Hainrich Part] pruder Andre [I.] und Peter [I.] payd
    St: 1395: 2/-/- gracianus

Hanns [III.] Part [Sohn von Ulrich II., Cousin der vorigen, Stadtrat]
    St: 1390/I-II: 2/-/-

Andre [I.] Part. 1400-1401/II relicta Andre Part
    St: 1396: 12/-/60 iuravit, 1400: 6/-/- gracianus, 1401/I-II: -/-/-

pueri Andre Part
    St: 1400, 1401/I: 2/-/- gracianus, 1401/II: -/10/-, 1403: -/10/- gracianus, 1405/I: -/-/-
    StV: (1401/II) darauf hat Jacob Part [Bruder von Heinrich III.] gesworn.

Warbra [II.], Andre [I.] Partz tochter [∞ Wilhelm I. Tichtel]
    St: 1411: 0,5/-/- gracianus

Peter [I.] Part
    St: 1396: 10/6/- iuravit, 1397, 1399: 10/6/-
    StV: (1397) und die voder stewer auch 10/6/-.
    Pferdemusterung, um 1398: (Ur-Pferdemusterung): Peter Part sol haben ein pferd umb 20 gulden und ein erbern knecht und ein trabzewg; (Korrig. Fassung): Peter Part sol haben 2 pferd umb 36 gulden und sol selber reiten.

Jacob Part. 1407 patrimonium Jacob Part [Bruder von Heinrich III.]
    St: 1396, 1397: -/3/12, 1399: -/3/12 gracianus, 1400, 1401/I: -/3/12 gracianus, 1401/II: 0,5/-/- gracianus, 1403, 1405/I: 0,5/-/24 gracianus, 1405/II: -/3/18 gracianus, 1406: 0,5/-/24 gracianus, 1407: -/-/-
    Pferdemusterung, um 1398: Jacob Part sol haben ein pferd umb 24 gulden.

Jorig [I.] Part [Sohn von Hans II.]
    St: 1397: 3/6/-
    Pferdemusterung, um 1398: (Ur-Fassung): Górig Part sol haben ein pferd umb 25 (?) gulden und ein erbern knecht und ein trabzewg; (Korrig. Fassung): Górig Part sol haben 2 pferd umb 35 gulden und ein erbern knecht mit eim spiezz oder er [sol] selber reiten.

Ulrich [IV.] Part [vielleicht Sohn von Heinrich III., später Domherr in Regensburg]
    Sch: 1439/I-II, 1441/I-II: 1 t[aglon]

** Hanns [IV.] Part, 1439/I der júnger, 1462 der elter [Sohn von Heinrich III., Stadtrat, Salzsender ?, Weinhändler und Gastwirt[2]]. 1482 relicta Hanns Partin [= Anna, geb. Pötschner, Weinhändlerin,

---

[1] Die 2. Ehefrau von Hainrich III. Bart war eine Pütrich (Vorname unbekannt).
[2] Hans Bart betreibt eine Gaststätte. Bei ihm nimmt am 23. April 1473 beim Besuch des Kaisers Friedrich III. und seines Sohnes Maximilian der Erzbischof von Mainz „sein herberg", vgl. RP 2 S. 53v. – Am 25. Mai 1474 zahlt die Stadtkammer dem Hannsen Part 2 Pfund 3 Schillinge und 22 Pfennige „uber 16 kandl Trumynner [Traminer] zu 12 d[enarii], uber 2 kandel Malfasier [Malvasier] zu 32 d[enarii], 2 kandel Raynfal [Reinfall = Wein aus Rivoglio] zu 20 d[enarii], geschenkt dem [Grafen von] von Gortz [Görz]", später noch einmal denselben Betrag und 72 Pfennige für Wein, vgl. KR 1474/75 S. 68r. – 1475 löste die Stadt um über 23 Pfund Pfennige den Herzog Christoph „auß der herberg" beim Hanns Bart, vgl. KR 1475/76 S. 68r. – Weitere Weinkäufe durch die Stadt erfolgen 1476/77 vgl. KR S. 68r (8 Kandel) und 1477/78 S. 68r (8 Kandel). – Hanns Bart ist von 1459 an bis 1478 innerer Stadtrat, 1479 wird seine Name im RP wieder getilgt und durch Ludwig Pötschner ersetzt. Er dürfte um diese Zeit gestorben sein. Er könnte der Hans Part sein, den 1458 auch das Verzeichnis der Weinschenken-Bruderschaft nennt, vgl. Gewerbeamt 1411 S. 13v, falls nicht Hans III. Part von Kaufingerstraße 27 gemeint ist. Ein Hanns Part ist 1443-1446 als Salzsender belegt, vgl. Vietzen S. 146, vielleicht dieser Hanns Bart.

Weinschenkin[1]] et pueri
   Sch: 1439/I-II, 1440, 1441/II: 3 t[aglon], 1445: 4 ehalten, dedit -/-/32
   St: 1453-1458: Liste, 1462: 5/-/71, 1482: 11/-/-
** Hanns Barts Kinder [1484/85]
   Ludwig [II.] Part [vielleicht Sohn von Andre II.]
      St: 1453, 1455, 1456: Liste
   pueri Andre [II.] Part
      St: 1453: Liste
** Arsaci [I.] Part [Sohn von Hans IV., Stadtrat, Weinschenk, Weinhändler, Salzsender[2], ∞ Anna, geb. Schrenckhamer]
      St: 1486, 1490: 10/2/16
** Arsaci [I.] Part et fr[ater] eius. 1508 Arsaci Part et frater eius Andre [III.]. 1522-1541 Arsaci Part, 1540, 1541 der alt. 1542 Arsaci Parttin. 1543-1548 relicta Arsaci Párttin [halbes Haus]
      St: 1496: 13/1/11, 1500: 17/7/13, 1508, 1509: 16/-/17, 1514: Liste, 1522: 11/2/8, 1523-1526, 1527/I: 15/-/15, 1527/II, 1528: 11/-/3, 1529, 1532: 9/2/20, 1540: 9/-/13, 1541: 9/-/13 patrimonium, 1542: 7/-/18 juravit, 1543: 14/1/6, 1544: 7/-/18, 1545: 15/2/4, 1546: 7/4/17 matrimonium, 1547: 7/4/17 matrimonium, 1548: -/-/-
      StV: (1522) sol bis jar seins schwehern gut zusetzn. (1523) hat seins schwehern gut zugesetzt. (1529) hat seiner tochter heyratgut abgesetzt. (1540) hat abgsetzt seins sons und Caspar Weilers [= seines Schwiegersohnes] heiratguet. (1542) hat ir steur von neuem [gemacht]. (1548) haben die erben zugsetzt und versteurt.
** Anndre [III.] Part [Bruder von Arsaci I., später Stadtrat, Weinschenk[3], halbes Haus, ∞ Sabina Peringer]
      St: 1514: Liste
   relicta Schrenckhamerin [Schwiegermutter von Arsaci I. Bart]
      St: 1525, 1526, 1527/I: 4/4/25, 1527/II, 1528, 1529, 1532: 4/2/26, 1540-1542: 5/2/3, 1543: 10/4/6, 1546-1548, 1549/I-II: 5/-/26, 1550: 5/-/26 matrimonium, 1551/I: 5/-/26 matrimonium zum andern mal, 1551/II: -/-/-
      StV: (1551/II) haben die erben zugsetzt.
** Arsaci [II.] Part, 1540-1544 der jung [Stadtrat, Sohn von Arsaci I., ∞ Maria Kemptner]. 1565-1571 Arsati Párttin (Partin, Párthin) witib[4] [halbes Haus]
      St: 1540: 5/2/2, 1541: 7/5/17 juravit, 1542: 9/5/24, 1543: 19/4/18, 1544: 9/5/24, 1545: 19/3/4, 1546, 1547: 16/2/22, 1548, 1549/I-II, 1550, 1551/I: 17/2/18, 1551/II, 1552/I-II: 18/2/18, 1553, 1554/I-II, 1555-1557: 21/-/12, 1558: 42/-/24, 1559, 1560: 21/-/12, 1561, 1563, 1564/I: 19/-/10, 1564/II: 19/2/10, 1565, 1566/I-II: 19/-/-, 1567/I: 19/2/-, 1567/II: 10/4/10, 1568: 21/1/20, 1569-1571: 11/3/12
      StV: (1540) seiner hausfrauen guet und das, so sein vater hat abgsetzt. Et dedit -/4/4 für sein gracion. (1542) hat sein vatterlich erb zugsetzt. (1546) hat seins schwehern guet zugsetzt. (1548) zugsetzt seiner mueter erb. (1551/II) hat zugsetzt seiner anfrauen [= Großmutter], der Schrenckhamerin erb. (1561, 1563, 1564/I) ausser der Ligsaltz schuld. (1561, 1563) mer für p[ueri] Saltzpurger (Saltzberger) 4/2/25. (1564/I) mer für Hanns Saltzburger 4/2/25. Mer für die frau Saltzburgerin[5] unnd Sebastian Tennin anno [15]61 für 3 nachsteur 18 fl. Mer für die frau Saltzburgerin von 18 fl gelts, so sy noch hie hat 2 steur [15]63/[15]64 4/5/18. Mer für

---

[1] Bei der Hans Partin kauft die Stadt 1480 24 Kandel „walischwein" (Wein aus Italien) zu je 12 Pfennigen, die im Rathaus dem Herzog Sigmund von Österreich ausgeschenkt werden, vgl. KR 1480/81 S. 70r. 1482 kauft die Stadt wieder 6 Kandel Wein von der Hanns Partin, vgl. KR 1482/83 S. 71r.

[2] Arsaci Part treibt Weinhandel, vgl. KR 1485/86 S. 72r. – Arsaci Part 1489 Mitglied der Weinschenkenzunft, vgl. Gewerbeamt 1418 S. 5r. – Ab 1535 ist Arsaci I. auch als innerer Rat belegt, vgl. RP. – Arsaci Part ist 1508, 1517-1520 ff. Vierer der Salzsender (Krötler), vgl. RP und Vietzen S. 152

[3] Andre Part 1511 Aufnahme in die Weinschenkenzunft, vgl. Gewerbeamt 1418 S. 15v. – Ab 1524 bis 1544 fast jedes Jahr innerer Stadtrat, vgl. RP.

[4] Alt Arsaci Bärtin Religionsverhör 1571, vgl. Dorn S. 268.

[5] Anna VII. Bart, ∞ Hans Salzburger, Tochter von Arsaci I. Bart. – Ehrentraud Bart, Tochter von Andre III., war mit Jorg (!) Thenn von Salzburg verheiratet. Vielleicht ist trotzdem sie gemeint. – Die Fandtnerin ist eine Tochter (vielleicht Maria genannt) von Arsaci II. Bart, verheiratet in erster Ehe mit Hanns Fandtner.

Sebastian Tennin von 2 fl gelts, so sy noch alhie hat 2 steur [15]63/[15]64 -/3/22. (1564/II) mer fúr di Fandtnerin von 18 fl gelts 2/2/24. Mer fúr Sebastian Tennin von 2 fl -/1/26. Zuegesetzt den 8. tail von der Ligsaltzischen schuld. Mer fúr p[ueri] Saltzperger 4/2/25. (1565) zuegesezt den empfang Ligsaltzischer schuld. Abgesezt leibgeding. (1567/I) zuegesetzt Ligsaltzischen empfanng. Mer von 1000 fl ir tochter, der Fanndtnerin, heuratguet unnd khunfftig 4 fl 10 kr(euzer) absetzen 12/3/15. (1567/II) abgesetzt ires suns heuratguet 1000 fl. Mer fúr ir tochter, der Fanndtnerin, 1000 fl.

** Hanns [VIII.] Partt, 1542, 1544, 1547, 1548 der jung [Bruder von Arsaci II., ∞ Magdalena I. Reitmor, halbes Haus]

St: 1542: 3/6/2, 1543: 7/5/4 juravit, 1544: 3/6/2, 1545: 10/-/20, 1546, 1547: 5/-/10, 1548, 1549/I-II, 1550, 1551/I: 6/1/19, 1551/II, 1552/I-II: 7/1/19, 1553, 1554/I-II, 1555-1557: 12/1/26, 1558: 24/3/22, 1559: 12/1/26 patrimonium

StV: (1548) hat seiner mueter erb zugsetzt. (1551/II) samt dem zusatz der Schrenckhamerin erb.

** Arsati [III.] Part [Stadtrat, Sohn von Arsaci II.[1], ∞ Magdalena I. Bart]

St: 1567/I: 1/-/- gratia, 1567/II: 8/-/17,5 juravit, 1568: 16/1/5, 1569-1571: 8/1/17,5

StV: (1567/I) sein mueter diser zeit sein heuratguet nit abgesetzt. (1567/II) zuegesetzt 1000 fl von seiner mueter empfanngen heuratguet, desgeleichen seiner hausfrauen guet.

Bewohner Kaufingerstraße 9:

Wilhalm Jórgner (Górgener) [später Bürgermeister[2]] inquilinus
St: 1383/I: 2/5/18, 1383/II: 4/-/12, 1387: 2,5/-/-, 1388: 5/-/- juarvit, 1390/I-II: 5/-/-

Lycnhart Lang inquilinus [später Stadtschreiber]
St: 1383/I: -/-/60, 1383/II: -/3/-, 1387: -/-/45, 1388: -/3/-

Herman May rotsmid St: 1387: -/-/-

Hainrich Schuschman inquilinus
St: 1400: -/-/24 nichil habet, 1401/I: -/-/24 fúr nichil, 1401/II: -/-/60 iuravit

Peter Maenher St: 1415: nichil

Jacob Rúshaymer St: 1415, 1416: -/-/32 gracianus, 1418, 1419: -/-/-

Hainrice Heller schreiber [Weinschenk ?[3]] St: 1418: -/-/75

Behamin St: 1482: 6/3/10

Linhart Zeller
St: 1490: 4 g(ulden) r(heinisch)
StV: (1490) sein gesetzte stewr.

Michel kellner sein [= des Anndre Part] schreiber St: 1514: Liste

Wilhalm Stockhamer [Stadtrat[4]]
St: 1524-1526, 1527/I: 16/3/7, 1527/II: an kamer [Nachtrag am Rand:] 10/2/7, 1528, 1529, 1532: 10/2/7
StV: (1524) sol biß jar schwern.

relicta Stockhamerin matrimonium St: 1526, 1527/I: 1/5/21

Stefan Grasser [Weinschenk, dann Zöllner[5]] St: 1524: 1/1/15

Hanns wirt von Sefeld St: 1525: nichil das jar

Paule Ober [Weinschenk[6]] St: 1527/II, 1528, 1529: -/5/10 schencknsteur

Hanns Prámer St: 1532: an kamer, nit hie

---

[1] Arsacius Part, Bürger und des inneren Rats, 1569 und 1571 Religionsverhöre, vgl. Dorn S. 228, 250. – 1566 ist er äußerer, 1567 bis 1585 und 1587 bis 1592 innerer Stadtrat, vgl. RP.

[2] Wilhalm Jörgner am 9.3.1400 Bürgermeister, vgl. R. v. Bary III S. 755.

[3] Vielleicht identisch mit dem Hinrich Haller (!), der 1416 als Hainreich des Parts Weinschenk genannt wird, vgl. MB XX 168 S. 180.

[4] Wilhalm Stockhamer 1525, 1528, 1530-1544 innerer, 1526, 1527, 1529 äußerer Stadtrat, vgl. RP. Später herzoglicher Rat, vgl. Rindermarkt 12*B ?

[5] Steffan Grasser 1523 Aufnahme in die Weinschenkenzunft, vgl. Gewerbeamt 1418 S. 19r; KR S. 41r. – Ab 1526 Zöllner am Sendlinger Tor, vgl. RP 9 S. 18r.

[6] Pawlß Ober 1526 Aufnahme in die Weinschenkenzunft, vgl. Gewerbeamt 1418 S. 19v; KR 1526 S. 41r.

Jorg kramer St: 1532: -/2/-

Michel kistler schneider St: 1540: -/2/20

Hanns Koler wirtt [äußerer Rat[1]]
   St: 1543: 1/3/20 schenckhsteur, 1544: -/5/10 schenckhsteur, 1545: 1/3/20 schenckhsteur

Lienhart furknechtin, hoffgsindt St: 1543: dedit -/-/62

Walthas (Walthasar, Balthas) Hertzog [Weinhandel, Herbergs-Wirt[2]]
   St: 1546-1548, 1549/I-II, 1550, 1551/I-II, 1552/I-II: 3/6/25, 1553: 3/6/25 patrimonium, 1554/I: 3/6/25 patrimonium das ander
   StV: (1546-1548) mer 1/3/8 für p[ueri] Talhamer. (1548) mer 4/2/24 für 3 nachsteur. (1550) mer 2/2/5 für p[ueri] Oberhofer.

Jorg Schweickhart
   St: 1553: -/1/5 gracion, 1554/I: -/1/5 gracion die ander, 1554/II: 2/3/15 juravit, 1555: 2/3/15, 1556: 2/3/15 patrimonium

Balthasar (Balthauser) Giesinger, 1557, 1558, 1566/II wirt. 1568, 1569 Balthauser Giesingers erben
   St: 1557: -/2/10 gracion, 1558: 2/-/20 juravit, 1559, 1560: 1/-/10, 1561, 1563, 1564/I-II, 1565, 1566/I-II, 1567/I-II: 1/5/18, 1568, 1569: -/-/-
   StV: (1557) er wird bey 3 wochn ain wirt, actum 19. Novembris. (1560) mer zugsetzt der altn Pernhart pognerin erb -/-/21. (1568) steurt Wentzl als vormünder. (1569) steurn di vormunder.

Martin Fenndt St: 1561, 1563: -/2/-

Peter Oberburger, 1564/II f(urs)t(licher) rath St: 1564/I-II: -/-/-

Balthasar Weiß, 1565, 1566/I kheuffl, 1567/II, 1568 casstner (!), 1569 kháskheuffl
   St: 1564/I: -/-/28 gratia, 1564/II: -/3/7 juravit, 1565, 1566/I-II, 1567/I-II: -/3/7, 1568: -/6/14, 1569-1571: -/4/21

Christoff Fleckhamer
   St: 1566/I-II: -/-/-
   StV: (1566/I) ist durch ainen ersamen rath der steur auff drey jar frei zehalten bewilligt. (1566/II) ad 29. May anno [15]66 ist durch ain ersamen rath bewilligt, auff drey jar steurfrei sitzen ze lassen.

Jörg (Georg) Falpüchler wierdt [Salzsender[3]]
   St: 1568: 2/-/20, 1569-1571: 2/-/-
   StV: (1571) adi 3. May anno [15]72 als vormúnder des Streychers khinder 4/2/24.

Kaufingerstraße 10
(mit Fürstenfelder Straße 6)

Hauseigentümer:

1363 Januar 21: Wahrscheinlich gehört das Haus schon um diese Zeit dem Johann Schiet, der an diesem Tag als 2. Viertelhauptmann im Kramenviertel (später Hackenviertel) genannt wird. Er muß demnach Hauseigentümer in diesem Viertel gewesen sein und der Funktion als 2. Hauptmann nach wohl äußerer Rat.[4]

1370 die Baukommission beanstandet „Hansen dez verbers lauben".[5]

1374 Juli 24 „Hans vaerber" hat sein Haus an der Kaufingergasse, „daz etwen dez Schieten ist gebesen" um „15 marck chráwczer" dem „Michel von Chastelrot" versetzt.[6] Offenbar gehörte dem Schiet aber nur ein Teil des Hauses; denn am selben Tag verpfändet Hans Vaerber sein Haus an der Kaufin-

---

[1] Hanns Koler 1544 und 1546-1548 äußerer Stadtrat vgl. RP und Kaufingerstraße 3.
[2] Balthasar Hertzog 1549 mit Weinhandel belegt, vgl. KR 1549 S. 84r. – 1550 betreibt er eine Fremdenherberge mit der Möglichkeit, 24 Pferde unterzustellen, vgl. Gewerbeamt 1422a.
[3] Georg Falpychler ist 1572-1575 als Salzsender belegt, vgl. Vietzen S. 148.
[4] Zimelie 17 (Ratsbuch III) S.145v.
[5] Zimelie 9 (Ratsbuch IV) S. 5r (neu).
[6] GB I 52/10.

gergasse, „daz er von Hanß dem Putreich gekaufft hat", demselben Pütrich um 50 Gulden ungarisch und böhmisch, die er ihm geliehen hat.[1]

1375 September 27 Haensel Vaerber hat die Überteuerung seines Hauses an der Kaufingergasse für eineinhalb hundert Gulden den Gebrüdern Lipp (Philipp) und Heinrich den Stupfen versetzt.[2]

1378 Juni 21 Hainrich der jüngere Ülchinger versetzt das Haus an der Kaufingergasse in St. Peters Pfarr, „daz er nun hat von Hansen dem verber in pfantschaftsweiz" dem älteren Sanbeln dem Juden für 247 Gulden.[3]

1379 Oktober 1 und 10 „Hanns várber" verkauft sein Haus an der Kaufingergasse „Chunrad dem Astoler".[4]

1399 Oktober 6 Franz Astaler verkauft sein Haus an der Kaufingergasse, zunächst dem Haus des Hainrich Bart (Kaufingerstraße 9) gelegen, Ulrich dem jüngeren Tichtel.[5]

1403 wird Ulrich der jüngere Tichtel enteignet. Dieses Haus übernimmt Herzog Ernst, der es

1427 September 9 an die Söhne von Ulrich Tichtel, Hans und Vinzenz Tichtel, zurückgibt.[6]

1431 domus Hanns Tichtl (StB).

1451 Februar 23 Balthasar Ridler ist Nachbar der Anna Ursentaler (Kaufingerstraße 11*).[7]

1454 März 26 Balthasar Ridler ist dem Haus des Paul Gollhüter (Kaufingerstraße 11*) benachbart.[8]

1462 Januar 14 Balthasar Ridler ist Nachbar des Hausesvon Paul Gollhuter (Kaufingerstraße 11*).[9]

1462 August 12,

1472 August 13 und

1482 November 2 das Haus des Balthasar Ridler ist dem Haus des Ehepaares Paul und Clara Gollhuter (Kaufingerstraße 11*) benachbart.[10]

1484/85 laut Grundbuch (Überschrift) des Balthasar Ridler Haus, Hof und Stadel.[11]

1491 Dezember 12 Alex Ridler und seine Hausfrau Anna verkaufen ein Ewiggeld von 31 Gulden um 620 Gulden Hauptsumme aus dem Haus (GruBu).

1498 September 27 erneut Ewiggeldverkauf durch Alex Ridler (9 Gulden um 180 Gulden), ebenso

1503 Juni 3 (6 Gulden um 120 Gulden) (GruBu).

1509 Juni 12 Alex Ridler verschreibt dem Reichen Almosen ein Ewiggeld von 20 Gulden um 400 Gulden Hauptsumme aus seinem Haus und Hofstatt an der Kaufingergasse Petri.[12]

1540 Juni 23 und

1541 Januar 31 das Haus des Hans Ridler ist dem Haus der Eheleute Sebastian und Barbara Lanng (Lung) (Kaufingerstraße 11*) benachbart.[13]

1546 die Baukommission beanstandet am Haus der Hanns Ridlerin, daß die Vorbauten „3/4 [eln] ze weit" vorstehen.[14]

1549 April 8 Hanns V. Ridler verkauft ein Ewiggeld von 75 Gulden um 1500 Gulden aus diesem Haus an seinen Schwager Wilhelm Scharfzahn und seine Schwester und dessen Hausfrau Anna Ridler (GruBu). Das Ehepaar Scharfzahn verkauft dieses Ewiggeld am 31. Juni 1553 weiter (GruBu).

1565 Mai 16 Hanns Ridler verkauft erneut dem Ehepaar Wilhelm Scharfzahn und Anna Ridler, seinem Schwager und seiner Schwester, ein Ewiggeld aus diesem Haus, diesmal 100 Gulden rheinisch für 2000 Gulden Hauptsumme, zur Entrichtung des Heiratgutes der Anna Ridler-Scharfzahn in Höhe von 500 Gulden und für 1500 Gulden geliehenes Geld. Ein Randvermerk vom 12. Januar 1600 besagt,

---

[1] GB I 52/9.
[2] GB I 69/3.
[3] GB I 98/6.
[4] GB I 114/12, 13.
[5] GB II 147/14.
[6] Muffat, Kazmair-Denkschrift S. 565.
[7] Hufnagel/von Rehlingen, St. Peter Urk. 131.
[8] Geiß, St. Peter S. 295 ohne Quelle.
[9] MB XXI 74 S. 180/186.
[10] BayHStA, GUM 2764 (1462). – MB XXI 75 S. 187/192 (1472). – BayHStA, GUM 2771 (1482).
[11] Stadtgericht 207/5 (GruBu) S. 295r/v und 207/5a (GruBu) S. 671v.
[12] Grundbuch und Zimelie 27a (Stiftungsbuch Reiches Almosen) S. 62r.
[13] BayHStA, GUM 814, 821.
[14] LBK 4.

daß nach dem Tod von Wilhelm Scharfzahn und seiner Hausfrau bei der Erbschaftsteilung gemäß Vertrages dieses Ewiggeld an Hans Hörl als Inhaber dieses Hauses gefallen und damit erloschen sei (GruBu).
1573 laut Grundbuch (Überschrift) des Hanns Ridlers Erben Haus, Hof und Stadel.
1575 September 7 (Hauptbrief) und
1587 Juni 10 das Haus des Hanns (gemeint: Wilhelm) Scharfzan ist dem Haus des Sebastian Lanng (!), jetzt Michael Metzger (Kaufingerstraße 11*), benachbart.[1]
Der Eintrag im Häuserbuch zu 1581 stammt nicht aus dem Grundbuch. Anna Ridler-Scharfzahn starb 1598, Wilhelm IV. Scharfzahn 1599. Die Familie Scharfzahn war damit ausgestorben.[2] Danach kam das Haus um 1600 an die Hörl.

Eigentümer Kaufingerstraße 10:

* Hans Schiet [äußerer Rat, Braurechts-Inhaber[3], halbes Haus]. 1372 patrimonium Joh[annis] Schiet. 1379 relicta Schietin inquilina
    St: 1368: 10/-/- juravit, 1369: 10/-/-, 1371, 1372, 1379: -/-/-
  Paertel Schiet
    St: 1368: 4/-/40
* Hans Putreich [vor 1374 Juli 24, Teilbesitz oder Pfandinhaber]
* Hans verber[4] [bis 1379 Oktober 1]
    St: 1377: -/3/- juravit, 1378, 1379: -/3/-
    StV: (1377) [Nachtrag am Rand:] Item adhuc t[enetu]r (?) de anno preterito. (1378) [Nachtrag am Rand:] Ipse vero t[enetu]r (?) stewera de anno [13]77. (1379) [Nachtrag am Rand:] Ipse vero t[enetu]r (?) steweraz de anno [13]77.
* Chunrat Astaler (Astoler).[5] 1393-1397, 1399 relicta Astalerin[6] [seit 1379 Oktober 1]
    St: 1381, 1382, 1383/I: 16/-/-, 1383/II: 24/-/-, 1387: 19,5/-/-, 1388: 39/-/- juravit, 1390/I-II: 39/-/-, 1392, 1393: 21/6/-, 1394: 7/-/23, 1395: 7/-/4, 1396, 1397, 1399: 10,5/6/-
* Francz [I.] Astaler (Astalar), 1395 ir [= der Witwe des Konrad] sun [∞ Elsbeth, geb. Diener]
    St: 1393: -/-/-, 1394: 25/7/10, 1395: 20/7/23, 1396, 1397, 1399: 31/3/21
    StV: (1393) [Nachtrag am Rand:] Ez ist ze wissen, daz der Francz hincz jar oder zu der naechsten stewer sol swern und mit gracianus sein, darumb hat man von im und seiner muter die vorder stewer genomen.
    Pferdemusterung, um 1398: (Ur-Fassung): Francz Astaler und sein muter súllen haben zway pferd umb 40 gulden und der Francz sol selber reiten mit einem erbern knecht oder ein andert erberger [man] an seiner stat; (Korrig. Fassung): Francz Astaler sol haben 3 pferd umb 60 gulden und sol selber reiten.
* Ulrich [IV.] Tichtel der júnger [Stadtrat[7]]
    St: 1400, 1401/I: 30/-/-, 1401/II: 45/-/- iuravit

---

[1] BayHStA, GUM 1405.
[2] Stahleder, Bürgergeschlechter. Die Scharfzahn S. 219/220.
[3] Johan Schiet ist am 21. Januar 1363 2. Viertelhauptmann im Kramenviertel, also sicher Hauseigentümer und 1362-1369 äußerer Stadtrat, vgl. Zimelie 17 (Ratsbuch III) S. 145v und R. v. Bary III S. 742.
[4] Da er schon 1379 aus den Quellen verschwindet, ist er sicher nicht der von Katzmair genannte „Klaffer und Jaherr", wie Muffat meint, vgl. Muffat, Kazmair-Denkschrift S.464, 510. – Es gibt aber seit mindestens 1396 einen Hanns verber im Krottental (Rosental).
[5] Chunrat Astaler ist 1381 Mitglied des Großen Rats der Stadt, vgl. R. v. Bary III S. 746. – Zu den Astaler vgl. Stahleder, Bürgergeschlechter. Die Astaler S. 197/205.
[6] Diese Witwe, Mutter von Franz Astaler, kauft 1398/99 von den Aufständischen um 50 ungarische Gulden den Hausrat ihres Schwiegersohnes Barthlme Schrenck und ihrer Tochter Anna Schrenck, die vor den Unruhen aus der Stadt geflohen waren. Die Aufstandspartei beschlagnahmte das Haus und verramschte den Hausrat, vgl. KR 1398/99 S. 38r.
[7] Zu Ulrich dem Jüngeren Tichtel vgl. Stahleder, Bürgergeschlechter. Die Tichtel S. 226/231 und seinem Sohn Hans S. 238/240.

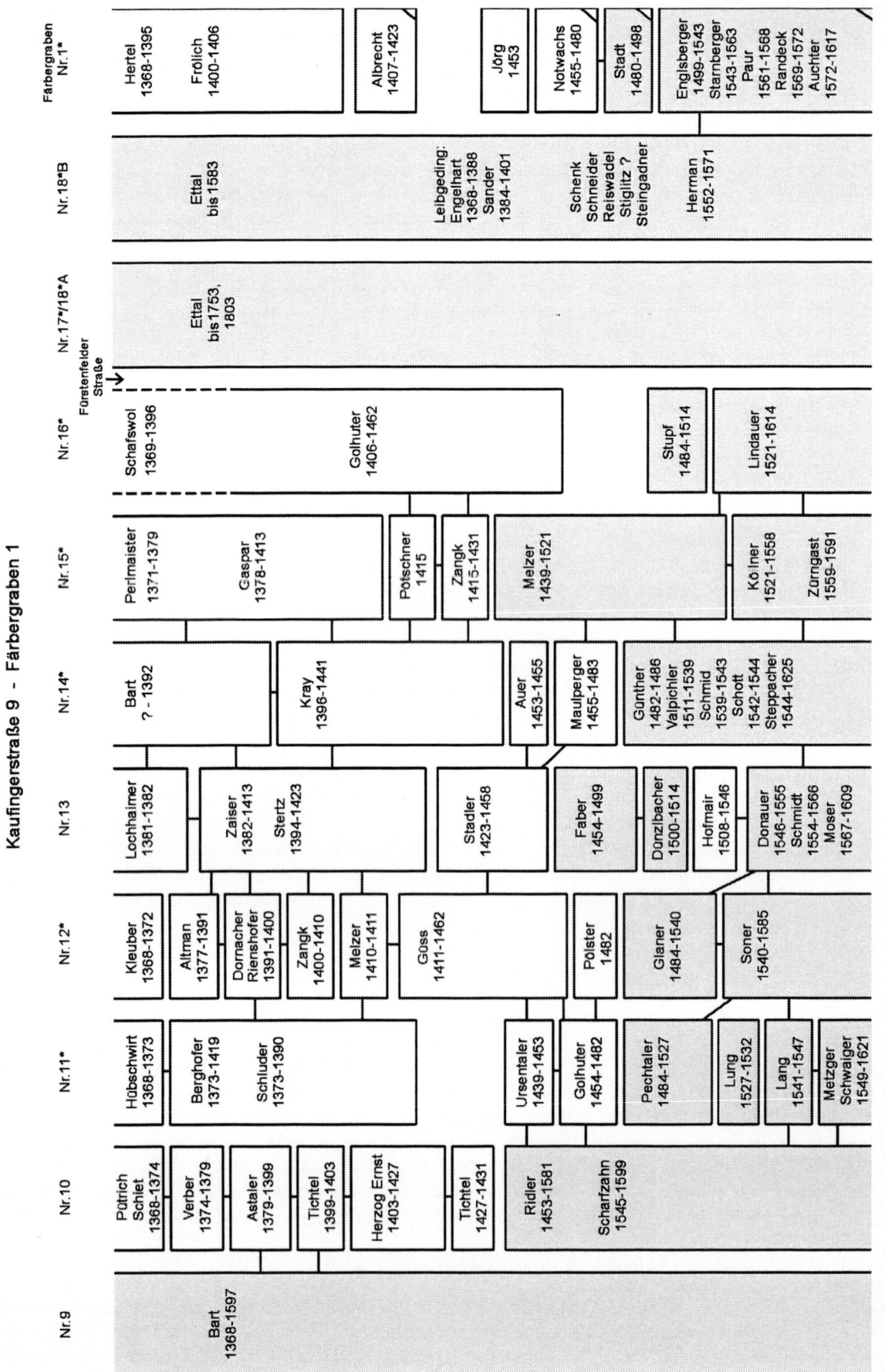

Abb. 45 Hauseigentümer Kaufingerstraße 9 – 18*, Färbergraben 1*.

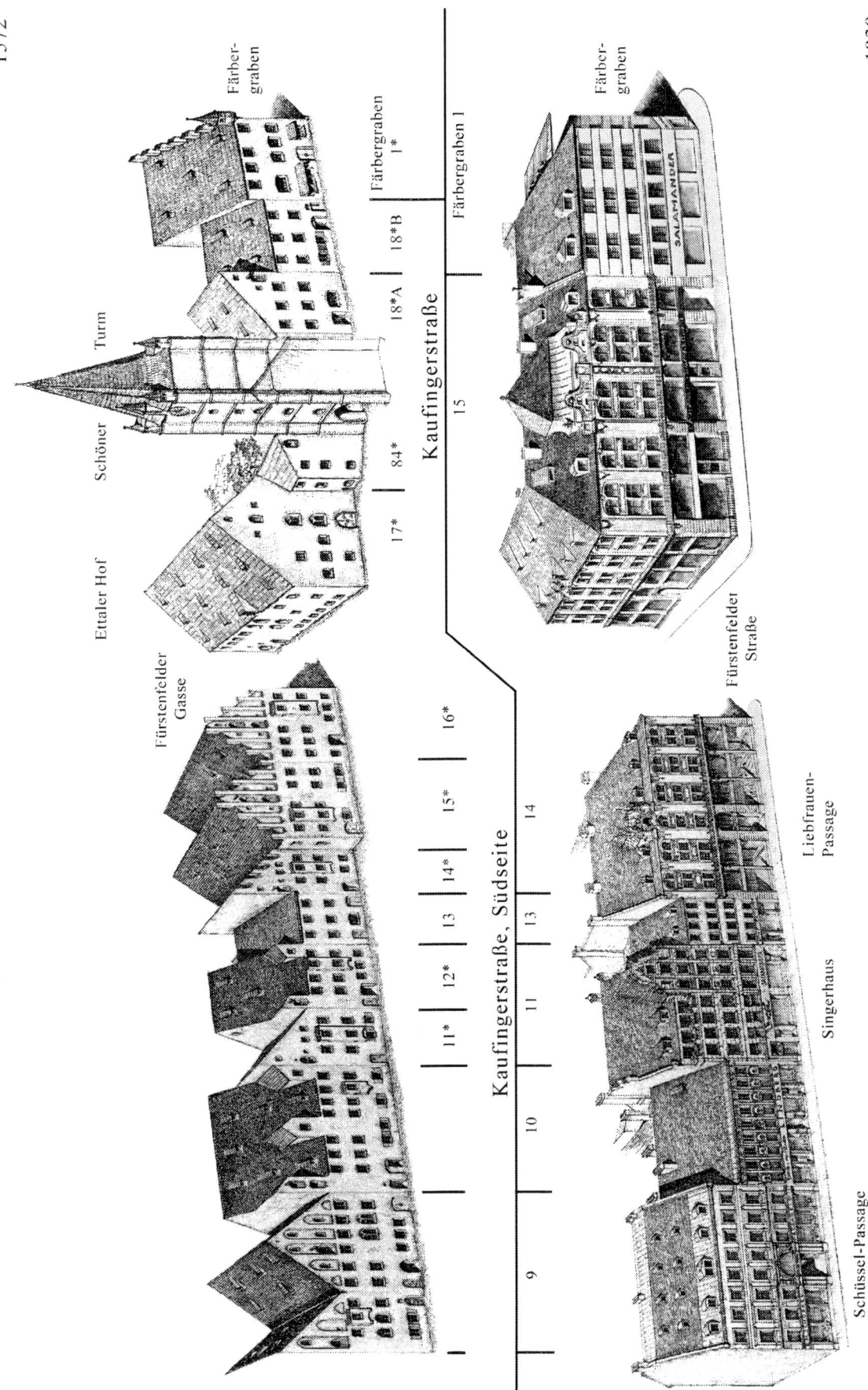

Abb. 46 Kaufingerstraße Süd Nr. 9 – 18*, Färbergraben 1*, Montage aus Häuserbuch Hackenviertel S. 264/265, 272/273.

* Herzog Ernst
   [1403 bis 1427 September 9]
   Fridrich [II.] Astaler [Wirt¹], 1413 inquilinus
      St: 1410/II: 6/-/- gracianus, 1411: 4,5/-/- gracianus, 1412: 6/-/- gracianus, 1413: 5/-/- gracianus
* Hans [IV.] und Vinzenz Tichtel, Söhne von Ulrich [IV.] [seit 1427 September 9]
* domus Hanns [IV.] Tichtl [Sohn von Ulrich IV.²]
      St: 1431: -/6/-
   pueri [des] Gabriel [II.] Ridler [Stadtrat³], u. a. Balthasar I. Ridler
      Sch: 1439/I-II, 1440, 1441/I-II: 8 t[aglon]
** Balthasar (Walthauser) [I.] Ridler (Rúdler) [Sohn von Gabriel II., innerer Rat⁴]
      Sch: 1445: 4 ehalten, dedit -/-/32
      St: 1453-1458: Liste, 1462: 14/5/18, 1482: 5/3/7, 1486, 1490: 9/1/23
   Gabriel [III.] Ridler [Bruder von Balthasar I.]
      St: 1453-1458: Liste
   Martein [I.] Ridler [Bruder von Balthasar I.]
      St: 1453-1458: Liste, 1462: -/13/14
   junckfraw Magdalen. 1462 Madalen [I.] Ridlerin ir [= der Vorgenannten] swester
      St: 1453-1458: Liste, 1462: -/14/17
   relicta Peter [III.] Pótschnerin (Potschnerin, Pócznerin) [= Anna, geb. Zinglin, Witwe von Gabriel II. Ridler]
      St: 1456-1458: Liste, 1462: -/14/12
** Alex [I.] Ridler (Rúdler) [Sohn von Balthasar I., Stadtrat⁵, ∞ 1. Anna Rehlinger, 2. Ursula N.]
      St: 1482: 2/2/8, 1486, 1490: 3/2/8, 1496: 6/3/15, 1500: 6/4/25, 1508, 1509: 3,5/3/-
   Otmar [I.] Ridler [Großneffe von Gabriel II., Stadtrat, ∞ Katharina Hofer]. 1522-1549/I relicta Otmar Ridlerin
      St: 1514: Liste, 1522: 32/3/5, 1523-1526, 1527/I-II, 1528, 1529: 25/2/-, 1532: an kamer, nit hie, 1540-1542: 24/5/27, 1543: 49/4/24, 1544: 24/5/27, 1545: 46/3/22, 1546, 1547: 23/1/26, 1548: 23/1/26 matrimonium, 1549/I: -/-/-
      StV: (1523) hat irs sons und tochter heyratgut abgesetzt. (1548) mer 7/-/- fúr Sebastian, Peter, Othmar und Anna die Ridler von Núrnberg fúr 3 nachsteur. (1549/I) all erben haben zugsetzt on [= ohne] die 2 zu Landshut, sollen 3 nachsteur [geben].
** Hanns [IV.] Ridler [Sohn von Otmar I., Stadtrat⁶, ∞ Maria I. Ligsalz]. 1545-1548 relicta Hanns Ridlerin. 1549/I-1571 Hanns Ridlerin⁷
      St: 1522: 1/-/- gracion, 1523: 12/6/7 juravit, 1532: an kamer, nit hie, 1540-1542: 8/3/15, 1543: 17/-/-, 1544: 8/3/15, 1545: 17/-/- patrimonium, 1546: 8/-/16 juravit, 1547, 1548: 8/-/16, 1549/I-II, 1550, 1551/I: 12/2/8, 1551/II: an chamer, 1552/I-II: 12/2/8, 1553, 1554/I-II: 5/1/-, 1555-1557: 5/2/15, 1558: 10/5/-, 1559, 1560: 5/2/15, 1561, 1563, 1564/I-II, 1565, 1566/I-II, 1567/I-II: 2/1/15, 1568: 4/3/-, 1569, 1570: 2/1/12,5, 1571: 2/1/12,5 matrimonium
      StV: (1549/I) hat zugsetzt der Othmar Ridlerin erb. (1551/II) zalt 12/2/8 am 20. Januarii im [15]52. jar. (1561, 1563, 1564/I) ausser der Ligsalz schuld. (1561) mer soll ir sun Ottmar Ridler nachsteur von seinem heuratguet an chamer. (1563) mer soll ir son Ottmair Ridler nachsteur von seinem heuratguet an chamer. (1564/II) ausser der Ligsaltz schuld, hat irn 8. tail nit abgesezt, sagt, sy hab nichts empfangen. (1565, 1566/II) ausser der Ligsaltz schuldt,

---

¹ Vgl. Rindrmarkt 17.
² Sohn von Ulrich Tichtel dem Jüngeren.
³ Zu den Ridler vgl. Stahleder, Bürgergeschlechter. Die Ridler S. 115/180.
⁴ Balthasar I. Ridler war schon am 8.3.1457 Bürgermeister vom inneren Rat, 1459-1491 innerer Stadtrat, 1459 auch Viertelhauptmann des Hackenviertels. Er starb am 5. Mai 1491, vgl. RP und R. v. Bary III S. 758.
⁵ 1484 kauft die Stadt von Alex Ridler 26 „lax und pachferchen" (Fische) für insgesamt 7 Pfund Pfennige, vgl. KR 1484/85 S. 73r. – Alex Ridler war 1492-1495, 1497-1498 Nov. 5, 1499, 1503, 1506 und 1509-1514 äußerer, 1496, 1498 ab 5. Nov., 1500-1502, 1504, 1505, 1507 und 1508 innerer Stadtrat, vgl. RP. – Alex Ridler übernimmt 1476 den Vogelhof zu Günding, den bisher der Vater Balthasar innehatte als Freisinger Lehen. Diesen Hof hatte seit 1424 Peter Pötschner inne, vgl. HStA Mü, HL Freising Nr. 35 S. 33r.
⁶ Hanns IV. Ridler 1522-1545 abwechselnd äußerer und innerer Stadtrat, vgl. RP.
⁷ Alt Hanns Ridlerin und ir Tochter die Scharpfzannin 1571 Religionsverhör, vgl. Dorn S. 266.

ist ir (bisher) nichts abgezogen. (1566/I) ausser der Ligsaltz schuld, dan ir nichts abgezogen. (1567/I) ausser der Ligsaltz schuld.
* Hans [V.] Ridler [Sohn von Hans IV., Bruder der Anna Ridler-Scharfzahn, 1549 April 8]
** Wilhelm [IV.] Scharpfzand (Scharffzand, Scharfzannt) [∞ Anna V. Ridler, Schwester von Hans V. Ridler[1]]
   St: 1545: 3/2/-, 1546, 1547: 2/3/10, 1548: -/-/-, 1549/I-II, 1550, 1551/I-II, 1552/I-II: 2/3/10, 1553, 1554/I: 3/1/-, 1554/II: an chamer, 1555-1557: 3/1/-, 1558: 6/2/-, 1559, 1560: 3/1/-, 1561, 1563, 1564/I: 2/1/10, 1564/II: 2/2/19, 1565, 1566/I-II, 1567/I-II: 2/3/28, 1568: an chamer [Nachtrag:] 5/-/26, 1569-1571: 2/-/-
   StV: (1545) soll aufs jar seiner hausfrau gueth zusetzn. (1546) hat seiner hausfrau guet zugsetzt. (1548) [gestrichen: an chamer] zalt in der negsten steur hernach im [15]49. jar. (1549/I) mer 2/3/10 seine hinterstellige steur. (1554/II) [Nachtrag:] zalt 3/1/- am sambstag nach Lucie. (1561, 1563, 1564/I) ausser der Ligsaltz schuld. (1564/II) zuegesetzt den 8. tail von der Ligsaltzischen schuld. (1565) zuegesezt Ligsaltzischen anndern empfanng. (1567/I) zaigt an, er hab in seiner geschwornen steur di Ligsaltzisch schuld nit abgesetzt, wils bei seinem jurament behalten.
* Hanns [V.] Ridlers Erben 1573
* Wilhelm [IV.] Scharfzahn [1575 September 7, 1587 Juni 10]

Bewohner Kaufingerstraße 10:

Erhart Ligsalcz St: 1375: -/-/-
Chunrat [II.] Sluder St: 1381: 13,5/-/-
Warbera [II.], Andre [I.] dez Partz tochter [später ∞ Wilhalm I. Tichtel, Neffe von Ulrich IV.], 1413 inquilina
   St: 1412: -/5/10 gracianus, 1413: 0,5/-/- gracianus
Peter Grozz kúrsner St: 1423: -/23/-, 1424: -/7/20
Hainrich zolner [Wirt[2]] inquilinus St: 1431: 5/-/28 iuravit
Sigmund [II.] Pötschner [Stadtrat[3]] St: 1500: 1/5/15, 1508, 1509: 1/3/-
Stefan Grasser [Sohn von Erasmus und Weinschenk, dann Zöllner[4]]
   St: 1522: 1/1/15 hat zugesetzt, 1523: 1/1/15
relicta Schrenckhhamerin St: 1544: 5/2/3, 1545: 10/1/21
Doctor [Panthaleon] Prunner St: 1550, 1551/I: nihil, rath, 1551/II: nihil, der landschafft cantzler Wolff Prunner
   St: 1553: 12/-/-, 1554/I: -/-/-, 1554/II: 12/-/-
   StV: (1553) laut seins gedings auf 3 jar und das ist das ander jar. (1554/I) hat ain geding auff 3 jar, gibt jerlich nit mer als 12/-/-. (1554/II) vermóg seiner bedingten jar. Soll hinfúro búrger werden. Ist das das lesst jar. [Nachtrag am Rand:] hat sich bewilligt am 1. Decembris búrger ze werden.
Andre Hueber wirt [später Weinvisierer[5]] St: 1550, 1551/I-II: -/5/10 schenckhsteur
Walthas (Balthas) Pframer [Kistler[6]]
   St: 1552/I: -/-/-, 1552/II: 1/2/15
   StV: (1552/I) zalt infra, folio 60 col. 2 [= 60v, Dienerstraße 9].

---

[1] Wilhelm Scharfzan und Wilhelmen Scharffzanns Hausfrau 1569 Religionsverhör, vgl. Dorn S. 228, 229. – Die Scharpfzannin und ihre Mutter, die Alt Hanns Ridlerin, Religionsverhör 1571, vgl. Dorn S. 266. – Zu den Scharfzahn vgl. Stahleder, Bürgergeschlechter. Die Scharfzahn S. 214/221.
[2] Heinrich Zolner gehört um 1430 zu den Wirten an der Kaufingergasse, die Ungeld zahlen, vgl. Steueramt 987. Er ist in der Liste aufgeführt zwischen dem alten Heinrich Part (Kaufingerstraße 9) und Hans Güss (Kaufingerstraße 12*).
[3] Sigmund Pötschner ist ab 1500 stets innerer oder äußerer Stadtrat, vgl. RP.
[4] Stefan Grasser 1523 Aufnahme in die Weinschenkenzunft, vgl. Gewerbeamt 1418 S. 19r. Er wird 1526 Zöllner am Sendlinger Tor, vgl. RP 9 S. 18r.
[5] Andre Hueber ab 1553 Weinvisierer, vgl. R. v. Bary III S. 971.
[6] Vgl. Frauenplatz 9 (1552-1561).

Steffan Neumayr wirt
    St: 1554/II: -/5/10 schenckhsteur als gracion, soll hinfúro ain gschworne steur machen.
(her) Trainer (f(úrstlicher)) camerrath. 1563 Steffan Trayner camerrat
    St: 1555-1563: nihil, 1564/I: -/-/- hofgesind, 1564/II: -/-/-
Karl Keckh, 1565 f[urstlicher] rath[1]
    St: 1565, 1566/I: -/-/-, 1566/II: -/-/- hofgsind, 1567/I: -/-/-, 1567/II, 1568: -/-/- hofgsind
Anndre Schickh statsoldner St: 1565, 1566/I: -/-/1
Michel Mayr tagwercher St: 1567/I-II: -/2/-, 1568: -/4/-
herr von Glanitz St: 1569-1571: -/-/-

Kaufingerstraße 11*
(mit Fürstenfelder Straße 5*)

Charakter: 1550 Fremdenherberge, 21 Pferde. Ende des 18. Jahrhunderts „Beim goldenen Schiff".[2]

Hauseigentümer:

1373 Juli 16 „Nicklas der Húbswirt" hat sein Haus an der Kaufingergasse Wernher dem jüngeren Perchover und Chunrad dem Sluder übergeben (verkauft).[3]
1395 Dezember 6 (oder November 29) und
1396 August 25 das Haus der Perchoverin ist dem Haus des Ulreich Dornacher an der Kaufingerstraße (Kaufingerstraße 12*) benachbart.[4]
1411 April 27 die Perckhoverin ist dem Haus des Andre Melczer (Kaufingerstraße 12*) benachbart.[5]
1451 Februar 23 Anna Ursentaler, Witwe des Hanns Ursentaler, stiftet ein Ewiggeld aus ihrem Haus und Hofstatt an der Kaufingergasse, zwischen den Häusern des Balthasar Ridler (Kaufingerstraße 10) und Hanns Güss (Kaufingerstraße 12*) gelegen.[6]
1453 domus Ursentaler (Liste).
1454 März 26 Paul Gollhüter und seine Hausfrau Clara, geborene Krümmel, verkaufen ihrem Schwager Urban Wernstorffer und seiner Hausfrau Anna, 3 Pfund Pfennige Ewiggeld aus ihrem Haus, das einst Hanns Ursentalers selig gewesen ist. Es liegt in St. Peters Pfarr an der Kaufingergasse, zwischen den Häusern des Balthasar Ridler (Kaufingerstraße 10) und des Hanns Güss (Kaufingerstraße 12*) und stößt hinten an die Fürstenfelder Gasse. Mitsiegler: Peter Krümmel, Bruder der Clara Gollnhuter.[7]
1454 der Wernstorffer hat 3 Pfund Ewiggeld „aus Paulsn Golhüters oder Ursentaler [haus]", ebenso hat Hanns Kastner 3 Pfund aus dem benannten Haus und ebenfalls 3 Pfund der Wolfersperger.[8]
1462 Januar 14, August 12, 13 auf Haus und Hofstatt des Paul Gollhuter und seiner Hausfrau Clara an der Kaufingergasse, gelegen zwischen den Häusern des Balthasar Ridler (Kaufingerstraße 10) und Hanns Güss (Kaufingerstraße 12*) liegt ein Ewiggeld.[9]
1475 Juni 26 Urban Wernstorffer verkauft 3 Gulden Ewiggeld an die Frauenkirche aus des Paul Gollhüters Haus an der Kaufingergasse in St. Peters Pfarr.[10]
1482 November 2 (gemäß Kaufbrief von 1454 März 26) das Haus des Pauls Gollnhüter an der Kaufingergasse liegt zwischen den Häusern des Balthasar Ridler (Kaufingerstraße 10) und des Pölster (Kaufingerstraße 12*).[11]
1482 November 5 auf des Paul Golhüters und seiner Ehefrau Clara, geborene Krümmel, Haus an der

---

[1] Carl Keckhin 1569 Religionsverhör, vgl. Dorn S. 229.
[2] Stahleder, Haus- und Straßennamen S. 365.
[3] GB I 39/12.
[4] GB II 58/11, 118/1.
[5] GB III 107/1.
[6] Hufnagel/von Rehlingen, St. Peter Urk. 131.
[7] Geiß, St. Peter S. 295 ohne Quelle. Siehe den folgenden Eintrag.
[8] Kämmerei 64 S. 15r. – Zu Hans Kastner vgl. auch Weinstraße 5.
[9] MB XXI Nr. 74 S. 180/186 (14.1.), BayHStA, GUM 2764 (12.8.), MB XXI Nr. 75 S. 187/192 (13.8.).
[10] Geiß, St. Peter S. 297 ohne Quelle.
[11] BayHStA, GUM 2771.

Kaufingergasse Petri liegt ein Ewiggeld zu einer Jahrtagstiftung an St. Peter durch einen Geistlichen.[1]
1484/85 laut Grundbuch (Überschrift) des Cristof Pechtalers „haws, hoff und Stadell und haws darob".[2]
1511 Oktober 8 ein Ewiggeld aus des Pettelers (Pechtelers) Haus an der Kaufingergasse geht an den Corbinians-Altar in St. Peter.[3]
1527/II-1532 domus [Jörg] Lung [zu Planegg] (StB).
1531 Mai 25, Juli 11,
1536 November 24 und
1537 Januar 1 Georg Lungl (!) zu Planegg verkauft Ewiggelder aus diesem Haus, insgesamt 30 Gulden um 600 Gulden Hauptsumme (GruBu).
1540 Juni 23 und **Oktober 31** Ewiggeldverkäufe durch Sebastian Lung (Lanng) und seine Hausfrau Barbara, wieder insgesamt 20 Gulden um 400 Gulden Hauptsumme (GruBu), aus ihrem Haus zwischen den Häusern des Hans Ridler (Kaufingerstraße 10) und des Matheus Sanner (Kaufingerstraße 12*) gelegen.[4]
1540/41-1549 das Heiliggeistspital hat ein Ewiggeld aus dem Haus des Sebastian Lang an der Kaufinger Gasse.[5]
1541 Januar 31 Ewiggeldverkauf aus dem Haus des Sebastian Lanng an der Kaufingergasse Petri, gelegen zwischen den Häusern des Hanns Ridler (Kaufingerstraße 10) und des Matheus Sanner (Kaufingerstraße 12*).[6]
1549 Mai 9 der Weinschenk Zacharias Metzger und seine Hausfrau Magdalena verkaufen ein Ewiggeld von 25 Gulden um 500 Gulden (GruBu).
1550 Zacharias Metzger, vorher Wastl Lang (Lung), betreibt an der Kaufingergasse eine Fremdenherberge, mit der Möglichkeit 21 Pferde unterzubringen.[7]
1554 Mai 4 Michael Schwaiger und seine Hausfrau Magdalena (verwitwete Metzger) verschreiben den hinterlassenen Kindern des Zacharias Metzger und Stief- beziehungsweise leiblichen Kindern (Michael, Zacharias und Barbara) der Verschreiber ein Ewiggeld von 40 Gulden um 800 Gulden Hauptsumme zur Entrichtung ihres väterlichen Erbes (GruBu).
1557 November 8 und
1557 November 20 das Ehepaar Schwaiger verkauft zwei Ewiggelder um je 5 Gulden um je 100 Gulden aus dem Haus (GruBu).
1560 April 4 Ewiggeldverkauf von wiederum 5 Gulden um 100 Gulden Hauptsumme durch das Ehepaar Schwaiger an den Weinschenk Michael Metzger (GruBu).
1564/I domus Michael metzgers (StB).
1570 April 13 bis
1570 April 18 sechs Ewiggeldverkäufe von jeweils 5 Gulden um je 100 Gulden durch den Gastgeben Michael Metzger aus diesem seinem Haus, unter anderem am 15. April an seinen Bruder Zacharias Metzger, Salzstößel, und seine Hausfrau Elisabeth (GruBu).
1573 laut Grundbuch (Überschrift) des Michel Metzger, Weinschenken, Haus, Hof und Stadel und Haus darob.
Das Haus bleibt bis 1621 im Besitz der Familie Metzger.

Eigentümer Kaufingerstraße 11*:

* Niclas Húbschwirt (Hubscheirt) [später Pfändermeister[8]]
    St: 1368: -/-/-, 1369: 4/-/75, 1371, 1372: 3/6/-

---

[1] Geiß, St. Peter S. 295 ohne Quelle.
[2] Stadtgericht 207/5 (GruBu) S. 296r/v und 207/5a (GruBu) S. 673v/674v.
[3] Urk. B II c Nr. 57.
[4] BayHStA, GUM 814 (23.6.1540).
[5] Heiliggeistspital (Rechnungen) 176/30 S. 41v (1540/41), 176/37 S. 42v (1549). – In den Rechnungen des Spitals heißt er immer Lang, nicht Lung.
[6] BayHStA, GUM 821.
[7] Gewerbeamt 1422a.
[8] Niclas Hübschwirt 1381 und 1382 als Pfändermeister belegt, vgl. R. v. Bary III S. 822.

StV: (1369) semipost corpus stewre quaeretur in libris prioribus. (1372) adhuc remanet post et in h[oc anno ?] nichil tenem[ur] sibi -/-/12 Ratisponenses.

* Chunrat [II.] Sluder [Bruder der Werndel Berghoferin], 1382-1383, 1388 inquilinus
    St: 1382, 1383/I: 13,5/-/-, 1383/II: 20/-/60, 1387: 10/-/30, 1388: 20/-/60 juravit, 1390/I-II: 20/-/60

* Werndel (Wernher) Perchhofer (Perckhofer) [Stadtrat[1]]. 1381, 1383/II, 1388 relicta Wernheri Perckhoferii. 1382, 1383/I, 1387, 1390/I, 1393-1418 relicta (vidua) Perckhoferin (Perkoferin, Perchhoferin). 1392 Els [Margaret ?] Perckoferin. 1419 patrimonium Perckhoferin [= Margaret I. Schluder, Schwester von Konrad II. Schluder[2]]
    St: 1375: 6/-/-, 1377: 10/-/- juravit, 1378, 1379: 10/-/-, 1381: 7/-/- sub gracia, 1382, 1383/I: 7/-/-, 1383/II: 10,5/-/-, 1387: 4/5/10, 1388, 1390/I-II: 9/-/80, 1392: 3/7/15, 1393, 1394: 5/-/60, 1395: 2/-/- absolutum, 1396, 1397, 1399: 3/-/-, 1400, 1401/I-II: -/-/-, 1403, 1405/I: 4/-/-, 1405/II: 3/-/- iuravit, 1406-1408: 4/-/-, 1410/I: 3/-/80, 1410/II: 6/-/-, 1411: 4,5/-/-, 1412: 5,5/-/-, 1413: 4/-/- iuravit, 1415: 3/6/-, 1416: 5/-/-, 1418: 5/-/- patrimonium, 1419: -/-/-
    StV: (1403, 1405/I) nach alter stewr. (1410/I) und waz sy noch furbaz ereribt von irem bruder Chunrat [II.] Sluder, daz sol sy hinzu seczn.

Hanns [II.] Sluder inquilinus [Bruder der Werndel Berghoferin]
    St: 1382, 1383/I: 7/-/-, 1383/II: 10,5/-/-

Gasper Perckhofer inquilinus
    St: 1401/I-II: -/-/-
    Pferdemusterung, um 1398: (Ur-Fassung): Kaspar Perkofer und der Stúpf súllen haben zway pferd umb 40 gulden und der Kaspar sol selb reiten und der Stúpf sol haben ein erbern knecht; (Korrig. Fassung): Kaspar Perkofer und Hans Stúpf súllen haben 3 pferd umb 60 gulden und der Kaspar sol selb reiten und der Stúpf sol haben ein erbern knecht.

* Hanns Urschentaler (Ursentaler) [Stadtrat[3], ∞ Anna]. 1453 domus Ursentaler. 1445 Ursntaler
    Sch: 1439/I-II, 1440, 1441/I-II: 5 t[aglon], 1445: 4 ehalten, dedit -/-/32
    St: 1453: Liste

* Pauls Gólhúter (Gollnhúter, Golhuter) [∞ Clara, geb. Krümmel]
    St: 1454-1458: Liste, 1462: 1/-/15

** Cristof Pechthaler (Pecktaler) [Stadtrat[4]]. 1527/I Cristof Pechtaler patrimonium
    St: 1486, 1490: 6/6/14, 1496: 6/3/-, 1500: 4/4/14, 1508, 1509: 3/4/24, 1514: Liste, 1522-1525: 4/6/2, 1526: an kamer, 1527/I: 4/6/2
    StV: (1500) et dedit 1/4/24 für pueri Hainsteter. (1508, 1509) et dedit 1/7/6 fur pueri Hainsteter. Et dedit -/-/8 von -/-/60 geltz gen Hadern. (1523-1525) et dedit 2/-/13 fur p[ueri] Alex Ridler. (1527/I) von dem 26. jare, dedit L[ienhart] Weiler.

** domus [Jörg] Lung [zu Planegg]
    St: 1527/II, 1528: an kamer, 1529: 3/1/5, 1532: an kamer, nit hie

** Sebastian Lanng, 1540, 1541, 1543 wirtt [Salzstößel[5], ∞ Barbara]. 1546, 1547 Sebastian Langin
    St: 1540-1542: -/6/-, 1543: 1/5/-, 1544: -/6/-, 1545: 1/5/-, 1546: -/6/- patrimonium, 1547: -/6/- patrimonium

** Zacharias metzger, 1550, 1551/II-1554/I wirt. 1551/I Zacharias wirt [Salzstößel[6], ∞ Magdalena]
    St: 1549/II, 1550, 1551/I-II, 1552/I-II: 1/4/12, 1553: 2/1/1, 1554/I: 2/1/1 patrimonium das erst, 1554/II: 2/1/1 patrimonium das ander, 1555: -/-/-
    StV: (1555) haben die erben versteurt.

** Michel Schwaiger 1554/II, 1556-1558 wirt [Salzstößel[7], ∞ Magdalena, verw. Metzger]
    St: 1554/II: -/1/26 gracion, 1555: 1/3/7 juravit, 1556, 1557: 1/3/7, 1558: 2/6/14, 1559, 1560: 1/3/7, 1561: -/5/10 schenckhsteur

---

[1] Wernher Perckhofer war 1373-1376 äußerer und 1377-1380 innerer Stadtrat, vgl. R. v. Bary III S. 738.
[2] Zu den Schluder vgl. Stahleder, Bürgergeschlechter. Die Schluder S. 39/74.
[3] Hanns Ursentaler ist am 26.1.1443 als einer der Bürgermeister belegt, vgl. R. v. Bary III S. 758.
[4] Cristoff Pechtaller ist 1504 bis 1506 als äußerer Stadtrat belegt, vgl. RP.
[5] Sebastian Lang ist 1529 als Salzstößel belegt, vgl. Vietzen S. 155 nach KR.
[6] Zacharias metzger ist 1539 als Salzstößel und Wirt belegt, vgl. Vietzen S. 155 nach KR.
[7] Der Wirt Michel Schwaiger ist 1554 auch Salzstößel, vgl. Vietzen S. 156 nach KR.

StV: (1555-1557, 1559, 1560) mer 1/3/25 für seine kind(er). (1558) mer 3/-/20 für seine kinder.
** domus Michael metzgers [Sohn von Magdalena Metzger-Schwaiger, Salzsender, Wirt[1]]. 1564/I-II Michel metzghers erben
St: 1563: nichil, 1564/I: -/-/-, 1564/II: an chamer
StV: (1564/I) sol paur (?) von Pruckh zuesetzn an chamer.
** Michel metzger, 1567/II-1571 wierdt
St: 1566/II: -/5/2, 1567/I-II: -/5/10 schenckhsteur, 1568: 1/3/20 schenckhsteur, 1569-1571: 1/-/10
StV: (1566/II) mer für Hanns Wisreiter zu Nurmberg folio 99v [Ewiggeld]. Mer für seiner hausfrauen heuratguet -/2/10 gratia. (1567/I) [Schenkensteuer] bis er vertailt. Mer für Hanns Wisreiter nihil [vgl. Bewohner].

Bewohner Kaufingerstraße 11*:

prennerin St: 1392: -/-/18
   Seyfrid prenner inquilinus St: 1393: -/-/24
Prunnerin inquilina St: 1392: -/-/18, 1393: -/-/24
Winttrin inquilina St: 1394: -/-/12
Jacob Part St: 1395: -/-/68 gracianus
Wincklerin inquilina St: 1396: -/-/20 fur 3 lb
Newmairin inquilina St: 1399: -/-/20
Peter Maenher St: 1406: servit
Gumprecht. 1441/I relicta Gumprecht Sch: 1440, 1441/I: 1 t[aglon]
   Fridrich Gúmprecht Sch: 1 t[aglon]
Hanns abntawrer St: 1453: Liste
Hanns Mairhover kistler St: 1453: Liste
Ludwig Polcz inquilinus St: 1457: Liste
Lienhard Stainawer [Kramer[2]]
   St: 1482: 1/-/8
   StV: (1482) et dedit -/-/16 von 2 lb geltz des Eisennickls.
Utz Dawm St: 1482: -/-/60
relicta Jorg Lercherin St: 1500: -/6/23
Sanndizeller St: 1528: an kamer
Hanns Grym
   St: 1548: 2/3/7 juravit, 1549/I: 2/3/7
   StV: (1549/I) seine erben zalten 3 nachsteur von 310 fl [ge]púrenden tayl im patrimonio 1/2/1 am 14. (?) Mey.
Hanns Ventt [gestrichen: wirt]
   St: 1551/II: -/-/14 gracion
   StV: (1551/II) zalt sein weib, er ward nit hie.
Hannß Púrckhl [Schneider[3]] St: 1561: -/-/21 gratia
Hanns Wisreiter (Wisreuter), 1563 der jung, 1565 wirtt [und Salzstößel[4]]
   St: 1563, 1564/I-II, 1565: -/5/10 schenckhsteur, 1566/I: -/-/-
   StV: (1566/I) nit hie, an chamer.
Leonhart Kriechpäm thuechscherer St: 1564/II: -/-/-
Engltzhofer, 1565 f(urstlicher) provisoner St: 1565: -/-/-, 1566/I: -/-/- hofgsind
graf von Zollern St: 1567/I: -/-/-, 1567/II: -/-/- hofgsind, 1568: -/-/-
[...] Purckhart[5] St: 1567/I: -/-/-, 1567/II: -/-/- hofgsind

---

[1] Michel metzger ist 1556 Mitglied der Wirtezunft, 1557 als Salzsender belegt, vgl. Vietzen S. 150 nach KR.
[2] Linhart Stainawer 1474, 1477, 1479 Vierer der Kramer, vgl. RP und Rindermarkt 18.
[3] Vgl. Kaufingerstraße 12*.
[4] Hans Wisreiter 1562 als Salzstößel und Wirt belegt, vgl. Vietzen S. 156 nach KR.
[5] 1567/II Platz für Vornamen freigelassen. Nach Purckhart folgt nachgetragen, aber unleserlich: Glug ? Dlm ?

Kaufingerstraße 12*
(mit Fürstenfelder Straße 4*)

Lage: 1372 „bey dem öbern prunnen".
Charakter: Weinschenke. 1550 Fremdenherberge, 16 Pferde.

Hauseigentümer:

1372 Juni 10 „Christein die Chlevberin", Witwe, hat ihr Haus an der Kaufingergasse „bey dem öbern prunnen" mit Einwilligung ihrer Tochter Elspet um 70 Pfund Pfennige ihrem Sohn Chunrad (Klewber) verpfändet.[1] Wegen der Lagebezeichnung „beim oberen Brunnen" und der Position der Klewberin und des Konrad Klewber in den Steuerbüchern dürfte der Eintrag auf dieses Haus zu beziehen sein.
1390 November 25 oder **Dezember 2** das Haus des Dornacher ist dem Haus des Bäckers Zaiser (Kaufingerstraße 13) benachbart.[2]
1391 März 9 Perchtold der Altman verkauft seines Bruders [Georg ?] Tochter Anna Haus an der Kaufingergasse, zunächst an des Zayssers Haus (Kaufingerstraße 13) gelegen, an Stelle seiner vorgenannten Nichte an Ulrich den Dornacher.[3]
1395 Dezember 6 (oder November 29) Ulreich der Dornacher hat sein Haus an der Kaufingergasse in St. Peters Pfarr, zwischen den Häusern der Perchoverin (Kaufingerstraße 11*) und des Sigel Stertz (Kaufingerstraße 13), um 100 Gulden Ulrich dem jüngeren Tichtel auf dem Schneeberg verpfändet.[4]
1396 August 25 Ulrich der „Dorchnaher" („Dornacher") hat sein Haus an der Kaufingergasse, zunächst den Häusern der „Perchoverin" (Kaufingerstraße 11*) und des Stertz (Kaufingerstraße 13), um 176 neue ungarische Gulden dem „Ulreich Weczel" dem Bäcker verpfändet.[5]
1399 März 8 das Haus der Dornacherin ist dem Haus der Zaiser/Stertz (Kaufingerstraße 13) an der Kaufingergasse benachbart.[6]
1400 Juni 25 des Ulrich Dornachers seligen Witwe und ihr Eidam „Hainrich Ryenshofer von Freysing" verkaufen ihr Haus in St. Peters Pfarr an der Kaufingergasse, zunächst dem Haus des Bäckers Sigel Stertz (Kaufingerstraße 13) gelegen, Perchtold dem Zangk.[7]
1410 Mai 12 Andre der Mellczer hat die Überteuerung aus seinem Haus an der Kaufingergasse, zunächst dem Haus des Bäckers Sigel Stertz (Kaufingerstraße 13), um 40 Pfund Münchner Pfennige verpfändet.[8]
1411 April 27 Andre Melczer hat sein Haus an der Kaufingergasse, zunächst dem Haus der Perckhoverin (Kaufingerstraße 11*) gelegen, verkauft.[9] Der Name des Käufers fehlt. Es muß jedoch Güss sein, der seit 1411 hier in den Steuerbüchern steht.
1449 März 3 das Haus des Hanns Güss ist dem Haus des Konrad Stadler (Kaufingerstraße 13) benachbart.[10]
1451 Februar 23 Hanns Güss ist dem Haus der Anna Ursentaler (Kaufingerstraße 11*) benachbart.[11]
1454 März 26 Hanns Güsser ist Nachbar von Paul Gollhüter (Kaufingerstraße 11*).[12]
1454 Juli 16 Hanns Güss ist Nachbar der Anna Stadler (Kaufingerstraße 13).[13]

---

[1] GB I 28/7.
[2] GB I 248/2.
[3] GB II 2/10, 2/11.
[4] GB II 58/11.
[5] GB II 118/1, 2.
[6] GB II 142/1, 142/2, 142/6.
[7] GB II 157/3.
[8] GB III 96/7.
[9] GB III 107/1.
[10] Vogel, Heiliggeistspital, Urk. 315; Vogel, Heiliggeistspital, Salbuch A Nr. 237. – Urk. D I e 1 - XII Nr.10.
[11] Hufnagel/von Rehlingen, St. Peter Urk. 131.
[12] Geiß, St. Peter S. 295 ohne Quelle.
[13] Hufnagel/von Rehlingen, St. Peter Urk. 143.

1462 Januar 14 Häuser und Stadel des Hanns Güss sind dem Haus des Ehepaares Gollhuter (Kaufingerstraße 11*) benachbart.[1]

1462 August 12 das Haus des Hanns Güss ist Nachbar vom Haus des Ehepaares Pauls und Clara Gollhuter (Kaufingerstraße 11*).[2]

1472 August 13 Haus und Stadel des Hanns Güss sind dem Haus von Pauls und Clara Gollhuter (Kaufingerstraße 11*) benachbart.[3]

1482 November 2 das Haus des Pölster ist Pauls Gollhüter (Kaufingerstraße 11*) benachbart.[4]

1484/85 laut Grundbuch (Überschrift) des Jorg Glaners Haus, Hof und Stadel.[5]

1485 Juni 23, Juli 4 und

1502 Dezember 13 das Ehepaar Jorg und Elisabeth Glaner verkaufen drei Ewiggelder in Höhe von 6 Gulden für 120 Gulden, von 5 Gulden für 100 Gulden und von 3 Pfund, wahrscheinlich für 60 Pfund Hauptsumme (GruBu).

1519 Juni 22 der Priester Meister Sigmund Glaner verkauft aus diesem seinem Haus ein Ewiggeld von 10 Gulden für 200 Gulden Hauptsumme (GruBu), ebenso

1519 Juli 8 weiterer Ewiggeldverkauf durch Magister Sigmund Gloner (9 Gulden um 180 Gulden Hauptsumme) (GruBu).

1519 Juli 9 Sigmund Gloner verkauft seinem Schwager und seiner Schwester, dem Schneider Hanns Denck und seiner Hausfrau Catharina, ein Ewiggeld von 4 Gulden um 80 Gulden (GruBu)[6] und

1519 Juli 10 desgleichen, und zwar diesmal an seinen Bruder Bärtlme Gloner und seine Hausfrau Anna (1 Gulden 15 Kreuzer um 25 Gulden Hauptsumme) (GruBu).

Es folgen aber gleich noch drei weitere Ewiggeldverkäufe durch Sigmund Gloner:

1519 Juli 13 1 Gulden 25 (!) Kreuzer, wohl um 25 Gulden an den Schwager Michael Weiß,

1519 Juli 14 1 Gulden 15 Kreuzer um 25 Gulden Hauptsumme noch einmal an den Schwager Hanns Denck, Schneider, und seine Ehefrau Catharina und

1519 Juli 19 1 Gulden und 25 Kreuzer um 25 Gulden an den Schwager Linhart Veichtmüller und seine Hausfrau Elspeth (GruBu).

1522 domus herr Sigmund Saner (?) [= Glaner, Gloner] (StB).

1540 April 9 Mathes Soner und seine Hausfrau Apollonia verkaufen den Kindern des Bartlme Gloner, Sigmund und Brigitha, ein Ewiggeld von 2 Gulden um 40 Gulden Hauptsumme (GruBu). Der zweite Vorname (Hanns) und die Amtsbezeichnung (fürstl. Kammerherr zu Ferrar(a)) im Häuserbuch stammen nicht aus dem Grundbuch. Auch wird dort der Stiefbruder Kaspar Sonner nicht erwähnt.

1540 Mai 31 weiterer Ewiggeldverkauf durch das Ehepaar Soner (5 Gulden um 100 Gulden) (GruBu).

1540 Juni 23 und

1541 Januar 31 das Haus von Metheus Sanner ist dem Haus der Eheleute Sebastian und Barbara Lanng (Kaufingerstraße 11*) benachbart.[7]

Auf dem Haus liegen demnach nunmehr Hypotheken in Höhe von 920 Gulden für die jährlich ein Zins von über 45 Gulden zu zahlen ist.

1546 März 13 das Haus des Glaner ist dem des Hanns Thonauer (Kaufingerstraße 13) benachbart.[8]

1550 Mathes Soner betreibt an der Kaufingergasse eine Fremdenherberge und kann hier 16 Pferde unterbringen.[9]

1554 September 14 der Gloner ist dem Haus des Hanns Thonauer (Kaufingerstraße 13) benachbart.[10]

1570 Mai 14 das Haus des Matthes Soner liegt dem Haus der Kinder des Caspar Schmidt (Kaufingerstraße 13) benachbart.[11]

1573 laut Grundbuch (Überschrift) des Mathes Soner Gastgebens Haus, Hof und Stadel (GruBu). Das

---

[1] MB XXI 74 S. 180/186.
[2] BayHStA, GUM 2764.
[3] MB XXI 75 S. 187/192.
[4] BayHStA, GUM 2771.
[5] Stadtgericht 207/5 (GruBu) S. 297r/v und 207/5a (GruBu) S. 677v/679r.
[6] Name der Ehefrau ist laut Grundbuch Catharina, nicht Elsbeth wie im Häuserbuch.
[7] BayHStA, GUM 814, 821.
[8] BayHStA, KU München-Anger 1115.
[9] Gewerbeamt 1422a.
[10] BayHStA, KU München-Anger 1140.
[11] BayHStA, KU München-Anger 1174.

Haus kommt durch Verkauf (durch Hanns Mathias Soner) am 22. Mai 1585 um die Summe von 1600 Gulden an einen Gastgeben Kilian Haueisen, der in erster Ehe mit einer Ursula Soner verheiratet war.

Eigentümer Kaufingerstraße 12*:

* relicta [Christein] Klewberin
    St: 1368: -/6/-, 1369: -/9/-, 1371, 1372: 0,5/-/-
  filius eius inquilinus. 1372 Chunrad[us] filius eius inquilinus
    St: 1371, 1372: -/-/-
  relicta Jórig Altman
    St: 1375: 7/-/- sub gracia
  puer(i) Górii (Georii, Jeorii) Altman (Altmanni)
    St: 1377: -/-/45, 1378: -/-/-, 1379, 1381, 1382, 1383/I: -/-/45
* Dornaher (Dornacher, Dorchnacher), 1382-1383/I inquilinus. 1396-1397 Ulrich Dornaher. 1399, 1400 relicta Dornaherin (Tornacherin) [Wirtin[1]]
    St: 1382, 1383/I: -/-/48, 1383/II: -/3/- voluntate, 1387: -/-/60, 1388: 0,5/-/- post -/-/40, juravit, 1390/I-II: 0,5/-/-, 1392: -/6,5/-, 1393, 1394: 1/-/20, 1395: 0,5/-/-, 1396, 1397, 1399, 1400: -/6/-
* Anna Altman, Tochter von Perchtolds Bruder [Georg ?], wohl verh. Dornacher [bis 1391 März 9]
* Perchtold Zangk [seit 1400 Juni 25]
  Andre Zangk
    St: 1406: 3/-/- iuravit, 1407: 3/-/-, 1408: 2/-/-, 1410/I: -/5/24, 1410/II: -/-/-
* Andre melczer [1410 Mai 12, 1411 April 27]
* Hanns Gẃzz (Gúß) [Eisenhändler, auch Weinschenk, Salzsender, Stadtunterrichter ?[2]]. 1439/I-1441/II relicta Gússin (Gussin)
    St: 1411: 3/-/60, 1412: 4/-/80, 1413: 3/-/60 iuravit, 1415: 4,5/-/-, 1416: 6/-/-, 1418, 1419: 6/5/10, 1423: 7,5/-/-, 1424: 2,5/-/-, 1431: -/18/- iuravit
    Sch: 1439/I-II, 1440, 1441/I-II: 1,5 t[aglon]
    StV: (1423) et dedit -/-/15 von dez Strawzzdorffer kind gracianus.
* Hanns Guss (Gúss). 1445 Gussn [Salzsender, Weinschenk[3]]
    Sch: 1445: 2 ehalten, dedit -/-/16
    St: 1453-1458: Liste, 1462: -/11/20
* Conrad Polsterl
    St: 1482: -/7/2
** Jörg (Georg) Glaner [Weinschenk[4], ∞ Elisabeth]
    St: 1486: 2/-/14, 1490: 1/7/12, 1496: 1/2/7, 1500: 1/1/22, 1508, 1509: 1/-/10, 1514: Liste
    StV: (1486, 1490) et dedit -/5/7 (für) pueri Mándl. (1496) et dedit -/1/4 für pueri Mändl. Et dedit -/4/29 fur pueri Hainrich(in ?) aus der stat haẃs. (1500) Et dedit -/-/27 für pueri Mändel. Et dedit -/1/25 für pueri Hainrichin.
  Pólsterl
    St: 1514: Liste
** domus herr Sigmund Glaner [Priester, Bruder von Bartlme Glaner, 1519 Juni 22 bis 1522]
    St: 1522: anderswo

---

[1] Die Dornacherin ist Wirtin und erhält 1398/99 für die Bewirtung von einquartierten Soldaten in der Rais von der Stadtkammer über 24 Pfund Pfennige ausbezahlt, vgl. KR 1398/99 S. 115r.

[2] Die Stadt kauft Eisen vom Güss, vgl. KR 1410/11 S. 64r. – Einen Hans Gúß nennt allerdings auch das Weinschenken-Verzeichnis um 1414 und 1433, vgl. Gewerbeamt 1411 S. 2v, 9r.

[3] Hanns Gus/Gúss – entweder dieser oder der folgende – ist 1429 und 1430 als Salzsender belegt, 1451 und 1458 Mitglied der Weinschenken-Bruderschaft, 1452, 1453 und 1455 Vierer der Schenken, vgl. Vietzen S. 144, Gewerbeamt 1411 S. 9v, 11r, 11v, 12v. – Hans Güss gehört 1430 zu den Wirten an der Kaufingergasse, die Ungeld zahlen, vgl. Steueramt 987. – Auch eine Gusin ist laut Vietzen 1430 Salzsenderin. Ein Hans der Güsser ist 1397-1410 und 1417-1424 Stadtunterrichter, derselbe ?, vgl. R. v. Bary III S. 802.

[4] Jörg Glaner 1489 Mitglied der Weinschenkenzunft, vgl. Gewerbeamt 1418 S. 6r.

Bartlme Glaner [Bruder von Sigmund Glaner, Weinschenk[1]]. 1540-1543 relicta Glanerin. 1544-1554/I alt Glanerin
   St: 1522-1526, 1527/I: -/6/25, 1527/II, 1528, 1529, 1532: -/6/4, 1540-1542: -/2/28, 1543: -/5/26, 1544: -/2/28, 1545: -/4/-, 1546-1548, 1549/I-II, 1550, 1551/I-II, 1552/I-II, 1553: -/2/-, 1554/I: -/2/- matrimonium
   StV: (1554/I) sollen hinfúro die erben zusetzn.
** Mathes Saner (Soner, Sonner) [= Mathes Glaner, ∞ Apollonia] wirtt. 1542, 1549/I-II, 1551/I Mathes Saner [= Hans Mathes, fürstl. Kammerherr zu Ferrara]
   St: 1540-1542: -/5/10 schenckhe(n)steur, 1543: 1/3/20 schenckhsteur, 1544: -/5/10 schenckhensteur, 1545: 1/3/20 schenckhsteur, 1546-1548: -/5/10 schenckhe(n)steur, 1549/I-II, 1550, 1551/I-II, 1552/I-II: 1/2/1, 1553, 1554/I-II, 1555-1557: 1/1/25, 1558: 2/3/20, 1559-1561, 1563, 1564/I-II, 1565, 1566/I: 1/1/25, 1566/II, 1567/I-II: -/6/29, 1568: 3/6/28, 1569-1571: 2/2/6
   StV: (1549/I) hat seiner hausfrau heiratgueth zugsetzt. (1554/II-1557, 1559-1567/II) mer -/1/- für sein son (sun). (1556, 1559-1561, 1563-1567/II) mer -/1/15,5 für p[ueri] Kirhmayr (Kirchmair, Khirmair). (1557) mer -/1/15 für p[ueri] Kirhmayr. Mer -/1/26 für p[ueri] Kolbeckhen. (1558) mer -/2/- für sein son. Mer -/3/1 für p[ueri] Kirhmair. Mer -/2/10 für p[ueri] Kolbeckhen. Mer -/3/15 für 3 nachsteur p[ueri] Kolbeckhen. (1560) mer für p[ueri] Reischl erster ee 1/5/21. (1561, 1563-1566/I) mer für p[ueri] Reischl erster ee 1/6/25. (1566/II) mer für p[ueri] Reischl erster ee 2/3/15, zuegesetzt Holtzmúllerin erb. (1567/I-II) mer p[ueri] Reischl erster e(h)e 2/3/15. (1568) mer für sein sun -/2/-. Mer für p[u-eri] Khirchmair -/3/1. Mer für p[ueri] Reischl erster ee 5 fl. (1569) mer fur sein sun -/1/-. (1569, 1570) mer fur Kirchmair (Khirmair) -/1/16. (1569-1571) mer für p[ueri] Reischl 3/2/14,5. (1570) mer für sein sun nachsteur -/4/-. (1571) mer für p[ueri] Khirmair -/1/16, zalt nachsteur.
Sigmund Glaner, 1558, 1559 kursner
   St: 1546: -/-/21 gracion, 1547: -/-/21 gracion das ander, 1548: -/4/12 juravit, 1549/I-II, 1550, 1551/I-II, 1552/I-II: -/4/12, 1553, 1554/I: -/4/26, 1554/II, 1555-1557: -/5/19, 1558: 1/4/8, 1559, 1560: -/5/19, 1561: -/4/24
   StV: (1554/II) sambt seiner mueter erb. (1556, 1557, 1559-1561) mer -/4/2 für p[ueri] Probst (Brobst). (1558) mer 1/1/4 für p[ueri] Probst.

Bewohner Kaufingerstraße 12*:

Órtel Rietmair (Rietmaer), 1383, 1388, 1390/I inquilinus St: 1383/I-II, 1387, 1388, 1390/I-II: -/-/-
(Chunrat) Gúlherr pek, 1395-1397, 1405/II-1407 inquilinus. 1407, 1408 relicta Gúlherin peckin. 1410/I-II relicta Gúlherin, 1408, 1410/II inquilina
   St: 1395-1397, 1399: -/-/60 für zehen lb, 1405/II: -/-/60 fur 10 lb, iuravit, 1406: -/-/80 für 10 lb, 1407, 1408: -/-/80, 1410/I: -/-/16 fúr nichil, 1410/II: facat
Lúdel (Ludwig) peck inquilinus St: 1400: -/-/32 gracianus, 1401/I: -/-/60
Ulrich Adelstorffer, 1401/I et uxor St: 1401/I: -/12/-, 1401/II: 0,5/-/- iuravit
Hanns von hof peck inquilinus St: 1401/II: -/-/64 für 8 lb, 1403: -/-/64 fúr 8 lb, iuravit
Ulrich Grúber St: 1403: -/13/10 iuravit
Michel Wun, 1405/II et uxor, 1406 inquilinus St: 1405/II: -/6/12 iuravit, 1406: -/-/-
   Matheis Wunn St: 1405/II, 1406: -/-/-
Michel Fróleich inquilinus St: 1408: -/-/60 gracianus
Agnes amb inquilina St: 1408: -/-/-
Haincz Dachperger, 1410/II inquilinus St: 1410/I: 0,5/-/- iuravit, 1410/II: -/5/10
[Seitz[2]] Tornzway salbẃrch inquilinus St: 1410/II: -/-/80 für 10 lb
Hanns Zangkl St: 1431: 2/-/- gracion
[Augustin] Eirl weinschenck St: 1482: 1/-/15
   St: 1482: et dedit -/-/21 fur sein tochter Regina. Et dedit -/-/60 die nachstewr fur Gabrielin Schaperlin, Eyrl ist porg.

---
[1] Partlme Glaner 1515 Aufnahme in die Weinschenkenzunft, vgl. Gewerbeamt 1418 S. 16v.
[2] Vgl. 1410/I bei Kaufingerstraße 36.

Hanns Rehlinger messerschmid St: 1482: -/2/9
Matheis Klinger perlmacher[1] St: 1482: -/-/60
Pfenningmanin St: 1486: 2/1/-
pfentermaister [= Gabriel Menndorffer[2]] St: 1490, 1496: nichil
Linhart Schaitnhauer [Weinschenk[3]] St: 1509: -/5/10 [Schenkensteuer]
junckfrau Rosnpuschin St: 1508, 1509: 1/1/1, 1529: 1/4/3, 1532: an kamer, nit hie
Utz (Ulrich) Seidl[4] sneider St: 1508, 1509: -/-/60
relicta Hartmonin. 1528 Hartmonin matrimonium St: 1522-1526, 1527/I-II, 1528: 3/-/-
Hanns tagwercher St: 1522: -/2/-, 1523: -/-/14 gracion, 1524: -/2/-
Kalchoferin St: 1525, 1526, 1527/I-II, 1528, 1529, 1532: -/2/-
Caspar Werder schneider St: 1540, 1541: -/2/-
Onoffrius Pútrich
    St: 1541: 1/2/10, 1542: 1/2/10 patrimonium, 1543: nihil
    StV: (1542) zalt Cristof Hofer.
Marten pogner St: 1542: -/-/14 gracion, 1543: -/4/-, 1544: -/2/-, 1545: -/4/-
Warbara Paungartnerin St: 1543: -/4/-
Michel Eckh leermaister (lernmaister) St: 1559, 1560: -/2/-
Balthaser Stöckhl (Steckhl), 1564/I-1568 glaser
    St: 1561, 1563, 1564/I-II, 1565, 1566/I-II, 1567/I-II: -/2/20, 1568: -/5/10
Hanns Pürckl (Púrckhl) schneider
    St: 1563, 1564/I-II, 1565, 1566/I-II, 1567/I-II: -/2/-, 1568: -/4/-, 1569-1571: -/2/2
Ludwig Griessl spangler St: 1569, 1570: -/2/-

Kaufingerstraße 13
(mit Fürstenfelder Straße 3)

Charakter: Im 14. Jahrhundert vielleicht Bäckerei, dann Weinschenke. 1550 Fremdenherberge, 10 Pferde.

Hauseigentümer:

1382 Januar 31 die Frau des Meisters Jakob des Juden verkauft das Haus der Lochaimerin an der Kaufingergasse, zunächst dem Haus von Ulrich Barts Kind (Kaufingerstraße 14*) gelegen, so wie sie es als Pfand in ihre Gewalt gebracht hatte, an Chunrad den Zayser den Bäcker.[5]
1384 Juli 30 der Bäcker Zaiser versetzt sein Haus an der Kaufingergasse dem Bürger Taschler zu Innsbruck und seiner Hausfrau als Heimsteuer, Widerlegung und Morgengabe um 20 Pfund Regensburger Pfennige.[6]
1385 März 6 der Bäcker Zaiser verpfändet sein Haus an der Kaufingergasse um 15 Pfund Regensburger Pfennige seiner Schwiegermutter. Für den Namen des Hausnachbarn ist eine Lücke freigelassen.[7]
1390 November 25 (oder Dezember 2) der Bäcker Zaiser versetzt sein Haus an der Kaufingergasse, zunächst dem Haus des Dornachers (Kaufingerstraße 12*) gelegen, dem Fleischhacker Aynhödel.[8]
1391 März 9 der Zaysser ist des Perchtold Altmanns Nichte Anna (Kaufingerstraße 12*) benachbart.[9]
1395 Dezember 6 (oder November 29) das Haus des Sigel Stertz ist dem Haus des Ulreich Dornacher (Kaufingerstraße 12*) benachbart.[10]

---

[1] Matheis perlmacher ist 1484 Vierer der Perlmuter, vgl. RP.
[2] 1490-1493 Gabriel Menndorffer Pfändermeister, dann Stadtoberrichter, vgl. R. v. Bary III S. 825/826, 798.
[3] Schaittenhawer 1503 Aufnahme in die Weinschenkenzunft, vgl. Gewerbeamt 1418 S. 14v.
[4] Utz Seidel 1510 und 1512 Vierer der Schneider, vgl. RP.
[5] GB I 154/3.
[6] GB I 205/15.
[7] GB I 212/9.
[8] GB I 248/2.
[9] GB II 2/10, 2/11.
[10] GB II 58/11.

1396 Mai 16 der Bäcker Sigelin Stertz ist dem Haus des Hans Bart (Kaufingerstraße 14*) benachbart.[1]
1396 August 25 das Haus des Stertz ist dem Ulrich Dorchnaher (Kaufingerstraße 12*) benachbart.[2]
1399 März 8 „Hailweig, der Kaiserin [gemeint: Zaiserin] muter", hat ein Viertel aus dem Haus an der Kaufingergasse, dem Haus der Dornacherin (Kaufingerstraße 12*) benachbart, und das zur Hälfte dem Sighart Stertz gehört, an Stelle ihres Enkels („an irs Enen [= Großvaters] stat", gemeint ist aber: an Stelle ihres Enkels) Hänslein des Zaisers, der zu seinen Tagen noch nicht gekommen ist (= noch nicht volljährig ist), dem Sighart Stertz verkauft.[3] Danach hat Chuntzel Prawn ebenfalls ein Viertel aus dem Haus dem Sighart Stertz überlassen. Als Bürgen stellt der Prawn seinen (Stief-)Bruder Ull den Hunger.[4] Am selben Tag verpfändet Sigel Stertz ein Viertel aus seinem Haus an der Kaufingergasse, zunächst dem Haus der Dornacherin (Kaufingerstraße 12*) gelegen, dem Hänslein, des Zaisers Sohn, der von seiner „an" (Großmutter) Hailweig vertreten wird, um 34 ungarische Gulden.[5]
1400 Juni 25 das Haus des Bäckers Sigel Stertz ist dem Haus der Witwe Dornacher, künftig des Perchtold Zangk Haus (Kaufingerstraße 12*), benachbart.[6]
1410 Mai 12 der Bäcker Sigel Stertz ist dem Andre Mellczer (Kaufingerstraße 12*) benachbart.[7]
Nach 1419 (1400/05 (?)) das Heiliggeistspital hat ein Ewiggeld aus des Stadler Schusters Haus an der Kaufingergasse, das der Franz Tichtel dem Spital vermacht hat. Er wird Georgi 1453 um 83 Gulden rheinisch abgelöst.[8]
1449 März 3 das Heiliggeistspital hat ein Ewiggeld aus Chunrad Stadlers Haus und Hofstatt in St. Peters Pfarr an der Kaufingergasse, zunächst dem Haus des Hanns Güss (Kaufingerstraße 12*) gelegen.[9] Auch das Salbuch B des Heiliggeistspitals nennt zum Jahr 1449 die drei ungarischen Gulden Ewiggeld „aus Stadlär weinschencken hauss" und die Ablösung 1453 um 83 rheinische Gulden.[10]
1454 Juli 16 Konrad Stadlers Witwe Anna verkauft ein Ewiggeld aus ihrem Haus in St. Peters Pfarr an der Kaufingergasse, zwischen den Häusern des Hanns Güss (Kaufingerstraße 12*) und der Anna Awerin (Kaufingerstraße 14*) gelegen.[11]
1454 die Stadlerin hat 2 Pfund Pfennige Ewiggeld „aus Andre Faber haws".[12]
1462 September 3 Bärtlme Faber, Metzger, verkauft aus diesem seinem Haus ein Ewiggeld von 3 Gulden, wohl um 60 Gulden Hauptsumme, an Leonhard Lederschneider.[13]
1475 März 21 Bärtlme Faber verkauft ein Ewiggeld von 4 Gulden, wahrscheinlich um 80 Gulden Hauptsumme, an Ulrich Siessenkhofer (GruBu).
1483 Juni 5 das Haus der Statlerin, eine Angabe die jedoch veraltet ist, ist dem Haus des Cristan Mawlperger (Kaufingerstraße 14*) benachbart.[14]
1483 August 4 Bartholome Faber verkauft aus diesem Haus ein Ewiggeld von 3 Pfund um 60 Pfund Hauptsumme an das Bruderhaus (GruBu).
1484/85 laut Grundbuch (Überschrift) des Bartholme Fabers Haus, Hof und Stadel.
1499 Januar 15 Bartlme Fager (!) verschreibt seinem Eidam Centz Stromair ein Ewiggeld von 2,5 Gulden, wohl um 50 Gulden Hauptsumme, aus seinem Haus für sein (beziehungsweise seiner Ehefrau) Heiratgut (GruBu).
1503 Januar 13 der Schneider Hanns Duntzelpacher und seine Hausfrau Anna verkaufen ein Ewiggeld (1 Gulden um 20 Gulden) (GruBu).

---

[1] GB II 111/5.
[2] GB II 118/1.
[3] GB II 142/1. – Hans Zaiser ist 1418 Bäcker bei Marienplatz 8**.
[4] GB II 142/2, 142/3.
[5] GB II 142/6, 142/15.
[6] GB II 157/3.
[7] GB III 96/7.
[8] Vogel, Heiliggeistspital, Salbuch A Nr. 237 aber mit 1400/05 (Handschrift des Schreibers 2 b) wohl zu früh datiert.
[9] Urk. D I e 1 - XII Nr. 10. – Vogel, Heiliggeistspital, Urk. 315; Vogel, Salbuch A Nr. 237.
[10] Zimelie 40 (Heiliggeistspital, Salbuch B) S. 8v, 34v.
[11] Hufnagel/von Rehlingen, St. Peter Urk. 143.
[12] Kämmerei 64 S. 6r.
[13] Stadtgericht 207/5a (GruBu) S. 680v/682r und 207/5 (GruBu) S. 299r/v.
[14] MB XXI 90 S. 242/245.

1514 ein Ewiggeld liegt auf Bartholome Fabers Haus an der Kaufingergasse. Das Haus „hat jetzunt der Dintzlpacher".[1]

1530/31-1547 das Heiliggeistspital hat ein Ewiggeld aus des Wolfgang Hofman (!) schusters Haus an der Kaufingergassen.[2] 1548 und 1549 heißt es dazu: „zahlt jetzt Donauer, Salzstößel".[3]

1546 Februar 21 und

1546 März 13 Hanns Thonauer und seine Hausfrau Anna verkaufen zwei Ewiggelder an Wolfgang Hofmans hinterlassenes Töchterl Barbara, wohl zur Entrichtung der Kaufsumme, jedes in Höhe von 5 Gulden um je 100 Gulden Hauptsumme. Nachbarn sind der Glaner (Kaufingerstraße 12*) und der Oblater (Valpichler) (Kaufingerstraße 14*).[4]

1546 Dezember 7 das Ehepaar Thonauer verkauft ein weiteres Ewiggeld (3 Gulden um 60 Gulden Hauptsumme) (GruBu).

1550 Hanns Donawer betreibt an der Kaufingergasse eine Fremdenherberge mit der Möglichkeit, 10 Pferde unterzubringen.[5]

1551 Juni 11 Hanns Tonauer verschreibt seinen leiblichen Kindern Joseph, Anna und Regina ein Ewiggeld aus dem Haus (2 1/2 Gulden um 50 Gulden) (GruBu).

1546 März 13 und

1554 September 14 Hanns Thonauer und seine Hausfrau Anna verkaufen ein Ewiggeld aus ihrem Haus an der Kaufingergasse, zwischen den Häusern des Glaner (Kaufingerstraße 12*) und – veraltet – des Oblaters (Vahlpichler) (Kaufingerstraße 14*) gelegen.[6]

1554 Juni 14 und

1557 Mai 20 der Koch Caspar Schmidt und seine Hausfrau Afra verkaufen zwei Ewiggelder (2 Gulden, wohl um 40 Gulden, und 3 (!) um 50 Gulden Hauptsumme) (GruBu).

1563 Februar 8 Caspar Schmidt verschreibt seinen leiblichen Kindern zur Entrichtung ihres Muttergutes ein Ewiggeld von 7 Gulden um 140 Gulden (GruBu).

1568 Januar 24 als des Cristof Nisls, Kramers, Frau Regina und ihre Schwester Anna Fröschlin aus diesem Haus 17 1/2 Gulden Ewiggeld hatten (wohl um 350 Gulden Hauptsumme), verteilten sie es durch das Los (GruBu). Sie sind aber vielleicht nur Inhaberinnen der Hypothek gewesen, keine Hauseigentümer, falls sie nicht identisch sind mit den gleichnamigen Töchtern Anna und Regina des früheren Hauseigentümers Hanns Thonauer.

1570 Mai 14 das Angerkloster hat ein Ewiggeld aus Haus und Hofstatt der Kinder aus erster und zweiter Ehe des Caspar Schmidt, gewesenen Kochs, an der Kaufingergasse Petri zwischen den Häusern des Matthes Soner (Kaufingerstraße 12*) und des Ambrosi Stegbacher (Kaufingerstraße 14*).[7]

1571 Mai 18 der Koch Georg Moser und seine Hausfrau Ursula Spiess verschreiben aus diesem ihrem eigenen Haus ihrer Stief- beziehungsweise leiblichen Tochter Anna Schmidin ein Ewiggeld in Höhe von 6 Gulden und 42 Kreuzer um 133 Gulden und 55 Kreuzer Hauptsumme zur Entrichtung der Kaufsumme (GruBu).

1573 laut Grundbuch (Überschrift) des Geörgen Moser Kochs Kinder Haus, Hof und Stadel (GruBu). Das Haus bleibt bis um 1609 im Besitz der Familie Moser.

Eigentümer Kaufingerstraße 13:

* relicta Fridrich Lochhaimer. 1382 relicta Fridrich Lochhaimer. 1383/I relicta Friczzin inquilina
    St: 1381: -/-/24, 1382: -/-/24 sub gracia, 1383/I: -/-/12, 1383/II: -/-/18
* [Konrad] Zayser (Zaizzer, Zaiser) pistor (peck). 1392 Zaizzerin peckin inquilina
    St: 1383/I: -/-/36, 1383/II: -/-/54, 1387: -/-/24, 1388: -/-/46 juravit, 1390/I-II: -/-/48, 1392: -/-/36
    socrus eius inquilinus
    St: 1387: -/-/12

---

[1] Zimelie 33 (Stadtbruderhausbuch) S. 14.
[2] Heiliggeistspital (Rechnungen) 176/23 (1530/31) S. 32v, 176/35 (1547) S. 30v.
[3] Heiliggeistspital (Rechnungen) 176/36 S. 30v, 176/37 S. 31v.
[4] Grundbuch und BayHStA, KU München-Anger 1115.
[5] Gewerbeamt 1422a.
[6] BayHStA, KU München-Anger 1140.
[7] BayHStA, KU München-Anger 1174.

pueri Zaizzer inquilini. 1393 pueri Zaizzer et Zaizzerin
   St: 1392: -/-/-, 1393: -/-/48
   Bem.: (1392) Steuer gemeinsam mit der Zaisserin.
relicta et pueri Zayserin
   St: 1394: -/-/48
* Sygel (Sighart) Stertz (Stercz) bek
   St: 1394: -/-/20, 1395: -/-/77, 1396, 1397, 1399: -/3/25, 1400, 1401/I: -/5/24, 1401/II: 1/-/16 iuravit, 1403, 1405/I: 1/-/16, 1405/II: -/9/- iuravit, 1406-1408: -/12/-, 1410/I: -/5/24 iuravit, 1410/II: -/7/22, 1411: -/5/24, 1412: -/7/22, 1413: -/3/18 iuravit, 1415: -/3/6, 1416: 0,5/-/8, 1418: -/-/60, 1419: -/-/45 fúr nichil
   StV: (1399) und -/-/30 gracianus de uxor[e].
   Bem.: (1395-1397, 1399) Steuer gemeinsam mit der Zaiserin.
relicta Zaiserin sein [= des Sigel Stertz] hawsfraw(n) und ireẃ kind. 1399 relicta Zaiserin
   St: 1395-1397, 1399: -/-/-
   Bem.: (1395-1397, 1399) Steuer gemeinsam mit Sigel Stertz.
unus puer(i) Zaisser (Zayser, Kaiser), 1401/II, 1405/I inquilinus, 1406 peck. 1407, 1408 pueri Zayser inquilini. 1410/I-1413 pueri unus Zayser, 1411 inquilini
   St: 1400, 1401/I: -/-/30, 1401/II: -/-/12, 1403: -/-/12 gracianus, 1405/I: -/-/12 gracianus, 1405/II: -/-/32 gracianus, 1406: -/-/42 gracianus, 1407, 1408: -/-/42, 1410/I: -/-/32 gracianus, 1410/II: -/-/42 gracianus, 1411: -/-/31, 1412: -/-/41 gracianus, 1413: -/-/32 gracianus
Ull Stertz
   St: 1394: -/-/26
* Chunrat Prawn sein [= des Sigel Stertz] aydem inquilinus [ein Viertel Haus, bis 1399 März 8]]
   St: 1399: -/-/40 gracianus
Hanns Stercz [Bäcker] inquilinus[1]
   St: 1410/I: -/6/- iuravit, 1410/II: 1/-/-, 1411: -/6/-, 1423: -/3/-
* Chunrat Stadler. 1423, 1424 Stadler schuster [Weinschenk[2], ∞ Anna]. 1445 Stadler. 1454-1458 relicta Stadler (Stadlerin), 1454 inquilina
   St: 1423: 2,5/-/- schencknstewr, 1424: -/6/20, 1431: -/17/10 iuravit, 1453-1458: Liste
   Sch: 1439/I-II, 1440, 1441/I-II: 2 t[aglon], 1445: 1 diern, dedit -/-/8
Andre faber. 1455, 1456 relicta faberin. 1457, 1458 relicta Andre faberin. 1462 relicta faberin inquilina
   St: 1454-1458: Liste, 1462: -/-/-
   StV: (1462) steuert gemeinsam mit Partlme faber.
** Partelme faber (vaber) (!), 1462 meczger[3]. 1482-1496 Bartholome (Bartelme) Fager, 1496 m[etzger]
   St: 1454-1458: Liste, 1462: 1/-/23, 1482: 1/3/18, 1486, 1490: 1/-/24, 1496: -/4/20
   StV: (1462) steuert gemeinsam mit der „relicta faberin". (1462) aus dem haus 1 lb gelcz zu einem jartag, dedit -/-/8, dedit mer -/-/5 fur seiner muter swest[er] fur -/12/- leippting. (1482) et dedit -/3/6 von 3 lb geltz des Stritzels erben. (1486) et dedit -/3/6 von 3 lb geltz des Stritzels erben. (1496) et dedit -/4/8 fúr sein hausfraw patrimonium. Et dedit -/-/72 fur Hanns Gschray patrimonium.
** Hanns Túntzlpacher, 1500 s[neider][4] [∞ Anna]
   St: 1500: -/2/28

---

[1] 1412 getilgt „Hanns Stercz".
[2] Stadler gehört 1430 zu den Wirten an der Kaufingergasse, die Ungeld zahlen, vgl. Steueramt 987. – Kunrat Stadler ist 1433 und 1451 Mitglied der Weinschenken-Bruderschaft, 1447, 1452 und 1453 Vierer der Schenken, vgl. Gewerbeamt 1411 S. 8v, 9v, 11r. – Vgl. auch im einleitenden Text zu diesem Haus unter 1449/1453.
[3] Partel Fager ist von 1463 bis 1498 wiederholt Vierer der Metzger, vgl. RP.
[4] Hanns Duntzlpacher (Tintzlpacher) 1504, 1507, 1513-1518 Vierer der Schneider, vgl. RP.

* Wolfgang Hofmair, 1508-1514, 1523, 1527/II, 1528 schuster[1], 1525 schuchmacher. 1540-1544 Wolff (Wolffgang) Hoffman (!) schuester. 1545 Wolffgang Hoffman
    St: 1508, 1509: -/2/27, 1514: Liste, 1522-1526, 1527/I: 1/1/8, 1527/II, 1528, 1529, 1532: 1/-/-, 1540-1542: 1/-/14, 1543: 2/-/28, 1544: 1/-/14, 1545: 2/-/28 patrimonium.
** Hanns Donauer, 1550-1552/II wirt, 1553, 1554/I saltzstösl[2] [∞ Anna]
    St: 1546-1548: 1/2/16, 1549/I-II, 1550, 1551/I-II, 1552/I-II: 2/1/11, 1553, 1554/I: -/4/5
    StV: (1548) mer -/1/12 gracion von wegen seiner hausfrauen heiratguet, sols aufs jar zusetzn. (1549/I) hat seiner hausfrau heiratguet zugsetzt.
  Urs (Ursula), 1550, 1551/II ibidem. 1553-1554/II des Donauers (Thonauers) schwiger Urs. 1555 Urs, Donauers schwiger
    St: 1550, 1551/I-II, 1552/I-II, 1553, 1554/I-II, 1555: -/2/-
** Caspar schmid koch [∞ Afra]. 1566/II Caspar schmidin kochin
    St: 1553, 1554/I-II, 1555-1557: -/2/-, 1558: -/4/-, 1559, 1560: -/2/-, 1561, 1563, 1564/I-II, 1565, 1566/I-II: -/5/10 schenckhsteur
    StV: (1556) mer -/-/14 für p[ueri] Cuntz Mayr. (1557, 1559, 1560) mer -/1/8,5 für p[ueri] Heutwagn. (1558) mer -/2/17 für p[ueri] Heutwagn. (1561) mer für p[ueri] Heutwagen -/1/8.
** Jorg (Georg) Moser koch [∞ Ursula Spiess, geb. Schmid]
    St: 1567/I-II: -/5/10 schenckhsteur, 1568: 1/3/20, 1569-1571: -/5/10 schenckhsteur
    StV: (1568) mer für Anna Froschin folio 18r [Ewiggeld]. (1569) und für sein stiefkind -/-/21. Mer für Anna Froschin folio 17r [Ewiggeld]. (1570, 1571) und für seine khinder -/-/21. (1570) mer für Anna Froschin folio 10r [Ewiggeld]. (1571) mer für Anna Froschin folio 9 [Ewiggeld].

Bewohner Kaufingerstraße 13:

relicta Arnoltrin (Arnolttin) St: 1368: -/-/52, 1369: -/-/60
Jacob Polan scriptor Krúg St: 1368: -/6,5/- post
Niclas Frumel inquilinus St: 1368: -/-/32 juravit
Martein Paesinger St: 1368: -/-/60
[Ulrich[3]] Haug vragner St: 1375: 0,5/-/-
Chunrat Gúnndelkofer, 1378, 1379 inquilinus St: 1377: -/11/6 juravit, 1378, 1379: -/11/6
Achtjar goltsmid inquilinus St: 1383/II: -/-/42
Hainrich mulner inquilinus St: 1387: -/-/16
relicta Friczzin St: 1388: -/-/24 juravit
Ulrich servus Sentlingerii inquilinus St: 1388: -/-/-
Heinrich calciator (schuchster) inquilinus St: 1390/I: -/-/32 iuravit, 1394: -/-/48
Soffey inquilina St: 1390/I: -/-/8
[Martin] Rogeis pek St: 1392: -/-/48, 1393: -/-/63
Ull hantmaler inquilinus St: 1392: -/-/24
Heinrich sneider von (de) Inglstat inquilinus St: 1392: -/-/18, 1393: -/-/24
Els chaeflin inquilina St: 1393: -/-/32 juravit
Gorg Knoll inquilinus St: 1393: -/-/16
Ulrich Werder schneider inquilinus St: 1394: -/-/12
Hánsel messrer inquilinus St: 1394: -/-/16
Beschórnin inquilina St: 1394: -/-/12
Zerrweggin (Zernwegkin) inquilina St: 1395: -/-/32 für nichil, 1396: -/-/30 [fur] nichil
Slechczvelder (Sleczveld(er)) sneyder inquilinus
    St: 1397, 1399, 1400, 1401/I: -/-/60 fúr 6 lb, 1401/II: -/-/60 für 6 lb, iuravit, 1403, 1405/I: -/-/60 fúr 6 lb, 1405/II: -/-/60 fúr 3 lb, iuravit, 1406: -/-/60 fúr 3 lb
Haincz schuster von Egenhofen inquilinus St: 1399: -/-/60 fur 6 lb
relicta Thoman platner inquilina St: 1401/I: -/-/-

---

[1] Wolfgang Hofmair 1509, 1512-1517, 1519, 1520 Vierer der Schuster, vgl. RP.
[2] 1553 gestrichen „wirt", dahinter „saltzstösl".
[3] So 1368-1372 und 1377 und 1378 bei Kaufingerstraße 20*/21*.

Moczenhoferin inquilina St: 1403: -/-/45
Trewsull inquilinus, 1405/I peck St: 1405/I: -/-/31 für nichil, 1405/II: -/-/40 für nichil, iuravit
Westnerin inquilina St: 1405/I: -/-/-
Chunrat sneyder inquilinus St: 1410/II: -/-/20 gracianus
Wymer sneyder inquilinus. 1415 Margred Wynnerin inquilina St: 1412: -/-/34, 1415: 0,5/-/-
Fridel Verbenpeck Hirner (?) [Bäcker[1]] St: 1418: -/-/60
[Konrad] Pugkel schuster inquilinus St: 1419: -/-/64
Hainrich Kraisser, 1439/II, 1441/I zimerman, 1440, 1441/II inquilinus
      Sch: 1439/I: -/-/6, 1439/II, 1440, 1441/I-II: 0,5 t[aglon]
Hanns Sundermair, 1454 gurtler St: 1453, 1454: Liste
Peter Mairhofer [Weinschenk[2]] St: 1490: 1/1/25
Larentz káuffel St: 1496: -/-/60
Gilg metzger St: 1508: -/-/60
Urban Túntzl, 1508 sleifer St: 1508, 1509: -/-/60
Peter Strasser taschner[3] St: 1509: -/3/-
junckhfrau [Helena] Rosenpuschin St: 1514: Liste
Ulrich Seidl schneider[4] St: 1514: Liste
    [wieder getilgt:] et mater [daneben Vermerk:] sol nit geschriben werden St: 1514: Liste
Hanns Tenck sch[neider][5] St: 1522: -/3/12
Jori kramer St: 1522: -/-/21 gracion
Philip Walther [Weinschenk[6]] St: 1523-1526, 1527/I-II, 1528, 1529: -/2/-
Jori gollermacher St: 1523: -/2/3 juravit
Hanns Putzer tagwercher, 1527/I inquilinus St: 1526, 1527/I: -/2/-
Hanns roßwachter St: 1528, 1529: -/2/7
relicta Ludwig [II.] Ridlerin matrimonium St: 1532: an kamer
relicta Kirchmairin St: 1532: an kamer, nit hie
Jorg Rothmair (Rotth, Roth, Rott) metzker St: 1540-1542: -/2/-, 1543: -/4/-
Jacob Stainauer
      St: 1540: -/-/-, 1541, 1542: -/3/19, 1543: 1/-/8, 1544: -/3/19, 1545: -/4/12, 1546, 1547: -/2/6
      StV: (1540) supra folio 52 col. 2 [= 52v, Rosenstraße 5]
Hanns Nuspam St: 1544: -/2/-
Steffan Dysl [Tagwerker[7]] St: 1546, 1547: -/2/-
Clas zimerman. 1550-1551/II, 1552/II Clas Háckhl zimmerman
      St: 1548, 1549/I-II: -/2/-, 1550: -/2/- dieser zeit, 1551/I-II, 1552/I-II: -/2/-
Hanns tagwercher. 1549/I Hanns Singer tagwercher St: 1548, 1549/I: -/2/-
Jorg Franckhin
      St: 1549/II: -/5/10 schenckhsteur, 1550, 1551/I-II: -/2/-
      StV: (1550) die schenckhsteur hat sy bey ainem erbern rath erlangt, nymmer ze geben.
Balthas Thaisser (Thayser, Tayser), 1552/II, 1553, 1554/I, 1555 scharsachschleuffer
      St: 1549/II: -/4/7 juravit, 1550, 1551/I-II, 1552/I-II: -/4/7, 1553, 1554/I-II, 1555: -/2/-
Jacob maurer St: 1549/II: -/2/-
Jög Král leinweber St: 1550: -/1/1, 1551/I-II, 1552/I: -/2/-, 1552/II: -/1/1 hoffgsind
Wolffgangin, 1550, 1553 ibidem St: 1550, 1551/I-II, 1552/I-II, 1553, 1554/I-II: -/2/-
Veit padknecht. 1554/I Veit padknecht Reytaxt
      St: 1553, 1554/I: -/2/-
      StV: (1553) Mer -/4/- sein alte steur.
Bartlme kupfferschmid St: 1554/II: -/-/21 gracion

---

[1] So 1419 bei Marienplatz 8**.
[2] Peter Mairhofer 1489 Mitglied der Weinschenkenzunft, vgl. Gewerbeamt 1418 S. 6r.
[3] Der Taschner Peter Strasser 1503 und 1504 Vierer der Beutler, Gürtler, Taschner, Ircher, Nadler, vgl. RP.
[4] Utz Seidl 1510 und 1512 Vierer der Schneider, vgl. RP.
[5] Hanns Tenck bei Rindermarkt 21 „schneider" genannt.
[6] Fylip Walthär 1507 Aufnahme in die Weinschenkenzunft, Gewerbeamt 1418 S. 14v.
[7] Vgl. Marienplatz 27*.

Barbara Kothmairin St: 1554/II: -/2/-
Jorg pappierer St: 1555: -/-/14 gracion
Hanns gartner schuechflickher
    St: 1556: -/2/-
    StV: (1556) soll noch 2 alt steur [zahlen].
Peter Muespeckh St: 1556: -/2/-
Jorg Schlemmer St: 1556: -/2/-
Jorg Frolich (Frelich, Frölich) pot St: 1556, 1559-1561: -/2/-
    und sein hoffraw Anl paddirn
    St: 1556: -/-/-
    StV: (1556) der zeit pauper, ligt im bruederhaus.
Lucas Zanckhl schuester St: 1557: -/-/21 gracion
Hans Lentzhueber zimerman St: 1557: -/-/14 gracion
Margreth metzgerin St: 1557: -/2/-
Katherina Auerin St: 1557: -/-/- pauper
Thoman vischer riemer St: 1558: -/4/-
Jorg peckh tagwercher
    St: 1558: -/-/-
    StV: (1558) der zeit eingstellt, der man ist von ir geloffen, wár sonst gracion gwest.
Lienhart tagwercher. 1559 Lienhart Hueber tagwercher St: 1558: -/4/-, 1559: -/2/-
Ludwig Griesl spangler. 1560, 1561, 1563 Ludwig spänngler St: 1559-1561, 1563: -/2/-
saylerin infrau St: 1561: -/2/-
Caspar Arbaiser St: 1561: -/2/-
Simon (Sigmund) Heunkhamer (Einkhamer, Heinkomer, Heidkhamer), 1564/I-1566/I scharbachter
    St: 1563, 1564/I-II, 1565, 1566/I: -/2/-
Hanns[1] schneider St: 1563: -/2/-
Jacob Hertzog puechpinter St: 1563: -/2/-
Jórg Piebl tagwercher St: 1564/II: -/2/-
Michel Mair puechpinter St: 1564/I-II: -/2/-
Hanns müller schuester St: 1564/I-I, 1565, 1566/I-II: -/2/-
Caspar trometter St: 1565, 1566/I-II: nihil, hofgsind
Hanns Kugler schneider
    St: 1566/II: -/2/-, 1567/I-II, 1568, 1569: an chamer
    StV: (1566/II) mer für seine khinder -/-/14. (1567/I) -/2/- und -/-/14 für seine khinder zalt.
        (1568) zalt.
Balthauser Spiegler reiter
    St: 1567/I: an chamer, 1567/II: -/2/- búrger, hofgsind, 1568: -/4/- búrger unnd hofgsind
    StV: (1567/II) mer für versessne steur -/2/-.
Hanns naglerin. 1567/II Hanns Gartnerin naglerin St: 1567/I-II: -/2/-
Hanß schmid wachter[2] St: 1569: -/2/-
Michel Erl tagwercher St: 1569, 1570: -/2/-
Thoman Stepacher schneider St: 1570: -/-/28 gratia, 1571: -/2/-
Bastl scharwachter [darüber:] plaicher St: 1570: -/2/-

---

[1] Über „Hanns" „Mathes".
[2] „wachter" neben gestrichenem „truckhenlader".

Kaufingerstraße 14*
(mit Fürstenfelder Straße 2*)

Hauseigentümer:

1382 Januar 31 Ulrich Barts Kind Haus an der Kaufingergasse ist dem Haus der Lochaimerin (Kaufingerstraße 13) benachbart.[1]

1396 Mai 16 Hanns der Part hat sein Haus an der Kaufingergasse zwischen den Häusern der Gasparin (Kaufingerstraße 15*) und des Bäckers Sigelin Stertz (Kaufingerstraße 13) „Hainreich Chrayen dem appentecher ze München" verkauft.[2]

1403, 1410/II domus Hainrich Kray (StB).

1415 März 12 das Haus des Kray ist dem Haus der Witwe Elspet des Ludwig Pötschner, künftig dem Haus des Perchtold des Zangk (Kaufingerstraße 15*), benachbart.[3]

1454 Juli 16 das Haus der Anna Awerin ist dem Haus der Witwe Anna des Konrad Stadler (Kaufingerstraße 13) benachbart.[4]

1483 Juni 5 auf des Cristan Mawlpergers Haus, Hofstatt, Stallung und Stadel in St. Peters Pfarr an der Kaufingergasse, gelegen zwischen den Häusern der Statlerin (veraltet!) (Kaufingerstraße 13) und des Meltzers (Kaufingerstraße 15*), liegt ein Ewiggeld.[5]

1484/85 laut Grundbuch (Überschrift) der Sigmund Güntherin Kind Haus, Hof und Stadel.[6]

1486 domus pueri Günther (StB).

1511 April 28 und

1519 April 11 das Ehepaar Georg und Barbara (Valpichler) Oblater verkauft zwei Ewiggelder aus dem Haus, eines von 5 Gulden um 100 Gulden und eines von 1 Pfund um 20 Pfund Pfennigen Hauptsumme (GruBu).

1521 Juli 1 das Haus des Oblaters (Vahlpichler) ist dem Haus des Augustin Khöllner (Kaufingerstraße 15*) benachbart.[7]

1526 Mai 19 das Ehepaar Georg und Barbara Vhalpichler Oblater verkauft ein Ewiggeld von 5 Gulden, wahrscheinlich um 100 Gulden Hauptsumme (GruBu).

1534 Dezember 1 Marthin und Pauls Vhalpichler haben aus diesem ihrem Haus ein Ewiggeld von 5 Gulden um 100 Gulden an ihren Stiefvater Hanns Sündelhauser und seine Hausfrau Barbara (ihre Mutter) verkauft (GruBu).

1539 Juni 23 Hanns Schmidt und seine Hausfrau verkaufen dem Paul Vahlpichler und seiner Hausfrau Clara ein Ewiggeld von 5 Gulden um 100 Gulden Hauptsumme, wohl zur Entrichtung der Kaufsumme (GruBu).

1539 August 8 weiterer Ewiggeldverkauf durch das Ehepaar Schmidt (5 Gulden um 100 Gulden Hauptsumme) (GruBu).

1543 Februar 14 die Gerhaben von Meister Hanns Schotts hinterlassenen Kindern aus zweiter Ehe (neun Namen) verschreiben Hanns Schott dem Jüngeren ein Ewiggeld von 5 Gulden, wohl um 100 Gulden Hauptsumme, aus dem Haus (GruBu).

1544 Oktober 16 die Vormünder von Meister Hanns Schöttls Barbiers Witwe und Kindern verkaufen deren Behausung und Hofstatt in St. Peters Pfarr an der Kaufingergasse. Der Käufer ist nicht genannt, muß jedoch Stegpacher/Steppacher sein[8], der ab 1544 hier in den Steuerbüchern steht.

---

[1] GB I 154/3.
[2] GB II 111/5. – 1387 wird Hainrich Kray noch „Apotheker zu Haydelberg" genannt, vgl. R. v. Bary III S. 1029 ff, am 7.3.1400 Heinrich der Kray „des Pfalzgrafen Ludwig Diener und Apotheker in München", vgl. BayHStA, HU Freising, 24.4.1406 Heinrich Kray der Apotheker, vgl. BayHStA, KU Fürstenfeld 711. – Auch ein Fridrich Kray ist 1411 Apotheker, vgl. R. v. Bary III S. 1029 ff.
[3] GB III 160/17.
[4] Hufnagel/von Rehlingen, St. Peter Urk. 143.
[5] Urk. D I e 2 - XXXI Nr. 21. – MB XXI 90 S. 242/245.
[6] Stadtgericht 207/5 (GruBu) S. 299r/v und 207/5a (GruBu) S. 684v/685v.
[7] Hundt, KU Indersdorf 1911, in: OA 24/25.
[8] Urk. B II c Nr. 183.

1546 März 13 der Oblater (gemeint: Vahlpichler) wird – veraltet – immer noch als Nachbar von Hanns Thonauer (Kaufingerstraße 13) angegeben.[1]

1550 Februar 4 Ewiggeldverkauf von 1 Gulden um 20 Gulden aus diesem Haus durch das Ehepaar Ambrosi und Anna Stegbacher/Steppacher (GruBu).

1554 September 14 wieder wird veraltet der Oblater (Vahlpichler) als Nachbar von Hanns Thonauers Haus (Kaufingerstraße 13) angegeben.[2]

1570 Mai 14 das Haus des Ambrosi Stegbacher ist dem Haus der Kinder des Caspar Schmidt (Kaufingerstraße 13) benachbart.[3]

1573 laut Grundbuch (Überschrift) des Amprosi Steppacher Schneiders Haus, Hof und Stadel.

Das Haus bleibt bis um 1625 im Besitz der Steppacher.

Eigentümer Kaufingerstraße 14*:

* Ulrich [II.] Barts Kind Haus [1382 Januar 31]
* Hans (Hanns) [III.] Part [Sohn von Ulrich II. Bart und Kathrei Altman]
    St: 1392: 2,5/-/-, 1393, 1394: 3/-/80
* domus Hainrich Kray [Apotheker[4]]. 1405/I-1410/I, 1411-1419 Hainrich Kray. 1423, 1431 relicta Krayin
    St: 1403, 1405/I-II, 1406-1408, 1410/I-II, 1411-1413: -/-/-, 1415, 1416, 1418, 1419: 10/-/-, 1423: 5/-/78, 1424: -/14/6, 1431: 3/5/27 iuravit
    StV: (1415) die hat er in die kamer gericht den kamrern. (1416) und die geit er all jar ainsten vor weinnachten. (1418) nach dez racz geseczt. (1419) nach dez racz hayssen.
    pueri Kray
    Sch: 1439/I-II, 1440, 1441/I: 3 t[aglon]
* relicta[Anna] Awerin
    St: 1453-1455: Liste
* Kristof Maulperger
    St: 1455-1458: Liste, 1462: -/12/18, 1490: -/4/26
** Sigmund Güntherin[5]
    St: 1482: -/5/10
** domus pueri Gúnther [= Sigmund Günthers Kinder]
    St: 1486: anderswo
** Jórg Falpúhler (Fallpichler, Valpichler) oblater [∞ Barbara]
    St: 1514: Liste, 1522-1526, 1527/I: 1/3/-, 1527/II, 1528, 1529: -/5/-, 1532: -/5/- patrimonium et vilius. 1527/II, 1528, 1532 Hanns Falpühler prew. 1529 Hanns Fallpühler
    St: 1527/I: -/1/12 gracion, 1527/II, 1528, 1529, 1532: -/5/22
Hanns Sindelhauser obser. 1509 Sindlhauser obser [∞ Witwe Barbara Valpichler, Mutter von Martin und Hanns Valpichler]
    St: 1508, 1509: -/-/60
** Witwe Valpichler, wiederverheiratete Sindelhauser, und ihre Söhne Martin und Paulus Valpichler [1534 Dezember 1]
    Jorg Sindlhauser koral zu Unser Frauen
    St: 1544: -/-/14 gracion
** Hanns schmid saltzstösl
    St: 1540, 1541: -/4/21
** Hanns Schott palbierer.[6] 1543 Hanns Schottin palbiererin
    St: 1542: -/6/10, 1543: 1/5/20 patrimonium

---
[1] BayHStA, KU München-Anger 1115.
[2] BayHStA, KU München-Anger 1140.
[3] BayHStA, KU München-Anger 1174.
[4] Hainrich Kray 1387-1421 als (nichtbeamteter) Apotheker belegt, vgl. R. v. Bary III S. 1029.
[5] Sigmund Günther war von 1478 bis 1480 Stadtunterrichter, vgl. R. v. Bary III S. 804, nach RP.
[6] Hanns Schott 1530-1542 Stadtwundarzt, vgl. R. v. Bary III S. 1018.

sein son
> St: 1542: -/1/26 von 8 fl gelts

** Hans Schotts Barbiers Kinder Kaspar, Georg, Hanns d. J., Jakob, Anna, Margaretha, Regina, Barbara, Maria [1543 Februar 14]
** Brosi (Ambrosi) Steppacher (Stöpacher), 1544, 1545, 1552/II, 1554/II, 1555, 1558-1561, 1564/I-II, 1565-1571 schneider [∞ Anna]
> St: 1544: -/2/-, 1545: -/4/-, 1546-1548, 1549/I-II, 1550, 1551/I-II, 1552/I-II: -/2/-, 1553, 1554/I-II, 1555-1557: -/3/17, 1558: 1/-/4, 1559, 1560: -/3/17, 1561, 1563, 1564/I-II, 1565, 1566/I-II, 1567/I-II: -/4/20, 1568: 1/2/10, 1569-1571: 1/-/17
> StV: (1570, 1571) mer für p[ueri] Khugler -/-/14. (1571) mer für p[ueri] Piechlmair (?) -/2/25.

Bewohner Kaufingerstraße 14*:

Andre [II.] Sentlinger junior St: 1369: 5/-/-
Haensel (Hans) Tanner inquilinus
> St: 1371, 1372: 3/-/60
> StV: (1372) et obpost 0,5/-/-.

Fridrich Zehentner St: 1371, 1372: -/-/60
Jörig [I.] Ligsalcz [äußerer Rat[1]] St: 1375: 4/-/-
Hans verber St: 1375: 3/-/80
Chunrat Tichtel [Großer Rat[2]] St: 1377: -/-/30 juravit, 1378, 1379: -/-/-
> Ulrich [III.] Tichtl St: 1390/I: 20/-/-

Nicklas goltsmid St: 1382: -/3/6 juravit, 1383/I: -/3/6, 1383/II: 0,5/-/24
Ulrich tagwercher inquilinus. 1383/I-II Ull servus Sentlingerii inquilinus St: 1382, 1383/I-II: -/-/12
Hanns [I.] Tulbekch, 1388 goltsmid St: 1387: 2,5/-/42, 1388: 5/-/84 juravit
Tellingerin inquilina St: 1387: -/-/-
Els kauflin inquilina St: 1392: -/-/18 gracianus
Lautel (Laytel) schneider inquilinus St: 1395: -/-/80, 1396: 0,5/-/-
Hainrich schuchster von Egenberg inquilinus. 1396 Hainrich (Haincz) schuster von Egenhofen, 1397 inquilinus
> St: 1395-1397: -/-/60 für sechs lb

Hans Kún schůchster inquilinus St: 1395: -/-/36
Hanns Kúndel schuster inquilinus St: 1396: -/-/60 fur 5 lb
Hans Zogaẃs schuster inquilinus St: 1396: -/-/-
(Jörg) ir [= der pueri Kray] knecht. 1439/II Jörg sein knecht Sch: 1439/I-II, 1440, 1441/I: 1 t[aglon]
Larencz [I.] Schrenck Sch: 1439/II: 6 t[aglon]
Matheis Pótschner Sch: 1445: 3 ehalten, dedit -/-/24
Jacob Eischer obser [Weinschenk[3]] St: 1500: -/5/10
Anndre Frannck [Schuster ?[4]] St: 1500: -/-/60
Larentz káffel St: 1500: -/2/15, 1508, 1509: -/3/5
Wolfganng Ostermair St: 1524: -/1/12 gracion, 1525: -/2/-
Barbara naterin. 1525 Barbara inquilina St: 1524, 1525: -/2/-
Onoffrius Putrich St: 1540: 1/2/10
Wolff (Wolffgang) maurerin, 1540 ain hoffrau St: 1540: -/2/-, 1545: -/4/-
Lienhartin padknechtin, mer ain hoffrau St: 1540: -/2/-
Veyt múllner St: 1541: -/4/12

---

[1] Vgl. R. v. Bary III S. 741.
[2] Chunrat Tichtel war 1365 Mitglied des Großen Rats, vgl. Dirr, Denkmäler S. 582 Urk. Nr. 2.
[3] Jacob Eyscher 1489 Mitglied der Weinschenkenzunft, vgl. Gewerbeamt 1418 S. 3v.
[4] Vgl. Kaufingerstraße 23 B.

Hanns daschner. 1548-1563 Hanns taschnerin
    St: 1542: -/2/-, 1543: -/4/-, 1544: -/2/-, 1545: -/4/-, 1546-1548, 1549/I-II, 1550, 1551/I-II,
        1552/I-II, 1553, 1554/I-II, 1555-1557: -/2/-, 1558: -/4/-, 1559-1561, 1563: -/2/-
  Barbara sein (!) hoffraw St: 1550: -/2/-
Peter Pruckhmair lezelter St: 1544: -/5/10 schenckhsteur, 1545: -/4/-
Hanns Keferloer, 1544 kursner. 1549/I-II Hanns Keferloerin
    St: 1544: -/2/-, 1545: -/4/-, 1546-1548: -/2/-, 1549/I-II: nihil, pauper
Wolff Reichlin St: 1544: -/2/-
Hanns scherer keufl St: 1546, 1547: -/2/-
Frueauffin St: 1546, 1547: -/2/-
Cristoff Gastl St: 1548: -/2/-
Sigmund haffner. 1549/I Sigmund haffner Heglinger St: 1548: -/-/14 gracion, 1549/I: -/2/-
Kilian malerin St: 1548: -/2/-
Katherina St: 1549/I: -/2/-
Conrad Golter ain koch. 1549/II Conrad koch St: 1549/I-II: -/2/-
Gabriel segenschmid St: 1549/I: -/2/-
Hanns Liginger lezelter
    St: 1549/II, 1550, 1551/I-II, 1552/I: -/2/-, 1552/II, 1553, 1554/I-II, 1555-1557: -/5/10, 1558:
        1/3/20, 1559, 1560: -/5/10 schenckhsteur, 1561, 1563, 1564/I-II, 1565, 1566/I-II, 1567/I-II:
        1/3/17, 1568: 3/-/4, 1569-1571: 2/5/-
    StV: (1557) mer -/4/2 fúr p[ueri] Veit Hortschmid. (1558) mer 1/1/4 fúr p[ueri] Veitn Hort-
        schmid.
    Bem.: Eigentümer des Rückgebäudes Fürstenfelder Straße 2*.
Sebastian Ostndorffer St: 1549/II, 1550, 1551/I: -/2/20
Sigmundin Umphrichtin (Umbrichtin, Unphrichtin). 1551/II Sigmundin.
    St: 1550, 1551/I-II, 1552/I: -/2/-
  Barbara ibidem Plamentalerin St: 1551/I: -/2/-
  Warbara ibidem Sigmundin [= Unphrichtin]. 1552/I Barbara St: 1551/II, 1552/I: -/2/-
Hanns Hóhenmoser kúrsner. 1552/II Hanns Fachner [über der Zeile eingefügt: Höhenmoser] kursner
    St: 1551/II, 1552/I: -/2/-
Katharina saylerin St: 1552/II: -/2/-
Frantz púxnmaister
    St: 1554/II: -/-/-
    StV: (1554/II) hat sein bedacht pis aufs neu jar, alsdan bey den wirtn zern.
Sigmund Fues, 1556 saltzsentter[1]
    St: 1555-1557: -/5/10 saltzsenttersteur, 1558: 1/3/20 saltzsenttersteur
Wolffgang Reifling tagwercher St: 1555: -/2/-
Hanns gartner (gertner, gärtner), 1556-1560 nagler, 1561-1569 schuester
    St: 1556, 1557: -/2/-, 1558: -/4/-, 1559, 1560, 1561, 1563, 1564/I-II, 1565, 1566/I-II, 1567/I-II:
        -/2/-, 1568: an chamer, 1569: -/-/-
Steffan Rechtaller, 1559-1561, 1564/I-1571 kursner
    St: 1559, 1560: -/4/12, 1561, 1563, 1564/I-II, 1565, 1566/I-II, 1567/I-II: 1/-/10, 1568: 2/-/20,
        1569-1571: -/4/12
    StV: (1560) mer zugsetzt der altn Pernhart pognerin erb -/-/21.
Hans Unfuegin taschnerin
    St: 1564/I-II, 1565, 1566/I-II, 1567/I-II: -/2/-, 1568: -/4/-, 1569, 1570: -/2/-, 1571: an chamer
Bastl plaicher scharwachter St: 1571: -/2/-

---

[1] Vgl. auch Vietzen S. 148.

Kaufingerstraße 15*
(mit Fürstenfelder Straße 1*)

Lage: 1398 „under den rechten cramen".

Hauseigentümer:

1372 März 6 „Caspar [Gaspar Dienger] goltsmit" hat sein Haus, gelegen an der Kaufingergasse „dem Perlmaister ..., der ze den zeiten zollner ze Wazzerburck ist" überlassen.[1]
1372 August 12 die Witwe Engel die Perlmaisterin hat ihr Haus, "daz ir wirt selig von Casparen dem goltsmid gekaufft het, im hinwider aufgeben und gevertigt", also zurückverkauft.[2]
1383 März 3 „Agnes Vetlingerin dew geswester" hat ihr Haus, das vordem des Perlmaisters gewesen ist, und anderes Erbgut ihrem Vetter, dem Vetlinger (gemeint: Vettinger) Goldschmied und Ulrich Churtz dem Goldschmied um 17 Pfund Regensburger Pfennige verpfändet.[3]
1390/98 aus der Gasparin [Diengerin] Haus („domus Casparin") geht ein Pfund Pfennige Ewiggeld an das Heiliggeistspital.[4]
1396 Mai 16 das Haus der Gasparin ist dem Haus des Hanns Bart (Kaufingerstraße 14*) benachbart.[5]
1398 das Heiliggeistspital hat ein Ewiggeld aus dem „domus Casparin" „under den rechten cramen".[6] Es wird auch
1400/05 noch genannt.[7]
1415 März 12 „Elspet, Ludweigs des Pótschner sálig witib", verkauft ihr Haus an der Kaufingergasse St. Peters Pfarr, gelegen zwischen den Häusern des Kray (Kaufingerstraße 14*) und „des Golnhúter" (Kaufingerstraße 16*), „Perchtolden dem Zangken", unbeschadet der 6 Gulden ungarisch Ewiggeld, die daraus an das Heiliggeistspital gehen.[8]
1459 Februar 27 vor dem Stadtrat (Stadtgericht) wird eine Erbauseinandersetzung um väterliches und mütterliches Gut der beiden Schwestern Anna Meltzer, Ehefrau des Hanns Meltzer, und Urslein Eschlwacherin, noch unverheiratet, verhandelt. Das Ehepaar Meltzer soll dem Urslein ein jährliches Ewiggeld von 22 Gulden rheinisch geben, dazu ein Bett und Bettgewand. Außerdem sollen sie alle Schulden zahlen.[9]
Ca. 1472 die Kinder des Münchner Bürgers Hanns Mellczer, Anna (verheiratet mit Bartholome Rudolf) und Jacob, teilen die Verlassenschaft ihres Vaters. Gemeinsamer Erbanteil sind Haus und Hofstatt an der Kaufingergasse in St. Peters Pfarr, wo der verstorbene Vater wohnte und das jetzt der Stiefvater Sigmund Ligsalz bewohnt.[10]
1483 Juni 3 der Meltzer ist Nachbar des Hauses von Cristan Mawlperger (Kaufingerstraße 14*).[11]
1484/85 laut Grundbuch (Überschrift) des Jacob Meltzers Haus, Hof und Stallung.[12]
1521 Juli 1 bei einer Erbschaftsteilung übernimmt Augustin Khöllner die Behausung in der Kaufingergasse Petri, die weiland Anna Möltzerin bis zu ihrem Tod innegehabt hat. Das Haus liegt zwischen denen des Oblaters (Kaufingerstraße 14*) und der „Lynndawerin dräxlin" (Kaufingerstraße 16*).[13]
1522 Dezember 9 Augustin Colner verkauft ein Ewiggeld von 10 Gulden um 200 Gulden Hauptsumme aus dem Haus (GruBu).

---

[1] GB I 24/2.
[2] GB I 30/9.
[3] GB I 176/10.
[4] Vogel, Heiliggeistspital, Salbuch A Nr. 232. – Steueramt 982/1 S. 4v.
[5] GB II 111/5.
[6] Steueramt 982/1 S. 4v.
[7] Vogel, Heiliggeistspital, Salbuch A Nr. 234.
[8] GB III 160/17.
[9] RP Nr. 1 S. 7v.
[10] BayHStA, GUM Nr. 356.
[11] MB XXI 90 S. 242/245. – Urk. D I e 2 - XXXI Nr. 21.
[12] Stadtgericht 207/5 (GruBu) S. 300r und 207/5a (GruBu) S. 687v.
[13] Hundt, KU Indersdorf 1911, in: OA 24/25.

1523-1525 domus Augustin Köllner (Chöllner, Kollner) (StB).
1526 domus Khöllner (StB).
1526 Dezember 11 wieder Ewiggeldverkauf von 10 Gulden durch Augustin Köllner, nunmehr an seinen Eidam Anthoni Sänftl (GruBu). Das Grundbuch gibt jedoch als Hauptsumme 100 Gulden an. Es muß wohl entweder 200 Gulden heißen oder der Zinssatz muß 5 Gulden statt 10 Gulden lauten.
1529 domus Khöllner (StB).
1540-1549/I, 1550-1551/I domus Khöllner (Kolner, Köllner) (StB).
1551/II-1552/II domus Khölnerin (Kölnerin) (StB).
1559-1563 domus Zirngastin (Zierngasstin, Zierngastin) (StB).
1571 domus Wolf Zierngasstin (StB).
1573 laut Grundbuch (Überschrift) der Cidani [= Sidonia] Zierngastin von Landshut Haus, Hof und Stallung.
Die Einträge im Häuserbuch zu 1500-1522, 1552 und 1565 stammen nicht aus dem Grundbuch. Das Grundbuch von 1484/85 hat nur die beiden Einträge zu 1522 und 1526, dasjenige von 1573 beginnt erst mit einem Eintrag von 1609.

Eigentümer Kaufingerstraße 15*:

* Caspar [Dienger] goltsmid.[1] 1381-1383/II, 1388, 1394-1412 relicta Casparin (Gasparin) [= Agnes, geb. Pötschner, Schwester von Ludwig I. Pötschner]. 1387, 1390/I-II, 1392-1393 Kasparin, 1399-1401/II et mater. 1413 patrimonium Gasperin
    St: 1371: 2/5/18, 1372: 3/3/- post, 1375: 18/-/80, 1377: 11/-/- juravit, 1378, 1379: -/-/-, 1381, 1382, 1383/I: 1/-/-, 1383/II: -/-/-, 1387: -/-/40, 1388: -/-/80 juravit, 1390/I-II: -/-/80, 1392: -/10/-, 1393, 1394: -/13/10, 1395: -/6/20, 1396, 1397, 1399, 1400, 1401/I: -/10/-, 1401/II: 1/-/- iuravit, 1403, 1405/I: 1/-/-, 1405/II: -/14/- iuravit, 1406: 2/-/80 ir stewr, 1407, 1408: 2/-/80, 1410/I: 1/-/- iuravit, 1410/II: -/10/20, 1411: 1/-/-, 1412: -/10/20, 1413: 1/-/-
    StV: (1371) [Nachtrag am Rand:] Item de anno preterito 3/-/- pro stewra et pro parte pene. (1381) item de anno preterito tantum. (1383/II) [Nachtrag am Rand:] solvit -/6/- Rat[isponenses]. (1413) hat Ludweig [I. oder II.] Pötschner ausgericht in seiner stewr.
    et soror [1395 gestrichen:] und ir swester
    St: 1394,1395: -/-/-
* Perelmaister [Zöllner zu Wasserburg, ∞ Engel/Agnes]. 1375, 1377-1379 pueri Perlmaister
    St: 1372, 1375: -/-/-, 1377: -/-/80 sub gracia, 1378: -/-/-, 1379: -/5/-
    StV: (1379) [Nachtrag:] de duabus steweriz.
    Peter Pótschner goltsmid inquilinus [wohl Sohn von Ludwig I. Pötschner]
    St: 1405/II: -/-/60 für 10 lb, iuravit, 1406: -/-/80 für 10 lb
* Elspet, Witwe von Ludwig [I.] Pötschner [= Elspet, geb. Sentlinger; 1415 März 12]
* Perchtold Zangk (Zanck). 1431 relicta Zángklin
    St: 1415: 10/-/-, 1416, 1418, 1419: 13/-/80, 1423: 10/-/-, 1424: 3/-/80, 1431: 6/5/3 iuravit
    Hainrich Zangk
    St: 1415, 1416: 4 ung[arisch] gulden
    StV: (1415, 1416) nach dez racz haissen.
* Hanns Melczer [Weinschenk[2], ∞ Anna Eschlwacher, als Witwe ∞ Sigmund I. Ligsalz]
    Sch: 1439/I-II, 1440, 1441/I-II: 4 t[aglon], 1445: 1 diern, dedit
    St: 1453-1458: Liste, 1462: 8/-/41
    StV: (1462) und ist seiner swiger gut darein verreitt.
    Ursel [Eschlwacherin], der Melczerin swester inquilina
    St: 1462: -/-/-
    StV: (1462) in seiner swiger gut verstewrt.
* Anna Rudolf und ihr Bruder Jacob Meltzer, Kinder von Hanns Meltzer [ca. 1472]

---
[1] Vgl. Frankenburger S. 261.
[2] Hanns Melczer 1451 und 1458 Mitglied der Weinschenken-Bruderschaft, vgl. Gewerbeamt 1411 S. 10r, 13r.

** Jacob Meltzer [äußerer Rat[1], Sohn von Hanns Meltzer]. 1500, 1508-1514 relicta Móltzerin. 1522 relicta Meltzerin matrimonium. 1523 relicta Meltzerin frag[nerin]
    St: 1482: 4/5/9, 1486, 1490: 3/3/10, 1496: 3/2/20, 1500: 3/6/-, 1508, 1509 4/1/15, 1514: Liste, 1522: 5/4/17, 1523: nichil
    StV: (1496) et dedit 2/-/25 fur pueri lederschneider. (1508) darinn ir tochter heiratgut abgesetzt.
Meltzer
    St: 1524: an kamer

** domus Augustin Kóllner (Chóllner, Kollner). 1526, 1529, 1540-1549/I, 1550, 1551/I domus Khóllner (Kolner, Köllner). 1527/I Augustin Khollner secretari. 1549/II, 1554/I-1558 relicta Köllnerin. 1551/II-1552/II domus Khóllnerin (Kölnerin). 1553 relicta Dorothea Kóllnerin [= Dorothea III. Schrenckh[2]]
    St: 1523-1526, 1527/I-II, 1528: -/2/2, 1529, 1532: -/1/12, 1540-1542: nihil, 1543: -/2/24, 1544: nihil, 1545: -/2/24, 1546-1548, 1549/I: -/1/12, 1549/II, 1550: 2/-/-, 1551/I: -/-/-, 1551/II, 1552/I-II, 1553, 1554/I-II: 2/-/-, 1555, 1556: 3/1/5, 1557: 3/1/5 matrimonium, 1558: -/-/-
    StV: (1523) anger und ain krautgartn ist auch darinn. (1524) von seinem anger und krautgartn. (1525) von seinem anger und krautackern. (1526) von seinem haus, anger und krautgartten. (1527/II, 1528) von seinem anger und krautgartn, sein haus ist im frey gelassen, alls ainem rat. (1527/II) et dedit 3/2/10 für 25 gulden geltz. (1529) hat 1 lb zinßgelt abgesetzt. (1540-1543) für 1,5 lb gelts. (1544) sed dedit -/1/12 für 2 lb gelts. (1545-1549/I) für 1,5 lb gelts.[3] (1549/II) für irn beysitz, mit ainem geding. (1550) mit ainem geding. (1551/I) der zalt nihil, hat ain jerlich geding. (1551/II) mit ainem geding. (1552/I) mit ainem geding als offt und wie man steurt, auch ainfach oder doplt, soll sy auch steurn. (1552/II) mit geding, als offt man steurt, auch ainfach oder zwifach, dergleichen soll sy auch steurn. (1553-1554/II) mit geding, wie und als offt man steurt, ainfach oder zwifach, soll sy auch steurn. (1554/II) [Nachtrag am Rand:] hat sich bewilligt, hinfúro ain burgerliche steur ze geben. (1555) ir búrgerliche und als ain gschworne steur, wiewol irer schwachhait und alters halber des aids erlassen. (1558) setzten die erben zu.

** domus Zirngastin (Zierngastin). 1564/I-1570 Wolf Zierngasstin witib. 1571 domus Wolf Zierngasstin [= Sidonia Zürngast von Landshut, ∞ Wolff Zirngast]
    St: 1559: 3/3/20 von zinsn, 1560, 1561, 1563, 1564/I-II, 1565, 1566/I-II, 1567/I-II: 3/3/20, 1568: an chamer, 1569: 3/3/20 de domo, 1570: 3/3/20, 1571: 3/3/20 vom hauß
    StV: (1564/II-1566/I, 1567/I) zalt (herr) Sebastian Ligsaltz.[4] (1569) de domo. Mer ain doppelt und ainfach versessne steur 10/4/-.

Bewohner Kaufingerstraße 15*:

Martein Paesinger St: 1369: -/-/-

Els cháuflin inquilina
    St: 1397, 1399, 1400, 1401/I: -/-/50 für 4 lb, 1401/II: -/-/60 für 4 lb, iuravit, 1403, 1405/I: -/-/60 für 4 lb
Sumerstorferin, 1400 inquilina St: 1400, 1401/I: -/-/-
Ulrich krawtler St: 1401/I: -/6/-, 1401/II: 1/-/- iuravit
Hanns [I.] Tulbeck, 1405/II munssmaister, 1406 goltsmid inquilinus
    St: 1405/II: 6/-/- iuravit, 1406: -/-/-
Andre Ernst St: 1407: 2/-/80
Ulrich Aengstleich taschner St: 1410/I: -/-/60 für 3 lb, iuravit
Hanns Aessenhawser inquilinus St: 1410/II: -/-/32 gracianus, 1411: -/6/- iuravit
Pangracz kistler St: 1453-1455: Liste
rotsmid inquilinus. 1456-1458 Hanns rotsmid, 1456 inquilinus St: 1454-1458: Liste

---

[1] Jacob Meltzer war 1483-1486 äußerer Rat, 1482, 1492, 1494 und 1495 Mitglied der Gemain, vgl. RP.
[2] Vgl. StadtAM, Schrenck-Chronik S. 174.
[3] 1546 versehentlich fl statt lb.
[4] Sebastian II. Ligsaltz, ∞ Anna Zürngast, also wohl der Schwiegersohn der Sidonia.

Peter obser inquilinus St: 1456: Liste
Chunrat (Conrat, Kuncz) müllner, 1458, 1462 kistler,[1], 1462 inquilinus
    St: 1457, 1458: Liste, 1462: -/-/60
Matheis stainmecz inquilinus St: 1457: Liste
Jorg rotschmid inquilinus St: 1462: -/-/60
Sigmund Jobst St: 1486: -/5/10 sch(enckensteur)
Jacob Eyscher [Weinschenk, Obser[2]] St: 1490: -/2/25
[Herman] Pfeil soldner[3] St: 1490: nichil
Hanns Pfreimer kistler St: 1496: -/2/19
Wolfgang kistler St: 1514: Liste
Martein Stillnauer
    St: 1524, 1525: 1/3/10
    StV: (1524) hat seins weibs heyratgut zugesetzt.
Dorothea Kemmeterin
    St: 1550: -/3/6 juravit, 1551/I-II, 1552/I-II: -/3/6, 1553, 1554/I-II, 1555, 1556: -/5/26, 1557: -/5/26 matrimonium, 1558: -/-/-
    StV: (1557) was die frembden erben für 3 nachsteur zalt het infra folio 78 col. 2 [78v, Ewiggeld]. (1558) die erben setztns zu.
her räntmaister N. Peringer St: 1559: nihil
Doctor [Cristof] Elsenhamer (Elsnhaimer), 1566/I, 1569 f(ústlicher) rath
    St: 1560, 1561, 1563: nichil, 1564/I: -/-/- hofsind, 1564/II: nichil, hofsind, 1565, 1566/I: -/-/-, 1566/II: -/-/- hofsind, 1567/I-II, 1568-1571: -/-/-

Kaufingerstraße 16* (15*)

Lage: Eckhaus Ost an der Einmündung der Fürstenfelder Straße.

Hauseigentümer:

Hauseigentümer waren wohl zunächst die Schafswol, die hier von 1369 bis 1396 in den Steuerbüchern erscheinen. Ab 1406 ist dann Jordan Golhuter als Eigentümer belegt, der mit den Schafswol verwandt war: 1403 bis 1406 wird mehrmals eine „Agnes Golhotterin, des Schafswol sel. Tochter" genannt. 1435 stehen Leibgedingzinsen des Jordan Golnhuder von Ingolstadt, Bürger zu München, auf Ulrich Schafswols Leib.[4] Desgleichen hat Ulrich Schafswol von München 1424 Leibgedinge in Augsburg für den Gollnhotter und für Ludwig Pötschner gekauft.[5]
1415 März 12 das Haus des Golnhüters ist dem Haus der Witwe Elspet des Ludwig Pötschner selig, künftig dem Haus des Perchtold Zangk (Kaufingerstraße 15*), benachbart.[6]
1418 domus Jordan Gollhuder (StB).
1419 domus Jordan (StB).
1441/I-II domus Gol(ln)huter (SchV).
1484/85 laut Grundbuch (Überschrift) des Jorg Stupf Haus, Hof, Stallung und Hinterhaus.[7]
1495 August 5,
1498 Januar 29 und

---

[1] In diesem Haus arbeiten in dieser Zeit stets Kistler. So ist auch 1477 ein „Kistler in des Meltzer hauß" einer der Kistler-Vierer, vgl. RP 2 S. 99v.

[2] Jacob Eyscher 1489 Mitglied der Weinschenkenzunft, vgl. Gewerbeamt 1418 S. 3v. – Ein Obser Jacob Eyscher ist 1481, 1487, 1490, 1494-1496, 1498, 1499 Vierer der Fragner, Obser, Melber, vgl. RP.

[3] Herman Pfeyll ist 1488-1490 als Stadtsöldner belegt, vgl. R. v. Bary III S. 837.

[4] Steueramt 573 S. 56v und Blendinger S. 96/97.

[5] Haemmerle, Leibgedingbücher Nr. 877. – 1379 kaufte Ulrich Schafswol Leibgedinge in Augsburg für seine Söhne Oswald (16 Jahre alt), Ulrich (13 Jahre alt), Konrad (9 Jahre alt) und für die Tochter Kunigund (12 Jahre alt), ebenda Nr. 150.

[6] GB III 160/17.

[7] Stadtgericht 207/5 (GruBu) S. 301r/v und 207/5a (GruBu) S. 689v.

1505 Juli 12 Eberhart Stupf, Sohn von Jörg Stupf, der ihm das Haus vererbt hat, verkauft drei Ewiggelder, insgesamt 13 Gulden um 260 Gulden Hauptsumme (GruBu).
1521 Juli 1 das Haus der „Lynndawerin dräxlin" liegt dem Haus der Anna Möltzer, künftig Augustin Khöllners Haus (Kaufingerstraße 15*), benachbart.[1]
1543 April 5 Lienhart Lyndawer verkauft ein Ewiggeld von 10 Gulden um 200 Gulden Hauptsumme aus dem Haus (GruBu). Beruf und Ehefrau stehen nicht im Grundbuch, nur im Häuserbuch.
1573 laut Grundbuch (Überschrift) des Leonhard Lindauers Drächslers Haus, Hof, Stallung und Hinterhaus.
Die Lindauer besitzen das Haus noch bis 1614.

Eigentümer Kaufingerstraße 16*:

*? (Ulrich) Schafswol (Schaffwol) [äußerer Rat[2]]
    St: 1369, 1371, 1372: 16,5/-/-, 1375: 24/-/-, 1377: 18/-/- juravit, 1378, 1379, 1381, 1382, 1383/I: 18/-/-, 1383/II: 27/-/-, 1387: 10/-/-, 1388: 20/-/- juravit
    StV: (1375) [Nachtrag am Rand, getilgt:] solvit 2/-/-.
  pater suus inquilinus
    St: 1369: -/-/-
  Jósel sein [= des Schaffwol] vetter. 1388 Ósel inquilinus. 1390/I Jósel inquilinus. 1390/II, 1392, 1394-1396 Jósl (Jos, Jobs) Schaffwol (Schaffswol, Schafschwol), 1390/II inquilinus
    St: 1387: 2/-/-, 1388, 1390/I-II: 4/-/-, 1392: 3/-/-, 1393: 4/-/-, 1394: 8/-/80, 1395: 4/-/40, 1396: 6/-/60
  (und) Ull sein [= des Jósel] pruder. 1388 Ulrich frater suus, 1390/I, 1392 inquilinus. 1394-1396 Ulrich Schaffwol (Schaffswol, Schafschwol)
    St: 1387: 0,5/-/-, 1388, 1390/I-II: 1/-/-, 1392: -/6/-, 1393, 1394: 1/-/-, 1395: 0,5/-/-, 1396: -/6/-
  pueri Schaffwol (Schaffzwol, Schaffswol, Schafschwol)
    St: 1390/I-II: 5/-/-, 1392: 6/-/-, 1393, 1394: 8/-/-, 1395: 4/-/-, 1396, 1397: 6/-/-
* Jordan Golnhuder (Golhúter, Gollnhúter, Golnhuter, Golenhuter, Gollhúter) [Stadtrat[3], Verwandter der Schafswol]
    St: 1406: 20/-/25 iuravit, 1407, 1408: 20/-/25, 1410/I: 14,5/-/- iuravit, 1410/II: 19/-/80, 1411: 14,5/-/-, 1412: 19/-/80, 1413: 11/-/- iuravit, 1415: -/-/-, 1416: 5,5/-/13, 1431: 5/6/20 iuravit
    StV: (1406) [daneben getilgt:] und sein leipding die 25 gulden von der stat zu Munchen sind auch in sein stewr chomen. (1416) von seinem haws und ewigen und zinsgelt.
    Sch: 1439/I-II, 1440, 1441/I-II: 2 t[aglon]
    Bem.: (1405/II) Gollhuter zahlt und schwört für Hainrich goltslacher, Münzmeister, vgl. Bewohner.
  Ulreich Schafschwol inquilinus
    St: 1416: 0,5/-/- gracianus
* domus Jordan Golhuder. 1419 domus Jordan. 1441/I-II domus Golhuter (Gollnhuter)
    St: 1418, 1419: -/-/-, 1423: 4/-/39
    StV: (1418) und von seinem ewigen und zins gelcz (gelt) 5,5/-/13. (1423) haben wir den kamrern geantwurt nach der raitung.
  Wilhalm Gollnhuter (Golhuter, Gollenhuter) [Salzsender, Weinschenk, Zöllner am Isartor, äußerer Rat, dann Stadtunterrichter[4]]
    Sch: 1445: 2 ehalten, dedit -/-/16
    St: 1453-1458: Liste, 1462: -/5/10

---

[1] Hundt, KU Indersdorf 1911, in: OA 24/25.
[2] Schafswol 1374, 1377, 1384 äußerer Stadtrat, 1381 Mitglied des Großen Rats der Stadt, vgl. R. v. Bary III S. 742, 746.
[3] Jordan Golhuter ist 1431 und 1438 als Bürgermeister belegt, vgl. R. v. Bary III S. 757. – Er war mit Agnes Schrenck verheiratet, vielleicht davor schon mit einer Agnes Schafswol.
[4] Wilhalm Gollater/Gullenhúter/Golhueter ist 1445 als Salzsender, 1458 als Mitglied der Weinschenken-Bruderschaft belegt, vgl. Vietzen S. 145, Gewerbeamt 1411 S. 14r. – 1458-1461 ist er Zöllner am Isartor, 1549-1463 äußerer Stadtrat und 1463-1473 Stadtunterrichter, vgl. R. v. Bary III S. 758, 882, 804, nach KR und RP.

Pauls Golhuter
    St: 1453: Liste
** Jórg (Jörg) Stupff (Stüpff)
    St: 1486, 1490: 5/3/8, 1496: 5/-/2 patrimonium
** Eberhart Stúpff (Stupf) [Schankungelter, Sohn von Jörg Stupf[1]]
    St: 1500: -/6/27, 1508, 1509: -/6/4, 1514: Liste
    StV: (1509) et dedit -/2/15 fur Clara Stüpfin.
Clara Stúpfin. 1514 junckfraw Clara Stüpfin
    St: 1508: -/2/15, 1514: Liste
* Jórg dráxl. 1523 relicta Jórg dráxlin. 1524, 1541-1544 Jórg dráxlin. 1525-1529 relicta dráxlin. 1532 relicta Lindauerin. 1540 Margreth dráxlin
    St: 1500: -/5/11, 1508, 1509: 2/-/27, 1514: Liste, 1522: 6/5/20 patrimonium, 1523: 6/5/20, 1524-1526, 1527/I: 6/1/5, 1527/II, 1528, 1529, 1532: 6/4/16, 1540-1542: 7/5/10, 1543: 15/3/20
    StV: (1524) hat irer tochter heyratgut abgesetzt. (1544) steurn miteinander die erben.
    Bem.: (1540-1543) Steuer gemeinsam mit ihrem Sohn.
** ir son. 1541-1558 Linhart (Lenhart, Leonhart) Lindaher (Lindawer), 1565-1570 dráxl (dräxl). 1571 Leonhart Lindauer draxlin
    St: 1540: nihil, 1541-1543: -/-/-, 1544: 7/5/10, 1545: 9/2/10, 1546-1548, 1549/I-II: 4/4/20, 1550, 1551/I-II, 1552/I-II, 1553, 1554/I-II, 1555-1557: 5/-/21, 1558: 10/1/12, 1559, 1560: 5/-/21, 1561, 1563, 1564/I-II, 1565, 1566/I-II, 1567/I-II: 7/3/25, 1568: 15/-/20, 1569-1571: 7/3/25
    StV: (1540) sein unverteylt. (1541, 1542) steurn noch all miteinander. (1543) seind noch unverteylt. (1550) hat zugsetzt der Urs Lindauerin erb. (1569) mer vyr Hans Lofferer -/1/29,5. (1570) mer fúr Hanns Lofrer -/1/29,5. [Nachtrag:] Adi 21. Aprillis [15]71 zalt nachsteur.
    Bem.: (1540-1544) Steuer gemeinsam mit der Mutter.
Ludwig Lindauer (Lynndauer), 1555-1559, 1563-1568 secretari(us)
    St: 1545, 1546: nihil, secretari, 1551/II: nihil, 1552/I-1554/II: nihil, secretari, 1555-1557: nihil, 1558: nihil, secretari, 1559, 1560: nihil, 1561: an chamer, 1563, 1564/I: -/-/-, 1564/II: nichil, 1565, 1566/I: -/-/-, 1566/II, 1567/I: -/-/- hofgsind, 1567/II, 1568: -/-/-
    StV: (1545, 1546) hat nichs (!) im burckhfrid. (1550) dem Ludwig Lindauer sein seine 3 nachsteur nachgelassen, rats bevelch. (1564/I) vom Gihanpad, hats erst in der steur erkhaufft. (1568) hat ime ain erbar rath bewilligt, vom undern hauß am Anger, so seiner hausfrauen zuehórt, alle jar nur ain gulden ze geben wie dan bei demselben ver[chriben]. Man hat ime auch darzue seiner hausfrau nachsteur nachglassen.
Ursl (Urs, Ursula) Lindauerin
    St: 1545: 5/-/6, 1546-1548, 1549/I: 2/3/18, 1549/II: 2/3/18 matrimonium, 1550: -/-/-
    StV: (1550) haben die erben zugsetzt.[2]

Bewohner Kaufingerstraße 16*:

Franczl Kúmsdorffer inquilinus St: 1375: 0,5/-/- gracianus
Ulrich kreytler (krawtler, kráwtler) [Weinschenk ?[3]], 1397 inquilinus St: 1397, 1399, 1400: -/6/-
Ulrice Rudolf St: 1403, 1405/I: -/12/-
Hainrich goltslaher munssmaister[4]
    St: 1405/II: 4/-/-
    StV: (1405/II) die hat der Gollhuter fúr in ausgericht und iuravit.
Hanns [II. ?] Tichtel St: 1418, 1419: 5/-/80 gracianus
Chunrat Gernreich inquilinus St: 1455: Liste
Matheys stainmecz inquilinus St: 1456: Liste
Martein stainmessel inquilinus St: 1458: Liste
Hanns Zänng St: 1482: 1/1/25

---

[1] Eberhart Stupf 1516-1547 Schankungelter, vgl. R. v. Bary III S. 879.
[2] Heinrich Schótl bei Kaufingerstraße 17* und Linhart Lindauer.
[3] Einen Ulrich Kreutler nennt das Weinschenken-Verzeichnis der Zeit um 1414, vgl. Gewerbeamt 1411 S. 2r.
[4] Frankenburger S. 267.

der alt Rägkendorffer [Vorsprech[1]] St: 1482: -/-/60
Jorg Smaltz rotsmid St: 1482: -/2/1
[Michael] Gerolt schůster[2] St: 1482: -/2/15
Löchlin inquilina St: 1482: -/5/10
Hanns Strobel. 1490 Strobel kursner St: 1486, 1490: -/3/2
Jacob [III.] Ridler
    St: 1500: 2/-/7
    StV: (1500) darinn zugesetzt, was im von seinem vater worden ist.
relicta Sigmund Hartmonin St: 1508: nichil das jar
maister Hanns Kren
    St: 1527/II: -/3/22
    StV: (1527/II) von 4 gulden gelltz alls ain gasst.
Doctor Gailing St: 1570: -/-/-

Kaufingerstraße 15 (= 17*)
(mit Fürstenfelder Straße 18* und Färbergraben 19)

Name: 1406 Ettaler Haus.
Lage: Eckhaus West an der Einmündung der Fürstenfelder Straße, noch innerhalb des Turms gelegen.
Charakter: Ettaler Klosterhof, 1422, 1436 großes Haus des Klosters. Weinschenke. 1550 Fremdenherberge, 24 Pferde.

Hauseigentümer:

1347 Februar 12 das Haus des Abtes von Ettal grenzt an die beiden Häuser des Arnold von Massenhausen (Fürstenfelder Straße 18*).[3]
1368 ff. domus (abbatis de, apt von, abatis de) Etal (StB).
1370 die Baukommission beanstandet „dez von Etal lauben und daz kellervenster".[4]
1403 November 11 der Abt von Ettal bekennt, daß das Kloster 1 Pfund Pfennige ewige Stadtsteuer aus seinem Haus und Hofstatt an der Kaufingergasse innerhalb des Tors bei den Augustinern geben solle.[5] Vgl. Nr. 18 B.
1406 September 23 und 29 (Haus und Hofstatt, geheissen „Etaler-Haus") wie 1403 November 11.[6]
1422 Juli 25 und 31 und
1436 Februar 11 großes Haus des Klosters Ettal.[7]
1435 April 9 das Haus des Klosters Ettal ist Nachbarhaus des Hauses von Hartman Ebner beziehungsweise Sweigker von Gundelfing (Fürstenfelder Straße 17).[8]
1484/85 laut Grundbuch (Überschrift) „des von Etall haws, hoffe und stadell, stösset hinten an Törringers stadell und Gartten (Fürstenfelder Straße 17) darneben am pach".[9]
1573 laut Grundbuch (Überschrift) „Deß von Etall hauß, Hof und Stadl".
Das Haus bleibt bis zum 1. Februar 1753 im Besitz von Kloster Ettal, wird aber am 15. November 1766 noch einmal vom Kloster zurückgekauft, das es endgültig 1803 aufgeben muß.

---

[1] Der alt Rägkendorffer ist 1464, 1467, 1469, 1470 und 1477 als Vorsprech belegt, dürfte aber auch mit dem Vorsprech gleichen Namens von 1453, 1454, 1456 und 1457 identisch sein, vgl. R. v. Bary III S. 807.
[2] Michel Gerolt ist 1466, 1467, 1484 und 1485 Vierer der Schuster, vgl. RP.
[3] Urk. F III c 3. – Vgl. auch Stahleder, Stadtplanung S. 54.
[4] Zimelie 9 (Ratsbuch IV) S. 5r (neu).
[5] Urk. F III c Nr. 5.
[6] BayHStA, KU Ettal 90 (23.9.). – Urk. F III c Nr. 6 (29.9.).
[7] BayHStA, KU Ettal 100, 101, 123.
[8] BayHStA, Urk. Pfalz-Neuburg, alt: GUM 236.
[9] Stadtgericht 207/5 (GruBu) S. 302r und 207/5a (GruBu) S. 691v.

Eigentümer Kaufingerstraße 15 (= 17*):

** domus (abbatis de, apt von) Etal. 1453 domus abbatis. 1462-1571 domus (des) (von) Etal
St: 1368, 1369, 1387, 1390/I-1401/II: -/-/-, 1403, 1405/I-II, 1406-1408, 1410/I-II: 1/-/-, 1411: -/-/-, 1412, 1413, 1415, 1416, 1418, 1419, 1423, 1431: 1/-/-, 1453, 1455: Liste, 1462: -/6/-, 1482, 1486, 1490, 1496, 1500, 1508, 1509: 1/-/-, 1514: Liste, 1522-1526: 1/1/-, 1527/I: an kamer, 1527/II, 1528, 1529, 1532, 1540-1542: 1/1/-, 1543: 2/2/-, 1544: 1/1/-, 1545, 1546: an chamer, 1547: -/-/-, 1548: an chamer, 1549/I-II, 1550: 1/1/-, 1551/I: -/-/-, 1551/II: 1/1/-, 1552/I: -/-/-, 1552/II, 1553: 1/1/-, 1554/I: -/-/-, 1554/II, 1555-1557: 1/1/-, 1558: 2/2/-, 1559-1561: 1/1/-, 1563: -/-/-, 1564/II, 1565: 1/1/-, 1566/I: -/-/-, 1566/II: 1/1/-, 1567/I: -/-/-, 1567/II: an chamer 3/-/24, 1568-1571: 1/1/-

StV: (1403) und also geit ez all jar auf Liechtmessen 1 lb weder mynner noch mer. (1405/I) und also geit ez all jar auf Liechtmessen alz vil. (1415) und die z[w]ayn haẃser, die der Maysel pawt hat und der Maysel hat noch 5 iar darauf und wenn die auzchoment, so geit er dem von Etal dann all iar davon 9 gulden. (1419) daz geit er all jar. (1423) geit es all stewr. (1431) et debet (?) Ulricus Dare von einn Anger. (1462) dedit Steingadmer. (1482, 1486, 1496) dedit Staringer. (1490) dedit Huott. (1522) et dedit 2/2/- für die verganngen zway jar, so man nit gesteurt hat. (1545) zalt 2/2/-. Actum 31. Decembris. (1547) der zeit nihil, hat ain jarlichs geding. (1548) soll 1 lb der zeit, so Martini des [15]47. jars, versteurn. (1549/I) verfallen Martini anno [15]48. (1551/I) der zeit nihil, hat ain jerlich geding. (1551/II) mit geding jerlich. (1552/I) der zeit nihil, hat ain jerlich geding. (1552/II) mit jerlichem geding, ainmal ze geben. (1553) mit geding, jerlich ainmal ze geben. (1554/I) der zeit nihil, hat ain jerlichs geding. (1554/II) mit geding, im jar ainmal ze geben. (1563, 1564/I) Vgl. Schöttl. (1564/II) zalt Hainrich Schöttl, diß gottshauß gibt allweg so offt man steurt 1 lb d., ist darauff gefreit. (1565) das gotshauß ist gefreit alle jar nur 1 lb d. fur di steur zu bezaln. (1566/I-II) ist gefreit, alle jar nur 1 lb (für die steur) ze geben laut aines brieffs (laut brieflicher urkhund). (1567/I) ist gefreyd, das jar nur 1 lb ze geben laut irer urkhund. (1568) ist befreidt, alle jar nur 1 lb ze geben laut der versch[reibung]. Mer ain versessne steur 1/1/-. (1569) ist befreyd, alle jar nur 1 lb d. ze geben vermóg der verschreibung. (1570) ist dermassen befreidt laut brieflicher urkhund. (1571) ist dermassen befreidt worden, nit ze geben laut brieflicher urkhund.
Sch: 1439/I: [kein Eintrag], 1441/I-II: 1 t[aglon]

Bewohner von Haus 17 und 18* A/B sind nicht immer leicht zu trennen. Erst ab 1490, als es das Uhrmacher-Haus der Stadt schon gibt, können die nach dem Uhrmacher aufgeführten Personen den Häusern 18* A und B zugeteilt werden.

Bewohner Kaufingerstraße 17:

Chunrat Múldorffer (Muldorffer) [äußerer Rat[1]], 1368, 1369, 1387, 1390, 1395-1397 inquilinus, 1381 cum uxore. 1383/I-II Múldorffer. 1399-1401/II (relicta) Muldorferin inquilina
St: 1368: -/-/-, 1369, 1371, 1372: -/6/-, 1375: -/13/10, 1377: 1/-/- juravit, 1378, 1379, 1381, 1382, 1383/I: 1/-/-, 1383/II: -/12/-, 1387: -/-/48, 1388: -/3/6 juravit, 1390/I-II: -/3/6, 1392: -/-/60, 1393: -/-/80, 1394: -/-/34, 1395: -/-/32 für nichil, 1396, 1397: -/-/24 fur nichil, 1399: -/-/15 fur nichil, 1400, 1401/I: -/-/12 pauper, 1401/II: -/-/12 für nichil, iuravit
StV: (1368) [getilgt:] 0,5/-/-. (1383/II) post 0,5/-/-.
Ulrich múlner (mullner) gener eius (suus) inquilinus. 1377, 1378 Ulrich gener Múldorfferii inquilinus. 1379 Ulrich gener eius inquilinus
St: 1369: -/-/60 gracianus, 1371: 1/-/- gracianus, 1372: -/15/14, 1375: -/13/10, 1377-1379: -/-/-
StV: (1372) [Nachtrag am Rand, getilgt:] solvit 1/-/-. (1377) [Nachtrag am Rand:] solvit -/-/12.
Haensel sneider inquilinus. 1369 Hans sneyder inquilinus St: 1368: -/-/16, 1369: -/-/24
Gebel kramer inquilinus St: 1368: -/-/20
Gerolt calciator inquilinus St: 1368: -/-/28, 1369: -/-/42
Fúndel mercator inquilinus St: 1368: -/-/15 post, 1369: -/-/18

---

[1] Chunrat Muldorffer 1377 äußerer Stadtrat, 1381 Mitglied des Großen Rats, vgl. R. v. Bary III S. 741, 746.

relicta Guldeinin inquilina St: 1368: -/-/8

Chunrat ledrer inquilinus, 1371 cum uxore gracianus
    St: 1369: -/10/-, 1371: 2/-/-, 1372: -/20/- juravit
    StV: (1371) [Nachtrag am Rand, getilgt:] solvit -/10/-.

Rúppel scriptor inquilinus
    St: 1371: -/6/- gracianus, 1372: 1/-/- juravit, 1375: 0,5/-/- juravit, 1377: 1/-/- juravit, 1378, 1379: 1/-/-
    StV: (1372) [Nachtrag am Rand, getilgt:] solvit 1/-/-.

Ulrich Stainpek maler inquilinus St: 1387: -/-/12

Lamprecht inquilinus St: 1390/I: -/-/40 gracianus

Zorn kúrsner inquilinus St: 1390/I: -/-/48 iuravit

Heinrich calciator (schuster) inquilinus St: 1390/II: -/-/32, 1392: -/-/36

Hans tagwercher inquilinus St: 1392: -/-/-

relicta Hannsen Eisnein St: 1393: -/-/16

Perchtolt Grůber (Gruber), 1395-1399 inquilinus. Pecz schenck[1] inquilinus
    St: 1394: 0,5/-/24, 1395: -/3/10, 1396, 1397, 1399: -/5/-
    Pferdemusterung, um 1398: (Korrig. Fassung)[2]: Pecz im Etaler haws sol haben 1 pferd umb 16 gulden und selber reiten.

Húpschwirt (Hẘbschwirt) inquilinus St: 1395: -/-/24 für nichil, 1396: -/-/27 fur nichil

Leytel (Laẃtel) sneyder inquilinus St: 1397, 1399: 0,5/-/-

Peter taschner inquilinus St: 1400, 1401/I: -/-/72, 1401/II: -/-/60 iuravit, super habnicht

Albrecht kistler inquilinus St: 1400, 1401/I: 0,5/-/-, 1401/II: -/5/10 iuravit, 1403: -/5/10

Meystl (Maysel) gewantsneider, 1401 inquilinus
    St: 1401/II: -/13/10 iuravit, 1403, 1405/I: -/13/10, 1405/II: 2,5/-/- iuravit, 1406-1408: 3/-/80, 1410/I: 2,5/-/- iuravit, 1410/II: 3/-/80, 1411: 2,5/-/-, 1412: 3/-/80, 1413: -/20/- iuravit

Hainrich Maysel (Maisel), 1415 inquilinus
    St: 1415: -/6/12, 1416: 1/-/16, 1418, 1419: -/13/10
    StV: (1418) und er hat seiner hausfrawen heiratgut hind angesaczt. (1419) und wann er seiner hausfrawen heiratgut einnymbt, daz sol er zuseczen.

Chunrat Maysel (Maisel), 1423 inquilinus
    St: 1415: 0,5/-/-, 1416: -/5/10, 1418, 1419: -/3/14, 1423: 0,5/-/-

pueri Hainrich Maysel St: 1423: -/-/30

Ulrich kráwtler [Weinschenk ?[3]] inquilinus. 1405/II, 1406 relicta Ulrich kráwtler(in) inquilina. 1407, 1408 relicta kráwtlerin inquilina
    St: 1403: 1/-/-, 1405/I-II: -/-/-, 1406: -/5/10 iuravit, 1407, 1408: -/5/10
    StV: (1405/I) den habent mein hern vom rat ledig gesagt. (1405/II) die habent mein hern vom rat der stewr ledig gesagt zu der náchsten stewr sol sy swern. (1408) ir stewr et -/-/24 [geit] ir man gracianus.

Thoman kistler inquilinus St: 1407: -/-/80 für 10 lb, iuravit, 1408: -/-/80 fúr 10 lb

Hainrich Kaczel St: 1410/I: -/6/6 iuravit

Ulrich Knyepaendel (Knypaentel, Kniepantel), 1410/II, 1413 inquilinus
    St: 1410/II: -/-/64, 1411: -/-/60 fúr 8 lb, 1412: -/-/64 fúr 8 lb, 1413: -/3/18

Schondorfferin inquilina St: 1416: -/-/-

Chunrat kistler St: 1418: -/-/60 fúr nichil, 1419: -/-/60

---

[1] Der Petz (Gruber ?) ist Wirt. Die Stadtkammer ersetzt „dem Petzn in Etaler haus" 1398/99 bis 1402/03 wiederholt Spesen, die von Soldaten „in der Rais" in seinem Haus verzehrt worden sind, vgl. KR 1398/99 S. 114v, 1399/1400 S. 121v, 1400/02 S. 103r, 1402/03 S. 101v. – 12 Schillinge schuldet die Stadt dem (Wirt) Petz Gruber „wegen der Rais" 1402; 1403 3 Pfund 7 Schillinge 3 Pfennige Zehrkosten für mehrere Mann mit drei Pferden in 10 Tagen „datz im verzert", und 1404 soll man Petz Gruber 4 Pfund 6 Schillinge 21 Pfennige auszahlen „umb zerung, die dy von Hörnpach zu im getan haben im kryeg", vgl. Steueramt 572 (Leibgedingbuch 1402/03) S. 48r, 69r, 573 (Leibgedingbuch 1404/09) S. 37r. – Er dürfte auch mit dem um 1414 im Weinschenken-Verzeichnis aufgeführten „Pecz preẘ an Neẃnhauser gassen" identisch sein, vgl. Gewerbeamt 1411 S. 2r.

[2] Eintrag am Ende der Seite nachgetragen, in der Ur-Fassung des Textes noch nicht enthalten.

[3] Vgl. Kaufingerstraße 16*.

Chunrade (Chunrat) Etenhofer, 1423 inquilinus. 1439/I-1441/II relicta Ettnhoferin
    St: 1423: -/12/- iuravit, 1424: 0,5/-/-, 1431: -/12/14 iuravit
    Sch: 1439/I-1441/II: 2 t[aglon]
  Wilhalm Ettnhofer (Ettenhofer, Ettnhover, Ettenhover) [äußerer Rat, Weinschenk[1]], 1462 inquilinus
    Sch: 1445: 3 ehalten, dedit
    St: 1453-1458: Liste, 1462: 7/5/-
Asen sneyder von Mamendorf St: 1423: -/3/12
Seicz kramer St: 1431: 0,5/-/8 iuravit
Hanns Vinger, 1439/I-1441/II, 1456, 1458 gúrtler (gurtler)
    Sch: 1439/I-II, 1440, 1441/I-II: -/-/15, 1445: 1 diern, dedit
    St: 1453-1458: Liste
Ulrich Holnstain schneider Sch: 1441/II: 1 t[aglon]
Oberndorfferin Sch: 1445: 1 diern, dedit
Jorg Meir schuster St: 1462: -/-/60
Hanns hütter. 1490 Hanns hutt[er] (hútter)
    St: 1482: -/5/10, 1486: -/5/10 iuravit, schenck[steur], 1490: -/5/10 schenknstewer
Els inquilina St: 1482: in die camer
relicta kistlerin et filia. 1486 kistlerin et filia St: 1482: -/6/2, 1486: -/6/29
Ruckenhauserin am [= Amme]. 1490 relicta Rucknhauserin inquilina St: 1486, 1490: -/-/60
Falnstich St: 1490: -/2/11
Haintz koch [Weinschenk[2]] St: 1496: -/6/28
Hanns [IV.] Katzmerin St: 1496: 3/2/28, 1500: 2/2/13
Hanns Schóberl St: 1496, 1500: -/-/60
Ulrich Leb koch
    St: 1500: -/5/10
    StV: (1500) et dedit -/-/7 für pueri Linhart karner.
Cristof Mentzinger s[.......] St: 1508: -/3/7
Ulrich Steger secretari
    St: 1508: -/-/-
    StV: (1508) von 8 guld(en) zinßgelt -/4/20.
Jorg pogner St: 1508, 1509: -/-/60, 1514: Liste
Putzin St: 1508: anderswo
relicta Zuckseisin St: 1508: -/3/10
Pauls Scheftlmair (Schóflmair), 1508, 1509, 1523 kúrschner
    St: 1508, 1509: -/2/3, 1514: Liste, 1522-1526, 1527/I: -/2/16, 1527/II, 1528, 1529, 1532: -/3/7
Cristof Pachmer (Pachmair) [Salzstößel[3]]. 1532 Cristof Pachmairin
    St: 1509: -/3/7, 1522-1524: -/5/10, 1525, 1526, 1527/I: -/5/10 schencknsteur, 1527/II, 1528,
    1529: -/2/20, 1532: -/2/20 patrimonium
Wallpurg amb, 1524, 1525 inquilina St: 1522-1525: -/2/-
Hans Hartl, unus tagwercher St: 1522: -/2/-
Benedict Reb [Salzstößel, Wirt ?[4]] St: 1522-1529: -/2/-
Mathes Stillnauer St: 1523: -/5/25
Hanns Kleuber, 1523, 1524, 1526-1528 messerschmid
    St: 1523-1526, 1527/I: -/2/-, 1527/II: pfanndt an kamer, 1528, 1529: -/2/-
Uberáckerin (Úberáckherin, Úberäckherin) St: 1532, 1540-1542: -/2/-, 1543: -/4/-, 1544: -/2/-
Thomanin von Wúrtzburg St: 1532: -/2/-

---

[1] Wilhalm Ettenhofer ist 1433, 1451 und 1458 Mitglied der Weinschenken-Bruderschaft, 1446, 1451-1453 Vierer der Schenken, vgl. Gewerbeamt 1411 S. 9r, 9v, 10v, 11r, 12v. – Auch 1462 ist er Vierer der Schenken und 1461 bis 1463 äußerer Stadtrat, 1459 Mitglied der Gemain, vgl. RP und Gewerbeamt 1411 S. 5r.

[2] Haintz koch 1489 Mitglied der Weinschenkenzunft, vgl. Gewerbeamt 1418 S. 3r.

[3] Cristof Pachmer 1525, 1529-1532 Vierer der Salzstößel, vgl. Vietzen S. 157.

[4] Benedict Reb 1505, 1508 Vierer der Salzstößel, vgl. Vietzen S. 158, aber auch Wirt bzw. Weinschenk, vgl. Rosenstraße 9, 11 B, 12.

Thoman Rotmayr (Rothmair), 1540-1543, 1553, 1554/I saltzstósl, 1550 wirt[1]
> St: 1540-1542: -/5/10 schencksteur, 1543: 1/3/20 schenckhsteur, 1544: -/5/10 schencksteur, 1545: 2/-/20, 1546-1548, 1549/I-II, 1550, 1551/I-II, 1552/I-II: 1/-/10, 1553, 1554/I-II, 1555-1557: -/5/10 schenckhsteur, 1558: 1/3/20 schenckhsteur, 1559: -/5/10 schenckhsteur

junckhfrau Rosnpuschin (Rosenpuschin). 1553-1554/I Helena Rosnpuschin. 1554/II junckhfrau Helena Rosnpuschin
> St: 1540-1542: 2/2/10, 1543: 4/4/20, 1544: 2/2/10, 1545: 4/2/14, 1546-1548, 1549/I: 2/1/7, 1549/II, 1550, 1551/I-II, 1552/I-II: 2/1/17, 1553, 1554/I-II, 1555-1557: 2/5/1, 1558: 5/3/2, 1559: 2/5/1, 1560: an chamer, 1561: -/-/-
> StV: (1561) sollen die erben vernachsteuern an chamer.

Jorg Kirhmayr (Kirchmair), 1540-1542 saltzmesser. 1548-1551/II Jorg Kirhmairin
> St: 1540-1542: -/2/-, 1543: -/4/-, 1544: -/2/-, 1545: -/4/-, 1546, 1547: -/2/-, 1548: -/1/16 pauper, 1549/I: -/1/15 pauper, 1549/II, 1550: -/1/12 pauper, 1551/I-II: -/1/1 pauper

relicta Stegerin St: 1544: 1/-/- mit einem geding.

Hanns Aleutter (ableutter, ableutner). 1554/II-1561 Hanns Ableuttnerin
> St: 1545: -/4/-, 1546-1548, 1549/I-II, 1550, 1551/I-II, 1552/I-II, 1553, 1554/I-II, 1555-1557: -/2/-, 1558: -/4/-, 1559-1561: -/2/-

sein hoffrau Valtenin St: 1551/II: -/2/-

Hainrich Schötl (Schettl, Schötl)
> St: 1548: -/1/5, 1549/I: -/1/5 hoffgsind, 1549/II, 1550, 1551/I-II, 1552/I-II, 1553, 1554/I: -/1/5, 1554/II: 4/2/29 juravit, 1555-1557: 4/2/29, 1558: 8/5/28, 1559, 1560: 4/2/29, 1561, 1563, 1564/I-II, 1565, 1566/I-II, 1567/I: 3/-/24, 1567/II: an chamer, 1568: 6/1/18, 1569-1571: 5/3/4
> StV: (1548) von seinen zinsn aus krautáckhern, hat die áckher verkaufft, wirts hinfuro nymmer versteurn. (1549/II, 1550) von zinsn aus krautackhern. (1550) mer 1/2/3 von wegen der Urs Lindauerin für 3 nachsteur. (1551/I) von zinsn aus krautáckhern, soll zinsn von seinem ewigen gelt, so er von der Ursn ererbt, nachgfragt werden. (1551/II-1554/I) (von) zinsen aus krautáckhern. (1563) mer für das haus von Eetal an chamer. (1564/I) mer fur domo Etal 1/1/-. Mer ain versessne steur 1/1/-, dieß hauß ist gefreit und privilegiert, jerlich merer nit ze geben, dan 1 lb d. laut des brieffs, des datum stet 1492 jar.

Cuntzin St: 1552/I-II: -/2/-

Mathes zimerman. 1552/II, 1553, 1554/I-II, 1556-1559, 1561 Mathes Gebhart zimerman. 1565-1567/II, 1570 Matheus Gebhart tagwercher. 1568, 1569, 1571 Matheus tagwercher
> St: 1552/I-II, 1553, 1554/I-II, 1555-1557: -/2/-, 1558: -/4/-, 1559-1561: -/2/-, 1565, 1566/I-II, 1567/I-II: -/2/-, 1568: -/4/-, 1569-1571: -/2/-
> StV: (1565) mer fúr 1 versessn steur -/2/-.

Margreth Grueberin St: 1553, 1554/I: -/2/-

Els Stuckherin St: 1555-1557: -/2/-

Margreth saltzmesserin St: 1559: -/2/-

Erhart Geel kistler St: 1559: -/2/-

Ludwig Paumuller St: 1560: -/5/10 schenckhsteur

Jorg Einhauser (Ainhauser), 1564/I-II wierdt[2]
> St: 1561, 1563, 1564/I-II: -/5/10 schenckhsteur
> StV: (1564/I) mer folio 98r [Ewiggeld] fúr Christof Paungartner. (1564/II) mer fúr Christoff Paungartner folio 97r [Ewiggeld].

Veyt Schaldorffer, 1564/I-II tagwercher
> St: 1563, 1564/I: -/2/-, 1564/II: -/1/-
> StV: (1564/II) der zeit khranckh.

Fridrich Frey (Frei) lernmaister, 1565-1567/I schuelmaister
> St: 1564/I-1567/I: -/2/-
> StV: (1567/I) ist ime auf ain jar búrgerrecht aufzehallten bewilligt unnd die nachsteur nachgelassen.

---

[1] Thoman Rothmayr „in des von Etals Haus" betreibt hier eine Fremdenherberge mit der Möglichkeit, 24 Pferde unterzubringen, vgl. Gewerbeamt 1422a.

[2] Vgl. auch Rosenstraße 5 und Petersplatz 2 und 10/11.

Caspar trabannt. 1564/II Caspar Stoltz trabannt St: 1564/I-II: nichil, hofgsind

Pauls (Paulus) Püchler (Pichler, Pühler) lezelter
    St: 1565, 1566/I-II, 1567/I-II: -/6/17, 1568: 1/6/4, 1569-1571: -/6/8
    StV: (1567/II, 1569) mer fúr p[ueri] Elsenpeckh(en) -/4/23. (1568) mer fúr p[ueri] Elsenpeckhen 1/2/16. (1569) mer fur Elsenpeckhen khinder. Mer fúr Schäpperer. (1570, 1571) mer fúr (den) Hanns Schapperer folio 5r [Ewiggeld]. Mer fúr p[ueri] Ellsenpeckhen (Elsnpeckhen) -/4/23.

Thoman Sturm St: 1566/II: -/2/-

Jórg (Geórg) Sterns tóchter St: 1568: 1/1/-, 1569-1571: -/4/-

Kaufingerstraße 84* (Uhrmacherhaus)

Charakter: Stadt-Uhrmacherhäusel.

Hauseigentümer:

1436 Februar 11 Leibgedingbrief des Hanns Vinger des Gürtlers und seiner Hausfrau Katharina für den Abt von Ettal über ein Haus und eine Hofstatt mit halber Stallung und „Hofmark" zu München, zwischen dem Turm und dem großen Ettaler Haus (Kaufingerstraße 17) gelegen.[1] Der Lagebeschreibung nach dürfte der Leibgedingbrief zu diesem Haus gehören.

1480 Juni 14 Abt Stephan von Ettal verkauft der Stadt von der Stadt Notdurft und Baues wegen um 100 Pfund Münchner Pfennige das kleine Häusel an den Kaufingerturm und an des von Ettal großes Haus (Kaufingerstraße 17) stoßend und darin jetzt Kristoff Peck der Schuhmacher ist.[2] Die Stadtkammer rechnet den Geldbetrag schon am 9. Juni ab („umb das klain heusel an der stat turn und an des von Etal hauß gelegen").[3] Das Häusel wird dann um- oder neugebaut:

1483 Oktober 5 die Kammerrechnung vermerkt, daß gearbeitet wurde „am heisel am newen turn an Käfinger gassen" und

1483 November 8 werden dem Meister Peter Mänhart 2 Pfund 6 Schillinge und 12 Pfennige ausbezahlt, weil er selb dritt und mit drei Knechten sechs Tage lang „am heusel an Käffingergassen am newen turn" gearbeitet hatte.[4] Eine weitere Auszahlung von Löhnen erfolgt noch

1484 Februar 16.[5]

1484/85 bei Anlage des ersten Grundbuchs ist dieses Haus noch nicht vorhanden. Aber im Januar 1484 wird schon Zinsgeld von „des urmaisters laden" eingenommen.[6] Und

1487 Januar 20 zahlt die Stadt den Glaser Hanns Winhart, um „dem urmaister das haws an Kaffingergassen zu verglasen" und Heinrich den Hafner aus der Graggenau „von einem newen offen, dem urmaister an Kaffingergassen mit 203 new grün kachel" zu machen, das Stück zu zwei Pfennigen.[7]

1573 laut Grundbuch (Überschrift) „Der Stat heusel Im Egg an deß von Etals hauß und deß Schönthurn glegen".[8]

Das kleine turmartige Eckhaus, das man für gewöhnlich auf den Abbildungen sieht, ist nicht das ganze Uhrmacherhäusel, sondern enthält nur den Zugang zum eigentlichen, von der Straße aus nicht sichtbaren Hauses, das genau hinter dem Schönen Turm stand. Auf dem Sandtner-Modell ist deutlich zu erkennen, daß es zwischen dem großen Ettaler Haus (Kaufingerstraße 17*) und dem Ec-haus zum Fär-

---

[1] BayHStA, KU Ettal 123.
[2] Urk. F I/II Nr. 2 (Kaufingergasse).
[3] KR 1480/81 S. 78r.
[4] KR 1483/84 S. 123r, 124r, auch 124v. – Meister Peter Mänhart war von 1471 bis 1493 Stadtuntermaurer, vgl. R. v. Bary III S. 1006.
[5] KR 1483/84 S. 125v.
[6] KR 1483/84 S. 30r.
[7] KR 1486/87 S. 102v.
[8] Stadtgericht 207/5a (GruBu) S. 692v.

bergraben (Färbergraben 1*) drei kleine Häuser gab, von denen außerhalb des Schönen Turms die Häuser 18*A und 18*B standen. Davor stand, in Höhe des Turms ein auch im Häuserbuch nicht eigens erwähntes Haus. Es ist das kleine Haus des Klosters.

Eigentümer Kaufingerstraße 84*:

* bis 1480 Juni 14 Kloster Ettal.
* seit 1480 Juni 14 Stadt München.

Bewohner Kaufingerstraße 84*:

Pallinger urmaister[1] St: 1490, 1496: nichil
Jörg Stör, 1522-1528 slosser,[2] 1540, 1545 urrichter, 1541-1544, 1546, 1547 schlosser
    St: 1522: nichil, urrichter, 1523: nichil, 1524-1527/I: nichil, (ist) urrichter, 1527/II: nichil, 1528: nichil, urrichter, 1540-1545: nihil, urrichter, 1546: nihil, 1547: -/2/-
Jörg Clain, 1529 schlosser St: 1529, 1532 nichil, urrichter
Cristoff Stern, 1548, 1552/I urmacher, 1551/II, 1552/II-1560, 1563-1571 urrichter[3]
    St: 1548-1551/I: nihil, urrichter, 1551/II: nihil, 1552/I: nihil, urrichter, 1552/II-1560: nihil, 1561: nihil, urrichter, 1563: an chamer, des sterbens halb, 1564/I-1567/II: -/-/1, 1568: -/-/2, 1569-1571: -/-/1
    StV: (1564/I) sambt ainer versessnen steur.

Danach seit 1564 die Überschrift „Schönthurn".

Kaufingerturm, Schöner Turm

Name: 1239 „porta superior" (oberes Tor), 1300 Kaufingertor, 1383/84 Tor beim Ettaler Haus, 1392 Tor/Turm bei den Augustinern, 1535 „schenn thurm" (Schöner Turm) wegen seiner Bemalung die 1508/1510 erfolgte.[4]

1443/44 heißt es, der Turm beim Ettaler Haus an der Kaufingergasse „ist auch der stat" (= er gehört auch der Stadt), ist 1443 ledig als daß niemand darin Wohnung hat.[5] Der Turm ist Ende des 15. Jahrhunderts baufällig, wird abgebrochen und von Grund auf neu wieder aufgebaut. Der erste Hinweis darauf ist das Abfahren von 118 Fuder Kot (Bauschutt), für das am 17. Oktober 1479 die Stadtkammer die Löhne auszahlt („turn an Kafingergassen").[6] Die folgenden Jahre wiederholen sich die Ausgaben der Stadtkammer für die Arbeiten „am turn an Käfingergassen", letztmals am 14. Februar 1484. Da fehlt aber offenbar noch das Dach, für das ein Jahr später, am 13. Februar 1485, ein Modell („für das muster auf Käfinger turn") bezahlt wird.[7]

1508 ist eine Neubedeckung für den Turm fällig. Da werden „dem maister von Inglstat zerung hin und her, der hie den turn an Käffingergassen decken wurdt" die Spesen bezahlt.[8] Am 14. Mai werden dem Meister Ulrich dem Zimmermann die Löhne ausbezahlt, nachdem er selb 16. und mit 22 Arbei-

---

[1] Meister Hanns Pallinger ist von 1484 bis 1513 als Stadt-Uhrmeister belegt, vgl. R. v. Bary III S. 1013.
[2] Der Schlosser Meister Jörg Stör ist von 1519 bis 1546 als Stadt-Uhrmeister belegt, vgl. R. v. Bary III S. 1013.
[3] Cristoff Stern (Störn) ist seit 1547 als Stadt-Uhrmeister belegt, vgl. R. v. Bary III S. 1013.
[4] Stahleder, Haus- und Straßennamen S. 593/594, 632/636.
[5] Zimelie 30 (Salbuch-Konzept 1443/44) S. 14v.
[6] KR 1479/80 S. 38v.
[7] KR 1481/82 S. 95v (30.1.1482), 1482/83 S. 94v (31.3.1482), 1483/84 S. 126r (14.2.1484), 1484/85 S. 107r (5.9.1484), 1485/86 S. 79r (13.2.1485).
[8] KR 1508/09 S. 88r.

tern sechs Tage lang „am zymmer [Dachstuhl] auf den turn an Käffingergassen" gearbeitet hatte.[1] Am 18. Oktober desselben Jahres zahlt die Stadtkammer dem Maler „Jan Polleck vom tanntzhauß ze maln und von den 7 panner auff Käffingerthurn von gold und silber gemacht, darin ist auch das malberch, leistn und 2 münch an der stat hauß am Anger gemacht und er hat davon seinen knechten das drinckgelt ausgericht" die hohe Summe von 175 Pfund Pfennigen ausbezahlt.[2] Am 9 Dezember zahlt die Stadtkammer das Geld „für 7 knöpf und 7 panner auff Käffingerthurn wegen 2 centen und 64 lb kupffer". Der Goldschmied Meister Hans von Windsheim hat außerdem einen Löwen vergoldet.[3] Um Lichtmeß 1509 (2. Februar) wird „den zymerleuten hebwein und ir gerechtikeit als sy das zymmer [den Dachstuhl] auf Käffingerturn aufgesetzt haben" der Lohn von 2 Pfund und 5 Schillingen ausbezahlt.[4] Am 5 August 1509 werden über 21 Pfund Pfennige dem Turmdecker von Ingolstadt „zum Käffingerturn decken" bezalt, auch Kacheln für das Dach des Turms werden angeschafft und der Turm ist eingerüstet „zum maln".[5] Im Sommer 1511 zahlt die Stadt Botenlohn „von wegen 4 wapen oben an Käffingerthurn".[6]

Nach dem 2. Februar 1511 zahlt die Stadtkammer die hohe Summe von 310 Pfund und 7 Schillingen, „ausgeben Jacob Heutzinger maler von Käffingerthurn mitsambt allem golt zu malen und zu arbaiten das 1509. und 1510. Jar".[7] Das ist die Bemalung, die dem Turm den Namen „Schöner Turm" einbringen sollte, erstmals 1535 belegt. Derselbe Maler bemalt auch den Rathausturm.[8] Im selben Jahr erhält auch der Stadtuhrmeister 88 Pfund und 4 Schillinge „für das uhrwerck auf Käffingerthurn und von der kugel des mons daselbs zu behengen". Aber „gemacht hat die kugel meister Thoman hamersmid der junge" für 4 Pfund und 2 Schillinge. Desgleichen erhält „meister Jorg püxenmaister von der glocken auff Käffingerturn aus der stat zeug ze giessen und von ainem newen klächel [Klachel = Klöppel, Glockenschengel] darcin ze machen" 20 Pfund 2 Schillinge und 4 Pfennige.[9]

Der Turm ist zeitweise bewohnt:

Cunrat von Egelostain[10] 1442
slosser im Kauffinger thurn St: 1514: Liste

Kaufingerstraße 18*(A) (= 15)

Lage: Außerhalb des Stadttores (Kaufingerturm, Schöner Turm).
Charakter: Bis 1583 Ettaler Hof (Wohnhaus).

Hauseigentümer:

Die Häuser des Klosters sind zum Teil leibgedingsweise verpachtet:
1384 März 1 „Hans schenk" hat zwei halbe Häuser. „Daz ain ist gelegen under dem tór pey Etaler haẃs und ist leibgeding von dem von Etal und waz darzu gehört" (18*A oder 84*), das andere (18*B)

---

[1] KR 1508/09 S. 120v/124v.
[2] KR 1508/09 S. 100v.
[3] KR 1508/09 S. 111v ff.
[4] KR 1508/09 S. 105r.
[5] KR 1509/10 S. 107v (5.8.1509), 111v (9.12.1508), 112r/v, 113r/v.
[6] KR 1510/11 S. 80r.
[7] KR 1510/11 S. 93v.
[8] KR 1510/11 S. 101r/v.
[9] KR 1510/11 S. 102r.
[10] 1442 liegt des Franz Tichtel Haus an der Stadt Turm, „da Cunrat von Egelostain yezund in ist", vgl. Kirchen und Kultusstiftungen 254 S. 4r. – MB XX 238 S. 315/323 (320). – Der Text lautet: „aus meinem grossen aygen haws und hofstat, gelegen zẃ München an Kauffinger gassen, zu nachst an der stat túrn, da Cúnrat von Egelostain yezund in ist". Falls sich das auf den Turm bezieht und nicht auf das vorhergenannte Haus, dann dürfte jedoch kaum der gleichnamige ehemalige (1428-1433) Stadtoberichter Konrad von Eglofstain zu Pernfels gemeint sein, vgl. R. v. Bary III S. 796.

wird jetzt Fridrich dem Sander übergeben.[1] Deshalb gehört sicher auch folgender Eintrag von 1383 (wohl 25. April) hierher: Hans des schenken Wirtin (Ehefrau), genannt Margaret, „die irs wircz chlag inne gehabt", übergibt zwei halbe Häuser, von denen das eine gelegen ist „under dem tor bey Etaler haus" (und das andere an der Rörenspeckergasse), die sie pfandweise von Lienhart dem Egenlhart (gemeint: Engelhart) in ihre Hand gebracht hatten und jetzt verkauft haben, der Vettel der Trienerin.[2]

1392 Februar 16 ein Gläubiger meldet beim Stadtgericht seine Ansprüche an, die auf des Sanders zwei Häusern „under dem tor bey den Augustinern" liegen.[3]

1422 Januar 26, Juli 25 und Juli 31 an „Ulrich kystler" und seine Hausfrau Elspet urkunden über das ihnen vom Abt des Klosters Ettal verliehene Haus mit Hofstatt und halber Stallung in St. Peters Pfarr, „das zu dem großen Haus des Klosters (Kaufingerstraße 17) gehört", nächst dem Turm auf der Augustiner Brücke), an anderer Stelle auch „Albrecht kistler" genannt,[4] vgl. Bewohner.

1484/85 laut Grundbuch (Überschrift) „Mer des von Etal zway hewser (Kaufingerstraße 18*(A) und (B)) ausserhalben Kauffingers thurn, hofell und Stadel".[5]

1491 Mai 7 erhalten Lucas Rottaler, Bürger und Werkmeister zu München, und seine Hausfrau Elspet einen Leibgedingbrief des Abtes von Ettal über das Haus in München „an der Stadt Turm pei den Augustinern".[6]

1527 Juli 27 genannt sind die zwei Ettalischen Häuser in der Neuhauser Gassen (!), zwischen dem Turm und dem Haus des Engelsperger (Färbergraben 1*).[7]

1546 ist offenbar auch Pfennigman leibgedingweise Inhaber des Hauses, da die Baukommission in diesem Jahr beim „Pfennigman oder des von Etal haus" beanstandet, daß die Vorbauten „3/4 [eln] ze weit" vorstehen, mit dem Zusatz „penckh und furhengen", wie immer das zu deuten sein mag.[8]

1573 laut Grundbuch (Überschrift) „Deß von Etal zway heuser Ausserhalb deß Khauffinger oder schen thurns, Hofel und Stadl".

1583 Juni 20 „Zu wissen, das gedachte zway heuser durch herrn Abte und des Convent zue Eethal dem Hansen Hörman Pöckhen alhie und Barbara uxori umb 800 fl verkaufft worden" (GruBu).

Eigentümer Kaufingerstraße 18*A:

* Hans schenk (nur als Leibgeding) [um 1384 März 1]
** Kloster Ettal um 1400, 1480, 1573
** Hanns Hörmann Bäcker [seit 1583 Juni 20]

Bewohner Kaufingerstraße 18*A:

Da die Bewohner der Häuser 18* A und 18* B vor 1540 nicht zu trennen sind, werden sie bis 1532 gemeinsam aufgeführt.

Kaufingerstraße 18*A/B, Bewohner

Bewohner Kaufingerstraße 18*A/B (bis 1532):

Hainrich Pfergner, 1371 goltsmid[9] St: 1371, 1372, 1375, 1377-1379: -/-/-
    pueri uxoris St: 1375, 1377-1379: -/-/-

---

[1] GB I 202/4.
[2] GB I 178/8, 178/11.
[3] GB II 22/3.
[4] BayHStA, KU Ettal 99, 100 („Albrecht kistler"), 101.
[5] Stadtgericht 207/5 (GruBu) S. 304r und 207/5a (GruBu) S. 693v.
[6] BayHStA, KU Ettal 228. – Lucas Rottaler ist von 1488-1505 und von 1507-1508 als Stadt-Obermaurer belegt, Nachfolger von Meister Jörg von Pollling, vgl. R. v. Bary III S. 1005.
[7] BayHStA, KU Ettal 290.
[8] LBK 4.
[9] Bei Frankenburger S. 262 mit falschem Vornamen Hans.

iunior Hofprant inquilinus St: 1371: -/-/12
Westter paur inquilinus St: 1372: -/-/24 gracianus
Fridrich sartor inquilinus
    St: 1372: -/-/24
    StV: (1372) adhuc remanet duas steweras.
Taglachinger wollslaher inquilinus St: 1375: -/-/30 post
relicta Hefenhóhin (Hefenhöchin), 1377, 1378, 1383/I inquilina. 1387 Hefenhóhin inquilina. 1388 relicta Hefenhóhin inquilina
    St: 1377: -/-/18 juravit, 1378, 1379, 1381, 1382, 1383/I: -/-/18, 1383/II: -/-/27, 1387: -/-/8, 1388: -/-/16 juravit
Chunrat satler inquilinus, 1382 inquilinus
    St: 1377: -/-/12 juravit, 1378, 1379: -/-/12, 1381: -/-/18 voluntate, 1382: -/-/18
Chunrat mesnerknecht institor inquilinus Chunradi satler St: 1377: -/-/-
relicta Kayserin inquilina St: 1377: -/-/18 juravit, 1378: -/-/18
Nicklas goltsmid inquilinus St: 1379: -/-/-
[Fridrich] Stiglicz messrer inquilinus St: 1381: -/-/30
relicta Gerstlin, 1381, 1383/I-II, 1387-1388 inquilina. 1387 Gerstlin. 1390/I Gerstlin káuflin inquilina
    St: 1381, 1382, 1383/I: -/-/12, 1383/II: -/-/18, 1387: -/-/8, 1388: -/-/16 juravit, 1390/I-II: -/-/16
Ulrich Jordan sartor, 1382 inquilinus St: 1381: -/-/12 gracianus, 1382: -/-/-
Fridrich goltsmid inquilinus St: 1382: 1/-/12 juravit
relicta Flewgerin inquilina
    St: 1383/I: -/-/12, 1383/II: -/-/18
    StV: (1383/II) post, [getilgt:] solvit 12 Rat[isponenses].
Hanns von Ingolstat St: 1383/I: nichil
Kristl sneider inquilinus St: 1387: -/-/40
Swarcz Kuncz (Chüncz) inquilinus. 1397-1401/I Chunrat Swarzz (Swars), kistler inquilinus
    St: 1387: -/-/12, 1388: -/-/24 juravit, 1390/I: -/-/24, 1397, 1399, 1400, 1401/I: -/-/60 fur 3 lb
Kolb nadler inquilinus St: 1387: -/-/8, 1388: -/-/16 juravit
Karel calciator inquilinus St: 1388: -/-/20 juravit
Goczman schre[i]ber inquilinus St: 1390/I: -/-/16
Jost swertfúrb inquilinus St: 1390/I: -/-/16 gracianus
Jrmel weberin inquilina St: 1390/I-II: -/-/5
Hainrich Strulndorfer calciator St: 1390/I: -/-/8 gracianus
Heinrich Vetter slozzer inquilinus St: 1390/I: -/-/8 gracianus
Katrey kramerin inquilina St: 1390/II: -/-/12
Werndlein Spiegl calciator (schuster).[1] 1394 Spiegel schůchster inquilinus
    St: 1390/II: -/-/16 iuravit, 1392: -/-/24, 1393, 1394: -/-/32
Hans ringler inquilinus St: 1390/II: -/-/16, 1392: -/-/12, 1393: -/-/16
Lewtl taschner inquilinus St: 1390/II: -/-/12 gracianus
Chunrat helmsmid, 1390 inquilinus St: 1390/II: -/-/32, 1392: -/-/30, 1393: -/-/-
Berchtolt sneider inquilinus St: 1392: -/-/24, 1393: -/-/32
Klingenfels sneider inquilinus St: 1393: -/-/-
Maecz (Mátz) chaeflin, 1393, 1395 inquilina St: 1393: -/-/16, 1394: -/-/16, 1395: -/-/-
Frydrich prewkneht inquilinus St: 1394: -/-/-
Sum (Synn) messrer, 1395, 1396 inquilinus
    St: 1394: -/-/14, 1395: -/-/32 für nichil, 1396: -/-/26 fur nichil, 1397, 1399: -/-/20 fur nichil, 1400, 1401/I: -/-/-
Walther kúrsner[2] St: 1394: -/-/24, 1395: nichil habet
Chunrat platner inquilinus St: 1395, 1396: -/-/-
Gret káufflin inquilina St: 1395: -/-/-

---

[1] Er dürfte der „Werlin auf der prugg" sein, der 1391 die Phrillin sneyderin vom Stadtgericht wegen einem Pfund Regensburger Pfennigen mahnen läßt, vgl. GB II 16/6.
[2] 1395 getilgt „Walther kurssner inquilinus".

Schólderl (Scholderl) kistler
: St: 1399: -/-/50 fur 4 lb, 1400: -/-/60 fur 4 lb, 1401/I: -/-/60 fúr 5 lb, 1401/II: -/-/60 für 5 lb, iuravit, 1403, 1405/I: -/-/60 für 5 lb, 1405/II: -/-/60 fúr nichil, iuravit, 1406-1408: -/-/60, 1410/I: -/-/60 fúr nichil, 1410/II: -/-/50 fúr nichil, 1411: -/-/32 fúr nichil, 1412: -/-/32

Lucz schaeffler St: 1401/II: -/-/60 für 4 lb, iuravit, 1403: -/-/60 für 4 lb

Michel messrer[1]
: St: 1400: -/-/28 gracianus, 1401/I: -/-/40 gracianus, 1401/II: -/-/52 gracianus, 1403: -/-/60 gracianus, 1405/I: -/-/64 fur 8 lb, iuravit

Chunrat kursner von Haythawsen inquilinus St: 1401/II: -/-/-

Schleischaimer schaeffler St: 1405/II: -/-/30 fur nichil

(Hanns) Ofenhawser schuster.[2] 1411, 1412 relicta Ofenhawserin. 1413 relicta Hanns Ofenhawser
: St: 1406-1408: -/-/64 fúr 8 lb, 1410/I: -/-/60 für 4 lb, iuravit, 1410/II: -/-/60 für 4 lb, 1411: -/-/40 für nichil, 1412: -/-/24 fúr nichil, 1413: -/-/24 für nichil

Katrey inquilina, 1406 beckin St: 1406: -/-/24 iuravit, 1407, 1408: -/-/22 fúr nichil

Hainrice schreiber inquilinus St: 1410/I: -/-/-

Thoman kistler inquilinus. 1416 relicta uxor Thoman kistler
: St: 1415: -/-/72, 1416: -/3/6 propter patrimonium

Ulreich kistler. 1482 relicta kistlerin et filia. 1486 kistlerin et filia
: St: 1418, 1419: -/3/22, 1423: -/3/6, 1431: 0,5/-/- iuravit, 1453-1458: Liste, 1462: -/4/7, 1482: -/6/2, 1486: -/6/29
: Sch: 1439/I-II, 1440, 1441/I-II: 2 t[aglon]
: sein tochter inquilina St: 1462: -/-/10

Jorg Staingadmer St: 1454-1458: Liste, 1462: nichil, ist pfenterknecht[3]

Zweykircher ein peckenknecht inquilinus St: 1462: -/-/20 gracian

Peter Weingartner inquilinus St: 1455: Liste

Ludwig Staringer (Stáringer), 1496, 1500 k[ürschner[4]]
: St: 1482: -/5/26, 1486, 1490: -/7/3, 1496: -/6/13, 1500: -/7/10
: StV: (1496, 1500) et dedit -/4/27 für pueri Kirchmer.

Hanns Freisinger, 1496, 1508, 1509 melbler[5] St: 1496, 1500, 1508, 1509: -/-/60

maister Lucas [Rottaler], 1490 statmaister, 1496 statmaurer. 1500 Lucas statmaister. 1509 relicta Lucas maurerin
: St: 1490, 1496, 1500: nichil, 1509: -/-/60

Diemut inquilina St: 1500, 1508: -/-/60

Hanns Innkofer maurer St: 1500: -/2/3

Voglrieder St: 1500: nichil, servit

Jorg ziegler maurer St: 1508: -/-/60

Clas tagwercher St: 1509: -/-/60

Hanns Kauter melbler St: 1514: Liste

Hanns Grick (Grück), 1514, 1522-1524, 1526-1529 siber
: St: 1514: Liste, 1522-1526, 1527/I: -/3/1, 1527/II, 1528, 1529: -/2/-
: StV: (1522) wann das recht enndt hat, sol er zusetzen.

---

[1] Auch dieses Haus ist offensichtlich von der Stadt beschlagnahmt und verpachtet, deshalb heißt es in der KR „Michel meßrer geit 7 gulden aus dem haws auf der prugken, da der Stiglicz ynne waz", vgl. KR 1400/02, eigenes Blatt, am Ende des Bandes in einer Tasche.

[2] Der Schuster Hanns Ofenhauser hat einen Laden auf der Augustinerbrücke. Aus diesem Laden geben seine Erben noch den Zins. Später heißt es, Hans Ofenhauser (Sohn) der Schuster hat vom Stadtrat das Häusel auf der Brücke bei den Augustinern bestanden (gepachtet) und zahlt Zins dafür, vgl. Zimelie 34 (Stadtzinsbuch) S. 4v, 7v.

[3] Jörg Staingadmer 1459-1465 Pfänderknecht, vgl. R. v. Bary III S. 828.

[4] Ludwig Staringer 1476, 1479, 1482, 1489, 1490, 1492 Vierer der Kürschner, vgl. RP.

[5] Der Melbler Hans Freisinger ist 1501, 1505, 1507, 1508 und 1511 Vierer der Fragner, Obser, Melbler, vgl. RP. – Ab 1496 kommt der Melbler Hans Freisinger auch als Salzmesser vor, vgl. Vietzen S. 160 und RP.

Hanns Pfenningman, 1527/II melbler.[1] 1551/I Hanns Pfeningmanin
>   St: 1522-1526, 1527/I: -/2/28, 1527/II, 1528, 1529, 1532: -/4/13, 1540-1542: -/5/10, 1543: 1/3/20, 1544: -/5/10 [Schenkensteuer ?], 1545: -/4/-, 1546-1548, 1549/I-II, 1550, 1551/I: -/2/-

et mater St: 1525: nichil

Augustin Pfeningman
>   St: 1540: -/4/12 juravit, 1541: -/4/12, 1545: -/4/-, 1546, 1547: -/2/-

segenschmidknecht inquilinus St: 1522: [zahlt] annderßwo

Sigmund (Sigl) Donpeck (Tonpeck, Thonpeck), 1522-1524, 1527/II pildschnitzer, 1529 pildhauer
>   St: 1522: -/-/21 gracion, 1523: -/2/3 juravit, 1524-1526, 1527/I-II, 1528, 1529: -/2/3

Philip Walther [Weinschenk] St: 1522: -/2/-

Andre saltzstößl St: 1523-1525: -/2/-

relicta Humplin St: 1523-1526, 1527/I: 1/-/7, 1528, 1529, 1532: -/5/1

Hanns Wolf maurer St: 1532: -/2/-

Jeronimus Kronárckher schneider St: 1540: -/2/-

Bewohner Kaufingerstraße 18*A:

Hanns Lipp St: 1543: -/4/-, 1544: -/2/-, 1545: -/5/10

Jorg Sternin St: 1548: -/2/-

Thoman peckh nadler. 1549/II, 1551/I Thoman nadler
>   St: 1549/I: -/-/14 gracion, 1549/II, 1550, 1551/I: -/2/-

Thoman Schwaiger [Melbler[2]] St: 1551/II: -/2/-

Caspar Húngerl (Hüngerl(in), Hingerlin), 1554/II protweger. 1564/II, 1565 Caspar Hüngerlin
>   St: 1551/II, 1552/I-II: -/3/25, 1553, 1554/I-II, 1555-1557: -/2/-, 1558: -/4/-, 1559-1561, 1563, 1564/I-II, 1565: -/2/-
>   StV: (1560, 1561, 1563) mer fúr p[ueri] Melskirher (Malenkhircher, Maleßkhircher) -/-/7. (1565) fur irn hauswierdt -/-/21 gratia.

Larentz Hingerlein (Hungerlen, Hüngerlen) reiter
>   St: 1566/I-II, 1567/I-II: -/1/1, 1568: -/2/2, 1569, 1570: -/1/1
>   StV: (1566/I) dient beim Seyboltstorffer. (1566/II) hofgsind beim Seyboltstorffer. (1567/I-1570) hofgsind.

Lienhart Khóle zimerman
>   St: 1551/II: -/-/21 gracion, 1552/I: -/-/21 gracion die ander, 1552/II: an chamer

Hanns Schwäblin. 1552/II-1554/I Hanns Schwábl, 1553, 1554/I maurer
>   St: 1552/I-II, 1553, 1554/I: -/2/-

Hanns metzker maurer St: 1552/I-II: -/2/-

Wilhelm seidnnater St: 1553: -/-/14 gracion, 1554/I: -/-/14 gracion die ander

Hanns Mulperger melbler
>   St: 1553: -/-/14 gracion, 1554/I: -/-/14 gracion die ander, 1554/II: -/2/11 juravit, 1555-1557: -/2/11, 1558: -/4/22, 1559: -/2/11

Lienhart Khoppitz (Khoppitz) zimmerman
>   St: 1553-1554/II: an chamer
>   StV: (1553) t[e]n[et]ur 2 steur. (1554/II) 4 steur.

Pauls Painhofer kistler St: 1555: -/-/21 gracion, 1556, 1557: -/2/-

Jorg Schott truehelmacher St: 1558: -/4/-

Jori peckhin St: 1559, 1560: -/2/-

Uetz Mayr (Mair) melbler St: 1560, 1561, 1563, 1564/I-II, 1565, 1566/I-II, 1567/I-II: -/2/-, 1568: -/4/-

Hannß Vogler [Schneider[3]] St: 1561: -/2/-

Caspar Clayn (Klain) St: 1563, 1564/I: -/2/-

---

[1] Der Melbler Pfennigman, 1517 auch Nestler genannt, ist 1517-1519 Vierer der Fragner, Obser und Melbler, vgl. RP.

[2] Vgl. Kaufingerstraße 23 B.

[3] So 1559 und 1560 bei Fürstenfelder Straße 1*-8.

Utz Widman saltzkhnecht. 1569 Uetz saltzkhnecht
  St: 1564/II, 1565, 1566/I-II, 1567/I-II: -/2/-, 1568: -/4/-, 1569: -/2/-
Hanns Khegl (Kegl) múlkhnecht
  St: 1566/I-II, 1567/I-II: -/2/-, 1568: -/4/-, 1569: -/2/-, 1570: an chamer
Hanns Strassl melbler. 1570, 1571 Hanns Schrássl melbler St: 1569-1571: -/2/-
Hanns Payr, ain reiter St: 1570, 1571: -/2/-
Leonhart kháßkheuffl St: 1571: -/2/-

Kaufingerstraße 18*B

Lage: Außerhalb des Kaufingertores (Schönen Turms).
Charakter: Bis 1583 Bäckerhaus des Klosters Ettal. Noch im 19. Jahrhundert „Bäcker am Schönen Turm" oder „Schönen-Turm-Bäcker".[1]

Hauseigentümer:

Wie Kaufingerstraße 18*A.
1384 März 1 Hans Schenk hat zwei halbe Häuser als Leibgedinge. Das eine ist gelegen unter dem Tor beim Ettaler-Haus (18*A), das andere wird jetzt Fridrich dem Sander überlassen (18*B).[2]
1392/1398 an das Kloster Ettal gehen drei Pfund Wachs aus „dez Reyswadels haws auff der prug bey den Augusteinern".[3]
1393-1401/II domus Sander (StB) (nur leibgedingsweise).
1395 Juli 30 „Christel sneyder" hat Ulrich dem Reyswadel vor dem Stadtgericht ledig gesagt „seines hawss auf der prug bey der Hertlin chram" (Färbergraben 1*), sodaß der Reyswadel damit machen kann, was er will.[4]
1395 August 31 die Stadt verleiht dem Messerer Fridrich Stiglitz und seiner Hausfrau Kathrein zu Leibgeding der Stadt Haus und Hofstatt auf der Augustinerbrücke „an dem ort gelegen, daz der Herttel vor zu leipgeding von yn gehabt hat (!)".[5] Nach den Steuerbüchern dürfte der Stiglitz zu diesem Haus gehören, das dann aber um diese Zeit Eigentum der Stadt wäre. Da aber das Haus „an dem ort", also an der Spitze oder am Eck liegt, gehört der Eintrag wahrscheinlich doch eher zum nächsten Haus, Färbergraben 1*. Aber auch dort schafft der Eintrag Probleme.
Man muß wohl davon ausgehen, daß die Bebauung im 14. Jahrhundert noch erheblich anders war, als sie das Sandtner-Modell darstellt.
1403 November 11 die anderen Häuser des Klosters Ettal, an demselben Tore gelegen, welche des Sanders Erben zu Leibgeding innehaben, sind in der Stadtsteuer von 1 Pfund Pfennigen pro Jahr aus dem Haus Nr. 18*A nicht eingeschlossen.[6]
1459 Mai 25 Jörg Staingadmer (vgl. Bewohner), legt vor dem Stadtrat einen Leibgedingbrief vor von dem Abt von Ettal über die Häuser außerhalb des Augustiner-Tores.[7]
1484/85 laut Grundbuch (Überschrift) „Mer des von Etal zway hewser (Kaufingerstraße 18*(A) und (B)) ausserhalben Kauffingers thurn, hofell und Stadel".[8]
1527 Juli 27 genannt sind die zwei Ettalischen Häuser in der Neuhauser Gassen (!), zwischen dem Turm und dem Haus des Engelsperger (Färbergraben 1*).[9]
1569 domus Etal (StB).
1573 laut Grundbuch (Überschrift) „Deß von Etal zway heuser Ausserhalb deß Khauffinger oder schen thurns, Hofel und Stadl".

---

[1] Stahleder, Haus- und Straßennamen S. 420, 431.
[2] GB I 202/4.
[3] Steueramt 982/1 S. 28v.
[4] GB II 99/3.
[5] Urk. F I c 17 (= Serie b).
[6] Urk. F III c Nr. 5.
[7] RP 1 S. 10r.
[8] Stadtgericht 207/5 (GruBu) S. 304r und 207/5a (GruBu) S. 693v.
[9] BayHStA, KU Ettal 290.

1583 Juni 20 „Zu wissen, das gedachte zway heuser durch herrn Abte und des Convent zue Eethal dem Hansen Hörman Pöckhen alhie und Barbara uxori umb 800 fl verkaufft worden" (GruBu).

[Leibgedingsinhaber und] Hauseigentümer Kaufingerstraße 18*B:

(*) Engelhart goltsmid. 1369 relicta Engelhardi goltsmid. 1381-1383/II, 1388 patrimonium Engelhardi[1]
    St: 1368: 4/6/-, 1369: 5/-/- gracianus, 1381: -/-/60, 1382, 1383/I: -/-/-, 1383/II: -/-/45, 1388: -/-/60
    StV: (1381) item de preteritis steweris -/6/-. (1383/I) [Nachtrag am Rand:] -/-/30 dedit Sander. [Darunter getilgt, nur teilweise lesbar:] adhuc t[enetu]r (?) filius Engelhartin [= bisher war der Sohn der Engelhartin verpflichtet, zu zahlen].
  Liendl Engelhart [Goldschmied ?[2]] St: 1387: -/-/-
(*) Fridrich Sander [ehem. Zöllner[3]]. 1393-1401/II domus Sander
    St: 1387: -/-/12, 1390/I-II, 1392: -/-/-, 1394: 1/-/-, 1395: 0,5/-/-, 1396, 1397, 1399, 1400, 1401/I: -/6/-, 1401/II: -/-/-
    StV: (1393) hat mein genad stewer von genomen nach dez Wolfharde racz. (1401/II) daz hat der Reiswadel in seinen ayd genomen und verstewrt.
(*) Ulrich der Reyswadel [1392/1398]
(*) Cristan (Kristel) schneider inquilinus
    St: 1394: -/-/10, 1395: -/-/24 für 2 lb
** Kloster Ettal [1403 November 11, 1484/85, 1527 Juli 27]
  Caspar Herman (Hórman, Hörman), 1552/I-1554/II, 1564/I-1567/II peckh
    St: 1552/I-II: 1/3/7, 1553, 1554/I-II: -/5/26, 1563, 1564/I-II, 1565, 1566/I-II, 1567/I-II: -/5/24
** Hanns Hórman (Herman) peckh [seit 1583 Juni 20 durch Kauf von Ettal]
    St: 1568: -/3/15 gratia, 1569, 1570: -/2/20, 1571: -/2/10
** domus Etal[4]
    St: 1569: -/-/-

Bewohner Kaufingerstraße 18*B:

Augustin Pfennigman St: 1542: -/4/12, 1543: 1/1/24
Caspar Paur [Schlosser[5]] St: 1542: -/2/-, 1543: -/4/-
Wilhelm Degler nestler St: 1544: -/2/-, 1545: -/4/-
Margreth naterin St: 1544: -/2/-
Jorg Mayr schuester
    St: 1544: -/2/-, 1545: -/4/-, 1546-1548, 1549/I-II, 1550, 1551/I: -/2/-, 1554/II, 1555-1557: -/2/-, 1558: -/4/-, 1559: -/2/-
    StV: (1554/II) für p[ueri] Perger. (1558) mer -/-/14 für p[ueri] Perger. Mer -/-/14 für p[ueri] vischer loder. (1555-1557, 1559) mer -/-/7 für p[ueri] Perger. (1559) mer -/-/7 für p[ueri] vischer loder.
Cristoff karner kramer St: 1546, 1547: -/2/-
Wolffgang Sitnhoferin St: 1548: -/2/-
  Wolffgang Sitnhofer, 1549/I seckler
    St: 1549/I: -/-/14 gracion, 1549/II, 1550, 1551/I: -/2/-
Hanns Jacobs brueder St: 1548: -/2/-
Cristoff Ranckh (1555, 1558 Franckh) peckh. 1556, 1557, 1559, 1560 Cristoff Ranckh peckh
    St: 1555: -/-/21 gracion, 1556: -/2/17 juravit, 1557: -/2/17, 1558: -/5/4, 1559, 1560: -/2/17

---

[1] Vgl. Frankenburger S. 260.
[2] Vgl. Frankenburger S. 267.
[3] Fridrich Sander 1378-1385 Ausfuhrzollner am Oberen oder Neuhauser Tor, vgl. R. v. Bary III S. 884.
[4] 1569 „domus Etal" neben „Hanns Herman peckh" am Rand.
[5] So 1540 bei Kaufingerstraße 22*A/B.

Hanns Weydmair (Weydenmair, Weitmair, Weidmair), 1564/II-1566/II kürßner
St: 1563: -/-/21 gratia, 1564/I-II, 1565, 1566/I-II: -/2/-
Jörg Lehnerin (Lechnerin) prandtweinerin St: 1568: -/4/-, 1569, 1570: -/2/-

Färbergraben 1*

Lage: Eckhaus Ost an der Einmündung des Färbergrabens in die Kaufingerstraße, teils schon Neuhauser Straße genannt. Auf der Brücke.
Charakter: Bäckerhaus. Der Stadt Eckpeckenhaus.[1]

Hauseigentümer [Leibgedingsinhaber ?]:

Nach 1363/64 das „Liber reddituum" nennt „Hertel [Zeirinck] institor in ponte apud Augustinos (?)".[2]
1382 Juni 3 „der Hertlin der chramerin auf der prugk ist ... gepoten worden", das heißt, sie wurde vom Stadtgericht dazu aufgefordert, eine Schuld – hier von 20 Pfund Regensburgern an Ott den Meislin – zu zahlen.[3]
1383 Juli 28 diesmal hat ein Melber aus Nürnberg „Hertlin dem chramer auf der pruchk" eine Klage vom Stadtgericht zukommen lassen.[4]
1383 August 12 (?) die Morgengabe der Haylweig, des „Hertlin dez chramers hausfraw" wird auf ihrem „chraemlin und auf irem haus" versichert „und dar zu auf iren leyb dez häusslins, daz auf der prug leit, daz si von meinen hern [= dem Stadtrat] habent".[5]
1395 Juli 30 „Christel Sneyders", künftig Ulrich des Reyswadels Haus (Kaufingerstraße 18*B), ist der Hertlin Kram benachbart.[6]
Vielleicht gehört hierher auch folgende Urkunde:
1395 August 31 die Stadt verleiht dem Messerer Fridrich Stiglitz und seiner Hausfrau Kathrein zu Leibgeding der Stadt Haus und Hofstatt auf der Augustinerbrücke „an dem ort gelegen, daz der Herttel vor zu leipgeding von yn gehabt habt" (!).[7] Dann aber gehört das Haus der Stadt und auch der Hertel und seine Hausfrau oder Witwe haben das Haus nur leibgedingweise inne, so wie wahrscheinlich auch alle anderen hier genannten. Das wäre auch naheliegend, bei einem Haus, das am oder über dem Stadtgraben steht. Auch andere Häuser oder Läden auf den Bächen gehören der Stadt.
Ca. 1400 aus des Hertlin Haus auf der Augustinerbrücke, das Hansel Frölich hat, geht ein Zins an die Stadt.[8]
1402/03 die Stadt hat Zinseinnahmen vom Kaltschmied Hans dem Frolich aus seinem Haus „auf der pruk pey den Augustinern".[9]
1422 März 28 die bürgerlichen Eheleute Albrecht Kistler und seine Ehefrau Elisabeth verpflichten sich, aus ihrem Eckhaus auf der Brücke des „inneren Tors" bei den Augustinern, in St. Peters Pfarr, ein Ewiggeld in die Stadtkammer zu zahlen und erhalten dafür von der Stadt das Recht, auf dem Graben zunächst bei dem genannten Haus zu bauen.[10]
1423 die Stadt hat des Kistlers Haus bei den Augustinern auf der Brücke dafür gegeben und verkauft an den Kaplan der Pütriche.[11]
1443/44 das Salbuch der Stadt sagt: „Item es ist zu wissen, das die stat hat auf der prucken pey dem

---

[1] Stahleder, Haus- und Straßennamen S. 423.
[2] Zimelie 35 (Liber reddituum) S. 2v.
[3] GB I 162/6.
[4] GB I 185/10.
[5] GB I 187/7.
[6] GB II 99/3.
[7] Urk. F I c 17 (= Serie b).
[8] Zimelie 34 (Stadtzinsbuch) S. 2v.
[9] KR 1402/03 S. 33r.
[10] BayHStA, GUM 210.
[11] Kämmerei 63/1 S. 9r.

tor pey den Augusteinern drey läden, die hat die stat alltens lang gehabt und die hat man mit albegen besetzen mugen, wann man die besetzen mag, so sol man sie der stat jarlich verczinsen".[1]

1453 domus Jorg (Liste).

1465 Februar 14 die Stadt hat dem Bäcker Conrat Nottwachs 215 Pfund Pfennige bezahlt „umb sein hawß, das egkhauß auf der prugken an Newnhauser gassen in sand Peters pfarr, gegen den Augusteinern uber, das gemaine stat von im gekauft hat zu ainer newen metzgk". Dazu zahlt die Stadt an den Notwachs selbst noch 40 Pfund für die Überteuerung des Hauses und löst mit 135 Pfund und zweimal je 20 Pfund mehrere Ewiggelder (Hypotheken) ab, die auf dem Haus liegen.[2]

Das Haus wird in der Folgezeit von der Stadt vermietet, aber offensichtlich nicht als Metzg verwendet: 1468 nimmt die Stadt 12 1/2 Pfund Pfennige an Zins ein „auß dem hauß, das die stat vom Notwachs pecken kauft hat",[3] 1469 zahlt diesen Betrag der Kammerknecht Bartlme Wulfing („auß dem hawß, das die stat vom Nottwachsen kauft hat auf dem inndern graben an Newnhauser gassen, dedit der Wulfing in die kamer"),[4] 1474 über 14 Pfund Pfennige „von der stat peckenhauß bei den Augustinern am graben in sand Peters pfarr",[5] 1475 ein Pfund „von dem pecken in des Notwachsen hawß am graben" und zwei Pfund „vom Hanyfstingel zinßgelt auß des Notwachsen hawß".[6] Die Mieter werden jetzt zahlreicher: 1476 kassiert die Stadt Zins vom Bäcker in des Notwachs Haus, von der Els Erhartin (vgl. Bewohner) aus dem benannten Haus und von dem Koch von Hof (Hofkoch) aus des Notwachsen Haus,[7] 1477 zwei Pfund von der „Hanns kochin lauttenslacherin", vom Bäcker und von der Els Erhartin, alle in des Notwachsen Haus.[8] Zu diesen dreien kommt 1478 als vierter noch [Jörg ?] Götschel Nadler hinzu (vgl. Bewohner) (aus des Notwachsen Haus, „das der stat ist").[9] 1480 kommt statt der Lautenschlagerin der Schlosser Jeronime („zinßgelt von dem gemach auf dem pachofen in des Notwachsen hauß" beziehungsweise „von dem gemach ober der stat peckenhauß") hinzu.[10] 1486 werden von der Elsbeth Erhartin Zinsen aus dem Bäckerhaus bei den Augustinern eingenommen.[11] 1492 zahlen in des Notwachsen Haus an der Neuhauser Gasse der Aslinger (vgl. Bewohner) „von einem gemach" Mietzins, ebenso Ulrich Notwachs (vgl. Eigentümer) „vom Beckenhaus", Lienhart pfeiffer (vgl. Bewohner) „vom mittern gemach" und Elsbeth Erhardtin (vgl. Bewohner) ebenfalls „von einem gemach".[12] Sie zahlen z. B. 1496: Lienhart pfeiffer und Hanns Asslinger je zwei Pfund, die Erhartin 1 Pfund und 4 Schillinge und der Bäcker Notwachs 9 Pfund Pfennige pro Jahr.[13]

1484/85 laut Grundbuch (Überschrift) „Anndre Ennglsperger Beck [Haus] am Thurn an des von Etal haws". Weitere Überschrift: „der Stat Eckpeckenhaws aussen am pach, get an gemaime (!) stiegen".[14]

1498 Dezember 9 die Stadt verkauft das Haus wieder. Die Stadtkammer rechnet 7 Schillinge Leikauf ab, „als man der stat haws, darinn der Notwachs beck ist, verkauft hat".[15] An Georgi (23. April) 1499 hat aber die Stadt noch Zinseinnahmen „aus des Notwachsen beckenhaus"[16] und am 9. März 1499 zahlt die Stadt dem Bäcker Ulrich Notwachs 9 Pfund und 5 Schillinge „von dem prunen, den er in der stat haws, darinn er gwest ist, machen hat lassen".[17]

Die (obere) Metzg, die man in diesem Haus einrichten wollte, wird dann auf dem Nachbargrundstück am Färbergraben (Färbergraben 1 1/2) eingerichtet, wo sie bis ins 19. Jahrhundert besteht. Im Herbst

---

[1] Zimelie 30 (Salbuch-Konzept 1443/44) S. 11v.
[2] KR 1464/65 S. 84v.
[3] KR 1468/69 S. 22r.
[4] KR 1469/70 S. 22r, 1470/71 S. 22r, 1471/72 S. 21r, 1472/73 S. 22r, 1473/74 S. 22r.
[5] KR 1474/75 S. 22r.
[6] KR 1475/76 S. 22r/v.
[7] KR 1476/77 S. 22r/v.
[8] KR 1477/78 S. 22r.
[9] KR 1478/79 S. 22r/v, 1479/80 S. 22r.
[10] KR 1480/81 S. 22r, 23r. Vgl. auch KR 1482/83 S. 22r/v.
[11] KR 1486/87 S. 19r.
[12] KR 1492/93 S. 18r/v. Vgl. auch KR 1495/96 S. 17r/v.
[13] KR 1496/97 S. 16r/v.
[14] Stadtgericht 207/5 (GruBu) S. 303r, 305r und 207/5a (GruBu) S. 695v/696r.
[15] KR 1498/99 S. 78r.
[16] KR 1499/1500 S. 18r.
[17] KR 1499/1500 S. 96r.

1503 heißt es in der Kammerrechnung, es „haben die werchmeister verzert, als man di metzg beschawt und geratschlagt hat, wie di sol gepawt werden".[1]

1499 Januar 29 und

1499 März 4 Andre Engelsperger und seine Hausfrau Barbara verkaufen zwei Ewiggelder von je 6 Gulden um je 120 Gulden und von 5 Gulden um 100 Gulden Hauptsumme aus dem Haus (GruBu).

1527 Juli 27 die beiden Häuser des Klosters Ettal (Kaufingerstraße 18*A und B) liegen in der Neuhauser Gassen (!), zwischen dem Turm und dem Haus des Engelspergers.[2]

1543 Februar 19 Corbinian Starnberger der Jüngere und seine Hausfrau Anna verkaufen dem Andre Engelsperger zur Entrichtung seines väterlichen und mütterlichen Erbgutes ein Ewiggeld von 10 Gulden um 200 Gulden aus dem Haus (GruBu).

1543 August 29 und

1544 Januar 22 weitere zwei Ewiggeldverkäufe durch das Ehepaar Starnberger, einmal 5 um 100 Gulden und einmal 3 um 60 Gulden Hauptsumme (GruBu).

1546 die Baukommission beanstandet, daß bei „Corbinian Starnbergers, des peckhen laden" die Vorbauten „1 eln ze nider" und „1/2 eln ze weit" seien.[3]

1552 Oktober 4 Corbinian Starnberger verkauft ein Ewiggeld (5 Gulden um 100 Gulden) (GruBu).

1561 April 15 Urban Paur und seine Hausfrau Barbara verschreiben der Apollonia Starnberger, des Abraham Metzgers zu Kaufbeuern Hausfrau, ein Ewiggeld von 5 Gulden um 100 Gulden Hauptsumme zur Entrichtung der Kaufsumme (GruBu).

1563 domus Starnberger, Caspar Weisman (StB).

1569-1571 domus Ran(n)ckh peckh (StB).

1572 Mai 7 der Bäcker Christoff Rannckh und seine Hausfrau Veronica verkaufen dieses ihr Haus dem Bäcker Leonhard Auchter und seiner Hausfrau Veronica, ohne Nennung eines Geldbetrages (GruBu).

1573 laut Grundbuch (Überschrift) des Leonhard Auchters Bäckers „Egghauß".

Das Haus bleibt bis 1617 im Besitz der Auchter.

Eigentümer [Leibgedingsinhaber ?] Färbergraben 1*:

* Hertl [Zeirinck] kramer,[4] 1379 inquilinus. 1390/I-II, 1392-1394 Hertlin kramerin[5]
    St: 1368: -/3/14, 1369, 1371, 1372: -/5/6, 1375: -/6/6, 1377: 2/-/20 juravit, 1378, 1379: 2/-/60, 1381, 1382: -/12/-, 1383/I: -/-/42, 1383/II: -/-/18 sub gracia, 1387: -/-/8, 1388: -/-/16 juravit, 1390/I-II: -/-/16, 1392: -/-/12, 1393, 1394: -/-/16, 1395: nichil, ist tod
    StV: (1379) querere pro iuramento.
* (Hansel) Fróleich kaltsmid
    St: 1400, 1401/I: -/-/72, 1401/II: -/-/60 iuravit, 1403, 1405/I: -/-/60, 1405/II: -/-/60 für nichil, iuravit, 1406: -/-/60 fúr nichil
* Albrecht kistler, 1407-1408 inquilinus. 1441/II relicta Albrechtin kistlerin [= Elisabeth]
    St: 1407, 1408: -/5/10, 1410/I: 0,5/-/- iuravit, 1410/II: -/5/10, 1411: 0,5/-/-, 1412: -/5/10, 1413: 0,5/-/- iuravit, 1415: 0,5/-/-, 1416, 1418, 1419: -/5/10, 1423: 0,5/-/-, 1431: -/3/22 iuravit
    Sch: 1439/I-II, 1440, 1441/II: 1 t[aglon], 1441/I: 0,5 t[aglon]
    Kathrey Albrecht
    St: 1453: Liste
* domus Jorg
    St: 1453: Liste

---

[1] KR 1503/04 S. 94v.
[2] BayHStA, KU Ettal 290.
[3] LBK 4.
[4] Hertel kramer Zeyrinck 1381 Mitglied des Großen Rates der Stadt, vgl. R. v. Bary III S. 746. – Hertel institor in ponte apud Augustinos (?) begegnet schon in dem um 1363/64 angelegten Liber reddituum, vgl. Zimelie 35 (Liber reddituum) S. 2v. Herttel kramer in ponte aput Augustin[os] auch in KR 1367/68 S. 23r, 1369/70 S. 28r und Hertel in ponte KR 1369/70 S. 24r.
[5] 1395 getilgt „Hertlin kramerin".

*   Chunrat Notbachs (Notbags), 1456, 1462 peck
    St: 1455-1458: Liste, 1462: -/-/77
** Stadt München „Eckpeckhenhaus" [seit 1465 Februar 14 bis 1498 Dezember 9]
    Ulrich Notwáx (Notwax, Notbax), 1482, 1496 peck
    St: 1482: -/2/13, 1486, 1490: -/2/18, 1496: -/2/8
** Anndre Engelsperger, 1500, 1508-1514 p(eck) [∞ Barbara]
    St: 1500: 1/4/14, 1508, 1509: 1/5/15, 1514: Liste
    StV: (1509) et dedit -/-/60 fur Schambacherin.
    relicta Englspergerin (Engelspergerin)
    St: 1526, 1527/I: 1/4/6, 1527/II, 1528, 1529, 1532: -/5/24
** Corbinian Starnberger der Jüngere [Bäcker, ∞ Anna, seit 1543 Februar 19]
** Urban Paur, 1564/I-1568 peckh [∞ Barbara]
    St: 1561, 1563, 1564/I-II, 1565, 1566/I-II, 1567/I-II: -/2/-, 1568: -/4/-
    StV: (1561) mer folio 98 [Ewiggeld]. (1563, 1564/I) mer fur Abraham mezger folio 96 [Ewiggeld]. (1564/II-1566/II) mer fur Abraham mezger folio 95 [Ewiggeld]. (1565) raths geschafft, wan diser mezger von dem ewigen gelt wol (?) verkhaufft, soll ers vernachsteurn als ain frembder. (1567/I-II) mer fur Abraham metzger unnd wann ime was abgelöst, soll ers vernachsteurn folio 10. (1566/I-II) wann er was verkhaufft, soll ers vernachsteuern. (1567/II, 1568) mer fur Abraham metzger folio 10 [Ewiggeld].
** Christoff Rannckh peckh [∞ Veronica]
    St: 1561: -/3/10
*   domus Starnberger, Caspar Weisman
    St: 1563: an chamer
*   domus Ranckh peckh
    St: 1569-1571: -/-/-
    StV: (1569) mer fur Abraham metzger folio 10v [Ewiggeld].
** Leonhard Auchter Bäcker [∞ 1. Veronica, ∞ 2. Anna; seit 1572 Mai 7]

Bewohner Färbergraben 1*:

Hainrich Zeiringk (Zerringk, Zeiring, Zeylinck), 1368 smid
    St: 1368: -/-/40, 1369, 1371: -/-/60, 1372: -/3/- voluntate, 1375: -/3/6, 1378, 1379, 1381: -/5/21, 1382, 1383/I: -/6/-, 1383/II: -/9/-, 1387: -/7/18, 1388: -/15/6 juravit
Hainrich calciator inquilinus St: 1368: -/-/12 gracianus
Hainrich Pachmair, 1368-1375, 1379, 1381, 1383/I-II, 1388 calciator, 1371, 1383/I, 1388 inquilinus. 1387 Pachhaimer (!) calciator
    St: 1368: -/-/16, 1369, 1371, 1372, 1375: -/-/24, 1378, 1379, 1381, 1382, 1383/I: -/-/24, 1383/II: -/-/36, 1387: -/-/16, 1388: -/-/32 juravit
Swaebin inquilina St: 1368: -/-/12
[Konrad[1]] Ernst (Erenst) kistler inquilinus
    St: 1369, 1371, 1372: -/-/54, 1375: 0,5/-/12, 1378: -/3/12 juravit
Reiff mercator St: 1369: -/-/-
Swaerczel vragner inquilinus. 1371, 1372 Swarczman mercator (fragner) inquilinus
    St: 1369, 1371, 1372: -/-/48
Óttel Strobel institor St: 1377: -/-/18 juravit, 1378: -/-/18
relicta Kayserin inquilina St: 1379: -/-/18
relicta Smidin inquilina, 1381, 1382 kauflin, 1387 Smydlin inquilina
    St: 1381, 1382: -/-/12, 1383/I: -/-/18, 1383/II: -/-/27, 1387: -/-/60, 1388: 0,5/-/- juravit
Fridrich goltsmid St: 1381: -/-/42 gracianus
Haydfolk (Haydvolk) satler St: 1394: -/-/16, 1395: -/-/32 nichil habet
relicta dienerin inquilina[2] 1395
(Fridrich) Siglicz (Stiglicz) messrer St: 1396, 1397: -/-/60 fur 10 lb, 1399: -/-/-

---
[1] So 1377 bei Kaufingerstraße 20*/21*.
[2] Dieser Eintrag von 1395 wurde wieder getilgt.

Diettreich Tewfel platner St: 1397: -/-/60 fúr 2 lb
Hanns Pyssenczer platner St: 1397: -/-/45 gracianus
Kaels messrer[1] St: 1399: -/-/-
Grúnerin inquilina St: 1401/II: -/-/12 fúr nichil, iuravit
Múnicher messrer inquilinus St: 1403: facat
[Ulrich] Schilterger (Schilperger) schuster inquilinus
    St: 1405/I: -/-/60 fur 3 lb, 1405/II: -/-/60 fúr 8 lb, iuravit
[Konrad[2]] Lengenvelder schuster inquilinus St: 1431: -/-/60 iuravit
Hainrich Mantel verber St: 1431: -/-/60 iuravit
Matheis Púchler inquilinus St: 1431: -/-/22 gracion
Wilham Hiltenstainer melber inquilinus St: 1431: -/-/60 iuravit
Hail Tóldlin Sch: 1439/I-II: 1 t[aglon]
Andre Lindawer, 1439/I-1441/I schaffler Sch: 1439/I-II, 1440, 1441/I-II: 1 t[aglon]
Schónseisin inquilina Sch: 1439/II: 0,5 t[aglon]
Els Pndnerin (!) inquilina Sch: 1439/II: 0,5 t[aglon]
Jorg von Hagnaw fragner, 1440 inquilinus Sch: 1440: 1 t[aglon], 1441/I: 0,5 t[aglon]
Ulrich fragner, 1440, 1441/II inquilinus Sch: 1440: 1 t[aglon], 1441/I-II: 0,5 t[aglon]
relicta Hórschingerin Sch: 1441/II: 1 t[aglon]
Jorg Keck peck inquilinus Sch: 1441/II: 0,5 t[aglon]
Hanns Haub huter Sch: 1441/II: 0,5 t[aglon]
Fricz Pomerl [Weinschenk[3]] St: 1453, 1454: Liste
Erhart smidk[necht]. 1454 Erhart smid inquilinus. 1465-1458 relicta Erhartin, 1456 et filia
    St: 1453, 1454, 1456, 1458: Liste
    Els sein (ir) tochter. 1462 Els Erharttin inquilina. 1482-1496 Els Erhartin
    St: 1453, 1456-1458: Liste, 1462: -/-/60, 1482, 1486, 1490, 1496: -/-/60
Perchtold gurtler St: 1454: Liste
Lienhart melbler inquilinus. 1456, 1457 Lienhart Lechner, 1456 melbler St: 1455-1457: Liste
relicta Stráussin (Straussin), 1457 inquilina St: 1456, 1457: Liste
relicta Egrerin inquilina St: 1456, 1457: Liste
Ulrich Rosha[u]ppter St: 1458: Liste
Erhart Prunschmid St: 1458: Liste
Fricz pautler inquilinus St: 1462: -/-/60
Lindel Prantthuber inquilinus St: 1462: -/-/60
ein infraw Angnes inquilina St: 1462: -/-/32
[Jörg ?] Gotschl nadler[4] St: 1482: -/3/5
Ulrich morterkocher weinprennerin. 1486 weinprenner morterkocher St: 1482, 1486: -/-/60
swertfegerin St: 1486: -/1/20 das jar
Linhart pfeyffer St: 1490: nichil
Hanns Asslinger (Ásslinger). 1496 Hanns scharbachter Ásslinger
    St: 1490: -/-/24 grac[ion], 1496, 1500: -/-/60
Linhart richtersknecht. 1500 Linhart richtersknechtin St: 1496, 1500: nichil
relicta Schambacherin (Schonwacherin). 1508 Schambacherin
    St: 1500: -/3/10, 1508: -/-/60, 1514: Liste
Hanns Grigk syber St: 1508, 1509: -/-/60
Clas pecknknecht, 1514 inquilinus St: 1508, 1509: -/-/60, 1514: Liste
Andre saltzstossel. 1508 Anndre Peirl (Peurl), 1514 saltzstösl
    St: 1508, 1509: -/2/8, 1514: Liste, 1522: -/2/-

---

[1] Bei Weinstraße 1 gab es 1396 einen Fridrich Kaels als Kornmesser, dessen patrimonium aber 1399 (!) bei Marienplatz 7** versteuert wird.

[2] So 1423 bei Marienplatz 28/29.

[3] Fridreich Pómer ist 1433 Mitglied der Weinschenkenzunft, vgl. Gewerbeamt 1411 S. 9r.

[4] Im April 1477 nimmt die Stadt zwei Pfund Pfennige Mietzins vom Götsel nagler aus dem Haus bei den Augustinern ein, vgl. KR 1477/78 S. 22v. Die Berufsbezeichnung ist korrigiert, wahrscheinlich von „nadler" zu „nagler".

Jórg Huetman (Hutman), 1514, 1522-1527/II, 1529-1532 schmid
 St: 1514: Liste, 1522-1526, 1527/I: -/3/25, 1527/II, 1528, 1529, 1532: -/4/13
Hanns Inderstorfer peck St: 1522-1524: 1/1/9
Utz Keckh, 1522, 1523, 1525 tag(wercher) St: 1522-1525: -/2/-
Utz Poiß (Possz), 1522 t(agwercher), 1524 z[...] Utz Poissin
 St: 1522-1525: nichil
 StV: (1522, 1524, 1525) sein weib hebamb. (1523) femina hebamb.
puchvierer St: 1523: -/2/-
Andre schuster St: 1524, 1525: -/2/-
Wolfgang Rauheberl (Rauh Eberl) peck
 St: 1525, 1526, 1527/I-II: -/2/-
 StV: (1527/II) et dedit -/2/5 patrimonium fur sein vater. (1527/II) et dedit -/1/2 fur 1 lb geltz.
 (1527/II) sol bis jar schwern.
Hoflaherin St: 1526, 1527/I-II, 1528: -/2/-
relicta Raidin, 1527/I inquilina St: 1526, 1527/I: 2/-/-, 1527/II, 1528, 1529: -/6/11
relicta Humpplin St: 1527/II: -/5/1
relicta Kiemerin taschnerin. 1528 taschnerin St: 1527/II, 1528: -/2/-
Linhart Finfler peck St: 1528, 1529, 1532: -/2/-
Barbara naterin St: 1529, 1532: -/2/-
Hanns Pognrieder St: 1529: -/2/-
Huetterin St: 1532: -/2/-
Margrecht inquilina St: 1532: -/2/-
Michel Eck pancknecht [= Bankknecht] St: 1532: -/6/21
 Jörg sein schwager St: 1532: -/-/21 gracion
Jorg Hirsperger, 1540 peckh
 St: 1540-1542: -/2/21
 StV: (1541) et dedit -/2/24 von 3 fl gelts auffs land den Ramern (?) von Auerdorff. (1542) et dedit -/2/24 von 3 fl gelts den Ramern (?) von Aurdorff.
Valten stainmetzin St: 1540: -/2/-
Warbara Stainlehnerin St: 1540: -/2/-
Utz Paos [Poiß] St: 1540: -/2/-
Utz schlayerweberin St: 1540: -/2/-
Gilg Fronpeckh, 1546-1549/II, 1552/II tagwercher. 1552/I Gilg tagwercher [auch Holzmesser[1]]
 St: 1541, 1546-1548, 1549/I-II, 1550, 1551/I-II, 1552/I-II, 1555: -/2/-
Jorg (Georg) Mayr (Mair) schuester, 1564/I-1565, 1566/II-1571 schuechmacher
 St: 1541, 1542, 1560, 1561, 1563, 1564/I-II, 1565, 1566/I-II, 1567/I-II: -/2/-, 1568: -/4/-,
 1569-1571: -/2/-
 StV: (1560-1567/II) mer -/-/7 fur p[ueri] Perger. (1560-1563) mer fur p[ueri] vischer (loder)
 -/-/7. (1568) mer fur p[ueri] Perger -/-/14. (1569-1571) mer fur Lenhart (Leonhart) Perger
 -/-/7.
Anndre Hagn schneider St: 1542: -/2/10
Lienhart Reyserer peckh St: 1543: -/4/4 juravit, ist doplt gsteurt
Caspar Herman peckh St: 1544: -/5/4, 1545: 2/6/14, 1546-1548, 1549/I-II, 1550, 1551/I-II: 1/3/7
Wolffgang Rinckhler. 1545 Wolffgang stainmetz Rinckhler St: 1544: -/2/-, 1545: -/4/-
Mathes Mänhart St: 1544: -/-/14 gracion
Hanns Schwäbel peckhenknecht St: 1544: -/2/-
Wolff(gang) Praunin schneiderin St: 1544: -/2/-, 1545: -/4/-
Sigmund Troll koch St: 1544:-/2/-, 1545: -/4/-, 1546-1548, 1549/I: -/2/-
Jorg santwerffer St: 1544: -/2/-, 1545: -/4/-, 1546-1548, 1549/I-II, 1550, 1551/I-II, 1552/I: -/2/-
Gilg mertterkocher St: 1545: -/4/-
 sein schwiger St: 1545: nichil, ain dienerin
Marx vischerin. 1550-1551/I Marx vischerin hebam. 1551/II Marxin vischerin
 St: 1545, 1548, 1549/I-II, 1550: nihil, ain hebam, 1551/I: nihil, 1551/II: nihil, ain hebam

---

[1] Gilg Fronpeckh 1553 und 1554/I bei Marienplatz 28/29 als Holzmesser bezeichnet.

Melchor Hertzog, 1547 puechpintter. 1548 Els Hertzogin puechpintterin St: 1546-1548: -/2/-
Jacob Herzog puechpinter. 1570, 1571 Jacob Hertzogin puechpindterin
    St: 1559-1561, 1564/I-II, 1565, 1566/I-II, 1570, 1571: -/2/-
Hanns padknecht St: 1546: -/2/-
Hanns Kayser tagwercher St: 1546, 1547: -/2/-
Lienhart tagwercher St: 1546, 1547: -/2/-
Hanns Anshelm St: 1547, 1548: -/2/-
Hanns Erhart, 1552/I, 1553-1554/I tagwercher
    St: 1548, 1549/I-II, 1550, 1551/I-II, 1552/I-II, 1553, 1554/I: -/2/-
Els paderin St: 1548: -/2/-
Hanns Gusman St: 1548: -/2/-
Jorg Sternin (Sterin, Störin, Storin)
    St: 1549/I-II, 1550, 1551/I-II, 1552/I-II, 1553, 1554/I-II, 1555, 1556: -/2/-
Utz maurer St: 1549/I-II: -/2/-
Hanns Perckhman (Perckhmair), 1549/II zimerman St: 1549/II, 1550, 1551/I: -/2/-
Hanns Hoffman. 1551/II-1554/I Hanns Hoffmanin St: 1550, 1551/I-II, 1552/I-II, 1553, 1554/I: -/2/-
Anna Streicherin St: 1550, 1551/I: -/2/-
Walthasar flosman peckh St: 1551/II: -/-/21 gracion
Els Stöckhlin naterin St: 1551/II: -/2/-
Jacob tagwercher St: 1551/II: -/2/-
Hanns Zach St: 1551/II: -/2/-
Walpurg St: 1551/II: -/2/-
Caspar Kellner peckh
    St: 1552/I: -/-/17,5 gracion, 1552/II, 1553, 1554/I-II, 1555-1557: -/2/20, 1558: -/5/10
    StV: (1552/I) darin 1 1/2 fl gelts auch versteurt seiner hausfrau.
Margreth metzgerin. 1564/I alt Margreth mezgerin. 1564/II alt Margreth
    St: 1552/I-II, 1553, 1554/I-II, 1555, 1556: -/2/-, 1558: -/4/-, 1559, 1561: -/2/-, 1564/I: -/-/21
        pauper, 1564/II: -/2/-
Franckh naglerin St: 1552/I: -/2/-, 1558: -/2/- pauper
Tylchingerin. 1554/I Hanns Dylchingerin St: 1552/I-II, 1553, 1554/I: -/2/-
Sigmundin St: 1552/I: -/2/-
Sigmund Palle (Pälle), 1555-1558 pott. 1566/I-1568 Simon Pole (Paule) pot
    St: 1552/II, 1553, 1554/I-II, 1555-1557: -/2/-, 1558: -/4/-, 1566/I-II, 1567/I-II: -/2/-, 1568: -/2/-
        der zeit
schuesterin St: 1552/II: -/2/-
Anna saylerin St: 1552/II: -/2/-
Lienhartin paddirn
    St: 1553: -/2/-, 1554/I: -/-/-
    StV: (1554/I) ist nit zu erfragen, mir guet ligt in verpot.
Lienhart Kesler ambtman[1] St: 1553, 1554/I: nihil
Pauls (Paulsin) Landsingerin St: 1553, 1554/I-II: -/2/-
Lienhart Dysl, 1554/II, 1555, 1557 schuester St: 1554/II, 1555-1557: -/2/-
Augustin tagwercher St: 1554/II: -/2/-
Jorg Gastlin St: 1554/II, 1555, 1556: -/2/-
Els wagnerin St: 1555-1557: -/2/-, 1558: -/4/-
Anna schuesterin St: 1555: -/2/-, 1558: -/4/-
Walpurg Mänhartin St: 1556: -/2/-
Hanns Lunglmayr (Lunglmair) St: 1557: -/2/-, 1558: -/4/-, 1559-1561: -/2/-
Caspar Eytznperger St: 1557: -/2/-, 1558: -/4/-, 1559: -/2/-
Barbara feylnhauerin St: 1557: -/2/-, 1558: -/4/-
Mang seidnstrickher St: 1557: -/2/-

---

[1] Als solcher 1551-1554 belegt, vgl. R. v. Bary III S. 815.

Hanns gartner, 1559, 1560 schuester
    St: 1558: an chamer, 1559, 1560: -/2/-
    StV: (1558) zalt per rechnung -/4/- am 18. Februarii.
Thoman Walch peckh St: 1559: -/-/28 gracion, 1560: -/4/12 juravit
Lienhart Widmanin St: 1559: -/-/- pauper der zeit
Bärbl wagnerin St: 1559: -/2/-
Mathes Tarchinger St: 1559: -/2/-
Uetz Pierman [Bote[1]] St: 1560: -/2/-
Hanns Sedlmair, 1560 tagwercher, 1564/I-1566/I prantweiner
    St: 1560, 1561, 1563, 1564/I-II, 1565, 1566/I: -/2/-
Steffan weinamer
    St: 1561, 1563, 1564/I-II, 1565, 1566/I-II, 1567/I-II: -/2/-, 1568: -/4/-
    StV: (1566/II) hat ain weib bei ime, Katherina genannt, ist nit burgerin. (1567/I) Katherina ist sein dienerin.
Hannß Pränndl (Pranndtlin)
    St: 1561: -/-/1, 1563: -/2/-
    StV: aderlasser in den sterbenden leuffen.
Margreth Reinerin St: 1563: -/2/-
A. khartnmacherin St: 1563: -/2/-
Ursula Hungerin von Wessling St: 1563: -/2/-
Jörg Graf schuester St: 1564/II: -/2/-
Christoff Forster, 1564/II, 1565 tagwercher St: 1564/I-II, 1565: -/2/-
Sebastian Ostendorfer glaser St: 1565, 1566/I-II, 1567/I-II: -/2/-
Anndre Franckh coral[ist] St: 1566/II: -/2/-
Mathes Thierigin peitlerin St: 1566/II: -/2/-
Hanns Star peitler St: 1567/I-II: -/2/-, 1568: -/4/-, 1569-1571: -/2/-
scharlachschleiferin, 1568 [ergänzt:] Balthauser Taserin (?). 1570, 1571 Balthauser scharlachschleiferin
    St: 1567/I-II: -/2/-, 1568: -/4/-, 1569-1571: -/2/-
Mathes Griener (Gryner) schuechmacher (schuester). 1568 Matheus Mair [darüber: Grien] schuester. 1570 Matheus Griener [über gestrichenem „Mair"] schuester
    St: 1567/II: -/-/14 gratia, 1568: -/4/-, 1569, 1570: -/2/-
Jörg Mänhart peckh St: 1569: -/-/28 gratia, 1570, 1571: -/2/28
Hanns schmid trabant St: 1569-1571: an chamer
Sigmund Khipfinger
    St: 1570: -/2/-
    StV: (1570) wann er die schuld zu Mindlham einpringt, soll ers zuesetzn.
Hanns Mair schuester St: 1571: -/2/-

Bem.: Am Ende der Inneren Stadt Petri 1416: her Kylian gesell von sand Peter hat geben von peichtgelcz wegen 4 reinisch gulden. Item darnach hat er uns geben 1 lb.

---

[1] So 1549-1551 bei Weinstraße 10*.

Abkürzungen

ADB	Allgemeine Deutsche Biographie
Adi	ad diem, am Tag
AV	Angerviertel
BayHStA	Bayerisches Hauptstaatsarchiv München
Bem.	Bemerkung
d. Ä.	der Ältere
d. J.	der Jüngere
Fasz.	Faszikel (Bündel von Archivalien)
fl	florenus (Gulden)
fol.	folium, folio (Blatt)
GB	Gerichtsbuch
Gde	Gemeinde
GL	Gerichtsliteralien
GruBu	Grundbuch
GUM	Gerichtsurkunden München
GV	Graggenauer Viertel
HB	Häuserbuch
HL	Hochstiftsliteralien
HV	Hackenviertel
KR	Kammerrechnung
KU	Klosterurkunden
KV	Kreuzviertel
lb	libra (Pfund)
LBK	Lokalbaukommission
Lkr	Landkreis
MB	Monumenta Boica
NDB	Neue Deutsche Biographie
OA	Oberbayerisches Archiv
pf	Pfennig
RB	Regesta Boica
r	recte (rechte Seite, Vorderseite)
rh.	rheinisch
RP	Ratsprotokoll
ß	Schilling
SchloßA	Schloßarchiv
St	Steuer
StaatsAM	Staatsarchiv München
StadtAM	Stadtarchiv München
StB	Steuerbuch
StListe	Steuerliste
StV	Steuervermerk
ULF	Unsere Liebe Frau
ung.	ungarisch
Urk.	Urkunde
v	verso (linke Seite, Rückseite)
ZBLG	Zeitschrift für bayerische Landesgeschichte

Quellen und Literatur

Quellen

Bayerisches Hauptstaatsarchiv München:
Altbayerische Landschaft, Literalien; Angerkloster München; Bayerische Franziskanerprovinz; Bayerische Landschaft; Chorstift München; Gerichtsliteralien (GL); Fürstenbücher; Gerichtsurkunden (GU); Hochstiftsliteralien (HL) Freising; Hochstiftsurkunden (HU); Hofzahlamtsrechnungen; Klosterliteralien (KL); Klosterurkun-den (KU); Kurbayern Äußeres Archiv; Kurbayern Urkunden; Manuskriptensammlung; München-Ebersberg, Jesuiten, Urkunden; Oberster Lehenhof; Pfalz-Neuburg; Staatsverwaltung; St. Peter, Urkunden.

Staatsarchiv München:
Archiv Toerring-Seefeld; Gerichtsliteralien (GL).

Stadtarchiv München:
Bauamt-Hochbau; Bauamt-Tiefbau; Einwohneramt; Gewerbeamt; Heiliggeistspital; Kämmerei (Kammerrechnungen (KR) u. a.; Kirchen und Kultusstiftungen; Liegenschaftsamt; Lokalbaukom-mission (LBK); Märkte; Schrenck-Chronik (Abschrift); Städtischer Grundbesitz; Stadtgericht (Grundbücher (GruBu) u. a.); Steueramt (Steuerbücher (StB) u. a.); Urkunden (Urk.); Zimelie 9 (Ratsbauch IV, um 1372-1434), 15 (Freiheitenbuch I, 1265-1397), 16 (Freiheitenbuch III, 1532-1641), 17 (Ratsbuch III, 1362-1384), 18 (Eidbuch 1465), 19 (Salbuch 1444/49), 20 (Kopialbuch der Priesterbruderschaft von St. Peter, 1450-1640), 22 (Lererbuch, 1444-1458), 27a (Stiftungsbuch Reiches Almosen, 1449/1516), 27b (Salbuch Reiches Almosen 1449/1516), 28 (Leibgeding- und Ewiggeldbuch 1428-1539), 30 (Salbuch-Konzept 1443/44), 33 (Stadtbruderhausbuch 1514/1549), 34 (Stadtzinsbuch 1388/1459), 35 (Liber reddituum, 1363/64), 40 (Heiliggeistspital, Salbuch B, 1449), 43 (Heiliggeistspital, Salbuch C, 1487-1545).

Alle Quellen aus dem Stadtarchiv werden ohne Angabe des Archivs zitiert, also:
Gewerbeamt Nr. ..., nicht: StadtAM, Gewerbeamt Nr.; Urk. ...., nicht: StadtAM, Urk.

Historischer Verein von Oberbayern:
Urkunden (Lagerort Stadtarchiv München).

Literatur

Allgemeine Deutsche Biographie, hrsg. durch die Historische Kommission bei der Bayerischen Akademie der Wissenschaften, 56 Bde., Leipzig 1875-1912 (= ADB).

Andrian-Werburg, Klaus Frhr. von, Urkundenwesen, Kanzlei, Rat und Regierungssystem der Herzoge Johann II., Ernst und Wilhelm III. von Bayern-München (1392-1438) = Münchener Historische Studien, Abt. Geschichtliche Hilfswissenschaften, Bd. 10, Kallmünz 1971.

Barfüßerbuch = Dokumente ältester Münchner Familiengeschichte 1290-1620. Aus dem Stifterbuch der Barfüßer und Klarissen in München 1424, hrsg. im Auftrag der bayerischen Franziskanerprovinz München o. J. – Dort: Barfüßerbuch S. 99 ff., Klarissenbuch S. 193 ff.

Bärmann, Johannes, Die Verfassungsgeschichte Münchens im Mittelalter, München 1938.

Bary, Roswitha von, Herzogsdienst und Bürgerfreiheit. Verfassung und Verwaltung der Stadt München im Mittelalter = Quellen und Forschungen zur Geschichte der Stadt München 1158-1560, für das Stadtarchiv hrsg. von Richard Bauer, Bd. 3, München 1997. – Dazu R. v. Bary, Anhang: Ta-bellen zur Ratsverfassung und Listen der Amtleute (= R. v. Bary III).

Bastian, Franz, Oberdeutsche Kaufleute in den älteren Tiroler Raitbüchern (1288-1370). Rechnungen und Rechnungsauszüge samt Einleitungen und Kaufmannsregister = Schriftenreihe zur bayerischen Landesgeschichte Bd. 10, 1931.

Bauer, Richard (Hrsg.), Geschichte der Stadt München, München 1992.

Behrer, Christian, Das unterirdische München. Stadtarchäologie in der bayerischen Landeshauptstadt, München 2001.

Beierlein, J. P., Regesten ungedruckter Urkunden zur bayerischen Orts-, Familien- und Landesge-schichte. 14. Reihe: 68 Regesten von Urkunden, betreffend Stadt und Bürger von München (im Privatbesitz von Beierlein), in: OA 11, 2. Heft, 1849, S. 259-287.

Bergmann, Michael von, Beurkundete Geschichte der Churfürstlichen Haupt- und Residenzstadt München von ihrem Entstehen bis nach dem Tode Kaiser Ludwigs IV. mit einigen erl. Kupfern, Mün-chen 1783, enthält auch: Urkundenbuch, hrsg. von Karl Anton von Barth.

Blendinger, Friedrich, Münchner Bürger, Klöster und Stiftungen als Gläubiger der Reichsstadt Augsburg im

14. und 15. Jahrhundert, in: Archive und Geschichtsforschung. Studien zur fränkischen und bayerischen Geschichte. Fridolin Solleder zum 80. Geburtstag, Neustadt a. d. Aisch 1966.
Deutsches Rechtswörterbuch. Wörterbuch der älteren deutschen Rechtsprache, 5. Bd., bearb. von Otto Gönnenwein und Wilhelm Weizsäcker, Weimar 1953/60.
Dirr, Pius, Buchwesen und Schrifttum im alten München 1450-1800 = Kultur und Geschichte. Freie Schriftenfolge des Stadtarchivs München III, München 1929.
Dirr, Pius, Denkmäler des Münchner Stadtrechts, 1. Bd. 1158-1403 = Bayerische Rechtsquellen, hrsg. von der Kommission für Bayerische Landesgeschichte bei der Bayerischen Aladmie der Wissenschaften Bd. 1, München 1934, 2. Bd. Register, München 1936.
Dokumente ältester Münchner Familiengeschichte 1290-1620, siehe Barfüßerbuch.
Dorn, Ernst, Der Sang der Wittenberger Nachtigall in München. Eine Geschichte des Protestantismus in Bayerns Hauptstadt in der Zeit der Reformation und Gegenreformation des 16. Jahrhunderts, München 1917.
Erdmannsdorffer, Karl, Das Bürgerhaus in München = Das deutsche Bürgerhaus, begr. von Adolf Bernt, hrsg. von Günther Binding, XVII, Tübingen 1972.
Fankenburger, Max, Die Alt-Münchner Goldschmiede und ihre Kunst, München 1912.
Fees-Buchecker, Werner, Rat und politische Führungsschicht der Reichsstadt Regensburg 1485-1650, München 1998.
Ferchl, Georg, Bayerische Behörden und Beamte 1550-1804, in: OA 53, 1908/12. – Dazu OA 64, 1925, Ergänzungsband.
Fischer, Anton, Die Verwaltungsoreganisation Münchens im 18. Jahrhundert, masch., München o. J. [1951 ff.].
Fischer, Anton, Die Verwaltungsorganisation Münchens im 16. und 17. Jahrhundert, Diss. masch., München 1951.
Föringer, Heinrich, Regesten ungedruckter Urkunden zur Orts-, Familien- und Landesgeschichte, 5. Reihe, in: OA 4, 1843, S. 360-382.
Forster, J. M., Das gottselige München, München 1895.
Frankenburger, Max, Die Alt-Münchner Goldschmiede und ihre Kunst, München 1912.
Franz Huter (Hrsg.), Handbuch der Historischen Stätten Österreich – Alpenländer mit Südtirol, Stuttgart 1966.
Geiß, Ernest, Beiträge zur Geschichte des Patrizier-Geschlechtes der Ridler in München, in: OA 5, 1843/44, S. 87/115.
Geiß, Ernest, Regesten ungedruckter Urkunden zur bayerischen Orts-, Familien- und Landesgeschichte. 16. Reihe: Urkunden zur Geschichte des Klosters Rott, in: OA 13, 1852, S. 175-224, 313-330.
Geiß, Ernst, Regesten ungedruckter Urkunden zur bayerischen Orts-, Familien- und Landesgeschichte. 16. Reihe: Urkunden zur Geschichte des Klosters Rott, in: OA 14, 1852, S. 14-49.
Geiß, Ernest, Die Reihenfolgen der Pfarr- und Ordensvorstände Münchens von der Gründerzeit bis zur Gegenwart, dann der landesherrlichen und städtischen Beamten vom XIII. Jahrhundert bis zum Schlusse des XVIII. Jahrhunderts, in: OA 21, 1859/61, S. 3-50.
Geiß, Ernest, Die Reihenfolgen der Gerichts- und Verwaltungs-Beamten Altbayerns nach ihrem urkundlichen Vorkommen vom XIII. Jahrhundert bis zum Jahre 1803, in: OA 26, 1865/66, S. 26-158.
Geiß, Ernest, Geschichte der Stadtpfarrei St. Peter in München, München 1868.
Geiß, Ernest, Die Reihenfolgen der Gerichts- und Verwaltungs-Beamten Altbayerns nach ihrem urkundlichen Vorkommen vom XIII. Jahrhundert bis zum Jahre 1803. Niederbayern, in: OA 28, 1868/69, S. 1-108.
Gumppenberg, Ludwig Frhr. von, Regesten ungedruckter Urkunden zur bayerischen Orts-, Familien- und Landesgeschichte. 11. Reihe. Regesten einiger Urkunden vermischten Betreffs aus der Samm-lung des Historischen Vereins von Oberbayern, in: OA 8, 1847, S. 244-277.
Haemmerle, Albert, Die Leibgedingbücher der freien Reichsstadt Augsburg 1300-1500, Privatdruck München 1958.
Haeutle, Christian, Die fürstlichen Wohnsitze der Wittelsbacher in München. I. Die Residenz, Bamberg 1892 (= Haeutle, Die Residenz).
Handbuch der Historischen Stätten Deutschlands, 7. Bd. Bayern, hrsg.von Karl Bosl, 2. Aufl. Stuttgart 1965.
Hartig, Otto, Münchner Künstler und Kunstsachen. Vom Beginne des 14. Jahrhunderts bis 1579, München 1926-1933.
Hartmann, August, Kaspar Winzerer und sein Lied, in: OA 46, 1889/90, S. 1-50.
Häuserbuch der Stadt München, hrsg. vom Stadtarchiv München nach den Vorarbeiten von Andreas Burgmaier, 5 Bde., München 1958-1977, dabei: GV = Bd. I Graggenauer Viertel (1958), KV = Bd. II Kreuzviertel (1960), HV = Bd. III Hackenviertel (1962), AV = Bd. IV Angerviertel (1966), Bd. V Register (1977).
Hefner, Otto Titan von, Original-Bilder aus der Vorzeit Münchens, in: OA 13, 1852, S. 3-101.
Hemmerle, Josef, Archiv des ehemaligen Augustinerklosters München = Bayerische Archivinventare, Reihe Gesamtbayern, hrsg. vom Hauptstaatsarchiv München, Abt. 1, Heft 4, München 1956.
Hofbräuhaus München 1589-1989. 400 Jahre Tradition. Festschrift, München 1989.
Hoffmann, Hermann, Schloßarchiv Harmating = Bayerische Archivinventare, Reihe Oberbayern, hrsg. vom

Bayerischen Hauptstaatsarchiv, Abt. Kreisarchiv München, Heft 1, München-Pasing 1955.

Hübner, Lorenz, Beschreibung der kurbayerischen Haupt- und Residenzstadt München und ihrer Umgebungen, verbunden mit ihrer Geschichte, Bd. I Topographie, München 1803, Bd. II Statistik, München 1805.

Hufnagel, Max Joseph und Rehlingen, Fritz Frhr. von, Pfarrarchiv St. Peter in München. Urkunden = Bayerische Archivinventare, hrsg. von der Generaldirektion der Staatlichen Archive Bayerns, Heft 35, Neustadt an der Aisch 1972.

Hundt, Friedrich Hector Graf, Die Urkunden des Klosters Indersdorf, in: OA 24, 1863, und OA 25, 1864.

Hundt, Wiguleus, Bayrisch Stammen Buch 1. Theil, Ingolstadt 1585, 2. Theil, Ingolstadt 1586 (= Hundt, Stammenbuch).

Karnehm, Christl, Die Münchner Frauenkirche. Erstaustattung und barocke Umgestaltung = Miscellanea Bavarica Monacensia (MBM), Neue Schriftenreihe des Stadtarchivs München Bd. 113, Mün-chen 1984.

Kloos, Rudolf M., Die Inschriften der Stadt und des Landkreises München = Die Deutschen Inschrif-ten 5. Bd., Stuttgart 1958.

Koller, Fritz, Der Eid im Münchener Stadtrecht des Mittelalters = Neue Schriftenreihe des Stadtarchivs München Bd. 5, München 1953.

Krausen, Edgar, Die Urkunden des Klosters Raitenhaslach 1034-1350 = Quellen und Erörterungen zur bayerischen Geschichte N. F. Bd. XVII, Teil 1, München 1959.

Krenner, Franz von (Hrsg.), Baierische Landtags-Handlungen in den Jahren 1429 bis 1513, München 1803/05 (= Krenner, Landtags-Handlungen).

Krenner, Joh. Nep. Gottfried von, Über die Siegel vieler Münchner Bürgergeschlechter, bereits in dem 13. und in dem Anfange des 14. Jahrhunderts = Hist. Abhandlungen der Bayerischen Akademie der Wissenschaften Bd. 2, 1813, S. 1/202.

Kutter, Christoph, Die Münchner Herzöge und ihre Vasallen. Die Lehenbücher der Herzöge von Ober-bayern-München im 15. Jahrhundert. Ein Beitrag zur Geschichte des Lehenswesens, Diss. Mün-chen o. J. (1991).

Lexer, Matthias, Mittelhochdeutsches Taschenwörterbuch, 30. Auflage, Stuttgart 1963.

Lieberich, Heinz, Landherren und Landleute im Spätmittelalter. München 1964 = Schriftenreihe zur bayerischen Lan-desgeschichte 63.

Lieberich, Heinz, Klerus und Laienwelt in der Kanzlei der baierischen Herzöge des 15. Jahrhunderts, in: ZBLG 29, 1966, S. 239/258.

Lukas-Götz, Elisabeth, Die Münchner Steuerordnung aus dem Jahre 1561, in: Quellen zur Verfassungs-, Sozial- und Wirtschaftsgeschichte bayerischer Städte in Spätmittelalter und früher Neuzeit. Festgabe für Wilhelm Störmer zum 65. Geburtstag, hrsg. von Elisabeth Lukas-Götz u. a., München 1993.

Mayer, Anton, Die Domkirche zu Unserer Lieben Frau in München. Geschichte und Beschreibung derselben, ihrer Altäre, Monumente und Stiftungen, sammt der Geschichte des Stiftes, der Pfarrei und des Domcapitels, München 1868 (zit. Mayer ULF).

Meyer, Christian (Hrsg.), Urkundenbuch der Stadt Augsburg, 1. Bd. Augsburg 1874, 2. Bd. 1878.

Mischlewski, Adalbert, Die Antoniter. Eine unbekannte Beziehung München-Memmingen, in: OA 97, 1973, S. 480-487.

Monumenta Boica, hrsg. von der Bayerischen Akademie der Wissenschaften, München 1762-1956 (= MB).

Muffat, Karl August, Jörg Kazmairs Denkschrift über die Unruhen zu München in den Jahren 1397-1403, in: Die Chroniken deutscher Städte vom 14. bis ins 16. Jahrhundert, 15. Bd., Leipzig 1878, S. 411-637.

Münchner Urkundenbuch nach den Regesten von Pius Wittmann, 1. Teil 1114-1350, 2. Teil 1350-1500, o. J., München, ungedruckt (= Wittmann, Urkunden-Regesten).

Neue Deutsche Biographie, hrsg. von der Historischen Kommission bei der Bayerischen Akademie der Wissenschaften, bisher 21 Bde. (bis Püt-Roh), Berlin 1953-2003 (= NDB).

Oesterley, Hermann, Historisch-geographisches Wörterbuch des deutschen Mittelalters, Gotha 1883.

Petzsch, Christoph, Albrecht Lesch, Münchner Liedautor und Salzsender im Spätmittelalter, in: OA 109/2, 1984, S. 291-309.

Petzsch, Christoph, Zu Lesch Nr. VII sowie zu seiner und des Harders Identifizierung, in: Zeitschrift für Deutsche Altertumskunde 104. Bd., 1985, Sonderheft S. 166-183.

Rädlinger, Christine, Die grosse Krise – Finanzielle Probleme und Verfassungskämpfe 1365 bis 1403, in: Geschichte der Stadt München, hrsg. von Richard Bauer, München 1992, S. 97-119.

Rall, Hans und Marga, Die Wittelsbacher in Lebensbildern, Graz/Wien/Köln/Regensburg 1986.

Regesta Boica (= Regesta sive Rerum Boicarum Autographa ...), hrsg. von Karl Heinrich Ritter von Lang, 13 Bde. und Registerband, München 1822-1922 (= RB).

Riemann, Musik Lexikon, Personenteil, 12. Aufl., hrsg. von Wilibald Gurlitt, A-K Mainz 1959, L-Z Mainz 1961.

Riezler, Sigmund, Geschichte Baierns, Bd. III (1347-1508), Gotha 1889, Bd. IV (1508-1597), Gotha 1899, Bd. VI (1508-1651), Gotha 1903.

Rosenthal, Eduard, Geschichte des Gerichtswesens und der Verwaltungsorganisation Baierns, Bd. 1, Würzburg 1889.

Salzer, R., Beiträge zu einer Biographie Ottheinrichs = Festschrift der Realschule Heidelberg zur Fünfhundertjährigen Jubelfeier der Universität, Heidelberg 1886.

Schattenhofer, Michael, Das alte Rathaus in München. Seine bauliche Entwicklung und seine stadtgeschichtliche Bedeutung, München 1972.

Schattenhofer, Michael, Die öffentlichen Brunnen Münchens von ihren Anfängen bis zum Ende des 18. Jahrhunderts, in: Otto Josef Bistritzki, Brunnen in München. Lebendiges Wasser in einer gro-ßen Stadt, 1. Aufl. München 1974, 2. Aufl. München 1980.

Schatzkammer der Residenz München. Amtlicher Führer, hrsg. von der Museumsabteilung der Baye-rischen Verwaltung der staatlichen Schlösser, Gärten und Seen, München 1992.

Schlögl, Waldemar, Die Traditionen und Urkunden des Stiftes Diessen 1114-1362 = Quellen und Erörterungen zur bayerischen Geschichte N. F. Bd. XXII, 2. Teil, München 1970.

Schmeller, Johann Andreas, Bayerisches Wörterbuch, 2. Ausgabe bearb. von G. Karl Frommann, München 1872-1877.

Schmidtner, Andreas, Zur Genealogie der Pütrich, in: OA 36, 1877, S. 153-172 und OA 41, 1882, S. 44-89.

Schneider, Gustav, Der Werdegang des ältesten Münchener Stadtkernes. Ein Beitrag zur Baugeschichte des mittelalterlichen Münchens, in: OA 112, 1988, S. 181-195.

Schnell, Friedrich, Orts- und Pfarrgeschichte von Münsing 740-1400, München 1966.

Schottenloher, Karl, Dr. Balthasar Mansfeld, ein Münchener Arzt des 15. Jahrhunderts, in: Bayerland 25, 1913, S. 128/129.

Schrenck, Niklas Frhr. von, Die Egenhofer, Nachkommen Herzog Wilhelm III., in: Blätter des Bayeri-schen Landesvereins für Familienkunde Bd. IX, 1962-1964.

Schwab, Ingo, Das Lererbuch. Ein Münchner Kaufmannsbuch des 15. Jahrhunderts = Materialien zur Bayerischen Landesgeschichte Bd. 18, hrsg. von der Kommission für Bayerische Landesgeschichte bei der Bayerischen Akademie der Wissenschaften, St. Ottilien 2005.

Solleder, Fridolin, München im Mittelalter, München 1938.

Stahleder, Helmuth, Bierbrauer und ihre Braustätten. Ein Beitrag zur Gewerbetopographie Münchens im Mittelalter, in: OA 107, 1982, S. 1-164.

Stahleder, Helmuth, Die Münchner Juden im Mittelalter und ihre Kultstätten, in: Wolfram Selig (Hrsg.), Synagogen und jüdische Friedhöfe in München, München 1988, S. 11-34.

Stahleder, Helmuth, Beiträge zur Geschichte Münchner Bürgergeschlechter im Mittelalter. Die Scharfzahn, in: OA 113, 1989, S. 214-221.

Stahleder, Helmuth, Beiträge zur Geschichte Münchner Bürgergeschlechter im Mittelalter. Die Astaler, in: OA 113, 1989, S. 197-205.

Stahleder, Helmuth, Beiträge zur Geschichte Münchner Bürgergeschlechter im Mittelalter. Die Katz-mair, in: OA 113, 1989, S. 205-214.

Stahleder, Helmuth, Beiträge zur Geschichte Münchner Bürgergeschlechter im Mittelalter. Die Tulbeck, in: OA 113, 1989, S. 225-229.

Stahleder, Helmuth, Beiträge zur Geschichte Münchner Bürgergeschlechter im Mittelalter. Die Wilbrecht, in: OA 114, 1990, S. 228-240.

Stahleder, Helmuth, Beiträge zur Geschichte Münchner Bürgergeschlechter im Mittelalter. Die Rosen-busch, in: OA 114, 1990, S. 240-252.

Stahleder, Helmuth, Beiträge zur Geschichte Münchner Bürgergeschlechter im Mittelalter. Die Pütrich, in: OA 114, 1990, S. 252-281.

Stahleder, Helmuth, Beiträge zur Geschichte Münchner Bürgergeschlechter im Mittelalter. Die Ridler, in: OA 116, 1992, S. 115-180.

Stahleder, Helmuth, Haus- und Straßennamen der Münchner Altstadt, München 1992.

Stahleder, Helmuth, Beiträge zur Geschichte Münchner Bürgergeschlechter im Mittelalter. Die Lig-salz, in: OA 117/118, 1994, S. 175-260.

Stahleder, Helmuth, Stadtplanung und Stadtentwicklung Münchens im Mittelalter, in: OA 119, 1995, S. 217-283.

Stahleder, Helmuth, Chronik der Stadt München Bd. 1. Herzogs- und Bürgerstadt. Die Jahre 1157-1505, München 1995.

Stahleder, Helmuth, Beiträge zur Geschichte Münchner Bürgergeschlechter im Mittelalter. Die Tichtel, in: OA 120, 1996, S. 211-263.

Stahleder, Helmuth, Beiträge zur Geschichte Münchner Bürgergeschlechter im Mittelalter. Die Reitmair oder Reitmor, in: OA 121, 1997, 312-337.

Stahleder, Helmuth, Beiträge zur Geschichte Münchner Bürgergeschlechter im Mittelalter. Die Impler, in: OA 121, 1997, S. 297-311.

Stahleder, Helmuth, Beiträge zur Geschichte Münchner Bürgergeschlechter im Mittelalter. Die Rudolf, in: OA 122, 1998, S. 135-218.

Stahleder, Helmuth, Beiträge zur Geschichte Münchner Bürgergeschlechter im Mittelalter. Die Schluder, in: OA 123, 1999, S. 39-74.

Stahleder, Helmuth, Beiträge zur Geschichte Münchner Bürgergeschlechter im Mittelalter. Die Bart (bis um 1600), in: OA 125/1, 2001, S. 289-391.

Stahleder, Helmuth, Beiträge zur Geschichte Münchner Bürgergeschlechter im Mittelalter. Die Schrenck, in: OA 127, 2003, S. 61-149.

Stahleder, Helmuth, Chronik der Stadt München Bd. 2. Belastungen und Bedrückungen. Die Jahre 1506-1705, Ebenhausen (Isartal) 2005.

Stimmelmayr, Johann Paul, München um 1800. Die Häuser und Gassen der Stadt, hrsg. von Gabriele Dischinger und Richard Bauer, München 1980.

Stoss o. V. [Peter Amadeus], Die Schmalholz zu Landsberg, in: OA 5, 1843/44, S. 324-331.

Stoss, Peter Amadeus, Regesten ungedruckter Urkunden zur bayerischen Orts-, Familien- und Landesgeschichte. 6. Reihe, in: OA 5, 1843/44, S. 191-204.

Stützel, Th(eodor), Ein altbayerisches Münzmeistergechlecht, in: Altbayerische Monatsschrift, hrsg. vom Historischen Verein von Oberbayern, Jg. 10, Heft 1 und 2, 1911, S. 27-31.

Vietzen, Hermann, Der Münchner Salzhandel im Mittelalter 1158-1587 = Kultur und Geschichte. Freie Schriftenfolge des Stadtarchivs München Heft VIII, München 1936.

Vogel, Hubert, Die Urkunden des Heiliggeistspitals in München 1250-1500 = Quellen und Erörterun-gen zur bayerischen Geschichte N. F. Bd. XVI, 1. Teil, München 1966 (= Vogel, Heiliggeistspital Urk.).

Vogel, Hubert, Das Salbuch des Heiliggeistspitals in München von 1390 und die Register zu Urkun-den und Salbuch = Quellen und Erörterungen zur bayerischen Geschichte N. F. Bd. XVI, 2. Teil, München 1966 (= Vogel, Salbuch A).

Wenng, Gustav, Topographischer Atlas von München in seinem ganzen Burgfrieden, 1849/50 (= Wenng-Plan).

Wetzel, Sieglinde, Die Ämter der Stadt München um die Wende des Spätmittelalters zur Neuzeit (1459-1561). Diss. masch., München 1950.

Wiedemann, Theodor, Regesten ungedruckter Urkunden zur bayerischen Orts-, Familien und Landes-geschichte. 15. Reihe: Urkunden des städtischen Archives zu Freising, in: OA 11, 1850/51, S. 291-355.

Wiedemann, Theodor, Regesten ungedruckter Urkunden zur bayerischen Orts-, Familien- und Landesgeschichte. 17. Reihe: Urkunden der Grafschaft Hohenwaldeck, in: OA 15, 1855, S. 167-193.

Wiedemann, Theodor, Arsacius Seehofer. Bürgerssohn aus München, der erste Teilnehmer an den Reformationsbewegungen in Bayern, in: OA 21, 1859/61, S. 61-70.

Wittmann, Pius, Urkunden-Regesten siehe Münchner Urkundenbuch.

Personenregister

Abel, Franz 261
Abel, Veit 261
Aberdar, Beutler 415
Aberdar, Beutler, Vorsprech 111, 361
Abinger, Jacob 291
Abnhauser, Jorg 344
Abt, Heinrich, Morterkocher 215
Achleiter, Andre 349
Ächter (Aechter), Niclas 377
Ächter, Michel, Scharwachter 434
Achtjar, Goldschmied 532
Adelstorfer, Ulrich 527
Adeltzhauser 189
Adeltzhauser, Heinrich 248, 250
Adeltzhoferin, Mindel 240
Adler, Dr. 482
Adler, Martin, Prüchler 508
Aelbel (Albrecht), Ulrich, Lederer, pueri 367
Aelbel, Hans, Stadtrat 365, 367
Aelbel, Ulrich, Lederer 366
Aenderlin, Kramerin 416
Aengstlich
  Barbara 412
  Hans 287, 373
  Jacob 412, 413
  Konrad 408
  Konrad, Kramer 411, 413
  Konrad, Taschner 76, 81, 116, 167, 231, 324, 442
  Stefan 413
  Taschner 492
  Ulrich, Taschner 408, 412, 414, 442, 541
Aengstlichin, Kramerin 136
Aeppel, Hans 362, 363
Aeppel, Heinrich, Salzsender, Stadtrat 42, 44, 139, 189, 269, 355, 363
Aerdinger, Fridel, Bäcker 340
Aesenhauser, Hans 541
Agstainer 404
Ahamerin 457
Ahorner, Veit 457
Aiblinger, Fridel, Bäcker 226, 340
Aiblinger, Ulrich, Vorsprech ? 294, 301
Aich, Gastl von, Weinschenk 391
Aicher (Aichel), Jörg, Spängler 458
Aicher, Jörg 296
Aicher, Konrad, Kramer 417
Aicher, Utz, Kramer 262, 266
Aichhorn, Ulrich 381
Aichstock
  Anna 110, 356
  Jörg, Weinschenk, Salzsender 110
  Konrad 408
  Konrad, Bader 498
  Konrad, Schleifer 110
  Ulrich 409
  Ulrich, Huter 416
  Ulrich, Kramer 108, 110, 510
Aigenman, Martin, Schneider 325
Aigenman, Maurer 40, 41
Aigman, Wolf, Tagwerker 278
Ainhauser, Jorg, Wirt, Zöllner 128, 293, 330, 549
Ainhofer, Hans 415
Ainhofer, Paul, Salzsender 378
Ainweig, Nickel 387
Airnschmalz
  Barbara 400
  Dr. Mang 183, 397, 400
  Franciscus 400
  Georg 400
  Katharina 400
  Wilhalm 400
Albanin, Müllerin 172
Albeg (Albich)
  Balthasar 296
  Gabriel, Schneider 382
  Hans, Schneider 198, 378
  Peter, Schneider 349
  Theodo, pueri 296
  Theodo, Schneider 482
Albegin, Hans 128
Albegin, Hans, Harnischmeisterin 241
Alber, Martin, Schneider 294, 503
Albertshofer, Fritz, Schuster 452
Älbl, Sixt 256
Albl, Wirt 62
Albrecht *Siehe auch* Aelbel
  Jacob, Kramer 377
  Kathrey 561
  Kistler 559, 561
  Sigmund 404
Albrecht IV., Herzog 154, 181, 184, 333
Albrecht V., Herzog 157, 159
Allershauser, Hans, Kramer 349
Allinger 381
Allinger, Katharina 199
Allingerin, Utz 389
Alt, Erhart, Mesner 125
Altenperger, Sigmund, Diener, Bote 185
Altershaimerin 335
Altkircher, Heinrich 207, 209
Altkircherin 378
Altman 40, 44, 159
  Anna 524
  Fridrich 43
  Hans 154, 251, 261, 339, 506
  Jörg 41, 526
  Perchtold, Stadtrat 524
  Perchtolt 41, 42, 43
  pueri 171
Altmanin 182, 251
Amberg, Konrad von, Stadtmaurer 167
Amberger, Palbein, Beutler 395
Anderl (?), Meister Kristof 178
Angermair, Kürschner 210
Angst, Trabant 173
Anshelm, Hans 565
Apfelpeck, Martin 296
Arbeiser, Kaspar 534
Aresingerin 122
Argarter, Heinrich, Schuster 441
Argarter, Lienhart, Gschlachtgwander 251
Arnold (Arnolt)
  Andre, Schuster 453
  Bäcker 225
  calciator 443
  Ulrich, Eisenkramer 79, 81, 92
Arnoltin 532
Ärsinger, Michel, Maler 411

Ärsinger, Michel, Salzstößel 84
Arsinger, pueri 281
Artolf *Siehe* Ortolph
Arzt, Hans 402
Aschenhamer, Georg, Stadtrat 159, 165, 166
Aschenhamer, Susanna 165
Aspeck (Aschpeck)
   Fleischhacker 483
   Konrad 318
   Sigmund, Schneider 295
   Ulrich, Metzger 317, 318
Asslinger, Hans, Scharwachter 560, 563
Astaler
   Barbara 489, 490
   Franz 179, 422, 514, 515
   Fridrich sel. 437, 439
   Fridrich, Wirt 359, 507, 518
   Hans 359
   Jörg 189, 359
   Katharina 359
   Konrad, Großer Rat 515
   Ursula 359
   Wilhalm, Stadtrat 490
Astalerin, Konrad 179
Attenkircher, Hans, Kramer 97, 99, 103
Atzenperger, Kaspar, Tagwerker 278
Auchter, Lienhart, Bäcker 561, 562
Auchter, Veronica 561
Äuchtlinger, Ulrich, Schuster 447
Auer (Awer)
   Anna 535, 536
   Hans, von Pullach 170
   Katharina 534
   Klara 170
   Rosina 280
   Ulrich, Sporer 215
Auerin (Awerin) 492, 498
Aufhauser, pueri 125
Aufleger, Cristof, Stadtrat 371, 373
Aufleger, Lienhart 410, 435
Aufleger, pueri 400, 401
Aufunddahin, Peter, Gürtler 350, 356
Augenstin 291
Augspurgerin 185
Auscher (Eischer, Eyscher)
   Els 448
   Hans, Obser 448
   Jacob, Obser, Weinschenk 537, 542
   Konrad, Obser 448
   Ulrich, Obser 448
Äusenhofer, Fridrich 497
Axthalm, Christine 318
Axthalm, Kinder 318
Axthalm, Wilhalm, Kramer, Metschenk, Branntweiner 318, 319
Ayinger d. J. 444
Aynhödel, Fleischhacker 528
Baibrunner *Siehe* auch Payrprunner
Baibrunner (Payprunner), Konrad 231, 265
Baibrunner, Hans 231
Bairlacher 442
Baltherin/Waltherin, Hans 137, 374, 378
Balticus, Martinus 428
Beham *Siehe* auch Peham
Behamin 512
Berg, Adam, Buchdrucker 243, 244, 396
Berghofer *Siehe* Perckhofer

Beschörnin 532
Biberger, Konrad 381
Breu *Siehe* auch Preu...
Breu, Hans, Kammerschreiber 179
Briederl 216
Brobst *Siehe* auch Propst
Brobstin 235
Brostin 210
Campsor, Paul 39
Cantzler *Siehe* auch Kantzler
Cantzler, Sigmund 227
Cantzlerin, Sigmund, Hebamme 227
Carly, Barbara 237
Carly, Martin, Propst 237
Castl (Kastl, Gastl)
   Cristof 538
   Georg 366
   Hans, Zinngießer 85, 366, 368
   Jörg, Priechler 227
   Margaret 366
   Michel 455
   Schneider 468
Christane, Kaspar, Kramer 330
Christoph, Herzog 510
Clas, Kunz, Tagwerker 256
Colman, Lautenist 370
Conter *Siehe* Kunter
Crabat, Schreiber 261
Crabl, Anna 79
Crabl, Dr. Johann 79
Crabl, Sabina 79
Crafft *Siehe* auch Kraft
Crafft, N. 133
Dachauer
   Hans, Schuster 430
   Lienhart, Gürtler 404
   Schuster 446
   Wolfgang, Gürtler ? 395
Dachauerin, Hans, Zimmermannin 457
Dachperger, Heinrich 503, 527
Dachs (Dax), Einspenig 345
Dachs (Dax), Wolf, Kramer 423
Dächsel, Fridrich, Schmied 265
Dachwirt, pueri 241, 485
Dachwirt, Schneider 401
Daner *Siehe* auch Tanner
Daner, Konrad, Obser 265
Danerin 479
Danerin, Jörg 457
Dänklin, Lorenz 152
Danpeck *Siehe* auch Donpeck
Danpeck (Tanpeck), Mesner 123
Danpeck (Tanpeck), Stefan, Mesner 97
Dantzl *Siehe* auch Täntzel
Dantzl (Däntzl), Kaspar, Leineweber 256, 296
Darchinger, Mathes 566
Daser (Taser), Hans, Fischmeister, Hofgesind 231
Daserin (Taserin), Balthasar, Scharsachschleiferin 256, 566
Daum, Anna 262
Daum, Hans, Gewandschneider, Weinschenk 168, 194, 262, 264, 471, 492
Daum, Ulrich 523
Dayserin, Balthasar 256
Deckendarfferin, Barbara 377
Degen, Martin, Schneider 179
Degen, Schneider 167

Degenhart 498
Degenhart, Martin, Schneider 328
Degler, Wilhalm, Nestler 271, 279, 291, 389, 558
Deinhofer, pueri 368
Deining, Ulrich von, Schneider 471
Deininger (Teininger) 470
    Hans 192
    Jörg, Goldschmied 394
    Konrad, Kramer 210, 270, 480
    Wolf, Schuster 411, 434
Deiningerin (Teiningerin) 91
Deisenhofer, Ulrich, Messerschmied 210, 220, 231, 234
Deitinger, pueri 404
Dellinger *Siehe* auch Tellinger, Tällinger
Dellingerin 185
Delsch (Tälsch), Hans d. J. 383, 389
Delsch (Tälsch), Hans, Beutler 84
Delschin, Hanns, Kramerin 84
Denck
    Agnes, Kramerin 264
    Hans, Schneider 378, 525, 533
    Katharina 525
    Konrad, Schuster 446
Deyber, Hans, Lautenmacher 234
Dibler, Hans, Amer 458
Diblerin (Tiblerin), Hans 199
Dickh, Hans, Nadler, Salzsender 103
Dickh, Kinder 341
Dickh, Regina 341
Diefsteter *Siehe* auch Tiefstetter
Diefsteter, Marx, Trabant 114
Diener 43
Diener, Elspet 422
Diener, Konrad 40, 41, 42, 44
Diener, Wilhalm 251
Dienerin 562
Dienger, Caspar, Goldschmied 539, 540
Diepolt, Hans, Zinngießer 292, 293
Diepolt, Lienhart, Kramer 354, 355
Diepolt, Margaret 292
Diepoltin d. Ä. 128, 231, 341, 345
Diepoltin, Jörg 355
Dietel, Taschner 441
Dietin, Jörg, Infrau 325
Dietinger, pueri 404
Dietmair 370, 372
Dietmair, Salwurch 282, 385
Dietmair, Wolfgang, Gschlachtgwander 228, 229
Dietmar, Paul 386
Dietrichin 111, 365
Dingpucher, Jörg, Kramer 92
Disl (Dysl), Lienhart, Schuster 424, 565
Disl (Dysl), pueri 455
Disl (Dysl), Stefan, Tagwerker 435, 533
Dislin, Paul, Schopperin 185
Distl, Lienhart, Schuster 369
Distolari, Baptista, Goldschmied 338
Dollri (?) 39
Donauer
    Anna 530
    Hans, Salzstößel 530, 532
    Joseph 530
    Regina 530
Dondl, Anna 309
Dondl, Gilg, Zinngießer 309, 310, 456
Donner, Sebastian 167
Donnerer, Hans, Deckenmacher 199

Donpeck, Sigel, Bildschnitzer, -hauer 556
Dopfer, Hans, Sekretär 396
Dorfner 442
Dorfner, Hans, Huter 404
Dornacher, Ulrich 524, 526
Dornacherin, Ulrich, Wirtin 524, 526
Dorner, Cristof, Gant-, Steuerknecht u. a. 124, 132
Drächsel (Draechsel, Dräxl, Träxl)
    Bernhart 261
    Eberhart 39, 40
    Greimolt, Stadtrat 39, 418, 420
    Katharina 148
    Kathrei 463
    Konrad 39, 299, 424
    Marquard 146, 148
    Niclas 297, 322, 323, 424
    Selinta 148, 322
    Ulrich 424
    Utz 348
Draechsel 426
Dratfelder, Schuster 210
Drottner, Andre, Apotheker 177, 189
Dünpucher, Hans 271, 330, 337
Durchenpusch 274
Durchnpach, Jacob 217
Dürckin *Siehe* auch Türck
Dürckin, Kürschnerin 234
Durner, Wilhalm 114
Dürr, Stefan, Melbler 458
Dutzman, Sebastian, Goldschmied 271
Dylchingerin, Hans 278, 302, 565
Eberhart, Martin, Schneider 390
Eberl, Hans, Schneider 227
Ebersperg(er), Hofman 193
Ebersperger
    Hans, Gürtler 104, 115
    Heinrich, Obser 417, 423, 451
    Seitz, Schuster 430
Ebmer, Ott 262
Ebner
    Hans 320
    Hartman 248, 250, 253
    Konrad, Weinhändler, Zöllner, Kastner, Stadtrat 242, 419, 420
    Ulrich, Weinhändler, Ungelter, Stadtrat, hgl. Rat 152, 153, 282, 286, 421, 463
    Vestl, Koch 261
Ebner (Öbner), Hans, Bote 370
Ebnerin 42
Ebnerin, relicta 420
Echmaring, Heinrich von 428
Eck (Eckh)
    Augustin 472
    Michel, Bankknecht 564
    Michel, Lernmeister 528
Eckel, Hans, Bäcker 226
Eckel, Schneider 381
Eckenhofer, Andre, Schuster 454
Eckenhofer, Jörg, Schuster 454
Eckenhoferin, Andre, Schusterin 435
Eckersperger, Ulrich, Schuster 422, 446
Eckhart, Agnes 303
Eckhart, Konrad, Bürstenbinder 270, 303, 304
Eckhart, Paul, Schuster 220
Eckher, Jörg, Schuster 457
Eckher, Paul, Schuster 211
Eckler (Ekler), Heinrich, Hufschmied 338, 340

Eckler, Hainrich 62
Eckler, Ulrich, mercator 193
Edenacker, Hans, Kistler 296
Edmüller *Siehe* Ödmüller
Egelhauser *Siehe* Hegelhauser
Egelostain, Konrad von, Stadtoberrichter ? 552
Egenhofer, Andre, Schuster 454
Egenhofer, Jörg, Schuster 454
Egenrieder, Johann 225
Egerer
    Friedrich, Schuster 439
    Hans, Tuchscherer 271
    Konrad, Schuster (Zuckler) 437, 439
    pueri 473
Egerman, Cristof, Wirt 211
Eggentaler, Ulrich 501
Eglinger, Lienhart 493, 496
Eglinger, pueri 495
Egmair, Cristof, Wirt 262
Egrerin 563
Ehinger, Andre, Schnitzer 207, 209
Ehinger, Konrad, Schmied 213, 219, 264
Ehinger, Lorenz, Schuster 395, 417
Eirl (Eyrl), Augustin, Weinschenk 193, 527
Eirl (Eyrl), Regina 527
Eisenein, Hans 547
Eisenhofer, Sigmund, Stadtschreiber 92, 131
Eisenhoferin 289
Eisenhuet, Hans, Kartenmacher 302
Eisenman 41
    Hans 43
    Heinrich 395
    Konrad 40
    Ludwig 156, 479
    Ludwig, Goldschmied 136
    Ludwig, Stadtrat, Goldschmied ?, Weinschenk ? 144, 361
    Matheis, Goldschmied, Weinhändler, Stadtrat 42
Eisennickel 523
Eisenreich 139
    Dr. 244
    Konrad, Schmied 487
    Peter 381, 408
    Sigmund 179
    Ulrich, zu Weilbach 138, 143, 147
Eitinger, Konrad, Sattler 471
Eitznperger, Kaspar 565
Eitznperger, Kaspar, Tagwerker 296
Ellent, sartor 415
Elsasser, Hans, Bogner 473
Elsenhamer, Dr. Cristof, hgl. Rat 362, 542
Elsenpeck, pueri 550
Elsinger, Fridrich, Schuster 422, 430, 448
Endelhauser 496
Endelhauser, Hans, Unterrichter 384, 386
Endelhauser, Lorenz 386
Endelhauserin, Jörg 386
Endres, Peter, Schneider 291
Engelhart, Goldschmied 111, 361, 365, 387, 558
Engelhart, Liendl, Goldschmied ? 553, 558
Engellant, Konrad, Kornmesser 311
Engelschalk, Dorothea 342
Engelschalk, Wilhalm 342, 343
Engelsperger
    Andre, Bäcker 298, 560, 562
    Anna 289
    Barbara 561
    Hans, Taschner 207, 209, 289, 290
    Lienhart, Kramer 410
Engelspergerin 472
Engl, Hans, Salzstößel 295
Englstain, Lienhart, Huter 403
Engltzhofer, hgl. Provisoner 523
Enichel, Anna 272
Enichel, Benedikt 272, 274
Enichel, Utz, Bierbräu 272, 274
Enpacher, Kanzleischreiber 345
Ensinger 300
Epp, calciator 442
Erhart
    Beutlerin 216
    Els 560
    Gürtler 488
    Hans, Tagwerker 565
    Kramer 377
    Mesnerin 369
    Sattler 468
    Schmied 563
    Schuster 417, 447
Eritag, Konrad 214
Erl, Michel, Tagwerker 534
Erl, Paul, Taschner 432
Erlacher (Erloher), Andre 303
Erlaher (Erloher), Andre 304
Erler, pueri 479
Erlinger
    Anna 229
    Barbara 145, 379
    Hans d. J. 379
    Hans, Büchsenmeister 229, 230
    Hans, Gwandschneider, Stadtrat 379, 380
    Hans, Kramer 227
    Hans, pueri 261
    Hans, Wirt 341
    Ludwig 379
    Paul 379
    pueri 313, 376, 381
    Sibilla 229
    Veit 132, 229, 230, 376
Erlkofer, Wolfgang 302
Ernfried, Sebastian, Bäcker 213, 214
Ernst, Andre 541
Ernst, Herzog 329, 485, 514, 518
Ernst, Konrad, Kistler 562
Ernst, Sebastian, von Wasserburg 104
Eschelbeck, Wilhalm, Weinschenk, Salzsender 287, 300
Eschlbacher, Anna 540
Eschlbacher, Ulrich, Bäcker 225
Eschlbacher, Ursula 539, 540
Eßling, Hans von, Kramer 262, 454
Eßling, Hans von, Müller 266
Eßwurm
    Anna 171
    Fridrich 171, 179, 242, 493, 497
    Fridrich, Hofgesind 496
    Fridrich, Weinschenk, Unterrichter, Stadtrat 282
    Katharina 493
Eßwurmin 132, 259, 341
Estinger, Jörg, Schuster 396, 411
Estingerin, relicta 72
Etlinger, Hans 485
Etlinger, Paul, Wirt 471
Ettenperger, Ull, Mesnerknecht 72
Ettl, Michel, Wirt 458

Ettnhofer *Siehe* Ottenhofer
Eugenpeck, Hans, Gollirkaplan 71
Eugenpeck, Niclas, Weinschenk 209
Eugenpeck, Ott 209
Eyban, Paul 341, 349
Eysele, Peter, Messerschmied 294
Faber, Andre 529, 531
Faber, Bartlme, Metzger 529, 531
Fachenpergerin, Apollonia 272
Fachner 372
   Andre 457
   Andre, Seidennater 144
   Hans 177, 229, 538
   Hans, Kürschner 330
   Sigmund, Stadtrat 159, 161
Falenstich 548
Falkenstainer, Erhart, Schuster 449
Faltermair, Dr., hgl. Rat 362
Fandtnerin 166, 172, 512
Farnoltzhausen, Werndel von, calciator 441
Fasnachtin, Kramerin 410, 417
Fauchner, Ott, Schneider 287, 291
Fauser, Bernhart, Tagwerker 389, 457
Fayltinger, Koch 447
Feiel *Siehe* auch Feyal, Veyel, Veyal
Feiel, Achaci 166
Feiel, Arsaci, Weinschenk 166
Feiel, Peter, Beutler 166
Feielin 165
Feileisen, pueri 167
Feler, Konrad, Salzstößel 453
Felerin 388
Felerin, Paul 433
Felingerin, Barbara 145
Feltlerin, Jörg, Zimmermannin 436
Feltmachinger 428
Feltschuster, pueri 470
Fend (Fendt, Vent)
   Achaci 287
   Arsaci 262, 264
   Barbara 229, 262, 379, 380
   Cristof 286
   Gebhart, von Aichach 176, 177
   Hans, Scharwachter 454
   Hans, Wirt 113, 523
   Martin 513
   Martin, Tuchhefter, Weinschenk 229, 230, 262, 264, 287, 341, 379, 380
Ferdinand, Herzog 153, 157, 160
Feringer, Konrad 373, 471, 503
Ferus, Jeremias, Notar 291
Feslmair
   Hans, Lebzelter 296
   Hartmann, Eisenkramer 212, 213, 214
   Jacob, Eisenkramer 224
   Magdalena 224
   Michel, Bäcker 225
Feslmairin 225
Feuer, Heinrich, Schuster 310, 349
Feyal *Siehe* auch Feiel, Veyel, Veyal
Feyal (Vayol), Gürtler 111, 265, 403, 416
Fideller, Paul 248
Fierenkrieg, Sigmund, Zammacher 468
Filtz, Urban, Schuster 432, 453
Finfler, Lienhart, Bäcker 564
Fischer (Vischer)
   Anna 389
   Fridrich 387
   Hans 503
   Hans, Schneider 295, 330
   Jörg, Sandwerfer 321
   Jörg, Schwertfeger 471
   Lienhart, Tagwerker 321
   Lienhart, Weinschenk 481, 488
   Loder, pueri 558, 564
   Marx 226
   pueri 281
   Sixt, Loderknapp, Deckenmacher 226
   Stefan, Wachter 451
   Thoman, Zammacher, Riemer 321, 457, 534
Fischerin (Vischerin), Marx, Hebamme 226, 564
Fischpacher, Hans, Kramer 180, 345
Flaschendreher, Hans, Kistler 235
Fleckhamer
   Cristof 504, 513
   Kaspar 187
   Katharina 186
   Thoman d. Ä. 113
   Thoman, Stadtrat 158, 186, 187
Fledtnerin, Apollonia 457
Fleischman, Hans, Wirt 458
Fleischman, pueri 393, 458
Fleugenfeindt, Bogner 103
Fleugenfeindt, Jörg 345
Fleuger, Hans, Fronbote 430
Fleuger, pueri 417
Fleugerin 101, 402, 403, 554
Fliesenhamer, Fridrich, Großer Rat 184, 189, 266, 268
Flöhlin 43
Flosman, Balthasar, Bäcker 565
Flosman, pueri 393
Fluck, Sebolt, Beutler 418
Fluckhin, Sebolt 389
Flunck, Thoman, Schuster 455
Forsanin, Barbara 145
Forster (Vorster) 431
   Andre, Amer, Kramer 414
   Andre, Kramer 412
   Augustin, Huter 414, 417
   Augustin, pueri 261
   Cristof, Tagwerker 566
   Erhard, Snierler 123
   Erhart, Schmiermacher 270
   Hans, Schneider 274
   Hans, von Nürnberg 414
   Konrad, Seiler 412, 414
   Stefan, Weinvisierer 330
   Ulrich, Kramer 215
   Ulrich, relicta 414
Forsterin, Wolf, Bierbräuin 216
Fragner, Jörg, Maurer 228
Fraidich, Jonas, Koch 296
Fränchinger, Heinrich 497
Franck 229
   Andre, Choralist 566
   Andre, Schuster? 537
   Beutler 108
   Cristof, Bäcker 558
   Gürtler 97
   Hans, Beutler 378
   Hans, Büchsenmeister 230, 322, 324
   Hans, Säckler, Trabant 93
   Hans, Wirt 341
   Heinrich, Schuster 432

Jörg 92
Jörg, Hofgesind 455
Konrad 214
Konrad, Nestler 455
Naglerin 565
Nestler 179, 184
pueri 376
Veit Cosman, Barbier, Schenk ? 383
Wolfgang 92, 103
Wollschlager 274
Franckhin, Jörg, Weinschenkin ? 533
Franckin, Sebastian, Stadtwundarzt 458
Franer, Jörg, Maurer 390
Franperg, Hans 212
Frantz, Kaspar, Schneider 286
Fräntzlin 101
Fränzlin 111
Fraunberger, Wilhalm 240, 242, 243, 244, 347
Fraunhofer, Cristof, Reiter 211
Fraunhofer, Elena 211
Frei (Frey)
    Fridrich, Schulmeister 549
    Hans, Schreiber 382
    Peter, Koch 287, 373
    Stefan, Ringler 394
    Wölfel, Schuster 431, 448
Freisinger (Rotfuchs), Perchtold 363
Freisinger, Hans, Kramer 104, 114
Freisinger, Hans, Melbler 555
Freisinger, Kunzel 102
Fremd, Schneider 75
Fresser, Hainrich 76
Freyhamer, pueri 261
Fridlmair, Oswald [Schenk ?] 185
Fridlmair, Oswald, Weinschenk 172
Fridlmair, Oswald, Weinschenk ? 187
Fridperger, Schuster 444
Fridpergerin 427
Fridrich, Hans, Huter 423
Friedrich III., Kaiser 510
Friedrich, Herzog 357
Frimbtin, Elena 211
Frimer, Konrad, Tuchmanger 268, 269, 274
Frölich
    Hans, Kaltschmied 430, 446, 559, 561
    Jörg, Bote 534
    Jörg, Propst 251
    Kaltschmied 97
    Mathes 278
    Michel 527
    Ott 115, 324
    Prokurator 361
Frölichin 101
Fronpeckh, Gilg, Tagwerker, Holzmesser 457, 564
Frosch, Anna 532
Froschauer, Karl, Kramer 467
Fröschl (Fröschel)
    Anna 530, *Siehe* auch Frosch, Anna
    Peter 155
    Ulrich, Schlosser 479
    Ursula 466, 472
Fröstel, Ulrich, Schlosser 479
Frueauf, Anna 295
Frueauf, Koch 98
Frueauf, Konrad 113, 125, 227, 389
Frueaufin 538
Frumel, Nicas 532

Frütinger 428
Frütinger, Bernhart 337
Frütinger, Peter, Kürschner, Wirt, Weinhändler, Stadtrat 298, 502
Fuchs, Küchelbacher 416
Fuchs, Peter, Steinmetz 310
Füchsel, Kistler 264, 328
Fuchsmundel
    Hans 483
    Heinrich 484
    Johann, Propst 105
    Ulrich 483
Fuchsmundlin, relicta 470
Fueger, Heinrich 287
Fues *Siehe* auch Fus
Fues, Sigmund, Salzsender 538
Fuesl 491
Fuesl, pueri 428
Fueslin, Goldschmiedin, relicta 85
Fueßl, Hans 382
Füg, Heinrich, Schuster 233, 287, 289, 447
Füg, Sigmund, Schuster 449
Fuger, pueri 241
Fugger 241
Fugger, Herr Jörg 499
Fugger, Jakob, zu Kirchberg und Weißenhorn 157, 159
Fugger, Joachim, zu Kirchberg und Weißenhorn, hgl. Rat 284
Funck, Wolfgang, Kürschner 302, 337
Fündel, mercator 546
Funderin, Els, Schopperin 338
Fünfschillinger, Hans 189
Fünsinger
    Heinrich, Schneider 72, 101, 387
    Jörg 338
    Konrad 336
    Lorenz, Messerer 394
    Perchtolt, sartor 349
Für, Schuster 340
Fürer, Konrad, Pellifex 39
Furknecht, Kaspar, Müller 410
Furtner, Hans d. J., Schuster 112
Furtner, Hans, Schuster 453
Furtner, Jörg, Schuster 98, 112, 417
Fus *Siehe* auch Fues
Fus (Füs, Fuss, Fuos)
    Marquard 328
    Niclas, Gewandschneider, Unterrichter, Stadtrat 129, 130
    Oswald, Gewandschneider 91, 129, 130
    pueri 323
    Seitz, Schneider 76, 210, 270
    Seitz, Schneider ? 328
    Wolfgang, Lernmeister 130
Fusstainer, Dorothea 489, 490
Füttrer, Ulrich, Maler 336
Fuxtaler, Hans, Wirt 275
Fuxtaler, pueri 84
Gablerin 76, 451
Gaerr, Taschner 360
Gagarseer 125
Gagarseer, Wolf, pueri 324
Gagarseer, Wolfgang, Wirt 320
Gagarseerin 320
Gailer (Gayler), Hans 418
Gailing, Dr. 545
Gaishoferin, Jochim 185

Gall, Veit, Bäcker 189
Gamperl, Hans, Koch 451
Gampler, Ulrich 294, 300
Gänsel, Fragner 402
Gänsel, Glaser 441
Gänslein 396
Gansmair
    Anna 273
    Barbara 292
    Kaspar, Riemer 274
    Wolfgang, Koch 273, 274, 292, 293, 434, 455
Ganter, Georg, Hofzinngießer 304
Ganter, Ursula 304
Gantner, Clas, G[...] 103
Gantner, Jörg, Zinngießer 457
Gantnerin, Wolfgang 103
Gantrin, Ärztin 451
Garchinger Siehe auch Gerchinger
Garchinger, Hans, Kramer 344
Gartner
    Hans, Eisenkramer 333, 335
    Hans, Nagler 325, 330
    Hans, Nagler, Schuster 538
    Hans, Naglerin 534
    Hans, Schuhflicker 534
    Hans, Schuster 256, 296, 566
    Rosina 333, 335
Gassner, Konrad, Weinschenk 481
Gastlin, Jörg 565
Gautinger, Hans, Hauspfleger 164
Gautinger, Lienhart, Salzstößel 257, 291, 302, 435, 482
Gautinger, Schuster 408, 416
Gebhart, Kaspar, Bäcker 224, 225
Gebhart, Mathes, Tagwerker 549
Gebl
    Anna 339, 340
    Elisabeth 340
    Hans, Beutler 339, 340, 350
    Jacob, Beutler 339, 340, 403
    Kramer 546
    Lienhart, Beutler 382
    Margaret 339, 340
Gebmair/Grebmair, Anna 366, 368
Gebmair/Grebmair, Hans, Kramer 368
Geel, Erhart, Kistler 549
Geiger
    Balthasar 192
    Hans d. J., Weinschenk, Stadtrat 192
    Hans, Schneider 325
    Hans, Weinschenk, Stadtrat 191, 192, 226
    Jörg, Schneider 278
    Kaspar 192
    Konrad 41, 190, 192
    Lucia 191
    pueri 485
Geigerin, Gabriel, Weinschenk 193
Geishamer Siehe Heushamer
Geisler, Andre, Steinschneider 345, 350
Geisler, von Augsburg 345
Gemsin, Kätherl 434
Genser, Albrecht, Koch, Hofkoch 216
Genspeck, Hans 231
Genstaler
    Barbara 229, 507
    Hans, Beutler 168
    pueri 168, 428, 491
    Schneider 310
    Ulrich, Salzstößel 369
    Wolfgang, Beutler, Weinschenk, Stadtrat 229, 266, 505, 507
Gerbolt, Schneider, pueri 450
Gerchinger Siehe auch Garchinger
Gerchinger, Apollonia 281
Gerchinger, Michel, Eisenhändler 280
Gerel, Käuflin 106
Gereuter, Heinrich 155, 415
Gerhart, Konrad, sartor 90
Gerhart, sartor 394
Gerlspeckin, Margaret 375
Gernreich, Konrad 544
Gerold (Gerolt)
    Kramer 76
    Michel, Schuster 545
    Peter 44
    Schneider 269
    Schuster 546
Gerstel, Ott, Kornmesser, Weinschenk 500, 501
Gerstlin, Käuflin 554
Gerwirg 251
Gesell, Werndel, calciator 441
Geslaecht, Dietl 97
Geswindübel, Hans 283
Geswindübel, Herman, Wirt, Weinhändler, Stadtrat 271, 273, 281, 283
Gewolf, Eberwein 509
Geyer, Sigmund, Bäcker 227
Geysenfelder 139
Gidl, Hans, Tagwerker 257
Gienger, Andre 305, 456
Gienger, pueri 304, 407, 440
Giengerin 161
Giesinger
    Anna 78
    Balthasar, Wirt 513
    Kaspar, Goldschmied, Stadtrat 78, 79, 80
    Lucia 78
    Margret 78
Giesser
    Cristof 185, 187
    Hans 478
    Marquart, Münzmeister 349, 475, 478
    Peter d. Ä., Münzmeister 111, 137, 139
    Peter d. J., Stadtrat, Münzmeister 185, 187
    Spiegler 478
Gilg, Hans, Reiter 325
Gilgenrainer, Jeronimus, Drechsler 499
Gilgenstock, Konrad, Salwurch 467
Glaner (Gloner)
    Anna 525
    Bartlme, Weinschenk 525, 527
    Brigitta 525
    Elisabeth 525
    Jörg, Weinschenk 525, 526
    Jörg, Weinzahler, Salzstößel 241, 362
    Katharina 322, 525
    Sigmund, Kürschner 322, 324, 525, 527
    Sigmund, Priester 525, 526
    Stefan, Wirt 324
    Wilhalm, Kürschner 324
Glanitz, Herr von 520
Glantz, Jobst 409
Glarcher 73
    Barbara 292
    Hans d. Ä., Gewandschneider 78, 79, 80, 292, 293

Hans d. J. 80
　　　Hans, Seiler 79
　　　Margaret 292
　　　Peter 292, 293
　　　pueri 492
　　　Regina 79
　　　Ursula 292
Glatz, Heinrich, Sattler 320
Glatzin 451
Glesein 280
　　　Dietmar, Stadtrat 279
　　　Dietrich, Stadtrat 468, 469
　　　Hans 492
　　　Martin, Stadtrat 372, 464
　　　Schreiber 274
Glöggler, Hans 416
Gloner *Siehe* Glaner
Golater (Golhuter, Golnhuter) 437, 544
　　　Clara 520
　　　Jordan, Stadtrat 136, 542, 543
　　　Paul 251, 520, 522, 544
　　　Wilhalm, Salzsender, Weinschenk, Zöllner,
　　　　　Unterrichter, Stadtrat 543
Goldman, Hans, Schneider 302
Gollir, Ainwig, Ritter 70, 71, 392
Golter, Konrad, Koch 538
Gorel, mercator 72
Gossenbrot 149
Gösweinin 130, 178
Gotfrid, Fridel, Salzstößel 215
Götschel
　　　Jörg ?, Nadler 560, 563
　　　Jörg, Floßmann 436
　　　Peter, Nadler ? 301, 302
Gotthart, Dr. 356
Gottinger 76
Göttinger 144
Göttinger (Gettinger) 349
Göttinger, Kramer 428
Göttl, H. 259
Gottner, Niclas 368
Gotzkircher, Sigmund, Stadtleibarzt 339, 340
Gotzman, Hans, Weinschenk ? 407
Gotzman, Schreiber 554
Grab, Kunz 415
Grabl, Hans, Ringler 103
Grabman, Hans, Tuchscherer 76
Graefenreuderin 116, 136, 167, 170
Graetzer, Fridel, Nadler 408
Graf 448
　　　Andre, Messerschmied 301
　　　Hans, Schuster 447
　　　Jörg, Schuster 220, 231, 370, 390, 566
　　　Sebastian, Schuster 128, 256
Grafenrieder, Balthasar 228
Grafin 452
Grafin, Jörg, Zimmermannin 436
Grafinger
　　　Hans 211
　　　Hans, Huter 410
　　　Jacob, Zammacher/Riemer 321, 383
　　　Ott, Schuster 431
Graimer, Barbara 426
Graimer, pueri 389
Graimer, Wolfgang, Weinschenk 426, 427
Graispach 114
Graispachin 193

Gramleder, Peter, Schulmeister 122
Grams, Augustin, Beutler 382, 388
Gränter, Andreas, Messerschmied 451
Graser, Lienhart, Tagwerker 302
Graser, Schuster 76, 81
Grashauser, Heinrich, calciator 440
Grässel, Arnolt, Schuster 447
Grässel, Kaspar, Weinschenk 300, 316, 329
Grasser
　　　Chuntz 73
　　　Erasm, Bildschnitzer 283, 519
　　　Margaret 299
　　　pueri 473
　　　Stefan, Weinschenk, Zöllner 512, 519
Grätz, Michel, Weinschenk 321
Gräul, Kürschner 189
Gräulin 269, 319
Grebmair, Ludwig 236
Grebmair, Martin 144
Greck (Gregk)
　　　Heinrich, Kramer 103
　　　Heinrich, Maurer 91
　　　Heinrich, Ringler 91, 394
　　　Konrad, Ringler 131
　　　Ringler 344
Greckin 123
Greif, Johann 288
Greif, Otto 288
Greil, Matheus, Küster, Sämler 116, 123
Greilntaner, Wolfgang, Messerschmied 457
Greimolt 41
Greimolt (Greymolt)
　　　Agnes 335
　　　Heinrich 156, 356, 361
　　　mercator 210
　　　Würfler 214
Greimolt (Greymolt) von Tal 233
Greimoltin (Greymoltin), Heinrich, Weinschenkin 335
Greindl, Hans ?, Gewandschneider 325
Greindl, Hans, Tuchmanger 305, 458
Greiner, Ulrich, Huter 244
Grepner, Hans, Gürtler 404, 417
Gretzmair, Michel, Zuckermacher 302
Grick (Grigk), Hans 189
Grick (Grigk), Hans, Sieber 555, 563
Griener, Mathes, Schuster 211, 566
Griessel, Hans, Spängler 452
Griessel, Ludwig, Spängler 499, 528, 534
Griesser, Hans 305
Grillin, Bärbel 227
Grock *Siehe* Greck
Groll, Hans, Beutler 226, 337
Gropmair, Hans 320
Gropmair, Heinrich, Sattler 302
Gropner, Heinrich 302
Gross
　　　Aelbel, Lederer, Stadtrat 86, 303, 365, 367
　　　Heinrich, Lederer 465
　　　Peter, Kürschner 519
　　　pueri 310
　　　Ursula 229
Gruber
　　　Hans, Huter 423
　　　Hans, Sattler 336, 468
　　　Mesner 402
　　　Perchtolt (Pecz), Weinschenk 547
　　　Ulrich 527

Grueberin, Margaret 549
Grünerin 563
Grüninger, Heinrich, Poet 493, 498
Grünstetter, pueri 302
Grüntler, Gürtler 115
Grünwald, Jobst, Bettelrichter 377
Grünwald, Schmied 480
Grünwald, Töldel 74, 78, 80
Grünwaldin 39, 40, 42, 78
Grym, Hans 523
Gscheidlin, Hans 128
Gschray, Hans 531
Guckauer 350
Güghan, Erel, Schreiber 377
Guldein 144
Guldeinin 547
Gülher, Konrad, Bäcker 527
Gümplein, Ott 70
Gümplin, die 70, 71
Gumppenberg, Herr von 156
Gumprecht, Fridrich 523
Gumprecht, Ulrich, Gürtler 403
Gündel (Gyndl), Gilg, Beutler 295
Gündel (Gyndl), Ulrich, Gürtler 389
Gündel, Hans, Schuster 537
Gündel, Schneider 102, 167, 329, 332, 340, 349, 487
Gundelfing, Jörg von, hgl. Rat, Hofmeister 242, 250
Gündelkofer 532
Gündelwein, Heinrich, Fragner 101, 444
Gündersperger 378
Gündersperger, Wolfgang, Beutler 112, 131
Günther (Gunther)
    Hans, Windenmacher 190, 226, 231, 252, 287
    Sigmund, pueri 536
    Wilhalm, Stadtrat 159, 181, 183, 184, 385
    Wilhalm, Weinschenk, Steuerschreiber 139, 183
    Zacharias, Gürtler, Salzsender, Weinschenk, Stadtrat 181, 183, 184, 189, 234
Güntherin, Sigmund, Unterrichterin 535, 536
Güntlin 102
Güntlsperger, Hans, Taschner 289, 290
Gusman, Hans 565
Güss
    Hans 94, 357, 361, 524
    Hans, Eisenhändler, Weinschenk, Salzsender, Unterrichter ? 526
    Seidel, Schenk ? 369
    Sigmund, Wirt 300, 487
Guster, Hans, Obser 431
Gütler, Cristof, Sämler 123
Gutman, Heinrich 319
Häberl (Haeberl), Hans, Schlosser 480
Häberl (Haeberl), Sporer 486
Häberl (Haeberl), Herman, Schneider 333
Häberl, Kaspar, Gartner 458
Haberstock, Joachim, Hofprokurator 248
Hachinger, Heinrich, Schuster 423, 447, 449
Hackensmid, Albrecht, Schuster 445
Hackensmid, Hans, Schuster 403, 445
Hacker, Lienhart, Koch 404
Häckhl
    Clas, Zimmermann 252, 533
    Kaspar, Kramer 113, 176, 178, 343, 344
    Ulrich, Leistschneider 411
    Ulrich, Schuster 220
Hadersperger, Wolf, später Diener, hgl. Türhüter 220
Haebach, Kaspar, Kramer 84

Haecklin 467
Haedrer, Heinrich 328
Haedrer, Ulrich, Fragner 403, 408
Haedrer, Ulrich, Goldschmied ? 328
Haedrerin (Hädrerin) 215, 328
Haering (Häring), Anna 228
Haering (Häring), Hans, Gschlachtgwander 228, 229
Haering (Häring), Konrad 329
Haeringin (Häringin) 102
Haertel Siehe Härtl
Haetzer, Niclas 482, 484
Hafner (Haffner)
    Cristof 491
    Hans 251
    Sigmund 538
    Sigmund, Melbler 453
Hagen, Tagwerker 497
Hagenauer 289, 463
    Elsbeth 485
    Hans, Weinschenk, Stadtrat 485
    Konrad, Schmied 482, 484
    Maecz 483
    Perchtold 483
    Ulrich 274
    Ulrich d. J. 470
    Ulrich, Sattler 270, 298, 319, 407, 467, 483, 484, 485
    Ulrich, Weinschenk, -händler, -unterkäufel 485
Hägendel, Heinrich 401
Hagenperger, Heinrich 452
Hagenperger, Konrad, Schuster 452
Hagin 227
Hagin, Heinrich, Tändlerin 278, 434
Hagn, Andre, Schneider 564
Hagn, Hans, Priechler 436
Hagn, Wolfgang, Zinngießer 457
Hagnau, Jörg von, Fragner 563
Haidel, Weinschenk 193
Haiden, Lienhart, Goldschmied 43
Haiderin 237
Haidlin 282
Haidn, Stefan 435
Hailprun, Hans von (Hailpruner), Beutler 92, 168, 350
Haimhauser, Hans, Gürtler 111, 373
Haimhauserin 382
Haimran, Hans, Schlosser 219
Hainsteter, Fridrich, Salzsender 492
Hainsteter, pueri 522
Haithauser
    Hans, Schuster 423, 450
    Konrad, Schuster 450
    Michel, Schuster 450
    Schuster 450
Haitvolk (Haydvolk), Sattler 562
Halbinger, Balthasar, Käskäufel 235
Halbschuster 179, 355
Halbschuster, Jacob 310, 443
Halbschuster, Jacob, Wirt 464
Haldenberger (Halmberger)
    Kaspar 207
    Konrad, Weinschenk 162
    Ulrich 470
    Wolfgang 479
Haldrerin 226
Halferer, Dr. Ludolph, hgl. Rat 165, 167
Haller 100
    Hans, Gürtler 95
    Hans, Gürtler, Stadtrat 95, 96, 361

Heinrich, Weinschenk 509, 512
Jörg 96
Purckart 357
Halpmassel (Halbmäsl), Peter, Schneider 503
Hamer
   Jörg, Maler 482
   Melchior, Maler 345
   Veit (d. J.), Maler 271, 345
   Veit, Glaser, Maler 345
Hämerl
   Konrad, Seiler, Weinschenk, -händler 326, 327, 471, 502
   Ulrich 291
   Ulrich, Fragner 232, 397
Hamerlin 215, 265
Hamersperger, Hans 409
Hamersperger, Heinrich, Gürtler, Weinschenk, Stadtrat 346, 348, 394, 409
Hamman
   Achaci, Weinhändler 168
   Arsaci d. J. 491
   Arsaci, Wirt, Stadtrat 475, 479, 490, 498
   Benigna 475
   Cristof 475
   Georg Sigmund 491
   Hans 475, 490, 491
   Hans, Beutler 97
   Jeremias, Salzsender 475, 479
   Jörg d. J. 475
   Jörg, Salzsender, Wirt 475, 491
   pueri 428
   Regina 475
Hanfelder, Hans, Obser 337
Hanifstingl 560
Hanin 449
Haningin 449
Hänslin 115
Hantmaler, Ulrich 532
Hantschuster, Ulrich 422
Harder, Ludwig, Rotschmied 488
Harder, pueri 473
Harlacher, Sebastian, Posauner, Stadtpfeifer 423
Harlacherin, Andre, Hebamme 237
Harrer, Ludwig, Rotschmied 488
Harscher, Sigmund, Zimmermann 378, 435
Harscher, Ulrich, Bäcker 316
Hart, Clas, Gürtler 270
Härtl (Hartl, Hartel, Haertl, Hertl, Hertel, Hörtl)
   Achaci, Beutler 271, 388, 423
   Brosi, Schuster 456
   Franz, Schuster 456
   Hans, Käufel 130
   Hans, Tagwerker 548
   Heinrich, Zinngießer 415, 422, 487
   Kramer 108
   Paul, Gantknecht 384
   Schuster 447
   Sigmund, Schuster 456
   Zinngießer 210
Hartlieb
   Acharius, Mönch 334
   Dr. Hans, Leibarzt 167, 181, 333, 334
   Gotthart 333, 334
   Niclas, Apotheker 334, 341
Härtlin (Hertlin), Käuflin 402, 407
Härtlin (Hertlin), Kramerin 557
Härtlin, Hans 435

Hartman
   Els 448
   Huter 422
   Konrad 443
   Mathes, Apotheker, Weinschenk 336, 482
   Ott 233
Hartmanin 528
Hartmanin, Sigmund 545
Has (Haß), Hans, Bote 383
Has (Haß), Hans, Zinngießer 336, 416, 448
Has (Haß), Konrad, Bürstenbinder 112, 351, 354
Haslachinger, Andre, Melbler 291
Haslinger, Heinrich, Hofgesind 156
Hatzler, Käufel 97
Hatzler, Lienhart 503
Hatzler, Sixt, Weinschenk 260, 261
Hatzlin, Michel 271
Haub, Hans, Huter 563
Hauben, Heinrich in der, Schuster 428
Haug, Beutler 416
Haug, Ulrich, Fragner 532
Hausen, Franz von, Stadtrat 363, 463
Hausen, Konrad von, Stadtrat 43, 179, 362, 363, 463
Hauser (Hausner), Andre 189, 267, 268
Hauser, Sebastian, Schneider 329
Hausner, Mechthild (= Maecz) 467
Hausnerin 487
Häuss Siehe auch Heuss, Heyss
Häuss, Ulrich, Messerer 508
Häutlin 42, 43
Haydel, Ottel 101
Hayden, Thoman 360
Hebenmarkt, Lienhart, Weinschenk ? 498
Hebmstreit, Sigmund, Maler 396
Hecht, Bartlme, Kartenmacher 302
Hecht, Cristof, Kartenmacher 321, 325
Hecht, pueri 344
Heckher, Ulrich, Leistschneider 458
Heerfart, Michel, Hauspfleger 136
Hefenhöhin 554
Hefensperger, Heinrich, Obser 423
Hegelhauser, Heinrich, Schuster 447
Hegelhauser, Schuster 431, 447
Hegelhauser, Ulrich 447
Hegendorfer, Mathes, Beutler 93
Hegendorfer, Mathes, Säckler 389
Heger
   Hans 221
   Institor 439
   Konrad 42, 221, 437, 438, 465
   Kristel, Kramer, Taschner 101, 365, 381, 387
   Ludwig 221, 360, 365, 429, 439
Heglinger, Sigmund 538
Hehert, Cristof, Zumüller 256
Heidnkhamer (Heinkamer), Simon (Sigmund), Scharwachter 534
Heigl 173
Heigl, Georg, Stadtrat 322
Heinkamer, Hans, Maurer 436
Heinrich
   Dr. 199
   Hans, Schlosser 217, 219
   Magdalena 217
   Wolfgang, Schlosser 218, 219
Heinrichin, pueri 526
Heiß (Heiss, Heyss, Heuss)
   Cristof, Bierbräu 198

        Hans, Taschner 301, 410, 423, 432
        Michel, Jäger, Hofgesind 296
        Wolf 350
Heitzpeckin 356
Held (Helt)
        calciator 111, 441
        Cristof 383
        Ludel, Schuster 103, 447
        Wolf, Kanzleischreiber, Hofgesind 383
Helfenprunner, Sigmund, Weinschenk 172, 350, 377
Helfenstainer, Utz, Beutler/Gürtler 84, 112
Hell 101
Heller
        Heinrich, Arzt 470
        Heinrich, Schreiber, Weinschenk 512
        Jacob, Messerschmied 451
        Jörg 404
        Kramer 381, 416
Hellerin 102, 387
Hellin 415
Henneman, Hans, Deckenmacher 411
Hennenmanin, Hans, Deckenmacherin 199
Herbshändel, Münzer 179
Herbshändel, Ulrich, Weinschenk 320
Herbst, Hans 73
Herel (Herl)
        Els 198
        Jorg, Gürtler 85
        Konrad, Fragner 415, 422
        sartor 75
        Schuster 444
        Ulrich, Schuster 444
Herfart, Michel, Reiter 436
Herl Siehe auch Hörl
Herman 433
        Barbara 553, 558
        Bernhart, Bogner 280, 281
        Bogner 336
        Elspet 280
        Hans 131
        Hans, Bogner 324
        Hans, Bognerin 373
        Hans, Schneider 349, 377, 404
        Hans, Sessler 252
        Hans, Truckenlader 504
        Heinrich 444
        Kaspar, Bäcker 558, 564
        Kramer 428
        Monika 280
        Peter, Beutler 373, 378
        Taschner 455
        Veronika 280
Herman (Hörman), Hans, Bäcker 553, 558
Herrant, Hans, Schneider 320
Hert, Wolf 237
Hertzog
        Balthasar, Wirt, Weinhändler 504, 508, 513
        Barbara 489
        Els, Buchbinderin 565
        Elspet 489
        Hans, Schuster 447
        Jacob, Buchbinder 113, 220, 534, 565
        Jörg 213
        Melchior 80
        Melchior, Buchbinder 113, 565
        Melchior, Salzsender 113
        Stefan, Melber, Salzstößel 212, 213

        Wagenmann 41
        Wolfgang, Wirt 489, 491
Herz, Jörg, Buchdrucker 369
Hess 248
Heß, Jörg, Fuhrknecht 434
Heushamer, pueri 473
Heuslinger, Schneider 445
Heuss Siehe Heiß
Heutl, Konrad 355
Heutwagen, pueri 532
Heutzinger, Jacob, Maler 172, 552
Heutzinger, Werndel, Kramer 81
Heymairin, Dr. 374
Heyss Siehe Heiß
Hicker, Mang, Apotheker 77
Hickerin, Mang, Apothekerin 418
Hiendl, Michel, Tagwerker 321
Hierlacherin, Andre 237
Higwein, Hans, Kramer 92
Hilflich, Andre, Schuster 429
Hilgl (Hülger), Kunz, Melber 432
Hilmair, Hans, Schneider 227, 325
Hilpurger, Ludwig, Fragner 403, 408, 446
Hiltenstainer, Wilhalm, Melbler 563
Hirner, Fridel 533
Hirschpühler 92, 112
Hirschpühler, Andre 417
Hirsperger, Jörg, Bäcker 564
Hirtz, Jörg 369
Hitzlpergerin, Anna 227
Hitzlpergerin, Pflegerin, Infrau 325
Hochenloch, Herman 467
Hochstetter, Jacob, Sattler 480
Hochstrasser 474
Hof, Hans von, Bäcker 527
Hof, Ull von, Käufel 233
Hofer
        Cristof 528
        Elisabeth 158
        Katharina 518
        Wiguleus 190
Hoferin, Mang 125
Hoferin, relicta 158
Hofhaimer, Peter, Baumeister-, Steuerknecht 72
Hoflacherin 564
Hofleich, Konrad, Sporer 487
Hofler, Melchior, Maurer 435
Hofmair
        Elisabeth 283
        Fritz, Kramer 285, 373
        Heinrich 409
        Konrad 449
        Ludwig, Kramer 283, 285
        Margaret 283, 285
        Martin, Schuster 301, 432, 449
        Wolfgang, Schuster 532
Hofman (Hoffman)
        Barbara 530
        Hans 565
        Hans, Koch 446
        Hans, Schuster 434
        Wolfgang, Schuster 530, 532
Hofmanin (Hoffman), Hans 271
Hofmanin, Hans, Schusterin 389
Hofoltinger, Heinrich 104, 105, 107
Hofoltinger, Martin, Weinschenk 471
Hofoltingerin 39, 40, 41

Hofperger, Konrad, Schneider, Hofgesind 502
Hofprant 554
Hofstetter, Dr. Gregori, Stadtleibarzt 186, 187
Hofstetter, Hans Damian 418
Hofstetter, Regina 132, 186
Hohenfelser, -felder 358, 506
Hohengstader, Hans, Huter 423, 432
Höhenkircher, Anna 246
Höhenkircher, Bernhard, Stadtoberrichter 144
Höhenkircher, Bernhart, hgl. Rat 246
Höhenmoser, Hans, Kürschner 538
Höhenrieder, Jörg, Sieber 423
Hohenrieder, Michel, Sieber 433
Höher, Jörg, Kartenmacher 302
Holl, Ulrich, Hofgesind 337
Höller, Jörg, Tagwerker 455
Holnstain, Ulrich, Schneider 131, 548
Holnsteiner, Hans 412
Höltzel 349
Höltzel (Höltzl), Cristof, Messerschmied 301
Höltzel, Fridrich, Schuster 448
Höltzel, Schneider 335
Holtzer
    Jörg, Wirt 272, 274
    Katharina 272
    Ursula 272
Holtzhauser
    Hans 191, 193, 341
    Hans, Beutler ? 365
    Peter 193, 372
    Wolfgang 341
Holtzkircher, Kaspar, Weinschenk 405
Holtzkircher, Werndel, Schneider 214, 225
Holtzmair, Katharina 293
Holtzmair, Thoman, Bäcker 293, 294
Holtzmüllerin 527
Holtzner
    Hans, Kramer 112
    Jörg 336, 356
    pueri 275
    Wolfgang 369
Holtzpockh, Jorg, Nestler 93
Holtzschuch, Hans, Schneider 408, 502, 508
Hönin 449
Hörl 473, *Siehe* auch Herel (Herl), Herman
Hörl (Herl)
    Andre 384, 386, 401
    Andre, Tuchmanger 400
    Balthasar 291
    Benigna 484
    Bernhart 291
    Cristof 400
    Elisabeth 400, 401
    Hans 337, 515
    Jörg d. J. 401
    Konrad 401
    Konrad, Gewandschneider 316, 492
    Konrad, Gewandschneider, Stadtrat 384, 386, 397, 400
    Margaret 397
    pueri 400
    Sigmund 316
    Sigmund d. J., Tuchmanger, Stadtrat 484, 486
    Sigmund, Gewandschneider 400, 486, 488
    Ursula 484
    Veit, Tagwerker, Mesner 128
    Wilhalm, Kramer 400, 411, 426, 428, 435

Horlacherin (Horlohnerin), Andre 237
Hörlin 286
Hörndl, Arsaci, Weinschenk ? 498
Hörndl, Ludwig, Chorherr 242, 244
Horsapp, Hans, Gürtler 316, 448, 467
Horsappin, relicta 416, 448
Hörschingerin 563
Hort, Clas, Gürtler 262
Hört, Konrad 497
Hörtl *Siehe* Härtl
Hortschmid, Veit 538
Hortschmid, Veit, pueri 335
Hösch, Albertus, Schulmeister 498
Hösch, Wolf 346, 348
Hösel, Heinrich 488
Hoslodsperger 245, 246
Huber 501
    Erhart, Sattler 294, 300
    Hans 103, 108, 416
    Hans, Gürtler 291, 409
    Hans, Holzschuher 110
    Hans, Kramer 406
    Jacob, Schuster 427, 430, 446
    Konrad 402
    Konrad, Kramer 104, 115, 405, 406
    Michel 322
    Oswald, Schuster 446
    Peter, Schuster 425, 427
    Ulrich 131
Hübschwirt 547
Hübschwirt, Niclas 41
Hübschwirt, Niclas, Pfändermeister 179, 520, 521
Hudler 40
Hudler, Sighart, Salzsender, Weinhändler, Stadtrat 41, 42, 43, 44, 152, 153, 185
Hueber
    Albrecht, Koch 216
    Andre, Kramer 388
    Andre, Wirt, Weinvisierer 519
    Bartlme, Sattler 93, 302
    Benedict, Riemer 458, 474
    Dionis, Bäcker 505
    Hans, Bote 389, 390, 435
    Jörg 322, 323, 363, 364
    Jörg, Tagwerker 261
    Jörg, von Rosenheim 385, 401
    Kaspar, Melbler 459
    Lienhart, Tagwerker 534
    Lorenz, Salzstößel 468
    Margaret 505
    Maria, von Rosenheim 385
    Sigmund, Eisenkramer 459
    Stefan, Bote 185
    Thoman, Koch 291
    Thoman, pueri 96
    Ulrich, von Nördling 389
    Veit, Tagwerker 235
Hueberin 401
Hueberin, Hans, Torwärtlin 435
Hueberin, Michel 496
Hueberin, Thoman 345
Hülger (Hüllinger), Kunz, Melbler 432
Hültzesauer
    Anna 267
    Helena 268, 269
    Juliana 268
    Thoman, Käufel 267, 269

Humel, Ulrich, Bogner 215
Humpel, Schneider 111
Humpl, Thoman, Tagwerker 228
Humplin, relicta 556, 564
Hundertpfund 95
   Alexander 470
   Antoni, Münzmeister zu Augsburg 88, 89
   Balthasar, Münzmeister 88, 89, 136
   Barbara 88
   Ernst, Hofgesind 137
   Familie 78
   Gabriel, Goldschmied, Münzmeister 88, 89
   Hans 419
   Kaspar 392, 397
   Kaspar, relicta 400
   Katharina 100, 391
   Ludwig, Salzsender, Weinschenk, Stadtrat 78, 88, 89, 391, 393
Hundertpfundin 286
Hundertpfundin, Balthasar 145
Hunger, Ulrich 529
Hungerin, Ursula 566
Hüngerl, Anna 191, 193
Hüngerl, Kaspar, Brotwäger 556
Hüngerl, Lorenz, Reiter 556
Huntel, Hans, Kürschner, Wollschlager 231
Hunthaimerin 372
Hüntlin 131
Huott 546
Hupfauf, Jacob, Messerschmied 296
Hurlacherin, Andre 237
Hürn, Konrad, Kürschner 503
Huter, Hans 548
Huter, Konrad, Kaplan 317
Hutman, Jörg, Schmied 564
Hutter, Peter 295
Hützgut, Heinrich, Schreiber 39, 40, 41
Hyltz, Hans 414
Ickinger, Konrad, Weinschenk 492
Impler 40, 41, 42
Impler, Franz 86, 87, 323, 346, 347
Impler, Hans 316, 346
Inderstorfer, Hans, Bäcker 564
Ingesserin 436
Ingram, Heinrich, Bierbrauer, Stadtrat 176, 177
Ingram, sartor 155
Ininger 301
   Fritz 431, 449
   Hans, Schuster 449
   Michel, Maurer 227
   Ulrich 449
Iningerin 417
Inkofer, Hans, Maurer 555
Intaler, Heinrich 265
Jäger, Bastl, Hofgesind 227
Jäger, Clas, Schneider 282, 294
Jäger, Hans, Lederschneider 325, 330
Jägerin, Hans 125
Jägerin, Hans, Schneiderin 112
Jägerin, Meuß 454
Jenisch 285
Jobs, Stefan, Messerschmied 301
Jobst, Sigmund, Weinschenk ? 542
Jobstin 215
Jordan
   Gürtler 382, 395
   Hans 310

Jörg, Tagwerker 435
   Ulrich, sartor 554
   Wolfgang 378
Jörger, Heinrich, Schneider 389
Jörgin 131
Jörgner, Konrad, Stadtrat 311, 312
Jörgner, Wilhalm, Weinschenk, Bürgermeister 507, 512
Jost, Schwertfürb 554
Jud, Crystl 72
Judenkopf, Hans 408
Judenkopf, Pauls, Kramer 97, 102
Judenpart, Werndel 429
Jung
   Andre, Tagwerker 257
   Elspet 99
   Kaspar, Gewandschneider 95, 99, 100, 105
   Kathrei 111
   pueri 364
   Ulrich, Kramer 95, 99, 100
Jussonius, Antonius, Singer 190
Kadolt, Messerer 394, 401
Kaeffer *Siehe* auch Kauffer
Kaeffer, Konrad 156
Kaels, Messerer 563
Kaemler 86
Kaeninger, Schneider 81, 90, 231
Kaeningerin 115
Kaens, Fridel, Schneider 76
Kaepfenberger
   Agnes, Weinschenkin, Getreidehändlerin 282
   Konrad, Salzsender, Weinhändler, Ungelter 273, 465
   Ludwig, Salzsender, Stadtrat 146
Kaergl, sartor 394
Kain (Khuen, Kun)
   Andre, Beutler 410
   Andre, Säckler, Kramer 392, 393
   Andre/Hans ?, Beutler 77
   Apollonia 392
   Balthasar 262
   Hans, Beutler 404, 410
   Hans, Schuster 537
   Magdalena 347, 392
   Margaret 392
   Martin 392
   Peter, Beutler 84, 392, 393, 410
   pueri 337, 343
   Rändel, Schuster 431, 447, 464
   Ursula 392, 393
Kaiser (Kayser)
   Hans, Tagwerker 565
   Heinrich, Tagwerker 433
   Peter, Koch 378
   Weber 76, 81
Kaiserin (Kayserin) 554, 562
Kalcheder, Jacob, Messerschmied 457
Kalchoferin 528
Kaltenprunner, Hans 176, 184, 285, 356, 378
Kaltenprunner, Johann 124
Kaltenprunner, Sigmund, Gewandschneider, Weinschenk 176, 178
Kaltentaler, Anna 469
Kaltentaler, Elsbeth 469
Kaltentaler, Hans, Weinschenk 469, 470
Kaltner, Hans 85
Kaltofen, Fricz 236
Kaltzeisen, Lienhart, Weinschenk 274, 329, 480
Kamer(er), Konrad 81

Kamer, pueri 100
Kamerberger 289
Kamerer, Hans, Deckenmacher 199
Kamerer, Hans, Salzstößel 481
Kamerer, Konrad 316
Kamerloher, Kaspar, Salzstößel, Weinschenk, Zöllner 295
Kamermair, Hans 102
Käml
  Anna 507
  Barbara 505, 507
  Hans, Weinschenk 504, 507
  Margaret 504
  Martha 505
  Niclas, Weinhändler, -reisser 505, 507
Kamp, Hans, Zammacher, Riemer 366, 368, 434, 456
Kamp, Margaret 366
Kamp, Ursula 366
Kampler, Jacob, Salzstößel 195, 198
Kamrer 233
Kamrerin, Agnes 231
Kandler, Jörg, Schuster 450
Kantzler *Siehe auch* Cantzler
  Hans, Tagwerker 278
  Jörg, Nadler 418
  Jörg, Schuster 410
  Margaret 278
  Mathes 435
Kapeller, Thoman 220
Kapelmair 503
Käpfl, Lienhart, Kramer, Stadtrat 337, 338, 358, 360, 482
Käpler
  Georg d. J., Kramer 79, 100
  Georg, Kramer, Stadtrat 99, 100
  Hans, Kramer 79, 80, 89, 100
  Hieronimus 391, 393
  Jacob 77, 87, 89, 391, 393
  Jörg, Nestler 360, 382, 404
  Katharina 87
  Lucas 89
  Lucas, Kramer 100
  Lucas, Nestler 73, 74, 77, 391
  Wolfgang, Nestler 100, 356, 395
Käplerin 114
Käplerin, Jacob 356
Kapser, Kaspar, Wirt 488
Kärgl, Kaspar 112
Karl (Kärl), Bartlme, Lernmeister 324
Karl (Kärl), Bartlme, Visierer 86, 124, 168, 369
Karner 407
  Cristof, Kramer 558
  Gredel 381
  Hans, Handelsmann 191
  Jacob, Schuster 396, 433
  Konrad 165
  Lienhart, Koch, Weinschenk 488, 508
  Lienhart, pueri 548
  pueri 376
  Ulrich, Nadler 378
  Walpurg 336
Kärpf, Peter 275
Karrer, Heinrich, pueri 381
Karrer, Konrad 396
Karrerin, Herman 285
Karrner, Hans, Waagmeister 72

Karthauser, Bonaventura, Futterschreiber, Zehrgadmer 98, 133, 136, 404
Karthauser, Dr. Alexander, Stadtleibarzt 132
Karthauser, Dr. Andre 114, 185, 356
Kaschauerin 91
Kasparin 124
Kastelrot, Michel von 513
Kastmair, Wolf 325
Kastmayr 124
Kastner
  Andre, Holzschuhmacher 234
  Hans, Kanzler ? 520
  Jörg 272, 274, 356
  Magdalena 272
  Werndel, calciator 394
Katzel, Heinrich 547
Kätzler, Mathes 257
Kätzlerin, Mathes 257
Katzmair 41, 249, 379, 390, 392, 505
  Hans 43, 44, 163, 356
  Jacob 163, 356
  Jörg 150, 197, 242, 391, 392
  Martin 391
  pueri 124
  Wolf, Maurer ? 128
Katzmairin, Hans 548
Katzman, Peter 223
Katzpeckin, Anna 433
Kauffer, Konrad, Ringler 95, 387, 409
Kaufman, Hans 168, 291, 294, 382
Kaufman, Heinrich, Fragner 443
Kaufman, Lamprecht, Schneider 271, 279
Kauter, Hans, Melbler 555
Kaylerin 407
Keck 325
  Jörg, Bäcker 563
  Karl, hgl. Rat 520
  Ulrich, Tagwerker 564
  Wolfgang, Tagwerker 417
Keckelman, Schneider 215, 264
Keckerman, Konrad, Schneider 97, 401
Keferloher, Hans, Kürschner 538
Keferloher, Jörg 473
Keffinger *Siehe* Kipfinger
Keffinger, Michel, pueri 214
Kegel, Martin, Gürtler 300
Kegelsperger, Hainrich, Obser 301, 382
Kegelsperger, Hans, Obser 287
Kegl, Hans, Mühlknecht 557
Keil, Utz, T[...] 282
Keiß, Anl 295
Keller (Kellner)
  Hans, Schneider 295
  Hans, Wirt 190
  Heinrich 81, 91, 349
  Heinrich, Kramer 102
  Kaspar, Bäcker 565
  mercator 300
  Michel, Schreiber 512
  Sattler 247, 328, 487
  Schuster 447, 467
  Sebastian 251
  Ulrich, pistor 360
Kellerer, Ulrich 278
Kellermaus, Heinrich 430
Kellermaus, Jacob 159, 356
Kellermaus, Obser 447

Kellnerin 300
Kemmater, Ortel 130
Kemmeter, Dorothea 542
Kemnater (Kemmater), Heinrich, Schneider 275, 295, 337
Kerger, Hans, Maurer 185
Kern
    Anna 317, 318
    Hans, Bierbräu 272
    Hans, Bierbräu ?, Weinschenk, Salzstößel 260, 261, 274
    Jacob, Wirt 260, 261, 317, 319
    Kristan, Weinschenk 91, 260, 317, 318
    Margaret 272
Kern (Khern), Bastian, Spängler 93
Keschinger, Goldschmied 349
Kesler, Lienhart, Amtmann 565
Kesslmanin, Madlen 128
Kest, Peter, Spängler 113, 418
Kest, Peter, Züntermacher 378
Kheiss, Dr. Jeronimus, Vizekanzler 501, 502
Kheissin, Diepolt 151, 197
Khnaus, Jeronimus, Tagwerker, Maurer, Bäcker 257
Khöle, Lienhart, Zimmermann 556
Khräler, Elspet 229
Khräler, Marx, Stadtrat 229, 230
Khraus, Jeronimus 257
Khuen *Siehe* Kain
Khuonin, Abraham 211
Kiemerin, Taschnerin 564
Kiemseer, Konrad, Salzstößel 244
Kiemseer, Werndel ? 243
Kiemseer, Werndel, Messerschmied 244, 261
Kienmair, Konrad, Taschner 423
Kindler, Martin, Tagwerker 216
Kipfinger (Kupfinger), Heinrich 508
Kipfinger (Kupfinger, Keffinger), Michel, pueri 214
Kipfinger, Narziß, Schneider 295
Kipfinger, Sigmund 566
Kirchdorfer
    Cristof, Tuchscherer 279, 291
    Hans, Schnitzer 303, 304
    Niclas, Prokurator, Redner 458
    Sebastian, Tuchscherer 356
    Ursula 303
Kirchhamer, Loder 261
Kirchhamer, Michel, Loder 216
Kirchhoferin, Hans 382
Kirchlehner, Jörg, Kürschner 113
Kirchmair
    Anna 266
    Cristof, Prokurator 93
    Hans, Bierbräu 298, 299
    Hans, Weinvisierer 321
    Herman 151
    Jacob, Bierbräu 299, 300
    Jörg, Salzmesser 549
    Jörg, Salzstößel 198
    Margaret 298
    pueri 324, 527, 555
Kirchmairin 143, 285, 324, 401, 533
Kirchpüchler, Jakob 39, 40, 41, 42, 43
Kirchpühlerin, Maecz 384, 385
Kislingk 71
Kistler, Jorg, Melbler 211
Kistler, Michel, Schneider 513
Kitzinger 247

Klaener, Hans, Schuster 236, 445
Klain, Hans, Tuchscherer 167
Klain, Jörg, Schlosser, Uhrrichter 551
Klain, Kaspar 556
Klaindl, Fritz, Obser 432
Klainin 432
Klamperl, Cristof 237
Klamperl, Johann, Lernmeister 237
Klämperlen, pueri 302, 331
Klasner, Lienhart, Seidennater 256
Klausin 401
Klausner, Konrad, calciator 310, 441
Kleck, Jobs, Goldschmied 131
Kleindienst, Heinrich, Käufel 233
Kleitzer, Hans, Ringler 388
Kleplat, Schuster 471
Kleplat, Ulrich, Wirt, Schuster 437, 439
Kleplatin, relicta 431
Kleuber 274
    Christein 524
    Elspet 524
    Hans, Messerschmied 548
    Jacob, Salzsender, Weinschenk, Stadtrat 471
    Konrad 524, 526
Kleuberin 39, 41, 42, 43, 328, 434, 526
Kling
    Hans, Stadtrat 42, 180, 182, 266, 271
    Lienhart 176, 181, 182
    Niclas, Großer Rat 182, 273, 331, 349, 355
    Seidel 273
Klingenfeint, Hans, Kramer 403, 409
Klingenfels, Schneider 469, 554
Klinger, Matheis, Perlmacher 528
Knäblin, Els, Schopperin 278
Knaellinch, Johann 39
Knaelling 177
Knaur, Hans, Nadler 93, 278
Knäusel (Knausel, Knassel), Konrad, Schuster 445
Knäusel (Kneisel), Heinrich, Schuster 445
Knebel, Ulrich, Schuster 417, 449
Knecht, Hans, Eisenkramer 410
Kneutting, Cristof von, Oberrichter, Rentmeister, Kammerrat 136, 164, 499
Kniepäntel
    Agnes 87
    Hans, Weinschenk ? 470
    Ludwig 270, 341
    o.V. 408
    Ulrich 547
Knilling, Hans 313
Knitelsperger, Hans, Weinschenk 471
Knödlin 116
Knoll, Jörg 532
Kobl 178, 230
Köbl
    Cristan, Steuerknecht 125
    Cristof, Wirt, Stadtrat 370, 372
    Margaret 370
    Oswald 287, 337, 370, 372
    Sigmund, Stadtrat 370, 372
Kobler, Melchior, Maurer 435
Koburger, Stefan, Lernmeister 103
Koch
    Hans, Lautenschlager 560
    Lienhart, Bierbräu 302
    Melchior, Buchbinder 93, 370
    Sebastian, Salzstößel 456

Köchprunner, Amer 349, 471
Kofler, Melchior, Maurer 435
Köglin 436
Köglin, Joachim 279
Kolb
   Augustin, Taschner 369, 453
   Elsbeth 469
   Hans, Weinschenk 469, 470
   Nadler 101, 349, 554
   sartor 90, 101
Kolbeck, pueri 527
Kolbeck, Wolf 256
Kolbeckin 106
Kolber, Barbara 226
Kolber, Marx, Schneider 227
Kolberin 168
Kölblin, Diemut 445
Kolegger *Siehe* auch Berufe: collecter
Kolegger (Kalegger, Kollecker)
   Barbara 347
   Hans, Kramer 347, 348
   Magdalena 347, 392
   Margaret 176, 347
   Valtin, Kramer 176, 347, 348, 356, 392, 393
Koler
   Beutler 382, 388
   Hans, Gantknecht 384, 388, 411
   Hans, Nadler 271
   Hans, Wirt, Stadtrat 481, 513
   Jobst, Nadler 196, 199
   Konrad, Beutler 261
   Melchior, Kürschner 252
   Wolf, Gschlachtgwander 207, 211
Kolerin, Kinder 472, 473
Kolhaufin, Adam, Federmacherin 423
Köll, Fridrich, Schmied 211, 217, 219, 222
Köll, Fridrich, Sporer 486
Koller, Sebastian 251
Köllner, Augustin, Sekretär 539, 541
Köllner, Dorothea 541
Köllnerin 360, 401, 497
Köllpeckh 93
Kolmair, Cristof, Tuchscherer 435
Kölspacher (?), Ulrich 81
Kopp, Hans 278, 388
Köpp, Hans, Reiter 227
Koppenberger, Purckard 286
Koppenhofer, Liebhart 247
Koppitz, Lienhart, Zimmermann 556
Körbler 452
Kornlin 324
Kornvesin, Anna 465
Kotter, Mang, Nestler 389, 411
Kotter, Mathes, Nestler 411
Kotter, Wolfgang, Nestler 93, 302
Kötterl, Anna 245, 246
Kötterl, Blasius, Stadtschreiber 136, 245, 246
Kottmair
   Barbara 534
   Jorg 79, 80
   Lienhart 79, 80
   Regina 79
Kraft *Siehe* auch Crafft
Kraft, Jörg, Salzsender 416
Kraftin 137, 362
Kraisser, Heinrich, Zimmermann 533
Kraisser, pueri 302

Kräl, Jörg, Leineweber, Hofgesind 533
Kramer, Konrad, calciator 442
Krametvogel, Ulrich, Schneider 251, 320
Kran, Stefan 329
Krangebel, Hans 131
Kranhobel, Perchtold 90, 179
Kranvesel, Michel 382, 423
Kranvesel, Michel, Rotschmied 445, 464
Kranvesel, Niclas 189
Kranveslin, Michel, relicta 416
Krapf, Konrad 357
Kratwol, Jörg, Nestler 418
Kratzer
   Cristof 257
   Hans, Koch 445
   Hans, Schmied 262, 263
   Heinrich, Holzhacker 263
   Jörg, Schmied 320
Krätzl, Konrad, Kramer 382
Kraus, Hans, Gantknecht 252
Kraus, Martin 216
Kraus, Schmiedknecht 226
Kräutler, Ulrich, Weinschenk ? 544, 547
Kräuzer, Ulrich 360
Kray (Krey)
   Hans, Müller 410
   Hans, Stadtrat 184
   Heinrich, Apotheker 535, 536
   Jörg vom 247
   pueri 536, 537
Krayberger, Hans 382
Krebs, Hans, calciator 394, 443
Krebser, Hans, Käufel 402
Kreisin, Hans 365
Kreler, Hans 251
Krell
   Albrecht, Schuster 431, 446
   Asem, Sattler 481, 488
   Heinrich 167
   Jörg, Schwertfeger 468
   Kramer 301
   Peter, Schwertfeger 294, 471
   Schwertfeger 488
   Ulrich 155, 289
   Ulrich, Kistler 167
Krellin *Siehe* auch Kroll, Stefan
Krellin, Stefan 433
Kremser, Wilhalm, Weinschenk, Ungelter 335
Kren, Hans 545
Krener, Alban 85
Krepfin, Wolf 278
Kretsman, Michel 296
Kreubsch, Hans, calciator 135, 443
Kribler, Paul, Messingschlager 435
Kriechpam, Lienhart, Tuchscherer 331, 523
Kriechpamer, Arsaci, Priechler 216
Kriechpamer, Lienhart, Priechler 77, 85
Kriechpamer, Z(immermann? -ammacher?) 85
Kriegpam (Kriegpamer) 85
Kriegpam (Kriegpamer), Hans, Tagwerker 388, 456
Kriegpam (Kriegpamer), Jeronimus, Nestler 396
Kriner, Kaspar, Kanzleischreiber 345
Krinner, Hans, Hauptmann 235
Krippinger, Türmer 123
Kristel
   Hans, Schneider 381, 416
   Käufel 446

Lienhart, Obser 422, 431
    Schneider 554, 557, 558, 559
    Schneider, von Rosenheim 90
Kristlin 101, 428
Kröll *Siehe* auch Krell
Kroll, Stefan, Kramer 417
Kronärckher, Jeronimus, Schneider 556
Kröndl, Martin, Tagwerker 216
Kronperger, Hans, Küchelbacher 212, 213, 214
Krotendorfer, Hans 342, 343
Krotentaler, Werndel, Schuster 446
Kruckin, Diemut 214
Krug, Hans, Weinhändler 43, 282, 474, 478
Krug, Zilig 474
Krugin 244, 247, 282, 373
Krümbel, Clara 520
Krümbel, Peter III. 520
Krümbel, Peter, Stadtschreiber 134, 459, 460, 464, 465, 466
Krümbl, Dr., hgl. Leibarzt 164
Küchel, Ludwig 39, 94, 96
Küchel, Ludwig, Stadtrat 370, 371
Küchelmair, Ulrich, Salzsender, Stadtrat 43, 317, 468, 469
Küchelmairin 373
Küchenmeister, Ulrich 190, 192
Kugler, Hans, Schneider 534
Kugler, pueri 537
Kulbinger, Ruprecht 286
Kümbsdorfer 179, *Siehe* auch Künigsdorfer
    Franz 544
    Fridrich 81
    Perchtold 179
    Töldel 177
Kümbsfelder, Franz 402, 487
Kümbsfelder, Töldel 177
Kun *Siehe* Kain
Kundel 448
Künig 41
Künig, Mathes, Kramer 292, 330, 338
Künig, Michael 330
Künigsdorfer 394, *Siehe* auch Kümbsdorfer
Kunigunder, Peter 72
Kunter, Konrad, Münzer 167, 172, 269, 328, 355
Küpferl, Andre 320
Küpferl, Konrad, calciator 442
Kürsner, Daniel, Arzt 436
Kurtz, Hans 503
Kurtz, Ulrich, Goldschmied 156, 539
Kurtzin, Wolf 296
Küßlingstein, Hans, Schneider 226, 350
Lacher, Sporer 487
Lachner, Heinrich, Buchführer 112
Laecher, Fragner 179, 441
Laeppner, Konrad 316
Laeppnerin, Konrad, relicta 318
Laffrer, Jörg 168
Lägellin, Gürtler 356
Lampfritzhamer, Paul 176, 178
Lamprecht, Balthasar, pueri 124
Lanckensperger, Jörg 404
Landauer, Elisabeth 425, 427, 438
Landauer, Peter, Schuster 301, 425, 427, 451
Landshut, Hans von, Sattler 305
Landsingerin, Paul 565
Lang 187, 313, 429, 446, *Siehe* auch Lung
    Erhart, Kramer 131, 377

Hans, Schuster 454
Heinrich 442
Heinrich, Huter 410, 417
Jörg 415
Lienhart, Stadtschreiber 144, 251, 361, 512
Sebastian, Wirt, Salzstößel 521, 522
Taschner 415, 428, 429
Langeisen, Jörg, Schneider 303
Langenmantel, Johann 39, 40, 42, 146, 148
Langer, Konrad, Taschner 422, 429, 442
Langer, Taschner 210, 415, 428
Langöttl, Hans, Kramer 392, 393
Langöttl, Hans, Melbler 393
Langöttl, Ursula 392, 393
Lauchtrock *Siehe* auch Leichtrock
Lauchtrock, Hans, Tuchscherer 91
Laufinger, Hans 454
Lauginger, Jeremias, Stadtoberrichter 145, 164
Läutel *Siehe* Leutel
Layminger, Ludwig, Schäffler 195
Layminger, Wolf 348
Leb, Ulrich, Koch 548
Lebansorg, Konrad 375, 385
Lebansorg, pueri 377
Lebel, Rentschreiber 231
Lebin 92
Lechel, pueri 341
Lechler, Paul, Tagwerker 257
Lechler, pueri 369
Lechmair, Kaspar, Tagwerker 458
Lechner (Lehner)
    Jörg 173, 383
    Jörg, Schneider 211, 318, 319
    Konrad, Käufel (mercator) 81, 360
    Konrad, Nestler 396
    Lienhart 235
    Lienhart, Melbler 563
    Michel, Maurer 227
    Rosina 318
    Schneider 269
    Sophie 318
Lechnerin, Jörg, Branntweinerin 559
Lederer, Albrecht 40, 42, 43, 44
Lederer, Jacob, Zöllner 184
Lederer, Konrad, institor 111
Lederschneider, Fridrich, Stadtrat 405, 406
Lederschneider, Heinrich 406
Lederschneider, pueri 541
Leglin 84
Leichtrock 211, *Siehe* auch Lauchtrock
Leintz, Michel, relicta 144, 156
Leismüllner, Ulrich 144
Leitgeb, Eberhart, von Innsbruck 267
Lengenfelder, Franz 414
Lengenfelder, Konrad, Schuster 447, 563
Lenzhueber, Hans, Zimmermann 278, 534
Leo, Maurer 40, 41
Leo, Sigel 178
Lerch, Andre, Kartenmacher 458
Lerchenfelder, Balthasar, Stadtrat 98, 358, 360, 498
Lerchenfelderin 135
Lerchenfelderin, Balthasar 146, 180, 350
Lercher
    Anna 164
    Asem, Gewandschneider 267, 269
    Hans, Gewandschneider 166, 190

Jörg, Gewandschneider, Stadtrat 93, 95, 160, 164, 166, 270
Konrad 432
Magdalena 164
Peter 269, 419
Lercherin, Jörg, relicta 523
Lerer, Heinrich, Kramer 95, 97
Lerer, Peter 97
Lesch
Albrecht, Salzsender, Weinschenk, Großer Rat 300, 407
Fridrich, später Weinhändler 467
Heinrich, Plattner 226, 233, 488
Madlen 350
Leukart 144
Leupold
Anna 397
Gabriel, Gewandschneider 168, 346, 348, 397
Hans, Salzsender 397, 400, 409
Katharina 391
Lucia 346
Ludwig, Pfarrer 346, 397
Schneider 102
Leutel (Läutel)
Bräuknecht 81
Schneider 537, 547
Taschner 340, 554
Ursula 341
Zauer 40, 41
Leuterstorfer 179
Leutrerin 387
Lex 369
Leydeck, pueri 319
Leyrer, Hans 451
Leys, Stefan, pueri 85
Leys, Stefan, Ratsknecht 77
Lieb, Balthasar, Würfler 396
Liebhartin 123
Lieblin, Kramerin 81, 102, 106, 116
Liechtenstain, Herr von, Kammerrat 151
Lienhart, Wolf 245
Liginger, Hans, Lebzelter 256, 538
Ligsalz
Andre 133, 138, 143, 147, 153, 166
Anna 171, 489
Apollonia 482
Balthasar 143, 169, 171, 172
Christoph, Stadtrat 165, 169, 171, 472
Cordula 230
Dorothea 502
Erasmus 169, 171
Erhart 519
Familie 173
Felizitas 148, 500
Georg (Jörg), Stadtrat 167, 281, 537
Georg (Jörg), zu Berg, Stadtrat, hgl. Rat 143, 157, 160, 162
Hans 280
Hans d. Ä., Weinschenk, Stadtrat 169, 171
Hans d. J. 143, 169, 171
Karl 143, 144, 163
Kaspar 143, 163, 198, 230
Madlen 143
Margaret 489, 490
Maria 518
Niclas, pueri 360
Niclas, Stadtrat 169, 171, 178, 338

Otmar 144, 152, 374, 482
Regina 489, 490
Schuld 85, 90, 100, 137, 145, 151, 155, 159, 162, 173, 186, 194, 230, 335, 337, 360, 374, 375, 400, 401, 436, 482, 497, 502, 511, 518, 519
Sebastian 541
Sigmund, Stadtrat 489, 490, 539
Ligsalzin, Andre 152, 482
Ligsalzin, Hans 163
Ligsalzin, Karl 502
Linckhahel, Anna 317
Linckhahel, Veit, Schneider 317, 319
Lindauer
Andre, Schäffler 563
Barbara 391
Jörg 392
Jörg, Drechslin 544
Katharina 391
Lienhart, Drechsler 88, 293, 543, 544
Ludwig, hgl. Sekretär 393, 544
Peter 391
Ursula 544, 549
Veronica 391
Lindauerin 350
Lindenplat, Ulrich, Schuster 381, 446
Lindmair, Gebl, Tagwerker 294
Lindmair, Heinrich 111
Lindmair, Paul, Salzstößel 294
Lindmairin 91, 115
Lindner, Hans, Bader 198, 287, 316
Lindner, Margaret 292
Lindner, Paul, Salzstößel 292
Lipp, Hans 556
Lochhaimer, Fridrich 530
Lochhaimerin 528
Lochhauser 251
Lochhauser, cocus 115
Lochhauser, Konrad, Weinschenk, Großer Rat 164, 165, 242, 266
Lochhauser, Wolfhart 341, 409
Löchler, Hans 227
Löchler, Paul, Tagwerker 235
Löchler, pueri 369
Löchlin 545
Lochner, Hans, Kramer 381, 387, 408
Lochrer, Hans 467
Loe, Cristian de, Deckenmacher 345
Lofer 85
Loferer (Lofrer)
Anna 88, 89, 95
Felizitas 88
Hans 88, 544
Jörg d. Ä., Gewandschneider 88, 89
Jörg d. J., Tuchmanger, Stadtrat 90
Jörg, Buchbinder 88
Margareta 88, 90
Sigmund, Buchbinder 88, 90
Wilhelm, Bürger zu Rosenheim 88
Löffler, Peter, Weinschenk 320, 361
Löfner, Ludwig, Wirt 283
Löfner, Sigmund 289, 290
Loherin, Agnes 103
Loherin, Erhart 103
Lohner, Heinrich 441
Lohner, Veit 321
Lonerstater, Wolfhart, Stadtschreiber, Zöllner 165, 269
Lorenz, Hans 474

Lorenzin 152, 237
Löser, Martin, Schuster 434
Löterl 244
Lott, Hans, Kanzleischreiber 383, 435, 457
Lotter, Anna 262
Lotter, Wolfgang, Gschlachtgwander 231, 262, 264, 341
Lotzenkircher, Ulrich 234
Loy, Köchin 128
Ludwice 367, 379, 380
Ludwig der Bayer, Kaiser 70, 205
Ludwig der Brandenburger, Markgraf 62
Ludwig der Strenge, Herzog 237
Ludwig im Bart, Herzog 147, 329, 485
Luft 313
Luft, Peter, Salwurch 465, 466
Luftin, Gredel 466
Luglperger, Färber 215
Lung, Barbara 521
Lung, Jörg, zu Planegg 521, 522
Lung, Sebastian 521
Lunglmair, Hans 565
Lurtz, Balthasar 363, 364
Lust, Weber 240
Lutz, Zammacher 488
Machamer *Siehe* Mettlhamer
Mader, Apollonia 486
Mader, Heinrich, Pecherer 441
Mader, Mathias 486
Maderin, Jörg 486
Maenchinger 269
Maendelhauser, Gilg 492
Maengos 104
   Hans 285
   Hans, Weinhändler 109
   Oswald 107, 109
   Wilhalm 285
Maengossin 107
Maenher 88
Maenher, Heinrich 303, 304
Maenher, Karl, Stadtrat 69, 86, 297, 303, 304
Maenher, Peter 512, 523
Maerckel *Siehe auch* Märckl
Maerckel, Schuster von Mainz 310
Maerckel, Schuster, Weinschenk 319
Mair 240
Mair (Mayr)
   Adam, Salzsender 376
   Agnes 267
   Ambrosi, Seiler 376
   Balthasar, Handschuhmacher 256
   Bierbräu, pueri 345
   Cristanne, Kramer 84
   Cristanne, pueri 498
   Cristof, Salzsender 375, 376, 383, 396
   Cristof, Schuster 266, 423
   Dr. Sebastian, Stadtleibarzt 185, 423
   Hans, Bürger zu Rosenheim 88
   Hans, Obser 435
   Hans, Salzstößel 302
   Hans, Schuster 566
   Hans, Seiler, Salzsender, Stadtrat 375, 376
   Herman, Rotschmied 464
   Jacob, Nestler 93, 344
   Jörg, Huter 432
   Jörg, Schuster 422, 548, 558, 564
   Jörg, Tagwerker 435
   Kunz, Nestler 350
   Kunz, pueri 532
   Leonhart 459
   Lienhart, Eisenkramer 438, 440
   Lienhart, Hofgesind 436
   Lienhart, Salzsender 415, 424
   Lucas, Schneider, von Pasing 267, 269
   Michel, Buchbinder 534
   Michel, Tagwerker 520
   Oswald 380
   Sixt 459
   Ulrich, Obser 451
   Utz, Melbler 556
   Wolf 278
   Wolf, Morterkocher 325
   Wolfgang, Bierbräu 299, 300, 459
   Wolfgang, von Alling 460
Mairhofer, Hans, Beutler 417, 451
Mairhofer, Hans, Kistler 523
Mairhofer, Peter, Weinschenk 533
Mairin (Mayrin), Cristof 279
Maisentaler
   Brigitta 280
   Hans 459
   Hans, Salzsender 280, 281
   Jörg, Wirt 312, 313
   Katharina 312
Maisentalerin, Hans 216
Maisterl, Hans, Käufel, Weinschenk 179, 286, 300, 373, 415
Maleskircher, Kaspar, Weinschenk, Maler 181, 182, 183
Maleskircher, pueri 556
Malvater, Hans 85
Mamhoferin 125
Mammendorfer, Ulrich, Schuster 425, 427
Mändl
   Anna 475
   Barbara 489
   Hans, Weinschenk, Stadtrat 475, 489, 491
   pueri 526
Manghoferin 125
Mänhart
   Barbara 268
   Hans, Tagwerker 321
   Jörg, Bäcker 566
   Jörg, Bierbräu 268, 269, 273, 274
   Jörg, Schneider 131
   Mathes 564
   Peter, Stadtuntermaurer 550
   Peter, Taschner 298, 305
   Stefan 410
   Tagwerker 444
   Thoman 432
   Walpurg 565
Mänhartin, Stefan 220
Mantel, Heinrich, Färber 563
Marchpeck
   Dietrich 242, 243
   Fridrich 241
   Ott 241, 243
   Peter 241
   Walpurg 242
Marchpeckin 402, 443
Märckl *Siehe auch* Maerckel
Märckl, Bartlme, Lautenmacher 198, 330
Märckl, Magdalena 303
Märckl, Ulrich, Salzstößel 303, 304, 481
Mareis, Ulrich 430

Marpeck, Hans, Kramer 410
Marschalk
    Hans 176, 178
    Jörg, Bürstenbinder 112
    Magdalena 176
    Ulrich 509
Massenhauser 250, *Siehe* auch ON Massenhausen
Massinger, Heinrich, Schlosser 486
Mauersteter, Stefan 220
Maulperger
    Anna 500, 501
    Balthasar, Goldschmied 502
    Cristan 535
    Cristof 500, 501, 536
    Cristof, Weinschenk 502
    Hans, Kramer 103, 123, 417
    Martin, Maler, Sämler 124
    pueri 501, 502
Maurer
    Heinrich 39
    Konrad, Schreiber 487
    Konrad, vector 39, 41, 42
    Ulrich 39, 43
Mauritz, Schnitzer 229
Mäusel 40
Mäusel (Maysel, Maisel, Meisl, Meusl)
    Barbara 98, 106
    Gewandschneider 547
    Heinrich 41, 547
    Heinrich, pueri 547
    Heinrich, Stadtrat 137, 138, 269, 363
    Konrad 547
    Ott 559
Mäuslin, Jungfrau 110, 112
Mautner, Kaspar, Nadler 227
Max Emanuel, Kurfürst 165
Maximilian I., König, Kaiser 510
Maxlrain, Herr von, Hofgesind 145
May, Herman, Rotschmied 233, 487, 497, 512
Meck, Ulrich, Fragner 355, 442
Meichsner, Bartlme, Pecherer 443
Meilinger, Hans, Trabant 325
Meixner, Peter, Trabant 411
Melper
    Barbara 208
    Cristof, Barbier, Stadtwundarzt 210, 295, 324, 329, 361
    Cristof, Barbier, Wirt 208, 210
    Mathes, Prokurator 361
    Michel 208
Melperger (Melper), Cristof d. Ä., Barbier, Wirt 210
Melperger, Cristof d. J. 210
Meltzer
    Andre 524, 526
    Anna 539
    Hans, Weinschenk 539, 540
    Heinrich 179
    Jacob, Stadtrat 351, 539, 541
    Jörg 98, 244
Meltzerin, Jacob, Fragnerin, relicta 541
Mendorfer 297
Mendorfer, Gabriel, Pfändermeister 528
Mentzinger
    Andre 226
    Cristof, S[...] 548
    d. Ä. 440
    Lienhart, Tagwerker 382

Merbot (Merwod(er)), Heinrich 97
Merbot (Merwod(er)), Heinrich, sartor 101, 155, 415
Merbot (Merwod(er)), Konrad 89, 361
Mergenthaimer, Herman, Beutler 320
Merkseisen, Hans 233
Meschler, Heinrich 374, 418
Meschlerin, Heinrich, relicta 375, 377
Meßpucher, Cristof, Pfändermeister 503
Mettlhamer (Mechamer)
    Apollonia 280, 281
    Cristof, Salzstößel 281
    Florian, Schneider 321, 325, 330, 435
    Hans 281
    Valentin 280
    Wolfgang 280, 281
Metzger
    Abraham 561, 562
    Barbara 521
    Elisabeth 521
    Gilg 533
    Hans, Maurer 556
    Magdalena 521
    Margaret 565
    Mathes, Beutler 351, 354
    Michel, Salzsender, Wirt 258, 521, 523
    Zacharias, Wirt, Salzstößel 330, 521, 522
Miderhofer, Utz, Trabant 458
Mielich (Mülich)
    Jacob, Schuster 422
    Mang, Plettersetzer 330, 337
    Mang, Türmer 125
    Wolfgang, Maler 366, 368
    Zentz, Weinschenk, Unterkäufel 368
Mielich ?, Zentz, Maler 168
Mittenwald, Ott von, Weinschenk u. a. 181, 185, 186, 328
Mitterer, Jörg, Haubenschmied 296
Mitterkircher, Heinrich 355
Mittermair, Peter, Zimmermann 253
Mittlmair, Konrad, Schuster 431, 448
Mochinger, Konrad, Schuster 448
Mollin 428
Mollin, Hans 145, 435
Mollin, Kaspar 211
Mollin, Margaret 259
Moos, aus dem, Melbler 453
Mörel, Heinrich, Sattler 464
Mörel, Thoman, Sattler 465
Morgenstern 444
Morgenstern, Heinrich, Zinngießer 467
Möringer, Zimmermann 335
Möringer, Zimmermann, Kistler 360
Mörl, Lorenz, Gürtler 301, 305
Morner, Hans, Koch 447
Mosauer, Hans, Weinschenk 168, 343
Mosauer, Lucia 168, 346
Mosauer, Sighart, Weinschenk, Stadtrat 267, 342, 343, 492
Moser, Jörg, Koch 530, 532
Moser, Ursula 530, 532
Moshaimer, Hans, Schneider 447, 487
Mospacher, Beutler 401
Mospurgerin 492
Motzenhofer, Kristel 270
Motzenhoferin 76, 210, 215, 270, 533
Motzingerin, Hans, Infrau 199
Muespeck, Peter 534

Mughörn, Pecherer 441
Mühl, von der, Heinrich, Sattler 215
Müldegker, Hans, Weinschenk ? 498
Müldofer, Konrad, Stadtrat 546
Müldorfer 300
Mülhauserin, Konrad 488
Müller (Müllner)
   Cristof 341
   Hans, Goldschmied 458
   Hans, Schuster 301, 452, 458, 534
   Hans, Totentrager, -graber 434
   Hans, Weinschenk 498
   Hans, Wirt 369
   Heinrich 532
   Johannes, Kirchherr 245, 246
   Jörg, Bierbräu 290
   Jörg, Nestler 434
   Konrad, Kistler 542
   Lienhart 241
   Maecz 167
   Paul d. Ä. 452
   Silvester 452
   Stefan, Tagwerker 452
   Ulrich 546
   Ulrich, Melbler 262
   Ulrich, Schuster 451
   Veit 537
   Wölfel 251
   Wolfgang 452
Mulperger, Hans, Melbler 556
Mülrad, Paul, Schuster 325
Münch, Colman, Küchenmeister 136
München, Heinrich von 156, 470
Müncher, Johann 39
Münicher
   Anna 332
   Hans 497
   Hans, Stadtrat 332, 334, 480
   Konrad, Wechsler 39
   Messerer 563
   Thoman 480
Münsinger
   Hans, Bäcker 224, 225
   Hans, Schuster 225
   Konrad, Schuster 225, 452
   Margareta 224
   Schuster 433
Münsperger, sartor 81, 90, 381
Munsterin, Diemut 416
Münzer, Hans, Kramer 113
Murnauer, Hans, Sattler 480
Murnauer, Sattler 487
Muschinger, Hans, Tafeldiener 137
Müttel, Heinrich 356
Nadler, Dr., hgl. Rat 199
Nadler, Hans, Amer (?) 97
Nägel, Bäcker 225
Nagel, Hans 421
Nagel, Kramer 320
Nannhofen, Jörg von 396
Neidlinger, Konrad, Sattler 471
Neidlinger, Konrad, Sattler ?, Schnitzer ? 291
Neidlinger, Konrad, Schnitzer 294
Neithart, Hans 301, 409
Neithart, Heinrich 409
Neithart, Konrad, Gürtler 409
Neithartin 98, 233

Nerlinger, Hans, Melbler, Küchelbacher 212, 214
Neuchinger, Niclas, hgl. Rat 156
Neuchinger, Niclas, Pfändermeister 164
Neuchinger, Stefan, Tagwerker 389
Neufanch, Schneider 90, 106
Neuhauser
   Andre, Schuster 449
   Bartlme, Schuster 449
   Hans, Schuster 449, 450
   Konrad, Schuster 449
   Mesner 124
   Michel, Schuster 449
   Simon Judas 450
   Ulrich, Schuster 449
   Urban, Schuster 310, 422
   Wolfgang 388
   Wolfgang, Schuster 450
Neuhofer, Hans, Sekretär, Hofgesind 137, 146, 374
Neukircher, Mathes, Taschner 433, 456
Neumair
   Isak, Taschner 390
   Kristan, Hafner 233, 247
   Lienhart, Schuster 395
   Paul 262
   Stefan, Wirt 341, 520
   Thoman, Amer 227
Neumairin 523
Neumaister, Hans 341
Neuwirtin 401
Neydecker, Barbara 246
Neydecker, Franz 246
Neytl, Kämler 97
Niblungk, Konrad, Nagler 230
Niclas
   Balthasar, Gürtler 291, 458
   Gabriel, Gürtler 434
   Hans 395
   Jacob, Gürtler 112, 395
   Jörg, Gürtler 395
   Kaplan 70
   Nadler 114
Niclasin, Jörg, Gürtlerin 220
Niderlender 396, *Siehe* auch Loe, de
Niderlender, Oblater 451
Niderlender, Teppichmacher, Deckenmacher 262
Nidermair
   Dorothea 293
   Dr. Cristof, Hofgesind 338
   Lorenz, Nestler 411
   Sebastian, Zimmermann 293, 294
   Wolf, Wirt 113
Niderspacherin *Siehe* Widerspacherin
Niderwiser, Ruprecht 337, 341
Ninderthaimer, Gürtler 467
Ninderthanin 387
Nisl, Cristof, Kramer 530
Nisl, Regina 530
Nöckerl, Hans 409
Nonhauser *Siehe* Neuhauser
Nörlinger *Siehe* Erlinger, Nerlinger
Nortgau, Thoman, Stadtrat 43, 44
Nothaft, Landhofmeister 362
Nothaftin, Diemut 221
Notkaufin, Kathrein 221
Notwachs, Konrad, Bäcker 560, 562
Notwachs, Ulrich, Bäcker 560, 562
Nunnenmacher, Jacob, Kistler 296

Nuspam, Hans 533
Nymcherin, Gürtler 387
Obensteter, Andre, Tagwerker 458
Ober, Paul, Weinschenk 512
Oberburger 436
Oberburger, Peter, hgl. Rat 194, 362, 513
Oberburger, Peter, kaiserl. Sekretär zu Wien 478, 479
Oberhofer, Juliana 501
Oberhofer, Lienhart, Wirt 508
Oberhofer, pueri 513
Obermair
    Anna 295
    Hans, Deckenmacher 256
    Hans, Reiter, Hofgesind 98
    Konrad, Beutler 218
Oberndorfer, Fridrich, ehem. Unterrichter ? 336, 341
Oberndorfer, Ott, Melbler 215
Oberndorferin 349, 548
Obinger, Stefan, Schuster 252
Öbner *Siehe* Ebner
Obrist
    Abraham 335
    Adam, Salzsender 173, 337
    Jörg 337
    Mathes 172, 335
    pueri 335
Obristin, Mathes 145
Ochsenfurter, Hans, Gschlachtgwander 172
Ochsenfurter, Jeronimus, Gschlachtgwander 172
Öder 414
    der jung 189
    Dionisi, Beutler, Kramer 124, 456
    Konrad, Kramer 282, 381, 403
    Konrad, sartor 401
    pueri 481
Ödmüller 178, 355
    Andre d. J., Kramer 113, 173, 344
    Anna 343
    Arsaci d. Ä., Kramer 243, 244, 302, 342, 344
    Arsaci d. J. 344
    Juliana 243, 343
Ofenhauser 102
Ofenhauser, Hans, Schuster 444, 487, 555
Ofenhauser, Peter, Weinschenk 336
Offing, Albrecht, Weinschenk 97, 289, 291
Offing, Hans, Weinschenk, Stadtrat 162, 189, 507
Öheim, Konrad, calciator 441
Ölhofer, Peter, Sattler 481, 503
Ölhuber 498
Ölkofer, Michel, Tagwerker 321
Orlients, Wolf von, Stadtsöldner 258, 271, 279
Ornolt *Siehe* auch Arnolt
Ornolt, Andre, Schuster 231
Ornolt, Bäcker 223, 225
Ornolt, Hans, Wirt, Salzstößel, Bierbräu ? 179
Örtel (Örtl, Ortel)
    Liendel, Obser 300
    Schneider 442
    Schuster 445
    Sporer 487
Ortolfin 101
Ortolph, Sebastian, Zinngießer 366, 368
Ortolph, Sibilla 366
Osterdorfer, Jörg 257
Osterhoferin 452
Ostermair
    Gabriel, Nadler 216
    Hans 464
    Hans, Weinschenk 480
    Joachim, Seidennater 190
    Jörg 193
    Jörg, Tagwerker 257
    Peter 408
    Wolfgang 537
    Wolfgang, Seidennater 252, 325
Ostermairin 301
Ostermairin, Balthasar 434
Ostermuncher 262
Österreicher, Glaser 402
Österreicher, Jörg, Schuster 458
Österreicher, Ludwig 402, 408
Ostndorffer, Sebastian 538
Ostndorffer, Sebastian, Glaser 566
Ott, Eberl, Wirt, Stadtrat 90, 366, 367
Ott, Hans, Messerschmied 278
Ott, o.V., Schuster 90
Ottel, Taschner ? 453
Ottendichl, pueri 275
Ottenhofer (Öttenhofer, Ettenhofer) 287
    Andre, Schuster 454
    Anna 366
    Barbara 366
    Dorothea 366
    Jörg, custor 128
    Jörg, Pfändermeister 136
    Jörg, Schuster 366, 368, 454
    Konrad 548
    Margaret 366
    Regina 366
    Stefan, Weinschenk 301
    Wilhalm, Weinschenk, Stadtrat 548
Ötterl, Konrad, Stuhlschreiber 498
Ottheinrich von der Pfalz, Herzog 249, 250
Ottlin, Anna 173
Ox, pueri 300
Pabenstuber, Clas, Pflasterer 152
Pabin, Diemut 384
Päbinger, Clas, Würfler 394
Päbinger, Hans, Würfler 395
Päbinger, Wilhalm, Würfler 395
Pachhaimer, Heinrich 281, 319
Pachhaimer, Heinrich, calciator 562
Pachl
    Corbinian, Sattler 321, 434
    Fridrich, Sattler 370, 455
    Gerbolt (Gerbl), Sattler 321
    Hans, Sattler 455
    Lienhart, Sattler 433, 455
Pachlerin, Sattlerin 199
Pachmair, Cristof, Salzstößel 548
Pachmair, Heinrich, calciator 562
Pachmair, Michel, Schuster 395, 410, 417
Paer, Konrad, Fragner 459
Painhofer, Paul, Kistler 556
Pair (Payr), Hans, Messerer 244, 251, 287, 382, 480
Pair (Payr), Hans, Reiter 557
Pairlacher, Konrad, Koch 444
Pairprunner, Asem, Weinschenk 471
Paitelkircher, Ulrich, Schlosser, Ringler 480
Palbein (Palwein), Beutler 114, 388
Palbein (Palwein), Kramer 111, 322, 387
Palch, Hainrich 62
Paldwein, Kramer 323
Palle *Siehe* Paule

Pallinger, Hans, Uhrmeister 551
Pamhauer, Jobs 233
Pamhauer, Ott 319
Pammer, Jörg, Badknecht 295
Pandorfer, Weber 349
Pangartner Siehe Paungartner
Paos Siehe Poiß
Part 39
  Agnes 509
  Andre 189, 493, 509, 510, 511, 519
  Andre, pueri 511
  Anna 246, 391, 489, 509, 510
  Antoni 493, 496
  Arsaci 166, 258, 481, 509, 511, 512
  Balthasar 242, 494, 497
  Barbara 136, 489, 510, 519
  Dr. Georg 138
  Elspet 229
  Gabriel 493, 496
  Georg (Jörg) 138, 397, 489, 490, 500, 510
  Hans 42, 43, 100, 122, 181, 182, 230, 349, 397, 479, 489, 490, 493, 495, 496, 508, 509, 510, 511, 512, 535, 536
  Heinrich 40, 42, 43, 122, 236, 280, 281, 396, 397, 400, 489, 490, 496, 508, 509, 510
  Jacob 397, 510, 523
  Kaspar 156
  Ludwig 511
  Magdalena 512
  Martha 497
  Michel 493, 496, 498
  Peter 197, 342, 343, 355, 361, 397, 510
  Peter, Tagwerker 226
  pueri 184
  Sabina 263
  Ulrich 509, 510
  Ulrich, Kind 535
  Walpurg 493
Parth, Georg, Türmer 128
Partin 184
Partin, Andre 194
Partin, Hans 167
Partnhauser, B., pueri 180
Partnhauser, Kinder 178
Partnhauser, Sigmund, Hofgesind 86
Partnhauserin 220
Pasing, Ulrich von 508
Pasinger, Martin 541
Pasinger, Niclas 532
Passauer 490
Patzinger, Bernhard 505, 507
Pätzingerin 266
Paule (Palle, Pole), Sigmund, Bote 565
Paumaister, Hans 508
Paumaister, Peter 356
Paumaister, Thoman, Schneider 291
Pauman
  Apotheker, pueri 132
  Benigna 363
  Hans, Apotheker 363, 364, 373
  Ursula 363
Paumüller, Ludwig, Weinschenk ? 549
Paungartner (Pangartner)
  Barbara 528
  Cristof 549
  Hans, Priechler 92
  Michel, Zinngießer 416

N., Kammerrat 163
  pueri 80
Paur
  Barbara 561
  Hans, Kartenmacher 271, 302
  Jörg, 271
  Kaspar 558
  Kaspar, Bürstenbinder 383
  Martin, Gürtler 350
  Münzer 236
  Urban, Bäcker 561, 562
Paurenermel, sartor 90, 467
Paurenscheider, Handschuher 443
Paurlacher, Konrad, Koch 444
Paurnfeint 313
  Alban, Wirt 192
  Konrad, pueri 192
  Konrad, Weinhändler 192
  pueri 313, 350
Pautznperger, Sebastian 455
Pautznpergerin, Sebastian 383
Paybrunner, Fridrich 40, 41, 42
Pecherer, Ulrich, calciator 441
Pechrer, Heinrich 311
Pechtaler (Pecktaler), Cristof, Stadtrat 342, 343, 521, 522
Pechtaler (Pecktaler), Katharina 342
Pechtaler (Pecktaler), Petz, Stadtsöldner 343, 361
Pechtalerin 187, 343
Peck (Peckh)
  Cristof, Schuster 266, 550
  Hans 337
  Hans, Kanzleischreiber 128
  Jörg, Tagwerker 534
  Jori, Schuster 321, 453
  Thoman, Nadler 556
Peck (Peckhin), Madlen, Bäcker 278
Peckin, Jori 556
Peham Siehe auch Behamin
  Kunz 344
  Paul, Schenk ? 77
  Paul, Spetzker 410
  Sebastian, Posauner 457
Peirl (Peurl, Peyrl)
  Andre, Salzstößel 405, 563
  Barbara 405
  Dr., Hofgesind 190
  Hans d. Ä., Huter, Weinschenk 405, 406
  Hans d. J., Huter, Weinschenk 405, 406
  Hans, Steinmetz 227
  Huter, pueri 410
  Ottilie 405
Pelchinger
  Hans, Nadler 388, 417
  Hans, Nadler, Weinstadelknecht 404
  Hans, Weinamer 103
Pelchingerin, Hans 133
Pelhamer, pueri 450
Penditterin 41
Pendl Siehe auch Pöndl
Pendl, Bartlme, Säckler 341
Peninger, Hauptmann 173, 499
Penntaler, Hans, Trabant 291
Pentzinger, Hans, Tuchmanger 302, 331, 347, 348, 411
Perbinger, Dr. Onuphrius, Stadtschreiber, hgl. Rat 361
Perchfelderin 481
Perchtold, Kaspar, Gewandschneider 113

Perckhamer (-haymer)
    Cristof, Schuster 450
    Konrad 378, 450
    Martin, Schuster 447
    Michel, Schuster 432, 450
    Ulrich, Schuster 450
Perckhamer (Paerchaimer), Ulrich, von Ingolstadt 396
Perckhamerin, Michel 418
Perckhman (Perckhmair), Hans, Zimmermann 565
Perckmair, Michel, Schuster 432
Perckofer (Berghofer)
    Els 522
    Erasm 181, 185, 186
    Hans 40, 412
    Kaspar 522
    Margaret 522
    Messe 132
    Michel, Schuster 450
    Peter, Sattler 417
    Ulrich, Schuster 450
    Werndel 39, 40, 42, 43, 44
    Wernher, Stadtrat 411, 413, 520, 522
Perckoferin 42, 43, 44
Perckoferin (Berghoferin), Wernher 520, 522
Perenger 42
Perfaler 171, 438, 440, 459
Perfall, Erhard von 459
Perger
    Balthasar, Tagwerker 237
    Hans, Salzsender 379, 380
    Jacob 431
    Jacob, Schuster 451
    Jörg, Tagwerker 453
    Konrad 247, 251
    Konrad, Fragner 379, 380, 441
    Konrad, Karrer 379
    Lienhart, Loder 564
    pueri 558, 564
Peringer, Hartman, Riemer 436
Peringer, N., Rentmeister 156, 542
Peris, Thoman, Tapezereimeister, Hofgesind 185
Perkircher
    Hans, Messerschmied 466, 488
    Margaret 217, 466, 467
    Messerschmied 375
    pueri 376
Perl, Kramer 112
Perl, Wolfgang, Kramer 93, 95, 97
Perlmaister, Zöllner 539, 540
Perlmaisterin, Engel 539
Permerin, Margaret 507
Permerin, Regina 507
Perner
    Hans 194, 264
    Heinrich, Gschlachtgwander, Stadtrat 262, 263
    Lienhart, Färber 247, 320
    Lorenz 262
    Wolf, Koch 260
Pernhart (Bernhart)
    Beutler 408
    Beutler, Stadtsöldner ? 403
    Hans, Beutler 270, 341, 345
    Hans, pueri 340, 341
    Kristan, Beutler 168, 377, 379, 380
    Lorenz, Beutler 252, 345
    Martin, Kramer 270, 361
Pernöder, Andre, ehem. Unterrichter 244

Pernöder, pueri 360
Pernöderin, Andre, relicta 155, 305
Perwangerin 136
Perwein
    Hans 409, 492
    Lienhart 404
    Lienhart, Nestler 417
    Stefan, Beutler 179, 231, 235, 271
Perweinin, Nestlerin 395
Pesel (Pesolt), Schneider 310, 328, 381
Pesel, Obser 431, 447
Pesel, Öttel, Fragner 430
Pesel, servus 231
Pesolt 381
Peters 81
Petmes (Pedems), Hans von, Schneider 102, 429, 443
Pettenbeck, Maria 153, 157
Pettenpeck, Jörg, Kanzleischreiber 331
Pettingerin, Barbara 324
Petz, Kaspar 93
Petz, Ulrich, Beutler 336
Petzenhauser, Jakob, sartor 90
Petzin, Hans, Küsterin 125
Peuger, Kind 395
Peuger, Niclas 431
Peuger, Ulrich, Huter, Kramer 394, 409
Peuinger, Ulrich, Kramer 103
Peurl *Siehe* Peirl
Pewger 336
Peyberger, Konrad, Schuster 381
Peyhartinger, Heinrich, Koch 503
Pfaeffel, Asem, Obser 231
Pfaeffel, Ulrich, Wirt 266, 267, 268
Pfaefflin 184
Pfaffenhofer, Jeronimus, Salzstößel 324
Pfanzelter, Dr. Antoni 84
Pfattendorfer, Hans 132
Pfattendorfer, Jörg, Weinschenk 132
Pfattendorfer, Ruprecht 113
Pfeil, Herman, Stadtsöldner 542
Pfendler, Wolfgang, Schneider 321
Pfennigman 553
Pfennigman, Augustin 556, 558
Pfennigman, Hans, Melbler 556
Pfennigmanin 528
Pfenning, Kürschner 214
Pfenter, Heinrich 167
Pfergner, Heinrich, Goldschmied 553
Pferinger 156
Pfister, Andre, Nestler 386
Pfister, Ulrich, Sattler 217, 468
Pfländl, Konrad 452
Pflandorfer 474
Pflandorfer, Johannes 382
Pflieglerin, Hans 296
Pflug 123
Pfnändl, Konrad 452
Pfrämer, Balthasar, Kistler 519
Pfrämer, Hans, Kistler 542
Pfreymer, Peter, Zollner 458
Pfundtmair (Pfundtner), Jörg, Gewandschneider, Tuchmanger 435
Pfundtmair (Pfundtner), Wolfgang, Salzstößel 311, 481
Pfundtmair, Tobias 347
Pfundtmair, Ulrich, Gewandschneider 488
Pfundtmairin (Pfuntnerin), Utz 104
Pfuntzner

Heinrich 104, 105
Münzer 369
   Perchtold, Weinschenk, Stadtrat 106, 362, 364
   Ulrich 106
Philipp, Jobst, Bote 252
Piber, Konrad, Schneider 131, 320
Piber, Schneider 328
Piberin, Afra 456
Piburger, Hans, Huter 244
Piburger, Konrad 381
Pichlmair, pueri 537
Piebl, Jörg, Tagwerker 534
Piechl, Lienhart, Tagwerker 435
Pienzenauer, hgl. Hofmeister 173
Pierman, Ulrich, Bote 566
Pilgreim, Hans 320
Pilgreim, Konrad 189
Pilgreim, Wölfel 180
Pillunck, Kramer 90, 151, 155, 381, 428
Pippin 76
Pirck, Jörg 389
Pirckherin, Kaspar 252
Pircknerin, relicta 488
Pirmater, Hans, Tuchhändler 105, 106, 108
Pirmeider, Eberhart, Stadtrat 370, 371
Pirmeider, Hans, Wirt 370, 371
Pirtendorfer, Jacob 179
Plabenstain 167
Plabenstainin 329
Plaichshirn, Benigna 484
Plaichshirn, Stefan 484
Plam (Plan), Andre 474
Plam (Plan), Jörg, Tuchmanger 303, 474
Plamentaler, Jakob 237
Plamentalerin 538
Planck
   Beutler 226, 270, 341
   Hans 498
   Hans, Lernmeister 295
   Jörg, Schuster 395
   Michel, Wirt 498
   Ulrich, Bäckerknecht 220
Planckensperger, Huter 404
Plassnauerin, Margret 98
Pleintinger, Hans, Tuchscherer 337
Plentinger, Stefan, Tuchscherer 344, 369
Plieninger, Hans, Tuchscherer 270
Plieninger, Leutel, Schuster 444
Plinthaimer, Ulrich, Schuster 207, 431
Plinzeller, Konrad 381
Plöchel, Kürschner 41
Pluemel, Joachim 361
Plum, Fridrich, Stadtrat 41
Plum, Hans, Sporer 319
Plumauer, Hans, Kramer 409
Plumauer, Perchtold, Kramer, Huter 409, 416
Plumauerin 354, 356
Pndnerin (!), Els 563
Pock, Peter 233, 237, 240
Pöckel, Paul 451
Podn, Jacob, Lebzelter 252
Pogenrieder, Hans 564
Pögl, Lienhart, Seiler, pueri 340
Pogner (Bogner)
   Elisabeth 298
   Hans, Salwurch 451
   Hans, Wirt 498

Heinrich, Weinschenk 298, 299
Jacob, Salwurch 451
Jörg 454, 548
Pernhart 513
Peter, Salwurch 144
Peter, Tagwerker 388
Thoman 452
Virgili 299
Pognerin (Bognerin), Pernhart 538
Poiß (Paos), Ulrich 564
Poiß (Possz), Ulrich, Tagwerker, Z[...] 564
Poissin, Utz, Hebamme 564
Polan, Jacob, Schreiber 497, 532
Polcz, Ludwig 523
Poldner, Stefan, Maurer 291
Pole *Siehe* Paule
Pölgk, Niclas, Schuster 429, 442
Pöll, Konrad, Schuster 429, 444
Pollack, Jan, Maler 373, 552
Pollinger, Cristof, Leistschneider 113
Pollinger, Hans, Riemer/Zammacher 278, 455
Pollinger, Jörg, Factor 137, 145
Pollner ? 497
Polmoser, Franz, Pfeifer 168, 345
Polsterin 311
Pölsterl 526
Polsterl, Konrad 525, 526
Poltz, Hans, Schneider 434, 455
Pomerl, Fritz, Weinschenk 563
Pöndl *Siehe* auch Pendl
   Barbara 414
   Hans, pueri 131
   Hans, Weinreisser ? 359
   pueri 130
   Sigmund, Beutler 357, 359, 418
   Thoman 359, 410, 418
   Thoman, Weinreisser 374
   Ulrich, pueri 131
   Ulrich, Weinschenk 359
Ponfras 40, 42, 387
Pongratz 433
Ponhackin 330
Pöpel, Hans, Reiter 257
Popfinger, Andre, Bürstenbinder 345
Popfinger, Andre, Schulmeister 227
Popfinger, Ulrich, Bürstenbinder 98
Poppenberger, Purckard 286
Pöringer, Rentmeister 499
Pörstel, Hans, Klingenschmied 480
Portner, Seifried 332
Pörtzl
   Elspet 272
   Kaspar, Kramer 112
   Kaspar, Waagmeister 77
   pueri 193
Pörtzlin, Stefan 389
Pörtzlin, Stefan, Naterin 128
Posch 313
Posch, Hans, Sattler 247, 317, 318
Posch, Konrad, Fragner 442
Poschendorfer, Franz, Gant-, Steuerknecht 330
Poschendorferin, Franz 136
Pöschl, Eberhart, Weinschenk 223, 267, 268
Pöschlin 76, 225
Pöschlin, Barbara 324
Pösin 62
Pöspfenwert, Hanns Praentel, Fragner 444

Pöspfenwert, Taschner 428
Pöss, Gredel, Käuflin 444
Pöss, Ludel 151
Posserin, Anna, Müllerin 256
Pötschner 165
   Anna 171, 489, 510
   Balthasar, Weinhändler, Stadtrat 171
   Barbara 170, 299, 495
   Bartlme 170
   Brigitta 496
   Dr. Anton 438, 459
   Eberhart 496
   Elspet 539
   Franz 265, 272, 273, 377
   Gertraud 171
   Hans 169, 170, 176, 258, 297, 463, 493, 496
   Heinrich 107
   Jacob 359
   Jörg 163
   Jörg, Tuchhefter 321, 341
   Kathrey 170
   Konrad 107
   Ludwig 39, 40, 41, 122, 129, 130, 133, 349, 355, 359, 463, 504, 505, 506, 510, 539, 540
   Maria 438
   Martha 171, 438
   Matheis 181, 184, 537
   Melchior 171, 312, 438, 439, 459, 460
   Peter 518
   Peter, Goldschmied 111, 130, 168, 170, 297, 356, 408, 463, 540
   Peter, Wirt 170
   pueri 407, 495
   Sigmund 488, 489
   Sigmund, Stadtrat 156, 198, 519
   Susanna 339, 463, 506
   Ulrich 39, 42, 43, 44, 170, 297, 303, 424, 459, 460
   Ulrich, Stadtrat 297, 299
   Veit 172
Pötschnerin, Franz 144, 163, 359
Pötschnerin, Jörg 325
Pötschnerin, Peter 518
Pottnerin, Anna 480
Praecher 265
Praentel
   Hans, Fragner 430, 444
   Hans, Tagwerker 418
   Konrad, von Gauting 445
   Maecz 265
   Schuster 155, 179, 430, 445
Praentlin, Fragner 430
Praentlin, relicta 408
Prager, Fritz, Nadler 291
Praitenauer, Ulrich, Beutler 387
Praitenloher, Lienhart, Huter 432
Praitenwiser, Michel 453
Prämer, Hans 512
Pränpeck, Asem 498
Prant, pueri 364
Prant, Tömel 107
Prant, Ulrich, Messerer 131, 388, 409
Pranthuber, Lienhart 563
Pranthuber, Ulrich, Holzhacker 451
Prantin 471
Prantl (Prändl), Hans 566
Prantlin 111
Prantmair 383

Prantmair (Prantner), Asem, Kramer 383
Prantmair, Konrad, Schuster 431, 447
Prantmair, Michel 432
Prantstetter 190
Praun (Braun)
   Anna 212
   Hans 214
   Hans, Weinschenk 184, 503
   Konrad 529, 531
   Messerschmied 382
   Peter, Melbler 212, 213, 214
   pueri 378
Praunauer (Prunauer), Lienhart, Goldschmied, Wirt 283, 285, 337
Praunauer (Prunauer), Margaret 283
Praunauer (Prunauer), Ursula 283
Praunauer, Gabriel, Schuster 432, 453, 503
Praunin (Braunin) Lienhart 190
Praunin (Braunin) Wolfgang, Schneiderin 564
Prauscher, Johannes 91
Prechler, Peter, Schulmeister 279
Preckh, Jörg, Bote 278
Pregler, Konrad, Stadtschreiber 336
Preid, Naterin 452
Prenberger, Ulrich, Schneider 76, 415
Prenenwein, Sattler 210
Prenn, Ludwig 286
Prenner 176
   Hanns, Schneider 76
   Kramer 155
   Ludwig 349
   Seifried 523
Prentzinger, Sewold 336
Preumaister, Anna 312
Preumaister, Hans, Salzsender, Weinschenk, -händler, Stadtrat 328
Preumaister, Heinrich, Weinschenk, Stadtrat 312, 313, 508
Preunin, Anna, Schneiderin 295
Preyal, Plattner 76
Preysinger, Konrad, Viztum 357, 358
Preysinger, Reiter, Hofgesind 258
Preysinger, Thoman 236, 240, 248, 250
Preyß, Niclas 365, 379
Priss, Andre de 41
Probst
   Barbara, Waagmeisterin 92
   Hans, Tagwerker 185
   Herman 102
   Jörg, Kramer 92, 372, 374
   pueri 324, 527
   Wolf, Maurer 211
Pröbstel, Hans, Klingenschmied 480
Pröbstl, Michel, Tagwerker 434
Prögel, Fritz, Koch 431, 448
Pronner
   Dr. Panthaleon 246, 249, 250
   Dr. Panthaleon, , hgl. Rat, Landschaftskanzler 519
   Hans David 249
   Hans, Messerschmied 235
   pueri 92
   Walpurg 246
   Wolf 249
   Wolf, zu Mühlfelden, Stadtrat 251
Pronner (Prunner), Fridrich, Glaser 270, 343
Pronner (Prunner), Jacob, Glaser, Schlosser 342, 343
Prosser, Hans, Zimmermann 456

Prosserin, Käuflin 336
Pruckhmair, Peter, Lebzelter 538
Pruckner 344
Prugkschlegel
  Hans 445
  Konrad, Schuster 422
  Margaret 492
  Paul, Taschner 432
Prunhueber, Wolfgang, Wirt, Salzstößel 275
Prunmair, Konrad 298, 299
Prunmair, Perchtold 299
Prunner 459
  Ambrosi 407
  Ambrosi, custor 125
  Andre, Messerschmied 508
  Anna 406
  Dorothea 342
  Hans, Tücherknecht 458
  Heinrich, Zimmermann 388
  Koch 441
  Konrad 81
  Konrad, Fragner 441
  Lienhart, Kramer 406, 407
  Pecz 355
  Philip, Schuster 456
  Ulrich 215
  Urs, Messerschmiedin 235, 237
  Wolf 251, 519
Prunner, Hieronimus, Dr., Landschaftskanzler 251
Prunnerin 233, 523
Prunnschöpfer, Heinrich 215
Pruno, Dr. Christophorus, hgl. Rat 243, 244
Pruno, Felizitas 243
Prunschmid, Erhart 563
Pübinger 442
Püchler
  Bäcker ? 224
  Eberhart 221
  Fridrich, Stadtrat 288
  Mathes 563
  Paul, Lebzelter 550
  Schmied/Schlosser 480
  Ulrich 217, 221, 288
  Wolf, Tuchscherer 88, 90, 93
  Wolfgang 433
Püchler (Pühler)
  Ulrich, pueri 41
Püchlhuber, Barbara 292
Püchlhuber, Peter, Wirt 292, 293
Püchlmair, pueri 407
Püchlmair, Wolf 407
Puchmair, Heinrich 214
Pückel, Hans, Weinschenk 91, 287
Puckel, Konrad, Schuster 431, 447, 533
Puckh, Hans, Spängler 93, 114, 292
Puckhlin/Pickhlin, Anna, pueri 335
Puecher, Sigmund, Schneider 227
Puechl, Lienhart, Tagwerker 435
Puechpeck, Cristof 163
Puelacher (Puchlacher), Lienhart, Weinschenk 184, 336
Puelacherin 230
Pugenhauser, Fritz, Weinschenk 172, 189
Pühel, Ulrich von, Schuster 429, 444
Pullinger, Degenhart 282
Pupel, Peter, Sattler 451
Pürchinger, Apotheker 363
Purck, Jörg 256

Pürckl, Hans, Schneider 523, 528
Purolfinger (Purfinger)
  Anna 424
  Hans, Weinschenk, Salzsender 424, 426
  Heinrich, Salzsender, Stadtrat 39, 40, 41, 42, 43, 424, 426
  Stephan 41
Pütrich 39, 41, 194, 205, 231, 391, 509
  Antoni, 197
  Bernhard 158, 171, 438, 459
  Christoph, 197
  Christoph, pueri 139
  Dorothea 490
  Ehrentraud 165, 169, 438
  Franz 161
  Hans 43, 44, 159, 160, 197, 252, 282, 514
  Heinrich 43, 44
  Heinrich, 196
  Herman 196
  Khatrey 196
  Ludwig 197
  Magdalena 169, 171
  Onuphrius 528, 537
  Peter 161
  Sabey 196
  Sigmund, 161
  Stefan 161
  Ulrich 197
  Wilhalm 196
  Wolfgang 490
Pütrichin, Bernhard 165
Putzer, Hans, Tagwerker 533
Putzin 548
Pysentzer, Hans, Plattner 563
Rabenecker, Fridrich 332
Rabenecker, Heinrich 332
Rabsack, Jörg 319
Rackendorfer
  Augustin, Wirt 274
  Hans 272, 273
  pueri 404
  Vorsprech 545
Rackenperger, Michel 451
Raendel, Schuster 416
Räger, Niclas 320, 335
Raichenpacher, Heinrich 338, 339
Raid (Rayd, Rait, Raidt)
  Anna 362, 364
  d. J., Bäcker 316
  Hans, Kramer, Stadtrat 108, 109, 110, 287, 382
  Jörg 472
  Katharina 109
  Kind 472
  Lorenz, Kramer, Stadtrat 109, 110
  Lucas 109, 111
  Lucas, Schlosser 218, 219
  Lucas, Weinvisierer 330
  Margaret 109, 454
  Matheus, Stadtrat 145
  Sebold, Kramer, Stadtrat 472
  Stefan 481
Rain, Hans, Tagwerker 436
Raindorfer, Cristof, Kammerrat 156
Rainer (Reiner)
  Fridrich, Schlosser 219
  Heinrich, Schmied 219
  Kramer 453

Seitz, Schreiber 115, 163
Rainerin (Reinerin), Margaret 566
Raiser, Hans, Schuster 452
Ramer 564
Ramler, Hans, Weinschenk 91, 367
Ramler, pueri 502
Rammaister, Wernher, Fragner 408
Rampoltzhofer, Konrad 270
Rampoltzhofer, Konrad, Obser 431, 449
Ramsauer, Hans, Kramer 473, 482
Ramsauer, Ulrich, Wirt, Stadtrat 326
Ranck, Cristof, Bäcker 558, 561, 562
Ranck, Veronica 561
Randeck, Erhart, Maurer, Steinmetz 246, 247
Randeck, Kramer 90
Randeck, Ulrich, Maurer, Steinmetz 247
Randel, der alt 448
Randel, Ulrich 448
Randeltzhauser (Ränhartshauser), Konrad, Schuster 450
Randeltzhauser (Ränhartshauser), Lienhart, Schneider 450
Randeltzhauser, Heinrich 450
Ranpeckin, Anna, Naterin 113
Rapp, Georg 405
Rappel, Ulrich, Tagwerker 114
Rappold, Schuster 448
Rappolt, Arnolt 431
Rascher, Ulrich, Rotschmied 429
Rasp, Konrad 287
Ratolt, Ulrich, Fragner/Obser 424, 441, 459
Ratolt, Ulrich, Konventual zu Rott 459
Rauch
   Agnes 292
   David, Wirt 341
   Hans, Kürschner 345
   Lienhart, d. J. 473
   Lienhart, Zammacher, Weinschenk 292, 293, 468
   Maurer 215, 356
   Peter, Weinschenk 292, 330
   pueri 340
Rauchenbergerin, Apollonia 356
Rauchenperger, Hans, Schneider 296
Räudel, Jakob 98
Rauhart, Valtein, Schuster 434
Rauheberl, Wolfgang, Bäcker 564
Rausch, Hans, Messerschmied 234
Rausch, Hans, Schreiber 210
Rauscher, Hans, calciator 443
Rauscher, Hans, Gürtler 378, 383, 388
Rauscher, Ulrich, Schuster 422, 431, 448
Rauschherin 360
Räuschlin 369
Rauschlin, Maurer 373
Raydlin, Elspet 283
Räzzel, Marquart 267
Reb, Benedikt, Salzstößel, Weinschenk 282, 294, 301, 548
Rebeller, Jori 252
Recher, Melchior, Maurer 252, 253
Rechinger, Heinrich, Schuster 449
Rechtaler 84
Rechtaler, pueri 334
Rechtaler, Stefan, Kürschner 538
Rechtaler, Wolf, Maurer 256
Reckenprunnerin, Barbara 184, 189
Reckseisen, Hans, Hufschmied 233, 265
Refinger, Ludwig, Maler, pueri 124

Regenspurger, Jörg, Tagwerker 455
Rehlinger, Hans, Messerschmied 528
Reib, Hans, Beutler 395
Reichel, Hans 253
Reichel, Lienhart, Weinschenk 267, 269
Reichel, Michel 173
Reichenmacher, Kramer 111, 387
Reicher
   Hans, Pfarrer 475, 478
   Hans, Salzsender, Weinhändler, Stadtrat 475, 479
   Hänsel 357
   Michel, Beutler 310
   Michel, Wirt 479
   Niclas 357, 358
   Ulrich, Weinschenk, Stadtrat 329, 475, 478
Reicherstorfer, Lautenist, Hofgesinde 185
Reichertzhaimer, Diemut 181
Reichertzhaimer, Fridrich, Pfleger zu Schwaben 181, 183
Reichlin, Wolf 538
Reichstorfer
   Apollonia, Nonne 346
   Christine 346
   Hans, Rentschreiber 346
   Jörg 346
   Kinder 348
   Konrad, Schreiber, Lernmeister 144, 266, 346, 348, 382
   Sabine 346
Reidenstein, Maurer 394
Reif, Andre, Prokurator, Hofgesind 190, 278, 350
Reif, mercator 230, 562
Reif, Ulrich, Loder 379, 380
Reifling, Wolfgang, Tagwerker 538
Reindelczhauser *Siehe* Randeltzhauser
Reiner *Siehe* Rainer
Reinhart, Valtin, Lederschneider 458
Reinman (Reynman), Hans 448
Reintaler, Hans, Amer 350
Reinwein, Gregori, Gürtler 383
Reinwolf, Martin, Büchsenmeister 216
Reischl, Hartman, Nadler 380, 381
Reischl, Jeronimus, Goldschmied, Stadtrat 78, 193
Reischl, pueri 193, 527
Reischlin (Reuschlin) 479, 491
Reiserer (Reyserer), Lienhart, Bäcker 564
Reismüller, Cristof, Gastgeb 262
Reismüller, Hans, Wirt 457
Reiß, Mathes, Käufel 93
Reiswadel, Konrad, Zöllner 349, 396
Reiswadel, Ulrich 557, 558, 559
Reitaxt (Reytaxt), Veit, Badknecht 533
Reiter *Siehe* auch Reuter
Reiter, Andre, Messerschmied 301
Reiter, Wolfgang 252
Reitmair *Siehe* auch Reutmair, Reitmor
Reitmair (Rietmair), Hans, Hauspfleger 231
Reitmor 473
   Andre 104, 172, 191, 469, 472
   Andre, Kramer 207, 209, 289, 290, 466, 470, 472
   Anna 207
   Brigitta 466
   Familie 467
   Georg, Stadtrat 153, 155, 157, 472
   Hans 466, 472
   Hans, Stadtrat 137, 155
   Jacob 350, 466, 472, 473

Magdalena 512
Mathias 155
Ursula 290, 466, 470, 472
Remin 304
Renngolt, Michael, Kammerschreiber 95, 96
Rentz, Cristof, Schneider 325, 458
Resch
    Ainwig, Stadtrat 86, 87, 88, 89, 332, 334, 346, 347
    Bäcker 340
    Barbara 87
    Konrad, Schuster 443
    Ludwig 355, 415, 422, 443
    Niclas 78, 87, 88, 333, 334, 463
    Niclas, pueri 89
    Niclas, Wirt 89
    Simon, Schneider 131, 233, 334
Reuter 271, *Siehe auch* Reiter
Reuter, Hans, Lernmeister 456
Reuter, Lienhart, Maurer 378
Reuterin, Wolfgang, Hofgesind 295
Reutmair, Cristof, Prokurator 93
Ridler 42, 258
    Alex 156, 198, 514, 518
    Alex, pueri 522
    Anna 514, 518, 519
    Apollonia 482
    Balthasar 514, 518
    Franz 333, 354, 413
    Gabriel 39, 40, 41, 43, 78, 80, 87, 88, 94, 144, 153, 184, 229, 230, 405, 406, 412, 414, 518
    Hans 94, 143, 324, 514, 518, 519
    Heinrich 94, 96, 258
    Jacob 41, 163, 262, 351, 354, 507, 545
    Jörg 356, 504
    Judith 251
    Kaspar 145, 198
    Katharina 518
    Klara 170
    Ludwig 159, 164, 351, 413
    Magdalena 387, 518
    Maria 518
    Martin 153, 518
    Otmar 518
    Peter 518
    Sebastian 518
Ridlerin, Ludwig 198, 498, 533
Ridlerin, Otmar 143, 356, 518
Rieder
    calciator 111
    Fritz 451
    Hans, Schuster 402
    Heinrich, Schneider 76, 90, 106, 264, 415
    Jörg, Wirt 321, 325
    Kristel, calciator 440
    Peter, Wetschkomacher 132, 291, 344
    Ulrich, calciator 440
Riedinger, Hans 378
Rieger, Lienhart, Schneider 275
Rieger, Martin, Ratsknecht 77
Rieger, Peter, Beutler 365
Riekersperger, Hans, Schuster 210
Riel, Hans, Panzermacher 345
Rienshofer, Heinrich 524
Rietmair
    Andre *209*
    Diemut 215
    Hans, Reiter, Hauspfleger 235
    Kathrei 215
    Ortel 527
Rietmair (Reitmair), Hans, Hauspfleger 231
Rimpacher, Peter 216
Rinckhler, Wolfgang, Steinmetz 564
Rindfleisch, Antoni 85
Ring, Loy, Wirt 499
Ringlstorfer, Wolf 211
Ritschl, Jacob, Gürtler 325
Röchs, Beatrix 62
Röchs, Michael 62
Rochus, Stadtpoet 144
Rödinger, Hans, Gürtler 378
Rogeis, Hans, Bäcker 226
Rogeis, Martin, Bäcker 316, 532
Roiser, Hans, Schuster 452
Röll
    Anna 424
    Fridrich, Schuster 424, 430, 443
    Hans d. Ä., Tuchmanger, Weinschenk 84
    Hans, Tuchmanger 75, 208, 210
    Hieronimus, Tuchhändler 71, 74, 75, 79
    Konrad, Schuster 443
    Oswald, Wirt 75, 321
    pueri 90
    Schuster 102
Romer, Hans 216
Rorer
    Georg 92
    Hans 436
    Jörg, Nestler ? 369
    pueri 310, 452
Rösch, Hans 220
Rösch, Hans, Bäcker 222, 316
Rosenecker, Lienhart 310
Rosenpusch 128, 159, 207, 436
    Anna 504, 507
    Bartlme 372, 498, 504, 507
    Benigna 420
    Bernhart 504, 507
    Christoph 162
    Dr. Jacob 199
    Hans, Stadtrat 162
    Hans, Stadtschreiber 279, 372, 382
    Helena 533, 549
    Jacob, Stadtrat 161, 372, 420, 504, 507
    Kunigund 162
    Margaret 372
    Wolfgang 162
Rosenpuschin 528
Rosentaler, Werndel, Schuster 446
Rosentau, Heinrich, Sporer 220
Röser, Hans 452
Roshapter, Ulrich 563
Rösler 373
    Hans, Schuster 452
    Lienhart, Schuster ? 433
    Mathes, Eisenkramer 194, 263, 264
    pueri 450
Röslmair, Paul, Tagwerker 172
Roßkopf
    Barbara 322
    Hans d. Ä., Zammacher 235, 324
    Hans d. J. 296
    Hans d. J., Zammacher 226, 473
    Hans, Zammacher 322, 503
    Kaspar, Riemer, Hofriemer 324

Zammacher 488
Rostaler, Hans, Einspenig 252
Rot (Rott, Roth)
　　Alex, Gewandschneider 114, 322, 323
　　Anna 469
　　Hans d. J., Gegenschreiber 469, 470
　　Hans, Gewandschneider 323
　　Hans, Schneider von Oberföhring 109
　　Heinrich 233
　　Jörg, Metzger 533
　　Konrad, Kürschner, Stadtsöldner 265
　　pueri 359
　　Ulrich 176, 178
Rötel, Auftrager 179
Rötel, Niclas, Bäcker 217, 222, 224
Rotfuchs, Heinrich, Kramer 105, 107
Rotfuchs, Kunigund 107
Rotfuchs, Perchtold 362, 363
Röthaimer, Fridrich 269
Rothmair, Jörg, Metzger 533
Rothmair, Thoman, Salzstößel, Wirt 549
Rothofer, Franz, Tagwerker 257
Rötschel, Jacob, Gürtler 411
Rotschmied, Ludwig, Weinschenk 287, 312, 463
Rottaler, Elspet 553
Rottaler, Lucas, Werkmeister 553, 555
Ruckenhauser, Dorothea 87
Ruckenhauser, Sigmund 73
Ruckenhauserin, Amme 548
Rudel, Hans, Kramer 94, 96, 98
Rudel, Mechthild 98
Rudel, Messerer 111, 264
Rudolf 162
　　Anna 86, 87, 149, 539
　　Augustin 150
　　Bartlme 40, 44, 539
　　Christoph 148, 151, 163, 172, 500, 502
　　Dr. Jacob, Chorrichter 195, 197
　　Dr. Sigmund 195
　　Dr. Simon 195, 197
　　Dr. Thoman, Kanzler 138, 148, 151
　　Els 252
　　Familie 137
　　Felizitas 500, 502
　　Hans 87, 108, 110, 138, 146, 149, 150, 151, 152, 463, 474
　　Heinrich 40, 41, 42, 43, 44, 107, 109, 137, 139, 149, 189, 418, 420
　　Hieronimus 252
　　Joachim 138, 148, 150, 151
　　Jörg 139, 150, 184, 197, 361
　　Justine 135, 148, 151
　　Ludwig 148, 150, 342
　　Margaret 161
　　Paul 133, 150, 161, 195, 197
　　Peter 87, 149, 150
　　Rosina 148
　　Thoman 150, 412
　　Ulrich 544
　　Zacharas 40, 41
　　Zacharias 149, 474
Rudolt, Jeronimus, Steinschneider, Hofgesind 325, 337
Ruedel, Kaspar, Bleicher 227
Rueger, Cristof, Bleicher 227
Rueger, Lienhart 275
Ruegerin, Martin 144
Rueland
　　Elisabeth 374
　　Hans, Stadtarzt 395
　　Hans, Stadtrat 374
　　Kaspar 374
　　Katharina 138
　　Melchior 374
Ruepl, Jörg, Käskäufel 85, 93
Rueplin, Katharina 278
Ruepp
　　Jeronimus, Kramer, Stadtrat 413, 414
　　Jörg, Kramer, Stadtrat 413, 414, 420, 421
　　Paul, Kaufmann 406, 413
　　pueri 414
　　Sophia 406
Rueshamer, Jörg 241
Rueshamer, Lienhart, Futterer, Furier 241
Ruf 360
Ruf, Kaspar 76, 403, 408
Ruf, Seitz, Schneider 233, 396, 401, 408, 415
Ruile, Benedikt, Taschner 292, 298, 299
Ruile, Walpurg 298
Rulein 40, 354
Rulein, Lorenz 298
Ruml, Konrad 84
Rumpf, Hailwig 284
Rümpfing 368
Ruperskircherin 123
Ruppel, Schreiber 547
Rushaimer
　　Haimeran 507
　　Haimeran, relicta 500
　　Jacob 512
　　Jacob, Stadtrat 40
　　Oswald, Weinschenk, Unterrichter ? 508
Ruthart, Wolfgang 395
Sächerlen, Jörg 338
Sachs (Sax), Fridrich, Weinschenk 113
Sachs (Sax), Hans, Goldschmied 116
Sachsenhausen, Heinrich von, Ritter 237
Sackerer, Michel, Wirt 341
Sailer (Sayler), Hans, Käskäufel, Fragner 137, 213
Sailer (Sayler), Hans, Schmalzkäufel 168
Saldnauer, Lienhart, Kramer 387, 403
Sälnpeck, Hans 453
Saltzberger, Hans 347
Saltzberger, Hans, pueri 167, 511
Saltzberger, Susanna 165
Saltzburger 172
Saltzburger, Stefan, Kramer 114
Saltzman, Hans, Schneider 81, 111, 394
Sambs, Wilhalm, Weinschenk 464
Sanbel, Jude 514
Sandauer, Hans, Schuster 425, 427
Sandauer, Thoman, Schuster 427
Sander, Fridrich, Zöllner 553, 557, 558
Sander, Heinrich 70
Sandizeller 523
Saner *Siehe* Soner
Sänftel *Siehe* auch Senft
Sänftel, Anthoni 540
Sänftel, Augustin, Stadtrat 180, 194
Sänftel, Sigmund 405, 406
Sänftlin, Ursula 178
Santmair, Jörg, Kramer 373
Sapl, pueri 376
Sarwurch, Fridrich, Kramer 133
Satzinger, Balthasar 211, 271

Saumair, pueri 395
Säumer, Hans, Schleierler 251
Saurlacher, Hans, Steuerknecht 71
Saurlacher, Peter, Taschner 75, 401
Scater, Lenhart, Hartschier, Hofgesind 128
Schabenperger, Jörg 235
Schaericzner (Scherntzner), Ulrich, calciator 310, 429, 443
Schaetzel, Reitz 40
Schäfer, Hans, Hafner 234
Schaffer, Jörg, Glaser 265
Schäffer, Jörg, Maler 270
Schafkopf, Gürtler 382
Schafswol 40, 42, 44, 439
    Agnes 134
    Elisabeth 130
    Jobst 463, 543
    Lorenz, Beutler, Weinschenk 275, 282
    pueri 134, 543
    Ulrich 131, 134, 543
    Ulrich, Stadtrat 43, 542, 543
Schafswolin 437
Schaitenauer, Lienhart, Weinschenk 168, 528
Schaldorfer, Veit, Tagwerker 549
Schalhamer, Jörg, Schuster 93, 434, 454
Schalhamer, Konrad, Schuster 438, 439
Schalhamer, Wolfgang, Schuster 417, 432, 454
Schalldorffer, Peter d. J., von Baierbrunn 357
Schaller, Hans, Stubenwascher 435
Schambacherin 563
Schaperlin, Gabrielin 527
Schapperer, Hans 550
Schaprant, Hans, Apotheker 163
Schaprant, Yppolit, Apotheker 159, 163, 176, 177
Schärdinger, Paul, Beutler 383
Schärdinger, Paul, Kramer 104, 105, 106, 109, 111
Scharfzahn 74, 78, 79
    Anna 514, 519
    Jacob 80
    Ludwig 78, 80, 88
    Ludwig, Stadtrat 80, 87, 99
    Martin 80
    Wilhalm 87, 362, 514, 519
Schärl, Sigmund, Zimmermann 457
Scharlacher, Konrad, Reiter, Hofgesind 436
Scharnagl 384, 385
Scharrer, Hans 302
Scharsaherin 151
Schäuchendienst, Fridrich 394
Schäuchenpflug 136
Schaur
    Hans, Kistler 350
    Johannes 287
    Konrad, Gürtler 112
    pueri 450
    Salwurch 464
Schäurel, Konrad 446
Schäurel, Konrad, Fragner 429
Schäurel, Ulrich 430, 446
Schaurlin 40, 41
Schechner
    Arsaci 482
    Jörg, Gschlachtgwander 405
    Konrad, Käufel, Weinschenk 498
    Paul, pueri 482
Schechs 190
Scheckin, Hauptmann 190

Schedlich, Heinrich, Schuster 131, 336
Scheftlmair, Paul, Kürschner 548
Scheibenfail, Stefan 39, 41
Scheiber, Hans, Bäcker 226
Scheicher, Stefan 345
Scheirmair, Ulrich, Beutler 388, 394
Schellenberg, Herr von, Hofrat 156
Schellhamerin 93
Schelshorn, Jörg, pueri 132
Schemerl, Fragner 135, 442
Schenck
    Andre 329, 497
    Anna 426
    Hans 289, 300, 324, 329, 349, 355, 415, 426, 427, 552, 553, 557
    Margaret 553
Scherer, Hans, Käufel 538
Scherer, Hans, Wirt 295
Schernegker, Degenhart, Weinschenk 469, 470
Scherpl, Anna 79
Schertz, Doman, Weber 131
Scherz, Thoman, Weber 294, 344, 403
Scheuber, Paul, Bäcker 340
Scheuerlin 444
Scheuhel/Scheuher, Cristoff, Waagmeister 72
Scheuhenstuel, Hans 180
Scheyber, Kramer 432
Scheyrin, Kathrei, Käuflin 226
Scheyringer, Heinrich, Salzstößel 464
Schick
    Andre, Stadtsöldner 145, 520
    Augustin, Zimmermann 436
    Heinrich, calciator 442, 486
    Jörg 166, 325, 404
Schickin 265
Schierer, Hans, Rotschmied 467
Schiet
    Bartholome 42
    Hans, Stadtrat 513, 515
    Johannes 73, 75
    Lienhart 162
    Paertel 515
Schilcher, Eberhart, Vorsprech 422
Schilher, Hans, Schuster 431
Schilher, Peter 454
Schilling, Perchtold 311
Schilling, Sigmund, Schreiber 301
Schiltlin 251
Schiltperger
    Andre, Schuster 446
    Bartlme, Kramer 103
    Michel, Salzstößel 302, 311
    Ulrich, Schuster 446, 563
Schiml, Alhait 236, 357
Schiml, Ott, institor 232, 236, 357, 358, 372, 407
Schinagl, Kaspar 199, 227
Schinteldach, Hans, Weinschenk 467
Schinweis, Konrad, Kammer-, Steuerschreiber 124
Schirkhofer, Martin 172
Schirmer, Ott, Tuchscherer 75
Schlamp, Lienhart 486
Schlechtzfelder, Schneider 532
Schlehdorfer, Ludwig, Stadtrat 86, 87
Schlehdorferin 341
Schleiferin, Naterin 270
Schleishaimer, Schäffler 555
Schleishamer, Lienhart, Schmied 265

Schlemmer, Jörg 534
Schlesinger, Niclas, Maler 103
Schlesitzer
    Arsaci, Tuchscherer 95, 242, 244
    Barbara 95, 242
    Cristof, Tuchscherer 242, 244
    Magdalena 242
Schliem
    Gabriel, Weinschenk 241, 378, 484, 485
    Hans, Weinschenk, Ungelter 483
    Lorenz 378
    Margaret 484
Schliemin 234
Schlipfhaimer, Konrad 179, 305
Schliphamer, Wolfgang, Kramer 132
Schluder 133, 259
    Adam 77, 143, 156, 496
    Antoni 143, 242, 245, 246
    Barbara 495
    Dorothea 493
    Elspet 143
    Familie 138, 147
    Hans 43, 44, 71, 139, 143, 270, 332, 479, 493, 495, 522
    Jörg 138, 139
    Katharina 133, 147, 242, 245, 246
    Klara 509
    Konrad 40, 42, 422, 463, 465, 495, 519, 520, 522
    Margaret 522
    Peter 71, 170, 299, 495
Schluderin, Hans 173, 248
Schlutenperger, Konrad, Schneider 503
Schlutenperger, Schuster 416, 447
Schm... *Siehe auch* Sm...
Schmaltzgruber, Anna 208
Schmaltzgruber, Hans 208, 209
Schmaltzgruber, Jörg, Schuster 424
Schmaltzhafen 274
Schmaltzöder, pueri 343
Schmälzel 252
Schmazhauser, Anna 397
Schmazhauser, Jörg 397, 400
Schmelher, Balthasar, Wirt 211, 231
Schmeltzer 418
Schmid (Schmied, Schmidt)
    Achaci, Beutler 271
    Afra 530
    Andre, Buchbinder 114
    Andre, Tagwerker 227
    Arsaci, Beutler 378
    Augustin, Tagwerker 291
    Bäcker, pueri 376
    Barbara 405
    Georg, Lederer 95
    Hans, Salzstößel 535, 536
    Hans, Trabant 566
    Hans, Wachter 534
    Jacob 350
    Kaspar, Handelsmann in Nürnberg 406, 407
    Kaspar, Koch 257, 530, 532
    Lienhart, Beutler 378, 434
    Lienhart, Kramer 104, 474, 482
    Michel, Handelsmann in Nürnberg 407
    Michel, Kramer, Weinschenk 405, 407
    Niclas, Handelsmann 406
    Niclas, Trabant, Hofgesind 296
    Sixt, Salzstößel 481
    Stefan, Nagler 378
    Ursula 532
Schmidhofer, Konrad, Bäcker 311, 312
Schmidin, Amme 345
Schmidknecht, Hans, Taschner 329, 444
Schmidmair, Jorg 76
Schmuck, Wernher 270, 464
Schmuckin, relicta 450
Schn... *Siehe* Sn...
Schneider
    Ainweg 76
    Jörg, Wachter 235
    Martin, Priester 303, 304
    Ulrich 43
Schnetzer, Hans, Zinngießer 311
Schnitzer, Arsaci, Pfeifer 211
Schnitzer, Jörg, Goldschmied 130
Schnitzerin, Albrecht 198
Schnurlerin 92
Schober, Albrecht, Schuster 289, 431, 447
Schober, Hans, Schuster 447
Schöberl, Hans 548
Schobinger 185
    Anna 182, 183, 191, 193
    Barbara 285
    Heinrich 182, 184, 193
    Heinrich, Stadtrat 182, 183, 337, 341
    Jeronimus 286
    Joseph, Stadtrat 183, 184, 191, 193, 285
    pueri 183, 286, 373
Schobingerin 194
Schobser, pueri 302, 331
Schöflmair, Paul 548
Schölderl, Kistler 555
Schölderl, Konrad, Kistler 131
Schollirer, Heinrich, Bäcker 340, 360
Schollirer, Konrad, Bäcker 360
Schön, Andre, Kramer 85
Schön, Kramer 415, 429, 486
Schönauer, Martin, Kanzleischreiber 137
Schonauer, Matheis 452
Schönauer, Stefan 468
Schondorferin 547
Schönin 300
Schonin, Kathrey 102, 416
Schönseisin 563
Schonsvederl 102
Schöpferle, Balthasar, Nadler 93
Schopper, Andre, Riemer 103
Schopper, Kaspar, Riemer/Zammacher 227, 235, 321
Schott
    Anna 537
    Barbara 537
    Georg 537
    Hans d. Ä., Barbier 535, 536
    Hans d. J. 535, 537
    Jacob 537
    Jörg, Truchelmacher 556
    Kaspar 537
    Margaret 537
    Maria 537
    Michel, Stadtsöldner 244
    Regina 537
Schöttl, Alexander, später Stadtrat 143
Schöttl, Heinrich, Baumeister 546
Schr[enck?], Kaspar 198
Schrahamer, Hans, Schenkschreiber, Wirt 190

Schräl, Michel, Schmied 336
Schram, Jacob, Lautenist, Hofgesind 435
Schram, Sebastian, Bäcker 224, 225
Schrämel 360
Schrassl, Hans, Melbler 557
Schreiber 335
   Hans, von Dorfen 342
   Heinrich 39, 40
   institor 111
   Ulrich 190, 192
Schreiber an dem Graben, Agnes 332, 334
Schreiber an dem Graben, Heinrich 332
Schreier (Schreyer), Marckel, Metzger 233
Schreier, Hans, Gürtler 471
Schremer 189
Schrenck 69, 107, 108, 115, 331
   Agnes 94
   Andre 157, 338, 349, 355, 360
   Anna 339
   Balthasar 493, 496
   Bartlme 94, 122, 149, 152, 156, 157, 158, 160, 515
   Berthold 94, 96, 332
   Clara 372
   Dorothea 197, 502, 541
   Elisabeth 146, 149, 506
   Hans 42, 43, 44, 148, 198
   Irmgard 94, 96
   Jeronimus 136, 158, 494
   Jörg 39, 40, 42, 43, 44, 297, 321, 323
   Kaspar 150, 158, 195, 196, 197, 504
   Katharina 493
   Konrad 231, 233
   Lorenz 105, 107, 338, 339, 506, 537
   Martha 497
   Matheis 78, 157, 198, 375, 376, 386
   Michel 322, 323
   Niclas 39, 40, 41, 43, 44, 146, 148, 158
   Niclas, relicta 157
   relicta 136, 225
   relicta Lorenz 388
   Susanna 338, 339, 506
   Walpurg 493
   Wilhalm 297, 323
Schrenckhamer, Anna 511
Schrenckhamer, Jörg, Salzsender 190
Schrenckhamerin 511, 512, 519
Schrimpf, Elspet, Ölerin 445
Schrimpfin 431
Schrobenhauser, Lienhart, Schuster 305, 431
Schröferle, Balthasar, Nadler 435
Schrofl, Hans, Türmer 128
Schröter, Perchtold, Stadtrat 189
Schrötl, Dr. 374
Schüber, Martin 172
Schueler, Wolf, Nestler 457
Schuelerin, Wolfgang, Nestlerin 291
Schüler 44
Schüll, Heinrich, Fragner 360
Schullenhofer, Hans, Schuster, Stadtrat 440
Schultheis, Franz, Melbler 455
Schultheis, pueri 381
Schusman, Heinrich 512
Schusmanin, Bernhartin 389
Schüssler, Andre 409
Schüssler, Margaret 384
Schüssler, Peter 379, 384, 403
Schüstel, Gürtler 416

Schütz, Schneider 487
Schuzmanin 441
Schw... *Siehe* auch Sw...
Schwab
   Clement 377, 381
   Heinrich, Schmied 486
   Jörg 373
   Konrad, Taschner 429, 443
   Ulrich, Tagwerker 156
Schwäbel, Hans, Bäckerknecht 564
Schwäbin 562
Schwäbin, Katharina 252
Schwäbin, Weberin 487
Schwäblin, Hans, Maurer 556
Schwägerl, Hans 125
Schwaiger
   Asm, Buchführer 324
   Bernhart 128
   Hans, Bote 296
   Hans, Taschner 278, 411, 457
   Lienhart, Ratsknecht 72, 294
   Magdalena 521
   Michel, Salzstößel, Wirt 521, 522
   Tagwerker 265
   Thoman, Melbler 556
   Ulrich, Schuster 450
Schwaigerlen, Hans, Türmer 128
Schwappach, Dr. Johann, Kanzler 162, 163
Schwartz (Swartz)
   Ambrosi, von Augsburg 466, 467
   Anna 325
   Hans 184
   Jörg, Kramer 305, 434, 455
   Konrad, Kistler 554
   Konrad, Kramer 355, 455, 473
   Paul, Statlmacher 259
   pueri 355, 474
   Rudel, Schuster 422, 430, 446
   Sigmund, Schuster 215
Schwartzenperger
   Hans 500, 502
   Kaspar 500
   Katharina 500
   Konrad 500
Schwartzhans, Tagwerker 144
Schwartzman, Fragner 562
Schwartzmanin, relicta 226
Schwartzperger, Hans 112
Schwartzperger, pueri 508
Schwartzperger, relicta 124, 132
Schweblin, Dorothea 326
Schweickhart, Antoni, Weinzahler, Wirt, Salzsender, Stadtrat 482
Schweickhart, Jörg 513
Schweickhartin, Jörg 337, 482
Schweindl
   Anthoni, Salzsender 472
   Dietrich 43
   Paul, Wirt 275
   pueri 472
   Ursula 472
Schweller, Katharina 351
Schweller, Lucas 351
Schweytzer, Posauner, Hofgesind 356
Sedlmair, Hans 457
Sedlmair, Hans, Tagwerker, Branntweiner 566
Sedlmairin, Regina 279

Seefelder, Hans, Schneider 229
Seefelderin, Hans 285
Seehofer 178
   Alexander 284, 285, 286, 327, 328
   Arsaci 326
   Cristof, Stadtrat 284, 285, 286, 327, 328
   Jörg, Salzsender, Wirt 291, 456
   Kaspar, Salzsender, Weinschenk, Stadtrat 312, 313, 326, 356
   Konrad 90, 283, 421
   Konrad, ehem. Zöllner 286, 456
   Konrad, Gastgeb, zu Gangkofen 327
   Martin, Salzsender 241, 456
   Onuphrius 313
   Onuphrius, Kanzleischreiber 418
   pueri 241
   Rochi 285
   Sebastian, Kramer, Stadtrat 283, 285, 326, 328, 333
   Sebastian, zu Landshut 285, 286
   Susanna 284
Seemüller, Thoman, Zimmermann 122
Seemülner, Hans, Bierbräu 275
Seemülner, Sigmund, Bäcker 227
Seger, Dietel 487
Seger, Jacob, Apotheker 312, 363, 364
Seibold, Jörg 302
Seiboltsdorf, Hans Sigmund von, Hofgesind 180, 194
Sciboltsdorf, Veit von 169, 438, 439
Seiboltsdorfer, Hofgesind 556
Seidel (Seidl, Seydel, Seydl)
   Hans, Beutler 102
   Hans, Schuster 448
   Kramer 72, 108, 442
   Kramer, Großer Rat 101
   Kunzel, Kramer 210
   Ulrich, Schneider 270, 528, 533
Seitz, Mathes, Reiter 291
Selman, Hans 267
Seltzam
   Hans, Taschner 431
   Jacob 388
   Peter, Tagwerker 377
   Peter, Taschner 388, 417
Senft *Siehe* auch Sänftel
Senft (Senift), Herman 101, 144, 151
Sengenrieder, Gabriel, Schneider 320, 349, 384, 386
Sengenrieder, Hans 320
Sengenrieder, Lienhart 320
Sengenwein, Heinrich 42
Sengenwolf, Jörg, Kramer 199
Sentlinger 43, 88, 178, 304, 532
   Agnes 115, 499, 509
   Andre 39, 40, 42, 115, 162, 499, 504, 505, 509, 537
   Elisabeth 44
   Franz 41, 42, 43, 44, 86
   Hans 40, 42, 163, 177, 326, 327, 500, 505
   Heinrich 162, 372, 402, 499, 500, 501
   Heinrich, Schuster 40, 41
   Kathrey 76, 91, 329, 408, 415
   Konrad, Bischof 205
   Margaret 152, 153
   Matheis 44, 332, 463
   Niclas 152, 153
   pueri 135
Sentlingerin, Andre 177
Sentlingerin, Hans 167
Sentlingerin, relicta 101

Seperger, Albrecht, Salzsender 91
Sewer, Asem, Gewandschneider 72
Sewer, Asem, Weinschenk 91, 106, 328, 369
Sewer, Stefan, Maurer 234
Sibensprung, pueri 310
Siber, Melchior 338
Siber, Michel, Schneider 303
Sickenhofer 112
Siessenkofer, Ulrich 529
Siessin, Lorenz 257
Sigel (Sigl)
   Bader 39
   Hans, Koch 454
   Koch, pueri 482
   Sporer 480
   Ulrich 492
   Wolfgang, Koch 454
Sighart, Balthasar 252
Sighart, Peter, Schlosser 217, 219
Sigmairin 173
Sigmund, Hg. v. Österreich 511
Silber, Stefan, Kramer 389
Silvester, pueri 374
Simberger, Anna 491
Sindlhauser, Barbara 535
Sindlhauser, Hans 535, 536
Sindlhauser, Jörg, Koral 536
Singer, Hans, Tagwerker 533
Sinn, Seitz, Weber 210
Sintzel 300
Sintzhauser, pueri 85
Sitenpeck 87
   Achaci 95, 99, 100, 105
   Jacob 485
   Perchtold, Kramer 100, 105, 106, 379
   pueri 241
   Thoman, pueri 485
   Thoman, Salzsender, Weinschenk 403
   Wolfgang, Nestler ? 261
Sitenpeckin, Achaci 350
Sitenpeckin, Arsaci 81
Sittenhofer
   Hans 325
   Hans, Säckler 93
   Wolf, Beutler 271, 295, 350, 388
   Wolf, Säckler 411, 558
Sitzinger 177, 223
Sitzinger, Sighart, Weinschenk, Stadtrat, hgl. Rat 346, 347, 463
Sitzingers Mutter 76, 102
Sm... *Siehe* auch Schm...
Smaltz, Jörg, Rotschmied 545
Smidel (Smydel), Schneider 76
Smidel, Heinrich, Käufel 446
Smidel, Martin 103
Smidin (Smydin, Smydlin), Käuflin, relicta 562
Smidl (Smydl), Konrad, Käufel 497
Smidl, Käufel 264
Smötzerl iunior 377
Sn... *Siehe* auch Schn...
Snelhart, Heinrich 214
Söld, Dr., Hofrat 199
Soner (Saner), Apollonia 525
Soner (Saner), Mathes, Wirt 257, 525, 527
Sonner, Kaspar, Schneider 278
Soyr, Hans 507
Spächter, pueri 330

Spängl, Hans 128, 193
Spanhauer, Martin, Kistler 235
Spat, Anna 242
Spat, Hans, Mangmeister, Saitenmacher 242, 243
Spätin, Barbara 389
Spaur, Hiltprant von, Erbschenk in Tirol 169, 438, 439
Speg, Hans, calciator 319, 428
Spetzl, Stefan, Käskäufel 436
Speyer (Speir), Hans von, Gartner 468
Speyer (Speir), Hans von, Met-, Weinschenk 503
Speyer (Speir), Hans von, Sattler 294
Spickenfelder, Hans 92
Spickenfelder, Jacob, Tuchscherer 92
Spiegel (Spiegl, Spigel, Spigl) 487
    Balthasar, Reiter 534
    Hans, Schuster 440
    Ott, Stadtrat 502
    Perchtolt, calciator 440
    Schuster 309
    Werndel, Schuster 215, 440, 554
Spies, Ursula 530, 532
Spilberger, Peter, Schwertfeger 320
Spilhaintz, servus 178, 355
Spindler, Fridrich 442
Spindler, Heinrich 328
Spindler, Klaus 214
Spindlerin 115
Spitz 102
Spitz, Heinrich, Schneider 106
Spitz, Priechler 402
Spitzer, Hans 180
Spitzer, Jörg 180
Spitzin 81
Sponsmeser, Ulrich, Bäcker 340
Sporn, Hans, Messerer 210
Sprenger, Jacob 270
Sprungin 39, 40
Stabel, Jörg 131
Stachler, Kramer 403
Stachlerin 480
Stachlerin, Kathrey, Kramerin, relicta 97, 101, 408
Stachlerin, Kramerin, relicta 81, 106, 387
Stachlerin, relicta 114, 382, 403, 409, 417
Stadler 101
    Anna 529
    Haimeran, Zinngießer 455
    Irngart 62
    Jörg, Stadtrat 500
    Juliana 500
    Kaspar 310
    Konrad, Schuster 445, 471
    Konrad, Schuster, Weinschenk 529, 531
    Niclas, Großer Rat 152, 155, 236, 355, 442
    Schuster 433
    Steinmetz 91, 289, 355, 487
    Urban, Zinngießer 309, 310
Staetzer, Leupold 167
Staffer, Stefan 343
Stainauer 281
    Anna 326
    Barbara 326, 328, 364
    Dorothea 326
    Elspet 326
    Hans, Kramer 364
    Hans, Kramer, Stadtrat 327
    Hans, Kramer, Stadtrat, pueri 326
    Jakob, Kürschner 326, 328
    Johannes, Priester 326
    Lienhart 76, 368
    Lienhart, Kinder 326
    Lienhart, Kramer 364, 523
    pueri 293
    Sigismund, Chorherr 326
    Wolfgang 326, 328
Stainauerin 377
Staindel (Staindl, Steindl)
    Hans 233, 294, 422
    Hans, Furier 190
    Hans, Kartenmacher 301
    Hans, Obser 406
    Konrad, Schlosser 487
    Michel, Obser 233
    Obser, Kinder 405
    pueri 233
Stainer, Andre, Koch 227, 278
Stainhauserin 40, 42
Stainkircher, Arnolt, Schuster 431, 448
Stainkircher, Gabriel, Weinschenk 275
Stainlehnerin, Barbara 564
Stainmüllner
    Hans, Bote 434
    Jörg 287, 333, 334
    pueri 90, 360
    Rosina 333
Stainpacher, Hans, Küchelbacher 212, 214
Stainpeck, Ulrich, Maler 547
Stäml, Cristof, Ungeldschreiber, Weinreisser 104, 125, 341
Stäml, Magdalena 341
Stämpfinger, Jörg 168
Stampfl, Hans, Schuster 431, 448
Stampfl, Jörg 448
Stangel 332
Stängl, Hans, Hauspfleger 163
Stängl, Mathes, Tuchscherer 93
Stängl, Ulrich, Tuchscherer 84
Stapf, Kaspar, Weinschenk 376, 466, 481
Stäpflin, Jörg 457
Star, Hans, Beutler 566
Star, Hans, Säckler 435
Staringer, Ludwig, Kürschner 546, 555
Starnberger
    Anna 317, 561
    Apollonia 561
    Corbinian, Bäcker 561, 562
    Hans 337, 424
    Hans, Kramer 186, 187
    Heinrich 72
    Jörg, Schneider 317, 319
    Justina 186
    Konrad 72
    Michel, Weinschenk 267, 269, 275
Staudel, Heinrich, mercator 155
Staudenrauch, Hans, Beutler 390
Staudenrauch, Ott, Taschner 443
Staudigl, Jörg 198
Staufer
    Cristof 456
    Hans 190, 341
    Helena 344
    Kaspar 313, 421
    pueri 344, 421
    Wolfgang 231
Steger

Hans 409, 436
    Lienhart, Nadler 226
    Ulrich, Nadler 234
    Ulrich, Sekretär 548
    Wilhalm, Zinngießer 455
Steger (Stieger), Barbara 275, 433
Steger(er), Hans, Huter 403
Stegerin, relicta 253, 549
Stegerin, Wilhalm 92
Stegmair, Hans 403
Stegpacher Siehe Steppacher
Steidl, Hans, Schneider 190, 291, 390, 396
Steingadmer 546
Steingadmer, Jörg, Pfänderknecht 555, 557
Stempf, pueri 265
Stepfel, Schuster 447
Stephan, Herzog 149, 311, 312, 420
Steppacher 256
    Ambrosi, Schneider 535, 536, 537
    Anna 536
    Eberhard, Salzsender 244
    Thoman, Schneider 534
Steppacherin 433
Stern, Cristof, Uhrrichter 551
Stern, Jörg, Töchter 550
Sternegger, Niklas 365
Sternin, Jörg 556, 565
Stertz
    Bäcker 225
    Hans, Bäcker 211, 217, 221, 222, 223, 224, 225, 228, 229, 531
    Sigel, Bäcker 528, 531
    Ulrich 531
Stertzl, pueri 345
Stetner, Mathes, Bäckerknecht 454
Stetner, Peter, Bote 256
Stetner, Simon, Stadtoberrichter 144
Stettner, pueri 378
Stich, Heinrich, Sattler 294, 468, 488
Stich, Lienhart, Sattler 296
Stich, Thoman, Sattler 473
Stichl, pueri 137, 168
Stiegerin, Barbara Siehe Steger
Stifelpraun, Bartlme 451
Stiglitz, Fridrich, Messerer 554, 557, 559, 562
Stiglitz, Kathrei 557, 559
Stiglmair, Hanns, Zammacher 492
Stiglmair, von Wangen, pueri 266, 290
Stil, Werndel, Schuster 298, 444, 480, 502
Stillnauer, Martin 542
Stillnauer, Mathes 548
Stockhamer 185
  Dr. 163
  Hans 196
  Hans, Salzmesser, -sender, Stadtrat 136, 159, 195, 197
  Konrad, Bote 261
  Wilhalm, hgl. Rat, Kastner 198
  Wilhalm, Stadtrat 512
Stockhamerin, relicta 512
Stöckhl
    Balthasar, Glaser 321, 528
    Els, Naterin 565
    Jakob, Nagler 321
    Jörg, Tagwerker 227
    Jörg, Trabant 173
Stoll, Konrad, Schuster 446

Stoll, Schuster 416
Stoll, von Ebersberg, Schuster 430
Stoltz, Kaspar, Trabant 550
Stör
    Hans 76
    Heinrich, Kramer 74, 76, 329
    Jörg, Koch, Weinschenk 453, 492
    Jörg, Schlosser, Uhrrichter 551
Storer, Hans 91
Störin, Jörg 565
Stosser, Fridrich, Koch 442
Stosser, Konrad, Koch 442
Stosserin 431
Strang 236
    Elspet 177, 232
    Hailweig 44
    Hans, Weinhändler, Wirt 358
    Heinrich 43, 44, 162, 177, 232
    Lienhart 43, 107, 109, 177, 309, 459, 460
    Martin 39, 42
    Martin, Stadtrat 182, 242
    Schneider 230
    Ulrich 232
    Ulrich, Weinschenk, Stadtrat 176
    Urban 177
    Wernher, Schneider 232
Strasser
    Cristof 473
    Hans, Kramer 112
    Hans, Schuster 444
    Peter, Taschner 423, 468, 533
    Veit 440
Strassl, Hans, Melbler 557
Straßmair, Cristof, Kramer 199
Straubinger, Jakob, Schuster 450
Straucher, Andre, Zinngießer 113, 252, 259, 396
Strausdorfer
    Fridrich, Sattler 480, 503
    Hans, Schuster 446
    Kind 526
    Lienhart, Schuster 431
Strauss, Schneider 76, 97
Straussin 563
Strauster, Lienhart 448
Streicher, Kinder 513
Streicherin, Amer[in] 168
Streicherin, Anna 565
Streinin, Andre 278
Strevs, Wagnerin 234
Streyssin 310
Stringer, Niclas, Kramer 362, 364
Stritzel 531
Strobl 207, 259
    Anna 505
    Cristof, Wirt 505, 507
    Hans, Kistler 244
    Hans, Kürschner 545
    Herman, Schneider 208
    Jacob 368
    Jörg, Tagwerker 257, 296
    Konrad, Gewandunterkäufel 124, 129, 132
    Melchior 256
    Öttel, institor 562
    Peter 131, 136, 381
    Schneider 207, 208, 215
    Ulrich, Unterkäufel 294
Stromair, Jörg 418

Stromair, Konrad 529
Strulndorfer, Heinrich, calciator 554
Strümpflin 270
Stübich, Elisabeth 425, 427, 438
Stübich, Hans 425
Stuckherin, Els 549
Stuep, Hans, Zimmermann 435
Stul, Konrad 240
Stulfelderin, Agnes 233
Stümpf, Jörg, Goldschmied 104
Stumpf, Peter, Tuchhefter 266
Stümpfin, die alt 104
Stümpfin, Jörg 85
Stupf 41, 42, 436
    Andre, Stadtrat 139, 147, 154
    Clara 544
    Eberhart, Schankungelter 155, 543, 544
    Elisabeth 44
    Hans 147, 152, 154, 295, 522
    Hans d. J., Stadtrat 154
    Heinrich 514
    Jörg 136, 154, 542, 544
    Katherina 155
    Lippel (Philipp), Stadtrat 514
    Madlen, Jungfrau 155
    relicta 139, 361
    Ruprecht 147, 153, 154
    Ulrich 40, 43, 44, 198
    Ulrich, Schankungelter 154
Sturm, Fritz, Melbler 265
Sturm, Thoman 550
Sturtzenpecher, Ulrich, Messerer 503
Stutz, Andre, Kramer, Weinschenk ? 382
Sucher, Käufel 265
Sultzrainer, Konrad, sartor 415
Sumerl, Lorenz, Kramer 337
Sumerrock, Konrad 265
Sumerspergerin, Jörg, Maurerin 436
Sumerstorfer 233
Sumerstorferin 172, 329, 541
Summer, Katharina 223
Summer, Konrad, Pfarrer 223
Sumprer, Jörg, Siebmacher 433
Sun, Ulrich 39
Sünderl, Gilg 136
Sundermair, Hans, Gürtler 533
Sunderndorfer 158
Sunderndorferin 172
Sunderreuter, Wolf, Stadtsöldner 125
Sünn, Messerer 554
Sunnendorfer, Egidi, Stadtoberrichter 231, 248, 423
Süss, Ulrich, Weinschenk 316, 508
Süssin 316
Süssnkofer (Süskofer), Ulrich, Schneider 131, 349
Sutner, Barbara 346
Sutner, Hans, Schaffer 346, 348
Sw... *Siehe* auch Schw...
Swäbinger, Sigmund, Wirt 194
Swaertzel, Fragner 562
Swantzel, Lienhart 234
Sweigger *Siehe* Gundelfing
Swenninger/Tömlinger, Narziß 289
Swenninger/Tömlinger, Narziß, Stadtwundarzt 288
Swind... *Siehe* Geswind...
Täberin, Wolf 257
Taellinger 39, *Siehe* auch Tellinger
Taglachinger, Wollschlager 554

Tahensneider, Perchtold 328
Taichsteter, Hans, Weinschenk 372
Taler, Jörg, Tagwerker 252, 295
Talerin, Matheus, Hebamme 234
Talhamer, Andre 212
Talhamer, Martha 505
Talhamer, pueri 508, 513
Tällinger (Taellinger) 470, *Siehe* auch Tellinger, Dellinger
Tällinger (Taellinger), Niclas, Weinschenk 156, 498
Tälsch *Siehe* Delsch
Tanenhofer, Hans, Weinschenk 313
Tanhauser 503
Tanhauser, Balthasar, hgl. Rat 186, 187
Tanhauserin, Taschnerin 417
Taninger, Melchior, Leermeister 113
Tankauser, Trabant 369
Tanner *Siehe* auch Daner, Danner
    Andre, Kramer 85, 193
    Andre, pueri 355
    Hans 537
    Hans, Kramer 185, 187, 403
    Niclas 212
    Obser 291
    pueri 184, 285
    Stefan, Weinschenk 185, 187
Tanner d. Ä. 287
Täntzel *Siehe* auch Dantzl
Täntzel (Taenzel), Jörg, Küster 123
Täntzel (Taenzel), Ulrich, Kramer, Stadtrat 437, 438
Taschler 528
Tattenhofer, Hans 311, 481
Tattenhoferin, Weinschenkin 481
Tatzl 390
Täubler, Obser 282
Täublerin 251
Taufkircher, Heinrich, Schneider 335
Täurl, Hans, Beutler 361
Täurlinger, Konrad 248
Tausenteufl, Michel, Koch 455
Tautenhauser, Kürschner 71
Tegerer, Jobs, Tuchscherer 84
Tegernseer 170, 214, 385, 464
    Achaci, Stadtrat 145, 198, 263, 264
    Bäcker 136
    d. J. 467
    Elisabeth 400, 401
    Ernst Anton, Einspäniger 400, 401
    Paul 285
    Veit, von Ried 183
Teisl 427
Tellinger *Siehe* auch Dellinger, Tällinger
Tellinger, Martin, Maurer 435
Tellinger, pueri 93
Tellinger, Thoman, Schuster 434
Tellingerin 537
Teninger, Ulrich, Beutler 103
Tenn, Jörg 263
Tenn, Sebastian 167, 172, 511
Teufel, Dietrich, Plattner 563
Teurer 288
    Andre 464
    Andre, Zöllner 71, 74, 75, 78, 289, 505
    Heinrich 377
    Katharina 74
    Konrad, Maurer 214
    Ulrich, Maurer 39, 40

Teutschiel (Teutschl), Hauptmann 194, 411
Thaiser, Balthasar, Scharsachschleifer 533
Thoman, Konrad, Nestler 456
Thor, Ulrich vom 245, 246, *Siehe* auch Torer
Tichtel 116, 138, 381
   Agnes 222
   Agnes, Wirtin von Pasing 288
   Andre 135, 373, 377, 385, 386
   Augustin 339, 340
   Barbara 510
   Bernhart 129, 135, 138
   Eberhart 134
   Erhart 134
   Familie 133
   Franz 333, 465, 529, 552
   Hans 71, 134, 135, 151, 159, 176, 177, 181, 248, 437, 514, 518, 544
   Herman 180, 269, 282, 284, 349, 379, 380
   Jörg 135
   Jörg, Taschner 428
   Konrad 244, 537
   Ludwig 135
   Luzia 135
   Niklas 41, 42, 43, 44
   Ottilie 180
   Thoman 135
   Ulrich 71, 537
   Ulrich d. Ä., Stadtrat 41, 42, 43, 44
   Ulrich d. J. 71, 74, 75, 78, 134, 311, 365, 465, 514, 515, 524
   Ursula 176, 339, 340
   Verena 176
   Wilhalm 129, 134, 135, 176, 510, 519
Tichtels Knecht, Kunzel 72
Tichtlin 40, 41, 43, 44
Tiefstetter *Siehe* auch Diefsteter
Tiefstetter, Ruprecht, Salzsender, Eisenhändler 304, 305
Tisch, von Paindlkirchen 440
Tischinger, Magdalena 137
Tischinger, Seifried, Kramer 387, 408
Tischingerin, Seitz, relicta 422, 431
Tislingerin 305
Tod, Fridel 487
Tod, Heinrich 319
Toemair 62
Told, Schuster 72, 310, 387, 422, 429, 430, 497
Told, Ulrich, calciator 442
Töldel, Bäcker 223, 225
Toldel, Heinrich, vector 39
Töldlin, Hail 563
Tölzer, Jörg, Bodenknecht 377
Tömlinger, Ludwig, Stadtrat 87, 89, 333, 334
Tömlinger, Narciß, Stadtwundarzt 288
Tondrer 184
Torer, hgl. Rat 173
Tornzway, Seitz, Salwurch 467, 471, 527
Törringer
   Johann 249, 250
   Jörg 249
   Seitz 249, 250
   Veit 249, 250
Törring-Seefeld, Herr von 146
Törsch, Konrad, Schmied 220, 479
Trainer, Stefan, hgl. Kammerrat 520
Trampl, Adam, Barbier 498
Trapp, Kaspar, Weinschenk 481
Traubinger, Heinrich, Schuster 448

Trescher, Hans 220
Treusull, Bäcker 533
Triener, Guta 357
Triener, Hans, Weinschenk 130, 179, 286, 492
Triener, Konrad, Weinschenk 300, 328, 355, 357, 358, 480
Trienerin, Vettel 553
Trientinger, Lorenz 262
Trinkgeltin, Margaret 296
Troll, Sigmund, Koch 564
Trostperger, Hans, Kramer 301
Truchtel, Kunzel 102
Truckauer, Eberhart 409
Truckenstier, Sebastian 316
Tuchsenhauser, Jacob 234, 261
Tuecherin, Thoman 150, 151
Tulbeck
   Hans, Goldschmied, Münzmeister, Stadtrat 329, 401, 483, 487, 492, 537, 541
   Heinrich 41, 42, 43
   Jacob 151, 503
   Niklas 73
Tum (Thum), Hans, Kramer 345
Tum, Hans, Tagwerker 418
Tummairin 387
Tumperger, Kaspar 300
Tumperger, pueri 300
Tüntzl, Bäcker 225
Tüntzl, Urban, Schleifer 533
Tüntzlpacher, Anna 529
Tüntzlpacher, Hans, Schneider 529, 531
Tuntznauer, Hans, Sattler 316, 451, 480
Türck *Siehe* auch Dürckin
Türck, Hans, Huter 416, 422
Türing(er), Mathes, Beutler 418, 434, 456
Türingin, Mathes, Beutlerin 566
Tuting, Hans, Huter 403
Übelloner, Hans, cantor, Eichmeister 378
Überacker, Hans, Sattler 432, 451
Überackerin 548
Ülchinger, Andre 373, 377
Ülchinger, Heinrich 376, 474, 514
Umpach, Hans, Schuster 431, 448
Umpach, Lienhart 131, 287, 448
Umpach, pueri 100
Undermoser, Mathes, Bote 458
Unfuegin, Hans, Taschnerin 538
Unger *Siehe* auch Uniger
Unger, Jörg, Goldschmied 482
Unglieb, pueri 302
Uniger 322, *Siehe* auch Unger
   Andre 356
   Hans, Gürtler 487
   Heinrich, Zöllner, Stadtrat 326, 327, 331, 332, 338, 339, 342, 474, 480
   Jörg 279, 280, 283
   Katrey 326
Unkofer, Diemut 431
Unkofer, Konrad, Fragner/Obser 416, 422
Unprichtin, Sigmundin 538
Unterholzer, Sebastian 129, 133, 135, 137, 138, 150, 151
Urban, Martin 340
Urmüller, Hans, Hofgesind 162
Urpach, Lienhart, Zimmermann 435
Ursenperger 360
Ursenperger, Paul, Schuster 422, 431
Ursentaler 247

Anna 520
Gabriel, Weinschenk 301, 357, 359, 481
Hans, Stadtrat 97, 297, 520, 522
pueri 114
Ulrich, Weinschenk 492, 498
Urspringer, Ambrosi 303, 304, 309, 310, 438, 440, 459, 460
Urspringer, Katharina 303
Urspringer, pueri 80, 355
Ursprunck, Hans, Messerer 103
Üsenwanck, Maenhart, sartor 264
Uttenberger (-perger) 96
Hans, Kramer 95, 96, 145, 173
Jakobe 95
Joachim 360
Jörg, Weinhändler, Stadtrat 95, 96, 112, 358, 360, 363, 364
Leonhard 95, 96
Margaret 363
pueri 100, 407
Uttenpergerin 407
Vaist, Konrad 240
Valpichler
Barbara 535
Clara 535
Hans, Bierbräu 536
Jörg, Oblater 535, 536
Jörg, Wirt, Salzsender 513
Martin 535, 536
Martin, Weinschenk 505, 507
Paul 535, 536
Vasolt, Hans 346, 348
Vasolt, Kaspar 347
Vaterstetter, Gabriel 267
Vayal, Hans 115
Veichlin 165
Veichtmüllner (-müller), Elisabeth 525
Veichtmüllner (-müller), Lienhart 473, 525
Venus 267
Verbenpeck, Fridel, Bäcker 533
Verber (Vaerber)
Hans 39, 159, 160, 241, 243, 355, 513, 515, 537
Hans, Waagmeister 410
Konrad 41
Seidel, Stadtrat 81
Verenpacher, Heinrich, Gürtler 387
Vergnerpucz, Heinrich, Beutler 234
Veter (Vetter)
Heinrich, Schlosser 554
Margareta 148
Schneider 497
Tuchscherer 90, 101
Ulrich, Kramer 102, 105
Vettinger, Agnes 539
Vettinger, Ulrich, Goldschmied 167, 269, 355, 373, 491, 539
Vettinger, Utz 159
Veyal 167, 349, *Siehe* auch Feiel, Feyal, Veyel
Veyel *Siehe* auch Feiel, Feyal, Vayal, Veyal
Veyel, Peter, Beutler 337
Vichtel, Schneider 90
Viechter, Kunz 76
Viechter, Ulrich 189
Viechtwanger, Alexander, Kistler 293, 294
Viechtwanger, Felizitas 293, 294
Viehhauser, Dr., Hofgesind 504
Vilserin 112

Vinck, Kaspar, Weinschenk 311, 313
Vind, Arnolt, calciator 429
Vinger *Siehe* auch Uniger
Vinger, Hans, Gürtler 382, 386, 403, 548, 550
Vinger, Jörg 372, 385, *Siehe* auch Uniger
Vinger, Katharina 550
Vingerin 376
Voburger, Erhart, Sattler 488
Vogel (Vogl)
Hans, Sieber 453
Jacob, Steinschneider 345
Jörg, Schuster 434
Jörg, Sieber 411, 453
Utz, Haubenschmied 295
Vogler, Hans, Schneider 256, 556
Voglrieder 555
Voglriederin 341
Völcklin, Hans, Sämerin 453
Völkweinin 151
Volland (Volandt), Kanzleischreiber 85, 345
Vordermairin 123
Wachtel 213
Wadler (Waegendler) 39, 40, 41, 43
Wadler (Waegendler), Hailweig 205, 235
Wadler (Waegendler), Heinrich 44
Wadler (Waegendler), Heinrich, Stadtrat 69, 94, 96, 107, 266, 271, 273, 279, 338, 411
Waegendlerin 107
Waendelhauser, Gilg 492, 507
Waendelhauser, Heinrich 71
Wagenhuber, Urban 168, 185, 350, 474
Wagenhuber, Urban, Zuckermacher 325
Wagenmann, Paul 425
Wagenreutl, Utz 258
Wager, Apollonia 303, 304
Wager, Regina 303
Wagner, Arsaci, Kanzleischreiber 190
Wagner, Hans, Weinschenk 498
Wagnsted *Siehe* Obensteter
Wähinger, Hans, Beutler 395, 404
Wähinger, Karl 190, 337
Wainer, Peter, Kramer 248, 250
Wainerin 189
Walch, Schuster 410, 432
Walch, Sigmund *Siehe* Gotzkircher
Walch, Thoman, Bäcker 566
Walcher 415
Goldschmied 131
Hans, Fragner 305
Hans, Wirt 467, 480
Lienhart 144
Walchin 453
Walchmüllner, Weinschenk 373
Walckun, pueri 115
Walder, vector 41, 43
Wäldl, Hans von, Hafner 244
Waler (Waller), Jeronimus, Weinreisser 125
Waler (Waller), Stefan 422
Walggershofer (Walkers-), Hans, Taschner 401, 429, 441
Walich, institor 381
Walis, Andre, Apotheker 336
Wälsch, Eberhart, Schnitzer/Bogner, Stadtrat 280, 281
Wälsch, R., Singer 278
Wälsch, Stefan, Tagwerker 456
Walthasar, pueri 80
Walthasarin 389

Walther
  Hans 216
  Hans, Wirt 467, 480
  Philip, Weinschenk 533, 556
  Schneider 415
Waltherin *Siehe* Baltherin
Waltrich, Ott 288, 289
Wapp, Heinrich 492
Wapp, puer 487
Waschmut, Fridrich 212, 213
Wassermanin 452
Wasserschneiderin, Thoman 185
Wax, Wolf, Ratsknecht 77
Weber, Utz, Kartenmacher 271
Wechenfelder, Kaspar 404
Wechselmund, Diemut 205
Weckher, Cristof, Drechsler 290
Weckher, Hans, Drechsler 290
Weckher, Katharina 290
Weger, Ulrich, Kartenmacher 321
Weichs, Lucia von 133
Weichslerin 359
Weidlinger, Konrad, Weinschenk ? 498
Weidmair, Hans, Kürschner 559
Weigel (Weigl)
  Dietel 40, 442
  Hans, Zimmermann 253
  Heinrich 403
  Michel, Apotheker 482
  Wolfgang, Maurer 436
Weiglin, Wolf 257
Weiler
  Cristof 333
  Kaspar, Stadtrat 389, 511
  Lienhart, Kramer, Weinschenk 333, 334, 522
  Sebastian 334
  Sigmund, Kramer, Weinschenk, Stadtrat 190, 333, 334
Wein, Michel, Bäcker 224, 225
Weindel, Weber 279, 280
Weindel, Weberin 76
Weindl, Cristof, Maurer 199
Weingartner, Peter 555
Weinman 40
Weinprenner, Morterkocher 563
Weinsperger, Fridrich ?, Schneider 355, 360
Weinsperger, Fridrich, Schneider 75, 90
Weismalerin 62
Weisman, Kaspar 561, 562
Weiß
  Balthasar, Käskäufel, Kastner 513
  Hans, Sattler 296
  Hans, Taschner 442
  Jacob, Messerschmied 311
  Lienhart, Kramer 172, 356, 369
  Ludwig, von Sachsenkam, Gewandschneider 210, 215
  Michel 525
  pueri 320
  Stefan, Schneider 270, 320
Weißenfelder 157, 507
  Barbara 272, 279, 280
  Hailwig 316
  Jacob 44
  Jacob, Salzsender 475, 479
  Lienhart, Schneider 123
  Margaret 475
  Ulrich 207
  Ulrich, Beutler 349, 387, 395, 404, 417, 450
Weißenfelderin 42, 43
Weißenfelderin, Jungfrau 156, 258
Welser, Hauptmann 458
Welshofer
  Jörg 492
  pueri 471
  Schaci, Schmied, Beutler 378
  Stefan, Beutler 378
Welshoferin, pueri 132
Wenckin, Andre 499
Wendl, Anna 379
Wendl, Arsaci, Weinhändler 379, 380
Wendl, pueri 365
Wendlin 374
Wendlinger, pueri 330
Wenig
  Andre, Schuster 447
  Anna 348, 419
  Benigna 420
  Bernhart 336
  Bernhart, Kinder 333, 421
  David 321
  Jeronimus, Weinschenk, Stadtrat 420, 421
  Ludwig 419
  Ludwig, Kanzleischreiber 330
  Peter, Gürtler, Weinschenk, Salzsender, Stadtrat 316, 332, 334, 419, 421
  pueri 313
  Ulrich, Gürtler 419, 421
  Ursula 326
Wenigel 437
Wentzl 513
Wercker, Andre, Weinschenk 410
Wercker, Konrad, Weinschenk 498
Werder 178, 189, 275, 356
  Alhait 105, 107
  Andre 212, 214
  Andre, Hofgesind 362
  Brigitta 212
  Hans, Schuster 350, 395, 404, 410, 433, 451
  Heinrich d. Ä., Kramer, Weinschenk 105, 107, 108, 110
  Heinrich, Gewandschneider 91, 108, 215
  Heinrich, Kramer ?, Weinschenk ? 377
  Heinrich, pueri 275
  Heinrich, Schneider 179, 350
  Jörg, Weinschenk 354
  Jörg, Weinschenk, Stadtrat 108, 110, 116, 351, 354
  Kaspar, Schneider 528
  Kaspar, Zellschneider 85
  Katharina 351
  Michel, Schuster 451
  Schusterin 417
  Ulrich, Schneider 532
Werndel, Schuster 408, 464
Werner, Peter 227
Wernlin, Messerschmied 220
Wernpruner, Andre 210, 215, 265
Wernstorfer, Anna 520
Wernstorfer, Urban, Pfändermeister 163, 520
Wesch, Heinrich 377
Westenbergerin, Kramerin 429
Westendorfer, Fridrich 191
Westendorfer, Jörg, Schenkschreiber 159
Westendorfer, Sigmund, Weinschenk 191, 193
Wester, Bauer 554

Westerburg, Jorg von, Hauspfleger 163
Westerdorfer, Weinschenk ? 270
Westerham[er], Ulrich, Abenteurer 294
Westermair, Diemut 383
Westermair, pueri 300, 481
Westermairin, Michel 266, 278
Westnerin 533
Wetzel, Pecz, Schuster 422
Wetzel, Ulrich, Bäcker 524
Wetzlin 327
Wickenhauser, Peter 231, 361
Wickenhauserin 70, 71, 73
Widenman, Jörg 423
Widerspacher, Cristof, Einspenig 499
Widerspacher, Kaspar ? 499
Widerspacherin, Ernst 345
Widman
    Andre 208
    Anna 208
    Apolonia 220
    Barbara 208, 500
    Cristof, Ungelter 436
    Hans, Buchführer 113
    Hans, Sporer 369
    Hans, Tagwerker 452
    Hans, Weinschreiber 435
    Jeronimus, Schuster 199, 211, 278, 396, 452
    Jörg, Schuster 452
    Kaspar, Schuster 199, 211
    Konrad, Bäcker 226
    Lienhart, Weinschenk, Salzsender 500, 502
    Martin 208
    Michel, Schuster 208, 209
    Panzermacher 436
    Ulrich, Salzknecht 557
    Wolfgang 208
Widmanin 502
Widmanin (Witmanin) 210
Widmanin, Jörg, Laderin 124
Widmanin, Lienhart 566
Wiechser (Wiexer) 332, 437
Wieland (Wielandt), Ursula 272
Wieland (Wielandt), Wolfgang, Schuster 272, 274, 449
Wielandt (Wielant), Wolf, Beutler 93, 295
Wielant, Arzt 417
Wielant, Ulrich, Schuster 449
Wielant, Wilhalm, Beutler 291, 433
Wieler, Fritz, Salzbereiter 251
Wigk, pueri 217, 219
Wilbrecht 40
    Hailwig 283
    Hans, Stadtrat 176, 283, 284
    Heinrich 176
    Ludwig, Stadtrat, hgl. Rat 149, 284
    Magdalena 139
    Thoman 176, 284
Wilbrechtin 143, 177, 283
Wild
    Heinrich, Käufel 451
    Leonhart, Trabant 292
    Ruprecht d. Ä., Gürtler, Stadtrat 375, 376
    Ruprecht d. J. 179, 337
Wildenroter, Elisabeth 267, 269
Wilhelm III., Herzog 105, 267
Wilhelm, Jörg, Zinngießer 252, 369, 436
Wimer, Schneider 533
Winckelmair (Wincklmair), Andre 226

Winckelmair (Wincklmair), Wolfgang, Weinschenk 350
Winckler
    Els 226
    Hans, Drechsler 321
    Hans, Schmied 265
    Katharina 256
    Lienhart, Schäffler 296
    pueri 499
    Sigmund, Kistler 293, 294
Wincklerin 523
Windsheim, Hans von, Goldschmied 552
Winhart, Hans, Glaser 550
Winkel, Konrad in dem 358
Winner, Agnes 533
Wintrin 523
Wirtenberger, pueri 296
Wiser, Hans, Schreiber 159
Wisinger, Hans 233
Wismair, Hans, Weinschenk 131, 189
Wisreiter, Hans, Wirt, Salzstößel 523
Wisreiter, Hans, zu Nürnberg 523
Witel, Käufel 369
Witenpeck, Erhart 365
Witscheit 41
Witscheit, Eberl 69, 73, 75
Wolf
    Andre, Steinmetz 236
    Fritz, Gürtler 84, 377
    Hans 464
    Hans, Maurer 236, 556
    Heinrich 40, 41, 42, 43, 44, 159, 288, 289, 480, 503
    Lienhart, Edelmann 245
    Sebastian, Schlosser 218, 219
Wolfeck, Antoni 383
Wölfel, Hans, Weinschenk 300, 407, 422
Wölfel, Peter, Fragner 102, 387, 408
Wölfel, Schwertfürb 497
Wolfersperger 520
    Hans, Salzsender, Weinschenk 184, 274, 464
    Hans, Weinschenk, Stadtrat 326, 327
    Heinrich, Weinschenk 492, 501
    Katharina 326
    Kinder 500
Wolfertshauserin 497
Wolfgang, Herzog 181, 184, 333
Wolfsperger, Schreiber 340
Wolgemut (Wolmut), Hans, Weinschenk 381, 408, 416
Wolgmut, Utz, Nestler 395
Wolkrad Siehe Kratwol
Wülfing, Bartlme, Kammerknecht 261, 301, 560
Wunn, Matheis 283, 284, 527
Wunn, Michel 283, 284, 527
Wunn, Ulrich, Schneider 282, 284, 379, 380
Würfler, Clas 382, Siehe auch Päbinger, Clas
Würfler, Thoman 382
Würfler, Thoman, Amer 301
Wurm
    Eberhard 41, 42
    Hans, Fragner, Obser 444
    Konrad, Schuster 310, 444
    Mathes 350
Würmseer, Benedikt, Schuster 457
Würmseer, Kaspar, Schuster 259, 424, 435, 457, 499
Würmseer, Thoman, Schuster 369, 396, 435, 457
Würtzler, Oswald, Federmacher 435
Ypolit, Sigmund 354
Zach, Hans 565

Zacharasin 369
Zacherl
  Balthasar, Hornmacher 339, 340
  Hans, Hornmacher 339, 340
  Jörg 338
  Lienhart, Zimmermann 256
Zaiser
  Hans 92, 453
  Hans, Bäcker 529
  Konrad, Bäcker 528, 530
  pueri 531
  Sigmund, Kramer 92, 97, 112, 388
Zaiserin 529
Zaissinger, Anna 500
Zaissinger, Lienhart, Wirt 500, 501
Zaler, Franz 87
Zaler, Hans 377
Zalerin 122
Zanck (Zangk)
  Andre 526
  Heinrich 407, 540
  Perchtold 524, 539, 540
  Ulrich 111
Zanckhl, Lucas, Schuster 534
Zanckl (Zangkl), Hans 527
Zandl, Jäger 85
Zänng, Hans 544
Zauner, Andre, Kapellmeister 168
Zaunhackin, Anna 96
Zehentner 42
  Fridrich 537
  Hans, pueri 280
  Hans, Tagwerker 508
  Jacob 279
  Kind 279
Zehentner von Anzing 329
Zehetmairin, Margaret, Ringlerin, Naterin 128
Zeich, Michel 382
Zeirinck, Hertel, Kramer 559, 561
Zeiringk, Heinrich, Schmied 562
Zeisler, Hans, Diener 241
Zeller
  Härtel 441
  Konrad, Kramer 264, 402
  Lienhart 512
  Ulrich, sartor 328, 349, 441
Zellermair, Jörg 396
Zentz, Jörg, Reiter 424, 436
Zernweggin 532
Ziegler
  Cristof, Landschaftsoberschreiber 436
  Hans, Schneider 389
  Jeronimus, Stadtpoet 241
  Jörg, Gürtler 416
  Jörg, Maurer 555
  Jörg, Schneider 291
  Konrad, Schneider 320, 336
Zierler, Nadler 388
Zimmermann., Niclas, Nadler 458
Ziner, Dr. Nikolaus, Stadtschreiber 198
Zinglin, Anna 518
Zinsmaisterin 340
Zirckl, Anna 109
Zirckl, Apollonia 109
Zircklin, Andre 113
Zogaus, Hans, Schuster 537
Zollern, Graf von, Hofgesind 523
Zollner
  Andre, Weinschenk 473, 503
  Apollonia 198
  Bäcker 121
  Balthasar, Kartenmacher 295
  Benedikt, Kartenmacher 457
  Elsbeth 485
  Hans, Weinschenk, Salzsender 317, 355, 361, 373, 483, 484, 485, 501
  Heinrich, Kramer 244, 247
  Heinrich, Wirt 503, 519
  Ulrich 39, 42, 44
Zollnerin, Cristof 316
Zollnerin, Hans 291
Zollnerin, Sigmund 133
Zorn, Kürschner 547
Zossauer, Michel, Schlosser 220, 265
Zotel, pueri 336
Zucherl, Bote 360
Zuckseisen, Hans, Schlosser 219, 260
Zuckseisen, Kaspar 260, 261
Zuckseisen, Sigmund, Wirt, Eisenkramer, Salzstößel 235, 245, 260, 261
Zuckseisin 548
Zünter 221
Zürcher, Beutler 402, 443
Zürngast, Sidonia 540, 541
Zürngast, Wolf 541
Zweikircher, Bäckerknecht 555
Zweng, Balthasar 93
Zweng, Jacob 73
Zwick 388
Zwikopf, Hans, Goldschmied 191, 193, 270
Zwikopf, Kinder 263, 504
Zwinckger 167
Zwixauf, Pistor 39

Ortsregister

Abensberg 407
Aibling 186, 474
Aich 391
Aichach 102, 111, 176, 177, 179, 371, 408, 442, 459
Alling 240, 460
Altenbeuren 144
Altenhohenau 100
Altheim 328, 478
Altkirchen 97
Amberg 167, 362
Anger 393, 396, 465, 544, 552
Anoltspach 285
Antorf, Schuld 400, 497
Antwerpen *Siehe* Antorf
Anzing 329
Argat (Argart) 214, 231, 441
Aschheim 507
Ascholding 153
Aspach 223
Au 457
Auerdorf 564
Augsburg 88, 146, 149, 248, 285, 342, 345, 354, 385, 418, 441, 466, 467
Augusta 415

Bachenhausen 335
Baierbrunn 357
Baumkirchen 475
Benediktbeuern 146, 152, 153
Berg 147, 162
Biburg 132
Bozen 425, 427, 438, 496
Braunschweig 165
Bruck 523
Dachau 149, 464, 471
Deggendorf 301
Deining 208, 209, 471, 472
Dießen 338, 409
Dinkelsbühl 297
Donauwörth 355
Dorfen 342, 420
Dürnstein 186
Ebersberg 243, 245, 246, 351, 430, 445
Echmaring 286
Echmaring, Ehmaring *Siehe* Egmating
Eck 166
Egenberg 537
Egenhofen 532, 537
Eggmühl 157
Eglofstain 552
Egmating 428
Eichstätt 73
Enns 363
Eßling 252, 262, 266, 454
Ettal 248, 253, 545, 546, 550, 551, 552, 553, 557, 558, 561
Eurasburg 245, 246, 249
Farnoltzhausen 441
Feldmoching 336
Ferrara 525
Forstenried 299
Freiham 298, 299
Freising 89, 113, 195, 197, 205, 310, 326, 348, 402, 427, 441, 524
Fürstenfeld 205, 207, 221, 223, 228, 232, 235, 236, 237, 240, 324, 485
Fußberg 171
Füssen 405
Gangkofen 327
Gasteig 346, 425
Gauting 445, 502
Geisenfeld 85
Glanitz 520
Gögging 391
Görz 510
Graggenau 93, 388, 390, 550
Greifenberg 288
Grünwald 97, 360
Gumppenberg 156
Gundelfing 240, 242, 243, 248, 250, 253
Günding 518
Hadern 522
Haebach 84, 112
Hagenau 563
Haid 344
Haidhausen 555
Hailprun 92, 168, 356
Hall 311
Hall im Inntal 347
Harmating 138
Hauben, in der 428, 442
Hausen 43, 179, 185, 362, 363

Hayd 179
Heidelberg 535
Heidenkam 147, 148
Hirschhorn 286, 358
Hof 527
Hofolding 319
Holzkirchen 167
Iffldorf 144
Ilmmünster 105
Indersdorf 220, 425
Ingolstadt 147, 265, 286, 300, 313, 326, 328, 396, 478, 485, 532, 542, 551, 554
Innsbruck 189, 267, 359, 528
Inntal 420
Italien 485
Jettenbach 249
Kastelrot 513
Kaufbeuern 561
Kirchberg 157, 284
Kitzpühel 149
Kneuting 136, 164, 499
Königsdorf 144
Krailling 240
Kray 247
Kufstein 149
Landau 425
Landsberg 207, 209, 330, 368
Landshut 151, 166, 266, 285, 286, 305, 338, 369, 380, 414, 464, 505, 507, 518, 540, 541
Lantesheim 192
Liechtenstain 151
Linz 285
Lochhausen 39
Loe, de 345
Mainz 310, 451, 508, 510
Mammendorf 548
Massenhausen 245, 248, 253
Maxlrain 145
Memmingen 267
Menzing 235
Mindelheim 566
Mittenwald 181, 185, 186, 328, 357
Moosburg 490
Mosach 62
Mühldorf 343, 485, 509
Mühlfelden 249, 251
München 156, 264, 470
Nannhofen 396
Neuötting 478
Neustadt 469, 470
Niederbayern 357, 358
Niederföhring 270
Niederpeurbach 136
Nördlingen 389
Notzing 323
Nürnberg 180, 407, 414, 518, 523, 559
Oberföhring 109
Oberkrailling 229
Oberried 355
Oberumbach 356
Orlients 258, 271, 279
Österreich 511
Ottenhofen 494
Ötting 343, 485, 509
Paindlkirchen 440
Päl 447
Pasenbach 493

Pasing 267, 269, 288, 471, 508
Peiting 457
Perfall 459
Petmes 102, 310, 429, 443
Pewing (Poing) 170
Pfaffenhofen 421, 428
Planegg 521, 522
Poing 170, 297
Polling 553
Portugal 485
Prien 346, 397
Puch 441
Pühel 429, 444
Pullach 170
Raitenhaslach 92, 107, 108, 110, 112, 510
Regensburg 85, 153, 161, 267, 273, 332, 344, 486, 491, 510
Ried 183
Rosenheim 88, 90, 97, 385, 401
Rott am Inn 459
Rufach 334
Rumatzhausen 263
Sachsenhausen 205, 237
Sachsenkam 215
Salzburg 198, 263, 280, 281
Schäftlarn 74
Schellenberg 156
Schliersee 193
Schönbrunn 263
Schrobenhausen 354
Schwaben 181, 270
Schwabing 425
Seefeld 222, 223, 228, 229, 232, 329, 512
Seeholzen 246
Seiboltsdorf 169, 171, 180, 194
Sendling 77, 89, 199, 245, 246, 381
Solln 301
Spaur 165, 169, 171, 438, 439
Speyer 287, 294, 468, 503
Stegen 169, 438
Straubing 346, 348, 404, 506
Tal 213, 233, 244, 292, 437
Taufkirchen 335
Teck 329, 347
Thalkirchen 245
Tölz 149, 173
Törring 242, *Siehe* auch Törringer
Traubing 212
Überling 155
Ursenberg 76
Venedig, Schuld 497
Vilshofen 401
Wäldl 244
Wangen 266, 290
Wartenberg 153, 157
Wasserburg 104, 286, 335, 366, 370, 418, 539, 540
Weichs 133
Weilbach 147
Weilheim 193, 220, 436, 442
Weißenhorn 157, 284
Werfa (Wafa?) 325
Wessling 566
Westerburg 163
Wien 478
Windsheim 552
Winkel, in dem 357, 358
Worms 443

Wörthsee 249
Würzburg 548
Zollern 523

Berufsregister

Abenteurer 294, 377, 523
Ableuter 549
Amme 234, 345, 409, 527, 548
Amme (?) 144
Amtmann 235, 275, 565
Apotheker 77, 132, 163, 176, 177, 189, 312, 334, 336, 337, 341, 363, 364, 373, 482, 535, 536
Apothekerin 418
Armbrustschnitzer 208, 291
Arzt 91, 101, 226, 294, 382, 388, 402, 417, 436, 470
Ärztin 382, 451
Aufleger 373, 401, 410, 435
Auflegerin 487
Auftrager 179
Augenarzt 294
Bäcker 121, 136, 189, 205, 211, 213, 214, 222, 223, 224, 225, 226, 227, 228, 257, 266, 278, 293, 294, 298, 311, 312, 316, 337, 340, 360, 376, 505, 524, 527, 528, 529, 530, 531, 532, 533, 553, 558, 560, 561, 562, 563, 564, 565, 566
Bäckerknecht 220, 226, 251, 382, 451, 454, 555, 563, 564
Baddirn 377, 534, 565
Bader 39, 198, 210, 287, 316, 358, 408, 498
Baderin 301, 565
Badknecht 251, 295, 382, 388, 433, 533, 565
Badknechtin 537
Balbierer 84
Balneator 429
Bankknecht 564
Barbier 103, 210, 295, 324, 329, 361, 383, 473, 498, 535, 536
Barbiererin 404
Barchentkarter 337
Bauer 554
Baumeister 112, 356
Baumeisterknecht 72
Baumhackerin 76
Baumhauer 233
Beisitzer 34, 36, 162, 195
Betschwester 382
Bettelrichter 377
Beutler 77, 81, 84, 85, 92, 93, 97, 101, 102, 103, 106, 108, 111, 112, 114, 131, 144, 166, 168, 179, 190, 216, 218, 226, 229, 231, 234, 235, 252, 261, 270, 271, 275, 282, 287, 291, 295, 301, 310, 320, 336, 337, 339, 340, 341, 345, 349, 350, 351, 354, 356, 359, 361, 365, 373, 377, 378, 379, 380, 382, 386, 387, 388, 393, 394, 395, 401, 402, 403, 404, 408, 409, 410, 415, 416, 417, 418, 423, 429, 433, 434, 443, 450, 451, 452, 456, 464, 473, 503, 563, 566
Beutlerin 320, 351, 356, 566
Bierbräu 177, 198, 269, 272, 273, 274, 275, 290, 298, 299, 302, 327, 345, 459, 536
Bierbräuin 216
Bildhauer 556
Bildmacher 167

Bildschnitzer 556
Bleicher 227, 265, 534, 538
Bleicherin 265, 270
Bodenknecht 377
Bogner 103, 144, 215, 265, 270, 280, 281, 287, 292, 294, 298, 299, 300, 302, 304, 310, 324, 336, 388, 450, 451, 452, 454, 473, 513, 528, 548
Bognerin 373, 538
Bortenwürcherin 402, 403, 503
Bote 185, 220, 231, 256, 261, 278, 291, 296, 360, 370, 378, 383, 389, 390, 411, 434, 435, 453, 458, 534, 565, 566
Botin 252, 271, 330
Branntweiner 319, 566
Branntweinerin 559
Bräuknecht 81, 220, 234, 378, 554
Briefvierer 453
Brothüter 436
Brotknecht 231
Brotwäger 556
Brunnenmacher 231
Brunngraber 231, 233
Buchbinder 88, 90, 92, 93, 113, 114, 220, 370, 534, 565
Buchdrucker 243, 244, 369, 396, 411
Buchführer 112, 113, 324, 564
Buchschreiber 72
Büchsenmeister 91, 216, 230, 322, 324, 538, 552
Bürgerknecht 70, 71
Bürgermeister 19, 74, 157, 286, 328, 372, 507, 512
Bürstenbinder 93, 98, 103, 112, 220, 270, 291, 303, 304, 345, 351, 354, 356, 383, 388, 452
Calciator 40, 41, 106, 111, 115, 135, 155, 179, 214, 231, 236, 310, 319, 394, 428, 429, 440, 441, 442, 444, 467, 486, 497, 546, 547, 554, 562
Cantor 378
Carpentarius 90, 360
Choral 536
Choralist 566
Chorherr 242, 243
Chorherr zu ULF 244
Chorrichter 195
Cocus 115
Collecter 168, 178, 348, 356, 362
Confecter 136
Custor 125, 128
Dechant 463, 465, 483
Deckenmacher 199, 226, 256, 262, 345, 411
Deckenmacherin 199
Diener 241
Doctrix 155
Drechsler 261, 266, 290, 293, 321, 348, 499, 544
Drechslin 543
Eichmeister 354, 378
Eichmeister der Weine 193
Einspenig 128, 252, 345, 400, 401, 499
Eisenhändler 280, 304, 305, 334, 526
Eisenkramer 79, 81, 92, 194, 212, 213, 214, 261, 264, 330, 335, 410, 440, 459
Factor 137, 145
Färber 81, 159, 173, 215, 233, 241, 243, 247, 252, 256, 320, 336, 349, 410, 513, 515, 537, 563
Färberin 220
Federmacher 435
Federmacherin 423
Feilenhauerin 156, 565
Fischer 281, 295, 321, 330, 387, 451, 471, 495, 503
Fischerin 226, 389, 564

Fischhändler 495
Fischmeister 231
Fleischhacker 467, 483, 528
Floßman 434
Floßmann 436
Forster 123, 274
Fragner 101, 102, 135, 137, 179, 207, 228, 232, 264, 305, 355, 360, 379, 380, 387, 397, 402, 403, 408, 415, 416, 422, 424, 430, 441, 442, 443, 444, 445, 446, 459, 486, 532, 562, 563
Fragnerin 101, 402, 428, 443
Fronbote 430
Fuhrknecht 388, 410, 434
Fuhrknechtin 481, 513
Furier 190, 241
Futterer 241
Futterschreiber 98, 133, 136, 404
Gantknecht 124, 125, 132, 252, 330, 384, 388, 411
Gartner 256, 296, 325, 330, 458, 468, 538
Gastgeb 262, 327
Gastwirt 89
Gegenschreiber 469, 470
Geiger 458
Gerichtsschreiber 436, 474
Gewandschneider 72, 75, 80, 84, 89, 91, 95, 99, 100, 105, 108, 113, 114, 130, 164, 166, 168, 178, 190, 194, 210, 215, 264, 269, 317, 323, 325, 328, 346, 348, 379, 380, 397, 400, 435, 471, 486, 488, 492, 547
Gewandschneiderin 116
Gewandunterkäufel 124, 132
Glaser 265, 270, 321, 343, 345, 381, 390, 402, 441, 528, 550, 566
Glufenmacher 302, 320, 350
Goldschlager 102, 336, 379, 380, 543, 544
Goldschmied 43, 75, 78, 80, 88, 111, 116, 130, 131, 136, 144, 156, 167, 170, 178, 193, 251, 269, 270, 271, 285, 297, 328, 329, 338, 349, 355, 356, 360, 361, 365, 373, 387, 401, 408, 458, 482, 483, 487, 491, 492, 502, 532, 537, 539, 540, 541, 552, 553, 554, 558, 562
Goldschmiedin 85
Goldspinnerin 172
Gollermacher 533
Großer Rat 88, 101, 115, 134, 157, 160, 165, 184, 268, 269, 288, 297, 300, 349, 355, 468, 486, 490, 495, 515, 537, 543, 546
Großzollner 393
Gschlachtgwander 75, 172, 211, 228, 229, 231, 251, 262, 263, 264, 341, 405
Gürtler 84, 85, 96, 97, 101, 102, 103, 104, 105, 108, 110, 111, 112, 115, 123, 183, 220, 234, 251, 262, 265, 270, 291, 300, 301, 316, 320, 325, 334, 348, 350, 356, 361, 369, 373, 375, 376, 377, 378, 381, 382, 383, 386, 387, 388, 389, 394, 395, 403, 404, 408, 409, 410, 411, 416, 417, 421, 431, 434, 448, 453, 458, 467, 471, 487, 488, 533, 548, 550, 563
Gürtlerin 220, 346
Häderin 215
Hafner 91, 233, 234, 244, 246, 247, 251, 453, 538, 550
Hafnerin 103, 247
Hammerschmied 262, 552
Hammerschmiedin 180
Handelsmann 191
Handknecht 262
Handmalerin 131
Handschuher 443
Handschuhmacher 256
Harnischmeisterin 241

Hartschier 128
Haubenschmied 295, 296
Haubenschmiedgeselle 291
Haubenstrickerin 152
Häublmacher 356, 433
Hauptmann 173, 190, 194, 235, 278, 325, 411, 458, 499
Hauspfleger 136, 163, 164, 231
Hebamme 226, 227, 234, 237, 457, 564
Helmschmied 554
Heublmacher 112
Hofbräu 268, 269
Hoffrau 210, 220, 434, 534, 537, 538, 549
Hofgesind 85, 86, 98, 113, 114, 128, 132, 137, 145, 156, 162, 173, 180, 185, 190, 194, 198, 216, 227, 231, 241, 244, 245, 248, 257, 258, 278, 291, 295, 296, 325, 330, 337, 338, 350, 356, 362, 369, 374, 383, 388, 390, 411, 423, 435, 436, 455, 481, 496, 499, 502, 504, 513, 520, 523, 533, 534, 542, 550, 556
Hofkoch 216, 560
Hofmann 193
Hofmeister 173, 250, 357, 459
Hofprokurator 248
Hofrat 156, 199
Hofriemer 324
Hofsattler 473
Hofschmied 293
Hofschuster 102, 465
Hofzinngießer 304
Holahipper 389
Holzhacker 72, 102, 263, 451
Holzhändler 186
Holzmesser 457, 564
Holzschuher 101, 102, 108, 508
Holzschuhmacher 108, 110, 234
Hornmacher 339, 340
Hosennestler 91, 101, 402
Hufschmied 212, 231, 263, 265, 338, 339, 340, 487
Huter 226, 244, 287, 394, 403, 404, 405, 406, 409, 410, 413, 414, 416, 417, 422, 423, 432, 433, 434, 548, 563
Hüter 287
Huterin 265, 433, 564
Infrau 116, 125, 199, 227, 237, 257, 278, 325, 434, 534, 563
Inmann 330
Institor 40, 42, 90, 96, 99, 101, 111, 115, 155, 236, 244, 250, 381, 385, 394, 402, 407, 439, 442, 443, 486, 559, 562
Jäger 85, 93, 227, 282, 296, 330
Jägerin 112, 125, 454
Juden 474, 514, 528
Kalkbrenner 296
Kaltschmied 97, 267, 268, 430, 436, 446, 559, 561
Kammerer 233, 267, 284, 408
Kammerherr 525
Kammerknecht 261, 301
Kammerrat 151, 156, 163, 164, 520
Kammerschreiber 96, 124, 179
Kämmler 97
Kanzleischreiber 85, 128, 137, 190, 330, 331, 345, 383, 435, 457
Kanzlei 162, 163, 235, 251
Kanzler, Braunschweigischer 165, 167
Kapellmeister 168
Kaplan 70, 317
Karrer 379
Karrerin 264
Kartenmacher 271, 295, 301, 302, 321, 325, 457, 458

Kartenmacherin 566
Käskäufel 85, 93, 137, 213, 235, 436, 557
Kastner 154, 155, 157, 198, 234, 272, 274, 356, 420, 513, 520
Käufel 81, 93, 97, 130, 137, 179, 233, 264, 265, 267, 269, 286, 300, 369, 373, 402, 408, 446, 451, 497, 498, 513, 533, 537, 538
Käuflin 72, 101, 106, 115, 135, 215, 226, 287, 336, 394, 402, 407, 444, 480, 532, 537, 541, 554, 562
Kellner 81, 91, 190, 247, 349
Kellnerin 193, 289
Kerzler 259
Kerzlerin 72, 123, 275, 453
Kettenmacher 417
Kirchherr 245
Kirchpropst 179
Kistler 130, 131, 135, 167, 172, 210, 211, 213, 215, 217, 221, 233, 235, 244, 264, 293, 294, 296, 328, 337, 350, 360, 499, 513, 519, 523, 541, 542, 547, 549, 553, 554, 555, 556, 559, 561, 562
Kistlerin 234, 548
Kloiber 436
Knapp 294
Knopfschmiedin 433
Koch 93, 98, 113, 125, 128, 167, 216, 218, 219, 227, 257, 260, 261, 265, 273, 274, 278, 282, 287, 291, 296, 300, 302, 310, 373, 377, 378, 404, 431, 434, 441, 442, 444, 445, 446, 447, 448, 451, 452, 453, 454, 455, 456, 482, 488, 492, 503, 508, 530, 532, 538, 548, 560, 564
Köchin 128, 144, 560
Kornmesser 329, 451, 500, 501, 502
Kramer 72, 73, 74, 75, 76, 79, 80, 81, 84, 85, 89, 90, 91, 92, 93, 94, 95, 96, 97, 98, 99, 100, 101, 102, 103, 104, 105, 106, 107, 108, 110, 111, 112, 113, 114, 115, 123, 124, 131, 132, 133, 145, 151, 155, 168, 172, 173, 176, 178, 180, 190, 199, 205, 210, 215, 226, 227, 247, 250, 252, 262, 264, 266, 270, 279, 280, 282, 285, 287, 289, 290, 292, 295, 301, 305, 319, 320, 322, 323, 327, 328, 329, 330, 334, 336, 337, 338, 340, 344, 345, 349, 355, 356, 358, 360, 361, 364, 369, 370, 373, 374, 377, 381, 382, 383, 385, 387, 388, 392, 393, 394, 400, 401, 402, 403, 405, 406, 407, 408, 409, 410, 413, 414, 415, 416, 417, 421, 423, 428, 432, 434, 435, 437, 438, 441, 453, 454, 455, 456, 467, 472, 473, 474, 480, 482, 486, 501, 513, 523, 530, 533, 546, 548, 558, 561
Kramerin 76, 81, 84, 91, 92, 97, 101, 102, 106, 110, 116, 136, 215, 264, 329, 373, 387, 404, 408, 410, 416, 417, 429, 449, 471, 554
Krapfenbacher 417
Kräutler 167, 541, 544, 547
Kräutlerin 111
Küchelbacher 212, 214, 416, 446
Küchelbacherin 215, 265
Küchenmeister 39, 136, 190, 192
Küchenschreiberin 423
Kuhkäufel 137
Kupferschmied 190, 212, 533
Kürschner 41, 71, 76, 113, 125, 189, 210, 214, 226, 231, 252, 265, 298, 300, 302, 322, 324, 328, 330, 337, 345, 502, 503, 519, 527, 538, 545, 547, 554, 555, 559
Kürschnerin 101, 234
Küster (Guster) 116, 123, 431
Küsterin (Gusterin) 125, 388
Laderin 124
Lakai 137
Landgraf 485
Landhofmeister 362

Landschaftskanzler 519
Landschaftsoberschreiber 436
Landsknechtin 247
Lautenist 185, 370, 435
Lautenmacher 155, 198, 234, 330
Lautenschlager 155, 316
Lautenschlagerin 560
Lebzelter 179, 225, 252, 256, 296, 538, 550
Lederer 40, 42, 43, 44, 95, 111, 184, 365, 367, 547
Lederschneider 85, 172, 325, 330, 405, 406, 458
Lederschneiderin 435
Leibarzt 132, 164, 167, 185, 186, 334, 339, 340
Leineweber 256, 278, 296, 533
Leistschneider 113, 411, 458
Lernfrau 155, 286
Lernmeister 103, 113, 130, 144, 237, 266, 295, 324, 346, 348, 456, 498, 528, 549
Loder 216, 261, 380, 456, 558, 564
Loderknapp 226
Löwenmeisterin 278
Maler 40, 81, 103, 111, 112, 116, 124, 167, 168, 172, 183, 226, 270, 271, 311, 312, 336, 345, 361, 366, 368, 373, 381, 394, 396, 402, 411, 418, 464, 482, 492, 547, 552
Malerin 112, 455, 538
Mangmeister 242, 243
Maurer 39, 40, 41, 42, 43, 91, 92, 97, 128, 179, 185, 199, 211, 214, 215, 220, 226, 227, 228, 231, 234, 236, 247, 252, 253, 256, 257, 264, 270, 291, 320, 329, 356, 378, 390, 394, 435, 436, 487, 533, 555, 556, 565
Maurerin 373, 417, 436, 537
Mautner 227
Melbler 211, 212, 213, 214, 215, 262, 265, 291, 393, 432, 453, 455, 458, 459, 555, 556, 557, 559, 563
Melzer 98, 179, 244
Mercator 72, 75, 111, 155, 193, 210, 214, 230, 264, 300, 360, 415, 443, 497, 546, 562
Mercatrix 97, 155
Mesner 97, 123, 124, 125, 128, 257, 402
Mesnerin 128, 369
Mesnerknecht 72, 123, 417, 554
Messer 355
Messerer 97, 103, 111, 131, 210, 226, 244, 251, 264, 287, 329, 382, 388, 394, 401, 409, 422, 431, 448, 466, 480, 487, 488, 503, 508, 532, 554, 555, 559, 562, 563
Messerin 116
Messerschmied 210, 216, 220, 231, 234, 235, 244, 261, 278, 294, 295, 296, 301, 311, 375, 382, 451, 457, 508, 528, 548
Messerschmiedin 78, 220, 237
Messingschaber 435
Messingschlager 435
Messrerin 403
Metschenk 318, 319, 503
Metzger 233, 258, 318, 330, 529, 531, 533
Metzgerin 534, 565
Morterkocher 215, 216, 234, 325, 563, 564
Mühlknecht 557
Müller 144, 241, 251, 266, 341, 373, 410, 532, 537, 546
Müllerin 172, 256, 295
Münzer 101, 113, 167, 172, 179, 236, 269, 328, 355, 369
Münzmeister 88, 137, 139, 172, 187, 349, 478, 492, 541, 543, 544
Münzmeisterin 138, 362
Nadler 91, 92, 93, 97, 98, 101, 102, 103, 114, 131, 196, 199, 214, 216, 226, 227, 234, 271, 278, 291, 295, 301, 349, 374, 378, 380, 381, 388, 408, 416, 418, 435, 454, 455, 458, 554, 556, 560, 563
Nadlerin 72, 226, 275, 294, 345, 377, 417
Nagler 230, 234, 275, 321, 325, 330, 488, 538
Naglerin 378, 534, 565
Naterin 98, 112, 113, 128, 144, 215, 220, 226, 258, 265, 270, 275, 282, 294, 336, 383, 388, 433, 452, 454, 455, 537, 558, 564, 565
Nestler 77, 92, 93, 100, 103, 123, 179, 184, 261, 271, 279, 291, 302, 344, 350, 356, 369, 377, 382, 384, 386, 388, 389, 395, 396, 404, 410, 411, 417, 418, 434, 455, 456, 473, 558
Nestlerin 291, 310, 457
Notar 291
Oblater 451, 452, 535, 536
Oblaterin 447
Obser 231, 241, 265, 282, 287, 291, 300, 301, 337, 382, 406, 417, 422, 423, 431, 432, 435, 441, 444, 447, 448, 449, 451, 537, 542
Obserin 258
Ölerin 445
Organist 128
Organist von Regensburg, Hofgesind 85
Orgelmeisterin 410
Panzermacher 345, 436
Papierer 300, 534
Pecherer 441, 443
Pechrerin 233
Pellifex 39
Perlmacher 528
Perlmutterer 251
Pfaffenkellnerin 454
Pfänderknecht 555
Pfändermeister 136, 163, 164, 179, 503, 506, 521, 528
Pfarrer 223, 246, 311, 346, 397, 475
Pfeifer 168, 211, 212, 215, 287, 345, 560, 563
Pfeilschifter 210
Pfeilschmiedin 145
Pfister 217, 386, 468
Pflasterer 152, 296
Pflegerin 325
Pirmeider 370, 371
Pistor 39, 225, 360
Plattner 76, 136, 167, 215, 226, 233, 480, 486, 487, 488, 532, 554, 563
Plettersetzer 330, 337
Ponivex 91
Posauner 356, 423, 457
Prenner 349, 402, 523
Prennerin 523
Priester 303, 304, 326, 483, 525
Prokurator 93, 190, 248, 278, 350, 361, 458
Propst 105, 237, 240, 241, 251, 324
Pröpste 391
Provisoner 523
Prüchler 77, 85, 92, 216, 227, 402, 436, 508
Pulvermacher 383
Pulvermacherin 256
Rammeister 408
Rat, hgl. 149, 153, 154, 156, 161, 162, 173, 187, 194, 198, 199, 244, 250, 282, 347, 362, 495, 509, 513, 519, 542
Ratsknecht 70, 71, 72, 77
Redner 458
Reiter 98, 128, 211, 227, 231, 235, 252, 257, 258, 291, 325, 378, 390, 424, 436, 454, 534, 556, 557
Reitknecht 278

Rentmeister 136, 154, 156, 499, 542
Rentschreiber 231, 346
Richtersknecht 433, 454, 563
Riemer 103, 227, 235, 274, 321, 324, 366, 368, 378, 383, 436, 455, 457, 458, 474, 499, 534
Ringler 91, 95, 103, 113, 131, 189, 215, 234, 264, 344, 387, 388, 394, 409, 473, 480, 554
Ringlerin 103, 125, 128, 291, 355, 394
Ringmacher 220, 275
Roßwachter 533
Rotschmied 210, 220, 233, 234, 287, 289, 297, 311, 312, 317, 319, 320, 382, 394, 401, 402, 429, 443, 445, 463, 464, 466, 467, 479, 480, 487, 488, 497, 503, 512, 541, 542, 545
Rotschmiedin 468, 470
Säckler 93, 341, 389, 393, 411, 435, 558
Saitenmacher 233, 243
Saliterer 468
Salwurch 133, 144, 270, 282, 310, 384, 385, 387, 402, 441, 443, 464, 466, 467, 471, 480, 487, 527
Salwurchin 115, 408
Salzbereiter 251
Salzknecht 557
Salzmesser 136, 159, 197, 549, 555
Salzmesserin 549
Salzsender 39, 42, 44, 89, 91, 103, 110, 113, 134, 135, 136, 139, 173, 183, 184, 189, 190, 197, 241, 244, 269, 274, 281, 287, 291, 294, 300, 305, 313, 316, 328, 334, 337, 354, 355, 361, 363, 373, 374, 376, 378, 380, 393, 396, 400, 403, 407, 409, 415, 416, 421, 424, 456, 464, 469, 471, 479, 481, 482, 485, 491, 492, 502, 506, 509, 510, 511, 513, 523, 526, 538, 543
Salzstadel-Büchsenknecht 198
Salzstößel 84, 179, 195, 198, 212, 213, 215, 234, 241, 244, 245, 257, 261, 274, 275, 281, 282, 291, 292, 294, 295, 299, 302, 303, 304, 311, 324, 362, 369, 400, 428, 435, 441, 453, 456, 464, 468, 481, 482, 503, 521, 522, 523, 530, 532, 536, 548, 549, 556, 563
Sämerin 453
Sämler 124
Sämlerin 234
Sämner 123
Sämnerin 220
Sandwerfer 321, 564
Sartor 75, 76, 81, 90, 97, 101, 106, 111, 155, 214, 225, 230, 264, 284, 328, 335, 349, 381, 394, 415, 441, 467, 554
Sattler 93, 101, 210, 215, 221, 226, 230, 231, 247, 270, 287, 291, 294, 296, 298, 300, 302, 305, 310, 316, 318, 319, 320, 321, 324, 328, 336, 407, 417, 432, 434, 451, 455, 463, 464, 465, 466, 467, 468, 470, 471, 473, 479, 480, 481, 483, 484, 487, 488, 497, 503, 508, 554, 562
Sattlerin 39, 199, 497
Sauschauer 294
Schäfer 234
Schaffer 234, 265
Schäffler 195, 240, 296, 555, 563
Schäfflerin 233
Schaffner 346
Schankungelter 89, 153, 154, 155, 178, 183, 184, 282, 328, 335, 369, 485, 544
Scharsachschleifer 533, 566
Scharsachschleiferin 256
Scharwachter 291, 433, 434, 454, 455, 534, 538, 563
Scharwachterin 389
Scheidmacher 91, 122
Schenk 91

Schenkschreiber 159, 190, 498
Scherer 295, 401, 457
Schererin 215
Schleierkäuflin 251, 446, 492
Schleierler 251
Schleierlerin 247
Schleierweberin 234, 452, 564
Schleierweschin 330
Schleifer 110, 210, 433, 434, 455, 533
Schleiferin 270
Schlosser 217, 218, 219, 220, 265, 342, 343, 436, 480, 486, 487, 551, 552, 554, 558, 560
Schlosserin 226
Schmalzkäufel 168
Schmerler 112, 344
Schmied 85, 104, 114, 210, 211, 213, 216, 219, 227, 230, 231, 233, 262, 263, 264, 265, 270, 271, 291, 296, 320, 336, 350, 378, 407, 479, 480, 483, 486, 487, 562, 563, 564
Schmiedin 168, 216, 345, 562
Schmiedknecht 226, 329, 415, 444
Schmiermacher 270
Schneider 43, 62, 72, 75, 76, 81, 85, 90, 97, 101, 102, 106, 109, 111, 113, 123, 131, 167, 179, 190, 198, 207, 208, 210, 211, 214, 215, 220, 226, 227, 228, 229, 230, 232, 233, 235, 251, 256, 264, 265, 267, 269, 270, 271, 274, 275, 278, 279, 282, 286, 287, 291, 294, 295, 296, 302, 303, 310, 317, 319, 320, 321, 325, 328, 329, 330, 333, 334, 335, 336, 337, 340, 349, 350, 355, 360, 377, 378, 380, 381, 384, 386, 387, 389, 390, 396, 401, 402, 404, 408, 415, 416, 429, 434, 435, 436, 442, 443, 444, 445, 447, 455, 458, 464, 468, 469, 471, 482, 487, 497, 502, 503, 508, 513, 523, 528, 531, 532, 533, 534, 536, 537, 546, 547, 548, 554, 556, 557, 558, 559, 564
Schneiderin 112, 116, 125, 295, 418, 428, 457, 564
Schnitzer 72, 76, 121, 130, 144, 207, 208, 211, 212, 229, 274, 280, 281, 291, 294, 303, 304, 335, 336, 341, 382, 500, 501
Schnitzerin 198
Schopper 227, 235, 321
Schopperin 125, 185, 256, 278, 325, 338
Schreiber 111, 115, 144, 159, 163, 184, 189, 210, 261, 274, 286, 301, 311, 312, 340, 348, 377, 382, 416, 444, 487, 497, 512, 554, 555
Schröter 189
Schuhflicker 534
Schuhmacher 424, 550
Schulmeister 122, 227, 279, 493, 498, 549
Schuster 72, 76, 81, 93, 95, 98, 102, 103, 104, 112, 115, 116, 128, 199, 207, 208, 209, 210, 211, 215, 220, 225, 226, 231, 233, 252, 256, 259, 266, 270, 274, 278, 287, 289, 296, 298, 301, 305, 309, 319, 321, 325, 336, 340, 349, 350, 368, 369, 381, 387, 390, 395, 396, 402, 403, 408, 410, 411, 416, 417, 422, 424, 425, 427, 428, 429, 430, 431, 432, 433, 434, 435, 439, 440, 441, 443, 444, 445, 446, 447, 448, 449, 450, 451, 452, 453, 454, 455, 456, 458, 464, 471, 480, 499, 502, 503, 530, 531, 532, 533, 534, 537, 538, 545, 554, 555, 563, 564, 565, 566
Schusterin 102, 131, 136, 264, 278, 389, 417, 433, 435, 454, 456, 565
Schwertfeger 92, 220, 294, 320, 451, 452, 467, 468, 471, 487, 488, 497, 554
Schwertfegerin 329, 563
Scriptor 39, 40, 155, 190, 192, 300, 335, 532, 547
Seidennater 144, 167, 190, 252, 256, 291, 325, 330
Seidennaterin 97, 189
Seidenstricker 565

Seiler 79, 81, 137, 327, 340, 362, 376, 409, 412, 414, 471, 497, 507
Seilerin 199, 321, 435, 534, 538, 565
Sekretär 137, 146, 374, 393, 396, 479, 541, 544, 548
Sensenschmied 212, 252, 326, 538
Sensenschmiedknecht 556
Servus 231
Sessler 252
Sieber 80, 303, 338, 411, 423, 433, 453, 555, 563
Sieberin 433, 454
Siebmacher 433
Siegelgraber 417, 423
Silberkramer 389
Singer 278
Snierler 123
Soldaten 182, 186, 268, 273, 358, 526, 547
Spängler 84, 92, 93, 103, 112, 113, 114, 227, 292, 295, 296, 388, 418, 434, 452, 458, 499, 528, 534
Spetzker 410
Spiegler 478
Sporer 215, 220, 251, 252, 319, 330, 335, 369, 464, 480, 486, 487
Sporerin 294
Stadtarzt 395
Stadthausknechte 122
Stadtleibarzt 339, 423
Stadtmaurer 167
Stadtobermaurer 553, 555
Stadtoberrichter 136, 144, 145, 164, 231, 248, 423, 552
Stadtpfeifer 423
Stadtpoet 144, 241, 428
Stadtrat 15, 19, 30, 36, 38, 40, 41, 42, 43, 44, 55, 72, 80, 81, 88, 89, 90, 96, 97, 100, 110, 112, 130, 134, 135, 136, 137, 138, 139, 144, 145, 148, 149, 150, 151, 153, 154, 155, 156, 157, 158, 159, 160, 161, 162, 166, 171, 172, 177, 179, 180, 182, 183, 184, 187, 189, 190, 192, 193, 196, 197, 229, 230, 251, 263, 264, 266, 269, 273, 281, 282, 284, 285, 288, 297, 299, 304, 312, 313, 322, 323, 326, 327, 328, 334, 337, 338, 339, 343, 347, 348, 349, 350, 354, 355, 359, 360, 361, 363, 364, 367, 371, 372, 373, 374, 376, 380, 382, 393, 400, 406, 413, 414, 420, 421, 426, 438, 439, 440, 469, 472, 478, 479, 480, 481, 482, 485, 486, 490, 491, 492, 495, 496, 497, 498, 500, 502, 505, 506, 507, 509, 510, 511, 512, 513, 515, 518, 519, 522, 537, 541, 543, 546, 548
Stadtschreiber 92, 131, 134, 136, 144, 165, 198, 245, 246, 251, 269, 279, 336, 361, 372, 382, 459, 460, 465, 466, 512
Stadtsöldner 125, 145, 234, 237, 244, 251, 253, 258, 265, 271, 279, 287, 343, 361, 403, 503, 520, 542
Stadtuhrmacher 121
Stadtunterrichter 130, 171, 244, 282, 336, 341, 386, 508, 526, 536, 543
Stadtwundarzt 210, 329, 458, 536
Statlmacher 259
Steinmetz 91, 227, 236, 247, 289, 310, 355, 369, 487, 542, 544, 564
Steinmetzin 564
Steinschneider 179, 325, 337, 345, 350
Steuerknecht 71, 72, 124, 125, 132, 155, 330
Steuerschreiber 124, 139, 183
Stubenwascher 435
Stuhlschreiber 498
Tafeldiener 137
Tagwerker 101, 111, 114, 128, 132, 144, 172, 185, 215, 216, 226, 227, 228, 234, 235, 237, 248, 252, 256, 257, 261, 265, 278, 291, 294, 295, 296, 302, 316, 321, 378, 382, 383, 388, 389, 417, 418, 433, 434, 435, 444, 451, 452, 453, 455, 456, 457, 458, 481, 497, 498, 508, 520, 528, 533, 534, 537, 538, 547, 548, 549, 555, 564, 565, 566
Tändlerin 278, 434
Tapezereimeister 185
Taschner 75, 76, 81, 94, 98, 99, 101, 106, 116, 167, 209, 210, 225, 231, 278, 289, 290, 291, 295, 298, 299, 301, 305, 324, 328, 329, 340, 349, 360, 365, 369, 377, 381, 387, 388, 390, 394, 401, 402, 403, 408, 410, 411, 414, 415, 417, 422, 423, 428, 429, 431, 432, 433, 441, 442, 443, 444, 446, 447, 448, 450, 452, 453, 455, 456, 457, 468, 473, 480, 492, 533, 538, 541, 547, 554
Taschnerin 257, 402, 423, 538, 564
Teppichmacher 262
Torwärtlin 435
Totengraber 434
Totentrager 434
Trabant 93, 113, 114, 137, 173, 190, 278, 291, 292, 296, 325, 369, 383, 411, 458, 550, 566
Trompeter 534
Truchelmacher 556
Truckenlader 504
Tücherknecht 458
Tuchhändler 71, 74, 75, 79, 105, 406, 414, 420
Tuchhefter 231, 266, 287, 321, 329, 341, 369
Tuchhefterin 112
Tuchmanger 73, 75, 84, 90, 208, 210, 269, 302, 303, 305, 331, 347, 348, 400, 411, 435, 458, 474, 486
Tuchscherer 72, 75, 76, 81, 84, 88, 90, 91, 92, 93, 95, 97, 101, 103, 167, 172, 242, 244, 270, 271, 279, 291, 331, 337, 341, 344, 356, 369, 410, 435, 523
Tuchschererin 81
Tuchschneider 78
Tuchtrager 226
Türhüter 133, 404
Türhüter, hgl. 220
Türmer 72, 123, 125, 128, 226
Uhrmacher 551
Uhrmeister 551
Uhrrichter 551
Ungeldschreiber 125, 341, 486
Ungelter 286, 370, 372, 421, 436, 488
Ungelterknecht 368
Unterkäufel 294, 470
Vector 39, 41, 43
Viertelhauptmann 183, 190, 194
Vizekanzler 501
Viztum 357
Vorsprech 111, 225, 244, 274, 294, 301, 361, 422, 545
Waagmeister 70, 71, 72, 77, 410, 421
Waagmeisterin 92
Wachter 235, 451, 534
Wagenknecht 265
Wagenmann 41, 236
Wagner 113, 216, 356, 365, 377, 378, 482
Wagnerin 234, 296, 565, 566
Walcher 144, 305
Watmanger 86, 87
Weber 76, 81, 131, 210, 231, 233, 240, 279, 280, 294, 321, 344, 349, 403
Weberin 76, 102, 210, 270, 468, 487, 503, 554
Wechsler 205
Wechslerin 205, 221
Weinamer 97, 103, 168, 227, 252, 301, 349, 350, 414, 458, 471, 498, 503, 566
Weinamerin 227

Weinbrennerin 563
Weinhändler 109, 112, 153, 158, 168, 171, 179, 186, 187, 273, 281, 282, 286, 329, 343, 347, 358, 360, 380, 420, 421, 467, 471, 478, 479, 485, 496, 498, 502, 504, 507, 508, 509, 510, 511, 513
Weinkoster 172, 368, 388, 485
Weinmeister 167
Weinreisser 104, 125, 341, 359, 374, 507
Weinschenk 77, 84, 91, 97, 106, 110, 113, 130, 131, 132, 134, 139, 144, 156, 158, 162, 165, 166, 168, 171, 172, 178, 179, 182, 183, 184, 186, 187, 189, 190, 191, 192, 193, 194, 209, 229, 230, 241, 260, 264, 266, 267, 268, 269, 270, 274, 275, 281, 282, 286, 287, 289, 291, 292, 293, 294, 295, 299, 300, 301, 312, 313, 316, 318, 319, 320, 321, 324, 327, 328, 329, 334, 335, 336, 343, 347, 348, 350, 354, 355, 356, 358, 359, 361, 364, 367, 368, 369, 372, 373, 377, 378, 381, 382, 386, 391, 394, 403, 406, 407, 408, 410, 415, 416, 421, 422, 426, 427, 452, 453, 463, 464, 467, 470, 471, 473, 478, 480, 481, 485, 488, 489, 491, 492, 496, 497, 498, 500, 501, 502, 503, 507, 508, 511, 512, 519, 521, 526, 527, 528, 531, 533, 537, 540, 542, 543, 544, 547, 548, 556, 563
Weinschenkin 193, 282, 297, 319, 335, 358, 367, 481, 485, 511
Weinschreiber 435
Weinstadelknecht 404
Weinstadelmeister 124, 132, 368
Weinunterkäufel 274, 368, 388, 485, 486
Weinversucher 354, 421, 481, 485
Weinvisierer 86, 111, 124, 168, 321, 324, 330, 369, 481, 499, 519
Weinwirtin 297
Weinzahler 241, 362, 482
Weschin 295, 435
Wetschkomacher 132, 291, 344, 378
Windenmacher 190, 226, 231, 252, 282, 287
Wirt 89, 113, 134, 149, 170, 172, 179, 189, 190, 192, 194, 210, 211, 231, 237, 245, 252, 261, 262, 267, 268, 273, 274, 275, 285, 291, 293, 295, 300, 301, 320, 321, 325, 329, 330, 341, 358, 359, 367, 369, 371, 372, 439, 456, 458, 464, 467, 468, 471, 479, 481, 487, 488, 491, 492, 498, 499, 501, 503, 504, 505, 506, 507, 508, 509, 510, 512, 513, 518, 519, 520, 522, 523, 527, 532, 548, 549
Wirtin 288, 498, 506, 526
Wollschlager 231, 274, 554
Wollstreicherin 215
Würfler 98, 102, 103, 106, 116, 214, 301, 349, 381, 382, 388, 394, 396, 401, 409, 432
Würzler 404, 410, 417, 432, 434
Zahnbrecher 453
Zahnbrecherin 433
Zammacher 85, 226, 235, 278, 292, 293, 321, 324, 368, 410, 432, 434, 456, 457, 468, 471, 473, 488, 492, 503
Zammacherin 433
Zauer 40, 41
Zauerin 101
Zehrgadmer 98, 136, 404
Zellschneider 85, 185, 393
Zeugmeister 229
Ziegelknecht 417
Ziegelschneider 320, 329
Ziegler 282, 291, 320, 555
Zieglerin 291
Zimmermann 112, 114, 122, 184, 210, 252, 253, 256, 278, 293, 294, 335, 378, 382, 383, 388, 417, 435, 436, 446, 456, 457, 499, 533, 534, 549, 551, 556, 565

Zimmermann ? 85
Zimmermannin 275, 291
Zinngießer 62, 72, 85, 112, 113, 210, 252, 259, 270, 287, 292, 293, 301, 305, 309, 310, 311, 319, 320, 329, 336, 366, 368, 369, 396, 415, 416, 422, 447, 448, 455, 456, 457, 467, 487
Zinngießerin 436, 502
Zöllner 75, 124, 128, 132, 154, 165, 184, 244, 286, 289, 291, 295, 297, 316, 327, 330, 339, 349, 420, 437, 456, 458, 512, 519, 539, 540, 543, 558
Zuckermacher 302, 325
Zuckler 430, 437, 439
Zumüller 85, 256, 295
Züntermacher 378, 418

Sachregister

Allerheiligenkapelle 70
Altheimer Gasse 162
Anger 302
Anger bei St. Sebastian 113
Angerkloster 94, 130, 135, 138, 260, 267, 272, 326, 346, 495, 510, 530
Apotheke 159, 176, 185, 331, 333, 362
Armbrust 501
Augustinerbrücke 553, 557, 559
Augustinerkirche 196, 199, 212
Augustinerkloster 62, 169, 181, 208, 440, 466, 551, 553, 557
Bäckerei 311, 528
Bäckerhaus 216, 221, 357, 358, 557, 559
Bad 147
Barfüßerkloster 62
Bart-Altar 397, 508
Bart-Messe 249, 397
Beisitz 145, 151, 178, 245, 247, 253, 258, 374, 481, 491, 496, 497, 541
Bergbau 420
Berghofer-Altar 164
Blauententurm 195, 196, 199, 205, 212, 213
Bögen, unter den 93
Braurecht 515
Bruderhaus 529, 534
Brunnen 129, 133, 138, 147, 153, 157, 160, 165, 229, 351, 358, 363, 366, 375, 379, 384, 524
Burgfried 173
Confect 37, 72, 77, 163, 336, 337, 364
Dechanthof 121, 122, 437
Dienerstraße 519
Eckpeckenhaus 559
Ehaltensteuer 256
Essighandel 77, 361
Fabrica 165
Färbergraben 257
Fischergasse 251
Fleischbank 70
Frauenkirche 169, 397, 520
Fremdenherberge 237, 259, 260, 271, 292, 298, 311, 312, 330, 489, 490, 504, 505, 508, 513, 520, 524, 525, 528, 530, 545
Freydenstain 147
Fürstenfelder Kapelle 241

Fürstenfelder Straße 129, 133, 138, 147, 153, 157, 160, 165, 351, 499
Gantladen 383, 384
Gasthaus 146
Gaststätte 182
Gastwirtschaft 504
Geistliches Archiv 70, 121
Geschuss, in dem 442
Getreidemarkt 70
Gewand 105
Gewandgaden 69, 95
Gewandhaus 77, 86, 262
Gighanbad 544
Gollirkapelle 70, 71, 73, 108, 402, 411, 413, 425
Gollirstadel 392
Graggenau 222
Habnit 336, 344, 374, 400, 436, 486
Hammel 437
Haslingerhaus 157
Heiliggeistspital 70, 71, 73, 74, 75, 78, 79, 87, 94, 95, 96, 98, 99, 104, 105, 106, 107, 108, 109, 181, 182, 212, 218, 222, 223, 232, 262, 280, 316, 317, 322, 326, 338, 342, 358, 375, 379, 384, 390, 412, 483, 499, 502, 504, 507, 521, 529, 530, 539
Heuzehent 167, 172, 173
Impler-Altar 425
Isartor 349
Jodokskapelle 70
Judengässel 427
Kaufingertor 551
Kaufingerturm 550, 553, 557
Klosterhaus 146, 152
Klosterhof 205, 237, 245, 253, 545
Kochküche 437
Kochwirt 266
Korbinians-Altar 521
Kram 390
Kramen 93, 396, 397, 405, 411, 418, 424, 437, 539
Kramerei 482
Kramhaus 93, 98, 189, 390, 405, 411, 424, 472
Kramzeil 411
Kreuzgasse 281
Kron 86, 87, 95
Kröndel 86, 87
Krottental 147
Lamparter-Messe 437
Landschaft 251
Landschaftstraße 396
Landschaftstube 70, 121
Lederschneiderbank 79, 88
Leprosenhaus 346
Marktzoll 410
Menterbräu 298
Mesnerhaus 116, 121
Messinghandel 361
Metzg 560
Mühl 215
Neuhauser Straße 288
Neuhauser Tor 221
Nikolauskapelle 122, 212, 217, 267, 272, 346
Obserbank 88
Onuphrius-Haus 77
Petersfriedhof 69, 70, 71, 73, 74, 105, 107, 108, 116, 121, 129
Petersplatz 70
Petersschule 71, 121
Pfaffengässel 69, 86, 93

Poetenschule 131, 493, 498
Pötschenbach 169
Pötschner-Altar 438
Prannersgasse 302
Prifet 211, 217, 221
Propstei 237
Purfinger-Altar 424
Pütrichbrücke 194
Pütrich-Messe 475
Pütrich-Regelhaus 213
Pütrichtor 199, 205, 207, 216
Pütrichturm 194, 195, 207, 211, 218
Rabeneck 326, 331, 332
Radl, mit dem 433
Rathaus 70, 71, 73, 74, 121, 347
Rathausturm 69, 70, 74, 391
Ratsknechtsgässel 73, 77
Ratsstube 70, 71, 73
Registratur 70, 121
Reiches Almosen 78, 100, 242, 342, 343, 344, 384, 413, 425, 483, 514
Ridler-Regelhaus 224
Ridler-Schrenck-Messe 317
Rindermarkt 69, 116
Rosenbad 169, 186
Roseneck 271, 459
Rosenstraße 533
Rosental 146, 157, 160, 165, 185, 186, 191, 193, 195
Rosenturm 146, 147
Roßschwemme 147, 378
Rotschmiede 463
Rudolfs Turm 199
Rudolf-Seelhaus 195
Salzhandel 89
Salzsendersteuer 244, 507, 538
Sämergässel 75, 116
Sankt Peter 116, 123, 129, 133, 179, 222, 379
Sattlerei 316, 464, 468, 472, 474, 482
Sattlerstraße 248
Schäfflerhaus 490
Schankungeld 89
Schenkensteuer 77, 91, 113, 168, 172, 179, 190, 193, 209, 210, 211, 231, 252, 269, 274, 275, 282, 293, 294, 295, 296, 299, 300, 311, 320, 321, 325, 330, 334, 369, 383, 434, 458, 473, 481, 488, 491, 498, 499, 513, 519, 520, 522, 523, 527, 528, 531, 532, 533, 538, 542, 548, 549, 556
Schiml-Messe 178, 180
Schlaispecken Hofstatt 130
Schleckergasse 69, 104, 106
Schlossereck 216
Schlosserei 216
Schmalzgasse 72
Schmiede 216, 482
Schmiede im Krottental 157
Schmiedhaus 262, 468
Schneeberg 74, 524
Schneiderei 316
Schneidtische 69, 106, 107
Schöner Turm 551
Schrenck-Ridler-Messe 260
Schusterei 309, 418
Schusterhaus 424, 425, 437, 459
Schusterhäuser 459
Schusterkram 312
Schusterkramen 418, 419, 424, 425, 437, 459
Schützeneck 464

Schwabinger Gasse 240
Seefeld-Bogen 146
Sendlinger Feld 190
Sendlinger Straße 194, 259, 310
Sendlinger Tor 199, 205, 207, 221
Sentlinger-Altar 107
Sentlinger-Messe 107
Siechenhaus 425
Spinnhaus 165
Spitalkapelle 41
Spöckmayr-Bräu 271
Stadtbruderhaus 133, 484
Stadthaus 74
Stadtkammer 121
Stadttürmerwohnung 121
Sternbäckerhaus 221
Stockhamers Turm 199
Tal Mariae 125
Talburgtor 70
Tanzhaus 552
Taschenturm 111
Taschnerei 418
Teyfferbruck 207, 208, 472

Tuchhandlung 77, 86
Tuchschererei 86
Uhrmacherhaus 550
Unser Frauen Gässel 256
Unterrichteramt 70, 121
Vormundschaftsamt 70, 121
Waaghaus 70, 73, 94, 279
Wagmühle 354
Wasserrecht 191
Watgaden 69, 94, 107
Weberkeller 73
Weinschenk-Benefizium 192, 327, 335, 342, 343, 346, 347, 351, 354, 475, 483
Weinschenke 86, 107, 129, 168, 180, 185, 186, 190, 237, 262, 266, 271, 279, 282, 292, 298, 311, 316, 326, 331, 338, 346, 351, 357, 362, 365, 370, 405, 463, 464, 468, 472, 474, 482, 489, 493, 499, 508, 524, 528, 545
Widemhaus 122
Wieskapelle 121
Wirtshaus 62, 164
Wurmeck 509
Zehntausend-Märtyrer-Altar 326
Zinngießerei 309, 365

Älteres Häuserbuch der Stadt München.
Hausbesitz und Steuerleistung der Münchner Bürger
1368-1571
herausgegeben vom Stadtarchiv München
Band 2

HELMUTH STAHLEDER

Älteres Häuserbuch der Stadt München.
Hausbesitz und Steuerleistung der Münchner Bürger
1368 – 1571

Innere Stadt
Kreuzviertel und Graggenauer Viertel

München 2006

Bibliographische Informationen der Deutschen Bibliothek

Die Deutsche Bibliothek verzeichnet diese Publikation
in der Deutschen Nationalbibliographie; detaillierte bibliographische Daten
sind im Internet über http://dnb.ddb.de abrufbar

Satz: Horst Gehringer
Umschlaggestaltung: Rosi Hüller

© Verlag: Ph. C. W. Schmidt, 91413 Neustadt an der Aisch
Herstellung: Verlagsdruckerei Schmidt, 91413 Neustadt an der Aisch

Alle Rechte, insbesondere das Recht der Vervielfältigung und Verbreitung sowie der Übersetzung, vorbehalten. Kein Teil des Werkes darf in irgendeiner Form durch Fotokopie, Mikrofilm usw. ohne schriftliche Genehmigung des Verlages reproduziert oder unter Verwendung elektronischer Systeme verarbeitet, vervielfältigt oder verbreitet werden. Bezüglich Fotokopien verweisen wir nachdrücklich auf §§ 53, 54 UrhG.

Printed in Germany

ISBN 3-87707-678-5

Inhalt

KREUZVIERTEL	13
Läden auf der Augustinerbrücke	18
Kaufingerstraße 19*	18
Kaufingerstraße 20*/21*	25
Kaufingerstraße 22*A/B	34
Kaufingerstraße 23 A	43
Kaufingerstraße 23 B	49
Kaufingerstraße 23 B, Hinterhaus	59
Frauenplatz 2*	62
Kaufingerstraße 24*	64
Kaufingerstraße 25*	73
Kaufingerstraße 26	78
Kaufingerstraße 27	85
Kaufingerstraße 28	91
Kaufingerstraße 29	98
Kaufingerstraße 30	103
Kaufingerstraße 31	108
Kaufingerstraße 32/33	111
Kaufingerstraße 32	113
Thiereckstraße 1 oder 2	122
Thiereckstraße 1	122
Thiereckstraße 2	123
Thiereckstraße 3	124
Thiereckstraße 4	124
Frauenplatz 9	126
Frauenplatz 8, 7	129
Frauenplatz 8	130

Frauenplatz 7	131
Mazaristraße 1	132
Frauenplatz 6	133
Frauenplatz 5	133
Frauenplatz 4*	134
Frauenplatz 8, 7, 6, 5, 4*	134
Frauenplatz 9 - 6	135
Frauenplatz 10	135
Frauenplatz 11	141
Frauenplatz 12	141
Frauenplatz 13	141
Frauenplatz 14	142
Frauenplatz 15	142
Frauenplatz o. N.	142
Kaufingerstraße 33	142
Kaufingerstraße 34	147
Kaufingerstraße 35	152
Kaufingerstraße 36	154
Kaufingerstraße 37	159
Marienplatz 1	165
Marienplatz 2	172
Weinstraße 1	182
Weinstraße 2	187
Weinstraße 3	191
Weinstraße 4	197
Weinstraße 5	202
Sporerstraße	210
Sporerstraße 1* und 2	210
Sporerstraße 2	213

Sporerstraße 3*	214
Sporerstraße 4	217
Weinstraße 6	218
Weinstraße 7	226
Weinstraße 8	231
Weinstraße 9	237
Weinstraße 10*	243
Weinstraße 11 A/B	252
Weinstraße 11 B	258
Weinstraße 12 A	260
Weinstraße 12 B (oder C)	260
GRAGGENAUER VIERTEL	261
Wilbrechtsturm	265
Weinstraße 13	266
Gruftstraße (Stiftsgässel)	273
Gruftstraße 1	274
Gruftstraße 2*	282
Gruftstraße 3*	286
Gruftstraße 4*	287
Gruftstraße 5	290
Gruftstraße 6	292
Gruftstraße 7	295
Weinstraße 14 A/B	298
Weinstraße 14 A	298
Weinstraße 14 B	299
Weinstraße 14	302
Landschaftstraße	304
Landschaftstraße 1 – 4	305
Landschaftstraße 1	305

Landschaftstraße 2	308
Landschaftstraße 3	313
Landschaftstraße 4	318
Landschaftstraße 5	324
Landschaftstraße 6	324
Landschaftstraße 7*	325
Landschaftstraße 8*A (Ost)	328
Landschaftstraße 8*B (West)	330
Landschaftstraße 9* - 12*	331
Landschaftstraße 9*	332
Landschaftstraße 10*/11*	337
Landschaftstraße 12*, Weinstraße 15*/16*	341
Landschaftstraße 12*	343
Weinstraße 15*/16*	344
Weinstraße 15*	346
Weinstraße 16*	349
Weinstraße 17*	355
Weinstraße 18*	360
Weinstraße 19*	365
Weinstraße 20*	369
Marienplatz 3*	373
Marienplatz 4*	383
Marienplatz 5*	389
Marienplatz 6*	400
Marienplatz 7**	406
Marienplatz 8**	412
Marienplatz 8*	419
Marienplatz 9*A/a	426
Marienplatz 9*A/b	434

Marienplatz 9*A (a/b)	439
Marienplatz 9*B	439
Marienplatz 10*	445
Läden unter dem Rechthaus	454
Dienerstraße 1*	456
Dienerstraße 2* – 5*B	461
Dienerstraße 2*	462
Dienerstraße 3*	469
Dienerstraße 4*	474
Dienerstraße 5*A/B	479
Dienerstraße 5*A	479
Dienerstraße 5*B	484
Dienerstraße 6 – 8	488
Dienerstraße 6	488
Dienerstraße 7/8	496
Dienerstraße 7	498
Dienerstraße 8	500
Dienerstraße 9	504
Dienerstraße 10	509
Dienerstraße 11	514
Krümbleinsturm	518
Dienerstraße 12, 13*A/B	519
Dienerstraße 12	521
Dienerstraße 13*A/B	524
Dienerstraße 13*B (Nord)	526
Dienerstraße 13*A (Süd)	530
Dienerstraße 14	531
Dienerstraße 15 B (Nord, kleines Haus)	535
Dienerstraße 15 A (Süd, großes Haus)	538

Dienerstraße 16	543
Dienerstraße 17	547
Dienerstraße 18	551
Dienerstraße 19	556
Dienerstraße 20	563
Dienerstraße 21	568
Dienerstraße 22	573
Dienerstraße 23	579
Marienplatz 11	584
Marienplatz 12/13	589
Marienplatz 12	589
Marienplatz 13	596
Marienplatz 14	601
Burgstraße 1 und 2	604
Burgstraße 1	607
Burgstraße 2	608
Burgstraße 3 B/A	611
Burgstraße 3 B (Süd)	615
Burgstraße 3 A (Nord)	618
Burgstraße 4	621
Burgstraße 5	625
Burgstraße 6 (A/B)	629
Burgstraße 6 A	635
Altenhofstraße	636
Altenhofstraße 4	637
Altenhofstraße 1	639
Altenhofstraße 3* (mit 2*)	639
Burgstraße 7	645
Alter Hof	647

Burgstraße 8 – 10	651
Burgstraße 8	658
Burgstraße 9 A/B	664
Burgstraße 10	668
Burgstraße 11	674
Burgstraße 12 A	679
Burgstraße 12 B (12)	680
Burgstraße 13	686
Burgstraße 14	692
Burgstraße 15	695
Burgstraße 16 B (Nord)	698
Burgstraße 16 A (Süd)	703
Burgstraße 17	708
Burgstraße 18*	713
Marienplatz 15 A (Altes Rathaus)	718
Marienplatz 15 B (Altes Rathaus)	722
Läden im Rathaus	724
PERSONENREGISTER	726
ORTSREGISTER	779
BERUFSREGISTER	782
SACHREGISTER	790

Kreuzviertel

Abb. 1: Innere Stadt auf dem Sandtner-Modell von 1572 in Nord-Süd--Richtung. Foto: Bayerisches Nationalmuseum, München.

Abb. 2 Innere Stadt Kreuzviertel auf dem Sandtner-Modell von 1572 in West-Ost-Richtung. Im Vordergrund der „Schöne Turm" oder das „Kaufingertor" von Westen (von außen). Links unten das Augustinerkloster. Foto: Bayerisches Nationalmuseum, München.

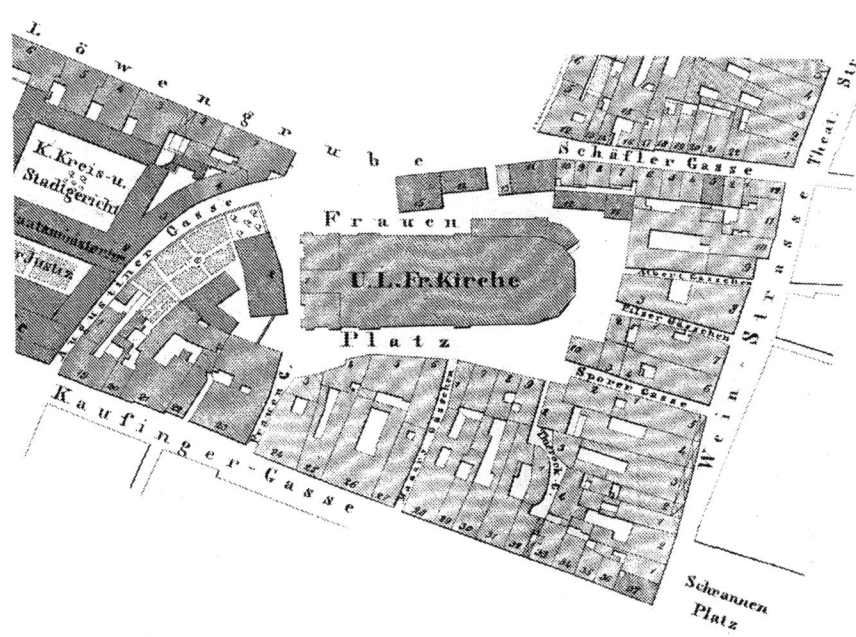

Abb. 3 Innere Stadt Kreuzviertel auf dem Wenng-Plan von 1849. Montage aus zwei Tafeln.

Läden auf der Augustinerbrücke

Läden: 1441, 1448/49 „bei den Augusteyner[n]". 1444 „Augusteyner pruken". 1450 „auf der Augusteiner prucken". 1451 „bey Augusteyner prucken". Es sind deren drei.[1]

Diese Läden zahlen 1441 je 6 Schillinge Pachtzins an die Stadt, 1444 ist aber nur einer besetzt, 1451 geben alle drei zusammen -/13/20 (= 13 Schillinge und 20 Pfennige).

1448/49 gibt der müllner -/6/-, der Walch 0,5/-/20, der schuster 0,5/-/-.
1450 gibt der mulner von Alach -/6/-, der Walich schuster 0,5/-/-, der drit lad ist öd.
1451/52 gibt der mullner pei Augustinern -/6/-, der schuster 0,5/-/-.
1453 gibt der mullner -/6/-, Walh schuster 0,5/-/-.

Kaufingerstraße 19*

Lage: Außerhalb des Turms an der Ecke zur Augustinerstraße.
Charakter: Seit mindestens 1500 Wein -und Metschenke.

Hauseigentümer:

Das Haus ist offenbar über mehreren Läden auf dem Graben beziehungsweise auf der Brücke (Augustiner-Brücke) vor dem Kaufinger- oder Schönen Turm entstanden. Das Sandtner-Modell läßt noch deutlich drei Bauteile (Einzelhäuser) erkennen. Sie gehören der Stadt.[2]
Seit es die Möglichkeit gab, die Grundstücke auf dem (zugeschütteten und bis auf ein kleines Rinnsal eingeebneten) Graben zu bebauen oder als Gärten zu nutzen, dürfte das Eckgrundstück vom Eigentümer der Nachbargrundstücke Kaufingerstraße 20*-22* genutzt worden sein.
1346 Dezember 9 Kaiser Ludwig der Bayer verleiht dem Jacob Freymanner, Bürger zu München, und seinen Erben den Graben beidenthalben gegen die Augustiner zu und gegen sein – des Freymanner – Haus hin (Kaufingerstraße 20*/21*), soweit sein Haus und Hofstatt (hinunter Richtung Löwengrube) reicht, mit der Bedingung, daß auf der Seite gegen die Augustiner hin kein Bau aus Holz oder Gemäuer errichtet werden dürfe.[3]
Offensichtlich gedachte der Freymanner nicht, sich an diese Baubeschränkung zu halten; denn
1347 Juli 14 muß Kaiser Ludwig feststellen, daß Jacob Freymanner den Graben zwischen den Augustinern und seinem Haus bebauen wolle. Er habe aber denselben Graben vor etlichen Jahren „von dem tor bis hinab gen dem prunnen" (an der Engen Gasse = Löwengrube), soweit ihre Hofstatt reiche, gleichfalls (den Augustinern) verliehen. Der Kaiser beauftragt nun den Richter und den Rat der Stadt, dem Freymanner zu verwehren, auf dem Graben etwas zu bauen oder zu zimmern.[4]
1357 Juni 12 die Augustiner lassen sich von Herzog Ludwig, dem Markgrafen von Brandenburg, die Verleihung des Grabens außerhalb der inneren Ringmauer, „so weit ihr Kloster und Hofsache reicht", bestätigen. Auch er gebietet Richter und Stadtrat, nicht zu gestatten, daß jemand ohne Erlaubnis der Brüder dort baue.[5]
Der Graben außerhalb der alten Mauer und die Freihaltung des Grundstückes von Bebauung an ihrer ganzen Flanke entlang der heutigen Augustinerstraße ist den Augustinern so wichtig, daß sie ihn sich
1368 Mai 18 erneut von Herzog Stephan dem Älteren bestätigen lassen, ebenso
1465 Januar 24 noch einmal.[6]

---

[1] Liegenschaftsamt 1410 S. 2r, 3v, 6v, 10r, 13r, 14v.
[2] 1435 lässt die Stadt Arbeiten an den Läden bei den Augustinern durchführen. Es dürfte sich um diese Läden auf der Brücke handeln, vgl. KR 1435/36 S. 65r.
[3] Hemmerle, Archiv des ehem. Augustinerklosters, Urk. Nr. 21a. – MB XIXa 12 S. 391.
[4] Hemmerle, Archiv des ehem. Augustinerklosters, Urk. Nr. 21b. – MB XIXa 13 S. 392.
[5] Hemmerle, Archiv des ehem. Augustinerklosters, Urk. Nr. 21c. – MB XIXa 16 S. 394/395.
[6] Hemmerle, Archiv des ehem. Augustinerklosters, Urk. Nr. 23a, 61. – MB XIXa 29 S. 399/400.

Letzten Endes konnten die Augustiner die Bebauung an der Ecke zur Kaufingerstraße – eigentlich bereits Neuhauser Straße – nicht verhindern. Der übrige Graben wurde aber tatsächlich bis in das 19. Jahrhundert nicht bebaut.

Wann das Eckhaus Kaufingerstraße 19* entstanden ist, läßt sich nicht genau feststellen, auch nicht, wann es vom großen Komplex der Häuser Kaufingerstraße 20*-22* abgetrennt wurde. Während bei den anderen Häusern des Freymanner-Besitzes die Besitzabfolge sehr genau zu rekonstruieren ist, liegt für die Übertragung des Hauses oder Grundstückes Kaufingerstraße 19* auf den Schmied Zeiling keine Quelle vor.

1380 März 3 Frantz der Sentlinger verpfändet sein Haus, das gelegen ist an der Kaufingergasse zunächst an Matheysen dem Sentlinger (Kaufingerstraße 20*/21*) um 75 Gulden ungarisch und böhmisch an Thoman den Nortgaw.[1] Das Haus Nr. 22*A/B ist ja zu dieser Zeit längst an den Niblung verkauft.

1384 Dezember 19 wird „des Zeilings haws" als Nachbarhaus der Häuser von Matheus Sentlinger angegeben (Kaufingerstraße 20*/21*) beziehungsweise des Besitzes der Clara Pienzenauerin.[2]

Hainrich Zeiling steht allerdings bis 1388 in den Steuerbüchern unter der inneren Stadt Petri, bereits außerhalb des Ettaler Hofes und des Turmes, also ebenfalls auf dem Graben vor dem Turm, wohnt also gegenüber von Kaufingerstraßen 19*. Erst ab Steuerbuch 1390 steht er in den Steuerbüchern beim Haus Kaufingerstraße 19*. Auf ihn folgt von 1410 bis 1462 sein Sohn Hanns Zeiling.

1435 Oktober 15 und **Dezember 3** die Stadt zahlt den Augustinern 5 Schillinge für Grabungsarbeiten „an dem gangk zu graben zum wasser pei dem Zeiling" und weitere 4 Pfund „dem Zeyling smid bei den Augusteynern auf dem graben gesessen" um seine halbe Mauer und um den (Mauer-)Überschuß, den er der Stadt überlassen hat, als man die Läden der Stadt auf der Brücke baute.[3]

Wahrscheinlich gehört hierher auch der Eintrag von 1475, wonach der Messerschmied Fünsinger hier ein Haus hat, mit einem hölzernen Hinterhaus oder Stallung in der heutigen Augustinerstraße:

1475 November 13 der Messerschmied Larenntz Fünsinger und seine Hausfrau Anna haben bei ihrem Haus (Kaufingerstraße 19*) am Graben, außerhalb des Kaufingertores, gegenüber dem Augustinerkloster in Unser Frauen Pfarr, einen Holzbau auf städtischem Boden über den Stadtgraben und den Bach daselbst gebaut, ohne den Stadtrat um Erlaubnis zu fragen. Jetzt erlaubt ihnen der Stadtrat, diesen Holzbau gegen 60 Pfennige jährlichen Zins auf 10 Jahre stehen zu lassen.[4] In den Jahren 1476 und 1477 nimmt die Stadtkämmerei auch tatsächlich das Zinsgeld von 60 Pfennigen ein vom Fünsinger Messerschmied „von dem überpaw uber den graben bei seinem heußlin doselbs bei den Augustinern", das erste Jahr 1476.[5] 1484 werden ebenso die 2 Schillinge oder 60 Pfennige eingenommen „von der Fünssingerin messerschmidin zinsgelt von der stallung auff dem graben", verfallen auf Michaeli [29. September].[6] Auch 1490 wird diese Stallung noch in der Kammerrechnung genannt. Letztmals zahlt diesen Zins an Martini 1492 die Fünsingerin („von der stallung auff der stallung" !).[7] Ab 1493 zahlt ihn dann die Käplerin.

1496 Benedict Kapler „de domo" (StB).

1518 Mai 14 Benedict Glockner und seine Hausfrau Anna kaufen von der Stadt für 110 rheinische Gulden drei Läden „aufm gwelb zenagst an unser behausung gelegen, gegen dem Ennglsperger pecken [Färbergraben 1*] über", mit Zubehör.[8] Es dürfte sich dabei um die drei Läden handeln, die die Stadt vor 1443 hat errichten lassen. Das Salbuch von 1443/44 sagt darüber: Die Läden bei den Augustinern: Seit Alters hat die Stadt 3 Läden hier, die man nicht immer besetzen kann. Wenn man sie wieder besetzt, sollen sie alle Jahre der Stadt zinsen.[9] Auf diese Läden geht also die kleinteilige Bebauung außerhalb des Turmes zurück, die das Sandtner-Modell zeigt.

Zudem gibt es auf dem Terrain des Glockner noch eine Stiege zum Stadtbach, einen Einstieg also in den Graben. Mit dem Verkauf der drei Läden sichert sich die Stadt 1518 auch den Zugang zu dieser Stiege. Aber die Leitern, wie sie der Stadtrat „an unser behausung vorn zu hängen verordnet hat, auch

---

[1] GB I 120/2.
[2] GB I 209/2, 3.
[3] KR 1435/36 S. 56r, 57r.
[4] Urk. F I/II Augustinergasse Nr. 1.
[5] KR 1476/77 S. 22v, 1477/78 S. 23r.
[6] KR 1484/85 S. 21r.
[7] KR 1492/93 S. 18v.
[8] Urk. F I/II Nr. 4 Kaufingergasse.
[9] Zimelie 30 (Salbuch-Konzept 1443/44) S. 11v.

1572

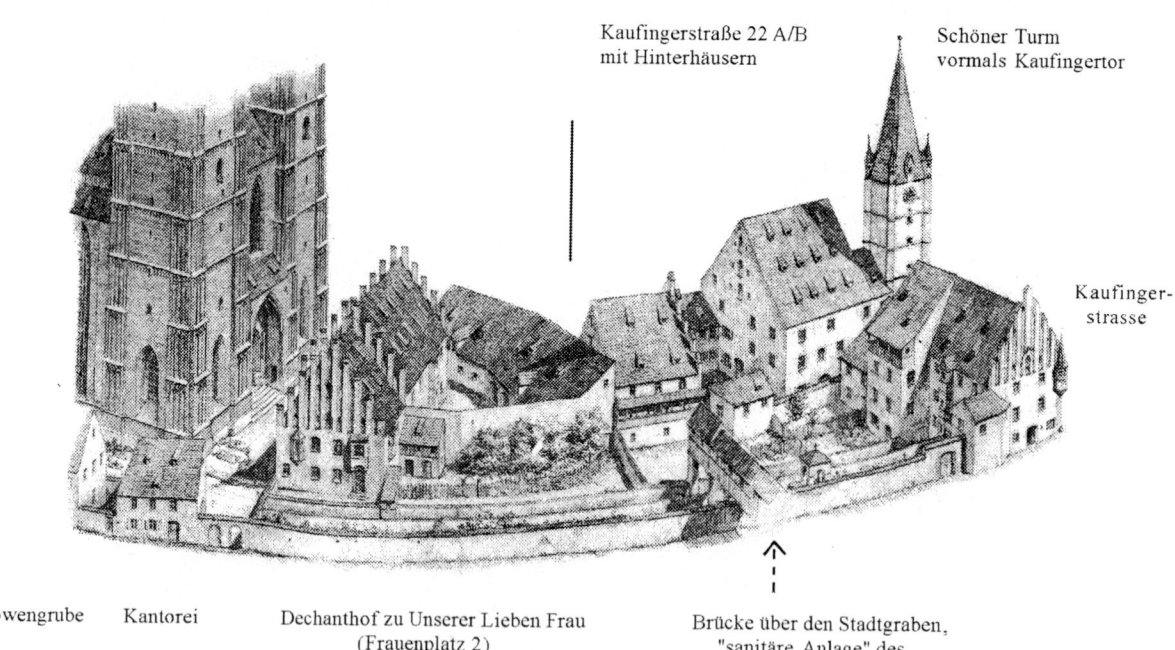

1939

Abb. 4 Frauenplatz West von Westen (heute Augustinerstraße, am unteren Bildrand) mit Blick auf den Dechanthof von Unserer Lieben Frau (links) und Häuser an der Kaufingerstraße, Häuserbuch Kreuzviertel S. 2/3.

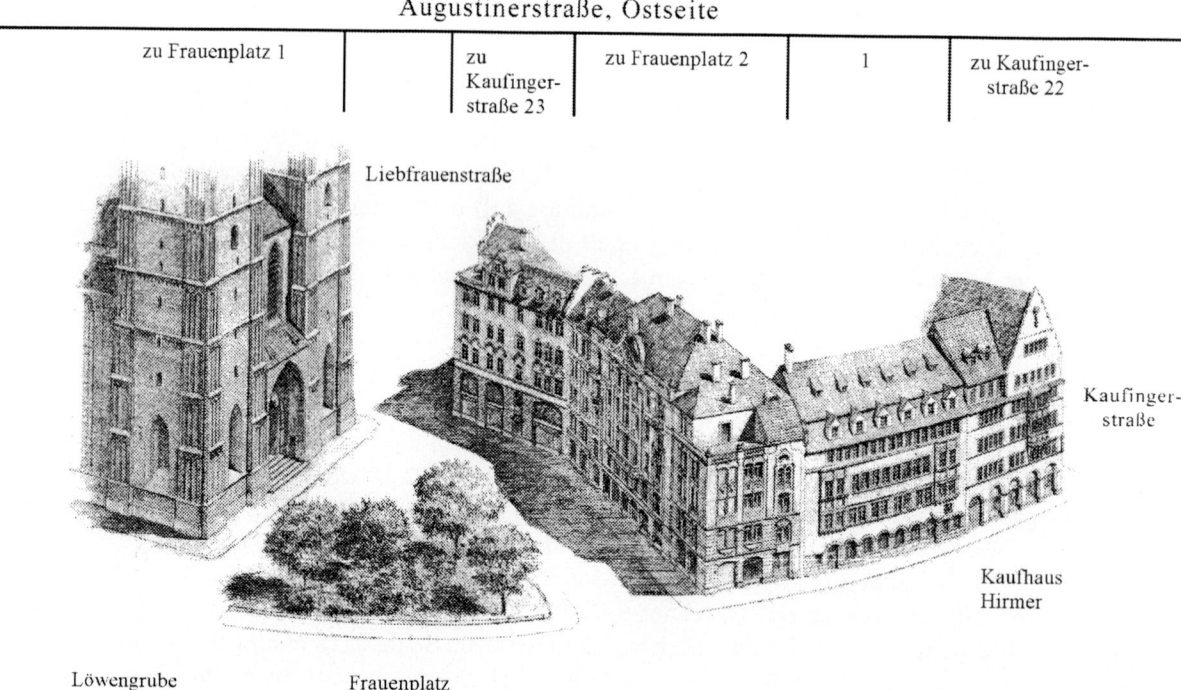

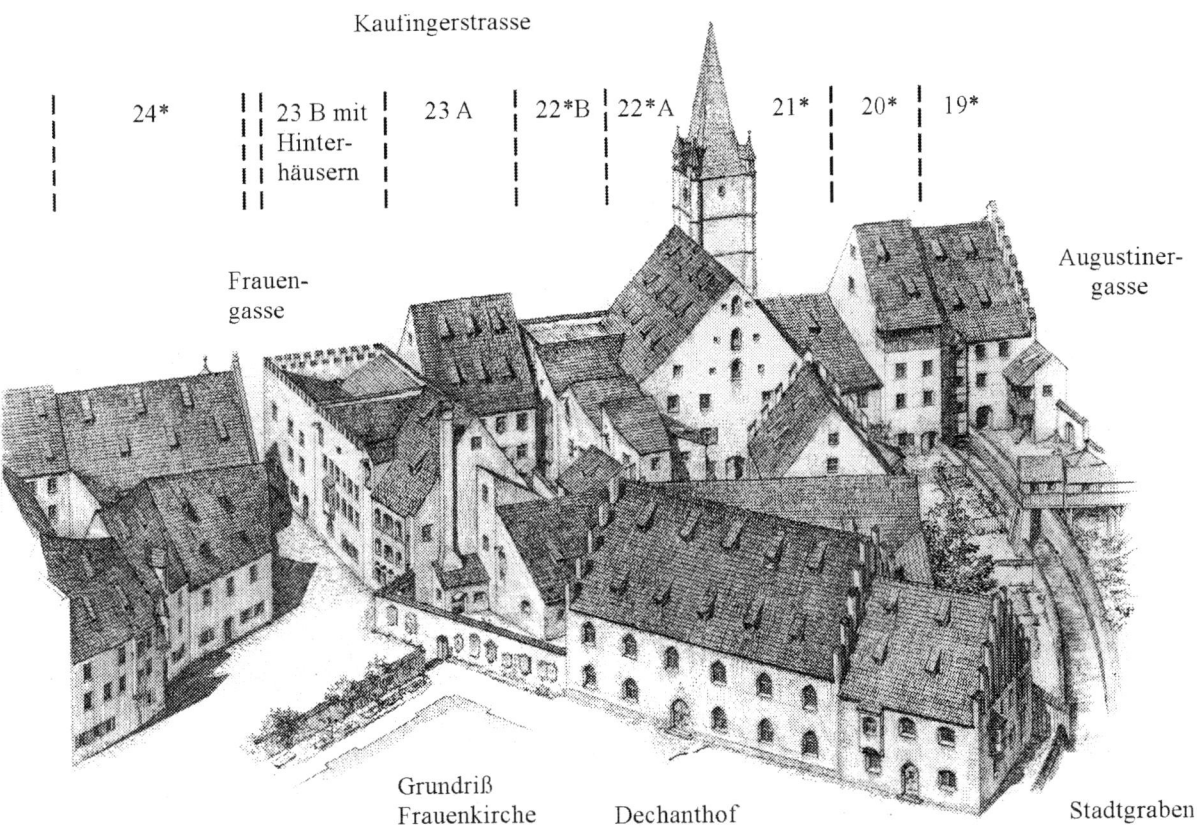

Abb. 5 Dechanthof von Unserer Lieben Frau von Nordosten, Häuserbuch Kreuzviertel S. 16/17.

Abb. 6 Dechanthof der Frauenpfarrei (unten) und Häuser Kaufingerstraße 19* - 23 von Norden. Links vom „Schönen Turm" die Häuser an der Südseite der Kaufingerstraße, oben rechts Blick in die Fürstenfelder Straße. Sandtner-Modell 1572. Foto: Bayerisches Nationalmuseum, München.

die stiegen hinab auf den bach, den heimlichen gemach [der Augustiner], lurl und wasserabgang" hat sich die Stadt vorbehalten.

Blasi Rapp – seit 1540 in den Steuerbüchern stehend[1] – war wahrscheinlich mit der Witwe oder einer Tochter von Glockner verheiratet. Von Beruf wird er Metschenk genannt. Seine Witwe findet sich 1582 unter den Salzsendern.[2]

1575 laut Grundbuch (Überschrift) des Blasi Rapp Metschenkens gelassener Erben Haus und Garten außerhalb des Turms.[3]

Eigentümer Kaufingerstraße 19*:

* Jacob Freymanner und Sentlinger-Erben [1346 Dezember 9 bis um 1368]
* Franz Sentlinger [1380 März 3]
* Zeilinck (Zeiling) smit. 1396 Hainrich Zeilling smid. 1400 Zeillingk. 1403, 1405/I Hainrich Zeilingk. 1405/II-1423 relicta Zeilingin
    St: 1390/I-II: -/15/6, 1392: 1/-/-, 1393, 1394: -/10/20, 1395: -/5/10, 1396, 1397, 1399, 1400, 1401/I: 1/-/-, 1401/II: -/6/20 iuravit, 1403, 1405/I: -/6/20, 1405/II: -/6/-, 1406: -/5/10 iuravit, 1407, 1408: -/5/10, 1410/I: 0,5/-/- iuravit, 1410/II: -/-/80 fúr 10 lb, iuravit, 1411: -/-/60 fúr 10 lb, 1412: -/-/80 fúr 10 lb, 1413: -/-/60 iuravit, 1415, 1416: -/-/60 fúr nichil, 1418, 1419: -/-/38, 1423: -/-/60
    StV: (1405/II) fúr patrimonium, zu der náchsten sol sy swern.
  und yr sun
    St: 1410/I: -/-/26 gracianus
  Hanns Zeillingk (Zeiling, Zeilig)
    St: 1410/II: -/5/10 iuravit, 1411: 0,5/-/-, 1412: -/5/10, 1413: 0,5/-/-, 1415: -/5/6, 1416, 1418, 1419: -/6/28, 1423: -/5/18, 1428: dedit 6 grosch, 1431: -/3/14 iuravit, 1447: -/3/7, 1453-1458: Liste, 1462: -/-/60
    StV: (1413) und -/-/40 fúr sein weip gracianus. (1428) fúr sich und sein hawsgesind.
    Sch: 1439/I-II, 1440, 1441/I-II: 1 t[aglon][4]
* Larenntz Funnsinger, Messerschmied [∞ Anna, um 1475 November 13 – um 1490]
  relicta Kaplerin patrimonium
    St: 1496: in die camer, zalt
* Benedict Kaplár
    St: 1496: -/3/15 de domo, als ain gast
* Benedict Glogkner, 1500 wirt [Salzsender, äußerer Stadtrat, ∞ Anna[5]], 1526, 1527/I, 1532 der allt
    St: 1500: -/5/10 [Schenken- oder Salzsendersteuer], 1508, 1509: 2/1/17, 1514: Liste, 1522-1526, 1527/I: 5/1/10, 1527/II, 1528, 1529, 1532: 5/6/7
  Benedict Glockner der jung[6]
    St: 1526, 1527/I: -/1/5 gracion
** Blasi Rapp, 1552/II, 1556, 1559 methschenckh [Eichmeister der Weine[7]]. 1567/II, 1569 Blasy Rappin wittib. 1566/II, 1568, 1571 Blasy Rappin [Salzsenderin[8], geb. oder verw. Glockhner ?]. 1570 Blasy Rapp
    St: 1540-1542: 2/5/8, 1543: 5/3/16, 1544: 2/5/8, 1545: 10/2/5, 1546-1548, 1549/I-II, 1550, 1551/I-II, 1552/I-II: 5/1/3, 1553: 9/2/10, 1554/I-II: 9/2/9, 1555-1557: 8/-/-, 1558: 16/-/-, 1559, 1560: 8/-/-, 1561, 1563, 1564/I-II, 1565, 1566/I: 13/-/23, 1566/II, 1567/I-II: 11/5/13, 1568: 23/3/26, 1569-1571: 4/4/26
    StV: (1540) et dedit -/4/3 fur Joachim Glockner; hat 12 fl pargelt abgsetzt, dieselben seinem weib geben; et dedit -/2/26 fur Ursl Harderin. (1541) et dedit -/3/10 fur Jochim Glockner; hat

---

[1] Der Eintrag im HB KV S. 70 für 1540 stammt aus StB, nicht aus GruBu.
[2] Vietzen S. 150, nach KR 1582.
[3] Stadtgericht 207/3 (GruBu) S. 853v.
[4] 1440 getilgt „1 ½ t[aglon]".
[5] Benedict Glogkner 1500 Aufnahme in die Weinschenkenzunft, vgl. Gewerbeamt 1418 S. 11r. – Benedict Glockner 1518-1526 Vierer der Salzsender, 1520-1531 Mitglied des äußeren Stadtrats, vgl. RP.
[6] Er kauft am 20. Juli 1526 das Haus Dienerstraße 3 und ist 1532 ebenfalls äußerer Stadtrat, vgl. RP.
[7] Blasi Rapp war ab 1536 Eichmeister der Weine, vgl. R. v. Bary III S. 972.
[8] Die Blasi Rappin ist 1582 als Salzsenderin belegt, vgl. Vietzen S. 150 nach KR und Zollregister 1572-1575.

16 fl pargelt abgsetzt, dieselben seinem weib geben; et dedit -/5/6 für Ursl Harderin, hat 10 fl gelts zugsetzt. (1541) et dedit -/1/19 für p[ueri] Pfistermaister. (1542) mer -/1/19 fur p[ueri] Pfisterma[ister]. (1542) mer -/2/[26] fur Jochim Glock[ner]; hat 16 fl parg[elt] abgsetzt, diesel[ben] seinem weib ge[ben]. (1543, 1545) mer -/3/8 fur p[ueri] Pfistermaister. (1543) mer -/5/22 für Jochim Glockhner. (1544) mer -/1/19 für p[ueri] Pfistermaister. (1544) mer -/2/26 für Jochim Glockhner. (1546-1552/II) mer -/1/19 für p[ue-ri] Pfistermaister. (1549/I-II) mer -/3/25 für p[ueri] Gastl zingiesser. (1552/I-II) mer 3/3/20 für p[ueri] Utnperger; mer 1/5/5 von wegen der Utnpergerin gueter. (1553-1557) mer -/3/25 fur p[ueri] Pfistermaister. (1555) mer 4 fl fur 3 nachsteur seiner tochter.[1] (1558) mer -/1/26 für p[ueri] Pfistermaister. (1559) mer -/-/28 für p[ueri] Pfistermaister. (1566/II) abgesetzt irer stieftochter vatterlich und mueterlich guet der Stroblin unnd zalt nachsteur von 780 fl pargelt und varnuß 9/5/7.

Bewohner Kaufingerstraße 19*:

Hailweig (Haellweig) kauflin inquilina St: 1390/I-II: -/-/8, 1392: -/-/12
Pachheimer (Wachhammer) calciator (schuster)
    St: 1390/I-II: -/-/32, 1392: -/-/24, 1393: -/-/32, 1394: -/-/16
Óttl kúrsner St: 1390/II: -/-/40
Chunrat Smydhawser [mercator[2]] St: 1390/II: -/-/16
Wernlein (Werndel) Spiegel schůchster
    St: 1395: -/-/60 fur 4 lb, 1396, 1397: -/-/56 für 4 lb, 1399: -/-/40 für 4 lb
Dietreich Starich inquilinus [Weinschenk[3]] St: 1397: -/-/40 gracianus
Ull Herel inquilinus, 1400, 1401/I schuster St: 1399: -/-/20 gracianus, 1400, 1401/I: -/-/60 für 3 lb
Chuncz Gerold schuster St: 1401/II: -/-/72 fur 9 lb, iuravit
Hainczel (Haincz) Tanner schuster
    St: 1403: -/-/29 gracianus, 1405/I: -/-/34 für nichil, 1405/II: -/-/40 für 2 lb, iuravit, 1406-1408: -/-/40 für 2 lb
Stepfel Weizz sloscher, 1411 inquilinus St: 1411, 1412: -/-/60 für nichil
Stephan sneyder St: 1415: -/-/66
Hanns Schreyer gurtler St: 1419: -/-/32 gracianus
Sch[a]fferin[4] und ir tochter St: 1419: -/-/-
Khatrey inquilina St: 1423: -/-/-
Ortel smid, dez kistlers bruder St: 1428: dedit 1 gross
Steffan ab dem Hochnrain sneider. 1439/I-II Steffan schneider. 1440, 1441/I relicta Steffan sneiderin
    St: 1431: -/-/64 iuravit
    Sch: 1439/I-II: 1 t[aglon], 1440: 0,5 t[aglon], 1441/I: -/-/4
relicta Walczlin inquilina St: 1431: -/-/-
Matheis Puchlár Sch: 1439/I: -/-/8
Ulrich Múrrer fragner Sch: 1441/II: 1 t[aglon]
Andre tagwercher inquilinus St: 1447: -/-/50
Hanns Garber, 1453 slosser, 1454 inquilinus St: 1453, 1454: Liste
Kathrey seidnnaterin St: 1453-1455: Liste
Chunrat Aichstock [Schlosser] St: 1454, 1455: Liste
Seidel koch[5] St: 1455: Liste
ain hoffraw St: 1455: Liste
Wilhalm drachsel, 1456 polczmacher[6], 1457 inquilinus St: 1456-1458: Liste
Michel Zossawer schlosser.[7] 1457 Michel slosser inquilinus. 1458 Michel schlosser
    St: 1456-1458: Liste

---

[1] Vor „tochter" getilgtes „stieff".
[2] Wahrscheinlich der „mercator" dieses Namens von Weinstraße 19* (1377, 1378), vgl. auch Weinstraße 15*.
[3] Dietreich Starich ist Weinschenk, vgl. Gewerbeamt 1411 S. 3r.
[4] Ganzer Eintrag wieder getilgt.
[5] Wahrscheinlich der „jung Seidel", der 1459 Vierer der Köche ist, vielleicht auch der Koch-Vierer Linhart Seydl von 1474, 1475 und 1490, vgl. RP.
[6] 1469, 1474 Vierer der Bolzenmacher, vgl. RP.
[7] Zossawer, ohne Vornamen, 1469 und 1474 Vierer der Schlosser, Sporer, Schwertfeger, vgl. RP.

Katrey Stúpfin (Stupfin) inquilina[1] St: 1456-1458: Liste
Els inquilina St: 1456: Liste
Hanns Eysenperger pfeilschmit[2] inquilinus St: 1462: -/3/10
Peter Halmesser.[3] 1486 Peter Halmess patrimonium St: 1482: -/2/22, 1486: -/2/20
hádrerin St: 1482: -/-/60
Lienhart Maurstetter [Schlosser ?[4]] St: 1482: -/-/60, 1486: -/2/6
Jorg Stór haubenschmid. 1486, 1490 Jorg Stór. 1496 Jorg haubenschmid
 St: 1482, 1486, 1490, 1496: -/2/8
 StV: (1490) et dedit -/-/60 die ander nachstewer fúr Hannsn Springer.
plint Gilg St: 1486: vacat, 1490: -/-/60
Peter sneider St: 1490: -/2/20
Ulrich Springinnkle [Sporer, Schlosser[5]] St: 1490: -/-/28 pauper das jar
Margret naterin inquilina St: 1496: -/-/60
Hanns Stüpf St: 1500: 1/2/2
relicta Hanns [IV.] Schluderin St: 1522-1524: 2/5/14
Thoman Ried (1525 Rieder) schuster St: 1522: -/-/28 gracion, 1523: -/2/11 juravit, 1524, 1525: -/2/11
Pauls holtzmesser St: 1522, 1523: -/2/-
Valtein schuster St: 1526: -/-/21 gracion, 1527/I: -/-/21, 1527/II, 1528, 1529: -/2/-
relicta Rulanndin (Ruelanndin)
 St: 1526, 1527/I: 1/4/2, 1527/II, 1528: 2/4/29, 1540-1542: 2/3/25, 1543: 5/-/20, 1544: 2/3/25
Andre saltzstößl. 1528, 1529 Andre Peurl saltzstóßl
 St: 1526, 1527/I: -/2/-, 1527/II, 1528, 1529: -/2/7, 1532: -/2/20
Gabriel [V.] Ridler, St: 1529: anderßwo
Cristof kramer St: 1532: -/2/-
Helena Wilbrechtin St: 1532: 2/5/27
Gabriel Ostermair nadler St: 1540: -/2/20
Hanns Khain (Khuen), 1540, 1543 peutler
 St: 1540-1542: -/2/-, 1543: -/4/-, 1544: -/2/-, 1545: -/4/-, 1546, 1547: -/2/-
Ambrosi Steppacher [Schneider] St: 1541: -/2/-
Jorg Stertz zimmerman St: 1542: -/2/-, 1543: -/4/-
Sigmund Härtl (Hertl) St: 1544: -/-/14 gratia, 1545: -/4/-, 1546, 1547: -/2/-
Veit Puechner St: 1545: -/-/14 gratia
Sebastian Ostndorffer, 1548 glaser St: 1548, 1549/I: -/2/20
Hainrich cramer Neumayr (Neumair) St: 1549/I-II, 1550, 1551/I: -/2/2
Jorg meltzer
 St: 1550, 1551/I-II, 1552/I-II, 1553: 3/-/-, 1554/I: an chamer, 1554/II: 3/-/-
 StV: (1554/I, Nachtrag:) zalt 3 fl pro Cristan Kóbl[6] am 30. Junii anno [15]54.
Lienhart cramer Reutmayr (Reutmair). 1553, 1554/I Lienhart chramer. 1560, 1561, 1563-1571 Lenhart
 (Liennhart, Leonhart) Reitmair (Reitmer), 1564/II-1571 chramer
 St: 1551/II, 1552/I-II: -/2/2, 1553, 1554/I-II, 1555-1557: -/2/-, 1558: -/4/-, 1559, 1560: -/2/-,
  1561, 1563, 1564/I-II, 1565, 1566/I-II, 1567/I-II: -/2/6, 1568: -/4/12, 1569-1571: -/2/20
 StV: (1570, 1571) mer fúr p[ueri] Praun -/-/3,5.
Hanns Frietinger [Salzstößel[7]]
 St: 1555: -/-/28 gratia, 1556: 1/3/7 juravit, 1557: 1/3/7, 1558: 2/6/14, 1559, 1560: 1/3/7, 1561,
  1563, 1564/I-II, 1565: 1/6/15
 StV: (1555) mer -/4/14 von wegen seiner hausfrauen heiratguet, so Feler wirt hat abgesetzt.
  (1560) mer zuegsetzt seiner hausfrauen heuratguet -/4/16,5.

---

[1] 1458 davor „Anna" getilgt.
[2] Ein Hanns Eysenperger ist 1468, 1469, 1472-1474, 1477, 1478, 1486, 1487, 1489 Vierer der Segenschmiede, vgl. RP. Vielleicht derselbe.
[3] 1439-1462 gibt es bei Kaufingerstraße 7 einen Schneider Peter Halpmassel (Halbmásl), vielleicht dieser.
[4] Vielleicht der Maurstetter ohne Vorname, der 1476 Vierer der Schlosser ist, vgl. RP.
[5] Springinklee ist 1480 Vierer der Schlosser, Sporer, Schwertfeger, vgl. RP.
[6] Cristan Köbl war 1550-1559 Steuer- und Gantknecht, vgl. R. v. Bary III S. 878, 831. Vgl. auch Petersplatz (1550-1566).
[7] Hannß Frietinger 1554 Salzstößel, vgl. Vietzen S. 154 nach KR.

Jorg Wilhalm zingiesserin[1]
: St: 1563: 4/-/28,5 juravit, 1564/I-II, 1565: 4/-/28,5
: StV: (1563) mer für ires mans freundt nachsteur unnd die steur diss [15]63. jars thuet 7/3/12.

Simon Hueber eysncramer
: St: 1566/I: 1/6/15, 1566/II: 3/4/3 juravit, 1567/I: 3/4/3, 1567/II: 3/4/13
: StV: (1566/I) fur seine hausfrau fur in gratia 1 fl.

Hanns pertlmacher Gottbewar Niderlender[2]. 1570, 1571 Hanns Gottbewar pertlmacher[3]
: St: 1569: -/4/12 gratia, 1570, 1571: -/4/12

Kaufingerstraße 20*/21*
(bis 1372 mit Kaufingerstraße 19* und 22* A/B)

Lage: 1335 „pey Chauffringertor". 1371 an dem Tor. 1384 „an Cháfinger tor". 1395 „bey Augstinertor". 1442 „an der Stadt turn".
Charakter: 1332, 1335 mit Bräustadel.

Hauseigentümer:

Das Haus wurde erst 1720 in zwei Teile geteilt. Erst jetzt entstanden die beiden Hausnummern 20* und 21*. Bis 1372 war es außerdem auch mit Kaufingerstraße 22*A/B vereinigt und wohl auch mit dem Grundstück auf dem Graben, auf dem vor 1384 das Haus Kaufingerstraße 19* entstand. Auch der Garten an der Mauer bis hinab zum Brunnen an der Engen Gasse (Löwengrube), also das Gelände, das später Garten des Dechanthofes wurde, gehörte seit 1346 dem Jacob Freymanner.
Möglicherweise stellte diese Häusergruppe hier – neben dem alten Stadttor – das ursprüngliche Zollhaus dar. Dann wäre der
1239 Mai 28 als Bürger und Zeuge einer Urkunde genannte „Chunradus iuxta portam superiorem", der Konrad neben dem oberen Tor, mit seinem Sohn Perhtoldus hierher zu beziehen.[4]
Allerdings könnte der Beleg auch auf die gegenüberliegende Straßenseite gehören, wo später die Ettaler Klosterhäuser stehen. Später, nach dem Bau des Neuhauser Tores (Karlstores), stand das Zollhaus stadtauswärts auf der rechten Straßenseite. Wenn man unterstellt, daß der alte Standort hierher übertragen wurde, dann wäre das Zollhaus bei der Häusergruppe Kaufingerstraße 20*/21* (mit 19* und 22*A/B) richtig lokalisiert (also ebenfalls stadtauswärts auf der rechten Straßenseite).
In der Urkunde vom 28. Mai 1239 wird auch Chunradus Choufringer als Zeuge genannt, auf den oder dessen Familie sowohl der Name „Chauffringer gazzen" (Kaufingergasse) als auch „Chaufringertor" zurückgehen, welch letzterer am 15. Juni 1300, ersterer am 26. März 1316 erstmals genannt werden.[5]
Wie in vergleichbaren Fällen auch müssen auch die oder der Kaufringer ein repräsentatives Haus in hervorgehobener Lage an dieser Straße gehabt haben, damit sie zum Namengeber für die ganze Straße werden konnten. Dafür käme durchaus dieses Haus in Frage.
1332 September 12 das Heiliggeistspital verkauft ein Ewiggeld aus dem Haus in der Kaufingergasse, „daz etwenn dez Semels waz, und auz dem privstadel dabei". Ein Sechstel des Hauses gehört dem (geistlichen) Herrn Reicher dem Häring.[6] Das Ewiggeld an den Pfarrer von Finsing, um das es hier ging, wurde noch 1418 von Jörg beziehungsweise Franz Tichtel bezahlt (vgl. StB).
1335 April 7 Hanns Schiet und Jacob Freymanner verkaufen ein Ewiggeld „aus unserem haus", das beim Kaufingertor liegt und „daz etwenne Hainrich dez Semels waz" und aus dem Bräustadel dabei. Hier geht es auch um eine weitere Hypothek (Ewiggeld) des Heiliggeistspitals auf diesem Haus, die auf einen Verkauf durch den Walther den Scherman zurückgeht, der damit vom Semel den Spitalinsassen eine Pfründe um Milch gekauft hatte. Diese Zinszahlungen übernehmen nun die neuen Haus-

---

[1] Georg Wilhalms Zinngießers Witwe 1571 Religionsverhör. Vgl. Dorn S. 264.
[2] 1569 „Niderlender" über „pertlmacher" nachgetragen.
[3] 1570 und 1571 „Gottbewar" (Gotbewar) über „pertlmacher" nachgetragen.
[4] MB XXXV/II S. 1-2. – Dirr, Denkmäler I Urk. Nr. 5 S. 11/12.
[5] Dirr, Denkmäler I Urk. Nr. 28 S. 54/55. – Vogel, Heiliggeistspital, Urk. 44. – Stahleder, Haus- und Straßennamen S. 173/174, 593/594. – Stahleder, Stadtplanung S. 61.
[6] Vogel, Heiliggeistspital, Urk. 59a. – Einen „Semelhof" gab es um diese Zeit auch in Augsburg, vgl. Christian Meyer (Hrsg.), Urkundenbuch der Stadt Augsburg, 1. Bd. Augsburg 1874, 2. Bd. 1878, Nr. 317 und 318 (27.7. und 4.8.1332) und 331 (3.10.1334) und 343 (21.11.1336).

eigentümer Schiet und Freymanner.[1] Ein Walther der Scherman war 1308 Pfründner des Spitals und 1321 Spitalmeister.[2]

Hanns Schiet war 1326 an Geldwechselgeschäften beteiligt, 1335 und 1344 im Eisenhandel tätig[3] und 1335, 1336, 1340, 1343, 1353 und 1357 geschworener Stadtrat, 1362 bis 1369 im äußeren Stadtrat.[4] 1363 war er einer der Bürger, denen der Herzog das Braulehen verliehen hat.[5]

Jacob Freymanner war 1344 und 1346 im Weinhandel tätig, außerdem war er in diesen Jahren auch Mitglied des Stadtrats.[6] 1346 war Jacob Freymanner Hofmeister von Herzog Johann II.[7] Die beiden Stadträte Jacob Freymanner und Greimolt Draechsel erhielten 1352 von Markgraf Ludwig dem Brandenburger ein gewerkschaftliches Schürfrecht für die Bergwerke des Oberinntales im Gericht Landeck.[8] 1362 bis 1366 war Jacob Freymanner innerer Stadtrat,[9] als solcher von 1337 bis 1348 auch wiederholt Hochmeister des Heiliggeistspitals,[10] 1350 auch Pfleger des Angerklosters.[11] 1363 war er außerdem Viertelhauptmann im Eremitenviertel (Kreuzviertel).[12]

Jacob Freymanner besaß das Haus bis zu seinem Tod, der noch vor 1368 eingetreten ist, da in diesem Jahr schon seine Hinterlassenschaft (patrimonium) versteuert wird. 1366 war er noch Mitglied des inneren Stadtrats.

Jacob Freymanners Tochter war mit Franz Sentlinger verheiratet (vgl. auch Marienplatz 9 A*A/B). Er verzichtete am 8. Januar 1357 zu Gunsten seiner Enkel Matheis, Sighart und Peter, Kindern des Franz des Sentlinger, auf zwei Huben in Alling,[13] welche Lehen von Markgraf Ludwig zu Brandenburg waren.[14] Sie – die Kinder des Franz Sentlinger[15] – waren auch seine Erben in der Kaufingerstraße. Sie waren es auch, die den Besitz dann zertrümmerten: Das Haus Nr. 20*/21* erbten Jacob und Matheis Sentlinger, die Söhne von Franz und der Freimanner-Tochter, das Haus 22*A/B ging an Katrey Ligsalz, Witwe von Wilhalm Ligsalz und ebenfalls Tochter von Franz Sentlinger und der Freimanner-Tochter.

1371 Juli 21 Jacob der jung Sentlinger verkauft seinen halben Teil, den er an „seines enen" (= Ahnen, Großvater), des Freymanners, seligen Haus besitzt, an der Kauffringergassen zunächst oben an dem Tor gelegen, seinem Bruder Matheis Sentlinger.[16]

1372 April 15 Katrey Sentlinger-Ligsaltz, Tochter von Francz Sentlinger und Witwe von Wilhalm dem Ligsalcz, verkauft ihren Anteil an diesem Haus, „gelegen ze naechst an Peter dez sneiders haus [Kaufingerstraße 22*A/B] enhalb der stapffen" an den Nagler Chunrat Nyblung.[17]

1380 März 3 das Haus des Frantz Sentlinger an der Kaufingergasse (Kaufingerstraße 19*) ist zunächst dem Haus des Matheys des Sentlinger gelegen.[18]

1384 Dezember 19 Matheus Sentlinger verkauft „seinew zway hawser, gelegen znächst an Cháfinger tor, zwischens des Zeilings [Kaufingerstraße 19*] haws und des Nyblungs haws" (Kaufingerstraße 22*A/B) „Chlaren der Pyenczenawerin".[19] Das Haus besteht also bereits aus zwei Teilen. Getrennt wurden sie jedoch erst 1720. Zur Erlegung der Kaufsumme von 375 Gulden ungarisch und böhmisch verpfändet die Käuferin das Haus gleich wieder an den Verkäufer.

---

[1] Vogel, Heiliggeistspital, Urk. 62a.
[2] Vogel, Heiliggeistspital, Urk. 36a, 49a.
[3] Bastian, Oberdeutsche Kaufleute in den älteren Tiroler Raitbüchern (1288-1370), München 1931, S. 30/31. – R. v. Bary III S. 737.
[4] R. v. Bary III S. 736/737, 742. – Vogel, Heiliggeistspital, Urk. 62, 62b, 66a, 68, 85, 89.
[5] Vgl. Dirr, Denkmäler II S. 717.
[6] Bastian S. 30. – Vogel, Heiliggeistspital, Urk. 70, 76.
[7] Solleder S. 70.
[8] Solleder S. 42 mit. Lit.
[9] R. v. Bary III S. 740. Vgl. auch Vogel, Heiliggeistspital, Urk. 70, 80, 89.
[10] Vogel, Heiliggeistspital, Urk. 66a, 68, 75, 76, 81.
[11] BayHStA, Angerkloster Fasz. 24.
[12] Zimelie 17 (Ratsbuch III) S. 145v.
[13] RB VIII 364.
[14] RB VIII 360.
[15] Auch Franz Sentlinger gehörte zu den Bürgern, denen der Herzog 1363 das Braulehen verlieh, vgl. Dirr, Denkmäler II S. 717. Vom Bräustadel an der Kaufingerstraße ist allerdings nach 1335 nicht mehr die Rede.
[16] GB I 17/16.
[17] GB I 26/9.
[18] GB I 120/2.
[19] GB I 209/2, 3.

Bei Clara der Pienzenauerin dürfte es sich um die bei Hundt[1] beschriebene zweite Gemahlin von Herrn Ulrich dem Pienzenauer handeln, die eine Tochter von Herrn Wernher von Schennan in Tirol war. Daß sie einen Sohn namens Wernher hatte, wußte Hundt nicht.

1388-1395 domus Klare (Clara) Pienczenawerin(ne) (StB).

1395 Februar 15 „Her Werenher der Piencznawer" hat sein Haus an der Kaufingergassen, zunächst „bey der Augstiner tor", so wie es seine Mutter von Matheysen dem Sentlinger gekauft hatte, nunmehr an Ulrich den älteren Tichtel weiterverkauft und die Tichtlin übernahm es anstatt ihres Ehewirtes, „wann er vor siechtum daz recht niht gesuchen mocht", das heißt an der Rechtshandlung nicht teilnehmen konnte.[2]

Nach 1395 hat immer noch das Heiliggeistspital eine Gilt „auz der Pienczenawerin hauz, daz hat nu Ulreich der Tichtel".[3]

Ulrich der ältere Tichtel war 1380 bis 1382 Mitglied des äußeren Stadtrats, ab 1383 des inneren Rats, 1393 einer der Stadtkämmerer. Sein Bruder Ott war 1399 Mitglied des Rates der Dreihundert und 1402 einer der Steuerer.[4]

1392-1398 das Heiliggeistspital hat ein Ewiggeld aus dem „domus Ulrich elter Tichtel" an der Kaufingergasse.[5]

1416 dez Jorigen Tichtels und seiner bruder haws (StB).

1418 Jorgen Tichtels haws (StB).

1420 löst Francz der Tichtel, Neffe von Ulrich dem älteren Tichtel, die Gilt des Heiliggeistspitals auf dem Haus ab, die nach 1395 Ulrich Tichtel gezahlt hatte.[6]

Die Tichtel besitzen nun das Haus bis um 1453.

1442 April 18 des Ehepaar Franz und Anna Tichtel macht eine Meßstiftung an die Frauenkirche und widmet dem Kaplan dieser Messe ein Ewiggeld von 12 Schillingen aus ihrem großen eigenen Haus und der Hofstatt an der Kaufingergasse (Kaufingerstraße 20*) zunächst an der Stadt Turm, „da Chunrat von Eglostain yezo inne ist, ausgenomen das klein haws (Kaufingerstraße 21*) daran gelegen".[7]

1453 August 16 dieses Ewiggeld „aus des Franz Tichtel seligen großem Haus an der Kaufingergassen an der Stadt Turm" wird von Ludweig Giesser abgelöst.[8] Deshalb muß er aber kein Hauseigentümer gewesen sein.

1453 Dezember 25 die Stadtkammer zahlt 28 Pfennige für vier Maß Wein, die der Stadtrat vertrank, „do man den Wernstorfer und den Tichtel auf dem [rat]hawß veraynt".[9] Der Eintrag ist wohl hierher zu beziehen. Der Übergang des Besitzes von Tichtel auf den Wernstorffer ging offensichtlich nicht ganz ohne Vermittlung des Stadtrats (Stadtgerichts) vor sich.

1453, 1462 domus Wernstorffer (Liste).

1458 domus Urban Wernstorffer (StB).

1481 Mai gab es Bauarbeiten „am turn bei dem Bernsdorffer".[10]

1484 Juli 17 Urban Wernstorffer verkauft der Stadt Grund zum Turm an der Kaufingergasse, denn: Bürgermeister und Rat haben an der Kaufingergasse einen Turm zu bauen begonnen, „oberhalben meiner Behausung und Hofrait": Die Forderungen, die der Wernstorffer gestellt hatte, wurden erfüllt.[11]

1484 August 7 die Stadt zahlt dem Urban Wernstorffer 42 Pfund und 7 Schillinge im Gegenwert von 49 rheinischen Gulden zu je 7 Schillingen „von der irrung wegen seins paws und grunds des turns an Kauffinger gassen, inhalt seins briefs" (= seiner Urkunde).[12]

---

[1] Hundt, Stammenbuch I S. 225.
[2] GB II 84/1.
[3] Vogel, Heiliggeistspital, Salbuch A Nr. 239.
[4] Muffat S. 505. – R. v. Bary III S. 739. – Stahleder, Bürgergeschlechter. Die Tichtel S. 221, 219.
[5] Steueramt 982/1 S. 4v.
[6] Vogel, Heiliggeistspital, Salbuch A Nr. 239.
[7] Kirchen und Kultusstiftungen 254 S. 4r. – Stiftungsurkunde auch Urk. D I e 1 - XII Nr. 7. – MB XX 238 S. 315/323, besonders S. 320.
[8] Urk. D I e 1 - XII Nr. 7, Rückenvermerk.
[9] KR 1453/54 S. 84r.
[10] KR 1481/82 S. 92v.
[11] Urk. F I/II Nr. 3 (Kaufingergasse).
[12] KR 1484/85 S. 85r.

Urban Wernstorfer ist zwischen 1475 und 1480 wiederholt als Hofmeister (Leiter der Oekonomie) des Angerklosters belegt.[1]

1496-1522 domus Wernstarfer (Wernstorffer) (StB).

Offensichtlich liegt Verwandtschaft des Urban Wernstorffer mit Hanns Rösler vor, da sich „domus Wernstorfer" und Hanns Rösler von 1508 bis 1522 überschneiden und letzterer 1523 für Wernstorffer die Steuern zahlt. Für Besitz-Überschneidung oder Besitz-Gemeinschaft spricht auch, daß schon 1491 die Stadt Bauarbeiten „bei des Röslers prugk" durchführt und wieder 1498 „auf der pruck beym Rösler".[2] Da ein anderes Haus eines Rösler an einer Brücke nicht bekannt ist, kann es sich nur auf dieses Haus und diese Brücke beziehen.

1516 April 22 Hanns Roeßler erlaubt den Augustinern, über seine Gründe zu fahren, besonders aber „zu notturfft ihres haimlichen gemachs [= Abort] einen thurn auf den pach irem closter ... zu pauen". Die Mönche sollen dafür seiner Frau Anna und seiner Eltern auf der Kanzel gedenken.[3]

Das Bauwerk der Augustiner über dem Stadtbach, eine Art überdachte Brücke, die den Augustinern als Abtritt oder Abort („heimliches Gemach") diente und das das Sandtner-Modell deutlich zeigt, geht also auf diesen Vertrag zurück. Die Bezeichnung „Turm" für dieses Bauwerk findet sich auch noch am 30. März 1654 („Augustinerturm").[4]

Die Verwandtschaft der Rösler mit den Zweng findet sich bei Burgstraße 13 (der jüngere Hans Zweng ist mit dem Kanzler-Sohn Oswald Rösler verwandt). Elspet Zwengin ist die Schwester von Hanns Zweng. Meister Matheis Zweng ist 1512 bis 1555 Chorherr zu Unserer Lieben Frau und ist am 8. Mai 1555 gestorben.[5]

1527/II domus herr Mathes Zweng (StB).

1528 domus maister Mathes Zweng (StB).

1529 April 22 Meister Matheis Zweng verkauft aus diesem Haus ein Ewiggeld von 15 rheinischen Gulden (wahrscheinlich um 300 Gulden Hauptsumme) zu seiner Messe, der Neumair-Stift, in der Frauenkirche.[6]

1529, 1540-1557 domus Zwenng (Zweng, Zwengen) (StB).

1558, 1564/I domus Zwengen (Zwenngen) Erben (StB).

1565-1567/I domus Zwenngen (StB).

1575 laut Grundbuch (Überschrift) Jacoben Zwengen, des inneren Rats, Haus am Bach, hinten an den Pfarrhofgarten stossend, zwen Höf, Stadl und Garten (GruBu).

Eigentümer Kaufingerstraße 20*/21*:

*? Chunradus iuxta portam superiorem und/oder Chunradus Choufringer [1239 Mai 28]
*   Heinrich der Semel [vor 1332 September 12]
*   Herr Reicher der Häring [1332 September 12, ein Sechstel des Eigentums]
*   Jacob Freymanner, Hanns Schiet [1335 April 7]
    patrimonium Freymannerii
        St: 1368: 7/-/-, 1369: 10,5/-/-, 1371, 1372: -/-/-
*   Jacobus [I. oder II., Sentlinger, der jung, bis 1371 Juli 21, halbes Haus]
        St: 1371: pro parte sua -/10/-
*   Matheis [I.] Sentlinger [von Päl; Enkel des Freymanner, Sohn von Franz, Bruder von Jacob II. Sentlinger, Salzsender[7]]
        St: 1371: 8/-/60, 1372: -/-/-, 1375: 9,5/-/20, 1377: 5/-/- juravit, 1378, 1379: 5/-/-
*   Katrey Sentlinger-Ligsalz [bis 1372 April 15, Teilbesitz]
*   Jacob [II.] Sentlinger, 1377, 1378 inquilinus
        St: 1377-1379: -/-/60

---

[1] MB XVIII S. 564, 576 u. ö.
[2] KR 1491/92 S. 95v, KR 1498/99 S. 92r.
[3] Hemmerle, Archiv des ehem. Augustinerklosters, Urk. Nr. 99.
[4] Hemmerle, Archiv des ehem. Augustinerklosters, Urk. Nr. 201.
[5] Mayer ULF S. 192.
[6] Stadtgericht 207/3 (GruBu) S. 855v. – Die Jahreszahl 1528 im HB KV S. 73 ist wohl Fehler für 1529. Weder der Eintrag zu 1564 („Erben des Obigen") noch zu 1567 stammen aus dem GruBu, sondern sind rekonstruiert oder aus – nicht genannten – anderen Quellen ergänzt.
[7] Matheis Sentlinger ist 1405 als Salzsender belegt, vgl. Vietzen S. 143.

* Clara Pyncznawerin. 1388 domus Klare Piencznawerinne. 1390/I-1394 domus Pyncznawerin (Bencznawer)[1]
    St: 1387: -/-/-, 1388: -/13/10 sub gracia, 1390/I-II, 1392-1394: -/-/-
    StV: (1395) item domus Penczawer, hat der Rudolff geben fur syben ergangen stewr 21 gulden ungarisch.
* herr Wernher der Pienznawer [bis 1395 Februar 15]
* Ulrich [III.] Tichtel der elter [∞ Anna]. 1401/II, 1403 patrimonium Ulrich Tichtel[2]
    St: 1395: 7/5/10, 1396, 1397, 1399, 1400, 1401/I, 1401/II, 1403: 11,5/-/-
    Pferdemusterung, um 1398: Ulrich Tichtel der elter sol haben zway pferd von 40 gulden und damit er der stat wart.
  Ott (Ottel) [II.] Tichtel, 1395 sein [= des Ulrich des älteren Tichtel] pruder inquilinus
    St: 1395: 2,5/-/-, 1396: 3/6/-
  pueri [= Jörg I., Ulrich V., Thoman, Andre, Walpurg u. a.] Ulrich [III.] Tichtel
    St: 1405/I: 6/-/- gracianus, 1405/II: 4,5/-/- gracianus, 1406-1408: 6/-/- gracianus
    StV: (1405/I) alz in daz der rat geschepft hat.
* Jorig [I.] Tichtel und sein bruder
    St: 1410/I: 4,5/-/- gracianus
* Jórig [I.] et Ulrich [V.] (die) Tichtel[3]
    St: 1410/II: 6/-/- gracianus, 1411: 4,5/-/- gracianus, 1412: 6/-/- gracianus, 1413: 4,5/-/- gracianus
* dez Jorigen [I.] Tichtels und seiner bruder haws
    St: 1416: -/-/-
* Jorgen [I.] Tichtels haws
    St: 1418: -/-/-
    StV: (1418) aus dez Jorgen Tichtels haws ist gangen 1 lb ewigs gelcz gen Fúnnssing, davon hat Francz Tichtel geben von dreyn stewrn 0,5/-/23 und daz hat er abgelost.
  patrimonium Hanns [II.] Tichtel [Neffe von Ulrich III. dem älteren Tichtel, Bruder von Franz I. Tichtel]
    StV: (1423) daz hat Francz Tichtel in seiner stewr verstewrt mit anderm seinem gut.
* Frantz [I.] Tichtel[4] [Bruder von Hanns II., Neffe von Ulrich III. dem älteren Tichtel; ∞ Anna Planck, wiederverheiratete Jörg I. Ridlerin]
    St: 1428: dedit 1 gulden unger[isch] und 4 gross fúr sich und fur sein ehalten
*? Ludweig Giesser [1453 August 16]
* domus Wernstorffer. 1454-1457, 1482, 1486 Urban Wernstorffer [ehem. Pfändermeister, ∞ Veronica[5]]. 1458 domus Urban Wernstorffer. 1490 Wernstarfer patrimonium
    St: 1453-1458: Liste, 1462: -/-/55, 1482: in die kamer, 1486: 1/-/-, 1490: in die camer
    StV: (1462) zalt Ullrich Pollenmoser. (1486) sein gesaczte stewr.
* domus Wernstarfer (Wernstorfer). 1508 Wernstarfer
    St: 1496, 1500: -/5/25, 1508, 1509: -/1/22, 1514: Liste, 1522: -/1/5
    StV: (1522) von seinem halbn tail.
* Hanns Roßler (Rosler, Rósler, Rößler, Rößler) [äußerer Rat[6], ∞ Anna], 1527/II patrimonium
    St: 1508, 1509: 3/3/15, 1514: Liste, 1522-1526, 1527/I-II: 2/-/-
    StV: (1508) et dedit -/3/25 fur junckfrau Dorotea Róslerin. (1509) et dedit -/3/25 für Dorothe Grafenreiterin. (1523) sol 5 fl fúr Wer[n]storfer versteurn.
  Zwengin inquilina. 1524 Elspeth Zwengin
    St: 1523, 1524: -/5/17
  Walthasar Zweng
    St: 1526, 1527/I: -/6/6

---

[1] 1394 der Eintrag wieder getilgt.
[2] Zu den Tichtel vgl. Stahleder, Bürgergeschlechter. Die Tichtel S. 219 ff.
[3] Jörg Tichtel starb 1421, Ulrich Tichtel 1419.
[4] Franz Tichtel starb am 26. Dezember 1448.
[5] Urban Wernstorffer war 1443-1446 städtischer Pfändermeister, vgl. R. v. Bary III S. 825.
[6] Hanns Rösler ist 1504-1507 Mitglied der Gmain und Viertelhauptmann des Kreuzviertels, 1508 äußerer Rat, vgl. RP.

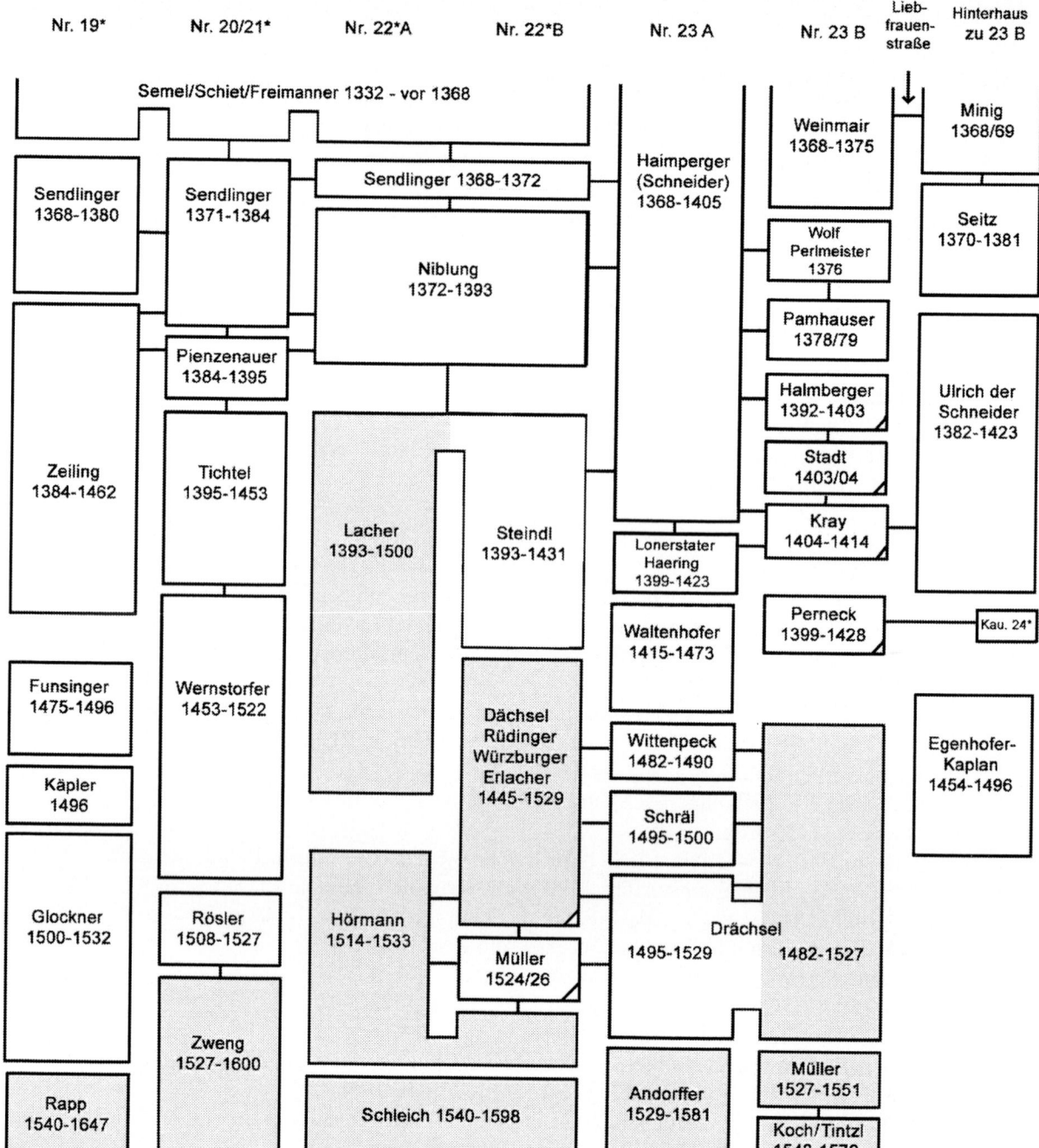

Abb. 7 Hauseigentümer Kaufingerstraße 19* – 23.

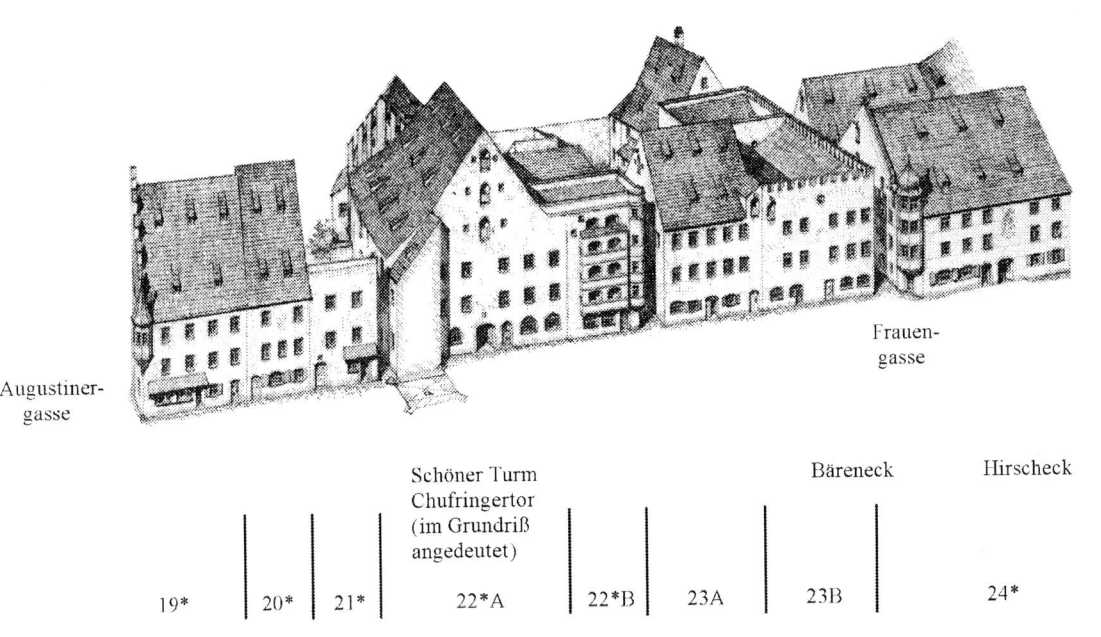

Abb. 8 Kaufingerstraße Nord Nr. 19* – 24*, Häuserbuch Kreuzviertel S. 80/81.

** domus herr (1528 maister) Mathes Zweng [Chorherr zu ULF[1]]. 1529, 1540-1556 domus Zwenng. 1557 domus Zwengen. 1558, 1564/I domus Zwengen erben. 1564/II-1567/I domus Zwenngen

 St: 1527/II: anderßwo, 1528: -/1/3, 1529: anderßwo, 1540-1542: -/1/3, 1543: -/2/6, 1544: -/1/3, 1545: -/2/6, 1546-1548, 1549/I-II, 1550, 1551/I-II, 1552/I-II, 1553, 1554/I-II, 1555-1557: -/1/3, 1558: -/2/6, 1564/I-II, 1565, 1566/I-II, 1567/I: -/-/-

 StV: (1543) mer -/-/14 fúr p[ueri] Zwengen. (1550) mer -/-/7 fur 1 fl gelts. (1551/I) mer -/-/7 fúr ainen gulden gelts. (1551/II) mer -/-/7 fur 1 fl gelts. (1552/I-II, 1555) mer -/-/7 von ainem gulden gelts. (1553, 1554/I-II, 1556) mer -/-/7 fur ain gulden gelts. (1557) zalt Zwengin. (1564/I) steurn di vormúnder.

** Jacob Zwenng [äußerer/innerer Rat[2]]

 St: 1567/I-II: 2/3/23, 1568: 5/-/16, 1569-1571: 4/6/25

 StV: (1567/I-II) mer fur (für) Hanns Rápfer (Rapfer) (!) von Toltz folio 8v [Ewiggeld]. (1569) mer fúr Hanns Ropfer folio 8v [Ewiggeld]. (1570) mer fur Hanns Kópfer [Hanns Kápfer von Tölz] folio 4r [Ewiggeld].

Bewohner Kaufingerstraße 20*/21*:

Haug vragner inquilinus. 1369 Ulrich Haug inquilinus. 1371 Haug inquilinus. 1372 Haug mercator. 1377 Haug vragner

 St: 1368: -/-/24, 1369, 1371, 1372: -/-/36, 1377: -/3/6 juravit, 1378: -/3/6

Plaepsch (Paepsch) calciator, 1368 inquilinus St: 1368: -/-/60, 1369: -/3/-

Anna inquilina St: 1368: -/-/-

Auschher inquilinus St: 1369: -/-/18 gracianus

Chunrat Lechner[3] mercator inquilinus St: 1369: -/-/18

Hefenhóhin inquilina. 1371, 1372 relicta Hefenhóhin inquilina St: 1369, 1371, 1372: -/-/24

Ch[unrat] mercator de Agusta inquilinus St: 1371: -/-/40

Nóderlinger fragner inquilinus St: 1372: -/-/12

Hainrich Zeiring inquilinus St: 1377: -/5/21 juravit

Chunrat Ernst kistler inquilinus St: 1377: 1/-/- juravit

Hainrich Pachmair [calciator[4]] inquilinus St: 1377: -/-/24 juravit

relicta Knázzlin (Knaezzlin) inquilina St: 1377: -/-/6 juravit, 1378, 1379: -/-/-

Chunrat Óder sartor inquilinus. 1378 Óder sartor inquilinus

 St: 1377: -/-/18 gracianus, 1378: -/-/54 juravit

Hainrich Diener[5] St: 1379: 3/-/-, 1381: -/12/- juravit, 1382: -/-/-

Swaebin kaufflin St: 1383/I: -/-/15, 1383/II: -/-/22,5

Seicz kursner inquilinus St: 1387: -/-/6, 1388: -/-/12 juravit

Pritelpeck inquilinus St: 1388: -/-/36

Óttel [von Haithawsen ?] kúrsner, 1392 inquilinus. 1394-1416 Óttel (Ott) von Haithawsen (Haidhawsen), 1396-1401/I, 1405/II-1408 kursner

 St: 1390/I: -/-/40, 1392: -/-/42, 1393: -/-/56, 1394: 0,5/-/-, 1395: -/10/20, 1396, 1397, 1399, 1400, 1401/I: 2/-/-, 1401/II: 3/-/- iuravit, 1403, 1405/I: 3/-/-, 1405/II: 5/-/36 iuravit, 1406: 6/6/28, 1407, 1408: 7/3/-, 1410/I: 8,5/-/- iuravit, 1410/II: 11/-/80, 1411: 8,5/-/-, 1412: 11/-/80, 1413: 8/-/60 iuravit, 1415: 8/6/-, 1416: 11,5/-/40

 Pferdemusterung, um 1398: Óttel kursner sol haben ein pferd von 20 [korrigiert in 24] gulden und sol selber reiten oder ein erberg knecht an seiner stat.

 und sein swager schuster St: 1410/I: -/-/36 gracianus

Macz inquilina St: 1390/I: -/-/8

Jórg schlosser St: 1394: -/-/20

---

[1] Matheus Zweng 1512-1555 Chorherr zu ULF, siehe Vorspann zum Haus.

[2] Jacob Zweng 1563-1573 äußerer, 1573-1599 innerer Stadtrat, 1600-1607 Bürgermeister, vgl. Fischer, Tabelle III S. 2/3, Tabelle IV S. 2/3.

[3] 1369 „Lechner" über der Zeile eingefügt.

[4] Von 1368-1375 und 1378-1388 bei Färbergraben 1* calciator genannt.

[5] Hainrich Diener ist 1381 Mitglied des Großen Rates der Stadt, vgl. R. v. Bary III S. 746.

Maisel sneyder[1] inquilinus. 1399, 1400, 1401/I Maisel ponivex (ponnivex),[2] 1399, 1400 inquilinus
    St: 1397: 0,5/-/-, 1399, 1400, 1401/I: 1/-/-
    Pferdemusterung, um 1398: Vgl. Weinstraße 1 bei Chunrat Sawrlacher.
Sengenrieder sneider inquilinus St: 1403, 1405/I: -/6/20, 1405/II: 1/-/- iuravit
Peter Groz kursner inquilinus St: 1403: 0,5/-/- gracianus
Chunrat von Hawsen [der Jüngere ?] St: 1405/I: 4/3/- iuravit
Ludweyg Eysenman [Weinschenk[3]], 1411 et mater inquilina
    St: 1411: -/4,5/- gracianus, 1412: 3/-/80 iuravit
    StV: (1411) zu nachsten sol er swern.
Hanns hafner St: 1418: facat
Tawcz schneyder St: 1418: -/-/31 fur nichil
Chunrad Ebner [Weinhändler, Zöllner, Kastner, Stadtrat[4]] St: 1423: -/-/-
Chunczel sein knecht St: 1423: -/-/-
Herman Haeberl (Háberl) sneyder St: 1423: 1/-/-, 1424: -/-/80 hat zalt
Tulbeck St: 1428: 4 gross für sich und sein hawsgesind
et dedit Margaret goltsmidin von Werd St: 1428: 2 gross pro se et ancilla
Hanns Rappold St: 1428: 4 gross für sich und sein hawsgesind
Anna naterin St: 1428: 4 gross für sich und yr hawsgesind
Chunrat kistler et uxor St: 1428: 2 grosch
Erhart Winthaimer, 1431, 1439/II húter (huter)
    St: 1431: -/6/20 iuravit
    Sch: 1439/I-II: 1,5 t[aglon]
Fridreich Hofman inquilinus St: 1431: -/-/60 iuravit
Jorg goltsmid inquilinus St: 1431: -/-/15
Hanns Porczl (Pórczel), 1441/I prew Sch: 1440, 1441/I-II: 1 t[aglon]
Chunrat melbler inquilinus Tichtel St: 1447: -/3/21
Hainrich Ánczinger kramer inquilinus St: 1447: -/3/24
relicta Schlechdorfferin St: 1447: 0,5/-/15
Hanns Leber gurtler inquilinus St: 1447: -/-/16 gracion
Hanns Aichstock sleiffer St: 1453: Liste
Hanns Schraivogel huter[5] St: 1453: Liste
Chunrat mulner, 1454, 1456 kistler St: 1454-1456: Liste
Marckel schuster. 1455 Marck von Maincz St: 1454, 1455: Liste
Ulrich Pollenmoser [Obser[6]]. 1457, 1458 Ulrich obser, 1457, 1462 inquilinus
    St: 1456-1458: Liste, 1462: -/-/82
Hanns Knobel (Knebel) inquilinus St: 1456, 1457: Liste
Hanns Prosser sniczer St: 1457, 1458: Liste
Doman polczmacher inquilinus St: 1462: -/-/60
Hanns Túnczl (Túntzl, Túntzel), 1490, 1496 schleyffer
    St: 1482: -/-/60, 1486, 1490: -/2/12, 1496: -/2/23, 1500: -/3/14
Lienhard [Zwinckher] gschmeidmacher St: 1482, 1486, 1490: -/-/60
Hanns Aumülner saltzstosel St: 1496: -/-/60
Clas tagwercher St: 1496, 1500, 1508: -/-/60
Margret inquilina St: 1496: -/1/2
Swaigerin inquilina St: 1496: -/-/60
Hans holtzrichter schmid St: 1500: -/-/60
Michel pogner St: 1508, 1509: -/3/4, 1514: Liste

---

[1] Den „Meisl gewantsneider" rechnet Katzmair zu den Klaffern und Jaherrn der Bürgerunruhen, vgl. Muffat, Kazmair-Denkschrift S. 464, 511.
[2] Ponivex = pannifex = Tuchmacher ?, von pannus = Tuch, Lappen, Flicklappen, Tuchkleid; wohl weniger panivex = Bäcker.
[3] Ludbeig Eysenman ist Weinschenk, vgl. Gewerbeamt 1411 S. 3v.
[4] Vgl. Marienplatz 26*.
[5] Hanns Schrayvogel 1460 Vierer der Huter, vgl. RP.
[6] Ulrich Polmoser/Pulmoser obser ist 1462, 1463, 1470 und 1482, sowie als Ulrich obser auch 1459, Vierer der Fragner, Obser, Melbler und 1467 und 1475 Vierer der Käufel, vgl. RP.

Cristof Schonnperger (Schönperger) kupferschmid St: 1508, 1509: -/-/60
Hans haubnnschmid St: 1508: -/-/60
satlerin inquilina St: 1522: nichil
Valtein schleiffer. 1523 maister Valtein scharsaschleiffer.[1] 1524, 1525 maister Valtein. 1526, 1527/I
    Valtein múllner[2][∞ Dorothea]
        St: 1522-1526, 1527/I: -/2/-
schmidin amb inquilina. 1526, 1527/I schmidin mater St: 1525, 1526, 1527/I: -/2/-
Pauls holtzmesser St: 1524: -/2/-
Hanns Rieger, 1525, 1526 amer St: 1525, 1526, 1527/I: -/2/-
Paule Rößlmair, 1525 tagwerker St: 1525, 1526: -/2/-, 1527/I: an kamer
Jacob Starfinger tagwerker St: 1527/II: -/2/-
Walthasar (Walthauser) wintnmacher St: 1541, 1542: -/2/-, 1543: -/4/-
Hanns Wöllel (Wóllel) nagler St: 1548, 1549/I-II, 1550, 1551/I-II: -/2/-
Bastl Grueber nagler St: 1552/I: -/2/-
Jorg (Geörg) Stadler, 1557-1561, 1565 wirt [Salzsender, äußerer Rat[3]]
    St: 1557: 3/1/-, 1558: 6/2/-, 1559, 1560: 3/1/-, 1561, 1563, 1564/I-II, 1565, 1566/I-II: 10/2/10
    StV: (1557) mer 1/-/10 fúr p[ueri] stalmaister; mer 10/2/- fúr p[ueri] Stainmúllner zugsetzt ir
        mueterlich erb. (1558) mer 4/2/10 fúr p[ueri] Utzn Frieshamers. (1559) mer 2/1/5 fúr p[ueri]
        Frieshamer; mer -/2/20 fúr p[ueri] Utnperger 3 nachsteur. (1560) mer fur p[ueri] Frieshamer
        2/1/5, zalt Stadler fúr Anna Friesingerin 3 nachsteur. (1561) mer fur p[ueri] Frieshamer
        1/3/25. (1566/I-II) mer fúr p[ueri] Ernnst Laitinger -/3/25.
Anna schneiderin St: 1563: 1/-/10
Simon Hueber eisnkhramer St: 1568: 7/1/6, 1569-1571: 3/1/4
Ulrich (Uetz) Seyringer [Hofgesind[4]] St: 1568: 1/1/10, 1569-1571: 1/4/23
Jacob Salvator chramer
    St: 1568: 3/-/6
    StV: (1568) fúr sein hausfrau unnd fúr ine gratia 2/-/-.
Mathes Ludwig wierdt St: 1570: an chamer

Kaufingerstraße 22*A/B
(bis 1372 gemeinsam mit Kaufingerstraße 20*/21*)
(1393 Trennung von 22*A und 22*B)

Lage: 1372 „enhalb der stapfen".
Charakter: Schmiede, Schlosserei.

Hauseigentümer:

Bis ca. 1368 Jacob Freymanner.
Ab ca. 1368 als Erbin des Jacob Freymanner dessen Tochter, verheiratet mit Franz Sentlinger.
1370 die Baukommission bestimmt „Katrein der Ligsalczin lauben sol ab gen".[5]
1372 April 15 die Tochter Katrey Ligsalz aus der Ehe des Franz Sentlinger mit einer Freymanner-Tochter, verkauft ihr Erbe am Besitz in der Kaufingerstraße, gelegen „ze naechst an Peter dez sneiders haus, enhalb der stapffen" (Kaufingerstraße 23 A) an den Nagler Chunrat Nyblung.[6]
1384 Dezember 19 das Haus des Nyblung ist den beiden Häusern des Matheus Sentlinger, künftig der Clara Pyenczenawerin (Kaufingerstraße 20*/21*), benachbart.[7]
1393 Januar 30 Niblung der Nagler (!) verkauft sein Haus an der Kaufingergasse, zunächst Peter des

---

[1] Scherenschleifer. Scharsach ist ein Schermesser, vgl. Schmeller II 447.
[2] Später Hauseigentümer Kaufingerstraße 23 B.
[3] Jörg Stadler 1555, 1568, 1570 Salzsender, 1573 Weinschenk, vgl. Vietzen S. 151 nach KR und Zollregister 1572-1575. – Georg Stadler 1565-1570 äußerer Stadtrat, vgl. Fischer, Tabelle IV S. 2/3.
[4] Vgl. Frauenplatz 6 und Kaufingerstraße 25*.
[5] Zimelie 9 (Ratsbuch IV) S. 5v.
[6] GB I 26/9.
[7] GB I 209/2, 3.

Schneiders Haus (Kaufingerstraße 23 A), Fridrich dem Lacher und Chunrad Stainlein dem Schlosser.[1]
Der Besitz war offenbar zunächst gemeinsam. Lacher fehlt 1394 noch im Steuerbuch, 1396 steht Staindl vor ihm und Lacher ist sein „inquilinus". Um diese Zeit muß das Haus geteilt worden sein. Auch das Salbuch des Heiliggeistspitals nennt noch
vor 1398 seinen Zins aus „Nyblung des smicz hauz, daz hat man zú zwain gemachet", diese beiden geben jetzt drei Gulden „von dem Sentlinger". Später zahlen diesen Zins dann der Lacher und der Staindl gemeinsam, dann Fridel Daegsel, der ihn 1454 ablöst.[2]
Nach der Teilung steht Lacher[3] immer *vor* Staindl, also bei Haus A. Demnach gehört Staindl zu Haus B. So legt es auch das Grundbuch fest. Der Blick auf eine Karte und das Sandtner-Modell zeigt, daß das Haus Kaufingerstraße 22* extrem schmal ist, sodaß eine Trennung in zwei nebeneinanderliegende Hälften kaum noch möglich erscheint. Das Haus B wird aber 1524 und 1526 ausdrücklich als Eckhaus bezeichnet, an einer kleinen Gasse in Fortsetzung der Fürstenfelder Straße. Entweder die beiden Häuser waren sehr schmal oder die Trennung stand nur auf dem Papier.

Eigentümer Kaufingerstraße 22*A/B:

* Bis 1372 wie Kaufingerstraße 20*/21*
* patrimonium Freymannerii 1368-1372
* Katrey Sentlinger-Ligsaltz [Enkelin des Freymanner bis 1372 April 15]
* [Chunrat] Nibelunchk (Niblunk, Niblung, Nylblunck (!)) nadler, 1371, 1372 inquilinus. 1375-1383/I, 1392, 1393 Niblunchk nagler [1372 April 15 bis 1393 Januar 30]
    St: 1371: -/-/24, 1372: -/-/30 post, 1375: 0,5/-/-, 1377: -/-/48 juravit, 1378: -/-/48, 1379: -/-/60 voluntate, 1381, 1382, 1383/I: -/-/60, 1383/II: -/3/-, 1387: -/-/32, 1388: -/-/64 juravit, 1390/I-II, 1392: -/-/48, 1393: -/-/64

Trennung der beiden Häuser 1393 Januar 30, Wiedervereinigung 1526 August 30.

Bewohner Kaufingerstraße 22*A/B:

Regenspurger messrer inquilinus St: 1368: -/-/12
Fridel sneyder inquilinus. 1369 Fridrich sartor inquilinus St: 1368: -/-/15 post, 1369: -/-/28
iunior Hofprant inquilinus St: 1372: -/-/12
relicta Fawleysin inquilina St: 1372: -/-/-
pueri Elisabeth mercatrix[4] St: 1375: -/-/20
[Eberhart] Gloner goltsmid[5] inquilinus St: 1375: -/-/40
Ull zingiesser gener Paesingerii inquilinus St: 1375: -/-/40
relicta Knásslin St: 1375: -/-/12
Hainrich Mawsl St: 1375: -/10/-
Chunrat Decker kúrsner inquilinus. 1379 Ulrich [!] Decker kursner inquilinus
    St: 1377: 0,5/-/24 juravit, 1378, 1379: 0,5/-/24
Ulrich sartor inquilinus St: 1381, 1382: -/-/30
Hoferin inquilina. 1387, 1388 Els Hoferin inquilina
    St: 1381, 1382, 1383/I: -/-/75, 1383/II: -/3/22,5, 1387: -/-/26, 1388: -/-/52 juravit
Walcher kúrsner inquilinus
    St: 1383/I: -/-/12, 1383/II: -/-/18, 1387: -/-/8, 1388: -/-/16 juravit, 1390/I-II: -/-/16, 1392: -/-/18, 1393: -/-/24
Hanns Swábel inquilinus St: 1383/II: -/-/18 gracianus
schusterin, ein witub inquilina St: 1387: -/-/4
Haitvolk satler inquilinus St: 1390/I-II: -/-/24
Sym mesrer inquilinus St: 1390/I: -/-/16
Katrey kramerin inquilina St: 1392: -/-/18, 1393: -/-/24
H[ans] schuster inquilinus St: 1393: -/-/48

---

[1] GB II 41/10.
[2] Vogel, Heiliggeistspital, Salbuch A Nr. 240.
[3] Alle Quellen schreiben Lacher, nur das Grundbuch „Löchler".
[4] Ganzer Eintrag zwischen den Zeilen eingefügt.
[5] Frankenburger S. 262.

Kaufingerstraße 22*A

Hauseigentümer:

Bis 1393 gemeinsam mit Kaufingerstraße 22*B.
1393 Januar 30 Niblung der Nagler (!) verkauft sein Haus an der Kaufingergasse, zunächst Peter des Schneiders Haus (Kaufingerstraße 23 A), Fridrich dem Lacher und Chunrad Stainlein dem Schlos-ser.[1]
1392-1398 das Heiliggeistspital hat ein Ewiggeld aus dem „domus Lacher sporer" an der Kaufingergasse in der Frauenpfarrei.[2]
Ca. 1415 nach dem Salbuch des Heiliggeistspitals zahlen den Zins aus diesem Haus nunmehr Lacher und Staindl.[3]
1449 wieder wird das Ewiggeld des Spitals aus des „Lachers schmidts" Haus genannt.[4]
1454 April 10 „Fridel Dágssel smid" löst den Zins des Heiliggeistspitals aus diesem Haus ab.[5]
1487 erneute Nennung des Ewiggeldes des Spitals aus Hanns Lachners Schlossers Haus an der Kaufingergasse.[6]
1492 Februar 14 Hanns und Wilhelm Löchler (!) und Ursula, des Wilhelm Hausfrau, verkaufen dem Salzmesser Martin Tanner ein Ewiggeld von ½ Gulden (um 10 Gulden?) aus diesem Haus.[7]
1524 Juni 7 das Haus des Schlossers Hanns Herman ist dem Haus des Ehepaares Thoman und Anna Wiertzburger, künftig des Scherenschleifers Valtein Muller (Kaufingerstraße 22*B), benachbart.[8]
1524/25-1542/43 das Heiliggeistspital hat ein Ewiggeld auf des Schlossers Hanns Herman Haus an der Kaufingergasse.[9]
1526 März 27 der Schlosser Hanns Hörmann und seine Hausfrau Margret verkaufen aus diesem Haus 1 ½ Gulden Ewiggeld um 30 Gulden Hauptsumme (GruBu).
1526 August 30 das Ehepaar Valtein Mulner, Scherenschleifer, und Ehefrau Dorothea verkaufen dem Ehepaar Hanns und Margret Hermann ihr letzterem Ehepaar benachbartes Haus an der Kaufingerstraße (Kaufingerstraße 22*B).[10]
Damit sind die beiden Häuser wieder vereint.
1526 Oktober 1 der Schlosser Hanns Hörmann und seine Hausfrau Margret haben, da der alte verloren ging, einen neuen Hauptbrief ausstellen lassen, mit dem dem Heiliggeistspital ein Ewiggeld verschrieben ist (GruBu).
1559 Juli 24 Walthasar Schleuch und seine Hausfrau Margret verkaufen dem Stadtmaurer Hanns Arnhofer 2 Gulden Ewiggeld um 40 Gulden Hauptsumme aus dem Haus (GruBu).
1575 laut Grundbuch (Überschrift) Walthasarn Schleuchen Schlossers Haus (GruBu).

Eigentümer Kaufingerstraße 22*A:

* Frydrich Lacher sporer. 1396 Fridel Lacher smid inquilinus. 1397-1423 Lacher smid. 1428 Fridrich Lacher et uxor
    St: 1395: -/-/60 für funf lb, 1396, 1397, 1399: -/-/60 fur 5 lb, 1400, 1401/I: -/-/60 fur 10 lb, 1401/II: -/-/80 für 10 lb, iuravit, 1403, 1405/I: -/-/80 für 10 lb, 1405/II: -/-/72 für 12 lb, iuravit, 1406, 1407: -/3/6, 1408: -/-/60, 1410/I: -/-/50 fur nichil, 1410/II: -/-/46 für nichil, 1411, 1412: -/-/45, 1413: -/-/45 für nichil, 1415, 1416: -/-/60 fur nichil, 1418: -/-/60, 1419: -/-/56, 1423: -/-/40, 1428: 2 grosch

---

[1] GB II 41/10.
[2] Steueramt 982/1 S. 4v.
[3] Vogel, Heiliggeistspital, Salbuch A Nr. 240.
[4] Zimelie 40 (Heiliggeistspital Salbuch B) S. 8v.
[5] Vogel, Heiliggeistspital, Salbuch A Nr. 240.
[6] Zimelie 43 (Heiliggeistspital, Salbuch C) S. 56v.
[7] Stadtgericht 207/3 (GruBu) S. 857v/858r.
[8] GB IV S. 54v.
[9] Heiliggeistspital (Rechnungen) 176/19 (1524/25) S. 10v erstmals, 176/32 (1542/43) ohne Seitenzahl, letztmals.
[10] GB IV S. 116r.

** Hanns Lacher, 1441/I-II, 1447, 1454, 1456, 1458, 1482 schlosser.[1] 1496 relicta Lacherin
   Sch: 1441/I-II: 0,5 t[aglon]
   St: 1447: -/-/60, 1453-1458: Liste, 1462: -/-/60, 1482: -/2/9, 1486, 1490: -/2/10, 1496: -/-/60
   StV: (1462) er ist auch porg fur den Hassn fur drey sein stewr, hewr ist die trit, sol er pis jar zallen.
** Wilhalm Lacher s[chlosser] [∞ Ursula]
   St: 1496: -/2/10, 1500: pfannt in camer
** Hanns Herman, 1514-1526, 1527/II-1532 slosser [∞ Margret]
   St: 1514: Liste, 1522-1526, 1527/I: -/2/-, 1527/II, 1528, 1529, 1532: -/4/13

Bewohner Kaufingerstraße 22*A:

Marttein nagler inquilinus St: 1403: -/-/60 fúr 4 lb
Alhait inquilina St: 1405/I: nichil habet
Hanns Schonentaler smid inquilinus St: 1405/II: -/-/32 gracianus
Wilwolt sloscher inquilinus St: 1406: -/-/28 gracianus
Prawntel smid St: 1415: -/-/50
Hanns nagler St: 1423: facat
Andre Reichercżhawser [schlosser[2]] et uxor St: 1428: 2 gross
Thoman platner St: 1428: dedit 2 gróss
Chunrat rotsmid inquilinus Lacher. 1447 Chunrat rotsmid inquilinus
   Sch: 1441/II: 0,5 t[aglon]
   St: 1447: -/-/60
Marckel schuster St: 1453: Liste
Ulrice schreiber inquilinus St: 1454: Liste
Has zingiesser. 1457, 1458 Hanns Has zingiesser inquilinus St: 1456-1458: Liste
Hanns schleyffer inquilinus St: 1462: -/-/60
Haintz nagler St: 1482: -/1/2
Hanns kramer St: 1490: in die camer

Kaufingerstraße 22*B

Lage: 1524, 1526 Eckhaus.
Charakter: Schmiede, Schlosserei.

Hauseigentümer:

1392-1398 das Heiliggeistspital hat ein Ewiggeld aus dem „domus Staindel smid" an der Kaufingergasse[3]. Das Geld dürfte identisch sein mit dem Geld aus dem „domus Chunrat smid an Chaufringer gassen" im selben Jahr.[4]
1449 das Heiliggeistspital hat ein Ewiggeld aus des Fridel Tächssels slossers Haus.[5]
1454 Fridel Täxl löst das Ewiggeld auf seinem Haus an der Kaufingergasse ab.[6]
1454 April 6 Friderich Töschl (!) und sein Eidam (Schwiegersohn) Niclas Runding [= Rüdinger] verkaufen aus dem Haus ein Ewiggeld von 6 Schillingen.[7]
1457 Oktober 15 Töschl und Runding verkaufen erneut ein Ewiggeld von 1 Pfund Pfennigen aus dem Haus (GruBu).

---

[1] Hanns Lacher ist 1470 und 1476 Vierer der Schlosser, vgl. RP.
[2] Der Schlosser Andre Reicherzhauser ist 1436-1476 Stadtuhrmeister, vgl. R. v. Bary III S. 1013 nach KR.
[3] Steueramt 982/1 S. 4v.
[4] Steueramt 982/1 S. 33v.
[5] Zimelie 40 (Heiliggeistspital, Salbuch B) S. 8v.
[6] Zimelie 40 (Heiliggeistspital, Salbuch B) S. 36r.
[7] Stadtgericht 207/3 (GruBu) S. 858r/860r. – Die hiervon abweichenden Daten im Häuserbuch entstammen nicht dem Grundbuch.

1485 Oktober 1 Vital Örlacher (Erlacher) und seine Hausfrau Margaret verkaufen aus diesem Haus ein Ewiggeld von einem halben Gulden um 10 rheinische Gulden Hauptsumme (GruBu).

1490 Oktober 27 das Haus des Schlossers Rúdinger ist dem Haus des Erhardt Wittenpeck (Kaufingerstraße 23 A) benachbart.[1]

1495 November 12 das Haus des Schlossers Vital (Erlacher) ist dem Haus des Kürschners „Ludbig Schrál" (Kaufingerstraße 23 A) benachbart.[2] Da nach Erlacher wieder Rüdinger und sein Schwiegersohn Würzburger als Eigentümer belegt sind, dürfte auch Erlacher ein Schwiegersohn des Dächsel oder der neue Ehemann seiner Witwe sein.

1495 Dezember 2 an anderer Stelle ist in diesem Jahr auch wieder das Haus des Schlossers Rúdinger als Nachbar des Hauses von Erhart Wittenpeck und seiner Hausfrau Ursula (Kaufingerstraße 23 A) angegeben.[3]

1507 Dezember 29 zu einer Ewiggeldstiftung an die Heiliggeistkirche wird ein Zins aus dem Haus des Schlossers Niklas Ryedinger an der Kaufingergasse in der Frauenpfarrei gestiftet.[4]

1514 August 9 der Schlosser Thoman Wurtzburger – laut Steuerbuch von 1482 Eidam des Rüdinger – und seine Hausfrau Anna verkaufen an Caspar Sehofer ein Ewiggeld von einem halben Pfund aus dem Haus (GruBu).

1524 Juni 7 das Schlosser-Ehepaar Thoman und Anna „Wiertzburger" verkauft sein Eckhaus und Hostatt dahinter in Unserer Lieben Frauen Pfarr an der Kaufingergasse, zwischen des Schlossers Hanns Herman (Kaufingerstraße 22*A) und der Witwe Martein Draxlin (Kaufingerstraße 23 A) Häusern gelegen, an den Scharlaschleifer (Scherenschleifer) Valtein Muller und seine Hausfrau Durothea.[5]

1526 August 30 Valtein Mulner, Scherenschleifer, und seine Hausfrau Dorothea verkaufen dieses ihr Eckhaus und Hofstatt an ihre Nachbarn (Kaufingerstraße 22*A), Hanns und Margret Hermann. Nachbar ist das Haus der Marthein Dräxlin (Kaufingerstraße 23 A).[6]

Vgl. weiter bei Kaufingerstraße 22*A/B.

Eigentümer Kaufingerstraße 22*B:

* Staindel schmid, 1395 inquilinus. 1428 Staindel schlosser. 1431 Staindl schlosser
    St: 1394: -/-/80, 1395: -/-/60 für zehen lb, 1396, 1397, 1399, 1400, 1401/I: -/-/60 für (fur) 10 lb, 1401/II: -/-/80 für 10 lb, iuravit, 1403, 1405/I: -/-/80 für (fur) 10 lb, 1405/II: -/3/- iuravit, 1406-1408: 0,5/-/-, 1410/I: -/3/- iuravit, 1410/II: 0,5/-/-, 1411: -/3/-, 1412: 0,5/-/-, 1413: -/3/- iuravit, 1415: -/3/-, 1416: 0,5/-/-, 1418: 0,5/-/- iuravit, 1419: 0,5/-/-, 1423: 1/-/- iuravit, 1428: [gemeinsam mit Paidelkircher], 1431: -/3/- iuravit

Chuncz Paydelkircher (Paytelkiricher) inquilinus. 1418 und sein [= des Staindel] aydm Paitelkircher. 1419 Paydelkircher sein aydm. 1423, 1424 Paitelkircher (Baidelkircher) schlosser. 1428 und sein aydem der Paidelkircher
    St: 1415: -/-/45 gracianus, 1416: 0,5/-/- iuravit, 1418, 1419: 2/-/80, 1423: 4/-/-, 1424: 1/-/80 hat zalt, 1428: dedit 5 grosch[en] [gemeinsam mit Schwiegervater Staindl]

** Fridreich Dáchsel (Dachsel, Dächsel), 1447 schlosser
    Sch: 1445: 2 knecht
    St: 1447: 0,5/-/15, 1453-1458: Liste

** Niclas Rúdinger (Rudinger, Rüdinger), 1456, 1482 schlosser[7], 1456 inquilinus [∞ Margret, geb. Dächsel, 1483 relicta]
    St: 1456-1458: Liste, 1462: -/-/60, 1482: -/2/19

** Thoman Wirtzburger, sein [= des Niclas Rúdinger] aidm.[8] 1500 Thoman von Wiertzpurg slosser.[9] 1508, 1509, 1514 Thoman Wiertzpurger slosser. 1522-1529 Thoman von Wirtzburg (Würtzbůrg) [∞ Anna]

---

[1] Zimelie 27b (Salbuch Reiches Almosen) S. 102r/v.
[2] Zimelie 27b (Salbuch Reiches Almosen) S. 103r/v.
[3] Zimelie 27a (Stiftungsbuch Reiches Almosen) S. 59r.
[4] Hufnagel/von Rehlingen, St. Peter Urk. 234.
[5] GB IV S. 54v.
[6] GB IV S. 116r.
[7] Niclaß Rudinger ist 1470, 1473, 1477, 1480 Vierer der Schlosser, vgl. RP.
[8] ∞ Anna, geb. Rúdinger.
[9] Thoman Wurtzpurger 1494 und 1499 Vierer der Schlosser, vgl. RP.

St: 1482: -/-/60, 1500: -/3/9, 1508, 1509: -/2/20, 1514: Liste, 1522-1526, 1527/I: -/2/20, 1527/II, 1528, 1529: -/2/-
** Vital Erlaher[1], 1486 windenmacher, 1496 s[chlosser] [∞ Margret]
St: 1486, 1490: -/2/20, 1496: -/2/15
* Valtein Muller scharsaschleiffer [∞ Dorothea; 1524 Juni 7 bis 1526 August 30]
* Hanns Herman schlosser [∞ Margret; seit 1526 August 30]

Bewohner Kaufingerstraße 22*B:

Maysel schn[e]ider inquilinus St: 1394: 0,5/-/-
Chunrat swertfurb inquilinus St: 1395: -/-/80, 1396, 1397, 1399: 0,5/-/-
Hainrich von Egenhofen schuster inquilinus
   St: 1400, 1401/I: -/-/60 für 6 lb, 1401/II: -/-/60 fur 6 lb, iuravit
sneyder von Ingoldstat inquilinus St: 1401/II: -/-/-
Peter Groz kursner inquilinus St: 1405/I: 0,5/-/-
Greimold smid inquilinus St: 1405/II: -/-/24 gracianus
Hanns Schons[t]aler smid inquilinus St: 1406: -/-/60 für 6 lb, iuravit
Chuncz (Chunrat, Chunczel) Haendel smid, 1410/I-1411 inquilinus. 1413 patrimonium Chunczel Haendel smid inquilinus
   St: 1410/I: -/-/24 gracianus, 1410/II: -/-/64 für 8 lb, 1411: -/-/60 für 8 lb, 1412: -/-/64 für 8 lb, 1413: -/-/-
Steffan Ehinger inquilinus St: 1431: -/-/60 iuravit, 1447: -/-/60
Anna messerin inquilina St: 1431: -/-/15
Chunrat Aichstock, 1441/I schleiffer Sch: 1439/I-II, 1440, 1441/I-II: 1,5 t[aglon]
Chunrat Lechner inquilinus Sch: 1439/II: 1 t[aglon]
Chunrat Schnawpinger inquilinus Sch: 1441/II: 1 t[aglon]
Haincz Rappolt, 1454 inquilinus. 1455 Rappold inquilinus. 1456, 1458, 1462 Rappold rinckler inquilinus. 1457 Rappolt rinckler
   St: 1453-1458: Liste, 1462: -/-/60
Andre Tonhauser St: 1486: -/-/21 gracion
Barbara inquilina St: 1490: -/-/21 pauper
Hainrich schmidknecht St: 1490: -/-/10 pauper
   et filia St: 1490: anderswo, bei dem Vital Erlaher [siehe Hauseigentümer]
Dorothea schlairweberin St: 1496: -/1/12 das jar
Jacob Posser [Schlosser[2]] [Nachtrag:] bey Vital [Erlacher] St: 1496: -/-/60
Paule nagler St: 1522, 1523: -/2/-
   et frater St: 1522: vacat
Utz nagler. 1532 Utz naglerin St: 1524-1526, 1527/I-II: -/2/-, 1532: -/-/21 pauper
Hanns tagwercher inquilinus St: 1525: habet 80 fl anderßwo
Jörg Älbel St: 1526: -/2/-
Paule nagler St: 1527/I: -/2/-
Fritz nagler inquilinus St: 1532: -/2/-

Kaufingerstraße 22*A/B

Lage: 1534/35, 1549-1559 „pei dem schenn thurn".
Charakter: Schmiede, Schlosserei.

Hauseigentümer:

1524/25-1542/43 das Heiliggeistspital hat ein Ewiggeld aus des Schlossers Hanns Hermon Haus an der Kaufingergasse, ab 1534/35 „pei dem schenn thurn" genannt.[3]

---
[1] Vital Erlacher, ∞ Margret, verw. Rúdinger ?
[2] Vgl. Kaufingerstraße 24*.
[3] Heiliggeistspital (Rechnungen) 176/19 (1524/25) S. 10v erstmals, 176/32 (1542/43) ohne Seitenzahl.

1526 Oktober 1 der Schlosser Hanns Hörman und seine Hausfrau Margret haben aus diesem – nunmehr wieder vereinigten – Haus, weil der Hauptbrief verloren gegangen ist, einen neuen angefertigt. Danach ist dem Heiliggeistspital aus diesem Haus ein Ewiggeld verschrieben[1] (GruBu).
Nach der Wiedervereinigung der beiden Häuser dürfte der Bau mit den auffälligen großen Rundbogenfenstern in allen Stockwerken entstanden sein, den das Sandtner-Modell zeigt.
1531 September 6 das Ehepaar Hanns und Margret Hörmann verkauft einen Gulden rheinisch Ewiggeld um 20 Gulden Hauptsumme (GruBu).
1533 April 7 das Ehepaar Hörmann verkauft erneut ein Ewiggeld von 1 ½ Gulden (um 30 Gulden Hauptsumme) (GruBu).
1540 August 12 Walthasar Schleuch und seine Hausfrau Margret verkaufen 3 Gulden um 60 Gulden Ewiggeld aus dem Haus (GruBu).
1549 Februar 4 erneuter Ewiggeldverkauf des Ehepaares Schleuch, diesmal 1 ½ Gulden (um 30 Gulden) an das Schluder-Seelhaus (GruBu).
1549/50-1559 das Heiliggeistspital hat ein Ewiggeld aus des Balthasar Schleich Schlossers Haus „beim schen thurn".[2]
1554 hat die Dienerin des Herrn Paungartner einen Gulden Ewiggeld aus Balthasar Schleich Schlossers Haus an der Kaufingergasse.[3]
1571 Juni 2 das Schlosser-Ehepaar Schleuch verkauft aus diesem und dem nächstvorgehenden Haus (Kaufingerstraße 22*A), „so zusamb gebaut worden", ein Ewiggeld von 1 ½ Gulden für 30 Gulden Hauptsumme (GruBu).
1571 November 22 Ewiggeldverkauf des Ehepaares Schleuch, diesmal 5 Gulden um 100 Gulden Hauptsumme (GruBu).
1575 laut Grundbuch (Überschrift) „aber[mals] ein Haus, so Walthasarn Schleuchen zugeherig und zu obgemeltem Haus [= Kaufingerstraße 22*A] verpaut worden, also das das obgemelt und nachgeschrieben Haus ain Haus ist".
Die Schleuch haben das Haus noch bis 1598.

Eigentümer Kaufingerstraße 22*A/B:

** Hanns Herman schlosser [∞ Margret; seit vor 1526 Oktober 1]
** Walthas (Balthas(ar), Balthauser) Schleich (Schleuch), 1541, 1543, 1547, 1550-1554/II, 1557-1561, 1564/I-1570 schlosser [∞ Margret]
    St: 1541, 1542: -/4/-, 1543: 1/1/-, 1544: -/4/-, 1545: 1/1/-, 1546-1548, 1549/I-II, 1550, 1551/I-II, 1552/I-II: -/4/-, 1553, 1554/I-II, 1555-1557: 1/-/9, 1558: 2/-/18, 1559: 1/-/9, 1560: -/6/18, 1561, 1563, 1564/I-II: 1/4/11, 1565, 1566/I-II, 1567/I-II: 1/3/6, 1568: 2/6/12, 1569-1571: 1/4/15
    StV: (1560) abgsetzt seiner tochter heuratguet. (1561) mer für p[ueri] schwertfeger von irem háusl nichil; mer für p[ueri] Werndl, pauper, nichil. (1561) mer fur p[ueri] Matzinger -/6/5. (1561) mer fur H[anns] maister, pauper. (1563-1567/II) mer (mehr) für p[ueri] Matzinger (Mazinger, Metzinger, Motzinger) -/2/3. (1563, 1564/I-II) mer (mehr) für p[ueri] Hanns maister -/-/7. (1565) abgesetzt seiner tochter heuratguet. (1565-1567/I) mer für p[ueri] Hanns maister -/-/3,5. (1567/II) mer für Hanns maister -/-/3,5; adi 24. Juli [15]68 zalt 3 nachsteur -/-/24. (1568) mer für p[ueri] Motzinger -/4/6.
    Jeronimus Herman St: 1546: -/-/21 gratia, 1547: -/-/21 gratia die ander, 1548: -/2/-

Bewohner Kaufingerstraße 22*A/B:

Caspar Paur schlosser St: 1540: -/2/-
Jorg Moser schlosser St: 1540: -/2/-
Ambrosi Steppacher schneider St: 1540: -/-/14 gratia
Jorg tagwercher Widman St: 1541: -/2/-
plint Hanns widnschneider St: 1541: -/2/-

---

[1] Stadtgericht 207/3 (GruBu) S. 858r/860r.
[2] Heiliggeistspital (Rechnungen) 176/38 (1549/50) S. 53v, 176/42 (1559) S. 32v.
[3] StB 1554/II S. 73r.

Jorg Lucas maurer. 1542 Lucas maurer St: 1541, 1542: -/2/-, 1543: -/4/-
Nidermayr maurer St: 1541: -/-/14 gratia
Cristina ibidem St: 1541: -/1/1 pauper
Veit maurer St: 1542: -/2/-, 1543: -/4/-
Lienhart Karlin (Kárlin) St: 1542: -/2/-, 1543: an chamer
Utz tagwercher färber St: 1542: -/-/21 gratia
Lorentz Partsch [Nagler[1]] St: 1544: -/2/-, 1545: -/4/-, 1546, 1547: -/2/-
Cuntz kalchansetzer (ansetzer). 1549/I Cuntz ansetzer Schneckh. 1549/II, 1550, 1551/I-II Cuntz ansetzer
    St: 1544: -/-/14 gratia, 1545: -/4/-, 1549/I-II, 1550, 1551/I-II: -/2/-
    sein mueter St: 1544: -/2/-
Urs ibidem St: 1544: -/2/-
Michel tagwercher St: 1544: -/2/-
cantor Unnser Frauen pfarr. 1546 cantor zu Unser Frauen. 1556 cantor von Unser Frauen
    St: 1545, 1546: nihil, 1556: infra fol. 72 col. 2 [= 72v, Ewiggeld]
    sein hoffraw zimmermanin. 1546 sein hoffrau Anna. 1547 Anna Schweickhartin beym cantor Unser Frauen
    St: 1545: -/4/-, 1546, 1547: -/2/-
Ulrich (Utz) haubmschmid St: 1548: -/-/14 gratia, 1549/I-II, 1550, 1551/I-II, 1552/I: -/2/-
Jorg padknecht. 1551/II Jorg padknecht Hóler St: 1550, 1551/I-II, 1552/I-II, 1553, 1554/I: -/2/-
Hanns Schwaiger. 1553, 1554/I-II, 1555 Hanns Schwaiger ansetzer
    St: 1552/I-II, 1553, 1554/I-II, 1555: -/2/-
Bastian Grueber nagler St: 1552/II, 1553, 1554/I-II, 1559, 1560: -/2/-
    Jorg Grueberin St: 1559, 1560: -/2/-
wirtin von Starnwerg St: 1552/II: -/2/-
Sigmund Spindlwagner (Spindl wagner)[2]
    St: 1553: -/-/14 gratia, 1554/I: -/-/14 gratia die ander, 1554/II, 1555: -/2/-
Balthas(ar) Elsnpeckh[3], 1553-1554/II, 1557, 1558 scharsachschleuffer
    St: 1553, 1554/I-II, 1555-1557: -/2/-, 1558: -/4/-
    Veit Elsnpeckh, 1559-1561, 1564/I, 1565, 1566/II, 1567/I, 1570, 1571 scharsachschleuffer (scharschleifer). 1564/II Veyth scharlahschleiffer
    St: 1559: -/1/12 der zeit, 1560, 1561, 1563, 1564/I-II, 1565, 1566/I-II, 1567/I-II: -/2/-, 1568: -/4/-, 1569-1571: -/2/-
Veit Pötschner St: 1555: -/2/-
Hanns Deysl schuester
    St: 1556, 1557: -/2/-, 1558: -/6/10
    StV: (1556, 1557) mer -/-/28 fur seine kinder. (1558) zugsetzt seiner schwegerin erb; mer -/1/26 von wegen seins sons.
[Wolfgang] Praun schneiderin St: 1556: -/2/-
Utz Hesntaler [Tagwerker[4]] St: 1556, 1557: -/2/-, 1558: -/4/-
    sein infraw Hansin St: 1558: -/2/- der zeit
Lienhartin, 1556 ain wittib St: 1556, 1557: -/2/-, 1558: -/4/-, 1559: -/2/-
Jacob tischmacher St: 1557: -/2/-
Jorg Sternin (Sterin), 1564/I-II wittib. 1565 Sternin wittib. 1566/I alt Sterin. 1566/II Sternin.[5] 1567/I Sternin unnd ir tochter Kastlin. 1567/II Sternin unnd ir tochter
    St: 1557: -/2/-, 1558: -/4/-, 1559-1561, 1563, 1564/I-II, 1565, 1566/I-II: -/2/-, 1567/I-II: -/4/-
    StV: (1557) mer -/6/- fúr Jórgn Stern 3 nachsteur.
    ir tochter [= Jorg Gastlin] St: 1565, 1566/I: -/2/-
    Jorg Gastlin. 1566/II ain infraw Jorg Kastlin
    St: 1557: -/2/-, 1558: -/4/-, 1559-1561, 1563, 1564/I-II, 1566/II: -/2/-
Anna Schottin St: 1557: -/2/-

---

[1] Vgl. Weinstraße 9.
[2] 1555 vor „Spindlwagner" getilgtes „wag[ner]".
[3] 1556 vor „Elsnpeckh" getilgter Vorname „Arsaci", davor am Rand „Balthas".
[4] So 1559-1561 bei Gruftstraße 4*.
[5] 1566/II dahinter getilgt „unnd ir tochter".

Hans zimmermanin
    St: 1557: -/2/-
    StV. (1557) in des Schleich schlossers haus.[1]
Wolff Kern, 1558 pot St: 1557: -/2/-, 1558: -/4/-
Bártl (Bertlme) Peter kupfferschmid
    St: 1558: -/4/-, 1559: -/2/-, 1565, 1566/I-II, 1567/I-II: -/2/-, 1568: -/4/-, 1569: -/2/-
  sein hoffraw Katherina Donauerin. 1559 Katherina ibidem, Donauerin. 1560 Katherina Thonaurin
    St: 1558: -/4/-, 1559: -/2/-, 1560: -/2/-
Erhart Winckhler, 1559-1561, 1564/I-II, 1565 tagwercher St: 1559-1561, 1563, 1564/I-II, 1565: -/2/-
Lenhart khupferschmid St: 1560: -/2/-
Barbara Grätzin, 1561 feilnhauerin. 1563, 1564/I-II, 1565, 1566/I, 1567/II, 1568 Barbara feylnhaurin[2]
    St: 1560, 1561, 1563, 1564/I-II, 1565: -/2/-, 1566/I: -/-/-, 1567/II: -/2/-, 1568: -/4/-
    StV: (1560) mer fúr versessen steur -/5/9. (1566/I) steurt hernach ir man Michel Erl. (1568) hat
      Michel Erl.
  Michel Erl, 1566/I, 1568 tagwercher [∞ Barbara Grätzin, Feilenhauerin]
    St: 1566/I-II, 1567/I: -/2/-, 1568: -/2/-
Bastlin oder Margret St: 1560: -/2/-
Benndl (Wenndl) Mair (Mayr). 1564/I Wenndl kůpferschmid. 1564/II Wendlmair kůpfferschmid
    St: 1561, 1563, 1564/I-II: -/2/-
    StV: (1564/I) sambt seiner khinder guet.
Michel Mayr [Buchbinder[3]] St: 1563: -/-/21 gratia
Jórg (Georg) Sengenwolff (Senewolff), 1564/II-1571 chramer (cramer)
    St: 1561, 1563, 1564/I-II, 1565, 1566/I-II, 1567/I-II: -/2/15, 1568: -/5/-, 1569-1571: -/2/-
Melcher Ochsl
    St: 1561: -/1/21 gratia
    StV: (1561) soll auffs jar den 3. tail zuesetzn.
Wilhalm Huefnagl. 1563, 1564/I-II, 1565, 1566/I, 1567/II Wilhelm Huefnaglin. 1564/II, 1565 (ain) in-
    fraẃ. 1566/II, 1571 Huefnaglin. 1567/I, 1568-1570 Cecilia Huefnaglin
    St: 1561, 1563, 1564/I-II, 1565, 1566/I-II, 1567/I-II: -/2/-, 1568: -/4/-, 1569, 1570: -/2/-, 1571:
      an chamer
Utz schmid[4] tagwercher St: 1564/I-II, 1565, 1566/I-II, 1567/I-II: -/2/-, 1568: -/4/-, 1569-1571: -/2/-
Hanns Thanháckhl (Dhanhäkhtl) St: 1564/I-II: -/2/-
Cristoff Gótz (Gotz), 1566/I-1567/I maurer, 1567/II-1570 tagwercher, 1571 pot
    St: 1566/I: -/-/14 gratia, 1566/II, 1567/I-II: -/2/-, 1568: -/4/-, 1569-1571: -/2/-
Maria infraẃ Prunnerin St: 1567/I-II: -/2/-, 1568: -/-/- dient der zeit
Lucas koch St: 1568: -/1/12 gratia, 1569: an chamer
Bastian reiter beim marschalch St: 1569: -/-/- hofgsind, 1570: -/1/1 hofgsündt, 1571: an chamer
Urß schopperin[5] St: 1570: -/2/- sambt irer schwesster
Hanns Thiller khupferschmid St: 1570, 1571: -/2/-
Basstl Grueber nagler St: 1571: -/2/-
plyndt Wasstl St: 1571: an chamer

---

[1] Der Eintrag steht beim Haus 23 B, deshalb der Bezug zum Haus des Schlossers Schleich.
[2] 1566/II, 1567/I „Barbara feylnhauerin" wieder getilgt, darüber (daneben) nachgetragen: Michel Erl. 1567/II „Michel Erl" am Rand neben „Barbara feilnhauerin" nachgetragen. 1568 neben der „Barbara feilnhauerin" nachgetragen „[sie] hat Michel Erl tagwercher", d. h. sie hat ihn zum Ehemann.
[3] Vgl. Kaufingerstraße 23 B.
[4] 1565 vor „schmid" getilgtes „Vogl". 1567/II-1571 „schmid" über der Zeile nachgetragen.
[5] Eine Magd, die Gänse mästet (schoppt), vor allem aber eine Pflegerin von Wöchnerinnen, Krankenpflegerin oder Kindsmagd. Ein Schopper dagegen ist ein Schiffbauer oder Schiffszimmermann, vgl. Schmeller II 437.

Kaufingerstraße 23 A

Lage: Eckhaus an der kleinen Gasse in Fortsetzung der Fürstenfelder Straße nach Norden. 1372 „enhalb der stapffen".
Charakter: 1386 Fremdenherberge und Gasthaus. 1550/65 Fremdenherberge, 30 Pferde. Im 18. Jahrhundert „Zum schwarzen Adler".[1]

Hauseigentümer:

1370 die Baukommission beanstandet an der Kaufingergasse Marie „Peters [Haimpergers] dez sneiders lauben und kellerhals". Sie müssen abgebrochen werden.[2]
1372 April 15 das Haus des „Peter dez sneiders" „enhalb der stapffen" ist dem Haus der Katrey Freymanner-Ligsalz, künftig des Naglers Chunrat Nyblung (Kaufingerstraße 22*A/B) benachbart.[3]
1376 Februar 12 das Haus des „Peter dez sneider" ist dem Haus von H[einrich] Wolf und Matheis dem Perlmaister, künftig von Wilhelm, Agnes und Katreyn, Kindern des Nycklas des Pamhausers (Kaufingerstraße 23 B), benachbart.[4] Seit 1377 besitzt Peter der Schneider einen Salzstadel an der Fingergasse (Maffeistraße), den später die Stadt erwirbt.[5] Bei dieser Gelegenheit wird Peter sogar „hofsneyder" genannt.[6] Am 30. März 1386 verpfändet Gorig der Marschalk von Naennhofen (vgl. Marienplatz 4*) dem Petern Haimperger, Schneider, Wirt und Bürger zu München und seiner Hausfrau seinen Hof in Aesenhawsen im Gericht Dachau wegen einer Schuld von 50 Pfund Pfennigen Regensburger, die er um Kost, Zehrung und Leihe bei ihnen genommen hat. Wer auch immer den Hof inne hat, soll die Schuld jährlich in sein Haus und seine (Fremden-)Herberge nach München geben.[7]
1393 Januar 30 das Haus „Peter dez sneider" ist dem Haus von Niblung dem Nagler, künftig Fridrich des Lachers und des Schlossers Chunrad des Stainlein (Kaufingerstraße 22*A/B), benachbart.[8] Peter der Schneider stirbt 1399.
1399 Juni 14 Peter des Schneiders Witwe Walpurg verkauft ihr Haus an der Kaufingergasse, „znächst Uczen des Halmberger haẃs" (Kaufingerstraße 23 B) einem Mann, der im Gerichtsbuch „Ulreich Wolfhart" genannt wird.[9] Auch von ihm erfährt man später einen zweiten Familiennamen. Auch er ist ein Herkunftsname. Es handelt sich bei Ulreich Wolfhart um keinen anderen als den Stadtschreiber Wolfhart den Lonerstater.
Um den Hausverkauf der Peter Schneiderin scheint es einen Prozeß gegeben zu haben, der sich fast sechs Jahre hinzog.
1405 September 24 Zachreis, der Kastner der Herzöge Ernst und Wilhelm, entscheidet im Namen seiner Herren, daß „das haus, daz Peter des sneider und Walpurgen seiner haẃsfraẃn sáligen gewesen ist und das gelegen ist an Kaẃfinger gassen in Unser Fraẃn pfarr, zunächst Hainreichs dez Krayn haus" (Kaufingerstraße 23 B), zu Gunsten des Verkaufs von 1399 und übergibt das Haus „Wolfharten dem Lonersteter, zu den zeiten statschreiber zu München".[10]
Daß der herzogliche Kastner den Streit entscheidet, der der Verwalter des herzoglichen Kammergutes ist[11], und nicht etwa das Stadtgericht, dürfte darauf deuten, daß das Haus Kaufingerstraße 23 A herzogliches Obereigentum war, was wieder erklären würde, wie der Hofschneider der Herzöge an dieses Haus kam.

---

[1] Vgl. Stahleder, Haus- und Straßennamen S. 485.
[2] Zimelie 9 (Ratsbuch IV) S. 5v.
[3] GB I 26/9.
[4] GB I 74/10.
[5] Vietzen S. 56.
[6] GB I 86/7.
[7] Hemmerle, Archiv des ehem. Augustinerklosters, Urk. Nr. 27.
[8] GB II 41/10.
[9] GB II 145/9.
[10] GB III 45/9. – Lonersteter/-stater ist sicher benannt nach dem heutigen Lonnerstadt im Landkreis Erlangen-Höchstadt.
[11] Dirr, Denkmäler II, Register. – Eduard Rosenthal, Geschichte des Gerichtswesens und der Verwaltungsorganisation Baierns, Bd. 1, Würzburg 1889, S. 348 ff., vor allem S. 352/353.

Wolfhart der Lonersteter ist bereits 1382 mit der Witwe des oben als Miteigentümer genannten Perlmaister verheiratet.[1]

1406 Oktober 12 Wolfhart der Lonersteter verkauft sein Haus an der Kaufingergasse in Unser Frauen Pfarr, gelegen zunächst dem Haus des Hainreichs des Krayen (Kaufingerstraße 23 B), seinem Eidam (Schwiegersohn) Herman dem Häring,[2] den die Steuerbücher „von Landsberg" nennen, wo er zwischen 1. Mai 1396 und 22. Juni 1398 als Landrichter nachgewiesen ist.[3]

1415-1462 domus Waltenhofer (StB).

Da 1423 noch einmal „pueri Haeringk" im Haus auftreten, liegt vielleicht Verwandtschft mit Waltenhofer vor.

1453 August 16 ein Ewiggeld der Tichtel-Messe auf einem Gütel in Obermosen wird um 2 Pfund Pfennige ausgetauscht gegen ein solches auf dem Haus des Kristoff Waltenhofer an der Kaufingergasse in München.[4]

Dieser Kristoff Waltenhofer dürfte ein Verwandter von Sigmund dem Waltenhofer sein, der am 20. März 1420 Jägermeister in Oberbayern ist[5] und 1434 bis 1444 Landrichter von Dachau[6] war. Herzog Ernst schuldete ihm und seiner Hausfrau Osanna am 15. Juni 1433 600 Gulden rheinisch,[7] von denen dem Waltenhofer am 30. Januar 1436 222 Gulden bezahlt wurden.[8]

Nach 1473 Juli 25 der Kaplan der Tichtel-Messe in der Frauenkirche Michel Hackinger/Heckinger (investiert am 25. Juli 1474, amtiert bis 1476[9]) tauscht Stiftsgut der Tichtel-Messe gegen Ewiggelder des Jörg Ridler und seiner Hausfrau Anna, unter anderem aus des Waltenhoffers Haus an der Kaufingerstraße.[10]

1490 Oktober 27 Erhardt Wittenpeck und seine Hausfrau Ursula verkaufen ein Ewiggeld aus ihrem Haus und Hofstatt an der Kaufingergasse, gelegen zwischen den Häusern des Martin Drechsel (Kaufingerstraße 23 B) und des Schlossers Rúdinger (Kaufingerstraße 22*B).[11]

1495 November 12 der Kürschner Ludwig Schrál und seine Hausfrau Elsbet verkaufen ein Ewiggeld aus ihrem Haus und Hofstatt an der Kaufingergasse in der Frauenpfarrei, gelegen zwischen den Häusern des Martin Drechsel (Kaufingerstraße 23 B) und des Schlossers Vital (Erlacher) (Kaufingerstraße 22*B).[12]

1495 Dezember 2 das Reiche Almosen hat ein Ewiggeld aus Erhart Wittenpecks und seiner Hausfrau Ursula Haus und Hofstatt, „das yetzund Martin Drechsel der saltzsentter inne hat", an der Kaufingergasse in Unser Frauen Pfarr, gelegen zwischen dem anderen Haus des Martein Drechsel (Kaufingerstraße 23 B) und des Rúdinger Schlossers (Kaufingerstraße 22*B) Haus.[13]

1523/24-1531/32 aus dem Haus des Martein Dräxl an der Kaufgingergasse hat das Heiliggeistspital ein Ewiggeld.[14]

1524 Juni 7 das Haus der „Martein draxlin" ist dem Haus des Schlossers Thoman „Wiertzburger" (Kaufingerstraße 22*B) benachbart.[15]

1526 August 30 das Haus der Marthein Draxlin ist dem Haus des Ehepaares Valtein und Dorothea Mulner, künftig des Hanns Herman (Kaufingerstraße 22*B), benachbart.[16]

Schon 1529 steht Jörg Andorffer hier im Steuerbuch.[17]

---

[1] GB I 155/1. Vgl. auch 153/9.
[2] GB III 57/2.
[3] Geiß, Die Reihenfolgen, in: OA 26, S. 81. – Urk. des Spitals zu Kaufbeuren vom 22.6.1398, vgl. Stoss, Die Schmalholz S. 325. – Solleder S. 320 behauptet fälschlich, Lonersteter habe sein Haus an den Kray verkauft.
[4] Urk. D I e 1 - XII Nr. 7 (18.4.1442, Rückenvermerk).
[5] Hufnagel/von Rehlingen, St. Peter Urk. 84.
[6] Geiß, Die Reihenfolgen, in: OA 26.
[7] RB XIII 262.
[8] RB XIII 267.
[9] Mayer ULF S. 519.
[10] Kirchen und Kultusstiftungen 254 S. 12v.
[11] Zimelie 27b (Salbuch Reiches Almosen) S. 102r/v.
[12] Zimelie 27b (Salbuch Reiches Almosen) S. 103r/v, 101.
[13] Zimelie 27a (Stiftungsbuch Reiches Almosen) S. 59r.
[14] Heiliggeistspital (Rechnungen) 176/18 (1523/24) S. 11v (ohne Ortsangabe), 176/24 (1531/32) S. 20v.
[15] GB IV S. 54v.
[16] GB IV S. 116r.
[17] Die Einträge zu 1529 und 1554 im HB KV S. 76 stammen nicht aus dem Grundbuch, sondern wurden aus den StB ergänzt.

1550 (1565) Jörg Andorfer betreibt in diesem Haus eine Fremdenherberge mit Unterstellmöglichkeit für 30 Pferde.[1]

1557 August 5 Mathes Ändorffer und seine Hausfrau Anna verkaufen aus dem Haus ein Ewiggeld von 25 Gulden um 500 Gulden Hauptsumme an Leonhard Lindauer.[2]

1564 April 19 das Ehepaar Mathes und Anna Andorffer verkaufen erneut ein Ewiggeld von 25 Gulden für 500 Gulden Hauptsumme, diesmal an die Witwe des Conrad Schmalholtz und ihre acht Kinder (GruBu).

1567 Mai 14 Anna Ablin, Witwe des Mathes Andorffer, verschreibt ihren ehelichen Kindern Georg, Maria und Regina Ändorffer zur Entrichtung ihres väterlichen Gutes von 7050 Gulden für 1000 Gulden ein Ewiggeld (GruBu).

1575 laut Grundbuch (Überschrift) der Anna Ablin, Mathesen Ändorffers seligen gelassne Witwe, Haus und Hof (GruBu).

Gaststätte und Fremdenherberge schon im 14. Jahrhundert.

Eigentümer Kaufingerstraße 23 A:

* Peter sneyder. 1377, 1378 Peter sartor. 1381 Peter Haimperger sartor, [1377 „Hofschneider", 1386 Wirt, 1394 Salzsender[3], ∞ Walpurg]. 1399 patrimonium [Peter sneider]. 1399-1405/I relicta Peter sneyder. 1405/II patrimonium Peter sneiderin
    St: 1368: -/13/10, 1369, 1371: 2,5/-/-, 1372: 3,5/-/- voluntate, 1375: 8/-/80, 1377: 7/-/- juravit, 1378: 5/-/- juravit, 1379, 1381, 1382, 1383/I: 5/-/-, 1383/II: 7,5/-/-, 1387: 3/-/80, 1388: 6/5/10 juravit, 1390/I-II: 6/5/10, 1392: 6/-/-, 1393, 1394: 8/-/-, 1395: 3/5/10 Múncher, 1396, 1397: 5,5/-/-, 1399: 5,5/-/- patrimonium, 1400: 5/-/- gracianus, 1401/I: 5/-/- gracianus, 1401/II: 3/-/- iuravit, 1403, 1405/I: 3/-/-, 1405/II: -/-/-
    Pferdemusterung, um 1398: (Ur-Fassung): Peter sneider sol haben ein pferd von 20 gulden und damit der stat warten und ein panczir; (Korrig. Fassung): Peter sneider sol haben 2 pferd von 34 gulden und damit der stat warten und einnen schuczen.
* Ulreich Wolfhart = Wolfhart der Lonersteter [Stadtschreiber, 1399 Juni 14 bis 1406 Oktober 12[4]]
* Haeringk von Lanczperg. 1410/I-1413 Herman Haeringk [= Herman der Häring, ehem. Landrichter zu Landsberg; Schwiegersohn von Lonersteter]
    St: 1406: 2,5/-/40, 1407, 1408: 3/5/10, 1410/I: 2/-/- iuravit, 1410/II: 2/5/10, 1411: 2/-/- 1412: 2/5/10, 1413: -/12/- iuravit
* domus [Kristoff] Waltenhofer (Walchnhofer)
    St: 1415, 1416, 1418, 1419: -/-/-, 1423: -/3/-, 1431: -/3/10 dedit Abenstorffer, 1447: -/-/62, 1453-1458: Liste, 1462: -/-/60 zalt Rushamer
    Sch: 1439/I-II, 1440, 1441/I-II: 1 t[aglon]
    pueri Haeringk
    St: 1423: -/-/-
    Hanns Wittenpeck hafner.[5] 1486, 1490 Hanns hafner
    St: 1482: -/7/12, 1486, 1490: -/3/15
* Erhart Wittenpeck [Kramer und Weinschenk[6], ∞ Ursula; 1490 bis ca. 1495]
* Martein dräxl s[alzsender] und seine Witwe [um 1495 bis nach 1526 August 30]

---

[1] Gewerbeamt 1422a.
[2] Stadtgericht 207/3 (GruBu) S. 863v. – Zu Lienhart Lindauer siehe Kaufingerstraße 2*.
[3] Peter Hainperger ist 1386 Schneider und Wirt, vgl. Hemmerle, Archiv des ehem. Augustinerklosters, Urk. Nr. 27; 1394 als Salzsender belegt, vgl. Vietzen S. 143; 1381 ist „Peter sneider" Mitglied des Großen Rates, vgl. R.v. Bary III S. 746.
[4] Zu Wolfhard Lonerstater und seiner Tätigkeit in der herzoglichen Hofkanzlei vgl. auch von Andrian-Werburg, Urkundenwesen S. 52.
[5] 1469 zahlt die Stadtkammer dem „Hansen hafner an Käfingergassen" 2 Schillinge und 20 Pfennige von den Öfen in den Häusern der Stadt zu flicken und auszubessern, vgl. KR 1468/69 S. 92r. – „Hanns hafner an Kaffinger gassen" ist 1490 Vierer der Hafner, vgl. RP.
[6] Erhart Wittenpeck ist 1493 Vierer der Kramer, vgl. RP, und wird im selben Jahr in die Weinschenkenzunft aufgenommen, vgl. Gewerbeamt 1418 S. 7r.

* Ludbig Schrál k[ürsner]¹ [∞ Elsbet]
    St: 1496: 1/1/26, 1500: -/2/21
*? Jörg Ándorffer (Ändorffer, Andorffer), 1540, 1541 wirtt.² 1553-1560 Jorg Andorfferin [Agnes]
    St: 1529, 1532: 1/4/13, 1540-1542: 9/-/16, 1543: 18/1/2, 1544: 9/-/16, 1545: 36/-/7, 1546-1548, 1549/I-II, 1550: 18/-/4, 1551/I-II, 1552/I: 18/-/4 patrimonium das erst, 1552/II: 18/-/4 patrimonium das ander, 1553, 1554/I: 21/1/19, 1554/II, 1555-1557: 13/6/11, 1558: an chamer, 1559: 7/1/21 matrimonium, 1560: -/-/-
    StV: (1529) et dedit 3/3/18 fúr p[ueri] Ändorffer. (1532) et dedit 3/4/23 fúr p[ueri] schleiffer. (1540, 1541) et dedit -/1/5 fúr p[ueri] Pörtzl (Pórtzl). (1548, 1549/I-II) mer -/-/28 fúr p[ueri] Pórtzl; mer -/2/10 fúr p[ueri] Niclas Nickl. (1553, 1554/I) sambt irer kinder steur. (1554/II) hat abgsetzt 2000 fl gegen irem son Matheßn. (1559) mer 14/3/12 die zwifach steur des vergangen jars, hat abgsetzt 200 fl am ewigen gelt irm aidn. (1560) haben die erben zuegesetzt.
** Mathes Andorffer (Ändorffer, Ándorffer) [Salzsender³, ∞ Anna, geb. Abl]. 1567/II-1571 Matheus Ändorfferin⁴
    St: 1553: -/4/20 gratia, 1554/I: -/4/20 gratia die ander, 1554/II: 9/1/13 juravit, 1555, 1556: 9/1/13, 1557: 9/3/5, 1558: 18/6/10, 1559: 9/3/5, 1560: 15/4/17, 1561, 1563: 13/5/26, 1564/I-II, 1565, 1566/I-II: 14/1/6, 1567/I: 14/1/6 juravit, 1567/II: 14/1/6, 1568: 28/2/12, 1569, 1570: 8/4/25, 1571: an chamer
    StV: (1556) mer -/1/22 von wegen seines schwehern Veitn Abels erb als ain zusatz. (1560) zuegesetzt seiner mueter erb. (1561) mer fúr Christoff Fleckhamer, an chamer. (1564/I) zuegesetzt der Hórlin erb. (1569) sambt irer khinder guet. (1570) sambt yrer khünder guet.
    Cristoff Fleckhamer [∞ N. Andorffer]. 1564/II Christoph Fleckhamerin
        St: 1557: 1/-/- gratia, 1558: an chamer, 1559: 40/-/-, 1560: an chamer, 1563: 8/1/17,5, 1564/II: -/-/-
        StV: (1559) nemlich die jetzig und 3 nachsteur, ist alles vom absatz der Ändorfferin, thuet der ainfach absatz der 200 fl gúlt 6 fl 40 kr. Noch soll Fleckhamer von gefallen erb 26/1/21 [zusetzen]. (1563) mer fúr 2 versessn steur de anno [15]60, [15]61, thuet 16/3/5. (1564/II) stewrt hievor folio 2 [= 2v, Rosental].

Bewohner Kaufingerstraße 23 A:

Hainrich calciator inquilinus St: 1368: -/-/20
Chunrat Hámerl (Haemerl) [Seiler, Weinschenk ?⁵] inquilinus
    St: 1395: nichil dedit propter Peter Kantzenlár dominum (?), 1396: nichil, propter Peter Kanczler⁶
Hans Zogaws schuster inquilinus St: 1397: -/-/60 fúr 5 lb
Hanns helmsmid [Wirt, Pferdehändler⁷], 1400, 1401/II inquilinus
    St: 1400, 1401/I: 0,5/-/-, 1401/II: -/3/6 iuravit
    Gaspar helmsmid inquilinus [Wirt⁸] St: 1401/I: -/3/- gracianus
Hanns zingiesser inquilinus St: 1403, 1405/I: -/-/40 fúr 2 lb
Chunrat Merwoder inquilinus St: 1403, 1405/I: 1/-/-, 1405/II: -/12/- iuravit
Weigel tagwercher inquilinus St: 1406: -/-/- servit
Jorig Fryes grabmaister⁹ St: 1416: -/-/-
dez Michels messrers stewfsun St: 1416: -/-/-
Angnes Tichlin St: 1416: 0,5/-/8

---

¹ Ludwig Schräl ist 1479, 1484, 1486, 1487, 1489, 1492, 1494 Vierer der Kürschner, vgl. RP.
² Jórg Ándorffer wurde 1525 in die Weinschenkenzunft aufgenommen, späterer Zusatz „gnadt dir gott", vgl. Gewerbeamt 1418 S. 19v.
³ Mathes Andorffer 1552 als Salzsender belegt, vgl. Vietzen S. 148, nach KR.
⁴ Des Mathias Anndorffers Witwe 1569 Religionsverhör, vgl. Dorn S. 229.
⁵ Vgl. Rosenstraße 5 (1407-1424) und Kaufingerstraße 2*.
⁶ Wahrscheinlich ist der Schreiber der Hofkanzlei, Peter, gemeint, der 1393 auch an anderer Stelle als Kanzler bezeichnet wird, vgl. von Andrian-Werburg, Urkundenwesen S. 50.
⁷ Vgl. Kaufingerstraße 30.
⁸ Vgl. Kaufingerstraße 29.
⁹ Bei R. v. Bary III S. 1007 nur für 1437-1439 belegt.

Ulreich Straws St: 1418: -/13/10
Larencz Pecz schuster St: 1418: -/-/15 gracianus
Chuncz zingiesser St: 1418: -/-/60 für nichil
Peter Hollnstainer kistler et uxor St: 1428: 2 gross
Hainrich Rúppel sneider et uxor St: 1428: 2 gross
relicta Prántlin St: 1428: 1 groschen (!)
Walthauser Abnstorffer [Wirt[1]] inquilinus St: 1431: 2/-/- iuravit
Katrey naterin inquilina St: 1431: -/-/15
Hanns Wenger. 1441/I-II, 1445, 1447 Hanns Wenger kistler, 1439/I, 1441/I, 1447 inquilinus
    Sch: 1439/I-II, 1440: -/-/10, 1441/I-II: 0,5 t[aglon], 1445: 2 knecht
    St: 1447: -/-/60
Hanns Sewer zingiesser, 1441/II inquilinus Sch: 1439/I-II, 1440: -/-/10, 1441/I-II: 0,5 t[aglon][2]
Markel schuster inquilinus Sch: 1441/II: 0,5 t[aglon]
relicta Steffan schneiderin Sch: 1441/II: -/-/4
Peter Lófflár [Wirt[3]] Sch: 1445: 1 diern, dedit
Hanns fragner vorsprech[4] inquilinus St: 1447: [der Steuer] ledig
Chunrat mulner kistler St: 1453: Liste
Hanns Klinger [Glaser[5]] inquilinus St: 1453: Liste
    Haincz Klinger St: 1453: Liste
Hanns Neumair, 1455 loder St: 1454, 1455: Liste
Fricz siber inquilinus St: 1454: Liste
Els schneiderin, 1455 inquilina St: 1454, 1455: Liste
Els inquilina St: 1454, 1455: Liste
Lienhart Haiburger inquilinus St: 1455: Liste
Martein Grebmair inquilinus. 1457 Martein inquilinus St: 1456, 1457: Liste
Chunrat Ziegler sneider St: 1456: Liste
Peter von Scheyern St: 1456: Liste
Conrat Echinger satler St: 1458: Liste
Hanns Tárchinger [Sporer ?[6]] St: 1458: Liste
Hanns pader inquilinus St: 1458: Liste
Oswolt Rushamer [Weinschenk, Salzsender ?, Unterrichter ?[7]] inquilinus
    St: 1462: -/-/20 von einem hauss in der Grackenaw
Ulrich Heyss meserschmit inquilinus St: 1462: -/-/60
Margrett inquilina St: 1462: -/-/10
Hanns Santmair [Kürschner[8]]
    St: 1482: -/3/5, 1486: -/3/26
    StV: (1486) et dedit -/4/22 für pueri hafner.
Perlecker schneider St: 1482: -/-/60
Conrad Klewber. 1490, 1496, 1500 Klewber (Kleuber) messerschmid[9]
    St: 1486, 1490, 1496, 1500: -/2/26
    Hanns Kleuber messerschmid St: 1508: -/-/28 gracion, 1509: -/-/60, 1514: Liste, 1522: -/2/-
Hanns Túntzlpacher [Schneider[10]] St: 1490: -/3/15
Peter Albeg s[chneider ?] St: 1496: -/-/60

---

[1] Er dürfte der Abenstarfer sein, der um 1430 unter den Wirten an der Kaufingergasse zum Ungeld veranlagt ist, vgl. Steueramt 987.
[2] 1441/I vor getilgtem „-/-/10".
[3] Peter Löffler gehört 1430 zu den Wirten an der Kaufingergasse, die Ungeld zahlen, vgl. Steueramt 987.
[4] Nur hier belegt, vgl. R. v. Bary III S. 807.
[5] So 1450 bei Burgstraße 12 (B).
[6] Wenn ja, dann 1469 Vierer der Sporer, vgl. RP.
[7] Oswolt Rushamer ist 1433 Mitglied der Weinschenken-Bruderschaft, vgl. Gewerbeamt 1411 S. 9r. Wahrscheinlich identisch mit dem Stadtunterrichter gleichen Namens von 1458-1463, vgl. R. v. Bary III S. 803, vielleicht auch mit dem Salzsender Rushamer von 1431, vgl. Vietzen S. 144.
[8] Hanns Santmair 1485 Vierer der Kürschner, vgl. RP.
[9] Chunrat Klewber 1482, 1491, 1494, 1496, 1498-1502, 1504 Vierer der Messerschmiede, vgl. RP.
[10] Hanns Duntzlpacher (Tintzlpacher) ist 1504, 1507, 1513-1518 Vierer der Schneider, vgl. RP.

Wastian Menntzinger wirt[1] St: 1500: -/-/60

Hanns saltzstössl. 1508, 1509, 1514, 1522 Hanns schmid saltzstosel[2]
 St: 1500, 1508, 1509: -/-/60, 1514: Liste, 1522: -/2/11

Gredl Petzin St: 1500: -/1/2

Liebl Odmúlner (Ödmúlner) wirt St: 1508, 1509: -/5/10 [Schenkensteuer]

Linhart Hueber St: 1509: nichil, ist nit burger

Martein Michel t[agwerker] St: 1509: -/-/60

Hanns Sunderhauser (Sindhauser, Sindlhauser), 1514, 1522, 1523 obser[3]
 St: 1514: Liste, 1522-1524: 1/2/15

Graserin, [wohnt] hintten St: 1514: Liste

köchin inquilina[4] St: 1514: Liste

Hanns roßwachter St: 1522: -/2/-

Apolonia amb inquilina[5] St: 1522: -/2/-

Jörg meltzer inquilinus St: 1523: an kamer

Hanns Schústl deckmacher St: 1523: -/2/-

Hanns Lauffinger St: 1523: -/2/-

Hanns Schlachinhauffen (Schlahinhauffen), 1523 tagwerker St: 1523, 1524: -/2/-

Hanns Sůttner (Súttner) schneider St: 1525, 1526, 1527/I: -/2/-

Laux lernmaister St: 1525: an kamer

Hanns Schwaiger tagwercher St: 1525: -/2/-

Spatz segenschmid inquilinus. 1527/I Spatz segenschmidknecht inquilinus. 1527/II segennschmid inquilinus
 St: 1526: anderßwo, 1527/I-II: -/2/-

Sigmund Stúrtzer, 1527/I inquilinus St: 1526, 1527/I-II: -/2/-

Pauls nagler St: 1526, 1527/I: -/2/-

Theodrus [Albeg ?] schneider St: 1527/II: -/-/28 gracion

nagler inquilinus St: 1527/II: -/2/-

Doctor [Bernhard] Ruedolff hoffprocurator St: 1550-1554/I: nihil

alt Hoffmanin. 1558 alt Jorg Hoffmanin St: 1557: -/2/20, 1558: -/5/10

Bernhart Hofsingoltinger [Wirt[6]]
 St: 1564/I-II, 1565: -/5/10 schennckhsteur, 1566/I: -/5/10, 1566/II: -/5/10 schenckhsteur, 1567/I-II: 2/-/-
 StV: (1566/I) mer fúr seine geschwissterget Michel Gnädler folio 91v [Ewiggeld]. (1566/II) mer fúr Michel Gnändler folio 91v [Ewiggeld]; soll khúnfftig fúr ine seines anherrn des Streichers erbschaft zuesetzn und nachsteurn. (1567/I-II) mer fúr Michel Gnandler (Gnändler) folio 6v [Ewiggeld]. (1567/I) mer fúr sein mueter nachsteur von 200 fl [thuet] 4 fl.

Doctor Aurbach St: 1564/I: -/-/-, 1564/II: -/-/- hofsind

Anndre [I.] Ligsaltzin St: 1566/I-II, 1567/I-II: 2/5/-

Jörg Knogler wierdt [Salzsender[7]] St: 1568: 3/6/10, 1569: 2/1/25

Balthasar Lerchnfelderin (Lerchenfelderin) St: 1569-1571: 4/5/25

Michl Óthl (Óttl) wierdt
 St: 1570, 1571: -/5/10
 StV: (1570) mer fur p[ueri] Fleischman der andern ee -/-/21; mer fúr p[ueri] Fleischman 4. ee -/-/14. (1571) mer fúr p[ueri] Fleischman ander ee -/-/21; mer für p[ueri] Fleischman vierter ee -/-/14.

Hanns Prántl cantzleyschreiber St: 1571: -/-/-

---

[1] Sebastian Menczinger 1493 Aufnahme in die Weinschenkenzunft, vgl. Gewerbeamt 1418 S. 7v.
[2] Hanns schmid ist 1520 Vierer der Salzstößel, vgl. RP.
[3] Hanns Sundlhauser obser ist 1512, 1517-1520 Vierer der Fragner, Obser, Melbler, vgl. RP.
[4] „köchin inquilina" 1514 nachträglich eingefügt.
[5] 1522 daneben am Rand Vermerk: "gut verpoten" (?).
[6] So ab 1568 bei Marienplatz 8**.
[7] Jörg Khnogler ist 1566 Salzsender, 1567 und 1569 auch als Weinschenk belegt, vgl. Vietzen S. 149.

Kaufingerstraße 23 B

Name: 1399, 1404 Perenegk (= Bäreneck). 1428 Perneck.[1]
Lage: 1575 Eckhaus (zur Liebfrauengasse).
Charakter: Im 18. Jahrhundert zur Gaststätte „Zum schwarzen Adler" gehörig.[2]

Hauseigentümer:

1370 September 26 das Haus des Weymans (Weinmans) „in unser frawen gaezzel" ist dem Haus des Minnig von Tramin (Hinterhaus von Kaufingerstraße 23 B an der Frauengasse) benachbart.[3]

1370 die Baukommission beanstandet an der Kaufingergasse Marie „des Nicolaus kinder lauben und stuben". Sie müssen beseitigt werden.[4]

1376 Februar 12 H[einrich] Wolf und Matheis der Perlmaister haben ihr Haus an der Kaufingergasse, zunächst an „Peter dez sneider" Haus (Kaufingerstraße 23 A) gelegen, den Kindern des Nycklas dez Pamhausers (!), nämlich Wilhalm, Angnes (!) und Katreyn, verkauft.[5]

1394 Mai 23 und

1394 November 26 der Utz der Haldenberger an der Kaufingergasse wurde von Martein Glesein und von Ulrich dem jungen Tichtel am Schneeberg vor das Stadtgericht geladen.[6]

1395 April 26 des Utz des Haldenpergers Haus an der Kaufingergasse war um 131 Gulden einem Bürger Hartman den Lintwurm von Heidelberg verpfändet, ist aber jetzt wieder ausgelöst, und zwar von Ulrich dem jüngeren Tichtel.[7]

1399 Juni 14 das Haus des Utz des Halmbergers ist dem Haus von Walpurg, der Witwe von Peter dem Schneider, künftig von Ulreich Wolfhart (Kaufingerstraße 23 A), benachbart.[8]

1399 Dezember 8 das Haus des Ulreich des Halmberger, genannt „Perenegk", ist dem Haus des Franz Astaler, künftig des „Peter des Frútinger" (Kaufingerstraße 24*), benachbart.[9] Den Ulrich Halmberger zählt Katzmair zu den ersten Bösen der Bürgerunruhen von 1397/1403, in welcher Zeit er anfangs auch noch Pfändermeister war, 1400 auch einer der Bürgermeister.[10] Noch vor 1404 verliert er das Haus wieder. Möglicherweise hängt das mit dieser Zugehörigkeit zu den Aufrührern zusammen, die ja nach dem Friedensschluß von 1403 – auch wirtschaftlich, durch Enteignung – zur Rechenschaft gezogen wurden. Am 6. Juni 1403 musste Halmberger seine Hube in Ettlingen verkaufen, 1404 sein Haus an der Engen Gasse (Löwengrube) verpfänden.[11]

1404 März 20 Bürgermeister Hanns der Rudolf überträgt das Haus an der Kaufingergasse, „genant Perenegk", dem „Hainreichen dem Krayen apetegker".[12] Offensichtlich ist also jetzt die Stadt im Besitz des Hauses. Auch dies spricht dafür, daß Halmberger wegen seiner Teilnahme an den Unruhen enteignet wurde – wie der Anführer Ulrich der jüngere Tichtel.

Hainrich Kray, „appotegger zu Haydelberg", hat schon 1397 ein Gnaden-, Leibgeding- und Ewiggeld von der Stadt.[13] Er ist Diener des Pfalzgrafen Ludwig und 1398 und 1400 als Apotheker zu München nachgewiesen.[14]

1405 September 24 das Haus „Hainreichs des Krayn" an der Kaufingergasse ist dem Haus der Witwe

---

[1] Von 1395 bis 1424 sind mehrere Weinschenken hier nachweisbar (Sams, Grünkle, Gotzman, Hofoltinger). Deshalb war „Bäreneck" wahrscheinlich ein Wirtshausname.
[2] Zu diesem Namen stand sicher der große schwarze Reichsadler an der Innenseite des Schönen Turms Pate, der gleich neben dem Haus stand.
[3] GB I 13/10.
[4] Zimelie 9 (Ratsbuch IV) S. 5v.
[5] GB I 74/10.
[6] GB II 72/3, 82/1.
[7] GB II 89/7.
[8] GB II 145/9.
[9] GB II 150/8. – Stahleder, Haus- und Straßennamen S. 380.
[10] Muffat, Kazmair-Denkschrift S. 464, 506. – Stahleder, Bierbrauer S. 21.
[11] RB XI 305. – Muffat, Kazmair-Denkschrift S. 506.
[12] GB III 23/1.
[13] Kämmerei 63/2 S. 21r.
[14] Solleder S. 350.

Walpurg des Peter des Schneiders, künftig des Wolfharten des Lonersteters, zur Zeit Stadtschreiber zu München (Kaufingerstraße 23 A), benachbart.[1]

1406 Oktober 12 das Haus des Hainreich des Krayen ist dem Haus Wolfharts des Lonersteters, künftig Herman des Härings (Kaufingerstraße 23 A), benachbart.[2]

1411 April 28 und

1414 April 17 des Krayen Haus an der Kaufingergasse in Unser Frauen Pfarr ist dem Haus des Schröters (Schneiders) der Herzogin Elisabeth (Hinterhaus zu Kaufingerstraße 23 B im Frauengässel) benachbart.[3]

1428 Perneck (StB, am Rand über Margaret Swerczin).

Der Hausname „Bäreneck" korrespondiert mit dem Namen „Hirscheck" des gegenüberliegenden Eckhauses Kaufingerstraße 24*. Nach 1428 begegnet der Hausname Bäreneck nicht mehr in den Quellen.

1490 Oktober 27 das Haus des Martin Drächsel (Dräxl) ist dem Haus des Erhardt Wittenpeck (Kaufingerstraße 23 A) an der Kaufingergasse benachbart.[4]

1495 November 12 das Haus des Martin Drächsel ist dem Haus des Kürschners Ludwig Schräl (Kaufingerstraße 23 A) benachbart.[5]

1495 Dezember 2 das Haus des Martin Drächsel ist dem Haus des Ehepaares Erhart und Ursula Wittenpeck, das jetzt aber ebenfalls dem Martin Drächsel gehört (Kaufingerstraße 23 A), benachbart.[6]

1519 Juli 23 Marthin Dräxl und seine Hausfrau Barbara verkaufen ein Ewiggeld von 10 Gulden um 200 Gulden Hauptsumme aus dem Haus.[7]

1537 Mai 4 Ewiggeldverkauf von 3 Gulden um 60 Gulden Hauptsumme durch Dorothea, weiland des Valthin Müllers Scharlaschleifers Witwe, ebenso

1537 Mai 6 (5 Gulden rheinisch um 100 Gulden),

1540 März 24 (2 Gulden um 40 Gulden),

1545 August 8 (2 Gulden um 40 Gulden),

1546 Oktober 26 (1 Gulden um 20 Gulden) und

1546 Dezember 9 (3 Gulden um 60 Gulden (GruBu).[8]

1548 Februar 16 der Schneider Andre Khoch und seine Hausfrau Margret verschreiben zur Entrichtung der Kaufsumme ein Ewiggeld von 5 Gulden für 100 Gulden Hauptsumme (wahrscheinlich an Dorothea Müller) (GruBu).

1548 Oktober 19 Hanns Tintzl, Scharlaschleifer, verkauft dem Schneider Andre Khoch und seiner Hausfrau Margret ein Ewiggeld von 13 rheinische Gulden um 260 Gulden Hauptsumme (GruBu).

1556 November 30 Andre und Margret Khoch verkaufen dem Sattler Arsaci Khröll ein Ewiggeld von einem rheinischen Gulden um 20 Gulden Hauptsumme aus dem Haus (GruBu).

Weitere Verkäufe des Ehepaares Khoch folgen:

1557 März 12 (2 Gulden rheinisch um 40 Gulden),

1559 August 12 (5 Gulden um 100 Gulden an die Ridler-Messe in St. Peter und 2 ½ Gulden um 50 Gulden ihrem Eidam und Tochter Hanns Pürckhl, Schneider, und Ehefrau Catharina) (alle GruBu).

1575 laut Grundbuch (Überschrift) des Andree Khoch Schneiders Eckhaus und Höfel.

---

[1] GB III 45/9.
[2] GB III 57/2.
[3] GB III 106/12, 147/1.
[4] Zimelie 27b (Salbuch Reiches Almosen) S. 102r/v.
[5] Zimelie 27b (Salbuch Reiches Almosen) S. 103v.
[6] Zimelie 27a (Stiftungsbuch Reiches Almosen) S. 59r.
[7] Stadtgericht 207/3 (GruBu) S. 866v/868r. – Der Eintrag im HB KV S. 76 zu 1522 stammt nicht aus dem Grundbuch. Die Verschreibungen an die Kinder durch Dorothea erfolgen erst viel später.
[8] Nicht richtig ist, daß schon 1522 das Haus im Besitz von Valentin Müller ist, wie das Häuserbuch behauptet. Das Grundbuch vermerkt einen Ewiggeldverkauf der Witwe des Valtein Müller erst für 1537. Auch in den Steuerbüchern steht er erst seit Ende 1527 bei diesem Haus. – Auch die Auszahlung des väterlichen Erbgutes an Hanns Dinzl, Sohn aus erster Ehe der Dorothea Müller mit dem Scherenschleifer Dinzl, im Jahr 1522 stammt nicht aus dem Grundbuch. Die Quelle war bisher nicht ermittelbar. Das Grundbuch enthält zwischen 1519 und 1537 überhaupt keinen Eintrag. – Nicht auffindbar war auch die Quelle für die Behauptung des Häuserbuchs, daß sich vor dem Haus Kaufingerstraße 23 B beim Bau der Frauenkirche eine Kalkgrube befunden habe.

Eigentümer Kaufingerstraße 23 B:

* Albrecht Weinmar (Weinman).[1] 1371-1375 patrimonium Albrecht Weinmar (Weinman)
    St: 1368: 6/6/-, 1369: 7,5/-/-, 1371, 1372, 1375: -/-/-
  Albrecht filius suus inquilinus
    St: 1368: -/10/-
  patrimonium Waltpurgis Tautterinne[2]
    St: 1369
* Hainrich Wolf[3] und Matheis der Perlmaister [bis 1376 Februar 12]
* pueri Nickolay. 1379 pueri Nickolai theol[onearii ?] [= Wilhalm, Angnes und Katreyn, Kinder des Nycklas des Pamhausers] [seit 1376 Februar 12]
    St: 1378, 1379: -/-/-
* Ulrich (Ucz) Halmberger (Haldenberger, Halbenberger) [Stadtrat, Pfändermeister[4]]
    St: 1392: 5/-/60, 1393: 7/-/-, 1394: 4/-/80, 1399: -/-/-, 1400, 1401/I: 8/-/60, 1415: 3/-/60
    StV: (1395) pfentter, ergo nichil dedit.
* Stadt München, vertreten durch Bürgermeister Hanns dem Rudolf [ca. 1403 bis 1404 März 20]
* Hainrich der Kray [1397 Apotheker zu Heidelberg] [1404 März 20 bis nach 1414 April 17]
** Martein dráchsel (dräxl), 1508, 1509 s[altzsender], 1514 saltzenter.[5] 1522 Martein dráxl patrimonium. 1523-1525 relicta Martein dráxlin [= Barbara]
    St: 1482: -/5/10 [Salzsendersteuer], 1486, 1490: 1/-/8, 1496: 1/3/28, 1500: 2/1/27, 1508, 1509: 2/1/-, 1514: Liste, 1522-1525: 2/4/1
    StV: (1482) et dedit fúr pueri Furter loder -/2/17.
  Walthasar dráxl
    St: 1525: -/-/14 gracion, 1526: -/2/13 juravit, 1527/I: -/2/13, 1527/II: -/2/-
    StV: (1526) wann das recht enndt hat unnd die 300 fl erlangen, sol er sein tail zusetzn.
  Utz dráxl (dräxl)
    St: 1525: -/-/14 gracion, 1526: -/2/16 juravit, 1527/I: -/2/16, 1527/II: -/2/-
** Valtein scharsaschleiffer. 1532 Valtein múllner scharsaschleifer [∞ Dorothea]. 1540-1543 Valten scharsachschleufferin. 1544-1551/I alt scharsachschleufferin
    St: 1527/II, 1528, 1529, 1532, 1540-1542: -/2/19, 1543: -/5/8, 1544: -/2/19, 1545: 1/-/18, 1546-1548, 1549/I-II: -/3/24, 1550: -/3/24 matrimonium, 1551/I: -/3/24 matrimonium das ander
** Hanns Dyntzl [Scharsaschleifer, Sohn der Dorothea Müllner mit dem Scharsaschleifer Dinzl]
    St: 1540-1542: -/3/7, 1543: -/6/14, 1544: -/3/7, 1545: -/4/14, 1546, 1547, 1549/I: -/2/7, 1549/II, 1550, 1551/I: -/-/-, 1551/II, 1552/I-II: -/2/7, 1553: -/2/-, 1554/I: ist im bruederhaus, 1554/II, 1555-1557: -/2/-
    StV: (1548) sein weib zalt super fol. 41 col. 2 [= 41v, Graggenau]. (1549/I) hat sein weib bezalt. (1549/II) supra fol. 39 col. 2 [= 39v, Äußere Schwabinger Gasse = Theatinerstraße] sein weib zalt. (1550) sein hausfrau zalt super fol. 38 col. 2 [= 38v, Äußere Schwabinger Gasse]. (1551/I) sein weib zalt supra fol. 40 col. 1 [= 40r, Äußere Schwabinger Gasse] Anastasia Scheurerin.
  sein lernknecht Walthasar Elsnpeckh
    St: 1552/II: -/2/-
** Anndre koch schneider [∞ Margaret; 1548 Februar 16 bis 1579 Mai 19]
    St: 1549/II, 1550, 1551/I-II, 1552/I-II: -/3/21, 1553, 1554/I-II, 1555-1557: -/4/15, 1558: 1/2/-, 1559, 1560: -/4/15, 1561, 1563, 1564/I-II, 1565, 1566/I-II, 1567/I-II: -/3/8, 1568: -/6/16, 1569-1571: 1/-/25

---

[1] Albrecht Weinmair 1362, 1363 äußerer Stadtrat, vgl. R. v. Bary III S. 743.
[2] Ganzer Eintrag 1369 wieder getilgt, mit Querlinie auf Weinman bezogen.
[3] Hainrich Wolf 1377-1383 äußerer Stadtrat, vgl. R. v. Bary III S. 743.
[4] Ulrich Halmberger war 1395-1398 städtischer Pfändermeister, vgl. R. v. Bary III S. 823, 1400 Bürgermeister, vgl. R. v. Bary III S. 755. Er hat auch Hausbesitz an der Engen Gasse (Löwengrube), vgl. Stahleder, Bierbrauer S. 21, und dürfte im Salzhandel tätig gewesen sein wie auch andere Familienmitglieder. – 1395 Name „Ulrich Halbenberger" getilgt, dahinter Vermerk: pfentter, ergo nichil dedit. Deshalb also fehlt er in den Steuerbüchern von 1395-1397.
[5] Martin Drächsel ist Salzsender, lt. Steuerliste 1514.

Bewohner Kaufingerstraße 23 B:

Achtrár goltsmid[1] inquilinus St: 1368: -/-/20
Ulrich gúrtler inquilinus St: 1369: -/-/16 post
Greimoldus (Greimold) de Wazzerburg inquilinus St: 1371: -/-/-, 1372: 3/-/- gracianus
Glaner (Gloner) goltsmid, 1371, 1372, 1379 inquilinus. 1381, 1382 Eberl Glaner goltsmid[2] inquilinus
    St: 1371: -/-/24 gracianus, 1372: -/-/40 juravit, 1377: -/-/21 juravit, 1378, 1379, 1381, 1382: -/-/21
Ull Vettinger goltsmid[3] inquilinus St: 1375: 6,5/-/8
Chunrat Mitterkiricher[4], 1379 inquilinus. 1387, 1390/I relicta Mitterkircherin
    St: 1378, 1379, 1381, 1382, 1383/I: -/10/-, 1383/II: -/15/-, 1387: 1/-/-, 1388: 2/-/- juravit, 1390/I: 2/-/-
Fridrich Aerdinger messrer. 1383/II, 1387, 1390/I-1394, 1397, 1399 Aerdinger messrer.[5] 1395 Frydrich Árdinger messrer, 1381-1387, 1390/I, 1394-1399 inquilinus
    St: 1381, 1382, 1383/I: -/-/60, 1383/II: -/3/-, 1387: -/-/40, 1388: -/-/80 juravit, 1390/I-II: -/-/80, 1392: -/-/60, 1393, 1394: -/-/80, 1395-1397, 1399: -/-/60 fur (fúr) 10 lb
    StV: (1400) den hat der rat all stewr ledig lazzen.
Lochhawserin, sein [= des Fridrich Aerdinger] tochter[6] inquilina. 1401/I Lochhawserin inquilina. 1401/II, 1405/II relicta Lochhawserin inquilina. 1403, 1405/I relicta Lochhawserin zawerin inquilina
    St: 1400: -/-/30 fúr 2 lb, 1401/I: -/-/32 fúr 2 lb, 1401/II: -/-/36 fur 3 lb iuravit, 1403, 1405/I: -/-/36, 1405/II: -/-/40 fur nichil
Choburger goltsmid inquilinus St: 1387: -/-/32
Kathrey zergadmerin inquilina St: 1388: -/-/12 juravit
Hainrich goltsmid inquilinus St: 1388: -/-/16 gracianus
Macz Hawsnerin inquilina St: 1390/I: -/-/8
    Els Hawsnerin inquilina St: 1390/I: -/-/64
Chunrat[7] (Chuncz) schwertfurb, 1393-1400, 1403, 1405/I, 1407, 1408, 1411 inquilinus
    St: 1393, 1394: -/3/22, 1400, 1401/I: 0,5/-/-, 1401/II: -/5/10 iuravit, 1403, 1405/I: -/5/10, 1405/II: 0,5/-/- iuravit, 1406-1408: -/5/10, 1410/I: 0,5/-/- iuravit, 1410/II: -/5/10, 1411: 0,5/-/-, 1412: -/5/10
Wilhalm Samss (Sambsch) [Weinschenk[8]], 1395 inquilinus St: 1395: -/6/-, 1396: -/9/-
Ulrich Hagenawer St: 1397: -/-/60 fur 2 lb
Stil schuster inquilinus und sein sweher inquilinus St: 1401/II: -/-/60 iuravit
Hannsel Pschörn messrer inquilinus St: 1401/II: -/-/20 gracianus
Hanns Plúm sporer St: 1403: -/5/10
Els Hoferin inquilina St: 1403: -/-/40
Purckharde Poppenberger St: 1405/I: -/-/-
Hainrich schuster von Egenhofen inquilinus St: 1405/I: -/-/60 fúr 5 lb
Swarb kistler St: 1405/I: -/-/52
Hanns zingiesser, 1405/II-1410/I, 1411, 1413 inquilinus
    St: 1405/II: -/-/60 fur 5 lb, iuravit, 1406, 1407: -/-/60 fúr (fur) 5 lb, 1408: -/-/60 fur 2 lb, 1410/I: -/-/60 fúr 4 lb, iuravit, 1410/II, 1411, 1412: -/-/60 fúr 4 lb, 1413: -/-/60 fúr 4 lb, iuravit, 1415: -/-/60 fúr nichil
Katrey Vockin inquilina St:1405/II: -/-/15 gracianus
Grúnkle schenck inquilinus St: 1406: -/-/60 fúr 6 lb

---

[1] Frankenburger S. 261/262.
[2] Frankenburger S. 262.
[3] Frankenburger S. 260.
[4] Ein Mitterkircher war 1381 Mitglied des Großen Rates der Stadt, vgl. R. v. Bary III S. 746.
[5] 1400 Eintrag wieder getilgt.
[6] 1400 „tochter" über getilgtem "swester".
[7] 1393 neben „Pt" am Rand „Ch". 1410/II neben getilgtem „Petter" am Rand „Chuncz".
[8] Wilhalm Samß ist Weinschenk, vgl. Gewerbeamt 1411 S. 2r. – Laut Katzmair war er einer der „Darnach Bösen" bei den Bürgerunruhen, vgl. Muffat, Kazmair-Denkschrift S. 464, 509.

Michel messrer, 1406-1410/I inquilinus
    St: 1406-1408: -/-/80 fúr 10 lb, 1410/I: -/-/72 iuravit, 1410/II: -/3/6
Anna kerczlerin, inquilina Hans zingiesser St: 1406: -/-/20 fúr nichil
Ulrice Rudolf St: 1407: -/-/-
Stórin inquilina St: 1407: -/-/-
Hanns Ofenhaẃser [Schuster ?[1]] St: 1408: 1/-/8
Haincz Goczman inquilinus [Weinschenk[2]] St: 1410/I: 0,5/-/- gracianus
Hainrice (Hainrich) Kaeczel St: 1410/II: 1/-/8, 1411: -/6/6, 1412: 1/-/8, 1413: -/5/- iuravit
Seicz messrer, 1411, 1413 inquilinus
    St: 1411: -/-/32 gracianus, 1412: -/-/64 fúr 8 lb iuravit, 1413: -/-/60 iuravit
Bartholme kistler inquilinus St: 1415: -/-/60 fúr 10 lb
Peter Frútinger kursner[3] inquilinus. 1418 patrimonium Peter Frúdinger kursner
    St: 1415: 0,5/-/-, 1418: -/5/10
Peter Holenstayner kistler St: 1416: -/3/6
Ull saembner St: 1416: -/-/20
Agata inquilina St: 1418: -/-/-
Margred Keckin inquilina St: 1418: -/-/15
Marttein Hofaltinger (Hofhaltinger) [Weinschenk[4]], 1419 [und] relicta Tannerin, 1423 [und] Tannerin
    sein swiger
    St: 1419: -/6/12, 1423: 2,5/-/- schenckenstewr, 1424: -/6/20 hat zalt
Chuncz zyngiesser inquilinus St: 1419: -/-/60
Hanns Ursprunck messrer. 1423 Hanns messrer inquilinus St: 1419: -/-/24 gracianus, 1423: -/3/-
Madalenn inquilina St: 1423: -/-/15
Lucey schlayrlerin inquilina St: 1423: -/-/45
Jorig Fras kursner inquilinus St: 1423: 0,5/-/-
Nicklas platner inquilinus St: 1423: vaccatt
Margaret Swertzin St: 1428: 1 grosch[en]
Klaws scherer und sein ingesind St: 1428: 6 grosch[en]
Ulrich [mülner ?] kornmesser St: 1431: -/-/64 iuravit
Hanns Mosenczer inquilinus St: 1431: -/-/21
Chunrat kramer inquilinus St: 1431: -/-/15
Michel koch inquilinus St: 1431: -/-/15 gracianus
Hanns nagler inquilinus St: 1431: -/-/60 iuravit N.
Anna inquilina St: 1431: -/-/-
Hanns, des Tulbecken knecht St: 1431: -/-/15
Margaret Swabin inquilina St: 1431: servit
Ulrich Widnman kramer inquilinus St: 1431: -/-/20
    Walthauser Widnman Sch: 1439/I: -/-/10
Hanns Faustperger, 1431 messerer, 1440 inquilinus. 1441/I Faustperger messerer
    St: 1431: -/-/60 iuravit N.
    Sch: 1439/I, 1440: -/-/10, 1441/I: ist hin
Hanns Ánczinger kramer Sch: 1439/I: 1 t[aglon]
Wilhalm Tómlinger Sch: 1439/I: 1 t[aglon]
Jorg Stain Sch: 1439/I: -/-/-
Fridrich (Fridel) Planck schuster, 1441/I inquilinus Sch: 1439/I-II, 1440, 1441/I-II: 1 t[aglon]
relicta Pretschlaipferin Sch: 1439/II, 1440, 1441/I: 1 t[aglon]
Margaret, 1441/I inquilina Sch: 1440, 1441/I: 0,5 t[aglon]
Márkel von Maincz schuster Sch: 1441/I: 0,5 t[aglon]
relicta gut Ullin Sch: 1441/II: 0,5 t[aglon]
Steffan Prunner Sch: 1441/II: 1 t[aglon]
Wólfel sporer Sch: 1445: -/-/-

---

[1] Im selben Jahr 1408 ist ein Hans Ofenhauser bei Kaufingerstraße 18*A/B Schuster, ebenfalls einer bereits 1389/1390 bei Landschaftstraße 1.
[2] Hainreich Goczman ist Weinschenk, vgl. Gewerbeamt 1411 S. 4r.
[3] Peter Frütinger ist 1400/03 bei Kaufingerstraße 24* Wirt.
[4] Martein Hofoltinger ist Weinschenk, vgl. Gewerbeamt 1411 S. 2v.

Hanns Elfinger [Schuster[1]] Sch: 1445: 1 knecht, dedit
Chunrat Zotner, 1447 fragner. 1454 Chunrat Zotnerin St: 1447: -/6/10, 1453-1458: Liste, 1462: -/5/18
    Kristoff Zotner inquilinus St: 1462: -/-/40 gracian
Chunrat Aichstock schleiffer inquilinus St: 1447: 0,5/-/-
Ott sporer inquilinus St: 1447: -/-/60
Steffan Maursteter, 1462 inquilinus St: 1453, 1454, 1458: Liste, 1462: -/-/60
Jorg Schwarcz, 1455 inquilinus St: 1453-1455: Liste
Hanns rotsmid St: 1453: Liste
Ulrich Klainpeck, 1453 obser. 1454 Ulrich Klain obser St: 1453, 1454: Liste
[Andre] Schorpel sporer St: 1453, 1454: Liste
Hanns gärber [Schlosser[2]] inquilinus St: 1455: Liste
Hanns Radachs inquilinus [Zinngießer[3]] St: 1455: Liste
Sigmund hantmulner slosser St: 1456: Liste
Hanns Ebersperger inquilinus St: 1456: Liste
Krystan Kupfinger inquilinus St: 1456: Liste
[Kristan] Erber púchpinter St: 1457: Liste
Hanns Lechner [Goldschmied ?[4]] inquilinus St: 1458: Liste
Martein abnteurer (abendewrer) inquilinus St: 1458: Liste, 1462: -/4/5
Hanns richtersknecht St: 1458: Liste
Els inquilina St: 1458: Liste
Rengspurgerin inquilina St: 1462: -/-/12
Conrade Kiemseer, 1490, 1500 saltzstósl St: 1482: -/2/8, 1486, 1490: -/4/15, 1500: -/2/26
    Lienhard Kiemseer St: 1482: in die camer
Martin Sindlhauser[5], 1486, 1490 obßer. 1496, 1500 Martein obser
    St: 1482: -/-/60, 1486, 1490: -/3/17, 1496: -/4/18, 1500: -/3/18
    StV: (1482) et dedit -/-/3 von ½ gulden geltz fur pueri Peter Húber.
Jacob Haingarter (Haimgartner) [Salzstößel[6]] St: 1482: -/4/15, 1486, 1490: -/4/-
Thoma Wúrtzburger, 1486, 1496 slosser[7] St: 1486, 1490, 1496: -/-/60
Hans Ruolantin St: 1490: -/4/13
Conrade schreiber St: 1496: -/3/2
Hanns Gerolt saltzstosel St: 1496: -/-/60
Vital Erlaher s[chlosser][8] St: 1500: -/-/60
Thomanin Feirabentin, am [= Amme] St: 1500: -/-/60
Anndre Franck, 1508, 1509 s[chuster], 1514 schuster[9]
    St: 1508, 1509: -/3/14, 1514: Liste
    StV: (1508) darinn seins weibs gut zugesetzt.
Hanns Kalchhofer (Kalchofer), 1508 s[losser], 1514, 1522-1525 slosser
    St: 1508, 1509: -/-/60, 1514: Liste, 1522-1526, 1527/I: -/2/
    relicta Kalchoferin St: 1509: -/-/60
    Caspar Kalchofer (Kalhofer), 1528-1532, 1544, 1545 schlosser
        St: 1528: -/-/28 gracion, 1529, 1532: -/2/-, 1540-1542: -/2/7, 1543: -/4/14, 1544: -/2/7, 1545:
        -/5/12, 1546-1548, 1549/I-II: -/2/21
Ludbig Schrálin St: 1508: -/2/5
Hanns tagwercher St: 1508: -/-/60
Magdalena Stúpfin. 1509 junckfrau Madlen Stúpfin St: 1508, 1509: -/4/-

---

[1] Vgl. Kaufingerstraße 24*.
[2] 1456 bei Thiereckstraße 4 Schlosser.
[3] Hans Radax 1450-1454 und 1458 bei Burgstraße 1 Zinngießer genannt.
[4] Ein Hanns Lechner wird 1468 zum Meisterstück der Goldschmiede zugelassen, vgl. Frankenburger S. 278.
[5] Martin Sintlhauser/Sunderhauser obser ist 1484, 1486, 1488, 1493, 1497 Vierer der Fragner, Obser, Melbler, wohl auch identisch mit dem Martin obser, der 1500 Vierer dieser Zunft ist, vgl. RP.
[6] Jacob Haingartner ist 1464, 1466, 1476 Vierer der Salzstößel, vgl. RP, vgl. auch Vietzen S. 157 (mit Schreibweise „Hamgarten").
[7] Thoman Wurtzpurger 1494 und 1499 Vierer der Schlosser, vgl. RP.
[8] Vgl. Kaufingerstraße 22*B.
[9] Andre Franck 1515 Vierer der Schuster, vgl. RP.

Katrey kertzlerin St: 1508: anderswo, in der Scháflergassen
Andre kaltschmidin St: 1509: anderswo
relicta Freymannerin St: 1509: -/2/10
Michl t[agwercher] St: 1514: Liste
Linhart Aurpach weber St: 1514: Liste
Lorentz keuffl St: 1514: Liste
Hanns tagwercher St: 1522: -/2/-
Hanns Gebhart schuster. 1527/II Hanns schuster
    St: 1522: -/-/28 gracion, 1523-1526, 1527/I: -/2/-, 1527/II, 1528, 1529: -/2/13
Hanns Schwaiger tagwerker. 1524 Hanns Schwaiger roßkupler.[1] 1526, 1527/I Hanns tagwercher.
    1527/II Hanns roßkupler
    St: 1522-1524: -/2/-, 1525: anderswo, 1526, 1527/I-II: -/2/-
Hanns schmid saltzstößl[2] St: 1523: -/2/11
Jórg Haiden St: 1523: nichil, ist ambtman
Anna Neunhauserin St: 1524: -/2/-
Thoman schneider inquilinus St: 1524: -/2/-
Cristof Lámpfertzhamer St: 1524: nichil, stadtsóldner
Jacob maurer. 1527/I Jacob Hell maurer St: 1525, 1526, 1527/I: -/2/-
Cristof Werder St: 1525, 1526, 1527/I-II, 1528, 1529: -/2/-
Widerl messerschmid St: 1525, 1526, 1527/I: -/2/-
Paule kertzler inquilinus St: 1525: -/2/-
Barbara Franckin inquilina St: 1526, 1527/I: -/2/-
Paule nagler St: 1527/II, 1528, 1529: -/2/-
Barbara Obenin St: 1528: -/2/-
Walthasar Zwenng St: 1528, 1529: -/5/7
Remin St: 1529: -/3/1 juravit
Melchior Rem St: 1532: -/2/-
Wilhalm Mair melbler St: 1532: -/2/7
Peter Stiglitz St: 1532: -/2/20
Madlen inquilina St: 1532: -/2/-
Madlen amb [=Amme] St: 1532: -/2/-
Philip Proner (Prúnner, Pruner) schuster St: 1532, 1540-1542: -/2/-, 1543: -/4/-
Hanns roßwachter St: 1532: -/2/7
Cristoff kramer St: 1540-1542: -/2/-, 1543: -/4/-, 1544: -/2/-, 1545: -/4/-
Madlen (Madl) Schwartzin (Schwártzin) St: 1540-1542: -/2/-, 1543: -/4/-
Hanns schneider Schwartnhueber St: 1540: -/2/-
Utz keuffl St: 1541: -/-/21 gratia
Peter zimerman St: 1542: -/2/-, 1543: -/4/-, 1544: -/2/-, 1545: -/4/-
Hanns Maysntaler [Salzstößel[3]] St: 1542: 12/6/13, 1543: 25/5/26
Els Sallerin St: 1544: -/2/-, 1545: -/4/-, 1546-1548, 1549/I: -/2/-
Lienhart Kirhmair (Kirchmair), 1544, 1545 pader St: 1544: -/3/23, 1545: -/6/2, 1546, 1547: -/3/1
Jorg Mayr, 1545, 1550, 1551/I-II schuester
    St: 1545: -/-/14 gratia, 1546-1548, 1549/I-II, 1550, 1551/I-II: -/2/-
Cristoff Stern [Stadtuhrmeister[4]] St: 1546: -/2/-, 1547: nihil, urrichter
Caspar ringmacher St: 1548: -/-/14 gratia, 1549/I-II, 1550, 1551/I-II: -/2/-

---

[1] Gleichbedeutend mit Roßtäuscher (von „tauschen", nicht von „täuschen" im Sinne von betrügen, wie meist geglaubt wird), also ein Pferdehändler, Unterkäufel (Makler) für Pferde. Er vermittelt den Handel mit Pferden zwischen Verkäufer und Käufer indem er die beiden verkuppelt/verkoppelt, mit einer Koppel umschließt und dadurch aneinanderbindet. Das Koppelschloß ist die Schließe an einem Hosengürtel, besonders bei Uniformen, bindet also ebenfalls etwas zusammen.
[2] Hanns schmid 1520-1526 Vierer der Salzstößel, vgl. RP, Vietzen S. 158.
[3] Vgl. Kaufingerstraße 27.
[4] Cristoff Stern ist seit 1547 Stadtuhrmeister, vgl. R. v. Bary III S. 1013.

Walthasar Daser [Scherenschleifer[1]]
    St: 1548: -/-/21 gratia, 1549/I: -/-/14 gratia
        StV: (1549/I) mer -/4/- seiner hausfrau steur wie die pfleger versteurt haben, soll hinfüro schwern.
wirtin von Starnwerg St: 1548: -/2/-
Pauls Weigl St: 1548: -/2/-
Jacob Peyrl maurer St: 1549/I: -/2/-
Jorg holtzmesser St: 1549/II: -/2/-
Agatha färberin St: 1549/II: -/2/-
Hanns Prannt St: 1550: -/-/21 gratia, 1551/I: -/-/21 gratia die ander
Jobst pott St: 1550, 1551/I: -/2/-
Hannsin rinckhlerin. 1552/I Hans maurerin. 1552/II Hans maurerin rinckhlerin
    St: 1551/II, 1552/I-II: -/2/-
Hanns Ott messerschmid, 1551/II der jung
    St: 1551/II, 1552/I-II: -/1/15 der habnit, 1553, 1554/I: -/3/28
    StV: (1551/II, 1552/I-II) mer -/3/11 für seins weibs heuratguet.
Jeronimus Widman schuester St: 1552/I-II, 1553, 1554/I: -/2/-
Hanns Wóllel nagler St: 1552/I: -/2/-
Hanns Stámpfl St: 1552/I: -/2/-
Thoman Schwaiger melbler St: 1552/II, 1553, 1554/I-II, 1555, 1556: -/2/-
Balthas zimmerman
    St: 1553, 1554/I: -/2/-
    StV: (1553) mer -/4/- zwo alte steur.
Hanns Teysl schuester
    St: 1554/II, 1555: -/2/-
    StV: (1554/II) mer -/-/28 für sein son. (1555) mer -/-/28 für seine kinder.
Jorg Stern schlosser St: 1554/I: -/-/21 gratia
Margreth St: 1554/II: -/2/-
Barbara
    St: 1554/II: -/-/-
    StV: (1554/II) ain dienerin bey herrn Mathesn, gwestn caplan zu Unser Frauen.
Sebastian Wolff schlosser. 1559 Bastian schlosser St: 1555-1557: -/2/-, 1558: -/4/-, 1559-1561: -/2/-
Zieglerin. 1556 Zieglerin scháfflerin St: 1555, 1556: -/2/-
Barbara Prunnerin St: 1555: -/2/-
veylnhauer
    St: 1556: -/-/-
    StV: (1556) ist in das spital genomen worden.
Ula Wamperger St: 1557: -/-/21 gratia
cantor zu Unser Frauen [Hans Rinckhmaur]
    St: 1557: zalt infra fol. 73 col. 1 [= 73r, Ewiggeld], 1558: zalt infra fol. 75 col. 2 [= 75v, Ewiggeld]
    sein hoffraw St: 1557: ist nymmer bey im
Wolff Nonhauser schuester St: 1557: -/-/14 gratia, 1558: -/4/-
Wolff maurer Katzmair St: 1557: -/2/-
Cristoff reutter St: 1557: -/2/-
Lienhart pott Náthsperger St: 1557: -/2/-
Wilhelm Hueffnagl St: 1558: -/4/-, 1559: -/2/-
Mang Jacob seidnstriger[2] St:1558: -/4/-
Hanns Meilinger zimmerman St: 1558: -/4/-, 1559: -/2/-
    sein schwiger St: 1559: nihil, obdormivit, pauper
Wolff Ertl tagwercher St: 1558: -/4/-
Wolff peckhenknechtin St: 1558: -/-/28 pauper, ir alte steur

---

[1] Er dürfte der Scherenschleifer gleichen Namens sein, dessen Witwe ab 1558 bei Färbergraben 1* und Fürstenfelder Straße 1*-8 vorkommt.

[2] „-strigker" über getilgtem „-nater".

Wolff Adlpoldner tagwercher St: 1558: -/4/-, 1559: -/2/-
Wolff kistlerin St: 1558: -/4/-
Els schopperin[1] paderin St: 1558: -/4/-, 1559: -/2/-
Marten Wanner, 1559-1561, 1564/I-II schuester. 1561 Martha (!) schuester Wanner
    St: 1559: -/-/14 gratia, 1560, 1561, 1563, 1564/I-II: -/2/-
Jorg Graff schuester St: 1559: -/2/-
Barbara deckhenmacherin St: 1559: -/-/- der zeit pauper
Steffan [Forster[2]] visiererin St: 1559, 1560: -/2/-
Barbara kistlerin St: 1559-1561: -/2/-
Wilhalm saltzstössl St: 1560: -/2/-
Hanns Hueber[3] saltzmesser St: 1560, 1561, 1563, 1564/I: -/2/-
Dorothea ain schapperin.[4] 1561, 1563 Dorothe schopperin. 1564/I infraẃ Dorothe schoperin
    St: 1560: -/1/15 der zeit, 1561, 1563, 1564/I: -/2/-
    StV: (1560) dann sy erst angefangen die fraẃen zẃ besehen.
Mathes Deyrchinger tagwercher St: 1560: -/2/-
Niclas Sundereiter messerschmid St: 1560: nichil, der zeit pauper
Hannß jäger löderschneider St: 1561: -/2/2
Symon pott Paule St: 1561: -/2/-
Hannß daschnschmid St: 1561: -/2/-
Ulrich messerschmid St: 1563: -/-/21 gratia, 1564/I: -/-/- ist haimlich hinweckh
Jorg Staudhamer [Salzstößel[5]]
    St: 1563: -/2/-
    StV: (1563) adi 25. Februari zalt nachsteur von 10 fl, so man hinaus geerbt.
Bartlme Gämbs St: 1563, 1564/I: -/2/-
Thonaur gablmacher St: 1563: -/2/-
Jorg Pachmairin St: 1563: -/2/-
Elß Stútzin (Stitzin) infraẃ[6] St: 1564/I-II: -/2/-
Sigmund Pfendthueberin St: 1564/I: -/1/- pauper
Hanns wagner St: 1564/I: -/2/-
Jórg Piebl [Tagwerker[7]] St: 1564/I: -/2/-
ain inman St: 1564/I: -/-/- hat man nit erfragen khinden
Kaiser peckhin St: 1564/I: -/-/- zalt Hanns Raid in der Weinstrass [Nr. 6]
Anna Grúderin infraẃ St: 1564/I: -/-/- ist im Steidlsgássl
Hanns Gúpf halahiper St: 1564/II: -/2/-
Elß Finkin infraẃ St: 1564/II: -/-/- dient der zeit, ist nit burgerin
Jörg Sedlmair tagwercher St: 1564/II: -/2/-
Pauls Spatz vogler St: 1564/II: -/2/-
Lienhart (Leonhart, Lenhart) messerschmid. 1565, 1568-1571 Lienhart schmid messerschmid
    St: 1564/II: -/-/28 gratia, 1565, 1566/I-II, 1567/I-II: -/2/-, 1568: -/4/-, 1569-1571: -/2/-
Jheronimus kistler trabant St: 1564/II: -/2/- burger, hofgsindt
Marthin Zelter reitther St: -/1/1 hofgsind
Hanns Schwaiger vogler St: 1564/II: -/2/-
Hanns Mayr (Mair) schuester St: 1565, 1566/I-II, 1567/I-II: -/2/-, 1568: -/4/-, 1569: -/2/-
Jacob ringler gúrtler St: 1565: -/2/-
Michel Mayr puechpindter[8] St: 1565, 1566/I-II: -/2/-

---

[1] Eine Schopperin ist ein „Weib, welches einer Wöchnerin abwartet", eine Krankenwärterin, auch Kindsmagd, vgl. Schmeller II 437, das männliche Gegenstück, der Schopper, ein Schiffbauer oder Schiffszimmermann.
[2] Meister Steffan Forster (von Landsberg) war 1553-1556 Weinvisierer, vgl. R. v. Bary III S. 971.
[3] „Hueber" 1563, 1564/I über der Zeile eingeschoben. – Hanns Hueber ist 1554, 1563, 1567, 1568 und 1575 als Salzsender belegt, 1555 als Mitglied der Wirtezunft, vgl. Vietzen S. 149 nach KR, GruBu, Zollregister 1572-1575.
[4] „Schapperin" vgl. oben zu „Els schopperin".
[5] Jörg Staudhamer ist 1559 als Salzstößel belegt, vgl. Vietzen S. 156 nach KR.
[6] 1564/I die „infraẃ Elß Stytzin" ist zweimal aufgeführt, beim zweiten mal mit dem Vermerk „steurt hievor".
[7] So 1564/II bei Kaufingerstraße 13.
[8] Michael Mair Buchbinder 1569 Religionsverhör, vgl. Dorn S. 230.

Hanns Weiss satler
> St: 1565, 1566/I-II: -/2/-, 1567/I: an chamer
> StV: (1567/I) [Nachtrag:] zalt -/2/- [am] 23. Octobris.

Wolf Stainegkher weber St: 1565: -/-/- der zeit pauper
Hanns Pöpel reiter St: 1565: -/2/- burger, hofgsind
ain infraẃ Hans gartnerin. 1566/II Hanns gartner naglerin St: 1565, 1566/I-II: -/2/-
Hanns wagner scheibmmacher[1] St: 1565, 1566/I: -/2/-
(ain) infraẃ Katharina Strobnin (Stroblin) St: 1565, 1566/I-II: -/2/-
Georg (Jorg) Koler der f[ursten] wagnheber St: 1566/I: -/2/-, 1566/II: -/2/- burger, hofgsindt
Balthauser Hueber melbler St: 1566/I: -/2/-
Magdalena Rechtalerin St: 1566/I-II: -/2/-, 1567/I: -/-/- der zeit
Lipp richterskhnecht St: 1566/II: -/-/1
Jorg Enlicher richtersknecht St: 1566/II: -/-/1
Hanns Örlkhoffer (Ortzlhofer, Orltzhofer) St: 1567/I-II: -/2/-, 1568: -/4/-, 1569: -/2/-
Caspar Hatz flosman
> St: 1567/I: an chamer
> StV: (1567/I) [Nachtrag:] -/2/- zalt adi 23. Octobris.

Wolfganng weberin ain infraẃ
> St: 1567/I: an chamer
> StV: (1567/I) [Nachtrag:] zalt -/2/- adi 23. Octobris.

Niclas schmid trabannt St: 1567/II: -/-/-
Thoman Mänhart jáger St: 1567/II: -/-/-
Hanns Nauderer saltzsenndter St: 1567/II: -/5/10 [Salzsendersteuer]
Uetz Sinndler schmid[2] tagbercher. 1568 Uetz schmid tagwercher
> St: 1567/II: -/-/- der zeit, 1568: -/-/- pauper

Katherina infraẃ Seboldin St: 1567/II: -/-/- pauper
Jórg Stern púxnmaister St: 1567/II: -/-/1
Sebastian Deutz (Teutz) khiechlpacher St: 1568: -/1/12 gratia, 1569, 1570: -/2/-
ain infraw Clas kistlerin St: 1568: -/-/- pauper
Jórg Kholer kharner St: 1569: -/2/-
Hanns Frannckh[3] tagwercher St: 1569-1571: -/2/-
> ain inman bey ime [= bei Frannckh] H. schaffer St: 1571: -/2/-

ain inman[4] L(enhart) Ólhart (Alhart), 1570 tagwercher St: 1569, 1570: -/2/-
Elena Faberin St: 1569: -/-/- nit burgerin
Jórg Schlemerin paddiern St: 1569: -/2/-
ain infraw Hanns Mintzerin St: 1569: -/2/-
Michel Priesterl khnapp St: 1569: -/2/-
Hanns Staininger schuester St: 1570: -/-/21 gratia
Gerbl Mair scheibnmacher St: 1570: -/2/-
Lenhart (Leonhart) Gloner (Glaner), 1570 tagwercher, 1571 protweger
> St: 1570, 1571: an chamer
> StV: (1571) zalt 7. December anno [15]73.

Hanns schneider vogler St: 1570: -/-/- der zeit
Hanns Góbl wachter St: 1570: -/2/-
Leonhart Hienndl coral[ist] St: 1571: -/-/21 gratia
Petrus Prechler lernmaister St: 1571: -/2/-
Jacob samer schuechmacher St: 1571: -/2/-
Schati Zirckhl loder St: 1571: an chamer
Gebhart holhipper Scheibenin St: 1571: an chamer
Balthauser Schmelcher [Wirt[5]] St: 1571: -/-/-

---

[1] 1566/I „Hanns wagnerin wittib" korrigiert zu „Hanns wagner" und angefügt „scheibmacher".
[2] 1567/II „schmid" über „Sinndler" nachgetragen.
[3] 1569 "Frannckh" über „tagwercher" nachgetragen.
[4] Folgt 1569 getilgtes „Jacob Khirmair", das ersetzt wurde durch „L. Ólhart".
[5] So 1567/II bei Fürstenfelder Straße 11 und 1568 und 1569 bei Sendlinger Straße 981*.

Kaufingerstraße 23 B, Hinterhaus
(in der Frauenstraße)

Lage: 1370 in Unser Frawen gaezzel.

Das Haus Kaufingerstraße 23 B zieht sich nach dem Sandtner-Modell mit zwei Rückgebäuden die ganze Westseite der Liebfrauenstraße hin. Eines davon, wahrscheinlich das hinterste, das traufständige Haus, hat zeitweise eine eigene Geschichte.

1370 September 26 H(ainrich) Túlbeck übergibt das Haus des Minnig von Tramin, „gelegen an den Weymans [= Weinmann, Weinmair, Kaufingerstraße 23 B] in unser frawen gaezzel" als Pfandschaft dem Seyczen dem goltsmid".[1]

Minig von Tramin war wohl Weinhändler und dürfte aus Tramin in Tirol gestammt haben, vielleicht besteht Verbindung zu dem Johann Minniklich (oder Minner ?) aus Augsburg, der einmal im 14. Jahrhundert mit Handel mit Neckarwein belegt ist. Die Familie Minner – falls hierzu gehörend – handelte aber auch mit Wein aus Tramin in Tirol.[2]

Mit diesem Haus hängt es wahrscheinlich auch zusammen, wenn am 26. Februar 1407 Hanns der Tulbeck seinen Garten, gelegen auf dem Graben bei Unser Frauen Freithof, zunächst Ulrichs des Halmbergers Garten, dem Narciss dem Swenninger [gemeint: Tömlingrt] verkauft.[3] Der Lagebeschreibung nach dürfte der Garten hinter diesem Haus gelegen haben.

1411 März 19 das Haus des Ullen des Schneiders ist dem Haus der Familie Glesein (Frauenplatz 2*, später Dechanthof) benachbart.[4]

1411 April 28 „Ulreich sneyder der hochgeporn fürstin frawen Elisabet herczogin in Wayern etc. schroter" (= Schneider) verpfändet sein Haus an der Kaufingergasse in Unser Frauen Pfarr, zunächst an des Krayen Haus (Kaufingerstraße 23 B), um 80 ungarische Gulden an Anna, die Tochter des Reiswalders (Reiswadels).[5]

Am 27. November 1413 bestätigt Pfarrer Hanns der Schreiber von Unserer Lieben Frau eine Jahrtagstiftung von Ulreich dem Sneyder von Swaben, Bürger zu München, zugunsten von Ulrich und Chunrad den Reyswadeln[6], ihren Ehefrauen, Söhnen und Töchtern, auch des Ulrich von Schwaben Hausfrau und ihren Vorfahren und Nachkommen.[7]

Offenbar stammte das Haus aus der Erbschaft oder Mitgift der Ehefrau des Ulrich des Schneiders. Vielleicht ist er der „maritus", der 2. Ehemann, der Witwe von Seicz goltsmid, der 1381 hier im Steuerbuch steht: relicta Seiczin cum marito.

1414 April 17 Ulrich, Schröter der hochgeborenen Fürstin Elisabeth, Herzogin in Bayern, hat sein Haus an der Kaufingergasse in Unser Frauen Pfarr, zunächst an des Krayen Haus (Kaufingerstraße 23 B), seiner Tochter Katrein als mütterliches Erbe übergeben.[8]

Ulrich der Schneider bleibt weiterhin hier wohnen, von der Tochter hört man weiter nichts. Vielleicht hat sie den Peter Gross geheiratet, der 1423 das patrimonium (Erbschaftsteuer) für Ulrich des Schneiders Hinterlassenschaft zahlt. Daß Peter Gross Hauseigentümer ist, erfährt man nie. Nur die Tatsache der offensichtlichen Verwandtschaft und die lange Verweildauer von 1423 bis 1440 sprechen dafür.
Danach wird das Haus für den Egenhofer-Kaplan[9] erworben.

1454-1456 domus Egenhover-Caplan (Liste).

1457, 1458, 1462 domus Frúmesser (Liste, StB).

1482, 1486 domus maister Jorgn Nurnberger (StB). Meister Georgius Nürnberger hatte zusammen mit zahlreichen anderen Geistlichen am 10. Januar 1480 gemäß ihrer Eingabe vom 23. November 1479 die Confirmations-Urkunde als Brüder der Priesterbruderschaft erhalten.[10]

---

[1] GB I 13/10.
[2] Vgl. Bastian, Oberdeutsche Kaufleute S. 22, 29, 102 Nr. 215.
[3] GB III 62/9. – Zu ihm vgl. Landschaftstraße 2.
[4] MB XX 147 S. 137/139.
[5] GB III 106/12.
[6] Konrad Reiswadel war 1398 bis 1401 Salzscheibenzöllner am Isartor, vgl. R. v. Bary III S. 883.
[7] MB XX 159 S. 160/161.
[8] GB III 147/1.
[9] Konrad von Egenhofen, natürlicher Sohn von Herzog Wilhelm III., seit 1409 Schloß in Planegg, vgl. Solleder S. 71, 395.
[10] Mayer ULF S. 494/495.

Am 2. April 1490 wurde eine Jahrtagstiftung in die neue Pfarrkirche gemacht. Zum Jahrtag sollten demnach jeweils geladen werden die Kapläne oder Benefiziaten der Katzmair- und der Tichtel-Stiftung sowie der Kaplan des Andreas-Altares (= Purfinger-Stiftung) und der Kaplan „des von Egenhofen stift", „der die erste mess zu unser frawen hat".[1]

1490 domus herr Michel von Hof (StB).
1496 domus der ersten mess caplan (StB).

Fortan erscheint dieses Benefizium jedoch nicht mehr.[2] Das Egenhofen-Benefizium könnte später mit dem Schiml-Benefizium vereinigt worden sein. Auch das Haus kommt in den Quellen nicht mehr vor. Wahrscheinlich hat es der Hausnachbar, Besitzer von Kaufingerstraße 23 B, hinzuerworben (Martein Drächsel), der später auch das Nachbarhaus Kaufingerstraße 23 A erwarb und so seinen Besitz nach allen Seiten ausweitete.

Eigentümer Rückgebäude von 23 B:

* domus Minig de Tramin
    St: 1368: -/-/45, 1369: -/-/67 dedit [H.] Tulbeck
*? Seicz goltsmid[3]. 1381 relicta Seiczin cum marito [= Ulrich der sneider ?; nur Pfandinhaber ?]
    St: 1377: -/3/- juravit, 1378, 1379: -/3/-, 1381: 0,5/-/15 gracianus r[aci]o[n]e marito
* Ulrich sneyder (sartor) [= Ulrich schröter der Herzogin Elisabeth von Bayern], 1394 inquilinus. 1423 patrimonium Ulreich sneyder
    St: 1382: 0,5/-/15, 1383/I: -/3/-, 1383/II: 0,5/-/15, 1387: -/5/20, 1388: 0,5/-/- non juravit, 1390/I: -/11/10, 1394: -/13/2, 1395: 1/-/-, 1396, 1397, 1399, 1400, 1401/I: -/12/-, 1401/II: -/5/26 iuravit, 1403, 1405/I: -/5/26, 1405/II: -/3/- iuravit, 1406-1408: 0,5/-/-, 1410/I: 2/-/- iuravit, 1410/II: -/21/10, 1411: 2/-/-, 1412: 2/5/10, 1413: -/10/10 iuravit, 1415: 1/-/-, 1416: -/10/20, 1418, 1419: 1/-/-
    StV: (1388) item de anno preterito -/6/-. (1423) daz hat der Peter Grozz in sein stewr genomen.
* Katrei, Tochter von Ulrich dem sneyder [1414 April 17 ff.]
*? Peter Grozz (Gross) kursner
    StV: 1423: [vgl. Ulrich sneyder]
    Sch: 1439/I-II, 1440: -/-/15
* domus Egnhover capplan. 1455 domus Egenhover
    St: 1454-1456: Liste
* domus frúmesser
    St: 1457, 1458: Liste, 1462: -/-/16
* domus maister Jorgn Nurnberger (Núrmberger)
    St: 1482: anderswo, im ewign gelt verstewrt, 1486: -/3/1
    et soror
    St: 1482: -/1/1 dedit maister Jorg
* domus her Michel von hof
    St: 1490: anderswo
* domus der ersten mess caplan
    St: 1496: anderswo

Bewohner Nebenhaus von Kaufingerstraße 23 B:

Erenst kistler inquilinus St: 1368: -/-/26
Hechtel mezzrer inquilinus St: 1368: -/-/16 post
Swarczman vragner inquilinus St: 1368: -/-/32
Achtrár goltsmid[4] inquilinus St: 1369: -/-/36 post
Ull kistler inquilinus St: 1369: -/-/24 gracianus

---

[1] MB XX 377 S. 693/696, besonders S. 694.
[2] Die Egenhofen-Stiftung bzw. die Erste Messe kommen bei Anton Mayer ULF ebensowenig vor wie bei Karnehm, Die Münchner Frauenkirche.
[3] Frankenburger S. 261.
[4] Frankenburger S. 261/262.

Hainrich kistler
    St: 1371, 1372: -/-/22 post
    StV: (1371) item de anno preterito -/-/22 post.
Fridrich de (von) Ulm St: 1371, 1372: -/6/24
Chunrat maler inquilinus. 1372 Chunrat maler kursner inquilinus St: 1371: -/-/40, 1372: -/-/-
Andre Haydin inquilina[1] St: 1379: -/-/15
Jórig tagwercher, 1383/I inquilinus St: 1383/I: -/-/30 gracianus, 1383/II: -/-/45
[Eberl] Glaner goltsmid[2] inquilinus St: 1383/I: -/-/28
relicta maurerin inquilina St: 1383/II: -/-/18
Karl calciator St: 1387: -/-/10
Aell inquilina St: 1387: nichil
Dietrich mercator St: 1388: -/-/16 juravit
Górg tagwercher inquilinus St: 1390/I: -/-/12
Hanns Kaes goltsmit[3], 1390/I inquilinus St: 1390/I: -/-/32 iuravit, 1390/II: -/-/32, 1392: -/-/24
Hainrich (1392 Hans) Sturm kistler St: 1390/I-II: -/-/20, 1392: -/-/24, 1393: -/-/32
Hans sneider inquilinus St: 1390/II: -/-/20 gracianus
Ruedel [Püdmer ?] kaufl inquilinus St: 1390/II: -/-/64, 1392: -/-/48
Katrey sneiderin inquilina St: 1390/II: -/-/16
Jacoben Vetter inquilinus St: 1390/II: nichil
Mitterkircherin[4], 1394-1396 relicta, 1392, 1396 inquilina
    St: 1392: -/7/6, 1393, 1394: -/9/18, 1395: -/5/- minus -/-/6, 1396: -/-/-
Alheit mesrerin inquilina St: 1392: -/-/12
Bercht[olt] kistler inquilinus St: 1393: -/-/12 gracianus
Schlechczfeld (Schlechtveld), 1395, 1396 schneider inquilinus
    St: 1394: -/-/16 gracianus, 1395: -/-/60 für sechs lb, 1396: -/-/60 für 6 lb
mayster Cristan maler St: 1394: -/-/48
Haertel kistler St: 1397: -/-/-
Dietel kistler inquilinus St: 1397: -/-/24 gracianus
Ulrich Reisswadel (Reyswadel) inquilinus St: 1401/II: 1/7/10 iuravit, 1405/I: -/15/10
Klaes soldner inquilinus St: 1405/I: -/-/-
Hanns munsser inquilinus St: 1406: -/-/-
Nickel sneyder St: 1408: -/-/20 gracianus
Hanns (Hannsel) platner, 1410/II, 1411 inquilinus
    St: 1410/II: -/-/20 gracianus, 1411: -/-/60 für 5 lb, iuravit, 1412: -/-/60 für 5 lb, 1413: -/-/60 iuravit
Ulrich Goler inquilinus St: 1415: -/3/-
Khatrey inquilina St: 1418: -/-/-
Fridrich underrichter[5] und sein hawsgesind. 1431 Fridrich Oberndorffer
    St: 1428: dedit 3 grosch[en], 1431: -/3/22
patrimonium Pisnbegk St: 1431: et dedit -/-/45 gracion
pueri Hainrich Maysel St: 1431: -/-/60 gracion
Urban Zogaws Sch: 1439/I: -/-/10
Andre seidennater inquilinus Sch: 1439/II: 1 t[aglon]
Wilhalm Tómlinger (Tomlinger), 1439/II und sein múter Sch: 1439/II, 1440: 1 t[aglon], 1441/I: -/-/-
Jórg oblater[6]
    Sch: 1439/II: 0,5 t[aglon]
    StV: 1453, 1454, 1456: Liste
Kristoff Maulperger St: 1453, 1454: Liste
Chunrat Klain obser St: 1455: Liste
Ulrich Klain obser, 1458 inquilinus St: 1456-1458: Liste

---

[1] Ganzer Eintrag zwischen den Zeilen eingefügt.
[2] Glaner goltsmid war 1381 Mitglied des Großen Rates, vgl. R. v. Bary III S. 746. – Frankenburger S. 262.
[3] Frankenburger S. 266.
[4] Mitterkircher war 1381 Mitglied des Großen Rates, vgl. R. v. Bary III S. 746.
[5] Fridreich der Oberndorffer 1429/30 Unterrichter, vgl. R. v. Bary III S. 802.
[6] 1456 vor „oblater" getilgtes „Hass".

Schorpel sporer. 1456 Andre Schorpel sporer St: 1455, 1456: Liste
Kristoff Háppel St: 1456: Liste
Margaret inquilina St: 1458: Liste
Hanns Wild maurer St: 1486: -/-/60
relicta Palmanin St: 1490: 1/4/1
relicta Ruoleinin St: 1496: -/2/13

Frauenplatz 2*

Lage: 1379 „hinder Unser Frawn pfarrkirchen". 1381 „hinder Unser Frawen freythof". 1425 „an dem freithof gegen der hindern kirchtür über". 1427 gegen der hinteren Kirchentür über.
Charakter: Seit 1411 Dechanthof von Unserer Lieben Frau.

Hauseigentümer:

1370 die Baukommission beanstandet beim Nicolaus Tichtel die vorstehenden Lauben „und túrn" [Türen oder Türme]. Er darf aber die Baulinie des ganzen Hauses nach vorne verlegen.[1]
1379 September 27/1380 August 27 Nyclaus der Tichtel hat sein Haus, gelegen „hinder Unser Frawn pfarrkirchen", Martein dem Glesein verkauft.[2]
1381 April 30 Martein Glesein wird gerichtlich aufgefordert, „daz er verpawen sol an dez Tichtels haus, daz gelegen ist hinder Unser Frawen freythof, ze naechst daz an dez Matheys Sentlingers" (Kaufingerstraße 20*/21*/22*), und zwar soll er in diesem Jahr noch für 20 Pfund Bauarbeiten gegen das Sentlinger'sche Haus zu ausführen lassen, an das das Glesein-Haus rückwärts anstößt.[3] Offenbar war das eine Auflage beim Kauf des Hauses, die noch nicht erfüllt war.
Martein Glesein gehörte nach Katzmair ebenfalls zu den „ersten pösen" des Aufstandes. 1397 war er noch im äußeren Stadtrat, 1398 im inneren Rat, 1400 einer der Bürgermeister. 1403 wurde er für seine Teilnahme an den Unruhen mit 80 Pfund Pfennigen Bußgeld belegt.[4]
1411 März 19 Margret die Gleseinin und ihre Tochter Anna Tüntzl verkaufen nach Rat und Willen und mit Vollmacht auch ihres Ehemannes und Vaters Martein Glesein und ihres Sohnes und Bruders Gabriel des Glesein ihr eigen Haus, das da liegt zu München „bey unser lieben frawen freithof, bey Ullen dem Schneyder" (Kaufingerstraße 23 B), mitsamt dem Stadel daran und mit dem Hof und dem Garten dahinter, der bis auf den Graben reicht, weiter mit allem Zubehör an Grund und Boden und allen Rechten daran um anderthalb hundert neue ungarische Gulden an die Frauenkirche, vertreten durch ihren Pfarrer Hanns Schreiber und die beiden Kirchpröpste.[5]
Der Eintrag im Gerichtsbuch unter demselben Datum variiert: „Margred die Glesinn kom für recht und weyst ainen gewalczbrief von irem mann Martein dem Glesein, daz [sie] vollen gewalt hiet, unser wehawssung und hofmarch, gelegen zu München an Unser Frawen chirchoff mit aller zugehórung zu verchawffen und ze vertigen in aller der mazz und rechten, alz ich obgnant Martein Gesein (!) selber da wár, und also hat Margred die Glesinn für sy und irn man daz obgnant haws und hofmarch mit aller zugehörung, gelegen an Unsere Frawen kirchoff vertigt in den vier wenden mit irem aid und aufgeben alz recht ist Jorgen dem Kaczmair, der es Unser Liewen Frawen gechawft hat, wann er die selben zeyt Unser Frawen pfleger war. Actum an pfinctag nach Oculi anno XI".[6]

---

[1] Zimelie 9 (Ratsbuch IV) S. 5v. – Die Einträge im Ratsbuch folgen offensichtlich folgender Reihenfolge: Kaufingerstraße 23 A (Peter der sneider), 23 B (des Nicolaus kinder), 24 (die Sentlingerin), 25 (der Ulchinger), 26 (der Katzmair), dann durch die Mazaristraße zum Frauenfriedhof und dort zurück zu Frauenplatz 2 (Niclas Tichtel), dann zu Sporerstraße 3 und 4 (Hinterhaus von Weinstraße 6, des Altmanns Haus), dann zurück zur Mazaristraße und wieder in die Kaufingerstraße und jetzt diese weiter zu Nr. 29/30 (Tulbeck), 31 (noch einmal ein Haus des Niclas Tichtel) und 37 (Peter Gerolds Kind Haus).
[2] GB I 122/15
[3] GB I 140/7.
[4] Muffat, Kazmair-Denkschrift S. 507. – Solleder S. 520/521.
[5] MB XX 147 S. 137/139.
[6] GB III 105/3.

Die Pfarrkirche nutzt das Haus zunächst offensichtlich mehr als Mietshaus. Von 1411 bis 1415 und 1418 und 1419 wohnt jeweils ein Almosensammler hier, dazu kleine Handwerker, schließlich um 1425 „des pfarrers ehalten" und die Pfarrhaushälterinnen (= Kellnerinnen) sowie Schüler des Herrn Perchtold des Rieders und Herrn Balther Ardinger. Beide Herrn erhielten am 17. Juni 1428 von Bischof Nikodemus den Confirmationsbrief als Mitglieder der Priesterbruderschaft.[1]

Erst ab 1425 wurde das Haus zum Pfarr- und Dechanthof ausgebaut. Das Pfarrwidem befand sich Ende des 14. Jahrhunderts an der Engen Gasse (Löwengrube 22 und 23), daneben lag in dieser Zeit das Küsterhaus (Löwengrube 21).[2] Sie lagen damit auf einem Gebiet, das vor der Stadterweiterung außerhalb der Stadt lag. Der ursprüngliche Standort für ein Pfarrhaus können diese Grundstücke also auch nicht gewesen sein. Das Widem wurde schon seit kurz nach 1400 nicht mehr als Pfarrhof genutzt. Der Pfarrer Hans Schreiber residierte ab etwa 1404 in Weinstraße 7, das möglicherweise sein Elternhaus war. Dieses Haus verkauften der Pfarrer und die Kirchpröpste

1425 Juni 28. Das Geld sollen die Kirchpröpste „in den neuen widem, der gelegen ist an dem freithof gegen der hindern kirchtür über, verpauen in dasselb haus". Desgleichen wird das alte Widemgut an der Schäfflergasse (Löwengrube 22/23), zunächst dem Küsterhaus und dem Badhaus gelegen, verkauft und der Reinerlös ebenfalls vom Pfarrer zu dem neuen Widem verbaut.[3]

1427 Januar 4 Pfarrer Johannes Schreiber beurkundet einen Tausch mit den Kirchpröpsten in der Weise, daß ihm als nunmehriges Widem das neue Haus auf dem Freithof gegenüber der hinteren Kirchentüre eingeräumt und von allen darauf lastenden Gilten geledigt worden sei, während er den Kirchpröpsten für die Pfarrkirche seinen bisherigen baufälligen Widem an der Weinstraße (Weinstraße 7) und außerdem den Widem an der Schäfflergasse (Löwengrube 22/23) überantwortet habe.[4]

Der neue Widem-, Pfarr- oder Dechanthof war jetzt wohl bezugsfertig. Er blieb im Besitz von Unserer Lieben Frau bis zum 20. November 1865, als ihn die Stadt kaufte und abbrechen ließ (GruBu).

1575 laut Grundbuch (Überschrift) Dechantshof samt aller Zugehörung bey Unser Frauen Gotshaus.[5]

Eigentümer Frauenplatz 2*:

Chunrat Tichtel
    St: 1375: -/9/10
* Nycklas der Tichtel [bis 1379 September 27]
* Martein Glesein [Weinhändler, Stadtrat[6]]
    St: 1381: -/6/-, 1397: 2/6/-, 1399, 1400, 1401/I: 3/6/, 1405/II: -/5/18 iuravit, 1406-1408: -/7/14, 1410/I: 0,5/-/- non iuravit, 1410/II: -/5/10
    Pferdemusterung, um 1398: (Ur-Fassung): Martein Glesein sol haben ein pferd von 16 gulden und damit er der stat wart; (Korrig. Fassung): Martein Glesein sol haben ein pferd von 16 gulden und damit er der stat wart und sol selber reiten.
Peter Glesein kúrsner inquilinus
    St: 1390/II: -/-/16
Hans Glesein, 1399 inquilinus
    St: 1399, 1400: -/-/60 gracianus
* Margret die Gleseinin und ihre Tochter Anna Tüntzl, Ehefrau und Tochter von Martein Glesein [bis 1411 März 19]
** Pfarrkirche zu Unserer Lieben Frau, Dechanthof [seit 1411 März 19]

---

[1] Mayer ULF S. 494/495.
[2] Stahleder, Bierbrauer S. 55ff.
[3] MB XX 189 S. 224/225.
[4] BayHStA, Chorstift München.
[5] Stadtgericht 207/3 (GruBu) S. 870v.
[6] Martein Glesein war 1381 Mitglied des Großen Rats, 1397 äußerer Rat, 1398 innerer Rat, 1400 Bürgermeister. Er gehörte nach Katzmair zu den „ersten pösen" der Bürgerunruhen, vgl. Muffat, Kazmair-Denkschrift S. 507 und R. v. Bary III S. 746, 755. – 1402/03 ist er als Weinhändler belegt, vgl. KR 1402/03 S. 39r. – Vgl. auch Weinstraße 18*.

Bewohner Frauenplatz 2*:

Hans Krangebel St: 1375: -/-/60
Haechinger mercator inquilinus St: 1381: -/-/12
Fridrich sartor (sneyder) de (von) Newnburg St: 1383/I: -/-/12, 1383/II: -/-/18
Gerolt tagwercher inquilinus St: 1383/I: -/-/24, 1383/II: solvit -/-/12 R[adisponenses]
Rúdel Púdmer mercator inquilinus St: 1383/I -/-/15, 1383/II: -/-/22,5
Haimran Mawler St: 1394: 0,5/-/-
[Hainrich] Sturm[1] kistler, 1394, 1396 inquilinus
    St: 1394: -/-/32, 1395: -/-/60 fur drew lb, 1396: -/-/54 fur 3 lb
Hainczel Zeller [prew ?] inquilinus St: 1397, 1399: -/-/50 fúr 2 lb
Dietel kistler inquilinus St: 1399: -/-/40
relicta Holerin inquilina St: 1399: -/-/20 pauper
Swárb (Swarb) kistler
    St: 1401/II: -/-/60 fur 3 lb, iuravit, 1403: -/-/60 fúr 3 lb, 1405/II: -/-/50 fur 3 lb, iuravit, 1406: -/-/50 fúr 3 lb
Peter kistler St: 1407, 1408: -/-/12 fur nichil, 1410/I: -/-/10 fúr nichil, 1410/II: nichil habet
Ull saembner (saemer) St: 1411: -/-/60 fúr 4 lb, 1412: -/-/50, 1413: -/-/32 fúr nichil, 1415: -/-/20
[Heinrich] Tanner schuster St: 1415: -/-/60 fúr nichil
Hanns Snepp St: 1416: 5/-/- iuravit
et pueri Ott sneyder St: 1416: 0,5/-/- gracianus
Peter Holenstainer kistler St: 1418, 1419: -/3/6, 1423: -/3/18
Hanns decker saembner St: 1418: -/-/34, 1419: -/-/44
Jacob [II.] Tulbeck St: 1423: -/5/-
her Perchtold des Rieders kellnerin und schúler St: 1428: 2 gross
des pfarrers ehalten St: 1428: 4 gross
her Balther Ardingers kellnerin und schúler St: 1428: 2 gross

Kaufingerstraße 24*
(mit Frauenplatz 3*)

Name: 1419 Hyrssegk [Hirscheck].
Lage: 1575 Haus am Eck (zur (Lieb-)Frauengasse).
Charakter: Gaststätte wohl schon seit dem 14. Jahrhundert. 1550/65 Fremdenherberge, 20 Pferde.

Hauseigentümer:

1370 die Baukommission beanstandet am Haus der Sentlingerin „ir lauben und túrn". Sie müssen abgebrochen werden. Sie darf aber mit dem ganzen Haus hervorfahren, das heißt, die Baulinie nach vorne verlegen, was auch für die Nachbarhäuser Nr. 25* und 26 gilt. „Will aber die Sentlingerinn herfür paurn, so sol si das egg abschramen".[2] Die Baulinie muß mit Hilfe einer Schnur begradigt werden, vgl. beim Haus Nr. 26.
1371 Juli 8 das Haus des Andre des Sentlinger an der Kaufingergasse in Unser Frauen Pfarr ist dem Haus der Margret der Höhenrainerin (Kaufingerstraße 25*) benachbart.[3]
Schon 1368 ist seine Hauseigentümerschaft dadurch belegt, daß der Mieter Perchtolt calciator, der dem Steuerschreiber versehentlich zum Haus Kaufingerstraße 25* verrutscht war, mit dem Vermerk versehen wurde „inquilinus Sentlingerii", also Einwohner des Sentlinger. Damit ist er wieder an der richtigen Stelle eingeordnet.

---

[1] 1394 „Sturm" über getilgtem „Berch".
[2] Zimelie 9 (Ratsbuch IV) S. 3r (alt) = 5v (neu).
[3] GB I 17/13.

1373 April 4 wieder ist das Haus des Andre des Sentlinger dem Haus des Chunrat Hohenrainer, künftig des Hainrich des Ülchinger (Kaufingerstraße 25*), benachbart.[1]

Andre Sentlinger ist 1374 letztmals als Stadtrat belegt. Bald danach dürfte er gestorben sein. Karl Maenher ist wahrscheinlich als Erbe an das Haus gekommen, da ein Verkauf in dieser Zeit im Gerichtsbuch erscheinen müsste. Darauf deutet auch, daß Karl Maenher in der Rosengasse, wo er ebenfalls ein Haus besitzt, 1377 die Erbschaftssteuer (patrimonium) für einen Sentlinger bezahlt. Teile der Erbschaftssteuer zahlt auch Ludwig Pötschner, der mit einer Tochter Elisabeth von Andre Sentlinger verheiratet war,[2] und Hainrich Bart.

1379 Februar 12 Karl des Maenher Haus ist dem Haus des Hainrich des jüngeren Ülchinger, künftig des Chunrad von Hausen (Kaufingerstraße 25*), benachbart.[3]

1392 domus Karl Meynher (StB).

1394-1396 domus Peter Menher (StB).

1397-1401 domus her Chunrat Preysinger (StB).

1398 Juni 8 Chunrat der Preisinger, zur Zeit Viztum in Oberbayern, läßt durch einen Bevollmächtigten (Ulreich der Vachner) sein Haus an der Kaufingergasse in Unser Frauen Pfarr, zunächst des von Hawsen Haus (Kaufingerstraße 25*), um 262 neue ungarische Gulden als Pfand an Peter den Frutinger versetzen.[4]

1399 Dezember 8 Franz Astaler verkauft sein Haus an der Kaufingergasse in Unser Frauen Pfarr, zunächst dem Haus des Ulreich des Halmberger, genannt „Perenegk" (Kaufingerstraße 23 B) gelegen, an „Peter den Frútinger".[5]

1405/II des Frúttinger haus, ist halbs dez Hofperger (StB).

1406 dimidium domus Chunrat Hofperger (StB).

1407 domus Chunrat Hofperger von seinem tail (StB).

1408-1410/II domus Chunrat Hofperger (StB).

1410 Dezember 2 Peter der Frutinger „der kürsner" übergibt sein halbes Haus an der Kaufingergasse, zunächst dem Haus der von Hawsen (Kaufingerstraße 25*), seinem Eidam (Schwiegersohn) Chunrat dem Hofperger.[6]

1411-1413 domus halbs (halb) Chunrat Hofperger (StB).

1415 domus pueri Chunrat Hofperger von yrem tail (StB).

1419 April 2 an das Heiliggeistspital geht eine Ewiggeldstiftung eines Fridrich Muellner „aus dem haws genant Hyrssegk" in Unser Frauen Pfarr an der Kaufingergasse, zunächst an des Francz von Hawsen Haus (Kaufingerstraße 25*), „und ist auch yeczund Chunraden Hofpergers des schneyders kind haws".[7]

1431 die Witwe Lochhauserin zahlt eine Steuer „von irem haws" (StB). Das muß allerdings nicht dieses sein.

1439 domus pueri Schnepf (SchV).

1440 domus Schnepf (SchV).

1447 domus pueri Hanns Snepf (StB).

Wahrscheinlich ist der in den Steuerbüchern hier vorkommende Ruprecht Snepf mit Sitenpeck verwandt, da dieser 1462 die Steuer für den Snepf zahlt.

1493 März 11 und

1493 März 18 Hainrich Sittenpeckh und seine Hausfrau Apollonia [geb. Snepf ?] verkaufen zweimal ein Ewiggeld, einmal 10 Gulden um 200 Gulden Hauptsumme an Georg Sänftl, dann 5 Gulden um 100 Gulden an Hanns Stainauer.[8]

1494 Oktober 23 das Ehepaar Hainrich und Apollonia Sittenpeck verkauft einem Bürgerehepaar Pallerstain aus Augsburg 10 Gulden Ewiggeld für 200 Gulden Hauptsumme „an bemelter seiner Hausfrauen vätterlichen erb" (GruBu). Auch das könnte so zu verstehen sein, daß dieses Haus das väterliche Erbe der Apollonia Sitenpeck und sie eine geborene Snepf ist.

---

[1] GB I 37/13.
[2] MB XXI S. 42/44.
[3] GB I 105/2.
[4] GB II 136/6.
[5] GB II 150/8.
[6] GB III 101/16.
[7] Vogel, Heiliggeistspital, Urk. 246. – Stahleder, Haus- und Straßennamen S. 388.
[8] Stadtgericht 207/3 (GruBu) S. 872v/873v.

1495 Dezember 29 (Weihnachtsanfang !) das Ehepaar Sittenpeck verkauft erneut ein Ewiggeld von 2 Gulden um 40 Gulden Hauptsumme aus dem Haus (GruBu).
1542 ein Fuhrmann lag zur Herberge bei Hainrich Sittenpeckh.[1]
1546 die Baukommission beanstandet, daß bei Hainrich Sitnpeck die Vordächer eine Viertel Elle „ze prait" und eine halbe Elle „ze nider" seien.[2]
1548 Oktober 8 der Bräu Michel Westermair und seine Hausfrau Margaret verschreiben dem Ehepaar Hainrich und Apollonia Sittenpeck ein Ewiggeld für die Hauptsumme von 360 Gulden (Hypothek) zur Entrichtung der Kaufsumme (GruBu).
1550/1565 Michel Wesstermair „ins Sittenbeckhen haus" beziehungsweise Leonhard Mezger betreiben hier eine Fremdenherberge mit Unterbringungsmöglichkeit für 20 Pferde.[3]
1552 Dezember 17 der Weinschenk Leonhardt Metzger und seine Hausfrau Anna (geborene Westermair ?) verschreiben Michel Westermairs hinterlassenem Sohn Hanns, der schon vor 16 Jahren in Österreich verstorben ist, 7 ½ Gulden Ewiggeld für 150 Gulden Hauptsumme (Hypothek) zur Entrichtung seines gleichen Teiles an der Behausung (GruBu).
1563 Februar 8 und
1568 Oktober 16 weitere Ewiggeldverschreibungen des Ehepaares Metzger, einmal 10 Gulden um 200 Gulden und einmal 2 ½ Gulden um 50 Gulden Hauptsumme (GruBu).
1575 laut Grundbuch (Überschrift) des Leonharden Metzgers gewestem Gastgeben seligen Kinder Haus am Egg, Hof und Stallung dahinter.
Das Haus ist letztmals 1635 im Besitz eines Gastgebs. Die Gasthaus-Tradition auf dem Haus ist offenbar alt: Schon 1368/69 findet man den Zuschenk Pernger hier. Wahrscheinlich ist auch der Hausname „Hirscheck" ein Wirtshausname.

Eigentümer Kaufingerstraße 24*:

* Andre [I.] der Sentlinger [Stadtrat[4]] [∞ Agnes, vor 1368 bis nach 1373 April 4]
* Karel Maenher (Maynher) [Stadtrat[5]]
    St: 1381: 1/-/-, 1382: 1/6/-, 1383/I: 1/6/- [an Steuer, und als] post -/7/-, 1383/II: 2,5/-/30, 1387: -/5/10, 1388: -/10/20 juravit, 1390/I: -/-/-, 1390/II: -/-/80
    StV: (1381) item -/-/52 pro pena de anno preterito. (1382) cum patrimonio H[ainrici] Maenher. (1383/II) item dedit in pena -/-/66.
  patrimonium Hainrich Maenher[6]
    St: 1381: -/6/-
* domus Karl Meynher
    St: 1392: -/-/60
* Peter Meynher. 1394-1396 domus Peter Menher (Maenher, Mánher)
    St: 1393: -/-/80, 1397: -/-/60, 1394: -/-/80, 1395: -/-/40, 1396: -/-/60
* Francz Astaler [bis 1399 Dezember 8, nur Pfandinhaber ?]
* domus (her) Chunrat Preysinger [von Baierbrunn, Viztum in Oberbayern[7]]
    St: 1397, 1399, 1400, 1401/I: -/-/-
* Peter Früttinger (Fruttinger, Frúdinger), 1401/II, 1405/II-1407, 1416 kúrsner, 1407 inquilinus [Stadtrat, Wirt, Weinhändler[8] und Kürschner, halbes Haus, anfangs nur Pfandinhaber]

---

[1] KR 1542/43 S. 131v.
[2] LBK 4
[3] Gewerbeamt 1422a.
[4] Andre Sentlinger 1366-1369, 1374 äußerer Rat, 1370-1373 innerer Rat, 1371 auch Pfleger des Angerklosters, vgl. R. v. Bary III S. 742.
[5] Karel Maenher 1369-1377 innerer Stadtrat, 1381 Mitglied des Großen Rates, vgl. R. v. Bary III S. 741, 746.
[6] 1375 vgl. Rosengasse: Karel Maenher, Hainrich filius suus.
[7] Konrad Preysinger ist 1389-1391 Viztum an der Rott (von Niederbayern), vgl. Geiß, Die Reihenfolgen, in: OA 26 S. 76; 1398 Viztum von Oberbayern, vgl. GB II 136/6; 1396-1400 ist er auch Pfleger von Freising, vgl. Theodor Wiedemann, Regesten ungedruckter Urkunden, in: OA 11 S. 291ff. – Vgl. auch Burgstraße 10.
[8] Dem Peter Frutinger schuldet die Stadt 1402 2 Pfund und 48 Pfennige für die Bewirtung von Gästen, vgl. Steueramt 572 (Leibgedingbuch 1402/03) S. 36v; auch 1400/02 rechnet ihn die KR zu den Wirten, vgl. KR 1400/02 S. 103r ff.; auch 1402/03 wird er „Wirt" genannt, vgl. KR 1402/03 S.100r, hier Bewirtungskosten „von des von Freiberg wegen". 1400/1402 führte er österreichischen Wein über Ötting und Mühldorf nach

St: 1401/II: 2/-/48 iuravit, 1403, 1405/I: 2/-/48, 1405/II: -/12,5/- iuravit, 1406-1408: 2/-/20, 1410/I: 1/-/- iuravit, 1410/II: -/10/20, 1411: 1/-/-, 1412: -/10/20, 1413: 0,5/-/- iuravit, 1416: -/5/10

StV: (1405/II) des Frúttinger haus ist halbs des Hofperger -/5/-.

* dimidium domus Chunrat Hofperger [Schneider und Eidam des Frútinger]. 1407 domus Chunrat Hofperger von seinem tail. 1408-1410/II domus Chunrat Hofperger. 1411-1413 domus halbs (halb) Chunrat Hofperger

St: 1406-1408: -/6/20, 1410/I: -/3,5/-, 1410/II: 0,5/-/20, 1411: -/3,5/-, 1412: 0,5/-/12, 1413: 0,5/-/25

* domus pueri Chunrat Hofperger. 1416 pueri Chunrad Hofperger. 1418, 1419 pueri Hofperger

St: 1415: -/-/60 gracianus von yrem tail, 1416, 1418, 1419: -/-/80 gracianus

*? relicta Lochhawserin (Lochhauserin), 1431 des Ardingers swester

St: 1423: -/-/40, 1431: -/-/15 von irem haws

* domus pueri Schnepf (Snepf). 1439/II pueri Schnepf. 1440 domus Schnepf. 1447 domus pueri Hanns Snepf

Sch: 1439/I-II, 1440, 1441/I-II: 1 t[aglon]

St: 1447: 0,5/-/24

* Ruprecht Schnepf. 1462 Rupprecht Schnepff inquilinus

St: 1447: -/3/12, 1462: -/3/3

StV: (1457, 1458) und des Ruprecht Snepfn (gelt). (1462) zalt Heinrich Sitnpeck.

* Hainrich [I.] Sitenpeck. 1458 Hainrich Sitenpeckin [geb. Snepf ?]

St: 1453-1458: Liste

StV: (1456) und des Snepffen gelcz.

und des sun

St: 1456: Liste

* Heinreich [II.] Sytnpeck (Sittenpeck) [Bierbrauer, äußerer Rat[1]]

St: 1462: -/10/2, 1482: 2/1/15

pueri Hainrich Sittenpeck

St: 1486: -/3/26 des suns tail

StV: (1486) et dedit seiner swester tail als von ainem gast -/7/2.

** Hainrich [III.] (Haintz) Sitenpeck, 1509 k[ramer[2], Weinschenk[3]]. 1549/II alt Sitnpeckh patrimonium. 1550-1554/I alt Sittnpeckhin

St: 1490: 1/4/18, 1496: 1/3/5, 1500, 1508, 1509: 1/2/-, 1514: Liste, 1522-1526, 1527/I: 1/4/20, 1527/II, 1528, 1529: 1/5/9, 1532: 2/-/5, 1540-1542: 2/-/29, 1543: 4/1/28, 1544: 2/-/29, 1545: 3/5/4, 1546-1548, 1549/I: 1/6/2, 1549/II: 1/6/2 patrimonium, 1550, 1551/I-II, 1552/I-II, 1553: 1/6/2 matrimonium, 1554/I: 1/6/2 matrimonium das ander

StV: (1490) et dedit -/7/2 für seiner swester tail als ainer gestin. (1496) et dedit 1/-/- für Palmanin die dritt nachsteur. (1496) et dedit -/4/16 für pueri Káser. (1500) et dedit -/4/- für pueri Káser. (1522-1524) et dedit 1/4/1 für p[ueri] Caspar Riedl. (1525) et dedit -/6/21 für p[ueri] Caspar Riedl, abgesetzt. (1526-1529, 1532) et dedit -/6/21 für p[ueri] Caspar Riedl (Ruedl).

Thoman Sitenpeckin

St: 1490: -/2/20

Anna zum Sittenpekn

St: 1525: -/2/-

München ein, vgl. KR 1400/1402 S. 43v. – Am 10.9.1400 wird Peter der Frütinger auch Bürgermeister genannt, wahrscheinlich vom äußeren Rat, vgl. GB II 156r; vgl. R. v. Bary III S. 755. – Peter der Frutinger „der kürsner" laut GB III 101/16.

[1] Hainrich Sitenpeck ist 1460, 1464, 1473, 1474 und 1476 Vierer der Bierbrauer, vgl. RP. – 1459 bis 1475 ist er Mitglied der Gmain, 1459-1475 auch Viertelhauptmann für das Kreuzviertel und 1475-1478 äußerer Stadtrat, vgl. RP. – Der Name leitet sich vom Ortsnamen Sittenbach bei Dachau ab.

[2] „Kramer" vielleicht Verwechslung des Schreibers mit anderen Familienmitgliedern, die Kramer waren, so z. B. ein Berchtold Sittenpeck Kramer-Vierer wiederholt 1460-1480, vgl. RP.

[3] Hainrich Sitenpeck seit 1494 Mitglied der Weinschenkenzunft, vgl. Gewerbeamt 1418 S. 7v; 1498, 1499 Vierer der Schenken, 1530 Mitglied des Rats der 36, vgl. RP. – 1495 und 1499 ist er Mitglied der Gemain,1499 auch Viertelhauptmann, vgl. RP.

** Michel Westermair prew [∞ Margaret]. 1550, 1551/I-II, 1552/I Michel Westermairin
    St: 1549/II: -/5/10 schenckhsteur, 1550: -/5/10 schenckhsteur, auch als patrimonium, 1551/I: -/5/10 schenckhsteur, 1551/II: -/3/25 juravit, 1552/I: -/3/25
    StV: (1551/II, 1552/I) ires kinds gueth soll hinfúro versteurt werden.

* Lenhart (Lienhart, Leonhard) metzger, 1550-1552/II, 1557, 1558, 1566/II, 1568, 1570, 1571 wirt [Weinschenk, ∞ Anna, wohl geb. Westermair]
    St: 1550: -/-/28 gratia, 1551/I-II, 1552/I-II: -/5/10 schenckhsteur, 1553, 1554/I-II, 1555-1557: 1/2/12, 1558: 2/4/24, 1559, 1560: 1/2/12, 1561, 1563, 1564/I-II, 1565, 1566/I-II, 1567/I-II: 1/2/11, 1568: 2/4/22, 1569-1571: 1/4/25
    StV: (1553-1557, 1559, 1560) mer -/1/22,5 fúr p[ueri] Westermair. (1557) mer -/3/18 fur p[ueri] Háring. (1558) mer -/3/11 fur p[ueri] Westermayr; mer 1/-/6 fur p[ueri] Háring. (1559, 1560) mer -/3/18 fúr p[ueri] Háring. (1561, 1563-1567/II, 1569-1571) mer fúr p[ueri] Wesstermair -/1/22,5. (1561) mer fúr p[ueri] Háring -/2/3. (1563, 1564/II, 1565) mer fur p[ueri] Häring -/1/1,5. (1564/I) mer fúr Harings khind -/1/1,5. (1566/I) mer fúr p[ueri] Häring nachsteur -/3/4,5. (1566/I) mer fúr Hanns Widenman folio 94r [Ewiggeld]. (1566/II-1567/II) mer fúr sein schwiher -/3/25. (1568) mer fúr p[ue-ri] Westermair -/3/15.

Bewohner Kaufingerstraße 24*:

Perenger tuschench (zuschenchk) St: 1368: 1/-/-, 1369: -/12/-
Perchtolt calciator, 1368 inquilinus Sentlingerii St: 1368: -/-/16 post, 1371, 1372: -/-/32
Eberl calciator ibidem [= Sentlingerii] St: 1368: -/-/16
Ulrich inquilinus melczer St: 1369: -/-/48
Arnolt calciator, 1372 inquilinus St: 1371, 1372: -/-/18
Valeray, dez Podmers swager ibidem St: 1372: -/-/-
Nicklas Húbschwirt [später Pfändermeister[1]] St: 1375: -/-/-
Chunrat Egrer calciator, 1375 inquilinus St: 1375: -/-/36, 1377: -/-/18 juravit, 1378, 1379: -/-/24
Hans Meylinger calciator inquilinus St: 1375: -/-/24
Herman Zartman St: 1377: -/-/60 juravit, 1378, 1379: -/-/-
iunior Prewmaister inquilinus St: 1379: -/-/-
Hainrich kistler inquilinus St: 1382: -/-/18 gracianus
Hainrich kramer inquilinus St: 1382: -/-/16
Chunrat kistler inquilinus St: 1383/I: -/-/24, 1383/II: -/-/36, 1388: -/-/-
Ull (Ulrich) zingiezzer inquilinus
    St: 1383/I: -/-/24, 1383/II: -/-/36, 1387: -/-/24, 1388: -/-/48 juravit, 1390/I: -/-/40, 1390/II: -/-/24, 1392: -/-/12, 1393: -/-/16
relicta Mitterkircherin inquilina St: 1390/II: 2/-/-
Nyclas Kling inquilinus St: 1390/II: -/11/-
Hanns messrer inquilinus St: 1393: -/-/16 gracianus
Liendel (Lienhart) Lang [später Stadtschreiber[2]] inquilinus St: 1394: 3/-/70, 1395: 1/-/-
Herman Prantmair inquilinus, 1395, 1396 schuster St: 1394: -/-/24, 1395, 1396: -/-/60 fúr drew (3) lb
Ulrich zimberman St: 1394: -/-/16
Els Hoferin inquilina, 1395 wirtin St: 1395, 1396: -/-/60 fúr vier (4) lb
Jorig kamerknecht inquilinus St: 1397: -/10/-
Michel messer inquilinus St: 1397: facat, 1405/II: -/-/60 fúr 10 lb, iuravit
Gred cháufflin inquilina St: 1397: facat
Hofull chauffel inquilinus St: 1403: -/-/60 fúr 6 lb, 1408: -/-/60 fúr 3 lb
Chunrat (Chuncz) Gerold schuster inquilinus
    St: 1403, 1405/I: -/-/72 fur 9 lb, 1405/II: -/-/66 fur 11 lb, iuravit, 1406: -/-/88 fúr 11 lb, 1407: -/-/88, 1408: -/3/- minus -/-/2
Hainrich swertfurb inquilinus St: 1405/I: -/-/60
Haincz schuster von Egenhofen inquilinus St: 1405/II: -/-/60 fúr 4 lb, iuravit

---

[1] Niklas Hübschwirt ist 1381/82 Pfändermeister, vgl. R. v. Bary III S. 822.
[2] Lienhart Lang, einer der Wortführer der Umsturzpartei um Ulrich Tichtel, ist 1399-1403 Stadtschreiber, 1406 kommt er in Schwaben ins Gefängnis und das Land wird ihm auf ewig verboten, vgl. R. v. Bary III S. 785.

Awer sloscher inquilinus St: 1406: -/-/60 fur 6 lb, iuravit
relicta Stórin inquilina St: 1406: -/-/12 fúr nichil
Viperl cháuffel inquilinus St: 1407: -/-/28 fur nichil, 1408: -/-/20 fúr nichil
Haincz (Hainrich) Tanner schuster inquilinus. 1410/II-1412 Tanner schuster inquilinus
    St: 1410/I-II, 1411: -/-/40 fúr nichil, 1412, 1413: -/-/38 fúr nichil, 1416, 1418: -/-/60 fur (fúr) nichil, 1419: -/-/60
[Hans] Zogaws schuster inquilinus St: 1410/I: -/-/60 fúr 8 lb, iuravit
Wirsshawser. 1411-1413 Chunrat Wirshawser [Weinschenk[1]], 1410/II, 1411, 1413 inquilinus
    St: 1410/II: -/-/40 fúr nichil, 1411: -/-/40, 1412, 1413: -/-/36 fúr nichil
rommaister Gabler, 1410/II, 1411 inquilinus. 1413 relicta rommaisterin Gablerin inquilina
    St: 1410/II: 0,5/-/-, 1411: -/3/-, 1412: 0,5/-/-
    StV: (1413): hat ir man, der hafner scháfler, zu seiner stewr genomen.
Michel messrer, 1411 inquilinus St: 1411: -/-/72, 1412: -/3/6
Angnes Tichtlynn St: 1413: -/-/72, 1415: -/3/6
Hanns messrer inquilinus
    St: 1415, 1416: -/-/60 fúr nichil, 1418, 1419: -/-/50, 1423: -/3/-
    StV: (1423) dez von Furstenveld ewiger gelt 3 gulden, hat gebn davon ze stewr -/3/18.
relicta Golerin inquilina St: 1418, 1419: -/22/12
Hanns schneyder von Dachaw St: 1418, 1419: 0,5/-/-
Jorg messrer, 1418-1423, 1431 inquilinus, 1428 [et] uxor et servus
    St: 1418, 1419: -/-/64, 1423: 0,5/-/-, 1428: 3 gross, 1431: -/3/8
Seicz schuster inquilinus St: 1418: -/-/60 fúr nichil, 1419: nichil
Hanns Róssel St: 1423: -/-/60
pogner sneyder inquilinus. 1428 Caspar pogner sneider. 1431 pogner sneider inquilinus. 1439/I, 1445
    Caspar pogner. 1439/II, 1440, 1441/I-II, 1447 Caspar pogner schneider
    St: 1423: -/3/18, 1428: 5 gross, 1431: -/-/80 iuravit, 1447: -/3/13
    StV: (1428) fúr sich, sein hawsfrawen und sein ehalten.
    Sch: 1439/I-II, 1440, 1441/I-II: 1 t[aglon], 1445: 3 ehalten, dedit
Ulr[ich] messrer inquilinus. 1428 Ulrich Stúrcznpecher messerer et uxor St: 1423: -/3/-, 1428: 2 gross
Perchtold Waldhoffer (Wallnhofer, Wallenhofer), 1428 et uxor et servus, 1431, 1441/I, 1447 messerer,
    1431, 1447 inquilinus. 1462 Walhoffer meserschmid[2] inquilinus
    St: 1428: dedit 3 gross, 1431: -/-/60 iuravit 15, 1447: -/-/60, 1453-1458: Liste, 1462: -/-/60
    Sch: 1439/I-II, 1440: -/-/10, 1441/I-II: -/-/8
Jorg oblater, 1431, 1441/II, 1447, 1458 inquilinus
    St: 1431: -/-/60 iuravit N., 1447: -/-/60, 1455, 1457, 1458: Liste
    Sch: 1439/I: -/-/6, 1441/I-II: 0,5 t[aglon]
relicta seidnnaterin, 1447 inquilina
    Sch: 1441/I: 12 t[aglon][3]
    St: 1447: -/-/20
Hanns Elfinger schuster inquilinus St: 1447: -/-/60
Margaret maurerin inquilina St: 1447: -/-/8
ain hoffraw inquilina St: 1447: -/-/-
Jorg [II.] Kaczmair (Kaczmeir, Kaczmar), 1458, 1462 inquilinus St: 1453-1458: Liste, 1462: 2/-/78
relicta Hanns zolnerin St: 1453: Liste
Barbara inquilina St: 1456: Liste
Dornvógtin St: 1458: Liste
Kristan Erber [Buchbinder] inquilinus St: 1462: -/-/60
Kuncz Darchinger [Sporer[4]] inquilinus St: 1462: -/-/60

---

[1] Laut Katzmair gehörte einer der Wirsshauser, Heinrich oder Konrad, zu den Klaffern und Jaherrn bei den Unruhen von 1397/1403, vgl. Muffat, Kazmair-Denkschrift S. 465, 511. – Chunrat Wershawser war Weinschenk, vgl. Gewerbeamt 1411 S. 3r.

[2] Berchtold Wallenhofer 1462 Vierer der Messerer, vgl. RP. – 1443 ist Perchtold Wallenhofer, Messerer, Zeuge in einer Urkunde, vgl. MB XXI S. 288/290.

[3] Irrtümlich für 12 Pfennige.

[4] Der Sporer Kuncz Tarchinger ist 1485 und 1490 als Vierer der Schlosser belegt, ein „Darchinger sporer", ohne Vorname, auch 1469, vgl. RP.

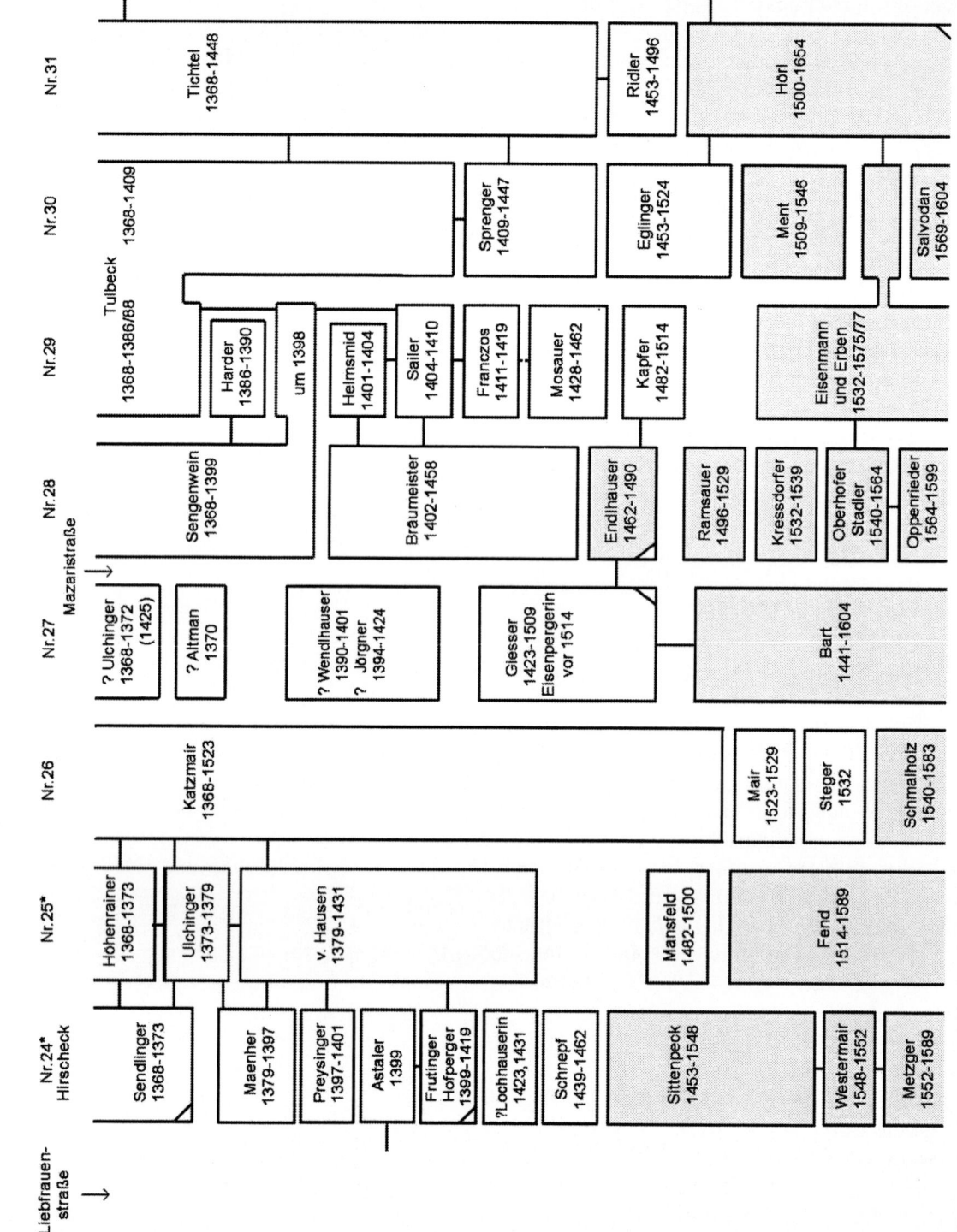

Abb. 9 Hauseigentümer Kaufingerstraße 24* – 31.

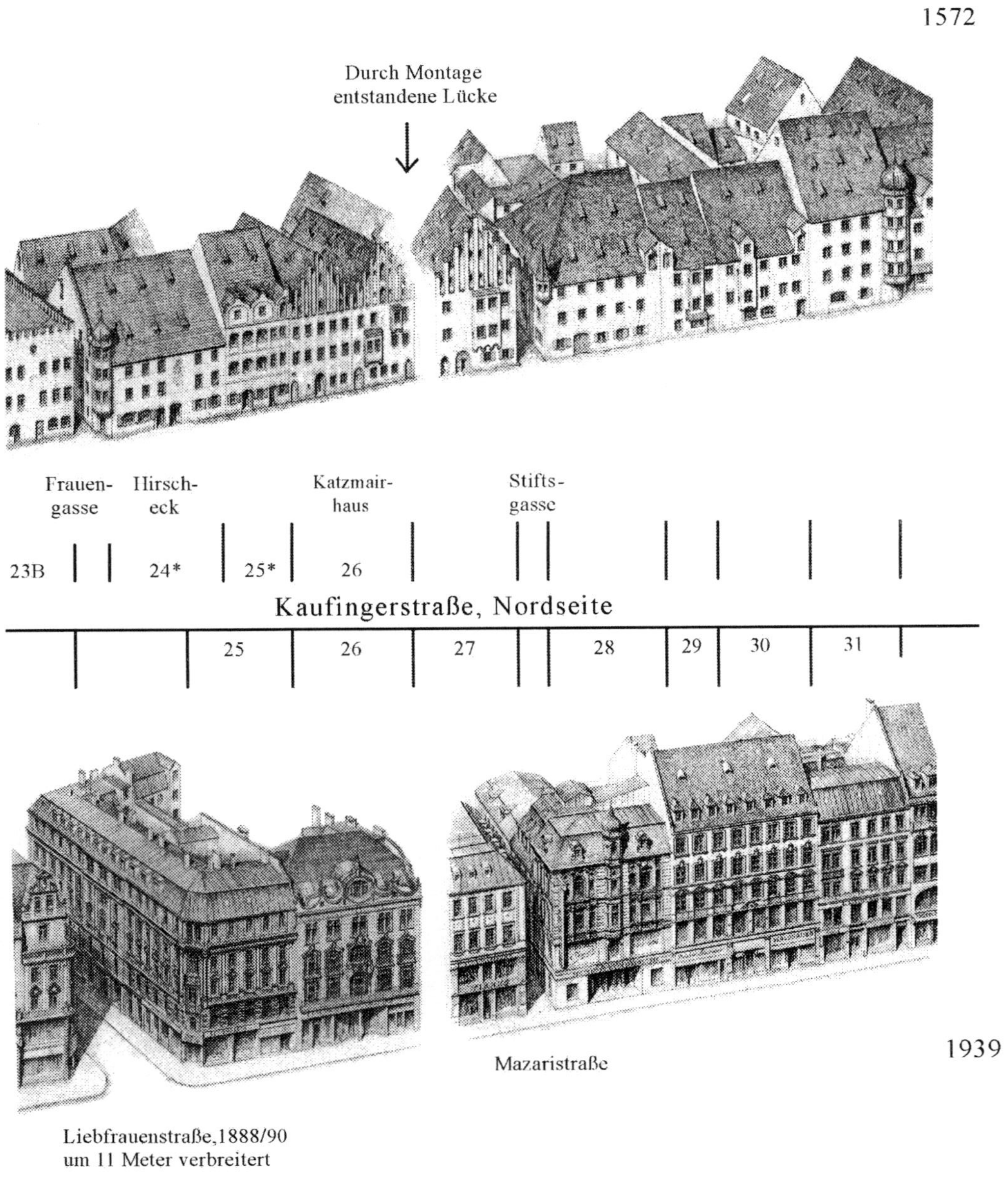

71

Abb. 11 Häuser Kaufingerstraße 24* - 37 auf dem Sandtner-Modell von 1572 (Bildmitte). Blick in Süd-Nord-Richtung über die Häuser an Rosenstraße und der Südseite der Kaufingerstraße hinweg. Foto: Bayerisches Nationalmuseum, München.

1572

Durch Montage entstandene Lücke

Frauengasse | Hirschseck | Katzmairhaus | | | | Stiftsgasse
23B | 24* | 25* | 25 | 26 | 27 | 28 | 29 | 30 | 31

Kaufingerstraße, Nordseite

1939

Mazaristraße

Liebfrauenstraße, 1888/90 um 11 Meter verbreitert

Abb. 10 Kaufingerstraße Nord Nr. 23 B – 31, Häuserbuch Kreuzviertel S. 80/81.

Lienhard Mándl [Salzsender, Weinschenk[1]] St: 1482: -/6/25
[Hanns] Knoll soldner[2] St: 1482: nichil
Thoman laternmacher St: 1482: -/2/21
Jacob Posser [Schlosser[3]] St: 1482: -/-/60
Waltherin St: 1482: -/2/13
Martin morterkocher. 1496 Marteinin inquilina St: 1482, 1486, 1490, 1496: -/-/60
Jorg Paltman St: 1486: 1/4/1
junckfrawen auss dem seelhauß. 1490 zbo selswester St: 1486, 1490: nichil
Hanns amerin St: 1486: -/-/60
Hans [Schopser ?] amer St: 1486: -/5/27
Scháperlin St: 1486: -/-/60
Hanns Dawm [Gewandschneider[4], Weinschenk[5]] St: 1486: -/2/6
    Utz Daum St: 1490, 1496: -/-/60
relicta Ruesspeckin St: 1490: -/-/60
Hanns Schopser amer[6] St: 1496: -/-/60, 1500: -/2/2
relicta Rosennpuschin St: 1500: -/7/10
Asem zingiesser St: 1500: -/-/60
Hans Gracer scherer St: 1500: -/-/24 gracion
Anndre Pachmer melbler St: 1508, 1509: -/2/12
kóchin von Giesing St: 1508, 1509: -/-/60
Margret St: 1509: -/-/23 das jar pauper
Jacob Duxnhauserin (Tuxenhauserin) St: 1509: -/7/-, 1514: Liste
Hanns [IV.] Katzmairin.[7] 1522, 1526-1532 relicta Katzmairin. 1523-1525 relicta Hanns Katzmairin
    St: 1514: Liste, 1522-1526, 1527/I: 1/3/20, 1527/II, 1528, 1529: 1/2/21, 1532: an kamer
Linhart melbler. 1522-1524, 1526, 1527/I, 1528, 1529 Linhart Stadler melbler. 1525, 1527/II, 1532
    Linhart Stadler
    St: 1514: Liste, 1522-1526, 1527/I-II, 1528, 1529, 1532: -/3/5
    Hanns Stadler melbler St: 1540: -/2/6
Hanns Obermair t[agwercher] inquilinus St: 1514: Liste
Jacob tagwercher. 1527/II-1529 allt (alt) Jacob. 1532 alt Jacobin
    St: 1522-1526, 1527/I-II, 1528, 1529, 1532: -/2/-
wierpaderin inquilina patrimonium St: 1522: -/2/-
Eisenreich inquilinus St: 1525: das jar nichil
Barbara natterin St: 1526, 1527/I-II, 1528, 1529, 1532: -/2/-
Philip Walther[8] [Weinschenk[9]]. 1546, 1547 Philip Waltherin
    St: 1532, 1540-1542: -/2/-, 1543: -/4/-, 1544: -/2/-, 1545: -/4/-, 1546: -/2/- patrimonium, 1547:
    nihil, ain dienerin beym Degernseer
Walthauser keufflin. 1546-1549/I Walthasarin (Walthauserin)
    St: 1540, 1541: -/4/2, 1546-1548, 1549/I: -/4/11
Anna Romsauerin. 1548 ir [= der Walthasarin] tochter Anna Romsauerin. 1549/I ir tochter
    St: 1546-1548, 1549/I: -/2/13
Anna, (der) Katzmairin (Katzmerin) kochin St: 1540-1542: -/2/-, 1543: -/4/-
Reischl (Reyschlin) saltzstóslin St: 1540-1542: -/2/5

---

[1] Vgl. Marienplatz 2, 1460-1473.
[2] Hanns Knoll ist von 1465 bis 1500 als Söldner belegt und wird dann Bürgerknecht (1500-1513), vgl. R. v. Bary III S. 838, 788. Wahrscheinlich identisch auch mit dem Salzbereiter (1466-1473) Hans Knoll, vgl. Vietzen S. 161.
[3] Wahrscheinlich der „Pösser", ohne Vorname, der 1461 und 1466 als Vierer der Schlosser belegt ist, vgl. RP.
[4] Hanns Dawm ist u. a. 1487, 1489, 1490, 1492, 1495 Vierer der Gewandschneider, vgl. RP. – Es gibt in diesem Jahr einen weiteren Hanns Dawm in Kaufingerstraße 33.
[5] Hanns Dawm 1492 Aufnahme in die Weinschenkenzunft, vgl. Gewerbeamt 1418 S. 7r.
[6] Hanns Schobser ist erstmals 1482 als Amer belegt, letztmals 1502, wo er gestorben ist, vgl. RP und R. v. Bary III S. 967/968.
[7] Hanns V. Katzmair lebt in diesem Jahr noch am Rindermarkt, also dürfte hier Hans IV. gemeint sein.
[8] 1543 vor „Walther" getilgtes „Prúnner".
[9] Fylip Walthár seit 1507 Mitglied der Weinschenkenzunft, vgl. Gewerbeamt 1418 S. 14v.

Hanns Cantzler melbler
    St: 1541, 1542: -/2/6, 1543: -/4/12, 1544: -/2/6, 1545: -/4/22, 1546-1548, 1549/I: -/2/11
Steffan kramerin
    St: 1542: -/6/19, 1543: 1/6/10, 1544: -/6/19, 1545: an chamer
    StV: (1545) zalt fúr patrimonium und 3 nachsteur, thut 4/5/5, actum 2. Juli anno [15]46.
Lienhart pot St: 1543: -/4/-, 1544: -/2/-, 1545: -/4/-, 1546, 1547: -/2/-
Affra hebam St: 1546, 1547: nihil
Sebastian Ryshamer, ir aidn St: 1546: nihil, hoffgsind
Jorg[1] Voglin St: 1546, 1547: -/2/-
Katherina St: 1546-1548: -/2/-
Jorg Franckhin St: 1548, 1549/I: -/5/10 schenckhsteur
Stoffl [Steffl ?] Schehnerin St: 1548: -/2/-
Andre Zácherl St: 1549/I-II: -/2/-
Hanns Paoss zimmerman St: 1549/II: -/2/-
Pauls Múllrat [Schuster[2]] St: 1549/II: -/2/-
Lenhart (Lienhart) Dysl schuester St: 1550, 1551/I-II, 1552/I: -/2/-
Sigmund Geyer (Geyr) peckh St: 1550, 1551/I: -/2/6
Utz fárberin St: 1551/II, 1552/I: -/2/-
Jorg (Georg)[3] Mayr (Mair) schuester
    St: 1552/II, 1553, 1554/I-II, 1555-1557: -/2/-, 1558: -/4/-, 1559-1561, 1563, 1564/I-II, 1565,
        1566/I-II, 1567/I-II: -/2/-, 1568: -/4/-, 1569-1571: -/2/-
Katherina Ramerin St: 1552/II: -/4/10, 1553: nihil
Cristoff Weindl melbler St: 1553, 1554/I-II, 1555-1557: -/3/10
Hanns tagwercher. 1555-1558 Hanns Erhart tagwercher St: 1554/II, 1555-1557: -/2/-, 1558: -/4/-
Jorg Teschler (Táschler) melbler St: 1559, 1560: -/2/28
Wolff Fröschl
    St: 1563: -/2/-
    StV: (1563) mer fúr ain versessne steur -/2/-.
Jacob Peuschl gürtler St: 1564/II: -/2/-
Simon Hórl trabannt
    St: 1565: -/-/- hofgsind, trabant, 1566/I: nihil, hofgsind, 1566/II: -/-/- hofgsind, trabant, 1567/I:
        -/-/- hofgsind, 1567/II: -/-/-, 1568-1571: -/-/- hofgsind
Jórg schueler furstlicher diener St: 1568: -/4/-
Christof Zetnpfening furstlicher pfeifer St: 1568: -/-/- hofgsind
Jórg Sumerspergerin [Maurerin[4]] St: 1568: -/4/-

Kaufingerstraße 25*
(mit Frauenplatz 4*)

Charakter: Seit mindestens 1482 Gasthaus, zumindest zeitweise, um 1800 „Zur blauen Traube".[5]

Hauseigentümer:

Das Haus gehört zunächst der Familie des Schreibers Höhenrainer.
1368 domus puerorum scriptoris (StB).
1369-1372 domus Höhenrainerii (StB).
1370 eine Baukommission beanstandet am Haus des Ulchinger dessen Lauben „und túrn". Sie müssen abgebrochen werden.[6]

---

[1] „Jorgin" verbessert zu „Jorg".
[2] So 1571 bei Marienplatz 1.
[3] 1564/II „Jorg" über getilgtem „Hanns".
[4] So 1569 bei Marienplatz 27*.
[5] Stahleder, Haus- und Straßennamen S. 527.
[6] Zimelie 9 (Ratsbuch IV) S. 3r (alt), 5v (neu).

1371 Februar 28 der alte Sanbel der Jud hat auf dem Haus des Chunrat des Höhenrainers an der Kaufingergasse 80 Gulden Geld liegen.[1]

1371 Juli 8 das Haus der Margret der Hóhenrainerin an der Kaufringergazzen in Unser Frauen Pfarr liegt zwischen den Häusern des Andre des Sentlinger (Kaufingerstraße 24*) und des Hanns des Chazmayr (Kaufingerstraße 26).[2]

1373 April 4 Chunrat Hohenrainer – wohl der Sohn des Schreibers und der Margaret – verkauft sein Haus an der Kaufingergasse, zwischen den Häusern des „Hanß dez Chaczmairz" (Kaufingerstraße 26) und des Andre des Sentlinger (Kaufingerstraße 24*) gelegen, Hainrich dem Ülchinger.[3]

1378 Mai 25 Hainrich Ülchinger verpfändet sein Haus an der Kaufingergasse, „da er selb inn ist", für 54 Gulden dem Karl Ligsaltz.[4]

1379 Februar 12 Hainrich der junger Ülchinger verkauft sein Haus an der Kaufingergasse, zwischen den Häusern des Kaczmair (Kaufingerstraße 26) und des Karl des Maenher (Kaufingerstraße 24*) gelegen, an Chunrad von Hausen.[5]

1398 Juni 8 das Haus der (beiden Brüder Konrad und Franz) von Hausen an der Kaufingergasse ist dem Haus des Viztums von Oberbayern, Konrad des Preisingers (Kaufingerstraße 24*), benachbart.[6]

1407 Februar 3 und

1407 Mai 23 Franz von Hausen versetzt das Haus, das dem Haus des Jörg Kazmair (Kaufingerstra-ße 26) benachbart ist, unter anderem seinem Sohn Gabriel von Hausen um 200 gute neue ungarische Gulden.[7]

1410 Dezember 2 das Haus des Peter des Frutinger und seines Schwiegersohnes Chunrat des Hofperger (Kaufingerstraße 24*) ist dem Haus der von Hawsen benachbart.[8]

1419 April 2 des Francz von Hawsen Haus ist dem Haus, genannt „Hyrssegk", an der Kaufingergasse benachbart, das jetzt des Schneiders Chunrad Hofpergers Kindern gehört (Kaufingerstraße 24*).[9]

1431 domus Hanns von Hawsen (StB).

Hanns von Hawsen – am 11. März 1448 bereits tot – und seine Schwester Ursula Schymlin waren die nächsten Erben des Hartmann Ebner, Bürgers zu München. Sie stifteten auftragsgemäß nach Ebners Tod eine Messe in St. Peter. Hanns von Hawsen hatte auch ein Kind, das 1448 erwähnt wird.[10]

Mit einer Beatrix von Hawsen ist später Georg II. Katzmair verheiratet.[11]

1482 domus Doctor Balthasar [Mannßfelt] (StB).

Seit 1514 sind die Fendt hier nachgewiesen, von denen Hanns Fend 1502 Mitglied der Weinschenkenzunft wurde, ist aber ab 1509 auch wiederholt Vierer der Salzsender. 1520 war Hanns Fend Mitglied der Gmain, was ihn als Hauseigentümer ausweist. Im selben Jahr ist er auch Viertelhauptmann von der Gemain des Kreuzviertels.[12]

1557 November 8 Hanns Fendt, des Rats, verkauft ein Ewiggeld von 40 Gulden um 800 Gulden Hauptsumme an die Gebrüder Cristoff und Alexander Sehofer.[13]

1571 März 5 Hanns Fendt verkauft dem Alexander Sehofer in weiteres Ewiggeld von 10 Gulden um 200 Gulden Hauptsumme (GruBu).

1575 laut Grundbuch (Überschrift) des Hanns Fennd des inneren Rats Haus, Hof und Hinterhaus.

Die Familie Fendt besitzt das Haus noch bis 1583.

Die Anfänge einer Weinschenke (Gasthaus) in diesem Haus dürften schon in das 15. Jahrhundert zurückgehen, vielleicht schon bis zu Franz von Hausen, der als Salzsender sicher auch im Weinhandel tätig war.

---

[1] GB I 15/6.
[2] GB I 17/13.
[3] GB I 37/13.
[4] GB I 97/19.
[5] GB I 105/2.
[6] GB II 136/6.
[7] GB III 61/2, 65/15.
[8] GB III 101/16.
[9] Vogel, Heiliggeistspital, Urk. 246.
[10] Hufnagel/von Rehlingen, St. Peter Urk. 123.
[11] Stahleder, Bürgergeschlechter. Die Katzmair S. 205/214.
[12] Vgl. RP.
[13] Stadtgericht 207/3 (GruBu) S. 875v.

Eigentümer Kaufingerstraße 25*:

* domus puerorum scriptoris
    St: 1368: -/-/-
* domus [Konrad] Hóhenrainerii
    St: 1369: -/-/-, 1371: 0,5/-/-, 1372: -/-/-
    StV: (1369) dedit 0,5/-/- salvis antiquis stewris.[1]
* Margaret die Höhenrainerin [1371 Juli 8]
* Chunrat Hohenrainer [bis 1373 April 4]
* Hainrich Ulchinger [der junger]
    St: 1375: 2,5/-/-, 1377: -/10/12 juravit, 1378, 1379: -/-/-
* Chunrat (Chuncz) [I.] von Hawsen (Hausen, Haẃsen) [Stadtrat,[2] Bruder von Francz]. 1393 Chunrat der Hawsen
    St: 1381, 1382: 7,5/-/-, 1383/I: 8/-/60, 1383/II: 12/3/-, 1387: 5/-/60, 1388: 10,5/-/- juravit, 1390/I-II: 10,5/-/-, 1392: 7/7/-, 1393, 1394: 10,5/-/-, 1395: 5/-/60, 1396, 1397: 7/7/-, 1399, 1400, 1401/I-II: -/-/-, 1403: 5,5/-/8 iuravit, 1405/I: 5,5/-/8
    StV: (1388) item de anno preterito 16,5/-/-.
    Pferdemusterung, um 1398: Chunrat und Francz von Haẃsen sullen haben zway pferd umb 50 gulden und zwen trabzewg und zwen erberg kne[cht].
* Francz von Hawsen (Hausen, Haẃsen) [Stadtrat,[3] Bruder von Chunrat I.]. 1393 Francz der Hawsen. 1423 relicta Franczen von Hawsen
    St: 1381, 1382, 1383/I: 6/-/60, 1383/II: 9/3/-, 1387: 5/-/60, 1388: 10,5/-/- juravit, 1390/I-II: 10,5/-/-, 1392: 7/7/-, 1393, 1394: 10,5/-/-, 1395: 5/-/60, 1396, 1397: 7/7/-, 1399, 1400, 1401/I-II: -/-/-, 1403: 5,5/-/8 iuravit, 1405/I: 5,5/-/8, 1405/II: 4/-/- iuravit, 1406-1408: 5/-/80, 1410/I: 4/-/- iuravit, 1410/II: 5/-/80, 1411: 4/-/-, 1412: 5/-/80, 1413: 4/-/-, 1415, 1416, 1418, 1419: 1/-/-, 1423: 0,5/-/-
    StV: (1388) item de anno preterito 12,5/-/-. (1415, 1416) daz geit er all stewr. (1418, 1419) nach dez racz haysen (haissen); (und) von dem ewigen gelt. (1423) ir gesacztw stewr.

Chunrat [II.] von Hawsen [Sohn von Chunrat I. von Hawsen] und sein swester
    St: 1411: 0,5/-/- sua gracianus

Chunrat von Hawsen swester Klarn. 1413 Klara dez Chunczen von Hawsen swester
    St: 1412: -/-/80 gracianus, 1413: -/-/-

* domus Hanns von Hawsen[4] [∞ Dorothea]
    St: 1431: -/-/60
    StV: (1431) und der ewig gelt gen Furstenveld 3 gulden, dedit -/-/72.

Hartman Ebner [Herzog Wilhelms Küchenmaister[5]]
    Sch: 1445: 2 ehalten

---

[1] Ganzer Vermerk am Rand nachgetragen.
[2] Die von Hausen waren ein ritterbürtiges Geschlecht andechsischer Lehenleute und nannten sich nach dem Dorf Hausen bei Weilheim, vgl. Muffat, Kazmair-Denkschrift S. 212. – Konrad und Franz von Hausen, Gebrüder, besaßen gleichzeitig auch ein Haus am Rindermarkt. Konrad von Hausen, vielleicht wie der Bruder im Salzhandel tätig, war 1372-1375 äußerer Stadtrat, 1377-1384 ff. innerer Rat, 1393-1395 war er einer der Kämmerer, 1395 auch Steuerer, 1375-1406 wiederholt Kirchpropst von St. Peter, vgl. Muffat, Kazmair-Denkschrift S. 512, 535, R. v. Bary III S. 765. – Konrad von Hausen starb noch vor dem 18.11.1411, vgl. MB XX S. 148/150.
[3] Franz von Hausen war Salzsender (Krötler), vgl. Muffat, Kazmair-Denkschrift S. 512, 535; KR 1398/99 S. 38r. – Franz von Hausen hatte 1398 wegen der Unruhen die Stadt verlassen müssen, war also wohl ein Anhänger der Herzöge Ernst und Wilhelm und auf der Seite Katzmairs. Sein Haus war in dieser Zeit an Lienhart den Zimmermann vermietet, der seinen Mietzins 1399 an die Stadt zahlte. In den StB kommt er nicht vor, vgl. KR 1398/99 S. 23v. – Franz von Hausen war 1381-1384 äußerer Stadtrat, 1395 Botschafter des Rats, 1397, 1398 Steuerer, 1393 und 1394 Kirchpropst der Nikolaus-Kapelle, 1404, 1407, 1410-1412 Hochmeister von Unserer Lieben Frau, 1409 Bürgermeister des äußeren Rats, vgl. Muffat, Kazmair-Denkschrift S. 512, 535; R. v. Bary III 756, 746, 756, 767, 763.
[4] Hanns von Hawsen, gest. vor 1448 März 11. – Vgl. Dienerstraße 20 ab etwa 1425, dort ist sein Erbe Jacob Katzmair.
[5] Vgl. von Andrian-Werburg, Urkundenwesen S. 91 Anm. 6.

* domus Doctor Balthasar. 1486 Doctor Balthasar. 1490, 1496, 1500 Doctor Walthasar (Walthauser) Mannßfelt (Manßfeld, Mansfelt) [Stadtleibarzt[1]]
St: 1482: -/2/6, 1486: -/3/10 de domo, 1490: -/2/20, 1496, 1500: -/3/28
StV: (1490) et dedit -/7/10 fúr pueri vischer.
pueri vischer
St: 1486: anderswo
*? Hanns Prawn (Praun) [Weinschenk[2]]
St: 1482: 2/2/12, 1486, 1490: 2/-/-, 1496: 1/6/-, 1500: 1/1/10
StV: (1496) et dedit -/5/10 fúr sein hausfrauen patrimonium. (1500) et dedit -/2/24 von 3 gulden gelts.
Wolfganng Mansfeld [Weinschenk[3]]
St: 1500: 1/6/18
StV: (1500) hat sein heyratgut zugesetzt.
* Hanns Fend (Fennd, Vent, Ventt), 1540-1549/I der alt [Weinschenk[4], Salzsender, äußerer Stadtrat, ∞ Walburg IV. Schrenck zu Pasenbach und Jarezöd]
St: 1514: Liste, 1522-1526, 1527/I: 26/-/29, 1527/II, 1528, 1529, 1532: 16/2/9, 1540-1542: 12/-/6, 1543: 24/-/12, 1544: 12/-/6, 1545: 20/3/2, 1546, 1547: 10/1/16, 1548: 10/1/16 patrimonium, 1549/I: -/-/-
StV: (1549/I) Doctor [Panthaleon ?] Prúnner und chammermaister sollen 3 nachsteur [zahlen].
** Hanns Vent (Ventt, Fentt, Fennd, Fenndt), 1540-1544, 1548, 1549/I der jung [Stadtrat[5]]
St: 1540-1542: 6/4/-, 1543: 13/1/-, 1544: 6/4/-, 1548: 6/3/12, 1549/I-II, 1550, 1551/I-II, 1552/I-II: 11/2/9, 1553, 1554/I-II, 1555-1557: 10/4/4, 1558: 21/1/8, 1559, 1560: 10/5/27, 1561, 1563, 1564/I-II, 1565, 1566/I-II, 1567/I-II: 10/-/7, 1568: 20/-/14, 1569-1571: 5/3/18,5
StV: (1549/I) hat seins vatern erb zugsetzt. (1557, 1559, 1560) mer 2 fl fúr p[ueri] Hofer. (1558) mer 4 fl fúr p[ueri] Hofer; mer -/3/16 von wegen der Kellnerin erb. (1561) mer fur p[ueri] Hofer -/5/11 ausser der Ligsaltz schuld. (1563) mer fúr p[ueri] Wiguleus Hofer -/5/11 ausser Ligsaltz schuld.
Doctor Panthaleons [Pronners] son, sein [= des Hanns Vent des jungen] aiden
St: 1543: nihil, rath unnd diener
Asm Fend (Vennt, Fenndt) secretari
St: 1560, 1561: nichil, 1563: -/-/- hofgsind

Bewohner Kaufingerstraße 25*:

Malczkastt inquilinus St: 1368: -/-/32 gracianus
Fridrich Zehentner inquilinus St: 1369: -/-/60
gener Paesingerii inquilinus St: 1369: -/6/24 juravit
Perchtolt calciator St: 1369: -/-/30 post
Arnolt calciator St: 1369: -/-/24 gracianus

---

[1] Dr. Balthasar Mannsfeldt 1490-1495 Stadtleibarzt, vgl. R. v. Bary III S. 1017 und Karl Schottenloher, in: Bayerland 25, 1913, S. 128/129.

[2] Hanns Prawn ist 1458 Weinschenk, auch 1489 bereits Mitglied der Weinschenkenzunft, vgl. Gewerbeamt 1411 S. 14r (1458), 1418 S. 1r (1489). – 1474, 1477, 1479-1481, 1484, 1486-1488, 1490, 1491 ist er Vierer der Schenken, vgl. RP. – 1474-1496 ist er auch in vielen Jahren städtischer Weinversucher, vgl. RP und R. v. Bary III S. 973. – Da Hanns Prawn 1489 Mitglied der Gmain ist, muß er Hauseigentümer sein. Das kann aber auch bei einem anderen Haus sein.

[3] Wolfgang Mansfeld seit 1498 Mitglied der Weinschenkenzunft, vgl. Gewerbeamt 1418 S. 10r. – Ein Wolfgang Mansfeld (*29.6.1473, ∞ 27.5.1499 Dorothea Hueber) war Sohn von Dr. Balthasar Mansfeld und studierte an der Universität Ingolstadt, vgl. Karl Schottenloher, in: Bayerland 25, 1913, S. 128/129.

[4] Hanns Vend seit 1502 Mitglied der Weinschenkenzunft, vgl. Gewerbeamt 1418 S. 12r. – 1506 und 1523 kauft das Heiliggeistspital Wein bei Hanns Fennd (Fend), vgl. Heiliggeistspital 176/5 S. 5r, 176/18 S. 5v (Rechnungen). – Hanns Vennd 1509, 1510, 1513-1516 Vierer der Salzsender (Scheibler); 1520 Viertelhauptmann des Kreuzviertels, vgl. RP. – Hanns Vennd (Fendt) 1524-1546 äußerer Rat, vgl. RP und BayHStA, GL 1 f. 384, 387-389 usw. (Ratswahlbestätigungen). – Seine Ehefrau war Walpurg Schrenck, vgl. Stahleder, Bürgergeschlechter. Die Schrenck S. 124.

[5] Hanns Vent 1540-1544, 1548-1561 äußerer, 1562-1576 innerer Stadtrat, vgl. Fischer, Tabelle III S. 2, Tabelle IV S. 2, nach: RP und BayHStA, GL 1 f. 384, 387-389 usw. (Ratswahlbestätigungen).

Wólfel inquilinus St: 1371, 1372: -/5/-
Peter inquilinus St: 1371, 1372: -/-/36
Wilhalm [I.] Schrenck (Schrenk), 1383/II, 1392 inquilinus
    St: 1383/I: 2/-/-, 1383/II: 3/-/-, 1387: 1/-/80, 1388, 1390/I-II: 2/5/10, 1392: 2/-/-, 1393: -/21/10, 1394: 2,5/-/40
    StV: (1388) item de anno preterito 4/-/-.
Klingenfels [Schneider[1]] inquilinus St: 1392: -/-/18
    Katrey, inquilina Klingenfels[2] St: 1392: -/-/12 gracianus
Ulrich Halmberger [ehem. Stadtrat und Pfändermeister[3]] St: 1401/II: 9/-/80 iuravit
Nicklas Hẘbschwirt[4] inquilinus St: 1401/II: -/-/32 gracianus
der alt Aengstleich kramer St: 1416: -/-/60 fur nichil
Diemut Pechrerin [Käuflin[5]] inquilina St: 1423: 0,5/-/24
relicta [Stephan] Astalerin[6] St: 1428: dedit 22 gross fur sich, iren sun und ir ehalten
Jacob [II.] Tulbeck inquilinus St: 1431: -/14/4 iuravit
    relicta [Hans I.] Tulbeckin[7] Sch: 1439/I: -/-/-
relicta Weirmairin St: 1431: -/-/45
Marx hafner Sch: 1445: 1 knecht, dedit
Wilbold hafner St: 1447: -/-/-
Jacob hafner (haffner), 1454 inquilinus St: 1453-1458: Liste, 1462: -/-/63
Jorg amer[8] inquilinus St: 1453: Liste
Liebel Kopenhover inquilinus St: 1453: Liste
Peter zimerman. 1458 Peter Tennger zimerman St: 1456-1458: Liste
Hanns Roknkeil, 1457 inquilinus St: 1456, 1457: Liste
Thoman wolslacher St: 1458: Liste
Doman haffner inquilinus St: 1462: -/-/30 daz jar
relicta Peter Fachenpockin inquilina St: 1462: -/-/78
    Hanns Fachenpock inquilinus St: 1462: nichil, ist ein vorsprech[9]
Hanns Ostermair [prew ?[10]]. 1486 Ostermair. 1490 relicta Ostermairin
    St: 1482: -/-/60 das jar, 1486: -/4/22, 1490: -/5/2
Eßwurm
    St: 1486: 7/-/6
    StV: (1486) et dedit -/3,5/- gracion.
Ludwig zimerman St: 1500: -/-/60
Contz Schechner [Käufel, Weinschenk[11]] St: 1508, 1509: 2/-/20
relicta Hanns [IV.] Sluderin[12] St: 1508: 3/6/17
Hanns Flamm[er][13] St: 1508, 1509: -/-/60
relicta Hartmanin St: 1509: 2/5/- juravit, 1514: Liste

---

[1] Vgl. Kaufingerstraße 30 zu 1390/II.
[2] Der Zusatz war nötig, weil dem Schreiber der Name versehentlich hinter Wendelhauser von Haus 27 verrutscht war.
[3] Ulrich Halmberger 1395-1398 Pfändermeister, 1400 einer der Bürgermeister, vgl. R. v. Bary III S. 823, 755.
[4] Niklas Hübschwirt war 1381/82 Pfändermeister, vgl. R. v. Bary III S. 822.
[5] Vgl. u. a. Dienerstraße 15 B.
[6] = Agnes geb. Sentlinger, vgl. Stahleder, Bürgergeschlechter. Die Astaler S. 201.
[7] Zur Witwe Tulbeck und ihrem Sohn Jacob vgl. Stahleder, Bürgergeschlechter. Die Tulbeck S. 224/225, 227.
[8] 1453 ist ein Jorg Manhart Amer, 1454 dazu auch ein Jorg Stader oder Gstader, vgl. R. v. Bary III S. 966.
[9] Hanns Fachenpeck ist nur im StB von 1462 als Vorsprech belegt, vgl. R. v. Bary III S. 807.
[10] Ein Hans Ostermair ist 1459-1462, 1464 und 1466 als Vierer der Bierbrauer belegt, in dieser Zeit aber dem Haus Tal Nr. 5 zuzuordnen, vgl. RP. Es gab auch einen Weinschenk Hans Ostermair, vgl. Weinstraße 18* und Marienplatz 7**.
[11] Contz Schechner 1507 Vierer der Schenken, vgl. RP. – Ein Contz Schechner ist 1512 und 1517 auch Vierer der Käufel, vgl. RP.
[12] = Dorothea III. Pütrich, vgl. Stahleder, Bürgergeschlechter. Die Schluder S. 69.
[13] Ein Hanns Fennd ist mit einer Walpurg Schrenck (zu Pasenbach und Jarezöd) verheiratet. Ihr Vater Balthasar Schrenck wieder war in 1. Ehe mit einer Magdalena Flammer verheiratet, vgl. StadtAM, Schrenck-Chronik (Abschrift) S. 182. – Die Schwester der Walpurg Schrenck, Katharina Schrenck, war mit Friedrich Eßwurm verheiratet. Nicht zufällig erscheinen deshalb die beiden Namen hier.

Wolff Fuestetter St: 1549/I: -/2/-
Jacob und Cristoff Weysnfelder [Salzsender[1]] St: 1550, 1551/I: 1/3/15
Hector lutinist St: 1553, 1554/II: nihil
Ludwig Wenig cantzlschreiber St: 1554/II: hoffgsind, 1555: nihil
Lienhart Rueshamer (Rueshamer) St: 1555-1558: nihil, fueterschreiber
Andre Kachler hoffkellner St: 1556, 1557: -/5/14 burger und hoffgsind
Leonhart vischer[2] amer St: 1565: -/-/21 gratia, 1566/I-II, 1567/I-II: -/2/-, 1568: -/4/-, 1569-1571: -/2/-
Uetz Seyringer [Hofgesind[3]] St: 1567/I: -/4/5
Martin Grünperger furstlicher ainspeniger St: 1569: -/2/-

Kaufingerstraße 26
(mit Frauenplatz 5)

Charakter: Gasthaus sicher seit dem 14. Jahrhundert. 1550/65 Fremdenherberge, 30 Pferde. Um 1800 Gasthaus „Zum deutschen Ritter", später „Zum Londoner Hof".[4]

Hauseigentümer:

Das Haus Nr. 26 – auf dem Sandtner-Modell ein großes Haus mit gotischer Doppelgiebel-Fassade – ist das Stammhaus der Familie Katzmair.[5] Noch das Grundbuch vermerkt als ersten Eintrag bei diesem Haus ein Ewiggeld zur Katzmair-Messe und zum Katzmair-Stift in der Frauenkirche von 12 Schillingen. Der letzte Träger des Namens auf dem Haus ist 1522 und 1523 Jacob II. Katzmair (StB).
1370 die Baukommission beanstandet am Haus des Katzmair dessen Lauben „und túrn". Sie müssen abgebrochen werden.[6] Allen Eigentümern der Häuser Kaufingerstraße 24* bis 26 und Frauenplatz 2* wird aber erlaubt, „mit ganczen háusern herfúr ze varen und daz sullen si tun zwischen hie und Jacobi [25. Juli] und darnach in dem naechsten iar oder si habent sein furbaz dheinen gewalt". „Wenn aber der Kaczmair herfúrpawen will, so sol man ein snúr legen oberhalb an des Ulchingers [Kaufingerstraße 25*] maur und niderhalb an des Altmans haws [Kaufingerstraße 27 ?] und swas die snur ab- oder ansagt, da sol [man] bei beleiben". Es darf also die ganze Baulinie nach vorne verschoben und begradigt werden, was zeigt, daß die Baulinie, die das Sandtner-Modell zeigt, wohl erst nach 1370 entstanden ist.
1371 Juli 8 das Haus des Hans [I.] des Chazmayr an der Kaufringergazzen in Unser Frauen Pfarr ist dem Haus der Margret der Hóhenrainerin (Kaufingerstraße 25*) benachbart.[7]
1373 April 4 das Haus des „Hanß dez Chaczmairz" liegt dem Haus des Chunrat Hohenrainer, künftig des Hainrich des Ülchinger (Kaufingerstraße 25*), benachbart.[8]
1379 Februar 12 das Haus des Katzmair an der Kaufingergasse ist dem Haus des Hainrich des jüngeren Ülchinger, künftig des Chunrad von Hausen (Kaufingerstraße 25*), benachbart.[9]
1393 Januar 23 der Stupf-Altar (Stupf-Kapelle) in der Frauenkirche liegt an der Südseite der Kirche, „gegen dez Katzmairs haus uber".[10]
1392-1398 das Heiliggeistspital hat ein Ewiggeld aus Hannsen [I.] Katzmayrs (Chaczmayer) Haus an der Kaufingergasse, „daz der Schotten waz". Das Ewiggeld wurde am 24. April 1453 abgelöst.[11]

---

[1] Zumindest Christoff Weissenfelder ist 1560-1569 als Salzsender belegt, vgl. Vietzen S. 151.
[2] 1565 „vischer" über der Zeile nachgetragen.
[3] Wegen derselben Steuersumme dürfte er identisch sein mit dem Ulrich Seyringer, der 1566/I bei Frauenplatz 6 als „Bürger und Hofgesind" bezeichnet wird. Wahrscheinlich ist der auch identisch mit dem Gleichnamigen bei den anderen beiden Belegen in diesem Viertel.
[4] Vgl. Stahleder, Haus- und Straßennamen S. 510, 518/519.
[5] Vgl. Stahleder, Bürgergeschlechter. Die Katzmair S. 205/214.
[6] Zimelie 9 (Ratsbuch IV) S. 3r (alt) = 5v (neu).
[7] GB I 17/13.
[8] GB I 37/13.
[9] GB I 105/2.
[10] MB XX 112 S. 63/65.
[11] Steueramt 982/1 S. 6r. – Vogel, Heiliggeistspital, Salbuch A Nr. 241.

1398/99 Jörg [I.] Katzmair ist vor den Unruhen aus der Stadt geflohen. Der in seinem Haus lagernde Wein wird ausgeschenkt und der Reinerlös aus dem Verkauf von der Stadt einbehalten. Von dem Wein, den der Reichger und andere in des Katzmaers Haus ausgeschenkt haben, nimmt die Stadt 158 Pfund 6 Schillinge 18 Pfennige von vier Fässern Welschwein und ebensoviel Malfasyers ein. Das ist eine beträchtliche Summe.[1]
In derselben Zeit ersetzt die Stadt „allen wirten" ihre Ausgaben für Bewirtungskosten, die im Auftrag der Stadt entstanden waren, so auch „der Katzmayrin, die der Apfentaler datz ir verzert hat".[2] Das Gasthaus wird demnach entweder von der Ehefrau oder Mutter des Jörg Katzmair betrieben.
1402 April 23 das Haus des Jörg Katzmair ist beschlagnahmt und vermietet an Wilhalm den Jörgner, von dem die Stadtkammer an Georgi 1402 21 ungarische Gulden Ewiggeld einnimmt, die der Jörgner seit drei Jahren „aus seinem hauz, do er selber inn ist", dem Katztmair schuldet.[3]
1404 Oktober 6 erneut liegt ein Altar der Frauenkirche „gen des Katzmayrs Haws" über.[4]
1407 Januar 22 Herzog Heinrich (von Bayern-Landshut) verspricht seinem Wirt zu München, Jorg dem Chatzmayr („unser wirt zu Munchen") und seiner Hausfrau 164 Pfund und 30 Münchner Pfennige auf nächstkommende Pfingsten zu bezahlen.[5] Herzog Heinrich war demnach bei einem seiner Besuche in München beim Katzmair einquartiert, wobei man das „Wirt" sicher wörtlich nehmen darf, das heißt die Katzmair betreiben hier ein „Hotel".
1407 Februar 3 und **Mai 23** das Haus des Jörg Kazmair ist dem Haus des Franz von Hausen (Kaufingerstraße 25*) benachbart.[6]
1408 September 8 die Stadtkammer zahlt 6 Schillinge und 10 Pfennige aus „von zerung wegen, die beschehen ist bey dem Pötschner und Kaczmair".[7] Hier wird bestätigt, daß der Katzmair eine Wein- oder Gastwirtschaft, wahrscheinlich auch mit Fremdenherberge („Hotel"), betreibt, indem die Stadt Verpflegungskosten für einen Gast der Stadt übernimmt.
1449 das Heiliggeistspital hat ein Ewiggeld „aus Martein Katzmairs hauß", das Martein Katzmair **1453** selbst ablöst.[8]
1469 Oktober 24 Vater Martin [III.] Katzmair und sein Sohn Jörg haben den Stadtrat als Schiedsgericht angerufen. Der Vater hat den Sohn verklagt, weil dieser über seines Vaters Gunst und Willen hinaus eine Zeit in des Vaters Haus an der Kaufingergasse lag, der Vater ihn aber nicht mehr länger dort beherbergen will. Der Stadtrat kann den Sohn Jörg dazu bewegen, innerhalb von acht oder zehn Tagen das Haus des Vaters zu verlassen. Dafür soll der Vater dem Sohn – wegen der Bitte des Rats und nicht weil es Recht sei – alle Jahre sechs Gulden rheinisch als Hauszins geben.[9]
1504 Paule Tamer „in des [Niclas] Katzmairs Haus" wird in die Weinschenkenzunft aufgenommen.[10]
Den letzten Katzmair findet man 1523 auf diesem Haus im Steuerbuch. Die Familie ist mit Georg III. 1533 ausgestorben. Dieses Jahr nennt auch eine von Bischof Veit Adam von Freising am 14. Oktober 1638 ausgestellte Urkunde über das Patronatsrecht an der Katzmair-Stiftung in der Frauenkirche.[11] Eine Witwe Clara Katzmairin lebte noch am 28. Juli 1536 bei ihrem Vetter Ulrich Eisenreich zu Weilbach in Weilheim, wo er Pfleger des Landgerichts war.
Wie das Haus in andere Hände überging, ist nicht geklärt. Da es ab 1522 bis 1530 wieder ein Gerichtsbuch gibt, dort jedoch kein Verkauf eingetragen ist, dürfte der Besitzwechsel vor 1522 oder nach 1530 geschehen sein oder durch Erbschaft.
1523-1529 domus Jorg Mair, Kastner von Ingolstadt[12] (StB).
Wahrscheinlich gehören zu ihm auch die Einträge in den Kammerrechnungen für 1515, wo die Stadtkammer ein Weingeschenk verbucht, „dem castner von Innglstat und sein gewonntn [= Verwandten],

---

[1] KR 1398/99 S. 27r/v.
[2] KR 1398/99 S. 115v.
[3] KR 1402/03 S. 25r.
[4] MB XX 132 S. 103/105.
[5] MB XXXV S. 257.
[6] GB III 61/2, 65/15.
[7] KR 1408/09 S. 92v.
[8] Zimelie 40 (Heiliggeistspital, Salbuch B) S. 8v, 35r.
[9] RP 2 S. 11r.
[10] Gewerbeamt 1418 S. 12v.
[11] Stahleder, Bürgergeschlechter. Die Katzmair S. 213.
[12] Geiß, Die Reihenfolgen, in: OA 26 S. 73.

der [die] Veronica Samslin hier [zur Frau] genomen hat",[1] und um 1520 Januar 8, wo ebenfalls ein Weingeschenk verbucht wird, „dem casstner von Inglstat unnd der Röllin fruntschaft auf ir hochzeit".[2] 1529 nimmt die Stadt 2 Gulden 4 Schillinge und 20 Pfennige ein „vom casstner von Inglstat sein stewr für sein haus".[3]
Die Witwe Wolfgang Röll findet man von 1523 bis 1529 in den Steuerbüchern bei diesem Haus.
1532 domus [Hanns] Steger (StB).
1550/65 Fremdenherberge des Chunradt Schmalholcz mit Unterbringungsmöglichkeit für 30 Pferde.[4]
1575 laut Grundbuch (Überschrift) des Conrad Schmalholtzens, des Rats, seligen Erben Haus und Hof samt dem hintern Haus (= Frauenplatz 5).[5]

Schon der 1335 als Mitglied des Stadtrats genannte Martein Chatzmair ist als Weinhändler belegt[6] und ist damit sicher auch Weinschenk. Das Gasthaus (Weinschenke, Fremdenherberge) reicht also in seinen Anfängen bis in das 14. Jahrhundert zurück, wo bereits die Katzmairin Bewirtungskosten aus der Stadtkammer ersetzt bekommt.

Eigentümer Kaufingerstraße 26:

* Hans [I.] Kaczmair (Kaczmer) [Stadtrat].[7] 1387-1390/II, 1405/I relicta [Elisabeth] Kaczmayrin (Kaczmerin, Kaczmeyerin) [1398/99 Weinschenkin[8]], 1387 und ir tochter [die Herwarttin], 1390/I-II, 1394 und ire kind. 1392-1394 Kaczmaerin (Kaczmairin), 1393 et pueri eius
    St: 1368: 15/-/14, 1369: 22,5/-/-, 1371: 22,5/-/21, 1372: 17/-/-, 1375: 26/-/-, 1377: 15,5/-/- juravit, 1378: 12,5/-/- juravit, 1379, 1381, 1382, 1383/I: 12,5/-/-, 1383/II: 15/-/- juravit, 1387: 5/-/-, 1388: 10/-/- juravit [gemeinsam mit relicta Herwarttin inquilina], 1390/I-II: 10/-/-, 1392: 10,5/-/-, 1393, 1394: 14/-/-, 1395-1397, 1399: -/-/- [gemeinsam mit Sohn Jörg]
    StV: (1369) [getilgt:] concessit 15 lb.
  relicta Hainrich [II.] Sluder [= Agnes oder Anna geb. Katzmair, wiederverheiratete Herwart]
    St: 1369: -/-/-
  Herwart gener eius [= des Hans Kaczmair] inquilinus. 1372 Erhart[9] Herwart [von Augsburg] gener eius. 1375 Herwarttin. 1377-1388 relicta Herwarttin (Herbarttin) [= Agnes Katzmairin], 1388 inquilina
    St: 1371: -/-/-, 1372: 6/-/- gracianus, 1375, 1377-1379, 1381: -/-/-, 1382, 1383/I: -/-/48, 1383/II: -/-/72, 1388: [gemeinsam mit der relicta Kaczmairin]
    StV: (1382) item de anno preterito tantum.
* Jórg [I.] Kaczmair [Sohn von Hans I., Stadtrat[10], Weinhandel, Weinschenk/Wirt], 1395-1397 und sein schwester, 1399 [unnd] Agnes Kaczmairin. 1403 Jorig Kaczmair et mater [und] Agnes Kacz-

---

[1] KR 1515/16 S. 73r.
[2] KR 1519/20 S. 76r.
[3] KR 1529/30 S. 31r.
[4] Gewerbeamt 1422a. – 1538/39 bezieht das Heiliggeistspital bereits Wein vom Schmalholz, vgl. Heiliggeistspital (Rechnungen) 176/29 S. 78r.
[5] Stadtgericht 207/3 (GruBu) S. 878v. – Die Einträge im HB KV S. 81 zu 1540, 1565 und 1570 stammen nicht aus dem Grundbuch, derjenige von 1575 nicht in dieser Form. Es sind Ergänzungen des HB-Bearbeiters aus von ihm nicht genannten Quellen.
[6] Bastian, Oberdeutsche Kaufleute S. 30.
[7] Hans I. Katzmair, Sohn von Martin I., Bruder von Jakob I., Vater von Jörg I., Johann II., Martin II. und Agnes I. Katzmair. 1362-1384 Mitglied des Stadtrats, 1363, 1364, 1366 äußerer, sonst innerer Stadtrat, 1367 Kirchpropst von St. Michael auf Unser Frauen Freithof, gestorben 29.11.1384, vgl. R. v. Bary III S. 740, 769. – Stahleder, Bürgergeschlechter. Die Katzmair S. 205/214.
[8] KR 1398/99 S. 115v.
[9] „Erhart" über der Zeile nachgetragen.
[10] Jörg Katzmair seit 1396 innerer Stadtrat, Sohn von Hans I., Bruder von Agnes Herwart, Vater von Hans III., Martin III. und wahrscheinlich Agnes II. Im Dezember 1397 und Oktober 1405 war er einer der Bürgermeister, vgl. R. v. Bary III S. 763, 755, 756. – Er verläßt am 3. August 1398 die Stadt und kehrt erst nach dem 31. Mai 1403 wieder zurück. 1395-1397, 1404-1407, 1409-1412 Kirchpropst von ULF, vgl. R. v. Bary III S. 763; 1403 äußerer Stadtrat, 1405, 1407 innerer Stadtrat, ebenda S. 756, Hufnagel/von Rehlingen, St. Peter Urk. 74; Muffat, Kazmair-Denkschrift S. 451 ff. – Jörg Katzmair schulden die Herzöge Ernst und Wilhelm 1405 1000 Gulden. 1411 ist Katzmair herzoglicher Rat, vgl. von Andrian-Werburg, Urkundenwesen S. 140.

mairin sein swester. 1405/I Jorig Kaczmair et mater [und] Agnes sein swester. 1405/II-1412 Jorig Kaczmayr (et) Agnes sein swester. 1413 Jorig Kaczmair [und] Angnes Kaczmairin. 1418-1428 relicta Kaczmairin

    St: 1395: 9/-/- gracianus, 1396: 25/-/- iuravit, 1397, 1399: 25/-/-, 1400, 1401/I-II: -/-/-, 1403, 1405/I: 31/-/60, 1405/II: 25/-/- iuravit, 1406-1408: 33/-/80, 1410/I: 31/-/- iuravit, 1410/II: 41/-/80, 1411: 31/-/-, 1412: 41/-/80, 1413: 24/-/- fur sich und fur sein swester, iuravit, 1415: 22/-/-, 1416: 28/-/80, 1418, 1419: 18/-/-, 1423: -/15/24, 1424: -/5/8 hat zalt, 1428: dedit 1 rh[einischen] gulden und 2 gross für sich und ir ehalten

    StV: (1415) und er hat in sein stewr genomen 50 gulden gelcz und 20 gulden leipgeding und 6 gulden aus ainem kistlerhaws und auz ainem peckenhaws all wochen 12 d[e]n[arii], daz seiner swester Angnes zu gehort.

    Pferdemusterung, um 1398: (Ur-Fassung): Górig Kaczmair sol haben zway pferd umb 50 gulden und zwen erberg knecht und zwen trabzewg; (Korrig. Fassung): Die zwo Kaczmaerin[1] [sûllen] haben zway pferd umb 50 gulden und zwen erberg schúczen.

Angnes [I.] sein [= des Jorig Kaczmair] swester. 1416 patrimonium Angnes Kaczmairin[2]

    St: 1415: 0,5/-/12 iuravit, 1416: -/5/26 patrimonium

Hanns [III.] Kaczmair (Kalczmayr)[3] [Sohn von Georg I., Bruder von Martin III.]

    St: 1415: 1 rh[einischer] gulden gracianus, 1416: 5,5/-/-, 1418, 1419: 12/-/-

    StV: (1415) zu dem náchsten sol er swern. (1416) von seiner hausfrawn hab und gut, iuravit.

* Marttein [III.] Kaczmayr (Kaczmair, Kaczmer) [Sohn von Georg I., Stadtrat,[4] ∞ Anna Pötschner]. 1445 Kaczmair

    St: 1423: 15/6/-, 1424: 5/-/60 hat zalt, 1428: 1 ung[arischen] gulden und 5 grosch, 1431: 9/-/4 iuravit, 1447: 7/-/12, 1453-1458: Liste, 1462: 4/-/42

    StV: (1428) für sich, sein hausfrawen und fur sein ehalten.

    Sch: 1439/I-II, 1440, 1441/I-II: 6 t[aglon], 1445: 3 ehalten, dedit

Hanns [V.] Katzmair [Stadtrat[5]] et frater [Jacob II.] [Söhne von Georg II., Enkel von Martin III., Brüder von Niklas]

    St: 1482: 4/6/20 patrimonium [des Jörg II. Katzmair]

et pueri Katzmair [u. a. Niklas]

    St: 1482: -/3/22

    StV: (1482): et dedit 1 gulden rh[einisch] gelts.

Hanns [V.] und Niclas di Katzmair [Brüder]

    St: 1486: 4/-/17

Hans [V.] Katzmair [∞ Clara Schluder]

    St: 1490: 3/2/28

    StV: (1490) seiner hausfrauen gracion zugesetzt.

* Niclas Katzmair (Katzmer) [Enkel von Martin III., Stadtrat[6], ∞ Katharina Rudolf, verw. Pütrich], 1523 patrimonium

    St: 1490: 6/1/9, 1496: 4/2/7, 1500: 5/7/15, 1508, 1509: 3/5/-, 1514: Liste, 1522, 1523: 2/2/17

    StV: (1490) seiner hausfrau heyratgut zugesetzt.

Jacob [II.] Katzmair

    St: 1522, 1523: 2/4/29

---

[1] Jörg Katzmair hat nach seiner eigenen Denkschrift am 3. August 1398 die Stadt verlassen. Von da an waren nur noch seine Mutter und seine Ehefrau in der Stadt. Jörg Katzmair war bei der Ur-Fassung dieses Textes auch der Viertelhauptmann des Kreuzviertels („Daz ist dez Kaczmairs virtail").

[2] Vgl. auch Weinstraße 14 A: 18.3.1371 „Agnes, des Chaczmairs tochter, dez jungen Herwarcz von Auspurch hausfraw" erbte Anteil an Weinstraße 14 A von „Heinrich Schluder und von irem chind sel. wegen". Sie war demnach wohl in erster Ehe mit Heinrich Schluder verheiratet.

[3] Sohn von Jörg I., Bruder von Martin III., gestorben am 16.10.1420.

[4] Sohn von Jörg I., Bruder von Hans III. Katzmair, gestorben 4.11.1481. 1433, 1450 Bürgermeister, ebenso 1454 und 1455, 1447-1479 innerer Stadtrat, 1480, 1481 äußerer Stadtrat, 1459 Viertelhauptmann des Kreuzviertels vom inneren Rat, 1450-1454- Kirchpropst von ULF, vgl. RP und R. v. Bary III S. 757, 758, 764. – 1436/37 ist Martin Katzmair herzoglicher Rat am Münchner Hofgericht, vgl. von Andrian-Werburg, Urkundenwesen S. 140.

[5] Hanns V. Katzmair 1484-1486 äußerer Stadtrat, vgl. RP.

[6] Niclas 1495, 1496 äußerer Stadtrat, 1497-1511, 1516-1518, 1522, 1523 innerer Stadtrat, vgl. RP.

* domus Jórg Mair casstner von Inglstat. 1525-1527/I domus kasstner von Inglstat. 1527/II, 1528 domus Jórg Mair von Inglstat. 1529 domus Jórg Mair
    St: 1523 das jar nichil, 1524: 2/-/-, 1525, 1526, 1527/I: an kamer, 1527/II: 8/-/- von dreyen steurn, 1528: 2/4/20, 1529: an kamer
    StV: (1524) et dedit -/4/20 von 5 gulden gelltz, sol bis jar 20 fl ewigs geltz versteurn. (1525) [Nachtrag:] dedit 2 fl vom haus; et dedit 3/2/10 von 20 gulden geltz, mag biß jar 10 gulden geltz absetzn.
  relicta Wolfgang Róllin. 1525-1529 relicta Róllin
    St: 1523, 1525, 1526, 1527/I: 3/4/-, 1527/II, 1528, 1529: 3/2/
* domus [Hanns] Steger
    St: 1532: 2/3/10
** Conrad Schmaltzholtz (Schmalholtz, Schmalholltz) [äußerer Rat[1]], 1551/II wirt. 1564/I-1570 Chunrad Schmalholtzin (Schmalholtzin), 1566/II wittibin. 1571 Cunradt Schmalholtzin erben
    St: 1540-1542: 3/4/-, 1543: 7/1/-, 1544: 3/4/-, 1545: 11/2/14, 1546-1548, 1549/I-II, 1550, 1551/I-II, 1552/I-II: 5/4/22, 1553, 1554/I-II, 1555-1557: 10/3/18, 1558: 21/-/6, 1559, 1560: 10/3/18, 1561, 1563, 1564/I-II, 1565, 1566/I-II, 1567/I-II: 15/-/-, 1568: 30/-/-, 1569: 15/-/-, 1570: 12/6/13, 1571: -/-/-
    StV: (1540, 1541) et dedit -/1/12 fúr p[ueri] Westermair. (1542) mer -/1/12 fúr p[ueri] Westermair. (1543) mer -/2/24 fúr p[ueri] Westermair. (1544) mer -/1/20 fúr p[ueri] Weyssnfelder. (1545) mer 1/5/4 fúr p[ueri] Weysnfelder. (1546-1552/II) mer -/6/2 fúr p[ueri] Weisnfelder (Weysnfelder, Weyssnfelder, Weyssenfelder). (1549/II-1555) mer -/1/12 fúr p[ueri] Romsauer. (1556, 1557) mer -/-/28 fúr p[ueri] Romsauer. (1558) mer -/1/26 fúr p[ueri] Romsauer. (1559, 1560) mer -/-/14 fúr p[ueri] Romsauer (Ramsauer). (1570) abgesetzt Martin Schonaurs ires dochtermans 500 fl heuratguet. (1571) Jorg Wannger gerichtschreiber zu Friburg soll nachsteurn von 400 fl pargelt und von 46 fl gelts unnd fúr die varnúß per 100 fl, thuet nachsteur 27/1/- in allem; desgleichen Martin Schonauer von 1300 fl nachsteur 22/1/22,5; steurt Ramsauer.[2]

Bewohner Kaufingerstraße 26 (im 16. Jahrhundert wohl teils zum Hinterhaus gehörig):

pueri Klewberii St: 1368: -/-/28, 1369, 1371, 1372, 1375: -/-/42
Oertl carpentarius St: 1393: -/-/-
Chunrade mawrer, inquilinus Kaczmair St: 1396: -/-/60 gracianus
[Ulrich Reichger und Hennsl sein vetter
    Pferdemusterung, um 1398: (Korrig. Fassung): Ulrich Reichger und Hennsl sein vetter [súllen haben] 1 pferd [umb] 20 gulden].[3]
Hanns Altman, 1405/II-1407, 1410/II inquilinus
    St: 1405/II: 3/-/- gracianus, 1406-1408: 4/-/- gracianus, 1410/I: 3/-/- gracianus, 1410/II: 4/-/- gracianus
Hainrice Haller [Weinschenk[4]] St: 1419: -/-/75
Peter Plútmager, 1423 inquilinus St: 1423: -/20/- schenkenstewr, 1424: -/6/20 hat zalt
Hanns goltermacher, uxor et ancilla St: 1428: dedit 3 gross
Peter Lofflár (Lofflar, Lóffler) [Weinschenk[5]], 1441/I-II inquilinus
    Sch: 1440: 3 t[aglon], 1441/I-II: 2,5 t[aglon]
Jorg Kraft [Salzsender[6]] inquilinus Sch: 1441/II: 2 t[aglon]

---

[1] Zu den Schmalholz von Landsberg vgl. Stoss o. V., Die Schmalholz zu Landsberg S. 324/331. – Conrade Schmalholtz 1549-1552, 1554, 1555, 1557 äußerer Rat, vgl. RP.
[2] Der Vermerk „steurt Ramsauer" steht über den Vermerken von 1571 und ist deshalb nicht klar zuzuordnen.
[3] Ganzer Eintrag am unteren Seitenrand nachgetragen, in der Ur-Fassung noch nicht vorhanden (als Jörg Katzmair selbst noch in der Stadt war). Daß beide zu diesem Haus gehören, ergibt sich aus der Einleitung zu diesem Haus.
[4] 1416 bei Kaufingerstraße 9 des Barts Weinschenk.
[5] Peter Loffler gehört 1430 zu den Wirten an der Kaufingergasse, die Ungeld zahlen, vgl. Steueramt 987, und er ist 1433 und 1451 Mitglied der Weinschenken-Bruderschaft, 1442, 1455, 1457, 1458, 1459 Vierer der Weinschenken, auch 1458 Weinschenk, vgl. Gewerbeamt 1411 S. 8v, 10r, 10v, 11v, 12v, ebenso RP 1459.
[6] Jörg Kraft ist 1443-1446 als Salzsender belegt, vgl. Vietzen S. 146.

Hanns Kray Sch: 1445: 2 diern, dedit
Torer richter [= Erasm von Tor, Stadtoberrichter[1]] Sch: 1445: 5 ehalten
Hanns Knendl
    St: 1447: tenetur 3 nachstewr; dedit -/3/25 der Aůscher tenetur noch zwo porg, Kaczmer
Thoman Sitenpeck [Salzsender, Weinschenk[2]], 1447, 1457 inquilinus
    St: 1447: -/7/25, 1453-1458: Liste
Linhartt Guckenperger inquilinus St: 1462: -/4/25
Hanns Stupf der junger St: 1482: -/4/17 fúr sein hausfraw
Karl Geiger St: 1482: 1/3/13
Ludwig Ettlinger pueri St: 1482: -/-/-
Sigmund [I.] Lisaltz [äußerer Rat[3]]
    St: 1482: 3/1/9
    StV: (1482) et dedit 5/6/- fúr Wolfgang Putrich und sein swester.[4]
Conrat Neẃwirt weinschenck St: 1486: -/5/10 sch[enkensteuer]
Ruland metzger[5] St: 1486: -/4/13
Conrat (Contz) Wenndinger (Wendlinger) [Weinschenk[6]] St: 1490: 1/1/2, 1496: 1/-/21
Els amm [= Amme] inquilina St: 1500: -/-/60
relicta Jörg Sánftlin St: 1500: anderswo, bey Hanns Sánnftlin
Paule Tamer in des Katzmairs haws [Weinschenk[7]] 1504
Hanns Ornolt wirt [Weinschenk, Salzstößel, Bierbrauer ?[8]] St: 1508: -/5/10 [Schenkensteuer]
relicta Mäxlrainerin St: 1508: 1/-/-
relicta Hanns [IV.] Sluderin[9] St: 1509: 3/6/17, 1514: Liste
Hanns [VI.] Ligsaltz jung inquilinus [Weinschenk ?[10]] St: 1514: Liste
Hanns Fuchstaler wirt[11] St: 1514: Liste
Utz obser St: 1525, 1526, 1527/I: -/2/-
Spilberger secretari. 1526, 1527/I relicta Spilbergerin
    St: 1525: nichil, 1526: 1/3/13 juravit, 1527/I: 1/3/13
Urban Hunger [Weinschenk[12]] St: 1527/II: -/2/-
Hanns Gelb [Weinschenk[13]] St: 1527/II, 1528, 1529: -/5/10 schencknsteur
allt Sanndizeller St: 1529: nichil
Hanns Metzinger [Weinschenk[14]] St: 1532: -/6/9
maister Wolffgang procurator St: 1541: nihil

---

[1] Erasm vom Tor zu Eurasburg 1443-1460 Stadtoberrichter, vgl. R. v. Bary III S. 796.
[2] Thoman Sitenpeck ist 1443-1447 als Salzsender, 1458 als Weinschenk belegt, vgl. Vietzen S. 147, Gewerbeamt 1411 S. 14r.
[3] Sigmund Ligsalz war 1471-1473, 1475 bis 20.3.1494 äußerer Stadtrat, seit diesem Datum für den Rest des Jahres 1494 innerer Rat, am 25.2.1496 starb er, vgl. RP.
[4] Die Mutter von Sigmund I. Ligsalz war Dorothea II. Pütrich. Wolfgang Pütrich und seine Schwester Christina waren deren Neffe und Nichte, Kinder ihres Bruders Hans III. Pütrich zu Deutenhofen, und damit Cousin und Cousine von Sigmund Ligsalz.
[5] Hanns Růlant war von 1460 bis 1481 wiederholt Vierer der Metzger, vgl. RP.
[6] Conrad Wendlinger ist 1489 Mitglied der Weinschenkenzunft, vgl. Gewerbeamt 1418 S. 4r.
[7] Paule Tamer seit 1504 Mitglied der Weinschenkenzunft, vgl. Gewerbeamt 1418 S. 12v.
[8] Hanns Arnolt (Ornolt) seit 1506 Mitglied der Weinschenkenzunft, vgl. Gewerbeamt 1418 S. 14r. – 1512, 1514, 1515 ist ein Hanns Ornolt Vierer der Salzstößel, vgl. RP. – 1519 ist ein Hanns Ornolt Vierer der Bierbrauer, vgl. RP.
[9] Wahrscheinlich Witwe von Hans IV. Schluder, dann = Dorothea III. Pütrich.
[10] Ein Hanns Lygsalcz wird 1515 in die Weinschenkenzunft aufgenommen, vgl. Gewerbeamt 1418 S. 16v. – Hier wohl Hans VI. gemeint, der „jung" im Unterschied zu Hans V. Ligsalz. Es sind die einzigen zu dieser Zeit lebenden Ligsalze mit Vornamen Hans.
[11] Hanns Fuxtaller seit 1505 Mitglied der Weinschenkenzunft, vgl. Gewerbeamt 1418 S. 13v.
[12] Urban Hunger 1525 Aufnahme in die Weinschenkenzunft, vgl. Gewerbeamt 1418 S. 19v. – Urban Hunger ist dann von 1532 bis 1540 Zollner am Isartor, vgl. R. v. Bary III S. 882.
[13] Hans Gelb seit 1510 Mitglied der Weinschenkenzunft, vgl. Gewerbeamt 1418 S. 15v.
[14] Hans Mentzinger seit 1525 Mitglied der Weinschenkenzunft, vgl. Gewerbeamt 1418 S. 19v.

schmidin (Schmittmairin, Schmitmayrin) von Aichach
> St: 1544: 2/2/16, 1545: 3/5/20, 1546-1548, 1549/I-II, 1550, 1551/I-II, 1552/I-II: 1/6/10, 1553: 1/5/5, 1554/I: 5/1/15
> StV: (1554/I) fur die ersessn steur unnd fúr drey nachsteur.

Wastian (Sebastian) Pautznpergerin. 1550-1552/II Pautznpergerin
> St: 1544: 1/-/-, 1545: -/4/-, 1546-1548, 1549/I-II, 1550, 1551/I-II, 1552/I-II: -/2/-
> StV: (1544) dise steur hat ain rath bewilligt, ir ze geben.

> Bastian Pautznperger. 1561 Bastian Pautznpergerin
> > St: 1554/II, 1555-1557: -/2/27, 1558: -/5/24, 1559-1561: -/2/27
> > StV: (1561) mer 3 nachsteur 1/1/21.

Walthas(ar) Hofstetter fueterschreiber St: 1545, 1546: nihil

Hanns Öpp (Ópp, Opp) [Epp] schneider
> St: 1546-1548, 1549/I-II, 1550, 1551/I-II, 1552/I-II:-/2/7, 1553, 1554/I-II, 1555-1557: -/2/-, 1558: -/4/-, 1559-1561, 1563, 1564/I-II, 1565, 1566/I-II, 1567/I: -/2/-

Thoman Zehetmair St: 1546-1548, 1549/I-II: -/2/-

Cuntz Schneckh mertterkocher St: 1546, 1547: -/2/-

Cristopherus (Cristoff) Prúno, 1548 alter poet[1] St: 1548, 1549/I: an chamer

cantor zu (zw) Unser (Unnser) Frauen St: 1548, 1549/I-II: nihil

Jorg Lehner (Lechner), 1552/II eychschreiber[2]
> St: 1548, 1549/I-II, 1550, 1551/I-II, 1552/I-II, 1553, 1554/I: -/2/-

Els Sallerin St: 1549/II: -/2/-

Westermair pruechler. 1550, 1551/I, 1552/I-II, 1553, 1554/I Lucas[3] Westermair. 1554/II, 1555-1559 Lucas Westermairin
> St: 1549/II, 1550, 1551/I, 1552/I-II, 1553, 1554/I-II, 1555-1557: -/2/-, 1558: -/4/-, 1559: -/2/-

Caspar Westermayr [Wirt[4]] St: 1551/II: -/2/-

Narciß Kipfinger [Schneider[5]] St: 1551/I: -/-/28 gratia die erst

Andre Schopser (Schobser), 1551/II, 1552/II-1555, 1564/I-II puechtruckher[6]
> St: 1551/II: nihil, 1552/I: nihil, puechtruckher, 1552/II-1556: nihil, 1557, 1558: nihil, puechtruckher, 1559, 1560: nihil (nichil), 1561, 1563, 1564/I-II: -/-/1

Caspar Pirckherin St: 1551/II: -/2/-

Gertraut Pórtzlin St: 1551/I: -/4/12 juravit, 1552/I-II, 1553, 1554/I: -/4/12

Erasm Emring, 1552/II, 1553, 1554/I-II leermaister St: 1552/I-II, 1553, 1554/I-II: -/2/-

Hanns Hueber saltzmesser. 1556-1558 Hanns saltzmesser [Salzsender, Wirt[7]]
> St: 1554/II, 1555-1557: -/2/-, 1558: -/4/-, 1559: -/2/-

Hanns Mollin
> St: 1556: -/5/9 juravit
> StV: (1556) darin auch irer kinder gueth versteurt.

Ulrich Schniep [Uhrmacher[8]]
> St: 1557: -/4/19
> StV: (1557) mer -/1/12 gratia von wegen seiner hausfrau heiratgueth.

Utz Mayr [Melbler[9]] St: 1558: -/4/-

Umbphrichtin kornmesserin St: 1558: -/4/-

Utz Welserin St: 1558: 1/3/28, zalt Bscheidl schneider

Barbara Khunigin. 1563 Khúnigin wittfraẃ. 1564/I-II Khúnigin (Künigin)
> St: 1564/I: -/-/-
> StV: (1560) hat termin bis liechtmeß, darnach soll sy burgerin werden, dienen oder sich aus der

---

[1] Christophorus Pruno war von 1541-1547 Leiter der städtischen Poetenschule, vgl. R. v. Bary III S. 1035.
[2] Jorg Lehner war von 1546-1553 Eichgegenschreiber, vgl. R. v. Bary III S. 973.
[3] 1550 „Lucas" vor getilgtem „Caspar", 1551/I „Lucas" über radiertem „Caspar".
[4] Vgl. Kaufingerstraße 30.
[5] So von 1551/II – 1559 bei Rosenstraße 11 B.
[6] 1554/I vor „truckher" getilgtes „fue[rer]".
[7] Hanns Hueber ist 1554, 1563, 1567, 1568 und 1575 als Salzsender belegt, 1555 als Mitglied der Wirtezunft, vgl. Vietzen S. 149 nach KR, GruBu, Zollregister 1572-1575. Im Grundbuch 1564 auch als Salzmesser.
[8] Vgl. Kaufingerstraße 37.
[9] Utz Mayr ist 1560-1568 bei Kaufingerstraße 18*A als Melbler belegt.

stat thuen. (1563) soll für rath. (1564/II) ist nit bürgerin; soll mit erstm für rath, wan sy ettlich jar hie gewesen und nit gesteurt.

Casper Gannsmair riemer St: 1560: -/2/-
Jacob Graismair St: 1560: -/2/-
Hanns[1] Clostermair St: 1563: -/5/21
    Jörg Clostermair schneider St: 1564/I-II: -/5/21
Balthauser (Balthasar) vischmaister
    St: 1563: -/-/- nichil, hofgsind, 1564/I: -/-/- hofgsind, der zeit darfür erkhent, 1564/II: -/-/- hofgsind
Jorg allt canntzleyschreiber St: 1563: -/-/-
Ursula Mayrhoferin St: 1563: -/2/-
Niclas trometter
    St: 1564/I: -/-/- nichil, hofgsind, 1564/II: -/-/- hofgsind, 1565: -/-/- nihil, hofgsind, 1566/I: -/-/- hofgsind, 1566/II: -/-/-, 1567/I: -/-/- hofgsind, 1567/II: -/-/-, 1568-1570: -/-/- hofgsind, 1571: -/-/-
Adam Perg, 1564/II puechtruckher St: 1564/II: -/-/28 gratia
herr Jörg (Georg) Lauterius. 1569-1571 herr Doctor Geörg Lauterius, 1565 hofprediger
    St: 1565: -/-/-, 1566/I: -/-/- pradicant (!), 1566/II-1571: -/-/-
herr Davidt St: 1565: -/-/-, 1566/I: -/-/- caplan, 1566/II, 1567/I: -/-/-
Eustachi von Liechtenstain St: 1566/I: -/-/- hofgsind, 1566/II: -/-/-
Maxlrainer (Mäxlrainer) St: 1567/I-II: -/-/-
Ludwig Griessl spänngler. 1568 Ludwig spángler St: 1567/II: -/2/-, 1568: -/4/-
Jörg Angermair koch St: 1568: 1/3/20 schennckhsteur
Oswaldt schopperin St: 1569-1571: -/2/-
Stefan Frey[2] jáger St: 1569: -/2/- burger und hofgsind
Caspar Ebersperger, 1571 gastgeb St: 1570, 1571: 1/3/22

Kaufingerstraße 27
(mit Frauenplatz 6)

Lage: Eckhaus/West zur Mazaristraße. 1575 im Gässel hindurchgehend.
Charakter: Gasthaus.

Hauseigentümer:

Hainrich Ülchinger[3] als Hauseigentümer an dieser Stelle ist nicht sicher verbürgt. Es wird nur aus der Höhe der Steuer und aus der Tatsache geschlossen, daß der ältere Hainrich Ülchinger wohl ohne Hausbesitz nicht innerer und äußerer Stadtrat hätte sein können (1362-1377).[4] Der jüngere Hainrich Ülchinger kaufte 1373 das Haus Kaufingerstrße 25*. Vater und Sohn gleichen Namens erscheinen 1376 gemeinsam in einer Urkunde.[5]
Sicherer dürfte um 1370 ein Altman Eigentümer des Hauses gewesen sein. Das ergibt sich daraus, daß **1370** die Baukommission dem Katzmair vom Nachbarhaus Kaufingerstraße 26 erlaubt, die Baulinie seines Hauses nach vorne zu verschieben, wobei eine Schnur gezogen werden soll, die oberhalb des Katzmair-Hauses an die Mauer des Ulchinger (Kaufingerstraße 25*) und unterhalb an das Haus des Altman angelegt werden soll.[6] Da beim Haus 28 der Eigentümer Sengenwein schon seit 1368 in den Steuerbüchern steht und das Haus 29 um diese Zeit bereits den Tulbeck gehört, kann Altmann nur zu Haus 27 gehören, wenn die dargestellte Maßnahme einen Sinn ergeben soll.

---

[1] „Hanns" 1563 wohl irrtümlich für „Jörg".
[2] „Frey" 1569 über der Zeile nachgetragen.
[3] Der Familienname dürfte vom Ortsnamen Ilching, Gde Kirchseeon, Lkr Ebersberg abgeleitet sein.
[4] R. v. Bary III S. 743.
[5] MB XXI S. 277/278.
[6] Zimelie 9 (Ratsbuch IV) S. 5v (neu).

Auch Wilhalm Jörgners Hausbesitz an dieser Stelle ist nicht gesichert, auch wenn Muffat behauptet, sein Haus habe gleich unterhalb Jörg Kazmairs Haus gelegen. Er sei außerdem im Weingroßhandel tätig gewesen und arbeitete mit Hainrich Bart zusammen. Jörgner war 1397 Mitglied des großen Rats, 1399-1402 innerer Rat, schon 1377-1384 im äußeren Rat.[1]

Hainrich Wenndelhauser war – wie Wilhalm Jörgner – laut Katzmair einer der ersten Bösen bei den Unruhen, 1397 ebenfalls Mitglied des Großen Rats, 1400 und 1401 innerer Rat. Offenbar wurde er nach 1403 enteignet und das Haus befand sich vorübergehend im Besitz der Stadt. Anders sind die Folgenden, auf Kosten der Stadt durchgeführten Bauarbeiten in diesem Haus kaum erklärbar.

1407/08 und **1408/09** wird von städtischen Arbeitern „in des Wendlhausers Haus" gearbeitet, unter anderem wurde ein neuer Kamin in seinem Haus gemacht[2] und es wurde in des Wendelhausers Haus geräumt, gebessert an Öfen, Kammern, Ställen „und was not was".[3] Hainrich Wendelhausers Verbindung zu dem Ingolstädter Herzog Stephan, dem Konkurrenten der Herzöge Ernst und Wilhelm um die Macht in München, zeigt auch, daß Herzog Stephan 1401 dem Hainrich Wendelhauser für eine Schuld von 250 Pfund Pfennigen einen Teil seiner gewöhnlichen Stadtsteuer zu München überschreibt.[4]

Auch Wendelhauser handelte mit Wein. 1400/02 bezog die Stadt Einnahmen „von Wein von Ötting und von Mühldorf" von zahlreichen Bürgern, unter anderem von Hainrich dem Wendelhauser.[5] Jörgner und Wendelhauser gehören auch schon 1398/99 und 1399/1400 zu den „Wirten", denen die Stadt Bewirtungskosten erstattet. Vor allem scheint auch hier die Ehefrau des Jörgner die Wirtschaft geführt zu haben.[6] Jörgner und Wendelhauser waren sicher Geschäftspartner, wahrscheinlich sogar verwandt. In diesem Hause wohnen aber auch andere Gegner das Hausnachbarn Katzmair, so 1392 Hans Eysenmann, den Katzmair zu den „Klaffern und Jaherrn" (Jasager, Mitläufer) rechnet. 1387 findet sich hier schon ein Ulrich Tichtel, von dem aber nicht sicher ist, um welchen es sich handelt. Auch die lange Verweildauer von Jörgner und Wendelhauser spricht für Hausbesitz. Die Witwe Jörgner wohnt noch 1424 hier, 1405 mit dem Sohn Ludwig, der 1406/07 wohl irrtümlich zu „Wilhelm" wurde.

Um 1423 ging das Haus an Peter Giesser über, der sich im Steuerbuch mit der Jörgnerin überschneidet. Er stirbt bald. Aber noch 1424 zahlt ihm die Stadtkammer den kleinen Betrag von 42 Pfennigen aus, „geben dem Giesser umb wein und suppen, die die jungen gesellen dacz im verzert haben desmals, do sie den himell umb die stat getragen heten zu gotzleichnamstag anno [14]24".[7] Schon 1428 steht seine Witwe im Steuerbuch.

1453 und

1462 wird die Straße gepflastert „im gassell ... pey dem [Ludwig] Gyesser" beziehungsweise „in des Giessers gässel", also in der Mazaristraße.[8]

1482 domus Giesser (StB).

1505 finden Pflasterarbeiten statt „im gaßl beim Walthasar Part".[9]

1509 Oktober 5 das Haus des Georg Endlhauser (Kaufingerstraße 28) liegt dem Haus des Giesser gegenüber.[10]

Von den Giesser geht das Haus an einen Zweig der Familie Bart über, wohl durch Verwandtschaft über den Münzmeister Ludwig Bart.[11]

Vor 1514 „aus der Eysnpergerin hauß an Kauffingergassen, ist jetzt Balthasar Parts" hat das Stadtbruderhaus einen Zins von 5 Gulden.[12] Auch diese Eysenpergerin dürfte demnach eine Giesser-Verwandte sein.

---

[1] Muffat, Kazmair-Denkschrift S. 505/506. – R. v. Bary III S. 740.
[2] KR 1407/08 S. 64r, 65r.
[3] KR 1408/09 S. 69v.
[4] MB XXXV/II S. 226. – RB XI 216.
[5] KR 1400/02 S. 43v.
[6] KR 1398/99 S. 115v, 116r; 1399/1400 S. 120v; ebenda S. 94r: „10 ß hab wir geben der Jörgnerin an der zerung, die herr Fridrichs von Freyberg knecht datz ir tet" und KR 1402/03 S. 100r „von zerung und schenkwein wegen".
[7] KR 1424/25 S. 50r.
[8] KR 1453/54 S. 113r, 1462/63 S. 108r.
[9] KR 1505/06 S. 134v.
[10] Urk. C IX c 8 Nr. 35.
[11] Vgl. Stahleder, Bürgergeschlechter. Die Bart S. 329/331.
[12] Zimelie 33 (Stadtbruderhausbuch) S. 26.

1575 laut Grundbuch (Überschrift) des Dr. Georg Parts Erben Haus und Hof, im Gässl hindurchgehend.[1]

Die Weinschenken- und wohl auch Weinhändler-Tradition scheint auch bei diesem Haus immer wieder durch, schon seit Einsetzen der Steuerbücher.

Eigentümer Kaufingerstraße 27:

*? des Altmans haws [1370]

*? Hainrich Ulchinger (Ulchinger)
    St: 1368: 0,5/-/12, 1369, 1371, 1372: -/6/-

* Wenndlhawser (Waendlhawser, Mendelhawser, Mándelhauser). 1396-1401/II Hainrich Waendelhawser (Maendelhawser) [Wirt, Weinhändler, Stadtrat[2]]
    St: 1390/II: -/13/10, 1392: -/14/18, 1393: 4/-/24, 1394: 2/5/10, 1395: -/10/20, 1396, 1397, 1399, 1400, 1401/I: 2/-/-, 1401/II: 2/5/10 iuravit
    Pferdemusterung, um 1398: (Ur-Fassung): Wendelhawser sol haben ain pferd umb 20 gulden und ainen trabzewg mit einem knecht; (Korrig. Fassung): Wendelhawser sol haben ain pferd umb 20 gulden und selber reiten.

*? Wilhalm Jórgner (Joringer, Jóringer) [Weinwirt, Stadtrat[3]]. 1403 patrimonium Wilhalm Joringer. 1405/I-II, 1406-1424 relicta Jorgnerin (Jorgerin, Joringerin, Jórgnerin, Jóringerin) [Weinwirtin[4]]
    St: 1394: 6/-/-, 1395: 5,5/-/-, 1396, 1397, 1399, 1400, 1401/I: 8/-/60, 1401/II: 14/-/- iuravit, 1403, 1405/I: 14/-/-, 1405/II: 9/-/60 iuravit, 1406-1408: 12/-/80, 1410/I: 5,5/-/- iuravit, 1410/II: 7/-/80, 1411: 5,5/-/-, 1412: 7/-/80, 1413: -/20/- iuravit, 1415: -/14/- 1416: -/18/20, 1418, 1419: 1/-/16, 1423: -/10/12, 1424: -/3/14 hat zalt
    Pferdemusterung, um 1398: (Ur-Fassung): Wilhalm Górgner sol haben zway pferd umb 40 gulden und zwen trabzewg; (Korrig. Fassung): Wilhalm Górgner sol haben 3 pferd umb 60 gulden und sol selber reiten.

Ludweig Jorgner, yr sun (Ludw[eig] ir sun, Ludweyg yr sún, et Ludweyg ir sun)
    St: 1405/I-II, 1408-1410/II [gemeinsam mit der Mutter]

(et) Wilhalm [Ludwig ?[5]] ir sun
    St: 1406, 1407 [gemeinsam mit der Mutter]

---

[1] Stadtgericht 207/3 (GruBu) S. 880v. – Das Grundbuch enthält außer der oben zitierten Überschrift von 1575 erst zum Jahr 1605 den ersten Eintrag zu diesem Haus. Alle im HB KV S. 83 abweichend dazu genannten Daten stammen aus anderen Quellen, z. B. aus den StB, jedoch willkürlich: Balthasar Part steht in den StB von 1508-1540 an dieser Stelle, nicht nur 1532.

[2] Hainrich Wenndelhauser war, wie Wilhalm Jörgner, nach Katzmair einer der „ersten Bösen" bei den Unruhen, 1397 im Großen Rat, 1400 und 1401 im inneren Rat und 1400 Bürgermeister, vgl. Muffat, Kazmair-Denkschrift S. 463, 505/506; R. v. Bary III S. 755. – 1398/99 schuldet die Stadt Hainrich dem Mandelhawser als einem der Wirte Geld, „daz man datz im verzert hat in der rais", vgl. KR 1398/99 S. 115v. – Rais/Reis = Kriegszug. Daher werden auch die Krieger Reisige genannt.

[3] Wilhalm Jörgner nach Katzmair einer der „ersten Bösen" bei den Unruhen und Hauptstütze Ulrich Tichtels, 1377, 1384 äußerer Stadtrat, 1397 großer Rat, 1399-1402 innerer Rat und im März 1400 einer der Bürgermeister, vgl. R. v. Bary III S. 740, 755; Muffat, Kazmair-Denkschrift S.505/506. – 1402 gehört Wilhelm Jörgner zu den Wirten, denen die Stadt Geld schuldet, hier dem Jörgner „von der rais wegen" 14 Pfund Pfennige „von zerung und schenkwein", ebenso 1403 der Jörgnerin einmal 7 Pfund 5 Schillinge 22 Pfennige als erste Rate, als der von Schellenberg mit 28 Pferden bei ihr verzehrt hat, dann noch einmal 41 Pfund und 11 Pfennige für 12 Mann mit 12 Pferden vier Wochen „datz ir verzert". Im selben Jahr fallen noch einmal 43 Pfund und 85 Pfennige für die Witwe Jörgnerin an „umb zerung und schenkgelt" „von der rais", vgl. Steueramt 572 (Leibgedingbuch 1402/03) S. 36r, 64v und 573 (Leibgedingbuch 1404/09) S. 35r. – Nach einem Eintrag der KR von 1402/03 zahlt die Stadt ebenfalls Gelder aus „umb wein, den die hawptlawt datz dem Tichtel und datz dem Jorgner getrunken habend", KR 1402/03 S. 94r.

[4] 1424 Name wieder getilgt.

[5] Name Wilhalm wohl irrtümlich für Ludwig Jörgner.

* Peter [II.] Giesser [Wirt, 1425 Münzmeister, Salzsender ?[1]]. 1428 relicta Peter Giesserin. 1431 relicta Giesserin [Wirtin[2]]
    St: 1423: 24/-/-, 1424: 8/-/- minus -/-/40, hat zalt, 1428: dedit -/12/- (!), 1431: 23/-/32 iuravit
    StV: (1428) für sich, fur ir swester und fur Barbera Rekenprunerin und fur all ir ehalten. (1431) et dedit 6/-/60 von 600 gulden rheinisch, die si iren sun übergeben hat.
  Warbera (Barbara) Reckenprunerin (Rekenprunnerin) inquilina
    St: 1423: -/-/60, 1428: [siehe Peter Giesserin], 1431: -/-/60
  pueri Peter Giesser [Nachtrag:] Hanns [II.]
    Sch: 1439/I: 2 t[aglon]
  Hanns [II.] Giesser
    Sch: 1439/II: 2 t[aglon], 1441/I-II: 1 t[aglon]
* Ludwig Giesser [1454 Münzmeister in München]
    Sch: 1439/I-II, 1440, 1441/I-II: 4 t[aglon], 1445: 4 ehalten, dedit
    St: 1447: 3/6/23, 1453-1457: Liste
  pueri Andre [II.] Part
    Sch: 1441/I: -/-/-
  Hans [V.] Part der junger (jung) [Weinschenk ?[3]]
    St: 1455-1458: Liste
  pueri Ludwig Giesser, 1462 inquilini
    St: 1458: Liste, 1462: -/10/18
  Ludbeig [II.] Partt [Salzsender, Weinschenk, äußerer Stadtrat, dann Unterrichter[4]]. 1482 Ludwig Partin. 1486-1500 relicta Ludwig Pártin, 1496, 1500 et pueri
    St: 1462: 3/6/13, 1482: -/2/15, 1486, 1490: 1/3/27, 1496: 2/7/26, 1500: 6/1/12
    StV: (1486) et dedit -/-/60 für ire kind. (1490) et dedit -/-/60 fúr pueri. (1496) et dedit -/1/22 von den 20 gulden leipdinng gelts Hannsen Parts.
* domus Giesser
    St: 1482: 1/3/-
  Hanns [III.] Giesser
    St: 1486, 1490: 1/1/3
    StV: (1490) et dedit -/1/2 fur Madlen.
* Eysenpergerin [vor 1514]
** Walthauser (Walthasar) [I.] Part (Partt) [Stadtrat, Weinschenk[5]], 1540 der alt. 1541-1553 relicta Walthauser (Balthasar) Parttin (Pártin, Párttin) [1553 deren Erben]
    St: 1508, 1509: 12/2/-, 1514: Liste, 1522-1526, 1527/I: 12/-/-, 1527/II, 1528, 1529, 1532: 21/-/-, 1540: 22/-/-, 1541: 22/-/- patrimonium, 1542: 4/-/8 juravit, 1543: 8/-/16, 1544: 4/-/8, 1545: 7/-/18, 1546-1548, 1549/I-II, 1550, 1551/I-II, 1552/I-II: 3/3/24
    StV. (1540) hat abgsetzt seins sons Walthasars heiratgueth. (1542) hat ir steur von neuem gmacht; was hinaus geerbt der 3 nachsteur halben, stet infra fol. 72 col. 2 [= 72v, Ewiggeld]. (1553) haben die erben zugsetzt.

---

[1] Peter Giesser war 1417, 1420 und 1421 Bürgermeister, vgl. R. v. Bary III S. 756/757. – Ein Peter I. Giesser war 1391-1400 Münzmeister, vgl. Th. Stützel, Ein altbayerisches Münzmeistergeschlecht, in: Altbayerische Monatsschrift Jg. 10, Heft 1 und 2, S. 29. – Peter I. Giesser ist 1399/1400 auch einer der Wirte, allerdings bei einem anderen Haus, denen die Stadt Bewirtungskosten schuldet, vgl. KR 1399/1400 S. 121r. – 1398/99 und 1399/1400 gehört Peter der Gießer aber auch zu den Wirten, denen die Stadt Geld schuldet, „daz man datz im verzert hat in der rais" bzw. „von der rais wegen", vgl. KR 1398/99 S. 115r, 1399/1400 S. 121r. – Vielleicht ist er auch der „Giser", der 1429 und 1430 als Salzsender nachgewiesen ist, vgl. Vietzen S. 144.

[2] Die Giesserin gehört 1430 zu den Wirten in der Kaufingergasse, die (Wein-, Bier-)Ungeld zahlen, vgl. Steueramt 987.

[3] Ein Hans Part ist 1458 Weinschenk, vielleicht dieser, vgl. Gewerbeamt 1411 S. 13v.

[4] Ludwig [II.] der junger Part 1469-1473 äußerer Stadtrat, 1473-1478 Stadtunterrichter, vgl. RP und R. v. Bary III S. 804. – 1459 ist Ludwig Part als Krötler (Salzsender) und 1472 und 1478 als Weinschenk belegt, vgl. Vietzen S. 146 und Gewerbeamt 1411 S. 14v. – Vgl. Stahleder, Bürgergeschlechter. Die Bart S. 331/333.

[5] Walthauser I. Partt, ∞ Magdalena Ridler, ist seit 1519 Mitglied der Weinschenkenzunft, vgl. Gewerbeamt 1418 S. 17v. – Balthasar Bart 1506-1508, 1510 äußerer Stadtrat, 1509, 1511-1541 innerer Rat, vgl. RP; vgl. Stahleder, Bürgergeschlechter. Die Bart S. 343/345.

Caspar [II.] Partt[1]
   St: 1540: 5/4/20
* Doctor Partt (Part, Parth). 1545, 1548, 1550, 1551/I-1563 Doctor Jorg (Jörg) [III.] Partt (Part, Pardt).[2] 1566/II-1569 (fraw, frau) Doctor Partin (Pärtin, Pártin, Parttin)
   St: 1541: nihil, 1548: nihil, [herzoglicher] rath, 1550, 1551/I-II: -/-/-, 1552/I-II, 1553, 1554/I: 15/-/-, 1554/II: an chamer, 1555-1557: 15/-/-, 1558: 30/-/-, 1559-1561: 15/-/-, 1563: an chamer, 1564/I-II, 1565, 1566/I-II, 1567/I-II: 16/-/-, 1568: 32/-/-, 1569-1571: 16/-/-
   StV: (1545) infra fol. 73 col. 1 [= 73r, Ewiggeld]. (1550, 1551/I) ist der zeit eingstelt (eingestelt). (1551/II) ist eingstelt pis auf negste steur. (1552/I-II) mit geding, als offt und wie man steurt, ainfach oder doplt, soll er (auch) steurn. (1553) mit geding, als offt und wie man steurt, ainfach oder zwifach, soll er auch steurn, [am Rand:] cum noch 3 fl fur 3 nachsteuer, ad 27. Januarii anno [15]54 zalt diese 3 fl nachsteuer. (1554/I, 1555) mit geding, als offt und wie man steurt, soll er auch steurn. (1555) mer 15 fl ain versessne steuer. (1556) mit geding, als offt und wie man steurt. (1557) mit geding, wie und als offt man steurt, soll er auch steurn. (1558) mit geding, zwifacher beysitzer. (1559) mit geding, als offt und wie man steurt etc. (1560) mit geding, als offt unnd wie man steurt, soll er auch steurn. (1561) als offt unnd wie man steurt, soll er auch steurn unnd auff das jar widerumb umb ainen beisitz anhallten. (1564/I) Beysiz wie und als oft man steurtt; mehr ain versessne steur 16 fl. (1564/II, 1565, 1566/I) für sein(en) beisitz wie unnd als offt man steurt. (1566/II-1570) für iren (irn) beisitz als offt (unnd wie) man steurt. (1571) vir iren beisitz, als oft und wie man steurt.
Hanns [VIII.] Pártin (Pärttin)[3] [= Magdalena, geb. Reitmor]
   St: 1560: 12/1/26, 1561: an chamer
   StV: (1560) zalt Jorg Reytmor patrimonium das annder, der zeit unvertailt. (1561) zalt Jorg Reitmor für die austendig steur, auch die 3 nachsteur 40 fl darinn auch di Ligsaltzisch schuld ir auff halb bethuet (?) ad 17. Juni anno [15]62.
** Dr. [Georg III.] Barts Erben 1575

Bewohner Kaufingerstraße 27:

Chunrat von Eger calciator St: 1372: -/-/32 juravit
Greymolt Dráchsel St: 1375: 3/-/- minus -/-/40
Hainrich Diener inquilinus St: 1377: 3/-/- juravit, 1378: 3/-/-
relicta Gúntherin [Wirtin[4]] St: 1383/I: -/-/-
Hunthaimer inquilinus St: 1383/II: -/-/-
   relicta Greymoldin inquilina Hunthaimer[5] St: 1383/II: -/-/48
Ulrich [III. oder IV.] Tichtel St: 1387: 10/-/-
[Podmer 1388]
   relicta Greymoltin inquilina Podmerii St: 1388: -/-/32 juravit
[Peter] May rotsmid inquilinus St: 1390/I: -/-/24
Katrey inquilina Klingenfels St: 1392: -/-/12 graciana (!)
Hans Eysenman[6] St: 1392: -/-/36
Hannsel (Hanns) salczstozzel inquilinus St: 1406, 1412: -/-/-, 1413: nichil, 1415, 1416: -/-/-
Hainrice schreyber inquilinus St: 1416: -/-/34 gracianus
Hainrich zollner [Wirt[7]] St: 1418, 1419: 3/-/80
relicta Stócklin St: 1423: 1/-/12, 1424: -/-/84, hat zalt
relicta Tómlingerin inquilina St: 1431: nichil

---

[1] Sohn von Balthasar I., Bruder von Jörg III. Bart. – Stahleder, Bürgergeschlechter. Die Bart S. 360/361.
[2] Sohn von Balthasar I. Bart. – Stahleder, Bürgergeschlechter. Die Bart S. 356/357.
[3] Hans VIII. Part starb 1558.
[4] Vgl. Weinstraße 8.
[5] Dieser Zusatz war nötig, weil der Name hinter Sengenwein gerutscht war.
[6] Hans Eysenman nach Katzmair einer der „Klaffer und Jaherrn", vgl. Muffat, Kazmair-Denkschrift S. 464, 510/511. – Ein Hanns Eysenman ist 1398-1403 Ehezollner am Isartor, 1401 auch Brückenzollner, vgl. R. v. Bary III S. 882, 883.
[7] Er dürfte der Heinrich Zollner sein, der 1430 unter den Wirten an der Kaufingergasse zum Ungeld veranlagt ist, vgl. Steueramt 987.

relicta Pfuncznerin Sch: 1439/I-II: 1 t[aglon]
und Hundertpfunt.[1] 1458 Hanns [II.] Hundertpfund der jung [Salzsender, Stadtrat]
    St: 1457, 1458: Liste
Peter Ramsauer (Ramsawer) [Weinschenk, Salzsender, äußerer Rat[2]]
    St: 1482: 1/1/4, 1486: 3/-/-, 1490: 3/2/28
    StV: (1486, 1490) et dedit -/-/19 (fúr) pueri Zeiling.
Hanns Pfriemer kuster[3] St: 1482: -/2/9
Madlen inquilina St: 1486: -/1/2, 1490: siehe Giesser
relicta Strángin St: 1490: 1/6/10, 1496: 1/6/5
Hanns Knebel [später äußerer Rat[4]] St: 1490: 1/5/20, 1496: 2/7/-
relicta Karl Geigerin [Weinschenkin[5]]
    St: 1496: -/5/10 [Schenkensteuer]
    StV: (1496): et dedit -/1/18 von 6 lb gelts fúr ire kind.
Gregori Dietel St: 1496: 1/6/10
Grasmerin St: 1500: -/-/60
Hanns Ornold, 1509, 1514 wirt[6] [Salzstößel[7]]
    St: 1509: -/5/10 [Schenkensteuer], 1514: Liste, 1522-1526, 1527/I: 1/1/28, 1527/II: -/6/-
Hainrich Greiß kistler[8] St: 1514: Liste
Aystederin (?) inquilina St: 1514: Liste
die von Weix (Weixerin)
    St: 1522, 1523: 1/-/-
    StV: (1522) et dedit 2 gulden fúr zway versessne jar, so man nit gesteurt hat. (1523) gibt den man steur oder nit.
luttinischt (lauttenschlaher) St: 1522: vacat, 1523: nichil
Hanns messingschaber St: 1524: anderßwo
relicta Wolfganng Róllin. 1532 relicta Róllin St: 1524: 3/4/-, 1532: 3/2/-
relicta Winßhamerin. 1528 relicta die von Winßhaim St: 1527/II, 1528: 2/2/9
jůnckhfraw Krimlin. 1528, 1529 relicta jůnckhfraw[9] Krimlin. 1532 Krimlin matrimonium
    St: 1527/II, 1528, 1529, 1532: -/4/11
Hanns Panndolt (Pandolf) [Salzstößel[10], Weinschenk]
    St: 1528, 1529: -/5/10 schencknsteur
    StV: (1528) sol bis jar schwern.
Adam Trampl barbierer St: 1532: -/2/-
jůnckhfraw Ridlerin inquilina St: 1532: an kamer, nit hie
Jorg Piber pflastermaister[11] St: 1532: nichil
Hanns schmid wirt [Salzstößel[12]] St: 1542: -/5/10 schencksteur
Hanns Maysntaler [Salzstößel[13]] St: 1544: 12/6/13
Hanns Wernher saltzstósl [und Wirt[14]] St: 1546, 1547: -/5/10 schenckhsteur

---

[1] „Und Hundertpfunt" 1457 neben Hanns Part am Rand nachgetragen.

[2] Peter Ramsawr 1489 Mitglied der Weinschenkenzunft, vgl. Gewerbeamt 1418 S. 3v; 1490 und 1491 ist er Vierer der Schenken, 1493 auch Vierer der Salzsender, 1496, 1498 und 1499 äußerer Stadtrat, vgl. RP.

[3] Vielleicht ist der Kistler Hans Pfreimer (Pfrämer) gemeint.

[4] Hanns Knebel 1509 äußerer Stadtrat, vgl. RP.

[5] Karl Geigerin (!) seit 1496 Mitglied der Weinschenkenzunft, vgl. Gewerbeamt 1418 S. 8v.

[6] Hanns Arnolt 1506 Aufnahme in die Weinschenkenzunft, vgl. Gewerbeamt 1418 S. 14r.

[7] Hanns Arnolt 1512, 1514, 1515 Vierer der Salzstößel, vgl. RP. – 1519 ein Hanns Ornolt Vierer der Bierbrauer, vgl. RP.

[8] Hainrich Greiß (Greißl) 1515-1520 Vierer der Kistler, vgl. RP.

[9] Jungfrau hier als männliches Gegenstück zum Junker gebraucht, also einer adeligen Person, unabhängig davon, ob verheiratet oder nicht.

[10] Hanns Panndolt 1532 Vierer der Salzstößel, vgl. RP.

[11] Meister Jorg Piber ist von 1517 bis 1534 städtischer Pflastermeister, vgl. R. v. Bary III S. 1011.

[12] Hanns Schmid von 1520-1526 Vierer der Salzstößel, vgl. Vietzen S. 158, und Hanns Schmid auch 1542 Salzstößel, vgl. Vietzen S. 155 nach KR.

[13] Hanns Maisentaler ist 1519 als Salzstößel belegt, vgl. Vietzen S. 155.

[14] Hanns Wernher ist 1539 als Salzstößel (und gleichzeitig Wirt) belegt, vgl. Vietzen S. 156 nach KR.

Caspar Chamerloer (Camerloer), 1548, 1549/I saltzstósl [und Wirt, dann Zollner am Isartor[1]]
    St: 1548, 1549/I-II, 1550, 1551/I-II, 1552/I-II: -/2/2, 1553, 1554/I-II: -/2/11
Caspar Herman wirt St: 1555: -/5/26
Hanns Winckhler, 1558, 1559, 1564/I-II dráxl (dräxl). 1565-1571 Hanns Winckhler (Wingkler) dräxlin
    St: 1558: -/4/-, 1559, 1560: -/2/-, 1561, 1563, 1564/I-II, 1565, 1566/I-II, 1567/I-II: -/2/11, 1568: -/4/22, 1569-1571: -/2/-
    StV: (1569-1571) mer für ire khind (kinder) -/-/14.
N. Pfettner stalmaister St: 1559: nihil
Conrad Soyter statoberrichter St: 1563: nichil

Kaufingerstraße 28
(mit Frauenplatz 7, anfangs vielleicht auch mit Mazaristraße 1)

Lage: 1509 Eckhaus Ost zur Mazaristraße.
Charakter: Gasthaus. 1550/65 Fremdenherberge, 24 Pferde. Im 18. Jahrhundert „Zum Böck" und „Zum goldenen Kreuz".[2]

Hauseigentümer:

1386 Oktober 20 das Haus des Sengenwein ist dem Haus von Hans des Harders Hausfrau (Kaufingerstraße 29) benachbart.[3]
1392-1398 das Heiliggeistspital hat ein Ewiggeld aus „domus Sengenwein" beziehungsweise aus des Sengenweins Haus (der Sengenweinin Haus) an der Kaufingergasse.[4]
Der Sengenwein besitzt zeitweise auch das Nachbarhaus Kaufingerstraße 29.
Während der Zeit der Bürgerunruhen, als Sengenwein schon tot war, bewohnte das Haus der Wilhalm Sambsch oder Samsson, den Katzmair zu den „Darnach Bösen", also den Zweitschlimmsten, rechnet. 1399 und 1401 ist er Mitglied des Rates der 300, 1406 ist der Samps Bußmeister.[5]
Auch in diesem Haus treten Mitglieder der Aufstands-Partei auf: 1390 und 1393 hatte schon Hanns Eysenman hier gewohnt, einer der „Klaffer und Jaherrn" laut Katzmair, und 1390 Jörg Harder, einer der späteren „ersten Bösen".[6] Zwischen 1401 und 1403 dürfte das Haus bereits an Hanns Prewmaister übergegangen sein.
1402 Oktober 3 der St.-Johannis-Altar des Impler-Schrenck-Benefiziums in der Frauenkirche liegt vorne beim Chor, gegen Hannsen Preumaisters Haus über.[7]
Auch Hans Bräumeister ist Weinhändler, Weinwirt und Salzsender: 1400/02 gehört er zu den Händlern, die Wein aus Richtung Ötting und Mühldorf, also aus Österreich, nach München brachten.[8] 1403 schuldete dem „Wirt" Hanns Prewmaister die Stadt die hohe Summe von 57 Pfund und 12 Pfennigen Zehrkosten, die neun Mann – der Swepferman mit seinen Leuten – mit 9 Pferden sechs Wochen lang „datz im verzert haben im krieg".[9] 1414 erhielt er 10 Schillinge „von des gefangen pfaffen wegen, der gen Paebrunn [= Baierbrunn] lief, umb kost, die er zu im verzert und umb schefl und züger zu dem fewr, das es prant bey den Augustinern".[10] 1445 ist ein Prewmaister – wohl ein Sohn – als Salzsender belegt.[11] Nur eines ist Hanns Prewmaister nicht – Bräumeister!

---

[1] Caspar Chamerloer ist auch 1565 als Salzstößel belegt (und gleichzeitig Weinschenk), vgl. Vietzen S. 155 nach KR; wohl derselbe Caspar Chamerloer ist 1555-1558 Zollner am Isartor, vgl. R. v. Bary III S. 882. – Kaspar Chamerloher 1569 Religionsverhör, vgl. Dorn S. 228.
[2] Vgl. Stahleder, Haus- und Straßennamen S. 489, 506.
[3] GB I 224/15.
[4] Steueramt 982/1 S. 21v, 22r, 33v.
[5] Vgl. R. v. Bary III S. 840 nach KR 1406/07 S. 45r. – Muffat, Kazmair-Denkschrift S. 464, 509.
[6] Muffat, Kazmair-Denkschrift S. 463, 507.
[7] Kirchen und Kultusstiftungen 252.
[8] KR 1400/02 S. 42.
[9] Steueramt 572 (Leibgedingbuch 1402/03) S. 64v, 573 (Leibgedingbuch 1404/09) S. 40v.
[10] KR 1414/15 S. 39v.
[11] Vietzen S. 146.

1404 Februar 15 und **Juni 28** das Haus des Hanns Prewmaister ist dem Haus des „Caspar des helmsmits", künftig „Chunrade des sailers Haus" (Kaufingerstraße 29), benachbart.[1]

1436 Oktober 16 wieder wird der Impler-Schrenck-Altar St. Johannes Baptist und Evangelist in der Frauenkirche als gegenüber dem Haus des Hanns Prewmaister genannt.[2]

1487 März 31 Georg und Franz die Endlhauser, Gebrüder, verkaufen dem Reichen Almosen ein Ewiggeld von 6 Gulden rheinisch um 150 Gulden Hauptsumme aus diesem Haus.[3]

1490 Mai 29 Georg Endlhauser und seine Hausfrau Dorothea (!) verkaufen dem Weinschenken Peter Mairhofer[4] ein Ewiggeld[5] von 5 Gulden für 100 rheinische Gulden (GruBu).

1509 Oktober 5 Weiterverkauf des Ewiggeldes von 1490 aus Georg Enndlhausers ganzem eigenem vorderen und hinteren Haus und Hofstatt in Unser Frauen Pfarr an der Kaufingergasse, das Eck gegen des Giessers Haus (Kaufingerstraße 27) über und an Contz Kapser des Kochs Haus (Kaufingerstraße 29) stoßend.[6]

1527 September 30 Ulrich Rambsauer und seine Hausfrau Madalena verkaufen ihrem Vater und Schwiegervater ein Ewiggeld von 10 rheinischen Gulden um 200 Gulden Hauptsumme aus diesem Haus[7] (GruBu).

1532 domus Kreßdorfer (StB).

1539 Februar 4 Marthin Khressdorfer, fürstlicher Sekretär, und seine Hausfrau Madalena verschreiben dem Heiliggeistspital 5 Gulden um 100 Gulden Hauptsumme Ewiggeld (GruBu).

1540/41-1549/50 das Heiliggeistspital hat ein Ewiggeld aus Hanns Oberhoffers Haus an der Kaufingergasse, zahlt Statler Wirt.[8]

1550 Oberhofer betreibt hier eine Fremdenherberge mit der Möglichkeit, 24 Pferde unterzustellen.[9]

1555 September 17 die Vormünder der Kinder des Hanns Oberhofer (Hans, Michel, Leonhardt, Anna, Ursula und Margret) verkaufen aus ihrer Pflegekinder Haus zwei Ewiggelder zu je 10 Gulden um je 200 Gulden Hauptsumme (GruBu).

1556 August 20 Michel Oberhofer verschreibt seinem Bruder Leonhardt [später ebenfalls Wirt[10]] ein Ewiggeld von 20 Gulden für 400 Gulden zur Entrichtung seiner Gebührnis am Erbteil und an der Kaufsumme (GruBu).

1556 August 21 Michel Oberhofer verschreibt seiner Schwester Ursula Oberhofer 20 Gulden für die Hauptsumme von 400 Gulden zur Entrichtung ihres Gebührnisses an der Kaufsumme um die Behausung (GruBu).

1558 Oktober 26 Michel Oberhofers Haus ist dem Haus des Eisenmann (Kaufingerstraße 29/30) benachbart.[11]

1560 September 26 erneut Ewiggeldverkauf von 5 Gulden um 100 Gulden Hauptsumme durch Michel Oberhofer und seine Hausfrau Maria (GruBu).

1563 domus Stadler, Michel Oberhofer (StB).

Jeorg Stadler, vorher – 1550 – Oberhofer, betreibt um 1565 in diesem Haus eine Fremdenherberge mit Unterbringungsmöglichkeit für 24 Pferde.[12]

1564 April 20 der Weinschenk Georg Oppenrieder und seine Hausfrau Ursula verschreiben dem Stadtrat Georg Stadler und seiner Hausfrau Julia 40 Gulden Ewiggeld (Hypothek) um 800 Gulden Hauptsumme zur Entrichtung der Kaufsumme um dieses Haus (GruBu).

1564/I domus Oppenrieder (StB).

---

[1] GB III 21/12, 29/11.

[2] Kirchen und Kultusstiftungen 252, 278 Urk. Nr. 17 S. 33r/v = BayHStA, München Chorstift Urkunden.

[3] Stadtgericht 207/3 (GruBu) S. 882v/884r. Das Jahr 1532 zu Kressdorfer stammt aus dem StB, nicht aus dem GruBu.

[4] Peter Mairhofer ist 1489 Mitglied der Weinschenkenzunft, vgl. Gewerbeamt 1418 S. 6r. – Vgl. zu ihm Kaufingerstraße 13.

[5] Urk. C IX c 8 Nr. 36 und GruBu.

[6] Urk. C IX c 8 Nr. 35.

[7] Erst hier ist Ramsauer sicher als Hauseigentümer belegt, nicht schon für 1496, wie das Häuserbuch behauptet. Seit 1496 steht Ramsauer aber hier im StB.

[8] Heiliggeistspital (Rechnungen) 176/30 (1540/41) S. 39v, 176/38 (1549/50) S. 45v.

[9] Gewerbeamt 1422a.

[10] Vgl. Kaufingerstraße 8 (1566/I – 1571).

[11] Urk. C IX c 7 Nr. 84.

[12] Gewerbeamt 1422a.

1573 September 17 Georg Oppenrieder und seine Hausfrau Ursula verschreiben der Ursula Oberhoferin, des Wagers von Höhenkirchen Hausfrau, ein Ewiggeld von 6 Gulden (wahrscheinlich um 120 Gulden Hauptsumme) (GruBu).
1575 laut Grundbuch (Überschrift) des Georg Oppenrieders Gastgebens Haus, Hof und Hinterhaus.
Die Weinschenken-Tradition auf dem Haus geht sicher bereits in das 14. Jahrhundert zurück, vielleicht deutet schon der Name Sengen*wein* darauf. Sicher zu fassen ist sie aber ab Hanns Prewmaister.

Eigentümer Kaufingerstraße 28:

* Hainrich Sengenwein, 1379 inquilinus. 1387, 1394 Sengenwein. 1397, 1399 relicta Sengenweinin
    St: 1368: -/6/20 post, 1369: -/10/- post, 1371, 1372: 1/-/-, 1375: -/11/20 post, 1377: 0,5/-/15 juravit, 1378, 1379, 1381, 1382, 1383/I: 0,5/-/15, 1383/II: -/6/22,5, 1387: -/7/6, 1388: 1/6/12 juravit, 1390/I-II: -/14/12, 1392: 2,5/-/-, 1393, 1394: 3/-/80, 1395: -/13/10, 1396, 1397, 1399: 2,5/-/-
    StV: (1372) [am rechten Rand und wieder getilgt:] posuit nobis pepulum[1] pro pignus (!). (1381) post -/-/64.
* Hanns Prewmaister (Prewmaister). 1428 Prewmaister [Stadtrat[2], Weinhändler, Weinschenk, Salzsender]
    St: 1403, 1405/I: 12,5/-/24, 1405/II: 15/-/12 iuravit, 1406-1408: 20/-/16, 1410/I: 16/-/60 iuravit, 1410/II: 21/-/80, 1411: 16/-/-, 1412: 21/-/80, 1413: 22,5/-/- iuravit, 1415: 22,5/-/-, 1416, 1418, 1419: 30/-/-, 1423: 23/-/- minus -/-/30, 1424: 7/5/- hat zalt, 1428: dedit 1 ung[arischen] gulden und 5 gross
    StV: (1423) et dedit -/4/- gros de uxor[e] gracianus. (1428) fur sich, sein hawsfrawen und sein ehalten.
  pueri Prewmaister (Preumaister). 1447 pueri Hanns Preumaister, Lud[wig] und H[ainrich][3]
    St: 1431: 2/-/8 gracion, 1447: -/9/10 dedit [Vincenz] Ruelin, 1453: Liste
    Sch: 1439/I: 2 t[aglon]
  Hanns Preumaister [Salzsender[4]]
    St: 1454, 1455, 1458: Liste
  Hainrich und Ludwig (Preumaister) [Salzsender ?[5]]
    St: 1454-1457: Liste
  Hanns (der) Endelczhauser [Gerichtsschreiber/Stadtunterrichter[6]]. 1482 relicta Endlhauserin et pueri. 1486 Endlhauserin patrimonium et pueri
    St: 1462: -/5/16, 1482: 3/-/-, 1486: 4/1/10
    StV: (1482) dedit Eberhard pogner. (1486) dedit Jorg Endlhauser.
  Jorg [I.] Endelczhauser [äußerer Rat[7]] inquilinus
    St: 1462: 3/3/2
** Georg [II.] und Frantz die Endlhauser [Kinder von Jorg I., 1487 März 31]
** Jorg [II.] Enndelhauser [∞ Dorothea II. Schrenck[8]]
    St: 1490: 1/3/13
    StV: (1490) et dedit -/4/18 für sein brueder Frantzen.
  Schrenckin von Noczing
    St: 1490: in die camer

---

[1] Peplum = Frauenobergewand, Umhang, Mantel. Pignus = Pfand, Bürgschaft, Bürge.
[2] Hanns Prewmaister war 1395 Mitglied des Großen Rats, 1397 äußerer Rat, 1403, 1408 und 1413 jeweils einer der Bürgermeister, 1405 Kämmerer, 1393, 1408 und noch 1427 Kirchpropst der St.-Nikolaus-Kapelle. 1398 wurde er von der Umsturzpartei mit einer Geldbuße von 50 ungarischen Gulden belegt, vgl. Muffat, Kazmair-Denkschrift S. 518; R. v. Bary III S. 755; 756, 767, KR 1426/27 S. 47r.
[3] Sicher der spätere Weinschenk und Stadtrat Heinrich Preumaister, vgl. z. B. Rosenstraße 2.
[4] Prewmaister, ohne Vorname, ist 1445 als Salzsender belegt, vgl. Vietzen S. 146.
[5] Hainrich oder Ludwig ist 1444 als Salzsender belegt, vgl. Vietzen S. 146.
[6] Hans Endelhauser 1429 noch Bürger zu Dachau, dort von der Stadt München angefordert am 23.12.1431, 1432-1458 Gerichtsschreiber bzw. Stadtunterrichter, aber in diesem Amt auch schon am 9.3.1427, vgl. R. v. Bary III S. 802/803.
[7] Jorg Endelczhauser war 1463-1470 äußerer, 1471-1473 innerer Stadtrat und starb am 21.12.1473, vgl. RP.
[8] StadtAM, Schrenck-Chronik (Abschrift) S. 42.

** Utz (Ulrich) Ramsauer [äußerer Rat, Weinschenk[1], ∞ Magdalena, geb. Thalhamer (1527)]. 1529
    Ulrich Ramsauer patrimonium
        St: 1496: 1/5/5, 1500: 2/-/3, 1508, 1509: 5/-/24, 1514: Liste, 1522-1526, 1527/I: 7/-/1, 1527/II, 1528, 1529: 3/5/3
        St: (1496) et dedit -/1/- fúr sein swager Stainauer, gibt hinfúr nichtz mer. (1500) et dedit 1/4/- patrimonium fúr sein vater. (1508, 1509) et dedit 1/1/20 fúr (für) Jacob Stainauer; et dedit -/4/8 fúr (fur) Wolfgang Stainauer; et dedit -/7/25 fur (für) Ursula (Ursel) Stainauerin. (1522-1527/II) et dedit -/1/10 fúr p[ueri] (Cristof) Mair (Mayr). (1522) et dedit 2/2/24 fůr Knóbls ewigengellt. (1522-1527/II) et dedit -/-/7 fúr[2] p[ueri] Franckh. (1522) et dedit -/3/25 fúr Walthasar Pirckls patrimonium. (1525, 1526) et dedit 1/4/- fúr p[ueri] Stainperger. (1528) [Nachtrag am Rand:] diß jar patrimonium. (1528) et dedit -/1/10 fúr Cristof Mair.
    Jacob Stainaẃer [Kürschner[3]]
        St: 1514: Liste
    Wolfgang Stainawer
        St: 1514: Liste
    Cristof Mair [Weinschenk ?[4]]
        St: 1529: -/5/10 scchencknsteur
** domus [Martin] Kreßdorffer [fürstlicher Sekretär, ∞ Magdalena (geb. Ramsauer ?)]
        St: 1532: -/4/20 von 8 fl zinßgelt
** Hanns Oberhofer (Oberhoffer), 1540 wirt[5] [Eichmeister[6]]
        St: 1540-1542: 1/1/25, 1543: 2/3/20, 1544: 1/1/25, 1545: 5/6/24, 1546-1548, 1549/I: 2/6/27, 1549/II: 2/6/27 patrimonium
** Jorg Stadler, 1550, 1551/I-II, 1552/II, 1553, 1554/I-II wirt [Salzsender, äußerer Stadtrat[7]], 1564 des Rats [∞ Witwe von Hanns Oberhofer ?; 1564 Julia]
        St: 1549/II: -/1/12 gratia, 1550: 2/6/27 juravit, 1551/I-II, 1552/I-II: 2/6/27, 1553, 1554/I-II, 1555, 1556: 3/1/-
        StV: (1551/I-II, 1552/I-II) mer 2/2/5 fúr seine stieffkinder. (1552/II) mer 1/2/20 fúr p[ueri] stalmaister als hoffgsind von zinsn aus irem haus. (1553, 1554/I-II, 1556) mer 2/-/4 fúr seine stiefkinder; mer 1/4/9 fúr p[ueri] stalmaister. (1555) mer 2/-/4 fúr seine stiefkinder; mer 1/4/9 fúr p[ueri] stalmaister; mer 8/2/20 fúr p[ueri] Stainmúller. [1556 am Rand:] Stadler, was Jorg Grill zalt fúr 3 nachsteur habetur infra folio 64 [= Burgstraße 16 A]. (1556) mer 8/2/20 fúr p[ueri] Stainmúller.
** Hans, Michel, Leonhardt, Anna, Ursula und Margret Oberhofer [unmündige Kinder von Hanns Oberhofer, 1555 September 17]
** Michel Oberhofer, 1559-1561 wirt [Salzsender[8], ∞ Maria]
        St: 1557: -/3/15 gratia, 1558: -/-/-, 1559, 1560: 2/4/11, 1561: 1/-/10
        StV: (1557) hat nit lang [aus]gschenckht. (1558) ad 25. Februari anno [15]59ten zalt Oberhofer an chamer sein gschworne zwifache steur, thuet 5/1/22.
    Hanns Oberhofer
        StV: (1554/II) [am Rand nachgetragen:] Nota Hanns Oberhofer zalt fúr 300 fl hinaus empfangen fúr 3 nachsteur, thuet 3/5/-, actum den 24. Januarii anno [15]55ten.
** domus Stadler, Michel Oberhofer
        St: 1563: 1/-/10

---

[1] Ulrich Ramsauer 1494 Aufnahme in die Weinschenkenzunft, vgl. Gewerbeamt 1418 S. 8r. – 1499-1501, 1503, 1504, 1512, 1514 Vierer der Schenken, 1503-1527 äußerer Rat, vgl. RP. – 1518 kauft das Heiliggeistspital Wein vom Ramsauer, vgl. Heiliggeistspital (Rechnungen) 176/14 S. 5r.
[2] 1525 „fúr" versehentlich wiederholt.
[3] Ein Jacob Stainawer ist 1520 Vierer der Kürschner, vgl. RP.
[4] Ein Cristoff Mayr ist seit 1502 Mitglied der Weinschenkenzunft, ein weiterer seit 1503, vgl. Gewerbeamt 1418 S. 12r. Dieser dürfte ein jüngerer sein, derjenige für den der Ramsauer Steuer zahlte.
[5] Hanns Oberhofer, laut GruBu Glaser.
[6] Hanns Oberhofer ist von 1546-1548 städtischer Eichmeister der Weine, vgl. R. v. Bary III S. 972, nach KR.
[7] Jörg Stadler 1555, 1568 und 1570 Salzsender, 1573 Weinschenk, vgl. Vietzen S. 151 nach KR. – Georg Stadler 1565-1570 äußerer Stadtrat, vgl. Fischer, Tabelle IV S. 2/3.
[8] Michel Oberhofer 1557 als Wirt und 1568 als Salzsender belegt, vgl. Vietzen S. 150 nach KR.

** domus Oppenrieder
   St: 1564/I: -/-/-
** Hanns[1] Oppenrieder, 1566/I-II, 1569 wierdt [Salzsender[2]]
   St: 1564/II, 1565, 1566/I-II: -/5/10 schenckhsteur, 1568: 1/3/20 schennckhsteur, 1569: 2/-/4
   StV: (1564/II) mer für seine khindt -/5/18. (1565, 1566/I-II, 1567/I-II) und/mer für seine khinder -/5/18. (1565) mer für Anna schuesterin folio 100v [Ewiggeld]. (1566/I-II) mer für Anna schuesterin folio 99r [Ewiggeld]. (1568) mer für seine khinder -/5/18, abgsetzt. (1567/I-II, 1568) mer für Anna schuesterin folio 14r [Ewiggeld]. (1569) mer für sein khind -/2/2. (1569) mer für Anna schuesterin folio 13r [Ewiggeld]. (1570) mer fur Anna schuesterin folio 7v [Ewiggeld].
** Georg (Jörg) Oppenrieder, 1567/I wird [Salzsender[3], ∞ Ursula]
   St: 1567/I-II: -/5/10, 1570, 1571: 2/-/4
   StV: (1567/I-II) mer fur Anna schuesterin (in) folio 14r [Ewiggeld]. (1567/I-II) mer für (für) seine khinder (kinder) -/5/18. (1570) mer für sein khind -/2/2. (1570) mer für Anna schuesterin folio 7v [Ewiggeld]. (1570) mer fur sein khind nachsteur -/6/6. (1571) mer vir Ana Jorg schuesterin folio 7r [Ewiggeld].

Bewohner Kaufingerstraße 28:

Ott von Flinspach inquilinus St: 1368: -/-/-
Pericht[olt] fragneryn St: 1368: -/-/20 post
Hainrich Schicker[4] calciator inquilinus St: 1369: -/-/38
Marquardus sartor inquilinus St: 1369: -/-/72 gracianus, post[5]
patrimonium Slechdorfferii St: 1378, 1379: -/-/-
[Konrad] Óder sartor inquilinus St: 1379: -/-/54
relicta Greymolttin inquilina St: 1383/I: -/-/33
Chunrat rótsmid inquilinus St: 1383/I: -/-/-
Ott Korenves [Weinschenk, -händler] St: 1388: -/-/40 juravit
Górg Rabsak St: 1390/I: -/-/32 gracianus
Hanns Eysenman[6] inquilinus St: 1390/I-II: -/5/10, 1393: -/-/-
Górg Harder[7] inquilinus St: 1390/I: -/5/10
helmsmid [Wirt[8]] inquilinus. 1390/II Hanns helmsmid inquilinus St: 1390/I-II: -/-/32
Wilhalm Sambsch (Sambss, Samss) [Weinschenk[9]], 1400 inquilinus
   St: 1397, 1399, 1400, 1401/I: -/9/-
Hainrich swertfürb inquilinus St: 1400, 1401/I: -/-/40
Jeronime schreiber inquilinus St: 1400: -/-/40, 1401/I: -/-/-
Peter Löffler [Weinschenk[10]] St: 1431: -/18/12 iuravit

---

[1] Laut Grundbuch heißt der Oppenrieder Georg. Die Steuerbücher können sich lange nicht entscheiden. 1567/II ist „Hanns" unterstrichen (durchgestrichen ?) und am Rand daneben durch „Geörg" ersetzt. 1568 jedoch wieder „Hannß".
[2] Hanns Oppenrieder ist 1569 als Salzsender belegt, vgl. Vietzen S. 150 nach KR.
[3] Jörg Oppenrieder ist 1556, 1557, 1568, 1570, 1571, 1575, 1584 als Salzsender belegt, 1557 auch als Weinschenk, vgl. Vietzen S. 150 nach KR und Zollregister 1572-1575.
[4] „Schicker" über der Zeile nachgetragen.
[5] „post" links neben dem Namen am Rand.
[6] Hanns Eysenman laut Katzmair einer der „Klaffer und Jaherrn", vgl. Muffat, Kazmair-Denkschrift S. 464, 510/511. – Hans Eysenman 1398-1403 Ehezollner am Isartor, 1401 auch Brückenzollner, vgl. R. v. Bary III S. 882, 883, und Vietzen S. 162.
[7] Jörg Harder 1399 äußerer Stadtrat, laut Katzmair einer der „Ersten Bösen" bei den Bürgerunruhen ab 1397, vgl. Muffat, Kazmair-Denkschrift S. 463, 507. – Ein Jorg Harder ist 1402-1403 Salzscheibenzollner am Isartor, vgl. R. v. Bary III S. 883.
[8] Vgl. Kaufingerstraße 23 A und 30.
[9] Wilhalm Sambss laut Kazmair einer der "Darnach Bösen" bei den Unruhen von 1397-1403, vgl. Muffat, Kazmair-Denkschrift S. 464, 509. – Außerdem ist Samß Weinschenk, vgl. Gewerbeamt 1411 S. 2r.
[10] Peter Löffler gehört 1430 zu den Wirten an der Kaufingergasse, die Ungeld zahlen, vgl. Steueramt 987, 1433 ist er Mitglied der Weinschenken-Bruderschaft, 1442, 1455, 1457, 1458 und 1459 Vierer der Weinschenken, auch 1458 Weinschenk, vgl. Gewerbeamt 1411 S. 8v, 10v, 11v12v, auch RP 1459.

Kremser inquilinus St: 1431: nichil

Albrecht Sachs inquilinus Sch: 1439/I: 2 t[aglon]

Vicencz Ruelein (Rúllein) [Weinschenk[1]], 1462 inquilinus
    Sch: 1439/II, 1440, 1441/I-II: 2 t[aglon], 1445: 2 ehalten, dedit
    St: 1447: -/7/15, 1453-1458: Liste, 1462: nichil
    StV: (1462) ist vert die lest nachstewr gebessen.

pueri Hanns Schechner. 1453-1462 pueri Schechner inquilini
    Sch: 1441/I-II: 1 t[aglon]
    St: 1447: -/-/48, 1453-1458: Liste, 1462: nichil, ist nicht mer vorhantn

Gabriel [Angler ?] maler St: 1447: 2/-/13 iuravit

Chunrat Heller [Arzt[2]] St: 1447: -/-/60 dedit Vicencz [Ruelein], 1453: Liste

Doman Sytnpeck [Salzsender, Weinschenk[3]] St: 1462: -/5/27

Steffan Sehofer [Weinschenk[4]] St: 1482: 1/1/-, 1486, 1490: 1/1/15

Hanns Knebel [äußerer Rat[5]]
    St: 1500: 2/7/28, 1508: 5/4/-, 1509: 22/-/-
    StV: (1500) et dedit -/3/9 für pueri guster. (1500) et dedit -/-/19 für pueri Zeiling. (1509) damit drei nachsteur zalt.

relicta Stránngin St: 1500: 1/6/5

Hans Mairhofer [Weinschenk[6]] St: 1500: -/5/12

Jorg Hayder [Weinschenk[7]] St: 1508: 1/-/5

relicta die von Winßhaim St: 1526, 1527/I: 2/2/9

Erhart eichgegenschreiber[8] St: 1527/II: 1/2/27

Erhart Hochreitter [Weinschenk[9]]
    St: 1528, 1529: 2/1/22
    StV: (1528) hat seins weibs heyratgut zugesetzt; [am Rand:] -/5/25 zusetzen. (1529) sol biß jar seins schwehern gut zusetzen.

Achaci Degernseer
    St: 1540: 5/1/25
    StV: (1540) et dedit 1/3/19 für Caspar Ridler.

Warbara Friesin [Nadlerin[10]] St: 1541: -/2/-

Frantz Neydeckher St: 1541: an chamer

Arsaci wagner St: 1541: an chamer

Hannsin ibidem [= beim Oberhofer] St: 1542: -/2/-, 1543: -/4/-, 1544: -/2/-

Jorg meltzer, pfleger zu Iter St: 1544: 2/6/17

Hanns Öpp schneider St: 1545: -/4/14

Hanns Maysntaler [Salzstößel[11]] St: 1545: 22/1/5

Dr. [Panthaleon] Prunner
    St: 1545, 1546: nihil, rath zu hoff, 1547, 1548: nihil, rath, 1549/I: nihil, 1549/II: nihil, rath
    StV: (1549/II) von wegen seins schwehern erb 8/2/12 für 3 nachsteur, soll weiter nachgfragt werden, ob er nich[t]s im burckhfrid habe.

---

[1] Viczencz Rúlant (!) (Rielein) ist 1433 und 1451 Mitglied der Weinschenken-Bruderschaft, 1447 Vierer der Weinschenken, vgl. Gewerbeamt 1411 S. 9r, 10r, 11r.

[2] Chunrat Heller ist 1439 als (nicht beamteter) Arzt belegt, vgl. R. v. Bary III S. 1016.

[3] Vgl. Kaufingerstraße 6.

[4] Steffan Sehofer 1489 Mitglied der Weinschenkenzunft, vgl. Gewerbeamt Nr 1418 S. 5r. – Er dürfte auch der Sehover sein, von dem die Stadt 1489 ein Kandel Wein für Geschenkzwecke kaufte, vgl. KR 1489/90 S. 69v, sowie der Seehofer, bei dem der Baumeister Meister Fridrich von Ingolstadt 1474 Zehrkosten hinterließ, als er hier den Bau von Unserer Lieben Frau besichtigte, vgl. KR 1474/75 S. 74v, sowie der Seehofer, bei dem 1479 Meister Jacob der Zimmermann auf städtische Kosten zehrte, einmal für 1 Pfund 5 Schillinge und 4 Pfennige und einmal für 1 Pfund und 6 Schillinge, vgl. KR 1479/80 S. 76r.

[5] Hanns Knebel 1509 äußerer Rat, vgl. RP.

[6] Hans Mairhoffer 1491 Aufnahme in die Weinschenkenzunft, vgl. Gewerbeamt 1418 S. 7r.

[7] Jorg Hayder 1505 Aufnahme in die Weinschenkenzunft, vgl. Gewerbeamt 1418 S. 13v.

[8] Erhart ist Eichgegenschreiber von 1523-1527, vgl. R. v. Bary III S. 972.

[9] Erhartt Hochreytter 1527 Aufnahme in die Weinschenkenzunft, vgl. Gewerbeamt 1418 S. 20r.

[10] Vgl. Frauenplatz 7.

[11] Ein Hans Maisentaler war 1519 Salzstößel, vgl. Vietzen S. 155 nach KR.

Madlen Schwártzin St: 1546-1548: -/2/-
Jorg Glaner [Salzstößel, dann Weinschreiber¹] St: 1548, 1549/I-II, 1550, 1551/I: 3/3/15
Mang plettersetzer St: 1548-1558: nihil
Jorg Obermayr (Obermair)², 1549/I, 1550, 1551/I-II, 1564/II tagwercher
 St: 1549/I-II, 1550, 1551/I-II, 1552/I, 1564/II: -/2/-
Theodo Albeg (Alweg) schneider. 1555-1558 Theodo schneider
 St: 1551/II, 1552/I-II: -/2/20, 1553, 1554/I-II, 1555-1557: -/2/-, 1558: -/4/- patrimonium
[Mathes] Ruperstorffer [Schäffler³] St: 1552/I: -/2/-
relicta Persfelderin
 St: 1552/II: 1/-/-
 StV: (1552/II) mit geding, auch wie man steurt und als offt, dermassen soll sy auch steurn.
graff vom Lehenstain [Lebenstain] St: 1552/II: nihil
Sigmund Hintterskircher oberrichter⁴ St: 1553, 1554/I: nihil
Doctor [Bernhard] Ruedolff hoffprocurator St: 1554/II, 1555: nihil
Gertraut Pórtzlin
 St: 1554/II, 1555, 1556: -/4/12, 1557, 1558: an chamer
 StV: (1558) beym Schmalholtz ze finden [= Kaufingerstraße 26].
Anna schneiderin St: 1554/II: -5/4 juravit, 1555-1557: -/5/4
Jorg (Georg) [V.] Ridler [innerer Rat⁵]
 St: 1556, 1557: 3/1/7, 1558: 6/2/14, 1559, 1560: 3/1/7, 1561, 1563, 1564/I-II, 1565, 1566/I:
  4/2/10, 1566/II: an chamer, 1567/I-II: 4/2/10
 StV: (1566/I) nit hie; [Nachtrag:] zalt ad 24. Januari 4/2/10.
Melcher Schinaglin St: 1556: -/2/-
Hanns ziegler [Schneider⁶] St: 1558: -/-/14 gratia
Michel Protkarb (Protkorb) púxnschiffter St: 1558: -/4/-, 1559, 1560: -/2/-
Martin Seehofer (Sehofer) [Salzsender⁷] St: 1559, 1560: 2/3/15
Ulrich Schwab [Salzsender, Weinschenk⁸] St: 1561, 1563: 2/4/13
haubtman Peninger. 1570 Peninger
 St: 1561: -/-/- nichil, 1563: -/-/- nichil, hofgsind, 1564/I: -/-/- hofgesindt, 1564/II: -/-/-, 1565:
  -/-/- nichil, hofgsind, 1570: -/-/-
Jörg Freihamer St: 1561: -/3/25 gratianer
Jorg Obermair tagwercher St: 1564/I-II: -/2/-
Peter Riegerin (Ryegerin), 1566/II, 1568, 1569 oder Khiechlmairin
 St: 1566/II, 1567/I-II: -/3/11, 1568: -/6/22, 1569-1571: -/3/7
Doctor Jheronimus Nadler St: 1566/II, 1567/I: -/-/-
Preisinger ritter St: 1567/II: -/-/-
Wigeleuß Hofer St: 1568: -/-/-, 1569: an chamer
Urban Wagnhueber cramer St: 1568: -/4/-, 1569: -/2/-
Christof abentheurer (abntheurer)⁹ pogner
 St: 1568: -/-/2, 1569-1571: -/-/1
 StV: (1568) mer fur seines brudern khinder -/2/10. (1569-1571) mer für seines bruedern khinder
  -/1/5.
Lenhart (Leonhart) Closner seidnnater St: 1568: -/4/-, 1569-1571: -/2/-

---

[1] Jörg Glaner 1549 Salzstößel, vgl. Vietzen S. 154 nach KR. – 1552-1558 ist Jorg Glaner Weinschreiber (Weinzaler des Weinmarkts), vgl. R. v. Bary III S. 975.
[2] 1549/II, 1552/I vor „Obermayr" („Obermair") getilgtes „Amler", 1551/I „Obermair" über getilgtem „Amler".
[3] Vgl. Weinstraße 9 (1545) und Frauenplatz 7 (1553, 1554/I).
[4] Sigmundt Hinterskircher 1554-1556 Stadtoberrichter, vgl. R. v. Bary III S. 799.
[5] Jörg Ridler 1547, 1548, 1550 äußerer Rat, 1549, 1551-1559 innerer Rat, vgl. RP.
[6] So bezeichnet von 1559 bis 1563 bei Rindermarkt 23.
[7] Martin Seehofer 1555 als Salzsender belegt, vgl. Vietzen S. 151 nach KR.
[8] Ulrich Schwab ist 1559, 1560 und 1576 als Salzsender, 1561 auch als Weinschenk belegt, vgl. Vietzen S. 151 nach KR, GruBu und Zollregister 1572-1575.
[9] Juwelenhändler, herumziehender Kaufmann, vgl. Matthias Lexer, Mhd. Taschenwörterbuch, 30. Auflage, Stuttgart 1963, S. 8.

Hanns Hiernhamer (Hirnhamer) amer
    St: 1569: -/-/- steurt beim hindern hauß [= Frauenplatz 7][1], 1570: -/2/-
    StV: (1570) mer für sein khindt -/-/7.
Nothafft St: 1570: -/-/-
Dorothea Prantnerin (Prandtnerin) St: 1570, 1571: -/2/-
[Heinrich] Lechle renntschreiber[2] St: 1571: -/-/- hofgsind
Carl Óhinnger St: 1571: -/-/- hofgsind
Geórg Meillinger melbler St: 1571: -/2/-

Kaufingerstraße 29
(bis 1401 Nr. 29/30 gemeinsam)
(mit Frauenplatz 8)

Lage: Nach 1404 (irrtümlich) sita under den sporern.
Charakter: Um 1402 Weinschenke. 1550/65 Fremdenherberge, 31 Pferde.

Hauseigentümer:

Die Häuser Kaufingerstraße 29 und 30, mit Rückgebäude Frauenplatz 8, anfangs vielleicht auch mit Frauenplatz 9, haben eine gemeinsame Vorgeschichte, vgl. Kaufingerstraße 30. Eigentümer ist zunächst bei beiden Häusern Hainrich Tulbeck. Deshalb sind bis 1401 auch die Bewohner (Mieter) der beiden Häuser schwer zu scheiden. Die Zuweisung ist deshalb unsicher.
Die Trennung der beiden Häuser erfolgte nach dem Tod von Hainrich Tulbeck.
1381 April 26 die Witwe des Hainrich Tulwechen selig verpfändet ihr hinteres Haus, gelegen bei Unser Frauen Freithof (Frauenplatz 8) an Fridrich den Haemerlein wegen mehrerer Äcker, die er von ihr gekauft hatte.[3]
1386 Oktober 20 Diemut, Hans des Harders von Erding Hausfrau, übergibt ihr Haus an der Kaufingergasse, dem Haus des Sengenwein (Kaufingerstraße 28) benachbart, ihrem Ehewirt Hans dem Harder.[4] Diemut Harder war die Tochter von Hainrich Tulbeck.[5]
1387, 1388 domus Tulbeckin(ne) (StB).
1390/I domus Hansen Harder (StB).
1390/I-1392 domus puerorum (pueri) Tulbecken (StB).
1392-1398 aus des Tulbecken Haus an der Kaufingergasse haben die Augustiner ein Ewiggeld.[6]
1392-1398 aus des Sengenweins Haus („domus Sengenwein") an der Kaufingergasse hat der Tulbeck-Altar in der Frauenkirche ein Ewiggeld.[7]
1398 das Heiliggeistspital hat ein Ewiggeld „auz des Sengenweins hauz, daz des Túlbechken waz".[8]
1404 Februar 15 „Caspar der helmsmit" verpfändet sein Haus an der Kaufingergasse in Unser Frauen Pfarr, zunächst Hannsen des Prewmaisters Haus (Kaufingerstraße 28) gelegen, um 44 gute alte rheinische Gulden.[9]
1404 Juni 28 „Caspar der helmsmit" verkauft sein Haus an der Kaufingergasse, zunächst Hannsen des Prewmaisters Haus (Kaufingerstraße 28), dem „Chunrade dem sailer", einem Weinschenk.[10]

---

[1] Erscheint dort jedoch nicht.
[2] Heinrich Lehle ist 1562-1574 Rentschreiber von München, vgl. Ferchl, Bayerische Behörden und Beamte S. 675.
[3] GB I 140/2.
[4] GB I 224/15.
[5] Stahleder, Bürgergeschlechter. Die Tulbeck S. 221/229, hier S. 227.
[6] Steueramt 982/1 S. 16v.
[7] Steueramt 982/1 S. 21v, 22r, 33v.
[8] Vogel, Heiliggeistspital, Salbuch A Nr. 242. – Zimelie 40 (Heiliggeistspital, Salbuch B) S. 35r.
[9] GB III 21/12.
[10] GB III 29/11. – Bei Kaufingerstraße 2* ist er Weinschenk.

Auch die Barfüßer haben aus diesem Haus einen Ewigzins, der jeweils zu einem Jahrtag am 20. April fällig wird: „census de domo sailer, sita under den sporern, que fuit Sengenweins".[1]

Um 1415 das Haus des Sengenweins, das früher dem Tulbeck gehört hatte und aus dem das Heiliggeistspital einen Ewigzins hat, dieses Haus „hat [nun] der Franczôwzz", vermerkt der Schreiber als Nachtrag im Salbuch.[2]

1449 das Heiliggeistspital hat ein Ewiggeld aus Oswold Mosawers Haus.[3]

1453 Juli 8 nach einem weiteren Nachtrag im Salbuch des Heiliggeistspitals hat nunmehr der Oswald Mosawer den Zins auf dem Haus (das früher der Tulbeck, der Sengenwein und der Franzos hatten) abgelöst.[4] Oswald Mosauer ist also nun der neue Eigentümer.

1457 wird die Straße gepflastert vor dem Mosawer und vor dem Eglinger (Kaufingerstraße 30).[5]

1509 Oktober 5 das Haus des Kochs Contz Kapser ist dem Eckhaus des Georg Enndlhauser (Kaufingerstraße 28) benachbart.[6]

1535 Oktober 27 Wilhelm Eisenman und seine Hausfrau Anna verkaufen aus diesem Haus ein Ewiggeld von 6 Gulden rheinisch um 100 Gulden Hauptsumme an die Augustiner.[7]

Wilhelm Eisenman erwirbt um 1540 auch das Nachbarhaus Kaufingerstraße 30.

1550/65 Wilhelm Eisenmann betreibt eine Fremdenherberge mit Unterbringung von 31 Pferden.[8]

1558 März 8 die Vormünder von Caspar Eisenmann verschreiben der Margreth Eisenmannin 5 Gulden für 100 Gulden Hauptsumme Ewiggeld zur Entrichtung einer Schuldsumma, die Caspar seiner Ahnfrau (Großmutter) schuldig ist (GruBu).

1558 März 28 die Vormünder von Caspar Eisenmann verschreiben Barbara Meirl, des Caspar Eisenmanns Stiefmutter, 20 Gulden rheinisch um 400 Gulden Ewiggeld leibgedingsweise (GruBu).

1558 Oktober 26 der Weinschenk Caspar Eisenman und seine Hausfrau Anna, Tochter des Gastgeben Christoph Strobl, verkaufen ein Ewiggeld von 20 Gulden rheinisch um 400 Gulden Hauptsumme aus ihren zwei nebeneinanderliegenden Häusern an die Sondersiechen auf dem Gasteig. Nachbarn sind Michel Oberhofer (Kaufingerstraße 28) und Christoph Hörl (Kaufingerstraße 31)[9] (GruBu).

1560, 1563, 1564/I-II domus Caspar Eysenman (StB).

1564 Oktober 23 der Salzsender (!) Caspar Eisenman und seine Hausfrau Madalena verkaufen ein Ewiggeld von 10 Gulden um 200 Gulden Hauptsumme (GruBu).

1565 domus Caspar Eysnman (StB).

1566 August 19 das Ehepaar Eisenmann verkauft erneut ein Ewiggeld von 5 Gulden für 100 Gulden Hauptsumme (GruBu).

1566/I-II domus Caspar Eysnman (StB).

1567 Mai 4 erneut Ewiggeldverkauf von 5 Gulden um 100 Gulden das Ehepaar Eisenmann (GruBu).

1567/I-II domus Caspar Eysnman (StB).

1572 Januar 4 das Zimmermanns-Ehepaar Leonhard und Ottilia Zacherl verkauft „dieses ihr Haus" (die beiden Häuser) um 1650 rheinische Gulden und 3 Taler Leikauf an Mathes Ludwig und seine Hausfrau Barbara (GruBu).

1575 laut Grundbuch (Überschrift) des Mathes Ludwig Haus und Stallung.

Wahrscheinlich waren Zacherl und Ludwig mit zwei Eisenmann-Töchtern verheiratet und Mitbesitzer mit Caspar Eisenman; denn dieser und seine Hausfrau Magdalena verkaufen

1577 Februar 6 „diß Haus" weiter um 1450 Gulden und 20 Gulden Leikauf, nunmehr an den Weinschenken Martin Schlaucher (Schlauer, Schlauch) (GruBu).[10]

Eine Weinschenke gab es in diesem Haus schon seit mindestens um 1400 (Helmschmied).

---

[1] Barfüßerbuch S. 127. – Die Bezeichnung „unter den Sporern" gehört allerdings erst zu der Häusergruppe 32-36, vgl. Stahleder, Haus- und Straßennamen S. 305. – Stahleder, Stadtplanung S. 222.
[2] Vogel, Heiliggeistspital, Salbuch A Nr. 242.
[3] Zimelie 40 (Heiliggeistspital, Salbuch B) S. 8v.
[4] Vogel, Heiliggeistspital, Salbuch A Nr. 242.
[5] KR 1457/58 S. 106r.
[6] Urk. C IX c 8 Nr. 35.
[7] Stadtgericht 207/3 (GruBu) S. 887v/891r.
[8] Gewerbeamt 1422a.
[9] Urk. C IX c 7 Nr. 84.
[10] Nicht jedoch Schmaucher wie das Häuserbuch schreibt. Der Eintrag zum Jahr 1576 im HB KV S. 87 („Eisenmann Kaspar, Salzsender, 1. Ehefrau Magdalena, 2. Ehefrau Barbara") stammt nicht aus dem Grundbuch und ist unrichtig. Auch der Eintrag zu 1570 ist dort nicht enthalten.

Eigentümer Kaufingerstraße 29 (bis 1401 mit Nr. 30):

* Hainrich [II.] Tulbeck (Tulbech, Tulbech) [Stadtrat].[1] 1381-1383/II relicta Tulbeckin
    St: 1368: 2,5/-/-, 1369, 1371, 1372, 1375: 3/6/-, 1377: 3/6/- juravit, 1378, 1379: 3/6/-, 1381: 2/-/- sub gracia, 1382: -/6/- sub gracia, 1383/I: -/6/-, 1383/II: -/9/-
    StV: (1369): [am rechten Rand und wieder getilgt:] solvit -/5/20.
  Diepold gener Tólbecki. 1378 Dieppolt gener eius inquilinus
    St: 1377: 1/-/-, 1378: -/-/-
  Hanns [I.] Tulbeck [Goldschmied, später Bürgermeister[2]] inquilinus
    St: 1383/I: 2,5/-/-, 1383/II: 3/6/-
* Diemut, Hanns des Harder von Erding Hausfrau [geb. Tulbeck, bis 1386 Oktober 20]
* Harder [Hanns der Harder von Erding]. 1390/I domus Hansen Harder[3]
    St: 1387: -/13/10, 1390/I: -/-/80
* domus Tulbeckin (Tulbeckinne)
    St: 1387: -/-/60, 1388: 0,5/-/-
    StV: (1388) Es ist ze mercken, wann man -/-/8 M[ünchner] [als Steuer] gibt vom pfunt, so sol si alz vil geben, gibt man aber minner oder mer, also gibt si auch.
* domus puerorum (pueri) Tulbecken 1390/I – 1392, siehe Haus Nr. 30
* des Tulbechen Haus 1392 – 1394, siehe Haus Nr. 30

Trennung von Nr. 29 und 30 um 1401

* des Sengenweins Haus, das des Tulbeckhen war [um 1392-1398]
* Gasper helmsmid [Wirt[4], ∞ Kathrey]
    St: 1401/II: -/10/4 iuravit, 1403: -/10/4
* Chunrade sayler. 1410/I relicta Chunrade sayler [Weinschenk[5]]. 1410/II relicta Chunradein sailerin
    St: 1405/II: 2/-/- iuravit, 1406-1408: 2,5/-/40, 1410/I: -/10/- propter patrimonium, 1410/II: -/10/-
    StV: (1410/II) und zu der nächsten stewr sol ir man [= der Franzos] ir baider stewr mit dem ayd verstewrn.
* Hanns Franczo (Franczoso, Franczos) [Weinhändler[6], ∞ relicta Chunrad sailerin], 1415, 1416 (et) pueri uxoris
    St: 1411: -/11/-, 1412: -/13/10 iuravit, 1413: -/10/- iuravit, 1415: -/15/-, 1416: 2,5/-/-, 1418, 1419: -/13/10
    StV: (1411) und er sol zu der nächsten stewr swern sein gut und seiner hausfrawn gut und er sol darinn dhain verziehen haben.
    et pueri uxoris [= der Witwe des Chunrade sailer]
    St: 1418, 1419: nichil

---

[1] Hainrich II. Tulbeck ist 1377 innerer Stadtrat, 1365-1380 äußerer Rat, 1373 und 1374 Hochmeister zu Unserer Lieben Frau. Hainrich Tulbeck starb noch vor am 26.4.1381, wo seine Frau schon Witwe war, vgl. GB I 140/2. – Vgl. R. v. Bary III S. 739, 762. – Muffat, Kazmair-Denkschrift S. 535. – Stahleder, Bürgergeschlechter. Die Tulbeck S. 223.

[2] Hanns Tulbeck 1381 Mitglied des Großen Rats, 1393 Bürgermeister, vgl. R. v. Bary III S. 745, 755. – Frankenburger S. 264.

[3] 1390/I vor „Harder" radiertes und vielleicht zu „Hansen" verbessertes „Hawsner". 1390/II der ganze Eintrag wegradiert.

[4] „Caspar der helmsmid" steht 1402/03 unter den Bürgern, die als „Wirte" bezeichnet werden und Kosten für Bewirtung von Gästen von der Stadtkammer erstattet erhalten, vgl. KR 1402/03 S. 100r/v. – Weinschenk ist Casper helmsmit auch laut Gewerbeamt 1411 S. 3r. – Caspar helmsmid erhält 1403 aus der Stadtkammer 42 Pfund Pfennige für alles, was neun Mann mit neun Pferden in fünf Wochen „datz im verzert haben", vgl. Steueramt 572 (Leibgedingbuch 1402/03) S. 64r.

[5] Chunrade sayler ist Weinschenk, vgl. Gewerbeamt 1411 S. 3r.

[6] 1413 kauft die Stadt von dem Franczoys um 75 Pfennige Wein, den man Herzog Ludwigs Räten (von Ingolstadt) ausschenkte, vgl. KR 1412/13 S. 37r.

* Oswalt Mosawer (Mossawer) [Weinschenk, Stadtrat[1]]
    St: 1428: dedit 3 gross, 1431: 3/-/- iuravit, 1447: -/23/18, 1453-1458: Liste, 1462: 5/4/28
    StV: (1428) für sich und sein diern.
    Sch: 1439/I-II, 1440, 1441/I-II: 3,5 t[aglon], 1445: 3 ehalten, dedit
* Cuncz (Konrat) Kapsser (Kapßer, Kapser), 1482 stattkoch, 1486 der stat koch, 1490 koch [Weinschenk[2], 1460 ∞ Ursula]
    St: 1482: -/5/10 [Schenkensteuer], 1486: -/5/10 schenckstewer, 1490: -/5/10
    StV: (1482) et dedit -/3/5 fur pueri Sehofer. (1486) et dedit -/3/22 für pueri Sehofer.
  Wolfganng [Kapser[3]] koch [Weinschenk[4]]
    St: 1500: -/5/10 [Schenkensteuer], 1508: nichil, ratz geschäft, 1509: nichil, ist steurfrey, 1514: Liste
    StV: (1508) ratz geschäft. (1509) ist steurfrey.
* Wilhalm Eysman (Eysnman) [der alt[5], ∞ Anna], 1554/II wirt. 1559 alt Eysnmanin
    St: 1540-1542: 3/2/28, 1543: 6/5/26, 1544: 3/2/28, 1545: 6/6/28, 1546-1548, 1549/I-II, 1550, 1551/I-II, 1552/I-II: 3/3/14, 1553, 1554/I-II, 1555-1557: 7/1/-, 1559: 1/6/8
    StV: (1559) ist der zeit des aids erlassen.
** Caspar Eysnman[6]. 1560, 1563-1567/II domus Caspar Eysenman (Eisnman, Eusenman, Eisenman) [Weinschenk, Salzsender[7], ∞ 1. Anna, 2. Magdalena]
    St: 1558: 1/3/20 schenckhsteur als gratia, 1559: -/5/10 schenckhsteur, 1560: -/-/-, 1563: an chamer, 1564/I-1567/II: -/-/-
    StV: (1560) zalt infra fol. 16 col. 2 [= 16v, Sendlinger Straße].
** Leonhard Zächerl, Zimmermann [∞ Ottilia, wohl geb. Eysnmann, 1572 Januar 4]
** Matheus Ludwig [∞ Barbara, wohl geb. Eysnman, 1572 Januar 4, 1575]
** Martin Schlaucher (Schlauer, Schlauch), Weinschenk [∞ Anna, seit 6. Februar 1577]

Bewohner Kaufingerstraße 29:

Die Bewohner der Häuser 29 und 30 sind von 1549/II ab bis 1558 nicht zu trennen, da ihre Reihenfolge ständig wechselt und alle Namen dieser beiden Häuser jeweils am Rand mit einer Klammer zusammengefasst wurden. Von 1540 bis 1549/I gehören Wilhelm Eysenman, die Wirtin von Starnberg, der Kybler und der Knaus zu Haus 29 und sind mit einer Klammer verbunden, Ment, Westermair, Pastorffer, Sümerl und die Deyslin zu Haus 30 und sind ebenfalls mit Klammer verbunden.
Diese Namen werden auch von 1549/II bis 1558 bei diesen Häusern belassen, die anderen, neu hinzugekommenen Namen werden unter Haus Nr. 29 eingeordnet.
Der alte Sämer bleibt bei 29, da 1549/II durch Klammer dahin bezogen. Der junge Sämer wird aber 1559 und 1560 mit Klammer zum Haus 30 gezogen und wird deshalb dort eingeordnet.

Ott (Óttel) Spiegel, 1369 inquilinus. 1371, 1372 Spiegel (Spigel)
    St: 1368: -/13/10, 1369, 1371, 1372: 2,5/-/-, 1375: 5/6/-
Hans Vettinger [ehem. Zöllner am Neuhauser Tor ?[8]] inquilinus St: 1371: -/3/-

---

[1] Oswald Mosawer ist 1433 und 1451 Mitglied der Weinschenken-Bruderschaft, 1447, 1448, 1452, 1453, 1457 und 1459 Vierer der Weinschenken, auch 1458 Weinschenk, vgl. Gewerbeamt 1411 S. 8v, 9v, 11r, 11v, 12v, auch RP, 1430 gehört er zu den Wirten an der Kaufingergasse, die Ungeld zahlen, vgl. Steueramt 987, 1458 ist er als einer der Bürgermeister belegt, 1459, 1459-1461 äußerer Stadtrat, vgl. RP und R. v. Bary III S. 758.

[2] Chuntz Kabser ist 1465 Vierer der Köche, vgl. RP. – Konrad Kapser 1482 Stadtkoch, 1490 Koch, vgl. RP; nach 1458 Weinschenk und 1489 auch Mitglied der Weinschenkenzunft, vgl. Gewerbeamt 1411 S. 14v (nach 1458) und 1418 S. 1r, mit Zusatz „ist tod" (1489).

[3] Familienname nur im Weinschenken-Verzeichnis.

[4] Wolfgang Kapser koch 1498 Aufnahme in die Weinschenkenzunft, vgl. Gewerbeamt 1418 S. 10r.

[5] Wilhelm Eysnman ∞ 1. Anna 1535, 2. Barbara geb. Meierl.

[6] Caspar Eysnman am 8. März 1558 noch unter Vormundschaft. Sohn von Wilhalm dem Älteren, Bruder von Wilhalm dem Jüngeren; ∞ 1. Anna, geb. Strobl, Tochter von Gastgeb Christoph Strobl 1558, 2. Magdalena 1563 ff.

[7] Caspar Eysenman 1558 als Salzsender und als Mitglied der Wirtezunft belegt, vgl. Vietzen S. 148 nach KR, GruBu und Zollregister 1572-1575.

[8] Ein Hans Vettinger war 1367-1370 Ausfuhrzöllner am Neuhauser Tor, vgl. R. v. Bary III S. 884, Vietzen S. 163.

Húbswirt [ehem. Pfändermeister ?[1]] St: 1387: -/-/-
relicta Goczmanin[2] et Haincz ir sun. 1405/I patrimonium Goczmanin, Haincz Goczman yr sun
    St: 1403, 1405/I: -/6/- minus -/-/4
relicta Chunrad salbwrch
    St: 1419: 2/-/- ir stewr
        StV: (1419) et Lienhart [= Torsch] ir man -/-/60 gracianus, zu der nächsten stewr sol er swern.
Lienhart Thorsch (Tórsch) St: 1423: 2,5/-/-, 1424: -/6/20 hat zalt
Jeronimus Ridler [später Stadtrat[3]] St: 1490: 2/7/2, 1496: 3/2/16
Hainrich Sacrer, 1514 wirt[4] St: 1514: Liste
Hans Burger [Weinschenk[5]] St: 1522: 1/3/18 juravit, 1523, 1524: 1/3/18
    Hainrich Burger St: 1524: -/2/-
Andre zollner [Salzsender, äußerer Rat[6]] patrimonium. 1526, 1527/I-II relicta Andre zollnerin [Weinschenkin[7]]
    St: 1525: 4/3/18, 1526: 2/5/23 juravit, 1527/I-II: 2/5/23
Hanns Weiß kramer St: 1526, 1527/I: 1/1/2, 1527/II, 1528: -/5/18
Hanns Thunauer, 1527/II, 1528 saltzstößl. 1532 Hanns saltzstößl
    St: 1526, 1527/I: -/-/21 gracion, 1527/II, 1528, 1529, 1532: -/2/12
Adam Hórl St: 1528: -/5/10 schencknsteur, sol bis jar schwern
Wolfgang seidnater St: 1529: -/2/10
Hanns Oberhofer [Wirt] St: 1532: 1/-/10 juravit [später Eigentümer Haus Nr. 28]
Michl Grátz [Weinschenk[8]] St: 1532: -/5/10 schencknsteur
Michel Ársinger [Salzstößel[9]] St: 1532: -/5/26
wirtin von Starnwerg St: 1541: -/2/-
Sigmund (ab 1564/II Simon, Siman) Kybler (Kibler, Khibler, Khübler, Khybler), 1564/II-1571 saltzstóssl[10]
    St: 1542: -/2/-, 1543: -/4/-, 1544: -/2/-, 1545: -/4/14, 1546-1548, 1549/I-II, 1550, 1551/I-II, 1552/I-II: -/2/7, 1553, 1554/I-II, 1555-1557: -/4/12, 1558: 1/1/24, 1559, 1560: -/4/12, 1561, 1563, 1564/I-II, 1565, 1566/I-II, 1567/I-II: -/5/1, 1568: 1/3/2, 1569: -/5/29, 1570, 1571: -/5/29
    StV: (1556, 1557) mer -/-/17,5 fúr p[ueri] Schwanckhart. (1556) mer 5 kr[euzer] ain alte steur. (1558) mer -/1/5 fúr p[ueri] Schwanckhart. (1561-1567/II, 1569) mer fúr (vyr) p[ueri] Enngl -/-/7. (1563-1567/II) mer fúr (vyr) p[ueri] Jacob Lechner -/3/28,5. (1568) mer fúr p[ueri] Enngl -/-/14; mer fúr p[ueri] Jacob Lechner 1/-/27. (1569) mer fúr p[ueri] Lechner -/4/9. (1570) mer fúr p[ueri] Enngl -/-/7. (1570, 1571) mer fur p[ueri] Lechner -/4/9.
Sigmund Herlin St: 1542: 2/3/26 zalt Doctor Perbinger
Margreth múllnerin St: 1543: -/4/-
Michl Knaus, 1552/II, 1553, 1554/I-II, 1556, 1557 lautnmacher[11]
    St: 1548, 1549/I-II, 1550, 1551/I-II, 1552/I-II: -/2/2, 1553, 1554/I-II, 1555-1557: -/2/2
Jorg Samer (Sámer), 1551/II, 1552/I-II, 1553, 1554/I-II messerschmid
    St: 1549/II: -/2/-, 1550, 1551/I: -/-/-, 1551/II, 1552/I-II, 1553, 1554/I-II: -/2/-
    StV: (1550) zalt infra fol. 58 col. 1 [= 58r, Thiereckstraße 1]. (1551/I) nihil hie, ist im Naglergásl auch gschriben fol. 61 col. 2 [= 61v, Thiereckstraße 1].

---

[1] Wohl Niclas Hübschwirt, 1381/82 Pfändermeister, vgl. R. v. Bary III S. 822.
[2] Ihr verstorbener Ehemann wird 1401/I beim Nachbarhaus Kaufingerstraße 30 als Schenk bezeichnet.
[3] Jeronimus Ridler ab 1500 bis 1527 zunächst äußerer, dann innerer Rat, vgl. RP.
[4] Hainrich Sagkrer seit 1493 Mitglied der Weinschenkenzunft, vgl. Gewerbeamt 1418 S. 7v; 1496, 1497, 1507, 1509 Vierer der Schenken, vgl. RP.
[5] Hans Burger, vgl. Dienerstraße 20, wo er ab 1526 Hauseigentümer ist. Seit 1520 Hanns Puorgger Mitglied der Weinschenkenzunft, vgl. Gewerbeamt 1418 S. 18r.
[6] Andre zollner 1522 Vierer der Salzsender, 1514-1525 äußerer Stadtrat, vgl. RP.
[7] Andre zollnerin seit 1524 Mitglied der Weinschenkenzunft, vgl. Gewerbeamt 1418 S. 19v.
[8] Mychel Gracz seit 1527 Mitglied der Weinschenkenzunft, vgl. Gewerbeamt 1418 S. 20r.
[9] Michel Arsinger ist 1527 Salzstößel, vgl. Vietzen S. 154.
[10] Sigmund Kibler 1542 Salzstößel, vgl. Vietzen S. 155 nach KR. – Wechselt später auf Kaufingerstraßwe 30.
[11] Vgl. Frauenplatz 8.

Utz Widmanin
>St: 1549/II: -/2/-, 1550, 1551/I: nihil
>StV: (1550, 1551/I) ist ins (in das) spital khomen.

Marten Paur, 1552/I-II, 1553, 1554/I feylnhauer. 1555, 1556 Marten Peurin
>St: 1552/I: -/-/14 gratia die erst, 1552/II, 1553, 1554/I-II, 1555, 1556: -/2/-

Steffan Rechtaler kúrsner St: 1557: -/-/28 gratia, 1558: 1/1/24 juravit

Hanns Wildnroder [Salzsender[1]] St: 1559: -/1/5 gratia

G[eorg] (Jórg) Valpichler (Vhalpúhler, Valpúhler, Valpúchler, Fallpúchler, Valpühler), 1564/I weinschennckh, 1564/II, 1566/I-II, 1567/I-II wierdt [Salzsender[2]]
>St: 1563: an chamer, 1564/I: -/5/20 gratia, 1564/II: 1/-/10 juravit, 1565, 1566/I-II, 1567/I-II: 1/-/10
>StV: (1564/I) soll auffs jar 1/3 tail zuesezn und swern. (1567/I) mer fúr Streichers khind, so aufm lannd unnd nit burger und von dato auf 3 jarlang dermassen wie burger ze steurn bewilligt 1/3/25. (1567/II) mer fúr Streychers khind, so aufm landt und von dato Johannis Baptiste auf 3 jar lanng wie búrger ze steurn bewilligt 1/3/25.

Carl Ehinger (Echinger) St: 1566/II, 1567/I-II: -/-/-, 1568: -/-/- hofgsind

Martin Stúrtzer (Stúrtzer) wierdt
>St: 1568: 2/3/14, 1569: -/-/-
>StV: (1568) mer fúr Affra Pientznaurin folio 9v [Ewiggeld]; mer fúr Jacob Stúrtzer folio 16r [Ewiggeld]. (1569) zalt fúr drey nachsteur, die yetzig ist ime vor rath nachgelassen worden 3/4/27.

Urban Paur wierdt
>St: 1570: 2/-/27, 1571: an chamer
>StV: (1570) mer fúr p[ueri] Pranndtn 1/3/25. (1571) zalt 5 fl [für] drey nachsteur anno [15]72.

Kaufingerstraße 30

Charakter: Weinschenke. 1550/65 Fremdenherberge (zu Kaufingerstraße 29 gehörig).

Hauseigentümer:

Bis um 1400 gemeinsame Geschichte mit Kaufingerstraße 29, Hauseigentümer Familie Tulbeck.

1370 die Baukommission nennt das Haus des Tulbeck als Nachbarhaus des Hauses von Nicolaus Tichtel (Kaufingerstraße 31).[3]

1409 Juli 9 Diemut die Tulbeckin hat ihr Haus an der Kaufingerstraße in Unser Frauen Pfarr, zunächst an Franz und Hans der Tichtel Haus (Kaufingerstraße 31) Konrad dem Sprenger verkauft.[4] Die Tulbeckin behält ein Ewiggeld (Hypothek) auf dem Haus, das später zum Tulbeck-Altar in der Frauenkirche gehört (StB).

1457 wird die Straße gepflastert vor dem Mosawer (Kaufingerstraße 29) und dem Eglinger.[5]

1500, 1508, 1509 domus Eglinger (StB).

1524 November 29 das Haus der Hörl (Kaufingerstraße 31) liegt „zwischen des Eglingers erben heuser", da den Eglingern auch das Schmiedhaus Kaufingerstraße 32 gehörte.[6] Diese Nachbarn sind aber ein Rückgriff auf frühere Verhältnisse; denn bei beiden Häusern 30 und 32 gibt es seit um 1500 bereits andere Hauseigentümer.

1536 Juni 19 Leonhardt Mennt und seine Hausfrau Anna verkaufen an das Reiche Almosen ein Ewiggeld von 5 Gulden um 100 Gulden.[7]

---

[1] Hanns Wildenroter ist 1559 und 1560 als Salzsender belegt, vgl. Vietzen S. 151.
[2] Georg Falpychler Salzsender, vgl. Vietzen S. 148 nach Zollregister 1572-1575.
[3] Zimelie 9 (Ratsbuch IV) S. 3r (alt) = 5v (neu).
[4] GB III 86/3, 4.
[5] KR 1457/58 S. 106r.
[6] GB IV S. 66r.
[7] Stadtgericht 207/3 (GruBu) S. 890v/891r. Einen Eintrag zu 1542 – wie ihn das HB KV S. 88 nennt – gibt es dort nicht.

1546 die Baukommission beanstandet, daß bei Lienhart Mentt die Vordächer und Bänke ¾ Ellen zu weit und ¼ Ellen zu nieder sind.[1]
Dann Vereinigung mit Kaufingerstraße 29.
1550/65 Fremdenherberge (vgl. Kaufingerstraße 29).
1558 März 28 die Vormünder von Wilhelm Eisenmann verkaufen an Barbara Meurl, seine Stiefmutter, 20 rheinische Gulden Ewiggeld um 400 Gulden Hauptsumme (GruBu).
1558 August 20 der Weinschenk Wilhelm Eisenmann verkauft ein Ewiggeld von 12 rheinischen Gulden um 240 Gulden Hauptsumme (GruBu).
1558 Oktober 26 Wilhelm Eisenmann verkauft aus diesem und seinem vorgehenden Haus (Kaufingerstraße 29) 20 Gulden rheinisch Ewiggeld um 400 Gulden Hauptsumme an die Sondersiechen auf dem Gasteig (GruBu).
1566/I-1568 domus Hanns Eysnman (StB).
1567 März 5 die Vormünder der Kinder des Hanns Eisenmann, die er mit Barbara Ernst hatte, verschreiben 6 Gulden Ewiggeld um 120 Gulden Hauptsumme (GruBu).
1575 laut Grundbuch (Überschrift) des Jacob Salvodan Kramers Haus, Hof und Stallung.

Eigentümer Kaufingerstraße 30:

* pueri Tulbecken. 1388 pueri eius [= der Tulbeckinne, Witwe von Heinrich II.]. 1390/I-II domus puerorum Tulbecken. 1392 domus pueri Tulbecken
    St: 1387: -/-/40, 1388: -/-/80, 1390/I-II: 0,5/-/-, 1392: -/3/-
    StV: (1390/I) [am linken Rand Radierung, ursprünglicher Wortlaut etwa:] dedit 3 ß, iur[avit] Krúmmel (?) ... .
* Vincenz [I.] Tullpeck (Dulweck).[2] 1394, 1395 domus Vincenti Tůlbek. 1396-1408 domus Vicens Dulweck (Tulweck, Tulbek, Twlbeck)
    St: 1393: 0,5/-/- gracianus, 1394: 0,5/-/-, 1395: -/-/60, 1396, 1397, 1399, 1400, 1401/I: -/-/75, 1401/II, 1403, 1405/I: -/3/10, 1405/II: -/-/75, 1406-1408: -/3/10
* die Tulbeckin von Anger [= Diemut die Tulbeckin[3]]
    St: 1410/I: -/-/-
    StV: (1410/I) dedit von 8 gulden [ewigen] gelcz auf losung 1 lb d[enarii].
* Chunrade (der) Sprenger [Weinschenk[4]]. 1445 Sprenger
    St: 1410/II: 3/-/80, 1411: 2,5/-/-, 1412: 3/-/80, 1413: -/20/- iuravit, 1415: 2,5/-/-, 1416, 1418, 1419: 3/-/80, 1423: 4/-/- iuravit, 1424: 1/-/80 hat zalt, 1428: 18 gross, 1431: 4/-/54 iuravit, 1447: 3/-/82
    StV: (1410/II) der Tulbeckin 8 gulden ewigs gelcz get daraus, dedit davon -/10/20. (1411, 1413) der Tulbeckin ewigen gelt 1/-/-. (1412) der Tulbeckin ewigen gelt -/10/20. (1415) von dem ewigen gelt dez pfarrer altar[5] -/5/26. (1416) und von dem ewigen gelt zu dez pfarrers altar -/7/24. (1424) hat zalt. (1428) [für sich], sein hausfraw, sein bruder und sein ehalten.
    Sch: 1439/I-II, 1440, 1441/I-II: 4 t[aglon], 1445: 2 diern, dedit
  Lienhart (Leonhart) Eglinger (Elinger) [Weinschenk[6]]
    St: 1453-1458: Liste, 1462: 4/-/-, 1482: 3/6/16

---

[1] LBK 4.
[2] Sohn von Heinrich III. und Enkel von Heinrich II. Tulbeck.
[3] Witwe von Heinrich III. Tulbeck.
[4] Chunrade der Sprenger ist 1426 Kirchpropst zu St. Michael auf Unser Frauen Freithof, vgl. Kämmerei 374 S. 15r. – R. v. Bary III S. 769. – Chunrade Sprenger ist Weinschenk, 1414 und 1417 deren Vierer, vgl. Gewerbeamt 1411 S. 2v, 10v, und gehört 1430 zu den Wirten an der Kaufingergasse, die zum Ungeld veranlagt sind, vgl. Steueramt 987.
[5] Gemeint ist: des Tulbeck-Pfarrers Altar = des Johann Tulbeck, später Bischofs von Freising, Altar in der Frauenkirche.
[6] Lienhart Eglinger 1459 und 1460 Mitglied des Rats der 36, 1463 Vierer der Schenken, vgl. RP, besaß aber um 1480 in der Neuhauser Straße 16 auch ein Bräuhaus, vgl. Stahleder, Bierbrauer S. 88. – 1458 ist Linhart Eglinger Weinschenk, vgl. Gewerbeamt 1411 S. 12v. – 1477 zahlt die Stadt dem Eglinger und dem Maritzen 1 Pfund Pfennige für 12 Kandel Wein, die die Stadt für des Bernhardin Pütrichs Hochzeit geschenkt hat, KR 1477/78 S. 78; auch 1483 Weinkauf der Stadt beim Eglinger, vgl. KR 1483/84 S. 90r.

pueri Linhard Eglinger(s). 1490 pueri Eglinger
> St: 1486, 1490: 4/3/20, 1496: anderswo
> StV: (1486) dedit der jung Hans Sluder. (1490) dedit Hans Sluder.

Anndre Eglinger [Weinhandel, Weinschenk[1]]
> St: 1486: -/5/10 schenckstewer

* domus Eglinger
> St: 1500, 1508, 1509: 1/2/25
* Eglingers Erben Haus [1524 November 24]
* Liendl (Linhart, Leenhart) Mennt (Menndt, Mendt, Ment), 1509 wirt [Weinschreiber[2], ∞ Anna].
  1548 die Erben
> St: 1509: -/5/10 [Schenkensteuer], 1514: Liste, 1522-1526, 1527/I: 3/5/3, 1527/II, 1528, 1529: 7/6/1, 1532: 7/-/6, 1540: 7/3/15, 1541: 12/-/20 juravit, 1542: 12/-/20, 1543: 24/1/10, 1544: 12/-/20, 1545: 22/5/10, 1546: 11/2/20, 1547: 11/2/20 patrimonium, 1548: -/-/-
> StV: (1509) sol bys jar swern. (1528) et dedit 2/5/25 fúr Thoman Huebers tochter. (1529, 1532) et dedit 2/5/25 fúr p[ueri] Thoman Hueber. (1532) et dedit 1/4/9 fúr p[ueri] Ramsauer. (1540) et dedit 1/-/12 fúr p[ueri] Romsauer. (1548) haben die erben zugsetzt.

jung Eisenman
> St: 1532: 1/3/6

* dann Hauseigentümer wie Kaufingerstraße 29
* Wilhelm Eysnman [Salzsender, seit 1542 der alt[3]]
> St: 1558: 14/2/- patrimonium
** Wilhelm Eysnman der jung [Sohn des vorigen unter Vormundschaft, später Weinschenk und Salzsender[4]]
> St: 1558: 1/3/20 saltzsenttersteur als gratia
** Kaspar Eysnman wie Kaufingerstraße 29
** Hanns Eysnman (Eysenman, Eusenman). 1565 Hanns Eisenmanin wittib. 1566/I-1568 domus Hanns Eysenman (Eusenman, Eisenman), 1567/I [daneben nachgetragen:] Ehinger
> St: 1559, 1560: 10/-/8,5, 1561: 5/4/25, 1563, 1564/I-II: 4/4/15, 1565: 1/3/18 juravit, 1566/I-II, 1567/I-II, 1568: -/-/-
> StV: (1559) mer -/1/27,5 fúr p[ueri] Schwabm. (1563) mer fúr seiner khind guet, steurt Niclas dráxl[5] als vormunder. (1565) das ander guet steuren di vormúnder, Niclas dráxl.
** Georg, Wolf, Maria, Anna, Barbara Eisenmann, Kinder von Kaspar Eisenmann aus 1. Ehe mit Barbara, geb. Ernst [1567 März 5]
** Jacob Salvator (Salvatton), 1569 walsch cramer, 1571 cramer
> St: 1569: 3/2/10, 1570, 1571: 3/3/10

Bewohner Kaufingerstraße 30:

Perchtolt zingiezzer inquilinus St: 1368: -/3/10 post, 1369: dedit futuris stewreriis
Agnes kellnerin inquilina St: 1368: -/-/-
Gigel messrer inquilinus St: 1369, 1371, 1372: -/-/24

---

[1] Von Anndre Eglinger kauft die Stadt 1484 vier Kandel Wein und auch 1485 Weinkauf von Andre Eglinger, vgl. KR 1484/85 S. 73v, 1485/86 S. 73r. – In dem 1489 angelegten Verzeichnis der Weinschenken, Gewerbeamt 1418, ist kein Eglinger mehr enthalten.

[2] Lenhart Ment 1509 Aufnahme in die Weinschenkenzunft, vgl. Gewerbeamt 1418 S. 15r. – Das Heiliggeistspital kauft 1533/34 – 1538/39 wiederholt Neckarwein, Rheinwein und Frankenwein, 1541/42 Federhaimer, von Lienhardt Ment, vgl. Heiliggeistspital (Rechnungen) 176/25 S. 80r (1533/34), 176/26 S. 75r/v (1534/35), 176/27 S. 78r (1536/37), 176/28 S. 79r (1537/38), 176/29 S. 78r (1538/39), 176/30 S. 81r (1541/42). – 1534 ist Lienhart Ment Weinschreiber (Weinzahler des Weinmarkts), vgl. R. v. Bary III S. 975.

[3] Wilhelm Eysnman der Ältere, ∞ 1. Anna (1535), 2. Barbara, geb. Meierl; Vater von Wilhelm dem Jüngeren und Kaspar Eysnman. – Wilhalm Eysenman 1504 und 1535 als Salzsender belegt, 1512, 1513, 1518 und 1523 deren Zunftvierer, vgl. Vietzen S. 148 nach RP, GruBu und Zollregister 1572-1575.

[4] Wilhelm Eysenman ist 1558 als Salzsender und Mitglied der Wirtezunft belegt, vgl. Vietzen S. 148 nach KR, GruBu, Zollregister 1572-1575.

[5] Niclas Dräxl 1552 und 1580 als Salzsender belegt, vgl. Vietzen S. 148 nach GruBu, KR und Zollregister 1572-1575.

Kristel swertfúrb inquilinus
> St: 1369: -/-/24 post, 1375: -/-/24
> StV: (1369) [am rechten Rand und wieder getilgt:] dedit -/-/23 p[ost].

Fridrich satler cum uxore, inquilinus, 1369 scriptus in domo Hagnawerii.[1] 1371 Fricz satler inquilinus. 1372 relicta Fricz satlerin inquilina
> St: 1369: -/-/-, 1371: -/-/78, 1372: -/-/60 sub gracia, de patrimonio matris -/-/42
> Bem.: (1372) [am Rand und wieder getilgt:] Hansel satler cum uxore Hagenawerii et cum patrimonio matris uxoris.

der Swarcz Fridel satler inquilinus
> St: 1369: -/-/60 gracianus
> StV: (1369) [am rechten Rand und wieder getilgt:] dedit -/-/31 p[ost].

Ull (Ulrich) kistler inquilinus St: 1371, 1372, 1375: -/-/36
Hainrich calciator inquilinus St: 1371: -/-/20, 1372: -/-/-
Hainrich Diener inquilinus St: 1372: 4/-/-
Ull Pótschner inquilinus St: 1375: 4,5/-/-
Nóderlinger [Fragner[2]] inquilinus[3] St: 1375: -/-/12
Martein swertfúrb inquilinus St: 1377: -/-/30 juravit, 1378, 1379: -/-/30
Ull servus Sluder inquilinus St: 1377: -/-/22 gracianus, 1378: 0,5/-/6 juravit
Perchtolt mórtterkocher inquilinus St: 1377: -/-/12 juravit, 1378: -/-/-
Eberl calciator inquilinus St: 1377: -/-/12 juravit, [Nachtrag:] -/-/4 post
Aysinger (Asylinger) textor inquilinus[4] St: 1377: -/-/21 juravit, 1378, 1379: -/-/21
Goczman sartor inquilinus. 1381, 1382 Hanns Goczman sartor[5] inquilinus. 1388 Hanns Goczman inquilinus
> St: 1379, 1381, 1382: 0,5/-/15, 1388: 1/6/8 juravit

Ulrich slewffer inquilinus St: 1379: 0,5/-/15
Peter mórtterkocher inquilinus St: 1379: -/-/-
Perchtolt santwerffer inquilinus
> St: 1381, 1382: -/-/12, 1383/I: -/-/18
> StV: (1381) item de anno preterito tantum.

Hainrich Werder [Weinschenk[6]], 1383/I inquilinus St: 1383/I: -/-/21, 1383/II: -/-/31,5 voluntate
Ull (Ulrich) tagwercher inquilinus St: 1383/I: -/-/18, 1383/II: -/-/27, 1388: -/-/-
Stiglicz messrer inquilinus St: 1383/I: -/-/48, 1383/II: -/-/72, 1388: -/-/64 juravit
Perchtolt tagwercher inquilinus St: 1383/II: -/-/27, 1388: -/-/16 juravit
Ott swertfúrb inquilinus
> St: 1387: -/-/12, 1388: -/-/24 juravit, 1390/I-II: -/-/24, 1392: -/-/18, 1393: -/-/24

Zuckswert mesrer inquilinus St: 1387: -/-/12
helmsmid [Wirt, Pferdehändler[7]]. 1392-1399 Hans helmsmit, 1387, 1394, 1399 inquilinus. 1405/II relicta Hanns helmsmid
> St: 1387: -/-/16, 1392: -/-/24, 1393: -/-/32, 1394: 0,5/-/-, 1395: -/-/80 fur 20 lb, 1396, 1397, 1399: 0,5/-/-
> StV: (1405/II) die habend mein herrn vom rat ledig lassen.

Gasper helmsmid [Wirt[8]], 1406 inquilinus St: 1405/II: 0,5/-/- iuravit, 1406: -/5/10
Klewberin inquilina St: 1388: -/-/-
Hainrich wirczknecht St: 1388: -/-/20 juravit

---

[1] Vgl. Kaufingerstraße 4.
[2] Vgl. Kaufingerstraße 20*/21*.
[3] Ganzer Eintrag 1375 zwischen den Zeilen eingefügt.
[4] Eintrag 1377 zwischen den Zeilen eingefügt.
[5] Hanns Goczman sartor 1381 Mitglied des Großen Rats, vgl. R. v. Bary III S. 746.
[6] Ein Hainrich Werder ist später Weinschenk, vgl. Gewerbeamt 1411 S. 2r.
[7] Von Hanns helmsmid kauft die Stadt 1400/02 mehrere Rösser, vgl. KR 1400/02 S. 49v. – 1398/99 und 1402/03 gehört er zu den Wirten, denen die Stadt Kosten, vor allem für Verpflegung von Gästen („in der rais"), ersetzt. 1402/03 wird in die Zahlung ausdrücklich seine Hausfrau mit einbezogen. Die Gaststätte wurde demnach wohl – wie in vielen Fällen – in erster Linie von der Ehefrau bewirtschaftet, vgl. KR 1398/99 S. 115v, 1402/03 S. 100r; Steueramt 572 (Leibgedingbuch 1402/03) S. 36v.
[8] Vgl. Kaufingerstraße 29.

Ott tagwercher inquilinus St: 1390/I: -/-/16
Klingenfels sneider inquilinus St: 1390/II: -/-/16
Hans Tánczl St: 1390/II: -/-/24
Ann inquilina St: 1390/II: -/-/8
Sucher (Súcher, Sůcher) kaufl (cháuffel), 1392-1394 inquilinus
    St: 1392: -/-/18, 1393, 1394: -/-/24, 1395: -/-/52 fúr sechs lb, 1396: -/-/60 fur 6 lb
Velnhamer smid St: 1392: -/-/30
Sampson inquilinus. 1394, 1401/I-II Wilhalm Samson (Samss) [Weinschenk[1]] inquilinus
    St: 1393: -/-/32 gracianus, 1394: -/-/50 gracianus, 1401/II: 0,5/-/- iuravit
Els kawflin inquilina. 1395 Chunrat kauffel inquilinus. 1396 Chunrat chauffel der Elsen chaufflin
    man. 1397, 1399, 1400 Chunrat chauffel der Elsen man, 1399 inquilinus. 1401/I Chunrat cháuffel
    inquilinus. 1401/II Chunrat cháuffel. 1403 relicta Chunrat chauflin
    St: 1394: -/-/12, 1395: -/-/60 fur vier lb, 1396, 1397, 1399, 1400, 1401/I: -/-/52 fur (fúr) 4 lb,
        1401/II: -/-/60 fúr 3 lb iuravit, 1403: facat
    ir aydem kistler inquilinus St: 1403: -/-/-
Hans messerschmid inquilinus St: 1395, 1396: -/-/60 fur 2 lb
Hainrich zingiesser, 1395, 1399, 1403, 1405/I, 1406 inquilinus
    St: 1395-1397, 1399: -/-/40 fúr sechs (6) lb, 1400, 1401/I: -/-/60 fúr 6 lb, 1401/II: -/6/28 iuravit,
        1403, 1405/I: -/7/- minus -/-/2, 1405/II: 1/-/- iuravit, 1406: -/10/20
Chunrat Strawstorfer (Strawschdorfer), 1399 inquilinus St: 1397, 1399: -/-/60 fur 3 lb
Jobs maler inquilinus St: 1399: -/-/50 gracianus
Goczman inquilinus. 1401/I Goczman schenck[2] inquilinus St: 1400, 1401/I: 0,5/-/-
    Haincz Goczman [Sohn[3]] inquilinus St: 1407: 1/-/- gracianus
Paule platner inquilinus St: 1406: -/-/36 gracianus
Salczpurgerin inquilina St: 1406: -/-/-
Ulrich maler inquilinus St: 1407: -/10/20
[Fridrich] Sporel amer inquilinus St: 1407: -/-/60 fúr 6 lb
Els Swaebin inquilina St: 1407: -/-/32, 1408: -/-/20 fur nichil
Hanns Wolmúd [Weinschenk[4]] inquilinus St: 1408: -/10/20
Grúnkle [Weinschenk[5]] inquilinus St: 1408: -/-/60 fúr 6 lb
Nickel schuster St: 1423: -/-/45
Caspar Stapf [Weinschenk[6]]. 1508, 1509, 1514 relicta Stapfin (Stápfin)
    St: 1500: 2/2/2, 1508, 1509: 1/2/-, 1514: Liste
Clas Harder St: 1509: -/7/- juravit
nagler St: 1528: anderßwo
Caspar Westermair wirt St: 1544: -/5/10 schenckhsteur, 1545: 1/6/-
Andre Parstorffer (Pastorffer), 1548, 1549/I, 1551/I-1554/II, 1557 schneider
    St: 1548, 1549/I-II, 1550, 1551/I-II, 1552/I-II: -/2/25, 1553, 1554/I-II, 1555-1557: -/3/15
    StV: (1550, 1551/I) mer -/-/17 fúr p[ueri] Deysl. (1551/II) mer -/1/22 fúr p[ueri] Deysl fúr 3
        nachsteur. (1556, 1557) mer -/1/22,5 fúr p[ueri] Hechtn. (1556) mer fúr die alt Deyslin
        -/4/19. (1557) mer -/4/19 fúr die alt Deyslin; mer 3/4/24 fúr p[ueri] Mentn.

---

[1] Wilhalm Sambs nach Katzmair einer der „Darnach Bösen" der Bürgerunruhen, vgl. Muffat, Kazmair-Denkschrift S. 509. – Samß ist Weinschenk, vgl. Gewerbeamt 1411 S. 2r.

[2] Hainrich Gotzman erhält 1402/03 als einer der Wirte von der Stadt Verpflegungskosten erstattet, vgl. KR 1402/03 S. 100v. – 1403 und 1404 schuldet ihm die Stadt Geld für Schenkwein „von der alten rais wegen", vgl. Steueramt 572 (Leibgedingbuch 1402/03) S. 38v (1403), 573 (Leibgedingbuch 1404/09) S. 36v (1404). – Hans Goczman als Weinschenk auch belegt in: Gewerbeamt 1411 S. 2v.

[3] Vgl. Kaufingerstraße 29.

[4] So 1405 bei Marienplatz 24 und 1406 bei Marienplatz 25.

[5] 1406 bei Kaufingerstraße 23 B Weinschenk.

[6] Caspar Stapf ist 1481, 1482, 1485-1487, 1489, 1492-1498, 1500 Vierer der Schenken, vgl. RP, nach 1458 Weinschenk, vgl. Gewerbeamt 1411 S. 14v, und 1489 Mitglied der Weinschenkenzunft, vgl. Gewerbeamt 1418 S. 1v. – 1484, 1490-1494, 1496, 1497, 1499 und 1500 ist er Weinversucher oder Weinkoster, vgl. R. v. Bary III S. 973, 974.

Hans Deyslin. 1554/II, 1555 alt Deyslin
 St: 1548, 1554/II, 1555: -/4/19
 StV: (1554/II, 1555) mer -/1/22,5 fúr p[ueri] Hechtn.
Lienhart Súmerl, 1548-1552/II [Wein]visierer[1], 1554/II leermaister
 St: 1548, 1549/I: pro se nihil, 1549/II-1552/II: nihil, 1553, 1554/I-II: -/5/25
 StV: (1548, 1549/I) -/6/- fúr p[ueri] Stertzl. (1552/II) von seinem ewigen gelt -/2/10.
Jorg Sámer (Sämer), 1555, 1556 messerschmid, 1555 junger, 1557 der jung
 St: 1555: -/-/14 gratia, 1556, 1557: -/2/-, 1558: -/4/-, 1559: -/2/-, 1560: -/-/-
 StV: (1560) zalt infra folio 32 [= 32v, Enge Gasse].
Hanns (1561 Alexander) Wildnroder (Wildenroter) [Salzsender[2]]
 St: 1560, 1561: -/-/-, 1563: 1/1/15
 StV: (1560) zalt folio 64 [= Weinstraße[3]]. (1561) hat gesteurt in Unnser Frauen gássl.
Hannß müller (múller), 1561 schuester St: 1561: -/1/- der zeit, 1563: -/2/-
Jórg (Georg) Ósstinger (Össtinger, Ostinger), 1564/I schuechmacher, 1564/II-1566/II schuester
 St: 1564/I-II, 1565, 1566/I: -/3/19, 1566/II: -/-/-
 StV: (1566/II) steurt in der Dienersgassn.
Benedict Hueber riemer St: 1567/I-II: -/2/-, 1568: -/4/-, 1569: -/2/-
Lenhart Stainweger kheuffl St: 1570: -/-/- steurt hernach
Lenhart Stáb kháßkháffl St: 1570: -/-/21 gratia
Thoman Stichin St: 1571: -/2/-
[N.N.][4] zimerman St: 1571: -/-/- an chamer

Kaufingerstraße 31

Lage: 1572, 1575 Eckhaus.[5]

Hauseigentümer:

1370 die Baukommission beanstandet auch am Haus des Nicolaus Tichtel die vorstehende Laube. Außerdem heißt es, „get Niclas dez Tichtels dach fúr den Tulbeck [Kaufingerstraße 30], so sol er es neben dem haws abnemen". Die beiden Häuser sind also benachbart. Außerdem sollen von Niclas Tichtels Haus bis zu Gerolds Kindern Haus (Kaufingerstraße 37) alle Lauben abgebrochen wer-den.[6]
1381 Januar 14 Nickel des Tichtels Haus ist dem von Maerchel Tömplinger und seiner Ehewirtin an der Kaufingergasse „in dem gewelb", künftig Sighart Hudlers Haus (Kaufingerstraße 32), benachbart.[7]
1386 April 10 das Haus von Niclas und Ulreich den Tichtel ist dem Haus von Marckhart (!) Tömlinger, künftig Sighart Hudler (Kaufingerstraße 32), benachbart.[8]
1409 Juli 9 das Haus von Francz und Hans der Tichtel ist dem Haus der Diemut der Tulbeckin, künftig des Konrad des Sprengers (Kaufingerstraße 29/30), benachbart.[9]
Von den Tichtel geht das Haus durch Eheschließung der Witwe von Franz Tichtel mit Georg Ridler an diese Familie.
1524 November 29 Conrat, Wolffganng und Hanns die Hörl, Gebrüder und Bürger zu München, und die Vormünder ihres Bruders Wilhalm Hörl verkaufen ihr Fünftel des Hauses an der Kaufingergasse in Unser Frauen Pfarr, „zwischen des Eglingers erben heuser" (Kaufingerstraße 30 und 32), ihrem leiblichen Bruder Sigmund Hörl.[10]

---

[1] Meister Linhart Sumerl, Walcher, ist 1528-1553 Weinvisierer, vgl. R. v. Bary III S. 941 nach KR und RP.
[2] Hanns Wildenroter 1559 und 1560 Salzsender, vgl. Vietzen S. 1515 nach KR und Zollregister 1572-1575.
[3] Dort jedoch fehlend.
[4] In der Vorlage an dieser Stelle Platz für den Namen freigehalten.
[5] Das Haus war ein Eckhaus, weil es gegenüber den Nachbarhäusern 32 und 33 um mehrere Meter von der Baulinie hervorsprang, vgl. Erdmannsdorfer, Das Bürgerhaus S. 110, Abb. 67/68.
[6] Zimelie 9 (Ratsbuch IV) S. 3v (alt) = 5v (neu). – Zu den Tichtel vgl. Stahleder, Bürgergeschlechter. Die Tichtel S. 211-263.
[7] GB I 131/15.
[8] GB I 221/10.
[9] GB III 86/3, 4.
[10] GB IV S. 66r.

1546 laut Baukommissionsbericht stehen beim Cristoff Herl die Vordächer eine Elle zu weit vor.[1]
1558 Oktober 26 das Haus des Christoph Hörl ist den Häusern des Ehepaares Caspar und Anna Eisenmann (Kaufingerstraße 29/30) benachbart.[2]
1572 Juli 11 Cristoff Hörl verkauft aus diesem seinem Haus ein Ewiggeld von 50 Gulden um 1000 Gulden an Elisabeth Ainhofer.[3]
1575 laut Grundbuch (Überschrift) des Cristoffen Hörl Tuechmanigers Eckhaus.

Eigentümer Kaufingerstraße 31:

* Niclas (Nickl) Tichtel (Tichtl, Dichttel) [Stadtrat[4]], 1383/II inquilinus
    St: 1368: 7/-/68, 1369: 11/-/- n[ull]us n[ull]us [= minus] -/-/18, 1371, 1372: 11/-/- n[ullu]s -/-/18, 1375: 17,5/-/-, 1377: 11/-/- juravit, 1378, 1379, 1381, 1382, 1383/I: 11/-/-, 1383/II: 16,5/-/-, 1387: 7,5/-/-, 1388: 15/-/- juravit, 1390/I-II: 15/-/-, 1392: 12,5/-/-, 1393, 1394: 16/5/10, 1395: 8/-/80
    StV: (1369) et ob penam -/11/- gracianus.
* Ull (Ulrich) [III.] Tichtel[5] [der Ältere, Stadtrat, Bruder von Niklas, ∞ Anna], 1369, 1371, 1378 inquilinus, 1372 ibidem
    St: 1369: -/11/4 semi post, 1371, 1372, 1375: -/11/4, 1377, 1378: 3/-/-, 1379: 4/-/- gracianus, 1381: 15/-/- juravit, 1382, 1383/I: 15/-/-, 1383/II: 22,5/-/-, 1388: 20/-/- juravit
    StV: (1381) item de anno preterito tantum.
* Francz [I.] und Hanns [II.] die Tichtel[6]
    St: 1396: 12,5/-/- patrimonium [für den Vater], 1397: 8/-/- gracianus, die in der rat geschepft hat, 1399: 8/-/- gracianus
    Pferdemusterung, um 1398: (Ur-Fassung): Francz und Hanns Tichtel súllen haben zway pferd umb 40 gulden und ein erbern knecht und ir ainer sol selber reiten; (Korrig. Fassung): Francz und Hanns Tichtel súllen haben 3 pferd umb 60 gulden und ir ainer sol selber reiten.
* Hanns [II.] Tichtel[7]
    St: 1400, 1401/I: 3/-/- gracianus, 1401/II, 1403, 1405/I: 5/-/- gracianus, 1405/II: 6/-/- gracianus, 1406-1408: 8/-/- gracianus, 1410/I: 4/-/- gracianus, 1410/II: 5/-/80 gracianus, 1411: 4/-/- gracianus, 1412: 5/-/80 gracianus, 1413: 4/-/- gracianus, 1415: 4/-/- gracianus, 1416: 5/-/80 gracianus
* Francz [I.] Tichtel [Stadtrat, herzoglicher Rat, ∞ Anna Planck von Rosenheim[8]]
    St: 1400: 3/-/- gracianus, 1401/I-II: -/-/-, 1403, 1405/I: 4/-/- gracianus, 1405/II: 6/-/- gracianus, 1406-1408: 8/-/- gracianus, 1410/I: 6/-/- gracianus, 1410/II: 8/-/- gracianus, 1411: 6/-/- gracianus, 1412: 8/-/- gracianus, 1413: 6/-/- gracianus, 1415: 14/-/60 iuravit, 1416: 19/-/-, 1418,

---

[1] LBK 4.
[2] Urk. C IX c 7 Nr. 84.
[3] Stadtgericht 207/3 (GruBu) S. 893v. – Der Eintrag zu 1560 im HB KV S. 90 ist eine Phantasie-Zahl. Das GruBu kennt nur den Eintrag zu 1572 für Hörl, nennt ihn in der Überschrift zu diesem Haus und hat den nächsten Eintrag erst wieder zu 1597. – Elspet Ainhofer war Salzsenderin, vgl. Marienplatz 7**.
[4] Niclas Tichtel: Sohn von Ulrich II. Tichtel, Bruder von Ulrich III. dem Älteren Tichtel, Vater von Hanns II. Tichtel dem Jüngeren und von Franz I. Tichtel, vgl. Stahleder, Bürgergeschlechter. Die Tichtel S. 222/223 und auch zu den anderen hier genannten Tichtel. Niclas ist 1375-1379 und 1383 und 1384 äußerer Rat, 1381 Mitglied des Großen Rats, 1392-1394 Kirchpropst (Hochmeister) von Unserer Lieben Frau, vgl. R. v. Bary III S. 762, 746, 739.
[5] Ulrich III. der Ältere Tichtel, Kaufmann und 1380-1382 äußerer Rat, 1383, 1384 und 1391 innerer Rat, vgl. R. v. Bary III S.739. – Ulrich erwirbt 1395 das Haus Kaufingerstraße 20/21.
[6] Söhne von Niclas Tichtel.
[7] Sohn von Niclas, Bruder von Franz I. Tichtel.
[8] Sohn von Niclas Tichtel. Franz I. Tichtel war seit 1420 wiederholt innerer Rat und Bürgermeister, 1413-1442 Kirchpropst von Unserer Lieben Frau, vgl. R. v. Bary III S. 753 ff., 756-758; Muffat, Kazmair-Denkschrift S. 504 ff. Auch Franz Tichtel wird von Katzmair zu den ersten Bösen bei den Unruhen von 1397/1403 gerechnet, was ein Widerspruch dazu ist, daß Franz die Stadt verlassen musste, zur Strafe sollte er einen Turm in der Stadtmauer bauen, zu welchem Zweck man ihm 1401 eigens einen Boten nach Landshut schickte, vgl. Muffat, Kazmair-Denkschrift S. 463, 505. – Franz war mit Anna Planck von Rosenheim verheiratet, die nach seinem Tod am 26.12.1448 Jörg I. Ridler heiratete, vgl. auch Stahleder, Bürgergeschlechter. Die Ridler S. 131/132; von Andrian-Werburg, Urkundenwesen S. 144/145.

1419: 17/-/-, 1423: 17,5/-/18, 1424: 6/-/- hat zalt, 1431: 15/5/18 iuravit, 1447: 7/7/12

StV: (1403) nach seiner alten stewr. (1423) und er hat auch verstewrt und in seinen ayde genomen seins bruders erib.

Sch: 1439/I-II, 1440, 1441/I-II: 7 t[aglon], 1445: 5 ehalten, dedit

Jorg [I.] Ridler[1] [später äußerer Rat, ∞ Witwe Anna Tichtel, geb. Planck. Vater von Otmar I. Ridler]

    St: 1453-1456: Liste

    Othmar [I.] Rúdler (Ridler) [Salzsender, Stadtrat[2]]

        St: 1486: 12/5/20, 1490: 15/3/5

        StV: (1486) seiner hausfrauen gut; bis jar sol er seins vaters gut zuseczen.

    Bernhardin [I.] Ridler[3] [Bruder von Otmar I. Ridler]

        St: 1496: in camer.

* Conrat Herl g[schlachtgwander]

    St: 1500: 10/1/29, 1508, 1509: 22/2/5

* Sigmund Hörl (Hórl) [äußerer Rat[4]]. 1540, 1541 (relicta) Sigmundt Herlin

    St: 1514: Liste, 1522-1526, 1527/I: 13/2/-, 1527/II, 1528, 1529, 1532: 18/5/16, 1540: 11/-/16 patrimonium, 1541: 2/3/26

    StV: (1532) et dedit 1/5/26 für Anthoni und Regina, Fueßls kind. (1541) hat ir steur von neuem gmacht, [ist] aber des aids erlassen.

* Conradt Hórl und sein zweyn brúder [Hans und Wolfgang Hörl]

    St: 1523: 4/5/1

* Conradt Hórl

    St: 1524: 6/3/8 juravit

* Hanns Hórl [Bruder der vorigen]

    St: 1524-1526, 1527/I: 1/5/29, 1527/II, 1528, 1529: 2/-/13

* Wolfgang Hórl [Bruder der vorigen]

    St: 1524-1526, 1527/I: 1/5/16, 1527/II: an kamer, 1528: 5/2/18, 1529: annderßwo, ist nit burger.

    StV: (1528) für sein drey nachsteur.

* Wilhalm Hórl (Horl) [Eisenkramer[5], Bruder der vorigen]

    St: 1526, 1527/I: annderßwo, 1527/II, 1528, 1529: 2/4/27

    StV: (1527/II) dedit sein gerbhab (!) Sigmund Hórl.

** Cristoff Herl (Hórl, Hörl)) [äußerer Rat[6]], 1553-1554/II, 1556, 1558, 1559 gwantschneider, 1566/II, 1568, 1571 thuechmaniger [∞ Apollonia]

    St: 1540: 12/3/-, 1541, 1542: 17/3/5, 1543: 34/6/10, 1544: 17/3/5, 1545: 27/1/18, 1546-1548, 1549/I: 13/4/9, 1549/II, 1550, 1551/I-II, 1552/I-II: 14/3/4, 1553, 1554/I: 33/2/4,5, 1554/II, 1555-1557: 33/2/4, 1558: 66/4/8, 1559, 1560: 33/2/4, 1561: an chamer, 1563, 1564/I-II, 1565, 1566/I-II: 51/2/1,5, 1567/I-II: 51/1/2, 1568: 102/2/4, 1569: an chamer, juravit, 1570, 1571: 42/4/13

    StV: (1540) hat zugsetzt, was er von Hansn Sänfftl ererbt hat. (1540, 1541) et dedit -/6/13 für p[ueri] Fuesl. (1541) hat seines vatern gueth zugsetzt, auch was er verschafft, abgsetzt. (1541) mer 1/4/20 von wegen seiner schwester für die 400 gulden, so er irnthalben abgsetzt. (1542, 1544) mer -/6/13 für p[ueri] Fuesl. (1543, 1545) mer 1/5/26 für p[ueri] Fuesl. (1544,

---

[1] Jorg I. Ridler 1459, 1460 äußerer Rat, 1465-1485 Hochmeister des Heiliggeistspitals, vgl. R. v. Bary III S. 761. – RP. – Muffat, Kazmair-Denkschrift S. 504 ff. – Jörg und Otmar Ridler bewohnen das „Stammhaus" dieses Familienzweiges im Tal Nr. 1 und 2, deshalb hier nicht in den StB. – Stahleder, Bürgergeschlechter. Die Ridler S. 131/132.

[2] Sohn von Jörg I. Ridler. Otmar I. Ridler 1485-1491 äußerer Rat, dann bis 1517 (Tod) innerer Rat, 1493-1496 Vierer der Salzsender, vgl. RP. – R. v. Bary III S. 761. – Stahleder, Bürgergeschlechter. Die Ridler S. 139/142. – Ein Enkel von Otrmar I. Ridler, Joseph II., war mit einer Benigna Hörl verheiratet und Josephs II. Schwester Susanna mit Davit Hörl, belegt aber erst 1533.

[3] Bruder von Otmar I. Ridler.

[4] Sigmund Hörl, Bruder von Conrad, Hanns, Wolfgang und Wilhalm Hörl, war von 1526 bis 1532 äußerer Stadtrat, vgl. RP.

[5] Vgl. Burgstraße 16 A.

[6] Christoff Hörl 1557 und 1561 äußerer Stadtrat, vgl. Fischer, Tabelle IV S. 2, 1569 und 1571 Religionsverhör, vgl. Dorn S. 228, 262.

1546, 1547, 1549/II-1552/II) mer 1/5/4 fúr p[ueri] Daxn. (1545) mer 3/3/8 fúr p[ueri] Daxn. (1549/I) mer -/3/15 gratia von seins weibs heyratguet. (1549/II) hat seins weibs heuratguet zugsetzt. (1553-1557) mer 2/-/3 fúr p[ueri] Daxn. (1561) zalt 51/2/2 den 10. Juni ausser der Rosenbergerischen und Thanhauserischen schuld. (1563-1567/II) ausser der Rosenperger(i-schen) unnd (und) Thanhauserischen schuld. (1569) [Nachtrag:] zalt 42/4/13.

Bewohner Kaufingerstraße 31:

Fúchssel kistler St: 1381: -/-/21
Klewberin St: 1387: -/-/-
Ludwig [II.] Part [Salzsender, Weinschenk[1]] St: 1458: Liste
Hanns Knebl inquilinus St: 1458: Liste
Jörg Stettner saltzstossl[2] St: 1514: Liste
Lienhart schmid St: 1548: -/2/-

Kaufingerstraße 32/33

Die beiden Häuser haben noch auf dem Sandtner-Modell eine gemeinsame Fassade, gleiche Dachfirsthöhe, gleiche Fensterhöhe, drei gleiche Dachgiebel und eine gemeinsame Baulinie, die – so noch auf der Stadtkarte von 1806 zu sehen – gegenüber derjenigen der Nachbarhäuser zurückgesetzt ist, vom Haus Kaufingerstraße 31 immerhin um etwa 8 Meter[3], sodaß dort ein regelrechtes Eckhaus mit markantem Erker entstehen konnte.

Tatsächlich waren die beiden Häuser 32 und 33 ursprünglich im Besitz verbunden.

Unter dem Haus 33 führt ein Durchgang – das Gewölbe – hindurch, in ein hinterhofartiges Gebilde, über das man zum Frauenfriedhof (heute Frauenplatz) gelangte, die spätere Thiereckstraße. Die östliche Flanke der Thiereckstraße nahmen ausnahmslos Hinterhäuser der Häuser am Marienplatz und an der Weinstraße ein: Thiereckstraße 4 als Hinterhaus von Marienplatz 2 A/B, Thiereckstraße 2 (Ecke Frauenplatz) als Hinterhaus von Weinstraße 4. Dies ist offensichtlich schon im 14. Jahrhundert so.

Das westliche Eckhaus Thiereckstraße/Frauenfriedhof (= Frauenplatz Nr. 9) hatte schon im 14. Jahrhundert eine eigene Geschichte. Bei der westlichen Seite der Thiereckstraße sind die Verhältnisse unklar, vor allem ist unklar, inwieweit das Haus Thiereckstraße 1 schon vorhanden war und zu welchem Haus es gehörte, zu Kaufingerstraße 31 oder 32.

Festzustehen scheint, daß es außer dem Durchgang durch das Haus Kaufingerstraße 33, zumindest für die Steuereinnehmer auch die Möglichkeit gegeben hat, durch das Haus Kaufingerstraße 31 hindurchzugehen, über den Hof, hinaus in die Thiereckstraße.

Betrachtet man den Verlauf der Thiereckstraße vom Frauenplatz aus, dann würde sie ohnehin, geradlinig verlängert, durch den Torbau nördlich von Kaufingerstraße 31 in dessen Innenhof und dann durch das Haus hindurch unter dem Eck-Erker an der Kaufingerstraße auf diese führen. Damit hätte die Thiereckstraße einen parallelen Verlauf zur Mazaristraße. Falls nicht überhaupt die Thiereckstraße ursprünglich durch das Haus Kaufingerstraße 31 hindurchführte und erst später hier geschlossen wurde, weil es gleich in der Nähe einen zweiten Durchgang gab (Kaufingerstraße 33), so hatten zumindest die Steuereinnehmer des 14. Jahrhunderts die Möglichkeit, vom Haus Kaufingerstraße 31 aus über den Hof nach hinten hinauszugehen. Von dieser Möglichkeit machten sie offensichtlich regelmäßig Gebrauch.

Dies ergibt sich aus der Tatsache, daß es im Haus Kaufingerstraße 32, im Hausdurchgang – also der Thiereckstraße – bis ins 19. Jahrhundert eine Bäckerei gab, die Bäckerei „im Gewölb", und daß diese Bäckerei in der Reihenfolge der Eintragungen in den Steuerbüchern meist erst nach dem Haus Frauenplatz Nr. 9 und – sofern erkennbar – nach dem Haus Thiereckstraße 2 erscheint, das heißt, es folgt auf Tichtel (Kaufingerstraße 31), Frauenplatz 9 (Ecke Thiereckstraße West), dann Thiereckstraße

---

[1] Vgl. Kaufingerstraße 27.
[2] Er könnte der für 1520 und 1521 belegte Salzstößel-Vierer namens Jörg sein und der von 1521-1539 belegte Salzstadelbüchsenknecht „Jörg saltzstößel", vgl. Vietzen S. 158, 159.
[3] Erdmannsdorfer, Das Bürgerhaus S. 110, Abb. 67/68.

Nr. 2 (Ost, Ecke Frauenplatz), dann die Bäckerei im Gewölb (Kaufingerstraße 32) und dann die Sporer in Kaufingerstraße 33.

Da die Steuereinnehmer sonst nie – in 200 Jahren – bei ihrem Weg Häuser überspringen und erst auf dem Rückweg besuchen, das heißt denselben Weg zweimal gehen, ist diese Reihenfolge der Eintragungen nur möglich, wenn die Steuerer beim Tichtel (Kaufingerstraße 31) durch den Hof gehen und damit das ganze Haus Kaufingerstraße 32 hinten umgehen und dann von hinten her „aufrollen". Nur gelegentlich gehen sie vorne herum. Dann folgt auf den Tichtel (Kaufingerstraße 31) fast unmittelbar der Bäcker im Gewölb und erst dann das Eckhaus Frauenplatz 9, die östliche Straßenseite der Thiereckstraße und schließlich Kaufingerstraße 33.

Aus dieser Reihenfolge ergibt sich auch, daß die Steuereinnehmer in die Sporergasse hinüber und in die Häuser am Frauenplatz auf keinen Fall vor 1395 gehen, das heißt diese Häuser (Sporerstraße 1* bis 4, Frauenplatz 8, 7, Mazaristraße 1, Frauenplatz 6, 5, 4*, 3*) auf keinen Fall vor 1395 bewohnt waren. Es waren Lagerhäuser, Stallungen, Stadel, Schuppen, aber keine Wohnhäuser.

Aus der Zahl der Bewohner im Vergleich zur Zeit vor 1395, ihren Berufen und der Reihenfolge der Eintragungen in den Steuerbüchern, ergibt sich aber, daß die Zeit bis diese Häuser Sporerstraße und Frauenplatz in Wohnhäuser umgewandelt wurden, sogar über das Jahr 1395 hinaus weit ins 15. Jahrhundert herein reicht. Ein Fixpunkt bei der Einordnung ist jeweils der Kürschner Köppl, der von 1387 bis 1416 fast jedes Jahr im Steuerbuch steht. Er hat laut Grundbuch im Jahr 1398 das Eckhaus Frauenplatz 9 besessen. In den Jahren 1394 und 1395 wohnt jeweils eine Person „in domo Ligsalcz". Das ist Thiereckstraße 2, Hinterhaus von Weinstraße 4, dem Ligsalz-Haus.

Erst nach 1428 lassen sich mit Vorsicht die Namen zwischen Kaufingerstraße 31 und Kaufingerstraße 34 einigermaßen wahrscheinlich auf die Häuser außerhalb der Thiereckstraße verteilen.

Deshalb wurde bei der Zuteilung der Namen auf die Häuser folgender Weg gewählt: unter Kaufingerstraße 32/33 werden bis 1418 alle Bewohner auch der Thiereckstraße zusammengefaßt, nur Frauenplatz 9 wird ab 1387 bereits getrennt aufgeführt. Also bis 1418 können die bei Kaufingerstraße 32/33 aufgeführten Personen auch in Thiereckstraße 1* – 4 wohnen, ja sogar im Hinterhaus von Kaufingerstraße 31, falls es dort Wohnungen gab.

Ab 1418 lassen sich die Häuser der Thiereckstraße vorsichtig einzeln aufschlüsseln, jedoch ohne Gewähr. Häuser am Frauenplatz lassen sich – ebenfalls mit Vorsicht – allenfalls ab 1428 ausmachen. Sie werden bis 1458 ebenfalls unter einem Sammelkapitel Frauenplatz 8, 7, 6, 5, 4* zusammengefaßt und lassen sich erst ab 1462 einigermaßen auf bestimmte Häuser verteilen.

Die Häuser in der Sporergasse werden überhaupt erst ab 1428 als Wohnhäuser in den Steuerbüchern greifbar. Sie sind auch dann mit Ausnahme von Sporerstraße 3* immer nur Hinterhäuser der Häuser Weinstraße 5 und 6, werden jedoch ab 1428 offenbar auch als Wohnhäuser von Handwerkern genutzt.

Generell hat man es bei dem ganzen Komplex von Häusern Kaufingerstraße 32-36, Thiereckstraße und Sporerstraße mit einem Handwerker-„Viertel" zu tun: Hier ist ein Zentrum der Sporer, Schmiede oder Schlosser, drei Begriffe, die ständig gleichbedeutend gebraucht werden. „Unter den Sporern" heißen auch gelegentlich Häuser in diesem Streckenabschnitt, aber wohlgemerkt an der Kaufingerstraße, nicht in der Sporerstraße, die erst später in den Vordergrund rückte. Im 14./15. Jahrhundert befindet sich das Sporer-/Schlosser-Quartier an der Kaufingerstraße 32-36, mit „Hinterhof" Thiereckstraße. Das Steuerbuch von 1393/II schreibt denn auch als Seitenüberschrift über die Seite, auf der die Häuser Kaufingerstraße 30-35 stehen, „Sporergassen". Gemeint sind aber die Häuser ab Kaufingerstraße 32.

Die Besitzgeschichte von Kaufingerstraße 32 und 33 ist anfangs etwas verwirrend, eben weil es sich um mehrere Häuser handelt, was erst einmal erkannt sein will. Am 26. Februar 1375 verpfändet des Hans Sentlingers seligen Witwe ihr Bäckerhaus unter dem Gewölb an der Kaufingergasse unter den Sporern an Jörg Ligsalz.[1] Um sieben Pfund Regensburger Pfennige versetzt sie es am 10. April 1375 nochmals.[2] Es handelt sich dabei also um Kaufingerstraße 32; denn in diesem Haus befindet sich bis Anfang des 19. Jahrhunderts ständig die Bäckerei, laut Steuerbuch noch 1808, laut Adreßbuch des Jahres 1818 bereits nicht mehr, dafür jetzt Melber in Kaufingerstraße 32 und die Bäcker ab 1833 in Kaufingerstraße 33, das Ende des 19. Jahrhunderts sogar einem sehr prominenten Münchner Bäckermeister gehört: Anton Seidl.

---

[1] GB I 60/7.
[2] GB I 61/6.

Am 21. April 1376 trennt sich Hannsen Sentlingers Witwe endgültig von einem Haus und verkauft es Hans dem Münicher und Chunrat dem Haldenberger.[1] Diesmal handelt es sich aber um Kaufingerstraße 33, da es ausdrücklich dem Bäckerhaus gegenüber liegt, also auf der anderen Seite der Thiereckstraße. Auch dieses Haus liegt aber „unter den Sporern" und es liegt „im Gewölb". Es handelt sich dabei aber offensichtlich nur um Teilbesitz; denn am 15. November 1376 übergeben Hans und Jacob Sentlinger „ir haus, gelegen ze naehst an dez Tömlingers haus an Kaufringer gazzen" dem Syghart dem Hudler.[2] Es muß sich hierbei wieder um Kaufingerstraße 33 handeln und der Tömlinger muß inzwischen Kaufingerstraße 32 erworben haben, jedenfalls ist Maerchel Tömlinger 1381 Nachbar des Tichtel (Kaufingerstraße 31), gehört also auf jeden Fall zu Kaufingerstraße 32. Diese Übertragung wird am 10. April 1386 wiederholt.[3]

Sighart Hudler besitzt nun beide Häuser, Kaufingerstraße 32 und 33, und hat nunmehr einen zusammenhängenden Gebäudekomplex Marienplatz 2 (mit Hinterhaus Thiereckstraße 4) und damit anstoßend an Kaufingerstraße 33 und Kaufingerstraße 32 (mit Thiereckstraße 1) (abgesehen von einem wieteren Haus an der Engen Gasse (Löwengrube) und einer Salzgred).

Die Hudler behalten das Bäckerhaus Kaufingerstraße 32 in der Folgezeit. Der Bäcker „Hanns von Hof" wohnt 1394 und 1395 „in domo Hudler" (StB).

Auch „aus des Hudlers hawsern" bezieht die Stadt in der Unruhezeit Mietzinsen, vor allem „von dem Vellenhamer und Hainrich dem swertfürb".[4] Diese beiden Bewohner gehören zu Kaufingerstraße 32. Vellnhamer bekommt 1403 zusammen mit dem Meister Hainrich 82 Pfennige von der Stadt ausbezahlt „umb kost und umb wein, da sy daz lest pulfer machät".[5] Vellnhamer ist also auch Pulvermacher im Krieg von 1397/1403.

Das Haus Kaufingerstraße 33 haben die Hudler schon bald wieder abgestoßen: am 14. April 1388 gehört es bereits Chunrat Lebansorg, der es an diesem Tag auch schon wieder „Chunraden dem Häberlein dem smid" verkauft.[6]

Von jetzt an gehen die beiden Häuser getrennte Wege und erst von jetzt an sind zumindest die Bewohner des Hauses 33 von denen von 32 (mit Thiereckstraße) zu trennen.

Kaufingerstraße 32
(mit Thiereckstraße 1)

Name: 1375, 1386 „peckenhaws in dem gwelb". 1454 Sporerhaus. 1546 „eckh untterm gwelb".
Lage: „Eckhaus" West neben dem Gewölbe = der überwölbten Thiereckstraße. 1375, 1485 unter den Sporern.
Charakter: Bäckerhaus. Schmiedhaus.

Hauseigentümer:

1375 Februar 26 Hansen des Sentlingers seligen Witwe verpfändet „ir peckenhaus, gelegen untter dem gwelb an Kauffringer gazzen untter den spórern" um 32 Pfund Pfennige an Jörg den Ligsalz.[7]
1375 April 10 „Angnes die Sentlingerin", des Hans Sentlingers seligen Witwe, verpfändet erneut „ir peckenhaus, gelegen in dem gwelb untter den sporern" an Jörg Ligsalz, diesmal wegen sieben Pfund Regensburger Pfennigen.[8]
1376 April 21 das Bäckerhaus im Gewölb liegt einem anderen Haus gegenüber (Kaufingerstraße 33), von dem sich Hans des Sentlingers Witwe nunmehr trennt.[9]
1376 November 15 das Haus des Tömlingers an der Kaufingergasse ist dem Haus von Hans und Jacob Sentlinger, künftig des Syghart des Hudlers (Kaufingerstraße 33), benachbart.[10]

---
[1] GB I 76/12.
[2] GB I 81/22.
[3] GB I 221/10.
[4] KR 1402/03 S. 26r.
[5] KR 1402/03 S. 88r. Vgl. auch KR 1398/99 S. 116r, ebenfalls Geldzahlung an den Vellnhamer.
[6] GB I 234/20.
[7] GB I 60/7.
[8] GB I 61/6.
[9] GB I 76/12.
[10] GB I 81/22.

1381 Januar 14 Maerchel Tömplinger und seine Ehewirtin übergeben „ir haus, daz gelegen ist ze nächst bey dem Nichel dem Tichtel [Kaufingerstraße 31] in dem gewelb an Chauffringer gassen", dem Sighart dem Hudler.[1]

1386 April 10 „Marckhart Tómlinger" übergibt erneut sein Haus an der Kaufingergasse, benachbart dem Haus des Niclas und des Ulreich der Tichtel (Kaufingerstraße 31), „und ist genont das peckenhaẃs in dem gwelb", Sighart dem Hudler.[2]

1394, 1395 (Bäcker in) domo Hudler (StB).

1415 domus Hanns Sluder [zu Weilbach, ∞ Anna Ebner, Enkelin von Sighart Hudler] (StB).

1439-1457 domus (Peter) Schluder[3] „sporer" (StB).

1449 das Heiliggeistspital hat ein Ewiggeld „aus Peter Schluders sporers hauß". Es wird später abgelöst.[4]

1454 das Heiliggeistspital (5 Gulden), das Ridler-Seelhaus (8 Gulden ungarisch), die Augustiner (10 Gulden) und St. Peter (4 Gulden) haben Ewiggelder „aus Peter Schluders sporerhaus".[5]

Nach/um 1475: Nach dem Tod von Peter II. Schluder, dem „Sporer", ging sein Besitz an mehrere Töchter, von denen eine (Martha) mit Lienhard Eglinger verheiratet war, eine weitere (Ursula II.) mit Heinrich V. Bart und eine dritte mit einem Strassl von Wasserburg. Die weitere Vererbung an Kaspar II. Bart lief aber wohl über dessen 1. Ehefrau Barbara Strassl.[6]

1478 Mai 3 das Schmiedhaus des Eglinger ist dem Haus des Goldschmieds Hanns Eysl an der Kaufingerstraße (Kaufingerstraße 33) benachbart.[7]

1500-1532 domus Strässl von Wasserburg (StB).

1524 November 29 das Haus der Gebrüder Hörl an der Kaufingergasse (Kaufingerstraße 31) liegt „zwischen des Eglingers erben heuser" (Kaufingerstraße 30 und 32).[8]

1546 die Baukommission beanstandet beim „Peckh untterm gwelb", daß seine Vordächer eine halbe Elle zu nieder sind und eine halbe Elle zu weit vorstehen.[9]

1559 Juli 12 des Lienhard Widmans hinterlassenes Haus (Marienplatz 2) grenzt mit seinem hinteren Stock (Thiereckstraße 4) unter anderem an das Haus des Caspar Bart (Thiereckstraße 1), eines der Testamentsvollstrecker des Widman.[10]

1561-1586 domus Caspar [II.] Part[11] [zu Harmating] (StB).

1575 laut Grundbuch (Überschrift) weiland Caspar Parts, des inneren Rats, seligen Erben Behausung.[12]

Eigentümer Kaufingerstraße 32:

* relicta [Agnes] Sentlingerin
    St: 1375: -/-/-
  pueri eius
    St: 1375: -/-/-
* Hanns [I.] der Sentlinger [vor 1375 Februar 26]
* Hans des Sentlingers Witwe Agnes [vor 1375 Februar 26 bis vor 1376 November 15]
* Maerchel der Tömlinger und seine Ehefrau [vor 1376 November 15 bis nach 1386 April 10]
* Sighart der Hudler [1381 Januar 14/1386 April 10 bis um 1413 (Tod)]

---

[1] GB I 131/15.
[2] GB I 221/10.
[3] Peter Schluder 1457 Bürgermeister, vgl. MB XX S. 504/509.
[4] Zimelie 40 (Heiliggeistspital, Salbuch B) S. 8v.
[5] Kämmerei 64 S. 24r.
[6] Vgl. Stahleder, Bürgergeschlechter. Die Schluder S. 39-74, vor allem S. 57/58, 68/69, 67, 71, auch zum angeblichen Beruf „Sporer".
[7] Hufnagel/von Rehlingen, St. Peter Urk. 179.
[8] GB IV S. 66r.
[9] LBK 4.
[10] StadtAM, Hist. Verein von Obb. Urk. 3357.
[11] Caspar Part 1546, 1564, 1569 innerer Rat, vgl. Urk. F III a 3 - 210, 211 (1546), 323 (1564), 340 (1569). – Tod zwischen 1569 und 1575.
[12] Stadtgericht 207/3 (GruBu) S. 895v.

* domus Hanns [II.] Sluder [zu Weilbach, ∞ Anna Ebner, Enkelin von Sighart Hudler]
    St: 1415: -/-/-
* Peter [II.] Schluder. 1439/II, 1440 domus Peter [II.] Schluder¹ [„sporer"]. 1447, 1455-1457 domus Schluder
    Sch: 1439/I-II, 1440: 2 t[aglon]
    St: 1447: nichil, 1455-1457: Liste
* Schmiedhaus des Lienhart Eglinger² [vor 1478 Mai 3]
* domus Strässl von Wasserburg. 1514, 1522-1529, 1532 domus Sträßl (Sträßl)³
    St: 1500, 1508, 1509: 3/4/-, 1514: Liste, 1522-1526, 1527/I-II, 1528, 1529, 1532: 4/-/-
* Eglingers Erben [1524 November 29]
** domus Caspar [II.] Part (Pardt, Parth)⁴ [zu Harmating, ∞ 1. Barbara Strassl]
    St: 1561-1571: -/-/-
** Erben des Caspar Part selig 1575

Bewohner Kaufingerstraße 32/33,
(mit Hinterhaus von Kaufingerstraße 31), Thiereckstraße 1, Frauenplatz 9 (nur bis 1387), Thiereckstraße 2, 3, 4 (bis 1418):

Hainrich Rúrenpheffer calciator. 1369 Rúrenpheffer calciator St: 1368: -/-/60, 1369: -/3/-
Ott (Óttel) swertfúrb, 1377, 1378, 1382 inquilinus
    St: 1368: -/-/32, 1369, 1371, 1372: -/-/48, 1375: -/-/60, 1377: -/-/42 juravit, 1378, 1379, 1381, 1382, 1383/I: -/-/42, 1383/II: -/-/63
Peter swertfúrb, 1377, 1378, 1382, 1387, 1390/I-II, 1392, 1393 inquilinus
    St: 1368: -/-/25 post, 1369: -/-/30 post, 1371: -/-/37 post, 1372, 1375: -/-/40 post, 1377: -/-/30 juravit, 1378: -/-/30, 1379: -/-/-, 1381, 1382: -/-/30, 1383/I: -/-/36, 1383/II: -/-/54, 1387: -/-/24, 1388: -/-/48 juravit, 1390/I: -/-/48, 1390/II: -/-/40, 1392: -/-/48, 1393: -/-/64
    StV: (1381) item de duabus preteritis steweris -/-/60.
Oswald satler St: 1368: -/6/-
Kraft platner St: 1368, 1369, 1371: -/5/-, 1372: 1/-/6, 1375: -/12/-
Werndel Lágelshaimer. 1369 Werndel Lágaelshaimer. 1371, 1372 Werndel sálburch
    St: 1368: -/-/80, 1369: 0,5/-/-, 1371: 0,5/-/6 juravit, 1372: 0,5/-/6
Ott (Óttel) satler⁵, 1377-1379 inquilinus
    St: 1368: -/-/40 post, 1369: -/-/48 post, 1371, 1372: -/-/40, 1375: -/-/30 post, 1377: -/-/60 juravit, 1378, 1379: -/-/60
Chunrat swertfúrb inquilinus St: 1368: -/-/32 juravit
Mórel satler St: 1368: -/6/20, 1369, 1371, 1372: -/10/-
Peter salbúrch⁶. 1381, 1382 relicta Peterin salbúrchin
    St: 1368: 2/-/-, 1369, 1371, 1372: 3/-/-, 1375: 2/-/-, 1377: -/11/12 juravit, 1378, 1379: -/11/12, 1381: -/9/12 sub gracia, 1382: -/9/12
Waller sneyder inquilinus St: 1369: -/-/20
Gaissel salbúrch⁷. 1375 senior Gaissel St: 1371: -/-/34 post, 1372: -/-/34, 1375: -/-/-
    filius suus inquilinus St: 1371: -/-/-
Herbst calciator St: 1371, 1372: -/-/36
Chunrat von Eger inquilinus Herbst St: 1371: -/-/32 gracianus

---

¹ Peter II. Schluder, Sohn von Hans II. Schluder und Schwiegervater von Lienhard Eglinger und einem Strassel von Wasserburg. Peter Schluder ist 1457 Bürgermeister, vgl. MB XX S. 504/509. – Er starb um 1475. Da auch der Sohn Hans IV. Schluder schon 1502 starb, ging das Erbe weiter an dessen Schwestern und Schwäger (Eglinger, Strassl).
² Schwiegersohn oder Enkel von Peter Schluder.
³ Schwiegersohn oder Enkel von Peter Schluder.
⁴ Caspar II. Part, innerer Rat von 1560-1571, vgl. Fischer,Tabelle III S. 2, gestorben 29.11.1571, vgl. Stahleder, Bürgergeschlechter. Die Bart S. 360/361.
⁵ Eintrag 1371 zwischen den Zeilen eingefügt.
⁶ Ganzer Eintrag 1375 zwischen den Zeilen eingefügt.
⁷ „Gaissel salburch" 1369 getilgt, daneben Vermerk: „invenitur in Schäfler gazz". Ebenfalls getilgt der zwischen den Zeilen eingefügte „filius suus inquilinus".

Hainrich Mássinger (Mázzinger) St: 1371: -/-/45 post, 1372: -/-/36
Perchtolt calciator, 1383/I, 1387 inquilinus
>   St: 1375: -/-/32, 1377: -/-/24 juravit, 1378, 1379, 1381, 1382, 1383/I: -/-/24, 1383/II: -/-/36, 1387: -/-/16, 1388: -/-/32 juravit
>   StV: (1381) item de anno preterito tantum.

Chunrat satler St: 1375: -/-/30 post
Hanns [I.] Wilbrecht, 1378 inquilinus St: 1377, 1378: 2/-/-
Hainrich Kellner mercator.[1] 1381, 1382 Kellner mercator. 1388 H[ainrich] Kellner, 1382, 1383/I, 1388 inquilinus
>   St: 1377: -/-/12 juravit, 1378: -/-/-, 1381, 1382, 1383/I: -/-/12, 1388: -/-/16 non juravit

Werndel calciator inquilinus St: 1377: -/-/18 juravit, 1378: -/-/18
relicta Neydeggerin inquilina St: 1377, 1378: -/-/-
Hanns Kagermair satler inquilinus St: 1377, 1378: -/-/-
Gygel messrer inquilinus St: 1377: -/-/24 juravit
Kellner satler, 1377, 1378, 1382 inquilinus
>   St: 1377: -/-/18 juravit, 1378: -/-/-, 1379, 1381, 1382: -/-/18
>   StV: (1379) item de anno preterito tantum. (1381) item de anno preterito -/-/24.

Pissel iunior inquilinus St: 1377: -/-/15 juravit, 1378, 1379: -/-/15
Strazzer calciator inquilinus[2] St: 1379: -/-/12
iunior Haeberl smid inquilinus, 1381 Haeberl smid iunior St: 1379, 1381: -/-/42
Chunrat salbúrch St: 1379: -/-/24 juravit
Eberl calciator inquilinus St: 1379: -/-/-
Thómel Kaemmler inquilinus[3] St: 1381: -/-/12 gracianus
Synn messrer, 1382, 1383/I, 1387 inquilinus
>   St: 1381: -/-/-, 1382: -/-/12, 1383/I: -/-/18, 1383/II: -/-/27, 1387: -/-/8, 1388: -/-/16 juravit

Chunrat swertfúrb cum uxore St: 1381: -/-/72 gracianus
Huber messrer, 1382, 1383/I-II inquilinus
>   St: 1381, 1382, 1383/I: -/-/12, 1383/II: -/-/18
>   StV: (1381) item de anno preterito tantum.

Hanns sartor inquilinus St: 1381: -/-/12
Albrecht (Aelbel) maler, 1382, 1383/II, 1387, 1390/I, 1394, 1395, 1401/I inquilinus
>   St: 1382: -/-/-, 1383/I: -/-/24, 1383/II: -/-/-, 1387: -/-/18, 1388: -/-/32 juravit, 1390/I-II: -/-/32, 1392: -/-/24, 1393, 1394: -/-/32, 1395-1397, 1399: -/-/60 fur 4 (vier) lb, 1400, 1401/I: -/-/-
>   StV: (1388) item de antiqua stewera -/-/60.

Ott swertfúrb inquilinus St: 1382: invenitur alibi[4]
Ulrich (Ull) platner, 1382 inquilinus
>   St: 1382, 1383/I: -/3/-, 1383/II: 0,5/-/15, 1387: -/-/40, 1388: -/-/80 juravit

Chunrat swertfúrb inquilinus St: 1382: -/-/72 juravit, 1383/I: -/-/48, 1383/II: -/-/72
Ull Fróssttel slozzer[5]. 1383/II, 1387, 1388 Fróstel (Fróstl) slozzer, 1383/II, 1387 inquilinus
>   St: 1383/I-II: -/-/30, 1383/II: -/-/45, 1387: -/-/24, 1388: -/-/48 juravit

Dietrich taschner St: 1383/I: -/-/24, 1383/II: -/-/36
Chunrat satler inquilinus St: 1383/I: -/-/18, 1383/II: -/-/27
Kolb nadler, 1383/I inquilinus St: 1383/I: -/-/12, 1383/II: -/-/18
Purckhart klingensmid inquilinus St: 1383/II: -/-/27
Arnolt obser inquilinus St: 1387: -/-/10
Berchtolt santwerffer inquilinus St: 1387: -/-/13, 1390/I: -/-/16
Lacher sporer inquilinus St: 1387: -/-/20
Fridrich maler St: 1388: -/-/24 juravit
Dietrich satler St: 1388: 1/-/16 juravit

---

[1] Ganzer Eintrag 1377 zwischen den Zeilen eingefügt.
[2] Eintrag zwischen den Zeilen eingefügt.
[3] Eintrag zwischen den Zeilen eingefügt.
[4] Versehentlich zweimal aufgeführt, vgl. oben an 2. Stelle bei den Bewohnern dieses Hauses.
[5] Ganzer Eintrag 1383/I zwischen den Zeilen eingefügt.

Velnhamer (Felnhamer, Vellenhamer, Velenhamer) smit. 1405/II-1408 Ulrich Vellnhamer (Vellenhamer) smid [Uhrmeister[1]]. 1410/I, 1415, 1416 Ulrich Vellnhamer (Vellenhamer), 1390/I inquilinus
    St: 1390/I-II: -/-/24, 1393, 1394: -/-/40, 1395-1397, 1399, 1400, 1401/I: -/-/60 fur (fúr) zehen (10) lb, 1401/II: -/-/80 fúr 10 lb, iuravit, 1403, 1405/I: -/-/80 fur 10 lb, 1405/II: -/3/- fur 15 lb, iuravit, 1406-1408: 0,5/-/-, 1410/I: -/-/60 fúr 10 lb, iuravit, 1410/II: -/-/80 fúr 10 lb, 1411: -/-/60 fúr 10 lb, 1412: -/-/80 fúr 10 lb, 1413: -/-/60 iuravit, 1415, 1416: -/-/-
    und sein aydem St: 1410/II: facat

Seidl (Seicz) calciator (schuster), 1390, 1392, 1393, 1395-1397 inquilinus
    St: 1390/I-II: -/-/24, 1392: -/-/30, 1393, 1394: -/-/40, 1395-1397: -/-/60 fúr funf (5) lb

Ulrich platner, 1390/I-II, 1392, 1395-1399, 1401/I-II inquilinus
    St: 1390/I-II: -/-/80, 1392: -/3/-, 1393, 1394: 0,5/-/-, 1395: -/-/60 fúr 15 lb, 1396: -/3/- fur 15 lb, 1397, 1399: -/3/-, 1400, 1401/I-II: -/-/-

Macz inquilina[2] St: 1390/I: -/-/6

Erhart schwertfúrb (swertfúrein, swertfuren), 1395-1397 inquilinus
    St: 1394: -/-/29, 1395-1397, 1399: -/-/60 fur zehen (10) lb, 1400: -/-/-

Chunrat Hoffleich smid inquilinus St: 1393: -/-/16 gracianus

Hannsel Strazzer schuster[3]. 1401/I Hans Strasser inquilinus St: 1400: -/-/60 fur 4 lb, 1401/I: -/-/54

Haincz Kanner schuster St: 1401/I: -/-/-

Symon sporer, 1410/I, 1413 inquilinus
    St: 1401/II: -/-/64 fúr 8 lb, iuravit, 1403, 1405/I: -/-/64 fúr 8 lb, 1407, 1408: -/5/26, 1410/I: 0,5/-/- iuravit, 1410/II: -/5/10, 1411: 0,5/-/-, 1412: -/5/10, 1413: 0,5/-/- iuravit, 1415: 0,5/-/-, 1416: -/5/10, 1418, 1419: 0,5/-/-
    StV: (1408) et -/-/10 gracianus sua uxor.

Peter swertfurb, 1401/II, 1403, 1405/II, 1406, 1410/I inquilinus
    St: 1401/II: -/-/60 fúr 7 lb, iuravit, 1403, 1405/I: -/-/60, 1405/II: -/-/60 für 10 lb, iuravit, 1406: -/-/80 für 10 lb, 1410/I: -/-/60 fúr 10 lb, iuravit, 1410/II: -/-/80 fúr 10 lb, 1411: -/-/60 fúr 10 lb

Jacob Paternuster maler St: 1403, 1405/I: -/-/50 gracianus

Kellner satler, 1405/I inquilinus St: 1403: -/-/64 fúr 8 lb, 1405/I: -/-/60

Ottel platner, 1405/I-II, 1406 inquilinus
    St: 1405/I: -/-/60 fúr 7 lb, iuravit, 1406-1408: -/-/64 fur 8 lb, 1410/I: -/-/60 fur 8 lb, iuravit, 1410/II: -/-/64 fúr 8 lb, 1411: -/-/60 fúr 8 lb, 1412: -/-/64 fúr 8 lb

Eysenhut sporer inquilinus. 1405/II Hainrich Eysenhut sporer
    St: 1405/I: -/-/24 gracianus, 1405/II: -/-/60 fúr 8 lb, iuravit

Chuncz Eysenreich smid St: 1405/I: -/-/60, 1405/II: -/-/78 fúr 13 lb, iuravit, 1406: -/3/14

Sygel Walcher (Walther) smid, 1405/I, 1406 inquilinus. 1410/II-1418 Sigel sporer[4], 1413 inquilinus
    St: 1405/I: -/-/80 fúr 10 lb, 1405/II: -/-/60 fur 3 lb, iuravit, 1406: -/-/60 fúr 3 lb, 1410/II, 1411, 1412: -/-/60 fúr 5 lb, 1413: -/-/60 fúr 10 lb, iuravit, 1415: 0,5/-/-, 1416: -/5/10, 1418: -/-/80

Els portenwurcherin inquilina St: 1406: -/-/15 gracianus

Mawser sneider St: 1406: -/-/64 fúr 8 lb

Ann liechtlerin inquilina St: 1407: -/-/20 fúr nichil

Hainrich zingiesser
    St: 1407, 1408: -/10/20, 1410/I: -/22/- iuravit, 1410/II: 3/5/10, 1411: -/22/-, 1412: 3/5/10

Wilhalm rotsmid inquilinus St: 1407: -/-/15 gracianus

[Hans] Schóndaler sloscher inquilinus. 1408 Schóntaler smid St: 1407, 1408: -/-/60 fur 7 lb

Ann amb inquilina St: 1408: -/-/-

---

[1] Die Stadt zahlt dem Felnhamer 1406/07 3,5 Pfund Pfennige „daz er daz púchsenpulfer gehort hat", vgl. KR 1406/07 S. 74r, und 1407/08 noch einmal 3 Pfund „an seiner arbeit von der púchsen wegen", vgl. KR 1407/08 S. 84v. 1409-1411 ist der Schmied Velnhamer Stadt-Uhrmeister, vgl. R. v. Bary III S. 1012.

[2] Inquilina versehentlich wiederholt.

[3] Ein Strasser schuster gehörte laut Katzmair zu den Klaffern nund Jaherrn bei den Unruhen, vgl. Muffat, Kazmair-Denkschrift S. 465, 511.

[4] 1407 Agnes, Sigleins des sporers Hausfrau, werden vom Stadtgericht für ihre Morgengabe auf alle seine Habe 11 ungarische Gulden verschrieben, vgl. GB III 67/1. Sigel Walther der Sporer erscheint im selben Jahr noch einmal vor dem Stadtgericht, GB III 67/5. 1413 und 1415 wird er erneut vorgeladen, GB III 144/5, 158/13.

Els Jordanin inquilina St: 1410/I: -/-/18 fúr nichil
Nickl schuster St: 1410/I: -/-/49, 1418, 1419: -/-/60
Franck santwerffer St: 1410/I: -/-/60
Vilipp sloscher (schlosser), 1410/I, 1418 inquilinus. 1415, 1416, 1418, 1423 Vilipp ringkler. 1428 Pfilipp ringker (!), uxor et familia
    St: 1410/I: -/-/60 fur 5 lb, iuravit, 1415, 1416, 1418: -/-/60 fur nichil, 1419: -/-/60, 1423: -/3/-, 1428: dedit 1 gross, 1431: -/-/64 iuravit
    StV: (1428) fur sich, sein hausfraw, sein tochter und ehalten.
Ull (Ulrich) sporer, 1411, 1416 inquilinus, 1428 et familia
    St: 1411: -/-/20 gracianus, 1412: -/-/60 fúr 7 lb, 1413: -/-/60 fúr 7 lb, iuravit, 1416: -/-/80 fur 10 lb, 1418, 1419: -/-/80, 1423: -/3/6, 1428: dedit 4 gross
    StV: (1428) fur sich, sein hausfraw und zwen knecht, et dedit Katherina inquilina -/1/- gross.
Korenmecz (Kornmecz) kúrsner St: 1411: -/-/60 fúr 10 lb, 1412: -/-/80 fúr 10 lb
relicta Kreczin (Kraeczlin) St: 1411: -/-/17, 1412: -/-/17 fúr nichil
pueri Springeinfewr (Springeinsfewr) St: 1411: -/-/15 gracianus, 1412: -/-/15 fúr nichil
Fúrholcz koch St: 1411, 1412: -/-/60 fúr nichil
Werndel gurtler
    St: 1411: dedit 1/-/-
    StV: (1411) zu der náchsten stewr sol er sein gut stewrn mit dem ayd.
Chuncz zingiesser inquilinus St: 1413: -/-/28 gracianus
Chunrat Ehinger sloscher St: 1413: -/-/60 fúr 10 lb, iuravit
Hanns Kammater, 1415 und sein tochter St: 1413: -/-/60 gracianus, 1415: 0,5/-/-
Hanns Wolmud inquilinus St: 1413: -/-/20 fúr nichil
Stepfel Weizz sloscher St: 1413 -/-/60 fúr nichil
Chuncz Hagenrainer inquilinus St: 1413: nichil habet
Hanns platner St: 1415: 0,5/-/24
Hannsel (Hanns) decker platner, 1418 inquilinus St: 1415, 1416, 1418: -/-/60 fúr nichil, 1419: -/-/60
Thoman (Thómel) slochsser (schloscher) St: 1415, 1416: -/-/60 fúr nichil
relicta Golerin St: 1415: 5/-/-, 1416: 6/5/10
Perchtold Rosenplúd salbwŕch St: 1415: -/-/40 gracianus
Hanns helmsmid St: 1416: 0,5/-/-, 1418: -/-/-
relicta Hilpurgerin und ir tochter, 1416 inquilinae St: 1416: 0,5/-/8, 1418: -/3/-
    relicta Praentlin inquilina und ir muter Hilpurgerin. 1423 relicta Praentlin et Hilpurgerin ir muter
        St: 1419, 1423: -/3/-
relicta Gorczerin inquilina St: 1416: -/-/12
Haeberl smyd, 1418 inquilinus. 1419 der alt Haeber smid. 1423 relicta Haeberlin
    St: 1418, 1419: -/-/80, 1423: -/-/45
Perchtold kistler St: 1418, 1419: -/-/38
Margred Weinprennerin, 1418 inquilina St: 1418, 1419: -/-/60
Hainrich helmsmid [und] Aigenmanin, sein swiger St: 1419: -/-/28
Ott sporer St: 1419: -/-/40 gracianus
Margred inquilina St: 1419: -/-/-
Ael inquilina St: 1419: -/-/20
maister Hainrich platner St: 1423: -/-/-
Hainrich Egenburger gurtler. 1428 Hainrich Egenpurger et uxor et servus
    St: 1423: -/3/18 iuravit, 1428: 3 gross
Chunrat kistler St: 1423: -/3/-
Goler inquilinus St: 1423: -/3/-
Werndel swertfeger
    St: 1428: dedit 3 gross
    StV: (1428) fur sich, sein hausfrau und sein knecht.
Ann Veitin und ir hoffrawen St: 1428: dedit 3 gross
Ulrich Pángartner (Pangartner, Pámgartner, Pamgartner), 1431, 1441/I, 1447, 1457, 1462 schlosser. 1445 Pángartner, 1447, 1462 inquilinus
    St: 1431: -/-/64 iuravit, 1447: 0,5/-/1, 1453-1458: Liste, 1462: -/3/10

Sch: 1439/I-II, 1440, 1441/I-II: 1 t[aglon], 1445: 1 knecht, dedit
SchV: (1440) de Pangartner duo t[aglon].
Ott sporer
    St: 1431: -/-/64 iuravit
    Sch: 1439/I-II, 1440, 1441/I: 0,5 t[aglon]
Andre Maidnsteckn St: 1431: 0,5/-/- iuravit
Matheis Mawrsteter (Maursteter), 1441/I, 1447 schlosser, 1447 inquilinus
    Sch: 1439/I-II, 1440, 1441/I-II: 1 t[aglon]
    St: 1447: vacat
  Steffan Maursteter St: 1447: -/3/18, 1455-1457: Liste
Chunrat Graff, 1439/I-II, 1440 schlosser
    Sch: 1439/I-II, 1440, 1441/I-II: -/-/15, 1445: 4 ehalten, dedit
    St: 1453-1457: Liste
Pauls Aicher schuster Sch: 1439/I-II: 0,5 t[aglon]
Gebhart Pawr, 1440 ringker Sch: 1440: 1 t[aglon], 1445: 1 knecht, dedit
Matheis Púchlar inquilinus Sch: 1441/I: 0,5 t[aglon]
Peter schlosser inquilinus Sch: 1441/II: 0,5 t[aglon]
Chunrat satler inquilinus Sch: 1441/II: 0,5 t[aglon]
Hainrich Pesser Sch: 1445: 1 knecht
Gilg Rietnburger schlosser inquilinus St: 1447: -/-/24 gracion
Peter Pernprunner (Wernprunner), 1447, 1462 schlosser[1] inquilinus. 1482 relicta Peter schlosserin
    St: 1447: -/-/60, 1453-1458 Liste, 1462: -/-/60, 1482: -/2/10
  Hanns Wernprunner (Piernprunner, Pernprunner), 1482 schlosser
    St: 1482: -/2/25, 1486, 1490: -/2/20
  et mater St: 1486, 1490: -/-/60
relicta Ulrich Reisnegkin, 1447 inquilina. 1453-1458 relicta Reisnegkin (Reisneckin)
    St: 1447: -/-/60, 1453-1458: Liste
Hanns Faustperger messerer inquilinus. 1453-1458 relicta Faustpergerin, 1455, 1456 inquilina
    St: 1447: -/-/40, 1453-1458: Liste
Wolfel sporer St: 1453, 1454: Liste
Lienhart messersmid (messerer), 1457, 1458 inquilinus St: 1453-1458: Liste
ain amm inquilina St: 1454, 1455: Liste
relicta Mayin St: 1456: Liste
relicta Emanin, 1456 inquilina St: 1456-1458: Liste
Barbara múnsserin St: 1458: Liste
Fridel Rainer sporer. 1462 relicta Rainerin inquilina St: 1458: Liste, 1462: -/-/60
relicta Hándlin St: 1458: Liste
Hanns Meydensteckin inquilina St: 1462: -/-/60 iuravit
Hanns Greyffenstein[er] messerschmid[2] St: 1462: -/-/60
Erhard Pelhamer St: 1482: nichil
Elß kertzlerin St: 1482: -/-/60
Fritz nagler St: 1482: -/2/13
Hanns Kóß (Kews, Kos), 1482, 1496 slosser[3]. 1508, 1509 relicta Kosin, 1490 [et] pueri guster
    St: 1482: -/-/28 gracion, 1486, 1490: -/4/4, 1496: -/4/15, 1500: -/4/10, 1508, 1509: -/-/60
    StV: (1496) et dedit -/1/20 fúr pueri guster.
  pueri guster St: 1486: bey im [= Hanns Kóß] verstewert
Sedlnawr kramer St: 1482: -/-/60
Hanns vorster nagler St: 1486, 1490: -/-/60, 1496: -/2/10, 1500: -/3/5, 1508, 1509: -/3/7, 1514: Liste
  et pater St: 1486: -/-/60
  pater et mater inquilini St: 1490: -/-/60
  et mater St: 1496: -/-/60

---

[1] Peter Pyrenprunner 1466 als Schlosser-Vierer in das RP eingetragen, aber wieder getilgt (schon tot ?).
[2] Hanns Greyffenstainer 1468 Vierer der Messerer, vgl. RP.
[3] Hans Köst (Kost) „unter den sporern" ist 1485-1487, 1489, 1491, 1493, 1495, 1496, 1498 Vierer der Schlosser, vgl. RP.

Peter Zách schlosser[1] St: 1496: -/4/21

Wolfgang (Wolf) Kárgl (Kärgl, Kargl, Khärgl, Khárgl, Khargl), 1508, 1509 s[chlosser], 1522, 1523, 1526-1528, 1553, 1554/I, 1564/II-1566/II, 1567/II-1570 statslosser[2], 1529, 1532-1547, 1549/I, 1552/II, 1554/II, 1555, 1557-1561, 1563, 1564/I, 1567/I schlosser

    St: 1500: -/4/25, 1508: -/3/16, 1509: -/4/17, 1514: Liste, 1522-1526, 1527/I: -/4/22, 1527/II, 1528, 1529, 1532, 1540-1542: -/3/15, 1543: 1/-/-, 1544: -/-/21 gratia, 1545: -/4/-, 1546-1548, 1549/I-II, 1550, 1551/I-II, 1552/I-II: -/2/-, 1553, 1554/I-II, 1555-1557: -/2/15, 1558: -/5/-, 1559-1561, 1563, 1564/I-II, 1565, 1566/I-II, 1567/I-II: -/2/15, 1568: -/5/-, 1569, 1570: -/2/12

    StV: (1508) et dedit -/1/1 für pueri Zäch.

Anndre Amaneller (Amereller, Amareller), 1508, 1509 s[chlosser], 1523, 1524, 1527/II, 1529, 1532 schlosser. 1546, 1547 Anndre Amarellerin[3]

    St: 1508, 1509: -/2/28, 1514: Liste, 1522-1526, 1527/I: -/5/1, 1527/II, 1528, 1529, 1532, 1540-1542: 1/3/8, 1543: 2/6/16, 1544: 1/3/8, 1545: 2/6/16 patrimonium, 1546: 1/-/1 juravit, 1547: 1/-/1

sein aiden St: 1524: -/-/21 gracion

Hanns Aiblinger nagler St: 1514: Liste

Cristof Michl nagler. 1523, 1524 Cristof nagler. 1528 Cristof Michel

    St: 1522: -/-/21 gracion, 1523-1526, 1527/I-II, 1528: -/2/-

Linhart tagwercher St: 1525, 1526, 1527/I-II, 1528, 1529, 1532: -/2/-

Pflegshándlin [Amme] inquilina St: 1525: -/2/-

Wolfganngin daselbs St: 1528: -/2/-

Peter Praun kiechlpacher St: 1532: -/2/-

Caspar Fúrnhamer, 1540, 1541 nagler

    St: 1540-1542: -/2/-, 1543: -/4/-, 1544: -/2/-, 1545: -/4/-, 1546-1548, 1549/I-II, 1550, 1551/I: -/2/-

Walthasar wintnmacher St: 1540: -/2/-

Dáper sporerin

    St: 1540-1542: -/2/-, 1543: -/4/-, 1544: -/2/-, 1545: -/4/-, 1546: -/2/- matrimonium, 1547: -/2/-

Bartlme (Bártl, Bartl) vischer, 1541-1549/II, 1551/II-1561, 1563-1571 ringmacher

    St: 1541, 1542: -/2/-, 1543: -/4/-, 1544: -/2/-, 1545: -/4/-, 1546-1548, 1549/I-II, 1550, 1551/I-II, 1552/I-II, 1553, 1554/I-II, 1555-1557: -/2/-, 1558: -/4/-, 1559-1561, 1563, 1564/I-II, 1565, 1566/I-II, 1567/I-II: -/2/-, 1568: -/4/-, 1569-1571: -/2/-

Dienstmanin St: 1542: -/2/-, 1543: -/4/-, 1544: -/2/-

Lucas Westermair (Westermayr) [Priechler[4]] St: 1545: -/4/-, 1546-1548, 1549/I: -/2/-

Joseph Lipp, 1552/II, 1556, 1559, 1564/I-II, 1566/I, 1567/I-1571 messerschmid. 1549/II Joseph messerschmid

    St: 1548, 1549/I-II, 1550, 1551/I-II, 1552/I-II, 1553, 1554/I-II, 1555-1557: -/2/-, 1558: -/4/-, 1559-1561, 1563, 1564/I-II, 1565, 1566/I-II, 1567/I-II: -/2/-, 1568: -/4/-, 1569-1571: -/2/-

    StV: (1561, 1563-1567/II) mer fúr seine khinder -/-/7. (1568) mer fúr seine khinder -/-/14. (1569-1571) mer fúr seine khinder -/2/20. (1569-1571) mer fúr p[ue-ri] vischer zu (zue) Embs (Emsen) -/-/14 (1569:) unnd fúr 4 versessn steur -/1/26.

Jochim (Joachim) Lipp, 1552/II messerschmid St: 1550, 1551/I-II, 1552/I-II: -/2/-

Michl Schmidhamer (Schmidhaimer), 1549/I, 1552/II, 1554/II, 1556-1559 schlosser, 1553, 1554/I, 1564/I-II, 1566/I-II, 1567/I-II, 1569, 1571 hofschlosser

    St: 1548: -/2/24 juravit, 1549/I-II, 1550, 1551/I-II, 1552/I-II: -/2/24, 1553, 1554/I-II, 1555-1557: -/2/25, 1558: -/5/20, 1559, 1560: -/2/25, 1561, 1563, 1564/I-II, 1565, 1566/I-II, 1567/I-II: -/3/3, 1568: -/6/6, 1569-1571: -/3/3

    StV: (1557, 1559-1561, 1563, 1564/I-II, 1565) mer -/-/14 für p[ueri] Schútz (Schútzn). (1558) mer -/-/28 für p[ueri] Schútzn. (1566/I) mer fúr p[ueri] Schútzn nichil.

alt Jorg Hackhlin [Wirtin[5]] St: 1549/II: -/2/-

---

[1] Peter Zäch 1490, 1492-1494, 1496 Vierer der Schlosser, 1496 mit dem Zusatz „ist tod", vgl. RP.

[2] Wolfgang Kärgl 1502-1520 ff. fast jedes Jahr Vierer der Schlosser, vgl. RP. – Er dürfte auch der „Wolfgang slosser" und „Wolfgang statschlosser" sein, der schon 1499-1501 Vierer der Schlosser ist.

[3] „Anndre Amareller" 1548 wieder getilgt und durch „Michel Schmidhamer" ersetzt.

[4] Vgl. Kaufingerstraße 26.

[5] Vgl. Weinstraße 6.

Barbara ibidem St: 1549/II: -/2/-
Michel Keslring [Schlosser[1]]. 1563 Michel Khesslringin
  St: 1551/II, 1552/I-II, 1553, 1554/I-II, 1555-1557: -/2/-, 1558: -/4/-, 1559-1561: -/2/-, 1563: -/1/- pauper der zeit
Corbinian (Gerbl) Páchl (Pächl) sadtler
  St: 1553, 1554/I-II, 1555, 1556: -/2/20, 1557: -/2/-, 1558: -/4/-, 1559-1561, 1563, 1564/I-II, 1565, 1566/I-II, 1567/I-II: -/2/-, 1568: -/4/-, 1569-1571: -/2/-
Steffan Haug statschlosser St: 1571: -/2/12

Die Bäcker im Gewölb:

Chunrat Rayd pistor. 1369 relicta Raydlin peckin St: 1368: recessit, 1369: -/-/-
  Hanns Rayd pistor St: 1381: -/-/24, 1382: -/-/-
Haensel (Hans) pistor St: 1371: -/-/54, 1372: -/-/68 post, 1375: -/-/56
relicta Arbaspeckin[2] inquilina St: 1371: -/-/16
Nágell (Nagel) pistor inquilinus St: 1377: -/-/30 juravit, 1378: -/-/30
Hainrich Kechk pistor St: 1379: -/-/24
Dreẃ pfunt (Drewpfunt, Derẃpfunt, Drew pfunt, Drepfunt) pistor (peck), 1387, 1390/II inquilinus
  St: 1383/II: -/-/-, 1387: -/-/12, 1388: -/-/24 juravit, 1390/I-II: -/-/24
Hans von hoff pek, 1394, 1395 in domo Hudler
  St: 1392: -/-/42 iuravit, 1393, 1394: -/-/56, 1395: -/-/80, 1396-1399: 0,5/-/-
[Toldel pech in dem gewelbe[3] 1392]
Hundertpfunt peck. 1401/I-II, 1405/I-1408, 1415, 1416 Andre Hundertpfund (Hunderpfunt, Hundertfunt) peck. 1403, 1410/I Andre Hunderpfunt (Hundertpfunt). 1410/II-1413 Andre peck. 1418 relicta Andre Hundertpfunt peck
  St: 1400, 1401/I: -/3/-, 1401/II: -/5/10 iuravit, 1403, 1405/I: -/5/10, 1405/II: -/10/- iuravit, 1406-1408: -/13/10, 1410/I: -/10/- iuravit, 1410/II: -/13/10, 1411: -/10/-, 1412: -/13/10, 1413: -/10/- iuravit, 1415: 2/-/-, 1416: -/21/10, 1418: 3/-/80
  StV: (1400) sein st[e]wer und -/-/24 de uxor[e] gracianus. (1401/I) sein stewr et 0,5/-/- de uxor[e], iuravit. (1418) von salczfúrens wegen.
Perchtold Reichher peck St: 1419: -/13/10
Fridel [...]ben[4] peck St: 1423: -/3/-
Hainrich Stángel beck St: 1428: dedit 2 gróss, 1431: -/-/60 iuravit
Chunrat Túnckel (Tunckel, Tunckl), 1439-1447, 1454-1456 peck, 1447 inquilinus. 1445 Tunckel peck
  Sch: 1439/I-II, 1440, 1441/I-II: 1 t[aglon], 1445: 2 ehalten, dedit servus
  St: 1447: -/3/22, 1453-1456: Liste
Gotfrid Tautschernperger [= Pausenberger[5]] peck. 1458 Gotsch[el] peck St: 1457, 1458: Liste
Gótfrid Eysenperger [= Pausenberger ?] peck inquilinus St: 1462: -/-/77
Hainrich Sturmpeck, 1486 peck[6]. 1496 Sturm peck
  St: 1482: -/2/15, 1486: -/2/20, 1496: -/7/5
  StV: (1482) dedit -/-/15 gracion.
Jorg Porstl tuncklpek[7] St: 1490: -/2/23

---

[1] So 1548 und 1549/I bei Kaufingerstraße 33.
[2] Ganzer Eintrag 1368 zwischen den Zeilen nachgetragen. 1368 begegnet auch Tömlein, des Arbaizz pekhen aidem, vgl. GB I 2/9.
[3] Ulrich der Reyswadel hat am 8.2.1392 „gerecht mit Toldel pechen in dem gewelbe", das heißt, er hat mit dem Toldel vor dem Stadtgericht das Recht gesucht, einen Handel ausgetragen, vgl. GB II 21/10.
[4] Familienname korrigiert und Tinte verwischt.
[5] Er ist der Götschel, der 1468 Vierer der Bäcker ist, 1471 heißt er Pausenperger (!) in dem gwelb, 1473 Gotsch im gwelb und 1475 und 1476 Gotschel peckh, jeweils Vierer der Bäcker, vgl. RP 1 S. 142r, RP 2 S. 28r, 52r, 73v, 87v. – 1485 wird die Straße gepflastert „in des Gotschels pecken gässl", vgl. KR 1485/86 S. 119r. – Gotschel/Götschel oder Götz ist die Koseform von Gottfried.
[6] 1495, 1496 Vierer der Bäcker, vgl. RP.
[7] Name „Tuncklpeck" wohl von dem Bäcker Túnckel/Tunckl abgeleitet. Nach ihm wird auch die Gasse benannt: 1486 wird gepflastert „in dem Tunckels gassel hinder dem Urban Mandel" (Hinterhaus von Marien-

Pauls múlner peck[1] St: 1500 -/3/2
Jorg Reischl peck[2] St: 1508, 1509: -/-/60
Bartlme Pautznpergerin peckin. 1522 relicta Pautznpergerin St: 1514: Liste, 1522: -/2/-
Veit peck St: 1523-1526, 1527/I-II, 1528, 1529, 1532, 1540: -/2/-
Sigmund Seemúllner, 1541, 1545-1549/I peckh
    St: 1541, 1542: -/2/-, 1543: -/4/-, 1544: -/2/-, 1545: -/4/-, 1546-1548, 1549/I: -/2/-
Sebastian (Bastian, Wasstian) Schram (Schramb, Schran, Schrann) peckh
    St: 1550, 1551/I-II, 1552/I-II: -/3/7, 1553, 1554/I-II, 1555-1557: -/4/5, 1558: 1/1/10, 1559, 1560: -/4/5, 1561, 1563, 1564/I-II, 1565, 1566/I-II, 1567/I-II: -/4/12, 1568: 1/1/24, 1569-1571: -/5/8

Thiereckstraße 1 oder 2

Eigentümer Thiereckstraße 1 oder 2:

1397 der Knaeblin haus (StB).

Das Haus der Knaeblin ist nicht lokalisierbar. Die Frau wechselt ständig ihre Position innerhalb der Reihe der Steuerzahler, steht bis 1399 jeweils hinter Frauenplatz 9, müsste demnach zu Thiereckstraße 2 bis 4 gehören, aber 1399 steht sie zwischen Tichtel (Kaufingerstraße 31) und Frauenplatz 9 und müsste demnach zu Hinterhaus von Tichtel oder zu Thiereckstraße 1 gehören. Als Hauseigentümerin weist sie nur aus, daß eine Steuerzahlerin „Ann in der Knaeblin haus" genannt wird.

Wahrscheinlich ist sie aber identisch mit der „Agnes der lernfraw", die am 20. März 1393 ihr Haus am Anger verkaufte.[3] Schon im Herbst 1393 taucht die Knaeblin hier in der Thiereckstraße auf. Bis 1396 wurde sie hier dem Haus Frauenplatz 9 als Bewohnerin zugeordnet, vgl. dort.

Im Juni 1370 wird bereits eine Frau „die lernfrau" genannt und ist mit Chunrat Hudler am Anger verheiratet, der dort auch ein Haus hat.[4] Vielleicht gehört also die Knaeblin „lernfrau" zur Hudler-Verwandtschaft. Dann könnte sie zu Thiereckstraße 4 oder Kaufingerstraße 32 (mit Hinterhaus Thiereckstraße 1) gehören.

* Knaeblin lernfraw
    St: 1397, 1399: -/-/40 fur 4 lb, 1400: -/-/32 fúr 3 lb, 1401/I: -/-/28, 1401/II: -/-/28 iuravit

Bewohner Thiereckstraße 1 oder 2:

Ann in der Knaeblin haus St: 1403: -/-/-

Thiereckstraße 1
(= zu Kaufingerstraße 32)

Bewohner vermutlich in folgender Weise zuzuordnen, da sie meist solo hinter den fast durchweg mit Klammer zusammengefaßten Bewohnern von Thiereckstraße 4 folgen:

---

    platz 2, also Thiereckstraße 4) bzw. „in dem Tunckel gassel", vgl. KR 1486/87 S. 122r, und 1519 ebenfalls Pflasterarbeiten „in dem Dunckl gäßl [und] Neuhauser gassen", vgl. KR 1519/1520 S. 131r.
[1] Pauls Mullner 1499, 1507 und 1508 Vierer der Bäcker, vgl. RP.
[2] Jörg Reuschl 1519, 1520 usw. Vierer der Bäcker, vgl. RP.
[3] GB II 87/3, erwähnt auch in 68/5.
[4] GB I 12/2.

Jörg Sámer (Sämer, Samer), 1540-1547, 1550, 1551/I-II messerschmid[1]
   St: 1540-1542: -/2/-, 1543: -/4/-, 1544: -/2/-, 1545: -/4/-, 1546-1548, 1549/I, 1550, 1551/I -/2/-
   StV: (1551/II) supra fol. 59 col. 2 [= 59v, Kaufingerstraße 29].
Els maurerin St: 1540: -/2/-
   Jacob Els St: 1540: -/2/-
Utz Widmanin St: 1549/I: -/2/-
Sigmund Seemúllner [Bäcker im Gewölb] St: 1549/II: -/2/-
Hanns Koler [Wirt[2]] St: 1551/I-II, 1552/I-II: -/2/-
   sein hoffraw Barbara Krellin St: 1552/II: -/2/-
Jorg Dienstman[3] St: 1551/II: -/2/-
Mathes scháffler St: 1552/II: an chamer

Thiereckstraße 2
(zu Weinstraße 4)

Eigentümer Thiereckstraße 2:

Wie Weinstraße 4 = Familie Ligsalz, später Tucher und Peckh

* domus Ligsalcz 1394, 1395
* Thuecherin (Tuecherin) hinterhaus
    St: 1563-1564/II: -/-/-
* domus Thuecherin. 1566/I-1568 domus Tuecherin hinderhauß
    St: 1566/I-1568: -/-/-
* domus Simon Peckhen hinderhauß
    St: 1569-1571: -/-/-

Bewohner Thiereckstraße 2:

Vor 1418 nur vereinzelt zuzuordnen:

Berchtolt schmid[4] in domo Ligsalcz St: 1394: -/-/48
Kellner sattler St: 1394: -/-/80
orgelmaister in domo Ligsalcz St: 1395: -/-/-
Jacob Kleber (Kleberger) schlosser (1431 spángler), 1428 et uxor et familia. 1439/I-1441/II Jacob Kleberger
   St: 1418: -/-/60 für nichil, 1419: -/-/60, 1423: -/3/-, 1428: dedit 5 gross, 1431: -/3/- iuravit
   Sch: 1439/I-II, 1440, 1441/I-II: 0,5 t[aglon]
relicta schafferin und ir tochter inquilinae St: 1418: -/-/27
Chuncz von Monhaym salbwrch St: 1423: 1 reinischen gulden
Ulrich Reyffenstain kursner St: 1423: -/5/-

---

[1] Die Namen von Sämer bis Widmanin sind 1549/I mit einer Klammer zusammengefaßt, 1551 die Namen von Thiereckstraße 4 und 1 umklammert und am Rand „Gwelb" stehend. Mit „gwelb" ist demnach nun die ganze Thiereckstraße gemeint. Erst 1729 heißt die Gasse auf einem Stadtplan „Pekengaßl", ab 1806 erscheint auf den Stadtkarten der Name Thiereckgäßchen vom Besitzer des Hauses Kaufingerstraße 31 – das selbst gar nicht an der Gasse liegt –, der aber das Haus Thiereckstraße 1 vom Nachbarhaus Kaufingerstraße 32 weggekauft hatte und seinem Haus als Hinterhaus zugeschlagen hatte.

[2] Ein Hanns Koler wurde 1521 in die Weinschenkenzunft aufgenommen, vgl. Gewerbeamt 1418 S. 18v und KR 1521. Bei Frauenplatz 9 – 6 wird er 1548 als „wirt" bezeichnet. Zur selben Zeit, 1540-1558, ist aber ein Hanns Koler auch Gantladenknecht, derselbe ?, vgl. R. v. Bary III S. 832. – Ebenso gibt es einen äußeren Stadtrat Hanns Koler (1544, 1546-1548), vgl. RP. Dafür dürfte aber bei dem hier genannten der Steuerbetrag zu niedrig sein.

[3] Ein Jorg Dienstman ist 1526 und 1558 Verwalter der neuen Metzg (Bankknecht), 1528-1536 Kammerknecht, vgl. R. v. Bary III 981, 860. – 1536 ist ein Jörg Dienstman Salzstößel und Weinschenk, vgl. Vietzen S. 154 nach KR.

[4] Vorlage versehentlich „schmider".

Ott sporer, uxor et familia St: 1428: dedit 4 gross
Kristan Erber púchpinter St: 1456: Liste
Linhartt zimerman inquilinus St: 1462: -/-/60
Hanns Esttinger sattler[1]. 1486 Estinger satler St: 1482: -/2/8, 1486: -/2/12
Margreth inquilina St: 1482: -/-/-
Fricz nagler St: 1486: -/2/13, 1490: -/2/3
Erharde schreiber St: 1490: -/-/60
Peter Eysele m[esserschmid ?] St: 1496: -/2/3
Aiblinger nagler. 1500-1509 Hans Aiblinger nagler St: 1496, 1500, 1508, 1509: -/-/60
Hanns Stiglmair zamacher[2] St: 1508, 1509: -/2/25
Hanns Ottnwalder messerschmied St: 1514: Liste
alt Roßkopf[3] [Zammacher] St: 1514: Liste
Jacob Ebnnauer ringmacher St: 1522: -/2/-
Cristof Neithart (Neidthart, Neidhart, Neydthart, Neydhart, 1564/II Riedhart), 1523 wetschomacher, 1524, 1526, 1527/II, 1529, 1532, 1540-1545, 1554/II-1556, 1558, 1561, 1564/I-1571 ringmacher
    St: 1523-1526, 1527/I: -/2/-, 1527/II, 1528, 1529, 1532, 1540-1542: -/2/7, 1543: -/4/14, 1544: -/2/7, 1545: 1/1/6, 1546-1548, 1549/I-II, 1550, 1551/I-II, 1552/I-II: -/4/3, 1553, 1554/I-II, 1555-1557: -/4/10, 1558: 1/1/20, 1559, 1560: -/4/10, 1561, 1563, 1564/I-II, 1565, 1566/I: -/3/25, 1566/II, 1567/I-II: -/3/7,5, 1568: -/6/15, 1569-1571: -/3/7,5
    StV: (1566/II) abgsetzt seiner dochter heiratgut.
Hueberin Häckl[4]. 1524 Hueberin St: 1523: anderßwo, 1524: -/2/-
una inquilina St: 1523: -/2/-
Pflegßhándlin amb inquilina St: 1523: -/2/-
Katherina St: 1524: -/2/-
Caspar [I.] Ridlerin St: 1551/II: 2/6/20 juravit, 1552/I-II: 2/6/20
Sebastian Húrlacher St: 1552/I: nihil, statpfeiffer

Thiereckstraße 3
(zu Weinstraße 3)

1559 Juli 12 des Michael Spängls hinteres Haus grenzt an den hinteren Stock (Thiereckstraße 4) von Lienhart Widmans hinterlassenem Haus am Platz (Marienplatz 2).[5]

Thiereckstraße 4
(zu Marienplatz 2 A/B)

Lage: 1551/II neben Hanns Roskopff am Rand „gwelb". Darauf die Klammer von Krell, Kern, Roskopff und Strein bezogen.

Eigentümer Thiereckstraße 4:

    Eigentümer wie Marienplatz 2 A/B
* domus Hudler 1394, 1395
* Thoman vom Eglosstain
    St: 1458: Liste
* domus Nidermayr
    St: 1564/I-1571: -/-/-

---

[1] Hanns Estinger satler ist 1476, 1479, 1482 und 1486 Vierer der Sattler, vgl. RP.
[2] Hanns Stiglmair ist 1506, 1508, 1513-1518 Vierer der Sattler, vgl. RP.
[3] Hinter ihm folgt 1514 getilgtes „Hanns Vorster nagler". – Zu Hans d. Ä. Roßkopf vgl. u. a. auch Rosenstraße 4. Hanns Roßkopf zammacher ist 1490-1509 mehrfach Vierer der Sattler, vgl. RP.
[4] „Häckl" 1523 hinter „Hueberin" nachgetragen.
[5] StadtAM, Hist. Verein von Obb. Urk. 3357.

Bewohner Thiereckstraße 4:

Ulrich Gúmpprecht (Gumpprecht, Gumprecht, Gúmprecht), 1418 gurtler, 1428 uxor et servi
    St: 1418, 1419: 0,5/-/16, 1423: -/20/-, 1424: -/6/20 hat zalt, 1428: dedit 4 gross
Hanns Kammater und sein tochter St: 1418, 1419: 0,5/-/-
Chuncz von Monhaym salbwrch St: 1419: 0,5/-/-
Andre Philippn bruder St: 1428: dedit 4 gróss
Jorg messerer[1]
    Sch: 1439/I-II: -/-/10, 1440, 1441/I-II: -/-/15
    St: 1447: -/3/4
(Hanns) Althaimer messerer St: 1453, 1454: Liste
Symon Santmúlner St: 1455: Liste
Hanns Gärber slosser St: 1456: Liste
Ulrich Heys, 1457 messersmid, 1458 slosser St: 1457, 1458: Liste
Ullrich Springinkle. 1482 Springinkle sporer[2] St: 1462, 1482: -/-/60
Wolffgang Maursteter[3]. 1496-1514 Wolfgang windmacher. 1522-1524, 1526-1532, Wolfgang Maursteter windnmacher
    St: 1486, 1490, 1496: -/-/60, 1500: -/2/6, 1508, 1509: -/2/16, 1514: Liste, 1522-1526, 1527/I-II, 1528, 1529, 1532: -/2/-
Sigmund sporer St: 1486, 1490: -/-/60
[Maritz] Pflegshándel (Pflegshändel) sporer[4] St: 1496, 1500: -/-/60
Linhart Adler sporer[5] St: 1508: -/4/10
Steffan Oberholtzer sporer. 1514 Steffan sporer[6] St: 1509: -/-/60, 1514: Liste
Ainpet naterin inquilina St: 1514: Liste
Hanns Táprer (Táperer), 1522, 1523, 1525, 1526, 1527/II-1529, 1532 sporer[7]
    St: 1522-1526, 1527/I-II, 1528, 1529, 1532: -/2/-
    et socra St: 1522, 1523: -/2/-, 1524-1526, 1528, 1532: -/1/9
    et mater St: 1527/I-II, 1529: -/1/9
Wolfgang Krúg (Krueg), 1522-1524, 1526-1527/II, 1529, 1532 nagler. 1528 Wolfganng nagler
    St: 1522-1526, 1527/I-II, 1528, 1529, 1532: -/2/-
Philip Franckh St: 1522: -/2/-
Arsaci sadtler. 1545-1550, 1552/II-1558, 1564/II-1571 Arsaci Krell (Króll, Khrell) sadtler[8]. 1551/I-II, 1552/I, 1559-1561, 1563, 1564/I Arsaci Krell (Khrel, Khräl)
    St: 1540-1542: -/2/-, 1543: -/4/-, 1544: -/2/-, 1545: -/6/6, 1546-1548, 1549/I-II, 1550, 1551/I-II, 1552/I-II: -/3/3, 1553, 1554/I-II, 1555-1557: -/4/7, 1558: 1/1/14, 1559, 1560: -/4/7, 1561, 1563, 1564/I-II, 1565, 1566/I-II, 1567/I-II: -/4/2, 1568: 1/1/4, 1569-1571: -/3/1,5
    StV: (1554/I-II) mer -/3/25 fúr p[ueri] Zwinckhner. (1555-1557) mer -/1/28 fúr p[ueri] Zwinckhner. (1567/II) adi 31. Juli [15]68 zalt nachsteur fúr seinen sun, so zu Lintz von 60 fl, so er hinaus empfangen.
Walthausar (Balthauser) Stiglmayr (Stiglmair)
    St: 1540-1542: -/2/28, 1543: -/5/26, 1544: -/2/28, 1545: -/4/-, 1546-1548, 1549/I-II: -/2/-
Thoman Kern, 1540, 1542-1548, 1549/I, 1551/II, 1552/II-1554/II puechpintter, 1541 puchfuerer
    St: 1540-1542: -/2/-, 1543: -/4/-, 1544: -/2/-, 1545: -/4/-, 1546-1548, 1549/I-II, 1550, 1551/I-II, 1552/I-II, 1553, 1554/I-II: -/2/-
Hainrich schneiderin St: 1541: -/2/-

---

[1] 1439 beidemale der Betrag aus 15 korrigiert zu 10 Pfennigen.
[2] Springinklee, ohne Vorname, ist 1480 Vierer der Schlosser, vgl. RP.
[3] Ein Maursteter, ohne Vorname, ist 1476 Vierer der Schlosser, vgl. RP. Dieser?
[4] Der Sporer Maritz Pflegshändl ist 1489, 1491-1494, 1499-1501 Vierer der Schlosser, Sporer, Schwertfeger, vgl. RP.
[5] Linhart Adler ist 1495, 1502, 1506, 1507 und 1512 Vierer der Schlosser, Sporer, Schwertfeger, vgl. RP.
[6] Steffan Oberholtzer ist 1509 Vierer der Schlosser, Sporer, Schwertfeger, vgl. RP.
[7] Hanns Törper(er)/Täprer ist 1513-1518 Vierer der Schlosser, Sporer, Schwertfeger, vgl. RP.
[8] Arsaci Krell wohnt in den 60er Jahren des 16. Jhs. im „domus Nidermair", dem Hauseigentümer von Marienplatz 2. Also gehört Krell mit allen fast immer mit Klammer mit ihm verbundenen Personen zu Thiereckstraße 4.

Hanns[1] Pergntaler St: 1546: -/-/21 gratia, 1547: -/-/21 gratia die ander
Anna Walthasarin St: 1549/II: -/2/13
Hans Koler [Wirt[2]] St: 1550: -/2/-
Hans Roskopff der jung St: 1550: -/-/28 gratia, 1551/I: -/-/28 gratia die ander, 1551/II: -/2/-
Strein vischerin St: 1551/II: -/2/-
Jorg (Georg)) Aychmúllner (Aichmúllner, Aichenmüller, Aychenmúller, Aichmüller, Aichmuller, Aichmúller), 1564/II-1571 thuechscherer
    St: 1552/II, 1553, 1554/I-II, 1555-1557: -/2/-, 1558: -/4/-, 1559, 1560: -/2/-, 1561, 1563, 1564/I-II, 1565, 1566/I: -/2/2, 1566/II, 1567/I-II: -/3/7, 1568: -/6/14, 1569-1571: -/2/10
    StV: (1563) mer fúr seine khinder -/-/17,5. (1564/I-II, 1565, 1566/I) mer fúr seine khinder -/-/17. (1566/II, 1567/I-II, 1569-1571) mer fúr seine khinder (khúndt) -/-/17,5. (1566/II) zuegsetzt seiner mueter erb. (1568) mer fúr seine khinder -/1/5.
magister Scheffl statprocurator. 1556, 1557 Wilhalm Scheffl (Schóffl) procurator. 1558, 1560, 1561 Wilhelm Scheffl (Schöffl). 1559 Wilhalm Scheffl statprocurator
    St: 1555, 1556: nihil, 1557: -/2/-, 1558: -/4/-, 1559: -/2/-, 1560: 4/-/14, 1561: -/3/25
    StV: (1559) soll hinfúro das erb von Widman zuetzn. (1560) zuegesetzt Widmans erb.
Lenhart (Leonhart) Closner, 1564/II, 1565, 1566/I-1567/I seidnader[3]
    St: 1563, 1564/I-II, 1565, 1566/I-II, 1567/I: -/2/-
    StV: (1564/I) für sein mueter nihil, weil sy so allt unnd ir sun zuegesagt, sy lebenndig und tod zu versehen. (1564/II) für sein mueter nihil, weil sy so arm und bei ime di underhaltung hat.
Gregori Reim gúrtler St: 1567/II: -/2/-, 1568: -/4/-, 1569: -/2/-
Hanns Khamp (Kham) riemer St: 1570: 1/-/20, 1571: an chamer, zalt

Frauenplatz 9

Lage: Eckhaus

Hauseigentümer:

Von den Häusern rund um den Frauenfriedhof hat nur das Eckhaus Frauenplatz/Ecke Thiereckstraße West eine frühe eigene Geschichte. Das Haus könnte ursprünglich als Hinterhaus zu Kaufingerstraße 30 gehört haben. Dieses gehörte bis Anfang des 15. Jahrhunderts den Tulbeck.

Vor 1390 Eigentümer Familie Tulbeck ?
1390 September 6 gemäß eines Hauptbriefes hat der Tulbeck-Altar in der Frauenkirche ein Ewiggeld von 3 Gulden auf dem Haus, die der Kürschner Hanns Khöpl und seine Hausfrau Margreth zu zahlen haben.[4]
1392-1398 der Tulbeck-Altar hat immer noch ein Ewiggeld „aus Cöppel kürsners haus bei Unser Frawen".[5]
Weitere Hauseigentümer könnten – alleine wegen der langen Verweildauer und der Höhe der Steuer – gewesen sein: der Kramer Ulrich Vetter (1423-nach 1462), Fritz kramer (1482), Steffan Zwikopf (1486-1500) und Hanns Strasser (1508-1514), 1522 vielleicht Sigmund Pötschner und 1527-1532 Hanns Schräll. Ein Beleg fehlt für alle.
1509 wird die Straße gepflastert „im gäßl beim Strasser cramer",[6] eine Beschreibung, die aber nicht bedeuten muß, daß er Eigentümer des Hauses sein muß.
1540 Juni 22 der Barbier Hanns Schott, sonst Schweitzer genannt, und seine Hausfrau Anna verkaufen ein Ewiggeld von 1 Pfund Pfennigen aus dem Haus an das Heiliggeistspital (GruBu).

---

[1] „Hanns" verbessert aus „Hannsin".
[2] Hanns Koler 1521 Aufnahme in die Weinschenkenzunft, vgl. Gewerbeamt 1418 S. 18v und KR 1521: Bei Frauenplatz 9-6 wird er 1548 als Wirt bezeichnet.
[3] 1567/I „seidnnader" über getilgtem „federmacher".
[4] Stadtgericht 207/3 (GruBu) S. 909v/911r.
[5] Steueramt 982/1 S. 22r.
[6] KR 1509/10 S. 126r.

1541-1549/50 das Heiliggeistspital hat ein Ewiggeld aus des Hansens Schotten Balbierers Haus „gegen Unser Frauen über".[1]

1547 Mai 26 die Witwe Anna Schott und die Vormünder ihrer Kinder verkaufen ein Ewiggeld von 5 Gulden um 100 Gulden Hauptsumme (GruBu).

1552 Februar 4 der Kistler Walthasar Pfrämer und seine Hausfrau Anna verkaufen den Schott-Kindern Kaspar, Georg, Hanns, Jacob, Barbara, Regina und Maria ein Ewiggeld von 5 Gulden um 100 Gulden Hauptsumme aus dem Haus (GruBu).

1552 Februar 6 die Eheleute Pfrämer verkaufen den Schott-Kindern erneut ein Ewiggeld von 5 Gulden für 100 Gulden Hauptsumme (GruBu).

1554 März 9 das Ehepaar Pfrämer verkauft erneut ein Ewiggeld von 5 Gulden rheinisch (um 100 Gulden Hauptsumme) (GruBu).

1555 Juli 12 erneuter Ewiggeldverkauf von 5 rheinischen Gulden um 100 Gulden Hauptsumme durch das Ehepaar Pfrämer (GruBu).

1561 November 15 Leonhard Paumeister und seine Hausfrau Catharina verschreibern dem Kistler Balthasar Pfreimer und seiner Hausfrau Anna ein Ewiggeld von 5 Gulden um 100 Gulden Hauptsumme zur Entrichtung der Kaufsumme für das Haus (GruBu).

1561 November 17 und

1561 November 19 erneut verschreiben Leonhardt Paumeister und seine Hausfrau Catharina dem Balthasar Pfreimer und seiner Hausfrau Anna zwei Ewiggelder von je 5 Gulden um je 100 Gulden Hauptsumme zur Entrichtung der Kaufsumme (GruBu).

1575 laut Grundbuch (Überschrift) des Leonharden Paumeisters Haus, gegen Unser Frauen Freithof über gelegen.

Eigentümer Frauenplatz 9:

** Kópl (Cóppel) kúrsner, 1390/I inquilinus. 1396-1401/II, 1405/I, 1406-1415 [Hans] Kóppel (Koppel) kúrsner [∞ Margaret]. 1416 patrimonium Kóppel kúrsner
 St: 1387: -/-/20, 1390/I-II: -/5/-, 1392: -/5/-, 1393, 1394: -/6/20, 1395: 0,5/-/4, 1396, 1397, 1399, 1400, 1401/I: -/6/6, 1401/II: -/5/10 iuravit, 1405/I: -/5/10, 1406-1408: -/5/10, 1410/I: 0,5/-/- iuravit, 1410/II: -/5/10, 1411: 0,5/-/-, 1412: -/5/10, 1413: -/3/- iuravit, 1415: 0,5/-/-, 1416: -/5/10
 StV: (1396) item -/-/72 ewiger gelt zu dez Tulwecken alltar.

Hanns sneider sein [= des Hanns Kóppel] aydm. 1403, 1416 Hanns Holczschuch sneider. 1405/I Hanns Holczschúch sein aydem. 1405/II Hanns Holczschuch sneider
 St: 1401/II: -/-/-, 1403: -/-/64 fúr 8 lb, iuravit, 1405/I: -/-/64 fúr 8 lb, 1405/II: -/-/60 fúr 8 lb, iuravit, 1416: -/3/22

*? Ulrich Veter (Vetter), 1423-1445, 1453, 1455, 1462 kramer.[2] 1456, 1457 Ulrich Freisinger Vetter[3] (vector). 1458 Ulrich Freisinger
 St: 1423: -/10/-, 1424: -/3/10 hat zalt, 1428: dedit 4 gross, 1431: -/12/- iuravit, 1447: -/5/7, 1453-1458: Liste, 1462: -/-/80
 Sch: 1439/I-II, 1440, 1441/I-II: 1,5 t[aglon], 1445: 1 diern
 StV: (1428) fur sich, sein hausfrauen, sein tochter und diern.

pueri Vetter Freisinger
 St: 1456: Liste

pueri Vetter
 St: 1457: Liste

*? Fritz kramer
 St: 1482: 6/1/2

---

[1] Heiliggeistspital (Rechnungen) 176/30 (1541) S. 40v, 176/38 (1549/50) S. 46v letztmals.
[2] Der alt Vetter kramer ist 1459 und 1461 Vierer der Kramer, vgl. RP. – Ein Ulrich Freisinger ist 1465, 1467, 1469, 1474 Vierer der Käufel. Vgl. jedoch Marienplatz 9*A/a, wo ebenfalls 1458 und 1462 ein Ulrich Freisinger vorkommt.
[3] 1456 „Vetter" über „Freisinger" nachgetragen.

*? Steffan Zwikopf (Zbikopf), 1490, 1496 kramer [Weinschenk[1]]
    St: 1486, 1490: 3/-/16, 1496: 3/1/21, 1500: 4/2/1
*? Hanns Strasser kramer [Weinschenk][2], 1509 et socra. 1514 Hanns Strasser patrimonium
    St: 1508, 1509: 2/5/18, 1514: Liste
  ir man gracion
    St: 1514: Liste
*? Sigmund [II.] Pótschner [Stadtrat[3]]
    St: 1522: 6/-/7
*? Hanns Schrál (Schráll) [Weinschenk[4]]
    St: 1527/II, 1528, 1529, 1532: 1/3/-
** Hanns Schott palbierer[5] [auch Schweitzer genannt, ∞ Anna]. 1544-1549/I, 1550, 1551/I, 1552/I Hanns Schottin. 1549/II Hanns Schweytzerin
    St: 1540, 1541: -/6/10, 1544: -/5/17 juravit, 1545: 1/3/24, 1546-1548, 1549/I-II, 1550, 1551/I-II: -/5/12, 1552/I: -/5/12 matrimonium das erst
    StV: (1540) et dedit -/2/10 fur sein son, das er von Michl jäger ererbt. (1541) et dedit -/2/10 für seine kind, so sy von Michel jäger ererbt haben.
** Balthasar Pfrámer, 1557 kistler [∞ Anna = Anna Schottin ?]
    St: 1553, 1554/I-II, 1555-1557: -/2/5, 1558: -/4/10, 1559, 1560: -/2/5, 1561: -/3/25
** Lenhart (Leonhart) Paumaister (Paẇmaister), 1565-1567/I, 1568 goldschmid[6] [∞ Katharina]. 1569-1571 domus Lenhart Paumaister (Paẇmaister)
    St: 1563, 1564/I-II, 1565, 1566/I-II, 1567/I-II: 2/-/15, 1568: 4/1/-, 1569-1571: -/1/12
    StV: (1563) mer für pantzermachers tochter 1/4/5,5. (1564/I-II) mer für p[ueri] pantzermacher 1/4/5,5. (1565) mer für p[ueri] pantzermacher für die heurig unnd 3 nachstewr 6/2/22. (1569) mer von der mül von seiner gult 1/-/17,5. (1570, 1571) mer von der múl (müell) 1/-/17,5.

Bewohner Frauenplatz 9:

Knaeblin (Knáblin), 1393, 1396 lernfraw, 1395 inquilina
    St: 1393: -/-/24 de gracia, 1394: -/-/24, 1395: -/-/60 für vier lb, 1396: -/-/54 fur 4 lb
item Hainrich von der múl [Sattler[7]] St: 1394: -/-/16
Chunrat kistler inquilinus St: 1394: -/-/-
Hannsel Nússel satler inquilinus St: 1397: -/-/60 für 8 lb
relicta Heizingerin inquilina St: 1399: -/12/-
relicta Ortlin malerin inquilina, 1405/II-1407 und yr tochter
    St: 1403: -/-/32 fur nichil, 1405/II, 1406, 1407: -/-/24 für nichil, 1413: -/-/21 für nichil
relicta Hamrerin (?) von Ybs. 1410/I relicta Khatrey von Ybs inquilina St: 1408: -/5/10, 1410/I: -/-/-
Gyessingerin inquilina St: 1410/I: -/-/24 fur nichil
relicta Eystrerin inquilina St: 1410/I: nichil habet
uxor Nickel taschner inquilina und ir tochter inquilina St: 1410/II: -/-/12 für nichil
Hainrich salbwrch inquilinus St: 1415: -/-/60 für 10 lb
Nickel schuster et uxor St: 1428: dedit 2 grósch

siehe unten bei Frauenplatz 9 – 6 (1445-1457)

---

[1] Steffan Zwikopf war 1493 Vierer der Kramer, vgl. RP, aber 1489 auch schon Mitglied der Weinschenkenzunft, vgl. Gewerbeamt 1418 S. 3v.
[2] Hanns Strasser war 1497-1507 fast jedes Jahr Vierer der Kramer, vgl. RP, aber seit 1505 auch Mitglied der Weinschenkenzunft, vgl. Gewerbeamt 1418 S. 13v. – Vgl. auch Weinstraße 15.
[3] Sigmund Pötschner war 1500-1502, 1504, 1509, 1514 und 1517 bis Februar äußerer Stadtrat, 1503, 1510-1513, 1515, 1516, und 1517 ab Februar bis 1532 innerer Stadtrat, vgl. RP.
[4] „Jung Hanss Schrell" 1511 Aufnahme in die Weinschenkenzunft, vgl. Gewerbeamt 1418 S. 15v.
[5] Meister Hanns Schott Schweitzer, Barbier, war 1530-1542 Stadtwundarzt, vgl. R. v. Bary III S. 1018.
[6] Frankenburger S. 292 und Gewerbeamt 1631 (Goldschmiede-Meisterbuch) S. 86v 34 (Nachtrag): „Item Leonhart Paumaister ist der Religion [halber] weckhzogen und zu Memmingen maister worden".
[7] So 1390/I-II bei Sendlinger Straße 982*.

Kontz Koler [Beutler¹] St: 1486: -/-/60
Valtein Dietel St: 1508: -/-/60
Ánntzingerin St: 1509: anderswo
relicta Vilserin St: 1514: Liste
Lamprecht vogelh[ändler] St: 1514: Liste
relicta Hanns [Prew²] chamerschreyberin
    St: 1540: -/5/17
    StV: (1540) hat ir steur von neuem gemacht.
Anna Nusserin [Naterin³] St: 1542: -/2/-, 1543: -/4/-, 1544: -/2/-
Els Sallerin St: 1542: -/2/-, 1543: -/4/-
Utz Kegl tagwercher St: 1542 -/-/14 gratia
Arsaci wagner [des Sixn Sohn]
    St: 1543: nihil
    StV: (1543) hat sich zu der Sennfflin componistin verheirat, dieselb hat des jars noch von irem
        haus gsteurt.
Wolff Ramler kistler St: 1544: -/2/-
Wolffgang Pruelmair glaser St: 1545: -/-/14 gratia
Hanns Hoffmann [Lernmeister⁴] St: 1545:-/4/-
Schaci Hueber⁵ St: 1546, 1547: -/2/-
Wolffgang Spángl St: 1546: nihil, hoffgsind
Hanns Koler, 1548 wirtt [äußerer Rat⁶] St: 1548, 1549/I: -/5/10 schenckhsteur, 1549/II: -/2/-
Hans Widman sporer St: 1548: -/2/-
relicta Potschnerin (Pótschnerin, Pothschnerin)
    St: 1549/I: an chamer, 1549/II: 1/-/-, 1550: 1/-/-, 1551/I: der zeit nihil, 1551/II: 1/-/-
    StV: (1549/I) zalt 2 fl von irm beysitz von dem [15]47 und [15]48ten jarn, actum den 18. No-
        vembris anno etc. [15]49ten. (1549/II) mit einem geding. (1550, 1551/II) mit (ainem) geding
        fúr irn beysitz. (1551/I) hat ein jerlichs geding.
Utz Seyringer [Hofgesind⁷] St: 1549/II: 2/1/28 juravit
Martin pogner St: 1549/II, 1550: -/2/-
Valten Pergerin St: 1549/II: -/2/-
Erasm Emring [Lernmeister] St: 1551/II: -/2/-
poet Jeronimus Ziegler⁸ St: 1552/I: nihil
Sterneys procurator St: 1554/II: nihil
Andre Stuel schneider. 1560, 1561 Anndre Stuelschneider
    St: 1557: -/-/21 gratia, 1558: -/5/10 juravit, 1559-1561: -/2/20
Martin Schonaur (Schónaẃer) cantzlei(schreyber) St: 1563, 1564/I: nichil, hofgsind
Leonhart Mayr singer St: 1564/II: -/-/- hofgsind
[Jörg] Stain goldschmid [aus Königsberg⁹]
    St: 1565: -/-/28 gratia
    StV: (1565) auffs jar soll er 200 fl seiner hausfrauen guet zuesezn etc.

Frauenplatz 8, 7

Bewohner außerhalb der Einmündung der Thiereckstraße in den Frauenfriedhof lassen sich mit einiger Sicherheit erst ab 1428 feststellen. Auch da ist noch nicht klar, auf wieviele und welche Häuser am Frauenplatz sie sich verteilen und werden deshalb bis 1458 in Gruppen zusammengefaßt.

---

[1] So 1496 und 1500 bei Fürstenfelder Straße 9.
[2] Der Kammerschreiber Hanns Prew (1517-1537) starb 1539, vgl. R. v. Bary III S. 859.
[3] Vgl. Sporerstraße 3*.
[4] So 1548/49 bei Marienplatz 4*.
[5] „Hueber" verbessert aus „Hueberin".
[6] Hanns Koler wurde 1521 in die Weinschenkenzunft aufgenommen, vgl. Gewerbeamt 1418 S. 18v und KR 1521. – Ein Hanns Koler ist 1544, 1546-1548 auch äußerer Stadtrat.
[7] Vgl. Frauenplatz 6 und Kaufingerstraße 25*.
[8] Meister Jeronimus Ziegler 1548-1554 Leiter der städtischen Poetenschule, vgl. R. v. Bary III S. 1036.
[9] Frankenburger S. 289 und Gewerbeamt 1631 (Goldschmiede-Meisterbuch) S. 86v Nr. 36.

Ab 1462 wird der Versuch gemacht, die Steuerzahler einzeln auf die Häuser zu verteilen. Die Zuteilung muß nicht in jedem Einzelfall stimmen. 1457/58 dürften die pueri Endlhauser zu Frauenplatz 7 gehören, weil zu dieser Zeit das Vorderhaus Kaufingerstraße 28 den Endlhausern gehört. Das Haus Frauenplatz 8 (falls nicht 9 gemeint ist) wird – ausdrücklich als „hinder haus, gelegen bey Unser Frawen freythof" – am 26. April 1381 von Hainrich des Tulwechen sel. Witwe verpfändet.[1] Den Tulbeck gehört in dieser Zeit noch sowohl Kaufingerstraßen 29 als auch 30.

Frauenplatz 8
(zu Kaufingerstraße 29)

Hauseigentümer:

* Hainrich Tulwechen sel. Witwe [1381 April 26]

Bewohner Frauenplatz 8:

Schon Hanns maler[2] St: 1482: -/2/5
Diemut inquilina. 1490 die alt Diemut St: 1486, 1490: -/3/7
una amm inquilina Rúgling[3] St: 1486: -/-/60
Hanns Willd maurer St: 1490: -/-/60
relicta Fústainerin St: 1496: 1/6/13
Wolfgang koch[4] St: 1496: -/3/-
relicta Karl [III.] Ligsaltzin St: 1500: 5/5/26
Elspet Schillingin St: 1500: -/-/60
Conradt Sehofer [Weinschenk, dann Zollner am Neuhauser Tor ?[5]]
    St: 1524, 1525: 2/-/7, 1526, 1527/I: 1/6/2, 1527/II: 1/3/15
    StV: (1524) hat seinen tail der Siessin gut zugesetzt. (1526) hat abgesetzt.
Urban Hunger [Weinschenk[6]] St: 1528, 1529: -/2/-
wirttin (wirtin) von Starnwerg[7] St: 1540, 1542: -/2/-, 1543: -/4/-:
Wastl Nidermair zimerman ibidem St: 1542: -/2/-
Michel Knaus[8] [Lautenmacher] St: 1544: -/2/-, 1545: -/4/4, 1546, 1547: -/2/2
Hanns Stängl (Stangl), 1553, 1554/I thaimprobst diener, 1554/II vogler St: 1553, 1554/I-II: -/2/-
Barbara ibidem palbiererin. 1554/I Barbara palbiererin St: 1553, 1554/I: -/2/-
Lienhartin St: 1555: -/2/-
Margreth Schenckhin oder parethmacherin
    StV: (1556) ist ain nam, ist diser zeit eingstelt, ist der altn fürstin dienerin.
Mathes Zássingerin St: 1558: -/4/-
allt Eysnmanin [darüber nachgetragen:] Hans Wildnroter St: 1560: 1/-/27
    Hannß Willdnrotter, 1564/II, 1565, 1566/I, 1568-1571 saltzsender[9]
    St: 1561, 1564/I-II, 1565, 1566/I-II, 1567/I-II: 1/1/15, 1568: 2/3/-, 1569-1571: 2/-/10
Cunrat Schinweis [Kammer- und Steuerschreiber[10]] St: 1560: der zeit eingestellt
Anndre Eisnhuet schneider St: 1566/I: -/2/-
Michel scháffler St: 1566/II, 1567/I-II: -/2/-, 1568: -/4/-, 1569-1571: -/2/-

---

[1] GB I 140/2.
[2] Schön Hanns ist 1471, 1473 und 1476 Vierer der Maler, Glaser, Seidennater, vgl. RP.
[3] „Rúgling" nachgetragen.
[4] Ein Wolfgang koch wird 1508 in die Weinschenkenzunft aufgenommen, vgl. Gewerbeamt 1418 S. 15r. – Ein Wolfgang Sigl ist 1513-1520 Vierer der Köche, vgl. RP.
[5] Ein Kainrad Sehoffer wurde 1512 in die Weinschenkenzunft aufgenommen, vgl. Gewerbeamt 1418 S. 16r. – Conrat Seehofer 1528-1549 Zollner am Oberen Tor (Neuhauser Tor), vgl. R. v. Bary III S. 884.
[6] Urban Húnger 1525 Aufnahme in die Weinschenkenzunft, vgl. Gewerbeamt 1418 S. 19v. – 1532-1540 Urban Hunger Zollner am Isartor, vgl. R. v. Bary III S. 882.
[7] Vgl. Vorderhaus.
[8] Vgl. Vorderhaus.
[9] Hanns Wildenroter 1559 und 1560 Salzsender, vgl. Vietzen S. 151 nach KR und Zollregister 1572-1575.
[10] Maister Conrad Schinweis seit 1538 Kammer- und Steuerschreiber, vgl. R. v. Bary III S. 859, 876.

Hannß Benedict St: 1569: -/-/- an chamer
wálscher goldschmid [= Giovanni Battista Scolari, aus Trient[1]] St: 1569, 1570: -/-/- hofgsind
Hanns Gailer saltzsennder St: 1571: -/5/10 saltzsenndtersteur
Hanns Raidt truckhenlader St: 1571: -/-/21 gratia

Frauenplatz 7
(zu Kaufingerstraße 28)

Eigentümer Frauenplatz 7:

* domus maister Jórg Scháchl
    St: 1522: anderßwo, 1523: anderßwo, im ewigen gellt
* domus Oppenrieder. 1565, 1566/I domus Oppenryeder, Peter Khiechlmairin. 1569 domus Openrieder Hans abentheurerin
    St: 1564/I-II: -/-/-, 1565, 1566/I: -/3/11, 1566/II, 1567/I-II, 1568-1571: -/-/-
    StV: (1568) steuren die inleut beim vordern hauß. (1569) steurt hievor.

Bewohner Frauenplatz 7:

pueri Endlhauser St: 1457, 1458: Liste
Pútrichin St: 1482: nichil, vacat
Sigmund Laideck puchvierer. 1523 Sigmund puchpindter St: 1522: -/2/- juravit, 1523: -/2/-
maister Michel dräxl St: 1524, 1525: -/2/7
die von Winßhaim[2] St: 1529: 2/2/8
Arsaci wagner[3], des Sixn son St: 1540: nihil das jar
Wárbl nadlerin Friesin[4] St: 1540: -/2/-
Utz Kegl, Gumpergers hauspfleger St: 1543: nihil, dweil er des Gumppnpergers diener ist
Mang plettersetzer St: 1544-1547: nihil
Mathes Rueperstorffer schaffler
    St: 1553, 1554/I: -/2/-
    StV: (1553) mer -/2/- ain alte steur.
Mathes Vogler nagler St: 1554/II: -/2/-
Sesslerin Hans Hermanin St: 1555: -/2/-
ain infraw Lienhartin St: 1556: -/2/-
ain infraw Barbara múllnerin. 1557 ir [= der davor genannten Anna múllnerin] schwester Barbara. 1559 Barbara múllnerin
    St: 1556, 1557, 1559: -/2/-
    Anna múllnerin St: 1557, 1559: -/2/-
Michel permentter St: 1557: -/2/-
Wolff Rinckhler[5] St: 1559: nihil, sein weib ain hebam
Bastian Graff schuester St: 1559: -/2/-
Peter Prechler [Lernmeister[6]] St: 1563: -/2/-
Hanns abentheurer, 1564/I-II, 1566/I-II, 1567/I pogner
    St: 1563, 1564/I-II, 1565, 1566/I-II, 1567/I: -/-/1
    StV: (1563) mer fúr sein ewiggellt -/1/5. (1564/I) mer fúr 10 fl gelts -/2/10. (1564/II) mer von 5 fl gelts -/1/5. (1565) mer für seiner hausfrauen e[wigen] gelts -/1/5. (1566/I) mer vyr seiner hausfrauen 5 gulden gelt -/1/5.
    Christoff abentheurer pogner St: 1567/II: -/-/1
Jórg Pómerlen [später Kornmesser[1]] St: 1564/II: 1/3/14 juravit

---

[1] Frankenburger S. 304/305.
[2] Vgl. Vorderhaus.
[3] Vgl. Vorderhaus.
[4] Vgl. Vorderhaus.
[5] Vielleicht der 1544 und 1545 bei Färbergraben 1* belegte Steinmetz gleichen Namens.
[6] Vgl. Weinstraße 1.

Jorg Obermair St: 1565, 1566/I: -/2/-
Sigmund Fueß schuelm(aister)
> St: 1565, 1566/I-II, 1567/I-II: -/5/10 salzsenndersteur²
>> StV: (1566/II) mer fúr p[ueri] abentheurer [kein Eintrag]. (1567/I) mer fúr p[ueri] abentheurer, steurt ir mueter.

Wilhalbm Eysnman St: 1567/I: an chamer, zalt Neuhauser gassn
Hanns Olkhofer gartner
> St: 1569: -/2/-
>> StV: (1569) unnd fúr sein khind -/-/7.

Dorothe Pranndtnerin St: 1569: -/2/-

Mazaristraße 1

Ebenso wie Frauenplatz 7 dürfte auch das anschließende Eckhaus Mazaristraße 1 (Ost) ursprünglich zu Kaufingerstraße 28 gehört haben. Da dort zwischen 1458 und 1462 ein Besitzerwechsel stattfand – von Prewmaister zu Endlhauser – dürfte bei dieser Gelegenheit das Rückgebäude Mazaristraße 1 abgetrennt worden sein; denn 1462 steht hier im Steuerbuch erstmals das „domus Graff, dez Kaczmairs Kapellan", ähnlich 1490 und 1496 „domus der Kaczmair Caplan". Die Katzmair-Stiftung bestand ursprünglich aus der Gruft unter der St.-Michaels-Kapelle auf dem Frauenfriedhof, des „Katzmairs Gruft" genannt. 1457 wird „der Katzmair kapplan in der gruft auf Unser Frawen freithof" genannt.³ Nach dem Abbruch der Michaelskapelle wurde die Stiftung in die neue Frauenkirche übertragen. Die Meßstiftung von 1477 durch Georg und Agnes, später Martin Katzmair war nur eine Erweiterung einer bereits bestehenden.⁴ Das Haus an der Mazaristraße blieb weiterhin Benefiziatenhaus bis 1831.

Lage: 1575 Eckhaus, der Frauenkirche gegenüber.

Hauseigentümer:

1462 domus Graff, dez Kaczmairs Kappelan (StB).
1490, 1496 domus der Kaczmair caplan (StB).
1575 laut Grundbuch (Überschrift) der Catzmair-Caplan Egghaus, gegen Unser Frauen Kirchen über gelegen.⁵

Eigentümer Mazaristraße 1:

* domus Graff, dez Kaczmers kappelan
    St: 1462: in dem ebign gelt gestortt
* domus der Katzmair (Katzmer) caplan
    St: 1490: anderswo, im ebigengelt, 1496: anderswo
* domus Ruedolff mess (meß)⁶
    St: 1566/I-1571: -/-/-
** Catzmair-Caplan Egghaus 1575
** Katzmair Benefiziaten Haus [bis 1831]

Bewohner Mazaristraße 1:

Appollonia St: 1496: nihil, servit
C. Weixerin St: 1496: nichil

---

¹ Vgl. Marienplatz 3*, dort ab 1567 Kornmesser.
² 1567/I „saltzsender" über getilgtem „schennckh".
³ MB XX 308 S. 515/518.
⁴ Vgl. Karnehm S. 98 und HB.
⁵ Stadtgericht 207/3 (GruBu) S. 886v.
⁶ Gemeint ist das Haus der Katzmair-Messe. Da in dieser Zeit einer der letzten Rudolfe Katzmair-Kaplan ist, erscheint hier – nicht zutreffend – der Name „Ruedolf-Messe".

Frauenplatz 6
(zu Kaufingerstraße 27)

Das Haus gehörte als Hinterhaus zu Kaufingerstraße 27. Im Steuerbuch von 1462 wohnte hier „Ernst in des Giessers haus". Die Giesser sind von 1428 bis 1509 Eigentümer von Kaufingerstraße 27.

Lage: Eckhaus (Westecke Frauenplatz/Mazaristraße).

Eigentümer Frauenplatz 6:

* Doctor [Jörg] Part (Pardt, Parth) hinderhauß
    St: 1565: -/-/- nihil, 1566/I-1571: -/-/-

Bewohner Frauenplatz 6:

Ernst in dez Giessers hauss St: 1462: nichil daz jar, er ist daz jar purger worden
Ernst Túrbenter St: 1482: nichil
Schot cramer St: 1482: -/-/26
Laimerin St: 1482: -/-/30 das jar
Jórg Piber pflastermaister[1] St: 1526, 1527/I-II, 1529: nichil
Walthasar Zwenng St: 1527/II: -/5/7
Wolff Praunin, 1553, 1554/I-II schneiderin St: 1553, 1554/I-II, 1555: -/2/-
Dorothea Tápererin (Tapererin) St: 1553, 1554/I: -/2/-
Mathes vogler [nagler] St: 1555: -/2/-
graf von Leostain (Leonstain) St: 1565-1571: -/-/-
Ulrich Seyringer St: 1566/II: -/4/5 búrger [und] hofsind

Frauenplatz 5
(zu Kaufingerstraße 26)

Dieses beziehungsweise des Katzmairs Haus (Kaufingerstraße 26) wird am 6. Oktober 1404 als Lagebezeichnung für eine Kapelle in der alten Frauenkirche verwendet: sie liegt in der Abseite gen des Katzmairs Haus über[2], also gegenüber von Frauenplatz 5/Kaufingerstraße 26.

Eigentümer Frauenplatz 5:

* im hintern haus [des Chonrad Schmalholtz] 1561
* domus Schmalholtz hinderhauß 1567/II-1571
    St: 1567/II-1571: -/-/-
    StV: (1567/II) steurt bei dem vorderhauß. (1568) steuren beim vordern hauß.

Bewohner Frauenplatz 5:

Jorg Reintaler (Reindaller) [Schlosser[3]] St: 1447: -/-/60, 1453-1458: Liste, 1462: -/-/63, 1482: -/2/10
relicta Hunthaimerin St: 1447: -/-/27 von 9 gulden leibdings, 1453-1457: Liste
Hanns vorster sneider[4], 1462 inquilinus St: 1454-1458: Liste, 1462, 1482: -/-/60
Andre dráchsel (dráchsl). 1490 relicta dráxlin St: 1482, 1486, 1490: -/-/60
Niclas Haslinger maurer St: 1486: -/-/60
Hanns Pfreimer kistler[5] St: 1490: -/2/19

---
[1] Meister Jorg Piber ist von 1517 bis 1534 städtischer Pflastermeister, vgl. R. v. Bary III S. 1011.
[2] MB XX 132 S. 103/105.
[3] Jörg Reintaler 1461, 1464, 1476, 1478 Vierer der Schlosser, vgl. RP.
[4] Vorster und Hanns Vorster 1461, 1462, 1475, 1478 Vierer der Schneider, vgl. RP.
[5] Hanns Pfrämer 1489 und 1497 Vierer der Kistler.

Andre Kachler [Hofkellner[1]]
    St: 1558: 1/3/28, 1559, 1560: -/5/14 burger und hoffgsind, 1561: 2/1/1 burger unnd hofgesind
Oswold kochin St: 1559-1561: -/2/-
Hannß Weigl (Weygl) zimerman[2]
    St: 1561, 1563, 1564/I-II, 1565, 1566/I-II, 1567/I-II: -/2/-, 1568: -/4/-, 1569-1571: -/2/-

Frauenplatz 4*
(zu Kaufingerstraße 25*)

Eigentümer Frauenplatz 4*:

* domus Fenden
    St: 1566/II, 1570, 1571: -/-/-

Bewohner Frauenplatz 4*:

Hanns Pfreymer kistler[3] St: 1486: -/2/19
Bernardin [I.] Ridler St: 1490: 4/-/10
relicta Pretschlaipferin
    St: 1490: 2/-/-
    StV: (1490) ir gesetzte stewer drew jar und ist das das erst jar.
Abraham Strobl, 1571 secretari St: 1570: -/-/- hofgsind, 1571: -/-/-
Martin Grunperger (Grunberger) [hgl. Einspäniger[4]] St: 1570: -/2/-, 1571: an chamer

Frauenplatz 8, 7, 6, 5, 4*

Bewohner Frauenplatz 8, 7, 6, 5, 4*:

Hainrich Adeltzhawser St: 1428: dedit die fraw und junckfraw, dedit 2 gross
    des Adeltzhawsers schreiber und diern St: 1428: dedit 2 gross
Ulrich Adeltzhofer (!) St: 1428: dedit 1 ducaten pro se et 3 gross pro famulis
    Kathrey inquilina. 1439/II Kathrey inquilina Adelczhofer. 1440 Kathrey Adelczhoferin
    Sch: 1439/I-II, 1440: -/-/4
Herman kramer. 1431, 1439/I Herman Dúrchskot (Durchskot), 1431 kramer
    St: 1428: dedit 2 gross fúr sich, 1431: -/3/22 iuravit
    Sch: 1439/I: 1 t[aglon]
relicta Golerin selb dritt. 1431 relicta Golerin inquilina h[e]r Chunrat
    St: 1428: dedit 12 gross, 1431: -/9/- patrim[onium]
Ulrich Rót rotsmid, uxor et familia St: 1428: dedit 4 gróss
Ulrich Graff sámner St: 1431: -/-/21
relicta Prennerin sneiderin St: 1431: -/-/26 iuravit
Ulrich Gúmprecht [Gürtler[5]] St: 1431: -/-/80 iuravit
relicta Meidensteckin Sch: 1439/I-II: 1 t[aglon]
    pueri (Andre) Meidnstecken St: 1453-1458: Liste
Andre seidnnater Sch: 1439/I: 1 t[aglon]
Steffan Prunner Sch: 1439/I: 1 t[aglon]
pueri Hanns Freysinger. 1441/I pueri uxoris Hanns Freisinger. 1447 Hanns Freisinger kramer
    Sch: 1439/I-II, 1441/I: -/-/8, 1441/II: 0,5 t[aglon]
    St: 1447: -/3/28

---

[1] So 1556, 1557 bei Kaufingerstraße 25.
[2] Über Hannß Weigl, Anndre Khachler und Oswold khóchin steht 1561 die Überschrift „Im hintern haus", also Frauenplatz 5. Deshalb dürften sie wohl auch die Jahre davor und danach dorthin gehören.
[3] Hanns Pfrämer 1489 und 1497 Vierer der Kistler, vgl. RP.
[4] 1569 bei Kaufingerstraße 25 fürstl. Einspäniger genannt.
[5] Vgl. Thiereckstraße 4.

Kathrey inquilina Sch: 1439/I: -/-/4
Ránhart kramerin. 1440 relicta Ránhartin Sch: 1439/II, 1440: 0,5 t[aglon]
Gebhart Paẃr (Pawr, Paur, Pawer, Paurer), 1441/I ringkler, 1447, 1462 schlosser[1], 1447, 1458, 1462 inquilinus
    Sch: 1441/I-II: 1 t[aglon], 1445: 1 knecht, dedit
    St: 1447: -/3/24, 1453-1458: Liste, 1462: -/-/82
  pueri uxoris Sch: 1441/I-II: 0,5 t[aglon]
Hanns Giesinger Sch: 1441/I-II: 0,5 t[aglon]
Erhart Kárntner [kramer] Sch: 1441/II: 0,5/-/-
Jacob Kleberger [Schlosser ?], 1455, 1556 inquilinus
    Sch: 1445: 1 knecht
    St: 1447: -/-/60, 1453-1458: Liste
  Margaret inquilina Jacob [Kleberger ?] St: 1456: Liste
Tómlingerin. 1447 relicta Tomlingerin inquilina
    Sch: 1445: 1 diern
    St: 1447: -/-/60 nach racz gescháft
Gabriel [Maleskircher ? Angler ?] maler Sch: 1445: 3 ehalten, dedit

Frauenplatz 9 - 6

Bewohner Frauenplatz 9 – 6:

Hanns vischer, 1445, 1447 messerer[2]
    Sch: 1445: 2 ehalten, dedit
    St: 1447: -/-/60 dedit -/-/20 gracion, 1453: Liste
Ulrich Winhart St: 1453: Liste
  Pauls Winhart, 1454, 1455, 1458, 1462 schuster[3] St: 1454-1458: Liste, 1462: -/3/10
Fricz Kratzel St: 1454: Liste
relicta Gieslin inquilina St: 1454: Liste
Sigmund Dornvogt St: 1454, 1455: Liste
Hanns Holczschucher St: 1456: Liste
  Jorg, des Holczschucher swager St: 1456: Liste
[Andre] Schorpel sporer inquilinus St: 1457: Liste

Frauenplatz 10

Lage: 1415 „an Unser Frawn freythoff".

1358 April 11 bekennt Herzog Ludwig der Brandenburger, daß er seinem Getreuen Ch(unrat) dem Kumersprugger erlaubt habe, daß er das Haus, „das hertzog Fridrich von Teck von uns ze lechen hat ze Munichen, da Merchel der appotekar inn wonet, chauffen mag und zu sin gewalt bringen".[4]

1394 April 27 „Her Hanns der Torer von Chuntelpurg" verkauft sein Haus in Unser Frauen Pfarr „zwischen der zwayer gaesslin [Sporer- und Filserbräustraße] ze naechst an Unser Frawen freythof, „alz im daz von dem jaegermaister geerbt ist" als lediges freies Haus dem Herrn „Viczencen dem pharrer zen Unser Frawen und seinen erben". Er bedingt sich nach drei Jahren das Wiederkaufsrecht um 100 Dukaten und 100 neue ungarische Gulden aus. Falls er es nicht in Anspruch nimmt, bleibt das Haus dem Pfarrer.[5]

---

[1] Gebhart Paur 1465 Vierer der Schlosser und „ward abgesetzt", vgl. RP.
[2] Ein Hanns vischer ist 1460-1463, 1465, 1466, 1468, 1470, 1475 und 1477 Vierer der Messerer, vgl. RP.
[3] Paule Winhart 1460 Vierer der Schuster, vgl. RP.
[4] BayHStA, Kurbayern Äußeres Archiv Nr. 1155/3 S. 416v.
[5] GB II 68/9, 10.

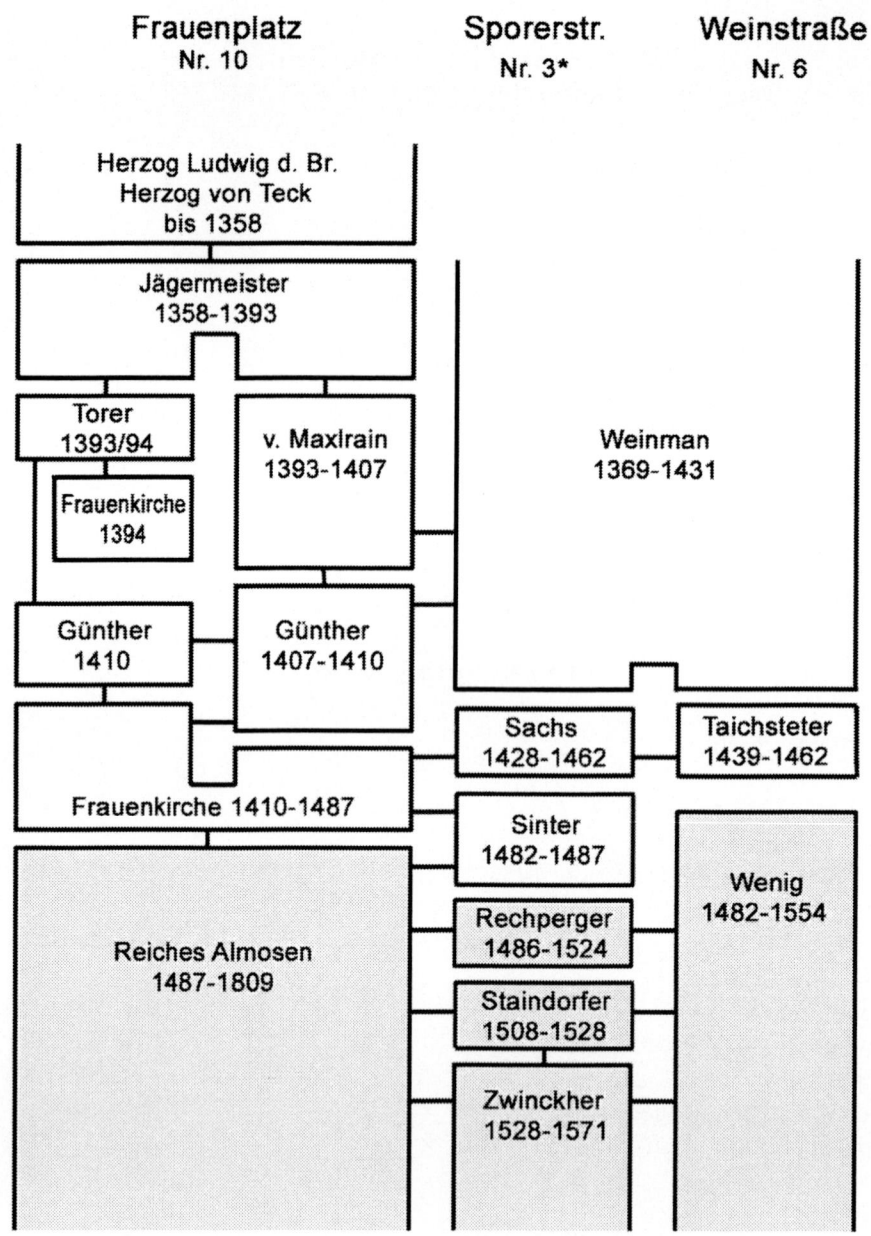

Abb. 12 Hauseigentümer Frauenplatz 10, Sporerstraße 3*, Weinstraße 6.

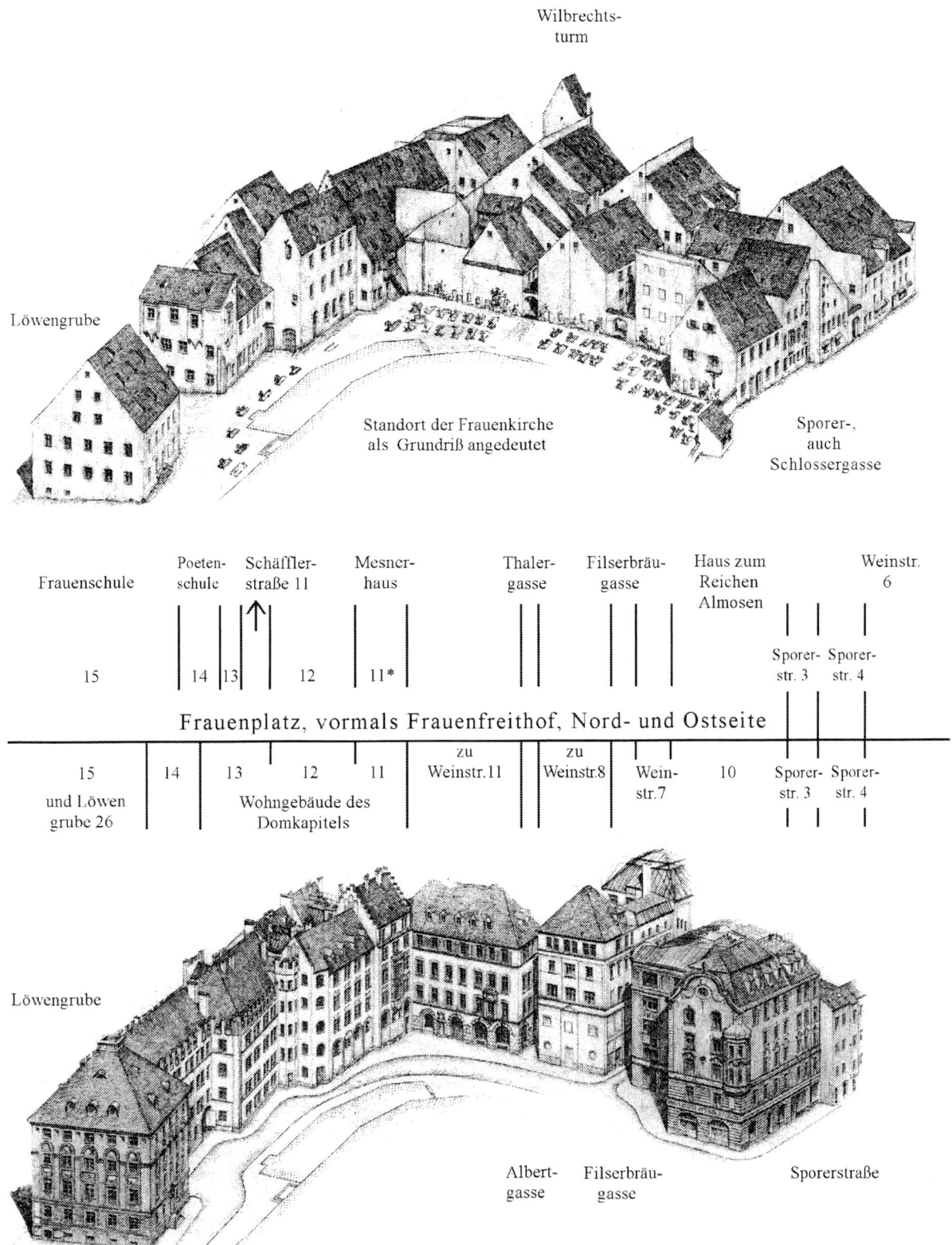

Abb. 13 Frauenplatz Nord und Ost, Häuserbuch Kreuzviertel S. 18/19.

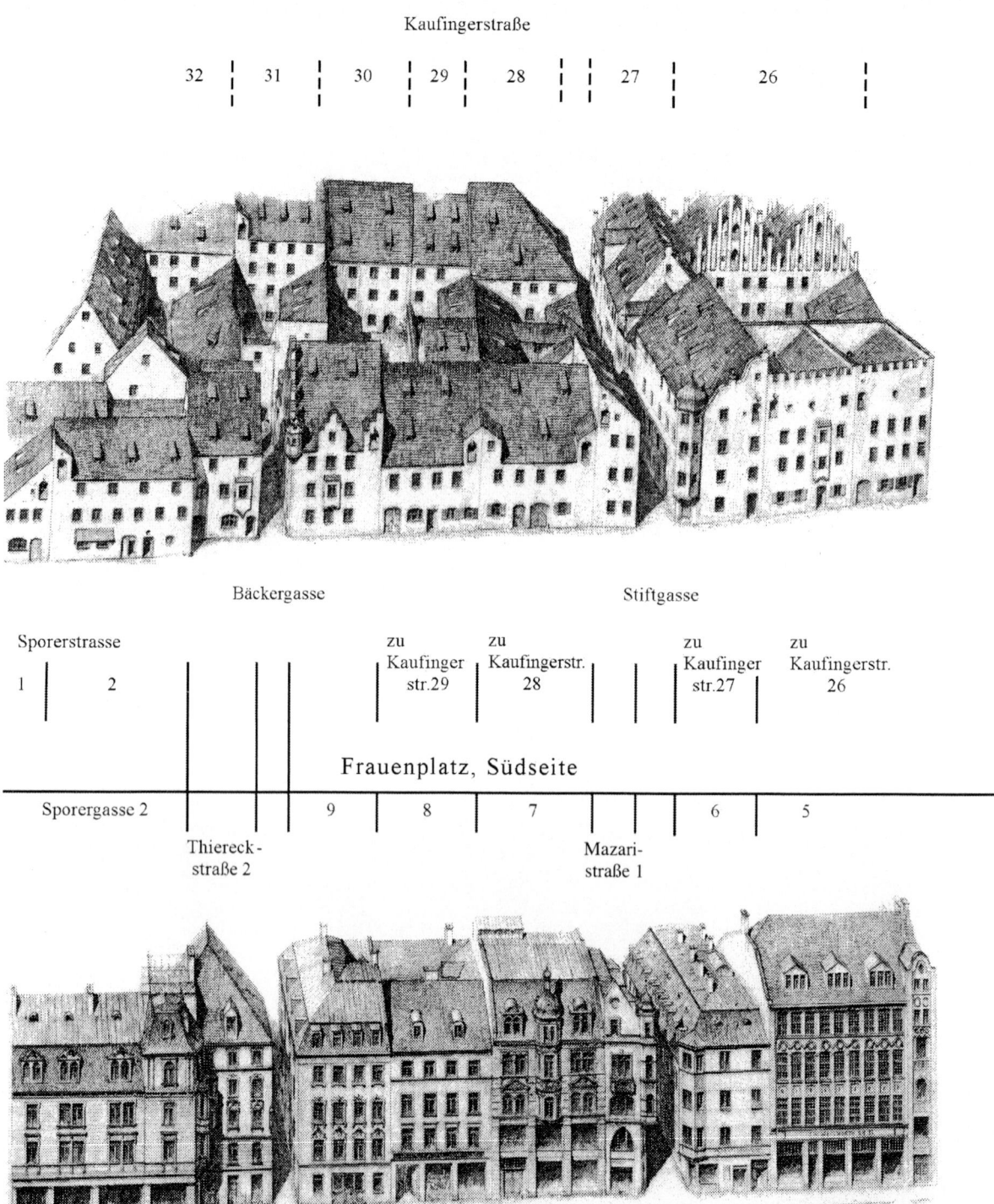

Abb. 14 Frauenplatz Süd, Häuserbuch Kreuzviertel S. 16/17.

Zur Vorgeschichte:

Hanns Kummersbrucker, benannt nach Kummersbruck (heute Kümmersbruck) im Bezirksamt Amberg, war Bayerischer Jägermeister und wird deshalb auch häufig nur Hanns der Jägermeister, Hanns der Jägermeister von Kummersbruck oder nur der Jägermeister genannt.[1] Er hat dieses Amt schon am 2. Februar 1349 inne[2], teilweise zusammenn mit seinem Vater Konrad Kummersbrucker, der schon am 8. April 1333 als Jägermeister Kaiser Ludwigs in einer Urkunde erscheint, nachdem ihm der Kaiser am 5. August 1329 das Jägermeisteramt auf dem Haus zu Grünwald verliehen hatte.[3] Letztmals findet er sich am 2. Februar 1370 in einer Urkunde.[4] Wiederholt hält er sich in München am Hof auf, so 1333, 1359 zweimal.[5]

Hanns ist der Sohn von Konrad. Er hat 1377 und 1380 auch das Kammermeisteramt bei Herzog Stephan inne.[6] Am 5. September 1388 setzt ihn Herzog Stephan als Landeshauptmann über seine kärntischen Besitzungen diesseits und jenseits des Kreuzberges ein. Am 17. Februar 1389 verpfändet ihm das Herzogspaar für 6600 ungarische Gulden, die sie ihm für Kost und anderes schulden, alle Schlösser diesseits des Kreuzberges, sowie die Kuntelburg.[7] Die Kuntelburg ist die Burg über dem Ort Kundl bei Kufstein.[8]

Um 1392 ist Hanns der Jägermeister verstorben, am 24. Juli 1392 findet er sich letztmals in einer Urkunde.[9] Er hinterließ keine leiblichen Erben. Da eine Schwester von ihm mit Eberhart dem Torer von Hornstein verheiratet war, kam deren Sohn Hanns Thorer zum Hornstein in den Besitz eines Teiles des Kummersbrucker-Erbes, unter anderem in den Besitz der Kundelburg.[10] Nach dieser Burg benannte sich in der Folgezeit auch Hanns der Torer von Hornstein schon 1393.

Neben der Kundelburg hatte Hanns der Torer auch das Haus des Hanns Jägermeister in München geerbt. Ein weiterer Teil der Erbschaft ging an Wilhelm den Maxlrainer. Dazu gehört ebenfalls ein Haus in München, wie der folgenden Geschichte zu entnehmen ist. Dabei ergibt sich jetzt, daß Frauenplatz 10 aus zwei Teilen bestand:

1407 Januar 27 überläßt Wilhalm der Machselrainer eine hofstatt (!) „pei unser frawn freithof und znächst Albrechcz des Weinmans haus" Wilhalm dem Günther.[11] Da als Nachbar der Weinmann von Weinstraße 6 (mit Sporerstraße 4 und 3*) angegeben ist, muß es sich um die östliche Hälfte von Frauenplatz 10 handeln, wie sich auch gleich beweist. Es ist zu beachten, daß nicht von einem Haus die Rede ist, sondern nur von einer Hofstatt. Es kann also nur ein unbebautes Grundstück gewesen sein.

1410 Juni 23 erfährt man, daß der Günther beide nebeneinander liegende Grundstücke Frauenplatz 10 besitzt. Er stiftet nämlich jetzt ein Ewiglicht in die Frauenkirche und gibt dazu die Hofstatt (!) an Unser Frauen Freithof und die etwen Herrn Hannsen des Jägermeisters gewesen ist und die er von des Jägermeisters Erben gekauft hat (Frauenplatz 10 westlicher Teil), mit Ausnahme von derjenigen Hofstatt, die er selber wieder erbaut hat (östlicher Teil), die da liegt zwischen derselben Hofstatt, die er der Frauenkirche gegeben hat (westlicher Teil) und der alten Weinmanin Haus (Weinstraße 6 mit Sporerstraße 4 und 3*), und die auch zu derselben Hofstatt gehört hat.[12]

Die beiden Hofstätten bildeten also ursprünglich eine einzige. Offenbar waren die Gebäude einmal abgebrannt, weil Günther ein Haus wieder aufgebaut hatte. Deshalb wird wohl auch abwechselnd von Haus und Hofstatt gesprochen. Es wird nicht klar, was aus dem Verkauf von Frauenplatz 10 im Jahr 1394 durch Hanns Torer an den Pfarrer der Frauenkirche geworden ist. Wahrscheinlich aber wurde

---

[1] Vgl. RB; BayHStA, KU Schäftlarn 200 und GU Wolfratshausen 6. – Hanns Jägermeister, der Kummersprukker, hat einen Bruder Ritter Ulrich Kummersprukker und eine Schwester Anna, die ab 27.3.1381 Äbtissin des Angerklosters ist, vgl. BayHStA, KU Schäftlarn 80 (24.11.1369, KU Angerkloster München 277, KU Beuerberg 147 (5.3.1396). – Vgl. auch Stahleder, Haus- und Straßennamen S. 617.
[2] RB VIII 152.
[3] RB VII 42.
[4] RB IX 231.
[5] RB VII 42, VIII 416, 425.
[6] RB IX 377, X 64.
[7] RB X 228, 236. – Riezler, Geschichte Baierns III S. 161.
[8] Franz Huter (Hrsg.), Handbuch der Historischen Stätten Österreich – Alpenländer mit Südtirol, Kröner-Verlag 1966, S. 466.
[9] RB X 312.
[10] Hundt, Stammenbuch I S. 332.
[11] GB III 60/15.
[12] MB XX 144 S. 131/133.

durch die Kummersbrucker-Erben von dem Wiederkaufsrecht nach drei Jahren Gebrauch gemacht und das Haus um 1397 wieder an Hanns Torer oder Wilhelm von Maxlrain zurückgegeben und dann an den Günther verkauft. Das Schweigen der Quellen über diese Transaktionen ist jedoch auffallend.
Wieder getilgt wurde im Gerichtsbuch ein Eintrag von

1415 September 24, nach dem Wilhalm Günther sein Haus in Unser Frauen Gässel „zẇ nachst an Unser Frawn freythoff und stost hinden an des Weinman haus" (Weinstraße 6) „Ulrichen dem Gunprecht" verkauft haben soll.[1] Dieser Eintrag hätte erstens den Verkauf von Frauenplatz 10 an die Frauenkirche ignoriert und zudem ist Gumprecht, der tatsächlich um 1428 in der Sporerstraße auftaucht (Sporerstraße 4), sonst nie als Hauseigentümer belegt.
Das Haus Frauenplatz 10 bleibt nunmehr Eigentum der Frauenkirche bis diese es

1487 November 14 an das Reiche Almosen verkauft (um 400 rheinische Gulden). Drei Quellen berichten fast gleichlautend von dem Verkauf. Als Nachbar ist dabei das Haus des Wundarztes Meister Cristoff Sinter angegeben, das jetzt der Messerschmied Rechberger gekauft habe (Sporerstraße 3*).[2] Der Verkauf wurde wegen des Neubaus der Frauenkirche nötig. Auch hier ist aber wieder von zwei nebeneinander liegenden Häusern die Rede, von denen eines ein Eckhaus sei und beide an der Kirchstrass [Sporerstraße] lägen, wo man in die Frauenkirche gehe und wobei das andere der beiden Häuser an das Haus des Wundarztes Sinter grenze.

1450 August 25 und

1455 März 17 das Haus der Frauenkirche liegt dem Haus der Agnes Sachs, Witwe des Malers Konrad Sachs (Sporerstraße 3*), benachbart.[3]

1575 laut Grundbuch (Überschrift) des Reichen Almusen Haus.[4]

Eigentümer Frauenplatz 10 (A):

* Herzog Friedrich von Teck als Lehen von Herzog Ludwig dem Brandenburger [bis 1358 April 11]
* Hanns der Jägermeister von Kummersbruck[5] [1358 April 11 – 1393 (Tod)]
* Hanns Torer von Kuntelpurg[6] [Neffe des vorigen] [um 1393 – 1394 April 27]
* Erben von Hanns dem Jägermeister
* Pfarrer von Unserer Lieben Frau [1394 April 27 bis ca. 1397 ?]
* Wilhalm der Günther durch Kauf von den Jägermeister-Erben [bis 1410 Juni 23]
* Pfarrkirche von Unserer Lieben Frau [1410 Juni 23 bis 1487 November 14]
* Reiches Almosen [1487 November 14 bis 1809 Dezember 25]

Eigentümer Frauenplatz 10 (B):

* Hanns der Jägermeister von Kummersbruck[7] [bis 1393 (Tod)]
* Wilhalm der Maxlrainer[8] [um 1393 bis 1407 Januar 27]
* Wilhalm der Günther [1407 Januar 27 bis 1410 Juni 23]
* Pfarrkirche von Unserer Lieben Frau [ab 1410 Juni 23]
  Vereinigung mit Frauenplatz 10 (A)

Eigentümer Frauenplatz 10:

* domus des Reichn almusn
    St: 1490, 1496: anderswo, im ewiggellt
* almusenhaws
    St: 1553-1554/II, 1557-1571: -/-/-

---

[1] GB III 168/10.
[2] Urk. C IX c 16 Nr. 13; Zimelie 27b (Salbuch Reiches Almosen) S. 37 ff.; RP 3 S. 65v.
[3] Vogel, Heiliggeistspital, Urk. 322, 342. – Urk. C IX c 1.
[4] Stadtgericht 207/3 (GruBu) S. 913v.
[5] Vgl. von Andrian-Werburg, Urkundenwesen S. 91 Anm. 6.
[6] Vgl. von Andrian-Werburg, Urkundenwesen S. 137.
[7] Vgl. von Andrian-Werburg, Urkundenwesen S. 91 Anm. 6.
[8] Vgl. von Andrian-Werburg, Urkundenwesen S. 129.

Bewohner Frauenplatz 10:

Peter Zách schlosser[1] St: 1490: -/-/60

Thoman inquilinus. 1500-1509, 1514, 1524-1527/II Thoman im almusenhaws
    St: 1496, 1500, 1508, 1509: -/-/60, 1514: Liste, 1524-1526, 1527/I-II: nichil

Utz Pair messerschmid
    St: 1496: -/-/21 gracion
        StV: (1496) dedit -/-/60 fur sein hausfrau patrimonium; et dedit -/-/60 die erst nachsteur fúr Klinger.

Niclas Rausch, 1500, 1508, 1509, 1514, 1523, 1524, 1526-1529, 1532 messerschmid[2]
    St: 1500, 1508, 1509: -/2/6, 1514: Liste, 1522-1526, 1527/I: -/2/7, 1527/II, 1528, 1529, 1532: -/2/3

Hanns Keul St: 1522: nichil, im almußnhaus

Linhart im allmusenhaus. 1529, 1532 Linhart Keil (Keul)
    St: 1528: nichil, 1529: nichil, im almúsen haus, 1532: nichil

Stefan im almusenhaus St: 1523: nichil

Jórg Starnberger schneider St: 1527/II: -/2/-

relicta Heussin St: 1527/II: -/2/29

Linhart Půhler messerschmied St: 1529: -/-/14 gracion

Vicentz Schwentter schlosser St: 1540-1542: -/2/23, 1543: -/5/16, 1544: -/2/23

Lorentz almos(e)nknecht St: 1551/II-1558: nihil

Jorg (Georg) Mayr (Mair) almosnknecht
    St: 1559, 1560: nihil (nichil), 1561, 1563, 1564/I-II, 1565, 1566/I-II, 1567/I-II: -/-/1, 1568: -/-/2, 1569: -/-/1
    StV: (1561) mer von seinem ewigen gellt -/1/25. (1563, 1564/I) mer fúr sein (ewigen gellt) -/1/25. (1564/II) mer fúr seinen ewigen gelt -/1/25. (1565, 1566/I-II) mer fúr sein ewiggelt -/1/25. (1567/I-II) mer von seinem ewigen gelt -/1/26. (1568) mer von seinen ewigen gelt -/3/22. (1569) mer von seinem ewiggelt -/1/26.

Doniel Schönagl St: 1561: -/-/21 gratianer

Petter Prechler [Lern-, Schulmeister[3]] St: 1561: -/2/-

Oswald Roll almuesen khnecht. 1571 Róll allmuesen khnecht St: 1570, 1571: -/-/1

Frauenplatz 11

Charakter: Mesnerhaus von Unserer Lieben Frau.

Frauenplatz 12

Charakter: Sog. Baustadel.

Frauenplatz 13
(an die Schäfflergasse stoßend)

Lage: Eckhaus am Gässel zur Löwengrube/Schäfflergasse.
Charakter: Purfinger- oder Neumair-Kaplanshaus.

Hauseigentümer:

1382 August 21: Neben dem Haus des jungen Haensel Neurenperger (Nürenperger) an der Schäfflergasse am Graben liegt ein Steg, gegenüber des Schluders Bad (Frauenbad), der von der Schäfflergasse/Löwengrube zum Frauenplatz hinaufführt.[4] Sie ist sicher auch 1459 gemeint, als gearbeitet wird „an der prugk bei sand Michels cappelln" beziehungsweise auf Unser Frauen Freithof „zu der prugken bei

---

[1] Peter Zách 1490, 1492-1494 Vierer der Schlosser, 1496 „ist tod", vgl. RP.
[2] Niclas Rausch 1502, 1515-1517 Vierer der Messerer, vgl. RP.
[3] Vgl. u. a. Weinstraße 1.
[4] GB I 167/10, 12.

sand Michel".[1] Die Michaelskapelle auf dem Frauenfriedhof lag demnach an der Nordseite der Kirche, etwa bei der kleinen Gasse zur Schäfflergasse hinunter.

1420 Mai 25 das Kaplanshaus der Purfinger-Messe, „da der kappelan der obgenanten mezz wesenleich ynne ist", ist gelegen hinter der Michaelskapelle auf Unser Frauen Freithof auf dem Graben.[2]

1475 April 4 an diesem Tag verkaufen Jorg Mägerl zu Mintraching in der Hofmark Aibling und seine Mutter Elspet Mägerlin der letzteren Haus und Hofstatt an der Schäfflergasse, das Eckhaus an Unser Frauen Gässel und zunächst neben des Fröhlich Schäfflers Haus, das die Mutter vom lieben Vetter, Herrn Paul Schaittenkircher, Vikar zu Feldkirchen selig, geerbt hatte, an die Purfinger-Messe. Die Kaufsumme wurde vom Kaplan der Purfinger-Messe bereits bezahlt.[3] Es ist jedoch nicht sicher, ob es sich dabei um dasselbe Haus handelt.

Das Haus gehörte bis 1818 zur Frauenkirche (vgl. HB).

Frauenplatz 14

Charakter: 1575 „die Poeten schul auf Unser Frauen Freithof" (GruBu, Überschrift).[4]

Bewohner:

Jeronimus Ziegler poet[5] St: 1548, 1549/I: nihil

Frauenplatz 15

Charakter: „Unser Lieben Frauen Schuel" (Grundbuch, Überschrift).[6]

Frauenplatz o. N.

Mehrere in den Quellen genannte Häuser am Frauenplatz sind nicht lokalisierbar:

1384 Juli 12 hat Hans Wilbrecht „daz häwsel und hofstat, daz da gelegen ist hinder seinem haus, daz auch gelegen ist in unser frawen pfarr an der Weinstrazz, damit man den freythof geweitterd hat", der Frauenkirche zu einer Ewig-Stiftung übergeben.[7]

Hanns Wilbrecht hat in dieser Zeit nur das Haus Weinstraße 13, also auf der östlichen Seite der Weinstraße, Ecke Gruft- und Schrammerstraße. Unmöglich kann ein hinter diesem Haus gelegenes Haus (also in der Gruft- oder Schrammerstraße) zur Erweiterung des Frauenfriedhofs geeignet gewesen sein. Auf der westlichen Seite der Weinstraße sind die Wilbrecht nicht als Hauseigentümer belegt.

Hans Wilbrecht muß demnach um diese Zeit ein Haus am Frauenfriedhof, wahrscheinlich auf der Ostseite, hinter den Häusern der Weinstraße, besessen haben.

1468 Januar 12 Herzog Albrecht IV. erlaubt, das Haus der Kaisermesse auf dem Frauenfriedhof, gemeinsam mit der Michaelskapelle, abzubrechen.[8] Das Haus scheint frei gestanden zu haben oder an die Michaelskapelle angelehnt gewesen zu sein. Deren genaue Lage ist unbekannt.

Kaufingerstraße 33
(mit Überbau über dem Durchgang zur Thiereckstraße)

Lage: 1376 untter den sporern.
Charakter: Sporerhaus (Schmiedhaus).

---

[1] KR 1459/60 S. 97r.
[2] MB XX 178 S. 196/200.
[3] MB XXI 26 S. 323/325.
[4] Stadtgericht 207/3 S. 284v.
[5] Meister Jeronimus Ziegler 1548-1554 Leiter der städtischen Poetenschule, vgl. R. v. Bary III S. 1036.
[6] Stadtgericht 207/3 S. 285v.
[7] MB XX 88 S. 19/21.
[8] Urk. D I e 1 II Nr. 17.

Hauseigentümer:

1375 Februar 26 Hansen des Sentlingers seligen Witwe verpfändet „ir peckenhaus, gelegen untter dem gwelb an Kauffringer gazzen untter den spórern" um 32 Pfund Pfennige an Jörg Ligsalz.[1]

1375 April 10 Agnes die Sentlingerin, des Hans Sentlingers seligen Witwe, verpfändet erneut „ir peckenhaus, gelegen in dem gwelb untter den sporern" an Jörg Ligsalz, diesmal wegen sieben Pfund Regensburger Pfennigen.[2]

1376 April 21 die Witwe von Hans Sentlinger verkauft „ir haus, gelegen in dem gwelb untter den spórern gen dem peckenhaus úber" (Kaufingerstraße 32) und übergibt es Hansen dem Múnicher und Chunrat dem Haldenberger.[3]

1376 November 15 Hans und Jacob Sentlinger übergeben „ir haus, gelegen ze naehst an dez Tómlingers haus an Kaufringer gazzen" (Kaufingerstraße 32) Syghart dem Hudler.[4]

1388 April 14 Chunrat der Lebansorg verkauft „sein haus, gelegen an Kawfinger gassen znachst Rúdleins smicz haus" (Kaufingerstraße 34) Chunraden dem Häberlein dem smid.[5]

1392 Januar 11 des Haeberlins Haus ist dem Haus des Rudel sporer, künftig des Salburchs Konrad (Angler) (Kaufingerstraße 34), benachbart.[6]

1392-1398 hat das Heiliggeistspital ein Ewiggeld aus Háberel des Schmieds Haus, das am 24. April 1453 abgelöst wird.[7]

1449 das Heiliggeistspital hat ein Ewiggeld aus des Endeltzhausers Haus, das vorher des [Ulrich] Püchler Sporers Haus gewesen ist. Das Ewiggeld wird 1453 durch den Schlosser Püchler abgelöst.[8]

1478 Mai 3 zu einem Jahrtag an den Bart-Altar in St. Peter wird ein Ewiggeld gestiftet aus des Goldschmieds Hanns Eysl und seiner Hausfrau Elspet Haus in Unser Frauen Pfarrei an der Kaufingergasse, gelegen zwischen dem Schmiedhaus des Eglinger (Kaufingerstraße 32) und des Kramers Öder Haus (Kaufingerstraße 34).[9]

1483 September 30 das 1478 gestiftete Ewiggeld auf dem Haus des Hanns Eysel Goldschmied wird genannt.[10]

1484 Mai 25 die Eyslin Goldschmiedin hat „für iren yetzigen man", dessen Name aber verschwiegen wird, ihre Behausung um 32 Pfund Pfennige verpfändet.[11]

Nach 1514 ein Ewiggeld liegt auf Andre Deuringers Uhrmachers Haus an der Kaufingergasse, wozu ein Nachtrag besagt, das Ewiggeld habe dann der Messerschmied Höltzl abgelöst.[12]

Möglicherweise gehört dem Höltzl um 1525 auch das Nachbarhaus Nr. 34, da

1525 Juni 8 das Haus des Angerklosters (Nr. 35) gelegen ist zwischen den Häusern des Cristof Höltzl (Nr. 33/34 ?) und Wolfgang Grundtlers (Nr. 36).[13]

1536/37-1560 Das Heiliggeistspital hat ein Ewiggeld aus Cristoff Holtzls Haus an der Kaufingergassen. Der Eintrag ist zwar 1536/37 wieder getilgt, erscheint aber vom nächsten Rechnungsjahr an unverändert bis 1560.[14]

1537 das Heiliggeistspital hat ein Ewiggeld aus Cristoff Höltzls Messerschmieds Haus gekauft.[15]

1561-1572 ff. das Heiliggeistspital hat ein Ewiggeld aus des Anthoni Höltzls Haus an der Kaufingergassen.[16]

---

[1] GB I 60/7.
[2] GB I 61/6.
[3] GB I 76/12.
[4] GB I 81/22.
[5] GB I 234/20.
[6] GB II 19/9.
[7] Vogel, Heiliggeistspital, Salbuch A Nr. 243. – Auch Steueramt 982/1 S. 4v, 33v.
[8] Zimelie 40 (Heiliggeistspital, Salbuch B) S. 8v, 34v.
[9] Hufnagel/von Rehlingen, St. Peter Urk. 179.
[10] BayHStA, Kurbayern Urk. 1146.
[11] RP 3 S. 18v.
[12] Zimelie 33 (Stadtbruderhausbuch) S. 12.
[13] HStA Mü, KU Angerkloster München Nr. 991.
[14] Heiliggeistspital (Rechnungen) 176/27 (1536/37) S. 36v, 176/28 (1537/38) S. 18v, 176/29 (1538/39) S. 17v usw.
[15] Zimelie 43 (Heiliggeistspital, Salbuch C) S. 56v.
[16] Heiliggeistspital (Rechnungen) 176/43 (1561) S. 14v, 176/54 (1572) S. 13v.

1567 Februar 7 Anthoni Höltzl Messerschmied und seine Hausfrau Apollonia verschreiben aus diesem Haus dem Heiliggeistspital 5 Gulden Ewiggeld um 100 Gulden Hauptsumme.[1]
1567 Februar 8 und
1567 Februar 9 das Ehepaar Höltzl verschreibt zwei weitere Ewiggelder von einmal 5 Gulden um 100 Gulden und einmal 2 Gulden um 40 Gulden Hauptsumme (GruBu).
1571 Juli 15 wieder Ewiggeldverkauf des Ehepaares Höltzl, wieder 5 Gulden um 100 rheinische Gulden Hauptsumme (GruBu).
1572 Dezember 10 die Vormünder von Anthoni Höltzls hinterlassenen Kindern verkaufen dem Handwerk der Messerschmiede einen Gulden Ewiggeld (um 20 Gulden Hauptsumme) (GruBu).
1574 Februar 3 auf Absterben Anthoni Höltzls sind seinen beiden Kindern 9 ½ Gulden Geld samt dieser Behausung als ihr väterliches Gut angefallen (GruBu).
1575 laut Grundbuch (Überschrift) des Anthoni Höltzls gewesten Messerschmieds Kinder Haus und Hofstatt.

Eigentümer Kaufingerstraße 33:

* Hanns [I.] der Sentlinger [vor 1375 Februar 26]
* Agnes, Witwe von Hans Sentlinger [bis 1376 April 21]
* Hans der Münicher und Chunrat der Haldenberger [seit 1376 April 21]
* Hans [III.] und Jacob [I.] die Sentlinger [Söhne von Hans I. und Agnes Sentlinger; bis 1376 November 15]
* Syghart der Hudler [seit 1376 November 15]
* Chunrat Lebansorg [bis 1388 April 14]
* [Chunrad der] Heberl (Haeberl, Háberlin, Háberl, Haeber) smit. 1410/I-II, 1411 Haeberl sporer. 1412 Haeber sloscher [seit 1388 April 14]
    St: 1390/I-II: -/3/6, 1392: -/3/-, 1393, 1394: 0,5/-/-, 1395: -/-/60 für 16 lb, 1396, 1397, 1399, 1400: -/3/6, 1401/I: 0,5/-/- voluntate, 1401/II: 1/-/- iuravit, 1403, 1405/I: 1/-/-, 1405/II: -/6/- iuravit, 1406-1408: 1/-/-, 1410/I: -/5/- iuravit, 1410/II: -/6/20, 1411: -/5/-, 1412: -/6/20, 1413: 0,5/-/- iuravit, 1415: 0,5/-/-, 1416: -/5/10
* Púchlár spórer, sein hausfrau und sein ehalten und sein yngesind. 1431 Púchler sporer. 1439/I-1441/II Ulrich[2] Púchlár, 1441/I-II sporer. 1453 Püchler schlosser
    St: 1428: dedit 8 gross für acht person et tenetur adhuc duo iuvenes dederunt -/-/4, 1431: -/-/60 iuravit
    Sch: 1439/I: -/-/6, 1439/II, 1440, 1441/I-II: 0,5 t[aglon]
* Endeltshauser [1449]
* [Hanns] Eisl goldschmid[3] [∞ Elspet]
    St: 1482: 1/6/-
    StV: (1482) et dedit -/-/16 für pueri Grimm; et dedit -/-/28 fur pueri fragner; et dedit -/-/23 für pueri Segnrieder.
* Cristof Holtzel (Hóltzl, Höltzl, Hóltzel), 1508-1514, 1526-1542, 1552/I-II messerschmid[4]
    St: 1508, 1509: -/2/6, 1514: Liste, 1522-1526, 1527/I: 2/3/10, 1527/II: 2/2/1, 1528, 1529: 3/3/24, 1532: 3/4/22, 1540-1542: -/6/3, 1543: 1/5/6, 1544: -/6/3, 1545: 2/1/8, 1546-1548, 1549/I-II, 1550, 1551/I: 1/-/19, 1551/II, 1552/I-II, 1553: -/2/-, 1554/I: -/2/- patrimonium, 1554/II: -/2/- patrimonium das ander
    StV: (1528) et dedit 1/4/- für seine stiefkind. (1540, 1541) darin 200 fl seiner kind auch versteurt. (1542) darin auch seiner kinder steur 200 f[l] vers[teurt]. (1543, 1544) darin 200 fl seiner kind(er) versteurt. (1545) darin seiner kind 200 fl auch versteurt. (1546) darin seiner kinder guth auch versteurt. (1547) darin seiner kind gueth auch versteurt. (1548, 1549/I-II, 1550, 1551/I) sambt seiner kinder steur.

---

[1] Stadtgericht 207/3 (GruBu) S. 897v. – Einen Eintrag zu 1556 gibt es im GruBu nicht. Dort beginnen die Einträge erst 1567, auch der im HB KV S. 92 genannte Familienname Pendl kommt dort nicht vor.
[2] Vorname 1441/II in „Hanns" verbessert.
[3] Hanns Eysel wurde als Meister in das Handwerk der Goldschmiede aufgenommen laut RP 1 S. 83r (13. April 1464). – 1472, 1475, 1477, 1478, 1481 Vierer der Goldschmiede, vgl. RP. – Frankenburger S. 277. – Verheiratet mit Elspet, Base von Conrat Rasp, Witwe 25.5.1484 und deren jetziger Mann, vgl. RP 3 S. 18v.
[4] Cristoff Höltzl (Holtzel) 1506-1510 Vierer der Messerschmiede, 1530 Mitglied des Rats der 36, vgl. RP.

** Annthoni Hóltzl (Höltzl, Heltzl, Holtzl), 1556, 1557, 1559-1561, 1563-1566/I, 1567/I-II, 1568, 1570, 1571 messerschmid [∞ Apollonia, geb. Pendl]
    St: 1549/II: -/-/28 gratia, 1550: -/2/20 juravit, 1551/I-II: -/2/20, 1552/I-II: 1/1/14, 1553, 1554/I-II, 1555-1557: -/4/12, 1558: 1/1/24, 1559, 1560: -/4/12, 1561, 1563, 1564/I-II, 1565, 1566/I-II, 1567/I-II: -/4/7, 1568: 1/1/14, 1569-1571: -/6/18
    StV: (1551/II) soll auf negste steur -/5/24 als[1] von seinem vater heiratguet zusetzn. (1560) mer zuegsetzt der altn Pernhart pognerin erb -/-/21. (1565) mer fur Elisabet Ruelandin folio 100r [Ewiggeld]. (1566/I-II, 1567/I-II) mer für p[ueri] Rindfleisch -/1/22,5. (1566/I-II) mer für Elisabet Ruelandin folio 99r [Ewiggeld]. (1567/I) mer für Elisabet Ruelandin folio 14r [Ewiggeld].
** Anthonien Höltzls gewesten Messerschmieds Kinder [1572/75]

Bewohner Kaufingerstraße 33:

Órtl (Oertl) smit, 1390/I, 1392, 1393 inquilinus St: 1390/I-II: -/-/32, 1392: -/-/30, 1393: -/-/40
Chunrat Hofleich [smid] inquilinus St: 1394: -/-/48
Hans von Sulczbach (Sulczpach), 1394 smid. 1399-1401/II Hanns smid von Sulczpach, 1394-1396, 1399, 1400, 1401/II inquilinus
    St: 1394: -/-/20, 1395, 1396, 1399, 1400, 1401/I: -/-/60 fur funf (5) lb, 1401/II: 0,5/-/- iuravit
Hans swertfúrb inquilinus. 1396 relicta Hannsen swertfúrin inquilina
    St: 1395: -/-/60 fur sechs lb, 1396: -/-/12 nichil habet
Ull Awer smid inquilinus, 1403 Awer smid inquilinus
    St: 1397: -/-/18 gracianus, 1403: -/-/60 für 5 lb
Aelbel Krell schuster inquilinus St: 1405/I: -/-/64 für 8 lb
Hannsel Hamer smid inquilinus St: 1406: -/-/32 gracianus
Ull Aesenhawser smid inquilinus St: 1406: -/-/60 für 4 lb, iuravit
Ull Paitelkiricher (Paitelkircher, Paydelkiricher) inquilinus, 1407, 1408 sloscher
    St: 1407, 1408: -/-/60 für 4 lb, 1410/I: -/-/60 für 4 lb, iuravit
    Paidelkircher (Paytelkircher) ringkler inquilinus
    St: 1415: -/-/32, 1416: -/-/
    StV: (1415) dedit sein hausfraw, so hat er selb auf 12 lb gesworn.
Vilipp sloscher. 1411, 1412 Vilipp sporer, 1413 inquilinus
    St: 1410/II, 1411, 1412: -/-/60 für (fur) 5 lb, 1413: -/-/60 iuravit
Werndel gúrtler inquilinus St: 1412: -/-/76 für 14,5 lb, iuravit
Ulreich Paengartner (Pawngartner) ringkler. 1423 Ulrich Pawngartner sloscher. 1428 Pawngartner schlosser uxor et familia
    St: 1418: -/-/32 gracianus, 1419: -/-/88 iuravit, 1423: 0,5/-/-, 1428: dedit 5 gross
    StV: (1428) fur sich, sein hausfrau und ehalten.
Symon sporer, 1428 [et] uxor et familia
    St: 1423: 0,5/-/-, 1428: dedit 5 gross, 1431: -/-/80 iuravit
    StV: (1428) et Paulus famulus eius dedit 1 gross.
Ott sporer St: 1423: -/3/-
Chunrat rotsmid inquilinus St: 1431: -/-/60 iuravit
Wolfel (Wolfhart) sporer Sch: 1439/I-II: -/-/6, 1440, 1441/I-II: 0,5/ t[aglon]
Ulrich sporer, 1439/II inquilinus
    Sch: 1439/I: -/-/6, 1439/II, 1440, 1441/I-II: 0,5 t[aglon]
    St: 1447: -/-/60
    Hanns sein sun St: 1447: hat anderhalb gestewrt
Ulrich Schrim sporer[2]
    Sch: 1439/I: -/-/6, 1439/II, 1440, 1441/I-II: 0,5 t[aglon], 1445: 1 diern, dedit
    St: 1447: -/-/60, 1453-1455: Liste

---

[1] Vor „als" getilgtes „so".
[2] Ulrich Schrym sporer ist 1459 Vierer der Schlosser, Sporer, Schwertfeger, vgl. RP.

Michel Hándel (Handel, Hándl), 1447, 1455, 1456, 1458, 1462 sporer[1]
    Sch: 1445: 1 knecht
    St: 1447: -/-/60, 1453-1458: Liste, 1462: -/-/84, 1482: -/6/5
Chunrat Perger, 1445-1456 sporer[2]
    Sch: 1445: 1 knecht, dedit
    St: 1447: -/3/12, 1453-1458: Liste, 1462: -/3/10
Haincz Anleitter sporer St: 1453: Liste
Chunrat (Chuncz) Achleiter sporer, 1455, 1456 inquilinus St: 1454-1456: Liste
Hanns Gárber [Schlosser[3]] inquilinus St: 1457, 1458: Liste
Michel Weschpach St: 1462: -/-/60
Martin múllner sporer St: 1482: -/2/5
Sigmund Geysinger sporer St: 1508, 1509: -/-/60
Olhoferin (Ölhoferin) inquilina St: 1508, 1509: -/-/60
Hanns Daprer sporer[4] St: 1509: -/-/60
Hanns Franckh haubnschmid inquilinus St: 1514: Liste
Vincentz Schwender (Schwendter) windnmacher. 1523 Vicentz windenmacher. 1524 Vicenntz schlosser. 1525, 1526, 1527/I, 1529 Vicentz Schwendter. 1528 Vicentz Schwenndter schlosser
    St: 1522-1526, 1527/I: -/2/-, 1527/II, 1528, 1529, 1532: -/2/11
Hainrich schneider patrimonium St: 1522: -/6/21
Linhart Pächl satler St: 1524: -/2/-
Thoman Stich satler St: 1525: -/-/28 gracion, 1526: -/2/6 juravit, 1527/I: -/2/6, 1527/II: -/2/8
Heissin St: 1528: -/2/29
Jórg Starnberger schneider St: 1528, 1529: -/2/-
Andre koch schneider St: 1540-1542: -/3/2, 1543: -/6/4, 1544: -/3/2
Walthasar Schleich [Schlosser[5]] St: 1540: -/4/-
Jórg Moser schlosser St: 1541, 1542: -/2/-, 1543: -/4/-, 1544: -/2/-, 1545: -/4/-, 1546, 1547: -/2/-
Hanns Kellner schneider St: 1546-1548, 1549/I-II: -/2/-
Michl Keslring, 1548 schlosser St: 1548: -/-/21 gratia, 1549/I: -/2/-
Pauls schuester St: 1551/II: -/2/-
Jorg Mayr schuester St: 1552/I: -/2/-
Hanns Rauhenperger (Rauchenperger) schneider
    St: 1552/II, 1553, 1554/I-II, 1555-1557: -/2/-, 1558: -/4/-, 1559, 1560: -/2/-
Lienhart nadlerin vischerin. 1554/I Lienhart vischerin nadlerin St: 1553, 1554/I: -/2/-
Hanns Holtzmúllner schlosser St: 1554/II, 1555-1557: -/2/-
Cristoff Kellmeyr[6] (Kellmair, Tellmair) tuechscherer. 1560, 1561 Christoff tuechscherer. 1570, 1571 Christoff Tellmairin tuechschererin
    St: 1558: -/4/12, 1559, 1560: -/2/6, 1561, 1563, 1564/I-II, 1565: -/2/2, 1566/I-II, 1567/I-II: -/2/-, 1568: -/4/-, 1569-1571: -/2/-
Pauls Zeysner (Zeisner, Zeisl) , 1558-1564/I schlosser, 1564/II púchsenmacher
    St: 1558: -/-/21 gratia, 1559, 1560: -/2/-, 1561, 1563, 1564/I-II: -/2/2
Hannß Zaindler St: 1561, 1563: -/2/-
Ludwig Griessl (Griesl)[7] spänngler. 1566/II Ludwig spánngler
    St: 1564/I-II, 1565, 1566/I-II, 1567/I: -/2/-
Ludwig Dobig púxnmacher St: 1565, 1566/I-II, 1567/I: -/2/2

---

[1] Michel Handl 1464, 1468, 1472, 1474, 1477 Vierer der Schlosser, Sporer, Schwertfeger, vgl. RP.
[2] Kunrat Perger ist 1459, 1463 und ohne Vorname auch 1466 Vierer der Schlosser, Sporer und Schwertfeger, vgl. RP.
[3] 1456 bei Thiereckstraße 4 Schlosser.
[4] Hanns Táprer ist 1513-1518 Vierer der Schlosser, Sporer, Schwertfeger, vgl. RP.
[5] Bei Kaufingerstraße 22 A und B Schlosser.
[6] 1563 „Kellmair" über der Zeile eingefügt.
[7] 1564/I-II „Griessl" über der Zeile eingefügt.

Kaufingerstraße 34

Charakter: Bis Anfang 16. Jahrhundert Schmiedhaus. 1540 bis 1567 Apotheke.

Hauseigentümer:

1388 April 14 „Rüdleins smicz" Haus an der Kaufingergasse ist dem Haus von Chunrat Lebansorg, künftig Chunraden des Häberleins Haus (Kaufingerstraße 33), benachbart.[1]

1392 Januar 11 „Rudel sporer" hat sein Haus in Unser Frauen Pfarr an der Kaufingergasse, zunächst an des Chraefflins (Kaufingerstraße 35) und des Haeberlins Haus (Kaufingerstraße 33), „Chunczen [Angler] dem salwurchen" verkauft.[2]

1392 Mai 24 Paul, des Rudel Sporers Sohn, kommt vor das Stadtgericht wegen des Hauses an der Kaufingergasse in Unser Frauen Pfarr, zunächst an des „Ch[r]aeff[t]lin platners haws" (Kaufingerstraße 35) gelegen, das sein Vater „Chunrad dem sarwurchen" verkauft hatte, während er – Paul – nicht im Lande war und seine Ansprüche nicht geltend machen konnte. Er möchte, daß dies jetzt nachträglich geschehe.[3]

1478 Mai 3 das Haus des Kramers Öder ist dem Haus des Goldschmieds Eysl (Kaufingerstraße 33) benachbart.[4]

1498 September 12 das Haus des Chorherrn Erhart Oder ist dem Haus des Ulrich Wagner Zammacher, künftig des Angerklosters (Kaufingerstraße 35), benachbart.[5]

Erhart Oder wird am 16. Oktober 1494 Stiftsherr zu Schliersee genannt.[6] Dann kommt er nicht mehr vor. Mayer führt dann aber für 1495 einen 1506 resignierten Chorherrn Leonhart (!) Oeder an, mit dem aber wohl Erhart gemeint sein dürfte.[7]

Der Goldschmied Marx Pairreyter dürfte ein Schwiegersohn von Hanns Öder sein, da er 1496 die Patrimonial- oder Erbschaftssteuer für das Erbe des Hanns Öder zahlt.

1519 Februar 14 das Haus des Schneiders Hanns Küßlingstein ist dem Haus des Angerklosters (Kaufingerstraße 35) benachbart.[8]

1525 Juni 8 gehört vielleicht auch dieses Haus dem Eigentümer des Nachbarhauses Nr. 33, Cristof Höltzl, da an diesem Tag das Haus des Angerklosters (Kaufingerstraße 35) zwischen den Häusern des Cristof Höltzl (Kaufingerstraße 33, und 34 ?) und des Wolfgang Grundtler (Kaufingerstraße 36) liegt.[9] Cristoff Höltzl erwirbt am 25. August 1525 auch Kaufingerstraße 36, das er aber 1527 schon wieder verkauft. Vielleicht liegt aber auch ein Irrtum des Schreibers vor oder es haben ihn ungeklärte Besitzverhältnisse beim Haus 34 in diesen Jahren dazu bewogen, das übernächste Haus (Nr. 33) als Nachbarn anzugeben.

1546 die Baukommission beanstandet beim „Michl [Weigl] apoteckher" in der Kaufingergasse, daß die Vorbauten ¾ Ellen zu weit vorstehen.[10] Das muß noch kein Beweis für Hausbesitz sein. Auch Weigls Nachfolger Hartmann ist nicht als Hauseigentümer belegt.

Weigel und Mathes Hartman dürften verwandt gewesen sein. Auch bei Kaufingerstraße 3* treten sie gleichzeitig auf, 1552/I beide, ab 1552/II bis 1554/II nur noch Hartman.

1567 Februar 7 das Kürschner-Ehepaar Jacob und Rosina Stainauer verschreibt dem Heiliggeistspital ein Ewiggeld von 5 Gulden um 100 Gulden Hauptsumme.[11]

1567 Februar 8,

1567 Februar 9 und

1567 Februar 10 weitere Ewiggeldverkäufe des Ehepaares Stainauer, zweimal zu je 5 Gulden rheinisch um je 100 Gulden und einmal zu 10 Gulden um 200 Gulden Hauptsumme (GruBu).

---

[1] GB I 234/20.
[2] GB II 19/9.
[3] GB II 29/4.
[4] Hufnagel/von Rehlingen, St: Peter Urk. 179.
[5] BayHStA, KU Angerkloster 805.
[6] Mayer ULF S. 100.
[7] Mayer ULF S. 192.
[8] BayHStA, KU Angerkloster 966.
[9] BayHStA, KU Angerkloster 991.
[10] LBK 4.
[11] Stadtgericht 207/3 (GruBu) S. 900v/901r.

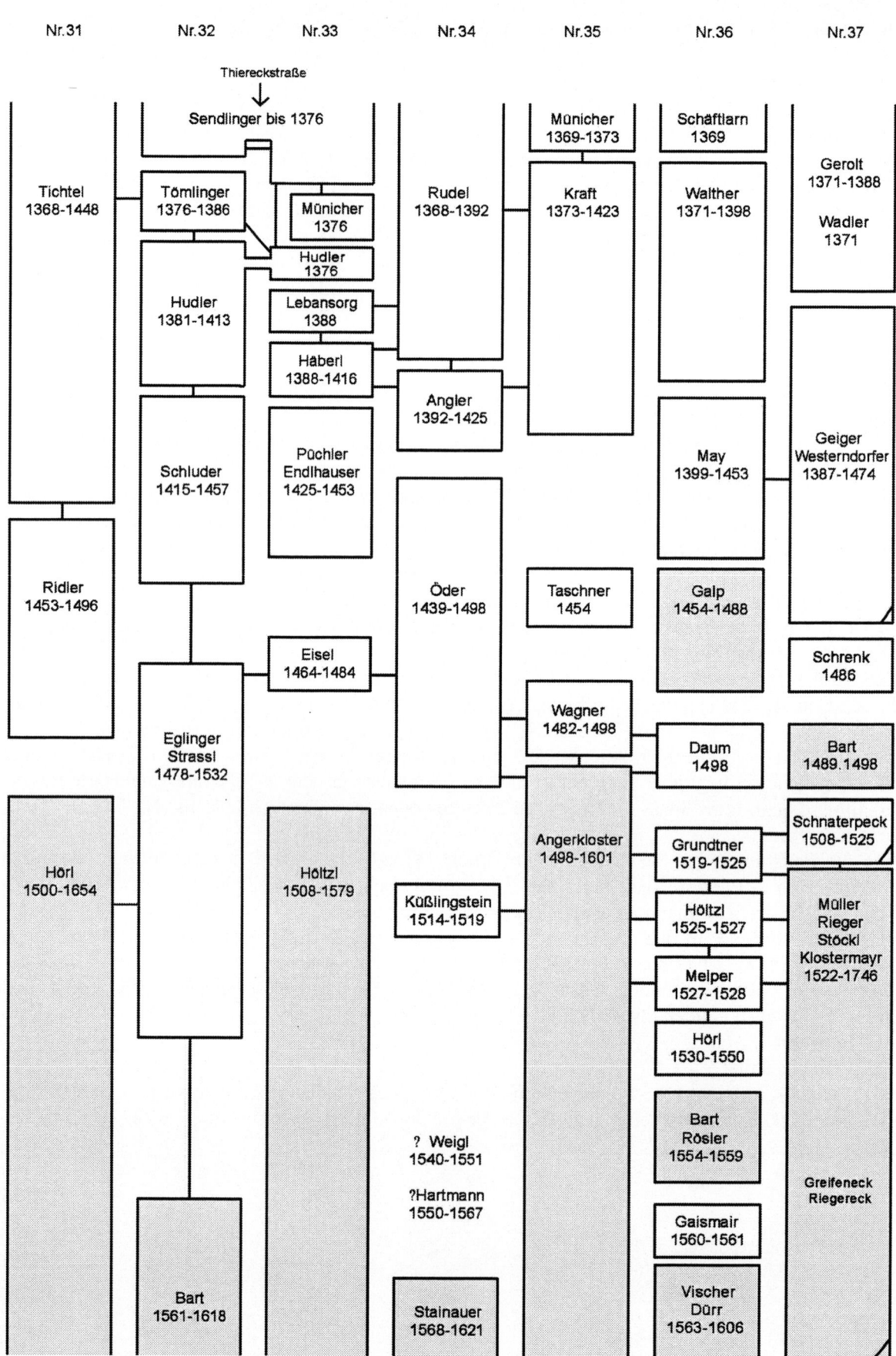

Abb. 15 Hauseigentümer Kaufingerstraße 31 – 37.

1572

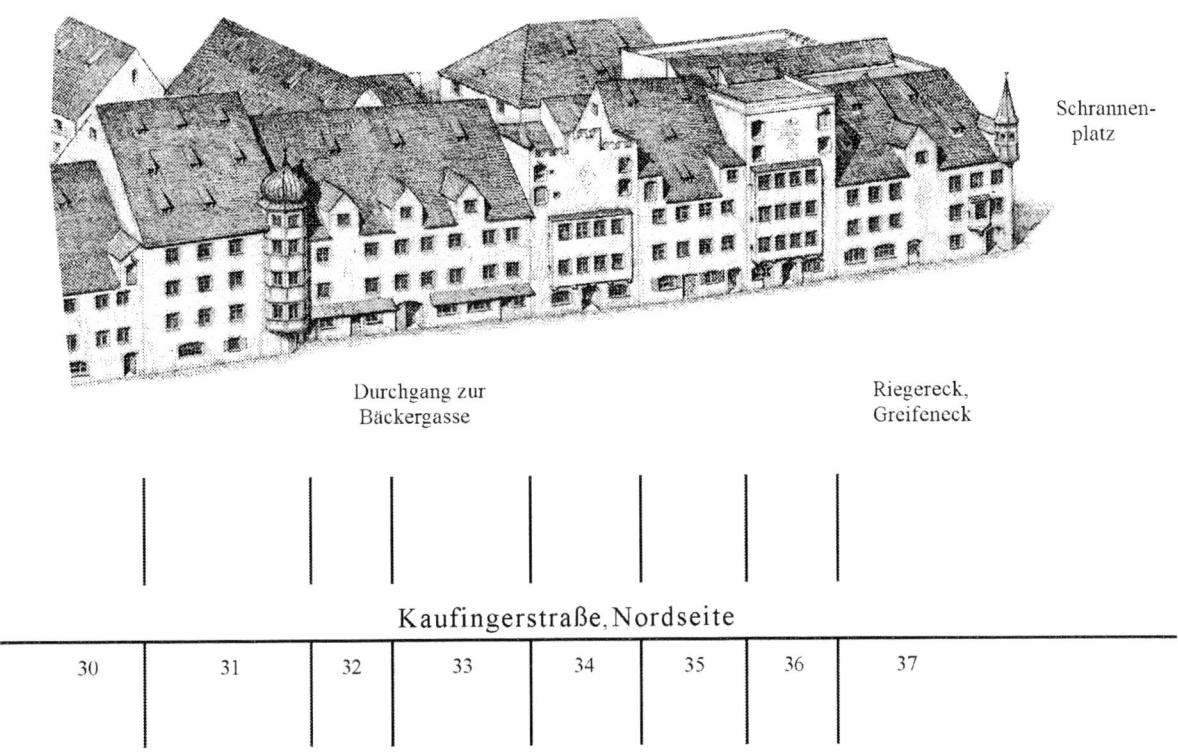

Durchgang zur
Bäckergasse

Riegereck,
Greifeneck

Schrannenplatz

Kaufingerstraße, Nordseite

| 30 | 31 | 32 | 33 | 34 | 35 | 36 | 37 |

Marienplatz

Durchgang zur
Thiereckstraße

1939

Abb. 16 Kaufingerstraße Nord Nr. 30 – 37, Häuserbuch Kreuzviertel S. 80/81.

1568 Februar 20 ein weiterer Ewiggeldverkauf des Ehepaares Stainauer (5 Gulden um 100 Gulden Hauptsumme) (GruBu).
1575 laut Grundbuch (Überschrift) des Jacob Stainauer Khirstners (!) Haus und Höfl.

Eigentümer Kaufingerstraße 34:

* Rúdel (Rudel, Ruedel) sporer. 1393 Ruedl sporrerin
    St: 1368: -/-/32, 1369: -/-/60 voluntate, 1371, 1372: -/-/60, 1375: -/-/64, 1377: -/-/48 juravit, 1378, 1379, 1381, 1382, 1383/I: -/-/48, 1383/II: -/-/72, 1387: -/-/28, 1388: -/-/56 juravit, 1390/I-II: -/-/56, 1392: -/-/30, 1393: -/-/40
  Órttel slozzer, 1387 sein [= des Rúdel sporer] ayden, 1383/I-II inquilinus
    St: 1383/I: -/-/18 gracianus, 1383/II: -/-/27 juravit, 1387: -/-/16
* Paul, des Rudel sporers Sohn [1392 Mai 24]
* Chunrat salẃrchk.[1] 1395 Chunrat salwrcht Angler. 1396-1410/II, 1413-1418 Chunrat Angler salbúrch. 1411, 1412 Chunrat Angler [des Fischers (Stief-)Sohn ?].[2] 1419 pueri Chunrat Angler salbúrch
    St: 1394: 3/-/80, 1395: -/13/10, 1396, 1397, 1399, 1400, 1401/I: 2,5/-/-, 1401/II: 5/-/- iuravit, 1403, 1405/I: 5/-/-, 1405/II: 3/-/- iuravit, 1406-1408: 4/-/-, 1410/I: 2,5/-/- iuravit, 1410/II: 3/-/80, 1411: 2,5/-/-, 1412: 3/-/80, 1413: -/20/- iuravit, 1415: -/21/-, 1416: 3,5/-/-, 1418: 3,5/-/- patrimonium, 1419: 1/-/-
    Pferdemusterung, um 1398: (Ur-Fassung): Chunrat salẃrch und Kraft platner [vgl. das folgende Haus] súllen haben ain pferd umb 24 gulden, damit sy der stat warten oder ein trabzewg; (Korrig. Fassung): Chunrat salẃrch sol haben ain pferd umb 24 gulden und selber reiten.
  und sein vater, der Angler. 1406 und sein vater inquilinus, 1407-1412 und sein vater
    St: 1405/II, 1406, 1407: -/-/20 fúr nichil, 1408, 1410/I-II, 1411: -/-/12 fúr nichil, 1412: -/-/12
  pueri Chunrat Angler
    St: 1423: -/6/- gracianus
  Chuncz salbúrch et uxor
    St: 1428: dedit 2 gross
  Chunrat Óder (Oder), 1439/I-1441/I, 1447, 1453, 1455-1458 kramer. 1445 Óder kramer
    Sch: 1439/I-II, 1440, 1441/I-II: 2,5 t[aglon], 1445: 1 diern, dedit
    St: 1447: -/14/4, 1453-1458: Liste
* Hanns Oder (Öder) kramer.[3] 1482 Oderin kramerin
    St: 1462: -/4/-, 1482: -/5/25
  pueri Óder
    St: 1486: -/3/5 dedit Stapf
  Marx Pairreytter. 1490, 1496 Marx goltschmid [wohl Schwiegersohn des Hanns Öder], 1496 et uxor
    St: 1486, 1490: -/6/25, 1496: -/4/7
    StV: (1496) et dedit 1/2/7 fur Hanns obser patrimonium.
* Erhart Oder, Chorherr zu Unserer Lieben Frau [1498 September 12]
* Hanns Kúslingstain schneider[4]
    St: 1514: Liste
*? Christof Höltzl, Messerschmied [∞ Diemut, um 8. Juni 1525]
*? Michel Weigl apodeckher
    St: 1540-1544: nihil, confect, 1545: dopl confect, 1546: confect, juravit, 1547, 1548, 1549/I-II: confect, 1550: 1/2/- patrimonium, 1551/I: 1/2/- patrimonium zum andern mal, 1551/II: haben die erben zugsetzt
    StV: (1546) mer 1/2/- von wegen seiner cramerey und seiner hausfrau leibting und ewigen gelt. (1547) mer 1/2/- von wegen seiner hausfrau ewigen gelt unnd leibting, auch kramerey.

---

[1] Chuntzlin dem eltern (und dem jungern) salwurch schuldet die Stadt 1398/99 anlässlich „der rais" Geld „umb harnasch", die er der Stadt geliefert hat, vgl. KR 1398/99 S. 116r.
[2] Chunrat salwurch ist verheiratet mit der Witwe des Kürschners Hanns Grewl, 1396 Oktober 26, vgl. GB II 119/14.
[3] Hanns Öder ist 1462, 1467, 1469, 1473, 1475, 1476 Vierer der Kramer, vgl. RP.
[4] Hanns Kußlingstein ist 1517-1519 Vierer der Schneider, vgl. RP.

(1548, 1549/I) mer 1/2/- von wegen seiner hausfrau ewigen gelt, leibting und kramerey. (1549/II) mer 1/2/- von wegen seiner hausfrau leitting, ewg[en] gelt und cramerei.

*? Mathes Hartman, 1550-1561, 1564/I, 1565, 1566/I-II, 1567/II apoteckher[1]
St: 1550, 1551/I-II, 1555-1559: confect, 1560, 1561: -/2/27, 1563, 1564/I-II: confect, 1565, 1566/I-II: -/2/27, 1567/I-II: -/-/-
StV: (1550, 1551/I-II, 1555-1557) mer -/2/27 von seiner cramerey. (1557) mer -/1/5 für p[ueri] Schrám. (1558) mer -/5/4 von wegen seiner cramerey; mer -/2/10 für p[ueri] Schram. (1559) mer -/2/27 von seiner cramerey. (1559, 1560) mer -/1/5 für p[ueri] Schram. (1560) von der cramerei. (1561) von der cramerey; mer confect; mer für p[ueri] Schrammen -/1/5. (1563) mer für khramerey -/2/27; mer für p[ueri] Schrammen -/1/10. (1564/I-II) mer (für) chramerey -/2/27; mer für p[ueri] Schrammen -/1/5. (1565) für cramerei; mer für di apotekhen confect; mer für p[ueri] Schrammen -/1/5. (1566/I) für chramerey; mer für Schramen -/1/5; mer für apoteckherey confect. (1566/II) für chramerey und für p[ueri] Schrammen -/1/5; mer für di apoteckherei confect. (1567/II) zalt für nachsteur unnd versessn steur ad 15. Octobris [15]68 2/2/25.

** Jacob Stainaur (Stainauer) khürschner [∞ 1. Rosina; seit vor 7. Februar 1567 bis nach 1575]
St: 1567/I: -/3/24,5, 1568: 1/-/19, 1569-1571: 1/-/9
StV: (1571) mer für p[ueri] Potschner 1/3/25.

Bewohner Kaufingerstraße 34:

Kristel swertfürb inquilinus St: 1368: -/-/15 post
Hainrich Maessinger slosser inquilinus. 1377, 1378 Mázzinger (Maezzinger) slozzer inquilinus. 1379 Maessinger slozzer
St: 1369: -/-/24 gracianus, 1377: 0,5/-/- juravit, 1378: 0,5/-/-, 1379: -/-/-
Gerolt slozzer inquilinus St: 1375: -/-/44
Chunrat Tórsch slozzer inquilinus. 1390-1393 Tórsch smit, 1390/II, 1392, 1393 inquilinus
St: 1381, 1382: -/-/12, 1390/I-II: -/-/20, 1392: -/-/18, 1393: -/-/24
Purckhart klingensmid inquilinus St: 1388: -/-/-
Hanns von Puchhaym sneyder inquilinus St: 1423: -/5/-
Lienhart Weilhaymer sporer inquilinus St: 1423: -/-/30 gracianus
Peter Luft salbúrch [Stadtuhrmeister[2]]
St: 1428: dedit 4 gross für sich, sein hausfrawen und sein ehalten, 1431: 0,5/-/8 iuravit
Wolfel spórer, uxor et duo servi. 1431 Wolfhart spórer St: 1428: dedit 4 gross, 1431: -/-/64 iuravit
Ulrich sporer Sch: 1445: 1 knecht
Caspar taschner St: 1447: -/3/22, 1453-1455: Liste
Jacob messerer inquilinus St: 1455: Liste[3]
Hanns Dawm [Gewandschneider[4]] St: 1486: 6/1/17
relicta Agnes kastnerin St: 1490: -/4/-
Hans Sandtmair kursner[5] St: 1490: -/3/26
Hainrich Kemnater s[chneider][6] St: 1500: -/5/27
Sigmund Geysinger sporer. 1514 relicta Sigmund Geislingerin sporerin patrimonium
St: 1500: -/-/60, 1514: Liste
Asm Krell (Král) satler[7] St: 1508, 1509: -/3/3, 1514: Liste
Barbara sein swester St: 1508: -/-/60
Jórg Clain sloser St: 1514: Liste
Hanns Táprer sporer[8] St: 1514: Liste

---

[1] Vgl. R. v. Bary III S. 1031.
[2] Der Lufft ist 1427-1435 als Stadtuhrmeister belegt, vgl. R. v. Bary III S. 1013.
[3] 1456 der Eintrag wieder getilgt.
[4] Hanns Dawm 1475, 1478, 1480, 1482, 1487, 1489, 1490, 1492, 1495 Vierer der Gewandschneider, vgl. RP. – Ein weiterer Hanns Dawm in diesem Jahr bei Kaufingerstraße 24*.
[5] Hanns Santmair 1485 Vierer der Kürschner, vgl. RP.
[6] Hainrich Kemnatter ist 1505-1509, 1511, 1513, 1514, 1516, 1517, 1519, 1520 Vierer der Schneider, vgl. RP.
[7] Asm Krell ist 1499, 1501, 1503, 1504, 1506 und 1519 Vierer der Sattler, vgl. RP.
[8] Hanns Táprer ist 1513-1518 Vierer der Schlosser, Sporer, Schwertfeger, vgl. RP.

Wolfgang Rauch patrimonium St: 1514: Liste
Sigmund Hórl, 1527/II gwandtschneider St: 1522-1526, 1527/I: -/5/26, 1527/II, 1528, 1529: 3/-/28
Linhart Páchl satler St: 1522, 1523: -/2/-
Sigmund Aspeck schneider St: 1529: -/1/5 gracion, 1532: -/2/-
Contz Pabst satler St: 1532: -/2/-
Urban Wagnhueber, 1552/II, 1554/II cramer St: 1552/II, 1553, 1554/I-II, 1555: -/2/28
Jórg (Geórg) Pfundtmair thuechmaniger[1]
    St: 1568: 10/-/-, 1569: 5/-/-, 1570, 1571: 5/6/23
    StV: (1570) zuegesetzt seiner mueter erb.

Kaufingerstraße 35

Lage: 1374 „an Kauffringergassen untter den sporern". 1454 „undern sporern".
Charakter: Schmiedhaus (Sporerhaus).

Hauseigentümer:

1373 Mai 7 Haensel Múnicher und Nicklas sein Bruder haben, auch im Namen ihres Bruders Peter und ihres Bruders Thömlein, ihr Haus an der Kaufingergasse Chraft dem Plattner verkauft, so wie sie es von ihrem Vater H[ainrich] [Münicher] selig innegehabt hatten.[2]
1374 April 11 Nyckel Tichtel hat aus dem Haus des „Chraefftleins Plattners" „an Kauffringer gazzen untter den spórern" ein Ewiggeld.[3]
1392 Januar 11 des Chraefflins Haus ist dem Haus des Rudel sporer, künftig des Chunczen salwurchen Haus (Kaufingerstraße 34), benachbart.[4]
1392 Mai 24 „dez Ch[r]aeff[t]lins platners haws" an der Kaufingergasse in Unser Frauen Pfarr ist dem Haus des Sporers Rudel, künftig des Sarwurchen Konrad (Kaufingerstraße 34), benachbart.[5]
Ein Schwiegersohn von Kraft ist der Plattner Hainrich Harder (StB). Wahrscheinlich ist aber auch der Plattner Haincz Rätenmair ein Schwiegersohn. Er löst den Harder im Steuerbuch zeitlich ab und hat eine Hypothek auf dem Haus. Gleichzeitig mit ihm steuern aber 1423 auch noch die Kinder von Kraft.
1454 der Dechant – wahrscheinlich der Frauenkirche – hat ein Ewiggeld von 12 Schillingen aus „Hanns taschners haws undern sporern".[6]
1498 September 12 Ulrich Wagner Zammacher zu München vermacht seiner Tochter aus erster Ehe, der Conventschwester im Angerkloster Apollonia, seine Behausung in der Kaufingergasse in Unser Frauen Pfarr, zwischen den Häusern des Chorherrn zu Unserer Lieben Frau Erhart Oder (Kaufingerstraße 34) und des Hanns Taum (Kaufingerstraße 36) gelegen.[7]
1519 Februar 14 das Haus des Angerklosters ist den Häusern des Messerschmieds Wolfgang Grundtner (Kaufingerstraße 36) und des Schneiders Hanns Küßlingstein (Kaufingerstraße 34 ?) benachbart.[8]
1525 Juni 8 das Haus des Angerklosters liegt zwischen den Häusern des Messerschmieds Wolfgang Grundtler (Kaufingerstraße 36) und des Messerschmieds Cristof Höltzl (Kaufingerstraße 34 ? oder eher 33).[9]
1525 August 25 das Haus des Angerklosters ist dem Haus des Messerschmieds Wolfgang Gruntner (Kaufingerstraße 36) benachbart.[10]
1527 November 24 das Haus des Angerklosters ist dem Haus des Cristoff Höltzl, künftig des Matheus Melber (Kaufingerstraße 36), benachbart.[11]

---

[1] Georg Pfundtmairs Tuchmanigers Hausfrau Euphrosina 1569 und 1571 Religionsverhör, vgl. Dorn S. 230, 266.
[2] GB I 37/16.
[3] GB I 47/10.
[4] GB II 19/9.
[5] GB II 29/4.
[6] Kämmerei 64 S. 1r.
[7] BayHStA, KU Angerkloster 805.
[8] BayHStA, KU Angerkloster 966.
[9] BayHStA, KU Angerkloster 991.
[10] GB IV S. 83v.
[11] GB IV S. 146v.

1575 laut Grundbuch (Überschrift) des Klosters Anger Haus und Hof.[1]
Das Haus bleibt über hundert Jahre – bis zum 21. November 1605 – beim Angerkloster.

Eigentümer Kaufingerstraße 35:

    Chunrat Múnicher (Municher), 1369 wechsler
        St: 1369, 1371, 1372: 2,5/-/-
*   Haensel, Niclas, Peter und Thömlein die Münicher, Söhne von H[einrich] Münicher
    [bis 1373 Mai 7]
*   Kraft platner.[2] 1396-1403 Kráfftel (Kraeftel) plattner. 1405/I-1408 relicta Kraft (Kraefftlin) platner(in). 1410/I-1416 relicta Kraeftlin. 1418-1423 patrimonium Kraefftlin, 1423 inquilina
        St: 1377: -/9/18 juravit, 1378, 1379, 1381, 1382, 1383/I: -/9/18, 1383/II: 1/6/12, 1387: -/7/10, 1388: -/14/20 juravit, 1390/I-II: -/14/20, 1392: -/14/-, 1393, 1394: -/18/20, 1395: 1/-/80, 1396, 1397, 1399, 1400, 1401/I: 2/-/-, 1401/II: 2/-/- iuravit, 1403, 1405/I: 2/-/-, 1405/II: -/14/- iuravit, 1406-1408: -/18/20, 1410/I: -/10/- iuravit, 1410/II: -/13/10, 1411: -/10/-, 1412: -/13/10, 1413: -/9/- iuravit, 1415: -/9/-, 1416: -/7/- iuravit, 1418, 1419: -/7/-, 1423: -/-/60
        StV: (1415) und sy hat nicht gesworn, davon daz ir sach unrichtig ist mit den Lawthern, und zu der nächsten stewr sols swern. (1423) habent die chinnt alle geben.
        Pferdemusterung, um 1398[3]: (Korrig. Fassung): Kraft platner und sein aydem sullen haben ein pferd umb 16 gulden.[4]
    iunior Kraft platner inquilinus
        St. 1378: -/-/-
    Heinrich platner ir ayden inquilinus. 1392, 1393 Heinrich platner inquilinus. 1394 Hainrich sein ayden. 1395-1401/II Hainrich (Haincz) Harder (Harrder) sein ayden (aydem), 1399 inquilinus. 1403-1411, 1413, 1418, 1419 Hainrich (Haincz) Harrder platner, 1405/I, 1406 inquilinus. 1412 Hainrich Harrder
        St: 1390/II: -/-/43 gracianus, 1392: 0,5/-/24, 1393, 1394: -/6/12, 1395: -/5/- minus -/-/6, 1396, 1397, 1399, 1400, 1401/I: -/7/6, 1401/II: -/10/4 iuravit, 1403, 1405/I: -/10/4, 1405/II: 1/-/- iuravit, 1406-1408: -/10/20, 1410/I: -/6/6 iuravit, 1410/II: 1/-/8, 1411: -/6/6, 1412: 1/-/8, 1413: -/6/6 iuravit, 1418, 1419: -/10/20
    und ir [= der Kráftlin] hoffraw
        St: 1416: nichil
    Haincz Raetmair platnerknecht. 1423, 1428 Hanns (!) Raetmayr (Rátmair) platner, 1423 inquilinus. 1431 Rátmair platner. 1439/I-1445 Hanns Rátmair (Ratmair), 1439/II, 1441/I platner [Schwiegersohn der Kraefftlin ?]
        St: 1418, 1419: (dedit) -/3/2, 1423: -/3/18, 1428: dedit 4 gróss, 1431: -/3/14 iuravit
        Sch: 1439/I-II, 1440, 1441/I-II: 1,5 t[aglon], 1445: 2 ehalten, dedit
        StV: (1418) hat 2 ung[arische] gulden gelcz auz der Kráfftlin haws. (1418, 1419) von zway guldein gelcz. (1428) für sich und sein hausfrau et duo servi.
*   Hanns taschner [1454]
    Fridrich, der taschnerin man. 1457 1458 Fridreich (Fricz) taschner. 1462 Fricz taschner salczzenter
        St: 1456-1458: Liste, 1462: -/4/25
        StV: (1462) et dedit -/-/32 gracion von seins weibs heiratgut.
*   Ulrich [Wagner] zammacher[5]
        St: 1482: 1/3/15, 1486, 1490: 1/6/25, 1496: 1/2/4
        StV: (1482) et dedit -/3/2 für sein swiger.
*   Apollonia Wagner, Zammacherstochter, Conventschwester am Anger [1498 September 12]
** Angerkloster [nach 1498 September 12 bis 1601 November 21]

---

[1] Stadtgericht 207/3 (GruBu) S. 903v.
[2] Kraft platner war 1381 Mitglied des Großen Rats, vgl. R. v. Bary III S. 746.
[3] Für die Ur-Fassung vgl. vorhergehendes Haus bei Chunrat salwúrch.
[4] Dieser Eintrag aus der korrigierten Fassung an späterer Stelle – zwischen Hudler (Marienplatz 2) und Strang (Weinstraße 3) – eingeschoben.
[5] Ulrich zammacher ist 1478 und 1480 Vierer der Sattler, 1492 ist ein Ulrich zammacher Vierer der Schuster, vgl. RP. – Wahrscheinlich identisch mit dem Ulrich zammacher „der wagmaisterin ayden", der auch 1469, 1471, 1475, 1480, 1484, 1487 und 1489 Vierer der Sattler ist.

Bewohner Kaufingerstraße 35:

Gaizzel salbúrch St: 1368: -/-/23 post
    filius suus inquilinus St: 1368: recessit
Symon sporer St: 1368: -/-/25 post
Ulrich Haeberl sporer St: 1368: -/-/32 gracianus
    iunior Háberl (Haeberl) inquilinus St: 1377: -/-/42 juravit, 1378: -/-/42
Werndel salburch. 1371, 1372 Lágelshaimer (Lagelshaimer) smid. 1375, 1377-1388 Werndel (Wernlein) Lágelshaimer (Laegelshaimer). 1390/I-II Werndlein slozzer. 1392, 1393 Werndlein sporer
    St: 1369: 0,5/-/- nondum juravit, 1371: 0,5/-/-, 1372: nichil, 1375: -/-/48, 1377: -/-/48 juravit, 1378: -/-/48, 1379: -/-/48 post -/-/15, 1381, 1382: -/-/48, 1383/I: -/-/24 juravit, 1383/II: -/-/36, 1387: -/-/16, 1388: -/-/32 juravit, 1390/I-II: -/-/32, 1392, 1393: -/-/-
    Werndl Lágelshaimer[1] St: 1388: nichil
    Fridrich Koel, gener eius [= des Lágelshaimer] inquilinus St: 1375: -/-/48 gracianus
Hanns rótsmid inquilinus St: 1377: -/-/78 juravit, 1378, 1379, 1381, 1382: -/-/78
Chunrat salbúrch inquilinus
    St: 1377 -/-/15 gracianus, 1378: -/-/-, 1383/I: -/3/24, 1383/II: -/5/21, 1388: 1/3/10 juravit
Fridrich sporer inquilinus St: 1381, 1382, 1383/I: -/-/24, 1383/II: -/-/36, 1388: -/-/40 juravit
Grúnwalt sporer inquilinus St: 1390/I-II: -/-/16
Peter Vetter von hoff, 1390/I sporer, 1390/II smid St: 1390/I: -/-/24 gracianus, 1390/II: -/-/16 iuravit
Lacher sporrer inquilinus St: 1393: -/-/40
Órttel schlosser St: 1395: -/-/60 fúr funf lb, 1396, 1397: -/-/60 fúr 5 lb
Peter rotsmid St: 1415: -/-/60 gracianus
Ulrich Peringer salburch inquilinus St: 1419: -/3/6 iuravit
Wolfhart sporer inquilinus St: 1423: -/3/12
Werndel swertfwrb inquilinus St: 1423: -/-/22 gracianus
Caspar taschner, 1439/II, 1441/I-II inquilinus Sch: 1439/I-II, 1440, 1441/I-II: 1,5 t[aglon]
Chunrat Graff St: 1447: -/6/7
pueri Andre Meidnstecken St: 1447: -/-/12
Gilg Ratenberger (Ratnberger), 1456 sporer, 1457, 1462 Gi(l)g sporer[2]
    St: 1453-1458: Liste, 1462: -/3/-
Ulrich sporer St: 1453: Liste
Fricz (Fridreich) Rainer [sporer] St: 1453, 1454: Liste
Hanns platner St: 1454, 1455: Liste
Hanns turner inquilinus St: 1456: Liste
Ludwig sporerin St: 1482: -/-/5 valde pauper
Moritz Pflegshándl. 1490 Pflegshándl sporer[3] St: 1486, 1490: -/-/60
Andre Mack sporer St: 1496: -/-/21 gracion
Sigmund Geisinger sporer St: 1496: -/-/60
Jacob [Grässl] zamacher[4] St: 1500: -/3/15
Sixt zamacher St: 1500: -/-/60

Kaufingerstraße 36

Charakter: Bis Anfang 16. Jahrhundert Schmiedhaus.

Hauseigentümer:

1369 der Sattler Kelner ist inquilinus im domus prepositi de Scheftlarn (StB). Dieser Eintrag ist am Rand nachgetragen, weshalb es nicht sicher ist, ob er hierher zu beziehen ist.

---

[1] Wohl versehentlich zweimal aufgeführt, da zwischen den „beiden" Lágelshaimern die Seite umbricht.
[2] Gilg sporer ist 1461, 1462, 1467, 1471-1473, 1475, 1476, 1478, 1480 und 1482 Vierer der Schlosser, Sporer, Schwertfeger, 1460 auch Mitglied des Rats der 36, vgl. RP.
[3] Maritz Pflegshändl 1489, 1491-1494, 1499-1501 Vierer der Schlosser, Sporer, Schwertfeger, vgl. RP.
[4] Jacob Grässl u. a. 1497, 1499, 1501, 1503, 1504 Vierer der Sattler, vgl. RP. – Vgl. Kaufingerstraße 36.

Um 1398 das Heiliggeistspital hat ein Ewiggeld von vier Gulden ungarisch aus „Walther des smicz" Haus.[1]

1414 Juli 6 Peter May verpfändet sein Haus an der Kaufingergasse, zunächst an Hans des Geygers Haus (Kaufingerstraße 37), seiner Hausfrau Barbara May um 40 Pfund Münchner Pfennige zur Widerlegung ihrer Heimsteuer und 24 Gulden ungarisch Morgengabe.[2]

1448 September 23 aus des Rotschmieds Peter May Haus an der Kaufingergasse geht ein Ewiggeld an das Ridler-Berghofer-Benefizium in St. Peter.[3]

1449 Juni 26 Barbara May, Witwe des Peter May, prozessiert um ihre Morgengabe auf dem Haus an der Kaufingergasse, zunächst dem Haus des Hanns Geyger (Kaufingerstraße 37) gelegen, da Ludwig Ridler und das Heiliggeistspital wegen rückständiger Zinsen das Haus zur Versteigerung anbieten.[4]

1449 ein Ewiggeld des Heiliggeistspitals auf dem Haus des Peter May wird abgelöst.[5]

1478 September 26 der Messerschmied Jacob Galp und seine Hausfrau Margreth verkaufen dem Gasteig-Spital ein Ewigggeld von einem halben Pfund Pfennigen.[6]

1481 November 26 das Ehepaar Galp verkauft ein Ewiggeld von 4 Gulden rheinisch um 80 Gulden Hauptsumme (GruBu).

1484 Juli 10 wieder Ewiggeldverkauf des Ehepaares Galp, diesmal 2 Gulden um 40 Gulden (GruBu).

1487 August 23 das Ehepaar Jacob und Margreth Galp übergeben dieses ihr Haus ihrem Sohn Georg und seiner Hausfrau Anna, die daraus ein Ewiggeld von 3 Gulden um 60 Gulden verkaufen (GruBu).

1488 o. D. das Messerschmied-Ehepaar Georg und Anna Galp verkaufen ein Ewiggeld von 8 Gulden um 160 Gulden Hauptsumme (GruBu).

1498 September 12 das Haus des Hanns Taum ist dem Haus des Ulrich Wagner Zammachers, künftig des Angerklosters (Kaufingerstraße 35), benachbart.[7]

1517 das Heiliggeistspital hat ein Ewiggeld aus des Messerschmieds Gruntlers Haus.[8]

1519 Februar 14 das Haus des Messerschmieds Wolfgang Grundtner ist dem Haus des Angerklosters (Kaufingerstraße 35) benachbart.[9]

1522 Januar 6 das Haus des Grüntler Messerschmieds ist dem Haus der Gebrüder Peter und Hans Schnaterpöck, künftig des Kornmessers Wolfganng Stöckel (Kaufingerstraße 37), benachbart.[10]

1523/24-1525/26 das Heiliggeistspital hat ein Ewiggeld aus des Gruntler Messerschmieds Haus.[11]

1525 Juni 6 siehe Kaufingerstraße 34.

1525 August 25 der Messerschmied Wolfgang Gruntner und seine Hausfrau Margreth haben ihr Haus und Hofstatt an der Kaufingergasse in Unser Frauen Pfarr, zwischen den Häusern des Angerklosters (Kaufingerstraße 35) und des Kornmessers Rieger (Kaufingerstraße 37) an den Messerschmied Cristoff Holtzl und seine Hausfrau Diemut verkauft.[12]

1525/26-1527/28 das Heiliggeistspital hat ein Ewiggeld aus des Messerschmieds Cristoff Holtzl Haus an der Kaufingergasse, „so er von Gruntler erkaufft hat" (1526/27, 1527/28) beziehungsweise „diss hauss hat kaufft Cristoff [Höltzl] messerschmidt" (1525/26).[13]

1527 Januar 25 Wolfgang Gruntner läßt durch einen Bevollmächtigten die Kaufsumme für das Haus erlegen, das der Holtzl aufgegeben hat.[14]

1527 November 24 Cristoff Höltzl und seine Hausfrau Diemut verkaufen ihr Haus und Hofstatt an der Kaufingergasse in Unser Frauen Pfarr, zwischen des Gotteshauses am Anger (Kaufingerstraße 35) und des Wolfgang Stöckls Haus (Kaufingerstraße 37) gelegen, an Matheus Melber, Kastner zu Freising.[15]

---

[1] Vogel, Heiliggeistspital, Salbuch A Nr. 244.
[2] GB III 152/5.
[3] MB XXI 63 S. 141/146. – Urk. D I e 2 - XXXIV Nr. 10.
[4] Vogel, Heiliggeistspital, Urk. 317. – BayHStA, GUM 265 (A).
[5] Zimelie 40 (Heiliggeistspital, Salbuch B) S. 8v.
[6] Stadtgericht 207/3 (GruBu) S. 905v/906v. – Einen Eintrag zu 1563 gibt es dort jedoch nicht.
[7] BayHStA, KU Angerkloster 805.
[8] Heiliggeistspital (Rechnungen) 176/13 S. 1r (Ausgaben).
[9] BayHStA, KU Angerkloster 966.
[10] GB IV S. 1r.
[11] Heiliggeistspital (Rechnungen) 176/18 (1523/24) S. 15v, 176/19 (1524/25) S. 13v, 176/20 (1525/26) S. 11v, jeweils bei den Einnahmen; Zimelie 43 (Heiliggeistspital, Salbuch C) S. 56v (um 1525).
[12] GB IV S. 83v.
[13] Heiliggeistspital (Rechnungen) 176/20 (1525/26), 176/21 (1526/27) S. 15v, 176/22 (1527/28) S. 16v.
[14] GB IV S. 127r.
[15] GB IV S. 146v.

1528 domus Mathes Melper (StB).
1530/31–1549/50 das Heiliggeistspital hat ein Ewiggeld aus dem Haus des Messerschmieds Cristoff Höltzl an der Kaufingergasse, das „anyetzund Herl gwantschneider" hat (1530/31) beziehungsweise das Haus „hat furan Sigmund Hörl" (1531/32). Als des Sigmund Hörl Gewandschneiders oder „duechmangers" Haus steht es noch bis 1549/50 in den Spitalrechnungen.[1]
1546 die Baukommission beanstandet in der Kaufingerstraße, daß bei Sigmund Herl dem Alten die Vorbauten ¾ Ellen zu weit vorstehen.[2]
1554/II domus Doctor Jorgen Part (StB).
1556 April 23 Mathes Rösler verschreibt dem Dr. Georg Bart zu Harmating zur Entrichtung der Kaufsumme 20 Gulden rheinisch Ewiggeld (Hypothek) für eine Hauptsumme von 400 Gulden (GruBu).
1556 April 25 erneuter Ewiggeldverkauf Röslers an Bart, diesmal 5 Gulden um 100 Gulden (GruBu).
1560, 1561 domus Gaysmair (StB).
1574 Januar 8 der Schneider Hanns Vischer verkauft dieses sein Haus dem Melber Steffan Dürn und seiner Hausfrau Agatha (GruBu).
1575 laut Grundbuch (Überschrift) des Steffan Dürr Melbers Haus und Höfl.

Eigentümer Kaufingerstraße 36:

* domus prepositi de Scheftlern 1369 [vgl. Bewohner]
* Walther [Walther ?] sporer. 1387 Walther smid, 1368 inquilinus. 1390/II Hans Walther smid
    St: 1368: -/-/50 post, 1369, 1371, 1372: -/-/60, 1375: -/6/28, 1377: 0,5/-/18 juravit, 1378: 0,5/-/18, 1379: -/-/-, 1381, 1382, 1383/I: -/3/18, 1383/II: -/5/12, 1387: -/-/36, 1388: -/-/72 juravit, 1390/II: -/-/20 gracianus
  Herman May, 1400, 1401/II, 1405/I-1410/I, 1412 rotsmid. 1413 patrimonium Herman May
    St: 1399, 1400, 1401/I: -/-/60 fur (für) 10 lb, 1401/II: -/7/14 iuravit, 1405/I: -/7/14, 1405/II: 1/-/6 iuravit, 1406: -/10/28, 1407, 1408: -/11/- minius -/-/2, 1410/I: -/7/- iuravit, 1410/II: -/9/10, 1411: -/7/-, 1412: -/9/10, 1413: [Steuer gemeinsam mit Peter May]
* Peter May, 1412, 1416, 1418, 1423 rotsmid [∞ Barbara, lebt noch 1449 als Witwe]
    St: 1412: -/-/60 gracianus, 1413: -/13/- iuravit, 1415: -/10/-, 1416: -/13/10, 1418, 1419: 0,5/-/-, 1423: -/3,5/-, 1428: dedit 4 gróss
    StV: (1428) fur sich, sein hausfrau und sein ehalten.
  Matheis May, 1447 rotsmid
    St: 1431: -/-/60 iuravit, 1447: -/-/60, 1453: Liste
    Sch: 1439/II, 1440, 1441/I-II: 0,5 t[aglon]
** Jacob messersmid (messerer). 1482, 1486 Jacob Galp messerschmid[3] [∞ Margreth]. 1490 relicta Jacob messerschmidin
    St: 1454, 1456-1458: Liste, 1462: -/6/11, 1482: -/7/5, 1486, 1490: -/2/17
    StV: (1482) et dedit -/1/26 von 2 gulden gelcz zu des Ofndels meß. (1486) et dedit -/1/26 von 2 gulden geltz.
  und ir schnur[4]
    St: 1490: -/3/14
** Geórg Galp [Messerschmied, ∞ Anna]
    St: 1486: -/6/5 gracion
* Hanns Taum [1498 September 12]
* Wolfganng Gruntner (1514 Gründl) (Grundtner), 1490-1514, 1526 messerschmid [∞ Margareth]
    St: 1490: -/-/60, 1496: -/2/5, 1500: -/3/10, 1508, 1509: -/5/-, 1514: Liste, 1522-1526, 1527/I: -/3/-, 1527/II: -/2/10
    StV: (1522) et dedit -/-/28 von 1 gulden gellts.

---

[1] Heiliggeistspital (Rechnungen) 176/23 (1530/31) S. 19v, 176/24 (1531/32) S. 19v, 176/25 (1533/34), 176/38 (1549/50) S. 26v.
[2] LBK 4.
[3] Jacob Galp ist 1480 Vierer der Messerer, 1462 heißt es, er „ward abgesetzt" und an seiner Stelle ein anderer gewählt, vgl. RP 1 S. 53v.
[4] Schnur = Schwiegertochter.

Sigmund und Utz Hörl [Vettern, beide Gewandschneider[1]]
    St: 1514: Liste
* Christoff Höltzl, Messerschmied [∞ Diemut; 1525 August 25 bis 1527 November 24]
* domus Mathes Melper [Goldschmied ?, Kastner zu Freising[2]]
    St: 1528: an kamer
* Sigmund Hörl (Herl) [Gewandschneider, Tuchmanger]
    St: 1532: 3/-/28, 1540-1542: 3/6/10, 1543: 7/5/20, 1544: 3/6/10
  Peter Herl
    St: 1541: -/3/15 gratia, 1542-1544: -/-/-
    StV: (1542) juravit, das er nich[t]s zu versteurn hab. (1543) hat noch kain aigen gueth. (1544) hat noch kain aigen gueth laut seines gethonen aids.
* Sigmund unnd (und) Peter (die) Herl (Hörl), 1548, 1549/I-II, 1550, 1553, 1554/I Sigmund Herl (Härl) (und) Peter (die) Herl (Hörl)
    St: 1545: 17/-/-, 1546-1548, 1549/I-II, 1550, 1551/I-II: 8/3/15, 1552/II: 3/-/-
    StV: (1545) steurn miteinander, sein unvertailt. (1546-1551/II, 1552/II) steurn miteinander. (1552/I) ir beder steur ist eingstelt pis zu austrag irer handlung der gláubiger, als dan soll ir beder steur wie vor bezalt und erlegt werden, [1552/I am Rand:] zalt an chamer raths bevelch 3 fl, actum den 13. Augusti. (1552/II) steurn miteinander vermóg des negst gehaltnen steurpuechs im Monat Julii. (1553) seind schuldn halber zum thor hinaus. (1554/I) seind schuldn halben zum thor aus geworfen.
** domus Doctor Jorgn [III.] Partt [zu Harmating]
    St: 1554/II: supra fol. 59 col. 2 [= 59v, Kaufingerstraße 27]
** Mathes Rósler (Rosler), 1559 eysnkramer
    St: 1556, 1557: 2/1/15, 1558: 4/3/-, 1559: 2/1/15
    StV: (1559) ad 6. Julii zalt Rósler für 3 nachsteur 2 fl 12 kr.
* domus Gaysmair
    St: 1560, 1561: -/2/24
** Hanns vischer schneider
    St: 1563, 1564/I-II, 1565, 1566/I-II, 1567/I-II: 1/1/22, 1568: 2/3/14, 1569-1571: -/5/26
    StV: (1569-1571) mer fur Christof Angstwurm khinder -/-/14.
** Steffan Dürr melbler [ab 8. Januar 1574]

Bewohner Kaufingerstraße 36:

Hainrich platner von Lanczsperg St: 1368: -/-/48 gracianus
Smálczel sporer inquilinus St: 1369: -/-/12 gracianus
Kelner satler, inquilinus domo prepositi de Scheftlern St: 1369: -/-/-
Fridrich maler St: 1390/I: -/-/24
Hainrich oblater inquilinus St: 1390/I: -/-/16
Hans Plẃm (Blúmel, Plúm) smid, 1400 et uxor. 1401/I Hanns Plúm sporrer
    St: 1392: -/-/30, 1393, 1394: -/-/40, 1395-1397, 1399: -/-/60 für 7 lb, 1400, 1401/I: -/3/-
  Sigel Plúm (Plum), 1401/I, 1403 smid, 1401/II sporer
    St: 1401/I: -/-/28 gracianus, 1401/II: -/-/80 für 10 lb, iuravit, 1403: -/-/80 für 10 lb
Lacher sporer inquilinus St: 1394: -/-/40
Dietrich platner inquilinus[3] St: 1394: -/-/-

---

[1] Einträge im Ratsprotokoll: „Utz und Sigmund die Horl, vettern, gwandtschneider alhie: Item den hat ain ersamer rat bewilligt und zugelassen, das sy gwandt wol mögen und söllen aus[s]chneiden, doch das sy sich zwischen hie und Jacobi nest komendt mit heyrat versehen", wenn nicht, soll ihnen der Laden zugesperrt werden, vgl. RP 7 S. 26r, 15.1.1516. Weiterer Eintrag: Gwandschneider: Die Hörl sind immer noch unverheiratet. Sie erhalten eine neue Frist: Bis Ostern 1517 (12. April) sollen sie heiraten, sonst wird ihnen der Laden zugesperrt (19.9.1516). Am Freitag vor Jubilate (1. Mai) 1517 beschwert sich die Zunft der Gewandschneider erneut, daß die beiden Hörl dem immer noch nicht nachgekommen seien. Daraufhin verhängt der Stadtrat die Sperrung ihrer Läden, ebenda S. 41v.

[2] Frankenburger S. 288, vgl. Dienerstraße 19 (1525-1527), Dienerstraße 7 (1529-1544). – Ein Mathes Melper ist 1520 und 1521 Vorsprech (Redner) vor Gericht, vgl. R. v. Bary III S. 807/808.

[3] Ganzer Eintrag wieder getilgt.

Hainrich rotsmid St: 1397: -/10/-
Hainrich swertfúrb inquilinus St: 1403: -/-/60
Syman sporer inquilinus St: 1405/II: 0,5/-/12 iuravit, 1406: -/5/26
Peter swertfẃrb inquilinus St: 1407, 1408: -/-/80 fur (fúr) 10 lb
Seicz Tornzway salbwrch inquilinus St: 1410/I: -/-/60 fúr 10 lb, iuravit
Haincz Hesch (Hochss) St: 1410/II: -/6/12, 1411: 0,5/-/24
Hanns swertfúrb, 1411 inquilinus St: 1411: -/-/60 fúr 5 lb, 1412: 0,5/-/8 iuravit
Hanns Haeberl [Schlosser[1]], 1411, 1413 inquilinus
    St: 1411: -/6/3, 1412: 1/-/4, 1413: -/12/- iuravit, 1415: 3/-/60, 1416: 4/-/80
Matheys Hawg [Weinhändler ?, Weinschenk[2]]
    St: 1412: -/6/12
    StV: (1412) zu der náchsten [stewr] sol er swern.
Michel salburch inquilinus St: 1419: -/-/32 gracianus, 1423: -/3/-
Ulrich sporer inquilinus St: 1431: -/-/64 iuravit
Hanns Sewer zingiesser St: 1431: -/-/60 iuravit 15
Larencz rotsmid Sch: 1439/I: -/-/10
Hainrich Lesch platner Sch: 1439/II: 0,5 t[aglon]
Peter Rúswurm, 1440 sporer, 1441/I inquilinus Sch: 1440, 1441/I-II: 1 t[aglon], 1445: 1 diern, dedit pueri Wienner Sch: 1441/I: -/-/-
Peter Wernprunner sporer Sch: 1441/I: 0,5 t[aglon]
Matheys Puchler St: 1447: -/-/60
Symon schlosser inquilinus St: 1453: Liste
Angnes inquilina St: 1453: Liste
Fridreich Rainer, 1456 sporer St: 1455-1457: Liste
Ulrich zamacher wagner[3], 1462 inquilinus. 1457 Ulrich zammacher inquilinus
    St: 1456-1458: Liste, 1462: -/3/15
Seicz rinckenmacher inquilinus St: 1462: -/-/60
Jacob zammacher[4]. 1486 Jacob Grásl. 1490, 1496 Jacob Grassl zamacher
    St: 1482: -/3/17, 1486, 1490: -/4/-, 1496: -/3/11
Jórg messerschmid, sein [= des Grassl] sun St: 1486: anderswo
Steffan schleiffer St: 1482: -/-/60
Hanns saltzstösel
    St: 1496: -/-/21 gracion
    StV: (1496) et dedit -/-/60 fur sein vodern patrimonium.
Steffan [Oberholtzer] sporer[5] St: 1508: -/-/60
Hanns Táprer [Sporer[6]] St: 1508: -/-/21 gracion
Wolfgang Rauch St: 1509: -/-/21 gracion
Wolfsperger redner [bei Gericht] St: 1522: nichil
Stiglmair zammacher. 1523, 1525, 1526, 1527/II, 1532 Hanns Stiglmair zammacher.[7] 1524, 1527/I, 1528, 1529 Hanns Stiglmair
    St: 1522-1526, 1527/I: -/3/8, 1527/II, 1528, 1529, 1532: -/2/22
Kilian Kiemseer (Kiemser) messerschmid[8]
    St: 1523-1525: -/4/7
    StV: (1524) et dedit 1/5/22 fúr Claß Háring patrimonium; et dedit -/6/15 fúr p[ueri] Öder.
Wolfgang Rad zammacher St: 1529: -/2/29
Jacob Schramin St: 1556: der zeit eingstelt pis auff negste steur
Wolff Fróschl St.1560: -/2/24 gratia
Hanns wúrtzer St: 1561: -/2/-

---

[1] So 1410/I bei Kaufingerstraße 3*.
[2] Vgl. Weinstraße 19* und 3.
[3] Ulrich wagner zammacher ist 1478 und 1480 Vierer der Sattler, vgl. RP.
[4] Jacob bzw. Jacob Grässel ist 1474-1504 wiederholt Vierer der Sattler, vgl. RP.
[5] Steffan Oberholtzer ist 1509 Vierer der Schlosser, Sporer, Schwertfeger, vgl. RP.
[6] Hanns Táprer ist 1513-1518 Vierer der Schlosser, Sporer, Schwertfeger, vgl. RP.
[7] Hanns Stiglmair zammacher ist 1506, 1508, 1513-1518 Vierer der Sattler, vgl. RP.
[8] Kilian Kiemseer ist von 1512 bis nach 1520 jeweils Vierer der Messerschmiede, vgl. RP.

Kaufingerstraße 37

Name: 1516, 1522 Greiffeneck. 1569 „Rieger Öckh".
Lage: 1371 an dem Kornmarkt bei der Fischbank. 1398 an der Korngasse. 1403 „an dem kornmargkt an dem egk". 1405 „egkhaws". 1406 „gein der vischpanck über". 1460, 1468 „obere schrann". 1575 „Egghaus".
Charakter: 1468, 1482 1522 Kornmesserhaus an der oberen Kornschranne. Zumindest zeitweise offenbar auch Weinschenke.

Hauseigentümer:

1370 die Baukommission beanstandet an Peter des Gerolds Kind Haus die Laube. Außerdem soll Peter Gerolt seine Stiege abbrechen.[1]
1371 April 29 Peter Gerolt verkauft sein Haus, „gelegen an dem chornmarckt bey der vischpanck" H[ainrich] dem Waegenler.[2]
1375-1382 domus puerorum Petri Geroldi (StB).
1392-1398 auf Geygeres Haus an der Korngasse liegt ein Ewiggeld des Angerklosters.[3]
1395 November 15 Hainrich [Lindmair] Kornmesser „under dem Geyger" ist vom Stadtgericht geboten worden wegen sechs Pfund und 36 Pfennigen Amberger Währung, die er dem Chunrad dem Sluder schuldet und bezahlen soll.[4]
1399 Ottlein der Kornmesser in des Geigers Haus zahlt Hauszins an die Stadt. Auch vier Läden liegen unter des Geigers Haus.[5]
1400/02 die Kammerrechnung vermerkt: „Item die kamrer habend dem Öttel kornmesser gelassen dez Geigers haws, unden und oben mit der messtat, um 17 ung[arische] gulden".[6]
1403 August 25 Lucia, Friedreich des Westerdorffers Hausfrau, übergibt ihr Haus „an dem kornmargkt an dem egk, znächst Jacob des Kelhamer haus" (Marienplatz 1), ihrem Stiefsohn Hanns, Hanns des Geigers Sohn, der es ihr um 300 gute neue ungarische Gulden wieder zurückverpfändet (ihr eine Hypothek verschreibt).[7]
1405/II „der Geygerin egkhaws" (StB).
1406 Oktober 26 Hans Geiger schuldete seiner Stiefmutter Lucey der Wessterndorfferin 300 gute ungarische Gulden aus seinem Haus, gelegen „gein der vischpanck uber". Es ist noch nicht alles bezahlt.[8]
1414 Juli 6 das Haus des Hans des Geygers ist dem Haus von Peter und Barbara May an der Kaufingergasse (Kaufingerstraße 36) benachbart.[9]
1449 Juni 26 das Haus des Hanns des Geygers liegt dem Haus der Witwe des Peter May (Kaufingerstraße 36) an der Kaufingergasse benachbart.[10]
1472, 1474 der Tarsch [= Hans Törsch, Kornmesser] „unterm Geiger" ist Kornmesser-Vierer.[11] Das Haus gehört also immer noch den Geigern.

---

[1] Zimelie 9 (Ratsbuch IV) S. 3v (alt) = 5v (neu).
[2] GB I 19/10. – Zur Lage der Fischbank vgl. Schattenhofer, Brunnen S. 9.
[3] Steueramt 982/1 S. 17r.
[4] GB II 105/2.
[5] Während der Bürgerunruhen nimmt die Stadt Hauszins aus den Häusern derer ein, denen die Stadt verboten ist „und auch etlicher, die auch aussen sind", u. a. auch einen Geldbetrag „von Ottlein dem kornmesser in des Geigers haus" und von den vier Läden unter des Geigers Haus, vgl. KR 1398/99 S. 23r. Außerdem zahlt die Stadt dem Ottlin dem kornmesser an dez Geigers haws über 3 Pfund Pfennige Futtergeld, um das die Stadt von Gästen Pfand für das Futter hatte, vgl. KR 1398/99 S. 114r. Später muß Ottlein Bußgeld zahlen, „da man die vier knecht aus seinem haus fing", vgl. KR 1399/1400 S. 42r.
[6] Vgl. KR 1400/02, eigenes hinten in eine Tasche eingelegtes Blatt.
[7] GB III 12/14, 15.
[8] GB III 58/8. – Auch bei Rindermarkt Nr. 12 B folgt auf Geiger (1462) als Hauseigentümer Sigmund Westerndorfer (1482).
[9] GB III 152/5.
[10] Vogel, Heiliggeistspital, Urk. 317.
[11] Vgl. RP.

1486 domus maister Hans Srenck[1] (StB).

1489 November 12 Hainrich Bart und seine Hausfrau Catharina verkaufen aus diesem Haus und Schranne ein Ewiggeld von 30 Gulden um 750 Gulden Hauptsumme an St. Peter.[2]

1498 Juni 17 Heinrich Parts Schranne ist dem Haus der Familie Reischl (Marienplatz 1) benachbart.[3]

1516 Balthasar Stöckl verschreibt dem Gollir-Benefizium ein Ewiggeld aus dem Haus an der Schranne, das man nennt Greiffeneck.[4]

1522 Januar 6 Peter und Hanns die Schnaterpöcken, Söhne des Kornmessers Peter Schnaterpöck selig, verkaufen ihres Vaters Eckhaus, Hofstatt und Kornschranne in Unser Frauen Pfarr am Markt, genannt „das Greiffenöck", gelegen zwischen den Häusern des Hums (Marienplatz 1) und des Grüntler Messerschmieds (Kaufingerstraße 36) an den Kornmesser Wolfgang Stöckel und seine Frau Barbara.[5] Der Mann heißt in den Steuerbüchern und im Grundbuch teils auch Wolfgang Müller. Er war in zweiter Ehe mit einer Katharina Steckhl verheiratet, was aber den Namenswechsel nicht erklärt, da er schon 1522 Stöckhl genannt wird, als er noch mit seiner ersten Ehefrau Barbara verheiratet war. Außerdem wird er am 25. August 1525 „Rieger Kornmesser" genannt. So auch in den Steuerbüchern von 1528 und 1529. Auch bei den Kindern wechselt der Name zwischen Müller und Stöckhl.

1525 August 25 das Haus des Kornmessers Rieger ist dem Haus des Messerschmieds Wolfgang Gruntner, künftig des Messerschmieds Christoff Holtzl (Kaufingerstraße 36), benachbart.[6]

1527 November 24 das Haus des Wolfgang Stöckl ist dem Haus des Cristoff Höltzl, künftig des Matheus Melber (Kaufingerstraße 36), benachbart.[7]

1537 September 5 der Kornmesser Wolffgang Stöckhlmüller und seine Hausfrau Catharina verkaufen ein Ewiggeld von 5 Gulden für 100 rheinische Gulden Hauptsumme (GruBu).

1540 September 7 das Ehepaar Stöckhlmüller verkauft erneut ein Ewiggeld von 5 Gulden für 100 Gulden Hauptsumme (GruBu).

1541 Mai 21 Wolffgang Rieger und seine Hausfrau Catharina verkaufen erneut 5 Gulden Ewiggeld um 100 Gulden Hauptsumme (GruBu).

1543 Januar 25 der Kornmesser Wolfgang Müller und seine Hausfrau Barbara verkaufen ein Ewiggeld von 6 rheinischen Gulden für 120 Gulden Hauptsumme (GruBu).

1546 die Baukommission beanstandet, daß bei Wolfgang Mullner Kornmesser die Vorbauten eine halbe Elle zu weit vorstehen.[8]

1550 Mai 1 die Vormünder von Wolff Müllers, genannt Rieger, verlassenen Kindern verschreiben ihrer Mutter 5 Gulden Ewiggeld um 100 Gulden zur Entrichtung ihrer heiratlichen Aussprache (GruBu).

1558 Februar 1 die Vormünder der Kinder des Wolff Müller verschreiben ihrer Mutter 5 Gulden Ewiggeld um 100 Gulden Hauptsumme zur Entrichtung ihrer heiratlichen Aussprache (GruBu).

1558 November 1 das Ehepaar Wolff und Elisabeth Steckhl verkauft ein Ewiggeld von 7 Gulden um 140 Gulden Hauptsumme und

1558 November 22 noch einmal einen Gulden um 20 Gulden Hauptsumme (GruBu).

1564 Februar 6 der Barbier Wolffgang Stöckhl verschreibt seinem Sohn Mang für sein mütterliches Gut 15 Gulden Ewiggeld um 300 Gulden Hauptsumme (GruBu).

1569 Oktober 1 Bürgermeister und Rat und Katharina, erstlich des Wolffganng Stögkhel des Kornmessers, dann hernach des Hanns Hochenauers des Älteren, beider selig hinterlassene Witwe und jetzt mit Dr. Martin Clostermayr verheiratet, sowie ihr leiblicher Sohn, der Glaser Walthauser Stögkhel und ihr Tochtermann, der Gastgeb Alexander Wildenroter, schließen einen neuen Vertrag wegen des Aufenthalts der Nacht- und Scharwachter in der Clostermayrin Eckbehausung am Markt an der Kaufingergasse, „das Rieger Öckh genannt", wo die Wachen seit vielen Jahren zur Nachtzeit in der Schranne dieses Hauses, auch davor und drum herum, besonders zur Winterszeit bei hartem und grobem Wetter

---

[1] Dr. iur. Johann IV. Schrenck auf Froburg in Meissen, sächsischer Rat, 4. Sohn von Bartlme Schrenck und seiner Hausfrau Dorothea Hantschuster, vgl. StadtAM, Schrenck-Chronik (Abschrift) S. 127. – 1503 ist Dr. Johann Schrenck Kanoniker in Freising, vgl. Stahleder, Bürger-geschlechter. Die Schrenck S. 111/112.

[2] Stadtgericht 207/3 (GruBu) S. 919v/921r. – Einen Eintrag zu 1569 gibt es dort jedoch nicht. – Bei Geiß, St. Peter S. 69 (ohne Quelle) mit falschem Vornamen Hans Part zitiert.

[3] Geiß, St. Peter S. 325, nach Kopialbuch der Priesterbruderschaft St. Peter fol. 53.

[4] Geiß, St. Peter S. 206, ohne Quelle.

[5] GB IV S. 1r.

[6] GB IV S. 83v.

[7] GB IV S. 146v.

[8] LBK 4.

ihren Aufenthalt nehmen. Die Clostermayrin und ihre Zinsleute (Mieter) haben sich darüber beschwert. Deshalb wurde jetzt ein neuer Vertrag mit der Stadt ausgehandelt.[1]
1569-1571 domus Doctor Martins Hausfrau (StB).
1570 Juli 27 das Haus des Stöckl ist dem Haus des Schneiders Georg Schiesser (Marienplatz 1) benachbart.[2]
1573 Juli 28 Catharina Steckhlin, verheiratet mit dem herzoglichen Trompeter und Spielgraf in Bayern Anthoni Stumpf, verkauft dieses Haus dem Stadtglaser Balthasar Steckhl und seiner Hausfrau Marie (GruBu).
1575 laut Grundbuch (Überschrift) des Balthasar Stöckhl Stadtglasers Eckhaus mit Kornschranne.
Den Namen Stöckhl findet man auf dem Haus bis 1607, den Namen Rieger bis 1721.

Eigentümer Kaufingerstraße 37:

* domus puerorum Petri Geroldi. 1377-1381 domus puerorum Geroldi. 1382 domus puerorum Peter Gerolt. 1383/I, 1387 patrimonium Peter Gerolt. 1383/II, 1388 patrimonium Geroldi
    St: 1375: -/-/-, 1377-1379, 1381: 0,5/-/-, 1382: -/3/-, 1383/I: 0,5/-/-, 1383/II: -/6/-, 1387: dedit Geiger, 1388: -/5/10
* Peter Gerolt. 1381, 1382, 1388 relicta Peter Gerolt. 1383/I-II relicta Gerolttin, 1383/I-II, 1388 inquilina
    St: 1377: 1/-/- juravit, 1378, 1379: 1/-/-, 1381: -/6/- sub gracia, 1382, 1383/I: 0,5/-/-, 1383/II: -/5/15, 1388: -/-/80 juravit
    StV: (1388) item t[enetu]r (?) de anno preterito et presenti steweraz pro pena 40 R[adisponenses].
* [Hans] Geyger [Kornmesser; 1395 November 15]
* [Hans] des Geigers Haus an der Korngasse [1398/99]
* die Geygerin [Lucei, Witwe von Hans Geiger, wiederverh. Fridreich Westerndorfferin]
    StV: (1405/II) die hat auz dem egkhaws von dem Hannsel Geiger 15 gulden gelcz und die sind wol bey drein jarn nicht verstewrt, dedit davon die drew iar 7 lb minus 30 d[enarios].
* Hanns (Hannsel) Geiger [Weinschenk[3]; Sohn von Hans Geiger, Stiefsohn von Lucei; 1403 August 25 bis nach 1414 Juli 6]
    Wernher Westerndorffer
    St: 1431: -/-/60 iuravit
* Hanns des Geygers [Weinschenk[4]] haus [1449 Juni 26]
* Geiger [1472, 1474]
* domus maister Hans [IV.] Srenck [Sohn von Barthlme I. Schrenck]
    St: 1486: -/7/6 von zins und ewigen geltz, dedit Barthlme Srenck
** Heinrich [V.] Part [∞ Katharina Endlhauser; 1489. 1498]
* Peter Snaterpeck (Schnater peckh) kornmesser[5]
    St: 1508, 1509: -/3/7, 1514: Liste
* Peter und Hanns die Schnaterpöcken [Söhne von Peter Schnaterpöck selig; bis 1522 Januar 6]
** Wolfgang (Wolff) Múllner (Mullner), 1522-1527/II, 1532, 1540, 1543, 1545-1547 kornmesser. 1528 Wolfganng Rieger kornmesser. 1529 Wolfganng Rieger. 1544, 1549/I Wolff Múllner Stöckl (Stöckhl) [= Wolfgang Rieger, ∞ 1. Barbara, 2. Katharina, geb. Steckhl; 1537 Stöckhlmüller]. 1549/II Wolff Stóckhlin
    St: 1522-1525: -/4/27, 1526: -/6/17 hat zugesetzt, 1527/I: -/6/17, 1527/II, 1528, 1529, 1532: 1/3/4, 1540-1542: 1/1/5, 1543: 2/2/10, 1544: 1/1/5, 1545: -/4/20, 1546-1548, 1549/I-II: -/2/10

---

[1] Urk. F I/II Nr. 5 Kaufingerstraße. – KR 1569/70 S. 93v (6.2.1570). – Stahleder, Haus- und Straßennamen S. 400/401.
[2] BayHStA, GUM 2999/2.
[3] Hans Geyger ist Weinschenk, vgl. Gewerbeamt 1411 S. 3r.
[4] Hanns Geyger der Jung ist 1451 Mitglied der Weinschenken-Bruderschaft, 1449, 1451, 1454, 1458 Vierer der Weinschenken, auch 1458 Weinschenk, dahinter späterer Vermerk „er ist tod, Gabriel", vgl. Gewerbeamt 1411 S. 9v, 11r, 11v, 12v.
[5] Peter Snaterpeck (1508 fälschlich „statpeck") 1508, 1511, 1513, 1516-1518 Vierer der Kornmesser, vgl. RP. – 1509 neben dem Namen am Rand Zeichen für den Straßenwechsel.

StV: (1522) et dedit Wolfgang Múllner -/-/11 fúr p[ueri] Pautznperger. (1523-1529, 1532) et dedit -/-/11 fúr (p[ueri]) Pautznperger. (1523-1529, 1532, 1540, 1541) et dedit (Wolfgang Múllner) -/5/18 von (fúr) 6 gulden gellts (1523 fúr ain gasst, 1524, 1525 ainem gasst, 1542 Steger gehörig). (1524) et dedit -/2/24 fúr sein schwiger. (1524, 1525) et dedit -/2/24 für 3 gulden gellts. (1525) et dedit -/2/24 fúr sein schwiger. (1526, 1527/I) et de-dit -/2/24 für 3 gulden gelltz. (1527/II-1529) et dedit -/3/1 fúr (p[ueri]) Langótlin von Schwábing. (1532) et dedit -/3/1 fúr Langótl von Schwábing. (1540, 1541) et dedit -/1/16 fúr p[ueri] Lang ótl (Lang ötl). (1541) dise 6 fl aus Wolff Múlners haus hat wirt von Mentzing verkaufft Ulrichn Steger (wie man bericht wirt) fúr steurfrey derhalben nachkomende jar auffzemerckhen und nachzefragen. (1542) mer -/5/[18] fur 6 fl gelts Steger gehörig. (1542) [mer] -/1/16 [fúr] p[ueri] Langótl. (1543) mer 1/4/6 fúr 6 fl gelts dem Steger gehörig. (1544, 1546, 1547, 1549/I) mer -/5/18 fúr 6 fl gelts dem [Heinrich] Stötl (Schötl, Schótl, Schotl) paumaister gehorig (gehörig). (1545) mer 1/4/6 fúr 6 fl gelts dem Schótl paumaister gehörig. (1548) mer -/5/18 von 6 fl gelts dem Schótl paumaister. (1549/II) mer -/5/18 fúr den Schótl paumaister von 6 fl gelts.

et socra
St: 1522, 1523: -/2/24
StV: (1522) hat ir schwester gut zugesetzt.

et mater
St: 1525: anderswo

** Balthasar, Wolf und Barbara Müller, Kinder des vorigen, unter Vormundschaft [1550 Mai 1]
Hanns Hóller (Höller), 1550, 1551/I-II, 1552/II kornmesser, 1552/I, 1553, 1554/I-II, 1555 wirt [Schwiegersohn des obigen ?]
St: 1550: -/-/28 gratia, 1551/I: -/-/28 gratia die ander, 1551/II, 1552/I-II: -/5/10 schenckhsteur, 1553, 1554/I-II, 1555: 1/4/17
StV: (1550-1553) mer -/5/18 fúr den [Heinrich] Schötl (Schótl) paumaister von 6 fl gelts. (1553, 1554/I-II) mer 1/1/5 fúr p[ueri] Schotn palbierer. (1554/I-II) mer -/5/18 fúr den Schotl paumaister. (1555) mer -/5/24 fúr p[ueri] Schotn palbierer. (1555) mer -/1/12 fúr den Hainrichn Schotl von 6 fl gelts.

** Balthasar Stóckhl, 1556, 1557 glaser
St: 1556: -/-/14 gratia, 1557: -/2/-

** Wolff Stóckhl (Stöckhl, Stóckl, Stögkl, Stógkl), 1558-1567/II palbierer [∞ Elisabeth]. 1567/II domus Wolff Stögkhl palbierer
St: 1558: -/4/- gratia, 1559, 1560: -/2/-, 1561, 1563: -/4/16, 1564/I-II, 1565, 1566/I-II, 1567/I: -/5/17, 1567/II: -/-/-
StV: (1558) von seinem und seiner hausfrau guet; mer -/2/24 fúr den Hainrich Schotl [Baumeister] von 6 fl gelts. (1559) mer -/1/12 fúr den Schotl von 6 fl gelts. (1560) mer fúr den Schöttl von 6 fl gelts -/1/12. (1561, 1563) mer fúr p[ueri] Schöttl (Schöttl) fúr (von) 6 fl gelts -/1/12. (1564/I) zuegesetzt mer von 6 fl gelts fúr Hainrich Schótl paumaister -/1/12. (1564/II) mer von 6 fl gelts fúr p[ueri] Schottl -/1/12. (1565) mer fúr p[ueri] Schott -/1/12.

Alexander Wildnroder [Schwiegersohn der Stöckhlin]
St: 1559: -/1/12 gratia, 1560, 1561: -/5/10 schenckhsteur
StV: (1559) mer 1/4/17 seiner hausfrau der Hellerin und ires kinds steur. (1560) mer fur sein stiefkhind -/3/25. (1561) meer fur sein tochter -/4/19.

** Doctor Martins [Klostermairs] hausfrau. 1569-1571 domus Doctor Martins hausfraw
St: 1568: 1/1/25, 1569: -/2/- als burgerin, 1570: -/-/-, 1571: an chamer
StV: (1570) steurt in Bartnhausers hauß. (1571) mer von 1 ½ fl aus Ulrich Schniepens hauß am Anger.[1]

Balthauser Stóckhl, 1569, 1570 statglaser, 1571 glaser
St: 1569-1571: -/2/-

---

[1] Dem Ulrich Schniepp, Uhrmacher, gehörte das Haus Oberer Anger 53 (heute Südecke Hermann-Sack-Straße). 1570 ist dort seine Witwe Katharina durch Grundbuch als Eigentümerin belegt, vgl. HB AV S. 177.

Bewohner Kaufingerstraße 37:

Ott [korn]mezzer ([korn]messer), 1375 inquilinus St: 1368: 1/-/-, 1369, 1371, 1372: -/12/-, 1375: 5/-/-
Chunrat Haeberl smid St: 1375: -/-/48 juravit
Hanns Kniepaentel (Kniepántel, Knypentl) inquilinus. 1387 Knypentl inquilinus [Weinschenk ?¹]
    St: 1382: -/-/36 gracianus, 1383/I: -/7/- juravit, 1383/II: -/10/15, 1387: -/-/22
Hainrich Hofolttinger inquilinus St: 1388: -/-/-
Hanns kornmesser St: 1390/I-II: -/-/40, 1392: 0,5/-/-, 1393: -/5/10
[relicta] Flewgerin inquilina St: 1390/II, 1392: -/-/12, 1393: -/-/14
Uttingerin inquilina St: 1392: -/-/12
Hainrich [korn]messer St: 1394: -/-/13
[Fridrich²] Hólczel wirt St: 1394: -/-/64
Hainrich Lindmair [korn]messer St: 1395: -/-/60 fur sechs lb, 1396: [getilgt: 0,5/-/- fur 20 lb, iuravit]
Hans von Pettens (Pedems (Pedmes ?)) schneider inquilinus St: 1395, 1396: -/-/40 fur 2 lb
Katrein Sentlingerin, 1396 inquilina St: 1395, 1396: -/-/20 (fur) nichil
Óttel (Ottel) kornmesser³, 1397, 1406 inquilinus. 1405/I-1408 Ottel (Óttel) Paybruner kornmesser.
    1410/I Óttel Paypruner [1395/96 Ligsalcz chnecht⁴]
    St: 1397, 1399, 1400, 1401/I: -/-/60 fúr (fur) 10 lb, 1401/II: -/5/10 iuravit, 1403: -/5/10,
        1405/I-II: -/-/60 fur 7 lb, iuravit, 1406-1408: -/-/60 fúr 7 lb, 1410/I: -/-/60
    StV: (1401/I) et -/-/30 de domo.
Jacob Laegelshamer inquilinus St: 1397: -/-/44 fúr 2 lb
Pesel tagwercher inquilinus St: 1400, 1401/I: -/-/40 fur (fúr) 2 lb
Ulrich satler inquilinus St: 1401/II: -/-/64 fúr 8 lb, iuravit
Schinteldach inquilinus. 1405/II Hanns Schindeldach [Weinschenk⁵]
    St: 1405/I: -/5/10, 1405/II: 0,5/-/- iuravit
    Schraffnaglin, inquilina Schindeldach⁶ St: 1405/II: -/-/-
Chunrade, des Hudlers schreiber
    St: 1405/II: 0,5/-/- gracianus
    StV: (1405/II) das hat er geben, nachdem und er sein hausfrawn genomen hat.
Wilhalm schenck St: 1406: 0,5/-/-
Erhart bot inquilinus St: 1407: nichil et recessit
Liebel [korn]messer (korenmesser) [Weinschenk⁷], 1407 inquilinus
    St: 1407: -/-/-, 1410/II: 0,5/-/-, 1411: -/3/-, 1412: 0,5/-/-, 1413: 0,5/-/- iuravit, 1415: 0,5/-/24,
        1423: 2,5/-/-, 1424: -/6/20 hat zalt
Ann portenwurcherin inquilina St: 1408: -/-/20
uxor Gasper helmsmid inquilina St: 1408: -/-/20 fúr nichil
Maecz liehtlerin inquilina St: 1410/II, 1412: -/12/- fúr nichil, 1413: -/-/-
Hanns Móngas (Mongas) St: 1411: -/-/60, 1412: -/-/-
Hainrich swertfúrb inquilinus St: 1415: nichil habet
Úll Ringswirt (Ringwirt), 1418 kornmesser St: 1416, 1418: -/-/60 fúr nichil
Nicklas (Nickel) swertfurb, 1416, 1423 inquilinus St: 1416: 0,5/-/8, 1418, 1419: -/6/12, 1423: -/6/-
Peslin obscherin inquilina St: 1416: -/-/60 fúr nichil
Hanns Tryener inquilinus St: 1418: -/-/-
Alhart kornmesser. 1428 relicta Alhartin kornmesserin
    St: 1419: 2,5/-/-, 1428: dedit 13 gross fúr sich und fúr ir diern
Murr kornmesser. 1431 Ulrich Múrr kornmesser. 1439/I Ulrich Múrer
    St: 1428: dedit 3 gróss, 1431: -/-/80 iuravit

---

1 Ein Hans Knyepántel ist später Weinschenk, vgl. Gewerbeamt 1411 S. 2v.
2 Vgl. Landschaftstraße 10*/11*.
3 Ottlein dem kornmesser an dez Geigers haws, vgl. KR 1398/99 S. 114r.
4 StB-Fragment von ca. 1395/96.
5 Hensel Schintteldach ist Weinschenk, vgl. Gewerbeamt 1411 S. 3r.
6 Sie steht irrtümlich hinter Marienplatz 1. Deshalb der Zusatz „inquilina Schindeldach".
7 Wohl auf diesen Liebel Kornmesser beziehend wird er auch Weinschenk genannt, vgl. Kirchen und Kultusstiftungen 59a S. 6.

StV: (1428) fur sich und sein hausfrau und sein diern.
Sch: 1439/I: 1 t[aglon]
Hanns Velber sneider St: 1428: dedit 3 gross fúr sich, sein hawsfrau und ir diern
Michel salbúrch, uxor und drey knecht St: 1428: dederunt 5 gross
Fridrich im habern St: 1431: -/-/80 iuravit
Klaws Táwber (Tauber, Táuber), 1439/II-1441/II, 1453 salburch
    Sch: 1439/I-II, 1440, 1441/I-II: 1 t[aglon]
    St: 1453: Liste
Ulrich Holenstain sneider Sch: 1440, 1441/I: 1 t[aglon]
Hanns Horsapp [Gürtler[1]] inquilinus Sch: 1440: -/-/8, 1441/I-II: 0,5 t[aglon]
Hainrich (1441/I-II Hanns) Tútinger, 1440, 1441/I [korn]messer, 1441/II inquilinus. 1445 Tútinger kornmess[er]
    Sch: 1440, 1441/I-II: 1 t[aglon], 1445: 1 diern, dedit
relicta Pircknerin inquilina Sch: 1441/II: 0,5 t[aglon]
Hanns swertfeger Sch: 1445: 1 knecht, dedit
Klaws Swarsseisen Sch: 1445: 1 diern, dedit
[Hans] Muldorffer sneider Sch: 1445: 1 knecht, dedit
Ulrich Geisenprunner, 1456-1458 kornmesser St: 1453-1458: Liste
Hanns platner St: 1453: Liste
Barbar[a] Fuchsmundlin St: 1453: Liste
    Gatrey Fugsmundlin inquilina St: 1462: -/-/60
Caspar schreiber St: 1455, 1456: Liste
Fricz melbler inquilinus St: 1455: Liste
Lie[n]hart Pasteter [Kornmesser[2]] St: 1455: Liste
Hanns Póler schreiber St: 1456: Liste
relicta Hauglin, 1458 inquilina St: 1457, 1458: Liste
Margret inquilina St: 1457, 1458: Liste
Jorg kornmesser St: 1462: -/-/76
Hanns nadler inquilinus St: 1462: -/-/60
[Peter] Ólhoffer satler[3] inquilinus St: 1462: -/-/82
Torsch kornmesser[4]. 1486 Hanns Tórsch. 1490-1500 Hanns Dórsch kornmesser
    St: 1482: -/2/1, 1486, 1490, 1496: -/2/9, 1500: -/-/60
    StV: (1486) et dedit -/-/60 die dritt nachstewer fúr Hólczl.
Wilhalm protknecht St: 1482: -/-/60
Seltzam taschner[5]. 1486 Petter Seltzsam St: 1482, 1486: -/-/60
Martin schneyder St: 1486: -/-/60
Árdinger St: 1486: -/-/60
Jorg Krell swertfeger[6] St: 1490: -/4/-, 1496: -/4/3
Ludwig Sachss (Sachs, Sax), 1500-1514 , 1523, 1526, 1527/II, 1528, 1532, 1540-1543 swertfeger[7]
    St: 1500: -/4/3, 1508, 1509: -/5/6, 1514: Liste, 1522-1526, 1527/I: 1/-/28, 1527/II, 1528, 1529,
        1532: 1/1/12, 1540-1542: -/4/15, 1543: 1/2/-
Wastl sneiderin St: 1500: -/-/60
Linhart [Meyerl[8]] amer St: 1509: -/-/60
Jorg Seehofer [Salzsender, Weinschenk[9]] St: 1544: 1/3/7, 1545: -/4/-

---

[1] So 1431 bei Kaufingerstraße 1*.
[2] 1454 und 1456 bei Marienplatz 1 als Kornmesser bezeichnet.
[3] Peter Ölhofer ist 1461, 1470, 1476, 1478, 1492 Vierer der Sattler, vgl. RP.
[4] Hanns Torsch unter der oberen (Schranne) ist 1468 Vierer der Kornmesser, ebenso 1472 und 1474 der Tarsch unterm Geiger. Auch 1479, 1484 und 1486, vgl. RP.
[5] Peter Seltzhaim ist 1460, 1463, 1465, 1469 Vierer der Taschner, vgl. RP.
[6] Jorg Krell 1491-1493 Vierer der Schlosser, Sporer, Schwertfeger, vgl. RP.
[7] Ludwig Sachs 1501, 1505, 1507, 1508, 1510, 1511 Vierer der Schlosser, Sporer, Schwertfeger, vgl. RP. – 1540 „Schwertschfeger" korrigiert zu „schwertfeger".
[8] Vgl. 1508 Haus Marienplatz 1 und R. v. Bary III S. 967.
[9] Jörg Seehofer ist 1549 als Salzsender belegt und Mitglied der Wirtezunft, vgl. Vietzen S. 151 nach KR.

Michel Schiltperger [Salzstößel¹] St: 1546-1548, 1549/I: -/6/5
Hans Dilchingerin. 1549/I Dilchingerin St: 1547, 1548, 1549/I: -/2/-
Hans Paurnfeindtin [Goldschmiedin²] St: 1550: 1/1/15 juravit, 1551/I: 1/1/15
Jorg Stúmpff [Goldschmied³]
    St: 1551/II: 2/-/25 juravit
    StV: (1551/II) darin auch das erb von irem [= der Paurnfeindtin ?] vater und brueder versteurt.
Jorg (Georg) Kastnmúllner (Khastmúller, Castmúller), 1552/I, 1553-1559, 1564/I kornmesser. 1570
    Geórg Castnmúllerin
    St: 1552/I: -/2/10 gratia, 1552/II: -/2/10 gratia die ander, 1553, 1554/I-II, 1555-1557: -/2/-,
        1558: -/4/-, 1559, 1560: -/2/-, 1561, 1563, 1564/I-II, 1565: -/2/27, 1566/I-II, 1567/I-II: -/5/7,
        1568: 1/3/14, 1569, 1570: 1/-/17
    StV: (1564/I-II) (mer) fur p[ueri] Lamenekher -/4/16. (1565) mer fur p[ueri] Lameneckher
        -/1/12. (1565) mer fur 3 nachsteur gen Freising 1 fl; soll hinfuran 10 fl gelts zuesetzn seins
        sweher erb. (1566/I) zuegesetzt mer fur p[ueri] Lameneckher, sol khúnfftig steurn. (1566/II)
        mer fur p[ueri] Rechtaler -/1/19.
Peter Kest spángler
    St: 1553, 1554/I-II, 1555: -/2/-
    StV: (1553-1555) mer -/-/10,5 fúr p[ueri] Gabriel schneiderin.
Wilhelm Schwalb wirt St: 1556: 1/4/28 juravit, 1557: 1/4/28, 1558: 3/2/26
Hanns Kheller, 1564/I-II schneider St: 1563, 1564/I-II: -/4/12
Urban Wagnhueber [cramer] St: 1565: -/2/-
Melchior kóch puechpindter St: 1566/I: -/2/-
Wolf Gansmair St: 1568: an chamer, zalt -/4/-
Hanns Schot palbierer
    St: 1569-1571: -/2/4
    StV: (1569-1571) mer fúr sein schwiher -/-/21.
Lucaß vischer khornmesser
    St: 1571: 1/-/17
    StV: (1571) fúr sein hausfrau fúr ir gratia -/-/21.

Marienplatz 1

Lage: 1296, 1311, 1390 am Kornmarkt. 1399, 1415 an der Weinstrass. 1402, 1404, 1413 an der Kornschranne. 1449 bei dem Fischmarkt. 1454, 1487 am Markt. Ca. 1472 an der Weinstrass gegenüber dem Brothaus.
Charakter: Kornmesserhaus, zeitweise vielleicht auch Weinschenke.

Hauseigentümer:

1296 Februar 28 Adelheid, die Witwe des Ulrich Witscheit, und ihre Nachkommen – ihre Tochter Heilweich und ihre Söhne Konrad und Heinrich und ihrer Tochter Maehthild Sohn Friedrich – verpflichten sich nach dem Ableben der Adelheid zur Stiftung eines Pfundes Pfennige Ewiggeld aus ihrem Haus „an dem chornmarict", das sie von dem genannten Ulrich Witscheit geerbt haben, teils an das Heiliggeistspital zur Speisung armer Spitalinsassen, teils an verschiedene Kirchen.[4] Einer der Zeugen dieser Urkunde ist Perchtolt Schrenck. Die genannte Tochter Heilweich ist später mit Heinrich Uniger verheiratet:
1311 Oktober 12 Heilwig, die Witwe von Heinrich Uniger, bestätigt eine Seelgerätstiftung der Adelheid Witscheit und verpflichtet sich zur Zahlung des festgelegten Ewiggeldes von einem Pfund Pfennigen unter anderem an das Heiliggeistspital aus dem Haus „an dem Chornmargte".[5]

---

[1] Michl Schiltperger ist 1545 Salzstößel, vgl. Vietzen S. 155 nach KR.
[2] Hanns Paurnfeintin 1551/II wieder getilgt und ersetzt durch Jorg Stumpff. – Hans Paurnfeint war wie Jörg Stumpf Goldschmied. – Frankenburger S. 288, 291.
[3] Frankenburger S. 291.
[4] Vogel, Heiliggeistspital, Urk. 15
[5] Vogel, Heiliggeistspital, Urk. 41.

Der 1296 genannte Zeuge Berthold [III.] Schrenck (gestorben ca. 1301) war mit einer Agnes Uniger verheiratet,[1] also ebenfalls ein enger Verwandter von Ulrich und Adelheid Witscheit. Da das genannte Haus ausdrücklich am Kornmarkt liegt, also am oberen Marktplatz in der Gegend um die Einmündung der Weinstraße in den Marktplatz, an dieser Stelle das Heiliggeistspital noch in den 90er Jahren des 14. Jahrhunderts nur aus den Häusern Marienplatz 1 und Marienplatz 3* eine Gült bezieht, dürften nur diese beiden Häuser in Frage kommen. Da nur beim Haus Marienplatz 1 um 1398 ein Schrenck als Hauseigentümer erscheint, alle Schrencke dieser Zeit aber Abkömmlinge der Agnes Uniger (und des Berthold III. Schrenck) waren und damit auch Abkömmlinge der Adelheid Witscheit, dürften die beiden Belege von 1296 und 1311 also hierher zu beziehen sein. Ein Hainrich der Uniger taucht hier auch 1390 noch einmal auf, nämlich als Vormund von Hanns des Münchers Sohn.

Nicht sicher ist, ob die Eisenmann hier Hauseigentümer waren. Nur ihre hohen Steuern und die lange Verweildauer lassen darauf schließen.

1390 April 18 die Pfleger von Hanns des Münchers Sohn, nämlich Hanns Sluder und Hainrich der Uniger, des Münchers Ahne (Großvater), übergeben des Münchers Haus, „gelegen am korenmarckt znachst des Hudler haus" (Marienplatz 2) Chunraden dem Kornmesser.[2] Die Familie Müncher hat aber offenbar Rechte am Haus behalten, vgl. 1404.

1392-1398 das Heiliggeistspital hat ein Ewiggeld aus dem „domus Munchers".[3]

1392-1398 das Angerkloster hat ein Ewiggeld aus Chunrat Kornmessers Haus.[4]

Um 1398 das Heiliggeistspital hat einen Zins „auz des Schrenkchen hauz ... umb greissing[5] nach dem pade". Ein Nachtrag um 1415 weist das Haus nunmehr dem Jacob Kelhaimer zu.[6] Ein Zins an das Spital aus einem Badhaus wird auch 1311 übertragen. Es ist vielleicht derselbe.

1399 März 3 Chunracz des Kornmessers Haus, gelegen an der Weinstraße und zunächst des Hudlers Haus (Marienplatz 2), wird als Pfandschaft dem Jacob dem Kelhamer ausgehändigt.[7]

1402 Oktober 5 Jacob Kelhamer verpfändet sein Haus an der Kornschranne, dem Haus des Hudler (Marienplatz 2) benachbart, um 100 gute ungarische und 60 gute rheinische Gulden.[8]

1403 August 25 das Haus des Kornmessers Jacob des Kelhamers ist dem Haus der Lucia Westerdorffer, künftig ihres Stiefsohnes Hanns des Geigers (Kaufingerstraße 37), benachbart.[9]

1403-1410/II domus Jacob Kelhaimer (StB).

1404 Februar 4 Hänslein, Hannsen des Münchers sel. Sohn, ist auf Geheiß des Herzogs Ernst das Haus des Jacob des Kelhaimers, zunächst des Hudlers Haus (Marienplatz 2) „an der kornschrannen" gelegen, gerichtlich überantwortet worden.[10]

1413 April 15 Jacob Kelhaimer versetzt das Haus „an der kornschranne" beziehungsweise „an der Weinstrazz", dem Haus des Hudler (Marienplatz 2) benachbart, um 18 rheinische Gulden „Perchtold dem Melczer", desgleichen

1415 Januar 31 um 28 Pfund Pfennige, „Kristein der Kelhaimerin".[11]

1438 Oktober 27 Jacob Kelheimer ist dem Haus des Erasm Ligsalcz (Marienplatz 2) benachbart.[12]

1449 das Heiliggeistspital hat ein Ewiggeld aus Jacob Kelhamers Haus „pei dem vischmarkt".[13]

1454 das Heiliggeistspital hat ein Ewiggeld von 6 ½ Pfund Pfennigen aus der Kelhaimerin Haus am Markt.[14]

Steffan Haselbeck könnte ein Schwiegersohn der Kelhaimer sein, worauf die Gleichzeitigkeit von ihm und einem Jörg Kelhaimer 1445 bei diesem Haus deuten könnte. Vor allem aber ist Haselbeck dann

---

[1] Vgl. Stahleder, Bürgergeschlechter. Die Schrenck S. 76.
[2] GB I 244/27. – 1395 wird Hans Müncher Sohn der Anna Pottnerin und Enkel des Hainrich Uniger genannt, vgl. BayHStA, GUM 136.
[3] Steueramt 982/1 S. 4v (folgt nach Häberl von Kaufingerstraße 33).
[4] Steueramt 982/1 S. 17r (folgt nach Geiger von Kaufingerstraße 37).
[5] Greissing oder Greussing war ein Dünnbier.
[6] Vogel, Heiliggeistspital, Salbuch A Nr. 245.
[7] GB II 141/8, 9.
[8] GB III 2/5.
[9] GB III 12/14, 15.
[10] GB III 21/7.
[11] GB III 138/10, 158/1.
[12] Hoffmann, SchloßA Harmating Urk. 9.
[13] Zimelie 40 (Heiliggeistspital, Salbuch B) S. 8v.
[14] Kämmerei 64 S. 11v.

wiederum der Schwiegervater des nächsten sicher bezeugten Hauseigentümers Jorg Räuschl.
Um 1472 die Kinder des verstorbenen Münchner Bürgers [und Weinschenken[1]] Hanns Mellczer haben ein Ewiggeld (Hypothek) aus des Jorg Rauschleins Haus an der Weinstraße, gegenüber dem Brothaus.[2]
1477 Kornmesser-Vierer ist der Sedelmaier „unter dem Reyschel".[3]
1485 Kornmesser-Vierer ist der Lienhart (Humbs) „an des Reyschels schrannen".[4]
1487 das Heiliggeistspital hat ein Ewiggeld aus der Reischlin Haus am Markt. Ein Nachtrag dazu besagt, das Ewiggeld sei unablöslich, denn es gingen die vier Pfund zu vier Mahlen und zwei Pfund „umb greissing nach dem pad als in dem eltesten salpuoch stet".[5]
1498 Juni 17 aus dem Haus von Hieronimus und Elsbet Reischl, Kindern des Weinschenken Georg Reischl selig, an der Kornschranne, zwischen den Schrannen Urban Mändels (Marienplatz 2) und des Heinrich Part (Kaufingerstraße 37) geht ein Ewiggeld an die Priesterbruderschaft von St. Peter.[6]
1508 domus Jeronimus Reischl Goldschmied (StB).
Die Gleichzeitigkeit von Reischl und Humbs schon seit 1482 bei diesem Haus deutet darauf, daß auch Humbs wieder ein Verwandter – vielleicht ein Schwiegersohn – der Reischl oder Räuschl ist.
1513-1515 Kornmesser-Vierer ist Contz „unter der Linhartin [= Humbsin] schrannen".[7]
1522 Januar 6 das Haus des Hums ist dem Haus der Gebrüder Peter und Hans Schnaterpöck, künftig des Kornmessers Wolfganng Stöckel (Kaufingerstraße 37), benachbart.[8]
1523/24-1524/25 (1569) das Heiliggeistspital hat ein Ewiggeld aus des Humbs Kornmessers Haus und Schranne. In der Rechnung von 1524/25 wird er bereits „selig" genannt, ist also schon tot. Das Haus heißt aber weiterhin bis 1569 des Humbsen Kornmessers Haus. Die Lagebezeichnung „am Markt" erscheint allerdings erst 1549/50 erstmals in der Rechnung des Spitals.[9]
1526 Juli 20 die Vormünder der Kinder des Kornmessers Humbs haben dessen Haus dem Hofbräu Ruprecht (Lott ?) verkauft.[10]
1529 Dezemer 20 der Kornmesser Hanns Tumperger und seine Hausfrau Magdalena verkaufen dem Hofbräu Ruprecht [Lott] ein Ewiggeld von 5 Gulden rheinisch für 100 Gulden Hauptsumme.[11]
1532 März 20 erneuter Ewiggeldverkauf des Ehepaares Tumperger, diesmal 3 Pfund (!) um 60 Gulden (!) Hauptsumme an die Siechen zu Schwabing (GruBu).
1547 August 12 die Vormünder von weiland Hanns Thumpergers Kindern verkaufen an dessen Witwe ein Ewiggeld von 2 Gulden um 40 Gulden Hauptsumme (GruBu).
1559 Juli 12 Hanns Thumberger ist Nachbar vom Haus des Lienhart Widman selig (Marienplatz 2).[12]
1570 Juli 27 der Schneider Georg Schiesser und seine Ehefrau Elisabeth, geborene Thumperger, verschreiben ihrem Schwager und Bruder Anthoni Thumperger, Lebzelter und des Rats zu Weilheim, ein Ewiggeld (Hypothek) von 12 ½ Gulden um 250 Gulden Hauptsumme aus ihrem Haus am Platz, zwischen den Häusern des Gastgebs Wolf Nidermair (Marienplatz 2) und des Stöckhl (Kaufingerstraße 37) gelegen, zur Entrichtung eines von seinen zwei Brüdern Caspar und Wolff der Thumperger angefallenen Erbgutes.[13]
Es folgen in den nächsten beiden Tagen (28. und 29. Juli) drei weitere Verschreibungen von je 12 ½ Gulden für je 250 Gulden Hauptsumme an eine Schwägerin und Schwester und an die Schwiegermutter und Mutter sowie an die Ehefrau von Georg Schiesser (GruBu).
1575 laut Grundbuch (Überschrift) des Georg Schiessers Schneiders Haus und Höfel.

---

[1] Vgl. Kaufingerstraße 15*.
[2] BayHStA, GUM 356.
[3] Vgl. RP.
[4] Vgl. RP.
[5] Zimelie 43 (Heiliggeistspital, Salbuch C) S. 56v. Vgl. auch Vogel, Heiliggeistspital, Salbuch A Nr. 245.
[6] Geiß, St. Peter S. 325, nach Kopialbuch der Priesterbruderschaft fol. 53.
[7] Vgl. RP.
[8] GB IV S. 1r.
[9] Heiliggeistspital (Rechnungen) 176/18 (1523/24) S. 14v (Einnahmen), 176/19 (1524/25) S. 6v (Einnahmen), 176/38 (1549/50) S. 23v, 176/51 (1569) S. 12v.
[10] RP 9 S. 17v.
[11] Stadtgericht 207/3 (GruBu) S. 923v/924r. – Einen Eintrag zu 1522 – wie im HB KV S. 134 – gibt es im Grundbuch jedoch nicht.
[12] StadtAM, Hist. Verein von Obb. Urk. 3357.
[13] BayHStA, GUM 2999/2. – Stadtgericht 207/3 (GruBu) S. 924r.

Eigentümer Marienplatz 1:

* Adelheid Witscheit und Kinder [1296 Februar 28]
*? Chunrat Eysenman[1]. 1371, 1372 Eysenman
    St: 1368: 5/-/80, 1369, 1371, 1372: 8/-/-
  Hans iunior Eysenman. 1387 Hanns Eysenman
    St: 1375: 4/-/-, 1377, 1378: -/-/-, 1387: -/-/24
* Hanns Múnicher [äußerer Stadtrat[2]]
    St: 1381, 1382, 1383/I: 6/6/-, 1383/II: 10/-/30
* Chunrat (der) kornmezzer[3]. 1397 Chunrat fúdrer
    St: 1390/II: -/14/12, 1392: 2,5/-/-, 1393, 1394: 3/-/80, 1395: -/-/80, 1396: 0,5/-/- [getilgt: fur 2 lb], 1397, 1399, 1400, 1401/I: 0,5/-/-, 1401/II: -/-/60 iuravit
* domus Muncher [1392-1398]
* des Schrenkchen haus [um 1398]
* Hanns Múnicher [= Hänslein, Sohn von Hanns Münicher, 1404 Februar 4]
    St: 1403, 1405/I: -/-/60 gracianus
* Jacob Kelhaimer [Weinhandel[4]], 1399 inquilinus. 1403-1410/II domus (Jacob) Kelhaimer.[5] 1431 Jacob Kelhaimer uxor
    St: 1399: -/-/48 gracianus, 1400, 1401/I: -/12/-, 1401/II: -/6/28 iuravit, 1403, 1405/I: -/7/6, 1405/II: -/5/12, 1406-1408: -/7/6, 1410/I: -/5/-, 1410/II: -/6/20, 1411: -/5/-, 1412: -/5/20, 1413: -/-/-, 1415: -/-/82, 1416: -/3/20, 1418, 1419: -/3/6, 1423: 2,5/-/-, 1424: -/6/20 hat zalt, 1428: dedit 3 gross, 1431: -/-/60
    StV: (1428) fur sich, sein weib und ir diern.
  Haincz Kelhaimer inquilinus
    St: 1407: -/-/80 für 10 lb, iuravit
* relicta Kelhaimerin. 1441/I Jacob Kelhaimerin
    Sch: 1439/I-II, 1440: 0,5 t[aglon], 1441/I: 1 t[aglon], 1439/II: 0,5 t[aglon]
    St: 1453-1458: Liste
  Jorg Kelhaimer
    Sch: 1445: 1 diern, dedit
*? Steffan Haselbeck [Schwiegervater von Jorg Räuschel]. 1440 Steffan Haselbeckin
    Sch: 1439/I-II, 1440: 0,5 t[aglon]
    St: 1457, 1458: Liste, 1462: -/-/60
    StV: (1462) et dedit -/-/32 für 1 lb gelcz gen sant Anen.
* Jorg Ráusel (Räuschl) [Weinschenk], sein [= des Haselbeck] eydem inquilinus. 1482 Reischlin. 1486 relicta Reischlin. 1490 relicta Reischlin et pueri
    St: 1462: -/-/62, 1482: anderswo, 1486, 1490: 1/-/7
    StV: (1462) et dedit -/-/32 gracion von seiner hausfrau heiratgutt.
  pueri Reischlin
    St: 1486: -/-/28 dedit Reischlin
* Lienhart Humß (Humpß, Humbss, Humms), 1482, 1490-1514 kornmesser.[6] 1522 Humbs patrimonium
    St: 1482: -/-/60, 1486, 1490: -/2/18, 1496: -/2/20, 1500: -/3/22, 1508, 1509: -/4/20, 1514: Liste, 1522: -/3/25
    StV: (1486) et dedit -/-/60 die drit nachstewer für Ott.
* Jeronimus und Elspet Reischl, Kinder von Georg Reischl selig [1498 Juni 17]

---

[1] Chunrat Eysenman 1362 äußerer Stadtrat, vgl. R. v. Bary III S. 739.
[2] Hanns Münicher 1377, 1379-1383 äußerer Stadtrat, vgl. R. v. Bary III S. 741.
[3] Wohl der Chuntzlin der Kornmesser aus der KR 1398/99 S. 114r.
[4] Jacob Kelhaimer handelt mit Wein. 1400/1402 bezahlt ihm die Stadtkammer seine Weinlieferungen „gen hof", also an den Herzogshof, vgl. KR 1400/02 S. 49v.
[5] „domus Kelhaimer" ist im StB von 1403 versehentlich zwischen „Kraeftel platner" und „Hainrich Harrder platner", beide zu Kaufingerstraße 35 gehörig, hineingerutscht und 1405/II zu Kaufingerstraße 37.
[6] Lienhart Humß, 1485 „Linhart an des Reischels schrannen", ist 1482-1515 wiederholt Vierer der Kornmesser, vgl. RP.

* domus Jeronimus Reischl goldschmied[1]
   St: 1508: -/4/15
   Hanns Hůms (Húmbs, Húmß) kornmesser
   St: 1523: -/3/26 juravit, 1524, 1525: -/3/26
* Kinder des Kornmessers Humbs unter Vormundschaft [bis 1526 Juli 20]
* Ruprecht [Lott ?] Hofbräu [seit 1526 Juli 20]
** Hanns Tumperger (Thůmbperger, Thůmperger, Túmperger, Dúmperger), 1522, 1526-1544 kornmesser [∞ Magdalena]
   St: 1522: -/-/21 gracion, 1526, 1527/I: -/2/-, 1527/II, 1528, 1529, 1532, 1540-1542: -/2/14, 1543: -/4/28, 1544: -/2/14, 1545: -/5/26, 1546, 1547: -/2/28, 1548: -/2/28 patrimonium
   StV: (1526) hat seiner stiefkind gut abgesetzt.
* Tumpergers Kinder Elisabeth, später verh. Schiesser, Anthoni, später Lebzelter und des Rats zu Weilheim, Caspar und Wolfgang Thumperger und eine Schwester, zu dieser Zeit noch alle unter Vormundschaft [1547 August 12]
   Wolff Hainmúllner. 1549/II-1571 Wolff(gang) Mosmúllner (Mosmúller, Mosmüller), 1552/II-1554/II, 1559, 1564/II, 1566/I-1571 kornmesser [∞ relicta Tumperger]
   St: 1549/I: -/2/12 juravit, 1549/II, 1550, 1551/I-II, 1552/I-II: -/2/12, 1553, 1554/I-II, 1555-1557: -/6/-, 1558: 1/5/-, 1559, 1560: -/6/-, 1561, 1563, 1564/I-II, 1565, 1566/I-II, 1567/I-II: 1/1/10, 1568: 2/2/20, 1569-1571: 1/2/24
   StV: (1549/I) mer -/4/- fur seine stieffkinder p[ueri] Túmperger. (1549/II-1552/II) mer -/4/- fúr seine stieffkinder. (1553) mer -/4/- fúr seine stiefkinder, sollen hinfúro die pfleger versteu-[e]r[n] und ain neue steur machen. (1555-1557, 1559, 1560) mer -/1/5 fúr p[ueri] Pollinger. (1558) mer -/2/10 fúr p[ueri] Pollinger. (1561, 1563-1567/II, 1569-1571) mer fúr p[ueri] Pollinger -/1/12. (1567/I) mer fúr p[ueri] Pollinger -/1712, sol khúnfftig Noderers (?) khind erb zuesetzen. (1568) mer fúr p[ueri] Túmbperger. (1568) mer fúr p[ueri] Pollinger -/2/24. (1568) mer fur p[ueri] Wellser -/-/28. (1569) mer hinfuron von 12 ½ fl gelts fúr Anthoni Thumbperger [Lebzelter zu Weilheim] zu versteuern. (1570) mer fúr Anthoni Thumperger folio 14r [Ewiggeld].
** Jorg (Georg, Jori) Schiesser (Schüesser) schneider [∞ Elisabeth, geb. Tumperger]
   St: 1551/II: -/-/21 gratia, 1552/I-II: -/2/-, 1553, 1554/I-II, 1555-1557: -/2/20, 1558: -/5/10, 1559, 1560: -/2/20, 1561, 1563, 1564/I-II, 1565, 1566/I-II, 1567/I-II: -/4/10, 1568: 1/1/20, 1569-1571: 1/-/25
   StV: (1563) mer fúr p[ueri] Andre koch khúrschner -/1/5. (1564/I-II, 1565, 1566/I-II) mer fúr (vyr) p[ueri] Andre koch -/1/5. (1566/I-II, 1566/I-II, 1567/I-II) mer vyr p[ueri] Zechenmair (Zehetmair, Zehentmair) -/5/28. (1567/I-II) mer fúr Anndre khochs khinder -/1/5. (1568) mer fúr p[ueri] Zehenntmair 1/4/26. (1569) mer fúr p[ueri] Zehenntmair -/2/3. (1570, 1571) mer fúr p[ueri] Zehentmair -/2/-. (1571) mer fúr Anthoni Thumperger folio 14 [gemeint 12r, Ewiggeld].

Bewohner Marienplatz 1:

Hans helmsmid inquilinus, 1368 et uxor eius St: 1368: -/-/10 gracianus[2], 1369: -/15/-
Ulrich (Ull) [korn]mezzer (kórenmesser), 1371 inquilinus St: 1368: -/10/20, 1369, 1371: 2/-/-
Rúdel messer (kórenmesser, korenmesser) inquilinus St: 1375: 0,5/-/-, 1377: -/3/6 juravit, 1378: -/3/6
Hainrich Móringer [korn]messer St: 1379: -/-/-
Chunrat Egellant (Engellant) [korn]messer inquilinus St: 1381, 1382: 0,5/-/-
patrimonium H[ainrici] Wolf[3]
   St: 1383/I: -/-/-, 1383/II: 2/-/15
   StV: (1383/II) item de anno preterito -/11/-.
Hanns korenmesser inquilinus
   St: 1383/I: -/-/15 gracianus, 1383/II: -/-/27 juravit, 1387: -/-/20, 1388: -/-/32 juravit

---

[1] Jeronimus Reuschl ist 1520 Vierer der Goldschmiede, vgl. RP. – Frankenburger S. 286.
[2] Beim Steuerbetrag „sol[idos]" getilgt und dahinter durch „d[enarios]" ersetzt.
[3] Ganzer Eintrag 1383/I zwischen den Zeilen eingefügt.

Chunrat Pawrnfeint (Paurenfeint) [Weinhändler ?[1]], 1387 inquilinus
    St: 1387: -/7/3, 1388: -/14/6 juravit
Ulrich koch inquilinus St: 1390/I: -/-/16
Hainrich prewknecht St: 1390/I: -/-/-
Hans sneider inquilinus St: 1392: -/-/60, 1393: -/-/80
dedit Hainrich bek [1395/96 Peckel] kornmesser. 1395 Hainrich bek [korn]messer inquilinus. 1396 Hainrich peck messer
    St: 1394: -/-/40, 1395, 1396: -/-/60 fur 10 lb
Ulrich kornmeser, der Scheirerin aydem inquilinus St: 1397: -/-/45 gracianus
Alhart kornmesser, 1403, 1405/I-1410/I, 1416 inquilinus
    St: 1403, 1405/I: 0,5/-/16, 1405/II: -/6/12 iuravit, 1406, 1408: 1/-/16, 1410/I: -/6/12 iuravit, 1410/II: 1/-/16, 1411: -/6/12, 1415: -/15/-, 1416: 2,5/-/-, 1418: 2,5/-/- iuravit
Ottel kornmesser schenck St: 1405/II: -/10/- iuravit
Hannsel Decker kornmesser inquilinus St: 1407: -/-/60 fur 2 lb
Haincz Dachberger inquilinus St: 1408: -/5/10
Hanns Schinteldach [Weinschenk[2]], 1410/I inquilinus
    St: 1410/I: -/-/60 fur 8 lb, iuravit, 1410/II: -/-/60
Maecz liechtlerin St: 1411: -/-/12 fúr nichil
Hanns Osterdorffer [Kornmesser[3]] inquilinus St: 1413: -/-/60 fúr 10 lb, iuravit
Fricz Pomerl [später Weinschenk, Schankungelter[4]] inquilinus St: 1416: 0,5/-/- gracianus
Jacob Ayinger St: 1418: -/-/60 iuravit
Els schlairlerin inquilina St: 1418, 1419: -/-/70, 1423: -/-/75
Haincz Scheyringer [Salzstößel[5]] inquilinus St: 1419: -/3/6
Jorg kornmesser inquilinus St: 1423: -/3/-
der alt glaser inquilinus St: 1423: 0,5/-/- gracianus
   und sein sun inquilinus St: 1423: -/-/45 gracianus
Chuntz Holtzleiter kornmesser
    St: 1428: dedit 5 gross fur sich, sein hausfrau, sein tóchter und sein diern
Eberl Stempfeysen St: 1428: dedit 3 gross fur sich, sein hausfrawen und sein tochter
Hannsel messner zum Gollier St: 1428: dedit 3 gross fur sich, sein hausfrau und Diemuten, ir swester
Arnolt Kiemair kornmesser St: 1431: -/-/80 iuravit
Hainrich[6] Tútinger, 1439/II [korn]messer Sch: 1439/I-II: 1 t[aglon]
ain[7] hofher Sch: 1439/II: 1 t[aglon]
Ludwig Prunner schneider inquilinus Sch: 1441/I-II: 1 t[aglon]
Peter Vicztum inquilinus Sch: 1441/II: 1 t[aglon]
Peter Weyss kornmesser St: 1453: Liste
Hanns Mautner, 1453, 1455, 1456 nadler, 1454, 1456 inquilinus. 1462 Mautner nadler inquilinus
    St: 1453-1458: Liste, 1462: -/-/60
Lienhart Paesteter (Pásteter), 1456 kornmesser St: 1454, 1456: Liste
relicta Káppelerin inquilina St: 1454: Liste
Hanns Prosser sniczer. 1456 Hanns Prosser inquilinus St: 1455, 1456: Liste
relicta Kuncz kornmesserin. 1457 relicta Chunrat kornmesser St: 1456-1458: Liste
Singer nadler St: 1458: Liste
Doman pogner inquilinus St: 1462: -/-/76
Jorg oblater inquilinus St: 1462: nichil, samner zu sant Peter
Halbags maller inquilinus St: 1462: -/-/67
[Sedelmair [Andre ?] unter dem Reyschel, kornmesser[1] 1477, 1478]

---

[1] Ein Chunrad Paurenfeint hat 1400/1402 für die Stadt österreichischen Wein über Ötting und Mühldorf nach München gebracht, vgl. KR 1400/1402 S. 43r.
[2] Hensel Schintteldach ist Weinschenk, vgl. Gewerbeamt 1411 S. 3r.
[3] Vgl. Marienplatz 4* und 5*.
[4] Vgl. Marienplatz 8*, Dienerstraße 1*, Dienerstraße 15 A.
[5] Vgl. Weinstraße 3.
[6] 1439/I „Hainrich" korrigiert aus „Hanns".
[7] Vor diesem Namen getilgt „Erasm Lig".

Walpurg St: 1482: -/-/31 das jar
Dietrich palbierer St: 1482: nichil
Hanns glaser[2] St: 1482: -/-/60
Hannsen witib St: 1482: -/-/60
Hansl maurer St: 1482: in die camer
Per St: 1482: nichil
mayster Hanns Neythart balbierer St: 1486: -/2/17
Hanns Staindl St: 1486: -/-/60
Hanns Tóltzer St: 1486: -/-/60
Madlen naterin St: 1486: -/-/60
Hanns Kraws kafel St: 1490: -/-/78
Withauffin inquilina St: 1490: -/-/60
Gredl von der haid St: 1490: -/-/60
Hanns Gruober kaffel St: 1490: anderswo, bei der Reischlin
Albertein St: 1490: -/-/60
Linhart Mochinger weinschenk[3] St: 1496: -/5/10 [Schenkensteuer]
Liendel sailer unterkáufel St: 1496: -/-/60
Benedict púchpinterin St: 1496: -/-/60
Hans Wolf wirt[4] St: 1500: -/5/10 [Schenkensteuer]
Achaci Ettlinger [Salzsender, Weinschenk[5]] St: 1500: -/5/10 [Schenkensteuer]
Sigmund Guntersperger St: 1500: -/5/6
Hanns Vorster palbirer. 1514 maister Hanns Vorster b[arbier][6]
    St: 1508, 1509: -/2/10, 1514: Liste
    StV: (1508) et dedit -/-/25 von 3 ½ gulden gelts fúr pueri Hans palbirer. (1509) et dedit -/-/25
        fúr pueri Hanns palbirer.
Linhart Meyerl amer St: 1508: -/2/-
relicta Snaterpeckin St: 1508: -/4/15
[Contz unter der Linhartin [Humbsin] schrannen [Kornmesser[7]] 1513-1515]
Hanns Plentinger tuchscherer St: 1514: Liste
schmid tagwercher St: 1514: Liste
Hanns Núrnberger patrimonium St: 1522: -/5/6
Adam Trampl barbierer St: 1522: -/-/21 gracion, 1523: -/2/7 juravit, 1524: -/3/7
Cristof Feurer [Schäffler], 1523, 1524, 1526-1527/II visierer
    St: 1522: nichil, visierer[8], 1523, 1524: nichil, 1525: nichil, visierer, 1526, 1527/I-II: nichil
arglmaister inquilinus. 1523 arglmacher St: 1522: das jar nichil, 1523: an kamer
allt schleglin St: 1524: -/2/-
Utz barbierer. 1540-1542, 1552/II-1554/II Utz (Ulrich) Welser balbierer. 1544-1552/I, 1555, 1556 Utz
    (Ulrich) Welser [Stadtwundarzt[9]]
    St: 1525: -/-/21 gracion, 1526: -/2/15 juravit, 1527/I-II, 1528, 1529, 1532, 1540-1542: -/2/15,
        1543: -/5/-, 1544: -/2/15, 1545: 2/5/24, 1546-1548, 1549/I-II, 1550, 1551/I-II, 1552/I-II:
        1/2/27, 1553, 1554/I-II, 1555: -/5/28, 1556: -/5/28 patrimonium
    StV: (1545) mer -/1/22 fúr p[ueri] Mathes gúrtler. (1546) mer -/-/14 fur p[ueri] Mathes gúrtler.

---

[1] Vierer der Kornmesser 1477, 1478, vgl. RP. Er dürfte der „Andre kornmesser" sein, von dem die Stadtkammer 1483 einmal 7 Fuder und einmal 4 Fuder Pflastersteine kauft, vgl. KR 1482/83 S. 93r und Marienplatz 2.
[2] Ein Hanns glaser ist 1490-1493 Fronbote, vgl. R. v. Bary III S. 814.
[3] Lienhart Mochinger seit 1496 Mitglied der Weinschenkenzunft, vgl. Gewerbeamt 1418 S. 8v.
[4] Hanns Wolf ist 1489 Mitglied der Weinschenkenzunft, vgl. Gewerbeamt 1418 S. 2r.
[5] Achaci Ettlinger 1489 Vierer der Salzsender, vgl. RP und 1489 Mitglied der Weinschenkenzunft, vgl. Gewerbeamt 1418 S. 6v. – Ein Achatzi Ettlinger isr 1497-1502 auch Weinvisierer und 1497-1503 auch Gantknecht, vgl. R. v. Bary III S. 831, 971. Derselbe ?
[6] Der Barbier Meister Hans Vorster ist 1520 und 1521 städtischer Aderlasser, vgl. R. v. Bary III S. 1027 (KR).
[7] Vierer der Kornmesser 1513-1515, vgl. RP. – Vielleicht identisch mit Contz Härtel, 1510 und 1512 Vierer der Kornmesser.
[8] Meister Cristof Feurer, Schäffler, ist 1515-1527 Weinvisierer, vgl. R. v. Bary III S. 971.
[9] Der Barbier Ulrich Welser ist 1540-1556 Stadtwundarzt. Vgl. R. v. Bary III S. 1019 nach KR. – Seine Witwe wohnt 1558 bei Kaufingerstraße 26.

kramer inquilinus St: 1525: -/-/14 gracion
Hanns Groll peitler St: 1526, 1527/I-II, 1528, 1529: -/2/-
Frueauf procurator[1] St: 1528: nichil
Hanns Suttner schneider St: 1532: -/2/-
Hanns würtzler[2]
    St: 1532, 1540-1542: -/2/-, 1543: -/4/-, 1544: -/2/-, 1545: -/4/-, 1546-1548, 1549/I-II, 1550, 1551/I: -/2/-, 1551/II: zalt infra fol. 61 col. 1 [= 61r, Weinstraße 10*]
Peter Laideckhin St: 1540: -/2/-
Anna ibidem St: 1540: nihil, ist nymer hie
Widmanin naterin St: 1555: -/2/-
Steffan kässkeuffl Spótzl (Spotl, Spátzl, Spätzl). 1559-1561 Steffan kásskeuffl
    St: 1556, 1557: -/2/-, 1558: -/4/-, 1559-1561, 1563, 1564/I-II, 1565: -/2/-
Hans schmid palbierer. 1561 Hannß schmid palbiererin St: 1557: -/2/-, 1558: -/4/-, 1559-1561: -/2/-
Hannß múllerin scháfflerin St: 1561: versteurt ir man
Jórg (Geórg) Männ (Man) palbierer (barbierer)
    St: 1563: -/1/12 gratia, 1564/I: -/4/12,5 juravit, 1564/II, 1565, 1566/I-II, 1567/I-II: -/4/12,5, 1568: 1/1/25
    StV: (1565-1567/II) mer fúr (vyr) Bernhart (Bernnhart) Wellser -/-/14. (1567/I) mer fúr p[ueri] Wellser -/-/14. (1567/II) mer fúr Mahildis Welserin -/1/26 von 2 fl gellts. (1568) mer fúr Bernhart Welser -/-/28. (1568) mer fúr Methildis Wellserin 3 nachsteur -/1/12. [Siehe StV bei Eigentümer Mosmüller].
infraw Melcher Grieslin St: 1563: -/2/-
Jorg schaffer tagwercher St: 1564/I-II: -/2/-
Georg (Jorg) Graf schuester St: 1565: -/2/-
  Se[bastian][3] Graf schuesterin St: 1566/I-II: -/2/-
  Sebastian (Bastian) Graf, 1567/II, 1568 schuester[4] St: 1567/I-II: -/2/-, 1568: -/4/-
Wolf Lechner (Lehner) stainmetz. 1566/II ain stainmetz Wolff Lechner
    St: 1566/I-II, 1567/I-II: -/2/-, 1568: -/4/-, 1569-1571: -/2/-
Melchior koch puechpindter St: 1566/II: -/2/-
Benedict Rill schneider St: 1567/II: -/-/21 gratia
Mathes Undermoser [Bote, siehe vorletzten Eintrag] St: 1570: -/2/-
Caspar Christane cramer
    St: 1570, 1571: 1/5/20
    StV: (1570) mer fúr p[ueri] Potschner 1/3/25. (1571) mer fúr Herman Strauchen 1/1/6.
Christoff Khirchdorffer [Tuchscherer[5]]
    St: 1570, 1571: -/2/-
    StV: (1571) ad 2. Augusti anno [15]72 zalt nachsteur.
ain poth, Mathes Undermoser, steurt oben St: 1570: -/-/-
Pauls Múlrath schuester St: 1571: -/-/1, sy hebam

Marienplatz 2
(mit Thiereckstraße 4)

Lage: Ca. 1388 gegenüber einer Hütte bei der Goller-Kapelle. 1391, 1397 am Kornmarkt. 1404 an der Kornschranne. 1406, 1438, 1522 an der Weinstraße. 1444, 1459, 1461, 1467 unter der oberen Schranne. 1514 am Markt. 1550, 1559 am Platz.

Charakter: Kornmesserhaus. Weinschenke. 1550/65 Fremdenherberge, 18 Pferde. Im 18. Jahrhundert „Zum goldenen Lamm".

---

[1] Frueauf ist 1522 und 1523 Fronbote, dann 1528-1531 Redner (Prokurator), vgl. R. v. Bary III S. 815, 808.
[2] 1540 „würtzler" korrigiert aus „würtzlerin".
[3] Bei Frauenplatz 7 steht 1559 der Bastian Graf schuester.
[4] 1567/II „schuester" korrigiert aus „schuesterin".
[5] Ab 1566 bei Rosenstraße 8 Tuchscherer.

Hauseigentümer:

Bei diesem Haus behauptet das Häuserbuch, es bestehe ursprünglich aus zwei Häusern A und B. Der Eindruck wird dadurch erweckt, daß auch das Grundbuch 1575 zwei Häuser anführt, aber schon hinzufügt, daß sie bereits zu einem Haus verbaut seien. Es gibt in den Quellen keinen Hinweis darauf, daß es jemals tatsächlich zwei getrennte Häuser hier gab, außer der Tatsache, daß es in diesem Haus immer *zwei* Kornschrannen gegeben hat. Offensichtlich bestanden die beiden Häuser nur auf dem Papier (rechtlich).

Zur Familie Hudler: Sighart Hudler war Salzsender und Weinhändler.[1] Er besaß an der Kreuzgasse (Promenadeplatz) eine Salzgred beziehungsweise einen Salzstadel, den die Stadt zuerst anmietete, dann kaufte.[2] 1374-1381, 1383 und 1384 war Hudler Mitglied des äußeren Rats, 1382 innerer Rat, 1398 einer der Kämmerer und 1375 Kirchpropst der Frauenkirche. 1398 floh er vor den Unruhen aus der Stadt, nachdem er 500 Pfund Pfennige Strafe hatte zahlen müssen.[3] Seine Häuser, Meßstätten und Läden wurden von der Stadt eingezogen und vermietet, die Stadt kassierte die Mietzinsen ein. Das waren an Georgi (23. April) 1403 immerhin 25 Pfund 6 Schillinge und 20 Pfennige „eingenomen auz dez Hudlers hawsern" und noch einmal zu diesem Termin 14 ungarische Gulden und 18 Schillinge für zwei Jahre „auch auz dez Hudlers hawsern eingenomen von dem Velnhamer und Hainrichen dem swertfürb".[4] Außer dem schon genannten Besitz gehörten dem Hudler zeitweise auch Kaufingerstraße 32/33 mit der Bäckerei und den Hinterhäusern Thiereckstraße 1 und 4, welch letzteres auch später stets als Hinterhaus zu Marienplatz 2 gehörte und noch heute gibt es hier eine Passage vom Marienplatz aus zur Thiereckstraße. Über seinen Schwager, den Salzsender Chunrad Schwab von Aresing, erbte Hudler um 1400 dessen Haus Löwengrube 7 mitsamt einer Salzgred.[5] Am 30. Januar 1389 kaufte Sighart Hudler für 356 Gulden ungarisch und böhmisch Höfe und Hofstätten im Gericht Dachau und das gesamte Dorfgericht, die Taferne und alle Ehaften zu Einsbach, desgleichen das Dorfgericht zu Rotbach mit Tafern und allen Ehaften, Burgstall, Weiher usw.[6] Am 1. Februar 1402 verkauften Sighart Hudler, seine Hausfrau Anna und ihre drei Kinder Hans Hudler, Elspet Hudler und Katrein Ebnerin, die Ehefrau von Ulrich Ebner, ihren Turm, Berg, Sedel und Hausung zu Rotbach nebst dazugehörigem Dorfgericht, Tafern und Höfen zu Einsbach und an anderen Orten im Gericht Dachau an Abt Otto und den Konvent von Fürstenfeld um 1100 Gulden.[7]

Sighart Hudler starb 1413, genau wie seine Tochter Katrein die Ebnerin, deren Tochter Anna, eine verheiratete Hans Schluderin, den Besitz an der Kaufingerstraße 32/33 erbte. Der Sohn Hans Hudler der Ältere erhielt offensichtlich das Haus am Markt, starb aber zwischen 1419 und 1423 ebenfalls und hinterließ einen noch unmündigen Sohn, der ebenfalls Hanns hieß. Offensichtlich hat seine Witwe schon vor dem 11. November 1423 wieder geheiratet und zwar den Hanns Strang, der mit Mutter und Hausfrau 1423 bei Marienplatz 2 im Steuerbuch erscheint. Am genannten Datum verkaufen die Ursula Strangin und ihr noch unmündiger Sohn Hanns Hudler (der Jüngere) ein Eckhaus an der Kreuzgasse (Promenadeplatz) und den dahinter liegenden Salzstadel an der Prannersgasse an die Stadt.[8] Es muß demnach die Ecke des heutigen Montgelas-Palais sein. Eine relicta Strangin steht letztmals 1431 bei Marienplatz 2 im Steuerbuch.

Ca. 1388 eine große Hütte bei der Goller-Kapelle liegt „gen dem Hudler über" und eine ist ebendort gelegen „an dem Brothaus".[9]

---

[1] 1413 lieferte Hudler Welschwein an die Stadt, der dem Herzog verehrt wurde, vgl. Steueramt 578 S. 2r. Auch 1414 liefert er wieder Schenkwein an die Stadt, vgl. KR 1414/15 S. 32v.

[2] KR 1410/11 S. 56r: der Hudler erhält 10 Schillinge und 20 Pfennige „von seim salczstadel" für ein Jahr; KR 1414/15 S. 40r: 20 Schillinge zahlt die Stadt dem Hudler „von seiner salzgred" für zwei Jahre; KR 1415/16 S. 40v: 10 Schillinge dem Hannsen Hudler „von seiner salzgred" bezahlt; KR 1417/18 S. 40r: ebenfalls 10 Schillinge „von ainer salczgreden an der Kreuczgassen". – Vietzen S. 56/58.

[3] Muffat, Kazmair-Denkschrift S. 514.

[4] KR 1400/02 S. 27r, 1402/03 S. 26r.

[5] Stahleder, Bierbrauer S. 7. – Blendinger S. 87 und Haemmerle, Leibgedingbücher Nr. 146, 874.

[6] RB X 234 und 291.

[7] RB XI 241. – Zu Ulrich Ebner vgl. auch von Andrian-Werburg, Urkundenwesen S. 140.

[8] Urk. B II c 275b. – Sighart der Hudler und seine Kinder Hans und Katharina auch in KR 1381/82 S. 26v.

[9] Zimelie 34 (Stadtzinsbuch) S. 7r. – Zur Lage dieser Gebäude vgl. Stahleder, Stadtplanung S. 6 ff. und Karte Nr. 1.

1390 April 18 das Haus des Hudler ist dem Haus von Hanns Münchers Sohn, künftig des Chunrad des Kornmessers (Marienplatz 1), benachbart.[1]

1391 August 31 die Stadt verkauft ein Ewiggeld unter anderem aus Sigharts des Hudlers Haus „an dem Kórenmargkt".[2]

1392-1398 das Heiliggeistspital hat ein Ewiggeld aus des Sighart Hudler Haus am Kornmarkt (1397)[3] beziehungsweise „auz der Hudlerin haws" (1392-1398).[4]

1399 März 3 das Haus des Hudler ist dem Haus Chunracz des Kornmessers (künftig Jacob des Kelhameres) (Marienplatz 1) benachbart.[5]

1402 Oktober 5 das Haus des Hudler ist dem Haus des Jacob Kelhamer (Marienplatz 1) an der Kornschranne benachbart.[6]

1404 Februar 4 das Haus des Hudler an der Kornschranne ist dem Haus von Hänslein, dem Sohn des verstorbenen Hanns des Münchers, beziehungsweise des Jacob des Kelhaimers (Marienplatz 1) benachbart.[7]

1406 September 24 Sighart des Hudlers Haus ist dem Haus des Chunrat Engellant, künftig des Hanns des Zwicken Kornmessers Haus (Weinstraße 1), benachbart.[8]

1413 April 15 des Hudlers Haus ist dem Haus des Jacob Kelhamer an der Kornschranne (Marienplatz 1) benachbart.[9]

1415 Januar 31 das Haus des Hudler ist dem Haus des Jacob Kelhaimer „an der Weinstrazz" (Marienplatz 1) benachbart.[10]

1437 das Haus des Hainreich Part „genant Wurmeckk" (Marienplatz 3*) liegt "an dem marck gegen dem Hudler úber".[11]

1438 Oktober 27 Erasm Ligsaltz verschreibt in seiner Heiratsabrede mit Peter dem Pütrich für dessen Tochter Dorothea für deren Heiratgut von 800 Gulden als Widerlegung und für eine Morgengabe von 150 Gulden eine Hypothek (Ewiggeld) auf seinem Haus und seiner Hofstatt an der Weinstraße, zwischen den Häusern des Jacob Kelheimer (Marienplatz 1) und des Chunrat Zwick (Weinstraße 1) gelegen.[12] Auch Erasmus Ligsalz ist 1443/47 Salzsender[13], pflegt aber auch Handelsbeziehungen zu Wiener Kaufleuten.[14]

1439 Juni 2 des Asm Ligsalz Haus ist dem Haus des Assenhauser (Weinstraße 1) benachbart.[15]

1444 November 6 des Asem Ligsalz Haus ist den Häusern des Gollir-Kaplans (Weinstraße 1 und 2) benachbart.[16]

Erasmus Ligsalz übernimmt ab etwa 1453 das Elternhaus Weinstraße 4, siehe dort.

Um 1453 wurde das Haus Marienplatz 2 offenbar verkauft, und zwar an Konrad von Eglofstain zu Pernfels. Dieser war von 1428-1433 Stadtoberrichter gewesen und ab 1433 herzoglicher Kammermeister.[17] In den Steuerverzeichnissen wird sein Name nicht genannt. Hier heißt es immer nur „domus Eglofstainer". Es dürfte jedoch nur er in Frage kommen.

1454-1458 domus Eglofstainer (Liste).

1463-1489 wiederholt Kornmesser-Vierer mit der Bezeichnung „unterm Mandel" als Eigentümer des Hauses und der Schranne.[18]

---

[1] GB I 244/27.
[2] Vogel, Heiliggeistspital, Urk. 175.
[3] Kämmerei 63/2 S. 5r.
[4] Steueramt 982/1 S. 6r.
[5] GB II 141/8, 9.
[6] GB III 2/5.
[7] GB III 21/7.
[8] GB III 56/12.
[9] GB III 138/10.
[10] GB III 158/1.
[11] Vogel, Heiliggeistspital, Salbuch A Nr. 258 (Nachtrag von 1437).
[12] Hoffmann, SchloßA Harmating Urk. 9.
[13] Vietzen S. 146.
[14] Solleder S. 38.
[15] Geiß, St. Peter S. 206, ohne Quelle.
[16] Urk. F III c Nr. 9 und MB XX 244 S. 334/335.
[17] Solleder S. 324, 418. – Krenner, Landtags-Handlungen I S. 147.
[18] Vgl. RP und bei den einzelnen Bewohnern.

1473 Juni 5 Leonhart Mändl verkauft ein Ewiggeld von 5 Gulden um 100 Gulden Hauptsumme.[1]
1498 Juni 17 Urban Mändels Schranne ist Nachbar zum Haus der Familie Reischl (Marienplatz 1).[2]
1514 aus des Mandels Haus am Markt geht ein Ewiggeld an das Stadtbruderhaus.[3]
1522 Juni 23 das Haus des Urban Mändel ist dem Haus von Hanns Kellner, künftig des „Utz Pawngarttner" (Weinstraße 1), benachbart.[4]
1525 Juni 10 des Mandels – hier mit falschem Vornamen Ulrich statt Urban – Haus ist dem Haus des Ulrich Paumgarttner, künftig des Jorg Huebers (Weinstraße 1), benachbart.[5]
1526 Juni 16 des Urban Mandls Haus ist demjenigen des Uetz Gayler, künftig Uetz Paungartners (Weinstraße 1 und 2), benachbart.[6]
1550 Linhard Widman betreibt eine Fremdenherberge mit Unterbringungsmöglichkeit für 18 Pferde.[7]
1559 Juli 12 die Testamentsvollstrecker von Leonhard Widman verschreiben aus diesem Haus ein Ewiggeld von 15 Gulden für 450 Gulden Hauptsumme an das Reiche Almosen.[8] Die Urkunde präzisiert: das Ewiggeld geht aus des Lienhart Widman seligen eigenem Haus, dem vorderen und hinteren Stock, auch Hofstatt und Kornschranne, gelegen in Unser Lieben Frauen Pfarr am Platz, hervornen zwischen Hans Thumbergers (Marienplatz 1) und Georg Hörls (Weinstraße 1) und hinten zwischen Caspar Barts (Thiereckstraße 1 als Hinterhaus zu Kaufingerstraße 32) und Michael Spängls (Thiereckstraße 3 als Hinterhaus von Weinstraße 3) Häusern.[9]
Am selben Tag werden vier weitere Verschreibungen durch die Vormünder durchgeführt: 10 Gulden rheinisch Zins für 300 Gulden Hauptsumme zum Heiliggeistspital, 3 Gulden um 90 Gulden an das Bruderhaus, 1 Gulden um 30 Gulden den Sondersiechen auf dem Gasteig und 1 Gulden um 30 Gulden Hauptsumme an die Siechen zu Schwabing (GruBu).
1560 domus Lenhart Widman (StB).
1570 Juli 27 das Haus des Gastgebs Wolf Nidermair ist dem Haus des Schneiders Georg Schiesser (Marienplatz 1) benachbart.[10]
1575 laut Grundbuch (Überschrift) des Wolffen Nidermair gewesten Gastgebens Erben Haus, Hof und Stallung. Dazu: Aber [= ein weiteres] ein Haus, Wolffen Nidermair zugehörig, so zu obgemeltem Haus verpaut worden.
Auf Gaststättenbetrieb kann schon die Salzsenderei von Hudler deuten. In der Folgezeit sind stets Weinschenken auf dem Haus zu finden.

Eigentümer Marienplatz 2:

relicta Hudlerin
 St: 1368: 7/-/60, 1369, 1371, 1372: 11/-/- n[ull]us -/-/30, 1375: [gemeinsame Steuer mit Sighart Hudler)
* Sigel (Sighart, Zighart) Hudler (Huldler) [äußerer Stadtrat, Salzsender[11]] [∞ Anna], 1377-1379 cum matre. 1413 patrimonium Sighart Hudler. 1423, 1424 die alt Hudlerin (relicta Hudlerin)
 St: 1368: -/13/10 gracianus, 1369, 1371, 1372: 2,5/-/-, 1375: 25/-/- [gemeinsam mit relicta Hudlerin], 1377: 27,5/-/- juravit, 1378, 1379, 1381, 1382, 1383/I: 27,5/-/-, 1383/II: 41/-/60, 1387: 20/-/-, 1388: 40/-/- juravit, 1390/I-II: 40/-/-[12], 1392: 32/-/60, 1393, 1394: 43/-/-, 1395: 13/-/40, 1396, 1397, 1399, 1400: 19/6/-, 1401/I-II: -/-/-, 1403, 1405/I: 26/-/80, 1405/II:

---

[1] Stadtgericht 207/3 (GruBu) S. 926v/927r. – Einträge zum Jahr 1544 oder 1561 – wie im HB KV S. 136 – gibt es im Grundbuch jedoch nicht.
[2] Geiß, St. Peter S. 325, nach Kopialbuch der Priesterbruderschaft fol. 53.
[3] Zimelie 33 (Stadtbruderhausbuch) S. 10.
[4] GB IV S. 14v.
[5] GB IV S. 76r.
[6] GB IV S. 108v.
[7] Gewerbeamt 1422a.
[8] Stadtgericht 207/3 (GruBu) S. 926.
[9] StadtAM, Hist. Verein von Obb. Urk. 3357.
[10] BayHStA, GUM 2999/2.
[11] Sighart Hudler 1374-1381, 1383, 1384 äußerer Rat, 1382 innerer Rat, 1398 Kämmerer, 1375 Kirchpropst von ULF, während der Unruhen Flucht aus der Stadt, vgl. Muffat, Kazmair-Denkschrift S. 514. – 1409 Besitz einer Salzgred, vgl. Vietzen S. 56. – Salzsender, vgl. KR 1409/10 S. 53v.
[12] 1390/I: „XL lb Múncher".

17,5/-/- iuravit, 1406-1408: 23/-/80, 1410/I: 12/-/- iuravit, 1410/II: 16/-/-, 1411: 12/-/-, 1412: 16/-/-, 1413: 12/-/- patrimonium, 1423: 1/-/-, 1424: -/-/80 hat zalt

StV: (1406) der hat mit seinem ayd in seiner stewr verstewrt die 40 gulden ewigs gelcz, die er seiner tochter, der Ebnerin, schuldig ist.

Pferdemusterung, um 1398: Sighart Hudler sol haben zway pferd umb 50 gulden und damit der stat warten; (Korrig. Fassung): Sighart Hudler sol haben 3 pferd umb 60 gulden und ein erbern kneht.

relicta [Katrein, geb. Hudler] dez Ulrich Ebner inquilina. 1408 relicta Ulrich Ebnerin. 1410/I-1413 relicta Ebnerin, 1412 inquilina. 1413 patrimonium Ebnerin

St: 1407, 1408: 3/-/80, 1410/I: 2/-/- iuravit, 1410/II: -/21/10, 1411: 2/-/-, 1412: 2/5/10, 1413: 2/-/42

Hanns Hudler [der Ältere, Schreiber zu München[1]], 1418, 1419 und sein muter

St: 1413: -/-/-, 1419: 10/-/-

Bem.: (1413) gemeinsam mit dem patrimoniums für den Vater.

relicta Hudlerin [und Sohn] Hanns Hudler

St: 1415: 6/-/60, 1416: 8/-/80

pueri Hanns Hudler [u. a. Hanns der Jüngere]

St: 1423: 0,5/-/- gracianus

Hanns Strang [Wirt[2]], 1428 und sein muter

St: 1423: 11,5/-/- iuravit, 1424: 3/6/20 hat zalt, 1428: dedit 28 gross

StV: (1428) für sich, sein hausfrau, sein muter und ehaltn.

relicta Strang[3], sein [des Hanns Strang] muter. 1424, 1431 relicta Strángin

St: 1423: -/9/-, 1424: -/3/- hat zalt, 1431: 1/-/5 iuravit

Hudler

St: 1428: dedit 1 gross, [ca. 1437]

* Erasm [I.] Ligsalcz [Salzsender[4], Handel mit Wein, ∞ Dorothea II. Pütrich]

Sch: 1439/I-II, 1440, 1441/I-II: 4 t[aglon], 1445: 4 ehalten, dedit

* domus Eglofstainer[5]

St: 1454-1458: Liste

** Lienhartt Mandel [Salzsender, Weinschenk, äußerer Rat[6]]

St: 1462: 2/3/16

* Urban Mándl (Mánndel, Mändl) [Salzsender ?, äußerer Rat[7], ∞ Barbara, Tochter von Peter Paumgartner[8]]

St: 1482: 3/6/25, 1486, 1490: 2/5/-, 1496: 2/2/15, 1500: 1/6/21, 1508, 1509: -/4/29, 1514: Liste, 1522-1526, 1527/I: 2/4/2, 1527/II, 1528, 1529, 1532: 1/4/1

StV: (1522, 1523) sol, wann er seiner hausfrauen (ererbt) gut erlangt, zusetzen.

* Linhart Mándl

St: 1514: Liste

** Lienhart Widman (Widnman) [Herbergswirt, Salzsender, äußerer Rat[9]]. 1560 domus Lenhart Widman

St: 1544: 11/6/22, 1545: 22/5/-, 1546-1548, 1549/I-II, 1550, 1551/I-II, 1552/I-II: 11/2/15, 1553,

---

[1] Vgl. von Andrian-Werburg, Urkundenwesen S. 55.
[2] Hans Strang gehört 1430 zu den Wirten, die Ungeld zahlen, vgl. Steueramt 987.
[3] Vorlage „Straning".
[4] Asem Ligsaltz 1443-1447 als Salzsender belegt, vgl. Vietzen S. 146.
[5] Konrad von Eglofstein zu Pernfeld, ehem. Stadtoberrichter (1428-1433), dann herzoglicher Kammermeister. Vgl. R. v. Bary III S. 796 und auch von Andrian-Werburg, Urkundenwesen S. 123.
[6] Lienhart Mändel ist 1466, 1467 und 1473 Vierer der Salzsender, 1458 Weinschenk, 1460-1462, 1464, 1468 und 1470 Vierer der Weinschenken, 1465-1476 ist er äußerer Rat, 1463 Mitglied der Gemain, 1460 Mitglied des Rats der 36, 1464-1472 Kirchpropst von Unseres Herrn Kapelle, vgl. RP und Gewerbeamt 1411 S. 5r, 14r. – 1461 ist ein Linhart Mandel als Weinversucher (Weinkoster) belegt, vgl. R. v. Bary III S. 975. – Es gibt allerdings zur selben Zeit auch einen Kürschner namens Lienhart Mändel (Vierer der Kürschner 1465, 1467, 1470, 1478, 1480, 1481).
[7] Ein Urban Mandel ist 1459 Vierer der Salzsender (Scheibler) und 1459-1564 äußerer Stadtrat, vgl. RP.
[8] Sie erbte vom Vater einen Hof, den sie am 21.3.1495 an Hanns Paumgartner, Rentmeister zu Wasserburg, verkaufte, vgl. Geiß, Regesten ungedruckter Urkunden, in: OA 14, S. 17.
[9] Linhard Widman ist 1536 Salzsender, vgl. Vietzen S. 151 nach GruBu, 1540-1552 äußerer Stadtrat, vgl. RP.

1554/I-II, 1555-1557: 14/-/25, 1558: 28/1/20, 1559: 14/-/25 patrimonium, 1560: -/-/-

   StV: (1559) mer 31/-/26 zalt die erben von Augspurg, Wien, Ulm, Landaw, Mámingen fur 3 nachsteur.

** Wolff Nidermair, 1563, 1564/I-1570 wierdt [∞ Katharina]

   St: 1561, 1563, 1564/I-II, 1565, 1566/I-II, 1567/I-II: 3/2/2, 1568: 6/4/4, 1569-1571: 3/3/15

   StV: (1561) mer fúr p[ueri] Urspringer 1/5/3,5.

Bewohner Marienplatz 2:

Hainrich [korn]messer (kórnmesser), 1371-1375, 1378 inquilinus
   St: 1371, 1372: -/12/-, 1375: 1/-/-, 1377: 1/-/- juravit, 1378: 1/-/-
Chunrat servus Hudlerii inquilinus. 1381-1383/II, 1388 Chunrat servus suus inquilinus.[1] 1387 kornmezzer Chunrat inquilinus. 1390/I Chunrat kornmesser inquilinus
   St: 1378: -/-/12 gracianus, 1379: -/-/45 gracianus, 1381, 1382, 1383/I: -/10/24, 1383/II: 2/-/6, 1387: -/7/6, 1388: -/14/12 juravit, 1390/I: -/14/12
Óttel von Mittenwald [Weinschenk[2]] inquilinus St: 1383/I: 14,5/-/- juravit, 1383/II: 21/6/-
Hainrich [korn]messer inquilinus St: 1394: -/-/80, 1395: -/-/60 fur 15 lb, die er hat
Hainrich schmid [korn]messer inquilinus St: 1395: -/-/60 fur aht lb, 1396: -/-/-
Hainrich der Kurcz [korn]messer inquilinus St: 1396: -/-/60 fúr 10 lb
Hans kornmeser[3] inquilinus St: 1397: 0,5/-/-
Ull Ringwirt [Kornmesser] inquilinus St: 1397: -/-/60 fúr 4 lb
Hainrich kornmesser inquilinus St: 1399: -/-/60 fúr 10 lb
Chuncz (Chunrat) Holczleider kornmesser inquilinus. 1400, 1401/I, 1408, 1410/I-1416, 1419 Chunrat Holczleiter (Holczleyder, Holczleyter, Holczlaẃter), 1400, 1408, 1410/II, 1413, 1419 inquilinus. 1405/I Holczleyder inquilinus. 1401/II, 1403, 1405/II Holczleiter kornmesser inquilinus. 1418 Chuncz Holczleiter kornmesser. 1423 Chuncz kornmesser inquilinus
   St: 1399: -/-/60 fúr 6 lb, iuravit, 1400, 1401/I: -/-/60 fúr 6 lb, 1401/II: -/-/60 fúr 6 lb, iuravit, 1403, 1405/I: -/-/60 fúr 6 lb, 1405/II: -/-/60 fúr 10 lb, iuravit, 1406-1408: -/-/80 fúr 10 lb, 1410/I: -/-/60 fúr 10 lb, iuravit, 1410/II: -/-/80 fur 10 lb, 1411: -/-/60 fur 10 lb, 1412: -/-/80 fúr 10 lb, 1413: -/-/60 iuravit, 1415: -/-/78, 1416: -/3/14, 1418: -/3/14 iuravit, 1419: -/3/14, 1423: -/3/-
   Warbera sein tochter St: 1423: -/-/15
Chunrade sailer et uxor St: 1400: -/-/60 de uxor[e] et 0,5/-/- de sua [stewra], gracianus
Ulrich, des Pútreichs (Puttreich) knecht, 1401/II inquilinus St: 1401/I: -/6/-, 1401/II: -/6/28 iuravit
[Hanns] Zwickel kornmesser[4] inquilinus St: 1405/I: -/5/10, 1405/II: -/6/12 iuravit
Ulrich kornmesser inquilinus St: 1406, 1407: -/9/18, 1408: -/9/-, 1410/I: -/5/24 iuravit, 1410/II: -/7/22
Haincz Stẃpff, 1413 inquilinus St: 1411: -/3/-, 1412: 0,5/-/-, 1413: -/3/- iuravit
Peter korenmesser St: 1415: -/-/84, 1416: -/3/22
Prantel (Praentel) Plúm (Plum) [Kornmesser[5]], 1419 inquilinus St: 1418, 1419: -/-/80
Alhart korenmesser St: 1423: 2/-/- iuravit, 1424: -/5/10 hat zalt
Hanns Wolfel [Wirt[6]] St: 1428: dedit 5 gross für sich, sein hausfrau und sein diern
Chunrat, herczog Wilhalms schmid, inquilinus Wolfl St: 1428: dedit 1 gross[7]
Hainrich [V. ?] Part der junger St: 1431: 5/-/4 iuravit

---

[1] Eintrag 1383/II versehentlich hinter Óttel von Mittenwald zwischen den Zeilen eingefügt.
[2] Eintrag 1383/I zwischen den Zeilen eingefügt. – Später laut Katzmair einer der ersten Bösen bei den Unruhen von 1397/1403, vgl. Muffat, Kazmair-Denkschrift S. 508. – Vgl. auch Rindermarkt 11*.
[3] Vielleicht Hanßlein der Kornmesser aus der KR 1398/99 S. 114r.
[4] Dem Hanns Zwikel Kornmesser schuldet die Stadt 1402 und 1403 60 Pfennige „von der alten Rais" „um Futter", vgl. Steueramt 572 (Leibgedingbuch 1402/03) S. 37v, 70r.
[5] Bei Weinstraße 1 im Jahr 1416 Kornmesser.
[6] Hans Wölfel gehört um 1430 zu den Wirten, die Ungeld zahlen (schon unter Weinstraße stehend), vgl. Steueramt 987.
[7] Durch einen Irrtum des Schreibers ist der Text verdorben. Der Schreiber schrieb „dedit 1", dann wollte er wohl anfügen, daß Chunrat der schmid ein inquilinus des Wölfel ist, begann aber noch einmal mit „Chun[rat]", das versehentlich stehen blieb. Daran hängte er den korrekten Schluß: „Wolfl dedit 1 gross".

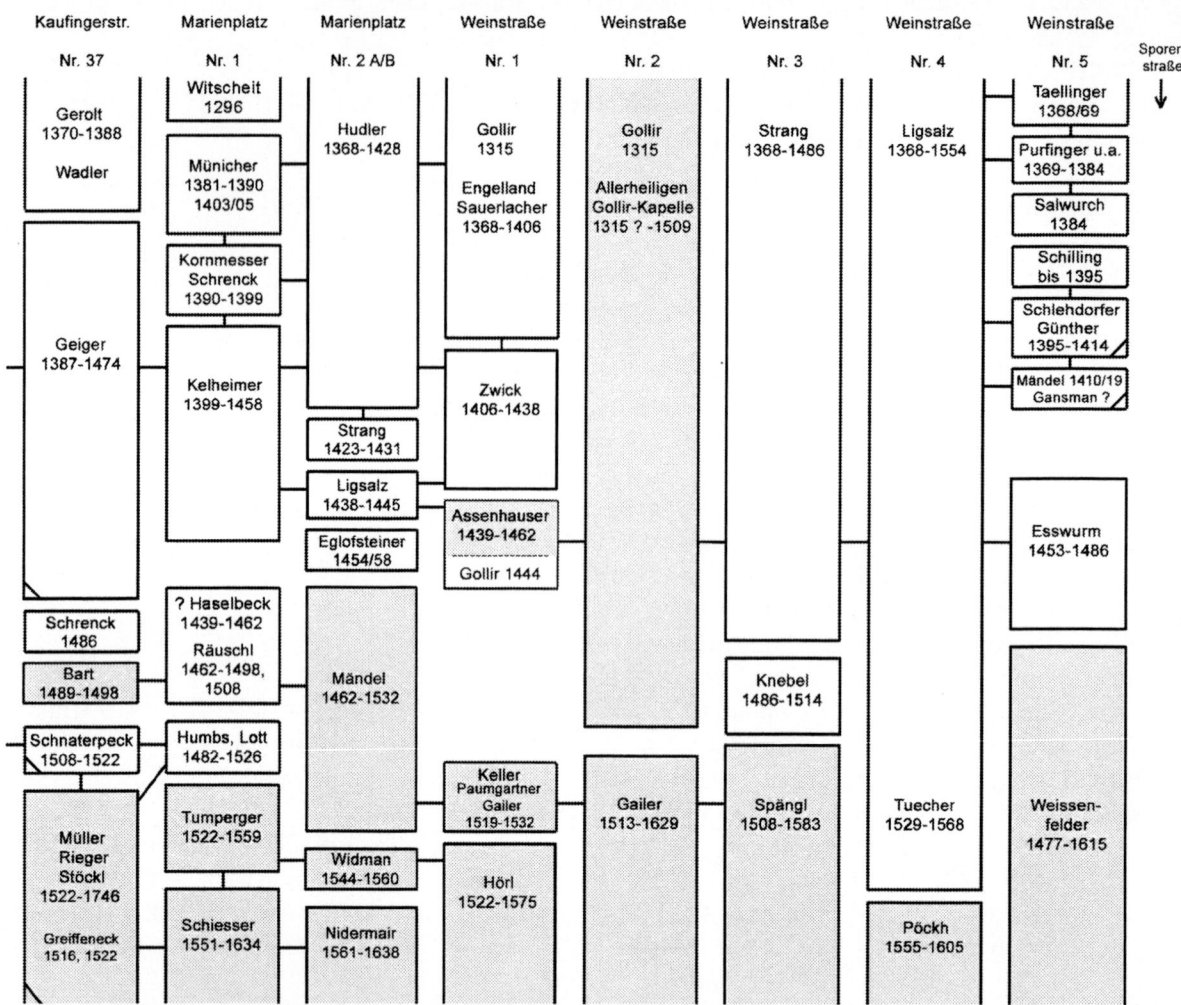

Abb. 17 Hauseigentümer Kaufingerstaße 37, Marienplatz 1 und 2, Weinstraße 1 – 5.

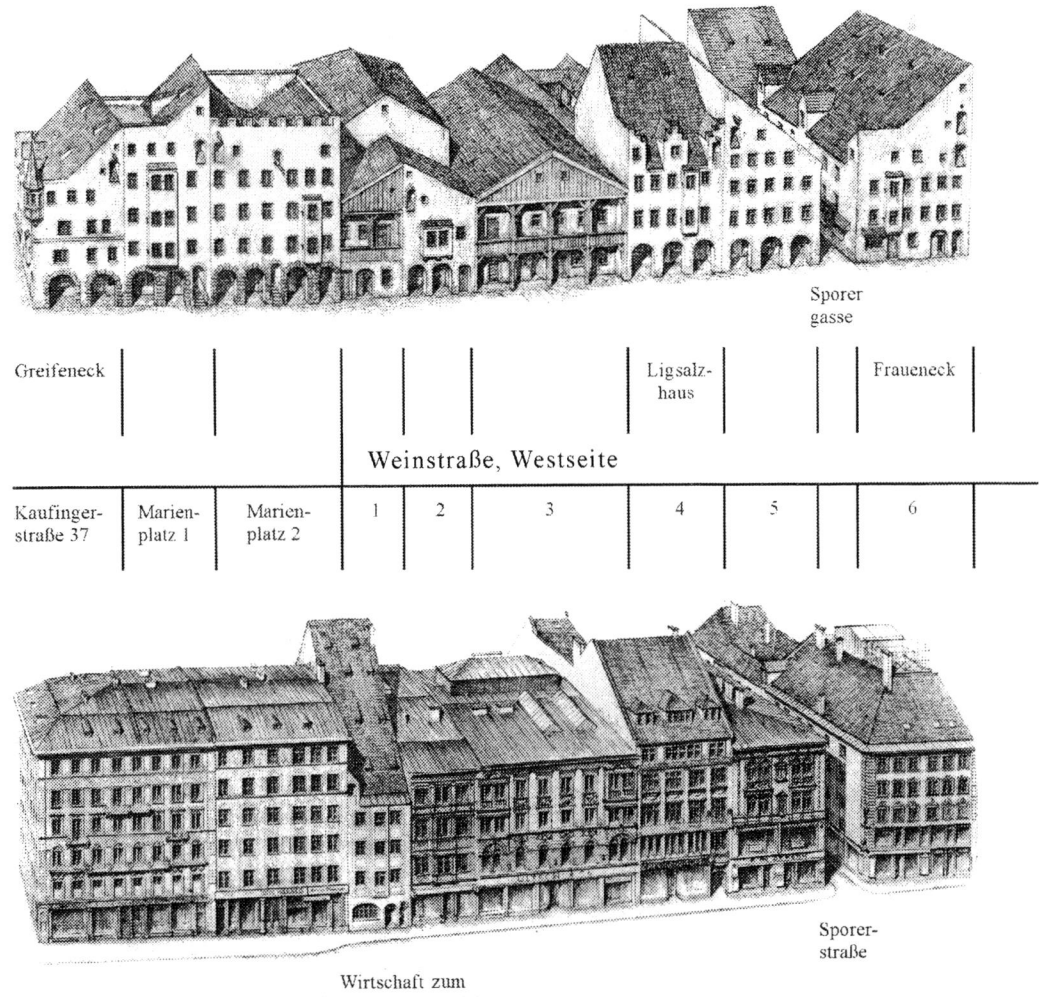

Abb. 18 Kaufingerstraße 37, Marienplatz 1 und 2, Weinstraße West Nr. 1 – 6, Häuserbuch Kreuzviertel S. 52/353.

Chunrat kornmesser, 1431 inquilinus
    St: 1431: -/-/64 iuravit
    Sch: 1439/I: nichil
Eberhart kornmesser inquilinus St: 1431: -/5/10 iuravit
Lienhart Ostermair Sch: 1439/I: 1 t[aglon]
Hanns Schúpffer (?) Sch: 1439/I: 0,5 t[aglon]
Márckel Pártel kornmesser. 1440, 1445 Marckel kornmesser. 1441/I-II, 1454 Marckel (Markel) Pártel (Partel) messer (kornmesser). 1455, 1456 Márckel Partel (Pártel)
    Sch: 1439/II, 1440, 1441/I-II: 1 t[aglon], 1445: 1 diern, dedit
    St: 1454-1456: Liste
Ulrich Hartmoser [Käufel/Fragner[1]], 1439/II inquilinus Sch: 1439/II, 1440: 1 t[aglon]
Peter Tobler kornmesser Sch: 1440: 1 t[aglon]
Ulrich mulner (múlner), 1441/II kornmesser Sch: 1441/II: -/-/16, 1445: 1 diern, dedit
Hanns [V.] Tichtel (Tichtl), 1453, 1454, 1458, 1462 kornmesser[2], 1462 inquilinus
    St: 1453-1458: Liste, 1462: -/3/10
Jorg kornmesser St: 1457, 1458: Liste
Peter Gerolt kornmesser[3] St: 1462: -/-/75
Jorg seillerin inquilina St: 1462: nichil, rat geschaft
[Wilhalm Reysacher unterm Mandel kornmesser[4] 1476]
Jorg Glaner weinschenk[5] St: 1482: 2/3/6
Hanns Widman (Widenman), 1482 kornmesser[6]
    St: 1482: -/2/29, 1486, 1490: -/3/-
    StV: (1486) et dedit -/5/10 fúr Morlach die drit nachstewr.
  Cristof Widman kornmesser St: 1496: -/-/60
  et pater [Hanns Widman] St: 1496: -/-/60
Peter Prucker kornmesser [Weinschenk[7]] St: 1482: -/4/23
Jacob Neblmair [Kornmesser[8]] St: 1482: -/4/23
Caspar [Lachamer] kornmesser[9]
    St: 1486, 1490: -/3/22
    StV: (1490) et dedit fúr sein sweher -/-/15.
Utz Helgenman. 1490 Utz Hálgmannin St: 1486, 1490: nichil
Lienhard [vischer[10]] kornmesser [Weinschenk[11]]
    St: 1486: -/2/20
    StV: (1486) et dedit -/2/24 von 3 gulden gelcz Peter von Yesenwang.

---

[1] Ein Ulrich Hartmoser ist 1462, 1465 und 1469 Vierer der Fragner, Obser, Melbler, 1472 Vierer der Käufel, vgl. RP.

[2] „Hanns Tichtel unter der ebern schrannen" 1459 Vierer der Kornmesser, vgl. RP 1 S. 6r. – Wahrscheinlich identisch mit dem Kornmesser „Hänsel" oder „Hannsel unterm Mandel" (1463, 1464) und „Hanns unter der obern schrann unterm Mandel" (1467) und „Hanns unter dem Mandel" (1469, 1473, 1475) vgl. RP. Letztere Belege könnten sich aber auch schon auf Hanns Widman beziehen. Im Dezember 1470 zahlt die Stadtkammer „dem Hannsen untern Mändel" (und dem Küncen zu Wurmegk) Geldbeträge als Messerlohn für das Messen von Korn unter der Schranne aus, vgl. KR 1470/71 S.79r.

[3] „Peter unter der obern schran" ist 1461 Vierer der Kornmesser, ebenso „Peter unterm Mandel" (1466, 1470), vgl. RP.

[4] „Wilhalm Reysacher unterm Mandel" ist 1476 Vierer der Kornmesser, vgl. RP.

[5] Jorg Glaner ist 1489 Mitglied der Weinschenkenzunft, vgl. Gewerbeamt 1418 S. 6r.

[6] „Widman auf des Mandel schrannen" ist 1482 und 1488 Vierer der Kornmesser, vgl. RP.

[7] Peter Prucker unter dem Mandel ist 1480 Vierer der Kornmesser, vgl. RP. – Peter Prugker ist 1489 auch Mitglied der Weinschenkenzunft, vgl. Gewerbeamt 1418 S. 2v, und 1503 Vierer der Weinschenken, vgl. RP. – Ein Peter Prucker ist aber 1505 und 1507 auch Vierer der Salzstößel, vgl. RP.

[8] Jacob Neblmair ist 1481 Vierer der Kornmesser, vgl. RP. – 1486 findet man ihn bei Weinstraße 1, 1490 und 1496 bei Marienplatz 5* und 1500 bei Marienplatz 4*.

[9] Caspar Lachamer „unter Mandels schrannen" ist 1489 Vierer der Kornmesser, 1493 und 1495 ebenfalls, jedoch ohne Angabe der Schranne, vgl. RP. – Ein Caspar Lachamer ist 1497 und 1502 auch Vierer der Fragner, Obser und Melbler, vgl. RP.

[10] Vgl. Weinstraße 1.

[11] „Lienhart vischer kornmesser" ist 1489 Mitglied der Weinschenkenzunft, vgl. Gewerbeamt 1418 S. 4v.

Contz Schechner [Weinschenk, Käufel[1]] St: 1496: -/6/15, 1500: 1/1/21
Andre Sedlmaier kornmesser [Weinschenk[2]] St: 1496: -/4/13
Peter Wurm St: 1500: -/2/17
Peter Reischl [Weinschenk, Salzstößel[3]] St: 1500: -/2/5
Stefan Sterenegker [Weinschenk[4]] St: 1508: 1/1/22 juravit
Lienhart Leutl k[ornmesser] St: 1508, 1509: -/2/20
Hanns Rieger kornmesser[5]
    St: 1508, 1509: 1/-/5
    StV: (1508, 1509) et dedit -/7/21 für pueri Hans (Hanns) Keferloher.
Jörg Häckl (Háckl), 1514, 1543 wirt[6]
    St: 1509: -/5/10 [Schenkensteuer], 1514: Liste, 1522: 1/3/23, 1523-1526, 1527/I: 1/3/13, 1527/II, 1528, 1529, 1532, 1540-1542: 3/3/25, 1543: 7/-/20
    StV: (1522-1526, 1527/I) et dedit -/-/17 für p[ueri] Stainperger. (1527/II-1529) et dedit -/-/18 für p[ueri] Stainperger. (1529) et dedit -/1/12 für p[ueri] Lempp.
Haintz Růsp kornmesser St: 1509: -/4/25
Wolfgang můllner kornmesser. 1540 Wolff můlner kornmesser Unpricht. 1541 Wolffganng můlner kornmesser. 1542-1554II Wolff (Wolffgang) Umpricht (Umphricht, Umpericht, Unbricht, Umbpricht, Umbprhicht, Umbricht, Umpbhricht), 1552/II, 1553, 1554/I kornmesser. 1559 alt Wolff Umbphrichtin. 1560 Unbrichtin
    St: 1514: Liste, 1540-1542: -/2/28, 1543: -/5/26, 1544: -/2/28, 1545: -/4/-, 1546-1548, 1549/I-II, 1550, 1551/I-II, 1552/I-II: -/2/-, 1553, 1554/I-II: -/3/15, 1559, 1560: -/2/-
    StV: (1541) et dedit -/5/18 für 6 fl gelts; dise 6 fl aus Wolff můlners haus hat wirt von Mentzing verkaufft Ulrichn Steger (wie man bericht wirt) für steurfrey derhalben nachkhomende jar, auffzemerckhen und nachzefragen. Et dedit -/1/16 für p[ueri] Langötl.
Hanns Umphricht (Umbphricht, Unbricht, Umprycht, Unberict), 1554/II-1559, 1564/II-1571 kornmesser
    St: 1554/II: -/1/12 gratia, 1555: -/2/28 juravit, 1556, 1557: -/2/28, 1558: -/5/26, 1559, 1560: -/2/28, 1561, 1563, 1564/I-II, 1565, 1566/I-II, 1567/I-II: -/4/5, 1568: 1/1/10, 1569-1571: 1/5/-
    StV: (1564/I) mer für Closen Strasser von 10 fl, ist schon vernachsteurt. (1567/I) mer für p[ueri] Keglmüller [ohne Betrag]. (1567/II) mer für p[ueri] Keglmüllers khinder -/3/25, sollen hinfuron zuesetzn, was sy an fristen (?) einemen. (1568) mer für Khehlmüllers khind -/3/15. (1568) mer für Handtes müller nachsteur -/2/24.
    sein mueter St: 1557: -/2/-
Hainrich Schweindl [Salzsender, Weinschenk[7]]
    St: 1532: -/5/10 saltzsenndtersteur, 1540-1542: 1/-/10, 1543: 2/-/20
Wastian (Sebastian) Rappolt (Rapolt), 1540-1542, 1552/II, 1554/II, 1555 kornmesser
    St: 1540-1542: -/3/19, 1543: 1/-/8, 1544: -/3/19, 1545: -/4/-, 1546: -/3/26 juravit, 1547, 1548, 1549/I-II, 1550, 1551/I-II, 1552/I-II: -/3/26, 1553, 1554/I-II, 1555: -/2/27, 1556: -/2/27 patrimonium
    StV: (1540, 1541) et dedit -/-/17 fur p[ueri] Darfner. (1542) mer -/-/7 fur p[ueri] D[arffner]. (1545) mer -/-/14 fur p[ueri] Darffner; mer -/-/21 versessne steur. (1546) mer -/3/22 von dem vergangen jar.
Sigmund Peyschl St: 1549/II, 1550, 1551/I-II: -/2/-, 1552/I: -/2/- patrimonium, 1552/II: nihil, obiit
Wilhelm Scheffl procurator[8] St: 1556: nihil

---

[1] Contz Schechner ist 1507 Vierer der Weinschenken, 1512 und 1517 Vierer der Käufel, vgl. RP.
[2] Andre Sedlmair ist 1489 Mitglied der Weinschenkenzunft, vgl. Gewerbeamt 1418 S. 4v, 6r.
[3] Peter Reischl wurde 1506 Mitglied der Weinschenkenzunft, vgl. Gewerbeamt 1418 S. 14r. Vgl. auch Weinstraße 2. – Ein Peter Reuschl ist aber 1513 und 1516-1518 auch Vierer der Salzstößel, vgl. RP, ein Wirt Peter Reuschl 1506 Salzstößel, vgl. Vietzen S. 155 nach KR. – 1508 ist er bei Weinstraße 2 Kornmesser.
[4] Steffan Sternegker wurde 1507 Mitglied der Weinschenkenzunft, vgl. Gewerbeamt 1418 S. 14v.
[5] Hanns Rueger ist 1507, 1509-1511 Vierer der Kornmesser, vgl. RP.
[6] Jorg Hágkl wurde 1507 Mitglied der Weinschenkenzunft, vgl. Gewerbeamt 1418 S. 14v.
[7] Haynrych Schweindl seit 1522 Mitglied der Weinschenkenzunft. Vgl. Gewerbeamt 1418 S. 18v.
[8] Im selben Jahr auch bei Thiereckstraße 4.

Utz (Uetz) Schmidhamer kornmesser
  St: 1556: -/-/28 gratia, 1557: -/2/27, 1558: -/5/24, 1559, 1560: -/2/27, 1561, 1563, 1564/I-II, 1565, 1566/I-II, 1567/I-II: -/2/-, 1568: -/4/-
  StV: (1557, 1558) darin der kinder gueth auch versteurt. (1559) darin seiner kinder guet auch versteurt.
Barbara Kúnigin St: 1559: der zeit eingestelt
Veith Angermair khornmesser St: 1569: -/2/-
Wolf Faistnperger khornmesser St: 1570: -/2/11
Gabriel khornkheuffel St: 1571: -/2/16

Weinstraße 1

Lage: 1315, 1370 auf dem Kornmarkt. 1382 am Getreidemarkt. 1406, 1522 an der Weinstrass. 1439 unter der Kornschranne. 1444, 1462 unter den (der) oberen Kornschrannen. 1514 am Markt.
Charakter: Kornmesserhaus. Weinschenke. Im 18. Jahrhundert Gasthaus „Zum bayerischen Donisl".[1]

Hauseigentümer:

Die beiden Häuser Weinstraße 1 und 2 – zwei schmale, fast gleich große Grundstücke, die eine gemeinsame Westgrenze haben, mit der sie an das Haus Thiereckstraße 4 stoßen – haben eine gemeinsame Vorgeschichte.

1315 März 12 mit Vidimus von
1370 September 1 vermacht der Ritter Ainwig der Gollir der von ihm gestifteten Kapelle auf dem Markt neun Pfund Pfennige Ewiggeld aus seinen zwei Steinhäusern „auf dem Kornmarkt" (Weinstraße 1 und 2).[2]
1382 April 18 zu den Einnahmen des Kaplans der Jodoks-Kapelle auf dem Markt gehören zwei Gülten aus zwei Häusern am Getreidemarkt (Weinstraße 1 und 2) (und aus drei Häusern am St.-Peters-Kirchhof und neben der porta vallis).[3]
Offenbar hat auf dem Haus 1 die Gollir-Kapelle nur ein Obereigentum gehabt – im Unterschied zu Haus 2; denn es treten schon seit dem 14. Jahrhundert Privatpersonen als Hausbesitzer auf. Erst seit Anfang des 16. Jahrhunderts scheint die Privatisierung endgültig geworden zu sein.
Zu beachten ist, daß sowohl Gollir selbst 1315 als auch das Gericht von 1382 nur von Gülten oder Ewiggeldern sprechen, die aus den Häusern gehen. Daß die Häuser selbst der Kapelle gehören, erfährt man erst 1444.
Wahrscheinlich war bereits der seit 1368 hier erscheinende Engellant Hauseigentümer. Seine Witwe heiratete offenbar den Kornmesser Konrad Sauerlacher[4], wie die Benennung „Engenlant Sawrlacher" 1394 ausdrückt. Der spätere Chunrat Engenlant war demnach der Stiefsohn des Sauerlacher. Dieser jüngere Chunrat Engenlant verkaufte dann 1406 das Haus:
1406 September 24 Chunrat Engellant hat sein Haus an der Weinstraße, zunächst Sighart Hudlers Haus (Marienplatz 2) gelegen, dem Kornmesser Hanns dem Zwick übergeben.[5]
1438 Oktober 27 das Haus des Chunrat Zwick ist dem Haus des Erasm Ligsaltz (Marienplatz 2) an der Weinstraße benachbart.[6]

---

[1] Vgl. Stahleder, Haus- und Straßennamen S. 490/491.
[2] Urk. D I e 2 - XLII Nr. 1, 2, Vidimus vom 1.9.1370.
[3] BayHStA, GUM 2838.
[4] Chunrat Sawrlacher verkaufte 1387 sein Haus an der Hinteren Schwabinger Gasse (Theatinerstraße), vgl. GB I 229/16, vielleicht um sich hier einzukaufen. Zu trennen von ihm dürfte der Schrenck-Kaplan namens Chunrat Sawrlacher sein, der 1382 sein Testament zu Gunsten seiner Tochter Mechthild und seiner Kellnerin (Haushälterin) Leukard machte, vgl. GB I 172/6.
[5] GB III 56/12. – Konrad Engellant hat am 10.12.1369 sein Haus an der Brunngasse verkauft, vgl. GB I 9/9 und sich dann hier niedergelassen. Im GB erscheint er letztmals am 5.3.1380, vgl. GB I 120/4.
[6] Hoffmann, SchloßA Harmating Urk. 9. – Einem Zwickel Kornmesser ersetzt die Stadt 1402/03 als einem der „Wirte" die Verpflegungskosten im Zusammenhang mit „der rais", dem Kriegszug nach Dachau, vgl. KR 1402/03 S. 100v und 1400/02 S. 104r.

1439 Juni 2 Conrad Assenhauser verkauft aus diesem Haus zu der ersten Messe Allerheiligen in der Gollir-Kapelle 6 Pfund Ewiggeld.[1]

1444 November 6 der Kaplan der Gollir-Kapelle auf dem Markt, Meister Hanns Ewgenpeck, bekennt, daß er verpflichtet sei, von den zwei Häusern in Unser Lieben Frauen Pfarr „under den obern kornschrannen", zwischen den Häusern des Asem Ligsalz (Marienplatz 2) und des Hanns Strang von Moosburg (Weinstraße 3), jährlich ein Pfund Pfennige Steuern an die Stadt zu zahlen.[2]

1519 März 19 Hanns Kheller und seine Hausfrau Margret verkaufen 5 Gulden um 100 Gulden Ewiggeld an ihren Sohn (aus erster Ehe der Margret mit Konrad Hilger[3]) Hanns Hilger (GruBu).

1519 Juli 13 und

1520 Juni 6 erneut zwei Ewiggeldverkäufe des Ehepaares Kheller, wieder je 5 Gulden um je 100 Gulden Hauptsumme (GruBu).

1521 November 7 erneut Ewiggeldverkauf (1 Gulden) des Ehepaares Kheller, diesmal wieder an Conrad Hilgers Sohn (GruBu).

1522 Juni 23 Hanns Kellner und seine Hausfrau Margreth verkaufen ihr Haus, Hofstatt und Kornschranne, gelegen in Unser Frauen Pfarr an der Weinstraße, zwischen den Häusern des Urban Mändel (Marienplatz 2) und des Kornmessers Utz Gailer (Weinstraße 2) Häusern, an den Kornmesser „Utz Pawngarttner".[4] Der Eintrag ist wieder getilgt und das Geschäft vielleicht nicht zustande gekommen.

1525 Juni 10 der Kornmesser Ulrich Paumgartner und seine Hausfrau Anna haben ihr eigen Haus, Hofstatt und Kornschranne, gelegen an der Weinstraße, zwischen Ulrichen (!) Mandels (Marienplatz 2) und Ulrich Gaylers (Weinstraße 2) Häusern, Jorg Hueber und seiner Hausfrau Margreth verkauft.[5] Auch dieser Eintrag ist wieder getilgt. Genau ein Jahr später gehört das Haus dem Schwiegervater des Ulrich Paungartner:

1526 Juni 16 der Kornmesser Uetz Gayler hat seinem Schwiegersohn Uetz Paungartner seine Behausung, Hofstatt und Kornschranne an der Weinstraße, zwischen Urban Manndls (Marienplatz 2) und seiner eigenen (anderen) Behausung (Weinstraße 2) gelegen, verkauft.[6]

Wahrscheinlich sind die Kheller, Gailer und Paungartner verschwägert. Anders sind diese Überschneidungen und unvermittelte Besitzwechsel – ohne daß das Gerichtsbuch etwas davon weiß – kaum erklärbar, auch nicht, daß dann 1533 wieder die Witwe Kheller ein Ewiggeld verkauft:

1529 August 9,

1530 September 16 und

1531 Januar 9 das Haus des Utz (Ulrich) Paungartner ist dem Haus des Hanns Gayler (Weinstraße 2) an der Weinstraße benachbart.[7]

1536/37-1540/41 ff. das Heiliggeistspital hat ein Ewiggeld aus des Utz Pangartner Kornmessers Haus am Markt (!).[8]

1538 Mai 14 Georg Hörl und seine Hausfrau Elisabeth verkaufen 2 rheinische Gulden Ewiggeld um 40 Gulden aus dem Haus (GruBu).

1559 Juli 12 des Georg Hörl Haus ist dem des Lienhart Widman selig (Marienplatz 2) benachbart.[9]

1575 laut Grundbuch (Überschrift) des Geörgen Hörls Haus „auf der Läbm" mit Hof und Stallung.

1575 November 1 Elisabeth, weiland Geörg Hörls, gewesenen Kornmessers, Witwe verkauft diese ihre Behausung ihrem Eidam und ihrer Tochter, dem Kornkäufel Georg Hueber und seiner Hausfrau Barbara, um 600 rheinische Gulden (GruBu).

Wohl von Anfang an gibt es in diesem Haus Hinweise auf den Betrieb einer Gastwirtschaft. Dafür war möglicherweise die Kornmesser-Tätigkeit im Haus zeitweise unterbrochen. Die beiden Gewerbe scheinen aber teils von derselben Person ausgeübt worden zu sein. So war z. B. der Kornmesser Linhart Vischer 1489 auch Mitglied der Weinschenkenzunft. Der Obser Jacob Eischer zahlte 1496 Schenkensteuer.

---

[1] Stadtgericht 207/3 (GruBu) S. 931v/932v. – Die von Geiß, St. Peter S. 206 (ohne Quelle) angegebenen Nachbarn stammen nicht aus dem Grundbuch, auch nicht die im Häuserbuch genannte Ehefrau Elisabeth.
[2] Urk. D I e 2 - XLII Nr. 2 und F III c Nr. 9. – MB XX 244 S. 334/335.
[3] Kontz Hülger 1482-1509 bei Marienplatz 27* Melbler.
[4] GB IV S. 14v.
[5] GB IV S. 76r.
[6] GB IV S. 108v.
[7] BayHStA, GUM 723, 731, 735.
[8] Heiliggeistspital (Rechnungen) 176/27-176/30.
[9] StadtAM, Hist. Verein von Obb. Urk. 3357.

Eigentümer Weinstraße 1:

* Ainwich der Gollir [1315 März 12]
* [Chunrat] Engellant.[1] 1372, 1375, 1377-1379 Engelland [korn]messer, 1378 cum uxore
    St: 1368: 1/-/- juravit, 1369, 1371, 1372: -/12/-, 1375: -/13/10, 1377: -/11/- juravit, 1378: -/11/18, 1379: 0,5/-/- juravit
*? Chunrat Sawerlacher (Saurlacher, Saẁrlaher, Sawrlaher, Sawrlacher)[2], 1395 [korn]messer, 1395 inquilinus [∞ relicta Engellant ?]
    St: 1387: -/-/60, 1388: 0,5/-/- juravit, 1390/I-II: 0,5/-/-, 1392: 0,5/-/15, 1393: -/6/-, 1395: -/5/10, 1396, 1397, 1399, 1400, 1401/I: 1/-/-, 1401/II: -/-/64 fur 8 lb, iuravit, 1403, 1405/I: -/-/64 fúr 8 lb, 1405/II: -/-/60 fur 8 lb, iuravit
    Pferdemusterung, um 1398: (Ur-Fassung): Chunrat Sawrlacher und Maisel gwantsneider súllen haben ain pferd umb 20 gulden und súllen damit der stat warten.[3] (Korrig. Fassung): Sawrlacher 1 pferd [umb] 16 gulden.[4]
  Engenlant Sawrlacher
    St: 1394: -/6/-
* Chunrat Engellant [Weinschenk[5], 1406 September 24]
* Hans Zwickel kornmesser[6] inquilinus. 1406 Zwickel kornmesser. 1407, 1408 Hanns Zwickel [1402/03 Wirt]
    St: 1399: -/-/60 fúr 10 lb iuravit, 1406: 1/-/16, 1407, 1408: -/10/-
    StV: (1399) [Vermerk am Rand]: novus.
* Chuncz (Chunrat) Zwickel (Zwick) [Salzstößel[7]], 1410/II et uxor sua
    St: 1410/I: -/3/18, 1410/II: 0,5/-/24, 1411: -/3/18, 1412: 0,5/-/20, 1413: -/-/72 iuravit, 1415: -/3/-, 1416: 0,5/-/- iuravit, 1418: 0,5/-/-, 1419, 1423: -/-/-, 1428: dedit 4 gróss, 1431: -/-/-
    StV: (1410/I) iuravit die Zwicklin. (1415) und zu dem nächsten [Steuertermin] sol er swern, ob er burger wil sein. (1428) fúr sich und sein hausgesind.
** Chunrat Aesnhauser (Asenhauser, Asnhauser, Ássenhausser) [Weinschenk[8], ∞ Elsbeth]. 1445 Ásenhauser
    Sch: 1439/I-II, 1440, 1441/I-II: 2,5 t[aglon], 1445: 1 frawen, dedit -/-/8
    St: 1453-1458: Liste, 1462: -/7/2
  Augustin (Augenstin), sein aiden (eydem), 1462 inquilinus
    St: 1458: Liste, 1462: -/7/-
* der Gollir Kapelle gehörig [1444 November 6]
** Hanns Kheller, Weinschenk, ∞ Margreth, verwitwete Konrad Hilgerin [vor 1519 März 19 bis 1522 Juni 23]
** Utz Pawngarttner, Kornmesser, ∞ Anna, geb. Gailer [1522 Juni 23 bis 1525 Juni 10]
** Jorg Hueber kornmesser [∞ Margreth; seit 1525 Juni 10]
    St: 1523: -/3/6 juravit, 1524-1526, 1527/I-II, 1528, 1529, 1532: -/3/6
** Utz Gayler, Kornmesser, Schwiegervater von Utz Pawngarttner [bis 1526 Juni 16]
  Paungarttnerin inquilina
    St: 1532: -/2/-

---

[1] Engellant war 1381 Mitglied des Großen Rates der Stadt, vgl. R. v. Bary III S. 746.
[2] Sicher nicht zu verwechseln mit dem Schrenck-Kaplan Chunrat Saurlacher, vgl. GB I 172/6, 241/28.
[3] Für die korrigierte Fassung wurde Sawrlacher zunächst durch „Kóppel" [Frauenplatz 9] ersetzt, aber auch dieser wieder getilgt und daneben ersetzt durch „Leẁtl sneider". „Maisel [gwant]sneider" steht zu dieser Zeit beim Haus Kaufingerstraße 20*/21*. Der Wert des Pferdes wurde für die korrigierte Fassung abgeändert in 16 Gulden. Angehängt ist an diesen Eintrag „sneider ein pferd umb 16 gulden", wobei fraglich ist, wozu er gehört.
[4] Eintrag versehentlich zwischen Strang von Weinstraße 3 und Ligsalz von Weinstraße 4 eingeschoben.
[5] Ein Chunrat Engelant war Weinschenk, vgl. Gewerbeamt 1411 S. 3r.
[6] 1403 nimmt die Stadt 3 Pfund Pfennige ein „von dem Zwickl kornmesser, die er von purckrechtz wegen schuld worden ist", vgl. KR 1402/03 S. 34r.
[7] Dieser Zwickel 1381 bei Weinstraße 5 Konrad, 1382/1383 bei Weinstraße 6 Salzstößel genannt. Ein Chuntz Zwick ist zur selben Zeit, 1423-1427 und 1431, als Söldner belegt, vgl. R. v. Bary III S. 834.
[8] Chunrad Ásenhawser 1458 Weinschenk, vgl. Gewerbeamt 1411 S. 13v.

** Jórg (Georg) Hórl (Horl, Herl, Hörl), 1522-1548, 1550-1571 kornmesser [∞ Elisabeth]
St: 1522: -/2/4 juravit, 1523-1526, 1527/I: -/2/4, 1527/II, 1528, 1529, 1532: -/2/13, 1540-1542: -/3/17, 1543: 1/-/4, 1544: -/3/17, 1545: 1/-/4, 1546-1548, 1549/I-II, 1550, 1551/I-II, 1552/I-II: -/3/16, 1553, 1554/I-II, 1555-1557: -/3/17, 1558: 1/-/4, 1559, 1560: -/3/17, 1561, 1563, 1564/I-II, 1565, 1566/I-II, 1567/I-II: -/2/26, 1568: 2/-/14, 1569-1571: -/4/10
StV: (1568) zuegesetzt seines suns erb.
** Georg Hueber, ∞ Barbara Hörl, Schwiegersohn und Tochter des vorigen [seit 1575 November 1]

Bewohner Weinstraße 1:

Chunrat cocus inquilinus St: 1368: -/-/10 post
Hainrich [korn]mezzer, 1368 cum fylius (!) suus adhuc St: 1368: -/13/10, 1369: -/12/-
Chunrat Fuchs inquilinus St: 1368: -/-/10 post
relicta Flewgerin inquilina St: 1369: -/-/20 post
 Flewgerin und ir tochter St: 1390/I: -/-/12
Chunrat sartor (sneyder) de (von) Aẃsenhofen, 1379 inquilinus St: 1379, 1381, 1382: -/-/54
patrimonium Hainrich [korn]messer St: 1381: nichil
[Konrad[1]] Prunner koch inquilinus St: 1382: -/-/30 post -/-/9
Hainrich (Haincz) [korn]messer (kornmezzer), 1390/I inquilinus
 St: 1383/I: -/-/18 gracianus, 1383/II: -/5/12 juravit, 1387: -/-/72, 1388: 0,5/-/24 juravit, 1390/I-II: 0,5/-/24, 1392: -/-/60, 1393: -/-/80
Hanns von Petembs sartor inquilinus St: 1383/I: -/-/24, 1383/II: -/-/36, 1388: -/-/16 juravit
Chunrat koch von Lanczberg inquilinus St: 1383/II: -/-/27 gracianus
Lewtl sneider inquilinus St: 1387: -/-/24 iuravit
Swarcz nadler inquilinus. 1388 Swarczz Payr inquilinus St: 1387: -/-/24, 1388: -/-/48 juravit
koch von Nurnberg inquilinus St: 1387: -/-/12 iuravit
Gerolt vischer inquilinus St: 1388: -/-/-
Hennsl Morner. 1390/II Hennsl Morner koch inquilinus
 St: 1390/I: -/-/16 gracianus, 1390/II: -/-/24 iuravit
Hanns koch inquilinus St: 1390/I: -/-/16 gracianus, 1392: -/-/18
Chunrat sneider inquilinus Sulczreiner[2] St: 1390/II: -/-/24
Els inquilina St: 1392, 1393: -/-/12
Chunrat wagenknecht inquilinus St: 1393: -/-/16
Gebl Strawzzer koch inquilinus St: 1393: -/-/16 iuravit
[Heinrich] Lintmayer (Lintmayr) [korn]messer inquilinus St: 1393, 1394: -/-/32
Frydrich Vogler [korn]messer inquilinus St: 1395: -/-/12 gracianus
Fridel Kaelss [korn]messer inquilinus St: 1396: -/-/60 non iuravit
Chuncz Holczleider [korn]messer inquilinus St: 1397: -/-/44 gracianus
Hanns Osterdorffer (Ósterdorffer) [Kornmesser[3]] inquilinus
 St: 1400, 1401/I: 0,5/-/-, 1401/II: -/-/80 fúr 10 lb, iuravit, 1403: -/-/80 fúr 10 lb
Hainczel smidel kornmesser inquilinus St: 1405/I: -/-/60
Alhart kornmesser St: 1407: 1/-/16
Els schlayrlerin inquilina St: 1408: -/-/40
Haincz Stẃpf, 1410/II inquilinus St: 1410/I: -/-/60 gracianus, 1410/II: 0,5/-/- iuravit
Chunrat Wurczer St: 1410/I: facat
Praentel Plúm korenmesser St: 1416: -/-/80 fur 10 lb
Peter kornmesser St: 1418: -/5/2
Hanns Winhart St: 1423: -/20/-, 1424: -/6/20 hat zalt
Wilhalm kornmesser St: 1423: -/-/20 gracianus
Paule Newnhauser [Salzsender[4]] inquilinus St: 1431: -/-/60 iuravit
Ulrich Schefmair kornmesser St: 1453: Liste

---

[1] Konrad Prunner Koch 1383, 1387-1390 bei Dienerstraße 5*B genannt.
[2] „Sulczreinner" nachträglich angefügt.
[3] Vgl. Marienplatz 4* und 5*.
[4] Paul Neunhauser ist 1430 als Salzsender belegt, vgl. Vietzen S. 144.

Hanns Kalczess (Kalczessen) kornmesser St: 1454, 1455: Liste
Peter Gerolt kornmesser[1] St: 1456-1458: Liste
Sigmund weinschenck St: 1482: -/-/60
Haintz Swab satler St: 1482: nichil
[Jacob] Nebelmair [kornmesser[2]] St: 1486: -/7/24
Jórg Reisaher kornmesser St: 1486: -/2/9
Hanns Obermair [kornmesser] St: 1486: -/3/5
Hanns Wolff [Weinschenk[3]] St: 1490: -/5/20
Linhart vischer kornmesser [und Weinschenk[4]]. 1509 relicta Lienhart fischerin. 1514 relicta Linhart kornmesserin
    St: 1490, 1496: -/2/20, 1500: -/3/19, 1509: -/6/10, 1514: Liste
Adam pruechler St: 1490: -/3/20
Jacob Eischer [Obser, Weinschenk[5]] St: 1496: -/5/10 [Schenkensteuer]
Hanns schmid kornmesser St: 1509: -/-/60
Sebastian (Sewastian, Wastian) Rapolt, 1514-1527/II, 1529 kornmesser
    St: 1514: Liste, 1522-1526, 1527/I-II, 1528, 1529, 1532: -/3/19
        StV: (1532) et dedit -/-/17 für p[ueri] Dorffner.
Hainrich Rúsp kornmesser[6] St: 1514: Liste
Linhart Weiß, 1523, 1524 kramer[7] St: 1522-1524: 1/1/2
Adam Trampl barbierer St: 1525, 1526, 1527/I: -/2/7
Schwábin inquilina St: 1525: anderßwo
Hanns spangler inquilinus. 1527/I spángler inquilinus St: 1526, 1527/I: -/-/21 gracion
Hainrich Kemnater schneider[8] St: 1527/II: -/2/-
Wastian (Sewastian) [Rotmair] saltzmesser St: 1527/II, 1528, 1529: -/2/-
hueterin una inquilina St: 1528: -/2/-
Cristof Mair schneider St: 1528, 1529: -/2/-
Jacob Leuttner hueter St: 1528: -/2/-
Kůndl amb inquilina St: 1529: -/2/-
Margreth naterin St: 1529: -/2/-
Andre koch schneider St: 1532: -/-/28 gracion
satlknecht St: 1532: nichil
Linhart Schwanckhart kornmesser[9] St: 1532: -/5/-
    Wolffgang (Woff) Schwanckhart, 1554/II tagwercher St: 1554/II, 1561: -/2/-
Wolff Stubmpeckh leermaister St: 1540: -/2/-
Michel scharwachter. 1541 Michel scharwachter Lehner St: 1540, 1541, 1548, 1549/I: -/2/-
Walthauser (Walthas(ar)) [III.] Hundertpfunt, 1541-1543 leermaister [Ungeldschreiber[10]]
    St: 1541, 1542: -/2/-, 1543: -/4/-, 1544: -/2/-, 1545: -/4/-, 1546-1548: -/2/-, 1549/I: an chamer
Steffan Haydn St: 1542: -/2/-
Sigmund peckh, 1544 gwantschneider St: 1544: -/-/21 gratia, 1545: 2/-/20
Gilg Singerl St: 1547: -/2/-
Augustin Krinner St: 1549/II: zalt supra fol. 28 col. 2 [= 28v, Neuhauser Straße/Nordseite]
    Caspar Krinner [Lernmeister, später Eichgegenschreiber[1]]
    St: 1550, 1551/I-II, 1552/I: -/2/-

---

[1] Peter Gerolt ist 1461, 1466 und 1470 Vierer der Kornmesser, vgl. RP.
[2] Jacob Neblmair ist 1481 und 1494 Vierer der Kornmesser, vgl. RP.
[3] Hanns Wolf bereits 1489 Mitglied der Weinschenkenzunft, vgl. Gewerbeamt 1418 S. 2r.
[4] Lienhart vischer kornmesser ist 1489 Mitglied der Weinschenkenzunft, vgl. Gewerbeamt 1418 S. 4v und 1497 Vierer der Kornmesser, vgl. RP 4 S. 33r, mit falschem Namen „Vilser".
[5] Jacob Eischer (Eyscher) ist u. a. 1494-1496, 1498, 1499 Vierer der Fragner, Obser und Melbler, vgl. RP, und 1489 auch Mitglied der Weinschenkenzunft, vgl. Gewerbeamt 1418 S. 3v.
[6] Hainrich Rusp 1519 und 1520 Vierer der Kornmesser, vgl. RP.
[7] Linhart Weiß 1507 und 1512-1515 Vierer der Kramer, vgl. RP.
[8] Hainrich Kemnatter war von 1505 bis mindestens 1520 wiederholt Vierer der Schneider, vgl. RP.
[9] Linhart Schwankhart wird in Weinstraße 2 als Bräu bezeichnet.
[10] Balthasar Hundertpfund ist 1548 als Ungeldschreiber belegt, vgl. R. v. Bary III S. 880.

Caspar (des) Andre Ligsaltz diener. 1551/I Caspar Álbel
    St: 1549/II: diser zeit nihil, 1550, 1551/I-II: -/2/-
Hanns mangknechtin St: 1552/I-II, 1553, 1554/I: -/2/-
Wilhelm Gebhart, 1552/II-1554/II lermaister (leernmeuster) St: 1552/II, 1553, 1554/I-II, 1555: -/2/-
Caspar Auer pflasterer St: 1555: -/-/14 gratia
Sebastian Karl leermaister
    St: 1556: -/-/14 gratia, 1557: -/2/-
    StV: (1556) mer -/1/19 von wegen seiner hausfrau, wie ire pfleger versteurt haben; soll hinfuro
        schwern. (1557) Ad 12. February zalt -/6/- fur 3 nachsteur.
Hanns Widmanin St: 1556, 1557: -/2/-
Hanns Schwaiger taschner St: 1558: -/4/-, 1559: -/2/-
Hainrich Hueberin pótin. 1559 sein [= des Hanns Schwaiger] infrau Hueberin
    St: 1558: -/2/- der zeit pauper, 1559: nihil, pauper
Hanns wachterin St: 1558: -/2/- der zeit
Wolffgang Wielant [Beutler[2]]
    St: 1559: -/2/-
    StV: (1559) mer -/4/- steur des vergangen jars.
Hanns Heinkhamer maurer St: 1559: -/2/-
Niclas Kirchdarffer (Khirchdorffer) [Prokurator, Redner[3]] St: 1560: -/-/14 gratia, 1561, 1563: -/2/-
Adam Püchlmair[4] St: 1560-/-/- schlegl im Falckhenthurn
Spitzer. 1563 Wolff steckhenspitzer St: 1561: -/-/- ist oben geschriben, 1563: -/2/-
Anna wagnerin St: 1561, 1563: -/2/-
Peter Prechler schuelmaister St: 1564/I-II, 1565: -/2/-
Anna Schottin khiechlpacherin. Jórg Schottin kiechlpacherin St: 1564/I-II: -/2/-
Wolf Lehner (Lechner[5]) zimerman St: 1565, 1566/I-II: -/2/-
Hanns (Örtl, Ertl) schuelmaister St: 1566/I-II, 1567/I-II: -/2/-, 1568: -/4/-, 1569, 1570: -/2/-
Jorg (Geórg) Hueber, 1566/II, 1567/II-1571 khornkheuffl[6], 1567/I tagwercher
    St: 1566/II: -/-/28 gratia, 1567/I-II: -/2/-, 1568: 1/5/22, 1569-1571: -/4/12
    StV: (1568) zuegesetzt seines schwehern erb.
Anndre Griennperger schuelmaister St: 1571: -/2/-

Weinstraße 2

Lage: 1315, 1370 auf dem Kornmarkt. 1382 am Getreidemarkt. 1444 unter den oberen Kornschrannen. 1513 unter der Kornschranne.

Charakter: Kornmesserhaus. Zumindest zeitweise offenbar auch Weinschenke.

Hauseigentümer:

1315 März 12,
1370 September 1 und
1382 April 18 Vorgeschichte wie Weinstraße 1.
1444 November 6 die Häuser des Gollir-Kaplans in Unser Lieben Frauen Pfarr „under den obern kornschrannen" liegen zwischen den Häusern des Asem Ligsalz (Marienplatz 2) und des Hanns Strang von Moosburg (Weinstraße 3).[7]
1453 domus Cappllan von Gollier (Liste).

---

[1] Caspar Krinner ab 1553 Eichgegenschreiber, vgl. R. v. Bary III S. 973. – Vgl. auch Marienplatz 6* und Dienerstraße 9 (1553 ff.) Lernmeister. Bei Rindermarkt 14 wird er 1565 und 1566/I als Kanzleischreiber bezeichnet.
[2] 1557, 1558 bei Marienplatz 3* Beutler.
[3] So 1564/I-II bei Marienplatz 28/29.
[4] „Püchlmair" hinter getilgtem „jäger".
[5] 1566/I „Lechner" über getilgtem „Leutner".
[6] Ein Jörg Hueber ist 1557 und 1564 auch als Salzstößel belegt, vgl. Vietzen S. 155 nach KR.
[7] MB XX 244 S. 334/335. – Urk. F III c Nr. 9.

1454 domus Gollierer (Liste).
1457 domus Gollir capplan (Liste).
1458 domus von Gollier (Liste).
1462 domus Gollir (StB).
1482, 1486 domus Goller (StB).
1490, 1496, 1500, 1508, 1509 domus aller Heiligen (StB).
Am 9. März 1491 zahlt die Stadtkammer 100 Pfund Pfennige „umb das haus dem caplan zw allen heilligen fur den gemach, [das] im bei der Gollier capellen abgebrochen" [wurde].[1] Es dürfte aber kaum dieses sein.
1513 Januar 21 der Kornmesser Ulrich Goller und seine Hausfrau Apollonia verkaufen aus ihrem Haus und Kornschranne ein Ewiggeld von 8 Gulden rheinisch zum Schluder-Stift (= Gollir-Kapelle).[2]
1522 Juni 23 das Haus des Kornmessers Utz Gailer ist dem Haus des Hanns Kellner und seiner Hausfrau Margreth, künftig des Kornmessers „Utz Pawngarttner" (Weinstraße 1) benachbart.[3]
1525 Juni 10 des Ulrich Gaylers Haus ist dem Haus des Kornmesser Ulrich Paumgartner, künftig des Jorg Hueber und seiner Hausfrau Margreth (Weinstraße 1), benachbart.[4]
1526 Juni 16 des Kornmessers Uetz Gayler Behausung liegt neben seiner anderen Behausung, die er jetzt an seinen Schwiegersohn Uetz Paungartner verkauft (Weinstraße 1).[5]
1529 August 9 Hans Gayler verkauft seinem Schwager, dem Bierbrauer Linhart Schwannckhart und dessen Ehefrau Elspet, seiner Schwester, ein Ewiggeld von 2 ½ Gulden um 50 Gulden Hauptsumme aus seinem Haus und Hofstatt und Kornschranne an der Weinstraße, zwischen den Häusern des Utz Paungarttner (Weinstraße 1) und des Hanns Spängl (Weinstraße 3) gelegen.[6]
Am selben Tag verkauft Hanns Goller nach Absterben seines Vaters ein weiteres Ewiggeld von 3 Gulden für 60 Gulden Hauptsumme und seinem Schwager Leonhard Schwanckhart und seiner Ehefrau Elspet, des Goller Schwester, 2 Gulden um 50 Gulden Hauptsumme (GruBu).
1530 September 16 das Ehepaar Schwanckhart verkauft das Ewiggeld aus dem Haus ihres Schwagers und Bruders Hans Gayler an der Weinstraße, zwischen den Häusern des Utz Paungartner (Weinstraße 1) und des Hans Spängl (Weinstraße 3) weiter an den inneren Rat Anthoni Sänftl.[7]
1531 Januar 9 die Eheleute Hanns und Anna Gailer verkaufen dem inneren Rat Anthoni Sänfftl ein Ewiggeld von 1 ½ Gulden für 30 Gulden Hauptsumme aus ihrem Haus an der Weinstraße, zwischen den Häusern des Hans Spängl (Weinstraße 3) und des Ulrich Paungartner (Weinstraße 1)[8] (GruBu).
1536 September 6 der Salzsender (!) Hanns Gailer und seine Hausfrau Anna verkaufen ein Ewiggeld von 2 Gulden um 40 Gulden Hauptsumme (GruBu).
1552 November 24 der Weinschenk Hanns Gailer und seine Hausfrau Barbara verkaufen 10 Gulden Ewiggeld um 200 Gulden Hauptsumme (GruBu).
1562 Januar 20 der Weinschenk Hanns Gailer und seine Hausfrau Barbara verkaufen 7 Gulden Ewiggeld für 140 Gulden Hauptsumme (GruBu).
1568 August 26 erneuter Ewiggeldverkauf des Ehepaares Gailer, diesmal 3 Gulden für 60 Gulden Hauptsumme (GruBu).
1569 September 26 Hanns Gailer der Ältere und seine Hausfrau Barbara verschreiben ihrem Eidam und ihrer Tochter, dem Schneider Georg Ziegler und seiner Hausfrau Anna, 5 Gulden Ewiggeld um 100 Gulden Hauptsumme (GruBu).
1575 laut Grundbuch (Überschrift) des Hanns Gailer Salzsenders Haus und Hof.
Die Gailer haben das Haus noch bis 1629.

Eigentümer Weinstraße 2:

* Ainwich der Gollir [1315 März 12]
* der Gollir Kapelle gehörig [1444 November 6]

---

[1] KR 1491/92 S. 79r.
[2] Stadtgericht 207/3 (GruBu) S. 940v/941r.
[3] GB IV S. 14v.
[4] GB IV S. 76r.
[5] GB IV S. 108v.
[6] BayHStA, GUM 723.
[7] BayHStA, GUM 731.
[8] BayHStA, GUM 735.

* domus cappllan von Gollier. 1454 domus Gollierer. 1457 domus des Goller capplan. 1458 domus von Gollier. 1462 domus Gollir. 1482, 1486 domus Goller
   St: 1453-1458: Liste, 1462: -/5/10, 1482: anderswo, 1486: 1/-/- sein gesaczte stewr
* domus aller heiligen (heilign)
   St: 1490: 1/-/- sein gesaczte stewr, 1496, 1500, 1508, 1509: 1/-/-
** Utz Gailer (Gayler), 1514, 1523, 1525- 1527/I-II, 1528 kornmesser [∞ Apollonia], 1529 patrimonium
   St: 1514: Liste, 1522-1526, 1527/I-II, 1528, 1529: -/3/13
** Hanns Gailer (Gayler), 1532 saltzsenter [und Wirt[1], Sohn von Utz Gayler, ∞ 1. Anna, 2. Barbara], 1540, 1541, 1551/I, 1552/II kornmesser, 1555-1571 der alt
   St: 1532: -/5/10 salltzsenndtersteur, 1540-1542: -/3/7, 1543: -/6/14, 1544: -/3/7, 1545: -/6/14, 1546-1548, 1549/I-II: -/3/7, 1550, 1551/I-II, 1552/I-II: -/5/10 schenckhsteur, 1553, 1554/I-II, 1555-1557: 2/-/-, 1558: 4/-/-, 1559, 1560: 2/-/-, 1561, 1563, 1564/I-II, 1565, 1566/I-II, 1567/I-II: 1/2/19, 1568: 2/5/8, 1569-1571: 1/1/18
   StV: (1546-1549/I) mer -/-/26 fúr p[ueri] Kidnit; mer -/2/24 fúr (von) 3 fl gelts gen Purckhausen. (1548, 1549/I) mer -/-/25 fúr p[ueri] Tichtl. (1549/I) zalt ½ fl fúr p[ueri] Kidnit fúr 3 nachsteur am 4. May. (1549/II-1552/II) mer -/4/11 fúr p[ueri] Tichtl. (1551/II, 1552/I) mer -/1/12 gratia (von wegen) seins weibs heyratguet. (1551/II) mer -/4/2 fúr seiner kinder an freulich erb. (1552/I) mer -/4/12 fúr seine kinder. (1552/I-1554/II) mer -/-/21 fúr pueri Gerolt (Gerwolt) schneider.[2] (1552/II) mer -/2/10 als ain zusatz seins weibs heyratguet; mer -/4/2 fúr p[ueri] Gayler. (1553) darin seiner kinder gueth auch versteurt. (1553-1557, 1559, 1560) mer 1/1/20 fúr p[ueri] Tichtl. (1553-1557) mer -/1/10 fúr p[ueri] Paungartner. (1554/I-1560) sambt seiner kinder steur (stewr). (1558) mer 2/3/10 fúr pueri Tichtl. (1558) mer -/2/20 fúr pueri Paungartner. (1559, 1560) mer -/1/8,5 fúr p[ueri] Steger. (1561) mer fúr p[ueri] Dichtl an chamer 3/3/15 [fúr] 3 nachsteur, zalt. (1561) mer fúr p[ueri] Steger -/3/-. (1563, 1564/II) mer fúr p[ueri] Steger -/1/5. (1564/I) mer fúr des Stegers khinder -/1/5.
* Hanns Gayler (Gailer), 1555-1569 der jung [Salzsender[3]]
   St: 1555: -/1/12 gratia, 1556: 1/2/26 juravit, 1557: 1/2/26, 1558: 2/5/22, 1559, 1560: 1/2/26, 1561, 1563, 1564/I-II, 1565, 1566/I-II, 1567/I-II: -/5/10, 1568: 1/3/20, 1569: -/5/10 saltzsenntersteur (1566/I schenckhnsteur)
   StV: (1555) mer 1/2/10 seiner hausfrau steur wie die pfleger gsteurt haben.

Bewohner Weinstraße 2:

Prántel [korn]mezzer. 1371, 1372 Ull Praentel (Prantel) St: 1368: -/-/80, 1369, 1371, 1372: 0,5/-/-
Ull kúrsner St: 1368: -/-/12
Ull Durrenpúhler (Dúrrenpúhler) St: 1371: 1/-/-, 1372: -/10/- post, 1375: -/9/18
   Úll vragner inquilinus Dúrrenpúher[4] St: 1375: -/-/-
Andre servus Ott Guldein inquilinus St: 1375: -/6/20 et -/-/36 pro pena
Chunrat Halmberger. 1382 relicta Chunrad Halmberger. 1383/I-II relicta Halmbergerin
   St: 1377: 7,5/-/- juravit, 1378, 1379: 7,5/-/-, 1382, 1383/I: 5/-/-, 1383/II: 7,5/-/-
   filius uxoris St: 1377, 1379: -/-/-
Chunrat sartor de Awsenhofen (Aẇsenhofen) inquilinus St: 1377: -/-/54 juravit, 1378: -/-/54
[Hans ?] Wólfel preẇ[5]. 1387, 1390/I-1394, 1403, 1405/II Wólfel[1] (Wolfel) kornmesser. 1395-1401/I

---

[1] Hanns Gayler der Ältere 1536, 1567 und 1570 Salzsender, vgl. Vietzen S. 148 nach GruBu, KR und Zollregister 1572-1575.
[2] Derselbe Eintrag 1555 wieder getilgt.
[3] Hanns Gayler der Jüngere 1552 und 1555 als Salzsender, 1553 als Weinschenk belegt, vgl. Vietzen S. 148 nach KR, GruBu und Zollregister 1572-1575.
[4] Er steht fälschlich bei Haus Nr. 3, deshalb der Zusatz „inquilinus Dúrrenpúher".
[5] Wolfel prew ist 1381 Mitglied des Großen Rates, vgl. R. v. Bary III S. 746. Er wird 1398/99 zu den „Wirten" gerechnet, denen die Stadt Zehrkosten für Gäste erstattet („an seinem gelt, daz man datz im verzert hat in der rais"). Es sind nur 6 Schillinge, vgl. KR 1398/99 S. 114v. Dafür hatte er aber als Kornmesser einen ehrenvollen Auftrag: er durfte in der Unruhezeit das in den Häusern der aus der Stadt verbannten oder geflohenen Rudolf, Schluder und Sentlinger lagernde Getreide für den Verkauf vermessen und bekam dafür 1 Pfund Pfennige Lohn, vgl. KR 1399/1400 S. 124r; Muffat, Kazmair-Denkschrift S. 464, 509. Katzmair rechnet ihn

Wólffel prew korenmesser. 1405/I, 1406-1408, 1410/I Wolfhart kornmesser [1398/99 wirt]
    St: 1377: -/3/- juravit, 1378: -/-/60, 1379, 1381, 1382, 1383/I: -/3/-, 1383/II: 0,5/-/15, 1387: 0,5/-/-, 1388: 1/-/- juravit, 1390/I-II: 1/-/-, 1392: -/6/-, 1393, 1394: 1/-/-, 1395: 0,5/-/-, 1396, 1397, 1399, 1400, 1401/I: -/6/-, 1401/II: -/12/- iuravit, 1403, 1405/I: -/12/-, 1405/II: -/9/- iuravit, 1406-1408: -/12/-, 1410/I: -/9/- propter patrimonium

Ulrich Mayrhofer [Wirt[2], ∞ relicta Wölfel ?], 1410/II-1423 (et) pueri uxoris
    St: 1410/II: -/10/20 iuravit, 1411: 1/-/-, 1412: -/10/20, 1413: 1/-/- iuravit, 1415: 1/-/-, 1416: -/10/20, 1418: -/10/20 iuravit, 1419: -/10/20, 1423: -/9/-, 1424: -/3/- hat zalt, 1428: dedit 7 gross, 1431: -/10/- iuravit
    StV: (1428) fúr sich und sein hausgesind.

    pueri Hanns Wólfel (Wolfel)
        St: 1431: -/-/60 gracion
        Sch: 1441/I: 0,5 t[aglon]

Hainrich korenmesser inquilinus[3] St: 1379: 1/-/-
Albrecht prewknecht inquilinus St: 1379: -/-/18
Hainrich mercator St: 1381: -/-/12
Chunrat Übelher [korn]messer inquilinus St: 1382: -/-/48
Chunrat Saurlaher [korn]messer, 1383/I cum uxore, 1383/II inquilinus
    St: 1383/I: -/5/- gracianus r[ati]o[n]e ipsius, 1383/II: -/6/- juravit
Ulrich Obermair Sch: 1439/I-II, 1440, 1441/I-II: 1 t[aglon]
Peter Tobler, 1439/II, 1441/I (korn)messer, 1441/II inquilinus Sch: 1439/I-II, 1441/I-II: 1 t[aglon]
Albrecht kornmesser,[4] 1462 inquilinus
    Sch: 1445: 1 diern, dedit
    St: 1453-1458: Liste, 1462: -/3/12
Ulrich Landawer schuster inquilinus St: 1458: Liste
Pernecker schneyder inquilinus St: 1462: -/-/60
sein muter inquilina St: 1462: nichil
Thoman kornmesser St: 1482: -/5/10 [Schenkensteuer]
Hanns Obermair kornmesser St: 1482: -/-/60
Peter Prugker [Kornmesser, Weinschenk[5]] St: 1486, 1490: 1/-/25, 1496: 1/-/23
Ulrich peck obßer St: 1486: -/-/60
Jorg Reysacher kornmesser St: 1490: -/2/9
Linhard Rainer St: 1490: -/2/10
Hanns Geschirr (Gschirr), 1496, 1500 kornmesser[6] St: 1490: -/6/10, 1496: -/5/15, 1500: -/5/12
Kriechpámer kornmesser St: 1496: 1/1/12
Michel Riennßhofer [Weinschenk[7]] St: 1500: -/7/10
Genskopf kornmesser St: 1500: -/3/11
    Jórg Genskopf St: 1500: -/-/60
Hanns schmid kornmesser St: 1508: -/-/60
relicta Linhart vischerin St: 1508: -/6/10

---

    zu den „Darnach Bösen". 1402 schuldet die Stadt dem Wolfel kornmesser 12 Schillinge und 1403 Wolfhart dem kornmesser 1 Pfund 12 Pfennige „von der alten rais", also für Gästebewirtung im Auftrag der Stadt, vgl. Steueramt 572 (Leibgedingbuch 1402/03) S. 47r, 573 (Leibgedingbuch 1404/09) S. 41r.

[1] 1387 zwischen Wólfel und kornmezzer Rasur eines ganzen Wortes.
[2] Der Mairhofer an der Weinstraße gehört 1430 zu den Wirten, die Ungeld zahlen, vgl. Steueramt 987.
[3] Eintrag 1379 zwischen denn Zeilen eingefügt, allerdings eine Zeile zu hoch, weil das folgende „filius uxoris" zu Halmberger gehört.
[4] „Albrecht kornmesser unter der oberen kornschrann" ist 1462 Vierer der Kornmesser, 1463 ist der Eintrag mit dem Vermerk versehen „ist tod", vgl. RP.
[5] Peter Prugker bei Marienplatz 2 als Kornmesser bezeichnet, auch 1480 ein Peter Prugker Kornmesser-Vierer, vgl. RP. – Ein Peter Prugker ist aber 1489 auch Mitglied der Weinschenkenzunft, vgl. Gewerbeamt 1418 S. 2v. – Ebenfalls ein Peter Prugker 1505-1507, 1508 wieder getilgt, Vierer der Salzstößel, vgl. Vietzen S. 157 nach RP.
[6] Hanns Geschirr 1496, 1500, 1501, 1503 Vierer der Kornmesser, vgl. RP.
[7] Michael Rienshover 1497 Aufnahme in die Weinschenkenzunft, vgl. Gewerbeamt 1418 S. 9r. – Der Wirt Michael Rienßhoffer zahlt am Pfingstsamstag 1497 Bürgerrechtsgeld, vgl. KR 1497/98 S. 30r. Später findet man ihn im Tal.

Hanns tagwercher. 1509 Hanns Schifer tagwercher St: 1508, 1509: -/-/60
Peter Reischl kornmesser [und Weinschenk und Salzstößel[1]] St: 1508: 1/1/20
Haintz Rusp kornmesser St: 1508: -/4/25
Linhart griesmülner kornmesser St: 1509: -/2/22
Utz Weiß peck inquilinus St: 1514: Liste
Utz Lebin, 1522 kochin St: 1522, 1523: -/2/-
Vesst koch[2] St: 1524, 1525: -/5/10 schencknsteur
Hanns Kemnater k[ornmesser] St: 1524: -/2/1
    Heinrich Kemnatter schneider[3] St: 1528: -/2/-
Rieger schneider. 1526, 1527/I Wolfganng Rieger schneider St: 1525: anderßwo, 1526, 1527/I: -/2/-
    [Hans] Rieger amer St: 1529: -/2/-
Hanns Súttner schneider St: 1527/II: -/2/-
Hanns Mair k[ornmesser] St: 1529: -/2/-
Josep Ránftl k[ornmesser] St: 1532: -/2/13
Wastian glaser Ostndorffer St: 1540: -/2/20
Michel Leng glaser St: 1542: -/2/-
Frantz Schaidnreysser (Schaidenreysser) St: 1543: -/4/-, 1544: -/2/-
Veit Pötschner St: 1545: -/4/-
Sigmund peckh [Gewandschneider] St: 1546-1548, 1549/I-II: 1/-/10
Sigmund Schwaiger kornmesser St: 1553, 1554/I: -/2/-
Pauls Múlrad [Schuster[4]] St: 1555, 1556: -/2/-
Andre Klebl melbler St: 1557: -/-/14 gratia
Jorg (Georg) Neumair (Newmair), 1559, 1564/I-1570 kornmesser. 1571 khornmesserin
    St: 1558: -/4/-, 1559-1561: -/2/-, 1563, 1564/I-II, 1565, 1566/I-II, 1567/I-II: -/2/7, 1568: -/4/14,
    1569-1571: -/2/-
    StV: (1558) mer -/-/7 fúr p[ueri] peckhknecht. (1559-1561) mer -/-/3,5 fúr p[ueri] peckenknecht.
    (1563) zuegesetzt mer fúr p[ueri] peckhenkhnecht -/-/3,5. (1564/I-1567/II) mer fúr p[ueri]
    peckhenkhnecht -/-/3,5.
Simon Paungartner (Paungarttner) schneider St: 1570, 1571: -/2/-

Weinstraße 3
(mit Thiereckstraße 3)

Charakter: Weinschenke. Kornmesserei.

Hauseigentümer:

In den Steuerbüchern stehen die Strang hier bereits seit 1368.
1403 April 23 hat die Stadt 44 Pfund und 60 Pfennige sowie 3 ½ ungarische Gulden und 4 rheinische Gulden „eingenomen auz Ulrich dez Strangen hawsern", wozu sicher auch dieses hier gehörte.[5] Auch die Häuser des Ulrich Strang waren also in der Zeit der Bürgerunruhen von der Stadt eingezogen und verpachtet.
1431 Haus des Martein Strang (StB).
1439-1441 domus Martein Strang (StB).
1444 November 6 das Haus des Hanns Strang von Moosburg ist den Häusern der Gollir-Stiftung unter der oberen Kornschranne (Weinstraße 1 und 2) benachbart.[6]

---
[1] Peter Reischl ist seit 1506 Mitglied der Weinschenkenzunft, vgl. Gewerbeamt 1418 S. 14r. – Ebenfalls Peter Reuschl 1506 Salzstößel, vgl. Vietzen S. 155 nach KR, und 1513, 1516-1518 Vierer der Salzstößel, vgl. RP.
[2] Wohl der Silvester koch, der 1517-1519 derern Vierer ist, vgl. RP. – Vesst koch 1535-1537 Stadtkoch, vgl. R. v. Bary III S. 863 nach KR.
[3] Hainrich Kemnater ist 1505 bis nach 1520 wiederholt Vierer der Schneider, vgl. RP.
[4] So 1571 bei Marienplatz 1.
[5] KR 1402/03 S. 25v.
[6] MB XX 244 S. 334/335. – Urk. F III c Nr. 9 und D I e 2 - XLII Nr. 2.

1452 Januar 28 das Haus des Martein Strang ist dem Haus des verstorbenen Karl Ligsalcz (Weinstraße 4) benachbart.[1]

1453-1458, 1462 domus Martein Strang (StB).

1482, 1486 domus Strang (StB).

Dann könnte Peter Prugker Hauseigentümer sein. Er ist 1503 Mitglied der Gemain und deren Viertelhauptmann im Kreuzviertel, wozu Hausbesitz vorauszusetzen ist.

1514 domus Knebl (Liste).

Ein Knöbl zahlte 1486 die Steuer für das domus Strang. Wahrscheinlich sind Prugker und Knöbel eine Erbengemeinschaft nach den Strang, wohl zusammen mit Spängl, da der Wirt Spängl auch schon 1508 hier im Steuerbuch auftaucht.

1529 August 9,

1530 September 16 und

1531 Januar 9 das Haus des Hanns Spängl ist dem Haus des Hanns Gayler (Weinstraße 2) an der Weinstraße benachbart.[2]

1547 Februar 15 Michel Spänngl und seine Hausfrau Anna verschreiben ihrem Vater und Schwiegervater Hanns Spänngl 25 rheinische Gulden Ewiggeld für 500 Gulden Hauptsumme zur Entrichtung der Kaufsumme der Behausung.[3]

1570 Oktober 23 die Vormünder von Wolff Spängls hinterlassenen drei Kindern Hans, Barbara und Ursula verschreiben der Frauenkirche 25 rheinische Gulden für 500 Gulden Hauptsumme (GruBu).

1572 Juni 20 und

1574 April 1 weitere Ewiggeldverschreibungen der Vormünder, u. a. 9 Gulden für 180 Gulden Hauptsumme (GruBu).

1575 laut Grundbuch (Überschrift) der Anna, weiland Micheln Spängls Witwe, Haus.

Die Spängl haben das Haus bis 1583.

In dem Haus gab es offenbar bis mindestens 1428 und wieder ab etwa 1482 eine Weinschenke.

Eigentümer Weinstraße 3:

    pueri[4] Oswaldi (Oswald) Strang. 1375, 1377 patrimonium Óswaldi Strang
        St: 1368, 1369, 1371, 1372: -/-/-, 1375: 0,5/-/-, 1377: solvit 0,5/-/-[5]

*   Ulrich Strang [äußerer Stadtrat, Weinschenk[6]]
        St: 1381, 1382, 1383/I: 7/-/42, 1383/II: 10/6/3, 1387: 4/-/40, 1388: 8/-/80 juravit, 1390/I-II: 8/-/80, 1392: 4,5/-/-, 1393, 1394: 6/-/-, 1395: 2/-/-, 1396, 1397, 1399, 1400: 3/-/-, 1401/I-II: -/-/-, 1403: 2/-/- iuravit, 1405/I: 2/-/-, 1405/II: 2,5/-/- iuravit, 1406-1408: 3/-/80, 1410/I: 4/6/- iuravit, 1410/II: 6/-/80, 1411: 4/6/-, 1412: 6/-/80, 1413: 4/-/30 iuravit, 1415: 6/-/72, 1416: 8/3/6, 1418: 8/7/6, 1419: 7/-/-, 1423: 5,5/-/9, 1424: -/14/23 hat zalt, 1428: dedit 4 gross
        StV: (1428) für sich selb und wil nicht mer geben und habent geben sein zwen ehalten 2 gross.
        Pferdemusterung, um 1398: Ulreich Strang sol haben ain[7] pferd umb 20 guld[en] und sol selb[er] reiten oder ein erberg knecht; (Korrig. Fassung): Ulreich Strang sol haben 2 pferd umb 40 guld[en] und sol selb[er] reiten oder ein erberger knecht.

*   Martein Strang
        St: 1431: 1/-/5 von seinem haws

*   domus Martein Strang
        Sch: 1439/I-II, 1440, 1441/I-II: 1 t[aglon]
        St: 1453-1458: Liste, 1462: -/12/10

---

[1] Vogel, Heiliggeistspital, Urk. 328.

[2] BayHStA, GUM 723, 731, 735.

[3] Stadtgericht 207/3 (GruBu) S. 943v. Einen Eintrag zu 1522 – wie im HB KV S. 352 – gibt es im Grundbuch jedoch nicht.

[4] 1368 „pueri" vor das getilgte „patrimonium" gesetzt.

[5] 1377 der Steuerbetrag nachträglich am Rand vermerkt.

[6] Ulrich Strang ist 1380, 1382-1384 äußerer Rat, 1383 einer der Steuerer, vgl. R. v. Bary III S. 743. – Er flieht vor den Unruhen aus der Stadt. Die Mieteinnahmen von seinem Haus konfisziert die Stadt, vgl. KR 1402/03 (19 Pfund 60 Pfennige) S. 25v und KR 1400/02 S. 27r. – Muffat, Kazmair-Denkschrift S. 536. – Ulrich Strang ist Weinschenk, vgl. Gewerbeamt 1411 S. 2r.

[7] Vor „ain" getilgtes „zway".

* Hanns Strang von Mospurg [1444 November 6]
* domus Strang
    St: 1482: 2/-/20, 1486: 3/7/10 dedit Knóbl
    StV: (1482) et dedit 1/6/- von 15 gulden geltz hie in der stat.
* Knóbel
    St: 1486: 1/5/20
* domus Knebl
    St: 1514: Liste
** Hanns Spángel (Spanngel, Spángl, Spangl, Spängl), 1508-1514, 1540, 1541 wirt, 1523 weinschenckh [Salzstößel[1]]. 1555-1557 Hanns Spánglin (Spänglin).
    St: 1508, 1509: 1/3/20, 1514: Liste, 1522-1526, 1527/I: 5/2/14, 1527/II, 1528, 1529, 1532: 6/6/7, 1540-1542: 9/6/10, 1543: 19/5/20, 1544: 9/6/10, 1545: 20/2/24, 1546-1548, 1549/I-II, 1550, 1551/I-II, 1552/I-II, 1553, 1554/I: 10/1/12 patrimonium das erst, 1554/II: 10/1/12 patrimonium das ander, 1555: 1/1/28 juravit, 1556: 1/1/28, 1557: 1/1/28 matrimonium
    StV: (1508, 1509, 1522-1525) et dedit -/-/14 fúr pueri Perner. (1522-1525) et dedit -/-/18 fúr p[ueri] Strasser. (1540) hat abgsetzt ain halben gulden, so er seiner dochter man ain heyratguet an ewigen gelt geben. (1542, 1544) mer 2/2/22 fúr Utz Heyblmans (Heiblmans) brueder. (1543) mer 4/5/14 fur Jorg Heyblman.
** Michel Spängl (Spángl, Spangl, Spenngl, Spänngl, Spänngel), 1552/II wirt [äußerer Rat[2], Sohn von Hanns Spängl, ∞ Anna]. 1569-1571 Michel Spánglin
    St: 1545: 2/-/26, 1546: 5/-/24 juravit, 1547, 1548, 1549/I-II, 1550, 1551/I-II, 1552/I-II: 5/-/24, 1553, 1554/I-II: 5/3/4, 1555-1557: 6/4/24, 1558: 13/5/19, 1559, 1560: 6/6/9 ½, 1561, 1563, 1564/I-II, 1565, 1566/I-II, 1567/I-II: 5/6/3, 1568: 11/5/6, 1569: 5/6/3 patrimonium, 1570, 1571: 4/6/3
    StV: (1545) mer -/2/10 fúr seiner hausfrau alte steur, sein gratia. (1549/I) mer -/1/17 fúr p[ueri] Kreutzer. (1549/II-1552/II) mer -/1/28 fúr p[ueri] Kreutzer. (1551/II-1552/II) mer 1/-/10 fúr p[ueri] Mayr preẃ. (1552/I-II) mer -/3/25 fúr p[ueri] Michel schmid. (1552/II) mer -/-/21 fúr p[ueri] Laydeckh fúr 3 nachsteur. (1552/II-1554/I) mer 1/-/17 fúr p[ueri] Mayr preu. (1553-1557, 1559, 1560) mer -/5/25 fúr p[ueri] Kreutzer (Kreitzer). (1553, 1554/I) mer -/1/5 fúr p[ueri] Michl schmid. (1554/I) ad 21. Julii zalt Spángl fúr Cristoffn Mayr 3 nachsteur 48 ½ kreutzer. (1554/II) mer -/5/21 fúr p[ueri] Mayr preu, darin 45 kreutzer 3 nachsteur. (1554/II-1557, 1559) mer -/1/5 für (fúr) p[ueri] Hanns (!) schmid. (1555) zugsetzt seins vatern erb. (1555-1557) mer -/1/ 29 ½ fúr p[ueri] Mayr. (1558) zugsetzt seiner mueter erb; mer -/3/29 fúr p[ueri] Mayr; mer 1/4/20 fúr p[ueri] Kreutzer; mer 2/-/10 fúr Hansn schmid; mer 1/3/- fúr den Niclas schmid; mer -/4/16 ain steur vergangen jars. (1559) mer -/1/5 fúr p[ueri] Niclas schmid, soll hinfúro wie ain gast ghalten werden. (1560) mer fúr p[ueri] Hans schmid -/1/5. (1560) mer fúr p[ueri] Spángl 1/2/21. (1561) mer fúr p[ueri] Michel schmid 3 nachsteuer 3/5/21. (1561, 1563-1567/II) mer fúr p[ueri] Kreutzer (Khreitzer) 2/2/6. (1561) mer fúr p[ueri] Spänngl 1/4/10. (1561, 1563) mer fúr p[ueri] (Hanns) schmid -/5/-. (1563-1567/II) mer fúr p[ueri] Spanngl (Spänngl, Spángl) 1/4/24. (1563-1567/II) mer fúr p[ueri] Strobl -/-/14. (1564/I) mer folio 97r [Ewiggeld] fur Caspar schmid [Koch[3]]. (1564/II) mer fúr Hanß schmid von 15 fl 3 nachsteur 2/1/-. (1567/II, 1568) mer fúr Caspar schmid folio 11r [Ewiggeld]. (1567/II) mer fúr Unnser Frauen gotshaus als khirchenprobst. (1568) mer fúr Unnser Frauen gotshauß. (1568) mer fúr p[ueri] Khreutzer 4/4/12. (1568) mer fúr p[ueri] Strobl -/-/28. (1568) mer fúr p[ueri] Spángl 3/2/18. (1569) mer fúr Wolf Spangl 1/4/24 unnd fúr Caspar schmid [Gerichtsschreiber zu Miesbach] folio 10v [Ewiggeld]. (1570) ausserhalb der 1000 fl widerleg, so diser zeit noch nit richtig, wans erledigt oder ir daran bezalt, sol sis zuesetzn. (1571) ausserhalb der 1000 fl widerleg, wanns erledigt, sols sis zuesetzn.
** Hans, Barbara, Ursula Spängl, hinterlassene Kinder von Wolf Spängl [1570 Oktober 23 bis 1574 April 1, Teilbesitz]
** Anna Spängl, Witwe von Michel Spängl 1575

---

[1] Hanns Spängl – „Daumbs aiden" – ist seit 1503 Mitglied der Weinschenkenzunft, vgl. Gewerbeamt 1418 S. 12v. – Von 1514 bis nach 1520 ist Hanns Spangl auch Vierer der Schenken, vgl. RP. – Hanns Spängl 1521 auch Salzstößel, vgl. Vietzen S. 156 nach KR.

[2] Michel Spängl 1554-1559, 1565-1569 äußerer Rat, vgl. Fischer, Tabelle IV S. 2/3.

[3] So 1553-1566 bei Kaufingerstraße 13 und 1566-1571 bei Fürstenfelder Straße 3.

Bewohner Weinstraße 3:

Niclas Gerstel inquilinus St: 1368: 3/-/-
Ulrich Stainer inquilinus. 1369, 1371 Stainer inquilinus St: 1368: 0,5/-/-, 1369, 1371: -/6/-
Jórig Altman inquilinus St: 1369: 6/-/-
Jacob Kemmater, 1371, 1375 inquilinus St: 1371, 1372: 4/-/75, 1375: 7/-/- minus -/-/80
Haincz (Hainrich) von Nórthofen (Northofen)[1], 1372 cum uxore, 1375, 1377, 1381-1383/II inquilinus. 1388 relicta Hainrici de Nórthofen inquilina
    St: 1372: -/9/-, 1375: -/10/20, 1377: 1/-/- juravit, 1378, 1379, 1381, 1382, 1383/I: 1/-/-, 1383/II: -/12/-, 1388: 0,5/-/- juravit
Dietel Hasenegger inquilinus Hainricus de Northofen[2] St: 1375: -/-/60 gracianus
Hainrich Zanck inquilinus St: 1387: -/-/80
Prenner inquilinus. 1390/I Prennerin inquilina St: 1387: -/-/8, 1390/I: -/-/-
Eberl salczmesser, 1390/I inquilinus. 1390/II, 1392 Eberl salczstozzer inquilinus
    St: 1387: -/-/28, 1390/I-II: -/-/56, 1392: -/-/72
Hainrich Ráuschel inquilinus St: 1388: -/13/10 juravit
Ann inquilina St: 1392: -/-/12 gracianus
Ann Maekin (Wekin)[3] inquilina. 1395 Mággin inquilina St: 1393: -/-/16, 1394, 1395: -/-/-
Herman[4] Weyermair [ehem. Kornmesser[5]] inquilinus St: 1393: -/5/22
    Purckhart Weyrmair, 1400-1403, 1405/II inquilinus
        St: 1397, 1399, 1400, 1401/I: 0,5/-/24, 1401/II: -/6/12 iuravit, 1403, 1405/I: -/6/20, 1405/II: -/6/18 iuravit
Hawg [korn]messer[6] inquilinus St: 1393: 0,5/-/8
    Matheis Hawg schenck inquilinus St: 1401/I: -/-/-
Ulrich Tornahcher (Dornacher) [Wirt ?[7]] , 1395, 1396 inquilinus
    St: 1394: -/-/48, 1395, 1396 -/-/60 fur (fúr) sechs (6) lb
Hainrich Tennlocher (Dennloher) [Fragner[8]], 1396 inquilinus
    St: 1394: -/5/10, 1395: -/-/60 fúr zwelff lb, 1396: -/-/72 fúr 12 lb
Chunrat[9] wagenknecht St: 1394
Els Otenburgerin inquilina St: 1395: -/-/-
Mawlin inquilina St: 1396: -/-/-
Seydel[10] inquilinus St: 1396: -/-/60 gracianus
Hannsel Kransperger inquilinus St: 1397, 1400: -/3/-, 1401/I: -/-/-
Haincz (Hainczel) tuchscherer inquilinus
    St: 1397: -/3/6 iuravit, 1399, 1400, 1401/I: -/3/6, 1401/II: -/3/6 iuravit, 1403, 1405/I: -/3/6
Peter Eysenreich [wirt[11]] inquilinus St: 1401/II: -/13/10 iuravit, 1403: -/13/10
Marttein salczstozzel St: 1401/II: -/-/60 fur 5 lb iuravit
Andre Reintaler inquilinus. 1405/I-1407 Andre Reintaler salczstozzel inquilinus.[12] 1408 relicta Andre Reintaler inquilina
    St: 1403, 1405/I: -/7/14, 1405/II: -/7/- minus -/-/6 iuravit, 1406, 1407: -/9/2, 1408: -/9/2 propter patrimonium

---

[1] Hainrich von Northofen ist 1381 Mitglied des Großen Rates, vgl. R. v. Bary III S. 746.
[2] Er steht irrtümlich beim Haus Nr. 9. Deshalb wird er mit dem Zusatz „inquilinus Hainricus de Northofen" hierher gezogen. – „Hasenegger" über der Zeile eingefügt.
[3] 1396 wieder getilgt „Maeckin".
[4] Wieder getilgt „Ulrich".
[5] 1390 bei Marienplatz 4* Kornmesser.
[6] Hawg wird 1379-1392 bei Marienplatz 5* Kornmesser und Fütterer genannt.
[7] Zumindest seine Witwe ist 1398/99 Wirtin, vgl. Kaufingerstraße 12*.
[8] Vgl. Marienplatz 9*B.
[9] Ganzer Eintrag wieder getilgt.
[10] 1396 vor „Seydel" wieder getilgt „Maegkinn".
[11] Dem Wirt Peter Eysenreich zahlt die Stadt 1403 10 Pfund und 11 Pfennige sowie 18 Schillinge und 20 Pfennige Zehrgeld für einquartiertes Kriegsvolk von der neuen Rais, vgl. Steueramt 572 (Leibgedingbuch 1402/03) S. 65v.
[12] Vgl. Weinstraße 4.

Chuncz Weyrader salczstozzel inquilinus. 1407 patrimonium Weirater salczstózzel inquilinus
    St: 1406: 0,5/-/8 iuravit, 1407: -/-/-
Lewpold sneider inquilinus St: 1406, 1407: -/13/26
Haincz Scheiringer salczstozzel inquilinus. 1408, 1410/I-II, 1411, 1412, 1418 Haincz Scheyringer (Scheiringer), 1408, 1410/I-II, 1412 inquilinus
    St: 1407: -/-/54 gracianus, 1408: -/3/6 iuravit, 1410/I: 0,5/-/- iuravit, 1410/II: -/5/10, 1411: 0,5/-/-, 1412: -/5/10, 1418: -/3/6
Liebhart (Liebel) von Perg [Salzsender], 1410/II, 1413 inquilinus
    St: 1410/I: -/10/- iuravit, 1410/II: -/13/10, 1411: -/10/-, 1412: -/13/10, 1413: -/10/- iuravit, 1415: -/13/-, 1416: 2/-/80, 1418, 1419: 3/-/80
    StV: (1418) von salczfúrens wegen.
    (et) pueri uxoris. 1415 pueri uxor[is] Liebel von Perg
    St: 1410/I: -/3/- gracianus, 1410/II: 0,5/-/- gracianus, 1411: -/3/- gracianus, 1412: 0,5/-/- gracianus, 1413, 1415, 1416, 1418, 1419: -/3/- gracianus
Ulrich Zaler, 1410/II inquilinus St: 1410/I: -/-/50 gracianus, 1410/II: -/-/-
púchsenmaister inquilinus. 1410/II, 1411, 1415 Thomel púchsenmaister inquilinus
    St: 1410/I-II: -/-/12 gracianus, 1411: -/-/10 fúr nichil, 1415: -/-/32
Pachhamerin St: 1410/II: -/-/28 fúr nichil
Hanns Aesenhawser (Aesenhaẃser) inquilinus St: 1412: 1/-/-, 1413: 0,5/-/24 iuravit
Thomel platner inquilinus St: 1412: -/-/12 fúr nichil
uxor Michel Wúnn St: 1413: -/-/-
Kristan (Kristel) Lechss inquilinus St: 1415: -/3/-, 1416: 0,5/-/-
Hanns Zerenschild (Zernschild) [Wirt[1]], 1423 et pueri Jacob yrcher [nachgetragen:] sind abgestorben
    St: 1418, 1419: 4/-/80, 1423: 5/-/-, 1424: -/13/10 hat zalt
Peter korenmesser, 1519, 1423, 1431 inquilinus
    St: 1419: -/5/2, 1423: 1/-/24, 1424: -/-/88 hat zalt, 1428: dedit 4 gross, 1431: -/-/80 iuravit
    StV: (1428) fúr sich und sein hausfrau und sein ehalten.
Werndel zollner inquilinus St: 1423: -/5/-
Els naderin[2] inquilina St: 1423: -/-/-
Khatrey inquilina St: 1423: -/-/37
Ludwig Eysenman (Eysnman) [Salzsender ? Wirt[3]], 1431, 1439/I inquilinus
    St: 1428: dedit 19 gróss, 1431: -/19/10 iuravit
    StV: (1428) fúr sich, sein hausfrau, sein swester, seine kind und sein ehalten.
    Sch: 1439/I-II, 1440, 1441/I-II: 3 t[aglon], 1445: 1 diern, dedit
Jorg Wólfel inquilinus St: 1431: -/3/22 iuravit
Lienhart Wincklmair (Winckelmair) Sch: 1439/I-II, 1440, 1441/I-II: 1,5 t[aglon]
Perchtold Hofmair, 1439/II fragner, 1441/II inquilinus Sch: 1439/II, 1440, 1441/I-II: 1 t[aglon]
Fridel Wachsmut Sch: 1445: 1 diern, dedit
Klaus (Klas) Tauber (Deubler) [Salwurch[4]]. 1457 Klaus salburch, 1455, 1456, 1458, 1462 inquilinus
    St: 1454-1458: Liste, 1462: 1/-/15
Chunrat Nárelmair (Narlmair) St: 1454-1458: Liste
Peter Kárl fragner St: 1454: Liste
Rauscher schuster. 1455-1457 Ulrich Rauscher schuster, 1455 inquilinus[5] St: 1454-1457: Liste
Hanns múlner (mulner), 1456 kornmesser[6] St: 1455-1458: Liste
Hanns zolnerin inquilina et mater St: 1455: Liste

---

[1] Er ist Wirt. 1430 gehört er zu den Wirten an der Weinstraße (jedoch zu dieser Zeit bei Weinstraße 5), die Ungeld zahlen, und steht in der Liste gleich hinter dem Eysenman, vgl. Steueramt 987.

[2] „naderinn" wieder getilgt.

[3] Wahrscheinlich der Eysenman, ohne Vorname, der 1429-1431 als Salzsender belegt ist, vgl. Vietzen S. 143. – 1430 ist der Eysenman an der Weinstraße einer der Wirte, die Ungeld zahlen, vgl. Steueramt 987.

[4] Clas Teubler ist 1460 und 1461 Vierer der Salwurchen, vgl. RP. – Gegen Clas salburch und mehrere andere Bürger prozessiert 1464 das Freisinger Domkapitel um Ewiggelder „aus ihren Häusern", vgl. MB XXXV/II S. 371/374. – Daß Clas salburch hier Hauseigentümer ist, ist unwahrscheinlich. Es dürfte sich auf ein anderes Haus beziehen.

[5] Derselbe Eintrag wie 1455 ist 1456 getilgt und nachgetragen: „ist tod".

[6] Hanns mülner ist 1460 Vierer der Kornmesser, vgl. RP.

Peter Korndel (Kórndl), 1455-1458 fragner[1], 1455, 1462 inquilinus
    St: 1455-1458: Liste, 1462: -/3/9, 1482: -/5/25
Hanns Voglrieder (Fogelrieder), 1456 kornmesser[2], 1462 inquilinus
    St: 1456-1458: Liste, 1462: -/-/60
Ulrich Wolfel fragner[3] St: 1456: Liste
Pauls schreiber St: 1457, 1458: Liste
relicta Partelme maurer St: 1457: Liste
Hanns Neicherot inquilinus St: 1458: Liste
[Contz] Schehner [Weinschenk[4]] St: 1482: 1/2/8 patrimonium
augenartzt inquilinus St: 1482: -/-/60
Ludwig Eisenman St: 1482: nichil
Jórg (Geórg) sleyffer (schleyffer), 1486, 1496, 1500 salczstóssel[5]
    St: 1486, 1490: -/4/-, 1496: -/5/15, 1500: -/6/-
    StV: (1490) et dedit -/-/60 für [Konrad[6]] Aicher kramer di drit nachsteur.
et mater Murin St: 1490: -/-/60
Paule maurer St: 1490: -/-/60
Martein sneider Púcher St: 1490: -/-/60
Cristof Pángartner kornmesser St: 1496: -/-/60
Peter Prugker [1482 Kornmesser, 1503 Weinschenk, 1505, 1507 Salzstößel[7]]. 1508 relicta Peter Prugkerin. 1509 relicta Prugkerin
    St: 1500: 1/2/11, 1508, 1509: 1/4/20
Cristof kramer St: 1500: -/-/60
Klainin inquilina St: 1500: -/-/60
Anna inquilina St: 1509: -/-/60
Hanns Lófler (Löffler)
    St: 1509: -/2/29 juravit, 1522-1526, 1527/I: -/4/15, 1527/II, 1528, 1529, 1532: -/5/15, 1540-1542: -/4/-, 1543: 1/1/-, 1544: -/4/-
Hanns Núsl kornmesser. 1522 Hanns kornmesser St: 1514: Liste, 1522: -/2/-
Claß Ásslinger saltzstosl[8] et mater St: 1514: Liste
Kemmater kornmesser. 1525 Hanns Kemnater kornmesser St: 1523: -/2/1 juravit, 1525: -/2/1
Hanns Mair kornmesser St: 1526, 1527/I-II, 1528: -/2/-
Josep (Joseph) Ränftl (Ránftl[9], Ranftl), 1529 kornmesser. 1564/II, 1565, 1566/I-II, 1567/I-1571 Joseph Ränftlin (Ránftlin, Ránftl, Ränftl), 1565, 1566/I-II, 1567/II, 1569 kornmesserin
    St: 1529: -/1/5 gracion, 1540-1542: 1/-/17, 1543: 2/1/4, 1544: 1/-/17, 1545: 4/5/-, 1546-1548, 1549/I-II, 1550, 1551/I-II, 1552/I-II: 2/2/15, 1553, 1554/I-II, 1555-1557: 3/-/-, 1558: 6/-/-, 1559, 1560: 3/-/-, 1561, 1563, 1564/I-II, 1565, 1566/I-II, 1567/I-II: 2/5/8, 1568: 5/3/16, 1569-1571: 2/6/5,5
    StV: (1549/II-1552/II) mer -/4/12 für p[ueri] Donauer. (1553-1557, 1559) mer -/4/17 für p[ueri] Donauer. (1558) mer 1/2/4 für p[ueri] Donauer. (1560) mer für p[ueri] Tonauer dizmals abgesetzt der Froschlin heuratguet und noch per resst zalt von 15 fl gelts, soll auff khunfftig geschworne steur das ererbt guet zuesetzen -/3/15, zalt.
Lorentz inquilinus St: 1532: -/-/21 gracion
Jorg Feler, 1541 ibidem. 1542 Jorg keuffl St: 1541: -/1/12 gratia, 1542: -/5/8 juravit, 1543: 1/3/16

---

[1] Ein Peter Korndel/Korndler ist 1460-1476 wiederholt Vierer der Salzstößel, derselbe ?, vgl. Vietzen S. 158.
[2] Hanns Voglrieder ist 1465 Vierer der Kornmesser, vgl. RP.
[3] Ganzer Eintrag wieder getilgt.
[4] Contz Schechner ist 1507 Vierer der Weinschenken, 1512 und 1517 auch Vierer der Käufel, vgl. RP und Marienplatz 2.
[5] Jorg sleyffer ist 1489, 1494, 1496-1498, 1500, und wieder getilgt 1505, Vierer der Salzstößel, vgl. RP.
[6] Vgl. Marienplatz 25.
[7] Peter Prugker (Prucker) ist 1503 Mitglied der Gemain und muß demnach irgendwo in der Stadt Hauseigentümer sein, aber wohl nicht hier. 1482 ist er bei Marienplatz 2 Kornmesser, 1489 Mitglied der Weinschenkenzunft, 1503 Vierer der Weinschenken und 1505 und 1507 Vierer der Salzstößel, 1508 ist er als solcher wieder getilgt. Da ist seine Frau auch schon Witwe, vgl. RP und Gewerbeamt 1418 S. 2v.
[8] Clas Aßlinger 1520 Salzstößel-Vierer, aber wieder getilgt, vgl. Vietzen S. 157 nach RP.
[9] 1556 „Ránfftl" korrigiert aus „Ránfftlin".

Wolff(gang) Gebhartin St: 1548, 1549/I: -/6/-

Haimeran Schwibicher (Schwibycher, Schwibücher). 1560 Hainrich (!) Schwibicher, 1564/II, 1565, 1567/I-II, 1569 saltzstosl

    St: 1554/I: -/-/28 gratia die erst, 1554/II: -/-/28 gratia die ander, 1555: -/2/11 juravit, 1556, 1557: -/2/11, 1558: -/4/22, 1559, 1560: -/2/11, 1561, 1563, 1564/I-II, 1565, 1566/I-II, 1567/I-II: -/4/12, 1568: 1/1/24, 1569-1571: -/4/12

Wolffgang (Wolff) Roth tagwercher St: 1554/II, 1555-1557: -/2/-

Hanns Vogler schneider St: 1558: -/4/-

Caspar Óbersperger (Ebersperger, Ewersperger), 1559, 1566/II, 1568, 1569 wirt

    St: 1559: -/5/10 der zeit schenckhsteur als gratia, 1560: 1/3/8 juravit, 1561, 1563, 1564/I-II, 1565, 1566/I-II, 1567/I-II: 1/3/8, 1568: 2/6/16, 1569: 1/3/22

Hanns sporer maurer St: 1559: -/2/-

Benedict Hesloer (Hösloer, Hösloher, Háslóer, Hásloer), 1564/II puchfuerer, 1566/II puechpinter. 1567/I-II, 1568 Benedict Haslörin (Hásloerin)

    St: 1561, 1563, 1564/I-II, 1565, 1566/I-II, 1567/I-II: -/2/-, 1568: -/5/-

    StV: (1568) obdormivit, zalt Hanns Kaltenhauser nachsteur.

Lenhardt Púchler wierdt [Salzsender[1]] St: 1570: -/5/10

Gallus Stolltz St: 1571: -/5/10 schennckhsteur

Weinstraße 4
(mit Thiereckstraße 2)

Lage: 1369 an dem Kornmarkt.

Charakter: Tuchhandlung (Gewandschneiderei), Salzsenderei, Salzstößelei. Vielleicht auch Weinschenke.

Hauseigentümer:

Stammhaus der Familie Ligsalz.[2]

1369 Juni 21 Jórg [I.] Ligsalcz[3] hat sein Haus „an dem chornmartt, daz seins enen [= Großvaters[4]] und vatter[5] gebesen ist" seinem Bruder Karel (I.) dem Ligsalcz übergeben.[6]

1370 die Baukommission schreibt vor: „Item an der Weinstrazz sullen abgen all kellerhaels neben den háwsern; ez sol der Purlfinger [Weinstraße 5], Karl Ligsalcz und Peter (?) einen durchganch machen durch den kornmargt". Weiter heißt es: „Des Ligsalcz stieg und der kellerhals darunter sullen ab[geschafft werden]".[7]

1383 April 23 das Haus des Karlein des Ligsalz[8] ist dem Haus des Hanns Purolfinger selig, das ehemals dem Taellinger selig gehört hatte (Weinstraße 5), benachbart.[9]

1384 Februar 29 des Karel (I.) Ligsalcz Haus ist dem Haus des Hanns des Züntter und des Chunrat des Endel, künftig des Paul des Kramers (Weinstraße 5), benachbart.[10]

---

[1] Lenhart Púchler ist 1562 und 1575 auch als Salzsender belegt, vgl. Vietzen S. 148 nach KR, GruBu und Zollregister.

[2] Zur Familie Ligsalz siehe Stahleder, Bürgergeschlechter. Die Ligsalz S. 175-260.

[3] Jörg Ligsalz findet man dann bei seinem Haus an der Löwengrube 12, Ecke Hartmannstraße, vgl. Stahleder, Bierbrauer S. 20/21. – Jörg war 1375 und 1376 äußerer Rat, vgl. R. v. Bary III S. 741.

[4] Wohl Hans I. gest. 1359.

[5] Wohl Wilhalm I., gest. 1368. Wilhelm I. Ligsalz war 1362, 1363, 1365-1367 äußerer Rat, 1364 innerer Rat, vgl. R. v. Bary III S. 741, am 21.1.1363 ist er 2.Viertelhauptmann im Eremiten (später Kreuz-)Viertel, vgl. Zimelie 17 (Ratsbuch III) S. 145v. Er war Vertrauensmann und bevorzugter Geschäftsfreund der Venetianer Kaufleute, bei dem sie abstiegen und ihr Frachtgut einlagerten, vgl. Solleder S. 33.

[6] GB I 5/12.

[7] Zimelie 9 (Ratsbuch IV) S. 4r (neu 6r).

[8] Karl I. handelt mit Samt und Seide. Herzog Ernst schuldet ihm 1394 180 ungarische Gulden „darum er sameyd und seydenew tüch von im genomen", vgl. RB XI 3 und MB XXXV/II S. 179. 1372-1374 und 1377 äußerer Rat, 1375-1384 ff. wiederholt innerer Rat, vgl. R. v. Bary III S. 741.

[9] MB XX 86 S. 15/17.

[10] GB I 202/3.

Das Stadtregiment der Bürgerunruhen verurteilt Karl Ligsalz zu einer hohen Geldstrafe, vor der er aus der Stadt flieht.[1] Den Mietzins für seine Häuser kassiert derweil die Stadt, 1402/03 immerhin die Summe von 21 Pfund 3 Schillingen und 20 Pfennigen,[2] 1400/02 waren es nur 8 Pfund 6 Schillinge.[3]
1410 September 5 das Haus des Karel des Ligsalcz ist dem Haus des Wilhalm des Günthers, künftig des Lienhart des Mändels (Weinstraße 5), benachbart.[4]
1413 März 23 das Haus des Ligsalz ist dem Haus des „Ludbeg Slechdorffer" an der Weinstraße (Weinstraße 5) benachbart.[5]
1414 Februar 27 der Ligsalzin[6] Haus an der Weinstraße ist dem Haus des „Ludweg Schlechdarffer" (Weinstraße 5) benachbart.[7]
1452 Januar 28 das Heiliggeistspital hat ein Ewiggeld aus des verstorbenen Karl [II.] Ligsalcz Haus und Hofstatt in Unser Frauen Pfarr an der Weinstraße, zwischen den Häusern des Martein Strang (Weinstraße 3) und des Fridreich Esswurm (Weinstraße 5).[8]
1463-1473 ist wiederholt ein Jörg „unterm Ligsaltz" Vierer der Salzstößel.[9]
1487 das Heiliggeistspital hat ein Ewiggeld aus dem Haus von Karl [III.] und Hanns [IV.] den Ligsaltz an der Weinstraße.[10]
Erst zwischen 1554 und 1555 ging das Haus – auf unbekanntem Weg – an Sigmund Pöckh über, vielleicht einem Schwiegersohn der Tuecherin. Woher das Häuserbuch das Datum 1550 zu Pöckh hat, ist unerklärlich. Im Grundbuch erscheint Pöckh erst 1575 in der Überschrift, mit einem Ewiggeldverkauf erst 1585.
1546 Thoman Tuecherin Haus (StB).
1575 laut Grundbuch (Überschrift) des Sigmund Peckh Tuechmanigers Haus, Hof und Stallung.[11]
1585 September 4 der Gewandschneider Sigmundt Pöckh und seine Hausfrau Anna verkaufen aus diesem Haus, Hof und Stallung, „so hinten hindurch gegen dem Reichen Almosen Haus über stoßt" (gemeint ist Thiereckstraße 2, das Frauenplatz 10 gegenüber liegt) ein Ewiggeld von 50 Gulden um die Hauptsumme von 1000 Gulden (GruBu).

Eigentümer Weinstraße 4:

Wilhalm [I.] Ligsalcz [∞ Kathrei, geb. Sentlinger]
    St: 1368: -/-/-
Erhart Ligsalcz [Sohn von Wilhalm I. Ligsalz]
    St: 1368, 1369, 1371: -/-/-
* Jörg [I.] Ligsalcz [Sohn von Wilhalm I. Ligsalz; bis 1369 Juni 21]
* Karel [I.] Ligsalcz[12] [Sohn von Wilhalm I. Ligsalz; ∞ Elspet N.]. 1410/II-1441/II relicta Ligsalczin. 1445 Ligsalczin [1444 Salzsenderin[13]]
    St: 1368: -/10/-, 1369: -/10/- gracianus, 1371: -/10/-, 1372: 2/-/- gracianus, 1375: 7/5/2, 1377: 3/3/- juravit, 1378, 1379, 1381, 1382, 1383/I: 3/3/-, 1383/II: 5/-/15, 1387: 2/-/-, 1388: 4/-/- juravit, 1390/I-II: 4/-/-, 1392: 6/6/15, 1393, 1394: 9/-/20, 1395: 5/-/70, 1396, 1397: 9/6/15, 1399, 1400, 1401/I-II: -/-/-, 1403: 4/-/32 iuravit, 1405/I: 4/-/32, 1405/II: 8/-/42 iurvait, 1406:

---

[1] Muffat, Kazmair-Denkschrift S. 511/512.
[2] KR 1402/03 S. 25v.
[3] KR 1400/02 S. 27v.
[4] GB III 100/10.
[5] GB III 136/1.
[6] Elspet, Witwe von Karl I., sie lebt noch 1445. 1440 nahmen sie und ihre Söhne Karl II. und Erasmus I. eine Stiftung zum Jahrtag des verstorbenen Karl I. entgegen. Das Ewiggeld dazu kam von einem Eigenhof zu Feldmoching, vgl. Hoffmann, Schloßa Harmating Urk. 10. – 1440 ist die Ligsalzin als Salzsenderin belegt, ebenso die beiden Söhne Karl II. und Erasmus I. in den Jahren 1429-1431 und 1443-1447, vgl. Vietzen S. 140/41, 146.
[7] GB III 147/6.
[8] Vogel, Heiliggeistspital, Urk. 328. – Karl II. war 1424, 1430, 1434 und 1435 Bürgermeister, vgl. R. v. Bary III S. 756, 757. Er starb noch vor dem 28.1.1452.
[9] Vgl. RP.
[10] Zimelie 43 (Heiliggeistspital, Salbuch C) S. 57r.
[11] Stadtgericht 207/3 (GruBu) S. 946v. – Einen Eintrag zu 1550, wie im HB KV S. 354, gibt es im GruBu nicht.
[12] 1393 versehentlich „Ligsacz".
[13] Die Ligsaltzin ist 1444 als Salzsenderin belegt, vgl. Vietzen S. 146.

6/5/26 iuravit, 1407, 1408: 6/5/26, 1410/I: 5/-/12 propter patrimonium, 1410/II: 6/5/26, 1411: 5/-/12, 1412: 6/5/26, 1413: 5/-/12 iuravit, 1415: 10/3/18, 1416: 9/-/- minus -/-/16, iuravit, 1418, 1419: 8/-/80, 1423: 2,5/-/-, 1424: -/6/20 hat zalt, 1428: dedit -/-/35, 1431: -/12/13 iuravit

StV: (1406) nach dez racz haissen. (1428) und ain alte infraw dedit 1 grossen.

Pferdemusterung, um 1398: Karel Ligsalcz sol haben zway pferd umb 40 gulden, damit er der stat wart.

Sch: 1439/I-II, 1440, 1441/I-II: 1 t[aglon], 1445: 1 diern, dedit

* Karel [II.] Ligsalcz [Salzsender (Krötler), Stadtrat, herzoglicher Rat[1], Sohn von Karl I., ∞ Margaret N.]. 1453-1458 relicta Karl Ligsalczin. 1462 relicta die alt Ligsalczin

St: 1423: 12,5/-/-, 1424: 4/-/40 hat zalt, 1428: dedit 24 gross, 1431: 28/-/9 iuravit, 1453-1458: Liste, 1462: [gemeinsam mit den Söhnen Karl III. und Hans IV. Ligsalcz]

StV: (1428) fur sich, sein hausfraw und sein ehalten.

Sch: 1439/I-II, 1440, 1441/I-II: 7 t[aglon], 1445: 6 ehalten, dedit, fünf dedit

Asm[2] [I.] Ligsalcz [Salzsender, Sohn von Karl I., ∞ Dorothea II. Pütrich]

St: 1428: dedit -/-/70, 1431: -/20/17 gracion, 1453: Liste

* Karl [III.] Ligsalcz (Lisalcz, Lysaltz) [Sohn von Karl II., Gewandschneider, Stadtrat[3], ∞ 1. Margaret, geb. Erlacher, 2. Margaret III. Bart]. 1490, 1496 relicta Karl Ligsaltzin

St: 1458: Liste, 1462: -/21/28, 1482: 14/6/16, 1486, 1490: 16/2/10, 1496: 4/-/26

StV: (1462) und hat abgeseczt 400 gulden dez Knebel heiratgutt. (1482) et dedit -/5/28 seiner hausfraw vat[er]lich erb zugesetz[t].

* Hanns [IV.] Ligsalcz (Lisaltz) [zu Ascholding, Sohn von Karl II., Tuchhändler, Stadtrat[4], ∞ Elisabeth Pauß von Weilheim]. 1496, 1500, 1508, 1509 relicta Hans Ligsaltzin,[5] 1509 et pueri

St: 1458: Liste, 1462 [gemeinsam mit Karl III. und der Mutter], 1482: 17/1/1, 1486, 1490: 18/6/3, 1496: 16/4/9, 1500: 23/4/19, 1508: 27/4/28, 1509: 27/7/16

Hans [V.] Ligsaltz [Sohn von Karl III., Salzsender, Stadtrat[6], ∞ 1. N. Rushamer, 2. Katharina Corallin von Salzburg], 1514, 1522 der ellter, 1522 patrimonium. 1526, 1527/I relicta Hanns Ligsaltzin matrimonium

St: 1496: 13/7/6, 1500: 18/2/24, 1508: 33/4/17, 1509: 33/7/5, 1514: Liste, 1522: 70/-/10, 1526, 1527/I: 5/4/27

StV: (1500) et dedit 2/-/22 für pueri Sigmund [I.] Ligsaltz. (1508) et dedit 5/3/12 für Sigmund Ligsaltz patrimonium.

Wolfgang [I.] Ligsalltz [Sohn von Hans IV.[7], ∞ Anna II. Ridler], 1522 patrimonium. 1523-1544 relicta Wolfgang (Wolff) Ligsalltzin

St: 1514: Liste, 1522-1526, 1527/I: 18/-/14, 1527/II, 1528, 1529: 20/2/3, 1532: 11/6/23, 1540-1542: 14/-/1, 1543: 28/-/2, 1544: 14/-/1 matrimonium

---

[1] Ein Ligsaltz ohne Vorname, vielleicht Karl, ist 1429-1431 als Salzsender belegt, ebenso Karl Ligsalz 1443-1447 und 1459, in letzterem Fall ausdrücklich als Krötler, vgl. Vietzen S. 144, 146. – Dem Karl Ligsalz und dem Lorenz Schrenck schuldet Herzog Ernst 1434 zusammen 1000 Gulden. 1424, 1430, 1432, 1434 und 1435 ist Karl II. Ligsalz als Bürgermeister belegt, vgl. R. v. Bary III S. 756, 757. – 1436 ist Karl Ligsaltz herzoglicher Rat am Münchner Hofgericht, vgl. von Andrian-Werburg, Urkundenwesen S. 140.

[2] „Asm" 1428 über getilgtem „Karl". Asam Ligsaltz ist 1443-1447 als Salzsender belegt, vgl. Vietzen S. 146.

[3] Karl III. ist 1459, dann 1461-1463 und 1469 Vierer der Gewandschneider, 1463-1471 äußerer Rat, 1472-1483 innerer Rat, 1486 Pfleger der Siechen zu Schwabing, vgl. RP. – 1468 kaufte die Stadt von Karl und Hans IV. Ligsalz zwei blaue und dreieinhalb Ellen weißes Tuch zur „Uniform" der städtischen Amtleute und 1470 wiederum von den Ligsalzen vier Ellen weißes Tuch zu der Amtleute „librei" (Livree), vgl. KR 1468/69 S. 74r, 1470/71 S. 75v. – Karl III. starb am 30.4.1488, vgl. Barfüßerbuch S. 129. – Verheiratet war er in 1. Ehe mit Margarete Erlacher, in 2. Ehe mit Margarete III. Bart.

[4] Hanns IV. Ligsalz starb am 14.2.1494. Er war 1486 äußerer Rat, 1484, 1485, 1487-1494 innerer Rat, 1493 Pfleger der Siechen zu Schwabing, vgl. RP. Verheiratet war er mit Elisabeth Pauß von Weilheim.

[5] Solleder hielt sie, wahrscheinlich zu recht, für eine der reichsten Frauen Münchens (Solleder S. 217), wenngleich seine Berechnung ihres Vermögens anfechtbar ist, vgl. Einleitung im Band Anger- und Hackenviertel.

[6] Hanns V. Ligsalz, 1489 „der jung", 1511 der Ältere genannt, war 1498-1500, 1502 äußerer Rat, 1501, 1503-1521 innerer Rat, 1491 und 1498 Vierer der Salzsender, laut RP starb er 1521, vgl. RP. Verheiratet war er in 1. Ehe mit einer Rushaimer, in 2. Ehe mit Katharina Corallin von Salzburg.

[7] Wolfgang Ligsaltz war 1509, 1512, 1513, 1515-1519 Mitglied der Gemain, vgl. RP.

Andre [I.] Ligsalltz [zu Schönbrunn, Sohn von Hans V., Stadtrat[1], ∞ Apollonia Ridler]
   St: 1522: 1/-/- gracion, 1523: 13/2/6 juravit, 1524-1526, 1527/I: 13/2/6, 1527/II, 1528, 1529: 13/-/18
   StV: (1523) et dedit 14/-/10 für sein bruder Karl [VI.] Ligsalltz.
Karl (VI.) Ligsaltz [Sohn von Hans V., Bruder von Andre I., ∞ Dorothea Schrenck]
   St: 1524: 14/-/10
* Thoman Tuecher [äußerer Rat, ∞ Elisabeth II. Ligsaltz[2]]. 1545-1564/II, 1566/II (relicta) (Thoman) Tuecherin. 1568 Thoman Tuecherin erben
   St: 1529: nichil, 1532: 10/3/22, 1540-1542: 18/2/29, 1543: 36/5/28, 1544: 18/2/29, 1545: 40/2/13 patrimonium, 1546: 16/-/21 juravit, 1547, 1548, 1549/I-II, 1550, 1551/I-II, 1552/I-II: 16/-/21, 1553, 1554/I-II, 1555-1557: 17/4/20, 1558: 35/2/10, 1559, 1560: 17/4/20, 1561, 1563, 1564/I: 3/4/3, 1564/II: 5/3/16, 1566/II: 7/2/27,5, 1568: an chamer
   StV: (1545) darin auch der Wolffgang Ligsaltzin zusatz. (1546) ist unvertailt mit irn hauß. (1561, 1563, 1564/I) ausser der Ligsaltz schuld. (1564/II) zuegesezt den 8. tail von der Ligsalzischen schuld. (1565) zuegesetzt andern empfang Ligsalzische schuld. (1567/I) zuegesetztn dritten empfanng Ligsaltzischer schuld.
Walthas(ar) (Balthauser) Lerchenfelder [Stadtrat; ∞ Anna VI. Ligsaltz, der Thoman Tuecherin Schwester[3]]
   St: 1544: 10/-/26, 1545: an chamer, 1546, 1547: 14/5/-, 1548: an chamer, 1549/I-II: 14/5/-
   StV: (1545) zalt 29/3/- actum 3. Aprilis anno [15]46; mer zalt für p[ueri] Pernöder zwifache steur, thut 5/5/- ad 17. May. (1548) zalt 14/5/-; mer 2/6/- für p[ueri] Pernöder, actum den 23. Februari anno [15]49. (1549/I-II) mer 2/6/- fur p[ueri] Pernöder.
Thoman Tuecherin tochter. 1567/I Thoman Tuecherin 2 tochter
   St: 1565, 1566/I: 7/2/27,5, 1567/I: 9/2/10
Caspar (I.) Ligsaltz[4] [Sohn von Hanns V., ∞ Felicitas Pasinger]
   St: 1551/II, 1552/I-II: 9/6/25, 1553, 1554/I: 11/5/24
   StV: (1551/II) mer 9/6/25 ain versessne steur.
Joachim Ruedolff [∞ Rosina I. Ligsalz; äußerer Stadtrat[5]]
   St: 1554/II: 5/-/10
   StV: (1554/II) darin seiner schwester gueth auch versteurt.
Ludwig [III.] Ruedolffin [Mutter von Joachim Rudolf]
   St: 1554/II: 2/-/19
** Sigmund Peckh, 1556, 1557 gwantschneider, 1564/I-II, 1565, 1566/II, 1567/I-II, 1569-1571 thuechmaniger
   St: 1555-1557: 3/1/7, 1558: 6/2/14, 1559, 1560: 3/1/7, 1561, 1563, 1564/I-II, 1565, 1566/I-II: 4/3/15, 1567/I-II: 2/2/28, 1568: 4/5/26, 1569-1571: 7/3/15
   StV: (1558) mer -/1/19 für p[ueri] Paungartner obser. (1559-1561) mer -/-/24 ½ für p[ueri] Paungartner. (1561, 1563-1566/II) mer für p[ueri] Grafen 3/5/21. (1563-1567/II) mer für p[ueri] gartner -/-/24,5. (1567/I) abgesetzt 500 fl seiner tochter heuratguet. (1567/I-II) mer für p[ueri] Grafen 1/6/10, abgesetzt. (1568) mer für Hanns Lunglmair; mer für p[ueri] Grafen 3/5/20. (1569) mer für p[ueri] Lunglmayr -/-/24,5. (1570, 1571) mer für Hanns Lunglmair -/-/24,5.

---

[1] Andre I. Ligsaltz ist 1523, 1525 äußerer Rat, 1524, 1526, 1530-1557 innerer Rat (Mittwoch nach Jubilate 1530 in den inneren Rat nachgerückt für verstorbenen Bruder Carolus [VI.]), vgl. RP.

[2] Tochter von Wolfgang I., Enkelin von Hans IV. Ligsalz. Elisabeth starb am 9.7.1565. Thoman Tuecher 1535-1545 äußerer Stadtrat, vgl. BayHStA, GL 1 f. 384, 387, 389, 392 usw. (Ratswahlbestätigungen).

[3] Balthasar Lerchenfelder 1541-1543 äußerer Rat, 1545-1559 innerer Rat, später Bürger zu Regensburg, vgl. RP und BayHStA, GL Nr. 1 f. 384, 387-389 usw. (Ratswahlbestätigungen). – Wolfgang Ligsalz hatte nur diese beiden Töchter als Nachkommen.

[4] Kaspar I. starb 1568.

[5] Joachim Rudolf 1546, 1547, 1549, 1554, 1555 äußerer Stadtrat, vgl. RP. – Seine Ehefrau Rosina Ligsalz könnte eine Schwester der Tuecherin und damit ebenfalls eine Tochter von Wolfgang I. Ligsalz sein oder auch eine Schwester von Kaspar I., da dieser einen Sohn Joachim (I.) hatte, also mit einem Vornamen, der bis dahin in der Familie Ligsalz nicht vorkam, vgl. Stahleder, Bürgergeschlechter. Die Ligsalz S. 215; Stahleder, Bürgergeschlechter. Die Rudolf S. 206/208.

Anndre [II.] Ligsaltz [Sohn von Andre I., Enkel von Hans V., ∞ Sara Tucher von Nürnberg]
   St: 1567/II: 6/1/5 juravit, 1568: 12/2/10
   StV: (1567/II) mer fur Maria Tuecherin 4/4/20.

Bewohner Weinstraße 4:

Ott vragner inquilinus St: 1368: -/3/10 post
Úll vragner inquilinus St: 1369, 1371: -/-/67, 1372: -/-/66
Haertl vragner inquilinus St: 1369: -/-/45
[Hans] Goczman sartor inquilinus St: 1375: -/-/72
Dietel (Dietreich) Hasenegger inquilinus St: 1377: -/-/42 juravit, 1379: -/-/42
Eberl servus Hainrici de Northofen (Nórthofen), 1382, 1383/I-II, 1388 inquilinus
   St: 1381, 1382, 1383/I: -/-/18, 1383/II: -/-/27, 1388: -/-/56 juravit
Ulrich Lófner inquilinus St: 1382, 1383/I: 0,5/-/6, 1383/II: -/6/9 post -/-/60
Chunrat Freysinger [1394 Salzsender[1]] inquilinus
   St: 1387: -/10/28, 1388: 2/5/26 juravit, 1390/I-II: 2/5/26
Hanns, dez Jórgners kneht. 1390/I Hennsl Kransperger servus Jórgner. 1390/II, 1396, 1403 Hennsl
   (Hans, Hánnsel, Hannsel) Kransperger inquilinus
   St: 1387: -/-/24 gracianus, 1390/I-II: 0,5/-/-, 1392: -/3/-, 1393, 1394: 0,5/-/-, 1395: -/-/60 fúr 15
      lb, 1396: -/3/-, 1403: -/-/-
Andre inquilinus. 1394-1401/II Andre Reintaler inquilinus [Weinhändler, später Salzstößel[2]]
   St: 1392: -/-/24 gracianus, 1393: -/-/80 juravit, 1394: -/-/80, 1395: -/-/60 fúr 15 lb, 1396, 1397,
      1399, 1400, 1401/I: -/3/-, 1401/II: -/7/14 iuravit
Chuncz (Chunrat) salczstózzel inquilinus
   St: 1397, 1399, 1400, 1401/I: -/3/18, 1401/II: 1/-/8 iuravit
   Pferdemusterung, um 1398: (Korrig. Fassung): Chunrat salczmesser (!) underm Ligsalcz [sol
      haben] ein pferd umb 16 gulden.
Hainczel (Haincz) schreiber salczstozzel inquilinus St: 1403: -/-/32 gracianus, 1405/I: -/-/88 iuravit
Peter Kellner salczstosel [Weinschenk[3]] inquilinus
   St: 1405/I: -/-/60 fu 4 lb, iuravit, 1405/II: -/-/60 fur 8 lb, iuravit, 1406-1408: -/-/64 fúr 8 lb
Perchtold salczstozzel, 1405/II, 1406, 1408 inquilinus
   St: 1405/II: -/-/24 gracianus, 1406: -/3/6 fúr 12 lb, iuravit, 1407, 1408: -/3/6, 1411: -/-/72, 1412:
      -/3/6
Ull sein bruder inquilinus St: 1408: -/-/24 gracianus
Haincz zollner inquilinus
   St: 1406: 4/-/20 gracianus
   StV: (1406) und zu der nachstewr sol er swern.
Ull (Ulrich) salczstozzel, 1410/II, 1413, 1415, 1416, 1419 inquilinus
   St: 1410/I: -/-/60 fur 10 lb, iuravit, 1410/II: -/-/80 fur 10 lb, 1411: -/-/60 fur 10 lb, 1412: -/-/80
      fur 10 lb, 1413: -/-/72 iuravit, 1415: 0,5/-/-, 1416: -/5/10, 1418, 1419: 0,5/-/-
Liebel salczstozzel St: 1410/I: -/3/- iuravit
Pachhaymerin St: 1410/I: -/-/28 fúr nichil
Haincz Wolfersperger inquilinus [Weinschenk[4]]
   St: 1410/II: -/-/60
   StV: (1410/II) seiner hausfrawn stewr, et dedit -/-/20 sua gracianus.
Alhart salczstózzel inquilinus St: 1413: -/17/12 iuravit
Ulreich Gumpprecht [Gürtler[5]] St: 1416: -/5/10
Chunrat Hupff inquilinus St: 1418: -/6/12
Hanns Endleich St: 1419: -/-/80 iuravit

---

[1] Vietzen S. 143.
[2] Er dürfte der Andres unter dem Ligsaltz sein, der 1399 in einem Verzeichnis der Weinhändler belegt ist, vgl. Märkte 319. – Ab 1403 ist Andre Reintaler – mit gleicher Steuerhöhe – bei Weinstraße 3 Salzstößel.
[3] Peter salczstóssel ist 1422 Vierer der Weinschenken, vgl. Gewerbeamt 1411 S. 10v, vgl. auch Weinstraße 5, 16* und 20*.
[4] H[einrich] Wolfersperger ist Weinschenk, vgl. Gewerbeamt 1411 S. 3v.
[5] Vgl. Thiereckstraße 4.

Ulrich Warttenperger inquilinus St: 1423: 0,5/-/-
Hainrich hosenwascher inquilinus St: 1423: -/5/-
Werndel zolner St: 1428: dedit 3 gross für sich und sein tochter und sein hausfrau
Hainrich Fuchspúchlár, 1431 inquilinus
    St: 1428: dedit 3 gross, 1431: -/5/2 iuravit
    StV: (1428) fur sich, sein hausfrau und sein diern.
Hanns Hamersperger [Salzstößel[1]], 1439/I inquilinus Sch: 1439/I-II, 1440, 1441/I-II: 2 t[aglon]
Hainrich (Haincz) Sunderhauser Sch: 1439/I-II, 1440, 1441/I-II: 1 t[aglon]
Kristl Aesnkofer Sch: 1445: 1 diern, dedit
Peter Karl fragner St: 1453: Liste
Ulrich Rauscher schuster St: 1453: Liste
Ulrich Wolfel (Wólfel), 1454, 1455 fragner [Salzstößel[2]], 1457 inquilinus St: 1453-1457: Liste
Jorg Hagnawer, 1453, 1455 inquilinus St: 1453-1455: Liste
Asm Huber fragner, 1458 inquilinus St: 1457, 1458: Liste
pu[e]ri Assem fragner St: 1462: -/9/5 zalt Karl Ligsalcz
Linhartt salczstosel inquilinus St: 1462: -/-/65
Jorg salczstosel ["unterm Ligsaltz"[3]] inquilinus St: 1462: -/3/19
Hanns Pótschner St: 1527/II, 1528, 1529: 1/5/22
fraw von Pern (Bern)
    St: 1555: der zeit eingstelt, 1556: an chamer, 1557-1561: nihil, 1563: hofgsind, nichil, 1564/I-II: -/-/- hofgsind, 1565: nihil, hofgsind, 1566/I: -/-/- hofgsind, 1566/II: nihil, hofgsind, 1567/I-II, 1568: -/-/-
Anndre Schickh stadtsöldner St: 1566/II: -/-/1
herr Gegritz St: 1569-1571: -/-/-

Weinstraße 5
(mit Sporerstraße 1* und 2)

Lage: 1410 „an dem egk" (Sporerstraße, Südecke). 1575 „Egghaus".
Charakter: Salzsenderei, Salzstößelei, Weinhandlung, vielleicht auch Weinschenke.

Hauseigentümer:

1368, 1369 im Steuerbuch das patrimonium Taellinger.
1370 die Baukommission schreibt vor: „Item an der Weinstrazz sullen abgen all kellerhaels neben den háwsern; ez sol der Purlfinger, Karl Ligsalcz [Weinstraße 4] und Peter [...] einen durchganch machen durch den kornmargt".[4]
1377 Februar 22 Hainrich der Purolfinger[5] vermacht testamentarisch u. a. sein Haus an der Weinstraße, das weiland des Taellingers gewesen ist, seinem Bruder Hanns[6], dessen gleichnamigem Sohn[7] und des Züntters[8] vier Kindern – Herrn Hans (einem Geistlichen), Lienhart, Ludwig und Katrey Züntter – sowie den Kindern des Graesslein und den sechs Kindern des Nicklas des Gerstlein.[9]

---

[1] Hanns Hamersperger von 1459 bis 1474 wiederholt Vierer der Salzstößel, vgl. RP. Später Hauseigentümer Weinstraße 9.
[2] Ein Ulrich Wolfel ist 1459, 1464, 1472 Vierer der Salzstößel, vgl. RP.
[3] Jorg unterm Ligsaltz ist 1463, 1465, 1467, 1469, 1471, 1473 Vierer der Salzstößel, vgl. RP.
[4] Zimelie 9 (Ratsbuch IV) S. 6r (neu).
[5] Hainrich Purolfinger ist Salzsender. Er besitzt eine Salzgred, vgl. Stahleder, Bierbrauer S. 37/38. Er ist 1362, 1365, 1366, 1370, 1373, 1375 innerer Rat, 1363, 1364, 1367-1369, 1371, 1372, 1374, 1376 äußerer Rat, vgl. R. v. Bary III S. 739.
[6] Auch Hanns Purolfinger besitzt eine Salzgred an der Kreuzgasse (Promenadeplatz), vgl. MB XX 86 S. 16. Er ist 1377 innerer Rat, ebenfalls 1377-1380 äußerer Rat, vgl. R. v. Bary III S. 739.
[7] Dieser jüngere Hanns Purolfinger lebt nicht in München. Er ist Burggraf zu Feistritz in der Steiermark (Herrschaft Rothenfels des Bischofs von Freising), vgl. Stahleder, Bierbrauer S. 37/38.
[8] Der Name Zynter stammt offenbar von einem unbekannten Ort Zynt in der Steiermark, vgl. Oesterley.
[9] MB XIXa 71 S. 546/548. Vgl. dazu auch die weiteren Urkunden vom selben Tag Nr. 72-76, S. 548-555. – Vgl. auch Stahleder, Bierbrauer S. 37/38.

Die Zersplitterung in dieser Erbengemeinschaft wirkt sich bis in das 15. Jahrhundert hinein aus.

1383 April 23 auf dem Haus des Hanns Purolfinger selig, das einst des Taellingers selig gewesen ist, gelegen an der Weinstraße, und dem Haus des Karlein des Ligsalz (Weinstraße 4) benachbart, liegt ein Ewiggeld der Purfinger-Messe in der Frauenkirche. Alles erbt jetzt Anna die Purolfingerin.[1]

1384 Februar 29 Hanns der Züntter und Chunrat der Endel[2] verkaufen ihr Haus, gelegen „in dem gázzel, do man hincz Unser Frawn get" (= Sporerstraße) und zunächst am Haus des Karel Ligsalcz (Weinstraße 4) gelegen, dem Paul [Salwurch] dem Kramer.[3] Gemeint ist hier wohl ebenfalls Sporerstraße 1* und 2.

1395 Oktober 9 Perchtold der Schilling hat an Stelle seiner Hausfrau (geb. Altmann ?) und Hans und Ludel der Altman, beide Gebrüder, ihr halbes Haus an der Weinstraße, „do der Ludweyg Schlechdorffer inne ist", dem die andere Hälfte bereits gehört („daz auch voraus halbes sein ist"), diesem Ludweyg dem Schlechdorffer käuflich übergeben.[4]

1410 September 5 Wilhalm der Günther verkauft sein Haus an der Weinstraße, zunächst Karel des Ligsalcz Haus (Weinstraße 4) und „anderhalb an dem egk", Lienhart dem Mändel.[5]

1413 März 23 „Ludbeg Slechdorffer" und seine Hausfrau Gatrey verpfänden ihr Haus an der Weinstraße, zunächst an des Ligsalz Haus (Weinstraße 4), um 105 Gulden Schulden an Ludwig den Rudolf von Augsburg.[6]

1414 Februar 27 „Ludweg Schlechdarffer" verpfändet sein Haus an der Weinstraße, zunächst dem Haus der Ligsalzin (Weinstraße 4) gelegen, und das dem Wilhalm dem Günther gehört hatte, um 81 alte rheinische Gulden Schulden Jorg dem Werder.[7]

Immer noch wirkt die Erbengemeinschaft nach Purfinger. Günther und Schlehdorfer sind offensichtlich nur Teilbesitzer. Das ergibt sich auch daraus, daß Wilhalm Günther mit Barbara, der Tochter von Paul Salwurch dem Kramer verheiratet war,[8] einem der Teilbesitzer von 1384, der 1377 auch am Markt Petri ein Haus der Purolfinger in Nutzung hat.[9]

1416 Linhart Gansman (StB). Nicht sicher ist, ob es sich bei dem im Steuervermerk von 1416 genannten Haus des Gansman um dieses Haus handelt. Auffallend ist, daß Maendel und Gansman dasselbe Ewiggeld des Reichertsheimers[10] versteuern.

1452 Januar 28 das Haus des Fridreich Esswurm ist dem Haus des verstorbenen Karl Ligsalcz (Weinstraße 4) benachbart.[11]

1453 wurde die Straße gepflastert „im gassell pey Eßwurm".[12]

1455 März 17 das Haus des Esswurm liegt dem Haus der Witwe Agnes des Malers Kuontz Sachs (Sporerstraße 3*) gegenüber.[13]

1469 ist Kuontz [Gruber] „unterm Eßwurm" Vierer der Salzstößel.[14]

1477 Kuontz [Gruber] „in des Weissenfelder hauß" ist Vierer der Salzstößel.[15]

1487 November 14 das Haus der Frauenkirche, das deren Kirchpröpste jetzt an das Reiche Almosen verkaufen (Frauenplatz 10), liegt dem Haus des Hans Weissenvelder gegenüber.[16]

1497 gibt es einen Vierer der Schlosser, der nur „sporer in des Weissenfelder haus" genannt wird.[17]

1513 März 7 Jacob Weissenfelder und seine Hausfrau Margaret verkaufen aus diesem Haus ihren

---

[1] MB XX 86 S. 15/17.
[2] Zum Kürschner Aendel (Endel) vgl. Sporerstraße 1 und 2.
[3] GB I 202/3.
[4] GB II 103/4. – Zur Verwandtschaft Altmann und Schlehdorfer vgl. auch bei Weinstraße 9. Schlehdorfer gehört nach Katzmair zu den „Darnach Bösen" bei den Unruhen, war 1400 und 1401 äußerer Rat, 1399 Kirchpropst der Frauenkirche zu Ramersdorf, vgl. Muffat, Kazmair-Denkschrift S. 510.
[5] GB III 100/10.
[6] GB III 136/1.
[7] GB III 147/6. – Zu ihm vgl. auch Marienplatz 21 B und Rindermarkt 16.
[8] Muffat, Kazmair-Denkschrift S. 540/541.
[9] MB XIXa 71 S. 546/548.
[10] Gemeint ist wohl der Pfleger von Schwaben Fridrich Reichertshaimer, vgl. Rindermarkt 10* (1408-1411).
[11] Vogel, Heiliggeistspital, Urk. 328.
[12] KR 1453/54 S. 113r.
[13] Vogel, Heiliggeistspital, Urk. 342.
[14] Vgl. RP 2 S. 6r.
[15] Vgl. RP 2 S. 99r.
[16] Zimelie 27b (Salbuch Reiches Almosen) S. 37 ff.
[17] Vgl. RP 4 S. 32v.

Stiefgeschwistern und Schwägern – Niclas, Peter und Anna Hafner – ein Ewiggeld von 10 Gulden um 200 Gulden Hauptsumme.[1]

1534 Juli 7 das Ehepaar Jacob und Margaret Weissenfelder verkauft ein Ewiggeld von 10 Gulden um 200 Gulden Hauptsumme an die Witwe Catherina Schrenckhamerin (GruBu).

1540/41-1549/50 das Heiliggeistspital hat ein Ewiggeld aus Jacob Weissenfelders Haus an der Weinstraße.[2]

1548 Oktober 19 die Vormünder von Jacob Weissenfelder dem Jüngeren und Cristoff Weissenfelder für sich selbst verschreiben dem Chorherrn zu Moosburg Sebastian Weissenfelder 18 Gulden rheinisch Ewiggeld für 360 Gulden Hauptsumme zur Entrichtung seines väterlichen und mütterlichen Gutes aus diesem Haus an der Weinstraße, „gegen dem Schlossergässel über" (GruBu).

1550 Februar 8 das Haus des Jakob Weissenfelder liegt dem Haus des David, Sohn von Wolfgang Wenig (Weinstraße 6), gegenüber.[3]

1552 Juni 13 Cristoff Weissenfelder verschreibt seinem Bruder Jacob Weissenfelder aus seinem halben Haus an der Weinstraße 6 Gulden rheinisch Ewiggeld für 120 Gulden Hauptsumme (GruBu).

1552-1556 domus Weyssenfelder (StB).

1554 Oktober 18 des Weissenfelders Haus an der Weinstraße liegt dem Eckhaus von Jorg Wenig (Weinstraße 6) gegenüber.[4]

1555 Juni 1 die Vormünder von Jacob Weissenfelder und Cristoff Weissenfelder für sich selbst verkaufen 30 Gulden rheinisch Ewiggeld für 600 Gulden Hauptsumme (GruBu).

1559 November 7 Jacob Weissenfelders Haus liegt gegenüber von Georg Wenigs Eckbehausung (Weinstraße 6), gegen das Schlossergässlein zu.[5]

1565 Juni 22 des Weissenfelders Haus an der Weinstraße liegt dem Eckhaus von Jorg Wenig (Weinstraße 6) gegenüber.[6]

1566 Juli 14 Cristoff Weissenfelder, des Rats, verschreibt 2 Gulden Ewiggeld um 40 Gulden (GruBu).

1575 laut Grundbuch (Überschrift) des Cristoff Weissenfelders, des Rats, Eckhaus, Hof und Stallung. Die Weissenfelder besitzen das Haus bis 1615.

In diesem Haus fallen die vielen Salzstößel auf, vor allem seit dem 15. Jahrhundert. Die Hauseigentümer sind meist Salzsender. Die Weinschenken auf dem Haus dürften auch Salzsender gewesen sein. Manche der Bewohner dieses Hauses wohnen so lange hier, daß man an längerfristige Pacht eines Nebengebäudes denken muß, wofür sich die Hinterhäuser an der Sporerstraße anbieten (Sporerstraße 1* und 2). Vor allem trifft dies für den Salzstößel Chunrat Mözzerer oder Mösttel zu. Ähnliches gilt vielleicht für die Weyermair. Die Wohnung ist aber im Einzelnen nicht auszumachen.

Sicher wird schon im 14. Jahrhundert in diesem Haus auch eine Weinschenke betrieben.

Eigentümer Weinstraße 5:

* patrimonium Johannis Taellinger[7]
    St: 1368: dedit postea futuris stewreriis, 1369: invenitur alibi
* Hainrich der Purolfinger, Salzsender [∞ Haylweig, bis 1377 Februar 22]
* Hanns Purolfinger, Bruder von Hainrich, Salzsender [1377 Februar 22 bis vor 1383 April 23]
* Anna Purolfingerin, Tochter von Hanns Purolfinger [seit vor 1383 April 23]
* herr Hanns der Züntter und Chunrat der Endel, Kürschner [vor 1383 April 22 bis 1384 Februar 29, Teilbesitz]
* Paul [Salwurch] der Kramer [seit 1384 Februar 29, Teilbesitz]
* Dorothea Schilling (geb. Altmann ?), ∞ Perchtold Schilling, Hanns und Ludel Altmann, Gebrüder [bis 1395 Oktober 9, halbes Haus]
* Ludweyg [II.] Schlehdorffer [∞ Gatrey, vor 1395 Oktober 9, halbes Haus, dann bis nach 1414 Februar 27 ganzes Haus]

---

[1] Stadtgericht 207/3 (GruBu) S. 948v/949v. Einen Eintrag zu 1496 – wie im HB KV S. 355 – gibt es jedoch im GruBu nicht.
[2] Heiliggeistspital (Rechnungen) 176/30 (1540/41) S. 40v erstmals, 176/38 (1549/50) S. 46v letztmals.
[3] Hufnagel/von Rehlingen, St. Peter Urk. 291.
[4] Urk. C IX c 16 Nr. 68.
[5] Urk. B II b Nr. 88.
[6] Urk. C IX c 16 Nr. 67.
[7] 1369 „patrimonium Johannis Taellinger" wieder getilgt, daher der Vermerk: „invenitur alibi".

* Wilhalm der Günther [∞ Barbara, bis 1410 September 5, Teilbesitz]
* Lienhart Maendel weinschenck. 1412, 1413 Lienhart Maendel [seit 1410 September 5]
    St: 1411: 3/-/-, 1412: 4/-/-, 1413: 3/-/- iuravit, 1415: 4/-/-
    StV: (1415) item dedit der Lienhart 0,5/-/24 von der 4 ungarischen gulden ewigs gelcz wegen, die der Reiczarczhaymer auz seinem haws hat.
*? Lienhart Gansman
    St: 1416, 1418, 1419: 5/-/80
    StV: (1416) item dedit -/6/8 von der 4 ungarischen gulden wegen, die der Reicherczhaymer auz seinem haws hat. (1418) und von dem ewigen gelt der vier gulden gelcz wegen dedit -/6/8. (1419) und von dez Reicherczhaymer vier gulden gelcz dedit -/6/8.
*? Chunrat kastner [Salzsender[1]]
    St: 1423: 3/-/- schencknstewr, 1424: -/6/20 hat zalt
    StV: (1423) et dedit -/4/- gros sua gracianus.
Fridrich kastner
    St: 1431: -/13/10 schenknstewr, iuravit 40 lb
    StV: (1431) pueri et uxor matrimonium 48 rh. gulden.
* Fridrich [I.] Esswurm (Esburm). 1445 Eswurm [äußerer Rat, ∞ Agnes[2]]
    Sch: 1439/I-II, 1440, 1441/I-II: 3 t[aglon], 1445: hat 1 diern, dedit
    St: 1453-1458: Liste, 1462: 4/7/21
    StV: (1462) und ist daz gutel 140 fl zugesaczt von seiner hausfrauen.
pueri Eßwurm
    St: 1482: anderswo, dedit Eberhart pogner, 1486: anderswo
** Hanns Weissenfelder [Beutler ?, Weinschenck[3]]
    St: 1482: 2/7/7, 1486, 1490: 4/-/-, 1496: 4/4/-, 1500: 5/2/-
** Jacob [I.] Weyssenfelder [Salzsender, Weinschenk, äußerer Stadtrat,[4] ∞ Margaret, geb. Hafner]. 1549/I Jacob Weysnfelders erben [= Jacob und Christoph]
    St: 1508, 1509: 3/3/6, 1514: Liste, 1522-1526, 1527/I: 3/1/25, 1527/II, 1528, 1529, 1532, 1540-1542: 1/3/15, 1543: 3/-/-, 1544: 1/3/15, 1545: 6/1/8, 1546, 1547: 3/-/19, 1548: 3/-/19 patrimonium, 1549/I: an chamer
    StV: (1508) darinn seins weibs heiratgut zugesetzt. (1522) hat seiner schwiger gut zugesetzt; et dedit 3/4/25 für p[ueri] Lorentz Weissenfelder. (1524-1532) et dedit 1/5/16 für p[ueri] L(orentz) Weissnfelder. (1524) dedit mer 1/5/16 für das vertig jar. (1540, 1541) et dedit 1/-/3 für p[ueri] Oler (Öler). (1542) mer 1/-/3 fur p[ueri] Öler. (1543) mer 1/-/3 für p[ueri] Öler, ist zwifach gsteurt. (1544) mer -/3/17 fur p[ueri] Öler. (1545) mer 1/3/- fur p[ueri] Öler.
** Cristoff und Jacob [II.] Weyssnfelder gebrueder [beide Salzsender]
    St: 1549/II: 1/4/15
    StV: (1549/II) mer 1/3/15 versessene steur.
* domus Weyssnfelder. 1554/II domus Jacob Weyssnfelder
    St: 1552/I-II, 1553, 1554/II, 1555, 1556: zaln (zaltn) die erben
** Cristoff Weyssnfelder (Weissenfelder, Weisserfelder) [Salzsender, äußerer Rat[5]]
    St: 1556: -/1/12 gratia, 1557: 3/1/13 juravit, 1558: 6/2/26, 1559, 1560: 3/1/13, 1561, 1563, 1564/I-II, 1565, 1566/I-II, 1567/I-II: 2/5/15, 1568: 5/4/-, 1569, 1570: 2/2/3, 1571: 4/5/18

---

[1] Ein Kastner ist 1430 Salzsender, vgl. Vietzen S. 144. Ein Hans Castner ist vor 1457 Kanzler des Bischofs von Freising, vgl. OA 11 S. 263, Karnehm S. 95. Jahrtage für einen Georg und einen Hans Castner liegen auf einem Altar der Familie Schrenck in der Frauenkirche, vgl. StadtAM, Schrenck-Chronik (Abschrift) S. 56. Einem Martin Kastner gehört etwa 1431-1455 ein Teil des Hauses Weinstraße 14.

[2] Fridrich Eßwurm ist 1459, 1464, 1465 äußerer Rat, 1459 auch Viertelhauptmann vom äußerer Rat im Kreuzviertel, vgl. RP.

[3] Hanns Weissenvelder ist 1489 Mitglied der Weinschenkenzunft, vgl. Gewerbeamt 1418 S. 3r. – Ein Beutler Hanns Weyssenvelder ist 1491 auch Vierer der Beutler, Gürtler, Taschner, Ircher, Nadler, vgl. RP. Derselbe?

[4] Jacob Weissenfelder 1520 und 1521 Vierer der Salzsender, 1520-1525 äußerer Rat und 1508-1519 Viertelhauptmann von der Gemain für das Kreuzviertel, vgl. RP. – Seit 1504 Jacob Weissenvelder auch Mitglied der Weinschenkenzunft, vgl. Gewerbeamt 1418 S. 13r. – 1525-1535 Jacob Weissenfelder Weinreißer = Büchsenmeister des Weinmarkts, vgl. R. v. Bary III S. 974 nach KR und RP.

[5] Christoff Weysenfelder 1560, 1568, 1569 Salzsender, vgl. Vietzen S. 151 nach KR und Zollregister 1572-1575. – Christoph Weissenfelder 1562-1608 äußerer Stadtrat, Bürgermeister, vgl. Fischer, Tabelle IV S. 2/5.

StV: (1556) mer -/6/8 von wegen seins guets, wies seine pfleger versteurt haben. (1556) mer 1/2/10 von wegen seiner hausfrau gueter, wies die pfleger versteurt haben. (1560) mer fúr Jacob Weissnfelder 1/-/22. (1566/II, 1567/I-II) mer fúr Caspar Starmberger (Starnberger) -/-/21. (1566/II) mer fúr Barbara Herkhomerin folio 94r [Ewiggeld]. (1566/II) mer fúr Lenhart Schlotmair fúr vier versessn steur 1/1/-. (1567/I-II) mer fúr Barbara Herkhomerin folio 9r [Ewiggeld]. (1567/I-II) mer fúr Jacob Weissenfelder 1/5/25,5. (1567/I) mer fúr Haymairin nachsteur -/1/15. (1568) mer fúr Jacob Weissnfelder 3/4/21. (1568) mer fúr Lenhart Schlotmair -/2/-. (1569) mer fúr p[ueri] Gaisler 1/2/20. (1569) mer fúr p[ueri] Starnwerger -/1/12. (1569) soll hinfuron fúr Strobls tochter steurn. (1570) mer fúr p[ueri] Strobl[1] -/-/-. (1570) mer fúr p[ueri] Starnberger -/1/12. (1571) mer fúr p[ueri] Starnberger -/4/23, zuegesetzt Osterreicherin erb; mer fúr sein brueder leibgeding, steurt Jacob Weissenfelder.

* Jacob Weyssnfelder (Weissenfelder) [Salzsender[2]]
    St: 1558: 2/1/14, 1559: 1/-/22, 1561: 1/3/25,5, 1563, 1564/I-II, 1565, 1566/I-II: 1/5/25,5, 1569: 2/-/5,5, 1570: -/-/-
    StV: (1570) steurt bei der Weissenfelderin Osterreicherin [= Weinstraße 7].

Bewohner Weinstraße 5:

(Die mit # bezeichneten Personen könnten zu einem der Hinterhäuser an der Sporerstraße gehören).

Chunrat Hort (Hórt), 1368, 1369 inquilinus St: 1368, 1369, 1371, 1372: -/18/-
Mózztel inquilinus. 1371, 1372 Chunrat Mózzcel (Mósttel)[3] inquilinus. 1369, 1375, 1377-1379, 1382, 1383/I, 1387, 1388, 1390/II-1394 Móstel (Mostl) inquilinus. 1381, 1390/I Mósttel. 1383/II Mósttel salczstózzel inquilinus. 1395 Móstlin inquilina. 1396-1400 relicta Móstlin inquilina. 1401/I patrimonium Móstlin
    St: 1368: -/7/-, 1369, 1371, 1372: -/10/-, 1375: -/6/20, 1377: 0,5/-/- juravit, 1378, 1379, 1381, 1382, 1383/I: 0,5/-/-, 1383/II: -/6/-, 1387: -/-/80, 1388: -/5/10 juravit, 1390/I-II: -/5/10, 1392: 0,5/-/-, 1393, 1394: -/5/10, 1395: -/-/80, 1396: 0,5/-/- M[o]n[acenses], 1397, 1399, 1400: 0,5/-/-, 1401/I: -/-/-
Hans Wurm[4], servus Ympler inquilinus St: 1369: -/-/30 gracianus
Perchtolt senior zingiesser inquilinus St: 1369: -/-/-
Martein Glesein [Stadtrat] St: 1375: 2/-/20
Ull Nótleich inquilinus St: 1375: 0,5/-/20, 1377: -/5/12 juravit, 1378: -/5/12, 1379: -/5/18
Maenichinger St: 1377: -/-/45 juravit, 1378: -/-/45
Hainrich iunior Rúlein St: 1379: -/10/- juravit
Chunrat Zwickel [Salzstößel[5]] inquilinus St: 1381: -/-/54
Ludwig Stúpf St: 1382, 1383/I: -/-/45, 1383/II: -/-/67,5
Ulrich Weirmair (Weyermair, Weyermaer) [Weinwirt[6]], 1382, 1383/I, 1403 inquilinus. 1383/II Weyrmair inquilinus
    St: 1382: -/5/18 juravit, 1383/I: -/5/18, 1383/II: 1/-/12, 1387: 1/-/8, 1388: 2/-/- juravit, 1390/I-II: 2/-/16, 1392: -/13/6, 1393: 2/-/48, 1403: 2/-/-
    Burchart Weyenmair (!) St: 1394: 0,5/-/- gracianus
    Chunrat Weirmair inquilinus St: 1400: -/3/- gracianus
Chunrat Freysinger [Salzstößel, Salzsender[7]] inquilinus St: 1382: -/-/18 gracianus
Ulrich (Ull) Aelbel inquilinus St: 1387: -/-/16, 1388: -/-/32 juravit
Fridrich prúchler inquilinus St: 1388: -/7/22 juravit
relicta Plaenckin inquilina St: 1388: -/-/16 juravit
Hans kaltsmid inquilinus St: 1388: -/-/12 juravit

---

[1] 1570 rechts daneben „sol hinfuran".
[2] Jakob Weissenfelder 1574 und 1576 Salzsender, vgl. Vietzen S. 151 nach KR.
[3] Möstel ist 1381 Mitglied des Großen Rates, vgl. R. v. Bary III S. 746.
[4] "Wurm" 1369 über der Zeile eingefügt.
[5] Vgl. Weinstraße 6.
[6] Ulrich der Weyrmair ist einer der Wirte, denen die Stadt 1398/99 Geld schuldet, „daz man datz im verzert hat in der rais", vgl. KR 1398/99 S. 115v.
[7] Chunrat Freysinger 1383/I bei Weinstraße 6 Salzstößel, 1394 Salzsender, vgl. Vietzen S. 143.

Chunrat stainmaesl (1393 stainhawer) inquilinus St: 1390/I-II: -/-/16, 1392: -/-/24, 1393: -/-/32
Herman Mayer rotsmid inquilinus. 1394 rotschmid May inquilinus[1] St: 1393, 1394: -/-/64
    ain fraw, inquilina rotsmid[2] St: 1394: -/-/-
Murnawer satler inquilinus St: 1393: -/-/16 gracianus
Hans von Pettems[3] schneider St: 1394: -/-/16
Nússel der jung Kamatar inquilinus. 1395, 1396 Hans (Hánnsel) Nússel Komoltrer (Kammater) [Sattler[4]]
    St: 1394: -/-/56, 1395, 1396: -/-/60 fur 8 lb
Hainrich Wesch St: 1395: -/6/20, 1396, 1397, 1399: -/10/-
Hensel Pŭcher St: 1395: -/-/-
Hainrich Tennlocher[5] [Fragner] inquilinus St: 1397: -/-/72
Kellner satler St: 1397, 1399: -/-/60 fúr 10 lb, 1401/II: -/-/64 fur 8 lb iuravit
Seydel Rainer schreiber inquilinus St: 1397: -/-/60 gracianus
Tannelin chaufflin inquilina St: 1397: -/-/-
Hans Österdorfer [später Kornmesser[6]] inquilinus St: 1399: 0,5/-/-
[Konrad] Swab chauffel (kaeffel) St: 1399, 1400, 1401/I: -/-/60 fur 6 lb
    # Oswald sein sun St: 1399: -/-/16 gracianus
Dietmar salbúrch St: 1400, 1401/I: 8,5/-/-
Hainczel smidel [später Kornmesser[7]] inquilinus St: 1400, 1401/I: -/-/-
Vachnerin inquilina St: 1400: -/-/16 fúr nichil, 1401/II: -/-/12 fúr nichil
Haill[weig] Wallerin inquilina St: 1400: -/-/-
[Diemel/Diemut] pechrerin [Käuflin[8]] St: 1400: -/-/-
Chunrat Strawsdorffer inquilinus St: 1400, 1401/I: -/-/50 fúr 4 lb
Hofhaltinger salczstóssel St: 1401/II: -/-/80 fúr 10 lb, iuravit
Els inquilina St: 1401/II: -/-/12 fur nichil, iuravit
Hainrich Goldgrubel [Stadtsöldner[9]] St: 1403, 1405/I: -/5/10
Hainczel (Haincz, Hainrich) Wúrmair (Wurmair) [Weyrmair ?], 1403, 1405/I inquilinus
    St: 1403, 1405/I: -/-/60 fúr 5 lb, 1405/II: -/-/72 fur 12 lb, iuravit, 1406: -/3/6 fur 12 lb, 1407, 1408: -/3/6
#Nickel schuster St:1405/II: -/-/40
#Nicklas lermaister inquilinus St: 1406: -/-/25 gracianus
#rommaister Gabler inquilinus St: 1406: -/3/22
Ann liechtlerin inquilina St: 1408: -/-/12 fur nichil
Peter Kellner salczstózzel. 1410/II Peter salczstozzel [Weinschenk[10]]
    St: 1410/I: 0,5/-/- iuravit, 1410/II: -/5/10
Perchtold salczstozzel, 1413 inquilinus
    St: 1410/I: -/-/72 fúr 12 lb, iuravit, 1410/II: -/3/6, 1413: -/3/6 iuravit
relicta dez Hannsen goltsmid. 1410/II relicta Hanns goltsmid inquilina St: 1410/I-II: -/-/31 fúr nichil
Salczpurgerin inquilina St: 1410/I: nichil
Kellner satler, 1412, 1413, 1423 inquilinus
    St: 1410/I: -/-/60 fur nichil, iuravit, 1410/II, 1411: -/-/60 fúr nichil, 1412: -/-/60, 1413: -/-/60 iuravit, 1415, 1416: -/-/60 fur nichil, 1418, 1419, 1423: -/-/60
relicta Ges kastnerin inquilina St: 1410/II: -/-/20 fur nichil
Jacob Waichinger (Waechinger) inquilinus St: 1411: 1/-/-, 1412: -/10/20

---

[1] 1394 vor „May[er]" getilgtes „inquilinus".
[2] Der Eintrag steht hinter Nüssel. Deshalb war der Zusatz nötig.
[3] Pettems = Pöttmes. Der ganze Eintrag zwischen den Zeilen eingeschoben.
[4] Bei Frauenplatz 9 ist er 1397 Sattler.
[5] Vgl. Marienplatz 9*B.
[6] Vgl. Marienplatz 4* und 5*.
[7] Vgl. Weinstraße 1 (1405/I).
[8] Vgl. u. a. Dienerstraße 15 B.
[9] Hainrich der Goltgrubel war 1402 und 1403 einer der Stadtsöldner, vgl. R. v. Bary III S. 833.
[10] Peter salczstössel ist 1422 Vierer der Weinschenken, vgl. Gewerbeamt 1411 S. 10v, vgl. auch Weinstraße 4, 16* und 20*.

Ulrich Leytrer (Laẃtrer), 1413 der jung, 1413, 1415 inquilinus
    St: 1413: -/6/6 iuravit, 1415: -/9/18, 1416: -/12/24, 1418, 1419: -/13/10
  relicta Leytrerin St: 1419: -/-/70
Liendel (Lienhart) Kristel [Obser?[1]] , 1415, 1418, 1419 inquilinus
    St: 1415: 1/-/-, 1416, 1418, 1419: -/10/20
Fridel ym haber (im habern), 1428 et uxor St: 1418: -/-/60 fúr nichil, 1428: dedit 2 gross
relicta Ortlin inquilina St: 1423: -/-/35
Ann inquilina St: 1423: -/-/15
Fridel (Fridrich) Gotfrid (Gotfrider) [Salzstößel[2]], 1423 inquilinus
    St: 1423: -/-/60 gracianus, 1428: dedit 2 gróss fúr sich und sein weib
Hanns Zerrenschilt [Wirt[3]] St: 1428: dedit 14 gross fúr sich, sein weib und sein ehalten
Zalerin St: 1428: dedit 1 grossen
  # Frantz Zaler St: 1428: dedit 3 gross
Egloffstainer [Konrad von Eglofstein, Stadtoberrichter[4]]
    St: 1428: dedit 3 rh[einische] gulden pro se et uxor, dedit 8 gross pro se et tota familia
Hanns Weilhaimer St: 1428: dedit 2 gross pro se et uxore
Katreyn inquilina St: 1428: dedit 1 gross
Chunrat Zottner (Zótner, Zotner) [Fragner[5]], 1431, 1441/II inquilinus. 1445 Zoltner
    St: 1431: -/-/31 gracion ipsius (?)
    StV: (1431) et uxor matrimonium 3 rheinisch gulden.
    Sch: 1439/I-II, 1440, 1441/I-II: 1,5 t[aglon], 1445: 1 diern, dedit
Andre nagler inquilinus St: 1431: -/-/64 iuravit
(relicta) Werndel zolnerin, 1441/II inquilina Sch: 1440, 1441/I-II: 0,5 t[aglon]
Jorg von Hagnaw. 1445 Jorg Hagnawer Sch: 1441/II: 1 t[aglon], 1445: 1 diern, dedit
Asm Huber, 1453, 1456 fragner, 1456 inquilinus St: 1453-1456: Liste
Albrecht fragner, 1453, 1455, 1456 inquilinus. 1458 Albrecht Stiglmair fragner St: 1453-1458: Liste
Hanns Pauerl fragner St: 1457, 1458: Liste
relicta Kremserin inquilina Eswurm St: 1462: -/-/20
Hanns Gruntlerer inquilinus. 1486 Gruntler, 1490 Gruntler melbler St: 1462: -/-/60, 1486, 1490: -/7/6
Kuncz Gruber (Gruober) salczstosel,[6] 1462 inquilinus [1469 Kuontz unterm Eßwurm, 1477 Kuontz in
  des Weissenfelder hauß]
    St: 1462: -/3/5, 1482: -/3/19, 1490: 1/-/11
    StV: (1462) item -/3/10 zalt Heinrich Kirmeir die erst nachstew[er], Kuncz Gruber salczstosel
        ist porg.
  Haintz Gruber saltzstósl St: 1486: 1/-/11
Clara amm St: 1482: -/-/60 dedit Karl Lisaltz
Hanns schreiber fragner St: 1482: 1/1/3
Conrad Erber weinschenck St: 1486: -/1/2 gracion
Wilhalm Rämensatel saltzstosel [Käufel, Salzstößel[7]] St: 1496: -/2/21
Rab melbler. 1500 Rabin St: 1496, 1500: -/-/60
Utz Hälgenman St:1496: nichil
Hanns [Rueger] saltzstossl[8] St: 1500: -/-/60
Philip Walther wirt[9] St: 1508: -/5/10 [Schenkensteuer]

---

[1] Vgl. bis 1419 bei Marienplatz 27*.
[2] Fridel Gotfrid 1423 und 1428 bei Sendlinger Straße 982* Salzstößel genannt.
[3] Der Zerrnschilt gehört um 1430 zu den Wirten an der Weinstraße, die Ungeld zahlen, vgl. Steueramt 987.
[4] Konrad von Egloffstain 1428-1433 Stadtoberrichter, vgl. R. v. Bary III S. 796, von Andrian-Werburg, Urkundenwesen S. 123.
[5] Vgl. Kaufingerstraße 23 B.
[6] Kuncz (Kůntz) Gruber (Grůber) – im StB 1486 versehentlich Vorname Haincz – ist 1463,1466, 1467, 1471-1473, 1475, 1480, 1482, 1484, 1486 und 1490 Vierer der Salzstößel, vgl. RP. – 1469 wird er als Vierer „Kůntz unterm Eßwurm" genannt, 1477 „Kuntz in des Weissenfelder hauß".
[7] Wilhalm Rawmensatel (Ramensatel) 1495 Vierer der Salzstößel, 1482, 1486, 1494, 1496 Vierer der Käufel, vgl. RP.
[8] Hanns Rueger 1499 und 1501 Vierer der Salzstößel, vgl. RP.
[9] Fylip Walthár seit 1507 Mitglied der Weinschenkenzunft, vgl. Gewerbeamt 1418 S. 14v.

Hanns Mair (Mayr), 1508-1522, 1527/II-1529 saltzstosel
    St: 1508, 1509: -/2/10, 1514: Liste, 1522-1524, 1527/I-II, 1528, 1529: -/2/-
    StV: (1509) et dedit -/-/60 patrimonium fur sein sweher.
Jacob [III.] Ridlerin [= Elisabeth, geb. Sentlinger]
    St: 1509: 1/6/11
    StV: (1509) et mater -/3/9.
relicta Berwanngerin St: 1514: Liste
Linhart[1] Zaissinger w[irt][2] St: 1514: Liste
Doctor Alexannder [Karthauser, Stadtleibarzt[3]] St: 1522: nichil
Hanns paumaister
    St: 1523, 1524: -/5/13
    StV: (1523) et dedit -/1/5 für seiner schwester son. (1524) et dedit -/-/27 fur seiner schwester son, hat abgesetzt.
Andre Pernöder St: 1526: nichil, undterrichter
Oßwald Köbl
    St: 1527/II, 1528: an kamer, 1529: 4/1/10 für 4 steur
    StV: (1529) [siehe Abertzhauser].
Linhart Abertzhauser
    St: 1527/II, 1528: an kamer, 1529: 1/4/22 für 4 steur.
    StV: (1529) solln [= er und Köbl] bis jar schwern.
maister Andre Staudenmair St: 1532: -/2/-
Jorg Tylgar (Tilgar, Dilgar, Dylgar) [„Juwelier"[4]], 1546, 1547, 1549/I-1559 der alt (der elter)
    St: 1541, 1542: 1/-/15, 1543: 2/1/-, 1544: 1/-/15, 1545: 9/6/20, 1546-1548, 1549/I-II, 1550, 1551/I-II, 1552/I-II: 4/6/25, 1553, 1554/I-II, 1555-1557: 8/5/-, 1558: 17/3/-
    StV: (1545) mer 1/-/6 für p[ueri] Dülchinger. (1546-1549/I) mer -/3/18 für p[ueri] Dülchinger (Dylchinger, Dilchinger). (1546-1548) mer 1/1/1 für p[ueri] Franckhn. (1549/I-1551/II) mer -/4/- für p[ueri] Franckhn. (1549/II-1557) mer -/1/5 für p[ueri] Dúlchinger (Dilchinger, Dülchinger, Dylchinger). (1557) mer -/1/12 für p[ueri] ringler. (1558) mer -/2/10 für p[ueri] Dilchinger; mer -/3/15 für p[ueri] ringler.
Jorg (Jórg) Tilgar (Tylgar) [„Juwelier"[5]], 1546-1547 der jung
    St: 1546: an chamer, zalt -/4/25, juravit, 1547: -/4/25
Sigmund Peckh, 1553, 1554/I-II gwantschneider[6]
    St: 1550, 1551/I-II, 1552/I-II: 1/-/10, 1553, 1554/I-II: 3/1/7
Ludwig Gagars (Gagarseer), 1559, 1564/I-1566/I-II wirt [Salzsender[7]]
    St: 1559: -/5/10, 1560: 1/1/23 juravit, 1561, 1563, 1564/I-II, 1565, 1566/I-II: 1/3/7
    StV: (1559) für die gratia und schenckhsteur der zeit.
Wolffgang (Wolf) Weithmair (Weittmair), 1567/I-1568 wierth, 1569-1571 gastgeb
    St: 1567/I: -/-/-, 1567/II: -/5/10, 1568: 1/3/20 schenckhsteur, 1569-1571: 1/4/21
    StV: (1567/I) zalt beim Martin Khrinner hernach. (1569-1571) mer für p[ueri] schmid koch -/2/3.

---

[1] Wieder getilgt: Matheis. Auch „Zaissinger" korrigiert aus „Zaissingerin"
[2] Lienhart Zaissinger ist bereits 1489 Mitglied der Weinschenkenzunft, vgl. Gewerbeamt 1418 S. 6r, vgl. Kaufingerstraße 7; 1501, 1502, 1505, 1506, 1508-1511, 1513-1516 Vierer der Schenken. Vgl. RP.
[3] Vgl. R. v. Bary III S. 1017. Ab 1523 am Rindermarkt.
[4] Bei Jorg Dilger kauft die Stadt um den 11.11.1546 für 78 Gulden 2 Schillinge und 26 Pfennige ein Trinkgeschirr, das sie dem Dr. Eckh verehrt, vgl. KR 1546/47 S. 93v. – Am 29.12.1548 zahlt die Stadtkammer dem Jorg Dilger 85 Gulden 5 Schillinge 28 Pfennige für zweifach vergoldete Silbergeschirre, die dem Dr. Perbinger verehrt werden, vgl. KR 1548/49 S. 94r. – Am 22.5.1550 zahlt die Stadtkammer dem Jorg Tylgar 345 Gulden 2 Schillinge 7 Pfennige für „zwo scheurn" als Geschenk für Herzog Albrecht anläßlich der Erbhuldigung an ihn, vgl. KR 1550/51 S. 92v. – Frankenburger S. 290.
[5] Auch Jorg der jünger Tilgar handelt mit Gold- und Silberwaren. Am 15.3.1555 zahlt ihm die Stadtkammer 47 Gulden für ein vergoldetes Trinkgeschirr (verehrt dem Herrn von Liechtnstain) und ebenfalls im März/April 1555 63 Gulden dem jungen Jorgn Tilgar für ein Silbergeschirr für den Dr. Perbinger, vgl. KR 1555/56 S. 91r, 92r. – Frankenburger S. 290.
[6] Ab 1555 im Nachbarhaus Weinstraße 4, dort später Hauseigentümer.
[7] Ludwig Gagarseer ist 1559 als Salzsender belegt, 1573 als Mitglied der Schenkenzunft, vgl. Vietzen S. 148.

Sporerstraße

Die heutige Sporerstraße entstand aus Hinterhäusern der beiden Häuser Weinstraße 5 und 6. Vor 1428 sind Bewohner dieser Häuser nicht eindeutig auszumachen. Es ist möglich, daß der eine oder andere Handwerker, der zu Kaufingerstraße 32/33 gerechnet wurde, doch schon vor 1428 in die Sporerstraße gehört.

Frühere Namen: Schlossergässel[1] von vor 1541 bis nach 1583. Unser Frauen Gässel seit mindestens 1583. Sporerstraße seit etwa 1780.

Sporerstraße 1* und 2
(zu Weinstraße 5)

Charakter: Schmiedhaus (Schlosser, Sporer, Nagler, Messerschmiede).

Sporerstraße 1* und 2 waren immer Hinterhäuser zu Weinstraße 5. Sporerstraße 2 liegt dem Haus Sporerstraße 3* (zu Weinstraße 6) gegenüber.
Bewohner der beiden Häuser lassen sich erst seit etwa 1439 einigermaßen sicher zuteilen. Auch hier sind es Schlosser, Sporer und andere Schmiedeberufe.

Eigentümer Sporerstraße 1*:

Wie Weinstraße 5, außer
1383 April 22: Da hat Aendel [Konrad Endel] der chürsner ein Haus, „gelegen in dem gaesslin bey Unser Frawen, vor dem Weinman uber" (Weinstraße 6).[2] Das muß demnach Sporerstraße 1* oder 2 sein. Endel gehört zur Erbengemeinschaft der Purolfinger, vgl. Vorderhaus Weinstraße 5.
1384 Februar 29 Hanns der Züntter und Chunrat der Endel verkaufen ihr Haus, gelegen „in dem gázzel, do man hincz Unser Frauẃn get" (= Sporerstraße) und zunächst am Haus des Karel Ligsalcz (Weinstraße 4) gelegen, dem Paul [Salwurch] dem Kramer.[3] Gemeint ist hier wohl ebenfalls Sporerstraße 1* und 2.

Bewohner Sporerstraße 1*:

Hanns Órtner (Ortner), 1439/II, 1441/I, 1447, 1455, 1456, 1458 schlosser
    Sch: 1439/I-II, 1440, 1441/I-II: 1 t[aglon], 1445: nichil
        St: 1447: -/-/60, 1453-1458: Liste
Rudel Peckinger Sch: 1439/I: 0,5 t[aglon]
Symon sporer Sch: 1439/I-II: 1 t[aglon]
Herman Durchskot, 1439/II, 1441/I, 1447 kramer. 1453-1458, 1462 relicta Durchskotin, 1462 inquilina
    Sch: 1439/II, 1440, 1441/I-II: 1 t[aglon]
        St: 1447: -/-/60, 1453-1458: Liste, 1462: -/-/60
Werndl zolnerin Sch: 1439/II: 0,5 t[aglon]
Erhart Kárntner (Kárntnár) kramer Sch: 1440, 1441/I: 1 t[aglon]
Anna naterin inquilina St: 1447: -/-/14
relicta Syman kaufflin St: 1447: -/-/60
Wolfgang schuster St: 1453-1458: Liste, 1462: -/-/60
Manhart[4] amer. 1454 Jorg Mánhart amer St: 1453, 1454: Liste
Thoman obserknecht St: 1456: Liste
Thoman richterknecht[1] St: 1457: Liste

---
[1] Z. B. 1550, vgl. Hufnagel/von Rehlingen, St. Peter Urk. 291 (8.2.1550), 1583 = KR 1583/84 S. 141r.
[2] GB I 179/6.
[3] GB I 202/3.
[4] 1455 getilgt: Ulrich Mánhart.

Peter nagler St: 1462: -/-/60
Stupfin inquilina St: 1462: -/-/24
Fridreich Ziegler inquilinus St: 1462: -/-/60
Haintz Rechperger [Messerschmied[2]] St: 1482: -/7/24
Jacob Strawbinger schůster St: 1482: -/-/60
Preidl inquilina St: 1482: -/-/20
Niclas rotschmid [Weinschenk[3]] St: 1486: -/4/4
    und sein swiger St: 1486: -/-/60
Thoman Sunderreiter (Sunderreuter, Sonderreutter, Sonderreitter), 1490-1509, 1527/II messerschmid[4]
    St: 1490, 1496, 1500, 1508, 1509: -/-/60, 1522-1526, 1527/I: -/2/-, 1527/II, 1528, 1529, 1532:
        -/3/15
    relicta Sonderreutterin [Mutter von Thoman] St: 1514: Liste
    et mater St: 1522-1526, 1527/I-II: -/1/2
Linhart [Zwinckher] gschmeidmacher[5] St: 1514: Liste
Wolfganng sporer St. 1523: -/2/-
Hanns Ruebenhör (Rúbenhór), 1524, 1525 feilhauer St: 1524-1526, 1527/I: -/2/-
nagler inquilinus St: 1524: -/2/-
Jacob Weiß (Weys, Weis) messerschmid
    St: 1529, 1532, 1540-1542: -/2/-, 1543: -/4/-, 1544: -/2/-, 1545: -/4/-, 1546-1548: -/2/-

Ab 1540, nach Änderung des Weges der Steuereinnehmer, sind die Häuser Sporerstraße 1* und 2 nicht mehr genau zu unterscheiden, teils auch vom Vorderhaus Weinstraße 5 nicht. Ab 1540 sind auch alle Namen von Weysnfelder (Vorderhaus Werinstraße 5) bis Parttinger am Rand mit einer Klammer zusammengefaßt. Folgende Personen können in Haus 1* oder 2 wohnen:

Bewohner Sporerstraße 1* und/oder 2:

Pauls Lindmair (Lindmayr) [Salzstößel[6]]
    St: 1540-1542: -/2/-, 1543: -/4/-, 1544: -/2/-, 1545: -/4/-, 1546, 1547, 1550, 1551/I-II, 1552/I-II,
        1553, 1554/I-II, 1555-1557: -/2/-
Conrad Frueauff (Frueauf)
    St: 1540, 1541: -/2/-
    StV: (1540, 1541) et dedit -/-/7 fur 1 fl gelts.
Hanns Rueber, 1540-1549/I, 1550-1555 feylnhauer
    St: 1540-1542: -/2/-, 1543: -/4/-, 1544: -/2/-, 1545: -/4/-, 1546-1548, 1549/I-II, 1550, 1551/I-II,
        1552/I-II, 1553, 1554/I-II, 1555: -/2/-
Jorg Frey schlosser
    St: 1540-1542: -/2/-, 1543: -/4/-, 1544: -/2/-, 1545: -/4/-, 1546-1548, 1549/I-II, 1550, 1551/I-II,
        1552/I-II, 1553, 1554/I-II, 1555-1557: -/2/-, 1558: -/4/-
    Jorg (Geórg) Frey (Frei), 1559 der jung, 1560-1571 schlosser
        St: 1559: -/-/21 gratia, 1560, 1561, 1563, 1564/I-II, 1565, 1566/I-II, 1567/I-II: -/2/-, 1568: -/4/-,
            1569-1571: -/2/-
Jacob Partinger, 1540-1542 urmacher St: 1540-1542: -/2/-, 1543: -/4/-, 1544: -/2/-
Caspar Schingal St: 1542: -/2/-

---

[1]   Der Richtersknecht Thoman ist als Tomel, Thoman, Thomel 1452, 1457, 1462-66, allt Toman (1470) und noch häufiger bis 1486 belegt, jedoch immer ohne einen Familiennamen, vgl. R. v. Bary III S. 809/810.
[2]   Hainrich Rechperger 1472, 1473, 1479-1482, 1484-1486 usw. Vierer der Messerer, vgl. RP. – Vgl. Sporerstraße 3.
[3]   Niclas rotschmid ist 1489 Mitglied der Weinschenkenzunft, vgl. Gewerbeamt 1418 S. 4r.
[4]   Thoman Sunderreiter 1490 Vierer der Messerer, vgl. RP.
[5]   Ein Linhart gsmeidmacher ist von 1488 bis 1518 wiederholt Vierer der Schlosser usw., da sich die Wohnsitze überschneiden, dürfte es sich um mindestens zwei Linharte handeln, vgl. RP.
[6]   Pauls Lindmair wird 1558-1560 bei Weinstraße 16* als Salzstößel bezeichnet, vgl. dort, auch 1539 Salzstößel, vgl. Vietzen S. 155 nach KR.

Gabriel sporer. 1548, 1549/I, 1550, 1551/I, 1563-1564/II, 1566/I, 1567/I, 1569 Gabriel (Gabrihel) sporer Paur. 1565 sein [= des diesmal zuerst genannten Christoff Paur] vatter Gabriel Paur. 1566/I-II, 1567/II, 1570 Gabriel Paur. 1568 alt Gabriel Paur
    St: 1544: -/2/-, 1545: -/4/-, 1546-1548, 1549/I-II, 1550, 1551/I, 1559, 1561, 1563, 1564/I-II, 1565, 1566/I-II, 1567/I: -/2/-, 1567/II: an chamer, zalt, 1568: -/4/-, 1569: -/2/-, 1570: an chamer
    StV: (1568) mer ain versessne steur -/2/-.

Stoffl (Christoff) Paur sporer. 1563, 1570 Christoff Paur. 1564/II, 1569 Christoph (Paur) sein [= des Gabriel Paur] sun
    St: 1559-1561, 1563, 1564/I-II, 1565, 1566/I-II, 1567/I-II: -/2/-, 1568: -/4/-, 1569-1571: -/2/-

jung Gabriel[1] St: 1568: -/-/- zalt hernach

Jorg Dilgar (Tylgar) der jung [„Juwelier"[2]]
    St: 1549/I: -/4/25
    StV: (1549/I) mer -/4/25 versessne steur.

Jacob Stóckhl (Stóckhel) nagler St: 1546, 1547, 1549/II: -/2/-

Wolffgang (Wolffl) Scholder(er) St: 1548, 1549/I: -/2/-

Pauls Dysl, 1550, 1551/I messerschmid
    St: 1548, 1549/I-II, 1550, 1551/I-II, 1552/I-II, 1553, 1554/I-II, 1555-1557: -/2/-, 1558: -/4/-
    StV: (1553, 1554/I-II, 1555-1557) mer -/-/7 fúr seine kinder. (1558) mer -/-/14 fúr seine kinder.

Steffan Neuchinger [Tagwerker[3]] St: 1549/I: -/2/-

Jacob Schmaltzhauser
    St: 1549/I: -/-/14 gratia, 1549/II, 1550, 1551/I-II, 1552/I-II, 1553, 1554/I-II: -/2/-

Jorg Haubmschmid, 1561, 1563, 1564/I-II schwertfeger. 1566/I Georg schwerdtfeger. 1566/II Georg schwerdtfeger der alt. 1567/II alt Jórg schwerdvöger. 1568 alt Jörg schwertfeger Haubmschmid. 1569 Jórg schwertfeger Haubmschmid
    St: 1551/II, 1552/I-II, 1553, 1554/I-II, 1555-1557: -/2/-, 1558: -/4/-, 1559-1561, 1563, 1564/I-II: -/2/-, 1566/I-II: -/2/-, 1567/II, 1568: an chamer, 1569: -/2/-
    StV: (1566/I) mer sein sun Jerg -/-/21 gratia. (1569) mer fúr die versessne steur 1/-/-.

Jorg schwerdtfeger der jung. 1567/I Jorg schwerdtfeger der jung Haubmschmid[4]. 1567/II sein [= des alten Jorg Haubmschmid] sun. 1568 jung Jórg schwerdtfeger Haubnschmid. 1569 sein [= des alten Jörg] sun
    St: 1566/II, 1567/I-II, 1568: -/-/- an chamer, 1569: -/2/-

Andre (Endrs) Palmreutter (Palmreiter, Palbmreyter, Palbmreiter, Palbmreider), 1555, 1560, 1564/I-1571 flaschenmacher
    St: 1555-1557: -/2/-, 1558: -/4/-, 1559-1561, 1563, 1564/I-II, 1565, 1566/I-II, 1567/I-II: -/2/-, 1568: -/4/-, 1569-1571: -/2/20
    StV: (1569-1571) mer fúr (vir) p[ueri] Lott -/1/19.

Joachim (Jochim, Jocham) Lipp, 1560, 1561, 1564/I messerschmid
    St: 1556, 1557: -/2/-, 1558: -/4/-, 1559, 1560: -/2/-, 1561, 1563, 1564/I: -/4/29

Mathes Hueber, 1559, 1560 melbler St: 1558: -/4/10, 1559, 1560: -/2/5

Oswold Wúrtzer, 1560 cramer St: 1559: -/2/11 juravit, 1560: -/2/11

Hanns Stadlpuechner (Statlbuechner) cra[mer] St: 1560, 1561, 1563: -/2/-

Christoff Nissl (Nisl) chramer
    St: 1561: -/-/- an chamer, 1563: -/4/27 gratia, 1564/I: -/6/15 juravit, 1564/II, 1565, 1566/I-II, 1567/I-II: -/6/15, 1568: 2/2/22, 1569-1571: -/3/5,5
    StV: (1568) zugesetzt Tonauers erb.

Petter vischer saltzstössl
    St: 1561: -/1/22 gratianer, 1563: -/5/9 juravit, 1564/I-II, 1565, 1566/I-II, 1567/I-II: -/5/9, 1568: 1/3/18, 1569-1571: -/3/25
    StV: (1561) soll auffs jar den 3. tail zuesetzn.

Marthin Prannt goltschmid St: 1564/I: -/-/21 gratia

---

[1] Gemeint ist Christof Paur, der gleich nach dem alten Gabriel Paur folgt.
[2] Frankenburger S. 290. – Vgl. Weinstraße 5.
[3] So 1549/II – 1564/II bei Rindermarkt 23.
[4] „Haubmschmid" über „schwerdtfeger" nachgetragen.

Hanns Thonaur St: 1564/I: -/2/-

Anna Schottin (Schöttin, Schott) kiechlbacherin
    St: 1564/I -/-/- ist beim Horl kornmesser, 1565, 1566/I-II, 1567/I-II: -/2/-, 1568: -/4/-, 1569, 1570: -/4/2

Hanns Zwinckhler (Zwinckher, Zwingkher), 1564/II, 1566/I-II gschmeidmacher
    St: 1564/II, 1565, 1566/I-II: -/2/16
    StV: (1564/II) mer fúr p[ueri] Fenndt -/-/14. (1565) mer fúr Jorg Fend 3 nachsteur -/1/12.

Jacob[1] schwerdtfeger gschmeidmacher. 1567/I Jacob schwerdtfeger der alt
    St: 1565: -/-/-, 1567/I: -/-/- an chamer
    StV: (1565) steurt hernach in der Dienersgassn.

Bastian (Sebastian) Grueber nagler
    St: 1567/I-II: -/2/-, 1568: an chamer, 1569, 1570: -/2/-, 1571: an chamer
    StV: (1568) zalt 3. February [15]69.

Jórg (Geórg) Mair ringmacher
    St: 1570, 1571: -/2/-
    StV: (1571) Ad 12. Julii anno [15]72 zalt nachdem er wegzogen -/6/- nachsteur.

Anna Prandtmairin St: 1571: an chamer

Sporerstraße 2
(zu Weinstraße 5)

Lage: Eckhaus zum Frauenplatz (Sporerstraße Süd).
Charakter: Schmiedhaus (Schlosser, Sporer, Messerschmiede).

Bewohner Sporerstraße 2:

Philipp Fellenhaimer (Fellnhamer), 1441/I, 1447, 1556 schlosser. 1445, 1453 Philipp schlosser[2]. 1454, 1455 Philipp Fellnhamer
    Sch: 1439/I-II, 1440, 1441/I-II: 1,5 t[aglon], 1445: 1 knecht
    St: 1447: -/-/60, 1453-1456: Liste

Hanns Pflegsharl (Pflegshárl), 1447, 1456 schlosser[3]. 1453-1455, 1457, 1458, 1462 Hanns Pflegshárl (Pflegsharl)
    Sch: 1445: 1 knecht, dedit
    St: 1447: -/-/24, 1453-1458: Liste, 1462: -/-/60

relicta Hanns hafnerin. 1453-1455 relicta hafnerin, 1454 inquilina St: 1447: -/-/24, 1453-1455: Liste

relicta Swábin St: 1455: Liste

H. Larencz Pangartner. 1458 Larencz Pámgartner St: 1457, 1458: Liste

[Hainrich] Krebs goltschmid[4] St: 1462: -/5/-

relicta Reysseneckin St: 1462: -/-/60

Gilg [Ratenberger] sporer[5] St: 1482: -/2/9

Hanns von Reitling[en], 1490-1509 messerschmid
    St: 1482: -/2/3, 1486, 1490, 1496: -/2/12, 1500: -/2/5, 1508, 1509: -/2/1
    StV: (1496) et dedit -/-/60 die dritt nachsteur für sleiffer.

Michel Pachmair [Schuster[6]] St: 1486: -/1/2 gracion

Lienhart hofsporer St: 1486: -/1/2 gracion

Jorg Rot schuster St: 1490: -/-/60

Linhart Adler sporer[7] St: 1490: -/-/60

---

[1] „Jacob" 1565 über getilgtem „Jorg".
[2] Phylipp slosser ist 1462 Vierer der Schlosser, vgl. RP.
[3] Hanns Pflegsharrl 1468 und 1484 Vierer der Schlosser, vgl. RP.
[4] Frankenburger S. 276. Vgl. Weinstraße 7.
[5] Gilg sporer ist 1461, 1462-1482 wiederholt Vierer der Schlosser, Sporer, Schwertfeger, vgl. RP.
[6] 1514 bei Marienplatz 24 Schuster genannt, 1496 und 1500 bei Marienplatz 22 und 1508 und 1509 bei Marienplatz 25 S[chuster].
[7] Linhart Adler 1495, 1502, 1506, 1507 und 1512 Vierer der Schlosser, Sporer, Schwertfeger, vgl. RP.

Contz Loter sporer¹ St: 1496: -/-/60, 1500, 1508, 1509: -/2/4
[Lorenz ?] Fúnsinger messerschmid St: 1496: -/-/60
Utz (Ulrich) Pair (Payr) messerschmid². 1528 Utz Bairin
    St: 1500: -/-/60, 1508, 1509: -/3/25, 1514: Liste, 1522-1526, 1527/I: -/2/10, 1527/II, 1528: -/2/-
Linhart [Zwinckher ?] gschmeidmacher St: 1522-1526, 1527/I: -/2/24
    Hanns [Zwinckher ?] geschmeidmacher St: 1527/II: -/2/24
Margreth inquilina St: 1522, 1524: -/2/-
Widerl [Messerschmid³] St: 1523, 1527/II: -/2/-
Hanns Allgeuer (Allgeir) schlosser St: 1528, 1529, 1532: -/3/-

Ab 1540 Bewohner von denen von Haus Nr. 1 nicht mehr unterscheidbar, siehe dort.

Sporerstraße 3*

Charakter: Ab Ende 15. Jahrhundert Schmiedhaus (Sporer, Nagler, Messerschmied, Schlosser).

Hauseigentümer:

Das Haus gehörte 1407, 1410 und 1415 den Weinman, genau wie das Vorderhaus Weinstraße 6:
1407 Januar 27 „Albrechcz des Weinmans haus" (Weinstraße 6, mit Sporerstraße 3*) ist der Hofstatt des Wilhalm des Machselrainers (Frauenplatz 10) benachbart.⁴
1410 Juni 23 der alten Weinmanin Haus (Weinstraße 6, mit Sporerstraße 3*) ist dem Haus des Wilhalm Günther, früher des Jägermeisters (Frauenplatz 10), benachbart.⁵
1415 September 24 des Weinmans Haus (Weinstraße 6, mit Sporerstraße 3*) ist dem Haus des Wilhalm Günther (Frauenplatz 10) benachbart.⁶
Wann die Trennung vom Vorderhaus erfolgte, ist nicht mehr zu klären.
1450 August 25 Agnes, des „Kůntz malers" Witwe, macht eine Jahrtagstiftung an das Heiliggeistspital mit einem Ewiggeld aus ihrem Haus, in Unser Frauen Gassen, zunächst zwischen Unser Frauen Pfarrkirchen Haus (Frauenplatz 10) und des Taichsteters Haus (Weinstraße 6, mit Spo-rerstraße 4).⁷
1455 März 17 das Heiliggeistspital bestätigt die Jahrtagstiftung der Agnes Saechsin, Chunrat Sachsen des Malers Witwe, mit einem Ewiggeld aus ihrem Haus, gelegen in Unser Frauen Gässlin, gegenüber dem Eßwurm (Weinstraße 5, mit Sporerstraße 1* und 2), zwischen Unser Frawen (Frauenplatz 10) und des Taichsteters Haus (Weinstraße 6, mit Sporerstraße 4).⁸
1487 November 14 das Haus des Wundarztes Meister Cristoff Sinter, jetzt aber dem Messerschmied Rechperger gehörig, ist dem Haus der Frauenkirche, künftig des Reichen Almosens (Frauenplatz 10), benachbart und liegt dem Haus des Hanns Weissenfelder (Weinstraße 5) gegenüber.⁹
1505 April 22 Khunigundt Rechperger verschreibt für einen Jahrtag bei den Augustinern ein Ewiggeld von 3 Gulden für 60 Gulden Hauptsumme.¹⁰
1517 Oktober 2 Kunigund die Rechpergerin verkauft dem Schlittauer-Stift in der Frauenkirche 2 Gulden Ewiggeld um 40 Gulden Hauptsumme (GruBu).
1518 Juni 28 Kunigund Rechpergerin verkauft ein Ewiggeld von 3 Gulden für 60 Gulden Hauptsumme aus ihrem Haus und ihrer Hofstatt in Unser Frauen Gäßlein, zwischen des Reichen Almosen Haus (Frauenplatz 10) und Ludwig Wenigs (Weinstraße 6, mit Sporerstraße 4) Häusern, für eine Messe bei den Siechen auf dem Gasteig.¹¹

---

1 Contz Lotter 1496, 1503-1505, 1508, 1512 Vierer der Schlosser, Sporer, Schwertfeger, vgl. RP. – Er dürfte auch der „sporer in des Weissenfelder haus" [Weinstraße 5] sein, der 1497 Vierer dieses Handwerks ist.
2 Utz Pair 1503, 1512, 1516 Vierer der Messerer, vgl. RP.
3 Vgl. Kaufingerstraße 23 B (1525-1527/I).
4 GB III 60/15.
5 MB XX 144 S. 131/133.
6 GB III 168/10.
7 Vogel, Heiliggeistspital, Urk. 322. – Urk. C IX c 1.
8 Vogel, Heiliggeistspital, Urk. 322 und 342.
9 RP 3 S. 65v. – Zimelie 27b (Salbuch Reiches Almosen) S. 37 ff.
10 Stadtgericht 207/3 (GruBu) S. 915v/916r.
11 Urk. C IX c 7 Nr. 104. – Stadtgericht 207/3 (GruBu) S. 915v.

1524 März 3 der Messerschmied Hanns Staindorffer und seine Hausfrau Margreth verkaufen ein Ewiggeld von 2 Gulden um 60 Gulden aus dem Haus (GruBu).

1528 Juni 30 der Messerschmied Hanns Staindorffer und seine Hausfrau Barbara verkaufen ihr Haus und Hofstatt in Unser Frauen Gässel, zwischen dem Haus des Reichen Almosens (Frauenplatz 10) und Wolfgang Wenigs Haus (Weinstraße 6, mit Sporerstraße 4) dem Geschmeidmacher Lienhard Zwingkher und seine Hausfrau Barbara.[1]

1534 Dezember 24 Barbara Zwingkher verkauft den Augustinern ein Ewiggeld von 2 Gulden um 60 Gulden Hauptsumme aus dem Haus (GruBu).

1535 Mai 20 die Vormünder von Lienhart Zwinckhers Geschmeidmachers seligen Sohn Wolfgang verkaufen ihres Pflegesohnes Haus und Hofstatt in Unser Frauen Gässel, zwischen des Reichen Almosens (Frauenplatz 10) und der Ursula Wenigin Haus (Weinstraße 6, mit Sporerstraße 4), an den Geschmeidmacher Hans Zwinckher und seine Hausfrau Margreth um 360 rheinische Gulden.[2]

1536 März 3 Hanns Zwingger, Messerschmied, und seine Ehefrau Margreth verkaufen ein Ewiggeld von 1 Gulden um 20 Gulden Hauptsumme (GruBu).

1537 Mai 26 der Geschmeidmacher (!) Hanns Zwingckher und seine Hausfrau Margreth verkaufen 1 Gulden Ewiggeld (um 20 Gulden Hauptsumme) aus dem Haus (GruBu).

1549 Juli 12 Wolfgang Zwinckher und seine Hausfrau Barbara verkaufen 5 Gulden Ewiggeld um 100 Gulden Hauptsumme (GruBu).

1552 April 30 das Ehepaar Wolfgang und Barbara Zwinckher verkaufen den hinterlassenen Kindern des Hanns Zwinckher ein Ewiggeld von 1 Gulden um 20 Gulden Hauptsumme (GruBu).

1569 Juli 20 das Ehepaar Zwinckher verkauft seinem Eidam und seiner Tochter Georg Dürn und Ehefrau Rosina ein Ewiggeld von 1 Gulden um 20 Gulden Hauptsumme (GruBu).

1575 laut Grundbuch (Überschrift) des Wolf Zwinckher Geschmeidmachers gelassener Witwe Haus und Höfel.

Eigentümer Sporerstraße 3*:

* wie Weinstraße 6
* Chunrat Sachs maler [Wirt[3], ∞ Agnes], 1428 [et] uxor et ancilla. 1439/I Chunrat maler. 1453 relicta Sachsin maler[in]. 1454, 1457 relicta Sáchsin (Sachsin).[4] 1455, 1456, 1458 relicta Sachsin (Sáchsin) malerin. 1462 Kunrat mallerin
    St: 1428: 3 gróss, 1431: -/13/10, iuravit 40/-/-, dedit schencknstewr, 1447: -/6/22, 1453-1458: Liste, 1462: -/4/13
    Sch: 1439/I-II, 1440, 1441/I-II: 1,5 t[aglon], 1445: nichil
* maister Cristoff [Sinter, Stadtwundarzt,[5] bis um 1487 November 13]
* maister Cristoffin
    St: 1482: -/7/2, 1486: -/7/2 patrimonium, dedit Wilbrecht
* Hainrich (Haintz) Rechperger, 1496, 1500 messerschmid[6]
    St: 1486, 1490: 1/-/17, 1496: 1/3/21, 1500: 1/1/26
  und sein sweher
    St: 1490: -/-/60
** relicta [Kunigund] Rechpergerin. 1522 Rechpergerin inquilina
    St: 1508, 1509: -/6/5, 1514: Liste, 1522-1524: -/2/11
    StV: (1524) sol biß jar matrimonium geben für Rechpergerin.
** Hanns Staindarfer (Staindorfer, Staindorffer)[7]. 1509 Hanns Dandarfer, 1508-1514, 1523 messerschmid [∞ 1. Margaret, 2. Barbara]
    St: 1508, 1509: -/2/18, 1514: Liste, 1522-1526, 1527/I: -/2/3, 1527/II, 1528: -/3/1

---

[1] GB IV S. 160r, auch S. 175r (11.5.1529).
[2] Urk. B II c Nr. 176.
[3] Chunrat maller gehört 1430 zu den Wirten an der Weinstraße (in der Liste zwischen dem Eysenman von Weinstraße 3) und dem Visierer (Weinstraße 7) stehend, die Ungeld zahlen, vgl. Steueramt 987.
[4] 1454 vor „Sáchsin" getilgtes „schneider".
[5] Meister Christof Synnter 1458-1480 Stadtwundarzt, vgl. R. v. Bary III S. 1018.
[6] Hainrich Rechperger 1472-1495 wiederholt Vierer der Messerschmiede, vgl. RP.
[7] 1514 „Stain" verbessert aus „Dan".

* Linhart [Zwinckher] gschmeidmacher [∞ Barbara = Witwe Staindarfer ?, seit 1528 Juni 30]
   St: 1528, 1529, 1532: -/2/24
** Hanns [Zwinckher, ∞ Margaret] gschmeidmacher
   St: 1532, 1540-1542: -/2/-, 1545: -/4/14, 1546, 1547: -/2/7
** Barbara Zwinckher [1534 Dezember 24]
** Wolfgang Zwinckher, unmündiger Sohn von Lienhart Zwinckher [bis 1535 Mai 20]
** Wolff (Wolffgang, Wolf) Zwinckner (Zwinckhner, Zweinckher, Zwinckhler) [∞ Barbara], 1540-1542, 1564/II-1571 gschmeidmacher, 1550 schlosser, 1570 [der] alt. 1571 Wolf Zwinckhler gschmeidmacherin
   St: 1540-1542, 1549/II, 1550, 1551/I-II, 1552/I-II, 1553, 1554/I-II, 1555-1557: -/2/-, 1558: -/4/-, 1559, 1560, 1561, 1563, 1564/I-II, 1565, 1566/I-II, 1567/I-II: -/2/-, 1568: -/4/-, 1569-1571: -/2/-

Ulrich Zwinckhner, 1569, 1570 gschmeidmacher St: 1569: -/-/21 gratia, 1570, 1571: -/2/-

Bewohner Sporerstraße 3*:

Jorg[1] schuster St: 1454: Liste
Kathrey inquilina St: 1456, 1457: Liste
Margaret inquilina St: 1458: Liste
Harderin inquilina St: 1462: -/-/5
Morenweyß St: 1486: -/-/60
Hanns vorster schneider St: 1486: -/-/60
Michel Planck sporer St: 1486: -/-/60
Peter Hohensin nagler St: 1522, 1523: -/2/-
Vesst koch[2] St: 1523: -/5/10 schenckensteur
Sigmund [Laideck[3]] púchpindter (púchvierer) St: 1524, 1525: -/2/-
   et mater St: 1525: -/-/21
Jórg Starnberger, 1526 messerschmid St: 1526, 1527/I: -/1/5 gracion
Wolff Lipp messerschmid St: 1540, 1541: -/3/29, 1542: -/3/29 patrimonium
Vicent (Vicentz, Vitzentz, Vicennts, Vincentz) Schwentter (Gschwentter, Schwenndter, Schwenter), 1545, 1550, 1551/I-II, 1552/II-1557, 1559, 1566/I, 1567/I-II schlosser
   St: 1545: -/6/24, 1546-1548, 1549/I-II, 1550, 1551/I-II, 1552/I-II: -/3/12, 1553, 1554/I-II, 1555-1557: -/3/17, 1558: 1/-/4, 1559, 1560: -/3/17, 1561, 1563, 1564/I-II, 1565, 1566/I-II, 1567/I-II: -/2/-, 1568: -/4/-, 1569, 1570: -/2/-
   StV: (1553) mer -/3/25 fúr p[ueri] Zwinckhner. (1556, 1557, 1559-1561) mer -/-/12 fúr p[ueri] Ramler. (1558) mer -/-/24 fúr p[ueri] Ramler. (1558) mer -/3/15 von wegen p[ueri] Ludwig Saxn von 3 fl gelts fúr 3 nachsteur. (1558) mer -/-/14 fúr Páchl satler. (1559, 1560) mer -/-/7 fúr p[ueri] satler Páchl (Pächler). (1561) mer fúr p[ueri] Púchler (!) satler -/-/7. (1563-1567/II, 1569, 1570) mer fúr p[ueri] Rambler (Ramler) -/-/14. (1563) mer fúr p[ueri] Páchler -/-/7. (1564/I-1567/II) mer fúr p[ueri] Pächler -/-/3,5. (1568) mer fúr p[ueri] Ramler -/-/28. (1568) mer fúr p[ueri] Pächler -/-/7, abgesetzt und verrechet[4].
Anna naterin Nusserin. 1546 Anna naterin St: 1545: -/4/-, 1546, 1547: -/2/-
Hanns Kerber (Körber), 1545-1549/I feylnhauer
   St: 1545: an chamer, 1546-1548, 1549/I-II, 1550, 1551/I: -/2/-
   StV: (1545) ist sein gueth in verpot glegt, dedit -/4/-.
Jorg Moser [Schlosser] St: 1549/I: -/2/-
Hanns verber St: 1549/II: -/-/14 gratia
Anthoni kymichkherer St: 1550: -/-/14 gratia, 1551/I: -/2/-
Klain Hanns. 1552/II Klain Hans Veit St: 1551/II, 1552/I-II: -/2/-
Thoman sporer St: 1551/II: -/1/5 pauper der zeit, 1552/I-II, 1553, 1554/I: -/2/-

---
[1] 1454 vor „Jorg" getilgtes „Hanns".
[2] Wohl der Koch-Vierer von 1517-1519 Silvester koch, vgl. RP. – Vesst koch 1535-1537 Stadtkoch, vgl. R. v. Bary III S. 863 nach KR.
[3] Der Buchführer Sigmund Laidegkh und seine Hausfrau Margreth kaufen am 14.6.1526 von einem Leinweber dessen Haus, ohne Ortsangabe, vgl. GB IV S. 108r.
[4] Dieser ganze Eintrag über Pächler ist wieder getilgt.

Els Stützin St: 1553, 1554/I: -/2/-
Jochim Lipp, 1554/II messerschmid St: 1554/II, 1555: -/2/-
Thoman Stichin St: 1555, 1556: -/2/-
Sixt Perckhamer sporer St: 1556, 1557: -/2/-, 1558:-/4/-, 1559: -/2/-
Hanns Weingartner reutter St: 1557: der zeit eingestelt
Zacharias taschner. 1559 Zacharias taschner müllner St: 1558: -/-/14 gratia, 1559: -/2/-
Thoman Sunderreiter (Sunderreutter)
    St: 1560, 1561: -/2/-
    StV: (1560, 1561) mer für p[ueri] Rindfleisch (Rinttflaisch) -/1/8,5.
  Niclas Sunenreiter, 1568 messerschmid St: 1566/II, 1567/I-II: -/2/-, 1568: an chamer
  Wolff Sunenreiter spang[l]er St: 1567/I: -/-/14 gratia
Wilhalm Eysenman (Eisenman, Eysnman, Eisnman) [Salzsender]
    St: 1560: -/5/10 saltzsenndtersteur, 1561: 1/3/2, 1563, 1564/I-II, 1565, 1566/I: 1/4/21
    StV: (1561) zalt Hanns Eysenman als curator. (1563) zuegesetzt seiner anfrauen erb, zalt Hanns
        Eisnman als curator. (1564/I-II) zalt Hanns Eysenman (Eisnman). (1565) zalt Ulrich Schwab
        sein vormund.
Margareth schopperin St: 1561: -/-/14 gratia, 1563: -/2/-
Caspar Elsenpeckh (Elspeckh) ringmacher St: 1563, 1564/I-II: -/2/-
  Balthauser Elsnpeckhin St: 1567/II: -/2/-, 1568: -/4/-, 1570, 1571: -/2/-
infrau L[inhard] metzgers schwiger St: 1563: -/3/25
Michel Westermairin[1] St: 1563: -/-/-, 1564/I: -/3/25
Leonhart khistler khäßkheufl Grabmair[2] St: 1565, 1566/I: -/2/-
Jorg Stockhl sporer St: 1566/II: -/2/-
Bastian Grueber nagler St: 1566/II: -/2/-
Wild schmidin wittib
    St: 1566/II: -/-/-
    StV: (1566/II) haben der khinder vormúnder gesteurt.
Bastian Wolf schlosser St: 1571: -/2/-
Wolf Sittnpeckhin nesstlerin St: 1571: -/2/-

Sporerstraße 4
(Hinterhaus von Weinstraße 6)

Charakter: Schmiedhaus (Sporer, Schlosser, Spängler).

Erst seit 1428 läßt sich eine Belegung des Hauses mit namentlich bekannten Bewohnern erkennen. Es sind Sporer, Schlosser, Spängler, alles Schmiedeberufe.

Bewohner Sporerstraße 4:

Matheis Púchlár Sch: 1439/II: -/-/8
Jorg Reintaler, 1441/I spángler. 1445 Jorg[3] Sch: 1440, 1441/I-II: 1 t[aglon], 1445: 1 knecht
  Reintaler [Schlosser[4]] St: 1486: nichil
Hanns Pósser (Posser)[5] schlosser. 1453 Haincz (!) Posser slosser. 1454, 1457, 1458 Hanns Posser
  (Pósser). 1462 Pósser schlosser wintnmacher
    St: 1447: -/-/60, 1453-1458: Liste, 1462: -/-/75
  sein swiger, ein am inquilina St: 1462: nichil, servit
Hainrich Poser (Posser). 1490 Posser St: 1482: -/2/15, 1486, 1490: -/2/16

---
[1] Name 1563 ohne Steuerbetrag zwischen den Zeilen eingeschoben. Wahrscheinlich identisch mit der vorher genannten „infraw" (dieselbe Steuersumme!).
[2] 1565 „Grabmair" über „khistler" eingefügt, 1566/I dahinter angefügt.
[3] 1445 ohne Familienname, ohne Berufsbezeichnung.
[4] Jörg Reintaler 1461, 1464, 1476, 1478 Vierer der Schlosser, Sporer, Schwertfeger, vgl. RP. – Vgl. Frauenplatz 5 (1447-1482) und Sporerstraße 4 (1440-1445).
[5] Pósser, ohne Vornamen, 1461 und 1466 Vierer der Schlosser, Sporer, Schwertfeger, vgl. RP.

Hanns Meidensteck. 1486, 1490, 1496, 1500 Meydensteck, 1496 g[eschmeidmacher ?] [sporer[1]]
   St: 1482, 1486: -/-/60, 1490: -/2/-, 1496, 1500: -/-/60
      StV: (1482) Wurmin hat verporgt ir drei nachstewr mit Hannsn Meidnsteck. (1486) et dedit -/-/60 die drit nachstewer fur wurz[ler ?]; et dedit -/-/8 fúr pueri Pawr. (1490) et dedit -/-/8 fúr pueri Paurn. (1500) et dedit -/-/60 annder nachsteur fúr Andre Mack.
Erhart Spilmair (Spillmair), 1496-1514, 1527/II, 1532 slosser[2], 1522 geschmeidmacher. 1528 Erhart schlosser
   St: 1496, 1500: -/-/60, 1508, 1509: -/2/7, 1514: Liste, 1522-1526, 1527/I-II, 1528, 1529, 1532: -/3/8
Linhart [Zwinckher] gschmeidmacher St: 1508, 1509: -/3/-
Linhart Adler sporer[3] St: 1514: Liste
relicta Schillingin inquilina St: 1514: Liste
Stefan Schmautzhauser (Schmautzer) St: 1522-1526, 1527/I-II, 1528, 1529: -/2/-
Gabriel Paur, 1529, 1532, 1540-1542 sporer St: 1529, 1532, 1540, 1541: -/2/3, 1542: -/2/-
Hanns Mair saltzstößl St: 1532: -/2/-
Hanns Rausch von Aschenwurg. 1543 Hanns von Aschenwurg
   St: 1540-1542: -/2/20, 1543: -/5/10, 1544: -/2/20
Seylnpeckhin. 1543, 1544 Hanns Seylnpeckhin (Seilnpeckhin)[4]
   St: 1542: -/5/10 schencksteur, 1543: -/4/-, 1544: -/2/-
      StV: (1544) zalt an chamer -/2/- fúr 3 nachsteur am 10. Februari anno [15]45.
Hanns [Zwinckher] gschmeidmacher St: 1543: -/4/-, 1544: -/2/-

Ab 1545 sind die Bewohner nicht klar von denen des Vorderhauses zu unterscheiden, ab 1545 durch Klammer mit dem Vorderhaus verbunden. Auch Wechsel der Bewohner mit denen vom Nachbarhaus Sporerstraße 3* ist gegeben.

Weinstraße 6
(mit Sporerstraße 3* und 4,
anfangs auch mit Frauenplatz 10 ?)

Name: 1725 Frauen-Eck.
Lage: Eckhaus zur Sporerstraße (Nord). 1550, 1554, 1559, 1565 Eckhaus am Schlossergässel.
Charakter: Seit mindestens Anfang 15. Jahrhundert Gaststätte. 1550/65 Fremdenherberge, 16 Pferde.

Hauseigentümer:

1364 Juni 7 Niclas der Hanns verkauft aus diesem Haus dem Perchtrum (!) (= Perchtolt) Altman ein Ewiggeld von 3 Pfund Pfennigen[5] (GruBu).
1370 die Baukommission beanstandet auch am Eckhaus des Albrecht Weinman Vorbauten: „Item dez Albrecht Weinmairs (!) lauben [soll] ab; er hat aber wol gewalt mit ganczem haws herfúr ze varen und daz sol er etc.; er sol auch von der kluft (?) den vodern tail abprechen und swenn er herfúr pawet, so sol er das egg schraemen".[6]
1383 April 22 das Haus des Aendel [Endel] des Kürschners (Sporerstraße 1* und 2) liegt „in dem gaesslin bey Unser Frawen vor dem Weinman uber".[7]
1392-1398 das Angerkloster hat ein Ewiggeld aus des Weinmans Haus.[8]

---
[1] Hanns Meydensteck 1471, 1475, 1477, 1479, 1487, 1498 Vierer der Schlosser/Sporer/Schwertfeger, vgl. RP.
[2] Erhart Spilmair 1501, 1503-1505, 1519, 1520 Vierer der Schlosser, Sporer, Schwertfeger, vgl. RP.
[3] Linhart Adler 1495, 1502, 1506, 1507, 1512 Vierer der Schlosser, Sporer, Schwertfeger, vgl. RP. – Er ist wahrscheinlich auch der „Lienhart sporer in Unser Frawen gässel" vom 20.5.1524 in GB IV S. 52r.
[4] 1544 „Seilnpeckhin" über getilgtem „Partenhauserin".
[5] Stadtgericht 207/3 (GruBu) S. 951v/955r. – Zur Verwandtschaft Altmann/Weinmann vgl. Weinstraße 9.
[6] Zimelie 9 (Ratsbuch IV) S. 4r (neu 6r). – Abschrammen = abschrägen.
[7] GB I 179/6. – Zur Verwandtschaft der Altmann und der Weinmann vgl. Burgstraße 6.
[8] Steueramt 982/1 S. 17r.

1404 Juni 24 das Ewiggeld von 1364 übergibt Hanns Bart an das Heiliggeistspital[1] (GruBu).
1407 Januar 27 Albrechcz des Weinmans Haus ist der Hofstatt des Wilhalm Mächselrainer „pei unser frawn freithof" (Frauenplatz 10) benachbart.[2]
1410 Juni 23 der alten Weinmanin Haus ist der Hofstatt des Wilhalm des Günther benachbart, die früher den Erben des Herrn Hanns des Jägermeisters (Frauenplatz 10) gehört hatte.[3]
1415 September 24 des Weinmans Haus ist Nachbar zu dem des Wilhalm Günther, künftig Ulrich des Gum-prechts (Teil von Frauenplatz 10) in Unser Frawen Gässel, zunächst beim Frauenfreithof.[4]
Ca. 1415/20 das Heiliggeistspital hat immer noch seine 3 Pfund Ewiggeld aus des Matheis Wey[n]mans Haus an der Weinstraße.[5]
1425 Juni 28 das Haus des Weinman ist dem Haus benachbart, das der Pfarrer Johann Schreiber von Unserer Lieben Frau (Weinstraße 7) gegenwärtig bewohnt.[6]
1427 Januar 4 das bisherige Widemhaus des Pfarrers an der Frauenkirche (Weinstraße 7) ist dem Haus des Matheys Weinman benachbart[7].
1431 domus Weinman (StB).
1449 das Heiliggeistspital hat ein Ewiggeld aus Hans des Taygstetters Haus.[8]
1450 August 25 und
1455 März 17 das Haus des Hanns Taichsteters ist dem Haus der Witwe Agnes des Konrad Sachs des Malers (Sporerstraße 3*) benachbart.[9]
1454 der Teyninger hat 3 ungarische Gulden Ewiggeld aus Hanns des Taichsteters Haus an der Weinstraße.[10]
1487 das Heiliggeistspital hat ein Ewiggeld aus Ludwig Wenigs Haus an der Weinstraße.[11]
1512 September 27 Wolfgang Wenig verkauft seinem Bruder Hanns Wenig 10 Gulden Ewiggeld für 200 Gulden Hauptsumme (GruBu). Davon verkaufen Hanns Wenig und seine Hausfrau Barbara 1513 o. D. 5 Gulden weiter (GruBu).
1518 Juni 28 Ludwig Wenig ist Nachbar des Hauses der Kunigund Rechpergerin (Sporerstraße 3*).[12]
1526/27- 1549 das Heiliggeistspital hat ein Ewiggeld aus Wolfgang Wenigs Haus an der Weinstraße.[13] Auf ihn folgt an derselben Stelle Jorg Wenig.
1528 Juni 30 Wolfgang Wenigs Haus ist dem Haus des Messerschmieds Hanns Staindorffer, künftig des Geschmeidmachers Lienhard Zwinckhers (Sporerstraße 3*), benachbart.[14]
1535 Mai 20 das Haus der Ursula Wenigin ist dem Haus von des Geschmeidmachers Lienhart Zwinckhers Sohn Wolfgang, künftig des Hans Zwinckher (Sporerstraße 3*), benachbart.[15]
1541 Februar 20 die Vormünder von Wolfgang Wenigs hinterlassenen Kindern verkaufen ein Ewiggeld von 4 Gulden um 280 Gulden Hauptsumme (GruBu).
1541 Februar 21 die Vormünder von Wolfgang Wenigs hinterlassenen Kindern – Georg, Davit, Susanna und Barbara – verkaufen deren leiblicher Mutter Ursula Wenig 5 Gulden rheinisch Ewiggeld für 100 Gulden Hauptsumme (GruBu).
1543 März 23 erneute Ewiggeldverschreibungen durch die Vormünder der Wenig-Kinder, diesmal zweimal je 5 Gulden um je 100 Gulden Hauptsumme (GruBu).
1544 Dezember 17 die Vormünder der Kinder des Wolfgang Wenig – David, Susanna, Jörg und seine Hausfrau Barbara – quittieren den Hausverkauf um 1450 rheinische Gulden ihrer Mündel Eckhaus mit Hofstatt und Stallung an der Weinstraße, zwischen der Esterreicherin (Weinstraße 7) und hinten mit

---

[1] Vgl. auch Vogel, Heiliggeistspital, Salbuch A Nr. 228, mit Datierung des Schreibers auf 1410/15-1420.
[2] GB III 60/15.
[3] MB XX 144 S. 131/133.
[4] GB III 168/10.
[5] Vogel, Heiliggeistspital, Salbuch A Nr. 235.
[6] MB XX 189 S. 224/225. – Johann Schreiber auf dem Graben war Pfarrer von ULF von 1404 bis 1428 (Tod), vgl. Mayer ULF S. 47/48.
[7] BayHStA, Chorstift München Urk. – MB XXXV/II 219 S. 288/289.
[8] Zimelie 40 (Heiliggeistspital, Salbuch B) S. 8v.
[9] Vogel, Heiliggeistspital, Urk. 322, 342. – Urk. C IX c 1.
[10] Kämmerei 64 S. 21v.
[11] Zimelie 43 (Heiliggeistspital, Salbuch C) S. 56v.
[12] Urk. C IX c 7 Nr. 104.
[13] Heiliggeistspital (Rechnungen) 176/21 (1526/27) S. 14v erstmals, 176/37 (1549) S. 22v letztmals.
[14] GB IV S. 160r.
[15] Urk. B II c Nr. 176.

der Einfahrt an Unser Frauen Gasse (Sporerstraße) stoßend.[1]

1545 Januar 3 Georg Wenig und seine Hausfrau Barbara verkaufen ein Ewiggeld von 2 Gulden rheinisch für 40 Gulden Hauptsumme (GruBu).

1545 Januar 4 erneuter Ewiggeldverkauf des Ehepaares Wenig, diesmal 13 Gulden um 260 Gulden Hauptsumme (GruBu).

1546 Oktober 8 Georg Wenig verschreibt gemäß eines neuen Hauptbriefes seiner Mutter Ursula und seinem Bruder David und anderen mehrere Ewiggelder (GruBu).

1549/50 das Heiliggeistspital hat ein Ewiggeld aus des Peter Wenigs Haus an der Weinstraße, an derselben Stelle in der Rechnung stehend wie vorher das Haus des Wolfgang Wenig.[2]

1550 Februar 8 die Vormünder des Sohnes David von Wolfgang Wenig verkaufen drei Gulden Ewiggeld aus dem Eckhaus von Davids Bruder Georg Wenig an der Weinstraße, am Schlossergässel, neben dem Haus der Witwe Osterreicher (Weinstraße 7) und gegenüber dem Haus von Jakob Weissenfelder (Weinstraße 5) gelegen an die Ewigmesse auf dem Michaels-Altar in St. Peter um 60 Gulden.[3]

1550/65 Georg Wenig betreibt in diesem Haus eine Fremdenherberge mit der Möglichkeit, 16 Pferde unterzustellen.[4]

1551 Oktober 2 Georg Wenig und seine Hausfrau Magdalena verkaufen ein Ewiggeld von 5 Gulden für 100 Gulden Hauptsumme (GruBu).

1554 Februar 28/März 12 Jacob müller von Kleindingharting hat 5 Gulden Ewiggeld aus dem Haus des Wenig an der Weinstraße. Desgleichen hat Anna Garechtin von Wendling 2 Gulden Ewiggeld aus des Jörgen Wenigs Haus an der Weinstraße.[5]

1554 Oktober 18 Jorg Wenigs eigenes Eckhaus, Hofstatt und Stallung an der Weinstraße, gegenüber des Weissenfelders Haus (Weinstraße 5) und am Schlossergässel gelegen, stößt mit der anderen Seite an weiland Michael Osterreichers Haus (Weinstraße 7).[6]

1554 Dezember 3 der Weinschenk Augustin Gräbl und seine Hausfrau Elspet verkaufen ein Ewiggeld von 5 Gulden um 100 Gulden Hauptsumme (GruBu).

1555 Dezember 20 das Ehepaar Gräbl verkauft erneut 10 Gulden Ewiggeld um 200 Gulden Hauptsumme (GruBu).

1559 November 7 Georg Wenigs Eckbehausung und Hofstatt an der Weinstraße, aus der Hanns Grimm ein Ewiggeld von 3 Gulden rheinisch hat, ist dem der Witwe Osterreicherin (Weinstraße 7) benachbart und liegt gegen das Schlossergässlein zu dem Haus von Jacob Weissenfelder (Weinstraße 5) gegenüber.[7]

1559 Dezember 9 das Ehepaar Augustin und Elspet Gräbl verkauft wiederum 5 Gulden Ewiggeld um 100 Gulden Hauptsumme (GruBu).

1560 April 18 Elisabeth, Witwe des Augustin Gräbl, verkauft dem Andre Gräbl zu Oberstorf und seiner Hausfrau Anna und seinen Kindern 10 Gulden Ewiggeld für 200 Gulden Hauptsumme (GruBu).

1565 Juni 22 Text wie 1554 Oktober 18.[8]

1574 April 24 Hanns Rait, des Rats, verkauft dieses sein Haus an Sebastian Holtzmair Salzstößel und seine Hausfrau Barbara um eine benannte Summe Geldes (GruBu).[9]

1575 laut Grundbuch (Überschrift) des Sebastian Holtzmair Salzstößels Haus, Hof und Stallung. Die Gaststätte im Haus – zuletzt Branntweinerei – besteht bis in das 19. Jahrhundert.

Der Name Fraueneck stammt erst von frühestens 1680 und ist erst 1725 belegt.[10]

---

[1] Urk. F III a 4 Nr. 746/1.
[2] Heiliggeistspital (Rechnungen) 176/38 (1549/50) S. 26v.
[3] Hufnagel/von Rehlingen, St. Peter Urk. 291.
[4] Gewerbeamt 1422a.
[5] StB 1554/I S. 69v, 72r.
[6] Urk. C IX c 16 Nr. 68.
[7] Urk. B II b Nr. 88.
[8] Urk. C IX c 16 Nr. 67.
[9] Einen Eintrag zu 1560 über Hanns Rait – wie ihn das HB KV S. 357 nennt – gibt es im GruBu nicht.
[10] Vgl. Stahleder, Haus- und Straßennamen S. 384/386.

Eigentümer Weinstraße 6:

** Niclas der Hanns [1364 Juni 7]
*? Jórig Altman
    St: 1368: 4/-/-
* iunior Weinman. 1371, 1372, 1377-1383/II, 1388 Albrecht Weinman (Weinmair, Weynman)[1], 1381 cum uxore [∞ Osanna]. 1410/I-1423 relicta Weinmanin. 1428 die alt Weinmanin
    St: 1369, 1371, 1372: -/10/-, 1377: 0,5/-/- juravit, 1378, 1379, 1381, 1382, 1383/I: 0,5/-/-, 1383/II: -/6/-, 1388: -/6/12 juravit, 1399: -/5/- gracianus, 1400, 1401/I-II: -/-/-, 1403: -/11/10 iuravit, 1405/I: 1/-/-, 1405/II: -/11/- iuravit, 1410/I: -/5/-, 1410/II: -/6/20, 1411: -/5/-, 1412: -/6/20, 1413: -/5/-, 1415: 1/-/-, 1416, 1418, 1419: -/10/20, 1423: -/3/18, 1428: dedit 2 gross
* Matheys Weinman (Weyman) [Weinschenk[2]]. 1431 relicta Weinmanin
    St: 1415: -/6/- gracianus, 1416: 1/-/28 iuravit, 1418, 1419: 1/-/28, 1423: 2,5/-/- [Schenkensteuer], 1424: -/6/20 hat zalt, 1431: -/-/70
    StV: (1423) und hat besunder von seinem haws geben 0,5/-/-.
* domus Weinman
    St: 1431: -/-/-
    StV: (1431) aws dem haws gend 3 gulden gen Isprugk, dedit davon -/-/72 der Ettlinger.
* Hanns Taichsteter (Taisteter, Deigsteter) [Weinschenk[3]]
    Sch: 1439/I-II, 1440, 1441/I-II: 1,5 t[aglon], 1445: 1 diern, dedit
    St: 1453-1458: Liste, 1462: 1/-/5
    StV: (1439/I-II) und [von] 3 gulden gelcz -/-/15. (1440, 1441/I) und der ewig gelt -/-/15. (1441/II) und der ewig [gelt] -/-/15.
* Ludwig Wenig [Salzsender, Weinschenk, äußerer Rat[4]]. 1509 relicta Ludbig Wenigin
    St: 1482: 5/5/-, 1486, 1490: 6/1/1, 1496: 4/1/15, 1500: 4/4/6, 1508: 3/7/8, 1509: 3/7/8 patrimonium
    StV: (1482) et dedit -/4/10 fur pueri des jungen Hanns [II.] Hundertpfunt.
** Wolfgang Wenig, 1514 wirt[5] [∞ Ursula]
    St: 1514: Liste, 1522-1526, 1527/I: 2/1/10, 1527/II, 1528, 1529, 1532: 2/4/6
** Georg, David[6], Susanna, Barbara Wenig, Kinder von Wolfgang [1541 Februar 21]
* Ursl Wenigin [Witwe von Wolfgang]
    St: 1541: an chamer
** Jorg Wenig, 1552/II wirt [∞ 1. Barbara, 2. Magdalena]
    St: 1549/I-II, 1550, 1551/I-II, 1552/I-II: 1/3/5, 1554/II: 1/6/-
    StV: (1551/II, 1552/I-II) mer -/1/19 fúr p[ueri] Hellmaister. (1552/I-II) mer -/5/- fur Davit Wenig.
* Peter Wenig [1549/50]
** Augustin Grábl, 1553-1557, 1559 wirt [∞ Elspet]. 1560 Augustin Gräblin
    St: 1553: -/2/24 gratia, 1554/I: -/2/24 gratia die ander, 1554/II: 1/-/18 juravit, 1555-1557: 1/-/18, 1558: 2/1/6, 1559: 1/-/18, 1560: 1/-/18 patrimonium [siehe Hanns Raid]

---

[1] Albrecht Weinman ist 1388-1399 (Salz-)Ausfuhr-Zöllner am Neuhauser Tor, wahrscheinlich identisch mit dem Weinman, der 1381 Mitglied des Großen Rates ist, 1400-1403 Marktzollner vom Plachsalz an der Stadtwaage, vgl. R. v. Bary III S. 884, 746, Vietzen S. 163. – In den Jahren, in denen er das Zöllneramt ausübt, ist er steuerfrei und erscheint deshalb nicht in den Steuerbüchern.

[2] Matheus Weinman ist Weinschenk, vgl. Gewerbeamt 1411 S. 4r.

[3] Hanns Taigsteter (Taichsteter, Taychstetter) ist 1433 und 1451 Mitglied der Weinschenken-Bruderschaft, 1446 einer von deren Vierern, auch 1458 Weinschenk, vgl. Gewerbeamt 1411 S. 9r, 9v, 12v, 1446, 1454, 1455, 1458, 1459 und 1462 Vierer der Schenken, vgl. RP und Gewerbeamt 1411 S. 5r, 10v, 11v. – 1455 Pfleger der Siechen in Schwabing, vgl. MB XX S. 453. Als solcher könnte er Stadtrat gewesen sein.

[4] Ludwig Wenig 1489 Mitglied der Weinschenkenzunft, mit Vermerk: „gnad dier got" als Hinweis auf seinen Tod, vgl. Gewerbeamt 1418 S. 4r. – 1491, 1492, 1494, 1495 und 1497 Vierer der Schenken, 1491 auch Weinversucher oder Weinkoster (vom äußeren Rat), vgl. RP. – 1475, 1477, 1478, 1481, 1498-1500, 1504 Vierer der Salzsender (Krötler), 1474-1483, 1488-1498 äußerer Rat, vgl. RP.

[5] Wolfgang Wenig seit 1511 Mitglied der Weinschenkenzunft, mit dem spätern Zusatz „gnadt dier gott", vgl. Gewerbeamt 1418 S. 15v.

[6] David Wenig ist 1552 und 1563 als Salzsender und 1558 auch als Weinschenk belegt, vgl. Vietzen S. 151.

** Hanns Raid (Rayd, Raidt) , 1560, 1561, 1564/I-II, 1566/II-1567/II wierd [äußerer Rat[1], ∞ Witwe des Augustin Gräbl; bis 1574 April 24]. 1566/II domus Raid
    St: 1560: 2/1/16, 1561: 2/6/21, 1563, 1564/I-II, 1565, 1566/I-II, 1567/I-II: 3/3/8, 1568: 6/6/16, 1569-1571: 2/-/8
    StV: (1560) sein alte steur; mer für sein hausfrau [Augustin Gräblin 1/-/18 patrimonium]. (1561) folio 88v, 90v, 92v, 98r [= Ewiggeld]. (1563) zuegesetzt seiner hausfrauen guet [folio] 96v, 90r, 92r [Ewiggeld]; mer für Steffan Ebrach zu Wasserburg -/2/3. (1564/I) mer folio 90v [Ewiggeld] für Anna Garechtin von 2 fl; mer folio 92r [Ewiggeld] fur Hans Kóterlen von 5 fl; mer folio 96r [Ewiggeld] für Caspar Gerbl von 10 fl; mer für Seybolt oder Kháser peckhin 1/3/25. (1564/II) mer folio 90 [= 91r, Ewiggeld] für Anna Garechtin; mer folio 92v [Ewiggeld] für Hannsen Kotterlen, zalt [folio] 96 [= 95r, Ewiggeld] für Caspar Gerbl; mer für Khaser peckhin 1/3/25. (1565-1566/II) mer für Anna Garechtin (folio) 90r (90v) [Ewiggeld]; mer für Caspar Gerbl (folio) 95v (95r) [Ewiggeld]; mer für Khaser peckhin 1/3/25. (1567/I-1569) mer für Anna Garechtin (folio) 5v (5r) [Ewiggeld]. (1567/I-1568) mer für Caspar Gerbl (folio) 10 r [Ewiggeld]. (1567/I-II) mer für p[ueri] Rölln (Róll) melbler 1/-/13,5. (1568) mer für puer Gagarseer Jórgen 1/1/2; mer für Gagarseer Maria 1/2/15. (1569) mer für Caspar Gerbl folio 9v [Ewiggeld]. (1569-1571) mer für puer Gagarseer Jörg -/4/15. (1569-1571) mer für Maria (1570 „M", 1571 „Margret") Gagarseerin -/5/6,5. (1570, 1571) mer für Anna Garechtin folio 2r (2v) [Ewiggeld]; mer für Caspar Gerbl folio 5r [Ewiggeld]. (1571) mer fur Hansen Scheuch tochter folio 14r [Ewiggeld]; mer fur Christoff Schneckh folio 5r [Ewiggeld].
** Sebastian Holtzmair[2], 1574 Salzstößel, 1576 Gastgeb [∞ Barbara; seit 1574 April 24]]

Bewohner Weinstraße 6:

Die mit # bezeichneten Bewohner können auch zum Hinterhaus Sporerstraße 4 oder einem anderen Haus in der Sporerstraße gehören.

Hainrich Wenigel[3]. 1369 Wenigel kramer.[4] 1371 Wenigel institor, 1368, 1371 inquilinus
    St: 1368: -/-/60, 1369, 1371: -/3/-
relicta Chunradi calciatoris de Freysing inquilina St: 1368: -/-/12
relicta Schúpffin inquilina St: 1368: -/-/24
Dietl Geschlaecht[5] inquilinus St: 1369: -/3/28
Klaus kúrsner inquilinus St: 1369: -/-/22 post
Hans Kammater inquilinus St: 1371, 1372: -/3/-
Günther St: 1375: 9/-/-
Sániftel (Saeniftel) mercator inquilinus. 1381 senior Sániftel inquilinus
    St: 1377: -/-/12 iuravit, 1378: -/-/12, 1379: -/-/12 [Steuer und] -/-/4 post, 1381, 1382, 1383/I: -/-/15, 1383/II: -/-/22,5
    filius suus inquilinus[6] St: 1381: -/-/-
Dietrich [!] Hasenegger inquilinus St: 1378: -/-/42
Peter Hofer inquilinus St: 1379: -/-/81
relicta Nótleichin inquilina St: 1381: 0,5/-/- sub gracia
[Chunrat] Zwickel salczstózzel inquilinus St: 1382, 1383/I: -/-/54, 1383/II: invenitur alibi
Chunrat Freysinger salczstózzel inquilinus St: 1383/I: -/9/24 juravit, 1383/II: -/14/-
Rúdel mercator St: 1383/II: -/-/81
Werndlein (Werndel) Hewczinger (Hauczinger, Háwczinger, Hawczinger). 1394-1397, 1400-1403 relicta Hawczingerin (Hauczingerin, Heiczingerin, Heyzingerin, Haẃczingerin, Hawczerin), 1400, 1401/I-II, 1403 inquilina
    St: 1387: 0,5/-/-, 1388: 1/-/- juravit, 1390/I-II: 1/-/-, 1392: 7,5/-/-, 1393: -/-/-, 1394: 22,5/-/- für

---

[1] Hans Raidt 1574-1612 äußerer Stadtrat, vgl. Fischer, Tabelle IV S. 3/6.
[2] Sebastian Holzmayr 1556 als Salzstößel belegt, vgl. Vietzen S. 155 nach KR.
[3] Ganzer Eintrag 1368 zwischen den Zeilen eingefügt.
[4] Peter Wenigel später Hauseigentümer in der Landschaftstraße.
[5] Dietel Geschlaecht später Hauseigentümer in der Dienerstraße.
[6] Ganzer Eintrag zwischen den Zeilen eingefügt.

drey stewr, 1395: 1/-/- juravit, 1396, 1397, 1400, 1401/I: -/12/-, 1401/II: 1/-/- iuravit, 1403: 1/-/-

Hanns Swaebel inquilinus St: 1388: -/-/24 juravit

Swábin inquilina St: 1388: -/-/-

Aẇstrerin (Eystrerin, Eistrerin), 1393-1405/I inquilina. 1394 Aẇstrerin. 1395 relicta Austrerin, 1399 et filia
    St: 1393, 1394: -/-/40, 1395: -/-/60 [fur] fúnf lb, 1396, 1399, 1400: -/-/60 fúr funf (5) lb, 1401/I: -/-/60 fur 5 lb, 1401/II: -/-/80 fur 10 lb, iuravit, 1403, 1405/I: -/-/80 fur 10 lb, 1405/II: -/-/60 fur 5 lb, iuravit
  und ir tochter (die) Weirmairin, 1401/I-II inquilina. 1403 und ir tochter inquilina
    St: 1401/I: 0,5/-/- non iuravit, 1401/II: -/5/10 iuravit, 1403: -/5/10
    StV: (1403) item ir man sol ain genaden steẇr geben.

Berchtolt Grepmer St: 1394: -/3/14

Haincz (Hainrich) Vogel inquilinus St: 1396, 1397: -/-/60 fúr 2 lb

Hunthaimerin inquilina St: 1397: -/-/-

Chuncz Swab chauffel St: 1397: -/-/60 fúr 6 lb

Palweinin inquilina St: 1397: -/-/24 fúr nichil

Haincz Tod inquilinus St: 1399: -/3/-

relicta Sawreberlin inquilina St: 1399: -/-/24

Haill[weig] kauflin inquilina St: 1400: -/-/60 fúr 3 lb

Michel Wunn inquilinus St: 1401/II: -/10/20 iuravit

Nickel schuster, 1401/II, 1405/I, 1407, 1408 inquilinus
    St: 1401/II: -/-/60, 1405/I: -/-/50, 1406: -/-/50 non iuravit, 1407, 1408: -/-/50

Gasper Ruf inquilinus St: 1403: -/-/24 fur nichil

Kóchpruner amer[1] inquilinus St: 1405/I: -/-/50

Stil schuster inquilinus St: 1405/II: -/-/60 iuravit

Sporel (Spórel) amer[2]. Fridel Sporel amer, 1415, 1416 inquilinus
    St: 1406: -/-/60 fúr 6 lb, 1415, 1416, 1418: -/-/60 fur nichil

Hainrich Goltgrúbel (Goldgrúbel) [früher Stadtsöldner, auch Weinhändler ?[3]]
    St: 1406: -/-/-, 1410/I-II: -/-/60
  Hannsel Goltgrúbel sein sun. 1407-1410/I Hannsel (Hanns) Goltgrúbel. 1410/II relicta Hanns Goltgrúbel
    St: 1406: -/-/50 gracianus, 1407: 1/-/- iuravit, 1408: 1/-/-, 1410/I: -/10/- iuravit, 1410/II: -/13/10 propter patrimonium
    StV: (1410/II) et dedit Gabriel [prugkmaister ?] ir man -/-/60 gracianus.

relicta Hanns goltsmid. 1408 relicta Hannsin goltsmidin St: 1407, 1408: -/-/80 fúr 10 lb

relicta Kasawerin inquilina St: 1407: -/-/40

Liebel salczstozzel inquilinus St: 1408: -/-/40 gracianus

rommaister Gabler inquilinus St: 1408: -/3/22

Haincz salczstózzel inquilinus. 1410/I Haincz schreiber inquilinus. 1410/II-1413 Haincz (Hainczel) salczstózzel schreiber, 1411 inquilinus. 1415 Haincz salczstózzel
    St: 1408: -/3/- minus -/-/2, 1410/I: -/-/72 fúr 12 lb, iuravit, 1410/II: -/3/6, 1411: -/-/72, 1412: -/3/6, 1413: -/-/72 iuravit, 1415: -/-/72

Gabriel prugkmaister[4]. 1416 uxor Gabriel prugkmaister
    St: 1411: -/11/- iuravit, 1412: -/13/20, 1413: -/10/8 iuravit, 1416: -/-/40 fúr nichil

Vicenci goltslaher[5] St: 1412: -/-/-

Fridel ym haber inquilinus St: 1415, 1416: -/-/60 fúr nichil

relicta Egkentalerin inquilina St: 1416: -/6/-

Hainrice Kaeczel St: 1416: -/-/64

---

[1] Köchprunner ist 1392, 1393, 1396, 1400-1405 als Weinamer belegt, vgl. R. v. Bary III S. 962/963.

[2] Fridl Spörl/Spörel ist 1393 und 1399-1418 als Weinamer belegt, vgl. R. v. Bary III S. 962/965.

[3] Hainrich der Goltgrubel war 1402 und 1403 einer der Stadtsöldner, vgl. R. v. Bary III S. 833. – Er könnte auch der Goltgrúbel sein, der 1399 im Verzeichnis der bei den Weinhändlern vorhandenen Mengen Wein genannt ist, weil er vom Käpfenberger ein Fass Wein gekauft hat, vgl. Märkte 319.

[4] Fehlt bei R. v. Bary III S. 1001.

[5] Nicht bei Frankenburger enthalten.

Margred Wynnerin St: 1418: -/5/8
Ull (Ulrich) honigler (honinger), 1419, 1423 inquilinus
    St: 1418: -/-/60 fúr 5 lb, iuravit, 1419: -/-/60, 1423: -/3/-
Ulrich Reyffenstain kursner inquilinus St: 1419: -/5/10
Haincz schuster von Rornmos inquilinus St: 1423: -/-/60
relicta Egenhoferin (Egnhoferin), 1431, 1441/I-II inquilina
    St: 1428: dedit 2 gross, 1431: -/-/60 iuravit
    StV: (1428) fúr sich und ir diern.
    Sch: 1440, 1441/I-II: 0,5 t[aglon]
Rúprecht Kameter St: 1428: dedit 2 gróss fur sich und sein weib
Chunrat Ettlinger [Salzsender[1]], 1431 inquilinus
    St: 1428: dedit -/-/37 fúr sich, sein hausfrau und sein ehalten, 1431: 2/-/- iuravit
relicta Niclas schusterin inquilina St: 1431: -/-/22
relicta Óttin, 1439/I melblerin Sch: 1439/I-II: 0,5 t[aglon]
Albrecht Seperger kramer St: 1441/II: 1 t[aglon]
gúrtlerin am [= Amme] inquilina St: 1462: -/-/32
Pfennigmanin St: 1482: 1/7/22
Hans Schot kramer. 1486 Schott kramer
    St: 1482, 1486: -/2/20, 1490: -/4/13, 1496: -/7/11, 1500: 1/-/-
    StV: (1486) sol bis jar swern.
Swartz glaser St: 1482: -/-/60
Martin pfeyffer St: 1486: nichil
Segenrieder (Sengenrieder) glaser. 1490 Michel Senngenrieder glaser[2]
    St: 1486, 1490: -/2/13, 1496: -/3/23, 1500: -/-/60
[Asm] Múlperger goltschmid[3] St: 1490: -/6/16
Contz Asslinger (Ásslinger) glaser St: 1508, 1509: -/-/60
Haintz Antarfer, 1509 s[chlosser ?] St: 1508, 1509: -/-/60
plint puchvierer. 1514 plint púchviererin St: 1508, 1509: -/2/17, 1514: Liste
Martein goltschmid inquilinus St: 1514: Liste
Wolfgang (Wolf) Thuninger (Taininger), 1514-1525, 1527/I-II schuster. 1526 schuster inquilinus.
    1528 Thúninnger schuster
    St: 1514: Liste, 1522-1526, 1527/I-II, 1528, 1529: -/2/-
Jeronimus Reuschl [Goldschmied, äußerer Rat[4]]
    St: 1522: 5/5/9, 1523: 6/4/11
    StV: (1522) sol bis jar seins schwehern gut zusetzn. (1522, 1523) et dedit -/2/20 für p[ueri] Moritz; et dedit 1/2/- fůr p[ueri] Pronner. (1523) hat seins schwehern gut zugesetzt.
Peter nagler St: 1522: annderßwo
Jeronimus múllner goltschmid[5] St: 1524: -/3/12
[Peter] Hohensin nagler St: 1524: -/2/-
Andre Geißler, 1525-1528 goltschmid[6]
    St: 1525-1527/I: nichil, steurfrey, alls lanng ain rat wil, 1527/II: nichil, alls lanngs aim rat geliebt ist, 1528, 1529: nichil
  Hainrich Geißler St: 1532: nichil, alls lanngs ainem rat gelegen
  Andre Geysler, 1545, 1547 stainschneider
    St: 1540-1547: nihil, 1548: an chamer
    StV: (1548) zalt 2/1/1, juravit, actum den 30. Januarii anno [15]49ten.
  Andre Geysler der jung St: 1558: -/-/28 gratia, ist noch unbheirat, 1559: -/4/12 juravit
Hanns Mair (Mayr) [Salzstößel[7]] St: 1525, 1526: -/2/-

---

[1] Küntzel Ettlinger ist 1429-1431 als Salzsender belegt, vgl. Vietzen S. 143.
[2] Michel Sengenrieder 1484, 1487, 1491, 1497, 1501 Vierer des Handwerks der Maler, Glaser und Seidennater, vgl. RP.
[3] Frankenburger S. 281.
[4] Jeronimus Reuschl 1520 Vierer der Goldschmiede, 1523-1536, 1540, 1541,1543 äußerer Stadtrat, vgl. RP.
[5] Frankenburger S. 287.
[6] Frankenburger S. 288.
[7] Vgl. Weinstraße 5 und Sporerstraße 4.

nagler St: 1525: -/-/21 gracion
sporer. 1526, 1527/I-II sporer inquilinus St: 1525: anderßwo, 1526, 1527/I: -/2/-, 1527/II, 1528: -/2/3
schlosser inquilinus. 1527/I schlosser St: 1526, 1527/I: anderßwo
Caspar Krueg goltschmid[1] St: 1532: -/1/22 gracion
Hanns Teußl (Deysl) schuester, 1540 der jung St: 1532: -/2/20 juravit, 1540-1542: -/2/20
Hanns Seylpeckh wirt St: 1540, 1541: -/5/10 schenckhsteur
Jacob karner [Schuster[2]] St: 1541: -/2/-
Hainrich Hagnin [Tändlerin[3]] St: 1541: pfant an chamer, zalt -/2/- an chamer, 1550, 1551/I: -/2/-
Zacharias metzker, 1542-1544, 1546, 1547 wirt [Salzstößel[4]]
    St: 1542: -/5/10 schencksteur, 1543: 1/3/20 schenckhsteur, 1544: -/5/10 schenckhsteur, 1545: 3/1/24, 1546-1548, 1549/I: 1/4/12
Wolff (Wolffganng) [Zwinckher ?] gschmeidmacher
    St: 1543: -/4/-, 1544: -/2/-, 1545: -/4/-, 1546-1548, 1549/I: -/2/-
  # Hanns [Zwinckher ?] gschmeidmacher St: 1548: -/2/7 patrimonium
Ludwig Sax [Schwertfeger[5]] St: 1544: -/4/15 patrimonium
Hanns Rausch von Aschenwurg (Aschenburg)
    St: 1545: -/4/-, 1546-1548: -/2/-, 1549/I-II: -/1/5 pauper
Jorg Králer St: 1545: -/2/2 hoffgsind
ain involckh Hans zimmermanin. 1547 Hanns zimmermanin St: 1546, 1547: -/2/-
Jorg Moser schlosser, 1564/I-II Geórg Moser schlosserin
    St: 1548, 1549/II, 1550, 1551/I-II, 1552/I-II, 1553, 1554/I-II, 1555-1557: -/2/-, 1558: -/4/-, 1559-1561, 1563, 1564/I-II: -/2/-
Jacob Stóckhl (Stöckhl) nagler St: 1548, 1549/I: -/2/-
  Jorg (Georg) Stóckhl (Stöckhl, Stógkl, Steckhl) sporer. 1570 Jórg Steckhl sporerin Caspar Schickh[6]
    St: 1559: -/-/14 gratia, 1560, 1561, 1563, 1564/I-II, 1565, 1566/I: -/2/-, 1568: an camer, 1569, 1570: -/2/-
    StV: (1569) mer ain versessne steur -/2/-.
  maister Caspar Stóckhl sporer St: 1571: -/2/-
Leschin tochter
    St: 1548: -/-/14 pauper
    StV: (1548) mer -/2/17 von 11 fl gelts von des Guckhauers tochter ererbt.
Schaci Hueber[7] St: 1549/I: -/2/-
Lienhart (Lenhart) paumaister [Goldschmied[8]]
    St: 1549/II: -/-/14 gratia, 1550: -/4/12 juravit, 1551/I-II, 1552/I-II: -/4/12, 1553, 1554/I: 1/-/10
Mathes Vogler, 1549/II-1554/I nagler St: 1549/II, 1550, 1551/I-II, 1552/I-II, 1553, 1554/I: -/2/-
Wolff Scholler (Schueler) [Nestler ?[9]] St: 1549/II, 1550, 1551/I-II, 1552/I-II, 1553, 1554/I: -/2/-
Hainrich Hagnin St: 1551/I: -/2/-
Cristoff kramer St: 1552/I: zalt supra folio 47 col. 1 [= 47r, Tal Marie].
Barbara St: 1552/II: -/2/-
Andre Palmreuter flaschnmacher (flaschnschmid) St: 1553, 1554/I-II: -/2/-
Hans múllner schuster
    St:1554/I: -/-/14 gratia die erst, 1554/II: -/-/14 gratia die ander, 1555-1557: -/2/-, 1558: -/4/-, 1559, 1560: -/2/-
Jeronimus Waller [Weinreisser[10]]
    St: 1555: -/2/-
    StV: (1555) mer -/1/12 fúr p[ueri] Affra ringlerin.

---

[1] Frankenburger S. 289.
[2] So 1522-1529 bei Marienplatz 27* und 1532 und 1540 bei Marienplatz 22.
[3] So 1544-1549/I bei Marienplatz 27*.
[4] Zacharias Metzker ist 1529 auch als Salzstößel belegt, vgl. Vietzen S. 155 (nach KR).
[5] Bei Kaufingerstraße 37 bis 1543 Schwertfeger.
[6] Caspar Schickh hinter der Steckhl sporerin angefügt.
[7] „Hueber" über getilgtem „Hirschpuehler".
[8] Ab ca. 1561 Hauseigentümer Frauenplatz 9. – Frankenburger S. 292.
[9] Ein Wolfgang Schueler ist 1560 bei Marienplatz 28/29 Nestler.
[10] Bei Petersplatz 2, 3, 6*, 10, 11 ist er 1556 Weinreisser. Bei R. v. Bary III S. 974 nicht enthalten.

Bastian (Sebastian) Grueber nagler St: 1555-1557: -/2/-, 1558: -/4/-, 1565, 1566/I: -/2/-
Hanns Mentt [Salzsender[1]] St: 1556: 3/1/15, 1557: -/2/- raths bevelch
Reickherstorffer (Reicherstorffer) lauttnschlager St: 1560: nichil, 1561: nichil, hofgesind
Jorg Graff schuester St: 1561: -/2/-
Michael Röll (Róll), 1564/I-1566/II wierdt
    St: 1563: 1/3/21 gratia, 1564/I: 1/6/5 juravit, 1564/II, 1565, 1566/I-II: 1/6/5
Hanns Stadlpuecher (Stadlpuehner, Stadlpuechner), 1564/II-1567/I, 1568-1571 chramer
    St: 1564/I-II, 1565, 1566/I-II, 1567/I-II: -/2/-, 1568: -/4/-, 1569-1571: -/2/-
Ludwig Gagarseer (Gagerseer, Gagarser) [Salzsender, Wirt[2]]
    St: 1567/I-II: 1/3/7, 1568: 2/6/14
    StV: (1567/I-II) mer für p[ueri] Rölln (Róll) melbler 1/-/13,5. (1568) mer für p[ueri] Rólln 2/-/27.
Hanns Zwinckhner, 1567/I, 1568-1571 gschmeidmacher
    St: 1567/I-II: -/2/16, 1568: -/5/2, 1569-1571: -/3/4
Jórg khoch wierdt St: 1569, 1570: 1/1/13,5

Weinstraße 7

Lage: Eckhaus zur Filserbräustraße (Süd).
Charakter: Weinschenke.

Hauseigentümer:

In den Steuerbüchern gibt es die Schreiber hier schon 1375.
Der Pfarrer Johann Schreiber brachte das Haus an die Frauenkirche und bewohnte es selbst als Dechant- oder Pfarrhof, da das bisherige Widem an der Löwengrube nicht mehr geeignet war.[3]
1425 Juni 28 Johann Schreiber, Pfarrer zu Unserer Lieben Frau, ist mit den Kirchpröpsten dieser Kirche überein gekommen, daß sie das Eckhaus an der Weinstraße, das der Pfarrer gegenwärtig bewohnt und das dem Haus des Niger (Weinstraße 8) gegenüber liegt und an das Haus des Weinman (Weinstraße 6) stößt, verkaufen und das eingenommene Geld für das neue Widem (= Pfarrhof) auf dem Freithof, gegenüber der hinteren Kirchentür verwenden sollen[4].
1427 Januar 4 Pfarrer Johannes Schreiber bei Unserer Lieben Frau beurkundet den Tausch zwischen seinem bisherigen baufälligen Widem an der Weinstraße, zunächst an des Matheys Weinmans Haus (Weinstraße 6) und gegenüber dem Haus des Nigers (Weinstraße 8) gelegen, und dem neuen Widemhaus auf dem Freithof, gegenüber der hinteren Kirchentüre.[5]
1447 Juli 15 das Haus des Peter Visierer ist dem Haus des Niger (Weinstraße 8) benachbart.[6]
1454 aus des Matheis Gienger Haus an der Weinstraße geht ein Ewiggeld.[7]
1474 Juni 15 aus des Matheis Gienger Haus an der Weinstraße gehen Lichter und Fenster aus der Mauer bei seinem Haus und Hofstatt nach hinten in den Frauenfreithof hinaus und er darf sie nur so lange haben wie die Kirchpröpste es ihm erlauben.[8]
1481 der „geschmeidmacher in des Gienger haus" ist einer der Vierer der Schlosser.[9] Gemeint ist offensichtlich Lienhard Zwinckher.
1513 Oktober 19 aus dem Haus des Utz Rot an der Weinstraße wird ein Ewiggeld zu einem Jahrtag in St. Peter verschrieben.[10]

---

[1] Vgl. u. a. Burgstraße 15.
[2] Ludwig Gagarseer (Gagasar) 1559 als Salzsender, 1573 als Mitglied der Wirtezunft belegt, vgl. Vietzen S. 148 nach KR und Zollregister 1572-1575. – Vgl. Weinstraße 5.
[3] Vgl. Stahleder, Bierbrauer S. 55 ff.
[4] MB XX 189 S. 224/225.
[5] BayHStA, Chorstift München Urk. – MB XXXV/II 219 S. 288/289.
[6] BayHStA, GUM 261.
[7] Kämmerei 64 S. 8r.
[8] Wittmann, Urkunden-Regesten, ungedruckt.
[9] Vgl. RP.
[10] Hufnagel/von Rehlingen, St. Peter Urk. 255.

1523-1544 domus Mathes Österreicher (StB).
1529 Mai 20 das Haus des Matheus Osterreicher, Kammersekretärs, ist dem Haus der Familie Hylger, künftig Bierbrauer Wolfgang Gerolt (Weinstraße 8), benachbart.[1]
1543 Dezember 19 die Witwe Apollonia Österreicherin verschreibt vier Wohlfahrts-Einrichtungen Ewiggelder, nämlich dem Heiliggeistspital 7 Gulden um 190 Gulden Hauptsumme, dem Reichen Almosen 3 Gulden um 80 Gulden, dem Bruderhaus 3 Gulden um 80 Gulden und den Siechen in Schwabing 2 Gulden um 55 Gulden Hauptsumme.[2]
1544 Dezember 17 der Esterreicherin Haus ist dem Haus der Kinder des Wolfgang Wenig (Weinstraße 6) benachbart.[3]
1550 Februar 8 das Haus der Witwe Osterreicherin ist dem Eckhaus von Georg Wenig an der Weinstraße (Weinstraße 6) benachbart.[4]
1554 Oktober 18 das Haus des weiland Michael Osterreicher stößt an Jorg Wenigs Eckhaus (Weinstraße 6).[5]
1559 November 7 der Witwe Österreicherin Haus stößt an Eckhaus und Hofstatt des Georg Wenig (Weinstraße 7).[6] Noch 1576 wird die Straße gepflastert „in der Österreicherin gässl bey Unser Frauen", also der Filserbräustraße.[7]
1565 Juni 22 das Haus des weiland Michael Osterreicher stößt an das Eckhaus von Jorg Wenig (Weinstraße 6).[8]
1571 Juli 14 Cristoff, des Rats, und Jacob Weissenfelder, Gebrüder, verschreiben aus dieser ihrer anererbten Behausung ihrem Bruder, Herrn Sebastian Weissenfelder, Chorherrn zu Moosburg, 50 Gulden Ewiggeld als Leibgeding aus seiner Base, der Österreicherin, Erbschaft (GruBu).
1572 Januar 13 Jacob Weissenfelder, noch ledigen Standes, verschreibt aus diesem seinem Haus ein Ewiggeld von 5 Gulden um 100 Gulden Hauptsumme (GruBu).
1575 laut Grundbuch (Überschrift) des Jacob Weissenfelders Haus, Hof und Stallung.

Hinweise auf Weinschenken-Betrieb gibt es in diesem Haus seit Ende des 14. Jahrhunderts.

Eigentümer Weinstraße 7:

    Ulrich schreiber [auf dem Graben]
        St: 1375: 1/-/-
    Perchtolt Grabmer (Grabner)[9]
        St: 1383/I: -/10/-, 1383/II: -/-/-, 1388: 1/-/- sub gracia
    scriptor gener suus [= des Grabner] inquilinus. 1388 gener suus inquilinus
        St: 1383/II: -/3/- gracianus, 1388: -/6/12 juravit
* Johann Schreiber [auf dem Graben, Pfarrer von ULF; bis 1427 Januar 4]
* Widem der Frauenkirche [1427 Januar 4 bis vor 1431]
* Peter [Wein]visierer [Wirt[10]]. 1445 visierer
        St: 1431: 3/-/- iuravit
        StV: (1439/I, 1440, 1441/I-II) und [von] 5 gulden gelcz -/-/20. (1439/II) und [von] 5 gulden
            gelcz dem Schermer -/-/20.
        Sch: 1439/I-II, 1440, 1441/I-II: 2 t[aglon], 1445: 1 diern, dedit

---

[1] GB IV S. 186r.
[2] Stadtgericht 207/3 (GruBu) S. 959v/962v. – Einen Eintrag zu 1527 – wie ihn das HB KV S. 358 nennt – gibt es im GruBu nicht.
[3] Urk. F III a 4 Nr. 746/1.
[4] Hufnagel/von Rehlingen, St. Peter Urk. 291.
[5] Urk. C IX c 16 Nr. 68.
[6] Urk. B II b Nr. 88.
[7] KR 1576/77 S. 141r.
[8] Urk. C IX c 16 Nr. 67.
[9] Vgl. Schreiber „auf dem Graben"! „Grábner" = auf dem Graben ?
[10] Bei R. v. Bary III S. 971 als Visierer fehlend, vgl. auch Marienplatz 7** (1416-1423) und Marienplatz 9*B (ca. 1425). 1430 ist der Vissierer (Fisirer) unter den Wirten an der Weinstraße zum Ungeld veranlagt (7 Pfund 3 Schillinge 6 Pfennige), vgl. Steueramt 987.

* Matheis Gienger [Salzsender¹]. 1482, 1486, 1490 relicta Giengerin. 1496, 1500 relicta Matheus Giengerin
    St: 1453-1458: Liste, 1462: 3/6/15, 1482: 2/1/5, 1486, 1490: 3/1/1, 1496: 2/2/18, 1500: 2/4/9
  relicta (Hainrich) Giengerin, 1456 sein muter
    St: 1454-1457: Liste
  Andre Gienger [Weinschenk, äußerer Rat²]
    St: 1482: 5/7/21, 1486, 1490: 11/2/24, 1496: 13/5/-, 1500: 15/2/15
* Ulrich Rot [Weinschenk, äußerer Rat³], 1522 patrimonium
    St: 1514: Liste, 1522: 16/1/25
    StV: (1522) und ist seiner schwiger gut zugesetzt.
** domus Mathes Österreicher [herzoglicher Kammersekretär⁴]. 1528-1544 domus Österreicher. 1545-1560 relicta [Apollonia] Österreicherin⁵. 1561, 1563-1564/II, 1566/I-1569 Osterreicherin. 1565 Osterreicherin wittib. 1569 frau Österreicherin. 1570 frau Österreicherin wittibin. 1571 Österreichrin [erb]
    St: 1523-1526, 1527/I-II, 1528, 1529, 1532, 1540-1542: 4/-/23, 1543: 8/1/16, 1544: 4/-/23, 1545: 12/5/16 juravit, 1546-1548, 1549/I-II, 1550, 1551/I-II, 1552/I-II, 1553, 1554/I-II, 1555-1557: 6/2/23, 1558: 12/5/16, 1559-1561, 1563, 1564/I-II, 1565, 1566/I-II, 1567/I-II: 6/2/23, 1568: 12/5/16, 1569, 1570: 5/-/15
    StV: (1523-1526) von seinen heusern und (unnd) zinsen (und) sein gemach ist im freygelassn. (1527/I) von seinen heusern und zinsen, ist ime sein gmach freygelassen. (1527/II, 1528) von seinem haus, und sein gmach ist im frey gelassen. (1529) von seinem haus und ist im sein gmach frey gelassen. (1532) von seinem haus, sein gmach ist im frey gelassen.
* weiland Michael Österreicher [1554 Oktober 18, 1565 Juni 22]
** Christoph Weissenfelder, Jacob Weissenfelder, Sebastian Weissenfelder, Chorherr zu Moosburg, Gebrüder [1571 Juli 14]
** Jacob Weissenfellder [Salzsender⁶]
    St: 1570: -/2/5,5, 1571: 4/1/20,5
    StV: (1571) zuegesetzt der Osterreicherin erb; mer für sein brueder herr Sebastian chorherr zu Mospurg fur 50 fl leibgeding 2/3/14.

Bewohner Weinstraße 7:

Pelcz kistler
    St: 1368: -/-/30 post, 1369, 1371: -/-/45 post, 1372: -/-/44 post, 1375: -/-/20, 1377: -/-/30 juravit, 1378, 1379, 1381: -/-/30
    StV: (1371) [am rechten Rand nachgetragen und wieder getilgt:] solvit -/-/32 p[ost].
Sinn mezzrer inquilinus St: 1368: -/-/-
Hechttel messrer inquilinus St: 1369: -/-/16
Dietl salczstössel inquilinus St: 1371: -/-/24 post, 1372: nichil
Chunrat Smidhawser [mercator⁷] inquilinus⁸ St: 1381: -/-/12
Rúdel mercator cum uxore St: 1381: -/-/54
Fridreich Weinsperger [Schneider ?⁹] inquilinus St: 1383/I: -/-/66, 1383/II: -/3/9

---

¹ Matheis Gienger ist 1459 als Salzsender (Krötler) nachgewiesen, ein Gyenger ohne Vornamen auch schon 1446 und 1447, vgl. Vietzen S. 145.
² Andre Gienger ist ca. 1490 Mitglied der Weinschenkenzunft, vgl. Gewerbeamt 1418 S. 6v. – 1496-1499 äußerer Rat, vgl. RP.
³ Uotz Rott 1509 Aufnahme in die Weinschenkenzunft. Vgl. Gewerbeamt 1418 S. 15r. – Ein Ulrich Rot 1517-1520 äußerer Rat, am 20.12.1520 noch für 1521 gewählt, dann Zusatz: „obiit anno [15]20", vgl. RP.
⁴ Mathes Österreicher war herzoglicher Kammersekretär, vgl. GB IV S. 186r (20.5.1529) und BayHStA, GUM 720. – Ein Hanns Österreicher war 1482 Herzog Albrechts Marstaller, vgl. Urk. F I/II Nr. 1 Fingergasse.
⁵ Apollonia Österreicherin ist eine Base der Gebrüder Weissenfelder. – 1546 „relicta" über Rasur, „Osterreiherin" getilgt, dann vor „relicta" am Rand „Osterreicher" gesetzt.
⁶ Jakob Weissenfelder 1574 und 1576 Salzsender, vgl. Vietzen S. 151 nach KR.
⁷ Vgl. Weinstraße 19* (1377, 1378).
⁸ Ganzer Eintrag 1381 zwischen den Zeilen eingefügt.
⁹ Vgl. Marienplatz 16, 18 usw.

Resch maurer inquilinus St: 1383/I: -/-/18, 1383/II: -/-/27
Chunrat Fewleysen (Fawĺeysen, Fawlyssen), 1393 inquilinus
    St: 1387: -/13/10, 1390/I-II: 3/-/80, 1392: -/12/-, 1393: -/-/-
Hánnsl Swaebl St: 1387: -/-/12
relicta Gússin inquilina. 1390/I Gúzzin inquilina St: 1387: -/3/6, 1390/I: -/6/12
relicta Hausnerin inquilina St: 1387: -/-/32
Ull von hoff eintrager inquilinus St: 1387: -/-/16
Österreicher glaser St: 1397: -/6/-
    Ulrich glaser, sein aydem St: 1397: 0,5/-/-
Hanns von Puhel schenck St: 1397: -/3/6
relicta Saẃrlaherin inquilina und Warbera ir tochter St: 1397: -/-/24 pauper
Eystrerin inquilina St: 1397: -/-/60 fur 5 lb
Hanns Knofleich (Knoflich, Knoflach), 1440, 1441/II goltsmid[1], 1431 inquilinus
    St: 1431: -/-/64
    Sch: 1439/I-II, 1440: -/-/8, 1441/I: -/-/6, 1441/II: 0,5 t[aglon]
Clara Gregkin inquilina St: 1431: -/-/60 iuravit
relicta Velberin sneiderin inquilina St: 1431: -/-/-
relicta goltermacherin inquilina St: 1431: -/-/32
Andre Reisntaler inquilinus St: 1431: -/-/60 iuravit
Walpurg inquilina St: 1431: -/-/-
Hainrice Katzel Sch: 1439/I: 0,5 t[aglon]
Ulrich Múrer fragner inquilinus Sch: 1439/II: 1 t[aglon]
Lienhart Klaiber St: 1439/II: 0,5 t[aglon]
Andre seidennater, 1441/I inquilinus Sch: 1440, 1441/I: 1 t[aglon]
Matheis Weger kramer, 1441/I inquilinus Sch: 1440, 1441/I: 0,5 t[aglon]
Larencz (Laurencz) rotschmid, 1441/II inquilinus
    Sch: 1440: 1 t[aglon], 1441/I: 1,5 t[aglon], 1441/II: 0,5 t[aglon], 1445: 1 diern, dedit
Hanns stainmecz Sch: 1441/II: 0,5 t[aglon]
Hanns nagler inquilinus Sch: 0,5 t[aglon]
Martein Pernhart [Kramer[2]] Sch: 1445: 1 diern, dedit
Hainrich Krebs, 1454-1456, 1458 goltsmid[3] St: 1453-1458: Liste
Hanns Sengnrieder (Sengenrieder), 1462 inquilinus St: 1453-1458: Liste, 1462: -/-/69
Peter glaser, 1455, 1458 inquilinus St: 1453-1458: Liste
Jórg messersmid, 1453 inquilinus St: 1453-1455: Liste
Margaret inquilina St: 1453: Liste
sporer inquilinus St: 1456: Liste
relicta Krisstof pfaifferin St: 1457: Liste
Kathrey inquilina St: 1457: Liste
[Ulrich] Aspeck schuster[4] inquilinus. 1482, 1486 relicta Aschpeckin (Aspeckin)
    St: 1462: -/5/5, 1482: -/2/20, 1486: -/-/24 das jar
    Michel Aschpeck [Schuster[5]] St: 1486: -/1/2, 1490: -/2/18
Steffan Heckler inquilinus St: 1462: -/-/60
Jackob Klebergerin, Stefflinger ir man inquilinus St: 1462: -/-/32 daz jar
Jórg Voburger goldschmid[6] St: 1482: -/4/4
Thoman Sunderreiter messersmid[7] St: 1482: -/-/60
Lienhard Zwincker gschmeidmacher[8]. 1486, 1490, 1500 Lienhard gsmeidmacher
    St: 1482: -/-/60, 1486, 1490: -/2/20, 1500: -/2/9

---

[1] Frankenburger S. 272.
[2] Vgl. Rindermarkt 17.
[3] Frankenburger S. 276.
[4] Ulrich Aspeck 1472 Vierer der Schuster, vgl. RP.
[5] Michel Aspeck ist 1499, 1504 und 1506 Vierer der Schuster, vgl. RP.
[6] Frankenburger S. 281.
[7] Thoman Sunderreuter ist 1490 Vierer der Messerer, vgl. RP.
[8] Der „Gesmeidmacher in des Gienger hauß" ist 1481 Vierer der Schlosser, Lienhard Zwincker 1488-1490, 1495-1497, 1499-1500 usw. Vierer der Schlosser, vgl. RP.

Jobst maler weinschenck St: 1486: -/2/24
Linhart Mair schuster[1] St: 1496, 1500: -/-/60
[Asm] Mülperger goltschmid[2] St: 1496: 1/-/18
Peter Sweigkhart messerschmid St: 1496: -/1/5
Hanns Gfatterman [Weinschenk[3]] St: 1500: -/7/10
Steffan von Olching m[esserschmid] St: 1500: -/2/13
Jörg Häckl wirt[4] St: 1508: -/5/10 [Schenkensteuer]
Martein Deysl schuster St: 1508: -/2/16
relicta Schillingin St: 1508: -/-/60
Jorg Pelhamer, 1509 wirt St: 1508, 1509: -/-/60
Valtein messerschmid St: 1509: -/-/21 gracion
Hellmaister[5] et frater St: 1514: Liste
    Adam Hellmaister (Hóllmaister) [äußerer Rat[6]]. 1553, 1554/I Adam Hellmaisterin. 1554/II relicta Adam Hellmaisterin. 1555, 1556 relicta Hellmaisterin.
        St: 1522-1526, 1527/I: 5/4/16, 1527/II: an kamer [Nachtrag am Rand:] 4/4/11, 1528, 1529, 1532: 4/4/11, 1540-1542: 5/-/15, 1543: 10/1/-, 1544: 5/-/15, 1545: 13/1/9, 1546-1548, 1549/I-II, 1550, 1551/I-II, 1552/I: 6/4/5 patrimonium das erst, 1552/II: 6/4/5 patrimonium das ander, 1553, 1554/I-II, 1555: 6/1/8, 1556: 6/1/8 matrimonium
Pauls schuster. 1523, 1524 Pauls Obinger schuster
    St: 1514: Liste, 1522-1526, 1527/I-II, 1528, 1529: -/2/-
Contz Hohnsyn nagler St: 1514: Liste
Jörg Widman [Weinschenk?, Salzstößel?, Salzlader?[7]], 1522-1527/I, 1528-1532 salbúrch, 1540-1561 pantzermacher. 1563 panntzermachers erben
    St: 1522: 1/1/5, 1523-1526, 1527/I: 1/2/3, 1527/II, 1528, 1529: 3/1/15, 1532: 3/1/4, 1540-1542: 3/6/9, 1543: 7/5/18, 1544: 3/6/9, 1545: 10/3/-, 1546-1548, 1549/I-II, 1550, 1551/I-II, 1552/I-II: 5/1/15, 1553, 1554/I-II, 1555-1557: 6/4/16, 1558: 13/2/2, 1559, 1560: 6/4/16, 1561: 4/3/25, 1563: -/-/-
    StV: (1522) sol bis jar seiner hausfrau gut zusetzn. (1523) hat seiner hausfrau gut zugesetzt. (1525, 1526) et dedit -/3/4 fúr sein bruder Hanns Widman. (1527/I) et dedit -/3/4 fúr sein brúder von Weilhaim. (1561) zalten seine 3[8] sún Jochim, Hanns, Jórg und Jacob Khúmerl, so ain tochter hat, ire 3 nachsteur 28/5/18 an chamer. Adi[9] Jörg Khúmerl und die ledig tochter sollen iren erbtail zuesetzn. Adi 20. Junii anno [15]62. (1563) haben schon vernachsteurt und zuegesetzt.
Hanns Widman [Weinschenk[10]], 1527/II frater [des Jörg]. 1529 et frater Hanns Widman
    St: 1527/II, 1528, 1529, 1532: -/3/4
    StV: (1527/II) dedit sein bruder Jörg Widman, hat nit gschworn. (1528) hat noch nit geschworn. (1529) hat nit geschworn.
Hanns Spatznhauser [Seidennater[11]] patrimonium St: 1522: 2/-/-
feilhauer St: 1522, 1523: -/2/-
kistler, 1525 pauper St: 1525: nichil, gar pauper, 1526, 1527/I: -/-/14 pauper

---

[1] Lienhart Mair ist 1484, 1487, 1492, 1493, 1496, 1497 Vierer der Schuster, vgl. RP.
[2] Frankenburger S. 281.
[3] Hanns Gfatterman ist 1508-1511 Vierer der Schenken, vgl. RP. – Hanns Gfaterman 1497 Aufnahme in die Weinschenkenzunft, vgl. Gewerbeamt 1418 S. 9v. – Das Heiliggeistspital kauft 1503 Wein bei Hanns Gfaterman, vgl. Heiliggeistspital 176/4 (Rechnung) S. 5r. – Ein Hanns Gfatterman ist 1520-1547 Salzscheibenzollner, vgl. R. v. Bary III S. 883.
[4] Jorg Hágkl seit 1507 Mitglied der Weinschenkenzunft, vgl. Gewerbeamt 1418 S. 14v.
[5] Ein Pawlß Helmayster wurde 1519 in die Weinschenkenzunft aufgenommen, vgl. Gewerbeamt 1418 S. 17v.
[6] Adam Helmeister 1519-1525 äußerer Rat, vgl. RP.
[7] Ein Gorg Wytnman ist seit 1519 Mitglied der Weinschenkenzunft, vgl. Gewerbeamt 1418 S. 17v, ein Jörg Widman 1519 und 1559 auch Salzstößel, vgl. Vietzen S. 156 nach KR. – 1518-1526 ist ein Jörg Wydman auch Salzlader, vgl. Vietzen S. 160 nach RP.
[8] 3 über getilgtem „vier".
[9] Adi hier irrtümlich. Es folgt noch einmal hinter dem Satz.
[10] Hans Widman 1510 Aufnahme in die Weinschenkenzunft, vgl. Gewerbeamt 1418 S. 15v.
[11] Hanns Spatznhauser war von 1499 bis 1513 wiederholt Vierer der Maler, Glaser, Seidennater, vgl. RP.

Walthasar (Walthauser) Frannck. 1532 Frannck schuster
  St: 1528, 1529, 1532: -/3/4, 1540-1542: -/2/-, 1543: -/4/-, 1544: -/2/-
Wolfganng Thůninger [Taininger] schuster St: 1532: an kamer, hat die kranckhait im haus
Hanns Weinman maurer St: 1540-1542: -/2/-, 1543: -/4/-
Hanns Fachner kúrsner St: 1540: -/1/22 gratia
Caspar Sturm, 1541-1544 melbler. 1551/II Caspar Sturmin
  St: 1541, 1542: -/2/-, 1543: -/4/-, 1544: -/2/-, 1545: -/4/-, 1546-1548, 1549/I-II, 1550, 1551/I-II: -/2/-
alt chamerschreyberin[1]
  St: 1544: -/5/17, 1545: -/5/10, 1546, 1547: -/2/20
  StV: (1547, Nachtrag:) zalt 3 nachsteur an chamer am 19. May anno [15]48ten.
Ludwig Saxin [Schwertfegerin]
  St: 1545: -/4/-, 1546-1548, 1549/I-II, 1550, 1551/I-II, 1552/I-II, 1553, 1554/I-II, 1555-1557: -/2/-
  StV: (1546) mer -/-/21 fur 3 fl gelts iren kinden. (1547-1557) mer -/-/21 fur ire kinder.
Aplonia St: 1546: -/1/1 pauper, 1547: -/-/28 pauper
Hanns Grym (Grim, Grymb, Grimb), 1552/II der stat kastnknecht, 1558, 1565-1566/II kastner, 1567/I-II castnkhnecht[2]
  St: 1548: -/-/21 gratia, 1549/I: -/5/- juravit, 1549/II, 1550, 1551/I-II, 1552/I-II: -/5/-, 1553, 1554/I-II, 1555-1557: -/3/11, 1558: -/6/22, 1559, 1560: -/3/11, 1561, 1563, 1564/I-II, 1565, 1566/I-II, 1567/I-II: -/4/4, 1568: 1/1/-, 1569, 1570: -/2/20, 1571: an chamer
Bastian (Sebastian) Graff, 1552/II, 1555 schuester, 1554/II der junger
  St: 1552/I: -/-/28 gratia die erst, 1552/II: -/-/28 gratia die ander, 1553, 1554/I-II, 1555: -/2/-
Strásl kastngegnschreiber. 1559 N. Strásl castngeenschreiber. 1560 Wolff Strássl casstngegenschreiber. 1561-1571 Sträsl (Strässl, Strássl) casstngegenschreiber
  St: 1556, 1557: nihil, 1558: 5/-/-, 1559-1561: nihil, 1563: -/-/-, 1564/I: nichil, hofsind, 1564/II, 1565, 1566/I: -/-/- hofsind, 1566/II, 1567/I-II: -/-/-, 1568, 1569: -/-/- hofsind, 1570: nihil, hofsind, 1571: -/-/-
  StV: (1558) von wegen seiner schwiger, der Hanns Párttin, erb fur 3 nachsteur.
Balthas (Balthauser) Hueber melbler St: 1557: -/-/21 gratia, 1558: -/4/-, 1559, 1560: -/2/-
  Matheß (Matheus) Hueber, 1563-1564/II, 1566/I melbler. 1565 Matheus Hueber melblerin
  St: 1561, 1563, 1564/I-II, 1565, 1566/I: -/2/-
  StV: (1566/I) fur sein hausfrau fur ine -/-/21 gratia.
Balthasarin weschin St: 1559: -/2/-
Hanns Schlemperger (Schlumpperger, Schlumperger), 1560, 1564/I-1570 schuester. 1561 Hannß schuester
  St: 1560: -/-/14 gratia, 1561, 1563, 1564/I-II, 1565, 1566/I-II, 1567/I-II: -/2/-, 1568: -/4/-, 1569-1571: -/2/-
Jochim (Joachim, Jachim) Sedlmair, 1564/I-1571 saltzsender
  St: 1563: -/5/10 saltzsenndtersteur, 1564/I: -/6/5 juravit, 1564/II, 1565, 1566/I-II, 1567/I-II: -/6/5, 1568: 1/5/10 saltzsenndtersteur, 1569-1571: -/6/13
  StV: (1563) soll auffs jar schwern.
Georg (Jorg) Pachmair melber St: 1566/II, 1567/I-II: -/2/-, 1568: -/-/- steurt hernach
Jörg Schramperger melbler St: 1568: -/2/10 gratia
Hanns Teisl schuester St: 1569-1571: -/2/-

Weinstraße 8

Name: Ab 1669 Filserbräu.[3]
Lage: 1529, 1575 Eckhaus, zwischen Filserbräu- und Albertgasse.
Charakter: Seit Ende 14. Jahrhundert Bräuhaus und Weinschenke.

---

[1] Wahrscheinlich die Witwe von Hanns Prew, der 1517-1537 Kammerschreiber war, vgl. R. v. Bary III S. 859.
[2] Vgl. R. v. Bary III S. 980 nach KR.
[3] Stahleder, Haus-und Straßennamen S. 467.

Hauseigentümer:

Wegen des hohen Steuersatzes könnte Chunrat Tichtel bis 1371 Hauseigentümer sein. Der später folgende Wilhalm Günther ist mit den Tichtel verwandt: Er ist ein Schwager von Andre Tichtel.[1]
1392-1398 aus der Guntherin Haus bei Unser Frauen Kirchhof – darüber eingefügt: „daz prewhaws" – geht ein Ewiggeld von 3 Gulden jährlich nach Freising.[2] Das Bräuhaus besteht also jetzt bereits.
1425 Juni 28 das Haus des Niger liegt an der Weinstraße dem Eckhaus gegenüber, das der Pfarrer Johann Schreiber von Unserer Lieben Frau gegenwärtig bewohnt (Weinstraße 7).[3]
1427 Januar 4 das Haus des Niger liegt dem bisherigen Widemhaus des Pfarrers der Frauenkirche (Weinstraße 7) gegenüber.[4] Hanns (I.) Niger, seine Mutter Hailbeig und seine Hausfrau Anna stiften am 6. Juni 1438 die Niger-Messe in der Frauenkirche. Der Sohn Hanns (II.) Niger bessert sie am 18. Juli 1449 auf.[5]
1447 Juli 15 die Eheleute Johans und Margret Niger machen eine Ewiggeldstiftung aus ihrem Haus und ihrer Hofstatt an der Weinstraße, zwischen den Häusern des Hanns Hamersperger (Weinstraße 9) und Peter Visierer (Weinstraße 7) gelegen und hinten auf den Frauenkirchhof stoßend.[6]
Hanns Niger steht noch 1453 in der Steuerliste, am 19. September 1455 ist seine Witwe Margaret bereits mit Wilhelm Ridler verheiratet.[7]
1462 Wilhalm Streibinger zahlt 75 Pfennige „von dez Nigers hauss und anger", vgl. Bewohner (StB).
1510 Juli 23 das Haus der Lorenz (Hülger) Bräuin ist dem Haus der Ursula Rösch an der Weinstraße (Weinstraße 9) benachbart.[8]
1529 Mai 20 der Benefiziat zu Straubing Johann Hylger und seine Mutter Anna, des Hanns Hylger Bierbrauers Witwe, verkauften dem Bierbrauer Wolfgang Gerolt und seiner Hausfrau Anna unter anderem ihre Behausung am Eck an der Weinstraße, hinten an den Freithof, vorne an Matheus Osterreichers Kammersekretärs (Weinstraße 7) und weiland Hanns Fuxtalers (Weinstraße 9) Haus stoßend.[9]
1575 laut Grundbuch (Überschrift) des Walthasar Gerolt, des Rats, Haus, Hof und Stallung am Eck.[10]
Die Familie Gerolt hat das Anwesen bis 1606 inne, dann ihre Erben Mayr bis 1640.
Hier gibt es schon 1398 ein Bräuhaus, später offenbar auch eine Weinschenke.

Eigentümer Weinstraße 8:

*? Chunrat Tichtel
    St: 1369, 1371, 1372: 2,5/-/24
    StV: (1369) summa stewera facit 2,5/-/24; solvit 2 gulden facientes -/14/-; item 3/-/74 n[ull]us -/-/20 et satisfecit totaliter.

---

[1] Muffat, Kazmair-Denkschrift S. 540/541.
[2] Steueramt 982/1 S. 27r. – Die Güntherin betreibt hier eine Weinwirtschaft. Die Stadt rechnet sie zu den „Wirten" und ersetzt ihr Zehrkosten „von der rais wegen" für dort verpflegte Gäste der Stadt (Kriegsvolk), vgl. KR 1399/1400 S. 119v und Steueramt 572 (Leibgedingbuch 1402/03) S. 66r (20 Pfund und 20 Pfennige schuldete die Stadt 1403 der Güntherin für das, was bei ihr von mehreren einquartierten Personen mit 5 Pferden 6 Wochen lang verzehrt wurde) und Steueramt 573 (Leibgedingbuch 1404/09) S. 38r (der alten Güntherin, Wirtin, schuldete die Stadt ebenfalls 1403 noch 5 ungarische Gulden „von hertzog Ludwig [im Bart] wegen" und dazu 21 Pfund und 58 Pfennige „von zerung wegen, die der Sandezeller und der Newnhawser datz ir verzert haben im kryeg"). Auch 1407/08 zahlt die Stadt 1 Pfund Pfennige für einen Boten „umb kost und zerung, die er getan hat zu dem Günther", vgl. KR 1407/08 S. 52v. Sie ist aber auch Weinhändlerin. In einem „Buch über den Weinhandel" von 1399, der die Inhaber der Weinfässer auflistet, erscheint weit vorne auch die Guntherin mit dem Vermerk „hat 4 vazz", vgl. Märkte 319. Diese Bestandsaufnahme hat wohl der Stadtrat der Zeit der Bürgerunruhen veranlasst.
[3] MB XX 189 S. 224/225.
[4] BayHStA, Chorstift München Urk. – MB XXXV/II 219 S. 288/289.
[5] MB XX 225 S. 287/290; 258 S. 366/370; Karnehm S. 94.
[6] BayHStA, GUM 261.
[7] MB XX 293 S. 455/474.
[8] Geiß, St. Peter S. 295, ohne Quelle.
[9] GB IV S. 186r. – BayHStA, GUM 720.
[10] Stadtgericht 207/3 (GruBu) S. 962v. – Alle Einträge für die Zeit vor 1575 sowie derjenige für 1578 im HB KV S. 359 stammen nicht aus dem GruBu. Außer der Überschrift zu diesem Haus von 1575 beginnen die Einträge im GruBu hier erst 1581.

* relicta Gúntherin (Guntherin). 1390/I-1393, 1400 Gúntherin [Weinhändlerin, Wirtin¹]. 1405/II patrimonium Gúntherin
    St: 1387: 1/-/40, 1390/I-II: 2/-/80, 1392: 3/-/-, 1393, 1394: 3/-/80, 1395: 2,5/-/-, 1396, 1397, 1399, 1400, 1401/I: 3/6/-, 1401/II: 5/-/- iuravit, 1403, 1405/I: 5/-/-, 1405/II: [gemeinsam mit Wilhalm Gúnther]
    Pferdemusterung, um 1398: Gúntherin und ir sun sullen haben zway pferd umb 40 gulden, damit sy der stat warten und der sun sol selber reiten mit eim erbern knecht.
  pueri eius
    St: 1387: 0,5/-/-
  filius eius (und ir sun)
    St: 1390/I-II: 1/-/-
  und ir tochter
    St: 1390/I-II: -/10/20
  Wilhalm Gúnther [Weinschenk²]
    St: 1405/I: 2/-/- gracianus, 1405/II: 7,5/-/- iuravit, 1406: 10/-/-
    StV: (1406) et -/5/- gracianus de uxor[e].
* Hanns [I.] Niger (Nyger)³ [∞ Anna]. 1431-1441/II relicta [Anna] Nigerin (Nigrin)
    St: 1418: 5/-/80 iuravit, 1419: 5/-/80, 1423: 4/-/- iuravit, 1424: 1/-/80 hat zalt, 1428: dedit 22 gross, 1431: 4/-/60 iuravit
    StV: (1423) et dedit 1/-/- in die kamer, et fuit kamerer [Hans] Prewmaister, und also hat er zalt schenknstewr. (1428) fur sich, sein hausfrau und fur zwen ehalten.
    Sch: 1439/I-II, 1440, 1441/I-II: 2 t[aglon]
  die alt Nigerin [= Hailweig, Mutter von Hans I.]
    St: 1428 dedit 19 gross
* Hanns [II.] Niger [∞ Margreth, 1455 wiederverehelichte Wilhalm Ridlerin]
    St: 1431: 6/-/40
    Sch: 1439/I-II, 1440, 1441/I-II: 4 t[aglon], 1445: 5 ehalten, dedit
  Wilhalm Ridler [∞ relicta Margret Nigerin, geb. Pötschner]. 1456 Wilhalm Ridlerin
    St: 1453-1456: Liste
  Hanns [III.] Niger [Loder ?⁴]
    St: 1453: Liste
  Jorg Potschner (Pótschner), 1458 et frater [Kaspar oder Franz Pötschner, Brüder der Margaret Pötschner-Niger]
    St: 1457, 1458: Liste
* des Nigers hauss [1462, vgl. Bewohner Streibinger]
* Hanns Hilger (Húllger), 1496, 1500 prew, 1508, 1509, 1522-1529 relicta [Anna] Húlgerin (Hülgerin)
    St: 1486: -/5/10 schenkensteuer, 1490: -/7/20, 1496: -/7/10, 1500: -/5/10 [Schenkensteuer], 1508, 1509: 1/1/-, 1522-1526, 1527/I: -/6/12, 1527/II, 1528, 1529: -/5/13
  et mater, 1496 relicta Húlgerin
    St: 1486, 1490 [gemeinsam mit Hanns Hilger], 1496: anderswo, bey irem sun
* Wolfgang Gerolt, 1509, 1532 prew⁵, 1540, 1541 relicta Wolff Geroltin
    St: 1509: -/5/10 [Schenkensteuer], 1529, 1532: 1/1/21, 1540, 1541: nihil
    StV: (1540) hat Walthasar ir son zugsetzt, ut habetur infra [bei Walthasar Gerolt]. (1541) hat ir son das vergangen jar zugsetzt.
* relicta Lorentz⁶ Húlgerin
    St: 1514: Liste
* Johann Hilger, Benefiziat zu Straubing [bis 1529 Mai 20]

---

¹ Vgl. Muffat, Kazmair-Denkschrift S. 540/541.
² Wilhalm Gúnther ist Mitglied der Weinschenken-Bruderschaft, vgl. Gewerbeamt 1411 S. 2r, 7v.
³ Hanns Niger 1430 Pfleger der Siechen zu Schwabing, 1432, 1433 Kirchpropst von Unseres Herrn Kapelle, vgl. R. v. Bary III S. 769, 766. Er könnte in diesen Ämtern Stadtrat sein.
⁴ Ein Hanns Niger ist 1462 Vierer der Loder, vgl. RP.
⁵ Wolfgang Gerolt ist 1517 und 1520 Vierer der Bierbrauer, vgl. RP.
⁶ „Lorentz" Irrtum für „Hanns"?

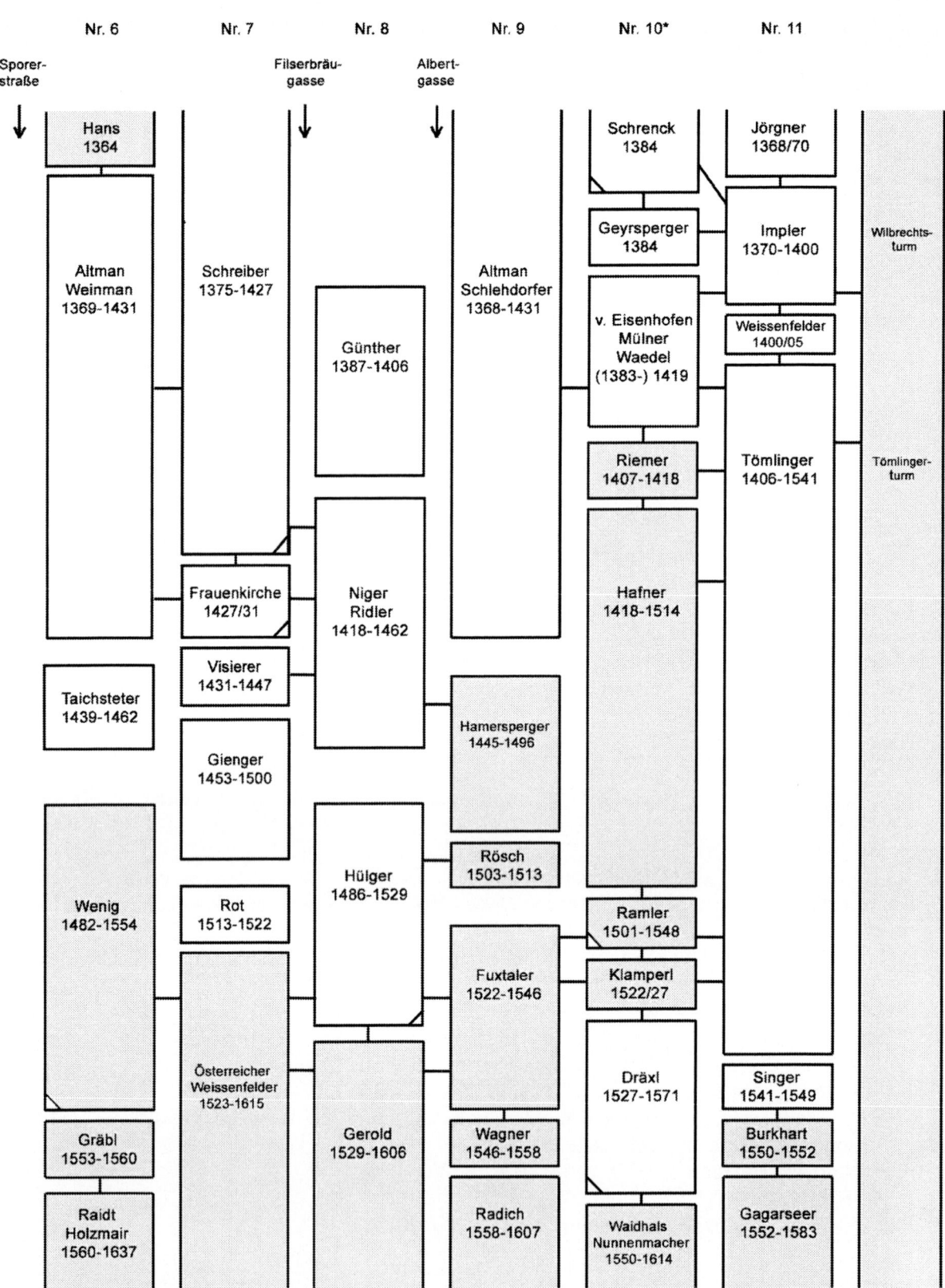

Abb. 19 Hauseigentümer Weinstraße 6 – 11.

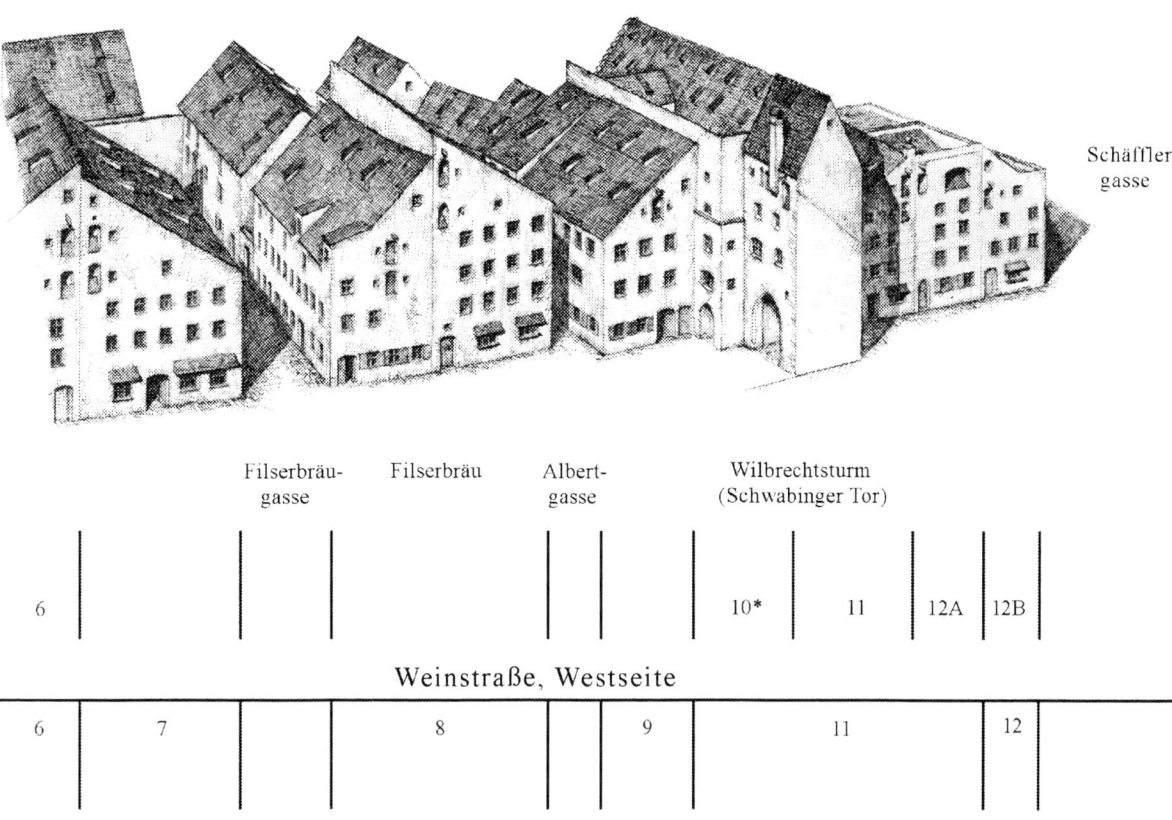
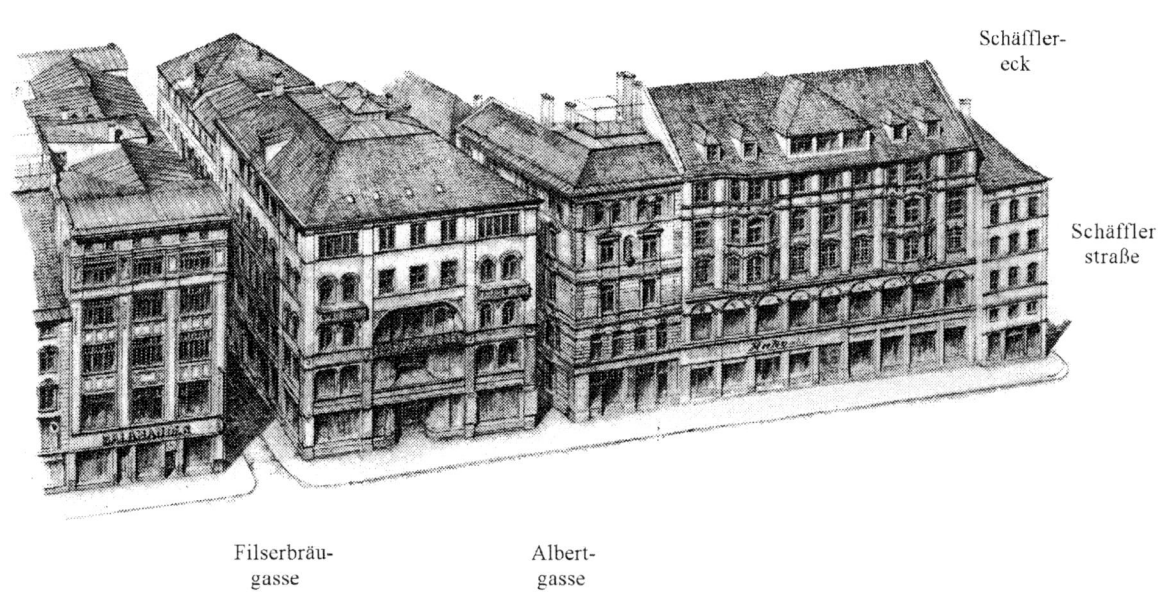

Abb. 20 Weinstraße West Nr. 7 – 12, Häuserbuch Kreuzviertel S. 352/353.

** Walthasar (Walthauser, Balthasar, Balthauser, Balthaser) Gerolt (Gerold), 1540, 1541, 1544-1547, 1549/I, 1551/I-1554/II, 1556-1559, 1561, 1563-1568 preu [äußerer Rat[1]]

    St: 1540: 2/2/27 iuravit, 1541, 1542: 2/2/27, 1543: 4/5/24, 1544: 2/2/27, 1545: 6/-/8, 1546-1548, 1549/I-II, 1550, 1551/I-II, 1552/I-II: 3/-/4, 1553, 1554/I-II: 3/4/2, 1555-1557: 5/2/18, 1558: 10/5/6, 1559, 1560: 5/3/23, 1561, 1563, 1564/I-II, 1565, 1566/I-II, 1567/I-II: 6/2/6, 1568: 12/4/12, 1569-1571: 5/3/3

    StV: (1540) hat zugsetzt seiner mueter ererbt guet; mer ½ fl, so sein schweher hat abgesetzt, factum ut supra [vgl. oben bei Wolff Geroltin]. (1555) sambt dem zusatz seins schwehern erb. (1558) mer -/2/10 von wegen der Spánglin erb zusatz.

Hanns Gerolt preẃ [Salzsender[2]]

    St: 1568: 5/-/28, 1569-1571: 3/6/2

    StV: (1568) fúr seiner hausfrauen guet unnd fúr ine, weil sein vatter nicht abgesetzt -/3/15 gratia.

Bewohner Weinstraße 8:

[Hans] Goczman sartor inquilinus St: 1371: -/-/60 iuravit, 1372: -/-/72
Hanns Giessinger (Gyesinger) St: 1408: -/10/20, 1410/I: 1/-/- iuravit, 1410/II: -/10/20
Bartho[l]me [Maleskircher] maler inquilinus St: 1408: -/-/40 gracianus
uxor Fridreich wagner inquilinus St: 1408: -/-/28
Ulrich Zaler St: 1411, 1412: -/-/-
Matheys Hawg [Weinschenk, -händler[3]] St: 1413: 0,5/-/- iuravit
Orttel Kemmater St: 1415: -/14/-
Peter Wólfel [Fragner[4]] inquilinus St: 1415: -/-/60 fúr nichil
Chuncz maler inquilinus St: 1423: -/12/-
Wernher Freysinger, 1431 sneider inquilinuis
    St: 1428: dedit 3 gross fúr sich, sein weib und sein knecht, 1431: -/14/12 iuravit
   Hainrich Alkircher, sein [= des Freisinger] knecht, sneider St: 1431: -/-/45 gracion
Hanns Goler kauffel St: 1428: dedit 2 gross fúr sich und sein hausfrau
Hanns Perger kistler St: 1428: dedit 2 gross für sich und sein weib
Ulrich Weyrmair St: 1428: dedit 9 gross fur sich, sein weib, sein hoffrawen und sein ehalten
Vicencz Windner St: 1428: dedit 3 gróss
Hanns Súss inquilinus St: 1457, 1458: Liste
Kunrat Fussel goltschmid[5] inquilinus St: 1462: -/4/8
Wilhalm Streibinger metschenck inquilinus. 1482 Wilhalm Streibing
    St: 1462: -/4/25 [Schenkensteuer], 1482: -/5/25
    StV: (1462) et dedit -/-/75 von dez Nigers hauss und anger.
   Kunrat Eysenreich, sein swecher inquilinus St: 1462: -/-/60
Peringer St: 1482: nichil
Kathrey naterin St: 1482: in die kamer
Barbara inquilina St: 1482: -/-/24
des von Camer tochter St: 1486: nichil
Scheittrerin St: 1486: nichil
Hanns Petz káffel St: 1490: 1/6/16
Alberte Hósch [Schulmeister[6]] St: 1490: -/-/60
Matheus Hartman salczstósl [dann Weinschenk[7]] St: 1490: -/-/60
Linhart [Pögel, Pegel] sailer[8] St: 1490: -/-/60
Linhart [Zwinckher] gschmeidmacher[1] St: 1496: -/2/5

---

[1] Balthasar Gerolt 1554-1563, 1564 ?, 1565-1580 äußerer Stadtrat, vgl. Fischer, Tabelle IV S. 2/3.
[2] Hanns Gerolt 1571 und 1572 als Salzsender belegt, vgl. Vietzen S. 149 nach KR und Zollregister 1572-1575.
[3] Vgl. Weinstraße 3 und 19*.
[4] 1410/II bei Burgstraße 12 (B) Fragner.
[5] Kunrat Füssel ab 1475 wiederholt Vierer der Goldschmiede, vgl. RP. – Frankenburger S. 276/277.
[6] Ein Albert Hösch war 1469 Schulmeister bei Unserer Lieben Frau, vgl. R. v. Bary III S. 1034.
[7] Ein Matheys Hartman wird 1493 in die Weinschenkenzunft aufgenommen, vgl. Gewerbeamt 1418 S. 7r.
[8] Linhart Pögel/Pegel 1471-1495 wiederholt Vierer der Seiler, vgl. RP.

Sunderhauser saltstössel weinschenk[2]. 1500 Peter Sunderhauser saltzstósel
    St: 1496: -/5/10 [Schenkensteuer], 1500: -/7/23
Hanns Rumel schneider[3] St: 1496: -/2/13, 1500: -/2/9
Gredel kertzlerin inquilina St: 1496: -/-/10 pauper
Lamprecht. 1514 Lamprecht vergollter[4]
    St: 1508: von 5 gulden geltz S[ebastian oder Sigmund] Ligsaltz nihil, 1514: Liste
Linhart koch prew [Weinschenk[5]]
    St: 1508: 1/-/5
    StV: (1508) darinn seins weibs gut zugesetzt.
Els Rappoltin St: 1509: -/-/60
Wolfganng Trinckgelt [später Weinschenk[6]] St: 1514: Liste
Pauls briefmaler St: 1514: Liste
Jórg Walther prew (pierprew)
    St: 1522: -/5/10 gracion, 1523: -/6/9 juravit
    StV: (1522) sol biß jar schwern; et dedit -/6/5 für sein vorfordern Hanns Westermair patrimonium.
Michel preẃ. 1525-1528 Michel Westermair, 1525, 1526, 1527/II pierpreẃ (prew)
    St: 1524: nichil das jar, 1525: -/1/12 gracion, 1526: -/6/22 juravit, 1527/I: -/6/22, 1527/II, 1528: -/5/10 schencknsteur
Barbara amb inquilina St: 1525: anderßwo

Weinstraße 9

Lage: Eckhaus zur Albertgasse (Nord).
Charakter: Weinschenke seit mindestens Anfang 15. Jahrhundert.

Hauseigentümer:

1357 Februar 24 dem Aynweick dem Altman wurde vom Stadtrat und den Kirchpröpsten erlaubt, eine Türe von seinem Haus durch die Mauer auf den Friedhof von Unserer Lieben Frau zu machen und sie durch ein gutes Gatter zu sichern, damit kein Vieh auf den Freithof kommen kann.[7] Der Reversbrief von Ainweck dem Altmann dazu ist vom 21. September 1357.[8] Wahrscheinlich ging die Tür nicht vom Haus aus auf den Friedhof, sondern schloß – wie auch beim Filserbräugäßchen – diese Gasse zum Friedhof hin ab und machte die Gasse zur Sackgasse. Das Sandtner-Modell zeigt diese beiden Tore deutlich.[9] Zu dieser Zeit ging demnach auch Weinstraße 9 noch bis zum Friedhof durch. Erst später wurden dann die Rückgebäude dem Nachbarhaus Weinstraße 10* zugeschlagen.
Die beiden Gassen – Filserbräu- und Albertgasse – werden im Mittelalter nie erwähnt. Sie gelten offensichtlich nur als Zufahrten zu den rückwärts liegenden Häusern und Städeln. Das Haus Nr. 9 wird nicht einmal vom Grundbuch 1575 als Eckhaus bezeichnet. Nur die heutige Sporerstraße wird – offenbar als Kirchenweg – oft genannt.
1377 o. D. wohl hierher zu beziehen ist das Ewiggeld von einem halben Pfund an die Stadt „de domo Slechdorfferii".[10]
1393 das Angerkloster hat aus des Schlechdorffers Haus ein Gnadengeld.[11]

---

[1] 1495-1497 u. ö. Vierer der Geschmeidmacher, vgl. RP.
[2] „Weinschenk" nachgetragen. Sunderhauser nicht in Gewerbeamt 1418.
[3] Hanns Ruml 1474, 1475, 1488-1490 Vierer der Schneider, vgl. RP.
[4] „Lamprecht vergollter" 1514 wieder getilgt.
[5] Lienhart koch prew seit 1505 Mitglied der Weinschenkenzunft, vgl. Gewerbeamt 1418 S. 13v.
[6] Wolfgang Drinckgelt 1521 Aufnahme in die Weinschenkenzunft, vgl. Gewerbeamt 1418 S. 18r.
[7] MB XIXa 33 S. 488.
[8] StadtAM, Hist. Verein von Obb. Urk. 3425.
[9] Vgl. auch HB, Zeichnung unter Frauenplatz.
[10] KR 1377/78 S. 35v.
[11] Kämmerei 63/2 S. 8r.

1406 und

1407 April 23 die Stadt hat Ausgaben von einem halben Pfund Pfennigen „von des Slechtorffers haws" wegen an das Angerkloster.[1]

1407 Oktober 1 das Haus „Ludwigs des Slechtorffer" ist dem Haus des Chuncz des Müllners von Indersdorf (Weinstraße 10*) benachbart.[2]

Friedrich Altmann[3] und Ludwig Schlehdorfer[4] besitzen das Haus offenbar gemeinsam, da sie sich in den Steuerbüchern ständig in der Reihenfolge abwechseln. 1395 besagt ein wieder getilgter Vermerk, daß Ludwig Schlehdorfer der Vetter eines Altmann sei, wahrscheinlich des bereits verstorbenen Friedrich Altmann. Dann wäre „sein vettern Altmans kind", der seit 1399 hier wohnende Ludwig Altmann (Vorname wie bei Schlehdorfer!). 1370 verkaufen Perchtolt und Friedrich Altmann und Ludwig Schlehdorfer ein gemeinsames Haus in der Maxburgstraße.[5] Desgleichen besitzen Altmann und Schlehdorfer offensichtlich auch gemeinsam das Haus Weinstraße 5.

Ludwig Schlehdorfer war Weinhändler und (Wein-)Wirt.[6]

Erst Hamersperger ist dann wieder als Hauseigentümer sicher bezeugt.

1447 Juli 15 das Haus des Hanns Hamersperger ist dem Haus des Ehepaares Johans und Margret Niger (Weinstraße 8) benachbart.[7]

1483 August 14 der Salzstößel Hanns Hamersperger und seine Ehefrau Elspet verschreiben dem Handwerk der Salzstößel ein Ewiggeld von einem Gulden rheinisch.[8]

1486 Oktober 26 erneut verkauft das Ehepaar Hanns und Elspet Hamerperger ein Ewiggeld, diesmal 2 Gulden für 40 Gulden Hauptsumme (GruBu).

1503 Dezember 4 der Bäcker Mathes Rösch und seine Hausfrau Ursula verkaufen ein Ewiggeld von einem Gulden um 20 Gulden Hauptsumme an die Siechen zu Schwabing (GruBu).

1510 Juli 13 aus Ursula der Röschin Haus an der Weinstraße, zunächst an der Lorenz (Hülger) Bräuin Haus (Weinstraße 8) und hinten auf den Freithof hinaus stoßend, hat die Peterskirche ein Ewiggeld.[9]

1512 Dezember 7 Sebastian Rösch und seine Hausfrau Anna verkaufen ein Ewiggeld von 5 Gulden um 100 Gulden Hauptsumme (GruBu).

1513 August 8 erneut Ewiggeldverkauf von einem Gulden durch das Ehepaar Sebastian und Anna Rösch (GruBu).

1522 April 25 das Haus des Hanns Fuxtaler ist dem Haus der Ramlerin, künftig des Syman Clämperls Haus (Weinstraße 10*), benachbart.[10]

1524 Dezember 2 Hanns Fuxtaler und seine Hausfrau Magdalena verkaufen zwei Gulden Ewiggeld aus dem Haus (GruBu).

1528 Dezember 14 die Witwe Magdalena Fuxtaler verkauft 2 Gulden Ewiggeld um 40 Gulden Hauptsumme aus dem Haus (GruBu).

1529 Mai 20 das Haus des weiland Hanns Fuxtaler an der Weinstraße ist dem Haus der Familie Hylger, künftig des Bierbrauers Wolfgang Gerolt (Weinstraße 8), benachbart.[11]

1536 Oktober 6 der Stadtrat (als Stadtgericht) entscheidet, der Sayler in des Fuchstalers Haus soll unverzüglich ausziehen und seinen (Miet-)Zins an den Fuchstaler zahlen.[12]

1538 November 6,

---

[1] KR 1406/07 S. 34r, 1407/08 S. 28r.

[2] GB III 72/1.

[3] Fridrich Altmann seit 1372 bis nach 1384 äußerer Rat, seit 1382 wiederholt Kirchpropst von ULF, letztmals 1393, vgl. R. v. Bary III S. 762.

[4] Ludwig Schlehdorfer oder Ludwig von Schlehdorf gehört nach Katzmair zu den „Darnach Bösen" bei den Bürgerunruhen von 1397/1403. 1400/1401 war er äußerer Rat und als solcher einer der Steuerer, 1399 auch Kirchpropst von ULF zu Ramersdorf, vgl. Muffat, Kazmair-Denkschrift S. 510.

[5] GB I 11/14.

[6] Ludwig Schlehdorfer gehörte zu den zahlreichen Wirten, denen die Stadt „von der rais wegen" Verpflegungskosten ersetzte, so laut KR 1399/1400 S. 119v und 1402/03 S. 101v. Er handelte auch mit Osterwein, 1398/1400 zahlte ihm die Stadt 5 ½ Pfund Pfennige „an dem osterwein, den man von im nam", KR 1398/1400 S. 124v. – Ludweig Schlechdorffer auch als Weinschenk belegt in: Gewerbeamt 1411 S. 2r.

[7] BayHStA, GUM 261.

[8] Stadtgericht 207/3 (GruBu) S. 964v/967r. Einträge zu 1509 und 1522 gibt es jedoch im Grundbuch nicht.

[9] Geiß, St. Peter S. 295 ohne Quelle.

[10] GB IV S. 13r.

[11] GB IV S. 186r.

[12] RP 11 S. 232v.

1539 Februar 28,
1540 Januar 7 und
1542 März 2 die Witwe Magdalena Fuxtaler verkauft erneut Ewiggelder, dreimal je 2 Gulden um je 40 Gulden und einmal 1 Gulden um 20 Gulden Hauptsumme (GruBu).
1545 April 15 der Münzmeister Hanns Fuxtaler verschreibt den Kindern seines verstorbenen Bruders Paul Fuxtaler für ihr anerstorbenes Gut 4 Gulden Ewiggeld um 80 Gulden Hauptsumme (GruBu).
1545, 1546 domus Fuxtaler (StB).
1546 das Steuerbuch vermerkt zu diesem Haus: ist verkauft „Paulsen [Wagner] haffner" (StB).
1551 September 9 und
1552 Februar 5 der Hafner Paul Wagner und seine Hausfrau Anna verkaufen zwei Ewiggelder, eines von 2 Gulden um 40 Gulden und eines von 5 Gulden um 100 Gulden Hauptsumme (GruBu).
1558 Januar 10 Anna, die Witwe des Hofhafners Pauls Wagner, verkauft dem Kistler Leonhard Träxl und seiner Hausfrau Anna ein Ewiggeld von 5 Gulden um 100 Gulden Hauptsumme (GruBu).
1562 August 6 Marthin Radich und seine Hausfrau Catharina verkaufen ein Ewiggeld von 10 Gulden um 200 Gulden Hauptsumme aus dem Haus (GruBu).
1565 Januar 26 und **April 30** das Ehepaar Radich verkauft erneut zwei Ewiggelder aus dem Haus, das eine 5 Gulden um 100 Gulden, das andere 10 Gulden um 200 Gulden Hauptsumme (GruBu).
1567 Mai 22 die Vormünder – der Kistler Caspar Träxl, die Hausfrau von Daniel Waidhals, Apollonia Träxl, Anna Träxl und zahlreiche weitere Verwandte, u. a. auch der Hofhafner Marthin Radich – von weiland Leonhard Träxls Kindern zweiter Ehe, Balthasar und Brigitha, verschreiben ein Ewiggeld aus dem Haus (GruBu).
1575 laut Grundbuch (Überschrift) des Martin Radich Hofhafners Haus, Hof und Stallung.
Auch bei diesem Haus zeigt sich die alte Verbindung von Salz- und Weinhandel und Weinausschank: 1423 zahlt Ludwig Schlehdorfer Schenkensteuer, und zwar „von seiner hausfrauen", das heißt, die Weinschenke betreibt die Ehefrau. Sebastian Rösch ist Salzstößel, aber auch Wirt. Der Betrag von 5 Schillingen und 10 Pfennigen beim Schuster Sevelder von 1482 läßt ebenfalls an Schenkensteuer denken, obwohl er nicht Schenk genannt wird. 1500 wohnt hier auch der Jorg Gerolt, der 1499 noch Vierer der Salzstößel war, aber 1508/09 beim Nachbarhaus Nr. 11 als „Wirt" steht.

Eigentümer Weinstraße 9:

* Ainweg der Altman [1357 Februar 24]
  Fridrich Altman [Stadtrat[1]]
    St: 1368: 5/-/60, 1369, 1371, 1372: 6/3/-, 1375: 7/-/80, 1377: -/12/- juravit, 1378, 1379, 1381, 1382, 1383/I: -/12/-, 1383/II: 2/-/60, 1387: -/10/-, 1388: 2,5/-/- juravit, 1390/I-II: 6,5/-/-
    StV: (1369) [rechts neben dem Steuerbetrag und wieder getilgt:] concessit 4,5 lb.
* [Hainrich] Slehdorffer.[2] 1369, 1375, 1377 patrimonium Slechdorfferii[3]
    St: 1368, 1369[4]: solvit 3/-/-, 1375, 1377: -/-/-
    StV: (1369) et preterite stewre solute sunt in compu[taci]o[n]e.
* Ludwig [I.] Slechdorffer.[5] 1382, 1383/I patrimonium Slechdorfferii
    St: 1377-1379, 1381, 1382, 1383/I: -/3/-
* Ludwig (Ludweyg) [II.] Slechdorffer (Slechdarffer, Slehtorffer, Schlechdorffer, Slechtdarffer). 1390/I Ludwig von Slehdorf[6] [Weinschenk, Weinhändler, äußerer Rat, ∞ Gatrey], 1387, 1390/II, 1392 inquilinus. 1423 relicta Slechdorfferin. 1428 die alt Schlechdorfferin
    St: 1383/II: 0,5/-/15, 1387: -/-/60, 1388, 1390/I-II: 0,5/-/-, 1392: 5,5/-/- iuravit, 1393, 1394:

---

[1] Fridrich Altman 1372-1384 ff. äußerer Rat, 1382, 1384, 1389, 1390, 1392, 1393 Kirchpropst von ULF und wahrscheinlich ebenfalls äußerer Rat, vgl. R. v. Bary III S. 738, 762. – GB I 159a.
[2] Hainrich Schlehdorfer ist 1362-1364 äußerer Rat, kommt dann nicht mehr vor (patrimonium 1369), vgl. R. v. Bary III S. 742.
[3] „Patrimonium Slechdorfferii" hier auch 1371 und 1372, aber wieder getilgt.
[4] Steuersumme 1368 und StV 1369 am Rand nachgetragen.
[5] Slechtorffer ist 1381 Mitglied des Großen Rates, vgl. R. v. Bary III S. 746.
[6] Ludwig Schlehdorfer 1400 und 1401 äußerer Rat, 1399 Kirchpropst von Unserer Lieben Frau in Ramersdorf, vgl. R. v. Bary III S. 770; nach Katzmair einer der „Darnach Bösen" bei den Bürgerunruhen, vgl. Muffat, Kazmair-Denkschrift S. 510.

7/-/80, 1395: 3,5/-/40, 1396, 1397, 1399, 1400, 1401/I: 5,5/-/-, 1401/II: 3/-/- iuravit, 1403: -/15/10 iuravit, 1405/I: -/15/10, 1405/II: 2,5/-/- iuravit, 1406-1408: 3/-/80, 1410/I: 2,5/-/- iuravit, 1410/II: 3/-/80, 1411: 2,5/-/-, 1412: 3/-/80, 1413: 2,5/-/- iuravit, 1415: -/6/-, 1416, 1418, 1419: 1/-/-, 1423: -/3/-, 1428: dedit 1 grossen

    Pferdemusterung, um 1398: Ludweig Slechtorffer sol haben ein pferd von 16 gulden, damit er der stat wart.

und[1] sein vettern Altmans kind St: 1395: -/-/-

* Ludel (Ludwig) Altman, 1399, 1401/I-II inquilinus. 1400 her Ludwig Altman inquilinus
  St: 1397, 1399, 1400: -/-/40 gracianus, 1401/I-II: -/-/-
* Ludweyg [III.] Slechdorffer (Schlechdorffer). 1431 relicta Schlechdorfferin
  St: 1423: 2,5/-/- schencknstewr, 1424: -/6/20, 1431: -/-/62 iuravit
  StV: (1423) von seiner hausfrauen; et dedit -/-/60 sua gracianus.
** Hamersperger. 1453-1486 Hanns [I.] Hamersperger [Salzstößel[2]]. 1490, 1496 relicta [Elspeth] Hamerspergerin
  Sch: 1445: 1 diern, dedit
  St: 1453-1458: Liste, 1462: -/9/18, 1482: -/7/15, 1486: -/5/1, 1490: -/6/4, 1496: -/5/24
  StV: (1462) et dedit pu[e]ri -/-/16.
  Hans [II.] Hamersperger
  St: 1490: -/5/1 dedit Rósch
** Mathes Rösch peckh[3] [∞ Ursula, 1503 Dezember 4]
** Wastian (Sebastian) Rósch, 1508 wirt [Salzstößel, Weinschenk[4], ∞ Anna]
  St: 1508, 1509: -/5/10 [Schenkensteuer], 1514: Liste
** Hanns Fuxtaler wirt[5]. 1524-1528 Hanns Fuxtaler, 1528 patrimonium. 1529, 1532, 1540-1544 relicta [Magdalena] Fuxtalerin
  St: 1522-1526, 1527/I-II, 1528, 1529, 1532: 1/-/11, 1540-1542: -/2/12, 1543: -/4/24, 1544: -/2/12, 1545: an kamer
  Paule Fuxtaler [Fronbote[6]] St: 1540-1542: -/2/-, 1543: -/4/-, 1544: -/2/-
** Hanns Fuxtaler, Münzmeister, Bruder von Paule Fuxtaler [1545 April 15]
* domus Fuxtaler
  St: 1545: an chamer
  StV: (1546) ist verkaufft Paulsn haffner.
** Pauls wagner haffner [Hofhafner, ∞ Anna]
  St: 1546-1548, 1549/I-II, 1550, 1551/I-II, 1552/I-II: -/2/-, 1553, 1554/I-II, 1555-1557: -/5/27, 1558: 1/4/24 patrimonium
  StV: (1555, 1556) mer -/1/12 fur p[ueri] Fuxtaler.
** Marten Ráttich (Rátich, Rattich, Radich) haffner [Hofhafner[7], ∞ Catharina]
  St: 1558: -/-/21 gratia, 1559: 1/-/28 juravit, 1560: 1/-/28, 1561, 1563, 1564/I-II, 1565, 1566/I-II, 1567/I-II: 1/4/17, 1568: 3/2/4, 1569-1571: 2/4/22
  StV: (1561) mer fol. 94v [= Ewiggeld].
** Balthasar und Brigitha Träxl, Leonhard Träxls Kinder 2. Ehe, noch unter Vormundschaft, Verwandte u. a. von Marthin Radich [1567 Mai 22]

Bewohner Weinstraße 9:

Ull vragner inquilinus St: 1368: -/-/36
Rúdl mercator St: 1382, 1383/I: -/-/54

---

[1] Ganzer Eintrag wieder getilgt.
[2] Hanns Hamersperger ist 1459-1474 wiederholt Vierer der Salzstößel, 1459-1485 wiederholt Mitglied der Gemain, 1459 und 1460 auch Mitglied des Rats der 36, vgl. RP und Vietzen S. 157.
[3] Mathes Rösch 1502, 1503 Vierer der Bäcker, vgl. RP.
[4] Sebastian Rösch 1509-1514, 1519 Vierer der Salzstößel, vgl. RP. – Sebastian Rösch seit 1507 Mitglied der Weinschenkenzunft, vgl. Gewerbeamt 1418 S. 14r.
[5] Hanns Fuxtaller seit 1505 Mitglied der Weinschenkenzunft, vgl. Gewerbeamt 1418 S. 13v.
[6] Bruder des Münzmeisters Hanns Fuxtaler und am 15.4.1545 schon tot, vgl. GruBu. – Paule Fuxtaler ist 1532-1534 Fronbote, vgl. R. v. Bary III S. 815.
[7] Der „Hofhafner" oder Hafner Martin Radich 1569 und 1571 Religionsverhör, vgl. Dorn S. 227, 260/361.

puer Andre ballneatoris inquilinus[1] St: 1383/II: -/-/18
Hainczel Smidel [später Kornmesser[2]] inquilinus St: 1401/II: -/-/60
Chuncz von Stamsse inquilinus St: 1401/II: -/-/-
Grúnklein[3] inquilina St: 1410/II: facat
Slachinhawfen inquilinus St: 1410/II: -/-/60
Peter Aufhaymer St: 1418: -/-/-
Hainrich Zangk St: 1419: 4/-/- nach dez racz haissen
Jorg Ebersperger [Weinschenk[4]] inquilinus St: 1431: -/13/10 schenckenstewr, et ein gracion
Seycz Pair inquilinus St: 1431: -/-/15
Peter Geyger (Geiger) Sch: 1439/I-II, 1440, 1441/I: 1,5 t[aglon]
Hanns Sengnrieder[5] St: 1439/II, 1440, 1441/I: 1 t[aglon]
Hanns samener (sámner) [= Almosensammler], 1456, 1457 inquilinus St: 1456-1458: Liste
Ann Hannsin St: 1457: Liste
Gúlherin inquilina St: 1462: -/-/80
Sevelder schůster. 1486 Seefelder St: 1482: -/5/10, 1486: 1/-/10
Fúnfschillingin (Fünffschillingin), 1482 et filia St: 1482: -/2/12, 1486: -/3/8
Gedraut inquilina St: 1490: -/-/60
Gess inquilina St: 1496: -/2/10
Linhart zimmerman gůster sámler [= Almosensammler] St: 1496: nichil
Hanns Ramler pfänderknecht[6] St: 1496: nichil
Jorg Gerolt [Salzstößel, Wirt ?[7]] St: 1500: -/7/10
Jorg Mair huoter St: 1500: -/-/60
plint púchfuerer St: 1500: -/2/9
Georg maler inquilinus. 1509 Jorg Fraiding maler St: 1508, 1509: -/-/60
Utz Lob koch. 1514 relicta Utz Lebyn St: 1509: -/-/60, 1514: Liste
Margret schlairbürckerin St: 1509: -/-/60
Hanns jáger sneider St: 1509: -/-/60, 1514: Liste
Pútrich inquilinus St: 1514: Liste
Madlen inquilina St: 1514: Liste
Anndre reitter inquilinus St: 1514: Liste
una inqulina St: 1514: Liste
alt Tútsch w[...] St: 1514: Liste
Conradt Petz seidnnater[8] St: 1514: Liste
Bartlme Hecht kartnmacher St: 1522: -/2/-
Michel Deisenhofer (Teisenhofer) St: 1523: -/-/14 gracion, 1524: -/-/21 gracion, 1525: -/2/-
Thoman schneiderin St: 1523: -/2/-
Thóllellin (Tóllellin) St: 1523-1526: -/2/-, 1527/I: nichil, stat verpotn
    Tóllel padknecht St: 1528, 1529: -/2/-
Wolfgang Peltzer zimerman St: 1523-1526, 1527/I-II, 1528, 1529: -/2/-
Frantz Poschendorfer saltzstößl
    St: 1523: -/2/10
    StV: (1523) et dedit -/-/28 für p[ueri] Adam seidnnater.
Dorothea inquilina St: 1524: -/2/-
Hessin St: 1524: -/2/-
Sittenhofer kistler St: 1524: nichil, gar pauper
Anna Neunhauserin St: 1525: -/2/-
    et vilia inquilina St: 1525: nichil
Els natterin St: 1525: -/2/-

---

[1] Ganzer Eintrag 1383/II zwischen „Altman" und „patrimonium Slechdoffer" zwischen den Zeilen eingefügt.
[2] Vgl. Weinstraße 1 (1405/I).
[3] Lies Grünklee-in.
[4] Jórg Ebersperger ist 1433 Mitglied der Weinschenken-Bruderschaft, vgl. Gewerbeamt 1411 S. 8v.
[5] 1440 unter getilgtem „Peter Wickenhauser" eingeschoben.
[6] Hanns Ramler ist von 1474-1500 Pfänderknecht, vgl. R. v. Bary III S. 828.
[7] Jorg Gerolt 1499 Vierer der Salzstößel, vgl. RP. – 1508/09 bei Haus Nr. 11 Wirt.
[8] Contz Pätz/Petz ist 1488-1507 wiederholt Vierer der Maler, Glaser, Seidennater, vgl. RP.

Hanns Óttinger schneider St: 1526, 1527/I: -/2/-
Michel Áresinger (Ársinger) saltzstößl
    St: 1527/II: -/3/15 gracion, 1528: -/5/26 juravit
    StV: (1527/II) bis jar schweren.
Cristof zimerman St: 1527/II: pfanndt an kamer
Wastl floßmanin St: 1527/II: -/2/-
púchpindter St: 1528: -/2/-
nagler St: 1528: -/2/-
Margreth naterin St: 1529: -/2/-
Waltaß (Walthasar) Schleich schlosser St: 1529: -/-/14 gracion, 1532: -/2/-
Hanns Franckh nagler St: 1529: -/2/-
Anna natterin inquilina St: 1529: -/2/-
Hainrich tagwercher St: 1529: -/2/-
Peter maurer St: 1532: -/2/-
nagler tagwercher St: 1532: -/2/-
    et socra St: 1532: nichil, servit
floßmanin St: 1532: -/2/-
Stainmúllerin St: 1532: -/2/-
Els Ockertilin inquilina St: 1532: -/2/-
Peter Saur maler St: 1540: -/2/-
Niclas Rausch, 1541 messerschmid St: 1540, 1541: -/2/-
Wolffganng Grueber[1] petlerknecht[2] St: 1540: nihil
alt schleufferin St: 1540: -/2/-
Veit maurer St: 1540: -/2/-
Utz messerschmid St: 1540: -/2/2
Erhart nagler St: 1540: -/2/-
Pauls Obinger[3] [Schuster] St: 1541: -/2/-
Jórg spángler (spängler) St: 1541, 1542: -/2/-
Michel Stainharder St: 1542: -/2/-, 1543: -/4/-
plint Hainrich St: 1543: -/4/-
Andre Hagn schneider St: 1543: -/4/20, 1545: -/4/-, 1546, 1547: -/2/-
Wolff Freymanner St: 1544: -/2/-
Utz Frólich [Hofgesind[4]] St: 1544: -/2/-
Mathes Rueperstorffer scháffler St: 1545: -/4/-
Michel Schaur pott St: 1545: -/1/26
Utz maurer[5] St: 1545: -/-/14 gratia
Jorg Widman [Salzstößel ?[6]] St: 1545: -/4/-
Anna Schwábin St: 1545: -/4/-
plint Hanns [múllner] St: 1545: -/4/-
Hanns Mándl der jung scháffler St: 1545: -/4/-
Hanns Talhamerin St: 1545: -/4/-
Mathes Vogl (Vogler), 1546, 1547 nagler. 1549/I Mathes nagler St: 1546-1548, 1549/I: -/2/-
Wolffgang (Wolff) Ranckh maurer St: 1548, 1549/I-II, 1550, 1551/I-II, 1552/I-II, 1553, 1554/I: -/2/-
Jobst pott ambtman St: 1548: nihil
Hanns tagwercherin St: 1548: -/2/-
Katherina St: 1548: -/2/-
Lorentz Partsch nagler St: 1549/II: -/2/-
Wolff Gebhart St: 1549/II: -/2/-

---

[1] „Grueber" über getilgtem „Perger".
[2] Wolffgang Grueber 1540-1543 Bettlerknecht, vgl. R. v. Bary III S. 848.
[3] „Obinger" über getilgtem „Obermayr".
[4] Bei Weinstraße 10* ab 1545 Hofgesinde.
[5] „maurer" verbessert aus „maurerin".
[6] Ein Jorg Widman ist 1559 Salzstößel, vgl. Vietzen S. 156 nach KR.

Caspar koch. 1554/I-II, 1556 Caspar Lintner (Lindner) koch. 1555, 1558-1561, 1563-1571 Caspar Lindner (Lynndner, Lindter) koch
    St: 1550: -/-/28 gratia, 1551/I: -/-/28 gratia die ander, 1551/II: -/4/12 juravit, 1552/I-II: -/4/12, 1553, 1554/I-II, 1555-1557: -/3/9, 1558: 1/3/20 schenckhsteur, 1559, 1560: -/5/10 schenckhsteur, 1561: -/5/10, 1563, 1564/I-II, 1565, 1566/I-II, 1567/I-II: -/5/10 schennckhsteur, 1568: 1/3/20 schennckhsteur, 1569-1571: -/5/10 schennckhsteur

Jacob Stóckhl (Stöckhl) nagler St: 1550, 1551/I-II, 1552/I-II, 1553, 1554/I: -/2/-

Lienhart (Lenhart, Leonhard) Zách (Zäch) schlosser[1]
    St: 1553: -/-/14 gratia, 1554/I: -/-/14 gratia die ander, 1554/II, 1555-1557: -/2/-, 1558: -/4/-, 1559-1561, 1563, 1564/I-II, 1565, 1566/I-II, 1567/I-II: -/2/-, 1568: -/4/-, 1569-1571: -/2/-
    StV: (1564/I) mer für ain versessne steur -/2/-.

Hanns Dysl haubmschmid St: 1554/II: -/-/21 gratia, 1555-1557: -/2/-

Hanns Angerer gschatlmacher (schkatlmacher) St: 1554/II, 1555: -/2/-

Hanns Eberl messerschmid St: 1555: -/-/20 gratia, 1556, 1557: -/2/-, 1558: -/4/-, 1559-1561: -/2/-

Jorg (Georg) Reinman (Reimon) feylnhauer
    St: 1556, 1557: -/2/-, 1558: -/4/-, 1559-1561: -/2/-, 1563: an chamer, 1564/I-II, 1565, 1566/I-II, 1567/I-II: -/2/-, 1568: -/4/-, 1569-1571: -/2/-
    StV: (1564/I) mer ain versessne steur -/2/-.

Hanns Holtzmúllner (Holtzmüller) schlosser St: 1558: -/4/-, 1559, 1560: -/2/-

Gilg haubmschmid, 1563 Gilg Weimer (?) haubmschmid St: 1561: -/-/14 gratia, 1563: -/2/-

Thoman Mayr (Mair) messerschmid St: 1563: -/-/21 gratia, 1564/I-II, 1565: -/2/-

Niclas Sunenreuter (Sunderreiter, Sunenreiter) messerschmid. 1566/I Niclas messerschmid, 1569 Niclaß Sonenreiterin
    St: 1564/I-II, 1565, 1566/I, 1569: -/2/-

Caspar Haim (Haimb, Haymb) schneider[2]
    St: 1565, 1566/I-II, 1567/I-II: -/2/-, 1568: -/4/-, 1569-1571: -/2/-

Paulus Widman fuerkhnecht St: 1565: -/2/- burger, hofgsind, 1566/I: -/2/-

Hanns drescher schuester
    St: 1566/I: -/-/- steurt beim Plab Enndtnthurn, 1566/II, 1567/I-II: -/2/6, 1568: -/4/12, 1569-1571: -/2/-

ain trabant Jorg Stóckhl St: 1566/II: nihil, trabant

ain inman Wolff Zehentmair St: 1566/II: -/2/-

Hanns von Werta trabant St: 1567/I-II: nichil, hofgsind, 1568: -/-/- hofgsind

Peter trabant St: 1567/I: -/-/- hofgsind

Jacob Neumacher kistler
    St: 1567/I: -/4/10
    StV: (1567/I) zuegesetzt seines schwehern erb.

Peter Weixner trabant St: 1567/II: nihil, hofgsind

Niclaß Khräl schuester St: 1568: -/1/12 gratia

Hans Wiser trabant St: 1569-1571: -/-/- hofgsind

Jórg Herschpeinder (Hirschpender) nagler
    St: 1569, 1570: -/2/-
    StV: (1569) mer für die versessen steur -/4/-.

Hanns jäger duechkhnecht St: 1571: -/2/-

Weinstraße 10*

Lage: 1522 „Eckhaws" (aus der Baulinie vorspringendes Haus in Höhe des Wilbrechtsturmes), sitzt mit seiner Nordflanke auf der 1914 ergrabenen ersten Stadtmauer auf.

Charakter: Bis Anfang 16. Jahrhundert Brauerei. Im 18. Jahrhundert Gasthof „Zum goldenen Hahn".[3]

---

[1] Der Schlosser Leonhardt Zäch 1571 Religionsverhör, vgl. Dorn S. 263.
[2] Der Schneider Caspar Haimb (1569 bei Dorn fälschlich „Dayn") 1569 und 1571 Religionsverhör, vgl. Dorn S. 230, 261.
[3] Vgl. Stahleder, Haus- und Straßennamen S. 497.

Hauseigentümer:

1384 Oktober 4 Pärtel Schrenck verkauft „sein egghaws an dem gássel pei Unser Frauẃn freithof, znachst des Ympplers haus" (Weinstraße 11) an Chunraden den Geyrsperger, unbeschadet von 12 Gulden Ewiggeld, die dem Pärtel und seinem Bruder daraus zufallen.[1]
Daß das Haus an einem Gässel zum Frauenfriedhof liege, stimmt nur dann, wenn inzwischen die Rückgebäude hinter Haus Nr. 9 bereits zum Haus Nr. 10* gehören.
1402 Oktober 2 des Conrad von Eisenhofen Haus ist dem Haus des (Franz) Impler (Weinstraße 11) an der Stadt Turm (Wilbrechtsturm) bei Thoman des Wilbrechts Haus (Weinstraße 13) benachbart.[2]
Konrad der Schneider von Eisenhofen wird 1394 und 1397 als Bräu bezeichnet.[3] Auch der vor ihm schon hier im Steuerbuch stehende Hanns Pernger ist Bierbrauer, allerdings auf einem anderen Haus. Auf eine Brauerei könnte aber auch der „Ulrich melczzer" von 1368 deuten.
1406 auf dem Haus des Waedel von Morenweis liegt ein Ewiggeld (StB).
1407 Oktober 1 „Chuncz der múllner von Úndestorf" (Indersdorf) hat sein Haus an der Weinstraße, einerseits zunächst am Haus Jörgen des Tömlingers (Weinstraße 11), andererseits zunächst an „Ludweigs des Slechtorffer" Haus (Weinstraße 9) gelegen, „und dasselb haus er [der Müllner] geerbt hat ... von Chunczen von Aẃsenhofen wegen sálig, seins vettern", Hans dem Riemer verkauft.[4]
1408 September 29 Hanns Riemer und seine Hausfrau Elspet verkaufen dem Heiliggeistspital 3 Gulden Ewiggeld aus diesem Haus.[5]
1415 Oktober 21 das Haus Hanns des Riemers, Bürgers zu München, liegt in Unser Frauen Pfarr, zunächst an Jorgen dez Tömlingers Haus, das einst Franczen dez Ympplers selig war (Weinstraße 11).[6]
1416 November 7 Hanns Riemer und seine Hausfrau Elspet verpfänden die Überteuerung auf ihrem Haus an der Weinstraße, zunächst an Jorg des Tomlingers Haus (Weinstraße 11) gelegen, sowie „als [= alles] ir prewgeschirr, chessel und potichen und was darzu gehört" um 30 rheinische Gulden dem „Hannsen dem Gslesen" (Glesein).[7]
1418, 1419, 1423 Peter Hafner zahlt den Ewigzins aus diesem Haus, den 1406 schon Waedel von Morenweis bezahlt hatte (StB).
1436 Oktober 16 als Erben des Franz Impler bestätigen Lorenz, Hans und Bartlme Schrenck ein Ewiggeld aus ihrem eigen Haus und Hofstatt (Weinstraße 11), zunächst Conrad Eisenhofers Haus an der Stadt Turm und bei Thoma Wilbrechts Haus (Weinstraße 13) gelegen, laut Stiftsbrief von 1402.[8]
1449 das Heiliggeistspital hat ein Ewiggeld aus Peter Hafners Haus.[9]
1453 September 4 das Haus des Andre Hafner ist dem Haus von Ludwig Tömlinger (Weinstraße 11) benachbart.[10]
1483 Juni 26 das Haus des Andre Hafner ist Haus und Hofstatt des Ludwig Tomlinger an der Weinstraße (Weinstraße 11) benachbart.[11]
1487 das Heiliggeistspital hat ein Ewiggeld aus Andre Hafners Haus an der Weinstraße.[12]
1491 Mai 4 die Witwe Kunigundt des Andre Hafner verkauft an den Bräuen Steffan Menpeckh 3 Gulden rheinisch Ewiggeld um 60 Gulden Hauptsumme (GruBu).
1501 Juli 24 die Witwen Kunigundt Hafner und Anna Ramler[13] verkaufen einen Gulden Ewiggeld aus dem Haus um 20 Gulden Hauptsumme an das Stadtbruderhaus (GruBu).
1514 das Stadtbruderhaus hat ein Ewiggeld aus (des längst verstorbenen) Andre Haffners Haus.[14]

---

[1] GB I 207/14.
[2] Kirchen und Kultusstiftungen 252, 278 Urk. Nr. 17 S. 35r. – Pius Wittmann, Urkunden-Regesten, ungedruckt.
[3] GB II 81/9 und StB 1397. Vgl. auch Stahleder, Bierbrauer S. 128.
[4] GB III 72/1. – Hanns Riemer wird 1398 von Beruf Schreiber genannt, vgl. GB II 136/9.
[5] Stadtgericht 207/3 (GruBu) S. 970v/971v.
[6] Urk. B II b 992, Fragment einer Urkunde, die vom Buchbinder in Streifen geschnitten und als Einbandverstärkung bei einem andern Buch verwendet worden war.
[7] GB III 178/11.
[8] Kirchen und Kultusstiftungen 252.
[9] Zimelie 40 (Heiliggeistspital, Salbuch B) S. 9r.
[10] Hufnagel/von Rehlingen, St. Peter Urk. 137.
[11] Urk. F I c 9 - Nr. 52.
[12] Zimelie 43 (Heiliggeistspital, Salbuch C) S. 56v.
[13] Vielleicht Witwe des 1485 genannten Pfänderknechts Hanns Ramler, vgl. RP.
[14] Zimelie 33 (Stadtbruderhausbuch) S. 14.

1517 April 20 Hanns Ramler und seine Hausfrau Elspet sowie des Hanns Bruder Wolfgang verschreiben ihrem Bruder und Schwager Sixt Ramler 5 ½ rheinische Gulden Ewiggeld (GruBu).

1519 April 18 Hanns Ramler und seine Hausfrau Elspet verschreiben ihrem Bruder und Schwager Wolfgang Ramler als Muttergut ein Ewiggeld von 4 rheinischen Gulden um 80 Gulden Hauptsumme (GruBu).

1522 April 25 die Witwe Elspet Ramler, Bürgerin zu München, verkauft ihr Haus an der Weinstraße, „das Eckhaws an des Temmlingers haws [Weinstraße 11] und gegen Hanns Fuxtalers haws über" (Weinstraße 9), dem Floßmann Syman Clämperl und seiner Hausfrau Barbara.[1] Die Lage als dem Haus des Hanns Fuxtaler gegenüber gelegen, ist ein Irrtum des Schreibers, verführt durch die Bezeichnung des Hauses der Verkäuferin als „Eckhaus". Das Haus ist aber kein Eckhaus an einer Straßenecke, sondern ist lediglich von der Baulinie der benachbarten Häuser etwas vorgerückt und bildet dadurch eine Ecke.

1522 Juni 2 der Floßmann Simon Khlamperl und seine Hausfrau Barbara verkaufen der Elspet Ramler 3 Gulden rheinisch Ewiggeld aus dem Haus (GruBu).

(1523/24) – 1533/34 das Heiliggeistspital hat ein Ewiggeld „aus Sigmundt Klamperls floßmans haus in der Weinstrass", 1534/35 mit Vermerk „hat furan [= fortan] draxl kistler".[2]

Nach 1526 hat das Heiliggeistspital ein Ewiggeld aus Sigmund Klamperleins Haus an der Weinstraß.[3]

1527 Januar 11 der Anwalt des Administrators Ernst von Passau klagt vor dem Stadtgericht gegen Simon Clämperl wegen eines Schildes, der gemäß eines Schuldbriefs seinem Herrn ausständig sei. Das Gericht läßt die Hausung des Simon Clämperl an der Weinstraße durch den Amtmann durchsuchen.[4] Simon Klamperl dürfte 1525 schon tot gewesen sein, da in diesem Jahr bereits ein anderer (Sigmund Rösch) die Steuer für die pueri Klamperl, die unmündigen Kinder des Klamperl, zahlt. Entweder er oder Linhard Träxl könnte der neue Ehemann der Witwe Klamperl gewesen sein, vor allem letzterer, da dieser als neuer Hauseigentümer auftritt, obwohl es keine Nachricht über einen Verkauf gibt, und das in einer Zeit, für die sogar ein Gerichtsbuch überliefert ist (für 1522 bis 1530).

1534/35-1567 das Heiliggeistspital hat ein Ewiggeld aus „Lienhart draxls haus in der Weinstrass" beziehungsweise das Eckhaus an der Weinstraß beziehungsweise Haus am Eck.[5]

1567 April 25 der Schneider Daniel Waidhals und seine Hausfrau Apollonia Träxl, Jacob Prunnenmacher und seine Hausfrau Leonora Träxl verschreiben einer Schwester (und Schwägerin) zur völligen Entrichtung ihres väterlichen Gutes 10 rheinische Gulden um 200 Gulden Hauptsumme (GruBu).

1567 April 26 die vorgenannten Personen verschreiben ihrem Schwager und Bruder, dem Kistler Caspar Träxl, 5 Gulden Ewiggeld um 100 Gulden Hauptsumme zur völligen Entrichtung seines väterlichen Gutes (GruBu).

1567 April 27 das Ehepaar Waidhals verschreibt seiner Stiefmutter (und Stief-Schwiegermutter) 5 Gulden für 100 Gulden Hauptsumme aus dem Haus (GruBu).

1568-1573 ff. das Heiliggeistspital hat ein Ewiggeld aus des Lienhard Kistlers Erben Haus an der Weinstraße.[6]

1575 laut Grundbuch (Überschrift) des Schneiders Daniel Waidhaß und seiner Hausfrau Appollonia Träxlin, (sowie) des Kistlers Jacoben Prunnenmaisters (!) und seiner Hausfrau Leonora Träxlin, Haus am Egkh.

Das Haus Nr. 10* besaß bis zum Abbruch des Wilbrechts- oder Tömlingerturms um 1690 keine Fassade. Vor dem Haus stand der Turm und nur weil man das Haus im Vergleich zu Haus Nr. 9 etwas von der Baulinie vorspringen ließ, entstand soviel Fläche, daß gerade ein Hauseingang (Einfahrt) Platz hatte. Ansonsten war das Haus von allen Seiten eingemauert.

Die Gebäude an der Albertgasse/Frauenplatz gehörten nicht von Anfang an zum Haus Nr. 10*. Noch 1357 ging das Haus Nr. 9 bis zum Frauenfriedhof durch. Seine Rückgebäude an der Albertgasse kamen erst nach dieser Zeit zum Haus Nr. 10*, vielleicht aber noch vor 1384.

1639 wurde das Haus Nr. 10* vom Nachbarn (Nr. 11) aufgekauft, der eine Gaststätte betrieb. Auf dieses Jahr geht dann wohl der neuerliche Gaststättenbetrieb zurück. Erst 1706 trennten sich die beiden

---

[1] GB IV S. 13r.
[2] Heiliggeistspital (Rechnungen) 176/18 (1523/24) S. 12v (ohne Ortsangabe), 176/25 (1533/34) S. 28v.
[3] Zimelie 43 (Heiliggeistspital, Salbuch C) S. 67r.
[4] GB IV S. 124v/125r.
[5] Heiliggeistspital (Rechnungen) 176/26 (1534/35) S. 27v erstmals, 176/49 (1567) S. 19v, 40v letztmals.
[6] Heiliggeistspital (Rechnungen) 176/50 (1568) S. 44v, auch noch 176/55 (1573) S. 44v.

Häuser wieder, um 1792 erneut vereinigt zu werden. Nunmehr entstand hier die Nobelherberge „Zum goldenen Hahn". Inzwischen hatte das Haus Nr. 10* durch Abbruch des Turms auch eine eigene Schauseite bekommen.

Auf welchen Hauseigentümer die Kapelle im Haus zurückgeht, ließ sich nicht klären.

Auf Brauereibetrieb in diesem Haus deutet spätestens seit dem Abtreten von Wolfgang Gerolt (1523) nichts mehr, auch nichts auf Gaststättenbetrieb.

Auffallend ist, daß um 1550 teils bis zu 14 steuerzahlende Mietparteien hier wohnen, nur 1555 kein einziger, außer dem Hauseigentümer Linhard Dräxl.

Eigentümer Weinstraße 10*:

* Pärtel [I.] Schrenck [bis 1384 Oktober 4]
* Chunrad der Geyrsperger [seit 1384 Oktober 4]
* Chunrat sneyder de (von) Aẃsenhofen (Ewsenhoven, Ewsenhofen, Eysenhofen, Usenhofen). 1390/II Chunrat Áwsenhofen.[1] 1392, 1393, 1395-1406 Chunrat von (de) Ewsenhofen (Úsenhofen, Eysenhofen, Aẃsenhofen, Awsenhofen), 1397 preẃ. 1394 Chunrat von Ysenhofen. 1407 patrimonium Chunrat von Aẃsenhofen
    St: 1383/I: -/-/54, 1383/II: -/-/81 1387: 0,5/-/-, 1388: 1/-/- juravit, 1390/I-II: 1/-/-, 1392: -/15/-, 1393, 1394: 2,5/-/-, 1395: -/13/10, 1396, 1397, 1399, 1400, 1401/I: 2,5/-/-, 1401/II: 2,5/-/40 iuravit, 1403, 1405/I: 2,5/-/40, 1405/II: -/12/- iuravit, 1406, 1407: 2/-/-
    Pferdemusterung, um 1398: (Ur-Fassung): Chunrat von Eisenhofen und der Löfner[2] sullen haben ain pferd umb 20 gulden und damit der stat warten. (Korrig. Fassung): Chunrat von Eisenhofen sol haben ain pferd umb 20 gulden und damit der stat warten
* Konrad der Müller von Indersdorf, Vetter und Erbe des vorigen [bis 1407 Oktober 1]
* Waedel [= Wadler] (Wádel) von Mornweis (Morenweis)
    St: 1406-1408: -/6/20, 1410/I: -/5/-, 1410/II: -/6/20, 1411: -/5/-, 1412: -/6/20, 1413, 1415: -/5/-, 1416, 1418, 1419: -/6/20
    StV: (1406) hat aus dem selben haws 5 gulden ewigs gelcz. (1407) von 5 gulden gelcz. (1408) von 5 gulden ewigs gelcz. (1410/I, 1412-1416) (dedit) von seinem ewigen gelt. (1411) von ewigs gelcz wegen. (1418) ewiger gelt, hat Peter Hafner gericht. (1419) ewiger gelt, dedit Peter Hafner.
** Hanns Ryemer [1398 Schreiber, ∞ Elspet]
    St: 1408: 3/-/80, 1410/I: 2,5/-/- iuravit, 1410/II: 3/-/80, 1411: 2,5/-/-, 1412: 3/-/80, 1413: -/6/- iuravit, 1415: -/5/-, 1416: -/6/20, 1418: -/-/60
* Peter Hafner [Bierbräu[3]]. 1439/I-1441/II (relicta) Peter Hafnerin
    St: 1423: 1/-/- iuravit, 1424: -/-/80 hat zalt, 1431: 0,5/-/- iuravit
    StV: (1423) von des Waedels ewigen gelcz wegen aus seinem haws -/6/20. (1431) und von des Wadlers 5 gulden ewigs gelcz, dedit davon 0,5/-/14. (1439/I-II) und der ewig (gelt) -/-/25. (1440) und von dem ewigen [gelt] -/-/25. (1441/I) und [von] 7 gulden gelcz -/-/25. (1441/II) und [von] 5 gulden [ewigs gelcz] -/-/22.
    Sch: 1439/I: 2 t[aglon], 1439/II, 1440, 1441/I-II: 1 t[aglon]
** Andre Hafner [Bierbräu[4], ∞ Kunigund]. 1490, 1500 relicta Andre Hafnerin. 1496 Andre Hafnerin
    Sch: 1445: 1 diern
    St: 1453-1458: Liste, 1462: -/4/18, 1482: 1/2/-, 1486, 1490: 1/2/11, 1496: -/5/9, 1500: -/4/18
    StV: (1482) et dedit fur pueri Herman Sittenpecken -/2/10; et dedit für pueri Haindlich -/-/19. (1486) et dedit -/5/1 fur pueri Rochlinger; et dedit 1/1/27 für Sigmund Hafner.
Hanns Rammler [Pfänderknecht[5]]. 1486 Ramler
    St: 1482, 1486, 1490: nichil
** Anna Ramler, Witwe [1501 Juli 24]

---

[1] 1390/II Korrektur der Endung des Namens nicht ganz klar, aber wohl aus „-hoferin" verbessert zu „-hofen".
[2] In der korrig. Fassung wurde der hier getilgte Löfner an der richtigen Stelle bei Weinstraße 15*/16* eingeschoben, vgl. dort.
[3] Peter Hafner 1415 und 1416 bei Dienerstraße 3* Bierbräu genannt.
[4] Andre Hafner ist 1459, 1461, 1463, 1470, 1472, 1476, 1478, 1480, 1482, 1485, 1488 Vierer der Bierbrauer, vgl. RP.
[5] Hans Ramler 1474-1500 als Pfänderknecht belegt, vgl. R. v. Bary III S. 828.

** Hanns und Wolfgang Ramler, Brüder [1517 April 20]
** Hanns Ramler, ∞ Elspet [1517 April 20, 1519 April 18]
** relicta Ramlerin. 1545-1548 Elsbeth (Els) Ramlerin hebam
    St: 1525: anderßwo, im ewigengelt, 1545-1548: nihil
** Sigmund Klámperl (Klämperl), 1523 floßman[1]. 1526 Klámperl [∞ Barbara]
    St: 1522-1526: -/4/13, 1527/I: an kamer
    Sewastian Rosch (Rósch) [Salzstößel[2]]
        St: 1524, 1525: -/2/20
        StV: (1525) et dedit -/-/10 fúr p[ueri] Klámperl.
* Linhart (Lenhart, Leonhart) Dräxl (Dräxl, Draxl), 1527/II-1529, 1532, 1545-1551/I, 1552/I-1566/II kistler. 1567/I Lenhart Tráxlin wittfrau. 1567/II Lenhart Dräxl cisstlerin. 1568, 1570 Lenhart Tráxlin witib. 1569 Lenhart Tráxl khistlerin witib. 1571 Leonhart Drásslin khistlerin
    St: 1527/II, 1528, 1529, 1532, 1540-1542: -/2/-, 1543: -/4/-, 1544: -/2/-, 1545: 1/-/20, 1546-1548, 1549/I-II, 1550, 1551/I-II, 1552/I-II: -/3/25, 1553, 1554/I-II, 1555-1557: 1/-/6, 1558: 2/-/26, 1559, 1560: 1/-/13, 1561, 1563, 1564/I-II, 1565, 1566/I-II: -/6/19, 1567/I-II: -/3/25, 1568: 1/-/20, 1569-1571: -/4/2
    StV: (1552/II) mer -/1/22,5 fúr p[ueri] Westermayr; mer -/-/21 fúr p[ueri] Sigmund Rietmer. (1555) mer -/-/7 fúr 1 fl gelts von irm son erkaufft. (1556, 1557) mer -/-/7 fúr ain(en) gulden gelts von irem (!) son erkaufft.
** Daniel (Doniel) Waidhals (Waydhals, Waithalß), 1550-1554/I, 1556-1561, 1564/I-1571 schneider [∞ Apollonia Dräxl]
    St: 1550, 1551/I-II, 1552/I-II, 1553, 1554/I-II, 1556, 1557: -/3/25, 1558: 1/-/20, 1559, 1560: -/3/25, 1561, 1563, 1564/I-II, 1565, 1566/I-II: -/4/19, 1567/I-II: -/6/29, 1568: 1/6/28, 1569-1571: 1/-/-
    StV: (1567/I) zuegesetzt seins schwehern [Linhart Dräxls] erb. (1570) mer fúr Hanns Frey drey nachsteur -/1/21.
** Jacob Nunemacher (Nunenmacher)[3], 1567/II-1571 khistler [∞ Leonora Dräxl]
    St: 1567/II: -/4/10, 1568: 1/1/20, 1569-1571: -/2/11

Bewohner Weinstraße 10*:

Hans frater Perenger. 1369-1382 Hans Perenger (Pernger)[4]
    St: 1368: -/-/15 post gracianus, 1369, 1371, 1372: -/-/60, 1375: -/5/10, 1377: -/3/- juravit, 1378, 1379, 1381, 1382: -/3/-
    StV: (1372) patrimonium Klaindel.
Ulrich melczzer inquilinus St: 1368: -/-/32
Walcher gener Prunner inquilinus St: 1369: -/-/24 post gracianus
dráchsel inquilinus St: 1375: -/-/-
Ulrich Lófner inquilinus St: 1379: -/-/-
Katrey zergadmerin St: 1387: nichil
Chunrat stainmaizzel inquilinus St: 1387: -/-/16 gracianus
Hainricus carpentarius St: 1388: -/-/8 juravit
Weigel von Weisch [= Weichs] inquilinus St: 1399: -/-/36 gracianus, 1400: -/-/50 fur 3 lb
Wesslinger satler[5] inquilinus St: 1400, 1401/I: -/-/60 fúr 9 lb
Ann portenwurcherin inquilina St: 1401/II: -/-/10 fúr nichil
relicta Hilpurgerin und ir tochter St: 1415: -/3/6
Hainrich Zangk
    St: 1418: 4 ungarische guldein
    StV: (1418) nach dez racz hayssen und er sol furbaz 4 lb stewrn all stewr.
Wagenriederin inquilina St: 1418: -/-/12

---

[1] Sigmund Klamperl „der jung" 1520 Vierer der Floßleute, vgl. RP.
[2] Sebasitan Rösch (Resch) 1509-1514 und 1519 Vierer der Salzstößel, vgl. Vietzen S. 158 (nach RP).
[3] Das GruBu schreibt „Prunnenmacher" und „Prunnenmaister".
[4] Hanns Pernger war 1381 Mitglied des Großen Rates, vgl. R. v. Bary III S. 746.
[5] Dem Ulrich Wesslinger dem satler schuldete die Stadt 1402/03 noch Geld, „das man im jetzo in dem krieg schuldig worden ist fur den von Hochntan und den Westerndorffer", vgl. KR 1402/03 S. 101r.

Thoman kursner inquilinus St: 1423: -/5/- iuravit
Rúshaimerin[1] Katrey prewin St: 1428: dedit 2 gross
Barbara naterin inquilina St: 1431: -/-/30
Els messrerin inquilina St: 1431: -/-/32
Strasser schuster inquilinus St: 1431: -/-/45
Diemut naterin inquilina St: 1431: -/-/15 iuravit
relicta Áměringin inquilina St: 1431: -/-/7
Ott Fauchner der jung, 1439/II sneider inquilinus Sch: 1439/I-II: 1 t[aglon]
Kathrey Tárchingerin inquilina Sch: 1439/II: -/-/4
Walthauser, 1441/I múnser, 1440, 1441/I inquilinus Sch: 1440, 1441/I: 1 t[aglon]
Els von Dachaw inquilina Sch: 1440: 1 t[aglon], 1441/I: -/-/8
Hanns Sengierieder [= Sengenrieder] Sch: 1441/II: 1 t[aglon]
Ludwig seidnnater, 1458 inquilinus St: 1453-1458: Liste
Symon smidknecht St: 1453: Liste
relicta Urbanin inquilina St: 1453: Liste
Fricz Zalpam [= Seltsam ?] kistler St: 1454: Liste
Els Monscheinin (Mónscheinin) St: 1454, 1455: Liste
Roshaupter inquilinus St: 1454: Liste
Kungund (Kungung, Kudel) Swabin (Schwábin, Swábin) inquilina St: 1456-1458: Liste
Purckhart sneider inquilinus St: 1456: Liste
Wernher Freisinger [Schneider] St: 1457: Liste
Ulrich Rennenweg sailer St: 1457: Liste
Ulrich kartenmacher inquilinus. 1482 relicta kartenmacher. 1486, 1490 die alt kartenmacherin, 1486 inquilina
    St: 1458: Liste, 1462: -/-/74, 1482: -/3/8, 1486, 1490: -/2/15
Gabrihell seydennader[2] inquilinus St: 1462: -/-/60
Sigmund Fogel schneyder inquilinus St: 1462: -/-/60
relicta Andre seydennaterin inquilina
    St: 1462: -/-/28
    StV: (1462) et dedit -/-/12 fúr kind.
Helt (Held) schneider. 1490, 1496, 1500 Jorg Hellt sneider[3]
    St: 1482: -/5/4, 1486, 1490: -/6/5, 1496, 1500: -/4/3
Cristoff [Mulhofer ?[4]] slosser St: 1482: -/2/20
Wilhalm Kern kartenmacher. 1490, 1500 Wilhalm kartenmacher
    St: 1486: -/-/24 gracion, 1490, 1496: -/-/60, 1500: -/1/20 nur das jar
    StV: (1486) et dedit -/-/60 die erst nachstewr fúr Schawr kartnmacher (?).
  Jorg Kern wirt[5] St: 1508: -/5/10 [Schenkensteuer]
Jorg Gerolt, 1508 wirt[6] [Salzstößel[7]] St: 1508: -/5/13, 1509: -/5/13
    Wolfgang Gerolt, 1514, 1522 prew, 1523 pierprew St: 1514: Liste, 1522, 1523: -/6/27
Hans jager sneider St: 1508: -/-/60
Contz Aschhamer St: 1508, 1509: -/-/60
Margret slairbeberin St: 1508: -/-/60
Hanns Fleuger pader St: 1508: nichil, ratz geschaft, ist sein weib ain hebamm
Ánndl landßknechtin St: 1509: -/-/17
Thoman nagler St: 1514: Liste
Adlhait inquilina St: 1514: Liste
naglerin, Michl Puck St: 1522: -/2/-

---

[1] Folgt getilgt „und ir diern".
[2] Gabriel seidennater „zu den hafnern", vgl. Hauseigentümer, 1465 und 1468 Vierer der Maler, Glaser, Seidennater, vgl. RP.
[3] Jörg Held ist 1471, 1473, 1477, 1482, 1484, 1488, 1491, 1494, 1496, 1497, 1499, 1500, 1502 und 1507 Vierer der Schneider, vgl. RP.
[4] Cristoff Mulhofer ist 1491, 1495-1497 Vierer der Schlosser, vgl. RP.
[5] Jorg Kern ist seit 1505 Mitglied der Weinschenkenzunft, vgl. Gewerbeamt 1418 S. 13r.
[6] Nicht im Verzeichnis der Mitglieder der Weinschenkenzunft von 1489 ff., vgl. Gewerbeamt 1418.
[7] Jörg Gerolt ist 1499 auch als Vierer der Salzstößel belegt, vgl. RP.

Póllelin[1] St: 1522: -/2/-
schneiderin St: 1522: -/2/-
Scheibnreifin inquilina St: 1522: -/2/-
Wolfgang Peltzer zimerman St: 1522: -/-/14 gracion, 1523: anderßwo[2]
Jorg Franck pot St: 1523: -/2/-
Wolfgangin inquilina St: 1523: -/-/28, 1529: -/2/-
Valtein messerschmid St: 1524: -/2/-
Klingseisen, 1524-1526, 1527/II saltzstößl. 1528, 1529, 1532 Wilhalm Klingßeisen
    St: 1524-1526, 1527/I: -/3/24, 1527/II, 1528, 1529, 1532: -/2/25
Hössin (Hessin), 1525 inquilina St: 1525, 1526, 1527/I: -/2/-
Wastl floßmanin St: 1526, 1527/I: -/2/-
Anna Neunhauserin St: 1526, 1527/I: -/2/-
Michel Róll melbler St: 1526, 1527/I: -/2/-
Jórg Voglin St: 1527/I: -/2/-
Margreth inquilina St: 1527/II: -/2/-
Mathes Windisch St: 1527/II: das jar nichil, organist, 1528: nichil
Linhart metzker, 1528 [an der] obern panck
    St: 1528, 1529: nichil
    StV: (1529) sol an ainem offen wirt zern[3].
Thoman púchpindter St: 1529: -/2/-
Erhart nagler, 1529 inquilinus St: 1529, 1541, 1542: -/2/-
Jórg messerschmid St: 1532: -/2/-
Púrpronnerin [= Pierbrunnerin] St: 1532: anderßwo
nagler St: 1532: -/2/-
Wolff (Wolffgang) Praun, 1540 schneider. 1548 Wolffgang Praunin, schneiderin
    St: 1540, 1546-1548: -/2/-
    Jorg Praun St: 1549/II: -/2/-
Lienhart Mágerl, 1540-1542 pildhauer. 1545 Lienhart Magerlin
    St: 1540-1542: -/2/-, 1543: -/4/-, 1544: -/2/-, 1545: -/4/-
Hanns Spitznperger kúrßner St: 1541: -/-/14 gratia
Frantz Schaidnreysser St: 1541: -/2/-
Hanns daschner St: 1541: -/2/-
Michel koch St: 1541: -/2/-
Lienhart kochin hebam St: 1541: nihil, ain hebam, 1542, 1543: nihil
Jorg Prantstettner (Prantstetter), 1541 tagwercher St: 1541, 1542: -/2/-, 1543: -/4/-
    Thoman Prantstettner, 1550, 1551/II tagwercher St: 1550, 1551/I-II: -/2/-
    sein involckh Katherina pruckhmaisterin. 1551/I Kathrey prantweinerin oder pruckhmaisterin
        St: 1550, 1551/I: -/2/-
    Oswolttin ibidem [= beim Prantstetter] St: 1551/II: -/2/-
Michl Ársinger [Salzstößel[4]] St: 1542: -/2/-, 1543: -/4/-
Asm schlegls son Scheurl St: 1542: -/-/14 gratia
Els Koppin St: 1542: -/2/-
Rúshamerin kupfferschmidin St: 1542: -/2/-, 1543: -/4/-
Gabriel Paur sporer St: 1543: -/2/-
Wolff Gebhart St: 1543: 1/1/14 juravit, ist doplt gsteurt
Theodo Albeg schneider St: 1544: -/2/-, 1545: -/5/10
Conrad Schwartz [Kramer[5]] St: 1544: -/2/-
Utz fárber St: 1544: -/2/-
Anndre Hagnin [Schneiderin] St: 1544: -/2/10
Urs ibidem St: 1544: -/2/-
Jorg thuerhueterin St: 1544: -/6/23

---

[1] Gemeint wohl Töllelin wie Haus Nr. 9.
[2] Gemeint ist Haus Nr. 9.
[3] Ein Linhart metzger ist bei Kaufingerstraße 24* von 1550-1575 ff. Wirt.
[4] Michel Arsinger ist 1527, 1528 Salzstößel, vgl. Weinstraße 9.
[5] So 1532 bei Kaufingerstraße 1*/2*.

Hanns Mándl scháffler der jung St: 1544: -/2/-
Els ibidem St: 1545: -/4/-
Utz Frólich St: 1545: -/2/2 hoffgsind, 1546, 1547: -/1/1 hoffgsind
Marcellin St: 1545: -/2/- das jar
Jórg padknecht St: 1545: -/-/14 gratia
Six Leble leermaister St: 1545: -/4/-, 1546, 1547: -/2/-
Jorg Kirhlehner[1] (Kirchlehner), 1546-1549/I kúrsner. 1552/II Kirchlehnerin
    St: 1546: -/-/21 gratia, 1547: -/-/21 gratia die ander, 1548, 1549/I-II: -/2/-, 1552/II: -/2/-
Hanns Schoberl (Schóberl)[2] tagwercher St: 1546, 1547: -/2/-
Els naterin St: 1546-1548: -/2/-
Pauls Disl (Dysl) messerschmid St: 1546: -/-/21 gratia, 1547: -/-/21 gratia die ander
Augustin Pfeningmann St: 1548: -/2/-
Margreth St: 1548: nihil, ain dienerin
Warbara St: 1548: -/2/-
Utz (Uetz) petlrichter. 1549/I Utz petlerknecht Hinttermair.[3] 1551/I-II, 1552/I Utz petlerknecht
    St: 1548: -/-/6 von seinen zinsn, 1549/I-II, 1550, 1551/I: -/-/7 von ainem gulden gelts, 1551/II, 1552/I: nihil
  sein [= des petlerknechts] hoffraw Anna St: 1552/I: -/2/-
Cristoff Tellinger ibidem. 1552/I-II, 1553, 1554/I Cristoff Tellinger tagwercher
    St: 1551/II, 1552/I-II, 1553, 1554/I: -/2/-
Hanns Grávinger St: 1548, 1549/I-II, 1550, 1551/I: -/2/-
Wolffgang schuester St: 1548: -/2/-
Alex (Lex) Stainperger siber (syber) St: 1548, 1549/I-II, 1550, 1551/I: -/2/-
Bernhart Widnman (Widman), 1549/I pott St: 1548, 1549/I: -/2/-
Walthasar Scháper St: 1548: -/2/-
Peter tagwercherin St: 1548: -/2/-
Caspar Creutzerin (Kreutzerin) St: 1548: -/1/12 pauper das jar, 1549/I: -/2/-
Ludwig Zweng St: 1548: pauper hoc tempore
Hanns Kriegpámer tagwercher St: 1548, 1549/I: -/2/-
Lienhart (Lenhart) schmid, 1549/II-1554/I tagwercher
    St: 1549/I-II, 1550, 1551/I-II, 1552/I-II, 1553, 1554/I: -/2/-
  Michel schmid tagwercher St: 1549/II: -/2/-
  Lenhart schmid holtzmesser, cramer[4]. 1571 Leonhart [...][5] holtzmesser
    St: 1570: -/2/-, 1571: an chamer
Utz Pierman pott St: 1549/I-II, 1550, 1551/I: -/2/-
Hanns Kopp tagwercher St: 1549/I-II: -/2/-
Niclas Kirhmair schlosser St: 1549/I: -/-/14 gratia
Ampeth Peterin[6] St: 1549/I: -/2/-
Hanns seslerin St: 1549/I: -/2/-
Wolff Schalhamer [Schuster ?[7]] St: 1549/I-II: -/2/-
Brigitta schopperin St: 1549/II: -/2/-
Valten maurerin St: 1549/II, 1550, 1551/I: -/2/-
Wolff Adlpurger (Adlpoldner), 1551/II, 1552/I tagwercher St: 1549/II, 1551/II, 1552/I: -/2/-
Erasm (Asam) sporer von Landshuet St: 1550: ist der zeit eingestelt, 1551/I: ist noch nit herkhomen
Hanns púxnmaister kupfferschmid. 1552/I Hanns kupfferschmid. 1561 Hanns púchsenmaister
    St: 1551/II, 1552/I-II, 1553, 1554/I-II, 1556, 1557: -/2/-, 1558: -/4/-, 1559-1561, 1563, 1564/I-II, 1565, 1566/I-II, 1567/I-II: -/2/-, 1568: -/4/-, 1569-1571:-/2/-

---

[1] 1548 „Kirhlehnerin" verbessert zu „Kirhlehner". Zudem kommt in diesem Jahr „Jórg Kirhlehner kúrsner" fünf Einträge später noch einmal.
[2] „Schoberl" korrigiert aus „Stoberl".
[3] Utz Hinttermair 1544-1554 Bettlerknecht, vgl. R. v. Bary III S. 848.
[4] „cramer" 1570 über „schmid" eingefügt.
[5] An dieser Stelle 1571 Platz für den Familiennamen freigehalten.
[6] „Peterin" verbessert aus „Peteirin".
[7] Ein Wolfgang Schalhamer ist 1508 und 1509 bei Marienplatz 25 und einer 1522-1529 bei Marienplatz 28/29 Schuster, desgleichen ein Schalhamer ohne Vorname 1496 und 1500 bei Marienplatz 27*.

Hanns wúrtzler. 1559 Hanns Grasmair wúrtzler [Apotheker[1]]
    St: 1551/II, 1552/I-II, 1553: -/2/-, 1554/II, 1556-1560: nihil, 1561: -/-/1
    StV: (1554/I) ain erber rath hat ine steur und wachfrey zehalten zugesagt, actum am 14. Martii anno etc. [15]54. (1554/II) vermóg des [15]54ten steurpuechs im monat Aprilis.
Andre esltreiber St: 1551/II: nihil
Lienhart Dúrchnpach zimmerman St: 1551/II, 1552/I-II, 1553, 1554/I-II: -/2/-
Hainrichin Michl. 1553 Michlin doselbst [= beim Durchnpach] Hainrichin. 1554/I-II Michel Hainrichin
    St: 1552/II, 1553, 1554/I-II: -/2/-
Hanns tagwercher[2] St: 1552/I: -/2/-
Marten spángler tagwercher St: 1552/I-II: -/2/-
Hanns Tárchinger (Dárchinger, Darchinger, Terchinger, Därchinger) tagwercher
    St: 1552/II, 1553, 1554/I-II, 1556, 1557: -/2/-, 1558: -/4/-, 1559-1561: -/2/-
Hanns Ertl (Órtl) pott St: 1552/II, 1553, 1554/I-II: -/2/-, 1563: -/2/-
Thoman Westermairin. 1554/II Thoman protknechtin[3] Westermairin St: 1553, 1554/I-II: -/2/-
    Michl Westermayrin (Westermairin) St: 1556, 1557: -/3/25, 1558: 1/-/20, 1559-1561: -/3/25
Balthasar Payrin St: 1553, 1554/I: -/2/-
Wolff schuelerin nestlerin St: 1554/II: -/2/-
Lienhart kertzlerin St: 1554/II: -/2/-
Els Stútzin St: 1554/II: -/2/-
Anna syberin St: 1554/II: -/2/-
Jacob Hertzog puechpintter St: 1556, 1557: -/2/-
Jorg Pockhmair holtzzieher St: 1556: -/2/-
Urs (Ursula) fárberin St: 1556, 1557: -/2/-, 1558: -/4/-, 1559: -/2/-
Jorg Samer messerschmid der alt St: 1556: -/2/-
Barbara Kothmairin [Würflerin ?[4]] St: 1557: -/2/-
Jorg (Georg) Aicher (Aycher) spángler (spänngler)
    St: 1557: -/2/-, 1558: -/4/-, 1559-1561, 1563, 1564/I-II, 1565, 1566/I: -/2/-
Hans Weis (Weyss, Weiß), 1557-1561, 1564/I sadtler
    St: 1557: -/-/21 gratia, 1558: -/4/-, 1559-1561, 1563, 1564/I-II: -/2/-
Peter Mayr (Mair) nestler St: 1559-1561, 1565, 1566/I-II, 1567/I-II: -/2/-
Steffan Obingerin St: 1560: -/2/-, 1561: -/1/- der zeit pauper
Jorg Gennserin. 1561 Jörg Gennserin oder Hueberin[5] St: 1560, 1561: -/2/-
Hanns múller truchenkhnecht St: 1563: nichil, hofsind
Peter Häring trometter St: 1563: nichil, hofsind
Hanns Jórg schreiber St: 1563: -/-/21 gratia
Christoff Obermairin St: 1563: -/2/-
Hanns Franntz, 1563, 1564/II-1567/II, 1569 weber, 1568 pritschnmaister, 1570 pritzenschlager
    St: 1563, 1564/I-II, 1565, 1566/I-II, 1567/I-II: -/2/-, 1568: -/4/-, 1569: -/2/-, 1570: an chamer
Sebastian Hórman (Herman, Hörman) esltreyber
    St: 1564/I: nichil, 1564/II, 1565, 1566/I: nichil, hofsind
Sixt Steger trabannt St: 1564/I: -/-/-, 1564/II: nichil, hofsind
Hanns Geórg bacularius bei Unnser Frauẃen. 1564/II Geórg bacolari bei Unser Frauen. 1565 Hanns Jorg bacculaureus zu Unser Frauen
    St: 1564/I-II, 1565: -/2/-
Jórg (Georg) Stóckhl (Stóckl, Stögkhl, Steckhel) (ain) trabannt
    St: 1564/I: -/2/-, 1564/II, 1565: -/2/- burger, hofsind, 1566/I: -/-/- nimer hie, 1566/II: -/-/- hofgsind, trabant, 1567/I: -/2/- hofsind und burger, 1567/II: -/2/- burger, hofsind, 1568: -/-/- hofgsind
    StV: (1567/I) mer ain versessne steur -/2/-.

---

[1] Hans Grasmair wurtzler ist von 1551 bis 1559 Stadtapotheker, vgl. R. v. Bary III S. 1031 nach KR. – Ein Hanns wurtzler kommt als Apotheker auch 1522-1527 in der Inneren Stadt Petri vor.
[2] Vor „tagwercher" getilgtes „Gárchinger".
[3] „Protknechtin" 1554/II wieder getilgt.
[4] So 1541-1543 bei Weinstraße 11. Dieselbe ?
[5] Hueberin wieder getilgt.

Lenhart Lehner zimerman St: 1566/I: -/2/-
Hanns abentheuerin pognerin
    St: 1566/II: -/2/-
    StV: (1566/II) mer für ire khinder -/1/5.
alt Zaissingerin. 1567/I Zaissingerin wittfrau St: 1566/II: -/2/-, 1567/I: im spital
Wolf maurer St: 1566/I: pauper, 1567/I: an chamer
Michel Ennderes schreiber
    St: 1567/I: an chamer
    StV: (1567/I) zalt adi 23. Juli -/3/5; fur seine stiefkhinder.
Ulrich Erl (Erle), 1567/II teutscher schuelhalter, 1568 deutscher schuelmaister, 1569 lermaister
    St: 1567/II: -/2/-, 1568: -/4/-, 1569: -/2/-
    StV: (1567/II) mer für p[ueri] Thanauer -/5/17,5, zalt adi 23. Aprilis [15]68. (1568) mer für Clas
        Thonauer -/3/22. (1569) mer für Anna Fröschlin folio 17r [Ewiggeld].
Hannß Prasser (Prosser) tagbercher St: 1567/II: -/-/- der zeit, 1568: pauper, 1569: -/1/-
Hanns ferber St: 1567/II: -/2/-
Thoman Peurl khornrierer St: 1568: -/5/26
Hanns Roßkhopf St: 1568: -/-/- steurt hievor im Khleuber gässl.
Hanns Selltenhaim. 1570 Hans Selhornin (Seltenhaim[1]) infraẃ. 1571 Hans Stelthaim wittfraẃ
    St: 1569-1571: -/2/-
Thoman Elbl (Albl, Alb) tagwercher (dagwercher) St: 1569-1571: -/2/-
Christoff schaffer tagwercher St: 1569-1571: -/2/-
Sebastian Semon [Lebman ?] puechpinder St: 1570, 1571: -/2/-
Lenhart (Leonhart) schuester tagwercher St: 1570, 1571: -/2/-
Niclas Sunnenreiterin St: 1570: -/2/-
Leonhart chramer dagwercher St: 1571: -/2/-
Hanns Focanus (?) St: 1571: an chamer

Weinstraße 11 A/B

Lage: Außerhalb (!) des Wilbrechts- oder Tömlingerturms, mit der Südseite an die älteste Stadtmauer angelehnt.
Charakter: Ab mindestens Mitte 16. Jahrhundert Wirtshaus. Nach 1720 „Zum Thaler".[2]

Hauseigentümer:

1370 Juli 20 Chuonrad der Joergner und seine Hausfrau Diemut verkaufen ihr Haus an der Weinstraße (A) und ein weiteres Haus „auf der prugk" (B) und den dazugehörigen Graben um 750 Gulden oder 300 ungarische und 450 rheinische Gulden an Hans den Impler und seine Hausfrau Anna.[3]
Dieser Kaufbrief dürfte der Nachricht zugrunde liegen, wonach im Jahr 1370 ein „Thumatz", Bürger zu München, und seine Hausfrau Diemuet ein eigen Haus an der Weinstraße (und ein Haus an der Burggasse) an den Hans Impler, Bürger zu München verkaufen. „Thumatz" ist eine Verlesung für „Chunratz".[4] Dabei ist dem Abschreiber der Urkunde für die Zusammenstellung der die Impler-Messe in der Frauenkirche betreffenden Nachrichten der Fehler unterlaufen, daß er diesen „Thumatz", Bürger zu München – also Konrad Jörgner –, für identisch hielt mit dem zwei Urkunden vorher vorkommenden „Thumatz [= Chunratz[5]] von dem Tor zu Eyranspurg". Dort heißt es nämlich, am 29. November 1368 habe „Thumatz von dem Tor von Eyranspurg" dem Hanns Impler, Bürger zu München, einen Kaufbrief um einen eigen Hof zu Berg, gelegen „bey Eyranspurg", um 38 gute ungarische und böh-

---
[1] 1570 Name „Seltenhaim" über „Selhornin" eingefügt.
[2] Vgl. Stahleder, Haus- und Straßennamen S. 526/527.
[3] BayHStA, Chorstift München, Urk (alt GUM 2707). – Johann der Impler handelte mit Gewand (Kleiderstoff), vgl. Beierlein, Regesten ungedruckter Urkunden, in: OA 11, S. 260, und Stahleder, Bürgergeschlechter. Die Impler S. 297/311.
[4] Kirchen und Kultusstiftungen 278 Nr. 5 S. 11r/v.
[5] Hundt, Stammenbuch II S.328 nennt einen Conradus de Porta Laycus für 1348 und seinen gleichnamigen Sohn Conrad für ca. 1377-1386, „schrieb sich von Eyraspurg".

mische Gulden ausgestellt.[1] Der Hof befindet sich später im Besitz der Schrenck, Bartlme, Michael und Matheis.[2] Die in dem Büchlein als übernächste Nummer (Nr. 5) folgende Urkundenabschrift hat der Schreiber deshalb ausdrücklich auf die vorausgehende Urkunde (Nr. 3) bezogen: „Ain kauffbrieff von obigen Thumatz [also dem Thumatz von dem Tor], der Jahr Burger zu München und Diemuet seiner ehelichen Hausfrau umb ain aigen hauß in der Weinstrass und umb das haus an der Burggassen dem Hansen Impler", de anno 1370. Konrad von dem Tor ist also hier eine Verwechslung mit Konrad Jörgner. Dies gilt auch für das Haus Marienplatz 10*.

1384 Oktober 4 des „Ympplers haus" ist dem Haus des Pärtel Schrenck, künftig des Chunrad Geyrsperger (Werinstraße 10) benachbart.[3]

1398 September 25 gemäß Testament von Franz Impler ist sein Haupterbe – von angeborener Sippe rechter Erbe – Jacob Weissenfelder.[4] Franz Impler starb offensichtlich bald danach und es gab Erbstreitigkeiten, weil sich manche Verwandte im Testament nicht berücksichtigt sahen. Weissenfelder war mit einer Agnes Schrenck verheiratet. Da auch das Ehepaar Weissenfelder schon zwischen Ende 1402 und 1405 starb, vermehrten sich die Auseinandersetzungen um das Erbe. Zu einer der Benachteiligten gehörte auch die Witwe Ursula des Ott Tömlinger. Wohl über sie kam das Haus an der Weinstraße dann an die Tömlinger. Den Großteil des Impler-Weissenfelder-Erbes erhielten aber schließlich die Schrenck zugesprochen.[5]

1402 Oktober 2 gemäß Stiftsbrief haben die beiden Impler Hans und Franz, Vater und Sohn, 30 Gulden Ewiggeld an die Frauenkirche gestiftet. Diese 30 Gulden schulden die Erben des Franz Impler jetzt – 1402 – der Kirche noch. Das Ewiggeld geht aus der Impler Haus und Hofstatt, zunächst dem Haus des Conrad von Eisenhofen (Weinstraße 10*) und an der Stadt Turm (Wilbrechtsturm) und bei Thoman des Wilbrechts Haus (Weinstraße 13) gelegen. Außerdem gehen 4 ungarische Gulden aus ihrem kleinen Schusterhaus (Weinstraße 11 B) und aus den vier Kramen dabei auf der Brücke, gegenüber von Thoman Wilbrechts Haus, zwischen ihrem erstgenannten Haus (Weinstraße 11 A) und ihrem Eckhaus auf der Brücke an der Schäfflergasse (Teil von Weinstraße 12 A/B).[6]

Die Bebauung vor dem Turm (Tor) muß man sich demnach erheblich anders vorstellen als auf dem viel späteren Sandtner-Modell; denn hier stehen ein Haus mit Hofstatt (11 A), vier Kramerläden auf der Brücke, das kleine Schusterhäusel (11 B) und zwei Häuser (Weinstraße 12), von denen erst das zweite (12 B) das Eckhaus an der Schäfflergasse ist. Das Häuserbuch kennt fünf Häuser hier: Weinstraße 11 und 12 A – D, wobei Nr. 12 identisch ist mit Schäfflerstraße 1

1406-1413 domus Jörg Tomlinger (StB).

1407 Oktober 1 das Haus von Jörg dem Tömlinger ist dem Haus des „Chuncz müllner von Indersdorf", künftig Hans des Riemers Haus (Weinstraße 10*), benachbart.[7]

1415 Oktober 21 das Haus von Hanns dem Riemer (Weinstraße 10*) ist dem Haus des Jörg dez Tömlingers benachbart, „das gewesen ist Franczen dez Ympplers saeligen".[8]

1416 November 7 das Haus „Jorg des Tomlingers" ist dem Haus des Ehepaares Hanns und Elspet Riemer (Weinstraße 10*) benachbart.[9]

1436 Oktober 16 Bestätigung des Stiftsbriefs von 1402 Oktober 2.[10]

1449 Dezember 17 Ludwig Tomlingers Haus liegt an der Weinstraße.[11]

1453 September 4 Chludwig Tömlinger verkauft unter Vorbehalt des Wiederkaufs zu Ulrich des Schüsslers von Nürnberg „frolichen vesper und amt von sand Sebold", die man jährlich „hat und beget

---

[1] Kirchen und Kultusstiftungen 278 Nr. 3 S. 7r/9v.
[2] Kirchen und Kultusstiftungen 278 Nr. 4 S. 10r (die Urkunde war aber bei Anlage dieses Kopialbuches im Jahr 1755 bereits „abgängig").
[3] GB I 207/14.
[4] Vogel, Heiliggeistspital, Urk. 200.
[5] Vgl. Stahleder, Bürgergeschlechter. Die Impler S. 304 ff.
[6] Kirchen und Kultusstiftungen 252. – Wittmann, Urkunden-Regesten, ungedruckt (1436 Oktober 16).
[7] GB III 72/1. – Jörg Tömlinger ist für 1393-1405 als Apotheker belegt, vgl. R. v. Bary III S. 1029 ff. und Burgstraße 11 und Weinstraße 13. Am 7.2.1409 verkauft Jörg der Tömlinger, Bürger zu München, dem Herzog Wilhelm III. seine „behawsung genant Planegk", vgl. Föringer, Regesten ungedruckter Urkunden, in: OA 4, S. 363.
[8] Urk. B II b 992.
[9] GB III 178/11.
[10] Kirchen und Kultusstiftungen 252; 278 Urk. Nr. 17 S. 35r. – Wittmann, Urkunden-Regesten, ungedruckt.
[11] Urk. F I c 9 - Nr. 52 (26.6.1483), darin zitiert ein Willebrief vom 17.12.1449.

von sand Sebold" in St. Peter einen Gulden Ewiggeld aus seinen zwei Häusern zu München, die beide in Unser Lieben Frauen Pfarr an der Weinstraße liegen, beide am Turm (Wilbrechtsturm), das eine innerhalb (Weinstraße 11 A), das andere außerhalb (Weinstraße 11 B) des Turms. Auf der einen Seite grenzt das Haus des Andre Hafner (Weinstraße 10*) an, auf der anderen Seite der Schäffler Jakob Durchenpach (Teil von Weinstraße 12).[1] Offenbar hat sich inzwischen die Bebauung geändert und der Tömlinger hat hier – statt der Kramläden und dem kleinen Schusterhaus – ein reguläres Haus (11 B). Innerhalb des Turms liegt jedoch keines der Tömlinger-Häuser.

1483 Juni 26 eine Münchner Bürgerin übergibt mehrere Ewiggelder an ihre Erben, unter anderem eines, das sie nach Kaufbriefen von 1449, 1472 und 1476 von der Frauenkirche aus des Ludwig Tomlingers Haus und Hofstatt an der Weinstraße, zunächst an der Stadt Turm (Wilbrechtsturm) und an Andre Hafners Haus (Weinstraße 10*), hat.[2]

1486-1541 domus Tömlinger (StB).

1522 April 25 des Temmlingers Haus an der Weinstraße ist dem Haus der Elspet Ramlerin, künftig des Hauses des Floßmanns Syman Clämperl (Weinstraße 10*), benachbart.[3]

1542-1543, 1546-1549/II domus Singer von Schrobenhausn (StB).

1551 Februar 4 Anthoni Burckhart (von Schrobenhausen) und seine Hausfrau Maria verkaufen aus diesem Haus 5 Gulden Ewiggeld um 100 Gulden Hauptsumme[4] und

1551 April 25 erneut 10 Gulden rheinisch um 200 Gulden Hauptsumme (GruBu).

1552/II domus Anthoni Purckhart (StB).

1553 Juni 26 Hanns Gagerseer und seine Hausfrau Elspet verkaufen 10 Gulden Ewiggeld (um 200 Gulden Hauptsumme) (GruBu).

1566 August 3 Hanns Gagerseer verschreibt seinem Eidam und seiner Tochter, dem Bäcker Anthoni Stotz und seiner Hausfrau Anna Gagerseer, 10 Gulden Ewiggeld für 200 Gulden Hauptsumme aus diesem Haus (GruBu).

1567/I domus Hanns Gagers erben (StB).

1567 September 22 Ludwig Gagerseer und seine Hausfrau Ursula verkaufen ihres Vaters und Schwiegervaters Hannsen Gagerseers Tochter Maria 5 Gulden Ewiggeld um 100 Gulden (GruBu).

1567 September 24 ebenso verkauft das Ehepaar Gagerseer seinem Bruder und Schwager Georg Gagerseer 5 Gulden Ewiggeld für 100 Gulden Hauptsumme (GruBu).

1574 Dezember 17 Anthoni Stotz und Marthin Radich als Vormünder von Ludwig Gagerseers Tochter Maria verschreiben der Mutter ihrer Pflegetochter, Rosina Harder, ein Leibgeding von 20 Gulden (für 400 Gulden Hauptsumme) (GruBu).

1575 laut Grundbuch (Überschrift) des Ludwig Gagerseers Erben Haus, Hof und Stallung.

1582 die Impler-Messe in der Frauenkirche hat 8 Gulden Ewiggeld „aus dem Wirthshaus unter des Wilprechts Thurm".[5]

Eigentümer Weinstraße 11 A:

* Jörgner. 1369 Chunrat Jörgner[6] [∞ Diemut]
    St: 1368: 5/-/-, 1369: 7,5/-/- et 0,5 lb ob post
* Hans Impler[7] [Tuchhändler, Stadtrat, ∞ Anna]
    St: 1371, 1372: 18/6/-, 1375: 17/3/-, 1377: 7/6/- juravit, 1378, 1379, 1381, 1382, 1383/I: 7/6/-, 1383/II: 11/5/-
    StV: (1372) [am rechten Rand nachgetragen und wieder getilgt:] posuit nobis aliquis den[ariorum] pro pignus (!).

---

[1] Hufnagel/von Rehlingen, St. Peter Urk. 137.
[2] Urk. F I c 9 - Nr. 52.
[3] GB IV S. 13r.
[4] Stadtgericht 207/3 (GruBu) S. 973v/974r. Einen Ewiggeldverkauf von 1566, wie ihn HB KV S. 364 nennt, gibt es hier jedoch nicht.
[5] L. A. Frhr. von Gumppenberg, Regesten ungedruckter Urkunden, in: OA 8 S. 267.
[6] Ein Nachfahre von Chunrat Jörgner, Wilhelm Jörgner, gehört nach Katzmair zu den „ersten Bösen" bei den Bürgerunruhen, ebenso wie Franz Impler, vgl. Muffat, Kazmair-Denkschrift S. 463, 505/506.
[7] Hans Impler war 1364-1368, 1372-1374, 1377 äußerer Rat, 1371 innerer Rat, 1381 Mitglied des Großen Rates, 1376 Kirchpropst von Unseres Herrn Kapelle, 1398 Redner des Rats der 300, vgl. R. v. Bary III S. 740, 746, 755, 766. Vgl. auch Muffat, Kazmair-Denkschrift S. 506/507.

Jacob [I.] Tulbech (Tulbeck) [∞ N. Impler]. 1381-1383/II patrimonium Jacobi (1383/II Johanis!) Tulbeck[1]

    St: 1371, 1372: -/-/-, 1375: 0,5/-/-, 1381: nichil, 1382, 1383/I-II: -/-/-

* Francz Impler (Ympler) [Rat der 300[2], Sohn des vorigen]. 1399-1405/II patrimonium Francz Impler (Ympler)

    St: 1387: 4/-/-, 1388: 8/-/-, 1390/I-II: 6/-/-, 1392: 4/4/-, 1393, 1394: 6/-/-, 1395: 3/-/- gracianus, 1396, 1397, 1399, 1400, 1401/I: 4,5/-/-, 1405/I: 3/-/-, 1405/II: -/-/-

    StV: (1401/II) davon hat Bartholme Schrenck halbeẃ stewr ausgericht. (1403) dedit Bartholme Schrenck 10,5/-/-.

    Pferdemusterung, um 1398: Francz Impler sol haben zway pferd umb 40 gulden und sol selber reiten mit eim erbern knecht; (Korrig. Fassung): Francz Impler sol haben 3 pferd umb 60 gulden und sol selber reiten mit eim erbern knecht.

* Jacob Weisenvelder [Weinwirt].[3] 1401/I, 1403 relicta Weissenvelder. 1401/II relicta Jacob Weysenvelder. 1405/I-II patrimonium Weysenvelderin [= Agnes III. Schrenck]

    St: 1400, 1401/I: 10/7/-, 1401/II: 5/6/2 iuravit, 1403, 1405/I: 5/6/2, 1405/II: -/-/-

* Bartholome [I.] Schrenck [nach 1402 Oktober 2; Bruder von Agnes Schrenck-.Weissenfelder]
* domus Jorig Tomlinger (Tómlinger) [Apotheker[4]]. 1410/II domus Jorig Tormlingerin

    St: 1406-1408, 1410/I-II, 1411-1413: -/-/-

* Jorig (Gorg, Jorg) Tómlinger (Tomlinger)

    St: 1415: -/-/-, 1416, 1418, 1419: 10/-/-, 1423: 3/-/60, 1424: 1/-/20 hat zalt, 1428: dedit 1 rh[einischen] gulden und 5 gross, 1431: 2/-/79

    StV: (1416) und die geit er all jar ainsten vor Weinachten. (1418, 1419) nach dez racz haissen. (1428) für sich, sein hausfrau und sein ehalten. (1431) von seinem ewigen gelt und zinsgelt.

* Ludwig (Ludbeig) Tómlinger (Tomlinger, Demlinger, Dámlinger) [Stadtrat[5], Sohn von Jörg Tömlinger]

    Sch: 1439/I-II, 1440, 1441/I-II: 3 t[aglon], 1445: 4 ehalten, dedit

    St: 1453-1458: Liste, 1462: 2/-/28, 1482: 1/4/21

* domus Tömlinger (Tomlinger, Demlinger, Temlinger)

    St: 1486: -/-/- [siehe „et pueri"], 1490: in die camer, 1496, 1500, 1508, 1509: -/4/-, 1514: Liste, 1522-1526, 1527/I: -/5/23, 1527/II: 1/2/23 alls ain gasst, 1528, 1529: 1/2/23, 1532: -/4/19, 1540: supra fol. 30 col. 2 [= 30v, Schäfflergasse], 1541: an chamer

    StV: (1523-1525) dedit Linhart múllner scháfler.[6]

    et pueri

    St: 1486: in die camer all drey

* Hanns Singer von Schrobmhaußn. 1542, 1543, 1546-1549/II domus Singer (Singers) von Schrobnhausn (Schrobnhaußn)

    St: 1541, 1542, 1543: an chamer, 1546-1548, 1549/I-II: 1/4/20

    StV: (1542) zalt 4 lb an chamer von 2 jarn. [1543, Nachtrag:] zalt 5/5/21. (1549/II) hat Gagasar einthon.

** Anthoni Burckhart, 1550 von Schrobnhausn. 1552/II domus Anthoni Purckhartn [∞ Maria]

    St: 1550: 1/-/- juravit, 1551/I: 1/-/-, 1551/II: 1/-/- patrimonium, 1552/I: an chamer, patrimonium, 1552/II: nihil

    StV: (1552/I) zalt 1/-/- am 13. Augusti. (1552/II) saufft an sich Hanns Gagasar.

---

[1] Die Töchter der Jakob Tulbeckin gehörten 1398 zu den Erben von Franz Impler. Sie waren Tanten von Franz Impler, weil ihre dritte Schwester seine Mutter war.

[2] Franz Impler war 1398 Redner und Kammerer des Rats der 300 und gehörte nach Kazmair zu den „ersten Bösen" der Bürgerunruhen von 1397/1403, erlebte aber deren Ende nicht mehr, vgl. Muffat, Kazmair-Denkschrift S. 506/07.

[3] Jacob Weissenfelder, Haupterbe von Franz Impler, nach Katzmair einer der „darnach Bösen" der Bürgerunruhen war 1378 und 1379 äußerer Rat, 1399 innerer Rat, 1392 Steuerer des Großen, 1396 Steuerer des äußeren Rats, vgl. R. v. Bary III S. 743; Muffat, Kazmair-Denkschrift S. 464, 506/508, und Marienplatz 13.

[4] Vgl. Muffat, Kazmair-Denkschrift S. 507. – 1410/I wohl versehentlich „domus Jorig Tomlingerinn". – Jörg Tömlinger ist 1393-1405 als Apotheker belegt, vgl. R. v. Bary III S. 1029.

[5] Ludwig Tömlinger ist im Februar 1453 als Bürgermeister belegt, vgl. R. v. Bary III S. 758. – 1459-1462 äußerer Rat, 1463-1482 Mitglied der Gemain, vgl. RP.

[6] Ein Linhart Müllner ist 1513 auch als Salzstößel belegt, vgl. Vietzen S. 155 (nach KR).

** Hanns Gagasar (Gagars, Gagarseer, Gagerseer, Gagers), 1553, 1554/I, 1555-1559 wirt [Salzsender[1], ∞ Elspet]
    St: 1553, 1554/I-II, 1555-1557: 1/2/16, 1558: 2/5/2, 1559, 1560: 1/2/16, 1561, 1563, 1564/I-II, 1565, 1566/I: 3/3/15, 1567/I-II: -/-/- patrimonium
    StV: (1553-1557, 1559, 1560) mer 1/6/16 fúr p[ueri] Rólln (Rölln, Rolln) melbler. (1558) mer 3/6/2 fúr p[ueri] Rölln melbler; mer -/2/10 fúr p[ueri] Húnttes múllner. (1559, 1560) mer -/1/5 fúr p[ueri] Húnttes (Huntes) múllner (muller). (1561) mer fúr p[ueri] Röllen melbler 2/-/27. (1561, 1563-1564/II) mer fúr p[ueri] Hundtas (Hundtes) múller -/1/5. (1563-1566/II) mer fúr p[ueri] Rolln (Roll, Rólln) melbler 1/-/13,5. (1564/I-1566/II) mer fúr p[ueri] Wolf Gagarseer -/-/17,5. (1565, 1566/I-II) mer fúr p[ueri] Hundtas (Hundtes, Hundts) múller -/-/17,5. (1565) mer 3 nachsteur -/1/22,5. (1566/I-II) mer fúr seine khinder -/-/24,5.
* domus Hanns Gagers erben. 1567/II Hanns Gagers erben. 1568 domus Hanns Gagers
    St: 1567/I-II: 3/3/15, 1568: -/-/-
    StV: (1567/I-II) mer fúr di unbeheuratn khinder -/-/24,5. (1567/I) Michel Clas Hundtes muller 3 nachsteur -/1/22,5. (1567/II) weil es nit gar vertailt.
** Ludwig Gagerseer (Gagerseers), 1569, 1570 wierdt [Salzsender[2], Sohn des vorigen, ∞ Ursula]
    St: 1569-1571: -/2/2
** Ludwig Gagarseers Erben [1575]

Bewohner Weinstraße 11:

relicta Nicolai Geroldi inquilina St: 1369: -/-/-
relicta Pózzpfenwerttin inquilina St: 1377: -/-/30 juravit, 1378: -/-/30
    Pózzpfenwert St: 1381: -/-/30
Margred Norgkerin (Norgkawerin, Nórgkerin) inquilina
    St: 1410/II: 2/5/10 gracianus, 1411: 2/-/- gracianus, 1412: -/20/- gracianus, 1413: 2/-/- gracianus
Gebwolfin St: 1418: -/-/-
Ulrich von Weichs
    St: 1428: dedit 3 gulden rh[einisch] pro se und 6 gross fur sein hausfrau und sein ehalten et dedit sein renner 1 gross
relicta Pernhartin St: 1428: dedit 1 grossen
Ulrich Pruntaler St: 1431: -/-/60 iuravit
Hanns Hundertpfund der jung inquilinus [Salzsender[3]] St: 1462: 3/3/24
Margreth inquilina St: 1482: -/-/60
Hanns Sigkenhofer kistler St: 1482: -/-/60
Potzmanin St: 1482: -/-/-
Knoringer St: 1486: nichil
Zacherl Neidegker [Weinschenk[4]] St: 1496: -/7/28
Erhart dráxl[5] St: 1496: -/-/60
Laymerin St: 1508: -/-/21 pauper
Frantz Poschndorfer [Salzstößel[6]] St: 1522: -/2/10
Margreth inquilina St: 1522: -/2/-
Cristof Werder St: 1522: -/2/-
Hanns Voglrieder St: 1522: 1/4/26
Andre Heltzenberger St: 1522: -/2/-
Stefan schûster St: 1522: -/1/5 gracion
German Rot schafler St: 1522: -/2/-

---

[1] Hanns Gagarseer 1568 als Salzsender und Mitglied der Wirtezunft belegt, vgl. Vietzen S. 148 nach KR 1568.
[2] Ludwig Gagarseer (Gagasar) 1559 Salzsender, 1573 Mitglied der Wirtezunft, vgl. Vietzen S. 148 nach KR und Zollregister.
[3] Hundertpfund (ohne Vorname) [der] junger 1459 – im Gegensatz zu Hanns Hundertpfund dem Älteren – als Krötler belegt, vgl. Vietzen S.146.
[4] Zacharias Neidegker ist 1489 Mitglied der Weinschenkenzunft, vgl. Gewerbeamt 1418 S. 3r.
[5] Erhart ist 1493 Vierer der Drechsler, vgl. RP.
[6] Meister Frantz Poschndorfer ist von 1530-1535 städtischer Steuerknecht und Gantknecht, vgl. R. v. Bary III S. 878.

hebamb St: 1522: nichil
Wolfganng Gerolt, 1525 pierpreẃ, 1527/I preẃ St: 1524-1526, 1527/I: -/6/27, 1527/II, 1528: 1/1/21
Agatha naterin inquilina St: 1527/II: -/2/-
Michel Wesstermair (Westermayr), 1540-1543 preu
    St: 1529, 1532, 1540-1542: -/5/10 schencknsteur, 1543: 1/3/20 schenckhsteur, 1544: -/5/10
        schencksteur, 1545: 1/3/20 schenckhsteur, 1546-1548, 1549/I: -/5/10 schenckhsteur
alt Contzin St: 1532: anderßwo
Elspeth Ramlerin, 1540-1542 hebam St: 1540-1542: nihil, 1543: -/4/-
Warbara naterin St: 1540: -/2/-
Els hosnstrickherin St: 1540: nihil das jar
Hanns Prunerin St: 1541: -/2/-
Veit maurer St: 1541: -/2/-
Wolff Grueber, 1541-1543 petlerknecht[1]. 1544 Wolff Grueberin
    St: 1541-1543: nihil, 1544: nihil, pauper hoc anno
Utz Sperlin St: 1541: -/2/-
Wárbl wúrfflerin. 1542, 1543 Wárbl Kothmayrin St: 1541: -/-/28 das jar, 1542: -/2/-, 1543: -/4/-
plint Hanns múllner. 1544 Plinthanns múllner [Bote]. 1552/I-II, 1553, 1554/I Hanns múllner[2] pot
    St: 1542: -/2/-, 1543: -/4/-, 1544, 1546, 1547, 1552/I-II, 1553, 1554/I: -/2/-
Wilhelm Dúllingerin St: 1544: nihil, khan khaine dits namens erfragen
Gilg Fronpeckh [Tagwerker][3] St: 1544: -/2/-
Hanns Singer tagwercher St: 1546, 1547: -/2/-
Jorg pott St: 1548: -/2/-
Jorg vischer[4] St: 1549/I: -/2/-
Praun schneiderin. 1550, 1551/I-II, 1552/I-II Wolff Praunin, 1550, 1551/I schneiderin
    St: 1549/I, 1550, 1551/I-II, 1552/I-II: -/2/-
Hanns Peurin tagwercherin St: 1549/I: -/2/-
Anna Frueauffin St: 1549/II: -/2/-
Steffan Haydin St: 1549/II: -/2/-
Andre Astaler St: 1549/II: -/-/14 gratia
Wolff Adlpolder tagwercher St: 1550, 1551/I: -/2/-
Cristoff Kaldorfferin
    St: 1551/II: zalt supra fol. 40 col. 1 [= 40r, Äußere Schwabinger Gasse = Theatinerstraße].
Hanns Staudacher saltzstósl
    St: 1553: -/-/21 gratia, 1554/I: -/-/21 gratia die ander, 1554/II: -/3/7 juravit, 1555, 1556: -/3/7
Balthas Harder goltschmid[5]
    St: 1553: 1/5/28 patrimonium, 1554/I: 1/5/28 patrimonium das ander
    StV: (1553) zalt Anthoni Hundertpfunt.
Bartlme (Bártlme) Jambs St: 1553: -/-/21 gratia, 1554/I: -/-/21 gratia die ander
Hanns Schwábl maurer
    St: 1554/II: -/2/-
    StV: (1554/II) zalt -/5/- am 8. Augusti an chamer fúr 3 nachsteur.
Hanns Frantz[6], 1554/II weberknap St: 1554/II, 1555: -/2/-
Hanns Huebel (Hiebl, Hiebel, Huebl) kúrsner
    St: 1554/II: -/-/21 gratia, 1555: -/3/25 juravit, 1556, 1557: -/3/25, 1558: 1/-/20, 1559, 1560:
        -/3/25, 1561, 1563, 1564/I-II, 1565, 1566/I-II, 1567/I: -/2/-
    StV: (1559-1561) mer -/1/8,5 fúr p[ueri] Schottn (Schotter (!)). (1563-1567/I) mer fur seine
        khind(er) -/-/24,5.
ain witfraw, ist des Hiebels kúrsners mueter, ist búrgerin zu Arding, bleibt nit hie

---

[1] Vgl. R. v. Bary III S. 848.
[2] 1552/I „múllner" korrigiert aus „múllnerin".
[3] Vor „Gilg Fronpeckh" gestilgtes „ir hoffraw", auf die davor genannte Wolff Grueberin bezogen. – Gilg Fronpeck wird 1541, 1546-1552 und 1555 bei Färbergraben 1* Tagwerker genannt, 1553 und 1554/I bei Marienplatz 28/29 Holzmesser.
[4] Vor „vischer" getilgtes „pott".
[5] 1553 korrigiert aus „Harderin goltschmidin". – Frankenburger S. 288.
[6] „Frantz" 1554/II über der Zeile eingefügt.

Cristoff tagwercher. 1555-1558 Cristoff Vogl tagwercher. 1559-1561 Cristoff Vogl. 1563, 1564/I-II Christoff Vöglin (Voglin)
    St: 1554/II, 1555-1557: -/2/-, 1558: -/4/-, 1559-1561, 1563, 1564/I-II: -/2/-
  infraw Michl Voglin St: 1563, 1564/I: -/2/-
Michel keuffel Ránfftl St: 1555-1557: -/2/-
Bastian (Sebastian) Holtzmair (Holtzer, Holltzer, Holzer[1]) saltzstósl
    St: 1557: -/-/28 gratia, 1558: -/6/14 juravit, 1559, 1560: -/3/7, 1561, 1563, 1564/I-II, 1565, 1566/I-II, 1567/I-II: -/2/11, 1568: -/4/22, 1569-1571: -/4/16
Hanns Poltz pott St: 1557: -/2/-
Erasm Unckhofer St: 1558: 3/3/-, 1559: 1/5/-
ain involckh hintten im gásl Cristoff Mayr. 1559, 1560 Cristoff Mayr tagwercher
    St: 1558: -/4/-, 1559: -/2/-, 1560: -/-/- obdormivit
Pauls Widman, 1561 fuerman St: 1560, 1561: -/2/-
Jorg Lechner[2] tagwercher St: 1560, 1561: -/2/-
Martin reiter, 1569, 1570 maurer[3]
    St: 1563, 1564/I-II, 1565, 1566/I-II, 1567/I-II: -/2/-, 1568: -/4/-, 1569, 1570: -/2/-
Jorg (Georg) Ginshamer silberchamerer
    St: 1563: nichil, hofgsind, 1564/I-II: -/-/- hofgsind, 1565, 1566/I: nichil, hofgsind, 1566/II, 1567/I: -/-/-, 1567/II: nihil, hofgsind, 1568: -/-/-, 1569: -/-/- hofgsind
Christoff schaffer tagwercher St: 1564/I: -/-/21 gratia, 1564/II, 1565: -/2/-
Michel Kástl (Kastl) tagwercher St: 1565, 1566/I: -/2/-
Anna wagnerin St: 1566/I-II, 1567/I: -/2/-
Gerbl Mayr (Mair), 1566/II saltzkhnecht, 1567/II, 1568 scheibnmacher. 1569 Gerblmair scheibnmacher
    St: 1566/II, 1567/I-II: -/2/-, 1568: -/4/-, 1569: -/2/-
Jórg Humplmair wierdt St: 1567/I-II: 1/4/7, 1568: 3/1/14
Caspar schopper riemer St: 1568: 1/-/10, 1569: -/2/-
Apl (Appl) Neblmairin (Neblmayrin) St: 1569: -/1/- pauper der zeit, 1570, 1571: -/2/-
Geórg dánntlerin rebeilerin[4] St: 1571: -/2/-

Weinstraße 11 B

Charakter: Kleines Schusterhaus.

1404 April 8 vielleicht ist hierher zu beziehen das Schusterhaus „jenhalb des graben", das vor dieser Zeit Ulrich der jüngere Tichtel besaß und das die Stadt nach dem Zusammenbruch des Aufstandes zusammen mit seinem übrigen Gut einzog und jetzt an das Heiliggeistspital übergibt, um Schulden zu bezahlen,[5] vgl. Gruftstraße 2*.

1436 (Oktober 16) die Erben von Franz Impler, Lorenz, Hans und Barthlme Schrenck, bestätigen ein Ewiggeld gemäß Stiftsbrief von 1402, aus ihrem kleinen Schusterhaus und aus den vier Kramen dabei, gelegen „auf der pruck gegen des Thoman Wilbrechts Haus über" (Weinstraße 13) und zwischen der Vorgenannten Haus (an der Weinstraße 11 A) und ihres Eckhauses daselbst auf der Brucken an der Schäfflergassen (Weinstraße 11 B oder 12 A – D) gelegen.[6]

---

[1] 1557 „Holtzmair", sonst „Holtzer", 1564/I über getilgtem „er" übergeschrieben „mair", 1570 über „Holtzer" nachgetragen „mair".
[2] „Lechner" 1560 über der Zeile eingefügt.
[3] 1569 und 1570 „maurer" über dem Namen nachgetragen.
[4] Wohl von „reveler" = Schuhflicker, vgl. Lexer, Mhd. Taschenwörterbuch.
[5] Vogel, Heiliggeistspital, Urk. 204.
[6] Kirchen und Kultusstiftungen 278 Urk. Nr. 17, vgl. auch Nr. 252. – Wittmann, Urkunden-Regesten, ungedruckt.

1572

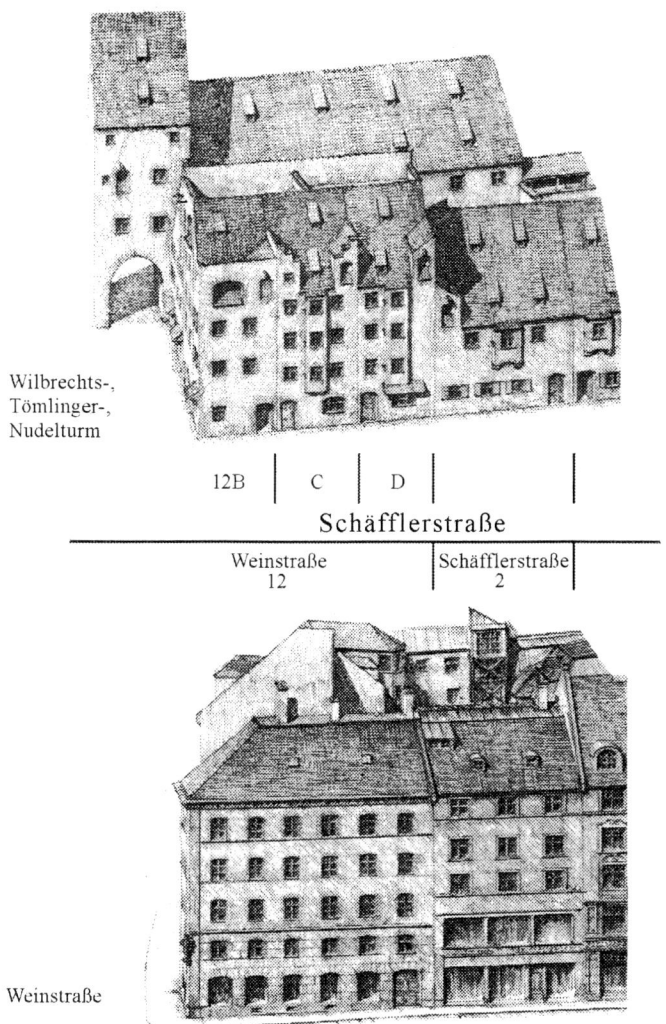

Wilbrechts-, Tömlinger-, Nudelturm

| 12B | C | D | |

Schäfflerstraße

Weinstraße 12 | Schäfflerstraße 2

Weinstraße

1939

Abb. 21 Weinstraße West Nr. 12, Schäfflerstraße 2, Häuserbuch Kreuzviertel S. 284/285.

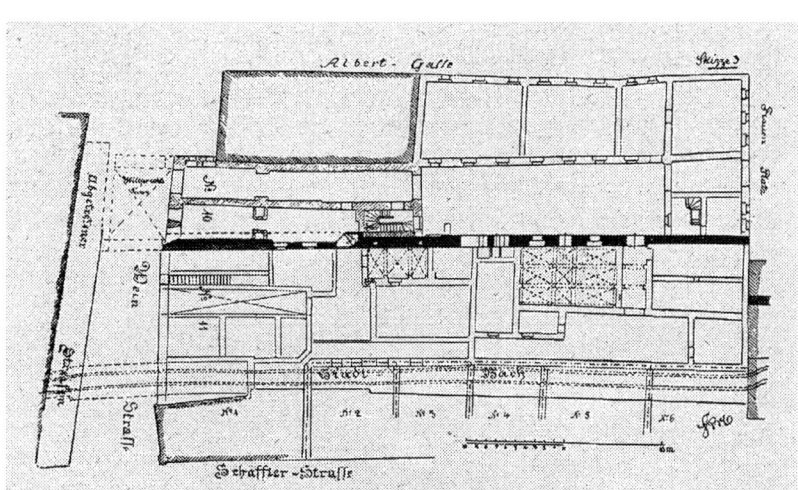

Abb. 22 Weinstraße 9 (oberes Eckhaus zur Albertgasse), 10 (in Höhe des Wilbrechtsturms), 11 (zwischen Turm und Stadtbach) und 12 (hier als Schäfflerstraße 1 bezeichnet), mit 1914 ergrabenen Resten der Sradtmauer zwischen Haus Nr. 10 und 11. Aus: Karl Müller, Von der ältesten Befestigung Münchens, in: Das Bayerland 25, 1914, S. 670.

Weinstraße 12 A

Hauseigentümer:

1453 September 4 das Haus des Schäfflers Durchenpach grenzt an die beiden Häuser des Chludwig Tömlinger an der Weinstraße am Turm (Weinstraße 11 A/B).[1]
1545 November 13 der Bäcker Georg Roth und seine Hausfrau Margret verkaufen aus diesem Haus der Kramerzunft 5 Gulden Ewiggeld um 100 Gulden Hauptsumme.[2]
1546 Juli 1 das Ehepaar Roth verkauft erneut ein Ewiggeld, diesmal 6 Gulden rheinisch um 120 Gulden Hauptsumme (GruBu).
1557 April 2 erneuter Verkauf von 14 Gulden Ewiggeld um 280 Gulden Hauptsumme durch das Ehepaar Roth (GruBu).
1566 Juni 10 die drei Roth-Schwestern, unter anderem Margreth, verheiratet mit dem Bäcker Georg Stotz, verkaufen 5 Gulden Ewiggeld um 100 Gulden Hauptsumme (GruBu). Weitere Ewiggeldverkäufe der drei Roth-Schwestern folgen, nämlich:
1566 Juni 11 (5 Gulden um 100 Gulden) und
1566 Juni 12 (10 Gulden um 200 Gulden) (GruBu).
1569 Juni 6 der Bäcker Georg Stotz und seine Hausfrau Margret verkaufen ein Ewiggeld von 17 Gulden um 340 Gulden Hauptsumme (GruBu).
1572 April 10 die Vormünder von des Bäckers Georg Stotz Kindern verkaufen dieses Haus an dessen Witwe Margret Stotz (geborene Roth) (GruBu).
1575 laut Grundbuch (Überschrift) der Margretha Stotz Haus und Höfl „an dem Thurn glegen, gnannt der Stadt Thurn".
Die beiden Häuser A und B werden um 1590 zum Eckhaus vereinigt.

Weinstraße 12 B (oder C)

Name: Schäfflereck.[3]
Lage: Eckhaus zur Schäfflergasse. 1525/26 ff. „untters Wilbrechts turn".[4]

Hauseigentümer:

1523/24-1526/27 das Heiliggeistspital hat ein Ewiggeld aus der Schäfflers Hanns Erll Haus „untters Wilbrechts turn", der letztere Eintrag ist wieder getilgt.[5]
1564 März 21 der Schäffler Hanns Erl und seine Hausfrau Margret verkaufen 2 Gulden Ewiggeld um 40 Gulden Hauptsumme.[6] Weitere Ewiggeldverkäufe des Ehepaares folgen, nämlich:
1564 April 1 (2 Gulden rheinisch um 40 Gulden Hauptsumme) und
1564 April 18 (1 Pfund um 20 Gulden an die Pütrich-Kapelle) (GruBu).
1565 Mai 4 der Schäffler Hanns Zimmermann und seine Hausfrau Petronella verkaufen 2 Gulden Ewiggeld für 40 Gulden Hauptsumme aus dem Haus (GruBu).
1575 laut Grundbuch (Überschrift) des Hanns Erl Schäfflers Haus am Eck, außerhalb des Thurns.
Die beiden Häuser A und B werden schon um 1590 zum Eckhaus vereinigt. Die Häuser C und D stehen bereits um die Ecke herum in der Schäfflergasse.

---

[1] Hufnagel/von Rehlingen, St. Peter Urk. 137.
[2] Stadtgericht 207/3 (GruBu) S. 976v/978r.
[3] Name auf jeden Fall bereits 1612 vorhanden, vgl. Stahleder, Haus- und Straßennamen S. 404.
[4] Das Häuserbuch nennt sowohl 12 B als auch C als Eckhaus.
[5] Heiliggeistspital (Rechnungen) 176/18 (1523/24) S. 17v (ohne Ortsangabe), 176/19 (1524/25) S. 15v, 176/20 (1525/26) S. 16v (ohne Ortsangabe), 176/21 (1526/27) S. 23v „unters Wilbrechts thurn".
[6] Stadtgericht 207/3 (GruBu) S. 979v.

Graggenauer Viertel

Abb. 23 Innere Stadt Graggenauer Viertel auf dem Sandtner-Modell von 1572, Nord-West. Foto: Bayerisches Nationalmuseum, München.

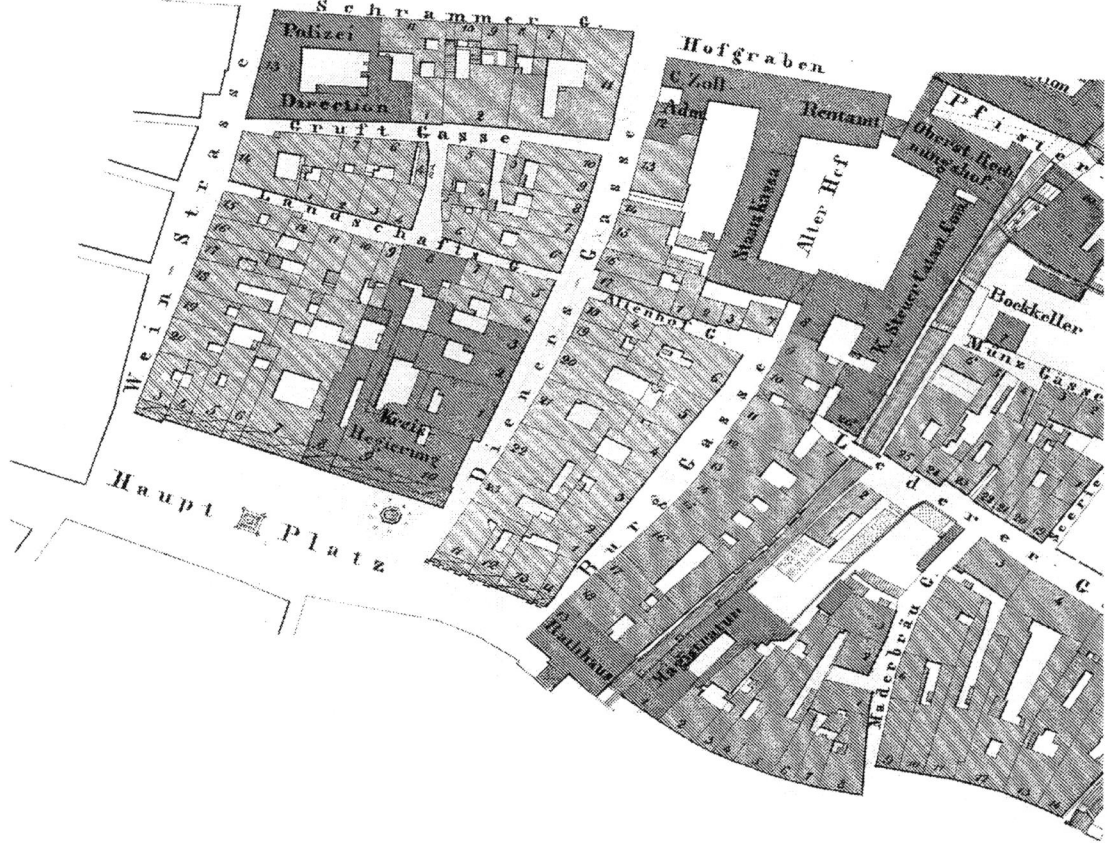

Abb. 24 Innere Stadt Graggenauer Viertel auf dem Wenng-Plan von 1849. Montage aus zwei Tafeln.

Wilbrechtsturm

Name: 1325 „turris apud amphoram" (Turm beim Krug). 1353 „Swäbinger tor". 1355 Vorderes Schwabinger Tor. 1420/21 Turm bei dem Jörg Tömlinger. 1430, 1444/49 Turm bei des Tömlingers beziehungsweise Wilbrechts Haus. 1481 „turn der Weinstrassen". 1525/27, 1539, 1543 „Wilbrechts turn". 1598 Schäfflerturm. 1690 Nudelturm.

1325 älteste Rüstkammer der Stadt im Turm beim Weinwirt Krug („in turri apud amphoram") (Weinstraße 13).[1]
1353 September 7 das Haus des Weinhändlers oder Weinwirts Johans Krůg/Krug liegt am „Swäbinger Tor".[2]
1355 Februar 9 jetzt liegt das Haus des Krug/Wilbrecht „an dem vodern Swäbinger tor".[3]
1420 die städtischen Werkleute arbeiten „auff dem turm pey dem (Jörg) Tömlinger".[4]
1430 „der turn bey des Thomlingers oder Wilbrechts haus an der Weinstrassen gelegen" wird auf Kosten der Stadt oben mit einem Stüblein versehen. Die Stadt hat bestimmt, in diesem Stüblein die städtischen Armbrüste aufzuhängen.[5]
1443/44 und **1444/49** das Salbuch der Stadt berichtet fast gleichlautend: „der turner [= Turm] bey des Thomlingers oder Wilbrechts haus an der Weinstrass gelegen, der ist auch der stat und hat man mit einem stublein gepaut und zugerichtet oben im 1430. jar. Darin werden der stadt Armbrust gehängt".[6]
1539 März 29 das Haus der Schwarzenberg-Kinder, künftig der Herzogin Sabina von Württemberg, liegt am Eck des Wilbrechtsturms.
Der Turm gehört der Stadt, ab 1543 zum Haus Weinstraße 13.

Bewohner Wilbrechtsturm[7]:

pogner auf dem turn der Weinstrassen[8] [1481]
kúrsnerin hebamm auf dem turn St: 1496: nichil
Vest [Hof]trometter. 1552/II Vest trometer auffm thurn. 1563 Hanns Vesst trometter.[9] 1567/II-1571 Vesst trometterin
    St: 1552/I-1560: nihil, 1561, 1563, 1564/I: nichil, hofgesind, 1564/II-1567/I: -/-/-, 1567/II: an chamer, nit búrgerin, 1568-1571: -/-/-
    StV: (1564/I) folio 98 [= 97v, Ewiggeld] Silvester Mockh [auch 1564/II folio 96v, 98v]. (1565) steurt im ewig gelt folio 97r, mer folio 99r [Ewiggeld]. (1566/I) steurt im ewigen gelt folio [96v] [Ewiggeld], mer folio [98v][10] [Ewiggeld]. (1566/II) mer im ewigen gelt [folio 96v]. (1567/I) steurt im ewig gelt [folio 11v]. (1567/II) von irem ewigen gelt [fol. 11v] zalt 1/2/10 adi 25. Octobris anno [15]68. (1568) steurt folio 11v [Ewiggeld]. (1569) steurt ewiggelt folio [10v]. (1570) steurt im ewiggelt folio 6r. (1571) zalt an chamer -/4/20.
Wilhalm Eyselin (Eyselein)
    St: 1563, 1564/I: -/2/13, 1564/II: -/2/25, 1565: -/3/7, 1566/I: -/-/-, 1566/II: -/3/7, 1567/I: an chamer, 1567/II: -/3/15, 1568: -/-/-, 1569, 1570: -/2/20, 1571: an chamer
    StV: (1564/I) ausser der Ligsaltz schuld. (1564/II) zuegesetzt 8. tail der Ligsaltzen schuld. (1565) zuegstzt den anndern empfang Ligsaltzische schuld. (1566/II) mer ain versessne

---

[1] KR 1318/25 S. 102v.
[2] BayHStA, GUM 50.
[3] BayHStA, GUM 52.
[4] KR 1420/21 S. 65v, 71r.
[5] Zimelie 19 (Salbuch 1444/49) S. 54.
[6] Zimelie 30 (Salbuch-Konzept 1443/44) S. 14v und Zimelie 19 (Salbuch 1444/49) S. 54.
[7] Diese Namen folgen ab 1563 unter Überschrift „Thurn".
[8] Ihm zahlt die Stadtkammer 1481 7 Schillinge „zu zerun zu seiner haußfrawen, der hefammen", vgl. KR 1481/82 S. 76v.
[9] 1563 links neben dem Namen als Überschrift „Thurn". Ab 1564/I „Vesstl" und die „Wilhelm Eyselin" unter der Überschrift „Thurn".
[10] Für beide Blattzahlen ist 1566/I Platz frei gelassen.

steur -/3/7. (1567/I) sambt dem Ligsaltzischen empfang zuezesetzen, zalt -/3/15 adi 23. Octobris. (1569) mer für ain versessne dopelt steur 1 fl.

Anna schopperin St: 1569: -/2/-

Anna Khúmerlin St: 1570: -/2/-

Weinstraße 13
(mit Hinterhaus an der Schrammer-, Ecke Theatinerstraße)

Lage: Eckhaus, das an den Wilbrechtsturm stößt. Lage neben dem Turm und an der Innenseite des alten Stadtgrabens, vielleicht an der Rückseite einer alten Stadtmauer der ursprünglichen Stadt. Sicher auf herzoglichem Grund stehend.

Hauseigentümer:

1325 „in turri apud amphoram" – im Turm beim (Weinwirt, Weinhändler) Krug – hat die Stadt ihre Rüstungen untergebracht.[1]

1331 werden Reparaturarbeiten „ad pontem aput amphoram", zur Brücke (über den Stadtgraben vor dem Turm) beim Krug, abgerechnet.[2]

1338 „super pontem amphore" werden wieder Reparaturarbeiten durchgeführt.[3]

1341 „de domo Chrugk" werden in der Kammerrechnung Zahlungen genannt.[4]

1353 September 7 Johans Krůch, ein Weinhändler oder Weinwirt, schuldet seinem Mitbürger Chunrad Wilbrecht für gelieferten Wein 122 Pfund weniger 2 Pfennige und verpfändet ihm dafür sein Haus in der Weinstraße beim Schwabinger Tor.[5] Hierbei wird auch der Name Weinstraße erstmals genannt.

1355 Februar 9 da Johans Chrůck die Schuld nicht einlöste und die Pfandschaft verfallen hat lassen, übereignet der Stadt(ober)richter Johans von Chamerberch dem Chunrat Wilbrecht das Haus „an der Weinstrazz an dem vodern Swäbinger tor" zum Schätzwert von 129 Pfund Pfennigen, das Krug ihm für 122 Pfund weniger 2 Pfennige verpfändet hatte.[6]

1370 die Baukommission beanstandet an des Wilbrechts Haus in der Weinstraße den Kellerhals. Er soll abgebaut werden, auch „bed lauben in dez Wilbrecht haus sullen abgen".[7]

1382 Mai 5 das Haus des Hans Zenger, vorher Jacobs des Juden, künftig des Stadtschreibers Peter Krümmel (Gruftstraße 2*) ist dem Haus des Hans Wilbrecht benachbart.[8]

1403, 1405/I domus Thoman Wilbrecht (StB).

1405/II-1408 domus halbs Thoman Wilbrecht (StB).

1412 Januar 27 Thoman Wilbrecht gibt mehreren Verwandten – nämlich seinem Oheim Bartlme Schrenck, seinem Schwager Peter dem Krummel und seinen beiden Vettern Franz und Hans den Tichteln – die Vollmacht, daß sie sein „halbs haws gelegen an der Weinstraß, ze nachst an dem turn" seinem Vetter Ludwig dem Wilbrecht übergeben sollen.[9]

1412 Mai 17 erst jetzt wird der Wille von Thoman Wilbrecht von den vier Verwandten ausgeführt und das halbe Haus übergeben.[10]

1434 Dezember 5 Lienhart Prunner, Pfleger zu Tölz, und seine Hausfrau Barbara verkaufen dem Münchner Bürger Ludwig Wilbrecht ihr Haus an der Hinteren Schwabinger Gasse (Theatinerstraße) „auf dem Graben bei der Brücke" um 171 rheinische Gulden.[11] Dabei muß es sich um das Eckhaus außerhalb des Turms handeln, an der Ecke Schrammer- und Theatinerstraße. Es liegt am Graben und an der Brücke über den Graben vor dem ehemaligen Tor (Wilbrechtsturm).

---

[1] KR 1318/25 S. 102v.
[2] KR 1325/46 S. 47v.
[3] KR 1325/46 S. 129v.
[4] KR 1325/46 S. 153r (alt S. 148r).
[5] BayHStA, GUM 50.
[6] BayHStA, GUM 52.
[7] Zimelie 9 (Ratsbuch IV) S. 4r (neu 6r).
[8] GB I 159/9.
[9] GB III 123/1.
[10] GB III 123/1a.
[11] BayHStA, GUM 234.

1437 o. D. der Wilbrecht an der Weinstraß gibt der St.-Nikolaus-Kirche der Augustiner 80 Pfennige Zins von sieben Krautäckern.[1]

1442 September 14 das Haus des Wilbrecht ist dem Haus von Herzog Albrecht III. und Anna von Braunschweig, künftig des Meisters Johanns Hartlieb und seinen Erben, gelegen an der Judengasse (Gruftstraße 1), benachbart.[2]

1445 März 16 der Münchner Bürger Perchtold Maẃrer genehmigt aus gutem Willen und mit Zustimmung seines Rechtsvorgängers Hanns Hartlieb, daß in seine Mauer (Schrammerstraße 11) von dem gegenüberliegenden Hause am Graben aus (= Rückgebäude von Weinstraße 13 an der Ecke Schrammer- und Theatinerstraße) durch dessen derzeitigen Inhaber Ludwig Wilbrecht oder seine Nachfolger eine „wuer", eine „zwerche hand" tief gespreizt werden dürfe.[3]

1445 Mai 4 Der Münchner Bürger Perchtold Maẃrer bekennt, „das ich dem Erberen und weysen Ludweig dem Wilbrecht von seiner fleissigen bett wegen vergunt und derlawbt hab, das er und sein erben oder wer Ir haws am graben gen mir uber ynne hat, ir wur wol sprawczen und machen mugen ... in mein mawr alls verr mein stallung und mawr bis an die Wilbrechtz stallung und mawr wert".[4]

1445 Mai 31 der Stadtrichter beurkundet den Rechtsspruch in einer Klage des Ludwig Wilbrecht des Älteren gegen Hartl den Maurer beziehungsweise dessen Rechtsvorgänger Perchtold Maurer wegen der Gestattung der Einspreizung einer „wuer" von seinem Hause aus in die gegenüberliegende Mauer des Beklagten „ob dem Pach" zugunsten des Klägers.[5]

Um 1450 und

1452 Oktober 20 wird der Besitz an dieser Stelle so beschrieben: „aus Ludwigen Wilbrechts eigen häusern, hofstet, gärten an der Weinstrazz, zunächst an den Turn aneinander gelegen, und stoßen zwischen der Neuenstifftgässel [= Gruftstraße] und des Schramengässel[6] hinden an Unser Frauen Newen stift gotzhaus" (Gruftstraße 1).[7] Der Besitz reicht also seit der Überbauung des Grabens nach der Stadterweiterung des 13. Jahrhunderts über den Graben hinüber bis an die Schrammerstraße.

1468 März 22 Jacob Wilbrecht zu Sindelsdorf verkauft seinem Bruder Hanns Wilbrecht zu Pasenbach die ihm eigentümlich zustehende Hälfte an folgenden Liegenschaften in München: a) an einem Haus an der Weinstraße am Eck beim städtischen Turm, am Eingang in das Judengässel (= Gruftstraße), rückwärts an die Newnstift stoßend (Gruftstraße 1); b) ebenfalls die Hälfte an dem Eckhaus beim Schrammengässel (= das Eckhaus außerhalb des Turms), an Meister Hannsen Hartliebs Haus stoßend (Schrammerstraße 11, Hinterhaus von Gruftstraße 1) und weitere Liegenschaften.[8] Von nun an ist also Hans Wilbrecht Alleineigentümer.

1479 Mai 5 ein Notariatsinstrument des kaiserlichen Notars Leonhardus Stefensperger wird ausgestellt zu München „in Hannsen Wilbrechts haws in der obern grossen kammer an der Weinstrass".[9] Anwesend sind bei dem Rechtsgeschäft die Kinder des alten Ludwig Wilbrecht, Elisabeth, verheiratete Sewold Pätzingerin, und ihr Bruder Hanns Wilbrecht.

1480 September 7 das Haus des Hanns Wilbrecht ist dem Haus der Kinder Gothart und Dorothea des Meisters Hanns Hartlieb, künftig des Thoman Piperl Haus (Gruftstraße 1), benachbart.[10]

1481 o. D. die Priesterbruderschaft von St. Peter hat eine jährliche Gült „aus des Ludwegn Wilbrecht, purger ze München, aigen heẃsern, hofstet und gärten, die hie ze München in unser lieben frawen pfarr an der Weinstraß, zenachst an den turn, aneinander gelegen und stoßen czwischen der newen stiefft gäßl und des Schramengäßl und stoßen hinden an unser frawen newen stiefft gotzhawß".[11]

1497 August 23 von diesem Tag datiert ein Spruchbrief im Vermögensstreit zwischen dem Münchner Bürger Hanns Wilbrecht einerseits und andererseits den Erben der Münchner Bürgerseheleute Hein-

---

[1] MB XIXa 35 S. 414.
[2] BayHStA, KU Andechs 67 (Abschriften des 19. Jhs.) Bl. 5.
[3] BayHStA, GUM 256.
[4] MB XXXV/II 238 S. 327/328.
[5] BayHStA, GUM 257. – MB XXXV/II 239 S. 328/330.
[6] Folgt noch einmal „und stoßen".
[7] Zimelie 20 (Kopialbuch Priesterbruderschaft St. Peter) S. 10v. – BayHStA, St. Peter Urk. 20.10.1452, alt GUM Fasz. 120 Nr. 2751.
[8] BayHStA, GUM 334.
[9] MB XIXa 42 S. 305.
[10] BayHStA, KU Andechs 67 (Abschriften des 19. Jhs.) fol. 17/18.
[11] Zimelie 20 (Kopialbuch Priesterbruderschaft St. Peter) S. 10v.

rich und Barbara Puchmüllner selig, zwei Frankfurter Bürger Weiss und ihren Ehefrauen: der Kläger Wilbrecht erhält zwei Häuser, das eine an der Schrammergasse, das andere an der Hinteren Schwabinger Gasse (Theatinerstraße) gelegen, ebenso die zur Hinterlassenschaft gehörigen Bergwerke in Schwaz und anderwärts. Dafür läßt er alle anderen Forderungen fallen.[1] Es handelt sich dabei sicher um den Besitz, den Wilbrecht am 5. Dezember 1434 erworben hatte.

1514 Mai 3 die Eheleute Hanns und Elspeth Wilbrecht verkaufen ein Ewiggeld von 2 Pfund Pfennigen um eine Hauptsumme von 40 Pfund aus diesem ihrem Haus an der Weinstraße am Eck, zunächst bei der Newstift (Gruftstraße 1) und bei der Hinteren Schwabinger Gasse (= Theatinerstraße) gelegen, an die ewige Messe von Andre Sendlinger in St. Peter.[2]

1522 Juni 30 (28. ?)[3] Hanns Wilbrecht verkauft den ganzen Besitz „am Turm diesseits und jenseits des Bachs gelegen und hinten im Judngässl an die Neuen Stifft (Gruftstraße 1), im Schrannengässl (!) an das Haus Gotthart Hartliebs, jetzt seiner Schwester Ellena Wilbrechtin (Schrammerstraße 11), stoßend" an den Freiherrn Christoph zu Schwarzenberg, ehemals Hofrichter, dann Landhofmeister in Bayern, um 1450 Gulden Kaufschilling und 32 Gulden Leikauf.

1522-1532 domus des von Schwarzenberg (StB).

1523 April 23 findet, wie verabredet, die Übergabe statt. Aber

1523 Januar 30 und

1523 April 20 verkaufen Hanns und Elspet Wilbrecht noch ein Ewiggeld aus dem Haus.[4]

Christoph Freiherr von Schwarzenberg war 1519 Herzog Wilhelms Statthalter in Württemberg, nachdem der Schwäbische Bund unter bayerischer Führung des Herzogs Ulrich von Württemberg Land besetzt hatte.[5]

1523 August 31 das Kloster Zum Heiligen Berg (Andechs) erlaubt dem Landhofmeister Christoff von Schwarzenberg, von einem Saale aus seinem von dem Wilbrecht gekauften Haus ein Fenster „in die Kapelle des Klosters, zu Unserer Frauen der Neuen Stiftung genannt" (Gruftstraße 1) zu machen.[6]

1524 März 14 der neue Hauseigentümer von Schwarzenberg vergleicht sich mit dem Kloster Zum heiligen Berg in Andechs (Gruftstraße 1) wegen der Aufführung der Grenzmauer und wegen des Lichtrechtes zwischen ihren nachbarlichen Behausungen zu München an der Weinstraße beziehungsweise am Schrammer- und Judengässlein (Gruftstraße).[7]

1526 Mai 24 der Landhofmeister Christoph von Schwarzenberg trifft wegen der Ewiggelder, die der Jungfrau Helena Wilbrecht aus seinem Haus zu München bei der Neustift (Gruftstraße 1) zustehen, eine Vereinbarung.[8]

1538 Februar 25 Herzog Ludwig X. von Bayern beurkundet eine Verkaufsabrede zwischen seiner Schwester, der Herzogin Sabina von Württemberg, und den Erben des Christoff von Schwarzenberg und Hohenlandsberg, über der letzteren Behausung an der Weinstraße.[9]

1539 März 29 jetzt wird der Verkauf des Hauses, zu München an der Weinstraße am Eck des Wilbrechtsturms gelegen, durch die Vormünder der Schwarzenberg-Kinder und der Herzogin Sabina von Württemberg vollzogen. Der Kaufpreis beträgt 3465 Gulden und wurde bar ausgezahlt.[10]

Herzogin Sabina war mehrmals – zuerst 1515 – vor Mißhandlungen ihres Ehemannes, Herzog Ulrichs, aus Württemberg geflohen. Streitigkeiten, unter anderem um die Widerlegung der Morgengabe führten schließlich 1519 zur bewaffneten Auseinandersetzung und zur Besetzung des Herzogtums Württemberg.[11]

1540-1549/II domus (der) von Wirtnwerg (Wirttnberg) (StB).

1543 August 29 Herzog Ludwig X. räumt der Stadt als Gegenleistung für den seiner Schwester, der Herzogin Sabina, lebenslänglich abgetretenen Turm, „so der Wilbrechtsthurn genant wurdet", in seiner

---

[1] BayHStA, GUM 497.
[2] BayHStA, GUM 596; auch MB XXXV/II 87 S. 485 mit falscher Datierung 1.5.1514.
[3] „Geschehen zue Muenchen auf monntag der hl. zwelfpotten S. Peter unnd Paullss abennt": St. Peter und Paul ist der 29. Juni. Deshalb wäre der Abend (= Tag davor) der 28., der Montag aber der 30. Juni.
[4] BayHStA, GUM 659, 662, 664, 665.
[5] Riezler, Geschichte Baierns IV S. 40/45.
[6] BayHStA, GUM 668; KU Andechs 67 (Abschriften 19. Jhd.) fol. 21/22.
[7] BayHStA, GUM 675.
[8] BayHStA, GUM 703.
[9] BayHStA, GUM 793.
[10] BayHStA, GUM 803.
[11] Riezler, Geschichte Baierns IV S. 40/45.

daran anstoßenden Behausung, „darin ir Lieb wonet", einen Laden, am Eck, dem Spiegelbrunnen gegenüber (also an der Ecke Schrammer-/Theatinerstraße) nutznießlich ein. Der Turm solle nach dem Ableben der Herzogin von Württemberg wieder an die Stadt zurückfallen.[1]

Herzog Ulrich I. starb am 6. November 1550 in Tübingen. Sabina ging wieder nach Württemberg zurück und starb am 30. August 1564 in Nürtingen. Beide liegen in der St.-Georgs-Kirche in Tübingen begraben.

Das Haus in München wurde ab 1550 von Herzogin-Witwe Jacobäa von Baden bewohnt; denn am 7. März 1550 war auch Herzog Wilhelm IV. gestorben, Jacobäa damit Witwe geworden. Sie ist die in den folgenden Steuerbüchern genannte „alte Fürstin" oder „alte Herzogin", wobei diese Bezeichnung keineswegs respektlos gemeint ist:

1550 domus der Altn Fúrstin (StB).

1551/I domus unser gn[edigen] fr[auen] Jacoba, hertzogn in Bayrn.[2]

1551/II, 1552/I domus der Altn Fúrstin (StB)

1552/II domus unser g[nedigen] f[rauen] der altn Furstin (StB).

1553 domus Unnser gnedig Frauen (StB).

1553 wird die Straße gepflastert „im gäsl bey der altn furstin haus".[3]

1554/I-1585 domus der Alt Fúrstin. 1554/I domus der Alt Furstin. 1554/II domus Unnser gnedigen Frauen. 1555-1557 domus der Altn Fürstin unser g[nedig] f[rauen]. 1558 domus Unser Genedigen Frauen der Altn [Fürstin]. 1559 domus Unnser gnedig Frauen. 1560 domus der Alltn Unser g[nedigen] F[rauen] usw. bis 1585.

1574 laut Grundbuch (Überschrift) Unser gnedigen frauen der alten Hertzogin [Jacobäa] Haus, Hof und Stallung sambt dem Gartten.[4]

Herzogin Jacobäa von Baden starb am 16. November 1580 in München.

1586-1592 domus Unseres gnedigen Fürsten und Herrn (= Wilhelm V.)[5] (StB).

1593-1597 domus Herzog Wilhelm (StB).

1598 Juli 1 Verkauf des Hauses am „Schäfflerturm" durch Herzog Wilhelm V. an Pausania von Minican[6], verwitwete Caspar Planckhenmayrin.[7]

Caspar Planckhenmayr war von 1596-1598 Pfleger von Kranzberg, Kriegsrat, Obrister Feld- und Landzeugmeister, interimistischer Statthalter von Ingolstadt. Seine Witwe Pausania war von 1598-1600 wirkliche Hauptpflegerin von Kranzberg, bis diese Pflege 1601 an ihren Schwiegersohn Christoph Paradeiser überging (bis 1625 oder 1626). Er war Freiherr auf Neuhaus und Grädisch, Erblandjägermeister in Kärnten, 1603 Erzherzog Maximilians von Österreich Kämmerer, Rat und Oberstallmeister, 1607 auch Pfleger des freisingischen Schlosses Erching.[8]

1621 November 17 Christoph Paradeiser übereignet dem Herzog Maximilian mit Zustimmung seiner Tochter Anna Maximiliana, Stiftsjungfrau im Stift zu Hall, wegen einer Geldforderung von 10 000 Gulden, wofür sein Schwiegervater Caspar Planckhenmayr selig und Heinrich von Plettenberg 2000 böhmische Rüstungen hätten liefern sollen, seine im Stiftgässel neben Unser Frauen in der Gruft liegende Behausung unter Vorbehalt lebenslänglichen Nutzungsrechtes.[9] Vielleicht deshalb blieben der Stadt die tatsächlichen Besitzverhältnisse längere Zeit unklar:

1622 „domus Herr Christoph Paradeiser", so immer noch im Steuerbuch.

1627 Aptil 21 Kurfürst Maximilian überträgt den Englischen Fräulein das Paradeiserhaus und was sich darin befindet auf Widerruf.[10]

1628 (von 1623-1627 fehlen die Steuerbücher) „domus Herr Paradeisers sel. Erben", dazu der Vermerk: „ist derzeit ein Frauencloster". Gemeint sind die Englischen Fräulein. Noch 1629 und 1630 wird

---

[1] Urk. F I/II Nr. 1 Weinstraße.
[2] StB 1551/I S. 62r.
[3] KR 1553/54 S. 128r.
[4] Stadtgericht 207/1 (GruBu) S. 520v.
[5] StB 1586 S. 79r.
[6] Wahrscheinlich Ober-Unter-Münkheim, Oberamt Hall in Württemberg (Muennikein, Münnikein), vgl. RB, Register.
[7] BayHStA, Kurbayern Urk. 17134, alt GUM 1581.
[8] Ferchl, Bayerische Behörden und Beamte in: OA 53 S. 429/430.
[9] BayHStA, Kurbayern Urk. 17168, alt: GUM 1834.
[10] Mathilde Köhler, Maria Ward. Ein Frauenschicksal des 17. Jahrhunderts, 2. Aufl. München 1985, S. 174, ohne Quelle.

das Haus den Paradeiserischen Erben zugeschrieben, 1630 mit dem Vermerk: „Soll Ihro churf[ürstliche] Durchlaucht zugehörn". Man weiß es also bei der Stadt nicht genau, wem das Haus eigentlich gehört. So bleibt es bis 1637, als das Steuerbuch gleich zwei Hauseigentümer einträgt:

1637 „domus Paradeiserische Erben, gehört Ihro churf[ürstliche] Durchlaucht zu". Erst

1638 sind die Verhältnisse dann klar: „domus Ihro churfürstlichen Durchlaucht angehörig, darin wohnen die Englischen Junckhfrauen". Diese Formulierung in Varianten, z. B. „domus, Bewohnens die Englischen Freylein", bleibt bis 1693 in den Steuerbüchern bestehen. Dann geht das Haus offenbar in das Eigentum der Englischen Fräulein über. Es heißt in den Steuerbüchern

ab 1694 „domus der Englischen Freylen Stüfft" (StB).

Das Grundbuch weiß von alledem überhaupt nichts, es registriert nicht einmal den Verkauf von 1621. Am 20. April 1691 schreibt die Oberin der Englischen Fräulein über den Bauzustand an den Stadtrat, daß „wegen vor Augen stehender Leib- und Lebensgefahr ... welchermaßen sich die von Ihro churfürstlichen Durchlaucht Maximiliano höchstseeligsten angedenkens nechst bey Unser lieben Frauen Grufft alhier uns zur Wohnung eingebne, nunmer in die 63 Jahr bewohnte Behaußung [also seit 1628] nit nur im Tachstuel, so Thails verfault, Thails gantz außeinandergangen, sondern auch im Gemäuerwerckh, ... paufellig [sei], ..., daß nach rath der pawverstendtigen die Wohnung ohne Leib- und Lebensgefahr darin in die lenge nit zu continuiren ... [und] unvermeidentlich zu poden mueß gelegt werden". Ohne das, was der Kurfürst schon zum Neubau gegeben habe, werden immer noch etwa 20 000 Gulden nötig sein und die Stadt möge eine Bausteuer von etlichen tausend Steinen geben, bittet die Oberin. Ein kurzer Vermerk der Stadtverwaltung gesteht dies auch zu: „Sollen zwaintzig tausent stain mitsamt dem stattgeföhrt bewilligt sein".[1] Auch das Protokoll des Stadtrats vom 30. April 1691 enthält diesen Beschluß.

Die Stadt erweist sich allerdings als säumiger Stifter. Am 7. Juli 1694 schreiben die Englischen Fräulein wieder an den Rat, diesmal „wegen deß abgetragen sogenanten Schäffler Thurns oder villmer nur wegen der alda gewesten Uhr". Weiter ist von dem „angefangenen und noch continuirenden pau" die Rede. Der Bau solle weiter so geführt werden, daß ein Turm für eine Uhr in das neue Gebäude einbezogen werde, obwohl er für die Englischen Fräulein nicht vonnöten sei. Im Post Scriptum bitten die Englischen Fräulein um die Ausfolgung der vor drei Jahren versprochenen Mauersteine, die sie also immer noch nicht bekommen haben.

Die Stadt hatte also dem Abbruch des alten Wilbrechtsturms nur zugestimmt, wenn die Englischen Fräulein wieder einen Turm errichten, der Platz für eine Uhr bietet.

Eigentümer Weinstraße 13:

* amphora (Chrugk) [1325, 1331, 1338, 1341]
* Johans Krůch (Chrůck) [Weinhändler, Weinwirt] [bis 1353 September/1355 Februar 7/9]
* Chunrat [III.] Wilbrecht [Weinhändler, Stadtrat[2]; ∞ Diemut Stupf; Vater von Hans und Thoman Wilbrecht]. 1372 relicta Chunradi Wilbrecht. 1372, 1375 patrimonium Chunrad Wilbrecht
    St: 1368: solvit 5 lb in stewra presenti, salva stewra preteriti anni, 1369: 10,5/-/-, 1371: solvit 10/-/-, 1372: -/-/-, 1375: 2/-/- sub gracia
* Hanns [I.] Wilbrecht [Stadtrat[3], Sohn von Chunrat III. Wilbrecht]
    St: 1381: 6/-/-
* Thoman [I.] Wilbrecht [Stadtrat, Weinschenk[4]], 1392 inquilinus [Bruder von Hanns I. Wilbrecht]
    St: 1392: -/6/-, 1393, 1394: 1/-/-, 1395: 8/-/20, 1396, 1397, 1399, 1400: 12/-/30, 1401/I: 6/-/30, 1401/II: 3/-/- sua gracianus

---

[1] Kirchen und Kultusstiftungen 925, auch zum folgenden.
[2] Konrad Wilbrecht 1362, 1363, 1366 innerer Rat, 1364, 1365, 1367-1371 äußerer Rat, 1357, 1361, 1364 Kirchpropst von Unserer Lieben Frau, vgl. R. v. Bary III S. 743, 762. – Verheiratet war er mit einer Diemut Stupf. – Zu den Wilbrecht vgl. Stahleder, Bürgergeschlechter. Die Wilbrecht S. 228/240.
[3] Hanns Wilbrecht 1380, 1381, 1384 äußerer Rat, 1382, 1383 innerer Rat usw., vgl. R. v. Bary III S. 743. – Auch Bürger von Augsburg.
[4] Thoman Wilbrecht 1397 und 1402 Redner des Stadtrats bzw. Redner der 300, vgl. R. v. Bary III S. 755. – Thoman Wilbrecht war auch am Aufstand von 1397 führend beteiligt, vgl. Rädlinger, in: Richard Bauer (Hrsg.), Geschichte der Stadt München, S. 115 und Muffat, Kazmair-Denkschrift S. 465 und 500, und musste 1403 die hohe Strafe von 400 Gulden bezahlen. – Toman Wilbrecht war um 1414 Weinschenk, vgl. Gewerbeamt 1411 S. 2v.

StV: (1401/I) alz der rat geschaft hat. (1403, 1405/I) zu seinem tail. (1408) daz verstewrt Ludweig Wilbrecht mit seiner hab.

Pferdemusterung um 1398 (Ur-Fassung): Thoman Wilbrecht sol haben 2 pferd umb 40 guld[en] und zwen[1] erbergn knecht; (Korrig. Fassung): Thoman Wilbrecht sol haben 2 pferd umb 40 guld[en] und sol selb[er] reiten.

* domus Thoman [I.] Wilbrecht seinen tail. 1405/I domus Thoman Wilbrecht zu seinem tail. 1405/II-1408 domus halbs Thoman Wilbrecht

    St: 1403, 1405/I: -/6/-, 1405/II: -/4,5/-, 1406: -/6/-, 1407: 1/-/-

    StV: (1408) daz verstewrt Ludweig Wilbrecht mit seiner hab.

* Ludwig [I.] Wilbrecht [Bürgermeister, herzoglicher Rat[2]; Sohn von Hanns Wilbrecht, später Bürger zu Augsburg]

    Sch: 1439/I-II: 10 t[aglon], 1440, 1441/I: -/-/10 [!], 1441/II: 10 t[aglon], 1445: 8 ehalten, dedit

    St: 1450, 1453: Liste

* pueri [Hanns III. und Jacob] Wilbrecht (Wilbret)

    St: 1454-1456: Liste

* Jacob Wilbrecht [zu Sindelsdorf, Bruder von Hanns Wilbrecht; halbes Haus, bis 1468 März 22]

    St: 1456-1458: Liste, 1462: 3/4/-

* Hanns [III.] Wilbrecht [zu Pasenbach, Bruder von Jacob Wilbrecht; Stadtrat[3]; Alleineigentümer seit 1468 März 22]

    St: 1456-1458: Liste, 1462: 3/4/-, 1482: 9/1/2, 1486: 5/1/7, 1490: 6/2/-, 1496: 5/5/18, 1500: 4/6/5

    junckfraw Els [Wilbrecht, Tochter von Ludwig I.]

    St: 1456-1458: Liste, 1462: -/10/22

    junckfraw Madlen [Wilbrecht, Tochter von Ludwig I.]

    St: 1456-1458: Liste, 1462: -/14/16

* Ludwig Wilbrecht [1481]
* Hanns [IV.] Wilbrecht [Stadtrat[4]; ∞ Elisabeth Fleckhamer], 1508, 1522 et soror

    St: 1508: 3/1/5 juravit, 1509: 3/1/5, 1514: Liste, 1522: 3/4/13

    StV: (1522) sind die 2 habnit [darein] gelegt worden; et dedit -/1/12 für Sixt Ramler.

* domus des [Christoph] von Schwartznberg (Schwartznburg) [und Hohenlandsberg, Landhofmeister in Bayern]

    St: 1522: das jar nichil, 1523: nichil, 1524-1526: nichil das jar (das jar nichil), 1527/I: das mal nichil, 1527/II: nichil dieweil, 1528: nichil das jar, 1529: 1/5/-, 1532: an kamer

    StV: (1523, 1524) biß jar sol er (sol biß jar) seine zinß versteurn. (1527/II) sovil ewiger gellt daraus get. (1529) von 18 lb zinßgellt.

* domus der [Herzogin Sabina] von Wirtnwerg.[5] 1541-1549/II domus von Wirtnwerg (Wirttnberg)

    St: 1540-1542: 1/5/-, 1543: an chamer, zalt 3/3/-, 1544: 1/5/-, 1545: 3/3/-, 1546: 1/5/-, 1547, 1548, 1549/I-II: 1/3/-

    StV: (1540, 1541) vom zinsgelt aus irem haus. (1546) von irn zinsn.

** domus der altn (alt) fürstin [= Jakobäa von Baden].[6] 1551/I domus unser gn[edigen] fr[auen] Jacoba hertzogin in Bayrn etc. 1552/II domus unser g[nedigen] f[rauen] der altn fürstin. 1553, 1554/II, 1559, 1561, 1564/I, 1565, 1566/I domus unnser gnedig(en) frauen. 1555-1557 domus der altn fürstin unser g[nedigen] frauen. 1558 domus unser genedigen frauen der altn. 1560 domus der alltn unser g[nedigen] f[rauen]. 1563, 1564/II domus unnser g[nedigen] f[ürstin] und f[rauen]. 1566/II-1570 domus unnser genedigen f[ürstin] frauen. 1571 domus unnser genedigen frauen.

---

[1] Getilgtes „zwen" durch übergeschriebenes „ain" ersetzt.
[2] Ludwig Wilbrecht 1423, 1425, 1428, 1437, 1444, 1449 und 1451 als Bürgermeister belegt, vgl. R. v. Bary III S. 756, auch als herzoglicher Rat aus dem Bürgertum, vgl. von Andrian-Werburg, Urkundenwesen S. 145.
[3] Hanns Wilbrecht 1476-1497, 1499-1502, 1505, 1506 innerer Rat, 1498 äußerer Rat, vgl. RP.
[4] Hanns Wilbrecht 1510 Mitglied der Gemain, 1511-1517 und 1519 ff. äußerer Rat, vgl. RP.
[5] Herzogin Sabina von Württemberg, Schwester von Herzog Wilhelm IV. und Ludwig X. von Bayern, geb. 24.4.1492, gestorben in Nürtingen am 30.8.1564, verheiratet seit dem 2.3.1511 mit Herzog Ulrich I. von Württemberg, vgl. Rall S. 113.
[6] StB 1551/I S. 62r. – Jakobäa von Baden, geb. 25.6.1507, verheiratet seit 5.10.1522 mit Herzog Wilhelm IV., war nach dessen Tod am 7.3.1550 Witwe geworden und ist jetzt die „alte" Herzogin. Sie starb am 16.11.1580 in München, vgl. Rall S. 117.

St: 1550, 1551/I-II, 1552/I: -/1/3, 1552/II: an chamer, 1553, 1554/I-II, 1555, 1556: 1/3/-, 1557: an chamer, 1558: 2/6/-, 1559-1561, 1563, 1564/I: 1/3/-, 1564/II, 1565, 1566/I: 1/3/- von zinsen, 1566/II, 1567/I-II: 1/3/-, 1568: 2/6/- von zinsen, 1569, 1570: 1/3/- von zinsen, 1571: 1/3/- von ir fúrstlich genaden behausung

StV: (1550) Doctor Alexander [Karthauser, Stadtleibarzt[1]] bracht dise steur von der fúrstin. (1551/II) von irn fúrstlichn zinsen. (1552/II) zalt -/10/- am 17. Februari [15]53ten. (1553-1556) von irn f[u]r[stlichen] g[naden] zinsen. (1557) zalt per Kobl am 20. Januari anno [15]58ten, thuet -/10/-. (1564/I) zalt Bernhart Haller. (1564/II) zalt Caspar Albl.

* domus Unseres gnedigen Fürsten und Herrn [Wilhelm V.], domus Herzog Wilhelm [1586 – 1598 Juli 1]
* Pausania von Minican, verwitwete Caspar Planckhenmayrin [1598 Juli 1 – 1602]
* Christoph Paradeiser, ∞ N. Planckhenmayr, Tochter von Caspar und Pausania Planckhenmayr [1602 – 1621 November 17]
* Herzog, Kürfürst Maximilian und Nachfolger [1621 November 17 – ca. 1693/94]
* domus Herr Christoph Paradeiser [1622]
* domus Herr Paradeisers sel. Erben, „ist derzeit ein Frauencloster" [1628-1630]
* Soll Ihro churf[ürstliche] Durchlaucht zugehörn [1630]
* domus Paradeiserische Erben, gehört Ihro churf[ürstliche] Durchlaucht zu [1637]
* domus Ihro churfürstlichen Durchlaucht angehörig, darin wohnen die Englischen Junckhfrauen usw. [1638-1693]
* domus der Englischen Freylen Stüfft [ab 1694]

Bewohner Weinstraße 13:

Hans Kammater inquilinus St: 1368: -/-/48 juravit
junior Holer scháffler inquilinus St: 1368: -/-/20 post
Jacob vragner inquilinus. 1369 Jacob Pózzpfenwert mercator inquilinus
    St: 1368: -/-/60, 1369, 1371, 1372: -/3/-
Perchtolt Sachs inquilinus, 1369, 1372 carnifex
    St: 1369: -/-/53 post, 1371: solvit -/-/24 p[ost], 1372: -/-/53 post
    StV: (1372) item de anno preterito -/-/27.
Seydl Tawtter. 1388 relicta Tawtterin St: 1383/I: -/7/6, 1383/II: -/10/24, 1388: -/11/6 juravit
Emppel vragner inquilinus St: 1383/I: -/-/30, 1383/II: -/-/45
Dyetmar Glesein [ehem. Stadtrat[2]] St: 1383/I: -/-/-
Wolfhart Lonerstater [später Stadtschreiber[3]], 1383/I inquilinus St: 1383/I: -/6/-, 1383/II: solvit -/-/21
Pauls carnifex (flaischhacker) St: 1383/I: -/3/-, 1383/II: 0,5/-/15, 1387: 0,5/-/8, 1388: 1/-/16 juravit
Pórczl St: 1387: 0,5/-/-
Sigel vragner inquilinus St: 1388: -/-/32 juravit
Ulrich Pfeffl St: 1390/I: -/3/18
relicta Húczguczin inquilina St: 1390/I: -/-/16
Erhart prew St: 1390/I: -/-/32
Ulrich [III.] Tichtl, 1393 senior St: 1390/II: 20/-/-, 1392: 18/-/-, 1393: 24/-/-
    Óttl [II.] Tichtl inquilinus [des vorigen Bruder] St: 1390/II: -/-/32, 1392: -/-/24, 1393: 0,5/-/-
Chunrat Swab káufel inquilinus St: 1390/II: -/-/24 gracianus
Órttel maler, 1401/I-II und sein tochter
    St: 1395: -/-/60 fur zehen lb, 1396, 1400, 1401/I: -/-/60 fur (fúr) 10 lb, 1401/II: -/-/-
    StV: (1395) [rechts am Rand:] hin hindter.[4]
    und sein tochter inquilina St: 1400: -/-/-

---

[1] Dr. Alexander Karthauser, seit 1522 Stadtleibarzt, vgl. R. v. Bary III S. 1017.
[2] Dietmar Glesein war 1363, 1369-1381 äußerer und 1363-1368 innerer Stadtrat, vgl. R. v. Bary III S. 740.
[3] Wolfhart Lonerstater 1387-1394, 1397-1399, 1403-1416 Stadtschreiber, vgl. R. v. Bary III S. 784/785. – Vgl. von Andrian-Werburg, Urkundenwesen S. 52.
[4] Der Vermerk steht am rechten Rand zwischen Órttel maler und Wienigel fragner. Am linken Rand steht an derselben Stelle „Weinstrazz".

Lienhart (Liendel) Lang [1399-1403 Stadtschreiber[1]], 1396, 1397 inquilinus
    St: 1396, 1397, 1399: -/12/-
Rúdel Eckler
    St: 1397: -/22/-
        Pferdemusterung 1400: (Korrig. Fassung): Rudel Ekler [sol haben] 1 pferd umb 16 gulden [und] selber reiten.
Johannes (Hanns) riemer [Schreiber[2]], 1405/I inquilinus
    St: 1403: -/10/20 iuravit, 1405/I: -/10/20, 1405/II: -/12/- iuravit
Jorig Tomlinger (Temlinger) [Apotheker[3]] inquilinus St: 1405/I-II: -/-/-
Katrey Schonin inquilina St: 1405/II: -/-/-
Ott kornmesser St: 1406: -/13/10
Wilhalm Gúnther [Weinschenk[4]], 1407 inquilinus
    St: 1407, 1408: 20/-/60, 1410/I: 10/-/- iuravit, 1410/II: 13/-/80, 1411: 10/-/-, 1412: 13/-/80
Chunrat Perger Sch: 1439/I: 1 tag[lon]
Pfaffingerin (Pfäffingerin) St: 1456-1458: Liste
Ludwig Pótschner (Potschner) [Salzsender[5]]
    St: 1486, 1490: 4/1/17, 1496: in camer, 1500: 4/4/7
    StV: (1486) et dedit -/-/60 die ander nachstewr fur Walcher.
Madlen naterin St: 1490: -/-/60
relicta Adltzhauserin St: 1508: in camer, 1509: 1/-/-
Adam Sluder St: 1509: 2/5/14
Michel Aschpeck [schuster[6]]
    St: 1509: -/2/16
    StV: (1509) et dedit -/2/12 von 2 gulden ungarisch.
Martein Deysl s[chuster] St: 1509: -/2/16
Alex [I.] Ridler St: 1514: Liste
German Rot schäfler St: 1514: Liste
Els deckhenmacherin St: 1540: -/2/-

Gruftstraße (Stiftsgässel)

Alte Straßennamen: 1355 auf dem Schneeberg.[7] 1380 Judengasse.[8] 1452 Neustiftgässel, Stiftgässel.[9] 1714 Gruftgässel.[10]

Juden als Hauseigentümer gab es nur um 1380, und zwar zwei: Von 1371 bis 1381 Jakob der Jude (Gruftstraße 2*, das man noch im 15. Jahrhundert „Judenhaus" nannte) und bis zum 4. August 1380 Sanbel der Jude (Gruftstraße 1, das dann Judenschule oder Synagoge wurde). Andere Juden sind in dieser Straße nicht als Hauseigentümer nachgewiesen. Aber nicht einmal als Bewohner kommen solche in dieser Gasse vor, was sich auch damit erklärt, daß Juden keine Stadtsteuer zahlten und deshalb nicht in den Steuerbüchern erscheinen. In Einzelfällen findet man sie dagegen an anderen Stellen in der Stadt, so einmal in der Burgstraße, einmal in der Dienerstraße, einmal in der Landschaftstraße. 1393 klagt „die Júdin von Lanczperk, die in des Nússleins aiden haẃs ist" mit Vorsprechen, also

---

[1] R. v. Bary III S. 785. – Liendel Lang war einer der Rädelsführer bei den Bürgerunruhen, von Katzmair zu den „ersten Bösen" gerechnet, vgl. Muffat, Kazmair-Denkschrift S. 463, 506.
[2] Vgl. Weinstraße 10.
[3] Jörg Tömlinger laut R. v. Bary III S. 1029 von 1393 bis 1405 Stadtapotheker.
[4] Vgl. Weinstraße 8.
[5] Ludwig Pötschner ist 1479, !487-1490 und 1492 Vierer der Salzsender, vgl. RP.
[6] Michel Aspeck ist 1499, 1504 und 1506 Vierer der Schuster, vgl. RP.
[7] Hundt, Stammenbuch I S. 53. – Vgl. auch Stahleder, Haus- und Straßennamen S. 365, 353.
[8] GB I 126/5.
[9] BayHStA, GUM 2751.
[10] StB.

einem Rechtsanwalt, „ir hiet der vorgenant Nússleins aiden ir haws aufgestozzen".[1] Der Name des Schwiegersohnes (Eidams) des Nüsslein wird nicht genannt, sodaß auch die Lage des Hauses, in dem die Jüdin von Landsberg wohnt, nicht zu ermitteln ist. Sie hatte das Haus wohl als Pfand inne, was gelegentlich auch in anderen Fällen belegbar ist. Die Juden haben offensichtlich – wie in anderen Städten auch – in der Stadt verstreut gewohnt, nicht ghettoisiert in einer bestimmten Straße oder gar einem „Viertel".[2] Für die Benennung einer Straße genügte ein einziger Bewohner, dessen Familienname oder Berufsbezeichnung der Straße den Namen gab. Es hat also wohl auch hier ausgereicht, daß Jakob und/oder Sanbel eine Zeit hier ein Haus hatten und dann vor allem die Synagoge hier stand.

Daß hier schon 1285 eine Synagoge gestanden hat, ist eine bloße Vermutung, die durch keine Quelle gestützt wird. Im übrigen wäre die Voraussetzung dafür gewesen, daß um diese Zeit die Stadtmauer an dieser Stelle bereits aufgegeben war und an oder auf sie gebaut werden durfte. Auch das ist nicht sicher, obwohl zu dieser Zeit die Stadterweiterung schon in vollem Gange war.

Gustav Schneider nahm in der Gruftstraße um die Synagoge herum eine schildförmige Erhebung mit einer Höhe von 517 Metern über Meereshöhe (vergleichsweise lag ihm zufolge der Marktplatz (Marienplatz) auf der Höhenlinie 515,5 bis 516)[3] an, eben den „Schneeberg".

Gruftstraße 1

Name: 1382 Schneeberg.
Lage: An der Innenseite des Stadtgrabens um die alte Stadt Herzog Heinrichs, vielleicht auch an der Rückseite einer ersten Stadtmauer gelegen. Sicher ursprünglich stadtherrlicher Grund.
Charakter: 1380 – vor 1442 Judenschule, Synagoge.[4] 1443-1803 Gruftkapelle.

Hauseigentümer:

Das Haus könnte ein Ausbruch aus Weinstraße 13 sein, wo der Hauseigentümer Konrad Wilbrecht mit einer Stupf verheiratet war. Da das Haus genauso „Sneperg" genannt wird wie das nächste Nachbarhaus Gruftstraße 2* dürfte es ursprünglich auch im Obereigentum dem Herzog gehört haben. Mit beiden Häusern sind schließlich auch die Juden verbunden. Möglicherweise stammt von daher auch die Nachbarschaftsangabe von 1382, wonach das Haus des Wilbrecht (Weinstraße 13) als Nachbarhaus von Gruftstraße 2* statt von Gruftstraße 1 bezeichnet wird. Man empfindet die beiden Häuser 1 und 2* immer noch als *ein* Haus. Dazu passt auch, daß die Witwe Piperl 1494 zur Übergabe von Gruftstraße 1 an das Kloster Andechs die Zustimmung des Herzogs (Albrechts IV.) braucht. Albrecht III. hat vor 1442 wahrscheinlich weniger die Juden „enteignet" als vielmehr sein (Ober-)Eigentum wie ein heimgefallenes Lehen wieder an sich gezogen und neu vergeben (an Hartlieb). Zur selben Zeit ging auch das Nachbarhaus Gruftstraße 2* an einen Dienstmannen des Herzogs (Waldecker, seit vor 1440) über und blieb fortan in der Hand von herzoglichen Dienstleuten.

1370 die Baukommission beanstandet des Heinrich Stupfen Lauben an seinem Haus.[5]
1380 August 4 „der jung Sanbel" verpfändet sein Haus um 200 Gulden an Hainrich den jungen Stupf.[6]
1380 August 9 – schon fünf Tage später – übergibt Hainrich Stupf sein Haus „genant der Sneperck und gelegen in der Judengazzen ... den Juden gemainchleich den Juden ze München".[7]

Das Haus wird als Gemeinschaftsbesitz an die Juden gegeben. Daraus darf man schließen, daß es sich um die ab jetzt so genannte Judenschule oder Synagoge handelt. Tatsächlich wissen wir aus der Affäre um den betrügerischen Juden Isaak Zarfati, daß 1380 die Judengemeinde den Entschluß gefaßt hatte, eine Synagoge zu bauen und ein Hospital zu erwerben und daß alle Juden sich verpflichteten, dafür

---

[1] GB II 57/1 (7.11.1393).
[2] So schon Solleder S. 130. – Damit die Aussage in Stahleder, Haus- und Straßennamen S. 169 korrigiert.
[3] Gustav Schneider, Der Werdegang des ältesten Münchner Stadtkernes S. 181 ff., hier Figur 8.
[4] Vgl. Helmuth Stahleder, Die Münchner Juden im Mittelalter und ihre Kultstätten S. 11-34.
[5] Zimelie 9 (Ratsbuch IV) S. 4r (neu 6r). – Vgl. Stahleder, Bürgergeschlechter. Die Wilbrecht S. 227 ff.
[6] GB I 127/21.
[7] GB I 126/5. – Dieser Hauserwerb von Solleder S. 130 fälschlich auf das Haus Gruftstraße 2* bezogen. Für dieses Haus ist aber die Reihenfolge der Hauseigentümer in dieser Zeit lückenlos belegt. Auch die Wohnung des Judenmeisters Jakob gehört zum Haus Gruftstraße 2* mit dem Namen „Schneeberg".

drei Jahre lang 5 % ihres Vermögens zu opfern. Nur einer von ihnen – eben Zarfati – wollte nach Jahresfrist nichts mehr für den Bauschatz leisten und setzte sich 1381 mit von Christen und Juden als Pfänder erhaltenen Schätzen ab und wurde in ganz Süddeutschland gesucht.[1] Daß bei der Nachbarschaftsangabe des Hauses Gruftstraße 2* am 5. Mai 1382 die Synagoge übersprungen wird, könnte darauf deuten, daß sie noch nicht stand,[2] also ein leerer Platz hier lag.
Der jüngere Sanwel besitzt noch ein weiteres Haus in München, dessen Lage unbekannt ist. Jedenfalls wird er als Zeuge in einer Urkunde vom 26. März 1381 als „auch gesezzen ... mit haus zu München" bezeichnet.[3]
Seit der Zerstörung der Synagoge von 1285 hatte demnach die Münchner Judengemeinde ein ganzes Jahrhundert lang keine Synagoge mehr.
1404 April 8 die „judenschůl" ist dem Haus „an dem Schneberg" benachbart (Gruftstraße 2*), das jetzt die Stadt dem Heiliggeistspital übereignet.[4]
Bis zur angenommenen Vertreibung der Juden aus München vor 1442 blieb das Gebäude Synagoge oder Judenschule. Dann zog es der Herzog ein.
1442 September 14 Herzog Albrecht III. und seine Gemahlin Anna von Braunschweig übertragen ihrem Leibarzt Dr. Johannes Hartlieb und seiner Hausfrau Sibilla, geborene Newfarer, ihre Gerechtigkeit an dem Haus an der Judengassen, in dem vor Zeiten die Judenschule („synagoga judeorum") gewesen war und das an den Sneberg und an das Haus des Waldegkers (Gruftstraße 2*) einerseits und an das Haus des Wilbrecht (Weinstraße 13) an der anderen Seite stößt.[5]
1443 April 24 Hartlieb erwirbt einen Ablaßbrief für die Kapelle „concepcionis beatae Mariae virginis", die früher „synagoga judeorum" gewesen sei.[6]
1444 Mai 18 Hans Hartlieb und seine Hausfrau Sibilla trennen sich von den zu Gruftstraße 1 gehörenden zwei Gebäuden an der Schrammerstraße. Da das Wilbrecht-Haus (Weinstraße 13) als Nachbarhaus angegeben wird, dürfte es sich um Schrammerstraße 11 und 10* handeln.[7]
1447 Januar 29 „zu dem newen stifft und Unser lieben Frauen Kapellen" wird ein Haus an der Vorderen Schwabinger Gasse (Residenzstraße) gestiftet.[8]
1447 November 20 ein weiterer Ablaßbrief für diese Kapelle wird ausgestellt.[9]
Um 1450 und
1452 Oktober 20 stoßen die Häuser und Grundstücke des Ludwig Wilbrecht an der Weinstraße am Turm (Weinstraße 13) rückwärts zwischen Neustiftgässel (Gruftstraße) und Schrammengässel an das Gotteshaus von Unser Frauen Neustift.[10]
1468 März 22 des Jacob Wilbrecht halbes Haus an der Weinstraße, das er jetzt seinem Bruder Hanns Wilbrecht überläßt, liegt am Eck beim städtischen Turm am Eingang in das Judengässel (Gruftstraße) (Weinstraße 13) und stößt rückwärts „an die Newnstift".[11]
1469 Oktober 4 Stiftung einer ewigen Messe in das neue Stift, „da vor Zeiten der Juden Schuell gewesen ist".[12]
1480 September 7 Gothart Hartlieb, zur Zeit des Erzherzogs von Österreich Diener und Pfleger auf Fragnstein, und seine Schwester Dorothea, Wilhelm (II.) Tichtels Hausfrau, beide des Meisters Hanns Hartliebs, Dr. der Arznei selig, leibliche Kinder, bekennen, daß sie dem Thoman Piperl, derzeit Herzog Albrechts (IV.) Diener und „wesenlich zu München" [= wohnhaft zu München] und seinen Erben ihr eigen Haus und Hofstatt verkauft haben, „mitsambt aller gerechtigkait und herlichait der kirchen unnser lieben frawen, genat die Newstift zu München" in Unser Lieben Frauen Pfarr gelegen, „vorn in dem gässl, das man nent das Judengässl, zwischen Wolfganng Walldegkers [Gruftstraße 2*] und

---

[1] Solleder S. 132.
[2] GB I 159/9.
[3] Vogel, Heiliggeistspital, Urk. 136.
[4] Vogel, Heiliggeistspital, Urk. 204.
[5] BayHStA, KU Andechs 12; 67 (Abschriften 19. Jhd., Bl. 5).
[6] BayHStA, KU Andechs 13; Privilegienbuch VIII f. 32.
[7] BayHStA, KU Andechs 14, 16; KU Andechs 67 (Abschriften 19. Jhd.) fol. 9/12.
[8] BayHStA, KU Andechs 20.
[9] BayHStA, KU Andechs 21.
[10] Zimelie 20 (Kopialbuch Priesterbruderschaft St. Peter) S. 10v. – BayHStA, Urk. St. Peter 20.10.1452, alt GUM Fasz. 120 Nr. 2751.
[11] BayHStA, GUM 334.
[12] BayHStA, KL Andechs 30c S. 236r/239v.

Hannsen Wilbrechts [Weinstraße 13] Häwser, stösst auf das Schramengässl hinden zwischen des gemainen gangs, der in den pach get unnd Hainrichen Puchmüllners des kramers Haws" (Schrammerstraße ca. 9), alles mit Grund und Boden und mit aller Freiheit und Gerechtigkeit der Kirche und anderer Zugehörung, so wie sie alles von ihrem Vater ererebt haben und für eine Summe Geldes, die sie vom Piperl bereits erhalten haben. Unberührt davon seien die drei ewigen Wochenmessen, die in das genannte Neustift gehen. Sie sollen bestehen bleiben.[1]

1489 nimmt die Stadt 1 Pfund 2 Schillinge ein „von Thoma Piperl für sein stewr auss 4 gemächen bei der newen stifft von dem 89. iar".[2]

1494 Februar 6 Beatrix, Witwe des Thoman Piperl, Pflegers zu Starnberg, hat mit „vergonst und Willen" des Herzogs Albrecht IV. dem Abt und Konvent von Andechs „mein aigen haus unnd hoffstat mitsambt Unser Lieben Frauen Capellen daran, die Neustifft genant, zu München, ..., an der ainen seithen an das Juden Gässl unnd zu der andern an das Schrammer Gässl stossent" mit Grund und Boden und allem Zubehör, auch mit Ewiggeldern auf anderen Häusern, inkorporiert, zugeeignet und gegeben.[3]

1514 Mai 3 das Haus der Neustift ist dem Haus des Ehepaares Hanns und Elspeth Wilbrecht an der Weinstraße am Eck (Weinstraße 13) benachbart.[4]

1522 Juni 30 (28 ?),

1523 Januar 30, **April 20** und **April 23** das Haus von Hanns Wilbrecht, künftig des Freiherrn Christoph von Schwarzenberg (Weinstraße 13), ist rückwärts, im Judengässel, dem Haus der Neuen Stift benachbart.[5]

1523 August 31 das Kloster Zum Heiligen Berg (Andechs) erlaubt dem Landhofmeister Christoff von Schwarzenberg von einem Saale aus seinem von dem Wilbrecht gekauften Haus (Weinstraße 13) ein neues Fenster „in die Kapelle des Klosters, zu Unserer Frau der Neuen Stiftung genannt", zu machen.[6]

1524 März 14 Christoff von Schwarzenberg (Weinstraße 13) vergleicht sich mit dem Kloster Zum Heiligen Berg in Andechs wegen der Aufführung der Grenzmauer und wegen des Lichtrechtes zwischen ihren nachbarlichen Behausungen zu München an der Weinstraße und am Schrammen- und Judengässlein (Schrammerstraße 11).[7]

1524 September 22 „aus bemeltem neuen stifft und darzu gehörigen heusern" werden 3 Gulden Ewiggeld um 60 Gulden Hauptsumme an den St.-Blasi-Altar [der Ofen-Messe] in der Frauenkirche verkauft.[8]

1525 Dezember 21 Unserer Lieben Frauen Kapelle zum Neuen Stift liegt dem Haus des Matheis Fridberger, künftig des Hanns Schennkh (Gruftstraße 5*), gegenüber.[9]

1526 Mai 24 der Landhofmeister Christoph von Schwarzenberg trifft wegen der Ewiggelder, die der Jungfrau Helena Wilbrecht aus seinem Haus (Weinstraße 13) zu München bei der Neustift zustehen, eine Vereinbarung.[10]

1574 laut Grundbuch (Überschrift) „dess Abbts vom Heiligen Perg [Andechs] newe Stifft und Heuser".

Eigentümer Gruftstraße 1:

Obereigentümer der Herzog

* Hainrich Stupf [1370]
* der junge Sanbel der Jude [bis 1380 August 4]
* Hainrich der junge Stüpf [1380 August 4 bis August 9, Pfandinhaber des Sanbel]

---

[1] BayHStA, KU Andechs 67 (Abschriften des 19. Jhs.) fol. 17/18.
[2] KR 1489/90 S. 23r.
[3] BayHStA, KL Andechs 30c S. 254v/259r.
[4] BayHStA, GUM 596.
[5] BayHStA, GUM 659, 662, 664, 665.
[6] BayHStA, GUM 668; KU Andechs 67 (Abschriften des 19. Jhs.) fol. 21/22.
[7] BayHStA, GUM 675.
[8] Stadtgericht 207/1 (GruBu) S. 482v.
[9] GB IV S. 93v.
[10] BayHStA, GUM 703.

* Gemeinschaft der Juden Münchens [1380 August 9 bis ca. 1442]
* Herzog Albrecht III., ∞ Anna von Braunschweig [bis 1442 September 14]
* Dr. Hans Hartlieb, Leibarzt von Herzog Albrecht III., ∞ Sibilla [1442 September 14 bis ca. 1443/44]
* Gothart Hartlieb und Dorothea Tichtel, geb. Hartlieb, Geschwister, Kinder von Dr. Hans Hartlieb [bis 1480 September 7]
* Thoman Piperl, ∞ Beatrix, Herzog Albrechts IV. Diener [1480 September 7 bis 1494 Februar 6]
* Kloster Andechs [seit 1494 Februar 6]
* in der newen stift (in der neustift) [des Klosters Andechs]. 1508 domus vom heiligenperg. 1509 domus die neu stift. 1514, 1522, 1523, 1525-1532 domus heiling (heiligen) perg usw.
  St: 1462, 1496: -/-/-, 1508: anderswo, 1509: anderswo, im ebigengelt, 1514: Liste, 1522: -/3/19, 1523, 1525: -/3/18, 1526, 1527/I-II, 1528, 1529, 1532: -/2/27

Bewohner Gruftstraße 1:

Perchtolt in der newen stift[1] St: 1462: nichil, ist messner
Grässl sneider mesner in der neustift St: 1496: nichil
junckfraw Wintzerin St: 1496, 1500: -/2/15
Haintzl sneiderin mesnerin St: 1500: nichil
Martein Lesch (Lösch) [Weinschenk, Weinunterkäufel[2]] St: 1509, 1523: nichil
meßner daselbs St: 1529: nichil
Urs beym mesner in der Neuenstift[3] St: 1542: -/2/-, 1543: -/4/-
Steffan Nidermair [Maurer[4]], 1545 im heiling perg haus
  St: 1545: supra folio 41 col. 1 [= 41r, Schrammengässel], 1546, 1547: -/2/-
plattnerin beym mesner in der Neuenstift. 1549/I-II Hanns plattnerin. 1550 plattnerin ibidem.[5] 1551/I-1554/I plattnerin (platnerin)
  St: 1548, 1549/I-II, 1550, 1551/I-II, 1552/I-II, 1553, 1554/I: -/2/-
Utz zimmermanin mesners schwiger in der Neuenstifft. 1549/II, 1551/II, 1552/II mesners schwiger. 1550, 1552/I mósners schwiger in der Neuenstifft. 1551/I Utz zimmermanin mesners schwiger. 1553-1555 Utz zimmermanin
  St: 1549/I-II, 1550, 1551/I-II, 1552/I-II, 1553, 1554/I-II, 1555: -/2/-
mesner in der neuen vest [!] St: 1555: nihil
Michel in der neuen vest (fest) [!] St: 1557, 1558: nihil
Hanns Falckhner mesner in der neuen stifft. 1560, 1563-1565 Hanns Falckhner (Valckhner) mesner
  St: 1559, 1560: nihil, 1561, 1563, 1564/I-II, 1565: -/-/1
Melchior dántlerin (tändlerin) St: 1564/I: -/2/-, 1564/II: an chamer
Hanns múller (miller)
  St: 1564/I-II: -/1/- pauper
  StV: (1564/I) mer zwo versessen steur -/2/-.
Hanns thuerhuetter zu hof, 1566/I mesner St: 1565: -/-/- hofgsind, 1566/I: -/-/1
Lenhart Metz mesner. 1567/I-1571 Lenhart (Leonhart) Metz reiter mesner
  St: 1566/II, 1567/I-II: -/-/1, 1568: -/-/2, 1569-1571: -/-/1

---

[1] Steht 1462 zwischen Dienerstraße 10 und 11.
[2] Martein Lesch 1505-1529 städtischer Weinunterkäufel (Weinkoster, Weinanstecher), vgl. R. v. Bary III S. 970, nach RP. – 1489 ist Martein Lösch auch Mitglied der Weinschenkenzunft, vgl. Gewerbeamt 1418 S. 1v.
[3] 1543 versehentlich „in der neuen fest".
[4] Vgl. Gruftstraße 2*.
[5] „ibidem" wegen der vorausgenannten „mesners schwiger in der Neuenstifft".

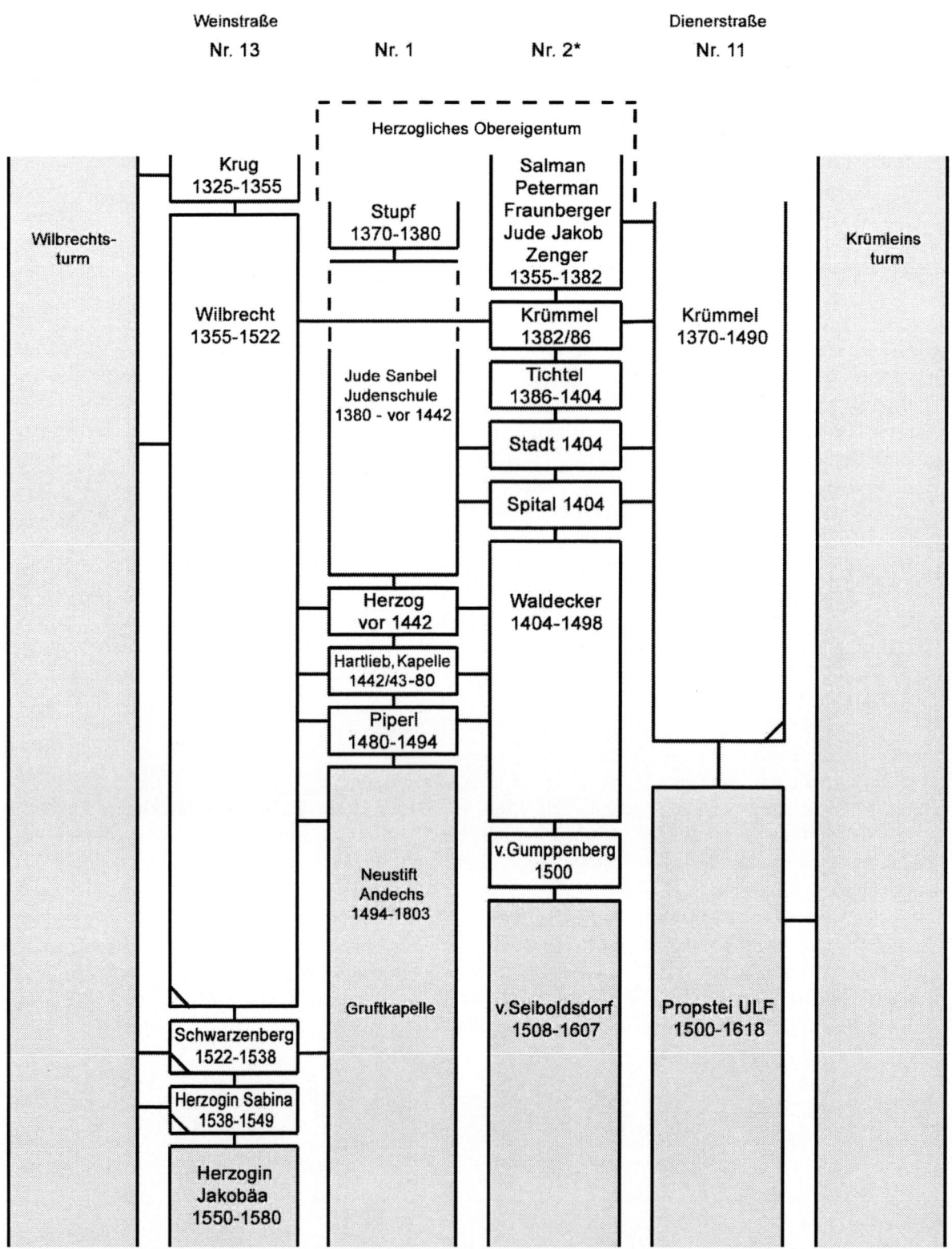

Abb. 25 Hauseigentümer Weinstraße 13, Gruftstraße 1 und 2*, Dienerstraße 11.

Abb. 26 Nordseite der Gruftstraße mit Gruftkapelle (Bildmitte) auf dem Sandtner-Modell von 1572. Links Weinstraße mit Wilbrechtsturm, rechts Dienerstraße mit Krümleinsturm, davor Landschaftstraße Nordseite. Foto: Bayerisches Nationalmuseum, München.

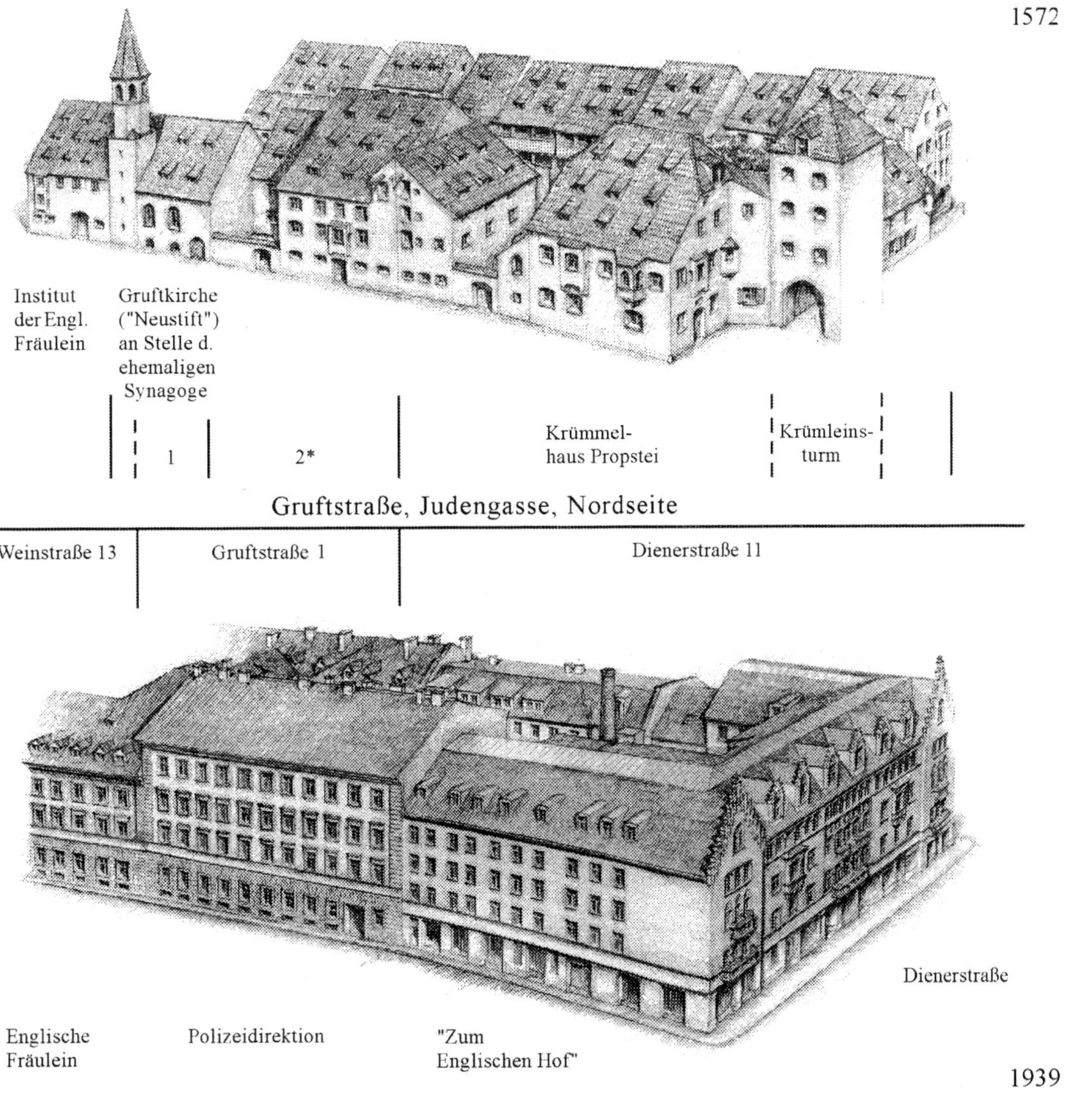

Abb. 27 Weinstraße 13, Gruftstraße Nord Nr. 1 und 2*, Dienerstraße 11, Häuserbuch Graggenauer Viertel S. 80/81.

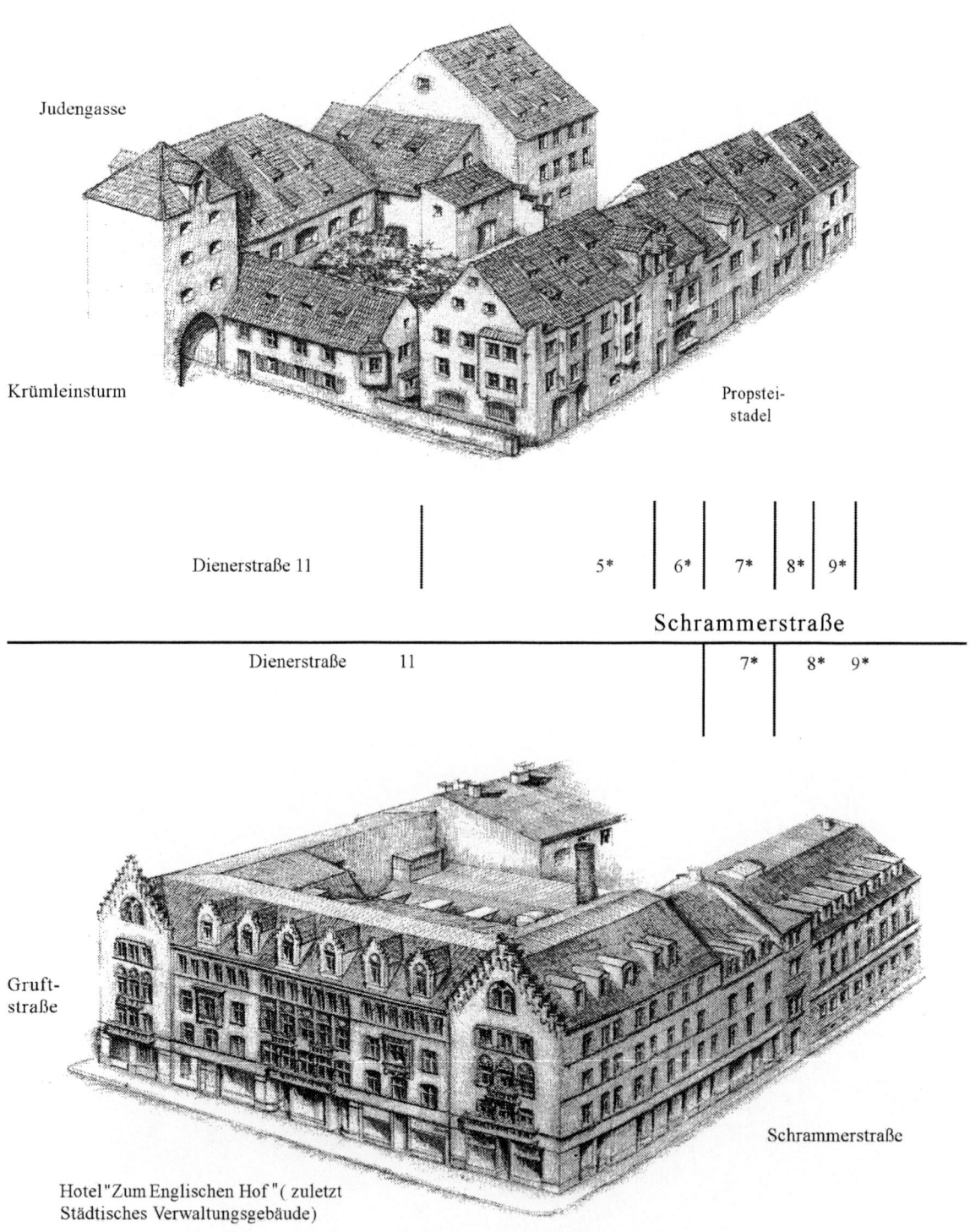

Abb. 28 Dienerstraße 11, Schrammerstraße 5* – 9*, Häuserbuch Graggenauer Viertel S. 56/57.

1572

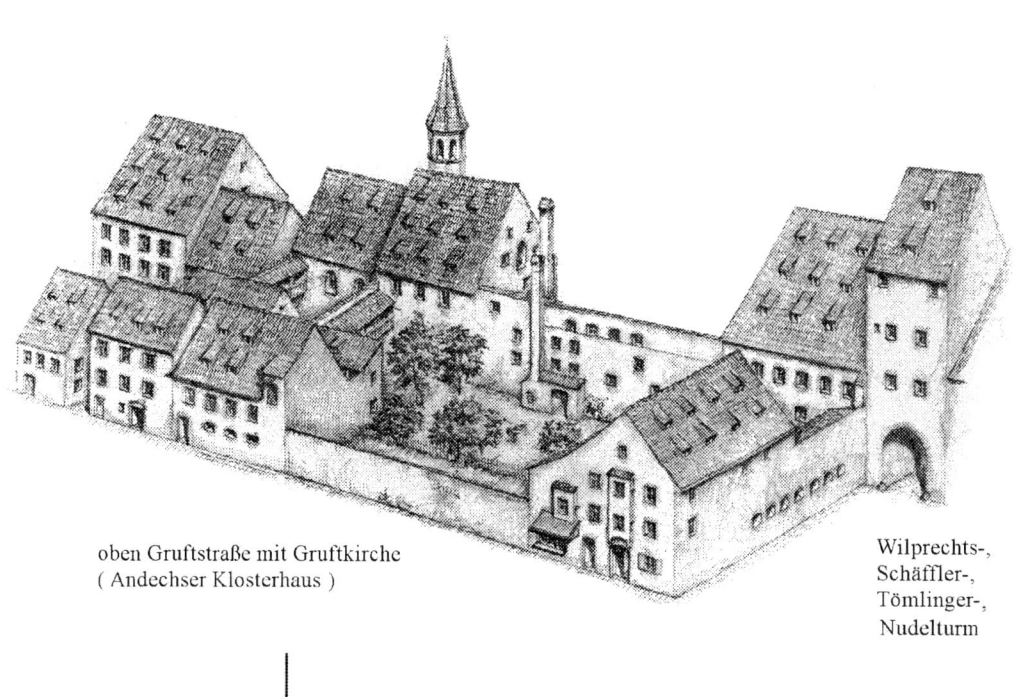

oben Gruftstraße mit Gruftkirche
(Andechser Klosterhaus)

Wilprechts-,
Schäffler-,
Tömlinger-,
Nudelturm

Schrammerstraße, Südseite

11 | zu Weinstraße 13

Institut der Englischen Fräulein, dann
Polizei-, zuletzt Verwaltungsgebäude

Weinstraße

1939

Abb. 29 Schrammerstraße Süd Nr. 11, Weinstraße 13 von Norden, Häuserbuch Graggenauer Viertel S. 336/337.

Gruftstraße 2*
(mit Schrammerstraße 8*/9*)

Name: 1381, 1382 Schneeberg. 15. Jahrhundert „Domus Judei", Judenhaus.
Lage: 1355, 1371, 1381, 1382, 1404 Auf/An dem Schneeberg. – An der Innenseite des alten Stadtgrabens, vielleicht auch an einer ersten Stadtmauer, um die Kernstadt herum. Ursprünglich sicher herzoglicher Grund und Boden.

Hauseigentümer:

Das Haus hat eine bewegte Geschichte:
1355 April 23 Markgraf Ludwig der Brandenburger stellt „in castro nostro Tirol" eine Urkunde aus, aus der folgendes hervorgeht: der Markgraf hatte ein Haus in München, „gelegen auf dem Sneberg", das an einen seiner Juden namens Salman verliehen oder verpfändet gewesen war. Von ihm ist das Haus dem Markgrafen wieder ledig geworden und er hat es dann seinem Burggrafen auf Tirol, Peterman von Schennan, verliehen. Inzwischen habe er aber das Haus um 100 Mark Berner (Meraner) Münze von Peterman von Schennan wieder zurückgekauft. Nunmehr – am 23. April 1355 – verleiht der Markgraf das Haus mit allem Zubehör wegen seiner Verdienste dem festen Ritter Chunrat dem Fraunberger, seinem Hofmeister, zu rechtem Lehen und steuerfrei.[1]
Peter oder Peterman von Schenan (= Schenna, Schönna, B. Meran/Tirol) erscheint in bayerischen Quellen am 16. August 1344 als Zeuge. Am 8. Dezember 1344 versetzt Markgraf Ludwig seinem Getreuen Peterman von Schennan 20 Mark Berner jährliche Gült auf Gütern in Schenna, am 7. März 1346 versetzt er ihm um weitere 60 Mark Berner seinen Meierhof von Runke auf Schennan.[2] Das sind bis jetzt Verpfändungen in Höhe von 80 Mark Berner Münze. Möglicherweise steht mit diesen Verpfändungen auch das Haus in München in Zusammenhang, sei es als Tauschobjekt, sei es als zusätzliche Geldbeschaffungsmaßnahme. Am 12. Oktober 1347 verpflichtet sich der Burggraf zu Tirol, Peterman von Schenna, dem Markgrafen in allen Dingen zu helfen[3], und am 17. September 1352 hält Peterman sich in München auf und regelt einen Streit seines Dieners Ulrich des Hättingers mit der Äbtissin von Frauenchiemsee durch Ausstellen einer Urkunde.[4] Wahrscheinlich hatte Peterman zu diesem Zeitpunkt das Haus in München bereits inne. Vielleicht geschah aber die Übertragung des Hauses auf ihn bei Gelegenheit dieses Aufenthaltes. Letztmals findet man Peterman am 5. Februar 1368 als Zeugen.[5]
Markgraf Ludwig hatte 1342 durch seine Heirat mit Margarete „Maultasch" Tirol gewonnen. Ein früherer Zeitpunkt für seine Beziehung zu Peterman von Schennan kommt also kaum in Frage. 1347 stirbt Kaiser Ludwig und seine Söhne regieren bis 1349 gemeinsam. 1349 erfolgt die Teilung des Landes: Ludwig der Brandenburger erhält das Herzogtum Oberbayern und die Grafschaft Tirol. Auch aus diesen Zusammenhängen dürfte sich der Zeitpunkt für die Beziehungen zu Peterman in den späten 40er Jahren ergeben und die Hausübergabe in München.
Im herzoglichen Obereigentum dürfte das Haus noch 1381 gewesen sein. Da wird noch Herzog Stephan erwähnt, aber Meister Jakob der Jude spricht gleichzeitig von seinem "eigen" Haus. Etwa um diese Zeit also dürfte das Haus freies Eigen geworden sein.
1370 die Baukommission beanstandet Meister Jacobs „fürschus". Er muß ihn abbrechen.[6]
1371 Juli 7 Chunrat Frawnberger hat sein Haus „gelegen an dem Sneperg" durch Herrn Hainrich den Fuchcz an Meister Jacob den Juden von Landshut (!) übergeben lassen, „wan er selber von siechtum für gericht niht chomen möht".[7]
1381 März 26 „Maister Jacob der Jud, ietzu gesezzen mit haus zú Munichen" verpfändet für eine Schuld von 300 ungarischen und böhmischen Goldgulden sein eigen Haus, genannt der „Sneberg", ge-

---

[1] BayHStA, Kurbayern, Äußeres Archiv 1155/4 S. 332v, bei Solleder S. 132 zitiert als Privilegienbuch Nr. 25. Vgl. auch Hundt, Stammenbuch I S. 53 und II S. 241, der das Haus allerdings mit dem Haus Burgstraße 10 verwechselt.
[2] RB VIII 21, 28, 66.
[3] RB VIII 111.
[4] MB II S. 488, vgl. auch S. 499 ff. zum Jahr 1367.
[5] RB IX 192.
[6] Zimelie 9 (Ratsbuch IV) S. 4r (neu 6r).
[7] GB I 17/14. – Zu Jakob dem Juden, Leibarzt Herzog Stephans III., vgl. auch Solleder S. 133.

legen „ze nächst an Petern Krümmleins dez statschreibers haus" (Dienerstraße 11), an den Ritter Hans Zenger zum Tannstein, gesessen zu Neunburg (vorm Wald). Die 300 Gulden hatte Herzog Stephan dem Zenger „hincz uns verweyset und verschaffet".[1] Jakob muß also dem Zenger im Auftrag des Herzogs 300 Gulden auszahlen und verpfändet ihm dafür das Haus. Siegler dieser Urkunde ist unter anderem Herr Kristan der Frawnberger vom Haag. Zeugen sind Ulrich Tichtel der Jüngere, der spätere Hauseigentümer, und Sanwel Jud der Jüngere (vgl. Gruftstraße 1), „der auch gesezzen ist mit haus zu München". Ein Vermerk auf dem Rücken der Urkunde, aus dem 15. Jahrhundert stammend, sagt kurz: „Domus Judei", von anderer Hand auf deutsch: „Júdenhaus".

Der Inhalt dieser Urkunde findet sich unter demselben Datum auch im Gerichtsbuch wieder, wobei abweichend von der Urkunde auch Jacobs Sohn Abraham genannt wird: „Maister Jacob der jude und Abraham sein sun habent ir haus, gelegen auf dem Sneberg, zae naechst an dez statschreybers haus [Dienerstraße 11] in phandesweis gesetzt ... her Hanß dem Zenger, phleger ze Newnburg für 300 gulden".[2]

1382 April 29 Hanns der Zenger von Tannstein verkauft sein Haus in München „auf dem Graben, und daz genant ist der Sneberg" mit allem Zubehör dem ehrbaren Mann Peter Krummel, dem Stadtschreiber, um 119 ½ Pfund Münchner Pfennige.[3] Der Stadtschreiber hat also nunmehr zwei nebeneinanderliegende Häuser (Dienerstraße 11 mit Schrammerstraße 7* und Gruftstraße 2* mit Schrammerstraße 8* und 9*), sowie den nach seiner Familie benannten Turm über der Dienerstraße. Im Gerichtsbuch steht der Verkauf unter:

1382 Mai 5: Nach dieser Quelle hat Hanns der Tichtel am Rindermarkt (Bruder von Ulrich IV., dem jüngeren Tichtel) „von her Hanß dez gúldein Zengers wegen" „daz haus, genant auf dem Sne-berg", gelegen zwischen Peters des Stadtschreibers (Dienerstraße 11) „und Hanß dez Wilbrechten haus" (Weinstraße 13), das dem genannten Herrn Hannsen dem Zenger von Meister Jacoben dem Juden angefallen ist „und Hannß der Tichtel hat ez dem Peter statschreyber gevertigt an dez Zengers stat".[4]

Der Stadtschreiber Peter Krümmlein ist 1386 gestorben.[5] Sein Besitz wurde unter die offenbar beiden einzigen Kinder geteilt. Nachfolger im Besitz des Hauses Gruftstraße 2* (mit Schrammerstraße 8*/9*) wurde seine Tochter Katharina Krümmel, die mit Ulrich (IV.) dem jüngeren Tichtel verheiratet war.[6] Dieser nennt sich zum Beispiel

1396 Dezember 11 „Ulrich der Tichtel auf dem Schneeberg".[7]

Nach dem Zusammenbruch der Aufstandsbewegung von 1397/1403 wurde er als Hauptradelsführer von der Stadt zu einer Buße von 5000 Gulden verurteilt. Dafür mußte er

1403 Oktober 18 sein gesamtes Vermögen verpfänden. Seine 11 Bürgen, die er dafür einsetzte (Jörg der Vinger, Pauls Schechner, Peter der Krümel, Stephan der Astaler, Jacob Part, Franz und Hans der Tichtel, Gebrüder, Peter der Pötschner, Hainrich Wolf, Hainrich Laymer, Symon der Lamichnicht), waren gezwungen, dem Bürgermeister Hans Rudolf

1404 März 1 die Häuser des Tichtel auszuhändigen.[8] So kam die Stadt in den Besitz unter anderem des Hauses „auf dem Sneperg" (Gruftstraße 2*):

1404 April 8 Rat und Bürgerschaft von München übereignen dem Heiliggeistspital zur Begleichung von Schulden zwei Häuser, unter anderem ein Haus „an dem Schneberg zwischen Petern des Kruembleins haws [Dienerstraße 11] und der judenschul" (Gruftstraße 1) und den Stadel dahinter (Schrammerstraße 8*/9*) „und das schústerhaws jenhalb des graben".[9] Der Rückenvermerk aus dem 15. Jahrhundert sagt: „Brief umb Juden haws".

1404/1405 das Salbuch des Heiliggeistspitals sagt: „des Tychtleins hauz in der Judengazzen hat die stat dem spital geben für III hundert guld[ein]" und ein Schreiber der Zeit

um 1420/1440 (jedenfalls vor 1440) ergänzt: „haben wir [= das Spital] her[n] Wernher Waldecker verkawft um 200 ung[arisch] guld[en]".[10]

---

[1] Vogel, Heiliggeistspital, Urk. 136.
[2] GB I 137/10.
[3] Vogel, Heiliggeistspital, Urk. 144.
[4] GB I 159/9.
[5] R. v. Bary III S. 784.
[6] Vgl. Stahleder, Bürgergeschlechter. Die Tichtel S. 226/231.
[7] GB II 122/1.
[8] GB III 22/2. – Solleder S. 520/521.
[9] Vogel, Heiliggeistspital, Urk. 204.
[10] Vogel, Heiliggeistspital, Salbuch A Nr. 255.

1442 September 14 das Haus an dem Schneeberg, „das yetzo des Waldegkers ist", ist Nachbar zum Haus des Herzogs Albrecht III. und seiner Gemahlin Anna von Braunschweig, das früher die Judenschule war sei und künftig dem Meister Johanns Hartlieb und seinen Erben gehört (Gruftstraße 1).[1]

1450 Februar 28 vielleicht gehört zu diesem Haus bereits, daß am genannten Tag Herzog Albrecht entscheidet, daß der Bildschnitzer Christoph Perckhauser und seine Hausfrau ihr Leben lang frei und unzinsbar in der Münchner Behausung Jörg Waldeckers von Schliersee wohnen dürfen.[2] Dann ist der Herzog noch immer Obereigentümer dieses Hauses.

1458-1486, 1496 domus Waldecker (StB).

1479 Dezember 4 die Stadt hat 3 Schillinge und 20 Pfennige eingenommen „steurgelt von des Waldegker haußung zinßgelt", nämlich vom Goldschmied Klasen Kaufman 60 Pfennige von 3 Pfund Pfennigen und von „Ulrichen käfl" 50 Pfennige von 2,5 Pfund Zinsgeld.[3]

Wernher oder Bernhard der Waldecker starb 1442. Von ihm ging das Haus auf den Sohn Wolfgang den Waldecker, herzoglichen Rat zu Landshut, über, der 1483 starb. Mit ihm sind die Waldecker im Mannesstamme erloschen. Von seinen drei Töchtern war Margaret verheiratet mit Veit von Maxlrain; Erntraut (geboren 1473, gestorben 1526) heiratete Hieronymus von Seiboltsdorff (gestorben 1522), 1511 Viztum zu Landshut[4]; Apollonia (geboren 1478, gestorben 1531) war mit Walther von Gumppenberg (gestorben 1536) verehelicht.[5]

1480 September 7 das Haus des Wolfgang Walldegker im Judengässl ist dem Haus der Kinder Gothart und Dorothea des Meisters Hanns Hartlieb, künftig des Thoman Piperls Haus (Gruftstraße 1), benachbart.[6]

Die Erbteilung zwischen den drei Töchtern und ihren Ehemännern erfolgte in den Jahren 1497/98.[7] Den Steuerbüchern zufolge hatte das Haus 1500 wohl die Tochter Apollonia mit Walther von Gumppenberg, dann die Tochter Ehrntraut mit Hieronimus von Seiboltsdorf.

1500 domus Gumperger (StB).

1508-1509 domus Her Jeronimus von Seiboltstorf (StB).

1514 domus Seiberstorfer (StB).

1522-1525 domus Seiberstorfferin (StB).

1526-1571 domus Seyberstorffer (Seiboltsdorff) (StB).

1574 laut Grundbuch (Überschrift) des Hieronimus von Seiboltstorff Haus, Hof und Garten „sambt ainem Hindterhaus" (= Schrammerstraße 8*).[8]

Die Seiboltsdorffer blieben auf dem Haus bis zum 8. März 1607.

Eigentümer Gruftstraße 2*:

* Herzogliches Obereigentum unter Markgraf Ludwig dem Brandenburger (gest. 1361)
* Markgraf Ludwig der Brandenburger [1355 April 23]
* Salman, Schutzjude von Markgraf Ludwig [vor 1355 April 23]
* Peterman von Schennan, Burggraf des Markgrafen Ludwig auf der Burg Tirol als Lehensinhaber [ca. 1346/47 oder 1352 – 1355]
* Conrad Fraunberger zum Haag, Hofmeister Markgraf Ludwigs als Lehensinhaber [1355 April 23 bis 1371 Juli 7]
* Meister Jakob der Jude von Landshut, Leibarzt Herzog Stephans III. [1371 Juli 7 – 1381 März 26]
* Hanns der Zenger von Tannstein, Pfleger zu Neunburg vorm Wald, als Pfandschaft [1381 März 26 bis 1382 April 29]
* Peter [I.] Krümblein, Stadtschreiber [1382 April 29 bis 1386 (Tod)]

---

[1] BayHStA, KU Andechs 67 (Abschriften des 19. Jhs.) Bl. 5.
[2] BayHStA, GU Hohenwaldeck 73. – Hartig, Künstler und Kunstsachen S. 41 Nr. 172.
[3] KR 1479/80 S. 28v.
[4] Geiß, Die Reihenfolgen, in: OA 28 S. 48.
[5] Hundt, Stammenbuch I S. 354/355.
[6] BayHStA, KU Andechs 67 (Abschriften des 19. Jhs.) fol. 17/18.
[7] Vgl. Theodor Wiedemann, Regesten ungedruckter Urkunden, in: OA 15, 1854/55, S. 187 (12.4. und 2.10.1497). – Peter Amadeus Stoss, Regesten ungedruckter Urkunden, in: OA 5, 1844, S. 199 (20.12.1498). – Wiedemann, Urkunden-Regesten, ungedruckt.
[8] Stadtgericht 207/1 (GruBu) S. 480v.

* Ulrich [IV.] Tichtl der jung(er) [Bürgermeister[1]]. 1395 Ulrich junger Tichtel [∞ Katharina, geb. Krümbel]
    St: 1392: 27/-/-, 1393: 36/-/-, 1394: 36/-/-, absolutum, 1395: 20/-/-, 1396, 1397, 1399: 30/-/-
    Pferdemusterung um 1398 (Ur-Fassung): Ulrich Tichtel der junger sol haben drew pferd, die 60 gulden wert sein und zwen erberg knecht; (Korrig. Fassung): Ulrich Tichtel der junger sol haben vier pferd, die 70 gulden wert sein.
* Bürger und Rat der Stadt München [1404 März 1 bis 1404 April 8]
* Heiliggeistspital [1404 April 8 bis 1420/40]
* Wernher der Waldecker [1420/40 – 1442 (Tod), herzoglicher Rat[2]]
* domus Waldeck (Waldecker)[3] [= Wolfgang und Erben]
    St: 1458: Liste, 1462: nichil, 1482: in die camer, 1486, 1496: -/2/20
* domus Gumperger [= Walther von Gumppenberg, ∞ Apollonia von Waldeck]
    St: 1500: -/2/20
* domus herr Jeronimus von Seiboltstarf v[iztum zu Landshut, ∞ Erntraut von Waldeck]. 1509 domus her Jeronimus Seiboltstorf. 1514 domus Seiberstorfer. 1522-1525 domus Seyberstorfferin (Seiboltstorfferin)
    St: 1508, 1509: -/2/20, 1514: Liste, 1522-1525: -/1/22
    StV: (1508) et dedit -/-/12 vom haus, das die brobstei alhie kauft hat [vgl. Dienerstraße 11, Nachbarhaus], bis jar nichtz mer. (1522) von irn zinßen. (1522-1525) et dedit 2/-/- für irn (von irm) beysitz, gibt die alle jar, man steur oder nit. (1523) und von irn zinßen. (1524) und irn zinßen.
** domus Seiboltstorfer (Seiboltstorf). 1541-1571 domus (von) Seyboltstorff (Seyberstorff, Seybelstorf)
    St: 1526, 1527/I-II, 1528, 1529, 1532, 1540-1542: -/1/22, 1543: an chamer, zalt -/3/14, 1544: an chamer, zalt -/1/22, 1545: -/3/14, 1546: an chamer, 1547, 1548: -/1/22, 1549/I-II: an chamer, 1550: -/1/22, 1551/I: an chamer, 1551/II, 1552/I: -/1/22, 1552/II, 1553, 1554/I: -/1/22,5, 1554/II-1564/II: an chamer, 1565, 1566/I-II: -/-/-, 1567/I: an chamer, 1567/II-1569: -/-/-, 1570, 1571: -/-/. an chamer
    StV: (1547) mer -/1/22 von dem vergangen jar. (1550) mer -/3/15 für 2 versessn steur. (1551/II) mer -/1/22 ain versessne steur. (1565) soll die gúlt bei der Halbmbergerin verpoten werden bis die steur bezalt. (1566/I) die gúlt verpoten.

Bewohner Gruftstraße 2*:

Linhart inquilinus St: 1496: -/-/60
Hanns Wincklerin inquilina St: 1522: -/2/-
Hanns tagwercher im hófl St: 1525, 1526, 1527/I: -/2/-
Pongratz tagwercher St: 1526, 1527/I: -/2/-
zanndprecherin (zandprecherin) inquilina St: 1526, 1527/I: -/2/-
Dorothea inquilina St: 1526: -/2/-, 1527/I: -/1/12 pauper
allt plattner patrimonium St: 1526: -/2/10
Hanns tagwercher, 1527/II, 1528 Lanng Hanns tagwercher
    St: 1526, 1527/I-II: -/2/-, 1528: -/1/16 pauper
Hanns múllner wachter St: 1527/II: -/-/21 dieweil [er] wachter zu hof ist
Margreth inquilina St: 1527/II: -/2/-
Hanns maurer St: 1528: vacat
Groß puchpindterin St: 1528, 1529: -/2/-
Auerin[4] St: 1528, 1529: an kamer
Andre Trůhlerin St: 1529: -/2/-
Peter tagwercher St: 1529: -/2/-

---

[1] Steht 1392 ff. in den StB zwischen Dienerstraße 10 und 11. – Februar 1402 Bürgermeister, vgl. R. v. Bary III S. 755. – Um 1398, bei der Pferdemusterung, ist er außerdem Viertelhauptmann des Graggenauer Viertels (Daz ist dez Ulreich Tichtels virtail).
[2] Vgl. von Andrian-Werburg, Urkundenwesen S. 138.
[3] In den StB 1458, 1462 1482 zwischen Dienerstraße 10 und 11 stehend.
[4] 1528 Klammer um Lanng Hanns, Hanns maurer, Groß und Auerin.

Feltlerin műnsserin St: 1529: nichil
Jorg Groß maurer[1]. 1548 Jorg Groß maurerin
    St: 1540-1542: -/2/-, 1543:-/4/-, 1544: -/2/-, 1545: -/4/-, 1546-1548: -/2/-
Peter Groß zimmerman St: 1541: -/2/-
Warbara ibidem[2] St: 1540: -/2/-
Els schopperin. 1543 Els ibidem St: 1542: -/2/-, 1543: -/4/-
Lienhart (Leonhart, Lenhart) statsoldner[3] St: 1542-1551/I: nihil
Thoman Wasserschneider St: 1543: -/4/-
Steffan Nidermayr maurer St: 1543: -/4/-
Ursula ibidem St: 1545: -/4/-
Voglin (Vogl) schuesterin St: 1546, 1547: -/2/-
Sigmund tagwercher St: 1548: -/-/14 gracion
Hiltprant jägerin St: 1549/I-II: -/2/-
Marten Walthhart (Walther, Walthart), 1551/I ibidem St: 1550, 1551/I-II: -/2/-
Hanns Hueber tagwercher St: 1552/I: -/2/-

Gruftstraße 3*
(zeitweise zu Dienerstraße 8, teils 9)

Hauseigentümer:

Bis um 1800 hinterer Teil von Dienerstraße 9. Daß es erst um 1800 in ein Wohnhaus umgebaut wurde, wie das Häuserbuch behauptet,[4] kann nicht stimmen. Das Haus ist seit mindestens den 50er Jahren des 16. Jahrhunderts bewohnt, nachweislich seit 1564 mit jeweils bis zu drei steuerzahlenden Mietparteien. Im 16. Jahrhundert zu Dienerstraße 8 gehörend und offensichtlich schon bewohnt.

In den Steuerbüchern wechselt die Reihenfolge der Namen gelegentlich zwischen Gruftsraße 3* und 4*.

Bei den Häusern Gruftstraße 3* – 7 fällt immer wieder die Nähe ihrer Eigentümer zum Hof auf. Da sie alle erst Ende des 15. Jahrhunderts in den Quellen erscheinen, könnte man daran denken, daß sie bis um 1442 in Händen von Juden waren. Nr. 4* ist aber nachweislich um 1370 Hinterhaus von Dienerstraße 7, Nr. 6 ist 1410/11 Hinterhaus von Landschaftstraße 3. Es ist fraglich, ob diese Häuser überhaupt bewohnt waren. In dieser Straße ein Juden"viertel" zu suchen, geht von der Unterstellung aus, daß die Juden in einem geschlossenen Wohngebiet gelebt hätten, was sich jedoch für München nicht belegen lässt.

Eigentümer Gruftstraße 3*:

* domus Renntzin [vgl. Dienerstraße 8] St: 1564/II-1567/I: -/-/-
* domus [Achaci] Stigler [Schneider[5]] St: 1567/II-1571: -/-/-

Bewohner Gruftstraße 3*:

Lienhart (Lenhart, Leonhart) schmid tagwercher. 1561 Lienhart schmid cramer[6] tagwercher. 1565-1569 Lenhart cramer holtzmesser
    St: 1557: -/2/-, 1558: -/4/-, 1559, 1560, 1561, 1563, 1564/I-II, 1565, 1566/I-II, 1567/I-II: -/2/-, 1568: -/4/-, 1569: -/2/-

---

[1] 1546 versehentlich „zimmerman", 1547 „zimmerman" wieder getilgt und durch „maurer" ersetzt.
[2] 1540 um Groß und Warbara eine Klammer.
[3] Von 1540-1550 gibt es einen Stadtsöldner Lienhart oder Lienhart Schwayger, vgl. R. v. Bary III S. 838/839.
[4] So laut HB GV S. 82.
[5] Vgl. Dienerstraße 8. Bewohner Achati Stigler Schneider 1566/II – 1571. Die Steuer zahlt er also beim Vorderhaus.
[6] 1561 „cramer" über der Zeile eingefügt.

Jórg Steckhl (Stóckhl), 1564/I trabannt. 1564/II ain trabannt [ohne Namen]
    St: 1563: -/2/- der zeit hertzogs trabannt, 1564/I: -/-/-, 1564/II: -/-/- hofgsind
Wolf Kaiser (Khaiser) tagwercher St: 1564/II, 1565, 1569: -/2/-
Christoff schaffer (schaffner) tagwercher St: 1566/I-II, 1567/I-II: -/2/-
Jorg Lang ain gutschikhnecht St: 1567/II: -/-/14 gratia
Bonifati[us] Márckhl [Reiter[1]] St: 1567/II: -/2/-
Achati gutschikhnecht St: 1568: -/-/- hofgsind
Wolff Greildthamer messerschmidin St: 1569: -/1/- der zeit
Bonifaci[2] gutschikhnecht St: 1569: -/2/-
Jacob Dorn tagwercher. 1570 Jacob holtzziecher[3] St: 1569: -/2/-, 1570: an chamer
    ain infraw[4] St: 1570: an chamer
Katherina St: 1569: -/-/-
Caspar Preun[5] reiter St: 1570: -/2/-
hennendiern, hat Balthauser Mayr [zur Ehe] [Handschuhmacher[6]]. 1571 Balthauser Mayr, sy hennendiern [bei Hofe]
    St: 1570, 1571: -/2/-
    StV: (1570) ist nit mer vorhanden.
Geórg Háring Peuntner nagler St: 1571: an chamer
Sunenreitterin wittib St: 1571: -/-/-
Ulrich Lanngfartter maurer St: 1571: -/-/21 gratia

Gruftstraße 4*
(zeitweise zu Dienerstraße 7)

Hauseigentümer:

Entstanden als Rückgebäude zu Dienerstraße 7.
In den Steuerbüchern wechselt die Reihenfolge der Namen zwischen Gruftstraße 3* und 4*.

1370 die Baukommission beanstandet des Hainrich Rudolfs „hinderw lauben".[7] Das Haus ist also Hinterhaus von Dienerstraße 7.

Eigentümer Gruftstraße 4*:

* Hainrich Rudolf [um 1370]
* domus Schweindlin[8] St: 1564/I-1571: -/-/-

Bewohner Gruftstraße 4*:

Hanns müllner pot St: 1554/II, 1555: -/2/-
Sigmund (Simon) Dutzmanin. 1555 Dutzmanin [goltschmidin]
    St: 1554/II, 1555-1557: -/2/-, 1558: -/4/-
Michel Mágerlin St: 1555: -/-/7 pauper
Utz Hesntaler, 1559-1561 tagwercher St: 1559-1561: -/2/-

---

[1] Vgl. Gruftstraße 4.
[2] 1569 Neben getilgtem Achati.
[3] Jacob Dorn holzzieher steht 1570 bei Gruftstraße 4* noch einmal, also hier versehentlich noch einmal aufgeführt und deshalb wohl der Vermerk „an chamer", die sich darum kümmern soll.
[4] Die Infrau 1570 durch ein Einfügungszeichen zu Jacob Dorn gezogen, beide außerdem mit Klammer verbunden, daneben Vermerk: „ist nit mer vorhanden".
[5] „Preun" 1570 über der Zeile eingefügt.
[6] So 1564/I-II bei Fürstenfelder Straße 1* – 8.
[7] Zimelie 9 (Ratsbuch IV) S. 4r (neu 6r).
[8] Vgl. Dienerstraße 7.

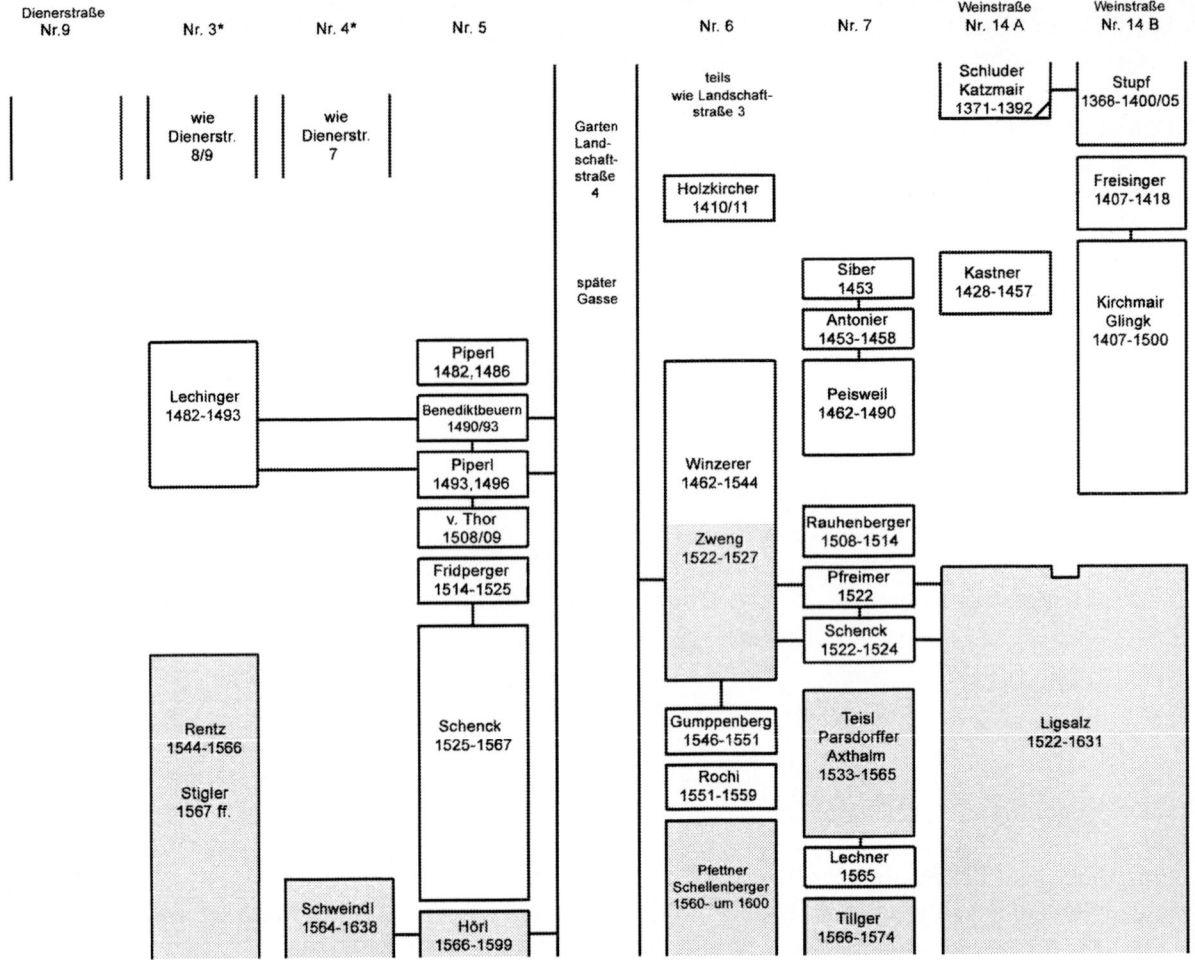

Abb. 30 Hauseigentümer Gruftstraße 3* – 7, Weinstraße 14.

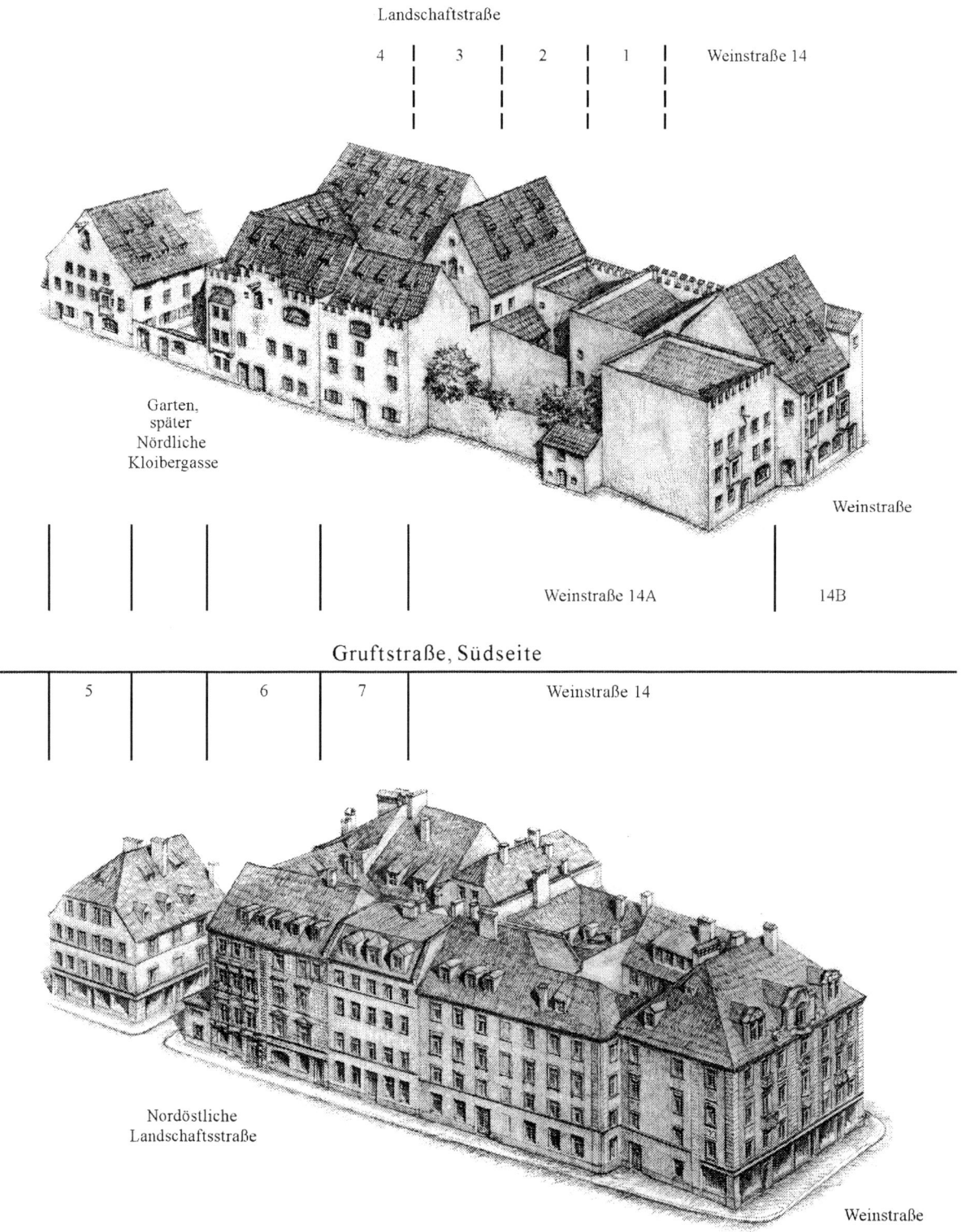

Abb. 31 Gruftstraße Süd Nr. 5 – 7, Weinstraße 14, Häuserbuch Graggenauer Viertel S. 80/81.

esltreiber St: 1560: nichil, 1561: nichil, hofgesind
Jorg Strobl tagwercher St: 1563, 1564/I: -/2/-
Thoman Hůmpl (Humpl) saltzstössl (1566/I saltzsenndter)
   St: 1564/II, 1565, 1566/I-II, 1567/I-II: -/2/28
   StV: (1566/II) mer fúr Apolonia Hueberin, so im Schluder selhauß gewest von 3 ½ fl [gelts] -/-/24 ½. (1567/I-II) mer fúr Apolonia Hueberin, so im selheusl gewest, von 3 ½ fl [gelts] -/-/24 ½.
Bonifaci Marckhl reiter St: 1568: -/4/-
Bonifaci gutzenkhnecht (gutschi [daneben:] mútzi) St: 1570, 1571: -/2/-
Hanns Mair metzger St: 1570, 1571: -/2/-
Jacob Dorn holtzziecher St: 1570: -/2/-

Gruftstraße 5

Lage: Ab 1585 Eckhaus an der Zwerchgasse Ost.

Hauseigentümer:

Das Haus Gruftstraße 5, ab 1585 an der östlichen Ecke zur Zwerchgasse gelegen, die um diese Zeit entstand, ist erst spät faßbar. Erst 1482 steht es erstmals im Steuerbuch. 1482 ist es Eigentum eines herzoglichen Beamten. Thoman Piperl ist 1476 bis 1478 Forstmeister zu Wolfratshausen, am 28. Februar 1482 Türhüter des Herzogs,[1] 1485 Forstmeister zu Starnberg, 1487 Pfleger zu Pfaffenhofen, dann 1487 bis 1492 Pfleger von Starnberg.[2] Er ist einer der Räte Herzog Sigmunds und verfällt als solcher am 8. Januar 1488 der Reichsacht.[3] Seine Witwe Beatrix war bereits die Witwe von Hanns von Thor, Herzog Albrechts Küchenmeister, und eine geborene Pütrich zu Pasing und Fußberg.[4]
Thoman Piperl gehörte seit 1480 auch das gegenüberliegende Haus Gruftstraße 1.
1482, 1486 domus Pipperl (StB).
1490 domus Benediktbeuern und Hans Sweitzer „in kuchelmaisters hasws" (StB).
1490 kuchelmaisters [= Hans vom Thor sel.] haws 1490 (StB).
1493 März 20 das Kloster Benediktbeuern verkauft an Frau Beatrix Piperlin, weiland Thoman Piperls, Pflegers zu Starnberg, seligen Witwe (und davor schon Witwe des Küchenmeisters Hans vom Thor), sein eigen Haus, Hofstatt und Stallung zu München im Judengässel, zwischen Gabrieln Mäleskirchers Malers Garten (Landschaftstraße 4) und der Lechingerin Witwe hinterem Haus (Dienerstraße 8). Auf der Rückseite der Urkunde steht: „Kaufbrief umb der Torerin haws im Jüdengässel zu München".[5]
1496, 1500 domus Piperlin (StB).
1508, 1509 domus Linhart vom Thor (StB).
1514 domus Fridberger (Liste).
1525 Dezember 21 die Witwe Margreth des Hofprokurators Matheis Fridberger und ihr Sohn Christoff Fridberger haben ihre eigene Behausung in der Judengasse gegenüber von Unserer Lieben Frau der Neuen Stift (Gruftstraße 1) an Hanns Schennkh, fürstlichen Wappenmmeister zu München, verkauft.[6] Hanns Schenckh zahlt jedoch beim Haus Marienplatz 27 schon seit 1522 auch die Steuer für das Haus der Fridpergerin im Judengässel.
1540-1552/II domus Hanns Schenckhen (StB).
1544 November 28 Hanns Schenckh und seine Hausfrau Anna verkaufen aus dem Haus ein Ewiggeld von 15 Gulden um 300 Gulden Hauptsumme.[7]
1558-1567/II domus Wilhelm Schenk (StB).
1568 August 15 Sigmund Hörl und Hans Schweindl, beide Bürger und Stadträte, einigen sich über den Einbau eines Kreuzfensters im Haus des Schweindl (Dienerstraße 7), ohne Hörls Licht samt dem

---

[1] Ludwig Frhr. von Gumppenberg, Regesten ungedruckter Urkunden, in: OA 8, S. 256 (1482).
[2] Geiß, Die Reihenfolgen, in: OA 28.
[3] Riezler, Geschichte Baierns III S. 517.
[4] Hundt, Stammenbuch II S. 3. – Stahleder, Bürgergeschlechter. Die Pütrich S. 270.
[5] StadtAM, Hist. Verein von Obb. Urk. 3763.
[6] GB IV S. 93v.
[7] Stadtgericht 207/1 (GruBu) S. 485v.

„kunich" (Kamin) im Haus des Hörl am Stiftsgässel (Gruftstraße 5) zu verbauen. Auf Wunsch beider kann auch der alte Bauzustand wiederhergestellt werden.[1]
1568-1571 domus Sigmund Hörl (StB).
1573 August 1 das Haus des Simon Hörl grenzt rückwärts an das Haus der Büchsenmacherseheleute Peter und Catherina Peckh (Landschaftstraße 4).[2]
1574 laut Grundbuch (Überschrift) des Sigmund Hörl Haus, Hof und Stallung, „stesst an vorgenandts Josephen Clebergers Haus in der Dienersgassen [Dienerstraße 10] folio 448 eingeschrieben".

Vorübergehend (1486-1509) scheint in dem Haus eine Gaststätte betrieben worden zu sein, wie der Steuerbetrag von 5 Schillingen und 10 Pfennigen nahe legt, der in dieser Zeit allgemein als „Schenkensteuer" gilt.

Eigentümer Gruftstraße 5:

* domus Pipperl[3]
    St: 1482, 1486: in die camer
* domus Benedictenpeyrn
    St: 1490: -/5/10 [Salzsender- oder Schenkensteuer ?]
    StV: (1490) dedit Georg Stubner.
* kuchelmaisters [Hans vom Thor sel.] haws 1490
* domus Piperlin [= Beatrix, geb. Pütrich, verw. Hans von Thor, Küchenmeister, verw. Piperl]
    St: 1496: in camer, 1500: -/5/10 [Salzsender- oder Schenkensteuer ?]
* domus Linhart vom Tor. 1509 domus Linhart Torer [∞ Victoria von Haslang; Sohn der Beatrix Piperl]
    St: 1508: in camer, 1509: -/5/10 [Salzsender- oder Schenkensteuer ?]
* domus Fridberger
    St: 1514: Liste
* relicta Fridpergerin. 1528 Fridpergerin [= Margaret, Witwe des Mathes Fridberger, Hofprokurator]
    St: 1522: 2/3/17 juravit, 1523, 1524: 2/3/17, 1525, 1526, 1527/I: 2/-/2, 1527/II, 1528: 1/6/29
    StV: (1525) hat irs sons [Christoph] gůt abgesetzt.
** domus Schenckh (Schenckhn). 1548-1550, 1552/II domus Hanns Schenckhn [Wappenmeister von Herzog Wilhelm IV., ∞ Anna]. 1553, 1554/I relicta Hanns Schenckhin.[4] 1554/II-1556 Hanns Schenckhin. 1557 Hanns Schenckhin erben
    St: 1540: habetur supra fol. 53 col. 2 [= 53v, Marienplatz 27], 1541: habetur supra folio 54 col. 1 [= 54r, Marienplatz 27], 1542: habetur supra folio 55 col. 2 [= 55v, Marienplatz 27], 1543: an chamer, habetur eciam supra folio 58 [= 58r, Marienplatz 27], 1544: -/1/5, 1545: -/2/10, 1546-1548, 1549/I-II, 1550, 1551/I-II, 1552/I-II: -/1/5, 1553: 1/3/6 juravit, 1554/I-II, 1555: 1/3/6, 1556: 1/3/6 matrimonium, 1557: 4/2/18
    StV: (1557) zalt Wilhelm Schenckh für 3 nachsteur.
** domus Schenckhn (Schennckh). 1559 domus Wilhelm Schenckh. 1563 domus Hanns Schenncken
    St: 1558: 1/-/- der zeit von zinsn, 1559: -/3/15 von zinsen, 1560: -/3/15, 1561: 1/-/-, 1563: an chamer, 1564/I: -/5/7,5 von zinsen, 1564/II, 1565, 1566/I-II: -/5/7,5, 1567/I-II: -/-/-
    StV: (1564/I) mer ain versessne steur anno [15]63: -/5/7,5. (1564/II-1566/II) zalt Sebastian Franckh.
* domus Anndre Hörl[5]
    St: 1566/I: -/-/-
** domus Sigmund [Simon] Hörl
    St: 1568-1571: -/-/-

---

[1] Hofmann, SchloßA Harmating Urk. 80.
[2] BayHStA, Bayerische Landschaft, Urk. 1.8.1573.
[3] Eintrag 1482 zwischen Dienerstraße 10 und 11. – Thoman Piperl 1476-1478 Forstmeister von Wolfratshausen, 1482 herzoglicher Türhüter, 1485 Forstmeister von Starnberg, 1487-1492 Pfleger von Starnberg, 1487 Pfleger von Pfaffenhofen, vgl. Geiß, Die Reihenfolgen, in: OA 26. – Ludwig Frhr. von Gumppenberg, Regesten ungedruckter Urkunden, in: OA 8, S. 256 (1482).
[4] 1553 „domus Hannsen Schenckhen" korrigiert in „relicta Hanns Schenckhin".
[5] Ganzer Eintrag unter Dienerstraße 8, zwischen „Schópfer" und „Christoff Rentz", eingeschoben.

Bewohner Gruftstraße 5:

Sigmund weinschenck St: 1486: -/5/10 sch[enkensteuer]
Hanns Sweitzer in kuchelmaisters haws St: 1490: nichil
Hanns Fellenhamer goltschmid[1]
    St: 1490: -/4/5
    StV: (1490) et dedit -/-/14 fur pueri Gaugk.
Wilhalm Langseisn St: 1500: -/-/60
Linhart tagwercher St: 1509: -/-/60
Cristof Sittenhofer. 1525 Cristofin St: 1523: nichil das iar, gantz arm und legerhafft, 1525: -/2/-
Pauls inquilinus im hófl St: 1525: -/-/14 gracion
Jorg [V.] Ridler [Stadtrat[2]] St: 1544: -/5/7
    Caspar [I.] Ridler [Stadtrat[3]]
        St: 1545-1547: an chamer
        StV: (1547) soll im gschriben werden.
Conrad múnsser St: 1552/I: nihil
Lienhart Perckhman zimmerman
    St: 1553: -/-/14 gracion, 1554/I: -/-/14 gracion die ander, 1554/II, 1555-1557: -/2/-, 1558: -/4/-
relicta Ottnhoferin
    St: 1557: 1/-/-
    StV: (1557) mit geding, als offt und wie man steurt.
Doctor Sebastian Mayr [Stadtleibarzt[4]] St: 1559: nihil
Caspar Widerspacher, 1560 f[urstlicher] ainspenig St: 1560: nichil, 1561: nichil, hofgesind
Zorrer (Zórer) hofprocurator (procurator) St: 1563: hofgsind, nichil, 1564/I: -/-/- hofgsind
Caspar Haim schneider St: 1564/II: -/2/-
Jorg Arnold tagbercher St: 1567/I: -/2/-
Hanns Dopfer secretarii. 1569, 1570 Dopfer secretari St: 1568-1570: -/-/-
Albrecht Pruner f[ürstlicher] rath St: 1571: -/-/-

Zwischen Gruftstraße 5 und 6 stößt ein zum Haus Landschaftstraße 4 (Maleskircher-Haus) gehöriger Garten in die Gruftstraße vor, auf dem 1585 die Zwerchgasse angelegt wird.

Gruftstraße 6
(Um 1410/11 zu Landschaftstraße 3)

Lage: 1410, 1411 an dem Schneeberg. Ab 1585 Eckhaus an der Zwerchgasse West.
Charakter: 1486 ein Schafhaus.

Hauseigentümer:

Auch für dieses Haus gilt der späte Eintritt in die Geschichte wie bei Nr. 5. Zudem ist das Haus im 15. Jahrhundert zeitweise mit dem Haus Landschaftstraße 3 vereinigt. Mindestens 1410/11 gehört Gruftstraße 6, „genant an dem Sneperg", unter *einem* Hauseigentümer zu Landschaftstraße 3 (vgl. dort). Auch 1462 steht der Hauseigentümer unter der Landschaftstraße im Steuerbuch. Es ist wie 1482 bei Haus Gruftstraße 6 das „domus Gaspar [Winzerer] Zollner". Es ist deshalb nicht ausgeschlossen, daß das Haus Gruftstraße 6 schon von jeher (bis 1486/90) Rückgebäude von Landschaftstraße 3 war.
Das Haus heißt 1482 „domus Gaspar Zollner". Als Zollner zu München ist 1433, 1434, 1436, 1438 und 1453 Caspar (I.) Winzerer belegt.[5] Ebenfalls handelt es sich um Caspar Winzerer bei dem 1486

---

[1] Frankenburger S. 274/275.
[2] Jörg V. Ridler 1547, 1548, 1550 äußerer Rat, 1549, 1551-1559 innerer Rat, vgl. RP.
[3] Caspar I. Ridler 1542-1544 äußerer Stadtrat, vgl. RP und Stahleder, Bürgergeschlechter. Die Ridler S. 143.
[4] Dr. Sebastian Mayr ist 1557 bis nach 1560 als Stadtleibarzt belegt, vgl. R. v. Bary III S. 1018.
[5] RB XIII S. 207, 365, 304; MB XVIII 409 S. 470; Geiß, Die Reihenfolgen, in: OA 21, S. 45.

und 1490 genannten domus Pfleger von Tölz. Die verschiedenen Caspar Winzerer sind von 1454 bis 1549 als Pfleger von Tölz nachgewiesen.[1] 1491 bis 1499 ist Caspar (II.) Winzerer auch Rentmeister zu Straubing. Er starb am Luzien-Tag (13. Dezember) 1515.[2]

Unklar ist, wie das Haus 1522 bis 1527 zum „domus Mathes Zweng" wird. Zweng ist vom 2. Juni 1512 bis zum 8. Mai 1555 Chorherr zu Unserer Lieben Frau.[3] Ab 1529 ist das Haus aber wieder in der Hand von Caspar Winzerer III., der am 28. Oktober 1542 starb.[4]

Caspar Winzerer III. war ein berühmter Heerführer, der sich aber auch als Schriftsteller betätigte. Simon Schaidenraisser widmete ihm eines seiner Werke, ebenso der Komponist Ludwig Senfl.[5] Das Haus erbten wohl zunächst alle Kinder von Caspar Winzerer. Als im Jahr 1544 auch bereits der Sohn Wilhelm stirbt, geht das Haus an die Tochter Martha von Wintzer, die mit Jeronimus von Gumppenberg verheiratet war (Sohn von Walther von Gumppenberg und der Apollonia von Waldeck, vgl. Haus Gruftstraße 2*).[6] So kommt das Haus nun an die Gumppenberg.

Die weiteren Besitzübergänge können an Hand der domus-Benennungen festgestellt werden beziehungsweise sind bereits im Grundbuch belegt.

Nicht uninteressant ist, daß der Pfleger von Tölz Caspar Winzerer von 1498 bis 1521 als Landrichter und 1496 als Pflegsverwalter Gotthard Hartlieb hat,[7] den Sohn von Dr. Hanns Hartlieb.

1410 März 6 und
1411 November 6 Hauseigentümer wie Landschaftstraße 3 (Hans Holczkircher).[8]
1445-1486/90 Eigentümer wie Landschaftsraße 3 (Winzerer).
1479 nimmt die Stadtkammer „von des pfleger von Toltz hauß, wegen stewrgelt von seinem hauß im [14]79. jar" (nachtäglich) die Steuer ein, abgeliefert von seiner Hausfrau.[9]
1482 domus Caspar Zollner (StB).
1486, 1490 domus Pfleger von Tölz (StB).
1486 dazu (?) „ain schafhaus" (StB).
1496-1514 domus Caspar Wintzerer (StB).
1522 April 29 das Haus des Meisters Matheis Zweng ist dem Haus des Hanns Pfreimer, künftig Hanns Schenck, an der Judengassen (Gruftstraße 7) benachbart.[10]
1522 September/November domus Mathes Zweng (StB).
1525 domus herr Mathes Zweng (StB).
1526 Juni 2 der Ritter Caspar Wintzerer zu Brannenburg, Pfleger zu Tölz, kauft vom Ehepaar Mäleskircher dessen Haus an der Landschaftstraße (Nr. 4), das rückwärts an des Wintzerer anderes Haus an der Gruftstraße (Nr. 6) anstößt.[11]
1527 April 27 Magister Matheus Zweng hat aus diesem Haus ein Ewiggeld von 5 Gulden (um die Hauptsumme von 100 Gulden) verkauft.[12]
1529-1544 domus Herr Caspar Wintzerer (StB).
1542 August 14 Herrn Caspar Winzerers Haus und Hofstatt in dem Judengässl liegt zwischen dem Garten des Christoph Fridberger (Landschaftstraße 4, Garten bis zur Gruftstraße reichend und später sogenanntes "Zwerchgässel") und dem Haus des Hanns Schenck (Gruftstraße 7), letzteres wohl ein veralteter Hauseigentümer.[13]
1546-1551/I domus von Gumppenberg (StB).

---

[1] Geiß, Die Reihenfolgen, in: OA 26, 1865//66.
[2] Hundt, Stammenbuch II. – August Hartmann, Kaspar Winzerer und sein Lied, Anm. 1. – Geiß, Die Reihenfolgen, in: OA 28, S. 88; Geiß, Regesten ungedruckter Urkunden, in: OA 14, S. 18. – ADB 43, 1898, S. 511-513 Artikel Kaspar Winzerer.
[3] Mayer ULF S. 192.
[4] ADB 43, 1898, S. 511/513 Artikel Kaspar Winzerer.
[5] ADB 34, 1892, S. 27/30 Artikel Ludwig Senfl. – Riemann, Musik Lexikon, Personenteil, 1961, S. 671/672.
[6] Hundt, Stammenbuch II S. 116.
[7] Geiß, Die Reihenfolgen, in: OA 26.
[8] GB III 94/12, 13; 107/15.
[9] KR 1480/81 S. 27r.
[10] GB IV S. 10v.
[11] BayHStA, Bayerische Landschaft, Urk. 2.6.1526.
[12] Stadtgericht 207/1 (GruBu) S. 487v.
[13] BayHStA, KU Angerkloster München 1100.

1551/I-1559 domus Doctor Rochi, Hofprokurator (StB).
1560-1564/I domus Jacob Pfettner, fürstlicher Kammerrat und Erben (StB).
1562 August 20 die Vormünder der Kinder Marquart, Jacoba, Maria Anna und Hanns Jacob des verstorbenen fürstlichen Kammerrats Jacob Pfettner verschreiben 24 Gulden Ewiggeld um 480 Gulden Hauptsumme aus dem Haus (GruBu).
1563, 1564/II domus Pfadtner (Pfettner) (StB).
1563-1571 domus Herr von Schellenberg (StB).
1564/I domus Pfettner erben (StB).
1568, 1571 domus fraẃ Pfettnerin (StB).
1574 laut Grundbuch (Überschrift) des Herrn Schellenbergers Haus, Hof und Stallung.
Das Steuerbuch nennt auch 1573 noch das „domus fraw Pfötnerin, herr von Schellenberg".

Eigentümer Gruftstraße 6:

* Eigentümer wie Landschaftstraße 3 (Holtzkircher) ca. 1410/11.
* Eigentümer wie Landschaftstraße 3, mindestens 1445-1486/90.
* domus Caspar [Winzerer] zollner. 1486, 1490 domus pfleger von Tólltz (Dólncz). 1496-1508 domus Caspar [II.] Wintzrer. 1514 domus Wintzer, 1496 [herzoglicher] rat
    St: 1482, 1486: -/4/20, 1490: -/2/10, 1496: in camer, 1500: -/2/10, 1508: nichil, ist rat zu hof, 1514: Liste
    StV: (1486) dedit Hanns peitler.
    ain schafhaus St: 1486: -/-/60
    junckfraw Wintzerin[1] St: 1490: -/2/15
** domus herr Mathes Zweng [Magister, Chorherr zu Unserer Lieben Frau]
    St: 1525: anderßwo
* domus (herr) Caspar [III.] Wintzerer[2]
    St: 1529: nichil, [herzoglicher] rat, 1532, 1540-1544: nichil
* domus [Jeronimus] von Gumppnperg [∞ Martha von Wintzer]
    St: 1546: an chamer, 1547: -/3/15, 1548, 1549/I-II, 1550, 1551/I: -/1/22
    StV: (1547) Steur Michaelis des [15]46. jar vergangen unnd für die in der fastn anno [15]47.
* domus Doctor Rochi, 1552/II hoffprocurator
    St: 1551/II, 1552/I-II, 1553, 1554/I-II, 1555: -/1/5, 1556-1559: an chamer
    StV: (1557) zalt am 8. Januarii anno [15]58ten von 2 steurn 4 fl, soll hinfúro steurn, nach dem er zins hat etc.
* Doctor Rochi hoffprocurator[3]
    St: 1551/II: nihil pro se
    StV: (1551/I) de domo zalt [er] wie obsteet.
* [Jacob] Pfettner camerrat. 1563, 1564/II domus Pfadtner (Pfettner) camerrath.
    St: 1560: nichil, 1561: an chamer, 1563: -/-/- chamerrath, 1564/II: an chamer
** Marquart, Jacoba, Maria Anna, Hanns Jacob, Kinder des fürstlichen Kammerrats Jacob Pfettner selig unter Vormundschaft [1562 August 20]
** herr von Schellenberg [∞ Witwe Pfettner ?]. 1565-1567/II domus herr von Schellenberg, 1567/I [daneben am linken Rand, darüber ein Kreuz:] frau Pfetnerin
    St: 1563: -/-/- hofgsind, 1564/I-II: nichil, 1565: an chamer, 1566/I-II, 1567/I: -/-/-, 1567/II: -/-/- Pfettners khinder, 1568: -/-/-, 1569: nihil, 1570, 1571: -/-/-
* domus Pfettner erben. 1568, 1571 domus fraẃ Pfettnerin. 1569, 1570 fraẃ Pfettnerin
    St: 1564/I: an chamer, 1568-1571: -/-/- an chamer
* domus fraw Pfötnerin, her von Schellenberg [1573, StB]
** Herr von Schellenberg [1574, GruBu]

---

[1] „Der Wintzerin junckfrawen stewr" von -/2/10 für 1497 zahlt bei der Stadtkammer der Lännkofer ein, KR 1497 S. 23v.
[2] Caspar III. Wintzerer starb am 28.10.1542.
[3] Dr. Rochi 1551/II zweimal aufgeführt.

Bewohner Gruftstraße 6:

relicta Pernhart [I.] Ridlerin St: 1509: 3/5/12
relicta Hans von Preysing St: 1509: nichil
Michel Aspeckh [schuster][1] St: 1514: Liste
Aignmanin goltschmidin inquilina St: 1514: Liste
Hanns Spatznhauser seidennater[2] St: 1514: Liste
Wolf Samer St: 1532: an kamer, er ligt kranck
Mathes pfeiffer St: 1532: -/2/-
Hanns reitter St: 1532: nichil
Peter Saurer maler St: 1532: -/2/-
Hanns Pauman hauspfleger Wintzerers St: 1545: -/4/-
herr Haslinger St: 1557: nihil

Gruftstraße 7
(nach 1431 teils zu Landschaftstraße 2)

Lage: 1458 „coram synagoga Judeorum" (gegenüber der Synagoge).
Charakter: 1523 ff. Herzogliches Wappenhaus.

Hauseigentümer:

Um 1442 das Haus ist vielleicht um diese Zeit an den Hofkaplan, herzoglichen Rat Albrechts III. und Propst von Ilmmünster, Konrad Siber aus Memmingen, gekommen. Dieser macht es zum Haus der Antoniter.[3]
1453-1458 domus Antonier (StB).
1458 August 13 die Antoniter verkaufen das Haus an den Schreiber und Diener von Konrad Siber, Fritz Paisweil. Das Haus liegt „coram synagoga Judeorum", „gegenüber der Synagoge".[4] Fritz Paisweil und sein Schwiegersohn, der Arzt Meister Benedict, besitzen das Haus bis nach 1490.
1508-1514 domus Rauhenberger (StB).
1522 April 29 der Kistler Hanns Pfreimer verkauft sein eigen Haus und Hofstatt in der Judengassen, zwischen Meister Matheis Zweng (Gruftstraße 6) und Sebastian Ligsaltz (Weinstraße 14) Häusern gelegen, an den Wappenmeister des Herzogs Wilhelm Hanns Schenck und seine Hausfrau Anna.[5]
1523 um Mai 24 Straßenpflasterung „in der gassen vor Unnsers gnedigen herrn etc. wappen-haus".[6]
1533 Juli 25 der Schuhmacher Hanns Teisel und seine Hausfrau Catharina verkaufen aus diesem Haus ein Ewiggeld von 9 Gulden um 180 Gulden Hauptsumme an Georg Schrenckhamers Hausfrau.[7] Teisel besitzt seit mindestens 1490 das rückwärts anstoßende Haus Landschaftstraße 2.
1539 November 17 dasselbe Ehepaar verschreibt dem Ehepaar Leonhard und Apollonia Menndt, letzteres ihre Tochter, ein Ewiggeld von 5 Gulden um 100 Gulden als Heiratgut für Apollonia (GruBu).
1542 August 14 das Haus des Caspar Winzerer in dem Judengässl (Gruftstraße 6) ist dem Haus des Hanns Schenck benachbart.[8]
1556 September 8 der Kramer Wilhelm Axthalm und seine Hausfrau Cristina verschreiben ein Ewiggeld von 10 Gulden um 200 Gulden Hauptsumme dem Schneider Andree Parstarffer und seiner Hausfrau Elisabeth (Tochter der Teislin) zur Entrichtung der Kaufsumme um dieses Haus (GruBu). Parstorffer zahlt 1558 die Steuer der Teislin, 1559 die Matrimonial-Steuer der Teislin und setzt 1560 „seiner Schwiger erb" zu, versteuert also die Erbschaft seiner Schwiegermutter mit. Ab 1558 wohnt Parstorffer aber im Haus Weinstraße 13.

---

[1] Ein Michel Aspeck ist 1499, 1504 und 1506 Vierer der Schuster, vgl. RP.
[2] Hanns Spatznhauser 1499-1514 wiederholt Vierer der Zunft der Maler, Glaser und Seidennater, vgl. RP.
[3] Mischlewski, Die Antoniter S. 480-487.
[4] Mischlewski, Die Antoniter S. 483.
[5] GB IV S. 10v.
[6] KR 1523 S. 135r.
[7] Stadtgericht 207/1 (GruBu) S. 490v.
[8] BayHStA, KU Angerkloster München 1100.

1565 Mai 13 das Ehepaar Axthalm verschreibt dem Schneider Georg Lechner und seiner Hausfrau Sophie ein Ewiggeld von 12 ½ Gulden um 250 Gulden Hauptsumme zur Entrichtung der Kaufsumme um dieses Haus (GruBu).
1574 laut Grundbuch (Überschrift) der Maria, weiland des Georg Tillgers des Älteren Witwe, Haus, Hof und Stallung.

Eigentümer Gruftstraße 7:

* Konrad Siber, herzoglicher Rat, Propst von Ilmmünster [seit vor 1453]
* domus Antonier
    St: 1453-1458: Liste
* Fricz (Fridrich) Peyssweill (Paisweil, Paiszweil, Paysweil), 1462 schreiber [des Konrad Siber]
    St: 1462: -/3/14, 1482: -/2/3, 1486, 1490: -/3/8
  Benedict sein aidm. 1486 Benedict artzt.1490 maister Benedict artzt h[....]
    St: 1482: -/-/12, 1486, 1490: -/2/24
    StV: (1482) et dedit -/2/12 von 2 gulden ungarisch gen Freising.
* domus Rauhnperger, 1508 d[...] s[...]
    St: 1508, 1509: 2/2/20, 1514: Liste
    StV: (1508, 1509) von 28 lb zinsgelt.
* Hanns Pfreimer [Kistler; bis 1522 April 29, vgl. Dienerstraße 9]
  Pfrámer patrimonium
    St: 1522: -/3/11
* domus Hanns Schenck [∞ Anna; Wappenmeister Herzog Wilhelms IV.]
    St: 1522: das jar nichil, 1523, 1524: anderßwo
** Hanns Deysl (Teisel) der alt [Schuster, ∞ Katharina]. 1543-1551/I Hanns Deyslin, 1543 die alt. 1551/II-1554/I alt Deyslin
    St: 1542: -/2/19, 1543: -/5/8, 1544: -/2/19, 1545: 1/2/8, 1546, 1547: -/4/19, 1548: zalt supra folio 58 col. 1 [= 58r, Kaufingerstraße 30], 1549/I-II, 1550, 1551/I-II, 1552/I-II, 1553, 1554/I: -/4/19
* Andre Pastorffer schneider [Schwiegersohn der Deyslin, ∞ Elisabeth]
    St: 1544: -/2/-, 1545: -/5/20, 1546, 1547: -/2/25
** Wilhelm Axthalm (Axthalbm, Axhalm), 1559, 1564/II, 1565 cramer[1] [∞ Cristina]
    St: 1557: -/5/26, 1558: 1/4/22, 1559, 1560: -/5/26, 1561, 1563: 2/1/9, 1564/I-II, 1565: 4/1/26
    StV: (1564/I) zuegesetzt seiner schwiher erb.
  sein [= des Axthalm] schwiger[mutter] alt lebmaisterin. 1559-1563 Marx lebmaisterin (lemaisterin)
    St: 1558: -/6/14, 1559, 1560: -/3/7, 1561: 1/-/10, 1563: 1/-/10 matrimonium
    StV: (1563) auffs jar soll Wilhalm Axthalm zuesetzn.
** Georg (Jorg,) Tillger (Tilger) der alt [Goldschmied[2], ∞ Maria]. 1571 Geórg Tilgerin die allt
    St: 1566/I-II, 1567/I-II: 11/2/16, 1568: 20/6/26, 1569, 1570: 8/1/12,5, 1571: 1/6/22
    StV: (1566/I) zuegesetzt 25 fl gelts seiner hausfrauen guet. (1568) abgesetzt 70 fl seiner verstorbnen hausfrauen leibgeding. (1569) mer für sein hausfrau von 45 fl gellts 1/3/15. (1570) mer für sein hausfrau von 45 fl gelts 1/3/15.

Bewohner Gruftstraße 7:

Pschörnin St: 1486: -/1/2
Michel Aschpeck, 1496, 1500 s[chuster][3]
    St: 1496, 1500: -/2/15, 1508: -/2/16
    StV: (1496) et dedit -/2/12 von 2 gulden ung[arisch] [ebigen gelts]. (1500) et dedit -/2/12 von 2 ung[arischen] gulden geltz. (1508) et dedit -/2/12 von 2 gulden ungarisch.
Caspar Reismúlner lautenmacher St: 1496: -/5/2
Freidenschussin inquilina St: 1496: -/-/56

---

[1] Ab 1566 ist er bei Rosenstraße 3 Branntweiner und Metschenk.
[2] Frankenburger S. 290.
[3] Michel Aspeck ist 1499, 1504 und 1506 Vierer der Schuster, vgl. RP.

Simprecht inquilinus St: 1496: nichil, servit, hofgesindt
Benedict tagwercher inquilinus St: 1529: -/2/-
Martein Pógl St: 1529: an kamer
[Hanns] Paurnfeindt goltschmid[1] St: 1532: 1/1/3
Wiexerin St: 1532: -/2/-
Hanns Keferloer, 1540 kúrßner
    St: 1540: -/5/18, 1541: -/2/-
    StV: (1541) [Nachtrag:] in ansehung seiner grossn armuth haben die steurhern dise steur von im genomen.
Utz Widman messerschmid
    St: 1541, 1542: -/2/2, 1543: -/4/4, 1544: -/2/2, 1545: -/4/4, 1546-1548: -/2/2
Hanns Spitznperger kúrsner St: 1542: -/2/-, 1543: -/4/-
Thoman Schlapender pogner St: 1544: ist steur frey, als langs ainem rath gfellig ist
Jorg thúrhueterin
    St: 1545: 1/3/-, 1546-1548, 1549/I-II, 1550, 1551/I-II, 1552/I-II: -/5/-
    StV: (1545) ist ir steur, juravit.
Jorg Eysele schneiderin St: 1548: -/4/- patrimonium
Daniel Waidhals schneider St: 1549/I: -/3/25 juravit, 1549/II: -/3/25
relicta Ottnhoferin
    St: 1550: 1/-/-, 1551/I: der zeit nihil, 1556: 1/-/-
    StV: (1550) fúr irn beysitz. (1551/I) hat ain jerlich geding. (1556) mit geding, als offt und wie man steurt, beysitz.
Hanns Kolber ain diener beym Seiberstorffer. 1551/II Hanns Kolber reuter beym Seyberstorfer. 1552/I Hanns Kolber ain reutter
    St: 1550, 1551/I-II: -/1/1, 1552/I-II: -/1/1 fúr sein hausfrau
junckhfraw Weysnfelderin
    St: 1551/II: nihil, ligt allain ainer rechtfertigung alhie, 1552/I: nihil, 1557: 3/-/-
    StV: (1557) mit geding, als offt und wie man steurt, soll sy auch steurn.
Hanns Probst, 1552/II heyblmacher St: 1552/I: an chamer, 1552/II: -/2/-
Peter Dietl pantzermacher St: 1552/II, 1553, 1554/I: -/2/-
Hanns Aslinger hoffschnitzer St: 1553, 1554/II: nihil
Hanns Roll schuester St: 1553: -/-/14 gracion, 1554/I: -/-/14 gracion die ander
Hanns Grasser kursner St: 1554/II, 1555: -/2/-
Jorg múnsser. 1558 Jorg múntzer. 1559-1561 Jorg múntzerin
    St: 1554/II-1558: nihil, 1559: der zeit nihil, 1560, 1561: -/2/-
    StV: (1559) gibt hinfúro -/2/- wie ander gmain búrger.
Mathes Fickher, 1556 rathknecht St: 1555: nihil, rathknecht zu hoff, 1556: nihil
Hanns Kraysser múnsser St: 1555, 1556: nihil
Hanns Mentt [Salzsender[2]] St: 1558: -/4/- raths bevelch, 1559: -/2/-
Hanns Lott, 1563 canntzleyschreiber St: 1560: nichil, 1561, 1563: hofgesind, nichil
Michel khaskhäfflin. 1564/I-II Michel käßkheuffl. 1565 Michel Sänfftl[3] khäßkheuffel
    St: 1563, 1564/I-II, 1565: -/2/-
Anna Púchelmairin von Rengspurg. 1564/II Púhelmairin von Regenspurg
    St: 1564/I-II: -/2/28
    StV: (1564/I) mer ain versessne steur -/2/28.
Wolf Kayser[4] (Kaiser), 1566/I tagwercher, 1566/II pfleger in der stat haus, 1567/I in der stat hauß
    St: 1566/I: -/2/-, 1566/II, 1567/I: -/-/1
Jacob Unnger, 1568, 1569 f[ürstlicher] thuerhueter St: 1566/II-1569: -/-/- hofgesind
Michel Herfart reiter, 1569, 1570 reiter, abspieler St: 1567/I-II: -/2/-, 1568: -/4/-, 1569, 1570: -/2/-
Hanns Gerhauser cantzleischreiber St: 1570, 1571: -/-/- hofgsind

---

[1] Frankenburger S. 288.
[2] Ein Hans Ment ist 1549 als Salzsender belegt, vgl. Vietzen S. 150 nach KR.
[3] 1565 „Sänfftl" über der Zeile eingefügt.
[4] 1566/I „Kayser" über der Zeile nachgetragen.

Weinstraße 14 A/B

Weinstraße 14, zwischen Gruftstraße, Weinstraße und Landschaftstraße gelegen, ist – wie noch auf dem Sandtner-Modell zu erkennen – aus mehreren Gebäuden zusammengewachsen.[1] Insgesamt sind vier Gebäudeteile auszumachen. Das eine Gebäude, an seinem Grabendach deutlich zu erkennen, stellt das Eckhaus Gruftstraße/Weinstraße dar und wird im folgenden mit Weinstraße 14 A bezeichnet. Mit dem anschließenden kleinen Garten grenzt es an Gruftstraße 7.

Daran schließt sich das Eckhaus Weinstraße/Landschaftstraße an, das aber seinerseits wieder aus deutlich erkennbaren zwei Haushälften besteht, erkennbar an den zwei aneinander stoßenden Pultdächern.[2] Es schließt sich dann in der Landschaftstraße ein weiteres Haus – wieder mit einem Grabendach – an. Letztere drei Hausteile werden im folgenden mit Weinstraße 14 B bezeichnet.

Der Komplex 14 B gehört schon 1368 den Stupf. Philip Stupf ist Hauseigentümer an der Burgstraße 17. Er und sein Bruder Heinrich sind Stifter des Stupf-Benefiziums in der Frauenkirche.[3] Das Eckhaus 14 A gehört aber um 1368 den Schluder. Letzteres – ausdrücklich als Eckhaus bezeichnet – ist Nachbarhaus des Stupf-Hauses. Die Reihenfolge in den Steuerbüchern bestätigt ebenfalls die Einordnung auf diese beiden Gebäudeteile. Sowohl bei 14 A als auch bei 14 B reißt die Reihenfolge der Hauseigentümer mehrmals ab, da sie ihren Wohnsitz in anderen Häusern der Stadt haben.

Noch 1496 steht im Steuerbuch das Zeichen für den Wechsel der Straße erst zwischen Klewber und Glinck. Ersterer wird also noch zur Gruftstraße gerechnet. Wir haben es immer noch mit zwei Häusern zu tun.

Weinstraße 14 A
(Ecke Gruftstraße/Weinstraße)

Lage: Eckhaus.

Hauseigentümer:

Vor 1371 März 18 Hainrich des Schluders Haus, dann
1371 März 18 „Agnes, dez Chaczmayrs tohter, dez jungen Herwarcz von Auspurck hausfraw" überträgt „iren tail ... auf dem egkhaus, gelegen an der Weinstrazz bey dem Stupffen [Weinstraße 14 B], und der si ist angevallen von Hainrich [II.] dez Sluders und von irem chind saelig wegen ... Ch[unrat] [II.] dem Sluder, Wernhern dem Perchover [und] Hansen dem Part".[4] Hans Bart und Wernher der Berghofer waren mit Enkelinnen von Heinrich II. Schluder verheiratet, Schwestern von Konrad II. Schluder.[5]
Konrad Schluder und Wernher der jüngere Berghofer sind beide im Tuchhandel tätig und offenbar in einer Gesellschaft vereint, da ihnen beiden am 18. August 1371 Linhart Zeller (Landschaftstraße 1-4) 99 Gulden ungarisch und böhmisch in Gold für gekauftes Gewand (Tuch) schuldet.[6]
Wahrscheinlich hat Konrad Schluder später die Anteile von Bart und Berghofer aufgekauft.
1386 September 13,
1387 September 16 Chunrat der Schluder wird fälschlicherweise als Nachbar des Hauses von Peter Güss (Weinstraßen 17*) angegeben,[7] aber
1399 November 8 als Nachbar von Schullenhofer und Pewgenperger (Weinstraße 15*) bezeichnet.[8]
Das hat wohl seinen Grund darin, daß das Haus 14 B in dieser Zeit vom eigentlichen Hauseigentümer Stupf nicht bewohnt wird. Man übergeht ihn deshalb bei der Nachbarschaftsangabe.
Noch einmal um die Mitte des 15. Jahrhunderts ist das Haus 14 A mit eigenem Hauseigentümer aus-

---

[1] Vgl. HB GV Abb. S. 80/81.
[2] Vgl. HB GV Abb. S. 120/121.
[3] Karnehm S. 97; MB XX 112 S. 63/65.
[4] GB I 16/8.
[5] Vgl. Stahleder, Bürgergeschlechter. Die Schluder S. 39-74.
[6] Wittmann, Urkunden-Regesten, ungedruckt
[7] GB I 224/11, 231/3.
[8] GB II 148/10.

zumachen. Im Steuerbuch und den Scharwerkslisten steht von 1431 bis 1455 Martein Kastner, 1456 und 1457 Jordan Kastner. Er ist durch das Salbuch B des Heiliggeistspitals für das Jahr
1449 als Hauseigentümer in der Weinstraße belegt[1] und kommt der Reihenfolge der Einträge nach nur für Haus 14 A in Frage.

1490 bis 1500 gehört auch mit ziemlicher Sicherheit Hanns Kleuber zu diesem Haus. Zwar ist er als Hauseigentümer nicht belegt. Aber die hohe Steuersumme und die Tatsache, daß er ja vorher Hauseigentümer von Weinstraße 15* war, dürfte ihn hier als solchen wahrscheinlich machen.
Eine endgültige Vereinigung der Häuser A und B ist wohl erst im 16. Jahrhundert unter den Ligsalz erfolgt, die auch durch das Grundbuch belegt sind.

Eigentümer Weinstraße 14 A:

* Hainrich [II.] der Sluder [∞ Agnes I. Katzmair, wiederverheiratete Herwart von Augsburg] [vor 1371 März 18]
* Kind aus dieser Ehe [gest. vor 1371]
* Agnes des Chaczmairs tohter [Witwe von Heinrich II. Schluder], Anteil [bis 1371 März 18]
* Chunrat [II.] Sluder, Wernher Perchover [∞ Margaret I. Schluder), Hanns [II.] der Part [∞ Clara ? Schluder; seit 1371 März 18]
  Hanns [I.] Sluder [Sohn von Heinrich II. und Vater von Konrad II.]
    St: 1379: 1/-/- sub gracia
* Chunrat [II.] Sluder
    St: 1392: 15/-/45
* Martein kastner [des Heiliggeistspitals ? oder Familienname ?; Wirt[2]]
    St: 1428: dedit 3 gross pro se, uxore et ancilla, 1431: -/17/10 iuravit, 1450, 1453-1455: Liste
    Sch: 1439/I-II, 1440, 1441/I-II: 1,5 t[aglon], 1445: 1 diern, dedit
  Jordan kastner [des Heiliggeistspitals ? oder Familienname ?]
    St: 1456, 1457: Liste
*? Hanns Klewber (Kleuber) [Kramer[3]]
    St: 1490: 16/2/16, 1496: in camer, 1500: -/-/60

Bewohner Weinstraße 14 A:

Ulrich Kranvesel St: 1368: -/-/-
relicta Sneggin (Snegkin)[4] St: 1368: -/-/15 post, 1369: -/-/16 post, 1371: invenitur alibi
Paertel Rŭdolf [Großer Rat] St: 1369, 1371: 8/3/4, 1372: -/-/-
Hainrich Fránchkinger St: 1369: -/-/-
Pózzpfenwert inquilinus St: 1379: -/-/30
Clas Kren k[rötler ?] St: 1496: -/5/10 [Salzsender- oder Schenkensteuer[5]]

Weinstraße 14 B

Lage: 1409 „am Egk" (Ecke Weinstraße/Landschaftstraße).

Hauseigentümer:

1370 die Baukommission beanstandet des „Ulrich Stupfen lauben".[6] Es folgt darauf: „Item der Pútrich lauben, item des Stupfen kellerhals, dach und der puchel. Item Maeczen der Draechslin lauben

---

[1] Zimelie 40 (Heiliggeistspital, Salbuch B) S. 9r.
[2] Der Kastner an der Weinstraße gehört 1430 zu den Wirten, die Ungeld zahlen, vgl. Steueramt 987.
[3] Hannns Kleuber ist 1470 und 1471 Vierer der Kramer, vgl. RP.
[4] 1371 „relicta Sneggin" wieder getilgt.
[5] Niklas Kren ist auf jeden Fall 1497-1507 Salzwagenzollner am Isartor, vgl. Vietzen S. 162. – Danach ist er 1508-1520 Scheibenzollner am Isartor, vgl. R. v. Bary III S. 883.
[6] Zimelie 9 (Ratsbuch IV) S. 4r (neu 6r).

[Landschaftstraße 9*]. Item der Weckerin lauben [Landschaftstraße 10*/11*]". Es müssen demnach um Weinstraße 14/Landschaftstraße herum auch die Pütrich ein Haus oder einen Hausanteil haben.

1371 März 18 das Haus des Heinrich Schluder, dann dessen Witwe Agnes, Tochter des Katzmair, an der Weinstraße (Weinstraße 14 A) ist dem Haus des Stupf benachbart.[1]

1389 November 4 die Hofstatt von Anna der Güntherin (Landschaftstraße 1), künftig des Schusters Hanns des Ofenhausers, ist zunächst des Stüpfen Haus gelegen.[2]

1390/98 das Heiliggeistspital hat „auz des alten Stuphen hauz" an der Weinstraße zwei Pfund Ewiggeld. Ein Schreiber der Zeit um 1400/1405 führt den Eintrag weiter: „aus demselben hauz ...", ohne den Namen des Hauseigentümers zu korrigieren.[3]

1392-1398 das Spital hat immer noch aus dem „domus Hainrich Stupf" ein Ewiggeld.[4]

1409 April 30 Konrad der Freisinger verpfändet sein Haus an der Weinstraße am Eck – Nachbar ist Purckhart der Weyermair (Weinstraße 15*) – seinem Schwiegersohn Ulrich Kirchmair.[5] Ulrich Kirchmair stammte aus Augsburg, Konrad der Freisinger war Salzsender und Salzstößel.[6]

1412 März 7 Konrad Freysinger übereignet seinem Schwiegersohn Ulrich dem Kirchmair sein Haus an der Weinstraße.[7]

Um 1415 jetzt verbessert auch ein Schreiber des Salbuchs A des Heiliggeistspitals den Namen des neuen Hauseigentümers: „[das Haus] hat Ulrich Kirchmair".[8] 1431 stehen des Ulrich Kirchmairs unmündige Kinder im Steuerbuch. Eines davon ist der spätere Stadtschreiber Hanns Kirchmair (gest. 18./19. Mai 1483).[9] Er hat das Haus seit 1453 inne.

1464 März 16 das Domkapitel Freising prozessiert um Ewiggelder unter anderem aus dem Haus von Meister Hanns Kirchmair und des Ulrich Stadtsöldner (Landschaftstraße 1).[10]

1487 der verstorbene Stadtschreiber Hanns Kirchmair wird als Hauseigentümer im Salbuch C des Heiliggeistspitals genannt.[11] Im Hausbesitz folgt ihm seine Witwe Ursula. Sie heiratet wieder, und zwar einen Lienhart Glingk. Die Tatsache der gemeinsamen Steuersumme im Jahr 1486 ist anders kaum zu erklären, aber auch andere Quellen legen diesen Schluß nahe.[12]

Eigentümer Weinstraße 14 B:

* Ulrich Stúph [Stadtrat[13]] (Stúpf), 1382 patrimonium. 1383/I-II patrimonium Ulrich Stúpf
    St.: 1368: 21-/-, 1369, 1371, 1372: 31,5/-/-, 1375: 14,5/-/-, 1377: 20/-/- juravit, 1378, 1379, 1381: 20/-/-, 1383/I: 20/-/- post 5/-/-, 1383/II: nichil, vacat

    Lippel filius suus. 1369 Lippel Stúpf inquilinus. 1375-1378 Lipp (Pfilipp) Stúpf [Sohn von Ulrich Stupf, Bruder von Heinrich Stupf; äußerer Stadtrat[14]]
    St: 1368: 1/-/- gracianus, 1369: 4/-/-, 1375: 10/-/-, 1377: 7,5/-/- juravit, 1378: 7,5/-/-
* Hainrich Stúph (Stúpf)[15], 1371, 1381 inquilinus [Großer Rat, Sohn von Ulrich Stupf, Bruder von Philipp]
    St: 1371: solvit 8/-/-, 1372: 7/-/- juravit, 1375: 10/-/-, 1377: 7,5/-/- juravit, 1378, 1379, 1381, 1382, 1383/I: 7,5/-/-, 1383/II: 13,5/-/- juravit, 1387: 4/-/21, 1388: 8/-/42 juravit
    StV: (1372) item ipse remanet de tribus preteritis steweris 7 lb. (1382) [et] patrimonium patris sui [= Ulrich Stupf].
* des alten Stuphen haus [1390/98, 1400/1405]

---

[1] GB I 16/8.
[2] GB I 242/3.
[3] Vogel, Heiliggeistspital, Salbuch A Nr. 246.
[4] Steueramt 982/1 S. 4v.
[5] GB III 86/10.
[6] GB III 74/11 (1408); Vietzen S. 143 (1394).
[7] GB III 119/14.
[8] Vogel, Heiliggeistspital, Salbuch A Nr. 246.
[9] Stadtschreiber von 1453-1483, vgl. R. v. Bary III S. 786.
[10] MB XXXV/II S. 371/374.
[11] Zimelie 43 (Heiliggeistspital, Salbuch C) S. 56v.
[12] Vgl. BayHStA, Manuskriptensammlung Nr. 675 S. 123r, 126r, 133r, 138r (1485-1494).
[13] Ulrich Stüph 1362-1375 innerer Rat, 1374, 1376, 1377 äußerer Rat, vgl. R. v. Bary III S. 743.
[14] Lippel Stüpf 1378-1384 ff. äußerer Rat, vgl. R. v. Bary III S. 743.
[15] Hainrich Stupf 1381 Mitglied des Großen Rats, vgl. R. v. Bary III S. 747.

* domus Hainrich Stuph [1392/98]
* Chunrat Freysinger [Salzstößel und Salzsender[1]]
    St: 1407, 1408: 3/-/80, 1410/I: 2,5/-/- iuravit, 1410/II: -/5/10 iuravit, 1411: 0,5/-/-, 1412: -/5/10, 1413: 0,5/-/- iuravit, 1415: 0,5/-/-, 1416: -/5/10, 1418: -/-/-
* Ulrich Kirichmair, 1407, 1408 inquilinus [Schwiegersohn des vorigen]
    St: 1407, 1408: 3/-/80, 1410/I: 2,5/-/- iuravit, 1410/II: 3/-/80, 1411: 2,5/-/- 1412: 3/-/80, 1413: 2,5/-/- iuravit, 1415: -/23/-, 1416: 3/6/20, 1418, 1419: 3,5/-/-, 1423: 2/-/-, 1424: -/5/10 hat zalt
    relicta Kirichmairin von Lanczsperg
        St: 1410/I: daz facat
    pueri Kirchmair
        St: 1431: -/-/32 gracianus
        Sch: 1439/I-II, 1440, 1441/I-II: 0,5 t[aglon]
* domus maister Hanns Kirchmar (Kirchmeir) [Stadtschreiber[2]; ∞ Ursula]. 1458 domus maister Hans. 1486 maister Hannsn Kirchmairs witib [et] Linhard Glingk
    St: 1453, 1458: Liste, 1462: nichil, statschreiber, 1482: nichil, 1486: 1/5/19
    StV: (1486) und biß jar sulln sy pede ir gůt nach dem aid verstewrn.
    Linhart Glinck (Glingk) [∞ Witwe Kirchmair]
        St: 1490, 1496, 1500: 1/-/9

Bewohner Weinstraße 14 B:

Matheis [I.] Sentlinger inquilinus St: 1369: -/-/-
Jacob segensmid St: 1387: -/-/8 gracianus
Siglin pfeiff[er]in[3] St: 1387: -/-/-
Rudl Pernger St: 1387: -/-/8
jung Schewerlin St: 1387: -/-/6
Hainrich oblater inquilinus St: 1387: -/-/8
Ulrich goltsmid von Kostniczen (Kostnicz)[4] St: 1403, 1405/I: -/-/-
relicta Kornvesin, 1403 und ir sun, 1405/II inquilina
    St: 1403: -/-/80 fůr 10 lb, 1405/II: -/-/60 fůr 8 lb, iuravit, 1410/I: -/3/- iuravit 1410/II: 0,5/-/-
Ull prewknecht inquilinus St: 1403: -/-/34
Tawcz sneyder St: 1411-1413: -/-/60 fůr nichil
Barbera Vingerin inquilina St: 1413: -/-/-
Ulreich korenmesser St: 1419: -/6/28, 1423: 0,5/-/6 iuravit
Diemut Fridlin, inquilina Ulrich kornmesser St: 1423: -/-/-
der Pirserin tochter inquilina St: 1423: -/-/15
Weissin inquilina St: 1428: 1 grossen
Ulrich Kúnigk (Kúnig), 1439/I-II, 1441/I kursner Sch: 1439/I-II, 1440, 1441/I-II: 1 t[aglon]
Jorg Fráshauser (Fraishauser) St: 1450, 1453, 1454, 1456, 1457: Liste
Hanns Weingartner St: 1450: Liste
Urban Kremser [Goldschmied[5]] inquilinus St: 1455: Liste
    Ludwig Kremser St: 1457: Liste
Lienhart Rackendorffer St: 1457: Liste

---

[1] Chunrad Freysinger 1394 Salzsender, vgl. Vietzen S. 143, später (1403) an der Löwengrube auch Wirt, vgl. Steueramt 572 (Leibgedingbuch 1402/03) S. 67r, 573 (Leibgedingbuch 1404/09) S. 41r.
[2] Hans Kirchmair, Stadtschreiber von 1453-1483, schloß um Leonhardi (15. Oktober) 1476 eine zweite Ehe und erhielt dafür von der Stadt ein Weingeschenk von 12 Kandeln im Wert von 1 Pfund 1 Schilling und 18 Pfennigen, vgl. KR 1476/77 S. 68v. – Er starb am 18./19. Mai 1483, vgl. R. v. Bary III S. 786.
[3] Eintrag wieder getilgt, aber durch Klammer mit dem vorhergenannten Jacob segensmid verbunden.
[4] Frankenburger S. 267.
[5] Frankenburger S. 272.

Ulrich Múlperger [Gewandschneider ?[1]], 1458 inquilinus St: 1458: Liste, 1462: -/13/19
   Asm Múlperger g[oltsmid][2]. 1509, 1514 relicta Múlpergerin
      St: 1508: 1/7/24, 1509: 1/7/24 patrimonium, 1514: Liste
      StV: (1508, 1509) et dedit -/-/14 (fúr) pueri Múlperger.
Silvester [Pfluger] goldschmid[3] St: 1482: -/2/28
Vorherin sein tochter St: 1482: -/-/60
Erasm Grasser [Bildschnitzer[4]]
      St: 1486: 6/-/20
      StV: (1486) et [dedit] -/2/10 fúr Kriechpom von Passaw von 2,5 gulden gelcz.
[Heinrich] Púhler sporer St: 1486: -/-/60
Wolfgang Pútrich St: 1500: 1/2/-
relicta Adeltzhauserin St: 1500: 1/-/-
Jacob Lewpolt g[oldschmid][5] St: 1500: 2/-/28
Simrerin St: 1500: -/-/21
Wastian Sever s[chuster] St: 1508: -/3/27

Weinstraße 14

Hauseigentümer:

1522 April 29 Haus und Hofstatt des Kistlers Hanns Pfreimer an der Judengassen (Gruftstraße 7) ist dem Haus des Sebastian Ligsalt9 benachbart.[6]
1574 laut Grundbuch (Überschrift) Sebastian Ligsaltzens Ögkhaus und Hof, stesst in das Stifftgässel.[7]

Eigentümer Weinstraße 14:

   relicta Hanns [V.] Ligsaltzin[8]
      St: 1522: annderßwo
* Sewastian [I.] Ligsaltz [Stadtrat[9], ∞ 1. Magdalena von der Rosen, ∞ 2. Ursula Sänftel]
      St: 1522-1526, 1527/I: 28/3/27, 1527/II, 1528, 1529, 1532: 33/2/10
      StV: (1522) hat seiner hausfrau gut zugesetzt. (1523) et dedit 13/1/27 fúr sein pflegeson C[aspar] Ligsalltz,[10] et dedit 14/5/17 fúr júnckfrau Anna [V.] Ligsalltzin [Nachtrag:] wirt irs haußwirts Stockhamers steur 16/3/7. (1524, 1525) et dedit 13/1/27 fúr Caspar Ligsaltz.
   Jórg Lerchenfelder [Schwiegersohn von Sebastian I. Ligsalz]
      St: 1529: nichil, nit búrger, hinweg zogen
   relicta Sebastian [I.] Ligsaltzin [= Ursula, geb. Sänftel]. 1553 relicta Sebastian Ligsaltzin [erben]
      St: 1540-1542: 37/5/22, 1543: 75/4/14, 1544: 37/5/22, 1545: 73/4/14, 1546-1548, 1549/I-II, 1550, 1551/I-II: 36/5/22, 1552/I: 36/5/22 matrimonium das erst, 1552/II: 36/5/22 matrimonium das ander, haben die erben zugsetzt.

---

[1] Ein Mülperger, ohne Vorname, ist 1460 Vierer der Gewandschneider, vgl. RP, vgl. aber auch Burgstraße 14.
[2] Frankenburger S. 281.
[3] Silvester war 1466 Vierer der Goldschmiede, vgl. RP. – Frankenburger S. 276.
[4] Asm pildschnitzer ist 1480, 1484, 1487 und 1499, als Erasm Grasser 1503 und 1504 Vierer der Maler, Glaser und Seidennater, vgl. RP.
[5] Jacob Lewpolt 1500, 1503, 1505, 1507-1509, 1513, 1514 Vierer der Goldschmiede, vgl. RP. – Vgl. auch Dienerstraße 6 und Burgstraße 6.
[6] GB IV S. 10v.
[7] Stadtgericht 207/1 (GruBu) S. 523v.
[8] Zu den Ligsalz vgl. Stahleder, Bürgergeschlechter. Die Ligsalz S. 175/260.
[9] Sebastian I. Ligsalz war 1506-1512 und 1516 äußerer Rat, 1513-1515, 1517-1519, 1522 usw. innerer Rat, vgl. RP.
[10] Kaspar I. Ligsalz, Sohn von Hans V., der wiederum Cousin von Sebastian I. war, vgl. Stahleder, Bürgergeschlechter. Die Ligsalz S.198/199, 203/205.

* Sebastian [II.] Ligsaltz [Sohn von Sebastian I., Stadtrat[1], gest. 1587]
   St: 1549/I: an chamer, tantum gracion 1/-/-, 1549/II, 1550, 1551/I-II, 1552/I-II: 3/2/10, 1553, 1554/I-II, 1555-1557: 21/-/2, 1558: 42/-/4, 1559, 1560: 21/-/2, 1561, 1563, 1564/I: 13/-/18, 1564/II: 13/5/25, 1565, 1566/I-II: 14/4/2,5, 1567/I-II: 15/2/10, 1568: 30/4/20, 1569-1571: 18/1/8,5
   StV: (1549/II) seiner hausfrau heiratguet; mer 1 fl gracion. (1550, 1551/I) von wegen seiner hausfrau [Anna Zürngast aus Landshut] heiratgueth. (1551/II-1552/II) von wegen seiner hausfrau guet. (1553-1555) mer 5/-/5 für Jorg Sänfftl; mer 5/1/5 (für die) Anna Sänfftlin; mer 5/2/13 (für die) Katherina Sänfftlin. (1556, 1557, 1559) mer 5/-/5 für Jorgn Sänfftl; mer 5/2/13 für die Katherina Sánftlin. (1558) mer 10/-/10 für Jorgn Sánftl; mer 10/4/26 für die Katherina Sánfftlin. (1560) mer für Jorgen Sänfftl 5/-/5; mer für Katharina Sanfftlin 5/2/13. (1561) mer für p[ueri] Sänfftl 6/4/24, ausser der Ligsaltz gelt. (1563) ausser der Ligsaltz schuld; mer für p[ueri] Sánnttl 6/4/24. (1564/I) ausser der Ligsaltz schuld; mer für Katherina Sänfftlin 6/4/24. (1564/II) mer für Khaterina Sänfftlin 6/4/24; zuegesetzt den 8. tayl von der Ligsaltz schuld. (1565) mer für Katherina Sánftlin 6/4/24; zuegesetzt Ligsaltzische schuld. (1566/I-1567/II) mer für Katherina Sänfftlin 6/4/24. (1567/I) zuegesetzt zum dritten mal Ligsaltzische schuld. (1568) mer für Katherina Sänfftlin 13/2/18. (1569-1571) mer für Kathrina Sefftlin (Sänfftlin) 7/4/10.
Jorg [II.] Ligsaltz [Bruder von Sebastian II.]
   St: 1551/II: 1/-/- gracia
   StV: (1549/II-1551/I) ist unvertailt mit (von) seiner mueter.

Bewohner Weinstraße 14:

Sigmund (1540-1544 Symon) Dutzman, 1514, 1522-1524, 1526, 1527/II, 1529, 1532, 1545 goltschmid [Weinschenk ?[2]]. 1551/II Sigmund Dutzmanin
   St: 1514: Liste, 1522: -/3/11, 1523-1526, 1527/I: -/6/21, 1527/II, 1528: 1/-/18, 1529: -/6/13, 1532: 1/2/23, 1540-1542: 1/1/5, 1543: 2/2/10, 1544: 1/1/5, 1545: 2/2/10, 1546-1548, 1549/I-II, 1550: 1/1/5, 1551/I: 1/1/5 patrimonium das erst, 1551/II: zalt supra folio 37 col. 1 [= 37r, Fingergässel]
   StV: (1522) et dedit 1/-/- für sein vorforder Sigmund Gelbn patrimonium; et dedit -/3/22 für der Gelbin matrimonium halben tail; sol bis jar, was er geerbt hat, zusetzn. (1523) hat seiner hausfrau gut zugesetzt. (1529) hat seiner tochter heyrat[gut] abgesetzt; et dedit -/2/10 für seiner vordern patrimonium und [sol] biß seiner hausfrau gut zůsetzen.
Sebastian (Bastian) Dutzman, 1552/II goltschmid[3]
   St: 1551/II: -/-/-, 1552/I: -/1/12 gracion die erst, 1552/II: -/1/12 gracion die ander
   StV: (1551/II) der zeit eingstelt pis auf negste steur, ist aller erst haushäblich herkhomen.
Hanns Weißperger St: 1514: Liste
una inquilina St: 1514: Liste
Anna amb daselbs St: 1528: -/-/14 das jar
Hanns Frueauff goltschmid[4] [∞ Felicitas Hundertpfund]
   St: 1554/II: -/4/14 juravit, 1555-1557: -/4/20
   StV: (1555) zugsetzt -/-/6 von wegen aines angers per Hunderpfunt verkauft.
Anndre Parstorffer, 1558-1561, 1564/I-II, 1565 schneider
   St: 1558: 1/-/-, 1559: -/3/15, 1560: -/3/29, 1561: 2/2/24, 1563, 1564/I-II, 1565: 2/2/24
   StV: (1558) mer -/3/15 für p[ueri] Hechtn; mer 1/2/8 für die alt Deyslin; mer 7/2/18 für p[ueri] Menttn. (1559) mer -/4/19 matrimonium für die alt Deyslin; mer -/1/12 für Marten Deysl für 3 nachsteur; mer -/1/26 für p[ueri] Hechtn; mer 3/4/24 für p[ueri] Mentn; mer -/5/- für p[ueri] Popp schneider. (1560) zugsetzt seiner schwiher [der Deyslin] erb; mer für p[ueri] Mentn

---

[1] Sebastian II. Ligsalz 1550 und 1551 äußerer, 1552-1587 innerer Rat, vgl. RP und Stahleder, Bürgergeschlechter. Die Ligsalz S. 217.
[2] Simon Dutzman 1515, 1516 und 1520 Vierer der Goldschmiede und 1517 und 1518 städtischer Silberschauer und Gewichtszeichner, vgl. RP und R. v. Bary III S. 951. – Ein Sygmundt Dutzman wird 1527 auch in die Weinschenkenzunft aufgenommen, vgl. Gewerbeamt 1418 S. 20r. – Frankenburger S. 286.
[3] Frankenburger S. 291.
[4] Gewerbeamt 1631 S. 86v Nr. 39. – Frankenburger S. 291/292.

3/4/24; mer fúr p[ueri] Popn -/5/-. (1561) mer fúr p[ueri] Menntn 4/2/14; mer fúr p[ueri] Poppen -/5/-; mer fúr p[ueri] Piernprúnner -/-/7; mer folio 89 [Ewiggeld].[1] (1563) mer fúr p[ueri] Mennten 4/4/24; mer fúr p[ueri] Poppen -/5/-; mer fúr p[ueri] Piernprunner -/-/7; mer fúr p[ueri] Schwalbm -/5/4; mer fúr 2 fl nachsteur -/-/28; mer fúr die steur des [15]61ten jars von 34/5/- thuet 1/1/1,5. (1564/I-II, 1565) mer fúr p[ueri] Menntn 4/4/24; mer fúr p[ueri] Popen -/1/22,5; mer fúr p[ueri] Piernprunner (Wernprunner) -/-/7; mer fúr p[ueri] Schwalbm (Schwalben) -/5/4. (1565) sagt, [er] hab die 2 fl gelts Pfistermaister verkaufft etc. -/1/26. Notandum Pfistermaister zu suchen (?).

Jorg (Georg) Tilgar (Dillger, Tillger, Tilger) der elter (der alt) [Goldschmied[2], ∞ Maria Geisler[3]]
    St: 1559, 1560: 8/5/-, 1561: an chamer, 1563, 1564/I-II, 1565: 10/3/21
    StV: (1559) mer -/1/5 fúr p[ueri] Dilchinger; mer -/1/22,5 fúr p[ueri] ringler. (1560) mer fúr p[ueri] Tilchinger -/1/5, zalt nachsteur an chamer; mer fúr p[ueri] Risshamer -/1/22,5. (1561) zalt 10/3/21 den 13. Junii anno [15]62; mer fúr p[ueri] Melcher Rishamer -/1/22,5. (1563) mer fúr p[ueri] Rishamer -/1/8,5, zalt nachsteuer adi 12. Augusti an chamer; mer vom Pämferber nachsteur an chamer, zalt. (1564/I) vormundschafft vernachsteurt, nichil.

Hanns Paldauff St: 1563: -/2/-

Caspar Eysnman St: 1564/I-II: -/5/10 saltzsenndtersteur

Ernst Leyttingerin (Leittingerin)
    St: 1566/I: 1/-/2 juravit, 1566/II, 1567/I-II: 1/-/2, 1568: 2/-/4
    StV: (1567/II) mer fúr ire khinder -/3/25. (1568) mer fúr ire khinder 1/-/20.

Jsac (Ysac)[4] Melperger (Melwerger) goldschmid [aus München[5]]
    St: 1566/II, 1567/I-II: -/5/26, 1568: 1/4/22, 1569: 3/2/15
    StV: (1569) mer fur p[ueri] Khrausn -/3/25; mer fur p[ueri] Michel Mayr -/-/17,5.

Anndre Sanfftlin
    St: 1567/I-II: 5/-/-, 1568: 10/-/-, 1569: -/-/-
    StV: (1569) steurt bei der Enngen gassn.

Carl Steckhner[6] 1568

Jörg Hundt[7] hofschneider
    St: 1569: -/3/15, 1570: -/5/17,5 juravit
    StV: (1569) für sein hausfrau fúr ine gratia -/1/12 gratia.

Jórg (Geórg) wegmacher St: 1569: -/-/-, 1570, 1571: -/-/- hofsind

Landschaftstraße

Lage: 1372 hinter dem Stupffen in dem gaezzel.[8] 1389 „pei dem Sneperg". 1392 „auf dem Sneberg".[9]
Alte Straßennamen: 1394 „gaesslin, do dew alt Sanwelin dew júndin (!) an siczet".[10] 1395 „her Wilhalms gaessel". 1397/1400 „her Wilhalms und der Wecherin gaessel".[11] 1404-1411 „Schreiber gássel (gassen)".[12] 1420 „der Weckerin gässel".[13] 1457, 1475 „Klewbergaßl". 1525 „Kloibergassl, Kleubergassl".[14] 1481 Stadtschreibergässel.[1] 1729 „Landschaftsgasse".[2]

---

[1] An der angegebenen Stelle nicht auffindbar.
[2] Frankenburger S. 290.
[3] Vgl. HB KV S. 318 (Theatinerstraße 7).
[4] Gewerbeamt 1631 S. 87r Nr. 47. – Frankenburger S. 298/300. – StB 1566/II und 1567/II „Isac/Ysac" über getilgtem „Jorg", sonst immer Vorname „Jórg".
[5] Frankenburger S. 298/300.
[6] 1568 Name ohne nähere Angaben neben der Leittingerin am Rand stehend.
[7] „Hundt" 1569 über der Zeile eingefügt.
[8] GB I 22/14. – Gemeint ist Weinstraße 14. Zu den einzelnen Namen vgl. Stahleder, Haus- und Straßennamen.
[9] GB I 242/2, II 20/2.
[10] GB II 78/1.
[11] GB II 86/2 (1395), 124/5 (1397/1400). – KR 1399/1400 S. 24v.
[12] GB III 33/6, 69/1, 78/5, 94/12, 13, 107/15.
[13] KR 1420/21 S. 83r.
[14] BayHStA, KU Tegernsee 930 (6.11.1457); GUM 2549 und 2551 und StB. – Der Spruch an der Rathaus-Ecke ist irreführend. Der Name ist von einem Familiennamen abgeleitet, nicht „vom Mann, der Holz kliebt". Dieser hieß zudem in München „Holzhacker" und nicht Kloiber.

Die Zuordnung sowohl der Hauseigentümer als auch der sonstigen Bewohner macht in der Landschaftstraße nicht geringe Schwierigkeiten. Erst im 15. Jahrhundert gelingt sie einigermaßen. Beim Einsetzen der Steuerbücher ist hinter Stupf überhaupt nur ein einziger Steuerzahler auf der nördlichen Straßenseite festellbar, da die Draechslin und der Gerolt auf die Südseite der Straße gehören dürften.

Die hohe Steuersumme für ein Haus in dieser Gegend – der Nachbar Stupf zahlt zeitweise, wobei bei seiner Summe auch noch ein Haus in der Burgstraße eingeschlossen ist, genausoviel (10 Pfund) – legt den Schluß nahe, daß die ganze Häusergruppe Landschaftstraße 1 bis 4 in dieser Zeit in *einer* Hand ist, in der des Liendel Zeller. Ja wahrscheinlich hat auch noch mindestens Gruftstraße 7 dazugehört. Zeller ist als Hauseigentümer belegt am 6. Februar 1372, als ihm das Haus gepfändet wird. Dann ist er aus dieser Straße verschwunden. Erst 1388/90 erscheint der Komplex aufgeteilt.

Landschaftstraße 1 – 4
(mit Gruftstraße 7)

Hauseigentümer:

1372 Februar 6 dem Liendel Zeller wird vom Fronboten auf sein Haus „gelegen hintter dem Stupffen (Weinstraße 14) in dem gaezzel" wegen einer Schuld von 65 Gulden an den Wasserburger Bürger Heinrich den Reichel der Span gesetzt (es wird gepfändet).[3] Ebenso hat am selben Tag ein anderer Wasserburger Bürger, Ulrich der Weynman, ein Pfand von 60 Gulden für drei Salzscheiben aus des Zellers anderem Haus an der Kreuzgasse.[4] Zeller ist also Salzsender. Er handelt aber auch mit Tuch. Am **18. August 1371** schuldet er für gekauftes Gewand (Tuch) dem Konrad Schluder und Wernher dem Berghofer 99 ungarische und böhmische Goldgulden.[5] Im gleichen Jahr 1372 steht Zeller letztmals im Steuerbuch, dann ist ein Hauseigentümer in diesem Abschnitt der Straße bis 1388 nicht mehr feststellbar. 1388/90 erscheint das Areal aufgeteilt. Wahrscheinlich konnte Zeller die Pfandschaften nicht einlösen und das Haus hat den Eigentümer gewechselt.

Die beiden hierhergezogenen Bewohner könnten auch noch zu Weinstraße 14 B gehören.

Eigentümer Landschaftstraße 1-4:

* Liendel Zeller [Salzsender und Tuchhändler]
    St: 1368: 6/5/10, 1369: 10/-/-, 1371: -/-/- solvit flor[eno]s 6 to[tu]m, 1372: -/-/-
    StV: (1369) [am Rand und wieder getilgt:] solvit 8,5/-/18.

Bewohner Landschaftstraße 1-4:

relicta Jacobi Pózzpfenwert [Fragner] St: 1375: -/-/40
Hanns Arelshofer [Schneider[6]] St: 1378: -/-/-

Landschaftstraße 1

Lage: 1389 „pei dem Sneperg". 1392 „auf dem Sneberg".

Hauseigentümer:

Um 1372 Liendel Zeller.
1389 November 4 Anna die Güntherin übergibt ihre „hofstat" („Bauplatz", kein Haus !) „gelegen pei

---

[1] KR 1481/82 S. 108r „gepflastert in der statschreiber gässel". Gemeint ist damit sicher der Stadtschreiber Kirchmair, dem das Haus Weinstraße 14 B gehörte.
[2] Pläne.
[3] GB I 22/14.
[4] GB I 22/15.
[5] Wittmann, Urkunden-Regesten, ungedruckt. – Solleder S. 35.
[6] Vgl. Landschaftstraße 10*/11*.

dem Sneperg znachst des Stúppfen haus" (Weinstraße 14) dem Schuster Hans dem Ofenhauser.[1]

1392 Januar 20 der Schuster Ofenhauser übergibt sein Haus (!) „auf dem Sneber[g] znaechst an dez Wenigen dez obscher haws" (Landschaftstraße 2) an Meister Hans, den Koch des Herzogs Stephan.[2]

1397 Februar 13 Herzog Stephans Koch Hanns gibt das Haus, gelegen in Herrn Wilhalms und der Wecherin Gässel, weiter an den Goldschmied Hanns Wattenlech,[3] der es bereits am 15. Februar – wahrscheinlich zur Widerlegung der Kaufsumme – an den Hofkoch Hanns verpfändet.[4]

1397 August 3 „Hanns Watenlech der goltsmit" muß das Haus, „gelegen in der Weinstrazz znachst des Wenigleins haus" (Landschaftstraße 2), um 88 gute neue ungarische Gulden Hainrich dem Ochsen von Ingolstadt versetzen.[5]

1398 Januar 12 Hainrich Ochs von Ingolstadt verpfändet das Haus, „gelegen in der Weinstrazz znächst des Wenigel des obser haus" (Landschaftstraße 2) seinerseits wieder an Fridrich den Maler.[6]

Hier reißt der Faden ab. Erst ab 1462 sind wieder Hauseigentümer eindeutig faßbar. Vielleicht gehörte es dann eine Zeit zum Nachbarhaus Weinstraße 14 B und hatte deshalb vielleicht das gleiche Schicksal, vgl. 1464 März 16. Auch bei Landschaftstraße 2 hat Freising (das Obleiamt) ein Ewiggeld.

1462 domus Ullrich soldner (StB).

Stadtsöldner sind aber in dieser Zeit Ulrich Äsenhaimer (1450-1466) und Ulrich Liephart (1433/35-1461/62).[7]

1464 März 16 das Domkapitel Freising prozessiert um Ewiggelder aus den Häusern des Meisters Hanns Kirchmair (Weinstraße 14 B) und des Ulrich des Stadtsöldners.[8]

1486 domus Awer (StB).

1524-1529 domus Utz Zollner, domus Utz Frießhamer, Zollner (StB).

1540 Stallmeisters Haus (StB).

1545-1549/II domus Hanns Peckh (StB).

1550-1557 domus Jacob Kachler (StB)

1558-1570 domus Jacob Metzperger, (Hof-)Kellermeister (StB).

1571 domus Jacob Metzpergers erben (StB).

1574 laut Grundbuch (Überschrift) des Hannsen Saltzburgers Haus und Hof.[9]

1576 domus Hanns Salzperger (StB).

Offenbar sind fast alle diese Hauseigentümer Hofbedienstete, weil sie ab 1546 alle den gleichen Steuerbetrag zahlen und alle nur „de domo", weil sie ansonsten von der Steuer befreit sind.

Möglicherweise kam das Haus zur Zeit von Konrad Siber und den Antonitern an die Nachbarhäuser Weinstraße 14 und Landschaftstraße 2 mit Gruftstraße 7 und wurde dann jeweils unter Hofbediensteten weitergereicht. Auffallenderweise steht im Steuerbuch 1462 „meins herrn parbirer", also der herzogliche Hofbarbier.

Eigentümer Landschaftstraße 1:

* Liendel Zeller [um 1372]
* Anna Güntherin [bis 1389 November 4]
* Hanns Ofenhauser calciator [1389 November 4 bis 1392 Januar 20]
  St: 1390/I: -/-/72
* meister Hanns, Herzog Stephans Koch [1392 Januar 20 bis 1397 Februar 13]
* Hans Watenlech goltsmid[10] [seit 1397 Februar 13]
  St: 1397: -/3/6

(*) Hainrich der Ochs von Ingolstadt, Pfandinhaber [1397 August 3 bis 1398 Januar 12]

---

[1] GB I 242/3.
[2] GB II 20/2.
[3] GB II 124/5.
[4] GB II 124/11.
[5] GB II 128/4.
[6] GB II 132/2.
[7] R. v. Bary III S. 835/836.
[8] MB XXXV/II S. 371/374.
[9] Stadtgericht 207/1 (GruBu) S. 507v.
[10] Frankenburger S. 266.

(*) Fridrich der maler, Pfandinhaber [seit 1398 Januar 12]
* domus Ullrich [Äsenhaimer oder Liephart ?] soldner[1]
    St: 1462: -/-/16
    Steffan Awerin et pueri
    St: 1482: -/2/13
* domus Awer
    St: 1486: -/3/13
    StV: (1486) die erst nachstewer dedit Jorg Aschpeck.
* domus Utz zollner. 1527/I domus Utz Frießhamer zollner
    St: 1524-1526, 1527/I, 1528, 1529: annderßwo (anderßwo)
* stalmaysters haus 1540
* domus Hanns Peckh (Peckhen) [Barbier[2]]
    St: 1545: infra folio 71 col. 2 [= 71v, Ewiggeld], 1546-1548, 1549/I-II: -/2/10
* domus Jacob Kachler (Kachlers)
    St: 1550: -/2/10 dieser zeit, 1551/I-II, 1552/I-II: -/2/10 der zeit, 1553, 1554/I-II, 1555-1557: -/2/10
* domus Jacob Metzperger (Metzberger), 1558, 1559 hoffkellner, 1569 [Hof]kellermaister. 1566/I Jacob Metzperger. 1571 domus Jacob Metzpergers erben
    St: 1558: -/4/20, 1559, 1560: -/2/10, 1561: -/2/10 de domo, 1563: an chamer, 1564/I: -/4/- de domo, 1564/II, 1565: -/4/-, 1566/I: -/4/- von seinem hauß, 1566/II: -/4/- vom hauß, 1567/I-II: -/4/- de domo, 1568: 1/1/- de domo, 1569: -/4/- de domo, 1570, 1571: an chamer
    StV: (1561) mer ewig gelt folio 89v [= -/1/26 von 2 fl Ewiggeld]. (1564/I-II) mer von 2 fl gellts -/1/26.
** Hanns Saltzburger 1574 [GruBu, im StB erst seit 1576]

Bewohner Landschaftstraße 1:

malerin inquilina St: 1390/I: -/-/8
jung Holer scheffler St: 1392: -/-/12
Martein wurfler St: 1393: -/-/16
Jorig sneyder inquilinus St: 1397: facat
Herman schuster mit der beraitschaft St: 1399: -/-/-
Hanns sneyder von Holczkirichen. 1405/II, 1406 Holczkiricher (Holczkircher) sneider. 1407, 1408 Hanns Holczkiricher sneider
    St: 1400, 1401/I: -/-/60 für 3 lb, 1405/II: -/3/- iuravit, 1406: 0,5/-/-, 1407, 1408: 0,5/-/-
    Chuncz Reissenegk sneider [Stiefsohn von Holczkircher[3]] St: 1401/II: -/-/32 gracianus
    Ulrich sein [= des Holczkirchers] sun St: 1408: -/-/60 gracianus
Lewpoltin inquilina St: 1408: -/-/16 für nichil
Kunigund inquilina St: 1408: -/-/-
Eberl schuster St: 1415: -/-/60 fur10 lb, 1416: -/-/60 fur nichil, 1418: -/-/-
Hanns Prenner sneyder St: 1423: -/3/-
Hanns Schober schuster St: 1431: -/5/10 iuravit
    Chunrat Schober Sch: 1439/I: 1 t[aglon]
Wernher swertfeger inquilinus St: 1431: -/-/-
Hainrich Traubinger, 1439/I-II schuster, 1441/I inquilinus Sch: 1439/II, 1440, 1441/I: 1 t[aglon]
ain hoffraw inquilina Sch: 1439/II: -/-/-
Fridel (Fridrich) Planck, 1441/II, 1450 schuster
    Sch: 1441/II: 1 t[aglon], 1445: 1 knecht, dedit
    St: 1450: Liste
Peter Winhart, 1453, 1457, 1458 schuster[4] St: 1453-1458: Liste
appoteker inquilinus St: 1455: Liste

---
[1] Ulrich Asenhaimer 1450-1466 und Ulrich Liephart 1435/38-1461/62 Stadtsöldner, vgl. R. v. Bary III S. 835/836.
[2] Der Barbier Meister Hanns Peckh ist 1533-1535 städtischer Aderlasser, vgl. R. v. Bary III S. 1027.
[3] So laut GB III 161/10.
[4] Peter Winhart 1459 und 1461 Vierer der Schuster, 1463 „ist tod", vgl. RP.

Hanns Zwickawer inquilinus St: 1455: Liste
Urban Kremser [Goldschmied[1]] inquilinus St: 1456: Liste
Helt, meins hern parbirer inquilinus St: 1462: nichil
Steffan Filser schneider St: 1482: -/3/15
Wolfganng Hunger wirt St: 1523: 1/-/10 juravit
Hanns Weiß plattner
    St: 1525: -/-/21 gracion, 1526: -/2/20 juravit, 1527/I: -/2/20, 1527/II, 1528, 1529: -/2/29
[Jörg] Vogl schuster St: 1532: -/2/-
Michel Wernher plattner St: 1532: -/2/-
Neideckher in stalmaysters haus St: 1540: nihil das jar
Niclas Rausch messerschmid, 1545, 1546 Niclas Rauschin
    St: 1542: -/2/-, 1543: -/4/-, 1544: -/2/-, 1545: -/4/-, 1546: nihil, pauper

Landschaftstraße 2
(nach 1431 mit Gruftstraße 7)

Hauseigentümer:

1392 Januar 20 das Haus des Schusters Ofenhauser, künftig des Herzog Stephans Koch Hanns Haus (Landschaftstraße 1), ist „auf dem Sneber[g] zunaechst an dez Wenigen dez obscher haws" gelegen.[2]

1392-1398 auf des Wienigels Haus liegt ein Ewiggeld von 4 Gulden an das Obleiamt in Freising. Davon soll die Stadt jährlich eine Steuer von 3 Schillingen und 6 Pfennigen erhalten.[3]

Im Jahr 1400 nennt das Steuerbuch auch einen Eidam (Schwiegersohn) des Wenigel, ohne daß wir einen Namen erfahren. Es könnte sich um den Stadtwundarzt Swenninger (Tömlinger) handeln, da erstens ein anderer Besitzübergang nicht belegt ist und andererseits der Eidam des Wenigel keine Steuer zahlt, genauso wie auch der Wundarzt als städtischer Beamter steuerfrei ist.

1395 März 8 Chunrat der Wenigel und seine Hausfrau Agnes verpfänden ihr Haus in Herrn Wilhalms Gässel, gelegen zunächst an des von Abensberg Haus (Landschaftstraße 3), wegen 29 neuer ungarischer Gulden „Chunrad dem Schaew[er]lin".[4]

1397 August 3 das Haus des Watenlech (Landschaftstraße 1) liegt nächst dem Haus des Weniglein.[5]

1398 Januar 12 das Haus des Hainrich Ochs von Ingolstadt – nur Pfandinhaber ! – ist dem Haus des Wenigel des Obsers benachbart.[6]

1407 August 23 des Swenninger (gemeint: Tömlinger) des Arztes Haus ist dem Haus „genant der Sneperck", das jetzt dem Abt von Fürstenfeld, künftig dem Schneider Hanns dem Holczkircher gehört (Landschaftstraße 3), benachbart.[7]

1408 Mai 28 das Haus des Narciss des Swenninger [gemeint: Tömlinger] an der Schreibergasse ist dem Haus des Schneiders Hanns Holzkircher (Landschaftstraße 3) benachbart.[8]

1410 März 6 das Haus des Narciss Swenninger [gemeint: Tömlinger] ist dem Haus des Hans des Holzkirchers (Landschaftstraße 3) benachbart.[9]

Spätestens nach 1431 dürfte das Haus mit Gruftstraße 7 vereinigt worden sein. 1450 steht hier in der Steuerliste Fritz Paisweil, der Schreiber von Konrad Siber, der ab 1458 Hauseigentümer von Gruftstraße 7 ist und dann wohl auch Eigentümer von diesem Haus an der Landschaftstraße.

Auffallend ist auch die Tatsache der gleichen Grenzlinie der Häuser Landschaftstraße 2 und Gruftstraße 7 sowohl zu den Häusern im Westen (Landschaftstraße 1 und Weinstraße 14 A) als auch zu denen im Osten (Landschaftstraße 3 und Gruftstraße 6). Auch diese Grenzlinien lassen den Schluß zu, daß die beiden Grundstücke ursprünglich eine Einheit bildeten.

Von daher wäre es durchaus naheliegend, daß Gruftstraße 7 als Pertinenz zu Landschaftstraße 2 zur

---

[1] Frankenburger S. 272.
[2] GB II 20/2.
[3] Steueramt 982/1 S. 27r.
[4] GB II 86/2.
[5] GB II 128/4.
[6] GB II 132/2.
[7] GB III 69/1.
[8] GB III 78/5.
[9] GB III 94/12, 13.

Zeit von Narciss Swenninger, dem Stadtwundarzt, an die Antoniter kam, die ja ein Krankenpflegeorden waren und Spitäler betrieben. Es wurde deshalb vermutet, daß die Antoniter auch in München ein Spital betrieben haben. Nur wußte man bisher nicht, wo es gewesen sein könnte.[1]
Möglicherweise gehörte nach 1398 auch das Haus Landschaftstraße 1 zu diesem Komplex, da es von da ab in den Quellen nicht mehr erkennbar ist bis zur Zeit nach Paisweil, also 1462.
Daß der Name Schneeberg oder auf dem Schneeberg – allerdings schon 1392 – auch auf das Haus Landschaftstraße 1 angewendet wird, könnte eine Namensübertragung von Gruftstraße 7 über Landschaftstraße 2 sein und noch auf die zeitweise Zusammengehörigkeit der drei Grundstücke hindeuten – vielleicht schon unter Lienhard Zeller –, wie dies beim Nachbarhaus Landschaftstraße 3 mit Gruftstraße 6 eindeutig belegt ist.
1490 nennt hier das Steuerbuch schon den Schuster Teisl, den für 1525 auch schon das Gerichtsbuch und 1531 das Grundbuch als Hauseigentümer ausweisen.
1525 April 7 das Haus des Schusters Teusl „im Kloibergessl" ist dem Haus der Hausfrau Anna des Arsaci Bart, künftig des Schlossers Michel Amareller (Landschaftstraße 3), benachbart.[2]
1531 Dezember 16 der Schuster Hanns Teisel und seine Hausfrau Catharina verkaufen 4 Gulden Ewiggeld um 80 Gulden Hauptsumme aus dem Haus.[3]
1535 Januar 16 erneuter Ewiggeldverkauf des Ehepaares Teisel (4 Gulden um 80 Gulden) (GruBu).
1536 November 9 wieder Ewiggeldverkauf des Ehepaares Teisel (1 Gulden um 20 Gulden) (GruBu).
1574 Mai 12 der Kistler Jacob Bunnemacher und seine Hausfrau Helena verkaufen dieses Haus und die Hofstatt, so ihnen auf der Gant heimgegangen war, ihrem Schwager und ehelicher Schwester Hanns Minnsinger, Kistler, und seiner Hausfrau Anna um 300 Gulden rheinisch (GruBu).
1574 laut Grundbuch (Überschrift) des Hanns Minnsinger Kistlers Haus.

Eigentümer Landschaftstraße 2:

* [Chunrat] Wenigel (Wienigel), 1390/I-1401/II fragner [∞ Agnes]
    St: 1388: -/-/24 non juravit, 1390/I-II: -/-/32, 1392: -/-/48, 1393, 1394: -/-/64, 1395: -/-/60 für zehen lb, 1397, 1399, 1400, 1401/I: -/-/60 für 10 lb, 1401/II: -/-/80 für 10 lb, iuravit
  und sein aydem
    St: 1400: -/-/-
* Narcis [Tömlinger] [Stadt]wuntarcz[4]
    St: 1405/I: -/-/-
* domus Narcis [Tömlinger], 1406-1408 wuntarcz[t]. 1431 relicta Narczissin
    St: 1405/II: -/-/-, 1431: -/-/34
* Steffan Narcziss [Tömlinger]
    St: 1431: -/-/- hat ain rat ledig lassn
* ab etwa 1442 Eigentümer wie Gruftstraße 7 (Siber, Antonier, Peissweil)
** Hanns Deysel (Teisel, Teußl, Teißl),[5] 1490-1500, 1509, 1514, 1523-1527/II, 1529, 1532, 1540 schuster (schuchmacher), 1540, 1541 alt (der elter) [∞ Catharina]
    St: 1490: -/3/7 juravit, 1496: -/3/7, 1500: -/5/11, 1508, 1509: 1/2/17, 1514: Liste, 1522-1526, 1527/I: 1/-/20, 1527/II, 1528, 1529, 1532: 1/-/9, 1540, 1541: -/2/19
    Andre Pastorffer schneider [Schwiegersohn des vorigen]
    St: 1540-1542: -/2/-, 1543: -/4/-
* Hanns Deysl (Teysl) schuester, 1544 der jung
    St: 1543: -/5/10, 1544: -/2/20, 1545: -/5/10, 1546-1548, 1549/I-II, 1550, 1551/I-II, 1552/I-II: -/2/20, 1553, 1554/I: -/2/-
    StV: (1546-1552/I) mer -/1/27 für seine kinder. (1552/II) mer -/1/17 für seine kinder. (1553, 1554/I) mer -/-/28 für sein son.

---

[1] Mischlewski, Die Antoniter S. 480/487.
[2] GB IV S. 72r.
[3] Stadtgericht 207/1 (GruBu) S. 504v.
[4] Narciss ist 1398-1407 und 1414-1427 Stadtwundarzt, gest. Anfang 1428, vgl. KR „Amtleute" und R. v. Bary III S. 1015. Nur in den Jahren 1398 und 1415 mit Familiennamen „Tömlinger", sonst immer nur mit Vornamen genannt und 1425-1527 „Narciss wuntarczt", vgl. KR 1398/99 S. 45r, 1415/16 S. 25v, 1425/26 S. 32r, 1426/27 S. 33r, 1427/28 S. 31r. Nur das Gerichtsbuch nennt ihn 1407, 1408 und 1411 Narciss „Swenninger".
[5] Hanns Teissl 1497, 1498, 1500, 1501, 1503-1509, 1511-1514, 1517-1520 Vierer der Schuster, vgl. RP.

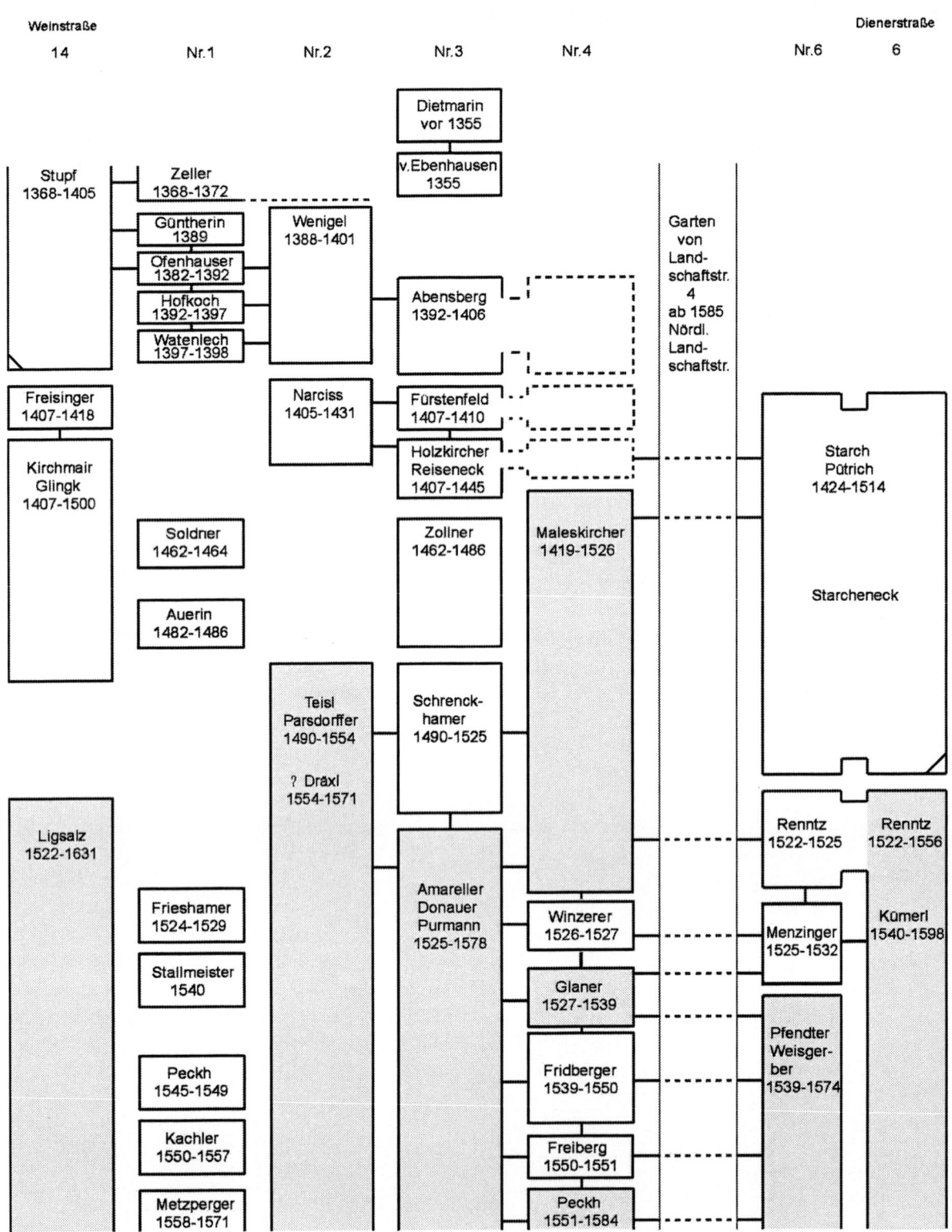

Abb. 32 Hauseigentümer Weinstraße 14, Landschaftstraße 1 – 6, Dienerstraße 6.

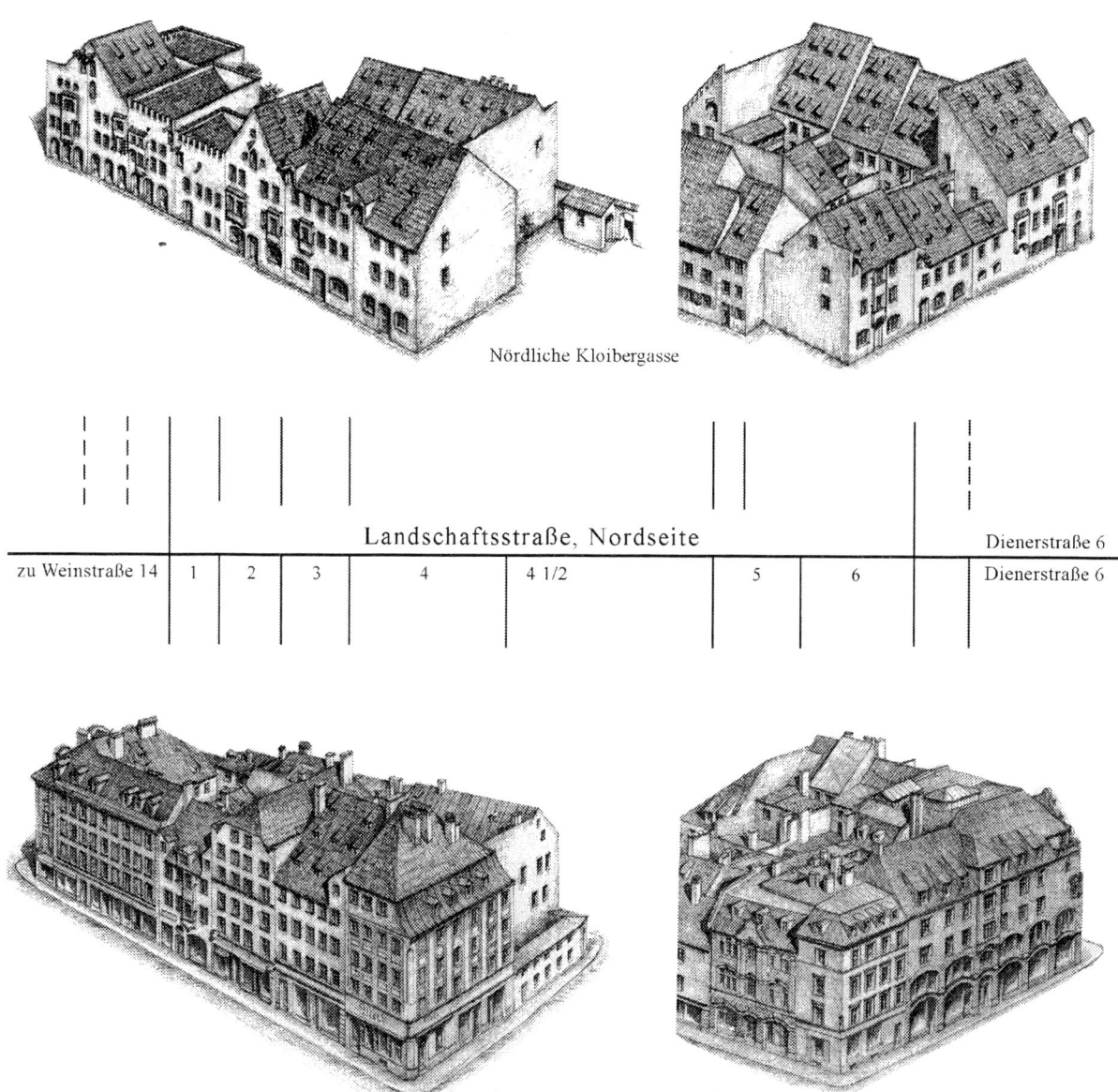

Abb. 33 Weinstraße 14, Landschaftstraße Nord Nr. 1 – 6, Dienerstraße 6, Montage aus Häuserbuch Graggenauer Viertel S. 120/121.

Caspar Dräxl, 1555-1561, 1564/I-1571 kistler [Schwiegersohn von Deysl ?]
: St: 1554/II: -/-/21 gracion, 1555: -/4/3 juravit, 1556, 1557: -/4/3, 1558: 1/1/6, 1559, 1560: -/4/3, 1561, 1563, 1564/I-II, 1565, 1566/I-II: -/2/-, 1567/I: -/4/10, 1567/II: -/-/-, 1568: -/-/- an chamer, 1569: -/-/-, 1570, 1571: -/3/21
: StV: (1554/II) mer -/4/16 von wegen seiner hausfrau, wie die pfleger gesteurt haben, soll hinfúro schwern. (1567/I) zuegesetzt seines vattern erb. (1570) mer fúr 4 versessn steur 2/3/21.
** Jacob Bunnemacher, Kistler [∞ Helena, bis 1574 Mai 12]
** Hanns Minnsinger, Kistler, Schwager der vorigen [∞ Anna, seit 1574 Mai 12]

Bewohner[1] Landschaftstraße 2:

Hainrich Loffler inquilinus St: 1388: -/-/24 juravit
relicta Schaẃerlin inquilina [et] filia eius inquilina St: 1388: -/-/12 juraverunt
Angnes inquilina St: 1390/II: -/-/-
Erhart prew St: 1390/II: -/-/-
Prentmerin inquilina St: 1390/II: -/-/20
Maecz inquilina St: 1393: -/5/26, 1394: 0,5/-/-
Ruedl chaefl St: 1393: -/-/64
H[ainrich ?] Cóchprunner amer[2] inquilinus. 1395, 1397 Kóchprunner aymer, 1397 inquilinus
: St: 1394: -/-/24, 1395: -/-/60 fur sechs lb, 1397: -/-/56 für 6 lb
Anna inquilina St: 1394: -/-/16
Óttin zimbermanin inquilina St: 1395: -/-/60 für zehen lb
Wilhalm stainmess (stainmessel), 1401/I-II inquilinus
: St: 1399: -/-/16 gracianus, 1401/I: -/-/16 gracianus, 1401/II: -/-/28 fur nichil, iuravit
Chunrat goltsmid St: 1399: -/-/60 fur 10 lb
Chuncz maler, 1416 inquilinus St: 1416: -/-/28 gracianus, 1419: -/-/60
Peter Lufft salbwrch[3] St: 1423: -/-/60 gracianus
Chunrat Farcher [Salzsender[4]], 1431 et uxor
: St: 1431: 2/-/-
: StV: (1431) des Haingartner patrimonium, et dedit -/-/30 sua gracia von 80 gulden reinisch.
: Sch: 1439/I: 3 t[aglon]
: pueri Hanns Haingartner Sch: 1439/I: 0,5 t[aglon]
Hanns Snaterpeck Sch: 1440: 2,5 t[aglon], 1441/I-II: 1 t[aglon]
Anna Ápplin Sch: 1441/II: 0,5 t[aglon]
Magdalen inquilina Sch: 1441/II: 0,5 t[aglon]
Fricz Paissweil [Schreiber] St: 1450: Liste
Hanns Nussplinger sneider St: 1490: -/6/-
Hanns Ziegler sneider[5] St: 1500: -/-/24 gracion
Bartlme lernmaister St: 1522, 1523: -/2/-
Wolfganng Rieger [Schneider ?[6]] St: 1528: -/2/-
Jeronimus Múllner goltschmid St: 1529: -/2/4
Fórstlin naterin St: 1532: -/2/-
Wastian (Sebastian) Fennt (Vennt) St: 1544: -/2/-, 1545: -/4/-
Michel Linckh (Leng) glaser
: St: 1546, 1547: -/3/5
: StV: (1547) ad 21. Januari anno [15]48ten zalt an chamer -/12/- für 3 nachsteur.
Jórg Háckhl (Häckhlin), 1548 wirtin St: 1548, 1549/I: -/2/-

---

[1] Manche können auch zu Landschaftstraße 3 und/oder 4 gehören.
[2] Der Köchprunner, immer ohne Vornamen, ist schon 1369, 1377 und 1378, dann wieder 1392, 1393, 1396, 1400, 1401, 1403 und 1405 als Weinamer belegt, vgl. R. v. Bary III S. 961/963.
[3] Der Lufft ist von 1427-1435 Stadtuhrmeister, vgl. R. v. Bary III S. 1013.
[4] Konrad Farcher ist 1443-1446 und 1459 als Salzsender (Krötler) belegt, 1461 und 1464 auch Vierer der Salzsender, vgl. RP und Vietzen S. 145.
[5] Hanns Ziegler ist 1512 Vierer der Schneider, vgl. RP.
[6] Einen Schneider Wolfgang Rieger gibt es 1525-1527/II bei Weinstraße 2. Gleichzeitig nennt sich aber auch ein Kornmesser Wolfgang Müller „Rieger", vgl. Kaufingerstraße 37.

Warbara Kienwergerin, 1549/I Warbara St: 1548, 1549/I: -/2/-
Jorg Mays púxnmaister St: 1548: -/2/-
Sebolt Flúckhin St: 1548, 1549/I: -/2/-
Hanns Grasser, 1550, 1551/I kúrsner St: 1550, 1551/I-II, 1552/I-II: 1/1/18, 1553, 1554/I: -/2/-
Andre Hueber visierer[1] St: 1554/II-1558: nihil
Paungartnerin (Paungartner) schneiderin
    St: 1559-1561, 1563: -/2/-
      Jórg (Georg) Paungarttner schneider
        St: 1564/I: -/-/28 gracia, 1564/II, 1565, 1566/I-II, 1567/I-II: -/2/-, 1568: -/4/-, 1569: -/2/-, 1570: an chamer

Landschaftstraße 3
(um 1400 mit Landschaftstraße 4, 1400 und 1462 mit Gruftstraße 6)

Lage: 1408 „an dem Sneperg".
Name: 1407 „der Sneperck".

Hauseigentümer:

1355 Mai 25 der Küchenmeister des Markgrafen Ludwig von Brandenburg, Perchtold von Ebenhausen und seine Gemahlin Kunigunde, stiften ein Seelgerät an das Kloster Fürstenfeld aus ihrem Haus, das einst der Dietmarin Kind gehört hatte und das gelegen ist „ze München in der stat in der Schreibergassen in Unser Frauen Pfarr".[2]
Da nur bei diesem Haus Landschaftstraße 3 später das Kloster Fürstenfeld wieder auftaucht (1407-1410) und ausgerechnet bei diesem Haus auch 1407 und 1411 wieder die Lagebezeichnung „in der Schreibergassen", dürfte sich auch dieser Beleg von 1355 hierher beziehen. Demnach ist Hauseigentümer in der Zeit vor 1355 das Kind der Dietmarin, dann um 1355 der markgräfliche Küchenmeister Berthold von Ebenhausen. Sie alle sind beim Einsetzen der Gerichts- und Steuerbücher 1368 schon aus den Quellen verschwunden. Ebenfalls hierher gehört demnach auch die Urkunde von 1406, in der es um zwei Häuser des Klosters Fürstenfeld geht, beide gelegen zu München in Unserer Frauen Pfarr „auf dem Schneeberg", wozu ein Nachtrag aus viel späterer Zeit (nach 1678) sagt: [wir] „haben deren keins mehr".[3]
Der erste danach wieder klar zuweisbare Hauseigentümer ist wieder ein Mann aus dem engsten Umkreis des Stadt- und Landesherrn, der künftige oder der ehemalige Viztum von Oberbayern, Albrecht oder Johann von Abensberg.
Nicht feststellbar ist, nach welchem Schreiber die Straße benannt ist. Er muß ja bereits vor 1355 in dieser Straße gelebt, vielleicht ein Haus gehabt haben. Es dürfte sich wohl eher um einen herzoglichen als um einen Stadtschreiber gehandelt haben.
1392-1398 aus des von Abensberg Haus geht ein Ewiggeld in der beträchtlichen Höhe von vier Pfund Münchner Pfennigen an das Kloster Fürstenfeld.[4]
1395 März 8 das Haus des Chunrad und der Agnes Wenigel (Landschaftstraße 2) ist zunächst an des von Abensberg Haus gelegen.[5] Es handelt sich dabei entweder um den Viztum von Oberbayern (1375/76) Johann von Abensberg, der laut Hundt 1397 starb und „hat das erste bayerische Bündnis durch die Landständ zu München anno 1392 aufgericht helffen fertigen". 1389 hatte er das Karmelitenkloster in Abensberg gegründet,[6] wahrscheinlich ist aber eher Albrecht von Abensberg gemeint, der 1405/06 Viztum von Oberbayern wurde.[7]

---

[1] Andre Hueber ist seit 1553 bis nach 1560 als Weinvisierer belegt, vgl. R. v. Bary III S. 971.
[2] MB IX S. 193.
[3] BayHStA, KU Fürstenfeld 366 S. 224.
[4] Steueramt 982/1 S. 27v.
[5] GB II 86/2.
[6] Hundt, Stammenbuch I S. 16.
[7] Vgl. von Andrian-Werburg, Urkundenwesen S. 110, 117.

1405/II, 1406 domus dez von Abensperg (StB).

1407-1410/I domus abatis de Fürstenveld (StB).

1407 August 23 das Haus „genant der Sneperck und ist gelegen an der Schreiber gassen, znächst Narcissen des Swenninger des arczt haus" (Landschaftstraße 2) wird von einem Bevollmächtigten von Abt und Konvent des Klosters Fürstenfeld um 160 Gulden dem Schneider „Hansen dem Holczkircher" übergeben.[1]

1408 Mai 28 „Hanns Holczkircher der sneider" verpfändet sein Haus, gelegen an der Schreibergasse, genannt „an dem Sneperg, znächst Narcissen des Swenninger haus [Landschaftstraße 2] und Hansen des Pútreich sálig kinder haus" (Dienerstraße 6 mit Landschaftstraße 6), in seinem eignen und in Chunrad des Reisenegk und seines Sohnes Ulreich des Holczkircher Namen, für 160 Gulden an das Kloster Fürstenfeld.[2]

1410 März 6 und

1411 November 6 „Hanns der Holczkircher hat seinew zwai háwser, hinden und vorn, das ain genant an dem Sneperg [Gruftstraße 6], das ander gelegen an der Schreiber gassen, znächst Narcissen des Swenninger haus" (Landschaftstraße 2), also hat er sie beide halbe Häuser seinem Sohn „Ulrichen dem Holczkircher" übergeben.[3]

Der Sohn von Hanns Holzkircher, namens Ulrich Holzkircher, dürfte identisch sein mit Ulrich Reisenegk, der an anderer Stelle (1415) als Stiefsohn[4] des Holzkircher bezeichnet wird und der das Haus bis nach 1439 besitzt. 1445 hat es noch ein Chunrat Reiseneck, wohl der 1408 und 1415 schon genannte Bruder des Ulrich Reiseneck.

1462 domus Gasper [Winzerer] zollner (StB). Kaspar Winzerer ist auch Eigentümer von Gruftstraße 6. 1490 ist durch das Steuerbuch hier bereits Jörg Schrenckhamer nachgewiesen. Er ist 1501 bis 1516 wiederholt Vierer der Salzsender (Krötler), ab 1507 sogar jedes Jahr.[5] Seine Hausfrau Katharina ist am 11. Juni 1529 als Schwester von Kaspar Maleskircher bezeichnet, also ist sie eine Tochter des Malers Gabriel Maleskircher.[6]

1513 o. D. und

1516 August 30 das Haus des Jörg Schrenckhamer im Klewbergassl ist dem Haus des Kaspar Maleskircher (Landschaftstraße 4) benachbart.[7]

1525 April 7 Anna (geborene Schrenckhamer), die Hausfrau des Arsaci Bart, verkauft ihre eigene Behausung „im Kloibergessl", gelegen zwischen den Häusern des Caspar Meleskhircher (Landschaftstraße 4) und des Schusters Teusl (Landschaftstraße 2) an den Schlosser Mathes (!) Amareller und seine Hausfrau Katharina.[8] Anna Bart wird am 12. Dezember 1525 als Anna Schrenckgamer, Hausfrau des Arsaci Bart, bezeichnet,[9] ist also eine Tochter der Witwe Schrenckhamer, geborene Maleskircher. Die Witwe Schrenckhamer findet man dann ab 1525 in der Kaufingerstraße 9 in den Steuerbüchern, im Haus der Tochter und des Schwiegersohnes Arsaci Bart. Der Vorname Mathes für Amareller ist ein Irrtum. Er heißt in allen anderen Quellen Michel.

1525 Oktober 26 das Ehepaar Michael und Katharina Amereller erwirbt ein Lichtrecht von den Hausnachbarn, dem Ehepaar Caspar und Veronika Mäleßkircher (Landschaftstraße 4).[10]

1526 Juni 2,

1527 September 20 und 24,

1528 Mai 25 und

---

[1] GB III 69/1.

[2] GB III 78/5.

[3] GB III 94/12, 13 und 107/15 (hier Variante „... das ain gelegen an dem Sneperg, daz ander gelegen an der Schreiber gassen").

[4] GB III 161/10.

[5] Vgl. RP.

[6] GB IV S. 176v (zweimal), vgl. auch S. 195r vom 8.3.1530.

[7] Zimelie 27a (Stiftungsbuch Reiches Almosen) S. 60r (1513). – BayHStA, Bayerische Landschaft Urk. 30.8.1516.

[8] GB IV S.72r.

[9] GB IV S. 89v.

[10] BayHStA, Bayerische Landschaft, Urkunde 26.10.1525.

1532 Mai 4 und **August 14** das Ehepaar Amereller ist jeweils Nachbar des Ehepaares Glaner beziehungsweise Caspar Wintzerer (Landschaftstraße 4).[1]

1540/41-1544 das Heiliggeistspital hat ein Ewiggeld aus Michel Amerellers Haus an der Kleubergasse. 1544 ist der Eintrag wieder getilgt.[2]

1550 September 20 der Büchsenmacher Peter Donauer, wahrscheinlich ein Schwiegersohn der Amareller, wird als Nachbar des Hauses von Cristoff Fridbergers Witwe, künftig des Pankraz von Freyberg (Landschaftstraße 4), angegeben.[3]

Ebenso dürfte der Uhrmacher Peter Peckh ein Schwiegersohn der Amarellerin sein, wie ein Vermerk im Steuerbuch von 1552/II nahelegt und der gleiche Vorname seiner Ehefrau und der Amarellerin. Das Ehepaar Peckh kauft am 30. September 1551 das Nachbarhaus Landschaftstraße 4.

1551 September 28 siehe 1560 August 13.[4]

1551 September 30 das Haus des Michael Amereller ist dem Haus des Pangraz von Freyberg, künftig des Ehepaares Pegkh (Landschaftstraße 4), benachbart.[5]

1552 August 20 der Uhrmacher Michael Amareller verkauft aus dem Haus ein Ewiggeld von 5 Gulden um 100 Gulden Hauptsumme (GruBu).

1553 Januar 3 der Uhrmacher Michael Amareller und seine Hausfrau Margaret verkaufen ein Ewiggeld von 5 Gulden um 100 Gulden (GruBu). Weitere Ewiggeldverkäufe dieses Ehepaares am:

1556 Februar 21 (1 Gulden um 20 Gulden) (GruBu),

1559 Dezember 11 (1 Gulden 45 Kreuzer um 35 Gulden) (GruBu).

1560 August 13 der Uhrmacher Michael Amareller verkauft ein Ewiggeld von 6 Gulden um 120 Gulden Hauptsumme aus dem Haus. Das ist ein neuer Hauptbrief, weil der alte vom 28. September 1551 „abgethan worden" ist (GruBu).

1562 Januar 10 Michael Amerellers Haus ist dem Haus der Büchsenmachereheleute Peter und Catherina Peckh (Landschaftstraße 4) benachbart.[6]

1562 Januar 11 (1 Gulden um 20 Gulden) und

1562 März 24 (2 Gulden um 40 Gulden) weitere Ewiggeldverkäufe des Ehepaares Michael und Margaret Amareller aus diesem Haus (GruBu).

1562 September 16 die Witwe Margaret des Michael Amareller verkauft ihrer Mutter Gertraud Schaidenreisserin einen Gulden Ewiggeld um 20 Gulden Hauptsumme (GruBu).

1563 Juni 28 nunmehr sind des Michael Amareller seligen Erben Nachbarn des Ehepaares Peckh (Landschaftstraße 3).[7]

1565 April 12 und

1566 März 6 immer noch ist das Haus des Michael Amereller dem Haus des Ehepaares Peckh (Landschaftstraße 4) benachbart.[8]

1567 Juli 24 der Uhrmacher Christoff Purman und seine Hausfrau Margaret (verwitwete Amareller) verkaufen ihrer Schwieger(mutter) und Mutter Gertraut Schaidenreisserin ein weiteres Ewiggeld von 5 Gulden um 100 Gulden Hauptsumme (GruBu).

1570 Januar 21 das Haus des Uhrmachers Christoff Wurbner (!) ist dem Haus der Büchsenmachereheleute Peter und Catherina Peckh (Landschaftstraße 4) benachbart.[9]

1574 laut Grundbuch (Überschrift) des Christoph Purman Uhrmachers Haus.

Eigentümer Landschaftstraße 3:

* der Dietmarin Kind [vor 1355 Mai 25]
* Perchtold von Ebenhausen, Küchenmeister [∞ Kunigund, um 1355 Mai 25]

---

[1] BayHStA, Bayerische Landschaft, Urkunde 2.6.1526, 20. und 24.9.1527, 25.5.1528, 4. und 14.5.1532. – GB IV S. 143r (24.9.1527).
[2] Heiliggeistspital (Rechnungen) 176/30 (1540/41) erstmals, 176/33 (1544) S. 41v letztmals.
[3] BayHStA, Bayerische Landschaft, Urkunde 20.9.1550.
[4] Stadtgericht 207/1 (GruBu) S. 501v/502r.
[5] BayHStA, Bayerische Landschaft, Urkunde 30.9.1551.
[6] BayHStA, Bayerische Landschaft, Urkunde 10.1.1562.
[7] BayHStA, Bayerische Landschaft, Urkunde 28.6.1563.
[8] BayHStA, Bayerische Landschaft, Urkunde 12.4.1565 und 6.3.1566.
[9] BayHStA, Bayerische Landschaft, Urkunde 21.1.1570.

* domus dez [Albrecht] von Abensperg [Viztum in Oberbayern[1], seit vor 1395 März 8]
    St: 1405/II: -/-/-, 1406: 1/-/-
* domus abatis de Fúrstenveld
    St: 1407, 1408: 1/-/-
    StV: (1410/I) daz habent die Holczkiricher in ir stewr genomen.
* Hanns Holczkiricher (Holczkircher), 1410/II-1413 sneyder
    St: 1410/I: -/6/- iuravit, 1410/II: 1/-/-, 1411: -/6/-, 1412, 1413: -/-/-
* Ulrich sein [= des Holzkirchers] [Stief]sun. 1411 Ulreich sneyder. 1412-1431 Ulrich Reysenegk (Reisneck, Reisnhegk). 1412-1416, 1419 sneyder
    St: 1410/I: -/13/- iuravit, 1410/II: 2/-/80, 1411: -/14/-, 1412: 2/-/80, 1413: 2/-/- iuravit, 1415: -/21/-, 1416, 1418, 1419: 3,5/-/-, 1423: 3/6/-, 1424: -/10/- hat zalt, 1428: 8 gross, 1431: -/14/4 iuravit
    StV: (1428) für sich, sein hausfrau und sein ehalten. (1431) et dedit -/3/6 von 4 gulden ewigs gelcz fur den Praschner.
    Sch: 1439/I-II: 1 t[aglon]
* Chunrat Reisneck [Bruder des vorigen]
    Sch: 1445: 1 knecht
* domus Gasper [Winzerer] zollner
    St: 1462: nichil, ist [herzoglicher] ratt
    junckfraw [Winzerer] von Töltz
    St: 1482: nichil, 1486: -/2/15
* dann Eigentümer wie Gruftstraße 6
* Jörg (Georg) Schrenckhamer [Salzsender (Krötler) und Weinschenk äußerer Stadtrat,[2] ∞ Katharina, Schwester von Gabriel Maliskircher]. 1522-1524 relicta (Jörg) Schrenckhamerin
    St: 1490: 4/2/25, 1496: 4/6/5, 1500: 9/7/11, 1508, 1509: 10/7/23, 1514: Liste, 1522: 9/3/7, 1523, 1524: 4/4/25
    StV: (1490) seiner hausfrau heyratgut zugesetzt. (1496) et dedit -/4/3 von 100 und 40 gulden reinisch, die ain gast im handel bey im hat. (1500) et dedit -/2/24 von 3 gulden geltz fur Jorg Pettinger. (1522) für irs haußwirts Jörg Schrenckhamers patrimonium.
* Anna Part, geborene Schrenckhamer, ∞ Arsaci I. Part [bis 1525 April 7]
* Michel Amereller, 1525, 1527/I-II, 1529, 1532 schlosser [Uhrmacher[3], ∞ Katharina]. 1541-1552/II Michel Amarellerin
    St: 1525, 1526, 1527/I-II, 1528, 1529, 1532, 1540: 1/2/15, 1541: 1/2/15 patrimonium, 1542: 1/2/15, 1543: 2/5/-, 1544: 1/2/15, 1545: 2/5/- matrimonium, 1546-1548, 1549/I-II, 1550, 1551/I-II, 1552/I: 1/2/15
    StV: (1546-1549/I) matrimonium ist noch unvertailt. (1549/II-1552/I) ist (noch) unvertailt. (1552/II) haben die erbn zugsetzt.
    Peter Peckh, 1540-1551/II urmacher, 1552/II púxnmacher [∞ Katharina, geb. Amareller ?]
    St: 1540-1542: -/2/-, 1543: -/4/-, 1544: -/2/-, 1545: 2/-/4, 1546-1548, 1549/I-II, 1550, 1551/I-II, 1552/I: 1/-/2, 1552/II: 1/-/3
    StV: (1552/II) sambt dem zusatz seiner schwiger[mutter] [der Amarellerin] erb.
* Peter Donauer [Schwiegersohn von Amareller ?, Büchsenmacher, 1550 September 20]
** Michel Amareller (Amereller) [der jüngere, ∞ Margaret, Tochter der Gertrud Schaidenraisserin], 1556 schlosser[4] [Uhrmacher[5]]. 1564/II Michel Amerellerin
    St: 1552/II: -/6/23, 1553, 1554/I-II, 1555-1557: -/2/24, 1558: -/5/18, 1559, 1560: -/2/24, 1561, 1563, 1564/I-II: -/2/15

---

[1] Albrecht von Abensberg 1405/06 Viztum in Oberbayern, vgl. von Andrian-Werburg, Urkundenwesen S. 110.
[2] Jörg Schrenckhamer ist 1501, 1505, 1507-1516 Vierer der Salzsender, vgl. RP, 1500 wird Jörg Schrenckhamer auch in die Zunft der Weinschenken aufgenommen, vgl. Gewerbeamt 1418 S. 11r. – Jörg Schrenckhamer 1508-1516 äußerer Stadtrat, 1497, 1498, 1500-1504 Viertelhauptmann von der Gemain im Graggenauer Viertel, vgl. RP. – Schreibweise teils Jörg Schrenckelmair und als solcher 1492-1496 und 1499 schon Mitglied der Gemain.
[3] Meister Michel Amereller 1514-1516 Stadt-Uhrmeister, dann sein Schwager (ohne Namen) von 1517-1518, vgl. R. v. Bary III S. 1013.
[4] So laut Steuerbücher.
[5] So laut Grundbuch und anderen Quellen.

StV: (1552/II) von wegen seiner hausfrau heiratguet und seiner mueter erb; mer -/1/5 gracion.
* Michel Amarellers sel. Erben [1563 Juni 28]
** Christoff Porman urmacher [∞ Margaret, verw. Amareller, geb. Schaidenraisser]
    St: 1565, 1566/I-II, 1567/I-II: -/2/15, 1568: -/5/-, 1569-1571: -/2/24

Bewohner Landschaftstraße 3:

Chunrat Wirshawser inquilinus, 1416 Wirshawser [Weinschenk[1]]
    St: 1415: -/-/60 fúr nichil, 1416: -/-/60
Eberl schuster St: 1419: -/-/-
Jacob maler inquilinus St: 1423: -/-/-
Andre Pawr pecknknecht inquilinus St: 1423: -/4/- groz, gracianus
Aendel kochin inquilina St: 1423: -/-/15
Ludel holczhacker inquilinus St: 1423: -/-/40
Gred weberin inquilina St: 1423: -/-/15
Ulrich kornmesser St: 1428: 8 gross, ipse et uxor
Chunrat Kratzer inquilinus St: 1428: 2 gross, ipse et uxor
relicta Fridlin inquilina St: 1428: dedit 1 grossen
Ulrich Kúnig [Kürschner[2]] inquilinus St: 1428: 2 gross, ipse et uxor
Erhart tagwercher St: 1428: dedit 1 gross
[Konrad] Ruelant, 1445 schuster, 1450 der Ruelantin man
    Sch: 1445 1 knecht, dedit
    St: 1450: Liste
Ulrice Perger schreiber St: 1453:Liste
Jorg Fráshauser St: 1455, 1458: Liste
Hanns pfelweczer [= Pfeilweczer] St: 1456: Liste
Jacob pogner [Salwurch[3]] St: 1457: Liste
Ulrich sóldner[4] St: 1457: Liste
Lienhart Saldnawer [Kramer ?[5]] St: 1458: Liste
Six (Sixt) Perckhamer sporer[6]
    St: 1552/II: -/-/28 gracion, 1553, 1554/I-II, 1555: -/2/-, 1566/II: -/2/-, 1567/I-II: an chamer,
        1568: an chamer -/4/-, 1569: -/-/- der zeit, 1570: an chamer
    StV: (1567/I) zalt -/2/- adi 23. Octobris.
Hanns Zwinckhner [Geschmeidmacher ?]
    St: 1556, 1557: -/2/-, 1558: -/4/-, 1559, 1560: -/2/-, 1561, 1563, 1564/I: -/2/16
    StV: (1563) mer fúr p[ueri] Jorg Fenndt -/-/14. (1564/I) mer fúr p[ueri] Fenndt -/-/14.
Hanns metzgher schlosser St: 1564/II: -/-/21 gratia, 1565, 1566/I: -/2/-
Michel plattner St: 1566/II, 1567/I-II: -/2/-, 1568: an chamer -/4/-
Madl Fesslmanin platnerin. 1567/I-II Madl platnerin
    St: 1566/II, 1567/I-II: -/2/-
    StV: (1567/II) hat Lenharten Ostertag puechpinter [zum Ehemann].
Caspar vischer[7] maurer St: 1568: -/4/-
Jorg (Geórg) Lanng gutschikhnecht St: 1569, 1571: -/2/-
Niclaß Khról schuester St: 1569: -/2/-
Ludwig Debis (Debitz) púchsnmacher St: 1569-1571: -/2/-
Jacob schuester St: 1570: -/-/21 gratia

---

[1]   Ein Chunrat Wershawser ist Weinschenk, vgl. Gewerbeamt 1411 S. 3r.
[2]   Vgl. Weinstraße 14 B.
[3]   Ein Jacob pogner ist 1462 Vierer der Salwurchen, vgl. RP.
[4]   In diesem Jahr gibt es vier Stadtsöldner namens Ulrich: Moßmair (1430-Pfingsten 1458), Ulrich Äsenhaimer (1450-1466), Ulrich Appärtzeller (Murr) (1443-1460) und Ulrich Liephart (1435/38-1461/62), vgl. R. v. Bary III S. 836.
[5]   Vgl. Rindermarkt 23 (1439-1441).
[6]   Versehentlich 1568 als Sixt sporer und ohne Steuerbetrag noch einmal aufgeführt.
[7]   1568 „vischer" über der Zeile eingefügt.

Landschaftstraße 4

Lage: Stößt rückwärts an die Gruftstraße mit einem Garten, der zwischen Gruftstraße 5 und 6 liegt. Seit 1585 (Entstehen der Zwerchgasse oder nördlichen Landschaftsgasse[1]) westliches Eckhaus an der Zwerchgasse.

Hauseigentümer:

1408 Mai 28 das Haus des Schneiders Hans Holczkircher liegt an der Schreibergasse dem Haus von Hans Putreichs seligen Kindern (Dienerstraße 6 mit Landschaftstraße 6) benachbart.[2] Deshalb könnte zu dieser Zeit Haus Nr. 4 noch Teil von Landschaftstraße 3 sein.
1419 laut Steuerbuch hier bereits ein „Bartlme maler", wahrscheinlich Bartlme Maleskircher. Der Maler Gabriel Maleskircher wird 1453 in der Steuerliste „sein sun" genannt. Die Familie Maleskircher ist für 1516 auch schon durch das Grundbuch als Hauseigentümer belegt.
1454 Sigmund Putrich hat ein Ewiggeld von 4 ungarischen Gulden „aus Partlme malers haus".[3]
1493 März 20 der Garten von Gabriel Mäleskircher Maler ist rückwärts an der Gruftstraße dem Haus des Klosters Benediktbeuern, künftig der Witwe Beatrix Piperlin (Gruftstraße 5), benachbart.[4] Dieser Garten wird 1585 zu einer Gasse, der Zwerchgasse oder später Nördlichen Landschaftstraße.
Herzog Albrecht IV. erlaubt am 13. Juli 1485 „unserem Bürger zu München und lieben Getreuen Gabriel Maleskircher, dem Maler", auf seinem eigenen Grund zu Kempfenhausen, im Gericht Wolfratshausen gelegen, „ein Haus zu bauen und zu haben und darum ein Tüll oder Zaun zu machen, das damit zu umfrieden und darin ungerügt und ungestört zu sein und zu leben".[5] Dieses Haus wird für einen der Ursprünge der Hofmark Kempfenhausen gehalten, wenngleich das eigentliche Schloß wohl erst Arsatius Bart (nach 1524) erbauen hat lassen.
1513 o. D. das Haus des Jörg Schrenckhamer an der Klewbergasse (Landschaftstraße 3) und „des Starchenegks" Haus (Dienerstraße 6 mit Landschaftstraße 6) sind dem Haus und der Hofstatt des Caspar Maleskircher benachbart, aus dem das Reiche Almosen ein Ewiggeld hat.[6]
Der Sohn des Malers Gabriel Maleskircher hat sich anfangs als Maler versucht, offenbar mit wenig Erfolg. 1498 ist Caspar Maleskircher sogar einer der Vierer der Zunft, zusammen mit Jan Pollack und einem Glaser und einem Seidennater.[7] Im Jahr 1501 wurde Caspar aber bereits in die Weinschenkenzunft aufgenommen,[8] in den Jahren 1517 und 1518 ist er auch einer der Vierer der Weinschenken.[9] Schließlich ist er um 1526 Gegenschreiber des großen Salzzolls am Neuhauser Tor.
1516 August 30 Caspar Maleskhircher und seine Hausfrau Veronica verkaufen aus diesem Haus ein Ewiggeld von 15 Gulden um 300 Gulden Hauptsumme.[10]
1525 April 7 das Haus des Caspar Meleskhircher im Kloibergessl ist dem Haus der Anna Bart, Ehefrau des Arsaci Bart, künftig des Schlossers Mathes (richtiger Michel) Amareller (Landschaftstraße 3), benachbart.[11]
Am selben Tag ist des Caspar Meleskhirchers Haus im Kleubergassl auch dem Haus des Ehepaares

---

[1] Die Nördliche Landschaftstraße, die die Landschaftstraße mit der Gruftstraße verband, entstand 1585. Auf dem Sandtner-Modell ist das Gelände an der Landschaftstraße noch mit einem Haus überbaut. In den Steuerbüchern heißt sie von 1585-1622 „new Zwerchgässel". Die ganze Fläche dieses Gässels gehörte offensichtlich zu Landschaftstraße 4. Dies legen die Nachbarschaftsangaben nahe. Vgl. auch Stahleder, Haus und Straßennamen S. 333.

[2] GB III 78/5.

[3] Kämmerei 64 S. 14r.

[4] StadtAM, Hist. Verein von Obb. Urk. 3763.

[5] BayHStA, GL 3497 (1485); Kurbayern Äußeres Archiv 1131 (1485), nach: Hans Rudolf Klein, Eine Bayerische Chronik. Die Hofmark Kempfenhausen am Starnberger See, Berg am Starnberger See 1993, S. 142. – Nichts davon weiß allerdings Lorenz Westenrieder, Der Würm- oder Starnbergersee und die umliegende Gegend, 2. Aufl. München und Burghausen 1811, S. 104-109.

[6] Zimelie 27a (Stiftungsbuch Reiches Almosen) S. 60r.

[7] Vgl. RP.

[8] Gewerbeamt 1418 S. 11v, 1506 auch ein Heinrich Mäleßkircher, ebenda S. 14r.

[9] Vgl. RP.

[10] Stadtgericht 207/1 (GruBu) S. 496v, bis 498r. – BayHStA, Bayerische Landschaft Urkunde 30.8.1516.

[11] GB IV S. 72r.

Hanns und Anna Rentz, künftig des Messerschmieds Thoman Mentzingers Haus (Landschaftstraße 6), benachbart, das bisher Hinterhaus von Dienerstraße 6 war.[1]

1525 Oktober 26 das Ehepaar Caspar und Veronica Maleßkircher verkauft dem Eigentümer des Nachbarhauses, dem Schlossersehepaar Michael und Katharina Amereller (Landschaftstraße 3), ein Lichtrecht aus seinem Haus.[2]

1526 Juni 2 das Ehepaar Caspar und Veronica Mäleskircher – Gegenschreiber des fürstlichen großen Salzzolls am Neuhauser Tor – verkauft das Haus im Kleubergassl mit Hofstatt und dahinterliegendem Garten an den Ritter Caspar Wintzerer (III.) zu Brannenburg, Pfleger zu Tölz, um 600 Gulden, an dessen anderes Haus an der Gruftstraße (Gruftstraße 6) es rückwärts anstößt. Nachbarn sind des Schlossers Michael Amereller (Landschaftstraße 3) und des Messerschmieds Mentzinger Häuser (Landschaftstraße 6).[3]

1527 September 20/24 Caspar Winzerer zu Brannenburg, Ritter und Pfleger zu Tölz, verkauft sein Haus, Hofstatt und Garten dahinter, gelegen im Kleubergässl zwischen Micheln Amerellers Schlossers (Landschaftstraße 3) und des Menntzingers Häusern (Landschaftstraße 6), an das Kürschnerehepaar Wilhelm und Anna Glaner.[4]

1527 September 20 Wilhelm Glaner und seine Hausfrau Anna verkaufen ein Ewiggeld von 7 Gulden (um 140 Gulden Hauptsumme) aus dem Haus[5] (GruBu).

Weitere Ewiggeldverkäufe aus diesem Haus durch das Ehepaar Glaner:

1528 Mai 25 (3 Gulden um 60 Gulden),[6]

1529 April 22/23 (1,5 Gulden um 30 Gulden)[7],

1532 August 14 (4 Gulden um 80 Gulden)[8] (GruBu).

1539 Januar 7 die Wirtseheleute Wilhelm und Anna Glaner zu Petertzhausen [Petershausen, an der Glonn (!) gelegen, daher wohl auch der Familienname] verkaufen ihr Haus an der Kleubergasse, zwischen den Häusern des Schlossers Michel Amereller (Landschaftstraße 3) und des Sattlers Uetz Pfentter (Landschaftstraße 6) gelegen, an den Hofprokurator Cristoff Fridperger und seine Hausfrau Anna um 820 Gulden.[9]

1539 Juni 24 der Hofprokurator Christoff Fridtberger und seine Hausfrau Anna verkaufen aus diesem Haus der Nachbarschaft an der Dienersgassen „zur Sumetfeur" („Sunwentfeier") ein Ewiggeld von ½ Gulden (um 10 Gulden Hauptsumme) (GruBu).[10]

1542 August 14 der Garten (später Zwerchgasse) des Christoph Fridberger grenzt an der Gruftstraße an die Häuser des Hanns Schennckh (Gruftstraße 5) und des Caspar Winzerer (Gruftstraße 6).[11]

1546-1548 domus Fridperger (StB).

1550 September 20 die Witwe Anna des Hofprokurators Cristoff Fridperger verkauft ihr Haus in der Kleubergasse, zwischen den Häusern des Büchsenmachers Peter Donauer (Landschaftstraße 3) und dem Haus des Sattlers Ulrich Pfentter (Landschaftstraße 6), gelegen um 1460 Gulden an Pangraz von Freyberg zu Aschau und Wildenwart.[12]

1551 September 30 Pangraz von Freyberg verkauft das „Haus und Höfl samt einem Gärtl, stößt hinaus in das Stiftgäßl" (Gruftstraße), gelegen zwischen den Häusern des Michael Amareller (Landschaftstraße 3) und des Sattlers Ulrich Pfendter (Landschaftstraße 6) um 1480 Gulden weiter an die Büchsenmacherseheleute Peter und Catherina Pegkh.[13]

1552 Juni 14 der Büchsenmacher Peter Peckh und seine Hausfrau Catharina verkaufen ein Ewiggeld von 2 Gulden um 40 Gulden Hauptsumme aus dem Haus (GruBu), ebenso:

---

[1] GB IV S. 72r.
[2] BayHStA, Bayerische Landschaft, Urkunde 26.10.1525.
[3] BayHStA, Bayerische Landschaft, Urkunde 2.6.1526.
[4] BayHStA, Bayerische Landschaft, Urkunde 20. und 24.9.1527. – GB IV S.143r.
[5] Auch BayHStA, Bayerische Landschaft, Urkunde 20.9.1527.
[6] Auch BayHStA, Bayerische Landschaft, Urkunde 25.5.1528.
[7] Georgi (23.4.) ist in diesem Jahr der Freitag, der Tag („Abend" = Vigil) davor wäre Donnerstag (22.4.).
[8] Auch BayHStA, Bayerische Landschaft, Urk. 14.8.1532 und 4.5.1532.
[9] BayHStA, Bayerische Landschaft, Urk. 7.1.1539.
[10] Auch BayHStA, Bayerische Landschaft, Urk. 24.6.1539.
[11] BayHStA, KU Angerkloster München Nr. 1100.
[12] BayHStA, Bayerische Landschaft, Urk. 20.9.1550.
[13] BayHStA, Bayerische Landschaft, Urk. 30.9.1551.

1553 Dezember 9 (2 Gulden um 40 Gulden),
1557 November 20 (5 Gulden (um 100 Gulden)),
1562 Januar 10 (3 Gulden um 60 Gulden, Nachbarn: Michael Amareller (Landschaftstraße 3) und Ulrich Gschwentter (Landschaftstraße 6)),[1]
1563 Juni 28 (5 Gulden um 100 Gulden),[2]
1565 April 12 (2 Gulden um 40 Gulden),[3]
1566 März 6 (5 Gulden um 100 Gulden),[4]
1567 September 27 (4 Gulden um 80 Gulden),
1570 Januar 21 (2 Gulden um 40 Gulden, Nachbarn: Uhrmacher Christoff Wurbner (gemeint: Purmann) (Landschaftstraße 3) und Gschwentner Sattler (Landschaftstraße 6)),[5]
1573 August 1 (2 Gulden 15 Kreuzer, Nachbarn: Michael Amareller (Landschaftstraße 3) und Schwendtner (Landschaftstraße 6), hinten Simon Hörl (Gruftstraße 5) und der Torer (Teil von Gruftstraße 6 ?))[6] (GruBu).
1574 laut Grundbuch (Überschrift) des Peter Peckh Büchsenmachers Haus und Höfel „sambt ainem gärttl, stesst hinaus in das Stifftgässel".
Das Haus wird trotz der hohen Schulden erst am 3. Juli 1584 durch das Ehepaar Peckh um 1700 Gulden und 32 Gulden Leikauf an den inneren Stadtrat Sebastian Ligsalz zu Farchach verkauft, der es nach kurzer Zeit weitergibt an die Bayerische Landschaft (diese Eigentümer schon am 14. Januar 1585). Sie behält es bis 1802. Die Landschaft hat das Haus dazu benützt, eine Querverbindung zwischen Gruftstraße und Landschaftstraße herzustellen. Es muß dabei ein Teil des Hauses abgebrochen worden sein, da ja das Sandt-ner-Modell noch eine geschlossene Häuserzeile an der Landschaftstraße zeigt. Im Steuerbuch findet sich erstmals im Jahr 1585 die Bezeichnung „new Zwerch gassl", die bis 1622 so bleibt, und 1588 wird im Grundbuch erstmals das Haus Landschaftstraße 4 als Eckhaus geführt.

Bis in die 60er Jahre des 16. Jahrhunderts fällt die im Vergleich zu den Nachbarhäusern jeweils große Zahl von Steuerzahlern in diesem Haus auf. Ab 1585 kommen keine steuerzahlenden Bewohner mehr in dem Haus vor. Der Besitz des Malers Maleskircher war also wesentlich größer, als es der spätere Zustand erwarten läßt.

Eigentümer Landschaftstraße 4:

* Bartholme (Wartelme, Bartlme) [Maleskircher] maler, 1419 und sein swiger. 1462 relicta Partelme mallerin inquilina
    St: 1419: -/-/80, 1423: -/3/-, 1428: dedit 4 gross, 1431: -/-/60 iuravit 15 lb, 1450, 1453-1456: Liste, 1462: ist in dem spitall
    Sch: 1439/I-II, 1440, 1441/I-II: 1 t[aglon], 1445: 2 ehalten, dedit
    StV: (1428) für sich, sein hausfrau und sein ehalten.
* Gabriel maler sein sun. 1454, 1455, 1457, 1458, 1462 Gabriel maler, 1455 inquilinus. 1456 Gabriel. 1482-1490 Gabriel Maliskircher (Máleßkircher),[7] 1482 maler [∞ Anna Airingschmalz]. 1496 relicta Gabriel Máleskir-cher. 1500-1509 relicta Máleßkircherin (Maleßkircherin, Meleßkircherin)

---

[1] Auch BayHStA, Bayerische Landschaft, Urk. 10.1.1562.
[2] Auch BayHStA, Bayerische Landschaft, Urk. 28.6.1563
[3] Auch BayHStA, Bayerische Landschaft, Urk. 12.4.1565.
[4] Auch BayHStA, Bayerische Landschaft, Urk. 6.3.1566.
[5] Auch BayHStA, Bayerische Landschaft, Urk. 21.1.1570.
[6] Auch BayHStA, Bayerische Landschaft, Urk. 1.8.1573.
[7] Gabriel Maleskircher 1459 als „der jung maister Gabriel" Vierer des Handwerks der Maler, Glaser und Seidennater („der junge" wohl im Gegensatz zu Gabriel Angler), 1461 desgleichen als Gabriel Malitzkirch[er], 1463 als Gabriel Manleskircher, 1465 wieder „maister Gabriel der jung", 1467 Gabriel maler der jung, 1468 Gabriel Machekircher, alle Belege RP 1 S. 5v, 36v, 65r, 95v, 128r, 142r; dann 1469 als Gabriel Machelkircher, 1472 Gabriel Mächlkircher, 1475 Gabriel Mächkircher, alle RP 2 S. 6r, 39r, 73r; 1475 ist er letztmals Vierer, 1477 zwar noch einmal aufgeführt, aber wieder getilgt. 1465 ist er Mitglied der Gemain („der jung Gabriel maler"), 1467 bis zum Tod am 1.3.1495 äußerer Stadtrat, vgl. RP 1-3. – Dazwischen erscheinen als Maler-Vierer 1460, 1462 und 1482 Gabriel Angler und 1485, 1493, 1496 und 1498 Jan Polack maler oder Jan maler, ebenda. – Der Name ist wahrscheinlich abgeleitet vom Ortsnamen Meiletskirchen im Landkreis Ebersberg, vgl. Stahleder, Chronik der Stadt München Bd. 1, S. 346. – Ehefrau Anna Airingschmalz belegt am 7.6.1464, vgl. Hartig, Künstler, S. 46 Nr. 202 (nach Haeutle).

St: 1453-1458: Liste, 1462: 2/4/8, 1482: 4/7/25, 1486: 4/7/10, 1490: 4/3/25, 1496: 4/4/- patrimonium, 1500: 2/-/4, 1508, 1509: 1/4/25

StV: (1482) et dedit -/7/22 von 6 gulden ungarisch und 0,5 lb gelts von dem von Rotnhaslach.

** Caspar Máleskircher[1] [Maler und Weinschenk, Gegenschreiber des Großzolls am Neuhauser Tor, ∞ Veronica; bis 1526 Juni 2]

St: 1496: -/4/15, 1500: 2/5/10

Wilhalm Máleßkircher messerschmid

St: 1514: Liste

* Caspar Wintzerer [III.] zu Brannenburg, Pfleger zu Tölz [1526 Juni 2 bis 1527 September 20/24]

** Wilhalm Glaner kúrschner, [∞ Anna; später Wirtsleute in Petershausen an der Glonn („Glan"); seit 1527 September 20/24]

St: 1527/II, 1528, 1529, 1532: 1/-/25

** Cristoff Fridperger [Hofprokurator[2], ∞ Anna]. 1546-1548 domus Cristoff Fridperger(s)

St: 1540-1542: -/3/15 de domo, 1543: 1/-/- de domo, 1544: -/3/15 de domo, 1545: -/2/10 de domo, 1546: -/1/5 de domo, 1547, 1548, 1549/I-II: -/1/5

StV: (1545) mer 1/-/14 von 4 fl gelts; mer 1/5/- für p[ueri] Guckhauer. (1546-1549/I) mer -/3/22 von 4 fl gelts. (1546, 1547) mer 2/1/15 für p[ueri] Guckhauer. (1549/II) mer -/3/22 von 4 fl gelts diser zeit, soll hinfúro ain neue steur machen.

* Pangraz Freiberg zu Aschau und Wildenwart [1550 September 20 bis 1551 September 30]

** Peter Peckh (Pegkh), 1554/II schlosser, 1555, 1565-1567/I, 1569 púxnmacher, 1556 urmacher [und fürstlicher Zeugwart, ∞ Katharina]

St: 1553, 1554/I-II, 1555-1557: 1/-/12, 1558: 2/-/24, 1559, 1560: 1/-/12, 1561, 1563, 1564/I-II, 1565, 1566/I-II, 1567/I-II: -/6/17, 1568: 1/6/4, 1569, 1570: -/6/17, 1571: an chamer, zalt anno [15]73

StV: (1564/I-1566/I) mer fúr p[ueri] Schmidhofer -/2/3. (1566/II) mer für Schmidhofers khinder -/2/3; mer fúr ine 3 nachsteur -/6/-. (1567/I) mer fúr Schmidhofers khinder [Betrag fehlt] ß, an chamer. (1567/II) mer fúr Schmidhofers khinder -/1/12; mer ain versessne steur -/1/12. (1568) mer fúr Schmidhofers khinder -/2/24. (1569, 1570) mer fúr p[ueri] Schmidhofer -/1/5. (1570) mer fúr Virgili Gladsperger folio 10r [Ewiggeld].

Christoff Peckh, 1571 [pfeil]schiffter

St: 1567/II: -/1/19, 1568: -/-/-, 1571: an chamer.

StV: (1567/II) für sein hausfrau fur ine gratia -/-/28. (1568) steurt in der Schäfflergassn. (1571) zalt den ult[im]o Dec[embris] a[nn]o [15]73.

Bewohner Landschaftstraße 4:

Hanns (Johannes) Gẃsser[3]

St: 1411-1413: -/-/-

StV: (1411) den habent mein herrn der stewr ledig gelassen.

Hainrice Kaeczel inquilinus St: 1415: -/3/6, 1423: -/-/-

Franck santwerfer St: 1416: nichil

relicta[4] Schinteldachin [Käuflin] und ir swester St: 1419: -/-/-

schafferin St: 1419: -/-/12 gracianus

Herel soldner[5] inquilinus St: 1428: dedit 2 gross fur sich und sein hausfrau

---

[1] Caspar Mäleskircher ist 1498 Vierer der Maler, Glaser, Seidennater, vgl. RP, 1500-1505 ist er äußerer Stadtrat, vgl. RP; gestorben 1534. Seine Witwe Veronica lebt 1539 in Schongau: Am 10.2.1539 schreiben Bürgermeister und Rat von Schongau an die Stadt München, ihre Inwohnerin Veronica, Witwe des vor fünf Jahren verstorbenen Caspar Mäleßkircher, könne sich nicht näher an eine Bürgschaft erinnern, die ihr Mann für Sebastian Hörl eingegangen sein soll und bitten deshalb um eine Kopie der Urkunde, vgl. Urk. A VII e 607/2. 1501 Aufnahme in die Zunft der Weinschenken, 1517 und 1518 Vierer der Weinschenken, vgl. RP 4 S. 53r und Gewerbeamt 1418 S. 11v.

[2] Cristoff Fridperger 1539-1549 Redner, vgl. R. v. Bary III S. 808.

[3] Hanns der Güsser ist von 1397-1410 und 1417-1427 Unterrichter, vgl. R. v. Bary III S. 801. Daher auch der fehlende Steuerbetrag.

[4] Eintrag wieder getilgt.

[5] Herel oder Hänsel/Hänslein/Hans soldner 1422-1429, 1431-1441 belegt, vgl. R. v. Bary III S. 833/835.

Herlin gewantsneiderin St: 1428: dedit 4 gross fur sich und ir hausgesind
Pfilipp lautenmacher St: 1428: dedit 4 gross für sich, sein hausfrau und fur zwen ehalten
Andre maler St: 1450: Liste
Fuessel goltsmid. 1458 Conrat Fuessel goltsmid[1] St: 1457, 1458: Liste
Stefel Auer schuster inquilinus[2] St: 1462: -/-/60
Sigmund hofschůster St: 1500 -/-/60
Haintz Franck s[chuster]. 1514, 1522 Frannckh schuster[3] St: 1509: -/3/22, 1514: Liste, 1522: -/3/20
Sigmund Kólbl St: 1514: Liste
Cristof aufleger St: 1514: Liste
Andre Reittmair [der] jung [Kramer] St: 1514: Liste
Hanns Fleischman messerschmied St: 1514: Liste
    Niclas Fleischman [Messerschmied[4]] St: 1522-1524: -/2/-
Hanns von Winßhaim [Goldschmied], 1523 patrimonium. 1524, 1525 relicta die von Winßhaim
    St: 1522: 1/6/1, 1523-1525: 2/2/9
    StV: (1522) sol biß jar seiner tochter gut zusetzen. (1523) ist irer tochter gut darein komen.
Hanns Keferloher, 1523 kúrschner St: 1522, 1523: 1/2/3
Jorg Perckhamer sporer[5] St: 1522-1524: -/2/-
Michel Móffl, 1523, 1524 pot St: 1523: -/4/7 juravit, 1524, 1525: -/4/7
Cristof Werder St: 1524: -/2/-
Wolfgang Stöckl St: 1526, 1527/I: -/2/-
Wolfganng riemer St: 1528: -/2/29
Wastian Vogler schuster St: 1528: -/2/-
Jórg Vogl schuster St: 1529: -/2/-
Conradt Painhofer kistler St: 1532: anderßwo
Bernhart peitler St: 1532: -/2/-
Mathes Paur sporer St: 1532: -/2/-
Hanns zimmerman peutler
    St: 1540-1542: -/2/-, 1543: -/4/-, 1544: -/2/-, 1545: -/4/-, 1546-1548, 1549/I-II, 1550, 1551/I: -/2/-
    StV: (1549/I) soll hinfúro p[ueri] Ostermair versteurn. (1549/II-1551/I) mer -/-/12 fúr p[ueri] Ostermair.
relicta Wolff Fuessin. 1542 relicta Fuessin
    St: 1541, 1542: -/3/13
    StV: (1541) hat irs hauswirts leibting abgsetzt.
Niclas Márckhl, 1551/II, 1552/I kúrsner. 1554/II Niclas Märckhlin
    St: 1551/II: -/1/12 gracion der zeit, 1552/I: -/2/- der zeit, 1552/II: -/2/-, 1553: -/2/- der zeit, 1554/I: -/2/-, 1554/II: an chamer
    StV: (1552/I) er solt ain gschworne steur gmacht haben, ist in krieg zogen. (1553, 1554/I) soll ain gschworne steur machen. (1554/II) bis sy mit den freuntn irs hauswirts verglichen wirt.
Bastian saltzmesser St: 1551/II: -/1/5 pauper der zeit
Caspar Elsnpeckh ringmacher
    St: 1552/I-II, 1553, 1554/I-II, 1555-1557: -/2/-, 1558: -/4/-, 1559-1561: -/2/-
Thoman Paumaister, 1552/I-1554/II schneider
    St: 1552/I-II: -/2/2, 1553, 1554/I-II, 1555, 1556: -/2/-, 1557: zalt supra folio 32 col. 1 [= 32r, Schäfflergasse]
Ludwig malerin St: 1552/I: -/5/- juravit, 1552/II: -/5/-
Philip pogner abenteurer. 1554/I Philip abenteurer pogner St: 1553, 1554/I: -/2/-
Peter Dietl pantzermacher St: 1554/II, 1555-1557: -/2/-, 1558: -/4/-
Balthas (Balthasar) Leitl (Leytl, Leutl) gúrtler St: 1555-1557: -/2/-, 1558: -/4/-, 1559-1561: -/2/-
Ulrich Obermayr sporer St: 1557: -/-/14 gracion, 1558: -/4/-, 1559, 1560: -/2/-

---

[1] Conrat Fussl 1475, 1488 und 1498 Vierer der Goldschmiede, vgl. RP. – Frankenburger S. 276.
[2] Steffl Awer ist 1470 Vierer der Schuster, vgl. RP.
[3] Haintz Franck 1482-1502 wiederholt Vierer der Schuster, 1503 auch Mitglied des Rats der 36, vgl. RP.
[4] Vgl. Landschaftstraße 7*.
[5] Er dürfte der „sporer im Kleubergassl" sein, der 1519 und 1520 Vierer der Schlosser, Sporer, Schwertfeger ist, vgl. RP.

Hanns Rúel (Ryel) pantzermacher St: 1559-1561, 1563, 1564/I-II: -/2/-
Augustin Náderhórn (Noderhiern) St: 1561, 1563: -/2/-
Lenhart (Leonhart) Holtzinger, 1564/I-II windmacher (windtnmacher)
    St: 1563: -/-/28 gratia, 1564/I-II: -/2/-
Sigmund Zigl, 1564/I-1567/II gúrtler
    St: 1563, 1564/I-II, 1565, 1566/I-II, 1567/I-II: -/2/-
    StV: (1563) mer fúr ire khind von 7 ½ fl [gelts] -/1/22,5. (1564/I-II) mer fúr seiner hausfrauen khinder von 7 ½ fl gellts -/1/22,5. (1565-1567/I) mer von seiner hausfrauen khinder guet (von 7 ½ fl gelts) -/1/22,5. (1567/II) mer fúr seine stiefkhinder -/1/22,5.
Jórg (Georg) Mair ringmacher[1] St: 1564/I-II, 1565, 1566/I-II, 1567/I-II: -/2/-, 1568: -/4/-, 1569: -/2/-
    Wendl Mayr (1566/II, 1567/I Wendlmair, Wendlmayr), 1565-1567/I khupferschmid
        St: 1565, 1566/I-II, 1567/I: -/2/-, 1567/I: -/-/- ist hinweg
        StV: (1565, 1566/II) mer fúr seine khinder -/1/19. (1566/I) und fúr seine khinder -/1/19. (1566/II) hinfúran steuern die vormúnder.
    Matheus Mayr púretmacher St: 1565, 1566/I-II, 1567/I-II: -/2/-
Khieniger (Khieninger) canntzleischreiber St: 1565, 1566/I: -/-/- hofgsind
Peter Meichsner trabant St: 1566/II: -/-/- hofgsind
Jheronimus Stockhmair falckhner St: 1566/II: -/2/- búrger, hofgsind
Lenhart Talmair
    St: 1566/II: -/2/-
    StV: (1566/II) mer fúr 2 versessn steur -/4/-.
Jacob Zwinckhner (Zwinckher)[2] schwerdtfeger. 1567/II, 1569-1571 Jacob schwerdtfeger
    St: 1567/I: -/2/-, 1567/II: -/2/-, 1568: -/4/-, 1569-1571: -/2/-
Lenhart falckhner St: 1567/I: -/2/-
Wolff Frasolt (Fasolt) pader St: 1567/I: -/1/- der zeit, 1567/II: -/2/-
Hanns Schildt profos St: 1567/I: -/-/- hofgsind, 1567/II: -/-/-
Jheronimus Lengenmosser (Langnmoser) trabant
    St: 1568: -/4/- búrger und hofgsind, 1569: -/2/- búrger unnd hofgsind
Hans Roskhopf [Zammacher ?] St: 1568: -/4/-, 1569: -/2/-
Hanns metzger schlosser St: 1568: -/4/-
Hanns Kheller púxnmaister St: 1569: -/-/- hoffgsindt
Hanns Frag[3] schlosser
    St: 1569-1571: -/2/-
    StV: (1569-1571) mer fúr sein(e) khinder -/2/3. (1569) fúr sein hausfrau fúr ine -/-/21 gratia.
Arsati Zierckhl loder St: 1570: an chamer
Marx Kholber schneider St: 1570, 1571: -/2/-
Jorg Lanng [Kutschenknecht[4]] St: 1570: -/2/-
Caspar Streitl urmacher St: 1570: -/-/21 gratia, 1571: -/2/11
Hanns Jacob Philip messerschmid St: 1570: -/1/5 gratia, 1571: -/4/3
Lucas khoch
    St: 1570: -/2/-
    StV: (1570) mer ain versessne steur.

---

[1] Der Ringmacher Georg Mair musste sich 1569 und 1571 bei den Religionsverhören verantworten, vgl. Dorn S. 230, 263.
[2] 1567/I und 1568 „Zwinckhner/Zwinckher" über der Zeile eingefügt.
[3] „Frag" 1569 über getilgtem „metzger" eingefügt.
[4] Vgl. Gruftstraße 3* und Landschaftstraße 3.

Landschaftstraße 5

Lage: Nach Entstehen der Zwerchgasse an deren Ostseite gelegen, zwischen Gruftstraße 5 und Landschaftstraße 6.
Charakter: Ehemalige Botenbehausung der Bayerischen Landschaft.[1]

Hauseigentümer: Im Grundbuch erst seit 1814 nachgewiesen.

Landschaftstraße 6
(bis 1525 zu Dienerstraße 6)

Lage: Rückwärts an Dienerstraße 6 stoßend, nach Entstehen der Zwerchgasse Eckhaus an deren Ost-Ecke.

Hauseigentümer:

Bis 1525 Teil des Hauses Dienerstraße 6.
1525 April 7 das Ehepaar Hanns und Anna Rentz verkaufen an den Messerschmied Thoman Mentzinger und seine Hausfrau Margarethe ihr eigen Haus und Hofstatt im Kleubergassl, gelegen zwischen Caspar Meleskirchers (Landschaftstraße 4) „und yrem grossen haus" (Dienerstraße 6).[2]
1526 Juni 2,
1527 September 20 und 24,
1528 Mai 25 und
1532 Mai 4 und
1532 August 14 des Messerschmieds Thoman Mentzinger Haus im Kleubergässl ist jeweils dem Haus des Ehepaares Caspar und Veronica Maleskircher (1526) beziehungsweise Caspar Wintzerer, dann Wilhelm und Anna Glaner (Landschaftstraße 4) benachbart.[3]
1539 Januar 7 das Haus von Wilhelm und Anna Glaner an der Kleubergasse (Landschaftstraße 4) ist dem Haus des Sattlers Uetz Pfennter benachbart.[4]
1539 August 18 das Ehepaar Ulrich und Ursula Pfendtner verkauft aus dem Haus ein Ewiggeld von 4 Gulden um 80 Gulden Hauptsumme.[5]
1550 September 20 das Haus der Witwe des Hofprokurators Cristoff Fridperger, künftig des Pankraz von Freyberg (Landschaftstraße 4), ist dem Haus des Sattlers Ulrich Pfendter benachbart.[6]
1551 September 30 das Haus des Pangraz von Freyberg, künftig des Ehepaares Peter und Catherina Pegkh (Landschaftstraße 4), ist dem Haus des Sattlers Ulrich Pfenndter benachbart.[7]
1554 Juni 24 die Vormünder von Ulrich Pfendters Sohn Georg und von Walburga und Anna verkaufen an Catharina Strasserin, der genannten Kinder Stief- beziehungsweise rechte Mutter, ein Ewiggeld von einem Gulden um 20 Gulden Hauptsumme (GruBu).
1554 Juni 26 die genannten Vormünder verkaufen ein weiteres Ewiggeld von 2 Gulden um 40 Gulden Hauptsumme (GruBu).
1562 Januar 10 und
1563 Juni 28 das Haus des Ulrich Gschwentter (!) ist dem Haus der Büchsenmacherseheleute Peter und Catherina Peckh (Landschaftstraße 4) benachbart.[8]
1566 Januar 3 die Vormünder der zwei Töchter Walburga und Anna des Sattlers Ulrich Pfendter selig verkaufen ein weiteres Ewiggeld von 5 Gulden um 100 Gulden Hauptsumme (GruBu), erneut

---

[1] HB GV S. 114.
[2] GB IV S. 72r.
[3] BayHStA, Bayerische Landschaft, Urk. 2.6.1526, 20. und 24.9.1527, 25.5.1528, 4.5. und 14.8.1532. – GB IV S. 143r.
[4] BayHStA, Bayerische Landschaft, Urk. 7.1.1539.
[5] Stadtgericht 207/1 (GruBu) S. 493v/494v.
[6] BayHStA, Bayerische Landschaft, Urk. 20.9.1550.
[7] BayHStA, Bayerische Landschaft, Urk. 30.9.1551.
[8] BayHStA, Bayerische Landschaft, Urk. 10.1.1562, 28.6.1563.

1566 Januar 5 ein solches von 2 Gulden um 40 Gulden Hauptsumme (GruBu).
1570 Januar 21 das Haus des Sattlers Gschwenntner (!) ist dem Haus der Büchsenmachereheleute Peter und Catherina Peckh (Landschaftstraße 4) benachbart.[1]
1570 Juli 12 die Vormünder der Anna Pfendter, Tochter des verstorbenen Sattlers Ulrich Pfendter, jetzt verheiratete Hanns Koleggerin, und Vormünder von deren Schwester (Walburga) verkaufen dem Kramer Hanns Kolegger und seiner Hausfrau Anna (geborene Pfendter) 10 Gulden Ewiggeld um 200 Gulden Hauptsumme (Hypothek) zur Entrichtung des Heiratgutes (GruBu).
1571 Dezember 9 der Sattler Hanns Weisgerber und seine Hausfrau Catharina, verwitwete Pfenndter, verkaufen dem Lederer Michael Heindl und seiner Hausfrau Regine ein Ewiggeld von 5 Gulden um 100 Gulden aus diesem Haus (GruBu).
1574 laut Grundbuch (Überschrift) des Michael Heindl Lederers Haus und Höfel.

Eigentümer Landschaftstraße 6:

* Hans und Anna Rentz wie Dienerstraße 6 [bis 1525 April 7]
* Thoman Mentzinger, 1526, 1527/I-II, 1532 messerschmid[2] [∞ Margaret]
   St: 1525, 1526, 1527/I: -/2/20, 1527/II, 1528, 1529, 1532: -/4/2
** Utz Pfenntter (Pfenndter), 1540-1554/II sadtler [∞ 1. Ursula, 2. Katharina, geb. Strasser]. 1555 erben
   St: 1540-1542: -/2/25, 1543: -/5/20, 1544: -/2/25, 1545: -/5/8, 1546-1548, 1549/I-II, 1550, 1551/I-II, 1552/I-II: -/2/19, 1553: -/3/-, 1554/I: -/3/- patrimonium das erst, 1554/II: -/3/- patrimonium das ander, 1555: haben die erben versteurt und zugesetzt
** Hanns Weisgárber (Weisgarber, Weisgerber) sadtler [∞ Witwe Katharina Pfendter]
   St: 1554/II: -/-/21 gracion, 1555-1557: -/4/10, 1558: 1/1/20, 1559, 1560: -/4/10, 1561, 1563, 1564/I-II, 1565, 1566/I-II, 1567/I-II: -/2/-, 1568: -/4/-, 1569-1571: -/2/-
   StV: (1555) sambt seiner [Stief]kinder steur, der habnit gegen den kindern ward erlassen ursachen, dieweil ers soll erziehen. (1556-1560) sambt seiner kinder steur. (1561) mer für seine khinder anndrer ee, die Pfendter -/-/17. (1563) mer für seine khinder annderer ee -/-/17,5. (1564/I-II) mer für seine khinder -/-/17,5. (1565) für di khinder steuern di vormúnder -/2/13. (1566/I) mer für p[ueri] Uetz Pfenndter -/-/28 abgsetzt.
** Georg, Walburga und Anna Pfendter, Kinder von Utz Pfendter, unter Vormundschaft [1554 Juni 24 bis nach 1570 Juli 12]
** Hans Weisgerber und seine Hausfrau Catharina, geb. Strasser, verw. Pfenndter [1571 Dezember 9]
** Michael Heindl, Lederer, ∞ Regina 1574

Bewohner Landschaftstraße 6:

Hanns sporer inquilinus St: 1526, 1527/I: anderßwo
naterin inquilina St: 1529: -/2/-
Jheronimus [Stockmair] falckhner St: 1567/I: -/2/-
Geórg Laimgeisst schneider St: 1571: -/3/-

Landschaftstraße 7*

Charakter: Schlosserei (Messerschmiede, Plattner, Schlosser, Uhrmacher, Sporer, Ringler).

Hauseigentümer:

Das Haus Landschaftstraße 7* ist vor 1450 nicht feststellbar. Bis dahin ist es entweder Rückgebäude von Dienerstraße 4* (unter Umgreifung von Dienerstraße 5*A/B) oder Rückgebäude von Dienerstraße 5*A/B, dem Eckhaus.
Bis 1482 stehen die Bewohner in allen Steuerverzeichnissen zwischen Dienerstraße 5* und 6, den bei-

---

[1] BayHStA, Bayerische Landschaft, Urk. 21.1.1570.
[2] Thoman Mentzinger war 1513, 1514, 1519 und 1520 Vierer der Messerer, 1530 Mitglied des Rats der 36, vgl. RP.

den Ecken zur Landschaftstraße. Erst ab 1486 steht es unter der Weinstraße und folgt hinter Landschaftstraße 4.

1450/53 der Messerschmied Jacob Galf (Galp) (Jacob messerschmied) steht an dieser Stelle in den Steuerlisten. Er wird 1458 und 1480 als ehemaliger Eigentümer des Hauses angegeben, vgl. dort.

1458 April 29 das Haus des Plattners von der Rosen „an dem Chlewbergässel" ist dem Haus des Goldschmieds Thoman Newfarer (Dienerstraße 5*B) und des Hanns Eysenmans seligen Kindern (Dienerstraße 4*) benachbart. Das Haus mit Hofstatt gehörte ehedem dem Jacob Galf Messerschmied und seiner Hausfrau Margaret.[1]

1474 April 25 Georg [Parch] Plattner und seine Hausfrau Barbara verkaufen an Anna Schittenbergerin von Schittenberg ein Ewiggeld von einem Gulden (um 20 Gulden Hauptsumme).[2] Wahrscheinlich hat Jörg Parch nur Teilbesitz hier, da offenbar Hanns von der Rosen Miteigentümer ist:

1480 Juni 3 jetzt ist das 1458 genannte Haus, „das jetzto ist Jörgen [Parch] platners in des Klewbers gässel", den Häusern des Schneiders Hanns Strasser (Dienerstraße 5*B) und der Hanns Eysenmannin Kindern (Dienerstraße 4*) benachbart. Es gehörte ehedem dem Messerschmied Jacob Galf und seiner Hausfrau Margaret.[3]

Um 1490 aus des Heiligen Geists Haus zu Pfaffenhofen in dem Klewbergässel hat das Heiliggeistspital München ein Ewiggeld, das durch Anna Schickenbergerin (!) in das Spital kam.[4]

1496 domus Spital von Pfaffenhofen (StB).

1525 Dezember 12 Michel Amaneller (!) und seine Hausfrau Catharina haben ihr Haus und Hofstatt im Kloibergessl, zwischen den Häusern des Zaisinger (Dienerstraße 5*A) und Wilhalm Eysenman (Dienerstraße 4*) an Kilian Riemserer (gemeint: Kiemseer) verkauft.[5] Michael Amareller, Amaneller oder Amereller gibt das Haus auf, weil er 1524/25 das größere Haus Landschaftstraße 3 erwirbt.

1544 August 2 das Haus des Hanns Algeyer ist dem Haus des Wolf Hofer (Landschaftstraße 8*) benachbart.[6] Wahrscheinlich gehörten Landschaftstraße 8*A und B zusammen und waren seit jeher Hinterhäuser von Marienplatz 9*A/b. Von Algeyer dürfte das Haus an Hanns Gasstinger gekommen sein und von Gasstinger an den Schlosser Peter von Teyrn.

1563 August 4 Peter Schlosser von Teyrn und seine Hausfrau Margaret verschreiben 20 Gulden Ewiggeld um 400 Gulden Hauptsumme (Hypothek) aus diesem Haus zur Entrichtung der Kaufsumme an Hanns Gasstinger alhie (GruBu).

1574 laut Grundbuch (Überschrift) des Peter Schlossers von Teyrn Haus, „stesst an Hannsen Khaiser schneiders Haus [Dienerstraße 5*B], so hervor an der Dienersgassen folio 462 eingeschriben".

Seine Witwe Margaret und seine Tochter Barbara verkaufen das Haus am 29. Januar 1597 wiederum an einen Schlosser.

Eigentümer Landschaftstraße 7*:

* Jacob [Galp] messersmid[7] [∞ Margaret]
    St: 1450, 1453-1458: Liste
* Hanns platner[8] [mit der Rosen]
    St: 1453, 1454, 1456-1458: Liste, 1462: -/-/86
    Lienhard platner von der Rosen. 1490 Linhart platner
    St: 1486, 1490: -/3/15
** Jorg [Parch] platner[9] [∞ Barbara]
    St: 1482: -/2/27

---

[1] Zimelie 27b (Salbuch Reiches Almosen) S. 62r/63r.
[2] Stadtgericht 207/1 (GruBu) S. 508v.
[3] Zimelie 27a (Stiftungsbuch Reiches Almosen) S. 30r, 31r und Zimelie 27b (Salbuch Reiches Almosen) S. 62r/63r.
[4] Zimelie 43 (Heiliggeistspital, Salbuch C) S. 56v.
[5] GB IV S. 89r.
[6] BayHStA, Urk. Bayerische Landschaft.
[7] Steht 1450 ff. jeweils zwischen Dienerstraße 5 B und 6. – Jacob messerschmid ist 1462 und 1480 Vierer der Messerer. Zu ihm heißt es 1462 im RP: „ward abgesetzt und an sein stat genomen [Hanns] vischer", vgl. RP 1 S. 53v.
[8] Ab 1453 zwischen Dienerstraße 5 B und 6.
[9] Steht 1482 zwischen Dienerstraße 5 und 6.

* domus spital von Pfaffenhofen
    St: 1496: nichil get mer daraus, dann der zins ist[1]
* Michel slosser. 1508, 1509, 1514 Michel Amaneller (Ameller) slosser.[2] 1522-1524 Michel Amereller [∞ Katharina]
    St: 1500: -/4/-, 1508, 1509: -/2/9, 1514: Liste, 1522-1524: 1/2/15
* Kilian Kiemseer, 1527/I-II, 1528, 1532 messerschmid[3]
    St: 1526, 1527/I: -/4/7, 1527/II, 1528, 1529, 1532: 1/3/17
* Hanns Algeyer (Algeyr), 1540-1548 schlosser
    St: 1540-1542: -/3/14, 1543: -/6/28, 1544: -/3/14, 1545: -/6/28, 1546-1548, 1549/I-II, 1550, 1551/I: -/3/14
** Hanns Gastinger urmacher
    St: 1545: -/-/21 gracion, 1546: -/6/26 juravit, 1547, 1548, 1549/I: -/6/26
** Peter von Teyrn (Theurn, Theyln, Teirn, Theyrn), 1551/II, 1552/I, 1557-1571 schlosser
    St: 1551/II: -/-/21 gracion, 1552/I-II, 1553, 1554/I-II, 1555-1557: -/2/-, 1558: -/4/-, 1559, 1560: -/2/-, 1561, 1563, 1564/I-II, 1565, 1566/I-II, 1567/I-II: -/2/28, 1568: -/5/26, 1569-1571: -/6/1

Bewohner Landschaftstraße 7*:

+Hampel sneider St: 1405/I: -/-/60 fur 7 lb[4]
+Chunrat Plabenstain St: 1405/I: -/-/-
+Jobs goltsmid. 1405/II, 1406 Jobs Kleck goltsmid[5] St: 1405/I-II, 1406: -/-/-
+Katrey Schónin inquilina St: 1405/I: -/-/60 fur den habnicht
+Chuncz Reisenegk sneider, 1406 inquilinus St: 1405/II: 2,5/-/- iuravit, 1406: 3/-/80
+Sternsecher maler St: 1405/II: -/-/-
+Hainrich Uninger St: 1405/II, 1406: -/-/-
+Diemel (Diemut) Plúmin inquilina
    St: 1406: -/-/22 fúr nichil, 1407, 1408: -/-/16 fúr nichil, 1410/I: -/-/12 fúr nichil
+relicta Kasawerin inquilina St: 1406: -/-/- die dient dem Uninger
+relicta Kornvesin inquilina St: 1406-1408: -/-/64 fúr 8 lb
+relicta Haẃczingerin inquilina St: 1406: -/5/10
+Haincz schuster inquilinus St: 1407: -/-/60
+Andre Apelstorffer schreiber inquilinus St: 1408: -/-/-
+Haincz Goczman inquilinus [Weinschenk[6]] St: 1408: 1/-/- gracianus
+Gezz kastnerin St: 1410/I: -/-/20 fúr nichil
+Praentel fragner St: 1410/I: -/-/24 fúr nichil, 1410/II: -/-/20 fúr nichil
+relicta Herlin gewantsneyderin[7] St: 1423: 1/-/-, 1424: -/-/80 hat zalt
+Kundel walcherin (Waltherin ?) St: 1453-1455: Liste
+Hanns Reinperger St: 1454: Liste
+Paule Pángartner St: 1455-1457: Liste
+Ulrich zammacher St: 1455: Liste
+Huber messrer (messersmid), 1456 inquilinus St: 1456-1458: Liste
Jorg Kudnit meczker St: 1458: Liste
Hanns Ortner schlosser St: 1462: -/-/70
relicta Stegerin inquilina Ortner St: 1462: -/-/60
Seycz platner inquilinus St: 1462: -/-/20 gracion
+Haintz Púchler sporer St: 1482: -/-/60

---

[1] Satz unvollständig.
[2] Michel Amereller 1507, 1509, 1510, 1512 Vierer der Schlosser, Sporer, Schwertfeger, vgl. RP.
[3] Kilian Kiemseer war 1512-1515 und 1518-1520 Vierer der Messerer, vgl. RP.
[4] Die mit + bezeichneten Namen stehen in den StB bei Dienerstraße 5* B (zwischen Dienerstraße 5*B und 6), dürften aber eher hierher gehören, vielleicht als einem Hinterhaus von 5* A.
[5] Frankenburger S. 268.
[6] Hainreich Goczman ist Weinschenk, vgl. Gewerbeamt 1411 S. 4r. – Auch 1402/03 wurde er schon zu den Wirten gerechnet, denen die Stadt „von der raiz wegen" Geld schuldete, vgl. KR 1402/03 S. 100v.
[7] Wohl zu Landschaftstraße 7* gehörig, das wohl Hinterhaus von Dienerstraße 5* A ist, dessen Eigentümerin sie war/ist.

Cristoff Múlhofer, 1490, 1496 schlosser[1] St: 1486, 1490: -/3/4, 1496: -/4/21
Hanns Haidelberger messerschmid St: 1496: -/-/24 gracion
[Hanns] Spatzenhauser [seidennater[2]] St: 1496: -/3/25
Steffan ringlerin St: 1496: -/1/11 das jar
Barbara Diesserin naterin St: 1500: -/-/60
Hans pogner St: 1508: -/1/5 gracion
Hanns Herman slosser St: 1509: -/-/21 gracion
Linhart Adler sporer[3] St: 1509: -/4/10
Mentzinger messerschmid. 1522-1524 Thoman Mentzinger, 1523 messerschmid[4]
    St: 1514: Liste, 1522-1524: -/2/20
Jórg Perckhamer, 1525-1527/I, 1529 sporer. 1527/II, 1528 Jorg sporer
    St: 1525, 1526, 1527/I: -/2/-, 1527/II, 1528, 1529: -/2/3
Niclas Fleischman. 1526 Fleischman messerschmid. 1527/I Niclas Fleischman messerschmid
    St: 1525, 1526, 1527/I-II, 1528, 1529, 1532: -/2/-
Ulrich Obermair sporer St: 1532: -/2/-
Hanns Húrlapayn (Húrlapain, Húrapain, Hurlapain, Húrlepain, Húrlepayn, Húrlpain), 1551/II schlosser, 1552/I, 1564/II-1571 urmacher
    St: 1549/II, 1550, 1551/I-II, 1552/I-II: -/2/-, 1553, 1554/I-II, 1555-1557: -/2/15, 1558: -/5/-,
    1559, 1560: -/2/15, 1561, 1563, 1564/I-II, 1565, 1566/I-II, 1567/I-II: -/3/28, 1568: 1/-/26,
    1569-1571: -/5/-
    StV: (1565) mer fúr p[ueri] Uetz Pfenndter -/2/13. (1566/I) mer fúr Uetz Pfenndter, steuert
    Hanns Weisgárber erben. (1566/II-1567/II) mer fúr p[ueri] Uetz Pfenndter -/-/28. (1568) mer
    fúr p[ueri] Uetz Pfendter -/1/26. (1569) mer fúr p[ueri] Uetz Pfenndter -/-/28.

Landschaftstraße 8*A (Ost)
(zu Marienplatz 9*A/b)

Hauseigentümer:

Das Haus Landschaftstraße 8*A (östlicher Teil von 8*) gehörte als Hinterhaus zu Marienplatz 9*A/b, das sich bis um 1371/72 im Besitz der Familie Gerolt befand. Deshalb wohnten hier in der Landschaftstraße zeitweise Mitglieder der Familie Gerolt. Wie das Vorderhaus, fällt auch das Haus an der Landschaftstraße um 1372 an die Sentlinger, die verwandt waren. Franz Sentlinger bezeichnet 1380 Hainrich den Gerolt selig als „meinen lieben swecher", also Schwiegervater[5] und erbte deshalb auch einen Teil des Gerolt-Besitzes Landschaftstraße 10*/11*. Der Wechsel in der Reihenfolge von Pilgreim Gerolt/Maecz Draechslin 1369 zu Maecz Draechslin/Pilgreim Gerolt 1371 legt den Verdacht nahe, daß auch Landschaftstraße 9* ursprünglich zum Gerolt-Besitz gehörte. Das würde bedeuten, daß fast die ganze Südseite der Landschaftstraße von Nr. 8* bis Nr. 11* einst Gerolt-Besitz war.
Wahrscheinlich gehörten auch die Güntherin und ihre Kinder zur Verwandtschaft Gerolt-Sentlinger. Günther wohnt schon 1369 bis 1372 im Gerolt-Vorderhaus Marienplatz 9*A/b. Ab 1377 bis 1388 die Güntherin mit ihrem Ehemann Anhartinger und den Kindern erster Ehe im Rückgebäude Landschaftstraße 8*A.
Erst im 16. Jahrhundert wird das Rückgebäude dann vom Vorderhaus getrennt.

1544 August 2 das Haus des Wolf Hofer (Landschaftstraße 8*B !), künftig des Kaspar II. Schrenck, ist dem Haus des Hanns Algeyer (Landschaftstraße 7*) benachbart.[6] Offenbar gehören zu dieser Zeit beide Häuser Landschaftstraße 8* zusammen.

---

[1] Cristoff Mulhofer 1491, 1495-1497 Vierer der Schlosser, Sporer, Schwertfeger, vgl. RP.
[2] Hanns Spatznhauser Seidenater 1499-1514 wiederholt Vierer der Maler, Glaser, Seidennater, vgl. RP.
[3] Linhart Adler war 1495, 1502, 1506, 1507 und 1512 Vierer der Schlosser, Sporer, Schwertfeger, vgl. RP.
[4] Thoman Mentzinger war 1513, 1514, 1519 und 1520 Vierer der Messerer, vgl. RP.
[5] MB XVIII 198 S. 213.
[6] BayHStA, Urk. Bayerische Landschaft.

1554 Dezember 13 Kaspar II. Schrenck und seine Hausfrau Margaret (geb. Rudolf) verkaufen ihr Haus vorne am Platz (Marienplatz 9*A/a), das rückwärts an der Cloibergasse (mit Landschaftstraße 8*B) zwischen den Häusern des Plattners Peter Schaller (Marienplatz 8*A) und der Maria Haldenbergerin (Landschaftstraße 9*) gelegen ist, an die Bayerische Landschaft.[1]
1559 September 5 Peter Schaller und seine Hausfrau Martha haben aus diesem Haus ein Ewiggeld von 5 Gulden um 100 Hauptsumme verkauft.[2]
1567 September 10 das Haus des Plattners Peter Schaller im Kleubergässel ist dem rückwärtigen Haus der Bayerischen Landschaft (Landschaftstraße 8*B) benachbart.[3]
1574 laut Grundbuch (Überschrift) des Peter Schaller Plattners Haus.
Die Schaller besitzen das Haus noch bis 1612.

Eigentümer Landschaftstraße 8*A:

*? Niclas Gerolt[4]
    St: 1368: 4/-/12
*? Pilgreim Gerolt[5]
    St: 1369: -/12/-, 1375: 1/-/-

Dann Eigentümer wie Marienplatz 9*A/b

*? Wolf Hofer [1544 August 2]
** Peter Schaller (Schollner, Schallner) plattner [∞ Martha]
    St: 1540-1542: -/2/-, 1543: -/4/-, 1544: -/2/-, 1545: 1/1/8, 1546-1548, 1549/I-II, 1550, 1551/I-II, 1552/I-II: -/4/4, 1553, 1554/I-II, 1555-1557: 1/-/13, 1558: 2/-/26, 1559, 1560: 1/-/13, 1561, 1563, 1564/I-II, 1565, 1566/I-II, 1567/I-II: 1/-/22, 1568: 2/1/14, 1569: 1/1/3, 1570, 1571: 1/1/13,5
    StV: (1570) zuegesetzt schuesters erb.
    Pauls sein sun. 1571 seyn sun Paule Schaller
    St: 1570: -/1/5 gratia, 1571: -/2/-

Bewohner Landschaftstraße 8*A:

+Erhart Anharttinger, 1377 maritus Gúntherinne[6] St: 1377: -/15/- juravit, 1378: -/15/-, 1379: 1/7/-
  +relicta Gúntherin. 1383/I-II Gúntherin
    St: 1381: -/10/- sub gracia, 1382, 1383/I: -/10/-, 1383/II: -/15/-, 1388: 2/-/80 juravit
  +pueri eius [= der Gúntherin], 1378, 1379 pueri uxoris
    St: 1377-1379, 1381, 1382, 1383/I: -/-/60, 1383/II: -/3/-, 1388: 1/-/-
Michel plattner St: 1527/II: -/-/21 gracion, 1528, 1529: -/2/-
Hanns Weiß plattner St: 1532: -/2/29
Jorg Maulpergerin [Goldschmied ?[7]] St: 1563: an chamer
Peter trometter. 1564/II-1567/II Peter Haring (Herig, Hering) trometter
    St: 1564/I: hofgsind, nihil, 1564/II-1566/I -/-/- hofgesind, 1566/II: nihil, hofgsind, 1567/I: -/-/- hofgsind, 1567/II: nihil, hofgsind

---

[1] BayHStA, Urk. Bayerische Landschaft.
[2] Stadtgericht 207/1 (GruBu) S. 512v.
[3] BayHStA, Urk. Bayerische Landschaft.
[4] 1368 zwischen Dienerstraße 5 und 6 stehend.
[5] 1375 zwischen Dienerstraße 5 und 6 stehend.
[6] Auch die folgenden Einträge mit + bis 1388 zwischen Dienerstraße 5 und 6 stehend.
[7] Frankenburger S. 297.

Landschaftstraße 8*B (West)
(zu Marienplatz 9*A/a)

Hauseigentümer:

1544 August 2 Wolf Hofer zu Urfar vertauscht sein Haus am Platz (Marienplatz 9*A/a), das mit seinem Rückgebäude an der Kleubergasse zwischen den Häusern des Schlossers Allgeyer (Landschaftstraße 7*) und des Chorherrn Niclas Sänftl (Landschaftstraße 9*) gelegen ist, an Kaspar II. Schrenck.[1] Entweder dem Hofer gehören beide Häuser Landschaftstraße 8* oder der Eigentümer von Landschaftstraße 8*A wurde hier versehentlich bei der Angabe der Nachbarn übergangen.
1554 Dezember 13 der fürstlich bayerische Rat und Lehenpropst Kaspar [II.] Schrenck und seine Hausfrau Margaret, geborene Rudolf, verkaufen ihr Haus, vorne am Platz (Marienplatz 9*A/a)) zwischen den Häusern des Gastgebs Jörg Müller (Marienplatz 8*) und der Katharina Schluderin (Marienplatz 9*A/b) und rückwärts an der Cloibergasse zwischen denen des Plattners Peter Schaller (Landschaftstraße 8*A) und der Witwe Maria Haldenberger (Landschaftstraße 9*) gelegen, an die Bayerische Landschaft.[2] Kaspar II. Schrenck war ein Sohn von Kaspar I. Schrenck und Elisabeth Hofer.
1567 September 10 das rückwärtige Haus der Bayerischen Landschaft am Kleubergässel liegt zwischen den Häusern des Plattners Peter Schaller (Landschaftstraße 8*A) und der Haldenbergerin (Landschaftstraße 9*).[3]
1574 laut Grundbuch (Überschrift) „Gemainer Lanndtschafft Haus, stesst alda heraus".[4]

Eigentümer Landschaftstraße 8*B:

* Cristof Hofer [Sohn von Wolf Hofer]
    St: 1524, 1540-1542: 10/-/-, 1543, 1544: an chamer, zalt 10/-/- (an chamer), 1545, 1546: 10/-/-, 1547: der zeit nihil, 1548: an chamer, 1549/I: der zeit nihil, 1549/II: an chamer, 1550: 10/-/-, 1551/I: der zeit nihil, 1551/II, 1552/I-II, 1553, 1554/I-II: 8/-/-
    StV: (1524) ist sein zeit aus. (1540) nach vermóg des 35. puechs [= des StB von 1535] ist das das 6. jar. (1541) nach vermóg des 35. puechs ist das das 7. jar. (1542) nach vermóg des 35. puechs ist [das] das 8. jar. (1545) dise steur ist ime von ainem erbaren rath in disem jar auff ain neus wider auff 6 jar jerlich, man steur oder nit, zegeben bewilligt unnd das ist das erst jar. (1546) mit ainem geding auff 6 jar unnd das ist das ander jar. (1547) hat ain jerlichs geding, zalt an chamer sein beysitz von dem [15]47. jar [an] Martini verfallen, desselben jars am 8. Martii anno [15]49ten, thuet 10 fl und das ist das drit jar. (1548) zalt 10/-/- sein beysitz, verfallen Martini anno [15]48ten und das ist das 4. jar. Actum den 7. Martii anno [15]49ten, hat ain geding auff 6 jar. (1549/I) gibt ain jerlich geding. (1549/II) zalt 10/-/- sein beysitz, verfallen Martini anno [15]49, hat ain geding auf 6 jar. Actum am 4. Februari anno [15]50ten und das ist das 5. jar. (1550) laut seins gedings auf 6 jar und das ist das letst jar. (1551/I) soll hinfúro auf ain neus mit im gehandlt werden, seine gedingte jar seind aus. (1551/II) mit ainem neuen geding, als offt man steurt, auch ainfach oder doplt, wie dieselben gehalten werden, dermassen soll er auch steurn. (1552/I) mit geding; als offt, auch wie man steurt, ainfach oder zwifach, [soll er auch steurn]. (1552/II) mit geding; als offt und wie man steurt, ainfach oder doplt, soll er auch steurn. (1553, 1554/I-II) mit geding; als offt und wie man steurt, soll er auch steurn.

    Hans Davit Fúnckh sein [= des Cristoff Hofers] aidn. 1551/I Funckh sein aidn. 1554/II Davit Funckh sein aidn
    St: 1550: -/3/15, 1551/I: der zeit nihil, 1551/II: -/3/15, 1552/I-II: /3/15, 1553: der zeit eingestellt, 1554/I-II: nihil, hoffgsind
    StV: (1550) mit ainem jerlichn geding. (1551/I) hat ain jerlich geding. (1551/II) mit ainem jerlichen geding. (1552/I) gedinglich, als offt man steurt. (1552/II) mit geding, als offt man steurt.

---

[1] BayHStA, Urk. Bayerische Landschaft.
[2] BayHStA, Urk. Bayerische Landschaft.
[3] BayHStA, Urk. Bayerische Landschaft.
[4] Stadtgericht 207/1 (GruBu) S. 514v.

* Kaspar [II.] Schrenck, fürstl. Lehenpropst, und seine Hausfrau Margaret, geb. Rudolf [bis 1554 Dezember 13]
** domus Landschaffthaus [seit 1554 Dezember 13]
    St: 1564/I-1571: -/-/-

Bewohner Landschaftstraße 8*B:

Zacharus [!] saltzstößl St: 1486: -/1/2 gracion
Wolffgang Dráchslhamer [Schuster[1]]
    St: 1486: -/3/15
    StV: (1486) dedit -/-/7 von 1 gulden geltz fúr pueri sailer.
relicta Bernardin [I.] Ridlerin[2]
    St: 1500: 3/5/20 patrimonium, 1508: 3/5/12
Gabriel [V.] Ridler [von Johanneskirchen, Stadtrat][3]
    St: 1556, 1557: 8/6/6, 1558: 17/5/12, 1559, 1560: 8/6/6, 1561, 1563: 24/4/12, 1564/I: 22/6/22, 1564/II: 23/1/1, 1565, 1566/I-II: 23/2/13, 1567/I-II: 23/3/25, 1568: 47/-/20, 1569, 1570: 26/-/-, 1571: 24/1/26
    StV: (1561) mer fúr sein sun Abraham[4] -/3/29, ausser der Ligsaltz schuld; mer von der Ridler jartag von 10 lb gellts -/2/20. (1563) ausser der Ligsaltz schuld; mer fur sein sun Abraham -/3/29; mer von 10 lb gelts vom jartag -/2/20. (1564/I) ausser der Ligsaltz schuld; abgesetzt 50 gulden gelts seiner tochter heyratgut; mer fúr sein sun Abraham -/3/29; mer fúr 10 lb gelts vom jartag -/2/20. (1564/II) darinnen den 8. tail Ligsaltzische schuld zuegesetzt; mer fúr seinen sun Abraham -/3/29; mer fúr 10 lb gellts vom jartag. (1565) darinn 126 fl Ligsaltzische schuld zuegsetzt; mer fúr sein sun Abraham -/3/29; mer von 10 lb gelts fúrn jartag -/2/20. (1566/I) mer fúr sein sun Abraham -/5/11; mer von 10 lb gelts zum jartag -/2/20. (1566/II) mer fúr sein sun Abraham -/4/6, abgsetzt; von 10 lb gelts zum jartag -/2/20. (1567/I) zuegesetzt Ligsaltzischn empfang. (1567/I-II) mer von 10 lb gelts zum jartag -/2/20. (1568) mer von 10 lb gelts zu ainem jartag -/5/10. (1569) mer von 10 lb gelts zu ainem jartag -/2/20. (1570, 1571) mer von 10 lb gelts zu ainem jartag -/2/20. (1571) abgesetzt seines suns Gabrieln 1 000 fl heuratguet.
Gabriel [VI.] Ridler der junger (jung)[5] [von Johanneskirchen, Stadtrat, Sohn von Gabriel V.[6]]
    St: 1570: -/3/15 gratia, 1571: 3/4/9 juravit

Landschaftstraße 9* - 12*

Bei der Zuordnung der Hauseigentümer zu den Häusern ist hier auszugehen vom Vorderhaus Marienplatz 8**, zu dem Landschaftstraße 9*-11* zeitweise Rückgebäude waren. Maßgebend ist für die Häuser an der Landschaftstraße, daß der Hauseigentümer von Marienplatz 8**, Hanns Ruelein, am 28. August 1404 den Besitz der Weckherin an der Landschaftstraße kauft. Von Ruelein geht dann der ganze Komplex an die Sänftel. Es handelt sich damit an der Landschaftstraße um die beiden Häuser Nr. 10* und 11*. Die Weckherin aber hat die beiden Häuser von Pilgreim Gerolt. Nachbar der Weckherin ist aber 1394 wieder die Gerstlin beziehungsweise Herr Wilhalm einerseits (also Landschaftstraße 9*) und die Löfnerin (Landschaftstraße 12*/Weinstraße 15*/16*). 1407 ist an der Ostseite Franz von Hausen Nachbar von Ruelein (Landschaftstraße 9*).

---

[1] Wolfgang Drachselhamer ist 1464-1479 wiederholt und noch einmal 1490 Vierer der Schuster. Derselbe ist 1491 und 1493 auch Vierer der Büchsenschützen, vgl. RP.
[2] Witwe von Bernhard I. Ridler. Der Bruder von Bernhard, nämlich Otmar I. Ridler, war mit der 1548 verstorbenen Katharina Hofer verheiratet.
[3] Gabriel V. Ridler 1532-1536 äußerer, ab 1537 innerer Rat, vgl. RP. Er starb 1581. Er war ein Sohn von Jakob III. Ridler und Elisabeth Sentlinger, Erbin von Johanneskirchen. Diesen Gabriel V. dürfte das Gemälde von Hans Mielich von 1559 darstellen, vgl. Löcher, Hans Mielich S. 166 Abb. Nr. 55.
[4] Abraham Ridler, Sohn von Gabriel V., war Chorherr zu Unserer Lieben Frau in München und starb 1580.
[5] Im StB 1570 falsch eingeordnet. Durch Zeichen am Rand und durch das StB von 1571 ergibt sich die richtige Einordnung an dieser Stelle.
[6] Gabriel VI. Ridler 1562-1564, 1586, 1587 äußerer Stadtrat, 1565-1577, 1582-1585 und 1488 bis zu seinem Tod 1600 innerer Rat. Er starb 1600, vgl. Stahleder, Bürgergeschlechter. Die Ridler S. 154.

Landschaftstraße 9*
(bis 1791 zu Marienplatz 8**)

Hauseigentümer:

Die Witwe Maecz [Mechthild] Draechslin ist nie als Hauseigentümerin belegt. Lediglich die lange Verweildauer am selben Ort spricht dafür. Der Steuersatz spricht gegen sie als Hauseigentümerin. Das Verhältnis der Gerstlin zu Herrn Wilhalm, dem „cappelan in der puorg", ist nicht klar.[1] Jedenfalls ist zumindest zeitweise er der Hauseigentümer, die Gerstlin ist 1392 „inquilina Wilhelm", also nur Mieterin beim Wilhelm. 1393 ist aber das „inquilina" vom Steuerschreiber wieder getilgt worden. Das Haus der Weckherin (Landschaftstraße 10*/11*) grenzt an das Haus, „da her Wilhalm inne ist".[2] Das ist etwas vage ausgedrückt. Herr Wilhalm ist zeitweise auch namengebend für die Straße: 1395 und 1397 „in her Wilhalms gaezzel".[3]
Die Gerstlin stirbt 1406 (patrimonium). Sie könnte die Witwe des Schreibers Heinrich Gerstl gewesen sein, der mehrmals in den Gerichtsbüchern erscheint. Es gab allerdings um diese Zeit auch einen Niklas Gerstl.

1370 die Baukommission beanstandet bei der Maeczen der Draechslin die Laube.[4]
Vor 1407 Februar 3 Franz von Hausen ist Eigentümer des Hauses:
1407 Februar 3 Franz von Hausen verkauft das Haus an der Schreibergasse, zunächst an des Hansen des Ruleins Haus (Landschaftstraße 10*/11*) gelegen, an den Schneider Chunrat den Reisenegk.[5]
Franz von Hausen ist offensichtlich verwandt mit Hailweig der Gerstlin, da diese (Hailbirge (!) Gerstlin, Bürgerin zu München) zu Gunsten von seiner Tochter Margaret in Augsburg ein Leibgedinge von 16 Gulden kaufte (ebenso 16 Gulden zu Gunsten von Ulrich Ebner).[6]
Der Reisenegk erwirbt im Januar 1411 das Haus Dienerstraße 6 und trennt sich deshalb wieder von diesem Haus.
1411 März 5 „Chunrat Reysenegt" hat sein Haus, gelegen in Unser Frauen Gässel in der inneren Stadt in Unser Frauen Pfarr, zunächst an Hans des Ruleins Haus (Landschaftstraße 10*/11*) und an des Sentlingers Stadel (Rückgebäude von Marienplatz 9*A/a, mit Landschaftstraße 8*) gelegen, dem Herrn Hans dem Fuchsmundel, Herzog Ernsts Kanzler, übergeben, mit allem Zubehör „an haws und hofmarch" wie es der Stadt Recht ist.[7]
1411-1423 domus her Hanns Fuchsmundel (StB).
Dieser ist am 21. Januar 1414 Schreiber der Herzöge Ernst und Wilhelm,[8] dann Propst von Ilmmünster und Kaplan (Hofkaplan) der Herzöge Ernst und Wilhelm, so zum Beispiel am 10. Juli 1423.[9]
1431 relicta Ludwice zahlt Steuer „von irem haws" (StB).
1441 Gabriel Angler [Maler] Scharwerk „vom haws" (SchV).
1453-1462 domus Friderice (Fridrich) Aichsteter (StB).
Ein Fridrich Aichstetter ist 1427 bis 1434 als Sekretär beziehungsweise am 21. Mai 1433 als Kanzler Herzog Wilhelms belegt.[10] Da erst 1482 ein patrimonium eines Fridrich Aichstetter versteuert wird, dürfte dieser zu alt sein, um identisch zu sein mit dem von 1427 bis 1434. 1459 gibt es aber auch einen Vierer der Weinschenken namens Aichstetter, allerdings ohne Vornamen.[11]
1482 domus Finsinger (StB).
Nach dieser Zeit dürfte das Haus mit Marienplatz 8** vereinigt worden sein.
1539 August 18 das Haus des Ehepaares Sigmund und Barbara Sänftel, künftig dem Ehepaar Caspar

---

[1] GB II 61/8, 78/1, 101/14.
[2] GB II 78/1.
[3] GB II 86/2, 124/5.
[4] Zimelie 9 (Ratsbuch IV) S. 4r (neu 6r).
[5] GB III 61/1.
[6] Vgl. Haemmerle, Leibgedingbücher Nr. 208.
[7] GB III 104/13.
[8] RB XII 157.
[9] RB XIII 14.
[10] RB XIII 110, 220, 233, 255, 259, 307. – Vgl. von Andrian-Werburg, Urkundenwesen S. 56/58.
[11] RP 1.

und Maria Haldenberger gehörig, ist mit seiner Rückseite, mit Cleubergassl (Landschaftstraße) 10*/11*, dem Haus des Niclas Sänftel (Landschaftstraße 9*) benachbart.[1]

1544 August 2 das Haus des Chorherrn Niclas Sänftel an der Kleubergasse ist dem rückwärtigen Haus des Wolf Hofer, künftig des Kaspar II. Schrenck (Landschaftstraße 8*B), benachbart.[2]

1554 Dezember 13 das Haus des Kaspar II. Schrenck am Platz (Marienplatz 9*A/a mit Landschaftstraße 8*B), künftig der Bayerischen Landschaft gehörig, liegt rückwärts an der Cloibergasse neben dem Haus der Witwe Maria Haldenberger.[3]

1564/I-1571 domus Halbmwergerin (Halbmbergerin) (Haus 9*-11* und Marienplatz 8**) (StB).

1567 September 10 das Haus der Haldenbergerin ist dem rückwärtigen Haus der Bayerischen Landschaft (Landschaftstraße 8*B) benachbart.[4]

1574 Hauseigentümer Caspar Haldenberger wie Marienplatz 8**.

Eigentümer Landschaftstraße 9*:

*? Máczz (Maecz) Draehslin (Dráchslin),[5] 1375 relicta
   St: 1368[6]: dimidium lb, 1369: 0,5/-/-, 1371: solvit 0,5/-/- de duobus annis, 1372: -/-/-, 1375: -/-/60, 1377: -/3/-, 1378, 1379: -/-/45, 1381, 1382: -/-/18

*? relicta (Hailweig) Gerstlin.[7] 1390/I-II, 1393, 1394 Gerstlin. 1392, 1403 (Hailweyg) Gerstlin inquilina[8] Wilhalm. 1395, 1396, 1405/I Hailweig Gerstlin. 1406 patrimonium Hailweyg Gerstlin
   St: 1387: 0,5/-/-, 1388: 1/-/- juravit, 1390/I-II: 1/-/-, 1392: -/14/12, 1393, 1394: 2/3/6, 1395: -/11/6, 1396, 1397, 1399: 2/-/24, 1403, 1405/I: dedit 4/-/-, 1405/II: dedit 3/-/-, 1406: nichil
   StV: (1388) item post -/-/80 M[ünchner Pfennige]. (1403, 1405/I-II) und sy sol furbaz ungesworn sein auf meiner herrn widerruffen und sy sol auch furbaz nach der stewr ab und auf stewrn nach dem und yedew (die) stewr geseczt wirt (ist).[9]

*? her Wilhalm [cappelan in der puorg]
   St: 1403: -/-/-

* Francz von Hausen [bis 3.2.1407 Februar 3; Verwandter der Hailweig Gerstlin]

* Chuncz (Chunrat) Reysenegk, 1407, 1410/I sneider [1407 Februar 3 bis 1411 März 5]
   St: 1407, 1408: 3/-/80, 1410/I: 2/-/18 iuravit, 1410/II: -/22/4

* domus herr Hanns Fuchsmundel (Fuschmúndel). 1418, 1419 domus herr Hanns[10]
   St: 1411-1415, 1418, 1419, 1423: -/-/-

* relicta Ludwicein [= Ludwice-in]
   St: 1431: 0,5/-/- von irem haws

* Gabriel Angler [Maler]
   Sch: 1439/I-II, 1440: 1,5 t[agwerk], 1441/I: 1 t[agwerk] vom haws

* domus Fridrice (Fridrich) Aichsteter (Eichsteter) [herzoglicher Rat, auch Weinschenk ?][11]. 1454, 1455 domus Fridrice. 1456 domus Aichsteter. 1482 relicta Aystetterin patrimonium
   St: 1453-1458: Liste, 1462: nichil, ist [herzoglicher] ratt, 1482: nichil

* domus Finsinger
   St: 1482: nichil

---

[1] BayHStA, Urk. Bayerische Landschaft.
[2] BayHStA, Urk. Bayerische Landschaft.
[3] BayHStA, Urk. Bayerische Landschaft.
[4] BayHStA, Urk. Bayerische Landschaft.
[5] Weil die Forschung diese Frau früher fälschlich in der Weinstraße in der Nähe des Wilbrechtsturms lokalisierte, gab man nach ihr diesem Turm auch den Namen Draechselturm. Man hielt sie außerdem für eine Angehörige der „Patrizierfamilie" Draechsel, was angesichts der kleinen Steuersummen mehr als fraglich ist.
[6] Betrag 1368 wieder getilgt.
[7] Vielleicht Witwe des Schreibers Heinrich Gerstl, der wiederholt in den Gerichtsbüchern erscheint.
[8] 1393 „inquilina" wieder getilgt.
[9] Der ganze Eintrag ist 1403 am oberen Seitenrand nachgetragen.
[10] Propst von Ilmmünster, Schreiber und Hofkaplan der Herzöge Ernst und Wilhelm, vgl. von Andrian-Werburg, Urkundenwesen S. 55, 114/115.
[11] Friedrich Aichstätter war Mitglied der herzoglichen Kanzlei, später Landrichter von Wolfratshausen (1439-1441), Landschreiber Herzog Albrechts in Oberbayern (1441/42), dann herzoglicher Rat Albrechts, vgl. von Andrian-Werburg, Urkundenwesen S. 56/58. – Ein Aichsteter ist 1459 Vierer der Schenken, vgl. RP.

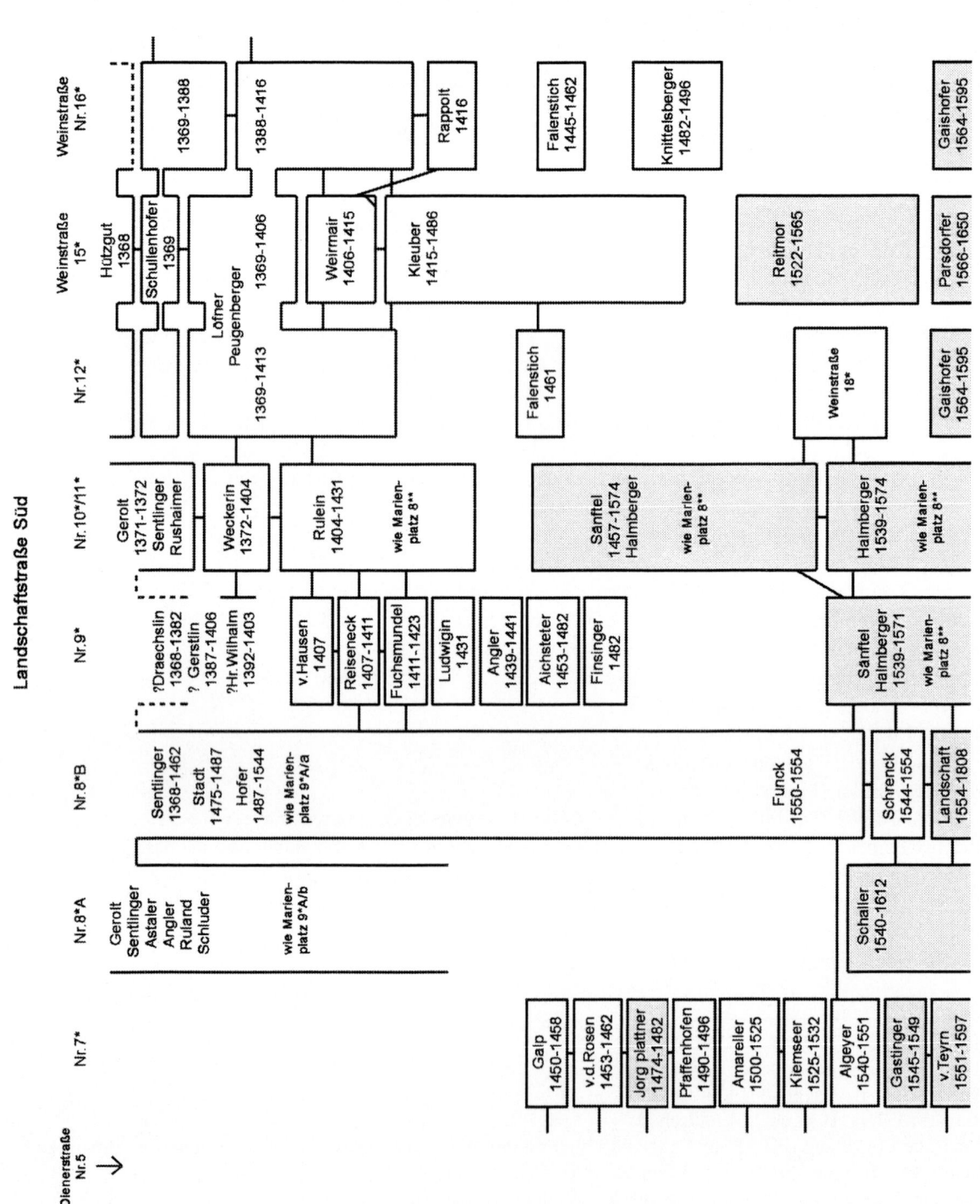

Abb. 34 Hauseigentümer Landschaftstraße 7* – 12*, Weinstraße 15*, 16*.

335

1572

8*A/B	9*	10* 11*	12*	Kloibereck
Landschaftstraße				Weinstraße 15*

Kloibergasse

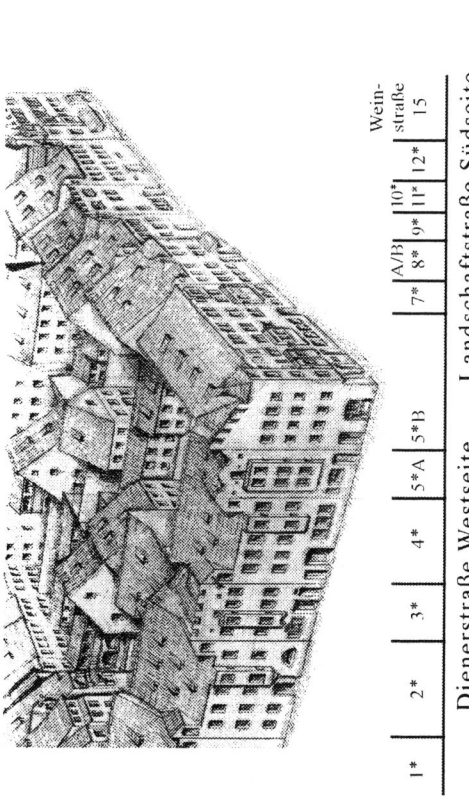

1939

Landschaftstraße

Abb. 35 Landschaftstraße Süd (unterer Bildrand) und gesamter Baukomplex auf dem Gelände des heutigen Rathauses (rechts Weinstraße, links Dienerstraße, oberer Bildrand Markt-, Haupt-, Schrannen- oder Marienplatz). Sandtner-Modell 1572. Foto: Bayerisches Nationalmuseum, München.

Abb. 37 Landschaftstraße Süd Nr. 8* – 12*, Weinstraße 15*, Häuserbuch Graggenauviertel S. 48/49.

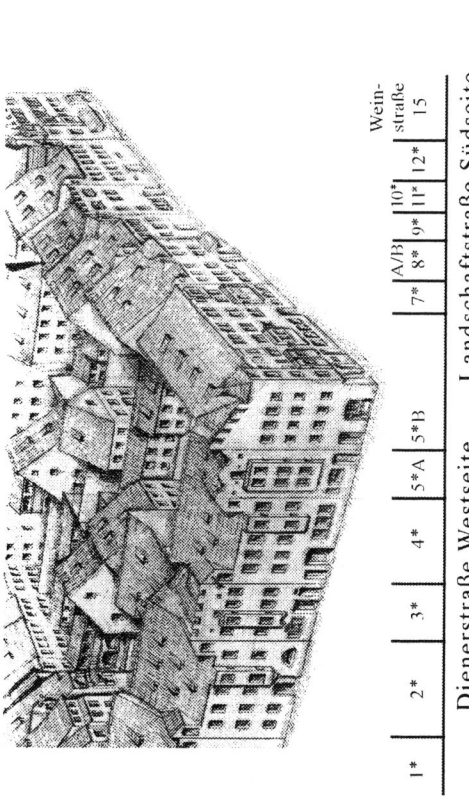

1*	2*	3*	4*	5*A	5*B	7*	8*	A/B 9*	10* 11*	12*	Weinstraße 15
Dienerstraße, Westseite						Landschaftstraße, Südseite					

Abb. 36 Dienerstraße 2* – 5*, Landschaftstraße Süd Nr. 7* – 12*, Weinstraße 15*, Häuserbuch Graggenauviertel S. 48/49.

Danach Vereinigung mit Marienplatz 8**

* Niclas Sänftl, Chorherr [um 1539/1544]
* Maria Halmbergerin [um 1554/1567]
* domus Halbmwergerin (Halbmbergerin)
    St: 1564/I-1571: -/-/-

Bewohner Landschaftstraße 9*:

Da erst ab 1540 die Steuerzahler durch Klammern zusammengefaßt werden und damit eindeutig einzelnen Häusern zugeteilt werden können, ist die Zuteilung in der Zeit davor mehr oder weniger hypothetisch. Die hier genannten Personen können also teilweise auch zum Haus 10* gehören.

gener Palmarii inquilinus St: 1368: -/-/12, 1369: -/-/-
Fridrich satler
    St: 1371, 1372: -/-/50
    StV: (1371) item[1] de anno preterito -/-/50.
Haertel Weichinger vragner St: 1371: -/-/16
Ulrich scriptor de Gundolfing inquilinus. 1372 Ulrich scriptor inquilinus
    St: 1371: -/3/- gracianus, 1372: dedit alibi
Pesolt tagwercher St: 1392: -/-/12 gracianus, 1393: -/-/16 iuravit
Hainrich oblater St: 1392: -/-/18
Hans (Johannes) Gússer (Gẃsser)[2] St: 1394: -/5/10, 1395: -/-/80, 1396: 0,5/-/-
Seydel inquilinus St: 1394: -/-/24
Fraus kúrssner. 1396 Hanns Fras kúrsner St: 1395: -/-/60 non iuravit, 1396: -/-/60 fúr 8 lb, iuravit
relicta Enplin inquilina St: 1406: -/-/20 fúr nichil
    und yr hoffraw inquilina St: 1406: -/-/-
Ulrich kúrsner inquilinus St: 1407: -/-/36 gracianus
Ludwig seidnnader inquilinus St: 1410/I: -/-/60
Warbera, dez Vingers tochter. 1412 Warbera Vingerin
    St: 1411: die habent mein herrn der steẃr ledig lazzen, 1412: -/-/-
Hanns Strazzer schuster St: 1416: -/-/60 fúr nichil
Swarczmanin inquilina St: 1416: -/-/12
Karel Fróchssawer [Kramer[3]] St: 1418: -/-/60 gracianus
    und sein muter St: 1418: -/-/28
Andre Reisntaler. 1439/II Reismalerin Sch: 1439/I-II: 0,5 t[aglon]
Diemut inquilina Sch: 1439/I: 0,5 t[aglon]
Ann Ápplin Sch: 1441/I: -/-/4
Albrecht Lesch [Weinschenk, Salzsender ?[4]] Sch: 1441/II: 2 t[aglon]
Lienhart Eglinger [Weinschenk[5]] Sch: 1445: 1 diern, dedit[6]
Steffan Purckhauser Sch: 1445: 1 diern, dedit
Fricz Paissweil, 1453 inquilinus, 1457 schreiber St: 1453-1455, 1457, 1458: Liste
Steffan schleyffer St: 1462: -/-/60
Cuntz Fúrholtzer [Stadtsöldner ?[7]] St: 1482: nichil
Linhart vorsprech St: 1486: -/-/60

---

[1] Ganzer Vermerk 1371 wieder getilgt.
[2] Vielleicht der spätere Unterrichter, als solcher belegt 1397-1410 und 1417-1424, vgl. R. v. Bary III S. 802.
[3] So 1423 bei Kaufingerstraße 1*.
[4] Albrecht Lesch ist 1451 Mitglied der Weinschenken-Bruderschaft, 1449, 1454 und 1456 Vierer der Weinschenken, auch 1458 Weinschenk, vgl. Gewerbeamt 1411 S. 10r, 11r, 11v, 12v. – Wahrscheinlich ist er auch der Lesch/Lerchs, ohne Vorname, den Vietzen für 1446 und 1447 als Salzsender nennt, vgl. Vietzen S. 146.
[5] Linhart Eglinger 1458 Weinschenk, vgl. Gewerbeamt 1411 S. 12v.
[6] Darunter und wieder getilgt „und ain knecht".
[7] Ein Chuntz Fürholtzer 1471-1486 Stadtsöldner, wird dann Bürgerknecht, vgl. R. v. Bary III S. 837. Deshalb wohl „nichil" als Steuer. 1475 ist ein Kuntz Fürholtz auch Salzbereiter, vgl. Vietzen S. 161 nach KR.

Haintz Franck schuster[1] St: 1490: -/7/-, 1496: -/6/9, 1500: -/7/7, 1508: -/3/22
   Niclas Franck maler, 1524 Niclas Franck patrimonium St: 1522-1524: -/2/-
Contz ainrisserin St: 1490: nichil
Wolfgang Wincklmair, 1526, 1527/I kistler St: 1525, 1526, 1527/I: -/2/-
Bartlme vischer maler St: 1525, 1526, 1527/I-II, 1528, 1529, 1532: -/2/-
Wastian Vogler [Schuster[2]] St: 1526: nichil
   Sewastian Voglers dienerin St: 1528: -/1/1
relicta Wenigin St: 1540, 1541: 1/6/9 für sy und ire kinder
Michel Möffl pruechler St: 1540: -/4/1
Silvester procurator St: 1545: nihil
Sebastian Vennt (Fennt) St: 1546, 1547: -/2/-
Jorg Mais schlosser púxnmaister St: 1549/I: -/2/-
Wolff Khaltner [Buchführer[3]] St: 1549/II: -/2/28
Ludwig malerin St: 1550, 1551/I-II: 1/-/9
relicta Potschnerin (Pöthschnerin, Pötschnerin)
      St: 1552/I: an chamer, 1552/II, 1553, 1554/I: 1/-/-
      StV: (1552/I) zalt ain gulden, am 13. Augusti mit geding, als offt und wie man steurt, ainfach oder doplt, also soll sy auch steurn. (1552/II) mit geding, als offt und wie man steurt, ainfach oder doplt, soll sy auch steurn. (1553, 1554/I) mit geding, wie und als offt man steurt.
Andre Hueber visierer[4] St: 1553, 1554/I: nihil
Lienhart Kriechpám St: 1553: -/2/-
   Jeronimus[5] Kriechpám (Kriegpám), 1554/I nestler St: 1554/I-II, 1555: -/2/-
Bartlme Peendl, 1557-1561, 1564/I-1568 peutler[6]
      St: 1554/II, 1555-1557: -/2/-, 1558: -/4/-, 1559-1561, 1563, 1564/I-II, 1565, 1566/I-II, 1567/I-II: -/2/-, 1568: -/4/-
      StV: (1560) mer für p[ueri] Dickhen -/3/18; mer für p[ueri] Molln -/-/28, ad 19. Septembris zalt Pendl 3 nachsteur -/2/24. (1561) mer für p[ueri] Dickh -/4/18. (1563, 1564/I) mer für p[ueri] Dickhen(s) khinder -/4/18. (1564/II-1567/I) mer für p[ueri] Dickhen -/4/18. (1567/II) mer für p[ueri] Dickhen -/6/18. (1568) mer für Dickhens khinder 1/2/6.
Hanns Lehel (Lechel, Lechl) obser
      St: 1556: -/-/14 gracion, 1557: -/2/-, 1558: -/4/-, 1559-1561, 1563, 1564/I-II, 1565, 1566/I-II, 1567/I-II: -/2/-, 1568: -/4/-, 1569, 1570: -/3/-
Katherina Hiltzin St: 1567/II: -/2/-
Michl Haimer [oder Hauner[7]] schneider St: 1569: -/2/-
Martin Uetz trabant (trabanndt) St: 1570: an chamer, 1571: -/-/- hofgsind
L[...] flosmanin St: 1570: -/2/-
Caspar Praun obser St: 1571: -/2/-

Landschaftstraße 10*/11*
(bis 1791 bzw. 1810 zu Marienplatz 8**)

Die beiden Häuser gehören von Anfang an zusammen.
1372 April 15 Pilgreim Gerolt (der Jüngere) übergibt die zwei Teile seines Hauses, „do sein vater inn gebesen ist", an Francz den Sentlinger und setzt dafür als Gewere seinen Schwager Ullein den Potsch-

---

[1] Haintz Franck 1482, 1484-1486, 1488, 1497 (1498 getilgt), 1501 und 1502 Vierer der Schuster, 1503 Mitglied des Rates der 36, vgl. RP.
[2] Vgl. Landschaftstraße 4 (1528).
[3] Vgl. Burgstraße 18*.
[4] Andre Hueber ab 1553 Weinvisierer und noch 1565 als solcher belegt, vgl. R. v. Bary III S. 971; Fischer Tabelle X S. 27.
[5] 1554/I „Lienhart" getilgt und am Rand durch „Jeronimus" ersetzt.
[6] Der „Säckler" bzw. Beutler Bartlme Pendl muss sich 1569 und 1571 bei den Religionsverhören verantworten, vgl. Dorn S. 230, 259.
[7] Bei Haus 11* heißt er dann Hiener, Huenner.

ner.[1] Franz Sentlinger, Schwiegersohn von Hainreich Gerolt[2], muß ebenfalls einer der Erben des älteren Pilgreim Gerolt sein; denn er besitzt damit bereits vier Teile dieses Hauses und verkauft diese vier Teile zwei Tage später,
1372 April 17, an Maechthild die Weckerin.[3]
1370 die Baukommission beanstandet der Weckherin Lauben.[4]
Aber noch ein weiterer Erbe ist da:
1372 Mai 14 übergibt auch Lienhart der Rushaimer ein Fünftel, dieses Hauses, „daz sein chint hat geerbt von seiner muter Agnes seiner hausfrawn wegen" und dessen andere vier Teile ihnen vorher von Francz dem Sentlinger übertragen worden waren, ebenfalls an Maechthild die Weckerin.[5]
Damit hat Maecz oder Mechthild die Weckerin nunmehr alle fünf Teile des Besitzes aus dem Erbe von Pilgreim Gerolt in der Hand. Der Besitz gilt als *ein* Haus.
1394 Oktober 12 „Maecz dew Wecherin" verpfändet ihr Haus, gelegen „in dem gaesslin, do dew alt Sanwelin [= Samuelin] dew jŭndin (!) an siczet" und gelegen zwischen des Löfners Haus (Landschaftstraße 12*/Weinstraße 15*) und dem Haus, „da her Wilhalm inne ist" (Landschaftstraße 9*) dem Pfarrer Vincentz zu Unserer Lieben Frau wegen 30 Pfund Regensburger Pfennigen und 50 Gulden.[6] Die Jüdin Sanwelin kommt in den Steuerbüchern nicht vor, sodaß nicht feststellbar ist, wo in der Landschaftstraße sie wohnte. 1394 wohnt aber im Haus 10*/11* „Kristel jud".
1404 August 28 Alhait die Weckerin, wohl die Tochter der Mechthild, verkauft ihr Haus in dem Schreibergässel, zunächst Ludwigs des Löfners Haus (Landschaftstraße 12*/Weinstraße 15*/16*) Hanns dem Ruelein, dem Hauseigentümer von Marienplatz 8**.[7] Damit reicht von jetzt ab auch dieses Haus durch vom Marienplatz bis zur Landschaftstraße.
1407 Februar 3 das Haus des Hans des Rulein ist dem Haus des Franz von Hausen (Landschaftstraße 9*) benachbart.[8]
1411 März 5 das Haus Hans des Ruleins grenzt an das Haus von Chunrat dem Reysenegk, künftig des Herrn Hans Fuchsmundels Haus (Landschaftstraße 9*).[9]
Den Ruelein gehört der Besitz bis nach 1431. Dann geht er an die Sänftel über.
1457 November 6 in des Symon Sänftl Hausung in dem Kleubergassel wird für das Kloster Tegernsee ein Notariatsinstrument ausgestellt.[10]
1523 Oktober 29 Hanns Sänfftl verkauft aus diesem Haus ein Ewiggeld von 3 Pfund Pfennigen an das Katzmair-Seelhaus.[11]
1539 August 18 das Haus des Ehepaares Sigmund und Barbara Sänftel am Platz (Marienplatz), künftig dem Ehepaar Caspar und Maria Haldenberger gehörig, liegt mit seiner Rückseite, am Cleubergassl (Landschaftstraße 10*/11*), zwischen den Häusern des Niclas Sänftl (Landschaftstraße 9*) und Hanns Part (Weinstraße 18*).[12] Tatsächlich berührt das Haus Weinstraße 18* sowohl die Seitenflanke von Marienplatz 8** als auch die Seite von Landschaftstraße 11*.
1545 März 21 Herr Nicolaus Sänfftl verkauft dem Caspar Haldenberger aus diesem Haus ein Ewiggeld von 7 Gulden um 140 Gulden Hauptsumme (GruBu).
1551 Mai 5 Herr Nicolaus Sänfftl verkauft erneut ein Ewiggeld von 6 Gulden um 120 Gulden Hauptsumme an Caspar Haldenbergers Erben (GruBu).
1564/I-1571 wie Landschaftstraße 9* und Marienplatz 8** (domus Halbmwergerin) (StB).
1574 laut Grundbuch (Überschrift) der Haldenbergerischen Erben Haus.

---

[1] GB I 26/11.
[2] MB XVIII 198 S. 213.
[3] GB I 26/12.
[4] Zimelie 9 (Ratsbuch IV) S. 4r (neu 6r).
[5] GB I 27/13.
[6] GB II 78/1.
[7] GB III 33/6.
[8] GB III 61/1.
[9] GB III 104/13.
[10] BayHStA, KU Tegernsee, Fasz. 55 Nr. 930.
[11] Stadtgericht 207/1 (GruBu) S. 515v.
[12] BayHStA, Urk. Bayerische Landschaft.

Eigentümer Landschaftstraße 10*/11*:

* Pilgreim Gerolt [2 Teile], 1371 cum uxore
    St: 1371: -/-/-, 1372: 1/-/- item de anno preterito 1/-/-
  pueri (puer) uxoris
    St: 1371, 1372: -/-/-
* Francz der Sentlinger [4 Teile] [1372 April 15 bis 1372 April 17]
* Lienhart des Rushaimers Kind [∞ Agnes] [1 Fünftel] [bis 1372 Mai 14]
* ambo (ambe, payd, bayd, ambwo) Wechkerin (Weckerinne, Weckerin, Beckerin). 1400-1401/II Weckerin. 1403 Aell Weckerin. 1405/I patrimonium Weckerin
    St: 1375: -/-/6, 1377: -/5/- juravit, 1378, 1379, 1381, 1382, 1383/I: -/5/-, 1383/II: -/7,5/-, 1387: -/-/68, 1388: 0,5/-/16 juravit, 1390/I-II: 0,5/-/16, 1392: -/-/78, 1393, 1394: -/3/14, 1395: -/-/80, 1396, 1397, 1399, 1400, 1401/I: 0,5/-/-, 1401/II: 0,5/-/- iuravit, 1403: 0,5/-/-, 1405/I: -/-/-
* Hanns der Rülein [seit 1404 August 28, Eigentümer ab jetzt wie Marienplatz 8**]
  relicta Rueleinin
    St: 1431: 1/-/-
* Simon Sänftl [Weinschenk, 1457 November 6]

Bewohner Landschaftstraße 10*/11*:

Fridrich satler St: 1375: -/-/-
Hans Kammater inquilinus St: 1375: -/12/16
Hanns Arelshofer sartor St: 1377: -/-/6 juravit
Wenigel St: 1383/I: -/-/12, 1383/II: -/-/27 voluntate
Hainrich Lóffler inquilinus St: 1383/I: -/-/12, 1383/II: -/-/18
relicta Schawrlin inquilina St: 1383/I: -/-/30, 1383/II: -/-/45
Fridrich maler St: 1390/II: -/-/24
Hainrich oblatter inquilinus St: 1390/II: -/-/16, 1393: -/-/24
Lawterbeck tagwercher inquilinus St: 1390/II: -/-/16
Chunrat Haemerl (Hámerlin) [Seiler, Weinschenk, Weinhändler[1]] St: 1393: 0,5/-/-, 1394: -/-/60
Chunrat Vogler inquilinus St: 1393: -/-/16
Hans Zeller St: 1394: -/-/40
item Kristel jud St: 1394: -/-/24
Frydrich Hólczel, 1395 wirt St: 1395: -/-/60 für zehen lb, 1396: -/-/60 fur 10 lb
Hilprant Pferinger St: 1397: -/-/-
Nickel schuster inquilinus St: 1397: -/-/-
Hans sneider von Holczkirchen St: 1399: -/-/40 gracianus
Leẃpold Staeczer inquilinus St: 1399: -/-/-
Sporel amer inquilinus St: 1399: -/-/60 für 6 lb
Werndel Ruczgarn inquilinus St: 1399: -/3/-
Chunczel, dez Tichtels chnecht inquilinus St: 1399: -/-/16 gracianus
relicta Kornvesin und ir sun St: 1405/I: -/-/80 fur 10 lb
    Ott Kornvels [!] (Kornves) [Weinschenk[2]]
        St: 1405/II: -/6/- gracianus, 1406: 3/-/- iuravit, 1407: 3/-/80
        StV: (1405/II) Nota sein swelher (!) hat 200 gulden hin dan gesaczt fúr sein heiratgut und die sol der Kornves zu dem nachsten verstewŕn und mit dem ayd zuseczen.
Erhart sneider inquilinus St: 1405/II: -/-/60 für 5 lb, iuravit, 1406, 1407: -/-/60 für 5 lb
[Seitz] Fús sneider St: 1406: -/-/60 für 6 lb
Ortel zymerman St: 1410/I: den habent mein herrn ledig lassen
Hanns Zwickauser (Zwickawer) St: 1453, 1454: Liste
Chunrat Singer nadler[1]. 1455 Singer nadler inquilinus St: 1453-1455: Liste

---

[1] Vgl. Rosenstraße 5 (1407-1424) und Kaufingerstraße 2* (1401/II-1407).
[2] Ott Korenves ist ab 1408 bei Burgstraße 17 Weinschenk.

relicta Andre malerin St: 1455: Liste
Martein Handel St: 1456: Liste
Ann naterin inquilina St: 1456: Liste
Ulrich Herwart goltsmid St: 1456: Liste
Ulrich Roshappter St: 1457: Liste
Lienhart Stefelperger (Stefflsperger) [später Notar[2]] St: 1457, 1458: Liste
Martein Grebmair St: 1458: Liste
Jorg nagler inquilinus St: 1462: -/-/60
Peter Perckhoffer satler inquilinus St: 1462: -/-/60
Kinigin kurssnerin inquilina St: 1462: nichil, pauper
Kuncz huffschmidknecht inquilinus St: 1462: -/-/60
Marx Grássl [Schneider] St: 1482, 1486: -/-/60
Jörg Neukircher [Weinstadelmeister, Weinunterkäufel[3]] St: 1482: nichil
Prumdlin St: 1486: -/2/3
Martin[4] Pewntner St: 1486: -/-/60
Jacob Ostertag [Schneider[5]] St: 1490: -/-/21 gracianus
Peter múlner St: 1490: -/-/30 pauper
relicta Utz kellnerin St: 1490: -/-/60
Barbara messerschmidin St: 1496: -/-/60
Ulrichin inquilina St: 1496: -/3/22
Hanns Nusplinger (Nůsplinger), 1496, 1500 s[neider][6]
    St: 1496: -/4/2, 1500: -/3/29, 1508: nichil, ist im bruderhaws
Linhart koch St: 1496: -/-/60
Walpurger schreiber St: 1496: -/-/60
Wolfgang Gruber fuerman St: 1514: Liste
Linhart Lindmair spießschiffter St: 1514: Liste
Anna pótin St: 1514: Liste

Bewohner Landschaftstraße 10*:

Johannes Stefensperger St: 1508: -/-/60
Wolfgang Hellgruber St: 1509: -/2/6 zu[...][7]
Fleugerin patrimonium. 1523, 1524 relicta Fleugerin. 1525 relicta hertzogpaderin [Fleugerin][8]
    St: 1522-1525: 1/-/8
Michel kistler schneider St: 1522: -/-/28 gracion, 1523: -/2/-
Hanns Albeg schneider[9] St: 1524-1526, 1527/I-II, 1528: -/2/-
Els Giengerin inquilina St: 1524, 1525: -/3/11
Michel Móffl, 1532 pot St: 1526, 1527/I: -/4/7, 1527/II, 1528, 1529, 1532: -/2/14
Ulrich Perchtolt glaser St: 1532: -/2/-
Margrecht inquilina St: 1532: -/2/-
Jorg Meyrl glaser. 1542 Jorg Meurlin glaserin St: 1540-1542: -/2/11
Margreth haffnerin. 1542-1544 Margreth naterin
    St: 1540-1542: -/2/-, 1543: -/4/-, 1544: -/2/-
    StV: (1544) ist mit todt abgegangen, zalt ire erben 3 nachsteur.

---

[1] 1453 „nadler" verbessert aus „maler". – Conrad Singer ist 1476-1478, 1484 und 1488 Vierer der Beutler, Taschner, Nadler usw., vgl. RP.
[2] Vgl. Dienerstraße 9 (1472) und Weinstraße 13 (1479).
[3] Jorg Neukircher 1472-1484 Unterkäufel der Weine (Weinkoster, Weinanstecher) und 1478-1486 auch Weinstadelmeister, vgl. R. v. Bary III S. 969, 970. – 1466 war ein Jörg Neukircher Vierer der Salzsender, vgl. RP (bei Vietzen S. 153 „Newnburger").
[4] „Martin" korrigiert aus „Mathes".
[5] Jacob Ostertag ist 1497 und 1499 Vierer der Schneider, vgl. RP.
[6] Hanns Nusplinger wird 1490 bei Landschaftstraße 2 „sneider" genannt.
[7] Text unvollständig.
[8] Hanns Flewger war 1486-1496 Eselbader [Tal 71], vgl. R. v. Bary III S. 1027.
[9] Hanns Albeg 1516 Vierer der Schneider, vgl. RP.

alt Hertlin (Hártlin)
   St: 1541, 1542: -/2/-, 1543: -/4/-, 1544: -/2/-, 1545: -/4/-, 1546-1548, 1549/I-II, 1550, 1551/I-II, 1552/I: -/2/-, 1552/II: -/2/- matrimonium
   ir hoffrau St: 1544: [Nachtrag:] hat kein hoffrau
Michel Leng (Linckh) glaser St: 1543: -/4/-, 1544: -/2/-, 1545: -/6/10
Wolffgang (Wolff) Pruelmair glaser
   St: 1546-1548, 1549/I-II, 1550, 1551/I-II, 1552/I-II, 1553, 1554/I: -/2/-
Anna Paungartnerin (Pamgartnerin) St: 1549/I-II: nihil, ain dienerin, 1552/II: -/2/-
Anna ibidem St: 1551/II: nihil
Niclas Peham (Pehaim, Behaim, Beham) schneider
   St: 1554/II: -/6/5 juravit, 1555-1557: -/6/5, 1558: 1/5/10, 1559, 1560: -/6/5, 1561, 1563, 1564/I-II, 1565, 1566/I-II: 1/-/1
Ulrich Papfinger purstnpinder St: 1567/I-II: -/2/-, 1568: -/4/-

Bewohner Landschaftstraße 11*:

Mathes Windisch [Organist[1]] St: 1529: -/2/-
Philip Pronnmair schuster St: 1529: -/-/21 gracion
Caspar Krueg goltschmid[2] St: 1532: anderßwo
Pauls brieffmaler. 1541-1548 Pauls prieffmalerin
   St: 1540-1542: -/2/-, 1543: -/4/-, 1544: -/2/-, 1545: -/4/-, 1546-1548: -/2/-
Veyt zimmerman St: 1549/II, 1550, 1551/I: -/2/6
Margreth, 1550 ibidem St: 1550, 1551/I: -/2/-
Gilg Pantzer maurer St: 1553, 1554/I-II, 1555-1557: -/2/-, 1558: -/4/-, 1559, 1560: -/2/-
Barbara paderin St: 1553, 1554/I: -/2/-
Wolff Pruelmair glaser St: 1554/II, 1555: -/2/-
Hanns paderin von Starnwerg St: 1554/II, 1555: -/2/-
Hanns Reyser glaser St: 1556, 1557: -/2/-, 1558: -/4/-, 1559-1561: -/2/-
Ballthaser Christ St: 1561: -/2/-
Hans Eberl glaser St: 1563: -/2/-
   Christoff[3] Eberl glaser
   St: 1564/I-II, 1565, 1566/I-II, 1567/I-II: -/2/-, 1568: -/4/-, 1569-1571: -/4/7
Hanns Hóltzl (Höltzl), 1564/I-II, 1565 maurer St: 1563: -/-/21 gratia, 1564/I-II, 1565: -/2/-
Jorg Arnold ain tagwercher St: 1566/I-II: -/2/-
Wolff Haimreitter (Hainreiter) maurer St: 1567/I-II: -/2/-, 1568: -/4/-
Peter Walch [Kornmesser[4]] St: 1568: 1/5/8
Caspar vischer, 1569 maurer St: 1569: -/2/-, 1570: an chamer
Michel Hiener (Huenner) schneider St: 1570, 1571: -/2/-
Hanns Lanntzinger reitter St: 1571: -/-/21 gratia

Landschaftstraße 12*, Weinstraße 15*/16*
(bis 1406 vereinigt, dann Landschaftstraße 12* nur noch zu Weinstraße 16*)

Hauseigentümer:

1368 Oktober 24 Hainrich Húczgúcz verkauft sein Haus an der Weinstraße an Hans den Schullnhover.[5]
1370 die Baukommission beanstandet des Schullenhofers Laube und von da ab bis zum Rushamer vor

---

[1] Mathes Windisch 1527 und 1528 bei Weinstraße 10* als Organist bezeichnet.
[2] Frankenburger S. 289. Vgl. Weinstraße 6.
[3] 1564/II Hanns korrigiert aus Christoff oder umgekehrt.
[4] Ein Peter Walch von 1527 bis 1563 bei Marienplatz 3* Hauseigentümer und Kornmesser.
[5] GB I 2/3.

– also die ganze Weinstraße entlang – sollen alle Kellerhälse abgeschafft werden, sie seien hölzern oder steinern.[1]

1381 März 16 Hans des Schulhofers Haus an der Weinstraße ist dem Haus von Ulrich dem Maurer, künftig von „Peter dem Gúzzen" beziehungsweise Konrad Güss (Weinstraße 17*), benachbart.[2]

1387 Februar 2 des Schusters Schullnhofer Witwe Haylbeig die Schullnhoferin bestätigt dem Heiliggeistspital ein Ewiggeld aus „meinem haus ... an der Weinstrazz, ze náchst an ... dez Gússen haus [Weinstraße 17*] und darinn ich ietzu selber wesenlichen bin".[3] Ein Rückenvermerk besagt: „den prief sol der Lófner stewr frey machen" und ein weiterer Vermerk aus dem 17. Jahrhundert weist dieses Ewiggeld dem Haus des Georg Gschwendler zu. Dieser ist Hauseigentümer von Weinstraße 16* (vom 6. März 1595 bis zum 15. Mai 1631). Nach dem Grundbuch heißt er mit Vornamen allerdings Franz.

1387 September 16 das Haus der Schullenhoverin an der Weinstraße ist dem Haus von Peter Güss (Weinstraßen 17*) benachbart.[4]

1388 April 17 „Alhayt (!) die Schúllenhoferin witib" verkauft ihr Haus an der Weinstraße, zunächst des Güssen Haus (Weinstraße 17*) „Ulrich dem Lófner".[5] Des Ulrich Löfner Hausfrau Anna ist 1396 bereits Witwe und heiratet in zweiter Ehe den Ludwig Peugenberger.[6]

1390/98 das Heiliggeistspital hat 4 Pfund Ewiggeld auf des Löfners Haus.[7]

1392-1398 das Heiliggeistspital hat ein Ewiggeld aus dem Haus der Lofnerin an der Weinstraße.[8]

1394 Oktober 12 das Haus der Löfnerin ist dem Haus der Maetz Weckherin (Landschaftstraße 10*/11*) benachbart.[9]

1397 Dezember 17 das Haus des Peter Güss (sechster Teil) (Weinstraße 17*) ist dem Haus des Löfner an der Weinstraße benachbart.[10]

1399 November 8 Anna, des Ludwig Pewgenpergers Hausfrau, und ihr Sohn Hanns [Löfner] und ihre Tochter Margaret [Löfner] verkaufen, auch im Namen der noch unmündigen Tochter Elspet, ihr Haus an der Weinstraße, „znächst Chunraden des Sluder haus" (Weinstraße 14 A !) an Ludwig den Pewgenberger, „der vorgenanten Annen man und irer kind[er] stewfvater".[11] Ludwig Pewgenberger wird 1397 im Steuerbuch sogar „Ludweyg Löfner" genannt. Er zahlt in diesem Jahr die Steuer für seine Hausfrau und deren Mutter mit. Die noch aus erster Ehe der Anna vorhandenen Kinder werden ab 1400 versteuert. 1403 schwört die Mutter vor dem Stadtrat, „daz die kind nichcz habent", also gänzlich mittellos seien und deshalb fortan steuerfrei sind. Ludwig dem Loffner werden 1398/99 von der Stadt als einem der Wirte 3,5 Pfund Pfennige Kosten erstattet „an seinem gelt, daz man datz im verzert hat in der rais", 1399/1400 nochmals ein Betrag, ebenso 1402/03.[12]

1404 August 28 das Haus des Ludwig des Löfner (!) ist dem Haus der Alhait Weckherin, künftig des Hanns Ruelein (Landschaftstraße 10*/11*), benachbart.[13]

Im Jahr 1406 erfolgt die Loslösung des Hauses Weinstraße 15* vom Gesamtkomplex. Da die Loslösung so sang- und klanglos geschieht, der Weyrmair außerdem später bei der Löfner-Pewgenbergerin im Haus Weinstraße 16* wohnt, darf Verwandtschaft angenommen werden und Besitztrennung auf dem Erbschaftsweg. Wahrscheinlich ist Weyrmair einer der Schwiegersöhne und mit einer der Töchter Margaret oder Elspet Löfner verheiratet.

Im übrigen ist zu beachten, daß auf dem Sandtner-Modell die Häuser Weinstraße 15* und 16* als einheitlicher Gebäudekomplex dargestellt sind, mit gleicher Gesamthöhe, gleicher Stockwerkshöhe und gemeinsamem Dach. Diese Einheitlichkeit kann eigentlich nur aus einer Zeit stammen, in der die beiden Häuser denselben Eigentümer hatten. Daß es sich aber dennoch um zwei Häuser handelt, bewei-

---

[1] Zimelie 9 (Ratsbuch IV) S. 4r (neu 6r).
[2] GB I 137/6, 147/10.
[3] Vogel, Heiliggeistspital, Urk. 164.
[4] GB I 231/4.
[5] GB I 235/2.
[6] 1405 wird Ludweig der Pewgenperger als der Anna der Löfnerin ehelicher Mann bezeichnet, vgl. GB III 35/10.
[7] Vogel, Heiliggeistspital, Salbuch A Nr. 247.
[8] Steueramt 982/1 S. 5r.
[9] GB II 78/1.
[10] GB II 131/9.
[11] GB II 148/10.
[12] KR 1398/99 S. 114v; 1399/1400 S. 120r; 1402/03 S. 101v.
[13] GB III 33/6.

sen unter anderem die zwei Hauseingänge und die Tatsache, daß laut Katasterplan das Eckhaus Weinstraße 15* mit der Längsseite an der Landschaftstraße steht, während es auf dem Sandtner-Modell aussieht, als stünde die Längsseite an der Weinstraße.
1413 domus Lofnerin (StB).
1461 November 10 der Falenstich muß dem Stadtrat versprechen, er wolle das Mäuerl in dem Gässel, das er an der Stiege statt an seinem Haus und an des Klewbers Haus gegenüber (Weinstraße 15*) selbst gemacht und mauern hat lassen und das auf Grund der Gemeinde steht, binnen einem Jahr abbrechen.[1] Auch dieser Fall zeigt, daß Landschaftstraße 12* und Weinstraße 16* zu dieser Zeit zusammengehören.
1564/I-1571 domus Gaishofer (StB).

Landschaftstraße 12*
(seit um 1564 zu Weinstraße 16*)

Eigentümer Landschaftstraße 12*:

* Hützgut wie Weinstraße 15*/16*
* Schullnhofer wie Weinstraße 15*/16*
* Löfner(in) 1394 und 1399 wie Weinstraße 15*/16*
* Ludwig Pewgenberger-Löfner [1404 bis 1416] wie Weinstraße 15*/16*
* domus Lofnerin 1413 wie Weinstraße 16*.
* Falenstich im Gässel [1461 November 10] 1461 wie Weinstraße 16*
* domus Gaishofer [wie Weinstraße 16*]
    St: 1564/I-1571: -/-/-

Bewohner Landschaftstraße 12*:

Gúndelkofer [Großer Rat]. 1371, 1372 Chunrat Gúndelkofer[2]
    St: 1368: 2/5/10, 1369: 2,5/-/-, 1371: 3/-/- n[ull]us -/-/60 voluntate, 1372: 3/-/- minus -/-/60, 1381: -/11/6
  puer suus (eius) St: 1369, 1371, 1372: -/7/-
  Chunrat Gúndelkofer [et] pueri eius St: 1375: -/14/8
Aynger decker inquilinus St: 1368: -/-/20, 1369, 1371, 1372: -/-/30
Chunrat Taẃsel sneyder inquilinus St: 1368: -/-/15 post
Hertel Weichinger [Fragner] St: 1368: -/-/40
Hans Kammater inquilinus St: 1369: -/3/- voluntate
Ulrich von Gundolfing inquilinus. 1377, 1378 Ulrich scriptor de Gúnndolfinger (Gundolfing) inquilinus
    St: 1375: -/-/14 juravit, 1377: 2/3/6 juravit, 1378: -/-/-
Ludwig Giesinger inquilinus St: 1375: 4/-/16
[Konrad[3]] Zwickel, 1375, 1383/II salczstózzel inquilinus
    St: 1375: -/-/36, 1383/II: -/-/81, 1387: -/-/32, 1390/I: -/-/64
Nicklas taschner St: 1375: -/-/40
Chunrat Hórt St: 1377: 1/-/6 juravit, post -/-/82, 1378: 1/-/6, 1379: -/5/- juravit
Peter Hofer inquilinus St: 1377: solvit -/-/81, 1378: -/-/81
Nicklas satler inquilinus St: 1377: -/-/30 juravit, 1378: -/-/-
Fraenczel Kúmsdorffer St: 1382: 2/-/-
Maeczz Pracherin inquilina St: 1382: -/-/-
Hanns Goczman [sartor] St: 1383/I: 0,5/-/15, 1383/II: -/6/22,5, 1392: 0,5/-/-
Ott Stawdenrauch taschner inquilinus St: 1383/II: -/-/36

---
[1] RP 1 S. 47r.
[2] Gundelkover (ohne Vorname) ist 1381 Mitglied des Großen Rats, vgl. R. v. Bary III S. 747.
[3] So 1381 bei Weinstraße 5 und 1382 und 1383/I-II bei Weinstraße 6.

Diemut Plẃmin St: 1390/I: -/-/12
Werndlein calciator St: 1390/I: -/5/-
relicta (die) alt Gússin (Gẃssin), 1396, 1397 inquilina
   St: 1395: -/-/60 fúr 12 lb, 1396: -/-/72 fur 12 lb, 1397: -/-/72, 1399: -/-/-
Ann inquilina St: 1395: -/-/-
Katrein inquilina St: 1395: -/-/-
Pippin inquilina St: 1396: -/-/-
Österreicher glaser St: 1403: -/9/18
Hanns Gosolczhawser (Goselshawser) glaser
   St: 1405/I: -/9/18, 1405/II: -/3/- iuravit
   StV: (1405/I) seins vorvodern steẃr patrimonium und -/-/75 sua gracianus.
Anderman Payr St: 1405/I: -/-/-
Asem Unkoffer St: 1405/II: -/-/-
Haincz Púlacher St: 1416: -/-/24 gracianus
Haincz Zeller preẃ St: 1418: -/-/80
Hainrich Zangk (Zanck)
   St: 1423: 4/-/-, 1424: 1/-/80 hat zalt
   StV: (1423) nach des racz haissen und geseczt.
Pernrieder Sch: 1445: 1 diern, dedit
die plaicherin Sch: 1445: 1 diern, dedit
Wolfgang Frey schuster St: 1450: Liste
Ulrich Aspeck, 1453, 1455-1458 schuster[1] St: 1453-1458: Liste
Hanns Unpilt slosser[2] St: 1482: -/-/60
Thoman Sunderreitter [Messerschmied[3]] St: 1486: -/-/60
relicta Conrat glaserin St: 1490: -/2/10
Caspar Stoltz [Weinschenk[4]] St: 1496: -/7/10
Wastian schuster. 1509 Wastian Sewer s[chuster]. 1514, 1522-1528 Sebastian (Wastian) Soier schuster
   St: 1500: -/2/20, 1509: -/3/27, 1514: Liste, 1522-1526, 1527/I: -/3/15, 1527/II, 1528: -/2/10
Linhart schusterin. 1508 Linhartin inquilina St: 1500, 1508: -/-/60
relicta Schaprantin St: 1509: -/6/18
Erhart hoffkoch. 1561-1567/I Erhart Hanold (Hanoldt) hoffkhoch. 1567/II Erhart Hanold hofkochin
   St. 1551/II-1553, 1554/II-1560: nihil, 1561, 1563, 1564/I-II, 1565, 1566/I-II: -/3/25 búrger (und) hofgesind, 1567/I-II: -/3/25
   StV: (1567/II) mer fúr drey nachsteur 1/4/15.
Anndre schmid trabant
   St: 1568: -/4/-, 1569: -/-/1
   StV: (1568, 1569) sy hebam. (1568) mer von seinem ewigen gelt -/4/20.
Anna Khnalligin henne[n]diern St: 1568: -/4/-
Caspar schopper riemer St: 1579, 1571: -/2/-

Weinstraße 15*/16*
(mit Landschaftstraße 12*)

Charakter: Um 1400 Weinschenke.

Eigentümer Weinstraße 15*/16*:

* Hainrich Hüczgut [Schreiber, bis 1368 Oktober 24]
* Schúlenhofer calciator. 1375-1383/II Hans Schúllenhofer, 1371-1377 calciator [Stadtrat[1]]. 1387

---

[1] Ulrich Aspeck ist 1472 Vierer der Schuster, vgl. RP.
[2] Hanns Unpilt (Unpold) 1481, 1484, 1487 Vierer der Schlosser, Sporer, Schwertfeger, vgl. RP.
[3] Thoman Sunderreuter ist 1490 Vierer der Messerschmiede, vgl. RP.
[4] Ein Caspar Stolcz wird 1498 in die Weinschenkenzunft aufgenommen, vgl. Gewerbeamt 1418 S. 10v (später ca. Tal Nr. 7).

Schúlnhoverin [Haylbeig oder Alhayt]. 1388 Hanns Schullnhofer. 1390/I patrimonium Schúlnhoferin
    St: 1369, 1371, 1372: 6/-/-, 1375: 8,5/-/-, 1377: 7,5/-/- juravit, 1378, 1379, 1381, 1382, 1383/I: 7,5/-/-, 1383/II: 11/-/60, 1387: 2,5/-/-, 1388: 6/5/10 juravit, 1390/I: -/-/-

Ulrich Lófner (Lefner)[2]. 1396 relicta Löfnerin [∞ Ludwig Pewgenberger]
    St: 1390/I-II: 3/-/26, 1392: 2,5/-/-, 1393, 1394: 3/-/80, 1395: -/13/10 non juravit, 1396: 2,5/-/-

* Ludweyg Lófner [= ab 1399 Ludwig Pewgenperger] (Peẃgenperger)] [1398/1403 Wirt,[3] ∞ Anna, verwitwete Löfner], 1405/I und sein hausfraw
    St: 1397: dedit seiner hausfrawen stewer 2,5/-/-, [und] fúr sich selb 0,5/-/- gracianus, 1399: 2,5/-/- de uxor[e] et 1/-/- von seinen wegen et non iuravit, et mater uxoris, 1400, 1401/I: -/18/6, 1401/II: 3/7/22 iuravit, 1403, 1405/I: 4/-/- minus -/-/8, 1405/II 5,5/-/- iuravit

    Pferdemusterung, um 1398: (Korrig. Fassung): Lófner[4] [sol haben] 1 pferd [umb] 16 gulden [und sol] selber reit[en].

ir [= der Witwe Löfner] muter, 1397seiner [= des Peugenberger] hausfrawen [= der Witwe Löfner] muter
    St: 1396, 1397: -/-/60 fur (fúr) 10 lb

pueri uxoris [der Witwe Löfnerin]
    St: 1400: 0,5/-/- gracianus und 2 lb alter st[e]ẃer, 1401/I: 0,5/-/- gracianus, 1401/II -/-/60 gracianus
    StV: (1403) darumb hat sy gesworn [= die uxor, also die Löfnerin] und ist also gerecht [= gerichtet] worden, daz die kind[er] nichcz habent.

Dann Trennung der Häuser 15* und 16*.

Bewohner Weinstraße 15*/16*:

Ull Sun [Zöllner[5]] St: 1368: solvit -/-/72
Preynesel inquilinus St: 1368: -/-/80 post, juravit
Perlaher salczstóssel inquilinus St: 1369: -/3/6, 1371: -/3/6 juravit, 1372: -/3/6
Helt calciator inquilinus. 1381, 1382 Chunrat Helt calciator inquilinus
    St: 1371, 1372: -/6/-, 1379: 7,5/-/-, 1381: -/-/-, 1382: 7,5/-/-
Ludel inquilinus. 1372 Ludwig Giesinger inquilinus [et] mater eius inquilina
    St: 1371: 1/-/-, 1372: 7/-/- juraverunt
    mater eius inquilina St: 1371: -/-/42
Aynger calciator inquilinus St: 1375: -/-/60
[Konrad[6]] Zwickel salczstózzel inquilinus St: 1377: -/-/54 juravit, 1378, 1379: -/-/54, 1388: -/-/64 juravit
Fraenczel (Francz) Kúmsdorffer (Kúmbsdorffer) inquilinus
    St: 1377: 2/-/- juravit, 1378, 1379, 1381: 2/-/-
Swábel (Swaebel) sawkáuffel inquilinus
    St: 1377: solvit -/-/60, 1378, 1379, 1381: -/11/18, 1383/II: 2/-/42
    StV: (1377) [am rechten Rand:] et dedit post unum annulum[7] [pro pignore]. (1378) item de anno preterito tantum.

---

[1] Hanns Schulnhofer 1371-1373, 1377, 1378 äußerer Stadtrat, 1377 innerer Stadtrat, 1381 Schullenhover (ohne Vorname) Mitglied des Großen Rats, vgl. R. v. Bary III S. 742, 747.

[2] 1390/I nach Ulrich Lófner zwischen die Zeilen geschoben und wieder ausradiert: „domus (?) Schúlnhofer".

[3] Ludwig Lofner/Loffner ist Gastwirt: 1402 zahlt ihm die Stadtkammer 4 Pfund weniger 8 Pfennige „von zerung wegen in der vodern raiz" (Rais = Kriegszug), 1403 wieder 27 Pfund 3 Schillinge 16 Pfennige wegen des Ebser mit 4 Pferden in 6 ½ Wochen „verzert" in der neuen Rais und 1404 erneut 17 Pfund 5 Schillinge 1 Pfennig „von der alten rais umb zerung", vgl. Steueramt 572 (Leibgedingbuch 1402/03) S. 46v, 66r, 573 (Leibgedingbuch 1404/09) S. 37v. Es waren also Soldaten, teils mit Pferden, bei ihm einquartiert und warteten auf ihren Einsatz und die Stadt übernahm die Kosten.

[4] In der Ur-Fassung ist Löfner bei Weinstraße 10* zusammen mit Chunrat von Eisenhofen veranlagt.

[5] Ulrich Sun ist 1371 Ausfuhrzollner am Neuhauser Tor, vgl. Vietzen S. 163.

[6] So 1381 bei Weinstraße 5 und 1382, 1383/I-II bei Weinstraße 6.

[7] Annulus (anulus) = Ring, Fingerring, Siegelring.

Óttel calciator inquilinus St: 1382: -/-/48 juravit
Weinsperger sartor St: 1382: -/-/66
Gúss calciator inquilinus St: 1383/I: -/-/24, 1383/II: -/-/36
Hanns Prewmaister [Salzsender, Weinschenk, -händler, Stadtrat[1]] St: 1383/II: 3/-/- juravit
Werndlein calciator St: 1387: -/-/75 iuravit
Peter salbúrchin inquilina St: 1390/I: 0,5/-/8
Chunrat Smidhawser, 1394 Schmidhawser [mercator] St: 1390/I: -/-/16, 1394: -/-/-
Hanns Goczman [sartor, Weinschenk ?[2]] St: 1397, 1399: 0,5/-/-
Chunrat Gilgenstock salburch St: 1399: -/-/72

Weinstraße 15*

Lage: 1411 „am egg". Seit 1591 Name „Klewbereck" belegt.[3]

Hauseigentümer:

1409 April 30 das Haus Konrads des Freisingers, Pfandinhaber sein Schwiegersohn Ulrich Kirchmair (Weinstraße 14 B, Ecke Landschaftstraße), ist dem Haus Purckharts des Weyermair benachbart.[4]
1411 März 23 das Haus Purckhart des Weyrmairs liegt „am egg an der Weinstrazz".[5]
1415 Dezember 7 „Purckhart Weyrmair" verkauft sein Haus an der Weinstraße, zunächst „an der Loffnerin haus" (Weinstraße 16*, mit Landschaftstraße 12*), „Jacoben dem Klewber".[6] Aber noch
1415 Dezember 9 liegt das Haus von Anna der Löfnerin (Weinstraße 16*) "zẃ nachst an des Weirmairs haus".[7]
1416 April 28 wieder wird Weyrmair, nun auch noch mit falschemVornamen Perchtold, als Nachbar der Löfnerin (Weinstraße 16*) genannt.[8]
1461 November 10 an des Klewbers Haus grenzt der Falenstich im Gässel (Landschaftstraße 12*).[9]
Die Familie Klewber – Jacob und Hanns – besitzt das Haus bis nach 1486. Sie hat mit diesem Haus auch der Gasse für lange Zeit den Namen gegeben: Kleubergasse. Jacob Klewber ist zwischen 1429 und 1447 wiederholt als Salzsender belegt, 1451 auch – wie üblich – als Weinschenk,[10] Hanns Klewber ist 1470 und 1471 einer der Vierer der Kramer.[11] Im August 1476 hat Hanns Klewber für die Stadt in Nürnberg einen großen Leuchter für das neue Tanzhaus (heute Altes Rathaus) gekauft.[12] Im Juni 1477 erhält Hanns Klewber aus der Stadtkasse einen Betrag von über 2 Pfund Pfennigen für Papier und anderes Material, das zum Schützenfest des Vorjahres gebraucht worden war.[13] Im September 1477 wird er noch einmal für „venedigisch papyer" bezahlt.[14] Im April 1479 bezahlt ihn die Stadt für das „Nürnberger Recht", das heißt für das traditionelle jährliche Geschenk Münchens an die Nürnberger Kaufleute (1 Pfund Pfeffer, 1 Paar Handschuhe und eine hölzerne Büchse).[15] 1485 kauft die Stadt Wein bei Hanns Klewber.[16]

---

[1] Vgl. Kaufingerstraße 28 (dort ab 1402).
[2] Ein jüngerer Hans Goczman ist um 1414 als Weinschenk belegt, vgl. Gewerbeamt 1411 S. 2v.
[3] Vgl. Stahleder, Haus- und Straßennamen S. 291/392.
[4] GB III 86/10.
[5] GB III 105/10.
[6] GB III 168/12.
[7] GB III 168/16, 17.
[8] GB III 170/16.
[9] RP 1 S. 47r.
[10] Vietzen S. 141 ff.
[11] RP 2 S. 17r, 27v.
[12] KR 1476/77 S. 85r.
[13] KR 1477/78 S. 75r.
[14] KR 1477/78 S. 76r.
[15] KR 1479/80 S. 75r.
[16] KR 1485/86 S. 72r.

Holz gespalten hat diese Familie sicher nicht, abgesehen davon, daß das ganze Mittelalter hindurch in München die Leute, die anderer Leute Holz zerkleinerten, nicht Kloiber oder Klieber geheißen haben, sondern eben – Holzhacker. Nicht „vom Mann, der Holz kliebt", ist also die Gasse genannt, sondern von einer Salzsender-, Weinwirte- und Kramer-Familie mit Namen Klewber oder Kleuber.

Unbekannt ist der Übergang des Besitzes auf andere Eigentümer. Hanns Klewber steht 1490 bis 1500 in den Steuerbüchern beim Nachbarhaus Weinstraße 14. 1496 verweisen die Steuerer den Steuerfall Klewber „an chamer", das heißt, die Stadtkämmerei muß versuchen, die Steuer einzutreiben, weil Klewber zum Zeitpunkt der Steuererhebung nicht erreichbar ist. 1490 zahlt er noch über 16 Pfund an Steuern, 1500 nur noch 60 Pfennige. Dazwischen hat er für die Jahre 1493 und 1494 im jeweils folgenden Jahr die Steuer durch Lorenz Weyssenvelder nachzahlen lassen, jeweils 9 Pfund und 3 Schillinge.[1] Demnach dürfte er die Stadt verlassen haben, obwohl eine Nachsteuer nicht bezahlt wurde, die ja in diesem Fall fällig gewesen wäre. Bis 1492 war er noch äußerer Stadtrat. Da es seit 1453 mehrere „pueri" Klewber gibt, unmündige Miterben des Hanns Klewber, liegt der Grund für die Aufgabe des Hauses vielleicht in einer Erbengemeinschaft.[2]

1558 März 8 Georg Reitmor, des Rats und Bürger alhier, verkauft aus seinem Haus 30 Gulden Ewiggeld um 500 Gulden Hauptsumme.[3]

1558 Juni 25 Georg Reitmor verkauft erneut ein Ewiggeld aus diesem Haus, diesmal 20 Gulden für 400 Gulden Hauptsumme (GruBu).

1563, 1564/I-II domus Georg Reitmair (StB).

1574 laut Grundbuch (Überschrift) des „Andreen Parstorffers Ögkhaus, stesst in die Cleubergassen".

Eigentümer Weinstraße 15*:

* Purckhart Weirmair (1410/I Weyrman) [∞ Margaret oder Elspet Löfner ?]
    St: 1406: 1/-/24, 1407, 1408: -/10/20, 1410/I: 1/-/- iuravit, 1410/II: -/10/20, 1411: 1/-/-, 1412: -/10/20, 1413: 1/-/- iuravit, 1415: -/7/-
* Jacob Klewber (Kleuber) [Stadtrat, Salzsender und Weinschenk[4]]
    St: 1416: 3/5/10, 1418, 1419: 4/-/8, 1423: 5/6/- iuravit, 1424: -/15/10, hat zalt, 1428: dedit 15 grózz, 1431: 7/6/22 iuravit, 1450, 1453-1458: Liste
    Sch: 1439/I-II, 1440, 1441/I-II: 4 t[aglon], 1445: 2 ehalten, dedit
    StV: (1428) für sich, sein hausfrau und für zwen ehalten.
  pueri Hanns Kleuber
    St: 1453-1458: Liste
  pueri [Hanns] Kleuber
    St: 1462: -/7/4
* Hanns Klewber [äußerer Stadtrat, Kramer[5]]
    St: 1482: 8/3/12, 1486: 16/2/16
    StV: (1482) et dedit fur pueri des alten Potschners -/7/-.
  Andre [II.] Reittmair (Reitmor) [zu Pasing], 1522-1527/I der junger [äußerer Stadtrat, Kramer[6]]
    St: 1522-1526, 1527/I: 20/5/25, 1527/II, 1528, 1529: 50/-/-, 1532: 51/2/12

---

[1] KR 1494 S. 25r und 1495 S. 24r.

[2] In Höhenrain gab es im 15. Jahrhundert einen „Kloiber"- oder „Kleuber"-Hof (Münsing Nr. 7). Er war 1481 an Werndl Kleuber und seine Hausfrau Kathrein mit ihren Kindern Jörg, Hans und Barbara verstiftet, 1535 an Ulrich und Anna Kleuber und ihre Söhne Balthasar und Jörg, vgl. Hans Rudolf Klein, Höhenrain. Die Hofmark Biberkor. Sibichhausen, Berg am Starnberger See 1998, S. 39, und Friedrich Schnell, Orts- und Pfarrgeschichte von Münsing 740-1400, 1966, S. 65. Sie müssen nichts mit den Münchnern zu tun haben.

[3] Stadtgericht 207/1 (GruBu) S. 525v.

[4] Jacob Klewber 1423, 1444, 1448, 1454 Bürgermeister, 1450-1454 Kirchpropst von Unserer Lieben Frau, 1449 Pfleger der Siechen zu Schwabing, vgl. R. v. Bary III S. 756, 758, 764, 769. – Jacob Klewber um 1414 und 1458 Weinschenk, 1451 Mitglied der Weinschenken-Bruderschaft, vgl. Gewerbeamt 1411 S. 2v, 9v, 12v, nach 1458 Vermerk „ist tod". – 1429-1431 und 1443-1447 ist Jakob Klewber als Salzsender belegt, 1451 auch als Weinschenk, vgl. Vietzen S. 144, 146. – Auch 1430 gehört der Klewber zu den Wirten an der Weinstraße, die Ungeld zahlen, vgl. Steueramt 987.

[5] Hanns Klewber 1473 bis 1492 äußerer Stadtrat und 1470 und 1471 Vierer der Kramer, vgl. RP 1 und 2.

[6] Andre II. Reittmair, gest. 1547/48, ist 1505, 1509 und 1510 Vierer der Kramer, 1524-1537, 1539-1543, 1545, 1546 äußerer Stadtrat und am 28.5.1539, vgl. RP und Urk. F III a 3 - 108 (28.5.1539). – Zu den Reitmor vgl. Stahleder, Bürgergeschlechter. Die Reitmor S. 312 ff.

StV: (1527/II-1529) et dedit 10/4/15 fúr Jórg Raiden (Raidn). (1529) et dedit 5/2/19 fúr seiner můter matrimonium, sol bis jar sein tail zůsetzen. (1532) et dedit 11/6/27 fúr Jórg Raiden.

** Jorg (Górg) Reuttmayr (Reutmor, Raitmair, Reitmar) [zu Deutenhofen und Pasing, Sohn von Andre II. Reitmor, ∞ 2. Anna, geb. Pernöder; Stadtrat[1]]

St: 1540-1542: 10/2/8, 1543: 20/4/16, 1544: 10/2/8, 1545: 27/6/14, 1546-1548, 1549/I-II: 13/6/22, 1550, 1551/I-II, 1552/I-II: 17/6/22, 1553, 1554/I-II, 1555-1557: 24/5/20, 1558: 49/4/10, 1559, 1560: 24/5/20, 1561: 35/4/5, 1565: -/-/-

StV: (1540, 1541) et dedit 4/3/27 fúr der Kolerin[2] kind. (1542) mer 4/[3]/27 fúr [der] Kolerin k[ind]. (1544) mer 4/3/27 fúr der Kolerin kind. (1543) mer 9/-/24 fúr der Kolerin kinder. (1548-1554/I) mer 2/5/- fúr p[ueri] Koler. (1549/II) mer -/4/20 gracion von wegen seins weibs heyrat gueth. (1550) hat seiner hausfrau heiratguth zugsetzt. (1552/I-II) mer 3/2/- fúr p[ueri] Pernöder. (1553-1556) mer 5/-/25 fúr p[ueri] Reutmor. (1553-1557) mer 1/6/12 fúr p[ueri] Pernöder (Pernoder). (1553) mer 4/6/15 fúr die Benina (!) Pernóderin fúr 3 nachsteur. (1554/II-1557) mer 2/5/- fúr Andre Koler. (1558) mer 3/5/24 fúr p[ueri] Pernóder; mer 5/3/- fúr Andre Kholer. (1559) mer 1/6/12 fúr die Felitz[itas] Pernóderin; mer 2/5/- fúr Andre Koler. (1560) mer fúr die Felitz Pernóderin 1/6/12; mer fúr Anndre Kóler 2/5/-. (1561) mer fúr p[ueri] Pernederin -/6/15 ausser der Ligsaltz schuld.

** domus Jorg (Geórg) Reitmor (Reitmair)
St: 1563, 1564/I-II: -/-/-

Hanns [IV.] Reitmor [von Pasing, Bruder von Georg Reitmor]
St: 1564/II: 12/2/3, 1565: 12/5/22
StV: (1564/II) zuegesetzt den 8. tail der Ligsaltz schuld.

** Anndre Parstorffer schneider [∞ Elisabeth]
St: 1566/I-II, 1567/I-II: 2/2/24, 1568: 4/5/18, 1569-1571: 2/1/1
StV: (1566/I-1567/II) mer fúr p[ueri] Menntn 4/4/24; mer fúr p[ueri] Poppen -/1/22,5, sollen haben; mer fúr p[ueri] Wernprunner -/-/7; mer fúr p[ueri] Schwabm (Schwalbm) -/5/4. (1568) mer fúr p[ueri] Popm -/3/15; mer fúr p[ueri] Wernprúner -/-/14; mer fúr p[ueri] Schwalbm 1/3/8. (1569-1571) mer fúr (fur) p[ueri] Popn (Poppen) -/1/5; mer fúr p[ueri] Wernprúner (Wörnprúnner) -/-/7; mer fúr (fúr) p[ueri] Schwalm (Schwalbm) 1/-/10.

Hanns Menndt [Salzsender]
St: 1566/II, 1567/I-II: -/2/-, 1568: -/4/-, 1569-1571: -/2/-
StV: (1566/II) mer fúr 5 versessn steur 1/3/-. (1571) steurt hernach.

Bewohner Weinstraße 15*:

[Seitz] Fús sneider, 1407 inquilinus St: 1407: -/-/60 fúr 6 lb, 1408: -/-/60
Maecz weberin inquilina St: 1407: -/-/-
Purckhart maẃrer inquilinus St: 1408: -/-/24 gracianus
Aengel Hermanin inquilina St: 1410/I: -/-/-
Órttel zymerman inquilinus St: 1410/II: -/-/-
Nickel schuster inquilinus St: 1413:-/-/50 fúr nichil, 1415, 1416: -/-/60 fúr nichil
Hanns Muldarffer sneyder inquilinus St: 1415: -/-/32 gracianus
Hanns Kammater inquilinus, 1416 und sein tochter, 1428 Hanns Kametter satler
St: 1416: -/5/10, 1423: 0,5/-/-, 1428: dedit 2 gross fúr sich und sein hausfrau
Kornmecz kursner St: 1418: -/-/60
Karel Fróchsawer [Kramer[3]] St: 1419: -/9/- gracianus, zu dem nachsten sol er swern
und sein muter St: 1419: -/-/28
Fridel ym haber, aber inquilinus St: 1419: -/-/60
uxor Sporel amer St: 1419: -/-/50 patrimonium
Hanns Pfaffenhofer St: 1428: dedit 1 gross
Caspar schreiber inquilinus, hafner St: 1428: dedit 1 gross

---

[1] Jörg Reitmor, Sohn von Andreas II. Reitmor, 1547, 1548, 1552, 1554, 1557, 1558, 1565-1567 äußerer Stadtrat, dann bis 1581 innerer Rat, vgl. RP und Stahleder, Bürgergeschlechter. Die Reitmor S. 323/326.

[2] Margaret Kolerin, geb. Reitmor, Tante von Georg, Schwester von Andre II. Reitmor.

[3] Vgl. Kaufingerstraße 1* (1423).

pueri Schanderl St: 1431: ist als ab, tod
Liebel Koppnhover (Koppenhover), 1455 inquilinus St: 1454, 1455, 1457: Liste
Paule Guldein (Guldin, Güldin), 1456 inquilinus St: 1456-1458: Liste
Ulrich vom Pötschner St: 1458: Liste
Michell kastner inquilinus St: 1462: -/4/25
Steffan Lanstetterin inquilina St: 1462: -/3/10
Seydel zimerman inquilinus St: 1462: -/-/60
Ludbig Weyssenfelder St: 1490: 5/2/29
Geórg castner zu den Augustinern St: 1496: 3/2/16, dedit zolner
Michel Talmer melbler St: 1496: -/2/9
Hanns Strasser kramer [auch Weinschenk ?[1]] St: 1500: -/7/28
Hanns Gfaterman, 1514 wirt[2] St: 1508, 1509: 1/2/27, 1514: Liste
Hanns Etlinger krotler [und Weinschenk[3]] St: 1508, 1509: -/5/10 [Salzsendersteuer]
Conradt púrstenpindter[4] inquilinus St: 1514: Liste
Nothafft[5]. 1568 junckher Nothafft St: 1567/I-1568: -/-/-
Hanns Schópfer (Schöpfer) maler St: 1569-1571: 1/-/13
allt Stainin[6] St: 1569-1571: 1/2/20
Hainrich Walch (Wálsch) schlosser St: 1570:-/-/21 gratia, 1571: -/2/-

Weinstraße 16*
(zeitweise mit Landschaftstraße 12*)

Charakter: Ende 15./Anfang 16. Jahrhundert Weinschenke.

Hauseigentümer:

Eigentümer siehe Landschaftstraße 12*, Weinstraße 15*/16*.
1387 Februar 2 die Witwe Haylbeig die Schullenhoferin bestätigt, daß ihr verstorbener Ehemann Hanns der Schullenhofer 4 Pfund Ewiggeld aus „meinem haus ... an der Weinstrazz, ze náchst an ... dez Gússen haus [Weinstraße 17*], und darinn ich ietzu selber wesenlichen bin" aufgenommen hat.[7]
1388 April 17 die Witwe Alhayt (!) die Schüllenhoverin hat ihr Haus an der Weinstraße, zunächst des Güssers Haus (Weinstraße 17*) dem Ulrich dem Löfner ausgehändigt.[8]
1388 April 23 Ulrich Loferer hat hieraus der Witwe Hailweigen der Schuldenhoferin ihr Leibs Lebtag ein Ewiggeld von 6 Pfund Pfennigen verschrieben.[9]
1413 domus Löfnerin (StB).
1414 September 18 das Haus der Lofnerin ist dem Haus von Gastel Hawg, künftig von Hans Tömlinger (Weinstraße 17*), benachbart.[10]
1415 Dezember 7 der Lofnerin Haus ist dem Haus des „Purckhart Weyrmair", künftig Jacob des Klewbers Haus (Weinstraße 15*), benachbart.[11]
1415 Dezember 9 Anna die Löfnerin verpfändet die Überteuerung aus ihrem Haus an der Weinstraße,

---

[1] Ein Hanns Strasser ist 1497, 1498, 1502-1507 Vierer der Kramer, 1495-1498 Vierer der Fragner, Obser, Melbler, vgl. RP. – 1505 wird einer in die Weinschenkenzunft aufgenommen, vgl. Gewerbeamt 1418 S. 13v.
[2] Hanns Gfatterman 1508-1511 Vierer der Schenken, vgl. RP; 1497 Aufnahme in die Weinschenkenzunft, vgl. Gewerbeamt 1418 S. 9v. Ein Hans Gfatterman 1520-1547 Scheibenzollner am Isartor, R. v. Bary III S. 883.
[3] Ein Hanns Ettlinger ist 1459-1475 wiederholt Salzsender-Vierer (Krötler), vgl. RP Nr. 1. – Hanns Ettlinger 1502 Aufnahme in die Weinschenkenzunft, vgl. Gewerbeamt 1418 S. 12r.
[4] Vielleicht der Bürstenbinder Conradt Haß, der 1519 Vierer der Ringler, Würfler, Bürstenbinder ist, vgl. RP. – Es gab jedoch von 1480-1510 einen Chunrat Egkhart, der in diesen Jahren wiederholt Vierer ist.
[5] Name 1567/II wieder getilgt.
[6] Sie dürfte die alte Katharina Stainin, Witwe und Mutter von Isac Melper, sein, die sich 1569 und wieder 1571 bei den Religionsverhören verantworten musste, vgl. Dorn S. 230, 268.
[7] Vogel, Heiliggeistspital, Urk. 164.
[8] GB I 235/2.
[9] Stadtgericht 207/1 (GruBu) S. 527v.
[10] GB III 153/2.
[11] GB III 168/12.

„zẃ nachst an des Weirmairs haus" (Weinstraße 15*) um 53 rheinische Gulden „Hansen dem Hamprecht".[1]

1416 April 28 Anna die Löfnerin und ihr Sohn Hans Löfner verkaufen ihr Haus an der Weinstraße, zunächst an des Weirmairs Haus (Weinstraße 15*), an Hanns den Rappolt, Bürger zu Augsburg.[2]

1449 das Heiliggeistspital hat aus Conraden Falnstichs Haus ein Ewiggeld.[3]

1461 November 10 der Falnstich gelobt dem Stadtrat an, „er welle das meurl im gässel [Kleubergasse], das er an der stiegen stat an seinem hawß [Landschaftstraße 12*] und an des Kleubers hauß [Weinstraße 15*] iwer [= gegenüber] selbs gemacht und mauren hat lassen und [das] auf der gmain [öffentlichem Grundstück] stet" wieder abbrechen" lassen wolle.[4] 1462 steht Fälenstich zusammen mit seiner Tochter noch im Steuerbuch. Dann ist er verschwunden.

1487 das Heiliggeistspital hat ein Ewiggeld „aus des Knitlspergers kind haws an der Weinstraß".[5] Ein Knitlsperger, ohne Vornamen, ist 1477 und 1480 Vierer der Weinschenken.[6]

1564-1571 domus Georg Gaishofer (StB), wie Landschaftstraße 12*.

1574 laut Grundbuch (Überschrift) Georgen Gaishofers Haus, Hof und Stallung, stesst in die Cleubergassen hindten hinaus (also mit Landschaftstraße 12*).[7]

Seit mindestens 1486 finden sich stets Weinschenken oder Wirte in dem Haus.

Eigentümer Weinstraße 16*:

* Witwe Haylbeig die Schullenhoferin [1387/88]
* vor 1406 siehe Landschaftstraße 12* mit Weinstraße 15*/16*
* Ludwig Pewgenperger [Wirt]
    St: 1406, 1407: -/-/-
* Lófnerin, sein [= des Pewgenperger] hausfraw. 1407 Ludwig Lófner und sein hausfraẃ. 1408-1412 Lófnerin. 1413 domus Lofnerin. 1415, 1416 Ann Lófnerin [Weinschenkin[8]]
    St: 1406-1408: -/-/-, 1410/I-II: -/-/60, 1411: -/-/45, 1412, 1413: -/-/60, 1415: -/-/60 fúr nichil, 1416: -/-/60
* [Hans] Rappold von Augspurg
    St: 1416: -/-/-
* Válenstich. 1450-1458 Conrat (Kuncz) Vailenstich (Failenstich, Fállenstich) [Weinschenk[9]]
    Sch: 1445: 1 diern, dedit
    St: 1450, 1453-1458: Liste, 1462: 2/-/82
    (und) sein tochter, 1462 inquilina
    St: 1458: Liste, 1462: -/5/10 [Schenkensteuer ?]
* relicta Knittlspergerin [verwitwete Weinschenkin ?[10]] et pueri
    St: 1482: 1/7/15
    Sigmund Knitelsperger [Weinschenk ?[11]]
    St: 1496: -/3/20
** domus Gaishover. 1564/I-1571 domus Geórg (Jórg) Gaishofer [zu Biberkor, innerer Rat, ∞ Regina, geb. Zweng[12]]
    St: 1563-1571: -/-/-
    StV: (1564/I) ander hauß.

---

[1] GB III 168/16, 17.
[2] GB III 170/16.
[3] Zimelie 40 (Heiliggeistspital, Salbuch B) S. 9r.
[4] RP 1 S. 47r.
[5] Zimelie 43 (Heiliggeistspital, Salbuch C) S. 57r.
[6] Vgl. RP.
[7] Stadtgericht 207/1 (GruBu) S. 527v.
[8] Die Lófnerin ist um 1414 als Weinschenkin belegt, vgl. Gewerbeamt 1411 S. 2v.
[9] Chunrad Fállenstich (Fálenstich) 1451 Mitglied der Weinschenken-Bruderschaft, 1458 Weinschenk, vgl. Gewerbeamt 1411 S. 10r, 13r.
[10] Ein Knitlsperger ist 1477 und 1480 Vierer der Schenken, vgl. RP.
[11] Ein Knútelsperger ist 1458 Weinschenk, vgl. Gewerbeamt 1411 S. 14v.
[12] Tochter von Hans Zweng, Burgstraße 13, vgl. Urk. B II c Nr. 482. – Georg Gaishofer und ein Zwenng im Sommer 1569 Religionsverhör, vgl. Dorn S. 227. – Zu Georg Gaishofer vgl. auch Weinstraße 18*.

Bewohner Weinstraße 16*:

Vor 1406 siehe Landschaftstraße 12* mit Weinstraße 15*/16*.

Chunrade schreiber inquilinus St: 1405/I: -/-/-
Andre Ernst, 1406 inquilinus St: 1405/II: -/14/- iuravit, 1406: 2/-/80
Hainrich Goldgrúbel [ehem. Stadtsöldner[1]] St: 1405/II: -/3/- iuravit
relicta Hannsel (Hannsen) goltsmid inquilina St: 1406: -/-/80 fúr 10 lb, 1411: -/-/30 fúr nichil
uxor des Hainrich prewn St: 1407: -/-/80
    Hainrich (Haincz) prew (prew̓) inquilinus
        St: 1408: 0,5/-/-, 1410/I-II, 1411: -/-/60 fúr nichil, 1412: -/-/60
Erhart sneider inquilinus St: 1408: -/-/60 fúr 5 lb
uxor Peter Eysenreich. 1412 Petrynn Eysenreichin, 1410/I, 1412 inquilina
    St: 1410/I: -/-/32 fúr nichil, 1410/II: -/-/31 fúr nichil, 1412: -/-/32
Hanns Lapeck St: 1410/II: -/-/-
Peter [Kellner] salczstozzel [Weinschenk[2]] inquilinus
    St: 1411: 0,5/-/-, 1412: -/5/10, 1413: -/5/18 iuravit
Lienhart Stetner inquilinus
    St: 1415: 2 ungarisch gulden
    StV: (1415) item t[enetu]r [?] noch zwo nachstew̓r und sol all stew̓r 2 gulden geben.
Purckhart Weyrmair (Weirmair). 1423, 1424 (relicta) Weyrmairin
    St: 1416, 1418, 1419: -/9/10, 1423: -/12/-, 1424: nichil
    StV: (1423) fúr ir drey nächstew̓r nach dez racz haissen.
    pueri Weyrmairin St: 1423: -/-/45 gracianus
Hanns Múldorffer schneyder inquilinus St: 1419: -/-/60
Hainrich Zánck St: 1428: dedit 14 gróss fúr sich, sein hausfrau und sein diern
Gabriel Holczkircher [Wirt[3]] St: 1428: dedit 16 gross fúr sich, sein hausfrau und sein ehalten
    pueri Gabriel Holczkircher St: 1431: -/-/60 gracianus
Wilhalm Hausner
    St: 1431: 3/6/- iuravit
    StV: (1431) uxor dedit pro se -/-/45 gracianus.
    Sch: 1439/I-II, 1440, 1441/I-II: 3 t[aglon]
Chunrat Kelhaimer [Schneider[4]] Sch: 1439/I: -/-/15
relicta [Ludwig] Ostermairin St: 1454, 1455: Liste
Liebel Koppenhover inquilinus St: 1456: Liste
Michel Gebhart [Weinschenk[5]] St: 1486: 2/7/21
relicta Frantz [Karlsteiner[6]] glaserin St: 1486: -/-/60
Widheusin St: 1486: -/-/60
Hainrich Giennger [Weinschenk[7]] St: 1490: 2/4/9
Jorg Westendarfer kursner[8] St: 1490: -/-/21 gracion
Hanns Polster (Polsterl) St: 1496, 1500: -/5/10 [Schenkensteuer]
Georg castner [zu den Augustinern] St: 1496: anderswo[9]
Peter Sunderhauser (Sonderhauser) wirt St: 1508, 1509: 1/4/3, 1514: Liste

---

[1] Heinrich Goltgrúbel 1402 und 1403 Stadtsöldner, vgl. R. v. Bary III S. 833.
[2] Peter salczstóssel ist 1422 Vierer der Weinschenken, vgl. Gewerbeamt 1411 S.10v. – Familienname Kellner bei den Häusern Weinstraße 4 und 5 und Weinstraße 20*.
[3] Der Holczkircher gehört 1430 zu den Wirten an der Weinstraße, die Ungeld zahlen. Er steht in der Liste zwischen dem Klewber von Weinstraße 15 und dem Ickinger von Weinstraße 17*, vgl. Steueramt 987.
[4] Vgl. Dienerstraße 9.
[5] Michael Gebhart Mitglied der Weinschenkenzunft seit 1489, vgl. Gewerbeamt 1418 S. 3v.
[6] Vgl. Nachbarhaus Nr. 17*.
[7] Hainrich Gienger Mitglied der Weinschenkenzunft seit 1490 oder 1491, vgl. Gewerbeamt 1418 S. 6v. – 1497-1504 ist Heinrich Gienger Weinreisser (Büchsenmeister des Weinmarkts) vgl. R. v. Bary III S. 974.
[8] Jörg Westendorffer wird 1500 Marktmesser, vgl. R. v. Bary III S. 978 nach KR und RP.
[9] Vgl. Weinstraße 15*.

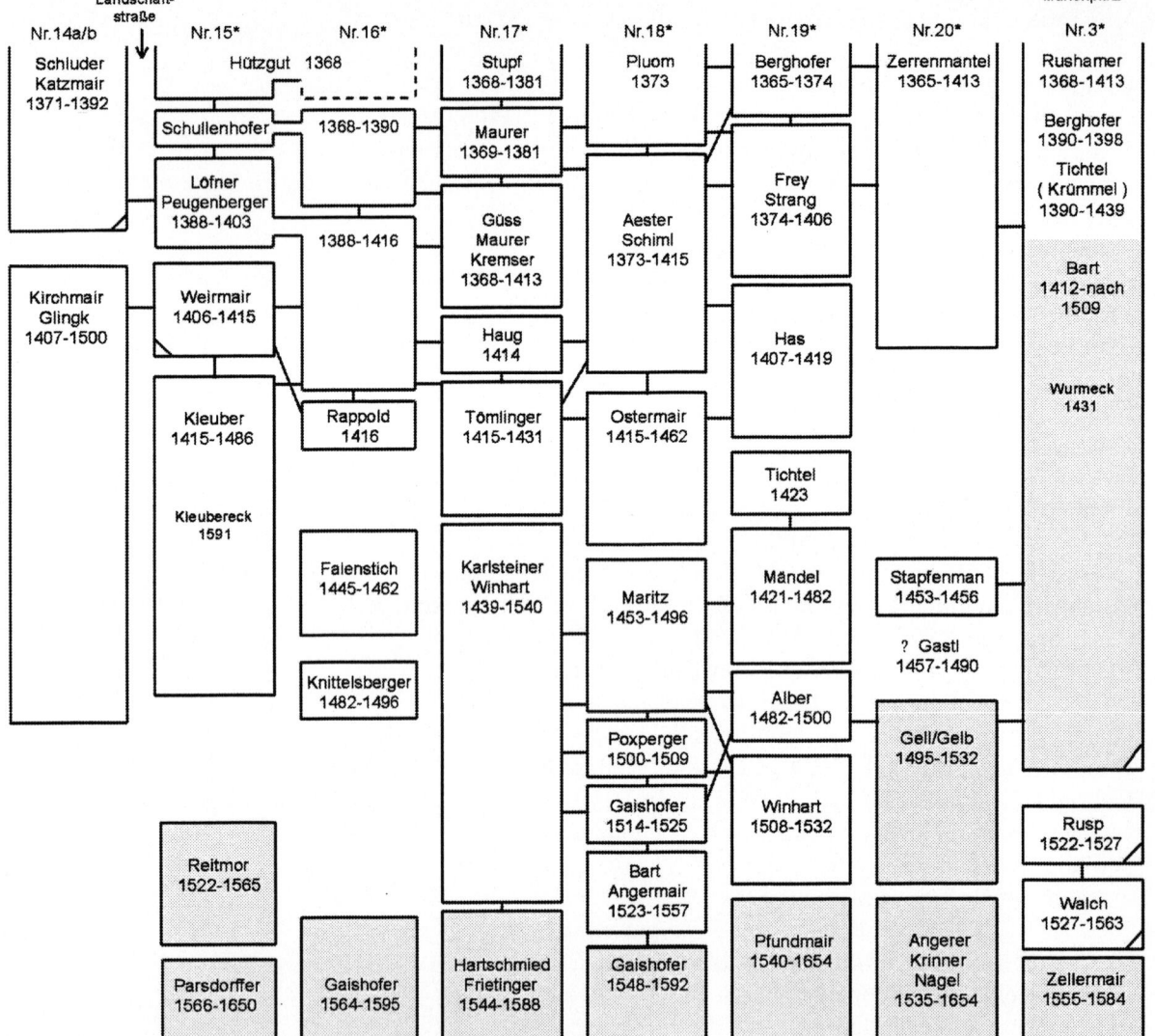

Abb. 38 Hauseigentümer Weinstraße 14 – 20*, Marienplatz 3*.

1572

1939

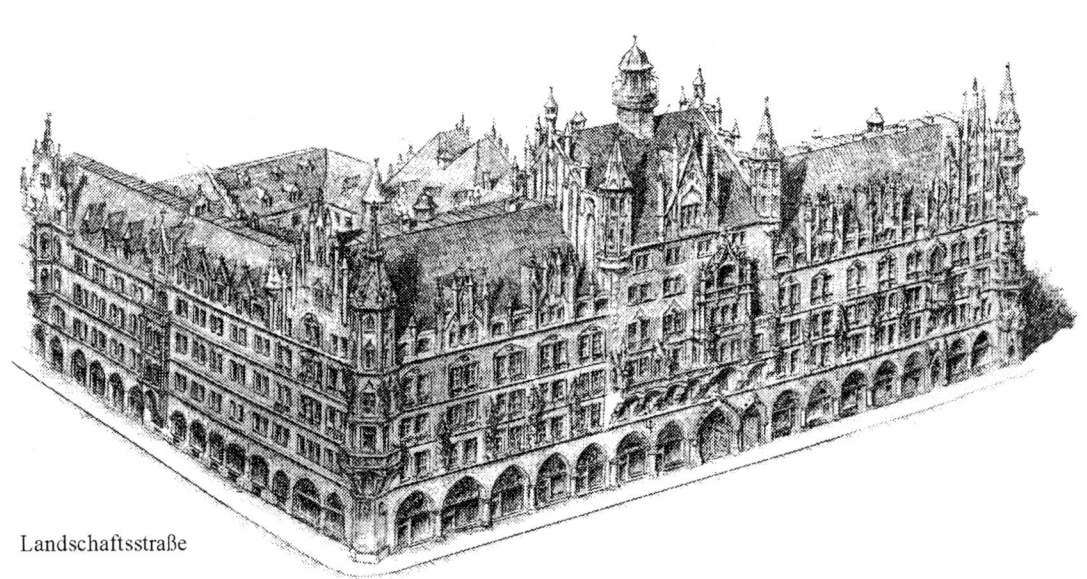

Abb. 39 Weinstraße Ost Nr. 15* – 20*, Marienplatz 3*, Häuserbuch Graggenauer Viertel S. 448/449.

Utz amer[1], 1514 inquilinus St: 1508, 1509: -/-/60, 1514: Liste
Hanns Teinhofer, 1523 wirt [Salzstößel, Weinschenk[2]]
     St: 1522-1526, 1527/I-II, 1528, 1529: -/5/10 schencknsteur
     StV: (1522) [am linken Rand, neben Teinhofer und mit Pfeil auf ihn bezogen:] der Gastl sol das haus versteurn.
platterartzt inquilinus. 1524 Utz Mamhofer artzt. 1525 ártztin inquilina St: 1522-1525: -/2/-
Wastian [Enntholtzer oder Rotmair[3]] saltzmesser St: 1526, 1527/I: -/-/14 gracion
Sigmůnd Mairhofer [Weinschenk[4]] St: 1532: 1/-/10
Jheronimus múllner [Goldschmied[5]] St: 1532: -/2/4
Thoman Stich, 1540-1547 sadtler. 1550-1554/I Thoman Stichin
     St: 1540-1542: -/2/24, 1543: -/5/18, 1544: -/2/24, 1545: 1/1/6, 1546-1548, 1549/I: -/4/3, 1549/II: -/4/3 patrimonium, 1550, 1551/I-II, 1552/I-II: -/4/3, 1553, 1554/I: -/2/-
    Lienhart Stich, 1553, 1554/I sadtler
     St: 1551/II, 1552/I-II: -/-/-, 1553, 1554/I: -/2/-
     StV: (1551/II, 1552/I) ist eingstelt auf negste steur. (1552/II) ist noch miteinander gsteurt, auch unvertailt pis auff negste steur.
Augustin trometer St: 1551/II-1553, 1554/II: nihil
Lienhart (Lenhart) Paumaister, 1555-1560 goltschmid[6]
     St: 1554/II, 1555-1557: 1/-/10, 1558: 2/-/20, 1559: 1/-/10, 1560: 1/6/9, 1561: 2/-/15
     StV: (1559) soll hinfúro des Widmans erb zusetzen. (1560) zuegesetzt Widmans erb, sein 1/3 noch unverteilt.
Sigmund Pranthamer, 1555, 1556 spángler
     St: 1555-1557: -/2/-
     StV: (1555-1557) mer -/-/14 fúr p[ueri] Rost sayler.
Pauls Lindmair saltzstósl St: 1558: -/4/-, 1559, 1560: -/2/-
Wáx otterjágerin St: 1559: -/2/-
Ursl farberin St: 1560: -/2/-
Wilhalm Maẃser St: 1561: -/2/-
Michel Adler St: 1563: 7/1/22
Wilhalm St: 1563: -/-/-
Jórg (Georg) Schwaber[7], 1564/II-1571 weinzaler
     St: 1564/I-II, 1565, 1566/I-II, 1567/I-II: 3/2/23, 1568: 6/5/16, 1569-1571: 8/2/13
     StV: (1564/I-1566/II) mehr fúr p[ueri] Abel (Abl) 3/2/2,5 zuegesetzt Härlin erb. (1564/I) zuegesetzt der Hárlin (Härlin) erb,[8] mer zalt er fúr Hans vischer von Inglstat fur der Härlin 200 fl erb nachsteur 2/3/15. (1568) mer fúr Caspar Hertzog 11/6/9; mer fúr Jorg Schweickhartin 3/6/28. (1569) mer fúr Caspar Hertzog zu Tibing, nachdem ime die búrgerrecht aufgesagt worden fúr ine unnd sein muetter nachsteur unnd soll hinfúran als ain gast steurn 23/5/25,5. Nota: Róssslers (?) kinder. (1570, 1571) mer fúr (für) Caspar Hertzog als ain búrger 6/4/20.
Hanns Alt canntzleischreiber St: 1564/I: -/-/-

---

[1] Utz amer erstmals für 1506 „Utz der stat wagenknecht" als einer der Amer gewählt, vgl. RP 5 S. 103r. Er wird auch in den Jahren danach immer ohne Familiennamen „Utz wagenknecht" genannt, vgl. auch RP 5 S. 130v (für 1507), RP 6 S. 6r (für 1508) usw. bis 1531. – Vgl. auch R. v. Bary III S. 967/968.

[2] Ein Hans Deinnhoffer ist seit 1516 Mitglied der Weinschenkenzunft, ein weiterer Hanns Deimhofer (!) seit 1521, vgl. Gewerbeamt 1418 S. 17r, 18r. – Derselbe 1529-1531 Vierer der Salzstößel, vgl. Vietzen S. 157.

[3] Sebastian Enntholtzer von 1524-1532, Sebastian Rotmair von 1526-1532 als Salzmesser belegt, vgl. R. v. Bary III S.956; Vietzen S. 161 schreibt Innerholtzer.

[4] Sygmundt Mairhofer 1527 Aufnahme in die Weinschenkenzunft, vgl. Gewerbeamt 1418 S. 20r.

[5] Frankenburger S. 287.

[6] Der Goldschmied Leonhard Paumeister wurde im Sommer 1569 beim Religionsverhör vernommen, vgl. Dorn S. 227. Danach ist er „der religion [halber] weckhzogen und zu Memmingen maister worden", vgl. Gewerbeamt 1631 (Goldschmiede-Meisterbuch) S. 86v Nr. 34. – Frankenburger S. 292.

[7] Georg Schwaber wurde, ebenso wie seine Hausfrau Maria Schwaberin, „Weinzallers Hausfrau", und die „alt Anna Schwaberin", 1571 „preuin witib" genannt, 1569 und 1571 bei den Religionsverhören vernommen, vgl. Dorn S. 227, 229, 252, 267. – Georg Schwaber ist noch bis 1578 als Weinzahler belegt, vgl. Fischer, Tabelle X S. 27.

[8] Dieser Vermerk 1564/I zweimal aufgeführt.

púrretmacherin. 1565 Margreth schenckhin púretmacherin unnd ir päsl. 1564/II-1567/I púretmacherin (und) ir päsl
    St: 1564/II, 1565, 1566/I: 1/-/-, 1566/II, 1567/I: an chamer
    StV: (1564/II) zalt die alt hertzogin für sy unnd soll hinfüran auch 1 fl geben, doch so lang es ainem rath gefellig und als offt man steurt. (1565) unser genedige fürstin unnd frau zalt für sy unnd hat ir f[ürstliche] g[naden] bewilligt, weil sy alhie albeg für sy zu bezaln. (1566/I) zalt unnser genedige fürstin unnd fraw für sy. (1567/I) zalt 1 fl, ist hinweg.

Doctor Marthin [Klostermair, Stadtleibarzt[1]]
    St: 1564/II: -/-/- an chamer, 1565: an chamer, 1566/I-1569: -/-/-
    StV: (1565) ist vor rath ime bewilligt, dieweil er in der artznei practiciert, soll er der steur exempt sein.

(Martin) Spanhauer canntzleischreiber[2]
    St: 1567/II: nihil, hofsind, 1568: -/1/12 gratia, búrger und hofsind

Christoff Mennt weinzaler[3]
    St: 1568: 10/-/-, 1569, 1570: 12/-/6,5
    StV: (1568) darin seiner hausfrau gratia.

Christof Freisinger notari St: 1570, 1571: -/2/-

Lenhart Schwaiger ungeltsdiener[4] St: 1570: -/1/2 gratia

Weinstraße 17*

Charakter: Etwa 1440-1550 Glaserei, zumindest zeitweise wohl auch eine Weinschenke im Haus.

Hauseigentümer:

Das Haus Weinstraße 17* gehört offensichtlich schon 1368 einer Erbengemeinschaft. Bewohnt wird es bis 1381 von Ludwig Stupf und Peter Güsser oder Güss und seiner Witwe sowie weiteren Familienmitgliedern: einem Schuster Güss, vielleicht identisch mit Konrad Güss, dann den Kindern von Konrad bis 1413, schließlich von Peter Güss dem jungen und Hans Güss. Die Güss haben aber ebenso wie Stupf nur Anteile am Haus.

Am 22. Juni 1368 ist der Stupf in eine Handelschaft mit Hainrich dem Maurer verwickelt, bei der ein Haus an nicht genannter Straße, aber wohl an der Hinteren Schwabinger Gasse (Theatinerstraße), im Spiel ist.[5]

1369 Juli 2 Ludel Stúpf versetzt sein Haus an der Weinstraße an „Hainrich den maẃrer" um 80 Pfund Würzburger Pfennige.[6]

1370 die Baukommission stellt lapidar fest: „Item Hainrich des maurers haws sol ab" [sein].[7]

1373 Juli 15 „Hainrich dez Maẃrer" Haus ist dem des Fridrich Plúm (Weinstraße 18*) benachbart.[8]

1374 Februar 17 Hainrich der Maurer setzt sein eigen Haus an der Weinstraße als Fürpfand für sein Haus an der Hinteren Schwabinger Gasse[9].

1376 Juli 9 „H[ainrich] maẃrer hat sein haus, gelegen an der Weinstrazz, aufgeben ... Ulrichen dem maẃrer, seinem bruder".[10]

1377 April 17 „Hainrich Symon der peck" hat ein Ewiggeld aus Hainrich des Maurers Haus an der

---

[1] Doctor Martin Klostermair seit 1548 Stadtleibarzt, vgl. R. v. Bary III S. 1017. Am 5. Februar 1561 hat er jedoch „urlaub genomen" aus städtischen Diensten und erhielt eine Abfindung, vgl. KR 1560/61 S. 95r. Vgl. auch Marienplatz 13.
[2] Martin und Wernhart Spanhauer mussten sich 1569 und 1571 bei den Religionsverhören verantworten, vgl. Dorn S. 229, 263.
[3] Christoff Ment bei Fischer, Tabelle X S. 27, nur 1569 als Weinzahler angeführt.
[4] Der Söldner Lienhart Schwaiger war ab 1551 auch Bürgerknecht, vgl. R. v. Bary III S. 789.
[5] GB I 1/5 und 46/3.
[6] GB I 6/4.
[7] Zimelie 9 (Ratsbuch IV) S. 4r (neu 6r).
[8] GB I 39/11.
[9] GB I 46/3.
[10] GB I 79/3.

Weinstraße „und daz derselb Hainrich mawrer Ulrichen dem mawrer, seinem pruder, ze kauffen geben hat".[1]

1381 März 16 „Ulrich der Maurer" verkauft sein Haus, das gelegen ist an der Weinstraße zunächst an Hans des Schulhover (Weinstraße15*/16*), „für aygen" Peter dem Gúzzen.[2] Der Zusatz „für aygen" war wohl nötig, weil das Haus bisher nur als Pfandschaft in die Hand des Maurers gelangt war, aber die Pfandschaft offensichtlich nicht eingelöst wurde. Der ursprüngliche Inhaber Ludwig Stupf steht denn auch 1381 letztmals hier im Steuerbuch. Auch Peter Güss steht im selben Jahr 1381 letztmals im Steuerbuch, ab 1382 schon seine Witwe. Er ist also wohl bald nach der Besitzübertragung verstorben. Deshalb erfolgt eine neue:

1381 Oktober 5 „Maister Ulrich der maurer hat sein haus, daz gelegen ist an der Weinstrass ze naechst an Hansen dez Schúllhovers haus [Weinstraße 15*/16*] gefertigt ... für aygen dem Chunrad dem Gúzzen und ist daz mit willen geschehen Hertlin dez chramers und seiner wirtin".[3]

1386 September 13 „Peter Gúzz" hat sein Drittel eines Hauses an der Weinstraße, zunächst am Haus des Schluder (Weinstraße 14 A !) gelegen, seinem Bruder „Chunrad dem Gússen" verpfändet.[4] Der Eintrag ist wieder getilgt, offenbar weil ein falscher Nachbar angegeben ist. Vgl. 16.9.1387.

1387 Februar 2 das Haus der Witwe des Hanns Schullnhofer, Haylbeig der Schullnhoferin, an der Weinstraße (Weinstraße 15*/16*) ist dem Haus des Güssen benachbart.[5]

1387 September 16 Peter Güzz hat sein Drittel eines Hauses an der Weinstraße, zunächst am Haus des Konrad Schluder (Weinstraße 14 A!) gelegen, seinem Bruder Konrad dem Güzz übergeben.[6] Auch dieser Eintrag ist im Gerichtsbuch wieder getilgt; denn der Nachbar ist wieder falsch. Deshalb erfolgt der Eintrag gleich noch einmal, nunmehr mit dem richtigen Nachbarn: „Peter der Gúzz" übergibt sein Drittel des Hauses an der Weinstraße, das zunächst an dem Haus der Schullenhoferin (Weinstraße 15*/16*) gelegen ist, seinem Bruder „Chunrad dem Gússen".[7]

1388 April 17 des Güssen Haus ist dem Haus der Witwe Alhayt (!) Schüllenhoverin, künftig Ulrich dem Löfner gehörig (Weinstraße 15*/16*), benachbart.[8]

1392 März 15 der Plabenstain der seydennater meldet dem Stadtgericht, „er hab von Eberhart dem maurer sein haws an der Weinstrass bestanden [= gepachtet] hinden, voren und oben" für ein Jahr um 23 Gulden.[9] Das Haus gehört also jetzt einem Maurer Eberhart, der es verpachtet.

Dann hat aber wieder der Güss Anteile am Haus:

1397 Dezember 17 Peter Güss hat ein Sechstel Haus an der Weinstraße, zunächst des Löfners Haus (Weinstraße 15*/16*) gelegen, das ihm anerstorben ist von seiner Mutter selig, dem Chunrad dem Kremser überlassen, der es an Stelle seiner Stiefkinder Hänslein und Barbara übernommen hat.[10] Die beiden Stiefkinder dürften die im Steuerbuch stehenden „pueri Chunrat Gússen" sein, da Konrad Güss zu dieser Zeit schon tot war (seit 1393/94) und auch seine Witwe 1396 letztmals hier steht. Hansel Güss wird aber seit 1394 bereits selbst zur Steuer veranlagt.

1411-1413 domus pueri Chunrat Güss (StB).

Wahrscheinlich über eines der Kinder – wohl eine Tochter – von Konrad Güss dürfte das Haus schließlich an "Gastel Hawg, purger zw Auspurg", gekommen sein. Dieser verkauft es

1414 September 18 „Hansn dem Thomlinger" (Tömlinger). Nachbarn sind die Lofnerin (Weinstraße 15*/16*) und der Schimel (Weinstraße 18*).[11]

1415-1423 domus Hanns der Tomlinger (StB).

1431 domus pueri Hanns Tömlinger (StB).

Ab 1439 findet man in den Scharwerksverzeichnissen und Steuerbüchern an dieser Stelle schon den Glaser Martin Karlsteiner, später gemeinsam mit seinem Sohn Franz (1462 „Francz glaser, sein sun").

---

[1] GB I 86/13.
[2] GB I 137/6.
[3] GB I 147/10.
[4] GB I 224/11.
[5] Vogel, Heiliggeistspital, Urk. 164.
[6] GB I 231/3.
[7] GB I 231/4.
[8] GB I 235/2.
[9] GB II 23/7.
[10] GB II 131/9.
[11] GB III 153/2.

1482 November 19 das Haus des Martin des Glasers ist dem Haus des Moritz des Schnitzers an der Weinstraße (Weinstraße 18*) benachbart.[1]

1486 das Haus Martins des Glasers und Franz des Glasers ist Moritz des Pogners Haus (Weinstraße 18*) benachbart.[2]

Die Meister Martin der Glaser und der Maler Meister Hanns der Gleissmüller (vgl. Burgstraße 10 und Dienerstraße 17) erhalten am 23. Dezember 1436 vom Domkapitel Freising 16 Pfund Pfennige für ihre Arbeit am Sankt-Benedikt-Chor desselben Gotteshauses auf dem Freisinger Domberg.[3]

Schon 1450 gibt es in diesem Haus als inquilinus den Schuster Peter Winhart. Da Martin Karlsteiner 1482 auch die Steuer „für pueri Winhart" bezahlt und 1450 sein Schwiegersohn den Vornamen Peter hat, dürften wohl die Winhart'schen Kinder eine Tochter von Martin Karlsteiner zur Mutter gehabt haben. Eines dieser pueri dürfte der Hans Winhart gewesen sein, der dasselbe Handwerk wie Martin Karlsteiner erlernte – Glaser und Glasmaler – und dann auch das Haus und die Handwerksgerechtigkeit übernommen hat.

1508 Januar 8 das Haus des Glasers Hans Winhart ist dem Haus des Schnitzers Jorg Maritz/Moritz (Weinstraße 18*), künftig seiner Schwester Barbara, verheiratete Poxperger, Haus, benachbart.[4]

Der auf Hans Winhart folgende Veit Hartschmied (im Steuerbuch erscheint nie „Peter", sondern immer nur „Veit") oder auch nur „Hart" könnte identisch sein mit dem 1540 im Steuerbuch stehenden Veit Winhart.

1515 Oktober 20 das Haus des Hanns Winhart an der Weinstraße ist dem Haus von Ambrosi und der Barbara Gaishover (Weinstraße 18*) benachbart.[5]

1520 Oktober 3 das Haus des Martin des Glasers an der Weinstraße ist dem des Ambrosius Gaishover (Weinstraße 18*) benachbart.[6] Martin der Glaser als Hauseigentümer ist allerdings für diese Zeit veraltet und offensichtlich aus einer Vorurkunde der Zeit vor 1486 entnommen, vgl. Weinstraße 18*.

1544 Februar 16 Peter Hartschmidt und seine Hausfrau Barbara verkaufen ihrem Sohn Veit Hartschmidt und seiner Hausfrau Barbara einen Gulden Ewiggeld für 20 Gulden Gesamtsumme.[7]

1546 Februar 9 und

1547 Januar 27 weitere Ewiggeldverkäufe des Ehepaares Peter Hartschmidt an das Ehepaar Veit Hartschmidt, jeweils von 2 Gulden um 40 Gulden (GruBu).

1552 April 22 das Ehepaar Peter und Barbara Hartschmidt verkaufen ein weiteres Ewiggeld von 3 Gulden um 60 Gulden (GruBu).

1571 Dezember 16 der Eisenhändler Bernhard Friedtinger und seine Hausfrau Felicitas verschreiben des Veiten Hartschmidts Glasers Sohn Caspar 10 Gulden Ewiggeld um 200 Gulden Hauptsumme, also eine Hypothek von 200 Gulden, wohl zur Absicherung der Kaufsumme (GruBu).

1571 Dezember 17 und **18** dasselbe Ehepaar verschreibt den drei Kindern des Gerichtsschreibers Hanns Hartschmidts zu Kling 10 Gulden Ewiggeld um 200 Gulden (GruBu).

1571 Dezember 19 das Ehepaar Friedtinger verschreibt dem Caspar Hartschmidt weitere 10 Gulden Ewiggeld um 200 Gulden Hauptsumme (GruBu).

1574 laut Grundbuch (Überschrift) des Michaeln Friedtingers Eisencramers Haus, Hof und Stallung. Zumindest in der Mitte des 18. Jahrhunderts befindet sich in diesem Haus eine Hauskapelle.[8]

Eigentümer Weinstraße 17*:

* Ludel (Ludwig) Stúph (Stúpf)
    St: 1368: -/-/- solvit 1 florenum Lotrer, 1369: -/-/-, 1371: solvit -/5/-, 1372: -/11/-, 1377: -/6/- juravit, 1378: -/6/-, 1379: -/6/-, 1381: -/-/45 juravit
    StV: (1369) stewra sua infra -/12/-; dedit -/18/- ad r[aci]o[n]em[9]; et solvit -/3/- per pignus (!); item -/6/- et satisfecit totaliter [Betrag fehlt]. (1372) item de st[e]wera anno preterito -/3/-.

---

[1] Geiß, St. Peter S. 323, nach Kopialbuch der Priesterbruderschaft St. Peter fol. 56v.
[2] Zimelie 27a (Stiftungsbuch Reiches Almosen) S. 47v.
[3] RB XIII 391.
[4] BayHStA, GUM 563.
[5] BayHStA, GUM 604.
[6] BayHStA, GUM 642.
[7] Stadtgericht 201/1 (GruBu) S. 529v.
[8] Urk. D I e 1 - XV Nr. 1 (3.5.1746).
[9] Folgt getilgtes „solvit -/2/- p[er]".

* Hainrich der maẃrer [1369 Juli 2 bis 1376 Juli 9, als Pfandinhaber]
* Ulrich der maẃrer, Bruder des vorigen [1376 Juli 9 bis 1381 März 16/Oktober 5, als Pfandinhaber]
* Erhart der maurer [vor 1392 März 15]. Sein Pächter: Plabenstain der seydennater [um 1391/1392 März 15]
* Gúzzer (Gúss, Gúzz). 1378-1381 Peter [I.] Gúzz.[1] 1382, 1383/I-II, 1388-1393 relicta Gússin (Gúzzin). 1394 relicta alt Gússin [Teilbesitz]
    St: 1368: 1/-/- minus -/-/5, 1369, 1371, 1372: -/11/22, 1375: 2/-/-, 1377: 2/-/- juravit, 1378, 1379, 1381: 2/-/-, 1382: -/12/- sub gracia, 1383/I: 1/-/-, 1383/II: -/12/-, 1388: -/6/12 juravit, 1390/II: -/6/12, 1392: -/3/-, 1393, 1394: 0,5/-/-
* [Konrad ?] Gúzz calciator inquilinus
    St: 1379: -/-/15 gracianus, 1381: -/-/18
* Chunrat Gúss (Gúzz) [Bruder von Peter Güss, Teilbesitz], 1383/I-1388 inquilinus.[2] 1394 die jung Gússin. 1395 die jung Gússin relicta inquilina. 1396 relicta Chunrat Gússen
    St: 1383/I: 1/-/- gracianus, 1383/II: 6/-/- juravit, 1387: -/6/20, 1388: -/13/10 juravit, 1390/I-II: -/13/10, 1392: 5/-/78, 1393: 7/-/24, 1394: -/10/20, 1395: -/10/10, 1396: 1/-/-
* Peter [II.] Gúzz [Bruder von Chunrat Güss, ein Drittel Teilbesitz]
    St: 1387: -/-/16, 1388: 0,5/-/- gracianus
    StV: (1387) [wieder getilgt:] vir eius cum -/-/64 de ista stewra.
  Hans (Hannsel, Johanns) Gúss (Gẃss, Gẃzz) [Weinschenk[3]]
    St: 1394: 2/-/40, 1395: 1/-/30, 1396, 1397, 1399, 1400, 1401/I: -/13/15, 1401/II: -/-/-, 1405/II: -/14/- iuravit, 1406, 1407: -/18/20, 1408: 3/-/80, 1410/I: 3/-/60 iuravit, 1410/II: 4/-/80
    Pferdemusterung, um 1398: Hanns Gúzz sol haben ein pferd von 20 gulden und damit der stat warten.
* pueri (Chunrat) Gússen (Gússin, Gẃssin, Gẃssen, Gẃss) [u. a. Hänslein und Barbara]
    St: 1394: 1/-/-, 1395: 0,5/-/-, 1396, 1397, 1399, 1400, 1401/I: -/6/-, 1401/II, 1403, 1405/I: 1/-/- gracianus, 1405/II: -/6/- gracianus, 1406-1408: 1/-/- gracianus, 1410/I: -/6/- gracianus, 1410/II: 1/-/- gracianus
* Peter [III.] Güss [Wirt,[4] bis 1397 Dezember 17, ein Sechstel Teilbesitz]
* domus pueri Chunrat Gẃss
    St: 1411: -/6/-, 1412: 1/-/-, 1413: -/6/- gracianus
* Gastel Hawg, Bürger zu Augsburg [∞ N.N., geb.Güss ?; bis 1414 September 18]
* domus Hanns Tomlinger (Tómlinger). 1428 Hanns Tómlinger [Stadtarzt[5]]
    St: 1415: 0,5/-/-, 1416, 1418, 1419: -/5/10, 1423: -/-/30, 1428: dedit 5 gross
    StV: (1428) für sich, sein hausfrau und seine kind.
  Thoman Tomlinger (Tómlinger) [Stadtarzt[6]]
    St: 1423: 2,5/-/-, 1424: -/6/20 hat zalt
* domus pueri Hanns Tomlinger
    St: 1431: -/-/20 gracianus
* Martein glaser. 1441/I-II, 1453-1455 Martein Karlstainer, 1441/I, 1453 glaser[7]
    Sch: 1439/II, 1440, 1441/I-II: 2 t[aglon], 1445: 2 ehalten,dedit
    St: 1450, 1453-1458: Liste, 1462: -/3/19, 1482: -/4/26
    StV: (1462) et dedit -/-/8 für ein lb gelcz. (1482) et dedit -/1/13 fur pueri Winhart; et dedit -/-/8 von 1 lb gelts zu der Tulpecken altar.

---

[1] Peter Güzz oder der folgende Konrad Güzz war 1381 Mitglied des Großen Rats, vgl. R. v. Bary III S. 747.
[2] Chunrat Gúzz steht zwar 1388 beim Nachbarhaus 18*, dürfte aber verrutscht sein.
[3] Er dürfte der Gúss sein, der 1399 als Besitzer von einem Fass Wein genannt wird, vgl. Märkte 319. – Hans der Güss gehört zu den Wirten, denen die Stadt 1398/99 und 1399/1400 Geld schuldet „von der rais wegen", vgl. KR 1398/99 S. 115r, 1399/1400 S. 121r. – Hanns Gúzz ist um 1414 als Weinschenk belegt, vgl. Gewerbeamt 1411 S. 2v.
[4] Er dürfte auch der Peter der Gieser sein, dem die Stadt 1399/1400 als einem der Wirte Geld schuldet „von der rais wegen", vgl. KR 1399/1400 S. 121r. – Wohl identisch mit dem späteren Münzmeister Peter Giesser.
[5] Hanns Tömlinger 1407-1430 beamteter Stadtarzt, vgl. R. v. Bary III S. 1015, nach KR.
[6] Toman Tömlinger ist ab 1432 bis zu seinem Tod 1463 Stadtwundarzt (beamteter Stadtarzt), vgl. R. v. Bary III S. 1016, 1018.
[7] Martein glaser 1460, 1463, 1474, 1480 Vierer des Handwerks der Maler, Glaser, Seidennater, vgl. RP 1, Wahl der Handwerksvierer.

Peter, sein [= des Martein glaser] aidem
   St: 1450: Liste
Peter Winhart schuster inquilinus
   St: 1450: Liste
* Francz [Karlstainer] glaser,[1] 1456 inquilinus. 1462 Francz glaser, sein [= des Martein glaser] sun. 1490, 1496 (relicta) Franntz glaserin
   St: 1453-1458: Liste, 1462: -/3/2, 1482: -/4/11, 1490, 1496: -/-/60
* Winnhart glaser. 1490-1527/I, 1529, 1532 Hans Winhart glaser.[2] 1527/II Hanns Winhart [Enkel von Martein Karlsteiner ?]
   St: 1486, 1490: -/5/15, 1496: -/6/10, 1500: -/7/22, 1508, 1509: -/6/20, 1514: Liste, 1522-1526, 1527/I: 1/2/-, 1527/II, 1528, 1529, 1532: 1/1/20
   StV: (1486) et dedit -/-/28 Sigmund Freimecz von 4 gulden geltz. (1490) et dedit -/-/28 fúr Sigmund Freymetz. (1522) et dedit -/-/28 fúr 1 gulden geltz gen Greffolfing. (1527/II-1529, 1532) et dedit -/4/5 fúr sein enenckl.
Veit Winhart glaser
   St: 1540: -/2/-
** Peter Hartschmid [∞ Barbara, ca. 1544 bis nach 1552]
** Veyt Hortschmid glaser. 1543-1549/I Veit Hort[3] glaser [∞ Barbara; Sohn von Peter und Barbara Hartschmid]
   St: 1541, 1542: -/4/6, 1543: 1/1/12, 1544: -/4/6, 1545: 1/2/24, 1546-1548: -/4/27, 1549/I: -/4/28 patrimonium
   StV: (1541) hat zugsetzt seins vatern heyratguth.
Hanns Hort lermaister
   St: 1545: -/4/-
** Caspar Hartschmied und drei Kinder des Hanns Hartschmied zu Kling [1571 Dezember 16/19]
** Bernhart Frietinger (Fryetinger, Fruetinger) [Eisenkramer, ∞ Felicitas]
   St: 1554/II, 1555-1557: 2/6/15, 1558: 5/6/-, 1559, 1560: 2/6/15, 1561, 1563, 1564/I-II, 1565, 1566/I-II, 1567/I-II: 5/3/12, 1568: 10/6/24, 1569-1571: 4/6/9
   StV: (1557, 1559) mer 2/1/29 fúr p[ueri] Oberhofer. (1558) mer 4/3/28 fúr p[ueri] Oberhofer. (1560) mer fúr p[ueri] Oberhofer 2/1/29. (1561, 1563, 1564/I) mer fúr p[ueri] Oberhover 1/3/25; mer fúr p[ueri] Metlhamer 2/2/16,5. (1564/II, 1565) mer fur p[ueri] Oberhofer -/6/5; mer fúr p[ueri] Mettlhamer 2/2/16,5. (1564/II) mer fúr des Oberhofers tochter nachsteur 2 fl. (1566/I-II) mer fúr p[ueri] Mettlhamer 2/2/16,5. (1569-1571) mer fúr p[ueri] Egerer -/4/9.
** Michael Friedtinger, Eisenkramer 1574

Bewohner Weinstraße 17*:

Eberl servus Stainerii inquilinus Gúzz calciator[4] St: 1379: -/-/12 gracianus
Weinsperger sartor inquilinus St: 1381: -/-/66
Lawterbach inquilinus St: 1392: -/-/12
[Hanns] Goczman [sartor[5]] inquilinus St: 1401/II: -/5/10 propter patrimonium
Michel Wúnn inquilinus St: 1403: -/10/20
Andre Ernst inquilinus St: 1405/I: 0,5/-/- gracianus
Chunrat Sawrlaher [Kornmesser[6]] inquilinus St: 1406: -/-/64 fúr 8 lb
Hanns maler inquilinus St: 1406: -/-/80 fur 10 lb
Hanns Weysenburger St: 1407: -/-/60 gracianus
[Konrad[7]] Paẃr peck inquilinus St: 1407: -/6/20

---

[1] Frantz glaser 1459, 1462, 1464, 1466, 1468, 1471, 1475-1479 Vierer der Zunft der Maler, Glaser, Seidennater, vgl. RP.
[2] Hanns Winhart ist von 1488 bis 1512 wiederholt Vierer der Maler, Glaser, Seidennater, vgl. RP.
[3] 1543 „schmid" getilgt und daneben durch „glaser" ersetzt.
[4] Versehentlich hinter „Hanns scriptor de Nórdling" aufgeführt, deshalb war Zusatz „inquilinus Gúzz calciator" nötig.
[5] Vgl. Weinstraße 20*.
[6] Vgl. Weinstraße 1 (1387-1405/II).
[7] Konrad Paur ist 1383 und 1388 Bäcker beim Haus Dienerstraße 17.

Chunrat Scheẃs inquilinus St: 1410/I: -/-/60 fúr 10 lb, iuravit
Ulein kursner inquilinus St: 1410/II: -/3/6
Chunrade Ickinger (Yckinger) [Weinschenk¹], 1412-1415 inquilinus
    St: 1412: 0,5/-/- gracianus, 1413: -/6/12 juravit, 1415: -/15/-, 1416: 2,5/-/-, 1418: 4/3/6 iuravit,
        1419: 4/3/6, 1431: -/13/10, iuravit auf 70 lb
relicta Asem Sewerin² St: 1423: -/3/-
Chunrat (Chuncz) Fálnstich (Falnstich, Válnstich) [Weinschenk³], 1439/II inquilinus
    Sch: 1439/I-II, 1440, 1441/I-II: 1,5 t[aglon]
plint Martin St: 1482: -/-/10, 1486: -/-/28
Aschpeckin inquilina St: 1490: -/-/60
Asm Mülperger g[oldschmied]⁴
    St: 1500: 1/2/15
    StV: (1500) et dedit -/-/14 von 2 gulden geltz fúr pueri Augustin Mulperger.
Hanns Kárgel g[oldschmied]⁵ St: 1508: -/2/2
Hanns Ziegler s[chneider]⁶ St: 1509: -/2/25
Wolfgang Praun, 1514-1525, 1527/II-1532 schneider
    St: 1514: Liste, 1522-1526, 1527/I: -/2/9, 1527/II, 1528, 1529, 1532: -/4/1
[Andre] Lamprecht goltschmid⁷ St: 1540: -/2/11
maister Hanns Reutter lermaister. 1543, 1544 Hanns Reutter St: 1542: -/2/-, 1543: -/4/-, 1544: -/2/-
Lienhart Ódmúllner St: 1548: 2/-/27 juravit, 1549/I: 2/-/27
    Liebhart Ödmúllner St: 1548, 1549/I: 3/3/8
Paule (Pauls) Peham (Behaim), 1552/II wirt
    St: 1549/II, 1550, 1551/I-II, 1552/I-II: -/5/10 schenckhsteur
Jorg Nyssl, 1552/I-II kramer
    St: 1549/II: 1/-/10 juravit, 1550, 1551/I-II, 1552/I-II: 1/-/10, 1553, 1554/I: 1/3/7
Arsaci Hueber St: 1549/II: -/2/-
Wilhelm Axhalm (Axthalm), 1554/II cramer
    St: 1553: -/3/15 gracia 1554/I: -/3/15 gracia die ander, 1554/II: -/5/26 juravit, 1555, 1556: -/5/26
Michel Adler. 1567/I-1571 Michel Adlerin, 1569 wittib
    St: 1564/I-II, 1565, 1566/I-II, 1567/I-II: 7/1/22, 1568: 14/3/14, 1569-1571: 3/2/20
    StV: (1569) mer fúr Michel Adler von 1000 fl und seiner mill 3 nachsteur 12/6/-.
Hannß Langnwalder (Langenwalder)
    St: 1568: -/-/-, 1569: -/-/- hofgsind, 1570: -/-/-, 1571: -/-/- hofgsind
Albrecht Schweickhart (Schweigkhart) cantzleischreiber. 1570 Schweickhart cantzleischreiber
    St: 1569: 1/4/20 fúr in gratia -/2/10, 1570: 1/1/2,5 juravit, 1571: 1/1/2,5

Weinstraße 18*

Charakter: Seit Anfang 15. Jahrhundert Weinschenke. 1550/65 Fremdenherberge, 60 Pferde.

Hauseigentümer:

1373 Juli 15 Fridrich der Plúm verkauft sein Haus an der Weinstraße, zwischen den Häusern des „Wernlein dez eltern Perchovers" (Weinstraße 19*) und des Hainrich des Maẃrers (Weinstraße 17*) gelegen, an Ott den Schimmel und Wernher dem Aester.⁸
1386 Juli 3 „Werndel Aẃster" übergibt seine Hälfte des Hauses an der Weinstraße ebenfalls dem Ott

---

[1] Chunrade Yckinger (Ickinger) um 1414 Weinschenk, 1417 deren Vierer, vgl. Gewerbeamt 1411 S. 3v, 10v. 1430 gehört er zu den Wirten an der Weinstraße, die Ungeld zahlen, vgl. Steueramt 987.
[2] Erasmus Sewer war 1410-1420 Schankungelter, vgl. R. v. Bary III S. 878.
[3] Chunrad Fállenstich 1451 Mitglied der Weinschenken-Bruderschaft, vgl. Gewerbeamt 1411 S. 10r.
[4] Frankenburger S. 281.
[5] Hanns Kárgel 1500 bei Dienerstraße 22 Goldschmied genannt.
[6] Hanns Ziegler ist 1512 Vierer der Schneider, vgl. RP.
[7] Frankenburger S. 289.
[8] GB I 39/11.

Schymel. Nachbar ist Hans der Frey (Weinstraße 19*).[1] Der Awster bleibt aber bis zu seinem Tod 1399 hier wohnen.

1414 September 18 das Haus des Schimel an der Weinstraße ist dem Haus des Gastel Hawg, künftig des Hanns Thomlinger (Tömlinger) (Weinstraße 17*), benachbart.[2]

1415 Februar 9 im Auftrag von Hans dem Schimel verkauft Hainreich der Kray Hans des Schimels Haus an der Weinstraße, gelegen zunächst dem Haus des „Lewtel des Haßn" (Weinstraße 19*), an Erhart den Ostermair. Als Gewerschaft setzt der Schimel dafür sein großes Haus an der Burgstraße (Burgstraße 10).[3]

1454 die Stadtkammer hat ein Ewiggeld von 10 Gulden aus Ostermairs Haus an der Weinstraße.[4]

1464 April 6 auch das Ratsprotokoll nennt ein Ewiggeld aus dem Haus des Ostermairs an der Weinstraße.[5]

Der jüngere Erhart Ostermair ist 1463 als Vierer der Kramer belegt, Hanns Ostermair ist von 1436-1466 Bierbrauer im Tal (Nr. 5).[6]

Schon 1453 taucht in dem Haus ein „Mauritz sneider" auf. Wahrscheinlich liegt zwischen den Mauritz, Maritz oder Moritz und den Ostermair Verwandtschaft vor. 1482 steht hier der Bogner oder Schnitzer (= Armbrustmacher) Moritz pogner im Steuerbuch. Nicht sicher ist, ob auch der Maritz hierher gehört, von dem (zusammen mit dem Eglinger) die Stadt 1477 12 Kandel Wein kauft.[7] Der Maritz/Moritz wäre dann auch im Weinhandel (Weinausschank) tätig gewesen.

1482 November 19 aus dem Haus des Schnitzers Moritz an der Weinstraße, gelegen zwischen den Häusern des Urban Mändel (Weinstraße 19*) und des Martin des Glasers (Weinstraße 17*), geht ein Ewiggeld zur Priesterbruderschaft von St. Peter.[8]

1486 des Moritz Pogners Haus an der Weinstraße liegt zwischen den Häusern des Martin und Franz (Winhart) den Glasern (Weinstraße 17*) und Hanns Albers Haus (Weinstraße 19*).[9] Moritz Pogner ist 1489 auch schon Mitglied der Weinschenkenzunft.[10] Spätestens zu seiner Zeit dürfte das Haus also Weinschenke geworden sein.

1508 Januar 8 der Sohn des Schnitzers Maritz – Jorg Maritz – tritt die vom Vater ererbte Hälfte des Hauses gegen eine Entschädigung an seine Schwester Barbara ab, die mit dem Weinschenken Linhart Poxperger verheiratet ist. Nachbarn sind: der alte Wynhart von Freising (Weinstraße 19*) und der Glaser Hans Winhart (Weinstraße 17*).[11]

Lienhart Pocksperger ist seit 1498 Mitglied der Weinschenkenzunft.[12] Barbara Poxperger ist 1509 bereits Witwe. Sie heiratet offensichtlich daraufhin den Ambrosi Gaishofer, da dieser ebenfalls mit einer Frau Barbara verheiratet ist und seit 1514 bei diesem Haus in den Steuerbüchern steht. Wie die späteren Gaishofer ist auch er Weinwirt. 1511 wird er in die Weinschenkenzunft aufgenommen, aber sein Name bald mit dem Zusatz „Gnadt dier gott" versehen, womit sein Tod vermerkt wird.[13] 1525 wird laut Steuerbuch aus seiner Hinterlassenschaft die Erbschaftssteuer (patrimonium) bezahlt.

1515 Oktober 20 Ambrosi und Barbara Gaishover haben aus ihrem Haus an der Weinstraße, gelegen zwischen den Häusern des Hanns Alber (Weinstraße 19*) und des Hanns Winhart (Weinstraße 17*) gelegen, Schulden von 100 Gulden abgelöst.[14]

1520 Oktober 3 die Priesterbruderschaft zu St. Peter bestätigt, daß Ambrosius Gaisshoffer an diese Bruderschaft ein Ewiggeld von 4 Pfund Pfennigen jährlich aus dem Hause seines Mitbürgers [und Vorbesitzers] „Maricz schniczer" an der Weinstraße, gelegen zwischen den Häusern des Hanns Alber (Weinstraße 19*) und des Martin des Glasers (Weinstraße 17*), gestiftet, aber jetzt mit 80 Pfund

---

[1] GB I 222/18, 19.
[2] GB III 153/2.
[3] GB III 158/11.
[4] Kämmerei 64 S. 21r, 23v.
[5] RP 1 S. 82r.
[6] RP 1, Wahl der Handwerksvierer. – Stahleder, Bierbrauer S. 106.
[7] KR 1477/78 S. 68r.
[8] Geiß, St. Peter S. 323, nach Kopialbuch Priesterbruderschaft St. Peter fol. 56v.
[9] Zimelie 27a (Stiftungsbuch Reiches Almosen) S. 47v.
[10] Gewerbeamt 1418 S. 5v.
[11] BayHStA, GUM 563.
[12] Gewerbeamt 1418 S. 10r.
[13] Gewerbeamt 1418 S. 15v.
[14] BayHStA, GUM 604.

Hauptgeld abgelöst hat.¹ Die Nachbarn sind teils aus der Vorurkunde entnommen worden und um 1520 nicht mehr aktuell.

Nach dem Tod von Ambrosi Gaishofer 1525 geht sein Besitz an Hanns (VII.) Part; denn dieser heiratet die Witwe des Ambrosi Gaishofer, eine Anna, geborene Weiler.² Deshalb auch zahlt 1526 und 1527 Hanns Bart „für seines vorvordern steuer" den Betrag von 9 Gulden 4 Schillingen 22 Pfennigen, der genau dem Steuerbetrag Gaishofers von 1522 bis 1525 entspricht. Außerdem zahlt er 1546 und 1547 die Steuer „für pueri Gaishofer".

Allerdings gibt es noch einen anderen, wohl Teil-Besitzer, nämlich Angermair von Ebersberg; denn **(1523/24) 1524/25-1536/37** hat das Heiliggeistspital einen Zins aus des Angermairs von Ebersberg Haus an der Weinstraße, 1536/37 und 1537/38 jeweils mit dem Zusatz: „hat viran (furan) [= fortan, künftig] Hanns Partt", beziehungsweise 1540/41: „aus Hanns Parts haus an der Weinstras, khumbt her vom Angermair".³

1536 Oktober 16 die Stadt hat der Nachbarschaft an der Weinstraße zum Brunnen beim Haus des Hanns Bart 30 Gulden geliehen.⁴

1539 August 18 das Haus des Hanns Part ist dem des Ehepaares Sigmund und Barbara Sänftel, künftig des Ehepaares Caspar und Maria Haldenberger an der Kleubergasse (Landschaftstraße 10*/11*), benachbart.⁵ Tatsächlich stößt dieses Haus so weit nach Osten vor, daß es an die Flanke von Marienplatz 8** einerseits und mit dem letzten Ende der Nordseite auch an Landschaftstraße 11* grenzt.

1540/41 – nach 1549 aus Hanns Parts Haus an der Weinstraße hat das Heiliggeistspital ein Ewiggeld.

1555-1557 liegt dieses Ewiggeld auch noch auf der Hanns Pärtin Behausung an der Weinstraße.⁶

Auch Hanns Bart wurde 1516 Mitglied der Weinschenkenzunft.⁷ Er selbst und später Georg Gaishofer betreiben im Haus Weinstraßen 18* eine Weinschenke und eine Fremdenherberge mit Unterbringungsmöglichkeiten – um 1550/65 – für nicht weniger als 60 Pferde, eines der größten „Hotels", die es in dieser Zeit in der Stadt gab.⁸

Hanns Bart starb im Frühjahr 1549: Am 9. Januar 1549 amtierte er noch als Kirchpropst von St. Salvator. Bei der Erhebung der ersten Steuer (22. März bis 7. April) wurde bereits sein „patrimonium" versteuert. Das „matrimonium" der Witwe findet sich dann 1557 im Steuerbuch. In der Zwischenzeit war das Haus offenbar an einen Sohn aus ihrer Ehe mit Ambrosi Gaishofer gekommen, Jörg Gaishofer.

1574 laut Grundbuch (Überschrift) des Geörgen Gaishofers Haus, Hof und Stallung.⁹ Er besitzt das Haus noch bis 1592. Dann geht es an eine andere Familie über.

Für die Häuser Weinstraße 17* und 18* gilt ähnliches wie für Nr. 15* und 16*. Sie bilden auf dem Sandtner-Modell ein Doppelhaus unter gemeinsamem Dach. Gemeinsamer Hausbesitz konnte jedoch in diesem Fall nicht festgestellt werden.

Seit mindestens der Mitte des 15. Jahrhunderts wird in diesem Haus eine Weinschenke und wahrscheinlich auch eine Fremdenherberge betrieben.

Eigentümer Weinstraße 18*:

* Fridrich Pluom [bis 1373 Juli 15]
* Werndel mercator. 1387-1399 Werndlein (Wernlein) Aester (Áster),¹⁰ 1383/I-II, 1390/II-1393, 1395-1397 inquilinus [bis 1386 Juli 3, halbes Haus]
    St: 1383/I: -/-/18, 1383/II: -/-/27, 1387: -/-/16, 1388: -/-/32 juravit, 1390/I-II: -/-/32, 1392: -/-/24, 1393: -/-/32, 1395-1397: -/-/-, 1399 est mortus [!]

---

1 BayHStA, GUM 642.
2 Stahleder, Bürgergeschlechter. Die Bart S. 349/350. Sein Vater war Hainrich V. Bart.
3 Heiliggeistspital (Rechnungen) 176/20 (1524/25) S. 11v, 176/21 (1526/27) S. 14v, 176/27 (1536/37) S. 17v, 176/29 (1528/39) S. 18v, 176/30 (1540/41) S. 19v. 1523/24 schon genannt, aber ohne Straßen- oder Ortsbezeichnung, vgl. 176/18 (1523/24) S. 8v.
4 Kämmerei 28/4 S. 5r.
5 BayHStA, Urk. Bayerische Landschaft.
6 Heiliggeistspital (Rechnungen) 176/30 (1540/41) S. 19v, 176/38 (1549/50) S. 19v, 176/39 (1555) S. 16v, 176/40 (1557) S. 16v.
7 Gewerbeamt 1418 S. 17r.
8 Gewerbeamt 1422a.
9 Stadtgericht 207/1 (GruBu) S. 532v.
10 „Wernlin Áster" 1394 wieder getilgt.

* Ott der Schiml [Kramer, 1373 Juli 15 – 1386 Juli 3, halbes Haus, dann ganzes bis 1415 Februar 9]
* Erhart Ostermair, 1423 et pueri uxoris Weysenvelder [Stadtrat ?[1]]
    St: 1411: 2,5/-/-, 1412: 3/-/80, 1413: -/20/- iuravit, 1415: 2,5/-/-, 1416: 3/-/80, 1418, 1419: 4/3/14, 1423: 7,5/-/-, 1424: 2,5/-/- hat zalt, 1428: dedit 18 gross
    StV: (1415) item und hat vestewŕt 200 gulden ungarisch, dedit davon 3/5/15 und er sol die 200 gulden sol er noch zwo stewŕ verstewŕen; item sein swelher [!] geit ym 200 gulden reinisch zu heiratgut und die sol er furbaz auch verstewrn. (1416) und hat geben 4/7/5 von 200 ungarischen gulden wegen, die ym der rat aufgesetzt hat und die wirt er noch hinfur ain stewr zalen und er hat geben 0,5/-/20 von seiner hausfrawn gut zu gracianus, dez 200 gulden reinisch ist. (1428) fur sich, sein hausfrau, seine kind und sein ehalten.
  pueri Erhart Ostermair
    St: 1431: -/12/- gracianus
    Sch: 1439/I-II, 1440, 1441/I-II: 1 t[aglon]
*? Ludwig Ostermair [Weinschenk[2]]
    St: 1431: 1/-/- gracianus, 1450, 1453: Liste
    Sch: 1439/I-II, 1440, 1441/I-II: 2 t[aglon], 1445: 2 ehalten, dedit
  Mauricz sneider[3]
    St: 1453: Liste
  Erhart Ostermair [der jüngere, Kramer, davor Weinschenk ?[4]]
    St: 1453, 1454: Liste
* Hanns Ostermair [Weinschenk, Bierbräu ?[5]]
    St: 1454-1458: Liste, 1462: -/4/25
  relicta [Ludwig] Ostermairin
    St: 1456, 1457: Liste
* Moritz pogner [1489 Weinschenk[6], 1490 p[ild]h[auer] [1520 schnitzer]
    St: 1482: 1/-/25, 1486: -/7/15, 1490: -/7/26, 1496: -/5/23
    StV: (1482) et dedit -/-/60 die drit nachstewr fur Paulsen pogner. (1486) et dedit -/4/- fur pueri Augustin Puckl, Anna. (1490) et dedit 1/-/13 fur pueri Guntersperger.
* Linhart Poxsperger, 1508 wirt[7] [∞ Barbara, Tochter von Moritz pogner]. 1509 relicta Poxsper-gerin
    St: 1500: -/5/10 [Schenkensteuer], 1508, 1509: 3/6/18
* Ambrosi Gaishover [Weinschenk, Weinhändler[8], ∞ 1. Barbara Poxsperger ?, 2. Anna Weiler]. 1525 Ambrosi Gaißhofer patrimonium
    St: 1514: Liste, 1522-1525: 9/4/22
* des Angermairs von Ebersperg Haus [ca. 1523/24 bis 1536/37]
* Hanns [VII.] Part [Gastwirt, Herbergswirt, Stadtrat[9]; ∞ Anna, geb. Weiler, verw. Gaishofer]. 1549/II-1557 relicta Hanns Partin (Pártin)
    St: 1526, 1527/I: -/3/15 gracion, 1527/II, 1528, 1529, 1532: 5/1/5, 1540-1542: 13/3/10, 1543:

---

[1] 1421 war Erhart Ostermair der erstgenannte Kirchpropst von Unseres Herrn Kapelle und dürfte in dieser Eigenschaft Stadtrat gewesen sein, vgl. R. v. Bary III S. 766.
[2] Ludwig Ostermair ist 1433 und 1451 Mitglied der Weinschenken-Bruderschaft, vgl. Gewerbeamt 1411 S. 8v, 10r. 1430 ist der Ostermair einer der Wirte an der Weinstraße, die Ungeld zahlen, vgl. Steueramt 987.
[3] Ein Maritz ist ab 1459 bis 1480 wiederholt Vierer der Schneider, vgl. RP.
[4] Erhart Ostermair 1463 Kramer-Vierer, vgl. RP; ein Erhart Ostermair aber 1458 Weinschenk, vgl. Gewerbeamt 1411 S. 14r; ein Ostermair ohne Vorname 1429 und 1430 als Salzsender belegt, vgl. Vietzen S. 144. Am 31.8.1475 ist er schon tot und seine Witwe Barbara mit Ulrich Heiligman verheiratet, vgl. RP 2 S. 79v.
[5] Hans Ostermair 1458 Weinschenk, vgl. Gewerbeamt 1411 S. 13r. – Ein Hanns Ostermair im Tal ist 1459-1462, 1464 und 1466 Vierer der Bierbrauer, vgl. RP. Derselbe ?
[6] Moritz pogner 1489 Mitglied der Weinschenkenzunft, vgl. Gewerbeamt 1418 S. 5v.
[7] Lienhart Pocksperger 1498 Aufnahme in die Weinschenkenzunft, vgl. Gewerbeamt 1418 S. 10r; Linhart Poxperger 1504 Vierer der Schenken, vgl. RP. – Pocksperger, ohne Vorname, 1500 auch städtischer Weinversucher oder Weinkoster, vgl. R. v. Bary III S. 974.
[8] Ambrosi Gayshofer handelt mit Wein: 1515, 1516, 1520, 1521, 1523, 1524 deckt das Heiliggeistspital seinen Weinbedarf unter anderem bei Ambrosi Gaishofer, vgl. Heiliggeistspital (Rechnungen) 176/11 S. 5r, 176/12 S. 5r, 176/15 S. 5r, 176/16 S. 5r, 176/18 S. 5r, 176/19 S. 5r. – Ein Brosi Gaishoffer wird 1511 in die Weinschenkenzunft aufgenommen, späterer Nachtrag: „gnadt dier gott", vgl. Gewerbeamt 1418 S. 15v.
[9] Hanns VII. Bart 1539, 1540, 1542-1547 innerer Stadtrat, 1541 äußerer Rat, 1522 und 1535 Schützenmeister der Armbrustschützen, vgl. RP und Stahleder, Bürgergeschlechter. Die Bart S. 349/350, vgl. RP.

26/6/20, 1544: 13/3/10, 1545: 21/1/8, 1546-1548: 10/4/4, 1549/I: 10/4/4 patrimonium, 1549/II, 1550, 1551/I-II, 1552/I-II: 10/4/4, 1553, 1554/I-II, 1555, 1556: 10/3/20, 1557: 10/3/20 matrimonium

StV: (1526, 1527/I) et dedit 9/4/22 fúr seins vorfordern steur. (1540, 1541) et dedit 3/5/27 fúr p[ueri] Scharpfzant (Scharpffzant). (1542) mer 3/5/27 fúr p[ueri] Scharpffz[ant]. (1543) mer 7/4/24 fúr p[ueri] Scharpffzand. (1546, 1547) mer 2/-/6 fúr p[ueri] Gayshofer. (1546) seind [ihres Vermögens] unvertailt. (1549/II) ist unvertailt.

relicta Hainrich Pártin (Pärtin) [Mutter von Hans Part]
St: 1529, 1532: 3/1/6

** Jorg (Geörg, Georg) Gayshofer (Gaishofer), 1553, 1554/I-II, 1559 wirt [Wein- und Herbergswirt, Salzsender, Stadtrat], 1548 und sein brueder[1]

St: 1548: 2/-/6, 1549/I: 3/3/15 juravit, 1549/II, 1550, 1551/I-II, 1552/I-II: 3/3/15, 1553, 1554/I-II, 1555-1557: 6/5/17, 1558: 15/5/14, 1559, 1560: 7/6/7, 1561, 1563, 1564/I-II, 1565, 1566/I-II, 1567/I-II: 12/-/14, 1568: 24/-/28, 1569, 1570: 11/4/7, 1571: 8/5/5

StV: (1548) alte steur; mer -/3/15 von wegen Jorgen Gayshofers hausfrau gueth gracion, soll hinfúro schwern. (1549/II) mer -/3/15 gracion von wegen seiner hausfrau heiratguth. (1558) darin seiner mueter [der Witwe Hanns Partin] erb zugsetzt. (1564/I) mer soll er fúr 3 nachsteur der Zwengin unnd was sy noch im burgkhfrid hat zu versteurn. (1564/II) mer fúr 3 nachsteur fúr die Zwengin zu Schwatz 5/5/21. (1565-1566/II) mer fúr Balthauser (Walthauser, Balther) Hochsteter (Höchstetter) von Schwatz von (seinen) zinsen 1/4/20. (1567/I) mer fúr Hochsteter von Schwatz von zinsen 1/4/20. (1571) abgesetzt 1000 fl seines aydens heuratguet.

Joachim (Jochim) Gayshofer [Bruder von Jörg Gaishofer]
St: 1549/I: 2/5/1 juravit, 1549/II, 1550, 1551/I-II, 1552/I-II: 2/5/1, 1553, 1554/I-II: 5/3/25

Bewohner Weinstraße 18*:

ambe[2] Weckerin (Wechkerinne) inquilinae St: 1369, 1371: -/-/40, 1372: -/-/42
Niclas satler inquilinus
    St: 1371: -/-/32, 1372: -/-/50 post, 1375: -/-/40
    StV: (1372) item de anno preterito -/-/14.
Ulrich von Gundolfinger [Schreiber] inquilinus St: 1372: 1/-/- gracianus
Aynger sartor inquilinus St: 1375: -/-/30 post
Herman Senift inquilinus St: 1377: -/-/24 juravit
Peter mercator, 1383/II inquilinus St: 1383/I: -/-/15, 1383/II: -/-/22,5
Marttein Glesein [ehem. Bürgermeister, Wirt, Weinhändler[3]]
    St: 1401/II: 5/6/12 iuravit, 1403: -/14/20 iuravit, 1405/I: -/14/20
Vicenci goldslaher St: 1411: -/-/20 gracianus
    und sein gosel[4] St: 1411: facat
maister Wilhalm inquilinus St: 1428: dedit 2 gross
Peter Kúlbinger St: 1482: 1/5/5
Haintz Wáldel St: 1482: 1/3/9
Hanns Kaltenprunner [Gewandschneider[5]] St: 1486: 1/4/11
Aiblinger vorsprech[6] St: 1490: nichil

---

[1] Stiefsöhne von Hanns Bart. – Georg Gaishofer, ebenso wie 1569 auch ein Zweng, wurde im Sommer 1569, ebenso wieder 1571 bei den Religionsverhören verhört, vgl. Dorn S. 227, 250. – Georg Gaishofer 1561-1564 äußerer, 1564-1592 und 1595 innerer Rat, vgl. Fischer, Tabelle III S. 2/3, IV S. 2, 1551 ist Jörg Gaishofer als Salzsender belegt, vgl. Vietzen S. 149.

[2] Ambe = beide. Beide Weckerinnen sind Mutter und Tochter.

[3] Martein Glesein erhält 1403 aus der Stadtkammer 78 Pfund und 12 Pfennige ersetzt, weil mehrere Soldaten mit 11 Pferden 9 Wochen und 4 Tage bei ihm einquartiert waren, vgl. Steueramt 572 (Leibgedingbuch 1402/03) S. 68r. Er ist auch Weinhändler, vgl. KR 1402/03 S. 39r. – Martein Glesein ist im Jahr 1400 auch als Bürgermeister belegt, vgl. R. v. Bary III S. 755.

[4] Gote, Götte = Patenkind.

[5] Hanns Kaltenprunner 1464, 1470, 1471, 1473, 1475 und 1480 Vierer der Gewandschneider, vgl. RP.

[6] Der Aiblinger wird 1490-1493 als Vorsprech genannt, vgl. R. v. Bary III S. 807.

Johannes půchpintter St: 1490: -/-/60
Hanns vischer goltschmid[1] St: 1496: -/7/26
   Antoni fischer g[oltschmid][2] St: 1500: -/4/22
Hanns Schrannck s[sneider ?][3] St: 1500: -/5/15
Hanns Passauer, 1508 k[...]
    St: 1508: -/5/17, 1509: -/7/27
    StV: (1508) et dedit -/3/11 fur Wolfgang Mannsfeld.
Wolfgang Mansfeld [Weinschenk[4]] St: 1509: -/3/11
Sigmund [II.] Pótschner [äußerer Rat[5]] St: 1514: Liste
Pernfueß[6] St: 1526, 1527/I: nichil, (der stat) procurator
Doctor [Thoman II. oder Bernhard] Rudolff[7] St: 1541: nihil
Doctor Bastian Mayr St: 1558: nihil, leibartzt[8]
Jorg (Georg) Widman weinzaler[9]
    St: 1559, 1560: 1/-/10, 1561, 1563, 1564/I-II, 1565, 1566/I-II, 1567/I-II: 4/3/20
    StV: (1563, 1564/I) mer fúr p[ueri] Widenman (Widnman) saltzstóssl, nit richtig. (1564/II) mer fúr p[ueri] Widman saltzstóssl, nichil. (1565-1567/II) mer fúr p[ueri] Widman (salzstóssl) -/1/5.
Christoff Mennt weinzaler[10]
    St: 1571: 12/-/6,5
    StV: (1571) mer fúr Hanns Menndt -/2/-.

Weinstraße 19*

Charakter: Bis Ende 15. Jahrhundert Weinschenke, dann Tuchhandlung.

Hauseigentümer:

1365 Februar 8 das Haus des Werndlin Perikchovar an der Weinstraße liegt „penes domum, que Zerrmantel nuncupatur", also beim Haus des Zerrmantel (Weinstraße 20*).[11]
1373 Juli 15 das Haus „Wernleins dez eltern Perchovers" ist dem Haus des Fridrich Plúm, künftig des Ott Schimmel und Wernher Aester[12] (Weinstraße 18*), benachbart.[13]
1374 August 8 „Wernher der elter Perchover" und seine Hausfrau verkaufen ihr Haus, zunächst an dem Haus des Zerrenmantel gelegen, an Hans den Frey „[ge]purtick von Nórling".[14]
1386 Juli 3 das Haus von Hans dem Frey an der Weinstraße ist dem Haus des Ott Schymel und Werndel Aẃster (Weinstraße 18*) benachbart.[15]
Hanns Frey oder Hanns „scriptor de Nördling[en]", wie ihn die Steuerbücher anfangs nennen, lebt bis um 1395, in welchem Jahr seine Witwe erstmals im Steuerbuch steht. Sie heiratet daraufhin den Urban Strang: „Urban Strang, ir man", sagt das Steuerbuch von 1396.

---

[1] Frankenburger S. 282.
[2] Frankenburger S. 285.
[3] Vgl. Marienplatz 6* 1496.
[4] Wolfgang Mansfeld 1498 Aufnahme in die Weinschenkenzunft, vgl. Gewerbeamt 1418 S. 10r.
[5] Sigmund Pötschner ist 1500-1502, 1504, 1509, 1514 und 1517 bis Februar äußerer Stadtrat, 1503, 1510-1513, 1515, 1516, und ab 1517 stets innerer Stadtrat, vgl. RP.
[6] Pernfueß (ohne Vorname) 1526/27 Stadtprokurator, vgl. R. v. Bary III S. 808.
[7] Zu dieser Zeit gibt es vier Rudolfe mit Doktor-Titel, zwei davon sind aber Geistliche.
[8] Dr. Sebastian Mayr Stadtleibarzt seit 1557 bis nach 1560, vgl. R. v. Bary III S. 1018, nach KR.
[9] Jorg Widman Weinzahler (Weinschreiber) auch von 1554-1556, vgl. R. v. Bary III S. 975, nach StB.
[10] Christoff Ment bei Fischer, Tabelle X S. 27, für 1569 als Weinzahler nachgewiesen.
[11] MB XIXa 46 S.507/508.
[12] Werndel Aester ist „gener"; also Schwiegersohn, von Stephan dem Purolfinger, vgl. StB 1368 S. 12v.
[13] GB I 39/11.
[14] GB I 53/3.
[15] GB I 222/18, 19.

1392-(1398) Die St.-Nikolaus-Kapelle hat ein Ewiggeld von Hanns von Nördlingen (aus seinem Haus).[1]

1395 Mai 13 Gabriel der Frey überträgt sein Erbteil, den 3. Teil aus seines Vaters seligen Haus an der Weinstraße, zunächst dem Haus des Zerrenmantel (Weinstraße 20*) gelegen, seiner Stiefmutter Elspet der Freyin und seinen Schwestern Barbara und Elspet.[2]

Die Frey'schen Kinder haben das Haus noch 1406, ab 1407 dann Lewtel oder Läwtwein Has von Wasserburg. Da eine Verkaufsnachricht weder in Urkundenform vorliegt noch in einem Eintrag im Gerichtsbuch, dürfte der Has wohl eine der Töchter von Hanns Frey geheiratet haben. Er folgt in den Steuerbüchern 1407 auf die Frey-Kinder (diese bis 1406).

1415 Februar 9 das Haus des Lewtl des Haß an der Weinstraße ist dem Haus des Hanns Schiml, künftig des Erhart Ostermairs Haus (Weinstraße 18*), benachbart.[3]

1416 ist die Frau des Has bereits Witwe. Dann ist offenbar Hanns Tichtel an das Haus gekommen.

1423 jedenfalls zahlt Hanns Tichtel Steuer „von seinem haws" (StB).

Dann kommt das Haus an Urban Mändel. Von einem

1421 verstorbenen Fridricus Mülner haben die Barfüßer (Franziskaner) einen "census de domo illius Urban [Mändel] an der Winstrazz".[4]

1431 auf dem Haus des Urban Mändel liegt ein Ewiggeld von 4 ungarischen Gulden, die an Hanns Tichtel zu entrichten sind. Wie in dieser Zeit üblich, hat wohl der Käufer Mändel dem Verkäufer Tichtel zur Widerlegung der Kaufsumme eine Hypothek auf dem Haus verschrieben und hat dafür alle Jahre 4 Gulden Zins bezahlt.

1454 Urban Mändel ist immer noch als Eigentümer dieses Hauses belegt.[5]

Urban Mändel ist in den Jahren 1443 bis 1459 wiederholt als Salzsender belegt, 1451 auch als Weinschenk.[6] 1459 ist er Vierer der Salzsender (Scheibler). 1459 bis 1464 ist er auch äußerer Stadtrat.[7]

1464 März 16 das Domkapitel Freising prozessiert um Ewiggelder unter anderem aus dem Haus des Urban Mändel.[8]

1482 November 19 das Haus des Urban Mändel ist dem Haus des Schnitzers Moritz (Weinstraße 18*) benachbart.[9]

1486 das Haus des Hanns Alber ist dem Haus des Moritz des Pogners (Weinstraße 18*) benachbart.[10] Hanns Alber ist 1489 Mitglied der Weinschenkenzunft.[11] 1485 kauft die Stadt Wein von ihm für Geschenk-Zwecke.[12]

1495 September 1 das Haus des Hanns Alber an der Weinstraße ist dem Haus des Metschenken Thoman Gell (Weinstraße 20*) benachbart.[13]

Hanns Alber steht noch 1500 im Steuerbuch.

1508 Januar 8 das Haus des alten Wynhart von Freising ist dem Jorg Maritz, künftig seinem Schwagers Linhart Poxperger und seiner Frau Barbara, geborene Maritz (Weinstraße 18*), benachbart.[14]

1508-1532 domus Winhart von Freising (StB).

1509 März 22 das Haus des Hans Alber selig ist dem Haus des Metschenken Thoman Gell (Weinstraße 20*) benachbart.[15]

1513 verbucht die Stadtkammer noch Einnahmen „von dem jungen Alber und seinem haus an der Weinstraß" an Steuer für das Jahr 1512.[16]

1515 Oktober 20 und

---

[1] Steueramt 982/1 S. 15v.
[2] GB II 92/7.
[3] GB III 158/11.
[4] Barfüßerbuch S. 156/157.
[5] Kämmerei 64 S. 21r.
[6] Vietzen S. 145/146.
[7] Vgl. RP 1, Wahl der Handwerksvierer.
[8] MB XXXV/II S. 371/374.
[9] Geiß, St. Peter S. 323, nach Kopialbuch der Priesterbruderschaft St. Peter fol. 56v.
[10] Zimelie 27a (Stiftungsbuch Reiches Almosen) S. 47v.
[11] Gewerbeamt 1418 S. 3r.
[12] KR 1485/86 S. 72r.
[13] Urk. D I e 1 - XI Nr. 19.
[14] BayHStA, GUM 563.
[15] Urk. D I e 1 XI Nr. 18.
[16] KR 1513/14 S. 32r.

1520 Oktober 3 das Haus des Hanns Alber ist dem Haus von Ambrosi und Barbara Gaishover an der Weinstraße (Weinstraße 18*) benachbart.[1] Es handelt sich dabei aber um „veraltete" Hauseigentümer, die aus einer Vorurkunde aus der Zeit vor 1486 entnommen wurden, vgl. Weinstraße 18*.
1574 laut Grundbuch (Überschrift) des Danieln Pfundtmair tuechmanigers Haus, Hof und Stallung.[2]
Bereits 1397 bis 1401 findet man einen Weinschenken auf diesem Haus (Hanns Wolgemut). Urban Strang könnte, wie andere Mitglieder der Familie (z. B. Ulrich Strang 1414) Weinschenk gewesen sein. Beim Tal Nr. 76 sitzt er aber um diese Zeit auf einem Bäckerhaus. Mit Sicherheit aber ist das Haus unter Mändel und Alber Weinschenke.

Eigentümer Weinstraße 19*:

* Werndel Perchhofer [der Ältere, äußerer Stadtrat[3]], 1375 inquilinus
    St: 1368: 2,5/-/- post, 1369: -/10/-, 1375: -/10/- juravit
    StV: (1368) pro duabus stewrer [!] et per placita. (1375) item -/10/- de anno [13]73; et -/6/- de anno [13]74; et eodem anno pro dimidia stewera -/5/-.
* Hanns scriptor de Nórdling. 1381 Hanns Frey[4] cum uxore. 1382-1394 Hanns Frey. 1395, 1396 relicta Hansen (Johans) Frey
    St: 1375: 3,5/-/20, 1377: 3/-/24 juravit, 1378, 1379: 3/-/24, 1381, 1382, 1383/I: 6/-/54, 1383/II: 9/-/81, 1387: 2/7/10, 1388: 5/6/20 juravit, 1390/I-II: 6/-/20, 1392: 6/-/60, 1393, 1394: 8/-/80, 1395: 4/-/40, 1396: 3/-/- iuravit
  Urban Strang, ir [= der Witwe Frey] man
    St: 1396: -/12/- gracianus
* Gabriel Frey und seine Schwestern Barbara und Elspet zu je einem Drittel und ihre Stiefmutter Elspet Frey [bis 1395 Mai 13]
* pueri Freyin
    St: 1396: -/-/-
* pueri Johannes (Hannsen) Frey (Freyn)
    St: 1397, 1399, 1400, 1401/I: 2,5/-/-, 1401/II: 3/-/80, 1403, 1405/I: 3/-/80 gracianus, 1405/II: 2,5/-/- gracianus, 1406: 3/-/80 gracianus
* Lewtel Has von Wazzerburg. 1408-1415 Lawtel (Lawtwein) Has. 1416, 1418 relicta Haesin. 1419 Haesin
    St: 1407: 5/-/- gracianus, 1408: 6/5/10 iuravit, 1410/I: 7/6/- iuravit, 1410/II: 10/-/80, 1411: 7/6/-, 1412: 10/-/80, 1413: 8/-/60 iuravit, 1415: 7,5/-/-, 1416: 10/-/- propter patrimonium, 1418, 1419: -/-/-
* Hanns [IV.] Tichtel in dem pirg[5] [∞ Elspet N.]
    St: 1423: von seine[m] haws und von -/11/10 ewigs gelczs, dedit ze stewr -/10/- minus -/-/12
* Urban Mándel (Mandel) [Salzsender, Weinschenk, äußerer Stadtrat, 1437 ∞ Elsbet[6]]
    St: 1431: 6/3/18, 1450, 1453-1458: Liste, 1462: 6/-/65
    StV: (1431) aws dem haws gend 4 gulden ungarisch dem Hanns Tichtel, dedit davon -/3/6 der Urban.
    Sch: 1439/I-II, 1440: 5 t[aglon], 1441/I-II: 6 t[aglon], 1445: 3 ehalten, dedit

---

[1] BayHStA, GUM 604, 642.
[2] Stadtgericht 207/1 (GruBu) S. 534v.
[3] Wernher Berghofer 1373-1376 äußerer Stadtrat, vgl. R. v. Bary III S. 738.
[4] Johans scriptor war 1381 Mitglied des Großen Rats, vgl. R. v. Bary III S. 747.
[5] Sohn von Ulrich Tichtel dem jüngeren. Hans IV. war nach der Vertreibung seines Vaters und seiner Familie 1403 Bürger von Rattenberg und Pfleger auf der Burg Grafetsch, vgl. Stahleder, Bürgergeschlechter. Die Tichtel S. 238/240.
[6] Der „Urban" ist 1430 einer der Wirte an der Weinstraße (in der Liste zwischen dem Ostermair von Weinstraße 18* und dem Goczman aufgeführt), die Ungeld zahlen, vgl. Steueramt 987. – Urban Mändel 1443-1447 als Salzsender (Scheibler), 1451 als Weinschenk belegt, vgl. Vietzen S. 146. Auch 1433 und 1451 ist Urban Mändl Mitglied der Weinschenken-Bruderschaft, 1448 Vierer der Weinschenken, 1458 Weinschenk, vgl. Gewerbeamt 1411 S. 8v, 9v, 11r, 12v. – 1459 ist Urban Mandel auch Vierer der Salzsender (Scheibler), vgl. RP. – 1459-1464 ist Urban Mändel äußerer Stadtrat, 1457 einer der Bürgermeister, 1453-1455 und 1463 Kirchpropst von Unseres Herrn Kapelle vor dem Schwabinger Tor, vgl. RP 1 und R. v. Bary III S. 766, 758. Verheiratet ist er mit einer Elspet, vgl. MB XVIII 352 S. 407/408.

* Hanns Alber, 1482 weinschenck.[1] 1486 Alban (!)
    St: 1482: 4/7/21, 1486, 1490: 4/7/10, 1496: 3/7/9, 1500: 2/3/8
* domus Winhart von Freysing. 1514 domus Winhart
    St: 1508, 1509: 2/1/15, 1514: Liste, 1522-1526, 1527/I-II, 1528, 1529, 1532: 2/3/15
    StV: (1522) dedit die Pfäffingerin.

Utz (Ulrich) Pfuntmayr (Pfuntner, Pfundtner), 1553, 1554/I-II gwantschneider.[2] 1558-1569 Utz (Uetz) Pfunttnerin (Pfundtnerin, Pfundnerin, Pfundtmairin), 1569 wittib. 1570 Uetz Pfundtmairin erben, matrimonium
    St: 1540-1542: 12/-/21, 1543: 24/1/12, 1544: 12/-/21, 1545: 26/1/26, 1546, 1547: 13/-/28, 1548: 10/-/28, 1549/I-II, 1550, 1551/I-II, 1552/I-II: 11/-/28, 1553, 1554/I-II, 1555: 10/3/5, 1556: 10/3/5 patrimonium, 1558: 6/5/25, 1559, 1560: 3/2/27,5, 1561, 1563, 1564/I-II, 1565, 1566/I-II, 1567/I-II: 4/-/28, 1568: 8/1/26, 1569, 1570: 4/-/28
    StV: (1540, 1541) et dedit -/4/9 fúr p[ueri] Schlampn.[3] (1548) hat abgsetzt seiner tochter heiratgueth. (1549/I) [Nachtrag:] hat von seinem aiden, dem Kemptner, in der steur wieder ain gulden an sich genomen. (1557) haben die erben zugsetzt und versteurt.

Jorg Pfuntner [Tuchmanger[4]]
    St: 1557: 5/-/- juravit, gracia eingstelt
Marx Pfundtner (Pfuntner)
    St: 1557: 2/5/4 juravit, gracia eingstelt, 1558: 5/3/8, 1559: 8/1/12
    StV: (1559) fúr seine 3 nachsteur, hinfúro ob er etwa hie hat, nachzefragen.
** Daniel (Doniel) Pfuntner (Pfundtmair, Pfundner), 1568, 1571 thuechmaniger [Stadtrat]
    St: 1557: 5/-/- juravit, gracia eingstelt, 1558: 10/-/-, 1559, 1560: 5/-/-, 1561, 1563, 1564/I-II, 1565, 1566/I-II, 1567/I-II: 5/1/22,5, 1568: 10/3/15, 1569: 5/3/15, 1570, 1571: 6/3/8
    StV: (1567/I-II) mer fúr p[ueri] Thumbperger -/5/12; mer fúr Caspar Tumbperger -/1/5. (1568) mer fúr p[ueri] Thumbperger 1/3/24 zalt Jorg Schiesser [Schneider[5]]; mer fúr Caspar Thumperger -/2/10. (1570) Sebastian Ernst von Wasserburg unnd Marx Pfuntmair von Landshuet fúr drey nachsteur miteinander 23/1/12. (1571) mer fúr Marx Pfundtmair [von Landshut] folio 14v [Ewiggeld]; mer fúr gotshauß Eching folio 14v [Ewiggeld].

Bewohner Weinstraße 19*:

Jórig Altman St: 1371, 1372: 6/-/-
relicta Andrein [lies: Andre-in] inquilina. 1383/I patrimonium Andrein
    St: 1375: 1/-/-, 1377: 0,5/-/15 juravit, 1381, 1382: 0,5/-/15, 1383/I: nichil
Chunrat Smidhawser inquilinus, 1378 mercator St: 1377: -/-/27 juravit, 1378: -/-/18
Hainrich pfennter, 1393 inquilinus. 1388 Hainrich servus Podmerii[6] inquilinus. 1394 Hainrich Múlhofer pfenterkneht
    St: 1387: -/-/16, 1388: -/-/32 juravit, 1390/I-II: -/-/32, 1392: -/-/48, 1393, 1394: -/-/64
Hanns Wolgemut schenck [auch Weinhändler[7]], 1399-1401/I inquilinus
    St: 1397, 1399, 1400, 1401/I: -/5/18
Chuncz Óder tagwercher inquilinus St: 1397: -/-/45[8]
Erhart bot inquilinus St: 1399: -/-/15 gracianus
Hawgin inquilina [et] Matheis Hawg [Weinhändler, Weinschenk[9]] St: 1401/II: -/3/6 iuravit

---

[1] Hanns Alber 1489 Mitglied der Weinschenkenzunft, vgl. Gewerbeamt 1418 S. 3r.
[2] Ein Ulrich Pfundtmair ist schon 1520 Vierer der Gewandschneider, vgl. RP.
[3] Vor „fúr p[ueri] Schlampn" getilgt „fúr p[ueri] Angerer".
[4] Bei Kaufingerstraße 34 von 1568 bis 1571 als Tuchmanger belegt.
[5] Vgl. Marienplatz 1.
[6] Stephan der Podmer war 1384-1395 und 1398-1400 Pfändermeister, vgl. R. v. Bary III S. 822/823.
[7] Hanns Wolgemut handelt auch mit Wein: 1403 schuldet ihm die Stadt 2 Pfund 5 Schillinge 23 Pfennige um Wein „gen Paesing im kryeg", vgl. Steueramt 573 (Leibgedingbuch 1404/09) S. 44v. – 1400/1402 führte der Wolgemut Wein für die Stadt aus Österreich über Ötting und Mühldorf ein, vgl. KR 1400/1402 S. 42r. Auch um 1414 ist Hans Wolgemut als Weinschenk belegt, vgl. Gewerbeamt 1411 S. 2v.
[8] Steuerbetrag wieder getilgt.
[9] Matheis der Hawg führte für die die Stadt 1400/1402 Wein aus Österreich über Ötting und Mühldorf ein, vgl. KR 1400/1402 S. 42v. – Vgl. auch Weinstraße 3.

Matheys Hawg inquilinus St: 1416: -/-/60 fur nichil
Asem Unkofer inquilinus St: 1403, 1405/I: -/-/60
relicta Ortlyn malerin inquilina St: 1405/I: -/-/32 fur nichil
Hainrich (Hainczel) Kragel (Kraegel) inquilinus
    St: 1405/II: -/-/60 fur 2 lb, iuravit, 1406: -/-/60 für 2 lb
Els Swaebin inquilina St: 1406: -/-/40
Hannsel Giesinger St: 1407: -/10/20 iuravit
Hainrich Goczman [Weinschenk[1]]
    St: 1418: -/5/26 gracianus, 1419: -/5/26 gracianus, 1423: 5/-/- iuravit, 1424: -/13/10 hat zalt,
        1428: dedit 16 gross
    StV: (1428) für sich, sein weib und fur sein ehalten.
Chuncz Reysner inquilinus St: 1419: -/-/26 gracianus
Haincz Sitel St: 1428: 4 gross für sich und sein weib
Sebastian [I.] Ligsaltz St: 1508, 1509: 6/-/- für sein hausfrauen, 1514: Liste
Steffan Harder cramer[2] St: 1514: Liste
Pfäffingerin
    St: 1522, 1523: 1/1/-
    StV: (1522, 1523) gibt die (alle jar), man steur oder nit.
Michel kistler schneider St: 1524-1526, 1527/I: -/2/-, 1527/II, 1528, 1529, 1532: -/2/20
    et pater St: 1525, 1526: -/2/-
Utz Pfendter satler St: 1524, 1525: -/2/-
Jacob melbler St: 1527/II, 1528: -/2/-
Andre Karnner kramer St: 1529: 1/2/11 juravit
Caspar [Sturm] melbler St: 1532: -/2/-
Caspar Hueber melbler
    St: 1566/II: -/6/13 juravit, 1567/I-II: -/6/13, 1568: 1/5/26, 1569, 1570: -/2/28
    StV: (1570) yetz ym Tall inen.
Anndre schmid trabant St: 1570: -/-/1 sy hebam, 1571: -/-/-
Wolfgang Freisinger St: 1571: -/2/27

Weinstraße 20*

Charakter: Bis Anfang 16. Jahrhundert wohl Wein- und Metschenke im Haus.

Hauseigentümer:

1329 Juli 25: Zu diesem Haus könnte die Urkunde gehören, nach der der Münchner Bürger Berthold der Scheyringer, mit Hausfrau Irmgard und Sohn Konrad, dem Kloster Fürstenfeld als Gewerschaft für eine Kaufsumme sein Haus in München „an dem Markt gegen dem Ligsaltz über" setzt.[3] Voraussetzung dafür wäre allerdings, daß den Ligsaltz schon 1329 das Haus Weinstraße 4 gehörte, das dem Haus Weinstraße 20* genau gegenüber lag. Die ersten Häuser an der Weinstraße werden in zeitgenössischen Quellen mehrfach als gelegen „am Kornmarkt" oder „am Markt" bezeichnet.
1365 Februar 8 das Haus des Zerrmantel an der Weinstraße ist dem Haus des Werndlin Perikchover (Weinstraße 19*) benachbart.[4]
1372 Mai 31 das Haus des Plúm (Marienplatz 5*) ist dem Haus des Zermantels benachbart.[5] Die beiden Häuser stoßen rückwärts aneinander. Zwar gehört dem Fridrich Pluom zu dieser Zeit auch das Haus Weinstraße 18*. Dieses hat aber mit dem Zermantel-Haus keine Berührung.

---
[1] Hainreich Goczman um 1414 Weinschenk, vgl. Gewerbeamt 1411 S. 4r. – Auch 1402/03 gehörte er schon zu den Wirten, denen die Stadt „von der raiz wegen" Geld schuldete, vgl. KR 1402/03 S. 100v. – Der Goczman gehört 1430 zu den Wirten an der Weinstraße, die Ungeld zahlen, vgl. Steueramt 987.
[2] Steffan Harder ist 1520 Vierer der Kramer, vgl. RP.
[3] RB VI 299 = BayHStA, KU Fürstenfeld 213.
[4] MB XIXa 46 S. 507/508.
[5] GB I 28/3.

1374 August 8 das Haus des Zerrenmantel ist dem Haus des Wernher des älteren Perchover, künftig des Hans Frey (Weinstraße 19*), benachbart.[1]

1378/1381 der Leonhard-Altar in St. Peter, den einst Heinrich Wägnlär gestiftet hatte, hat ein Ewiggeld aus einem Haus „prope Zerrenmantel in strato Weinstress".[2]

1395 Mai 13 das Haus des Zerrenmantel ist dem Haus der Kinder des Hanns Frey (Weinstraße 19*) benachbart.[3]

1413 Februar 10 das Haus des Zerrenmantels ist dem Haus am Kornmarkt benachbart, das künftig zu einem Drittel Hainrich Bart, bisher jedoch dem Bürger zu Aibling Haimeran Roshaimer, gehört (Marienplatz 3*).[4]

Über den Zerrenmantel ist Näheres unbekannt. 1415 gibt es in einer Urkunde des Angerklosters einen Zeugen namens „Praentel der Zerenmantel ... von Kessing" (Kösching ?).[5] 1469 verkauft ein „Hanns Zernmantel von Ysmaning" ein Eckhaus in München am Anger an die Peterskirche.[6]

1454 Oktober 24 (oder 31) Konrad Stapfenmans Haus stößt rückwärts an das Haus namens Wurmeck des Hanns Barth (Marienplatz 3*).[7]

Besitznachfolger bei diesem Haus sind wahrscheinlich der Bräugegenschreiber Gastl und seine Familie. Dafür sprechen die lange Verweildauer und die hohen Steuerbeträge. Gastl ist Metschenk wie Thoman Gell oder Gelb und der Sohn Hans Gastl sogar Stadtrat.

1495 September 1 der Metschenk Thoman Gelb und seine Hausfrau Magdalena verkaufen ein Ewiggeld von 6 Gulden um 120 Gulden aus ihrem Haus und Hofstatt an der Weinstraße, gelegen zwischen den Häusern des Hanns Alber (Weinstraße 19*) und des Heinrich Barts Eckhaus (Marienplatz 3*).[8] Thoman Gell ist seit 1494 Mitglied der Weinschenkenzunft.[9]

1509 März 22 des Metschenken Thoman Gell Haus an der Weinstraße liegt zwischen den Häusern des Hans Alber selig (Weinstraße 19*) und Hainrich Parts Eckhaus (Marienplatz 3*).[10]

1535, 1536/37-1538/39 das Heiliggeistspital hat ein Ewiggeld aus des Wolffgang zammachers (= Angerer) Haus in der Weinstraße, letzterer Eintrag wieder getilgt.[11]

1556 April 22 die Witwe Anna des Zammachers Wolf Angerer verschreibt ihren leiblichen fünf Kindern (Matheus, Hanns, Anna, Sara und Barbara) 25 Gulden Ewiggeld um 500 Gulden Hauptsumme zur Entrichtung ihres väterlichen Erbes (GruBu).

1574 laut Grundbuch (Überschrift) des Riemers Martin Krinner Haus und Hof.

1577 Juli 31 Mathes Nägele kauft das Haus von den Geschwistern seiner Ehefrau Maria Sara, geborene Angerer, Tochter von Wolf Angerer.[12]

Mindestens seit Gastl von Aich wird also in dem Haus eine Weinschenke betrieben.

Eigentümer Weinstraße 20*:

*? Berthold der Scheyringer [1329 Juli 25 vielleicht hierher]
* Zerrenmantel [vor 1365 Februar 8 bis nach 1413 Februar 10]
* Chunrat Stapfnman [Salzsender ?[13]]
    St: 1453-1456: Liste
  Jorg, sein [= des Stapfenmanns] aydem
    St: 1456: Liste

---

[1] GB I 53/3.
[2] Hufnagel/von Rehlingen, St. Peter Urk. 60. – MB XIXa 41 S. 56/58 mit veralteter Datierung.
[3] GB II 92/7.
[4] GB III 134/14.
[5] MB XVIII 280 S. 323.
[6] MB XIXa 87 S. 170.
[7] Hufnagel/von Rehlingen, St. Peter Urk. 144. – Im selben Jahr auch in Kämmerei 64 S. 183 als Hauseigentümer belegt.
[8] Urk. D I e 1 - XI Nr. 19. – Stadtgericht 207/1 (GruBu) S. 536v.
[9] Gewerbeamt 1418 S. 8r.
[10] Urk. D I e 1 XI Nr. 18.
[11] Zimelie 43 (Heiliggeistspital, Salbuch C) S. 67r (1535 Zins aus des Wolfgang Riemers Haus an der Weinstraße); Heiliggeistspital (Rechnungen) 176/27 (1536/37) S. 34v erstmals, 176/29 (1538/39) S. 35v letztmals und wieder getilgt.
[12] HB GV S. 452.
[13] Ein Stapfenman ohne Vorname ist 1445-1447 als Salzsender belegt, vgl. Vietzen S. 147.

*? Gastel [von Aich] gagnschreiber.1458 Gastel prewgagenschreiber. 1462 Gastel metschenck. 1482 der alt Gastl von Aich[1]
   St: 1457, 1458: Liste, 1462: -/6/10, 1482: 2/-/20
Hanns sein [= des alten Gastl] sun. 1486 Hanns [Gastl] von Aich metschenck [äußerer Stadtrat[2]]
   St: 1482: 3/1/8, 1486: 4/6/5
et pueri Hanns Castel von Aich
   St: 1490: 5/2/12
** Thoman Gelb, 1496 metschenk, 1508 wirt[3] [∞ Magdalena]
   St: 1496: -/5/10 [Schenkensteuer], 1500: 1/2/29, 1508, 1509: 1/5/10, 1514: Liste, 1522-1526, 1527/I: 1/6/-, 1527/II, 1528, 1529, 1532: 2/1/10
   StV: (1522) sol bis jar seine pflegkind steurn. (1523-1527/I) et dedit -/6/5 für p[ueri] Márckl. (1524) et dedit -/4/12 für p[ueri] eßlpader. (1525-1527/I) et dedit -/2/17 für p[ueri] eßlpader. (1527/II) dedit mer -/6/22 für p[ueri] Márckl; et dedit -/3/6 für p[ueri] eßlpader. (1528) et dedit -/2/25 für p[ueri] eßlpader. (1528, 1529, 1532) et dedit -/6/22 für p[ueri] Márckl. (1532) et dedit -/-/25 für p[ueri] Pair.
** Wolff (Wolffgang) Angerer (1545 Angermair), 1540, 1541, 1555 riemer, 1542-1548, 1551/II, 1554/II zamacher [∞ Anna, später verheiratete Krinner]
   St: 1540-1542: -/6/10, 1543: 1/5/20, 1544: -/6/10, 1545: 2/4/24, 1546-1548, 1549/I-II, 1550, 1551/I-II, 1552/I-II: 1/2/12, 1553, 1554/I-II, 1555: 1/5/1, 1556: 1/5/1 patrimonium
   StV: (1545) mer -/1/26 für p[ueri] Franckh lederer. (1546, 1547) mer -/-/28 für p[ueri] Franckh lederer. (1547) zalt an chamer 24 k[reuzer] für 3 nachsteur. (1553-1556) mer -/-/17,5 für die alt schafferin.
** Marten (Martin) Krynner (Krinner), 1557, 1559, 1560, 1564/I-1571 riemer [Hofriemer, ∞ Witwe Anna Angerer]
   St: 1556: -/1/12 gracia, 1557: 1/1/25 juravit, 1558: 2/3/20, 1559, 1560: 1/1/25, 1561, 1563: 2/-/12, 1564/I-II, 1565, 1566/I-II, 1567/I-II: 2/1/10, 1568: 4/2/20, 1569-1571: 1/4/24
   StV: (1557) mer 1/-/10 für p[ueri] Angerer; mer -/-/17,5 für die alt schafferin. (1558) mer 2/-/20 fur p[ueri] Angerer; mer -/1/5 für die alt schafferin. (1559) mer 1/-/10 für seine stieffkinder; mer -/-/17,5 für die alt schafferin. (1560) mer für seine stiefkhinder -/5/-, hat abgsetzt 10 fl gelts; mer für die alt schafferin -/-/17,5; mer für Mathes Angerer 3 nachsteur -/3/15. (1561, 1563-1567/II) mer für seine (stief)khinder -/3/25. (1564/I) mer folio 97r [Ewiggeld] für herr Jacob Strobl [Pfarrer zu Adltzhausen]; zuegesetzt. (1564/II-1566/II) mer für (herr) Jacob Strobl (folio 96r (96v) [Ewiggeld]. (1567/I-II, 1568) mer für hern (herr) Jacob Strobl folio 11r [Ewiggeld]. (1568) mer für seine khinder 1/-/20; mer für Margret Schefhannsen -/4/-. (1569-1571) mer für p[ueri] Khamp (Khampen) -/2/3; mer für seine khinder -/3/25. (1569) mer für herr Jacob Strobl folio 10v [Ewiggeld]. (1569, 1570) mer für Margret Schefhannsin -/2/-. (1570, 1571) mer für (herr) Jacob Strobl folio 3v [Ewiggeld].
Hanns Nágel (Nägl) kúrßner
   St: 1541: -/-/21 gracion, 1542: -/2/- juravit, 1543: -/4/12, 1544: -/2/6, 1545: -/4/12, 1546-1548, 1549/I-II, 1550, 1551/I: -/2/6
** Matheß (Matheus) Nagelen (Nägelein, Negelen), 1564/I-1571 khúrschner [∞ Maria Sarah, geb. Angerer, Tochter von Wolf Angerer]
   St: 1561: -/2/28 gratia, 1563: -/4/4 juravit, 1564/I-II, 1565, 1566/I-II, 1567/I-II: -/4/4, 1568: 1/1/8, 1569-1571: -/4/12
   StV: (1561) soll auffs jar den 3. tail zuesetzn.

Bewohner Weinstraße 20*:

Perchtolt Dyesser St: 1375: 2/-/40
Goczman sartor, 1393, 1394, 1395, 1396 Hanns Goczman (Gotzman)
   St: 1377: 0,5/-/15 juravit, 1378: 0,5/-/15, 1393, 1394, -/5/10, 1395: -/-/80, 1396: 0,5/-/-

---

[1] Der Metschenk Hans Gastl ist 1472, 1474, 1480, 1483 und 1489 jeweils Mitglied der Gemain, vgl. RP.
[2] Hanns Gastl Metschenk ist 1472, 1474, 1480, 1483 und 1489 Mitglied der Gemain, 1484-1488 äußerer Stadtrat, vgl. RP der angegebenen Jahre.
[3] Thoman Gell 1494 Aufnahme in die Weinschenkenzunft, vgl. Gewerbeamt 1418 S. 8r; 1516 und 1517 ist Thoman Gelb Vierer der Schenken, vgl. RP.

Posch carnifex St: 1379: 3,5/-/-
Lófner. 1387, 1388 Ulrich Lófner St: 1381: 0,5/-/6, 1387: -/12/13, 1388: 3/-/26 juravit
Ulrich Eckentaler [Wirt, Weinhändler[1]] St: 1390/I: -/7/14
Hans Wolfersperger [Weinschenk ?[2]] St: 1390/II -/-/40 gracianus, 1392: -/-/84
Els káuflin inquilina St: 1392: -/-/12
Peter Pótschner [Goldschmied[3]] St: 1393: -/-/72 gracianus
króttelschriber [!]. 1395 Hainrich króttelschreiber inquilinus St: 1394, 1395: -/-/-
Ann Húttlerin inquilina, 1396 chaufflin St: 1395: -/-/48 fur 2 lb, 1396, 1397: -/-/45 fur 2 lb
Hainrich Rosslawber inquilinus St: 1396: facat
Jacob Pirttendorfer, 1405/I, 1406 inquilinus
    St: 1397: 4/-/30 iuravit, 1399: 4/-/30, 1405/I, 1406: -/-/-
    Pferdemusterung, um 1398 (Ur-Fassung): Jacob Pirkendorffer sol haben ein pferd umb 16 gulden und damit der stat warten; (Korrig. Fassung): Jacob Pirkendorffer sol haben ein pferd umb 20 gulden und selber reiten.
Lewpold sneider St: 1401/II: -/-/24 gracianus
Lienhart (Liendel) kuchenmaister [Weinschenk[4]], 1405/I et uxor
    St: 1405/I: -/10/20 iuravit, 1405/II: 2/-/- iuravit, 1406: 2,5/-/40, 1407, 1408: 3/-/-, 1410/I: 3/-/- iuravit, 1410/II: 4/-/-
Hainrich Wolfersperger [Weinschenk[5]] St: 1411: -/3/- iuravit, 1412: 0,5/-/-, 1413: 0,5/-/- iuravit
Jorig Heber St: 1411: dedit 1/-/-, 1412: -/10/20
Fridrich argelmaister St: 1411: -/-/-
Peter Kellner salzstózzel. 1416-1419 Peter salczstózzel [Weinschenk[6]]. 1423, 1424 relicta Peter salczstozzel (saltzstózlin)
    St: 1415: -/9/-, 1416: -/12/-, 1418: -/12/- iuravit, 1419: -/12/-, 1423: 2,5/-/- patrimonium, 1424: -/6/20 hat zalt
Hainrice lermaister, 1416 inquilinus St: 1413, 1415: -/-/22 fúr nichil
Hanns Haynberger St: 1418: -/-/-
Kastel (Gastel) salbwrch inquilinus St: 1418, 1419, 1423: 0,5/-/-
Newmaister, 1431 salbúrch
    St: 1428: dedit 2 gross, 1431: -/-/60 iuravit 15 lb
    StV: (1428) pro se et uxore et dedit -/2/- gross pro duobus servis
relicta Rosenberger(in) Sch: 1439/I-II, 1440: 1 t[aglon]
Lienhart Kalczeisen [Weinschenk[7]] Sch: 1441/II: 1,5 t[aglon]
Hanns Rainer tuchscherer inquilinus Sch: 1441/II: 1 t[aglon]
Albrecht Widenman [Kornmesser[8]] Sch: 1445: 1 diern, dedit
Lienhart Steflskircher Sch: 1445: 1 diern, dedit
Hanns Pretstorffer St: 1450: Liste
[Hans[9]] Has zingiesser inquilinus St: 1455: Liste
Barbara Fuchsmundlin St: 1455: Liste
Martein Púcher St: 1458: Liste
Peter Felskorn [Selskorn ?] platner inquilinus. 1482 relicta platnerin patrimonium
    St: 1462: -/-/36, 1482: -/-/20

---

[1] Ein Ulrich der Egkentaler führte für die Stadt 1400/1402 österreichischen Wein über Ötting und Mühldorf nach München ein, 1402/03 wurde er zu den Wirten gerechnet, denen die Stadt Geld „von der raiz wegen" schuldete, vgl. KR 1400/1402 S. 43r, 1402/03 S. 100r.

[2] Hans Wolfersperger ist um 1414 Weinschenk, vgl. Gewerbeamt 1411 S. 4r. – Auch 1430 ist ein Hans Wolfersperger Wirt, vgl. Steueramt 987.

[3] Frankenburger S. 266.

[4] Lienhart küchenmaister um 1414 Weinschenk, vgl. Gewerbeamt 1411 S. 3v.

[5] Hainrich Wolfersperger um 1414 Weinschenk, wahrscheinlich „der jung Wolfersperger", der 1422 Vierer der Weinschenken ist, vgl. Gewerbeamt 1411 S. 3v, 10v.

[6] Peter salczstóssel ist 1422 Vierer der Weinschenken, vgl. Gewerbeamt 1411 S. 10v. Vgl. auch Weinstraße 4 und 5 und Weinstraße 16*.

[7] Lienhart Kalczeysen ist 1451 Mitglied der Weinschenken-Bruderschaft, vgl. Gewerbeamt 1411 S. 10r.

[8] Vgl. Marienplatz 6*.

[9] Vgl. Kaufingerstraße 22*A.

Hanns von Winßhaim goltschmid St: 1490: 1/3/19
Hanns múlner goltschmid[1] St: 1496: -/-/28 gracion
Michel melbler amer[2] St: 1500: -/2/13
Linhart Haitzerin St: 1508, 1509: -/-/60
Steffan Harder kramer[3] St: 1509: -/1/22 gracion
Wolfgang zammacher St: 1514: Liste
Hanns (1527/I, 1532 Wolfgang) vischer zammacher
    St: 1522-1526, 1527/I: -/3/8, 1527/II, 1528, 1529, 1532: -/4/26
Caspar Paur fechtmaister St: 1540, 1541: -/2/-
Lienhart Veichtmúllner St: 1540: -/4/12
Brosi Steppacher schneider St: 1542: -/2/-, 1543: -/4/-
relicta Ottnhoferin
    St: 1544: 1/-/-, 1551/II, 1552/I-II, 1553, 1554/I-II, 1555: 1/-/-
    StV: (1544) mit ainem geding. (1551/II) fúr irn beysitz. (1552/I) mit geding; als offt man steurt, auch wie man steurt, ainfach oder zwifach, soll sy auch steurn. (1552/II) mit geding; als offt man steurt, auch ainfach oder doplt, dermasn soll sy auch steurn. (1553, 1554/II) mit geding, als offt und wie man steurt, soll sy auch steurn. (1554/I, 1555) mit geding, als offt und wie man steurt (etc.).
Andre koch schneider St: 1545: 1/-/12, 1546, 1547: -/3/21
Hanns Rauhenperger, 1548, 1549/I schneider. 1567/I-II Hanns Ráchenperger (Rächenperger) schneider
    St: 1548: -/-/21 gracion, 1549/I-II, 1550, 1551/I-II, 1552/I: -/2/-, 1567/I-II: -/2/-
Hanns Payrin St: 1549/II: -/2/-
Corbinian Páchel [Sattler] St: 1552/II: -/2/-
Peter Prechler leermaister St: 1553: -/-/21 gracia, 1554/I: -/-/21 gracia die ander
Kathrey Sigmundin (Sigmund) saylerin St: 1553, 1554/I: -/2/-
Els Mánhartin St: 1553, 1554/I: -/2/-
Caspar Haym schneider St: 1554/II: -/-/28 gracia die ander
Frantz kúrsner púxnmaister St: 1555: an chamer, soll fúr rath, 1556: an chamer
Jörg Kirchlehnerin St: 1555: -/2/-
Michel Sackherer, 1556-1559 wirt St: 1556, 1557: 1/-/10, 1558: 2/-/20, 1559, 1560: 1/-/10
Wolffgang Schwanckhart ain tagwercher St: 1556: -/2/-
Ulrich Seidl schneider St: 1557: -/-/28 gracion, 1558: -/4/-
Hanns Weidenmair kúrsner St: 1559: ist nymmer hie
Hanns schererin hebam St: 1560: nichil, 1561: -/-/1
Zacharias daschner St: 1560: -/2/-
Ludwig Paumúller [Weinschenk] St: 1561: -/5/10 schennckhsteur
Wolff Weytmair (Weitmair), 1564/I-1567/I wierdt
    St: 1563, 1564/I-II, 1565, 1566/I-II, 1567/I: -/5/10 schennckhsteur
Margreth Schefhásin (Schefhásen) St: 1566/I-II, 1567/I-II: -/2/-
Benedict Rhyl (Rihl, Riel, Rell) schneider St: 1568: -/4/-, 1569-1571: -/2/-

Marienplatz 3*

Lage: 1390/98 „an dem ekk". 1413 „an dem kornmargt". Um 1437 „an dem marck gen dem Hudler [Marienplatz 2] über". 1454 „gegen dem Rechthaus über"; an der Weinstraße. Vor 1525 Wurmeckhaus am Eck. (1525/26) „hauß und öckschranne".
Name: Um 1310/12 „Schönnecgaeris eckehaus". 1431, um 1437, 1449, 1454, 1470, 1509, 1522, vor 1525 „Wurmbegk".
Charakter: Kornmesserhaus (Schrannengerechtigkeit).

---

[1] Frankenburger S. 282.
[2] Ein Michel melbler war bis 1495 Salzlader, vgl. Vietzen S. 159.
[3] Steffan Harder 1520 Vierer der Kramer, vgl. RP.

Hauseigentümer Marienplatz 3*:

1310/12 wahrscheinlich ist dieses Haus des „Schönnecgaeris eckehaus", das in dieser Zeit im Satzungsbuch B genannt wird. Es liegt am Markt und es wird in dem betreffenden Artikel die Reinhaltung des Marktplatzes angeordnet und eine Buße festgelegt für jeden, der „von dez Schönnecgaeris eckehaus untz [= bis] an daz taltor uf dem marcte lat [= lässt] schormist oder andern mist oder holtz ligen ..." Das Taltor ist in dieser Zeit noch der heutige Turm des Alten Rathauses und markiert damit den unteren Teil des Marktplatzes. Das Eckhaus des Schönecker dürfte demnach am oberen Markt liegen. Ein Pernhart Schöneckker ist 1318 Mitglied der Gemain und damit sicher Hauseigentümer. Träger des Namens Schönecker erscheinen bis 1323. Dann ist wieder ein Schönegker 1360 bis 1362 Ausfuhrzöllner am Neuhauser Tor. Es ist möglicherweise der Eberl Schönecker, der von 1368 bis 1388 als Kornmesser belegt ist und die Kornmessergerechtigkeit[1] im Haus Marienplatz 3* innehat, wo er stets in den Steuerbüchern steht. Wahrscheinlich geht auf diese Familie auch der Name „Wurmeck" zurück.[2]

Bis 1383 (Frühjahr) Jakob Rushaimer.

1386 ein „Eberl [Korn]messer under dem Rueshamer" wird genannt.[3] Es handelt sich dabei sicher um den seit 1368 schon genannten Eberl Schönecker. Das Haus gehört also der Familie des Jacob Rushamer. Es ist aber nach dem Tod von Jacob Rushamer im Frühjahr 1383 offensichtlich im Besitz einer Erbengemeinschaft, zu der auch der Stadtschreiber Peter Krümmel gehört, wie aus dem Vermerk im Steuerbuch von 1383 (1. Steuer) hervorgeht. Deshalb gehen die Namen der Besitzerfamilien in der Folgezeit etwas durcheinander.

1390/98 spricht das Salbuch des Heiliggeistspitals von „des Perkchover hauz an dem ekk". Es giltet 2 und ½ Pfund Pfennige, die „nimpt der Chrumerel [= Krümel] ein und geit dez umb mal" [= um ein Mahl an die Spitalinsassen].[4] Das Haus gehört nun (teilweise) dem Berghofer. Dieses Mahl wird auch 1449 wieder genannt, wo es heißt, daß es vom Rushamer gestiftet wurde.

1391 Mai 23 „dez Tichtlins haws" ist dem Haus des Hansel rotsmid (Marienplatz 4*) benachbart.[5] Damit ist wahrscheinlich Ulrich der jüngere Tichtel gemeint, der mit einer Tochter des Stadtschreibers Peter Krümmel und offensichtlich einer Schwester des Kornmessers Hans Krümmel verheiratet war (Erbengemeinschaft der Krümmel-Kinder).

1393 August 11 „dez Rushaimers haws" ist dem Haus des Hansel rotsmid „an dem chorenmarkt" (Marienplatz 4*) benachbart.[6]

1394 September 11 „dez Rushaimerß ... haws" ist dem Haus von „Hans dez rotsmides saeligen hawsfraw", künftig des Heinrich von München (Marienplatz 4*), benachbart.[7]

1401 Mai 20 nimmt die Stadt 20 Schillinge Zins ein „von Hainrich dem Part für ½ zünss ... auz dez Rushamers haus".[8] Jetzt ist es wieder das Haus des Rushamer, aber Hainrich Bart zahlt den Hauszins an die Stadt, die das Haus – es war ja die Zeit der Bürgerunruhen – beschlagnahmt hatte. 1415 bis 1419 findet man in den Steuerbüchern Jacob Rushaimer im Haus der Bart, Kaufingerstraße 9.

1412 Hainrich Part zahlt von diesem Haus „sein tail" (StB).

Wahrscheinlich ist Heinrich III. Bart gemeint, wenngleich sein mutmaßlicher Sohn Heinrich IV. besser ins Bild passen würde. Heinrich IV. kommt jedoch in anderen Quellen erst ab 1426 vor. Seine erste von drei Ehefrauen, Katharina I. Ridler, starb jedoch schon 1420. Deren Vater Gabriel I. Ridler (gest. 1420) war jedoch in 2. Ehe mit einer Agnes Berghofer verheiratet (gest. 1416) und zwar schon seit nach 1380, in welchem Jahr seine 1. Ehefrau bereits starb. Falls also doch hier 1412 Heinrich IV. ge-

---

[1] Zur Kornmesserei vgl. R. v. Bary, Herzogsdienst S. 300 ff.: Die Kornmesser sind beamtete Hilfsorgane der Stadt, Hauptberuf ist meist Getreidehändler. Sie verpflichten sich in ihrem Eid, Arm und Reich, Bürger und Gast, richtig und gewissenhaft zu messen. Sie haben zu messen, wo man ihrer bedarf und erhalten dafür eine Gebühr. Sie können das Messen des Korns an verschiedenen Orten vornehmen: an der öffentlichen Meßstatt auf dem Markt, auf dem Getreidekasten, im eigenen Haus oder vor ihrer Haustüre. Die Gemäße gehören ihnen selbst. Das Kornmessen ist kein Handwerk, sondern ein Amt.

[2] Vgl. dazu Stahleder, Haus- und Straßennamen S. 408/411, 419.

[3] GB I 223/10.

[4] Vogel, Heiliggeistspital, Salbuch A Nr. 250.

[5] GB II 7/8.

[6] GB II 52/5.

[7] GB II 77/7.

[8] KR 1400/02 S. 36r.

meint sein sollte, dann wäre er wohl über seine 1. Ehefrau Katharina Ridler, die wahrscheinlich Tochter der Agnes Berghofer war, an den Hausanteil der Berghofer bei Marienplatz 3* gekommen. Heinrich IV. Bart hatte trotz dreier Ehen keine Kinder, was erklären würde, warum dann sein mutmaßlicher Bruder Hans IV. Bart (gest. 1478) an das Haus kam und danach wieder dessen Sohn Heinrich V. Bart (gest. nach 1514).

1413 Februar 10 „Haimeran Roshaimer, purger zŵ Aybling", verkauft sein Drittel des Hauses „an dem kornmargt", zwischen den Häusern des Zerrenmantls (Weinstraße 20*) und Jorg von Nännhofen (Marienplatz 4*) Häusern gelegen, dem Hainrich dem Bart.[1] Dazu gehören auch zwei Krautäcker vor dem Wurzertor. Alles hatte Haimeran Roshaimer „von Ur[s]chln der Rushaimerin sáligen" ererbt. Offensichtlich besitzt der Bart jetzt alle Anteile des Hauses. Das Stammhaus seines Zweiges der Familie Bart ist jedoch das Haus Kaufingerstraße 9.

Um 1415 heißt es in einem Zusatz im Salbuch des Heiliggeistspitals: „hat Hans Part", der den Zins dann 1420 ablöst.[2]

1431 zahlt Hainrich Bart beim Haus Kaufingerstraße 9 auch die Steuer für sein Haus „genant das wurmbegk" mit (StB).

Um 1437 das Heiliggeistspital hat 2 Pfund Pfennige Ewiggeld „ausz Hainreich Part haws genant Wurmeckk, gelegen an dem marck gegen dem Hudler (Marienplatz 2) über".[3]

1449 das Heiliggeistspital hat „aus Hanns Parts hauß zu Wurmegk" ein Ewiggeld „und sein von dem Rüshaimers hie umb ain mall".[4] Das Ewiggeld stammt also noch vom Rushamer und soll für ein Mahl für die Spitalinsassen verwendet werden. Vgl. auch 1390/98.

1454 Oktober 24 Margaret Ärsingerin, Witwe des Kammermeisters Pauls Ärsinger, aber auch Witwe von Heinrich Bart und Tochter von Wilhelm Prant, macht eine Jahrtagstiftung auf den Dreikönigsaltar in St. Peter für ihre beiden verstorbenen Ehemänner und ihre Eltern, die sie mit einem Ewiggeld ausstattet, das sie von ihrem Sohn Hanns Bart aus erster Ehe aus seinem Eckhaus, genannt Wurmeck, an der Weinstraße, gegenüber dem Rechthaus, erworben hatte. Nachbarn des Hauses sind: vorne Hanns Reisentalers Haus an der unteren Kornschranne (Marienplatz 4*) und hinten anstoßend Konrad Stapfenman (Weinstraße 20*).[5] Am 2. Dezember 1461 erfolgt die Bestätigung dieser Stiftung.

1455-1462 „domus Wurmeck" (StB).

1464 September 24 immer noch ist das Haus von Hans Bart dem Haus von Hans Reisentaler (Marienplatz 4*) benachbart.[6]

1470, 1475, 1477, 1480, 1484 nennen die Ratsprotokolle jeweils als Vierer der Salzstößel einen Hannsel „in des Parts haus", 1472 „Hanns salzstößel zu Wurmegk" und 1479 „Hannsel in des Parts laden".[7] Ebenfalls 1470 gab es auch einen Kornmesser Küncz „zu Wurmegk".[8]

1472 bis 1494 gibt es einen Vierer der Kornmesser namens „Chuntz zu Wurmegk" (1472), „Chuntz unterm Part" (1475), „Kuontz auf des Parts schrannen" (1482, 1485), „Conntz Freyenmanner unter des Parts schrannen" (1487, 1489, 1490, 1491, 1492, 1494).[9]

1486 Mai 24 Hainrich Part und seine Hausfrau Catharina verkaufen aus diesem Haus der Clara Katzmairin und ihren Erben 25 Gulden Ewiggeld in Gold für eine Gesamtsumme von 500 Gulden.[10]

1495 September 1 des Heinrich Parts Eckhaus ist dem Haus des Metschenken Thoman Gell (Weinstraße 20*) benachbart.[11]

1497 Januar 16 Hainrich Part und seine Hausfrau Catharina verkaufen erneut ein Ewiggeld von 15 Gulden um 300 Gulden aus diesem Haus, nunmehr an Paul Rudolph (GruBu).

1504 ist „Cristoff unterm Part" Vierer der Kornmesser.[12]

---

[1] GB III 134/14.
[2] Vogel, Heiliggeistspital, Salbuch A Nr. 250.
[3] Vogel, Heiliggeistspital, Salbuch A Nr. 258.
[4] Zimelie 40 (Heiliggeistspital, Salbuch B) S. 9r.
[5] Hufnagel/von Rehlingen, St. Peter Urk. 144; Bestätigung Nr. 152 vom 2.12.1461.
[6] Urk. G IV c Nr. 1.
[7] RP jeweils im Kapitel über die Neuwahl der Handwerksvierer.
[8] KR 1470/71 S. 79r.
[9] RP der genannten Jahrgänge, Neuwahl der Handwerksvierer.
[10] Stadtgericht 207/1 (GruBu) S. 540v/541r.
[11] Urk. D I e 1 - XI Nr. 19.
[12] RP Nr. 5 (1506), Neuwahl der Handwerksvierer.

1509 März 22 das Eckhaus des Hainrich Part ist dem Haus des Metschenken Thoman Gell (Weinstraße 20*) benachbart.[1]

1523/24-1537/38 der Ewiggeldzins aus Hainrich Ruspen Haus „und öckschranne" begegnet von jetzt ab in den Spitalrechnungen, 1527/38 mit dem Zusatz „hat viran [= fortan, künftig] Petter Walch kornmesser".[2]

Vor 1525 das Heiliggeistspital hat 25 Gulden Ewiggeld „aus Hainrich Ruschpen hauß und schrannen am Wurmegkhauß am egkh".[3] Hainrich Rusp war bereits in den Jahren 1519, 1520 und 1522 einer der Vierer der Kornmesser.[4]

1537/38-1549/50 nunmehr bezieht das Heiliggeistspital seinen Zins aus „Peter Walhen Kornmessers Haus", das Eckhaus an der Weinstraße (so 1549/50) beziehungsweise am Markt (so 1538/39), 1537/38 mit dem Zusatz bei Hainrich Rusp: „hat viran [fortan] Petter Walch kornmesser".[5] Peter Walch dürfte ein Schwiegersohn des Rusp gewesen sein. Er versteuert bei derselben Steuer (1527/II), bei der das patrimonium des Rusp genannt ist, das Vermögen seines Schwiegervaters.

1546 wird bei der Visitation der Dächer und Bänke der Kramer und Bäcker beim Kornmesser Peter Walch beanstandet, daß sein Dach eine halbe Elle zu weit in die Straße hereinragt.[6]

1555 April 20 und **August 9** Perchtold[7] Zellermair und seine Hausfrau Anna verkaufen aus diesem Haus Ewig-gelder von 15 Gulden um 300 Gulden und von 5 Gulden um 100 Gulden.[8]

1562 Mai 25 Perchtold Zellermair und seine Hausfrau Jacoba verkaufen ein Ewiggeld von 10 Gulden um 200 Gulden aus diesem Haus (GruBu).

1568 November 23 der Kornkäufel Perchtold Zellermair und seine Hausfrau Jacoba verkaufen erneut ein Ewiggeld von 5 Gulden um 100 Gulden aus dem Haus (GruBu).

1569 August 18 dieses Ehepaar verkauft erneut ein Ewiggeld von 5 Gulden um 100 Gulden (GruBu). Die Witwe von Zellermair heiratet Jacob Weissenfelder.

1574 laut Grundbuch (Überschrift) des Jacoben Weissenfelders Egkhaus und Stallung.

Mit dem Haus ist von Anfang an die Schrannen- oder Kornmessergerechtigkeit verbunden.

Eigentümer Marienplatz 3*:

*? Schönecker [1310/12]
* Jacob Rushaimer [Stadtrat[9]]. 1383/I patrimonium Jacobi Rushaimer
    St: 1368: 5/6/-, 1369, 1371, 1372: 5/5/-, 1375: 5/-/-, 1377: 5/5/- juravit, 1378, 1379, 1381, 1382: 5/5/-, 1383/I: 2/5/10
    StV: (1368) solvit 1 lb.[10] (1383/I) noch haben wir dem statschreiber [Peter Krümmel] besten lazzen auf die raittung biz an mein herrn 1/-/80 Múnicher [Pfennige].
  pueri Haimeroni Rûshaimer[ii]
    St: 1368: -/-/60, 1369, 1371: -/3/-, 1372: -/-/-
  Lienhart Rúshaimer [äußerer Stadtrat[11]] 1377, 1379, 1381 inquilinus
    St: 1375: 4/-/-, 1377: 5,5/-/- juravit, 1378, 1379, 1381: 5,5/-/-
  patrimonium [Jacobi ?] Rushaimerii
    St: 1388: -/-/-
* N. Berghofers Haus [1390/98]

---

[1] Urk. D I e 1 - XI Nr. 18.
[2] Heiliggeistspital (Rechnungen) 176/18 (1523/24) S. 13v (ohne Straßennamen), 176/19 (1524/25) S. 11v, 176/20 (1525/26) S.9v, 176/21 (1526/27) S.11v, 176/22-176/27 (1527/28-1536/37), 176/28 (1527/38) S. 14v.
[3] Zimelie 43 (Heiliggeistspital, Salbuch C) S. 56v.
[4] RP der genannten Jahrgänge, Wahl der Handwerksvierer.
[5] Heiliggeistspital (Rechnungen) 176/28 (1537/38) S. 14v (erstmals), 176/38 (1549/50) S. 20v.
[6] LBK 4. 176/29 (1538/39) S. 13v.
[7] Nicht „Bernhard" wie HB GV S. 169, wohl nach StB 1563 ff.
[8] Stadtgericht 207/1 (GruBu) S. 540v.
[9] Jacob Rushaimer war 1362-1379 teils innerer, teils äußerer Stadtrat, 1381 Mitglied des Großen Rats, vgl. R. v. Bary III S. 742, 747.
[10] Dieser Vermerk am rechten Rand stehend und wieder getilgt.
[11] Lienhart Rushaimer 1381-1384 ff. äußerer Stadtrat bzw. 1381 Mitglied des Großen Rats, vgl. R. v. Bary III S. 742, 747.

* Ulrich [IV.] des jüngeren Tichtels Haus [∞ Katharina Krümbel, Tochter des Stadtschreibers Peter I. Krümmel; 1391 Mai 23]
*? relicta Krúmblin (Krumblin, Krúmlin). 1411, 1412 patrimonium Krumblin [Ursula, geb. Strang, Witwe des Stadtschreibers Peter I. Krümmel[1], gest. 1386]
 St: 1390/II: 6/-/80, 1392: 3/3/-, 1393, 1394: 4,5/-/-, 1395: -/18/-, 1396, 1397, 1399, 1400, 1401/I: 3/3/-, 1401/II: 5/5/- iuravit et gracianus, 1403, 1405/I: 5/5/-, 1405/II: 5/3/6 iuravit, 1406-1408: 7/-/48, 1410/I: 5/6/18, 1410/II: 7/6/4, 1411: 5/6/18 propter patrimonium
 StV: (1412) davon dedit Haymran Rushaimer von seinem tail 1/-/-.
Krúml (Krúmbl) kornmesser. 1394, 1401/I, 1410/II Hans Krúmel (Krümbel). 1395-1400, 1401/II-1413, 1416 Hans (Hannsel) Krúmel (Krumel) messer (kornmesser). 1415, 1418, 1419, 1423, 1428, 1431, 1439/I Hanns kornmesser, 1390/I-II, 1392, 1394-1410/II, 1431 inquilinus
 St: 1390/I-II: -/-/16, 1392: -/-/30, 1393, 1394: -/-/40, 1395: -/-/60 für 15 lb, 1396, 1397: -/3/-, 1399, 1400, 1401/I: -/5/-, 1401/II: -/6/20 iuravit, 1403, 1405/I: -/6/20, 1405/II: -/5/- iuravit, 1406-1408: -/6/20, 1410/I: -/3/- iuravit, 1410/II: 0,5/-/-, 1411: -/3/-, 1412: 0,5/-/-, 1413: -/3/- iuravit, 1415: 0,5/-/-, 1416: -/5/10, 1418: -/6/20 iuravit, 1419: -/6/20, 1423: -/6/-, 1428: dedit 3 gross fur sich, sein weib und sein diern, 1431: 0,5/-/15 iuravit
 Sch: 1439/I: 1,5 t[aglon].
* dez Rushaimers haus [1393-1400/1402]
relicta Russhaimerin inquilina
 St: 1395: -/10/-
Jacob Rushaimer [der Jüngere]
 St: 1412: -/-/60 gracianus, 1413: -/-/24 gracianus
* Haymran Russhaimer [Teilbesitz]
 St: 1413: hat Hainrich Part in sein stewr genomen
* Hainrich [III.] Part [Teilbesitz] [Salzsender, Stadtrat, herzoglicher Rat[2]]
 St: 1412: item Hainrich Part, der hat seinen tail in sein stewr seczt [nämlich bei seinem Haus Kaufingerstraße 9]
* Wurmeck. [Um 1437 Wurmeckk]
 Bem.: Steuer 1431 bei Kaufingerstraße 9, durch Hainrich Part bezahlt. Um 1437 „Hainreich Part haws genant Wurmeckk".
* Hanns [IV.] Part [Salzsender, Weinschenk, Stadtrat[3], vor 1449 bis nach 1464 September 24, Sohn von Heinrich III. Bart]
* Wurmeck. 1456-1462 domus Wurmeck
 St: 1455-1458: Liste

---

[1] Der Stadtschreiber Peter I. Krümmel war zweimal verheiratet, in erster Ehe mit Agnes I. Ligsalz. Als er, wahrscheinlich 1379, in Augsburg ein Leibgedinge kaufte, sollte dieser Zins auf ihn selbst, auf seinen Sohn Peter (II.) und eine Tochter Agnes, beide von seiner „vorderen Wirtin" selig, also seiner ersten Ehefrau geboren, und schließlich auf seine jetzige Hausfrau Ursula gehen, die zu dieser Zeit 24 Jahre alt war, vgl. Haemmerle, Leibgedingbücher Nr. 156, 191. Sie war offensichtlich bereits eine verwitwete Strang, weil der Stadtschreiber 1383 als (Stief-)vater von Ulrich Strang bezeichnet wird, vgl. GB I 181/6. Die Witwe Krümblin wohnt 1387, im Jahr nach dem Tod des Stadtschreibers, in Marienplatz 15 A (heute Teil des Alten Rathauses) und zahlte dort den Steuerbetrag von 3 Pfund und 40 Pfennigen. 1390 (1. Steuer) findet man sie in der Löwengrube, wo sie 6 Pfund und 80 Pfennige zahlt, also nunmehr den doppelten Betrag. Es ist derselbe Betrag, den sie bei der zweiten Steuer von 1390 auch bei Marienplatz 3* bezahlt, einem Haus, bei dem sicher nicht zufällig ebenfalls wieder Lienhard Rushaimer als Eigentümer erscheint wie 1387 bei Marienplatz 15 A. Auch der Steuervermerk von 1412 findet sich in gleicher Form 1387 bei Marienplatz 15 A. Der „alten Stadtschreiberin" schuldete die Stadt 1392 Geld (5 Gulden), ebenso noch 1393 und 1394. Auf jeden Fall ist sie wohl mit den Rushaimern verwandt. Zumindest sind der Stadtschreiber Peter der Krümmel und Lienhart Rushaimer geschäftlich miteinander verbunden. So erfährt man am 5. Mai 1375 daß sie gemeinsam den Hans Krug um insgesamt 29 Gulden vor dem Stadtgericht verklagt haben, vgl. GB I 62/11. Hans Krümbel, mit dem sie bei Marienplatz 3* wohnt, dürfte aus *ihrer* Ehe mit dem Stadtschreiber stammen. Der Stiefsohn Peter II. aus der erste Ehe bekam das Elternhaus Dienerstraße 11, vgl. dort.

[2] Vietzen S.144. – Hainrich Part ist im Mai 1413 Bürgermeister, vgl. R. v. Bary III S. 756. 1413-1427/28 auch als herzoglicher Rat aus dem Bürgertum belegt, vgl. von Andrian-Werburg, Urkundenwesen S. 141.

[3] Hanns Part 1443/46 Salzsender, 1458 Weinschenk, vgl. Vietzen S. 146, Gewerbeamt 1411 S. 13v. – Zu den Bart vgl. Stahleder, Bürgergeschlechter. Die Bart S. 289/391.

StV: (1462) ist gestortt in dez Hanns Parcz stewr [Kaufingerstraße 9].
** Hainrich [V.] Part [Weinschenk, Stadtrat, Sohn von Hans IV. Bart[1], ∞ 3. Catharina Endlhauser; bis nach 1509 März 22]
* Hainrich Rúsp kornmesser.[2] 1527/II Conradt (!) Rúsp patrimonium
    St: 1522-1526, 1527/I-II: -/6/10
    StV: (1522, 1523) et dedit 1/3/11 fúr p[ueri] Húlger. (1524) et dedit 1/2/6 fúr p[ueri] Húlger, hat abgesetzt.
* Peter Walch, 1527/II-1547, 1549/I, 1552/II-1554/I kornmesser
    St: 1527/II: -/2/-, 1528: -/6/4 juravit, 1529, 1532, 1540-1542: -/6/4, 1543: 1/5/8, 1544: -/6/4, 1545: 1/4/4, 1546-1548, 1549/I-II, 1550, 1551/I-II, 1552/I-II: -/5/17, 1553, 1554/I-II, 1555-1557: 1/1/12, 1558: 2/2/24, 1559, 1560: 1/1/12, 1561, 1563: 1/2/19
    StV: (1527/II) sol bis jar seins schwehern [des Rusp ?] gůt zůsetzen. (1540, 1541) et dedit -/1/19 fúr p[ueri] Adolff [Preuning] palbierer. (1542) et dedit -/2/3 fúr p[ueri] Ado[lff] palb[ierer], haben zu[...].[3] (1543) et dedit -/2/3 fúr p[ueri] Adolff. (1544) mer -/1/6 fúr p[ueri] Adolff palbierer.
** Perchtold (Berchtold)[4] Zellermair, 1565, 1566/I, 1567/I, 1568, 1569 kornkhafl [∞ 1. Anna, 2. Jacoba]. 1570, 1571 Bernhart [!] Zellermairin
    St: 1555-1557: 1/6/14, 1558: 3/5/28, 1559, 1560: 1/6/14, 1561, 1563, 1564/I-II, 1565, 1566/I-II, 1567/I-II: 4/3/15, 1568: 9/-/-, 1569: 2/5/29, 1570, 1571: 2/5/29 patrimonium
** Jacob Weissenfelder [1574, ∞ Witwe Zellermair] (GruBu)

Bewohner Marienplatz 3*:

Ulrich iunior Stúph (Stúpf), 1369 inquilinus St: 1368, 1369: -/-/-
Chunrat Múnicher inquilinus St: 1368: -/13/10
    Haensel (Hánsel, Hans) Múnicher (Municher) inquilinus
        St: 1369, 1371, 1372: 3/6/-, 1375: 7,5/-/-, 1377: 6/6/- juravit, 1378, 1379: 6/6/-
        StV: (1375) patrimonium patris -/6/-.
    Niclas un[d] Thomas Municher inquilini St: 1387: -/-/-
Eberl (Eberhart) Schónegger (Schönnegger),[5] 1368-1383/I inquilinus, 1371 [korn]messer. 1387, 1388 Eberl kornmesser inquilinus [= 1386 Eberl messer unterm Rueshamer]
    St: 1368: -/-/80, 1369, 1371, 1372: 0,5/-/-, 1375: 1/-/12, 1377: 2/-/48 juravit, 1378, 1379, 1381, 1382: -/12/-, 1383/I: -/6/- juravit, 1383/II: -/9/-, 1387: -/-/-, 1388: -/-/80 juravit
Hánsel (Hans) Fuchsmúndel (Fuchsmundel) inquilinus St: 1371: 0,5/-/-, 1372: est supportatus
Ott Leo glaser inquilinus Rushaimer.[6] 1383/I glaser inquilinus. 1383/II, 1388, 1390/I Leo glaser inquilinus. 1387 Lew glaser
    St: 1382: -/-/30 gracianus, 1383/I: -/-/30 juravit, 1383/II: -/-/45, 1387: -/-/8, 1388: -/-/16 juravit, 1390/I: -/-/16
    StV: (1382) [am Rand:] novus civis.
Fridl Kemnater. 1390/I Fridl Pfeffl St: 1387: 1/-/-, 1390/I: 2/-/-
    filius Kemnatter St: 1390/I: -/-/32
Hainrich Veter sartor inquilinus St: 1388: -/-/16 gracianus
Hainrich Zánckl inquilinus St: 1390/I: -/5/10
Els kawflin inquilina St: 1393: -/-/16
Ann kaeflein inquilina St: 1393: -/-/16 gracianus
Áll kawfflin St: 1394: -/-/16

---

[1] Hainrich Part 1465 Vierer der Weinschenken, 1473, 1483 Handel mit Wein aus dem Elsaß, 1489 Mitglied der Weinschenkenzunft, vgl. Gewerbeamt 1418 S. 4r (1489), RP 1 (1465), KR 1473, 1483 S. 90r.
[2] Hainrich Rusp 1519 und 1520 Vierer der Kornmesser, vgl. RP.
[3] Blatt am Rand beschnitten.
[4] In den StB ab 1563 „Bernhart/Bernhard/Bernhardt" Zellermair.
[5] Vielleicht identisch mit dem 1360 und 1361 genannten Zöllner am Oberen Tor namens Schönegker, vgl. R. v. Bary III S. 884. – Eberhart messer 1381 Mitglied des Großen Rats, vgl. R. v. Bary III S. 747a. – Wahrscheinlich ist er ein Nachfahre eines ehemaligen Hauseigentümers, auf den das mutmaßliche Wappen am Haus zurückgehen dürfte, von dem das Haus den Namen bekam.
[6] Der Eintrag steht 1382 irrtümlich beim Haus Nr. 6*, deshalb der Zusatz: „inquilinus Rushaimer".

Kolb nadler inquilinus St: 1394: -/-/14

Chunrat (Chuncz) salczstóssel, 1395 inquilinus St: 1394: 0,5/-/8, 1395: -/-/72, 1396: -/3/18

Hailweig kaufflin inquilina St: 1395-1397, 1399: -/-/60 fur 3 lb

Ull Haedrer inquilinus [Goldschmied ?[1]] St: 1397: -/3/6

Gred chauflin inquilina St: 1397: -/-/60 fúr 6 lb

Hannsel (Hanns) Praẃcher (Prawcher, Praẃscher, Pracher), 1399-1405/II, 1407-1410/II inquilinus, 1399 salczmesser, 1400-1401/II, 1406-1408 salczstozzel, 1411 et uxor sua

    St: 1399: -/-/32 gracianus, 1400, 1401/I: -/-/60 fúr 7 lb, 1401/II: 0,5/-/24 iuravit, 1403, 1405/I: 0,5/-/24, 1405/II: -/6/12 iuravit, 1406-1408: 1/-/16, 1410/I: -/10/- iuravit, 1410/II: -/13/10, 1411: -/14/24, 1412: -/19/22, 1413: -/14/- iuravit, 1415: 2/-/-, 1416: -/21/10, 1418, 1419: -/22/20, 1423: 2,5/-/- iuravit, 1424: -/6/20 hat zalt, 1428: dedit 7 gross, 1431: -/13/10 iuravit

    Sch: 1439/I-II, 1440, 1441/I-II: 1,5 t[aglon].

    StV: (1410/II) et dedit -/-/60 de uxor[e] sua gracianus. (1428) fur sich, sein weib und sein diern.

Fridel (Fridrich) prúchler inquilinus

    St: 1399, 1400: 0,5/-/24, 1401/I: -/5/- minus -/-/6, 1401/II: -/6/12 iuravit, 1403, 1405/I: -/6/12, 1405/II: 0,5/-/24 iuravit, 1406, 1407: -/6/12

Haincz schreiber salczstozzel, 1405/II inquilinus

    St: 1405/II: -/-/66 fúr 11 lb, iuravit, 1406: -/-/88 fúr 11 lb, 1407: -/-/88

Symon nadler inquilinus St: 1408: -/-/60 fur 5 lb, 1410/I: -/-/60 fúr 8 lb, iuravit

Fridel Klinger [Kornmesser[2]], 1410/II, 1412, 1413 inquilinus

    St: 1410/II: -/5/26, 1411: 0,5/-/12, 1412: -/5/26, 1413: 0,5/-/12 iuravit

Ull Kúning [Kürschner[3]] inquilinus St: 1412: -/-/80

Pruner sailer. 1418, 1419 relicta Prunerin, 1419 inquilina

    St: 1415: -/-/60 fúr 10 lb, 1416: -/-/80 fur 10 lb, 1418: -/-/60 für nichil, 1419: [gemeinsam mit Hanns Pruner]

  Hanns Prunner sailer

    St: 1418: -/-/15 gracianus, 1419: -/5/10 iuravit

    Bem.: 1419 Steuer gemeinsam mit relicta Prunnerin.

Chunrat Aichstock [Bader[4]] St: 1416: -/14/12

  Ulrich Aichstock húter St: 1416: 2/-/-

Ulreich schneyder von Teining (Taening) St: 1418, 1419: 2/5/10

Ulrich Leytrer (Leittrer) St: 1423: 2,5/-/-, 1424: -/6/20 hat zalt

Stiglicz sayler inquilinus St: 1423: -/-/75

Castel salburch St: 1428: dedit 6 gross pro se, uxore et famulis

Gautinger (Gawttinger) schuster

    St: 1428: dedit 6 gross, 1431: -/-/80 iuravit

    StV: (1428) fur sich, sein weib und sein ehalten.

Rueleinin St: 1428: dedit 2 gross pro se et filia sua

Hainrich Sitel inquilinus St: 1431: -/-/60 iuravit

Katrey inquilinus St: 1431: -/-/-

Hanns Vaist maẃrer Sch: 1439/I-II: -/-/8

Chunrat Reisnegk, 1439/I, 1441/II inquilinus Sch: 1439/I-II, 1440: 1 t[aglon], 1441/I-II: 0,5 t[aglon]

Francz nadler, 1439/I, 1441/II inquilinus Sch: 1439/I-II, 1440, 1441/I-II: 1 t[aglon]

múlner kornmesser, 1439/II, 1441/I Ulrich mulner kornmesser Sch: 1439/I-II, 1440, 1441/I-II: -/-/16

Jorg Salman [Salzstößel] Sch: 1439/I-II: -/-/15

Liebel Koppenhofer Sch: 1439/I-II: -/-/15

Hanns Kirchdorffer, 1441/II arcz[t] Sch: 1441/I-II: 1 t[aglon]

Ulrich Newnhauser [korn]messer Sch: 1441/II: 1 t[aglon]

  Chuncz (Conrat) Neunhauser, 1450 kornmesser, 1453, 1456 inquilinus

    Sch: 1445: 1 diern

    St: 1450-1458: Liste

---

[1] Vgl. Burgstraße 15.
[2] Fridel Klinger war 1399-1407 bei Marienpltatz 5* Kornmesser, vgl. dort und KR 1399/1400 S. 42r.
[3] Vgl. Weinstraße 14 B.
[4] So 1415 bei Kaufingerstraße 6 mit ähnlich hoher Steuersumme.

Hanns walcher, 1450, 1454, 1455 fragner
    Sch: 1445: 1 diern
    St: 1450-1456: Liste

Albrecht Nurenberger (Nurenberg), 1450, 1453, 1456 sneider. 1457, 1462 Albrecht schneider,[1] 1462 inquilinus
    Sch: 1445: 5 ehalten
    St: 1450-1458: Liste, 1462: -/4/26

Jacob Überáckrer schuster inquilinus St: 1450: Liste

Asm kramer, 1450, 1453, 1456 inquilinus St: 1450-1458: Liste

Conrat Prosser pogner inquilinus St: 1450: Liste

Jorg Holczner zingiesser St: 1453-1458: Liste

Els Nápflin (Napflin), 1453, 1454 inquilinua St: 1453-1455: Liste

Haincz holczhacker, 1456, 1458 inquilinus. 1462 Haincz Rauscher holczhacker inquilinus
    St: 1456-1458: Liste, 1462: -/-/60

Jacob Hofmair fragner St: 1458: Liste

Lucz kornmesser inquilinus St: 1462: -/-/60

Peter melbler inquilinus St: 1462: -/-/60

Jackob Herczog inquilinus St: 1462: -/-/76

Gerbel zingiesser[2] inquilinus St: 1462: -/-/82

relicta [Holczner ?] zingiesserin StV: (1462) nachstewr: nichil, ist fortt, die drit nachstewr gebessn.

Cůntz (Conrad, Contz) Freym[a]ner (Freymanner), 1482, 1496 kornmesser. 1486 Conrad Freyhaimer [!], 1500 s[alzstößel][3]
    St: 1482: 1/1/13, 1486, 1490: 1/2/2, 1496: -/7/12, 1500: 1/-/10
    StV: (1486) et dedit -/-/60 die erst nachstewer fúr Hartman. (1496) et dedit -/5/10 für seins suns kind, et dedit -/-/14 für pueri Hartman. (1500) et dedit -/4/6 für pueri Freymanner; et dedit -/-/14 fu pueri Hartman.
    et pueri Hanns Freymanner St: 1496: anderswo

Hanns Ruml, 1482 schneider[4]
    St: 1482: -/3/17, 1486: -/3/5
    StV: (1482) et dedit -/5/10 die drit nachstewr fur den Gúndlkofer.

Hanns Hůber (Huber, Huober) saltzstóssl[5] St: 1482: 2/3/24, 1486, 1490: 3/4/6
    et mater St: 1486: ist tod

Bernhart zingiesser[6] St: 1482: -/2/5, 1486: -/-/70

Niclaus rotsmid St: 1482: -/-/20 gracianus

relicta ofmaisterin [!] St: 1482: -/-/60

Lorencz Mórl gúrtler St: 1482: -/-/60

Linhard amer
    St: 1486, 1490, 1496: -/-/60, 1500: -/3/7
    StV: (1496) et dedit -/6/12 fúr pueri Guntersperger.

---

[1] Albrecht Nurenberger ist 1460 und 1462 Vierer der Schneider, wahrscheinlich auch 1468 (hier nur „Albrecht" genannt) vgl. RP.

[2] Gerbel zingiesser ist 1465, 1466, 1470 und 1472 Vierer der Hafner, Zinngießer usw., vgl. RP.

[3] Ein Contz Freymanner ist 1501 Vierer der Salzstößel, vgl. RP. – Er ist identisch mit dem Küncz zu Wurmegk 1471/72, Chuntz unterm Part 1475, Kuontz auf des Parts schrannen 1482, 1485, Contz Freymanner unter des Parts schrannen, der in all diesen Jahren Vierer der Kornmesser ist. Freymanner ist Vierer der Kornmesser auch in den Jahren 1472, 1475, 1482, 1485, 1487, 1489-1492, 1494, 1496, 1498-1500, vgl. RP 2, 3 und 4, Neuwahl der Handwerksvierer. – 1470 zahlt die Stadt Messerlohn an „Künczen zu Wurmegk" für das Messen von Korn unter der Schranne, vgl. KR 1470/71 S. 79r.

[4] Hanns Ruml 1475, 1488-1490 Vierer der Schneider, vgl. RP.

[5] Hans Huber ist 1491, sowie als „Hannsel in des Parts haus" 1470, 1475, 1477, 1480 und 1484 jeweils einer der Vierer der Salzstößel, ebenso als „Hannsel in des Parts laden" 1479 und als „Hanns saltzsoßel zu Wurmegk" im Jahr 1472, vgl. RP 2 und 3, Neuwahl der Handwerksvierer. 1482 kauft die Stadt bei Hansen Hůber saltzstossel 6 „häegabel" zu je 11 Pfennigen und 10 „rechen" zu je 3 Pfennigen, also für insgesamt 3 Schillinge und 10 Pfennige, vgl. KR 1482/83 S. 90r.

[6] Pernhart zingiesser ist 1479, und Pernhart zingiesser „in des Parts haus" 1486 Vierer der Hafner, Zinngießer usw., vgl. RP.

Gerhard stulschreyber inquilinus St: 1486: -/-/60
Hanns [Neithart[1]] statartzt. 1496, 1500 maister Hanns statartzt St: 1490, 1496, 1500: nichil
Jorg Puechl maurer St: 1490: -/-/60
Steger, paur von Puchhaim St: 1490: -/6/5
Georg (Jorg) Rot, 1496 [salz]lader, 1500 melbler St: 1496, 1500: -/-/60
Jörg Gerolt saltzstósel[2] St: 1496: -/2/29
Cristof poltzmacher, Parts diener. 1500 Cristof Poltz k[ornmesser][3]
    St: 1496: -/-/28 gracion, 1500: -/-/60
Frantz Poschndarfer (Posstndorfer) saltzstósl[4] St: 1508, 1509: -/3/5, 1514: Liste
Dieboltin inquilina St: 1508: -/-/60
Jórg múlner, 1508, 1514 kornmesser St: 1508, 1509: -/2/10, 1514: Liste
Hanns spindlmacher St: 1508: -/-/60
Anna inquilina St: 1508: -/-/60
Hanns scharbachter St: 1509: -/-/60
Hanns Schot b[arbier] St: 1514: Liste
Linhart Haitzer melbler St: 1514: Liste
[Hanns „an der eckhschrannen" 1516 Vierer der Kornmesser[5]]
maister Adolf barbierer. 1523, 1524, 1526-1532 Adolf Preinin (Preining, Preuning) barbierer [Verwandter von Peter Walch]
    St: 1522: -/-/21 gracion, 1523: -/3/16 juravit, 1524, 1525: -/3/16, 1526, 1527/I: -/4/-, 1527/II,
    1528, 1529, 1532: -/5/-
    StV: (1526) hat seiner schwiger [Witwe Rusp ?] ererbt gut zugesetzt; [links am Rand:] -/-/14 zusetzen.
Sixt schmid saltzstoßl[6] St: 1522: -/3/25 juravit
Caspar melbler, 1540 Caspar melbler Sturm St: 1522-1525: -/2/20, 1540: -/2/-
satler oben inn, 1523 satler St: 1522, 1523: -/2/-
zammacher inquilinus St: 1522: an kamer [am Rand nachgetragen:] -/12/-
Mathes taschner St: 1523: -/-/28 gracion
Peter Wald [Walch ?], 1523-1526 saltzstoßl
    St: 1523: -/1/12 gracion, 1524: -/4/3 juravit, 1525, 1526, 1527/I: -/4/3
Heinrich kramer, 1528 gantknecht[7]
    St: 1524: nichil, ist unndterkáfl, ratz geschäft, 1525, 1526, 1527/I: nichil, 1527/II: nichil, ganntknecht, 1528: das jar nichil, 1529: -/2/-
[Wolfgang ?] Wielannd schuster[8] St: 1524: -/2/-
Utz Pfenndter satler. 1528, 1529 Utz satler St: 1526, 1527/I: -/2/-, 1527/II, 1528, 1529, 1532: -/3/17
Hanns ambtman St: 1526: nichil
Heublmann (Heiblman) saltzstößl. 1529 Heublman. 1532 Conradt Heublman
    St: 1527/II: -/1/22 gracion, 1528, 1529, 1532: 2/2/9
    StV: (1528, 1529, 1532) et dedit 2/2/22 für sein bruder.
Utz Heyblman (Heublman) [Salzstößel[9]]
    St: 1546-1548, 1549/I-II, 1550, 1551/I-II, 1552/I-II, 1553, 1554/I: -/2/-
    StV: (1546-1552/II) mer 2/2/22 für sein brüeder(n). (1553, 1554/I) mer 2/-/3 für sein brueder.
Andre schuster St: 1527/II: -/2/-
Affra hebamb St: 1528, 1529: nichil

---

[1] Hans Neithart, Barbier, war Stadtwundarzt, belegt von 1489 bis 1503, vgl. R. v. Bary III S. 1018.
[2] Jörg Gerolt 1499 Vierer der Salzstößel, vgl. RP.
[3] Cristof Poltz 1504 und 1506 Vierer der Kornmesser, vgl. RP 5, Neuwahl der Handwerksvierer. – Er ist der Cristoff unterm Part 1504. 1508-1531 ist ein Cristoff Poltz Zöllner (Salzwagenzöllner) am Taltor (Isartor), vgl. R. v. Bary III S. 882, Vietzen S. 162.
[4] 1514 „saltzstósl" über getilgtem „melbler". – Franz Poschndorfer ist 1519-1535 Gant- und 1530-1535 gleichzeitig auch Steuerknecht, vgl. R. v. Bary III S. 831, 878.
[5] Vgl. RP.
[6] Sixt schmid auch 1521 als Salzstößel belegt, vgl. Vietzen S. 155 nach KR.
[7] Hainrich kramer 1527 und 1528 Gantladenknecht (2. Gantknecht), vgl. R. v. Bary III S. 832.
[8] Ein Wolfgang Wielandt ist 1510 und 1511 Vierer der Schuster, vgl. RP.
[9] Utz Heublman ist 1527 als Salzstößel belegt, vgl. Vietzen S. 155 nach KR.

Felltlerin St: 1532: -/2/-
Hanns Donauer, 1540-1543 saltzstósl
    St: 1540-1542: 1/-/10, 1543: 2/-/20, 1544: 1/-/10, 1545: 2/5/2
    StV: (1540, 1541) et dedit -/-/28 fúr p[ueri] Seemúller. (1542) mer -/-/28 fúr p[ueri] Se[múllner].
Adam Trampl, 1541, 1549/I, 1552/II, 1553, 1554/I-II palbierer
    St: 1540-1542: -/4/12, 1543: 1/1/24, 1544: -/4/12, 1545: 2/2/8, 1546-1548, 1549/I-II, 1550, 1551/I-II, 1552/I-II: 1/1/4, 1553, 1554/I-II, 1555, 1556: 1/1/1
    Hanns jáger[1] sein [= des Trampl] aidem schmid. 1541-1552/I Hanns schmid. 1552/II-1556 Hanns schmid sein aidn, 1553, 1554/I palbierer
    St: 1540: -/-/21 gracion, 1541, 1542: -/2/-, 1543: -/4/-, 1544: -/2/-, 1545: -/4/-, 1546-1548, 1549/I-II, 1550, 1551/I-II, 1552/I-II, 1553, 1554/I-II, 1555, 1556: -/2/-
Wolff (Wolffgang) maurer. 1543, 1544 Wolff maurer Haimreutter
    St: 1540-1542: -/2/-, 1543: -/4/-, 1544: -/2/-, 1545: -/4/-, 1546, 1547: -/2/-
Lienhart Gschirr, 1541-1543, 1553-1556 melbler
    St: 1541, 1542: -/2/16, 1543: -/5/2, 1544: -/2/16, 1545: 1/1/10, 1546-1548, 1549/I-II, 1550, 1551/I-II, 1552/I-II: -/4/5, 1553, 1554/I-II, 1555-1557: 1/1/22, 1558: 2/3/14
Urs schlaierweberin St: 1542: -/2/-, 1543: -/4/-, 1544: -/2/-
Sigmund Schwaiger kornmesser St: 1554/II: -/2/-
Michl Ärsinger maler der jung St: 1555: -/-/14 gracion
Jorg Neumayr, 1555, 1556 kornmesser
    St: 1555-1557: -/2/-
    StV: (1555-1557) mer -/-/3,5 fúr p[ueri] peckhenknecht.
Peter Kest spangler
    St: 1556: -/2/-
    StV: (1556) mer -/-/10,5 fúr p[ueri] Gabriel schneiderin.
Hanns Hóller (Holler) wirt [Kornmesser[2]]
    St: 1557: 1/4/17, 1558: 3/2/4 patrimonium
    StV: (1557) mer -/4/22 fúr p[ueri] Schottn; mer -/1/12 fúr den Hainrich Schötl von 6 fl gelts. (1558) mer 1/2/14 fúr p[ueri] Schotn.
Wolff Wielant peutler St: 1557: -/2/-, 1558: an chamer
Cristoff Schneckh St: 1557: -/2/- juravit
Moritz (Maritz) Planckh, 1558-1561, 1564/I-1566/II kornmesser
    St: 1558: -/4/-, 1559-1561, 1563, 1564/I-II, 1565, 1566/I-II: -/2/-
Hanns[3] Pendl [wein]reysser St: 1558: -/4/-, 1559: -/2/-
Utz (Uetz) Eckhart, 1564/I khaskháffl St: 1559, 1560: -/4/12, 1561, 1563, 1564/I: 1/1/25
jung Kirchperger St: 1560: -/2/10
Caspar Perchtold St: 1561: -/1/12 gratia
Alexannder Wildnroter (Wiltenroter) [Weinschenk]
    St: 1563, 1564/I-II, 1565, 1566/I: -/5/10 schenckhsteur
    StV: (1563-1565) mer fúr sein stieftochter -/4/19. (1566/I) und fúr seine stiefkhinder -/4/19.
Anna wagnerin St: 1564/I-II: -/2/-
Hanns Schweindl glaser
    St: 1564/I-II, 1565, 1566/I: -/3/12
    StV: (1564/I-1566/I) mer fúr seine khinder -/-/21.
Matheus Kling, 1564/I-II peckhenknecht, 1565 unser g[nädigen] f[ursten] thúr[hüter], 1566/I-II, 1567/I-II f[urstlicher] diener. 1571 Matheus Khlingin
    St: 1564/I-II, 1565: -/2/-, 1566/I: -/2/- búrger, hofsindt, 1566/II: -/2/-, 1567/I-II: -/2/- búrger, hofsind, 1571: -/2/20

---

[1] „Jäger" ab 1541-1552/I Jahr für Jahr wieder getilgt.
[2] Von 1550 bis 1555 bei Kaufingerstraße 37 Kornmesser und Wirt.
[3] 1559 „Thoman" über getilgtem „Hanns". – Hanns Pändl auch 1546-1557 Weinreisser, vgl. R. v. Bary III S. 974.

Georg (Jórg) Godmar (Gotmair) singer
　　St: 1566/I-II: -/-/- hofgsind, 1567/I: -/-/- hofgsind, 1567/II: -/-/-, 1568, 1569: -/-/- hofgsind,
　　　1570: -/-/-, 1571: -/-/- hofgsind
Valtin Spitzndrat schneider St: 1566/II, 1567/I-II: -/2/-, 1568: -/4/-, 1569-1571: -/2/-
Jórg Ruepl wiert St: 1566/II, 1567/I-II: -/5/24,5, 1568: 1/4/19
Jórg (Geórg) Bamerlen (Pemerlen, Pamerlen) khornmesser, 1569 der alt
　　St: 1567/I-II: 1/3/14, 1568: 2/6/28, 1569-1571: -/3/12
Christof Mitlhamer (Mitlhaimer), 1569, 1570 eysnkhramer St: 1569-1571: 2/2/2
graf von Rosdertzzopf (Rostertzsperg) St: 1569: -/-/- hofgsind, 1570: -/-/-
Cosman Frannckh palbierer St: 1571: -/5/10 patrimonium -/5/2

Marienplatz 4*

Lage: 1391, 1393, 1394 „an dem chorenmarkt". 1459, 1461 an der niederen Schranne. 1464 an dem
　　Markt gegen dem Brothaus über, unter der Kornschranne.
Charakter: Kornmesserhaus (Schrannengerechtigkeit).

Hauseigentümer Marienplatz 4*:

1370 die Baukommission beanstandet am Markt Marie „des Gerstel kuchen", also Küche. Sie soll abgeschafft werden und er soll den Kellerhals „gefúg machen".[1]
1375 September 27 des Gerstleins Haus ist dem Haus des Fridrich Pluom (Marienplatz 5*) benachbart.[2]
1385 Oktober 26 Hänsel Purfinger verkauft sein Haus, „gelegen am marckt, znächst des Chunrade haus des Róten kramer" (Marienplatz 5*) „Hánslein dem rótsmid".[3]
1391 Mai 23 Hansel Rotsmid hat sein Haus „an dem chorenmarkt", zwischen des Tichtlins (Marienplatz 3*) und des Chunrade [Lederer], dez Plumen Eidams, Haus (Marienplatz 5*) an Perchtold den Freysinger, den Schreiber der Phuncznerin, verpfändet.[4]
1393 August 11 Hansel Rotsmid hat sein Haus, das gelegen ist an dem Kornmarkt zunächst an des Rushaimers Haus (Marienplatz 3*) Andre dem Tichtel verpfändet.[5]
Seit 1394 September 11 die Hausfrau des verstorbenen Hans des Rotschmieds hat ihr Haus „an dem chorenmarkt", gelegen zwischen den Häusern des Rushaimers (Marienplatz 3*) und des „Chunrade lederers dez chramers haws" (Marienplatz 5*) dem „Hainreichen von Múnchen" verkauft.[6]
1392-1398 das Heiliggeistspital hat einen Zins aus dem Haus des Hainrich von München. Diese Verpflichtung übernahm um 1415 der Besitznachfolger Joerg von Naennhofen.[7] Sowohl Heinrich von München als auch Jörg von Nannhofen rechnet Katzmair zu den ersten Bösen bei den Unruhen von 1397/1403, letzterer war 1397 im Großen Rat, 1398 und 1399 äußerer Rat.[8] 1400/02 erledigt Jörg von Nannhofen Weintransporte von Ötting und Mühldorf her.[9] Heinrich von München ist Wirt. Ihm ersetzt die Stadt 1398/99 Kosten „datz der puchsenmaister datz im verzert hat".[10] Der Büchsenmeister hat sich nach der Beschau der Büchsen im Gasthaus bewirten lassen. Die Stadt übernahm die Kosten.
1413 Februar 10 das Haus des Jörg von Nannhofen ist dem Haus benachbart, dessen eines Drittel bis-

---

[1] Zimelie 9 (Ratsbuch IV) S. 4r (neu 6r).
[2] GB I 69/2.
[3] GB I 218/1.
[4] GB II 7/8.
[5] GB II 52/5.
[6] GB II 77/7. – Wenn auch der Ortsname Nannhofen bei Fürstenfeldbruck auffallend ist, so mag man sich doch nicht der Meinung von Hubert Vogel (Heiliggeistspital, Salbuch A Anm. zu Nr. 248) anschließen, daß es sich bei diesem Heinrich von München um den gleichnamigen Abt von Fürstenfeld und Verfasser einer bekannten Weltchronik handele. Gegen diese Auffassung spricht alleine schon die Tatsache, daß der Chronist Heinrich von München schon in der ersten Hälfte des 14. Jahrhunderts gelebt hat, vgl. Artikel in NDB.
[7] Vogel, Heiliggeistspital, Salbuch A Nr. 248. – Steueramt 982/1 (neu) S. 4v.
[8] Muffat, Kazmair-Denkschrift S. 461, 508.
[9] KR 1400/02 S. 43r.
[10] KR 1398/99 S. 115v.

her Haimeran Rushaimer, künftig Hainrich Part (Marienplatz 3*) gehört.[1] Jörg, der Marschall von Nannhofen, hatte am 30. März 1386 einem Bäcker und Wirt sein Haus in München verpfändet.[2] Seit um 1350 haben die Marschälle von Bergkirchen-Nannhofen die dortige Veste, dann geht sie an Hainrich Sentlinger, von dessen Witwe sie um 1403/05 an Herzog Ludwig von Ingolstadt kommt.[3]

1433 September 24 das Haus des Pörczl ist dem Haus des Prugkmair (Marienplatz 5*) benachbart.[4]

1449 das Heiliggeistspital hat ein Ewiggeld „aus Pörczel prews haus". Er steht im Salbuch zwischen dem Haus des Hanns Bart „zu Wurmegk" (Marienplatz 3*) und dem Haus des Tützen (Tutsch) (Marienplatz 5*), gehört also eindeutig hierher.[5] Dieser Bräu Perchtold Pörczel ist 1431 inquilinus bei einer Brauerei in der Sendlinger Straße, 1440 wird er Hofbräu genannt.[6] Die Brauerei in der Sendlinger Straße hat er nur gepachtet, da der dortige Hauseigentümer (Dorn ?) selbst kein Bierbrauer ist. Der hier in den Steuerbüchern von 1423-1428 erscheinende Pörczl kann durchaus derselbe sein (Berufswechsel), vielleicht aber auch der Vater.

1454 August 24 Hanns Reysentalers Haus ist dem Haus des Tutsch (Marienplatz 5*) benachbart.[7]

1454 Oktober 24 das Haus des Hanns Reisentaler an den unteren Kornschrannen liegt dem Haus des Hanns Barth (Marienplatz 3*) benachbart.[8]

1464 September 24 Hans Reysentalers Haus „an dem Markt gegen dem Brothaus über, unter der Kornschrannen" liegt zwischen den Häusern des Hanns Bart (Marienplatz 3*) und des Manhart Tutsch (Marienplatz 5*).[9]

1470 Albrecht unterm Reisentaler ist Vierer der Kornmesser,

1480 desgleichen Linhart unter dem Reisentaler.[10]

1486 domus margtmesser (StB).

1508-1514 domus die alt Marktmesserin von Starnberg (StB).

1518 September 30 das Haus des Hanns Reisentaler ist dem Haus der Dorothea Holtzkircherin (Marienplatz 5*) benachbart.[11]

1526/28, 1534/35 aus des Meisters Hanns [Schott] Schweitzer Barbiers Haus am Markt hat das Heiliggeistspital ein Ewiggeld.[12]

1533 Januar 6 der Barbier Hanns Schott und seine Ehefrau Anna verkaufen aus diesem Haus ein Ewiggeld von 5 Gulden um 100 Gulden.[13]

1535 November 12 Ulrich Paumgartner und seine Ehefrau Anna verkaufen dem Hans Schott und seiner Hausfrau Anna – den Vorbesitzern also – zwei Ewiggelder, einmal von 15 Gulden um 300 Gulden und einmal von 10 Gulden um 200 Gulden (GruBu), wahrscheinlich zur Absicherung der Kaufsumme.

1536/37 – nach 1571 aus des Utz (später Caspar) Pangartner Kornmessers Haus am Markt hat das Heiliggeistspital ein Ewiggeld, das noch über 1571 hinaus auf dem Haus liegt.[14]

1540 Oktober 31 der Kornmesser Ulrich Paumgartner und seine Hausfrau Anna verschreiben aus diesem Haus dem Heiliggeistspital ein Ewiggeld von 5 Pfund (!) Pfennigen. Es soll ein neuer Hauptbrief ausgestellt werden (GruBu).

1553 August 1 Herr Veit Paumgartner, Priester zu Vierkirchen, und die Vormünder von Ulrich Paumgartners Sohn Caspar verkaufen 5 Gulden Ewiggeld an des weiland Paumgartners, Papierers in der Au bei München, hinterlassene Tochter Anna um 100 Gulden Hauptsumme (GruBu).

1558 Juli 20 die Vormünder von Ulrich Paumgartners Söhnen Veit und Caspar verkaufen ein Ewiggeld von 5 Gulden um 100 Gulden aus dem Haus (GruBu).

---

[1] GB III 134/14.
[2] Hemmerle, Archiv des ehem. Augustinerklosters, Urk. Nr. 27.
[3] RB XI 326, 330 und Handbuch der Historischen Stätten Deutschlands, Bd. 7 Bayern, Art. "Nannhofen".
[4] Urk. B II b Nr. 656.
[5] Zimelie 40 (Heiliggeistspital, Salbuch B) S. 9r.
[6] Stahleder, Bierbrauer S. 79/80.
[7] MB XX 289 S. 443/447.
[8] Hufnagel/von Rehlingen, St. Peter Urk. 144.
[9] Urk. G IV c Nr. 1.
[10] RP 2, Neuwahl der Handwerksvierer.
[11] Urk. C IX c 1 Nr. 803. Die Urkunde ist schon seit 1862 verschollen.
[12] Heiliggeistspital (Rechnungen) 176/21 (1526/27) S. 13v (ohne Ortsangabe), 176/22 (1527/28) S. 14v „am Markt", 176/26 (1534/35) S. 15v ohne Ortsangabe. In den Jahren dazwischen (176/23-25) nicht genannt.
[13] Stadtgericht 207/1 (GruBu) S. 543v/544v.
[14] Heiliggeistspital (Rechnungen) 176/27 (1536/37) S. 16v (erstmals), immer noch 176/53 (1571) S. 12v.

1566 September 2 Veit Paumgartner, Pfarrer von Vierkirchen, und der Kornmesser Caspar Paumgartner, Gebrüder, verkaufen ein Ewiggeld von 10 Gulden um 200 Gulden aus dem Haus (GruBu).
1568 September 2 erneuter Ewiggeldverkauf der beiden Brüder Paumgartner aus dem Haus, wiederum 10 Gulden um 200 Gulden (GruBu).
1570 Januar 13 und
1570 Mai 7 der Salzsender Caspar Paumgartner und der Befehlshaber des Pfarrers von Vierkirchen, Veit Paumgartner, verkaufen Ewiggelder von 3 Gulden um 60 Gulden und von 2 Gulden um 40 Gulden aus dem Haus (GruBu).
1574 laut Grundbuch (Überschrift) Veiten Paumgartners Pfarrers zu Vierkirchen Haus.
1577 Januar 19 der Pfarrer zu Vierkirchen Veit Paumgartner verkauft dieses Haus samt der Kornschranne an den Kornmesser Georg Pemerl den Jüngeren und seine Hausfrau Ottilie (GruBu).

Eigentümer Marienplatz 4*:

* Niclas Gerstel
    St: 1371, 1372: 3/-/-, 1375: -/9/10
    StV: (1372) et ob post 0,5/-/24.
* Hänsel Purfinger [bis 1385 Oktober 26]
* Hanns rotsmid. 1394 relicta rotschmidin [1385 Oktober 26 bis 1394 September 11]
    St: 1387: -/-/80, 1388: -/5/10 iuravit, 1390/I-II: -/5/10, 1392: -/3/6, 1393: 0,5/-/8, 1394: -/-/32
* Hainrich von München[1] [1398/99 Wirt]. 1400 patrimonium Hainrich von München
    St: 1395: -/10/-, 1396, 1397, 1399: -/15/-, 1400: -/-/-
    Pferdemusterung, um 1398: Hainrich von Munchen sol haben 1 pferd umb 20 [darüber korrigiert 16[2]] gulden und der stat damit warten.
* Jorig (Marschalk) Naenhofer, 1413 von Naenhofen [äußerer Stadtrat[3], Weinhandel]. 1416-1419 relicta Jorigin (Jorgin, Jorin) von Naenhofen
    St: 1400, 1401/I: 4/-/-, 1401/II: 6/5/10 iuravit, 1403: -/13/10 iuravit, 1405/I: -/13/10, 1405/II: -/22/- iuravit, 1406-1408: 3/5/10, 1410/I: 2,5/-/- iuravit, 1410/II: 3/-/80, 1411: 2,5/-/-, 1412: 3/-/80, 1413: -/12/- iuravit, 1415: -/12/-, 1416: 2/-/- patrimonium, 1418: -/14/-, 1419: -/14/- patrimonium
    StV: (1415) und wann er aufstet [vom Krankenlager ?], so sol er swern.
  Marttein peck, ir [der Jorigin von Naenhofen] aydem
    St: 1416: -/7/14 iuravit
* [Perchtolt] Porczel (Pórczel), 1423, 1424 protknecht. 1428 Pórczel lámpler [1431 prew]
    St: 1423: 2,5/-/-, 1424: -/6/20 hat zalt, 1428: dedit 14 gross
    StV: (1428) für sich, sein hausfraw und sein dieren.
* Hanns Reisentaler (Reyssendaller), 1462 schneyder.[4] 1482 Reisentalerin
    St: 1453-1458: Liste, 1462: -/3/1, 1482: -/3/-
  et pueri
    St: 1482: -/1/8
* domus margtmesser [vgl. Marienplatz 10*]
    St: 1486: anderswo
* relicta die alt martmesserin. 1508 domus die alt martmeserin. 1509 domus martmesserin von Starnberg. 1514 domus marcktmásserin
    St: 1500: -/4/29, 1508, 1509: -/3/22, 1514: Liste
** Hans Schott. 1509 maister Hanns Schott, 1522-1532 barbierer[5] [∞ Anna]
    St: 1508, 1509: -/2/11, 1522: -/6/7, 1523-1526, 1527/I: 1/-/12, 1527/II, 1528, 1529: 1/1/10, 1532: -/3/8
    StV: (1522) sol bis jar seiner hausfrau gut zusetzn. (1523) hat seiner hausfrauen gut zugesetzt. (1532) von seinem ewigen und zinßgellt.

---
[1] Nach Katzmair einer der ersten Bösen bei den Bürgerunruhen.
[2] 16 über korrigiertem 20.
[3] Nach Katzmair einer der ersten Bösen bei den Bürgerunruhen. – 1397 Mitglied des Großen Rates, 1398 und 1399 äußerer Stadtrat.
[4] Hanns Reisentaler 1466 Vierer der Schneider 1466, vgl. RP 1, Neuwahl der Handwerksvierer.
[5] Meister Hanns Schott gen. Schweitzer 1530-1542 Stadtwundarzt, vgl. R. v. Bary III S. 1018.

** Utz (Ulrich) Paungartner (Paumgartner), 1523-1532 k[ornmesser] [∞ Anna, geb. Schott ?]
   St: 1522-1526, 1527/I: -/6/16, 1527/II, 1528: 1/-/18, 1529, 1532: 1/1/23, 1540-1542: 1/1/10, 1543: 2/2/20, 1544: 1/1/10, 1545: 5/-/-, 1546-1548, 1549/I-II, 1550, 1551/I-II, 1552/I: 2/3/15 patrimonium, 1552/II: 2/3/15 patrimonium das ander
   StV: (1529) hat seins schwehern gut zugesetzt; [am linken Rand:] sol biß jar 10 k[reuzer] zusetzn. (1540-1542) et dedit -/-/21 fúr p[ueri] Gerold schneider. (1543, 1545) mer -/1/12 fúr p[ueri] Gerold (Gerwold) schneider. (1544, 1546-1551/II) mer -/-/21 fúr p[ueri] Gerold schneider. (1552/II) ward 1/2 fl nachgelassen dem Chamerer peckhen.
   jung Hanns Schott palbierer. 1544-1547 Hanns Schott palbierer
       St: 1543: -/3/22, 1544: -/4/17 juravit, 1545: -/6/14, 1546, 1547: -/3/7
       StV: (1543) sein alte steur, ist der gratia erlassn.
** die unmündigen Kinder Veit und Caspar des Ulrich Paumgartner [1553 August 1, 1558 Juli 20]
   Wolff (Wolfgang) Schultheyß (Schultheis, Schultheß, Schulthais), 1552/II-1554/II, 1556, 1558-1560 kornmesser [∞ Witwe Paumgartner ?]
       St: 1552/I: -/1/12 gracion, 1552/II: -/1/12 gracion die ander, 1553, 1554/I-II, 1555-1557: -/3/11, 1558: -/6/22, 1559, 1560: -/3/11, 1561: -/-/-, 1563: -/2/-
       StV: (1553-1557, 1559, 1560) mer -/1/13 fúr p[ueri] Paungartner. (1558) mer -/2/26 fúr p[ueri] Paungartner. (1561) an chamer -/2/-, soll hinfúron sein weib, insonderhait auch steuern. Adi 6. Junii anno [15]62. (1563) mer fúr sein weib -/2/27.
** Veit und Kaspar Paumgartner, Gebrüder [1566 September 2, 1568 September 2]
** Caspar Paungartner, 1571 salzsennder [und Kornmesser[1]]
       St: 1560: 4/6/9 juravit, 1561, 1563, 1564/I-II, 1565, 1566/I-II, 1567/I-II: -/5/28, 1568: 1/4/26, 1569-1571: -/5/10 [Salzsendersteuer]
       StV: (1560) zuegesetzt Widmans erb. (1561) mer fúr sein bruedern folio 90v [Ewiggeld]. (1563, 1564/I) mer folio 91v [Ewiggeld] für sein brueder(n) herr Veitten (Veitt) [Pfarrer zu Vierkirchen]. (1564/II-1566/II) mer folio 91v [Ewiggeld] fúr herr Veit Paungartner. (1567/I-II) mer fúr herr Veit Paungartner folio 6v [Ewiggeld]. (1568) mer fúr Paungartnerin. (1568) mer fúr herr Veit Paungartner folio 6v [Ewiggeld]. (1569) mer fúr herr Veit Paungartner folio 6v [Ewiggeld]. (1570) mer fúr herr Veith Paungartner folio 2v [Ewiggeld].
   Hanns Schot palbierer (barbierer)
       St: 1563: -/2/-, 1564/I-II, 1565, 1566/I-II, 1567/I-II: -/2/4, 1568: -/4/8
       StV: (1563) fúr sein hausfrau; mer gratia fur ine -/-/14. (1564/I) mer fúr sein schwiger[mutter] -/-/14. (1564/II-1567/I) mer fúr sein schwiher (schwiger), so im selhauß -/-/14. (1567/II) mer fúr sein schwiher -/-/14. (1568) mer fúr seine schwiher -/-/28.
** domus herr Veyt Paungartner, pfarrer zu Vierkhirchen
       St: 1571: -/2/10

Bewohner Marienplatz 4*:

Hainrich scriptor judicis. 1369 Hainrich scriptor St: 1368: -/-/-, 1369: -/12/- gracianus
relicta Trullerin (Trúllerin) inquilina St: 1368: 0,5/-/-, 1369: -/6/-
Chunrat Paurenfeint [Weinhändler ?], 1369 inquilinus
       St: 1368: -/-/48 gracianus, 1369: 0,5/-/- gracianus
       StV: (1368) solvit -/-/48 et obligavit ciphu[lum].[2]
Hainrich von Egling, 1371 inquilinus St: 1371: -/-/72 juravit, 1372: -/-/72
swertfúrb von Freysing inquilinus St: 1375: -/-/80
Jacob Kemmater St: 1377: 3/-/60 juravit, 1378, 1379: 3/-/60
Maenhart vragner, 1378 inquilinus St: 1377: -/-/15 juravit, 1378: -/-/15
Tónigel [korn]messer inquilinus St: 1379: -/-/24
Herman Kúnig (Kunig)[3] St: 1381, 1382: -/9/-, 1383/I: -/9/- post -/-/60 Regenspurger
Lippel richterskneht inquilinus St: 1387: -/-/12 gracianus

---

[1] Vietzen S. 148 (Salzsender) und Grundbuch 2.9.1566 (Kornmesser), vgl. Einleitung zu diesem Haus.
[2] Ganzer Vermerk 1368 am rechten Rand und wieder getilgt. – Ciphulus = skyphus, von griechisch skyphos = Becher.
[3] Herman Kunig 1381 Mitglied des Großen Rats, vgl. R. v. Bary III S. 747a.

Kolb (Cholb) nadler inquilinus St: 1390/I: -/-/16, 1392: -/-/12
Herman Weyermayr (Weymayr) inquilinus, 1390/II kornmezzer
	St: 1390/I: 0,5/-/- iuravit, 1390/II: 0,5/-/-, 1392: 0,5/-/9
Kuncz swarcz Bayr inquilinus St: 1390/II: -/-/48
Hans Stángl nadler. 1394 Hensel Stenglin nadler[in] inquilina
	St: 1392: -/-/14 gracianus, 1393: -/-/16 iuravit [am Rand:] mortuus, 1394: -/-/16
Fridl nadler inquilinus St: 1392: -/-/15 gracianus, 1393: -/-/16 iuravit
Hensel schmid inquilinus St: 1394: -/-/80
Óttel Weiss St: 1394: -/-/24
[Hans] Zwickel kornmesser[1] inquilinus
	St: 1400, 1401/I: -/-/60 fur (fúr) 10 lb, 1401/II: -/5/10 iuravit, 1403: -/5/10
Ulrich Reyswadel inquilinus St: 1403: -/15/10
Ulrich (Ulreich) kornmesser, 1405/I-II, 1411, 1413, 1416 inquilinus
	St: 1405/I: -/6/28, 1405/II: -/7/6 iuravit, 1411: -/5/24, 1412: -/7/22, 1413: -/5/- iuravit, 1415: -/5/6, 1416, 1418: -/6/28
Hanns Osterdorffer inquilinus, 1407 kornmesser St: 1406: -/-/88 fúr 11 lb, 1407, 1408: -/-/88
Haincz Smydel kornmesser inquilinus St: 1410/I: -/-/60
Ulrich Ringwirt [Kornmesser[2]] inquilinus St: 1419: -/-/60
Ulreich Haithawser sneyder inquilinus St: 1423: -/3/-
Margred Schyrffryn inquilina St: 1423: -/-/7
Chunrat Stainmulner, 1431 kornmesser
	St: 1428: dedit 2 gross, 1431: -/-/68 iuravit
	StV: (1428) fur sich und sein weib.
Múldorffer sneider. 1431 Hanns Muldorffer sneider
	St: 1428: dedit 5 gross, 1431: -/-/88 iuravit
	StV: (1428) für sich, sein hausfraw und fur drey ehalten, et dedit mer ain knecht 1 gross.
Kellner satler St: 1428: dedit 2 gross fur sich und sein weib
Albrecht sniczer St: 1431: -/-/-
Fuchs kuchelpacher Sch: 1439/I-II: 1 t[aglon]
relicta Hainrich verberin Sch: 1439/I-II: 0,5 t[aglon]
Lienhart Ostermair, 1439/II weber, 1441/II [korn]messer Sch: 1439/II, 1440, 1441/I-II: 1 t[aglon]
Liebel (Liebhart) Koppnhofer, 1441/II inquilinus Sch: 1440: -/-/16, 1441/I-II: -/-/15
Ulrich Plúmel (Plumel) inquilinus Sch: 1440, 1441/I-II: 1 t[aglon]
Albrecht Nurenberg[er] sneider Sch: 1441/II: -/-/15
Hainrich Táfkircher [Schneider[3]] Sch: 1445: 3 ehalten
Hanns Taẃerl paẃtler Sch: 1445: 1 knecht
Ulrich Lipp kornmesser St: 1450: Liste
Hanns Mautner nadler St: 1450: Liste
Chunrat tagwercher inquilinus St: 1450: Liste
Chunrat weber inquilinus St: 1450: Liste
Hanns Kelhaimer [Kornmesser[4]] St: 1453-1455: Liste
Ulrich krapfnpacher St: 1453: Liste
Chunrat vom Tichtel [fragner] St: 1454, 1455: Liste
Chunrat Gruber, 1456, 1458 fragner, 1457 inquilinus St: 1456-1458: Liste
Michel kornmesser[5], 1458, 1462 inquilinus St: 1456-1458: Liste, 1462: -/6/15
Kristan holczhacker inquilinus St: 1456, 1457: Liste
Conrat Arnolt inquilinus St: 1458: Liste
Partel Wulfing [später Kammerknecht[6]] inquilinus St: 1462: -/-/65

---

[1] 1400 versehentlich „zernmesser". – Vgl. auch Marienplatz 2.
[2] Ull Ringwirt 1407 Marktmesser bei Marienplatz 10*, 1408, 1410 und 1412 bei Marienplatz 5* und 6* Kornmesser.
[3] So 1423 und 1431 bei Rosenstraße 6.
[4] Vgl. Marienplatz 7**.
[5] Als „Michl kornmesser unter der nidern/untern schrannen" 1459 und 1461 Vierer der Kornmesser, vgl. RP 1, Neuwahl der Handwerksvierer.
[6] Bartlme Wúlfing 1467-1475 und 1492-1504 als Kammerknecht belegt, vgl. R. v. Bary III S. 860.

Ann ain am [= Amme] inquilina St: 1462: -/-/40
[Albrecht unterm Reisentaler 1470 Vierer der Kornmesser[1]]
Lienhard Weisenoder kornmesser[2] St: 1482: -/4/-
Schaur kartenmacher St: 1482: -/2/20
Halbachs [Maler[3]] St: 1482: -/-/60
Els Schimlin, una inquilina St: 1482: -/-/60
Symon (Sigmund) Zehenter (Zehntner, Zehentner), 1490, 1496, 1500 kornmesser[4]
    St: 1486, 1490, 1496: -/2/24, 1500: -/2/14
Katzpeck St: 1486: -/-/60
Franck wirflmacher St: 1486: -/-/69
Hanns Rúmel [schneider[5]] St: 1490: -/3/5
Dietrich palbiererin St: 1490: -/-/60
angermulnerin St: 1490: -/-/60
Michel zolner gurtler St: 1490: -/-/60
Karnerin inquilina St: 1490: nihil, servit
Hainrich Kemater sneider[6] St: 1496: -/3/19
Wolfgang Polster, 1500 h[...] [Weinschenk[7]] St: 1496: 1/-/18, 1500: -/2/5
Thoman Sitenpeckin St: 1496: -/2/20
Clara Streicherin. die alt Clara und ir tochter St: 1500, 1508: -/-/60
Jacob Neblmair kornmesser[8] St: 1500: -/7/13
Fricz Feler k[ornmesser] St: 1500: -/2/18
Jorg Kirchmer (Kirchmair) kornmesser[9] St: 1508, 1509: -/5/11, 1514: Liste
Madlena (Madlen) slairweberin (schlairbeberin), 1508 inquilina St: 1508, 1509: -/2/22, 1514: Liste
Hanns Rieger amer. 1522 Rieger amer[10]
    St: 1508: anderswo, 1509: -/-/60, 1514: Liste, 1522, 1523: -/2/-
Contzin inquilina St: 1514: Liste
una inquilina St: 1514: Liste
Hanns siber St: 1522: -/5/27, 1523: -/2/-
lauttenschlaher (luttinist), 1525 inquilinus St: 1524-1526, 1527/I: nichil
briefmaler, 1526, 1527/I briefmalerin St: 1524-1526, 1527/I: -/2/-
Hanns [Grassing] ambtman St: 1525: nichil, 1527/I: nichil, schlegl[11]
schlairweberin St: 1526, 1527/I: -/2/-
Hessin St: 1527/II, 1528: -/2/-
Andre ambtman[12] St: 1528: nichil
Wilhalm Heisshamer (Heushamer, Heyshamer)
    St: 1532: -/3/15, 1540-1542: -/2/-, 1543: -/4/-, 1544: -/2/-, 1545: -/4/-, 1546, 1547: -/2/-
Ursula schlairweberin St: 1532: -/2/-
Hans Hoffman leermaister St: 1548, 1549/I: -/2/-
Sebastian (Bastian) Franckh, 1549/I, 1551/II-1556 palbierer[13]
    St: 1549/I-II, 1550, 1551/I-II, 1552/I-II: -/4/20, 1553, 1554/I-II, 1555-1557: -/5/28
    StV: (1549/II-1552/II) mer -/1/12 fúr p[ueri] Glockhner. (1553-1557) mer -/1/26 fúr p[ueri] Carl

---

[1] „Albrecht unterm Reysentaler" ist 1470 Vierer der Kornmesser, vgl. RP 2, Neuwahl der Handwerksvierer.
[2] „Linhart unter dem Reisentaler" 1480 Vierer der Kornmesser, vgl. RP 2, Neuwahl der Handwerksvierer.
[3] So 1462 bei Marienplatz 1.
[4] Sigmund Zehentmair/Zehentner ist 1502 Vierer der Kornmesser, vgl. RP 5, Neuwahl der Handwerksvierer.
[5] Hanns Ruml 1475, 1488-1490 Vierer der Schneider, vgl. RP.
[6] Hainrich Kemmater ist 1505-1509, 1511, 1513, 1514, 1516, 1517, 1519, 1520 Vierer der Schneider, vgl. RP.
[7] Wolffgang Polster, der Zinsmaisterin Mann, 1493 Aufnahme in die Weinschenkenzunft, vgl. Gewerbeamt 1418 S. 7v.
[8] Jacob Neblmair ist 1481 und 1494 Vierer der Kornmesser, vgl. RP.
[9] Jörg Kirchmair ist Vierer der Kornmesser 1509, vgl. RP 6, Neuwahl der Handwerksvierer.
[10] Hanns Rieger 1506-1531 als Weinamer belegt, vgl. R. v. Bary III S. 967/968.
[11] Hanns Grassing 1527-1529 Schlegel, vorher Gerichtsamtmann/Fronbote, 1529 Entlassung wegen Pflichtvergessenheit, vgl. R. v. Bary III S. 817, 815.
[12] Andre bei R. v. Bary III S. 815 nur 1529 als Gerichtsamtmann belegt.
[13] Sebastian Franckh ist ab 1557 Stadtwundarzt, vgl. R. v. Bary III S. 1019, nach KR.

Lóchner (Lóchler, Löchner); mer -/-/14 fúr p[ueri] Peringer.
Alexander leermaister St: 1549/II: -/2/-
Sigmund sporer
    St: 1550, 1551/I: -/2/-
    StV: (1551/I) zalt -/6/- an chamer 3 nachsteur am 28. Septembris.
Hanns deckhenmacher. 1552/I Hanns Chamerer deckhenmacher St: 1551/II, 1552/I-II: -/2/-
Hanns Henneman (Hanneman) deckhenmacher St: 1553, 1554/I-II: -/2/-
Jorg schmid palbierer St: 1558: -/4/22, 1559: -/2/11
Thoman vischer riemer
    St: 1559, 1560: -/2/-, 1561, 1563, 1564/I-II, 1565, 1566/I-II: -/3/25, 1567/I-II, 1568, 1569: an chamer
N. Klarber St: 1560: nihil, entloffen
Wolff Fasolt padkhnecht inman
    St: 1561: -/1/23 gratia
    StV: (1561) soll auffs jar den 3. tail zuesetzn.
Hanns Franckh trabannt
    St: 1564/I-II: -/2/-, 1565: -/2/- trabant und búrger, 1566/I: -/2/- búrger, hofgsind, 1566/II, 1567/I: -/2/- búrger unnd hofgsind, 1567/II: -/2/- búrger, hofgsind
Jórg (Geórg) Pemerlen (Pomerlen, Pamerlen) der jung(er) [Kornmesser]
    St: 1568: -/4/-, 1569-1571: -/2/-
Augustin Hendtsperger, 1569 stuelschreiber St: 1569-1571: -/3/25
Anna hamerschmidin naterin St: 1570, 1571: -/2/-

Marienplatz 5*

Lage: 1398 an der Korngassen. Ca. 1416 gegenüber der Stiege des Brothauses. 1449 bei dem Brothaus. 1454, 1485 unter der (den) Kornschranne. 1460 „unter der nidern schrann".

Charakter: Kornmesserhaus (Schrannengerechtigkeit). 1399/1403 Gaststätte. 1485/86 Fremdenherberge. 1550/1565 Fremdenherberge, 24 Pferde. Im 18. Jahrhundert Bockkneipe „Zum Steindl", auch „Zu den drei Kronen" und „Zur goldenen Krone" genannt.[1]

Hauseigentümer Marienplatz 5*:

1370 die Baukommission verlangt am Markt Marie von Fridrich Plúm, er und Hainrich Stupf (Marienplatz 6*) sollen einen Durchgang machen „durch die vragner und sol der Plúm sein stieg aufrichten nach werchláut rat, daz si gefúg wird, das sol der Stúpf auch tun umb seinen kellerhals".[2] Friedrich Plum war 1365 Mitglied des Großen Rats beziehungsweise der Gemain.[3]

1372 Mai 31 der Plúm hat sein Haus, „gelegen an dem Zermantel" (Weinstraße 20*) um dritthalb hundert Gulden dem Bürger Eberhart dem Lieber von Augsburg verpfändet.[4] Tatsächlich stoßen die beiden Häuser Marienplatz 5* und Weinstraße 20* rückwärts aneinander.

1375 September 27 Fridrich Pluom verpfändet sein Haus, gelegen zunächst am Haus Gerstleins (Marienplatz 4*), dem alten Ulrich Potschner.[5]

1383 Dezember 5 das Haus „dez Plómen saeligen" ist Nachbar zu dem des Hainrich Stúphen (Marienplatz 6*).[6]

1385 Oktober 26 Hänsel Purfingers, künftig des Hänslein des Rotsmid Haus (Marienplatz 4*), ist dem Haus des „Chunrade des Röten kramer" [= Konrad der Rot, Kramer] benachbart.[7] Damit dürfte der später genannte Konrad, des Pluomen Eidam, gemeint sein.

1390/98 das Heiliggeistspital hat einen Zins „auz des Plúmen hauz".[8]

---

[1] Stahleder, Haus- und Straßennamen S. 506/508, 524.
[2] Zimelie 9 (Ratsbuch IV) S. 4r (neu 6r).
[3] Dirr, Denkmäler S. 582.
[4] GB I 28/3.
[5] GB I 69/2.
[6] GB I 195/3.
[7] GB I 218/1.
[8] Vogel, Heiliggeistspital, Salbuch A Nr. 249.

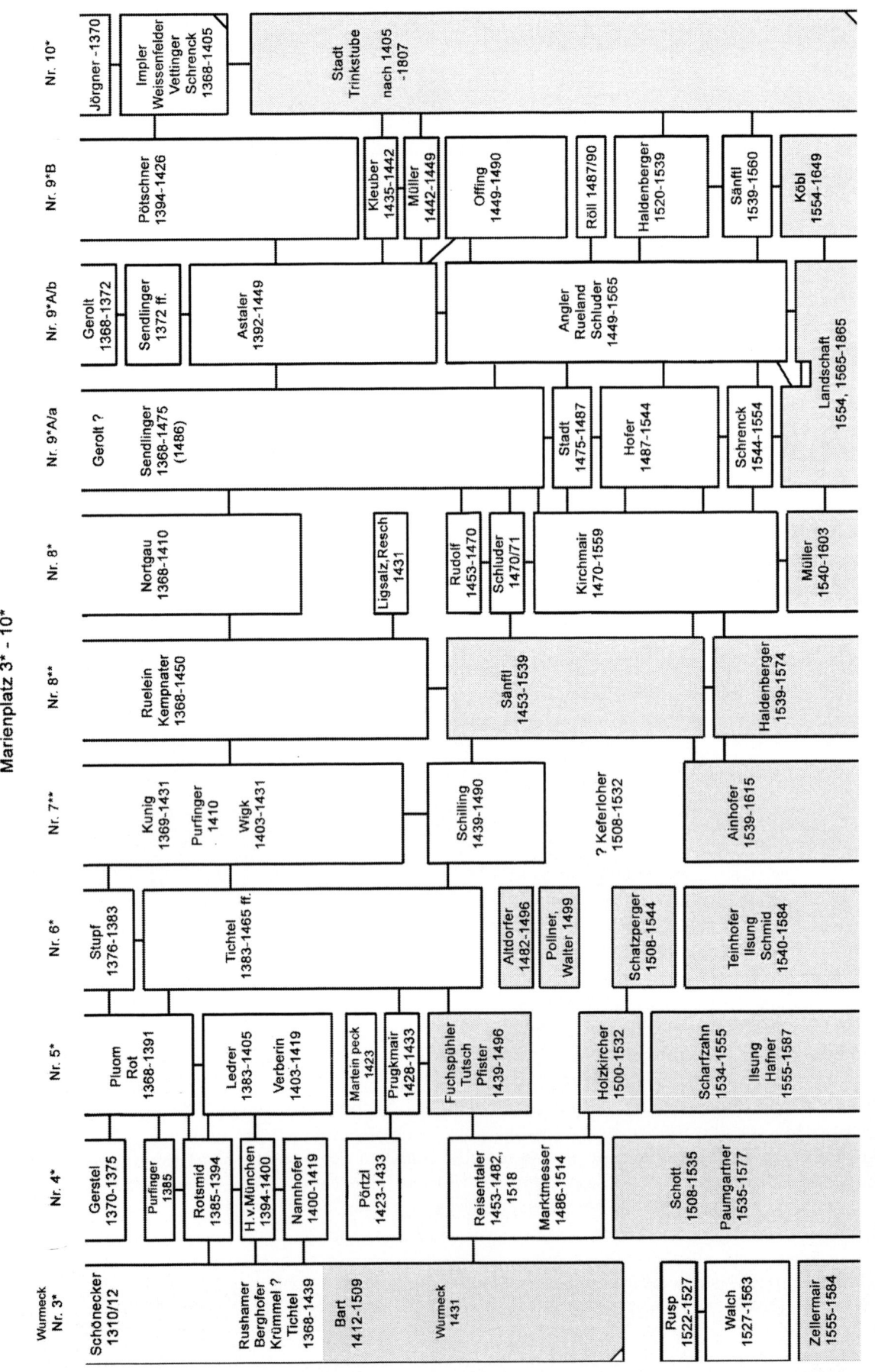

Abb. 40 Hauseigentümer Marienplatz 3* – 10*.

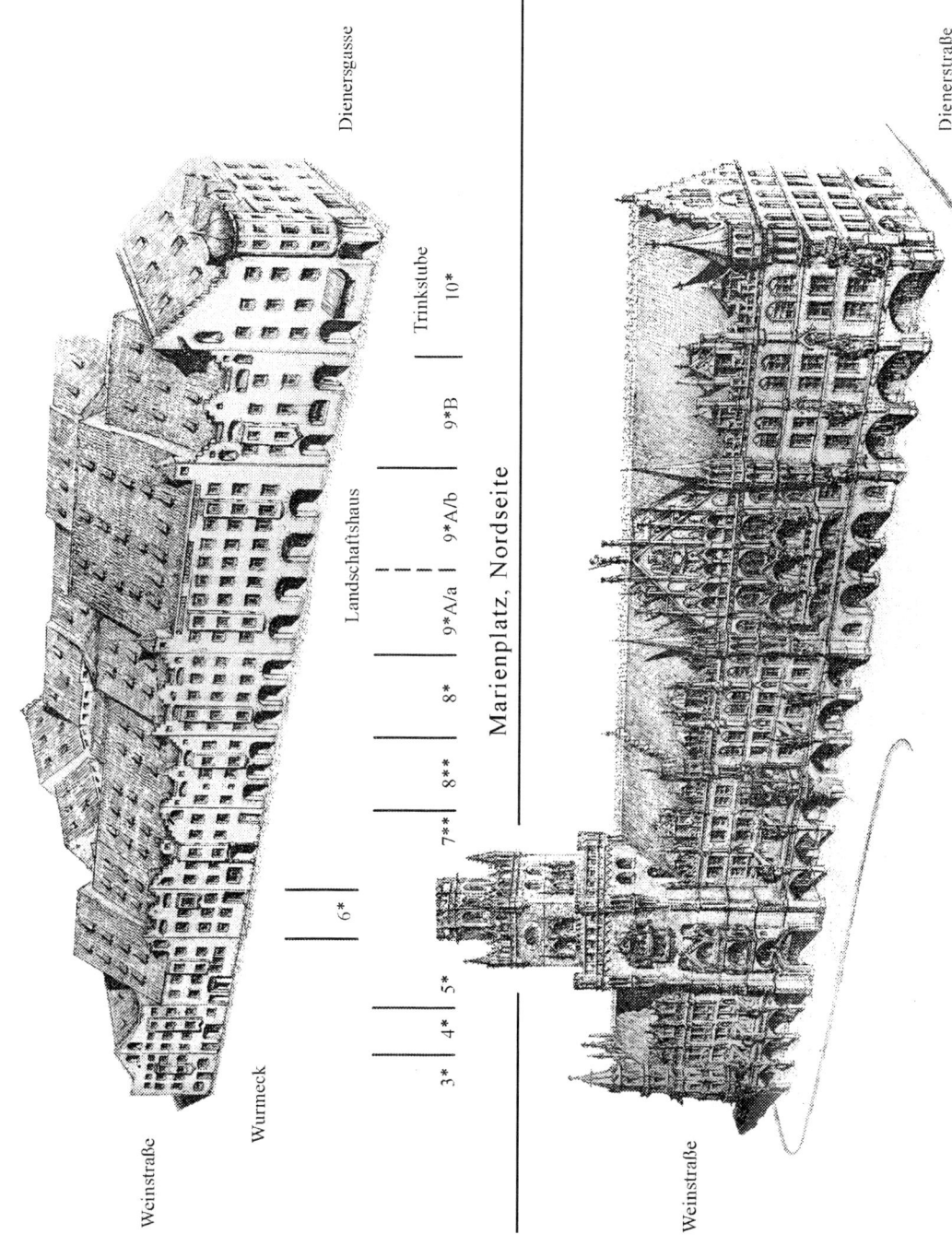

Abb. 41 Marienplatz Nord Nr. 3* – 10*, Häuserbuch Graggenauer Viertel S. 176/177.

1391 Mai 23 das Haus „von Chunrade [Lederer], dez Plúmen aydem" ist dem Haus des Hansel Rotsmid „an dem chorenmarkt" (Marienplatz 4*) benachbart.[1]

1392-1398 das Heiliggeistspital hat ein steuerfreies Ewiggeld aus „domus Chunrat ledrer an der Korngazzen".[2]

1394 September 11 das Haus „Chunrade lederers dez chramers" ist dem Haus der Witwe des Hans des Rotschmieds, künftig des Hainrich von München (Marienplatz 4*), benachbart.[3]

1399/1400 gelegentlich wird immer noch ein veralteter Hauseigentümer genannt. In dieser Kammerrechnung nimmt die Stadt ein Bußgeld ein von „Fridlein [Klinger] dem kornmesser under der Plumyn" genannt.[4] Die Plumin scheint auch noch im Haus zu wohnen und betreibt eine Weinschenke. In der Zeit der Unruhen erhält sie als einer der „Wirte" von der Stadt Verpflegungskosten für einquartierte Soldaten für den Kriegszug (die „Rais") ersetzt, so 1398/99 eine der höchsten Summen, die überhaupt ausgezahlt wurden: 25 Pfund 5 Schillinge und 23 Pfennige „Margareden der Plümyn an irem gelt, daz man datz ir verzert hat in der rais".[5] 1399/1400 erhält Gredlein die Plümin noch einmal „von der rais wegen" als einer der Wirte 2 ½ Pfund und 24 Pfennige, ebenso 1400/1402 und 1402/1403.[6]

Um 1416 ein Kramladen „under dem prothaus an der Stiegen" liegt „gen der verberin haus über" (Marienplatz 5*).[7] Da die „verberin" die Erbschaftssteuer für die Ledrerin zahlt, dürfte sie Mutter und Tochter sein.

1423 domus Marttein peck (StB).

1433 September 24 das Haus des Hainrich Prugkmair liegt zwischen den Häusern des Pörczl (Marienplatz 4*) und des Tichtel (Marienplatz 6*).[8] Prugkmair erteilt jetzt seiner Hausfrau Barbara die Vollmacht, den Verkauf des Hauses zu vollziehen. Der Käufer wird leider nicht genannt. Es dürfte jedoch Mänhart Tutsch/Tütsch gewesen sein.

1442 April 18 das Haus von Hainrich Fuchspüchler (Schwiegersohn von Mänhart Tutsch) ist dem Haus von Wilhalm Tichtel (Marienplatz 6*) benachbart.[9]

1449 „aus Mänhart Tüczen hauß pei dem prothauß" hat das Heiliggeistspital ein Ewiggeld, das 1454 von „Michel pfister von hof" abgelöst wird.[10]

1454 April 14 der Zins des Heiliggeistspitals wird von „Michel pfister von hof" (Schwiegersohn von Mänhart Tutsch)] abgelöst.[11]

1454 August 24 Hanns Disch (!) hat zum Jahrtag der Ditschen (Tutschen) in Unserer Lieben Frau 3 Schillinge und 15 Pfennige verschrieben.[12] Als seine Erben werden genannt: Hanns Tutsch (Sohn), Michel Pfister (Schwiegersohn) und seine Hausfrau Margareta, die Tochter Anna (verheiratet mit einem Mann mit Vornamen Paul (wohl Hainlich oder Haindl), dazu die Kathrey Fuchspüchlerin (Tochter) und die wohl noch unmündigen Kinder Elspet, Barbara und Andre Tutsch, alle des Mänhart Tutsch seligen Kinder und Schwiegerkinder. Sie bestätigen die Stiftung des Tutsch mit einem Ewiggeld aus all der genannten Personen eigenem Haus und Hofstatt am Markt „under der kornschrannen", zwischen Wilhalm Tichtels (Marienplatz 6*) und des Hans Reisentalers Häusern (Marienplatz 4*), so wie sie es vom Mänhart Tutsch ererbt haben.[13]

1454 auch das Angerkloster hat zwei Pfund Ewiggeld „aus Tautschen haws".[14]

1464 September 24 das Haus des Manhart Tutsch ist dem Haus des Hans Reysentaler (Marienplatz 4*) benachbart.[15] Der Text greift wohl auf den einer älteren Urkunde zurück oder die Erbschaft ist noch nicht aufgeteilt und es wird deshalb immer noch Mänhart Tutsch als Eigentümer genannt.

---

[1] GB II 7/8.
[2] Steueramt 982/1 (neu) S. 33v.
[3] GB II 77/7.
[4] KR 1399/1400 S. 42r.
[5] KR 1398/99 S. 114v.
[6] KR 1399/1400 S. 119r, 1400/02 S. 103r ff., 1402/03 S. 100r.
[7] Zimelie 34 (Stadtzinsbuch) S. 7r.
[8] Urk. B II b Nr. 656.
[9] MB XX 238 S. 317. – Urk. D I e 1 - XII Nr. 7; Kirchen und Kultusstiftungen 254 Blatt 2r.
[10] Zimelie 40 (Heiliggeistspital, Salbuch B) S. 9r, 36r.
[11] Vogel, Heiliggeistspital, Salbuch A Nr. 249 und Zimelie 40 (Heiliggeistspital, Salbuch B) S. 36r.
[12] Stadtgericht 207/1 (GruBu) S. 547v/548v.
[13] MB XX 289 S. 443/447.
[14] Kämmerei 64 S. 9v.
[15] Urk. G IV c Nr. 1.

Abb. 42 Marienplatz Nord Nr. 3* – 10* auf dem Sandtner-Modell von 1572. Links Weinstraße, rechts Dienerstraße. Foto: Bayerisches Nationalmuseum, München.

1465 Januar 27 jetzt nennt eine Urkunde wieder den Schwiegersohn Hainrich der Fuechsperger (so statt Fuchspüchler!) als Eigentümer des Hauses und Nachbar der Brüder Wilhalm und Sebastian Tichtel (Marienplatz 5*).[1]

1485 die Stadt zahlt „der pfisterin unttern kornschrannen umb atzung des Grämerls roß" zwei Schillinge. Der Grämerl wurde hingerichtet (verbrannt).[2] Das Pferd war bei der Pfisterin eingestellt und die Stadt übernahm die Futterkosten für das Pferd.

1487 das Ewiggeld des Heiliggeistspitals „aus des Michel pfisters haws am markt" wird genannt.[3]

1518 September 28 Dorothea Holtzkircherin verkauft ein Pfund um 20 Pfund Pfennige Ewiggeld aus dem Haus (GruBu).

1518 September 30 das Haus der Dorothea Holzkircherin liegt zwischen den Häusern des Hanns Reisentaler (Marienplatz 4*) und des Michael [Schatzperger] Kornmesser (Marienplatz 6*).[4]

1534 Januar 3 die Pfleger von Wilhelm Scharfzand dem Jüngeren verkaufen ein Ewiggeld von 5 Gulden um 100 Gulden aus dem Haus (GruBu). Gleiches tun sie

1535 Dezember 8 und **Dezember 9** (je 10 Gulden um je 200 Gulden) und

1544 April 20 (5 Gulden um 100 Gulden) (GruBu).

1552 November 18 der Weinschenk Georg Hillsung und seine Hausfrau Ursula verkaufen ein Ewiggeld von 20 Gulden um 400 Gulden (GruBu).

1555 März 31 das Ehepaar Hillsung (Ilsung) verschreibt Wilhelm Scharfzahn und seiner Hausfrau Anna Ridler ein Ewiggeld von 10 Gulden für 200 Gulden Hauptsumme zur Entrichtung der Kaufsumme um dieses Haus. Diese Hypothek verkauft das Ehepaar Scharfzahn am 8. April 1555 weiter an den Gastgeb Christoph Strobl und seine Ehefrau Anna (GruBu). Das Ehepaar Hillsung verkauft in der Folgezeit weitere Ewiggelder (Hypotheken) aus dem Haus:

1557 Mai 18 (5 Gulden um 100 Gulden),

1558 März 7 (10 Gulden um 200 Gulden),

1558 Dezember 20 (2 Gulden um 40 Gulden) und

1563 Dezember 20 (5 Gulden um 100 Gulden) (GruBu). Jorg Ilsing betreibt neben einer Weinwirtschaft auch einen Beherbungsbetrieb mit Platz für 24 Pferde.[5] Die Herberge hat hier eine alte Tradition: So werden 1379 bis 1388 die beiden Kornmesser Haug und Ott auch als „füträr" bezeichnet. Die Fütterer hatten die Aufgabe, von den Pfändermeistern beschlagnahmte Tiere (Pferde, Kühe), die sogenannten „essenden Pfänder", aufzunehmen und zu füttern bis sie vom Eigentümer ausgelöst wurden oder der Stadtrat weiter darüber verfügte. Dafür wurden sie aus der Stadtkammer entschädigt.

1574 laut Grundbuch (Überschrift) Casparn Hafners, Burgers zu Ulm, Haus, Hof und Stallung.

Eigentümer Marienplatz 5*:

* Fridrich Plúm [Stadtrat[6]]. 1383/I patrimonium Fridrich Plúm
    St: 1368: 3/-/-, 1369: 4,5/-/-, 1371: 3/-/- juravit, 1372: 3/-/-, 1375: -/13/10, 1377: 1/-/- juravit, 1378, 1379, 1381, 1382: 1/-/-, 1383/I: [Steuer gemeinsam mit der Tochter]
    StV: (1371) item de anno preterito 3 lb.
  filia Fridrich Plúm
    St: 1383/I: -/12/- sub gracia
* Chunrat ledrer [= Chunrade der Rot], 1383/II cum uxore [= Tochter des Plúm], 1393, 1395-1401/I kramer. 1401/II-1405/I patrimonium Chunrad (Chunradein) ledrerin. 1405/II patrimonium Chunradein [lies: Chunrade-in]
    St: 1383/II: 3/7/-, 1387: -/6/28, 1388: 1/5/26 juravit, 1390/I-II: -/13/26, 1392: -/10/12, 1393, 1394: -/13/26, 1395: -/7/- minus -/-/2, 1396, 1397, 1399, 1400, 1401/I: -/10/12, 1401/II: 1/5/26 propter patrimonium, 1403, 1405/I: -/10/-, 1405/II: -/5/- iuravit
    Bem.: (1403, 1405/I-II) Steuert gemeinsam mit relicta Hanns verberin.

---

[1] Hufnagel/von Rehlingen, St. Peter Urk. Nr. 156.
[2] KR 1485/86 S. 86r, 95v.
[3] Zimelie 43 (Heiliggeistspital, Salbuch C) S. 57r.
[4] Urk. C IX c 1 Nr. 803. Urkunde seit 1862 verschollen.
[5] Gewerbeamt 1422a. – Zur Gaststätte vgl. Stahleder, Haus- und Straßennamen S. 506/508, 524.
[6] Fridrich Pluem 1363, 1369-1371 äußerer Stadtrat, 1365 und 1381 Mitglied des Großen Rats (Gemain), vgl. R. v. Bary III S. 738, 747a.

[die Pluemin, Wirtin, 1398/1403][1]
* relicta Hanns verber inquilina.[2] 1405/I-1419 relicta verberin, 1405/I inquilina
    St: 1403, 1405/I-II: [steuert mit patrimonium ledrerin (Chunradein)], 1406-1408: -/6/20, 1410/I: 0,5/-/12 iuravit, 1410/II: -/5/26, 1411: 0,5/-/12, 1412: -/5/26, 1413: 0,5/-/12 iuravit, 1415: 0,5/-/12, 1416: -/5/26, 1418, 1419: -/3/6
* domus Marttein peck
    St: 1423: verstewrt in sein stewr
* Hainrich Prugkmair [Wirt[3], ∞ Barbara]
    St: 1428: dedit 14 gross, 1431: -/7/15 iuravit
    StV: (1428) fur sich, sein hausfrau und sein diern.
* Hainrich Fuchspúchlar (Fuchspúchlár) [∞ Kathrey, Tochter von Mänhart Tutsch]
    Sch: 1439/I-II, 1440, 1441/I-II: -/-/15
* Mánhart Tútsch
    Sch: 1445: 1 diern
    St: 1450: Liste
    pueri Tútsch
    St: 1453-1456: Liste
** Hanns Tutsch (Sohn), Margareta verh. Michel Pfisterin, Anna verh. Paul Hainlichin, Kathrey verh. Fuchspúchlerin, Elspet, Barbara, Andre Tutsch, Kinder des verstorbenen Mänhart Tútsch, 1454 August 24]
* Michel pfister [∞ Margareta, geb. Tutsch]. 1486, 1490, 1496 relicta pfistrin
    St: 1455-1458: Liste, 1462: -/-/60, 1482: -/5/14, 1486: -/6/22, 1490: -/2/22, 1496: -/5/8
    StV: (1462) er dedit -/-/32 fur die kind [des Tútsch].
Paule Hainlich (Haindel) [∞ Anna, geb. Tutsch]
    St: 1455-1457: Liste
Caspar Holtzkircher [Weinschenk[4]]
    St: 1500: 1/4/23, 1508, 1509: 4/5/17, 1514: Liste, 1522-1526, 1527/I: 6/1/8, 1527/II, 1528, 1529, 1532: 6/5/15
    StV: (1508, 1509) et dedit 1/-/3 fur sein muter. (1523) [am Rand:] sol zusetzn. (1524-1527/I) et dedit -/-/18 fúr sein stiefson.
** Dorothea Holtzkhircherin [1518 September 28]
** Wilhelm [IV.] Scharfzahn der jüngere [1534 Januar 3 bis 1544 April 20, ∞ Anna V. Ridler]
** Jorg Ilsing (Yllsing), 1552/II-1556, 1559 wirt [∞ Ursula]
    St: 1550: 1/4/3 juravit, 1551/I-II, 1552/I-II: 1/4/3, 1553, 1554/I-II, 1555-1557: 3/-/1, 1558: 6/-/2, 1559, 1560: 3/-/1, 1561: -/5/10 schenckhsteur, 1563: -/5/10 schenckhsteur der zeit, 1564/I: 1/1/- juravit, 1567/I: 1/1/-
    StV: (1564/I) ausser des Zuckhschwerdts von Erding erbschafft, so noch nit richtig. (1567/I) mer ain versessene steur 1/1/-.
* domus Geórg Ilsing (Yllsing)
    St: 1564/II, 1565, 1566/I-II: -/-/-, 1567/I: 1/1/-
    StV: (1567/I) mer eine versessne steur 1/1/-.
** Caspar hafner [Salzsender, Weinschenk, später Bürger zu Ulm[5]]
    St: 1567/I-II: 3/2/3, 1568: 8/6/4, 1569, 1570: 4/3/15
    StV: (1568) zugesetzt seiner schwiger erb. (1569) mer fúr p[ueri] Arsaci schmid 1/2/7. (1570)

---

[1] Margred Plumin/Pluomyn ist Wirtin: Sie erhält 1402 aus der Stadtkammer 2 Pfund 3 Schillinge und 6 Pfennige von der Rais wegen und 1403 soll man „der verberin" wegen der Pluomyn noch einmal 1 Pfund und 56 Pfennige geben „von der alten rais", vgl. Steueramt 572 (Leibgedingbuch 1402/03) S. 37r, 573 (Leibgedingbuch 1404/09) S. 39r.

[2] Der verberin zahlt die Stadtkammer 1403 1 Pfund 56 Pfennige aus „von der alten rais" wegen, die man eigentlich der Margret Pluomyn schuldet, vgl. Steueramt 573 (Leibgedingbuch 1404/09) S. 39r.

[3] Der Prugkmair gehört um 1430 zu den Wirten am Markt, die Ungeld zahlen, vgl. Steueramt 987.

[4] Caspar Holczkircher 1499 Aufnahme in die Weinschenkenzunft, vgl. Gewerbeamt 1418 S. 10v. – 1506-1508 ist Caspar Holtzkircher Vierer der Weinschenken, vgl. RP. – Vom Holczkircher kauft das Heiliggeistspital 1515 Osterwein, vgl. Heiliggeistspital 176/11 (Rechnung) S. 5r.

[5] Caspar Hafner 1560 Salzsender und Weinschenk, vgl. Vietzen S. 149 nach KR. Er musste sich 1569 und 1571 bei den Religionsverhören verantworten, vgl. Dorn S. 228, 258/259, und wanderte später nach Ulm aus.

mer fúr p[ueri] Arsaci schmid, zalt Feler; adi 11. Augusti anno 1571 zalt er nac[h]s[ch]ur als er religions sachen halb gen Ulm zogen 13,5 fl.
** domus Caspar hafner
    St: 1571: an chamer

Bewohner Marienplatz 5*:

relicta Langew Hainrichin (Langew Hainrichin, Langẃ Hainrichin, Langeẃ Hainrichin), 1368, 1369 inquilina
    St: 1368: -/-/42, 1369, 1371, 1372: -/-/60
    avus Lang Hainrichin, 1372 Lúdel avus eius St: 1371, 1372: -/-/60
Dietl taschner inquilinus St: 1368: -/-/24 juravit
Perchtolt kistler St: 1368: -/-/20 post
Pózzpfenwert inquilinus St: 1369: -/30/-
relicta Raydlin (Raidlin) inquilina St: 1371: 2/-/- sub gracia, 1372: 2/-/-, 1375: 6/5/10 sub gracia
Hólczel sartor inquilinus St: 1375: -/-/32
Tónigel [korn]messer inquilinus. 1371 Tónigel inquilinus
    St: 1377: -/-/24 juravit, 1378: -/-/24, 1381: -/-/18
Albrecht [korn]messer prewknecht. 1378 Albrecht prewknecht inquilinus
    St: 1377: -/-/- solvit -/-/18, 1378: -/-/18
Haug (Hawg) messer (kornmezzer) inquilinus. 1381, 1382 Haug fútrer inquilinus
    St: 1379, 1381, 1382, 1383/I: -/3/6, 1383/II: 0,5/-/24, 1387: -/-/64, 1388: 0,5/-/8 juravit, 1390/I-II: 0,5/-/8, 1392: -/3/6
Óttel [korn]messer inquilinus. 1381-1383/I, 1388 Ott (Óttel) fútrer inquilinus. 1383/II Ott kornmesser inquilinus
    St: 1379, 1381, 1382, 1383/I: -/7/-, 1383/II: -/10,5/-, 1387: 0,5/-/20, 1388: -/9/10 juravit
    StV: (1381) item de anno preterito tantum.
Schemerl [Fragner¹] inquilinus St: 1379: -/-/24
relicta Fridel (Fridrich) Leyrer inquilina
    St: 1381: -/6/- sub gracia, 1382: -/6/-
    StV: (1382) item de patrimonio H[ainrici] Ulchinger -/-/40.
Kornfezz inquilinus St: 1387: -/-/20
Seidlin St: 1387: -/-/-
Herman Menpeck weber inquilinus. 1390/II Herman weber inquilinus St: 1390/I-II: -/-/80
Heincz (Heinrich) peck inquilinus, 1390/I, 1393 [korn]messer
    St: 1390/I: -/-/32 gracianus, 1390/II: -/-/40 iuravit, 1392: -/-/30, 1393: -/-/40
    StV: (1390/I) [am rechten Rand wieder getilgt:] t[enetu]r ius civile.
Erhart schreiber St: 1390/II: -/-/60 gracianus
Chorher inquilinus St: 1392: -/-/-
Werndlein tagwercher St: 1393: -/-/-
Ull Peysenwurffl [Kornmesser²] inquilinus St: 1393: -/-/80
Chunrat Frey [korn]messer inquilinus St: 1393: -/6/12
Liendel (Lienhart) maler, 1395-1406 inquilinus
    St: 1394: -/-/24, 1395-1397, 1399, 1400: -/-/60 fúr 4 lb, 1401/I-II, 1403, 1405/I-II, 1406: -/-/60
Jórg (Jorig(el)) maler, 1395-1401/II inquilinus
    St: 1394: -/-/48, 1395: -/-/25, 1396, 1397: -/-/38 gracianus, 1399: -/-/-, 1400: -/-/34 fur gracianus, 1401/I-II: -/-/-
Hans Ósterndorffer (Ósterdorffer, Ósterdarffer, Osterdorffer), 1395, 1396 [korn]messer, 1396, 1410/I-1412 inquilinus
    St: 1394: -/5/10, 1395: -/-/80, 1396: 0,5/-/-, 1410/I: -/-/66 fúr 11 lb, iuravit, 1410/II: -/-/88 fur 11 lb, 1411: -/-/66, 1412: -/-/88
Hannesel [!] Deyninger inquilinus St: 1397: -/-/60 fúr 8 lb iuravit

---

¹ So 1371-1375 bei Marienplatz 28/29 und 1377, 1378 bei Rindermarkt 2.
² 1398/99 Kornmesser lt. KR S. 114r, vgl. auch Nachbarhaus Marienplatz 6* ab 1394.

Fridel (Fridrich) Klinger (Kling) inquilinus, 1403-1407 kornmesser [under der Plumyn[1]]
    St: 1397, 1399, 1400, 1401/I: -/-/60 fúr 10 lb, 1401/II: 0,5/-/4 iuravit, 1403, 1405/I: 0,5/-/4,
        1405/II: 0,5/-/12 iuravit, 1406-1408: -/5/26
Hánnsel Púcher inquilinus, 1400, 1403 kornmesser
    St: 1399, 1400, 1401/I: -/-/60 fur 8 lb, 1401/II: -/-/60 fur 5 lb, iuravit, 1403: -/-/60 fúr 5 lb
Wilhalm Sambss [Weinschenk[2]] inquilinus St: 1403: -/-/50 fúr nichil
Ulrich Weyrmair [Weinwirt, später Fütterer[3]] inquilinus
    St: 1405/I: 2/-/-, 1405/II: -/12/- iuravit, 1406-1408: 2/-/-, 1410/I: -/12/- iuravit, 1410/II: 2/-/-,
        1411: -/12/-, 1412: 2/-/-, 1413: -/12/- iuravit, 1415: -/12/-, 1416: 2/-/-, 1418: 2/-/- iuravit,
        1419: 2/-/-, 1423: 2,5/-/-, 1424: -/6/20 hat zalt
Fridrich (Fridel) Hofaltinger inquilinus, 1405/II, 1406 kornmesser. 1407 Hofaltinger kornmesser inquilinus
    St: 1405/I: -/-/80 fúr 10 lb, 1405/II: -/-/78 iuravit, 1406, 1407: -/3/14
    Veterkam, sein [= des Hofaltinger] sweher St: 1406: -/-/-
Nicklas Hwbschwirt inquilinus. 1408 relicta Hẃbschwirtin
    St: 1405/II: -/-/78 fúr 13 lb, iuravit, 1408: -/-/60
Gruberin inquilina St: 1405/II: 0,5/-/- iuravit
Marttein maler inquilinus St: 1407: dedit -/-/60 fúr seins vaters patrimonium.
[Ulrich] Ringwirt kornmesser inquilinus St: 1408: -/-/50
Fridel kornmesser inquilinus St: 1410/I: 0,5/-/12 iuravit
Stepfel kornmesser, 1410/II-1413 inquilinus
    St: 1410/II: -/-/32 gracianus, 1411: -/-/60 fúr 10 lb, iuravit, 1412: -/-/80 fúr 10 lb, 1413: -/-/60
        fúr 10 lb, iuravit, 1415: -/3/-
Peter Renner kornmesser inquilinus St: 1413: -/-/55 gracianus
der weizzen munich kellnerin St: 1415: -/3/-
Hannsel Daechelmair (Taeschelmair, Taechselmair), 1416, 1419 inquilinus
    St: 1415: -/-/60 gracianus, 1416: -/-/80 fúr 10 lb, iuravit, 1418: -/3/6 iuravit, 1419: -/3/6
Ott cháuffel, 1416 inquilinus St: 1415: -/3/18, 1416: 0,5/-/24
Jorgel maler inquilinus St: 1416: -/-/-
Haincz Kelhaymer inquilinus St: 1416: -/5/10
Smydel sneyder, 1418, 1419 inquilinus St: 1416, 1418: -/-/60 fúr nichil, 1419: -/-/60
[relicta] Symanin nadlerin inquilina St: 1416: -/-/52
Kristel Lechss, 1419 inquilinus St: 1418, 1419: 0,5/-/-
Gawttinger (Gaẃtdinger) schuster St: 1418, 1419: -/-/80
Khatrey inquilina St: 1418, 1419: -/-/12
relicta Ulreich Ringwirt St: 1423: -/-/80
Ulrich Strohacker kesselsewer inquilinus St: 1428: dedit 1 gross
Ann flosmanin und Katrey mautnerin inquilinae Prugkmair St: 1428: dederunt 2 gross
Elspet inquilina St: 1428: dedit 1 grossen
Ulrich Viechtner inquilinus St: 1431: -/-/60 iuravit N.
Chunrat Aesenhauser [Kornmesser[4]] inquilinus St: 1431: -/6/- iuravit
Jorg kornmesser inquilinus St: 1431: -/-/75 iuravit
Chunrat Reisnegk inquilinus St: 1431: 0,5/-/8 iuravit
relicta Preid St: 1431: -/-/7
Gaugkin inquilina St: 1431: -/-/30
Hanns Perin inquilina St: 1431: -/-/15
Jacob kramer inquilinus St: 1431: -/-/14
Hanns Muldorffer (Múldorffer), 1441/I sneider Sch: 1439/I-II, 1440, 1441/I: 1 t[aglon]

---

[1] Fridlein der Kornmesser under der Plumyn, genannt in KR 1399/1400 S. 42r.
[2] Wilhalm Samss einer der „Darnach Bösen" bei den Bürgerunruhen, vgl. Muffat, Kazmair-Denkschrift S. 464. – Wilhalm Samß um 1414 Weinschenk, vgl. Gewerbeamt 1411 S. 2r.
[3] Ulrich Weirmair ist 1398/99 einer der Wirte, denen die Stadt Geld schuldet, „daz man datz im verzert hat in der rais", KR 1398/99 S. 114v. – Von 1414 bis 1428 ist er Fütterer, vgl. R. v. Bary III S. 982. 1420 erhält die Stadtkammer von ihm 12 Schillinge und 6 Pfennige, die er eingenommen hatte „von der fuetrung wegen", KR 1420/21 S. 26r. Ebenso 1423 6 Schillinge und 10 Pfennige von der Fütterung, KR 1423/24 S. 25r.
[4] Vgl. Marienplatz 6*.

Stiglicz sailer, 1439/II, 1441/II inquilinus Sch: 1439/I-II, 1440, 1441/I-II: 0,5 t[aglon]
Chunrat Vogelrieder Sch: 1439/I: 1 t[aglon]
Peter kornmesser Sch: 1439/II, 1440: 1 t[aglon]
Laurencz rotsmid Sch: 1439/II: 1 t[aglon]
relicta Pircknerin inquilina Sch: 1439/II: -/-/10
Fuchs kúchlpacher, 1441/I inquilinus Sch: 1440: 1 t[aglon], 1441/I: 0,5 t[aglon]
Chunrat Pernger peck inquilinus Sch: 1441/I: 0,5 t[aglon], 1441/II: 1 t[aglon]
Hanns Vaist maẃrer, 1441/II inquilinus Sch: 1441/I-II: 1 t[aglon]
Albrecht Núrenberger sneider Sch: 1441/I: 1 t[aglon]
Ulrich Lipp kornmesser inquilinus Sch: 1441/II: 1 t[aglon]
Philipp kornmesser inquilinus Sch: 1441/II: 1 t[aglon]
Hanns Reisentaler [sneider] St: 1450: Liste
Jacob Haingartner, 1450 salczstosser[1] St: 1450, 1454-1458: Liste
Pirckner tagwercher inquilinus St: 1450: Liste
Hoch Ull kornmesser inquilinus St: 1450: Liste
Kuncz pogner kornmesser inquilinus St: 1450: Liste
Ludwig Polczel inquilinus. 1454 Ludwig Polcz St: 1453, 1454: Liste
Hanns Darfwirt (Dorfwirt), (1457, 1458 Dorfsmid) 1456, 1457 kornmesser St: 1453-1458: Liste
Ulrich kornmesser,[2] 1453, 1462 inquilinus St: 1453-1458: Liste, 1462: -/-/60
Chunrat Prosser [Armbrust]sniczer [1450 pogner] St: 1453: Liste
    Hanns Prosser [Schnitzer[3]] St: 1454: Liste
Klas paderin inquilina. 1454, 1455 relicta Klas paderin St: 1453-1455: Liste
Jorg Praun (Praẃn[4]) pecknknecht, 1455, 1456 inquilinus. 1458 Jorg peckenknecht
    St: 1453, 1455, 1456, 1458: Liste
    = Jorg Hauczndorffer.1462 Jorg Hauczendarffer Prawnn inquilinus
    St: 1454, 1455, 1457: Liste, 1462: -/-/60
Lienhart Pranthuber, 1455 inquilinus St: 1453-1455: Liste
Lorencz Pecz. 1454-1456 Larencz schuster, 1456 inquilinus. 1457 Larencz peck (!)
    St: 1453-1458: Liste
relicta Steffel Tanner. 1454, 1455 relicta Tannerin inquilina. 1456 relicta Stefflin inquilina richters-
    knecht. 1458 relicta Stefflin Tannerin, 1453, 1458 inquilina
    St: 1453-1456, 1458: Liste
Hanns nadler, 1453 inquilinus St: 1453, 1456-1458: Liste
Hanns zolner St: 1454: Liste
Ulrich Humel [Bogner ?[5]], 1455 inquilinus St: 1454, 1455: Liste
Stesserin inquilina St: 1455: Liste
Ann Heldin, 1456 inquilina. 1462 Ann Heldin inquilina Jackob salczstosel
    St: 1455-1458: Liste, 1462: -/-/40
relicta Húntlin St: 1455: Liste
relicta Sewerin, 1455 inquilina, 1456 relicta Sewerin et filia St: 1455-1458: Liste
Hanns Herman, 1457, 1458 sneider[6] St: 1456-1458: Liste
Anna weberin inquilina Margaret [Tutsch ?] St: 1456: Liste
Katrey naterin inquilina St: 1456: Liste
Peter melbler, 1458 inquilinus St: 1457, 1458: Liste
Barbara inquilina St: 1457: Liste

---

[1] Jacob Haingartner ist 1464, 1466 und 1476 Vierer der Salzstößel, vgl. RP.
[2] Ulrich unter der nidern schrann, 1460 Vierer der Kornmesser, vgl. RP 1, Neuwahl der Handwerksvierer.
[3] Hans Prosser ist 1455 und 1456 bei Marienplatz 1 und 1457 und 1458 bei Kaufingerstraße 20*/21* [Arm-brust]Schnitzer.
[4] 1456 „Prawn" über getilgtem „Hauczndorffer".
[5] So 1462 bei Sendlinger Straße 982*.
[6] Hanns Herman ist von 1464 bis 1491 wiederholt Vierer der Schneider, vgl. RP.

Praunauer kornmesser[1] inquilinus. 1482, 1490 Hainrich (1486 Cuntz !) Praunawer (Prawnawer), 1482 kornmesser. 1496, 1500 relicta Praunauerin, 1496 kornmesserin
   St: 1462: -/-/60, 1482, 1486, 1490, 1496: -/3/6, 1500: -/3/15
Neithart spángler (spangler), 1462 inquilinus St: 1462: -/-/60, 1482: -/4/-
Jackob salczstosel inquilinus St: 1462: -/-/76
Martein kramer Sent[...] inquilinus St: 1462: -/-/36
Ull Spánglherr inquilinus St: 1462: -/-/60
Assem kramer, 1462 inquilinus[2]
   St: 1462: -/-/60, 1482: -/3/8
   StV: (1482) et dedit die erst nachstewer fur Ulrich Hólczl.
Andre schmirmacher inquilinus. 1482 schmirmacherin St: 1462: -/-/60, 1482: -/1/20
Symon holtzhacker St: 1482: -/-/60
Wolfgang schneider[3] St: 1482: -/3/19 patrimonium
Kamerer tagwercher St: 1482: -/-/60
Andre seidennater[4] St: 1482: -/2/5
Sigmund tagwercher et mater St: 1482: -/-/-
Eyscher St: 1486: -/2/25
   Hanns Eischer [Obser[5]] St: 1486: -/-/60
Conrad glaser. 1496, 1500 Contz Ásslinger glaser St: 1486, 1490, 1496, 1500: -/-/60
Hanns Haider koch St: 1486: -/-/60
   Barbara naterin inquilina Eischer, und ir man Hans Haider St: 1486: -/-/60
Adam prúchler St: 1486: -/3/20
Swertzknopff St: 1486: -/-/20 pauper
Thoman cramer. 1490, 1496 Thoman kramerin St: 1486: -/2/25, 1490, 1496: -/2/5
Jacob Seltzsam [Taschner ?] St: 1486: -/-/60
Hanns Huebel [Weinschenk[6]]. 1496 relicta Hieblin St: 1490, 1496: 1/3/15
Jacob Nebelmair, 1496 kornmesser[7]
   St: 1490: -/7/24, 1496: 1/1/5
   StV: (1496) et dedit -/-/25 fúr pueri Martein schmid.
Ott tagwercher St: 1490, 1500: -/-/60
Gilg maler St: 1490: in di camer, zalt der Stainawer di erst nachstewer
Hágele stulschreiber St: 1490: -/1/11 pauper
Hanns zimerman St: 1496: -/-/60
[Hans] Sigkenhofer tagwercher St: 1500: -/-/60
Fritz Feler k[ornmesser] St: 1508, 1509: -/2/25
Gabriel amer St: 1508, 1509: -/-/60
Contz (Conradt) Zellermair k[ornmesser]. 1509, 1514 Contz kornmesser
   St: 1508, 1509: -/2/20, 1514: Liste, 1522-1526, 1527/I: -/4/10, 1527/II, 1528, 1529, 1532: -/5/9
Rueprecht Zellermayr
   St: 1540-1542: -/6/22, 1543: 1/6/14, 1544: -/6/22, 1545: 1/2/8, 1546, 1547: -/4/19, 1548: -/4/19 patrimonium
   StV: (1544, 1546) mer -/1/5 fúr p[ueri] Keferloer. (1544) mer 1/2/10 fúr p[ueri] Ottenthuehel. (1544, 1546, 1547) mer -/-/25 fúr p[ueri] Dichtel (Tichtl). (1545) mer -/2/10 fúr p[ueri] Keferloer; mer -/1/20 fúr p[ueri] Dichtl; mer 1/-/20 fúr p[ueri] Ottenthuehel. (1546, 1547) mer -/3/25 fúr p[ueri] (de) Otnthuehel. (1547) mer -/3/15 fúr p[ueri] Kefferloer 3 nachsteur.
Conrad Zellermair St: 1544: -/3/16, 1545: -/4/-, 1546, 1547: -/2/-

---

[1] Haintz Prawnawer am 1. Juni 1459 vom Stadtrat als Kornmesser aufgenommen, 1467 und 1479 Vierer der Kornmesser, vgl. RP 1 S. 10v (1459) und 1467, 1479 Neuwahl der Handwerksvierer. Im StB 1486 wohl irrtümlich „Cuntz Prawnawer".
[2] Wohl der Anfang eines Familiennamens, der aber wieder getilgt wurde.
[3] Wolfgang sneider war 1479 und 1481 Vierer der Schneider, vgl. RP.
[4] Andre seydennater ist 1462, 1463, 1467, 1469, 1470, 1472 Vierer der Maler, Glaser, Seidennater, vgl. RP.
[5] Hanns Eischer obser ist 1467, 1471, 1473 und 1477 Vierer der Fragner, Obser, Melbler, vgl. RP.
[6] Hanns Huebl 1489 Mitglied der Weinschenkenzunft, die Hans Húblin Wittib seit 1496 ebenso, vgl. Gewerbeamt 1418 S. 6v, 8v.
[7] Jacob Neblmair ist 1481 und 1494 Vierer der Kornmesser, vgl. RP.

Ampet naterin et mater St: 1509: -/-/88
Hanns Hiebl St: 1527/II, 1528, 1529: -/5/26
Wolff Dichtl
    St: 1540-1542: 2/5/-
    StV: (1542) mer 3/1/- fúr 3 nachsteur der Walpacherin.
   Cristoff Strobl,[1] 1543, 1544 wirt [∞ Witwe von Wolf Tichtel]
    St: 1543: 5/3/-, 1544: 1/6/5 juravit, 1545: 2/6/14, 1546-1548: 1/3/7, 1549/I: 2/2/9, 1549/II: 1/4/2
    StV: (1543) Wolff Dichtls patrimonium, ist sein gracion nachgelassn. (1549/I) hat seiner hausfrau gueth zugsetzt. (1549/II) hat abgsetzt seins stiefsons Jorgen Tichtl gueth, haben die pfleger zu versteurn angenomen.
Peter Póltzl (Pöltzl, Pelltzl, Poltzl), 1549/I, 1552/II-1556, 1559, 1564/II-1566/II, 1567/II-1569 kornmesser. 1571 Petter Póltzlin
    St: 1549/I: -/6/22 juravit, 1549/II, 1550, 1551/I-II, 1552/I-II: -/6/22, 1553, 1554/I-II, 1555-1557: 1/3/-, 1558: 2/6/-, 1559, 1560: 1/3/-, 1561, 1563, 1564/I-II, 1565, 1566/I-II, 1567/I-II: 1/4/15, 1568: 3/2/-, 1569, 1570: 1/4/15, 1571: 1/-/5
    StV: (1571) abgesetzt 150 fl, so sy ires manns erben hinaus geben, zalten die erben nachsteur.
Hanns Reismüller,[2] 1564/II wirt
    St: 1563, 1564/I-II: 3/-/-
    StV: (1564/I) mer aus sein hauß an Sendlinger gassen folio 90r [Ewiggeld]. (1564/II) mer folio 90r [Ewiggeld] von 5 fl gelts aus seinem hawss an Sentlinger gassen.
Hanns schmid khornmesser
    St: 1564/I: -/3/11 fúr sein hausfrau
    StV: (1564/I) mer fúr ine gratia -/-/28.
Carl Ehinger, 1565 f[urstlicher] provisuner St: 1565: -/-/-, 1566/I: -/-/-
Sierchensteiner f[urstlicher] provisoner, St: 1566/II: nihil
Welser 1570: -/-/-

Marienplatz 6*

Lage: 1383, 1442 an dem Markt. 1494 unter den Schrannen.
Charakter: Kornmesserhaus (Schrannengerechtigkeit).[3]

Hauseigentümer Marienplatz 6*:

Das Haus wird auf der Rückseite von den Nachbarhäusern 5* und 7** umschlossen.
1370 die Baukommission verlangt am Markt Marie von Fridrich Plúm (Marienplatz 5*), er und Hainrich Stupf sollen einen Durchgang machen „durch die vragner und sol der Plúm sein stieg aufrichten nach werchláut rat, daz si gefúg wird, das sol der Stúpf auch tun umb seinen kellerhals".[4]
1376 März 29 Hainrich der Stupf einigt sich mit seinem Nachbarn Fridrich dem Chünck [König] (Marienplatz 7**) „umb einen nusch und umb ein wazzer, daz der obgenant Stúpff auf in in sein haws het geent", also über einen Ablauf des Wassers von der Dachtraufe des Stupf.[5]
1383 Dezember 5 „Hainrich der Stúphe" hat sein Haus, das gelegen ist „an dem markt in unser frawen pharr zwischen Ludweig Chúnges haus [Marienplatz 7**] und dez Plómen saeligen haus" (Marienplatz 5*) mit Ausnahme eines Ewiggeldes dem Hans (I.) Tichtel verkauft.[6]
1433 September 24 das Haus des Hainrich Prugkmair (Marienplatz 5*) ist dem Haus des Tichtel benachbart.[7]

---

[1] Steht 1549/I wohl versehentlich beim Haus 6*.
[2] Hanns Reißmüller wie auch des Gastgebens Hannsen Reißmüllers Hausfrau mussten sich 1569 – er selbst auch wieder 1571 – beim Religionsverhör verantworten, vgl. Dorn S. 228, 230, 266.
[3] Vgl. auch Stahleder, Haus- und Straßennamen S. 524 Bockkneipe „Zum Steindl" wie Marienplatz 5*.
[4] Zimelie 9 (Ratsbuch IV) S. 4r.
[5] GB I 75/13.
[6] GB I 195/3.
[7] Urk. B II b Nr. 656.

1442 April 18 das Haus des Wilhalm Tichtel „an dem Margt" in Unser Frauen Pfarr liegt zwischen denen des Hainrich Fuchspüchler (Marienplatz 5*) und des Hainrich Schilling (Marienplatz 7**).[1]
1451 Juli 8 Wilhalm Tichtels Haus ist Nachbar des Hauses von Hainrich Schilling (Marienplatz 7**).[2]
1454 August 24 das Haus des Wilhalm Tichtel ist dem Haus der Erben von Mänhart Tutsch (Marienplatz 5*) benachbart.[3]
1454 der Kaplan von Franz Tichtel hat aus Wilhalm Tichtels „haws am margt" ein Ewiggeld von 10 Gulden ungarisch.[4]
1464, 1473 gibt es zwei Kornmesser, den Steffel und den Jacob, „unterm Tichtel".[5]
1465 Januar 27 das Haus der Gebrüder Wilhalm II. und Sebastian Tichtel am Markt liegt zwischen den Häusern des Hainrich des Fuechspergers (!) (Marienplatz 5*) und Hainrichs des Schilling (Marienplatz 7**).[6]
1494 Februar 27 die Tichtel-Messe in St. Peter hat aus „Albrecht Alltarffers Haus unter den Schrannen" ein Ewiggeld von 50 Pfund Pfennigen.[7]
1495 Mai 25 der Kornmesser Albrecht Altdorffer und seine Hausfrau Elspet verkaufen aus diesem Haus, Kornschranne und Hofstatt ein Ewiggeld von 10 Gulden um 200 Gulden Hauptsumme.[8]
1499 Februar 23 Christoph Pollner und seine Hausfrau Agnes sowie Hanns Walter und seine Hausfrau Dorothea verkaufen ein Ewiggeld von 6 Gulden um 120 Gulden aus dem Haus (GruBu).
1518 September 30 das Haus des Michael [Schatzperger] Kornmesser ist dem Haus der Dorothea Holzkircher (Marienplatz 5*) benachbart.[9]
1527 Februar 11 Michael Schatzberger und seine Ehefrau Agatha verkaufen ein Ewiggeld von 4 Gulden um 80 Gulden aus dem Haus (GruBu).
1544 Oktober 13 der Kornmesser Hanns Teinhofer und seine Ehefrau Anna verkaufen ein Ewiggeld von 10 Gulden um 200 Gulden Gesamtsumme (GruBu).
1556 November 9 die Kornmesserin Anna Teinhofer, Witwe, verkauft 5 Gulden Ewiggeld um 100 Gulden aus dem Haus (GruBu).
1559 Juli 15 Anna Teinhofer verkauft erneut ein Ewiggeld aus dem Haus (10 Gulden um 200 Gulden Hauptsumme) (GruBu).
1574 April 19 Ursula, weiland Georgen Illsing, gewesten Kellermeisters zu Landshut, Witwe, verkauft dieses Haus, Hofstatt und Stallung an den Kornmesser Hanns Schmidt und seine Ehefrau Catharina. Die Käufer verschreiben der Verkäuferin 10 Gulden um 200 Gulden Ewiggeld (Hypothek) zur Entrichtung der Kaufsumme (GruBu).
1574 laut Grundbuch (Überschrift) des Hanns Schmidt Kornmessers Haus, Hof und Stallung.

Eigentümer Marienplatz 6*:

* Hainrich der Stupff [vor 1376 März 29 bis 1383 Dezember 5]
* Hanns [I.] der Tichtl[10] [seit 1383 Dezember 5]
* des Tichtels Haus [1391 Mai 23, 1433 September 24]
* domus Wilhalm [I.] Tichtl[11] [Sohn von Hans I. Tichtel]
    St: 1453: aus dem haws 10 gulden
* Wilhalm [II.] und Sebastian Tichtel [Söhne von Wilhelm I.; 1465 Januar 27]

---

[1] MB XX 238 S. 317. – Urk. D I e 1 - XII Nr. 7; Kirchen und Kultusstiftungen 254 Bl. 2r, 4r.
[2] MB XX 323 S. 556. – Urk. D I e 1 - II Nr. 5.
[3] MB XX 289 S. 443/447.
[4] Kämmerei 64 S. 17r, 19r.
[5] RP 1 und 2, Neuwahl der Handwerksvierer.
[6] Hufnagel/von Rehlingen, St. Peter Urk. 156.
[7] Hufnagel/von Rehlingen, St. Peter Urk. 207.
[8] Stadtgericht 207/1 (GruBu) S. 551v/552v.
[9] Urk. C IX c 1 Nr. 803. Urkunde seit 1862 verschollen.
[10] Zu den Tichtel vgl. Stahleder, Bürgergeschlechter. Die Tichtel 223/225, 237/238, 240/242.
[11] Wilhalm Tichtel 1463, 1465, 1467 Vierer der Salzsender, ab 1462 äußerer Stadtrat, vgl. RP 1, 2. – 1474 nimmt die Stadt 2 Schillinge und 23 Pfennige von Wilhalm Tichtel ein an den 14 rheinischen Gulden, „die gemaine stat München von des salcz wegen ze Oting bezalt hat den salczsenttern", vgl. KR 1474/75 S. 40r.

** Albrecht [Altdorffer, ∞ Elspet] kornmesser[1]
   St: 1482: -/-/60, 1486: -/2/23, 1490: -/4/14, 1496: -/3/9
   StV: (1482, 1486) et dedit -/3/- von 10 gulden (gelcz) des Tuchtels caplan. (1490) und hat seiner swiger gut zugesetzt; et dedit -/3/- von 10 gulden ungrisch des Tichtel caplan. (1496) et dedit -/3/- von 10 gulden ungarisch, ist bis jar aus, sind abgelost.
** Christoph Pollner [∞ Agnes], Hanns Walter [∞ Dorothea] [1499 Februar 23]
** Michel Schatzperger k[ornmesser] [∞ Agatha]. 1540-1543 Michel kornmesserin. 1544 relicta Michel kornmesserin
   St: 1508, 1509: 1/2/15, 1514: Liste, 1522-1526, 1527/I: 1/3/15, 1527/II, 1528, 1529, 1532: 1/1/-, 1540-1542: -/5/15, 1543: 1/4/-, 1544: -/5/15 matrimonium
   StV: (1509) et dedit -/1/5 von 5 gulden geltz fur pueri Hebenmarckt. (1522, 1523) et dedit -/-/14 fúr p[ueri] Hefenmarckt.
** Hanns Deinhofer, 1552/II kornmesser[2] [∞ Anna]. 1553-1567/II Hanns Deinhoferin (Teinhoferin), 1553, 1554/I-II kornmesserin, 1566/II wittib. 1568-1571 Hanns Deinhoferin erben
   St: 1540-1542: -/2/12, 1543: -/4/24, 1544: -/2/12, 1545: -/6/4, 1546-1548, 1549/I-II, 1550, 1551/I-II, 1552/I: -/3/2, 1552/II: -/3/2 patrimonium, 1553, 1554/I-II, 1555-1557: -/6/9, 1558: 1/5/18, 1559, 1560: -/6/9, 1561, 1563, 1564/I-II, 1565, 1566/I-II, 1567/I-II: 1/2/23, 1568, 1569: an chamer, 1570: -/-/ hat Yllsin gesteurt, 1571: -/-/-
** Anna Teinhofer, Kornmesserin, Witwe [1559 November 9]
** Jórg (Georg) Illsing (Yllsing) [∞ Ursula; Kellermeister zu Landshut, Wirt; bis 1574 April 19]
   St: 1564/II, 1565, 1566/I: 1/1/-, 1566/II, 1568: an chamer
   StV: (1564/II-1566/I) ausser des Zuckhschwerdts [von Erding] erbschafft, so (noch) nit richtig. (1567/II) nachdem er wegzogen, soll er fúr sy unnd sein schwiher nachsteur zaln und hinfuron wie ain frembder steurn.
   Wolff Mútzhart (Mutzhart) kornmesser
   St: 1557: -/1/12 gratia, 1558: 1/-/22 juravit, 1559, 1560: -/3/26, 1561, 1563: -/3/11
** Hanns schmid, 1564/II-1571 khornmesser [∞ Catharina Mutzer (Mutzhart), geb. Wörder/Werder]
   St: 1564/II, 1565, 1566/I-II, 1567/I-II: -/2/-, 1568: -/4/-, 1569-1571: -/3/7
   StV: (1564/II-1567/II) mer fúr seine stiefkhinder -/2/3. (1568) mer fúr seine stiefkhinder -/4/6. (1569-1571) mer fúr seine khinder -/2/3.
** domus Illsing (Jllsynng)
   St: 1569-1571: an chamer
   StV: (1569) ist schuldig in allem 18/3/25 und sol hinfúran ale jar 2/2/10 vom hauß ze steur geben, zalt an chamer.
** Hanns Schmidt, Kornmesser 1574

Bewohner Marienplatz 6*:

relicta Humbsin St: 1368, 1369: -/-/-
Gunther inquilinus St: 1368: 0,5/-/- voluntate
Lácher vragner inquilinus St: 1368: -/-/72
Hánsel Vatersteter inquilinus St: 1369: solvit -/-/69 post[3]
Fridrich mercator inquilinus St: 1369: -/-/30
relicta Plóderlin, 1369, 1371 inquilina St: 1369, 1371, 1372: -/-/12 post
Perchtolt von Diessen, 1372 inquilinus St: 1371, 1372: -/10/-
Haertl Weichinger fragner inquilinus St: 1372: -/-/16
Chunrat Weydaher martmesser.[4] 1381, 1382, 1387-1393 Weydaher (Weidacher) martmesser. 1394 Chunrat Weydacher
   St: 1375: -/-/80, 1377: -/3/6 juravit, 1378, 1379, 1381, 1382: -/3/6, 1387: -/-/80, 1388: -/5/10 juravit, 1390/I-II: -/5/10, 1392: -/10/-, 1393, 1394: -/13/10

---

[1] Albrecht Kornmesser ist 1478, 1481, 1488, 1493 Vierer der Kornmesser, vgl. RP 2, 3 Neuwahl der Handwerksvierer.
[2] Hanns Deinhofer vorher bei Weinstraße 16 1529-1531 Vierer der Salzstößel, vgl. Vietzen S. 157 nach RP.
[3] Ab „solvit" am rechten Rand nachgetragen.
[4] Chunrat Weydacher 1375-1395 Marktmesser, vgl. R. v. Bary III S. 977.

Thoman Haitvolck (Haitfolck)[1] St: 1375: -/7/6, 1377: -/5/12 juravit, 1378, 1379, 1381: -/5/12
Werndel calciator inquilinus St: 1375: -/-/60
Ulrich (Ull) Dúrrenpúhler (Durrenpúhler, Dúrnpuhler), 1379, 1381, 1387, 1390/I-II inquilinus
  St: 1377: 1/-/- juravit, 1378, 1379, 1381, 1382: 1/-/-, 1383/I: -/6/10 juravit, 1383/II: -/9/15,
    1387: -/3/10, 1388: -/6/20 juravit, 1390/I: -/6/20, 1390/II: 0,5/-/- sub gracia
Ulrich Flóhel cum uxore inquilinus St: 1382: -/-/60 gracianus r[ati]o[n]e ip[s]ius.
relicta Lampprechttin inquilina St: 1382: -/-/18
Pfilipp Fúchssel inquilinus St: 1388: -/-/-
Hanns Langerhals inquilinus St: 1388: -/-/56 juravit
Ulrich Saeniftel inquilinus St: 1388: -/-/24 juravit
Górg Mospurger[2] St: 1390/I: 1/-/-
Niclas Kling St: 1392: 1/-/7,5
Heinrich múlner inquilinus St: 1392: -/3/-
Ull (Ulrich) Beysenẃrffel (Peissenẃrffel, Peysenwúrffel, Peisenwúrfel), 1396 [korn]messer,[3] 1397,
  1401/I inquilinus. 1400, 1401/II Peisenwúrffel inquilinus. 1403 relicta Peysenwurflin et Chuncz
  Ringwirt, ir [neuer] man
    St: 1394: -/-/80, 1395: -/-/60 fúr syben lb, 1396, 1397, 1399: -/-/60 fúr 7 lb, 1400, 1401/I: -/-/60
      fúr 10 lb, 1401/II: -/-/80 fúr 10 lb, iuravit, 1403: -/-/80 et gracianus
Chunrat (Chunczel) Peysenwurffel kornmesser. 1406 Peysenwurffel kornmesser. 1418 Chunrat
  Peyssenwurffel. 1419 relicta Peysenwúrfflin
    St: 1405/I: -/-/80 fúr 10 lb, iuravit, 1405/II: -/-/60 fúr 10 lb, iuravit, 1406-1408: -/-/80 fúr 10 lb,
      1418, 1419: -/-/80
Ulrich (Ull) Ringwirt, 1410/I-II, 1412 kornmesser, 1415 inquilinus
    St: 1410/I: -/-/60 fúr 5 lb, iuravit, 1410/II, 1411: -/-/60 fúr 5 lb, 1412: -/-/60 fur 4 lb, 1413: -/-/60
      fúr 10 lb, iuravit, 1415: -/-/60 fúr nichil
Chuncz Ryngwirt inquilinus [∞ Witwe Peysenwurfl] St: 1416: -/-/80 fur 10 lb
Hainrich Peysenwurffel korenmesser. 1428 Peisenwúrfel. 1431 Hainrich Peisnburfel inquilinus
    St: 1423: -/3,5/-, 1428: dedit 2 gross, 1431: -/3/- iuravit
    StV: (1428) fur sich und sein weib.
Katrein[4] Sentlingerin inquilina St: 1395: stat yenhalb[5].
Perchtolt schneider inquilinus St: 1395: -/-/60 fur 15 lb, 1396: -/3/-
Fridrich Hóczel [Wirt[6]] St: 1397: -/-/-
Perchtolt ledrer. 1401/II Perchtolt ledrer prew St: 1399: -/10/-, 1401/II: -/-/-
relicta [Konrad] Astalerin St: 1400, 1401/I: -/-/-
  Francz [I.] Astaler [Sohn der vorigen]
    St: 1400, 1401/I: -/-/-
    StV: (1400, 1401/I) daz hat der rat ausgericht und hat (auch) der stat genug dann mit dem gelt,
      daz er yn der kamer gehabt het.
Stil schuster inquilinus St: 1403: -/-/60
  dez Stils schuster aydem inquilinus St: 1403: -/-/24 gracianus
Stachlerin kramerin inquilina St: 1403: -/10/4
Erhart Reyffenstainer sneider inquilinus St: 1405/I: -/-/20 gracianus
Liebel [korn]messer inquilinus St: 1406: -/-/28 fúr nichil
Erhart bot inquilinus St: 1406: -/-/50 fúr 4 lb
Slechczveld sneider inquilinus St: 1407: -/-/60
  Grẃnerin, sein hoffraw inquilina St: 1407: -/-/-
Els slayrlerin (schlairlerin)
    St: 1410/I: -/-/60 fur 9 lb, iuravit, 1410/II: -/-/72 fúr 9 lb, 1411: -/-/60 fúr 9 lb, 1412: -/-/72 fúr 9
      lb, 1413: -/-/60 fúr 9 lb, iuravit
Ulreich Aichstock húter St: 1415: -/12/-

---

[1] Thoman Haitvolck 1381 Mitglied des Großen Rats, vgl. R. v. Bary III S. 747a.
[2] Ein Jorg Mospurger ist von 1394 bis 1401 (gestorben) Brückenzollner am Isartor, vgl. R. v. Bary III S. 883.
[3] Ulrich Peysenwúrffel Kornmesser auch in KR 1398/99 S. 114r.
[4] „Katrein Sentlingerin inquilina" wieder getilgt.
[5] Gemeint ist: sie steht schon auf der vorherigen Seite des Steuerbuches, beim Haus Kaufingerstraße 37.
[6] 1394 bei Kaufingerstraße 37 und 1395 und 1396 bei Landschaftstraße 10*/11* Wirt genannt.

Jorig bot inquilinus St: 1416: -/-/14 gracianus
[Konrad] Stadler schuster St: 1418, 1419: -/10/20
Hanns Endleich inquilinus St: 1423: -/3/6
Chuncz (Chunrat) Aessenhawser, 1423 inquilinus, 1428 kornmesser
    St: 1423: -/3/12, 1428: dedit 2 gross fúr sich und sein hausfraw
Hanns Muldorffer sneyder inquilinus St: 1423: -/3/-
ain hoffraw Schúrffin inquilina St: 1423: -/-/7
Gawttinger schuster St: 1423: -/3/6
Ulrich Fawchner sneyder inquilinus St: 1423: -/3/- der habnicht
Schlegel weber St: 1428: dedit 2 gross fúr sich und sein diern
maister Hanns arcz St: 1428: dedit 3 gross pro se, per uxore et per filia
ain weberin und ir tochter St: 1428: dedit weberin et filia 2 gross
Stiglicz sailer, 1431 inquilinus
    St: 1428: dedit 3 gross fur sich, sein hawsfraw und sein sweher, 1431: -/-/60 iuravit
Chunrade flosman scolaris St: 1428: dedit 1 gross
Aengel Altm[a]nin St: 1428: dedit 1 gross, 1431: -/-/5
Albrecht sniczer St: 1428: dedit 2 gross fur sich [und] sein weib
Martein glaser. 1431 Martein Karlstainer glaser
    St: 1428: dedit 4 gross, 1431: -/10/- iuravit
    StV: (1428) fur sich, sein weib, sein muter und sein diern.
    Sch: 1439/I: 2 t[aglon]
Hanns Nagel inquilinus St: 1431: -/-/60 iuravit N.
Chunrat ringlerin inquilina St: 1431: -/-/36
Albrecht kornmesser. 1439/II, 1441/I Albrecht Widnman. 1441/II Albrecht Widnman kornmesser
    Sch: 1439/I-II, 1440, 1441/I-II: -/-/15
Fridrich Mulperger [Gewandschneider[1]] Sch: 1439/II: 2,5 t[aglon]
Peter kornmesser Sch: 1441/I: 0,5 t[aglon]
Hanns Móstel pader Sch: 1441/II: 1 t[aglon]
Hanns Muldorffer sneider inquilinus Sch: 1441/II: 1 t[aglon]
Francz nadler, 1450 inquilinus Tichtel, 1462 inquilinus
    Sch: 1445: 2 knecht
    St: 1450, 1453-1458: Liste, 1462: -/-/72
Hanns Róll [Weinschenk[2]] Sch: 1445: 1 diern
Martein gurtler, 1450 inquilinus St: 1450, 1453: Liste
Chuncz Swábinger kornmesser St: 1450: Liste
Paule Haimlich St: 1450: Liste
Chunrat vom Tichtel, 1453 fragner[3] St: 1453, 1454: Liste
Jorg Tanner St: 1453: Liste
Kristan páutler St: 1454: Liste
Lanczinger kornmesser St: 1454: Liste
Chunrat Schramm, 1456 kursner St: 1455, 1456: Liste
Steffan (Steffel) kornmesser[4] St: 1455-1458: Liste, 1462: -/-/67
Ann weberin St: 1457: Liste
relicta Horsappin inquilina St: 1457: Liste
Larencz rotsmid inquilinus St: 1458: Liste
Singer nadler[5] inquilinus St: 1462: -/-/78
[Jacob unterm Tichtel, kornmesser 1473[6]]

---

[1] Vgl. Burgstraße 14.
[2] Hanns Róll ist 1433 und 1451 Mitglied der Weinschenken-Bruderschaft, auch 1458 Weinschenk, vgl. Gewerbeamt 1411 S. 9r,10r, 13r.
[3] „Chunrat vom Tichtel fragner" versehentlich beim Haus Marienplatz 5*.
[4] „Steffel unterm Tichtel" 1464 und 1466 Vierer der Kornmesser, vgl. RP 1, Neuwahl der Handwerksvierer.
[5] Conrad Singer ist 1476-1478, 1484 und 1488 Vierer der Beutler, Taschner, Nadler usw., vgl. RP. – Es gibt aber 1454-1458 auch einen Nadler Hanns Singer.
[6] „Jacob unterm Tichtel" 1473 Vierer der Kornmesser, vgl. RP 2, Neuwahl der Handwerksvierer.

Wilhalm Widenman schneider. 1486, 1490 Wilhalm schneyder
    St: 1482: -/4/15 iuravit, 1486, 1490: 1/-/27
Kroll swertfeger St: 1486: -/4/-
[Jacob ?] Seltzam taschner[1] St: 1490: -/-/60
Hanns Schrannck s[neider ?]
    St: 1496: -/1/2 gracion
    StV: (1496) et dedit 1/5/5 fur pueri Wilhalm [Widnman] sneider.
Georg (Jorg) seidnnater.[2] 1508 Jorg seidnaterin St: 1496, 1500, 1508: -/-/60
Hanns Weysmair k[ornmesser] St: 1500: 1/-/27
Linhart palbierer (barbierer) St: 1500, 1508, 1509: -/-/60, 1514: Liste
Gabriel [Wagenknecht] amer[3] St: 1514: Liste
Peter barbierer. 1532 Peter Laideck barbierer
    St: 1522-1526, 1527/I: -/2/15, 1527/II, 1528, 1529, 1532: -/2/-
Hainrich Werder, 1522-1532 schneider[4]
    St: 1522-1526, 1527/I: -/3/18, 1527/II, 1528, 1529, 1532: -/4/2, 1540: -/2/29 patrimonium
    StV: (1522, 1523) et dedit -/-/18 fúr p[ueri] Albeg. (1523-1529) et dedit 1/1/1 fúr p[ueri] Gie-
        singer (Gießinger). (1524-1532) et (dedit) -/-/11 fúr (p[ueri]) Albeg.
Hanns Kreß, 1540-1545, 1548-1552/II schneider
    St: 1540: -/-/21 gracion, 1541, 1542: -/2/-, 1543: -/4/-, 1544: -/2/-, 1545: -/4/-, 1546-1548,
        1549/I-II, 1550, 1551/I-II, 1552/I-II: -/2/-
Ulrich Kytzmagl (Kitzmágl) goltschmid[5] St: 1540, 1541: -/5/-
Wastian (Sebastian) Franckh, 1542-1545, 1547, 1548 palbierer
    St: 1542: -/2/-, 1543: -/4/-, 1544: -/2/-, 1545: 1/2/10, 1546-1548: -/4/20
Melcher[6] Tanninger, 1549/I lermaister St: 1549/I: -/-/14 gracion, 1549/II, 1550, 1551/I: -/2/-
Lienhart Puelacher (Pueler), 1551/II, 1552/II, 1553, 1554/II hofsinger
    St: 1551/II, 1552/II, 1553, 1554/II: nihil
ain edlman St: 1551/I: nihil
Hanns kellner (Keller) schneider
    St: 1553, 1554/I-II, 1555-1557: -/3/7, 1558: -/6/14, 1559, 1560: -/3/7, 1561: -/4/12
Wáckherl (Wáckher) procurator St: 1553: an chamer, 1554/I: an chamer, sein guth ligt in verpot
Hanns ainspenig St: 1554/II: nihil
Caspar Krinner [Eichgegenschreiber[7]] St: 1555, 1556: -/2/-
der von Rechperg St: 1565: -/-/-, 1566/I: -/-/- hofsind, 1566/II, 1567/I: -/-/-
Hainrich Jórger (Jerger), 1567/I-1569 schneider. 1571 Hainrich Geórgerin
    St: 1567/I-II: -/3/22, 1568: 1/-/14, 1569-1571: -/3/22
Jórg Man statartzt[8] [Barbier[9]]
    St: 1569, 1570: -/3/14
    StV: (1569, 1570) mer fúr p[ueri] Wellser -/-/14. (1570) adi 19. Septembris [15]71 zalt er nach-
        steur unnd ist religions sachen halb gen Regenspurg zogen.
Caspar Ennglschalch pal[bierer ?] St: 1571: -/6/20,5

---

[1] Peter Seltzhaim ist 1498 Vierer der Beutler, Taschner, Nadler usw., vgl. RP.
[2] Jorg seydennater ist 1477 Vierer der Maler, Glaser, Seidennater, vgl. RP.
[3] Gariel Wagenknecht ist 1502-1531 als Weinamer belegt, vgl. R. v. Bary III S. 967/968.
[4] Hainrich Werder 1519 und 1520 Vierer der Schneider, vgl. RP.
[5] Frankenburger S. 289.
[6] 1549/II, 1550, 1551/I vor „Melcher" jeweils getilgt „Anthoni". Einen Lehrmeister Melchior Antoni gab es in dieser Zeit auch.
[7] Caspar Krinner ist von 1553 bis nach 1560 Eichgegenschreiber, vgl. R. v. Bary III S. 973.
[8] Jörg Man als Stadtarzt bei Fischer, Tabelle X S. 34 nicht belegt.
[9] So 1563-1568 bei Marienplatz 1.

Marienplatz 7**

Lage: 1378 "an dem Marcht gegen der protpanch uber". 1451, 1454 an dem Margt.
Charakter: Kornmesserhaus (Schrannengerechtigkeit). Zumindest zeitweise ab Anfang 15. Jahrhundert auch Weinschenke. 1550/65 Fremdenherberge, 20 Pferde.

Hauseigentümer Marienplatz 7**:

1376 März 29 Hainrich der Stupf (Marienplatz 6*) und sein Nachbar Fridrich der Chünck [König] einigen sich über den Wasserablauf zwischen ihren beiden Häusern.[1]
1378 März 17 das Augustinerkloster hat eine Gült „aus des Künich haus, daz gelegen ist an dem Marcht gegen der protpanch uber", die ihm die Walpurg I. Schrenck vermacht hatte.[2]
1383 Dezember 5 „Ludweig (!) Chunges [= Chuniges = Kunigs = Königs] haus" ist dem Haus von Hainrich Stüphen, künftig des Hanns Tichtels Haus (Marienplatz 6*), benachbart.[3]
1395 Juli (Anfang) das Haus des „Chún[i]ges" ist dem Haus des „Erhart Chempnater" (Marienplatz 8**) benachbart.[4]
1396 Juni 2 „der Chúngin haws" ist dem des Erhart Chempnater (Marienplatz 8**) benachbart.[5]
1410 Juni 5 Hanns der Purfinger verkauft Hanns dem Wigk sein Sechstel des Hauses am Markt in Unser Frauen Pfarr, das dem Haus Hansen des Ruleins (Marienplatz 8**) benachbart ist.[6] Hans der Wigk betrieb eine Kalkbrennerei oder handelte mit Baumaterial; denn 1402 zahlte ihm die Stadt 4 Pfund 5 Schillinge und 27 Pfennige für 9 Mutt und 1 Scheffel Kalk für verschiedene Baumaßnahmen.[7]
1415/20 das Heiliggeistspital hat einen Zins aus Hanns Wigken halbem (!) Haus an dem Markt. Dieser Zins wird am 29. September 1430 abgelöst.[8] Daß der Wigk nur ein halbes Haus besitzt deutet auf eine Erbengemeinschaft, die sich auch im Folgenden durch den Wechsel der Namen bestätigt: 1431 wieder König, fast gleichzeitig Wigk, die Steuer zahlt aber 1431 schon der Schilling.
1421 März 24 wieder wird der Zins des Spitals aus Hanns des Wigken Haus genannt.[9]
1431 (Oktober 18/Dezember 25) domus Kunig, „das ist alles des Schilling von Ehing" (StB).
1431 Oktober 25 des Wigken Haus ist dem Haus des Franz Ruelein (Marienplatz 8**) benachbart.[10] Die Frage ist, ob auch die anderen Nachbarn des Rüelein – Karl Ligsalz und Anna Reschin – ebenfalls zu diesem Haus gehören oder doch eher zu Marienplatz 8*.
1439-1441 domus Schilling (StB).
1442 April 18 Hainrich Schilling ist Nachbar vom Haus des Wilhalm Tichtel (Marienplatz 6*).[11]
1451 Juli 8 das Haus des Hainrich Schilling „an dem Margt" liegt zwischen den Häusern des Wilhalm Tichtel (Marienplatz 6*) und des Symon Sänftel (Marienplatz 8**).[12]
1453 domus Schilling (StB).
1454 aus „Schillings haws am margt" hat die Stadtkammer ein Ewiggeld.[13]
1465 Januar 27 das Haus des Hainrich Schilling ist dem Haus der Gebrüder Wilhalm und Sebastian Tichtel (Marienplatz 6*) benachbart.[14] 1467 ist Hainrich Schilling Vierer der Weinschenken.[15]

---

[1] GB I 75/13.
[2] MB XVIII 216 S. 237. – Hemmerle, Archiv des ehem. Augustinerklosters, Urk. Nr. 25. – Walpurg I. Schrenck starb 1424 als Nonne im Angerkloster.
[3] GB I 195/3.
[4] GB II 97/7.
[5] GB II 111/6.
[6] GB III 97/10.
[7] KR 1402/03 S. 88r.
[8] Vogel, Heiliggeistspital, Salbuch A Nr. 257.
[9] Vogel, Heiliggeistspital, Urk. 256.
[10] Urk. D I e 2 XXIV Nr. 2. – In MB XIXa 67 S. 107/112 wohl fälschlich „Wigkhenhauser" genannt. Der Fehler entstand aus dem Text: „zwischen Karl Ligsalz, Anna Reschin und des Wickhen Häusern".
[11] MB XX 238 S. 317. – Urk. D I e 1 - XII Nr. 7; Kirchen und Kultusstiftungen 254 Bl. 2r.
[12] MB XX 323 S. 556. – Urk. D I e 1 - II Nr. 5.
[13] Kämmerei 64 S. 9r.
[14] Hufnagel/von Rehlingen, St. Peter Urk. 156.
[15] RP 1, Neuwahl der Handwerksvierer.

1477, 1486 gibt es jeweils Vierer der Kornmesser mit der Bezeichnung Haintz [Geltinger] unter dem Schilling und Haintz kornmesser unter Schillings schrannen.[1]
1482 domus pueri Schillingin (StB).
1539 August 18 das Haus des Ainhofer am Platz ist dem Haus des Ehepaares Sigmund und Barbara Sänftel (geborne Haldenberger) (Marienplatz 8**) benachbart.[2]
Von 1482 bis zu Ainhofer, der seit 1540 hier auch in den Steuerbüchern erscheint, sind keine Hauseigentümer mehr dingfest zu machen. In Frage kommen Mandl und Keferloher, vor allem letzterer, da eine geborene Keferloher die Schwiegermutter des folgenden Hanns Ainhofer war. Hanns Ainhofer betrieb hier 1550/65 eine Fremdenherberge mit Unterbringungsmöglichkeit für 20 Pferde.[3]
Einen Gaststättenbetrieb gibt es in diesem Haus wohl schon beim Einsetzen der Steuerbücher.
1574 laut Grundbuch (Überschrift) des Hanns Ainhofers Gastgebens Haus, Hof und Stallung.[4]
Die Ainhofer besitzen das Haus noch bis 1615.

Eigentümer Marienplatz 7**:

* Kúnig (Kunig). 1372-1393 Fridrich Kunig (Kúnyg, Kúnyck, Kunick) [Stadtrat, Weinhändler, Braulehen-Inhaber].[5] 1394-1408 relicta Kúngin (Kuningin)
    St: 1369, 1371, 1372: 15/3/-, 1375: 26/-/-, 1377: 16/-/60 juravit, 1378, 1379, 1381, 1382, 1383/I: 16/-/60, 1383/II: 24/3/-, 1387: 8/-/28, 1388: 16/-/56 juravit, 1390/I-II: 16/-/56, 1392: 15/-/-, 1393: 20/-/-, 1394-1397: -/-/-, 1399: 16/5/10, 1400, 1401/I: 8/-/80, 1401/II, 1403, 1405/I: -/-/-, 1405/II: dedit zu der stewr 4/-/-, 1406-1408: 5/-/80
    StV: (1369) [Steuerbetrag wieder getilgt; am rechten Rand und wieder getilgt:] solvit 14 lb concessit. (1371) solvit 13/5/-.[6] (1396) die hat geben 40 gulden von dreyer stewr wegen. (1399) von zwayer stewer wegen. (1405/II) item dedit von vergangen stewrn 24/5/15.
  Herman filius suus inquilinus. 1377, 1383/II, 1388 Herman Kúnig inquilinus. 1378, 1387 Herman Kúnig. 1379 filius suus [= des Fridrich Kúnig] inquilinus
    St: 1375: 1/-/24 gracianus, 1377: 2,5/-/- juravit, 1378, 1379: 2,5/-/-, 1383/II: -/-/54 juravit, 1387: -/-/12, 1388: -/-/24 juravit
  Ulrich Strang [Weinschenk, Stadtrat[7]], 1379 gener suus [= des Fridrich Kúnig] inquilinus
    St: 1378: 2/-/- gracianus, 1379: 7/-/42 juravit
  Ull (Ulreich) Kúnig (Kúningk, Kúnigk, Kúnick), 1415, 1431 kúrsner, 1431 inquilinus
    St: 1410/I: -/3/- gracianus, 1410/II: -/-/40 gracianus, 1415: -/6/-, 1416: 1/-/-, 1431: -/-/80 iuravit
* Hanns der Purfinger [Weinschenk[8], ein Sechstel Haus, bis 1410 Juni 5]
* Hanns Wigk [Handel mit Baumaterial, Weinschenk, Weinhändler[9]; besitzt ein Sechstel, dann das halbe Haus; ∞ mit Witwe oder Tochter von Fridrich Künig]
    St: 1403: 2/5/26, 1415: 2/-/-, 1416: -/21/10
  Chunrat Wigk
    St: 1428: dedit 4 gross für sich, sein weib und sein ehalten
* domus Kunig
    St: 1431: das ist alles des Schilling von Ehing, dedit davon -/14/12 und aws

---

[1] RP 2 und 3, Neuwahl der Handwerksvierer.
[2] BayHStA, Urk. Bayerische Landschaft.
[3] Gewerbeamt 1422a.
[4] Stadtgericht 207/1 (GruBu) S. 554v.
[5] Fridrich Kunig ist einer der Bürger, denen 1363 der Herzog das Braulehen verleiht. Er darf also Bier brauen, vgl. Dirr, Denkmäler II S. 717. 1371 Handel mit Wein belegt, 1372-1381 mit Unterbrechungen Mitglied des äußeren Rates, vgl. R. v. Bary III S. 741.
[6] Eintrag 1371 am rechten Rand nachgetragen und wieder getilgt.
[7] So 1381-1424 bei Weinstraße 3.
[8] Hanns Purfinger um 1414 Weinschenk, vgl. Gewerbeamt 1411 S. 2r.
[9] Die Stadtkammer zahlt 1407/08 dem Hanns Wikgen 11 ½ Pfund 11 Schillinge 14 Pfennige „umb kalich zum salczstadel". Er handelt also mit Baumaterial, vgl. KR 1407/08 S. 65r, aber auch mit Wein, vgl. KR 1402/03 S. 39r. – Hans Wigg um 1414 Weinschenk, vgl. Gewerbeamt 1411 S. 3v.

* Hainrich Schilling [von Ehing, Weinschenk[1]]
    Sch: 1439/I-II, 1440, 1441/I-II: 3 t[aglon]
    St: 1453-1458: Liste, 1462: -/12/7
* domus Schilling
    Sch: 1439/I-II, 1440, 1441/I-II: 1 t[aglon]
    St: 1453: Liste
* domus pueri Schillingin
    St: 1482: -/7/-
    StV: (1482) dedit Haintz Geltinger.
    pueri Schilling
    St: 1486, 1490: -/1/9
    StV: (1486) dedit Clement. (1490) dedit Angermair.
*? Steffan Keferloher [Weinschenk[2]]
    St: 1508, 1509: 2/2/24, 1514: Liste, 1522-1526, 1527/I: 4/2/3, 1527/II, 1528, 1529, 1532: 3/-/15
    StV: (1522-1526) et dedit 1/2/10 von (für) 10 gulden gelltz. (1526, 1527/I-II) et dedit 1/-/12 für p[ueri] Andre zollner. (1528) et dedit -/4/9 für Andre zollners son. (Nachtrag am Rand:) sol noch pflegkind steuern.
    Hanns Keferloher, 1527/II kürschner
    St: 1527/II: -/2/-, 1528: anderßwo
** Hanns Ainhofer (Ánhofer, Änhofer), 1540-1545, 1547, 1552/II-1556, 1558, 1559, 1561, 1564/I-1571 wirt [äußerer Stadtrat, 1568 Mitglied der Weinwirtezunft, 1569 auch Salzsender[3]; ∞ Elisabeth, Tochter von Gabriel Hundertpfund und Anna Keferloher[4]]
    St: 1540-1542: 1/6/6, 1543: 3/5/12, 1544: 1/6/6, 1545: 6/6/20, 1546-1548, 1549/I-II, 1550, 1551/I-II, 1552/I-II: 3/3/10, 1553, 1554/I-II, 1555-1557: 8/-/5, 1558: 16/-/10, 1559, 1560: 8/3/9, 1561, 1563, 1564/I-II, 1565, 1566/I-II, 1567/I: 12/3/12, 1567/II: an chamer, 1568: 8/-/- gratia, 1569-1571: 5/2/7
    StV: (1558) mer -/6/8 von wegen seiner schwiger erb, der Huntterpfunttin zusatz. (1567/II) zalt 12/3/12 adi 17. Octobris [15]68.
Hanns Ánhofer sein vater. 1542-1549/II, 1551/I-1553, 1554/II, 1555 [ohne Namen] sein [= des Hanns Ánhofer] vater. 1550 Aynhofer der alt
    St: 1541: 2/5/3 juravit, 1542: 2/5/3, 1543: 5/3/6, 1544: 2/5/3, 1545: 5/3/6, 1546-1548, 1549/I-II, 1550, 1551/I: 2/5/3, 1551/II: 2/5/3 patrimonium, 1552/I-II: 2/5/3
    StV: (1553) obdormivit, hat Ainhofer als ainiger erb zugsetzt. (1554/II) setzt Ainhofer zu in der gschwornen steur. (1555) obdormivit; zalt supra Ainhofer in seiner gschwornen steur.

Bewohner Marienplatz 7**:

Órttel (Órtel) [korn]messer, 1369, 1372, 1377-1379 inquilinus
    St: 1369, 1371, 1372, 1375: -/-/30, 1377: -/-/12 juravit, 1378, 1379: -/-/-
Perchtolt von Dyezzen St: 1369: -/10/-
Perchtolt Raydel mercator inquilinus St: 1369: -/9/-
Elspet Trullerin inquilina. 1375-1382, 1383/I-II relicta Trúllerin inquilina
    St: 1371: -/6/-, 1372: -/7/14, 1375: -/9/10, 1377: -/5/18 juravit, 1378, 1379, 1381, 1382, 1383/I: -/5/18, 1383/II: 1/-/12
Óttel vragner inquilinus St: 1371, 1372: -/-/60, 1375: 0,5/-/-

---

[1] Hainrich Schilling „am margk" ist 1433 und 1451 Mitglied der Weinschenken-Bruderschaft, 1458 Weinschenk, vgl. Gewerbeamt 1411 S. 9r, 10r, 13r, 1467 Vierer der Weinschenken, vgl. RP.

[2] Steffan Keferloher 1502 Aufnahme in die Weinschenkenzunft, vgl. Gewerbeamt 1418 S. 11v. – 1513, 1520 Vierer der Weinschenken, vgl. RP 6, 7, Neuwahl der Handwerksvierer. Ein Steffan Keferloher ist allerdings 1498, 1500 und 1501 Vierer der Bierbrauer, vgl. RP.

[3] Hans Ainhofer 1557, 1558, 1560-1568 äußerer Stadtrat, vgl. Fischer, Tabelle IV S. 2/3, Vietzen S. 147 nach KR und Zoll-Register. – 1572/75 auch die Ainhoferin als Salzsenderin belegt, ebenda.

[4] Elisabeth Hundertpfund, Tochter von Gabriel Hundertpfund und Anna Keferloher, wahrscheinlich Tochter von Stefan Keferloher, vgl. Stadtgericht 207/1 (GruBu) S. 379v (25.3.1549).

Aindel Resch, 1371 cum uxore, 1372 inquilinus
   St: 1371: -/11/- gracianus, 1372: 3,5/-/- juravit
   StV: (1372) solvit 3 lb.[1]
 puer uxoris St: 1371, 1372: -/-/-
Hainrich Gerstel [Schreiber] inquilinus St: 1375: -/3/6 gracianus
Ráuschel scriptor inquilinus. 1378, 1382, 1383/I-II Hainrich Ráuschel inquilinus. 1379 Hainrich Ráuschel scriptor inquilinus. 1381 Hainrich Ráuschel cum uxore inquilinus
   St: 1377: -/-/60 gracianus, 1378: -/12/- juravit, 1379, 1381, 1382, 1383/I: -/12/-, 1383/II: 2/-/60
Óttl (Ott) fútrer inquilinus St: 1377: -/7/- juravit, 1378: -/7/-
Hainrich servus Tichtlin (Tichtlinne) inquilinus. 1383/I-II, 1387 Hainrich servus Tichtl inquilinus
   St: 1379: -/-/18 gracianus, 1381, 1382, 1383/I: -/-/36, 1383/II: -/-/54, 1387: -/-/28, 1388: -/-/56 juravit
Weydaher martmesser[2] St: 1383/I: -/3/6, 1383/II: 0,5/-/24
Chunrat Frey inquilinus, 1392 kornmezzer[3] inquilinus
   St: 1387: -/-/56, 1388: -/3/22 juravit, 1390/I-II: -/-/12, 1392: 0,5/-/24
Hainrich kaufl inquilinus St: 1390/I-II: -/-/56, 1392: -/-/42, 1393: -/-/56
Chunrat Snek [korn]messer inquilinus St: 1393: -/-/52
Ulrich Balwein [korn]messer inquilinus St: 1394: -/-/64, 1395, 1396: -/-/60 fur zehen (10) lb
Óttel (Ott) Scharrer inquilinus, 1395, 1396, 1399 kaufel
   St: 1395: -/-/60 fúr sechs lb, 1396, 1397, 1399, 1400, 1401/I: -/-/60 fur 6 lb, 1401/II: -/-/60 für 6 lb, iuravit, 1403, 1405/I: -/-/60 fur 6 lb, 1405/II: -/-/72 fúr 12 lb, iuravit
 relicta Ott Scharrerin inquilina St: 1406: -/3/6 ir stewr
 et Hanns, vir eius St: 1406: -/-/24 gracianus
Chunrade Sprenger inquilinus [Weinschenk[4]]
   St: 1396, 1397, 1399, 1400, 1401/I: 0,5/-/6, 1401/II: -/6/12 iuravit
relicta múllnerin inquilina. 1399 múllnerin inquilina St: 1396: -/-/16 gracianus, 1397, 1399: -/-/-
Fridel Kaels [Kornmesser[5]] inquilinus. 1399 patrimonium Fridel Kaelss inquilinus
   St: 1397: -/-/60 non iuravit, 1399: -/-/-
uxor Hans von Púhel inquilina
   St: 1399: -/-/60
   StV: (1399) wann ir man waz von hinnen.
Hánnsel (Hanns) Denckendorfer (Dengkndorfer) inquilinus, 1399, 1405/I messer (kornmesser)
   St: 1399: -/-/32 gracianus, 1400, 1401/I: -/-/60 fúr 8 lb, 1401/II: -/-/80 fur 10 lb, iuravit, 1403, 1405/I: -/-/80 fur 10 lb, 1405/II: -/3/- iuravit, 1406: 0,5/-/-
 relicta Hanns Dengkndorffer inquilina St: 1407: 0,5/-/-
 und ir muter St: 1407: -/-/60
Óttel von Egenhofen inquilinus St: 1399: -/-/32 gracianus
Kóchpruner amer inquilinus[6]. 1405/II relicta Kóchprunerin inquilina
   St: 1400, 1401/I: -/-/60 fúr 8 lb, 1401/II: -/-/60 fúr 7 lb, iuravit, 1405/II: -/-/-
Haincz Hertel zingiesser inquilinus. 1405/I Hertel zingiesser inquilinus St: 1403, 1405/I: -/12/-
Waybinger [Jaibinger], dez Wigken schreiber. 1405/I-II Wilhalm, dez Wigkn schreiber inquilinus. 1407 Wilhalm schenck inquilinus.[7] 1408, 1410/I-II Wilhalm Gaybinger inquilinus
   St: 1403: -/-/32 gracianus, 1405/I: 0,5/-/- iuravit, 1405/II: -/3/- iuravit, 1407, 1408: 0,5/-/-, 1410/I: -/5/24 iuravit, 1410/II: -/7/22
relicta dez Hannsen goltsmid inquilina St: 1405/II: -/-/60 fúr 10 lb, iuravit
relicta Sawreberlin inquilina St: 1405/II: -/-/36 fúr nichil, iuravit, 1406: -/-/36 fúr nichil

---

[1] Vermerk 1372 am rechten Rand und wieder getilgt.
[2] Konrad Weydacher ist 1376-1395 als Marktmesser belegt, vgl. R. v. Bary III S. 977.
[3] Der „Frey underm Kuen[i]g" oder Chunrat Frey Kornmesser wird 1390 mehrmals genannt, vgl. GB I 222/25, 247/20.
[4] Chunrade Sprenger ist um 1414 als Weinschenk belegt, 1414 und 1417 deren Vierer, vgl. Gewerbeamt 1411 S. 2v, 10v.
[5] Er ist wohl Fridlein der Kornmesser, der 1398/99 S. 114r in der KR erscheint.
[6] Köchprunner ist 1392, 1393, 1396, 1400-1403, 1405 als Weinamer belegt, vgl. R. v. Bary III S. 962/964.
[7] Wilhalm Jaibinger ist auch um 1414 Weinschenk, vgl. Gewerbeamt 1411 S. 3v. Vgl. auch Marienplatz 8*. 1430 gehört er zu den Wirten am Markt, die Ungeld zahlen, vgl. Steueramt 987.

Hannsel (Hanns) nadler inquilinus
 St: 1407: -/-/60 fúr 4 lb, 1408: -/-/60 fúr 4 lb, 1410/I: -/-/60 fúr 4 lb, iuravit, 1410/II, 1411, 1412: -/-/60 fúr 4 lb
Fridel Tod inquilinus. 1408 relicta Fridel Tod inquilina. 1410/II Tódin inquilina
 St: 1407: -/-/60 fúr 6 lb, 1408: -/-/32 fúr nichil, 1410/II: -/-/- nichil habet
Hannsel Gerold inquilinus St: 1407: -/-/60 fúr 2 lb, iuravit
Fridel Taellinger inquilinus St: 1408: -/-/80 fúr 10 lb, 1410/I: -/-/72 iuravit
Andre Twdenkofer inquilinus StV: (1408) der stewrt in der Gragkenaŵ in seinem haẃs.
 und yr [= sein ?] muter inquilina St: 1408: -/-/80 fúr 10 lb
Chunrad Paysenwúrffel (Peysenwúrfel) [Kornmesser[1]] inquilinus
 St: 1410/I: -/-/60 fúr 10 lb, iuravit, 1410/II: -/-/80 fúr 10 lb, 1411: -/-/60 fúr 10 lb, 1412: -/-/80 fúr 10 lb, 1413: -/-/60 iuravit, 1415: -/-/60 fúr 10 lb
Symon nadler, 1411, 1412 inquilinus. 1413 relicta Syman nadler inquilina. 1418 Symanin nadlerin inquilina. 1419 relicta Symanin nadlerin inquilina
 St: 1410/II: -/-/64 fur 8 lb, 1411: -/-/60 fúr 8 lb, 1412: -/-/60, 1413: -/-/55 patrimonium, 1418: -/-/12, 1419: -/-/-
Haincz (Hainrich) Viechter, 1411-1412 kornmesser, 1410/II, 1411 inquilinus. 1413 patrimonium Haincz Viechter kornmesser
 St: 1410/II: -/3/6, 1411: -/-/72, 1412: -/3/6, 1413: -/-/-
Hanns Giessinger St: 1411: 1/-/-, 1412: -/10/20, 1413: -/6/- iuravit
Ott chauffel inquilinus St: 1411: -/-/72, 1412: -/3/6, 1413: -/-/72 fúr 12 lb, iuravit
Fridel Klinger [Kornmesser[2]], 1415, 1416 inquilinus
 St: 1415: 1/-/-, 1416: -/10/20, 1418, 1419: -/-/87
Peter [Wein]vysirer[3], 1416 inquilinus St: 1416-1423: -/-/-
Stepfel (Steffel) kornmesser, 1416, 1423, 1428 inquilinus. 1431 relicta Steffan kornmesserin inquilina
 St: 1416, 1418, 1419: 0,5/-/, 1423: 0,5/-/- iuravit, 1428: dedit 5 gross, 1431: -/-/75 iuravit
 StV: (1428) fur sich, sein weib, seine kind und sein diern.
Hanns Judenkopff inquilinus St: 1418: 1/-/-
Ann inquilina St: 1419: -/-/15 gracianus
Hanns Rúl kornmesser St: 1419: -/-/-
Hanns Per
 St: 1423: 2,5/-/-, 1424: -/6/20 hat zalt, 1428: dedit 3 gross
 StV: (1428) fur sich, sein weib und sein diern.
Fridel ym haber St: 1423: -/3/-
Ann kerczlerin, 1428 inquilina St: 1423: -/-/15, 1428: dedit 1 grossen
Ull Scheyrl inquilinus St: 1423: -/-/50
Rudolfcz Elsendorffer, presbiter Ratisbonensis diocesis, St: 1428: dedit 2 gross
Haincz Wild kauffel St: 1428: dedit 2 gross fur sich und sein weib
 Haincz Wild káuffel St: 1455: Liste
Haincz Huber kauffel St: 1428: dedit 2 gross fur sich und sein weib
Ulrich Rosnberger inquilinus St: 1431: -/13/10 schenckenstewr, iuravit 50 lb
Hanns Wanmeiser inquilinus St: 1431: -/-/60 iuravit N.
Chunrat Pfaẃffer inquilinus St: 1431: -/-/30 iuravit
Hanns Ramser, 1431, 1441/I, 1453, 1455-1457 fragner. 1462 Hanns Ramser salczmesser, 1431, 1462 inquilinus
 St: 1431: -/-/30 gracion, 1453-1458: Liste, 1462: -/-/60
 Sch: 1439/II, 1440, 1441/I-II: 1 t[aglon], 1445: 1 diern
Ulrich Scharrer, 1439/I fragner, 1450 fragner und salczmesser, 1439/II, 1440, 1441/I, 1445 inquilinus
 Sch: 1439/I-II, 1440, 1441/I-II: 1,5 t[aglon], 1445: 1 diern
 St: 1450: Liste
Hanns Ostermair [Weinschenk[4]] Sch: 1439/I: -/-/15

---

[1] Vgl. Marienplatz 6*.
[2] Zu Fridel Klinger Kornmesser vgl. Marienplatz 5* und KR 1399/1400 S. 42r.
[3] Bei R. v. Bary III S. 971 fehlend, vgl. auch Weinstraße 7 (1431 ff.), Marienplatz 9 B* (1428).
[4] Hans Ostermair ist 1458 Weinschenk, vgl. Gewerbeamt 1411 S. 13r.

411

Wilhalm Hiltenstainer [Melbler[1]] Sch: 1439/I: -/-/15
Hanns Mautner, 1439/I-II, 1441/I-II nadler, 1439/II inquilinus Sch: 1439/I-II, 1440, 1441/I-II: -/-/10
Chunrat Voglrieder inquilinus Sch: 1439/II: 1 t[aglon]
Chunrat Seidel, 1441/I [korn]messer Sch: 1440, 1441/I: 1 t[aglon]
Michel kornmesser[2], 1450 inquilinus
    Sch: 1441/II: 1 t[aglon]
    St: 1450-1455: Liste
Hanns Paibrunner inquilinus St: 1450: Liste
Jacob Gampler [Salzstößel[3]] St: 1453: Liste
Francz [Armbrusts]niczer inquilinus. 1454 Francz pogner St: 1453, 1454: Liste
Wilbold weber St: 1455: Liste
Hanns Dremel, 1456 inquilinus St: 1456, 1457: Liste
Hanns Kelhaimer, 1456 korn[messer] St: 1456, 1457: Liste
Jacob Sprenger St: 1458: Liste
Ulrich múllner kornmesser[4] inquilinus St: 1462: -/3/-
Hainrich Gelltinger, 1486 kornmesser[5] St: 1482: -/3/26, 1486: -/5/5
Conrad (Contz) Talmair (Talmer), 1490 saltzmesser, 1496 weinkoster[6]
    St: 1486, 1490: -/3/28, 1496: nichil
Ulrich (Utz) Zinsmaister [Weinschenk[7]] St: 1486, 1490: 1/-/8
Andre koch[8] St: 1486: -/-/60
Stosser koch[9] St: 1486: -/-/60
Hanns Nissl [Nussel[10]] kornmesser et pueri
    St: 1490: -/5/5 patrimonium
    StV: (1490) et dedit -/-/7 gracion.
Ulrich Genstaler [Salzstößel[11]]. 1500 Gennstalerin St: 1490, 1496, 1500: -/-/60
relicta Peirlin inquilina St: 1490: -/-/60
Hanns Mándel [Weinschenk[12], ∞ Barbara verw. Herzog, vgl. Kaufingerstraße 5]
    St: 1496: -/1/12 gracion, 1500: 1/3/23
    StV: (1496) patrimonium Hans Hertzog,[13] et dedit -/7/14 patrimonium für seiner hausfrauen ersten man [Hertzog].
Adler pruechler St: 1496: -/4/4
Márckel kornmesser.[14] 1508-1527/I Hanns Márckl (Merckl) kornmesser
    St: 1496: -/4/6, 1500: -/3/25, 1508: -/2/21 juravit, 1509: -/2/21, 1514: Liste, 1522-1526, 1527/I: 1/6/8
    StV: (1496) et dedit -/4/- die erst nachsteur für Clas Liephart.
Niclas maler[15] St: 1500: -/-/60
Tanpeckin St: 1500: -/-/60
Fritz Rietmairin St: 1508: anderswo, bei der Rosschwem

---

[1] So 1431 bei Färbergraben 1*.
[2] Michel kornmesser ist später – 1459 und 1461 – und bei Marienplatz 4* Vierer der Kornmesser, vgl. RP.
[3] Jacob Gampler ist 1461, 1471 und 1474 Vierer der Salzstößel, vgl. RP.
[4] „Mulner unter der unteren schrann" 1462 Vierer der Kornmesser, vgl. RP 1, Neuwahl der Handwerksvierer.
[5] „Haintz kornmesser unter dem Schilling" 1477 und „Haintz kornmesser unter Schillings schrannen" 1486 Vierer der Kornmesser, vgl. RP 2, 3, Neuwahl der Handwerksvierer. – Wohl identisch mit Haintz Geltinger unterm Pfyffer, 1468 Vierer der Kornmesser.
[6] Contz oder Conrad Talmair ist 1484-1494 Salzmesser, vgl. Vietzen S. 160 und RP, 1495-1504 ist er Weinunterkäufel, Weinkoster und Weinanstecher, vgl. R. v. Bary III S. 969/970.
[7] Ulrich Zinsmaister 1489 Mitglied der Weinschenkenzunft. vgl. Gewerbeamt 1418 S. 2v.
[8] 1485 ist ein Anndre Grasell Vierer der Köche, vielleicht dieser, vgl. RP.
[9] Hanns Stosser ist 1486 Vierer der Köche, vgl. RP.
[10] Hans Nussel Kornmesser, ∞ Anna, in Urk. C IX b I Nr. 126.
[11] Vgl. Marienplatz 9*A/a.
[12] Hanns Mandl 1499 Aufnahme in die Weinschenkenzunft, vgl. Gewerbeamt 1418 S. 10v. – 1501, 1504-1506 Vierer der Weinschenken, vgl. RP 4, 5, Neuwahl der Handwerksvierer.
[13] Hanns Hertzog war noch 1500 Vierer der Schenken, vgl. RP.
[14] Márckl kornmesser 1505 und Hanns Márckl 1518 Vierer der Kornmesser, vgl. RP 5,7.
[15] Niclas maler ist 1497 Vierer der Maler, Glaser, Seidennater, vgl. RP.

Partlme Hecht, 1508, 1509, 1514 kartnmacher St: 1508, 1509: -/-/60, 1514: Liste
Hans Kúffer pekh St: 1508: -/-/60
Jorg Haymreiter melbler St: 1508, 1509: -/-/60
Martein Lohmair melbler St: 1514: Liste
Hanns Seidl melbler St: 1522-1526, 1527/I: -/3/25, 1527/II, 1528, 1529, 1532: -/2/29
    et vilius St: 1523: -/2/-
Jórg Fólckl (Vólckl) k[ornmesser] St: 1527/II, 1528, 1529, 1532: -/2/25
Marten Valpuehler (Valpúchler, Valpúhler,Valpüchler), 1554/II, 1564/II, 1566/I-II, 1567/II-1571 kornmesser
    St: 1540-1542: -/5/23, 1543: 1/4/16, 1544: -/5/23, 1545: 1/-/2, 1546-1548, 1549/I-II, 1550, 1551/I-II, 1552/I-II: -/3/16, 1553, 1554/I-II, 1555, 1556: -/4/5, 1557: 1/-/20, 1558: 2/1/10, 1559, 1560: 1/-/20, 1561, 1563, 1564/I-II, 1565, 1566/I-II, 1567/I-II: 1/3/7, 1568: 2/6/14, 1569-1571: -/5/26
    StV: (1552/I-1556) mer -/1/5 fúr p[ueri] Grávinger. (1557) zugsetzt des Sindlhausers erb.
Hanns Scherer keuffl St: 1540-1542: -/2/-, 1543: -/4/-
Wolff (Wolffgang) Schwaiger, 1545-1547 melbler. 1549/I-II Wolff Schwaigerin[1]
    St: 1544: -/2/-, 1545: -/4/-, 1546-1548, 1549/I-II, 1550, 1551/I-II: -/2/-
Hanns Lucas melbler St: 1552/I: -/1/12 gracion die erst
Caspar Hilgar (Hilger, Hylgar) melbler
    St: 1552/II: -/-/28 gracion, 1553, 1554/I-II, 1555-1557: -/2/28, 1558: -/5/26
Conrad Gerbel melbler
    St: 1559-1561, 1563, 1564/I-II, 1565, 1566/I-II, 1567/I-II: -/2/-, 1568: -/4/-, 1569-1571: -/2/20
Barbara Khlainerin St: 1565: -/2/-

Marienplatz 8**
(mit Landschaftstraße 10*/11*)

Lage: 1395, 1431 „an dem markt". 1443/44 gegenüber der Brotbank.
Charakter: 1395 Kornmesserhaus (Schrannengerechtigkeit, Meßstatt). Bis 1419 mit Bäckerei „im gewelb" (Hausdurchgang). Wirtshaus. 1550/65 Fremdenherberge, 64 Pferde. Im 18./19 Jahrhundert Gasthaus „Zum Damischen" und „Zum Großdamischen".[2]

Hauseigentümer Marienplatz 8**:

1395 Februar 18 Erhart der Chempnater und seine Hausfrau Prachsewa verkaufen ein Ewiggeld von 14 ungarischen Gulden um 200 ungarische Gulden Hauptsumme aus ihrem „pechenhaws in dem gewelb voren an dem markt, ze naechst an dez Nortgaw [Marienplatz 8*] haws und auz dem vorgenanten haws voren aus der messtat, do Ottel chornmesser yeczen inne ist", an den Seyfrid den Thomen[3] von Aibling.[4]
1395 Juli (Anfang) „Erhart Chempnater" hat sein (Bäcker-)Haus, gelegen „an dem markt", zwischen den Häusern des „Chun[i]ges" (Marienplatz 7**) und „der Nortgawin" (Marienplatz 8*) verpfändet.[5]
1396 Juni 2 „Erhart der Cempnater, yezen gesessen mit haws ze Ayblingen", hat sein Haus (besser: die Bäckerei in diesem Haus), gelegen zwischen den Häusern der Gastlin der Nortgawin (Marienplatz 8*) und „der Chúngin haws" (Marienplatz 7**) verpfändet.[6]
1410 Juni 5 das Haus „Hansen des Rúleins" ist dem (Sechstel) des Hauses von Hans Purfinger, künftig des Hans des Wigk (Marienplatz 7**), benachbart.[7]

---

[1] Die Endung „in" bei „Schwaigerin" 1551/II wieder getilgt.
[2] Vgl. Stahleder, Haus- und Straßennamen S. 490, 495.
[3] Thumb oder Tum von Aibling, vgl. Bewohner 1415.
[4] GB II 85/7.
[5] GB II 97/7.
[6] GB II 111/6.
[7] GB III 97/10.

Lorenz und Hans die Ruelein sind beide Weinwirte und Weinhändler. Sie gehören zur Gruppe der Wirte, denen in der Zeit der Unruhen die Stadt wiederholt Verpflegungskosten für Militärpersonen „in der rais" ersetzt, so 1398/99 dem Lorenz 4 Pfund und 60 Pfennige und dem Hans 10 ½ Pfund und 24 Pfennige.[1] Große Weineinkäufe werden in der Zeit der Bürgerunruhen vor allem in Augsburg und Stuttgart getätigt, von der Stadtkämmerei auf vier Extra-Seiten in der Kammerrechnung zusammengefaßt: Summa summarum in toto 574 Pfund 7 Schillinge und 29 Pfennige „umb neckerwein und walschwein, den wir auz der kamer bezalt haben". Darunter findet sich auch ein Betrag von 175 alten ungarischen und böhmischen Gulden, die Chunrad Kapfenberger (Dienerstraße 20) und Hanns Rulein in Augsburg für Wein ausgegeben haben.[2] Hanns der Ruelein kaufte am 28. August 1404 auch die beiden Häuser an der Landschaftstraße 10* und 11*. Sein Besitz ging damit vom Marktplatz aus bis zur Landschaftstraße durch.[3] Das dritte Hinterhaus an der Landschaftstraße – Nr. 9* – kam erst viel später hinzu, jedenfalls nicht vor 1482, wahrscheinlich erst nach 1508.

Ein Teil des Hauses – wie zahlreiche Bäckereien „in dem gewelb", also in einem Hausdurchgang – ist Anfangs Bäckerei. Von 1368 bis 1419 findet man regelmäßig Bäcker bei diesem Haus. Diese Bäckerei wurde gelegentlich vom Haus getrennt. So besitzt sie zwischen 1394 und 1397 Erhart Kem-nater.

1418, 1419, 1431 gehen aus Ruelins Haus Ewiggelder zu Hans Pötschners Jahrtag (StB).

1431 Oktober 25 des Franz Ruelein Haus und Hofstatt am Markt Marie liegt zwischen des Karl Ligsalz und der Reschin (Marienplatz 8* ?) und des Wigk (Marienplatz 7**) Häusern.[4] Offenbar ist es nur eine Übernahme aus älteren Vorlagen, wenn Franz Ruelein noch 1454 bei der Stadtkämmerei als Hauseigentümer genannt wird.[5]

1451 Juli 8 das Haus des Symon Sänftel ist demjenigen des Hainrich Schilling (Marienplatz 7**) benachbart.[6]

1461 Januar 5 genannt wird Simon Senfftls Haus und Hofstatt, das weilent Frantzen Ruelins selig gewesen ist.[7]

1465, 1469, 1471, 1474, 1476 ein Hans [1457 Kaltzeysen] „unter dem Sanftel" ist Vierer der Kornmesser.[8]

1470 März 29 und

1471 Januar 10 das Haus des Symon Sänftl ist dem Haus des Hanns Schluder, künftig Matheis Kirchmair (Marienplatz 8*), benachbart.[9]

1490 Hanns [Wismair] „unter [Hanns] Sanftels schrannen" ist Vierer der Kornmesser.[10]

Hanns Sänftl ist 1489 bereits Mitglied der Weinschenkenzunft.[11]

1524 März 2 Hanns Sänftl verkauft seinem Vetter Anthoni Sänftl und seiner Hausfrau Anna ein Ewiggeld von 5 Gulden um 100 Gulden Hauptsumme.[12]

1535 November 10 Hanns Sänftl verkauft erneut ein Ewiggeld von 15 Gulden um 300 Gulden aus dem Haus (GruBu).

1539 August 18 Sigmund Sänftel ist mit Barbara Haldenberger verheiratet. Das Ehepaar besitzt an diesem Haus nur einen Anteil. Den anderen Teil hält Kaspar Haldenberger, der mit Maria (Sänftel) verheiratet ist. Beide Ehepaare besitzen aber auch Anteile am Haus Marienplatz 9*B. Deshalb tauschen sie nunmehr ihre Anteile aus. Das Haus Marienplatz 8**, gelegen zwischen den Häusern des Ainhofer (Marienplatz 7**) und des Matheis Kirchmair (Marienplatz 8*), gehört in Zukunft dem Ehepaar Kaspar und Maria Haldenberger.[13]

1539 August 20 Kaspar Haldenberger und seine Ehefrau Anna (!) verkaufen dem Sigmund Sänftl und seiner Hausfrau Barbara ein Ewiggeld von 10 Gulden um 200 Gulden (GruBu).

---

[1] KR 1398/99 S. 114v, 115r.
[2] KR 1398/99 S. 124r/v und 1402/03 S. 39r.
[3] Seit 1404 also, nicht „von Anfang an" wie der Häuserbuch-Bearbeiter meinte.
[4] Urk. D I e 2 XXIV Nr. 2. – MB XIXa 67 S. 107/112.
[5] Kämmerei 64 S. 7r, 13v.
[6] MB XX 323 S. 556. – Urk. D I e 1 - II Nr. 5.
[7] Kirchen und Kultusstiftungen 59a S. 5.
[8] RP 1 und 2, Neuwahl der Handwerksvierer.
[9] BayHStA, Urk. Bayerische Landschaft. – Wittmann, Urkunden-Regesten, ungedruckt.
[10] RP 3, Neuwahl der Handwerksvierer.
[11] Gewerbeamt 1418 S. 5r.
[12] Stadtgericht 207/1 (GruBu) S. 556v.
[13] BayHStA, Urk. Bayerische Landschaft.

Caspar Haldenberger betreibt 1550/65 eine Fremdenherberge mit einer Kapazität von 64 Pferden, was einen der größten „Hotel"-Betriebe dieser Art in München um diese Zeit darstellt.[1]
1574 laut Grundbuch (Überschrift) des Caspar Haldenbergers Haus, Hof und Stallung.

Der Maler Gabriel Angler gehört nicht zu diesem Haus. Er wurde vom Häuserbuch-Bearbeiter irrtümlich diesem Haus zugeteilt. Das Grundbuch kennt ihn nicht. Angler gehört zum übernächsten Haus (Marienplatz 9*A/b).

Eigentümer Marienplatz 8**:

Rúlein von Gemúnd.1371, 1372 Rúlein. 1375, 1381 Hainrich Rúlein. 1382-1388 relicta Rúleinin
St: 1368: -/-/75 post, 1369: -/6/- voluntate, 1371, 1372: -/6/-, 1375: -/14/12, 1381, 1382, 1383/I: 0,5/-/-, 1383/II: -/6/-, 1387: 1/-/-, 1388: 2/-/- juravit

Hanns Ruelein (Rúlein)
St: 1390/I-II: 2/-/-

Laurencz (Lorencz) Rúlein (Ruelein, Rulein) [1398/99 Wirt, Weinhändler[2]], 1400, 1401/I-II et mater
St: 1392: 4,5/-/-, 1393: 6/-/-, 1400, 1401/I: 4,5/-/-, 1401/II: 6/-/-
StV: (1401/II) dedit propter patrimonium mater [!] eius.
Pferdemusterung, um 1398 (Ur-Fassung): Lorencz Ruelein sol haben ein pferd umb 20 gulden [und] selber reiten; (Korrig. Fassung): Lorencz Ruelein sol haben ein pferd umb 20 gulden [und damit der] stat warten.

* Erhart Kemnatter [Teilbesitz von Bäckerei und Korn-Meßstatt, ∞ Prachsewa]
St: 1394: 4,5/-/-, 1395: 2/-/60, 1396: 3/3/-, 1397: -/-/-
StV: (1394) und sol davor ain stewr [geben].

* Hanns Rúlein (Rulein, Ruelein) [1398/99 Wirt, Weinhändler[3]]
St: 1397, 1399, 1400, 1401/I: 12,5/-/-, 1401/II: 6/-/ iuravit, 1403, 1405/I: 6/-/-, 1405/II: 5/-/- iuravit, 1406-1408: 6/5/10, 1410/I: 5/-/- iuravit, 1410/II: 6/5/10, 1411: 5/-/-, 1412: 6/5/10, 1413: 5/-/ iuravit, 1415: 3/6/-, 1416: 5/-/-, 1418, 1419: -/6/-, 1423: 2,5/-/-, 1424: -/6/20 hat zalt
StV: (1418) aus Hannsen Rúleins haws get 2 lb ewigs gelcz zu Hannsen Potschners jartag, [dedit davon] 0,5/-/8. (1419) aus Hannsen Ruleins haws get zway pfunt ewigs gelcz zu Hannsen Pótschners jartag, dedit davon ze stewr 0,5/-/8. (1423) und der ewig gelt zu Hannsen Pótschner jartag -/3/6.
Pferdemusterung, um 1398 (Ur-Fassung): Hanns Ruelein sol haben ein pferd von 20 gulden und ein erbern knecht, damit er der stat wart; (Korrig. Fassung): Hanns Ruelein sol haben 2 pferd von 40 gulden und selber reit[en].

* Francz Rúlein (Ruelein) [Stadtrat, Salzsender, Weinschenk[4]]
St: 1428: dedit 34 gross, 1431: 3/-/80 iuravit, 1450: Liste
Sch: 1439/I-II, 1440: 4 t[aglon], 1441/I-II: 3 t[aglon], 1445: 6 ehalten

---

[1] Gewerbeamt 1422a.

[2] Das Buch der Weinhändler von 1399, das eine Bestandsaufnahme der bei den einzelnen Händlern vorhandenen Fässer mit Wein vornimmt, verzeichnet einmal 3 Fässer und einmal ein Faß Wein beim Rulein bzw. Larentz Rúlein, vgl. Märkte 319.

[3] Hanns Rúlein/Rulein ist Wirt: Die Stadt schuldet ihm 1403 27 Pfund 3 Schillinge 16 Pfennige „von zerung wegen" des Sandizelers, Judmans und ihrer Gesellen, die sie bei ihm verzert haben, desgleichen um roten Wein für die Herzöge, als sie wiederkamen; dazu einen weiteren Betrag von 27 Pfund 3 Schillingen 16 Pfennigen, die 6 Mann und 6 Pferde 6 Wochen lang „datz im verzert" haben von der neuen Rais wegen, vgl. Steueramt 573 (Leibgedingbuch 1404/09) S. 43v, 572 (Leibgedingbuch 1402/03) S. 63v. – Später erhält Hanns der Rulein 9 Schillinge 26 Pfennige aus der Stadtkammer, „das die visirer dacz im verczert haben", vgl. KR 1408/09 S. 63r. – Auch um 1414 ist Hans Rülein als Weinschenk belegt, mit späterem Vermerk „obiit", vgl. Gewerbeamt 1411 S. 2v.

[4] Francz Ruelein im September 1434 Bürgermeister, vgl. R. v. Bary III S. 757. – Francz Ruelein ist von 1453-1455 städtischer Eichmeister, vgl. R. v. Bary III S. 971. – 1429, 1430, 1443-1445 ist Frantz Ruelein als Salzsender belegt, vgl. Vietzen S. 144, 147 und 1433 und 1451 ist er Mitglied der Weinschenken-Bruderschaft, auch 1458 Weinschenk, vgl. Gewerbeamt 1411 S. 8v, 10r. – Der Rulein gehört 1430 zu den Wirten am Markt, die Ungeld zahlen, vgl. Steueramt 987.

StV: (1428) fur sich, sein weib, sein muter, seine kind und all sein ehalten. (1431) aws dem haws gend 12 gulden ungarisch dem Jorg Tomlinger, dedit davon -/9/18 und der ewig gelt zu des Potschners jar[tag] 2 lb, dedit davon -/-/64.

Vicencz Ruelein [Weinschenk[1]]
: Sch: 1439/I: 2 t[aglon]

* Syman (Symon) Sanftel (Sánftel) [Weinschenk, Gastwirt[2]]
: St: 1453-1458: Liste, 1462: 2/-/42

** Hanns Sánftl (Sanftel) [Weinschenk und äußerer Stadtrat[3], Sohn von Simon Sänftl]. 1540 Hanns Sánfftls erben sollen zusetzn
: St: 1482: 2/4/1, 1486, 1490: 5/-/10, 1496: 4/2/29, 1500: 5/3/1, 1508, 1509: 5/6/21, 1514: Liste, 1522: 9/2/19, 1523-1526, 1527/I: 6/6/4, 1527/II, 1528, 1529, 1532: 7/1/27, 1540: nihil
: StV: (1486) und haben des Doctors gŭt verstewrt. (1500) et dedit 5/4/23 fúr pueri Jorg Sänftel. (1508, 1509) et dedit 6/-/20 für (fúr) pueri Jorg Sánftl. (1523) hat seiner tochter heyratgut abgesetzt. (1523, 1526, 1527/I) et dedit -/-/14 fúr 2 gulden geltz. (1524, 1527/II, 1528) et dedit -/-/14 fúr 2 gulden geltz seiner kóchin. (1525) et dedit -/-/14 fúr 1 gulden geltz. (1525, 1526, 1527/I) et dedit 1/3/- fúr p[ueri] Ettnhofer. (1527/II, 1528) et dedit 1/3/14 fúr p[ueri] Ettnhofer. (1529) et dedit 1/3/14; et dedit -/-/22 fúr 2 fl unnd 1 lb geltz seiner kóchin. (1532) et dedit -/-/29 fúr 3 gulden und 1 lb geltz seiner kóchin; et dedit 1/2/15 fúr p[ueri] Ettnhofer. (1540) haben die erben zugsetzt.

Sigmund Sanfftl
: St: 1482: 4/1/-
: StV: (1482) et dedit 2/7/15 fúr pueri Lewpolt.

Jorg (Georg) Sánftl [Sohn von Sigmund (Simon) Sänftl]
: St: 1486: 3/2/9, 1490: 4/1/24, 1496: 4/2/4
: StV: (1486) et dedit -/3,5/- gracianus von seiner hausfrauen.

* Sigmund Sánftl [Weinschenk[4], ∞ Barbara Haldenberger]
: St: 1522, 1523: 2/5/15, 1524-1526, 1527/I: 3/2/-, 1527/II, 1528, 1529: 3/2/12
: StV: (1523) soll biß jar seiner schwiger[mutter] gŭt zusetzn. (1524) hat seiner schwiger gut zugesetzt; et dedit -/5/21 fúr Michel melbler patrimonium.

** Caspar Haldenberger (Halmwerger, Hallnwerger, Halbmwerger, Haldnwerger, Haltnberger) [Weinhändler[5], 1550/1565 Herbergswirt, ∞ Maria Sänftl]. 1552/I-1560, 1564/I-1571 Caspar Haldnwergerin (Haldnbergerin). 1561, 1563 Halldenwergerin[6]
: St: 1532: 4/-/8, 1540-1542: 6/2/25, 1543: 12/5/20, 1544: 6/2/25, 1545: 13/-/-, 1546-1548, 1549/I-II, 1550, 1551/I: 6/3/15, 1551/II: 6/3/15 patrimonium, 1552/I: 2/2/8 juravit, 1552/II: 2/2/8, 1553, 1554/I-II, 1555-1557: 2/-/26, 1558: 4/1/22, 1559-1561, 1563, 1564/I-II, 1565, 1566/I-II, 1567/I-II: 2/-/26, 1568: 4/1/22, 1569-1571: 2/-/26
: StV: (1540) hat zugsetzt, so er von Hansn Sánfftl seligen ererbt hat. (1540, 1541) et dedit 1/-/5 fúr p[ueri] Raid. (1542) mer 1/-/5 fúr p[ueri] Raid. (1564/I) mer folio 89v [Ewiggeld] fúr Seiboltstorffer.

** Caspar Haldenberger 1574

Bewohner Marienplatz 8**:

Sigel pader inquilinus St: 1368: -/6/-
Órttel [korn]mezzer inquilinus St: 1368: -/-/26

---

[1] Vicencz Rielein (!) ist 1447 Vierer der Weinschenken, vgl. Gewerbeamt 1411 S. 11r.
[2] Symon Sanftl ist 1462, 1464 und 1465 Fisch(be)schauer, vgl. RP, 1458 Weinschenk, vgl. Gewerbeamt 1411 S. 13v. – Bei Simon Sänftl verzehrt 1474 der Baumeister Michel von Pfarrkirchen bei der Besichtigung des Baues der Frauenkirche sein Zehrgeld, das er von der Stadt erhielt, vgl. KR 1474/75 S. 74v.
[3] Hanns Sänftl 1489 äußerer Stadtrat, 1488, 1490, 1492, 1493 Mitglied der Gemain, wahrscheinlich auch identisch mit dem äußeren Rat gleichen Namens von 1502-1534, vgl. RP.
[4] Sygmundt Sánftl Mitglied der Weinschenkenzunft seit 1515, vgl. Gewerbeamt 1418 S. 16v.
[5] 1533/34 kauft das Heiliggeistspital Wein beim Caspar Haldenberger, vgl. Heiliggeistspital 176/25 (Rechnung) S. 79r.
[6] Sie dürfte die alt Haldenbergerin am Markt sein, die sich 1571 beim Religionsverhör verantworten musste, vgl. Dorn S. 267.

Perchtolt vragner inquilinus St: 1368: -/6/20
Perchtolt Rayd vragner inquilinus St: 1368: -/6/-
Matheis Eysenman [Goldschmied, 1365 Mitglied des Großen Rats[1]] St: 1368: 3/5/10
Swiener mercator inquilinus St: 1368: -/-/15 post
Hainrich Zagel [vragner[2]] inquilinus St: 1368: -/-/80
Hainrich pfentterknecht inquilinus. 1371, 1372, 1381, 1382, 1383/I Hainrich pfentter inquilinus. 1375 Hainrich pfentter vragner inquilinus
    St: 1368: -/-/36, 1369, 1371, 1372, 1375: -/-/54, 1381, 1382, 1383/I: -/-/36, 1383/II: -/-/45
Zwickel inquilinus St: 1368: -/-/64
Freysinger omer inquilinus St: 1368: -/-/20, 1369: -/-/48 voluntate
Nagel (Nágel) pistor inquilinus St: 1368: -/-/32 voluntate, 1369, 1371, 1372: -/-/48, 1375: -/-/32
Reichel [korn]messer inquilinus St: 1368: -/-/20 post
Wunder vragner inquilinus St: 1369: -/-/30 juravit
Hánsel filius Flewgerinne inquilinus[3] St: 1369: -/-/24 gracianus
    relicta Flewgerin inquilina St: 1377: -/-/-
Óttel servus Ungerinne inquilinus St: 1369: -/-/24 gracianus
Haensel tagwercher inquilinus St: 1369: -/-/-
Ayndl inquilinus St: 1369: -/-/12 gracianus
Hainrich Schreier mercator inquilinus St: 1369: -/-/18
Martein vragner inquilinus
    St: 1371: solvit -/-/32, 1372: -/-/36, 1375: -/-/80, 1377: -/12/- juravit, 1378: -/9/- juravit, 1379: -/9/-
Dietrich Geslaecht[4] cum uxore St: 1375: -/-/60
Hanns helmsmid [Wirt ?[5]] St: 1377: -/6/- juravit, 1378, 1379: -/6/-
    pueri eius St: 1377: -/-/-
Gerolt vragner, 1378, 1379, 1381, 1382 Gerolt [korn]messer, 1377, 1381 inquilinus
    St: 1377: -/-/36 juravit, 1378, 1379, 1381, 1382: -/-/36
Ulrich (Ull) servus Pótschnerii inquilinus St: 1377, 1378: -/-/-
Werndl pistor inquilinus. 1387, 1388 (relicta) Werndlin peckin inquilina
    St: 1377: -/-/30 juravit, 1378: -/-/30, 1379, 1381, 1382: -/-/36, 1387: -/-/16, 1388: -/-/32 juravit
    Vólckel gener eius [= des Werndel pistor] inquilinus. 1382 Vólckel maurer inquilinus
        St: 1378: -/-/12 gracianus, 1382: solvit -/-/12
    Tóldel ir [= der Werndlin] sun inquilinus. 1390/I-II, 1392-1395 Tóldel (Toldel, Doltel) peck inquilinus. 1399 relicta Dóltlin peckin inquilina
        St: 1387: -/-/16 iuravit, 1390/I-II: -/-/32, 1392: -/-/24, 1393, 1394: -/-/32, 1395: -/-/60 fúr aht lb, die er hat, 1396, 1397, 1399: -/-/60 fúr 8 lb
Hanns Walggershofer taschner inquilinus. 1378 Hanns Walgkershofer inquilinus
    St: 1377: -/-/18 juravit, 1378: -/-/18
Kristel bot, 1377-1390/I, 1392, 1393 inquilinus
    St: 1377: -/-/24 juravit, 1378, 1379, 1381, 1382, 1383/I: -/-/24, 1383/II: -/-/36, 1387: -/-/6, 1388: -/-/12 juravit, 1390/I-II, 1392: -/-/12, 1393: -/-/16
    StV: (1381) item de anno preterito -/-/32.
Leydenfrost tagwercher inquilinus St: 1377: -/-/-
gener Gaenslini inquilinus St: 1378: -/-/-
Ottel servus Pótschnerii inquilinus St: 1379: nichil
Werndel Hasenegger inquilinus St: 1379: -/-/-
Wenigel inquilinus. 1382 Wenigel rostauscher inquilinus
    St: 1381, 1382: -/-/12
    StV: (1381) item de preteritis steweris -/-/36.
relicta Francz Sentlinger inquilina St: 1382: 1/-/- sub gracia, 1383/I: 1/-/-

---

[1] Frankenburger S. 261.
[2] Vgl. Dienerstraße 19.
[3] Ein Hans/Haensel Flewger ist 1380-1396 Scherge (Fronbote, Gerichtsamtmann), später Marktmesser, vgl. R. v. Bary III S. 812/813.
[4] Vgl. Dienerstraße 19.
[5] Vgl. Kaufingerstraße 30.

Hainrich oblater inquilinus St: 1382, 1383/I: -/-/12, 1383/II: -/-/18, post -/-/6
Tónigel [Kornmesser¹] inquilinus St: 1382: -/-/18
Ulrich Fries inquilinus St: 1383/I: -/-/30 juravit, 1383/II: -/-/45
Kegel pistor inquilinus St: 1383/I: -/-/18 juravit
Lehner pistor inquilinus St: 1383/I: -/-/12, 1383/II: -/-/18
    gener suus pellifex inquilinus² St: 1383/I: -/-/18 gracianus
Perchtolt tagwercher inquilinus St: 1383/I: -/-/12, 1383/II: -/-/18
Hainrich Scháuchel (Scheuch, Schaẃhel) inquilinus
    St: 1383/I: -/-/12, 1383/II: -/-/18, 1387: -/-/12, 1388: -/-/24 juravit
Margret inquilina St: 1383/I: nichil
Hainrich swertfúrb [von Freising] inquilinus St: 1387: -/-/24
(relicta) Trúllerin (Trullerin) inquilina St: 1388: -/5/10 juravit, 1390/I-II: -/5/10, 1392: -/3/-, 1393: -/-/-
Chunrat Payr inquilinus St: 1388: dedit alibi
Ótl (Ott) messer (kornmezzer) inquilinus
    St: 1390/I-II: -/9/10, 1392: -/7/-, 1393, 1394: -/9/10, 1395: -/5/10, 1396, 1397, 1399, 1400,
        1401/I: 1/-/-, 1401/II: -/6/12 iuravit
malerin inquilina St: 1390/II: -/-/8
Árnstin inquilina St: 1390/II: -/-/16 gracianus
Ulrich Eggentaler [Wirt, Weinhändler³] inquilinus St: 1394: -/6/12, 1395: -/7/10, 1396: -/6/-
Ott Scharr[er] kawffel inquilinus St: 1394: -/-/18
Seicz schůchster inquilinus St: 1394: -/-/24
Agnes Swábin inquilina St: 1396: -/-/-
Nickel Polan inquilinus St: 1397: -/-/18 gracianus
Hannsel dez Púttreich chnecht inquilinus St: 1399: -/-/16 gracianus
Jáckel Lágelshaimer inquilinus⁴ St: 1399: -/-/- ist scherg worden
relicta Leschin, 1401/I-II inquilina St: 1400, 1401/I: 5,5/-/-, 1401/II: 7/-/48 iuravit
Ottel (Ott) von Egenhofen, 1400-1408, 1410/II-1416 inquilinus. 1423 relicta Ottin von Egenhofen
    St: 1400, 1401/I: -/-/60 fúr 5 lb, 1401/II: -/-/64 fúr 8 lb, iuravit, 1403, 1405/I: -/-/64 fur 8 lb,
        1405/II: -/3/- iuravit, 1406-1408: 0,5/-/-, 1410/I: 0,5/-/- iuravit, 1410/II: -/5/10, 1411: 0,5/-/-,
        1412: -/5/10, 1413: 0,5/-/- fúr 20 lb, iuravit, 1415: -/5/6 auf 26 lb, 1416: -/6/28, 1418, 1419:
        -/5/10, 1423: 0,5/-/-
Chunrat Gótfrider (Gotfrider) peck, 1400-1408, 1411, 1413 inquilinus
    St: 1400: -/-/60 fúr 6 lb, iuravit, 1401/I: -/-/60 fúr 6 lb, 1401/II: -/-/60 fúr 6 lb, iuravit, 1405/I:
        -/-/60 fur 6 lb, 1405/II: -/-/60 fur 8 lb, iuravit, 1406-1408: -/-/64 fúr 8 lb, 1410/II, 1411:
        -/-/60 fúr nichil, 1412: -/-/60, 1413: -/-/60 fúr 10 lb, iuravit
Ulr[ich] kornmesser inquilinus St: 1403: -/6/28
Chunrat Werrder peck inquilinus St: 1403: -/-/60 fur 6 lb
Hannsel Taẃschel peck St: 1410/I: -/-/60 fúr 6 lb, iuravit
Tumb (Túm) von Aybling⁵
    StV: (1415) hat auz dez Rúleins haws 14 gulden gelcz.
    St: 1416: -/-/-
Fridel Hunger peck inquilinus St: 1415: -/3/-, 1416: 0,5/-/-
Hanns Zayser peck inquilinus St: 1418: -/3/14
Fridel Verbenbegk peck St: 1419: -/-/60
Ulr[ich] Freydensprunck [Fragner⁶] St: 1423: -/-/-
Jorg kornmesser St: 1428: dedit 2 fur sich und sein weib
relicta wagnerin inquilina Ruelein⁷ St: 1428: dedit -/-/10

---

[1] Tónigel ist 1377-1381 bei Marienplatz 4* und 5* als Kornmesser belegt, später bei Marienplatz 10* Fragner.
[2] Er steht zwar hinter Perchtolt tagwercher. Da dieser aber nachträglich zwischen den Zeilen eingeschoben wurde, dürfte er als Schwiegersohn zu Lehner gehören.
[3] Vgl. Weinstraße 20*.
[4] Jáckel oder Jacob Lägelshaimer ist 1400-1412 als Scherge (Fronbote, Gerichtsamtmann) belegt, vgl. R. v. Bary III S. 813.
[5] Besitzt seit 1395 eine Hypothek auf dem Haus, vgl. Vorspann.
[6] Vgl. Marienplatz 9*A/b.
[7] Der Eintrag steht irrtümlich beim Haus 8*, deshalb macht der Schreiber den Vermerk: „inquilina Ruelein".

pueri Hainrich Goczman St: 1431: -/11/- gracianus
Hanns Winklmair, 1431 kornmesser
    St: 1431: -/7/10 iuravit
    Sch: 1439/I-II: 2 t[aglon]
Chunrade Rienshofer Sch: 1439/I: 1 t[aglon]
Chunrade (Chunrat) Krápfel (Krappfel) Sch: 1439/I-II, 1441/I-II: 1,5 t[aglon]
Chunrat (Chuncz) Seidel kornmesser Sch: 1439/II, 1441/II: 1 t[aglon]
Hanns Rinner (Reimer) [tuch]scherer. 1441/I Hanns scherer Sch: 1439/II, 1441/I: 1 t[aglon]
Ulrich Múrr [Kornmesser[1]] inquilinus Sch: 1440, 1441/I: 1 t[aglon]
pueri Lesch[2] Sch: 1440: 1 t[aglon]
Eberhart sniczer inquilinus Sch: 1441/II: 1 t[aglon]
Peter Tobler [Kornmesser[3]] Sch: 1445: 1 diern
Hainrich Tütinger kornmesser St: 1450: Liste
Lienhart walcher St: 1450: Liste
Hanns nadler inquilinus St: 1450: Liste
Chunrat (Chuncz) Swábinger (Swabinger, Schwábinger), 1453 kornmesser St: 1453-1456: Liste
Hanns Kalczess (Kaltzeß) [= Kaltzeisen], 1456, 1457, 1482 kornmesser.[4] 1462 Hanns kornmesser inquilinus Sánftel
    St: 1456-1458: Liste, 1462: -/-/68, 1482: -/3/15
    StV: (1482) et dedit -/-/21 fúr pueri Haindl.
Cuntz melbler inquilinus St: 1482: -/3/3
Conrad kartnmacher St: 1482: -/-/60
Hanns Weysmair (Wismair, Wismer), 1490, 1496 kornmesser [Weinschenk[5]]
    St: 1486, 1490: -/5/14, 1496: 1/-/25
[Hanns [Wismair ?] unter Sanftels schrannen 1490 Vierer der Kornmesser[6]]
Hanns Nüssl k[ornmesser] St: 1500: -/4/16
Sigmund Zehentner (Zehentmair) k[ornmesser][7]
    St: 1508, 1509: -/2/13, 1514: Liste, 1522-1526, 1527/I: 1/1/7, 1527/II, 1528, 1529: 1/4/24, 1532: 1/4/29
    StV: (1522) hat seiner tochter heyratgut abgesetzt.
Hanns Gagars, 1540, 1541 kornmesser St: 1540-1542: -/3/5
Anthoni weinschreyber. 1543 Anthoni Schweickhart weinzaler.[8] 1551/II-1567/II Anthoni Schweickhart, 1552/II-1556, 1559 wirt [Salzsender, äußerer Rat]
    St: 1541: -/-/-, 1543: 3/2/10, 1551/II, 1552/I-II: 3/4/27, 1553, 1554/I-II, 1555-1557: 10/1/25, 1558: 20/3/20, 1559, 1560: 10/1/25, 1561, 1563, 1564/I: 19/2/3, 1564/II: 19/3/17, 1565, 1566/I-II: 19/5/1, 1567/I-II: 19/6/13
    StV: (1541) ist das jar der steur frey gelassen. (1541) vgl. Vermerk bei Jorg weinschreyber. (1543) mer 2/4/3 seine weibs heyratgueth. (1551/II-1552/II) mer -/3/25 fúr p[ueri] Schehner; mer 4/-/10 fúr p[ueri] (Michl) Weigl (apotecker). (1553-1557, 1559, 1560) mer -/5/- fúr p[ueri] Schehner (Schenner). (1553-1556) mer 3/5/5 fúr p[ueri] Michl Weigl. (1556) ad 25. Septembris zalt Schweickhart fúr p[ueri] Weigl fúr 3 nachsteur 11 fl. (1558) mer 1/3/- fúr p[ueri] Schehner. (1561, 1563, 1564/I) mer fúr p[ueri] Schechner(s) khind -/5/7. (1561) ausserhalb der Ligsaltz schulden. (1563, 1564/I) ausser der Ligsaltz schuld. (1564/II) zuegesetzt den

---

[1] Ulrich Murr 1428-1439/I bei Kaufingerstraße 37 Kornmesser.
[2] „pueri Lesch" über getilgtem „Hanns Pair".
[3] Peter Tobler 1439 und 1441 bei Weinstraße 2, 1440 bei Marienplatz 2 jeweils Kornmesser.
[4] 1463 Hans Kaltzeysen, 1465, 1469, 1471, 1474, 1476 „Hanns unterm Sänftel" Vierer der Kornmesser, vgl. RP 1 und 2, Neuwahl der Handwerksvierer.
[5] Hanns unter Sanftels schrannen 1490 Vierer der Kornmesser, vgl. RP 3, Neuwahl der Handwerksvierer. – Hanns Wißmair ist 1503-1505 und 1511 Vierer der Schenken, vgl. RP. – Hanns Wismair 1489 Mitglied der Weinschenkenzunft, vgl. Gewerbeamt 1418 S. 4r.
[6] Vgl. RP.
[7] Sigmund Zehenntner 1517, 1519 Vierer der Kornmesser, vgl. RP 7, Neuwahl der Handwerksvierer.
[8] Anthoni Schweikhart 1541-1543, 1547 als Weinzahler belegt, vgl. R. v. Bary III S. 975, jeweils nach StB. 1551 ist Anthoni Schweickhart auch als Salzsender belegt, vgl. Vietzen S. 151 nach KR. – 1561-1568 ist Antoni Schweickhart auch äußerer Stadtrat, vgl. Fischer, Tab. IV S. 2-3.

achten tail der Ligsaltzischen schuld. (1564/II-1567/II) mer fúr p[ueri] Schechner -/5/7. (1565) zugesetzt Ligsaltzischen andern empfang. (1567/I) zuegesetzt Ligsaltzischen dritten empfang. (1567/II) mer fúr Caspar Hertzog 5/5/28; mer fúr Jorg Schweickhartin 1/6/29. (1567/II) Adi 23. Aprilis [15]68 zalt Schweickhart 3 nachsteur 59/5/9.

Jorg [Glaner] weinschreyber[1]
- St: 1541: -/-/-
- StV: (1541) ist das jar steurfrei gelassen; aufs jar sollen sy [Jorg und Anthoni] ir vermogen schweren und steurn.

Anthoni Schweickhart weinschreiber [und] Jorg weinschreiber
- St: 1542: 3/2/10 juraverunt, ir beder steur

Liendl (Lienhart, Lenhart, Leonhart) Seidl, 1543-1547, 1554/II-1556, 1559, 1564/II, 1565, 1566/II-1571 kornmesser
- St: 1543: 1/-/8, 1544: -/3/19, 1545: 1/1/28, 1546-1548, 1549/I-II, 1550, 1551/I-II, 1552/I-II: -/4/14, 1553, 1554/I-II, 1555-1557: 1/1/22, 1558: 2/3/14, 1559-1561, 1563, 1564/I-II, 1565, 1566/I-II, 1567/I-II: 1/1/22, 1568: 2/3/14, 1569-1571: 2/-/8,5
- StV: (1547-1557, 1559) mer -/-/14 fúr p[ueri] Kólbel (Kálbel, Kälbl). (1551/II-1556) mer -/6/5 fúr p[ueri] Streicher. (1558) -/-/28 fúr p[ueri] Kalbel. (1557) mer -/6/26 fúr p[ueri] Streicher. (1558) mer 1/6/22 fúr p[ueri] Streicher. (1559) ad 17. [Monat fehlt] zalt Seidl fúr p[ueri] Kalbl 3 nachsteur, 12 kr. (1563, 1565-1567/I) mer fúr p[ueri] (Wolff) Fachenpockh (Fachnpeckh) 1/5/14. (1564/II) mer fúr p[ueri] Wolff Fahenpockh 1/5/14.

Bernhart Hofsingoltinger (Hofsingolter),[2] 1569 wierdt
- St: 1568: 4/-/-, 1569, 1570: 3/3/15
- StV: (1568) mer fúr Streichers khind, so auffm lannd und von Johannis Baptiste im [15]67. [jar] ir auff 3 jar lanng wie búrger ze steurn bewilligt 3/-/20;) mer fúr Michel Gnändler folio 6v [Ewiggeld]. (1569) mer fúr Michel Gnändler folio 6r [Ewiggeld]; mer fúr Streychers khind, so aufm lannd unnd auf 3 jar wie búrger zehaltn begúnstigt, so sich heur geenndet etc. 1/3/25: mer fúr p[ueri] Khrendl steurt Jorg torbártl. (1570) adi 7. Julii anno 1571 zalt Bernnhart Streicher nachsteur, nachdem er wegzogen religions sachen halb; mer fúr Michel Gnandler folio 2v [Ewiggeld]; mer fur des Streychers khinder, so auf dem lanndt von 33 fl gelts.

Hanns weinschreiber[3] Preitgam St: 1571: -/2/10 gratia

Marienplatz 8*
(mit Hauskapelle um 1549)

Lage: 1370 „under den vragnern". 1461, 1474 am Fischmarkt.
Charakter: Seit Anfang 15. Jahrhundert Wirtshaus. 1549 Weinschenken-Behausung. 1550/65 Fremdenherberge, 34 Pferde.

Offenbar mit diesem Haus beginnt eine Häusergruppe, die die Baukommission 1370 als „under den vragnern" bezeichnet. Auch Überschriften in den Steuerbüchern nehmen darauf Bezug.[4] Die Baukommission sagt dazu: „Item under den vragnern sol man abprechen all zuber, truchen und sweinsteig und sol niemen mit deheiner truchen noch mit dheinem sweinsteig raichen fur di pfeiler weder innerhalb noh auzzerhalb".[5] Vor diesem Text ist das Haus des Plum (Marienplatz 5*) aufgeführt. Die Bestimmung gehört also eindeutig hierher. Bei dieser Häusergruppe hat auch ein Ridler ein Haus, es ist nur sonst nirgends nachgewiesen. Über dieses Haus sagt die Baukommission: „Item dez Ridlers

---

[1] Jörg Glaner bei R. v. Bary III S. 975 erst für 1552-1558 als Weinschreiber belegt, aber 1545 nach StB auch schon bei Marienplatz 11 „weinzaler", 1549 Salzstößel, vgl. Vietzen S. 154.
[2] Bernhard Hofsingoltinger, genannt Streicher, musste sich 1571 beim Religionsverhör verantworten, vgl. Dorn S. 261.
[3] 1571 über „weinschreiber" „Weinhart".
[4] Vgl. Stahleder, Haus- und Straßennamen S. 103.
[5] Zimelie 9 (Ratsbuch IV) S. 4r (alt) = 6r (neu).

lauben an dem margt sol ab gen. Er hat aber wol gewalt, mit ganczem haus herfur ze varen und daz sol er tun czwischen hie und sand Jacobstag [25. Juli] oder er hat sein furbas dheinen gewalt". Im Anschluß an diesen Vermerk folgt das Haus des Sigel Pötschner (Dienerstraße 1*).

Hauseigentümer Marienplatz 8*:

Die erste bekannte Eigentümer-Familie könnte mit dem schon am 28. Januar 1319 vorkommenden „Chunrat von Teysenhoven der Nortgae" verwandt sein. Er verkauft an diesem Tag an das Kloster Schäftlarn eine Hube in Sauerlach.[1]

1393 September 29 der Münchner Bürger Castl Nortgaw regelt als Eigentümer eines Hauses am Markt in Unser Frauen Pfarr Lichtrechte mit seinem Nachbarn Matheis Sentlinger (Marienplatz 9*A/a)[2]: Die in das Sendlinger-Haus gehenden Lichter (Fenster) dürfen fürderhin nie verbaut werden.

1395 Februar 18 das Haus des Nortgaw ist dem Bäckerhaus des Erhart Chempnater „voren an dem markt" (Marienplatz 8**) benachbart.[3]

1395 Juli (Anfang) das Haus der Nortgawin ist dem Haus des Erhart Chempnater (Marienplatz 8**) benachbart.[4]

1396 Juni 2 das Haus der „Gastlin der Nortgawin" ist dem Haus des Erhart Cempnater (Marienplatz 8**) benachbart.[5]

1431 Oktober 25 des Franz Rüelein Haus (Marienplatz 8**) am Markt in Unser Frauen Pfarr ist dem Haus von Karl Ligsalz und der Anna Reschin benachbart.[6] Einer der beiden Nachbarn könnte aber auch zu einem Haus an der Landschaftstraße gehören.

1453-1458 domus (Hanns) Rudolf (StB).

1458 Oktober 23 das Haus des Rudolf ist Nachbar von Matheis Sentlinger (Marienplatz 9*A/a).[7]

1461 der „Kirchmair am vischmarkt" ist einer der Vierer der Fragner, Obser und Melbler.[8] Zu dieser Zeit gehört das Haus aber noch einer Erbengemeinschaft von Rudolf-Erben. Es ist aber sichtlich an den Kirchmair verpachtet.

1470 März 29 Hanns Schluder zu Weilbach verkauft aus dem Haus und Hofstatt in Unser Frauen Pfarr am Markt, zwischen den Häusern des Matheis Sentlinger (Marienplatz 9*A/a) und des Symon Sänftel (Marienplatz 8**) seine eigenen zwei und seiner Kinder (einen) Anteil (insgesamt also drei Vierteile) an den Weinschenken und Bürger zu München Matheis Kirchmair um 510 rheinische Gulden in Gold. Der Schwiegervater von Hanns Schluder – Peter Rudolf – hat seinen Anteil am Haus ebenfalls bereits an den Käufer abgetreten. Hans Schluder hatte seine beiden Anteile von seiner Schwester Ursula Rudolfin gekauft. Die beiden Teile seiner Kinder stammen aus seiner ersten Ehe mit Clara Rudolfin, des Peter Rudolf Schwester.[9]

1471 Januar 10 Jörg Schluder, Sohn von Hans Schluder zu Weilbach, verkauft auch im Namen seiner Schwestern Clara, Magdalena und Anna an den Weinschenken Matheis Kirchmair seinen und seiner Schwestern vierten Teil an dem Haus, Hofstatt und Stallung in Unser Frauen Pfarr am Markt, zwischen des Matheis Sentlinger (Marienplatz 9*A/a) und Symon Sänftl (Marienplatz 8**) Häusern gelegen, so wie sie ihn von ihrem Ahnherrn (Großvater) Peter Rudolf selig ererbt haben um 170 Gulden rheinisch in Gold.[10]

1474 der „Kirchmair am vischmarkt" ist Vierer der Käufel.[11]

1475 Juni 5/Juli 7 das Haus des Matheis Kirchmair ist dem Haus der hinterlassenen Kinder des Matheis Sentlinger, künftig der Stadt München Haus (Marienplatz 9*A/a), benachbart.[12]

1487 August 7 das Haus des Matheis Kirchmair selig ist dem Haus der Stadt München, früher der un-

---

[1] RB V 399.
[2] BayHStA, Urk. Bayerische Landschaft. – Wittmann, Urkunden-Regesten, ungedruckt.
[3] GB II 85/7.
[4] GB II 97/7.
[5] GB II 111/6.
[6] Urk. D I e 2 XXIV Nr. 2. – MB XIXa 67 S. 107/112.
[7] Zimelie 20 (Kopialbuch Priesterbruderschaft St. Peter) S. 9r/v, 11r.
[8] RP 1, Neuwahl der Handwerksvierer.
[9] BayHStA, Urk. Bayerische Landschaft. – Wittmann, Urkunden-Regesten, ungedruckt.
[10] BayHStA, Urk. Bayerische Landschaft. – Wittmann, Urkunden-Regesten, ungedruckt.
[11] RP 2, Neuwahl der Handwerksvierer.
[12] BayHStA, Urk. Bayerische Landschaft.

mündigen Kinder des Matheis Sentlinger, künftig des Virgil Hofer (Marienplatz 9*A/a) benachbart.[1]
Die Witwe von Matheis Kirchmair hat offensichtlich nach seinem Tod die Weinschenke weitergeführt. Ab 1508 gibt es in den Steuerbüchern wieder einen Matheis Kirchmair bei diesem Haus. Er wird am 9. Januar 1549 als tot bezeichnet.

1527/28-1533/34 aus des Matheis Kirchmairs Haus am Markt hat das Heiliggeistspital ein Ewiggeld.[2]

1539 August 18 das Haus des Matheis Kirchmair ist dem Haus von Sigmund und Barbara Sänftel, künftig Kaspar und Maria Haldenberger (Marienplatz 8**), benachbart.[3]

1544 August 2 das Haus des Matheis Kirchmair liegt dem Haus des Wolfgang Hofer, künftig Kaspar II. Schrenck (Marienplatz 9*A/b), benachbart.[4]

1549 Januar 9 Georg Müller und seine Ehefrau Ursula verschreiben zu dem Gottesdienst in der Kapelle im Hause einen Gulden Ewiggeld um 40 Gulden Hauptsumme.[5] Am selben Tag hat Georg Müllner gemäß letztem Willen von Matheis Kirchmair aus des Kirchmairs Behausung am Platz den Siechen zu Schwabing 40 rheinische Gulden überantwortet.[6]

Da Müller schon seit 1540 gleichzeitig mit dem Kirchmair bei diesem Haus in den Steuerbüchern steht, da außerdem seine Kinder den Kirchmair beerben (Vermerk im StB 1549/II bei Müller: „hat des Kirchmairs Erbe seinen Kindern zugesetzt), darf man als sicher annehmen, daß des Müllers Ehefrau Ursula eine Tochter von Matheis Kirchmair war.

1549 Januar 10 das Ehepaar Müller verkauft ein Ewiggeld von 15 Gulden für 400 Gulden Gesamtsumme aus dem Haus (GruBu).

1549 Januar 11 das Ehepaar Müller verkauft 10 Pfund Pfennige Jungfrauengeld um 300 Gulden (!) Hauptsumme (GruBu).

1549 Februar 14 gemäß letztem Willen des Matheus Kirchmair werden dem Reichen Almosen 15 rheinische Gulden aus Georg Müllers Weinschenkens Behausung am Platz entrichtet.[7]

1550 Juni 15 die Priesterbruderschaft von Unserer Lieben Frau bestätigt, daß sie von den Testamentariern des Matheus Kirchmair zur Begehung eines Jahrtages für diesen 5 Gulden jährliches Ewiggeld aus des Georg Müllers Behausung am Platze erhalten habe.[8]

1550/65 Georg Müller betreibt hier eine Fremdenherberge mit einer Kapazität von 34 Unterstellplätzen für Pferde.[9]

1567 September 10 das Haus von Jörg Müllers Erben ist dem Landschaftshaus (Marienplatz 9*A) benachbart.[10]

1574 laut Grundbuch (Überschrift) des Georgen Müllers Haus, Hof und Stallung.

Eigentümer Marienplatz 8*:

Thoman Nortgae (Nortgaw, Norckgae, Norckae) [Stadtrat[11]]
    St: 1368: 9/-/80, 1369, 1371, 1372: 14/-/-, 1375: 28/6/16, 1377: 15/-/- juravit, 1378, 1379, 1381, 1382, 1383/I: 15/-/-, 1383/II: 15/3/- juravit, 1387: 10/-/-, 1388: 20/-/- juravit, 1390/I: 6/5/10, 1390/II: -/-/-
    StV: (1375) [am rechten Rand Rasur, nur noch bruchstückhaft lesbar:] In h[oc anno] t[enetu]r (?) [...] guld[en] [...].

* Thoman Norckae [et] Kastl Norckae (Norgger)
    St: 1392: 50/-/- gracianus, 1393: 25/-/-, 1394: 9,5/-/- absten
    StV: (1392) [Nachtrag am linken Rand, nur auf Thoman bezogen:] et dedit 10/5/10 pro pena.

  Kemnatter, sein [des Thoman oder Kastl ?] ayden
    St: 1392: -/6/- gracianus

---

[1] BayHStA, Urk. Bayerische Landschaft. – Wittmann, Urkunden-Regesten, ungedruckt.
[2] Heiliggeistspital 176/22 S. 28v (1527/28) bis 176/25 S. 33v (1533/34) (Rechnungen).
[3] BayHStA, Urk. Bayerische Landschaft.
[4] BayHStA, Urk. Bayerische Landschaft.
[5] Stadtgericht 207/1 (GruBu) S. 558v.
[6] Urk. B II c Nr. 21.
[7] Urk. B II c Nr. 27.
[8] Urk. B II c Nr. 30.
[9] Gewerbeamt 1422a.
[10] BayHStA, Bayerische Landschaft.
[11] Thoman Nortgaw 1374-1381 innerer, teils äußerer Stadtrat, Handelsherr, vgl. R. v. Bary III S. 741.

* relicta Kastel (Gastel) Norgger (Norggaw) [et] Thoman Norgger (Norggaw)
    St: 1395: 4/6/-, 1396, 1397: 7/-/30
    patrimonium Thoman Norggaẃ (Norgaw) [et] pueri Gastel Norggaẃ (Norgaw). 1403, 1405/I patrimonium Thoman et Gastel Norgw (Norgkaw) (pueri). 1405/II, 1406 patrimonium pueri Thoman et Gastel Norgaẃ (Norggaw). 1407 patrimonium Norggaẃ kind. 1408 patrimonium Norgkaẃ. 1410/I patrimonium Margred Norgkawerin
    St: 1399: 7/-/30, 1400: 4/-/- gracianus, 1401/I: 4/-/- gracianus, 1401/II: 5/-/80 gracianus, 1403: 5/-/80, 1405/I: 5/-/80, 1405/II: 4/-/- gracianus, 1406, 1407: 5/-/80 gracianus, 1408: 2,5/-/- gracianus, 1410/I: 2/-/- gracianus
    StV: (1408) nach dez racz haissen.
* Carl [II.] Ligsaltz (und Anna Reschin) [1431 Oktober 25]
* domus Rudolf. 1458 domus Hans [III.] Rudolf [Stadtrat[1]]
    St: 1453-1458: Liste
* Peter [I.] Rudolf [Teilbesitz, vor 1470 März 29, Schwiegervater von Hanns III. Schluder]
* Hanns [III.] Schluder zu Weilbach [∞ Clara Rudolf, Teilbesitz bis 1470 März 29]
* Jörg Schluder zu Weilbach und seine Schwestern Clara, Magdalena und Anna [Teilbesitz, bis 1471 Januar 10]
* Matheis Kirchmair [Weinschenk und Weinversucher,[2] Fragner/Käufel[3]]. 1496, 1500, 1508, 1509 relicta Kirchmairin (Kirchmerin)
    St: 1453-1458: Liste, 1462: -/7/-, 1482: 1/2/4, 1496: -/6/15, 1500: 1/3/17, 1508, 1509: -/4/3
    StV: (1482) et dedit -/6/28 fúr pueri Haimsteter muterlich erb.
    pueri Kirchmair
        St: 1486, 1490: -/4/27
        StV: (1486, 1490) dedit Ludwig Staringer.
    Erhart Kirchmair
        St: 1496: anderswo bei Staringer
* Mathes Kirchmer (Kirchmair) [Weinschenk, Eichmeister, äußerer Stadtrat[4]]. 1549/II Mathes Kirhmairin. 1550, 1551/I, 1552/I, 1557-1559 relicta Kirhmayrin. 1551/II, 1552/II-1556 relicta Mathes Kirhmairin
    St: 1508, 1509: 2/1/7, 1514: Liste, 1522-1526, 1527/I: 10/2/24, 1527/II, 1528, 1529, 1532: 15/1/15, 1540-1542: 14/3/19, 1543: 29/-/8, 1544: 14/3/19, 1545: 28/2/26, 1546-1548: 14/1/13, 1549/I: 14/1/13 patrimonium, 1549/II: 5/5/5 juravit, 1550, 1551/I-II, 1552/I-II: 5/5/5, 1553, 1554/I-II, 1555-1557: 6/-/-, 1558: 12/-/- matrimonium, 1559: -/-/-
    StV: (1508, 1509) et dedit -/-/24 für pueri Öder (Oder); et dedit -/-/10 fur Conrat seinen knecht. (1514) [am Rand:] sol zusetzen. (1523) et dedit -/4/22 fur p[ueri] Pórtzl. (1527/II-1541) et dedit 4/-/20 für p[ueri] Gaißhofer. (1527/II-1529, 1532) et dedit -/1/1 für p[ueri] Wiexer. (1540) hat abgsetzt 500 fl, geben Anna Pätzingerin. (1540, 1542) et dedit -/1/8 fur p[ueri] Sixt Ramler. (1541, 1544, 1546-1549/I, 1550, 1551/I) mer -/1/8 fúr p[ueri] (Sixt, Sixn) Ramler. (1543, 1545) mer -/2/16 für Sixn Ramler. (1544) mer 4/-/20 fúr p[ueri] Geyshofer. (1545) mer 3/2/24 fúr p[ueri] Gayshofer. (1550) mer -/-/38 versessne steur. (1551/II) den Ramler hat Sigmund hafner versteurt. (1559) haben die erben zugsetzt.
    Jorg Kirchmair
        St: 1532: 3/3/25 juravit

---

[1] Hans III. Rudolf 1459, 1461-1463 innerer, 1460 äußerer Stadtrat. Zu den Rudolf vgl. Stahleder, Bürgergeschlechter. Die Rudolf S. 135/218. – Zu den folgenden Schluder vgl. Stahleder, Bürgergeschlechter. Die Schluder S. 39/74.

[2] Matheis Kirchmair ist 1458 Weinschenk, vgl. Gewerbeamt 1411 S. 13r, 1464, 1465, 1467, 1470, 1471, 1473-1476, 1478, 1479, 1481 Vierer der Weinschenkenzunft, vgl. RP; 1474, 1478, 1479, 1482 und 1483 auch städtischer Weinversucher oder Weinkoster, vgl. R. v. Bary III S. 973.

[3] Der Kirchmair am Fischmarkt 1461 Vierer der Fragner, Obser, Mebler, 1474 Vierer der Käufel, vgl. RP 1 und 2, Neuwahl der Handwerksvierer. – Matheis Kirchmair 1467 Fischschauer, vgl. RP 1, Neuwahl der Amtleute.

[4] Matheus Kirchmair 1502 Aufnahme in die Weinschenkenzunft, vgl. Gewerbeamt 1418 S. 12r. – Matheus Kirchmair ist von 1505 bis 1523 städtischer Eichmeister, vgl. R. v. Bary III S. 972. – 1516 kauft das Heiliggeistspital Wein vom Kirchmair, vgl. Heiliggeistspital 176/12 (Rechnung) S. 5r. – 1517-1547 ist er auch äußerer Stadtrat, vgl. RP 7 ff.

** Jorg múlner, 1540-1542, 1552/II-1555 wirtt [∞ Ursula, wohl geb. Kirchmair]. 1558-1571 Jorg (Georg) múllnerin (mullnerin, múllerin, millerin, müllerin), 1565, 1566/I, 1567/II-1570 wittib
   St: 1540: 2/2/2 juravit, 1541, 1542: 2/2/2, 1543: 4/4/4, 1544: 2/2/2, 1545: 14/-/28, 1546-1548, 1549/I: 7/-/14, 1549/II, 1550, 1551/I-II, 1552/I-II, 1553, 1554/I-II, 1555: 7/5/4, 1556: 7/5/4 patrimonium, 1557: 7/5/4 patrimonium das ander, 1558: 15/3/8 patrimonium das drit, 1559: 7/5/4, 1560: 9/-/6, 1561, 1563, 1564/I-II, 1565, 1566/I-II, 1567/I-II: 15/5/9, 1568: 31/3/18, 1569, 1570: 15/5/9, 1571: 7/6/4,5
   StV: (1545) mer 1/2/2 fúr p[ueri] Rólln. (1546-1549/I) mer -/4/16 fúr p[ueri] Rólln (Rölln). (1549/II, 1550) mer 2/1/1 fúr p[ueri] Rölln (Rólln). (1549/II) hat des Kirchmairs erb seiner kinder zugsetzt. (1557, 1559) ist noch unvertailt. (1558, 1559) noch unvertailt. (1559) mer 1/2/2 von wegen der Kirhmairin erb als zusatz. (1566/I) mer fúr Ernst gartnerin drey nachsteur 21/5/18. (1571) zalt adi 4. Januari her Andre Lerchenfelder fúr sein schwiher halb matrimonium und fúr di 3 nachsteur 40 fl.
* Jörg Müllers Erben [1567 September 10]
** Jórg (Geórg) múller (müller) [der Jüngere]
   St: 1570: -/-/-, 1571: 11/5/27,5 juravit
   StV: (1570) diser zeit, weil er noch khain heuratguet empfanngen und von beden tailn nicht abgesetzt. (1571) zuegesetzt seines schwehern heuratguet 2/6/5 unnd seiner mueter erb.

Bewohner Marienplatz 8*:

Hans Purolfinger St: 1368: 2/-/30
Chunrat Weizz inquilinus. 1369 Chunrat Weiz mercator inquilinus. 1371, 1372 Chunrat Weizz vragner, 1372 inquilinus
   St: 1368: -/-/16, 1369: -/-/30 post, 1371, 1372: -/-/24
Ull servus Greimoldi inquilinus St: 1368: -/-/24 juravit
Ulrich von Haeching inquilinus
   St: 1369: -/3/-, 1371: -/6/-, 1372: -/7,5/- post, 1375: 1/-/-, 1377: -/12/- juravit, 1378, 1379: -/12/-
Hainrich Zers [vragner[1]] inquilinus St: 1375: 0,5/-/24
Goltgrúblin inquilina. 1379 relicta Goltgrúblin inquilina St: 1378, 1379: -/-/24
Hainrich swertfúrb von Freysing inquilinus. 1382, 1383/I Hainrich swertfúrb inquilinus. 1383/II swertfúrb vragner inquilinus
   St: 1381, 1382, 1383/I: -/3/27, 1383/II: -/5/25,5
Ulrich Raetenmair inquilinus. 1387, 1390/I, 1392, 1393 Raetmaerin (Rettmaerin, Raetmarin) inquilina
   St: 1383/I: -/-/60, 1383/II: -/3/-, 1387: -/-/12, 1388: -/-/12 juravit, 1390/I: -/-/24, 1392: -/-/30 gracianus, 1393: -/-/40 juravit
[Ott ?] Raettmaer (Ráttnmair, Raetmair) inquilinus
   St: 1390/II: -/-/24, 1394: -/-/40, 1400: -/-/60 fúr 5 lb, 1401/I: -/-/60 fúr 5 lb, 1401/II: -/-/60 fúr 5 lb, iuravit
Rátmair (Raetmair, Raedmair) fragner inquilinus. 1405/II, 1410/II Raedmair fragner. 1407, 1408, 1415, 1416, 1418, 1419 Ott Raetmair (Raetmayr), 1407, 1408, 1416 inquilinus
   St: 1395: -/-/60 fúr funf lb, 1396, 1397, 1399, 1403, 1405/I: -/-/60 fur 5 lb, 1405/II: -/3/- iuravit, 1406-1408: 0,5/-/-, 1410/I: -/3/- iuravit, 1410/II: 0,5/-/-, 1411: -/3/-, 1412: 0,5/-/-, 1413: -/3/- iuravit, 1415: -/5/-, 1416, 1418, 1419: -/6/20
Ysner inquilinus St: 1388: -/-/32 juravit
Heinrich smitkn[echt] [Funcken ?] inquilinus
   St: 1390/I: -/-/12 iuravit, 1390/II, 1392: -/-/12, 1393: -/-/16
Claus (Klaẃs, Klaws, Klás) Sedelmair inquilinus, 1395, 1396 fragner
   St: 1394: -/-/24, 1395: -/-/60 fúr vier lb, 1396, 1397, 1399, 1400, 1401/I: -/-/60 fur (fúr) 4 lb, 1401/II: -/-/60 fúr 5 lb, iuravit, 1403, 1405/I: -/-/60 fur 5 lb, 1405/II: -/-/72 fúr 12 lb, iuravit, 1406: -/3/6 fúr 12 lb, 1407: -/3/6
Larencz Rúlein [Weinschenk[2]] und sein muter inquilini St: 1399: 4,5/-/-

---

[1] Vgl. Dienerstraße 19.
[2] Vgl. Marienplatz 8**.

Chunrade Sprenger [Weinschenk¹], 1403-1408 inquilinus
    St: 1403, 1405/I: -/6/12, 1405/II: -/15/- iuravit, 1406: 2,5/-/-, 1407, 1408: 3/-/80, 1410/I: 2,5/-/-
        iuravit
Tóniglin [Fragnerin²], 1408 inquilina St: 1408: -/-/64 fúr 8 lb, 1410/I: -/-/60 fúr nichil, iuravit
Andre Tútenkofer St: 1410/II: -/14/20
Rúdel fragner, 1411-1413, 1416 inquilinus
    St: 1410/II: -/-/24 gracianus, 1411, 1412: -/-/60 fúr 5 lb, 1413: -/-/60 iuravit, 1415: -/3/-, 1416,
        1418, 1419: 0,5/-/-
Wilhalm Gaybinger (Yabinger, Yábinger, Gybinger, Jaybinger, Jaibinger) [1403 des Wigken Schreiber, 1407, 1411 Weinschenk³]
    St: 1411: -/5/24, 1412: -/7/22, 1413: -/5/24 iuravit, 1415: -/6/6, 1416: 1/-/8, 1418, 1419: -/12/8,
        1423: 2,5/-/-, 1424: -/6/20 hat zalt, 1428: dedit 2 gross, 1431: -/13/10 schenckenstewr, iuravit
        60 lb
    StV: (1415) et dedit -/-/60 de uxor[e] sua gracianus, so hat im der herczog 50 gulden versprochen darzu etc. (1416) und hat geben von seiner hausfrawn wegen 0,5/-/- und wurd im sein
        heiratgut von dem herczog, so sol ers verstewrn. (1428) fur sich und sein hausfraw.
Hanns Oberhawser [ehem. Schankungelter⁴] inquilinus St: 1411: -/10/-
Chuncz seidennater inquilinus St: 1411: -/-/-
[Seitz⁵] Tornzway salburch inquilinus St: 1413: -/-/60 fúr 10 lb, iuravit
[relicta] Symonin nadlerin inquilina St: 1415: -/-/57
    Hannsel nadler, ir sun inquilinus St: 1415: -/-/58 gracianus
Francz nadler, 1419, 1431 inquilinus
    St: 1418, 1419: -/-/80, 1423: -/3/-, 1428: dedit 4 gross, 1431: -/-/80 iuravit
    StV: (1428) fúr sich, sein weib und zwen ehalten.
Alhawser bot, 1419 inquilinus St: 1418, 1419: -/-/60, 1423: -/3/-
Ulreich Scharrer, 1428 Scharrer fragner, 1431 inquilinus
    St: 1423: -/5,5/-, 1428: dedit 3 gross, 1431: -/6/- iuravit
    StV: (1428) fúr sich, sein weib und sein diern. (1431) et dedit -/-/15 uxoris gracia 50 flor[enos]
        rh[einenses].
Hainrich Marstaler St: 1423: 0,5/-/-
Andre Túmperger (Tumperger), 1431, 1439/II, 1441/I-II fragner, 1441/I inquilinus
    St: 1428: dedit 2 gross fúr sich und sein weib, 1431: 0,5/-/4 iuravit
    Sch: 1439/I-II, 1440, 1441/I-II: -/-/15, 1445: 1 diern
    Tumpergerin man St: 1450: Liste
Fricz Pómerl [Schankungelter, Weinschenk⁶]
    St: 1428: 11 gross fur sich, sein weib und sein diern und knecht
Chunrat Newfarer (Neufarer), 1439/II, 1441/I-II fragner, 1439/II, 1441/I inquilinus
    Sch: 1439/I-II, 1440, 1441/I-II: 1 t[aglon]
Chunrad Krápfel Sch: 1440: 1,5 t[aglon]
Hanns Reimer [tuch]scherer Sch: 1440: 1 t[aglon]
Fricz Hártel (Hartel), 1450-1457, 1482 fragner,⁷ 1462 inquilinus
    St: 1450, 1453-1458: Liste, 1462: -/3/-, 1482: -/2/22

---

[1] Chunrade Sprenger ist um 1414 als Weinschenk belegt, 1414 und 1417 deren Vierer, vgl. Gewerbeamt 1411 S. 2v, 10v.
[2] Vgl. Marienplatz 9*A/a.
[3] Wilhalm Jábinger um 1414 Weinschenk, 1422 deren Vierer, vgl. Gewerbeamt 1411 S. 3v, 10v. Vgl. auch Marienplatz 7**. – 1430 gehört der Jaibinger auch zu den Wirten am Markt, die Ungeld zahlen, vgl. Steueramt 987.
[4] Hanns Oberhauser/Obernhauser 1405 Schankungelter, vgl. R. v. Bary III S. 878. – 1409 (21.3., 25.7., 10.8.) empfängt er mehrere Urkunden, vgl. BayHStA, Kurbayern Urk. 25862, 25884, GUM 189 (25.7.).
[5] Vgl. Kaufingerstraße 36.
[6] Fritz Pömerl ist 1431-1439 Schankungelter, vgl. R. v. Bary III S. 879. – 1430 gehört der Pömer[l] zu den Wirten am Markt, die Ungeld zahlen, vgl. Steueramt 987. – Fridreich Pómer ist 1433 auch Mitglied der Weinschenken-Bruderschaft, vgl. Gewerbeamt 1411 S. 9r.
[7] Fritz Härtel/Hartel 1461, 1464, 1466, 1467 als „Melbler" Vierer der Fragner, Obser, Melbler, 1478 als „Fragner" Vierer derselben Zunft, vgl. RP. – 1462, 1468-1471, 1475 Vierer der Käufel, vgl. RP.

Hanns Schlesiczer [Tuchscherer, Tuchhändler[1]], 1462 inquilinus St: 1453-1458: Liste, 1462: -/4/5
Hainrich Tútinger [Kornmesser[2]]. 1456, 1457 relicta Tutingerin, 1456 inquilina
    St: 1453-1457: Liste
Hanns Kelhaimer [Kornmesser[3]] St: 1458: Liste
Ott Oberndarffer [Fragner/Obser/Melbler, Käufel[4]] inquilinus St: 1462: -/-/60
Cristina kramerin St: 1482: -/-/60
Ludwig seidennatter St: 1482: -/6/5
Hanns Stockamer (Stockhamer), 1482 fragner, 1496, 1500 melbler[5]
    St: 1482, 1486, 1496, 1500: -/-/60
Sigmund Vogl. 1486, 1490 Vogl. 1496, 1500 Vogl seidnater
    St: 1482: -/2/5, 1486, 1490: -/-/60, 1496: -/2/6, 1500: -/2/10
    StV: (1490) und sol noch zbo nachstewr fur Gilg maler [geben].
Hainrich Grebmair [Ehefrau Weinschenkin[6]] St: 1486, 1490: -/6/15
Margreth naterin St: 1486, 1496: -/2/17
Ursl nadlerin St: 1486: -/-/60
Hanns Ramsawer (Ramsauer), 1490-1500 amer.[7] 1508-1514 relicta Ramsauerin
    St: 1486, 1490: -/2/13, 1496: -/-/60, 1500: -/2/7, 1508, 1509: -/5/5, 1514: Liste
Fritzin inquilina St: 1490: nichil, pauper
Hanns Swaiger melbler[8] St: 1490: -/7/10, 1496: -/2/20
Michel Talmair, 1490, 1514 melbler[9]
    St: 1490: -/2/5 iuravit, 1514: Liste, 1522: -/5/21
    StV: (1522) et dedit 1/-/28 fúr Hanns Pongratz.
Jorg Griesser St: 1500: -/4/12
Utz Ódmúlner m[elbler] St: 1500: -/2/10
Michel amer[10] St: 1509: -/2/15
Linhart Stadler melbler St: 1509: -/-/60
Stefan Grasser [Weinschenk[11]] St: 1525: 1/1/15
Martein Lindmair k[ramer ? Kornmesser ?] St: 1526, 1527/I: anderßwo
Michel Róll melbler St: 1527/II, 1528, 1529: -/3/25, 1532: -/3/15, 1540-1542: 1/1/28
Marten (Martin) Anpacher, 1543-1547, 1554/II, 1564/II, 1565, 1566/II, 1567/II, 1571 melbler, 1571 khornmesser[12]
    St: 1543: -/5/10, 1544: -/2/20, 1545: 1/1/24, 1546-1548, 1549/I-II, 1550, 1551/I-II, 1552/I-II: -/4/12, 1553, 1554/I-II, 1555-1557: 1/1/22, 1558: 2/3/14, 1559, 1560: 1/1/22, 1561, 1563, 1564/I-II, 1565, 1566/I-II, 1567/I-II: 1/2/27, 1568: 2/5/24, 1569-1571: 1/5/-

---

[1] Hanns Schlesitzer ist 1459, 1460, 1463, 1465, 1467, 1470, 1474 und 1476 (der alt) Vierer der Tuchscherer, vgl. RP. – 1472 kauft die Stadt von dem jungen Schlesitzer für 3 Schillinge und 14 Pfennige zwei blaue Dinkelsbühler Tuche und 4 Ellen weißes Tuch „zu der stat ambtleude klaider librei", also die Livrée oder Amtstracht, vgl. KR 1472/73 S.70v.

[2] Vgl. Marienplatz 8**.

[3] Vgl. Marienplatz 4*, 7**.

[4] Ott Oberndarffer 1462, 1465 Vierer der Fragner, Obser, Melbler, 1464, 1466 Vierer der Käufel, vgl. RP.

[5] Hanns Stockhamer 1477 Vierer der der Fragner, Obser, Melbler, vgl. RP.

[6] Hainrich Grebmerin (Grebmairin) 1489 Mitglied der Weinschenkenzunft, ebenso 1496 (nunmehr Witwe), vgl. Gewerbeamt 1418 S. 2v, 9r.

[7] Hanns Ramsauer 1486-1505 Weinamer, vgl. R. v. Bary III S. 967.

[8] Hanns Swaiger 1496 Vierer der Fragner, Obser, Melbler, vgl. RP.

[9] Michel Talmair als Obser 1513-1517, 1519-1520 ff. Vierer der Fragner, Obser, Melbler, vgl. RP. – Ein Michel Talmair ist 1498 und 1499 Salzmesser, vgl. Vietzen S. 160 nach RP.

[10] In diesem Jahr sind Michel Walther und Michel Talmair Weinamer, vgl. R. v. Bary III S. 967.

[11] Stefan Grasser 1523 Aufnahme in die Weinschenkenzunft, vgl. Gewerbeamt 1418 S. 19r.

[12] 1571 über „khornmesser" „melbler". – Die Witwe Anna des Melbers Martin Anpacher und die ledige Brigitha Anpacher sowie zwei weitere Frauen stehen 1590 in einem großen Hexenprozeß vor dem Münchner Stadtgericht. Dem Gesetz nach haben sie den Feuertod verdient. In Anbetracht ihres hohen Alters und wegen der Fürsprache hoher gefürsteter Personen – eine der vier Frauen war früher Hauspflegerin bei Hanns Jakob Fugger – sollen sie jedoch mit dem Strang gerichtet und danach ihre Körper verbrannt werden, vgl. Stadtgericht 866/1 (Malefizbuch) S. 180r/184r; Otto Titan von Hefner, Original-Bilder aus der Vorzeit Münchens, 13. Hexenprozeß 1590, in: OA 13, 1852, S. 68/72.

StV: (1553-1555) sambt seiner kinder steur. (1569) mer fúr p[ueri] Lannghansen 10/6/- sambt den versessnen steurn. (1570, 1571) mer fúr p[ueri] Lannghansen (Lannghannsen) 2/6/-.

herr Jorg Paungartner, 1556 chamerrath, 1557 fúrstlicher rath, 1558 rath. 1559 herr Paungarttner fúrstlichert rath

    St: 1556-1558: nihil, 1559: -/-/-

Hanns Márckhlin tochter, so geen Rosnhaim geheirat hat. 1557 Hanns Márckhlin

    St: 1556: an chamer

    StV: (1556) zalt per N. Pirchinger, richter zu Aybling[1] fúr 3 nachsteur 6/6/24, actum 18. Februari anno [15]57ten. (1557) haben die erben versteurt.

Doctor Schrotl (Schrötl, Schretl)

    St: 1559-1561: 4/-/-, 1563: an chamer, 1564/I: -/-/-

    StV: (1559) mit geding auff 2 oder 3 jar, wie man steurt, soll er auch steurn, und das ist das erst jar. (1560) mit geding auff 2 oder 3 jar, wie unnd offt man steurt, das ist das 2. jar. (1561) soll auff das jar widerumb seines beisitz halber anhaltten. (1564/I) für seinen beisitz, de anno [15]63, mer fúr ain versessne steur 4/-/-; hat damit sein beisitz aufgesagt.

Marthin Seehofer [Salzsender[2]]

    St: 1561, 1563: 1/3/15

    StV: (1563) adi 23. Martii anno [15]64 zalt er an chamer ain nachsteur und di 2 sind ime nachgelassen worden.

Tauffkhürcher (Taufkircher), 1565 hofrat St: 1565: -/-/-, 1566/I: -/-/-hofgsind, 1566/II: -/-/-

Wolf Taser, 1567/I vischer, 1567/II-1569 vischmaister

    St: 1567/I: 1/1/8, 1567/II: 1/1/8 búrger unnd hofgsind, 1568: 2/2/16, 1569: an chamer

Preysinger edlman St: 1571: -/-/-

Marienplatz 9*A/a
(westlicher Teil von 9*A, mit Landschaftstraße 8*B)

Lage: 1370 „under den vragnern".[3] 1451 am Weinmarkt.
Charakter: Ab 1556 Landtschaftshaus.

Hauseigentümer Marienplatz 9*A/a:

Das Haus ist schon beim Einsetzen der Steuerbücher 1368 im Besitz der Familie Sentlinger und geht schon in dieser Zeit über mehrere Hinterhöfe und Rückgebäude bis zur Landschaftstraße durch.

1378 Februar 8 Francz Sentlinger gibt Rechte an einem Gaden (Verkaufsladen) „ze naechst an dez Albrechts gadem" auf,[4] wobei zu beachten ist, daß bei diesem Haus seit 1368 eine Witwe Albrechtin oder Albrerin (?) in den Steuerbüchern steht. Man findet sie allerdings einige Zeit auch beim Nachbarhaus Marienplatz 9*A/b (1371/72). Die Albrecht sind möglicherweise Verwandte der Sentlinger, vgl. zu 1398/99.

1393 September 29 Matheis Sentlinger und Castel Nortgaw (Marienplatz 8*) regeln die Lichtrechte (Fensterrechte) aus dem Haus des Nortgaw. Die Fenster hinter des Nortgaw Haus in Unser Frauen Pfarr am Markt, hinter dem Haus, zwischen seinem alten und seinem neuen Haus im vorderen Hof, sollen allzeit ungehindert bestehen bleiben.[5]

1398/99 in der Zeit der Bürgerunruhen kassiert die Stadt Mietzinsen aus den Häusern derer, denen die Stadt verboten ist „und auch etlicher, die auch aussen sind" (gemeint ist: durch freiwillige Flucht), darunter auch die Miete „von der Albrechtin [Albrerin ?] unter des Sentlingers haws", „von der Hawgin unter des Sentlingers haws" und von der Thoniglin (Töniglin) „unter des Sentlingers haws".[6]

---

[1] Ein Richter zu Aibling namens Pirchinger bei Ferchl, Bayerische Behörden und Beamte, in: OA 53, S. 17 ff. nicht belegt, aber ein Gerichtsschreiber zu Rosenheim Christoph Pürchinger (Pirchinger) bis 1572 (Zeitpunkt des Dienstbeginns unbekannt), ebenda S. 893.
[2] Martin Seehofer ist 1555 als Salzsender belegt, vgl. Vietzen S. 151 nach KR.
[3] Vgl. Marienplatz 8*.
[4] GB I 93/21.
[5] BayHStA, Bayerische Landschaft. – Wittmann, Urkunden-Regesten, ungedruckt.
[6] KR 1398/99 S. 23r.

1399/1400 sind das über 13 Pfund und 1402/03 sogar über 20 Pfund Pfennige.[1] Die Getreidevorräte in seinem Haus hat die Stadt 1398/99 verkauft und den Reinerlös daraus konfisziert.[2]

Matheis Sentlinger wird am 25. August 1399 „von Päl" genannt, am 7. Februar 1409 ist er Kastner zu München.[3] Sein Vater war Francz Sentlinger,[4] seine Mutter eine Tochter von Jacob Freymanner (Kaufingerstraße 20*/21*). Am 2. Januar 1398 wurde er verbannt und hielt sich dann in Päl auf. Er gehörte zur Partei von Herzog Ernst. Seine Söhne waren Peter, Jörg und Hans Sentlinger, mit denen er 1407 eine Messe in der Frauenkirche stiftete.[5]

1399-1401/II domus omina Matheis Sentlinger (StB).

1400/02 In der Zeit der Bürgerunruhen war auch das Haus des (aus der Stadt geflüchteten) Matheis Sentlinger von der Stadt beschlagnahmt und verpachtet. Deshalb hat die Stadt 1402 20 Pfund 4 Schillinge und 15 Pfennige „eingenomen auz Matheis Sentlinger hawsern und städeln", worüber der Jörgner mit der Stadtkammer abrechnete. Auf einem eigenen in die Kammerrechnung eingelegten Blatt aus derselben Zeit heißt es: „Item Lienhart Lang [der Stadtschreiber der Unruhezeit] hat bestanden dez Sentlingers haws, daz mynner, am mark[t] und geit davon nach der kamrer rat, waz sy all drey gesprechen mugen und sol 9 gulden new ungarisch geben".[6] Lienhart Lang hatte also das kleinere der Häuser (das „mynner") gepachtet. Dasselbe Blatt berichtet auch, „der jung Schawrl fragner geit zwen gulden von dez Sentlingers kellner [= Keller] am margt" als Miete.

1415, 1416 domus Matheys Sentlinger (StB).

1423-1431 domus Sentlingerin (StB).

1426 Juni 24 das Haus des Sentlinger ist dem Haus der Agnes Astalerin (Marienplatz 9*A/b) benachbart.[7]

1439/I-1441/II domus Sentlinger (StB).

1449 Februar 3 des Matheis Sentlinger Haus ist dem Haus des Wilhelm Astaler, künftig des Gabriel Angler (Marienplatz 9*A/b), benachbart.[8]

1451 März 17 ein Rechtsstreit wird geschlichtet zwischen Meister Gabriel Angler (Marienplatz 9*A/b) und Matheis Sentlinger wegen des Eigentumsrechts an einer Grenzmauer, die ihre beiden am Weinmarkt gelegenen Häuser scheidet, sowie um Lichtrechte und Tropfstal (= Dachtrauf).[9]

1453-1455 domus Sentlinger (StB).

1458 Oktober 23 Martin und Gabriel Ridler haben der Priesterbruderschaft zu St. Peter ein Ewiggeld aus Haus und Hofstatt des Matheis Sentlinger am Markt, zwischen den Häusern des [Hanns] Rudolf (Marienplatz 8*) und Gabriel Anglers des Malers (Marienplatz 9*A/b), verkauft.[10]

Dieser Matheis Sentlinger war 1459 und 1460 Mitglied des äußeren Stadtrats und Viertelhauptmann des Graggenauer Viertels. Von 1464 bis 1468 und 1470 bis 1473 war er stets Pfändermeister.[11] Er starb 1475.

1470 März 29 und

1471 Januar 10 das Haus des Matheis Sentlinger ist dem Haus der Schluder, Erben des Peter Rudolf, künftig des Matheis Kirchmair (Marienplatz 8*), benachbart.[12]

1471 Ulrich Freisinger „unterm Sentlinger" ist Vierer der Käufel.[13]

1475 Juni 5/Juli 7/Juli 11 die Vormünder von Matheis Sentlingers seligen Kindern Hanns und Elspet (später verheiratet mit Jakob III. Ridler, dem sie Johanneskirchen mit in die Ehe brachte. Ihr Sohn Gabriel V. und der Enkel Gabriel VI. Ridler erscheinen später beim Rückgebäude Landschaftstraße 8*B) aus seiner Ehe mit Elspet Günther verkaufen ihrer Pflegekinder Haus und Hofstatt nebst Ställen und

---

[1] KR 1399/1400 S. 24r. Vgl. auch 1400/02 S. 27r, 1402/03 S. 26r.
[2] KR 1398/99 S. 28v.
[3] RB XI 162 (1399) und Muffat, Kazmair-Denkschrift S. 520/21.
[4] RB VIII 364.
[5] MB XX 135 S. 110/112.
[6] KR 1402/03 S. 26r und in KR 1400/02 eigenes Blatt, in Tasche am Ende eingelegt.
[7] MB XVIII 327 S. 381. – BayHStA, KU Angerkloster München 438, 888.
[8] BayHStA, Urk. Bayerische Landschaft.
[9] BayHStA, Urk. Bayerische Landschaft (alt: GUM 2546).
[10] Zimelie 20 (Kopialbuch Priesterbruderschaft St. Peter) S. 9r/v, 11r. – Bei Geiß, St. Peter S. 321 (ohne Quelle) mit Datum 27. Oktober.
[11] RP der angegebenen Jahre.
[12] BayHStA, Urk. Bayerische Landschaft. – Wittmann, Urkunden-Regesten, ungedruckt.
[13] RP 2, Neuwahl der Handwerksvierer.

Stadel in Unser Lieben Frauen Pfarr am Markt, gelegen zwischen Gabriel Anglers (Marienplatz 9*A/b) und Matheis Kirchmairs (Marienplatz 8*) Häusern, hinten auf das Kleubergässel stoßend (Landschaftstraße 8*A/B), mit Ausnahme von Ewiggeldern, für den Preis von 850 rheinischen Gulden in Gold an die Stadt München.[1]

Das Haus wird von der Stadt vermietet und die Stadtkammer nimmt regelmäßig die Mieten für Länden und Wohnungen ein.

1478 Oktober 17 das Haus von weiland Mathes Sentlinger ist dem Haus von Gabriel Angler (Marienplatz 9*A/b) benachbart.[2]

1479, 1485, 1486 des Sentlinger hauß (KR).

1482, 1486 domus der statt haws (StB).

1487 August 7 Bürgermeister und Rat der Stadt München verkaufen dem Virgil Hofer, Bürger zu Salzburg und wohnhaft zu Rattenberg, um 1000 rheinische Gulden das Haus der Stadt mit Hofstatt, Ställen und Stadel, das sie von den Vormündern über des Mathes Sentlingers, Bürgers zu München, hinterlassene Kinder gekauft hatten. Das Haus liegt in Unser Frauen Pfarr am Markt, zwischen Gabriel Anglers (Marienplatz 9*A/b) und Mathes Kirchmairs seligen (Marienplatz 8*) Häusern und stößt hinten auf das Kleubergässel (Landschaftstraße) hinaus.[3]

Die Stadt hatte Geschäftsbeziehungen zu Virgil Hofer. Am 12. November 1488 verkaufte ihm die Stadt ein Ewiggeld von 200 rheinischen Gulden für eine Hauptsumme von 6000 rheinischen Gulden, das heißt: Die Stadt lieh sich von Hofer 6000 Gulden zu einem jährlichen Zins von 200 Gulden.[4]

1490 April 21 das Haus von Virgili Hofer ist dem Haus von Gabriel Anglers seligen Witwe, künftig ihres Eidams Dr. Hanns Rueland und seiner Hausfrau Katharina, Tochter der Anglerin (Marienplatz 9*A/b), benachbart.[5]

1490-1509 domus Virgili Hofer (StB).

Virgil Hofer war mit Regina Schluder verheiratet. Er ist am 12. November 1496 schon tot.[6]

Das Haus bleibt im Besitz der Hofer.

1497 Juli 15 nimmt die Stadtkammer 1 Pfund 6 Schillinge und 16 Pfennige ein „von Othmair Ridler von des Hofers hawß und pämgarttens wegen".[7] Otmar Ridler zahlt also seinen Mietzins für Haus und Garten an die Stadtkammer, anstatt an den Hauseigentümer Hofer.

1520 Februar 27 das Haus des Wolfgang Hofer ist dem Haus der Eheleute Balthasar und Margaret Rueland, künftig ihres Sohnes Ernst Rueland (Marienplatz 9*A/b), benachbart.[8]

1534 April 30 das Haus des [Wolfgang] Hofer am Markt ist dem Haus der Rueland-Kinder (Marienplatz 9*A/b) benachbart.[9]

1536 Juni 19 das Haus des Hanns von Sandizell und seiner Hausfrau Maria Pötschnerin an der Dienerstraße (Dienerstraße 2*) stößt rückwärts (in der Landschaftstraße) an Wolfgang Hofers Haus.[10]

1540-1543 domus Wolff Hofer (StB).

1544 August 2 Wolfgang Hofer zu Urfar vertauscht sein Haus am Platz an (seinen Schwager) Kaspar II. Schrenck gegen einen Sedelhof im Gericht (Markt) Schwaben. Das Haus liegt dabei am Platz, zwischen den Häusern des Matheis Kirchmair (Marienplatz 8*) und der Katharina Schluderin (Marienplatz 9*A/b) und stößt rückwärts in die Kleubergasse, und zwar zwischen den Häusern des Chorherrn Niclas Sänftel (Landschaftstraße 9*) und des Schlossers Hans Allgeier (Landschaftstraße 7*).[11] Gemeint ist also Landschaftstraße 8*A/B.

Da Virgil und sein Sohn Wolfgang Hofer nicht in München leben (vgl. die Steuerbuch-Einträge „an Kammer"), werden die Häuser von anderen Familienmitgliedern bewohnt, so 1496/1509 von Otmar

---

[1] BayHStA, Urk. Bayerische Landschaft. – KR 1475/76 S. 76v.
[2] Urk. D I e 2 - XXXI Nr. 18. – MB XXI 88 S. 231/238.
[3] BayHStA, Urk. Bayerische Landschaft. – Wittmann, Urkunden-Regesten, ungedruckt. – Dazu auch Eintrag in der KR 1487/88 S. 36r: Preis 875 Pfund für 1000 Gulden rheinisch „eingenomen von Virgili Hofer umb der stat haws am margt, das des Senntlingers gewesen ist, verkauft Laurenti [= 10. August] anno [14]87".
[4] Urk. F III a 3 Nr. 5. – Wittmann, Urkunden-Regesten, ungedruckt.
[5] BayHStA, Urk. Bayerische Landschaft.
[6] Urk. F III a 4 Nr. 770.
[7] KR 1497/98 S. 23v.
[8] BayHStA, Urk. Bayerische Landschaft.
[9] BayHStA, Urk. Bayerische Landschaft.
[10] BayHStA, Urk. Bayerische Landschaft.
[11] BayHStA, Urk. Bayerische Landschaft.

Ridler, der mit Katharina Hofer verheiratet war, ab 1522 von Cristof Hofer, der zeitweise auch im Rückgebäude Landschaftstraße 8*B zu finden ist.

1554 Dezember 13 Kaspar II. Schrenck verkauft das Haus an die Bayerische Landschaft.[1] Es wird damit zum Grundstock für das Landschaftshaus.

1556-1571 ff. Landtschaffthaus (StB).

1565 Juni 18 das Haus der Landschaft ist dem Haus der Geschwister Rueland, künftig ebenfalls der Landschaft gehörig (Marienplatz 9*A/b), benachbart.[2]

Eigentümer Marienplatz 9*A/a:

* Francz Sentlinger (Senczlinger) [Stadtrat[3], ∞ N. Freimanner und N. Gerold]. 1381 patrimonium Francz Sentlinger. 1381 relicta Sentlingerin
    St: 1368: 12,5/-/-, 1369: 18/6/-, 1371, 1372, 1375: 12,5/-/-, 1377: 5/-/- juravit, 1378, 1379: 5/-/-, 1381: [zahlt Matheis Sentlinger]
    StV: (1372) solvit 4,5 lb et pro resid[uu]m (!) posuit 8 flor[enos].
  relicta Wilhalm [I.] Ligsalcz [∞ Kathrei Sentlinger, Tochter von Franz Sentlinger]
    St: 1371, 1372: -/-/-
  pueri eius [= des Francz Sentlinger]
    St: 1375: -/9/-
  Sighart [V.] Sentlinger, 1377 filius suus [= des Franz]
    St: 1377: -/-/60, 1378, 1379: -/-/-
  pueri Johannis [I.] Sentlinger [vielleicht Bruders von Franz]
    St: 1377: nichil
* Matheis [I.] Sentlinger [von Päl, Sohn von Franz Sentlinger; Salzsender, Kastner, Stadtrat[4]]
    St: 1381, 1382, 1383/I: 10/-/-, 1383/II: 15/-/-, 1387: 11/-/-, 1388: 22/-/- juravit, 1390/I-II: 22/-/-, 1392: 19,5/-/-, 1393, 1394: 22/5/10, 1395: 11/-/80, 1396, 1397: 17/-/-, 1403, 1405/I: 22/5/10, 1405/II: 16/-/- iuravit, 1406: 21/-/80, 1407-1413, 1418, 1419: -/-/-
    StV: (1382, 1383/I) patrimonium patris [= Francz Sentlinger]. (1403) nach seiner alten stewr. (1405/I) nach alter stewr.
* domus omnia Matheis Sentlinger
    St: 1399, 1400, 1401/I-II: -/-/-
* domus Matheys Sentlinger
    St: 1415, 1416: -/-/-
* domus Sentlingerin [Witwe von Matheis I.]
    St: 1423: -/21/-, 1431: -/-/-
    StV: (1423) und allm ire[m] gelt. (1431) und von irem ewigen gelt dedit -/14/-.
* domus Sentlinger
    Sch: 1439/I-II, 1440, 1441/I-II: 2 t[aglon]
    St: 1453-1455: Liste
* relicta [Hans IV. ?] Sentlingerin
    St: 1455-1457: Liste
* Matheis [II.] Sentlinger [Sohn von Hans IV. und Enkel von Matheis I., äußerer Stadtrat, Pfändermeister[5], ∞ Elspet Günther]
    St: 1456-1458: Liste, 1462: 2/-/76
    StV: (1462) zalt Zachras Gŭnther die ander nachstewr.
* domus der statt haus [seit 1475 Juni/Juli bis 1487 August 7]
    St: 1482: nichil, 1486: -/-/-

---

[1] BayHStA, Urk. Bayerische Landschaft.
[2] BayHStA, Urk. Bayerische Landschaft.
[3] Seit 1362-1378 innerer und äußerer Stadtrat, vgl. R. v. Bary III S. 742.
[4] Matheis Sentlinger ist 1380-1383, 1391, 1407 äußerer und innerer Stadtrat sowie mehrmals in diesen Jahren Bürgermeister, vgl. R. v. Bary III S. 742, 754, 755, 756. – 1405 ist Matheus Sentlinger als Salzsender belegt, vgl. Vietzen S. 143.
[5] Matheis Sentlinger 1459, 1460 Viertelhauptmann vom äußerer Rat, 1464-1468, 1470-1473 Pfändermeister, vgl. R. v. Bary III S. 825.

* domus Virgili Hofer, 1500, 1508, 1509 domus Hofer [Bürger zu Salzburg, ∞ Regina, geb. Schluder]
    St: 1490: nichil, 1496: in camer, 1500, 1508, 1509: 1/6/19
    Otmar [I.] Ridler[1] [von Schönbrunn, Stadtrat, Salzsender[2], ∞ Katharina, geb. Hofer]
    St: 1496: 11/-/4, 1500: 63/4/25, 1508, 1509: 41/-/28
    StV: (1496) dedit Caspar Hunderpfunnt.
* Wolfgang (Wolf) Hofer [zu Urfar]
    St: 1514: Liste, 1522: 45/-/-, 1523: an kamer, 1524: 20/-/-, 1525: an kamer, ist nit hie, 1526: 20/-/-, 1527/I: nichil, 1527/II, 1528, 1529, 1532: 20/-/-
    StV: (1522) von dreyen jarn, ains yeden jars 15 gulden, hat die 10 jar geben, die sind das jar gar aus. (1524) gibt die 10 jar, ist das erst mal. (1526) gibt die zehen jar unnd ist das annder jar. (1527/I) sitzt umb ain geding. (1527/II) gibt die 10 jar unnd ist das dritt jar. (1528) gibt die 10 jar unnd ist das viert jar. (1529) gibt die 10 jar unnd ist das fünft jar. (1532) gibt die 10 jar und ist das 8 jar.

  Cristof Hofer
    St: 1522, 1523: 20/-/-, 1525, 1526: 8/-/-, 1527/I: nichil, 1527/II, 1528, 1529: 8/-/-, 1532: 10/-/-
    StV: (1522) von zway jar; [am linken Rand:] sol biß jar auch 20 fl geben von zwaien jarn, gibt die 5 jar, ains yeden 10 fl und ist heur das viert jar. (1523) von zwaien jarn gibt die 5 jar ains yeden 10 fl und ist heur das fünfft jar. (1525) gibt die 6 jar unnd ist das erst jar. (1526) gibt die 6 jar unnd ist das annder jar. (1527/I) sitzt umb ain geding. (1527/II) gibt die 6 jar unnd ist das drit jar. (1528) gibt die 6 jar unnd ist das viert jar. (1529) gibt die 6 jar unnd ist das fünft jar. (1532) gibt die 4 jar unnd ist das annder jar.
* domus Wolff Hofer. 1544-1548 Wolff (Wolffganng) Hofer
    St: 1540-1544: 15/-/-, 1545: 3/1/20, 1546-1548: an chamer
    StV: (1540-1542, 1544) man steur oder nit. (1543) mit ainem geding. (1545) von wegen seines gartens, zalt Caspar Schrenckh. (1547) Caspar Partt und [der] Auffleger sollen mit ime [neue Bedingungen für die Steuer aus-]handlen.
* Caspar [II.] Schrenckh [Sohn von Kaspar I. und Elisabeth, geb. Hofer, innerer Rat[3]]
    St: 1549/I-II, 1550, 1551/I-II, 1552/I-II: 11/6/9, 1553, 1554/I-II: 12/-/6
    StV: (1549/I-1552/II) mer 5/3/15 für p[ueri] Diepolt Kheussin. (1552/II-1554/II) mer 5/1/7 für p[ueri] Wolff (Wolfgang) Rosnpusch. (1552/II) mer 5/1/7 alte steur. (1553-1554/II) mer 4/6/27 für p[ueri] Diepolt Kheussin.
** Landtschafffthaus. 1560, 1563 domus Lanndschafft(haus) [seit 1554 Dezember 13]
    St: 1556-1564/I: an chamer, 1564/II-1571: -/-/-

Bewohner Marienplatz 9*A/a:

relicta Albrerin karrerin inquilina. 1369, 1375, 1377-1383/I relicta Albrerin inquilina
    St: 1368: -/-/40, 1369: -/-/60, 1375: -/-/80, 1377: -/-/36 juravit, 1378, 1379, 1381, 1382, 1383/I: -/-/36
  relicta Albrechttin inquilina. 1387 Albrechtin [= Albrerin ?]
    St: 1383/II: -/-/54, 1387: -/-/24, 1388:-/-/48 juravit
Schemerl [Fragner[4]] inquilinus St: 1368: -/-/16, 1369: -/-/24
Hainrich Smirber [Fragner[5]] inquilinus, 1369 Smirber inquilinus St: 1368: -/-/30, 1369: -/-/45
Arnolt Fünsinger inquilinus St: 1368: recessit
Hainrich Stüpf St: 1369: -/-/
pueri Zehentnerii St: 1375: -/-/
swertfürb von Freysing inquilinus St: 1377: -/-/48 juravit, 1378, 1379: -/-/48

---

[1] Die Stadt nimmt 1497 1/6/16 von Othmair Ridler „von des Hofers hawß und pämgartten wegen" ein, KR 1497 S. 23v.
[2] Otmar I. Ridler 1485-1491 äußerer, 1491-1517 innerer Stadtrat, 1493-1496 Vierer der Salzsender. Er starb am 13. Februar 1517, vgl. RP und Vietzen S. 153.
[3] Kaspar II. Schrenck war von 1547 bis 1554 innerer Stadtrat, vgl. RP.
[4] So 1371-1375 bei Marienplatz 28/29 und 1377 und 1378 bei Rindermarkt 2.
[5] Vgl. Marienplatz 9*A/b.

Goltgrúbel [später Stadtsöldner] inquilinus. 1382, 1383/I Hainrich Goltgrúbel inquilinus
    St: 1381, 1382, 1383/I: -/-/36, 1383/II: -/-/54
Ulrich Arnolczhofer. 1392, 1393 Arnolczhofer. 1394, 1400, 1401/I-II Arnolczhofer (Adelczhofer) inquilinus. 1395-1399 Arnolczhofer (Adelczhofer [!]) fragner inquilinus
    St: 1388: invenitur alibi, 1392: -/7/6, 1393, 1394: -/9/18, 1395: 0,5/-/-, 1396, 1397, 1399, 1400, 1401/I: -/6/-, 1401/II: -/5/10 iuravit
Heinrich Schewh inquilinus. 1392 Schewch inquilinus [et] pueri uxoris
    St: 1390/I-II: -/-/24, 1392: -/-/84 iuravit
Póschl (Bóschel) fragner (et) pueri uxoris (1394 inquilini), 1395, 1396 inquilinus
    St: 1393, 1394: -/3/22, 1395: -/-/60 fur 15 lb, 1396: -/3/-
Hainczel kornmesser inquilinus St: 1397: -/-/60 fur 10 lb
Dóniglin inquilina St: 1399: -/-/56 für 6 lb
    Tónigel fragner inquilinus. 1403-1407 (relicta) Tóningelin (Tóniglin, Toniglin) inquilina
    St: 1400, 1401/I: -/-/60 für 6 lb, 1401/II: -/-/80 für 10 lb, iuravit, 1403, 1405/I: -/-/80 für 10 lb, 1405/II: -/-/60 für 8 lb, iuravit, 1406, 1407: -/-/64 für 8 lb
Ulrich Aenczinger inquilinus St: 1403: nichil
Marttein fragner inquilinus
    St: 1403, 1405/I: -/-/60 für 5 lb, 1405/II: -/-/60 für 5 lb, iuravit, 1407: -/-/60 für 5 lb
Chunczel (Chunrad) Pettinger inquilinus, 1406 fragner St: 1406: 0,5/-/24 iuravit, 1407, 1408: 0,5/-/24
Chuncz Payr inquilinus
    St: 1408: -/-/64 für 8 lb, 1410/I: -/-/60 für 10 lb, iuravit, 1410/II: -/-/80 für 10 lb, 1411: -/-/60 für 10 lb, 1412: -/-/80 für 10 lb
Hanns Pittinger inquilinus
    St: 1410/I: -/-/60, 1410/II: -/-/60 für nichil, 1411: -/-/57 für nichil, 1412: -/-/60 fur nichil, 1413: -/-/60 und -/-/20 patrimonium uxoris
Ulrich Graefel (Graebel, Grábel, Grabel), 1413, 1418, 1423, 1431, 1441/I, 1455 inquilinus, 1415-1419, 1441/I-II, 1450, 1453, 1455 fragner
    St: 1413: -/-/-, 1415: -/3/6, 1416, 1418, 1419: 0,5/-/8, 1423: 0,5/-/8 iuravit, 1428: dedit 4 gross, 1431: -/7/10 iuravit, 1450, 1453-1455: Liste
    StV: (1413) er selben -/-/60 gracianus, sein weip -/-/60 patrimonium. (1428) für sich, sein hausfraw und zway kint.
    Sch: 1439/I-II, 1440, 1441/I-II: 2 t[aglon]
Heys fragner St: 1415: -/-/84
Hanns Swab amer St: 1416: -/3/6, 1418: -/3/6 iuravit
Gabriel Holczkircher [Salzsender, Wirt[1]] St: 1423: 3/-/60, 1424: 1/-/20 hat zalt
Jorg Kelhaymer, 1423, 1431 inquilinus
    St: 1423: -/-/82, 1428: dedit 2 gross, 1431: -/-/60 iuravit N.
    StV: (1428) für sich und sein weib.
Hannsel Sedelmair inquilinus St: 1423: -/3/-
Hainrich Plinthaimer St: 1428: dedit 2 gross für sich und sein weib
Ott Fauchner sneider inquilinus
    St: 1431: -/-/64 iuravit
    StV: (1431) et dedit -/-/60 patrimonium Pranger.
Hanns Ramser [Fragner, Salzmesser] Sch: 1439/I: 1 t[aglon]
Fridel (Fricz) kastner inquilinus Sch: 1439/I-II: 1,5 t[aglon]
Wilhalm Hiltnstainer [Melbler[2]]. 1440 Wilhalmin Hiltnstainer Sch: 1439/II, 1440: -/-/15
Hanns Pair inquilinus Sch: 1440: 1,5 t[aglon], 1441/I-II: 1 t[aglon]
Hanns Reyser, 1441/II fragner, 1441/I-II inquilinus Sch: 1441/I-II: -/-/15
Fridel karner inquilinus Sch: 1441/I-II: 0,5 t[aglon]
Steffan Waller inquilinus Sch: 1441/II: 1 t[aglon]
[Hans] Reyman taschner inquilinus Sch: 1441/II: 1 t[aglon]
Jórg Gánter fragner St: 1450: Liste
Francz Ruelein [Eichmeister[1]] St: 1453-1455: Liste

---

[1] Vgl. Weinstraße 16*.
[2] So 1431 bei Färbergraben 1*.

Fricz Tumperger,[2] 1456 fragner, 1453 inquilinus St: 1453-1457: Liste
Ulrich Hartmoser,[3] 1456, 1458 fragner, 1462 melbler inquilinus St: 1456-1458: Liste, 1462: -/4/25
Eberhart (Eberl) Druckawer, 1462 inquilinus St: 1457, 1458: Liste, 1462: -/7/14
Ulrich Freisinger,[4] 1458 fragner, 1462 melbler, inquilinus St: 1458: Liste, 1462: -/-/60
relicta Túting (Tútingerin), 1462 inquilina
    St: 1458: Liste, 1462: -/-/67
    StV: (1462) patrimonium zalt Ulrich Genstaler.
[Hans] Öcker salburch inquilinus St: 1462: -/-/60
Ullrich Genstaler,[5] 1462 salczstosel inquilinus
    St: 1462, 1482, 1486: -/-/60
    StV: (1486) et dedit die erst nachstewer für Holipin.
[Tanhauser[6] 1476]
[Ulrich Grewl[7] fragner 1476]
[Hanns fragner[8] 1477-1480]
[Caspar hafnerin[9] 1477]
[Hanns Hulger [10]prew 1481-1484]
Jacob Truchtharinger, 1486 Jacob inn der stat hauß[11] St: 1482: -/7/10, 1486: 1/1/15
[Jacob in des Sentlinger hawß[12] 1479, 1485, 1486]
Cristoff Karr tagwercher St: 1482: -/-/-
Hanns Noder amer[13]. 1486 relicta Hanns amerin patrimonium St: 1482, 1486: -/2/25

---

[1] Franz Ruelein ist 1453-1455 städtischer Eichmeister, vgl. R. v. Bary III S. 971, nach KR. – Vgl. auch Marienplatz 8**.

[2] Fritz Tumperger ist 1463 und 1464 Vierer der Käufel, 1459 Vierer der Fragner, Obser, Melbler, vgl. RP.

[3] Die Stadt nimmt noch an Georgi 1478 5/1/12 Zinsgeld ein von „Ulrichen Hartmoser fragner in des Sentlinger hauß", KR 1478/79 S. 22r; Georgi 1480 „vom Hartmoser von dem andern laden in des Sentlinger hauß von Cristan Tyemer", KR 1480/81 S. 22v. – Ulrich Hartmoser 1462, 1465, 1469 Vierer der Fragner, Obser, Melbler und 1472 Vierer der Käufel, vgl. RP.

[4] Ulrich Freisinger „unterm Sentlinger" 1471 Vierer der Käufel, ebenso 1465, 1467, 1469 und 1474, vgl RP 2, Neuwahl der Handwerksvierer. – 1469 und 1475 Vierer der Fragner, Obser, Melbler, vgl. RP.

[5] Die Stadt nimmt 1/3/- Mietzins ein von dem Genstaler von ainem „gemach in des Sentlingers haws" Georgi 1476, KR 1476/77 S. 22r, Georgi 1477, KR 1477/78 S. 22v, Georgi 1478, KR 1478/79 S. 22r, dann -/11/- Georgi 1479, KR 1479/80 S. 22r, Georgi 1480, KR 1480/81 S. 22r, usw. bis KR 1486/87 S.19r und KR 1487/88 S. 18r.

[6] Die Stadt nimmt Zinsgeld ein „vom Tanhauser auß des Senntlingers haws", KR 1476/77 S. 22r.

[7] Die Stadt nimmt Georgi 1476 6/-/19 Zinsgeld ein von „Ulrich Grewl fragner auß des Sentlinger hauß unnten von dem gemach und laden", KR 1476/77 S. 22r.

[8] Die Stadt nimmt an Georgi 1476 5/1/12 Zinsgeld ein „von Hannsen fragner in des Sentlinger hauß", KR 1476/77 S. 23r, Georgi 1477 desgleichen, KR 1477/78 S. 22r, ebenso Georgi 1480, KR 1480/81 S. 22v.

[9] Die Stadt zahlt 4 Schillinge „der Caspar hafnerin von des schadens wegen, den sy in der stat hauß, das man vom Sentlinger kauft hat, genomen hat von ainem roß, das durch ainen podem einfyel und ir die hefen [= Häfen, Töpfe] zeprach", Petri und Pauli 1477, KR 1477/78 S. 75v. – Caspar Hafner ist 1465, 1467, 1468, 1470, 1473, 1476, 1477 Vierer der hafner, vgl. RP.

[10] Nur einen Kasten hat Hanns Hulger prew in Sentlingers Haus gepachtet und zahlt 1481 ff. Zinsgeld dafür an die Stadt (1/2/-), KR 1481/82 S. 20v, ebenso 1482 in KR 482/83 S. 20r/v; ebenso 1483 in KR 1483/84 S. 29r; 1484 in KR 1484/85 S. 21r („von Hannsen Hilger pierprewen vom kasten in des Sentlinger hauß").

[11] Die Stadt nimmt an Georgi 1477 13/6/12 Zinsgeld ein „von Jacob kornmesser vom wirt- und schennckhauß in des Sentlinger hauß, das der stat ist", KR 1477/78 S. 22r; ebenso Georgi 1478 13/6/12 „vom Jacob kornmesser vom schenkhaus in des Sentlinger hauß", KR 1478/79 S. 22v. 1479 wiederum 13/6/12 vom Jacob kornmesser ... „vom schenkhauß in des Sentlinger hauß zinßgelt Georgi [14]79", KR 1479/80 S. 22r; ebenso „von Jacoben kornmesser vom schenkhaws in des Sentlinger hauß" Zinsgeld auch Georgi 1480, KR 1480/81 S. 22r, KR 1481/82 S. 20r, KR 1482/83 S. 20r/v, KR 1483/84 S. 29r, KR 1484/85 S. 20r, KR 1485/86 S. 19r, KR 1486/87 S. 19r und KR 1487/88 S. 18r.

[12] Ein weiterer – oder derselbe – Jacob „in des Sentlinger hawß" zahlt 1479 1/6/- Zinsgeld „vom kassten in demselben hawß, verfallen Martini 79, in wirdet füro verzinsen der Tichtel", KR 1479/80 S. 22r. Auch 1485 wird wieder „von dem kasten in Sentlinger hauß, zalt Jacob, verfallen Michaelis 85" der Zins gezahlt, KR 1485/86 S. 20v und noch einmal 1486, KR 1486/87 S. 20v.

[13] Erstmals 1481 nimmt die Stadt von „Hanns amer in des Sentlinger hauß" 5/1/- Zins ein, vgl. KR 1481/82 S. 20r, ebenso wieder 1482, KR 1482/83 S. 20r; 1483 in KR 1483/84 S. 29r; 1484 in KR 1484/85 S. 20r; 1485

Jorg Newmair [fragner¹] St: 1482: -/2/16, 1486: -/-/60
Lienhart Englsperger (Inglsperger)² kramer St: 1482, 1486: -/3/22
Peirl obser³ St: 1482: -/-/60
[Peter Haunspeck und Anndree Gasstl⁴ [1487]
Hanns Nússel k[ornmesser] St: 1496: -/3/20
Hanns Swaiger (Schwaiger) melbler.⁵ 1522 Hanns melbler
　　St: 1500, 1508, 1509: -/3/-, 1514: Liste, 1522-1526, 1527/I: -/3/-
Contz Talmer [Fragner/Obser/Melbler⁶] St: 1508: -/-/60
Michel amer⁷ St: 1508: -/2/15
Adam Schluder St: 1522, 1523: 2/1/17
Hanns Márckl (Märckhl), 1527/II-1532 k[ornmesser]⁸, 1553 patrimonium, 1554/I patrimonium das ander. 1554/II, 1555 Hanns Márckhlin
　　St: 1527/II, 1528, 1529, 1532: 1/2/10, 1540-1542: 2/1/3, 1543: 4/2/6, 1544: 2/1/3, 1545: 4/1/20, 1546-1548, 1549/I-II, 1550, 1551/I-II, 1552/I-II, 1553, 1554/I: 2/-/25, 1554/II: 2/4/21 juravit, 1555: 2/4/21 matrimonium
jung von Eckh St: 1545: nihil
Jorg [II.] Ligsaltz [zu Berg; äußerer Stadtrat⁹]
　　St: 1552/I: 1/-/- gracia die ander, 1552/II: 1/4/20, 1553, 1554/I-II: 15/1/21
　　StV: (1552/II) von wegen seiner hausfrau heiratguet.
Lienhart (Le(o)nhart) Strálhofer (Strälhover, Schrálhover, Schróllhofer, Schrellhofer), 1564/II-1571 melber
　　St: 1556: -/1/5 gracia, 1557: -/2/-, 1558: -/4/-, 1559, 1560: -/2/-, 1561, 1563, 1564/I-II, 1565, 1566/I-II, 1567/I-II: -/3/7, 1568: -/6/14, 1569-1571: 1/-/18
　　StV: (1569-1571) mer für p[ueri] Khálblmüller -/1/14; mer für p[ueri] Gschierrn -/1/26. (1571) mer für p[ueri] Khelbl -/4/5,5.
Jeronimus Prúner (Prúno, Pronner) landschafftcantzler (cantzler)
　　St: 1556-1563: nihil (nichil), 1564/I-1571: -/-/-

---

　　in KR 1485/86 S. 19r; wieder 1486 in KR 1486/87 S. 19r und schließlich 1487 in KR 1487/88 S. 19r („aus ainem gemach"). – Hans Noder nur 1482 als Weinamer belegt, vgl. R. v. Bary III S. 966.
[1] Die Stadt nimmt an Georgi 1481 Zinsgeld von „Jorg Newmair in des Sentlinger hauß", KR 1481/82 S. 20r; ebenso 1482 in KR 1482/83 S. 20r; ebenso 1483 von „Jörg fragner", KR 1483/84 S. 29v; dann wieder 1485 „zinsgelt von Jorgen fragner genant Newmair von ainem gemach in der Stat haus am marckt", KR 1485/86 S. 19v; ebenso an Georgi 1486 „von der stat haus am marckt von Jorgen fragner genant Newmair von einem gemach", KR 1486/87 S. 19r; letztmals 1487 in KR 1487/88 S. 18v, 19v.
[2] Die Stadt nimmt Georgi 1477 4/2/20 Zinsgeld ein „von Linharten kramer von dem obern gemach in des Sentlinger hauß", KR 1477/78 S. 22r; ebenso Georgi 1478 KR 1478/79 S. 22r; ebenso Georgi 1479 4/2/15 KR 1479/80 S. 22v; ebenso Georgi 1480 KR 1480/81 S. 22v; Georgi 1481 „von Linhart Ynglsperger kramer von dem oberen gemach des Sentlinger hauß" 4/3/-, KR 1481/82 S. 20r; ebenso („Linharten Englsperger kramer") 1482 KR 1482/83 S. 20r, KR 1483/84 S. 29r, KR 1484/85 S. 20r, KR 1485/86 S. 19r, ebenso noch 1486 in KR 1486/87 S. 19r und 1487, vgl. KR 1487/88 S. 18r. – Linhart Englsperger ist 1482, 1484, 1486, 1487, 1489-1492, 1494, 1496, 1499, 1500 und 1502 Vierer der Kramer, vgl. RP.
[3] Pewrl obser 1479 Vierer der Fragner, Obser, Melbler, vgl. RP.
[4] An Georgi 1487 nimmt die Stadt Zinsgeld ein unter anderem von einem Laden „unter des Sentlinger haws, darinnen Peter Haunspeck und Anndree Gasstl kuttelfleck vail haben", KR 1487/88 S. 18r, an Michaeli sind es zwei Köche ohne Namen, ebenda S. 19. – Peter Hawnspeck ist 1491 und 1495 Vierer der Köche, vgl. RP.
[5] Hanns Swaiger 1496 Vierer der Fragner, Obser und Melbler, vgl. RP.
[6] Cuntz Talmair 1484 und 1485 Vierer der Fragner, Obser und Melbler, vgl. RP.
[7] 1508 gibt es zwei Michel amer, nämlich Michel Walther und Michel Talmair, vgl. R. v. Bary III S. 967.
[8] Ein Hanns Märckl war 1518 Vierer der Kornmesser, aber bei Haus Marienplatz 7**, vgl. RP.
[9] Jorg II. Ligsalz ist 1548-1564 äußerer Stadtrat, vgl. Stahleder, Bürgergeschlechter. Die Ligsalz S. 215/217.

Marienplatz 9*A/b
(mit Landschaftstraße 8*A)

Lage: 1370 „under den vragnern".[1] 1451 am Weinmarkt.

Hauseigentümer Marienplatz 9*A/b:

Dieses Haus gehört zunächst der Familie Gerolt. Die Witwe von Hainrich Gerold steht hier noch bis 1372 in den Steuerbüchern. Auch im Rückgebäude an der Landschaftstraße wohnen Mitglieder dieser Familie. Dann ging das Haus um 1372 als Erbschaft an Matheis Sentlinger, den Eigentümer des Nachbarhauses Marienplatz 9*A/a. Franz Sentlinger bezeichnet 1380 Hainrich Gerolt selig als seinen lieben Schweher (Schwiegervater).[2] Er war aber zweimal verheiratet, mit einer Gerolt und mit einer Ligsalz; denn Franz Sentlinger hat am 15. April 1372 auch schon zwei Anteile eines Hauses des Pilgreim Gerolt, „do sein vater [Hainrich Gerolt ?] inn gebesen ist", gelegen an der Landschaftstraße (Landschaftstraße 10*/11*) geerbt.[3] Zwei weitere Teile hatte Franz Sentlinger selbst schon vom alten Pilgreim Gerolt geerbt und hat damit jetzt schon vier Anteile des Gerolt-Erbes angesammelt. In diesem Jahr 1372 dürfte ihm dann auch das Haus am Markt zugefallen sein.
Schon ab 1368 scheinen die Bewohner zwischen den beiden Häusern zu pendeln. Die Häuser gehören offenbar schon zusammen und nur der Steuerschreiber ordnet die Bewohner deshalb scheinbar abwechselnd jeweils einem anderen der beiden Häuser zu.
1395 November 13 „Matheys Sentlinger" „hat sein hawss an dem markt, daz etwan dez Gerolcz waz" verpfändet. Es folgt diesem Eintrag ein nicht datierter Nachtrag mit der Aufforderung an den Schreiber, er solle das Haus wieder aus dem Buch streichen, wohl weil die Pfandschaft in der Zwischenzeit ausgelöst wurde („und dez Sentlinger haws am markt, daz swarcz, tu aus dem puch").[4]
Eine Tochter von Matheis Sentlinger, mit Namen Agnes, heiratete Stephan Astaler. Nach dem Tod von Matheis Sentlinger, der 1413 letztmals im Steuerbuch steht, wird seine Erbschaft aufgeteilt. Das Stammhaus Marienplatz 9*A/a behält die Witwe und anschließend der Sohn, ebenfalls Matheis genannt. Das zweite Haus Marienplatz 9*A/b erhält die Tochter Agnes, mittlerweile verwitwete Astalerin, die aber laut Steuerbuch das Haus schon seit 1392 bewohnt.
1426 Juni 24 Haus und Hofstatt von Agnes der Astalerin am Markt in Unser Frauen Pfarr liegt zwischen den Häusern des Sentlinger (Marienplatz 9*A/a) und des Pötschner (Marienplatz 9*B).[5]
1442 April 19 des Wilhelm (I., Sohn von Stephan und Agnes) Astalers Haus am Markt ist dem Haus von Hanns Klewbers seligen Kindern (Marienplatz 9*B) benachbart.[6]
1449 Februar 3 Wilhelm Astaler verkauft sein am Markt in Unser Frauen Pfarr, zwischen den Häusern des Matheis Sentlinger (Marienplatz 9*A/a) und des Albrecht Offing (Marienplatz 9*B) gelegenes Haus und Hofstatt seinem Mitbürger, dem Maler Gabriel Angler und seiner Gemahlin Elspet um 420 rheinische Gulden.[7] Elspet Angler ist eine geborene Rushaimer, Schwester von Oswald Rushaimer, dem Weinschenk und vielleicht auch Stadtunterrichter.[8] Aus der Ehe stammte eine Tochter Katharina Angler, die den Leibarzt Herzog Albrechts IV. und von 1479 bis 1489 auch Stadtleibarzt Dr. Hanns Rueland heiratete.[9]
1451 März 17 ein Rechtsstreit wird geschlichtet zwischen Meister Gabriel Angler und Matheis Sentlinger (Marienplatz 9*A/a) wegen des Eigentumsrechts an einer Grenzmauer, die ihre beiden Häuser am Weinmarkt scheidet, sowie um Lichtrechte und Tropfstal (Dachtrauf) zwischen beiden Häusern.[10]

---

[1] Vgl. Marienplatz 8*.
[2] Vgl. MB XVIII 198 S. 213.
[3] GB I 26/11.
[4] GB II 105/3, 4.
[5] MB XVIII 327 S. 381. – BayHStA, KU Angerkloster München 438, 888.
[6] BayHStA, Urk. Bayerische Landschaft.
[7] BayHStA, Urk. Bayerische Landschaft.
[8] Vgl. Kaufingerstraße 23 A.
[9] BayHStA, Urk. Bayerische Landschaft 21.4.1490 und 22.4.1493 und MB XX 222 S. 279/280. – R. v. Bary III S. 1017.
[10] BayHStA, Urk. Bayerische Landschaft (alt GUM 2546).

1454 hat Wilhelm I. Astaler auf diesem Haus noch ein Ewiggeld (Hypothek) liegen.[1]

1458 Oktober 23 das Haus Gabriel Anglers des Malers ist dem Haus von Matheis Sentlinger (Marienplatz 9*A/a) benachbart.[2]

1475 Mai 9 das Haus des Gabriel Angler am Markt in der Frauenpfarr wird genannt: Barbara Astaler verschreibt zu dem von ihr gestifteten Jahrtag in St. Peter ein Ewiggeld, u. a. 11 Gulden aus Gabriel Anglers des Malers Haus am Markt in der Frauenpfarr.[3]

1475 Juni 5/Juli 7 das Haus von Gabriel Angler ist dem Haus der hinterlassenen Kinder des Matheis Sentlinger, künftig der Stadt München Haus (Marienplatz 9*A/a), benachbart.[4]

1478 Oktober 17 des Wilhelm I. Astalers Witwe Barbara, geborene Bart, hat immer noch ein Ewiggeld aus des Gabriel Anglers Haus und Hofstatt in Unser Frauen Pfarr am Markt, „darin er yetzo wesenlich siczt", zwischen den Häusern von Albrecht Offing (Marienplatz 9*B) und weiland Matheis Sentlinger (Marienplatz 9*A/a).[5]

1487 August 7 das Haus des Gabriel Angler ist dem von Matheis Sentlingers seligen Kindern, nunmehr der Stadt München gehörig, künftig des Virgil Hofers Haus (Marienplatz 9*A/a) benachbart.[6]

1490 April 21 Gabriel Anglers Witwe Elspet verkauft ihr am Markt, zwischen den Häusern des Virgili Hofer (Marienplatz 9*A/a) und des Oswald Röll (Marienplatz 9*B), gelegenes Haus ihrem Schwiegersohn Dr. Hanns Rueland, Leibarzt des Herzogs Albrecht IV., und seiner Gemahlin Katharina Ruelandt um 600 Gulden.[7] Doctor Rueland wurde in den Steuerbüchern[8] von 1482 und 1500 als „Doctor Angler" bezeichnet. Das Haus geht dann an den Sohn Balthasar Rueland über, der von 1508 bis 1514 als Apotheker nachgewiesen ist.[9]

1500 domus Doctor Angler (!) (StB).

1520 Februar 27 das Ehepaar Walthasar und Margaret Rueland verkauft ihr am Markt zwischen Wolfgang Hofers (Marienplatz 9*A/a) und der Witwe Haldenbergerin (Marienplatz 9*B) Häusern gelegenes Haus ihrem Bruder beziehungsweise Schwager Ernst Rueland, Herzog Willhelms IV. Hofkaplan.[10]

1522-1529 domus herr Ernst (Rueland) (StB).

1523 Mai 12 das Haus der Dr. Ruelandin am Markt ist dem Haus der Kinder der Eheleute Kaspar und Barbara Haldenberger (Marienplatz 9*B) benachbart.[11]

1534 April 30 die Kinder des Balthasar Rueland selig verkaufen dem herzoglichen Rat und Rentschreiber Hanns Rueland zu Burghausen und seiner Schwester Katherina, verwitweter (Anthoni) Schluderin und Münchner Bürgerin, den ihnen erblich angefallenen dritten Teil eines Hauses am Markt, zwischen den Häusern des Hofer (Marienplatz 9*A/a) und des Kaspar Haldenberger (Marienplatz 9*B) gelegen, um 436 Gulden.[12]

1539 August 18 das Haus der Anthoni Schluderin ist dem Haus des Ehepaares Kaspar und Maria Haldenberger, künftig des Ehepaares Sigmund und Barbara Sänftel (Marienplatz 9*B), benachbart.[13]

1544 August 2 das Haus der Katharina Schluderin liegt dem Haus des Wolfgang Hofer, künftig des Kaspar II. Schrenck (Marienplatz 9*A/a), benachbart.[14]

Die Katharina Schluderin, geborene Rueland, ist den Steuerbüchern zufolge 1564 gestorben.

1565 Juni 18 die Geschwister Cristoff Rueland zu Fraunpuechl, Jörg und Catherina Rueland (∞ Cristoff Porttner, Ratsbürger zu Regensburg), dazu die Kinder der verstorbenen Schwester Maria Ruelandt (∞ Hanns Furttenpach zu Anwalting, Pfleger von Wäxenberg) und andere Verwandte verkaufen der gemeinen Landschaft in Bayern ihr gemeinschaftliches Haus am Platz zu München, gelegen zwi-

---

[1] Kämmerei 64 S. 8r.
[2] Zimelie 20 (Kopialbuch Priesterbruderschaft St. Peter) S. 9r/v, 11r.
[3] Urk. D I e 2 - XXXI Nr. 13.
[4] BayHStA, Urk. Bayerische Landschaft.
[5] Urk. D I e 2 - XXXI Nr. 18. – MB XXI 88 S. 231/238.
[6] BayHStA, Urk. Bayerische Landschaft. – Wittmann, Urkunden-Regesten, ungedruckt.
[7] BayHStA, Urk. Bayerische Landschaft.
[8] Auch in: Kirchen und Kultusstiftungen 59a S. 54 „Dr. Anglers Haus am Markt zu München".
[9] Walthauser Ruolandt, 1508-1514 Apotheker, vgl. R. v. Bary III S. 1031.
[10] BayHStA, Urk. Bayerische Landschaft.
[11] BayHStA, Urk. Bayerische Landschaft.
[12] BayHStA, Urk. Bayerische Landschaft.
[13] BayHStA, Urk. Bayerische Landschaft.
[14] BayHStA, Urk. Bayerische Landschaft.

schen den Häusern des Cristof Khöbl (Marienplatz 9*B) und der Landschaft Haus (Marienplatz 9*A/a). Eine Kaufsumme wird nicht genannt.[1]

1567 werden „Gemeiner Landschaft paucosten der erkauften Schluderischen Behausung" abgerechnet.[2]

Damit ist aber nun das Haus Marienplatz 9*A entstanden und die Landschaft hat einen Gebäudekomplex, der bis in die Landschaftstraße durchgeht. Später – am 30. April 1733 – wird die Landschaft noch ein weiteres Nachbarhaus erwerben: Marienplatz 9*B.

Eigentümer Marienplatz 9*A/b:

* relicta Hainrici Geroldi [äußerer Stadtrat[3]]. 1371, 1372 patrimonium Hainrici Geroldi
   St: 1368: 3/-/- gracia ex iussu consulum, 1371: nihil, 1372: -/-/-
  Pilgreim Gerolt inquilinus
   St: 1368: -/6/- gracianus
  Ulrich et Pilgreim Gerolt
   St: 1368: coniunctim -/-/30
(*) Francz Sentlinger [wohl um 1372, ∞ Tochter von Hainrich Gerolt]
* Matheis [I.] Sentlinger [Sohn von Francz Sentlinger; 1395 November 13]
* Stephan Astaler[4] [∞ Agnes, Tochter von Matheis I. Sentlinger]. 1413 relicta Stephan Astaler. 1415-1424, 1431 relicta Astalerin
   St: 1392: 18/-/84, 1393: 27/6/12, 1394: 27/6/12, absolutum, 1408: 18/5/10, 1410/I-II: -/-/-, 1411: 6/-/- iuravit, 1412: 8/-/68, 1413: 6/-/- für patrimonium , 1415: 4/-/-, 1416: 5/-/80, 1418, 1419: 5/-/88, 1423: 3/-/24, 1424: 1/-/8 hat zalt, 1431: 3/-/- minus -/-/20, iuravit
   StV: (1411) und er sol all steẃr mit dem ayd zuseczn, waz ym gelcz wirt von der herschaft an seiner geltschuld. (1412) und er sol all stewr mit dem ayd hinzuseczn, waz er gelcz einnymbt von der herschaft an seiner geltschuld. (1431) darinn hat si verstewrt 5 gulden ewigs gelcz, die aws irm haws gend.
  Fridreich (Fridl) [II.] Astaler [Neffe der vorigen, später Wirt[5]]
   St: 1408: 6/-/- gracianus, 1410/I: 4,5/-/- gracianus
* Wilhalm [I.] Astaler [Sohn von Stephan; ∞ Barbara, geb. Bart, bis 1449 Februar 3]
* Gabriel Angler, 1450 maler[6] [∞ Elspet, geb. Rushaimer], 1482 et pueri. 1486, 1490 relicta Anglerin, 1490 et filia vestra
   St: 1450, 1453-1458: Liste, 1462: -/14/21, 1482: 1/-/24, 1486, 1490: 1/3/7
   StV: (1482) et dedit -/1/16 für pueri Ofenhauser.
* Doctor Angler [= Dr. Hanns Rulant[7], ∞ Katharina, geb. Angler]. 1486, 1490, 1496 Doctor (Hanns) Rulant (Ruolant). 1500 domus Doctor Angler. 1508-1532 relicta Ruolantin, 1508, 1509 et pueri
   St: 1482, 1486: nichil, 1490: -/1/15, 1496: in camer, 1500: -/7/22, 1508, 1509: 1/5/15, 1514: Liste, 1522-1526, 1527/I: 1/3/14, 1527/II, 1528, 1529: 2/-/20, 1532: 2/4/29
   StV: (1522) hat abgesetzt.
* Walthauser (Balthasar) Ruolant (Ruland) aptegker [Sohn der vorigen, Stadtapotheker, ∞ Margareth], 1514 de[...] fr[...]
   St: 1508, 1509: -/7/21, 1514: Liste
* domus herr Ernst [Rueland, Bruder des vorigen, herzoglicher Hofkaplan]
   St: 1522-1526, 1527/I: -/2/5, 1527/II, 1528, 1529: -/3/17

---

[1] BayHStA, Urk. Bayerische Landschaft.

[2] StaatsAM, GL 2744/829. – Hartig, Künstler und Kunstsachen S. 345 Nr. 742.

[3] Hainrich Gerold war 1362-1365 noch äußerer Stadtrat, vgl. R. v. Bary III S. 740.

[4] Stephan Astaler besitzt einen Ziegelstadel: 1407 kauft z. B. die Stadt für 26 Pfund und 10 Pfennige Ziegel zum Bau des Salzstadels. Das Geld wird mit der Steuer des Astaler verrechnet, 1408 werden noch einmal Ziegel für 18 Pfund 3 Schillinge 20 Pfennige von ihm für den Salzstadel gekauft, vgl. KR 1408/09 S. 46v, vgl. KR 1407/08 S. 61r. – Stephan Astaler ist einer der Stifter des Astaler-Fensters in der Frauenkirche, vgl. Stahleder, Bürgergeschlechter. Die Astaler S. 200/201. Vgl. hier auch zu den folgenden Astalern.

[5] Vgl. Rindermarkt 17.

[6] Gabriel Angler Vierer der Maler, Glaser, Seidennater 1460, 1462, 1482, vgl. RP 1.

[7] Dr. Hanns Rulant herzoglicher Leibarzt und 1479-1489 auch Stadtleibarzt, vgl. R. v. Bary III S. 1017. Auch das RP schreibt 1487 „Maister Hanns Rulant oder Angler".

* Kinder des Balthasar Rueland [bis 1534 April 30]
* Hanns Rueland [Bruder von Balthasar Ruland, herzogl. Rat und Rentschreiber zu Burghausen, seit 1534 April 30] und
* Anthoni [I.] Schluderin [= Katharina Rueland, Schwester der vorigen]. 1540, 1541, 1549/I-II relicta Anthoni Schluderin[1]
    St: 1522-1526, 1527/I: 1/3/21, 1527/II, 1528, 1529: 1/6/25, 1532: 2/5/17, 1540, 1541: 2/5/5, 1542: 3/2/3, 1543: 6/4/6, 1544: 3/2/3, 1545: 6/6/16, 1546, 1547: 3/3/8, 1548, 1549/I-II, 1550, 1551/I-II, 1552/I-II: 4/1/6, 1553, 1554/I-II, 1555-1557: 6/6/11, 1558: 13/5/22, 1559, 1560: 6/6/11, 1561, 1563, 1564/I: 10/5/-, 1564/II: 10/5/- matrimonium
    StV: (1540, 1541) et dedit 1/6/10 fúr Hans Ruelant. (1542) hat ires brudern gueth zug[setzt]. (1546, 1547) sol hinfúro der altn Martei[n]i[n] gueth zusetzn. (1548) hat der Marteinin gueth zugsetzt. (1564/II) mer zalten die erben die drey nachsteur vom hauß, garttn, varniß, ewiggellt unnd von allem, was sy hinaus geerbt haben, thuet in allem 135/2/28,5.
    (relicta) Diepolt Kheussin [= Susanna, Tochter von Anthoni I. Schluder]
    St: 1540-1542: 5/1/26, 1543: 10/3/22, 1544: 5/1/26 matrimonium, 1545, 1546: -/-/-
    StV: (1545) supra folio 55 col. 2 [= 55v, Rindermarkt 4], zalt Caspar Schrenckh. (1546) zalt supra folio 56 col. 2 [= 56v, Rindermarkt 4] per Caspar Schrenckhn.
* Ruelandische Erben [bis 1565 Juni 18]
** Bayerische Landschaft [seit 1565 Juni 18]

Bewohner Marienplatz 9*A/b:

Ulrich (Ull) Hántler (Haentler) inquilinus St: 1368: -/-/40, 1369, 1371, 1372: -/-/60, 1375: -/-/80
Gúnther St: 1369: -/7,5/- post, 1371: -/6/-, 1372: 1/-/-
relicta Albrerin inquilina St: 1371, 1372: -/-/60
Hainrich Smirber inquilinus. 1372, 1378 Smirber fragner inquilinus. 1375 relicta Smirberin inquilina
    St: 1371, 1372, 1375: -/-/48, 1378: -/-/60
Ott Smirber vragner inquilinus. 1382, 1383/I-II Smirber vragner inquilinus. 1387, 1388 (relicta) Smirberin inquilina
    St: 1377: -/-/60 juravit, 1378: nichil invenitur, 1379, 1381, 1382 1383/I: -/-/60, 1383/II: -/3/-, 1387: -/-/48, 1388: -/3/6 juravit
    und ir ayden inquilinus St: 1387: -/-/53 iuravit
Ludwig Stúpf St: 1375: -/12/-, 1388: -/-/40 juravit
Chunrat Halmberger inquilinus St: 1375: 5/-/-
    relicta Halmbergerin St: 1381: 5/-/- sub gracia
Dyemut vragnerin inquilina St: 1375: -/-/68
Chunrat Schón St: 1377-1379: -/-/-
Erhart Glaenczel inquilinus St: 1377, 1378: 0,5/-/-
Hanns schenck, 1390/I inquilinus St: 1382: -/-/-, 1390/I: -/-/40
Ull Flóhel St: 1383/I: 0,5/-/- juravit, 1383/II: -/6/-
sneyder von Auspurg inquilinus St: 1383/II: -/-/-
[Hans] Goczman [sartor[2]] St: 1387: -/7/4, 1390/I: -/14/8
Huber [korn]mesrer (messrer) inquilinus St: 1387: -/-/8, 1388: -/-/16 juravit, 1390/I-II: -/-/16
Gerunck Hawsner St: 1390/II: -/-/29 gracianus
Kristl jud St: 1390/II: -/-/12
Chunrat Vock inquilinus St: 1392: -/-/32, 1393: -/-/43
Haẃgin (Haugin) inquilina. 1395 relicta Haugin fragnerin inquilina. 1396 Haẃgin fragnerin inquilina. 1397-1401/I relicta Haẃgin, 1397, 1400, 1401/I inquilina, 1400 und ir sún
    St: 1394: 0,5/-/8, 1395: -/-/64, 1396: -/3/6, 1395: -/-/64, 1396, 1397, 1399, 1400, 1401/I: -/3/6
Holer maler St: 1397: -/-/60 fúr 6 lb
Hainrich von Echmaring[3] St: 1401/II: -/-/40 iuravit

---

[1] Dazu vgl. Stahleder, Bürgergeschlechter. Die Schluder S. 64/66.
[2] Vgl. Weinstraße 20*.
[3] Hainrich von Ehmaring ist 1404-1408 Marktzöllner vom Plachsalz an der Stadtwaage, vgl. Vietzen S. 163.

Hanns Österdorfer (Osterdorffer) [Kornmesser[1]]
    St: 1405/I: -/-/80 für 10 lb, 1405/II: -/-/66 für 11 lb
maister Hanns augenarczt. 1406 Hanns augenarcz[t] St: 1405/I, 1406: -/-/-
Marttein fragner inquilinus St: 1406: -/-/60 für 5 lb
Ull (Ulrich) Mẇrr (Murr) [später Kornmesser ?[2]], 1408-1411, 1413 inquilinus
    St: 1408: -/-/60 für 7 lb, 1410/I: -/-/60 für 7 lb, iuravit, 1410/II: -/-/66 für 7 lb, 1411, 1412: -/-/60 für 7 lb, 1413: -/-/60 für 7 lb, iuravit
Jorig fragner St: 1415: -/-/60 für nichil
Heys fragner inquilinus St: 1416: -/3/22
Haẇsel fragner St: 1418: -/3/-
Pancz haffner St: 1428: dedit 2 gross
relicta Preyd inquilina St: 1428: dedit 1 grossen
Ulrich Fraudnsprunck (Frawdnsprunck, Frewdnsprunck, Freudensprung, Fraudnsprung), 1431 inquilinus, 1450 fragner
    St: 1428: dedit 2 gross fur sich und sein weib, 1431: -/10/- iuravit, 1450, 1453-1455: Liste
    Sch: 1439/I-II, 1440, 1441/I-II: 2 t[aglon], 1445: 1 diern
Hanns Rei[n]man taschner Sch: 1439/II: 1 t[aglon]
Hanns Reyser, 1456, 1458 fragner
    Sch: 1445: 1 diern
    St: 1456-1458: Liste
Wilhalm Eschelbeck [Weinschenk[3]] Sch: 1445: 2 ehalten
[Hanns] Mauttner nadler Sch: 1445: 1 knaben
Linhartt Lechner melbler inquilinus St: 1462: -/-/68
Thoman Kellner (Keller), 1486 melbler St: 1482: -/4/18, 1486: -/-/60
Peter Rosler (Rösler) melbler[4] St: 1490: -/-/60, 1496: -/2/5, 1500: -/-/60
Sigmund Hainsteter [Weinschenk, äußerer Stadtrat[5]]. 1496 relicta Sigmunnd Hainsteterin[6]
    St: 1490: 2/4/18, 1496: 6/-/12
    StV: (1490) et dedit -/2/6 für pueri L[inhart ?] Stainawer.[7]
Laux [Gessler] barbierer St: 1514: Liste
Walthasar barbierer. 1527/II Walthasar Fraß barbierer
    St: 1522: -/4/13 juravit, 1523-1526, 1527/I: -/4/13, 1527/II: -/2/-
Linhart Planck barbierer St: 1522: -/2/-
Michel Tallmair melbler.[8] 1524 Michel melbler patrimonium St: 1523: -/5/21, 1524: anderßwo
Mathes melbler. 1527/II-1532 Mathes Ächter melbler
    St: 1526, 1527/I: -/-/28 gracion, 1527/II, 1528, 1529, 1532: -/2/12
Jacob vischer, 1528, 1529 barbierer, 1528 von Bruckh St: 1528: -/2/28 juravit, 1529: -/2/28
schmidin von Aichach St: 1540-1542: 2/2/16, 1543: 4/5/2
Pautznpergerin
    St: 1542: 1/-/-, 1543: 2/-/-
    StV: (1542) dise steur hat ir der rat bewilligt zeg[eben].
Hanns Ötl melbler. 1552/I-1559 Hanns Lang Ótl (Ötl). 1560, 1561, 1563, 1564/I-II Hanns Lanngöttl (Lanngottl), 1552/I-II, 1554/I-II, 1556, 1558, 1564/I-1566/I melbler[9]
    St: 1544: -/3/16, 1545: 1/-/2, 1546-1548, 1549/I-II, 1550, 1551/I-II, 1552/I-II: -/3/16, 1553, 1554/I-II, 1555-1557: 1/3/10, 1558: 2/6/20, 1559, 1560: 1/3/10, 1561, 1563, 1564/I-II, 1565, 1566/I: 1/4/3

---

[1] Anschließend bei Marienplatz 4* und 5* Kornmesser.
[2] Ein Ulrich Murr ist 1428-1439/I bei Kaufingerstraße 37 Kornmesser.
[3] Wilhalm Eschelbeck 1451 Mitglied der Weinschenken-Bruderschaft, vgl. Gewerbeamt 1411 S. 10r.
[4] Ein Peter Rösler ist 1484-1491 Salzmesser, vgl. Vietzen S. 160 und RP.
[5] Sigmund Hainsteter 1491 Aufnahme in die Weinschenkenzunft, vgl. Gewerbeamt 1418 S. 7r; 1496 Vierer der Schenken, 1494-1496 äußerer Stadtrat, 1496 mit Vermerk „ist tod", vgl. RP.
[6] Sigmund Hainsteterin witib 1496 Aufnahme in die Weinschenkenzunft, vgl. Gewerbeamt 1418 S. 9r.
[7] Linhart Stainawer war 1474, 1477 und 1479 Vierer der Kramer, vgl. Kaufingerstraße 11 und Rindermarkt 18.
[8] Ein Michel Talmair war 1505-1518 Weinamer, vgl. R. v. Bary III S. 967/968.
[9] Der „Kramer" Hanns Langöttl musste sich 1569 und 1571 bei den Religionsverhören verantworten, vgl. Dorn S. 228, 262.

junckhfrau Weysnfelderin (Weissnfelderin)
  St: 1553, 1554/I: 3/-/-, 1554/II: an chamer, 1555, 1556: 3/-/-, 1558: 6/-/-, 1559, 1560: 3/-/-
  StV: (1553, 1554/I) mit geding wie und als offt man steurt. (1554/II) zalt 3 fl irn beysitz, verfalln Martini anno [15]54ten, actum 19. Januari anno [15]55. (1555) mit geding fur irn beysitz als offt und wie man steurt. (1556) mit geding, als offt und wie man steurt, soll sy auch steurn. (1558) für irn beysitz, doplt gsteurt mit geding, wie und als offt man steurt. (1559, 1560) mit geding, als offt und (unnd) wie man steurt, soll sy auch steurn (steuren).
Reichstorffer lutinist St: 1557-1559: nihil
Hanns Ybelloner (Ubllonner, Üblloner, Ubellohner), 1564/I-II eychmaister[1]
  St: 1560, 1561, 1563, 1564/I-II: -/2/-
Thoman Fleckhamer [Stadtrat[2]] St: 1564/I: an chamer, 1564/II, 1565: nichil
Matheus Reiss kháskháffl St: 1565: -/2/-

Marienplatz 9*A (a/b)

Hauseigentümer Marienplatz 9*A (a/b):

Das Haus entstand aus den beiden Häusern Marienplatz 9*A/a und 9*A/b, das erstere von der Landschaft erworben am 13. Dezember 1554 aus der Hand von Kaspar II. Schrenck, das letztere am 18. Juni 1565 aus der Hand der Erbengemeinschaft Rueland.
1567 September 10 die Stadt verkauft der Landschaft zwei Steften Wasser für das Landschaftshaus, vorne am Platz zwischen den Häusern von Cristoff Köbl (Marienplatz 9*B) und Jörg Müllers Erben (Marienplatz 8*) gelegen.[3]
1574 laut Grundbuch (Überschrift) „Gemainer Lanndtschaft Haus und Stallung, geet in die Cleubergassen hinaus".[4]

Eigentümer Marienplatz 9*A (a/b):

** Gemainer Landschaft Haus 1574

Marienplatz 9*B
(mit Dienerstraße 1* bis nach 1431)

Lage: 1370 „under den vragnern".[5] 1435, 1442 „an dem margt bey dem prunnen".
Charakter: Offenbar seit mindestens Mitte 15. Jahrhundert Weinschenke.

Hauseigentümer Marienplatz 9*B:

Der Hauskomplex Marienplatz 9*B/Dienerstraße 1* umgreift das Eckhaus Marienplatz 10* hinten. Die Eigentümer wohnen in der Regel – laut Steuerbüchern – in Dienerstraße 1* und benützen das Haus am Markt als „Hinterhaus". Vielleicht war es ihnen dort zu laut oder es war am Markt wichtiger als Geschäftshaus.
1394, 1395 domus lantschreiber (= Ulrich Pötschner) (StB).
1402 Oktober 2 der Agnes Weissenfelderin, geborene [Agnes III.] Schrenck, Haus und Hofstatt (Marienplatz 10*) sind dem Haus des Landschreibers in Oberbayern Ulrich Pötschner benachbart.[6]

---

[1] Hanns Üblloner ist seit 1549 als Eichmeister der Weine belegt, vgl. R. v. Bary III S. 972.
[2] Ein Thoman Fleckhamer ist 1530-1532, 1536, 1539 äußerer und 1545-1561 innerer Stadtrat, vgl. RP und Fischer, Tabelle III S. 2. Dieser Thoman oder ein älterer ?
[3] BayHStA, Urk. Bayerische Landschaft.
[4] Stadtgericht 207/1 (GruBu) S. 561v.
[5] Vgl. Marienplatz 8*.
[6] Kirchen und Kultusstiftungen 252. – Wittmann, Urkunden-Regesten, ungedruckt (16.10.1436).

1402 Oktober 3 das Haus des Ulrich Pötschner, Landschreiber in Oberbayern, liegt neben dem Haus am Eck (Marienplatz 10*).[1]

1426 Juni 24 das Haus des Pötschner ist dem der Agnes Astalerin (Marienplatz 9*A/b) benachbart.[2]

1435 November 9 Hanns Kleuber und seine Hausfrau Agnes gestatten, daß Urban Wernstorffer aus seiner oberen Stube seines Hauses „an des Dieners Gassen" (Dienerstraße 1*) „zwayr venster und liecht" auf der Kleuber Haus und Hofstatt, „gelegen an dem margt bey dem prunnen" machen darf und daß sie, die Kleuber und alle ihre Nachkommen, diese Fenster nicht verbauen werden.[3]

1436 Oktober 16 Hansen Kleubers Haus ist Nachbar zum Eckhaus am Markt „bey dem Brunnen", das früher den Implern gehörte und in dem sich jetzt der Bürger Trinkstube befindet (Marienplatz 10*).[4]

1442 April 19 des Hanns Kleuber seligen Kinder verkaufen ihr Haus und Hofstatt am Markt bei dem Brunnen, zwischen dem Haus des Wilhelm Astaler (Marienplatz 9*A/b) und dem der Stadt dortselbst gehörigen Haus (Marienplatz 10*), dem Hainreich Müllner, Bürger zu Nördlingen, um 850 Gulden.[5]

1449 Februar 3 das Haus des Albrecht Offing ist dem Haus von Wilhelm Astaler, künftig Gabriel Angler (Marienplatz 9*A/b), benachbart.[6]

1454 die Stadtkammer hat „aus Offings haws" ein Ewiggeld in Höhe von 5 rheinischen Gulden[7]. Albrecht Offing ist 1459 bis 1471 stets Weinvisierer und von 1484 bis 1491 Ungelter des Rats.[8]

1460 bis 1487 gibt es wiederholt einen Melbler „Jörg [Schaffer] unterm Offing".[9]

Daß der Offing Weinvisierer ist, deutet schon darauf, daß er mit Weinhandel und -ausschank zu tun hat: 1473 um April 18 (Ostern) zahlt die Stadtkammer 5 Schillinge „dem Offing zerum [= Zehrung] von dem Reinhart püchsenmaister von Nürnberg, den man bestelt hat auf drew jar".[10] Die Stadt ließ also den neuen Büchsenmeister, entweder zum Einstand oder bis er eine Wohnung gefunden hatte, auf Kosten der Stadt beim (Weinwirt) Offing verpflegen.

1474 Mai 18 die Ridler haben für ihre Messe ein Ewiggeld aus Albrecht Offings Haus am Markt gekauft.[11]

1478 Oktober 17 Albrecht Offings Haus ist dem Gabriel Anglers (Marienplatz 9*A/b) benachbart.[12]

1487 nunmehr hat das Heiliggeistspital bereits ein Ewiggeld „aus Oswalden marttmessers [= Oswald Röll] haws am marcht".[13] Da um diese Zeit Albrecht Offing noch lebt – erst ein Vermerk im Ratsprotokoll von 1492 trägt nach: „ist tod" – dürfte Oswald Röll ein Verwandter (Schwiegersohn ?) sein, der das Haus einfach als Erbschaft übernahm. Deshalb ist wohl auch kein Kaufvertrag überliefert.

1490 April 21 das Haus des Oswald Röll ist dem Haus der Witwe von Gabriel Angler, künftig des Dr. Hanns Rueland (Marienplatz 9*A/b), benachbart.[14]

1520 Februar 27 das Haus der Witwe Haldenbergerin ist dem Haus der Eheleute Walthasar und Margareth Rueland (Marienplatz 9*A/b) benachbart.[15]

1523 Mai 12 die Kinder der Eheleute Kaspar und Barbara Haldenberger teilen ihr Muttergut. Zum Anteil des jüngeren Kaspar Haldenberger, der mit Maria Sänftel verheiratet ist, gehört das Haus am Platz, zwischen der Trinkstube (Marienplatz 10*) und dem Haus der Dr. Ruelandin (Marienplatz 9*A/b) und andere Liegenschaften. Die andere Hälfte des Hauses am Platz gehört der Tochter Barbara Haldenbergerin, die mit Sigmund Sänftel verheiratet ist.[16]

---

[1] Kirchen und Kultusstiftungen 252 und 278 S. 35v, 39r.
[2] MB XVIII 327 S. 381. – BayHStA, KU Angerkloster München 438, 888.
[3] Urk. F I/II Nr. 3 Dienerstraße.
[4] Kirchen und Kultusstiftungen 252.
[5] BayHStA, Urk. Bayerische Landschaft.
[6] BayHStA, Urk. Bayerische Landschaft.
[7] Kämmerei 64 S. 14v.
[8] Albrecht Offing, 1459-1471 Weinvisierer, 1484-1491 Ungelter, vgl. RP 1-3, Neuwahl der Amtleute, und R. v. Bary III S. 971, 879.
[9] RP 1 – 3, Neuwahl der Handwerksvierer, letztmals genannt RP 3 S. 58r.
[10] KR 1473/74 S. 73v.
[11] Urk. D I e 1 VIII Nr. 5. – MB XX 356 S. 639/43.
[12] Urk. D I e 2 - XXXI Nr. 18. – MB XXI 88 S. 231/238.
[13] Zimelie 43 (Heiliggeistspital, Salbuch C) S. 57r. – Die RP nennen für 1487 genau wie für 1467-1500 alle Jahre nur Oswald Lengenfelder als Marktmesser. Hier dürfte das Salbuch zwei Oswalde verwechselt haben, vgl. R. v. Bary III S. 978 und RP.
[14] BayHStA, Urk. Bayerische Landschaft.
[15] BayHStA, Urk. Bayerische Landschaft.
[16] BayHStA, Urk. Bayerische Landschaft.

1534 April 30 das Haus des Kaspar Haldenberger am Markt ist dem Haus der Rueland-Kinder (Marienplatz 9*A/b) benachbart.[1]

1539 August 18 das Ehepaar Kaspar und Maria Haldenberger vertauschen ihr halbes Haus am Markt, zwischen den Häusern der Anthoni Schluderin (Marienplatz 9*A/b) und der Trinkstube (Marienplatz 10*), an ihren Schwager beziehungsweise Schwester Sigmund Sänftel und Barbara Haldenberger.[2]

1565 Juni 18 das Haus von Cristof Khöbl (∞ Anna, geborene Sänftel) ist dem Haus der Rueland-Erben, künftig der Bayerischen Landschaft gehörig (Marienplatz 9*A/b), benachbart.[3]

1567 September 10 Cristoff Köbl ist dem Haus der Landschaft (Marienplatz 9*A) benachbart.[4]

1574 laut Grundbuch (Überschrift) der Köblischen Erben Haus und Hof.[5]

In Haus gibt es schon 1383 einen Weinamer, 1388 einen Fütterer, 1410/12 einen Koch, 1428 einen Weinvisierer. Auch Albrecht Offing der Ältere ist von mindestens 1459 bis 1471 Weinvisierer, Wolfgang Salzperger Weinschenk. Das Haus hat also schon lange vor den Wirten Sänftel und Köbl dem Weinhandel- und Weinverkauf gedient.

Eigentümer Marienplatz 9*B:

* due domus[6] lantschreiber [= Ulrich Pötschner]. 1395 domus lantschreiber
    St: 1394: -/14/-, 1395: -/-/-
* [Ulrich] der Pötschner [1402 Oktober 2, 1426 Juni 24]
* Hanns Klewber [∞ Agnes]
    Sch: 1439/I-II, 1440, 1441/I-II: 3 t[aglon]
* Kinder des Hanns Klewber selig [bis 1442 April 19]
* Hainrich Müllner, Bürger zu Nördlingen [1442 April 19 bis 1449 Februar 3]
* Albrecht Offing [Weinschenk, Weinvisierer, Weinungelter[7]], 1486 der elter
    St: 1450, 1453-1458: Liste, 1462: -/15/17, 1482: 5/4/25, 1486, 1490: 2/-/5
    StV: (1486) et dedit -/-/60 die erst nachstewer für Hopfawer[i]n.
    Albrecht sein sun. 1486 Albrecht Offing der junger
    St: 1482: -/6/-, 1486: -/6/10
    Hopffawerin sein [des älteren Albrecht Offing] tochter
    St: 1482: -/-/60
* Oswald Röll [vor 1487 – nach 1490 April 21]
* relicta Caspar Haldenbergerin [1520 Februar 27]
* Caspar Haldenperger [der jüngere, halbes Haus, ∞ Maria, geb. Sänftl]
    St: 1522: anderßwo, 1523: 4/2/- juravit, 1524-1526, 1527/I: 4/2/-, 1527/II, 1528, 1529: 4/-/8
    StV: (1522) sol biß jar schwern. (1524) et dedit 1/2/12 für Lutz Haldenbergers patrimonium.
* Barbara Haldenberger [Schwester des vorigen, ∞ Sigmund Sänftl, halbes Haus]
* Sigmůnd Sánftl (Sänftl, Sanftl), 1552/II wirt.[8] 1554/II-1560 Sigmund Sánftlin (Sänftlin, Sanfftlin) [∞ Barbara, geb. Haldenberger]
    St: 1532: 3/2/12, 1540-1542: 2/4/22, 1543: 5/2/14, 1544: 2/4/22, 1545: 5/-/-, 1546-1548, 1549/I-II, 1550, 1551/I-II, 1552/I-II: 2/3/15, 1553: 2/3/15 patrimonium, 1554/I: 2/3/15 patrimonium das ander, 1554/II: 7/5/- juravit, 1555-1557: 7/5/-, 1558: 15/3/-, 1559: 7/5/-, 1560: 7/5/- matrimonium
    StV: (1540) hat zugsetzt, so er von seinem vatern ererbt hat. (1545) mer 1/2/26 für p[ueri] Áchter. (1546) mer -/3/28 für p[ueri] Áchter. (1547-1552/II) mer -/4/28 für p[ueri] Achter (Áchter).

---

[1] BayHStA, Urk. Bayerische Landschaft.
[2] BayHStA, Urk. Bayerische Landschaft.
[3] BayHStA, Urk. Bayerische Landschaft.
[4] BayHStA, Urk. Bayerische Landschaft.
[5] Stadtgericht 207/1 (GruBu). S. 563v.
[6] Gemeint sind die Häuser 9*B und Dienerstraße 1*.
[7] Albrecht Offing, seit vor 1459 bis 1471 Weinvisucher, 1481-1483 Weinversucher, 1484-1493 (Tod) Ungelter, vgl. RP, R. v. Bary III S. 879, 971, 973. – 1458 ist Albrecht Offing Weinschenk, 1489 auch Mitglied der Weinschenkenzunft, vgl. Gewerbeamt 1411 S. 14v, 1418 S. 1v.
[8] Sygmundt Sánnftl 1515 Aufnahme in die Weinschenkenzunft, vgl. Gewerbeamt 1418 S. 16v.

Mathes Áchter, 1541 melbler, 1544 patrimonium
    St: 1540-1542: -/5/21, 1543: 1/4/12, 1544: -/5/21 patrimonium
** Cristoff Kóbl (Köbl, Kobl, Khebl), 1554/II, 1558, 1559 wirt [äußerer Stadtrat, ∞ Anna, geb. Sänftl][1]
    St: 1554/II, 1555-1557: 25/3/10, 1558: 50/6/20, 1559, 1560: 25/3/10, 1561, 1563, 1564/I-II, 1565, 1566/I-II, 1567/I-II: 40/5/25, 1568: 81/4/20, 1569-1571: 47/-/17
    StV: (1554/II) hat zugsetzt seins vatern erb. (1557) mer 1/-/24 fúr den Jacob Haldenberger; mer 1/3/19 fúr den Joseph Haldenberger. (1558) mer 2/1/18 fúr den Jacob Haldenwerger; mer 3/-/8 fúr den Joseph Haldnwerger. (1559) mer 1/-/24 fúr den Jacob Haldenberger; mer 1/3/19 fúr den Joseph Haldenberger. (1560) mer fúr Jacob Halmberger 1/-/24; mer fúr Joseph Halmberger 1/3/19. (1561) mer fúr p[uer] Jacob Halbmberger an chamer 1/-/24; mer fúr p[uer] Joseph Halbmberger an chamer 1/3/19. Zalt 10. Juni. (1563, 1564/I-1567/II) mer fúr (vyr) p[uer] Jacob Halmberger (Haldnberger) 1/-/24; mer fúr p[uer] Joseph Halmberger 1/3/19. (1568) mer fúr p[ueri] Jacob Haldnberger 2/1/18; mer fúr p[ueri] Joseph Haldnberger 3/-/8. (1569) mer fúr p[ueri] Jacob Halbmberger -/6/15; mer fúr p[ueri] Joseph Halbmberger 1/3/19. (1570, 1571) mer fúr Joseph Halbmberger 1/3/19.
** Köblische Erben 1574

Bewohner Marienplatz 9*B:

Perchtolt Stainprúckel[2] St: 1368: 2,5/-/4, 1369: 3/6/6, 1371: -/7/-, 1372: -/-/-
    pueri uxoris Stainpruggerii[3], 1369, 1371, 1372 pueri uxoris
        St: 1368: -/-/52, 1369, 1371: -/-/78, 1372: -/-/-
patrimonium slewferinne[4] et matris sue[5] pueri Deiningerii St: 1368: -/3/-
ambo Wechkerinne inquilinae St: 1368: -/-/28
swertfúrb von Freysing inquilinus St: 1369: -/-/76 juravit
relicta Flewgerin, 1371 inquilina St: 1371: -/-/16, 1372: -/-/20 post
    filius eius. 1372, 1375 Haensel (Hans) Flewger inquilinus St: 1371, 1372: -/-/30, 1375: -/-/24
    Hans Flewger inquilinus. 1400, 1401/I Hanns Flewger [1399-1402/03 Marktmesser[6], derselbe?]
        St: 1399: -/-/60 non iuravit, 1400, 1401/I, 1403: -/-/60 fúr 4 lb, 1407: -/-/64 fur 8 lb
Chunrat Starnberger. 1381 relicta Starenbergerin
    St: 1375: -/7/6, 1377: 1/-/- juravit, 1378: 1/-/12 voluntate, 1379: 1/-/12, 1381: 0,5/-/- sub gracia
Swab (Swaebel) zingiezzer inquilinus
    St: 1375: -/-/72, 1377: -/-/60 juravit, 1378: -/-/60, 1379: -/-/- solvit -/-/36 Mon[acenses]
Hainrich nadler kramer inquilinus St: 1375: -/-/12
Hainrich mercator inquilinus St: 1377: -/-/48 juravit, 1378: -/-/48
Laecher vragner inquilinus St: 1377: -/-/60 juravit, 1378, 1379: -/-/60
Hanns vragner inquilinus St: 1381, 1382: -/-/15
relicta Martteinin inquilina. 1382 relicta Martteinin cum marito St: 1381: -/-/45, 1382: -/-/57 gracianus
Chunrat Gerhart sartor. 1383/I-II Gerhart sneyder (sartor), 1383/II, 1388 inquilinus
    St: 1382, 1383/I: -/-/30, 1383/II: -/-/54 voluntate, 1388: -/-/16 juravit
Hainrich Plattentaler inquilinus St: 1382: -/-/12

---

[1] Christoph Khöbl ist 1554, 1556-1588 äußerer Stadtrat, vgl. RP und Fischer, Tabelle IV S. 2/4. – Vielleicht auch identisch mit dem ab 1559 genannten Kastengegenschreiber und Marktmesser Cristan (!) Köbl, vgl. R. v. Bary III S. 979/980.

[2] Verkauft 1374 sein Haus Dienerstraße 15 A.

[3] Steuerbetrag 64 Pfennige 1368 getilgt und durch 52 ersetzt.

[4] Ganzer Eintrag „patrimonium slewferinne" wieder getilgt.

[5] „sue" ebenfalls getilgt, dahinter „pueri Deiningerii" und darunter, zwischen den Zeilen eingeschoben, „pueri uxoris Stainpruggerii".

[6] Vgl. R. v. Bary III S. 978. – Die KR von 1400/1402 enthält ein kleines Blatt, hinten in eine Tasche gelegt, mit dem Vermerk: „Item der rat hat dem Flewger die messtat am marcht gelassen ein jar umb 12 gulden, darumb sein porgen und gewern Ch[unrat] Smydhofer peck und Liebl Mornheimer", ohne Datum. – Er könnte auch der Hans Flewger sein, der 1380-1383, 1386, 1388-1396 als Fronbote/Amtmann belegt ist, vgl. R. v. Bary III S. 812/813.

relicta Plaenckin inquilina
  St: 1383/I: -/-/15, 1383/II: -/-/22,5, post -/-/6
  StV: (1383/I) item de preterita stewra -/-/15.
Gerolt omer inquilinus St: 1383/I: -/-/36, 1383/II: -/-/54
Fridrich Gruber prúchler inquilinus St: 1383/I: -/-/36, 1383/II: -/-/54
Haemerl vragner inquilinus. 1383/II Haemerl fútrer St: 1383/I: 0,5/-/- juravit, 1383/II: -/6/-
Haemerl fútrer St: 1388: -/5/10 juravit
Hainrich Goltgrúbel [später Stadtsöldner] St: 1387: -/-/80
[Heinrich[1]] Fúnsinger sneider inquilinus St: 1387: -/-/20
Saenftl [Ulrich ?] inquilinus. 1390/II Saenflin St: 1387: -/-/12, 1390/II: nichil
Hochprantin inquilina St: 1388: -/-/48 juravit
Tónyglin [Fragnerin] St: 1390/I-II: -/-/32
  Tónygl (Tónigl), 1392, 1393, 1395-1397 inquilinus, 1393-1397 fragner
    St: 1392: -/-/36, 1393, 1394: -/-/48, 1395: -/-/60 fúr 6 lb, 1396, 1397: -/-/56 fúr 6 lb
Dietreich [tuch]scherer St: 1390/I-II: -/3/14, 1392: -/-/66, 1393: -/-/88
Matheis [tuch]scherer (scherrer) St: 1390/I-II: 2/-/-, 1392: -/15/-, 1393: 2,5/-/-
Aenndl inquilina St: 1390/II: -/-/-
Rudolf Glassler inquilinus St: 1394: -/6/6
Lawbinger [= Lauginger schreiber ?[2]] inquilinus St: 1394: -/-/12
  seydennater sein ayden inquilinus St: 1394: -/-/-
Seydel sein [= des Landschreibers] knecht. 1396, 1401/I Seydel dez landschreiber(s) chnecht. 1401/II,
  1405/I Seidel landschreiber chnecht, 1405/I inquilinus
    St: 1395: -/-/32 juravit, 1396: -/-/46 non iuravit, 1401/I: -/-/40, 1401/II: -/-/50 fúr 5 lb, iuravit,
    1405/I: -/-/60 fúr 5 lb
der alt Plabenstain [seydennater] St: 1396, 1397: -/-/48 fúr 4 lb
Hainrich Tennlocher fragner St: 1399: -/-/72
Haincz Smidel martmesser[3] inquilinus St: 1399: -/-/60 fúr 5 lb
Praentel obscher inquilinus. 1401/II Prántel obscher. 1408 Praentel fragner inquilinus. 1411, 1413
  Hanns Praentel fragner inquilinus. 1412 Hanns Praentel fragner
    St: 1400, 1401/I: 0,5/-/-, 1401/II: -/5/10 iuravit, 1408: -/-/50 fúr 5 lb, 1411, 1412: -/-/20 fur ni-
    chil, 1413: -/-/12 fúr nichil
relicta Hawgin fragner[in] inquilina. 1405/I-1407 relicta Hawgin St: 1403: -/3/6, 1405/I-1407: -/-/-
  Fridel Taellinger, 1405/II inquilinus, 1406 ir [= der Hawgin] aydem inquilinus
    St: 1405/II: -/-/24 gracianus, 1406: -/-/80 fúr 10 lb, iuravit, 1407: -/-/80 fúr 10 lb
Lewpold sneider St: 1405/I: -/6/- minus -/-/4, 1405/II: -/10/12 iuravit
Róll (Roll) schuster inquilinus St: 1407, 1408: -/-/60 fur (fúr) 6 lb
Khatrey porttenwurcherin inquilina
  StV: (1407) die hat der [Konrad ?] chauffer ringler [zur Ehe] genomen und stewrt mit ym.
Klaws (Klaes) Sedelmair. 1415, 1416 Sedelmair fragner
  St: 1408: -/3/6, 1410/I: -/-/72 iuravit, 1410/II: -/3/6, 1411: -/-/72, 1412: -/3/6, 1413: -/-/72 iura-
    vit, 1415: -/-/72, 1416: -/3/6, 1418, 1419: -/-/88
  und sein sun Hanns St: 1418: -/-/22 gracianus
Thomel koch inquilinus. 1410/II Thomel Stozzer inquilinus. 1412 Thomel Stozzer koch. 1413 relicta
  Thomel Stozzer koch inquilina
    St: 1410/I: -/-/60 fúr nichil, iuravit, 1410/II: -/-/60 fúr nichil, 1412: -/-/60, 1413: -/-/-
obladerin inquilina St: 1410/I: -/-/14 fúr nichil
Haeringin von Holczkirichen inquilina St: 1410/I: facat
Marttein fragner inquilinus St: 1410/II: -/-/60 fúr 3 lb
Slachinhawfen inquilinus St: 1411: -/-/60 fúr nichil
Ulrich Schawrel (Schawrel), 1411 inquilinus St: 1411, 1412: -/-/20 fúr nichil
Chunczel Poftinger (Pofinger) inquilinus St: 1411: -/-/12 gracianus, 1412: -/-/-
Hainczel (Haincz) prewknecht, 1413 inquilinus St: 1412: -/-/50, 1413: -/-/45 fúr nichil

---

[1] Vgl. Dienerstraße 15 A.
[2] Vgl. Dienerstraße 18.
[3] Haintz Smidel Marktmesser 1398-1402/03, vgl. R. v. Bary III S. 978.

uxor Thoman platner inquilina St: 1413: -/-/20 für nichil
Ull (Ulrich) Mẁr (Murr) [später Kornmesser[1]], 1423 inquilinus
    St: 1415: -/3/18, 1416: 0,5/-/24, 1418, 1419: 0,5/-/8, 1423: -/3/18 iuravit
Kristel Leschs (Lesch, Lechs). 1431 Kristan Lechsin
    St: 1423: -/14/-, 1424: 0,5/-/20 hat zalt, 1428: dedit 3 gross, 1431: -/-/-
    StV: (1428) für sich, sein weib und sein diern. (1431) hat der Frewdnsprunck gestewrt.
relicta Alhait chaufflin St: 1423: -/-/50
Peter visierer[2] St: 1428: dedit 18 gross für sich, sein hausfraw, sein ehalten und sein hoffrawen
Hainrich Schreyer St: 1431: -/-/30 gracianus [von] 40 lb
Sigmund Löfner Sch: 1445: 1 diern
Hanns Schlesiczer [Tuchscherer[3]] Sch: 1445: 1 knecht, nichil
Erhart Ostermair [Kramer, auch Weinschenk ?[4]], 1456 inquilinus St: 1455, 1456: Liste
Jorg wolslacher, 1457 fragner, 1462 inquilinus St: 1457, 1458: Liste, 1462: -/-/64
Hanns Holczschucher St: 1457: Liste
Hanns schneyder
    St: 1462: -/-/20 gracianus
    StV: (1462) und ist er pey dem Albrecht [Offing[5]].
Wilhalm Kundorffer gebantschneyder inquilinus St: 1462: 1/-/28
Jórg (Georg) Schaffer melbler.[6] 1486 Jorg melbler. 1490 Jorg Schaffer
    St: 1482: -/4/12, 1486, 1490: -/3/14, 1496: -/3/20, 1500: -/-/60
    StV: (1482) et dedit -/-/60 die drit nachstewr fur Wilhalm zamacher. (1486) et dedit -/-/8 von 1
        lb gelcz für wagner; et dedit -/-/60 die ander nachstewr fur Schreyer. (1490) et dedit -/-/8 von
        1 lb geltz. (1490, 1496, 1500) et dedit -/-/8 für (pueri) Appolonia.
Thoma Sleyßhamer [Weinschenk, Gewandschneider[7]] St: 1486: 1/1/5
Wolfgang Saltzpurger (Saltzperger) [Weinschenk[8]]
    St: 1500: 3/1/15, 1508, 1509: 3/-/21, 1514: Liste, 1522: 1/1/5
    StV: (1508, 1509) et dedit -/2/4 von 2 lb geltz gen Aubing. (1522) hat seiner kind gut abgesetzt;
        et dedit -/5/3 für p[ueri] Hůltzinger; et dedit -/2/4 von 2 lb geltz; et dedit 1/1/24 für sein son.
Thoman Pranher (Pränhör, Pronher, Pronhór, Prunheer, Prúnher), 1508-1514, 1523-1529 melbler[9]
    St: 1508, 1509: -/2/20, 1514: Liste, 1522-1526, 1527/I: 1/1/17, 1527/II, 1528, 1529, 1532:
        1/2/17, 1540: -/3/22, 1541, 1542: -/3/23, 1543: 1/-/16
Wilhalm Steger [Zinngießer, Marktmesser[10]] St: 1522: 2/6/15
Ulrich Fridperger [Schneider[11]] patrimonium St: 1522: 6/1/15
Jorg (Georg) Parttnhauser, 1552/II, 1556-1559, 1563, 1564/I-1571 melbler
    St: 1544: -/-/28 gracion, 1545: -/4/4, 1546-1548, 1549/I-II, 1550, 1551/I-II, 1552/I-II: -/2/2,
        1553, 1554/I-II, 1555-1557: 1/3/7, 1558: 2/6/14, 1559, 1560: 1/3/7, 1561, 1563, 1564/I-II,
        1565, 1566/I-II, 1567/I-II: 1/3/17, 1568: 3/-/4, 1569-1571: 1/1/-

---

[1] Ulrich Murr ist 1428-1439/I bei Kaufingerstraße 37 Kornmesser.
[2] Peter visierer bei R. v. Bary III S. 971 fehlend, vgl. aber Marienplatz Nr. 7** (1416-1423) und Weinstraße 7 (1431 ff.).
[3] Hanns Schlesitzer ist von 1459 bis 1476 wiederholt Vierer der Tuchscherer, vgl. RP.
[4] Erhart Ostermair ist 1463 Vierer der Kramer, vgl. RP. – Ein Erhart Ostermair ist 1458 auch Weinschenk, vgl. Gewerbeamt 1411 S. 14r und ein Ostermair ohne Vorname 1429 und 1430 Salzsender, vgl. Vietzen S. 144.
[5] Da der Name 1462 versehentlich beim Haus davor steht, war dieser Zusatz nötig.
[6] „Jorg unterm Offing, melbler" 1460-1487 wiederholt Vierer der Fragner, Melbler, Obser, 1466 wieder getilgt, vgl. RP.
[7] Thoman Schleishaimer ist 1489 Mitglied der Weinschenkenzunft, vgl. Gewerbeamt 1418 S. 6r. – 1500 ist ein Thoman Schleishamer Vierer der Gewandschneider, vgl. RP.
[8] Wolfgang Salczperger 1499 Aufnahme in die Weinschenkenzunft, vgl. Gewerbeamt 1418 S. 10v. – 1500, 1502 ist Wolfgang Salzpurger Vierer der Weinschenken, vgl. RP 4 und 5. – 1522-1524 Büchsenmeister des Weinmarktes und 1530-1536 „der alt" Wolfgang Saltzperger Weinstadelmeister und 1531 und 1532 Weinunterkäufel (Weinkoster, Weinanstecher), vgl. RP und KR (R. v. Bary III S. 974, 970).
[9] Thoman Prannher/Pronher ist 1512 und 1520 Vierer der Fragner, Obser, Melbler, vgl. RP.
[10] Wilhalm Steger (Staiger) 1511-1522 Marktmesser, vgl. R. v. Bary III S. 979, nach RP. – Wilhalm zingiesser 1501, 1502 und 1505 Vierer der Hafner, Zinngießer, Rotschmiede, Salwurchen, vgl. RP.
[11] Ulrich Fridperger war 1487 Vierer der Schneider, vgl. RP.

Marienplatz 10*
(seit 1493 mit Dienerstraße 1*)

Lage: 1370 „under den vragnern".[1] 1402 Haus am Eck bei dem Brunnen; am Markt bei dem Brunnen. 1402/03 „pey dem vischmar[k]t". 1437 Eckhaus zur Dienerstraße.
Charakter: 1428-1807 Bürger- oder Ratstrinkstube.

Hauseigentümer Marienplatz 10*:

1370 o. D. wohl auf dieses Haus zu beziehen ist der Verkaufsbrief eines „Thumatz", Bürger zu München, und seiner Hausfrau Diemuet für ein Haus an der Burggasse, was offensichtlich eine Verwechslung mit der Dienersgasse ist und auf das Eckhaus Dienerstraße/Marienplatz zu beziehen ist (sowie eines Hauses in der Weinstraße (= vgl. Weinstraße 11)) an den Hanns Impler. Der Brief habe allerdings mit der Impler-Messe in der Frauenkirche nichts zu tun.[2] Dem Schreiber der Urkundenabschriften ist allerdings der Fehler unterlaufen, daß er diesen „Thumatz" – also Konrad Jörgner – für identisch hielt mit einem zwei Urkuden vorher genannten „Thumatz von dem Tor zu Eyranspurg". Deshalb schrieb er „ain kauffbrieff von obigen Thumatz [also den von Eurasburg], der Jahr Burger zu München, und Diemuet seiner ehelichen Hausfrau umb ain aigen hauß in der Weinstrass [Weinstraße 11] und umb das haus an der Burggassen dem Hansen Impler", Bürger zu München, „de anno 1370".[3] Gemeint ist hier also mit dem „Thumatz" Konrad Jörgner (Thumatz als Verlesung für Chunratz). Konrad vom Tor zu Eurasburg war nie Münchner Bürger und hatte auch keine Häuser hier.
Wahrscheinlich bezieht sich auch noch der Eintrag in der Kammerrechnung von 1402/03 hierher, wenn dort von einem „Otten dem kornmesser in dez Jorgners haws pey dem vischmar[k]t" die Rede ist.[4] Mit Ott dem Kornmesser dürfte Ott Schirlinger gemeint sein oder „Ott maler", die beide um diese Zeit im Haus wohnen. Die Lage „beim Fischmarkt" ist eindeutig, lediglich der Hauseigentümer Jörgner schon lange veraltet. Zwar gibt es zu dieser Zeit im Haus Kaufingerstraße 37 (Eckhaus zum Marktplatz) einen Öttel kornmesser und das Haus wird „bei der Fischbank" – „-bank", nicht „-markt"! – genannt, ein Bezug zu Jörgner ist dort jedoch nicht erkennbar.
1388 die Stadt hat ein Ewiggeld aus des Implers Haus am Markt. Ein späterer Nachtrag dazu besagt: die Stadt hat des Implers Haus am Markt bei dem Brunnen in ihre Gewalt gebracht. Und noch später wird dazu vermerkt: „Trinkstuben ist gemacht worden 1428, Kursenhaus ist gemacht worden 1428".[5]
Franz Impler, der nach dem 25. September 1398 (Datum seines Testaments) starb und nur zwei illegitime Töchter hinterließ, hatte in seinem Testament den Jakob Weissenfelder „von angeborner sipp wegen" zum Haupterben bestimmt.[6] Danach gab es bereits Erbauseinandersetzungen vor dem Stadtgericht, die sich fortsetzten als auch Weissenfelder schon bald nach Franz Impler starb, und zwar noch vor dem Frühjahr 1401, wo bei der Steuererhebung (zwischen dem 6. April und 22. Mai) bereits seine Witwe die Steuer zahlt. Diese Witwe ist Agnes, geborene Schrenck. Da auch Jakob Weissenfelder bei seinem Tod nur einen illegitimen Sohn hatte, war die Witwe Erbin, Erbin auch der Auseinandersetzungen um das Erbe, die sich bis 1403 hinzogen. Bald danach starb jedoch auch sie. Jedenfalls war sie bei der ersten Steuererhebung von 1405 (8. Januar bis 29. März) bereits tot. Ihr Erbe wurde ihr Bruder Bartholome I. Schrenck. Wann das Haus in den Besitz der Stadt kam, war bisher nicht zu klären.
1402 Oktober 2 Haus und Hofstatt der Agnes Weissenfelder, geborene Schrenck, in Unser Frauen Pfarr am Markt bei dem Brunnen ist dem Haus des Landschreibers in Oberbayern Ulrich Pötschner (Marienplatz 9*B/Dienerstraße 1*) benachbart.[7]

---

[1] Vgl. Marienplatz 8*.
[2] Kirchen und Kultusstiftungen 278 (Urkundenabschriften für die Impler-Messe) Nr. 5 S. 11r/v. Die Tatsache der Abschriften erklärt den Lesefehler des Schreibers „Thumatz" für „Chunratz" (C für T und nr für m).
[3] Kirchen und Kultusstiftungen 278 Nr. 5 S. 11r/v.
[4] KR 1402/03 S. 93r.
[5] Zimelie 34 (Stadtzinsbuch) S. 4v.
[6] Vogel, Heiliggeistspital, Urk. 200. – RB XI 139. – Vgl. dazu Stahleder, Bürgergeschlechter. Die Impler S. 304 ff.; auch GB II 141/4.
[7] Wittmann, Urkunden-Regesten, ungedruckt (16.10.1436). – Kirchen und Kultusstiftungen 252, 278 Urk. Nr. 17 S. 35v, 39r.

1402 Oktober 3 das Haus am Eck bei dem Brunnen, grenzt daneben (Marienplatz 9*B) und hinten (Dienerstraße 1*) an Ulrich des Pötschners, die Zeit Landschreibers in Oberbayern, Häuser.[1]

1407 läßt die Stadt bereits Reparaturarbeiten „in des Implers haws" durchführen.[2]

1428 Einrichtung der Trinkstube in diesem Haus durch die Stadt.[3]

1436 Oktober 16 dieses ehemals den Implern gehörige Haus „an dem Markt bey dem Brunnen" ist dem Haus des Hans Klewber (Marienplatz 9*B) benachbart und beherbergt zur Zeit „der Burger Trinkstube". An diesem Datum löst außerdem die Stadt die auf dem Haus liegenden Ewiggelder ab, weil sie dieses Haus inzwischen in ihre Gewalt gebracht und die Trinkstube hier eingerichtet habe.[4]

1437 Februar 6 der Stadt Eckhaus ist dem Haus des Urban Wernstorffer, nunmehr Chunrad Knöllens Haus (Dienerstraße 1*), benachbart.[5]

1441 zahlt „der pewtler in der trinckstuben von dem obern gemach" 20 Schillinge an Mietzins an die Stadt, der Marktmesser „von dem hindteren gemach" 10 Schillinge, aus dem Kürsenhaus „undten" 2 Pfund und vom Markt 10 Pfund Pfennige.[6]

1442 April 19 das der Stadt gehörige Haus am Markt ist dem Haus von Hanns Klewbers seligen Kindern (Marienplatz 9*B) benachbart.[7]

1443/44 „Marcktmesser. Hernach stet geschriben, was die stat hat von dem marckt: Item die stat hat ain marcktmesser, der mist, was draytz [= Getreides] auf den marckt kumpt umb seinen lon und darzu hat er in alle mass, klain und gros, die leicht er dan, wer der[en] begert, gesten und purgern, die dann ze messen habent auf dem marckt wellicherlay getrayd zu marckt kumpt und der nympt von dem messen seinen lon zu gleicherweis als ain ander kornmesser. Und von den massen, wann er die ausleicht, da nympt er zu lon von aim mass zwen pfennig, hat aber ainer wenig zu messen, so nympt er von im nach gnaden. – Der marcktmesser geit der stat ainen jarlichen zinß darnach und [je nach dem] man in hoch oder nider gestif[t]en mag, doch ist der zins gemainklichen bey zehen pfunden oder etwas hinuber. – Item von der nachthuet des marck[t]s nympt er von aim wagen 2 pfennig, sumer und winter, aber ain welsch vaß weins gibt ain nacht 4 pfennig, von aim östervaß [= Osterwein aus Österreich] drey pfennig."

„Implers haus, trinckstub: die stat hat auch ain hauß auf dem marckt, darin die trinckstub ist und haist des Ymplers hauß, darein hat die stat gepaut ain trinckstuben, der stat zu eren, das erber lawt, gest und burger, daselben zu kurtzweilln und ze erberchait zusammen kommen múgen, wann sie wellen und iren pfennig vertrincken".

„Kursenhaws: Item in demselben hauß hat die stat auch gepaut ain kursenhauß, darin sie wochenlichen ir kursengewant, die kursner, vaill haben wollent, dasselb kursenhauß hat man yetzo in dem jar anno etc. [14]43 ain jar umb sechs pfunt pfennig gelassen den kursnern, die sie davon geben sullent halb auf Jeori und halb auf Michaeli ze geben".

„Item so ist ain gemach oben in dem selben Ymplers hauß, da geit mann der stat jarlichen ainen zins davon darnach und mann den gemach hingelassen mag, darin ist yetzo Ott páutler, der geit von aim sand Jorgentag zu dem andern bey zwantzig schilling".

„Item so ist in demselben Ymplers hauß oben noch ain gemáchel hinten, darin der marcktmesser yetzo ist, der geit das jar ze zins davon zehen schilling pfennig".

„Item so ist noch ain stubel und ain kámerln in demselben hauß, ze nechst vor der trinckstuben, do ist gewónlich ain knecht inn, der der trinckstuben wart, und der geit nichtz darvon".

„Der stat weinkeller: Item so ist in demselben Ymplers hauß der stat weinkeller, darein die gest die mit irem wein her gen München koment und die nit verkauffen múgent und dieselben wein abstossen müssen, die legent dan dieselben irer wein in denselben keller pis das sie die verkauffen múgen und ain yeder gast geit von ainem yeden aymer weins, wie lang oder wie kurtz der in dem keller leit, von ainem aymer zwen pfennig und den keller auf und zu ze sliessen und die wein in dem keller zu versorgen wirt von den gesten empfolhen understunden der stat visierer understunden, irem wirt aber den wein underkaffelln. Also hat die stat von dem weinkeller, was jarlich davon gefellt, daz pringt ein der stat wagmaister und legt das in ain púchsen und antwurt daz der statkamerern zu kotembern".

---

[1] Kirchen und Kultusstiftungen 252.
[2] KR 1407/08 S. 65r.
[3] Vgl. auch Stahleder, Haus- und Straßennamen S. 517.
[4] Kirchen und Kultusstiftungen 252.
[5] Urk. B II c Nr. 275c.
[6] Liegenschaftsamt 1410 S. 1r.
[7] BayHStA, Urk. Bayerische Landschaft.

„Item in demselben Ymplers hauß ist auch ain stall, hinten gen des Knollenleinß hauß [Dienerstraße 1*], den habent die in, die dan in dem hauß sind, umb den zins, den dan ir yeder davon geit von andern iren gemachen".

„Item aus allem des Ymplers haus gend jaerlich zway pfunt ewigs gelts zu des Ymplers altar zu Unser Lieben Frawen, genant sand Johans altar".[1]

1444 von der Trinkstube nimmt die Stadt 4 Pfund und 7 Schillinge ein, vom Marktmesser 5 Pfund.[2]

1448/49 Einnahmen der Stadt von der Trinkstube: 3 Pfund gibt der Marktmesser, 3 ½ Pfund der Barbierer, 10 Pfund der Marktmesser „von dem margtzoll", zusammen 16 ½ Pfund Pfennige,

1450 gibt aus der Trinkstube der Marktmesser 3 Pfund Pfennige „vom haws" an die Stadt ab, 3 Pfund der Barbier „von seinem gemach" und 10 Pfund der Marktmesser von dem Marktzoll,

1451/52 der Marktmesser 10 Pfund „vom margt", 3 Pfund vom Hauszins, und der Barbier 3 ½ Pfund,

1453 der Marktmesser wieder 10 Pfund vom Marktzoll, 3 Pfund „vom margtmesserzins" und der Barbier 3 ½ Pfund.[3]

1493 März 29 „der stat trinckstuben" ist dem Haus des Paul Knöllein, künftig ebenfalls der Stadt gehörig (Dienerstraße 1*), benachbart.[4]

1500 September 29 der Stadt Haus (Dienerstraße 1*) liegt „zenagst an die (!) Drinckstuben".[5]

1508 April/September der Stadt Haus (Dienerstraße 1*) liegt „neben der drinckstuben", ebenso **1509 im April/September**.[6]

1523 Mai 12 das Haus der Haldenberger-Kinder (Marienplatz 9*B) liegt neben der Trinkstube.[7]

1539 August 18 die Sänftel, künftig Haldenberger (Marienplatz 9*B), sind Nachbarn der Trinkstube.[8]

1563-1571 ff. Drinckhstuben (StB).

1567 September 10 die städtische Trinkstube ist dem Haus des Kaspar Lerchenfelder, aus der Hand seiner Mutter Felicitas, geborene Ligsalz, stammend (Dienerstraße 2*), benachbart.[9]

1574 laut Grundbuch (Überschrift) „Gemainer Stadt München Trinckhstuben" und „Der Stadt München Trinckhstuben und Stallung".[10]

Das Haus bleibt Trinkstube und kommt erst am 20. Februar 1807 durch Tausch gegen ein anderes an die Bayerische Landschaft, am 10. Mai 1865 kauft es die Stadt für den Bau des Rathauses zurück.[11]

Eigentümer Marienplatz 10*:

* Thumatz = Chunratz des Jörgners Haus [um 1370]
* Hanns Impler [Stadtrat[12], 1. ∞ N. Tulbeck]. 1369 Impler
    St: 1368: 12,5/-/-, 1369: 18/6/-
    Jacob [I.] Túlbecki (Túlbeck) [einer der Impler-Erben[13]]
    St: 1368: 0,5/-/- gracianus, 1369: -/-/-
* Franz Impler, Sohn von Hanns Impler [bis nach 1398 September 25]
* Jakob Weissenfelder [Stadtrat[14]], Verwandter des vorigen [bis vor Frühjahr 1401]
* Agnes [III.] Schrenck, Witwe von Jakob Weissenfelder [bis vor Jahresbeginn 1405, Teilbesitz]
* Ulrich Vettinger goltsmid[15] [für das Kind der Khatrey Vettinger mit Franz Impler]
    St: 1403: -/-/62
    StV: (1403) und hat 5/-/60 von vergangen stewr wegen dez Impler.

---

[1] Zimelie 30 (Salbuch-Konzept 1443/44) S. 4v, 5r/v.
[2] Liegenschaftsamt 1410 S. 3r.
[3] Liegenschaftsamt 1410 S. 6r, 8v, 12v, 14r.
[4] Urk. F I/II Nr. 2 Dienerstraße.
[5] KR 1500/01 S. 19v.
[6] KR 1508/09 S. 23v, 1509/10 S. 23r/v.
[7] BayHStA, Urk. Bayerische Landschaft.
[8] BayHStA, Urk. Bayerische Landschaft.
[9] BayHStA, Urk. Bayerische Landschaft.
[10] Stadtgericht 207/1 (GruBu) S. 475v, 566v.
[11] HB GV S. 180.
[12] Hanns Impler 1364-1368, 1372-1374, 1377 innerer, 1371 äußerer Stadtrat vgl. R. v. Bary III S. 740.
[13] Stahleder, Bürgergeschlechter. Die Impler S. 301.
[14] Jakob Weissenfelder 1378 bis 1384 ff. äußerer Stadtrat, vgl. R. v. Bary III S. 743.
[15] Frankenburger S. 260.

*   Bartholme I. Schrenck, Bruder der Agnes Schrenck-Weissenfelder [seit 1405]
** Stadt München [seit nach Jahresbeginn 1405, Trinkstube von 1428 bis 1807]
** Drinckhstuben
        St: 1563-1571: -/-/-

Bewohner Marienplatz 10*:

Klaes (Klaus) vragner inquilinus St: 1368: -/-/12, 1369: -/-/18 post
Chunrat Kelhaimer inquilinus St: 1368: -/-/16 juravit
Jord[an] Stainprugker inquilinus St: 1368: -/-/80 gracianus et de patrimonio socre -/-/16
    patrimonium[1] Gedrud Stainpruggerin St: 1368: -/-/-
Meylinger calciator inquilinus St: 1368: -/-/30 post
Peizzer calciator inquilinus St: 1368: -/-/30 post
Júngstel inquilinus. 1371, 1375 Júngstel vragner inquilinus. 1377 Júngstel vragner. 1378, 1379 Júngstlin inquilina. 1381, 1382 relicta Júngstlin inquilina
        St: 1369: 0,5/-/24, 1371, 1372: -/3/6, 1375: -/-/60, 1377: -/-/30 juravit, 1378, 1379, 1381, 1382: -/-/30
Dietl hafner inquilinus St: 1369: -/-/42 voluntate
Niclas calciator inquilinus St: 1369: -/-/60 voluntate
Láutwinus (Lewtwine, Lautwein), 1371, 1388 scriptor, 1387, 1388 inquilinus
        St: 1371: -/3/18, 1387: -/-/18, 1388: -/-/36 juravit
Laecher (Lácher) vragner inquilinus St: 1371, 1372, 1375: 0,5/-/16
Maenhart carpentarius inquilinus. 1372 Maenhart fragner inquilinus St: 1371, 1372: -/-/18
Hainrich sneyder (sartor) von (de) Newnburg (Nẃnburg) inquilinus. 1378 relicta Hainrici sartoris de Núrenberg (!) inquilina
        St: 1371: -/-/40 post, juravit, 1372, 1375: -/-/32, 1377: -/-/18 juravit, 1378: -/-/12 sub gracia
Lippel taschner inquilinus St: 1371: -/-/20, 1372: -/-/24 post
Werder. 1375 Chunrat Werder St: 1372: 1/-/-, 1375: -/-/-
Hainrich Fránchkinger inquilinus St: 1372: nihil
Nicklas Kranvesel[2] inquilinus St: 1375: -/-/-
Ull Greimolt vragner inquilinus St: 1375: -/-/40
Wolfram sartor inquilinus St: 1375: -/-/76
relicta Flewgerin inquilina St: 1375: -/-/20
Herman tuchscherer inquilinus St: 1377: -/3/- juravit, 1378: -/3/-
Rúdel von Taẃrling (Taurling) inquilinus. 1379, 1382, 1383/I-II Rúdel sartor (sneyder) de (von) Taurling inquilinus. 1381 Rúdel sartor inquilinus
        St: 1377: -/-/18 juravit, 1378, 1379, 1381, 1382, 1383/I: -/-/18, 1383/II: -/-/27
        StV: (1381) item de anno preterito -/-/24.
    Rúdel[3] sartor inquilinus St: 1377: nichil, 1378: -/-/-
Hainrich hafner inquilinus St: 1377: -/-/36 juravit
Hainrich Taler sayler inquilinus. 1381 Hainrich Taler inquilinus
        St: 1377: -/7/9 juravit, 1378, 1379, 1381: -/7/9
Wallder vector (Vettor ?) St: 1378, 1379: -/-/-
Hainricus filius Hainrici in pomerio inquilinus St: 1379: -/-/12 gracianus
Neytlin kramerin inquilina St: 1379: -/-/-
Hainrich mercator inquilinus. 1381, 1382 relicta Hainrici mercatoris inquilina
        St: 1379, 1381, 1382: -/-/48
junior Vayal. 1382 Veyal cum uxore St: 1381, 1382: -/-/45
Matheis tuchscherer inquilinus
        St: 1381: -/-/30
        StV: (1381) item de anno preterito -/-/15.

---

[1] Ganzer Eintrag wieder getilgt.
[2] Niclaus Chranvösl, Bürger zu München, hat 1366 bereits dem Hanns Impler einen Ewiggeldbrief über 19 Pfund Münchner Pfennige ausgestellt. Das Ewiggeld gehört später zur Impler-Messe in der Frauenkirche, vgl. Kirchen und Kultusstiftungen 278, Nr. 6 S. 12r/13r.
[3] Wahrscheinlich irrtümlich zweimal aufgeführt.

Hanns vragner zollner inquilinus. 1383/I-II Hanns zollner inquilinus
    St: 1381, 1382, 1383/I: -/-/24, 1383/II: -/-/36
Hainrich von Echmating (Echmaring), 1382 inquilinus St: 1382, 1383/I: -/-/18, 1383/II: -/-/27
Ull vragner inquilinus St: 1382: -/-/18 gracianus
Tónigel inquilinus St: 1383/I: -/-/18, 1383/II: -/-/27, 1387: -/-/16, 1388: -/-/32 juravit
Ulrich (Ull) Gruber inquilinus
    St: 1383/I: -/-/24 juravit, 1383/II: -/-/36, 1387: -/-/12, 1388: -/-/24 juravit
(relicta) Stainprúgklin inquilina
    St: 1383/I: -/-/30, 1383/II: -/-/45, 1387: -/-/8, 1388: -/-/16 juravit, 1390/I-II: -/-/16
relicta Perichtolt prúchlerin inquilina. 1392, 1393 Perchtolt prúchlerin inquilina
    St: 1383/I: -/-/48, 1383/II: -/-/72, 1392: -/-/36, 1393: -/-/48
Michel von Altenburg St: 1383/II: -/-/45
Chunrat Vatersteter St: 1387: -/-/60
Ursenperger (Úrsselperger, Ursselperger, Úrschenperger) sneider (1394 schmid), 1387, 1390/II-1394 inquilinus
    St: 1387: -/-/26, 1390/I-II: -/-/52, 1392: -/-/30, 1393, 1394: -/-/40, 1395: -/-/60 fur 15 lb, 1396, 1397, 1399: -/3/-
Fridl prúchler inquilinus St: 1387: -/3/26, 1390/I: -/7/22
Diemut kaeflin inquilina St: 1387: -/-/8
Kristl sneider (sartor) inquilinus St: 1387: -/-/8, 1388: -/-/16 juravit, 1390/I: -/-/-
Ull Flóhel St: 1388: -/-/24 juravit
relicta Hainrich prúchler inquilina St: 1388: -/-/64 juravit
Ott [tuch]scherer inquilinus
    St: 1390/I-II: -/-/32, 1392: -/-/78, 1393, 1394: -/3/14, 1395: -/5/2, 1396, 1397: -/7/18
Michel kúrsner inquilinus. 1390/II Michel prúchler inquilinus St: 1390/I-II: -/-/48, 1392: -/-/72
Katrey sneiderin inquilina St: 1390/I: -/-/16
Fridrich Pfeffl (Pfaeffl), 1393 [et] pueri Kemnatter
    St: 1390/II: 2/-/-, 1392: -/14/15 [Nachtrag:] minus -/-/23, 1393: 3/-/80
    pueri Kemnater St: 1392: -/-/22,5
Srybrerin[1] inquilina St: 1390/II: -/-/10
Fridl Spórl omer (amer)[2], 1393 inquilinus St: 1392: -/-/18, 1393: -/-/24
Hans sneider von Deckerdorf St: 1392: -/-/15 gracianus
Symon nadler inquilinus
    St: 1393: -/-/12 gracianus, 1394: -/-/16, 1395: -/-/60 fúr drew lb, 1396: -/-/52 fúr 3 lb
Nickl schuster, 1394 inquilinus St: 1393, 1394: -/-/24
Holer maler St: 1394: -/-/44
Fróleichin (Frauleich) kawflin inquilina St: 1394: -/-/22, 1395: -/-/-
Schawrlin fragnerin inquilina. 1395 Scháwrl fragner inquilinus. 1396 Hans Schaẃrel fragner inquilinus
    St: 1394: -/-/11, 1395: -/-/60 fúr zway lb, 1396: -/-/36 fúr 2 lb
[Hans] Walgosshofer taschner inquilinus St: 1394: -/-/24
Johannes Zeller, 1395 schreiber inquilinus St: 1395: -/-/68, 1396: -/3/12
Haincz Múnicher schuster inquilinus St: 1396: -/-/-
Haensel (Hannsel) Stángel (Staengel) nadler inquilinus. 1400, 1401/I-1405/II, 1407, 1408, 1410/I, 1411 Hannsel (Hans) nadler inquilinus. 1406 Hannsel nadler
    St: 1397, 1399: -/-/52 fúr 2 lb, 1400, 1401/I: -/-/50 fúr 2 lb, 1401/II: -/-/52 fúr 3 lb, iuravit, 1403, 1405/I: -/-/52 fúr 3 lb, 1405/II: -/-/60 fur 4 lb, iuravit, 1406: -/-/60 fúr 4 lb, 1407, 1408: -/-/60 fur 4 lb, 1410/I: -/-/60 fúr 4 lb, iuravit, 1410/II, 1411: -/-/60 fúr 4 lb, 1412: -/-/60
Aberdar paẃtler inquilinus St: 1397, 1399: -/-/60 fúr (fur) 3 lb
uxor Lienhart Hayden inquilina St: 1397: -/-/-
Perchtolt Hill inquilinus. 1399 relicta Perchtolt Hill sneyder inquilina St: 1397, 1399: -/3/-
Ull Praentel fragner inquilinus St: 1397: -/3/-

---

[1] Wohl verschrieben für „Sybrerinn".
[2] Fridl Spörl 1393 Amer, vgl. R. v. Bary III S. 962, nach StB. – 1392 davor getilgt „Margret".

Hanns[1] Praentel fragner inquilinus St: 1399: -/3/-
Ann wúrflerin inquilina St: 1397: -/-/10, nichil habent [!]
Hainrich Merwot sneyder inquilinus St: 1397, 1399: -/-/40 fur 2 lb
Ott Schirlinger, 1399 inquilinus
    St: 1399: -/7/18, 1400, 1401/I: -/-/-
    Pferdemusterung, um 1398 (Ur-Fassung): Ott Schirlinger und Hanns Eisenman[2] súllen haben ein pferd umb 20 gulden, damit si der stat warten; (Korrig. Fassung): Ott Schirlinger sol haben ein pferd umb 20 gulden[3] [und] selber reit[en].
Ott maler, 1400-1403 inquilinus
    St: 1400: -/-/60 fúr 4 lb, iuravit, 1401/I: -/-/60 fúr 4 lb, 1401/II: -/-/60 fúr 4 lb, iuravit, 1403, 1405/I: -/-/60 fúr (fur) 3 lb, 1405/II: -/-/72 fur 12 lb, iuravit, 1407, 1408: -/3/6, 1410/I: -/-/72 fúr 12 lb, iuravit, 1410/II: -/3/6, 1411: -/-/72, 1412: -/3/6, 1413: -/-/72 iuravit, 1415: -/3/-, 1416: 0,5/-/-, 1418, 1419: -/3/6, 1423: -/3/-, 1428: dedit 3 gross pro se, uxore et filio, 1431: -/-/-
Haincz (Hainczel) Tod inquilinus. 1405/I-1407 uxor Haincz Tod inquilina
    St: 1400: -/-/48, 1401/I: -/-/32, 1401/II: -/-/32 non iuravit, non adest, 1405/I: -/-/26 fúr nichil, 1405/II: -/-/26 fúr nichil, iuravit, 1406: -/-/26 fúr nichil, 1407: -/-/24 fur nichil
Stepfel maler St: 1401/I: -/-/- fúr gracianus
Flewger inquilinus. 1405/I, 1406 Hanns Flewger [1399-1402/03 Marktmesser[4]], 1406 inquilinus. 1407, 1408 relicta Flewgerin inquilina, 1407 platnerin
    St: 1401/II: -/-/60 fúr 4 lb, iuravit, 1405/I: -/-/60 fúr 4 lb, 1406: -/-/64 fúr 8 lb, 1407, 1408: -/-/12 fúr nichil, 1410/I: -/-/20 fúr nichil
Hainczel Smidel Kraegel inquilinus [Marktmesser[5]]. 1407, 1408 Haincz Kraegel inquilinus
    St: 1403: -/-/60, 1407, 1408: -/-/60 fur nichil
[Anna] Hútlerin chaufflin inquilina St: 1403: -/-/60 fúr 4 lb
Jorig Swanvelder carpentarius inquilinus St: 1403: -/-/28 fúr nichil, und ist verprunen
Larencz kursner inquilinus
    St: 1403: -/-/40 fur nichil, 1405/I: -/-/40 fúr nichil, 1405/II, 1406: -/-/50 fur nichil
Jorig tagwercher chauffel inquilinus St: 1405/I: -/-/60
Ludel, dez Púchels aydem inquilinus. 1406-1412 Ludweig (Lúdel) kursner, 1406-1410/I, 1411 inquilinus
    St: 1405/II: -/-/40 fur nichil, iuravit, 1406-1408: -/-/40 fúr nichil, 1410/II: -/-/80 fúr 10 lb, 1411: -/-/60, 1412: -/-/-
Diemut amb inquilina St: 1405/II: -/-/20 fur nichil
Ludweig Hilpurger fragner St: 1405/II: -/5/6 iuravit
Jorig decker inquilinus. 1406 Jorig Gúnther decker inquilinus
    St: 1405/II: -/-/60 fur 6 lb, iuravit, 1406: -/-/60 fúr 6 lb
Keckerman sneider, 1406-1410/I, 1411 inquilinus
    St: 1405/II, 1406-1408, 1410/I-II, 1411, 1412, 1415, 1416: -/-/12 fur (fúr) nichil
Orttel zimerman inquilinus StV: (1406) den habent mein hern von rat der stewr ledig lazzen.
relicta Perchtold maler inquilina St: 1407: -/-/-
Ull Ringwirt margtmesser[6] inquilinus St: 1407: -/-/50
Perchtold [tuch]scherer, 1408-1411, 1413 inquilinus
    St: 1408: -/-/28 gracianus, 1410/I: -/-/60 fúr 5 lb, iuravit, 1410/II, 1411, 1412: -/-/60 fur 5 lb, 1413: -/-/60 iuravit, 1415: -/-/84, 1416: -/3/22
Marttein fragner, 1408-1411 inquilinus
    St: 1408: -/-/60 fur 5 lb, 1410/I: -/-/60 fúr 3 lb, iuravit, 1411: -/-/60 fúr 3 lb, 1412: -/-/58 fúr nichil, 1413: -/-/60 iuravit
Hanns Mwrr (Murr), 1410/I, 1411 inquilinus, 1412 amer[7]

---

[1] 1399 erster Buchstabe von „Hanns" korrigiert aus „V" [= Vlrich].
[2] Für die korrig. Fassung ist Hans Eysenman (Dienerstraße 16) am unteren Rand der Seite nachgetragen.
[3] Das folgende „damit si der stat warten" wohl versehentlich nicht getilgt.
[4] Hans Flewger 1399-1402/03 Marktmesser, vgl. R. v. Bary III S. 978.
[5] Haintz Smidel 1398-1402/03 Marktmesser, vgl. R. v. Bary III S. 978.
[6] Ullein Ringwirt 1407 Marktmesser, vgl. R. v. Bary III S. 978.
[7] Hanns Mwrr 1412 und 1413 Weinamer, vgl. R. v. Bary III S. 964, nach StB.

St: 1410/I: -/-/60 fur 2 lb, iuravit, 1410/II, 1411, 1412: -/-/60 fúr 2 lb

Thoniglin fragnerin. 1411, 1412 relicta Toniglin, 1411 inquilina
    St: 1410/II, 1411: -/-/60 fúr nichil, 1412: -/-/60

Thomanin platnerin St: 1410/II: -/-/20 fúr nichil

Ulrich Aengstleich taschner, 1411, 1413 inquilinus
    St: 1411: -/-/60 fur 3 lb, 1412: -/-/60 fúr 6 lb, 1413: -/-/60 iuravit

Hanns Strazzer schuster inquilinus St: 1413: -/-/32 gracianus

Reichel amer[1] St: 1413: -/-/60 fúr 10 lb, juravit

[Fridel ?[2]] Graeczer nadler, 1418 inquilinus
    St: 1415: -/-/72, 1416, 1418, 1419: -/3/6, 1423: -/3/- auf 12 lb

Ott Fawchner (Fauchner) sneyder, 1418 inquilinus
    St: 1415, 1416, 1418: -/-/60 fúr nichil, 1419: -/-/60, 1423: -/3/-, 1428: dedit 3 gross fúr sich, sein weib und sein diern

Praentel Plúm [Kornmesser ?[3]] St: 1415: -/-/60 fúr 10 lb

Ull Herbst schuster St: 1415: -/-/24

Marttein santwerffer uxor St: 1415: -/-/15

Larencz vorster martmesser[4] St: 1416: -/3/6

Hanns Grúnwalder sneyder inquilinus. 1418, 1419 Hanns schneyder inquilinus
    St: 1416: -/-/50 fur nichil, 1418, 1419: -/-/50, 1423: -/-/50 patrimonium

Larencz fragner inquilinus St: 1418: -/3/-

Hanns Huber kramer, 1418 inquilinus St: 1418, 1419: -/-/20

Matheys Haẃssel [ehemaliger Marktmesser[5]] St: 1419: -/3/-

Ann naderin inquilina St: 1423: -/-/30

Chunrat Wolfel marttmesser inquilinus. 1428 Wolfel martmesser[6]
    St: 1423: -/3/-, 1428: dedit 3 gross fur sich, sein weib und sein diern

Halczler chauffel inquilinus St: 1423: 0,5/-/-

Hanns nadler[7], 1431, 1441/II inquilinus
    St: 1428: dedit 4 gross, 1431: -/-/60 iuravit N.
    StV: (1428) fúr sich, sein hausfraw und zwen knecht, et dedit 1 gross per ancilla.
    Sch: 1439/I-II, 1440, 1441/I-II: 0,5 t[aglon]

Sighart nadler et uxor St: 1428: dedit 2 gross

Guessellwún nadler St: 1428: dedit 2 gross pro se et uxore

Speyserin St: 1428: dedit 1 gross

Hainrich Weigel sneider St: 1428: dedit 2 pro se et uxore, et filia dedit 1 gross

Ulrich Mánhart [später Amer[8]] inquilinus St: 1431: -/-/60 iuravit N.

Hanns Schúrffer martmesser[9] St: 1431: -/-/15

Perchtold Hofman fragner Sch: 1439/I: 1 t[aglon]

Puckel, 1441/I Chunrat Puckl [Marktmesser, in dem hinteren Gemach[10]]
    Sch: 1439/I: nichil, 1441/I: -/-/-

Ott paẃtler [in dem obern gemach[11]] Sch: 1439/II, 1440, 1441/I-II: 1 t[aglon]

Chunrat Mochinger, 1440 schuster, 1441/II inquilinus Sch: 1440: 1 t[aglon], 1441/II: 0,5 t[aglon]

Hanns martmesser[1] Sch: 1445: 1 knecht

---

[1] Reichel 1413-1419, 1423, 1425, 1431 usw. als Weinamer belegt, vgl. R. v. Bary III S. 964/965.
[2] Vgl. 1405/II Marienplatz 24.
[3] Praentel Plum ist 1416 bei Weinstraße 1 als Kornmesser belegt.
[4] Larencz Vorster Marktmesser, nur hier belegt, vgl. R. v. Bary III S. 978, nach StB.
[5] Matheis Heysel 1416-1417 Marktmesser, vgl. R. v. Bary III S. 978.
[6] Chunrat Woelfel 1423 Marktmesser, nur hier belegt, vgl. R. v. Bary III S. 978, nach StB.
[7] 1441/II am Rand neben „Hanns nadler" Vermerk „hin".
[8] Ulrich Manhart 1441, 1453 und 1454 als Amer belegt, vgl. R. v. Bary III S. 966.
[9] Hanns Schúrffer 1431, 1434 Marktmesser, vgl. R. v. Bary III S. 978.
[10] Buerckell 1436-1438 Marktmesser, vgl. R. v. Bary III S. 978. – 1441 zahlt der Marktmesser „von dem hindteren gemach" in der Trinkstube 10 Schillinge Mietzins an die Stadt, dazu muß er 3 Pfund Pfennige „undten aws dem kursenhaws" zahlen und 10 Pfund „von dem marckt", vgl. Liegenschaftsamt 1410 S. 1r.
[11] 1441 zahlt „der pewtler in der trinckstuben von dem obern gemach" 20 Schillinge Mietzins an die Stadt, vgl. Liegenschaftsamt 1410 S. 1r.

Albrecht sniczer Sch: 1445: 2 ehalten
Hanns Reyser, 1450 fragner St: 1450, 1453-1455: Liste
Hanns Klain tuchscherer[2], 1450 inquilinus St: 1450, 1453, 1454: Liste
Hanns Gräbl [Marktmesser ?] St: 1450: Liste
Michel parbierer,[3] 1462 meister Michell parbirer St: 1453-1458: Liste, 1462: nichil, als fertt
Hanns Mayefel (Mayenfels) [Käufel[4]] St: 1453-1455: Liste
ain amm inquilina St: 1453: Liste
Peter martmesser,[5] 1462 inquilinus St: 1454-1458: Liste, 1462: -/-/60
Hanns nadler. 1456 Hanns Singer nadler. 1457 Singer nadler St: 1454, 1456-1458:Liste
Hanns zollner inquilinus St: 1462: nichil, weinkoster[6]
Oswald Lenngenfelder. 1486-1496 Oswald margtmesser [Salzbereiter][7]
    St: 1482: -/3/13, 1486, 1490: -/3/17, 1496: -/3/25
        StV: (1482) et dedit -/-/10 gracianus. (1486) et dedit -/-/21 für pueri Haindl von 3 gulden gelcz.
        (1496) et dedit -/3/6 von 3 lb geltz gen Půlach.
   sein [= des Oswald Marktmessers] bruder Landshůter. 1486 Hanns Lanczhuter maurer, 1490 und
   sein brueder. 1496 Hanns Lanndshuoter
    St: 1482, 1486, 1490, 1496: -/-/60
et relicta Lucia múlnerin inquilina. 1486 Lucia múllnerin inquilina. 1490 relicta múlnerin inquilina,
   1496 mulnerin
    St: 1482, 1486, 1490, 1496: -/-/60
Ulrich Arnold kramer St: 1482: -/2/21
Hans Mautner nadler. 1486, 1490 Mautner nadler. 1496 alt Mautner nadler
    St: 1482, 1486, 1490, 1496: -/-/60
   et filius Asem. 1496, 1500, 1509, 1514 Asem Mautner nadler. 1508 Asm Mautner
    St: 1490, 1496, 1500, 1508, 1509: -/-/60, 1514: Liste
   und sein amm inquilina St: 1490: anderswo
   Lienhart Mautner, 1509 n[adler][8] St: 1508, 1509: -/-/60
Hanns koch. 1490 Hanns koch auf der trinckstubn [= Trinkstubenknecht]
    St: 1482, 1486, 1490, 1496: nichil
Schreiberin von Darffen St: 1490: -/5/27
Steffan Vilser s[chneider][9] St: 1500: 3/1/14
Gabriel Albeg s[chneider][10] St: 1508, 1509: -/2/7
Andre kramer St: 1508: -/2/23
martmesser. 1509 Jorg [oblatter] martmesser[11]
    St: 1508: -/-/10, 1509: -/-/10 von äckern
        StV: (1508, 1509) et dedit -/4/9 fur pueri Erhart pader.
Wilhalm [Steger, Steiger] marcktmesser [Zinngießer[1]] St: 1514: Liste

---

[1] Hanns – stets ohne Familienname – (Gräbl ?) 1445-1451 Marktmesser, vgl. R. v. Bary III S. 978.
[2] Hanns Klain ist ab 1459 bis 1479 wiederholt Vierer der Tuchscherer, vgl. RP.
[3] Ein Barbier ist schon 1448/49 in dem Haus und zahlt an die Stadt 3 ½ Pfund Pfennige Mietzins, 1450 3 Pfund „von seinem gemach", 1453 wieder 3 ½ Pfund, vgl. Liegenschaftsamt 1410 S. 6r, 8v, 14r.
[4] Vgl. „Auf dem Turm".
[5] Peter 1452-1467 Marktmesser, 1467 wegen „Unzucht" = ungebührlichen Verhaltens abgesetzt, vgl. R. v. Bary III S. 978. – Wahrscheinlich Peter der alt Marktmesser, der 1472 als Salzmesser belegt ist, vgl. Vietzen S. 160 (RP).
[6] Hanns Zollner Weinkoster (Unterkäufel der Weine, Weinanstecher) 1462-1494, Weinstadelmeister von 1458-1478, vgl. R. v. Bary III S. 969, 970.
[7] Oswald Lengenfelder 1467-1500 Marktmesser, vgl. R. v. Bary III S. 978. – 1475 ist Oswald marktmesser auch als Salzbereiter belegt, vgl. RP und Vietzen S. 161.
[8] Linhart Mauttner nadler ist 1507 Vierer der Beutler, Gürtler, Taschner, Ircher, Nadler, vgl. RP.
[9] Steffan Vilser 1480-1503 wiederholt Vierer der Schneider, vgl. RP.
[10] Gabriel Albeg 1509, 1511 und 1512 Vierer der Schneider, vgl. RP.
[11] Jörg oblatter 1503-1510 Marktmesser, 1510 abgesetzt und mit einer 8tägigen Turmstrafe und 40 000 Mauersteinen bestraft, ohne Begründung im RP 6 S. 93r, aber Herzog Wilhelm, sein Sekretär und mehrere Nachbarn und Bürger haben sich für ihn eingesetzt, sodaß er wenigstens die Stadt nicht verlassen musste. Vgl. Auch R. v. Bary III S. 979.

Spilberger St: 1514: Liste
Michel Planck, 1523, 1524 barbierer, 1543 stubmknecht
    St: 1523-1526, 1527/I-II, 1528, 1529, 1532, 1540-1542: -/-/16, 1543: -/1/2, 1544: -/-/16
    StV: (1523, 1525-1544) von seinem essichhandl. (1543) mer -/-/28 von 2 fl gelts. (1544) mer -/-/14 fúr 2 fl gelts.
Linhart[2] Planck, 1523-1526, 1528 pater, 1529 et pater [= Vater von Michel Planckh, Barbier ?]
    St: 1523-1526, 1527/I, 1528, 1529, 1532: -/2/-
Hanns Planckh St: 1527/II: -/2/-
Hanns Planckh,[3] 1545 drinckhstubm[knecht], 1554/II-1556, 1558, 1559 stubmknecht, 1565 stubmwirdt
    St: 1544: -/-/14 gracion, 1545: -/-/20, 1546-1548, 1549/I-II, 1550, 1551/I-II, 1552/I-II: -/-/10, 1553, 1554/I-II, 1555-1557: -/-/10,5, 1558: -/-/21, 1559-1560: -/-/10,5, 1561, 1563, 1564/I-II, 1565, 1566/I-II, 1567/I-II: -/-/1, 1568: -/-/2, 1569-1571: -/-/1
    StV: (1545-1552/II, 1554/II-1556) von seinem essig handl. (1553, 1557-1560) vom essig handl. (1548-1552/II) mer -/2/3 von 9 fl gelts. (1553-1557, 1559) mer -/4/13 von 19 fl gelts. (1558) mer 1/1/26 von 19 fl gelts. (1560) mer von 19 fl ewig gelts -/4/13. (1561-1564/II) mer fúr sein essig hanndl -/-/10,5. (1561) mer fúr sein ewig gellt -/4/27. (1563-1565, 1567/I-II) mer von seinem ewigen gelt -/4/27. (1565) mer fur den essighanndl -/-/10,5. (1566/I) mer vyr sein ewigen gelt -/4/27; mer vyr sein essich handl -/-/10,5. (1566/II) mer fúr sein ewig gelt -/4/27; mer fúr sein essig hanndl -/-/10,5. (1567/I-II) mer von dem essinghanndl -/-/10,5. (1568) mer von seinem ewigen gelt 1/2/24; mer vom essighanndl -/-/21. (1569-1571) mer von seinem ewig(en) gelt -/3/15; mer fúr sein essig handl -/-/10,5. (1569, 1570) mer fur p[ueri] Palatzhauser -/4/12,5. (1571) mer fúr Jacob Pallatzhauser -/4/12,5.
Linhart marcktmesser[4]. 1549/I-II, 1551/II, 1552/I, 1558, 1559 Lienhart marckhmesserin. 1560-1571 allt martmesserin
    St: 1523: nichil das jar, 1524-1528, 1540-1560: nichil, 1561, 1563, 1564/I-II, 1565, 1566/I-II, 1567/I-II: -/-/1, 1568: -/-/2, 1569-1571: -/-/1
Lienhart ir son. 1560-1570 Lenhart (Leonhart) martmesser
    St: 1558-1560: nihil, 1561, 1563, 1564/I-II, 1565, 1566/I-II, 1567/I-II: -/-/1, 1568: -/-/2, 1569, 1570: -/-/1
relicta Utz schneiderin. 1526, 1527/I Utz schneiderin
    St: 1523: 3/4/12 juravit, 1524-1526, 1527/I: 3/4/12
Wolfgang [Walther] visierer[5] St: 1527/II, 1528: nichil
Linhart visierer.[6] 1540, 1542, 1546 Lienhart Súmerl. 1541, 1543-1545, 1547 Lienhart Súmerl (Súmerl) visierer
    St: 1532, 1540-1547: (pro se) nichil
    StV: (1544) sed dedit 1/-/17 fúr p[ueri] Stertzl. (1545) sed dedit 2/-/24 fúr p[ueri] Stórtzl. (1546, 1547) -/6/- fúr p[ueri] Stertzl. (1546) hat di steur von neuem gmacht.
Jorg ratknechtin St: 1532: nichil, servit
Karl Holtzner, 1544 [Wein-]reysser[7]
    St: 1540-1542: -/2/-, 1543: -/4/-, 1544: -/2/-, 1545: -/4/-, 1546: -/2/-, 1547: -/-/-
    StV: (1547) ist mit todt abgangen und sy ist nymmer hie, hat nichts.

---

[1] Wilhalm Steger (Steiger) Zinngießer 1511-1522 Marktmesser, vgl. R. v. Bary III S. 979. – Er ist wahrscheinlich der Wilhalm zingiesser, der 1501, 1502 und 1505 Vierer der Hafner, Zinngießer, Rotschmiede, Salwurchen war, vgl. RP.
[2] 1527/II wohl irrtümlich „Hanns".
[3] Hans Planck musste sich 1569 und 1571 bei den Religionsverhören verantworten, vgl. Dorn S. 228, 256.
[4] Linhart 1523-1548 Marktmesser, 1549 dessen Witwe und Sohn Linhart, 1550-1559 Sohn Linhart als Marktmesser, vgl. R. v. Bary III S. 979. – Leonhart marktmesser wurde im Sommer 1569 beim Religionsverhör vernommen, vgl. Dorn S. 229.
[5] Meister Wolfgang Walther 1522-1531 Weinvisierer, vgl. R. v. Bary III S. 971.
[6] Meister Linhart Sumerl, Walcher, 1528-1553 Weinvisierer, vgl. R. v. Bary III S. 971.
[7] In R. v. Bary III nicht genannt. – Karl Holtzner 1547 Ungeldschreiber, wurde dienstenthoben, vgl. R. v. Bary III S. 880.

Leschin dochter
    St: 1540-1542: -/-/14 pauper, 1543: -/-/28 pauper, 1544: -/-/14 pauper, 1545: -/-/28, 1546, 1547: -/-/14 pauper
Hanns Stainperger, 1552/II, 1554/II-1556, 1558, 1559, 1564/II, 1566/I-1567/II, 1569 stadlmaister,[1] 1566/II f[urstlicher ?] d[iener ?], 1568 weinstadlmaister
    St: 1548, 1549/I-II, 1550, 1551/I-II, 1552/I-II: -/2/-, 1553, 1554/I-II, 1555-1557: -/5/7, 1558: 1/3/14, 1559, 1560: -/5/7, 1561, 1563, 1564/I-II, 1565, 1566/I-II, 1567/I-II: 1/-/18, 1568: 2/1/6, 1569: -/-/1
Jacob Pallatzhauser [Weinreisser[2]]
    St: 1548, 1549/I-II, 1550, 1551/I: -/3/4, 1551/II: -/3/4 patrimonium
Marx Seemúllner (Seemüller), 1552/II, 1554/I-1556, 1558, 1559, 1569, 1570 [Wein]anstecher[3]
    St: 1551/II: -/-/14 gracia, 1552/I: -/4/10 juravit, 1552/II: -/4/10, 1553, 1554/I-II, 1555-1557: -/4/12, 1558: 1/1/24, 1559, 1560: -/4/12, 1561, 1563, 1564/I-II, 1565, 1566/I-II, 1567/I-II: -/2/2, 1568: -/4/4, 1569-1571: -/3/4
    StV: (1553) sambt seiner kinder gueth. (1554/I-II) sambt seiner kinder steur. (1561-1564/I) mer fúr seine khinder -/3/25, ausser der Ligsaltz schuld. (1564/II) mer fúr seine khinder, darinn der Ligsaltz achten tail schuld zuegesetzt -/4/9. (1565, 1566/I) mer fúr (vyr) seine khinder, darin der Ligsaltz(e) schuld zuegesetzt -/4/22. (1566/II) mer fúr seine khinder -/4/22. (1567/I) mer fúr seine khinder -/5/6, zuegesetzt drittn empfang Ligsaltzisch schuld. (1567/II) mer fúr seine khinder -/5/6. (1568) mer fúr seine khinder 1/3/12.
Margreth Scheckherin St: 1555: -/2/20 juravit, 1556, 1557: -/2/20
Anndre Schón [Weinstadelmaister[4]] St: 1569-1571: -/-/1
Veit Stixner marckhtmesser
    St: 1571: -/-/1
    StV: (1571) mer von seinem ewigen gellt -/1/5.

Läden unter dem Rechthaus

Auf dem Marktplatz, gegenüber den Häusern Marienplatz 3* – 8**, lag bis 1481 das Rechthaus oder Brothaus, sodaß zwischen den Häusern 3* – 8** und dem Rechthaus eine Gasse, die Korngasse, entstand.[5] Diese hatte ihren Namen davon, daß sich in allen genannten Häusern eine Kornschranne befand. Gegenüber dem Haus Marienplatz 5* lag eine Stiege in das obere Stockwerk des Rechthauses, wohl dem eigentlichen Gerichtsbereich (Verhandlungsraum, Kanzlei, Arbeitsräume für das Personal). Aber auch auf der Südseite des Rechthauses, zwischen der Gollirkapelle und dem Rechthaus lag 1443/44 eine Stiege: „Die stat hat under dem rechthaws hie an dem marcht gelegen viertzehen laeden, mit der zal der laeden anzeheben an dem ersten laden bey der stieg als man auf daz rechthaws get gegen der capelln des Gollyers uber".[6] Vier weitere Läden lagen außen am Haus herum, an die Außenmauer angebaut.

Im Inneren des Rechthauses lagen außerdem im Erdgeschoß 1443/44 und 1452 auch nicht weniger als 38 Brotbänke, weshalb man das Gebäude auch Brothaus nannte: „Das prothaws. So hat die stat in demselben rechthaws unden auf der erden die protpenck, der sind auf die zeit acht und dreissig", angeordnet in zwei Zeilen zu je 19 Bänken, „die erst zeill gen dem Goller", also gegenüber der Gollirkapelle (Südseite), „die ander zeil gen dem Ruelein" (Marienplatz 8**, also Nordseite).[7] Von diesen Brotbänken nahm die Stadt jeweils an Georgi je 6 Schillinge Ladenzins ein, also 1443/44 28 Pfund

---

[1] Hanns Stainperger 1533-1536 Eichgegenschreiber, 1536 bis nach 1560 Weinstadelmeister, vgl. R. v. Bary III S. 970, 972. – Der Stadelmeister N. Stainperger musste sich 1569 beim Religionsverhör verantworten, vgl. Dorn S. 227, wohl identisch mit dem Zollner am Isartor Stainperger, der auch 1571 wieder verhört wurde, Dorn S. 261.

[2] Weinreisser von 1535-1551, vgl. R. v. Bary III S. 974, nach KR.

[3] Weinanstecher = Weinaufreisser seit 1551 belegt, vgl. R. v. Bary III S. 974, nach KR.

[4] Andre Schön und seine Hausfrau mussten sich 1569 und 1571 bei den Religionsverhören verantworten, vgl. Dorn S. 228, 229, 255. – Als Weinstadelmeister bei Fischer, Tabelle X S. 25 noch 1571 belegt.

[5] Vgl. Stahleder, Stadtplanung S. 224/231 und Karte 1.

[6] Zimelie 19 (Salbuch 1444/49) S. 3r; Zimelie 30 (Salbuch-Konzept 1443/44) S. 2r/v

[7] Zimelie 19 (Salbuch 1444/49) S. 7r; Zimelie 30 (Salbuch-Konzept 1443/44) S. 2v.

und 4 Schillinge. 1444 waren es 14 Pfund und 60 Pfennige. 1448/49 zahlte jede Bank 6 Schillinge, sodaß wieder ein Gesamtbetrag von 28 Pfund und 4 Schillingen zusammenkam. 1451 machte der Gesamtbetrag 27 ½ Pfund Pfennige aus, 1451/52 waren es 28 ½ Pfund Pfennige von den 38 Bänken[1]

Freistehend gegenüber der Südflanke des Rechthauses befand sich bis 1486 die 1315 vom Ritter Ainwich dem Gollir gestiftete Gollir- oder Allerheiligenkapelle. Offenbar an diese Kapelle angebaut befanden sich weitere 3 der Stadt gehörige Läden, die an Handwerker verpachtet wurden, die Läden „beim Gollir".

Die 3 Läden „beim Gollir". 1450 Peym Gollir, der ist [= sind] drei der zeit[2]:

kuchelpacherin von dem newen laedel peym Gollyr [Pachtzins] 1441: 2 gl rh.
der laternmacher beym Gollir. 1448/49, 1450 der laterner [Pachtzins] 1441, 1448/49, 1450: -/7/-
die koch Tollinger, Stosser und Haedrer von der nide[r]n zaglerhuetten peym Gollir. 1448/49 die judenzagler. 1450 die sudlerkoch. 1451/52, 1453 von [den] judenzaglern
      [Pachtzins] 1441, 1448/49, 1450, 1451/52, 1453: -/20/-
K. zammacher. 1450 der zaymmacher [Pachtzins] 1448/49: -/7/-, 1450: -/5/-
vom Neythart [Pachtzins] 1451/52, 1453: -/7/-
vom satler [Pachtzins] 1451/52, 1453: -/7/-

Als Summe ergaben sich:
1444: 2/-/-, 1448/49: facit 4/-/60, 1450: summa 4/-/-, 1451/52, 1453: 4/-/60

Auch das Salbuch-Konzept von 1443/44 nennt die drei Läden, jedoch ohne Ladenzins (So hat die stat an dem Goller an der cappeln:): (1) Item ain ladel, da ist ain laterner inn, (2) Item ain grosse hüt[te], die habent die koch inn, (3) Item aber ain ladel daran, hat die kuechelpacherin.[3]

Die 18 (17) Läden „under dem rechthaws"[4]:

Kuncz taschner. 1451/52 vom taschner [Pachtzins] 1441, 1448/49, 1450, 1451/52: 2/-/-
die Pyrcknerin (Pircknerin) [Pachtzins] 1441, 1448/49: -/20/-
die amer [Pachtzins] 1441, 1448/49, 1450, 1451/52, 1453: -/20/-
Caspar taschner [Pachtzins] 1441, 1448/49, 1450, 1451/52, 1453: -/12/-
Wolfl obsser [Pachtzins] 1441: -/12/-
der glaser. 1448/49 Martein [Karlstainer] glaser [Pachtzins] 1441, 1448/49, 1450, 1451/52, 1453: 3/-/-
Francz nadlers aidem. 1448/49 der nadlár [Pachtzins] 1441, 1448/49: -/19/-
Francz nadler selb. 1448/49-1453 der Francz nadlár
      [Pachtszins] 1441, 1448/49, 1450, 1451/52, 1453: -/19/-
der Gampler [Salzstößel]. 1448/49, 1450 die Gampplärin
      [Pachtzins] 1441, 1448/49, 1450, 1451/52: -/22/-
der Pawsch. 1448/49 Chuncz Pawsch [Salzstößel]. 1453 vom Pawschen
      [Pachtzins] 1441, 1448/49, 1450, 1451/52, 1453: -/23/-
der Asam (Asem), 1448/49, 1453 Asem melblár
      [Pachtzins] 1441, 1448/49, 1450, 1451/52, 1453: -/23/-
der [Jörg] Salamon (Salman, Salomon, Salmon) [Salzstößel]
      [Pachtzins] 1441, 1448/49, 1450, 1451/52, 1453: -/23/-
der Koppenhofer [Salzstößel] [Pachtzins] 1441: 3/-/-
der Scharrer, 1448/49 der Scharár [Fragner] [Pachtzins] 1441, 1448/49, 1450, 1451/52, 1453: 3/-/-
der Stiglicz. 1453 Siglicz sayler [Pachtzins] 1441, 1448/49, 1450, 1451/52, 1453: 1/-/-
der Oltell von stok[5] [Pachtzins] 1441: -/6/-
noch zway laedel gemacht bei den protpencken 1443 den saylern [Pachtzins] 2/-/- paide

---

[1] Liegenschaftsamt 1410 S. 3r, 6r, 10v, 14v.
[2] Gemäß Liegenschaftsamt 1410.
[3] Zimelie 30 (Salbuch-Kozept 1443/44) S. 2v.
[4] Liegenschaftsamt 1410 S. 2r.
[5] 1451 heißt es „von den laden under dem rechthaws, der ist 18 laden mit dem stock", also einschließlich einem (oberen?) „Stock".

der klain taschner. 1453 der kurcz taschner [Pachtzins] 1448/49, 1450, 1451/52, 1453: -/11/-
Chuncz Tichtels knecht. 1450, 1451/52 der Kuncz. 1453 vom Chuntzen
    [Pachtzins] 1448/49, 1450, 1451/52, 1453: 3/-/-
der saylár [Pachtzins] 1448/49, 1450, 1451/52, 1453: 1/-/-
der satlár (satler) [Pachtzins] 1448/49, 1450: 1/-/-
Kirchmair [Pachtzins] 1450, 1451/52, 1453: -/20/-
der [Hans[1]] vischer mesrer. 1453 messerschmit [Pachtzins] 1450, 1451/52, 1453: -/19/-
rotschmit [Pachtzins] 1451/52, 1453: 1/-/-
Jacob Rainer [Pachtzins] 1453: -/22/-
vom stock [Pachtzins] 1453: -/-/80

Einnahmen 1444 zusammen: 19/3/-, 1448/49, 1450, 1451/52: 38/-/-, 1451: 38/-/- und das kunftig jar
    vom stock -/-/80 mer, 1453: 38/-/80.

Das Salbuch-Konzept von 1443/44 zählt etwas anders, nennt auch keine Ladenzinsen[2]:

Item der erst laden, darin ist Martein [Karlstainer] glaser
Item der ander laden [darin ist] Kasper taschner
Item der drit laden, [den] hat Tüntenpe[r]ger [Tuntenhawser[3]] taschner
Item der vierd laden, haben die amer
Item der funft laden, hat die Pircknerin
Item der sechts (!) laden, hat der Chuntz taschner
Item der sibend laden, hat der Scharer fragner
Item der achtend laden, hat der Koppenhoffer saltzstossel
Item der newnt laden, hat der Jerg Salomon saltzstossel
Item der zehend laden, hat der Asem melbler
Item der ayndelft (!) laden, hat der Chuntz Pausch saltzstossel
Item der zwelft laden, hat der Gampler saltzstossel
Item der dreytzehend laden, hat der Frantz nadler
Item der viertzehend laden, hat der nadler aidem nadler

So sind aussem (!) an dem rechthauß:

Item der stock, den hat ain fischer[4]
Item ain laedel daran, den hat Stiglitz sailer
Item aber ain ladel daran, hat ain satler genant kistler
Item aber ain ladel daran, hat ain sailer, Endel [der] schergin man.

Dienerstraße 1*
(bis ca. 1431/35 mit Marienplatz 9*B,
(seit 1493 Teil des Eckhauses Marienplatz 10* Ratstrinkstube)

Charakter: Im 15. Jahrhundert wahrscheinlich Weinschenke.

Hauseigentümer Dienerstraße 1*:

Das Haus Dienerstraße 1* gehörte zunächst als Hinterhaus zu Marienplatz 9*B, sodaß der Besitz der Familie Pötschner das Eckhaus Marienplatz 10* von hinten umschloß. Die Mitglieder der Familie Pötschner stehen in den Steuerbüchern fast immer hinter den zahlreichen Bewohnern des Mietshauses, der späteren Trinkstube, Marienplatz 10* und kurz vor den weiteren Häusern der Dienerstraße. Zwi-

---
[1] Vgl. Frauenplatz 9-6.
[2] Zimelie 30 (Salbuch-Konzept 1443/44) S. 2r.
[3] So nach Zimelie 19 (Salbuch 1444/49) S. 3r.
[4] In Zimelie 19 (Salbuch 1444/49) S. 3v heißt es: „Item under dem stock ist ayn kaemerl, hat ayn fischer".

schen 1431 und 1435 ist der Pötschner-Besitz aufgeteilt worden. Das Haus Dienerstraße 1* findet sich fortan bei Urban Wernstorffer und seiner Hausfrau Anna.

1370 die städtische Baukommission beanstandet Sighart Pötschners Lauben und Kellerhälse an der Dienerstraße. Sie müssen weg.[1]
1393 domus Ulrich Pótschner (StB).
1397 domus Landschreiber [Ulrich] Pötschner (StB). Ulrich Pötschner ist erstmals am 26. Februar 1391 als Landschreiber von Oberbayern belegt.[2]
1402 Oktober 3 der Landschreiber von Oberbayern Ulrich Pötschner hat zwei Häuser, die vorne (Marienplatz 9*B) und hinten (Dienerstraße 1*) an das Haus am Eck bei dem Brunnen (Marienplatz 10*) stoßen.[3]
1405/II-1419 domus omnina Ulrich Pötschner Landschreiber (StB).
1408 August 25 und
1408 Oktober 9 das Haus des Ulrich Pötschner (Ulrich des Landschreibers) ist dem Haus des Hanns Wölfel selig beziehungsweise der Witwe Elspet des Hans Wölfel (Dienerstraße 2*) benachbart.[4]
1409 Oktober 10 das Haus Ulrichs des Pötschners ist dem Haus der Wölflin (Dienerstraße 2*) benachbart.[5]
1410 Januar 27 das Haus des Ulrich Potschner ist dem Haus der Witwe Elspet des Hans des Wölfel (Dienerstraße 2*) benachbart.[6]
1410 September 30 Ulrich Pötschner der Landschreiber beziehungsweise
1411 April 20 der Landschreiber Ulrich Pötschner ist Nachbar des Hauses der Elspet der Wölflin (Dienerstraße 2*).[7]
1412 Mai 17 erneut ist „Ulreich Póczners des lantschreybers haẃs" dem Haus der Elspet Wölflin, des Hans des Wölfels Witwe (Dienerstraße 2*), benachbart.[8]
1412 Juni 3 wieder ist Ulrich der Landschreiber Nachbar des Hauses der Wölflin (Dienerstraße 2*).[9]
Zwischen 1419 und 1435 Hanns Pötschner (halbes Haus), Sohn von Asm Pötschner, vgl. 1437 Februar 6 und StB.
1435 November 9 Urban Wernstorffer und seine Hausfrau Anna einigen sich mit dem neuen Eigentümer von Marienplatz 9*B, Hanns Kleuber und seiner Hausfrau Agnes, über Lichtrechte. Wernstorffer darf aus seiner oberern Stube ein Licht („zwayr venster und liecht") auf Haus und Hofstatt des Kleuber machen und die Kleuber verpflichten sich, ihnen diese Fenster nie zu verbauen.[10] Ein Vermerk aus späterer Zeit auf der Rückseite der Urkunde nennt den neuen Hauseigentümer „Knöllel".
1437 Februar 6 Urban Wernstorffer und seine Hausfrau Anna verkaufen ihr Haus und Hofstatt an des Dieners Gassen, zwischen der Stadt Eckhaus (Marienplatz 10*) und Michel des Dachsen Haus (Dienerstraße 2*), um 520 rheinische Gulden an Chunrad den Knöllen. Es hat dieses Haus vor Zeiten zur Hälfte dem Hanns Pötschner gehört, dem Sohn des Asm Pötschner selig, und Wernstorffer hat es von ihm gekauft. Darüber hat er einen Kaufbrief von ihm und seinem Stiefvater, dem Sanitzeller. Er wurde nunmehr dem Knöllein übergeben.[11]
1440 domus der Knollein (Scharwerksverzeichnis).
1448 September 23 aus des Knolleins Haus an des Dieners Gassen geht ein Ewiggeld an den Ridler-Berghofer-Altar in St. Peter.[12]
1474 Februar 14 die Stadtkammer zahlt dem Rotschmied in des Knollels Haus einen Geldbetrag aus.[13]

---

[1] Zimelie 9 (Ratsbuch IV) S. 4r (neu 6r).
[2] RB X 282.
[3] Kirchen und Kultusstiftungen 252.
[4] GB III 79/18, 80/10.
[5] GB III 89/15.
[6] GB III 92/7.
[7] GB III 101/14, 106/4.
[8] GB III 114/7.
[9] GB III 123/6.
[10] Urk. F I/II Nr. 3 Dienersgasse.
[11] Urk. B II c Nr. 275c.
[12] MB XXI 63 S. 141/146, Original: Urk. D I e 2 - XXXIV Nr. 10.
[13] KR 1473/74 S. 88v.

1493 März 29 der Weinschenk Pauls Knöllein verkauft sein eigen Haus und Hofstatt in des Dieners Gasse, gelegen zwischen der Trinkstube (Marienplatz 10*) und des Dachs Haus (Dienerstraße 2*), um 780 rheinische Gulden an Bürgermeister und Rat der Stadt München.[1]

1493 Ende Dezember: die Stadtkämmerei zahlt 682 Pfund und 4 Schillinge, umgerechnet 780 rheinische Gulden, aus „umb Pauls Knolleins haws, das die stat kaufft hat in dem [14]93. Jar".[2]

1493 Ende April: die Stadtkämmerei rechnet Reparaturkosten ab, „von dem secret [Abort] in Knolleins haws, das die stat kaufft hat".[3] Das Haus wird künftig unter anderem als städtischer Weinstadel und für „Dienstwohnungen" von städtischen Beamten verwendet, im Erdgeschoß befindet sich ein Laden, der vermietet wird. So wird noch 1493 „gearbait ins Knolleins haus am weinstadel".[4] Nach 1500 wird das Haus dann überhaupt zur Trinkstube (Marienplatz 10*) gerechnet und deshalb auch im Grundbuch von 1574 nicht eigens aufgeführt:

1494 April 23 (Georgi) nimmt die Stadt 2 Pfund und 2 Schillinge Zinsgeld „vom rotschmid ins Knolleins haus" ein, beziehungsweise „von des Knolleins haws, das die stat kaufft hat"[5] und

1495 April 23 (Georgi) „vom rotschmid vom laden ins Knölleins haws",[6]

1496 April 23 (Georgi) „vom rotschmied ... vom laden in der stat haws an der Dienersgassen".[7] Gleichzeitig nimmt die Stadt 3 Pfund und 15 Pfennige Zinsgeld ein „vom schneider ins Knolleins haws von ainem gemach" und weitere 5 Pfund 7 Schillinge 14 Pfennige Zinsgeld von „Hanns Maier ... aus ainem gemach in der stat haus, das des Knolleins gewesen ist",[8] desgleichen 3 Pfund und 4 Schillinge an Zins vom Kürschner Thoma Wulffing „vom obern gemach in der stat haus, das Knolleins gewesen ist".[9]

1498 Ende Oktober wird „gearbait in der stat haws, gegen dem Hundertpfund (Dienerstraße 21) über, an ainem keller".[10] Hundertpfund ist dort jedoch nur Pächter oder Hauptmieter des Hauses gewesen.

1500 April/September nimmt die Stadt wieder die 2 Pfund und 2 Schillinge Zinsgeld „von der rotschmidin witib zinßgelt vom laden in der stat hauß an der Dienersgassen" ein (fällig an Georgi) und 9 Pfund und 5 Schillinge vom Schneider Steffan Vilser an Zinsgeld „von der stat hauß zenagst an die Drinckstuben" (Marienplatz 10*), fällig zur Hälfte an Georgi und zur Hälfte an Michaeli.[11]

1508 April 23/September 29 werden 10 Pfund an Zinsgeld eingenommen „vom schneider in der stat hauß von zwaien gmachen neben der drinckstuben" (Marienplatz 10*), dazu 2 Pfund „vom mautner in der stat hauß ... von ainem gemach" und ein weiteres Pfund „vom lädel bei der drinckstuben" (Marienplatz 10*), wiederum 2 Pfund und 2 Schillinge „vom rodtsmidt ... vom laden in der stat haus an der Dienersgassen".[12]

1509 April 23 sind die Einnahmen wiederum 2 Pfund und 2 Schillinge „vom mautner in der stat hauß von ainem gmach neben der trinckstuben (Marienplatz 10*) zinßgelt", derselbe Betrag „von Jorgen rodsmidt vom laden in der stat haus wie oben stet zinß" und 10 Pfund „vom sneider in der stat hauß neben der trinckstuben (Marienplatz 10*) von 2 gemachen zinßgelt".[13]

1523 September 29 werden 6 Gulden eingenommen „von Jörgen ratknecht von ainem gemach auf der trinckstuben" und 5 Gulden „von der Utz schneiderin daselbs von ainem gmach zins".[14]

1526 Ende Dezember wird wieder „gearbait in der gruoben [Abortgrube, Sekret] auf der trinckstuben, auf dem weinstadl daselbs".[15]

---

[1] Urk. F I/II Nr. 2 Dienersgasse.

[2] KR 1493/94 S. 85r, der Eintrag davor ist auf den 25.12.93 datiert, der übernächste Eintrag danach auf den 5.1.1494.

[3] KR 1493/94 S. 79v, fünf Einträge darüber finden sich die Daten 21. und 28.4., im übernächsten Eintrag das Datum 4.5.1493.

[4] KR 1493/94 S. 92v, Eintrag vom 19.5.1493.

[5] KR 1494/95 S. 18r, 82r.

[6] KR 1495/96 S. 17r.

[7] KR 1496/97 S. 16r.

[8] KR 1496/97 S. 16r.

[9] KR 1496/97 S. 16v.

[10] KR 1498/99 S. 92r, Löhne von der Stadtkammer ausbezahlt am 4.11.1498.

[11] KR 1500/01 S. 19r, 19v.

[12] KR 1508/09 S. 23v, 24v, 25r, Fälligkeitstermin jeweils Georgi (23.4.) und Michaeli (29.9.).

[13] KR 1509/10 S. 23r/v.

[14] KR 1523/24 S. 25r.

[15] KR 1526/27 S. 116v, Auszahlung der Löhne durch die Stadtkammer am 23.12. und 30.12.1526.

1536 Juni 19 die Trinkstube ist dem Haus des Oswald Dachs, künftig Jörg Lerchenfelder (Dienerstraße 2*), benachbart.[1]

Eigentümer Dienerstraße 1*:

* Sighart Pótschner. 1381 relicta Sighardi Pótschner inquilina
    St: 1368: 3/-/-, 1369: solvit 3 lb, concessit,[2] 1371, 1372: 4,5/-/-, 1375: -/13/10, 1377: -/12/- juravit, 1378: -/12/-, 1379: -/6/- juravit, 1381: -/-/24 juravit
    StV: (1372) [am Rand und wieder getilgt:] solvit 3 lb. (1381) item de an[no] preterito -/-/30.
  filius suus inquilinus. 1372 Ull [Ulrich II. Pótschner] filius suus inquilinus. 1381, 1382, 1388 Ulrich Pótschner junior. 1383/I-II, 1387 Ulrich Pótschner [∞ Kathrin].[3] 1390/I Ulrich Pótschner et mater eius
    St: 1371: -/3/- gracianus, 1372: -/-/- solvit 3 lb, 1381, 1382, 1383/I: 3/-/60, 1383/II: 4/7/-, 1387: 2/-/40, 1388: 4/-/80 juravit, 1390/I: -/-/-
  mater eius inquilina
    St: 1387: -/-/6
* domus Ulrich Pótschner. 1397 domus landschreiber Pótschner.[4] 1403, 1405/I Ulrich Pótschner landschreiber. 1405/II, 1407, 1410/II domus omnia landschreiber. 1406, 1410/I, 1411-1415 domus omnia Ulrich landschreiber. 1408, 1416-1419 domus omnia Ulrich Pótschner landschreiber. 1416, 1418, 1419 domus omnia Ulreich Pótschner (Potschner)
    St: 1393: -/14/-, 1397: -/-/-, 1403, 1405/I: dedit 2/-/20, 1405/II: -/15/-, 1406-1408: 2/-/-, 1410/I: -/10/-, 1410/II: -/13/10, 1411: -/10/-, 1412: -/13/10, 1413, 1415: -/10/-, 1416, 1418, 1419: -/13/10
    StV: (1403): von seinem haus, da er selb inne ist und von ainem haus an Schaefflergassen. (1405/I) von allen seinen hawsern.
*? Asem landschreiber. 1416, 1418, 1419 Asem Pótschner [Bruder von Wilhalm Pötschner[5]]
    St: 1415: 1/-/- gracianus, 1416: -/10/20 gracianus, 1418: -/12/- gracianus, cum noch zwo nachstewr, 1419: -/18/- iuravit
* Hanns [IV.] Pötschner [halbes Haus, Sohn von Asem Pötschner, o. D., vor 6. Februar 1437]
  Wilhalm Pótschner (Potschner) [Bruder von Asem Pötschner]. 1431 relicta Wilhalm Pótschnerin
    St: 1415: 0,5/-/- gracianus, 1416: -/5/10 gracianus, 1418, 1419: -/5/10 gracianus, 1423: 0,5/-/- gracianus,[6] 1428: dedit 1 rh[einischen] gulden fur sich und 3 gross fur die ehalten, 1431: 2,5/-/-
    StV: (1431) aws dem haws gend 5 gulden dem Fróleich.
* Urban Wernstorffer[7] [später Pfändermeister, ∞ Anna; vor 1435 November 9 bis 1437 Februar 6]
* Chunrad Knollein. 1440 domus der Knollein
    Sch: 1439/I-II: 3,5 t[aglon], 1440: 2 t[aglon]
* Pauls Knóllein (Knollein, Knóllen, Knollen, Knollin, Knell, Knollel, Knólly) [Salzsender, Weinschenk[8], bis 1493 März 29]

---

[1] BayHStA, Urk. Bayerische Landschaft.

[2] Ab „solvit" Nachtrag am rechten Rand.

[3] Ulrich Pötschner 1366, 1367, 1372 innerer Rat, 1362-1365, 1368-1371, 1382 äußerer Rat, 1381 Mitglied des Großen Rats, vgl. R. v. Bary III S. 738, 747a. – Frau Kathrin, Ulrich des Pötschners eheliche Wirtin, Bürgerin zu München und 22 Jahre alt, kaufte (wohl 1379) in Augsburg ein Leibgedinge, vgl. Haemmerle, Leibgedingbücher Nr. 159, 196.

[4] Ulrich Pötschner ist auch schon 1390/92 Landschreiber von Oberbayern, vgl. BayHStA, Fürstenbücher I S. 55r, 60r, 78r, 79r, RB X 282.

[5] Erasm und Wilhalm „die zwen jungen Pötschner" sind erst 1416, am Freitag nach Lichtmeß, Bürger geworden, vgl. KR 1415/16 S. 16r.

[6] Dahinter „et".

[7] Urban Wernstorffer 1443-1446 Pfändermeister, vgl. R. v. Bary III S. 825.

[8] Pauls Knóllel (Knoll) ist 1445-1447 als Salzsender belegt, 1458 auch als Weinschenk, vgl. Vietzen S. 146. – 1458 Pauls Knóllel Weinschenk auch nach Gewerbeamt 1411 S. 13v. – 1468, 1472, 1474, 1482, 1485, 1488 ist er Vierer der Weinschenken, 1465 und 1466 städtischer Weinversucher, 1465-1467 Fleischschauer, 1464-1467 Bußmeister und 1464-1466 Mitglied der Gemain, vgl. RP. – 1489 Mitglied der Weinschenkenzunft, vgl. Gewerbeamt 1418 S. 1r. – 1483/84 kauft die Stadt beim Lienhard Lechinger und Pauls Knollein

Sch: 1441/I-II: 2 t[aglon], 1445: 2 ehalten, dedit
St: 1450, 1453-1458: Liste, 1462: -/6/20, 1482: -/7/14, 1486, 1490: -/5/24
* Stadt München [seit 1493 März 29]

Bewohner Dienerstraße 1*:

Chunrat sneyder inquilinus St: 1368: -/-/15 post
Lexprátel mercator inquilinus St: 1368: -/-/8
Haensel Tanner inquilinus St: 1369: -/-/-
Fridrich (Fricz) calciator inquilinus
    St: 1371: -/-/-, 1372: -/-/30
    StV: (1372) item de anno preterito -/-/30.
relicta Fridrich Lochhaimer St: 1383/I: -/-/-
Gebel goltsmid[1] St: 1383/I: -/-/39 gracianus, 1383/II: -/3/18 juravit
Hanns goltsmid inquilinus St: 1383/II: -/-/48 gracianus
Diemut inquilina St: 1393: -/-/24 gracianus
Seydel dez landschreiber(s) chnecht. 1405/II-1408, 1410/I, 1411 Seidel sein [= des Landschreibers]
    knecht. 1410/II Seydel inquilinus
        St: 1397: -/-/46, 1405/II: -/-/60 fur 5 lb, iuravit, 1406-1408: -/-/60 für 5 lb, 1410/I: -/-/50 iuravit,
        1410/II: -/-/50, 1411: -/-/10 fúr nichil
Margred kramerin inquilina Pótschner[2] St: 1403: -/-/40
Marttine Hofaltinger [Weinschenk[3]] St: 1411: 2,5/-/-, 1412: 3/-/80
    Tannerin sein swiger St: 1411: -/-/60, 1412: -/-/80
Fricz Pómerl [Weinschenk, Schankungelter[4]] St: 1423: 2,5/-/-, 1424: -/6/20 hat zalt
relicta Stócklin St: 1428: dedit 2 gróss
Hainrice Katzel inquilinus St: 1431: -/-/22
Peter Wenig gurtler[5], 1439/II, 1441/I inquilinus Sch: 1439/II, 1440: 2 t[aglon], 1441/I: 3 t[aglon]
Hanns Reinman taschner inquilinus Sch: 1441/I: 1 t[aglon]
Gabriel Graispach [Goldschmied, äußerer Stadtrat[6]], 1462 inquilinus, 1450 Gabriel goltsmid
    Sch: 1441/II: 2 t[aglon], 1445: 1 diern, dedit
    St: 1450, 1453-1458: Liste, 1462: 2/4/11
    StV: (1462) et dedit -/-/60 fur den Kuncz Greyspach die trit nachstewr.
Walcher goltsmid[7] inquilinus Sch: 1441/II: 1 t[aglon]
pueri stainmecz. 1458 pueri Conrat stainmecz St: 1456-1458: Liste
[rotsmid 1474[8]]
Jorg Voburger goltschmid[9] St: 1490: -/-/60
Hanns Mair kramer St: 1496: -/3/5
relicta Giessin St: 1496: -/-/60

---

    um 19 Pfund 1 Schilling und 10 Pfennige 1400 Karpfensetzlinge für die städtischen Fischweiher im Stadtgraben bei den Toren, das Stück für 11 ½ Pfennige, vgl. KR 1483/84 S. 95v.
[1] Frankenburger S. 265.
[2] Der Eintrag steht irrtümlich bei Haus Dienerstraße 3*, deshalb der Zusatz: "inquilina Pötschner".
[3] Martein Hofoltinger ist um 1414 Weinschenk, vgl. Gewerbeamt 1411 S. 2v.
[4] Fritz Pömerl 1431-1439 Schankungelter, vgl. R. v. Bary III S. 879. – 1433 ist Fricz Pómer(l) Mitglied der Weinschenken-Bruderschaft, vgl. Gewerbeamt 1411 S. 9r.
[5] Später auch Weinschenk, Salzsender und äußerer Stadtrat, vgl. Rosenstraße 2, 6 und Marienplatz 26*.
[6] Gabriel Graispach 1459, 1463 Vierer der Goldschmiede, 1429 "der Stadt Goldschmied" und als solcher zuständig für Maß und Gewicht, vgl. RP und KR 1429/30 S. 60r. – Gabriel Graispach ist 1460 und 1461 auch äußerer Stadtrat, 1459-1471 wiederholt Mitglied der Gemain, vgl. RP. – Frankenburger S. 270/271.
[7] Frankenburger S. 272, hier „Walther" gelesen.
[8] Im Februar 1474 zahlt die Stadtkammer „dem rotsmid in des Knollels haws" 3 Pfund 4 Schillinge und 24 Pfennige aus „umb 32 marck silbergewicht", vgl. KR 1473/74 S. 88v.
[9] Frankenburger S. 281.

Thoman Wilfing k[ürschner]¹
    St: 1496: -/2/3
    StV: (1496) et dedit -/-/4 von 1/2 lb geltz.
Höhenpergerin² [Kramer] St: 1514: Liste
[Hans] Pelchinger [wein]stadlknecht³ St: 1514: Liste

Dienerstraße 2* – 5*B

Die Häusergruppe Dienerstraße 2* – 5*B, also bis zur Ecke an der Landschaftstraße, war bis 1378 im Besitz vereinigt. Auch das Haus Landschaftstraße 7* dürfte dazu gehört haben. Auf der Stadtkarte von 1806 läßt sich dieses Grundstück sehr deutlich erkennen: alle diese Häuser haben nach Westen zu eine gemeinsame, schnurgerade Grenzlinie, die genau die Grenzlinie des Hauses Marienplatz 9*B verlängert (das ursprünglich seinerseits wieder mit Dienerstraße 1* und wohl auch Marienplatz 10* zusammengehört haben dürfte. In den Steuerbüchern findet sich bis 1378 zwischen Dienerstraße 1* (Pötschner) und Dienerstraße 6 (Gerolt) nur jeweils ein einziger Name: Bartholomäus Rudolf beziehungsweise Batholomäus Schiet (abgesehen von den beiden vorübergehend hier wohnenden Dietel Weygel 1372 und iunior Prunner 1382). Rudolf und Schiet könnten verwandt sein.

1370 die Baukommission beanstandet des Schieten Lauben und Kellerhals an der Dienerstraße.⁴
Wahrscheinlich gehört zu dieser Häusergruppe aber auch der Hauseigentümer Ebner, dessen Kellerhälse um 1372 ebenfalls beanstandet werden. Er steht in der Reihenfolge zwischen Schiet und der Meschlerin Eckhaus (wahrscheinlich Dienerstraße 6). Eine Bestätigung dieser Vermutung könnte darin liegen, daß bei der Zertrümmerung 1378 des Ebners Knecht hier als einer der Vormünder erscheint, vgl. unten.
1375 September 28 Pertel Schiet verpfändet sein Haus an des Dieners Gasse um 82 Gulden an Hainrich den Stupf.⁵
1377 November 26 Pertel Schiet muß sein Haus an des Dieners Gassen an Hans den Pucher versetzen, um die nicht sehr hohe Summe von 60 Gulden.⁶
1378 Februar 16 Paertlein der Schiet ist Nachbar von Stephan dem Reczer, Bürger zu Amberg, beziehungsweise den Gebrüdern von Hausen (Dienerstraße 6).⁷
Danach erfolgt die Zertrümmerung des Besitzes. Da am 16. September 1378 die beiden Vormünder Zacharas Rudolf (!) und Jörg, Diener der Ebner, für ein namentlich nicht genanntes Mündel das Grundstück Dienerstraße 5*A/B verkaufen, am 22. November 1378 aber Paertel Schiet selbst das Haus Dienerstraße 2* – 4*, könnte es sich bei diesem Paertel Schiet um einen am 16. September noch unmündigen Sohn des (älteren) Paertel Schiet handeln. Auch die Tatsache, daß 1377 und 1378 keine Steuer mehr von Paertel Schiet bezahlt wird, könnte in diese Richtung deuten. Schon 1375 war der Steuerbetrag von vorher 2 1/2 Pfund auf 12 Schillinge (1 1/2 Pfund) gesunken. Auch die Verpfändung 1377 könnte bereits in Erbauseinandersetzungen ihre Ursache haben. 1379 fehlt außerdem im Steuerbuch der ganze Komplex: Auf Pötschner (Dienerstraße 1*) folgt gleich Anharttinger (Dienerstraße 6). Jedenfalls also übergeben zwei Vormünder – wahrscheinlich des jüngeren Paertel Schiet – am 16. September 1378 „die hofstat" (kein Haus !) „an dez Dieners gazzen an dem ekk gen Scharfneck uber [Dienerstraße 18] an trager stat" „Hansen dem Frazz und Ch[unrad] dem Spindler".⁸ Wie aus der wei-

---

¹ Thoman Wülfing ist Kürschner, vgl. KR 1496/97 S. 16v.
² Hinter getilgtem „Doman koch". – Ein Contz Hehenperger ist 1495, 1500 und 1507 und 1508 Vierer der Kramer, vgl. RP.
³ Der Nadler Hanns Pelchinger ist 1510-1530 Weinunterkäufel und Weinkoster, 1510-1521 vielleicht sogar bis 1530 gleichzeitig auch Weinstadelmeister bzw. Weinstadelknecht, vgl. R. v. Bary III S. 970. – 1508 war er Vierer der Beutler, Gürtler, Taschner, Ircher, Nadler, vgl. RP.
⁴ Zimelie 9 (Ratsbuch IV) S. 4r (neu 6r).
⁵ GB I 69/5.
⁶ GB I 92/10.
⁷ GB I 94/14.
⁸ GB I 101/5.

teren Geschichte dieser Hofstatt hervorgeht, handelt es sich um Dienerstraße 5*A/B, möglicherweise auch mit Landschaftstraße 7*.

Am 22. November 1378 übergibt Paertel Schiet „sein haus" an des Dieners Gassen Pertlein dem Růdolf.[1] Es muß sich dabei um Dienerstraße 2* – 4* handeln, da ja Nr. 5*A/B schon verkauft ist. Bartholomäus Rudolf hat den Besitz laut Steuerbuch noch 1382. 1383 fehlt er im Steuerbuch (wie auch der Nachbar Dienerstraße 5*A) und ab 1387 ist auch dieser Komplex Dienerstraße 2* – 4* zertrümmert: Das Grundstück Dienerstraße 2* hat jetzt Hans Wölfel inne, Dienerstraße 3* Lienhard der Zimmermann und Dienerstraße 4* Eberl der Maurer.

Wahrscheinlich war das große Grundstück Dienerstraße 2* – 5* bis 1378 noch spärlich bebaut (z. B. mit Verkaufsbuden). Darauf deutet, daß nur das Grundstück 2* – 4* 1378 als „Haus" bezeichnet wird, das Grundstück 5*A/B aber nur als „Hofstatt", also als unbebaute Fläche. Ebenfalls deutet darauf die geringe Summe von 82 Gulden, für die der Gesamtbesitz 1375, und die Summe von 60 Gulden für die er 1377 verpfändet wurde.[2] Ebenfalls dürfte in diese Richtung deuten, daß zwei der neuen Besitzer, nämlich die von Dienerstraße 3* und 4* wohl nicht zufällig Bauhandwerker waren: ein Zimmermann und ein Maurer. Offenbar haben sie beide erst diese Häuser gebaut.

Die Grundstücksaufteilung in diesem Bereich Dienerstraße 2* – 5* mit Landschaftstraße 7* wie sie die Stadtkarte von 1806 zeigt, dürfte also in den Jahren 1378/87 entstanden sein.

Zu den Rudolf in dieser Zeit vgl. auch Dienerstraße 20 mit Burgstraße 5 und Dienerstraße 7/8 sowie Rindermarkt.

Eigentümer Dienerstraße 2* – 5*B:

*? Paertel (Bartholome) [I.] Růdolf (Rudolf)[3] [Eigentümer seit 1378 November 22, Mitglied des Großen Rats]
     St: 1368: 5,5/-/24, 1381, 1382: 2,5/-/-
* Ebner [um 1372, vielleicht nur Teilbesitz]
* Paertl (Bartholome) Schiet [bis 22. November 1378]
     St: 1369: 4/-/- juravit, 1371: 2,5/-/- juravit, 1372: 2,5/-/-, 1375: -/12/-, 1377, 1378: -/-/-

Bewohner Dienerstraße 2*-5*B:

Dietl Weygel inquilinus St: 1372: 1/-/-
junior Prunner St: 1382: -/-/24

Dienerstraße 2*

Charakter: Bis Anfang 16. Jahrhundert Weinschenke.

Hauseigentümer Dienerstraße 2*:

Eigentümer bis 1383/II wie Dienerstraße 3* und 4*, bis 1378 auch wie Dienerstraße 5*A/B.
1370 siehe Dienerstraße 2*-5*B (Schiet)
1375 September 28,
1377 November 26 und
1378 Februar 16 siehe Dienerstraße 2*-5*B (Schiet).
1378 November 22 siehe Dienerstraße 2*-5*B (bisher Pertel Schiet, nunmehr Pertlein Rudolf).
1390 März 14,
1392 Mai 4 und

---

[1] GB I 101/21.
[2] GB I 69/5 (1375).
[3] Partel I. Rudolf 1381 Mitglied des Großen Rats, vgl. R. v. Bary III S. 747a.

1393 April 14 das Haus des Hanns (Hännsel) Wölfel an des Dieners Gassen ist dem Haus des Hainrich Lienhart des Zimmermanns (Dienerstraße 3*) benachbart.[1]

1392-1398 der Wilbrecht- und Schrenck-Altar in St. Peter haben Ewiggelder aus Hänsel des Wölfels Haus an des Dieners Gasse.[2] Hanßlein der Wolfel ist Wirt und Weinhändler. Ihm werden während der Bürgerunruhen mehrfach Geldbeträge von der Stadt ausgezahlt „an seinem gelt, dazz man im vertzert hat in der rais". 1398/99 erhielt er sogar den zweithöchsten Betrag erstattet (45 Pfund 3 Schillinge und 10 Pfennige) – nur Hainrich Bart erhält noch mehr, 48 Pfund. Weitere Zahlungen an die Wirte, darunter Hannsen den Wolfel, erfolgen 1399/1400 und 1400/1402. In derselben Zeit (1400/02) erhält er auch eine Zuwendung: „da hat er wein gen hof geschaffen". Er war also auch „Hoflieferant" von Wein.[3] 1399/1400 hat Hanns der Wölfel auch einen Stadel des Sendlinger am Wilhelms-Gässel gemietet (Landschaftstraße 8 A/B).

Nach dem Tod des Hans Wölfel, der 1406/07 erfolgte, hat seine Witwe offensichtlich Mühe, den Besitz zu halten. Sie muß wiederholt verpfänden:

1408 August 25 Elspet, des Hansen Wölfels seligen Witwe verpfändet die Überteuerung auf ihrem Haus über die 140 Gulden, die Herr Ott, der Pfarrer von Anzing, darauf hat, an Bartholome den Gregk von Ulm. Nachbar ist Ulrich des Pötschners Haus (Dienerstraße 1*).[4]

1408 September 1 Hans des Wölfleins Haus an des Dieners Gassen ist dem Haus des Lienharten des Zimmermanns (Dienerstraße 3*) benachbart.[5]

1408 Oktober 9 Herr Ott der Zunhaimer, Pfarrer von Anzing – in den Steuerbüchern von 1410/12 „Dechant von Isen" genannt – tritt seinen Brief, den er von Hanns dem Wölfel selig über ein Ewiggeld aus dessen Haus hat, an die Pfleger seiner Kinder Käterlein, Ändlein und Elslein ab, „die zu irn tagen dannoch nicht komen sind". Nachbar ist wieder Ulrich Pötschners des Landschreibers Haus an des Dieners Gassel.[6]

1409 Januar 21 der Wölfel ist Nachbar des Hauses der Lienhart-Kinder, nunmehr des Chunrad des Wülfing (Dienerstraße 3*).[7]

1409 Oktober 10 Ott der Zunhaimer, Pfarrer von Anzing, überträgt einen Brief über 8 Gulden Ewiggeld aus der Wölflin Haus – Nachbar Ulrich Pötschner (Dienerstraße 1*) – an Perchtold den Pfunczner und Hanns den Offink, als Pfleger seiner Kinder Käterlein und Änderlein, „die zu irn tagen dannoch nicht kömen sind".[8]

Hanns der Offing dürfte der Schwiegersohn von Hanns Wölfel sein, da letzterer laut Steuerbuch von 1401 eine Tochter „die Offingin" hat. Also liegt wohl auch Verwandtschaft mit dem Pfarrer von Anzing vor.

1410 Januar 27 vermerkt das Gerichtsbuch gar die Übertragung des ganzen Hauses – Nachbar Ulrich Pötschner (Dienerstraße 1*) – an des Dieners Gassen durch Elspet, Witwe von Hans dem Wölfel, an Bartholome den Gregk von Ulm[9]. Der Eintrag ist jedoch wieder getilgt. Die Übereignung hat entweder nicht stattgefunden oder sie wurde wegen Ablösung der Schuld wieder rückgängig gemacht.

1410 Juni 24 Hans des Wölfels (Sohn) Haus ist Nachbar von Lienhard des Zimmermanns Kind Haus (Dienerstraße 3*).[10]

1410 September 30 die Wölflin versetzt dieses Haus – Nachbar der Landschreiber Ulrich Pötschner (Dienerstraße 1*) – um 68 gute alte rheinische Gulden an Hainrich den Röt von Augsburg beziehungsweise seinen Vertreter, seinen Schreiber Hans.[11] Auch dieser Eintrag ist wieder getilgt, die Schuld also wohl abgelöst worden. Gleiches geschah mit dem Ewiggeldverkauf von

1411 April 20. Nachbar ist wieder der Landschreiber Ulrich Pötschner (Dienerstraße 1*).[12]

---

[1] GB I 244/12, GB II 27/3, 50/3.
[2] Steueramt 982/1 S. 18r, 20v.
[3] KR 1399/1400 S. 120v, 1400/1402 S. 43r, 45v, vgl. auch KR 1400/02 S. 103r ff., 1402/03 S. 100r.
[4] GB III 79/18.
[5] Vogel, Heiliggeistspital, Urk. 215.
[6] GB III 80/10.
[7] GB III 84/3.
[8] GB III 89/15.
[9] GB III 92/7.
[10] Vogel, Heiliggeistspital, Urk. 218.
[11] GB III 101/14.
[12] GB III 106/4.

1410/II, 1411, 1412 „domus herr Ott Zunhaimer, techant ze Ysen" (StB).

1412 Mai 17 erneut versetzt des Hans des Wölfels Witwe Elspet ihr Haus an des Dieners Gassen, zunächst „Ulreichs Póczners des lantschreybers haws" (Dienerstraße 1*), wegen des Roten, Bürgers zu Augsburg, um 68 alte rheinische Gulden und wieder wird der Eintrag getilgt.[1]

1412 Juni 3 Elspet die Wölflin versetzt die Überteuerung aus ihrem Haus an des Dieners Gassen – Nachbar wieder Ulrich der Landschreiber – an ihre Tochter Elspet um 76 ungarische Gulden. Auch dieser Eintrag wird wieder getilgt.[2]

1413 Juni 19 der Wolflin Haus ist dem Haus des „Chunrad Wulfing", künftig des Hans des Paltwein (Dienerstraße 3*), benachbart.[3] Trotz der Schwierigkeiten kann sich die Wölflin auf dem Haus halten. Bis 1419 steht sie in den Steu-erbüchern und noch

1420 August 1 scheint sie zu leben: Da vermachen Fridrich Dorn und seine Hausfrau Elspet (Tochter der Wölflin ?) ein Ewiggeld aus dem Hause der Elspet der Wölflin an des Dieners Gassen an das Angerkloster.[4] Die Wölfel haben gleichzeitig um 1410 das Haus Dienerstraße 19, schräg gegenüber, das zuletzt Hanns Wölfel (Sohn) mit seiner Hausfrau Diemut inne hat.

Zwischen dem 1. August 1420 und der Steuererhebung von 1423 könnte das Haus an Lorenz Endlhauser übergegangen sein. Er ist 1429 und 1430 als Salzsender belegt.[5] Er ist wahrscheinlich ein Verwandter, vielleicht sogar der Schwiegervater von Michel Dachs, da letzterer 1431 nach dem Tod des Endlhauser schon auf dem Haus sitzt und außerdem noch bis 1441 die unmündigen Kinder (pueri) des Endlhauser in diesem Haus wohnen und hier zum Scharwerk veranlagt sind.

1437 Februar 6 das Haus des Michel Dachs ist dem Haus des Urban Wernstorffer, nunmehr Chunrad Knöllens Haus (Dienerstraße 1*), benachbart.[6] Michel Dachs ist 1443 als Salzsender belegt[7], unter anderem ist er 1459, 1461 und 1464 als Vierer der Salzsender, und zwar der Krötler, nachgewiesen,[8] handelte also mit Krötelsalz. Schon 1433 ist er als Weinschenk belegt,[9] 1463 ist er Vierer der Weinschenkenzunft[10] und repräsentiert damit die traditionelle Verbindung von Salz- und Weinhandel. Außerdem ist Michel Dachs wiederholt Mitglied des äußeren Stadtrats, so 1459 und 1462 bis 1480. Nachfolger von Michel Dachs ist Raphael Dachs, wohl sein Sohn. Er ist 1489 und 1503 Vierer der Weinschenken und damit wohl auch Salzsender.

1493 März 29 das Haus des [Raphael] Dachs ist dem Haus des Paul Knöllein, künftig der Stadt München Haus (Dienerstraße 1*), benachbart.[11]

1526 Juli 20 das Haus des Oswold Dax ist dem des Caspar Holtzkhircher, künftig Benedict Glockhner (Dienerstraße 3*), benachbart.[12] Oswald Dachs und seine Hausfrau Anna verkaufen es zwischen 1529 und 1532 an den fürstlichen Rat Hanns von Sandizell und seine Hausfrau Maria, geborene Pötschner.

1532 domus Sandizeller (StB).

1536 Juni 19 die Eheleute Sandizeller verkaufen das Haus, wie sie es von Oswald und Anna Dachs käuflich erworben haben, um 1821 Gulden weiter an den Münchner Bürger Jörg Lerchenfelder und seine Hausfrau Felicitas, geborene Ligsalz. Nachbarn sind Benedikt Glockner (Dienerstraße 3*) und die Ratstrinkstube (Dienerstraße 1* und Marienplatz 10*). Hinten stößt das Haus an dasjenige des Wolfgang Hofer, also das Rückgebäude von Marienplatz 9*A/a (Landschaftstraße 8*).[13]

Vor 1549 das Stadtbruderhaus hat ein Ewiggeld auf dem Haus des Jorg Lerchenfelder an der Dienersgassen.[14]

---

[1] GB III 114/7.
[2] GB III 123/6.
[3] GB III 140/7.
[4] BayHStA, KU Angerkloster München 419/1, 2.
[5] Vietzen S. 140/141, 143.
[6] Urk. B II c Nr. 275c.
[7] Vietzen S. 145.
[8] RP 1459, 1461, 1464.
[9] Vietzen S. 145.
[10] RP 1463; Vietzen S. 145.
[11] Urk. F I/II Nr. 2 Dienersgasse.
[12] GB IV S. 121v.
[13] BayHStA, Urk. Bayerische Landschaft.
[14] Zimelie 33 (Stadtbruderhausbuch) S. 9.

1574 laut Grundbuch (Überschrift) des Caspar Lerchenfelder Haus und Stallung.[1] Das Grundbuch vermerkt den ersten Eintrag zu diesem Haus erst für den 29. April 1628.
Caspar Lerchenfelder ist am 10. September 1567 fürstlicher Rat und Zahlmeister. Seine Mutter ist Felicitas Ligsalz, Witwe des Ratsbürgers Georg Lerchenfelder,[2] der aber 1540 schon tot ist. Die Witwe steht noch bis 1564 in den Steuerbüchern. Die Familie Lerchenfelder hat das Haus bis 1630 (GruBu).

Eigentümer Dienerstraße 2*:

Bis nach 1382 wie Haus Nr. 2* – 4*
* Hennsl (Hanns) Wólfl (Wolfl) [1398-1403 Wirt, 1400/1402 Weinhändler[3], ∞ Elspet]. 1394 Hans Wólfflin. 1407 relicta Hanns Wólfel. 1408 relicta dez Hannsen Wolfleins. 1410/I, 1415-1419 relicta Wolflin (Wólflin). 1410/II, 1411-1413 relicta Hanns(en) Wolflin (Wólflin)
    St: 1387: 1/-/-, 1390/I-II: 2/-/-, 1392: -/14/-, 1393, 1394: 2/-/80, 1395: -/13/10, 1396: 2,5/-/-, 1397: -/20/-, 1399, 1400, 1401/I: 2,5/-/-, 1401/II: 5/-/80 iuravit, 1403, 1405/I: 5/-/80, 1405/II: 2,5/-/- iuravit, 1406: 3/-/80, 1407: 3/-/80 patrimonium, 1408: 3/-/80, 1410/I: 0,5/-/- iuravit, 1410/II: -/5/10, 1411: 0,5/-/-, 1412: -/5/-, 1413: 0,5/-/- iuravit, 1415: 0,5/-/-, 1416: -/5/10, 1418, 1419: -/10/20
    StV: (1410/I) auz dem selben haws hat her Ott [Zunhaimer] von Aenczing 8 ung[arisch] gulden ewigs gelcz; dedit -/9/18, und dasselb haws die übertewrung hat chaufft ainer von [Name fehlt].
    Pferdemusterung, um 1398 (Ur-Fassung): Hanns Wolfel sol haben ein pferd umb 20 gulden und ein erbern knecht; (Korrig. Fassung): Hanns Wolfel sol haben 2 pferd umb 32 gulden und[4] selber rait[en].
  sein [= des Wölfel] tochter.[5], 1401/II und sein tochter Offingin
    St: 1401/I-II: -/-/-
  relicta Hártl Mornheimer. 1403, 1405/I relicta Mornhamerin sein swester. 1405/II relicta Mornhaimerin, 1390/II, 1405/II inquilina
    St: 1390/II: -/-/40, 1403: -/-/32 fúr nichil, 1405/I-II: -/-/28 fúr nichil
  Andre Zangk, sein [= des Wölfel] aydm
    St: 1405/II: -/6/- gracianus
    StV: (1405/II) zu dem nachstn sol er swern.
  Hanns Wólfel [der junge]
    St: 1410/I: -/-/60 gracianus
* her Ott techant ze Ysen. 1411 domus her Ott [der Zunhaimer]. 1412 domus her Ott von Ysen [früher Pfarrer zu Anzing]
    St: 1410/II: -/12/24, 1411, 1412: -/-/-
*? Larencz Endelhawser (Endeltzhawser, Endelhauser) [Salzsender, Wirt[6]]
    St: 1423: 2,5/-/-, 1424: -/6/20 hat zalt, 1428: dedit 14 gross, 1431: 2/-/80 patrimonium
    StV: (1428) fur sich, sein weib und sein ehalten. (1431) et dedit Dachs -/-/60 sua gracia von 120 gulden.
  pueri Endelhauser. 1441/II pueri Laurencz Endlhauser
    Sch: 1439/I-II, 1440, 1441/I-II: 1 t[aglon]

---

[1] Stadtgericht 207/1 (GruBu) S. 473v.
[2] BayHStA, Urk. Bayerische Landschaft.
[3] Dem Wirt Hanns (Hansl) Wolfel/Wölfel schuldet die Stadt 1403 5 Pfund und 80 Pfennige „von der rais wegen", ebenso von der neuen Rais wegen einen weiteren Betrag von 85 Pfund und 60 Pfennigen, die 11 Mann und 11 Pferde 12 Wochen lang „datz im verzert habend" und weitere 88 Pfund 16 Pfennige, „die zu im verzert haben Peter Marschalk" und seine Leute, die ebenfalls 12 Wochen lang mit 11 Pferden bei ihm in der herberge lagen, vgl. Steueramt 572 (Leibgedingbuch 1402/03) S. 36r, 63r; 573 (Leibgedingbuch 1404/09) S. 39v. 1399 führt den Hanns Wölfflein auch das Verzeichnis der bei den einzelnen Händlern vorhandenen Fässer mit Wein auf, wonach er 9 Fässer Wein von „Hainrich mit dem part" gekauft hat, vgl. Märkte 319. Auch noch um 1414 ist Hans Wólfel als Weinschenk belegt, mit Vermerk „obiit", vgl. Gewerbeamt 1411 S. 2v.
[4] Das folgende „ein erbern knecht" wohl versehentlich nicht getilgt.
[5] Davor getilgt „Lawginger".
[6] Endelhauser (ohne Vornamen) 1429 und 1430 als Salzsender belegt, vgl. Vietzen S. 143. – 1430 ist Endlhauser einer der Wirte an der Dienersgasse, die Ungeld zahlen, vgl. Steueramt 987.

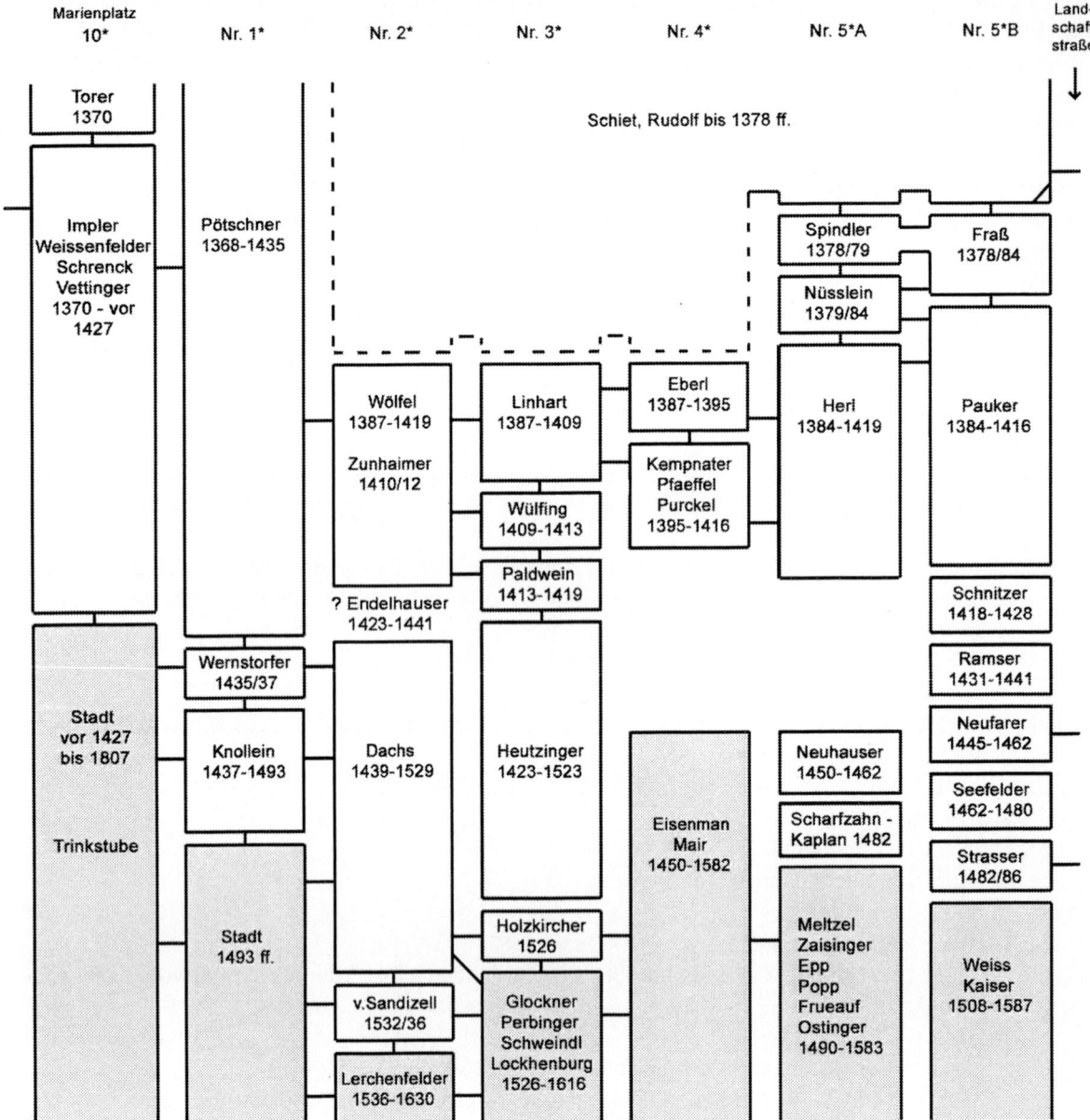

Abb. 43 Hauseigentümer Marienplatz 10*, Dienerstraße 1* – 5*.

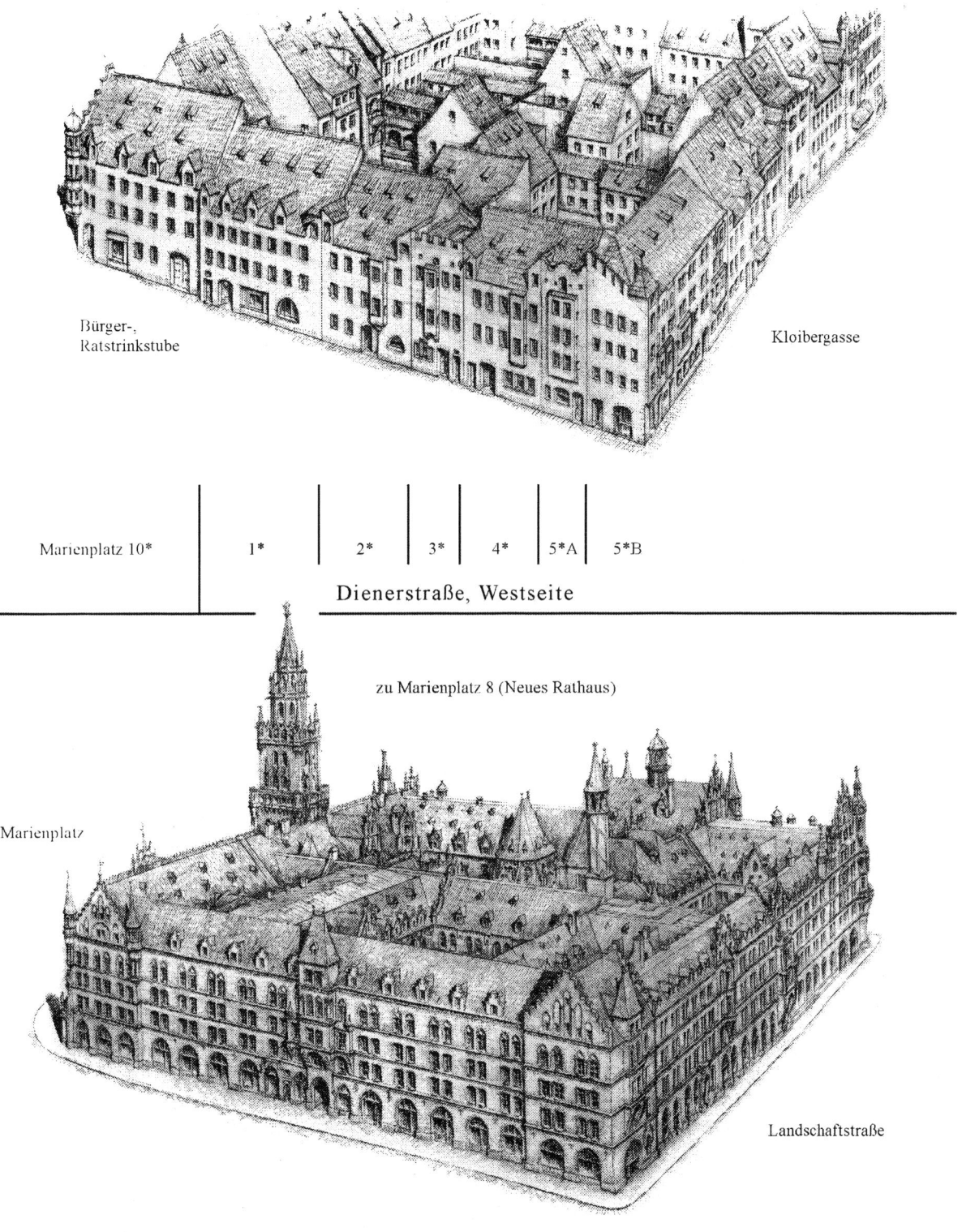

Abb. 44 Marienplatz 10*, Dienerstraße West Nr. 1* – 5* mir Blick in die Landschaftstraße Süd, Häuserbuch Graggenauer Viertel S. 48/49.

* Michel Dachs (Dagss) [äußerer Rat, Salzsender (Krötler), Weinschenk[1], ∞ Witwe Endlhauser ?]
    Sch: 1439/I-II, 1440, 1441/I-II: 3 t[aglon], 1445: 3 ehalten, dedit
    St: 1450, 1453-1458: Liste, 1462: 4/3/-, 1482: 3/5/-
    Bem.: 1431 siehe StV Endlhauser.
* Raphael Dachs (Dax) [Weinschenk[2]]. 1509, 1514 relicta Raphael Daxin
    St: 1486: 2/1/7, 1490: 3/3/24, 1496: 3/5/20, 1500: 1/4/16, 1508: 2/5/11, 1509: 2/5/11 patrimonium, 1514: Liste
    StV: (1486) et dedit -/1/22 von -/13/- gelcz aus Rabeneck [= Rosenstraße 6] von [Ott von ?] Mittenwald.
* Oßwald Dax [Weinschenk, Salzsender ?[3], ∞ Anna N.]
    St: 1522-1526, 1527/I: 1/-/15, 1527/II, 1528, 1529: -/6/5
    StV: (1522) hat seiner hausfrau gut zugesetzt. (1528) [am Rand:] Holltzners kind.
* domus Sandizeller [bis 1536 Juni 19]
    St: 1532: nichil, rat
* relicta Jorg Lerchenfelderin [geb. Felicitas II. Ligsalz]. 1546, 1547, 1552/I-II, 1555, 1560 relicta Lerchenfelderin. 1561 Lerchenfellderin. 1563-1566/I, 1567/I-1568, 1570, 1571 Lerchenfelderin wittib. 1566/II, 1569 Jorg Lerchenfelderin witib
    St: 1540-1542: 24/3/13, 1543: 48/6/26, 1544: 24/3/13, 1545: 27/4/20, 1546-1548, 1549/I-II, 1550, 1551/I-II, 1552/I-II: 13/5/25, 1553, 1554/I-II, 1555: 13/3/15, 1556, 1557: 11/5/25, 1558: 22/4/20, 1559, 1560: 11/5/25, 1561, 1563, 1564/I: 2/1/19, 1564/II: 4/2/3, 1565, 1566/I-II: 6/2/17, 1567/I-II: 7/1/19, 1568: 14/3/8, 1569-1571: 3/-/21
    StV: (1556) abgesetzt aintausent gulden des Untterholtzers heiratgut. (1561-1564/I) ausser der Ligsaltz schuld. (1564/II) zuegesetzt den 8. tail Ligsaltzische schuld. (1565) zuegesetzt den andern 8. tail Ligsaltzischer schuld. (1567/I) zuegesetzt zum dritten mal Ligsaltzische schuld unnd nachdem sy 2 empfang von Ligsaltzn 10 100 fl zuegesetzt, daran ir nur 8 000 fl zuegehern, ist ir steur darauff gemacht unnd was sy zuvil bezalt, wider hinaus geben worden. (1570, 1571) ausser der Ligsaltz schuld.

  Walthasar Lerchenfelder [Stadtrat[4]]
    St: 1542: 10/-/26, 1543: 20/1/22
** Caspar Lerchenfelder [zu Ammerland, fürstlicher Rat und Zahlmeister, Sohn von Georg Lerchenfelder und Felicitas Ligsalz]
    St: 1565, 1566/I: -/-/- hofgsind, 1566/II: an chamer, 1567/I: an chamer, hofgsind, 1567/II-1569, 1570: an chamer, 1571: -/-/- hofgsind
    StV: (1570) mer von ainem annger vor Unnsers Herrn Thor, so des Benedict Andorfers gewesen.

Bewohner Dienerstraße 2*:

Hans Schinteldach [Weinschenk[5]] St: 1394: -/-/88
Laẃginger schreiber St: 1400: -/-/50, 1401/I: -/-/60
Ulm kúrsner inquilinus St: 1400: -/-/55 fúr 8 lb
[Hanns] Kristel sneyder inquilinus St: 1400, 1401/I: -/-/-
Haincz Zeller preẃ St: 1410/II: -/-/80 fúr 10 lb
Haincz hofschuster inquilinus St: 1410/II: -/-/-
Chuncz seydennader inquilinus St: 1410/II: -/3/-

---

[1] Michel Dachs ist 1459-1480 äußerer Stadtrat, 1459, 1461, 1464, 1468 Vierer der Salzsender (Krötler), vgl. RP, auch 1443-1447 Salzsender, vgl. Vietzen S. 145, 1433 und 1451 ist er Mitglied der Weinschenken-Bruderschaft, 1456 Vierer der Weinschenken, 1458 Weinschenk, vgl. Gewerbeamt 1411 S. 8v, 9v, 11v, 12v, auch 1463 Vierer der Weinschenken, vgl. RP.
[2] Raphael Dachs 1489 Mitglied der Weinschenkenzunft, vgl. Gewerbeamt 1418 S. 5r; 1503 Vierer der Weinschenken, vgl. RP.
[3] Oswolt Dax seit 1517 Mitglied der Weinschenkenzunft, vgl. Gewerbeamt 1418 S. 17r.
[4] Balthasar Lerchenfelder 1541-1543 äußerer, 1545-1559 innerer Stadtrat, vgl. RP.
[5] Hensel Schinteldach ist um 1414 Weinschenk, vgl. Gewerbeamt 1411 S. 3r. – Auch 1402/03 schuldete die Stadt schon dem Hansen dem Schinteldach Geld um Wein, „den der Hochenfelßer datz im genomen hat in dem krieg", vgl. KR 1402/03 S. 101r.

Gabriel Holczkiricher [Salzsender, Wirt¹]
    St: 1418, 1419: 3/-/80
    StV: (1418) von salczfúrens wegen.
pueri Vachnpeck (Vachnpock) St: 1456-1458: Liste
Jórg Pótschner St: 1486: 1/2/8
Jörg Eysnman St: 1508: anderswo
Bernhart Wenig, 1522, 1524 goltschmid²
    St: 1522-1525: 2/2/19, 1526, 1527/I: 2/1/14, 1527/II, 1528, 1529: 2/1/8
    StV: (1522-1526, 1527/I) et dedit -/5/28 fúr p[ueri] Goldgrueber. (1522) hat 5 fl geltz vom
        Rólln zúgesetzt. (1527/II, 1528, 1529) et dedit -/6/21 fúr p[ueri] Goldgruber.
Jorg Lehner³ St: 1540, 1541: -/2/5, 1545: -/4/-, 1546, 1547: -/2/-
Hanns Humpl
    St: 1548: -/-/- hoffgsind und kornruerer, 1549/I-II: -/-/- hoffgsind, 1550, 1551/I: -/-/28 hoffgsind
        und kornruerer, 1551/II, 1552/I-II: -/-/28 hoffkornruerer, 1553, 1554/I-II: -/-/28 kornruerer,
        1555: -/-/28 hoffgsind
    StV: (1548) ist noch nit búrger, hat sein bedacht pis auf Michaeli derhalben.
Zeller pfennigmaister. 1552/I N. Zeller. 1552/II, 1553, 1554/II N. Zeller (fúrstlicher) pfennigmaister.
    1555 Zeller fúrstlicher zalmaister
    St: 1551/II: nihil, 1552/I: nihil, pfennigmaister, 1552/II: nihil, 1553, 1554/II, 1555: nihil
Herr von Zylhart (Zillhart, Zilnhart), 1557-1559, 1564/I-II chamerrath, 1563 fúrstlicher chamerrath
    St: 1557-1564/I: nihil, 1564/II: nichil, hofgsind

Dienerstraße 3*

Charakter: Mindestens von Anfang 15. bis Anfang 16. Jahrhundert Wein- und Metschenke.

Hauseigentümer Dienerstraße 3*:

Eigentümer bis 1383/II wie Dienerstraße 2* bis 4*, bis 1378 auch wie Dienerstraße 5*A/B.

1378 November 22 siehe Dienerstraße 2*-5*B (bisher Pertel Schiet, nunmehr Pertlein Rudolf).
In den Steuerbüchern findet sich seit 1387 hier der Zimmermann Hainrich Lienhart.
1390 März 14 der Zimmermann Hainrich Lienhart hat sein Haus an des Dieners Gassen, zunächst Hännsel Wölfleins Haus (Dienerstraße 2*), Jörg dem Vinger übergeben.[4] Doch erscheint auch weiterin immer die Familie Lienhart als Hauseigentümer.
1392 Mai 4 Hainrich Lienhart der Zimmermann verschreibt seiner Hausfrau Gatrein ihre Morgengabe von 5 Pfund Münchner Pfennigen aus seinem Haus an des Dieners Gassen. Nachbarhäuser sind die Häuser des Hans Wölflein (Dienerstraße 2*) und des Eberlin Maurer (Dienerstraße 4*).[5]
1393 April 14 Hainrich der Lienhart teilt sein Haus und übergibt die Hälfte davon seinem Bruder Chunrad dem Lienhart. Nachbar ist das Haus des Hans Wölfel („Wolflin") (Dienerstraße 2*).[6]
1393 Oktober 23 und
1395 September 13 das Haus des Hainrich Lienhart ist dem Haus des Eberl Maurer (Dienerstraße 4*) benachbart.[7]
Hainrich Lienhart ist einem Eintrag im Steuerbuch von 1399 zufolge ertrunken, worauf der Lienhart Zimmermann an der Prannersgasse die Steuer dieses Hauses in seinen Eid nimmt. Es dürfte sich um den Bruder Konrad Lienhart handeln. Das Salbuch des Heiliggeistspitals stellt den weiteren Besitz-Zusammenhang kurz und bündig vor: Das Spital hat ein Ewiggeld „auz des Liendleins zimermans hauz,

---

[1] Später, so 1430, bei Weinstraße 16* Wirt.
[2] Bernhart Wenig 1510, 1511, 1516-1519 Vierer der Goldschmiede, 1520-1532 städtischer Silberschauer und Gewichtszeichner, vgl. RP und R. v. Bary III S. 951. – Frankenburger S. 285/286.
[3] Ein Jorg Lehner ist 1546-1553 Eichgegenschreiber, vgl. R. v. Bary III S. 973.
[4] GB I 244/12.
[5] GB II 27/3.
[6] GB II 50/3.
[7] GB II 56/3, 101/14.

daz nu Hánsleins des Palweins ist, an des Diener gazzen" und ein späterer Schreiber ergänzt zum 8. Juli 1453: „hat [ab]geloist Hanns Heyczinger ... dafur hat sein sun Francz geben LVIIII ung[arisch] und ducaten".[1]

1408 September 1 auf dem Haus des Lienhart des Zimmermanns an des Dieners Gassen, benachbart dem Haus des Hanns des Wölflein (Dienerstraße 2*), liegt ein Ewiggeld des Heiliggeistspitals.[2]
Laut Steuerbuch von 1408 ist Konrad Lienhart zu dieser Zeit schon tot (patrimonium!).

1409 Januar 21 die Pfleger der unmündigen Lienhart-Kinder verkaufen das Haus an Chunrad den Wülfing, Nachbar ist Wölfel.[3] Er ist möglicherweise ein Verwandter, weil noch bis 1413 – genauso lange wie er das Haus besitzt – das patrimonium, die Erbschaftssteuer, für Konrad Lienhart hier versteuert wird. Wie häufig in solchen Fällen übernimmt das erste mündig werdende Kind zusammen mit dem Ehepartner das Haus und zahlt für die anderen unmündigen Geschwister und für die Erbschaft die Steuern (oder die Witwe heiratet wieder).

1410 Juni 24 das Haus von Lienhart des Zimmermanns Kind liegt zwischen den Häusern des Hans des Wolfels (Dienerstraße 2*) und des „Purquard dez Salczsenters" (Dienerstraße 4*).[4]

1413 Juni 19 „Chunrat Wulfing" hat sein Haus an des Dieners Gassen, zunächst an der Wolflin Haus (Dienerstraße 2*), „Hansen dem Paltwein dem jungern, der Dornacherin enckel", verkauft.[5]
Zwischen 1419 und 1423 geht das Haus an Hanns Häwtzinger/Heytzinger über. Er ist auf jeden Fall **1449, 1453** durch das Salbuch des Heiliggeistspital belegt (Ewiggeld „aus Hanns Heytzingers hauz", abgelöst durch ihn 1453).[6]

1496 domus Heitzingers Kind (StB).
Die Heytzinger-Kinder haben also das Haus noch 1496 inne.[7] Danach ist die Besitzfolge unklar. Die finanzkräftigen Steuerzahler wechseln von Steuerbuch zu Steuerbuch. Offensichtlich ist Hauseigentümer eine Erbengemeinschaft unmündiger Kinder; denn 1514 bis 1522 ist wieder ein Jakob Heitzinger da, 1523 sein patrimonium (Erbschaftssteuer). Diese Erbschaftsteuer „dedit Holtzkircher", wohl ein Verwandter. Er ist auch tatsächlich der neue Hauseigentümer, aber nicht lange:

1526 Juli 20 Caspar Holtzkhircher, Bürger zu München, hat seine Behausung, Stallung und Hofstatt an des Dieners Gassen, gelegen zwischen den Häusern des Oswold Dax (Dienerstraße 2*) und des Wilhelm Eysenman (Dienerstraße 4*), dem Benedict Glokhner verkauft.[8] Holzkircher ist 1506 bis 1508 Vierer der Weinschenken.[9] Er war vielleicht mit einer Heutzinger verheiratet. Von 1522-1530 gibt es ein Gerichtsbuch. Da dort kein Verkauf dieses Hauses erscheint, dürfte es also wohl auf dem Erbschaftsweg den Eigentümer gewechselt haben.

1536 Juni 19 das Haus des Benedikt Glockner ist dem Haus des Ehepaares Hanns von Sandizell und Maria Pötschner, früher der Eheleute Oswald und Anna Dachs, künftig Jörg Lerchenfelder (Dienerstraße 2*), benachbart.[10]

1537 Oktober 27 Ewiggeldverkauf aus diesem Haus durch Benedict Glockhner und seine Hausfrau Anna (8 Gulden um 160 Gulden Gesamtsumme).[11]
Glockner, der 1518 bis 1526 Vierer der Salzsender ist,[12] stirbt 1549. Neuer Hauseigentümer ist offensichtlich schon ab 1550 der Metschenk Sebastian Pärbinger, der mit Anna, geborene Erlinger, verheiratet ist. Sie heiratet nach seinem Tod (nach 1561) den Anthoni Schweindl, auf den auch das Haus übergeht.

1561 Juli 28 Anna Erlinger, des Sebastian Pärbingers seligen Witwe, verkauft ein Ewiggeld von 25 Gulden um 500 Gulden Hauptsumme aus diesem Haus (GruBu). 1565 ist Anna schon wieder Witwe:

---

[1] Vogel, Heiliggeistspital, Salbuch A Nr. 256, vgl. auch Urk. 215 und 218.
[2] Vogel, Heiliggeistspital, Urk. 215.
[3] GB III 84/3.
[4] Vogel, Heiliggeistspital, Urk. 218.
[5] GB III 140/7.
[6] Zimelie 40 (Heiliggeistspital, Salbuch B) S. 9r, 35r.
[7] Ein Franz H. ist 1470 Vierer der Kramer (RP). – Ein Hanns Heiczinger ist seit 1501 Mitglied der Weinschenkenzunft, vgl. Gewerbeamt 1418 S. 11v.
[8] GB IV S. 121v.
[9] Vgl. RP.
[10] BayHStA, Bayerische Landschaft.
[11] Stadtgericht 207/1 (GruBu) S. 470v.
[12] Vietzen S. 152 und RP.

1566 Mai 15 Anna Erlinger, Witwe des Anthoni Schweindl, verkauft ein Ewiggeld von 15 Gulden um 300 Gulden Hauptsumme (GruBu).
1567 September 10 Anna ist nunmehr mit dem fürstlichen Kämmerling Jänni verheiratet.[1] Es handelt sich dabei um Johann von Lockhenburg, 1570 im Steuerbuch Jani von Luckhenburg genannt. 1569 findet sich zur Schweindlin im Steuerbuch der Zusatz: „ietzt Lockhenburgerin".
1574 laut Grundbuch (Überschrift) Johann Loggenburgers Haus und Stallung. Johann von Lockhenburg lebt bis 1590.
1591 domus Johann von Lockhenburgerin (StB).
1592-1596 domus Frau Lockhenburgerin (StB).
Danach geht das Haus an den fürstlichen Hofrat Dr. Figgler oder Függler über, als dessen „domus" es seit 1597 in den Steuerbüchern steht.

Eigentümer Dienerstraße 3*:

Bis nach 1382 Hauseigentümer wie Dienerstraße 2* – 4*.

* Lienhart zimerman (carpentarius).[2] 1390/I H[einrich] Lienhart carpentarius. 1396 Hainrich Lienhart zimerman [∞ Katrein]. 1400, 1401/I-II patrimonium Lienhart carpentarius
    St: 1387: -/-/64, 1390/I-II: -/-/80, 1392: -/-/60, 1393: -/-/80, 1394: -/-/78, 1395: -/-/60, 1396: -/-/60 fur 10 lb, die er hat, 1397, 1399: -/-/-, 1400, 1401/I: -/-/40, 1401/II: -/-/-
    StV: (1399) ist ertruncken und nichil habet. (1401/II) daz hat Lienhart zimerman an der Prandas gass yn seinen ayd genomen.
* Konrad Lienhart, Bruder von Hainrich Lienhart [halbes Haus, seit 1393 April 4]
* Lienhart carpentarius (zimerman). 1408-1413 patrimonium [Konrad] Lienhart zimerman
    St: 1403, 1405/I: -/-/80 fur 10 lb, 1405/II: -/6/- iuravit, 1406, 1407: 1/-/-, 1408: 1/-/- patrimonium, 1410/I: 0,5/-/- gracianus den selben kinden, 1410/II: -/5/10, 1411: -/-/60 gracianus, 1412: -/-/60, 1413: -/-/60 gracianus
* Lienhart-Kinder, noch unmündig [bis 1409 Januar 21]
* Chunrad der Wülfing [1409 Januar 21 bis 1413 Juni 19]
* Hanns Palwein der junger [seit 1413 Juni 19]
    St: 1418: 4/-/80 iuravit, 1419: 4/-/80
* Hanns Hawczinger (Hewtzinger, Háwczinger, Háuczinger, Hauczinger) [Weinschenk[3]]. 1445 Háwczinger
    St: 1423: 3,5/-/- iuravit, 1424: 1/-/40 hat zalt, 1428: dedit 14 gross, 1431: 2/-/- iuravit, 1450, 1453-1458: Liste
    Sch: 1439/I-II, 1440, 1441/I-II: 2 t[aglon], 1445: 1 diern, dedit
    StV: (1423) et dedit -/-/48 von ainem pfunt gelcz aus Andre Yngram pecken haẃs zu ainem selgerat. (1428) fur sich, sein weib und sein ehalten et omnia ancilla dedit -/1/- gross.
Hanns Tanner, sein [= des Háuczinger] aidn
    St: 1450: Liste
Francz Háuczinger (Hauczinger, Heiczinger, Heitzinger) [Kramer[4]]
    St: 1453-1458: Liste, 1462: 7/5/24, 1482: 5/2/4
    StV: (1462) und hat sein heiratgut zu geseczt 340 fl.
* pueri Heitzinger
    St: 1486, 1490: -/4/16
    StV: (1486) et dedit -/-/16 fúr die andern kind; et dedit -/7/- fúr paide kind. (1490) et dedit -/-/16 di andern kind; et dedit -/7/- aber von der andern kind wegen.
* domus Heitzingers kind
    St: 1496: -/6/3

---

[1] BayHStA, Urk. Bayerische Landschaft.
[2] 1394 und 1395 versehentlich hinter Eberhart maurer eingeordnet.
[3] Hans Háwczinger ist um 1414 Weinschenk, 1417 deren Vierer, vgl. Gewerbeamt 1411 S. 3v, 10v, und 1430 einer der Wirte an der Dienersgasse, die Ungeld zahlen, vgl. Steueramt 987.
[4] Frantz Heutzinger 1470 Vierer der Kramer, vgl. RP.

Jacob Heutzinger (Heitzinger), 1523 patrimonium
   St: 1514: Liste, 1522, 1523: -/6/3
   StV: (1522) sol biß jar, wann sein recht enndt hat, zusetzn; et dedit -/-/21 fúr p[ueri] Schranckn. (1523) dedit Holtzkircher, et dedit -/-/21 fúr p[ueri] Schranck.
* Caspar Holtzkhircher [Weinschenk[1], bis 1526 Juli 20, ∞ Heutzinger-Tochter ?]
** Benedict Glockner, 1527/II-1529 der jung [Weinschenk, Salzsender, äußerer Stadtrat[2], ∞ Anna]
   St: 1527/II, 1528, 1529, 1532: 2/5/-, 1540-1542: 5/2/26, 1543: 10/5/22, 1544: 5/2/26, 1545: 7/-/20, 1546-1548, 1549/I: 3/3/25, 1549/II: 3/3/25 patrimonium
   StV: (1540, 1541) et dedit -/5/3 fúr Sixn Glockhner als ain búrger. (1540) et dedit -/1/15 fúr p[ueri] Paulsn Glockner. (1541) mer -/1/15 fúr Pauls Glockhner. (1542) mer -/5/3 fúr Sixn Glock[hner]; mer -/1/1[5] fúr p[uer] [Paul] Glockh[ner]. (1543) et dedit 1/3/6 fúr Sixn Glockhner; mer -/3/- fúr Paulsn Glockhner. (1544) mer -/5/3 fúr Sixn Glockhner; mer -/1/15 fúr Pauls Glockhner. (1545) mer -/2/24 fúr p[ueri] Benedict Glockhner; mer -/2/10 fúr Sixn Glockhner. (1546) mer -/1/5 fúr Sixn Glockhner 3 nachsteur. (1546-1549/I) mer -/1/12 fúr (p[ueri]) Benedict(n) Glockhner.
** Sebastian (Bastian) Perbinger, 1553, 1554/I, 1556, 1557 methschenckh [∞ Anna, geb. Erlinger; verw. Glockhner ?]. 1561 Bastian Perbingerin
   St: 1550: 1/-/- gracion, 1551/I: 1/-/- gracion die ander, 1551/II: 4/5/7 juravit, 1552/I-II: 4/5/7, 1553, 1554/I-II, 1555-1557: 5/-/11, 1558: 10/-/22, 1559, 1560: 7/6/6, 1561: 1/2/7
   StV: (1550) mer 3/3/25 seiner hausfrau alte steur. (1551/I) mer 3/3/25 seiner hausfrau alte steur. (1559) seiner hausfrau guet zugsetzt.
** Annthoni Schweindl [Salzsender[3], ∞ Anna, geb. Erlinger, verw. Pärbinger]. 1565 Anthoni Schweindl wittib. 1566/I-1568 Anthoni Schweindlin. 1569 Anthoni Schweindlin, ietzt Lockhenbürgerin [∞ Johann Loggenburger]
   St: 1563: 2/6/9 juravit, 1564/I: 2/6/9, 1564/II, 1565: 3/1/21, 1566/I-II, 1567/I: 2/1/28, 1567/II: an chamer, 1568: 4/3/26, 1569: 2/1/28
   StV: (1564/II) mer fúr der Mänhartin erb zuegesetzt. (1566/I) abgesetzt ires hauswierdts guet, steurt allain vom hauß unnd irm leibgeding. (1566/II) steurt allain vom hauß und irem ewig gelt. (1567/II) 2/1/28 zalt adi 25. Octobris [15]68, zalt supra. (1568) mer zalt ain versessne steur 2/1/28.
** Jani (Johann) von Lúckhenburg [frstl. Kämmerling, ∞ mit Anna Erlinger-Pärbinger-Schweindl]
   St: 1570: 2/1/28, 1571: -/-/- an chamer

Bewohner Dienerstraße 3*:

Plabenstayn [seidennater ?] inquilinus St: 1390/II: -/-/24, 1392: -/-/27
Chunrat Sprenger [Weinschenk[4]], 1394 inquilinus St: 1394: 1/-/8, 1395: -/-/84
Syman nadler inquilinus St: 1397, 1399: -/-/60 fúr 10 lb
Ulm kursner, 1397 inquilinus St: 1397: -/-/58 fúr 8 lb, 1405/II: -/-/60 fúr 10 lb iuravit
[Hans] Fras kursner inquilinus St: 1397: -/-/60 fúr 8 lb
Hainrich Pachhaimer inquilinus. 1399 Pachhaimer inquilinus St: 1397: -/-/60 fúr 6 lb, 1399: -/-/-
Chunrat Schotler nagler inquilinus St: 1399: -/-/12 pauper
Kristel sneyder inquilinus. 1405/II, 1406 Hanns Kristel sneider inquilinus
   St: 1399: -/-/-, 1405/II: -/-/60 fur 10 lb, iuravit, 1406: -/-/80 fúr 10 lb
Lawginger schreiber inquilinus St: 1401/II: -/-/80 fúr 10 lb, iuravit
Hainczel (Haincz) (1403 Schẃcz, darüber:) Zeller preẃ inquilinus. 1405/I, 1407, 1408, 1410/I Haincz Zeller (Zellner) inquilinus. 1412, 1413 Haincz Zeller preẃ
   St: 1403, 1405/I, 1407, 1408: -/-/60 fur 4 lb, 1410/I: -/-/60 fúr 10 lb, iuravit, 1411: -/-/60 fúr 10 lb, 1412: -/-/80 fúr 10 lb, 1413: -/-/72 iuravit

---

[1] Caspar Holczkhircher seit 1499 Mitglied der Weinschenkenzunft, vgl. Gewerbeamt 1418 S. 10v; 1506-1508 ist Caspar Holtzkircher Vierer der Schenken, vgl. RP.

[2] Benedict Glogkner seit 1500 Mitglied der Weinschenkenzunft, vgl. Gewerbeamt 1418 S. 11r. – 1518-1526 ist er Vierer der Salzsender, 1532 äußerer Stadtrat, vgl. RP und Vietzen S. 152.

[3] Anthoni Schweindl ist 1560 (ohne Vornamen) und 1562 als Salzsender belegt, vgl. Vietzen S. 151 nach KR.

[4] Chunrade Sprenger um 1414 Weinschenk, 1414 und 1417 deren Vierer, vgl. Gewerbeamt 1411 S. 2v, 10v.

Sternsecher maler inquilinus
> St: 1403: -/-/24 gracianus, 1405/I: -/-/80
> StV: (1405/I) dedit uxor sua.

Ulrich Stoll [Stadtbote[1]] inquilinus St: 1406: -/-/-

Rawch mawrer inquilinus St: 1407: -/-/60

uxor Ulrich goltsmid St: 1407: -/-/24

Ludweyg kúrsner inquilinus St: 1410/I: -/-/60 fúr 10 lb iuravit

Peter Mawser sneyder, 1411, 1413 inquilinus
> St: 1411: -/-/60 fúr 8 lb, 1412: -/-/64 fúr 8 lb, 1413: -/3/10 iuravit

Ann porttenwurcherin, 1411, 1413 inquilina St: 1411: -/-/-, 1412: facat, 1413: -/-/-

Peter hafner prew St: 1415: -/6/12, 1416: 1/-/16

Hainrice kartenmacher. 1416 relicta karttenmacherin inquilina
> St: 1415: -/-/60 fúr 8 lb, 1416: -/-/64 fúr 8 lb

Chuncz Schlutenperger schneyder St: 1418, 1419: -/3/6

Lienhart Sturm sneyder inquilinus St: 1423: -/3/6

Ulrich Fauchner sneider Sch: 1441/I: 1 t[aglon]

Martein Pernhart [Kramer[2]] inquilinus Sch: 1441/II: 1 t[aglon]

relicta Dúncklin peckin inquilina St: 1462: serrvit (!)

Caspar Hundertpfunnt [Salzsender, Weinschenk, Stadtrat[3]] St: 1490: 10/6/29

Erhart Witenpeck kramer [Weinschenk[4]] St: 1496: 1/5/29

Hanns von Speyr [Metschenk] St: 1500: 2/7/28

Cristof Schiltperger kramer St: 1500: -/4/4

Contz Altarfer (Schaltarfer) [Weinschenk[5]] St: 1508, 1509: 1/-/2

Hainrich schuster inquilinus St: 1514: Liste

Wolfganng Hunger, 1524 wirt St: 1524-1526, 1527/I: 1/-/10

Jórg Paungarttner schneider St: 1526, 1527/I: -/2/-

Hanns Paurnfeindt goldschmid[6]
> St: 1528, 1529: 1/1/3
> StV: (1528) et dedit 1/3/15 fúr der Hórlkhoferin matrimonium. (1529) et dedit 1/-/- fúr p[ueri] Hórlkhofer.

Aßm Schwaiger puchfierer St: 1532: -/2/-

relicta Stegerin. 1548-1552/II, 1554/II, 1555 alt Stegerin
> St: 1545, 1546: 1/-/-, 1547: der zeit nich[t]s, 1548, 1549/I-II, 1550: 1/-/-, 1551/I: nihil der zeit, 1551/II, 1552/I-II, 1553, 1554/I-II: 1/-/-, 1555: nihil, obdormivit
> StV: (1545, 1546) mit ainem geding. (1547) hat ain geding. (1548) ir beysitz, der sich Martini des [15]47ten jars verfallen; zalt mer 1/-/- fl irn beysitz, verfalln Martini anno [15]48ten, actum den 30. Januarii [15]49ten. (1549/I) der zeit nihil, hat ain jerlich geding. (1549/II, 1550) fúr irn beysitz. (1551/I) hat ain jerlich geding. (1551/II) mit geding fúr irn beysitz. (1552/I) mit geding, als offt und wie man steurt, ainfach und doplt. (1552/II) mit geding, wie und als offt man steurt, ainfach und doplt. (1553, 1554/II) mit geding, als offt und wie man steurt, soll sy auch steurn. (1554/I) mit geding, als offt und wie man steurt. (1555) gehabt ain beysitz.

Kylion (Kylian, Kilian) Rechtaler, 1556, 1558, 1559 (stat)procurator[7]
> St: 1556-1560: nihil pro se
> StV: (1556, 1557) fúr sein hausfraw von 5 fl gelts -/1/5; mer -/1/19 fúr 7 fl gelts seiner kinder. (1558) fúr seinen und seiner hausfrauen ewigen gelt von 6 fl gelts -/2/24; mer fúr seine kind von 7 fl gelts -/3/8. (1559) fúr sein hausfraw von 5 fl gelts -/1/5; mer von 1 fl gelts fúr sich

---

[1] Ull Stoll ist 1404 als Stadtbote belegt, vgl. R. v. Bary III S. 789.

[2] So 1439/II, 1440, 1441/I bei Rindermarkt 17.

[3] Caspar Hundertpfund 1489 Mitglied der Weinschenkenzunft, vgl. Gewerbeamt 1418 S. 6v. – 1474, 1476, 1491, 1499 ist er Vierer der Salzsender, vgl. RP.

[4] Erhartt Wittnpeck seit 1493 Mitglied der Weinschenkenzunft, vgl. Gewerbeamt 1418 S.7r. – Erhart Wittenpeck 1493 Vierer der Kramer, vgl. RP.

[5] Conrad Schaltdorffer seit 1501 Mitglied der Weinschenkenzunft, vgl. Gewerbeamt 1418 S. 11v.

[6] Frankenburger S. 288.

[7] Kilian Rechtaler seit 1554 Stadtprokurator, vgl. R. v. Bary III S. 808.

selbst, thuet -/-/7; mer fúr seine kinder von 7 fl gelts, thuet -/1/19. (1560) fúr sein hausfrau von 5 fl gelts unnd 1 fl fúr sich selbs, thut -/1/12.

Leo Pöttinger schneider St: 1558: -/-/21 gracia

Wolffgang Khamerloer maurer St: 1559: -/2/-

Jorg reutter St: 1559: nihil

[Lienhart] Pueler singer St: 1560: nichil

Wolff Moshamer, 1564/II-1571 goldschmid [von München[1]]
    St: 1561: -/2/- gratianer, 1563: -/3/25 juravit, 1564/I-II, 1565, 1566/I-II, 1567/I-II: -/3/25, 1568: 1/-/20, 1569-1571: -/4/21
    StV: (1561) soll auffs jar den 3. tail zuesetzn. (1567/I-II) mer fúr Perchtold(s) khinder -/4/2. (1568) mer fúr Perchtolds khinder 1/1/4. (1569-1571) mer fúr p[ueri] Perchtold -/4/2.

Caspar melltzer. 1563 Caspar schmelltzer
    St: 1561: -/3/27 gratia, 1563: 1/4/16 juravit
    StV: (1561) soll auffs jar den 3. tail zuesetzn.

Abraham Adler St: 1565, 1566/I-II: 9/2/18

Reindl. 1567/II Reindl furier. 1568 Hanns Reindl furier
    St: 1567/I: -/-/-, 1567/II, 1568: an chamer
    StV: (1567/I) mer ain versessne steur 3/-/24; [am linken Rand nachgetragen:] soll khúnfftig gratia von seinem guet und seiner hausfrau steur zaln.

Hanns Ednkhlinger cantzleischreiber St: 1570: -/-/-

Arssingerin wittib St: 1571: an chamer

Dienerstraße 4*

Charakter: Wohl stets Weinschenke.

Hauseigentümer Dienerstraße 4*:

Eigentümer bis 1383/II wie Dienerstraße 2* bis 4*, bis 1378 auch wie Dienerstraße 5*A/B.

1378 November 22 siehe Dienerstraße 2*-5*B (bisher Pertel Schiet, nunmehr Pertlein Rudolf).
1392 Mai 4 das Haus des Eberlin Maurer ist dem Haus des Hainrich Lienhart des Zimmermanns (Dienerstraße 3*) benachbart[2]. Eberhart oder Eberl der Maurer steht hier seit 1387 in den Steuerbüchern. Am 15. März 1392 hat Eberhart der Maurer auch Anteile an einem Haus in der Weinstraße (Nr. 17*).[3]
1393 Oktober 23 Eberl Maurer verpfändet sein Haus „Ulrich dem Syman von Rotenpach". Nachbar ist das Haus des Hainrich Lienhart (Dienerstraße 3*).[4]
1395 September 13 Eberlin der Maurer verkauft sein Haus an Fridrich den Cempnater, ausgenommen 11 Gulden Ewiggeld des Ebner. Nachbarn sind Lienhart der Zimmermann (Dienerstraße 3*) und Herlin der Gwandschneider (Dienerstraße 5*A).[5] Eberl Maurer bleibt aber noch bis zur Steuer von 1396 im Haus wohnen.
Daß hierbei behauptet wird, daß dieses Haus an der Dienerstraße „do neben hinaus gen her Wilhalms dez capplans haws" gehe, muß ein Schreiberversehen sein. Es muß statt „haws" „gaezzel" heißen, wie auch an anderer Stelle (1395).[6] Das Haus des Kaplans Wilhelm war Landschaftstraße 9*, das aber nicht an Dienerstraße 4* angrenzte.
Fridrich Pfaeffel oder Kemnater ist 1382 verheiratet mit Agnes, Tochter des Praentlin Chempnater, „di nu Fridrich den Pfaeflin [zur Ehe] hat".[7] Letzterer stirbt um 1398. Seine Witwe (1399) heiratet offen-

---

[1] Gewerbeamt 1631 S. 87v Nr. 48. – Frankenburger S. 303. – Ein Goldschmied Moshamer musste sich 1569 beim Religionsverhör verantworten, vgl. Dorn S. 227.
[2] GB II 27/3.
[3] GB II 23/7.
[4] GB II 56/3.
[5] GB II 101/14.
[6] GB II 86/2 (1395), 124/5 (1397).
[7] GB I 132/13 (1381) und 168/5 (1382).

sichtlich den Salzsender Hanns Pürckel, Purckel oder Purquard. Ein Träger dieses Namens ist 1372 bis 1385 wiederholt als Salzsender belegt.[1] Mit diesem Purckel steuern 1400 seine „uxor" und deren „pueri", also Kinder aus der vorherigen Ehe der „uxor". Außerdem gehört das Haus (domus!) 1410 bis 1416 wieder den pueri des Fridrich Kemnater, also des Vorbesitzers, und damit wohl den Kindern aus erster Ehe der Frau des Purckel.

1410 Juni 24 „Purquard dez Salczsenters" Haus an des Dieners Gassen ist dem Haus von des Lienhart Zimmermanns Kind (Dienerstraße 3*) benachbart.[2]

1410, 1411 domus pueri Fridreich Kemnater (StB).[3]

Nach 1416 ist der Besitzstand unklar. Es kämen als Hauseigentümer Wilhalm Westerndorfer in Frage, da er eine lange Verweildauer hat (1418-1431) und eine hohe Steuersumme zahlt. Nach ihm könnte Hanns Teyninger Hauseigentümer geworden sein (1439-1445).

Sicher als solche belegt sind erst wieder die Eysenman, von denen Hanns Eysenman seit 1450 hier zu finden ist. Er ist 1459 als Salzsender (Krötler) belegt, 1451 als Weinschenk,[4] 1460 als Vierer der Salzsender.[5]

1458 April 29 das Haus des Plattners von der Rosen an der Clewbergasse (Landschaftstraße 7*) liegt zwischen dem hinteren Haus des Thoman Newfarer des Goldschmieds (Dienerstraße 5*B) und dem des Hanns Eysenman selig (Dienerstraße 4*, das Hinterhaus dazu wohl Landschaftstraße 8*A).[6]

Um 1472 auf dem Hause „weiland Hanns Eysenmanns an des Dieners Gassen" liegt ein Ewiggeld, das sich in Händen der Kinder des Hanns Mellczer befindet.[7]

1480 Juni 3 jetzt liegt das Haus des Plattners von der Rosen an der Clewbergasse (Landschaftstraße 7*) zwischen den hinteren Häusern des Schneiders Hanns Strasser (Dienerstraße 5*B) und dem der Hanns Eysenmanin Kinder (Dienerstraße 4*, das Hinterhaus dazu wohl Landschaftstraße 8*A).[8]

1525 Dezember 12 das Haus des Michael Amaneller „im Kloibergessl" (Landschaftstraße 7*) grenzt an die Häuser des Zaisinger (Dienerstraße 5*A) und des Wilhalm Eysenman (Dienerstraße 4*).[9]

1526 Juli 20 das Haus des Wilhalm Eysenman ist dem Haus des Caspar Holtzkhircher, künftig Benedict Glokhner (Dienerstraße 3*), benachbart.[10] Wilhalm Eysenman ist 1512, 1513, 1518 und 1523 Vierer der Salzsender.[11] Mit dem Gastgeb Hanns Eysenman ab 1540 und seinen Erben steht die Familie dann auch im Grundbuch:

1563-1575 domus Eysenman (StB).

1565 Juni 15 die Vormünder von Hanns Eisenmanns Kindern erster Ehe (Georg, Wolfgang, Marie, Anna und Barbara) und diejenigen seines Töchterls zweiter Ehe (Regina) verchreiben aus diesem Haus der Anna Täxin ein Leibgeding von 450 Gulden Hauptsumme.[12]

1574 laut Grundbuch (Überschrift) des Hanns Eisenmanns gelassener Kinder Haus und Stallung.

1575 August 19 die Vormünder von Hans Eisenmanns, Gastgebens, Sohn Wolff und die anderen Miterben, verkaufen dieses Haus an Hieronimus Mair, Gastgeb, und seine Hausfrau Anna, geborene Eisenmann, um 1500 Gulden (GruBu).

Eigentümer Dienerstraße 4*:

* Eberhart (Eberl) maurer, 1394 inquilinus [bis 1395 September 13]
   St: 1387: 0,5/-/8, 1390/I-II: 1/-/16, 1392: -/6/12, 1393: 1/-/16, 1394: 1/-/-, 1395: 0,5/-/-, 1396: -/6/-

* Fridel Pfaefel Kemmater. 1399 relicta Fridel Pfaeffel [heiratet offensichtlich Hanns Purckel]
   St: 1397, 1399: 2,5/-/-

---

[1] Vietzen S. 143.
[2] Vogel, Heiliggeistspital, Urk. 218.
[3] 1412 ist das "domus" im StB wieder getilgt, 1413 fehlt es ganz.
[4] Vietzen S. 145.
[5] Vietzen S. 152.
[6] Zimelie 27b (Salbuch Reichen Almosens) S. 62r/63r.
[7] BayHStA, GUM 356.
[8] Zimelie 27b (Salbuch Reichen Almosens) S. 62r/63r.
[9] GB IV S. 89r.
[10] GB IV S. 21v.
[11] Vietzen S. 152 und RP.
[12] Stadtgericht 207/1 (GruBu) S. 468v.

* Hanns Púrckel (Purckel, Purquard) [Salzsender, Wirt, Stadtrat[1]], 1400, 1401/I (et) uxor et pueri [uxoris]
    St: 1400, 1401/I: 4/-/-, 1401/II: 5/-/80 iuravit, 1403, 1405/I: 5/-/80, 1405/II: 5/-/- iuravit, 1406, 1407: 6/5/10, 1408, 1410/I-II: -/-/-
* domus[2] puer Fridrich Kemnater. 1412-1416 pueri Fridrich Kemmater (Kemnater)
    St: 1410/I: -/-/60 gracianus, 1410/II: -/-/80 gracianus, 1411: -/-/60 gracianus, 1412: -/-/80 gracianus, 1413: -/-/60 gracianus, 1415: -/-/60 gracianus, 1416: -/-/80 gracianus
    Pferdemusterung, um 1398 (Ur-Fassung): Fridel Kemnater und Herl gwantsneider[3] súllen haben ein pferd umb 20 gulden und ein trabzewg; (Korrig. Fassung): Fridel Kemnater sol haben ein pferd umb 20 gulden [und der] stat warten.
* Hanns Eysnman [Weinschenk, Weinversucher, Salzsender (Krötler), äußerer Stadtrat[4]]. 1482-1500 relicta Eisenmanin (Eysmanin) [Weinschenkin[5]]
    St: 1450, 1453-1458: Liste, 1462: 1/-/18, 1482: 1/2/28, 1486, 1490: 1/5/8, 1496: 1/3/16, 1500: 2/1/13
    Ludwig Eysenman
    St: 1457, 1458: Liste
* Kinder der Hanns Eysenmanin [1480 Juni 3]
* Wilhalm Eysenman (Eisenman, Eysman) [Salzsender, wohl auch Weinwirt[6]]. 1544-1561 Wilhelm Eysmanin (Eysnmanin)
    St: 1500: 1/5/11, 1508, 1509: 2/2/24, 1514: Liste, 1522-1526, 1527/I: 3/-/1, 1527/II, 1528, 1529, 1532: 4/1/15, 1540: 4/5/8, 1541, 1542: 2/4/21, 1543: 5/2/12, 1544: 2/4/21, 1545: 5/4/12, 1546-1548, 1549/I-II, 1550, 1551/I-II, 1552/I-II: 2/5/21, 1553, 1554/I-II, 1555-1557: 2/4/29, 1558: 5/2/28, 1559, 1560: 2/4/29, 1561: 2/5/4
    StV: (1508, 1509) et dedit -/1/28 fur pueri Schranck. (1522) hat seiner tochter heyratgut abgesetzt. (1523-1527/I) et dedit -/-/21 fúr p[ueri] Schranck. (1527/II-1529, 1532) et dedit -/-/28 fúr (p[ueri]) Schranckh. (1'540) et dedit -/2/24 fúr p[ueri] Schranckh 3 nachsteur. (1541) hat abgsetzt 500 fl, so sy irem son verheyrath hat. (1544) ir alte steur.
    Jórg Eisenmann
    St: 1522-1526, 1527/I: -/2/20, 1527/II, 1528, 1529, 1532: -/3/25
** Hanns Eysman (Eysnman), 1540, 1545, 1556-1558 wirtt, [∞ Anna Taxin (Daxin)]. 1566/I-II Hanns Eysenmanin (Eusenmanin), 1566/II wittib
    St: 1540: -/2/10 gracion, 1541: 4/-/19 juravit, 1542: 4/-/19, 1543: 8/1/8, 1544: 4/-/19, 1545: 8/6/6, 1546-1548, 1549/I-II, 1550, 1551/I-II, 1552/I-II: 4/3/3, 1553, 1554/I-II, 1555-1557: 9/2/1, 1558: 20/-/17, 1566/I-II: 1/3/18
    StV: (1545) mer 1/-/10 fúr p[ueri] Hans Schwabin. (1546-1552/II) mer -/3/20 fúr p[ueri] Schwabin (Schwalbm). (1548) mer 2/2/10 fúr p[ueri] Mentn. (1550-1552/II) mer -/3/25 fúr p[ueri] Gastl. (1553-1557) mer -/5/28 fúr p[ueri] Schwabm; mer -/4/16 fúr p[ueri] Gastl. (1558) zugsetzt seiner hausfrau heiratguet; mer 1/2/2 fúr p[ueri] Gastl; mer -/3/25 fúr p[ueri] Schwabm. Ad 1. Aprilis zalt Eysnman fúr p[ueri] Gastl fúr 3 nachsteur 1/6/18. (1566/I) steuern die Vormünder.

---

[1] Hans Purckel (Pürkl) ist Wirt; denn die Stadt zahlt ihm 1403 einmal 61 Pfund und 65 Pfennige „von zerung wegen, die zu im verzert haben..." mehrere Personen, einschließlich 14 Pferden, und einen weiteren Geldbetrag „von der neuen rais wegen", vgl. Steueramt 573 (Leibgedingbuch 1404/09) S. 40r, 572 (Leibgedingbuch 1402/03) S. 63r. – Am 13.12.1406 ist Hanns Pürckel auch als Bürgermeister belegt, vgl. R. v. Bary III S. 756 nach StB 1405/II.
[2] 1412 „domus" wieder getilgt.
[3] Für die korrig. Fassung wurde Herl gwantsneider am unteren Rand der Seite nachgetragen.
[4] Hanns Eysenman ist 1460 Vierer der Salzsender, vgl. RP, 1451 und 1458 als Weinschenk belegt, 1459 erscheint er als Salzsender im Krötelbuch, vgl. Vietzen S. 145, 152, Gewerbeamt 1411 S. 12v (1458). Auch 1449 ist er Vierer der Weinschenken, vgl. Gewerbeamt 1411 S. 11r. – 1461 ist Hans Eisenmann Weinversucher (= Koster der neuen Weine), vgl. Bary III S. 973. 1459-1464 ist Hanns Eysenman äußerer Stadtrat und wird 1464 im Ratsprotokoll mit dem Vermerk versehen: „ist mit tod vergangen", vgl. RP.
[5] 1489 die "Eysenmanin" Mitglied der Weinschenkenzunft, vgl. Gewerbeamt 1418 S. 1v.
[6] Wilhalm Eysnman ist 1504 und 1535 Salzsender, 1512, 1513 und 1518 Vierer der Salzsender, vgl. RP und Vietzen S. 148. – 1540 „Wilhalm" am Rand vor getilgtem „Walthasar".

* domus Eisnman (Eysenman, Eusenman). 1569 domus Eisenman khinder
    St: 1563: -/-/-, 1564/II-1571: -/-/-
    StV: (1566/I, 1573) steuern di vormúnder. (1575) hat Jheronimus Mayr an sich erkhaufft.
** Wolf, Georg, Maria, Anna, Barbara Eisenmann, Kinder des Hanns Eisenman aus erster Ehe und Regina aus zweiter Ehe [1565 Juni 15]
** Kinder des Hanns Eisenman [1574; bis 1575 August 19]
** Jheronimuß Mair gastgeb [∞ Anna, geb. Eisenman; seit 1575 August 19]
    St: 1571: 1/6/25
    StV: (1571) sambt seiner hausfrauen guet zuegesetzt; mer fúr p[ueri] Stöckhl -/4/2,5.

Bewohner Dienerstraße 4*:

[Hans] Wartenfels sneider inquilinus St: 1387: -/-/44
    pueri uxoris St: 1387: -/-/16
Órtl glaser inquilinus. 1390/II Órtl maler inquilinus St: 1390/I-II: -/-/80
Hennsl (Hans) Schindeldach [Weinschenk[1]] inquilinus
    St: 1390/II: -/-/85 iuravit, 1392: -/-/66, 1393: -/-/88
Fricz seydennatter inquilinus St: 1392: -/-/24 gracianus
Diemut (Diemel) Plẃmin (Plumin, Plúmin) inquilina
    St: 1392: -/-/18, 1397: nichil habet, 1399: -/-/40
Plabenstain (Plauwenstain), 1393 inquilinus, 1394, 1395 der alt, 1395 seydennatter
    St: 1393: -/-/36, 1394: -/-/32, 1395: -/-/60 fúr vier lb
    Hanns maler inquilinus. 1394 sein [= des Plabnstain] aydn Hans maler inquilinus
        St: 1393: -/-/16 gracianus, 1394: -/-/28
    Chuncz Plabnstain inquilinus St: 1403: -/-/60
Ulrich weinmaister inquilinus St: 1393: -/-/20 gracianus
Niclas Lawginger inquilinus St: 1393: -/-/16 gracianus
Schewrlin inquilina St: 1393: -/-/12
Nycl schůchster inquilinus St: 1395: -/-/60 fúr drew lb, 1396, 1400, 1401/I: -/-/60
Sittich schneider inquilinus St: 1395: -/-/-
Hans von Púhel inquilinus St: 1396: -/3/6
Aengel Hermanin inquilina St: 1396: -/-/-
Ánderl maẃrer inquilinus St: 1396: -/-/-
Hans slaher kúrsner inquilinus St: 1397: -/-/40 fúr 2 lb
Seicz schuster inquilinus St: 1397: -/-/60 fúr 5 lb
relicta Kornvesin inquilina. 1401/II Kornvesin inquilina
    St: 1399: -/-/38 fur 3 lb, 1400, 1401/I: -/-/40, 1401/II: -/-/80 fúr 10 lb iuravit
Peter sneider inquilinus St: 1399: -/-/28 gracianus
Kristel sneider inquilinus St: 1403: -/-/32 fur nichil
Jórgel Gottinger (Góttinger), 1407 inquilinus St: 1407, 1408: 3/-/80
Hánnsel Wólfel St: 1410/II: -/5/- non iuravit
Peter kúrsner inquilinus St: 1410/II: -/-/-
Hanns Hawczinger [Weinschenk[2]] St: 1415: -/11/6, 1416: -/14/28
Hanns sneyder von Dachaw St: 1416: 0,5/-/-
Wilhalm Westerdorffer (Westerndorffer, Westendorffer) [Weinschenk[3]]
    St: 1418, 1419: 3/-/80, 1423: 5,5/-/-, 1424: -/14/20 hat zalt, 1428: dedit 15 gross, 1431: 5/-/40 iuravit
    StV: (1428) fúr sich, sein weib und sein ehalten.
relicta zingiesserin St: 1431: -/-/30
Albl Widenman [Kornmesser[4]] inquilinus St: 1431: -/-/24 gracianus

---

[1] Hensel Schinteldach ist um 1414 Weinschenk, vgl. Gewerbeamt 1411 S. 3r.
[2] Vgl. Dienerstraße 3*.
[3] Wilhalm Westerndarffer um 1414 Weinschenk, vgl. Gewerbeamt 1411 S. 4r, und 1430 einer der Wirte an der Dienerstraße, die Ungeld zahlen, vgl. Steueramt 987.
[4] Albrecht Widenman ist 1439-1441 bei Marienplatz 6* als Kornmesser belegt.

Margaret inquilina
    St: 1431: -/-/11
    Sch: 1439/II: -/-/-
Hanns Teyninger, 1445 Teyninger Sch: 1439/I-II, 1440, 1441/I-II: 3 t[aglon], 1445: 3 ehalten, dedit
relicta Horndlin Sch: 1439/I-II: 1 t[aglon]
Jórg Ohaim, 1439/I zimerman, 1439/II inquilinus Sch: 1439/I-II: 1 t[aglon]
Marx Grássel (Gásel) sneider, 1457, 1458 Marx Grassel, 1458, 1462 inquilinus
    St: 1456-1458: Liste, 1462: -/-/68
[Lienhart] Lechinger schuster[1] inquilinus St: 1456: Liste
Urspringer schneider St: 1482: -/6/11
Ulmyn (Ulmin), 1490 inqulina St: 1482: -/-/60, 1486, 1490: -/2/3
schmidin St: 1482: -/-/60
Hanns Nußplinger [schneider[2]] St: 1486: -/6/-
Steffan Vilser, 1496 s[chneider][3] St: 1490: 1/1/25, 1496: 1/7/8
Sigmund hofschuster St: 1490: -/-/60
Jacob Ostertag s[chneider][4] St: 1500: -/4/5
Hanns Gerolt schneider St: 1514: Liste, 1522: -/5/-
[Lienhart] Mauttner nadler[5] St: 1514: Liste
Michel auf der trinckstubn St: 1522: -/-/16 von seinem essich handl
Jórg Paungartner (Pángarttner), 1523-1525, 1527/II, 1528, 1532, 1540 schneider
    St: 1523: -/-/21 gracion, 1524, 1525, 1527/II, 1528, 1529, 1532, 1540: -/2/-
    StV: (1528) et dedit -/2/- fúr Paungarttnerin kind, solln bis jar steurn, was sy habn. (1529, 1532)
        et dedit -/1/17 fúr p[ueri] Paungarttner. (1540) et dedit -/-/28 fúr Hans Paungartner.
Niclaßin, 1526, 1527/I inquilina St: 1526, 1527/I, 1528: -/2/-
Els [= Niclaßin ?] inquilina St: 1527/II: -/2/-
Arsaci peitler St: 1529: -/-/21 gracion, 1532: -/2/-
Conrad Schwartz goltschmid. 1542 Schwartz goltschmid[6] St: 1541, 1542: -/2/-, 1543: -/4/-
Christopherus Prúno. 1551/I Dr. Praun St: 1550, 1551/I-II: nihil, [ist] rath
Lienhart Stutz St: 1551/II: -/-/21 gracion
Michel Rengolt [Ungelter[7]] St: 1552/I: 1/6/22
[Jacob] Schram lutinist[8]
    St: 1552/II: nihil, 1553, 1554/I: an chamer, 1554/II: -/3/15
    StV: (1554/II) fúr 3 nachsteur seiner hausfrau heuratgueth halben.
Lienhart Ódmúllnerin St: 1558: 10/1/24 patrimonium, 1559: 5/-/27 patrimonium das annder
Niclas Wisler, 1559-1561 wirt
    St: 1559: -/5/10 schenckhsteur, 1560: 1/4/21 juravit, 1561, 1563: 1/4/21
    StV: (1559) der zeit als gracia, soll hinfúro schwern.
Schweickhartin St: 1560: an chamer
Jorg (Georg) Unnger [Zeggin], 1564/I-1571 goldschmid[9]
    St: 1561, 1563, 1564/I-II, 1565, 1566/I-II, 1567/I-II: 1/3/7, 1568: 2/6/14, 1569-1571: 5/3/12
Margareth p[a]retmacherin St: 1561: soll fúr ratt, dann sy in die statt arbait.

---

[1] Linhart Lechinger 1463, 1464, 1466 Vierer der Schuster, vgl. RP.
[2] Hanns Nusplinger wird 1490 bei Landschaftstraße 2 „sneider" genannt. Vgl. auch Landschaftstraße 10*/11*.
[3] Steffan Vilser 1480-1502 wiederholt Vierer der Schneider, vgl. RP.
[4] Jacob Ostertag 1497, 1499 Vierer der Schneider, vgl. RP.
[5] Linhart Mauttner ist 1507 Vierer der Beutler, Gürtler, Taschner, Ircher, Nadler, vgl. RP.
[6] Frankenburger S. 289.
[7] Michel Rengolt 1553-1561 Weinungelter, 1549 Stadtschreiber-Substitut, später Kammerschreiber, vgl. R. v. Bary III S. 879, 788. – Ein Michel Renngolt ist 1551 Salzsender, vgl. Vietzen S. 151.
[8] Jacob Schram 1551/II und 1552/I bei Marienplatz 27* auch „Hofgesind" genannt.
[9] Gewerbeamt 1631 S. 87r 46 „Geórg Seggen Unger von Segedein" wurde 1559 Meister. Zu Georg Zeg-gin oder Seggin usw. „von Segedein aus Hungern an der Teissen gelegen", meist aber „Jörg Unger" genannt, vgl. Frankenburger S. 297/298. – Der Goldschmied Georg Unger musste sich 1571 beim Religionsverhör verantworten, vgl. Dorn S. 257.

Lenngenwalder (Lanngenwalder) hofprocurator (procurator). 1564/II Sigmůnd Lanngwalder procurator
    St: 1563: nichil, 1564/I: -/-/-, 1564/II: nichil, hofgsind, 1565: -/-/- hofgsind
Matheus Anpacher, 1564/II, 1565, 1568-1570 wierdt
    St: 1564/II: -/5/10 schenckhsteur, 1565: -/5/10, 1566/I-II, 1567/I-II: -/5/10 schenckhsteur, 1568: 1/3/20 schennckhsteur, 1569, 1570: -/5/10 schennckhsteur
    StV: (1564/II) dieser zeit. (1564/II, 1565) mer für sein stieffkhind -/1/5. (1566/I-II) und für sein(e) stiefkhind(er) -/1/5. (1567/I) mer für sein stiefkhindt -/1/5. (1567/II) mer für sein kündt -/1/15. (1568) und für sein stiefkhind -/3/-. (1569, 1570) und für sein stiefkhind (khind) -/1/5.
Marthin Schönauer (Schinawer) (fürstlicher) secretari St: 1567/I-II: -/-/-, 1568: -/-/- hofgsind
Johan Ferus notari. 1570 Ferus notarius[1]
    St: 1569, 1570: -/4/-
    StV: (1569, 1570) der zeit, weil sein vätterlich erb am (an) khayserlichen khamergericht nit liquidiert. (1570) Adi 7. Juli anno [15]71, nachdem er gen Pfortzhaim gezogen, zalt er nachsteur -/1/5.

Dienerstraße 5*A/B

Hauseigentümer Dienerstraße 5*A/B:

Eigentümer bis 1378 wie Dienerstraße 2* bis 4*.
1378 September 16 die beiden Vormünder Zacharas Rudolf und Jörg, Diener der Ebner, verkaufen für ein namentlich nicht genanntes Mündel „die hofstat ... [Grundstück, nicht Haus!] an dez Dieners gazzen an dem ekk gen Scharfneck [Dienerstraße 18] uber", also Dienerstraße 5*A und B an Hans den Frazz und Chunrad den Spindler.[2] Der ungenannte Auftraggeber dürfte entweder Bartlme Rudolf oder Bartlme Schiet gewesen sein. Letzterer verkauft am 22. November 1378 auch das Nachbargrundstück Dienerstraße 2* bis 4* und zwar an Bartlme Rudolf. Das Grundstück ist noch nicht bebaut („hofstat"). Außerdem handelt es sich nur um ein einziges, unzerteiltes, Grundstück. Erst jetzt – nach 1378 – teilen die beiden, vielleicht verwandten Käufer, Frazz und Spindler, den Bauplatz in zwei Teile. Schon nach einem Jahr,
1379 nach November 6, an einem nicht genannten Tag, verkauft „der Spindler der kürsner" sein Haus (inzwischen also schon ein Haus!) (Dienerstraße 5*A) „dem Nüzzlein, daz gelegen ist an dez Dieners gazzen zenaehst an dem Frazz dem kürsner" (Dienerstraße 5*B).[3] Spindler/Nüzzlein gehören zum Haus Dienerstraße 5*A, Frazz zum Haus Dienerstraße 5*B, dem Eckhaus an der Landschaftstraße.

Dienerstraße 5*A
(wohl mit Landschaftstraße 7*)

Hauseigentümer Dienerstraße 5*A:

Bis 1378 September 16 Zacharas Rudolf als Vormund ungenannter Mündel, ab jetzt zunächst die beiden Kürschner Spindler und Frazz.
1379 vor November 6 der Kürschner Spindler verkauft sein Haus „dem Nüzzlein".
1381 Februar 12 der „Nústlein" ist wieder als Nachbar von Frazz (Dienerstraße 5*B) genannt.[4]
1381 November 4 wieder ist „Nüsslins" Haus dem Haus des Frazz, künftig des Michel Paugger (Dienerstraße 5*B), benachbart.[5]
1384 Januar 9 der „Nüsstel" verkauft das Haus an des Dieners Gassen „Herlin dem sneyder". Nachbar ist „Michel des Pawgers" Haus (Dienerstraße 5*B).[6]

---

[1] „Johan" 1569 links neben dem Namen nachgetragen. Der Notar Hieronymus (!) Ferus musste sich 1569 und 1571 bei den Religionsverhören verantworten, vgl. Dorn S. 230, 262.
[2] GB I 101/5.
[3] GB I 116/5.
[4] GB I 134/3.
[5] GB I 149/1, 2.
[6] GB I 196/6.

Dieser Herlin, Herel, Herl oder mit vollem Namen auch „Herman" (1410-1416) genannte Schneider oder Gewandschneider dürfte ein Ahnherr der späteren Familie Hörl sein. Er hat das Haus bis zu seinem Tod nach 1416 inne, danach findet man seine Witwe 1418 und 1419 in den Steuerbüchern. Dann sind keine Hauseigentümer auszumachen. Die Familie hat aber das Haus wohl behalten; denn 1439 taucht im Scharwerksverzeichnis wieder eine relicta (Witwe) Härlin auf.

1395 September 13 das Haus von Herlin dem Gewandschneider ist dem Haus des Eberlin des Maurers, künftig Fridrich des Cempnaters (Dienerstraße 4*), benachbart.[1]

1398/99 die Stadt kassiert Hauszins aus den Häusern derer, denen die Stadt in der Zeit der Bürgerunruhen verboten ist „und auch etlicher, die auch aussen sind", darunter auch „von Herlyn dem gwantsneider aus seinem Haus"[2]. Auch Herlin also war entweder aus der Stadt verbannt oder geflohen.[3]

1452 Juli 5 gehört das Haus dem Maler Ulrich Neuhauser.[4] Er kommt von 1450 bis 1462 hier in den Steuerbüchern und -listen vor. Neuhauser ist 1461, 1463, 1464 und 1466 Vierer der Maler-Zunft.[5]

1482 domus des Scharfzands caplan (StB).

1489 September 26 Margret, die Witwe von Conrad Meltzel, verkauft 5 Gulden Ewiggeld um 100 Gulden Hauptsumme aus diesem Haus.[6]

1508 März 23 die Witwe Margret Meltzel und ihr Sohn Georg Meltzel verkaufen 2 Gulden Ewiggeld um 40 Gulden Hauptsumme (GruBu).

1509 Juni 4 der Goldschmied Mathes Zaissinger und seine Hausfrau Anna verkaufen dem Georg Meltzel, dem Vorbesitzer, 6 Gulden Ewiggeld, verschreiben ihm also eine Hypothek zur Absicherung der Kaufsumme (GruBu).

1525 Dezember 12 das Haus des Michael Amaneller „im Kloibergessl" (Landschaftstraße 7*) grenzt an die Häuser des Wilhalm Eysenman (Dienerstraße 4*) und des Mathes Zaisingers Haus.[7] Der Goldschmied Mathes Zaisinger, in der Literatur auch Zasinger genannt, war auch Buchdrucker und Kupferstecher. Zaisinger ist von 1520 und 1532 städtischer Silberschauer und Gewichtszeichner,[8] 1505 bis 1514 Vierer der Goldschmiede.[9] Er ist der Schwiegersohn des Goldschmieds Hanns Uttenhofer[10] und ein Sohn des 1516 verstorbenen Weinschenken Lienhart Zaissinger.[11]

1533 November 20 Hanns Öpp (Epp) und seine Hausfrau Barbara verkaufen 1 1/2 Gulden Ewiggeld um 30 Gulden Hauptsumme (GruBu).

1541 März 10 dasselbe Ehepaar verkauft ein Ewiggeld von 1 Gulden um 20 Gulden (GruBu).

1542 März 22 der Schneider Hanns Öpp verkauft 3 Gulden Ewiggeld um 60 Gulden (GruBu).

1542 November 18,

1543 März 13 und **August 18** der Schneider Hanns Öpp verkauft weitere Ewiggelder (1 1/2 Gulden um je 30 Gulden, zweimal je 1 Gulden um je 20 Gulden) (GruBu).

1557 August 20 der Schneider Wilhelm Popp verschreibt ein Ewiggeld von 15 Gulden um 300 Gulden aus dem Haus (GruBu).

Am 7. Oktober 1556 vermerkt das Ratsprotokoll, der Schneider Popp wird heute aus der Stadt und aus dem Burgfried geführt, weil er „ain liechtl [gemeint: Liedl] gesungen von munich und pfaffen, bischoff" in den Gassen und besonders in der Schwabinger Gassen. Am 6. November wird er wieder eingelassen, aber „seind ime die wirtsheuser von drinkens wegen nit bsuechen verboten worden". Am 2. Juli 1557 beruft der Stadtrat Vormünder für des Wilhelm Poppen Schneiders Kinder.[12] Am 20. August 1557 verkauft er noch ein Ewiggeld aus diesem Haus. In diesem Jahr steht er hier auch letztmals im Steuerbuch. Dann kommt nur noch seine Witwe vor.

1565 August 3 Felicitas Hundertpfund, Hausfrau des Hanns Frieauf, Bürger zu Aichach, verkauft ih-

---

[1] GB II 101/14.
[2] KR 1398/99 S. 23r/v.
[3] Vgl. auch KR 1400/02 S. 27r.
[4] Urk. D I e 2 - XXXVII Nr. 28; Geiß, St. Peter S. 294 mit Datum 6. Juli.
[5] Vgl. RP.
[6] Stadtgericht 207/1 (GruBu) S. 464v.
[7] GB IV S. 89r.
[8] Sieglinde Wetzel, Anhänge S. 53.
[9] Alles vgl. RP.
[10] Artikel „Zasinger", in: Allgemeines Lexikon der bildenden Künstler von der Antike bis zur Gegenwart, begr. von Ulrich Thieme und Felix Becker, Bd. 36, hrsg. von Hans Vollmer, 1947, S. 417.
[11] GB IV S. 9v, 13r Erbschaftsauseinandersetzungen; RP ab 1501.
[12] RP 16 S. 70r, 89r. – HB GV S. 46.

ren zwei Kindern aus erster Ehe mit Balthasar Harder (Christoff und Elisabeth Harder) ein Ewiggeld von 1 Gulden um 20 Gulden Hauptsumme aus diesem Haus (GruBu).
1566 Juli 6 der Schuhmacher Georg Össtinger (Estinger) und seine Hausfrau Barbara verkaufen dem Goldschmied Hanns Frieauf zu Aichach und Felicitas Hundertpfund 12 Gulden Ewiggeld um 240 Gulden Hauptsumme zur Entrichtung der Kaufsumme für dieses Haus (GruBu).
1574 laut Grundbuch (Überschrift) des Georg Össtinger, Schuhmachers, Haus, „hat ain eingang in die Cleubergassen" (Landschaftstraße 7*).
Das Haus 5*A wird 1696 vom Besitzer des Nachbarhauses, Dienerstraße 5*B, hinzuerworben und verliert damit seine Selbständigkeit.

Eigentümer Dienerstraße 5*A:

* Paertel Schiet [bis 1378 September 16]
* Ch[unrad] der Spindler, Kürschner [bis 1379 nach November 6]
* Nüzzlein (Nüstlein) [1379 nach November 6 bis 1384 Januar 9]
* Herl (Herel) sneider. 1392 Hans[1] Herl sneider. 1394 Hermann schneider. 1399-1408, 1410/II, 1415 Herel gewantsneyder. 1410/I, 1411-1413, 1416 Herman gewantsneyder. 1418, 1419 relicta Herman gewantschneyder.[2] 1439/II relicta Hárlin
    St: 1387: 2/-/-, 1388: 4/-/- juravit, 1390/I-II: 4/-/-, 1392: 3/-/30, 1393, 1394: 4/-/40, 1395: 2/-/20, 1396, 1397, 1399, 1400, 1401/I: 3/-/30, 1401/II: 3/-/80 iuravit, 1403, 1405/I: 3/-/80, 1405/II: -/12/- iuravit, 1406-1408: 2/-/-, 1410/I: 1/-/- iuravit, 1410/II: -/10/20, 1411: 1/-/-, 1412: -/10/20, 1413: -/10/- iuravit, 1415: -/10/-, 1416: -/13/10, 1418: -/13/10 patrimonium, 1419: 1/-/-
    Sch: 1439/II: 1 t[aglon]
    StV: (1412) et dedit -/-/80 von seiner swiger wegen.
    Pferdemusterung, um 1398 (Ur-Fassung): Vgl. bei Fridel Kemnater, Dienerstraße 4*; (Korrig. Fassung)[3]: Herl gwantsneider [soll haben] 1 pferd umb 16 gulden [und soll] selber reit[en].
* Ulrich Neunhauser (Nonhauser), 1450, 1453, 1455-1458, 1462 maler[4]
    St: 1450, 1453-1458: Liste, 1462: -/3/-
* domus des Scharfzands caplan
    St: 1482: anderswo
** relicta Mólslin (Möltzlin, Moltzlin) [= Margaret, Witwe des Conrad Meltzel, 1489 September 26; Weinschenkin[5]]
    St: 1490: 5/2/-, 1496: 4/-/24, 1500: 1/7/20, 1508: -/2/8
** Margaret Meltzel und ihr Sohn Georg Meltzel [1508 März 23]
** Mathes Zaissinger, 1509, 1522, 1525, 1527/II-1529 goltschmid[6] [∞ Anna, geb. Uttenhofer]
    St: 1509: -/4/10, 1514: Liste, 1522-1526, 1527/I: -/4/25, 1527/II, 1528, 1529: -/4/23
    et mater
    St: 1514: Liste
** Hanns Epp (Ópp, Öpp, Opp) schneider [∞ Barbara]
    St: 1532, 1540-1542: -/2/7, 1543: -/4/14, 1544: -/2/7
** Wilhelm Popp, 1545-1548, 1550, 1551/I-II, 1553-1557 schneider
    St: 1545: -/4/-, 1546-1548, 1549/I-II, 1550, 1551/I-II, 1552/I-II: -/2/-, 1553, 1554/I-II, 1555-1557: -/4/-
    StV: (1552/I) mer -/1/22 für Jörgn Kellner von 50 fl für 3 nachsteur; mer 2 fl für p[ueri] Kellner von Wolffertzhausn für drey versessn steur von 5 fl gelts.

---

[1] Vorname Hans 1392 wieder getilgt.
[2] Steht danach in den StB hinter Dienerstraße 5* B und dürfte damit zu Landschaftstraße 7* gehören, wohl einem – Dienerstraße 5* B umgreifenden – Hinterhaus von Dienerstraße 5* A.
[3] Für die korrig. Fassung am unteren Rand des Blattes nachgetragen.
[4] Ulrich Neuhauser 1459-1472 wiederholt Vierer der Zunft der Maler, Glaser und Seidennater, vgl. RP.
[5] Melczlin 1489 Mitglied der Weinschenkenzunft, vgl. Gewerbeamt 1418 S. 2v.
[6] Matheis Zaissinger 1506, 1508-1510, 1512-1514 Vierer der Goldschmiede, 1520-1532 städtischer Silberschauer und Gewichtszeichner, vgl. RP und R. v. Bary III S. 951. – Frankenburger S. 283/285.

** Hanns Frueauf (Frieauff) goltschmid¹ [später Bürger zu Aichach, ∞ Felicitas Hundertpfund, verw. Balthasar Harderin]
    St: 1558: 2/4/20, 1559, 1560: 1/2/10, 1561: -/5/21
    StV: (1558) zugsetzt seiner schwiger erb. (1561) ad 13. Julii anno [15]62 zalt für 3 nachsteur.
** domus Hanns Frueauff goldschmid. 1564/I domus Frueauf. 1564/II-1566/II domus Frueauf goltschmid²
    St: 1563: an chamer, 1564/I: -/2/10 de domo, 1564/II, 1565, 1566/I: -/2/10, 1566/II: -/-/-
    StV: (1564/I) mer von anno [15]63 -/2/10, zalt múnsmaister. (1564/II, 1565, 1566/I) von zinsen, zalt Hundertpfundt (munsmaister). (1566/II) hats verkhaufft.
** Jórg (Georg) Osstinger (Osteniger), 1566/II-1571 schuester [∞ Barbara]
    St: 1566/II, 1567/I-II: -/3/19, 1568: 1/-/8, 1569-1571: -/2/-
    StV: (1566/II) mer fúr Hannsen Frueauff goldschmid folio 99v [Ewiggeld]. (1567/I) mer fúr Hannsen Frueauf goldschmids hausfrau folio 14v [Ewiggeld]. (1567/II, 1568) mer fúr Hans Frueauf folio 14v [Ewiggeld].

Bewohner Dienerstraße 5*A:

Pilgreim Gerolt St: 1387: -/-/8
Hanns kramer, 1390/I inquilinus St: 1387: -/-/12, 1390/I: -/-/24
Ulreich Aemrinck inquilinus St: 1419: -/-/- der ist pfenterknecht
Hanns Wenig gúrtler. 1424, 1428, 1431 Hanns gúrtler
    St: 1423: -/12/- gracianus, 1424: 0,5/-/- hat zalt, 1428: dedit 12 gross, 1431: 6/-/5 iuravit
    StV: (1428) fur sich, sein weib und sein ehalten und fúr die jungen Schlechdorffer.
Lienhart Stáringer Sch: 1439/I: 1 t[aglon]
Hanns Rot schneider Sch: 1439/II: -/-/15, 1440, 1441/I-II: 1 t[aglon], 1445: 3 ehalten, dedit
Hanns laterler inquilinus Sch: 1441/II: 0,5 t[aglon]
Peter kellner St: 1496: 2/2/28, 1500: 1/1/1
Benedict Reich [Weinschenk ?³] St: 1508: 1/5/5
Jeronimus múllner [Goldschmied⁴]
    St: 1522: -/2/-, 1523: -/3/12
    StV: (1523) hat seiner hausfrau gut zugesetzt.
Ulrich Kůtzmágl goltschmid St: 1532: -/2/16 juravit
Cristoff urmacher. 1541-1545 Cristoff Stern urmacher⁵
    St: 1540-1542: -/2/6, 1543: -/4/12, 1544: -/2/6, 1545: -/4/-
Hanns Keller (Kelner) schneider
    St: 1543: -/2/3, 1544: -/2/-
    StV: (1543) seiner hausfrau alte steur, ist der gracion erlassen, soll hinfúro schwern.
Jacob Partinger [Uhrmacher⁶] St: 1546, 1547: -/2/-
Hanns Húrlapain urmacher St: 1548: -/2/-
Thoman sporer. 1554/II, 1557 Thoman Veichtner sporer
    St: 1548, 1549/I-II, 1550, 1551/I, 1554/II, 1555-1557: -/2/-
Lorentz Partsch nagler St: 1548: -/2/-
Lienhart Clasner seidnnatter St: 1549/I: -/2/-
Utz Háckhl schuester St: 1549/I: -/2/-
Jorg Mays, 1550, 1551/I schlosser St: 1549/II, 1550, 1551/I: -/2/-

---

¹ Gewerbeamt 1631 S. 86v Nr. 39. – Frankenburger S. 291/292.
² Hanns Frueauf verließ München, um Bürger von Aichach zu werden. Nach dem Münchner Goldschmiede-Meisterbuch wurde „N. Frieauff von wegen seines grossen verprechen auß genaden mit dem schwert gericht, zue Respörg [Regensburg ?] geschechen", vgl. Gewerbeamt 1631 S. 86v Nr. 39 und Frankenburger S. 291/292.
³ Ein Benedict Reicher wird 1506 in die Weinschenkenzunft aufgenommen, vgl. Gewerbeamt 1418 S. 14r.
⁴ Frankenburger S. 287.
⁵ Cristoff Stern ab 1547 Stadtuhrmeister, vgl. R. v. Bary III S. 1013.
⁶ Vgl. Sporerstraße 1* und/oder 2.

Andre Straucher zingiesser
    St: 1551/II: -/2/-
    StV: (1551/II) mer -/-/28 von wegen seins kinds.
Hanns zimmerman peutler
    St: 1551/II, 1552/I-II, 1553, 1554/I: -/2/-
    StV: (1551/II-1554/I) mer -/-/12 fúr p[ueri] Ostermair.
Peter Dietl pantzermacher St: 1551/II, 1552/I: -/2/-
Jacob Kalchheder messerchmid St: 1553, 1554/I: -/2/-
Conrad Schwartz goltschmid[1] St: 1554/II, 1555-1557: -/3/15
Asm (Erasm) Keslman puechfuerer
    St: 1555: -/-/-, 1556: -/2/20 juravit
    StV: (1555) soll sich zu Augspurg seiner búrgerrecht ledig machen.
Wilhelm Gebhart [Lernmeister[2]] St: 1557: -/2/-
Lorentz Weyssnfelder St: 1557: -/2/8
Hanns Weis schulmaister St: 1559: -/-/14 gracia
Kylian Farn schlosser St: 1559: -/-/14 gracia
stainschneiderin. 1561, 1564/II Anna Voglin stainschneiderin. 1564/I Michel Voglin stainschneiderin.
    1565 Michel Vogl stainschneiderin. 1566/I-1568 Michel stainschneiderin
    St: 1560: -/6/5, 1561, 1563, 1564/I: -/1/15, 1564/II: -/2/2,5, 1565, 1566/I-II: -/2/20, 1567/I-II:
       -/3/7,5, 1568: -/6/15
    StV: (1561) habnit, dan daz annder ir guet ist bey den Ligsaltzen. (1563) habnit, dan daz annder
       ir guet ist bei den Ligsaltzen. (1564/I) ausser der Ligsaltz schuld, zalt anyetzt den habnit.
       (1564/II) zuegesetzt den 8. tail von der Ligsaltzischen schuld. (1565) zuegesetzt den andern
       empfanng Ligsaltzischer schuld. (1567/I) zuegesetzt drittn empfang Ligsaltzische schuld.
Christoff Widman (Widnman), 1564/I ungelter[3] St: 1563: -/5/20 gratia, 1564/I: 1/1/15 juravit
Wolff Fasam St: 1563: -/2/- búrger, hofgesind
Margreth schennckhin [Barettmacherin, Schneiderin] St: an chamer, nit búrgerin
Elisabeth Augstainin St: an chamer, nit búrgerin
Bertlme (Bartlme) Hueber satler. 1566/II Bártlme satler
    St: 1564/I-II, 1565, 1566/I-II, 1567/I-II: -/2/-, 1568: -/4/-, 1569-1571: -/2/-
    StV: (1564/I-1565, 1566/II) mer fúr seine khinder -/-/21. (1564/I) mer fúr p[ueri] Ostermair
       -/1/5. (1564/II) mer fúr p[ueri] Ostermair -/-/17,5; adi 23. Juni [15]65 zalt er 3 nachsteur.
       (1566/I) und fúr seine khinder -/-/21. (1567/I-II) mer fúr seine khinder -/-/21. (1568) mer fúr
       seine khinder -/1/12. (1569) mer fúr seine khind -/-/21. (1570) mer fúr sein khúndt -/-/21.
Hanns Schwartz [Goldschmied, von München[4]] St: 1564/II: -/1/12 gratia
Michel plattner
    St: 1564/II: an chamer, 1565, 1566/I: -/2/-, 1571: an chamer
    StV: (1565) mer fúr ain versessne steur -/2/-.
Hanns Ruel pantzermacher St: 1565: -/2/-
Mathes Reiss kháskheuffl St: 1566/I: -/2/-
Hanns metzger schlosser St: 1566/II, 1567/I-II: -/2/-
Haberstockhs brueder singer St: 1568: -/-/- hofgsind
Jórg (Geórg) Wager schneider
    St: 1569: -/1/12 gratia, 1570: -/2/-, 1571: -/3/5
    StV: (1570) soll hinfúron, wenn er mit seinem khind verglichen, dieselbe steur zuesetzn. (1571)
       sambt seiner khinder guet.
Ulrich Popfinger púrstenpinder St: 1569: -/2/-
Hanns Zách vogler St: 1570: -/2/-

---

[1] Frankenburger S. 289.
[2] Vgl. Weinstraße 1.
[3] Christoff Widman auch 1561 und 1565 als Weinungelter belegt, vgl. Fischer, Tabelle X S. 23. – 1569 gibt es auch einen Salzstößel namens Christoph Widman, vgl. Vietzen S. 156 nach KR.
[4] Gewerbeamt 1631 S. 87v Nr. 49. – Frankenburger S. 303. – Hanns Schwartz von München „ist schultten halber weckhzogen".

Dienerstraße 5*B
(vielleicht mit Landschaftstraße 7*[1])

Lage: 1378 „ekk gen Scharfneck uber". Eckhaus (Süd) zur Landschaftstraße.
Charakter: Seit Ende 15. Jahrhundert Schneiderei.

Hauseigentümer Dienerstraße 5*B:

Eigentümer bis 1378 wie Dienerstraße 2* – 4*.
1370 entweder zu diesem Haus Dienerstraße 5*B oder zum folgenden Haus Dienerstraße 6* gehört der Eintrag, wonach die Baukommission entscheidet, „von der Meschlárin eckhaus bis an Petern den statschreiber [Dienerstraße 11] sullen all kellerhaels und lauben ab[gebaut werden]".[2] Die Meschlerin könnte zu der genannten Erben- oder Besitzergemeinschaft von Dienerstraße 2* bis 5*B gehören.
1378 September 16 wie Dienerstraße 5*A (ungenanntes Mündel, wohl Rudolf oder Schiet, nunmehr die Kürschner Frazz und Spindler).[3] Frazz bleibt im Besitz des Hauses und ist
1379 vor November 6 Nachbar von Spindler/Nüzzlein (Dienerstraße 5*A).[4]
1381 Februar 12 Nüstlein (Dienerstraße 5*A) ist wieder als Nachbar von Frazz dem Kürschner genannt, als dieser das Haus an des Dieners Gassen verpfändet.[5]
1381 November 4 Frazz der Kürschner verkauft sein Haus an des Dieners Gassen Michel dem Paugger. Nachbar ist das Haus des Nüsslin (Nüstlein) (Dienerstraße 5*A).[6]
1384 Januar 9 „Michel dez Pawgers" Haus ist dem Haus des Nüsstel, nunmehr Herlin des (Gewand)-Schneiders (Dienerstraße 5*A), benachbart.[7]
1382-1412 domus Michel Paugger (StB).
1418, 1419 domus Cunrad snyczer (StB).
1437 o. D. im Liber censualium des Augustinerklosters wird auch Eberhart [Ramsers] des Schusters Haus an der Dieners Gassen genannt, aus dem das Kloster (St.-Nikolaus-Kapelle) einen Zins hat.[8]
Seit 1445 ist der Goldschmied Thoman Neufarer hier zu finden. Er wird 1443/44 „der Stadt Goldschmied" genannt. Ab 1455 bis nach 1462 steht seine Witwe hier. Auf jeden Fall ist
1454 die Witwe Newfarerin Eigentümerin dieses Hauses.[9]
1458 April 29 Thoman Newfarers des Goldschmieds (Dienerstraße 5*B) hinteres Haus ist dem Haus des Plattners von der Rosen (Landschaftstraße 7*) benachbart.[10]
1469 Oktober 4 das Haus des Bäckers Martin Neufarer (Dienerstraße 17) liegt „neben und gegen Hannsen Seefelder des Goldschmieds Eckhaus über".[11] Da der Goldschmied Seefelder – zwar als inquilinus – 1462 hier im Steuerbuch steht, dürfte der Eintrag hierher zu beziehen sein. Die Angabe „neben und gegenüber" würde sonst eher auf das Eckhaus Dienerstraße 18 deuten.
Demnach dürfte auch der
1479/80 genannte Lang Goldschmied „in des Seefelders hauß" hierher zu beziehen sein.[12] Bei der Formulierung ist nicht klar, ob „dem Langen goldsmid" zu lesen ist oder „dem langen goldsmid", also Familienname Lang oder Adjektiv lang. Ein Goldschmied namens Lang ist in dieser Gegend nicht nachgewiesen. Vielleicht ist der ab 1482 hier genannte Goldschmied Heinrich Radax der „lange Goldschmied".

---

[1] Vgl. die Architektur auf dem Sandtner-Modell.
[2] Zimelie 9 (Ratsbuch IV) S. 4r (neu 6r).
[3] GB I 101/5.
[4] GB I 116/5.
[5] GB I 134/3.
[6] GB I 149/1, 2.
[7] GB I 196/6.
[8] MB XIXa 35 S. 415.
[9] Kämmerei 64 S. 14v.
[10] Zimelie 27b (Salbuch Reiches Almosen) S. 62r/63r.
[11] BayHStA, KL Andechs 30c S. 236r/239v.
[12] KR 1479/80 S. 75v.

1480 Juni 3 jetzt ist das hintere Haus des Schneiders Hanns Strasser (Dienerstraße 5*B) dem Haus des Plattners von der Rosen (Landschaftstraße 7*) benachbart.[1]

1529 Januar 26 die Schneiderin Margret Weiss verkauft ein Ewiggeld von 5 Gulden um 100 Gulden Hauptsumme aus dem Haus.[2]

1533 Oktober 7 der Schneider Christoff Khaiser und seine Hausfrau Ursula verkaufen ein Ewiggeld von 10 Gulden um 200 Gulden Hauptsumme auf Losung Margrethen Weissin Wittib (GruBu).

1534 März 11 dasselbe Ehepaar verkauft erneut ein Ewiggeld von 5 Gulden um 100 Gulden (GruBu).

1556 Oktober 5 Ursula Khaiser, die Witwe des Schneiders Christoff Khaiser, verschreibt ihrem Sohn Christoff Khaiser und seiner Hausfrau Regina 10 Gulden Ewiggeld um 200 Gulden Hauptsumme zur Entrichtung des Heiratgutes (GruBu).

1563 Oktober 4 Hanns Khaiser, Sohn des weiland Christoff Khaiser, verkauft seinem Bruder Caspar Khaiser 17 1/2 Gulden Ewiggeld um 350 Gulden Hauptsumme zur Entrichtung seines gebührenden Teils an der Kaufsumme um die Behausung (GruBu).

1570 September 19 der Schneider Hanns Khaiser und seine Hausfrau Rebecca, verkaufen ihrem Bruder und Schwager Caspar Khaiser 5 Gulden Ewiggeld um 100 Gulden Hauptsumme (GruBu).

1572 Januar 21 dasselbe Ehepaar verkauft ein weiteres Ewiggeld von 5 Gulden um 100 Gulden Hauptsumme (GruBu).

1574 laut Grundbuch (Überschrift) des Hanns Khaiser Schneiders „Ögkhaus, stesst auch in die Cleubergassen".

Die Kaiser besitzen das Haus bis 1587.

Eigentümer Dienerstraße 5*B:

   Bis 1378 vgl. Dienerstraße 2*-5*A.
* Paertel Schiet [bis 1378 September 16]
* Fras kúrsner. 1382 Hanns Fras kúrsner inquilinus [seit 1378 September 16]
    St: 1381, 1382: -/3/-
* domus Michel paugger (paucker). 1403, 1413, 1415, 1416 Michel pawgger[3]
    St: 1382, 1383/I-II: -/-/-, 1387: -/-/45, 1388, 1390/I-II: -/3/-, 1392: -/-/67,5, 1393, 1394: -/3/-, 1395: 0,5/-/12, 1396, 1397: -/6/18, 1399, 1400, 1401/I-II: -/-/-, 1403, 1405/I: -/-/80, 1405/II: -/-/60, 1406-1408: -/-/80, 1410/I: -/-/60, 1410/II: -/-/80, 1411: -/-/60, 1412, 1413: -/-/80, 1415: -/3/-, 1416: 0,5/-/-
    StV: (1395) und fúr alz sein gût.
* domus Chunrad snyczer. 1423, 1424 Chunrad snyczer
    St: 1418: -/-/80, 1419: -/-/-, 1423: -/10/-, 1424: -/3/10 hat zalt
  Hanns sniczer
    St: 1428: dedit 4 gross
    StV: (1428) fur sich, sein weib, sein vater und sein knecht.
* Eberhart Ramser, 1431, 1439/II-1441/II schuster
    St: 1431: 1/-/5 iuravit
    Sch: 1439/I-II, 1440, 1441/I-II: 2,5 t[aglon]
* Thoman Neufarer, 1450 goltsmid.[4] 1455 relicta Neufarer. 1456-1458 relicta Thoman Neufarerin (Neufarer). 1462 relicta Newfarerin
    Sch: 1445: 4 ehalten, dedit
    St: 1450, 1453-1458: Liste, 1462: -/-/20
* [Hanns] Sefelder goltschmid[5] inquilinus
    St: 1462: 2/-/52

---

[1] Zimelie 27b (Salbuch Reiches Almosen) S. 62r/63r.
[2] Stadtgericht 207/1 (GruBu) S. 461v.
[3] Michel, der Pauker von Herzog Stephan II., wird am 15.11.1377 in einer Urkunde genannt, vgl. RB IX 385/386. Dabei bekennt Herzog Johann Schulden seines Bruders [Stephan] von 28 Gulden in Gold gegenüber von dessen Pauker Michel an.
[4] Thoman Newfarer war 1443 und 1444 der Stadt Goldschmied, vgl. R. v. Bary III S. 950. – Frankenburger S. 271/272.
[5] Hanns Seevelder 1459, 1461, 1463, 1465, 1467, 1469 Vierer der Goldschmiede, vgl. RP, 1462-1464 städtischer Silberschauer und Gewichtszeichner, vgl. R. v. Bary III S. 951. – Frankenburger S. 275.

* Hanns Strasser, 1482 schneider[1]
   St: 1482: -/5/28, 1486: -/5/4
** Peter Weyss (Weiss, Weiß) schneider.[2] 1522-1525, 1528,1529, 1532 (relicta) Peter Weissin. 1526, 1527/I-II relicta Weissin [= Margaret]
   St: 1508, 1509: -/3/10, 1514: Liste, 1522-1526, 1527/I: -/5/23, 1527/II, 1528, 1529, 1532: -/4/23
   StV: (1522) für irs mans patrimonium.
** Cristof Kaiser, 1524, 1525, 1527/I, 1528-1547, 1550 schneider. 1553, 1554/I Cristoff Kayser schneiderin [= Ursula = N., geb. Scharrer ?[3]]. 1554/II-1561 Cristoff Kayserin, 1558-1561 die alt
   St: 1524: -/-/21 gracion, 1525, 1526, 1527/I: -/2/-, 1528, 1529, 1532: -/2/22, 1540-1542: 1/2/16, 1543: 2/5/2, 1544: 1/2/16, 1545: 2/-/-, 1546-1548, 1549/I-II, 1550, 1551/I: 1/-/-, 1551/II: 1/-/- patrimonium, 1552/I-II: 1/-/-, 1553, 1554/I-II, 1555-1557: -/5/17, 1558: 1/4/4 matrimonium, 1559: -/-/-, 1560: nichil, 1561: obdormivit
   StV: (1540) et dedit -/-/14 für p[ueri] Adolff. (1559) haben die erben zugsetzt.
   Scharrerin inquilina
      St: 1524: -/3/18
   et socra [Scharrerin ?] matrimonium
      St: 1525: -/3/18
   Cristoff Kayser, 1557 schneider der jung, 1558-1563 der jung [∞ Regina]
      St: 1556: -/1/5 gracia, 1557: -/6/5 juravit, 1558: 1/5/10, 1559, 1560: -/6/5, 1561, 1563: -/5/21
      StV: (1556) mer 1/2/10 seiner hausfrauen erb, soll hinfúro schwern.
** Hanns Kaiser, 1565, 1566/I-II, 1569 schneider, 1564/I-1571 der jung [∞ Rebekka, Sohn von Christoff Khaiser]
   St: 1564/I-II, 1565, 1566/I-II, 1567/I-II: -/4/2, 1568: 1/1/4, 1569-1571: -/3/20

Bewohner Dienerstraße 5*B:

Chunrat Keckerman sartor inquilinus St: 1383/I: -/-/18, 1383/II: -/-/27, 1388: -/-/32 juravit
Prunner koch inquilinus. 1387, 1388 Chunrat Prunner inquilinus. 1390/I Prunner inquilinus
   St: 1383/II: -/-/-, 1387: -/-/12, 1388: -/-/24 juravit, 1390/I: -/-/16
Hanns goltsmid inquilinus St: 1387: -/-/32
die [relicta ?] von Ibs St: 1390/I: -/-/-
Kaefer inquilinus St: 1390/II: -/-/12
[Heinrich] Fúnsinger sneider St: 1392: -/-/42
Tot, ein schenk inquilinus St: 1393: -/-/60 gracianus
   Hainrich (Haincz) Tod inquilinus St: 1395: -/-/60 fur 15 lb, 1396, 1397: -/3/-
Ulm kursner inquilinus St: 1399: -/-/58 für 8 lb
Herman hofschuster inquilinus St: 1400, 1401/I: -/-/60 gracianus, 1401/II: 0,5/-/- iuravit
Hainrerin von Understorf inquilina St: 1400: -/-/24 gracianus
Paelerin inquilina St: 1403: -/-/32 für nichil
Krechlin [Käuflin[4]] inquilina
   St: 1403: -/-/20 fur nichil, 1405/I: -/-/34
   StV: (1403) Notum: si hat ainen guldein gelcz auz Hannsen dez pfeyffer haws.
Jackel Huber schuster inquilinus St: 1405/I: -/-/80 für 10 lb
Agnes inquilina St: 1405/I: -/-/40 gracianus
Nicklas goltsmid [Stadtgoldschmied und Waagmeister[5]] inquilinus
   St: 1410/I: -/3/6 iuravit, 1410/II: 0,5/-/8
Hanns seidennader, 1410/II-1413, 1416 inquilinus
   St: 1410/II, 1411: -/-/60 für nichil, 1412: -/-/56, 1413: -/-/55 für nichil, 1415: -/-/72, 1416: -/3/6, 1418: -/-60
Ann Lechnerin, 1412 inquilina St: 1411: -/-/15, 1412: -/-/-
Fridel schuster kramer, 1411 inquilinus St: 1411: -/-/80, 1412: -/-/40 für nichil

---

[1] Hanns Strasser 1468-1486 wiederholt Vierer der Schneider, gest. 1488, vgl. RP.
[2] Peter Weyss 1495, 1496, 1506-1508, 1511-1515, 1517-1519 Vierer der Schneider, vgl. RP.
[3] Wegen der gleichen Steuersumme der „socra" 1525 und der Scharrerin 1524.
[4] Vgl. Burgstraße 11.
[5] Frankenburger S. 268.

Lewpoltin inquilina St: 1413: -/-/12 fúr nichil
Kundel messrerin inquilina St: 1413: -/-/16 fúr nichil
Angermairin kursnerin St: 1413: -/-/32 fúr nichil
Chuncz Schlitel sneyder St: 1415: -/-/60 fúr 10 lb
    Schlẘtel schuster St: 1415: -/-/40 gracianus
Ottel gotsmidknecht (!). 1423 Ottel goltsmid inquilinus[1] [!] St: 1415: nichil habet, 1423: -/-/15
Hanns Múldorffer sneyder inquilinus St: 1416: -/-/60 fúr nichil, iuravit
Ludweyg seidennader St: 1418: -/-/28
relicta Schinteldachin, 1428 Schinteldachin [Käuflin]
    St: 1423: -/-/80, 1428: dedit 3 gross
    StV: (1428) fur sich, ir tochter und ir swester.
relicta Fuchsmundlin
    St: 1428: dedit 3 gross
    StV: (1428) fúr sich und fur zwen ehalten.
Ludwig tagwercher
    St: 1428: dedit 2 gross
    StV: (1428) fur sich und sein hausfrau.
relicta Reintalerin St: 1431: cum 3 nachstewr, dedit -/12/- die ersten nachstewr, cum noch zwo
Ulrich Háring, 1441/I koch Sch: 1440: -/-/-, 1441/I: 0,5 t[aglon]
Chuncz Hackel inquilinus Sch: 1441/II: 1 t[aglon]
Hanns Scheitrer, 1456, 1458 goltsmid[2], 1457 inquilinus St: 1456-1458: Liste
Hainrich (Haintz) Radax, 1490, 1496, 1500 goltschmid[3]
    St: 1482: -/6/19, 1486, 1490: 1/4/23, 1496: 1/6/2, 1500: 1/5/2
    StV: (1496) et dedit -/2/11 für pueri Wolfgang goltschmid.
Wenndl [pfeil]schiffter inquilinus St: 1514: Liste
Hanns Wirffl wirt St: 1514: Liste
Steffan Stainprecher schneider St: 1514: Liste
Michel Wernher (Werner) platner. 1552/I Michel plattner
    St: 1540-1542: -/3/7, 1543: -/6/14, 1544: -/3/7, 1545: -/6/14, 1546-1548, 1549/I-II, 1550,
        1551/I-II, 1552/I-II: -/3/7, 1553, 1554/I-II, 1555-1557: -/2/-, 1558: -/4/-, 1559: -/2/-
    StV: (1552/II) mer -/4/20 von 5 fl gelts fúr p[ueri] Kellner von Wolffertzhausn. (1553, 1554/I)
        mer -/4/20 fúr 5 fl gelts fúr p[ueri] Kellner von Wolfertzhausn.
Lorentz Partsch. 1549/II Lorentz nagler
    St: 1549/I: -/2/-, 1549/II: zalt supra fol. 62 col. 1 [= 62r, Weinstraße 9]
Margreth Mairin St: 1549/I: -/2/-
Philip schuester. 1551/II, 1552/I-II Philip Prúnner schuester St: 1550, 1551/I-II, 1552/I-II: -/2/-
Michel Adler St: 1550: zalt infra fol. 61 col. 1 bey Hansn Adler [= 61r, Dienerstraße 15 A]
Sebastian Dútzman goltschmid St: 1553, 1554/I-II: -/2/-
Hanns koch urmacher
    St: 1555: -/-/28 gracion, 1556, 1557: -/2/-, 1558: -/4/-, 1559, 1560: -/2/-, 1561, 1563, 1564/I-II,
        1565, 1566/I-II, 1567/I-II: -/3/16, 1568: 1/-/2, 1569-1571: -/2/-
    StV: (1563, 1564/I-II) mer fúr sein schwiher Michel Khnausin -/2/-.
Jacob schwerdfeger. 1564/II Jacob schwertfeger messerschmid
    St: 1560, 1561, 1563, 1564/I-II, 1565, 1566/I-II: -/2/-
Margret Mertzin St: 1560: -/2/-
ringmacherin witib. 1566/I-II Margretha ringmacherin wittib St: 1565, 1566/I-II: -/2/-
Oswold Khirmair schuester St: 1567/I: -/-/21 gratia
Ludwig Debig (Dewig) [vgl. Debis, Debitz]) puchsenmacher St: 1567/II: -/2/2, 1568: an chamer -/4/-
Caspar schlosser St: 1569: -/3/25
Hanns Mentzinger seidnnater St: 1570: -/-/28 gratia, 1571: -/3/- juravit

---

[1] Frankenburger S. 269.
[2] Frankenburger S. 275/276.
[3] Hainrich Radax 1484, 1487, 1490-1493, 1495, 1496, 1511 Vierer der Goldschmiede, vgl. RP. – Derselbe 1497 städtischer Silberschauer und Gewichtszeichner, vgl. R. v. Bary III S. 951. – Frankenburger S. 280/281.

Dienerstraße 6 – 8

Diese Häusergruppe bildete noch nach der Mitte des 14. Jahrhunderts einen geschlossenen Komplex in der Hand der Familie Rudolf. Wahrscheinlich ist hier sogar deren Stammhaus zu suchen, da der Besitz in der Mühlgasse, nach dem sich Heinrich Rudolf „am Anger" nannte, erst nach der Stadterweiterung (Ende des 13. Jahrhunderts) als Dauerwohnung in Frage kommt. Von 1369 an ist dieses Haus am Anger bereits regelmäßig verpachtet (so bis 1388, ab 1390/I gar nicht mehr feststellbar). Es muß der Lage in den Steuerbüchern zufolge dem Tegernseer Klosterhof unmittelbar benachbart gewesen sein.

Daneben haben die Rudolf in der Dienerstraße ein weiteres Haus, nämlich Dienerstraße 20 mit Burgstraße 5. Es wird am 26. Februar 1383 verkauft.

Für die Häusergruppe Dienerstraße 6/8 und ihre Zusammengehörigkeit ist maßgebend, daß der Besitz des Rudolf hier am 18. Februar 1373 einerseits als Nachbar des Waegenler beziehungsweise Weigl bezeichnet wird,[1] wobei es sich eindeutig um das Haus Dienerstraße 9 handelt, andererseits 1378 beim Verkauf einer halben Hofstatt aus der Hand der Hausfrau des Retzer von Amberg Paertel Schiet als Nachbar angegeben wird, der nun wieder in dieser Zeit zu Dienerstraße 2* -5* gehört. Die Retzer'sche Hofstatt muß demnach Dienerstraße 6 sein. Warum das so ist, geht aus der Genealogie der Rudolf hervor:[2] Des Stephan Retzer zu Amberg Ehefrau ist „Greymolten dez Draechsels saeligen Ennickel" (Enkelin).[3] Greymolt der Draechsel ist aber 1346 Schwiegersohn von Heinrich I. Rudolf[4] und damit der Schwager von Heinrich II. Rudolf, der seit 1368 unter Dienerstraße 6/8 in den Steuerbüchern steht. Dieser Rudolf ist – wohl vor dem 16. Februar – 1378 gestorben. Danach wurde offenbar der Besitz aufgeteilt und ein als „halbe Hofstatt" bezeichneter Teil – zusammen mit anderen Liegenschaften – fiel an Elspet die Retzerin, die wohl über ihre Großmutter Erbansprüche an die Erbschaft des Großonkels Heinrich Rudolf hatte. Diese halbe Hofstatt führt ab jetzt als Dienerstraße 6 und weit in die Landschaftstraße hineinreichend (mit Landschaftstraße 6 als Hinterhaus) ein Eigenleben.

Dienerstraße 6
(bis 1525 mit Landschaftstraße 6)

Lage: 1405, 1408 „am egk". 1513 des Starchen Eckhaus. Eckhaus (Nord) zur Landschaftstraße.

Hauseigentümer Dienerstraße 6:

Bis 1378 Februar 16 wie Dienerstraße 7 und 8: Familie Rudolf, zuletzt Urenkelin des älteren Heinrich [I.] Rudolf beziehungsweise Großnichte des jüngeren Heinrich [II.] Rudolf: Elspet, verheiratete Stephan Reczer, Bürger von Amberg. Dieses Ehepaar verkauft nun diese „ir halbew hofstat, gelegen an dez Dieners gazzen" an die Gebrüder Chunrad und Francz von Hausen. Nachbar ist Paertleins des Schiet Haus (Dienerstraße 2*-5*).[5]
Zur möglichen Haus(mit)eigentümerin Meschlerin um 1372 bei diesem Eckhaus Dienerstraße 6 vgl. unter Dienerstraße 5*B. Vielleicht gehörte ihr die andere Hälfte.
1387 – Ende 1401 sind wahrscheinlich Niclaus der Aechter von Wasserburg und seine Erben Hauseigentümer (StB).
1403 – 1413 domus Ott Ligsalcz (von Wasserburg) (StB).
1405 April 3 Ott Ligsalcz läßt sein Haus durch seinen Vetter Karel Ligsalcz an Hans den Wölfel überantworten. Es liegt an des Dieners Gassen „am egk znächst Hanns des Pútreichs kind[er] haus" (Dienerstraße 7/8)".[6]
1408 Juni 25 Elspet, Hans des Wölfels seligen Witwe, gibt ihr Haus an des Dieners Gassen „am egk znächst Hansen des Pútreichs sälig kind haus" (Dienerstraße 7/8) an Ott den Ligsalz zurück.[7]
1411 Januar 22 Ott Ligsalz von Wasserburg übergibt sein Haus an des Dieners Gassen „znachst an

---
[1] GB I 34/14.
[2] Vgl. Stahleder, Bürgergeschlechter. Die Rudolf S. 145/146 (5b), 165/166 (7g, 7h).
[3] GB I 94/14.
[4] Urk. B II 19 (6.10.1346).
[5] GB I 94/14.
[6] GB III 39/8.
[7] GB III 78/13.

dez alten Rudolfs haws" (Dienerstraße 7/8) dem Schneider Chunrat Reisenegt.[1] Letzterer besitzt es bis nach 1423. Ott Ligsalz steht aber noch bis 1416 in den Steuerbüchern. Vielleicht war demnach auch dies nur eine Verpfändung an den Reisenegt. Das legt auch der Steuervermerk von 1423 mit dem Zusatz nahe: „von dez Otten Ligsaltz -/7/6", also eine Extra-Abgabe, die vom Reysenegk bezahlt wurde.

1431 Dezember 21 Dietrich der Starch (= Storch)[2] hat drei Häuser. Eines davon ist Dienerstraße 15 A, das zweite Dienerstraße 6. Das dritte dürfte ein Hinterhaus (Landschaftstraße 6 ?) sein oder es liegt in einer anderen Straße.[3] Dietrich Starch „der ist laider tod vor Marci 1433. Got sei Im gnedig", meldet das Leibgedingbuch der Stadtkammer[4] und seine Witwe Anna heiratet in zweiter Ehe den Hans III. Pütrich zu Deutenhofen, der schon 1439 hier in den Scharwerksverzeichnissen steht. Die Pütrich sind bis 1508 auf dem Haus belegt. Der Sohn von Hans Pütrich, Franz II. Pütrich, bezeichnet 1471 Ludwig den Starch als seinen lieben Bruder (genauer ist er sein Halbbruder)[5]. Später wurde der Name mißverstanden als Adjektiv und man sprach vom „starken Putrich".[6]

1456 November 11 Franz (II.) Pütrich ist dem Haus des Hans Pütrich (Dienerstraße 7/8) benachbart.[7]

1502 Juli 18 aus dem Haus des Kürschners Hanns Pränpeck an der Dienersgasse am Eck, dem Haus des Propstes von Bernried (Dienerstraße 18) gegenüber und dem Haus des Konrad Füßl (Dienerstraße 7) benachbart hat die Priesterbruderschaft von St. Peter ein Ewiggeld.[8] Pränpeck kommt in dieser Gegend allerdings sonst nie vor. Das Haus dürfte um diese Zeit immer noch den Pütrich gehören.

1514 wirkt der Name immer noch nach: Das Haus ist jetzt wieder „des Starchenegks haus". Nachbar ist das Haus des Mäleskircher, Landschaftstraße 4, da Landschaftstraße 6 ja noch als Hinterhaus zu Dienerstraße 6 gehört.[9] Es müßte besser heißen: Des [Dietrich] Starchen Eckhaus.

Ab 1522 hat das Haus bereits der Schneider Hanns Renntz, der zwischen 1532 und 1540 stirbt. Seine Witwe und seine Erben stehen noch bis 1557 in den Steuerbüchern. Das Haus übernimmt der Schwiegersohn (Eidam) Jorg Kümmerl, der auch schon im Grundbuch als Hauseigentümer belegt ist.

1525 April 7 das Ehepaar Hanns und Anna Rentz trennt das Hinterhaus Landschaftstraße 6 vom Besitz ab und verkauft es an den Messerschmied Thoman Mentzinger, Nachbar ist wieder der Mäleskircher (Landschaftstraße 4).[10] Landschaftstraße 6 führt ab jetzt ein Eigenleben.

1574 laut Grundbuch (Überschrift) des Schneiders Georg Khimmerl „Ögkhaus und Stallung, stesst in die Cleubergassen".[11] Der erste Eintrag einer Hypothek findet sich bei diesem Haus erst unterm 8. Dezember 1580. Die Kimmerl besitzen das Haus noch bis 1598.

Eigentümer Dienerstraße 6:

* Heinrich [II.] Rudolf, wie Dienerstraße 7/8 [bis 1378 Februar 16]
* Stephan der Reczer, ∞ Elspet, Urenkelin von Heinrich [I.] Rudolf[12] und Großnichte von Heinrich [II.] Rudolf[13] [bis 1378 Februar 16]
* Chunrad[14] und Francz[15] von Hausen, Gebrüder [seit 1378 Februar 16]
*? Niclas Aechter [von Wasserburg]. 1390/I-II, 1392 patrimonium Áchter. 1393, 1394 patrimonium puerorum Áchter. 1395-1397, 1401/I-II patrimonium Áchters (Aechters) kind. 1399, 1400 patrimonium pueri Aechter kind

St: 1387: 4/-/30, 1390/I-II: 1 guldein, 1392: -/3/-, 1393, 1394: 0,5/-/-, 1395: -/-/60, 1396, 1397, 1399, 1400, 1401/I: -/3/-, 1401/II: 0,5/-/-

---

[1] GB III 103/11.
[2] Auf ihn geht der Name „Starcheneck" zurück, vgl. auch Stahleder, Haus- und Straßennamen S. 415/416.
[3] MB XIXa 68 S. 112/117.
[4] Zimelie 28 S. 14v. „Marci" = Markus-Tag 25. April.
[5] MB XX 343 S. 604.
[6] Vgl. Stahleder, Bürgergeschlechter. Die Pütrich S. 268, 271 und Schmidtner, Zur Genealogie der Pütrich, in: OA 36, S. 153-172 und OA 41, 1882, S. 44-89, besonders S. 61, zur Geschichte der Pütriche.
[7] Geiß, St. Peter S. 252 ohne Quelle.
[8] Geiß, St. Peter S. 328 nach Kopialbuch der Priesterbruderschaft von St. Peter S. 63b.
[9] Zimelie 27a (Stiftungsbuch Reiches Almosen) S. 60r.
[10] GB IV S. 72r.
[11] Stadtgericht 207/1 (GruBu) S. 459v.
[12] Hainrich I. Rudolf gest. vor 1346.
[13] Hainrich II. Rudolf gest. 1378.
[14] Konrad von Hausen 1372-1375 äußerer Stadtrat, 1377-1384 ff. innerer Stadtrat, vgl. R. v. Bary III S. 740.
[15] Franz von Hausen 1381-1384 ff. äußerer Stadtrat, vgl. R. v. Bary III S. 740.

* domus Ott [II.] Ligsalcz [von Wasserburg]
    St: 1403: 0,5/-/-, 1405/I: 2/-/-, 1405/II: -/12/12, 1406, 1407: 2/-/16 von 12 guldein gelcz (wegen), 1408: 1/-/-, 1410/I: -/6/-, 1410/II: 1/-/-, 1411: -/6/-, 1412: 1/-/-, 1413: -/6/-
    StV: (1405/I) das hat er Hannsen Wolfel geben umb 12 gulden ewigs gelcz und sol das also verstewert werden fur 12 gulden ewigs gelcz, habent mein hern vom rat geschaft, domus dedit 2 lb. (1405/II) von 12 guldein gelcz. (1406, 1407) von 12 guldein gelcz, dedit davon 2/-/16
* Hanns Wölfel und Witwe als Pfandinhaber [1405 April 3 bis 1408 Juni 25]
* Chunrad[1] (Chuncz) Reysenegk [Schneider; seit 1411 Januar 22]
    St: 1411: 2/-/18, 1412: -/22/4, 1413: -/14/- iuravit, 1415: 2,5/-/-, 1416: 3/-/80, 1418, 1419: -/21/10, 1423: 3/-/-, 1424: 1/-/- hat zalt
    StV: (1415) von dez Otten Ligsalcz ewigen gelt -/6/-. (1416) von Otten dez Ligsalcz ewigen gelcz wegen 1/-/-. (1418) von dez Otten Ligsalcz gelcz 1/-/-. (1419) von Otten Ligsalcz gelcz 1/-. (1423) von dez Otten Ligsalcz -/7/6.
* Dietreich Starch [Weinschenk, Stadtrat, Bürgermeister,[2] ∞ Anna, später verheiratet mit Hans III. Pütrich]
    St: 1428: dedit 24 gross, 1431: 18/4/20 iuravit
    StV: (1428) fur sich, sein weib, ir swester und sein ehalten, und dedit 1 gross fur ain knaben. (1431) et dedit -/-/68 von -/17/- zu der [Wein]schencken altar.
  pueri Dietrich Starch
    Sch: 1439/I-II, 1440, 1441/I-II: 2 t[aglon]
* Hanns [III.] Pútrich (Putrich) [zu Deutenhofen; Stadtrat,[3] ∞ Anna, verwitwete Starch]
    Sch: 1439/I-II, 1440, 1441/I-II: 4 t[aglon], 1445: 5 ehalten, dedit
    St: 1450, 1453-1458: Liste, 1462: 7/-/41
  Sigmund Putrich [Sohn von Stefan Pütrich, Cousin von Hans III.]
    Sch: 1440: 3 t[aglon]
  Fustainer. 1457, 1458, 1462 Jorg[4] Fusstainer, 1456, 1462 inquilinus [∞ Dorothea II. Putrich, Schwester von Hanns III. Pütrich[5]]
    St: 1456-1458: Liste, 1462: 3/-/33
    StV: (1462) zalt Sigem[un]d Putrich.
* relicta Frantz [II.] Putrichin (Pütrichin).[6] 1486 relicta Pútrichin [= Elisabeth V. Schrenck, Schwiegertochter von Hans III. Pütrich], 1482, 1486, 1496, 1500 (et) pueri, 1490 et pueri et Stumm
    St: 1482: 3/4/25, 1486: -/-/-, 1490: 3/-/28, 1496: 2/2/27, 1500: 1/2/-
  Stumm [Schwiegersohn der Pütrich ?]
    St: 1486: 3/-/28
  Wolfgang Pütrich [Sohn von Hans III. Pütrich von Deutenhofen]
    St: 1496: 1/1/22
* Hanns Pränpeck Kürschner [1502 Juli 18] ?
  Jacob [V.] Putrich [Sohn von Franz II., Enkel von Hans III. Pütrich]
    St: 1508: -/-/-
* des Starchen Eckhaus
    St: 1513: Liste
* Hanns Renntz, 1523-1532 schneider[7] [∞ Anna]. 1540-1556 relicta Rentzin
    St: 1522-1526, 1527/I: 2/2/3, 1527/II, 1528, 1529: 6/-/-, 1532: 5/-/-, 1540-1542: 1/1/28, 1543: 2/3/26, 1544: 1/1/28, 1545: 2/4/2, 1546-1548, 1549/I-II, 1550, 1551/I-II, 1552/I-II: 1/2/1, 1553, 1554/I-II: 1/-/16, 1555: 1/-/16 matrimonium, 1556: -/-/-

---

[1] 1413 „Ch[un]r[ad]" vor getilgtem „Ulreich".
[2] Dietreich Starch ist im November 1417 Bürgermeister. 1430 gehört er zu den Wirten an der Dienersgasse, die Ungeld zahlen, vgl. Steueramt 987.
[3] Hanns III. Pütrich Bürgermeister Januar und April 1444 „der jung", ebenso Januar 1447, August 1450, Juni 1456 „zu Deutenhofen". Innerer Stadtrat 1459, 1460, 1464-1467, Viertelhauptmann vom inneren Rat im Graggenauer Viertel 1459, vgl. RP und R. v. Bary III S. 758.
[4] 1457 „Jorg" über getilgtem „Hanns".
[5] Die Fußstainerin ist 1459 Salzsenderin (Krötlerin), vgl. Vietzen S. 145.
[6] Von Franz Pütrich kauft die Stadt 1472 für 1 Pfund Pfennige vier Ellen weißes Münchner Tuch „zu der ambtleude klaider liberi" (Livrée), vgl. KR 1472/73 S. 70v.
[7] Hanns Renntz 1515, 1516, 1520 Vierer der Schneider, vgl. RP.

StV: (1522) sol bis jar fúr p[ueri] Fritz fuerman steurn. (1532) hat seiner tochter heyratgut abgesetzt. (1556, 1557) haben die erben zugsetzt.

** sein [= des Rentz] aiden Jorg Kúmerl
St: 1532: 1/2/15 juravit

** Jorg (Georg) Kúmerl (Kymerl, Khimerl, Kümerl), 1540-1549/II, 1552-1561, 1564/I-1571 schneider
St: 1540-1542: 3/1/12, 1543: 6/2/24, 1544: 3/1/12, 1545: 13/6/20, 1546-1548, 1549/I-II, 1550, 1551/I-II, 1552/I-II: 6/6/25, 1553, 1554/I-II, 1555-1557: 5/6/19, 1558: 11/6/8, 1559, 1560: 5/6/19, 1561, 1563, 1564/I-II, 1565, 1566/I-II, 1567/I-II: 5/3/8, 1568: 10/6/16, 1569-1571: 5/4/23

StV: (1545) mer 2/3/- fúr p[ueri] Widman. (1546-1552/II) mer 1/1/15 fúr p[ueri] Widman. (1553-1555) mer 1/2/13 fúr p[ueri] Widman. (1555) [Nachtrag am Rand:] ad 26. Septembris zalt Kúmerl fúr ains seiner pflegkind p[ueri] Widman fúr 3 nachsteur 1/2/13. (1556, 1557, 1559, 1560) mer -/4/4 fúr (fur) p[ueri] Widman. (1557, 1559-1561, 1563, 1564/I-II) mer -/-/10,5 fúr p[ueri] Peter Endres (Andreß, Andres). (1558) mer 1/1/8 fúr p[ueri] Widman; mer -/-/21 fúr p[ueri] Peter Endres. (1561, 1563-1565) mer -/6/11 fúr p[ueri] Widman. (1564/I) mer fúr p[ueri] Hálshamer, soll hinfúro zu versteurn. (1564/II-1567/II) mer fúr (vyr) p[ueri] Hildensam (Hildensaim) -/1/19. (1568) mer fúr p[ueri] Hildenshaim -/3/8. (1569, 1570) mer fúr p[ueri] Hildeshaim -/1/19. (1570) mer fúr sein hausfrau -/3/11 ausser der Ligsaltz schuld; mer fúr p[ueri] Hildensam drey nachsteur -/4/27. (1571) mer fúr sein hausfrau -/3/11, ausser der Ligsaltz schuld.

Sigmund Khymerl (Khumerl, Khimerl, Kümerl), 1559, 1561-1566/II schneider
St: 1555-1557: 2/3/15, 1558: 5/-/-, 1559, 1560: 2/3/15, 1561: 2/2/15, 1563, 1564/I-II, 1565, 1566/I-II: 3/-/12

StV: (1555-1557, 1559-1561, 1563) mer -/1/26 fúr p[ueri] Pfennter (Phentter) sadtler. (1558) mer -/3/22 fúr p[ueri] Utzn Pfentter sadtler. (1563) zuegesetzt seines schwehern erb.

Bewohner Dienerstraße 6:

Liebel kelner inquilinus St: 1392: -/-/36 gracianus, 1393: -/-/-
Fricz maler St: 1393: 0,5/-/8
Kristan koch.[1] 1396 maister Kristan koch inquilinus
    St: 1395: dedit pey dem haus [am Hofgraben ?], 1396: 0,5/-/-
Jórg kamerkneht St: 1395: -/-/48 gracianus, 1396: -/10/- iuravit
Ortel maler St: 1397: -/-/60 fúr 10 lb
Chunczel kornmeser inquilinus St: 1397: -/-/-
relicta Sawreberlin inquilina St: 1400: -/-/30 pauper, 1401/I: -/-/24 fúr nichil
Gebel goltsmid inquilinus.[2] 1403 relicta Geblin goltsmidin inquilina
    St: 1401/I: -/11/-, 1401/II: 3/-/80 iuravit, 1403: 3/-/80 patrimonium
Haincz Zeller [prew[3]] inquilinus St: 1405/II: -/-/60 fur 4 lb iuravit
Peter Holczel inquilinus St: 1406: -/-/60 fur 6 lb iuravit
Húmblin (Humblin) inquilina St: 1407, 1408: -/-/60, 1410/I: -/-/60 iuravit auf 10 lb
Nickel schuster St: 1411: -/-/50
Marttein Púcher inquilinus St: 1416: -/-/-
Hanns Hawczinger [Weinschenk[4]] St: 1418: 2/6/20 iuravit, 1419: 2/6/20
Ann kellnerin von Freysing St: 1423: -/-/-

---

[1] Eintrag 1395 getilgt. – Meister Kristan als herzoglicher Koch am 17.6.1396 genannt, vgl. RB XI 75.

[2] Die Stadt hatte dem Herzog Stephan 1000 Gulden geliehen, 1402/03 nimmt sie eine erste Anleihe von 200 ungarischen Gulden beim Geblein Goldschmied für dieses Geld auf, vgl. KR 1402/1403 S. 36r, 44v. Ob sich auch die weiteren Anleihen von 692 ungarischen, 643 rheinischen Gulden und 39 Pfund Pfennigen auf Gebel beziehen, ist nicht klar. – Der Goldschmied Gebel oder Gebhart [Gielinger] hat von Franz Impler einen silbernen Kopf (Becher) als Pfand, der auf immerhin 98 ½ ungarische Gulden steht, die er nach dem Tod des Impler eingelöst haben will, was die Erbin Agnes Schrenck-Weissenfelder später auch tut, vgl. GB II 148/18, GB III 3/9. – Stahleder, Bürgergeschlechter. Die Impler, in: OA 121, 1997, S. 308. – Frankenburger S. 265.

[3] Vgl. Landschaftstraße 12*.

[4] Vgl. Dienerstraße 3* (1423-1458).

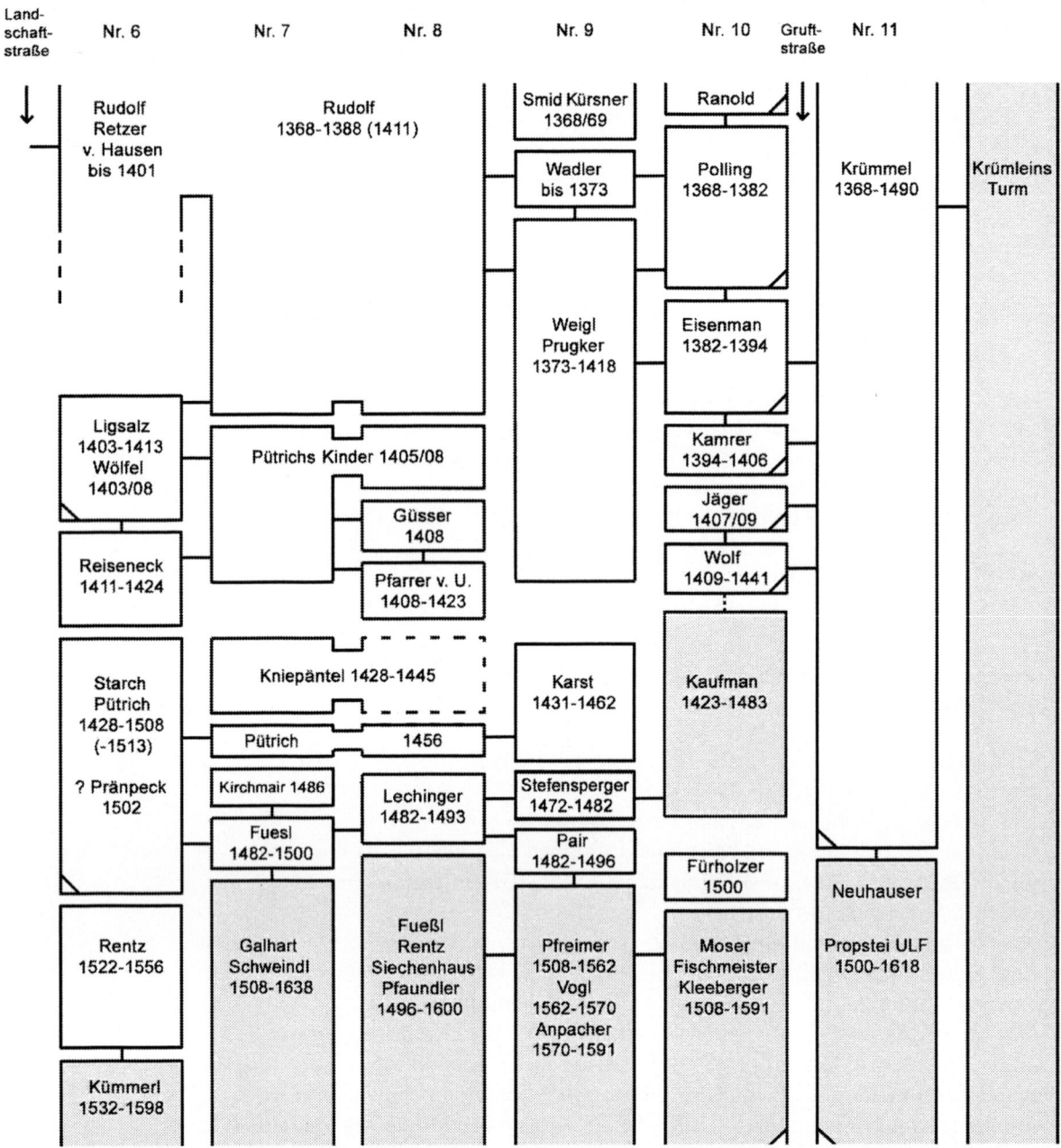

Abb. 45 Hauseigentümer Dienerstraße 6 – 11.

1572

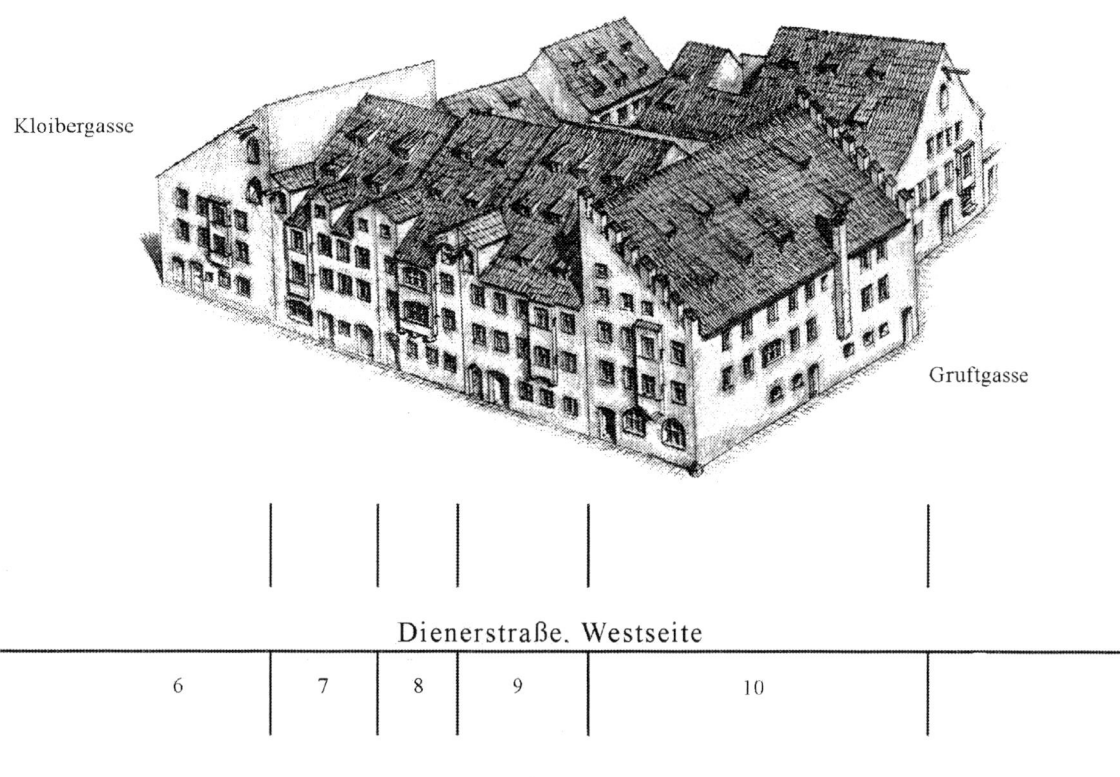

Kloibergasse

Gruftgasse

Dienerstraße. Westseite

| 6 | 7 | 8 | 9 | 10 | |

Landschaft-
straße

Gruftstraße

1939

Abb. 46 Dienerstraße West Nr. 6 – 10, Häuserbuch Graggenauviertel S. 56/57.

Jorg Taffkircher
> St: 1428: dedit 2 rh[einische] g[u]l[den] fur sich, sein bruder Hansn und dedit 1 gross pro se
relicta Smidmairin, herr Michels muter St: 1428: dedit 3 gross für sich und ir ehalten

Hanns Singer goltsmid[1] St: 1456: Liste

relicta schenckin, 1462 inquilina St: 1457, 1458: Liste, 1462: -/3/20

Conrad Meltzl St: 1482: 4/-/18
> Jacob Meltzel St: 1486: 5/-/20

Hanns Hartlieb[2] metschenk. 1496 Hanns von Speir
> St: 1490: -/5/10 [Schenkensteuer], 1496: 1/3/10

Adam Sluder St: 1500: 2/-/7, 1508: 2/5/14

Walthauser Huober St: 1500: -/5/10 [Schenkensteuer]

Martein Schrot goltschmid[3] St: 1508: -/3/17 juravit, 1509: -/3/17

Hanns Gerolt sneider St: 1508, 1509: 1/-/7

Jacob Lewpolt (Leupolt) goltschmid[4] St: 1508, 1509: 2/5/21

Gabriel Hunderttpfund goltschmid St: 1514: Liste

Conradt Hillesam, 1527/II-1532 goldtschmid[5] St: 1522, 1523: -/2/2, 1527/II, 1528, 1529, 1532: -/2/12

Peter nadlerin St: 1527/II: -/2/-

Friderger procurator St: 1532: an kamer
> et mater St: 1532: 1/6/29

Michel Adler
> St: 1540-1542: infra eodem folio, col. 2 [= Dienerstraße 15 A], 1543: infra eodem folio, col. 2 [= Dienerstraße 15 A], bey Hannsn Adler, 1544: infra folio 63 col. 1 [= 63r, Dienerstraße 15 A] bey Hanßn Adler

> Michel Adler und Hans Adler
> > St: 1545: 58/3/-, 1546-1548, 1549/I-II, 1551/I-II, 1552/I-II: 29/1/15
> > StV: (1545, 1551/II, 1552/I-II) steurn miteinander.

Utz (Uetz) Obermair,[6] 1540-1564/II sporer, 1564/II der alt, 1565-1568 hofsporer
> St: 1540-1542: -/2/-, 1543: -/4/-, 1544: -/2/-, 1545: -/4/-, 1546-1548, 1549/I-II, 1550, 1551/I-II, 1552/I-II, 1553, 1554/I-II, 1555-1557: -/2/-, 1558: -/4/-, 1559, 1560: -/2/-, 1561, 1563, 1564/I-II: -/2/2, 1565, 1566/I-II, 1567/I-II: -/2/-, 1568: -/4/-
> StV: (1540-1542) et dedit -/1/5 für seine kind. (1543) mer -/2/10 für seine kind. (1544) mer -/1/5 für seine kind. (1545) mer -/1/26 für seine kind. (1546-1548) mer -/-/28 für seine kind(er). (1549/I-1552/I) mer -/-/28 für seine kinder. (1552/II) mer -/-/28 für sein son. (1564/I) mer für sein sun Uetz Obermair -/2/-. (1565) und von seinem sun Uezn auch -/2/-.

Uetz [Obermair] sein sun St: 1564/II: -/2/-

Davit Moser [vom Worms] goltschmid[7]
> St: 1553, 1554/I-II: -/2/28
> StV: (1553) darin seins stieff kinds gueth auch versteurt. (1554/I) darin seins stieff sons gueth auch versteurt. (1554/II) sambt seiner kinder gueth versteurt.

Niclas Preu stainschneider St: 1556, 1557: -/2/-

Conrad Schwartz goltschmid[8] St: 1558: 1/-/-, 1559, 1560: -/3/15, 1561: -/4/2

---

[1] Hanns Singer 1460 Vierer der Goldschmiede, vgl. RP. – Frankenburger S. 276.
[2] Hanns Hartlieb zahlt 1487 Bürgerrechtsgebühr an die Stadtkammer, vgl. KR 1487/88 S. 27r. – Hanns Hartlieb 1489 Mitglied der Weinschenkenzunft, vgl. Gewerbeamt 1418 S. 4r, 1515 und 1518 auch Vierer der Schenken, vgl. RP.
[3] Frankenburger S. 285.
[4] Jacob Lewpold 1500, 1503, 1505, 1507-1509, 1513, 1514 Vierer der Goldschmiede, vgl. RP. – Jacob Lewpold ist immer nur Mitglied der Gemain (1505-1516) und als solcher in all diesen Jahren einer der drei Viertelhauptleute des Graggenauer Viertels, 1503 und 1504 ist er auch Mitglied des Rats der 36, vgl. RP.
[5] Frankenburger S. 287/288.
[6] „Uetz Obermair" 1569 getilgt und darüber gesetzt „Hanns Günstersperger".
[7] Gewerbeamt 1631 S. 86v Nr. 37. – Frankenburger S. 291, dort „Mos (Moss)" genannt.
[8] Frankenburger S. 289.

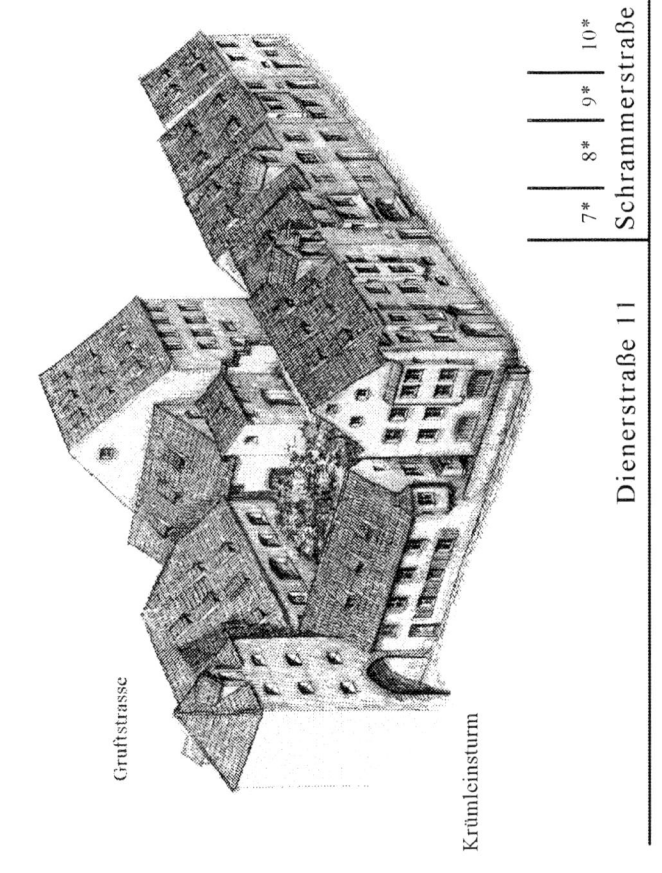

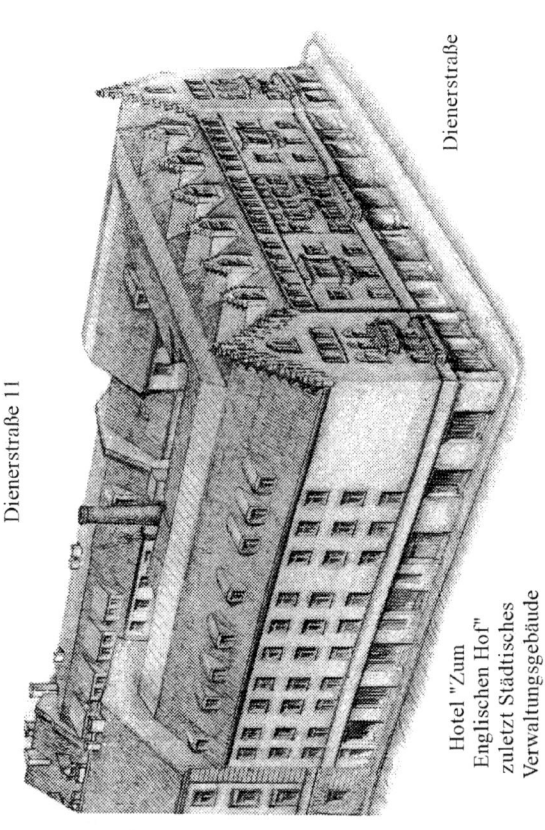

Abb. 47 Dienerstraße West Nr. 11, Häuserbuch Graggenauviertel S. 56/57.

Wolff Hanndtschuecher wierdt
   St: 1567/II: -/5/17, 1568: 3/3/- juravit, 1569-1571: 1/5/-
   StV: (1567/II) für sein hausfrau für ine gratia -/1/26. (1568) mer für seiner khinder guet -/2/10.
      (1569-1571) mer für seine khinder -/1/5.
Púrckhinger (Pirchinger) cantzlei schreiber St: 1568: -/-/- hofgsind, 1569: -/-/-
Hans Gúntersperger[1] (Hindsperger, Hündsperger) hofsporer
   St: 1569-1571: -/2/-
   StV: (1569-1571) mer für seine stieffkinder (khinder) -/-/14.
Jochim (Joachim) Geisler, 1570 wapnstainschneider St: 1570, 1571: -/2/-

Dienerstraße 7/8

Hauseigentümer Dienerstraße 7/8:

1373 Februar 18 das Haus des Rudolf an des Dieners Gasse ist dem Haus des Hainrich Waegenler (= Wadler), nunmehr Dyetrich Weigel (Dienerstraße 9), benachbart.[2]
1405 April 3 Hanns [I.] des Pütrichs Kinder [Stephan, Dorothea I., Katharina II. Pütrich] Haus ist dem Haus des Ott Ligsalz (Dienerstraße 6) benachbart.[3]
1408 April 26 das Haus von des Pütrichs Kindern ist dem von Hanns dem Güsser (Dienerstraße 8) benachbart.[4]
1408 Mai 28 des Hans Putreich säligen Kinder Haus ist dem Haus des Hans Holczkircher an der Schreibergasse (Landschaftstraße 3, wohl mit 4) benachbart.[5]
1408 Juni 25 Hanns des Pütrichs Kinder Haus ist dem des Ott Ligsalz (Dienerstraße 6) benachbart.[6]
1408 Mai 28 das Haus von Hans des Pütrichs seligen Kindern ist dem Haus des Schneiders Holzkircher an der Schreibergasse (Landschaftstraße 3/4 mit Gruftstraße 6) benachbart.[7]
1411 Januar 22 des alten Rudolfs Haus an des Dieners Gassen ist dem Haus des Ott Ligsaltz, künftig des Schneiders Chunrat Reisenegt (Dienerstraße 6), benachbart.[8]
Die Kinder des Hans Pütrich kamen an das Haus Dienerstraße 7 beziehungsweise 7/8 wohl ebenfalls über eine Erbschaft. Im Falle eines Verkaufs müßte es einen Eintrag in den Gerichtsbüchern der Stadt geben. Hans I. Pütrich (gest. 1400) war zweimal verheiratet. Die erste Ehefrau hieß Dorothea Ridler, die schon 1382 starb. Aus dieser Ehe stammten zwei Söhne (Franz I. und Peter III. Pütrich). In zweiter Ehe verheiratete sich Hans Pütrich mit einer Frau namens Elisabeth, die offensichtlich eine geborene Rudolf war[9]. Aus dieser Ehe stammten drei Kinder: Stephan, Dorothea und Katharina. Das sind die „pueri Pütrich" oder „des Pütrichs Kind[er]". In den Steuerbüchern stehen sie immer im Haus ihrer beiden Halbbrüder (Franz und Peter), Rindermarkt Nr. 7. Der Haus-Anteil an der Dienerstraße ist ihnen demnach wohl als Muttergut angefallen und wurde vermietet oder verpachtet.
1431 domus Jorg [Kniepäntel] kantzler (StB).
1439/I-II, 1441/I-II domus (Jórg) Kniepantel (Scharwerksverzeichnisse).
1456 November 11 Hans III. Pütrich verkauft ein Ewiggeld aus seinem Haus in des Dieners Gasse, zwischen den Häusern des Hannsen Karch (Karsch, Karst) (Dienerstraße 9) und des Franz Pütrich (Dienerstraße 6) gelegen.[10]

---

[1] „Hans Gúntersperger" über getilgtem „Uetz Obermair".
[2] GB I 34/14. – Da Hainrich Rudolf am 21. Januar 1363 bereits „capitaneus [= Hauptmann] im regimen Purchstal" ist, dürfte er sicher in dieser Zeit auch schon Hauseigentümer sein, wahrscheinlich zumindest hier, vgl. Zimelie 17 (Ratsbuch III) S. 145v.
[3] GB III 39/8. – Vgl. Stahleder, Bürgergeschlechter. Die Pütrich S. 261/262.
[4] GB III 76/14.
[5] GB III 78/5.
[6] GB III 78/13.
[7] GB III 78/5
[8] GB III 103/11.
[9] Stahleder, Bürgergeschlechter. Die Rudolf S. 165/166 (7h).
[10] Geiß, St. Peter S. 252 ohne Quelle.

Eigentümer Dienerstraße 7/8:

* Hainrich [II.] Rŭdolf [innerer Stadtrat[1]].1378, 1381, 1382 patrimonium Hainrich Rudolf. 1379 patrimonium Rudolf
    St: 1368: 24/-/-, 1369, 1371, 1372, 1375: 36/-/-, 1377: 72,5/-/- juravit, 1378, 1379: -/-/-, 1381, 1382: 50/-/-
    Zaecherl [I.] Rŭdolf [Stadtrat[2], Sohn von Heinrich I.]
        St: 1368: 6/5/10, 1379: 11,5/-/-
    Paertel (Bartholome) [I.] Rudolf [Großer Rat[3], Sohn von Heinrich I.]
        St: 1379: 2,5/-/-, 1383/I: 17/-/- juravit, 1383/II: 25,5/-/-, 1388: dedit frater [= Hanns Rudolf]
    Hans [I.] filius suus [= des Hainrich Rudolf]. 1377 Hanns filius suus inquilinus. 1378-1382 Hanns Rudolf [Großer Rat[4]]
        St: 1375: 6/-/-, 1377: 12,5/-/- juravit, 1378, 1379, 1381, 1382: 12,5/-/
* Hansen des Putreichs säligen kinder [Stephan, Dorothea I., Katharina II.] haus, wohl Enkel von Hans I. Rudolf [bis nach 1408 Mai 28]
* des alten Rudolfs Haus [1411 Januar 22]
* Jorg Kniepántel [Kanzler[5], ∞ Agnes]. 1431 domus Jorg kantzler. 1439/I-II domus Jórg Kniepan-tel. 1441/I-II domus Kniepantel [Weinschenk ?[6]]
    St: 1428: dedit 16 gross, 1431: -/-/60
    Sch: 1439/I-II, 1441/I-II: 1 t[aglon], 1445: nichil
    StV: (1428) fur sich, sein hausfrau, sein tóchter und zwen ehalten.
* Hans [III.] Pütrich [1456 November 11]

Bewohner Dienerstraße 7/8:

Ulrich [III.] Tichtel der elter St: 1394: 24/-/-
    Ott [II.] Tichtel sein prüder [Unterkäufel[7]] St: 1394: -/10/- gracianus
Hainrich [III.] Sentlinger. 1400, 1401/II-1407 relicta Hainrich Sentlinger[8]
    St: 1399, 1401/II-1407: -/-/-
    Pferdemusterung[9], um 1398: Hainrich Sentlinger 2 pferd p[ro] 40 gulden [und soll] selber rei-t[en].
uxor Gebel goltsmid St: 1405/I: -/-/-
relicta Zalerin St: 1431: -/5/- iuravit
Wilhalm Eschlbeck [Weinschenk, Salzsender[10]] St: 1450: Liste
Doman Rorer [Weinschenk[11]] St: 1462: -/6/26

---

[1] Hainrich II. Rudolf 1362-1377 innerer Stadtrat, vgl. R. v. Bary III S. 742.
[2] Zaecherl I. Rudolf 1374, 1380 innerer Stadtrat, 1363-1373, 1375, 1376, 1379 äußerer Stadtrat, vgl. R. v. Bary III S. 742.
[3] Partel I. Rudolf 1381 Mitglied des Großen Rats, vgl. R. v. Bary III S. 747a.
[4] Hanns I. Rudolf 1381 Mitglied des Großen Rats, seit 1381 innerer Stadtrat, vgl. R. v. Bary III S. 747a, 742.
[5] Vgl. von Andrian-Werburg, Urkundenwesen S. 53/54.
[6] Ein Jórg Kniepentel ist 1433 Mitglied der Weinschenken-Bruderschaft, vgl. Gewerbeamt 1411 S.9r.
[7] Ott der Tichtel ist 1394 und 1399 geschworener Unterkäufel der Stadt, vgl. GB II fol. 70v, 76r, 149r.
[8] Eintrag 1401/II wieder getilgt.
[9] Der ganze Eintrag steht allerdings, vielleicht versehentlich, hinter Ludwig dem jüngeren Pötschner von Dienerstraße 21
[10] Wilhalm Eschlbeck ist 1451 Mitglied der Weinschenken-Bruderschaft, vgl. Gewerbeamt 1411 S. 10r, 1443-1445 auch Salzsender, vgl. Vietzen S. 145.
[11] Thoman Rorer 1458 Weinschenk, vgl. Gewerbeamt 1411 S. 13r.

Dienerstraße 7
(mit Gruftstraße 4*)

Hauseigentümer Dienerstraße 7:

Gemeinsame Geschichte mit Dienerstraße 6 und 8. Erst nach 1462 erlangte das Haus endgültig Selbständigkeit.

1456 November 11 das Haus des Hans III. Pütrich an des Dieners Gassen (Dienerstraße 7/8) ist dem Haus des Hanns Karch (Karsch, Karst) (Dienerstraße 9) benachbart.[1]

1486 September 22 der Anwalt von Anthoni Kirchmayr und seinen Geschwistern streitet vor dem Stadtgericht um eine Morgengabe der verstorbenen Mutter seiner Mandanten, die noch auf der Behausung des verstorbenen Vaters der Kirchmayr-Geschwister liegt, „die dem Conradt Fusel goltschmid auf der gandt belieben ist".[2]

1490 April 2 das Haus des Conrad Füessl an der Dienerstraße ist dem Haus der Katherina Lechingerin (Dienerstraße 8) benachbart.[3]

1502 Juli 18 das Haus des Conrad Füessl ist dem Haus des Kürschners Hanns Pränpeck (Dienerstraße 6) benachbart.[4]

Der zwischen 1500 und 1508 folgende Peter Galhart ist am 23. April 1526 mit einer Schwester von Jacob Füessl verheiratet, also wohl einer Tochter von Conrad Füessl. Galhart wird hierbei als Herzog Wil-helms Kastner zu (Markt) Schwaben und Hauptmann „der Anspenigen" bezeichnet.[5]

1508, 1522, 1525 domus Peter Galhart (StB).

1524/25, 1525/26 das Heiliggeistspital hat ein Ewiggeld aus Peter Galhart (Galen) Kastners Haus an der Dienerstraße, das aber 1525/26 schon wieder als abgelöst bezeichnet wird.[6]

1534 Juli 12 Catharina Galhartin hat zur Vollziehung des letzten Willens ihres Hauswirts Peter Galhart selig aus diesem Haus 10 Pfund jährliches Ewiggeld um 300 Pfund Hauptsumme verschrieben.[7]

1564 domus Schweindl (StB).

1565 Oktober 31 Elisabeth, Witwe des Anthoni Schweindl (Mutter), und der Stadtrat Hanns Schweindl (Sohn) verkaufen aus diesem Haus 10 Gulden Ewiggeld als Legat (GruBu).

1565 November 1 dieselben verkaufen ein weiteres Legat von 5 Gulden aus dem Haus (GruBu).

1565 November 2 Mutter und Sohn Elisabeth und Hanns Schweindl verschreiben ein weiteres Legat von 5 Gulden aus dem Haus (GruBu).

1566-1571 domus Schweindl (StB).

1568 August 15 im Haus des Schweindl an der Dienerstraße, dem Haus des Sigmund Hörl im Stiftsgässl (Gruftstraße 5) benachbart, soll ein Kreuzfenster eingebaut werden.[8]

1574 laut Grundbuch (Überschrift) des Hanns Schweindels Haus, Hof und Stallung, „hat hindten ain einfart auf das Stifftgässel" (= Gruftgasse).

Eigentümer Dienerstraße 7:

* Hans [III.] Pütrich [bis nach 1456 November 11]
* Kirchmayr'sche Kinder [vor 1486 September 22]
* Conrat Fússl (Füßl, Fuesl), 1490, 1496 goltschmid.[9] 1500 relicta Fuessl goltschmidin
    St: 1482: 3/5/8, 1486: 4/2/13, 1490: 4/6/28, 1496: 4/-/15, 1500: 4/-/-
    StV: (1482) et dedit fur pueri Alkircher -/1/22; et dedit -/-/15 fur pueri Asnhauser von 2 lb geltz; et dedit fur pueri Kaufman -/1/17; et dedit -/6/11 fur pueri platner. (1486, 1490) et dedit

---
[1] Geiß, St. Peter S. 252 ohne Quelle.
[2] RP 3 S. 51r.
[3] Urk. D I e 1 - XI Nr. 16 = MB XX Nr. 377 S. 693.
[4] Geiß, St. Peter S. 328 nach Kopialbuch der Priesterbruderschaft St. Peter S. 63v.
[5] GB IV S. 102r.
[6] Heiliggeistspital (Rechnungen) 176/19 (1524/25); 176/20 (1525/26) S. 11v.
[7] Stadtgericht 207/1 (GruBu) S. 457v. – „Peter Galhart ist mit todt abgangen in der wochen Jori [= Georgi] anno 1532" berichtet das Leibgedingbuch der Stadtkammer, Zimelie 28 S. 52v, und über seine Hausfrau ebenda das Sterbedatum 4. April 1552.
[8] Hofmann, SchloßA Harmating Urk. 80.
[9] Conrat Fuessel 1475, 1488, 1498 Vierer der Goldschmiede, vgl. RP. – Frankenburger S. 276.

-/1/27 (fur) pueri Alkircher; et dedit -/-/16 pueri Asenhauser. (1486) et dedit -/-/21 pueri Kaufmans tochter. (1490) et dedit -/-/63 für pueri Kaufman drey nachsteur; et dedit -/-/56 pueri Mánhart maurer.

** domus Peter Galhart (Gall). 1514 Peter Gall[hart]. 1522 Peter Galhart [Kastner zu (Markt) Schwaben,[1] ∞ Katharina, geb. Füessl]. 1532 Peter Gallin. 1540-1548 relicta Peter Galhartin. 1549/I-1552/II Peter Galhartin

St: 1508: nichil, ist bei Fuessls kinden, 1514: Liste, 1522: anderßwo im ewigengelt, 1525: anderßwo, 1532: anderßwo, 1540-1542: 7/2/2, 1543: 14/4/4, 1544: 7/2/2, 1545: 14/4/4 juravit, 1546-1548, 1549/I-II, 1550, 1551/I-II: 7/2/2, 1552/I: 7/2/2 matrimonium das erst, 1552/II: 7/2/2 matrimonium das ander

Hainrich Schweindl, 1523 wirt[2]

St: 1522: -/-/28 gracion, 1523-1526, 1527/I-II, 1528, 1529: -/5/10 schenncknsteur

* domus Galhartin, jetzt Schweindls

St: 1553: haben die erben zugsetzt und versteurt

** domus [Anton] Schweindl [∞ Elisabeth]. 1564/II domus Schweindlin

St: 1564/I-II, 1566/I-1571: -/-/-

** Anthoni Schweindlin [= Elisabeth, Witwe von Anthoni Schweindl, 1565 Oktober 31]
** Hanns Schweindl [Sohn der vorigen, Stadtrat, 1565 Oktober 31] 1574

Bewohner Dienerstraße 7:

Conrad glaser St: 1482: -/-/60
Jacob, der des Hofreiter tochter hat StV: (1482) -/3/22 von 4 gulden gelcz, dedit Fússl.
Augstainer inquilinus St: 1486: -/-/60
Licenciat [Sigmund] Eysennhover[3] St: 1490: nichil
Hanns Spatznhauser seidennater[4] St: 1500: -/6/5
Hanns Gráfinger zimerman St: 1500: -/-/60
Conrat Hillesam, 1524, 1525, 1527/I goltschmid[5] St: 1524-1526, 1527/I: -/2/2
Mathes Melper, 1529, 1540-1543 goldschmid[6]
   St: 1529, 1532, 1540-1542: -/4/15, 1543: 1/2/-, 1544: -/-/- patrimonium
Jorg Stain, 1544-1549/I, 1552/I goltschmid [aus Königsberg in Preußen[7]]
   St: 1544: -/4/15, 1545: 1/1/24, 1546-1548, 1549/I-II, 1550, 1551/I-II, 1552/I: -/4/12
   StV: (1544) patrimonium seins vorfordern des Melpers. (1545-1547) darin (auch) seiner kind(er) gueth (auch) versteurt. (1548) darin seiner stieffkinder gueth auch versteurt.
Albrecht Kraus goltschmid [aus dem Lande Preußen[8]]
   St: 1553: -/-/21 gracia, 1554/I: -/-/21 gracia die ander, 1554/II, 1555-1557: -/2/-, 1558: -/4/-, 1559, 1560: -/2/-, 1561, 1563, 1564/I: 2/-/28, 1564/II: an chamer
Sigmund Khymerl [Schneider]
   St: 1553: -/3/15 gracion, 1554/I: -/3/15 gracia die ander, 1554/II: 2/3/15 juravit
Davit Moser [„Davit Moß von Wurmbs"] goltschmid[9]
   St: 1555: -/2/28
   StV: (1555) sambt seiner kinder guet versteurt.

---

[1] So 1528-1532, vgl. GB IV S. 102r, 1515 auch Landgerichts-Verweser ebenda, vgl. Geiß, Die Reihenfolgen, in: OA 26, S. 125, 126, hier nachgewiesen 5.8.1509 und 12.11.1530 (Alhart) und 22.5.1515 (Galhart).
[2] Haynrych Schweindl seit 1522 Mitglied der Weinschenkenzunft, vgl. Gewerbeamt 1418 S. 18v.
[3] Sigmund Eisenhofer ist später, 1497-1517 Stadtschreiber und 1486 bis 1499 auch Leiter der Poetenschule, vgl. R. v. Bary III S. 787.
[4] Hanns Spatznhauser Seidennater 1499-1504, 1506, 1508, 1509, 1513, 1514 Vierer der Zunft der Maler, Glaser und Seidennater, vgl. RP.
[5] Frankenburger S. 287/288.
[6] Frankenburger S. 288.
[7] Gewerbeamt 1631 S. 86v Nr. 36. – Frankenburger S. 289/290.
[8] Gewerbeamt 1631 S. 86v Nr. 38. – Frankenburger S. 291.
[9] Gewerbeamt 1631 S. 86v Nr. 37. – Frankenburger S. 291, dort „Mos" und „Moss" genannt.

Balthasar vischmaister [Hofgesind[1]]
: St: 1556, 1557: nihil, 1558: habetur infra folio 76 col. 2 [= 76v, Ewiggeld], 1559, 1560: nihil (nichil)

Hanns Hebmstreit, 1565, 1568 glaser, 1566/I, 1567/I-II, 1569-1571 glasmaler
: St: 1563, 1564/I: -/2/-, 1564/II, 1565, 1566/I-II, 1567/I-II: -/2/28, 1568: -/5/26, 1569-1571: -/2/20
: StV: (1564/II) zuegesetzt seiner hausfrauen heuratguet. (1567/I) mer fúr p[ueri] Schopfer 3 khinder 1/-/10. (1567/II) mer fúr Schopfers khinder 1/-/10. (1568) mer fúr Schöpfer malers khinder 2/-/20. (1569-1571) mer fúr p[ueri] Schöpfer -/5/28.

Hanns Schuechmacher goldschmid [von Hamburg[2]]
: St: 1565, 1566/I-II, 1567/I-II: 2/6/-, 1568: 5/5/-, 1569, 1570: 2/6/22, 1571: 3/-/27
: StV: (1571) zuegesetzt der Madlen Leschin erb.

Dienerstraße 8
(mit Gruftstraße 3*)

Hauseigentümer Dienerstraße 8:

1373 Februar 18 Hauseigentümer wie Dienerstraße 7.
1405 April 3 Hauseigentümer wie Dienerstraße 7.
1408 April 26 Hanns der Güsser, zur Zeit Gerichtsschreiber zu München, verkauft sein Haus an des Dieners Gassen, zunächst an Hans des Pütrichs Kinder Haus (Dienerstraße 7) gelegen, an Hanns den Eberspecken, zur Zeit Kirchherr zu Ündingen.[3]
Die Güsser waren mit den Rudolf verwandt: Eine Witwe Anna Giesser bezeichnet am 17. April 1420 die drei Brüder Hans, Peter und Heinrich Rudolf als ihre „lieben Ochayne und friwnde".[4] „Oheim" ist grundsätzlich der Bruder der Mutter. Die Mutter der Anna Giesser, im übrigen eine geborene Mäusel, muß demnach eine geborene Rudolf gewesen sein. Ihr Ehemann war der 1420 auch schon verstorbene Heinrich Mäusel. Da die drei Brüder das Elternhaus Rindermarkt 4 erbten, ging der Besitz an der Dienerstraße offensichtlich an die Schwestern und ihre Erben. Das war der Anteil Dienerstraße 8, den die mit dem Mäusel verheiratete Rudolf erhielt, von der er wieder an deren Tochter kam, die einen Giesser heiratete.
Der andere Anteil (Dienerstraße 7) kam an die Kinder von Hans Pütrich offenbar ebenfalls über eine Erbschaft (und der dritte Teil, Dienerstraße 6, an Nachkommen von Greimolt Draechsel).
1408-1413 domus Herr Nicklas (!) von Unding (StB).
1419 domus pfarrer von Unding (stB).
1423 domus her Hanns (!) von Unding (StB).
1456 November 11 das Haus des Hans Pütrich an des Dieners Gassen (Dienerstraße 7/8) ist dem Haus des Hanns Karch (Karsch, Karst) (Dienerstraße 9) benachbart.[5]
1472 Oktober 2 das Haus des Lienhart Lechinger liegt dem Haus des Lienhart Stefensberger (Dienerstraße 9) benachbart.[6]
1490 April 2 das Haus der Katherina Lechingerin, Witwe des Lienhard Lechinger, liegt an der Dienerstraße zwischen den Häusern des Conrad Füessl (Dienerstraße 7) und des Lienhard Payr (Dienerstraße 9).[7]
1493 März 20 das hintere Haus der Lechingerin grenzt an der Gruftstraße an das Haus des Klosters Benediktbeuern, künftig der Witwe Piperl (Gruftstraße 5).[8]

---

[1] So 1563/64 bei Kaufingerstraße 26.
[2] Gewerbeamt 1631 S. 87r Nr. 44. – Frankenburger S. 296. – Der Goldschmied Hanns Schuechmacher wurde 1569 und 1571 bei den Religionsverhören vernommen, vgl. Dorn S. 227, 258.
[3] GB III 76/14.
[4] StadtAM, Hist. Verein von Obb. Urk. 2117, Regest bei Beierlein, Regesten ungedruckter Urkunden, in: OA 11, S. 260. – Stahleder, Bürgergeschlechter. Die Rudolf S. 165 (7g).
[5] Geiß, St. Peter S. 252 ohne Quelle.
[6] MB XX 350 S. 624/625.
[7] Urk. D I e 1 - XI Nr. 16 = MB XX 377 S. 693.
[8] StadtAM, Hist. Verein von Obb. Urk. 3763.

1515 Januar 29 der Schneider Augustin Füessl und seine Hausfrau Barbara verkaufen aus dem Haus ein Ewiggeld von 2 1/2 Gulden um 50 Gulden Hauptsumme.[1]
1526 Mai 8 und
1528 Februar 3 weitere Ewiggeldverkäufe dieses Ehepaares (2 1/2 Gulden um 50 Gulden und 5 Gulden um 100 Gulden Hauptsumme) (GruBu).
1529 April 23 der Goldschmied Caspar Füessl und seine Hausfrau Magdalena verkaufen 2 Gulden Ewiggeld um 40 Gulden Hauptsumme aus dem Haus (GruBu).
1529 Oktober 2 und
1532 Februar 6 weitere Ewiggeldverkäufe dieses Ehepaares (zweimal je 3 Gulden um 60 Gulden Hauptsumme) (GruBu).
1544 April 16 oder **23** der Schneider Georg Renntz und seine Hausfrau Anna verschreiben ein Ewiggeld von 6 Gulden um 120 Gulden Hauptsumme an Wolf Stämbel und seine Hausfrau Magdalena (geb. Füessl oder Witwe des Vorbesitzers Caspar Füessl) zur Entrichtung der Kaufsumme (GruBu).
1545 März 18 dasselbe Ehepaar verkauft erneut ein Ewiggeld von 5 Gulden um 100 Gulden Hauptsumme (GruBu).
1551 August 24 das Haus des Georg Renntz liegt dem Haus des Balthasar und Peter Pfreymer (Dienerstraße 9) benachbart.[2]
1556 Dezember 5 die Witwe Anna des Georg Renntz verkauft ein Ewiggeld von 9 Gulden und 18 Kreuzern um 186 Gulden Hauptsumme (GruBu).
1557 April 21 dieselbe Anna Renntz verkauft 10 Gulden Ewiggeld um 200 Gulden (GruBu).
1573 August 6 die Pfleger der Sondersiechen zu Schwabing verkaufen dieses Haus, das den armen Siechen auf der Gant heimgegangen war, dem Schneider Wolfgang Pfaundler und seiner Hausfrau Barbara (GruBu).
1574 laut Grundbuch (Überschrift) des Wolfgang Pfaundler Schneiders Haus.
Die Pfaundler besitzen das Haus bis 1600.

Eigentümer Dienerstraße 8:

    Eigentümer anfangs wie Dienerstraße 7
* Hanns der Güsser, Gerichtsschreiber[3] und Wirt [bis 1408 April 26]
* domus her Nicklas von Unding (Ünding, Undingen). 1419 domus pfarrer von Unding. 1423 domus her Hanns von Unding [seit 1408 April 26]
    St: 1408, 1410/I-II, 1411, 1412: 0,5/-/-, 1413: -/3/-, 1419, 1423: 0,5/-/-
    StV: (1408) und geit daz also all stewr alz ez der rat vorher geseczt hat. (1410/I-II, 1411) daz geit ez (er) all stewr (stewr) nach dez racz haissen. (1412) daz geit ez all stewr.
* Hans [III.] Pütrich [1456 November 11]
* Lienhard Lechinger [Lederschneider[4]]. 1490 relicta [Katharina] Lechingerin
    St: 1482: 1/5/9, 1486: 1/6/10, 1490: 1/-/7
    StV: (1482) et dedit -/-/10 fur pueri Wáblinger.

---

[1] Stadtgericht 207/1 (GruBu) S. 453v.
[2] Urk. C IX c 1 Nr. 794.
[3] Hanns der Güsser war von 1397-1410 und von 1417-1424 Gerichtsschreiber, vgl. R. v. Bary III S. 801. – Dem Hanns dem Gußen zahlt die Stadt 1398/99 und 1399/1400 schon über 5 Pfund Pfennige für Zehrkosten, vgl. KR 1398/99 S. 115r, 1399/1400 S. 121r. 1403 schuldet die Stadt dem „Hans underrichter" 31 Pfund und 47 Pfennige an Zehrkosten für 7 Wochen lang bei ihm einquartierte Gäste, einschließlich 8 Pferden, vgl. Steueramt 572 (Leibgedingbuch 1402/03) S. 68r. – „Hans der underrichter" erscheint auch um 1414 in einem Verzeichnis der Weinschenken, vgl. Gewerbeamt 1411 S. 2v.
[4] Lienhart Lechinger ist Lederschneider 10.1.1485, vgl. Urk. C VI i 10/A 3. – Linhart Lechinger Lederschneider 1482 Hochmeister der Siechen auf dem Gasteig, Wittmann, Urkunden-Regesten, ungedruckt. – Für die Weiher bei den Stadttoren kauft die Stadt 1483/84 für 19 Pfund 1 Schilling und 10 Pfennige beim Lienhard Lechinger und Pauls Knollein 1400 Karpfensetzlinge, das Stück zu 11 ½ Pfennige, vgl. KR 1483/84 S. 95v. – Vielleicht identisch mit dem Linhart lederschneider, dem die Stadtkammer an Fronleichnam 1470 10 Pfund und 4 Schillinge auszahlt „umb 2 plabe tuch von Tincklspüchl für 12 fl rh. zu 7 ß zu der ambtleud klayder", vgl. KR 1470/71 S. 75v, ähnlich KR 1471/72 S. 72r. – Im Sommer 1474 zahlt Linhart ledersneider für den Jacob Stupf, der das Bürgerrecht aufgibt, die drei Nachsteuern, vgl. KR 1474/75 S. 27r. – 1463, 1464 und 1466 ist ein Linhart Lechinger Vierer der Schuster, vgl. RP.

Antoni Fuessel s[chneider][1]
    St: 1496: -/7/15

** Augustin Fuessl (Fueßl, Fießl) [∞ Barbara], 1500-1514, 1523-1525, 1527/I-II schneider,[2] 1526 goltschmid[3], 1529 patrimonium
    St: 1500: 1/3/-, 1508, 1509: 1/5/-, 1514: Liste, 1522-1526, 1527/I: -/6/10, 1527/II, 1528: -/3/9, 1529: -/3/9
    StV: (1500) et dedit 1/-/13 für pueri Wilhalm sneider. (1522, 1523) et dedit -/-/23 für p[ueri] Moßhamer.

** Caspar Fießl (Fueßl, Fuesl) goltschmid[4] [∞ Magdalena]. 1541 Caspar Fueslin goltschmidin
    St: 1522-1526, 1527/I: -/5/4, 1527/II, 1528, 1529: -/5/19, 1532: 1/1/21, 1540, 1541: -/4/20
    StV: (1529, 1532) et dedit -/1/19 für p[ueri] Sintzhauser. (1540, 1541) et dedit -/-/14 für p[ueri] Sintzhauser.

** Jörg (Georg) Renntz, 1529, 1540-1547, 1549/I-II, 1552/II schneider [∞ Anna]. 1554/II-1565 Jorg Rentzin[5]
    St: 1529: -/-/28 gracion, 1532: -/2/-, 1540-1542: -/3/25, 1543: 1/-/20, 1544: -/3/25, 1545: 2/3/14, 1546-1548, 1549/I-II, 1550, 1551/I-II, 1552/I-II: 1/1/22, 1553: 1/1/22 patrimonium, 1554/I: 1/1/22 patrimonium das ander, 1554/II: 2/5/7 juravit, 1555-1557: 2/5/7, 1558: 5/3/14, 1559, 1560: 2/5/7, 1561, 1563, 1564/I-II, 1565: -/2/6

    Cristoff Rentz, 1566/I schneider
        St: 1559: -/1/12 gracion, 1560: -/4/12 juravit, 1561, 1563, 1564/I-II, 1565, 1566/I: -/4/12

** Die Sondersiechen zu Schwabing [bis 1573 August 6]
** Wolfgang Pfaundler, Schneider [∞ Barbara; seit 1573 August 6]

Bewohner Dienerstraße 8:

Kunigund inquilina St: 1408: -/-/-
Laubfogl St: 1482: -/-/60
Agnes Wolflin St: 1482, 1486: -/-/60
cramer inquilinus St: 1486: -/-/60
Kuechlpacher kramer St: 1490: -/-/60
Wolfgang Moshamer goltschmid. 1500 Wolfganng goltschmid[6] St: 1496: -/4/5 juravit, 1500: -/4/15
    Wolfgang Moßhamer, 1525 goltschmid[7]
        St: 1522: -/2/-, 1523: -/4/13 juravit, 1524-1526, 1527/I: -/4/13
    Michel Moßhamer St: 1524: -/-/12
Adam pruechlerin St: 1496: -/-/60
Jacob glaser St: 1508, 1509: -/-/60, 1514: Liste
relicta Krälerin St: 1508, 1509: -/2/1
Hanns Prenner messerschmid[8] St: 1514: Liste
Fleugenveindt. 1523 Jörg Fleugenfeindt St: 1522: an kamer, sol burger werden, 1523: -/2/5 juravit
Peter maler. 1528, 1529 Peter Saurer maller
    St: 1524: -/-/21 gracion, 1525, 1526, 1527/I-II, 1528, 1529: -/2/-
Cristof Kaiser schneider St: 1527/II: -/2/22
Theodorus Albich (Albeg) schneider St: 1528: -/2/-
Jacob Kůstenfieger glaser St: 1532: -/2/-
Michel Lenng [Linckh] glaser St: 1540, 1541: -/2/-
Conrad Schwartz goltschmid[1] St: 1540: -/-/21 gracion

---

[1] Ein Antoni Fuessl ist 1488-1499 wiederholt Vierer der Kürschner !, vgl. RP.
[2] Augustin Fuessl 1485-1509 wiederholt Vierer der Schneider, vgl. RP.
[3] „Goltschmid" versehentlich als Verwechslung mit dem folgenden Caspar Fuessl.
[4] Frankenburger S. 287.
[5] Vgl. Gruftstraße 3*.
[6] Wolfgang Moßhamer ist 1503-1506 städtischer Silberschauer und Gewichtszeichner, vgl. R. v. Bary III S. 951 und RP 4. – Frankenburger S. 281.
[7] Frankenburger S. 287.
[8] Wohl identisch mit Hanns Prunner messerer, 1496-1498, der alt 1500, 1509, 1511, 1517, 1518 Vierer der Messerer, vgl. RP.

Cristoff Zwikopff [Goldschmied[2]] St: 1542: 5/2/3, 1543: 10/4/6
Hanns Schöpfer (Schöpfer, Schopffer) maler. 1566/II-1567/II Hanns Schöpfer malerin
    St: 1545: 1/3/26, 1546-1548, 1549/I-II, 1550, 1551/I-II, 1552/I-II: -/5/13, 1553, 1554/I-II,
        1555-1557: -/5/17, 1558: 1/4/4, 1559, 1560: -/5/17, 1561, 1563, 1564/I-II, 1565, 1566/I-II:
        -/6/22, 1567/I-II: -/2/-
Thoman pogner. 1546, 1547 Thoman Schlappaner pogner
    St: 1545: -/-/28 gracion, 1546-1554/II: -/-/-
    StV: (1546, 1551/II-1554/I) ist steur frey, als langs ainem erbern rath gfellig (ist). (1547-1551/I)
        ist steur frey, als lang ain erbar rath will. (1554/II) hat seinen bedacht gegen den schützn sennen
        [= Sehnen] ze machen, wo nit, sollen ime die 5 fl zins auffgesagt werden
zuemüllnerin, 1549/I von hoff St: 1545: -/2/2 hoffgsind, 1546-1548, 1549/I-II: -/1/1 hoffgsind
N. reutter St: 1550: nihil, ain diener beym Eckher
Hanns Klasner tagwercher St: 1551/II: -/2/-
Jacob tagwercher, 1552/II-1554/I pot St: 1552/I-II, 1553, 1554/I: -/2/-
Wilhelm Gebhart [Lernmeister]
    St: 1555: -/-/-, 1556: -/2/-
    StV: (1555) zalt supra folio 62 col. 1 [= 62r, Weinstraße 1].
Andre Kachler [Zehrgadmer, Hofkellner[3]] St: 1555: -/5/14
Lienhart Wiser [Tagwerker] St: 1556: -/2/-
Marten Grintperger St: 1557: -/2/-, 1558: -/4/-
Anna jägerin St: 1557: -/2/-
Wolff Dax federmacher
    St: 1559-1561, 1563: -/2/-
    StV: (1559) mer -/6/- für versessn steur.
Christoph Bschorn stuelschreiber
    St: 1564/II: -/-/-
    StV: (1564/II) ist nit bürger unnd willens, auf Lichtmessen zum Toringer ze ziehen.
Caspar Ritter puechpinder St: 1565, 1566/I: -/2/28
Matheus Schottnloer goldschmid [von München[4]]
    St: 1566/I: -/-/21 gratia, 1566/II: -/2/16 juravit, 1567/I-II: -/2/16
Achati Stigler,[5] 1566/II, 1567/II-1569, 1571 schneider
    St: 1566/II, 1567/I-II: -/3/25, 1568: 1/-/20, 1569-1571: -/2/-
Jacob Stainauer, 1567/I khürschner
    St: 1566/II: -/3/7, 1567/I: -/3/24,5
    StV: (1567/I) zuegesetzt Käplerin erb; mer für sein schwester zu Sträbing nachsteur 1/2/10.
Oswald Khirmair schuester St: 1567/II: -/2/-, 1568: -/4/-, 1569, 1570: -/2/-
Hanns Ger[o]ltzhofer goldschmid [von München[6]] St: 1568: an chamer, steuern di vormünder
Wolf Greindltaler messerschmid St: 1568: -/-/- pauper
Hanns Schwartz goldschmid [von München[7]] St: 1569, 1570: -/3/16
Wolf Khaiser tagwercher St: 1569-1571: -/2/-
Khaterina infraw [daneben:] Balthauser Monpflaster St: 1569: -/2/-
Jheronimuß Fuesstetter
    St: 1571: -/2/-
    StV: (1571) mer für p[ueri] Holtzhauser -/-/7; mer für p[ueri] Pranndtn 1/3/25; mer für Michel
        Holtzhay 4 steur von ½ fl als ain frembder -/1/1,5.
Caspar Roßkhopf riemer St: 1571: -/2/-

---

[1] Frankenburger S. 289.
[2] Frankenburger S. 289.
[3] Vgl. Dienerstraße 9.
[4] Gewerbeamt 1631 S. 87v Nr. 52. – Frankenburger S. 304.
[5] Vgl. Gruftstraße 3*.
[6] Gewerbeamt 1631 S. 87v Nr. 51. – Frankenburger S. 303.
[7] Der Goldschmied Hans Schwarz wurde 1569 und 1571 bei den Religionsverhören vernommen, vgl. Dorn S. 227, 257. – Später ist er „schultten halber weckhzogen", nämlich nach Wien, vgl. Gewerbeamt 1631 S. 87v Nr. 49. – Frankenburger S. 303.

Marthin Anpacher wierdt
> St: 1571: -/5/10 schenkhsteur
> StV: (1571) fúr sein stiefkhind -/1/5; mer fúr p[ueri] wagmaister -/6/5; mer fúr p[ueri] Auer -/6/5.

Dienerstraße 9

Hauseigentümer Dienerstraße 9:

1368, 1369 domus Smid kürsner (StB).

1373 Februar 18 Hainrich der Waegenler (= Wadler) verkauft sein Haus an des Dieners Gasse, das dem Haus des Rudolf (Dienerstraße 7/8) benachbart ist, an Dyetrich den Weigel.[1]

1378/81 der von dem verstorbenen Heinrich Wägnlär in St. Peter gestiftete St.-Leonhards-Altar hat ein Ewiggeld aus dem Haus des Weiglinus.[2]

1382 März 17 das Haus des Dietel Weigel an des Dieners gassen ist dem Haus des Klosters Polling, nunmehr des Matheys des Eysenmans Haus (Dienerstraße 10), benachbart.[3]

1386 Dezember 20 Dietel Weigleins Haus an des Dieners Gassen ist dem Haus des Mathes Eysenman (Dienerstraße 10) benachbart.[4] Bald danach dürfte Weigel gestorben sein; denn 1387 wird seine Hausfrau im Steuerbuch schon Witwe genannt. Sie heiratet in zweiter Ehe Erhard Prugger oder Pruggner.

1392-1398 immer noch hat der Wägenler-Altar (Wadler-Altar) in St. Peter sein Ewiggeld aus des W(e)iglin Haus an Dieners Gassen.[5]

1393 März 18 Anna die Pruggnerin vermacht ihrem ehelichen Wirt „Erhart dem Prúggner" dieses dem Matheys Eysenman (Dienerstraße 10) benachbarte Haus an des Dieners Gasse, „nach irem tode" und mit der Einschränkung: „und ob er vor ir verschied, dez Got niht wóll, so ist daz geschaeft ab" (= so ist das Geschäft hinfällig).[6] Dieser Fall ist auch eingetreten. 1396 steht Prugger letztmals im Steuerbuch, ab 1397 gehört das „domus" wieder der relicta Weiglin (!).

1394 Juni 22 das Haus des „Chunczel Eysenman" (Dienerstraße 10), Sohn des verstorbenen Matheys Eysenman, ist dem Haus des „Erharcz Prugner" benachbart.[7]

1400, 1401/I, 1415-1418 domus Weiglin (StB).

1454-1462 domus Hanns Karst (StB).

1456 November 11 das Haus des Hanns Karch (Karsch, Karst) an des Dieners Gasse ist dem Haus des Hans Pütrich (Dienerstraße 7/8) benachbart.[8] Hans Karst steht schon seit 1431 hier in den Steuerbüchern. Als Stadtwerkmeister oder Stadtzimmermann (1427-1471) wurde er letztmals 1470 gewählt,[9] 1471 sein Nachfolger Franz. Er dürfte demnach um 1471 gestorben sein. Schon 1422 war er als Geselle Hänsel für die Stadt tätig und wurde der „Karst Hansel" genannt.[10] Am 14. Februar 1472 ist Hanns Karst jedenfalls schon tot.[11]

1472 Oktober 2 der von 1465 bis 1482 als Krötel- und Steuerschreiber, aber auch kaiserlicher Notar im Bistum Freising[12], belegte Lienhard Stefensberger und seine Frau Margaret verkaufen ein Ewiggeld. Das Haus liegt zwischen denen des Lienhart Lechinger (Dienerstraße 8) und des Hanns Kaufman (Dienerstraße 10).[13] Stefensberger schreibt am 25. Februar 1482 noch die Abrechnung in der Kammerrechnung.[14] Im Herbst sitzt bei der Steuererhebung auf dem Haus schon der Nachfolger Payr.

---

[1] GB I 34/14
[2] Hufnagel/von Rehlingen, St. Peter Urk. 60 („zwischen 1378 und 1381").
[3] GB I 157/6.
[4] GB I 225/18.
[5] Steueramt 982/1 S. 19v; 982/2 S. 20r.
[6] GB II 46/9.
[7] GB II 73/2.
[8] Geiß, St. Peter S. 252 ohne Quelle.
[9] Vgl. RP.
[10] R. v. Bary III S. 1002.
[11] Wittmann, Urkunden-Regesten, ungedruckt.
[12] R. v. Bary III S. 876.
[13] MB XX 350 S. 624/625.
[14] KR 1482.

1490 April 2 das Haus des Lienhard Payr an der Dienerstraße ist dem Haus der Katherina Lechinger (Dienerstraße 8) benachbart.[1]

1514 heißt es vom Haus des Lienhart Payr an der Dienerstraße: „hat jetzund der Pfremer kistler".[2] Er steht seit 1508 in den Steuerbüchern. Seine Familie ist dann auch im Grundbuch belegt.

1551 August 24 die Gebrüder Balthasar und Peter Pfreimer verkaufen aus dem Haus ein Ewiggeld von 3 Gulden (um 60 Gulden Hauptsumme) (GruBu).[3]

1551 August 26 die beiden Brüder Pfreymer verkaufen erneut ein Ewiggeld von 3 Gulden um 60 Gulden Hauptsumme aus dem Haus, das gelegen ist zwischen den Häusern des Georg Renntz (Dienerstraße 8) und des Josef Kleberger (Dienerstraße 10) (GruBu).[4]

1552 Januar 6 der Kistler Peter Pfreimer und seine Hausfrau Richilda verkaufen ein Ewiggeld von 20 Gulden um 400 Gulden Hauptsumme (GruBu).

1553 Januar 30 dasselbe Ehepaar verkauft ein Ewiggeld von 10 Gulden um 200 Gulden (GruBu).

1562 September 1 Mang Vogel und seine Hausfrau Barbara verschreiben dem Kistler Peter Pfreimer und seiner Hausfrau Anna 5 Gulden Ewiggeld um 100 Gulden Hauptsumme zur Entrichtung der Kaufsumme für dieses Haus (GruBu).

1562 September 2,
1563 Juli 29,
1567 Mai 7 und
1568 Mai 25 weitere Ewiggeldverkäufe des Ehepaares Vogel (dreimal je 5 Gulden um 100 Gulden und einmal 10 Gulden um 200 Gulden) (GruBu).

1568 August 15 das Haus des Hanns Vogel ist Anrainer am Haus des Sigmund Hörl (Gruftstraße 5)[5].

1574 laut Grundbuch (Überschrift) des Weinschenken Matheus Anpachers Haus, Hof und Stallung. Anpacher hat das Haus bis 1591.

Eigentümer Dienerstraße 9:

* Paertel Smid kúrsner. 1369 domus Paertlin Smid kúrsner
    St: 1368: -/-/80 gracianus, 1369: -/-/-
  Hánsel sein prúder. 1369 Haensel Smid kúrsner
    St: 1368: -/-/40, 1369: -/-/-
* Hainrich Waegenler [bis 1373 Februar 18]
* Dietreich Weygel (Weigl). 1387 relicta Weiglin. 1388 Dietrich Weigl
    St: 1375: 3/-/72, 1377: -/10/- juravit, 1378, 1379, 1381, 1382, 1383/I: -/10/-, 1383/II: 1/7/-, 1387: -/6/20, 1388: 1/5/10 juravit
* Erhart Pruckner (Prucker, Prugger) [∞ Anna, verwitwete Weigl]. 1396 relicta Erhart Prugger
    St: 1390/I-II: 2/-/40, 1392: -/13/-, 1393: -/17/10, 1394: 2/1/10, 1395: -/7/- minus -/-/10, 1396: -/5/-
* relicta Weyglin [= relicta Pruggerin]. 1399, 1401/II, 1403, 1405/I-II, 1407 patrimonium Weiglin. 1400, 1415-1418 domus Weiglin. 1401/I domus patrimonium Weiglin. 1406 relicta patrimonium Weiglin
    St: 1397, 1399: -/10/-, 1400, 1401/I-II, 1403, 1405/I-II, 1406: 0,5/-/-, 1407: -/-/-, 1415, 1416, 1418: 0,5/-/-
    StV: (1400, 1401/I, 1403) daz geit ez aler (all) stewr. (1401/II) daz geit ez all stewr nach haissen des racs. (1405/I) alz daz der rat vorher also geseczt hat, all stewr. (1405/II) alz daz der rat also vorher all stewr davon geseczt hat. (1406) geit ez all stewr als der rat gesezt hat. (1415) geit ez all stewr. (1416) die gelcz all stewr cum noch die alten stewr.
* Hanns Karst, 1431 [Stadt-]zimerman.[6] 1445 maister Hanns Karst
    St: 1431: -/-/-, 1450: Liste
    StV: (1431) ist stewr frey nach ains ratz geschäft.
    Sch: 1445: 1 diern, dedit

---

[1] Urk. D I e 1 - XI 16 = MB XX 377 S. 693/696.
[2] Zimelie 33 (Stadtbruderhausbuch) S. 20.
[3] Urk. C IX c 1 Nr. 794; Stadtgericht 207/1 (GruBu) S. 450v/451v.
[4] Auch Urk. C IX c 1 Nr. 794.
[5] Hofmann, SchloßA Harmating Urk. 80.
[6] Hans Karst, auch Karst Hansl genannt, von 1427 bis 1471 Stadtzimmermann, vgl. R. v. Bary III S. 1002.

* domus Hanns Karst. 1457 domus maister. 1458 domus maister Hans. 1462 domus meister Hanns Karst
    St: 1454-1458: Liste, 1462: nichil
* Linhart Stefensperger, Notari [Steuer- und Krötelschreiber, Weinschenk[1], ∞ Margaret; vor 1472 Oktober 2 bis nach 1482 Februar 25]
* Lienhart Pair [Weinschenk[2]], 1482 et pueri fragner
    St: 1482: -/7/29, 1486, 1490: -/5/23, 1496: -/5/18
* Hans Pfreymer (Pfrämer, Pfrámer, Pfreimer) kistler[3], 1523 patrimonium. 1524-1532 relicta Pfreimerin
    St: 1508, 1509: -/3/15, 1514: Liste, 1522-1526, 1527/I: 1/2/28, 1527/II, 1528, 1529, 1532: 1/-/6
    StV: (1508, 1509) et dedit -/1/23 fur Jacob Fuessl. (1509) et dedit -/4/23 fur pueri Marta Fuesslin. (1522) et dedit -/2/12 von 2 gulden ungrisch gen Freising.
** Walthasar (Balthasar, Balthas) (Pfrämer) [Kistler[4]] (unnd) Peter (die) Pfrámer (Pframer) [Brüder]
    St: 1540-1542: 2/5/-, 1543: 5/3/-, 1544: 2/5/-, 1545: 5/3/-, 1546-1548, 1549/I-II, 1550, 1551/I-II, 1552/I: 2/5/-
    StV: (1540-1552/I) steurn mitainander (dise summa). (1545) ut supra. (1549/II) zalt für p[ueri] Refinger maler -/1/19 am 24. Decembris. (1550, 1551/I) mer -/1/19 für p[ueri] Refinger maler. (1551/II, 1552/I) mer -/1/26 für p[ueri] Refinger maler.
** Peter Pfrámer (Pframer), 1558 kistler [später Zollner zu Landsberg, ∞ Richilda]
    St: 1552/II: 1/2/15, 1553, 1554/I-II, 1555-1557: -/3/19, 1558: 1/-/8, 1559, 1560: -/3/19, 1561: -/5/11
    StV: (1552/II-1556) mer -/1/26 für p[ueri] Refinger maler(s). (1557) mer -/1/5 für p[ueri] Refinger; mer -/3/15 für 3 nachsteur. (1558) mer -/2/10 für p[ueri] Refinger. (1559) mer -/3/15 für p[ueri] Refinger 3 nachsteur. (1560) mer für seiner hausfrauen guet, soll 300 fl haben, gracia -/2/10. (1561) Adi 13. Martii [15]63 zalt er die steur anno [15]62 und darzue 3 nachsteur 3/-/14; hat 2 khind alhie verlassen und 15 fl gelts verordennt.
** domus Mang Vogl
    St: 1563: -/-/-
** Manng Vogl, 1564/I-II, 1565, 1566/II, 1568 wierdt [∞ Barbara]. 1569, 1570 Mang Vogl wierdtin
    St: 1564/I-II, 1565, 1566/I-II: 3/3/-, 1567/I: an chamer, 1567/II: 3/3/-, 1568: 6/6/-, 1569, 1570: an chamer
    StV: (1567/I) zalt 3/3/- adi 23. Octobris. (1569) der zeit hanndl nit richtig.
** Matheus Anpacher Weinschenk, 1574

Bewohner Dienerstraße 9:

Chunrat Wólfel vragner inquilinus St: 1369: -/3/-
Hainrich von Echmaring inquilinus St: 1381: -/-/18
Óttel kúrsner inquilinus St: 1383/II: -/-/18 gracianus
relicta Stainprúcklin inquilina St: 1387: nichil
Gilg Stúpf inquilinus St: 1390/I: -/10/20 gracianus, 1390/II: -/10/20 iuravit
Ott schuster inquilinus St: 1396: 0,5/-/-
Chuncz goltsmid inquilinus St: 1397: -/-/60 fúr 10 lb iuravit
[Konrad[5]] Kúnter inquilinus. 1399 Kunter munsser inquilinus St: 1397: 2/-/60, 1399: -/-/-
Chunrat Aengstleich [Taschner[6]] inquilinus St: 1400: -/5/6
Ulrich von Ylmmú[n]ster kursner inquilinus St: 1400, 1401/I: -/6/12
Seidel, dez lantschreiber [= Ulrich Pötschner] chnecht inquilinus St: 1400: -/-/40
Lawtel gewantsneider inquilinus St: 1401/II: 2,5/-/- iuravit

---

[1] Linharde Steffensperger ist 1458 auch Weinschenk, 1465-1482 Steuerschreiber, vgl. R. v. Bary III S. 876 und Gewerbeamt 1411 S. 14v.
[2] Lienhart Payr 1489 Mitglied der Weinschenkenzunft, vgl. Gewerbeamt 1418 S. 6r.
[3] Hanns Pfrámer/Pfrämer 1489, 1497, 1512 Vierer der Kistler, vgl. RP.
[4] Vgl. Frauenplatz 9.
[5] Vgl. Rindermarkt 7 A und 8.
[6] Taschner ist er bei Marienplatz 16 (1408), 17 (1410-1413) usw. Da beim Kramer Konrad Aengstlich ab 1405 schon die Witwe in den Steuerbüchern erscheint (Marienplatz 25), kann dieser hier nur der Taschner sein.

Nickel smelczer inquilinus St: 1401/II: 1/-/- iuravit
Peter Pawrnfeint inquilinus St: 1403: -/-/64 fur 8 lb
maister Chunrat stainmecz inquilinus St: 1403: -/-/-
Peter Plutigsflecz [Stadtsöldner[1]] inquilinus St: 1403: nichil
Hanns Kassawer maler inquilinus St: 1406: -/-/60 gracianus
Ann porttenwúrcherin inquilina St: 1407: -/-/20 fúr nichil
Bartholme [Maleskircher ?] maler inquilinus St: 1410/I: -/-/60 iuravit, 1410/II, 1411, 1412: -/-/60
Nickel schuster, 1412 inquilinus St: 1410/II, 1412: -/-/50
Hanns sneider von Freysing St: 1410/II. -/-/-
Chuncz (Chunrad) seidnnader, 1411, 1412, 1419 inquilinus
	St: 1411, 1412: -/3/-, 1413: -/-/72 iuravit, 1415: -/5/-, 1416: -/6/20, 1418, 1419: -/10/20, 1423:
		-/6/-, 1428: dedit 3 gross, 1431: 0,5/-/- iuravit
	StV: (1428) fúr sich und sein hausfrau.
Hannsel Pettinger maẃrer inquilinus St: 1412: -/-/-
Lienhart lermaister
	St: 1416: -/-/-
	StV: (1416) den habent mein hern der steẃr ledig lassen.
Saenftel (Sanftel) obscher, 1416 inquilinus St: 1416: -/-/24, 1419: nichil habet
Ott goltsmid[2] St: 1418: -/3/6
Vlreich Straws inquilinus St: 1419: -/13/10
Purckhart sneyder St: 1423: -/3/-
Lienhart Sturm sneider
	St: 1428: dedit 6 gross, 1431: 0,5/-/26 iuravit
	StV: (1428) fúr sich, sein hausfrau und sein vier knecht.
Hans Hochnkircher
	St: 1428: dedit 11 gross
	StV: (1428) pro se et famulo Andrea.
Ulrich Vischel schneider Sch: 1439/I-II: 1 t[aglon]
Chunrad Kelhaimer, 1441/I, 1445 sneider Sch: 1440, 1441/I, II: -/-/15, 1445: 3 ehalten, dedit
Gabriel Pewger (Peẃger), 1453, 1456 sneider St: 1453-1456: Liste
Hanns Singer goltsmid[3] St: 1455: Liste
relicta Rintflaschin. 1462 relicta Ulrich Rintfleischin inquilina St: 1457, 1458: Liste, 1462: -/-/40
Silvester [Pfluger] goltsmid,[4] 1462 inquilinus St: 1457, 1458: Liste, 1462: -/3/10
Urban Kremser [Goldschmied[5]] inquilinus St: 1458: Liste, 1462: -/4/25
Linhart Rackendorffer St: 1462: -/-/8 daz jar als fert
goldslaher. 1486 goldslaherin St: 1482, 1486: -/-/60
Králerin (Králin). 1490-1500 relicta Králerin St: 1482: nichil, 1486, 1490: -/-/60, 1496, 1500: -/2/1
Neẃfarer goldschmid St: 1482: -/-/60
	Hans Neufarer [Goldschmied und Weinschenk[6]] St: 1496: -/-/60
Hanns Tennerin St: 1482: -/-/10 gracianus
Schónhanns maler[7] St: 1486: -/-/60
Ludwig seydennaterin[8] St: 1486: -/-/60
Eysenman [Weinschenk[9]] St: 1486: nichil

---

[1] Peter der Plutigsfletz ist 1402/03 als Stadtsöldner belegt, vgl. R. v. Bary III S. 833. Deshalb die Steuerhöhe „nichil".
[2] Frankenburger S. 269.
[3] Hanns Singer 1460 Vierer der Goldschmiede, vgl. RP.
[4] Silvester goldschmid 1466 Vierer der Goldschmiede, vgl. RP. – Frankenburger S. 276. Familienname genannt 22.8.1478 in: BayHStA, Kurbayern Urk. 25413 (alt GU Landsberg F. LXXXI/1020).
[5] Frankenburger S. 272.
[6] Hanns Newfarer goltschmid 1498 Aufnahme in die Weinschenkenzunft, vgl. Gewerbeamt 1418 S. 9v. – Frankenburger S. 277.
[7] Schön Hanns maler 1471, 1473, 1476 Vierer der Zunft der Maler, Glaser, Seidennater, vgl. RP.
[8] Ludwig Seidennater 1464, 1466, 1471, 1473, 1475, 1479, 1480 Vierer der Maler, Glaser und Seidennater, vgl. RP.
[9] Eysenmann 1489 Mitglied der Weinschenkenzunft, vgl. Gewerbeamt 1418 S. 1v.

Conrat (Contz) Petz seidennater[1] St: 1490, 1508, 1509: -/-/60
Matheus Witthauff St: 1490: -/2/15
Rorer nestler St: 1490: -/1/5 gracianus
Küngund ärztin St: 1496: -/-/60
Bernhart zingiesser St: 1496: -/-/60
Linhart Adler pruchler St: 1500: 2/3/10
Utz zimerman St: 1500: -/-/60
Hanns Preyss maler St: 1500: -/-/60
Wolfgang Egker smeltzer St: 1500: -/-/60
Steffan Koberger notari [lernmaister[2]] StV: (1508) hat sein drey nachsteur in kamer zalt.
Cristoff Harrder l[ernmaister ?] St: 1509: -/2/3
Linhart Unkauf, 1514-1525, 1527/I maller.[3] 1527/II, 1529 Linhart Unkaufin. 1528 relicta Linhart Unkaufin
    St: 1514: Liste, 1522-1526, 1527/I-II: -/5/4, 1528, 1529: -/4/15
    StV: (1527/II) patrimonium fúr irn man, sol bis jar schwern.
Hanns Rentz schneider[4] St: 1514: Liste
Jacob Kústenfieger (Kistenfieger), 1522, 1523, 1525-1528 glaser[5]
    St: 1522, 1526, 1527/I-II, 1528: -/2/-
Franntz Poschendorfer [Gantknecht[6]]
    St: 1524-1526, 1527/I: -/2/10, 1527/II: -/2/27
    StV: (1524) et dedit -/-/28 fúr p[ueri] Adam seidnnater. (1525, 1526, 1527/I-II) et dedit -/-/28 fúr p[ueri] seidnatter. (1525, 1526, 1527/I) et dedit -/-/21 fúr p[ueri] Spáchter. (1527/II) dedit mer -/-/21 fúr p[ueri] Spáchter; et dedit -/-/7 fúr Wendlinger.
Theodrus (Theodo) Albich schneider St: 1529, 1532, 1540: -/2/-
Ludwig maler St: 1529, 1532: -/2/-
[Hanns] Rieger amer[7] St: 1532: -/2/-
Hanns Schóffer (Schöpffer, Schópfer) 1540-1544 maller
    St: 1540-1542: -/2/16, 1543: -/5/2, 1544: -/2/16
  Hanns Schópfer maler
    St: 1568: an chamer
    StV: (1568) zalten di vormúnder.
Hanns jäger schneider St: 1541, 1542: -/2/-, 1543: -/4/-, 1546, 1547: -/2/-
Wilhelm Popp schneider St: 1544: -/2/-
Sigmund Auffkircher
    St: 1545: 1/1/20, 1546, 1547: -/4/10
    StV: (1545-1547) darin auch seiner kinder gueth versteurt.
Hanns Kellner schneider St: 1545: -/4/-
Cristoff Mayrhofer [Stadtprokurator[8]] St: 1548: -/2/-, 1549/I: an chamer, 1549/II, 1550, 1551/I: -/2/-
Lienhart Wiser tagwercher. 1550, 1551/I Lienhart tagwercher. 1551/II Lienhart übersteer. 1552/I-1555 Lienhart Wiser
    St: 1548, 1549/I-II, 1550, 1551/I-II, 1552/I-II, 1553, 1554/I-II, 1555: -/2/-
Mang Wáckherl St: 1551/II: nihil, cantzlschreiber, 1552/I: nihil
Caspar Krimmer (Krinner[9]), 1552/II leermaister St: 1552/II, 1553, 1554/I-II: -/2/-

---

[1] Contz Pätz/Petz 1488, 1490, 1493, 1496, 1497, 1505, 1507 Vierer der Maler, Glaser, Seidennater, vgl. RP.
[2] Steffan Koberger 1506, 1509 Vierer der Lernmeister, vgl. RP.
[3] Linhart Unkauf maler 1520 Vierer der Zunft der Maler, Glaser, Seidennater, vgl. RP.
[4] Hanns Renntz 1515, 1516, 1520 Vierer der Schneider, vgl. RP.
[5] Jacob Kistenfieger 1496 Vierer der Zunft der Maler, Glaser, Seidennater, vgl. RP.
[6] Franz Poschendorfer 1519-1535 Gantknecht, 1530-1535 auch Steuerknecht. Er starb 1535, vgl. R. v. Bary III S. 831, 878.
[7] Hanns Rieger (Rueger) ist von 1515-1540 als Weinamer belegt, vgl. R. v. Bary III S. 967/968. – 1499 und 1501 ist ein Hanns Rueger Vierer der Salzstößel, vgl. Vietzen S. 158 und RP.
[8] Vgl. Burgstraße 16 A.
[9] Caspar Krinner von 1553 bis nach 1560 Eichgegenschreiber, vgl. R. v. Bary III S. 973.

Michel Adler
 St: 1553, 1554/II, 1560: -/-/-, 1561: 7/1/22
 Bem.: (1553) zalt infra eodem folio col. 2 bey Hannsen Adler [= Dienerstraße 15 A]. (1554/II) zalt infra eodem folio beym Hanns Adler [Dienerstraße 15 A]. (1560) zalt sambt seinem bruedern hinach.
Michel Adler und Hans Adler
 St: 1554/I: -/-/-, 1555-1557: 37/3/-, 1558: 74/6/6, 1559: 37/3/-
 StV: (1554/I) zaltn infra folio 62 col. 2 [62v, Dienerstraße 15 A]. (1555) steurn miteinander. (1556-1559) ir beder steur.
Sigmundt Paungartner, 1555, 1559, 1560 schneider
 St: 1555: -/-/21 gracia, 1556, 1557: -/2/-, 1558: -/4/-, 1559-1561: -/2/-
Hanns Roll schuester St: 1556, 1563: -/2/-
Hanns Payr (Paier) schuester St: 1557: -/2/-, 1558: -/4/-, 1559-1561: -/2/-
Anndre Eisenhuet schneider[1] St: 1563: -/-/21 gratia, 1564/I-II, 1565: -/2/-
Wolff Dax federmacher St: 1564/I-II: -/2/-
ain reiter St: 1564/II: -/-/- hofgsind
Pfrandtner hofprocurator (procurator)
 St: 1565: nichil, hofgsind, 1566/I: -/-/-, 1566/II: nihil, hofgsind, 1567/I: -/-/- hofgsind, 1567/II: -/-/-
Hanns Khemather schneider St: 1566/I-II, 1567/I-II: -/2/-
Hanns Schweindl glaser St: 1569: -/2/-
Jórg (Geórg) Póperl (Piperl) schneider St: 1569, 1570: -/2/13, 1571: -/4/23 zuegesetzt
Michel platner St: 1569, 1570: -/2/-
Niclaß Khráll schuester
 St: 1571: -/2/-
 StV: (1571) mer für p[ueri] Haubmschmid 3 nachsteur unnd yetzige steur, in allem 2/-/-; mer ain versessne steur -/2/-.
Matheus Mair paretmacher St: 1571: -/2/-

Dienerstraße 10

Lage: 1382, 1394 „an dem egge". Eckhaus (Süd) zur Gruftgasse.
Charakter: Wahrscheinlich schon im 15. Jahrhundert Weinschenke.

Hauseigentümer Dienerstraße 10:

1382 März 17 Propst und Kapitel des Klosters Polling verkaufen ihr Haus an des Dieners Gassen „an dem egge", „daz etwen dez Raenolcz ist gewesen" und das demjenigen des Dietel Weigel (Dienerstraße 9) benachbart ist, Matheysen dem Eysenman.[2]
1386 Dezember 20 Mathes Eysenman verpfändet sein Haus an des Dieners Gassen, benachbart dem Haus des Dietel Weigelin (Dienerstraße 9).[3]
1393 Närz 18 das Haus des Matheys Eysenman an des Dieners Gasse ist dem Haus der Anna Pruggnerin (Dienerstraße 9) benachbart.[4]
1394 Juni 22 Chunczel Eysenman, Matheys Eysenmans seligen Sohn, verkauft sein Haus an des Dieners Gasse, nächst an „Erharcz Prugner" Haus (Dienerstraße 9) „und an dem egge vor Peter Chrumnlins haws über" (Dienerstraße 11), „Ulreichen dem Chamrer".[5]
1407, 1408 domus Hanns Jaeger von Lanczberg (StB).

---

[1] Der Schneider Andre Eisenhuet musste sich 1569 und 1571 bei den Religionsverhören verantworten, vgl. Dorn S. 230, 263.
[2] GB I 157/6.
[3] GB I 225/18.
[4] GB II 46/9.
[5] GB II 73/2.

1409 Oktober 19 „Chunrade der jägerin man von Lanczsperg" hat sein Haus, gelegen an des Dieners Gassen „znächst des Krúmnels haus am egk", verkauft „Ulrichen dem Wolf dem wollweber".[1]

1451 Septemer 14 Hainrich (!) Khaufman und seine Hausfrau Catharina haben aus dem Haus ein Ewiggeld [von 5 Gulden] verkauft.[2]

Heinrich Kaufmann dürfte der in den Steuerbüchern von 1423 und 1424 genannte Schwiegersohn von Wolf sein. Beide – der Schwiegersohn und der Kaufmann – zahlen Schenkensteuer. Auch die zeitliche Überschneidung spricht dafür: Wolf bis 1441 und Heinrich Kaufmann schon seit 1428, wenn nicht schon 1423.

1472 Oktober 2 das Haus des Hanns (!) Kaufman ist dem Haus des Linhart Stefensberger (Dienerstraße 9) benachbart.[3]

1483 Juli 1 die Vormünder der Kinder des Hanns Kaufman verschreiben 1 Pfund Pfennige Legat auf den Gasteig (GruBu).

1500 relicta Furhollczerin, de domo (StB).

1522 Juli 17 Hanns Moser und seine Hausfrau Veronica verkaufen ein Ewiggeld von 5 Gulden um 100 Gulden Hauptsumme aus dem Haus (GruBu).

1546 domus Joseph Klewerger/Moser (StB).

1551 August 24 das Haus des Josef Kleberger ist dem Haus der Gebrüder Balthasar und Peter Pfreymer (Dienerstraße 9) benachbart.[4]

1558 August 11 der fürstliche Harnischmeister Joseph Cleberger und seine Hausfrau Anna verkaufen 8 Gulden Ewiggeld um 160 Gulden Hauptsumme (GruBu).

1574 laut Grundbuch (Überschrift) des Joseph Clebergers Harnischmeisters „Ögkhaus und Stallung, geet in das Stifftgässel" (Gruftgasse).

Schon seit dem 15. Jahrhundert lassen sich hier immer wieder Weinschenken nachweisen, seit 1708 ständig. Seit mindestens 1803 ist es das Gasthaus „Zum Jägerkoch", auch „Peterseck" genannt.[5]

Eigentümer Dienerstraße 10:

* Raenold [vor 1382 März 17]
* domus prepositi de Polling [bis 1382 März 17]
    St: 1368: 1/-/- post,[6] 1369, 1371, 1372, 1375, 1377, 1378, 1382: -/-/-
* Matheis Eysenman [Goldschmied[7], seit 1382 März 17]
    St: 1383/I: 2/-/-, 1383/II: 3/-/-, 1387: -/10/-, 1388: 2,5/-/- juravit, 1390/I-II: 2,5/-/-, 1392: -/9/-, 1393: 1/-/-
* Chünczel Eysenman [Sohn von Matheis Eysenman sel., bis 22. Juni 1394]
* Ulrich Kamrer [Weinhändler, Wirt[8], seit 1394 Juni 22]
    St: 1405/II: -/18/- iuravit, 1406: -/-/-
* domus Jaeger von Lanczberg. 1408 domus Hanns Jaeger
    St: 1407: -/-/-, 1408: -/3/10
* Chunrade dser jägerin man von Lanczsperg [bis 1409 Oktober 19]
* Wolf verber. 1411 Wolf lodler verber. 1412, 1413 Wolf loder. 1415-1423, 1424, 1439-1441 Ulreich Wolf verber. 1428 Wolfhart verber. 1431 Ulrich Wolf
    St: 1410/II: 3/-/-, 1411: -/18/-, 1412: 3/-/-, 1413: -/20/- iuravit, 1415: 2,5/-/, 1416, 1418, 1419: 3/-/80, 1423: -/10/-, 1424: -/3/10 hat zalt, 1428: dedit 10 gross, 1431: -/-/84 iuravit
    StV: (1428) fur sich und fur alz sein hausgesind.
    Sch: 1439/I-II, 1440, 1441/I-II: 1 t[aglon]

---

[1] GB III 90/2.
[2] Stadtgericht 207/1 (GruBu) S. 447v.
[3] MB XX 350 S. 624/625.
[4] Urk. C IX c 1 Nr. 794.
[5] Stahleder, Haus- und Straßennamen S. 502, 396, 389/390.
[6] „post" 1368 wieder getilgt.
[7] Frankenburger nennt ihn nur für die Jahre 1365-1377.
[8] 1399/1400 gehörte Ulrich Kamrer zu den Wirten, denen die Stadt Geld schuldete – 4 ungarische Gulden weniger 36 Pfennige – „von der rais wegen", 1400/1402 führte Ulrich der Kamrer für über 23 Pfund Pfennige zwei Dreilinge Osterwein über Ötting und Mühldorf nach München, vgl. KR 1399/1400 S. 119r, 1400/1402 S. 42r.

Haincz [Kaufmann ?] sein [= des Ulrich Wolf] aydem
    St: 1423: 2,5/-/- schenckenstewr, 1424: -/6/20 hat zalt
    StV: (1423) zu dem nachsten sol er swern.
** Hainrich Kaufman [Weinschenk[1]], 1428 inquilinus
    St: 1428: dedit 4 gross, 1431: -/13/10 schencknstewr, iuravit 60 lb, 1450, 1453-1458: Liste, 1462: -/-/60
    StV: (1428) fur sich, sein hausfrau und sein amen und sein diern. (1462) aus dem hauss -/3/26 von 5 gulden gelcz dem Hofraitter als ein gast, dedit Hans Kaufman.
    Sch: 1439/I-II, 1440, 1441/I-II: 1,5 t[aglon], 1445: 1 diern, dedit
Hanns Kaufman, 1456, 1462 goltsmid,[2] 1462 inquilinus
    St: 1453-1456: Liste, 1462: -/4/5
Asm Kaufman, 1462 gebantmacher inquilinus
    St: 1454, 1455: Liste, 1462: -/-/60
Michel Hirenschal (Hirnschell), 1462 inquilinus
    St: 1458: Liste, 1462: -/3/-
    StV: (1462) zalt Hanns Kaufman fur drey nachsteur.
Claus kauffman [Goldschmied[3]]
    St: 1482: -/2/6
die alt kauffmanin
    St: 1482: -/-/21
** Kinder des Hanns Khaufman [1483 Juli 1]
* relicta Furholltzerin
    St: 1500: -/2/2 de domo
    StV: (1500) sol bys jar ir gut versteurn.
Cristof [Moser] vischmaister [Weinschenk[4]]
    St: 1508, 1509: 4/1/21
** Hanns Moser [Weinschenk[5], ∞ Veronica, seit vor 1522 Juli 17]. 1540-1544 Hanns Moserin
    St: 1527/II: 3/-/-, 1528, 1529: an kamer [1529 Nachtrag:] 3 gulden, 1532: 3/-/-, 1540-1542: 5/-/-, 1543: 10/-/-, 1544: 5/-/- matrimonium
Jeronimus und Gregori [Moser] vischmaister
    St: 1527/II: 1/1/9
vischmaister ir [= der Hanns Moserin] son
    St: 1540-1542: 1/-/-, 1543: 2/-/-
    StV: (1540-1543) von seiner hausfrau ewigen gelt, als hoffgsind. (1543) soll hinfúro búrgerin werden oder beysitz erlangen.
Vischmaisterin. 1545 Jeronimus vischmaisterin
    St: 1544, 1545: 2/-/- mit ainem geding
** domus Joseph Klewerger/Moser.[6] 1547 domus Joseph Klewerger oder Moserin. 1548-1555 domus Joseph Kleewerger (Clebergers, Klebergers)
    St: 1546: 2/-/-, 1547: der zeit nihil, 1548: 1/-/-, 1549/I-II, 1550, 1551/I-II, 1552/I-II: 1/2/10, 1553, 1554/I-II, 1555: -/1/12
    StV: (1546) das jar noch mit geding, soll aufs jar steurn wie hoffgsind. (1547) laut ires gedings. (1548) von 7 ½ fl gelts seiner hausfrauen. (1549/I-1554/I) mer 1/-/- von 7 ½ fl gelts seiner hausfrau. (1549/II, 1550) von seinen zinsn. (1551/I-II, 1552/I) von zinsen aus seinem haus. (1552/II) von seinenn zinsen. (1553, 1554/I) mer 1/2/10 von (seinen) zinsn. (1554/II) mer -/4/2,5 von zinsn. (1554/II, 1555) mer 1/-/- von 7 ½ fl gelts. (1555) mer -/4/20 von zinsn.
** Joseph Kleewerger (Kleberger, Klenwerger, Kleeberger) [Harnischmeister, ∞ Anna]
    St: 1556, 1557: -/1/12 de domo, 1558: -/2/24, 1559, 1560: -/1/12 de domo, 1561, 1563: an cha-

---

[1] Hainrich (Hainreich) Kóffman (Kaufman, Kawffmon, Kafman) ist 1430 einer der Wirte an der Weinstraße, die Ungeld zahlen, vgl. Steueramt 9087, 1433 ist er Mitglied der Weinschenken-Bruderschaft, 1442, 1446, 1448 Vierer der Weinschenken, vgl. Gewerbeamt 1411 S. 8v, 10v, 11r.

[2] Hanns Kaufman 1460, 1471, 1474, 1476, 1478 Vierer der Goldschmiede, vgl. RP. – Frankenburger S. 276.

[3] Vgl. Gruftstraße 2*.

[4] Cristoff vischmaister 1504 Aufnahme in die Weinschenkenzunft, vgl. Gewerbeamt 1418 S. 13r.

[5] Hanns Moser 1512 Aufnahme in die Weinschenkenzunft, vgl. Gewerbeamt 1418 S. 16r.

[6] „Moser" 1546 hinter „Klewerger" angefügt und durch Schrägstrich getrennt.

mer, 1564/I-II: 1/3/15, 1565: 2/1/5, 1566/I: 1/1/5, 1566/II, 1567/I-II: -/5/25, 1568: 1/4/20 de domo, 1569: -/5/25, 1570: -/5/25 de domo, 1571: an chamer

StV: (1556) mer 1/3/- von zinsn, er versteuert den zins aus dem obern gmach dismals von ½ jar; mer 1 fl von 7 ½ fl gelts. (1557) mer 1/6/12,5 von zinsn; mer 1 fl von 7 ½ fl gelts. (1558) mer 2 fl von seinem ewigen gelt; mer 1/6/2 von zinsen. (1559) mer -/6/24 von zinsn; mer 1 fl von 7 ½ fl gelts von 10 fl gelts hernach fúr p[ueri] vischmaister, zalt 20 patzn. (1560) mer von zinsen 1/1/27,5; mer von 7 ½ fl ewig gelt 1 fl; mer fúr seine stiefkhinder von 10 fl 1/2/10. (1564/I) von zinsen; ausser deß ainen laden, darinn an yetzt nyemand; mer die steur anno [15]61 vom hauß seinem unnd der khinder ewigen gellt 2 fl; mer von anno [15]63 von seinem hauß 1/3/15; mer von seinem unnd der khinder ewigem gelt 1/5/18; mer dises [15]64ten jars von seinen 4 fl unnd seiner stieffkhinder 6 fl gellts, thut 1/5/18. (1564/II) von zinsen; ausser des ainen ladn, darin niemands; mer von seinen 4 fl unnd seiner khinder 6 fl gelts, thuet 1/5/18. (1565) mer von seinen 4 fl unnd seiner khinder 6 fl gelts 1/5/18. (1566/I) herabgesetzt 12 fl zinsgelt, sols wan ers wider hat wider zuesetzen; mer von seinen 7 ½ fl und seiner kinder 6 fl gelts 1/5/18. (1566/II) mer von seinen 7 ½ fl unnd seiner khinder 6 fl gellts 1/5/18; vom hauß mer diser zeit von 6 fl zinß -/3/15. (1567/I) de domo; mer von 7 ½ fl unnd seiner khinder 5 fl 1/5/18; khúnfftig soll er von 18 fl zinß steurn. (1567/II) de domo; mer von 7 ½ fl seinem unnd seiner khinder 6 fl ewigem gelt unnd von 20 fl zinß aus dem hauß, thuet in allem 3/3/8. (1568) mer von 7 ½ fl gelts seiner khinder unnd 6 fl von seinem ewigen gelt unnd von 26 fl zinß aus dem hauß, thut 7/6/16. (1569) mer von 7 ½ fl gelt seiner stieffkhind, von 5 fl seinem ebigen gelt und von 26 fl zins aus dem hawß, tuet 3/5/25. (1570) mer von 7 ½ fl gelts seiner stiefkhind 1 fl; mer von 5 fl seinem ewigen gelt -/4/20; mer von 26 fl zinß aus dem hauß 2/1/5, thut in allem 3/5/25.

Bewohner Dienerstraße 10:

junior Wólfel vragner St: 1368: -/-/60
Eberl von Weylhaim inquilinus St: 1371: -/-/60
Anna filia Johannis Purolfingerii. 1387 filia Johannis Pulfinger
    St: 1383/II: 3/-/9, 1387: 0,5/-/-, 1388: 1/-/-
Ulrich goltschmid,[1] 1395 inquilinus St: 1394: -/-/-, 1395: hin weg
Ott schůchster inquilinus St: 1395: -/-/80
Jorg Paeler [Goldschmied[2]] St: 1396: -/-/60 fur 10 lb
Ulrich maler St: 1397: -/-/60 fúr 4 lb
Perchtolt maler, 1399 novis St: 1399: -/-/60 gracianus, 1400: 0,5/-/-
Seidel landschreiber chnecht St: 1399: -/-/46
Peter Mawser sneyder St: 1400, 1401/I: -/-/60 fur 4 lb, 1401/II: -/-/64 fur 8 lb iuravit
relicta Sawreberlin St: 1401/II: -/-/32 iuravit
Lawginger schreiber St: 1403, 1405/I: -/-/80 fúr 10 lb
[Konrad] Wenigel fragner St: 1403: -/-/80 fúr 10 lb
Hanns Giessinger inquilinus St: 1405/I: -/-/75 gracianus
Ott goltsmid[3] St: 1419: -/3/6
Walthauser Abnstorffer [Weinschenk ?[4]] St: 1456: Liste
Ulrich kelner inquilinus St: 1458: Liste
relicta Lochhauserin inquila St: 1462: -/-/74
ein schuster Gebel inquilinus St: 1462: -/-/60
hantmalerin St: 1482: -/-/60
Andre Witiber [Weinschenk[5]] St: 1482: -/-/60
Martin Antznpeck St: 1482: -/-/60

---

[1] 1395 außer „hin weg" ganzer Eintrag wieder getilgt.
[2] Frankenburger S. 266. – Jörg Paeler von München ist am 25.7.1390 Aussteller einer Urkunde, vgl. BayHStA, Fürstenbücher I S. 55r.
[3] Frankenburger S. 269.
[4] Vgl. Marienplatz 15 A (1450).
[5] Anndre Witiber 1489 Mitglied der Weinschenkenzunft, Nachtrag: „ist todt", vgl. Gewerbeamt 1418 S. 1v.

Öffelin goldschmid. 1490 Bartlme Offenlein [Weinschenk[1]]. 1496 Partlme Offele
    St: 1486: -/5/10 schenckensteur, 1490: -/5/10 [Schenkensteuer], 1496: 1/2/13
    StV: (1496) et dedit -/3/20 für pueri Reischl. Et dedit -/1/4 fur pueri Schaur.

Silvester [Pfluger], 1490, 1496 goltschmid[2] St: 1486, 1490, 1496: -/-/60
    et filia St: 1486, 1490: -/-/60

Jörg Öcker. 1496 Egker salburch St: 1486, 1496: -/-/60

Fridl Peer St: 1486: nihil

Contz salbúrchin St: 1490: -/-/60

Lándsidlerin St: 1490: -/-/60

Licenciat [Franciscus] Prawn [Poet[3]] St: 1490: nichil

Hanns Schirm (Schirmer, Schirmair) salbúrch. 1508 Schirm salbürch. 1514 Hanns Schirmair plattner. 1524 relicta salbúrchin
    St: 1496: -/2/23, 1500: -/4/27, 1508, 1509: -/5/17, 1514: Liste, 1522-1524: 1/1/-
    StV: (1500) et dedit -/-/11 von ainem glihen gelt. (1524) patrimonium für irn man.

Hans Stefensperger St: 1500: nihil das jar

Jorg maler. 1508, 1509 Jorg malerin. 1514 relicta malerin
    St: 1500: -/-/60, 1508, 1509: -/1/22, 1514: Liste

Pauls maurer St: 1500: -/-/60

Sigmund hofschuster St: 1509: -/4/28

Ulrich Gropmair wirth[4] St: 1514: Liste

silberschaiderin (?) inquilina St: 1514: Liste

Jacob hueter St: 1522: -/5/10 schencknsteuer

Andre Plúmberger (Plümberger), 1522, 1523, 1525 schneider St: 1522-1525: -/2/7

Pauls Meißl St: 1523: -/-/21 gracion

Hanns Epp (Öpp, Öpp) schneider St: 1526, 1527/I-II, 1528, 1529: -/2/7

Linhart Schaittenauer [Weinschenk[5]] St: 1528, 1529: -/5/10 schencknsteur

Thoman pogner. 1543 Thoman Schlapender pogner[6]
    St: 1542, 1543: nihil
    StV: (1542) ist der steur gefreyt von ainem ersamen rath. (1543) ist steur frey als langs ainem rath gfellig.

Schwartz secretari St: 1545: nihil

Thoman Rohner [herzoglicher ?] ungelter. 1552/I Thoman Rochner St: 1551/II, 1552/I: nihil der zeit

Kilian Rechtaler statprocurator[7]
    St: 1553: nihil, 1554/I: pro se nihil
    StV: (1553, 1554/I) für sein hausfraw von 5 fl gelts -/1/5; mer für seine kinder von 7 fl gelts -/1/19.

Hanns schuechmacher goltschmid [von Hamburg[8]] St: 1556: -/1/12 gracia, 1557: 1/3/7 juravit

Bernhart Ventt wirt
    St: 1559: -/5/10 schenckhsteur
    StV: (1559) der zeit für gracia und alles.

Hanns Taser vischmaister St: 1560: -/3/15 gracia, 1561: 1/1/8 búrger unnd hofgesind

Abraham Adler
    St: 1563: 9/2/18 juravit, 1564/I-II: 9/2/18
    StV: (1563) mer von anno [15]61 di austendig gratia steur, davon der drittail nachgelassen, thuett 6/1/22.

ain priester St: 1566/II: -/-/-

(Doctor) Jheronimus [IV.] Schrenckh, 1567, 1568 corherr St: 1567/I-1569: -/-/-

---

[1] Bartlme Offelein 1489 Mitglied der Weinschenkenzunft, erneut Aufnahme in diese 1497, vgl. Gewerbeamt 1418 S. 4r, 9v. – Frankenburger S. 279/280.

[2] Silvester goldschmid 1466 Vierer der Goldschmiede, vgl. RP. – Frankenburger S. 276.

[3] Licentiat Franciscus Prawn 1489-1491 Vorsteher der Poetenschule, vgl. R. v. Bary III S. 1035.

[4] Uotz Gropper 1510 Aufnahme in die Weinschenkenzunft, vgl. Gewerbeamt 1418 S. 15v.

[5] Schaittenhawer 1503 Aufnahme in die Weinschenkenzunft, vgl. Gewerbeamt 1418 S. 12v.

[6] Der spätere Löwenmeister Burgstraße 10 derselbe ?

[7] Kilian Rechtaler seit 1554 als Stadtprokurator (= Vorsprech, Rechtsanwalt) belegt, vgl. R. v. Bary III S. 808.

[8] Frankenburger S. 296.

Doctor Strauß
    St: 1570, 1571: -/-/-
    StV: (1570) mer von 300 fl vom Adler herruerndt 3/5/25, so sein hausfrau geerbt, an chamer.

Dienerstraße 11

Lage: Eckhaus (Nord) zur Gruftgasse. – Lage am ehemaligen Stadttor und an der Innenseite des Stadtgrabens, vielleicht auch an der Innenseite einer ehemaligen Stadtmauer, also sicher auf stadtherrlichem Grund und Boden.

Hauseigentümer Dienerstraße 11:

1370 die Baukommission beanstandet von der Meschlerin Eckhaus (Dienerstraße 6 ?) an bis zu Peter [Krümmel] dem Stadtschreiber alle Kellerhälse und Lauben, auch Peter des Stadtschreibers Lauben.[1]
1381 März 26 das Haus von Meister Jacob dem Juden und seinem Sohn Abraham, gelegen „auf dem Sneberg" (Gruftstraße 2*), ist dem Haus des Stadtschreibers Peter Krümmlein benachbart.[2]
1382 April 29 der Stadtschreiber Peter [Krümmel] erwirbt von Hans Zenger von Tannstein dessen Haus auf dem Graben, genannt „der Sneberg" (Gruftstraße 2*), um 119 ½ Pfund Münchner Pfennige und hat nunmehr zwei nebeneinanderliegende Häuser.[3] Im Gerichtsbuch findet sich der Eintrag unter **1382 Mai 5**, wo auch die Nachbarn angegeben sind. Hier heißt es nun: das Haus „genant auf dem Sneberg" (Gruftstraße 2*) wird im Auftrag „von her Hanß dez güldein Zengers wegen" durch Hanns den Tichtel am Rindermarkt dem Peter dem Stadtschreiber übergeben. Es ist gelegen zwischen eben dieses Peters (Krümmleins) des Stadtschreibers Haus (Dienerstraße 11) und Hans des Wilbrechts Haus (Weinstraße 13). Das Haus sei dem Zenger von Meister Jacob dem Juden angefallen, worüber der Tichtel entsprechende Urkunden des Zengers vor dem Stadtgericht vorlegt.[4]
Der Stadtschreiber war zweimal verheiratet. Die erste Ehefrau war Agnes I. Ligsalz. Sie wird nur 1373 erwähnt, als das Ehepaar eine Jahrtagstiftung zu Gunsten des Vaters bzw. Schwiegervaters Konrad Ligsalz an den Ligsalz-Altar in der Frauenkirche machte.[5] 1379 kaufte der Stadtschreiber Peter Krümmel in Augsburg ein Leibgedinge für seine beiden Kinder, die er von seiner „vorderen Wirtin" (also 1. Ehefrau) hatte, nämlich Peter II. (8 Jahre alt) und Agnes (6 Jahre alt) Krümmel, und seine jetzige Ehefrau Ursula (24 Jahre alt).[6] Diese Ursula muß eine Witwe Strang gewesen zu sein, da 1383 der Stadtschreiber ausdrücklich als „vater" des Ulrich Strang bezeichnet wird, was ja nur Stiefvater bedeuten kann.[7] Sie wurde auch seine Witwe, für die 1411 bei Marienplatz 3* (vgl. dort) das patrimonium, die Erbschaftssteuer, bezahlt wurde, wo sie seit 1390 mit dem Sohn Hans Krümbel lebte. Sie könnte eine geborene Rushaimer gewesen sein.
Der Stadtschreiber Peter I. Krümmlein oder Krümbel ist Anfang 1386 gestorben.[8] Erbe des Hauses Dienerstraße 11 wurde sein gleichnamiger Sohn Peter II. Krümmlein aus erster Ehe des Vaters,[9] während das Nachbarhaus „auf dem Schneeberg" die Tochter Katharina und der Schwiegersohn Ulrich der jüngere (IV.) Tichtel erhielten. Der jüngere Peter II. Krümmel war seinerseits wieder mit der Schwester Walpurga des jüngeren Ulrich Tichtel verheiratet.[10] Nach deren Tod ging Peter II. Krümmel 1415 eine zweite Ehe mit Ursula, geborene Strang (!) ein. In diesem Jahr versteuerte er ihr Heiratgut. Zwi-

---

[1] Zimelie 9 (Ratsbuch IV) S. 4r (neu 6r).
[2] Vogel, Heiliggeistspital, Urk. 136; GB I 137/10.
[3] Vogel, Heiliggeistspital, Urk. 144.
[4] GB I 159/9.
[5] MB XIX 63 S. 532/533.
[6] Haemmerle, Leibgedingbücher Nr. 156, 191.
[7] GB I 181/6 (28.5.1383).
[8] R. v. Bary III S. 784. Er ist als Stadtschreiber belegt vom 6.4.1364 bis zum 22.1.1386. Abweichende Daten bei Muffat, Kazmair-Denkschrift und Solleder sind überholt.
[9] „Peter Krümbel, des alten statschreibers sun", sagt 1397 das Leibgeding- und Ewiggeldbuch, Kämmerei 63/2 S. 18r.
[10] Muffat, Kazmair-Denkschrift S. 505, 516. – Daß Walpurga Krümmel erst 1414 starb und nicht schon 1411, bezeugt ein Eintrag im Leibgeding- und Ewiggeldbuch: „Seine [= des Tichtels] Schwester, Peter Krümbels weib 1394, die ist tot pfintztag vor Palmarum 1414" (= 29.3.1414), Kämmerei 63/1 S. 40r.

schen 1419 und 1423 starb er selbst. Seine unmündigen Kinder stehen noch 1431 im Steuerbuch. Die Witwe heiratete dann den Hans Stupf. 1454 machte sie für ihre beiden verstorbenen Ehemänner Peter II. Krümel und Hanns Stupf, ihre Brüder Hans und Andre Strang und ihre Schwester, die Klosterfrau Margret Strang, eine Jahrtagstiftung an die Stupf-Messe in der Frauenkirche.[1] 1416 hat Ursula Krümlin, „des Strangen tochter", ein Leibgeding bei der Stadt.[2]

1382 Juni 28 Gathrein des Zergadmers Tochter verpfändet ihr Haus an der Dienerstraße (Dienerstraße 12) „bey dem tor vor Peter stadtschreybers haus über".[3]

1394 Juni 22 das Haus des Chünczel Eysenman in des Dieners Gasse am Eck (Dienerstraße 10) liegt gegenüber „Peter [II.] Chrümnlins" Haus.[4]

1404 April 8 Peter des Krümmleins Haus ist dem Haus „an dem Schneberg" (Gruftstraße 2*) benachbart, das die Stadt nunmehr dem Heiliggeistspital übereignet.[5]

1408 Juli 10 das Haus des „Jórg des Frawnberger vom Hag", künftig des Lienharten des Goldschmieds Haus (Dienerstraße 12) an des Dieners Gasse, liegt „pei dem tór gegen dem Krúmmels [haus] úber".[6]

1409 Oktober 19 Des Krümmels Haus am Eck ist dem Haus von „Chunrade der jägerin man von Lanczsperg", künftig von Ulreich dem Wolf dem Wollweber (Dienerstraße 10), benachbart.[7]

Nach 1461 ein späterer Zusatz im herzoglichen Lehenbuch zur Lehensverleihung des Grabens neben dem Haus des Peter Krumel besagt: „Ist der Propstei geeignet" (= übereignet).[8]

1463 Juni 17 das Haus des Thoman Rosstaler (Dienerstraße 12) liegt „gegen Petern [III.] Krümels haws über".[9]

Nach 1485 der Graben neben dem Haus wurde 1485 lehensweise auf Ludwig Kruml übertragen und auch dieser Eintrag später mit dem Zusatz versehen: „Ist geaignet zu dem Propsthof".[10]

1486 domus Krymel (StB).

1486-1490 in diesen Jahren zahlt die Stadt jedes Jahr an Michaeli (29. September) 14 Pfund Hauszins „dem Krymell" für den Schulmeister der Poetenschule, der hier seine Wohnung hat und „von der schull wegen, die man darinnen hat" (1490) beziehungsweise „von der schule wegen, die man das 89. jar ... darinne gehapt hat". 1486 wird als Schulmeister Meister Hainrich [Grüninger] genannt. Er war Vorsteher der Poetenschule von 1478 bis 1486. 1487 und 1488 wird Meister Sigmund [Eisenhofer] als Schulmeister genannt. Er war Vorsteher der Poetenschule von 1486-1489. 1497 wurde er dann Stadtschreiber (bis 1517). Bevor die Poetenschule hierher zog, war sie im Haus des Schluder in der Kaufingerstraße 6 untergebracht, wo die Stadt letztmals für 1485 den Hauszins zahlte.[11]

Auch Peter III. Krümmel hinterläßt bei seinem Tod unmündige Kinder. Aus ihrer Hand kommt das Haus zwischen 1490 und 1500 – 1496 fehlt es im Steuerbuch – über Johannes Neuhauser an die Frauenkirche.

1490 domus Krümel (StB).

Danach erwarb das Haus zu einem unbekannten Zeitpunkt für angeblich 3000 Gulden der Kanzler Herzog Albrechts IV., Johann Neuhauser, seit 1495 auch Propst des Kollegiatstiftes von Unserer Lieben Frau, und stiftete es der Frauenkirche als Propsteigebäude.[12]

1500 domus Brobstey (StB).

1564/I-1571 Propstei (StB).

1574 laut Grundbuch (Überschrift) „Der Brobstey zu Unnser Frauen Ögkhaus".[13] Der erste Eintrag im

---

[1] MB XX 286 S. 434/439.
[2] KR 1416/17 S. 31r.
[3] GB I 163/12.
[4] GB II 73/2.
[5] Vogel, Heiliggeistspital, Urk. 204.
[6] GB III 79/1.
[7] GB III 90/2.
[8] Kutter S. 242.
[9] Urk. F I/II Nr. 1 Dienersgasse. Der Freitag nach St.Veit ist in diesem Jahr der 17. Juni.
[10] Kutter S. 242.
[11] KR 1485/86 S. 84r, 1486/87 S. 83r, 1487/88 S. 79v, 1488/89 S. 77r, 1489/90 S. 77r, 1490/91 S. 79v. – R. v. Bary III S. 1034, 787.
[12] Wiguleus Hundt's bayerischen Stammenbuchs Dritter Theil, mit den Zusätzen des Archivar Libius, in: Sammlung historischer Schriften und Urkunden, geschöpft aus Handschriften von Max Frhr. von Freyberg, 3. Bd., Stuttgart/Tübingen 1830, S. 159 ff., S. 493. – Andreas Mayer, Thesaurus III (1793) S.110.
[13] Stadtgericht 207/1 (GruBu) S. 478v.

Grundbuch stammt erst vom 1. Mai 1618. An diesem Tag verkauft das Frauenstift diese ihre Propsteibehausung, Gärtel, auch das Stöckel über dem Bach des Schrammengässels (Schrammerstraße 7*), zwischen Herrn Wensin (Gruftstraße 2*) und N. Häusern, dem Christoph Tanner (= Johann Christoph Tanner von Tann) um 4800 Gulden Kaufsumme (GruBu).

Schon 1379 zahlt Peter I. Krümmel einen nicht genannten Geldbetrag „von dem turn".[1] Er ist wahrscheinlich nicht genannt, weil er vom Stadtschreiber als städtischem „Beamten" gar nicht eingehoben wurde. 1388 gibt Peter II. Krümblein der Stadt jährlich 7 Schillinge Zins „von dem turn bey seim haws". Der Vertrag gilt 1416 immer noch und der Turm heißt jetzt auch schon „[des] Krümleins turm". Der Zins beträgt immer noch 7 Schillinge.[2]

Eigentümer Dienerstraße 11:

* Peter [I.] Krümbel, Stadtschreiber[3] [gest. 1386; ∞ 1. Anges I. Ligsalz, 2. Ursula N., verw. Strang, vielleicht geb. Rushamer]
* Peter [II.] Krúml (Krúmbl, Krumbl, Krúmbel, Krumbel, Krumel) [Weinhändler, Stadtrat[4], Sohn des vorigen, ∞ 1. Walpurga Tichtel (gest. 1414), ∞ 2. Ursula Strang, Tochter von Urban Strang, spä-ter ∞ Hanns Stupf]
    St: 1387: 2/-/-, 1390/I: 14/6/- iuravit, 1390/II: 14/6/-, 1392: 9/-/48, 1393, 1394: 12/-/64, 1395: 6/-/-, 1396, 1397, 1399, 1400, 1401/I: 9/-/-, 1401/II: 10/3/12 iuravit, 1403, 1405/I: 10/3/12, 1405/II: 7,5/-/27 iuravit, 1406-1408: 10/-/32, 1410/I: 8/6/-, 1410/II: 11/6/12, 1411: 8/6/24, 1412: 11/6/12, 1413: 6/-/84 iuravit, 1415: 8/6/-, 1416: 15/3/13, 1418, 1419: 17/-/-
    StV: (1415) und er hat hind angesacz[t] seiner hausfrawn [Ursula Strang] heiratgut, dar sol er zu der nästen stewr zu seczen. (1416) und hat seiner hausfrawn heiratgut zu gesecz.
    Pferdemusterung, um 1398 (Ur-Fassung): Peter Krúmbel sol haben ein pferd umb 16 gulden und ein erbern knecht; (Korrig. Fassung):): Peter Krúmbel sol haben 2 pferd umb 36 gulden und selber reit[en].
  pueri Peter [des II.] Krumbel (Krúmel)
    St: 1423: 8/-/-, 1424: 2/5/10, 1431: -/17/18 gracianus
    StV: (1423) nach dez racz haizzen.
* Peter [III.] Krúmel [Salzsender[5]] (Krumel, Krúmmel). 1445 Krumel et mater
    Sch: 1439/I-II, 1440, 1441/I-II: 2 t[aglon], 1445: 3 ehalten, dedit
    St: 1450, 1453-1458: Liste, 1462: -/14/4
  relicta Stupfin. 1440 Stúpfin [= Witwe von Peter II. Krümbl und Hans Stupf], 1441/II inquilina
    Sch: 1439/II, 1440, 1441/I: 2,5 t[aglon], 1441/II: 3 t[aglon]
  pueri Hanns Stupf
    Sch: 1439/II: 2 t[aglon]
  pueri Peter [des III.] Krúml
    St: 1482: 1/2/-
    StV: (1482) et dedit -/1/18 von -/12/- geltz ainem gast.
* domus Krymel (Krumel), 1486 et pueri
    St: 1486: 1/3/-, 1490: 1/3/-
* Johannes Neuhauser, Propst zu Unserer Lieben Frau, später Kanzler Herzog Albrechts IV.[seit nach 1490]

---

[1] KR 1379/80 S. 16v.
[2] Zimelie 34 (Stadtzinsbuch) S. 5v (1388), 4v (1416).
[3] Als Stadtschreiber ist er von der Steuer befreit und erscheint deshalb nicht in den Steuerbüchern der Zeit. – R. v. Bary III S. 784.
[4] Peter II. Krümbel ist 1397 und 1398 2. Kämmerer und damit wohl äußerer Stadtrat, 1413, 1418 und 1420 Bürgermeister, vgl. R. v. Bary III S. 756, 853. Er handelt mit Wein. 1400/02 verbucht die Stadtkammer Einnahmen von Wein „von Peter dem Krümel". Der Wein wurde von Ötting und Mühldorf her eingeführt, vgl. KR 1400/02 S. 43v. – 1404 schuldet ihm die Stadt unter anderem Geld „von schenkwein", den sie bei ihm gekauft hatte, vgl. Steueramt 573 (Leibgedingbuch 1404/09) S. 1r. – Auch 1413 liefert Peter Krümbl Schenkwein an die Stadt, vgl. KR 1412/13 S. 40v.
[5] Peter III. Krümbel ist 1443-1447 als Salzsender belegt, vgl. Vietzen S. 146. – 1457 ist er Schwager von Hanns Kastner (∞ Agnes Krümbel), dem Kanzler von Bischof Johannes Grünwalder von Freising, vgl. Beierlein, Regesten ungedruckter Urkunden, in: OA 11, S. 263.

** domus Brobstey [zu Unserer Lieben Frau]. 1523, 1564/I-1571 Brobstey
   St: 1500, 1523: nichil, 1564/I-1571: -/-/-

Bewohner Dienerstraße 11:

Orttel (Órttel) zimerman (carpentarius)¹ St: 1396-1401/II: -/-/-
pueri Scheibenfeil (Scheibenfail) inquilini² St: 1397: -/-/60
Ull prewchnecht St: 1397: -/-/56 fur 4 lb
Chunrat von Regenspurg carpentarius inquilinus St: 1399: -/-/60 gracianus
Seicz Rainer schreiber inquilinus St: 1400: -/-/60 gracianus
Saenftel obscher St: 1418: -/-/16
Peter Wolfsperger St: 1423: 2,5/-/- schenckenstewr, 1424: -/6/20 hat zalt
Stángel und sein múm St: 1428: dedit 4 gross
Hanns Awer St: 1428: dedit 3 rh[einische] gulden pro se et dedit 4 gross fur sein ehalten
Steffan Nartziss St: 1428: dedit 5 gross fur sich, sein hausfrau und sein hausgesind
Hainrich³ múnsmaister [Wirt⁴] mit allen seinen gesellen St: 1428: dedit totum
Anna, dez [Hans] Hochenkirchers diern St: 1428: dedit 1 gross
relicta Weiglin St: 1431: -/-/-
Hanns Dornawer (Turnawer, Durnawer),⁵ 1456 salburch, 1458 inquilinus. 1462 relicta Durnawerin
   inquilina
      Sch: 1439/I-II: 1 t[aglon], 1445: 2 ehalten, dedit
      St: 1453-1458: Liste, 1462: -/-/60
Jorg Staingadmer Sch: 1441/I: -/-/-
Ulrich Reisenegk (Reisenegker) Sch: 1441/I: 0,5 t[aglon], 1441/II: 1 t[aglon]
Kilian Kremser Sch: 1441/II: 1 t[aglon]
   Urban Kremser [Goldschmied⁶] St: 1454: Liste
Chunrad seidnnater Sch: 1441/II: 1 t[aglon]
Jorg Mánhart sneider, 1450 inquilinus
      Sch: 1445: 2 knecht, dedit
      St: 1450, 1455: Liste
Jacob orglmaister (organist)
      Sch: 1445: 1 diern
      St: 1450: Liste
Fricz Vederkamp kursner St: 1450: Liste
Walthauser Abnstorffer [Weinschenk ?] St: 1453, 1457: Liste
relicta Albrecht sniczerin St: 1453: Liste
Chunrat Eglof St: 1454: Liste
Jacob Ehinger St: 1455: Liste
Hártel maurer St: 1456: Liste
relicta Kristof pfaifferin St: 1456: Liste
Hanns Pflug kursner inquilinus St: 1457: Liste
Els Monscheinin St: 1457: Liste
Jorg Rintflesch inquilinus St: 1457: Liste
Ulrich Westerhaimer [Abenteurer⁷] St: 1458: Liste

---

¹ Neben Örttel zimerman 1399 am Rand das Zeichen für den Seitenwechsel auf die andere Straßenseite der Gruftgasse.
² Ganzer Eintrag für 1399 wieder getilgt.
³ Dieser ganze Eintrag wieder getilgt.
⁴ Er dürfte der „Münsmaister" sein, der um 1430 zu den Wirten in der Dienersgasse zählt, die Ungeld zahlen. Er steht in der Liste zwischen dem Kafman von Dienerstraße 10 und dem Reintaler von Dienerstraße 12, vgl. Steueramt 987.
⁵ Hanns Dornawer/Turnawer steht 1439 noch vor Peter Krúmel und dürfte zu dessen Hinterhaus an der Gruftstraße gehören, dies bestätigt, daß er 1458 zwischen Gruftstraße 2* und Dienerstraße 11 steht. Gleiches gilt für die folgenden Staingadmer, Reisenegk, Kremser, Chunrad seidnnater, Mánhart und orglmaister.
⁶ Frankenburger S. 272.
⁷ So 1462 bei Rosenstraße 11 B.

Gatrey kochin inquilina St: 1462: nichil, servit
relicta Hanns gurtlerin inquilina St: 1462: -/10/20
Hanns Múr inquilinus St: 1462: 3/-/- gesacztew stewr
Hanns Schobser amer[1] St: 1482: -/-/60
Utz Hůber weinschenck
    St: 1482: -/5/25
    StV: (1482) et dedit -/-/60 die ander nachstewr fůr sein swager.
Cůntz Prager salburch[2] St: 1482: -/5/11
Veit prew inquilinus St: 1486: nihil
salwúrchin St: 1486: -/3/17

Krümbleinsturm

1388 der Turm ist um diese Zeit für 7 Schillinge Jahreszins von der Stadt an den Sohn des Stadtschreiber Peter (II.) Krümmel vermietet.[3]

1396 Ende des Jahres gibt es Straßenpflasterungsarbeiten „von dem turn bei dez statschreibers haws in dez Dieners gazzen und da bei". Der Stadtschreiber ist da allerdings schon lange tot.[4]

1416 der Graben „unter des Krümels prukken" wird geräumt.[5] Noch um diese Zeit ist der Turm für 7 Schillinge von der Stadt an Peter (II.) Krümmel verpachtet.[6]

1440 die Stadt hat den „turn bey des Krumbleins haws an dez Dieners gassen" renoviert und gegen einen Zins verpachtet.[7]

1444 nimmt die Stadt 60 Pfennige vom Krumbleinsturm ein,

1446/47 „geyt der Federkamp von dem Krumbleins turn" 15 Schillinge an Zins von einem Jahr,

1448/49 gibt der Vederchampp Kürschner 18 Schillinge von des Krümels Turm,

1450 werden wieder 15 Schillinge eingenommen,

1451/52 und **1453** je 14 Schillinge.[8]

1463 Juni 17 Bürgermeister und Rat erlauben dem Thoman Rosstaler (Dienerstraße 12), dessen Haus dem Haus des Peter Krümel (Dienerstraße 11) gegenüberliegt, den Dachstuhl seines Hauses in der Mauer des Turms zu verankern.[9]

1502 „von des Krümls turn wegen" wird ein Plattner aus der Stadtkammer ausbezahlt.[10]

1525 gab es Arbeiten „am thurn bey der brobstey unnd an der prucken daselbs".[11]

1574 (Grundbuch): „Gemainer Statt München Thurn, der Wildprecht Thurn genant".[12]

1615 Dezember 9 Bürgermeister und Rat der Stadt verkaufen den Turm um 700 Gulden auf Bitten an Herrn Georg Wilhelm von Muggenthal zu Hexenacker etc. unter Vorbehalt der Jurisdiktion „und das der Pogen deß Thurns nit geendert werden soll".[13]

Der Eingang in den Turm scheint gewechselt zu haben. Im Steuerbuch 1551/II ist der Seitenwechsel über die Straße („gegenüber") nach dem Jobst Egrer, ab 1565 folgt Egerer erst nach Hundt, dem Eigentümer von Dienerstraße 12, 1571 steht vor dem Egerer das Wort „Thurn". Seit 1565 ist demnach der Turm von Dienerstraße 12 aus zugänglich und gehört jetzt zu diesem Haus. 1570 und 1571 lautet die Reihenfolge: Propstei (Dienerstraße 11), Turm, Hanns Egerer, domus Fendt (Dienerstraße 13*A/B).

---

[1] Hanns Schobser 1482-1502 als Weinamer belegt, vgl. R. v. Bary III S. 966/967.
[2] Kuntz Präger/Prager/Pracher ist 1462, 1464, 1466 1468-1471 Vierer der Salwurchen, vgl. RP.
[3] Zimelie 34 (Stadtzinsbuch) S. 5v.
[4] KR 1396/97 S. 50r.
[5] KR 1416/17 S. 47v.
[6] Zimelie 34 (Stadtzinsbuch) S. 4v.
[7] Zimelie 19 (Salbuch 1444/49) S. 54; Zimelie 30 (Salbuch-Konzept 1443/44) S. 14r.
[8] Liegenschaftsamt 1410 S. 3v, 5r, 6r, 8v, 14r.
[9] Urk. F I/II Nr. 1 Dienersgasse. Freitag nach St. Veit ist in diesem Jahr der 17. Juni.
[10] KR 1502/03 S. 88r.
[11] KR 1525/26 S. 115v.
[12] Hier irrte sich der Schreiber. Der Wilbrechts-Turm war der Turm an der Weinstraße.
[13] Stadtgericht 207/1 (GruBu) S. 445v.

Bewohner auf dem Turm:

doctrix (?) in turri apud zergadmerium[1] [1364]
Mayenfels kaufel. 1458 Mayenfels. 1462 Heincz Meyenfels auf den durn
    St: 1457, 1458: Liste, 1462: -/-/60
Dorothea hefamm auf dem turnn St: 1490: nichil
Neu pogner. 1526-1528, 1532 pogner auf dem (aufm) thurn. 1529 Michl pogner[2]
    St: 1525-1529, 1532: nichil
[Mathes aufm thurn[3] 1537]
Jobß (Jobst) Egerer (Ögerer), 1540 aufm thurn, 1545-1547, 1553, 1554/I, 1556, 1558, 1564/II-1567/I
    tuechscherer. 1567/II Jobst Egererin. 1568, 1569 Jobst Egerers erben
    St: 1540-1542: -/2/11, 1543: -/4/22, 1544: -/2/11, 1545: -/4/22, 1546-1548, 1549/I-II, 1550,
    1551/I-II, 1552/I-II, 1553, 1554/I-II, 1555-1557: -/2/11, 1558: -/4/22, 1559-1561, 1563,
    1564/I-II, 1565, 1566/I-II, 1567/I-II: -/2/11, 1568, 1569: -/-/-
    StV: (1568) zalten ain versesne steur -/2/11. (1569) schon vertailt.
Hanns Egerer (Eger) thuechscherer[4] St: 1568: -/4/-, 1569-1571: -/2/23
Stern púxnmayster, 1540 ibidem
    St: 1540, 1541: infra, im ewigen gelt, 1542: nihil, 1543: nihil, ist nymmer hie

Dienerstraße 12, 13*A/B

Gemeinsame Frühgeschichte:

Diese drei Häuser haben eine gemeinsame Frühgeschichte. Sie hängt mit dem Alten Hof zusammen.

Auf dem Areal der Häuser Dienerstraße 12 und 13* ist zunächst jahrzehntelang nur ein einziger Hauseigentümer nachweisbar und in der Regel nur ein einziger weiterer Mitbewohner, manchmal gar keiner. Das Grundstück ist auch in der zweiten Hälfte des 14. Jahrhunderts noch nicht lückenlos bebaut. Zumindest liegt auf ihm noch die Zufahrt über den ehemaligen Burggraben in den Alten Hof.[5] Noch am 23. August 1452 wird sie genannt. Sie liegt zwischen dem Kaplanshaus von St. Margaret (Nr. 13*B, nördlich) und dem ehemaligen Haus des Lienhart Goldschmied (Nr. 12) und letzterer hatte sie mit einem Goldschmiedeladen überbaut. Später und auf dem Sandtner-Modell deutlich sichtbar, aber auch auf dem Stadtplan von 1806 noch zu sehen, befindet sich diese Zufahrt zwischen den Häusern 13*A (südlich) und 14, ist also zwei Häuser weiter nach Süden gerückt worden.[6]

Die Ämter der ersten Hauseigentümer lassen den Zusammenhang mit dem Alten Hof deutlich erkennen. Der erste ist der herzogliche Zehrgadmer, der zweite der Landschreiber (später „Rentmeister" genannt), der dritte ist ein Adeliger, Ende des 15. Jahrhunderts ein Kanzler von Oberbayern. Das Haus 13*B (nördlich) wird offenbar schon um 1424 Kaplanshaus für den Hofkaplan zu St. Margaret im Alten Hof und das Nachbarhaus 13*A (südlich) wird zwischen 1462 und 1482 Kaplanshaus für den St.-Lorenz-Kaplan im Alten Hof.

Das kleine Haus 15 B, zwei Häuser weiter, gehört wohl ebenfalls nicht zufällig als erstem greifbarem Hauseigentümer dem „Hofschneider" von Herzog Stephan, dem Schneider Landmann.

Wahrscheinlich liegen auf der ganzen Strecke der Häuser Dienerstraße 12 bis 17 (und Altenhofstraße 1 bis 3* sowie Burgstraße 7) ähnliche Verhältnisse vor wie bei Burgstraße 8 bis 10, das heißt,

---

[1] Zimelie 35 (Liber reddituum) S. 3r.
[2] Die KR von 1525/26 vermerkt im Sommer 1525, Michel pogner habe 2 Gulden Steuer als Zins bezahlt, da ihm die Stadt jetzt den Turm bei der Propstei zinsfrei bewilligt habe, S. 85v.
[3] Nicht sicher ist, ob der für 1537 in der KR 1537/38 S. 86r genannte Mathes aufm thurn ebenfalls hierher zu beziehen ist.
[4] Der Tuchscherer Hans Egerer wurde 1569 und 1571 bei den Religionsverhören vernommen, vgl. Dorn S. 227, 254.
[5] Künftig Grabungsbericht über die Grabungen des Bayerischen Landesdamtes für Denkmalpflege im Bereich Alter Hof. Danach bafand sich hier eine Zufahrt zum Alten Hof, der auf das 12. Jahrhundert datiert werden kann. Freundliche Mitteilung von Dr. Christian Behrer, Regensburg.
[6] Zufahrt zum Tor 2 zum Alten Hof, 13. Jahrhundert. Der Graben, an dessen Rand alle Häuser Dienerstraße 12 – 17 standen, wurde Ende des 14. Jahrhunderts zugeschüttet. Quelle wie Anm. 1.

daß bis zur zweiten Hälfte des 14. Jahrhunderts auf diesem Gelände um den Alten Hof der Herzog das Obereigentum hatte, daß hier zumindest teilweise auch Einrichtungen untergebracht waren, die dem Hofleben dienten: der Zehrgaden, vielleicht sogar die Kanzlei (Landschreiberei) und in der Burgstraße 8 bis 10 die Schnitzer oder Armbrustschützenmeister sowie der alte Marstall am Bach.

Gleich gegenüber dem Haus Nr. 12, ebenfalls an den alten Stadtturm (Krümbleinsturm) angebaut, befand sich das Haus der Familie Krümbel oder Krümblein (Dienerstraße 11). Peter Krümblein war vom 6. April 1364 bis zum 22. Januar 1386 Stadtschreiber. Der Landschreiber im Haus gegenüber ist im 14. Jahrhundert zur Einhebung der Natural- und Geldgefälle des Landesherrn, über deren Ausgaben und die darüber zu erfolgende Rechnungstellung im Viztumamt, zuständig.[1] In dieser Funktion wird er im 15. Jahrhundert vom Rentmeister abgelöst und der Landschreiber oder Rentschreiber lebt ab jetzt in untergeordneter Stellung. Deshalb finden wir auch nicht zufällig hier den Zehrgadmer, der für die Vorratshaltung und -bewirtschaftung für Küche und Keller des Hofes verantwortlich war.

Hauseigentümer Dienerstraße 12, 13*B, 13*A:

1363/64: Einen Familiennamen des Zehrgadmers Konrad kennen wir nicht. Er heißt immer nur Konrad der Zehrgadmer, ist 1363/64 erstmals belegt als über das ehemalige Stadttor gesprochen wird: „in turri aput Zergadmer"[2] und er steht 1383 bei der Frühjahrssteuer letztmals im Steuerbuch, bei der Herbststeuer dann Kathrey die Zergadmerin, seine Tochter.

1382 Juni 28 Gathrein des Zergadmers Tochter verpfändet für sich selbst und von ihres Vaters Chunrats des Zergadmers wegen, dessen Gewaltbrief sie vorzeigte, ihr Haus an des Dieners Gassen „bey dem tor vor Peter statschreybers haus über" (Dienerstraße 11), um 255 Gulden an den Kanzler Herzog Stephans, Friedrich den Wolf.[3]

1385 März 13 Katrey die Zergadmerin verkauft das Haus an Hanns, zu dieser Zeit meiner Herren Landschreiber, wieder mit Lagebeschreibung „znáchst dem Tor".[4] Auch vom Käufer erfährt man nie einen Familiennamen. In den Steuerbüchern erscheint er zwischen 1376 und 1380, wobei er 1376 als „weilent gerichtzschreiber" genannt wird.[5] Auf diese Tätigkeit wird auch 1378 noch einmal Bezug genommen.[6] Am 2. Oktober 1383 erscheint er in einer Urkunde des Heiliggeistspitals als Landschreiber der Herzöge Stephan III. und Johann II.[7] Zwischen dem 13. März 1385 und dem 27. Januar 1390 muß er verstorben sein. An letzterem Datum wird seine Witwe genannt.[8] Als Gerichtsschreiber des Münchner Stadtgerichts hat er, wie der Schriftvergleich zeigt, die Seiten 1r bis 80r des Gerichtsbuches I (GB I) geschrieben.[9] Seine Witwe Sigaun „die Landschreiberin" steht vom Frühjahr 1390 bis 1410 in den Steuerbüchern, stets ohne Vornamen, zuletzt bei der Frühjahrssteuer 1410 mit dem Nachtrag: „est mortuus" (!). Sie war eine geborene Podmer. Sicher darf sie nicht gleichgestellt werden mit der Landschreiberin in anderen Quellen der Zeit um 1390/98.[10] Diese nämlich ist nach einem Nachtrag von etwa 1410/13 die Witwe von Ulrich Pötschner, der in den 90er Jahren Herzog Stephans Landschreiber war.[11] Seine Frau hieß Kathrei. Die Landschreiberin von Dienerstraße 12/13 hatte zwar eine Tochter namens Kathrei, die aber offensichtlich unverheiratet war und bei der Mutter lebte. Sie steht gemeinsam mit ihr von 1406 bis 1415 und noch einmal 1423 im Steuerbuch.

Die alte Landschreiberin, des Podmers Tochter, trennt sich nach dem Tod des Ehemannes von einem Teil ihres Besitzes. Sie verkauft

1394 Januar 26 ihr Haus „inderhalb dez graben bey dem tor, do man hincz den parfussen získa get" an Herrn Christan den Fraunberger.[12] Hierbei handelt es sich um Dienerstraße 12, das Haus unmittelbar am Turm, mit dem Grundbesitz bis an den Stadtgraben an der Ecke zur heutigen Straße namens „Hof-

---

[1] Riezler, Geschichte Baierns III 682 ff. – Solleder 37, 70.
[2] Zimelie 35 (Liber reddituum) S. 3r. Vgl. auch Steueramt 559 (neu) „Ch. Zergadmerio" 1365.
[3] GB I 163/12.
[4] GB I 212/15.
[5] GB I 80/11.
[6] GB I 96/15.
[7] Vogel, Heiliggeistspital, Urk.152.
[8] GB I 243/11. Vgl. auch GB I 248/7 von 1391.
[9] R. v. Bary III S. 800 ff.
[10] Vogel, Heiliggeistspital, Salbuch A Nr. 397.
[11] GB II 11/8, 53/7.
[12] GB II 62/7, vgl. auch 61/3.

graben" reichend. Deshalb „inderhalb dez graben" und am Krümbleinsturm, dem ehemaligen Stadttor, gelegen. Von jetzt an trennen sich die Häuser 12 und 13*A/B. Die Landschreiberin selbst zieht sich mit ihrer Tochter auf den restlichen Besitz Dienerstraße 13*A/B zurück, wo man sie fortan in den Steuerbüchern findet.

Dienerstraße 12

Lage: An die Ostflanke des ehemaligen Stadttores oder -turmes (Krümbleinsturm) angebaut. 1382, 1408 „bey dem Tór". 1385 „znächst dem Tor". 1394 „inderhalb dez graben bey dem tor, do man hincz den parfussen get". Zwischen diesem und dem Nachbarhaus 13*B im 14. Jahrhundert eine kleine Gasse (Zufahrt zum Hofgarten) mit Goldschmiedeladen.
Name: 1462 „Zum Stern".[1]

Hauseigentümer:

Obereigentümer: Der Herzog.
1363-1383 Konrad der Zehrgadmer.[2]
1382 Juni 28 Gathrein, des Zergadmers Konrad Tochter, verpfändet in ihrem und ihres Vaters Namen ihr Haus in des Dieners Gassen „bey dem tor" und Peter Stadtschreibers Haus gegenüber (Dienerstraße 11) Friedrich dem Wolf, Herzog Stephans Kanzler, um 255 Gulden.[3]
1385 März 13 Katrey die Zergadmerin übergibt ihr Haus an des Dieners Gasse „znächst dem Tor" an Hanns, derzeit meiner [= des Gerichtsschreibers] gnädigen Herrn Landschreiber.[4]
1394 Januar 26 die Witwe Sigaun von Hanns dem Landschreiber verkauft das Haus am Tor und innerhalb des Grabens an Herrn Christan den Fraunberger. Das Haus geht von ihm auf Herrn Jörg den Fraunberger vom Haag über, der das Haus „pei dem tör gegen dem Krümels über",
1408 Juli 10 durch einen Bevollmächtigten an Lienhard den Goldschmied verkaufen läßt.[5] Das Haus liegt wieder „pei dem tör gegen dem Krümels [haus] über". Noch eine Urkunde von
1452 August 23 spricht von „des sogenannten Lienhart Goldschmieds seligen Haus".[6] Zu dieser Zeit gehörte ihm das Haus schon lange nicht mehr. Er steht nur bis 1419 in den Steuerbüchern. Nach ihm kommt das Haus offensichtlich an eine Erbengemeinschaft. In den Steuerbüchern von 1423 bis 1428 steht Hainrich Reintaler, danach 1431-1462 dessen unmündige Kinder, die pueri Reintaler. Gleichzeitig mit ihnen 1431 bis 1439/I Hanns Sengenrieder und 1439/II bis 1441/II Kristan Kern, dann 1456 bis 1458 Ott von Moching. Am schon genannten Datum 23. August 1452 wird ein Streit geschlichtet zwischen dem Propst Konrad von Ilmmünster als Verweser der Kaplanei des Altares der heiligen Margarete in der Alten Veste einerseits und andererseits den Vormündern (Kristan Kern und Ott [von Moching ?] Schröter[7]) der hinterlassenen Kinder des Martein (Mochinger ?) Schröter (= Schneider), denen das Haus jetzt gehört. Der Streit geht um einen Goldschmiedeladen, welcher an Stelle eines früheren offenen Gässleins zwischen dem Hause des Stifts St. Margaret an der Dienersgasse (Dienerstraße 13*B) und dem Hause der genannten Mündel (Dienerstraße 12), nämlich dem sogenannten Lienhart Goldschmieds seligen Hause, erbaut worden war.[8] Der Goldschmied habe das Gässel von der Herrschaft und vom Kaplan des Margaretenstifts gekauft und die Erlaubnis erhalten, es mit einem Goldschmiedeladen und einer Kuchel zu überbauen.
1462 Mai 14 Cristan und Anna Kern, vielleicht Tochter des Reintaler, sowie Caspar und Magdalena Finck, wahrscheinlich ebenfalls Tochter des Reintaler, und deren Bruder beziehungsweise Schwager Hanns Sengenrieder (offenbar ebenfalls mit einer Schwester der vorigen verheiratet) verkaufen ihre gemeinsame Hälfte des Hauses, genannt „Zum Stern", an der Dienersgasse an den Eigentümer der an-

---

[1] Vgl. Stahleder, Haus- und Straßennamen S. 371.
[2] Zimelie 35 (Liber reddituum) S. 3r, 1364: „in turri apud zergadmerium" und StB.
[3] GB I 163/12.
[4] GB I 212/15.
[5] GB III 79/1.
[6] BayHStA, Kurbayern Urk. 16267. – MB XXXV/II 246 S. 346/348.
[7] Gemeint wohl Ott, der Schneider oder Schröter Herzog Wilhelms III., genannt auch am 16.6.1461, und wohl identisch mit Ott von Moching, vgl. Hemmerle, Archiv des ehem. Augustinerklosters, Urk. Nr. 56.
[8] BayHStA, Kurbayern Urk. 16267. – MB XXXV/II 246 S. 346/348.

deren Hälfte, ihren Schwager Hanns Mochinger, Schneider, um 214 1/2 Gulden[1]. Das Haus ist Nachbar vom Kaplanshaus der Kapelle von St. Margaret in der Alten Veste und wird vom Propst von Ilmmünster, Conrad Syber, bewohnt (Dienerstraße 13*B).

Die Ehefrauen der genannten Männer dürften die „pueri Reintaler" aus den Steuerbüchern sein. Die Frau des Heinrich Reintaler war wahrscheinlich entweder vor oder nach der Ehe mit diesem mit Martein Schröter (Mochinger) verheiratet und brachte aus dieser Ehe Kinder mit, sodaß die Erbengemeinschaft aus Kindern zweier Ehen bestand. Unklar ist der Übergang von Lienhard Goldschmied auf den Reintaler zwischen 1419 und 1423. Wenn alle Quellen so beharrlich schweigen, liegt in der Regel der normale Besitzübergang durch Erbschaft vor.

Der Käufer von 1462 hat den Anteil der (Stief?)-Geschwister nicht aufgekauft, um ihn zu behalten. Schon drei Tage nach dem Kauf, nämlich

1462 Mai 17, veräußerten der Schneider Hanns Mochinger und der städtische Wundarzt Meister Cristoff Synter dieses Haus „Zum Stern" an den Kanzler Herzog Albrechts IV., Thoman Rosstaler, und seine Hausfrau Barbara um 450 Gulden.[2]

1462 domus Doman [Rosstaler] kanczler (StB).

1463 Juni 17 Thoman Rosstaler, auch im Namen seiner Hausfrau, bekennt, daß ihm Bürgermeister und Rat erlaubt haben, „aus meiner hausung, die da stöst an Irn turn und gegen Petern Krümels haws [Dienerstraße 11] über, gelegen in denselben irn turn zeprechen und stulholltzer ze setzen", von Gunst, nicht von Rechts wegen.[3] Er darf also seinen Dachstuhl seines Hauses in der Mauer des stadteigenen Turms verankern.

1463 Juli 1 dem Thoman Roßtaler hat man (= der Stadtrat) erlaubt, „einen halben Stein mit einem hangenden Stůhl seins Dachwerks in den Turm bei dem Krumlein zu fahren",[4] das heißt, den Dachstuhl im Gemäuer des Turmes, der der Stadt gehört, zu verankern.

1482-1496 domus Rosstaler (StB). Thoman Rosstaler stirbt zwischen 1496, als er im Herbst noch im Steuerbuch steht, und 1500. Es kommt – seit dem 11. Mai 1500 belegt – zu Auseinandersetzungen um das Erbe.[5] Am 28. Februar 1501 verzichtet Michel Rosstaler auf alle Ansprüche, die ihm aus der Tatsache erwachsen könnten, daß sein Bruder, der Priester Sebastian Rosstaler, dem Sekretär und Kastner Herzog Albrechts zu (Markt) Schwaben, Peter Ungspeck, sein väterliches und mütterliches Erbe abgetreten hatte, bestehend unter anderem aus dem Wohnhaus des Erblassers in München.[6] Wahrscheinlich ist der Ungspeck mit einer Tochter Thoman Rosstalers verheiratet.

1500 domus Ungspeck (StB).

1503 Mai 10 wird entschieden, daß Peter Ungspeck, dem der andere Erbe Sebastian Rosstaler, seinen Teil des Hauses bereits abgetreten hatte, auch das Haus (= den anderen Teil des Hauses) des Erblassers (Thoman Rosstaler) an der Dienerstraße erhalten solle.[7]

Unklar ist wieder, wie das Haus bald danach erneut den Besitzer wechselte:

1507 Juni 5 Sigmund Rauch von Landshut läßt sich von seiner Ehefrau Margaret eine Vollmacht ausstellen, ihr Haus an der Dienerstraße, neben dem Stadtturm und gegenüber der Propstei (Dienerstraße 11), verkaufen zu dürfen.[8]

1508-1509 domus Sigmund Rauch von Landshut (StB).

1510 Juli 29 die Eheleute Sigmund und Margarete Rauch von Landshut verkaufen an den Ritter Herrn Caspar Wyntzrer zu Prannberg (Brannenburg), kaiserlichem Rat und Pfleger zu Dürnstein, ihr Haus und Hofstatt zu München an der Dienersgassen, zwischen „der Stat Munichen Turen unnd Sannd Margreten Caplan im alltenn Sloss haws (Dienerstraße 13*B), gegen der Brobstey über (Dienerstraße 11), neben dem allten Statgraben, bis an den gartten des allten Sloss, hinden gegen der gewonndlichen Ratstuben [im Alten Hof] uber". Auch eine Kapelle gehört zum Haus[9]. Winzerer gehört es noch 1514.[10]

---

[1] BayHStA, Kurbayern Urk. 16325.
[2] BayHStA, Kurbayern Urk. 16346.
[3] Urk. F I/II Nr. 1 Dienersgasse. Freitag nach St. Veit ist in diesem Jahr der 17. Juni.
[4] RP 1 S. 70v.
[5] BayHStA, Kurbayern Urk. 16431, 16522.
[6] BayHStA, Kurbayern Urk. 16508.
[7] BayHStA, Kurbayern Urk. 16523.
[8] BayHStA, Kurbayern Urk. 16423.
[9] BayHStA, Kurbayern Urk. 16405. – MB XXXXV/II S. 474/476 Nr. 313.
[10] Steueramt 160 (alt).

1514 domus Winzerer (StListe).
Die weiteren Besitzwechsel sind nicht mehr nachvollziehbar, sind nur aus den Steuerbüchern zu erschließen:
1522-1525 domus Schellenberger (StB).
1526, 1540 domus Schächinger (StB).
1556 März 11 des Herzogs Haus ist Nachbarhaus des Hauses der Witwe von Cristanne Rat beziehungsweise Konrad Zeller (Dienerstraße 13*B).[1]
1574 laut Grundbuch (Überschrift) „Herzog Albrechts etc. Haus, Hof und Gärttl undter dem Thurn", NB: „Diß hauß und Gartten hat an Jetzo der Edl Gestreng herr Georg Wilhelm von Muggenthal etc. aigenthumblich in henden".[2]

Eigentümer Dienerstraße 12:

* Bis 26. Januar 1394 Eigentümer wie Haus 13*A/B nämlich:
* Chunrat zergadmer [seit mindestens 1363]
* Kathrey zergadmerin, seine Tochter [bis 1385 März 13]
* Hanns der landschreiber [seit 1385 März 13]
* Sigaun die alte Landschreiberin, geb. Podmer, Witwe [bis 26. Januar 1394]
* Herr Christan der Fraunberger [herzoglicher Rat[3], seit 26. Januar 1394]
* Herr Jörg der Fraunberger vom Haag [herzoglicher Rat, Sohn des vorigen[4], bis 10. Juli 1408]
* Lienhart [Ulm ?] goltsmid [Weinschenk[5]]
    St: 1408: 2/-/-, 1410/I: 3/-/60, 1410/II: 4/-/80, 1411: 3/-/60, 1412: 4/-/80, 1413: 3/-/30 iuravit, 1415: 3,5/-/-, 1416, 1418, 1419: 4/5/10
*? Hainrich Reintaler [Wirt[6]]
    St: 1423: 3,5/-/-, 1424: -/11/10 hat zalt, 1428: dedit 13 gross fur sich, sein hausfrau und ain diern
    StV: (1423) seiner hausfrawn stewr und -/6/- sua gracianus.
*? pueri Reintaler
    St: 1431: -/-/50 gracianus, 1453-1458: Liste, 1462: vacat, nichil
    Sch: 1439/I-II, 1440, 1441/I-II: 0,5 t[aglon]
*? Hanns Sengenrieder [∞ N.N., geb. Reintaler ?, bis 1462 Mai 14]
    St: 1431: 0,5/-/15 gracianus
    Sch: 1439/I: 1 t[aglon]
    StV: (1431) [Nachtrag:] 2 fl 8 pf matrimonium.
* Caspar Finck, ∞ Magdalena [geb. Reintaler ?, bis 1462 Mai 14]
* Kristan Kern [Weinschenk[7], ∞ Anna, geb. Reintaler (?) bis 1462 Mai 14]
    Sch: 1439/II, 1440, 1441/I-II: 2 t[aglon]
* Martein [Mochinger von Moching] schröter [1452 August 23]
* Hanns von Moching[8] [1/2 Haus bis 14.5.1462, ganzes Haus bis 1462 Mai 17]
* Ott von Moching [Schröter/Schneider]
    St: 1456-1458: Liste
* domus Doman [Rosstaler] kanczler
    St: 1462: nichil, kanczler
* domus Rosstaler (Risstaler)
    St: 1482: -/1/5, 1486, 1490, 1496: -/-/28
* domus [Peter] Ungspeck [hgl. Sekretär, Kastner]
    St: 1500: -/-/28

---
[1] Urk. B II c Nr. 252.
[2] Stadtgericht 207/1 (GruBu) S. 443v.
[3] Vgl. von Andrian-Werburg, Urkundenwesen S. 124.
[4] Vgl. von Andrian-Werburg, Urkundenwesen S. 124.
[5] Lienhart goltsmid um 1414 Weinschenk, vgl. Gewerbeamt 1411 S. 4r. – Frankenburger S. 267 hält ihn für identisch mit dem Goldschmied Lienhart Ulm.
[6] Der Reintaler gehört 1430 zu den Wirten der Dienersgasse, die Ungeld zahlen, vgl. Steueramt 987.
[7] Kristan Kern ist 1458 Weinschenk, vgl. Gewerbeamt 1411 S. 14r.
[8] 1456 am Rand nachgetragen. – Hanns Mochinger ist 1467, 1469, 1471-1473 Vierer der Schneider, vgl. RP.

* domus Sigmůnd Rauch, 1509 von L[andshut]
    St: 1508, 1509: -/3/1
* domus [Caspar] Wintzerer
    St: 1514: Liste
* domus Schellnberger
    St: 1522: nichil, ist rat, 1523: nichil, 1524, 1525: nichil, ist rat
* domus Scháchinger
    St: 1526: an kamer, 1540: nihil
   Jórg Scháchingerin
    St: 1540: nihil
* des Herzogs Haus [1556 März 11]
* Doctor [Wigulaeus] Hundt, 1556 fürstlicher rath, 1559 rath.[1] 1557, 1564/I domus Doctor Hundt
    St: 1556: nihil, 1557-1559: nihil (rath), 1560, 1561: nichil, 1563: an chamer, 1564/I-1568: -/-/-
** Herzog Albrecht V., dann Georg Wilhelm von Muggenthal 1574

Bewohner Dienerstraße 12:

Chunrat Knóllein St: 1428: dedit 2 gross
Peter goltsmid inquilinus St: 1431: -/-/45 gracianus
Niclas Pewger St: 1450: Liste
Urban Kremser [Goldschmied[2]] St: 1450, 1453: Liste
Lienhart Rakenstorffer (Rakndorffer, Rákndorffer),[3] 1453 inquilinus St: 1450, 1453-1456: Liste
Hanns Singer goltsmid,[4] 1453 inquilinus St: 1453, 1454: Liste
[Hans] Scheitrer goltsmid[5] St: 1455: Liste
Castl gagenschreiber inquilinus St: 1456: Liste
Hanns Kaufman goltsmid[6] St: 1457, 1458: Liste
Thoman Rorer [Weinschenk[7]] St: 1458: Liste
relicta Ramsawerin inquilina St: 1462: -/-/70
Jorg Lanckhrainer. 1555 Doctor Hunds hauspfleger
    St: 1555, 1557: -/2/-, 1558: -/4/-
    StV: (1558) ad 8. Februarii anno etc. [15]59 zalt Lanckhrainer -/6/- für 3 nachsteur.
Valtin Albrechtin, 1565 dienerin von herrn Doctor Hundt
    St: 1565: -/2/- der zeitt, 1566/II, 1567/I-II: -/2/-
    StV: (1566/II) mer ain versessne steur -/2/-.

Dienerstraße 13*A/B

Hauseigentümer:

Die Häuser 13*B (das nördliche) und 13*A (das südliche) führen nur von der Mitte des 15. Jahrhunderts bis um 1564 ein Eigenleben.

1363-1383 Chunrat Zehrgadmer (wie Dienerstraße 12).
1382-1385 Kathrey Zehrgadmerin, seine Tochter (wie Dienerstraße 12).

---

[1] Dr. Wigulaeus Hundt, geb. 26.7.1514 in Kaltenberg, gest. 28.2.1588 in München, seit 1540 Hofrat in München, seit 1551 Kanzler in Landshut, seit 1552 Hofratspräsident, seit 1555 Pfleger von Dachau und Menzing, Herzog Albrechts V. Hauptberater der bayerischen Politik, auch Historiker, vgl. NDB Bd. 10, 1974, S. 64-66; ADB Bd. 13, 1881, S. 392-399.
[2] Frankenburger S. 272.
[3] Vielleicht der Rackendorfer, 1464 und 1469 alt Rakendorfer, der von 1453 bis 1470 und 1477 als Vorsprech belegt ist, vgl. R. v. Bary III S. 807.
[4] Hanns Singer 1460 Vierer der Goldschmiede, vgl. RP. – Frankenburger S. 276.
[5] Frankenburger S. 275/276.
[6] Hanns Kaufman 1460, 1471, 1474, 1476, 1478 Vierer der Goldschmiede, vgl. RP. – Frankenburger S. 276.
[7] Thoman Rorer 1458 Weinschenk, vgl. Gewerbeamt 1411 S. 13r.

1385-1408 Hanns der Landschreiber und Sigaun die alte Landschreiberin, geb. Podmer, dessen Witwe (wie Dienerstraße 12, StB).
1406-1423 Kathrei, deren Tochter (StB).

Dann Trennung der Häuser 13*A und B und ab 1564 Wiedervereinigung.

1573 Juli 1 Erasmus Fennd hat hieraus ein Ewiggeld von 20 Gulden Zins um 400 Gulden Hauptsumme verkauft.[1]
1574 „Erasm Fenndten Haus, Hof und Stallung, so vorhin zway Heuser gwest" Grundbuch (Überschrift).

Eigentümer Dienerstraße 13*A/B:

* Obereigentum: Der Herzog
* zergadmer, 1371, 1375-1382 Chunrat zergadmer [seit mindestens 1363]. 1372 Chunrat zergadmerin
    St: 1368: -/14/20 juravit, 1369, 1371: 2/6/-, 1372: 2/-/- juravit, 1375: -/12/-, 1377: -/12/- juravit, 1378, 1379: -/12/-, 1381: 1/-/-, 1382: -/-/-, 1383/I: -/-/36
    StV: (1381) item de anno preterito -/10/-. (1383/I) item de preteritis steweris -/-/60.
* Kathrey zergadmerin [seine Tochter; bis 1385 März 13]
    St: 1383/II: -/-/54
* Hanns der landschreiber [seit 1385 März 13]
* lantschreiberin. 1394-1410/I relicta lantschreiberin[2] [= Sigaun, die alte Landschreiberin, geb. Podmer, Witwe]
    St: 1390/I-II: -/-/-, 1392: -/3/- gracianus, 1393, 1394: -/10/20, 1395: 0,5/-/-, 1396-1408: -/-/-, 1410/I: est mortuus (!)
    StV: (1406) die habent mein hern der stewr ledig lazzen.
    Bem.: Am 26.1.1394 Abspaltung des Hauses Nr. 12.
* und yr [= der Landschreiberin] tochter. 1407 und ir tochter Katrey. 1408, 1410/I Khatrey ir tochter. 1410/II-1415, 1423 Khatrey landschreiberin
    St: 1406: 0,5/-/- für 15 lb iuravit, 1407, 1408: 0,5/-/-, 1410/I: -/3/- iuravit, 1410/II: 0,5/-/-, 1411-1415, 1423: -/-/-

Nach 1423 Trennung der Häuser 13* A und B
Ab 1564 beide Häuser wieder vereinigt

** domus [Erasmus] Fenndt, 1565-1568 secretari, 1569 secretari [und] f[ürstlicher] rath [und] castner, 1570, 1571 f[ürstlicher] castner
    St: 1565-1571: -/-/-
    StV: (1565) ge[i]t mer zinß aus dem hauß als er einkhomens. (1566/I) der zeit get mer aus dem hauß, als er einkhomen hat.

Bewohner Dienerstraße 13*A/B:

pueri Deiningerii St: 1368, 1369: -/-/-
relicta Graulin (Grawlin), 1371, 1372, 1377-1379 inquilina
    St: 1368: 1/-/-, 1369: 1/-/- gracia, 1371: 1/-/-, 1372: solvit -/6/-, 1375: 0,5/-/-, 1377-1379: -/-/-
goltsmid inquilinus Weygand [Geistlicher ?[3]] St: 1378: -/-/45
Hainrich mercator inquilinus
    St: 1379: -/-/-, 1381: -/-/18 juravit, 1382: -/-/18
    StV: (1381) item de anno preterito -/-/12.

---

[1] Stadtgericht 207/1 (GruBu) S. 438v.
[2] 1401/II wohl versehentlich „relicta landschreiber".
[3] Wahrscheinlich gehört es hierher, wenn die Baukommission beanstandet: „item her Weigandes lauben und [vor]dach [sollen] ab[gebrochen werden]", vgl. Zimelie 9 (Ratsbuch IV) S. 4v. – Die Bezeichnung „Herr" Weigand lässt darauf schließen, daß er Geistlicher war.

Veter calciator inquilinus. 1383/II Ull Veter calciator inquilinus St: 1383/I: -/-/12, 1383/II: -/-/18
Hanns Witl sneider St: 1390/I: -/-/16 gracianus
jung Holer schefler St: 1390/I: -/-/16
　　Holer maler, 1390/II inquilinus St: 1390/II: -/-/32, 1392: -/-/42, 1393: -/-/56
maler inquilinus St: 1390/I: -/-/16 gracianus
Jörg Paeler goltsmid[1] inquilinus St: 1390/II: -/-/-
[Öttel[2]] Sulczrayner kúrsner St: 1390/II: -/-/24
Diemut Plẃmin (Plumin) inquilina. 1394 Blůmin inquilina St: 1390/II: -/-/12, 1393, 1394: -/-/24
Ulrich goltsmid inquilinus 1394-1401/II Ulrich Kurcz goltschmid,[3] 1394-1396, 1400, 1401/II inquilinus
　　St: 1393: -/-/60 gracianus, 1394: 0,5/-/-, 1395: -/10/-, 1396, 1397, 1399, 1400, 1401/I: -/15/-, 1401/II: 3/-/- iuravit
　　Pferdemusterung, um 1398: (Ur-Fassung): gemeinsame Veranlagung mit dem Goldschmied Hanns (Rudolf) bei Burgstraße 5.
Hanns schenck inquilinus St: 1393: -/-/40
Hanns Roll (Róll) schuester (schuechmacher)
　　St: 1564/I-II, 1565, 1566/I-II, 1567/I-II: -/2/-, 1568: an chamer
Chůnrad Münserin (Múnsterin)
　　St: 1564/I-II, 1565, 1566/I-II, 1567/I-II: -/2/-, 1568: -/4/-
　　StV: (1564/I) hat erst búrgerrecht khauft.
Hertzog predigcannt St: 1571: -/-/
Selbherrn 2. cantzleischreiber St: 1571: -/-/- hofgsind

Dienerstraße 13*B (Nord)

Lage: Zwischen Dienerstraße 12 und Dienerstraße 13*B (nördlich) eine Gasse.

Hauseigentümer:

Bis 26. Januar 1394 Eigentümer wie Haus 12 und bis 1423 wie Haus 13*A/B nämlich:
1428 – nach 1525 Kaplanshaus von St. Margaret im Alten Hof (StB).
1482-1525 domus sand Margreth (StB).
1540-1556 domus Cristanne Rat und seine Witwe (StB).
1556 März 11 die Witwe von Cristanne Rat, Lehenpropst und Sekretär, und ihre fünf Kinder verkaufen das Haus an Konrad Zeller von Leibersdorf, fürstlichem Zahlmeister. Nachbarn sind des Herzogs Haus (Dienerstraße 12) und das Haus von St. Lorenz (Dienerstraße 13*A). Die Verkaufssumme beträgt 1900 Gulden rheinisch, abzüglich 25 Gulden Ewiggeld, dazu 50 Gulden Leikauf für die Verkäuferin und 5 Taler für jedes ihrer Kinder.[4]
1564 Mai 12 „Herzog Albrechts Haus und Hof", aus dem Konrad Zeller, fürstlicher Rat und Zahlmeister, Pfleger zu Isareck, ein Ewiggeld von 200 Gulden um 10 Gulden Zins verkauft hatte. 1601 wird es abgelöst, weil laut Eintrag im Grundbuch dieses Haus „durch hern [Erasmus] Fenden zu seinen negst darvorsteendem hauß (Dienerstraße 13*A) verpaut worden und anyetzt ain hauß ist".[5]
Seit um 1564 sind also die beiden Häuser Dienerstraße 13*A und B wieder vereinigt.
1574 „Hertzog Albrechts Haus und Hof" (Grundbuch, Überschrift).

---

[1] Frankenburger S. 266.
[2] Vgl. Dienerstraße 14.
[3] Frankenburger S. 265.
[4] Urk. B II c Nr. 252.
[5] Stadtgericht 207/1 (GruBu) S. 441v.

Eigentümer Dienerstraße 13*B:

* Kaplanshaus von St. Margaret im Alten Hof [1428 bis nach 1525]
  Túlchinger[1]. 1445 her Hanns Tulhinger [Kaplan ?] [1428-1445]
    Sch: 1445: 1 diern
* domus sand Margreth, 1496 et soror
    St: 1482, 1486, 1490, 1496, 1500: nichil, 1524, 1525: anderßwo
* domus Cristanne, 1546, 1547, 1549/II-1554/I domus Cristan(ne) rath [und Sekretär], 1553, 1554/I lehenprobst
    St: 1540-1542: -/-/28, 1543: -/1/26, 1544: -/-/28, 1545: -/1/26, 1546-1548, 1549/I-II, 1550, 1551/I-II, 1552/I-II, 1553, 1554/I-II: -/-/28, 1555: -/-/-
    StV: (1554/II) der zeit, soll auffs jar búrgerin werden. (1555) ir anzaigen ist, sy wóll von hinnen ziehen, ir haus verkauffen, derwegen zugelassen 3 monat termin, actum 27. Novembris termin.
* domus Zeller [von Leibersdorf], 1556, 1557 fürstlicher zalmaister, 1558, 1559 zalmaister [seit 1556 März 11]
    St: 1556, 1557: -/2/10, 1558: -/4/20, 1559: -/2/10, 1560: -/2/10 de domo, 1561, 1563, 1564/I: an chamer, 1564/II: 1/4/20
    StV: (1564/II) von zinsen des alten hauß und ain versessne steur 1/4/20.
** Herzog Albrecht V. [1564 März 11, 1574]
** Erasmus Fendt [seit um 1564 Mai 12]

Dann Haus 13*A/B wieder vereinigt.

Bewohner Dienerstraße 13*B:

Órttel carpentarius[2] geschenkt Utz St: 1395: -/-/-
Peter Púhler (Púchler) goltsmid,[3] 1403, 1405/I inquilinus
    St: 1403: -/12/- iuravit, 1405/I: -/12/-, 1405/II: -/9/- iuravit
Hanns Saenftel und sein swester St: 1415: -/-/24
Dorothea Prunnerin inquilina Túlchinger St: 1428: dedit 1 gross
Madalena inquilina St: 1428: dedit 1 gross
Doctor Wilhalms[4] kóchin patrimonium, ir man[5] St: 1486: -/1/2 gracion
relicta Hanns [V.] Ligsaltzin St: 1523: 5/4/27 juravit, 1524, 1525: 5/4/27
Hanns Elsasser pogner
    St: 1540, 1541: -/-/-, 1542: an chamer
    StV: (1540, 1541) ist steur frey, als lang ain ersamer rath will.
Aichstetterin St: 1543: 1/-/- mit ainem geding
Sebastian Ostndorffer, 1544 glaser St: 1544: -/2/20, 1545: -/5/10, 1546, 1547: -/2/20
Ulrich Hell St: 1553: an chamer
Margreth Schenckhin, 1557 parethmacherin, 1560 schneiderin[6]
    St: 1557: -/-/-, 1559: nihil, hoffgsind, 1560: nichil
    StV: (1557) eingstelt, der altn fürstin dienerin.

Dann wieder weiter bei Dienerstraße 13*A/B.

---

[1] Belegt 1428, nur indem Dorothea Prunnerin als „inquilina Túlchinger" bezeichnet wird.
[2] „carpentarius" getilgt, dahinter nachgetragen „geschenkt Utz".
[3] Frankenburger S. 266.
[4] Dr. Wilhalm ist Kaplan im Alten Hof, vgl. Landschaftstraße.
[5] „ir man" nachgetragen.
[6] 1559 getilgt „schneiderin".

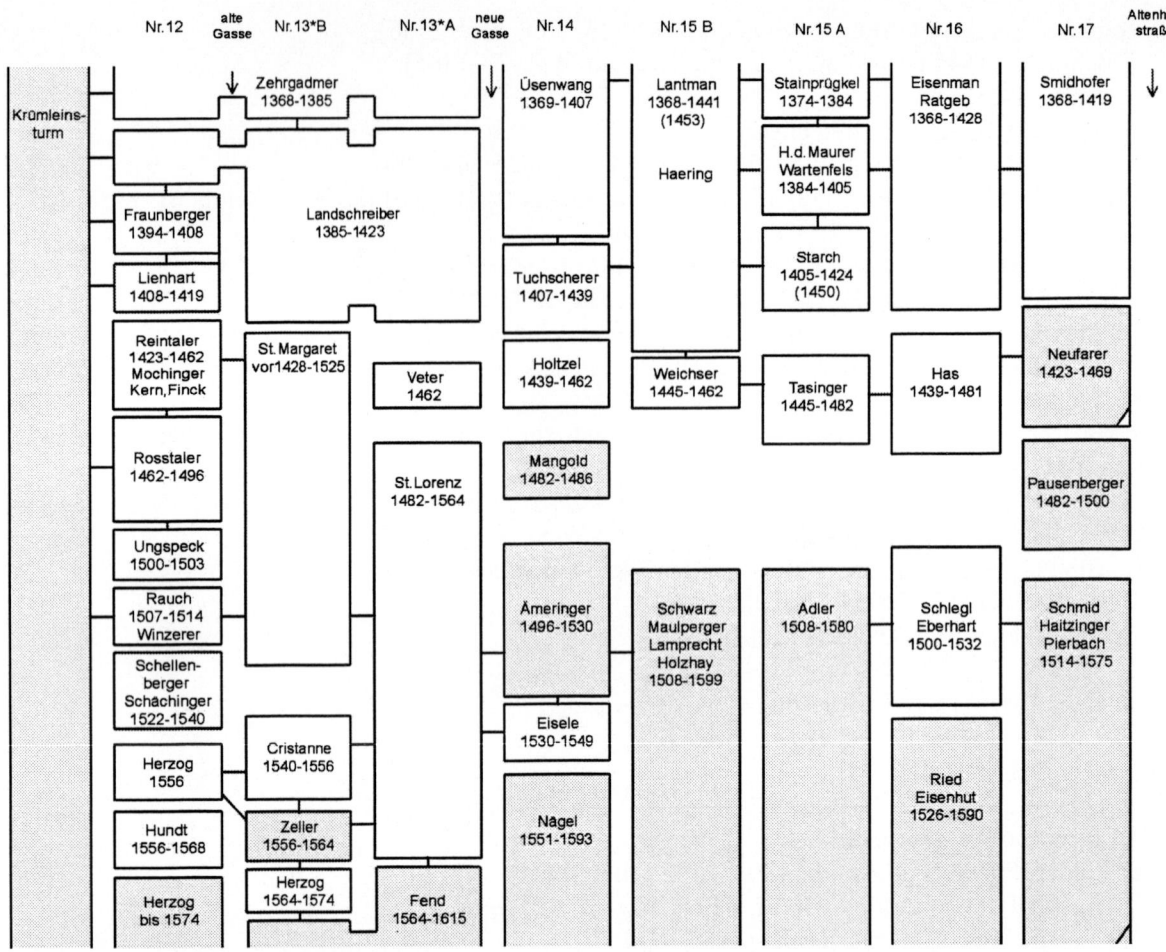

Abb. 48 Hauseigentümer Dienerstraße 12 – 17.

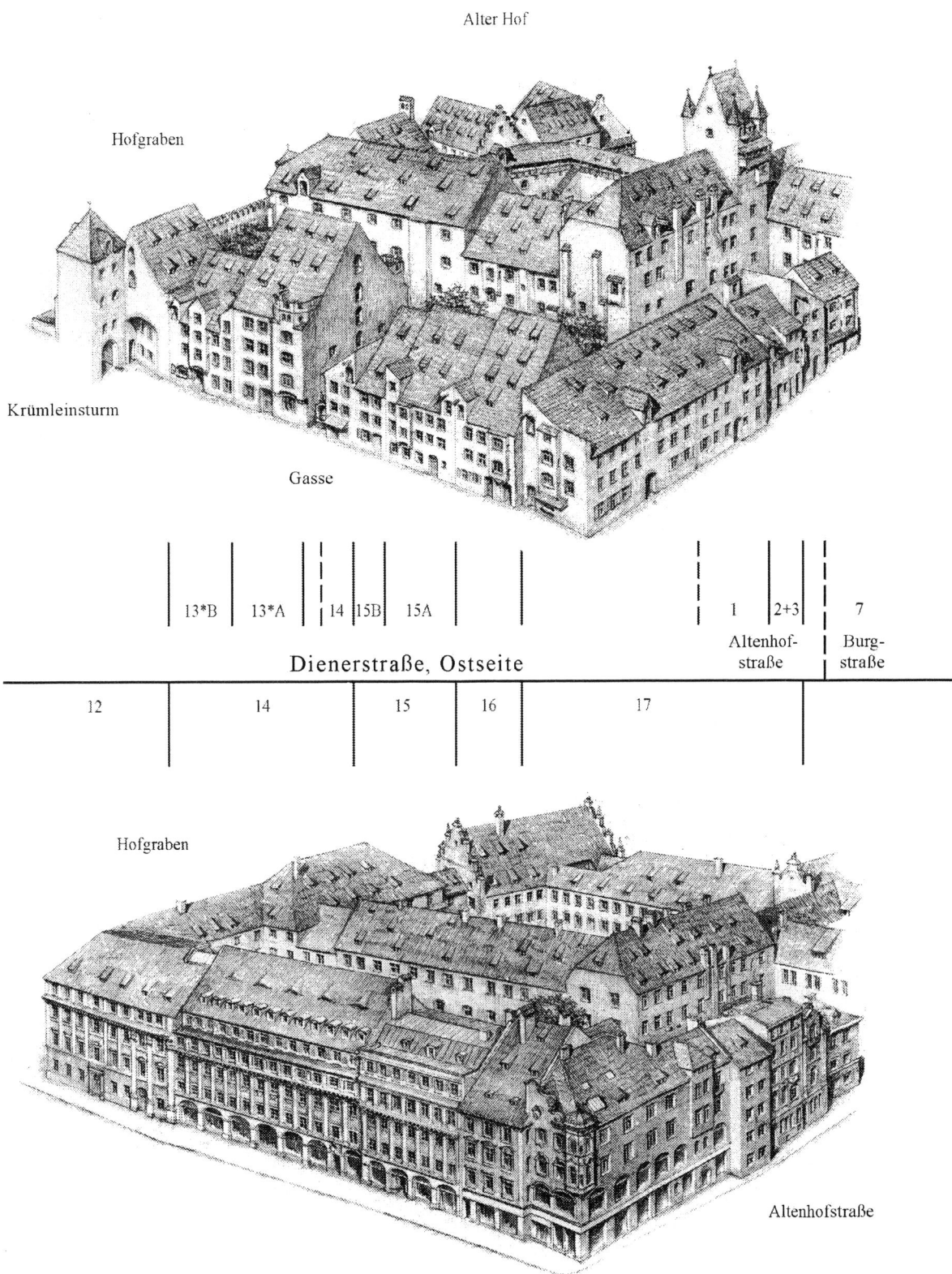

Abb. 49 Dienerstraße Ost Nr. 12 – 17, Altenhofstraße 1 – 3, 7, Häuserbuch Graggenauer Viertel S. 72/73.

Dienerstraße 13*A (Süd)

Hauseigentümer:

Bis 1394 gemeinsam mit Haus 12 und 13*B.
Bis nach 1423 gemeinsam mit Haus 13*B, ebenso wieder ab 1564.
1462 domus Veter Hanns (StB).
1482-1525 domus sand Laurencz (StB).
1482 – vor 1564 Mai 12 Haus des Hofkaplans von St. Lorenz im Alten Hof. Dann Erasmus Fenndt, der am 12. Mai 1564 bereits das Nachbarhaus 13*B mit diesem zu einem einzigen verbaut hatte.[1]
1522 Januar 27 ist das Haus von St. Lorenz dem Haus der Ämeringer-Töchter beziehungsweise deren Bruder Kurein Ämeringers (Dienerstraße 14) benachbart.[2]
1530 September 9 das Haus von St. Lorenz ist dem Haus von Qirein Emering (Dienerstraße 14) benachbart.[3]
1552/I domus Pfarrers von Hof (StB).
1556 März 11 das Haus von St. Lorenz ist banachbart dem Haus der Witwe von Cristanne Rat beziehungsweise Konrad Zeller (Dienerstraße 13*B).[4]
1563 domus Hofkaplan (StB). Nach
1564 Mai 12 erwirbt Erasmus Fenndt, der schon das Nachbarhaus Dienerstraße 13*B besitzt, auch dieses Haus und verbaut die beiden zu einem einzigen Haus.

Eigentümer Dienerstraße 13*A:

* domus Veter Hanns
    St: 1462: nichil
* domus sand Laurentz (Lorentz)
    St: 1482, 1486, 1490, 1496, 1500: nichil, 1523-1525: anderßwo
* domus pfarrers von hoff, zins halber[5]
    St: 1552/I: nihil, ist fürstengueth
* domus hofcaplan
    St: 1563: an chamer
** Herzog Albrecht V. [vor 1564 Mai 12]
** Erasmus Fendt [seit vor 1564 Mai 12]

Bewohner Dienerstraße 13*A:

Engel meczkerknecht Sch: 1441/I-II: 1/2 t[aglon]
Kristel holczhacker, 1441/II inquilinus Sch: 1441/I-II: 1 t[aglon]
Chunrat Hainreicher Sch: 1441/I: 1 t[aglon]
Thoman Neufarer goltsmid[6] Sch: 1441/II: 1 t[aglon]
Peter Tárchinger Sch: 1445: 1 diern, dedit
Jorg Manhart sneider St: 1453, 1454: Liste
Hanns Ógker (Ócker),[7] 1456 salburch St: 1453, 1456: Liste
Jacob Ebinger St: 1456, 1457: Liste
Hanns Stosserin inquilina St: 1456: Liste
Hanns Nobel, 1458 kramer St: 1457, 1458: Liste
Hanns Puckl schuster St: 1457: Liste
Andre Drachel St: 1458: Liste

---

[1] Stadtgericht 207/1 (GruBu) S. 441v.
[2] GB IV S. 2v.
[3] GB IV S. 201v.
[4] Urk. B II c Nr. 252.
[5] 1552/II „zins halber" nachgetragen.
[6] Frankenburger S. 271/272.
[7] „Hanns Ógker" 1453 wieder getilgt.

Dienerstraße 14

Hauseigentümer:

1379 Juni 20 ein „Eberhart der zawer" versetzt sein Haus an der Hinteren Schwabinger Gasse (Theatinerstraße) um 14 Pfund Pfennige „Ulreich dem Steltczer an dez Diener gazzen".[1]

1382 Januar 9 Ulrich der Staelczer an des Dieners Gassen ist wieder Pfandinhaber eines Hauses an der Schwabinger Gasse.[2]

1385 August 8 ist Ulrich von Üsenwanchk = Ulrich der Steltzer = Ulrich auf der Steltzen oder Ulrich Üsenwang auf der Steltzen als Hauseigentümer belegt. Nachbar ist das Haus des Lantman (Dienerstraße 15 B)[3]. Auch das Salbach A des Heiliggeistspitals[4] von

1390/98, das Gerichtsbuch für

1391 Juni 5 „Ull auf der stelczen" als Nachbar von Konrad Lantmann (Dienerstraße 15 B)[5], dann

1392-1398 das Ewiggeldbuch[6] und das Leibgeding- und Ewiggeldbuch[7] von

1397 weisen ihn als Hauseigentümer aus. Ulrich Stelzer ist um 1402 gestorben, ab 1403 steht seine Witwe im Steuerbuch, ab 1405/Herbststeuer hinter ihr Haintz Tuchscherer als inquilinus. Die Witwe erscheint 1406 letztmals und ab 1407 führt Haintz Tuchscherer die Bezeichnung inquilinus nicht mehr. Denn

1407 September 17 kauft Hainreich der Tuchscherer das Haus – Nachbar ist Heinreich des Lantmans Haus (Dienerstraße 15 B) – von den Hochmeistern des Heiliggeistspitals.[8] Offenbar hatte sich die Stelzerin mit diesem Haus in das Heiliggeistspital eingekauft, das es aber nicht behalten wollte. Ulrich der Steltzer steht in mannigfacher Beziehung zum Spital. Das Spital verleiht ihm am 11. November 1382 eine Hube in Niedergelting, die das Spital von Otto dem Karrer, Schreiber von Heinrich Pütrich, erhalten hatte. Otto der Karrer war ein Vetter von Ulrich Stelzer von Üsenwang und ein Sohn von Hainrich Karrer dem Fragner, ebenfalls Münchner Bürger. Für die unmündigen Söhne Otto und Jakob des Hainrich Karrer ist Ulrich Steltzer am 12. August 1374 Vormund und Gerhabe.[9] Für die Hube soll am Jahrtag des Stifters Ott Karrer ein ewiges Mahl gehalten werden. Den Unterhalt des Mahls hat Steltzer durch die Übernahme der Hube mit einem Zins zu sichern. Für Ulrich Üsenwanger (= Steltzer) und Ott Charner, „sein veter", und seine Hausfrau wird im Spital ein Jahrtag gehalten. Zu dessen Unterhalt dient wahrscheinlich das Ewiggeld auf dem Haus der Steltzer aus der Zeit von 1390/98, das von Hainrich dem Tuchscherer übernommen und am 24. März 1454 abgelöst wurde.[10]

Um 1415 als Nachfolger von Ulrich von Üsenwanchk im Hausbesitz trägt das Salbuch des Heiliggeistspitals Hainrich den Tuchscherer nach.[11]

Der Übergang von Hainrich dem Tuchscherer auf Höltzl ist unklar, beide stehen 1439 beim selben Haus im Scharwerksverzeichnis. Höltzl ist für

1449 und 1453 durch das Salbuch B des Heiliggeistspitals als Eigentümer des Hauses belegt.[12]

Unklar ist ebenfalls der Übergang von Höltzl auf Mangold. Conrad Mangolts Frau Dorothea verkauft

1488 Mai 24 ein Ewiggeld von 1 Pfund Pfennigen um 20 Pfund Hauptsumme auf das Spital am Gasteig.[13] Auch Quirin (!) (Kyrein) Emering und seine Hausfrau Anna sind bereits durch das Grundbuch nachgewiesen:

1496-1514 domus maister Jacob [Ämeringer] plattner (StListe).

---

[1] GB I 108/16.
[2] GB I 152/2.
[3] GB I 216/10, vgl. auch GB I 74/9, 108/16, 138/4, 152/2, alle zwischen 1376 und 1382, ebenso am 5.6.1391 = GB II 7/15.
[4] Vogel, Heiliggeistspital, Salbuch A Nr. 252.
[5] GB II 7/15.
[6] Steueramt 982/1 S. 34r.
[7] Kämmerei 63/2 S. 18v.
[8] GB III 69/9.
[9] Vogel, Heiliggeistspital, Salbuch A Nr. 701, auch Nr. 600. – Vogel, Heiliggeistspital, Urk. 146, 141, 119.
[10] Vogel, Heiliggeistspital, Salbuch A Nr. 252. – Vgl. auch Steueramt 982/1 (neu) S. 34r: Das Spital hat ein Ewiggeld aus dem domus Ulrich von Üsenwang steuerfrei, 1398.
[11] Vogel, Heiliggeistspital, Salbuch A Nr. 252.
[12] Zimelie 40 (Heiliggeistspital, Salbuch B) S. 9r, 35r.
[13] Stadtgericht 207/1 (GruBu) S. 436v.

1521 Oktober 1 verkauft das Ehepaar Emering ein Ewiggeld von 4 Gulden für die Hauptsumme von 80 Gulden und
1525 März 15 noch einmal einen Gulden um 20 Gulden Hauptsumme (GruBu).
Nicht erfaßt ist vom Grundbuch, daß die fünf Töchter des Plattners Jakob Ämeringer/Emering (Ursula Stainawerin, Barbara Schlesitzerin, Regina Hofmalerin, Torothea glaserin und Anna Ämeringerin) dieses Haus, gelegen zwischen „Walthawser Mawlperger" (Dienerstraße 15 B) und „sand Larentzen" Häusern (Dienerstraße 13*A) und hinten bis an Unseres gnädigen Herrn Garten reichend,
1522 Januar 27 ihrem Bruder Kurain Ämeringer und seiner Hausfrau Anna übergeben hatten.[1]
1528 September 4 Kilian (!) Emeringers Haus an der Dienersgassen wird wegen vier Gulden gepfändet.[2]
1530 September 9 Qirein Emering und seine Hausfrau Anna verkaufen ihr Haus an der Dienersgassn, zwischen den Häusern des Balthasar Maulperger (Dienerstraße 15 B) und S. Larentzn (Dienerstraße 13*A) und hinten hinaus an den Garten unseres gnädigen Herrn stoßend, an den Schneider Jorg Eysele und seine Hausfrau Katherine.[3]
1574 laut Grundbuch (Überschrift) „Hannsen Nägele Kirstners Haus".

Im 16. Jahrhundert gehört zum Haus ein Lädel an der (neuen) Einfahrt zum Hofgarten (zwischen den Häusern 13 und 14). Es ist auch auf dem Sandtner-Modell zu sehen. Das Lädel ist teilweise bewohnt: 1522 bis 1524 Linhartin im Lädl, Margret im Lädl.

Eigentümer Dienerstraße 14:

* Ull (Ulrich) (von) Úsenwanchk (Úsenwang, Usenwang) [= Ulrich Stelltzer = Ull auf der Stelltzen]. 1403-1405/II relicta Ulrich von Úsenwanck. 1406 relicta Ulreichin von Úsenwang
    St: 1369, 1371, 1372: -/6/12, 1375: 2,5/-/8, 1377: 2/7/6 juravit, 1378, 1379, 1381, 1382, 1383/I: 2/7/6, 1383/II: 4/-/84, 1387: -/13/10, 1388: 3/-/80 juravit, 1390/I-II: 3/-/80, 1392: -/7/-, 1393: 2/-/40, 1394: 2/-/-, 1395: 1/-/12, 1396, 1397, 1399, 1400, 1401/I: -/12/18, 1401/II: -/6/28 iuravit, 1403, 1405/I: -/7/- minus -/-/2, 1405/II: -/-/60 fur 7 lb, iuravit, 1406: -/-/60 fúr 7 lb
* Heiliggeistspital [bis 1407 September 17]
* Haincz (Hainrich) tuchscherer, 1405/II, 1406 inquilinus
    St: 1405/II: -/3/18 iuravit, 1406-1408: 0,5/-/24, 1410/I: -/6/12 iuravit, 1410/II: 1/-/16, 1411: -/6/12, 1412: 1/-/16, 1413: -/7/6 iuravit, 1415: -/12/-, 1416: 2/-/-, 1418, 1419: 2/-/80, 1423: 2/-/- iuravit, 1424: -/5/10 hat zalt, 1428: dedit 7 gross, 1431: -/10/20 iuravit
    StV: (1428) fur sich, sein weib und sein ehalten.
    Sch: 1439/I-II: 1,5 t[aglon]
* Fridrich (Fricz) Holczel (Hólczel, Holcz), 1441/I-II, 1450, 1453, 1455-1462 schuster. 1445 Holczl schuster
    Sch: 1439/I-II, 1440, 1441/I-II: 1,5 t[aglon], 1445: 1 knecht
    St: 1450, 1453-1458: Liste, 1462: -/-/80
** Conrad Mangold schneider[4] [∞ Dorothea]. 1486 relicta Mangoltin
    St: 1482: -/5/2, 1486: 1/-/13
    StV: (1482) et dedit -/-/13 fur pueri Turchnpach.
* domus Jacob [Ämeringer] platner. 1514 domus maister Jacob platner. 1522 relicta Jacob [Ämeringer] plattnerin matrimonium
    St: 1496, 1500: nichil, 1514: Liste, 1522: 1/1/27
* Kyrein [Ämeringer] plattner [∞ Anna]
    St: 1522: -/2/24, 1523-1526, 1527/I: -/3/29, 1527/II, 1528, 1529: -/3/8
    StV: (1523) hat seiner muter gut zugesetzt.
    et soror
    St: 1523-1525: -/1/5

---

[1] GB IV S. 2v.
[2] GB IV S. 161v.
[3] GB IV S. 201v, vgl. auch GB IV S. 39v, 205r.
[4] Cuntz Mangold Vierer der Schneider 1479 und 1482, vgl. RP.

* Jörg Eisenlen (Eysele), 1532, 1540-1543, 1545-1547 schneider [∞ Katharina]
    St: 1532: -/2/3, 1540-1542: -/4/-, 1543: 1/1/-, 1544: -/4/-, 1545: 1/1/-, 1546, 1547: -/4/-
    StV: (1545) mer -/2/24 für p[ueri] Fuxtaler. (1546, 1547) mer -/1/12 für p[ueri] Fuxtaler.
  Jorg Eysele schneider der jung [∞ N.N., Tochter oder Schwester von Ludwig maler ?]
    St: 1548: -/-/21 gracion
    StV: (1548) mer -/1/26 seins weibes heuratgueth, so Ludwig maler hat abgsetzt.
  Jorg Eyselin
    St: 1549/I: -/5/25 juravit
* Hanns Nägel (Nagl, Nägel) kúrsner
    St: 1551/II, 1552/I-II: -/2/6, 1553, 1554/I-II, 1555-1557: -/4/5, 1558: 1/1/10, 1559, 1560: -/4/5,
        1561, 1563, 1564/I-II, 1565, 1566/I-II, 1567/I-II: -/4/24, 1568: 1/2/18, 1569-1571: -/4/24
    StV: (1553, 1554/I) mer -/-/21 für p[ueri] vischer. (1564/I-1567/I) mer für p[ueri] (Anndre)
        Lamprecht -/-/14. (1567/II) mer für p[ueri] Lamprecht drey nachsteur -/1/12.

Bewohner Dienerstraße 14:

Speg calciator St: 1368: -/5/-
Liebhart (1371 Lienhart) calciator inquilinus St: 1369, 1371, 1372: -/3/12
Hainrich calciator inquilinus St: 1375: -/3/14
Perchtolt kúrsner inquilinus St: 1375: nichil
Peter Frútinger, 1377, 1378 kúrsner [Weinhändler, Großer Rat][1], 1377-1382 inquilinus
    St: 1377: 1/-/12 juravit, 1378, 1379, 1381, 1382: 1/-/12
Karel Prugkberger calciator inquilinus. 1383/II Karel calciator St: 1383/I: -/-/24, 1383/II: -/-/36
Óttel Spórel[2] kúrsner inquilinus St: 1383/II: -/-/30 gracianus
Hanns calciator inquilinus. 1392-1397 Hans schuster inquilinus. 1399 relicta H[an]s Kammatter schu-
    ster inquilina
    St: 1387: -/-/20, 1388: -/-/40 juravit, 1390/I-II: -/-/40, 1392: -/-/42, 1393: -/-/56, 1394: -/-/60,
        1395: -/-/60 für zehen lb, 1396, 1397, 1399: -/-/60 fur (für) 10 lb
Sulczrayner[3] kúrsner inquilinus. 1388 Óttel Sulczrainer kúrsner inquilinus
    St: 1387: -/-/12, 1388: -/-/24 juravit
Hainrich Obleitter inquilinus St: 1388: -/-/16 juravit
Michel kursner St: 1393: -/3/6
Kayser weber inquilinus
    St: 1394: -/-/16, 1395: -/-/60 für vier lb, 1396, 1397: -/-/45 fur 4 lb, 1399: -/-/40 fur 3 lb
Erhart Dischinger bot inquilinus St: 1397: -/-/15 gracianus
Liendel Óschel[4] kursner inquilinus St: 1399, 1400: -/3/8, 1401/I: -/3/6, 1401/II: -/-/60 für 7 lb iuravit
Haincz Rainer schuster inquilinus. 1401/II Haincz von Rain schuster inquilinus
    St: 1400: -/3/6 voluntate, 1401/I: -/3/6, 1401/II: -/6/12 iuravit
Eberl (Eber) schuster inquilinus
    St: 1403: -/-/40 gracianus, 1405/I: -/-/80 fur 10 lb, iuravit, 1405/II: -/-/72 fur 12 lb, iuravit, 1406:
        -/3/6 für 12 lb
Erel kúrsner inquilinus St: 1403: -/-/60
[Albrecht[5]] Krell schuster inquilinus St: 1407: -/-/60 für 4 lb
Ulrich kúrsner inquilinus St: 1408: -/-/80 für 10 lb, iuravit
Stephan sneyder inquilinus St: 1410/I: -/-/60 für 8 lb, iuravit, 1410/II: -/-/64 für 8 lb
Hanns Froleich, 1411, 1412 kaltsmid, 1411 inquilinus
    St: 1411, 1412: -/-/60 für nichil, 1413: -/-/60 iuravit
Teininger (Deninger) schuster St: 1415: -/-/87, 1416: -/3/26
Chunrad Hẃren St: 1415: 3/6/-, 1416, 1418, 1419: 5/-/-
Laẃtel gewantschneyder St: 1418, 1419: -/13/10

---

[1] Peter Frutinger ist 1381 Mitglied des Großen Rats, vgl. R. v. Bary III S. 747a. – Er handelt später auch mit Wein, vgl. Burgstraße 5.
[2] „Spórel" über der Zeile eingefügt.
[3] „Sulczrainer" 1388 über der Zeile eingefügt.
[4] „Óschel" 1399 über der Zeile eingefügt.
[5] So 1405/II, 1406 und 1408-1431 bei Marienplatz 28/29.

Gabriel Veter sneyder St: 1423: -/4/-
Jacob Ayinger St: 1428: dedit 2 gross fur sich und sein weib
Hainrich Straubinger schuster St: 1431: -/-/60 iuravit N.
Hanns tuchscherer Sch: 1439/I: 1,5 t[aglon]
Zacharas[1] duchscherer Sch: 1439/II: 1,5 t[aglon]
Fricz Vederkamp kursner Sch: 1440, 1441/I: 1 t[aglon]
Haimeran Stur kursner inquilinus Sch: 1441/II 1 t[aglon]
Hainrich Reinperger schreiber St: 1450: Liste
Seicz Weinczurl St: 1453, 1454: Liste
Hartel maurer St: 1454, 1455: Liste
Schrobnhauser St: 1454: Liste
Hanns Arb (Árb) goltsmid[2] St: 1455, 1458: Liste
Hanns Mayenfels [Käufel[3]] St: 1456: Liste
Fricz Paissweil schreiber St: 1456: Liste
Hanns Tuncznawer satler St: 1458: Liste
Linhart Gassner inquilinus St: 1462: -/-/60
Oswaldin St: 1486: -/-/60
[Jörg] Voburger goldschmid[4] St: 1486: -/-/60
Andre seydennater[5] St: 1486: -/-/60
Conrat Notz sneider St: 1490: -/2/25
Jorg Egker salbúrch St: 1490: -/-/60
Jacob glaser St: 1496, 1500: -/-/60
Concz Petz s[eidennater][6] St: 1500: -/-/60
Linhartin im ládl St: 1522: -/2/-
Margret im ládl St: 1523: -/1/19, 1524: nichil, im spital
Michel Stirian sporer St: 1540, 1541: -/2/-
    Stiriani[n] sein mueter St: 1540: -/1/1 pauper
Marten Schrot goldschmid[7]
    St: 1540-1542: -/3/2
    StV: (1540) hat zugsezt seiner schwiger[mutter] guet. (1542) zalt an chamer 3 nachsteu[r], freitag 9. Marci.
Jacob schwertfeger. 1543, 1545-1547 Jacob Zwinckher (Zwinckhner) schwertfeger. 1549/I-1555 Jacob Zwinckhner
    St: 1542: -/2/-, 1543: -/4/-, 1544: -/2/-, 1545: -/4/-, 1546-1548, 1549/I-II, 1550, 1551/I-II, 1552/I-II, 1553, 1554/I-II, 1555: -/2/-
    StV: (1553, 1554/I-II, 1555) mer -/-/21 fúr seine kind(er).
Jórg Pollner (Poldner), 1551/I schneider St: 1549/II, 1550, 1551/I: -/5/20
Andre [Straucher] zingiesser St: 1550, 1551/I: 2/5/-
Thoman Ried (Rieder) der junger, 1551/II, 1552/II-1554/II, 1558 schuechmacher (schuester)
    St: 1551/II: -/-/21 gracia, 1552/I-II, 1553, 1554/I-II, 1555-1557: -/2/-, 1558: -/4/-, 1559, 1560: -/2/-, 1561, 1563, 1564/I-II, 1565, 1566/I-II, 1567/I-II: -/3/25, 1568: 1/-/20, 1569: -/3/25
    StV: (1568) zalt Thoman Ried nachstetur von Rassen [Rasso ? Cassian ?][8] Grafen von Dachau von 22 fl, adi 14. Januari [15]69.
Michel Eckh von Eting StV: (1569) fúr sein hausfrau Susanna Adler erbtail nachsteur 24/2/8.
Hanns Sandther schneider
    St: 1570, 1571: -/2/-
    StV: (1570, 1571) ausser seiner hausfrauen heuratguet, so di vormúnder (ver)steurn.

---

[1] Zacharas über getilgtem „Hanns".
[2] Frankenburger S. 272/273.
[3] Vgl. „Auf dem Turm".
[4] Frankenburger S. 281.
[5] Andre seydennater 1462-1472 wiederholt Vierer der Maler, Glaser, Seidennater, vgl. RP.
[6] Contz Pätz/Petz 1488, 1490, 1493, 1496, 1497, 1505, 1507 Vierer der Maler, Glaser, Seidennater, vgl. RP.
[7] Frankenburger S. 289.
[8] Lesung unsicher, wohl Vorname Rasso zum Familiennamen „Graf" und nicht „rossen", das keinen Sinn ergibt.

Dienerstraße 15 B (Nord, kleines Haus)

Charakter: Anfang 15. Jahrhundert Weinschenke, dann Goldschmiede.

Hauseigentümer:

1374 April 10 der Schneider Lantmann ist bereits Eigentümer dieses Hauses als Nachbar des Hauses von Perchtolt Stainprügkel (Dienerstraße 15 A).[1]

1385 August 8 das Haus des Lantman ist dem Haus des „Ulrich Stelczer" (von Üsenwanchk) (Dienerstraße 14) benachbart.[2]

1390/98 auch nach dem Salbuch des Heiliggeistspitals ist Landman Eigentümer des Hauses.[3]

1391 Juni 5 Chunrad Lantmann – „meins hern herczog Stephans sneyder", also Hofschneider – übergibt die Hälfte seines Hauses[4] seinem Eidam (Schwiegersohn) Hainreich dem Haering. Nachbarn sind „Ull auf der stelczen" (Dienerstraße 14) und der Schneider Wartenfels (Dienerstraße 15 A).[5]

1396 Februar 7 übergibt die Witwe „Alhayd dew Lantmanin" in des Lantmans und in ihrem Namen die andere Hälfte des Hauses ihrem Eidam (Schwiegersohn) „Hainrich dem jungen Lantman" (!) zu seinem anderen Teil hinzu, den sie ihm schon früher gegeben haben. Konrad Lantman ist zu dieser Zeit so schwer krank, daß er „weder ze chirchen noch ze strass gen mocht". Nachbar ist wieder der Wartenfels (Dienerstraße 15 A).[6] Bald danach stirbt Konrad Lantman: Bei der Steuererhebung im Herbst 1396 ist Alhait bereits Witwe.

1398 hat das Heiliggeistspital aus dem „domus Lantman" ein steuerfreies Ewiggeld.[7] Hainrich Haerings Name und Beruf wird dann in den Steuerbüchern in seltsamer Weise mit denen des Schwiegervaters Konrad Landmann vermengt. Er wird deshalb abwechselnd Hainrich Zawer, Hainrich Zawer Lantman, Hainrich Lantmann, Hainrich „sneider" (!) Zawer genannt.

1398/1400 Wie schon der Schneider Konrad Landmann ist auch Hainrich Landmann eng mit dem Herzogshaus verbunden. 1398/99 gehört er zu den Wirten, denen die Stadt ihre Verpflegungskosten anläßlich des Kriegszuges ersetzt („von seinem gelt, daz man datz im verzert hat in der rais"). Er wird dort ausdrücklich „Hainrich der Lantman, hertzogen Ludwigs [von Ingolstadt] wirt" genannt.[8] Ab 1412 findet man dann seinen Sohn hier in den Steuerbüchern. Dann erscheint bis 1441 ein Hanns Landman.

1404 März 14 Hainreich des Lantmans Haus ist dem Haus des Schneiders Hanns des Wartenfels (Dienerstraße 15 A) benachbart,[9] ebenso

1405 Januar 24 und **November 13**.[10]

1407 September 17 Hainreich der Lantman ist Nachbar des Hauses von Hainrich dem Tuchscherer (Dienerstraße 14).[11] Noch

1453 April 24 nennt das Salbuch A des Heiliggeistspitals Lantmann als Eigentümer des Hauses, aber wohl durch unkritische Übernahme des Namens von den vorherigen Einträgen.[12] Denn schon für

1449 und 1453 belegt das Salbuch B des Heiliggeistspials Hainrich Weichsner als Eigentümer.[13] Er steht in den Scharwerksverzeichnissen schon seit 1445. Der Besitzwechsel dürfte demnach zwischen 1441 und 1445 erfolgt sein.

---

[1] GB I 47/9.
[2] GB I 216/10.
[3] Vogel, Heiliggeistspital, Salbuch A Nr. 251. – Steueramt 982/1 S. 34r.
[4] Hier fälschlich mit „an der Purchstrass" bezeichnet.
[5] GB II 7/15, 8/1.
[6] GB II 107/6.
[7] Steueramt 982/1 (alt 632/1) S. 34r.
[8] KR 1398/99 S. 115v, 114v, ebenso 1399/1400 S. 121r „Hainrichen zawer, hertzog Ludwigs wirt", ebenso 1402/03 S. 101r „Hainrichen dem Lantman zawer" und 1400/02 S. 140r „Hainrichen dem zawer dez Lantmans aydem".
[9] GB III 22/16.
[10] GB III 36/3, 47/6.
[11] GB III 69/9.
[12] Vogel, Heiliggeistspital, Salbuch A Nr. 251.
[13] Zimelie 40 (Heiliggeistspital, Salbuch B) S. 9r, 35v.

1481 September 8 Hainrich Weichsner ist Nachbar von Fritz Tasinger (Dienerstraße 15 A).[1]
Nur wegen der langen Verweildauer, der Steuerhöhe und des Berufs Schuster, den auch Schwarz hatte, könnte auch Paidlkicher Hauseigentümer gewesen sein.
Der nächste sicher bezeugte Eigentümer findet sich erst wieder mit Sigmund Schwarz im Grundbuch:
1510 März 20 Sigmund Schwartz, Hofschuster, und seine Hausfrau Anna verkaufen ein Ewiggeld aus dem Haus (6 Gulden um 120 Gulde Hauptsumme).[2]
1522 Januar 27 das Haus des „Walthawser Mawlperger" ist dem Haus der Ämeringer-Töchter beziehungsweise deren Bruder Kurein Ämeringers (Dienerstraße 14) benachbart.[3]
1530 September 9 das Haus des Balthasar Maulperger ist dem Haus des Qirein Emering (Dienerstraße 14) benachbart.[4]
1533 Februar 26 Balthasar Maulberger und seine Hausfrau Magdalena, verkaufen ein Ewiggeld aus dem Haus (3 Gulden um 60 Gulden Hauptsumme (GruBu),
1536 Januar 18 ebenfalls 3 Gulden um 60 Gulden Ewiggeld-Verkauf durch dieses Ehepaar (GruBu).
1550 Mai 9 der Goldschmied Balthasar Maulberger (alleine !) verkauft 2 Gulden Ewiggeld um 40 Gulden Hauptsumme (GruBu).
1551 Dezember 23 der Goldschmied Balthasar Maulberger verkauft den Kindern des Goldschmieds Andre Lamprecht (Balthasar, Caspar, Judith und Catharina Lamprecht), die er bei weiland Annen Maulbergerin erworben hatte, ein Ewiggeld von 4 Gulden um 80 Gulden Hauptsumme (GruBu).
1552 Januar 3 der Goldschmied Andre Lamprecht (∞ Anna Maulperger) verschreibt seinen Kindern aus erster Ehe (Balthasar, Caspar, Judith und Catharina) 3 Gulden Ewiggeld um 60 Gulden Hauptsumme für ihr Muttergut (GruBu).
1555 Juli 3 Andre Lamprecht und seine Hausfrau Anna verschreiben ein neuerliches Ewiggeld aus dem Haus, diesmal 2 1/2 Gulden um 50 Gulden Hauptsumme (GruBu).
1557 Oktober 10 Andre Lamprecht verkauft erneut seinen Kindern voriger Ehe, wie oben genannt, einen Gulden Ewiggeld um 20 Gulden Hauptsumme (GruBu).
1558 Januar 12 Andre Lamprecht verschreibt nunmehr seinen Kindern anderer Ehe (Christoph, Hanns und Scholastica) 5 1/2 Gulden Ewiggeld um 110 Gulden Hauptsumme aus dem Haus (GruBu).
1574 laut Grundbuch (Überschrift) des Bartholomeen Holtzhay, Hofsatlers, Haus.

Eigentümer Dienerstraße 15 B:

* [Chunrad] Lantman sartor. 1371, 1372 Lantman. 1387-1395 Lantman sneider. 1396, 1397, 1399 relicta [Alhait] Landmanin
    St: 1368: -/-/40, 1369: -/-/-, 1371, 1372: -/-/60, 1375, 1377, 1378: -/-/-, 1379, 1381, 1382, 1383/I: -/-/60, 1383/II: -/3/-, 1387: 0,5/-/-, 1388: 1/-/- juravit, 1390/I-II: -/-/80, 1392: -/-/48, 1393, 1394: -/-/64, 1395: -/-/60 fur 10 lb, 1396, 1397: -/-/48 fur 4 lb, 1399: [gemeinsam mit Hainrich zawer]
    StV: (1371) item de anno preterito -/-/60.[5] (1377) solvit -/-/60 Mon[acenses]. (1379) ad huc t[enetu]r (?) de anno preterito tantum.[6] (1397) et patrimonium.
* Hainrich [Haering] zawer inquilinus. 1390/I, 1393-1399 Hainrich (Haincz) zawer sein (ir) [= des Lantman/derLandmanin] ayden, 1390/I-1394 inquilinus. 1392 Heinrich sneider zawer inquilinus. 1400, 1401/I-II Hainrich (Haincz, Hainczel) zawer. 1403, 1405/I Hainrich zaẃer Landman. 1405/II, 1406-1413 Hainrich Landman [Gastwirt[7]]
    St: 1387: -/-/72 iuravit, 1390/I-II: 0,5/-/24, 1392: -/-/78, 1393, 1394: -/3/14, 1395: -/-/60 für 15 lb, 1396, 1397: -/3/-, 1399: 0,5/-/- [gemeinsam mit relicta Landmanin], 1400, 1401/I: 0,5/-/-, 1401/II: 1/-/20 iuravit, 1403, 1405/I: 1/-/20, 1405/II: 2,5/-/- iuravit, 1406-1408: 3/-/80, 1410/I: 3/6/- iuravit, 1410/II: 5/-/-, 1411: 3/6/-, 1412: 5/-/-, 1413: 3,5/-/- iuravit

---

[1] Urk. D I e 1 XXI d 6.
[2] Stadtgericht 207/1 (GruBu) S. 433v/434r.
[3] GB IV S. 2v.
[4] GB IV S. 201v.
[5] Vermerk am rechten Rand nachgetragen.
[6] Vermerk am rechten Rand nachgetragen.
[7] Hainrich Lantman zawer ist Gastwirt: 1402 zahlt ihm die Stadtkammer 3 Schillinge und 28 Pfennige „von der rais wegen", 1403 5 Pfund und 4 Pfennige „von zerung in der rais", vgl. Steueramt 572 (Leibgedingbuch 1402/03) S. 39r, 573 (Leibgedingbuch 1404/09) S. 23v.

(und) sein sun [= Hanns Landman ?]
    St: 1412: 0,5/-/20 gracianus, 1413: -/12/- iuravit
Hanns Landman[1]
    St: 1415: 3/3/-, 1416: 4,5/-/-, 1418, 1419: 2,5/-/-, 1423: -/12/- iuravit, 1424: 0,5/-/- hat zalt,
        1428: dedit 6 gross für sich, sein weib und sein ehalten, 1431: -/10/28 iuravit
    Sch: 1439/I-II, 1440, 1441/I-II: 1,5 t[aglon]
* Hainrich Weichser (Weigsner), 1445, 1450, 1453, 1455, 1456, 1458, 1462 golt[smid][2]
    Sch: 1445: 1 knecht, dedit
    St: 1450, 1453-1458: Liste, 1462: -/5/8
*? Cuntz Paidlkircher, 1490, 1496 schuster [Weinschenk ?[3]]. 1500 relicta Paidlkircherin
    St: 1486, 1490: -/7/13, 1496: 1/2/7, 1500: 1/1/28
** Sigmund [Schwartz] hofschuster [∞ Anna]
    St: 1508: -/4/28
** Walthauser (Balthasar) Maulperger, 1509, 1527/II, 1529, 1532 goltsch[mid][4] [∞ Magdalena]
    St: 1508, 1509: -/3/23, 1514: Liste, 1522-1526, 1527/I: 1/2/2, 1527/II, 1528, 1529, 1532: -/3/28,
        1540-1542: -/2/24, 1543: -/5/18, 1544: -/2/24, 1545: -/5/18, 1546-1548, 1549/I-II, 1550,
        1551/I-II: -/2/24, 1552/I-II, 1553: -/2/-, 1554/I: -/2/- patrimonium das erst, 1554/II: -/2/- pa-
        trimonium das ander
** Anndre Lamprecht, 1544, 1551/II-1556, 1558 goltschmid[5] [∞ Anna, geb. Maulberger]
    St: 1544: -/2/11, 1545: -/5/10, 1546-1548, 1549/I-II, 1550, 1551/I-II: -/2/20, 1552/I-II: -/3/14,
        1553, 1554/I-II, 1555-1557: -/2/-, 1558: -/4/-
    StV: (1552/I) darin -/-/24 zusatz von wegen seines schwehern.
Jorg Maulperger goltschmid[6]
    St: 1558: -/-/21 gracia
** Bertlme Holtzhay satler
    St: 1565, 1566/I-II, 1567/I-II: -/3/5, 1568: -/6/10, 1569-1571: -/3/5

Bewohner Dienerstraße 15 B:

Wolfram sartor (sneyder) inquilinus
    St: 1377: -/-/32 juravit, -/-/10 post, 1378: -/-/25, 1383/I: -/-/33, 1383/II: -/-/49,5
Ott servus Kaeningerii [sartoris[7]] inquilinus St: 1379: -/-/9 gracianus
Ull sartor inquilinus St: 1379: -/-/-
Hans Witl sneider inquilinus St: 1390/II: -/-/32 iuravit
Diemel pechrerin [Käuflin[8]] inquilina St: 1399: -/-/-
Ulrich goltsmid von Kostnicz (Kostniczen)[9] inquilinus St: 1400, 1401/I: -/-/60 für 5 lb
Klaws goltsmid inquilinus St: 1403: -/3/6 iuravit
Peter Pótschner goltsmid[10] inquilinus St: 1405/I: -/-/60 für 3 lb iuravit
Asem Kwcherl (Kẃcherl) seidennader inquilinus. 1407 relicta Kúcherl seydennater inquilina
    St: 1405/II: -/-/24 gracianus, 1406: -/3/6 iuravit, 1407: -/3/6
Ulrich Schaffwol St: 1428: dedit 4 gross für sich und sein weib und kind
Hanns Diener maler St: 1453: Liste
Vigilg goldschmid St: 1482: -/3/17
Prugkerin und ir tochter St: 1482: -/3/-

---

[1] Eintrag 1418 versehentlich hinter Haus 18 verrutscht.
[2] Frankenburger S. 272.
[3] Chuntz Paindlkircher ist Vierer der Schuster 1481, 1482, 1484, 1486, 1487, 1489, 1491, 1492, 1495, vgl. RP.
 – Ein Conrad Paitlkircher wird 1498 in die Weinschenkenzunft aufgenommen, vgl. Gewerbeamt 1418 S. 10r.
[4] Balthasar Maulperger ist 1511-1519 städtischer Silberschauer und Gewichtszeichner, vgl. R. v. Bary III S. 951. – Frankenburger S. 286.
[5] Frankenburger S. 289.
[6] Frankenburger S. 297.
[7] Zum Kaeninger Schneider vgl. Marienplatz 17 (1377-1390) und Marienplatz 18 (1368-1381).
[8] Vgl. Dienerstraße 21.
[9] Frankenburger S. 267.
[10] Frankenburger S. 266.

Johannes puchpinter St: 1496: -/-/60
Wolfgang seidnater St: 1496: -/-/60
Jorg Kandler s[chuster]¹ St: 1500: -/-/60
Hanns Schöpfer maler St: 1532: -/2/-
Hanns Aichenfelder, 1541-1543 maler St: 1540-1542: -/2/-, 1543: -/4/-
Hanns Roll schuester St: 1554/II, 1555: -/2/-
Steffan trometter St: 1556, 1557: nihil
Anastasia Scheurerin St: 1558: -/4/-
Hanns Widman schneider St: 1559, 1560: -/2/-
guschikhnecht St: 1560: nichil
Sigmund Oberhan, 1564/I-II satler St: 1561, 1563: -/3/5, 1464/I: -/3/5 búrger, hofgsind, 1564/II: -/3/5
Hannß ábmteurer statpogner
    St: 1561: -/-/1
    StV: (1561) mer -/1/5 von 5 fl gellts.
Loy schneider St: 1563: -/2/-
Hauser müntzer St: 1564/I: nihil
Peter Endres (Anndres, Andreas) schneider St: 1565: -/-/21 gratia, 1566/I-II, 1567/I-II: -/2/-
alt Renntzin St: 1566/I-II, 1567/I: -/2/6, 1567/II: an chamer, sol -/2/6 [zaln]
Hanns Wendl goldschmid
    St: 1568: -/1/5
    StV: (1568) mer von seiner hausfrauen gut gratia -/1/12.
Mathes Schotnlor (Schottnloer, Schattntaler) goldschmid [von München]² St: 1569-1571: -/2/-

Dienerstraße 15 A (Süd, großes Haus)

Hauseigentümer:

1374 April 10 Perchtolt Stainprügkel verkauft sein Haus und Hofstatt, gelegen zwischen den Häusern des Lantmanns (Dienerstraße 15 B) und des älteren Hanns Eysenman (Dienerstraße 16), an Hainrich den Maurer von Freising.³ Hainrich der Maurer stirbt bald und seine Witwe Sabei ist schon
1384 Januar 28 mit dem Schneider Hanns Wartenfels verheiratet und regelt an diesem Tag das Heiratgut ihrer Tochter und ihres Eidams (Schwiegersohnes) Hans des Symon Maurer auf diesem Haus an der Dienerstraße.⁴
1384 August 1 der Schneider Hanns Wartenfels bestätigt diese Verschreibung an Hansel Symon den Maurer aus dem Haus, das einstmals Hainczlein Maurer gehört habe und das an des Dieners Gasse gelegen sei, zunächst Hansen des Eysenmans Haus (Dienerstraße 16).⁵
1391 Juni 5 der Schneider Wartenfels ist Nachbar des Hauses der Familie Lantmann/Haering (Dienerstraße 15 B).⁶
1392-1398 aus des Schneiders Wartenfels Haus an des Dieners Gassen gehen Ewiggelder an die Kirchen von Gauting, Haidhausen und Aschheim.⁷
1396 Februar 7 der Wartenfels ist dem Haus der Familie Lantman an des Dieners Gasse (Dienerstraße 15 B) benachbart.⁸
1396 Juni 19 der Schneider Wartenfels verpfändet sein Haus an des Dieners Gasse, dem Haus des Hans Eysenman (Dienerstraße 16) benachbart, „Ulreich den Jaesperger, meins hern [= des Abtes] von Tegernsew schreyber", um 65 neue ungarische Gulden.⁹

---

[1] Ein Jörg Kandler ist 1478 Vierer der Schuster, vgl. RP.
[2] Gewerbeamt 1631 S. 87v Nr. 52. – Frankenburger S. 304.
[3] GB I 47/9.
[4] GB I 200/3, 205/18.
[5] GB I 205/18.
[6] GB II 7/15.
[7] Steueramt 982/1 S. 28v.
[8] GB II 107/6.
[9] GB II 112/7.

1403 Januar 30 und

1403 Februar 5 das Haus des Hanns des Wartenfels ist dem Haus der Witwe von Hanns dem älteren Eysenman (Dienerstraße 16) benachbart.[1]

1404 März 14 der Schneider Hanns der Wartenfels versetzt sein Haus an des Dieners Gassen, zunächst dem Haus Hainrich des Lantmanns (Dienerstraße 15 B) gelegen, dem Hanns Bart um 54 gute alte rheinische Gulden.[2]

1405 Januar 24 wieder hat Hanns der Wartenfels Schulden auf sein Haus an des Dieners Gassen, zunächst an Hainrich des Lantmanns Haus (Dienerstraße 15 B), geladen. Diesmal 33 ungarische Gulden, für die „Hainrich der Grafinger der zaẃer" einen Brief hat.[3]

1405 Mai 26 der Schneider Hanns Wartenfels versetzt sein Haus an des Dieners Gassen, zunächst Hannsen des Eysenmans seligen Kind Haus (Dienerstraße 16), Hainrich dem Lantmann um 64 gute neue ungarische Gulden.[4]

1405 November 13 der Schneider Hans der Wartenfels verkauft sein Haus an des Dieners Gassen, zunächst an Hainreichs des Lantmans Haus (Dienerstraße 15 B) gelegen, „Dietreichen dem Starchen".[5]

1431 Dezember 21 Dietrich Starch besitzt drei Häuser, von denen eines dasjenige an der Dienerstraße 15 A sein dürfte (ein weiteres ist Dienerstraße 6). Er ist Mitstifter des Weinschenken-Benefiziums in St. Peter, mit einem Ewiggeld aus seinen drei Häusern.[6] Noch in der Einwohner-Liste von 1450 wird Tasinger als „inquilinus Starch" bezeichnet, wohnt also im Haus des Starch.[7] Starch ist noch vor 1439 gestorben, vgl. Dienerstraße 6. 1445 steht Tasinger bereits an dieser Stelle in einem Verzeichnis über den Grabenbau.

Um/nach 1456 domus Friderici Thasinger: Einen Zins „de domo Fridrici Thasinger" hat das Barfüßerkloster für die Messe des Wilhelm Ridler und seine Hausfrau Margarete Pötschner.[8] Da Wilhelm Ridler 1456 starb, dürfte der Eintrag wohl aus der Zeit um oder nach 1456 stammen.

1456 Oktober 16 Ewiggeldverkauf aus diesem Haus durch Fritz Tasinger. Es liegt auf ihm noch

1481 September 8 und das Haus ist den Häusern des Hainrich Weichsner (Dienerstraße 15 B) und des Urban Has (Dienerstraße 16) benachbart.[9]

Nach Tasinger sind erst wieder die Adler als Eigentümer bezeugt. Sie stehen bereits im Grundbuch. Für die Zeit davor käme allenfalls Augustin Fuessl in Frage. Er besitzt später Dienerstraße 8.

1527 Juni 18 das Haus des Hanns Adler ist dem Haus von Andre Schlegels hinterlassener Töchter Katharina und Elisabeth (Dienerstraße 16) benachbart.[10]

1533 August 11 Hanns Adler verschreibt aus diesem Haus an Annen Hueberin ein Ewiggeld von 7 1/2 Gulden um 300 Gulden Hauptsumme.[11]

1537 Juni 1, Juni 16,

1539 November 24 und **Dezember 20** weitere Ewiggeldverkäufe von Hanns Adler und seiner Hausfrau Anna, insgesamt noch einmal 32 Gulden um 640 Gulden Hauptsumme (GruBu).

1574 laut Grundbuch (Überschrift) Hannsen Adlers gelassener erben Haus und Stallung.

Eigentümer Dienerstraße 15 A:

* Perchtold Stainprügkel [bis 1374 April 10]
* [Hainrich der maurer von Freising] relicta Hainrich maurer [= Sabei, ∞ Hanns Wartenfels]
    St: 1381: -/3/- sub gracia
* [Hanns] Warttenfels sartor cum uxore [et] pueri uxoris. 1383/II, 1388, 1390/I-II, 1392-1405/II
    [Hanns] Wartenfels sartor (sneider)
    St: 1383/I: -/3/18, 1383/II: -/5/12, 1388: -/-/88 juravit, 1390/I-II: -/-/88, 1392: -/7/18, 1393:

---

[1] GB III 8/1, 8/10.
[2] GB III 22/16.
[3] GB III 36/3.
[4] GB III 41/16.
[5] GB III 47/6.
[6] Hufnagel/von Rehlingen, St. Peter Urk. 100 = MB XIXa 68 S. 112/117.
[7] Einwohneramt 235 S. 7.
[8] Barfüßerbuch S. 114 (26. Februar).
[9] Urk. D I e 1 XXI d 6.
[10] GB IV S. 138v.
[11] Stadtgericht 207/1 (GruBu) S. 430v/431r.

-/10/4, 1394: -/10/-, 1395: -/5/6, 1396, 1397, 1399: -/7/24, 1400, 1401/I: 1/-/- minus -/-/6, 1401/II: -/5/10 iuravit, 1403, 1405/I: -/5/10, 1405/II: -/3/- iuravit

    StV: (1383/II) item t[enetu]r penam [darunter in kleinerer Schrift nachgetragen:] in hoc [anno] t[enetu]r 7 R[adisponenses].

pueri uxoris[1] [des Hainrich Maurer]

    St: 1388: -/-/-, 1390/I-II: -/-/32, 1392: -/-/24, 1393: -/-/32

* Diettreich Starich (Starch) [Schenk[2], Stadtrat[3]]

    St: 1406-1408: 7/-/80, 1410/I: 10/-/- iuravit, 1410/II: 13/-/80, 1411: 10/-/-, 1412: 13/-/80, 1413: 11/-/60 iuravit, 1415: 12,5/-/-, 1416: 16,5/-/40, 1418, 1419: 26,5/-/40, 1423: 23/6/- iuravit, 1424: 8/-/- minus -/-/20 hat zalt

* Fritz pruchlar (prúchler), 1450 inquilinus Starch. 1482 Fritz Tasinger pruchler, 1445, 1453 inquilinus

    Sch: 1445 1 diern, dedit

    St: 1450, 1453, 1455-1458: Liste, 1462: -/11/10, 1482: -/5/25

*? Martein Adler, 1508, 1509 p[rüchler[4]] [Weinschenk[5]], 1525 patrimonium. 1526, 1527/I relicta Martein Adlerin. 1527/II relicta Adlerin [vgl. Hanns Adler]

    St: 1508, 1509: 2/6/23, 1514: Liste, 1522-1526, 1527/I: 5/-/-, 1527/II: an kamer, 1528: -/-/- matrimonium

** Hanns[6] Adler. 1524 jung Adler [∞ Anna], 1528, 1529 et frater [Michel Adler]

    St: 1523: 1/1/1, 1524-1526, 1527/I: 1/4/16, 1527/II: an kamer, 1528: 16/6/15, 1529, 1532: 13/1/8

    StV: (1523) für sein hausfraw; et dedit -/3/15 gracion, sol biß jar schwern. (1527/II) [Nachtrag am Rand:] 16/6/15 fur sy bede, son und muter, sind 2 habnit darinn. (1528) für in und sein bruder, unnd seiner muter matrimonium ist auch darinn, unnd was er aufs jar in dem matrimonium absetzt, sol seiner schwester son zugesetzt werden. (1529) hat seins vettern gut Wilhalm Airinschmalltz alls hofgesind endlich und ándlich gut abgesetzt. (1532) für in und sein bruder [Michel Adler].

** Hanns Adler und Michel Adler

    St: 1540-1542: 31/1/15, 1543: 62/3/-, 1544: 31/1/15, 1550: 29/1/15, 1553, 1554/I-II, 1560: 37/3/-

    StV: (1560) ir beder steur.

** Hanns Adler

    St: 1561: 31/4/29, 1563, 1564/I-II, 1565, 1566/I-II, 1567/I-II: 27/3/24, 1568: 55/-/18

    StV: (1545) supra [= Dienerstraße 6] bey Michel Adler, steurn miteinander. (1546) supra bey dem Michel Adler fol. 65 [= 65v, Dienerstraße 6] steurn miteinander. (1547) supra fol. 65 col. 2 [= 65v, Dienerstraße 6] bey dem Michel Adler, steurn miteinander. (1548) supra fol. 61 col. 2 [= 61v, Dienerstraße 6] bey dem Michl Adler, steurn miteinander. (1549/I) zalt supra fol. 62 col. 2[= 62v, Dienerstraße 6] bey dem Michl Adler, steurn miteinander. (1549/II) zalt supra eodem fol. et col. [= 64v, Dienerstraße 6] bey dem Michl Adler, steurn miteinander. (1551/I) zalt supra eodem folio col. 1 [= Dienerstraße 6] per Michel Adler. (1551/II) zalt supra eodem folio col. 1 [= Dienerstraße 6] beym Michel Adler. (1552/I) zalt supra fol. 60 col. 2 [= 60v, Dienerstraße 6] beym Michl Adler. (1552/II) zalt supra eodem folio [= Dienerstraße 6] bey dem Michel Adler. (1555) zalt supra fol.65 col. 1 [= 65r, Dienerstraße 6] Michl Adler. (1556, 1557) zalt supra fol. 62 col. 2 [= 62v, Dienerstraße 9]. (1558) zalt supra fol. 65 col. 2. [= 65v, Dienerstraße 9]. (1559) zalt supra eodem fol. col. 1 [= 64r, Dienerstraße 9]. (1561) mer für sein ayden nachsteur an chamer, Adler. (1563) abgesetzt 1000 fl, so er seinem sun Abraham zu heuratguet gegeben.

---

[1] Ganzer Eintrag 1388 zwischen den Zeilen eingefügt.

[2] Dem Dietreich Starchen zahlt die Stadtkammer 1413 8 Pfund 3 Schillinge 1 Pfennig aus, „die man im schuldig [war] von schenkwein und von den schilten", vgl. KR 1412/1413 S. 40v. – Dietrich Starich um 1414 Weinschenk, vgl. Gewerbeamt 1411 S. 3r.

[3] StB 1416. – R. v. Bary III S. 756, 772 danach 1417 Bürgermeister und am 23.12.1418 äußerer Stadtrat.

[4] Martein Adler wird 1490 bei Kaufingerstraße 8 Prüchler genannt.

[5] Martein Adler seit 1500 Mitglied der Weinschenkenzunft, vgl. Gewerbeamt 1418 S. 10v.

[6] „Hanns" 1523 korrigiert aus „jung" oder umgekehrt.

** domus Hanns Adlers erben
   St: 1569-1571: -/-/-
   StV: (1569) Hanns[1] Adler, Sabina Khernin, Sara Gösslin, Elisabet Schmuckhin, Susanna Eckhin vom hauß daraus 32 fl gelts verschriben steuren vom yberrest 2/3/15. Notandum: Abraham Adler, Peter Khern, Hanns Adler, Elisabet Schmuckhin haben ire nachsteur an die statchamer 53/2/20 erlegt, wie im ein[n]emen des chamerbuch geschriben. (1570, 1571) steuern die vormünder.
Lucas Adler[2]
   St: 1569: 2/3/5
Thobias Adler
   St:1569: 2/1/23
Martin Adler
   St: 1569: 3/5/17,5

Bewohner Dienerstraße 15 A:

Chunrat Ellend sartor inquilinus St: 1371: -/-/-
Leyder sartor inquilinus St: 1372: -/-/-
Greyspachin inquilina St: 1375: -/-/52
Wan Ull, 1377 carnifex St: 1377: -/-/24 juravit, 1378, 1379: -/-/24
Münsperger sartor inquilinus St: 1377: -/-/24 juravit, 1378: -/-/24
Plabenstain seydennater inquilinus St: 1377: -/-/22
Haincz schenck inquilinus St: 1383/I: -/-/18, 1383/II: -/-/27
Hanns Póferl inquilinus St: 1383/I: -/-/12, 1383/II: -/-/18
Sapper inquilinus St: 1383/II: -/-/36
Hainrich tagwercher inquilinus St: 1388: -/-/-
Ull koch inquilinus St: 1390/I: -/-/24
Ulrich maler inquilinus. 1397, 1399 Perntrit maller inquilinus
   St: 1394: -/-/32, 1395: -/-/60 fur vier lb, 1396: -/-/60 fur 4 lb, 1397, 1399: -/-/60 für (fur) 10 lb
Frydrich (Fricz) seydnnater inquilinus
   St: 1394: -/-/32, 1395: -/-/60 fur vier lb, 1396, 1397: -/-/60 für 4 lb
Hainrich Fúnssinger sneyder inquilinus St: 1397: -/-/50
Jobs maler inquilinus St: 1400, 1401/I: -/-/75, 1401/II: 0,5/-/8 iuravit
Hanns seidenader inquilinus
   St: 1400: -/-/40 gracianus, 1401/I: -/-/60, 1401/II: -/3/22 iuravit, 1405/I: 0,5/-/-, 1405/II: -/6/6 iuravit, 1406, 1407: 1/-/8
Johannes schreiber von Freysing inquilinus St: 1401/II: -/-/-
Agnes Stromairin inquila St: 1401/II: -/-/-
Ulrich bot inquilinus
   St: 1405/I: -/-/-
   StV: (1405/I) der ist die selbn zeit der stat bot gewesen.
Hannsel Giesinger inquilinus St: 1405/II: -/3/- gracianus
Agnes seidennaterin inquilina
   St: 1406: -/-/-
   StV: (1406) die habent mein hern vom rat [der stewr] ledig gelassen.
Ott goltsmid[3] inquilinus
   St: 1407: -/-/40 gracianus, 1408: -/3/- minus -/-/2 iuravit, 1410/I: -/3/- iuravit
Ludw[eig] (Ludweig) seidennader inquilinus
   St: 1407: -/-/28 gracianus, 1408: -/-/40 gracianus, 1410/II: -/-/60, 1411, 1412: -/-/-
Chuncz seidennader, 1408 inquilinus St: 1408: -/-/40 gracianus, 1410/I: -/3/3 iuravit
Hainrich Newfarer goltsmid, 1413, 1416 inquilinus
   St: 1413: 0,5/-/12 iuravit, 1415: 0,5/-/12, 1416: -/5/26

---

[1] Ganzer Vermerk am linken Rand eingefügt.
[2] Lukas und Tobias Adler haben sich im Sommer 1569 beim Religionsverhör verantwortet, vgl. Dorn S. 227.
[3] Frankenburger S. 269.

Chunrat Súmerl seydennater
  St: 1428: dedit 5 gross
    StV: (ca.1425) fur sich, sein weib und sein ehalten.
Pránhartin goltsmidin
  St: 1428: dedit 2 gross
    StV: (1428) fúr sich und fúr yren man.
Fridrich Pómerl [Schankungelter[1]] St: 1431: -/13/10 schenckenstewr, iuravit 85 lb
Liebel Stámpfel inquilinus St: 1431: -/-/15
Chuntz Tárchinger [Sporer ?] inquilinus St: 1431: -/-/60 iuravit
Chuncz Jaibinger inquilinus St: 1431: -/-/25 iuravit
Ludwig seidnater inquilinus St: 1450: Liste
Hanns smid platner St: 1450: Liste
relicta schenckin, 1453 inquilina St: 1453-1456: Liste
relicta Asm [I.] Ligsalczin [= Dorothea II. Pütrich] St: 1454, 1455: Liste
relicta Swabin inquilina St: 1455: Liste
Hanns Funsinger [Stadtbote ?[2]] St: 1457, 1458: Liste
Hanns Óck (Ócker, Egker), 1457, 1482 salburch St: 1457, 1458: Liste, 1482, 1486: -/-/60
  Jorig Ecker der jung St: 1482: -/-/60
  Óckerin St: 1486: -/-/60
  Wolfgang Egker, 1508 s[chmelzer]. 1514 relicta Eckerin St: 1508, 1509: -/-/60, 1514: Liste
Ludwig [Podaws ?] tuchscherer St: 1457: Liste
[Hanns] Mochinger schneyder[3] inquilinus St: 1462: -/3/21
Jackob Veter goltschmit[4] inquilinus St: 1462: -/-/32 gracion
Monhamer nadler inquilinus St: 1462: -/-/20 gracion
Augustin Fussl (Fußl, Fuessl), 1482 sneider[5]
  St: 1482: -/-/20 gracion, 1486, 1490: -/6/9
    StV: (1486) et dedit -/1/26 fúr platner. (1490) et dedit -/-/28 fúr Gredel.
Hanns Newfarer [Goldschmied[6]] St: 1486: -/-/60
Dietrich platner St: 1486: -/1/19 das jar
Clas sporer St: 1490: -/1/20 das jar
uno [!] inquilinus Hans Nodermair tagwercher St: 1490: -/-/60
relicta Barbara Petzin St: 1490: -/-/60
Thoman, lederschneiders kneht St: 1490: -/-/21 gracion
Jorg Rumpolt s[neider][7] St: 1496: -/3/25
Sigmund [Schwarz] hofschuster St: 1496: in camer
Gatrey satlerin St: 1496: nichil
Jorg Voburger goltschmid[8] St: 1500: -/2/10
Dorothea slairweschin St: 1500: -/-/60
Hanns Katzmerin St: 1508, 1509: 1/5/26
Hanns Wersperger St: 1509: -/-/60
Deckerin, 1522, 1525 inquilina. 1527/I-1529 Eckerin St: 1522-1526, 1527/I-II, 1528, 1529: -/2/-
der von Peckhenstain. 1571 Peckhenstain St: 1570, 1571: -/-/-

---

[1] Fritz Pömerl 1431-1439 Schankungelter, vgl. R. v. Bary III S. 879.
[2] Ein Hanns Funsinger wird 1458-1460 als Stadtbote genannt, vgl. R. v. Bary III S. 789.
[3] Hanns Mochinger ist Vierer der Schneider 1467, 1469, 1471-1473, vgl. RP.
[4] Frankenburger S. 276.
[5] Augustin Fuessl Vierer der Schneider 1485, 1486, 1488, 1489, 1493 und öfter, vgl. RP.
[6] Frankenburger S. 277.
[7] Jorg Rumpolt Vierer der Schneider 1493, 1495, 1498 und wiederholt bis 1518, vgl. RP.
[8] Frankenburger S. 281.

Dienerstraße 16

Hauseigentümer:

1374 April 10 das Haus von Hans dem älteren Eysenman ist dem von Perchtolt Stainprügkel beziehungsweise Hainrich Maurer von Freising (Dienerstraße 15 A) benachbart.[1] Hans Eysenman ist am 1. Juni 1399 Herzog Stephans Ungelter vom Weinungeld[2] und 1401 Mitglied des inneren Stadtrats und als solcher einer der Steuerer. 1383/84 hatte er dem Rat der 36 angehört.[3] Die Witwe Marteinin ist vielleicht seine Schwiegermutter. 1369 ist Eysenman bei ihr inquilinus. Um 1383 heiratet er eine Witwe Anna Scheibenfeil, die Kinder mit in die Ehe bringt („pueri uxoris", „puri uxoris Scheibenfeil").

1384 August 1 das Haus des Hanns Eysenman an des Dieners Gasse ist dem Haus des Hans Wartenfels benachbart (Dienerstraße 15 A).[4]

1396 Juni 19 Hans Eysenman ist Nachbar zum Haus des Schneiders Wartenfels (Dienerstraße 15 A).[5]

1397 Oktober 8 das Haus Hans des älteren Eisenmans ist dem Haus des Bäckers Konrad Smidhofer (Dienerstraße 17) benachbart.[6]

1403 Januar 30 die Witwe Anna [auch eine verwitwete Scheibenfeil] des Hanns des älteren Eysenman verpfändet ihr Haus an des Dieners Gassen, zunächst an des Hanns Wartenfels Haus (Dienerstraße 15 A) gelegen, an den Mühldorfer Bürger Peter den Kitzinger um 33 Pfund Münchner Pfennige.[7]

1403 Februar 5 erneut verpfändet die Witwe Anna des älteren Hanns Eysenman ihr Haus, diesmal um 52 gute neue ungarische Gulden, nunmehr an die Kirchpröpste von Unseres Herrn Kapelle vor dem Schwabinger Tor. Nachbar des Hauses ist wieder Hanns der Wartenfels (Dienerstraße 15 A).[8]

1405 Mai 26 das Haus von „des Eysenmans sálig kind" an des Dieners Gassen ist dem Haus des Schneiders Hanns Wartenfels (Dienerstraße 15 A) benachbart.[9] Die Erben des Eisenman sind seine Kinder einerseits, andererseits ein Hainrich Ratgeb oder Hainrich Maler, der 1406 auch Zöllner ist, wahrscheinlich ein Schwiegersohn. Er findet sich letztmals 1428 hier.

1405, 1406 item dimidium domus Hainrich Ragkeb (StB).

1411 domus pueri Hanns Eysenman (1/2 Haus) (StB).

1459 November 16 der Stadtrat entscheidet, daß die Kinder des Urban Haß bis Weihnachten den Larentz Tuchscherer auszahlen sollen.[10]

1469 Oktober 4 das Haus des Kindes von Urban Has selig ist dem Haus des Bäckers Martin Neufarer (Dienerstraße 17) benachbart.[11]

1481 September 8 das Haus des Urban Has ist dem Haus des Fritz Tasinger (Dienerstraße 15 A) benachbart.[12] Der Gewandschneider Urban Has ist bereits 1439 an dieser Stelle in den Scharwerksverzeichnissen zu finden.

1527 Juni 18 die Vormünder von „weyland Andreen Slegls gelassner tochter Katherinen" (Schwester der Elisabeth Egrerin, Ehefrau von Jobst Egrer) verkaufen ihr eigen Haus an der Dienersgassen, zwischen den Häusern des Hanns Adler (Dienerstraße 15 A) und des Lienhard Schmieds, Bäckers (Dienerstraße 17) gelegen, dem Veit Eberhard und seiner Hausfrau Elspet.[13] Da Eberhart das Haus erst kauft, als bei diesem schon seit 1526 der als nächster Hauseigentümer belegte Thoman Ried im Steuerbuch steht, dürfte auch Ried ein Verwandter (Schwiegersohn ?) sein.

1559 August 23 und

---

[1] GB I 47/9.
[2] RB XI 155.
[3] Muffat, Kazmair-Denkschrift S. 510.
[4] GB I 205/18.
[5] GB II 112/7.
[6] GB II 129/12.
[7] GB III 8/1.
[8] GB III 8/10.
[9] GB III 41/16.
[10] RP 1 S. 15r.
[11] BayHStA, KL Andechs 30c fol. 136r/239v.
[12] Urk. D I e 1 XXI d 6.
[13] GB IV S. 138v.

1566 April 25 Thoman Riedt der Ältere verchreibt seinem Eidam Geörgen Pöpperl, Schneider, und seiner Tochter Sara, des Pöpperl Hausfrau, beidemale je 2 Gulden Ewiggeld um 40 Gulden [1]

1574 April 14 der Schneider Andre Eisenhuet und seine Hausfrau Barbara verschreiben aus diesem Haus ihrem Schwager (beziehungsweise Bruder) Martin Riedt von Räb, Schärdinger Gerichts, und seiner Hausfrau Brigitha, 3 Gulden Ewiggeld aus dem Haus (GruBu).

1574 laut Grundbuch (Überschrift) des Andreen Eisenhuet Schneiders Haus.

Eigentümer Dienerstraße 16:

*? relicta Martini (Martteinin). 1371, 1372 patrimonium relicte Marteininne
   St: 1368: 1/-/-, 1369: -/12/-, 1371, 1372: -/-/-

* Hans Eysenman (Ysenman) [Weinschenk[2]]. 1401/I-II Hanns Eysenman der elter, 1368, 1369 inquilinus, 1383/I cum uxore [2. ∞ Anna, verw. Scheibenfeil]. 1403 relicta Hanns Eysenman. 1405/I relicta Eysenmanin
   St: 1368: -/6/- gracianus, 1369: 4/6/- juravit, 1371, 1372: 4/6/-, 1375: 7/-/20, 1377: 2/5/6 juravit, 1378, 1379, 1381, 1382: 2/5/6, 1383/I: 3/5/6, 1383/II: 5/3/24, 1387: 1/-/-, 1388: 2/-/- juravit, 1390/I-II: 2/-/-, 1392: -/10/12, 1393: -/13/26, 1394: -/13/25, 1395: 0,5/-/42, 1396: 1/-/3, 1397, 1399, 1400, 1401/I: -/14/3, 1401/II: 2/-/ iuravit, 1403: 2/-/-, 1405/I: 0,5/-/-
   StV: (1397) für sich selb und für sein hausfraw matrimonium.
   Pferdemusterung, um 1398: (Korrig. Fassung): Hans Eysenman[3] [soll haben] 1 pferd umb 16 gulden [und] damit der stat warten.
   puer (pueri) uxoris[4] [= seiner 2. Ehefrau]. 1394-1396 pueri uxoris Scheybenfail (Scheibenfail)
   St: 1383/I: -/-/60, 1383/II: -/3/-, 1387: -/-/40, 1388, 1390/I-II: -/-/80, 1392: -/-/60, 1393, 1394: -/-/80, 1395: -/-/40, 1396: -/-/60

* pueri Hanns Eysenman. 1416, 1418-1423 pueri Eysenman
   St: 1405/II, 1406: -/-/60 gracianus, 1407, 1408: -/-/60, 1410/I: -/-/45, 1410/II: -/-/50 gracianus, 1412, 1413: -/-/45 gracianus, 1415: -/-/32, 1416: -/-/42, 1418: -/-/42 gracianus, 1419: -/-/42, 1423: -/3/-
   StV: (1407, 1423) von halbn haws.

* domus pueri Hanns Eysenman
   St: 1411: -/-/24

* (item) dimidium domus [Hainrich] Ragkgeb. 1406 domus halbs dez Ragkgeben [Zollner]. 1415-1419 Hainrich [Ratgeb] maler. 1423, 1428 Hainrich Ratgeb, 1416, 1418 inquilinus
   St: 1405/II: -/3/-, 1415: -/-/32, 1416, 1418, 1419: -/3/6, 1423: -/-/30, 1428: dedit 4 gross
   StV: (1406) er ist zollner der herschaft. (1423) von seinem halbn haws. (1428) pro se et uxore, filio et famulis.

* [Haus]
   StV[5]: (1431) aws dem haws get 1 lb gelt zu her Fridreichen Zehentners jartag, dedit -/-/32.

* Urban Has, 1450 gwantsneider
   Sch: 1439/II, 1440, 1441/I-II: 1,5 t[aglon], 1445: 1 diern, dedit
   St: 1450, 1453-1458: Liste

* pu[e]eri Urban Hass
   St: 1462: -/4/8 zalt Fricz [Tasinger] pruchler
   StV: (1462) aus dem hauss pu[e]ri Urban Hass [von] 2 gulden r[einisch] Unser Frawen [zu] Newenried -/-/32 dedit Wilhalm Astaller.

*? Reinhart seidennatter
   St: 1482: -/3/8, 1486, 1490: -/5/-
   StV: (1482) et dedit -/1/10 für pueri Has. (1486) et dedit -/-/7 für pueri Durchnpach.

---

[1] Stadtgericht 207/1 (GruBu) S. 427v.

[2] Hans Eysenman ist 1381 Mitglied des Großen Rats, vgl. R. v. Bary III S. 747a, 1401 auch innerer Rat. – Um 1414 wird er noch in einem Verzeichnis der Weinschenken aufgeführt, vgl. Gewerbeamt 1411 S. 2v. – Katzmair nennt ihn einen der Klaffer und Jaherrn der Bösen, vgl. Muffat, Kazmair-Denkschrift S. 464, 510.

[3] In der Ur-Fassung ist Hans Eysenman zusammen mit Ott Schirlinger bei Marienplatz 10* veranlagt.

[4] Eintrag 1383/I zwischen den Zeilen eingefügt.

[5] Der Vermerk steht 1431 unter der relicta Snablin.

* Andre Schlegel, 1500 s[neider]¹
    St: 1500: 1/1/-, 1508, 1509: 1/1/25
    StV: (1508) et dedit -/4/7 fúr pueri Wilhalm sneider.
* Veit Eberhart schneider² [∞ Elspet]
    St: 1514: Liste, 1522-1526, 1527/I-II, 1528, 1529, 1532: -/2/9
    StV: (1522) et dedit -/3/28 fúr p[ueri] schlegl. (1522, 1523) et dedit -/1/5 fúr Anna Notzin. (1523) et dedit -/3/28. (1524) et dedit -/3/28 fúr schlegl. (1525-1527/I) et dedit -/1/29 fúr p[ueri] schlegl.
  Contz Notz [Schneider³, wohl Verwandter des vorigen]
    St: 1522: an kamer, ist nit hie
* Andre Slegls gelassne Tochter Katharina (Vormünder) [1527 Juni 18]
** Thoman Ried (Rieder), 1526-1548, 1551/II, 1553, 1554/II, 1555, 1558, 1567/II schuster. 1527/II-1529 Thoman schuster, 1552/I-1570 der alt
    St: 1526, 1527/I: -/2/11, 1527/II, 1528, 1529, 1532: -/3/14, 1540-1542: -/4/1, 1543: 1/1/2, 1544: -/4/1, 1545: -/5/14, 1546-1548, 1549/I-II, 1550, 1551/I-II, 1552/I-II, 1553, 1554/I-II, 1555-1557: -/6/7, 1558: 1/5/14, 1559-1561, 1563, 1564/I-II, 1565, 1566/I-II, 1567/I-II: -/6/7, 1568: 1/5/14, 1569, 1570: 1/6/5
    StV: (1545) mer -/-/14 fúr p[ueri] Rieder. (1546) hat zugsetzt Hoffmans schusters erb. (1546-1551/I) mer -/-/7 fúr p[ueri] Rieder. (1548, 1549/I-II) mer -/4/25 fúr p[ueri] hoff-schuester. (1550, 1551/I-II, 1552/I-II) mer -/4/12 fúr p[ueri] hoffschuester. (1550) die tochter ist hindan, taylt (?).⁴ (1553, 1554/I) mer -/4/19 fúr p[ueri] hoffschuester. (1553, 1554/I-II) mer -/-/21 fúr p[ueri] Widman. (1564/II, 1565, 1566/I) mer fúr p[ueri] Weinpuech -/-/21.
  Hanns Aychner beim herrn chamermaister, so zu der Thoman [Ried] schuesterin verheurat
    StV: 1571: sol nachsteur [zahlen] 2/6/-, an chamer.
  Jorg (Georg) Póperl (Pöperl, Popperl) schneider [∞ Sara, Tochter von Thoman Ried]
    St: 1559: -/-/14 gracion, 1560, 1561, 1563, 1564/I-II, 1565, 1566/I-II, 1567/I-II: -/2/-, 1568: -/4/-
** Anndre Eisenhuet schneider⁵ [∞ Barbara, geb. Ried]
    St: 1569-1571: -/3/25

Bewohner Dienerstraße 16:

relicta Sengenweinin inquilina
    St: 1400, 1401/I: -/10/- gracianus, 1401/II: -/-/80 fúr 10 lb, iuravit, 1403: nichil habet et mortuus [!] est
Dietel Starich schenck inquilinus. 1405/I-II Dietel (Diettreich) Starich inquilinus
    St: 1403, 1405/I: 3/-/-, 1405/II: 6,5/-/ iuravit
augenaercztin inquilina St: 1407: -/-/-
Reichenmacher (Reichenpacher) kramer, 1411, 1413 inquilinus
    St: 1411: -/12/-, 1412: 2/-/-, 1413: -/12/- iuravit
Hanns Gysinger St: 1415: -/6/-
Ulrich Stetner inquilinus St: 1416: -/-/80 fúr 10 lb
Fricz Pómerl (Pomerl) [Weinschenk, Ungelter⁶] St: 1418, 1419: 2/-/-
Gútel schlayrlerin St: 1418: -/-/12
Hanns snyczer St: 1423: 2,5/-/-, 1424 -/6/20 hat zalt
Chunrat (Chunrade) Hochenlocher
    St: 1428: dedit 16 gross, 1431: 5/-/60 iuravit
    StV: (1428) fur sich, sein weib und sein ehalten.
relicta Snablin inquilina. 1462 die alt Schnablin inquilina
    St: 1431: -/-/30, 1462: -/-/60 fur sich und den man

---

¹ Andre Slegel Vierer der Schneider 1494, 1496, 1498, 1500-1506, 1508, 1509, vgl. RP.
² Veit Eberhart Vierer der Schneider 1520, vgl. RP.
³ Vgl. Dienerstraße 14.
⁴ Davor 1550 getilgt: „der son ist hin".
⁵ Der Schneider Andre Eisenhuet musste sich 1569 beim Religionsverhör verantworten, vgl. Dorn S. 230.
⁶ Vgl. Marienplatz 8*, Dienerstraße 1*.

relicta verberin. 1445 Chunrat verberin
    Sch: 1439/I-II, 1440, 1441/I-II: 2 t[aglon], 1445: 2 ehalten
    StV: (1439/II) und 1 lb gelcz, 0,5 t[aglon]
relicta Dachpergerin
    Sch: 1439/I-II, 1440, 1441/I-II: 1 t[aglon]
    StV: (1439/I) und 1 lb gelcz, 0,5 t[aglon]
Fricz [Tasinger] pruchlar St: 1453: Liste
Heinrich Keck schneyder[1] inquilinus St: 1462: -/3/16
Pandernuss [Paudernuss ?] goltschmid[2] inquilinus
    St: 1462: -/6/20
    StV: (1462) et dedit -/-/20 gracion fur den mann
Arbin et soror. 1486 [Hanns] Árbin witib. 1490 Árbin. 1496 Árbin g[oltschmidin][3]
    St: 1482: -/2/5, 1486, 1490: -/-/60, 1496: -/2/24
    StV: (1482) dedit Árbin Jacobin -/-/15 gracion
Conrad glaser St: 1486: -/2/10
Jorg Rumpolt sneider[4] St: 1490: -/2/24
Hanns mulner goltschmid[5] St: 1500: -/2/1
Hanns Spatznhauser s[eidennater][6] St: 1508, 1509: 1/-/19
Linhart Mair s[chuster][7] St: 1508, 1509: -/5/5
    Cristof Mair schuster[8] St: 1514: Liste, 1522-1525: -/2/-
Utz zimerman St: 1508: -/-/60
Linhart schusterin St: 1509: -/-/60
Linhartin inquilina St: 1509: -/-/60
Jórg pusauner St. 1514: Liste, 1522: nichil, 1523: nichil, statpůsauner, 1525-1527/I: nichil
Stefan Welßhofer [Beutler[9]] St: 1528: -/2/-
Jacob Kůstnfieger glaser St: 1529: -/2/-
Michel Adler St: 1532: anderßwo[10]
Hanns jáger schneider St: 1540: -/2/-
Conrad Hiltesam (Hilteson, Hiltesan), 1540-1543, 1545-1547 goltschmid[11]
    St: 1540-1542: 1/1/6, 1543: 2/2/12, 1544: 1/1/6, 1545: -/6/10, 1546-1548, 1549/I-II, 1550: -/3/5 patrimonium, 1551/I: -/3/5 patrimonium das ander
Jorg Paungartner, 1541-1543 schneider. 1544-1549/I Jórg Paungartnerin
    St: 1541, 1542: -/2/-, 1543: -/4/-, 1544: -/2/-, 1545: -/4/-, 1546-1548, 1549/I-II: -/2/-
    StV: (1541) et dedit -/-/28 fúr Hans Paungartner. (1542) et dedit -/-/28 fúr p[ueri] Paungartner.
Wolff (Wolffgang) Lebmair (1554/II Lebmaister), 1551/II-1557 schneider. 1558 Wolff Lebmairin schneiderin
    St: 1550, 1551/I-II, 1552/I-II, 1553, 1554/I-II, 1555-1557: -/2/-, 1558: -/4/-
Davit Moser [von Worms] goltschmid[12]
    St: 1551/II: -/2/28 juravit, gracia eingstelt, 1552/I-II: -/2/28
    StV: (1551/II, 1552/I-II) darin seins stieffkinds guet auch versteurt.
Bartlme Pendl peutler St: 1553: -/-/28 gracia, 1554/I: -/-/28 gracia die ander
Melchor (Melcher)[13] Anthoni leermaister St: 1554/II, 1555-1557: -/2/-, 1558: -/4/-

---

[1] Hainrich Kekch 1471, 1474 Vierer der Schneider, vgl. RP.
[2] Frankenburger S. 276.
[3] Frankenburger S. 272/273.
[4] Jorg Rumpolt 1493, 1495, 1498 und wiederholt von 1510 bis 1518 Vierer der Schneider, vgl. RP.
[5] Frankenburger S. 282.
[6] Hanns Spatznhauser Vierer der Maler, Glaser, Seidennater 1499-1514 wiederholt, vgl. RP.
[7] Linhart Mair ist 1484-1497 wiederholt Vierer der Schuster, vgl. RP.
[8] Davor 1514 getilgt „peck".
[9] So 1522-1527/II und 1529 und 1532 bei Rindermarkt 21.
[10] Vgl. Dienerstraße 15 A.
[11] Frankenburger S. 287/288.
[12] Gewerbeamt 1631 S. 86v Nr. 37. – Frankenburger S. 291, hier jedoch „Mos" und „Moss" genannt.
[13] 1555 „Melcher" zwar getilgt, aber am Rand trotzdem noch einmal ausgeworfen.

Jorg Maulperger goltschmid[1] St: 1559: -/2/-
Ysaac Melperger [von München], 1564/I-1566/I goltschmid[2]
	St: 1560: -/1/12 gracia, 1561, 1563, 1564/I-II, 1565, 1566/I: -/5/26
Hanns Schweindl glaser
	St: 1566/II, 1567/I-II: -/3/12, 1568: -/6/24
	StV: (1566/II, 1567/I-II) mer fúr seine khinder -/-/21. (1568) mer fúr seine khinder -/1/12.
Hanns Geroltzhofer goldschmid [von München[3]]
	St: 1569: -/6/12, 1570: 1/3/7 juravit, 1571: 1/3/7
	StV: (1569) unnd fúr sein hausfrau -/-/21 gratia
Oßwallt Khirchmair schuester St: 1571: -/2/-

Dienerstraße 17
(mit Altenhofstraße 1)

Lage: Eckhaus zur Altenhofstraße.
Charakter: Bäckerei.

Hauseigentümer:

1370 die Baukommission bestimmt: an der Dienerstraße „in dem peckenhaus sol der schoph ab [sein] und [man] sol einen traef núsch anhengen".[4]
1397 Oktober 8 der Bäcker „Chunrat Smidhofer" übergibt sein Haus an des Dieners Gassen, zunächst an dem Haus von Hans dem älteren Eisenhofer (Dienerstraße 16) gelegen, seinem Vetter „Fridreichen dem Smidhofer", ebenfalls Bäcker.[5]
1398/99 die Stadt hat aus des Smidhofers Haus (Zins-)Einnahmen. Es gehört zu den Häusern derer, denen die Stadt verboten ist „und auch etlicher, die auch aussen sind", das heißt die wegen der Unruhen die Stadt verlassen haben. Die Stadt hat die Häuser beschlagnahmt, verpachtet und kassiert die Pachtzinsen.[6]
1455 März 19 das Haus des „Martein Newfarer des pecken" ist dem Haus des Herzogs Albrecht III. beziehungsweise Ulrich Schiesser (Altenhofstraße 3*) benachbart.[7] Gleiches gilt für
1465 März 30 und **August 5**.[8]
1469 Oktober 4 der Bäcker Martin Neufarer hat aus diesem seinem Bäckerhaus und Hofstatt an der Dienersgasse, das Eckhaus an dem Gässel, da man in die Alte Vest geht, gelegen zwischen den Häusern des Urban Häsen Kinds selig (Dienerstraße 16) und gegenüber Hanns Seefelders des Goldschmieds Eckhaus (Dienerstraße 5*B), ein Ewiggeld von 2 Pfund Pfennigen an das neue Stift, das vor Zeiten der Juden Schuell gewesen ist, verschrieben.[9]
1479 Juni 11 das „peckenhaus, das vormals Martein Neufarers pecken gewesen ist", ist dem Haus des Goldschmieds Löffler (Altenhofstraße 3*) benachbart.[10]
1495 Januar 8 und **17** das Ehepaar Gottfrid und Anna Paussenberger verkauft Ewiggelder von 3 Gulden um 60 Gulden Hauptsumme beziehungsweise 2 Gulden um 40 Gulden (GruBu).
1496 März 10 der Bäcker Bartholome Paussenberger verschreibt 3 Gulden Ewiggeld um 60 Gulden Hauptsumme aus dem Haus (GruBu).
1496 März 11 Bartholome Paussenberger verschreibt seiner Schwester Barbara Hertzogin ein Ewig-

---

[1] Frankenburger S. 297.
[2] Gewerbeamt 1631 S. 87r Nr. 47 Isac Melber von München. – Frankenburger S. 298/300.
[3] Gewerbeamt 1631 S. 87v Nr. 51. – Frankenburger S. 303/304. – Der Goldschmied Hans Gerolzhofer musste sich 1569 und 1571 bei den Religionsverhören verantworten, vgl. Dorn S. 228, 257, und ist dann „schulden halber weckhzogen".
[4] Zimelie 9 (Ratsbuch IV) S. 4v.
[5] GB II 129/12.
[6] KR 1398/99 S. 23r, 23v.
[7] BayHStA, Oberster Lehenhof 2 S. 7v.
[8] BayHStA, Oberster Lehenhof 3 S. 24v, 25r.
[9] Stadtgericht 207/1 (GruBu) S. 422v/424v. – BayHStA, KL Andechs 30c S. 236r/239v.
[10] BayHStA, Oberster Lehenhof 3 S. 26r.

geld von 4 Gulden um 80 Gulden Hauptsumme aus dem Haus als väterliches und mütterliches Gut (GruBu). Gleiches tut er drei Tage später,

1496 März 14, für seine Schwester Anna Munstratin (3 Gulden um 60 Gulden) (GruBu).

1513 August 29 Barbara Hertzogin verkauft ihr 1496 erworbenes Ewiggeld (Hypothek) an den Bäcker Georg Schmidt weiter (GruBu). Er steht 1514 auch bereits in der Steuerliste an dieser Stelle.

1527 Juni 18 das Haus des Bäckers Lienhard Schmied ist dem Haus der Erben des Andre Schlegel (Dienerstraße 16) benachbart.[1]

1538 März 29 der Bäcker Caspar Schmid und seine Hausfrau Apollonia verkaufen dem Bäcker Georg Schmidt 5 Gulden Ewiggeld um 100 Gulden Hauptsumme (GruBu).

1542 Dezember 13 das Ehepaar Schmid verkauft erneut ein Ewiggeld von 3 Pfund um 60 Pfund Hauptsumme (GruBu).

1545 Oktoner 19 der Bäcker Caspar Schmid, nunmehr mit seiner Hausfrau Barbara, verkauft ein Ewiggeld von 3 Gulden um 60 Gulden und

1547 März 11 noch einmal 4 Gulden um 80 Gulden Hauptsumme (GruBu).

1553 domus Haitzinger (StB).

1558 Mai 31 Hanns Haitzinger, Gesindekoch zu Hof, und seine Hausfrau Anna verkaufen 5 Gulden Ewiggeld um 100 Gulden Hauptsumme (GruBu). Das Ehepaar wiederholt solche Ver-käufe

1559 April 18 (5 Gulden um 100 Gulden) und

1563 Juni 14 (2 Gulden um 40 Gulden) (GruBu).

1569 März 19 Anna, die Witwe des Gesindekochs Hanns Haitzinger, verschreibt ihrer leiblichen Tochter Anna 15 Gulden Ewiggeld um 300 Gulden zur Entrichtung ihres väterlichen Gutes. Die Witwe Anna hat offenbar den Hanns Pierbach geheiratet; denn schon einen Tag später,

1569 März 20, verkaufen Hanns Pierbach, fürstlicher Trabant, und seine Hausfrau Anna (!) ihrem Schwager, dem Bäcker Urban Paur und seiner Hausfrau Barbara, weitere 5 Gulden um 100 Gulden Hauptsumme aus dem Haus (GruBu).

1571 Januar 26 das genannte Ehepaar verschreibt wieder ein Ewiggeld (Hypothek) von 5 Gulden um 100 Gulden (GruBu). Weitere Verschreibungen durch das Ehepaar folgen

1573 Mai 2 (5 Gulden um 100 Gulden),

1573 Mai 18 und

1575 März 16.

1574 laut Grundbuch (Überschrift) des „Hannsen Pierbach, fürstlichen Trabanten, Haus am Ögkh". Das Haus ist bis 1888 ununterbrochen im Besitz von Bäckern.

Eigentümer Dienerstraße 17:

* Chunrat pistor. 1381 Chunrat Smidhofer pistor[2]
    St: 1368: -/-/40, 1369, 1371, 1372: -/-/60, 1375: 1/-/20, 1377: 1/-/- juravit, 1378, 1379, 1381: 1/-/-

  mater eius inquilina
    St: 1377: -/-/24 juravit, 1378, 1379, 1381: -/-/24

* Fridl peck. 1399-1406 Fridrich Smidhofer peck. 1407, 1408 Smidhofer peck. 1411 Fridrich Smidhofer [Vetter von Chunrat Smidhofer]. 1413 patrimonium Fridrich Smidhofer peck
    St: 1387: -/-/20 iuravit, 1390/I-II: -/-/40, 1392: -/-/60, 1393: -/-/80, 1399: 0,5/-/-, 1400: -/4/-, 1401/I: 0,5/-/-, 1401/II: -/5/10 iuravit, 1403, 1405/I: -/5/10, 1405/II: -/5/- iuravit, 1406-1408: -/6/20, 1410/I: -/5/- iuravit, 1410/II: -/6/20, 1411: -/5/-, 1412: -/6/20, 1413: -/5/- patrimonium

  Ulrich Schmidhofer bek
    St: 1394: -/-/60, 1395: -/-/60 non juravit, 1396: -/-/50 fur 2 lb, 1397: -/-/-

  pueri [des Fridrich] Smidhofer
    St: 1415: -/-/67 gracianus, 1416, 1418, 1419: -/3/- gracianus

  Chuntz (Chunrat) Smidhofer, 1415-1418 peck
    St: 1415: -/-/60 gracianus, 1416, 1418: -/-/60 für nichil, 1419: -/-/60

---

[1] GB IV S. 138v.
[2] Chunrat [Smidhofer] peck ist 1381 Mitglied des Großen Rats, vgl. R. v. Bary III S. 747a.

** Marttein peck [äußerer Stadtrat[1]], 1428, 1431, 1439/I-1462 Martein Newfarer, 1428-1439/II, 1441/I-II, 1445, 1450, 1453, 1455-1462 beck
   St: 1423: 1/-/18, 1424 -/-/86 hat zalt, 1428: dedit 6 gross, 1431: 1/-/4 iuravit, 1450, 1453-1458: Liste, 1462: 2/-/56
   Sch: 1439/I-II, 1440, 1441/I-II: 2,5 t[aglon], 1445: 4 ehalten, dedit
   StV: (1428) fur sich, sein hausfrau und sein ehalten.
** Gotfrid (Gótschl) Pausenperger (Haussenprger [!]) peck.[2] Gótschl peck [∞ Anna]
   St: 1482: -/5/26, 1486, 1490: -/7/18
   StV: (1490): et -/-/16 dedit von 2 lb geltz in di new stift.
** Pártel Pausenperger peck
   St: 1496: -/4/13, 1500: -/5/19
   StV: (1496): et dedit -/3/17 patrimonium für sein vater; et dedit -/-/16 von 2 lb gelts in die Neustift.
* Linhart schmid, 1514-1529, 1542, 1550 peckh,[3] 1540, 1541, 1550-1555 der alt
   St: 1514: Liste, 1522-1526, 1527/I: 1/5/25, 1527/II, 1528, 1529, 1532, 1540-1542: 2/2/10, 1543: 4/4/20, 1544: 2/2/10, 1545: 4/5/2, 1546-1548, 1549/I-II, 1550, 1551/I-II, 1552/I-II: 2/2/16, 1553, 1554/I: 1/3/25, 1554/II: 1/3/25 patrimonium, 1555: haben die erben zugsetzt
** Caspar schmid, 1532, 1545 peck [∞ Apollonia]
   St: 1532: -/2/-, 1540-1542: -/5/10, 1543: 1/3/20, 1544: -/5/10, 1545: -/5/20, 1546, 1547: -/2/25, 1548: -/2/25 patrimonium
   Lienhart schmid, 1550, 1551/I, 1556 peckh, 1550, 1551/II-1555 junger (der jung)
   St: 1550: -/-/28 gracion, 1551/I: -/-/28 gracion die ander, 1551/II: -/4/12 juravit, 1552/I-II: -/6/22, 1553, 1554/I-II: -/4/10, 1555: -/4/27 zugsetzt, 1556: -/4/27
   StV: (1551/II) soll seiner hausfrau gueth hinfúro zusetzn. (1552/I) hat seiner hausfrau gueth zugsetzt.
** domus Haitzinger, 1553, 1554/I pachmaister [Backmeister ?] zu hoff
   St: 1553, 1554/I: -/6/-
** Hanns Haitzinger gsindkoch [∞ Anna].[4] 1555 Hanns gsindkoch etwen pachmaister. 1556, 1560 Hanns Haytzinger (Haitzinger), 1561-1566/II khoch. 1567/I-1568 Hanns Haytzinger[in] köchin
   St: 1554/II: -/6/-, 1555: 1/4/20 juravit, 1556, 1557: 1/4/20, 1558: 3/2/10, 1560: 1/4/20, 1561, 1563, 1564/I: 1/6/-, 1564/II, 1565, 1566/I-II: 1/6/- búrger (unnd) hoffgsind, 1567/I-II, 1568: an chamer
   StV: (1554/II) de domo, von zinsen. (1567/II) 3/5/- fúr 2 versessen steur adi 17. Octobris anno [15]68.
** Hanns Pierpach [fürstlicher] trabanth. 1571 Pierpach trabannt [∞ wohl Witwe Anna Haitzinger]
   St: 1569: -/2/25 fúr sein hauß, 1570, 1571: an chamer
   StV: (1569) mer fúr ine gratia -/1/12; mer fúr sein hausfrau ain doppelte steur 3/5/-.
   Urban Paur [Bäcker; Schwager des vorigen, ∞ Barbara]
   St: 1569: 2/-/27
   StV: (1569) mer fur Abraham metzger folio 10 [= 10r, Ewiggeld], steurt Ranckh peckh.

Bewohner Dienerstraße 17:

Wohnungen wohl teils im Hinterhaus Altenhofstraße 1.

Órtel sneyder inquilinus St: 1368: -/-/40
relicta Kúnsdorfferin inquilina St: 1368: -/-/8
Perchtolt taschner inquilinus St: 1368: -/-/8
Haensel Lexprátel inquilinus St: 1369: -/-/12
Haensel Wúrczel (Wurczel) inquilinus St: 1371, 1372: -/-/12
Hans Swemmer mercator inquilinus St: 1372: -/-/-

---

[1] Der Newfarer ist 1463 Vierer der Bäcker, 1459-1465 auch äußerer Stadtrat, vgl. RP.
[2] Götschel ist 1468, 1473, 1475, 1476, 1481, 1486, 1487, 1489, 1490 Vierer der Bäcker, vgl. RP.
[3] Linhart schmid ist 1518 und 1519 Vierer der Bäcker, vgl. RP.
[4] 1554/II vor „Haitzinger" getilgt „pachmaister".

Sweigger inquilinus St: 1377, 1378: -/-/-
Gotlieb káufflin (mercatrix) inquilina
    St: 1377: -/-/12 juravit, 1378: -/-/12, 1382, 1383/I: -/-/12, 1383/II: -/-/18
  Gotlieb inquilinus, 1381 Gotlieb mercator inquilinus St: 1379, 1381: -/-/12, 1388: -/-/-
Torer pistor St: 1382: -/-/12
Chunrat Pawr (Paur) pistor (peck)
    St: 1383/I: -/-/18 gracianus, 1383/II: -/-/36 juravit, 1388: -/-/32 juravit
relicta Stainprugklin inquilina St: 1383/I: nichil, 1388: -/-/-
Plabenstain seydennater inquilinus St: 1383/II: -/-/24
Ulrich schreiber inquilinus St: 1387: -/-/12 iuravit
Óder sneyder inquilinus St: 1388: -/-/12 juravit
Krechel inquilinus[1] St: 1399: -/-/-, 1400: -/-/20
Peter Traeschel inquilinus
    St: 1401/II: -/-/-, 1403: nichil habet, 1405/I-II: -/-/-, 1406: -/-/24 fúr nichil, 1407: -/-/-
Hannsel Nẃssel satler inquilinus St: 1401/II: -/-/-
uxor Hanns fútrerin, 1411 inquilina St: 1410/II-1412: -/-/-
Ann portenwurcherin inquilina St: 1410/II: -/-/-
die alt plaicherin inquilina St: 1415: -/-/-
Chunrade bot inquilinus St: 1416: nichil habet
Hantmalerin St: 1419: -/-/-
Schreyer rotsmid
    St: 1428: dedit 3 gross
    StV: (1428) fúr sich, sein weib und sein swiger.
Lorencz[2] rotsmid inquilinus St: 1431: -/-/22 gracianus
Chunrat Súmerl seidennater inquilinus St: 1431: 0,5/-/16 iuravit
Katrey Sanctus [Käuflin[3]] inquilina St: 1431: -/-/45 iuravit
Hanns Gleismaler, 1441/I inquilinus Sch: 1439/I-II, 1440, 1441/I: 1 t[aglon], 1445: 2 ehalten, dedit
Hanns Dorn kramer, 1439/II inquilinus Sch: 1439/I-II: 0,5 t[aglon]
Hanns Reinman [Taschner[4]] Sch: 1440: 1 t[aglon]
Ursula naterin inquilina Sch: 1440: 1/2 t[aglon], 1441/I-II: -/-/8
Hanns Singer goltsmid,[5] 1458, 1462 inquilinus St: 1457, 1458: Liste, 1462: -/3/25
Conrade Herdegen St: 1482: -/-/60
Conradin kaflin. 1490, 1496, 1500 Clara kafflin St: 1486, 1490: -/2/3, 1496, 1500: -/2/7
relicta Mangoltin. 1496 Mangoltin St: 1490: 1/-/13, 1496: -/5/21
Hanns Reischl peck St: 1508, 1509: 1/2/13
    Jeronimus Reuschl [Goldschmied[6]] St: 1514: Liste
Arsaci Elsnpeckh St: 1548, 1549/I-II: -/2/8
Hanns zimmerman peutler
    St: 1554/II, 1555-1557: -/2/-
    StV: (1554/II-1556) mer -/-/12 fúr p[ueri] Ostermair. (1557) mer -/-/12 fúr p[ueri] Ostermayr
        fúr 3 nachsteur.
Cristoff Wúrm hoffkoch. 1557 Cristoff Angstwúrm
    St: 1556: -/2/- als búrger, 1557: -/2/- hoffgsind und búrger
Caspar Gebhart peckh, 1559, 1564/I der jung
    St: 1557: -/3/7 juravit, 1558: -/6/14, 1559, 1560: -/3/7, 1561, 1563, 1564/I-II, 1565, 1566/I-II,
        1567/I-II: -/5/1
Laux [Gessler] palbiererin St: 1558: 2/3/12

---

[1] Ganzer Eintrag 1399 wieder getilgt.
[2] „Lorencz" über getilgtem „Hanns".
[3] Vgl. Burgstraße 14.
[4] Vgl. Dienerstraße 1*.
[5] Hanns Singer 1460 Vierer der Goldschmiede, vgl. RP. – Frankenburger S. 276.
[6] Jeronimus Reuschl ist 1520 Vierer der Goldschmiede, vgl. RP. – Frankenburger S. 286.

Hanns schuechmacher, 1558, 1559, 1564 goltschmid. 1560 schuechmacher goldschmid [von Hamburg[1]]
> St: 1558: 2/6/14, 1559, 1560: 1/3/7, 1561, 1563, 1564/I-II: 2/6/-, 1566/I: -/-/-
> StV: (1566/I) steurt in des Schweindls hauß [= Dienerstraße 7].

Melchior (Melcher) Anthoni leermaister St: 1559-1561: -/2/-
Hainrich Jerger (Jörger, Jörgner) schneider
> St: 1559, 1560: -/2/-, 1561, 1563, 1564/I-II, 1565, 1566/I-II: -/3/22
> StV: (1563) mer -/2/13 für sein schwiher matrimonium.

Michel stainschneiderin St: 1559: -/6/5
Lenhart Riegerin
> St: 1561: -/2/13
> StV: (1561) mer -/5/3 für 2 versessen steur.

Sixt Perckhamer,[2] 1563 hofsporers sůn, 1564/I-1566/I sporer
> St: 1563, 1564/I-II, 1565, 1566/I: -/2/-

Jheremias Ferus (Fergus) notarius[3] St: 1565, 1566/I-II, 1567/I-II: -/2/-, 1568: -/4/-
Cunrad schmid einhaitzer (haitzer). 1567/II Cunrad einhaitzer zu hoff, schmidt[4]
> St: 1566/I-II, 1567/I-II: -/2/9

Pauls Tislin St: 1566/I: -/2/-
Anastasia Scheyrerin St: 1566/II, 1567/I-II: -/2/-
Melchior koch puechpinter St: 1567/I-II: -/2/-
Veit Stockhmair falckhner. 1570, 1571 Veith falckhner St: 1567/II: -/-/14 gratia, 1570, 1571: -/2/-
Jörg Petenpeckh sthuelschreiber St: 1568: -/2/10 gratia
Caspar Gebhart peckh St: 1568: an chamer
Balthauser Widman, 1569-1571 goldschmid [von München[5]]
> St: 1568: 1/-/- gratia, 1569, 1570, 1571: 1/4/17
> StV: (1568) seiner hausfrau guet versteurt der Maspanngl. (1569) ausser seiner hausfrauen guet, das er khünfftig zuesetzn soll. (1570) ausser seiner hausfrauen guet, weil es noch nit richtig. (1571) ausser seiner hausfrauen guett, noch unrichtig.

Anndre Frannckh, 1568 keller, 1569 khellner zu hof
> St: 1568: -/4/-, 1569: -/2/-
> StV: (1568) unnd für sein schwiher -/2/- der zeit. (1569) mer will er sein schwiher Mathes peitlerin tod unnd lebenndig versehen.

Cunradt Miserin (Münserin, Minserin) wittib St: 1569-1571: -/2/-
Matheus Mair [Barettmacher[6]] St: 1569, 1570: -/2/-
Jörg (Geörg) Kornperger peckh St: 1570: -/1/5 gratia, 1571: -/3/11 juravit
Hanns Schwartz goldschmid [von München[7]] St: 1571: -/3/16

Dienerstraße 18
(wahrscheinlich bis mindestens 1403 mit Altenhofstraße 4)

Lage: Eckhaus Süd zur Altenhofstraße.
Name: 1378 „Scharfneck". 1382 „Scharphenegg(e)". 1387, 1482 „Scharffenegk". 1402/03 „Scharffeneck".

---

[1] Der Goldschmied N. Schuechmacher wurde im Sommer 1569 beim Religionsverhör vernommen, vgl. Dorn S. 227. – Frankenburger S. 296.
[2] 1563 Familienname nachgetragen.
[3] Der Notar Hieronymus (!) Ferus musste sich 1569 und 1571 bei den Religionsverhören verantworten, vgl. Dorn S. 230, 262.
[4] 1566/II stehen untereinander „Cunrad schmid haitzer" mit -/2/9 Steuer und „Cunrad einhaitzer", ohne Steuer, aber mit dem Vermerk „zalt oben", d. h. die beiden sind identisch und wurden vom Steuerschreiber versehentlich zweimal aufgeführt.
[5] Gewerbeamt 1631 S. 87v Nr. 53. – Frankenburger S. 304/305. – Der Goldschmied Balthasar Widman musste sich 1571 beim Religionsverhör verantworten, vgl. Dorn S. 257.
[6] Vgl. Landschaftstraße 4 und Dienerstraße 9.
[7] Gewerbeamt 1631 S. 87v Nr. 49. – Frankenburger S. 303.

Hauseigentümer:

Das Haus wird seit 1378 als „Scharphenegg" oder „Scharfneck" bezeichnet.[1] Erstmals liegt am 16. September 1378 das Haus Dienerstraße 5* (heute Rathaus-Ecke) „gen Scharfneck über".[2] Bei den späteren Nennungen sind jeweils Zers, Frazz, Symon Stainmeissel, alle zu Dienerstraße 19 gehörend, die Nachbarn, sodaß sich eindeutig das Haus 18 als Scharffen-Eckhaus ergibt. Namengeber dürfte eine Familie Scharp oder Scharf gewesen sein. Es gab diesen Familiennamen zum Beispiel bei einer Bader-Familie, die auch einem Bad, dem „Scharpfenbad" den Namen gegeben hat. Seit 1368 ist allerdings der Name an der Dienerstraße nicht auszumachen.

1370 die Baukommission beanstandet in der Dienerstraße (als nächstem Eintrag nach dem Bäckerhaus Nr. 17): des „Hanns Schrenchen bed lauben und kellerhaels [sollen] ab[getan werden]".[3] Hanns Schrenck erwarb im Jahr 1375 das Haus Dienerstraße 21 mit Burgstraße 4. Das Haus Nr. 18 wurde von da ab offensichtlich verpachtet.

1378 September 16 das Eckhaus des Hans Frazz (Dienerstraße 5*B) liegt „gen Scharfneck über".[4]

1382 April 18 das Haus des „Hainrich chauffel des Zers" an des Dieners Gassen (Dienerstraße 19) ist zunächst „an Scharphenegg" gelegen.[5]

1382 Juni 20 das Haus des Kürschners Hanns Frazz (Dienerstraße 19) ist „ze naechst an Scharphen egge" gelegen.[6]

1383 April 22 das Haus des Kürschners Hans Frazz liegt „ze naest an Scharphen egg".[7]

1383 August 21 das Haus des Hanns Frass beziehungsweise Symon des „stainmaisse[l]" (Dienerstraße 19) liegt „ze naest an Scharphen egg".[8]

1387 Februar 24 das Haus „Scharffenegk" ist dem Haus des „Symon dez stainmezzen" (Dienerstraße 19) benachbart.[9] Auch am 6. Mai 1482 wird noch einmal ein Ewiggeld genannt, das auf dem Haus des Symon steinmetzen (Dienerstraße 19) „ze nagst an Scharffenegk", liege.[10] Diese Angaben sind aber mit Sicherheit aus einer Vorurkunde der Zeit um 1387 entnommen.

1400/1402 des Matheis Schrenck Haus ist durch das Stadtregiment der Unruhe-Zeit beschlagnahmt worden und die 20 Gulden rheinisch Miete für das Haus, die der Gebel [Gielinger] Goldschmied, einer der „Darnach Bösen" nach der Wertung von Katzmair,[11] auch Mitglied des äußeren Stadtrats, zu zahlen hatte, wurden in dieser Zeit von der Stadt eingenommen.[12] Der Goldschmied Gebel steht hier seit 1387 in den Steuerbüchern. Er wird als Pächter vom Kürschner Ulrich Ulm beziehungsweise „von dem Ulm prewen" abgelöst, der ab 1401 seine Stelle in den Steuerbüchern einnimmt und laut Kammerrechnung von

1402/1403 nunmehr den Mietzins (15 Schillinge) „aus des Matheis Schrencken haws zu Scharffenegk" an die Stadt zahlt.[13] Bemerkenswert ist, daß Ulrich Ulm in den Steuerbüchern als Kürschner bezeichnet wird, in der Kammerrechnung dagegen als „prew".[14] Er erscheint auch 1412 als „kürsner prew" mit zwei Berufsbezeichnungen.

1411 Februar 3, Februar 10 und **Februar 12,**
1413 Juni Mitte und **September 16,**
1414 Mai 10 und **Juli 10** das Haus der Familie Wölfel (Dienerstraße 19) ist dem Pauls des Plattners benachbart.[15]

---

[1] GB I 101/5, 161/8, 163/6, 179/5, 188/7. MB XX 99 S. 39 (24.2.1387) und KR 1402/03 S. 25v.
[2] GB I 101/5. – Vgl. auch Stahleder, Haus- und Straßennamen S. 406.
[3] Zimelie 9 (Ratsbuch IV) S. 4v.
[4] GB I 101/5.
[5] GB I 161/8.
[6] GB I 163/6.
[7] GB I 179/5.
[8] GB I 188/7.
[9] Urk. D I e 1 – XIII Nr. 24 = MB XX 99 S. 40.
[10] MB XXI 42 S. 348.
[11] Muffat, Kazmair-Denkschrift S. 464, 509.
[12] KR 1400/02 S. 27v.
[13] KR 1402/03 S. 25v.
[14] Vgl. dazu: Stahleder, Bierbrauer S. 62/63 und S. 64/66.
[15] GB III 104/1, 2, 5 (1411), 140/16, 143/10 (1413), 149/10, 151/4 (1414).

Der nachfolgende Heinrich Harder dürfte die Witwe des Paul geheiratet haben und die „pueri uxoris" von 1415/16 dürften die unmündigen Kinder des Plattners Paul sein. Sicher bezeugt als Hauseigentümer ist erst wieder

1454 Thoman platner, aus dessen Haus der Pfarrer von Unserer Lieben Frau ein Ewiggeld hat.[1] Unklar ist, ob „platner" Familienname oder Berufsbezeichnung ist.

1482 Mai 6 das Haus des Symon Stainmetzen (Dienerstraße 19) liegt „ze nagst an Scharffenegk", vgl. 1387 Februar 24.[2]

1482, 1486, 1490, 1496 domus (Propstes) des von Bernried (StB).

1485 Januar 10/11 das Haus des Gotteshauses Bernried ist dem Haus des Ehepaares Sigmund und Barbara Fünsinger (Dienerstraße 19) benachbart.[3]

1502 Juli 18 das Haus des Propstes von Bernried liegt an der Dienersgasse dem Eckhaus des Kürschners Hanns Pränpeck (Dienerstraße 6) gegenüber.[4]

1529 Juli 9 das Haus der Witwe Agnes des Hanns Hartlieb beziehungsweise Adam Wagner (Dienerstraße 19) liegt dem Haus des Jorg Rumpolt benachbart.[5]

1539 Dezember 9 Martin Kheller – Schwiegersohn des Rumpolt – verkauft laut Grundbuch aus diesem Haus ein Ewiggeld von 20 Gulden um 400 Gulden Hauptsumme.[6]

1548 September 16 die Testamentarier des Martin Kheller selig verschreiben 20 Gulden Ewiggeld um 400 Gulden Hauptsumme aus dem Haus (GruBu).

1574 laut Grundbuch (Überschrift) des Andree Kachler, fürstlichen Hofkellners, „Ögkhaus".

Um 1585/88 Hauseigentümer Sebastian Reiff, Hofprokurator (GruBu).

Eigentümer Dienerstraße 18:

* Hans [I.] Schrenck
    St: 1369, 1371: -/-/-, 1372: 15/-/-, 1375: 13/5/-
    StV: (1372) item de anno [13]69 et de anno [13]70 et de anno [13]71 45/-/-.[7]
* Matheis Schrenck [1400-1403]
* Pauls platner. 1413 relicta Pauls platner
    St: 1410/II: 1/-/16, 1411: -/6/12, 1412: 1/-/16, 1413: -/6/10 patrimonium
    Hainrich Harrder platner [∞ Witwe von Paul platner ?]. 1428 maister Hainrich platner
    St: 1415: -/12/-, 1416: 2/-/-, 1423: -/5/-, 1428: dedit 4 gross
    StV: (1428) fur sich, sein weib und sein ehalten.
    (et) pueri uxoris [= der Pauls platnerin ?]
    St: 1415: -/-/45, 1416: -/-/60 gracianus
* Thoman platner, 1431 inquilinus
    St: 1431: -/-/80 iuravit, 1450, 1453-1458: Liste, 1462: -/3/8
    Sch: 1439/I-II, 1441/I-II: 1 t[aglon], 1445: 2 ehalten, dedit
* domus des von Pernried. 1486, 1490, 1496 domus Bernried
    St: 1482, 1486, 1490, 1496: -/6/20
    StV: (1486, 1490, 1496) et dedit -/1/18 von -/12/- geltz aus Piburgers haus.
* Jorg Rumpolt (Rúmpolt, Rûmpolt), 1500-1514, 1523, 1525, 1527/II-1532 schneider[8]
    St: 1500: 1/2/8, 1508, 1509: 1/6/18, 1514: Liste, 1522: 3/-/28, 1523-1526, 1527/I: 2/6/6, 1527/II, 1528, 1529, 1532: 1/5/-
    StV: (1508, 1509) et dedit -/1/26 von 2 gulden geltz. (1523) hat abgesetzt; et dedit -/-/28 für p[ueri] Kemnater. (1524, 1525) et dedit -/-/14 für p[ueri] Kemnater.
** sein [= des Jorg Rumpolt] aiden Martein Keller. 1523 sein aiden Martein. 1525 Martein schneider sein aiden. 1526, 1527/I-II, 1529 Martein schneider. 1528, 1532, 1540-1549/I Martein Kellner (Keller), 1528, 1532, 1542-1547 schneider

---

[1] Kämmerei 64 S. 18v.
[2] MB XXI 42 S. 348.
[3] Hemmerle, Archiv des ehem. Augustinerklosters, Urk. Nr. 71 (11.1.); Urk. C VI i 10 A Nr. 3 (10.1.).
[4] Geiß, St. Peter S. 328, nach Kopialbuch der Priesterbruderschaft St. Peter S. 63v.
[5] GB IV S. 180r.
[6] Stadtgericht 207/1 (GruBu) S. 417v.
[7] Ganzer Vermerk am rechten Rand nachgetragen.
[8] Jorg Rumpolt Vierer der Schneider 1493, 1495, 1498, 1510, 1511, 1513, 1514, 1518, vgl. RP.

St: 1522: -/-/28 gracion, 1523: -/4/13 juravit, 1524-1526, 1527/I: -/4/13, 1527/II, 1528, 1529, 1532: 1/5/-, 1540-1542: 2/2/17, 1543: 4/5/4, 1544: 2/2/17, 1545: 1/3/26, 1546-1548: -/5/13, 1549/I: -/5/13 patrimonium

StV: (1549/I) mer 1/1/12 zalt die erben pro Caspar Kellner, so hinaus geerbt haben, für 3 nachsteur.

Frantz Reyff (Reiff). 1549/II Frantz pusauner, 1550, 1551/I-II Frantz Reyff pusauner, 1556-1567/I wirt. 1567/II-1571 Franntz Reiff wiertin

St: 1549/I-II, 1550, 1551/I-II: -/5/10 schenckhsteur, 1556, 1557: -/6/15, 1558: 1/6/-, 1559-1561, 1563, 1564/I-II, 1565, 1566/I-II, 1567/I-II: -/6/15, 1568: 1/6/-, 1569-1571: -/6/15

StV: (1549/I) soll auf khonfftige steuer ain gschworne steuer machen.
** Andre Kachler, fürstlicher Hofkellner 1574
** Sebastian Reiff, fürstlicher Hofprokurator [um 1585/1588]

Bewohner Dienerstraße 18:

Niclas Stadler St: 1368: 0,5/-/-
Albrecht Lesch St: 1377: 2,5/-/- juravit, 1378, 1379: 2,5/-/-
Peter Früttinger, 1383/II kúrsner St: 1383/I: 1/-/12, 1383/II: -/14/18
Gebl (Gebel) [Gielinger] goltsmid. 1394-1400 Gebel goltschmid [äußerer Stadtrat[1]]
    St: 1387: -/-/36, 1388: -/-/72 juravit, 1390/I-II: -/-/72, 1394: -/14/20, 1395: -/7/10 iuravit,[2] 1396, 1397, 1399, 1400: -/11/-
    Pferdemusterung[3], um 1398: (Korrig. Fassung): Gelbl (!) goltsmid [soll haben]1 pferd umb 16 gulden [und] selber reit[en].
Fridl maler St: 1387: -/-/12
Hanns goltsmid inquilinus St: 1388: -/-/64 juravit
Ulrich satler inquilinus St: 1388: -/-/12 non juravit
Stadler St: 1390/II: -/-/40
Weinsperger sneider St: 1390/II: -/-/48
Hainrich Múncher calciator. 1392 Municher schuster St: 1390/II: -/-/32, 1392: -/-/24
Górg Paeler, 1393 goltsmid[4] St: 1392: -/-/24, 1393: -/-/32
Ulrich Ulm kúrsner, 1392 inquilinus. 1401/I Ulm kúrsner [1402/03 prew]
    St: 1392: -/-/20 gracianus, 1401/I: -/-/60 für 8 lb, 1401/II: -/-/60 fur 7 lb, iuravit, 1403, 1405/I: -/-/60 fur 7 lb
Schewerlin inquilina St: 1392: -/-/-
Syman maẃrer 1394[5]
Thoman plattner[6] St: 1396: -/-/60 fur 6 lb
[Niclas] Laẃbinger (Lawginger) schreiber,[7] 1396 inquilinus
    St: 1396, 1397: -/-/36 (fúr) nichil, 1405/II: -/-/84 iuravit
Aengel Hermanin inquilina St: 1397: ist hofgesind, 1399: -/-/-
Arnolt messrer inquilinus St: 1397: -/-/36 fur 3 lb
Aengel Tẃrnpergerin (Twrnbergerin) inquilina St: 1397: -/-/12 fur nichil, 1399: -/-/-
Chunrad koch von parfússen St: 1399: -/-/-
Nickel schuster inquilinus St: 1399: -/-/60
Ulrich von Kostnicz goltsmid[8] inquilinus St: 1401/II: -/-/80 für 10 lb, iuravit
Herman hofschuster inquilinus St: 1403: 0,5/-/-
Hanns sneyder von Freysing St: 1410/I: -/5/- iuravit

---

[1] Gebel goldschmid 1401 äußerer Stadtrat, laut Katzmair einer der „Darnach Bösen". – Frankenburger S. 265.
[2] 1395 „iuravit" hinter getilgtem „nit geschworn".
[3] Ganzer Eintrag wohl versehentlich hinter Hans und Hainrich Per bei Dienerstraße 22.
[4] Frankenburger S. 266.
[5] Eintrag wieder getilgt.
[6] Getilgt „Plabn" und ersetzt durch „plattner".
[7] Lauginger 1413 Steuerschreiber, aber auch schon 1399 für die Stadt tätig, vgl. R. v. Bary III S. 875. – Wahrscheinlich derselbe, der später Schreiber der Herzogin Elisabeth ist, vgl. von Andrian-Werburg, Urkundenwesen S. 55.
[8] Frankenburger S. 267.

Ludweig seydennader, 1416 inquilinus St: 1415: -/-/60 fúr 10 lb, 1416: -/-/80 fur 10 lb
Lienhart lernmaister St: 1418: -/-/-
Eysnman platner St: 1428: dedit 2 gross pro se et uxore
    relicta Eysnmanin
        St: 1431: -/-/60 iuravit N.
        Sch: 1439/I-II: 0,5 t[aglon]
Chunrad Resch sneider inquilinus St: 1431: 0,5/-/8 iuravit
    relicta Reschlin (Reschs[1]) Sch: 1439/I: 1,5 t[aglon]
Andre Árb (Arb), 1439-1450 goltsmid.[2] 1453, 1462 relicta Àrbin (Arbin). 1455-1458 relicta Andre
    Arbin, 1462 inquilina
        Sch: 1439/I-II, 1440, 1441/I-II: -/-/15
        St: 1450, 1453-1458: Liste, 1462: vacat, ist pey irm sun
    Hanns Arb goltschmid inquilinus St: 1462: in kamer
Hainreich Fróleich, 1439/II schneider. 1441/I-II relicta Frólichin sneiderin
    Sch: 1439/II, 1440, 1441/I-II: 1,5 t[aglon]
Hainrich Alkircher, 1440, 1441/II inquilinus, 1441/I prúchler Sch: 1440, 1441/I-II: 1,5 t[aglon]
Ulrich Sússnkofer sneider Sch: 1445: 3 ehalten, dedit
Marx Grássel sneider St: 1450: Liste
Jacob abntewrer (abenteurer), 1453 inquilinus St: 1453-1458: Liste, 1462: 1/-/- sein gesacztew stewr
Paule Schwábel (Schwabel) kursner St: 1456-1458: Liste
Schmidel schneyder inquilinus St: 1462: -/-/60
Steffan Keck
    St: 1462: -/-/78
    StV: (1462) die ander nachstewr zalt meister Ullrich maller, porg Wolf schuster.
Hanns Utenhofer, 1490, 1496, 1500 goltschmid[3]
    St: 1482: 1/-/15, 1486, 1490: 1/3/9, 1496: 1/5/14, 1500: 1/3/16
    StV: (1482) Hanns Útenhofer ist porg fúr die drei nachstewr der Sefelderin, dedit die erst nach-
        stewr -/-/60. (1486) et dedit -/-/25 fur pueri Kaufman. (1496) et dedit 5/-/- die ander nach-
        steur fúr Núrnberger.
Martin turhueter St: 1486: nichil
Matheus Zayssinger goltschmid[4] St: 1500: -/1/12 gracion, 1508: -/4/10
Jeronimus Reischl g[oltschmid][5]
    St: 1509: 1/3/23
    StV: (1509) dar inn seiner hausfrauen heyratgut zůgesetzt.
Hanns Paurnfeindt, 1525, 1527/I-II goltschmid[6]
    St: 1525: -/5/8, 1526: 1/1/25 juravit, 1527/I: 1/1/25, 1527/II: 1/1/3
    StV: (1525) sol bis jar schwern.
Hanns Rößlmair pader St: 1525: -/2/16
Ulrich Kytzmágl goltschmid[7] St: 1542: -/5/-
Jorg Stúmpff (Stúmp) goltschmid[8]
    St: 1552/I-II: 2/6/20, 1553, 1554/I-II, 1555: 1/4/26
    StV: (1552/I) hat zugsetzt 200 fl pargelt, so sein mueter hat abgsetzt.

---

[1] „Reschs" steht 1439/I ohne Tilgung hinter „Reschlin".
[2] Frankenburger S. 270.
[3] Hanns Uttnhofer (Undenhofer) Vierer der Goldschmiede 1481, 1482, 1484, 1486, 1489, 1497, vgl. RP. 1489-1496, 1498-1502 auch amtlicher Silberschauer und Gewichtszeichner der Stadt, vgl. R. v. Bary III S. 951. – Frankenburger S. 280.
[4] Matheis Zaissinger Vierer der Goldschmiede 1506, 1508-1510, 1512-1514, vgl. RP. – Frankenburger S. 283/285.
[5] Jeronimus Reuschl 1520 Vierer der Goldschmiede, vgl. RP. – Frankenburger S. 286.
[6] Frankenburger S. 288.
[7] Frankenburger S. 289.
[8] Frankenburger S. 291.

Dienerstraße 19

Charakter: Seit Ende 15. Jahrhundert Weinschenke.

Hauseigentümer Dienerstraße 19:

1370 die Baukommission beanstandet in der Dienerstraße „des [Dietel, Dietreich] Tómlingers lauben" (nach Hanns Schrenck Dienerstraße 18 und vor Hainrich Rudolf Dienerstraße 20 stehend).[1]

1375 Dezember 4 Dietel der Tömlinger verpfändet sein Haus an des Dieners Gassen um 10 Pfund Regensburger Pfennige „Mateysen dem Eysenman".[2]

1376 August 12 Matheis Eysnman reicht Dietreichs des Tömlingers Haus pfandschaftsweise weiter an Hainrich den Zagel (Zers)[3]. Außer dem Eysenman sind auch noch andere Gläubiger des Tömlinger vorhanden.[4]

1382 April 18 Hainrich chauffel der Zers (Zagel) hat sein Haus, gelegen an des Dieners Gassen „ze naest an Scharphenegg" (Dienerstraße 18) dem Hanns dem Frauss verkauft.[5]

„Zagel" oder „Zers" haben die gleiche Bedeutung: Schwanz, Schweif, männliches Glied. In diese Richtung deutet auch der Name des ersten Steuerzahlers bei diesem Haus im Steuerbuch von 1368: „Dietel geslaecht". Er könnte identisch sein mit Dietel Tömlinger. Die Namen sind offensichtlich Spitznamen. Der Steuerschreiber zeichnet im Jahr 1377 über dem Namen „Zagel vragner" einen erigierten Penis und 1381 ein anderes Symbol von gleicher Bedeutung.

1382 Juni 20 Hanns Frazz der Kürschner verpfändet sein Haus an des Dieners Gassen, zunächst „an Scharphenegge" (Dienerstraße 18).[6]

1383 April 22 Hans Frazz der Kürschner verpfändet erneut sein Haus an des Dieners Gasse, „ze naest an Scharphenegg" (Dienerstraße 18) gelegen, diesmal um 118 Gulden.[7]

1383 August 21 der Kürschner Hanns der Frass verkauft sein Haus an des Dieners Gassen, „ze naest an Scharphenegg" (Dienerstraße 18), „Symon dem stainmaisse[l], dez Ulein prueder".[8]

1387 Februar 24 des „Symon des stainmezzen" Haus an des Dieners Gassen ist zunächst an dem „Scharffenegk"-Haus (Dienerstraße 18) gelegen.[9] Noch am 6. Mai 1482 wird ein Ewiggeld auf „Symon stainmetzen haws an der Dienergassen ze nagst an Scharffenegk" (Dienerstraße 18) genannt.[10] Diese Angaben stammen sicher aus einer früheren Urkunde der Zeit um 1387.

1411 Februar 3 Elisabeth, Hans des Wölfels Witwe, verkauft ihr Haus an des Dieners Gasse, zunächst an Paulsen des platners Haus (Dienerstraße 18) gelegen, an ihren Sohn Hans den Wölfel und seine Hausfrau Diemut, geborene Rainer.[11]

1411 Februar 12 Hans Wölfel (der jüngere) verpfändet sein Haus an des Dieners Gasse, zunächst dem Haus Pauls des Plattners (Dienerstraße 18), einem Wasserburger Bürger (Michael Kölnizz).[12]

1413 Juni Mitte „Diemut die Wolflin, Hansen des Wolfels hausfrawen", versetzt ihr Haus an des Dieners Gasse, zunächst dem Haus „Pawlsen des platners" (Dienerstraße 18) gelegen.[13]

1413 September 16 wiederum versetzt Hans der Wölfel sein Haus an des Dieners Gasse, benachbart dem Haus des Plattners Paul (Dienerstraße 18), diesmal Perchtolt dem Zweng, dem späteren Eigentümer, um 27 ungarische Gulden.[14]

---

[1] Zimelie 9 (Ratsbuch IV) S. 4v.
[2] GB I 71/3.
[3] GB I 80/5.
[4] GB I 80/6.
[5] GB I 161/8.
[6] GB I 163/6.
[7] GB I 179/5.
[8] GB I 188/7.
[9] Urk. D I e 1 - XIII Nr. 24 = MB XX 99 S. 40.
[10] MB XXI 42 S. 348.
[11] GB III 104/1, 2.
[12] GB III 104/5.
[13] GB III 140/16.
[14] GB III 143/10.

1414 Mai 10 Hans Wölfel versetzt die Überteuerung aus seinem Haus an des Dieners Gasse, zunächst dem Haus des Plattners Paul (Dienerstraße 18) gelegen, „Chunrat dem Reysenegt", den späteren Eigentümer.[1]

1414 Juli 10 Perchtolt Zweng hat sein Haus, gelegen an des Dieners („Trieners") Gassen, „zẃ nachst an Paulsen des platners haus" (Dienerstraße 18), und das vorher Hansen dem Wolflein gehört hatte, aber von diesem dem Zweng verpfändet worden war, wie im Gerichtsbuch geschrieben steht, „Chunrat dem Reysenegg" verkauft.[2]

1415 Februar 21 „Chunrat Reisenegk" klagt vor dem Stadtgericht gegen Perchtold den Zweng, nachdem er des Hänsel des Wölfels Haus von ihm gekauft hatte. Das Haus habe aber der Kölnisch von Wasserburg inne und wolle es ihm nicht übergeben.[3]

1454 der Pfarrer von Feldkirchen hat ein Ewiggeld auf dem Haus des Gegenschreibers Castl an des Dieners Gasse.[4]

Fünsinger, Hartlieb und Pöndl sind bereits durch das Grundbuch als Hauseigentümer belegt.

1485 Januar 10 laut Grundbuch verkaufen der Metschenk Sigmund Finsinger und seine Hausfrau Barbara ein Ewiggeld von 4 Gulden um 100 Gulden Hauptsumme aus dem Haus.[5] Das Haus liegt zwischen des Gotteshauses von Bernried (Dienerstraße 18) und des von Hausen seliger Witwe (Dienerstraße 20) Häusern. Gemäß dieser Abmachung soll alle Quatember der Eltern, Vorvorderen, Nachkommen der Hausfrauen des Hans und Niclas Hartlieb, des Balthasar Werder und aller aus dem Geschlecht Verstorbener mit einem Paternoster gedacht werden.[6] Der folgende Hanns Hartlieb ist also mit Finsinger verwandt: Er zahlt 1508 auch die Erbschaftssteuer für die Sigmund Finsingerin.

1485 Januar 11 der Metschenk Sigmund Fünsinger und seine Frau Barbara verschreiben aus ihrem Haus und Hofstatt an des Dieners Gassen ein Ewiggeld von 4 Gulden jährlich an das Augustinerkloster. Nachbarn sind das Haus des Gotteshauses Bernried (Dienerstraße 18) und das Haus der Witwe des verstorbenen Hawsen (Dienerstraße 20). Als Verwandte werden genannt: Balthasar Wergker (!), der verstorbene erste Ehemann der Barbara Fünsinger, Niclas Hartlieb, der Schwager und Bruder des Fünsinger-Ehepaares, dazu Meister Hanns Hartlieb, der Schwager und Vetter des Ehepaares, und seine Frau Sibilla.[7]

1485 Juni 24 das Haus des (noch unmündigen) Jacob Katzmair (Dienerstraße 20) ist dem Haus des Sigmund Finsinger an des Dieners Gasse benachbart.[8]

1507 Februar 27 das Haus des Hanns Hartlieb ist dem Haus der Familie des verstorbenen Wilhelm Scharfzahn (Dienerstraße 20) benachbart.[9]

1508 Juni 9 das Haus des Hanns Hartlieb ist dem Haus der Witwe Magdalena des Wilhelm Scharfzahn (Dienerstraße 20) benachbart.[10]

1508 November 14 der Metschenk Hanns Hartlieb und seine Hausfrau Agnes verkaufen 9 Gulden Ewiggeld um 180 Gulden Hauptsumme aus dem Haus (GruBu).

1510 Dezember 23 das Ehepaar Hartlieb verkauft erneut 10 Gulden um 200 Gulden Hauptsumme aus dem Haus (GruBu).

1512 Mai 11 das Haus des Hanns Hartlieb an der Dienerstraße ist dem Haus der Witwe Magdalena von Wilhelm Scharfzahn (Dienerstraße 20) benachbart.[11]

1529 Juli 9 Haus und Hofstatt von Agnes, der Witwe des Hanns Hartlieb, liegt an der Dienersgasse zwischen den Häusern des Wilhelm Scharfzand (Dienerstraße 20) und des Jorg Rumpolt (Dienerstraße 18). Es wird jetzt an Adam Wagner und seine Hausfrau Ursula verkauft.[12]

---

[1] GB III 149/10.
[2] GB III 151/4.
[3] GB III 161/8. Vgl. auch GB III 161/10.
[4] Kämmerei 64 S. 12r.
[5] Stadtgericht 207/1 (GruBu) S. 414v.
[6] Urk. C VI i 10 A Nr. 3.
[7] Hemmerle, Archiv des ehem. Augustinerklosters, Urk. Nr. 71.
[8] Urk. F I/II Nr. 6 Dienerstraße.
[9] Urk. B II b Nr. 16.
[10] Urk. B II b Nr. 17.
[11] Urk. B II b Nr. 18. Vgl. auch Nr. 28 (31.5.1549).
[12] GB IV S. 180r.

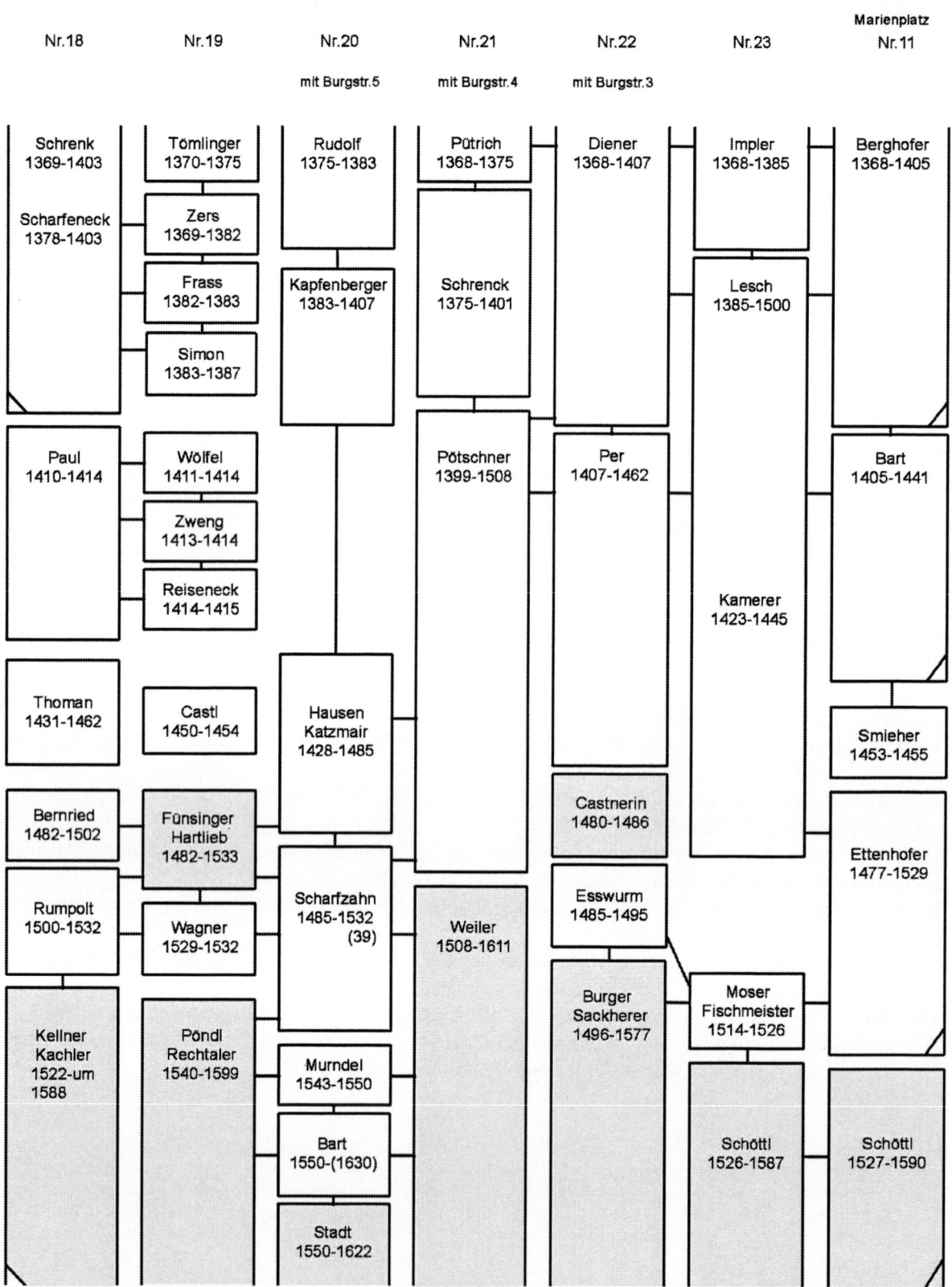

Abb. 50 Hauseigentümer Dienerstraße 18 – 23, Marienplatz 11.

1572

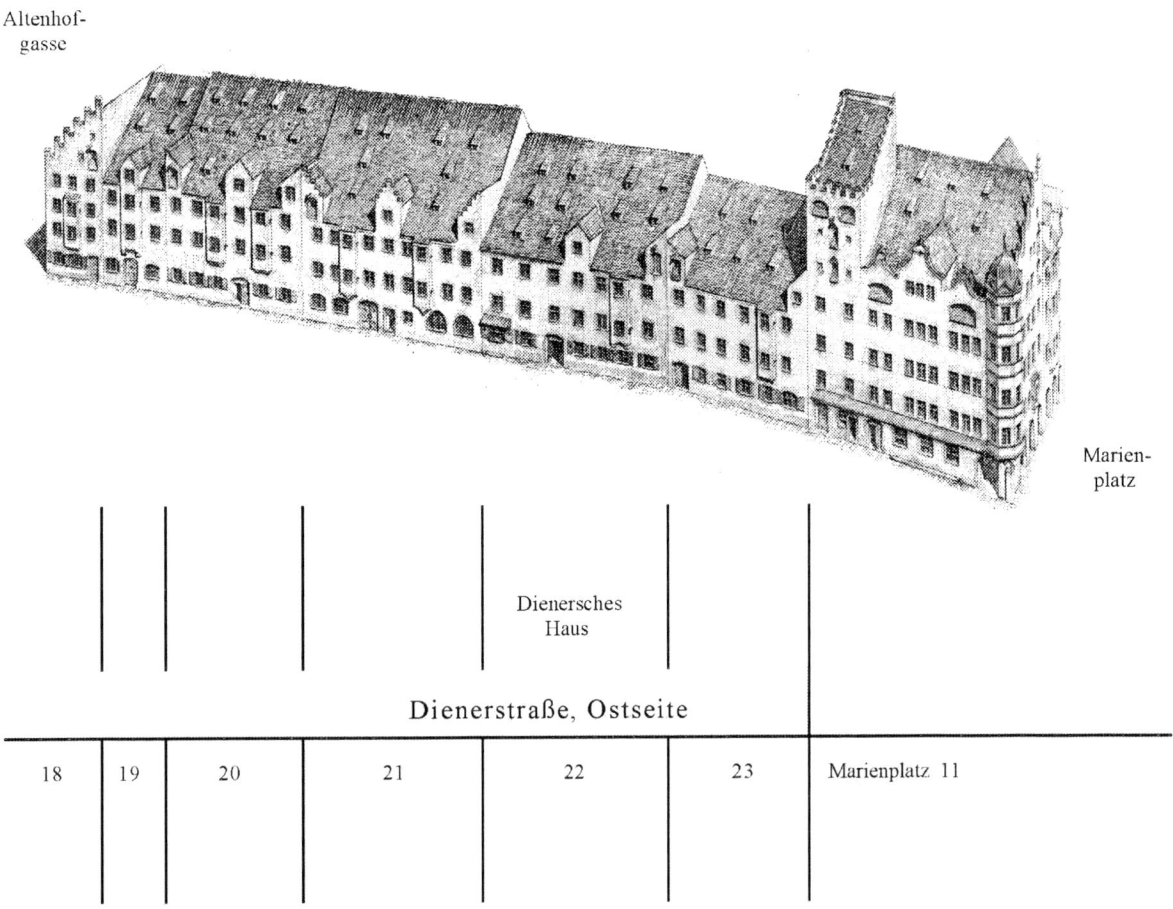

```
                              Dienersches
                                 Haus
                    Dienerstraße, Ostseite
  18  | 19 |  20  |   21   |   22   |  23  | Marienplatz 11
```

1939

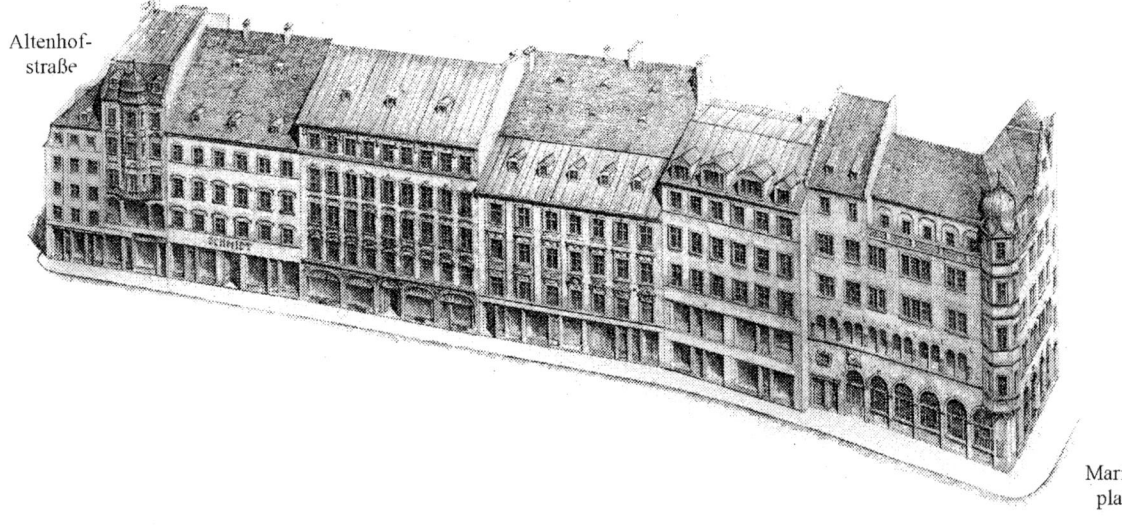

Abb. 51 Dienerstraße Ost Nr. 18 – 23, Marienplatz 11, Häuserbuch Graggenauer Viertel S. 72/73.

1532 August 16 das Haus des Adam Waigner an der Dienerstraße ist dem Haus des Wilhelm Scharfzahn (Dienerstraße 20) benachbart.[1]
1533 Februar 13 wiederum wird als Nachbar von Wilhelm Scharfzahns Haus an der Dienerstraße (Dienerstraße 20) das Haus des Hanns Hartlieb angegeben.[2]
1534 März 4,
1535 März 6, September 7,
1539 Juni 10,
1541 Januar 7,
1542 April 20,
1543 Juli 7 das Haus des Hanns Pendl (Pöndl) an der Dienerstraße ist dem Haus des Wilhelm Scharfzahn, seiner Witwe und seines Sohnes Wilhelm (Dienerstraße 20) benachbart.[3]
1549 März 9 Hanns Pendl verschreibt seiner Tochter Anna, Konventschwester im Pütrich-Regelhaus, 5 Gulden Ewiggeld für 100 Gulden Hauptsumme zur Entrichtung ihres mütterlichen Erbes (GruBu).
1550 März 10 und **April 14** das Haus des Hanns Peendl an der Dienerstraße ist dem Haus des Bartolome Murrndell, künftig des Caspar Bart Haus (Dienerstraße 20), benachbart.[4]
1573 Juli 2 Anna Pendlin, Konventualin im Pütrich-Regelhaus, und ihre Schwester Apollonia Pendl, Witwe des Hölzl, und andere verkaufen dieses Haus an den Kürschner (Khirstner) Steffan Rechtaler und seine Hausfrau Regina Pendlin um 810 Gulden (GruBu).
1574 laut Grundbuch (Überschrift) des Steffan Rechtaler Khirstners Haus und Hof.

Eigentümer Dienerstraße 19:

*   Dietreich (Dietel) Tömlinger [um 1370/75]
*? Dietl Geslaecht St: 1368: -/-/72
*   Haincz Zers. 1377-1382 Zagel vragner
    St: 1369, 1371, 1372: 0,5/-/-, 1377: -/-/75 juravit, 1378, 1379, 1381, 1382: -/-/75
*   Hanns Fras kúrsner. 1383/II Hanns Fras
    St: 1383/I: -/-/87, 1383/II: -/3/- juravit
*   Symon der stainmaissl, des Ulein pruder [seit 1383 August 21]
*   Chunrat Reisnegk sneider [Eigentümer erst seit 1414 Juli 10]
    St: 1403, 1405/I: 0,5/-/-
*   Hanns Wölfel und seine Witwe Elisabeth [bis 1411 Februar 3]
*   Hanns Wólfel (Wolfel) [der Jüngere, Salzsender, ∞ Diemut, geb. Rainer]
    St: 1411: 2,5/-/- von dez salczfúrns wegen, 1412: -/13/10, 1413: -/3/- iuravit
*   Perchtolt Zweng [1413 September 16 bis 1414 Juli 10]
*? Ulrich von Tening (Teining), 1423 sneyder
    St: 1423: 2/-/-, 1424: -/5/10 hat zalt
*? Jacob Mairhofer, 1439/II, 1441/I-II, 1445, 1450, 1453, 1456 pawtler, 1440, 1450 inquilinus. 1462 Jackob pautler inquilinus[5]
    Sch: 1439/I-II, 1440, 1441/I-II: 1 t[aglon], 1445: 2 k[necht], dedit
    St: 1450, 1453-1458: Liste, 1462: -/4/8
*   Castel gagenschreiber
    St: 1450: Liste
** Sigmund metschenck. 1486, 1490, 1496, 1500 Sigmund Finsinger (Fúnsinger) [Weinschenk, äußerer Rat[6], ∞ Barbara, verw. Balthasar Wergker], 1508 matrimonium [bei Hans von Speyr]
    St: 1482: 3/-/23, 1486, 1490: 5/5/15, 1496: 3/-/17, 1500: 3/3/18

---

[1] Urk. B II b Nr. 20.
[2] Urk. B II b Nr. 21.
[3] Urk. B II b Nr. 22 (1534), 23 (7.9.1535), 24 (1539), 25 (7.1.1541), 26 (20.4.1542), 27 (1543); F I/II Nr. 7 Dienerstraße (6.3.1535).
[4] Urk. F I/II Nr. 8 (10.3.1550), Nr. 5 (14.4.1550) Dienerstraße.
[5] Jacob Mairhofer 1463, 1465, 1466, 1468, 1471-1473 Vierer der Beutler, Gürtler, Taschner, Ircher, vgl. RP.
[6] Sigmund Fünsinger 1458 Weinschenk, vgl. Gewerbeamt 1411 S. 13v, 1489 Mitglied der Weinschenkenzunft, vgl. Gewerbeamt 1418 S. 1v. – Der Metschenk Sigmund Fünsinger ist 1474-1479 und 1482 und 1483 auch äußerer Stadtrat, von 1472 bis 1501 auch fast jedes Jahr Mitglied der Gemain, vgl. RP.

** Hanns von Speyr. 1514 Hanns Hartlieb [Metschenk, Weinschenk, Eichmeister der Weine, äußerer Rat[1], Agnes, geb. Finsinger]. 1522, 1523, 1525 Hanns Hartlieb der elter. 1524 Hanns Hartlieb. 1526, 1527/I-II relicta Hanns Hartliebin. 1528 relicta Hartliebin
   St: 1508: 1/7/13, 1509: 2/7/10, 1514: Liste, 1522: 2/-/20, 1523-1526, 1527/I: 1/3/28, 1527/II, 1528: -/2/-
   StV: (1508) hat seines suns und aidens heyratgut abgesetzt; et dedit 2/2/2 matrimonium fúr Sigmund Fünsingerin. (1509) dar inn der Sigmund Fünsingerin guter zugesetzt. (1523) hat seiner tochter heyratgut abgesetzt. (1523-1525) et dedit -/2/24 fúr 3 gulden geltz. (1526) patrimonium fúr irn haußwirt.

* Adam wagner
   St: 1529: -/5/10 schencknsteur, 1532: an kamer, nyemandt hie

** Hanns Peendl [Stadtrat[2]], 1540 wirt, 1545-1549/I, 1552/I-1561, 1564/I-1571 kúrsner
   St: 1540-1542: 3/1/4, 1543: 6/2/8, 1544: 3/1/4, 1545: 2/1/24, 1546-1548, 1549/I: 1/-/27, 1549/II, 1550, 1551/I-II, 1552/I-II: 1/6/22, 1553, 1554/I-II, 1555-1557: 1/-/22, 1558: 2/1/14, 1559, 1560: 1/-/22, 1561, 1563, 1564/I-II, 1565, 1566/I-II, 1567/I-II: 1/4/20, 1568: 3/2/10, 1569-1571: 1/4/24
   StV: (1549/II) hat seiner hausfrau heuratguet zugsetzt. (1556, 1557, 1559, 1560) mer -/1/5 fúr p[ueri] Zwerger. (1558) mer -/2/10 fúr p[ueri] Zwerger. (1560) mer fúr sein sun, so in der fremd ist, von der altn pognerin erb 3 nachsteur -/2/3. (1561, 1563, 1564/I) mer fúr p[ueri] Zwerger (Tzwerger) -/1/-. (1564/II-1566/II) mer fúr p[ueri] Zwerger -/1/8,5. (1566/II) adi 21. Aprilis [15]67 zalt nachsteur. (1566/II, 1567/I) mer fúr p[ueri] Thoman Pendl -/-/7. (1567/II) mer fúr Thoman Pendl -/-/10,5. (1567/I) mer fúr p[ueri] Zwerger, abgsetzt -/-/17,5. (1567/II, 1569-1571) mer fúr p[ueri] Zwerger (Zwercher) -/-/17,5. (1568) mer fúr p[ueri] Pendl -/-/21. (1568) mer fúr p[ueri] Zwercher -/1/5. (1569-1571) mer fúr p[ueri] Pendl -/-/14.

** Anna Pendlin, Konventualin im Pütrich-Regelhaus, und ihre Schwester Apollonia Pendl, verwitwete Hölzl, und andere [bis 1573 Juli 2]

** Steffan Rechtaler, Kürschner, und seine Hausfrau Regina Pendlin [seit 1573 Juli 2]

Bewohner Dienerstraße 19:

Aynger sneyder inquilinus St: 1368: -/-/24
Plabenstain [Seidennater] inquilinus St: 1378: -/-/22, 1390/I: -/-/24
   relicta Plabenstainin inquilina St: 1400, 1401/I: -/-/-
   Chuntz Plabnstain und sein swester St: 1401/II: -/-/60 iuraverunt
Dietreich seydennater St: 1379: -/-/-
Thómel Meschler St: 1387: -/-/8
Thóml Haiden inquilinus St: 1387: -/-/20
Englhart goltsmit,[3] 1393 inquilinus
   St: 1387: -/-/12 non iuravit, 1390/I-II: -/-/20, 1392: -/-/36, 1393: -/-/48
   Liendel Engelhart goltsmid[4] inquilinus St: 1408: nichil habet
Ulrich schreiber inquilinus St: 1390/I: -/-/24
relicta Mewslin inquilina St: 1390/II: -/-/12
Piencnerin inquilina St: 1392: -/-/12
[Heinrich] Pachheimer inquilinus St: 1392: -/-/-
[Heinrich] Múnicher schuster inquilinus St: 1393: -/-/32
Jacob serwus [!] Rudolf inquilinus St: 1393: -/-/12 gracianus
Leitel (Lawtel) gewantsneyder St: 1400, 1401/I: 0,5/-/-

---

[1] Hanns Hartlieb ist 1489 bereits Mitglied der Weinschenkenzunft, vgl. Gewerbeamt 1418 S. 4r. – 1515 und 1518 einer der Vierer der Schenken, vgl. RP 7 S.10r, 72r; 1523-1534 städtischer Eichmeister, vgl. R. v. Bary III S. 972, nach KR. – Von 1508-1523 ist der Metschenk Hanns Hartlieb auch äußerer Stadtrat, vgl. RP.

[2] Er dürfte der Hanns Pendl sein, der sich 1571 beim Religionsverhör verantworten musste, vgl. Dorn S. 250. – Entgegen Dorn ist ein Hans Pendl jedoch weder als innerer noch als äußerer Rat nachgewiesen.

[3] Frankenburger S. 265.

[4] Frankenburger S. 267.

Perchtold goltsmid,[1] 1403, 1405/I, 1407 inquilinus
    St: 1403, 1405/I: -/-/60 fur 4 lb, 1405/II: -/-/60 fúr 5 lb, iuravit, 1406, 1407: -/-/60 fúr 5 lb
Hanns Holczschuch sneider, 1406 inquilinus
    St: 1406-1408: -/-/64 fúr 8 lb, 1410/I: -/-/60 fúr 8 lb iuravit
Els amb inquilina St: 1406: nichil
Ann portenwurchin inquilina St: 1410/I: -/-/20 fúr nichil
Kristel sneyder St: 1410/II: -/-/16 fúr nichil
Haincz Kraegel inquilinus St: 1410/II: -/-/-
Peter hofkúrsner inquilinus St: 1411: facat
Maeczel weberin inquilina St: 1413: -/-/-
Chuncz Schlẃttel sneyder St: 1416: -/-/80 fur 10 lb
Dyemel inquilina St: 1416: -/-/-
Weinzurlin und ir tochter St: 1418: -/-/20, 1419: -/-/-
Katrey messrerin St: 1418: -/-/18
Wilbold appotecker[2]
    St: 1428: dedit 4 gross
    StV: (1428) fur sich, sein weib und sein ehalten.
Peter holczhacker, sein weib und sein swiger St: 1428: dedit 3 gross
Schawr salburch inquilinus St: 1431: -/-/60 iuravit
Andre pawtler inquilinus St: 1431: -/-/60 iuravit
Margarett inquilina St: 1431: -/-/-
Herman Elgast Sch: 1439/I: -/-/8
Albrecht laterler Sch: 1441/I: 0,5 t[aglon]
Peter platner inquilinus St: 1450: Liste
Marx Grássel (Grassel) [Schneider[3]] St: 1453-1455: Liste
Hainrich Tulchinger (Túlchinger). 1457 relicta Túlchingerin St: 1454-1457: Liste
Ulrich Súskofer (Sussnkofer), 1456, 1457, 1462 sneider St: 1456-1458: Liste, 1462: -/-/85
Peter Selczam taschner[4] inquilinus St: 1462: -/-/66
Jorg holczhacker inquilinus St: 1462: -/-/60
Mathes Melper goldtschmid[5] St: 1525: -/1/12 gracia, 1526: -/4/16 juravit, 1527/I: -/4/16
Wolfgang Hůnger [Weinschenk[6]] St: 1527/II: -/2/-
relicta Pótschnerin (Pötschnerin, Potschnerin)
    St: 1544, 1545, 1546: 1/-/- mit ainem geding, 1547: der zeit nihil, hat ain jerlichs geding
relicta Renboltin
    St: 1552/II, 1553, 1554/I: -/-/-
    StV: (1552/II) der zeit eingestelt. (1553) ist eingstelt pis auf die negst steur ains beysitz halber.
        (1554/I) ist eingestelt pis auff negste steur eines beysitz halber.
Eckhart (1560, 1563 Erhart) Fúlman (Fülman) goltschmid [von Lüneburg[7]]
    St: 1557: -/1/12 gracia 1558: 2/2/10 juravit, 1559, 1560: 1/1/5, 1561, 1563: 1/4/21
Zórer procurator St: 1564/II: nichil, hofsind
Hanns Schwartz goldschmid [von München[8]]
    St: 1565: -/3/16 juravit, 1566/I-II, 1567/I-II: -/3/16, 1568: 1/-/2
Hainrich wagner goldschmid [von München[9]]
    St: 1570: 1/3/-, 1571: 3/2/11 juravit
    StV: (1570) mer fúr sein hausfrau -/3/15 gratia.

---

[1] Frankenburger S. 267.
[2] Wilbold ist 1425-1428 als Stadtapotheker belegt, vgl. R. v. Bary III S. 1029.
[3] Vgl. Dienerstraße 4* und 18.
[4] Peter Seltzhaim ist 1460, 1463, 1465 und 1469 Vierer der Beutler, Gürtler, Taschner, Ircher, Nadler und Nestler, vgl. RP.
[5] Frankenburger S. 288.
[6] Wolfgang Hunger 1523 Aufnahme in die Weinschenkenzunft, vgl. Gewerbeamt 1418 S. 19r.
[7] Gewerbeamt 1631 S. 87r Nr. 45 „Egckhart Volman von Luienpurg". – Frankenburger S. 296/297.
[8] Gewerbeamt 1631 S. 87v Nr. 49. – Frankenburger S. 303.
[9] Gewerbeamt 1631 S. 88r Nr. 55. – Frankenburger S. 307/310.

Dienerstraße 20
(mit Burgstraße 5 „Weinstadel")

Charakter: Weinwirtschaft.

Hauseigentümer:

1370 die Baukommission beanstandet an der Dienerstraße „Hainrich dez Rudolfs lauben" (nach Tömlinger Dienerstraße 19 und vor Pütrich Dienerstraße 21 stehend).[1]
Die Mitglieder der Familie Rudolf wohnen teilweise im Rückgebäude, Haus Burgstraße 5, und stehen dort in den Steuerbüchern.
1383 Februar 26 Hanns Rudolf verkauft Vorder- und Hinterhaus an „Ludweig den Chaephenberger" von Freising: „sein haus, hinders unnd foders, daz gelegen ist an dez Dieners gassen und durch auz hin get an die Purch strazz".[2] Ludwig Kapfenberger – 1384 als äußerer Stadtrat belegt[3] – „ist tot vor Jacobi [13]95" steht im Leibgeding- und Ewiggeldbuch der Stadt.[4] Seine Witwe heißt Agnes und wird am 29. September 1416 verstorben genannt.[5] Ihre Schwiegertochter Peters (Petronella, geb. Swindübel) die Kapfenbergerin lebt zu dieser Zeit noch.
Die Witwe Kapfenberger betreibt eine Weinwirtschaft. „Der alten Kapfenbergerin" bezahlt die Stadtkammer 1398/99 den Betrag von 2 Pfund 6 Schillingen und 12 Pfennigen aus „an irem gelt, daz man datz ir verzert hat in der rais".[6] Sie hatte als einer der vielen Wirte während der Kriegshandlungen Soldaten höherer Chargen verköstigt. Allerdings erhielt sie in derselben Zeit auch 6 Pfund Pfennige für 20 Scheffel Hafer, die sie der Stadt verkauft hatte.[7] Sie handelt also auch mit Getreide. Auch 1408/09 erhält Agnes die alt Kepfenbergerin Geldzahlungen (100 rheinische Gulden) wegen der Schulden der Stadt bei ihr.[8] Ihr Sohn Konrad wird von Jörg Katzmair zu den Klaffern und Jaherrn der Unruhen gezählt. Er zahlt 1399 auch die 100 Gulden ungarisch Strafgeld an die Stadt für seinen Schwiegervater, den Herman Swindübel,[9] was zeigt, wie die Risse mitten durch die Familien gingen.
Konrad Kapfenberger handelt mit Wein. 1398/99 befindet er sich zusammen mit Hanns dem Rulein (Marienplatz 8**), einem Weinwirt und Weinhändler, in Augsburg und kauft dort im Auftrag der Stadt für 175 Pfund Pfennige Wein zur Versorgung der vor Dachau liegenden Soldaten, die dort die Herzöge Ernst und Wilhelm belagern.[10]
Die alte Kapfenbergerin und ihr Sohn Konrad stehen letztmals 1407 im Steuerbuch und verschwinden dann. Das Haus ist von 1408 bis 1431 in den Steuerbüchern nicht mehr auszumachen, die Namen springen von Haus Nr. 19 gleich auf Nr. 21.
Das Haus kam jedoch an die Katzmair-Verwandtschaft beziehungsweise an Hanns von Hausen und seine Witwe Dorothea. Die von Hausen waren ein ritterbürtiges Geschlecht andechsischer Lehenleute, das sich nach dem Dorf Hausen bei Weilheim nannte.[11] Hanns von Hausen kommt schon 1428 hier im Steuerbuch vor, die Witwe Hansin von Hausen, Dorothea, ab 1453 bis 1485.
Dorothea von Hausen war Tochter von Ludwig I. Scharfzahn und damit Schwester von Wilhelm I. Scharfzahn.[12] Einst stiftete Hartmann Ebner eine Messe nach St. Peter. Als seine nächsten Erben bestimmte er Hanns von Hawsen und seine Schwester Ursula Schymlin. Sie sollten nach Ebners Tod die Stiftung vollziehen. Das fochten die anderen Erben an, nämlich unter anderem Wilhalm I. Scharfzahn und Zacharias Günther.[13] Deshalb erscheinen bei diesem Haus an der Dienerstraße nach Hanns von

---
[1] Zimelie 9 (Ratsbuch IV) S. 4v.
[2] GB I 182/1, 182/2.
[3] R. v. Bary III S. 740.
[4] Kämmerei 63/2 S. 15v.
[5] Wittmann, Urkunden-Regesten, ungedruckt.
[6] KR 1398/99 S. 115r.
[7] KR 1398/99 S. 126v.
[8] KR 1408/09 S. 47r.
[9] KR 1398/99 S. 38v. Muffat, Kazmair-Denkschrift S. 510. – Kämmerei 63/2 S. 24r (Leibgeding- und Ewiggeldbuch).
[10] KR 1398/99 S. 124r.
[11] Muffat, Kazmair-Denkschrift S. 212.
[12] KR 1438/39 S. 34v.
[13] Hufnagel/von Rehlingen, St. Peter Urk. Nr. 123 (11.3.1448).

Hausen und seiner Witwe Dorothea von Hausen die Namen Scharfzahn und Günther. Da die Tochter Beatrix des Ehepaares Hanns und Dorothea von Hausen mit Georg II. Katzmair verheiratet war, erscheint auch ihr Sohn Jacob II. Katzmair hier.

1476 Mai 8 heißt es: „der von Hausen haws, das weilent Ludwigen Käppfenbergers saligen gewesen ist". Speziell bezieht sich das hier auf das Rückgebäude an der Burgstraße (Burgstraße 5).[1]

1485 Januar 10/11 das Haus der Witwe des verstorbenen Hanns von Hausen ist dem Haus des Ehepaares Sigmund und Barbara Fünsinger (Dienerstraße 19) benachbart.[2]

1485 Juni 24 die Gerhaben des Jacob Katzmair, hinterlassenen Sohnes von Jörg und Beatrix Katzmair selig (= 2. Ehe des Jörg Katzmair mit Beatrix von Hausen[3]) verkaufen das Haus ihres Pflegesohnes, das durch Erbschaftsteilung von seiner Ahnfrau Dorothea von Hausen selig, Mutter von Beatrix von Hausen, an ihn gekommen war, an Wilhelm II. Scharfzahn, den Neffen der Dorothea von Hausen, geborene Scharfzahn. Das Haus liegt vorne an des Dieners Gassen, hinten an der Burggassen und stößt vorne und hinten an der einen Seite – gegen den Markt zu – an des Pötschners Häuser (Dienerstraße 21 und Burgstraße 4) und auf der anderen Seite vorne an des Dieners Gassen an Sigmund Finsingers des Metschenken (Dienerstraße 19) und hinten an der Burgstraße an des Deiningers Haus (Burgstraße 6). Die Kaufsumme beträgt 1000 Gulden rheinisch in Gold. Einer der beiden Gerhaben ist der genannte Nachbar Hanns Deininger, der zweite Hanns Klewber[4]. Der Rückenvermerk dieser Urkunde, wahrscheinlich aus dem 16. Jahrhundert, besagt: „Hausbrief umb die Behausung und neuen Weinstadl, geht das Haus an beede Gäschen, an die Diener- und Burckgassen". Scharfzahn zahlt noch 1490 die Steuer für Jacob Katzmair, Enkel von Dorothea von Hausen, der wohl immer noch unmündig ist, 1496 und 1500 wohnt er auch noch in diesem Haus.

1507 Februar 27 Wilhelm Scharfzahn – er ist der Stifter des Scharfzahn-Fensters in der Frauenkirche, wozu er den Glasmaler Peter Hemmel von Andlau nach München holte, und sicher nicht zufällig wohnt 1482 Erasmus Grasser in diesem Haus – ist bereits tot und der Sohn Hans verkauft an diesem Tag in seinem, seiner Mutter Magdalena und seiner unmündigen Geschwister Namen ein Ewiggeld von 10 Gulden um 200 Gulden[5], ein Vorgang, der sich in den nächsten Jahrzehnten häufig wiederholt.

1508 Juni 9 Magdalena, die Witwe von Wilhelm Scharfzahn, auch im Namen ihrer drei noch unmündigen Kinder und zweier weiterer Kinder (Hanns und Magdalena) verkauft aus ihren Häusern an der Burgstraße (Burgstraße 5) und Dienerstraße, letzteres gelegen zwischen den Häusern von Hanns Hartlieb (Dienerstraße 19) und Hanns Pötschner (Dienerstraße 21) ein Ewiggeld von 5 Gulden an das gestiftete Tenebrae in St. Peter.[6]

1512 Mai 11 Magdalena, die Witwe von Wilhelm Scharfzahn, und ihr Sohn Wilhelm, auch im Namen ihrer Töchter und Schwestern Magdalena, Anna und Barbara, verkaufen 10 Gulden Ewiggeld aus ihren zwei aneinandergelegenen Häusern an der Burgstraße (Burgstraße 5) und der Dienerstraße, letzteres gelegen zwischen den Häusern des Hanns Hartlieb (Dienerstraße 19) und des Lienhart Weiler (Dienerstraße 21).[7]

1529 Juli 9 das Haus der Witwe Agnes Hartlieb (Dienerstraße 19) ist dem Haus des Wilhelm Scharfzand benachbart.[8]

1532 August 16 Wilhelm Scharfzahn und seine Hausfrau Martha verkaufen ein Ewiggeld aus ihren Häusern an der Burgstraße (Burgstraße 5) und Dienerstraße, letzteres gelegen zwischen den Häusern des Adam Waigner (Dienerstraße 19) und des Leonhard Weyler (Dienerstraße 21).[9]

1533 Februar 13 ein Ewiggeld aus Wilhelm Scharfzahns zwei Häusern, aneinander gelegen, das vordere an der Dienerstraße, zwischen den Häusern des Hanns Hartlieb (Dienerstraße 19) und des Lienhart Weyler (Dienerstraße 21), das hintere an der Burgstraße (Burgstraße 5) gelegen, weiter. Es ist dies das Ewiggeld vom 11. Mai 1512.[10]

---

[1] MB XX 359 S. 646/649.
[2] Hemmerle, Archiv des ehem. Augustinerklosters, Urk. Nr. 71 (11.1.); Urk. C VI i 10 A Nr. 3 (10.1.).
[3] StadtAM, Schrenck-Chronik, Kopie, S. 52.
[4] Urk. F I/II Nr. 6 Dienerstraße. Vgl. zu den Katzmair auch Haus Kaufingerstraße 26.
[5] Urk. B II b Nr. 16.
[6] Urk. B II b Nr. 17.
[7] Urk. B II b Nr. 18.
[8] GB IV S. 180r.
[9] Urk. B II b Nr. 20.
[10] Urk. B II b Nr. 21. Diese Nachbarn an der Dienerstraße werden auch noch am 31.5.1549 angegeben, als Hartlieb aber schon nicht mehr Eigentümer von Nr. 19 war. Vgl. B II b Nr. 28.

1534 März 4 Wilhelm und Martha Scharfzahn verkaufen erneut ein Ewiggeld aus den beiden Häusern an der Burgstraße (Burgstraße 5) und der Dienerstraße, letzteres zwischen den Häusern des Hanns Pendl (Dienerstraße 19) und des Lienhard Weyler (Dienerstraße 21) gelegen.[1]

1535 März 6 die Vormünder von Wilhelm Scharfzahns hinterlassenem Sohn, ebenfalls Wilhelm genannt, verkaufen die beiden Häuser Dienerstraße 20 und Burgstraße 5, mit Hofstatt und Stallungen, zur Tilgung der hinterlassenen Schulden an die Witwe Martha Scharfzahn. Nachbarn sind an der Dienerstraße das Haus des Hanns Pöndl (Dienerstraße 19) und das Haus des Lienhard Weyler (Dienerstraße 21).[2] Auch sie verkauft weiterhin Ewiggelder (Hypotheken), so

1535 September 7: die Witwe Martha des Wilhelm Scharfzahn verkauft ein Ewiggeld aus den beiden Häusern an der Burgstraße (Burgstraße 5) und an der Dienerstraße, letzteres gelegen zwischen den Häusern des Hanns Pöndl (Dienerstraße 19) und des Lienhard Weiler (Dienerstraße 21) gelegen.[3]

1539 Juni 10 Weiterverkauf eines Ewiggeldes aus den Häusern der Witwe Martha Scharfzahn an der Burgstraße (Burgstraße 5) und an der Dienerstraße, letzteres gelegen zwischen den Häusern des Hanns Pendl (Dienerstraße 19) und des Lienhart Weyler (Dienerstraße 21).[4]

1541 Januar 7,

1542 April 20 ebenfalls Weiterverkauf von Ewiggeldern mit Angabe der üblichen Nachbarn.[5]

1543 Juli 7 Peter Egenhofer hat ein Ewiggeld aus diesem Haus, das gelegen ist (vorne) zwischen den Häusern des Lienhard Weyler (Dienerstraße 21) und des Hanns Peendl (Dienerstraße 19) und (hinten an der Burgstraße) zwischen den Häusern von Hanns Urmüllers Witwe (Burgstraße 4) und des Gabriel Hundertpfund (Burgstraße 6).[6]

1543 ff. domus Mordell oder Morndell (StB). Gemeint ist der herzogliche Pfleger zu der Neustat Bartholome Murrndell, der zusammen mit seiner Hausfrau Susanna, geborene Stinglhamerin, beide Häuser und die dazwischen gelegene Hofstatt für 1500 rheinische Gulden, abzüglich mehrerer Ewiggelder,

1550 März 10 an den inneren Stadtrat Caspar Bart und seine Hausfrau Katharina verkauft. Nachbarn an der Dienerstraße sind Hanns Pendl (Dienerstraße 19) und Caspar Weiler (Dienerstraße 21).[7]

1550 April 14 die Eheleute Caspar und Katharina Bart verkaufen den ganzen Besitz an Bürgermeister und Rat der Stadt München, so wie sie es von Bartlme Murrndelln erworben haben, um dieselbe Summe (1500 rheinische Gulden). Auch die Kammerrechnung meldet unter demselben Datum: 615 Gulden 3 Schillinge 8 Pfennige „zalt dem Caspam Part bargelt von wegen der im zweyer abgekaufften Behausung, so er neulicher tät vor der zeit vom Bartlme Morndell, Pfleger zu der Neustat, erkauft hat, welche mit dem fodern tayl an der Dienersgassen und hinttern tayl an der Purckgassen gelegen". Die Kaufsumme habe aber insgesamt 1500 Gulden betragen.[8]

Der Eintrag im Häuserbuch: „um 1540 Barth Kaspar; Ehefrau Regina" steht nicht im Grundbuch.

Wie die Steuerbücher zeigen, bewohnt Kaspar Bart trotz des Verkaufs an die Stadt das Haus, aber wohl nur den Teil an der Dienerstraße. Die Stadt nutzt in erster Linie das Rückgebäude an der Burgstraße, wo ab 1554 der Stadtschreiber nicht nur seine Amtsräume hat, sondern auch eine Dienstwohnung.

Im Dezember 1565 hat die Stadt die drei städtischen Verordneten zur Landschaft, die in München tagt, zu einem Nachtmahl beim Caspar Bart geladen, der selbst einer der drei war.[9] Caspar Bart betreibt demnach – wie seine Vorgänger – in dem Haus eine Weinschenke.

1574 laut Grundbuch (Überschrift) „Gemainer stadt München Haus, stesst an derselben Hindterhaus an der Burghgassen, so hievorn folio 383 eingeschrieben".[10] Der erste Eintrag im Grundbuch über eine Hypothek stammt erst vom 20. Mai 1622.

Ende des 18. Jahrhunderts wird hier eine Gaststätte mit dem Namen „Zum Schiff" betrieben, die Westenrieder zu den vornehmsten der Stadt zählt.[11]

---

[1] Urk. B II b Nr. 22.
[2] Urk. F I/II Nr. 7 Dienerstraße.
[3] Urk. B II b Nr. 23.
[4] Urk. B II b Nr. 24.
[5] Urk. B II b Nr. 25, 26.
[6] Urk. B II b Nr. 27.
[7] Urk. F I/II Nr. 8 Dienerstraße.
[8] KR 1550/51 S. 92r. – Urk. F I/II Nr. 5 Dienerstraße.
[9] KR 1565/66 S. 95v/96r.
[10] Stadtgericht 207/1 (GruBu) S. 412v.
[11] Stahleder, Haus- und Straßennamen S. 522/523, 528.

Eigentümer Dienerstraße 20:

    Paertel (Bartholome) [I.] Rudolf[1]
        St: 1375: 4/-/40, 1377: 2,5/-/- pena -/6/20, 1378: 2,5/-/-
* relicta H[ainrici] [II.] Rudolfi [Eltern von Bartlme, Zachreis und Hans]
        St: 1378: 4/-/- sub gracia
    patrimonium Zachreis [I.] Rudolf[2]
        St: 1381, 1382: 11,5/-/-
* Hanns [I.] Rudolf [Stadtrat[3]] [bis 1383 Februar 26]
* Ludweig Kaepfenberger (Kepfenberger, Kapffenberger) [von Freysing].[4] 1387 Kepfenberger. 1395 relicta [Agnes des] Ludweig Kápffenberger. 1396, 1397, 1399-1407 relicta Kaepfenbergerin, 1401/II inquilina [1398 ff. Weinwirtin, Getreidehändlerin[5]]
        St: 1383/I: 19/3/21 juravit, 1383/II: 17/-/60 juravit, 1387: 7,5/-/-, 1388: 15/-/- juravit, 1390/I-II: 15/-/-, 1392: 12/-/-, 1393: 12/-/60 iuravit, 1394: 12/-/60, 1395: 6/-/30, 1396, 1397, 1399, 1400, 1401/I: 8/-/-, 1401/II: 12/-/- iuravit, 1403, 1405/I: 12/-/-, 1405/II: 7,5/-/- iuravit, 1406, 1407: 10/-/-
* Chunrad[us] [Kaepffenberger] filius suus inquilinus.[6] 1387, 1392, 1396 Chunrat sein (ir) sun. 1390/I-II, 1393, 1397, 1400-1407 Chunrat Kepfenberger (Kaepfenberger),[7] 1390/II inquilinus. 1399 Chunrat Kaepffenberger ir sun [Salzsender, Weinhändler, Ungelter[8], ∞ Peters/Petronella, Tochter des Hermann Swindübel]
        St: 1383/I: -/13/6, 1383/II: 2/3/24, 1387: 2/-/-, 1388, 1390/I-II: 4/-/-, 1392: 3/-/-, 1393: 5/-/60 gracianus, 1396, 1397: 10,5/-/30, 1399, 1400, 1401/I: 10/5/-, 1401/II: 15/5/10 iuravit, 1403, 1405/I: 13,5/-/-, 1405/II: 5/-/36 iuravit, 1406, 1407: 6/6/28
    Pferdemusterung, um 1398: Chunrat Kepfenberger sol haben 2 pferd umb 40 gulden und ein erbern knecht; (Korrig. Fassung): Chunrat Kepfenberger sol haben 3 pferd umb 54 gulden[9] [und] selber reiten.
* Hanns von Hawsen [Bürgermeister, Stadtrat[10]]
        St: 1428: 10 gross, pro se
        Sch: 1439/I-II, 1440, 1441/I-II: 4 t[aglon], 1445: 3 ehalten, dedit
* relicta [Dorothea, geb. Scharfzahn[11]] Hannsin von Hausen. 1454, 1457, 1462 relicta Hanns(in) von Hausen. 1482 relicta die von Hausen
        St: 1453-1458: Liste, 1462: 2/-/10, 1482: 1/6/-
        StV: (1462) und hat abgeseczt der Kneblin heiratgutt.

---

[1] Zu den Rudolf vgl. Stahleder, Bürgergeschlechter. Die Rudolf S. 146/153 u. f.

[2] 1373 und 1380 Mitglied des inneren Stadtrats, vgl. R. v. Bary III S. 742, äußerer Rat seit 1362.

[3] Innerer Stadtrat 1381 bis 1384 ff., vgl. R. v. Bary III S. 742.

[4] Äußerer Stadtrat 1384, vgl. R. v. Bary III S. 740.

[5] KR 1398/99 S. 126v. – Die alt Kapfenbergerin, Wirtin, erhält 1403 aus der Stadtkammer 26 Pfund und 40 Pfennige ersetzt, die der Waller und seine Mit-Gesellen, die mit 14 Pferden bei ihr einquartiert waren „datz ir verzert habend von 8 wochen" (in der Rais), vgl. Steueramt 572 (Leibgedingbuch 1402/03) S. 68v.

[6] Eintrag 1383/I zwischen den Zeilen eingefügt.

[7] 1398 Kämmerer von der Gemain. 1400 Rat der 300. 1400/02 Städtischer Ungelter vom Schankungeld. 1402/03 Steuerer, vgl. Muffat, Kazmair-Denkschrift S. 510 und R. v. Bary III S. 878. Von Katzmair als „Klaffer und Jaherr" eingestuft. – Tätig im Weinhandel: Kauft 1398/99 zusammen mit Hanns Ruelein für die Stadt in Augsburg für 175 Pfund Pfennige Wein, vgl. KR 1398/99 S. 124r. – Ludwig Kaepfelberger [et] Chunradus filius suus recepti in cives iure consweto dederunt 10 lb Monacenses, et fideiussores sunt pro utroque Nicolaus et Johannes Klingones. Actum feria III ante Mathei, vgl. KR 1381/82 S. 25r. – Der Käpfernberger wird 1399 auch in dem Verzeichnis der bei den Weinhändlern lagernden Fässer mit Wein genannt, er habe eines an den Goltgrübel abgegeben, vgl. Märkte 319.

[8] Chaefenberger 1391 als Salzsender belegt, vgl. Vietzen S. 143.

[9] Das Folgende „und ein erbern knecht" wohl versehentlich nicht getilgt.

[10] Hans von Hausen Bürgermeister 10. März 1438, vgl. R. v. Bary III S. 757.

[11] KR 1438/39 S. 34v.

* Wilhalm [II.] Scharfzandt [Weinschenk, Stadtrat[1], Neffe der Hansin von Hausen. 1508, 1514 relicta Scharfzanndin (Scharpfzandin). 1509 relicta Wilhalm Scharfzandin [= Magdalena, geb. Stupf]
    St: 1486, 1490: 2/7/5, 1496, 1500: 3/4/5, 1508, 1509: 8/-/16, 1514: Liste
    StV: (1486) et dedit 1/-/13 fúr Jacob Kaczmer. (1486) et dedit -/-/60 fur pueri Gúnther. (1490) et dedit 2/6/13 fúr Jacob Katzmer. (1496) et dedit -/-/60 fúr Gúnther.
  et pueri Gúnther
    St: 1490: -/-/60 dedit Scharfzandt
* Jacob [II.] Katzmer [Sohn von Beatrix von Hausen, Enkel von Dorothea von Hausen[2]]
    St: 1496: 3/2/-, 1500: 3/6/20
* Hanns Scharfzand, Sohn von Wilhelm [II.], Bruder von Wilhelm III. Scharfzahn [1507 Februar 27]
* Wilhalm [III.] Scharpfzannd [Weinschenk, äußerer Stadtrat[3], Sohn von Wilhelm II. Scharfzahn, ∞ Martha N.]
    St: 1522-1526, 1527/I: 3/5/4, 1527/II, 1528, 1529: 3/5/-, 1532: an kamer
    StV: (1522) hat der Lehnerin gut sein tail zugesezt.
* domus Mordell (Morndel) [Pfleger zu Neustadt, ∞ Susanna, geb. Stinglhamer]
    St: 1543: 7/4/10, 1544: 2/3/19, 1545-1549/II: an chamer
    StV: (1543) von seinen zinsen zwifache steur; mer 1/-/28 fúr all versessen steur. (1544) abgsetzt. (1547) soll durchaus wie ain frembder gehalten werden. (1548) zalt all alt steur, haben thun 14/5/24, actum den 28. Julii [1549] in hern Caspar Parts bhausung; soll noch dise steur im monat Julii [zaln], thut 2/3/10.
* Caspar [II.] Part (Pardt, Parth) [zu Harmating, Eigentümer nur von 1550 März 10 bis April 14, Stadtrat, Weinschenk ?[4], ∞ Katharina]
    St: 1551/II, 1552/I-II: 20/-/22, 1553, 1554/I-II, 1555-1557: 27/4/5, 1558: 58/2/10, 1559, 1560: 29/1/5, 1561, 1563, 1564/I-II, 1565, 1566/I-II, 1567/I-II: 22/4/20, 1568: 45/2/10, 1569-1571: 30/1/5
    StV: (1558) zugsetzt seiner schwiger[mutter] erb. (1561) ausser der Andorffer und Ligsaltz, auch Venediger schuld. (1563, 1564/I) ausser der Andorfferischen und Venedischen schuld. (1564/II) ausser der Antorfferischen schuld. (1565, 1566/I-II) ausser der Venedischen, Andorfferischen und Ligsaltzischen schuld. (1567/I) ausser der Ligsaltz, Venedig unnd Antorfferischen schuld. (1567/II, 1568) ausser der Ligsaltz, Venedisch unnd Anndorfferischen schuld. (1569, 1570) ausser der Ligsaltz, Antorfferisch (Andorff) unnd Venedischen schuld.
** domus der (von) Múnchen.[5] 1565-1571 domus stat Múnchen (Múnichen, München) [seit 1550 April 14]
    St: 1550, 1551/I: der zeit eingstelt, 1565-1571: -/-/-

Bewohner Dienerstraße 21:

Chunrat Lochhawser (Lochhauser) St: 1368: 5/5/15, 1369, 1371, 1372: 5,5/-/-
Lyendel maler inquilinus St: 1383/I: -/-/24 gracianus, 1383/II: -/3/-
Erhart schreiber inquilinus St: 1392: -/6/12, 1393: 1/-/16
Hans (Hánnsel) Schinteldacher (Schinteldach) inquilinus [Weinschenk[6]]
    St: 1395: -/-/80, 1396: 0,5/-/-

---

[1] Wilhalm Scharfzand 1489 Mitglied der Weinschenkenzunft, vgl. Gewerbeamt 1418 S. 6v. 1492, 1493 Vierer der Weinschenken, vgl. RP. – Äußerer Rat 1490-1493, 1496, innerer Rat ab Oktober 1493-1495, 1489 auch Viertelhauptmann vom inneren Rat im Graggenauer Viertel, vgl. RP. – Zu den Scharfzahn vgl. Stahleder, Bürgergeschlechter. Die Scharfzahn S. 214/221.

[2] Wittmann, Urkunden-Regesten 1485 Juni 24.

[3] Vom [Wilhelm III.] Scharfzand kauft das Heiliggeistspital 1520 Wein, vgl. Heiliggeistspital 176/15 (Rechnung) S. 5r. – 1520 Aufnahme von Wylhelm Scharfzantt in die Weinschenkenzunft, vgl. Gewerbeamt 1418 S. 18r. – Wilhelm Scharfzahn ist 1523-1526 äußerer Stadtrat, vgl. RP.

[4] Zu Caspar Bart vgl. Stahleder, Bürgergeschlechter. Die Bart S. 360/361. Danach war er 1543 und 1545 äußerer Rat, 1542, 1544, 1546-1571 innerer Rat, vgl. auch RP und Fischer, Tabelle III S. 2. Caspar Bart starb am 29.11.1571 lt. Grabstein in ULF (Stahleder S. 361).

[5] Noch Stimmelmayr nennt Ende des 18. Jahrhunderts dieses Haus „Zum Weinstadel", vgl. S. 15 Nr. 30, S. 10.

[6] Hensel Schinteldach ist um 1414 Weinschenk, vgl. Gewerbeamt 1411 S. 3r. – 1402/03 schuldete ihm die Stadt Geld um Wein, „den der Hochenfelßer datz im genomen hat in dem krieg", vgl. KR 1402/03 S. 101r.

Chunczel Humel carnifex inquilinus St: 1397: -/-/60 fúr 10 lb
Ulrich Hagenawer[1] inquilinus St: 1399: -/-/60 fur 2 lb
Chunrade sailer et uxor inquilinus St: 1401/I: -/18/18 iuravit
Michel Staindel rotsmid St: 1423: -/3/-
[Oswald ?] Rushaimer [Weinschenk, später Unterrichter ?[2]] St: 1428: dedit 1 gross
Jocher St: 1428: dedit 1 grossen
Michel Dachs [Weinschenk und Salzsender[3]] St: 1428: dedit 1 gross
Hannsel Schrám St: 1428: dedit 1 gross
Haincz Fries jager St: 1428: dedit 1 gross
Wager St: 1428: dedit 1 gross
Múrlinger St: 1428: dedit 1 gross
Gilg jager St: 1428: dedit 1 gross
Peter jager St: 1428: dedit 1 gross
Haincz Grebel St: 1428: dedit 1 gross
Eberl Golkhofer St: 1428: dedit 1 gross
Fridrich wagenknecht St: 1428: dedit 1 gross
Fridel maẃrer St: 1428: dedit 1 grossen
Chunczel wagenknecht St: 1428: dedit 1 gross
Martein eintrager St: 1428: dedit 1 gross
Hanns Kray St: 1450, 1453-1455: Liste
Jorg Giebinger inquilinus St: 1450: Liste
relicta Walcher werkerin St: 1453: Liste
Symon (Sigmund) Funsinger (Fúnsinger) [Weinschenk[4]], 1462 inquilinus
    St: 1454-1458: Liste, 1462: 1/-/10
patrimonium Schranckin [= Schrenckin]
    St: 1482: 1/3/28
    StV: (1482) dedit Bartholome Srenck patrimonium.
Asm [Grasser] pildschnitzer[5] St: 1482: 2/6/4
Bonaventura Kartheiser (Karteiser) zingiesser. 1529 Bonafentura zingiesser
    St: 1528: -/2/29 juravit, 1529, 1532: -/2/29
Hanns Gastl zingiesser St: 1540: -/3/7
Lorentz peutlerin St: 1540: -/-/28 das jar
Michel kistler schneider St: 1541, 1542: -/2/20, 1543: -/5/10, 1544: -/2/20, 1545: -/4/-
Peter Rauch St: 1549/II: -/5/10 schenckhensteur

Dienerstraße 21
(mit Burgstraße 4)

Charakter: Von Ende 15. Jahrhundert bis mindestens Mitte 16. Jahrhundert Weinschenke.

Hauseigentümer Dienerstraße 21:

1370 die Baukommission beanstandet in der Dienerstraße (nach Heinrich Rudolf Dienerstraße 20 und vor dem Diener Dienerstraße 22) „des Putrich stieg[e]".[6] Schon um diese Zeit wohnen Mitglieder der Familie Pütrich zeitweise auch in Burgstraße 4. Die Häuser gehören also schon zusammen. Nur zwi-

---

[1] Ein Ulrich Hagenawer wurde 1405 allgemeiner Stadt-Unterkäufel, als solcher auch 1413 und 1414 belegt, vgl. R. v. Bary III S.948.
[2] Vgl. Kaufingerstraße 23 A.
[3] Michel Dags ist 1433 Mitglied der Weinschenken-Bruderschaft, vgl. Gewerbeamt 1411 S. 8v, ansonsten auch Salzsender, vgl. Vietzen S. 145, 152.
[4] Sigmund Fúnssinger 1458 Weinschenk, vgl. Gewerbeamt 1411 S. 13v.
[5] Asm pildschnitzer ist 1480, 1484, 1487, 1499 und als Erasm Grasser auch 1503 und 1504 Vierer der Maler, Glaser und Seidennater, vgl. RP.
[6] Zimelie 9 (Ratsbuch IV) S. 4v.

schen 1485 und 1512 macht sich das Haus an der Burgstraße selbständig und kommt erst 1563 wieder zum Vorderhaus.

1375 Juli 28 Hainrich Pütreich und seine Brüder und Miterben am väterlichen Gut verkaufen ihr Haus, „gelegen an dez Dyeners gazzen, ze naechst an dem Dyener (Dienerstraße 22), mit hinttern und mit voderm [haus], mit allen zugehörnden sachen und darzu ein hofstat an der Purckstrazz" (Burgstraße 4) an Hanns den Schrenck.[1]

Von Hanns I. Schrenck, der bereits 1382 starb, ging der Besitz an seine Tochter Elisabeth über, die mit Ludwig II. („dem jüngeren") Pötschner verheiratet war. Von da an ist das Haus bei den Pötschnern. Ludwig der jüngere Pötschner war in der Zeit der Bürgerunruhen aus der Stadt geflohen,[2] die Stadt beschlagnahmte seinen Besitz und kassierte die Mieteinnahmen daraus: für die Jahre

1400-1402 sind das „von Jorgen dem Paler aus Ludwig des jungen Potschner Haus an dem Zins, den er daraus schuldig ist, 5 1/2 Pfund Pfennige".[3] Jorg der Paeler hatte seit 1387 offensichtlich das Hinterhaus Burgstraße 4 gemietet (StB).

1402-1403 zahlt den Hauszins von 13 Gulden ungarisch aus Ludwig des jungen Pötschners Haus an der Burggassen Klas der Soldner.[4]

1404 Oktober 9 Ludweigs des jüngeren Pötschner Haus an des Dieners Gasse ist dem Haus der Diener-Erben (Dienerstraße 22) benachbart.[5]

1407 April 28 Ludwigs des jüngeren Pötschner Haus an des Dieners Gasse ist dem Haus des Wilhalm des Diener, künftig Hanns des Per (Dienerstraße 22), benachbart.[6]

1410 Februar 10 das Haus „Ludweigs des jüngern Pötschner" an des Dieners Gasse ist dem Haus des Hanns des Per und seiner Geschwister (Dienerstraße 22) benachbart.[7]

1415 Februar 2 „Ludweg des Poczners haws" an des Dieners Gassen ist dem Haus des Hans Per (Dienerstraße 22) benachbart.[8]

1415 November 22 das Haus „Ludbeg des Pócners" an der Dienerstraße ist dem Haus des Hans Per (Dienerstraße 22) benachbart.[9]

1431 „der Potschner" zahlt „aws dem haws" einen ewigen Zins an das Angerkloster (StB).

1454 das Angerkloster hat 5 Gulden ungarisch „aus Ludweig Potschners haws".[10]

1462 domus Ludwig Pöczner (StB).

1485 Juni 24 das Haus des [Ludwig] Pötschner an der Dienerstraße ist dem Haus des (noch unmündigen) Jakob Katzmair (Dienerstraße 20) benachbart.[11]

Da er nicht als Eigentümer nachgewiesen ist, dürfte Kaspar Hundertpfund in dieser Zeit wohl der Hauptmieter oder Pächter des Hauses gewesen sein, da 1498 die Stadtkammer vermerkt, es sei gearbeitet worden „in der stat haws (gemeint: Dienerstraße 1*), gegen dem Hundertpfund über".[12] Die Tochter Barbara von Kaspar Hundertpfund war mit Linhart Weiler verheiratet[13], was erklärt, wie dieser an das Haus kam.

1508 Juni 9 das Haus des Hanns Pötschner an der Dienerstraße ist dem Haus der Witwe Magdalena des Wilhelm Scharfzahn (Dienerstraße 20) benachbart.[14]

1512 Mai 11,
1532 August 16,
1533 Februar 13,
1534 März 4,
1535 März 6, September 7 und

---

[1] GB I 67/4.
[2] Muffat, Kazmair-Denkschrift S. 511.
[3] KR 1400/02 S. 27v.
[4] KR 1402/03 S. 26r.
[5] GB III 33/2.
[6] GB III 65/4.
[7] GB III 92/11.
[8] GB III 158/7.
[9] GB III 167/19.
[10] Kämmerei 64 S. 17r.
[11] Urk. F I/II Nr. 6 Dienerstraße.
[12] KR 1498/99 S. 92r.
[13] MB XVIII 529 S. 646/647.
[14] Urk. B II b Nr. 17.

1539 Juni 10,
1541 Januar 7,
1542 April 20,
1543 Juli 7,
1549 Mai 31 das Haus des Lienhart Weiler (Weyler) ist dem Haus der Familie Wilhelm Scharfzahn (Dienerstraße 20) benachbart.[1]
1550 März 10 und
1550 April 14 das Haus des Caspar Weiler an der Dienerstraße ist dem Haus des Bartolome Murrndell, künftig des Caspar Bart Haus (Dienerstraße 20), benachbart.[2]
1555 April 23 der innere Stadtrat Caspar Weiler verkauft aus diesem seinem Haus dem Stadtschreiber Martin Grueber und seiner Hausfrau Katharina 15 Gulden Ewiggeld um eine Hauptsumme von 300 Gulden (GruBu).[3]
1574 laut Grundbuch (Überschrift) des „Casparn Weilers Haus und Stallung, stesst an sein Hindterhaus an der Purckhgassen, hievorn folio 385 eingeschriben". Die Weiler besitzen das Haus bis 1611.

Eigentümer Dienerstraße 21:

* Ludweig [II.] Pútreich [der Ältere; äußerer Stadtrat[4]]
  St: 1368: 8/-/80, 1369, 1371: 12,5/-/-, 1372: solvit 12/-/-[5]
  Herman [II.] Pútreich
  St: 1371, 1372: 12/3/-
* Hainrich [IV.] Pütrich [Stadtrat[6]] und seine Brüder und Miterben [bis 1375 Juli 28]
* Hanns [I.] Schrenck [Großer Rat[7]; seit 1375 Juli 28]. 1383/I patrimonium Johannis Schrenck
  St: 1381, 1382: 17/-/-, 1383/I: 7/-/-
  Matheis Schrenck, 1399, 1400 inquilinus
  St: 1399-1401/II: -/-/-
* Ludweig [II.] der jung(er) Potschner (Pótschner). 1415-1441/II Ludweyg (Ludwig) Pótschner [Stadtrat, Wirt; ∞ Elisabeth, Tochter von Hanns I. Schrenck][8]
  St: 1399: 8/6/-, 1400, 1401/I-II: -/-/-, 1403, 1405/I: 11/5/10, 1405/II: 15/-/- iuravit, 1406-1408: 20/-/-, 1410/I: 10/-/- iuravit, 1410/II: 13/-/80, 1411: 10/-/-, 1412: 13/-/80, 1413: 6/5/6 iuravit, 1415: 6/5/6, 1416: 8/6/28, 1418, 1419: 8/-/80, 1423: 10/-/78, 1424: 3/3/16 hat zalt, 1428: dedit 1 rh[einischen] gulden und 9 gross, 1431: 9/5/5 iuravit
  Pferdemusterung, um 1398: Ludweig Pótschner der junger sol haben zway pferd umb 50 gulden [und damit der] stat warten.
  Sch: 1439/I-II, 1440, 1441/I-II: 3 t[aglon]
  StV: (1403) nach alter stewr, et dedit -/21/- von dez Impler wegen.[9] (1405/I) et de patrimonium [!] Impler. (1428) für sich, sein hausfrau, seine kinder und ehalten. (1431) aws dem haws gend 10 gulden gen Anger, dedit davon 1 lb der Potschner.
  Matheis Potschner (Pótschner) [Salzsender[10], Sohn von Ludwig I., Bruder von Ludwig II. Pötschner]
  Sch: 1441/I-II: 1 t[aglon]

---

[1] Urk. B II b Nr. 18, 20, 21, 22 (1534), 23 (7.9.1535), 24 (1539), 25 (1541), 26 (1542), 27 (1543), 28 (31.5.1549); F I/II Nr. 7 Dienerstraße (6.3.1535).
[2] Urk. F I/II Nr. 8 (10.3.1550), Nr. 5 (14.4.1550) Dienerstraße.
[3] Stadtgericht 207/1 (GruBu) S. 409v.
[4] Ludwig Puetreich 1362-1371 äußerer Rat, vgl. R. v. Bary III S. 739. – Zu den Pütrich vgl. Stahleder, Bürgergeschlechter. Die Pütrich, in: OA 114, 1990, S. 252/281.
[5] Ab „solvit" am rechten Rand nachgetragen.
[6] Hainrich Puetreich 1362-1384 innerer Rat, 1377 äußerer Rat, vgl. R. v. Bary III S. 739.
[7] Johans Schrenck ist 1381 Mitglied des Großen Rats, vgl. R. v. Bary III S. 747a.
[8] Eintrag 1401/II vielleicht getilgt. – Ludwig Pötschner 1420 Mai, 1424 April, 1428 April Bürgermeister, vgl. R. v. Bary III S. 756/757. – Tätigkeit als herzoglicher Rat nicht nachweisbar, aber auch nicht auszuschließen, vgl. von Andrian-Werburg, Urkundenwesen S. 141. – Ludweig Pötschner gehört 1430 zu den Wirten in der Dienersgasse, die Ungeld zahlen, vgl. Steueramt 987.
[9] Ganzer Vermerk am rechten Rand nachgetragen.
[10] Matheis Pötschner ist 1444 und 1445 als Salzsender belegt, vgl Vietzen S. 146.

* Ludwig [IV.] Pótschner (Potschner) [∞ Katharina I. Bart, Stadtrat, Weinhändler, Salzsender ?[1]]
    St: 1450, 1453-1458: Liste, 1482: 4/7/18
* domus Ludbeig Póczner
    St: 1462: -/4/20
    StV: (1462) und hat abzogn 15 gulden gelcz aus dem hauss.
  Caspar Hundertpfund (Hunderpfunt) [Salzsender, Weinschenk, äußerer Stadtrat[2]]. 1500 relicta Caspar Hunderpfundin patrimonium
    St: 1482: 9/7/9, 1496: 9/6/24, 1500: 10/2/- patrimonium
    StV: (1500) et dedit -/-/28 von der Pfennigmanin gut.
  Niclas Hunderpfunt [Sohn von Caspar Hundertpfund]
    St: 1496: 3/3/16
  pueri [des Eberhard II.] Pótschner St: 1486: anderswo [vgl. Burgstraße 4]
* Hanns[VI.] Pötschner [Sohn von Eberhard II., Enkel von Ludwig II. Pötschner]
    St: 1508: 1/1/17
* Linhart Weyler (Weiler), 1508 k[ramer, Weinschenk, Stadtrat[3], ∞ Barbara, Tochter von Caspar Hundertpfund]. 1524 Linhart Weiler unterrichter.[4] 1546, 1547 Lienhart Weilers erben
    St: 1508, 1509: 9/7/24, 1514: Liste, 1522, 1523: 5/-/14, 1524: -/5/15, 1525, 1526, 1527/I: 5/-/14, 1527/II, 1528, 1529, 1532: 5/3/21, 1540-1542: 6/-/29, 1543: 12/1/28, 1544: an chamer, 1545: 13/-/28 patrimonium, 1546: an chamer [am Rand nachgetragen:] zalt 6/3/29 am 13. Decembris [1546], 1547: 6/3/29
    StV: (1508, 1509) et dedit 4/-/5 für (fur) pueri Sigmůnd Weyler. (1522-1524) et dedit -/6/20 für p[ueri] Weiler. (1525, 1526) et dedit -/6/20 für p[ueri] Sigmund Weyler. (1527/I) et dedit -/6/20 für Cristof Weiler. (1544) soll Heinsteterin[5] zusetzn; zalt an chamer sambt der Heinsteterin zusatz, thut 6/3/29, actum 14. Februari anno [15]45. (1547) noch als patrimonium.
** Caspar Weyler (Weiler) [innerer Stadtrat[6], Sohn von Lienhard Weiler, ∞ Sabina, geb. Bart[7]]
    St: 1540: 7/2/15 juravit, 1541: 7/2/15, 1542: 7/4/25, 1543: 15/2/20, 1544: 7/4/25, 1545: 16/1/5, 1546, 1547: 8/-/18, 1548, 1549/I-II, 1550, 1551/I: 9/6/21, 1551/II, 1552/I-II: 10/6/21, 1553, 1554/I-II, 1555-1557: 14/1/12, 1558: 28/2/24, 1559, 1560: 14/1/12, 1561, 1563, 1564/I-II, 1565, 1566/I-II, 1567/I-II: 16/2/17, 1568: 32/5/4, 1569-1571: 15/1/17
    StV: (1542) hat seins [weibs] ererbt guth zugsetzt. (1548) hat zugsetzt seiner schwiger erb. (1551/II) sambt der Schrenckhamerin erb zusatz.
  Hanns Weiler [innerer Stadtrat[8], Sohn von Kaspar Weiler]
    St: 1567/I-II, 1568: an chamer, 1569: nihil, hofgsind, 1570: -/-/-, 1571: -/-/- hofgsind

Bewohner Dienerstraße 21:

relicta Ulrich Stúph, 1372 inquilina St: 1371, 1372: 1/-/-
Hainrich Rúlein, 1378 senior St: 1377: -/14/- juravit, 1378, 1379: -/14/-
  Hainrich junior Rúlein, 1377 inquilinus St: 1377: -/6/- gracianus, 1378: solvit -/11/-

---

[1] Ludwig Pötschner 1475 Mitglied der Gemain, 1477 äußerer Rat, 1479-1500 innerer Rat, 1497 Kirchpropst von Unserer Lieben Frau zu Ramersdorf; 1479, 1480, 1487-1490 und 1492 Vierer der Salzsender, vgl. RP. – 1479 und 1480 kauft die Stadt jeweils 6 Kandel Wein von Ludweig Pot[schner] zum Ausschank für Gäste der Stadt, vgl. KR 1479/80 S. 68r, 1480/81 S. 70r. – Ein Ludwig Pötschner 1479, 1480, 1487-1490, 1492 auch Vierer der Salzsender, vgl. Vietzen S. 152 und RP.

[2] Caspar Hundertpfund ist 1476 Viertelhautpmann im GV, 1473, 1475, 1476 Mitglied der Gemain, 1474, 1478-1498 äußerer Rat, 1474, 1476, 1491 und 1499 Vierer der Salzsender (Krötler), 1492-1499 Hochmeister des Heiliggeistspitals, vgl. RP. – Caspar Hundertpfund 1489 Mitglied der Weinschenkenzunft, vgl. Gewerbeamt 1418 S. 6v.

[3] Linhart Weyler ist 1505 Mitglied der Gemain, 1506-1533, 1535-1537, 1539-1541 äußerer Rat, vgl. RP. – 1503 Vierer der Kramer, vgl. RP. – Lienhart Weiler wird 1501 auch in die Weinschenkenzunft aufgenommen, vgl. Gewerbeamt 1418 S. 11v.

[4] Linhart Weiler 1524-1525 Gerichtsschreiber (= Unterrichter), vgl. R. v. Bary III S. 804.

[5] Antonia Hundertpfund, Schwester von Barbara Hundertpfund-Weiler, 1505 mit Friedrich Hainsteter verheiratet.

[6] Caspar Weiler 1544 äußerer, 1545-1580 innerer Stadtrat, vgl. RP und Fischer, Tabelle III S. 2.

[7] Stahleder, Bürgergeschlechter. Die Bart S. 352.

[8] Hanns Weiler 1581 innerer Rat, vgl. Fischer, Tabelle III S. 2.

Hanns schenck, 1383/I inquilinus St: 1383/I: -/-/60 juravit, 1383/II: -/3/-
Ull sartor inquilinus St: 1383/I: -/-/18, 1383/II: -/-/27
[Konrad] Kunter múnczer St: 1387: -/12/-
Ulrich Prennberger sneider. 1388 Ull sneyder von Prennberg inquilinus
    St: 1387: -/-/40, 1388: -/-/80 juravit
Hanns Wólfel St: 1388: 2/-/- juravit
Tóml Meschler St: 1390/I: -/-/16
H[ainrich] Múncher calciator St: 1390/I: -/-/32 iuravit
Chunczl Swaebl[1] St: 1390/I: -/-/12
Fridl prúchler. 1394-1396 Frydrich bruchler, 1390/II, 1392, 1393, 1395, 1396 inquilinus
    St: 1390/II: -/7/22, 1392: 0,5/-/24, 1393: -/6/12, 1394: 0,5/-/-, 1395: -/3/6 Muncher, 1396: 0,5/-/24
Chunrat wagenknecht inquilinus St: 1390/II: -/-/40, 1392: -/-/12
Hans Gúzzer St: 1392: 0,5/-/- iuravit, 1393: -/5/10
Hans Wittl sneider inquilinus St: 1392: -/-/-
Hanns Wolf goltsmid[2] St: 1393: -/-/16
Fridrich Kemnater Pfáffel. 1395, 1396 Frydrich Pháffel (Pfaeffel) Kemnatter [Weinhändler ?[3]]
    St: 1394: 3/-/80, 1395: -/13/10, 1396: 2,5/-/-
Seicz schuchster inquilinus Kemnatter.[4] 1396 Seicz schuster inquilinus
    St: 1395, 1396: -/-/60 fúr funf (5) lb
[Diemel] Pechrerin kawflin, inquilina Seicz schůchster[5] St: 1395: -/-/-
Hainczel Wirczknecht sneyder St: 1397: -/-/52 fúr 3 lb
Hannsel Flewger inquilinus St: 1397: -/-/45 gracianus
Stachlerin[6] kramerin inquilina St: 1397: -/-/60 fúr 10 lb
Peter Maenher, 1399, 1400, 1403, 1405/I inquilinus
    St: 1399, 1400, 1401/I: -/-/60 gracianus, 1401/II, 1403, 1405/I: -/-/80 gracianus
Perchtold maler inquilinus St: 1401/I: 0,5/-/-, 1401/II: -/5/10 iuravit, 1403, 1405/I: -/5/10
uxor Fridel Tod inquilina St: 1403: -/-/26 non atest [= adest] et non iuravit
Jorg Giebinger St: 1453: Liste
[Lienhart] Lechinger schuster[7] inquilinus St: 1457, 1458: Liste, 1462: -/3/-
Gabriel Kárß goldschmid St: 1482: -/4/9
Cůntz Paidlkircher schůster[8] St: 1482: -/6/5
Ulrich Kamerer [Weinschenk[9]] St: 1486: 1/7/19
[Linhart] Schrobenhauser schuster[10] St: 1490: -/2/-
Utz naterin inquilina St: 1490: -/-/60
relicta Sitennpeckin St: 1500: -/3/-
Walpurgerin St: 1500: -/1/26
Martein Schott (Schótl), 1524, 1525 kramer St: 1524: 2/5/8 juravit, 1525, 1526, 1527/I: 2/5/8
Hanns Schaller. 1548-1550 Hanns amer.[11] 1555, 1564/II, 1565, 1566/I-II Hanns Schaller amer (weinamer)
    St: 1546-1548, 1549/I-II, 1550, 1551/I-II, 1552/I-II, 1553, 1554/I-II, 1555-1557: -/2/-, 1558: -/4/-, 1559-1561: -/2/-, 1563: -/2/14 zuegesetzt, 1564/I: -/2/14, 1564/II, 1565, 1566/I-II: -/2/-
    StV: (1564/II) a[b]gesetzt 2 fl seiner tochter heuratguet.

---

[1] Eintrag zwischen den Zeilen eingefügt.
[2] Frankenburger S. 266.
[3] Er könnte der Pheffel sein, der 1399 mit einem Fass Wein im Verzeichnis der bei den Händlern vorhandenen Weinmengen genannt wird, vgl. Märkte 319.
[4] Zusatz „inquilinus Kemnater" war 1395 nötig, da der Name erst hinter „Perckhofer" (Marienplatz 11) folgt.
[5] Zusatz „inquilina Seicz schůchster" nötig, da erst hinter „Jacob Weissenfelder" (Marienplatz 13) folgend.
[6] „Stachlerinn" links am Rand nachgetragen.
[7] Linhart Lechinger 1463, 1464, 1466 Vierer der Schuster, vgl. RP.
[8] Chuntz Paindlkircher ist 1481, 1482, 1484, 1486, 1487, 1489, 1491, 1492, 1495 Vierer der Schuster, vgl. RP.
[9] Ulrich Kamrer 1489 Mitglied der Weinschenkenzunft, vgl. Gewerbeamt 1418 S. 4v.
[10] Linhart Schrobenhauser ist 1470 Vierer der Schuster, vgl. RP.
[11] Hanns Schaller auch 1543 und 1544 Weinamer, vgl. R. v. Bary III S. 968; in StB 1551/I-II und 1552/I „amer" zwischen „Hanns" und „Schaller" wieder getilgt.

Dienerstraße 22
(zeitweise mit Burgstraße 3)

Charakter: Wohl schon Ende 14. Jahrhundert Gasthaus. 1550 Fremdenherberge, 34 Pferde.

Hauseigentümer Dienerstraße 22:

1370 die Baukommission beanstandet in der Dienerstraße (nach dem Pütrich Dienerstraße 21 und vor dem Impler Dienerstraße 23) „des Dieners lauben".[1] Den Diener, die der ganzen Straße den Namen gegeben haben, dürfte das Haus schon lange gehört haben. Ein Ritter Chůnrat der Diener ist bereits am 25. September 1315 Münchner Stadtrichter.[2] Am 9. Dezember 1365 ist ein Chůnrat Diener Mitglied des Großen Rats.[3] Er dürfte bereits der Hauseigentümer sein, der seit 1368 in den Steuerbüchern steht. Er ist laut Kazmair-Denkschrift im Januar 1398 gestorben.[4]

1375 Juli 28 das Haus des Dyener ist dem Haus von Hainrich Pütreich und seinen Brüdern und Miterben (Dienerstraße 21) benachbart.[5]

1385 Mai 15 das Haus Chunrat des Dieners an des Dieners Gassen ist dem Haus von „Fránczel dem Imppler" (Dienerstraße 23) benachbart.[6]

1404 Oktober 9 Chunrat Ebmer, auch im Namen seiner Hausfrau Gilgen (geb. Diener), Erasmus der Perckhofer, auch im Namen seiner Hausfrau Barbara (geb. Diener) und die Hausfrau des Franz Astaler, Elspet (geb. Diener), überlassen ihren Teil des Hauses, gelegen an des Dieners Gassen, „znächst Ludweigs des jůngern Pótschner haus" (Dienerstraße 21) „Wilhalm dem Diener, irm pruder und swager". Noch am selben Tag überlassen die vier Diener-Geschwister das Haus an der Burgstraße (Burgstraße 3) „maister Hainrichen dem goltslacher".[7]

1405/II, 1406 domus Wilhalm Diener (StB).

1407 April 28 Wilhalm der Diener verkauft sein Haus an des Dieners Gassen, zunächst an Ludwigs des jüngeren Pötschner Haus (Dienerstraße 21) gelegen, Hanns dem Per. Noch am selben Tag verpfändet der Per das Haus dem Verkäufer für 130 gute ungarische Gulden.[8] Hanns der Per war im Juni 1397 einer der Bürgermeister.[9] Ein Kürschner Hainrich der Per wohnt um 1400 in dem Haus. Wohl demselben Heinrich Per zahlt die Stadt 1398/99 4 Pfund Pfennige für die Lieferung von 3 Eimern und 19 Trinken Rotwein.[10] 1399/1400 wird Hainrich der Per zu den Wirten gerechnet, als ihm die Stadt Verpflegungskosten „von der rais wegen" ersetzt.[11] 1400/02 erhält die Stadt einen Geldbetrag „von dem Pern" „von der wein wegen von Ötting und von Müldorff".[12] Hanns der Per dagegen kauft am 8. Juli 1407 das Haus an der Burgstraße zurück (Burgstraße 3 A/B).[13] Hanns der Per war einer der Hauptverschwörer bei den Unruhen ab 1397.

1410 Februar 10 Hanns der Per hat seine beiden Häuser, das eine an des Dieners Gasse, das andere in der Burggasse (Burgstraße 3), beide den Häusern des jüngeren Ludwig Pötschner benachbart (Dienerstraße 21, Burgstraße 4), um 227 gute neue ungarische Gulden und um 66 gute alte rheinische Gulden an Hainrich des Per seligen Kinder verpfändet, unter denen er selbst der älteste ist.[14]

1414 April 19 Hansen des Pern Haus an des Dieners Gasse ist dem Haus des Gabriel Lesch (Dienerstraße 23) benachbart.[15]

---

[1] Zimelie 9 (Ratsbuch IV) S. 4v.
[2] Dirr, Denkmäler Urk. Nr. 52 S. 85.
[3] Dirr, Denkmäler S. 581.
[4] Muffat, Kazmair-Denkschrift S. 519, 525.
[5] GB I 67/4.
[6] GB I 214/8.
[7] GB III 33/2, 33/3.
[8] GB III 65/4, 65/5.
[9] StB 1396 S. 44v.
[10] KR 1398/99 S. 69v.
[11] KR 1399/1400 S. 19v.
[12] KR 1400/02 S. 42r/v.
[13] GB I 67/12.
[14] GB III 92/11.
[15] GB III 148/11.

1415 Februar 2 Hans Per versetzt sein Haus an des Dieners Gassen, zunächst „Ludweg des Poczners haws" (Dienerstraße 21) gelegen.[1]

1415 November 22 Hans der Per verpfändet sein Haus „an des Triener (!) gassen, zẃ nachst an Ludbeg des Póczners haus" (Dienerstraße 21) gelegen, an Jorg den Per um 134 ungarische Gulden.[2]

1416 Januar 14 und Februar 13 Hans der Per und Paule Lesch (Dienerstraße 23) sind Nachbarn.[3]

1437 April 3 das Haus der Witwe Jörgen der Perin an der Dienerstraße ist dem Haus der Familie Lesch (Dienerstraße 23) benachbart.[4]

1480 März 25 laut Grundbuch hat aus diesem Haus die Agnes Casstnerin ein Ewiggeld von 5 Gulden an Georg Sänftl verkauft.[5] Dieselbe Frau verkauft alleine im Jahr

1481 vier weitere Ewiggelder von insgesamt 20 Gulden aus dem Haus (unter anderem an Caspar Hundertpfund) (GruBu) und erneut

1482 Januar 29 eines von 4 Gulden (GruBu).

Auch bei Weinstraße 5 gehen dem Hauseigentümer Friedrich I. Eßwurm (dort 1439-1462) unmittelbar ein Konrad Kastner (Salzsender) (1423, 1424) und ein Friedrich Kastner (1431, Schenkensteuer) voraus. Jedenfalls dürfte ein Zusammenhang zwischen den beiden Familien bestehen. Sicher kommt es nicht von ungefähr, daß das Kopialbuch der Priesterbruderschaft von St. Peter 1522 (siehe unten) das Haus einem Friedrich Kastner selig zuschreibt und damit wahrscheinlich Friedrich Eßwurm meint. Auch der Name Sänftel taucht bemerkenswerterweise zweimal auf: Die Agnes Casstnerin verkauft aus diesem Haus 1480 einem Georg Sänftel ein Ewiggeld. 1466 ist schon Lehentrager für die beiden Kinder von Fridrich I. Eßwurm (Fridrich II. und Elspeth) ein Ludwig Sänftel.[6]

1495 im Salbuch C des Heiliggeistpitals wird das Haus „Fridrich [II.] Esswurms" Haus an des Dieners Gassen genannt, mit dem späteren Zusatz: „hat yetz Jörg Burger koch".[7]

1522 Juni 16 das Haus des Fridrich Kastner selig, gemeint ist vielleicht Friedrich II. Esswurm, der jedoch nie als Kastner belegt ist, ist Nachbar zu Hanns Moser an der Dienerstraße (Dienerstraße 23).[8]

(1523/24-) 1525/26-1549 aus Jörg [Burger] Kochs Haus an der Dienersgasse hat das Heiliggeistspital ein Ewiggeld.[9]

1526 August 7 das Haus des Georg Burger ist dem Haus von Hanns Moser zu Pang und seiner Stiefsöhne Jeronimus und Gregorius Vischmeister (Dienerstraße 23) benachbart.[10]

1543 März 3 die Pfleger der Kinder des verstorbenen Hans Burger aus seiner letzten Ehe (Hanns, Susanna, Margaret) verschreiben den Töchtern des Burger aus seiner ersten Ehe (Anna und Marie) 15 Gulden Ewiggeld für 300 Gulden Hauptsumme zur Entrichtung ihres Muttergutes (GruBu).

1550/1565 Hanns Burger, später (1565) Albrecht Andorffer, der zweite Ehemann von Burgers Witwe, betrieben im Haus Dienerstraße 22 eine Fremdenherberge mit Unterstellmöglichkeit für 34 Pferde.[11]

1557 März 1 die Vormünder von Hanns Burgers seligen Sohn Hanns Burger (des jüngeren) verschreiben der Mutter des Hanns Burger (des jüngeren), Margaret, jetzt verheiratete Albrecht Andorfferin, 15 Gulden Ewiggeld um 300 Gulden Hauptsumme (GruBu).

1557 März 2 dieselben Vormünder verschreiben aus diesem und dem an der Burgstraße anstoßenden Haus (Burgstraße 3) der Schwester ihres Mündels – Susanna Burger, jetzt verheiratete Anthoni Hohenauer – 11 Gulden Ewiggeld für 220 Gulden Hauptsumme zur Entrichtung ihres Vatergutes (GruBu).

1561 November 26 Michael Sagkherer Gastgeb und seine Hausfrau Martha verkaufen aus diesem ihrem Haus und dem daranstoßenden Haus an der Burgstraße (Burgstraße 3) 10 Gulden Ewiggeld um 200 Gulden Hauptsumme (GruBu). Desgleichen

1561 November 28 weitere 15 Gulden um 300 Gulden (GruBu) und

1564 September 26 des weiteren 5 Gulden um 100 Gulden an das Ehepaar Hochenauer (GruBu).

---

[1] GB III 158/7.
[2] GB III 167/19.
[3] GB III 170/5, 170/6.
[4] Vogel, Heiliggeistspital, Urk. Nr. 297.
[5] Stadtgericht 207/1 (GruBu) S. 405v/407r.
[6] Kutter S. 346, nach Lehenbücher.
[7] Zimelie 43 (Heiliggeistspital, Salbuch C) S. 57v.
[8] Geiß, St. Peter S. 332, nach Kopialbuch der Priesterbruderschaft St. Peter fol. 78v.
[9] Heiliggeistspital (Rechnungen) 176/18 (1523/24) S. 13v ohne Orts- oder Straßenangabe, 176/19 (1524/25) S. 11v, 176/20 (1525/26) S. 9v, 176/37 (1549) S. 17v letztmals.
[10] GB IV S. 120r.
[11] Gewerbeamt 1422a.

1574 laut Grundbuch (Überschrift) des „Michaeln Sackherer gasstgebens annder Haus und Hof, stesst hinden an sein Haus und Stallung in die Purckhgassen hinaus [Burgstraße 3], so hievorn folio 390 eingeschriben".

Der Abbruch von des Dieners Haus im Jahr 1398[1] ist keinesfalls auf dieses Haus Dienerstraße 22 zu beziehen, wie Muffat dies in der Einleitung zur Kazmair-Denkschrift tut: „... ließ die Stadt des Dieners Haus in der Dienersgasse, gleich bei dem Thore und rückwärts (östlich) der alten Veste gegenüber gelegen, im August abbrechen, offenbar in der Absicht, um ungehindert einen Angriff auf letztere machen zu können".[2] Muffat kannte die Lage des Diener'schen Hauses nicht. Weil der Eintrag in der Kammerrechnung lautet: „und von dez Diener Haws bey dem Tor abzeprechen", nahm er an, es müßte neben dem Krümleinsturm gelegen haben, also etwa bei den Häusern Dienerstraße 12/13 (heute Dallmayr-Haus). Da dies aber, wie man dort nachlesen kann, nicht der Fall ist, fällt Muffats ganze Hypothese, der Abbruch des Diener'schen Hauses habe den Zweck gehabt, freies Schußfeld auf den Alten Hof zu seiner Erstürmung zu erhalten, in sich zusammen. Bei der tatsächlichen Lage des Diener-Hauses, fast am Marktplatz vorne, verbietet sich diese Annahme von selbst.

Die Maßnahme des Abbruchs hat überhaupt nichts mit dem Alten Hof zu tun. Sie war eine der mehrmals bezeugten Aktionen, die Stadtmauer von Anbauten, die die Verteidigung behindert hätten, frei zu halten. Die Stadtmauer mußte an der Stadt-Innenseite rundum frei stehen. Bereits am 25. September 1315 muß König Ludwig der Bayer aus gegebenem Anlaß aus dem Feldlager vor Donauwörth die Stadt München anweisen, ihre Ringmauer in kriegsmäßigen Zustand zu setzen, wozu auch gehört: „Waer auch zů der auzzern rinchmaur innerthalben der stat ze nahen gepawet hab mit zimmer oder mit gemáur, daz haizzet auch abbrechen als vil und als verre nach ewer selbers verstandenhait, daz man gewaltichlichen gevaren, gereiten und auch gegen [= gehen] múge allenthalben bi der rinchmáur innerthalben der stat, und lat [= leidet, duldet] des nicht".[3] Ein solcher Anlaß lag jetzt wieder vor. Das Stadtregiment der Unruhe-Zeit von 1397/1403 befürchtete einen Angriff der aus der Stadt gewichenen Herzöge Ernst und Wilhelm von außen. Die Mauer mußte deshalb verteidigungsbereit gemacht werden. Aus der Kammererechnung von 1398/99 geht hervor, daß an mehreren Stellen an der Mauer gearbeitet wurde, unter anderem an drei Türmen am Anger, an den Schranken vor dem Tor (Angertor ?), „zu den rigeln auf der mawer und die tor zu vermawern" usw. Auch die Erker und Brustwehren auf der Mauer wurden ausgebessert.[4] Ausgegeben wurde „summa summarum in toto 271 lb 6 ß 3 pf zu dem paw in dem krieg in turen, schranchen vor dem tör zu der wer auf die maur hinumb"[5]. In der Kammerrechnung von 1400/02 sind Ausgaben für das Abbrechen von Stiegen an der Mauer verzeichnet[6] und in der Kammerrechnung von 1402/03 finden sich Ausgaben für „Umgang der 300 [= des Rates der 300] um die mauer, abbrechen und Wege räumen lassen" in der Vasten 1403.[7]

In diesem Zusammenhang ist der Abbruch eines Hauses des Diener, aber auch eines Hauses von Parcifal Zenger zu sehen,[8] den Muffat ebenfalls bei der Alten Veste ansiedelt. Auch hier ist Muffat nicht gut unterrichtet. Parcifal Zengers Haus lag in Wirklichkeit in der Burgstraße 11, jenseits des Schlichtinger-Bogens, also für den angenommenen Zweck der Erstürmung des Alten Hofes ebenfalls untauglich. Daß Zenger dieses Haus außerdem erst am 5. Oktober 1403 erwarb, als die Unruhen schon längst wieder zu Ende waren, und daß es sich dabei um einen anderen Parcifal Zenger handelte, kommt noch hinzu; denn der in den Krieg verstrickte ist den eigenen Angaben Muffats zufolge bereits während der Unruhen – 1399 – verstorben.

Beide abgebrochenen Häuser, das des Diener und das des Zenger, müssen an einer anderen Stelle in der Nähe der Stadtmauer gesucht werden, das Diener'sche in der Nähe eines der fünf Stadttore. Beide Häuser waren zu nahe an die Stadtmauer gebaut oder direkt an sie angebaut. Das Diener'sche lag wohl auch zu nahe an einem der Stadttore. Deshalb mußten sie weg. Konrad Diener hatte beispielsweise im Jahr 1395 einen Stadel „in der Neuhausergassen oben bei dem Tor in Sankt Peters Pfarr".[9]

---

[1] KR 1398/99 S. 81v.
[2] Muffat, Kazmair-Denkschrift S. 529.
[3] Dirr, Denkmäler Nr. 52 S. 85.
[4] KR 1398/99 S. 85v ff.
[5] KR 1398/99 S. 89v.
[6] KR 1400/02 S. 88v.
[7] KR 1402/03 S. 94r.
[8] KR 1398/99 S. 88r.
[9] GB II 84/5.

In dieser Zeit war man vollauf damit beschäftigt, die Stadtmauer in guten Zustand zu bringen. Alle Maßnahmen der Kammerrechnung deuten darauf, daß man voll auf einen Angriff von außen konzentriert war. Was hätte auch ein Angriff von Innen auf den Alten Hof bringen sollen? Die Herzöge war sowieso längst aus der Stadt geflohen, die hohen Beamten desgleichen. Auch alle wichtigen Dokumente (das Archiv) dürften sie mitgenommen haben, sodaß der Sinn eines solchen Angriffs auf den Alten Hof auch von daher nicht recht einleuchten kann.

Eigentümer Dienerstraße 22:

* Chunrat Diener [Stadtrat, herzoglicher Rat[1]], 1371 inquilinus. 1399-1401/II patrimonium Chunrat Dyener. 1403 patrimonium Diener
    St: 1368: 5/-/-, 1369, 1371, 1372: 7,5/-/-, 1375: 8/-/-, 1377: 12/-/- juravit, 1378, 1379, 1381: 12/-/-, 1382: 8/-/- juravit, 1383/I: 8/-/-, 1383/II: 12/-/-, 1387: 7/-/-, 1388: 14/-/- juravit, 1390/I-II: 8/-/-, 1392: 7,5/-/-, 1393, 1394: 10/-/-, 1395: 5/-/-, 1396, 1397, 1399: 7,5/-/-, 1400, 1401/I-II: -/-/-, 1403: dedit 6/-/-
    StV: (1368) [neben Chunrat Diener stehend:] „patrimonium Johannis Ligsalcz". (1399) sein altew stewer. (1403) von wegen aller vergangen stewr alz der rat geschaft hat.
  junior Diener. 1371 Hainrich Diener. 1375 Hainrich junior Diener[2]
    St: 1368: -/-/-, 1371: 6/-/- juravit, 1375: 3/-/-
  Chunrat Ebner inquilinus [äußerer Rat[3], Schwiegersohn von Chunrat Diener]
    St: 1381: 1/-/- gracianus
* Wilhalm filius suus [= des Chunrat Dyener], 1383/I inquilinus. 1387 Wilhalm Diener et soror eius. 1388, 1399 Wilhalm Diener. 1390/I-II Wilhalm Diener und sein swester
    St: 1383/I: -/6/-, 1383/II: -/9/-, 1387: -/-/45, 1388: -/6/-, 1390/I-II: -/-/45, 1399: -/-/-
  pueri prioris uxoris[4] [des Wilhalm]
    St: 1388: -/-/-
* Erasm Perchkover inquilinus [Schwiegersohn des Chunrat Diener]
    St: 1387: 4/3/22
* Diener'sche Geschwister Gilg (∞ Chunrat Ebner), Barbara (∞ Erasmus Perckhofer), Elspet (∞ Franz Astaler) und Wilhalm Diener [1404 Oktober 9]
* domus Diener. 1405/II, 1406 domus Wilhalm Diener [bis 1407 April 28]
    St: 1405/I: -/5/-, 1405/II: -/3/22, 1406: -/5/-
  Hainrich Per kursner [Weinhändler, Weinwirt[5]]. 1401/II Hainrich Per inquilinus
    St: 1400: -/12/42, 1401/I: -/13/12, 1401/II: 3,5/-/-
    StV: (1401/II) den hat die fraw verstewrt, et non iuravit, und sol sich betrachtn biz auf Jacobi und sol dann swern alz der rat geschaft hat etc.
    Pferdemusterung, um 1398: Hanns Per [und] Hainrich Per kúrsner súllen haben ain pferd umb 20 gulden; (Korrig. Fassung): Hanns Per [und] Hainrich Per kúrsner súllen haben ain pferd umb 24 gulden [und] einer reit.
* Hanns Per [Stadtrat, Weinschenk[6]; seit 1407 April 28]
    St: 1407, 1408: 4/-/-, 1410/I: 3/-/- iuravit, 1410/II: 4/-/-, 1411: 3/-/- 1412: 4/-/-, 1413: 2/-/60 iuravit, 1415: -/12/-, 1416: 2/-/-, 1418, 1419: 0,5/-/8

---

[1] Konrad Diener 1369-1371, 1373 äußerer Rat, 1374-1384 ff. innerer Rat, 1375 Kirchpropst von Unserer Lieben Frau, vgl. R. v. Bary III S. 739, 762. Auch herzoglicher Rat aus dem Bürgertum, vgl. von Andrian-Werburg, Urkundenwesen S. 140.

[2] 1375 neben dem Steuerbetrag Rasur.

[3] Chunrat Ebner ist 1381-1384 als äußerer Rat belegt, vgl. R. v. Bary III S. 739.

[4] Eintrag wieder getilgt.

[5] Hainrich Per 1398/99 Handel mit Wein, 1399/1400 Wirt, vgl. KR. 1403 bei Dienerstraße 23 seine Witwe.

[6] Hanns Per Juni 1397 Bürgermeister, vgl. R. v. Bary III S. 755. – StB 1396 S. 44v. – Er handelte mit Wein: 1404 übernahm die Stadt 77 Pfennige Kosten an den Hanns Per „umb schenkwein [für] hertzog Heinrich" von Bayern-Landshut, der zu Besuch in der Stadt war, vgl. Steueramt 573 (Leibgedingbuch 1404/09) S. 49v. hans war sicher schon Gastwirt wie der Sohn Jörg. Hans Per auch 1398/99 Weinhandel, 1399/1400 Wirt, vgl. KR 1398/99 S. 69v, 1399/1400 S. 19v, 1400/02 S. 42r/v. – Um 1414 ebenfalls Hans Per Weinschenk, vgl. Gewerbeamt 1411 S. 3v. – Ein Hans Per war 1396 einer der Redner des Großen Rats, vgl. Rädlinger, in: Richard Bauer (Hrsg.), Geschichte der Stadt München S. 115 und Muffat, Kazmair-Denkschrift S. 365.

* Jorig (Georg) Per [Weinschenk[1]]. 1439/I-1458 relicta (Jorg) Perin
    St: 1412: 0,5/-/- gracianus, 1415: 2/-/-, 1416: -/21/10, 1418, 1419: 3/-/16, 1423: -/22/-, 1424: -/7/10 hat zalt, 1428: dedit 14 gross, 1431: -/21/10 iuravit, 1453-1458: Liste
    StV: (1428) fur sich, sein hausfrau und sein ehalten.
    Sch: 1439/I-II, 1440, 1441/I-II: 2 t[aglon]
  Fridreich (Fridel) Per [Weinschenk[2]]
    Sch: 1441/I-II: 2 t[aglon], 1445: 3 ehalten, dedit
    St: 1450, 1453-1458: Liste, 1462: -/9/15
** Michl [Agnes] castnerin. 1486 relicta castnerin
    St: 1482: 1/-/-, 1486: -/4/-
* Fridrich [II.] Esswurm [Weinschenk, später äußerer Stadtrat und Unterrichter[3]]
    St: 1490: 7/-/6
* Jorg koch. 1508 Jorg Burger koch, wirt [Weinschenk[4]]. 1509, 1514 Jorg Purger koch. 1522-1532 Jórg Burger. 1540-1543 Jorg Burgerin
    St: 1496, 1508, 1509: -/5/10 [Schenkensteuer], 1514: Liste, 1522-1525: -/5/10 schencknsteur, 1526: -/4/4 juravit, 1527/I: -/4/4, 1527/II, 1528, 1529, 1532: -/4/12, 1540: -/3/23, 1541: -/3/23 matrimonium, 1542: hat Hanns Burger zugsetzt, 1543: nichil, hat Hans Purger anno [15]42 zugsetzt.
** Hanns Burger [Weinschenk[5], ∞ Anna]. 1543 Hanns Burgerin
    St: 1525, 1526, 1527/I: 1/3/18, 1527/II: 3/5/9, 1528: 3/6/28, 1529, 1532: 4/5/14, 1540, 1541: 5/4/15, 1542: 6/1/8, 1543: 12/2/16 patrimonium
    StV: (1527/II) sol bis jar seins schwehern gut zusetzn. (1528) hat seins schwehern gut zugesetzt. (1529) hat seiner hausfrau gut zugesetzt. (1542) hat seiner mueter gut zugsetzt.
  Albrecht Ándorffer (Ándorffer, Andorffer), 1551/II, 1552/II-1554/II, 1556, 1559 wirt [∞ mit Witwe von Hanns Burger]. 1560, 1561 Albrecht Andorfferin
    St: 1544: 3/3/25 juravit, 1545: 7/-/20, 1546-1548, 1549/I-II, 1550, 1551/I-II, 1552/I-II: 3/3/25, 1553, 1554/I-II, 1555-1557: 4/2/20, 1558: 8/5/10, 1559, 1560: 4/2/20, 1561: -/-/-
    StV: (1544, 1546-1556) mer -/6/5 für p[ueri] Hanns Burger [wohl seine Stiefkinder]. (1545) mer 1/5/10 für p[ueri] Hanns Burger. (1557) mer -/6/5 für seine stieffkinder. (1558) mer 1/5/10 für seine stieffkinder. (1559) mer -/6/5 für die stieffkinder. (1560) mer für ire stiefkhinder -/6/5. (1561) haben die erben zuegesetzt.
** Michel Sackherer (Saggrer, Saggerer), 1564/II-1571 wierdt [∞ Martha]
    St: 1561, 1563, 1564/I-II, 1565, 1566/I-II, 1567/I-II: 1/1/23, 1568: 2/3/16, 1569-1571: 1/1/15
    StV: (1561) mer folio 98r [Ewiggeld]. (1563, 1564/I) mer folio 96v [Ewiggeld]. (1564/II) mer folio 95v [Ewiggeld] für p[ueri] Steffan Praittnaicher [von Wasserburg].[6] (1565) mer foli 96r [Ewiggeld] für Steffan Praidtnaicher. (1566/I-II) mer für Steffan Praidtnaycher folio 95v [Ewiggeld]. (1567/I) mer für Steffan Praidtnaicher von Wasserburg folio 10v [Ewiggeld]. (1567/II-1569) mer für Steffan Praidtnaicher folio 10v [1569 = 10r, Ewiggeld]. (1570, 1571) mer für Steffan Praydtnaicher folio 5v [Ewiggeld].

---

[1] Jorg Per ist Weinschenk, 1422 deren Vierer, vgl. Gewerbeamt 1411 S. 3v, 10v. – Im Sommer 1424 zahlt die Stadtkammer dem Jorg Bern 82 Pfennige aus „von zerung wegen, die der Glockner [Vorsprech von Freising] dasselben malz dacz im verzert hat", vgl. KR 1424/25 S. 46r. – 1430 gehört Jörg Per auch zu den Wirten an der Dienersgasse, die Ungeld zahlen, vgl. Steueramt 987.

[2] Frydreych (Fridel, Fridreich) Per ist 1451 Mitglied der Weinschenken-Bruderschaft, 1442, 1447 und 1457 Vierer der Weinschenken, auch 1458 Weinschenk, vgl. Gewerbeamt 1411 S. 9v, 10v, 11v; 12v, 1470-1488 Unterkäufel der Weine (Weinkoster, Weinversucher), 1486 Weinversucher oder Weinkoster, vgl. R. v. Bary III S. 969, 973. – Dieser Friedrich Per hat wieder einen Sohn Jörg Per, der 1472 wegen Dieb-stahls zum Strang (Tod durch Erhängen) verurteilt, dann aber zum Schwert begnadigt wurde, vgl. KR 1472/73 S. 71v.

[3] Fridrich Eßwurm 1489 Mitglied der Weinschenkenzunft, vgl. Gewerbeamt 1418 S. 6v. – Im Februar 1490 nimmt die Stadtkammer 1 Pfund Pfennige (Zunftgeld) ein „von Fridrichen Esswurm, newen weinschen-cken", vgl. KR 1489/90 S. 32v. – 1491 ist Fridrich Eßwurm Vierer der Schenken, vgl. RP 3 S. 105r. – Er ist 1492-1502 äußerer Stadtrat und wird dann – seit 29.12.1501 – Stadtunterrichter, vgl. RP.

[4] Jorg Purger koch 1494 Aufnahme in die Weinschenkenzunft, vgl. Gewerbeamt 1418 S. 8r. – 1498, 1500, 1501, 1503, 1505, 1508, 1510-1513 ist Jörg Burger Vierer der Köche, vgl. RP.

[5] Hanns Puorgger 1520 Aufnahme in die Weinschenkenzunft, vgl. Gewerbeamt 1418 S. 18r.

[6] Steffan Praittnaycher von Wasserburg 5 fl Gelds aus Michel Sackhers Haus in der Dienersgassen -/4/20, zahlt Sackherer. So alle Jahre.

Bewohner Dienerstraße 22:

Chunrat von Hawsen inquilinus St: 1368: 2/6/-
Ulrich sneyder inquilinus St: 1369: -/-/24
relicta [Ulrici] Stúpfin[1] inquilina St: 1375: -/5/10
Nicklas Stadler St: 1382: -/-/27
Herman Senift inquilinus St: 1383/I: 0,5/-/- juravit, 1383/II: -/6/-
Margret (Gredl) kauflin inquilina St: 1387: -/-/12, 1388: -/-/24 juravit, 1390/I-II: -/-/24
Froleichin kaeflin inquilina St: 1393: -/-/24
Larencz goltsmid[2] inquilinus St: 1410/II: -/3/10, 1411: -/-/75, 1412: -/3/- gracianus
Caspar Hundertpfund[3] [Weinschenk, Stadtrat] St: 1486: 12/5/16
Antoni [Steger] zingiesser[4]. 1496 relicta Antoni zingiesserin St: 1490: -/2/13, 1496: -/3/17
Hanns Schirmer salbúrch St: 1490: -/-/60
Jobs maler St: 1490: -/2/24
Hanns Pótschner St: 1496: 1/-/17, 1509: 1/1/17
[Jörg] Voburger goltschmid[5] St: 1496: -/4/-
Wolfgang palbierer
    St: 1496: -/-/21 gracion
    StV: (1496) et dedit -/-/60 fúr sein erste hausfrau patrimonium.
Hanns schleiffer [Weinschenk[6]] St: 1500: -/5/10 [Schenkensteuer]
Caspar zingiesser St: 1500: -/2/20
Hans Kärgl goltschmid St: 1500: -/1/5 gracion
Hainrich Radax [Goldschmied[7]] St: 1514: Liste
Andre Plúmberger schneider St: 1514: Liste
Hanns Kastl z[ingiesser] St: 1522: 1/6/11
maister Wolfgang [Walther[8]] St: 1522: nichil, visierer
Hanns Tenck schneider St: 1523: -/3/12
Michel schneider schuster. 1524-1529 Michel schuster (schŭster). 1532 Michel schneider hofschuster
    St: 1523: -/-/28 gracion, 1524-1526, 1527/I-II, 1528, 1529, 1532: -/2/-
Wolfgang Rot zammacher St: 1524: -/1/26 gracion
Jeronimus múllner goltschmid. 1526, 1527/I Jeronimus goltschmid[9]
    St: 1525, 1526, 1527/I: -/3/12, 1527/II, 1528: -/2/4
schmelltzer St: 1529: -/2/-
maler St: 1532: an kamer, nit hie, sein gmach zugeschlossn.
Stainperger [Wein]stadlmaister.[10] 1541-1547 Hanns Stainperger
    St: 1540-1542: -/2/-, 1543: -/4/-, 1544: -/2/-, 1545: -/4/-, 1546, 1547: -/2/-
        StV: (1540, 1541) et dedit -/6/2 fúr p[ueri] Mathes Schamperger. (1542) et dedit -/6/2 fúr p[ueri] Scham[perger]. (1543) et dedit 1/5/4 fúr p[ueri] Schabmperger.
Jacob Pallatzhauser [Weinreisser[11]]
    St: 1540-1542: -/3/4, 1543: -/6/8, 1544: -/3/4, 1545: -/6/8, 1546, 1547: -/3/4
Wolfgang (Wolff) Moshamer, 1548, 1551/II, 1552/II-1556, 1558-1560 goltschmid [von München][12]

---
[1] Witwe des Stadtrichters Ulrich Stupf (1373-1375), vgl. Weinstraße 14 B.
[2] Frankenburger S. 269.
[3] Vielleicht um eine Zeile verrutscht und zum Haus Nr. 21 gehörig wie die Jahre davor und danach.
[4] Antoni zingiesser, 1487-1489 ff. Antoni Steger genannt, ist von 1467-1485 wiederholt, von 1487-1495 jedes Jahr, Vierer der Hafner, Zinngießer, Rotschmiede, Salwurchen, vgl. RP.
[5] Frankenburger S. 281.
[6] Hanns schleyffer 1495 Aufnahme in die Weinschenkenzunft, vgl. Gewerbeamt 1418 S. 8r.
[7] Hinter dem Namen getilgt „schneider". – Hainrich Radax war von 1484 bis 1511 wiederholt Vierer der Goldschmiede, vgl. RP. – Frankenburger S. 280/281.
[8] Meister Wolfgang Walther 1522-1531 Weinvisierer, vgl. R. v. Bary III S. 971.
[9] Frankenburger S. 287.
[10] Hanns Stainperger ist von 1536 bis nach 1560 Weinstadelmeister, vorher war er 1533-1536 Eichgegenschreiber, vgl. R. v. Bary III S. 970. – Der Stadelmeister Stainperger musste sich im Sommer 1569 dem Religionsverhör unterziehen, vgl. Dorn S. 227.
[11] Jcob Pallatzhauser 1535-1551 Weinreisser, vgl. R. v. Bary III S. 974, nach KR.
[12] Gewerbeamt 1631 S. 87v Nr. 48. – Frankenburger S. 287.

St: 1548, 1549/I-II, 1550, 1551/I-II, 1552/I-II: 1/2/25, 1553, 1554/I-II, 1555-1557: 1/5/3, 1558: 3/3/6, 1559: 1/5/3, 1560: 1/5/3 patrimonium

Balthaser vischmaister St: 1561: -/-/-, soll fúr [den] radt.

Warnstetter St: 1561: nichil [Hofgesind]

Kilian Rechtaler statprocurator
St: 1563: -/-/1
StV: (1563) mer sein hausfrau von irem ewig gelt -/1/5.

Caspar Rosskhopff (Roßkopf), 1564/I-II, 1570 riemer, 1566/I-II hofriemer
St: 1563, 1564/I-II, 1565, 1566/I-II, 1567/I-II: -/2/-, 1568: -/4/-, 1569, 1570: -/2/-

Hanns Schraivól (Schrayvogl)
St: 1564/I-II: -/-/-
StV: (1564/I) ist nit búrger; ausser der Ligsaltz und Antorferischen schuld. (1564/II) auff Liechtmess will er gen Deckhendorff.

Anastasia Scheyrerin St: 1565: -/2/-

Christoff Unsin kürschner St: 1566/I: -/-/21 gratia

ain trabant. 1566/II Niclas schmid trabant St: 1566/I: -/-/- hofgsind, 1566/II: -/-/-

Melchior schreiner[1] schuester
St: 1571: -/1/5
StV: (1571) fúr sein hausfrau fúr ine gratia -/-/21.

Dienerstraße 23
(seit etwa 1500 mit Burgstraße 2
von etwa 1530 bis 1587 auch mit Marienplatz 11)

Charakter: Bis Anfang 16. Jahrhundert Weinschenke.

Hauseigentümer Dienerstraße 23:

1370 die Baukommission beanstandet in der Dienerstraße (nach dem Diener von Dienerstraße 22 und vor der Perckoverin Haus Marienplatz 11, Eckhaus) „des Implers lauben".[2]

1385 Mai 15 „Fránczel der Imppler" hat sein Haus an des Dieners Gassen, zunächst dem Haus der Perckhoferin (Marienplatz 11, Eckhaus) und dem Haus des Chunrat Diener (Dienerstraße 22) gelegen, an Albrecht den Lesch verkauft.[3] Drei Tage später – am 18. Mai – erhält die Hausfrau des Fridel Lesch, Katrey, für ihre Morgengabe 12 Pfund Münchner Pfennige verschrieben, auf aller seiner Habe.[4] Albrecht Lesch steht hier bis 1393 in den Steuerbüchern. Die Leschin ist vielleicht die Tochter des Bäckers Harder, dessen Schwiegersohn Lesch 1372 genannt wird (StB). Sie ist 1394 bereits Witwe. Sie selbst stirbt um 1413, in welchem Jahr ihre erbliche Hinterlassenschaft (patrimonium) versteuert wird. Besitznachfolger werden die Söhne.

1414 April 19 Gabriel Lesch hat seinen Hausanteil an des Dieners Gasse, zunächst den Häusern des Bart (Marienplatz 11, Eckhaus) und des Hanns des Per (Dienerstraße 22) gelegen, seinem Bruder Paule dem Leschen übergeben.[5] Paule Lesch handelt mit Welschwein.[6]

1416 Januar 14 „Pawle Lechss" verpfändet sein Haus, gelegen „an des Trieners (!) gassen zẃ nachst an Hanß des Pern haus" (Dienerstraße 22) gelegen, „Jacoben dem Rauchen von Hall" um 11 Mark „Perner Meraner múnzz", die er ihm schuldet.[7]

1416 Februar 13 „Paule Lechsz" verpfändet erneut sein Haus „an des Treners (!) gassen, zẃ nachst

---

[1] „Schreiner" 1571 über der Zeile eingeschoben.
[2] Zimelie 9 (Ratsbuch IV) S. 4v.
[3] GB I 214/8.
[4] GB I 214/9. – Fridel Lesch handelt mit Welschwein. 1384 und 1385 verpfändet er Hans dem Genspeck ein Faß Welschwein, vgl. GB I 209/1, 211/4. 1382 schuldet er Leutel dem Bäcker 6 ½ Pfund Regensburger Pfennige, GB I 167/3.
[5] GB III 148/11.
[6] KR 1414/15 S. 32v.
[7] GB III 170/5.

an Hansen des Pern haus" (Dienerstraße 22) gelegen, diesmal „Perchtolden dem Melczer" um 67 ungarische Gulden, die er dem Melczer schuldet.[1]

1416 Mai 5 „Paule Lechs" (Lesch) verpfändet die Überteuerung seines Hauses „an des Trieners (!) gassen", zunächst „Hansen des Parcz haus" (Marienplatz 11, Eckhaus) gelegen, wiederum „Perchtolden dem Meltzer", diesmal um 72 rheinische Gulden, die er ihm schuldet.[2]

Paule Lesch ist früh verstorben, zwischen 1419 und 1423. Seine Witwe heiratete Ulrich Kamrer. Das ergibt sich eindeutig aus den folgenden Zusammenhängen: Kamrer steht 1423 hier im Steuerbuch, dazu die „pueri uxoris", also unmündige Kinder seiner Ehefrau aus deren vorheriger Ehe. Diese „pueri uxoris" heißen 1431 „pueri Lesch" (StB) beziehungsweise 1441 („pueri Pauls Lesch"). Der älteste von ihnen dürfte der jüngere Albrecht Lesch sein. Er steht 1441 im Scharwerksverzeichnis gleich nach Ulrich Kamrer und vor den „pueri Pauls Lesch", den übrigen immer noch unmündigen Geschwistern.

1416 Juli 18 „Paule Lechs" verpfändet die Überteuerung auf seinem Haus, "gelegen an des Trieners gassen (!) zw nachst an Hansen des Parcz haus" (Marienplatz 11) „Chunrat dem Gássel".[3]

1437 April 3 das Heiliggeistspital erhält ein Ewiggeld von 6 ungarischen Gulden aus dem Haus an der Dienerstraße, das zur Hälfte Hanns, Albrecht und Linhart den Leschen und zur anderen Hälfte Ulreich Kamrer gehört, der zur Zeit darin wohnt. Nachbarn sind des Hannsen des Partz (Marienplatz 11, Eckhaus) und der Witwe Jörgen der Perin (Dienerstraße 22) Häuser.[4]

1449 das Salbuch B des Heiliggeistspitals nennt Hanns Lesch als Hauseigentümer,

1453/54 aber, bei der Ablösung des Ewiggeldes (Hypothek), den Albrecht Lesch.[5]

1454 März 17 nach dem Eintrag „Item VI guld(ein) ung(risch) haben wir jarlich ausz dez Vlr(eich) Kamrers haws an dez Dyeners gassen auf Jori und Michaelis, und ist hie von dem Ulr(eich) Schásstaler" im Salbuch A des Heiliggeistspitals fährt ein späterer Schreiber fort: „hat Albrecht Leschz; item Albrecht Leschz hat geloest VI ung(risch) guld(ein) ewigz gelcz aus seinem haus, dafur hat er geben hundert und XIIII guld(ein) ung(risch), actum Reminissere 1454 jar (März 17)".[6]

Der Vorname Chunrat statt Ulrich bei Kamrer in den Scharwerksverzeichnissen von 1439 bis 1441 dürfte ein Schreiberversehen sein.

1477 Juni 19 das Haus des Albrecht Lesch ist dem Haus des Ehepaares Hanns und Anna Ettenhofer (Marienplatz 11, Eckhaus) benachbart.[7]

Im Steuerbuch von 1482 folgen hier Martin Lesch „et mater", also bereits die Witwe Lesch. Die Steuer der letzteren gibt Martin Lesch „fur sein muter". Martin ist am 23. Mai 1495 mit einer Barbara Sänftl verheiratet. Sein Schwager ist Cristoff Sänftl.[8]

Mindestens die letzten beiden Lesch waren Weinschenken. Albrecht gab als Vierer der Schenken nur ein kurzes Gastspiel. 1463 und wurde gleich wieder abgesetzt „ob sein ungefür".[9] Martin dagegen bewährte sich von 1486-1498 wiederholt. Um 1500 geht das Haus in andere Hände über. Der Übergang an die nächste Familie ist unklar. Seit 1514 ist schon der Fischmeister Hanns Moser hier zu finden.[10]

1522 Juni 16 Hanns Mosers Haus an der Dienerstraße ist den Häusern des Hanns Ettenhofer (Marienplatz 11, Eckhaus) und Fridrich Kastner selig [= Eßwurm ?] (Dienerstraße 22) benachbart.[11]

1526 August 7 Hanns Moser zu Pang und seine Hausfrau Veronica und des Hanns Moser Stiefsohn Jeronimus Vischmaister versprechen auch für ihren Stiefsohn und leiblichen Bruder Gregorien Vischmaister, der jetzt außer Landes ist, daß sie ihre Behausung und Hofstatt an der Dienersgassen, zwischen Georg Burgers (Dienerstraße 22) und der Witwe Etnhoferin (Marienplatz 11) Häusern gelegen, und hinten an der Burggasse zwischnen den Häusern Peter Aigners (Burgstraße 3 B) und des „schaffer heusern" (Burgstraße 1) gelegen, verkauft haben. Der Käufer wird nicht genannt,[12] dürfte aber Schöttl gewesen sein, der ab 1527 dann hier in den Steuerbüchern steht.

---

[1] GB III 170/6.
[2] GB III 173/13.
[3] GB III 175/8.
[4] Vogel, Heiliggeistspital, Urk. 297.
[5] Zimelie 40 (Heiliggeistspital, Salbuch B) S. 9r, 35v. – Vogel, Heiliggeistspital, Salbuch A Nr. 131, 259.
[6] Vogel, Heiliggeistspital, Salbuch A Nr. 259.
[7] BayHStA, GUM 382.
[8] BayHStA, GUM 489.
[9] RP 1 S. 65r.
[10] Steueramt 652 (neu).
[11] Geiß, St. Peter S. 332, nach Kopialbuch der Priesterbruderschaft St. Peter fol.78v.
[12] GB IV S. 120r.

1542 September 20 des Kramers Martin Schöttls (hinteres) Haus an der Burgstraße (Burgstraße 2) ist dort dem (hinteren) Haus des Arsacius Schlösitzer (Burgstraße 1 als Hinterhaus von Marienplatz 13) benachbart.[1]

1546 September 2 das Haus des Kramers Martin Schöttl ist seinem anderen Haus (Marienplatz 11, Eckhaus) benachbart.[2]

1574 laut Grundbuch (Überschrift) des „Alexander Schöttls Haus, stesst hindten in die Purckhgassen hinaus".[3] Der erste Eintrag über einen Ewiggeldverkauf im Grundbuch stammt erst von 1583.

Bald nach 1496, sicher bald nach 1500 dürfte das Haus Burgstraße 2 zu Dienerstraße 23 gekommen sein.

Eigentümer Dienerstraße 23:

* Franz Impler [bis 15. Mai 1385]
* Albrecht Lesch [Salzsender, ∞ N. geb. Harder, Bäcker]. 1394-1413 relicta Leschin (Lechsin) [Weinschenkin[4]; seit 1385 Mai 15]
    St: 1387: 3,5/-/-, 1390/I-II: 7/-/-, 1392: 8/6/-, 1393, 1394: 11/5/10, 1395: 3/5/10, 1396, 1397, 1399: 5,5/-/-, 1403, 1405/I: 7/-/48, 1405/II: 3/6/- iuravit, 1406-1408: 5/-/-, 1410/I: -/12/- iuravit, 1410/II: 2/-/-, 1411: -/12/-, 1412: 2/-/-, 1413: -/10/- patrimonium
* Gabriel Lechs [Sohn der Witwe Lesch, Bruder von Paule Lesch] [1414 April 19]
* Paule (Pauls) Lechss (Lesch) [Weinschenk[5], ∞ Margret; Bruder von Gabriel Lesch]
    St: 1410/I: 2,5/-/- iuravit, 1410/II: 3/-/80, 1411: 2,5/-/-, 1412: 3/-/80, 1413: -/20/- iuravit, 1415: 2,5/-/-, 1416, 1418: -/-/75, 1419: -/-/70
* Ulreich[6] Kamrer (Kamerer) [Weinschenk,[7] ∞ Witwe Paule Lesch], 1423 [et] pueri uxoris [= der Witwe Lesch], 1424 et pueri [uxoris]
    St: 1423: 2,5/-/- de uxor[e], gracianus, 1424: -/6/20 hat zalt, 1428: dedit 15 gross, 1431: -/18/20 iuravit
    Sch: 1439/I-II, 1440, 1441/I-II: 0,5 t[aglon], 1445: 1 diern, dedit
    StV: (1423) et dedit -/4/- gros [wohl für die pueri uxoris]. (1428) für sich, sein hausfrau und ehalten.
    pueri Lesch. 1441/I-II pueri Pauls Lesch
    St: 1431: -/-/32 gracianus
    Sch: 1439/I-II: 1 t[aglon], 1441/I-II: 0,5 t[aglon]
* Hans, Albrecht [der Jüngere], Lienhart Lesch (halbes Haus) und Ulrich Kamrer (halbes Haus) [1437 April 3]
* Albrecht [der Jüngere] Lesch (Lechs)[8] [∞ Barbara, Salzsender, Weinhändler, Weinschenk, Meistersinger[9]]. 1486, 1490 relicta Löschin (Leschin)

---

[1] Urk. B II b Nr. 46.
[2] Urk. B II l Nr. 12.
[3] Stadtgericht 207/1 S. 402v. Dazu der Vermerk: „Dieners Gassen, facht bey disem des Schöttls Ögkh [!] an, geet dieselb seitten zum Thurn [Krümleinsturm] hinauf, die annder [Straßenseite] bis zu der Stadt Trinckhstuben herab".
[4] Die Leschin ist um 1414 Weinschenkin, vgl. Gewerbeamt 1411 S. 2v.
[5] Paule Lesch 1411 im Verzeichnis der Weinschenken wieder getilgt, 1414 jedoch Vierer der Weinschenken, vgl. Gewerbeamt 1411 S. 3v, 10v. 1414/15 liefert er der Stadt Wein, vgl. KR 1414/15 S. 32v.
[6] 1439/I-1445 wohl versehentlich mit Vornamen „Chunrat".
[7] Ein Ulrich Kamrer ist schon um 1400 „Wirt", vgl. KR 1399/1400 S. 119r. – Dieser Ulrich Kamerer ist 1430 einer der Wirte an der Dienersgasse, die Ungeld zahlen, vgl. Steueramt 987, und 1433 Mitglied der Weinschenken-Bruderschaft, vgl. Gewerbeamt 1411 S. 8v.
[8] 1459, 1470, 1471 Mitglied der Gmain, 1459 Bußmeister, vgl. RP. – Sohn von Paule Lesch.
[9] Albrecht Lesch ist 1451 Mitglied der Weinschenken-Bruderschaft, vgl. Gewerbeamt 1411 S. 10r, und 1463 Vierer der Schenken, aber später wieder getilgt mit dem Vermerk: „ward abgesetzt ob sein ungefür", vgl. RP. 1449, 1454 und 1456 ist er jedoch Vierer der Schenken, auch 1458 Weinschenk, vgl. Gewerbeamt 1411 S. 11r, 11v, 12v. – Ein Lesch, ohne Vornamen, 1461 städtischer Weinversucher oder Weinkoster, vgl. R. v. Bary III S. 973. – Ebenfalls ein Lesch ohne Vorname ist für 1446 und 1447 als Salzsender, 1451 als Weinschenk belegt, vgl. Vietzen S. 146. – Dieser Albrecht Lesch ist der Meistersinger, vgl. Christoph Petzsch, Zu Lesch Nr. VII sowie zu seiner und des Harders Identifizierung, in: Zeitschrift für Deutsche Altertumskunde

Sch: 1441/I: 1,5 t[aglon], 1445: 2 diern, dedit
St: 1450, 1453-1458: Liste, 1462: 3/6/23, 1486, 1490 -/6/27
* Hanns Lesch [1449]
* Martein Lesch (Lósch) [Weinschenk[1], ∞ Barbara, geb. Sänftl], 1482 et mater [= Witwe Albrecht Leschin]
    St: 1482: 2/3/7, 1486, 1490: 4/2/6, 1496: 2/2/25, 1500: 1/7/27
    StV: (1482) et dedit fur sein muter -/5/5. (1496) et dedit -/2/15 fúr pueri Virgili Sánftel. (1500) et dedit -/2/15 fúr Cristof Sánftel.
* Hanns Moser [zu Pang], 1514, 1522 kramer [Weinschenk[2], ∞ Veronica]
    St: 1514: Liste, 1522-1526, 1527/I: 5/2/28
* Jeronimus und Gregori vischmaister [Stiefsöhne des Hanns Moser]
    St: 1525, 1526, 1527/I: 1/1/9
    StV: (1525) sollen bis jar schwern.
* Martein Schötl (Schötl, Schotl), 1527/II, 1552/II, 1556, 1559 kramer [äußerer Stadtrat[3]]
    St: 1527/II, 1528: 12/3/25, 1529, 1532: 11/-/1, 1540-1542: 20/4/-, 1543: 41/1/-, 1544: 20/4/-, 1545: 68/6/24, 1546-1548, 1549/I-II, 1550, 1551/I-II, 1552/I-II: 34/3/12, 1553, 1554/I: 54/2/27, 1554/II: 52/5/7, 1555, 1556: 36/-/16, 1557: 43/1/28, 1558: 86/3/26, 1559, 1560: 43/1/28, 1561, 1563, 1564/I-II, 1565, 1566/I-II: 35/3/27, 1567/I-II: 36/-/16, 1568: 72/1/2, 1569: 15/-/19, 1570: 15/-/19 patrimonium, 1571: 15/-/19 patrimonium
    StV: (1529): sol zusetzn 1/-/26; hat seiner hausfrau gut zúgesetzt und seiner stiefkind abgesetzt. (1554/II) abgsetzt seins sons heiratgueth. (1555) abgsetzt 4000 fl seiner tochter heiratguth. (1561, 1563, 1564/I) ausser der Ligsaltz(ischen) und Andorfferischen schuld. (1565, 1566/I-II) ausser der Andorferischen und Venedischen schuld. (1567/I) zugesetzt den 3/8 [Teil] Ligsaltz schuld. (1571) patrimonium der zeit, weil die brueder noch unvertailt, wann sy vertailt, soll yeder tail zusetzn unnd Jorg Schottl die nachsteur zaln.
    Lienhart Kápffl (Käpffl) [Kramer, Stadtrat[4]], 1545, 1552/II sein [= des Martin Schótl] aidn
    St: 1545: -/4/20 gracion, 1546: 1/-/10 juravit, 1547, 1548, 1549/I-II, 1550, 1551/I-II, 1552/I-II: 2/-/10, 1553, 1554/I: 4/2/20
** Alexander Schötl (Schottl, Schöttl) [Stadtrat[5]]
    St: 1553: 1/-/- gracion, 1554/I: 1/-/- gracion die ander, 1554/II: 5/1/1 juravit, 1555-1557: 5/1/1, 1558: 10/2/2, 1559-1561, 1563, 1564/I-II, 1565, 1566/I-II, 1567/I-II: 5/1/1, 1568: 10/2/2, 1569-1571: 22/-/3
    Bastian (Sebastian) Fleckhamer,[6] [∞ Maria, geb. Schöttl, Tochter von Martin Schöttl]
    St: 1555: 1/-/- gracia, 1556: 16/6/5 juravit, 1557: 9/4/23, 1558: 19/2/16, 1559, 1560: 9/4/23, 1561, 1563, 1564/I-II, 1565, 1566/I: an chamer, 1566/II: 2/5/- juravit, 1567/I-II: 2/5/-
    StV: (1555) mer 16/4/20 von wegen seiner hausfrau heiratguth, wie sein schweher [Martin Schótl] hat abgsetzt. (1556) darin seines schwehern des Schotls absatz die 4000 fl versteurt. (1557) Schótl nam an sich von Bastian Fleckhamer steur 7/1/12. (1565) hat termin 3 wochen von rath termin, soll de anno [15]61, [15]63, [15]64, [15]64, [15]65 steurn. (1566/I) der zeit kranckh, soll sein geschworne steur gemacht haben, ist schuldig bis auff dato 6 steur. (1566/II) mer fúr 3 nachsteur, so er anno 1561 solle bezallt haben 29/-/9.
    Jorg (Georg) Schötl (Schöttl, Schottl)
    St: 1559: 1/-/- gracia, 1560, 1561: an chamer, 1563, 1564/I-II, 1565, 1566/I-II, 1567/I-II: 3/3/25, 1568: 7/-/20, 1569: 16/1/-, 1570: an chamer, 1571: an chamer

---

104. Bd., 1985, Sonderheft S. 166/183 und Christoph Petzsch, Albrecht Lesch, Münchner Liedautor und Salzsender im Spätmittelalter S. 291/310.

[1] Martein Lesch 1489 Mitglied der Weinschenkenzunft, vgl. Gewerbeamt 1418 S. 1v. – Er ist 1486, 1487, 1492-1494, 1496-1498 Vierer der Schenken, vgl. RP, später, von 1505 bis 1529 Weinkoster bzw. Weinunterkäufel, in welchem Amt ihm 1532 sein Sohn folgt, vgl. RP und R. v. Bary III S. 970.

[2] Hanns Mosser 1512 Aufnahme in die Weinschenkenzunft, vgl. Gewerbeamt 1418 S. 16r. – Hanns Moser 1517 und 1518 Vierer der Kramer, vgl. RP.

[3] Martin Schöttl nur 1554 als äußerer Rat belegt, vgl. RP.

[4] Vgl. Rosenstraße 6 und Rindermarkt 17.

[5] Alexander Schöttl wurde 1569 und 1571 bei den Religionsverhören verhört, vgl. Dorn S. 227, 251/252. Alexander Schöttl senior 1573-1580 äußerer, 1583-1589 innerer Rat, vgl. Fischer, Tabelle III S. 2/3, IV S. 3.

[6] Sebastian Fleckhamer 1569 und 1571 bei den Religionsverhören vernommen, vgl. Dorn S. 227, 252.

StV: (1561) hat termin bis auff di nechst steur, soll er schwörn und 3 steur zaln. (1563) diser[1] zeit für seiner hausfrauen 100 fl gellts, so sie in Augspurg auffligennd hat; mer zalt er von vorgemelten 100 fl gellts zwo versessen steur, so thuen 7/-/20; doch ausgenomen seiner hausfrauen ybrig guet, so noch bey Michel Mayr nit liquidiert, davon er, wann die sachen richtig gemacht, anno [15]60, [15]61, [15]63 unnd nachvolgende steur erlegen solle. (1564/I) diser zeit für seiner hausfrauen ainhundert gulden gellts unnd sovil das ybrig guet belanngt, wann es bei Michel Mair liquidiert, soll er die steur anno [15]60, [15]61, [15]63 und [15]64 auch erlegen. (1564/II) diser zeit für seiner hausfrauen 100 fl gellts und wann das yberig guet bei Micheln Mayr liquidiert, soll er die steur auch davon erlegen, als nemlich [15]60, [15]61, [15]63, [15]64, [15]64. (1565) diser zeit für seiner hausfrauen 100 fl gellts und wann das ybrig guet liquidiert, soll er die steur auch erlegen de anno [15]60, [15]61, [15]63, [15]64, [15]64, [15]65. (1566/I) diser zeit für seiner hausfrauen 100 fl gellts unnd wan das ybrig guet liquidiert, soll er die steur auch erlegen de anno [15]60, [15]61, [15]63, [15]64, [15]64, [15]65, [15]66. (1566/II) diser zeit für seiner hausfrauen 100 fl gellts unnd wann das ybrig guet liquidiert, soll er steurn de anno [15]60, [15]61, [15]63, [15]64, [15]64, [15]65, [15]66, [15]66. (1567/I) diser zeit, bis die rechtfertigung[2] ... seiner hausfrauen guet bekhombt (?) sol ers zuesetzen, nemlich anno [15]60, [15]61, [15]63, [15]64, [15]64, [15]65, [15]66, [15]66, [15]67. (1567/II) diser zeit bis die rechtferttigung seiner hausfrauen guet geenndt. Nachmalen soll er zuesetzn de anno [15]60, [15]61, [15]62, [15]63, [15]64, [15]64, [15]65, [15]66, [15]66, [15]67, [15]67. (1568) dieser zeit, weil die rechtferttigung seiner hausfrauen noch nit geenndt, soll nachmaln zuesetzn de anno [15]60, [15]61, [15]62, [15]63, [15]64, [15]64, [15]65, [15]66, [15]66, [15]67, [15]67 und [15]68 doppellte steur. (1569) für[3] drey nachsteur, so er bis auf Georgi, da er die burgerrecht aufgesagt, schuldig gewest, betroffen 10/4/15; mer 3 nachsteur von yetzig seinem vermögen, nachdem ime sein vatter den hanndl ybergeben 49/3/15; noch ist er schuldig seiner hausfrauen guet zu versteurn ainfach 13 versessen steur unnd darzue die nachsteurn. (1571) soll steurn, was er von seinem vattern ererbt, von zwayen jarn das [15]70. und [15]71. jar.

Bewohner Dienerstraße 23:

Perchtolt Rauschháringk St: 1368: -/-/-
Hólczel sartor inquilinus St: 1368: -/-/40 post
Niclas Gerstel St: 1369: 4,5/-/- solvit 3/-/- concessit[4]
Hans helmsmid [Wirt ?[5]] St: 1371, 1372: -/18/22 post, 1375: -/10/20
Fridrich sartor inquilinus St: 1371: -/-/-
Hainrich Tawtter. 1381 relicta Hainrich Tawtter
    St: 1377: -/-/42 juravit, 1378, 1379: -/-/42, 1381: nichil
Yáger (jáger) institor inquilinus St: 1381: -/-/12, 1382: -/-/-
Fridrich Pfaeffel, 1382 cum uxore St: 1382: -/9/- gracianus, 1388: 2/-/- juravit
Hanns verber St: 1383/I: solvit -/-/18, 1383/II: -/-/-
Ulrich Eckgentaler [Wirt, Weinhändler[6]] St: 1387: -/3/22
Górig [I.] Ligsalcz inquilinus St: 1388: -/-/53 juravit
Hainrich scriptor inquilinus St: 1388: 0,5/-/24 juravit
Fridrich frater Praentlini inquilinus St: 1388: 0,5/-/13
Hainrich Per kursner inquilinus. 1403 relicta Hainrich Per inquilina
    St: 1399: -/13/12, 1403: 5/-/40
    Pferdemusterung, um 1398: Hanns Per und Hainrich Per kúrsner sullen haben ain pferd umb 24 gulden, einer reit.
Hanns Per inquilinus [Weinschenk[7]] St: 1403, 1405/I: 3/-/-, 1405/II: 3/-/- iuravit, 1406: 4/-/-

---

[1] Dieser ganze Vermerk 1563 wohl fälschlich auf Fleckhamer bezogen.
[2] Folgt ein über der Zeile eingefügtes nicht lesbares Wort.
[3] Dieser ganze Vermerk zwar auf Alexander Schöttl bezogen, aber wohl zu Georg gehörig.
[4] Ganzer Vermerk ab „solvit" am rechten Rand nachgetragen.
[5] Vgl. Kaufingerstraße 30.
[6] Vgl. Weinstraße 20*.
[7] Vgl. Dienerstraße 22.

Jacob zymerman inquilinus St: 1416: -/-/-
Seydel Swss inquilinus St: 1419: -/-/60 gracianus
Kristoff Awer St: 1456 Liste
Utz káffl St: 1482: -/2/11
Lufft St: 1486: in die camer
Caspar Prúgkl St: 1496: -/-/60 sol bis jar swern
Hanns Etlinger [Weinschenk und Salzsender[1]] St: 1500: -/1/12 gracion
Jorg koch [Weinschenk[2]] St: 1500: -/5/10 [Schenkensteuer]
Haintz (Hainrich) Radax g[oltschmid][3] St: 1508, 1509: 1/1/15
relicta Jórg Gschirrin St: 1508: -/4/16
Erhart Lupergerin St: 1508: -/-/60
Linhart saltzstósl St: 1509: -/2/5
Eberhart schneider St: 1522: -/-/28 gracion
puchfierer. 1523-1526, 1527/I Aßm puchfierer St: 1522-1526, 1527/I: -/2/-
schneiderin St: 1523: -/2/-
Hanns Denck schneider St: 1524, 1525: -/3/12
maister Jórg artzt St: 1525: nichil
Cristof Melper barbierer [Stadtwundarzt[4]] St: 1526: -/4/- juravit, 1527/I: -/4/-
Hainrich Kirner (Kirchner) tuchscherer St: 1526, 1527/I: -/1/5 gracion
Hanns Pelchinger [Nadler, Weinunterkäufel und Weinkoster[5]] St: 1529: -/2/-
Melcher Tyeffsterin St: 1556: 1/5/1 juravit
Mathes Rayd
    St: 1561: 3/3/10 gratia, 1564/I-II, 1565, 1566/I: 4/2/20
    StV: (1561) sol auffs jar den 3. tail zusetzn. (1564/I, 1566/I) allain fúr seiner hausfrauen guet; mer fúr sein mueter und fúr sein guet 14 fl. (1564/II, 1565, 1566/I) allain fúr seiner hausfrauen guet; mer fúr sein unnd seiner mueter guet 14 fl.
Augustin Sánnfftl (Sännfftl)
    St: 1564/I-II: 3/4/5
    StV: (1564/II) mer fúr Jorg Sánfftl die steur anno [15]61, [15]63, [15]64 und [15]64, yedes jars 5/5/- unnd 3 nachsteur, thuet in allem 35/1/5.

Marienplatz 11

Lage: 1390/98 „an dem ekk". 1405 „am egk". 1477 am Markt, am Eck, der Trinkstube gegenüber. 1574 Eckbehausung.
Charakter: Seit um 1500, wahrscheinlich schon früher, Weinschenke.

Hauseigentümer Marienplatz 11:

Vielleicht gehört hierher schon die folgende Urkunde:
1356 Februar 18 Chunrat Edelman hat seinem Mitbürger Johans dem älteren Perckhofer ein Haus verkauft. Seine Hausfrau Alhait verzichtet jetzt auf Ansprüche wegen ihrer Morgengabe.[6] Hans der Perckhover ist 1362, 1364 bis 1367, 1369, 1370 (letztmals) als innerer, 1368 als äußerer Rat belegt.[7]
1370 die Baukommission beanstandet „der Perchoverin lauben" und fügt hinzu: „und darczu all kellerhaels und stieg da als anderhalb" [= hier wie anderswo] und weiter: „Item von der Perchoverin haws

---

[1] Hanns Ettlinger 1502 Aufnahme in die Weinschenkenzunft, vgl. Gewerbeamt 1418 S. 12r, bei Weinstraße 15* 1508, 1509 Salzsender (Krötler) genannt.
[2] Vgl. Dienerstraße 22.
[3] Hainrich Radax 1484-1496 und 1511 wiederholt Goldschmiede-Vierer (RP). – Frankenbur-ger S. 280/281.
[4] Meister Cristof Melper 1524-1526 Stadtwundarzt, vgl. R. v. Bary III S. 1018.
[5] Der Nadler Hanns Pelchinger ist 1508 Vierer der Beutler, Gürtler, Taschner, Ircher, Nadler, vgl. RP. – 1510-1530 ist derselbe Weinunterkäufel und Weinkoster, vgl. R. v. Bary III S. 970.
[6] BayHStA, Kurbayern Urk. 34899.
[7] R. v. Bary III S. 738.

bis an der Tömlingerin haws [Marienplatz 14] ab und abher ab gen all truchen und pruck" vor dem Laden reichend.[1]

1385 Mai 15 das Haus der [Barbara] Perckhoferin [geborene Diener] ist dem Haus des Franczel Imppler, nunmehr Albrecht Lesch (Dienerstraße 23), benachbart.[2]

1390/98 das Salbuch A des Heiliggeistspitals vermerkt: „Item des Perkchover hauz an dem ekk II ½ lb. den.". Ein Nachtrag der Zeit um 1415 fügt hinzu: „hat Hans Part".[3]

1405 Dezember 14 „Asem [= Erasmus] der Perckhofer" verkauft sein Haus „am marckt in Unser Frauẃn pfarr am egk", zunächst Bartholome des Schrencken Haus (Marienplatz 12), an Hans den Bart, der ihn voll auszahlt.[4]

1414 April 19 das Haus des Bart ist dem der Brüder Gabriel und Paule Lesch (Dienerstraße 23) benachbart.[5]

1414 Oktober 20 Hans Bart ist Nachbar zum Haus des „Pertholme Schrenck" (Marienplatz 12).[6]

1416 Mai 5 und **Juli 18** „Hansen des Parcz" Haus ist dem des Paule Lechs (Lesch) (Dienerstraße 23) benachbart.[7]

1437 April 3 das Haus des „erbern weisen Hannsen dez Partz" ist dem Haus der Familie Lesch und Ulrich Kamrers (Dienerstraße 23) benachbart.[8]

1444 April 27 und

1452 Juni 23 das Haus des Hanns Bart selig ist dem Haus des Leupolt (Marienplatz 12) benachbart.[9]

1453-1455 domus Smieher (StListe). Hans III. Bart hatte drei Töchter, von denen Veronica mit Steffan Smieher verheiratet war.

1477 Juni 19 das Ehepaar Hanns und Anna Ettenhofer verkauft an den Chorherrn zu Isen, Meister Paulsen Talhaimer, als Jahrtagstiftung ein Ewiggeld und setzt als Sicherheit sein Haus „am Markt am Eck, der Trinkstube (Marienplatz 10*) gegenüber", zwischen den Häusern des Albrecht Lesch (Dienerstraße 23) und des Gabriel Leupold (Marienplatz 12) gelegen.[10]

1492 Mai 11 Hanns Ettnhofers Haus ist dem Haus der Leupold, künftig Thoman und Margaret Hubers Haus (Marienplatz 12), benachbart.[11]

1522 Juni 16 das Haus des Hanns Ettenhofer ist dem Haus des Hanns Moser an der Dienerstraße (Dienerstraße 23) benachbart.[12]

1526 August 7 das Haus der Witwe Etnhoferin ist dem Haus von Hanns Moser zu Pang und seiner Stiefsöhne Jeronimus und Gregorius Vischmaister (Dienerstraße 23) benachbart.[13]

Die Witwe Ettenhofer steht hier noch bis 1529 in den Steuerbüchern. Dann wechselt der Hausbesitz.

1546 September 2 Martin Schöttl schließt mit der Stadt einen Vertrag: Er darf bei seinem „vorgehabten Notbaw, darinne ich mein aigne Eckhbehausung [habe]", gelegen am Platz gegen der Dienersgassen zu, und an seine andere Behausung (Dienerstraße 23) anstoßend, außerdem gegen das Rathaus zu und bei des weiland fürstlichen Mundkochs Michael Mair seligen Haus (Marienplatz 12) gelegen, den Eckpfeiler aus der Baulinie heraus in die Straße herein vorstehen lassen. Dafür erlaubt er der Stadt, am Hauseck eine Pechpfanne zur Beleuchtung des Platzes (Marienplatzes) einmauern zu lassen.[14]

1574 laut Grundbuch (Überschrift) des „Alexander Schötls Eggbehausung und Hofstatt am Marckht".[15] Die Eintragungen über Ewiggelder (Hypotheken) auf dem Haus beginnen erst 1587.

---

[1] Zimelie 9 (Ratsbuch IV) S. 6v.
[2] GB I 214/8.
[3] Vogel, Heiliggeistspital, Salbuch A Nr. 250.
[4] GB III 48/2, 48/3.
[5] GB III 148/11.
[6] GB III 153/9.
[7] GB III 173/13, 175/8.
[8] Vogel, Heiliggeistspital, Urk. 297.
[9] BayHStA, Chorstift München Urk. (1444). – Urk. C IX c 8 Nr. 3 (1452).
[10] BayHStA, GUM 382.
[11] BayHStA, Bayerische Franziskanerprovinz, Urk.
[12] Geiß, St. Peter S. 332, nach Kopialbuch der Priesterbruderschaft St. Peter fol. 78v.
[13] GB IV S. 120r.
[14] Urk. B II l Nr. 12.
[15] Stadtgericht 207/1 (GruBu) S. 404r.

Eigentümer Marienplatz 11:

*? Chunrat Edelman, ∞ Alhayt [vor 1356]
* Hans Perchhofer (Perckkofer) [der Ältere, Stadtrat[1]]. 1371, 1372, 1377-1379 relicta Perchhoferin. 1375 relicta Johannis Perchhoferii. 1388 patrimonium Johannis Perckhoferii[2]
    St: 1368: 10/-/-, 1369: 15/-/-, 1371, 1372: -/-/-, 1375: 10/-/-, 1377: 3/-/- juravit, 1378, 1379: 3/-/-, 1388: 2/6/-
    patrimonium Johannis Perchhoferii
        St: 1372: -/-/-
    relicta Ulrici [II.] Part [Eltern von Hans III. Bart]. 1375, 1377 pueri Ulrici Part
        St: 1372: -/-/-, 1375: 5/-/-, 1377: -/14/12
* Erasm (Asem) Perkofer (Perkhofer, Berkhofer) [∞ Barbara, geb. Diener; bis 1405 Dezember 14]
    St: 1390/I-II: 8/7/14, 1392: 6/-/-, 1393, 1394: 8/-/-, 1395: 4/-/-, 1396, 1397, 1399, 1400, 1401/I: 6/-/-, 1401/II: 3/-/- iuravit, 1403, 1405/I: -/-/-
    Pferdemusterung, um 1398: Erasm Perkofer sol haben ein pferd umb 20 gulden.
* Hanns [III.] Part [Stadtrat, Bürgermeister[3]; seit 1405 Dezember 14]. 1441/I relicta Pártin
    St: 1410/I: 27,5/-/- iuravit, 1410/II: 36/5/10, 1411: 27,5/-/-, 1412: 36/5/10, 1413: 27,5/-/- iuravit, 1415: 28,5/-/-, 1416: 38/-/-, 1418, 1419: 30/-/80, 1423: 35/3/6, 1424: 11/6/12 hat zalt, 1428: dedit 1 gulden ung[arisch], 1431: 29/-/75 iuravit
    StV: (1428) pro se et dedit 6 gross fur sein hausfrau und sein ehalten.
    Sch: 1439/I-II, 1440: 10 t[aglon], 1441/I: 2 t[aglon]
* domus [Steffan] Smiecher (Schwieher) [∞ Veronica Bart, Tochter von Hans III. Bart]
    St: 1453-1455: Liste
* Hanns Ettenhofer [Weinschenk, Salzsender (Scheibler), äußerer Stadtrat[4], ∞ Anna]. 1526-1529 relicta Ettenhoferin [∞ Niclas IV. Schrenck]
    St: 1482: 1/7/10, 1486, 1490: 2/5/-, 1526, 1527/I-II, 1528, 1529: 1/1/-
    StV: (1482) von seinem erb in der stat und purckfrid als ain gast.
* Martein Schöttl wie Dienerstraße 23.
** Alexander Schöttl wie Dienerstraße 23.

Bewohner Marienplatz 11:

patrimonium Perchtolt Karrer. 1369 patrimonium Karrer St: 1368, 1369, 1371, 1372: -/-/-
Hainrich kistler inquilinus St: 1368: -/-/32
Hainrich Taler,[5] [Seiler[6]] 1369, 1372, 1375 inquilinus
    St: 1369: -/-/48 gracianus, 1371, 1372: 0,5/-/24, 1375: -/10/20
Hainrich mercator inquilinus St: 1369: -/-/48, 1371: -/-/60, 1372: -/-/48, 1375: -/-/52
Hanns satler St: 1375: 2/-/-, 1377: nichil
Fridrich Gruber [Prüchler[7]] inquilinus
    St: 1377: -/-/18 gracianus, 1378: -/-/35 juravit, 1379: -/-/35, 1381: -/-/36
relicta Kemmaterin St: 1381: -/6/- gracianus
Dietrich [tuch ?]scherer inquilinus
    St: 1381, 1382: -/-/48, 1383/I: -/-/60, 1383/II: -/3/-, 1387: -/-/52, 1388: -/3/14 juravit
    StV: (1383/II) item de patrimonio -/-/6 n[ullu]s [= minus] 1 h[eller].[8]

---

[1] Hans Berghofer 1362, 1364-1367, 1369, 1370 innerer Stadtrat, 1368 äußerer Rat, vgl. R. v. Bary III S. 738.
[2] Ganzer Eintrag 1388 zwischen den Zeilen eingefügt.
[3] Hanns III. Bart 1422 März, 1424 März, 1426 März, 1432 Bürgermeister, vgl. Stahleder, Bürgergeschlechter. Die Bart S. 318/321. – R. v. Bary III S. 756/757.
[4] Hanns Ettenhofer (Ettnhofer) 1469, 1470, 1502 Vierer der Schenken, vgl. RP. Seit 1500 Mitglied der Weinschenkenzunft, vgl. Gewerbeamt 1418 S. 11r. – 1498 auch Aufnahme der „Hanns Ettenhoferin witib" in die Weinschenkenzunft vgl. ebenda S. 9v. – Hanns Ettnhofer 1504-1521 äußerer Rat, 1504, 1505, 1510-1512 auch Vierer der Salzsender (Scheibler), vgl. RP und Vietzen S. 152. – Nach RP starb er 1521 (obiit anno 21).
[5] Ganzer Eintrag 1369 zwischen den Zeilen eingefügt, davor „post".
[6] Vgl. Marienplatz 10* und 15 A.
[7] Vgl. Marienplatz 9*B.
[8] Dieser Vermerk 1383/II am rechten Rand nachgetragen.

Hans scriptor inquilinus[1] St: 1382: -/-/-
Matheis scherer (tuchscherer) inquilinus
    St: 1382: -/-/30, 1383/I: -/-/60 gracianus, 1383/II: 2/-/60 juravit, 1387: 1/-/-, 1388: 2/-/- juravit
Eberl Krug inquilinus, 1383/I-II sartor. 1387, 1388 Krugk sneider (sartor) inquilinus
    St: 1382, 1383/I: -/-/39, 1383/II: -/-/60, 1387: 0,5/-/8, 1388: 1/-/16
Chunrat Triener [Weinschenk[2]] St: 1383/I: 5/-/60, 1383/II: 7/7/-, 1388: 4/-/- juravit
Huber messrer St: 1393: -/-/16
[Diemel] Bechrerin kawflin inquilina St: 1394: -/-/-
Chunrat (Chuncz) wagenkneht, 1397 inquilinus St: 1395-1397: -/-/40 fúr zway (2) lb
Hanns kramer inquilinus St: 1400: -/-/60 fúr 5 lb
Jorig Gunther[3] chauffel inquilinus St: 1403: -/-/60
Hanns von Sulczpach, 1405/I gurtler, inquilinus, 1405/II sloscher St: 1405/I: 0,5/-/-, 1405/II: -/-/-
Hanns Oberhawser [1405 Schankungelter[4]] St: 1406: 1/-/8 iuravit, 1407: 1/-/8
Haincz Goczman inquilinus [Weinschenk[5]] St: 1406: 1/-/- gracianus
der Stachlerin kramerin tochter inquilina
    St: 1406: dedit 3/-/- von vergangen stewrn, item dedit -/-/72 fur 9 lb, iuravit.
Michel tuchscherer St: 1408: 0,5/-/8 iuravit
Margred chaufflin inquilina St: 1408: -/-/-
Hannsel Morner koch
    St: 1410/I: 0,5/-/-
    StV: (1410/I) iuravit; sein stewr und seiner muter stewr.
Vachnhamer smid, 1411 inquilinus St: 1410/II: -/-/80 fúr 10 lb, 1411: -/-/60 fúr 10 lb
Ulrich Wófel (Wólfel) fragner, 1410/II inquilinus St: 1410/II: -/5/10, 1411: 0,5/-/-, 1412: -/5/10
Marttein Syber inquilinus St: 1413: -/-/40
    und Ulrich sein sun St: 1413: -/-/28 gracianus
Albrecht sniczer St: 1450: Liste
Caspar Vinck St: 1453: Liste
Hanns Kaltnpruner [Gewandschneider[6]] St: 1458: Liste, 1462: -/11/15
Hanns Klain tuchscherer[7] inquilinus St: 1458: Liste, 1462: -/4/25
Hanns Gschmach [Weinschenk[8]]. 1486 Gschmach
    St: 1482: -/5/10 [Schenkensteuer], 1486: -/2/10, 1490: -/5/10 schencksteur, 1496: -/5/10 [Schen-
        kensteuer]
Cristof Dráchsl kartenmacher St: 1482: -/-/60
Cuntz Hohenberger. 1486 Hóhenperger cramer[9] St: 1482: -/3/16, 1486: -/6/4
Thoman Widman sneider St: 1490: -/1/5 gracion
Utz Wolgmút nestler St: 1490: -/-/60
relicta Schaprantin St: 1500: -/7/10
Hanns Mair k[ramer][10] St: 1500: -/5/25
Jacob Heytzinger maler St: 1500: -/4/-
Hanns Mulegker [Weinschenk[11]] St: 1508, 1509: 3/1/6, 1514: Liste
Laux [Gessler] palbirer St: 1508, 1509: -/2/10
Martein Rieger [später Ratsknecht[12]] St: 1508, 1509: -/6/6
relicta Sitenpeckin St: 1508, 1509: -/4/15

---

[1] Ganzer Eintrag zwischen den Zeilen eingefügt.
[2] Vgl. u. a. Rindermarkt 17.
[3] „Gunther" über der Zeile eingefügt.
[4] Hanns Oberhauser war 1405 Schankungelter, vgl. R. v. Bary III S. 878.
[5] Hainreich Goczman um 1414 Weinschenk, vgl. Gewerbeamt 1411 S. 4r. – Auch 1402/03 ist er schon als Wirt belegt, vgl. KR 1402/03 S. 100v.
[6] Hanns Kaltenprunner ist 1464, 1470, 1471, 1473, 1475 und 1480 Vierer der Gewandschneider, vgl. RP.
[7] Hanns Klain ist 1459, 1461, 1462, 1465, 1466, 1471, 1473, 1475, 1479 Vierer der Tuchscherer, vgl. RP.
[8] Jedoch nicht im Verzeichnis der Mitglieder der Weinschenkenzunft enthalten, vgl. Gewerbeamt 1418.
[9] Contz Hehenperger ist 1495, 1500, 1507 und 1508 Vierer der Kramer, vgl. RP.
[10] Hanns Mair 1496 bei Dienerstraße 1* Kramer genannt.
[11] Hanns Múlegker seit 1501 Mitglied der Weinschenkenzunft, vgl. Gewerbeamt 1418 S. 11v.
[12] Martein Rieger (Rueger) ist 1513-1540 Bürger- oder Ratsknecht, vgl. R. v. Bary III S. 789.

Peter palbirer, 1514 et socra St: 1508, 1509: -/-/60, 1514: Liste
Wolfgang spángler St: 1508, 1509: -/-/60, 1514: Liste, 1522-1525, 1527/II, 1528, 1529, 1532: -/2/-
Cristoff pruechler St: 1508, 1509: -/7/19, 1514: Liste
Sigmund gúrtler St: 1508, 1509: -/2/3
[Aßm] puchvierer St: 1514: Liste
Kratwol nestler St: 1514: Liste
tagwercher obn in St: 1514: Liste
una inquilina St: 1514: Liste
Linhart Pronhueber (Prunhueber)
    St: 1522-1525: 1/3/5
    StV: (1522) hat seiner hausfrau gut zugesetzt.
Mathes Stángl, 1523-1525 tuchscherer[1] St: 1522-1525: -/3/12
Hanns Rorbacher St: 1522-1524: -/2/-
    et socra St: 1524: -/2/-
pulfermacher St: 1525: -/2/-
    et mater St: 1525: -/2/-
Wolfgang Rot, 1525, 1532 zammacher, 1526, 1527/I riemer. 1527/II Wolfgang riemer
    St: 1525: -/2/10 juravit, 1526, 1527/I: -/2/10, 1527/II, 1532: -/2/29
Hanns spängler St: 1526, 1527/I: -/2/-
Hainrich [Kirchner] tuchscherer. 1540-1543 Hainrich tuechschererin
    St: 1527/II, 1528, 1529, 1532, 1540-1542: -/2/-, 1543: -/4/-
Hanns (1529 Jórg) Sámer messerschmid St: 1528, 1529: -/2/-
maister Jórg barbierer[2] [1525 Arzt] St: 1529: -/2/-
Hanns Keferloher kúrschner St: 1529: -/2/-
Conrad Schwartz St: 1540: 4/1/12, 1541: an chamer
Jeronimus Rudolt stainschneider St: 1540, 1541: -/2/-
Sigmund spángler [Pranthamer ?] St: 1540-1542: -/5/26, 1543: 1/4/22, 1544: -/5/26
Scheuhenstuel. 1543 Hanns Scheuhenstuel
    St: 1542: 1/-/- gracion, 1543: 39/2/12
    StV: (1543) ist doplt gesteurt et juravit.
Jacob Paur tuechscherer St: 1544: -/2/-, 1545: -/4/-, 1546, 1547: -/2/-
Jórg Glaner, 1545 weinzaler[3]
    St: 1544: 3/3/15, 1545: 7/-/-, 1546, 1547: 3/3/15
    StV: (1544) hat zugsetzt seins weibs heiratgut.
Sigmund Pranthamer [Spängler[4]] St: 1545: -/4/-
Doctor Ulrich von Lindaw[5] St: 1549/I: nihil, leibartzt
Doctor Steffan [Gartner] [Stadtleibarzt[6]]
    St: 1549/II, 1550, 1551/I: -/-/7
    StV: (1549/II, 1550) von ainem gulden gelts. (1549/II, 1550, 1551/I) mer -/-/7 von ainem anger.
        (1551/I) fúr ain gulden gelts.
Doctor Kheiß St: 1570, 1571: -/-/-
Peter Khayser khoch St: 1570: -/2/-
Michel Starnberger der alt St: 1570: 1/-/29

---

[1] Tuchscherer-Vierer ist 1516 der „Stängl ins Ettnhofers laden", 1517-1519 „ins Ettnhofers haus", vgl. RP. – Es dürfte sich um Mathes Stängl handeln, vgl. aber auch Dienerstraße 23.
[2] Meister Jorg Barbierer 1521, 1522 beamteter Stadtbader, vgl. R. v. Bary III S. 1027, lt. KR.
[3] Ein Jorg, ohne Familiennamen, ist 1541 und 1542 Weinzaler, Jorg Glaner dann 1552-1558, vgl. R. v. Bary III S. 975. – Jörg Glaner 1549 Salzstößel, vgl. Vietzen S. 1541 nach KR.
[4] Vgl. Weinstraße 16*, Burgstraße 3 A/B.
[5] Nach R. v. Bary III S. 1018/1019 vielleicht identisch mit Dr. Ulrich von Anglburg, 1549 noch Stadtwundarzt, dann 1552 Stadtleibarzt, zieht aber noch in diesem Jahr von hinnen.
[6] Dr. Stefan Gartner, Physicus, war von 1534 bis 1549 Stadtleibarzt, vgl. R. v. Bary III S. 1017.

Marienplatz 12/13

Diese beiden Häuser gehören offensichtlich bis Anfang des 15. Jahrhunderts zusammen. In den Steuerbüchern stehen in diesem Bereich immer nur wenige Namen. Bis 1414 ist überhaupt kein Hauseigentümer sicher belegt, lediglich zu erschließen. Im Jahr 1414 zeigt sich dann, daß Bartlme Schrenck hier zwei nebeneinanderliegende Häuser besitzt und mit dem Haus Marienplatz 12 einerseits Nachbar zum Haus des Berghofer (Marienplatz 11), andererseits aber zu seinem eigenen Haus (Marienplatz 13) ist.

Die zu erschließende Eigentümer-Familie vor 1414 sind die Weissenfelder, zunächst Ulrich, dann ab 1377 bis 1399 Jacob Weissenfelder. Dieser ist mit Agnes, geborene Schrenck, der Schwester von Bartlme Schrenck, verheiratet.[1] Sie wird ihrerseits am 2. Februar 1405 als bereits verstorben bezeichnet.[2] Der Schrenck-Chronik zufolge war dieser Weissenfelder der letzte seines Namens und hat seinen Namen und sein Wappen einem Bastarden vererbt. Wahrscheinlich aus diesem Grund wurde der Hausbesitz an die rechtmäßige Ehefrau (Agnes Schrenck) und von dieser auf ihren (Halb-)Bruder (Agnes und Bartlme stammten von verschiedenen Müttern ab) Bartlme Schrenck vererbt. Er ist als Hauseigentümer am Markt Marie bereits am 14. Deuember 1405 Nachbar von Asem Perckhofer beziehungsweise Hanns Bart (Marienplatz 11).[3]

Jacob Weissenfelder wird von Jörg Katzmair zu den „Darnach Bösen" der Unruhen gerechnet. Er war Wirt und erhielt nach der Kammerrechnung von 1398/99 den Geldbetrag von 11 Pfund 4 Schillingen 26 Pfennigen von der Stadt ersetzt für die Bewirtung in seinem Haus anläßlich des Kriegszuges nach Dachau („von der rais wegen").[4]

Die Geschichte mit dem Bastarden dürfte erklären, warum weiterhin Träger des Namens Weissenfelder hier in den Steuerbüchern stehen. Es sind dies von 1406 bis 1419 wieder ein Ulrich Weissenfelder, 1431 seine Witwe und die pueri Weissenfelder. Der Hausbesitz ging aber an die Schrenck. Bartlme Schrenck hat 1405 dem Ulrich Weissenfelder „Gemächer" in einem Eckhaus bei der St.-Michaels-Kapelle (auf dem Frauenfriedhof) abgetreten.[5]

Geirrt hat sich offesichtlich die Schrenck-Chronik, wenn sie schreibt: „Anno 1449 hat Bartlme Schrenckh an sich bracht ... ein Haus beim Rathaus, zwischen Wilhelm Scharfzands (Marienplatz 14) und des alten Leopolden Gewandschneiders (Marienplatz 12) Häusern".[6] Es ist also hier vom Haus Marienplatz 13 die Rede, das aber Bartlme Schrenck schon seit 1405 innehatte.

Das Haus Nr. 12 verkauft Bartlme Schrenck 1414, das Haus Nr. 13 hingegen behält er. Bewohnt wird es von Ulrich Weissenfelder. Schrenck selbst hat ja sein Stammhaus am Rindermarkt.

Die Bewohner der Häuser Marienplatz 12 und 13 sind nicht klar zu scheiden und sind mehr nach der Wahrscheinlichkeit verteilt.

Marienplatz 12

Lage: 1449 „an dem pawrenmarckt".
Charakter: Tuchhandlung. Seit Anfang 15. Jahrhundert auch Wirtshaus.

Hauseigentümer Marienplatz 12:

Bis 1414 Oktober 20 Eigentümer des Hauses wie Marienplatz 13.
1405 Dezember 14 das Haus „Bartholome des Schrencken" (Halbbruder der Witwe von Jacob Weissenfelder, der ohne rechtmäßige Erben starb) ist dem Haus des Asem Perckhofer, künftig Hans Bart (Marienplatz 11, Eckhaus), benachbart.[7]

---

[1] StadtAM, Schrenck-Chronik (Abschrift) S. 63/64.
[2] Urk. D I e 2 - XXXIII Nr. 11.
[3] GB III 48/2.
[4] KR 1398/99 S. 115r.
[5] Muffat, Kazmair-Denkschrift S. 518.
[6] StadtAM, Schrenck-Chronik (Abschrift) S. 108.
[7] GB III 48/2.

1414 Oktober 20 „Pertholme Schrenck" verkauft sein Haus „in der indern stat in Unser Frawen pfarr, zwischen Hansen des Parcz [Marienplatz 11, Eckhaus] und Pertel des Schrencken" [anderem] Haus (Marienplatz 13) „Lewpolden dem gwantschneider".[1] Bartholome Schrenck hat hier zwei nebeneinanderliegende Häuser.

1444 April 27,

1449 und

1452 Juni 23 Leupolts Haus ist immer noch dem Haus des Hanns Bart selig (Marienplatz 11) benachbart.[2] Am selben Tag hat „Leopold gwandtschneider" laut Grundbuch aus diesem Haus je ein Ewiggeld von einem Pfund an die Siechen zu Schwabing und auf dem Gasteig verschrieben.[3]

1449 das Haus liegt nach dem Salbuch B des Heiliggeistspitals „an dem pawrenmarckt".[4] Diese Angabe schien nötig, weil Leupold und Schrenck auch Häuser am Rindermarkt hatten.

1477 Juni 19 das Haus des Gabriel Leupold ist dem Haus des Ehepaares Hanns und Anna Ettenhofer (Marienplatz 11, Eckhaus) benachbart.[5]

1492 Mai 11 die Gerhaben von Sigmund und Jakob Leupold verkaufen das Haus den Gewandschneiders-Eheleuten Thoman und Margaret Huber um 815 Gulden. Es liegt am Markt, zwischen den Häusern des Hanns Ettenhofer (Marienplatz 11, Eckhaus) und des Bartlme Schrenck (Marienplatz 13).[6]

Die Huber findet man nach den Steuerbüchern bis 1554 auf dem Haus. Zu dieser Zeit gehört aber das Haus schon längst einem anderen, nämlich „Michl koch" oder Michl Mair, fürstlichem Mundkoch, der aber nach den Steuerbüchern „Michl Hueber" heißt.

1536 November 22 das Haus von Arsaci und Barbara Schlesitzer (Marienplatz 13) ist dem Haus des Michel (Hueber) kochs benachbart.[7]

1542 September 20,

1543 Februar 24, Juli 28,

1546 Januar 31 und

1546 September 2 des verstorbenen Michel Mayr (= Hueber), fürstlichen Mundkochs Haus ist 1542 und am 31. Januar 1546 dem Haus des Arsacius Schlesitzer (Marienplatz 13), am 2. September 1546 dem Eckhaus des Kramers Martin Schöttl (Marienplatz 11) benachbart.[8]

1566 September 23 Wilhelm Mair, fürstlicher Silberkammerer [und Wirt] alhier, verkauft aus dem Haus ein Ewiggeld von 10 Gulden um 200 Gulden Hauptsumme (GruBu).

1568 April 10 Wilhelm Mair verkauft erneut 20 Gulden Ewiggeld um 400 Gulden Hauptsumme aus dem Haus (GruBu).

1574 laut Grundbuch (Überschrift) des „Wilhelmen Mairs Haus und Stallung". Ein neuer Ewiggeldverkauf durch Mair erfolgt schon wieder am 12. April 1575. Nunmehr ist er Kastner zu Landau (GruBu).

Eigentümer Marienplatz 12:

* Weissenfelder/Schrenck, vgl. Marienplatz 13
* Lewpold sneyder. 1418-1428, 1455 Lewpold gewantschneider.[9] 1439/I-1441/II, 1445, 1450, 1453, 1454 Lewpold. 1456 Lewpold der allt. 1457 Lewpold sein [= des Gabriel Leupold] vater
    St: 1415: 7,5/-/-, 1416: 10/-/-, 1418, 1419: 10/-/80, 1423: 10/-/-, 1424: 3/-/80 hat zalt, 1428: dedit 1 rh[einischen] gulden, 1431: 15/3/20, 1450, 1453-1457: Liste
    Sch: 1439/I-II, 1440, 1441/I-II: 5 t[aglon], 1445: 1 diern, dedit
    StV: (1428) fur sich, sein weib und seine kind und hat geben 2 gross fur sein ehalten. (1431) iuravit pro se, uxor t[enet ?]ur 200 gulden rheinisch ze verstewrn, dedit -/9/18.

---

[1] GB III 153/9, 153/10.

[2] BayHStA, Chorstift München Urk. (1444). – Urk. C IX c 8 Nr. 3 (1452). – StadtAM, Schrenck-Chronik (Abschrift) S. 108 (1449).

[3] Stadtgericht 207/1 (Grundbuch) S. 397v. – Vgl. auch Urk. C IX c 8, o. Nr., zwischen Nr. 36 und 43 stehend.

[4] Zimelie 40 S. 9v.

[5] BayHStA, GUM 382.

[6] BayHStA, Bayerische Franziskanerprovinz, Urk.

[7] Urk. B II b Nr. 43.

[8] Urk. B II b Nr. 46 (1542), Nr. 44, 45 (24.2., 28.7.1543), Nr. 48 (31.1.1546), B II l Nr. 12 (2.9.1546).

[9] Kämmerei 64 S. 6r, Jahr 1454: 20 fl gelds hat der alt Lewpold aus Bartlme Schrencken haws. Auf Haus Marienplatz 13 bezüglich.

* Gabriel Leupold [Gewandschneider, äußerer Stadtrat[1]]
    St: 1457, 1458: Liste, 1462: 5/5/16
* pueri Leupold [= Sigmund und Jacob Leupold; bis 1492 Mai 11]
    St: 1482: anderswo, 1486, 1490: 3/5/19
    StV: (1486) dedit Ludwig Sánftl.
* Thoman Huober (Hueber), 1496-1509 g[ewandschneider, Weinschenk[2]], 1514 der alt, 1522 patrimonium, [∞ Margaret, geb. Werder; seit 1492 Mai 11]
    St: 1496: 3/7/20, 1500: 4/6/4, 1508, 1509: 14/5/21, 1514: Liste, 1522: an kamer
    StV: (1496) et dedit -/1/20 fúr sein swager Larencz [Werder]. (1500) hat abgesetzt seiner tochter heiratgut; et dedit -/1/20 fúr Larencz Werder. (1525) Nota der 48 fl Ewiggelds halber zu fragen.
  Werderin sein [= des Thoman Hueber] swiger, 1500 et socra Werderin
    St: 1496, 1500: -/-/60
  Jorg Hueber (Hůeber) [Thoman Huebers sun, Weinschenk[3]], 1532 patrimonium
    St: 1514: Liste, 1522-1526, 1527/I: 9/5/13, 1527/II: an kamer, 1528, 1529: 4/2/29, 1532: an kamer
    StV: (1522) hat seins vatern gut zugesetzt; [am Rand:] 48 fl ewigs geltz sol Hueber versteurn fur ain gasst. (1524) et dedit 6/2/24 von 48 fl gelltz gen Dorffen. (1525) Nota[4]: der 48 fl ewigs geltz halber ze fragen. (1527/II) sol bis jar seiner hausfraw gut irs vattern halben zusetzen, [am Rand:] 3/6/14. (1528) hat seiner hausfraw ererbt gut zugesetzt.
* Michel Hueber,[5] [Koch, fürstlicher Mundkoch, Bruder von Jörg Hueber], 1549/I-1552/II, 1554/II, 1555 Michl Hueberin. 1553, 1554/I relicta Michel Hueberin
    St: 1522-1526, 1527/I: 6/1/22, 1527/II: an kamer, 1528, 1529, 1532: 2/5/4, 1540-1542: 1/-/-, 1543: 2/-/-, 1544: 1/-/-, 1545: 2/2/12, 1546-1548, 1549/I: 1/1/6 patrimonium, 1549/II, 1550, 1551/I-II, 1552/I-II: 1/1/6, 1553, 1554/I: 1/1/25, 1554/II: 1/1/25 matrimonium
    StV: (1522) dedit sein bruder Jörg; wann er kumbt, sol er schwern, [am Rand:] juravit. (1523) et dedit 12/5/18 fúr 48 fl gelltz gen Dorffen von zwaien jarn. (1526) et dedit 1/4/29, [Nachtrag am Rand:] sol Laittinger kind steurn. (1527/II) et dedit 1/1/15 fúr Felicitas Winhartin, [am Rand:] 2/5/4. (1528, 1529) et dedit 1/1/15 fúr Felicitas Winhartin. (1540-1544) als búrger und hoffgsind. (1545) als ain búrger. (1546-1549/I) als búrger. (1549/II, 1550) als búrgerin. (1555) zalt supra fol. 59 col. 2 [= 59v, Kaufingerstraße 6].
  Lorentz Hueber [Bruder von Michel Hueber ?]
    St: 1522-1524: an kamer
    StV: (1522) [am Rand:] 4/6/23 juravit.
** Wilhelm Mayr, 1556-1561, 1564/I, 1565, 1566/I-II wirt,[6] 1564/II, 1565, 1567/I, 1568, 1569 silberchamerer, 1570 f[ürstlicher] ainspeniger
    St: 1556: 2/2/2 juravit, 1557: 2/2/2, 1558: 4/4/4, 1559, 1560: 2/2/2, 1561, 1563: 2/-/27, 1564/I: 2/-/27 búrger, hofgsind, 1564/II, 1565, 1566/I-II: 1/-/-, 1567/I-II: 1/-/- búrger, hofgsind, 1568: 2/-/- búrger unnd hofgsind, 1569-1571: 1/1/10 búrger und hopffgsind (hofgsind)
    StV: (1564/II) diser zeit; weil er nimer schenckht, soll dise steuer bis ain geschworene wirdt, geben. (1565) diser zeit; weil er nit mer geschenckt, sol dise steur geben bis auf ain geschworne steur etc. (1566/I) diser zeit, weil er der wirdtschafft abgetretten.

---

[1] Gabriel Lewpold ist 1463, 1466 und 1467 Vierer der Gewandschneider, 1459, 1462-1466, 1472 Mitglied der Gemain, 1462-1466, 1472 Viertelhauptmann von der Gemain im Graggenauer Viertel, 1468 Pfleger der Siechen auf dem Gasteig, 1473-1475 äußerer Stadtrat, vgl. RP.

[2] Thoman Huber ist 1493, 1496-1499, 1501, 1503-1513 und 1515 Vierer der Gewandschneider, vgl. RP. Thoman Hueber der alt 1518 Aufnahme in die Weinschenkenzunft, vgl. Gewerbeamt 1418 S. 17v.

[3] Jórg Hueber, „Thoman Huebers sun", 1519 Aufnahme in die Weinschenkenzunft, Gewerbeamt 1418 S. 17v.

[4] Ganzer Vermerk 1525 am linken Rand nachgetragen.

[5] Der Koch Michel heißt in den Steuerbüchern immer „Hueber", in den Urkunden (Urk. B II b Nr. 46 und 48 und B II l Nr. 12) aber Michel „Mayr".

[6] 1567/I „wierdt" getilgt, darüber „silbercamerer".

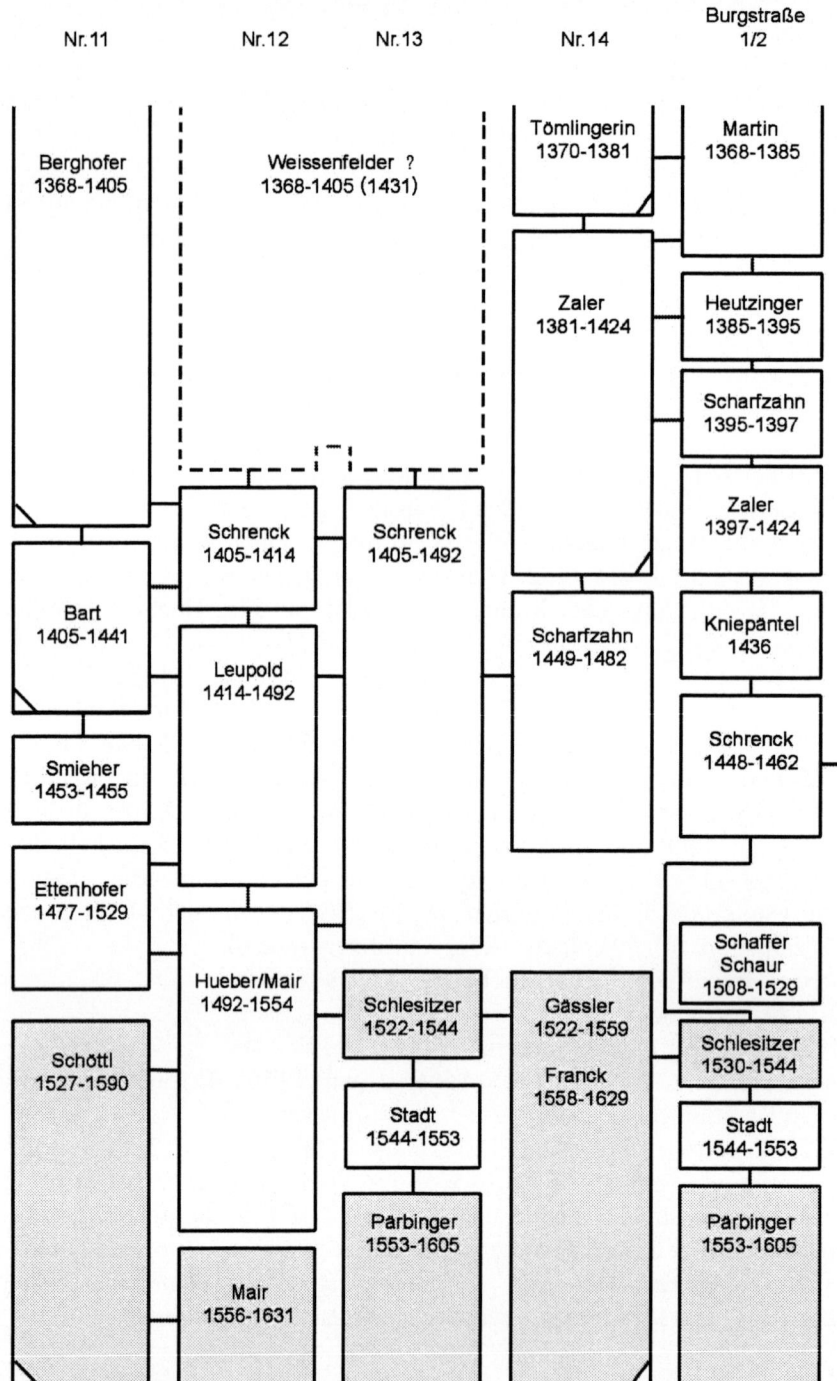

Abb. 52 Hauseigentümer Marienplatz 11 – 14, Burgstraße 1 und 2.

Abb. 53 Marienplatz Nord Nr. 11 – 14. Rechts Einmündung der Burgstraße. Sandtner-Modell 1572. Foto: Bayerisches Nationalmuseum, München.

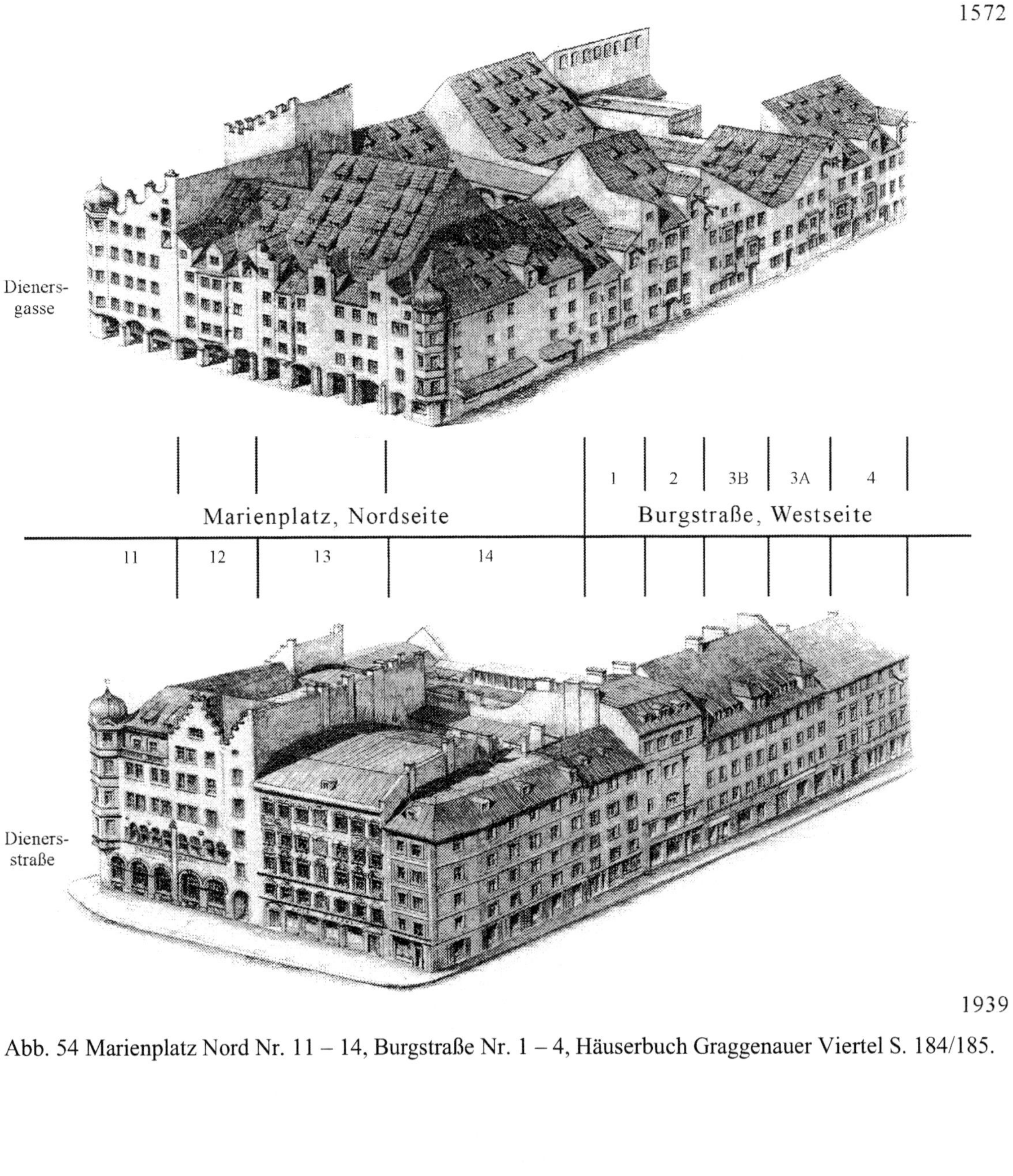

1572

1939

Abb. 54 Marienplatz Nord Nr. 11 – 14, Burgstraße Nr. 1 – 4, Häuserbuch Graggenauer Viertel S. 184/185.

Bewohner Marienplatz 12:

Hainrich Pfenter cháuffel. 1407 Hainrich Pfenter inquilinus
    St: 1406: -/-/60 fúr 5 lb iuravit, 1407: -/-/80
Hanns zúgkler St: 1410/II: -/6/20, 1411: -/5/-, 1412: -/6/20
Erhart sneyder inquilinus St: 1410/II: -/-/64 fúr 8 lb
Haincz Goczman [Weinschenk[1]] St: 1410/II: -/-/-
Engelhart goltsmid,[2] 1411, 1413 inquilinus
    St: 1411: -/-/72, 1412: -/3/6, 1413: -/-/60 fúr 10 lb iuravit
uxor Peter Eysenreich inquilina St: 1411: -/-/31
Chunrad Statler schuster. 1415 Stadler schuster inquilinus St: 1413: -/5/- iuravit, 1415: 1/-/-
Gawtdinger schuster inquilinus St: 1416: -/-/80 fur 10 lb
Lienhart Sturm, 1439/II schneider Sch: 1439/I-II: -/-/15
Hanns Róll (Roll) [Weinschenk[3]]
    Sch: 1440, 1441/I-II: -/-/15
    St: 1450: Liste
Lienhart Kalczeisen [Weinschenk[4]] St: 1453: Liste
lernmaister[5] St: 1453: Liste
Ulrich kelner St: 1454: Liste
Hanns Graman, 1455-1462 tuchscherer (scherer),[6] 1462 inquilinus
    St: 1454-1458: Liste, 1462: -/4/12
Hanns Fridlmair inquilinus St: 1455: Liste
Hanns Geckenpeunter (Geknpeuter (!)) St: 1456-1458: Liste
Oswolt Wólfl [Weinschenk[7]] St: 1462: -/13/-
Jacob Káppeler St: 1482: 6/7/7, 1486: 6/5/26
Hanns Kolb, 1496 w[einschenk][8]
    St: 1482: 3/2/24, 1486, 1490, 1496: 2/1/4, 1500, 1508, 1509: 2/2/10, 1514: Liste, 1522-1526,
        1527/I-II, 1528: 3/-/-
    StV: (1482) et dedit 2/-/20 fur pueri Lofrár; et dedit 1/5/4 fur pueri Králer. (1486) et dedit
        1/6/27 fúr pueri Lofrer. (1490) et dedit 1/1/28 fur pueri Lofrer. (1508, 1509) et dedit -/1/26
        fúr (für) pueri Hans palbirer. (1522) et dedit 1/6/19 fúr p[ueri] Holtzner; et dedit -/1/5 fúr
        Hanns Aichenfeld. (1523-1527/I) et dedit -/6/25 fúr p[ueri] Holltzner, [dazu 1523:] sind
        zwen tail abgesetzt. (1527/II) et dedit -/5/4 fúr p[ueri] Holtzner.
Erhartin kramerin St: 1486: -/2/29 [vgl. Marienplatz 13]
Sigmund Kaltnprunner [Gewandschneider, Weinschenk[9]]
    St: 1490: 1/6/8
    StV: (1490) et dedit -/5/17 fúr Ursula Sanftlin.
Erhart [tuch]scherer[10] St: 1490: -/3/20
Hanns gúrtler St: 1500: -/6/24

---

[1] Vgl. Weinstraße 19*.

[2] Frankenburger S. 265.

[3] Hanns Róll ist 1433 Mitglied der Weinschenken-Bruderschaft, auch 1458 Weinschenk, vgl. Gewerbeamt 1411 S. 9r, 13r.

[4] Lienhart Kalczeysen ist 1451 Mitglied der Weinschenken-Bruderschaft, vgl. Gewerbeamt 1411 S. 10r.

[5] Vor „lernmaister" 1453 Lücke für den Namen ausgespart.

[6] Hanns Graman ist 1461 und 1463 Vierer der Tuchscherer, vgl. RP.

[7] Oswald Wolfel 1458 Weinschenk, vgl. Gewerbeamt 1411 S. 13v, 1461 Vierer der Weinschenken, vgl. RP.

[8] Hanns Kolb 1466, 1473, 1475, 1478 (oder Kunrat ?), 1479, 1481, 1485, 1489, 1493, 1495 Vierer der Schenken, vgl. RP. – Hanns Kolb 1458 Weinschenk, 1489 Mitglied der Weinschenkenzunft, vgl. Gewerbeamt 1411 S. 14v, 1418 S. 1v. – Kolb, ab 1494 Hanns Kolb, ist 1478, 1479, 1481-1483, 1494, 1496, 1497, 1499 und 1500 auch städtischer Weinversucher oder Weinkoster, vgl. R. v. Bary III S. 973, 974.

[9] Sigmund Kaltenprunner ist 1487, 1488 und 1490 Vierer der Gewandschneider, vgl. RP, dann wechselt er offenbar den Beruf: 1492 Aufnahme in die Weinschenkenzunft, vgl. Gewerbeamt 1418 S. 7r; Weinschenk-Meisterrecht, Gebühr bezahlt 1492, vgl. Einwohneramt 186/1. – 1513-1515 ist er dann auch Schankungelter, vgl. R. v. Bary III S.879.

[10] Erhart Scherer oder Tuchscherer ist letztmals 1489 Vierer der Tuchscherer (seit 1460 wiederholt), vgl. RP.

Hanns Pollinger (Pallinger, Paldinger), 1500, 1508, 1509 p[...]
   St: 1500: -/3/25, 1508, 1509: -/5/8, 1514: Liste
Hanns Rot [Gewandschneider[1]]
   St: 1522-1524: 4/2/14
   StV: (1522) zugesetzt.
Hanns Glarher [Gewandschneider[2]] St: 1526, 1527/I: 12/5/4
Cristanne Mair, 1527/II kramer St: 1527/II, 1529: 2/3/21
Hanns Elsasser pogner St: 1529: nichil
oberrichter [= Jorg Ottenhofer zu Ottenhofen[3]]. 1541 pfenttermaister Ottnhofer. 1548, 1549/I-II relicta Ottnhoferin
   St: 1540, 1541: nihil, 1548, 1549/I: an chamer, 1549/II: 1/-/-
   StV: (1549/I) soll zwo steur. (1549/II) für irn beysitz; mer 2/-/- für versessne steur von 2 jarn.
Schótl. 1541-1547 Hainrich Schótl, 1540 sylberkamerer, 1544-1547 paumaister
   St: 1540-1542: -/3/15, 1543, 1544: -/2/10, 1545: -/4/6, 1546, 1547: -/1/5
   StV: (1540) von seinen zinsn, áckher und ángern. (1541) von seinen zinsen und ángern. (1542) von seinen zinsen und áng[ern]. (1543) hoffgsind; von seinen zinsn, ist doplt gesteurt. (1544) hoffgsind; von seinen zinsn. (1545) von seinen zinsn und ewigen gelt. (1546, 1547) von seinen zinsn aus krautáckhern (krautackhern).
oberrichter. 1543 oberrichter Kneuttinger [= Cristoff von Kneitting[4]] St: 1542, 1543: nichil
weinmaister St: 1545, 1546, 1548, 1549/I: nihil
Wolff (Wolffgang) Nidermair, 1550, 1551/I, 1552/II-1555 wirt
   St: 1550, 1551/I-II, 1552/I-II, 1553, 1554/I-II, 1555: -/5/10 schenckhsteur
Wolff Hadersperger
   St: 1550, 1551/I: -/1/1
   StV: (1550) diser zeit; des kúchenmaisters diener. (1551/I) des kúchenmaisters diener.
alt Gúckhauerin
   St: 1551/II, 1552/I-II: -/2/20, 1553, 1554/I-II, 1555: -/3/-
   StV: (1551/II, 1552/I-II) mer -/-/15 für 6 fl leibting. (1553-1555) darin 6 fl leibting (auch) versteurt.
Andre Schopper, 1554/II-1559 riemer
   St: 1554/II, 1555-1557: -/5/26, 1558: 1/4/22, 1559, 1560: -/5/26, 1561, 1563: -/4/12
Jeronimus Waller [Weinreisser ?[5]]
   St: 1554/II: -/2/-
   StV: (1554/II) mer -/1/12 für p[ueri] Affra ringlerin.
Melchor Tiefsterin. 1558 Melchior Tiefstetterin. 1560-1563, 1566/II-1568, 1571 Dieffstöterin (Tueffsteterin). 1564/I-II Melcher Dieffstetterin (wittib). 1565, 1566/I, 1570 Tüeffstetterin wittibin. 1569 Barbara Tiefsteterin wittibin[6]
   St: 1557, 1560: 1/5/1, 1561, 1563, 1564/I-II, 1565, 1566/I-II, 1567/I-II: 1/5/19, 1568: 3/4/8, 1569-1571: 2/-/15
   StV: (1557) mer 5/-/23 für ire kinder. Andre Schón [Kramer[7]] ir aidn 3/3/15 für 3 nachsteur für sein schwager N. zu Landshuet. (1560) mer für ire khinder 5/-/23. (1561, 1563-1566/I) mer für ire khinder (khind) 3/5/-. (1561) mer folio 94v [Ewiggeld]. (1563, 1564/I) mer für ir schwester folio 93r [Ewiggeld, Pirchinger]. (1564/II-1566/II) mer für Wolf Pierchinger (Pirchingerin) [Gerichtsschreiber zu Rosenheim], folio 93v [Ewiggeld]. (1566/II) mer für ire khinder 2/2/20, abgesetzt für ir tochter Talhamerin. (1567/I) mer für Wolf Pürchingerin foli 8v [Ewiggeld]. (1567/I-II) mer für ire khinder 2/2/20. (1567/II) mer für Wolf Pirchinger folio 8v [Ewiggeld]. (1568) mer für ire khinder 4/5/10. (1568) mer für Wolf Pirchinger folio 8v [Ewiggeld]. (1569) mer für Wolf Pirchingerin folio 8v [Ewiggeld]. (1569) mer für iren sun

---

[1] Hanns Rott ist 1508 Vierer der Gewandschneider, vgl. RP.
[2] Hanns Glarcher ist 1512, 1517-1519 Vierer der Gewandschneider, vgl. RP.
[3] Jorg Ottenhofer zu Ottenhofen, Stadtoberrichter von 1535-1541, danach bis 1543 Pfändermeister, vgl. R. v. Bary III S. 799, 826.
[4] Cristoff von Kneitting zu Niederpeuerbach, Stadtoberrichter 1542-1553, vgl. R. v. Bary III S. 799.
[5] Jeronimus Waller wird 1556 bei Petersplatz 2, 3, 6*, 10, 11 Weinreisser genannt.
[6] Bei den Ewiggeldern wird sie auch „die alt Melcherin" genannt.
[7] So 1557-1566/II bei Marienplatz 17.

Wolfen, so zu Innglstat, ist sein guet nit richtig, diser zeit eingestelt. (1570) mer für iren sun Wolfen, weil die sach nit richtig, diser zeit eingestellt. (1570) mer für Wolf Pierchingerin folio 4r [Ewiggeld]. (1571) mer für Wolf Pirchinger folio 4r [Ewiggeld]. (1571) mer für irn sun, wann die sachen richtig, soll ers versteurn.

Jórg (Georg) Púntttinger riemer
- St: 1564/I-II, 1565, 1566/I-II, 1567/I-II: -/2/29, 1568: -/5/28, 1569-1571: -/4/12
- StV: (1564/I) seiner hausfrauen guet, mer von ime gratia, auch in seiner steur. (1567/I-II, 1569) mer für p[ueri] Dráxl -/6/5. (1568) mer für p[ueri] Dráxl 1/5/10. (1570) mer für p[ueri] Dráxl -/5/-, abgesetzt. (1571) mer für p[ueri] Dráxl -/3/25.

Marienplatz 13
(teils mit Burgstraße 1)

Charakter: Bis mindestens Anfang 15. Jahrhundert Weinschenke.

Hauseigentümer Marienplatz 13:

Bis um 1400 wohl die Weissenfelder Eigentümer.

1414 Oktober 20 des Bartlme Schrenck Haus ist seinem anderen Haus (Marienplatz 12) benachbart[1].

1449 hat Bartlme Schrenck an sich gebracht ein Haus beim Rathaus, zwischen den Häusern des Wilhelm Scharfzahn (Marienplatz 14) und des alten Leopold Gewandschneiders (Marienplatz 12) gelegen, berichtet die Schrenck-Chronik.[2] Das war jedoch schon viel früher, nämlich 1405.

Um 1490 hat das Heiliggeistspital ein Ewiggeld aus Bartlme Schrencks und seiner Brüder Haus am Markt. Es wird 1514 abgelöst.[3] Der Anlaß dafür könnte der Besitzwechsel sein.

1492 Mai 11 das Haus des Bartlme Schrenck ist dem Haus der Leupold, künftig des Ehepaares Thoman und Margarete Huber (Marienplatz 12), benachbart.[4]

1531 November 14 Arsaci Schlesitzer und seine Hausfrau Barbara [geborene Ämeringer[5]] verkaufen aus dem Haus ein Ewiggeld von 10 Gulden um 240 Gulden Hauptsumme.[6]

1536 November 22 der Tuchscherer Arsaci Schlesitzer und seine Hausfrau Barbara verkaufen an den Münchner Bürger Peter Egenhofer ein Ewiggeld aus ihren zwei Häusern und Hofstätten am Markt in Unserer Frauen Pfarr beim Rathaus, zwischen Michel Kochs (Huebers) (Marienplatz 12) und Marthein Schötls (Burgstraße 2), auch Lauxen [Gässlers] Barbiers (Marienplatz 14), Häusern.[7]

1542 September 20 der Tuchscherer Arsacius Schlösitzer und seine Hausfrau Barbara, verkaufen ein Ewiggeld von 7 rheinischen Gulden aus ihren zwei Häusern, das eine gelegen vorne am Markt beim Rathaus, zwischen den Häusern des fürstlichen Mundkochs Michel Mayr (= Hueber) selig (Marienplatz 12) und des Barbierers Laux Gässler (Marienplatz 14, Eckhaus), hinten an der Burgstraße zwischen den Häusern wiederum des Laux Gässler (Marienplatz 14, Eckhaus) und andererseits des Kramers Martin Schöttls (Burgstraße 2 als Hinterhaus von Dienerstraße 23). Das Haus des Schlesitzer ist dem Haus des fürstlichen Mundkochs Michl Mair (= Hueber) (Marienplatz 12) benachbart.[8]

1543 Februar 24, Juli 28 verkauft Peter Egenhofer das Ewiggeld weiter. Lage des Hauses wie vor.[9]

1544 ca. Dezember 13 der Stadtrat kauft von Arsaci Schlesitzer dessen Haus (Marienplatz 13) mit Hinterhaus an der Burgstraße (Burgstraße 1) und zahlt gemäß Kaufbriefs „actum circa festum Lucie [15]44", also um den 13. Dezember 1544 90 Gulden von der Kaufsumme sofort in bar aus.[10]

1545 laut Stadtkammerrechnung „der von München Haus, so etwan des Schlesitzers gwest".[11]

---

[1] GB III 153/9.
[2] StadtAM, Schrenck-Chronik, Kopie S. 108.
[3] Zimelie 43 (Heiliggeistspital, Salbuch C) S. 57r.
[4] BayHStA, Bayerische Franziskanerprovinz, Urk.
[5] GB IV S. 2v.
[6] Stadtgericht 207/1 (Grundbuch) S. 395v.
[7] Urk. B II b Nr. 43.
[8] Urk. B II b Nr. 46.
[9] Urk. B II b Nr. 44, 45.
[10] KR 1544/45 S. 93v; 1554/55 S. 49v.
[11] KR 1545/46 S. 108v.

1546 Januar 31 Haus und Hofstatt des Arsaci Schlesitzer (!) liegen „am Marckht beym Rathaus", zwischen weiland des fürstlichen Mundkochs Michel Mayr seligen (Marienplatz 12) und des Barbierers Laux Gässler (Marienplatz 14, Eckhaus) Häusern.[1]

1553 Dezember 1 Dr. Onufrius Perbinger, fürstlicher Rat und „gewesener" Stadtschreiber, seit 1545 bei diesem Haus in den Steuerbüchern stehend, beendet seine Tätigkeit bei der Stadt mit seinem letzten Eintrag im Ratsprotokoll am 17. Februar 1554, um in den Dienst des Herzogs zu treten. Am 1. Dezember 1553 verkauft ihm die Stadt das Haus „am Marckht bey dem Rathaus gelegen, samt noch einem kleinen heusl, so hintten hinaus an die Purckhgassen stöst" (Burgstraße 1), die beide der ehrsame Rat am 3. Dezember 1544 von Arsaci Schlesitzer gekauft hatte, um 2900 Gulden.[2]

1563, 1567/I domus Doctor Perbinger (StB).

1574 laut Grundbuch (Überschrift) des „Doctor Onophry Pärbingers Haus, Hof und ain Haus darhinder". Die Ewiggeldverschreibungen aus diesem Haus beginnen dann erst wieder 1577 (GruBu).

Eigentümer Marienplatz 13:

*? Ulrich Weizzenvelder (Weissenvelder). 1375, 1377 relicta Weizzenvellderin. 1378, 1379 patrimonium Weizzenvelderinne
   St: 1368: 14/-/-, 1369, 1371, 1372: 21/-/-, 1375: 10,5/-/-, 1377: -/14/12 juravit, 1378, 1379: -/14/12
   StV: (1372) solvit 20/-/-.[3]

*? Jacob Weizzenvelder (Weissenvelder) [Stadtrat, Weinwirt[4], ∞ Agnes III. Schrenck,[5] Halb-Schwester von Barthlme Schrenck]
   St: 1377-1379: 7/-/48, 1381, 1382: 13/-/-, 1383/I: 17/-/-, 1383/II: 15/-/- juravit, 1387: 6/-/60, 1388: 12,5/-/- juravit, 1390/I-II: 12,5/-/-, 1392: 10/-/-, 1393, 1394: 13/-/80, 1395: 7/-/60, 1396, 1397, 1399: 10/7/-
   Pferdemusterung, um 1398: Jacob Weissenfelder sol haben 3 pferd umb 44 [korrigiert zu 52] gulden und damit der stat warten.

* Barthlme [I.] Schrenck[6] und Brüder [dann sein Sohn Bartlme II. und dessen Erben, belegt hier 1405 bis nach 11. Mai 1492 (1514 ?)]

*? Ulreich Weysenvelder [Weinschenk[7]]. 1431 relicta Weissnvelderin
   St: 1406: 0,5/-/- gracianus, 1407: 2/-/- iuravit, 1408: 2/-/-, 1410/I: -/14/- iuravit, 1410/II: -/18/20, 1411: -/14/-, 1412: -/18/20, 1413: 2/-/- iuravit, 1415: 3/-/-, 1416, 1418, 1419: 4/-/-, 1431: -/13/10 iuravit
   StV: (1406) und zu dem nächsten sol er swern. (1412) et dedit -/-/80 von seiner swiger wegen.
   pueri Weissenvelder
   St: 1431: -/-/44 gracianus

* Bartlme [II.] Schrenck [1444 April 27 bis 1492 Mai 11]

** Arsaci Sleßitzer (Schletzitzer, Schlesitzer), 1523, 1525, 1527/II, 1528, 1532, 1548, 1552/II-1554/I, 1557, 1558 tuchscherer[8] [∞ Barbara, geb. Ameringer; bis 1544 Dezember]. 1563, 1564/I-II Arsaci Schlesitzerin (Schlesetzerin)
   St: 1522: -/3/25 juravit, 1523-1526, 1527/I: -/5/5, 1527/II, 1528, 1529: -/6/5, 1532: 3/1/15, 1540-1542: 1/2/20, 1543: 2/5/10, 1544: 1/2/20, 1545: 5/-/-, 1546-1548, 1549/I-II, 1550, 1551/I-II, 1552/I-II: 2/3/15, 1553, 1554/I-II, 1555-1557: 2/3/10, 1558: 4/6/20, 1559, 1560: 2/3/10, 1561: 2/2/2, 1563, 1564/I-II: 1/3/-

---

[1] Urk. B II b Nr. 48.
[2] KR 1554/55 S. 49v.
[3] Dieser Vermerk am rechten Rand nachgetragen und wieder getilgt.
[4] 1378-1384 ff äußerer Rat, vgl. R. v. Bary III S. 742. 1394 Kirchpropst von Unseres Herrn Kapelle und könnte als solcher auch Stadtrat gewesen sein, vgl. GB II 75v, R. v. Bary III S. 766. Laut Katzmair zu den „Darnach Bösen" der Bürgerunruhen gehörig. – Nach KR 1398/99 S. 114v einer der Wirte, denen die Stadt Geld schuldet, in diesem Fall 11 Pfund 4 Schilling und 26 Pfennige, „daz man datz im verzert hat in der rais".
[5] Am 2.2.1405 bereits als tot bezeichnet.
[6] Bartlme I. Schrenck, gest. 1433. Sein Sohn Bartlme II., gest. 1472, vgl. Stahleder, Bürgergeschlechter. Die Schrenck S. 102/104.
[7] Ulrich Weissenfelder ist um 1414 Weinschenk, vgl. Gewerbeamt 1411 S. 3v.
[8] Arsaci Schlesitzer ist 1520 Vierer der Tuchscherer, vgl. RP.

StV: (1522) sol bis jar seiner schwiger gut sein tail zusetzn. (1523) hat seiner schwiger gut zugesetzt. (1529) sol bis jar seins vattern gut zusetzen. (1540, 1541) et dedit 2 gulden fúr p[ueri] Hans Walthasar. (1542) mer 2 gulden f[úr] p[ueri] Hans Walth[asar]. (1543) mer 4 gulden fúr p[ueri] Hans Walthasar. (1544) mer 2 gulden fúr p[ueri] Hans Walthasar. (1547-1551/I) mer -/-/27 fúr p[ueri] Starnwerger (Starnberger). (1556, 1557) mer -/-/14 fúr p[ueri] Starnwerger. (1558) mer -/-/28 fúr p[ueri] Starnwerger. (1559, 1560) mer -/-/14 fúr p[ueri] Starnwerger. (1563) abgesetzt irs mannß leibgeding.

* Stadt München [1544 Dezember 13 bis 1553 Dezember 1]
** Doctor [Onufrius] Perbinger [zu Neuhofen und Pifliz]. 1548, 1550, 1551/I, 1552/II, 1553 Doctor Perbinger statschreiber.[1] 1554/II, 1556-1558, 1568 Doctor Perbinger fúrstlicher rath. 1559 Doctor Berbinger rath. 1563, 1567/I domus Doctor Perbinger

St: 1545: 4/1/12, 1546, 1547: 2/-/21, 1548, 1549/I-II: 2/4/13, 1550, 1551/I: 2/5/18, 1551/II, 1552/I: 3/4/6, 1552/II, 1553: 4/1/26, 1554/I-II, 1555: an chamer, 1556, 1557: 2/-/17, 1558-1561, 1563, 1564/I: an chamer, 1564/II: 8/-/-, 1565, 1566/I: an chamer, 1566/II: 8/-/-, 1567/I: -/-/-, 1567/II, 1568-1571: 8/-/-

StV: (1545-1550, 1551/II, 1552/I, 1553) von seinem ewigen gelt. (1554/II) von seinen zinsn und ewig gelt. (1555) zalt 2/-/17 von 21 lb 7 ß zinsgelt aus seinem haus, actum am weinacht abent. (1556) von 21 lb 7ß zinsgelt aus seinem haus. (1557) von zinsen. (1564/II) fúr die yetzig steur unnd soll hinfuron albeg, als offt man steurt, auch 8 fl geben, aber alle versessne steur bis auff dato sind ime aus bevelch ains erbern raths durchaus nachgelassen worden. (1565) adi 24. Decembris anno [15]65 zalt herr Doctor Perbinger fúr seine zinß unnd hauß, so ime durch ainen rath hinfúran zegeben bewilligt yedes jars 8 fl, zalt. (1566/II) ist durch ainen erbarn rath bewilliget, alle jar fúr seine zinß unnd gúlt di 8 fl zu bezaln. (1567/II) von seinem hauß unnd zinsen, yedes jars, raths bewilligung. (1568) von seinem hauß unnd zinsen yedes jars, raths bewilligung. (1570) alle jar fúr seine zinß und gúllten, so er im burckhfrid hat. (1571) von seinen zinsen unnd gullten im burckhfridt, gibt alle jar nur die acht gulden, ungeacht wie offt man steurt, adi 2. Novembris anno [15]72 hat herr Doctor Perbinger die 8 fl steur in seiner gullt an der chamer Simonis Jude abgeenlassen.

Bewohner Marienplatz 13:

Saureberl. 1403, 1407, 1410/I-1411 relicta Saẃreberlin, 1403, 1407, 1410/II inquilina
St: 1368: 2/-/40, 1369: 3/-/60, 1371: -/14/- juravit, 1372: -/14/-, 1375: 0,5/-/-, 1377: nichil, 1403: -/-/40, 1407: -/-/20 fúr nichil, 1410/I: -/-/12 fúr nichil, 1410/II, 1411: -/-/-
StV: (1371) item[2] de anno preterito -/5/-.

Hans Hagenawer, gener suus [= des Saureberl]. 1369, 1371, 1372, 1378, 1379 Hans (Haensel) Hagenawer, 1369-1372 inquilinus
St: 1368: 1/-/-, 1369: 1/-/- juravit, 1371, 1372: 1/-/-, 1378, 1379: 0,5/-/-

Kolbechk inquilinus St: 1369: -/-/68 post juravit

relicta Sparnhallerin inquilina St: 1375: 0,5/-/-

Chunrat ledrer [Kramer[3]] inquilinus St: 1375: 2/3/10

patrimonium [Hainrich II.] Rudolfinne St: 1379: 4/-/-

Dachwirt sartor St: 1381: -/-/12, item de anno preterito -/-/6

Ulrich Kamrer [Weinhändler, Wirt, Stadtrat[4]], 1395 inquilinus, 1403, 1405/I et uxor
St: 1382: -/6/12 juravit, 1383/I: -/6/12, 1383/II: 1/-/48, 1387: 1/-/80, 1388: 2/5/10 juravit, 1390/I-II: 2/5/10, 1392: 4/-/-, 1393, 1394: 5/-/80, 1395: 2/5/10, 1396, 1397, 1399, 1400, 1401/I: 4/-/-, 1401/II: 6/-/16 iuravit, 1403: 3/-/80 sein stewr iuravit, 1405/I: 4/-/8 iuravit

---

[1] Doctor Onoffrius Perbinger von 1537-1554 Stadtschreiber, dann in herzoglichen Diensten, vgl. R. v. Bary III S. 787.

[2] Vermerk am rechten Rand nachgetragen.

[3] Bei Marienplatz 5* ab 1383 Kramer genannt.

[4] Dem Wirt Ulrich dem Kamrer schuldet die Stadt 1399/1400 4 Gulden ungarisch weniger 36 Pfennige „von der rais wegen" und 1400/1402 führte er für 23 Pfund 3 Schillinge 15 Pfennige und dazu noch um 15 ungarische Gulden zwei Dreilinge Osterwein aus Ötting und Mühldorf nach München, vgl. KR 1399/1400 S. 119r, 1400/1402 S. 42r, 1402/03 S. 39r. – Ulrich Kamrer am 29./30.8.1399 einer der Bürgermeister, vgl. R. v. Bary III S. 755. – Zu Peter Frútinger vgl. Burgstraße 5.

StV: (1403) et -/-/60 de uxor[e] gracianus.

Pferdemusterung, um 1398 (Ur-Fassung): Ulrich Kamrer und Peter Fruetinger kursner súllen haben ain pferd umb 20 gulden und der Frútinger sol haben ein trabzewg; (Korrig. Fassung): Ulrich Kamrer sol haben ain pferd umb 20 gulden [und damit der stat] warten.

relicta Starnbergerin inquilina St: 1382: 0,5/-/- sub gracia

relicta Krugin inquilina St: 1382: -/-/15

relicta Sibenhaerlin inquilina St: 1382: -/-/12, 1383/I: -/-/-

relicta maurerin kramerin inquilina. 1383/I relicta maurerin St: 1382, 1383/I: -/-/12

Fridrich Spórel inquilinus.[1] 1395, 1396 Frydrich Spórl aymer (amer), 1396 inquilinus, 1395 Greten chaufflin man. 1400, 1401/I-II, 1413 Sporel amer inquilinus
St: 1383/I: -/-/18, 1383/II: -/-/27, 1395, 1396, 1400, 1401/I: -/-/60 fur (fúr) 6 lb, 1401/II: -/-/60 fur 6 lb, iuravit, 1413: -/-/60 juravit

Herel sneyder inquilinus St: 1383/I: -/-/60, 1383/II: -/3/-

[Werndel] Rúczgarn[2] inquilinus St: 1383/I: -/6/18

Haymeron (Haemeran) maler
St: 1383/I: 1/-/-, 1383/II: -/12/-, 1387: -/6/20, 1388: -/13/10 juravit
StV: (1387) de preterito [anno] -/13/10.

Ulrich Krell[3] inquilinus St: 1388: -/5/10 juravit

Hanns Harder. 1390/II, 1392 inquilinus. 1393 Hanns Harder pruchler. 1394 Hensel brúchler inquilinus
St: 1390/II: -/-/24, 1392: -/-/18, 1393: -/-/40, 1394: -/-/90

Hueber mesrer inquilinus St: 1392: -/-/12

Múnicher sayler St: 1393: -/-/32

Óttl chaefl inquilinus St: 1393: -/-/18

Margret kawflin inquilina St: 1394: -/-/16

Hainrich tuchscherer inquilinus St: 1396: -/-/40 gracianus

Chunczel Merwoder inquilinus St: 1397: 0,5/-/- gracianus

Johannes Halbschuster inquilinus St: 1397: -/-/-

Andre schenck
St: 1405/II: 12,5/-/- iuravit
StV: (1405/II) item dedit die voder versezzen stewr 14/-/-.

[Peter] Mawser sneider inquilinus St: 1407: -/-/64 fúr 8 lb

relicta Guldeinin inquilina. 1411 patrimonium Guldeinin
St: 1410/I: -/6/12 iuravit, 1410/II: 1/-/16, 1411: -/6/- propter patrimonium.

Hainrich Wolfersperger [Weinschenk[4]] St: 1423: 2,5/-/-, 1424: -/6/20 hat zalt

Khatrey schlaylerin inquilina St: 1423: -/-/45

Chunrat Reiseneck
St: 1428: dedit 3 gross
StV: (1428) fur sich, sein hausfrau und sein dieren.

relicta Dachpergerin inquilina St: 1431: -/-/60 iuravit

Hanns Reimer [tuchscherer[5]] Sch: 1439/I: 1 t[aglon]

Hanns gúrtler Sch: 1439/I: 1 t[aglon]

Graser schuster Sch: 1440, 1441/I-II: 0,5 t[aglon]

Kuncz Kappeler St: 1450: Liste

Singer nadler[6] St: 1482: 1/1/7, 1486: 1/3/15, 1490: 1/-/- das jar

Gabriel gúrtler St: 1482: -/2/20

gúrtlerin St: 1486: -/-/60

(relicta) Erhard (Erhart) kramerin St: 1482: -/2/27, 1490: -/2/29

---

[1] Ganzer Eintrag 1383/I zwischen den Zeilen eingefügt. – Fridrich Spörel ist 1393, 1399-1403, 1406-1413 als Weinamer belegt, vgl. R. v. Bary III S. 962/964.

[2] Ein Wernlein Rützgarn ist 1369, 1373-1375 als Fronbote/Amtmann belegt, vgl. R. v. Bary III S. 812.

[3] Es gibt zu dieser Zeit zwei Träger dieses Namens, der eine wird 1394-1396 und 1405/I bei Rindermarkt 7 A Kistler genannt.

[4] Hainrich Wolfersperger 1411 Weinschenk, wahrscheinlich „der jung Wolfersperger", der 1422 Vierer der Weinschenken ist, vgl. Gewerbeamt 1411 S. 3v, 10v. Vgl. auch Steueramt 987 (1430).

[5] Zum Beruf vgl. Marienplatz 8* und 8**.

[6] Conrad Singer ist 1476-1478, 1484 und 1488 Vierer der Beutler, Gürtler, Taschner, Ircher, Nadler, vgl. RP.

Anna inquilina St: 1490: nichil, servit
Ludbig Podaus [tuch]scherer[1] St: 1490: -/2/20
Hanns Strasser kramer[2] St: 1496: -/4/4
Pauls Palbein et mater St: 1496: -/3/18
    Oswald Palbein [Kramer[3]] St: 1496: -/-/28 gracion
Hanns Pleintinger tuchscherer St: 1500: -/-/60
Matheus schleiffer t[uchscherer]. 1514 Mathes scherer. 1522 Mathes [tuch]scherer patrimonium
    St: 1508, 1509: -/-/60, 1514: Liste, 1522: -/2/-
Wolfgang Gúntersperger [Beutler[4]] St: 1509: -/4/28
Cristanne Mayr, 1528 kramer, 1532 patrimonium St: 1528, 1532: 2/3/21
Hanns Elsasser pogner St: 1532: nichil
Cristoff Melper [Barbier[5]] St: 1540-1542: -/4/-, 1543: 1/1/-
Peter Egnhofer St: 1544: 3/5/7 für 3 nachsteuer
Doctor Martin. 1548, 1550, 1551/I, 1554/II, 1556, 1557, 1559 Doctor Martin leibartzt. 1552/II-1554/I,
    1555, 1558 Doctor Martin Klostermayr leyberetzt (leibartzt). 1560 Doctor Martin Clostermair[6]
    St: 1546: nihil, 1547: nihil, leibartzt, 1548, 1549/I-II, 1550, 1551/I: nihil, 1551/II: nihil, leib-
        artzt, 1552/I-II, 1553, 1554/I-II, 1555-1560: nihil (nichil)
Christoff Weiß, 1566/I-II schreiber (notari)
    St: 1561, 1563, 1564/I-II, 1565, 1566/I-II: 1/-/10, 1567/I: an chamer, 1567/II: 2/6/8
    StV: (1567/II) sambt seiner hausfrauen guet unnd ain versessne steur 2/6/8.
Jórg (Georg) Käppler (Kháppler), 1568, 1569 chramer
    St: 1565, 1566/I-II, 1567/I-II: 1/1/6, 1568: 2/2/12, 1569-1571: 2/5/-
Paůle Khnollin kóchin St: 1565: -/-/- diendt der zeit
Pfrandtner procurator St: 1568: -/-/- hofsind, 1569-1571: -/-/-

---

[1] Ludwig Podaws ist 1464, 1468, 1472, 1475, 1481, 1485, 1490 und 1492 Vierer der Tuchscherer, vgl. RP.
[2] Hanns Strasser 1497, 1498, 1502-1507 Vierer der Kramer, 1495-1498 Vierer der Fragner, Obser, Melbler, vgl. RP.
[3] Oswalt Palbein 1498, 1501 Vierer der Kramer, vgl. RP.
[4] Vgl. Burgstraße 18*.
[5] Ein Cristof Melper 1526/27 bei Dienerstraße 23 und 1532 bei Burgstraße 17 Barbier genannt.
[6] Dr. Martin Klostermair von 1548 bis 1561 Stadtleibarzt, vgl. R. v. Bary III S. 1017, laut KR erstmals im 1. Quartal 1549 besoldet, letztmals im letzten Quartal 1561. Am 5. Februar 1561 zahlt ihm die Stadtkammer noch 22 Gulden und 6 Schillinge zu seiner Abfertigung aus „als er urlaub genomen", KR 1560/61 S. 95r. – Vgl. auch Kaufingerstraße 37. – Ihn dürfte ein von Hans Mielich gemaltes und mit MKD (M[artin] K[lostermair] D[octor]) bezeichnetes Gemälde darstellen, das einen etwa 60-jährigen Doctor der Medizin darstellt, der ein Buch mit Aphorismen des Hippokrates in der Hand hält, vgl. Kurt Löcher, Hans Mielich 1516-1573. Bildnismaler in München, München/Berlin 2002, Abb. 60. – Klostermair war ein Ingolstädter Bürgerssohn. Er hat sich am 15.2.1515 an der Universität Ingolstadt eingeschrieben (Pölnitz, Matrikel 1515, 376, 12) und mit großem zeitlichen Abstand dort zum Doctor der Medizin promoviert (Lieselotte Resch/Ladislaus Buzás, Verzeichnis der Doctoren und Professoren der Universität Ingolstadt-Landshut-München, Universitätsbibliothek München, Mediz. Fakultät, München 1976, S. 14). Von 1548 bis 1561 war er Stadtleibarzt in München. Siegmund Riezler kennt den Arzt Dr. Martin Klostermair aus Ingolstadt als Dichter einer lateinischen „Chronographia partialis" und einer „Arithmologia" über die Gründung Münchens und andere Ereignisse der bayerischen Geschichte (Riezler, Geschichte Baierns Bd. VI S. 332). Er kannte mit Sicherheit den Huma-nistenkreis dieser Zeit in München, zu dem u. a. der erste deutsche Homer-Übersetzer Simon Schaidenreisser, genannt Minervius, gehörte (1525-1534 Leiter der Poetenschule, 1534-1537 Stadtschreiber, 1538 bis nach 1560 Stadt-Unterrichter oder Gerichtsschreiber) und der Komponist Ludwig Senfl, sowie Jeronimus Ziegler (seit 1548 Leiter der Münchner Poentenschule) (ADB Bd. 45). Letzterer wohnte 1549 gleich um die Ecke in der Burgstraße 16 A. Auch Ziegler betätigte sich u. a. als Übersetzer. Vielleicht hat Klostermair nicht nur deshalb ein Buch mit den Aphorismen des Hippokrates in der Hand, weil das bei einem Arzt naheliegend war, sondern weil auch er sich wissenschaftlich, etwa als Übersetzer, damit beschäftigte. Auch Martinus Balticus und Kaspar III. Winzerer gehörten zu diesem Kreis.

Marienplatz 14

Lage: 1381 „egghaus vor der púrg".
Name: 1574 „das Purckhögkh".[1]

Hauseigentümer Marienplatz 14:

1370 die Baukommission beanstandet an „der Perckoverin haus" (Marienplatz 11, Eckhaus) „bis an der Tömlingerin haus" alle Truhen und Bänke.[2]
1381 Juli 20 Meister Hanns der Tómblinger verkauft sein „egghaus vor der púrg, daz ze naechst gelegen ist an Martein malers saeligen haus" (Burgstraße 1), an Hans den Zaler. Dafür setzt der Tömlinger sein zweites Haus, in der Neuhauser Gasse, als Fürpfand.[3]
1385 Juni 30 das Haus des Zaler ist dem Haus der vier Töchter des verstorbenen Martin Maler, künftig „Werdlein Háwczingers" Haus (Burgstraße 1), benachbart.[4]
1392 Januar 22 das Haus des Hans Zaler ist dem Haus des Werndel Heutzinger an der Burgstraße (Burgstraße 1) benachbart.[5]
1393 Juli 4 das Haus des Hans Zaler ist dem Haus des Werndel Hewtzinger an der Burggasse (Burgstraße 1) benachbart.[6]
1395 März 29 Hans des Zalers Haus ist dem von „Engel der Hewczingerin", künftig Ludwig Scharfzahns (Burgstraße 1), benachbart.[7] Ludwig Scharfzahn war wiederum ein Schwager von Hanns Zaler.[8]

1395 Juni 22 das Haus des Zalers ist dem Haus des „Werlin des Hewczinger" an der Burgstraße (Burgstraße 1) benachbart.[9]
1396 haben Hans Zaler, seine Hausfrau Kathrei und seine Kinder Engel (die Hewczingerin ?), Hensel und Thorothea ein Leibgeding bei der Stadt München.[10] Es dürfte sich um dasselbe Leibgeding handeln, für das noch 1439, 1440 und 1450/51 die Stadt Auszahlungen an Agnes die Knyepantlin, des Zalers Tochter, und ihre Schwester, die Ruckenhauserin, macht.[11]
Nach dem Tod der Witwe Zaler um 1424 liegt die Geschichte des Hauses lange im Dunkeln. Offenbar waren die Scharfzahn die Erben.
1449 die Schrenck-Chronik gibt als Nachbarn für das Haus des Bartlme Schrenck (Marienplatz 13) bereits Ludwig Scharfzahn an.[12]
1482 domus Wilhalm Scharfzand (StB).
Dann ist wieder eine große Lücke im Hausbesitz. Seit 1522 nennen die Steuerbücher hier den Barbier Laux (Lucas) Gessler.
1536 November 22,
1542 September 20,
1543 Februar 24, Juli 28 das Haus des Barbiers Laux Gässler ist dem Haus des Arsacius Schlesitzer (Marienplatz 13) benachbart.[13]
1544 Juni 15 der Barbier Lucas Gässler und seine Hausfrau Elspet verkaufen aus diesem ihrem Haus 30 Gulden Ewiggeld um 600 Gulden Hauptsumme.[14]

---

[1] Vgl. auch Stahleder, Haus- und Straßennamen S. 382.
[2] Zimelie 9 (Ratsbuch IV) S. 4v.
[3] GB I 144/1, 144/2. – Hanns Tömlinger wahrscheinlich Arzt wie die anderen Tömlinger dieser Zeit, vgl. R. v. Bary III S. 1015.
[4] GB I 215/16, 215/17.
[5] GB II 20/9.
[6] GB II 49/10.
[7] GB II 88/3.
[8] GB II 128/19.
[9] GB II 96/7.
[10] Steueramt 571 S. 9r.
[11] KR 1439/40 S. 33r, 34v, 1450/51 S. 59v.
[12] StadtAM, Schrenck-Chronik (Abschrift) S. 108.
[13] Urk. B II b Nr. 43-46.
[14] Stadtgericht 207/1 (GruBu) S. 392v.

1546 Januar 31 der Barbierer Laux Gässler ist Arsaci Schlesitzer (Marien-platz 13) benachbart.[1]

1560 Januar 19 der Barbier Sebastian Franckh und seine Hausfrau Anna verkaufen 10 Gulden Ewiggeld um 200 Gulden aus dem Haus (GruBu).

1573 Februar 26 die hinterlassenen Kinder und Enkel des verstorbenen Sebastian Franckh verkaufen dieses Eckhaus Veiten Cosman Franckhen, Barbierer, und seiner Hausfrau Barbara um 1570 Gulden (GruBu).

1574 laut Grundbuch (Überschrift) des „Veiten Cosman Franckhen Barbierers Haus, das Purckhögkh genant".

Eigentümer Marienplatz 14:

* Meister Hanns der Tömlinger [Arzt ?, bis 1381 Juli 20]
* Hanns Zaler [∞ Katharina, geb. Scharfzahn, Schwester von Ludwig I. Scharfzahn[2]]. 1406, 1410/I relicta dez Hanns(en) Zaler (Zalers) [Katrey]. 1407, 1408, 1410/II- 1424 relicta Zalerin
    St: 1387: 3/-/80, 1390/I-II: 6/5/10, 1392: 5/-/-, 1393, 1394: 6,5/-/40, 1395: 3/-/-, 1396, 1397, 1399, 1400, 1401/I: 4,5/-/-, 1401/II: 6/-/- iuravit, 1403, 1405/I: 6/-/-, 1405/II: 7,5/-/- iuravit, 1406: 10/-/- propter patrimonium, 1407: 10/-/-, 1408: 7/-/-, 1410/I: 4/-/- iuravit, 1410/II: 5/-/80, 1411: 4/-/-, 1412: 5/-/80, 1413: 2/-/- iuravit, 1415: -/14/-, 1416: 2/-/80, 1418, 1419: 2/-/-, 1423: -/12/-, 1424: 0,5/-/- hat zalt
    StV: (1407) so hat ir der rat erlawbt, daz sy wol swern mag zu der nachsten stewr. (1423) et dedit von yrer tochter Aendlein -/-/60 gracianus.[3]
    Pferdemusterung, um 1398 (Ur-Fassung): Hanns Zaler sol haben ein pferd umb 20 gulden und ein trabzewg; (Korrig. Fassung): Hanns Zaler sol haben 2 pferd umb 40 gulden [und der stat damit] warten.

Ludweig [I.] Scharphzant[4] [Schwager von Hanns Zaler]
    St: 1394

Hanns[5] (!) Ruckenhawser ir [= der Zalerin] aydem
    St: 1406: 1/-/- gracianus, 1407: -/6/- iuravit
    StV: (1407) und zu der nachsten stewr sol er 1,5 gulden ungarisch zu seczen, die im sein swiger zu heiratgut geben hat.

Ulrich Ruckenhawser, 1413 inquilinus. 1415, 1418, 1419 relicta Ruckenhawserin. 1416 Ruckenhawserin ir [= der Zalerin] tochter
    St: 1408: 4/-/60, 1410/II: 3/-/16, 1411: -/18/12, 1412: 3/-/16, 1413: -/19/12 iuravit, 1415: -/18/12 patrimonium, 1416: -/10/20 iuravit, 1418, 1419: -/6/-

Chunrad[6] (!) Ruckenhawser [Enkel der Zalerin ?]
    St: 1410/I: -/18/12 iuravit

* domus Wilhalm [II.] Scharfzand [Großneffe der Katharina Zaler]
    St: 1482: 1/3/20
    StV: (1482) von 20 gulden zins als ain gast; et dedit für pueri Knebl 1/3/20.

** Lucas (Laux) Geßler (Gássler), 1524-1543, 1545-1548 barbierer [∞ Elsbeth]. 1551/I-1557 Lucas Geslerin. 1559 Lauxin palbiererin erben
    St: 1522-1526, 1527/I: -/6/27, 1527/II, 1528, 1529, 1532: 1/5/17, 1540-1542: 2/4/10, 1543: 5/1/20, 1544: 2/4/10, 1545: 2/6/14, 1546-1548, 1549/I-II: 1/3/7, 1550: 1/3/7 patrimonium, 1551/I: 1/3/7 patrimonium zum andern mal, 1551/II, 1552/I-II: 1/3/7, 1553, 1554/I-II, 1555-1557: 1/1/21, 1559: an chamer
    StV: (1522) hat seiner tochter heyratgut abgesetzt. (1523-1525) et dedit -/1/20 für p[ueri] Nürnberger. (1527/II-1532) et dedit -/-/28 für seine kind. (1541, 1542) et dedit -/4/9 für p[ueri] Herbin[ger]. (1543, 1545) mer 1/1/18 für p[ueri] Herbinger. (1544, 1546, 1547) mer -/4/9 für p[ueri] Herbinger.

---

[1] Urk. B II b Nr. 48.
[2] Vgl. Stahleder, Bürgergeschlechter. Die Scharfzahn S. 214/221, hier 216.
[3] Dieser Vermerk zwar neben Chunrat Hochenloch stehend, aber wegen „yrer" wohl hierher gehörend.
[4] Ganzer Eintrag 1394 wieder getilgt.
[5] Vorname wohl Verwechslung mit dem des Schwiegervaters Zaler und soll wohl „Ulrich" heißen.
[6] Wegen der gleichen Steuersumme wie 1411 bei Ulrich Ruckenhawser vielleicht ebenfalls falscher Vorname „Chunrad" statt „Ulrich".

Marienplatz 14

Lage: 1381 „egghaus vor der púrg".
Name: 1574 „das Purckhögkh".[1]

Hauseigentümer Marienplatz 14:

1370 die Baukommission beanstandet an „der Perckoverin haus" (Marienplatz 11, Eckhaus) „bis an der Tömlingerin haus" alle Truhen und Bänke.[2]
1381 Juli 20 Meister Hanns der Tómblinger verkauft sein „egghaus vor der púrg, daz ze naechst gelegen ist an Martein malers saeligen haus" (Burgstraße 1), an Hans den Zaler. Dafür setzt der Tömlinger sein zweites Haus, in der Neuhauser Gasse, als Fürpfand.[3]
1385 Juni 30 das Haus des Zaler ist dem Haus der vier Töchter des verstorbenen Martin Maler, künftig „Werdlein Háwczingers" Haus (Burgstraße 1), benachbart.[4]
1392 Januar 22 das Haus des Hans Zaler ist dem Haus des Werndel Heutzinger an der Burgstraße (Burgstraße 1) benachbart.[5]
1393 Juli 4 das Haus des Hans Zaler ist dem Haus des Werndel Hewtzinger an der Burggasse (Burgstraße 1) benachbart.[6]
1395 März 29 Hans des Zalers Haus ist dem von „Engel der Hewczingerin", künftig Ludwig Scharfzahns (Burgstraße 1), benachbart.[7] Ludwig Scharfzahn war wiederum ein Schwager von Hanns Zaler.[8]
1395 Juni 22 das Haus des Zalers ist dem Haus des „Werlin des Hewczinger" an der Burgstraße (Burgstraße 1) benachbart.[9]
1396 haben Hans Zaler, seine Hausfrau Kathrei und seine Kinder Engel (die Hewczingerin ?), Hensel und Thorothea ein Leibgeding bei der Stadt München.[10] Es dürfte sich um dasselbe Leibgeding handeln, für das noch 1439, 1440 und 1450/51 die Stadt Auszahlungen an Agnes die Knyepantlin, des Zalers Tochter, und ihre Schwester, die Ruckenhauserin, macht.[11]
Nach dem Tod der Witwe Zaler um 1424 liegt die Geschichte des Hauses lange im Dunkeln. Offenbar waren die Scharfzahn die Erben.
1449 die Schrenck-Chronik gibt als Nachbarn für das Haus des Bartlme Schrenck (Marienplatz 13) bereits Ludwig Scharfzahn an.[12]
1482 domus Wilhalm Scharfzand (StB).
Dann ist wieder eine große Lücke im Hausbesitz. Seit 1522 nennen die Steuerbücher hier den Barbier Laux (Lucas) Gessler.
1536 November 22,
1542 September 20,
1543 Februar 24, Juli 28 das Haus des Barbiers Laux Gässler ist dem Haus des Arsacius Schlesitzer (Marienplatz 13) benachbart.[13]
1544 Juni 15 der Barbier Lucas Gässler und seine Hausfrau Elspet verkaufen aus diesem ihrem Haus 30 Gulden Ewiggeld um 600 Gulden Hauptsumme.[14]

---

[1] Vgl. auch Stahleder, Haus- und Straßennamen S. 382.
[2] Zimelie 9 (Ratsbuch IV) S. 4v.
[3] GB I 144/1, 144/2. – Hanns Tömlinger wahrscheinlich Arzt wie die anderen Tömlinger dieser Zeit, vgl. R. v. Bary III S. 1015.
[4] GB I 215/16, 215/17.
[5] GB II 20/9.
[6] GB II 49/10.
[7] GB II 88/3.
[8] GB II 128/19.
[9] GB II 96/7.
[10] Steueramt 571 S. 9r.
[11] KR 1439/40 S. 33r, 34v, 1450/51 S. 59v.
[12] StadtAM, Schrenck-Chronik (Abschrift) S. 108.
[13] Urk. B II b Nr. 43-46.
[14] Stadtgericht 207/1 (GruBu) S. 392v.

1546 Januar 31 der Barbierer Laux Gässler ist Arsaci Schlesitzer (Marien-platz 13) benachbart.[1]

1560 Januar 19 der Barbier Sebastian Franckh und seine Hausfrau Anna verkaufen 10 Gulden Ewiggeld um 200 Gulden aus dem Haus (GruBu).

1573 Februar 26 die hinterlassenen Kinder und Enkel des verstorbenen Sebastian Franckh verkaufen dieses Eckhaus Veiten Cosman Franckhen, Barbierer, und seiner Hausfrau Barbara um 1570 Gulden (GruBu).

1574 laut Grundbuch (Überschrift) des „Veiten Cosman Franckhen Barbierers Haus, das Purckhögkh genant".

Eigentümer Marienplatz 14:

* Meister Hanns der Tömlinger [Arzt ?, bis 1381 Juli 20]
* Hanns Zaler [∞ Katharina, geb. Scharfzahn, Schwester von Ludwig I. Scharfzahn[2]]. 1406, 1410/I relicta dez Hanns(en) Zaler (Zalers) [Katrey]. 1407, 1408, 1410/II- 1424 relicta Zalerin
    St: 1387: 3/-/80, 1390/I-II: 6/5/10, 1392: 5/-/-, 1393, 1394: 6,5/-/40, 1395: 3/-/-, 1396, 1397, 1399, 1400, 1401/I: 4,5/-/-, 1401/II: 6/-/- iuravit, 1403, 1405/I: 6/-/-, 1405/II: 7,5/-/- iuravit, 1406: 10/-/- propter patrimonium, 1407: 10/-/-, 1408: 7/-/-, 1410/I: 4/-/- iuravit, 1410/II: 5/-/80, 1411: 4/-/-, 1412: 5/-/80, 1413: 2/-/- iuravit, 1415: -/14/-, 1416: 2/-/80, 1418, 1419: 2/-/-, 1423: -/12/-, 1424: 0,5/-/- hat zalt
    StV: (1407) so hat ir der rat erlawbt, daz sy wol swern mag zu der nachsten stewr. (1423) et dedit von yrer tochter Aendlein -/-/60 gracianus.[3]
    Pferdemusterung, um 1398 (Ur-Fassung): Hanns Zaler sol haben ein pferd umb 20 gulden und ein trabzewg; (Korrig. Fassung): Hanns Zaler sol haben 2 pferd umb 40 gulden [und der stat damit] warten.
  Ludweig [I.] Scharphzant[4] [Schwager von Hanns Zaler]
    St: 1394
  Hanns[5] (!) Ruckenhawser ir [= der Zalerin] aydem
    St: 1406: 1/-/- gracianus, 1407: -/6/- iuravit
    StV: (1407) und zu der nachsten stewr sol er 1,5 gulden ungarisch zu seczen, die im sein swiger zu heiratgut geben hat.
  Ulrich Ruckenhawser, 1413 inquilinus. 1415, 1418, 1419 relicta Ruckenhawserin. 1416 Ruckenhawserin ir [= der Zalerin] tochter
    St: 1408: 4/-/60, 1410/II: 3/-/16, 1411: -/18/12, 1412: 3/-/16, 1413: -/19/12 iuravit, 1415: -/18/12 patrimonium, 1416: -/10/20 iuravit, 1418, 1419: -/6/-
  Chunrad[6] (!) Ruckenhawser [Enkel der Zalerin ?]
    St: 1410/I: -/18/12 iuravit
* domus Wilhalm [II.] Scharfzand [Großneffe der Katharina Zaler]
    St: 1482: 1/3/20
    StV: (1482) von 20 gulden zins als ain gast; et dedit fúr pueri Knebl 1/3/20.
** Lucas (Laux) Geßler (Gássler), 1524-1543, 1545-1548 barbierer [∞ Elsbeth]. 1551/I-1557 Lucas Geslerin. 1559 Lauxin palbiererin erben
    St: 1522-1526, 1527/I: -/6/27, 1527/II, 1528, 1529, 1532: 1/5/17, 1540-1542: 2/4/10, 1543: 5/1/20, 1544: 2/4/10, 1545: 2/6/14, 1546-1548, 1549/I-II: 1/3/7, 1550: 1/3/7 patrimonium, 1551/I: 1/3/7 patrimonium zum andern mal, 1551/II, 1552/I-II: 1/3/7, 1553, 1554/I-II, 1555-1557: 1/1/21, 1559: an chamer
    StV: (1522) hat seiner tochter heyratgut abgesetzt. (1523-1525) et dedit -/1/20 für p[ueri] Núrnberger. (1527/II-1532) et dedit -/-/28 für seine kind. (1541, 1542) et dedit -/4/9 für p[ueri] Herbin[ger]. (1543, 1545) mer 1/1/18 für p[ueri] Herbinger. (1544, 1546, 1547) mer -/4/9 für p[ueri] Herbinger.

---

[1] Urk. B II b Nr. 48.
[2] Vgl. Stahleder, Bürgergeschlechter. Die Scharfzahn S. 214/221, hier 216.
[3] Dieser Vermerk zwar neben Chunrat Hochenloch stehend, aber wegen „yrer" wohl hierher gehörend.
[4] Ganzer Eintrag 1394 wieder getilgt.
[5] Vorname wohl Verwechslung mit dem des Schwiegervaters Zaler und soll wohl „Ulrich" heißen.
[6] Wegen der gleichen Steuersumme wie 1411 bei Ulrich Ruckenhawser vielleicht ebenfalls falscher Vorname „Chunrad" statt „Ulrich".

vater „Werndlein dem Hawczinger".[1] Dieser verpfändet es gleich wieder um 200 ungarische und böhmische Gulden an Hanns den Eseltreiber und Chunrad den Schütenpfeffer, um die Kaufsumme an die Stiefkinder entrichten zu können.[2]

1392 Januar 22 „Wer[nd]el Hewczinger" verpfändet sein Haus, gelegen „an der Purchstrass" und zunächst dem Haus des Hans Zaler (Marienplatz 14), an Stephan und Erhart die Astaler, Gebrüder, um 300 Gulden ungarisch und böhmisch.[3]

1393 Juni 22 das Stadtgericht stellt fest, daß Andre Tichtel nunmehr von der Hewczingerin 325 Gulden erhalten habe, um welche Summe sie das Haus verkauft habe, und noch weitere 4 Gulden. Jetzt schulde sie ihm noch 41 neue ungarische Gulden, um die ihr vom Stadtgericht geboten wurde.[4]

1393 Juli 1 der Hewczingerin wird erneut vom Stadtgericht geboten, eine Schuld von 29 Gulden an den jüngeren Chlamenstainer zu entrichten.[5] Da beide Einträge getilgt sind, dürfte die Schuld bezahlt worden sein.

1393 Juli 4 Werndel der Hewczinger verpfändet sein Haus an der Burgstraße, zunächst des Zalers Haus (Marienplatz 14), noch einmal um 370 neue ungarische Gulden, diesmal an Andre Tichtel.[6]

1395 März 29 „Engel die Hewczingerin" verkauft ihr Haus an der Burgstraße, zunächst an Hans des Zallers Haus (Marienplatz 14), als freies, lediges, eigenes Haus an „Ludweyg den Scharphzand".[7]

1395 Juni 22 „Werlin der Hewczinger" hat sein Haus an der Burgstraße, zunächst dem Haus des Zaler (Marienplatz 14) gelegen, am 4. Juli 1393 um 370 ungarische Gulden an Andre den Tichtel verpfändet. Die Hewczingerin hat davon inzwischen 325 zurückgezahlt.[8]

1397 März 12 die Herzöge Stephan und Johann bestätigen, daß sie Engel der Häutzingerin eine gewisse Geldsumme schulden.[9]

1397 September 3 Ludweig der Scharfzand verkauft sein Haus an der Burgstraße, zunächst an des Dieners Haus (Burgstraße 3), an seinen Schwager Hanns den Zaler.[10] Scharfzand kauft dafür gleichzeitig das Haus auf der gegenüberliegenden Straßenseite (Burgstraße 18*).[11] Hanns Zaler hat damit für sein Eckhaus Marienplatz 14, das kein Hinterhaus besaß, mit Burgstraße 1 und 2 ein solches erworben. Die Besitzgeschichte reißt damit für eine Weile ab. Auch Bewohner sind in der Folgezeit schwer zuteilbar, die hier genannten können zum Teil auch zum (Vorder-)haus Marienplatz 14 gehören.

Nach dem Tod der Familien Zaler/Ruckenhauser dürfte der Besitz an eine Erbengemeinschaft gekommen und zertrümmert worden sein. Die Zalerin stirbt um 1424. Seit 1423 ist auf Haus Burgstraße 2 als erstem der drei Häuser ein Eigentümer feststellbar: Heinrich der Zinngießer.

Eigentümer Burgstraße 1/2:

* Martein maller [Großer Rat[12]]. 1381 relicta Marttein maler [et] pueri Marttini maler. 1382 Martteinin malerin. 1383/I relicta Martteinin malerin. 1383/II relicta Martteinin [dann ∞ mit Werndel Hewtzinger]
    St: 1368: 1/-/-, 1369, 1371, 1372: -/12/-, 1375: -/15/14, 1377: -/11/- juravit, 1378, 1379: -/11/-, 1381: -/6/- sub gracia, 1382: -/6/-, 1383/I: -/3/-, 1383/II: 0,5/-/15

Gorig maler.[13] 1383/II Górig filius eius [= der relicta Martteinin] inquilinus. 1388 Górig maler frater suus [= des Lyendel maler] inquilinus
    St: 1383/I: -/-/30, 1383/II: -/-/45 post -/-/12, 1388: -/-/32

Lyendel maler [Sohn des Martein maler]
    St: 1388: -/-/16 juravit

---

[1] GB I 215/16.
[2] GB I 215/17.
[3] GB II 20/9.
[4] GB II 96/7.
[5] GB II 96/8.
[6] GB II 49/10.
[7] GB II 88/3.
[8] GB II 96/7.
[9] Wittmann, Urkunden-Regesten, ungedruckt.
[10] GB II 128/19.
[11] GB II 128/18.
[12] Martein maler ist 1381 Mitglied des Großen Rats, vgl. R. v. Bary III S. 747a.
[13] Ganzer Eintrag 1383/I zwischen den Zeilen eingefügt.

* Katrei, Agnes, Barbara, Elspet, Töchter des Martein maler [bis 1385 Juni 20]
* Werndlein der Häwtzinger [∞ Engel, Witwe von Martein maler, 1385 Juni 30 bis 1395 März 29]
* Ludwig [I.] Scharpffzant (Scharifzant) [Weinschenk[1], 1395 März 29 bis 1397 September 3]
    St: 1395: 4/-/80, 1396, 1397: 6,5/-/-
* Hanns der Zaler [∞ Katharina, Schwester von Ludwig Scharfzand; seit 1397 September 3]
* Kniepäntel [∞ Tochter von Hans Zaler[2], um 1436 Dezember 31]
* Bartlme [II.] Schrenck [um 1448 Juli 31]
    Dann Eigentümer wie Marienplatz 13

Bewohner Burgstraße 1/2:

Ulrich goltsmid von Kostencz St: 1387: -/-/64
Seicz calciator inquilinus St: 1387: -/-/48
maritus goltslaherinne inquilinus St: 1388: -/-/24 gracianus
Hanns goltsmid. 1392 Hans goltsmid Ruedolf. 1393 Hanns Rudolf goltsmid[3]
    St: 1390/I-II: -/-/64, 1392: -/15/-, 1393: 2,5/-/-
Hanns Wolf goltsmid[4] inquilinus St: 1390/I: -/-/48 gracianus, 1390/II: -/3/22 iuravit
Stephann zingisser inquilinus St: 1390/I: -/-/24 gracianus, 1390/II: -/7/3 iuravit
Peter draechsl inquilinus St: 1392: -/-/18 gracianus
Hanns Moser calciator. 1405/I-1412 Moser schuster, 1405/I inquilinus. 1413 relicta Moserin schusterin
    St: 1393: -/-/64, 1405/I: -/3/14, 1405/II: -/3/18 iuravit, 1406-1408: 0,5/-/24, 1410/I: -/5/18 iuravit, 1410/II: -/7/14, 1411: -/5/18, 1412: -/7/14, 1413: -/5/18 patrimonium
    Ulreich Moser schuster St: 1415: -/-/60 fur nichil, 1416: -/-/-
Ott schůchster St: 1394 -/5/10
Hainrich Rainer schůchster St: 1394: -/-/22
Peter obsser St: 1394: -/-/24
relicta Chunrat Raeleis goltsmid[5] St: 1400: 5/-/-, 1401/I: 3/-/- gracianus, 1401/II: 1/-/32 iuravit
    relicta Hanns [!] Raeleis goltsmid, 1405/I inquilina St: 1403, 1405/I: -/9/2
relicta Hornaff goltsmid[6]
    St: 1401/II: 0,5/-/24
    StV: propter patrimonium vir[is] eius, und darnach die nachst stewr sol sy swern.
pueri Stephan maler inquilini StV: (1401/II) die habent ir notdurft nicht.
Lienhart Ulm goltsmid, 1403, 1405/I inquilinus. 1405/II, 1406 Lienhart goltsmid[7]
    St: 1403, 1405/I: -/7/14, 1405/II: -/10/12 iuravit, 1406: -/13/26
Kraeftel goltsmid, 1403, 1405/I-II, 1407, 1413 inquilinus. 1415 Hanns Krapft goltsmid. 1416, 1418, 1419 Hanns Kraft goltsmid. 1428 Kraft goltsmid[8]
    St: 1403: -/7/14, 1405/I: 1/-/16, 1405/II: -/6/12 iuravit, 1407, 1408: 1/-/16, 1410/I: -/7/- iuravit, 1410/II: -/8/10, 1411: -/7/-, 1412: -/9/10, 1413: 0,5/-/12 iuravit, 1415: -/6/12, 1416: 1/-/16, 1418, 1419: -/9/18, 1428: dedit 3 gross
    StV: (1428) fúr sich und sein hausfrau.
    Chunrat (Chuncz) stainmecz, 1411 sein [= des Kraeftel] aydem, 1413 inquilinus
        St: 1411: -/-/32 gracianus, 1412: 0,5/-/8, 1413: -/5/- iuravit, 1415: -/3/6, 1416: 0,5/-/8, 1418, 1419: 0,5/-/-
Hanns Giessinger inquilinus
    St: 1406: 0,5/-/20 gracianus
    StV: zu dem náchsten sol er swern.
Hanns maler St: 1407, 1408: -/-/80 fúr 10 lb

---

[1] Um 1414 wird Ludwig Scharfzand Weinschenk genannt, vgl. Gewerbeamt 1411 S. 3v.
[2] KR 1439 S. 33r, 34v.
[3] Frankenburger S. 264.
[4] Frankenburger S. 266.
[5] Frankenburger S. 267 mit falscher Lesung „Kaeleis".
[6] Frankenburger S. 267.
[7] Frankenburger S. 267.
[8] Frankenburger S. 267 mit falscher Lesung „Kraestel", S. 269.

Hanns von Speyr maler inquilinus [der vorausgenannte ?] St: 1410/I: -/-/70 iuravit
Peter Hofhaymer [Steuerknecht¹] inquilinus St: 1412: -/-/32 gracianus
Alhait cháufflin 1415, 1418, 1419 inquilina. 1416 Alhait inquilina
    St: 1415, 1416: -/-/60 fur nichil, 1418: -/-/60 iuravit, 1419: -/-/50
Andre goltsmid. 1423-1431 Andre Aerb (Erb, Árb) goltsmid²
    St: 1418: -/3/6 iuravit, 1419: -/3/6, 1423: -/3/18, 1428: dedit 5 gross fur sich, sein hausfrau und
        sein ehalten, 1431: -/3/22 iuravit
Kundel chaufflin inquilina St: 1418: -/-/44
relicta Wilhal[m]in inquilina St: 1419: -/-/80

Burgstraße 1
(zu Marienplatz 13)

Eigentümer Burgstraße 1:

1436 Dezember 31 des Kniepäntls Haus an der Burggassen ist gemäß Hauptbrief einer Ewiggeldverschreibung auf dem Nachbarhaus Burgstraße 2 diesem Haus benachbart. Es gehört
1448 Juli 31 dem Bartlme Schrenck,³ Eigentümer von Marienplatz 13, an das es rückwärts ebenso angrenzt wie an Burgstraße 1. Damit ist Burgstraße 1 Hinterhaus von Marienplatz 13 geworden und umschließt Marienplatz 14 (das Eckhaus) von hinten.
1462 März 20 des Knyepäntls Haus, das jetzt Bartlme Schrenck gehört, ist dem Haus der Witwe des Heinrich Zinngießer und ihres Sohnes Paul Zinngiesser (Burgstraße 2) benachbart.⁴
1526 August 7 das Haus gehört einem Mann namens „Schaffer" – Nachbar ist das Haus von Hanns Moser zu Pang beziehungsweise seiner Stiefsöhne Jeronimus und Gregorius Vischmaister (Dienerstraße 23 mit Burgstraße 2)⁵ –, womit vielleicht der Notar und Briefschneider Hanns Schaur gemeint ist, der zusammen mit seiner Hausfrau Elspet und dem Enkel Niclas Schawr noch
1530 August 15 ein Leibgeding auf dem Haus hat. Es wird hierbei des „weyland Bartlme Schrencken clainerm haus ... yetzo dem bemelten Slesitzer zuegeherig" genannt. Nachbarn sind Martein Schettls (Burgstraße 2) und Lucas Gesslers (Marienplatz 14) Häuser⁶ Letzterer ist ab jetzt Hauseigentümer und das Haus Burgstraße 1 trennt sich von nun an nicht mehr von Marienplatz 13.
1536 November 22 das (Hinter-)Haus des Marthein Schötl ist dem Haus des Ehepaares Arsaci und Barbara Schlesitzer (Marienplatz 13) benachbart.⁷
1542 September 20 das Haus des Arsacius Schlösitzer, vorne am Markt (Marienplatz 13) gelegen, ist hinten an der Burgstraße dem Haus des Kramers Martin Schöttl (Burgstraße 2 als Hinterhaus von Dienerstraße 23) benachbart,
1543 Februar 24, Juli 28 ebenso.⁸
1544 Dezember 13 der Stadtrat kauft um 90 Gulden von Arsaci Schlesitzer dessen Haus (Marienplatz 13), „samt noch einem kleinen heusl, so hintten hinaus an die Purckhgassen stöst"⁹ (Burgstraße 1) und verkauft beides
1553 Dezember 1 weiter an den bisherigen Stadtschreiber Dr. Onuphrius Perbinger.¹⁰
1566/I-1571 domus Dector Perbinger (StB).

Eigentümer Burgstraße 1:

* Kniepäntl [∞ N. Zaler, Schwester der Ruckenhauserin, um 1436 Dezember 31]
* dann Eigentümer wie Marienplatz 13

---

1 Peter Hofhaimer ist von 1413-1439 Steuerknecht, vgl. R. v. Bary III S. 877.
2 Frankenburger S. 270.
3 MB XX 323 S. 555, 556.
4 Urk. D I e 1 II Nr. 5.
5 GB IV S. 120r.
6 GB IV S. 199v.
7 Urk. B II b Nr. 43.
8 Urk. B II b Nr. 44-48.
9 KR 1544/45 S. 93v.
10 KR 1554/55 S. 49v.

*? Hanns Schaur, 1508, 1525 notari, 1526 briefschneider [∞ Elisabeth]
    St: 1508, 1509: -/3/20, 1514: Liste, 1522-1526, 1527/I: -/4/-, 1527/II, 1528, 1529: -/2/10
    StV: (1522) sol bis jar gefragt werden, ob er in die stat schreib oder nit.
* Schaffer [1526 August 7]
** Schlesitzer wie Marienplatz 13
** domus Doctor Perbinger (Párbinger) [seit 1553 Dezember 1]
    St: 1566/I-1571: -/-/-

Bewohner Burgstraße 1:

Hanns Ginauf, 1431 inquilinus, 1440, 1441/I-II goltsmid[1]
    St: 1431: -/3/- iuravit
    Sch: 1439/I-II, 1440: 1 t[aglon], 1441/I-II: 1/2 t[aglon]
relicta Ludwig seidnnaterin inquilina St: 1431: -/-/30
Hanns Radachs, 1450 zingiesser. 1458 relicta Radachsn St: 1450, 1453, 1454, 1458: Liste
Chunrat zingiesser St: 1453-1458: Liste
Jordan pfister St: 1456: Liste
Hanns Öder kramer[2] St: 1456-1458: Liste
Margaret inquilina St: 1458: Liste
Pangartner goltschmid[3] St: 1462: -/-/60
relicta Palbeinin (Palweinin), 1482 [und] Paule ir sun St: 1482: -/2/25, 1486, 1490: -/4/25, 1496: -/3/18
Peter Wiser g[oltschmid][4] St: 1532: 1/6/5
Wolffgang Geusweinin
    St: 1540: -/2/-
    StV: (1540) et dedit -/6/- für 3 nachsteur.
Perchfelderin (Persfelderin) St: 1541-1543: 1 gulden für irn beysitz, 1544: 1 gulden mit ainem geding
Jacob múllner (múller, müller, muller) goltschmid. 1564/I, 1566/I müller goltschmid. 1564/II, 1565,
    Hans[5] [!] múller (müller) goltschmid
    St: 1545: -/4/-, 1546-1548, 1549/I-II, 1550, 1551/I-II, 1552/I-II: -/2/-, 1553, 1554/I-II, 1555:
        -/2/13, 1563, 1564/I-II, 1565, 1566/I-II, 1567/I-II: -/2/-, 1568: -/4/-, 1569-1571: -/2/-
Jacob Knelling (Khnálling, Khnelling), 1556-1560 goltschmid[6]
    St: 1556, 1557: -/2/13, 1558: -/4/26, 1559, 1560: -/2/13, 1561: -/2/-

Burgstraße 2
(ab ca. 1500 zu Dienerstraße 23)

Eigentümer Burgstraße 2:

Eigentümer wie Burgstraße 1 bis nach 1423.
1397 September 3 Ludweig Scharfzand hat sein Haus an der Burgstraße (= Burgstraße 1/2), „znáchst an des Diener haus" (Burgstraße 3 B/A, Hinterhaus von Dienerstraße 22) „Hanns dem Zaler, seinem swager" verkauft.[7]
1436 Dezember 31 Hauptbrief über den Verkauf eines Ewiggeldes, genannt in der Urkunde vom
1462 März 20: Hainrich des Zinngießers Witwe Kathrey und ihr Sohn Paul Zinngießer und seine Hausfrau Anna haben (1436) dem Kistler Fridrich Kirchpucher ein Ewiggeld aus diesem Haus und

---

[1] Frankenburger S. 270.
[2] Hanns Öder ist 1462, 1467, 1469, 1473, 1475, 1476 Vierer der Kramer, vgl. RP.
[3] Frankenburger S. 276.
[4] Frankenburger S. 287.
[5] Vorname Hans 1564/II und 1565 nachträglich am Rand davor gesetzt. Ab 1566/I wieder „Jacob", ebenfalls nachträglich am Rand davor gesetzt. – Der Goldschmied Jakob Müller musste sich 1569 beim Religionsverhör verantworten, vgl. Dorn S. 228. – Frankenburger S. 289.
[6] Frankenburger S. 289 hält ihn für identisch mit Jacob múllner. Seine Steuerjahre passen auch genau in die Lücke bei Jacob múllner und auch die Steursumme ist identisch.
[7] GB II 128/19.

Hofstatt an der Burggassen verkauft. Nachbarn sind: des Knyepanntels Haus, das jetzt (1448, 1462) dem Bartlme Schrenck gehört (Burgstraße 1) und Hainrichs des Pern Haus, das jetzt (1448, 1462) dem Prüchler Hainrich Alkircher gehört (Burgstraße 3 B).[1] Das Ewiggeld auf dem Haus des Zinngießers Paul und seiner Hausfrau Anna ist auch anderwärts belegt, so
1448 Juli 31 und noch einmal im Jahr
1454.[2] Paul Zinngießer – der langen Verweildauer in den Steuerbüchern nach wahrscheinlich zwei Träger dieses Namens (1482 eine Witwe und ein Sohn Paul Zinngießer im StB) –, findet sich bis 1496 in den Steuerbüchern. Dann reißt die Kette der Hauseigentümer wieder ab. Das Haus kommt wohl um 1500 als Hinterhaus zu Dienerstraße 23. Als solches ist es spätestens
1526 August 7 belegt, als es Hanns Moser und seine Stiefsöhne an (den im Gerichtsbuch-Eintrag nicht genannten) Martein Schöttl verkaufen. Als Nachbarn sind des „Schaffer" Haus (Burgstraße 1) und Peter Aigners Haus (Burgstraße 3 B) genannt.[3] Burgstraße 2 bleibt nun für immer bei Dienerstraße 23.
1527 Februar 15 das Haus des Martein Schettl ist dem Haus des Ehepaares Aigner (Burgstraße 3 B) benachbart.[4]
1536 November 22,
1542 September 20,
1543 Februar 24, Juli 28,
1546 Januar 31 das Haus des Marthin Schöttl an der Burgstraße ist dem Hinterhaus des Arsacius Schlösitzer (Burgstraße 1 als Hinterhaus von Marienplatz 13) benachbart.[5]

Eigentümer Burgstraße 2:

* wie Burgstraße 1/2
* Hainrich zyngiesser. 1428 Hainrich zingiesserin. 1431 relicta Hainrich zingiesserin [Kathrey]. 1439/I relicta zingiesser
    St: 1423: -/10/6, 1424: -/3/12 hat zalt, 1428: dedit 16 gross, 1431: 1/-/24 iuravit
    Sch: 1439/I: -/-/-
    StV: (1428) fúr sich, iren sun und ir ehalten et dedit 1 gross fur ein hoffrawen. (1431) aws dem haws gend 4 gulden ungarisch hern Niclaß pfarrer zu Mittenbald, dedit davon -/3/6.
* Paule (Pauls) zingiesser[6] [∞ Anna], 1482 et mater
    Sch: 1439/I-II, 1440, 1441/I-II: 1 t[aglon], 1445: 2 ehalten, dedit
    St: 1450, 1453-1458: Liste, 1462: -/3/20, 1482: -/2/16, 1486, 1490: -/2/18, 1496: -/2/11
    StV: (1482) et mater -/-/24 dedit.
* dann Eigentümer wie Dienerstraße 23 [bis 1526 August 7 Hans Moser und Stiefsöhne, 1527 Februar 15 Martein Schettl usw.]

Bewohner Burgstraße 2:

Jacob Albrecht kramer. 1441/I-II Jacob Albrecht inquilinus Sch: 1439/II, 1441/I-II: 1 t[aglon]
Ludwig tuchscherer[7] St: 1482: -/2/17
Johannes Hofstetter [Steuerschreiber[8]] St: 1482, 1486: nichil, 1490: -/5/23
Kniepantlin (Kniepántlin)
    St: 1482: -/2/24 von 3 gulden geltz, 1486: -/2/24 von 3 gulden gelcz als ain gast
    Kniepantel St: 1490: nichil
Hanns vischer schneider[9] St: 1482: -/3/15

---

[1] Urk. D I e 1 II Nr. 5 (1462). – MB XX 323 S. 555, 556.
[2] MB XX 323 S. 556 (1448); Kämmerei 64 S. 9r (1454).
[3] GB IV S. 120r.
[4] GB IV S. 130v.
[5] Urk. B II b Nr. 43, 44, 46, 48.
[6] Pauls zingiesser ist 1477 Vierer der Hafner, Zinngießer, Rotschmiede, Salwurchen, vgl. RP.
[7] Ludwig scherer ist 1477-1479 Vierer der Tuchscherer, vgl. RP, vielleicht identisch mit dem Tuchscherer Ludwig Podaws.
[8] Johannes Hofstetter ist von 1482 bis 1489 als städtischer Steuerschreiber belegt, 1483 auch Verweser des Stadtschreiber-Amtes, vgl. R. v. Bary III S. 876, 786 nach RP. Deshalb ist er auch von der Steuer befreit.
[9] Hanns vischer ist 1465, 1469, 1472, 1474 und 1477 Vierer der Schneider, vgl. RP.

Ludwig Podaws [Tuchscherer[1]] St: 1486: -/2/20
Keglmair St: 1486: -/4/8
Peter Weyß sneider[2] St: 1490: -/-/60
Linhart kramer St: 1490: -/3/23, 1496, 1500: -/3/-
Erhart kramerin St: 1496, 1500: -/-/60
Hans tagwercher inquilinus St: 1500: -/-/60
Linhart pruechlerin St: 1500: -/-/60
Wilhalm morterkocher St: 1500: -/-/60
Praitschópferin St: 1500: -/-/60
Sigmund Smaltzoder St: 1500: -/-/60
Matheus Smerlin St: 1500: -/-/14 das jar, nit lenger
Peter Párbinger (Hárbinger, Herbinger, Harlinger), 1508-1514, 1523, 1525, 1526 goltschmid,[3] 1527/II patrimonium
    St: 1508, 1509: -/5/26, 1514: Liste, 1522-1526, 1527/I-II: -/5/-
    StV: (1527/II) sy sol bis jar schwern.
Antoni Lehner St: 1508: in camer, 1509: -/-/60
Anndre kramer St: 1509: -/2/23
Hanns Kárgl g[oldschmid][4] St: 1509: -/2/2
Gabriel schneider St: 1514: Liste
Conrad Obermair schuster St: 1514: Liste
Grießlin St: 1514: Liste
Wolfganng Erlaher peck St: 1514: Liste
Pauls Mair Nůrnberger St: 1514: Liste
Radax. 1523, 1524 Radax goltschmid.[5] 1525, 1527/I, 1528, 1529 Hainrich Radax
    St: 1522-1526, 1527/I: -/3/5, 1527/II, 1528, 1529: -/2/-
Hanns Kůßlingstein [Schneider[6]] St: 1522: -/5/-
zwo selschwestern St: 1522: -/-/21
Jórg schuster. 1526 schuster. 1527/I-II Vogl schuster
    St: 1523-1526, 1527/I-II: -/2/-
    StV: (1525) et dedit -/2/12 fúr 5,5 gulden gelltz, ist annderhalb gulden der gest.
segenschmidknecht St: 1523: -/2/-
Bartlme lernmaister. 1528 Bartlme Kárl lernmaister St: 1524-1526, 1527/I-II, 1528, 1529: -/2/-
Hanns Plentinger, 1525 tuchscherer St: 1524: pfanndt an kamer, 1525: -/2/-
riemer. 1527/II-1529 Andre Schopper riemer. 1532 A[andre] Schopper zammacher [!]
    St: 1526, 1527/I: -/2/-, 1527/II, 1528, 1529, 1532: -/2/13
Peter Egenhofer St: 1528, 1529: -/1/5 gracion, 1532: -/3/25
Linhart priechler St: 1528: -/-/21 gracion, 1529: -/3/7 juravit
Hanns, Scharpfzands diener St: 1532: -/-/14 gracion
Michel rotschmid St: 1540: -/2/3
Hanns Stichil keuffl. 1541-1547 Hanns Stichlin, 1541 keuflin
    St: 1540-1542: -/3/25, 1543: 1/-/20, 1544: -/3/25, 1545: -/4/-, 1546, 1547: -/2/-
Jacob Knelling goltschmid St: 1540: -/3/7 juravit, 1541, 1542: -/3/7, 1543: -/6/14, 1544: -/3/7
Lucas Westermayr [Priechler[7]] St: 1541, 1542: -/3/7, 1543: -/6/14, 1544: -/3/7
Michl Klasin St: 1542: -/2/-, 1543: -/4/-
Thoman ibidem St: 1542: -/2/-
Andre Strauch zingiesser
    St: 1544: 1/1/14, 1545: 5/3/-
    StV: (1544) seins weibes alte steur; mer -/-/28 gracion.

---

[1] Ludwig Podaws ist 1464, 1468, 1472, 1475, 1481, 1485, 1490, 1492 Vierer der Tuchscherer, 1477-1479 auch als „Ludwig scherer", vgl. RP.
[2] Peter Weyss 1495, 1496, 1506-1508, 1511-1515, 1517-1519 Vierer der Schneider, vgl. RP.
[3] Peter Herwinger 1515, 1517-1519 Vierer der Goldschmiede, vgl. RP. – Frankenburger S. 286.
[4] Hanns Kárgl wird 1500 bei Dienerstraße 22 Goldschmied genannt. – Frankenburger S. 285.
[5] Frankenburger S. 280/281.
[6] Hanns Kußlingstain ist 1517-1519 Vierer der Schneider, vgl. RP.
[7] So 1545-1549/I bei Kaufingerstraße 32/33 und 1549/II-1559 bei Kaufingerstraße 26.

Dorothea haubmmacherin. 1546-1554/I Dorothea haubmstrickherin
    St: 1545: -/4/-, 1546-1548, 1549/I-II, 1550, 1551/I-II, 1552/I-II, 1553, 1554/I: -/2/-
Wolffgang Paungartner [Salzstößel[1]] St: 1546, 1547: -/2/-
Theodo (Theodus) Albeg (Albech) schneider
    St: 1546-1548, 1549/I-II, 1550, 1551/I: -/2/20
    StV: (1548, 1549/I) mer -/1/12 fúr p[ueri] Fúxtaler.
Sigmund Pranthamer (1548 Pranthueber), 1551/II, 1552/II spangler
    St: 1546-1548, 1549/I-II, 1550, 1551/I-II, 1552/I-II, 1553, 1554/I: -/2/-
    StV: (1551/I-1552/II) mer -/-/28 fúr p[ueri] Rost sailer. (1553, 1554/I) mer -/1/19 fúr p[ueri]
        Rost sayler.
Pauls schuester St: 1548: -/-/14 gracion
Hanns sayler St: 1548: -/-/21 gracion, 1549/I: -/2/10 juravit, 1549/II, 1550, 1551/I: -/2/10
Bartlme Hueber, 1552/I-1554/I sadtler
    St: 1549/II, 1550, 1551/I-II, 1552/I-II, 1553, 1554/I: -/2/-
    StV: (1553, 1554/I) mer -/1/5 fúr p[ueri] Ostermair.
Hanns Kellner schneider St: 1551/II, 1552/I-II: -/2/-
Clas Sprintz, 1551/II gwantschneider, 1552/I tuechmanger
    St: 1551/II: -/-/28 gracia, 1552/I: -/1/10 juravit

Burgstraße 3 B/A
(teils zu Dienerstraße 22,
bis um 1441/45 Burgstraße 3 A und B vereinigt)

Eigentümer 3 B/A:

Wie Dienerstraße 22: Diener und Erben bis 1404:
1370 die Baukommission beanstandet an der Burgstraße „des Dieners kellerhals".[2]
1397 September 3 des Dieners Haus an der Burgstraße (Hinterhaus von Dienerstraße 22) ist dem Haus des Ludwig Scharfzahn beziehungsweise Hanns Zaler (Burgstraße 1/2) benachbart.[3]
1404 Oktober 9 die Diener'schen Erben – Sohn Wilhalm und drei Töchter von Konrad Diener – verkaufen ihr Haus „an der Purckgassen, znächst an Ludweigs dez júngern Pótschner haus" (Burgstraße 4) „maister Hainreichen dem goltslacher dem goltsmit" (den Stiefsohn von Engelhart dem Goltsmid)[4] und trennen es damit vom Vorderhaus an der Dienerstraße 22. Das Haus muß bald verpfändet werden, so wegen Schulden bei Ulrich dem Smóczerl:
1406 Mai 4 „Engelhart der goltsmit" erscheint vor dem Stadtgericht und zeigt einen Gewaltbrief (Vollmacht) vor, den ihm „Hainrich der goltsmit", „sein stewfsun" gegeben hat, um sein Haus „an der Purckgassen, znächst Ludweigs des júngern Pótschner haus" (Burgstraße 4), um es gerichtsmäßig „Ulreichen dem Smóczerl" für 200 gute neue ungarische Gulden zu verpfänden und weitere 100 Gulden für ihn selber.[5]
1406 Mai 19 haben Hans der Pampelhörn von Augsburg und Elspet die Kristoffin von Augsburg Pfandschaft auf dem Haus „Hainreich des goltsmits".[6]
1407 April 28 Wilhalm der Diener verkauft sein Haus an der Dienersgasse (und damit auch das Hinterhaus an der Burggasse) an Hanns den Per. Nachbar ist (im Vorder- wie im – nicht eigens genannten – Hinterhaus) Ludweig der jüngere Pötschner.[7]
1407 Juli 1 „Ulreich der Smóczerl" hat sein Pfand am Haus an der Burggassen, zunächst dem Haus des jüngeren Ludweig Pötschner (Burgstraße 4), das er von „Hainrich dem goltsmit" hatte, um 187

---

[1] Wolfgang Paumgartner 1528 als Salzstößel belegt, vgl. Vietzen S. 154 laut KR.
[2] Zimelie 9 (Ratsbuch IV) S. 4v.
[3] GB II 128/19.
[4] GB III 33/3.
[5] GB III 52/13.
[6] GB III 54/2,3.
[7] GB III 65/4, 65/5.

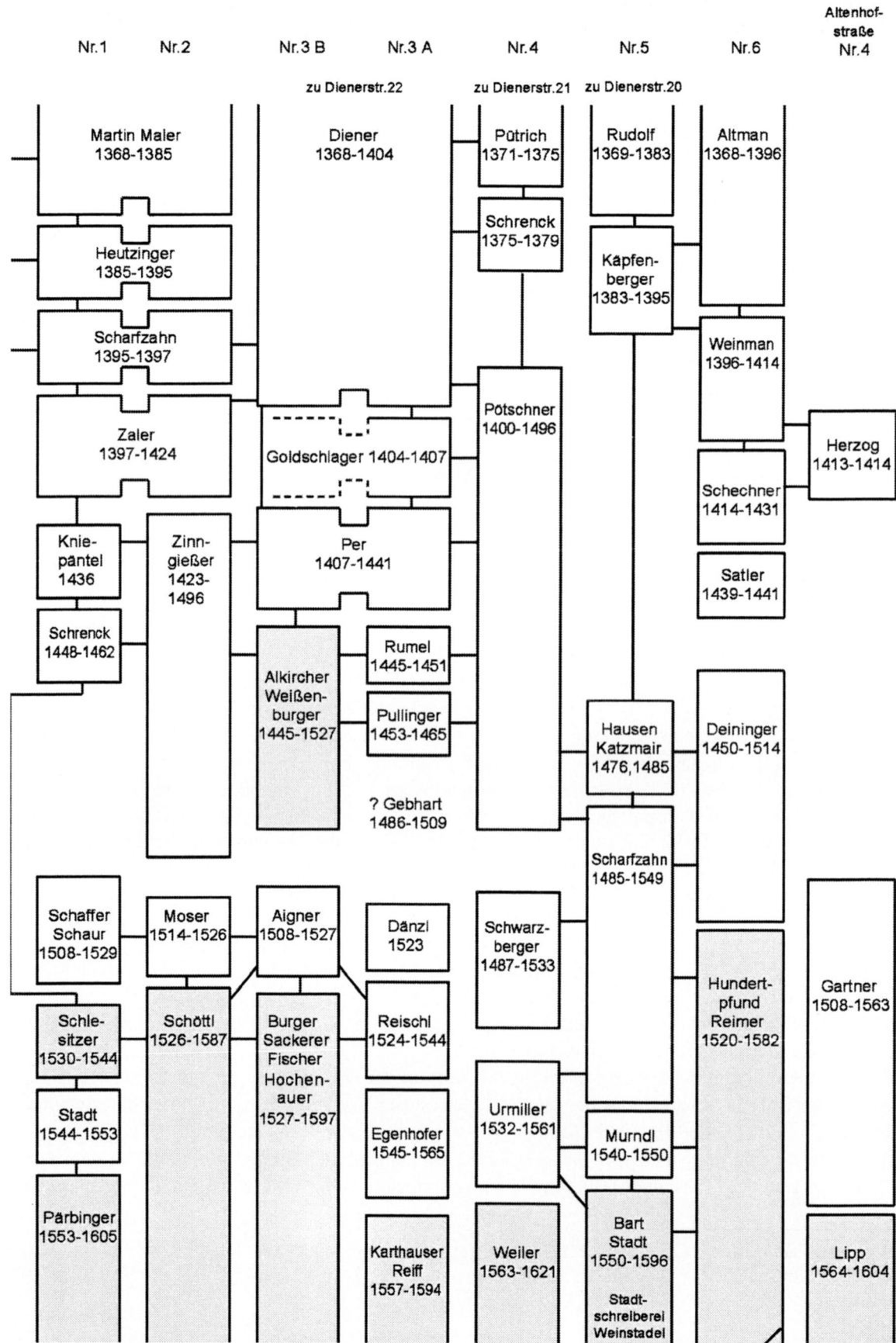

Abb. 55 Hauseigentümer Burgstraße 1 – 6.

Hainrich platner St: 1371: -/-/60 post
Jórg Deininger [Goldschmied¹] [und] Hainrich Gerhart [Goldschmied²]
    St: 1375: 0,5/-/- sub gracia
Hanns seydennater inquilinus Dienerii St: 1377: nichil
Plabenstain seydennater St: 1379: -/-/-, 1381: -/-/27, 1382: -/-/18
Frómbd (Frómd) sartor (sneider) St: 1383/I: -/3/6, 1383/II: 0,5/-/24, 1387: -/-/24, 1388: -/-/48 juravit
Stadler inquilinus St: 1390/I: -/-/40
Kristl (Kristan) sneider St: 1390/I: -/-/-, 1390/II: -/-/20, 1392: -/-/12
Ull von hoff [Käufel³] inquilinus St: 1392: -/-/24
relicta Hans Rudolf goltsmid inquilina St: 1399: 5/-/-
Marckel schuster schenck. 1401/I Maerckel schenck schuster St: 1400, 1401/I: -/-/60 fúr 5 lb
Emeichin St: 1401/I: -/-/-
Piber sneider St: 1401/II: -/-/80 fúr 10 lb, iuravit, 1403, 1405/I: -/-/80 fúr 10 lb, 1405/II: -/6/6 iuravit
Hanns Oberhawser ungelter⁴ St: 1405/II: 2,5/-/- iuravit
[Hans] Kraeftel goltsmid⁵ inquilinus St: 1406: 1/-/16
Peter Eysenreich [Wirt⁶] inquilinus. 1407 uxor Peter Eysenreich inquilina
    St: 1406: 0,5/-/-, 1407: -/-/60
    StV: (1406) dedit uxor sua.
Thoman Traeschel St: 1408: 0,5/-/-
    Hanns Traeschel inquilinus St: 1408: -/3/6
Seydel verber. 1413 patrimonium Seidel verber
    St: 1410/I: -/12/- iuravit, 1410/II: 2/-/-, 1411: -/10/-, 1412: 2/-/-, 1413: -/-/-
Ulrich kúrsner inquilinus St: 1410/I: -/-/72 iuravit, 1410/II: -/3/6
Hanns Haertel cháuffel inquilinus St: 1410/I: -/-/60
dez Leytrers sun inquilinus St: 1412: 0,5/-/- gracianus
Jórg Perg [Weinschenk⁷] [et] patrimonium Vicenci Gerhártel [Goldschmied⁸] St: 1413: -/13/- iuravit
Schinteldachin chaufflin
    St: 1418, 1419: -/-/80
    StV: (1418) und ir swester, dye hat man der stewr ledig lazzen.
Lawtwein (Láwtel) Halczler (Haczler, Hatzler), 1423 inquilinus. 1431 relicta Haczlerin
    St: 1423: -/11/-, 1424: -/3/20 hat zalt, 1428: dedit 3 gross, 1431: -/-/30
    StV: (1428) fúr sich, sein hausfrau und ehalten.

Burgstraße 3 B (Süd)

1448 Juli 31 und
1462 März 20 das Haus des Prüchlers Hainrich Alkircher ist dem Haus von Hainrich des Zinngießers Witwe Kathrey, Sohn und Schwiegertochter (Burgstraße 2) benachbart. Es heißt 1462 das Haus des Hainrich des Pern, das jetzo des Hainrich Alkirchers ist.⁹ Ein Rückgriff auf alte Zeiten ist es, wenn noch am 30. September 1483 vom Haus des Jorg Per bei der Alten Veste gesprochen wird,¹⁰ denn nur bei Dienerstraße 22 steht Jorg Per bis 1458 in den Steuerlisten, bei Burgstraße 3 wechselt der Eigentümer noch vor 1445.
1451 September 24 Heinreich Alkircher ist Nachbar von Fridreich Rumel (Burgstraße 3 A).¹¹

---

¹ Frankenburger S. 263.
² Frankenburger S. 263.
³ So 1393 bei Fürstenfelder Straße 12.
⁴ Hanns Oberhauwer nur hier als Schankungelter belegt, vgl. R. v. Bary III S. 878.
⁵ Frankenburger S. 267.
⁶ Vgl. Weinstraße 3.
⁷ Vgl. Dienerstraße 22.
⁸ Vgl. Altenhofstraße 3*.
⁹ MB XX 323 S. 555, 556. – Urk. D I e 1 II Nr. 5 (1462).
¹⁰ BayHStA, Kurbayern Urk. 1146.
¹¹ MB XX 276 S. 411 (1451).

1454 aus des Hainrich Alkirchers Haus an der Burggasse geht ein Ewiggeld an den Pernger-Kaplan.[1]
1465 Januar 8 der Alkircher ist Nachbar von Fridrich Pullinger (Burgstraße 3 A).[2]
Die Witwe von Alkircher heiratet Hanns Weißenburger. Das Ehepaar ist auch schon durch das Grundbuch als Hauseigentümer belegt:
1494 Mai 14 Hanns Weissenburger und seine Hausfrau Margaret Altkircherin verkaufen aus dem Haus zwei Ewiggelder von je 2 Gulden um je 40 Gulden Hauptsumme.[3]
1501 März 9 der Priechler Hanns Weissenburger und seine Hausfrau Margaret verkaufen erneut ein Ewiggeld von 2 Gulden um 40 Gulden Hauptsumme (GruBu).
1509 Februar 8 Hanns Weissenburger verkauft ein Ewiggeld von 2 Gulden um 40 Gulden (GruBu).
Die Witwe Alkircher steht noch 1527 bei diesem Haus im Steuerbuch, während bereits
1526 August 7 Peter Aigner Nachbar des Hauses von Hanns Moser und seiner Stiefsöhne Jeronimus und Gregorius Fischmeister (Dienerstraße 23 mit Burgstraße 2) ist.[4] Er dürfte ihr Schwiegersohn sein, wegen des Vornamens Margaret, den auch die Alleinerbin bzw. Weissenburgerin trugen, oder ein dritter Ehemann von ihr.
1527 Februar 15 Peter und Margaret Aigner verkaufen ihr Haus und Hofstatt an der Burggassen an den Weinschenken Hanns Burger und seine Hausfrau Anna, Eigentümer des Hauses Dienerstraße 22. Nachbarn sind: Jeronimus Reyschl (Burgstraße 3 A) und Martein Schettl (Burgstraße 2).[5]
1543 März 3 die Pfleger von weiland des Hanns Burgers Kindern aus zweiter Ehe – Hanns, Susanna und Margaret Burger – verschreiben den Kindern des Hanns Burger aus erster Ehe – Anna und Marie – 10 Gulden Ewiggld um 200 Gulden Hauptsumme zur Erstattung ihres Muttergutes (GruBu). Gleiches und um die gleiche Summe geschieht erneut
1556 September 15 (GruBu).
1561 Juni 9 Anthoni Hochenauer und seine Hausfrau Susanna (wohl geborene Burger) verschreiben ihrem Schwager und ihrer Schwester Steffan Praitenaicher, Bürger zu Wasserburg, und seiner Hausfrau Margaret (wohl geborene Burger) ein Ewiggeld von 5 Gulden um 100 Gulden Hauptsumme aus diesem Haus (GruBu).
1574 laut Grundbuch (Überschrift) Michaeln Sackherer Gastgebens Hinterhaus und Stallung, „stesst an sein vorders Haus (Dienerstraße 22), so an die Dienersgassen hinausgeet".
Das Ehepaar Michael und Dorothea Sackherer verkauft diese Behausung samt dem anstoßenden Haus an der Dienersgasse (Dienerstraße 22) am 20. Januar 1577 an den Gastgeb Balthasar Vischer und seine Hausfrau Ursula um 3700 Gulden rheinisch und 20 Gulden Leikauf (GruBu).
Bis zum 17. Dezember 1597 bleibt Burgstraße 3 B wieder beim Vorderhaus Dienerstraße 22 und löst sich dann endgültig davon (GruBu).

Eigentümer Burgstraße 3 B:

* Hainrich Alkircher, 1450, 1462 prúchler.[6] 1482, 1490 Alkircherin (Altkircherin). 1486 relicta Alkircherin
    Sch: 1445: 1 diern, dedit
    St: 1450, 1453-1458: Liste, 1462: -/5/4, 1482: -/3/5, 1486: -/3/1, 1490: -/3/21
  et pueri
    St: 1486: anderswo
** Hanns Weissenburger (Weissenberger), 1500 p[riechler], 1508, 1509 g[ant]k[necht][7] [∞ mit Margaret Alkircher]. 1522, 1524 Alkircherin. 1523, 1525-1527/I relicta Alkircherin
    St: 1496: -/3/25, 1500: -/4/20, 1508, 1509: -/2/10, 1514: Liste, 1522-1526, 1527/I: -/3/4
* Peter Aigner, 1508-1526, 1527/II, 1528, 1532 sneider [∞ Margaret]
    St: 1508, 1509: -/2/10, 1514: Liste, 1522-1526, 1527/I: -/5/-, 1527/II, 1528, 1529, 1532: -/3/11
* Hanns Burger [Weinschenk] und Ehefrau Anna [seit 1527 Februar 15; = Dienerstraße 22].

---

[1] Kämmerei 64 S. 10r.
[2] Urk. C VI i 10 A Nr. 3 (hier zitiert).
[3] Stadtgericht 207/1 (GruBu) S. 389v/390r. – Vgl. auch HB GV S. 17.
[4] GB IV S. 120r.
[5] GB IV S. 130v.
[6] Ein Hainrich Altkircher ist 1459 Vierer der Loder, vgl. RP.
[7] Hanns Weissenburger ist 1504-1517 als Gantknecht belegt, vgl. R. v. Bary III S. 831.

Hainrich platner St: 1371: -/-/60 post
Jórg Deininger [Goldschmied[1]] [und] Hainrich Gerhart [Goldschmied[2]]
    St: 1375: 0,5/-/- sub gracia
Hanns seydennater inquilinus Dienerii St: 1377: nichil
Plabenstain seydennater St: 1379: -/-/-, 1381: -/-/27, 1382: -/-/18
Frómbd (Frómd) sartor (sneider) St: 1383/I: -/3/6, 1383/II: 0,5/-/24, 1387: -/-/24, 1388: -/-/48 juravit
Stadler inquilinus St: 1390/I: -/-/40
Kristl (Kristan) sneider St: 1390/I: -/-/-, 1390/II: -/-/20, 1392: -/-/12
Ull von hoff [Käufel[3]] inquilinus St: 1392: -/-/24
relicta Hans Rudolf goltsmid inquilina St: 1399: 5/-/-
Marckel schuster schenck. 1401/I Maerckel schenck schuster St: 1400, 1401/I: -/-/60 fúr 5 lb
Emeichin St: 1401/I: -/-/-
Piber sneider St: 1401/II: -/-/80 fúr 10 lb, iuravit, 1403, 1405/I: -/-/80 fúr 10 lb, 1405/II: -/6/6 iuravit
Hanns Oberhawser ungelter[4] St: 1405/II: 2,5/-/- iuravit
[Hans] Kraeftel goltsmid[5] inquilinus St: 1406: 1/-/16
Peter Eysenreich [Wirt[6]] inquilinus. 1407 uxor Peter Eysenreich inquilina
    St: 1406: 0,5/-/-, 1407: -/-/60
    StV: (1406) dedit uxor sua.
Thoman Traeschel St: 1408: 0,5/-/-
    Hanns Traeschel inquilinus St: 1408: -/3/6
Seydel verber. 1413 patrimonium Seidel verber
    St: 1410/I: -/12/- iuravit, 1410/II: 2/-/-, 1411: -/10/-, 1412: 2/-/-, 1413: -/-/-
Ulrich kúrsner inquilinus St: 1410/I: -/-/72 iuravit, 1410/II: -/3/6
Hanns Haertel cháuffel inquilinus St: 1410/I: -/-/60
dez Leytrers sun inquilinus St: 1412: 0,5/-/- gracianus
Jórg Perg [Weinschenk[7]] [et] patrimonium Vicenci Gerhártel [Goldschmied[8]] St: 1413: -/13/- iuravit
Schinteldachin chaufflin
    St: 1418, 1419: -/-/80
    StV: (1418) und ir swester, dye hat man der stewr ledig lazzen.
Lawtwein (Láwtel) Halczler (Haczler, Hatzler), 1423 inquilinus. 1431 relicta Haczlerin
    St: 1423: -/11/-, 1424: -/3/20 hat zalt, 1428: dedit 3 gross, 1431: -/-/30
    StV: (1428) fúr sich, sein hausfrau und ehalten.

Burgstraße 3 B (Süd)

1448 Juli 31 und
1462 März 20 das Haus des Prüchlers Hainrich Alkircher ist dem Haus von Hainrich des Zinngießers Witwe Kathrey, Sohn und Schwiegertochter (Burgstraße 2) benachbart. Es heißt 1462 das Haus des Hainrich des Pern, das jetzo des Hainrich Alkirchers ist.[9] Ein Rückgriff auf alte Zeiten ist es, wenn noch am 30. September 1483 vom Haus des Jorg Per bei der Alten Veste gesprochen wird,[10] denn nur bei Dienerstraße 22 steht Jorg Per bis 1458 in den Steuerlisten, bei Burgstraße 3 wechselt der Eigentümer noch vor 1445.
1451 September 24 Heinreich Alkircher ist Nachbar von Fridreich Rumel (Burgstraße 3 A).[11]

---

[1] Frankenburger S. 263.
[2] Frankenburger S. 263.
[3] So 1393 bei Fürstenfelder Straße 12.
[4] Hanns Oberhauwer nur hier als Schankungelter belegt, vgl. R. v. Bary III S. 878.
[5] Frankenburger S. 267.
[6] Vgl. Weinstraße 3.
[7] Vgl. Dienerstraße 22.
[8] Vgl. Altenhofstraße 3*.
[9] MB XX 323 S. 555, 556. – Urk. D I e 1 II Nr. 5 (1462).
[10] BayHStA, Kurbayern Urk. 1146.
[11] MB XX 276 S. 411 (1451).

1454 aus des Hainrich Alkirchers Haus an der Burggasse geht ein Ewiggeld an den Pernger-Kaplan.[1]
1465 Januar 8 der Alkircher ist Nachbar von Fridrich Pullinger (Burgstraße 3 A).[2]
Die Witwe von Alkircher heiratet Hanns Weißenburger. Das Ehepaar ist auch schon durch das Grundbuch als Hauseigentümer belegt:
1494 Mai 14 Hanns Weissenburger und seine Hausfrau Margaret Altkircherin verkaufen aus dem Haus zwei Ewiggelder von je 2 Gulden um je 40 Gulden Hauptsumme.[3]
1501 März 9 der Priechler Hanns Weissenburger und seine Hausfrau Margaret verkaufen erneut ein Ewiggeld von 2 Gulden um 40 Gulden Hauptsumme (GruBu).
1509 Februar 8 Hanns Weissenburger verkauft ein Ewiggeld von 2 Gulden um 40 Gulden (GruBu).
Die Witwe Alkircher steht noch 1527 bei diesem Haus im Steuerbuch, während bereits
1526 August 7 Peter Aigner Nachbar des Hauses von Hanns Moser und seiner Stiefsöhne Jeronimus und Gregorius Fischmeister (Dienerstraße 23 mit Burgstraße 2) ist.[4] Er dürfte ihr Schwiegersohn sein, wegen des Vornamens Margaret, den auch die Alleinerbin bzw. Weissenburgerin trugen, oder ein dritter Ehemann von ihr.
1527 Februar 15 Peter und Margaret Aigner verkaufen ihr Haus und Hofstatt an der Burggassen an den Weinschenken Hanns Burger und seine Hausfrau Anna, Eigentümer des Hauses Dienerstraße 22. Nachbarn sind: Jeronimus Reyschl (Burgstraße 3 A) und Martein Schettl (Burgstraße 2).[5]
1543 März 3 die Pfleger von weiland des Hanns Burgers Kindern aus zweiter Ehe – Hanns, Susanna und Margaret Burger – verschreiben den Kindern des Hanns Burger aus erster Ehe – Anna und Marie – 10 Gulden Ewiggld um 200 Gulden Hauptsumme zur Erstattung ihres Muttergutes (GruBu). Gleiches und um die gleiche Summe geschieht erneut
1556 September 15 (GruBu).
1561 Juni 9 Anthoni Hochenauer und seine Hausfrau Susanna (wohl geborene Burger) verschreiben ihrem Schwager und ihrer Schwester Steffan Praitenaicher, Bürger zu Wasserburg, und seiner Hausfrau Margaret (wohl geborene Burger) ein Ewiggeld von 5 Gulden um 100 Gulden Hauptsumme aus diesem Haus (GruBu).
1574 laut Grundbuch (Überschrift) Michaeln Sackherer Gastgebens Hinterhaus und Stallung, „stesst an sein vorders Haus (Dienerstraße 22), so an die Dienersgassen hinausgeet".
Das Ehepaar Michael und Dorothea Sackherer verkauft diese Behausung samt dem anstoßenden Haus an der Dienersgasse (Dienerstraße 22) am 20. Januar 1577 an den Gastgeb Balthasar Vischer und seine Hausfrau Ursula um 3700 Gulden rheinisch und 20 Gulden Leikauf (GruBu).
Bis zum 17. Dezember 1597 bleibt Burgstraße 3 B wieder beim Vorderhaus Dienerstraße 22 und löst sich dann endgültig davon (GruBu).

Eigentümer Burgstraße 3 B:

* Hainrich Alkircher, 1450, 1462 prúchler.[6] 1482, 1490 Alkircherin (Altkircherin). 1486 relicta Alkircherin
    Sch: 1445: 1 diern, dedit
    St: 1450, 1453-1458: Liste, 1462: -/5/4, 1482: -/3/5, 1486: -/3/1, 1490: -/3/21
  et pueri
    St: 1486: anderswo
** Hanns Weissenburger (Weissenberger), 1500 p[riechler], 1508, 1509 g[ant]k[necht][7] [∞ mit Margaret Alkircher]. 1522, 1524 Alkircherin. 1523, 1525-1527/I relicta Alkircherin
    St: 1496: -/3/25, 1500: -/4/20, 1508, 1509: -/2/10, 1514: Liste, 1522-1526, 1527/I: -/3/4
* Peter Aigner, 1508-1526, 1527/II, 1528, 1532 sneider [∞ Margaret]
    St: 1508, 1509: -/2/10, 1514: Liste, 1522-1526, 1527/I: -/5/-, 1527/II, 1528, 1529, 1532: -/3/11
* Hanns Burger [Weinschenk] und Ehefrau Anna [seit 1527 Februar 15; = Dienerstraße 22].

---

[1] Kämmerei 64 S. 10r.
[2] Urk. C VI i 10 A Nr. 3 (hier zitiert).
[3] Stadtgericht 207/1 (GruBu) S. 389v/390r. – Vgl. auch HB GV S. 17.
[4] GB IV S. 120r.
[5] GB IV S. 130v.
[6] Ein Hainrich Altkircher ist 1459 Vierer der Loder, vgl. RP.
[7] Hanns Weissenburger ist 1504-1517 als Gantknecht belegt, vgl. R. v. Bary III S. 831.

** Kinder von Hans Burger sel. aus beiden Ehen (Hans, Susanna, Margaret und Anna und Marie) [1543 März 3, 1556 September 15]
* Anthoni Hochenauer und seine Hausfrau Susanna, wohl geb. Burger [1561 Juni 9]
** domus Saggrer [Gastgeb, ∞ Dorothea]
    St: 1568-1571: -/-/- [= Dienerstraße 22]

Bewohner Burgstraße 3 B:

Hanns Pánburger kistler inquilinus St: 1450: Liste
Ulrich kellner inquilinus St: 1453: Liste
Lienhart Kalczeisen [Weinschenk[1]] St: 1454: Liste
Ott Kornfes, 1455, 1456 inquilinus St: 1455-1457: Liste
relicta Francz Rueleinin inquilina. 1457 relicta Rueleinin St: 1456, 1457: Liste
Hanns Kafreich, 1462 kistler[2] inquilinus. 1482 Kafrer kistler St: 1458: Liste, 1462, 1482: -/-/60
Ulrich Smidel sneider St: 1458: Liste
Ulrich sawtreiber St: 1482: -/1/4, 1486: -/1/2 pauper
pader von Finsing St: 1486: -/-/42
Doctor Fritz melbler St: 1490: vacat
Hanns Stangel s[cherer][3] St: 1496: -/7/13
Hanns Hofsteter [ehem. Steuerschreiber[4]], 1496 et pueri
    St: 1496, 1500: -/5/28
    StV: (1496) et dedit -/2/9 für pueri Oswald Kotter. (1500) et dedit -/-/15 für pueri Kotter.
Krápfin kramerin. 1508 Madl Krápfin St: 1500, 1508: -/-/60
Hans Wersperger St: 1508: -/-/60
Brugkerin St: 1509: -/-/60
Sigmund Hof schuster [hofschuster ?] St. 1514: Liste
Jacob Leupolt [Goldschmied] St: 1514: Liste
Hanns Strasser [cramer, Weinschenk ?[5]] St: 1522: -/1/5 gracion, 1523: -/2/-
Grießlin, 1525 inquilina St: 1522: an kamer, 1523-1525: -/3/4
Wolfganng Jordan St: 1524-1526: -/2/-, 1527/I: an kamer, 1527/II: -/2/-
riemer [Andre Schopper ?[6]], 1526, 1527/I, 1529 inquilinus
    St: 1526, 1527/I-II, 1528: -/2/-, 1529: anderßwo
relicta Utz schneiderin [Utzschneiderin ?]. 1529 Utz schneiderin matrimonium
    St: 1527/II, 1528, 1529: 3/-/15
    StV: (1529) dedit Wastian Graf.
Hanns pulfermacher
    St: 1532: -/1/2, 1540: nihil, 1545, 1546, 1548, 1549/I-II: nihil, hoffgsind, 1550: nihil, 1551/I: -/-/-
    StV: (1551/I) ist eingstelt pis auf die negst steur.
Mathes Haberl St: 1532: -/2/-
Marten Pútrer (Púterer). 1558-1571 Marten Pútrerin (Púttterin, Puttererin, Púttererin, Púterin), 1569 wittibin
    St: 1540-1542: -/3/15, 1543: 1/-/-, 1544: -/3/15, 1545: -/6/22, 1546, 1547: -/3/11, 1548, 1549/I-II, 1550, 1551/I-II, 1552/I-II: 2/1/1, 1553, 1554/I-II, 1555, 1556: 1/5/-, 1557: 1/5/- patrimonium, 1558: -/4/-, 1559-1561, 1563, 1564/I-II, 1565, 1566/I-II, 1567/I-II: -/2/-, 1568: -/4/-, 1569-1571: -/2/-
    StV: (1540) et dedit 16/4/17 für Asm Raidn. (1548) hat seiner schwiger ererbt gueth zugsetzt.

---

[1] Lienhart Kalczeysen ist 1451 Mitglied der Weinschenken-Bruderschaft, vgl. Gewerbeamt 1411 S. 10r.
[2] Hanns Kefer (!) in der Burggasse, auch Käfrer genannt, ist 1465, 1471 und 1478 einer der Kistler-Vierer, vgl. RP 1 S. 96r u. ö.
[3] Ein Hanns Stangl wird 1486 und 1490 bei Burgstraße 16 A Scherer und Tuchscherer genannt.
[4] Vgl. Burgstraße 2.
[5] Ein Hanns Strasser wurde 1505 in die Weinschenkenzunft aufgenommen, vgl. Gewerbeamt 1418 S. 13v.
[6] Vgl. bei Burgstraße 2.

Wolff Geysler (Geisler), 1557-1559, 1561 ir [= der Putrerin] aidn, 1565 schreiber, 1568 stuelschreiber, 1569-1571 aufschlagschreiber
    St: 1557: -/-/21 gracion, 1558: -/4/-, 1559-1561, 1563, 1564/I-II, 1565, 1566/I-II, 1567/I-II: -/2/-, 1568: -/4/-, 1569-1571: -/5/8
fueterschreiberin (fueterschreiber). 1552/II relicta fueterschreiberin
    St: 1551/II, 1552/I: nihil, 1552/II: der zeit nihil
    StV: (1552/II) pis auf negst steur [nach]frag ze haben.
Lienhart Rueshamer St: 1553, 1554/II: nihil, (fürstlicher) fueterschreiber
Caspar Älbel tagwercher St: 1555: -/2/-
Voglrieder cantzlschreiber. 1558-1563 Jorg Voglrieder cantzlschreiber
    St: 1556-1560: nihil, 1561: nichil, hofgsind, 1563: nihil
Widman trabannt St: 1564/II: nichil, hofgsind, 1565: -/-/- hofgsind
Gschechs trabant St: 1566/I: im khrieg
Michel Altnperger, 1566/II-1569, 1571 reuter
    St: 1566/II, 1567/I-II: -/1/1 hofgsindt, 1568: -/2/2 hofgsind, 1569-1571: -/1/1 hofgsind

Burgstraße 3 A (Nord)

Eigentümer Burgstraße 3 A:

Bis 1441/45 gemeinsame Geschichte mit Haus 3 B.
1451 September 24 der Pfarrer Hainreich Kreuss von Sulzemoos hatte aus Haus und Hofstatt des Schneiders Fridreich Rumel an der Burggassen ein Ewiggeld gekauft, das jetzt auf einen Altar in der Frauenkirche übertragen wird. Nachbarn sind: Hainreich Alkircher (Burgstraße 3 B) und Sigmund der Pötschner (Burgstraße 4).[1] Rumel steht seit 1445 in den Scharwerksverzeichnissen.
Im Steuerbuch von 1462 findet man bereits Fridrich Pullinger. Er zahlt auch Steuern für die unmündigen Kinder seiner Frau aus einer früheren Ehe. Wahrscheinlich handelt es sich um die Witwe Rumel.
1465 Januar 8 Fridrich Pullinger verkauft aus seinem Haus an der Burggasse, gelegen zwischen den Häusern des Alkircher (Burgstraße 3 B) und des Sigmund Pötschner (Burgstraße 4), ein Ewiggeld.[2] Dieses Ewiggeld (Hypothek) wird am 3. August 1478 an den Metschenken Sigmund Finsinger und seine Hausfrau Barbara weiterverkauft.[3]
1485 Januar 10 der Metschenk Sigmund Finsinger und seine Hausfrau Barbara geben den Vierern der Goldschmiede 3 rheinische Gulden Ewiggeld weiter, die sie ehemals – 1465 – von Fridrich Pullinger aus seinem (des Pullinger) Haus an der Burggasse, zwischen den Häusern des Sigmund Pötschner (Burgstraße 4) und des Alkirchers (Burgstraße 3 B) gekauft hatten.[4]
Nur wegen der langen Verweildauer und der relativ hohen Steuer könnte der Goldschmied Martin Gebhart der nächste Hauseigentümer gewesen sein. Belegt ist er aber als solcher nicht.
1523 domus Dántzl (StB).
1527 Februar 15 das Haus des Jeronimus Reyschl ist dem Haus des Ehepaares Aigner beziehungsweise Hanns Burger (Burgstraße 3 B) benachbart.[5]
(1545), 1546-1555 domus Peter Egenhofer (StB).
1556 domus Egnhofer (StB).
1561 November 15 Bonaventura Kartauser und seine Hausfrau Regina verkaufen aus diesem Haus ein Ewiggeld von 5 Gulden um 100 Gulden Hauptsumme. Der Vorgang wiederholt sich:
1565 Februar 18 (5 Gulden um 100 Gulden),
1567 April 30 (10 Gulden um 200 Gulden),
1567 Oktober 15 (5 Gulden um 100 Gulden),
1568 März 24 (5 Gulden um 100 Gulden).[6]
1574 laut Grundbuch (Überschrift) des Sebastian Reuffen, Hofprokurators, Haus und Stallung.

---

[1] MB XX 276 S. 411/414.
[2] Urk. C VI i 10 A Nr. 3 vom 10.1.1485 (hier zitiert).
[3] Urk. C VI i 10 A Nr. 3.
[4] Urk. C VI i 10 A Nr. 3.
[5] GB IV S. 130v.
[6] Alles nach Stadtgericht 207/1 (GruBu) S. 386v.

Die Witwe Reiff besitzt das Haus noch bis 1594, wo sie es an den Goldschmied Hanns Schleich verkauft. Dieser vereinigt es 1597 wieder mit Burgstraße 3 B. Diesmal für alle Zeiten. Gleichzeitig wird Burgstraße 3 B/A endgültig von Dienerstraße 21 gelöst.

Eigentümer Burgstraße 3 A:

* Fricz Rumel sneider
    Sch: 1445: 4 ehalten, dedit
    St: 1450: Liste
  Hanns[1] Pollinger kramer [∞ Wwe Rumel mit Kindern ?]
    St: 1453: Liste
  pueri uxoris
    St: 1453: Liste
* Fricz Pullinger (Púllinger, Pallinger)
    St: 1454-1458: Liste, 1462: -/9/22
  pueri uxoris
    St: 1454-1458: Liste, 1462: -/-/30, zalt Púllinger
*? Martin Gebhart, 1490 goltschmid.[2] 1496, 1500 Martein goltschmid. 1508, 1509 relicta Martein goltschmidin
    St: 1486, 1490: 1/3/24, 1496: 1/7/3, 1500: -/4/24, 1508, 1509: 1/5/23
    StV: (1486) et dedit -/-/28 von 1 gulden gelcz ainer gestin. (1496) et dedit -/5/10 die erst nachsteur für Gebhartin.
* domus Dántzl
    St: 1523: nichil
* Jeronimus Reuschl (Reyschl). 1527/II Jeronimus goltschmid [Stadtrat[3]]
    St: 1524-1526, 1527/I: 6/4/11, 1527/II, 1528, 1529: 6/-/-, 1532: 2/4/20, 1540-1542: 5/1/26, 1543: 10/3/22, 1544: 5/1/26 patrimonium
    StV: (1524-1527/I) et dedit -/2/20 fúr p[ueri] Moritz; et dedit 1/2/- fúr p[ueri] Pronner. (1526-1527/I) et dedit -/-/14 fúr p[ueri] Humss. (1527/II) et dedit -/1/22 fúr p[ueri] Humbs. (1532) hat seiner hausfrau gut zugesetzt. (1544) mer 13 gulden, zalt Andre Harder von Augspurg 3 nachsteur.
* Peter Egnhofer. 1546-1555 domus Peter Egnhofer(s). 1556 domus Egnhofer
    St: 1545: -/1/26 de domo, 1546-1548, 1549/I-II, 1550, 1551/I-II, 1552/I-II, 1553, 1554/I-II: -/-/28, 1555: der zeit eingstelt, 1556: an chamer, 1565: nichil
    StV: (1551/II) mer 1/-/- fúr sein hausfrau von wegen des Hellmaisters erb 3 nachsteur.
  sein [= des Egnhofer] tochter
    St: 1550, 1551/I: -/-/-
    StV: (1550) hinfúro nachzefragn, obs hoffgsind bleyb oder búrgerin zewerden. (1551/I) hinfúro nachzefragen, obs hoffgsind oder búrgerin bleiben wolt.
  Renbolt secretari, sein [des Egnhofer] aiden
    St: 1551/II: nihil
  relicta Renwoltin
    St: 1552/I: der zeit nihil, 1554/II: an chamer, 1555: der zeit eingstelt
** Bonaventura kúchenschreiber. 1560, 1563, 1565, 1566/I-1567/II Bonaventura (Boneventura, Bonevertura) Carthauser (Karthauser). 1564/I-II Boneventura Kharthauser kúchlschreiber [∞ Regina]
    St: 1557: 2/6/23, 1558: 11/1/12, 1559, 1560: 5/4/6, 1561, 1563: 4/2/6, 1564/I-II: 4/2/6 búrger (unnd) hofgsind, 1565: 4/2/6, 1566/I-II, 1567/I-II: 4/2/6 búrger (und, unnd) hofgsindt (hofgsind)
    StV: (1557) mer -/2/10 gracia von wegen seiner hausfrau heiratguth. (1558) zugsetzt seiner hausfrau gueth.

---
[1] Vorname „Hanns" vielleicht Irrtum für „Fricz", so ab 1454.
[2] Martein Gebhart 1476, 1479, 1480, 1485, 1487, 1490, 1493, 1494 Vierer der Goldschmiede, vgl. RP. – Frankenburger S. 278/279. – Martin Gebhart besitzt 1489 Haus, Hof, Stadel und Garten an der Kreuzgasse und 1490 ein Haus an der Engen Gasse, kann also durchaus auch hier Hauseigentümer sein.
[3] Jeronimus Reuschl 1520 Vierer der Goldschmiede, 1523-1536, 1540, 1541, 1543 äußerer Rat, vgl. RP. – Frankenburger S. 286.

** Sebastian Reiff f[ürstlicher] hofprocurator. 1569, 1570 Reif f[ürstlicher] hofprocurator [∞ Maria Salome]
    St: 1568: an chamer, 1569, 1570: -/4/- de domo
    StV: (1569) mer für ain versessne doplte steur 1/1/-.
** domus Reiff f[ürstlicher] hofprocurator
    St: 1571: an chamer

Bewohner Burgstraße 3 A:

Perchtold maler St: 1405/II: 0,5/-/- iuravit, 1406: -/5/10
Hailweig chaufflin, 1405/II, 1406 inquilina St: 1405/II-1407: -/-/-
Haincz Zeller [Bräu] St: 1406: -/-/60 für 3 lb
Stadler schuster. 1408, 1410/I, 1411, 1412 Chunrad (Chuncz) Stadler schuster, 1410/II inquilinus
    St: 1407, 1408: -/3/6, 1410/I: -/-/72 iuravit, 1410/II: -/3/6, 1411: -/-/72, 1412: -/3/6
Hanns sneyder von Freysing inquilinus St: 1408: 1/-/16
Andre Ernst, 1410/I inquilinus
    St: 1410/I: -/-/-, 1410/II: 3/-/40 non iuravit, 1411: -/19/-, 1412: 3/-/40, 1413: -/6/- iuravit
relicta Schinteldáchin. 1416 Schinteldachin chaufflin, 1413 inquilina
    St: 1413: -/-/60 iuravit, 1415: -/-/60 für 10 lb, 1416: -/-/80 für 10 lb
    StV: (1416) und yr swester, die dient yrer swester und die hat der rat der stewr ledig lazzen.
Diemut káuflynn St: 1413: -/-/32 für nichil
Hainrich Veterkam (Vederkam, Vederkamp), 1418-1424 schneider
    St: 1418: -/3/22 iuravit, 1419: -/3/22, 1423: 1/-/-, 1424: -/-/80 hat zalt
    Sch: 1439/I: 2 t[aglon]
Hainrich zingiesser St: 1418, 1419: 2,5/-/13
Rósler sneider inquilinus St: 1431: -/13/10 iuravit
Jacob Albrecht [Kramer] Sch: 1440: 1 t[aglon]
Hainrich Hósel Sch: 1441/II: 1,5 t[aglon]
Hanns Graman, 1450 tuch[sch]erer[1]
    Sch: 1445: 1 diern, dedit
    St: 1450, 1453: Liste
Hanns koch Sch: 1445: 1 diern, dedit
Hanns Grássel (Grassel) sneider, 1456 inquilinus St: 1454-1456: Liste
relicta Radachsin inquilina St: 1457: Liste
Hanns Kafreich [Kistler[2]] inquilinus St: 1457: Liste
Ulrich Smidel sneider St: 1457: Liste
Ludwig [Podaws] tuchscherer,[3] 1462 inquilinus St: 1458: Liste, 1462: -/-/60
[Linhart] Sturm schneyder[4] St: 1462: -/-/65
[Konrad] Zaunhack pixenmaister St: 1482: nichil
Grosslin St: 1482: -/-/60
Jorg Eysenman St: 1509: -/2/20, 1514: Liste
relicta Lutz [Weldte] barbierein [!] (barbiererin). 1527/I-1529 relicta Lutzin
    St: 1522: -/4/9 juravit, 1523-1526, 1527/I: -/4/9, 1527/II, 1528, 1529: -/4/4
Symon Stetner [Stadt]oberrichter[5] St: 1525: nichil

---

[1] Hanns Graman ist 1461 und 1463 Vierer der Tuchscherer, vgl. RP.
[2] Hanns Käfrer/Kefer in der Burggasse ist 1465, 1471 und 1478 Vierer der Kistler, vgl. RP.
[3] Ludwig scherer ist 1477-1479 Vierer der Tuchscherer, vgl. RP, wohl identisch mit Ludwig Podaws.
[4] Linhart Sturm ist 1459, 1463 und 1466 Vierer der Schneider, vgl. RP.
[5] Simon Stetner zu Altenbeuren 1523-1526 Stadtoberrichter, dann Rentmeister, vgl. R. v. Bary III S. 799.

Burgstraße 4
(teils zu Dienerstraße 21)

Eigentümer Burgstraße 4:

Vgl. Einleitung zu Dienerstraße 21.

1370 die Baukommission beanstandet an der Burgstraße „der Pútrich lauben und kellerhals".[1]

1375 Juli 28 Hainrich Pütreich verkauft für sich und im Namen aller seiner Brüder sein Haus an der Dienersgassen, zunächst am Haus des Diener (Dienerstraße 22) gelegen, hinten und vorne, einschließlich einer Hofstatt (!) an der Burgstraß, an Hans den Schrenck.[2]

Von Hans I. Schrenck geht das Haus, wie das Vorderhaus an der Dienerstraße, an seinen Schwiegersohn Ludwig den jungen Pötschner über.

1403 um April 23 die Stadtkammer hat 14 ungarische Gulden eingenommen „auz Ludwig dez jungen Potschner hauz an der Purckgassen von Klasen dem soldner".[3] Die Regierung der Aufständischen hatte mehrere Häuser von aus der Stadt geflohenen Bürgern beschlagnahmt und verpachtet. So auch dieses Haus. Der Pächter war Klas soldner und die 14 Gulden sind der Pachtzins, den er an die Stadt entrichtete.

1404 Oktober 9 das Haus „Ludweigs dez júngern Pótschner" an der Burggassen ist benachbart dem Haus der Diener'schen Erben (Burgstraße 3 B/A).[4]

1406 Mai 4 das Haus „Ludweigs des júngern Pótschner" an der Burggassen ist dem Haus des Engelhart des Goltsmits (Burgstraße 3 B/A) benachbart.[5]

1407 April 28 das Ludweigs des jüngeren Pötschner an der Dienerstraße (Dienerstraße 21, und damit auch an der Burggasse 4) ist dem Haus des Wilhalm Diener beziehungsweise Hanns Per (Dienerstraße 22/Burgstraße 3 B/A) benachbart.[6]

1407 Juli 1 und

1407 Juli 8 das Haus des jüngeren Ludwig des Pötschner an der Burggasse ist dem Haus „Hainrich des goltsmicz" benachbart, das an Francz den Haselpeck von Landshut beziehungsweise das Heiliggeistspital München verpfändet ist und jetzt an den Hans Per (Burgstraße 3 B/A) verkauft wird.[7]

1410 Februar 10 Ludwig der jüngere Pötschner ist sowohl mit dem Vorderhaus an der Dienerstraße (Dienerstraße 21) als auch dem Hinterhaus an der Burggassen den zwei Häusern des Hans Per und seiner Geschwister (Burgstraße 3 B/A, Dienerstraße 22) benachbart.[8]

1415 September 5 „des Pocznders haus" an der Burggasse ist dem Haus von Hans beziehungsweise der drei Brüder Hainrich, Perchtold und Jacob Per (Burgstraße 3 B/A) benachbart.[9]

1419 April 2 das Haus des Hainrich Per (Burgstraße 3 B/A) ist benachbart demjenigen des Ludwig Pötschner.[10]

1451 September 24 Sigmund der Pötschner ist Nachbar des Schneiders Fridreich Rumel an der Burgstraße (Burgstraße 3 A).[11]

1465 Januar 8 Sigmund Pötschner Fridrich Pullinger (Burgstraße 3 A) benachbart.[12]

1485 Januar 10 Sigmund Pötschners Haus an der Burggasse ist dem Haus benachbart, das ehedem dem Friedrich Pullinger gehört hatte (Burgstraße 3 A).[13]

1485 Juni 24 das Haus des Potschner an der Burgstraße ist dem Haus des (noch unmündigen) Jakob Katzmair, künftig des Wilhelm Scharfzahn (Burgstraße 5), benachbart.[14]

---

[1] Zimelie 9 (Ratsbuch IV) S. 4v.
[2] GB I 67/4.
[3] KR 1402/03 S. 26r.
[4] GB III 33/3.
[5] GB III 52/13.
[6] GB III 65/4,5.
[7] GB III 67/11, 12.
[8] GB III 92/11.
[9] GB III 166/13.
[10] Urk. C IX c 1 Nr. 198.
[11] MB XX 276 S. 411.
[12] Urk. C VI i 10 A Nr. 3 vom 10.1.1485 (hier zitiert).
[13] Urk. C VI i 10 A Nr. 3.
[14] Urk F I/II Nr. 6 Dienerstraße.

1487 Februar 19 der Notar Sigmund Schwarzberger stellt in seinem Haus an der Burggasse ein Notariatsinstrument aus.[1]

1507 Mai 25 Sigmund Schwarzberger, Kleriker des Bistums Freising und Notar, stellt in seinem Haus an der Burggasse ein Notariatsinstrument aus.[2]

1512 Mai 11 das Haus der Swartzpergerin liegt dem Haus von Wilhelm Scharfzahns Witwe Magdalena (Burgstraße 5) benachbart.[3] Die Schwarzenbergerin wird – nunmehr als veraltete Hauseigentümern – noch am 31. Mai 1549 als Nachbarin des Scharfzand-Hauses Burgstraße 4 angegeben, gemäß der Ewiggeld-Urkunde von 1512.[4]

1532 August 16 Hans Urmillers Haus an der Burggassen ist dem Haus von Wilhelm Scharfzahn und seiner Hausfrau Martha (Burgstraße 5) benachbart.[5]

1533 Februar 13 der Swartzpergerin Haus liegt dem hinteren Haus des Wilhelm Scharfzahn (Burgstraße 5) benachbart.[6]

1534 März 4 Hanns Urmiller ist Nachbar zum Haus des Wilhelm Scharfzahn (Burgstraße 5).[7]

1535 März 6 das Haus des Urmillers ist dem Haus des verstorbenen Wilhelm Scharfzahn (Burgstraße 5) benachbart.[8]

1535 September 7 das Haus der Witwe von Hanns Urmiller liegt dem Haus der Witwe von Wilhelm Scharfzahn (Burgstraße 5) benachbart.[9]

1539 Juni 10,

1543 Juli 7 das Haus der Witwe von Hanns Urmiller liegt dem Haus der Witwe des Wilhelm Scharfzahn (Burgstraße 5) benachbart.[10]

1550 März 10 das Haus der Hanns Chamererin ist dem hinteren Haus des Bartolome Murrndell, künftig des Caspar Barts Haus, an der Burgstraße (Burgstraße 5)[11] benachbart. Damit ist die Ehefrau des herzoglichen Rats und Kämmerers Hanns Urmiller gemeint (Margarete Schwäberin von Ingolstadt[12]).

1550 April 14 nunmehr ist wieder Urmiller der Nachbar vom Haus des Caspar Bart, früher Murndel, künftig Brgermeister und Rat der Stadt München (Burgstraße 5).[13]

1563 heißt das Haus bereits „domus Weiler" (StB) und ist damit wieder mit dem Vorderhaus (Dienerstraße 21) verbunden.

Der Eintrag von Caspar Weiler als Hauseigentümer für das Jahr 1555 ist eine durch das Grundbuch nicht abgedeckte Übertragung des Hauseigentümers von Dienerstraße 21 auf Burgstraße 4. Der Häuserbuch-Bearbeiter wußte nicht, daß die Häuser von 1485/87 bis 1561/62 getrennt waren.

1574 laut Grundbuch (Überschrift) Caspar Weilers Haus und Hof, „stesst an sein annders Haus und Stallung an der Dienersgassen" (Dienerstraße 21).[14]

Der erste Eintrag im Grundbuch stammt erst vom 8. Oktober 1621. Einen solchen von 1555, wie ihn das Häuserbuch nennt, gibt es dort nicht.[15] Bis zu diesem Datum besitzen auch die Weiler das Haus.

Eigentümer Burgstraße 4 wie Dienerstraße 21:

* Hans [I.] Pútrich [zu Stegen]
  St: 1371, 1372: 16,5/-/-
* Hainrich [IV.] Pütrich [zu Pasing, Bruder von Hans I.] und Brüder [bis 1375 Juli 28]

---

[1] BayHStA, KU Tegernsee 1260.
[2] BayHStA, KU Tegernsee 1573.
[3] Urk. B II b Nr. 18.
[4] Urk. B II b Nr. 28.
[5] Urk. B II b Nr. 20.
[6] Urk. B II b Nr. 21.
[7] Urk. B II b Nr. 22.
[8] Urk. F I/II Nr. 7 Dienerstraße.
[9] Urk. B II b Nr. 23.
[10] Urk. B II b Nr. 24, 27.
[11] Urk. F I/II Nr. 8 Dienerstraße.
[12] StadtAM, Schrenck-Chronik (Abschrift) S. 225v/2.
[13] Urk. F I/II Nr. 5 Dienerstraße.
[14] Stadtgericht 207/1 (GruBu) S. 382v.
[15] Stadtgericht 207/1 S. 384v. – HB GV S. 19.

* Hanns [I.] Schrenck [seit 1375 Juli 28]
    St: 1377: 17/-/- juravit, 1378, 1379: 17/-/-
  Peter Pótschner goltsmid[1] inquilinus
    St: 1400: -/-/60 fúr 10 lb
  Hanns Poczner ormaister inquilinus [vielleicht Bruder von Ludwig II.]
    St: 1405/II: -/-/-
  maister Hainrich [Pötschner] ormaister [sein Bruder]
    St: 1405/II: -/-/-
  Hanns ormaister und sein bruder
    St: 1406: -/-/-
* Ludwig [II.] der jüngere Pötschner [vor 1403 April 23 bis nach 1419 April 2; 1403 ∞ Elisabeth, Tochter von Hans I. Schrenck]
* Sigmund [I.] Potschner (Pótschner, Póczner) [Salzsender (Krötler), innerer Rat[2], Sohn von Ludwig II. Pötschner]
    Sch: 1439/II, 1440, 1441/I-II: 3 t[aglon], 1445: 4 ehalten, dedit
    St: 1450, 1453-1458: Liste, 1462: -/20/-
  pueri Mathes Pótschner (Potschner, Poczner), 1462 inquilini [Mathes Bruder von Sigmund I. und Eberhard II. Pötschner]
    St: 1456-1458: Liste, 1462: 3/5/-
  Eberhartt [II.] Poczner inquilinus [Sohn von Ludwig II., äußerer Rat[3]]. 1482, 1486 relicta Eberhard Potschnerin (Pótsch-nerin) et pueri. 1490 relicta Pótschnerin et pueri. 1496 Eberhart Potschnerin patrimonium [= 2. Ehefrau Brigitta Schluder]
    St: 1462: 5/-/67, 1482: 5/5/8, 1486, 1490: 3/6/-, 1496: 3/-/15
  [Ludwig IV.] der Pötschner [Enkel von Ludwig II. Pötschner; 1485 Juni 24]

  zwischen 1485 und 1512 Trennung vom Vorderhaus Dienerstraße 22, ab 1563 dahin zurück.

* Sigmund Swarzberger, Notar [1487 Februar 19]
* der Swartzpergerin[4] Haus [1512 Mai 11, 1533 Februar 13]
* Hans Urmiller [1532 August 16, 1534 März 4, 1535 März 6]
* relicta [Hanns] Urmúllnerin [1535 September 7]
    St: 1540-1546: 3/-/-, 1547: der zeit nihil, 1548: 3/-/- 1549/I: der zeit nihil, 1549/II, 1550: 3/-/-, 1551/I: -/-/-, 1551/II: 3/-/-, 1552/I: an chamer, 1552/II, 1553: 3/-/-, 1554/I: an chamer, 1554/II: nihil, obdormivit
    StV: (1540-1546) mit ainem geding. (1547) gibt jerlich ain genants. (1548) für irn beysitz, verfallen Martini anno [15]47ten, zalt mer 3 fl an chamer [für] irn beysitz, verfallen Martini des [15]46ten jars am 1. Marci anno [15]49. (1549/I) hat ain jerlichs geding. (1549/II, 1550) für irn beysitz. (1551/I) der zeit nihil, hat ain jerlich geding. (1551/II) für irn beysitz. (1552/II) mit geding, als offt man steuert, auch wie man steurt, ainfach oder doplt, also soll sy auch steurn; mer 3/-/- ain versesne steur. (1553) mit geding, wie und als offt man steurt, soll sy auch steurn. (1554/I) zalt per Kóbl 3/-/- ir geding und beysitz, Jori [= Georgi] verfallen.
* Hanns Urmúllner (Urmullner, Urmúller) [Kämmerer, ∞ Margarete Schwäberin von Ingolstadt]
    St: 1552/I-1560: nihil, 1561: nichil, hofsind, fürstlicher rath
** domus [Kaspar] Weilers (Weyler)
    St: 1563-1571: -/-/-

---

[1] Frankenburger S. 266.
[2] Sigmund Pötschner ist 1443-1447 als Salzsender belegt, 1459 speziell als Krötler, vgl. Vietzen S. 146. – 1459-1471 ist er auch innerer Stadtrat, vgl. RP.
[3] Eberhart Pötschner war 1473 äußerer Stadtrat, 1467-1471 Mitglied der Gemain, 1471 Viertelhauptmann des Graggenauer Viertels, 1474 starb er, vgl. RP.
[4] Witwe des Notars Sigmund Schwarzberger ?, vgl. Burgstraße 17.

Bewohner Burgstraße 4:

Hainrich Wolf, 1390/I inquilinus St: 1368: 3/-/80, 1369: 5/-/-, 1390/I: -/-/48
Seicz goltsmid[1] St: 1369: -/-/60
relicta Grintlaherin St: 1375: -/3/-
Chunrat Wallder, gener eius [= der Grintlaherin] inquilinus St: 1375: -/-/60
Ulrich Vettinger [Großer Rat[2]] goltsmid. 1383/I-II Vettinger goltsmid
 St: 1381, 1382, 1383/I: 3,5/-/-, 1383/II: 5/-/60
 StV: (1382) [Nachtrag am Rand:] in hoc [anno] t[enetu]r (?) penaz.
Paeler. 1388, 1390/I, 1400, 1401/II Górig (Jorig) Paeler. 1397, 1399 Paeler goltsmid. 1401/I Jorig Paeler goltsmid[3]
 St: 1387: 0,5/-/8, 1388: 1/-/16 juravit, 1390/I: 1/-/16, 1397, 1399, 1400, 1401/I: -/-/60 fúr (fur) 10 lb, 1401/II: -/-/80 fúr 10 lb, iuravit
[Konrad] Chuntter múnczer St: 1390/II: 3/-/-, 1392: -/18/-, 1393: 3/-/-
Hanns Heller goltsmid inquilinus St: 1397: -/-/60 gracianus
slóscherin inquilina St: 1399: -/-/60 fur 10 lb
[Anna] Hútlerin chauflin inquilina. 1401/II Hútlerin inquilina
 St: 1400: -/-/50 fúr 2 lb, 1401/I: -/-/50 fúr 4 lb, 1401/II: -/-/60 fúr 4 lb, iuravit
Syman goltsmid[4] inquilinus
 St: 1401/II: -/-/60 fúr 7,5 lb, iuravit
 StV: (1401/II) und waz ym wirt geben von herczog an seins heiratgut, daz sol er hinzuseczn von der 140 gulden wegen.
Klas [der Rorwolf] soldner[5] [1402/03]
Hanns Haertel chauffel. 1412 Hanns Haertel, 1408, 1411 inquilinus
 St: 1408: -/-/60, 1410/II: -/-/-, 1411: -/-/60, 1412: -/-/48
dez Kelermawz (Kelermans) swiger[mutter], 1410/I, 1413 chauflin
 St: 1410/I-II: -/-/57, 1411: -/-/32 fúr nichil, 1412: -/-/28 fúr nichil, 1413: -/-/15 fúr nichil
Aell gewantchaufflin St: 1415: -/-/60 fur 10 lb
Chuncz (Chunrat) Viechter uxor St: 1416: -/-/80 fúr 10 lb, 1418, 1419: -/-/80
Nicklas Pehaym tuchmacher St: 1423: den habent den [!] rat der stewr ledig gelazzen.
Anthoni [Steger] zingiesser[6] St: 1482: -/2/6, 1486: -/2/13
Östermanin (Estermanin). 1565 Estermanin wittibin. 1566/I Ursula[7] Estermanin wittib. 1566/II, 1567/II Ursula Estermanin. 1568-1571 fraw Estermanin
 St: 1564/II: an chamer, 1565: 4/4/1 juravit, 1566/I-II, 1567/I-II: 4/4/1, 1568: 9/1/2, 1569, 1570: 3/5/14, 1571: an chamer
 StV: (1571) zalt adi 18. Februarii anno [15]74 3/5/14.
Wolff Taser vischmaister
 St: 1565: 1/1/8 búrger, hofgsind, 1566/I: 1/1/8, 1566/II: 1/1/8 búrger, hofgsind
Sigmund Strobl, 1567/II, 1569 reiter
 St: 1567/II: -/2/- búrger, hofgsind, 1568: -/4/- búrger unnd hofgsind, 1569: -/2/- búrger und hofgsind

---

[1] Frankenburger S. 261.
[2] Vettinger, ohne einen Vornamen, ist 1381 Mitglied des Großen Rats, vgl. R. v. Bary III S. 747a. – Frankenburger S. 260.
[3] Frankenburger S. 266.
[4] Frankenburger S. 267.
[5] Klas oder Claus oder Klaesel der Rorwolf ist 1398/99 bis 1402/03 als Stadtsöldner belegt, vgl. R. v. Bary III S. 833. – KR 1402/03 S. 26r, vgl. Dienerstraße 21.
[6] Antoni zingiesser, ab 1487 Antoni Steger, ist 1467, 1468, 1471, 1475, 1478, 1481, 1484, 1485 und 1487-1495 Vierer der Hafner, Zinngießer, Rotschmiede, Salwurchen, vgl. RP.
[7] Vorname 1566/I-II, 1567/II vor der Zeile am Rand stehend.

Burgstraße 5
(zu Dienerstraße 20)

Lage: 1404 „vor der púrg".
Charakter: Seit etwa 1550 städtischer Weinstadel und Stadtschreiberei.[1]

Eigentümer wie Dienerstraße 20.
Hier wohnen lediglich gelegentlich Familienmitglieder der Hauseigentümer oder dieser selbst:

1370 die Baukommission beanstandet an der Burgstraße des „Zacher[as] Rudolf kellerhals".[2]
1383 Februar 26 Hanns Rudolf verkauft sein Haus, hinteres und vorderes, gelegen an der Dienersgassen „und durchauz hinget an die Purchstrazzgassen" an Ludwig den Chaephenberger von Freysing.[3]
1387 Februar 24 „aus Ludweigs dez Kaepffenberger haus, gelegen ... in der Purckstrazz ze nachst an Perchtez dez Altmanns haus" (Burgstraße 6) geht ein Ewiggeld an den Wilbrecht-Altar in der Frauenkirche.[4]
1392-1398 der Wilbrecht-Altar hat ein Ewiggeld aus des Käpfenpergers Haus an der Burggasse.[5]
1404 Februar 22 das Haus Hanns des Weynman „vor der púrg" (Burgstraße 6) ist „Chunrad des Kápfenbergers haus" benachbart.[6]
1418/23 Haus des Hanns des Schnepf (StB). Das muß aber nicht dieses Haus sein, von dem Hans Schnepf hier Steuer zahlt. Die pueri Hans Schnepf und dann Ruprecht Schnepf (1447, 1462) haben von 1439-1462 das Haus Kaufingerstraße 24* inne.
1476 Mai 8 der (Witwe) von Hausen Haus, das weiland Ludwig Käpfenbergers selig gewesen ist, an der Burggassen, vgl. Dienerstraße 20.
1485 Juni 24 die Pfleger und Gerhaben des noch unmündigen Jakob Katzmair, Sohnes des verstorbenen Jorgen Katzmair und seiner Hausfrau Beatrix (geborene von Hausen), verkaufen das Haus ihres Pflegsohnes, „so im mit Erbfal unnd taylung von seiner anfraw [= Großmutter] Dorothea von Hawsen saligen [Schwester von Wilhalm I. Scharfzahn] anerstorben worden", und das vorne an der Dienerstraße, hinten aber an der Burgstraße gelegen ist, wobei es an der einen Seite (an der Südseite) – „gegen den Marckt wercz" – an der Diener- und an der Burgstraße an die Pötschner-Häuser (Dienerstraße 21/Burgstraße 4), an der anderen (der Nordseite) an der Dienerstraße an das Haus des Metschenken Sigmund Fünsinger (Dienerstraße 19) und hinten (an der Burgstraße) an das Haus des Hanns Deininger (Burgstraße 6) stößt, an Wilhelm Scharfzahn.[7]
1508 Juni 9 und
1512 Mai 11 (wie Dienerstraße 20): die Witwe des Wilhelm Scharfzahn, Magdalena, auch im Namen ihres Sohnes Wilhelm und ihrer Töchter verkauft ein Ewiggeld aus ihren Häusern, vorne an der Diener- und hinten an der Burgstraße gelegen, wobei an der Burgstraße die Häuser der Swartzpergerin (Burgstraße 4) und des Hanns Deininger (Burgstraße 6) ihre Nachbarn sind.[8]
1532 August 16 die Häuser von Wilhelm Scharfzahn und seiner Hausfrau Martha an der Diener- und Burgstraße liegen hinten an der Burgstraße zwischen den Häusern des Urmiller (Burgstraße 4) und der Hundertpfund (Burgstraße 6).[9]
1533 Februar 13 das hintere Haus des Wilhelm Scharfzahn an der Burgstraße liegt zwischen den Häusern der Swartzpergerin (Burgstraße 4) und des Hanns Deininger (Burgstraße 6).[10]
1534 März 4 Wilhelm Scharfzahn und seine Hausfrau Martha verkaufen ein Ewiggeld aus ihrem Haus und Hofstatt an der Dienersgasse, nach hinten in die Burggassen gehend, und dort zwischen den Häu-

---
[1] Vgl. auch Stahleder, Haus- und Straßennamen S. 528.
[2] Zimelie 9 (Ratsbuch IV) S. 4v.
[3] GB I 182/1.
[4] MB XX 99 S. 39. – Urk. D I e 1 - XIII Nr. 24.
[5] Steueramt 982/1 S. 18r.
[6] GB III 22/11.
[7] Urk. F I/II Nr. 6 Dienerstraße.
[8] Urk. B II b Nr. 17, 18.
[9] Urk. B II b Nr. 20.
[10] Urk. B II b Nr. 21.

sern des Hanns Urmiller (Burgstraße 4) und des Gabriel Hundertpfund (Burgstraße 6) gelegen.[1]

1535 März 6 die Vormünder von weiland Wilhalmen Scharfzahns seligem gelassenem Sohn, ebenfalls Wilhelm genannt, verkaufen ihres Pflegesohnes vordere und hintere Behausung, Hofstatt und Stallungen, von der Dienerstraße zur Burgstraße durchgehend und an letzterer zwischen den Häusern des Hundertpfunds (Burgstraße 6) und des Urmillers (Burgstraße 4) gelegen, an Wilhelms Witwe Martha Scharfzahn.[2]

1535 September 7 Martha, die Witwe von Wilhelm Scharfzahn, verkauft ein Ewiggeld aus ihrem Haus und Hofstatt, das hinten an der Burgstraße an die Häuser von Hanns Urmillers Witwe (Burgstraße 4) und Gabriel Hundertpfund (Burgstraße 6) stößt.[3]

1539 Juni 10,

1541 Januar 7,

1542 April 20 das Haus der Witwe von Wilhelm Scharfzahn an der Burggassen liegt zwischen den Häusern von Hanns Urmillers Witwe (Burgstraße 4) und des Gabriel Hundertpfund (Burgstraße 6).[4]

1543 Juli 7 Peter Egenhofer hat ein Ewiggeld aus dem Haus, das zwischen denen von Urmillers Witwe (Burgstraße 4) und des Gabriel Hundertpfund (Burgstraße 6) liegt und vorne an der Dienerstraße zwischen denen des Hanns Peendl (Dienerstraße 19) und des Lienhard Weyler (Dienerstraße 21).[5]

1549 Mai 31 eine Ingolstädter Bürgerin hat ein Ewiggeld aus des Wilhelm Scharfzands zwei aneinanderliegenden Häusern, das vordere an der Dienerstraße gelegen, das hintere an der Burgstraße zwischen den Häusern des Hanns Deyninger (Burgstraße 6) und der Schwarzenbergerin (Burgstraße 4) (veraltete Hauseigentümer !).[6]

1550 März 10 das Haus des Bartolome Murrndell, das von der Dienerstraße (Dienerstraße 20) bis zur Burgstraße durchreicht, und das künftig dem Caspar Bart gehört, liegt an der Burgstraße zwischen den Häusern der Hanns Chamererin (Urmillerin) (Burgstraße 4) und des weiland Gabriel Hundertpfund gelassener Erben Haus (Burgstraße 6).[7]

1550 April 14 das Haus des Caspar Bart und seiner Hausfrau Katharina, das dieses Ehepaar von Bartlme Murndel (Morndl) erworben hatte, wird jetzt an Bürgermeister und Rat der Stadt verkauft. Nachbarn sind an der Burgstraße die Häuser des Urmiller (Burgstraße 4) und der Hundertpfund (Burgstraße 6). Der Besitz reicht über eine dazwischenliegende Hofstatt bis zur Dienerstraße (Dienerstraße 20).[8]

1550 die Stadtkammer hat 16 Gulden „zalt dem abdeckher von der grueb in dem neuen paw oder weinstadl", also für das Räumen der Abortgrube.[9] Vom April bis Juni zahlt die Stadtkammer Maurerarbeiten am neuen Bau, teils wird in Nachtarbeit abgebrochen und wieder aufgebaut. Die Arbeiten gehen bis zum Februar 1551.[10] Im Mai/Juni 1550 zahlt die Stadtkammer Rechnungen für Zimmermannsarbeiten „am neu der von München erkauften Haus von dem Bartlme Morndel".[11] Am 14. Juni werden fünf neue Fenster „zu dem neuen haus in der Dienersgassen ... aufm weinstadl" abgerechnet.[12] Weitere Abrechnungen folgen „in den neuen paw" in den folgenden Monaten, unter anderem auch für den Maler Hans Mielich.[13] Am 7. Dezember desselben Jahres rechnet die Stadtkammer über 2 Gulden ab, „zalt umb leim den kistlern zu dem neuen paw". Er wird auch „neuer paw in der Dienersgassen" genannt.[14] Bis zum 5. Februar 1551 werden über 173 Gulden für 121 750 Mauersteine ausgegeben, „verpraucht zum neuen paw" beziehungsweise „zu dem neuen weinstadl".[15] Noch im Frühjahr wird der Stadtmaurer für Arbeiten bezahlt, „am neuen paw gweist beym statschreiber".[16] Jetzt wurde also

---

[1] Urk. B II b Nr. 22.
[2] Urk. F I/II Nr. 7 Dienerstraße.
[3] Urk. B II b Nr. 23.
[4] Urk. B II b Nr. 24, 25, 26.
[5] Urk. B II b Nr. 27.
[6] Urk. B II b Nr. 28.
[7] Urk. F I/II Nr. 8 Dienerstraße.
[8] Urk. F I/II Nr. 5 Dienerstraße. – KR 1550/51 S. 92r: 615 Gulden 3 Schillinge 8 Pfennige von der Kaufsumme von 1500 Gulden werden dem Caspar Bart bar ausgezahlt, der Rest sind Ewiggelder (Hypotheken).
[9] KR 1550/51 S. 96r.
[10] KR 1550/51 S. 118r/119v.
[11] KR 1550/51 S. 112v, 113r/v, 114r.
[12] KR 1550/51 S. 108r.
[13] KR 1550/51 S. 109v, 110r, 111r, 111r/v (Hans Mielich).
[14] KR 1550/51 S. 105r (2x).
[15] KR 1550/51 S. 107r.
[16] KR 1552/53 S. 119r.

dem Stadtschreiber die neue Wohnung ausgeweißt. Die Arbeiten am Neuen Bau an der Dieners- und Burggassen dauern noch bis kurz vor Weihnachten 1552 an. Unter anderem findet sich jetzt der Eintrag: „Hans Mielich maler von wegen des Haus in der Purkhgassen auswendig [bemalt] 38 fl".[1]

1574 laut Grundbuch (Überschrift) „Gemainer Stadt Schreiberey Haus, hindten in die Dienersgassen hinaus".

1596 April 23 Junker Caspar Bart zahlt laut Kammerrechnung (erstmals) 25 Gulden Mietzins aus der Behausung in der Burggassen, darin die Stadtschreiberei gewesen, ebenso 1597 und so weiter.[2] Die Stadtschreiberei ist also bereits wieder verlegt worden (Tal 1/2) und die Stadt vermietet die Räume.

Eigentümer Burgstraße 5:

* Zaecherl (Zachreis) [I.] Rudolf [1381 patrimonium bei Dienerstraße 20]
    St: 1369, 1371, 1372: 10/-/-, 1375: 8/-/-, 1377: 11,5/-/- juravit, 1378: 11,5/-/-
* Hanns [I.] Rudolf [Bruder von Zacharias I.; bis 1383 Februar 26]
* Ludwig der Chaepfhenberger von Freysing [Salzsender[3], seit 1383 Februar 26]
* Chunrat Kápffenberger, 1394 der jung
    St: 1394: 5/-/60, 1395: 7/-/20
* Dann wie Vorderhaus:
    von Hausen, Katzmair, Scharfzahn, Murndel, Bart, Stadt München
* domus der stat Múnchen (München) [seit 1550 April 14]
    St: 1564/I-II, 1568-1571: -/-/-

Bewohner Burgstraße 5:

maister Chunrat goltsmid[4] St: 1368: -/-/-
Prenner schenck St: 1382: -/10/- juravit
Wolfhart Lonerstater [später Stadtschreiber[5]] inquilinus St: 1382: -/-/-
Ulrich goltsmid, 1383/I cum uxore
    St: 1383/I: 1/-/- juravit, 1383/II: -/12/-, 1388: 0,5/-/8 juravit
Stainpeck maler, 1383/I-II inquilinus
    St: 1383/I: -/-/18, 1383/II: -/-/27, 1390/I-II: -/-/24, 1392: -/-/39, 1393: -/-/-
Peter Frútinger, 1395-1399 kúrsner [Wirt, Weinhändler[6]], 1395 inquilinus
    St: 1394: 3/-/80, 1395: 2/5/2, 1396, 1397, 1399: 4/-/- minus -/-/12
    Pferdemusterung, um 1398: (Korrig. Fassung): Peter Frutinger sol haben 1 pferd umb 20 gulden [und] selber reiten.[7]
    sein ayden Hofberger St: 1394: -/-/-
Hanns Rudolf goltsmid inquilinus[8]
    St: 1397: 5/-/-

---

[1] KR 1552/53 S. 112r (Mielich). Vgl. auch S. 97r (2.7.1552), 105r (Mai 1552), 106r (Dezember 1552), 110v (bis Dezember), 111v.
[2] KR 1596 S. 41 r, 1597 S. 41r usw.
[3] Salzsender lt. Vietzen S. 143.
[4] Frankenburger S. 261 rechnet ihn zur Dienerstraße und gibt eine falsche Jahreszahl für das Steuerbuch an (1367).
[5] Vgl. Weinstraße 13 und von Andrian-Werburg, Urkundenwesen S. 52.
[6] Vgl. Kaufingerstraße 24, wo er ab 1401 Eigentümer ist. Peter der Frütinger ist im Jahr 1400 als Bürgermeister belegt, vgl. R. v. Bary III S. 755. – 1398/99 schuldet die Stadt dem Frutinger kürsner Geld für nicht genannte Leistungen „in der rais", vgl. KR 1398/99 S. 116r, 1399/1400 wird er aber zu den Wirten, denen die Stadt Geld schuldet „von der rais wegen", vgl. KR 1399/1400 S. 121v, und 1400/1402 hat er für die Stadt österreichischen Wein über Ötting und Mühldorf nach München eingeführt, vgl. KR 1400/1402 S. 43v.
[7] Peter Frútinger ist zwischen Weissenfelder und Kamrer (Marienplatz 12/13) eingeschoben, weil er in der Ur-Fassung gemeinsam mit Kamrer veranlagt war, wohnt aber zu dieser Zeit in Burgstraße 5.
[8] Frankenburger S. 264.

Pferdemusterung, um 1398: (Ur-Fassung): Hanns goltsmyd und Hádrer[1] goltsmyd süllen haben ein pferd umb 20 gulden; (Korrig. Fassung): Hanns goltsmyd und [Ulrich] Kúrcz[2] goltsmyd süllen haben ein pferd umb 24 gulden [und] einer [soll] reiten.

Holer maler inquilinus St: 1399: -/-/60 fur 6 lb

Moser schuster St: 1400, 1401/I: -/-/72, 1401/II: -/3/14 iuravit, 1403: -/3/14

Nickel smelczer inquilinus St: 1400: -/6/- iuravit, 1401/I: -/6/-

[Konrad] Humel carnivex[3] und sein muter St: 1403: -/-/80 fúr 10 lb

Hailweig chaufflin inquilina St: 1403: nichil habet, 1405/I: -/-/24 fur nichil

Ulrich Kroll kistler St: 1405/II: -/-/50 fur nichil, iuravit

Órtel zimerman inquilinus St: 1405/II: -/-/-

Pauls platner St: 1408: -/5/10, 1410/I: -/6/12 iuravit

Ott goltsmid[4]
    St: 1410/II: 0,5/-/-, 1411: -/3/-, 1412: 0,5/-/-, 1413: 0,5/-/- iuravit, 1415: -/3/-, 1416: 0,5/-/-

Hann sneyder von Freysing. 1412 Hanns sneider St: 1411, 1412: -/-/-

Ludweig goltsmid St: 1413: 0,5/-/- gracianus

Hainrich (Haincz) sneyder, 1416 inquilinus St: 1415: -/-/60 gracianus, 1416: -/-/88 iuravit

Hanns Schnepff (Snepff)
    St: 1418, 1419, 1423: -/-/-, 1428: dedit 16 gross, 1431: -/6/-
    StV: (1418) er geit mit geding auf ein widerrúffen 1 ungarisch gulden und geit von seinem haws 0,5/-/24. (1419) 1 ungarisch gulden geit er auf ain widerruffen; et dedit 0,5/-/24 von seinem haws. (1423) dedit 1 ungarisch gulden auf widerruffen; et dedit 0,5/-/24 von seinem haws. (1428) für sich, sein hausfrau und ehalten. (1431) stet still von seiner hausfrauen. [Vgl. Kaufingerstraße 24]

Hainrich Vederkamp, 1441/I sneider Sch: 1439/II, 1440, 1441/I-II: 2 t[aglon]

Kuen schuster. 1450, 1453-1462 Ulrich Kuen (Kún) schuster, 1450, 1456 inquilinus
    Sch: 1445: 3 ehalten, dedit
    St: 1450, 1453-1458: Liste, 1462: -/6/15 p[...]

Ludwig Prunner sneider[5]
    Sch: 1445: 3 ehalten, dedit
    St: 1450, 1453-1458: Liste, 1462: -/7/2

Hainrich Keck [Schneider][6] Sch: 1445: 4 ehalten, dedit

Hanns Klain [Tuchscherer[7]] St: 1457: Liste

Jorg Vierstetter St: 1482: 3/5/5

pueri Lofrár St: 1482: anderswo

Steffan Vilser [Schneider[8]] St: 1486: 1/1/25

Adam ringlerin St: 1542: -/2/-

Ursl (Ursula) Kolhauffin, 1543, 1544 federmacherin
    St: 1543: -/4/-, 1544: -/2/-, 1545: -/4/-, 1546: -/2/-, 1547: an chamer, 1548: -/2/-, 1549/I-II: an chamer, 1550, 1551/I: -/2/-
    StV: (1548) mer -/2/- versessne steur. (1550) mer -/4/- für 2 versessn steur.

Veit Puechl brieffschreiber St: 1548: -/-/21 gracion

Hanns Grasser khúrsner St: 1549/II: 1/1/18

Michel Rengold [Ungelter[9], später Notar] St: 1552/II: 1/6/22, 1553, 1554/I: 2/-/27

---

[1] In der Korrig. Fassung vgl. Burgstraße 15.
[2] Der Goldschmied Ulrich Kúrcz wohnt zu dieser Zeit Dienerstraße 13*A/B.
[3] 1397 im Vorderhaus wohnend.
[4] Frankenburger S. 269.
[5] Ludwig Prunner ist 1460, 1461 und 1463 Vierer der Schneider, vgl. RP.
[6] Ein Hainrich Kekch ist 1471 und 1474 Vierer der Schneider, vgl. RP.
[7] Hanns Klain ist 1459 und dann wiederholt bis 1479 Vierer der Tuchscherer, vgl. RP.
[8] Steffan Vilser 1480-1503 wiederholt Vierer der Schneider, vgl. RP.
[9] Michel Rengolt ab 1553–1561 Schankungelter, vgl. R. v. Bary III S. 879. Vgl. auch Burgstraßen 11 und Dienerstraße 4*.

Thoman Rohner [Ungelter[1]]
> St: 1552/II: -/-/-
> StV: (1552/II) der zeit eingstelt; sover er hinfúro kain dienst von hoff haben wirt, will er sich mit aller pillichkait erzaign.

relicta Krafftin St: 1553: 2/5/28 juravit, 1554/I: 2/5/28

Martin Grueber (Gruber) statschreiber.[2] 1554/II magister Martin Grueber statschreiber
> St: 1554/II: nihil, 1555: -/5/11 von 23 fl gelts, 1556-1559: an chamer, 1560: 1/3/8, 1561, 1563, 1564/I-II, 1565, 1566/I-II, 1567/I-II: -/-/1, 1568: -/-/2, 1569-1571: -/-/1
> StV: (1559) ad 19. Decembris ist ains erbern raths bevelch gwest, das herr statschreiber soll hinfúro von seinem ewigen gelt steurn wie ander der stat diener, wie auch Doctor Perbinger gethan hat, pisher nachgelassen. (1560) von seinem ewigen gellt. (1561, 1563-1567/II) mer von seinem (seim) ewigen gellt 1/3/29. (1568) mer von seinem ewigen gelt 3/2/24. (1569-1571) mer von seinem ewigen gelt 1/4/27.

Burgstraße 6 (A/B)

Lage: 1387 „vor der purg". 1574 „Ögkhhaus".
Name: Seit dem 17. Jahrhundert Name „Sonneneck",[3] im 20. Jahrhundert „Mozarthaus".
Charakter: Seit Mitte 15. Jahrhundert Goldschmiede.

Auf diesem Grundstück sind auf dem Sandtner-Modell deutlich zwei Häuser zu sehen. Sie scheinen aber nie getrennte Wege gegangen zu sein. Zu gewissen Zeiten lassen sich aber die Bewohner nach zwei Hausteilen trennen. So werden 1540/41 durch Klammern um die Namen deutlich zwei Gruppen auseinandergehalten, 1543 dagegen alle Bewohner des Hauses mit einer einzigen Klammer umfaßt. Ab 1543 wechselt auch die Reihenfolge der Namen. Die beiden Häuser sind nicht mehr zu trennen.

Eigentümer Burgstraße 6 A/B:

1370 die Baukommission beanstandet an der Burgstraße: „der Altman [soll beseitigen] sein kellerhaels und an der andern seiten die kúchen vor der maur und swas darunder ist".[4]
1387 Februar 24 und
1387 April 14 das Haus des Perchtold Altman ist dem Haus des Ludweig des Kaepfenbergers an der Burgstraße (Burgstraße 5) benachbart.[5] „Perchtold der Altman vor der purg" verkauft 1391 eine Hofstatt in der Kuh.[6] Am 20. April 1396 ist er so krank, daß er „weder ze chirchen noch ze strass mocht gen von siechtum".[7] Bald danach dürfte er gestorben sein, da er 1396 auch letzmals im Steuerbuch steht. Das Haus erbt Hanns Weinman (∞ Katharina[8]), ein Vetter von Perchtold Altman,[9] der 1397 die Erbschaftssteuer (patrimonium) für das Altmann-Erbe zahlt und am 19. Juni 1399 dessen Schulden.[10]
1404 Februar 22 Hanns der Weynman verpfändet sein Haus, gelegen „vor der púrg, znáchst Chunrads des Kápfenberger haus" (Burgstraße 5) dem derzeitigen Hofmeister der Herzogin Elisabeth, Gemahlin von Herzog Ernst, „Albrechten dem Túrndlein".[11] Einen Tag später muß Weinman auch seinen Sitz und Sedel zu Moospliening verkaufen.[12]
1410-1413 domus Hanns Weinman (StB).

---
[1] Vgl. Dienerstraße 10.
[2] Magister Martin Grueber aus Landshut war Stadtschreiber von 1554 bis 1575. Im letzten Quartal 1575 erhielt er sein Quartalsgeld, ab erstem Quartal 1576 bereits sein Nachfolger, so lt. KR. – R. v. Bary III S.787.
[3] Stahleder, Haus- und Straßennamen S. 412/414, 382.
[4] Zimelie 9 (Ratsbuch IV) S. 4v.
[5] Urk. D I e 1 - XIII Nr. 24. – MB XX 99 S. 39.
[6] GB II 10/6.
[7] GB II 110/1.
[8] OA 13 S. 210.
[9] GB II 145/14.
[10] Muffat, Kazmair-Denkschrift S. 540.
[11] GB III 22/11.
[12] RB XI 336, 338.

1413 Dezember 19 Hanns Weinman verpfändet sein Haus an der Burggasse, zunächst an Herzog Wilhelms Haus gelegen (Altenhofstraße 4), Niclas dem Resch um 123 ungarische Gulden.[1]

1414 April 18 Hans Weinman versetzt die Überteuerung auf seinem Haus in der Burggasse, zunächst an Herzog Wilhelms Haus (Altenhofstraße 4), einer Frau aus Pasing.[2]

1414 Juni 12 Hans Weinman verkauft sein Haus an der Burggasse dem Fleischhäckel „Paẃlsen dem Schechner". Nachbar ist wieder das Haus von Herzog Wilhelm III.[3] Paul Schechner ist „Hoflieferant". Am 1. August 1408 wird er herzoglicher Fleischhacker genannt.[4] Am 16. Juni 1395 schuldet ihm der Herzog nicht weniger als 780 ungarische Gulden für in die Hofküche geliefertes Fleisch[5] und am 5. Juni 1399 beauftragt Herzog Ernst den Paul Schechner, während seines Aufenthaltes in Mün-chen für seine Beköstigung zu sorgen.[6] Auch später erfolgen noch weiterhin Schuldverschreibungen des herzoglichen Hauses.[7] Wohl zur Tilgung dieser Schulden wurde Paul Schechner oder Pauls der Fleischhäckel von München Zollner von Landsberg. Als solcher ist er 1401-1403 belegt, 1402 als Kastner zu Landsberg.[8] Witwe und Kinder von Paul Schechner stehen letztmals 1431 im Steuerbuch.

1439/I-1441/II domus Steffan Satler (Scharwerksverzeichnisse).

1440 November 10 auf Haus und Hofstatt des Paul Schechner liegt ein Ewiggeld.[9] Das ist aber wahrscheinlich ein veralteter Besitzstand, vgl. 1439-1441.

1485 Juni 24 das Haus des Hanns Deininger (Teininger) des Jungen an der Burgstraße ist dem Haus des Wilhelm Scharfzahns, bisher des Jakob Katzmairs, noch früher der Dorothea von Hausen, Haus an der Burggasse (Burgstraße 5)[10] benachbart.

1508 Juni 9 ist Hanns Teininger noch als Nachbar des Hauses der Witwe Magdalena Scharfzand (Dienerstraße 20 mit Burgstraße 5) genannt,[11] ebenso letzmals

1512 Mai 11.[12]

1514 steht Hanns Deininger letzmals in der Steuerliste, wird aber aus dem Ewiggeld-Kaufbrief vom 11. Mai 1512 noch einmal – nunmehr veraltet – am 13. Februar 1533 als Nachbar von Burgstraße 5 (Scharfzand-Haus) angegeben.[13]

1520 März 13 Anthoni [I.] Hundertpfund und seine Hausfrau Margaret (geborene oder verwitwete Deininger ?) sind Eigentümer des Hauses. Sie sind offensichtlich Verwandte des Hans Deininger. Deshalb verkauft das Ehepaar jetzt ein Ewiggeld aus diesem Haus für zwei Jahrtage „zu Hannsen Teiningers [Tochter ?], Martin Gebhardts goldschmidts wittibin".[14] Anton Hundertpfund stirbt um 1529. Das Haus gehört dann dem Bruder Gabriel Hundertpfund, der 1548 stirbt und durch mehrere Urkunden

1532 August 16,

1534 März 4,

1535 März 6, 1535 September 7 und

1539 Juni 10 als Hauseigentümer belegt ist (1535 Nachbar vom Haus der Familie Scharfzahn, Burgstraße 5).[15]

1543 Juli 7 Gabriel Hundertpfunds Haus ist dem Scharfzand-Haus Burgstraße 5 (Dienerstraße 20) benachbart.[16] Balthasar Harder ist ein Schwiegersohn von Gabriel Hundertpfund, dessen Erbe er 1549 versteuert und gleichzeitig für unmündige Hundertpfund-Kinder Steuer zahlt. Als Hauseigentümer folgt ein weiterer Anthoni Hundertpfund:

1549 März 25 Anthoni [II.] Hundertpfund verschreibt seiner Mutter Anna Kheferloherin ein Ewiggeld von 15 Gulden um 300 Gulden Hauptsumme aus diesem Haus zur Entrichtung ihrer Heiratsgebührnis.

---

[1] GB III 146/7.
[2] GB III 148/10.
[3] GB III 150/5, 157/4.
[4] RB XII 17.
[5] BayHStA, Kurbayern Urk. 10986 = RB XI 42.
[6] Wittmann, Urkunden-Regesten, ungedruckt.
[7] RB XII 17, 65 zu 1408 und 1410.
[8] RB XI 193, 226, 268, 283, 293, 274.
[9] Hoffmann, SchloßA Harmating Urk. 11.
[10] Urk. F I/II Nr. 6 Dienersgasse.
[11] Urk. B II b Nr. 17.
[12] Urk. B II b Nr. 18.
[13] Urk. B II b Nr. 21.
[14] Stadtgericht 207/1 (GruBu) S. 379v.
[15] Urk. B II b Nr. 20 (1532), 22 (1534), 23 (7.9.1535), 24 (1539), F I/II Nr. 7 Dienerstraße (6.3.1535).
[16] Urk. B II b Nr. 27.

Nach einem Nachtrag dazu von 1593 wurde dieses Ewiggeld durch Hanns Reimer abgelöst (GruBu). Dieses Ewiggeld der Anna Kheferloher-Hundertpfund besitzt später eine Rebecca Hundertpfund, verheiratet mit dem Schneider Hanns Khaiser. Dieses Ehepaar verkauft es am 19. Juli 1564 weiter an den Goldschmied Hanns Reymer und seine Hausfrau, die ebenfalls Rebecca heißt (GruBu).

1550 März 10 das Haus von weiland Gebrieln Hundertpfunds gelassenen Erben ist dem Haus des Bartolome Murrndell, künftig des Caspar Bart Haus (Burgstraße 5), benachbart.[1]

1550 April 14 das Haus der Hundertpfund ist dem Haus von Caspar Bart, früher Bartlme Murndel, künftig der Stadt München (Burgstraße 5) benachbart.[2]

1563-1571 domus Hundertpfundt (StB).

1565 Mai 24 der Münzmeister Anthoni [II.] Hundertpfund verkauft ein Ewiggeld (Hypothek) von 150 Gulden um die Hauptsumme von 1000 Gulden an die Witwe des Georg Müller (GruBu).

1574 laut Grundbuch (Überschrift) des „Antonien Hunderpfunds Ögkhhaus, Hof und Einfart".

Noch am 12. September 1580 verkauft Anthoni II. Hundertpfund ein Ewiggeld von 10 Gulden um 200 Gulden Hauptsumme „aus diesem seinem Haus". Am 10. Mai 1582 verkauft er diese seine Behausung dem Goldschmied Hanns Reimer und seiner Hausfrau Rebecca, vielleicht eine geborene Hundertpfund um 2860 Gulden.[3] Reimer zahlt ab 1561 auch die Steuer für ein unmündiges Hundertpfund-Kind, das 1564 als „verheurat" gemeldet wird (StB).

Eigentümer Burgstraße 6 A/B:

* Perchtolt Altman [Stadtrat[4]], 1375 cum uxore. 1378 Altman. 1397 patrimonium Perchtolt Altman[5]
    St: 1368: 5/-/-, 1369, 1371, 1372: 7,5/-/-, 1375: 11/-/20, 1377: 7,5/-/- juravit, 1378, 1379, 1381, 1382, 1383/I: 7,5/-/-, 1383/II: 7,5/-/- juravit, 1387: 2/-/40, 1388: 4/-/80 juravit, 1390/I: 4/-/80, 1390/II: 3/-/80 iuravit, 1392: 2,5/-/, 1393, 1394: 3/-/80, 1395: -/13/10, 1396: 2,5/-/-, 1397: -/-/-
    StV: (1371) [am rechten Rand und wieder getilgt:] solvit 2 lb. (1383/II) excl[usive] pecunie uxoris.
  uxoris
    St: 1392: -/-/-
  Albrecht Weinman inquilinus [wohl ∞ Witwe Bart, geb. Katharina Altmann]
    St: 1375: -/-/-
  pueri (puer) uxoris [= des Albrecht Weinman]. 1378 pueri Ulrich [II.] Part
    St: 1378, 1379: -/14/12, 1381, 1382, 1383/I: -/12/-, 1383/II: 2/-/60, 1388: 2/-/-
  Hanns [III.] Bart [Sohn von Ulrich II. Bart und Katharina Altmann]
    St: 1387: 1/-/-
  patrimonium Jeorii Altman
    St: 1383/II: -/-/67,5
  filia Geori (Georii) Altman. 1390/II Jórgen Altmans tochter
    St: 1387: -/-/40, 1390/I-II: -/-/80
  puer Jeorii Altman
    St: 1388: -/-/80
  Altmanin t[enetu]r (?) steuram[6] 1390/II
* Hanns Weinman[7] [Vetter von Perchtold Altmann; ∞ Katharina; bis 1414 Juni 12]. 1410/I – 1413 domus Hanns Weinman
    St: 1397: 8,5/-/- iuravit, 1399, 1400, 1401/I: -/-/-, 1401/II: 4,5/-/4 iuravit, 1403, 1405/I: 4,5/-/4, 1405/II: -/10/6, 1406-1408: siehe StV, St: 1410/I: -/10/-, 1410/II: -/13/10, 1411: -/10/-, 1412: -/13/10, 1413: -/10/-

---
[1] Urk. F I/II Nr. 8 Dienerstraße.
[2] Urk. F I/II Nr. 5 Dienerstraße.
[3] Stadtgericht 207/1 (GruBu) S. 379v.
[4] Perchtold Altman ist am 21.1.1363 zweiter Viertelhauptmann im Viertel des Wilbrecht (= Graggenauer Viertel), vgl. Zimelie 17 (Ratsbuch III) S. 145v. 1364-1379, 1381-1384 ff. ist er innerer Rat, 1383 äußerer Rat, vgl. R. v. Bary III S. 738.
[5] „patrimonium Perchtolt Altman" 1397 wieder getilgt.
[6] Ganzer Eintrag 1390/II neben „Jórgen Altmans tochter" am linken Rand nachgetragen.
[7] Hanns Weinman 1398 Redner des Großen Rats, vgl. Bary III S. 755.

StV: (1397) fur sein gut und für patrimonium Holczhawser et Altman. (1399, 1400, 1401/I) der hat der stat genug [ge]dan gen dem landschreiber nach dez racz haissen. (1405/II) dedit von allem, daz er hat in dem purckfrid. (1406) dedit von allm, daz er hat in dem purckfrid -/13/20. (1407, 1408) von allm dem, daz er in dem purckfrid (hat) -/13/20.

Pferdemusterung, um 1398: (Korrig. Fassung): Hans Weinman [sol haben] 2 pferd [umb] 40 gulden [und soll] selber reit[en].[1]

* Pauls Schechner [herzoglicher Fleischhacker,[2] Zollner und Kastner zu Landsberg, Wirt; seit 1414 Juni 12]. 1431 relicta Pauls Schechnerin [Wirtin[3]]
    St: 1415: 10/-/-, 1416: 13/-/80, 1418, 1419: 6/5/10, 1423: 5/-/-, 1424: -/13/10 hat zalt, 1428: 19 gróss, 1431: 4/6/20 iuravit
    StV: (1415) und waz er hinfur von der herschaft gelt einnymbt, daz sol er dann auch zuseczn. (1428) für sich, sein hausfraw, seine kind und sein ehalten.

pueri Schechner
    St: 1431: -/6/- gracianus
    StV: (1431) aws dem haws gend 4 lb gelcs des Egkprechcz kindn, dedit 0,5/-/8.

* domus Steffan satler
    Sch: 1439/I-II, 1440, 1441/I-II: 1 t[aglon]

Hanns Teininger (Teninger, Deininger) [Goldschmied[4], Weinschenk, äußerer Stadtrat[5]]
    St: 1450, 1453-1458: Liste, 1462: 3/4/24

* Hanns Deininger (Teininger), 1462 der jung inquilinus [Goldschmied, äußerer Stadtrat[6]]
    St: 1462: 2/-/29, 1482: 6/6/17, 1486, 1490: 4/2/21, 1496: 4/4/5, 1500: 4/-/15, 1508, 1509: 4/2/23, 1514: Liste
    StV: (1462) seiner hausfraw stewr, et dedit -/-/40 gracion fur sich. (1482) et dedit -/-/35 für Jacob Katzmairs endl von 5 lb geltz.

* Gabriel Hundertpfund, 1528 goldschmid [Bruder von Anthoni I., 1548 Münzmeister in München[7], ∞ Anna Keferloherin]. 1548, 1549/I relicta Gabriel Hundertpfundtin[8]. 1549/II-1558 Gabriel Hundertpfundtin 1558 erben
    St: 1522-1526, 1527/I: 1/4/12, 1527/II, 1528, 1529: 1/5/14, 1548: 3/6/23 patrimonium, 1549/I: 3/6/23 patrimonium zum andern mal, 1549/II: 1/3/25 juravit, 1550, 1551/I-II, 1552/I-II: 1/3/25, 1553, 1554/I-II, 1555, 1556: 2/-/1, 1557: 2/-/1 matrimonium
    StV: (1522) hat seins vattern [Ludwigs I. Hundertpfund] gut vor zugesetzt. (1529) et dedit -/4/9 für Hanns zollner. (1558) haben die erben zugsetzt.

** Anthoni [I.] Hundertpfund, 1525, 1526, 1528 münßmaister[9] [Goldschmied, ∞ Margaret, geb. oder verw. Deininger ?], 1529 patrimonium
    St: 1523-1526, 1527/I/ 3/6/29, 1527/II, 1528, 1529: 5/-/25
    StV: (1523) hat seins schwehern gut zugesetzt. (1527/II, 1528) et dedit -/6/9 für Wolf hafner.

---

[1] Ganzer Eintrag am Fuß der Seite nachgetragen.

[2] So wird er am 1.8.1408 genannt, vgl. RB XII 17.

[3] Der Schechner bzw. 1430 die Schechnerin gehören zu den Wirten an der Burggasse, die Ungeld zahlen, vgl. Steueramt 987.

[4] Vierer des Handwerks der Goldschmiede 1465 und 1469, vgl. RP.

[5] Hanns Teininger ist 1458 Weinschenk, vgl. Gewerbeamt 1411 S. 13v, 1460, 1469, 1471, 1472 Vierer der Weinschenken, 1457, 1461-1469, 1471-1473 äußerer Stadtrat. Er starb 1474, vgl. RP und R. v. Bary III S. 773. – Frankenburger S. 277/278.

[6] Hanns Teininger (Sohn) wird am 13.4.1464 als Meister der Goldschmiede aufgenommen. Bürge ist sein Vater Hanns Teininger, vgl. RP 1 S. 83r. – Hanns Deininger „der junge" ist Vierer des Handwerks der Goldschmiede 1465, 1469, 1472-1474 und 1492; der junge Hans Teininger 1474-1507 auch stets äußerer Stadtrat, vgl. RP. – Frankenburger S. 277/278.

[7] 1529 neben „Gabriel Hundertpfunt" Vermerk „pflegkindt". Als Münzmeister belegt 1548 nach BayHStA, GUM 887 und HL Freising 35 S. 75v. – Frankenburger S. 287.

[8] 1548 bei relicta Hundertpfundtin die –in-Endung wieder getilgt.

[9] Anthoni Hundertpfund schon 1503 als Münzmeister belegt, vgl. BayHStA, GUM 524, so auch 1506, 1512 und 1524, vgl. BayHStA, Kurbayern Urk. 17410; GB IV S. 63v, Stützel, Münzmeistergechlecht, in: Altbayerische Monatsschrift Jg. 10, Heft 1/2, 1911. – Portrait abgebildet in OA 109/1 Abb. 11 zwischen S. 32 und 33. – Frankenburger S. 285.

Walthasar [II.] Hundertpfund, [Münzmeister in Augsburg, Bruder von Gabriel und Anthoni I.[1]]
  St: 1523: 2/2/22, 1524: 3/3/-
  StV: (1523) sol biß jar seins schwagern gut zusetzn. (1524) hat seins vettern gut zugesetzt.
Walthasar (Balthauser, Balthasar) Harder. 1540-1544 Harder goltschmid. 1545-1548 Walthas(ar) Harder goltschmid[2] [∞ Felicitas, Tochter von Gabriel Hundertpfund]
  St: 1532: 3/2/19, 1540-1542: 1/5/4, 1543: 3/3/8, 1544: 1/5/4, 1545: 3/-/20, 1546-1548, 1549/I: 1/3/25, 1549/II, 1550, 1551/I: 1/5/28
  StV: (1544, 1546-1549/I) mer -/3/27 für p[ueri] Harder. (1545) mer 1/-/24 für p[ueri] Harder. (1549/II) hat seins schwehern erb zugsetzt. (1549/II, 1550, 1551/I) mer -/4/18 für p[ueri] Harder. (1549/II) auch zugsetzt von hoffpauckherin erb. (1549/II, 1550, 1551/I) mer -/-/26 für p[ueri] Hundertpfunt.
* Anthoni [II.] Hundertpfunt [Goldschmied, Münzmeister in München[3], Sohn von Gabriel Hundertpfund und Anna Keferloher; bis 1582 Mai 10]
  St: 1549/II: suech fol. 66 col. 1 [= 66r, Burgstraße 18*], 1550, 1551/I-II, 1552/I-II: -/4/25, 1553, 1554/I: 1/3/26
  StV: (1550-1552/II) mer -/-/25 für ain(en) anger. (1550, 1551/I) mer -/5/16 für die Judith [Hundertpfund]. (1550, 1551/I-II) mer -/1/5 für des Ludwigs [Hundertpfund] kinder. (1551/I) mer 2/2/18 für 3 nachsteur für die Judith [Hundertpfund]. (1552/I-II) mer -/-/17 für des Ludwigs [Hundertpfund] kind(er). (1552/I) mer -/2/10 für 3 nachsteur des abgstorbnen kinds halber. (1553, 1554/I) mer -/-/23 für ain anger. (1553) mer -/-/24,5 für Ludwigs [Hundertpfund] kinder. (1554/I) mer -/-/17,5 für des Ludwigs [Hundertpfund] kinder.
** Hanns Reinmayr (Reimer, Reinmer) goltschmid[4] [von Schwerin, ∞ Rebecca, vielleicht Hundertpfund; Eigentümer erst seit 1582 Mai 10]
  St: 1556: -/1/12 gracia, 1557: 2/5/2 juravit, 1558: 5/3/4, 1559, 1560: 2/5/2, 1561, 1563, 1564/I-II, 1565, 1566/I-II, 1567/I-II: 4/-/-, 1568: 8/-/-, 1569-1571: 5/2/-
  StV: (1557) mer -/1/5 für N. Gabler[5] von 5 fl gelts. (1558) mer -/2/10 für p[ueri] Gayler (!) von 5 fl gelts. (1559-1561) mer -/1/5 für p[ueri] Gabler. (1561) mer -/5/25 für p[ueri] Hundertpfundt. (1563) mer für p[ueri] Hundertpfundt [Betrag fehlt]. (1564/I) mer für p[ueri] Hundertpfundtin ain versessne steur -/5/25. (1564/II) mer für p[ueri] Hundertpfundt nichil, ist verheurat.
** domus Hundertpfundt St: 1563-1571: -/-/-

Bewohner Burgstraße 6 A/B:

Klaes Schiet, 1369 inquilinus St: 1368, 1369: -/-/-
Haensel (Hans) kistler St: 1369: -/-/18, 1371, 1372: -/-/22 post
Plabenstain seydennater St: 1381/I: -/-/18
Hainrich Merbot sartor St: 1383/I: -/-/18, 1383/II: -/-/27
Wolfram sneider (sartor) St: 1387: -/-/68, 1388: 0,5/-/16 juravit
Hanns Offing [Weinschenk[6]] inquilinus
  St: 1399: 0,5/-/- gracianus
  Pferdemusterung, um 1398: (Korrig. Fassung): Hans Offink [soll haben] 1 pferd [umb] 16 gulden [und soll damit der stat] warten.[7]

---

[1] Balthasar II. Hundertpfund 1524 und 1537 Münzmeister in Augsburg, vgl. GB IV S. 63v und BayHStA, KU Andechs, Stützel S. 30/31.
[2] Frankenburger S. 288.
[3] Als Münzmeister 1541 und 1555 belegt, vgl. BayHStA, HL Freising 37 S. 12v/13r, Kurbayern Urk. 16453, Stützel S. 31, Frankenburger S. 290/291.
[4] Gewerbeamt 1631 S. 87r Nr. 43, 1555 Meister geworden. – Frankenburger S. 292/296 mit Abbildungen seiner Werke. – Der Goldschmied Reimer (1569 fälschlich „Feimer") musste sich 1569 und 1571 bei den Religionsverhören verantworten, vgl. Dorn S. 227, 256/257. – Arbeiten von Hans Reimer sind im Münchner Residenzmuseum zu besichtigen, mehrere sind auch abgebildet in: Schatzkammer der Residenz München. Amtlicher Führer, München 1992, S. 69 und Farbtafeln Nr. 24 und 25.
[5] Wohl Hanns Gabler, Goldschmied, der 1556 verstarb, vgl. Bewohner.
[6] Hans Offing ist um 1414 Weinschenk, 1414 Vierer der Weinschenken, vgl. Gewerbeamt 1411 S. 3v, 10v.
[7] Ganzer Eintrag für die korrig. Fassung am unteren Rand der Seite nachgetragen.

Stephan Astaler St: 1407: 18/5/10
   pueri Erhart Astaler [Bruder von Stephan] St: 1407: 6/-/- gracianus
Fridel schuster kramer inquilinus St: 1410/II: 0,5/-/24
Werndel múllner inquilinus St: 1411: -/-/60 fúr nichil
Hanns Klieber goltsmid[1] St: 1413: 0,5/-/- gracianus
Ulrich Roshaubter inquilinus Sch: 1441/II: 1 t[aglon]
Hanns Vellnhamer goltsmid[2] St: 1450: Liste
Kristof pildsnitzer St: 1450: Liste
Michl Cristan[3] St: 1482: 1/5/5
Bernhart Wenig, 1508-1514 goltschmid[4] [∞ Elspet, geb. Goltgrübler, Tochter von Wolfgang Goltgrübler, Bürger zu Freising[5]]
   St: 1508: -/6/4, 1509: 1/2/9 juravit, 1514: Liste, 1532: 2/1/8
   StV: (1508) soll bis jar swern. (1532) et dedit -/6/21 fúr p[ueri] Goltgrúber.
Martein Gebhartin. 1525-1529 relicta Gebhartin
   St: 1522-1526, 1527/I: 1/4/3, 1527/II, 1528, 1529: 1/3/26
Brosi maler St: 1528: -/2/-
Jorg Pruederl schneider St: 1540: -/2/-
Paurnveint goltschmid. 1541, 1542, 1545-1547 Hans Paurnfeint goltschmid[6]
   St: 1540-1542: 1/3/26, 1543: 3/-/22, 1544: 1/3/26, 1545: 15/5/6, 1546: 7/6/3, 1547: 9/-/8
   StV: (1545) darin seiner kind gueth auch versteurt, soll seiner hausfrau guet zusetzen. (1546) mer 1/1/5 so sein schweher hat abgsetzt.
Cristoff Preyning. 1544 Cristoff Preiningin[7] St: 1540-1542: -/2/-, 1543: -/4/-, 1544, 1546, 1547: -/2/-
Sigmund Pendlin, 1540-1543 peutlerin
   St: 1540-1542: -/2/-, 1543: -/4/-, 1544: -/2/-, 1545: -/4/-, 1546: -/2/-, 1547: -/1/12 pauper das jar, 1548, 1549/I-II: -/1/12 pauper
Thoman sporerin St: 1541: -/2/-
Zándlin (Zandlin) St: 1542: -/2/-, 1543: -/4/-
Schwartz goltschmid. 1545-1548, 1551/II Conrad Schwartz goltschmid.[8] 1549/I-II, 1550, 1551/I, 1552/I-II, 1553, 1554/I Conrad Schwartz
   St: 1544: -/2/-, 1545: 1/-/-, 1546-1548, 1549/I-II, 1550, 1551/I-II, 1552/I-II, 1553, 1554/I: -/3/15
Cristoff Weyss[9] [Briefschreiber[10]] St: 1545: -/4/-
Veit Pöthschner St: 1548: -/2/-
Veit Puechl [Briefschreiber[11]] St: 1549/I: -/2/-
Joachim (Jochim) Gayshofer
   St: 1555: 5/3/25, 1556, 1557: 9/6/5, 1558: 23/4/-, 1559, 1560: 11/5/15, 1561: 12/4/20
   StV: (1555) mer -/4/- gracia von wegen seiner hausfrauen heiratgueth gracia (1556) sambt dem zusatz seiner hausfrau heiratguet. (1558) zugsetzt seiner mueter erb [vgl. Witwe Gabriel Hundertpfind].
Veit Scháuffl (Schaufl) urmacher
   St: 1555: -/-/28 gracion, 1556, 1557: -/2/-, 1558: -/4/-, 1559, 1560: -/2/-, 1561, 1563, 1564/I-II, 1565, 1566/I-II, 1567/I-II: -/2/2, 1568: -/4/4, 1569, 1570: -/2/-

---

[1] Frankenburger S. 269.

[2] Hanns Fellenhamer 1462, 1464, 1468 und 1470 Vierer der Goldschmiede, vgl. RP. – 1470, 1477, 1484-1488 auch städtischer Silberschauer und Gewichtszeichner, vgl. RP und R. v. Bary III S. 951 nach RP. – Frankenburger S. 274/275.

[3] Michel Cristan 1490-1505 Eichmeister, vgl. R. v. Bary III S. 971.

[4] Bernhart Wenig Vierer der Goldschmiede 1510, 1511, 1516-1519; 1520-1532 auch städtischer Silberschauer und Gewichtszeichner, vgl. RP und R. v. Bary III S. 951 nach RP. – Frankenburger S. 285/286.

[5] Urk. F III a 3 Nr. 755 (1.10.1535): Elisabeth, weiland Wolfgang Goltgrüblers, Bürgers zu Freising, Tochter und weiland Bernhard Wenigs, Bürgers zu München, Wittiben. Elspet Wenigin quittiert noch bis 1582 für den Erhalt von Leibgedingzinsen, vgl. Urk. F III a 4 – Nr. 1433, 1450.

[6] Frankenburger S. 288. 1548 wird Paurnfeindt als Münzmeister bezeichnet und wohnt in der Residenzstraße.

[7] 1546 die -in-Endung bei „Cristoff Preiningin" wieder getilgt.

[8] Frankenburger S. 289. – Conrad Schwartz ist nicht eindeutig diesem Haus zuzuweisen.

[9] Vor „Weyss" gestrichen „Preiningin".

[10] Vgl. Burgstraße 16 B.

[11] Vgl. Burgstraße 5.

StV: (1566/I-II, 1567/I-II) mer für seine khinder -/1/5. (1568) mer für seine kinder -/2/10. (1569, 1570) mer für seine khinder -/1/5. (1570) Adi 15. Septembris anno [15]71 zalt er nachsteur -/6/-.

alt Zayssingerin (Zaisingerin)
> St: 1561, 1563, 1564/I-II, 1565: -/2/-, 1566/I-II: -/-/-
> StV: (1566/I) steurt auff dem frauenpad. (1566/II) steurt in der Weinstrass beim [Linhart Dräxl] kistler [= Weinstraße 10].

Anndre Stuel schneider
> St: 1563, 1564/I-II, 1565, 1566/I-II, 1567/I-II: -/2/20, 1568: -/5/10, 1569, 1570: 1/-/20
> StV: (1569, 1570) mer für p[ueri] Diechtl (Dietl) -/-/14.

Wolff Sundenreiter (Sunenreitter), 1563-1565 statsoldner,[1] 1566/I salzbreiter
> St: 1563, 1564/I-II, 1565, 1566/I: -/-/1
> StV: (1565) mer -/-/17,5 von 5 fl gelts. (1566/I) mer-/-/17,5 von 2,5 fl gelts.

Six (Sixt) Hatzler (f[urstlicher]) hofmetzger
> St: 1563, 1564/I: 1/1/8, 1564/II, 1565, 1566/I-II, 1567/I-II: 1/2/6, 1568: 2/4/12
> StV: (1564/II) zuegesetzt Michel Reiters erb.

Eustachius Dornwerger (Dornberger) hofwachter. 1564/II, 1566/I, 1567/I-II, 1568, 1570 Eustachius hofwachter. 1569 Euchstachius hofwachterin. 1571 Eustachius hofpoth
> St: 1564/I-II, 1565: -/2/- bürger, hofgsind, 1566/I: -/2/-, 1566/II, 1567/I-II: -/2/- bürger, hofgsind, 1568: -/4/-, 1569, 1570: -/2/-, 1571: an chamer
> StV: (1571) zalt anno [15]73.

Tobias Melper (Melperger) goldschmid [von München[2]]
> St: 1566/I: -/3/15 juravit, 1566/II, 1567/I-II: -/3/15, 1568: 1/-/-, 1569-1571: 1/4/2

Martin Zeiler, 1566/II schreiber
> St: 1566/II, 1567/I-II: -/2/20
> StV: (1567/I) mer für sein khind, steurn die vormünder.

alt Stainin goldschmidin
> St: 1568: 1/3/-
> StV: (1568) mer für ire khinder -/1/12.

Arsati wagner St: 1570, 1571: -/-/- hofgsind

Albrecht Neupeckh ain schreiber bey herrn cantzler St: 1571: -/2/-

Hanns Mautner schreiber St: 1571: -/2/-

Burgstraße 6 A

Bewohner Burgstraße 6 A, die eindeutig diesem Haus zugewiesen werden können:

Martin Gebhart [Goldschmied[3], vgl. Burgstraße 3 A]
> St: 1482: -/7/25
> StV: (1482) et dedit -/-/14 für pueri Alkircher; et dedit für pueri Degnhart -/4/3.

Contz schmid messerschmid
> St: 1482: -/3/13
> StV: (1482) et dedit die ander nachstewr -/-/60 fur sleiffer.

Haintz wachter St: 1482: -/-/20 das iar

Steffan Kren [= Kern] St: 1486: -/5/10 [Schenkensteuer]

Erasm Grasser snitzer. 1496, 1500 Asm snitzer[4]
> St: 1490: 6/-/20, 1496: 6/3/19, 1500: 7/-/20

---

[1] Sunenreiter seit 1560 Stadtsöldner, vgl. R. v. Bary III S. 839.
[2] Gewerbeamt 1631 S. 87v Nr. 50. – Frankenburger S. 303.
[3] Martein Gebhart 1476, 1479, 1480, 1485, 1487, 1490, 1493 und 1494 Vierer der Goldschmiede, vgl. RP. – Frankenburger S. 278/279.
[4] Asm pildschnitzer ist 1480, 1484, 1487, 1499 und als Erasm Grasser auch 1503 und 1504 Vierer der Maler, Glaser und Seidennater, vgl. RP.

StV: (1490) et dedit fúr sein sweger 3/-/30. (1500) et dedit 1/3/27 fúr Johannes Kaltnpruner; et dedit -/4/8 fur Linhart Kaltnpruner; et dedit -/-/60 die ander nachsteur fur Tannerin.
Jorg kramer St: 1490: -/-/60
Jacob Leupold [Goldschmied[1]] St: 1496: 1/4/28
Hainrich Taichsteter k[istler ?][2] St: 1496: nichil
Caspar Giesinger g[oltschmid] [später äußerer Stadtrat[3]] St: 1496: 2/-/16, 1500: 1/6/22
Hainrich Aignman goltschmid[4] St: 1508, 1509: 2/-/-
Jorg Eisnman St: 1508: -/2/20
Gilg Lerer goltschmid St: 1514: Liste
Andre Geißler goltschmid
    St: 1524: nichil
    StV: (1524) steurfrey alls lanng ain rat wil.
Utz múntzer St: 1546: nihil, hoffgsind
Hanns Gabler, 1552/II-1556 goltschmid[5] [vgl. Eigentümer Reimer]
    St: 1549/II, 1550, 1551/I-II, 1552/I-II: -/5/25, 1553, 1554/I-II, 1555: 2/3/16, 1556: 2/3/16 patrimonium
Wolff Werner (Wernher, Wörnher, Wehrner), 1551/II-1561, 1564/I-1571 peutler
    St: 1551/II, 1552/I-II: -/6/15, 1553, 1554/I-II, 1555-1557: 1/1/1, 1558: 2/2/2, 1559, 1560: 1/1/1, 1561, 1563, 1564/I-II: 1/2/15, 1565, 1566/I-II, 1567/I-II: 1/2/25,5, 1568: 2/5/21, 1569-1571: 1/-/-
    StV: (1551/II-1556) mer -/-/14 fúr p[ueri] schmid peutler. (1556, 1557) mer 1/1/15 fúr p[ueri] Zwengen(s) chorherrns. (1557) ad 22. Octobris zalt Wernher fúr p[ueri] Zwengen fúr 135 fl parschafft fúr die doplt ersesn steur und 3 nachsteur, thuet 2/5/20. (1558) mer 2/-/6 fúr p[ueri] Zweng chorherns. (1559, 1560) mer 1/-/3 fúr p[ueri] Zweng (Zwenngen). (1561, 1563) mer fúr p[ueri] Zwengen 1/-/3. (1564/I) mer fúr Sabina Zwenngin, ist beheurat und búrgerin. (1563) mer zalt Jorg Zweng sein halb tail di 3 nachsteur 1/3/19,5. (1565) zuegesetzt seiner hausfrauen guet. (1571) mer fúr Ursula Kämlin, steurt sein mitvormúnder.
Wolff Greyltanner (Greylntanner, Geinltanner), 1551/II, 1552/II-1556, 1558-1560 messerschmid. 1552/I Wolff messerschmid
    St: 1551/II, 1552/I-II, 1553, 1554/I-II, 1555-1557: -/2/-, 1558: -/4/-, 1559-1561: -/2/-
Wolff Hadersperger, 1553-1559 thúrhueter. 1563 Wolff Hadersspergerin
    St: 1553, 1554/I, 1555: -/1/1 hoffgsind, 1556: -/1/1, 1557: -/2/- búrger, 1558: -/4/-, 1559, 1560: -/2/-, 1561: -/2/- búrger, hofgesind, 1563: an chamer

Altenhofstraße

Die Häuser in dieser Straße – sie werden in den Steuerbüchern teils zwischen Dienerstraße 17 und 18, meist aber zwischen Burgstraße 6 und 7 aufgeführt – sind schwer trennbar. Altenhofstraße 1 war immer ein Hinterhaus von Dienerstraße 17. Die Häuser Nr. 2* und 3* wurden erst 1615 in zwei Hälften geteilt und galten vorher als *ein* Haus. Nr. 1 und 2* sind auch im Grundbuch von 1574 noch nicht zu finden. Aber es können auch in Hinter- oder Nebengebäuden, in Städeln und Stallungen gelegentlich Menschen wohnen.

Mit Sicherheit kann aber tatsächlich immer nur ein einziger Hauseigentümer in diesem Bereich festgestellt werden. Es ist bis Anfang des 16. Jahrhunderts jeweils ein Goldschmied. Dabei ist auffal-

---

[1] Jacob Leupold Vierer der Goldschmiede 1500, 1503, 1505, 1507-1509, 1513,-514, später – 1505-1516 – Viertelhauptmann von der Gemain für das Graggenauer Viertel und 1503 und 1504 Mitglied des Rats der 36, vgl. RP. – Frankenburger S. 283.

[2] Ein Hainrich Daichsteter ist 1487-1490 als Stadtsöldner belegt und wird dann Spitalmeister, vgl. R. v. Bary III S. 837.

[3] Caspar Giessinger Vierer der Goldschmiede 1495-1497, 1499, 1501, 1503-1507, in den Jahren 1508-1510 auch äußerer Stadtrat, vgl. RP. – Frankenburger S. 282.

[4] Frankenburger S. 285.

[5] Frankenburger S. 290.

lend, daß von 1410 bis 1470 beim Haus Nr. 3* (mit 2*) ein Eigentümer nachweisbar ist, der denselben Namen trägt wie der Inhaber des Bäckerhauses Dienerstraße 17/Ecke Altenhofstraße (mit Altenhofstraße 1). Es scheint zumindest lange Zeit, wenn nicht von Anfang an, fast die ganze nördliche Straßenseite der Altenhofstraße (vor der Burg gelegen) in der Hand derselben Familie gewesen zu sein. Erst unter den Neufarern dürfte er – im Laufe des 15. Jahrhunderts – aufgeteilt worden sein.

Sicher war der Streckenabschnitt auch nicht so vollständig bebaut wie er sich später auf dem Sandtner-Modell darstellt. Hinter den Häuserzeilen Dienerstraße 12 bis 17 und Altenhofstraße 1 – 3* befand sich ursprünglich der Burggraben, der den Grabungsbefunden zufolge in das 12. Jahrhundert zu datieren ist. Er wurde im südlichen Burgmauerbereich, also hinter Altenhofstraße 1 bis 3*, endgültig im späten 14. Jahrhundert, wohl eher am Ende des 14. Jahrhunderts verfüllt, wahrscheinlich im Zuge des Baues der Neufeste um 1384/85.[1] Danach befand sich hier ein Teil des Burggartens, vor 1500 zeitweise auch der Löwenzwinger. Die Häuser 1 bis 3* standen – wie Burgstraße 7 – mit ihrer rückwärtigen Hälfte auf dem Ende des 14. Jahrhunderts verfüllten trockenen Graben um den Alten Hof, wie jüngste Grabungen durch das Bayerische Landesamt für Denkmalpflege nachgewiesen haben.[2] Ins Bild passt auch, daß nur das Haus 3* unterkellert war, nicht jedoch 2*, also Haus 3* das dominierende der beiden Häuser war.

Seit 1581 wohnt auch der herzogliche „Lebmaister" oder Löwenwärter wieder hier, im rückwärtigen Teil des Hauses Burgstraße 7 (vgl. auch zu Burgstraße 8-10). Noch 1580 steht er beim Falkenhaus (Burgstraße 10), zu dem aber in dieser Zeit auch Burgstraße 8 und 9 gehören. Das Haus des Hofapothekers Perchtram Scholl (Burgstraße 7) grenzt am 5. September 1587 hinten an Herzog Wilhelms Löwenhaus.[3]

Altenhofstraße 4

Das Haus Altenhofstraße 4 – auf der südlichen Straßenseite – soll einer Tafel am Haus zufolge im 15. Jahrhundert als „Gesindeschänke" zum Alten Hof gehört haben. An sich ist es der Lage nach ein typisches Hinterhaus, vielleicht ursprünglich zu Dienerstraße 18 (Ecke Altenhofstraße) gehörig.

Solange die Steuerbücher die Steuerzahler der Altenhofstraße zwischen Burgstraße 6 und 7 aufführen, lautet die Reihenfolge: Weinmann, Schechner, Deininger (Burgstraße 6), Gebhart, Neufarer, Kraft, Löffler (Altenhofstraße 3* (mit 2*)) und dann Pörtzl Koch (Burgstraße 7), dann Freyberger (Burgstraße 8), so zum Beispiel 1423. Seit mindestens 1514 lautet die Reihenfolge: Burgstraße 6, dann Hanns Gartner (Altenhofstraße 4), Altenhofstraße 3* (2*) und Lutz Balbierer (Burgstraße 7). Es ist also eindeutig, daß der Koch Gartner zu Altenhofstraße 4 gehört. Damit ist aber auch erst seit Beginn des 16. Jahrhunderts ein selbständiges Haus Altenhofstraße 4 nachweisbar.

Trotzdem gehört vermutlich auch das 1413 und 1414 als Nachbarhaus zum Haus des Weinman/Schechner (Burgstraße 6) genannte Haus des Herzogs Wilhelm III. auf dieses Haus bezogen, obwohl auch Burgstraße 7 gemeint sein könnte. Dann passen auch manche der Diener und Hofbediensteten hierher, die zwischen Burgstraße 6 und Altenhofstraße 3* in den Steuerbüchern erscheinen.

Eigentümer Altenhofstraße 4:

1413 Dezember 19 und
1414 April 18 das Haus des Hanns Weinman an der Burggasse (Burgstraße 6) ist zunächst an Herzog Wilhelms Haus gelegen.[4]
1414 Juni 12 das Haus von Herzog Wilhelm III. ist demjenigen des Hanns Weinman benachbart (Burgstraße 6), das dieser jetzt an den Fleischhäckel Paul den Schechner verkauft.[5]
1508-1526 domus maister Hanns Gartner (StB).
1560-1563 domus Herr Jorg Gartner (StB).

---

[1] Behrer, Das unterirdische München S. 58/59.
[2] Grabungsbericht noch nicht vorliegend. Auskunft von Dr. Christian Behrer, Regensburg, dem hier für wertvolle Hilfe gedankt werden muß.
[3] Hufnagel/von Rehlingen, St. Peter Urk. 326.
[4] GB III 146/7, 148/10.
[5] GB III 150/5, 157/4.

1564 Februar 9 der Messerschmied Joachim Lipp und seine Hausfrau Margaret verkaufen aus diesem Haus ein Ewiggeld von 5 Gulden um die Hauptsumme von 100 Gulden. Der Vorgang wiederholt sich
1564 Mai 30 (8 Gulden um 160 Gulden),
1564 Juli 19 (3 Gulden um 60 Gulden),
1565 April 17 (5 Gulden um 100 Gulden).[1]
1574 laut Grundbuch (Überschrift) des Joachim Lipp Messerschmieds Haus.
Joachim Lipp ist 1593 Hofmesserschmied. Das Haus bleibt bis 1604 in der Hand der Familie (GruBu).

Eigentümer Altenhofstraße 4:

* Herzog Wilhelms Haus [1413 Dezember 19; 1414 Juni 2]
* domus maister Hanns kochs[2] [1506 ∞ Felicitas]. 1509, 1514, 1522-1526 domus maister Hans Gartner, 1509, 1524, 1525 koch.[3] 1527/I relicta Hanns Garttnerin. 1527/II Hanns Gartnerin witib. 1528 relicta maister Hanns Paůngartnerin. 1529 relicta maister Hanns kóchin. 1532, 1540-1552/II, 1554/II-1556 relicta Gartnerin. 1553, 1554/I relicta Felix Gart-nerin
    St: 1508, 1509: -/2/22, 1514: Liste, 1522-1526, 1527/I: 1/3/15, 1527/II, 1528, 1529: 3/3/10, 1532: 3/3/10, 1540-1542: 3/5/20, 1543: 7/4/10, 1544: 3/5/20, 1545: 7/4/10 juravit, 1546-1548, 1549/I-II, 1550, 1551/I-II, 1552/I-II: 3/5/20, 1553, 1554/I-II: 6/3/25, 1555: 6/3/25 matrimonium
    StV: (1522) von beden heusern. (1523-1526) von drey (3) heusern. (1527/I) sol auf die negst steur schwern. (1556) zaltn die erben.
* domus Jórg Gartners. 1561, 1563 domus herr Georg (Jorg) Garttner[4]
    St: 1560, 1561: -/-/-, 1563; 1/1/5
    StV: (1560) zalt fol. 76 [= 76v, Ewiggeld]. (1561) zalt folio 89, [nachgetragen:] mehr folio 90 [gemeint: 89v, Ewiggeld].
** Jocham (Joachim) Lipp messerschmid[5] [∞ Margaret]
    St: 1564/I: -/-/-, 1564/II, 1565, 1566/I-II, 1567/I-II: -/4/29, 1568: 1/2/28, 1569-1571: -/4/29
    StV: (1564/I) steyrt folio 81 [= Sporerstraße 1 oder 2]. (1564/II-1566/I) mer fúr p[ueri] Sámer (Sämer) -/-/14. (1566/II, 1567/I-II) mer fúr p[ueri] Samer -/-/21. (1568) mer fúr p[ueri] Samer -/1/12. (1569-1571) mer fúr (für) p[ueri] Sämer -/-/14.

Bewohner Altenhofstraße 4:

Ott taschner St: 1390/I-II: -/-/12
Seycz schuster St: 1392: -/-/12, 1393: -/-/16
Peter draechsl, 1393 inquilinus
    St: 1393, 1394: -/-/16, 1395: -/-/55 fúr vier lb, 1396, 1397: -/-/24 fúr nichil
Moser schůchster, 1394 inquilinus dienerhaus. 1395, 1396 Hans Moser schůchster
    St: 1394: -/-/64, 1395: -/-/60 fur zwelff [lb], 1396: -/-/72 fúr 12 lb
Chunrat schneider inquilinus St: 1395: -/-/60 fur drew lb, 1396: -/-/50 fur 3 lb, 1397: -/-/-
relicta romaisterin inquilina St: 1397: -/-/18 fúr nichil
Khatrey inquilina[6] St: 1397: die dient
Haincz schuster. 1400, 1401/I-II, 1416, 1418, 1419 Hainrich (Haincz) hofschuster
    St: 1397, 1399, 1400, 1401/I-II: -/-/-, 1416: -/-/60 fur nichil, 1418, 1419: -/-/60
Chunrat Mangas St: 1423: -/-/50

---

[1] Stadtgericht 207/1 (GruBu) S. 420v/421r.
[2] Hanns Gartner 1506, 1512 und 1541 Herzog Albrechts und Herzog Wilhelms Mundkoch, so – mit Ehefrau Felicitas – am 3.6.1506 laut MB XXXV/II S. 460/463 und Urk. vom 7.11.1512 Herzog Wilhelms Mundkoch Meister Hanns Gartner, vgl: Föringer, Regesten ungedruckter Urkunden, in: OA 4, S. 366 (7.11.1512) und Urk. vom 4.3.1541. Bemerkenswert ist, daß 1512 als Anlass für die gewährte Vergünstigung gennant wird, Hans Gartner habe der Hofmeisterin der Mutter des Herzogs „an der Krankheit der rothen Ruhr mit seiner Kunst und Arznei geholfen". Er hat also auch Kranke kuriert.
[3] 1524 wohl versehentlich hinter Burgstraße 7 eingeordnet.
[4] Steht 1560-1563 zwischen Dienerstraße 17 und 18.
[5] Steht ab 1565 zwischen Dienerstraße 17 und 18.
[6] „Khatrey inquilina" wieder getilgt, dann Vermerk „die dient" als Begründung für die Streichung.

Cunrad Rebell schneider[1] St: 1564/II, 1565, 1566/I-II, 1567/I-II: -/2/-, 1568: -/4/-, 1569-1571: -/2/-
Adolari canntzleischreiber[2]
    St: 1565, 1566/I: nichil, hofgsind, 1566/II: -/-/-, 1567/I: -/-/- hofgsind, 1567/II: -/-/-
Schöpfer malerin, 1569 wittib St: 1568: -/4/-, 1569, 1570: -/2/-

Altenhofstraße 1
(= zu Dienerstraße 17)

Altenhofstraße 3* (mit 2*)
(mit 2* als Nebenhaus)

Lage: 1395, 1403 „vor der půrg (púrg)". 1432, 1455, 1465, 1469, 1479 „vor der alten vesten (vest)".

Eigentümer Altenhofstraße 3* (mit 2*):

Obereigentümer ist der jeweilige Herzog. Die beiden Häuser 3* und 2* stehen mit der Rückseite auf dem Ende des 14. Jahrhunderts verfüllten trockenen Burggraben (s. o.), konnten also früher gar nicht existieren. Der Herzog vergibt sie als Lehen, erstmals:
1395 Juli 2 „Gerhart goltsmid" hat sein Haus „vor der půrg" für sich und für den Vettinger um 22 Gulden verpfändet, weil es Andre der Tichtel verkaufen lassen wollte, um sein Geld zu bekommen.[3] Der Vettinger kann Miteigentümer sein. Vielleicht ist er aber auch nur ein Gläubiger.
1401/II domus Kraeftel seidennater (StB).
1403 Januar 27 Hainrich Gerhart der Goldschmied verpfändet sein Haus „vor der púrg" an Frau Anna die Kamerbergerin für 6 1/2 Mark gutes Silber.[4]
1410/I domus Vicencz Gerhart goltsmid (StB).
1432 April 4 Haus und Hofstatt, „da Heinrich Neufarer der goldsmide in ist, gelegen vor der alten vesten, ist lehen von der herschaft und dem Neufarer verlihen" (durch Herzog Ernst).[5]
1455 März 19 Herzog Albrecht III. hat Ulrich Schiesser und seinen Erben Haus und Hofstatt „vor der allten vesst", „das an ander seytten stosset an Martein Newfarer dess pecken (Dienerstraße 17) und an der andern seytten an weylant Porczel des kochs (Burgstraße 7) hewser" zu Lehen gegeben.[6]
1456-1462 domus (Ulrich) Schiesser (StB).
1465 März 30 Margaret Vorher, verwitwete Schiesser („dy den Schiesser gehabt hat"), vertreten durch ihren Lehentrager Hanns Felhamer, Goldschmied, empfängt Haus und Hofstatt „vor der alten vest", „stossend zu ainer seyten an Martein Newfarers pecken (Dienerstraße 17/Altenhofstraße 1) und zu der andern seyten an weylent Porczls des kochs (Burgstraße 7) hewser".[7] Nach ihrem Tod soll der älteste Erbe das Lehen erhalten.
1469 August 5 der Goldschmied Hans Newfarer und seine Schwester Anna, Ehefrau des Schmieds Jorg Sumer, empfangen Haus und Hofstatt „vor der alten vest" zu Lehen, „stossend zu ainer seitten an Marttein Newfarer pecken (Dienerstraße 17/Altenhofstraße 1)", an der anderen Seite „an weylent dez Porczels kochs (Burgstraße 7) hewser", das vormals Margreth Vorherin zu Lehen gehabt hat.[8]

---

[1] Steht seit 1564 zwischen Dienerstraße 17 und 18..
[2] Steht seit 1565 zwischen Dienerstraße 17 und 18.
[3] GB II 97/1.
[4] GB III 7/10.
[5] BayHStA, Oberster Lehenhof 1 (Lehenbuch) S. 1r. – Kutter S. 239. Diese Arbeit verzichtet leider auf die Auflösung von Abkürzungen, wie in diesem Fall „Fellnham" oder „Vellnhaim" statt „Fellnhamer" oder „Vellnhaimer", und kommt auf diese Weise zu vielen neuen, kuriosen Namen wie „Wagmulln" statt „Wagmullner", „Poetsch" statt „Poetschner", „Schlud" statt „Schluder" usw.
[6] BayHStA, Oberster Lehenhof 2 (Lehenbuch) S. 7v. – Kutter S. 239.
[7] BayHStA, Oberster Lehenhof 3 (Lehenbuch) S. 24v. – Kutter S. 239.
[8] BayHStA, Oberster Lehenhof 3 (Lehenbuch) S. 25r. – Kutter S. 239.

1470 Juni 8 Hanns Neufarer hat aus diesem Haus ein Ewiggeld von 9 Schilling Pfennigen zu des Neufarers Jahrtag verkauft.[1]
1471 o. D. Hanns Vellnhaimer kauft die Hälfte des Lehens von Anna Sumer (geborene Neufarer).[2]
1471 o. D. Hanns Neufarer kauft dem Vellnhamer diese Hälfte wieder ab und besitzt das Lehen nunmehr ganz.[3]
1479 Juni 11 Lehensverleihung von Haus und Hofstatt „vor der alten vest", „stossend ... an dez pecken haus, das vormals Martein Neufarers pecken gewesen ist (Dienerstraße 17, mit Altenhofstraße 1), an der andern seiten weyland des Porczels kochs, so yetzo der Wennger kistler besitzt (Burgstraße 7) hewser", an den Goldschmied und Bürger zu München Hanns Löffler. Das Haus besaß vormals der Goldschmied Hanns Newfarer zu Lehen. Jetzt hat es Hanns Löffler gekauft.[4]
1482 o. D. Hanns Löffler erhält vom Herzog die Erlaubnis, eine Gült von 5 rheinischen Gulden aus diesem und seinen anderen Häusern an Anna Reichartin verkaufen zu dürfen.[5]
1502 September 29 das Haus des Hanns Löffler ist dem Haus benachbart, das Herzog Albrecht IV. seinem Barbier Lutz Weldte überläßt (Hinterhaus von Burgstraße 7).[6]
1516 Januar 21 Hanns Löffler und seine Hausfrau Anna verkaufen aus diesem Haus ein Ewiggeld von 1 Gulden um 20 Gulden Hauptsumme.[7]
1526 April 11 das Haus des Hanns Löffler ist dem Haus des Apothekers Mang Hucker/Hicker (Burgstraße 7) benachbart.[8]
1563-1571 domus Steffan Vischer (StB).
1574 laut Grundbuch (Überschrift) des Steffan Vischers, fürstlichen Hofschneiders, Haus.

Eigentümer Altenhofstraße 3* (mit 2*):

* Obereigentümer der jeweilige Herzog
*? Chunrat Gerhart sartor
    St: 1375: -/-/-
* Gerhart goltsmid [∞ Kathrey].[9] 1379 Hainrich Gerhart goltsmid, 1381 inquilinus
    St: 1377: -/9/- juravit, 1378, 1379, 1381: -/9/-
    Kraft seydennater cum uxore [= Witwe von Hainrich Gerhart ?]. 1383/I-1397 Kraft seydennater (sneider (!)). 1399 relicta Kraft seydennader. 1400 relicta Kraefftin seidennaterin. 1401/I patrimonium Kraeftel seidennader
    St: 1381, 1382: -/-/-, 1383/I: -/-/60, 1383/II: -/3/-, 1387: -/-/60, 1388: 0,5/-/- juravit, 1390/I-II: 0,5/-/-, 1392: -/-/60, 1393: -/-/80, 1394: -/-/72, 1395-1397, 1399, 1400, 1401/I: -/-/60 für (fur) zehn (10) lb
* domus Kraeftel seidnnader
    St: 1401/II: 0,5/-/-
* Hainrich Gerhart goltsmid.[10] 1407 Gerhart goltsmid. 1408 relicta Gerharttin goltsmidin
    St: 1403, 1405/I: -/6/20, 1405/II: 0,5/-/12 iuravit, 1406-1408: -/6/- minus -/-/4
* domus Vicencz Gerhart goltsmid
    St: 1410/I: -/-/75

---

[1] Stadtgericht 207/1 (GruBu) S. 377v.
[2] Kutter S. 239 nach OL 3/25r-1.
[3] Kutter S. 239 nach OL 3/25r-2.
[4] BayHStA, Oberster Lehenhof 3 (Lehenbuch) S. 26r. – Kutter S. 239.
[5] Kutter S. 239 nach OL 3/26-2.
[6] BayHStA, Oberster Lehenhof 3 (Lehenbuch) S. 27v/28r.
[7] Stadtgericht 207/1 (GruBu) S. 377v.
[8] Geiß, St. Peter S. 333 nach Kopialbuch der Priesterbruderschaft S. 83.
[9] Die Witwe des Hainrich Gerhart wohnt 1382 in ihrem anderen Haus an der Vorderen Schwabinger Gasse (Residenzstraße). – Frankenburger S. 263.
[10] Frankenburger S. 263.

1572

Burgstraße

Dienersgasse

Altenhofstraße, Südseite

| Burgstraße 6 | 4 | Dienerstraße 18 |

Burgstraße

Dienerstraße

1939

Abb. 58 Burgstraße 6, Altenhofstraße Süd Nr. 4, Dienerstraße 18, Häuserbuch Graggenauer Viertel S. 2/3.

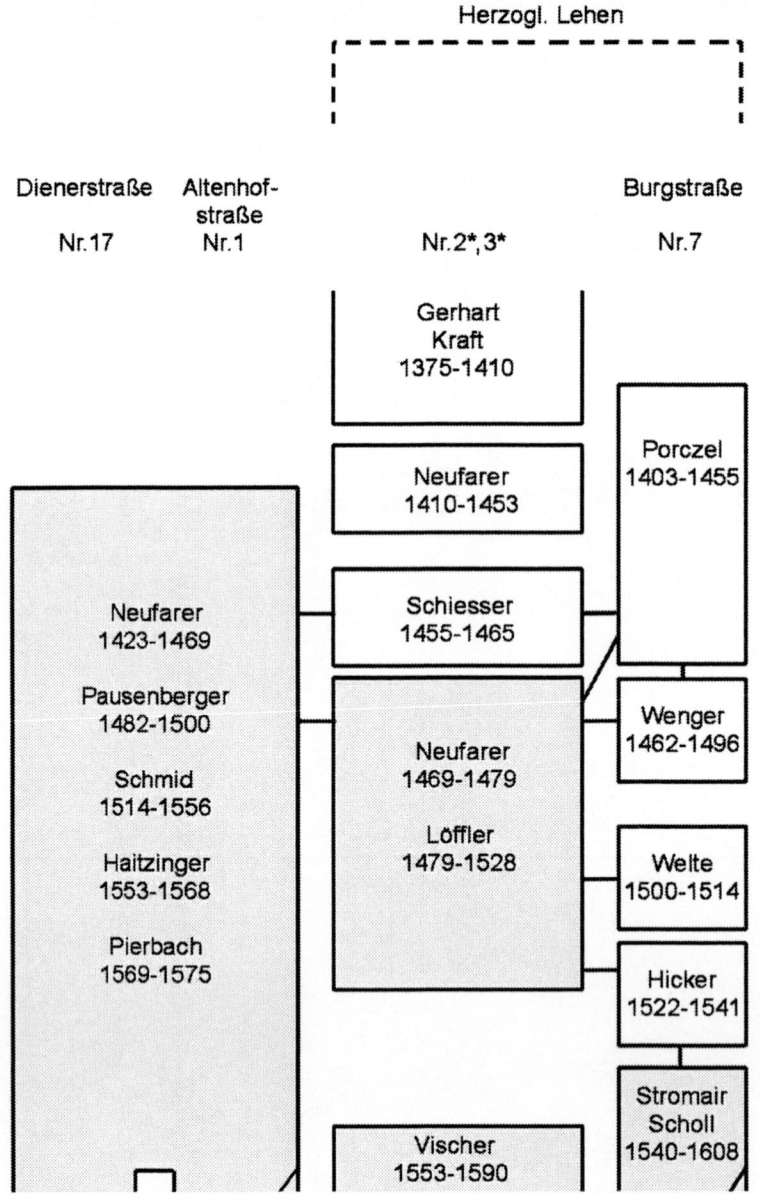

Abb. 59 Hauseigentümer Dienerstraße 17, Altenhofstraße 1 – 3*, Burgstraße 7.

1572

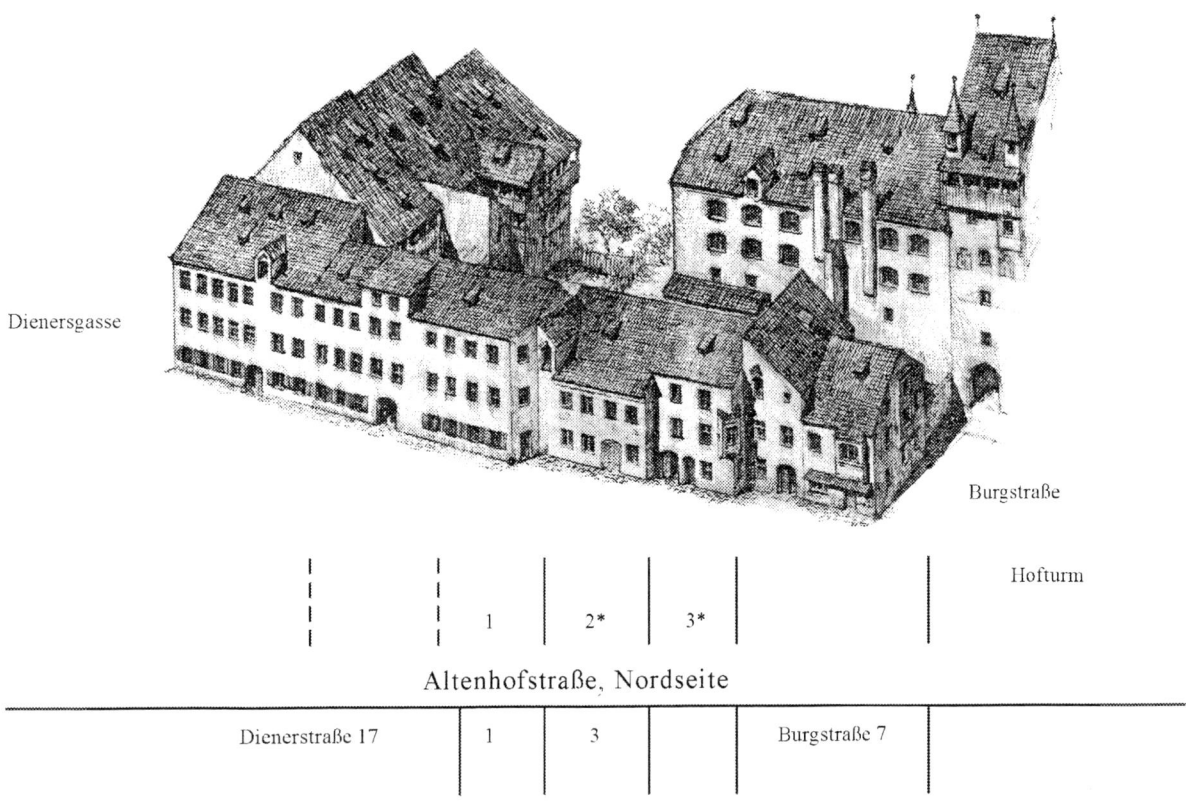

Altenhofstraße, Nordseite

1939

Abb. 60 Dienerstraße 17, Altenhofstraße Nord Nr. 1 – 3*, Burgstraße 7, Häuserbuch Graggenauer Viertel S. 2/3.

* Hainrich Newfarer, 1410-1439/II, 1441/I goltsmid [Lehensinhaber].[1] 1453 relicta Neufarer
    St: 1410/I: 0,5/-/12 iuravit, 1410/II: -/5/26, 1411: 0,5/-/12, 1412: -/5/26, 1418, 1419: -/5/26, 1423: -/6/-, 1428: 14 gross, 1431: -/10/- iuravit, 1453: Liste
    Sch: 1439/I-II, 1440, 1441/I-II: 1,5 t[aglon], 1445: 2 ehalten, dedit
    StV: (1428) fúr sich, sein hausfrau, sein ehalten und ain hoffrawen Katrey salve.
* domus [Ulrich] Schiesser [Lehensinhaber]
    St: 1456-1458: Liste, 1462: -/-/80
** Hanns Neufarer [Goldschmied[2]] [1469-1479, Lehensinhaber]
** Hanns Lóffner (Lófler) [Lehensinhaber, ∞ Anna]. 1486 Loffler goldschmid und sein swiger.[3] 1490 Hans Lofler goltschmid und sein swiger. 1496, 1500, 1508, 1514 Hans Lófler (Löffler) goltschmid, 1522 patrimonium. 1523-1528 relicta Löfflerin, 1528 matrimonium
    St: 1482: -/2/20, 1486, 1490: 1/-/25, 1496: 1/5/-, 1500: 1/1/5, 1508, 1509: 2/-/27, 1514: Liste, 1522: 1/2/26, 1523: -/3/7 juravit, 1524-1526, 1527/I: -/3/7, 1527/II, 1528: -/3/12
    StV: (1522) mag bis jar schwern. (1528) dedit maister Hanns Stadlman [frstl. Hofschneider].
    sein swiger
        St: 1482: -/1/20
** Steffan vischer hofschneider. 1563-1571 domus Steffan vischer hofschneider
    St: 1553, 1554/II, 1555-1559: -/-/-, 1560: -/1/12 de domo, 1561: an chamer, 1563: -/5/10 von zinsen, 1564/I: -/5/10 de domo, von zinsen 1564/II, 1565, 1566/I: -/5/10 von (seinen) zinsen, 1566/II: -/5/10 vom hauß, 1567/I: -/5/10 steur vom hauß, 1567/II: -/5/10 vom hauß, 1568: 1/3/20 de domo, 1569, 1570: -/5/10 de domo, 1571: -/5/10 von seinem hauß
    StV: (1553) zalt infra fol. 73 col. 2 [= 73v, Ewiggeld]. (1554/II) zalt infra fol. 72 col. 2 [= 72v, Ewiggeld]. (1555) zalt infra fol. 74 col. 2 [= 74v, Ewiggeld]. (1556) habet infra fol. 72 [= 72r, Ewiggeld]. (1557) zalt infra fol. 72 [= 72r, Ewiggeld].[4] (1558) habetur infra fol. 75 col. 1 [= 75r, Ewiggeld]. (1559) zalt infra fol. 73 [= 73r, Ewiggeld]. (1563) mer de anno [15]61 -/1/12. (1565, 1566/I-II, 1567/I) de domo von zinsen.

Bewohner Altenhofstraße 3* (mit 2*):

Ott sneyder inquilinus Gerhaerttel
    St: 1381: -/-/12
    StV: (1381) item de anno preterito tantum.
Ulrich Helt St: 1381: -/-/21 gracianus
Pawrenermel sartor inquilinus St: 1383/I: -/-/24
Gotschl sporer inquilinus St: 1387: -/-/20 iuravit
Haincz Paer (Beyern, Beyer) inquilinus, 1390/I sporer, 1393 smid
    St: 1390/I: -/-/32 gracianus, 1390/II: -/-/48 iuravit, 1392: -/-/36, 1393: -/-/48
Simon gúrtler inquilinus St: 1393: -/-/20 gracianus
Nyenderthaim gúrtler inquilinus St: 1394: -/-/16
Liebel messrer inquilinus St: 1396: -/-/12 gracianus
Peter draeschel St: 1399 -/-/20
Perchtolt chaufflin inquilina St: 1403: -/-/60 fúr 6 lb
Johannes Spanhofer St: 1428: dedit 1 gross
Hainrich Gabler Sch: 1439/I: 1 t[aglon]
Andre Stúcz kramer inquilinus Sch: 1441/II: -/-/8
Hanns Arb (Árb), 1453 goltsmid[5] St: 1453, 1454: Liste

---

[1] Hainrich Newfarer 1418 und 1419 hinter Dienerstraße 18 (Ecke Altenhofstraße Süd) stehend, 1445 hinter Dienerstraße 17 (Ecke Altenhofstraße Nord), sonst hinter Burgstraße 6 (Ecke Altenhofstraße Süd). – Frankenburger S. 269.
[2] Frankenburger S. 277.
[3] Hanns Löffler 1498 und 1499 Vierer der Goldschmiede, vgl. RP. – 1486 stehen alle zu diesem Haus gehörenden Namen zwischen Dienerstraße 17 und 18. – Frankenburger S. 281/282.
[4] Und zwar zahlt er von 29 fl Ewiggeld des Klosters Schäftlarn 3/6/2 Steuer an die Stadt, 1558 sind es für die 29 fl sogar 7/5/4, 1559 2/4/20.
[5] Frankenburger S. 272/273.

Ludwig seidnnater,[1] 1455, 1456 inquilinus. 1458 Ludwig seidnnaterin
    St: 1455-1458: Liste, 1462: -/3/-
Hanns Schreyer. 1462 relicta Schreyerin St: 1457, 1458: Liste, 1462: -/-/60
Erhartt kramer St: 1462: -/-/70
Seydel kramerin inquilina St: 1462: in kamer
Albrecht kochin St: 1462: -/-/45
Hanns Rot,[2] 1482 schneider St: 1482, 1486: nichil
Jorg Daichsteter St: 1482: -/-/60
Jorg kramer St: 1486: -/-/60
Conrad schmid [Messerschmied] St: 1486: -/-/60
Linhart Kern, 1508-1525 peitler
    St: 1508, 1509: -/-/60, 1514: Liste, 1522-1525: -/2/-, 1526: nichil, zollner worden
relicta Swarzpergerin St: 1514: Liste
Hanns Strasser St: 1526, 1527/I: -/2/-
Hanns Bernhart, 1527/II, 1529 peitler, 1528 hofpeitler St: 1527/II, 1528, 1529: -/2/-
    Lorentz Bernhart peitler St: 1532: -/2/-
Wolfganng (Wolff) Moßhamer [von München[3]], 1527/II-1547 goldschmid
    St: 1527/II, 1528, 1529: -/4/27, 1532: -/4/27, 1540-1542: -/5/21, 1543: 1/4/12, 1544: -/5/21,
        1545: 2/5/20, 1546, 1547: 1/2/25
relicta Húlgerin[4] St: 1532: -/5/13
Jacob Winckler schwertfeger St: 1540, 1541: -/2/-
Hans Húrlapain, 1542-1547 urmacher
    St: 1542: -/-/21 gracion, 1543: 1/-/- juravit, 1544: -/3/15, 1545: -/4/-, 1546, 1547, 1549/I: -/2/-
    StV: (1543) ist doplt gesteurt.
Gilg Gúndl (Gyndl, Gindl, Gündl), 1548-1549/II hoffpeutler, 1550-1551/II peutler
    St: 1548, 1549/I-II, 1550, 1551/I: -/2/-, 1551/II: zalt supra fol. 43 col. 2 [= 43v, Graggenau]
Hanns zieglerin St: 1548, 1549/I-II, 1550, 1551/I: -/2/-
Jacob tischmacher St: 1549/II: -/-/14 gracion
Wolff Greiltanner [Messerschmied[5]] St: 1550, 1551/I: -/2/-
Michl rothschmid[6] St: 1551/II, 1552/I: -/2/-
Jorg Seufrid (Seyfrid),[7] 1552/I-1553 dúrlpader, 1553, 1554/I aderlasser
    St: 1552/I-II, 1553, 1554/I: nihil, als lang sein bstallung werd
Wolff falckhner.[8] 1559, 1561, 1563 Wolff Stockhmair falckhner
    St: 1553: -/2/-, 1559, 1561: -/2/-, 1563: an chamer
    StV: (1559, 1561) mer -/-/28 fúr p[ueri] Khriml.

Burgstraße 7
(teils mit Löwenstall als Hinterhaus)

Lage: 1502 „vor dem tor Unnser allten vesst". 1574 „Ögkhaus".
Name: 1725 „Löweneck".[9]
Charakter: Seit etwa 1522 Apotheke.

---

[1] Ludwig seydennater 1464-1480 wiederholt Vierer der Zunft der Maler, Glaser und Seidennater, vgl. RP.
[2] 1486 stehen alle Namen dieses Hauses zwischen Dienerstraße 17 und 18. Ein Hanns Rott ist 1508 Vierer der Gewandschneider, vgl. RP.
[3] Der Name steht 1528, 1529, 1540 ff. zwischen den Häusern Dienerstraße 17 und 18, sonst hinter Burgstraße 6. – Gewerbeamt 1631 S. 87v Nr. 48. – Frankenburger S. 287.
[4] Magdalena Hilgerin, ∞ Hanns Stadlmann, frstl. Hofschneider, lt. Urk. F III a 3 Nr. 84 (16.2.1537).
[5] 1550 und 1551/I unter Dienerstraße 18 aufgeführt.
[6] 1551/II und 1552/I unter Dienerstraße 18 aufgeführt. Beruf Messerschmied vgl. Gruftstraße 3* und Dienerstraße 8.
[7] Immer zwischen Dienerstraße 17 und 18 aufgeführt.
[8] Ab 1559 zwischen Burgstraße 6 und 7 aufgeführt, davor zwischen Dienerstraße 17 und 18.
[9] Vgl. Stahleder, Haus- und Straßennamen S. 394, 386/387.

Eigentümer Burgstraße 7:

Das Haus steht fast vollständig auf dem Ende des 14. Jahrhunderts verfüllten trockenen Burggraben.[1] Das Obereigentum liegt beim Herzog, der es als Lehen vergibt:

1403-1431 domus Pörczel koch (StB).

1455 März 19 das Haus, das „weylant", dem Porczel koch gehörte, ist dem Haus benachbart, das jetzt Herzog Albrecht III. dem Ulrich Schiesser zu Lehen gibt (Altenhofstraße 3*, mit 2*).[2]

1465 März 30 wieder ist das Haus „weylent des Porczls kochs" dem Haus benachbart, das jetzt Margaret Vorherin, Witwe des Schiesser (Altenhofstraße 3*, mit 2*), vom Herzog als Lehen bekommt.[3]

1469 August 5 immer noch ist „weylent dez Porczels kochs" Haus dem Haus von Hans Newfarer und seiner Schwester Anna Sumer (Altenhofstraße 3*, mit 2*) benachbart.[4]

1479 Juni 11 „weylend des Porczels kochs, so yetzo der Wennger kistler besitzt", Haus ist dem Haus benachbart, das jetzt dem Hanns Löffler verliehen wird (Altenhofstraße 3, mit 2).[5]

1500 domus Lutz [Weldte] palbierer (StB).

1501 o. D. Lehenbrief des Hofbarbiers Lutz Weldte: Danach war das Haus ursprünglich Eigen und wurde dem Herzog zum Lehen aufgetragen. Dafür erhielt Welte es zusammen mit dem Hinterhaus, in dem sich der herzogliche Löwenzwinger befand und das mit Grund und Boden zum Alten Hof gehörte, als von nun an zusammengehöriges Lehen zurück.[6]

1502 September 29 Herzog Albrecht IV. übergibt seinem Barbier Lutz Weldte den hinteren Stock an seinem Haus, „so etwo ain lebenstal ist gewest, zenagst an Unnserm garten vor dem tor Unnser allten vesst an der purckgassen wertz gelegen und an der ainen seiten an Hannsen Lefflers goltschmids daselbs behausung (Altenhofstraße 3*, mit 2*) stossend". Dieser hintere Stock hat „dann ân mitl zu vermelter Unnser vesst mit grundt und podm gehört" und wird jetzt rechtes Eigen des Weldte und soll fortan zu dessen Haus gehören, an das der Löwenstall angebaut ist.[7]

1508-1514 domus Lucz [Weldte] palbirer (StB).

1526 April 11 der Apotheker Mang Hucker/Hicker und seine Hausfrau Anna verkaufen aus ihrem Haus an der Burgstraße neben dem Löwengarten und Hannsen Löfflers des Goldschmieds Haus (Altenhofstraße 3*, mit 2*) ein Ewiggeld.[8]

1542 Mai 22 der Hofapotheker Vicentz Stromair hat der Witwe des Apothekers Mei-ster Mang Huckher ein Ewiggeld von 27 Gulden um 540 Gulden verkauft, wohl zur Erlegung der Kaufsumme.[9]

1574 laut Grundbuch (Überschrift) des „Perchtram Scholl Hofapoteggers Ögkhaus".

1576 Mai 6 Veronica Zwikhöpffin, weiland Vicentzen Stromairs hinterlassene Witwe, verkauft dieses ihr Haus ihrem Schwiegersohn und ihrer Tochter Berchtram und Mechthild Scholl, Hofapotheker, um 1000 Gulden rheinisch.[10]

Eigentümer Burgstraße 7:

* Obereigentümer ist der Herzog, der es als Lehen vergibt:
* domus Porczel (Pórczel), 1403-1416, 1423, 1428, 1431 koch
    St: 1403-1423: -/-/-, 1428: dedit 6 gross, 1431: -/-/-
    StV: (1428): fur sich, sein hausfraw, seine kind und sein infrawen.
* Andre Wenger,[11] 1462, 1486, 1490, 1496 kistler
    St: 1462: -/-/60, 1482: -/3/-, 1486, 1490, 1496: -/-/60

---

[1] Behrer, Das unterirdische München S. 59.
[2] BayHStA, Oberster Lehenhof 2 (Lehenbuch) S. 7v.
[3] BayHStA, Oberster Lehenhof 3 (Lehenbuch) S. 24v.
[4] BayHStA, Oberster Lehenhof 3 (Lehenbuch) S. 25r.
[5] BayHStA, Oberster Lehenhof 3 (Lehenbuch) S. 26r.
[6] Kutter S. 240 nach OL 3/27r-1.
[7] BayHStA, Oberster Lehenhof 3 (Lehenbuch) S. 27v/28r.
[8] Geiß, St. Peter S. 333 nach Kopialbuch der Priesterbruderschaft S. 83.
[9] Stadtgericht 207/1 (GruBu) S. 375v.
[10] Stadtgericht 207/1 (GruBu) S. 375v.
[11] Andre Wenger 1496 vor Hans Löfler stehend, also Burgstraße 7 vor Altenhofstraße 3. Er dürfte der Andre kistler sein, der 1459, 1461, 1463, 1466, 1475, 1480 und 1485 wiederholt Vierer der Kistler ist, sicher ist aber Andre Wennger Kistler-Vierer in den Jahren 1467, 1468, 1471, 1482, 1489 und 1494, vgl. RP.

* domus Lutz [Weldte] palbierer[1] [Lehensinhaber]
    St: 1500, 1508, 1509: -/1/12, 1514: Liste
* maister Mang Hicker [aus Straubing]. 1523 maister Mang apotecker.[2] 1524, 1526-1529, 1540 Mang Hicker apodecker. 1525, 1532 maister Mang Hicker apotecker. 1541 Manng apodeckher [Hofapotheker, ∞ Anna]
    St: 1522-1525: confect, 1526-1529: -/-/-, 1532: -/1/1, 1540: nihil, 1541: confect
    StV: (1522) et -/-/22 von seinen heusern. (1523-1529) (et dedit) -/1/1 von seinen heusern, (1523:) zugesetzt. (1523-1525) et dedit -/1/5 für der Anthóniger haus (1523, 1524:) am Roßmarckt. (1526) et dedit -/1/5 von der Anthoniger haus, biß jar nichts. (1532) et dedit -/6/22 für p[ueri] Rulanndin. (1540) sed dedit -/1/5 von 5 fl gelts. (1541) et dedit -/1/5 von 5 fl gelts.
** Vicentz Stromair [∞ Veronika Zwikopf], 1542-1564/I, 1565-1567/I apodeckher, 1564/II hofapoteckher. 1567/II Vincentz Stromair apotekhers ayden
    St: 1540, 1541: -/-/21 von 3 fl gelts, 1542-1544: nihil, confect, 1545: al dopl confect, 1546-1554/I: confect, 1554/II, 1555-1557: -/5/10 schenckhsteur und confect, 1558: 1/3/20 und confect, 1559-1567/II: confect
    StV: (1546-1552/I) mer -/5/10 schenckhsteur.
** Perchtram Scholl apoteckher [∞ Mechthild Stromair]
    St: 1568-1571: confect

Bewohner Burgstraße 7:

Agnes inquilina St: 1406: nichil habet
Ruppel (Rupprecht) Teininger (Teninger)
    Sch: 1439/I-II, 1440, 1441/I-II: 1 t[aglon]
    St: 1450, 1455-1458: Liste
relicta [Barbara] Urmúllerin inquilina St: 1514: Liste
Wendl [Pfeil]schiffter St: 1523: nichil

Alter Hof

Nota[3]: Herczog Albrechtz hofgesind 1428:

[Gesinde in der Neufeste:]

Ulrich Laurein dedit 3 gross
Hainrich pfister dedit 2 gross pro se et uxore
Fridrich Rorbeck dedit 20 gross
Jacob eintrager dedit 2 gross pro se et uxore[4]

---

[1] 1514 versehentlich schon vor Burgstraße 6 stehend.
[2] Meister Mang Hicker 1510-1515 Stadtapotheker, 1526 als Hofapotheker belegt, vgl. R. v. Bary III S. 1031.
[3] Die folgenden Namen – Hofgesinde, herzogliche Schutzjuden und Geistliche der Frauenpfarrei – sind an das Steuerverzeichnis (Reichssteuer des Gemeinen Pfennigs), Steueramt 584 (neu), am Schluß angefügt (S. 42r/45v) und werden hier willkürlich dem Alten Hof zugerechnet. Zumindest Pfarrer und Pröpste der Frauenpfarrei und die Juden haben sicher nicht im Alten Hof oder der Neufeste gewohnt, sondern in der Stadt, wie es bei manchen auch angemerkt ist. Es lassen sich deutlich sieben Gruppen ausmachen: 1. Das Gesinde in der Neufeste, 2. Der Hofstaat der alten Herzogin Elisabeth, Gemahlin Herzog Ernsts und Mutter Herzog Albrechts III., 3. Hausgesinde, wohl Herzog Albrechts und wohl im Alten Hof. Mit dem Torwärtel verlassen die Steuereinnehmer das Haus und kommen nun 4. zum Gesinde außerhalb des Hauses, aber noch im engeren Burgbereich (Marstall, Hofkasten, Hofmeister). Dahinter steht alleine die junge Herzogin Elisabeth, Schwester von Herzog Albrecht, die der Schreiber vielleicht vergessen hatte und hier anhängte. Dann kommt 5. Hofstaat außerhalb des engeren Burgbereiches (Graggenau, Tal, die Frauenberger in der Residenzstraße) und sogar außerhalb der Stadt (der Waldecker zu Wallenberg), 6. Der Pfarrer der Frauenpfarrei und die beiden Kirchpröpste, 7. Die herzoglichen Schutzjuden (11 Familien mit 44 Personen).
[4] Vor Jacob eintrager getilgt: Peter koch et uxor.

Chuncz Setaler kellner dedit -/1/- gross
Els in der newn vest dedit 1 gross
Mánhart Prundel (?) und Wilhalm, des Eglingers knecht dedit 2 gross
Jorg Aichperger et servus dedit 2 gross
Hanns Mawsel et servus dedit 2 gross
Hanns Helfendorffer dedit 1 gross
Hainrich Urban dedit 1 gross
Peter Rósch koch dedit 1 gross
Hanns koch dedit 1 gross
Ull Guknper[g]er, dez Schellnbergers knecht dedit 1 gross
Óttel sneider et servus dedit 2 gross
Christan Twerck dedit 1 gross
Thoman kuchenmaister dedit 1 gross

[Hofstaat der Herzogin Elisabeth, Gemahlin Herzog Ernsts, Neufeste oder Alter Hof[1]:]

Johanes [Kratzer[2]], der hertzogin schreiber dedit 1 gross
Mukentalerin[3] et soror dedit 2 gross
Offensteterin[4] dedit 1 gross
Frawnsteterin[5] dedit 1 gross
Pernawerin dedit 1 gross
Pfennigmanin[6] dedit 1 gross
Roshappterin[7] dedit 1 gross
Kálblin dedit 1 gross
Katrein, der herczogin diern, dedit 1 gross

[Hausgesinde, wohl Alter Hof:]

Ulrich koch dedit 1 gross
Ortel kúchenknecht[8]

---

[1] Laut Haeutle, Die Residenz S. 13 wohnte Herzog Ernst im Alten Hof, während der frisch vermählte Herzog Wilhelm III. 1433 die Neufeste bezog. Fürstliche Ehepaare dieser Zeit wohnten jedoch nicht grundsätzlich zusammen, sodaß Herzogin Elisabeth durchaus in der Neufeste gewohnt haben kann.

[2] Johannes Kratzer ist auch an anderer Stelle für 1427/28 als Kanzleischreiber der Herzogin Elisabeth belegt, vgl. von Andrian-Werburg, Urkundenwesen S. 61, 47.

[3] Vielleicht gehört sie zu Erhard dem Muggenthaler, der 1414-1429 als herzoglicher Rat belegt ist, 1407 Diener der Herzöge Ernst und Wilhelm, 1418 Haushofmeister von Ludwig im Bart von Ingolstadt, 1421 dessen Hauptmann, dann Pfleger von Arnsberg (1420), Abensberg (1421) und Riedenburg (1423), vgl. Lieberich, Landherren S. 286, von Andrian-Werburg, Urkundenwesen S. 128, 150.

[4] Die Offenstetter gehörten laut Hundt zum Bayerischen Turnieradel. Sie nannten sich nach Offenstetten bei Abensberg. Hundt nennt einen Dionysi Offenstetter zu Offenstetten für das Jahr 1424, der auch eine Tochter Madlen hatte, die mit Peter Hochstetter, Forstmeister zu Durnpach, verheiratet war, Heiratsabrede anno 1427. Weiter nennt er einen Bernhart Offenstetter zu Offenstetten, der 1448 Pfleger zu Voburg war, vgl. Hundt, Stammenbuch I S. 287. Eine 1454 verstorbene Salome Offenstetter war mit einem Überacker, Angehörigem eines landsässigen oder ritterbürtigem bayerischen Geschlechts, verheiratet, vgl. MB III 216 (Excerpta ex libro sepulturarum Raitenhaslacensium) und Lieberich, Landherren S. 59 mit Anm. 199 zu einem um 1444 nachgewiesenen Virgil Überacker.

[5] Sie könnte zu Hans Fraunsteter (Fronsteter) gehören, der 1431 als herzoglicher Rat des Herzogs von Ingolstadt belegt ist. 1421 war er noch Rat der Stadt Wasserburg, vgl. Lieberich, Landherren S. 123 und RB XII 376 (6.11.1421).

[6] Ein Hans Pfennigman ist am 24.12.1419 als der Herzogin Elisabeth Kastner nachgewiesen, vgl. RB XII 331. Die hier genannte dürfte Ehefrau oder Tochter sein.

[7] Die Roßhaupter gehörten dem niederen bayerischen Adel an. Eine Tochter von Hans Roßhaupter war jedoch 1414 mit dem Pfleger von Altennußberg, Thoman Nußberger, verheiratet, dessen Familie dem höheren bayerischen Adel zuzurechnen ist, vgl. Lieberich, Landherren S. 63 und Hundt, Stammenbuch I S. 277. Auch bei der Roßhappterin hat man es also mit einer Dame des bayerischen Adels zu tun. Sie war vielleicht die Ehefrau des weiter unten genannten Heinrich Roshappter.

[8] Kein Eintrag.

Peter Hertzeysen dedit 1 gross
Ulrich Háring von Holczkirchen dedit 1 gross
Jorg Túrndel[1] dedit 1 gross
Hainrich, herczog Albrechcz kelner, dedit 1 gross
Psecho, Hainrich Liechtelfels, Tóllinger und Ulrich[2], dez Fridrich Rorbeck knecht dederunt 4 gross
des Hunthaimers knecht dedit 1 gross
Thomel, herczog Albrechcz kuchenknecht dedit 1 gross
Peter torbertel dedit 2 gross

[Gesinde außerhalb des Hauses, aber noch im engeren Burgbezirk:]

Chuncz Vogelin marstaler dedit 1 gross
Urban Wernnstorffer[3] dedit 1 gross
Wilhalm Dachawer[4] dedit 1 gross
Chunrat Oswald dedit 1 gross
Schaeperl marstaler dedit 1 gross
Benedict kastner dedit 1 gross
Ulrich Stetzlinger dedit 1 gulden reinisch pro se
Hainrich des Rásschbecken knecht dedit 1 gross
Albrecht Lanckhaimer dedit 1 gross
Pretzstorffer, hertzog Albrecht dedit 4 gross
Hainrich Rosháppter[5] dedit 1 gross
des Dachawers tochter[6] dedit 1 gross
Giglmair Trawner dedit 1 gross
Lienhart Lewtnbeck und Mertel sein knecht dedit 2 gross
Jan von Sedlitz, hertzog Albrechcz hoffmaister[7], dedit 3 reinisch gulden
Hainrich Spilberger dedit 1 reinisch gulden pro se et 3 gross pro servis
Hans Rasp und sein knecht dedit 2 gross
Márkel Vollenhals[8] marstaler dedit 3 gross pro se, uxore et ancilla
Chunrat marschalk von Papenhaim,[9] Hainrich, Fricz Piswanger et Pauls Pehaim d[ederun]t
    3 grossos (!)
Kristoff Sáffner dedit 1 gross
Hupffúll und Chunrat Hilpolczstainer dederunt 2 gross

---

[1] Ein Hans Türndl war schon 1396 bis 1402 und ein Albrecht Türndl 1404 bis 1413 Hofmeister der Herzogin Elisabeth, vgl. von Andrian-Werburg, Urkundenwesen S. 97/98.

[2] Ulrich über getilgtem Hainrich.

[3] Urban Wernstorfer ist 1443 bis 1446 städtischer Pfändermeister, vgl. R. v. Bary III S. 825. Er besitzt um 1435 bis 1437 das Haus Dienerstraße 1*, ab 1543 ein vielleicht späterer Urban Wernstorfer das Haus Kaufingerstraße 20*/21*.

[4] Die Dachauer gehörten zum höheren bayerischen Adel. Ein Conrat Dachauer zu Lauterbach wird von Hundt als fürstlicher Rat und Hofmeister der Herzogin Elisabeth, Gemahlin Herzog Ernsts, bezeichnet. Er starb 1439. Er hatte einen Sohn Wilhelm, der nach Meinung Hundts vielleicht vor dem Vater gestorben sei, und fünf Töchter: Ursula, Elspet, Amelia, Martha (verheiratet mit einem Hundt von Lauterbach) und Margaret (verheiratet 1437 mit Veit von Eglofstein). Eine davon dürfte die unten genannte Tochter des Dachauers sein. Vgl. Lieberich, Landherren S. 62-67 und Hundt, Stammenbuch I S. 181/182.

[5] Vgl. oben beim Hofstaat der Herzogin Elisabeth.

[6] Vgl. oben bei Wilhalm Dachauer.

[7] Jan von Sedlitz war von 1417 bis 1436 Herzog Albrechts Hofmeister, vgl. von Andrian-Werburg, Urkundenwesen S. 101 und Lieberich, Landherren S. 130.

[8] Ein domus Vollenhals findet man im StB 1423 (S. 20v) auf dem Gelände des sog. Burgstalles, also dem Gelände der heutigen Residenz, 1431 (S. 17r) ist es dann schon mit aller Vorsicht mit Residenzstraße 1* Haus E zu identifizieren; einen Hanns Vollnhals gibt es im selben StB (S. 21r) am Ende der Residenzstraße und damit etwa im Bereich des heutigen Hofgrabens.

[9] Konrad Marschall von Pappenheim war später, von 1433 bis 1437, herzoglicher Rat Wilhelms III., vgl. von Andrian-Werburg, Urkundenwesen S. 132 und Lieberich, Landherren S. 129.

der jung Sentlinger[1] dedit 1 reinisch gulden pro se et servus dedit 1 gross
Schellnberger[2] dedit 1 reinisch gulden

fraw Elspet, die jung herczogin dedit 1 gross

[Hofstaat außerhalb des engeren Burgbezirks, teils außerhalb der Stadt:]

Jorig[3] Waldegk[er] hat geben 3 gulden reinysch, gesessen die zeit zu Walenberg[4]
Ulrich Haczler[5], des Eglingers bruder dedit 1 gross
famulus unus in domo Frawnberger[6] [Residenzstraße 6/7[7]] dedit 1 gross
Hanns Prechtel von Lappach dedit 2 gross pro duabus famulabus (!) ipsius
Johanes, scriptor illius, Munstrer in valle [= im Tal] dedit 1 gross
des Jobs Rorbecken[8] junckfrau und diern dedit 2 gross
Margret bey dem Schellmberger dedit 1 gross
der Awerin junckfrau dedit 2 gross
Ulrich Frechtel wolschlacherknapp bey der prewin in der Grackenaw dedit 1 gross
Hainczel, des Syman Gail flosmans knab dedit 1 gross
des Wolfs verbers [Loders ?] diern Angnes dedit 1 gross
Hannsel des hofschusters[9] knecht dedit 1 gross
Ulrich, und ist er des Knállings knecht gewesen, dedit 1 gross
Andre messner in der vest dedit 2 gross pro se et uxore

[Frauenpfarrei:]

Item[10] plebanus in parrochia Beate Marie Virginis et Frantz Tichtel und Ott Sánftel, die zeit Unser Frawen pfarr kirchprobst, dederunt 3 lb d[e]n[ariorum] und 1 reinisch gulden von Unser Frawen gult und von der process gult den zwaincigisten pfennig.

Nota[11]: Die Juden:

der alt Sálickman dedit 4 reinisch gulden für sich selb vierd
Josepp Salickman dedit 3 gulden für sich selb dritten und hat geben mer 1 gulden reinisch für Freindlin, ain tochter
Feyfel, Salichmans sun, dedit 3 gulden für sich, sein weib und sein diern Gailen

---

[1] Vielleicht Hans Sentlinger, Sohn von Matheis. Er ist allerdings 1407 schon im Erwachsenenalter (MB XX S. 119). Am 3.4.1411 wird er Diener von Herzog Wilhelm genannt, der ihm 60 ungarische Gulden schuldet, am 14.6.1414 ist er Mitrichter bei einem Prozeß vor dem Landgericht Dachau, ebenso 1416, vgl. RB XII 92, 166 und MB XVIII Nr. 386 S. 331. Am 6.2.1432 ist er schon tot, vgl. BayHStA, Kurbayern U 20523 (alt GU Dachau Nr. 91).

[2] Vielleicht der spätere Stadtoberrichter Wilhalm Schellenberger (1438/42), ab 1442 herzoglicher Küchenmeister, vgl. R. v. Bary III S. 796.

[3] Ab hier stehen die Namen auf einer neuen Seite (S. 43v).

[4] Georg von Waldeck war seit 1425 im Dienst Herzog Ernsts, später (nach 1437) Nachfolger von Jan von Sedlitz als Hofmeister, vgl. von Andrian-Werburg, Urkundenwesen S. 101/102; Lieberich, Landherren S. 127.

[5] Im StB von 1431 (S. 17r) gibt es „pueri Haczler" zusammen mit dem domus Jobs von Reichen in der Residenzstraße, auf dem Gelände der späteren Residenz (Residenzstraße 1* Haus B), letzterer auch 1423 an dieser Stelle (S. 20v).

[6] Jörg Fraunberger zum Haag war um 1424 bis um 1432 herzoglicher Rat, vgl. von Andrian-Werburg, Urkundenwesen S. 124.

[7] Zur Lokalisierung vgl. Stahleder, Bierbrauer S. 100/101.

[8] Jobst Rorbeck von Rorbach war 1413-1415 Stadtoberrichter von München, dann 1423-1430 Hofmeister der Herzogin Elisabeth, vgl. R. v. Bary III S. 796 mit Quellen, von Andrian-Werburg, Urkundenwesen S. 95, 98.

[9] 1423 (S. 20v) und 1431 (S. 17v) ist in den Steuerbüchern ein Heirnich Hofschuster an der Ostseite der Residenzstraße belegt.

[10] Die Namen dieser Geistlichen stehen auf S. 44r.

[11] Diese Namen stehen auf S. 45v.

Abraham, Sálickmans sun, dedit 5 reinisch gulden für sich, sein weib und für drew kind
schulkloppfer Salmon dedit 4 gulden reinisch für sich selb vierd
Mosse, des Ysack sun von Weilhaim, dedit 5 gulden reinisch für sich, sein weib und fur zway kind und für Eliam ain knaben
Joseph von Dachaw dedit 4 reinisch gulden fur sich, sein weib und zway kind
Abraham und ist von Dachaw herein gezogen dedit 7 reinisch gulden für sich, sein weib, für vier kind und für Dyna, des Mánndels tochter von Dachaw
Swarczman jud selb sechst dedit 6 reinisch gulden etc.
Raffahel jud von Regenspurg dedit 1 reinisch gulden
Sálickman dedit 1 gulden reinisch fur sein een Joseph von Trawnstain[1]

[Hofgesinde[2] ?]:

Hainrich von Óringen münssmaister dedit 2 ducatas pro se et uxore[3]
Húgly von Wiel dedit 1 gross
Marcus Háfely [Münzmeister[4]], uxor et iuvenes dedit 3 gross
Zucksaws, uxor et filia dedit 3 gross
Hanns von Gútenburg dedit 1 gross
Riedrer et masculus dedit 2 gross
Rúff dedit 1 gross
Henny Bantly dedit 1 gross
Henny von Gútenburk dedit 1 gross
Jacob Henny, uxor et masculus dedit 3 gross
Georius Hefely dedit 1 gross
maister Betzman, uxor et virgo dedit 3 gross
Johanes Fridlin dedit 1 gross
Gernstlin dedit 1 gross
Kaschawer dedit 1 gross
Hanns Stainibrun dedit 1 gross

Item ain frembde person von Núrenberg bey dem Prämer kúrsner dedit 1 gross

Burgstraße 8 – 10
(„Marstall", „Herzog Ludwigs Haus" am Bach, später Ledererstraße 26 „Zerwirkgewölbe")

Die Schnitzer:

Die wechselvolle Geschichte dieses Gebäudekomplexes zwischen Altem Hof und Schlichtingerdurchgang beginnt am 20./21. Oktober 1342. Eigentümer des gesamten Haus- und Grundstücksbestandes sind zu dieser Zeit Kaiser Ludwig der Bayer und sein Sohn Herzog Stephan II., mit der Hafte. Das Areal ist Teil des Alten Hofes und wird an einen Hofbediensteten, den Armbrustschützenmeister

---

[1] Das sind 44 Personen, die von 10 Familienoberhäuptern repräsentiert werden. Etwa 24 von den 44 Personen sind unmündige Kinder, für die das Familienoberhaupt die Abgabe bezahlt. 17 Personen oder 4 der 10 Familien gehören zur selben Sippe, nämlich der des Seligmann. Bei 4 weiteren ist nicht eindeutig, ob es sich um Münchner Juden handelt, die gerade erst zugewandert sind (wie es von einem von ihnen ausdrücklich gesagt wird), oder um Juden in Regensburg und bayerischen Kleinstädten (Dachau, Weilheim, Traunstein), die wahrscheinlich zu klein waren um eine eigene Judengemeinde zu bilden und für die die Juden in München die Abgabe mitbezahlten bzw. vorstreckten. Das sind noch einmal 17 Personen.

[2] Die hier folgenden Namen stehen auf der der Überschrift „Nota herczog Albrechtz hofgesind" gegenüberliegenden Seite (S. 41v), mit etwas Abstand an die Namen der Nordseite der Neuhauser Straße angeschlossen. Auffallend sind die südwestdeutschen oder schweizerischen Namen. Angehörige des Hofes ?

[3] Hainrich von Öringen ist auch 1436 als Münzmeister (Pächter) belegt, vgl. Solleder S. 42, am 9.1.1429 ist er Empfänger einer Urkunde, vgl. BayHStA, Kap. Staatsverwaltung 3502 S. 24r.

[4] Marx Hefelin ist 1435 Münzmeister (Pächter), vgl. Solleder S. 98.

(„magister ballistrum", „Schnitzer") „Perchtold den sniczer"[1] als Lehen vergeben. Wahrscheinlich gehören zu diesem Gebäudekomplex auch schon „Seifrid der snitzer in der Burg", der mit Ehefrau Kathrey, Sohn „Johann der snitzer" und Bruder Leuthold (1323 „des Pirsers eidam"), am 20. April 1367 in einer Urkunde vorkommt.[2] „Magister Perchtold" ist 1360 als städtischer Armbrustmeister belegt. Sein Nachfolger im Hausbesitz an dieser Stelle – Ulrich snitzer – findet sich in derselben Eigenschaft in den Jahren 1367, 1371 und 1381.[3] Perchtold Schnitzer war also nicht, wie Solleder glaubte, Bildhauer („Künstler"!), sondern Armbrustmacher. Er und die anderen Schnitzer dieser Zeit haben dem Kaiser und seinen Söhnen das Kriegsgerät beschafft, das sie für ihre zahlreichen Kriege gebraucht haben. Auch die Stadt hat sie dann praktischerweise als Verwalter ihres Kriegsgerätes – später nennt man das Zeugmeister – verpflichtet. Auch in späteren Quellen findet man noch den Wechsel in der Berufsbezeichnung von „Schnitzer" zu „Bogner", z. B. bei „Maritz pogner" oder „Maritz snitzer" in der Weinstraße 18* im 15. Jahrhundert oder zur selben Zeit bei „Francz sniczer" oder „Franz pogner" bei Marienplatz 7**. Andere Schnitzer – wie Erasmus Grasser – werden deshalb zur Klarstellung meist „pildsnitzer" genannt oder im 16. Jahrhundert dann auch „pildhauer".

Weil die Landesherrn dieser Zeit in der Regel kein oder nicht genug Bargeld hatten – das Steuersystem heutiger Zeit, das einer Regierung Jahr für Jahr die Gelder einbringt, mit denen sie die Staatsgeschäfte finanzieren kann, gab es noch nicht – bezahlten sie ihre Schulden mit dem einzigen, von dem sie genug hatten, nämlich mit Privilegien oder Vorzugsrechten: Sie verpfändeten ihren Gläubigern Zölle oder Schürfrechte nach Bodenschätzen oder verliehen ihnen einträgliche Ämter oder Liegenschaften. So verpfändete Kaiser Ludwig schon 1325 seinem Armbrustschnitzer Johannes („balisterio suo"), das Bräuamt mit seinen Einnahmen in München.[4] Eine Armbrust war im übrigen nicht billig: 1319 erhält derselbe Magister Johannes der Schnitzer pro Armbrust ein ganzes Pfund Pfennige aus der Stadtkammer.[5] In diesem Zusammenhang sind auch die Übertragungen der Grundstücke vor der Burg in München zu sehen.

Die wirtschaftliche und gesellschaftliche Stellung der Schnitzer verdeutlicht auch, daß bereits am 28. März 1316 Seifried der Schnitzer („in der Burg") und sein Bruder Leuthold für 25 Pfund Pfennige aus der Hand von Liebhard dem Sachsenhauser und seiner Hausfrau Agnes deren Vogtei über Sibichhausen am Starnberger See erwarben. Als Pfand setzten sie ihren Hof in Weipertshausen ein. Zeuge ist unter anderem Ulrich der Schnitzer.[6] Leuthold der Schnitzer wurde 1344 Seerichter in Starnberg. Als solcher ist er auch noch später nachgewiesen.[7] Am 4. April 1348 verkaufen der Seerichter Leuthold der Schnitzer von Starnberg und seine Hausfrau Adelheid ihre Vogtei über drei Höfe in Sibichhausen an einen Bürger zu Wolfratshausen.[8] 1318 ist wiederum eine Irmgard, geborene Pirser, mit einem Sachsenhauser verheiratet.[9] Ein Ulrich Pirser sitzt 1366 in Grünwald, 1376 ist ein Ulrich Pirser Bürger zu München.[10] Man erinnert sich hierbei auch daran, daß das Kloster Fürstenfeld zwischen 1266 und 1289 seinen Hof in München – ebenfalls auf herzoglichem Grund und Boden, einem eingefüllten Stadtgraben stehend – aus der Hand eines Ritters Heinrich von Sachsenhausen erhalten hat.[11]

Der Kaiser und seine Nachfolger haben sich im übrigen nie vollständig von den Liegenschaften in der Burgstraße getrennt. Das Obereigentum haben sie immer behalten. 1342 ist bereits von „Verleihen" die Rede. Auch 1398 heißt es bezüglich des Hauses Nr. 9, es sei von Herzog Stephan von Ingolstadt „lehenrührig". Der Verkauf des Hauses Nr. 8 im Jahr 1381 vollzieht sich ausdrücklich mit Zu-

---

[1] Solleder S. 57. – Lexer, Mhd. Taschenwörterbuch. – R. v. Bary, Herzogsdienst und Bürgerfreiheit S. 233 ff. – Solleder S. 340 (hier richtig). – Schnell, Münsing S. 126.
[2] BayHStA, KU München-Anger 251. Schnell, Münsing S. 123. – BayHStA, KU Benediktbeuern 162 (1323).
[3] KR 1360/62 S. 22r, KR 1367 S. 43v, 1371 S. 58r, 1381 S. 56r, 58r. – R. v. Bary III S. 896.
[4] Dirr, Denkmäler S. 110, der hier „balisterius" mit „Zeugmeister" übersetzt.
[5] KR 1318/25 S. 24v.
[6] BayHStA, KU Benediktbeuern 155.
[7] BayHStA, KU Beuerberg 74 (1344), Kurbaiern Urk. 19233 (1346).
[8] BayHStA, KU Wolfratshausen 215.
[9] BayHStA, KU Schäftlarn 26.
[10] BayHStA, Kurbaiern Urk. 17462 (1366), KU Schäftlarn 206 und GU Wolfratshausen 7 (31.5.1376).
[11] BayHStA, KL Fürstenfeld 366 S. 264/265. – Dirr, Denkmäler Nr. 20 S. 38/39. – Nicht folgen kann man den Ausführungen von Hans Rudolf Klein, Die Hofmarken Mörlbach und Bachhausen und der Sitz Aufhausen, See Verlag, Berg am Starnberger See 1999, S. 51/52, wenn er die Meinung vertritt, daß die Familien der Schnitzer und der Pirser „beide aus Mörlbach stammten" und daß „die Snitzer von Mörlbach auf Wunsch des Kaisers die Armbrustproduktion 1342 von Mörlbach nach München verlegt" hätten.

stimmung von Herzog Johann. 1385 wird Ulrich der Schnitzer bezüglich des Hauses Nr. 10 als „Pfandinhaber" bezeichnet, das Haus selbst aber als „lehenrührig" von den Herzögen. 1422 muß nicht ohne Grund Herzog Ernst Umbaumaßnahmen am Haus Nr. 8 zustimmen. Nicht zufällig tauchen hier deshalb auch immer wieder Personen mit besonderem Bezug zu den Herzögen und zum Hof auf und der Erwerb der Häusergruppe durch Herzog Wilhelm IV. zu Anfang des 16. Jahrhunderts ist im Grunde nur die Auslösung eines Pfandes oder der Einzug eines Lehens durch den Lehensherrn – mit entsprechender Ablösesumme natürlich.

Die Stadt München hat erstmals 1393 einen solchen Armbrustschitzer unter ihre Amtleute aufgenommen. Die städtischen Schnitzer erhalten bis 1440 ein vierteljährliches Grundgehalt von einem halben Pfund Pfennigen und werden für jedes gelieferte Stück eigens bezahlt. 1403 erhält Kaspar der Schnitzer 4 ½ Pfund Pfennige aus der Stadtkammer „umb armbrust" und um weitere 8 Armbrüste. Ebenfalls 1403/04 zahlte man Chunraden dem Schnitzer 8 ½ Pfund und 18 Pfennige von allen verfallenen Quatembergeldern und von seiner Arbeit, die er der Stadt im Krieg geleistet hatte „und umb núss und saenyg in armbrust". Er soll der Stadt weitere 144 Armbrüste dazu machen.[1] 1422 – wieder war Kriegszeit – musste die Stadt auch noch von einem Landsberger Schnitzer 22 Armbrüste kaufen.[2] Mit dem Vordringen der Handfeuerwaffen ging das Gewerbe der Schnitzer von der Mitte des 15. Jahrhunderts an zurück und ab 1450 sind in den städtischen Kammerrechnungen keine Hinweise mehr auf einen beamteten Armbrustschnitzer bei der Stadt zu finden. Von dieser Zeit an versteht man immer häufiger unter einem „Schnitzer" einen Bildschnitzer.

Das Gelände „vor der Burg" und seine frühe Nutzung und Bebauung:

Unter Berthold dem Schnitzer, spätestens unter Ulrich dem Schnitzer, beginnt nun die Aufteilung des Geländes, das offensichtlich noch nicht in der Form lückenlos bebaut ist, wie es auf dem Sandtner-Modell zu sehen ist. 1381 und 1386 ist ausdrücklich nur von Hofstätten die Rede, die den Besitzer wechseln, nicht von Häusern. Es entstehen nach und nach vier Häuser und ein zwischen Altem Hof und dem Haus Nr. 8 gelegener kleiner Laden. Das Haus Nr. 8, heute unmittelbar an den Alten Hof angebaut, steht vollständig auf dem ehemaligen Burggraben zwischen der Südflanke der Burg und der Altenhofstraße, der dann jenseits der Burgstraße in den Sparkassen- oder Pfisterbach einmündete. Dieser Burggraben war ein trockener Graben, also nie mit Wasser gefüllt, und wurde den jüngsten Grabungsbefunden durch das Bayerische Landesamt für Denkmalpflege zufolge Ende des 14. Jahrhunderts eingefüllt. Zwischen den Häusern 9 und 10 konnte 1386 noch die Grenze um 8 Schuh (etwa 2,40 Meter) in der Breite und 24 Schuh (etwa 72 Meter) in der Länge verschoben werden, was nur möglich war, wenn keine Häuser hier standen. Das war wohl die Geburtsstunde des sehr schmalen Hauses Nr. 9 B zwischen Burgstraße 9 A und Burgstraße 10.

Das Filetstück auf diesem Grundstück zwischen Burg, Pfisterbach, Gässel (Schlichtingerdurchgang) und Burgstraße war zweifellos ein einzelnes großes Haus am Bach. Es war offenbar sogar das einzige 1342 und 1354 auf diesem ganzen Areal stehende Gebäude. Denn 1342 und 1354 ist nur von einem einzigen Gebäude die Rede, das der Kaiser und sein Sohn an Perchtold den Schnitzer abtreten, nämlich das Haus genannt „der Marstall". Dieses Haus erscheint später stets als Hinterhaus zu Burgstraße 10. Schon 1391 heißt es beim Verkauf des Hauses Nr. 10 durch den Preysinger, sein Haus genannt „der Marstall", reiche mit dazugehörigem Garten und Hinterhaus „pis auf den pach". 1392 wird es das „gewelbe" genannt und als Nachbar das Haus des Hayden (Burgstraße 11) angegeben. Von diesem Gebäude am Bach hat auch später der ganze Komplex Burgstraße 10 mit Ledererstraße 26 jeweils seinen Namen. 1514 stößt der Besitz des Hans von Winsheim – Burgstraße 8 und 9 – „hinten an das haus Cristoff Dyethoffs, Lung genannt",[3] also Burgstraße 10. Dies ist jedoch nur möglich, wenn das Haus Nr. 10 einen rechten Winkel bildet.

Leider muß es gesagt werden: Dieses Gebäude ist nicht das heutige „Zerkwirkgewölbe". Umfangreiche Grabungen der letzten Jahre haben das zweifelsfreie Ergebnis gebracht, daß das „Zerwirkgewölbe" – auch wenn es manchem Betrachter noch so schön archaisch vorkommen mag – ein Bau aus

---

[1] Steueramt 573 (Leibgedingbuch 1404/09) S. 47r, 574 (Leibgedingbuch 1406/07) S. 6r. – „Nuz"/Nuzz bedeutet außer der Frucht „Nuß" auch die Kerbe am Armbrustschaft, in der die gespannte Sehne ruhte, „saenyg" ist die Sehne, vgl. Lexer, Mittelhochdeutsches Taschenwörterbuch.
[2] KR 1422/23 S. 85r. – R. v. Bary, Herzogsdienst und Bürgerfreiheit S. 236.
[3] BayHStA, Kurbayern Urk. 16413.

der Zeit um, eher *vor* 1730 (!) ist. Er stammt demnach aus der Zeit kurz bevor es 1733 vom Kurfürsten Karl Albrecht zurückgekauft und von da an als Lagerraum vom nördlich anschließenden Hofbräuhaus verwendet wurde.

Allerdings hatte das „Zerwirkgewölbe" den Grabungsbefunden zufolge einen Vorgängerbau, dessen Fundamente unter dem „Zerwirkgewölbe" ergraben werden konnten. Jedoch war auch das nicht Herzog Ludwigs Haus oder Marstall. Er lag zum jetzigen Gebäude (von um 1730) leicht schräg versetzt und stammte aus dem Ende des 16. Jahrhunderts. Wohl im Zuge der Errichtung des braunen Hofbräuhauses 1589/90 wurde die westliche Begrenzungsmauer des Baches von der Pfisterstraße bis zum Schlichtingerdurchgang vollständig neu gebaut. Auf dieser Bachbegrenzungsmauer saß der Vorgängerbau des heutigen Zerwirkgewölbes auf seiner ganzen Länge auf. Da seit den 90-er Jahren des 16. Jahrhunderts der Hofbaumeister Wendel Dietrich Besitzer dieses Gebäudes war, darf man wohl ihn als den Erbauer der „Kaimauer" und des Gebäudes am Bach ansehen.

Noch ältere Gebäudereste, also etwa solche, die in das 13. Jahrhundert (1264 !) zurückreichen, konnten bei den Grabungen nicht gefunden werden. Die Spuren von Herzog Ludwigs Haus oder Marstall auf dem Gelände zwischen Altem Hof, Burgstraße, Schlichtingerbogen und Pfisterbach, sind restlos verloren, sie sind lediglich urkundlich, auf dem Papier bzw. Pergament, greifbar.

Es ist also hier nicht im entferntesten vom heutigen „Zerwirkgewölbe" die Rede bei dem Bau, der hinter den Häusern Burgstraße 9 und 10 einen Querriegel bildete, sodaß Haus Nr. 9 rückwärts und seitwärts an das Haus 10 des Lung grenzte. 1515 verkaufte der Lung von Planegg dem Herzog sein vorderes Haus an der Burgstraße, dem Haus Nr. 9 benachbart, und den dazugehörigen hinteren, gemauerten Stock und Behausung „auf den pach stossend". 1552 nennt die städtische Kammerrechnung und 1574 das Grundbuch, ebenso 1589 die sogenannte Gründungsurkunde des Hofbräuhauses „Herzog Ludwigs Haus",[1] womit natürlich Herzog Ludwig II., der Strenge, der Vater von Kaiser Ludwig, gemeint war (regierte im Herzogtum Oberbayern 1255-1294). Es ist offensichtlich, daß um 1342 der Kaiser den von seinem Vater errichteten Marstall bereits aufgegeben hatte. Die Lage dieses Marstalls erscheint auch sehr ungünstig. Seit der Stadterweiterung unter seinem Vater lag das ganze Gebiet nördlich und westlich der Burg mitten in der Stadt, sodaß der Kaiser wohl bald daran ging, einen günstiger gelegenen Platz zu suchen, vielleicht schon auf dem Gelände des sogenannten Burgstalles, dem Standort der späteren Neufeste oder Residenz. Über den alten Marstall konnte man jetzt anderweitig verfügen. Er erwies sich als gemauerter Stock als vielseitig verwendbar. Für Armbrustschnitzer war er sicher ebenso geeignet wie für einen herzoglichen Hofmeister mit großer Hofhaltung oder im 16. Jahrhundert für die herzogliche Falknerei, danach für den Hofbaumeister Wendel Dietrich, der an seiner Stelle einen ersten Neubau errichtete. Der zweite Neubau, aus der Zeit um 1730, scheint dann zwischen 1733 und 1808 von der benachbarten – im Norden anschließenden – Hofbrauerei verwendet worden zu sein.

Nicht richtig ist, daß dieser Vor-Vorgängerbau des „Zerwirkgewölbes" „die" Hofbrauerei gewesen sei, auch wenn dies anhaltend behauptet wird. Das braune Hofbräuhaus wurde 1589 ausdrücklich neben oder nördlich hinter diesem Gebäude, anstelle eines Hennenhauses (Hühnerstalles) und des Hofbades (nicht zu verwechseln mit dem Herzogsbad !) errichtet. Das bestätigen im übrigen auch die jüngsten Grabungsbefunde. Das Falkenhaus wurde von einer eigens eingesetzten Kommission ausdrücklich als für eine Brauerei ungeeignet eingestuft. Nicht haltbar ist auch das gelegentlich zu lesende Baujahr 1264 für dieses Gebäude. Es ist über den Daumen gepeilt. Niemand kann für diese frühe Zeit für ein Gebäude ein so exaktes Baujahr angeben. Das Gebäude war zur Zeit der Gründung des braunen Bräuhauses wieder in Privathand, nämlich der des Hofbaumeisters Wendel Dietrich. Seine Familie besaß das Haus bis 1639. In diesem Jahr übernahm es die Familie des kurfürstlichen Hofbauschreibers Matthias Schlichtinger, die es dann bis zum 5./6. Februar 1733 besaß, als es Kurfürst Karl Albrecht erneut zurückkaufte, nachdem es offenbar kurz vorher wiederum einem Neubau weichen musste. Erst von jetzt an war es möglich, das Gebäude durch das benachbarte Hofbräuhaus nutzen zu lassen, zumindest bis dieses 1808 an das Platzl verlegt und dort mit dem weißen Hofbräuhaus vereinigt wurde. Das im 19. Jahrhundert am Gebäude angebrachte Fresko enthält demnach einen weiteren Fehler: Die Jahreszahl 1708 müsste 1808 lauten.

Die Urkunden von 1342, 1385 und 1391 gehören auch nicht, wie der Häuserbuch-Bearbeiter aus unerfindlichen Gründen geglaubt hatte, zum Haus Burgstraße 11 und auch der „Marstall" war nicht

---

[1] Stadtgericht 207/1 (GruBu) S. 371r. – HB GV S. 156 (Ledererstraße 26). – Hofbräuhaus München 1589-1989. 400 Jahre Tradition. Festschrift, München 1989, S. 23/25.

das Rückgebäude von Burgstraße 11, das auf der anderen, der südlichen Seite des Schlichtingerbogens liegt, sondern dies alles gehört zu Burgstraße 8-10.

In Burgstraße 10 wohnten ab 1551 verschiedene Hofbedienstete, so ab 1551 ein Hofkellner, der Hofkoch Valentin Meisl und der fürstliche Türhüter, ab 1560 auch der Löwenmeister oder Löwenwärter Schlapaumer, ab 1564 der Falkner Wolf Stockmair und der Hofkellner Müllauer. Gleichzeitig nennen die Steuerbücher ab 1564 das Haus „Falkenhaus".

Der Löwenstall:

1502 heißt es in einer Urkunde, daß sich „etwo", also einstmals, hinter dem Haus Burgstraße 7, ein Löwenstall befunden habe. Er ist demnach 1502 schon nicht mehr dort. 1514 liegen die Häuser des Hans von Winsheim Nr. 8 und 9 zwischen dem Tor zur Burg und dem „Lebengarten". Auch 1574 beschreibt das Grundbuch das Haus Nr. 8 als „Haus und Höfel, darin die Lewen sein". Der Löwenzwinger oder Löwenstall befand sich also spätestens seit Anfang des 16. Jahrhunderts hinter den Häusern Burgstraße 8 und 9. Deshalb wohnte günstigerweise auch von 1564/I an der Löwenwärter oder Löwenmeister Schlapaumer auf dieser Straßenseite, zunächst bis 1580 im Nachbarhaus Nr. 10, dann von 1581 bis 1592 bei Haus 8, wo ihm von 1594 bis 1597 der Löwenmeister Simon Franckh folgt. Dieser wechselt ab 1598 die Amtsbezeichnung und heißt ab jetzt „Provos". Ein „lebmaister" kommt ab jetzt nicht mehr vor. Der Löwenstall hat also schon vor 1500 seinen Platz gewechselt und sowohl Lipowsky als auch der Häuserbuch-Bearbeiter haben recht, wenn sie jeweils eine andere Stelle als Standort angeben.[1]

Der Löwenstall – ohne Ortsangabe – wird 1470 auch in der Stadtkammerrechnung genannt, weil die Stadt 1 Pfund 2 Schillinge und 15 Pfennige Einnahmen hatte, „von maister Frannzen umb aichen und feuchten [= Fichten-] holcz, das man gen hof zum lebenstal geben hat".[2] Im Spätherbst 1473 hat die Stadtkammer 60 Pfennige Ausgaben für die vier Fronboten, „das sy von haws zu hawß gesagt haben von der zwayr leben wegen, die man zu hof verlorn het".[3] Im August 1492 besuchten vier Gesandte der Republik Venedig München und berichteten, daß der Herzog mitten in der Stadt wohne und sehr glänzend Hof halte und daß er neben dem Tor des Hofes in zwei Verließen drei Löwen – ein schönes Schaustück! – halte.[4]

Die Familie Schiml:

Auch zur Familie Schiml soll hier etwas gesagt werden. Ott Schiml ist 1368 bereits steuerpflichtig (vgl. Marienplatz 24). 1377 und 1398 Kramer oder „institor" genannt, ist er nach dem Steuerbuch wohl schon um 1405 gestorben (laut Muffat vor 1411 November 18, am 15. September 1405 lebt er noch, den Steuereid für die Herbststeuer von 1405 schwört aber schon die Schimlin).[5] 1369 (22. November) kaufen er und seine Hausfrau vom Abt von Fürstenfeld ein Haus am Graben, wofür Adelhait Schimlin 1379 (25. Februar oder 4. März) einen Reversbrief ausstellt (Fürstenfelder Straße 13).[6] Otto und Adelheid sind also mindestens 1379, wahrscheinlich 1369 bereits miteinander verheiratet und haben 1379 drei Kinder. Beide sind also vor oder spätestens um 1350 geboren. Herzog Stephan von Ingolstadt weist am 5. Mai 1413 der Adelhaid Schimlin für eine Schuld von 731 Gulden den großen und kleinen Zoll zu Wasserburg an und nennt sie dabei „seine wirtin in München".[7] Deshalb ist der Sohn Hanns Schiml später Zöllner zu Wasserburg. Auf ihn und seine Hausfrau Ursula, geborene von Hausen,[8] geht der Schiml-Besitz an der Burgstraße über. Die Adelhaid Schimlin hat in der Burgstraße 10 (oder in dem Haus am Bach, dem ehemaligen „Marstall"?) eine Gaststätte betrieben, in der auch die Herzöge ein- und ausgingen. Katzmair hat im Juli 1397 Herzog Stephan von Ingolstadt dort aufgesucht, wo der Herzog zusammen mit Herzog Wilhelm in der großen (Gast-)Stube beim Essen saß. Am

---

[1] Vgl. HB GV S. 24 und 22.
[2] KR 1470/71 S. 39r.
[3] KR 1473/74 S. 79r.
[4] Stahleder, Chronik der Stadt München Bd. 1, S. 558 nach Henry Simonsfeld.
[5] Muffat, Kazmair-Denkschrift S. 515, 524. – „Kramer" auch Steueramt 632/1 S. 15v.
[6] BAYHStA, KL Fürstenfeld 366 S. 223, 219/220.
[7] RB XII S. 139.
[8] Schwester von Hanns von Hausen, vgl. Hufnagel/von Rehlingen, St. Peter Urk. 123 vom 11. März 1448.

Nachbartisch aßen Warmund der Pienzenauer und Albrecht von Tannheim.[1] Die Schimlin erscheint zwar in der Zeit der Bürgerunruhen nie unter den zahlreichen Wirten in den Kammerrechnungen, begegnet aber in derjenigen von 1398/99 mit einem eigenen Kapitel, in dem Geldzahlungen an sie im Jahr 1399 im Auftrag der Herzöge aufgeführt sind: 11 Pfund gab ihr die Stadt auf Anweisung des Herzogs aus der Stadtsteuer. Insgesamt hat ihr der Herzog 71 Pfund aus der Stadtsteuer zugewiesen. Dazu hat sie 18 ungarische Gulden „von dem Graispach" eingenommen und 10 Pfund von Asem dem Perhofer, die er der Stadt schuldig war „von puß wegen". Sie hat also während der Unruhen im Auftrag der Stadt Strafgelder einheben dürfen, wahrscheinlich solche, die ihr die Stadt zur Begleichung von Schulden (von Herzog Stephan ?) zugebilligt hatte. Außerdem gab die Stadt 100 Pfund Pfennige dem Tätzel von Nürnberg von Herzog Stephans wegen von dem Geld, das er der Schimlin verschafft hat von der Steuer des Jahres 1399.[2]

Zu der Legende von der Liebesaffäre des Herzogs Wilhelm III. mit der „schönen Adelhaid Schimlin" wurde bereits alles Nötige gesagt.[3] Tatsache ist, daß das Ehepaar Otto und Adelhaid zwei überlebende Kinder hatte: Kathrei, später nacheinander mit einem Wapp und einem Neumaister verheiratet (Burgstraßen 16 B), und den Sohn Hans[4], später Zöllner zu Wasserburg, gestorben vor 1423, verheiratet mit Ursula, geborene von Hausen, so 1413. Sie lebte noch 1462. 1463 werden beide als „selig", also tot bezeichnet.[5] Aus dieser Ehe gingen als dritte Generation ein Sohn Ulrich Schiml, von Beruf Kleriker des Freisinger Bistums, und die Tochter Barbara Schiml hervor. 1440 wird zu Ulricus Schiml „eius avia Alhaydis", also dessen Großmutter Adelheid genannt.[6] Die Tochter Barbara des Hanns und der Ursula Schiml – also die Enkelin der Adelheid – heiratete den Sohn Konrad von Egenhofen aus einer Verbindung von Herzog Wilhelm III. und einer unbekannten Frau. Konrad von Egenhofen und Barbara Schiml wiederum hatten als vierte Generation ebenfalls zwei Kinder: den Sohn Wilhelm von Egenhofen, der bei Burgstraße 10 von 1453 bis 1462 genannt wird, und die Tochter Magdalena von Egenhofen. Die Großmutter Ursula Schiml lebte noch 1462 und bezog mehrere Jahre die Einkünfte aus dem Brückenzoll des Bistums Freising, den die Stadt 1456 bis 1458 „zalt der [Ursula] Schymlin anstat irs anickel Wilhalm von Egenhofen".[7] 1463 nennt Wilhelm von Egenhofen ausdrücklich seinen lieben Ahnherrn Hans Schyml, weiland Zöllner zu Wasserburg selig, und Ursula seine Hausfrau, „mein liebe anfraw".[8]

Von einer anderen Beziehung des Herzogs und der Familie Schiml wissen die Quellen nichts. Für seinen unehelichen Sohn Konrad von Egenhofen kaufte 1409 Herzog Wilhelm von Jörg Tömlinger das Schloß Planegg mit Zubehör.[9] Das Ehepaar Konrad von Egenhofen und Barbara Schiml hatte außer dem Sohn Wilhelm von Egenhofen noch eine Tochter Magdalena, die in erster Ehe mit Georg II. Pütrich verheiratat war und in zweiter Ehe mit Christoph Dyethof, genannt Lung zu Planegg. Dieser war von 1500 bis 1504 Stadtoberrichter von München.[10]

Das Ehepaar Ott und Adelhaid Schiml besaß nicht nur den Hauskomplex Burgstraße 10 mit Ledererstraße 26, sondern erwarb am 15. September 1405 auch das jenseits des Pfisterbaches, ebenfalls unmittelbar am Bach gelegen Bad des Türlein (Türleinsbad). Dieses gehörte Bartlme Schrenck, der es kurz vorher von seiner verstorbenen Schwester Agnes, verwitwete Jakob Weissenfelderin, geerbt hatte („das padhaus, gelegen ... in der Gragkenaw enhalb des pachs ... das genant ist des Türleins pad").[11]

---

[1] Muffat, Kazmair-Denkschrift S. 467 § 10 bis S. 468 § 21.
[2] KR 1398/99 S. 143v.
[3] Niklas Frhr. von Schrenck, Die Egenhofer, Nachkommen Herzog Wilhelm III., in: Blätter des Bayerischen Landesvereins für Familienkunde Bd. IX, 1962-1964, S. 56-59. – Auch Muffat stellte bereits klar, daß „sich die Behauptung, daß Adelheid Schimlin dem Herzoge Wilhelm einen Sohn, Conrad von Egenhofen, Vater des obigen Wilhelm [von Egenhofen] geboren habe, als grundlos erweist", Muffat, Kazmair-Denkschrift S. 515.
[4] MB XX Nr. 154 S. 150/152 (1412).
[5] MB XX Nr. 160 S. 162, Nr. 181 S. 204-208, Nr. 328 S. 572/573.
[6] MB XX Nr. 232 S. 301-303.
[7] KR 1456/57 S. 50r (erstmals), 1458/59 S. 52r (letztmals).
[8] MB XX Nr. 328 S. 572/573.
[9] Solleder S. 71.
[10] R. v. Bary III S. 798.
[11] GB III 46/7.

Es ergibt sich folgende Stammtafel der Familie:

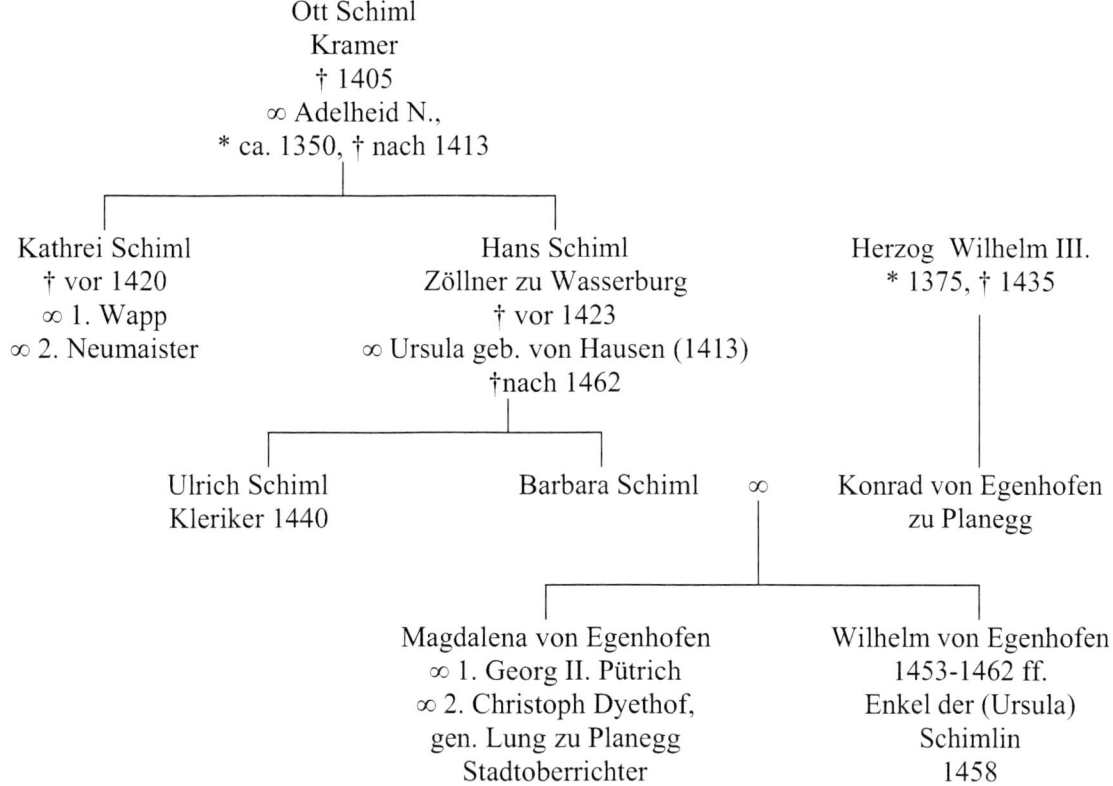

Lage: 1342, 1354 vor der Burg.

Eigentümer Burgstraße 8 – 10:

1342 Oktober 20/21 Kaiser Ludwig und Herzog Stephan II. verleihen den bürgerlichen Eheleuten Berthold und Kunigund (Armbrust-)"Snitzer" auf ihr beider Lebtag das Haus „vor seiner Burg", das der „Marstal" genannt wird.[1]
1354 Juni 7 Markgraf Ludwig der Brandenburger verleiht dem „Perchtold dem snitzer", Bürger zu München und seiner Hausfrau Kunigund das Haus „vor der Burg", das der „Marstal" genannt wird, mit dem Geding, daß er oder seine Erben dasselbe nach ihrem Ableben von ihren Erben gegen Erlag von 100 darauf geliehenen Münchner Pfennigen einlösen mögen.[2]
1367 April 20 „Seifrid der snitzer in der Burg" zu München, seine Hausfrau Katerey und ihr Sohn „Johans der snitzer", Bürger zu München, verkaufen ihren Zehenten zu Sauerlach mit Zubehör, welche Lehen von Herzog Stephan dem Älteren sind, an Ulrich den Pirsser von Grünwald. Siegler sind Johans der Schnitzer und Sighard der Pötschner, Bürger zu München.[3]
1370 die Baukommission beanstandet in der Burgstraße beim „sniczer sein laubn".[4]
Nachfolger von Bertold dem Schnitzer wird der (Armbrust-)Schnitzer Ulrich, der in den 80er Jahren drei nebeneinanderliegende Häuser hat.

---

[1] BayHStA, GUM 45, 46.
[2] BayHStA, Kurbayern Urk. 16276.
[3] BayHStA, KU München-Anger 251.
[4] Zimelie 9 (Ratsbuch IV) S. 4v (alt), 6v (neu).

Burgstraße 8
(zeitweise mit kleinem Laden zwischen Altem Hof und Burgstraße 8,
bis 1580 mit Löwenhof hinter dem Haus)

Laden zwischen dem Alten Hof und Burgstraße 8:

Er gehörte wohl immer zu Burgstraße 8. Deshalb auch der Streit mit der Witwe Engelhart 1427.

* Herzog Ernst [bis 1422 August 5]
* Freyberger [1422 August 5 bis 1427 Mai 27]
* Herzog Sigmund beziehungsweise Hans von Windshaim [1469 März 17]

Haus Burgstraße 8:

Lage: 1381, 1403, 1409, 1410 zunächst bei der Burg (vor der Burg). Unmittelbar an den Alten Hof anstoßend.

Eigentümer Burgstraße 8:

1370 die Baukommission beanstandet in der Burgstraße beim „sniczer sein laubn".[1]
Nachfolger von Bertold dem Schnitzer wird der (Armbrust-)Schnitzer Ulrich, der in den 80er Jahren drei nebeneinanderliegende Häuser hat:
1381 März 17 Herzog Johann genehmigt, daß Ulrich der „snizaer" das Häuschen zunächst bei der Burg zu München (Burgstraße 8) – als erstes – an den Bürger und Messerschmied Engelhard verkaufe.[2] Ein halbes Jahr später heißt es:
1381 Oktober 10 Herzog Johann bestätigt „Mertel dem sniczär in der puerg" zu München die Hofstatt, die er von „Ulrich dem sniczaer vor der puerig" gekauft hat (Burgstraße 9 A/B) und die zwischen des genannten Ulrichs anderem Haus (Burgstraße 10) und Engelharts des (Messer-)Schmieds (Burgstraße 8) Häusern gelegen ist.[3] Ein Schmied wohnt hier schon seit 1368. Besitz des Engelhard bleibt das Haus Burgstraße 8 bis in die Zeit zwischen 1416 und 1422. Der Schmied Engelhard zieht sich aber bald in die Sendlinger Straße zurück und überläßt das Haus in der Burgstraße seinem Eidam, dem Schneider Hainrich. Dieser ist nach 1416 verstorben. Seine Witwe Agnes streitet noch am 22. Mai 1427 um den Laden beim Haus Burgstraße 8.
1400 Januar 9 das Haus von Hainrich Engelhard dem Schmied ist dem Haus der Eheleute Payr von Ingolstadt beziehungsweise Ulrich Ursenberger (Burgstraße 9 A/B) benachbart.[4]
1403 November 24 das Haus des Ehepaares Elspet und Ulrich der Ursenperger an der Burggasse (Burgstraße 9 A/B) liegt dem Haus des Engelhart benachbart.[5]
Wiederholte Geldverlegenheiten lassen „Hainrich sneyder vor der púrg", des Engelharts Eidam, das Haus verpfänden, so
1409 August 8: An diesem Tag weist die Witwe Katrey des Hanns des Zalers vor dem Stadtgericht einen Span vor, den sie von „Hainczel des sneider wegen vor der púrg aus seinem haus" für 12 rheinische Gulden hat. Das Haus liegt „vor der púrg, znácht Otten des Schimmels haus" (Burgstraße 9 A).[6]
Neuerliche Verpfändung:
1410 April 29 „Hainrich der sneider vor der púrg" verpfändet sein Haus, gelegen „vor der púrg, znácht Otten des Schymmels haus" (Burgstraße 9/10) wegen 33 guter alter rheinischer Gulden „Hannsen dem Lawginger von Auspurgk".[7] Auch das Haus an der Sendlinger Straße, das einst ihrem

---

[1] Zimelie 9 (Ratsbuch IV) S. 4v (alt), 6v (neu).
[2] BayHStA, Kurbayern Urk. 16243. – Wegen der „raysa in Aybling" zahlt die Stadtkammer 1371 „Ullein dem snitzer" 10 Schillinge und 12 Pfennige aus. Zu diesem Kriegszug hatte die Stadt auch 16 Schützen geschickt, die sie ebenfalls entlohnt, vgl. KR 1371/72 S. 58r.
[3] BayHStA, Kurbayern Urk. 16242.
[4] BayHStA, Kurbayern Urk. 16350.
[5] GB III 19/1.
[6] GB III 88/3.
[7] GB III 96/1, 95/4.

Vater beziehungsweise Schwiegervater (Schweher) gehörte, müssen „Hainrich Engelhart der sneider und Angnes sein hawsfraw" am 7. August 1406 schon verpfänden.[1]

Neuer Hauseigentümer an der Burgstraße ist schon

1422 August 5 Herzog Ernsts Diener Freyberger, der jetzt von Herzog Ernst zu diesem Haus hinzu auch einen an dieses Haus angebauten kleinen Laden zu rechtem Eigen erhält, der zwischen der Alten Veste und des Freybergers Haus (Burgstraße 8) gelegen ist. Der Herzog erlaubt ihm auch, Licht und Trauf aus dem genannten Haus in den herrschaftlichen Garten dahinter zu richten.[2]

1423, 1431 domus Freyberger (StB).

Der Laden gehörte offenbar auch vorher schon zum Haus Burgstraße 8, da

1427 Mai 27 Agnes, die Witwe des Schneiders (Hainrich) Engelhart, gegen den Freyberger um diesen Laden, gelegen zwischen des Freybergers Haus (Burgstraße 8) und der Alten Veste, erfolgreich prozessiert.[3] Der Freyberger wird hierbei als ihr Nachbar bezeichnet. Der Laden ist wahrscheinlich ein Überbau über einer Einfahrt zum Garten/Hof hinter dem Haus. Der Alte Hof stand offensichtlich auch an dieser Stelle noch frei, ähnlich wie an der Dienerstraße, wo eine Einfahrt zum Garten des Alten Hofes im 15. Jahrhundert mit einem Goldschmiedeladen überbaut worden war (vgl. Dienerstraße 12/13). Unter Freyberger wird das Haus vom Eigentümer nicht bewohnt. Es heißt deshalb in den Steuerbüchern immer „domus" und ist demnach verpachtet.

1448 August 19 werden noch die unmündigen Kinder der Witwe Freyberger als Nachbarn des kleinen Hauses der Schimlin beziehungsweise nunmehr von des Sparnegkers Haus (Burgstraße 9 A/B) genannt.[4] Durch Magdalena, geborene Freyberger, die den Goldschmied Hanns von Windshaim heiratet,[5] geht das Haus nach 1448 an Hanns von Windshaim über. Er steht bei diesem Haus erstmals 1450 in einem Einwohnerverzeichnis,[6] ebenso in den Steuerlisten von 1454 bis 1458.

1456 Juni 30 das Haus der Frawnbergerin (soll heißen: Freybergerin) ist dem Haus der Erben Sparnegker/Myndelhaimer (Burgstraße 9 A/B) benachbart.[7]

1469 März 17 Herzog Sigmund erlaubt dem Goldschmied Hanns von Windshaim und seiner Gemahlin Magdalena, ihr Haus nebst dem Laden, vor der Alten Veste gelegen, in Höhe und Breite und mit Licht, Mauer und Tropfstall so zu behalten, wie dies ihrem Schwiegervater beziehungsweise Vater, dem Freyberger, seinerzeit (5. August 1422) von Herzog Ernst eingeräumt worden sei.[8]

1473 Juli 19 Hanns von Windshaim einigt sich mit dem Nachbarn Dyesser und seiner Hausfrau, einer Anna Spornegker (Burgstraße 9 A/B), wegen der Fenster (Lichtrechte) auf deren Hof.[9]

1505 Juli 24 das Haus des Hanns von Windshaim ist dem Haus von des Jacob Mündelhaimers Söhnen (Burgstraße 9 A/B) benachbart.[10]

1509 vor März 4 Hanns von Winnshaim verkauft aus diesem Haus 5 Gulden Ewiggeld für 100 Gulden Hauptsumme an die Ehefrau von Georg Schrenckhamer.[11]

1513 November 23 das Haus des Hanns von Winshaim ist dem Haus der Barbara Urmüllerin (Burgstraße 9 A/B) benachbart, das Hanns von Winshaim jetzt ebenfalls kauft.[12]

1514 September 12 der Goldschmied Hanns von Windshaim (Sohn) und seine Ehefrau Magdalena verkaufen ihr Haus (Burgstraße 8 und 9 A/B) nebst einem anstoßenden kleinen Häuslein an der Burggasse „zunächst am [Alten] Hof" – der ehemalige Laden –, „zwischen dem Vordern Thor [zum Alten Hof] und dem Lebengarten gelegen und hinten an das Haus Cristoff Dyethofs, Lung genannt, stoßend" (Ledererstraße 26 bzw. Burgstraße 10) an Herzog Wilhelm.[13] Da aber nur für Burgstraße 9 A/B gilt,

---

[1] GB III 55/7.
[2] BayHStA, Kurbayern Urk. 16220.
[3] BayHStA, Kurbayern Urk. 16256.
[4] BayHStA, Kurbayern Urk. 16225.
[5] Vgl. unten 1469 März 17.
[6] Einwohneramt 235.
[7] BayHStA, Kurbayern Urk. 16271.
[8] BayHStA, Kurbayern Urk. 16353.
[9] BayHStA, Kurbayern Urk. 16290.
[10] BayHStA, Kurbayern Urk. 16425.
[11] Stadtgericht 207/1 (GruBu) S. 373v.
[12] BayHStA, Kurbayern Urk. 16412.
[13] BayHStA, Kurbayern Urk. 16413.

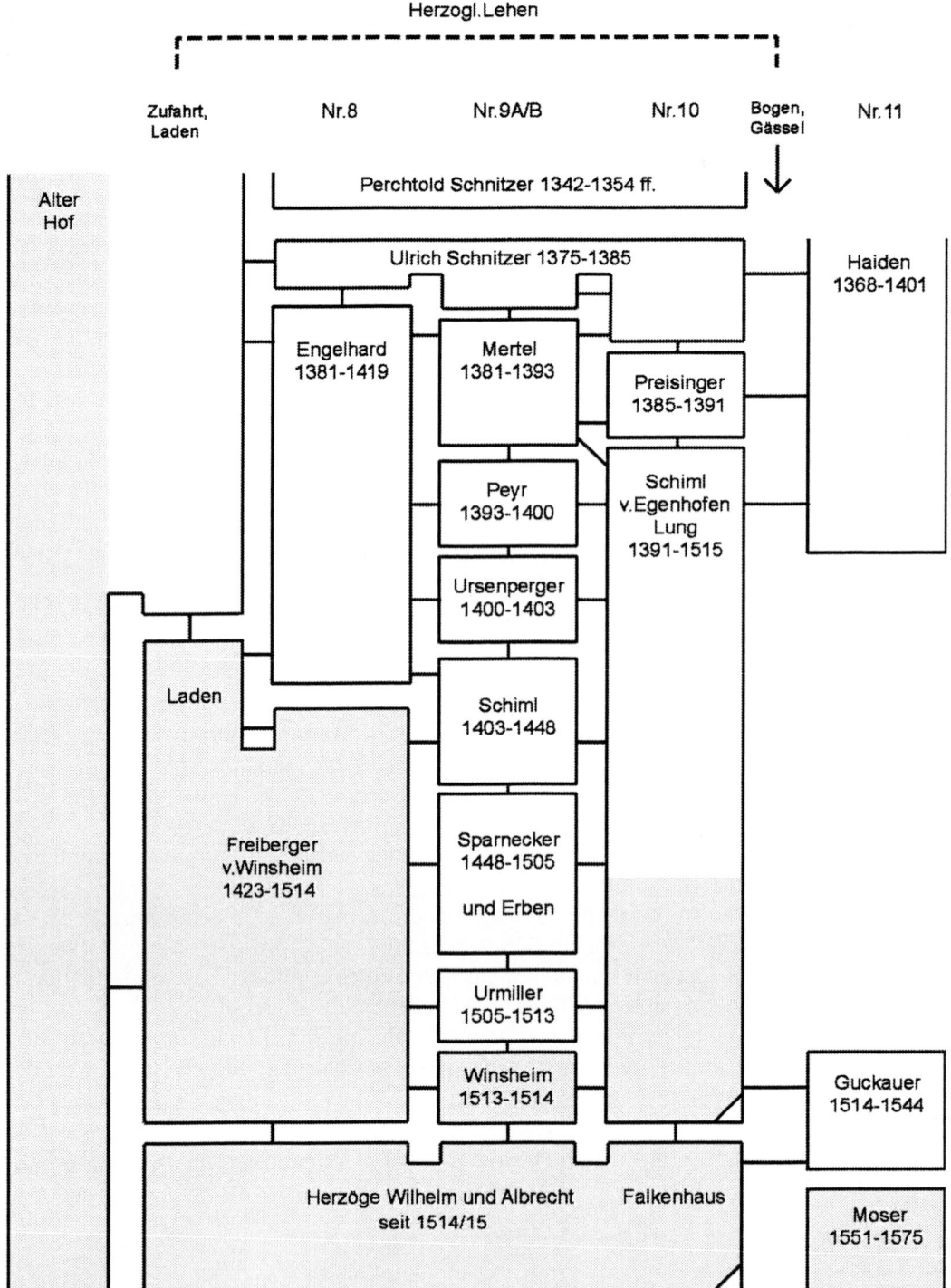

Abb. 61 Hauseigentümer Burgstraße 8 – 11.

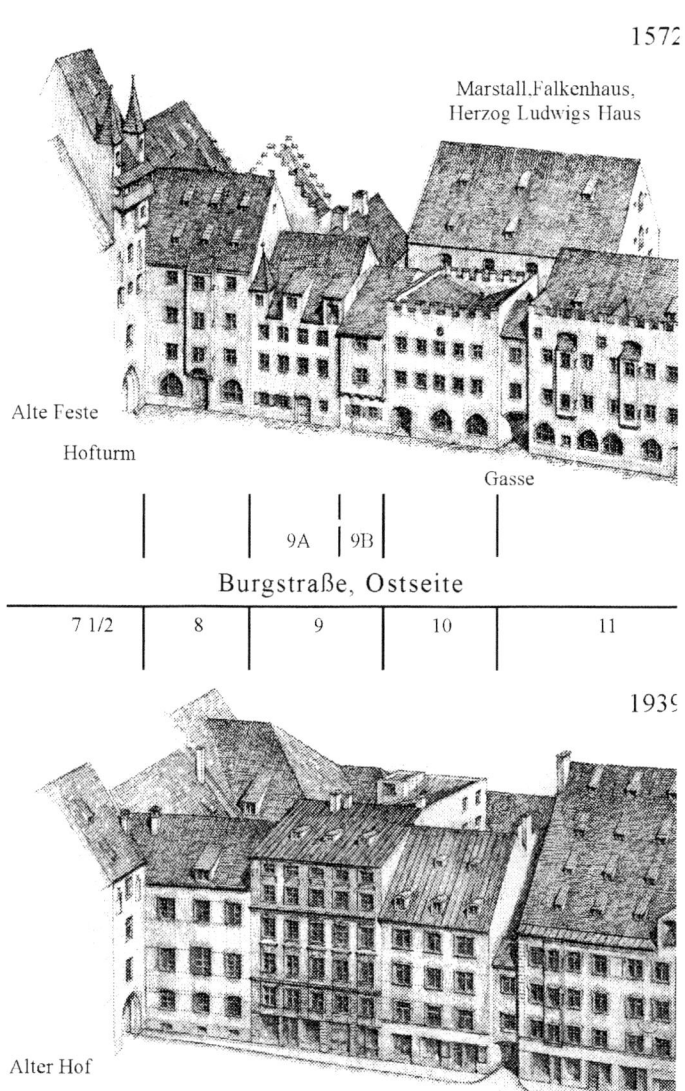

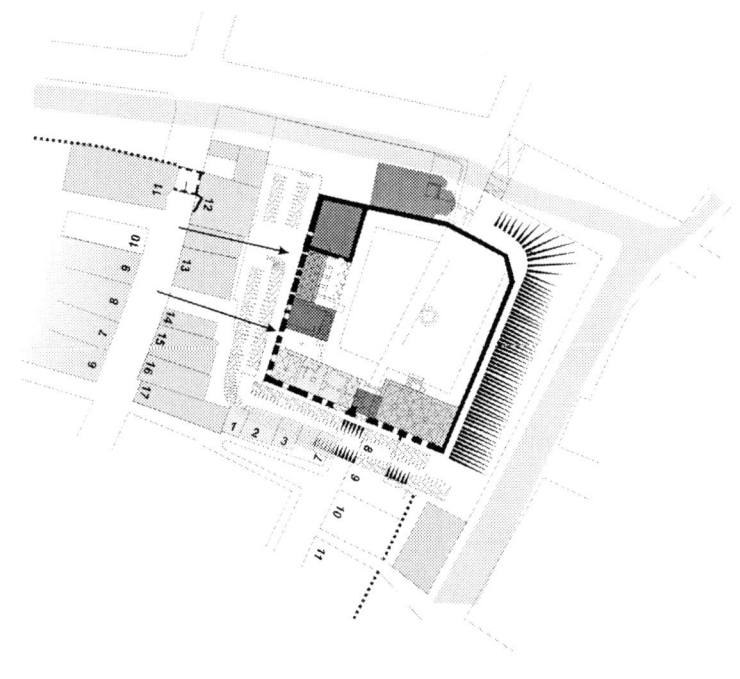

Abb. 62 Burgstraße Ost Nr. 8 – 11, Häuserbuch Graggenauer Viertel S. 40/41.

Abb. 63 Grundriß Alter Hof und Umgebung nach den Grabungen der Jahre 1995-2005. Erkennbar ist der Verlauf des Burggrabens zwischen Dienerstraße/Altenhofstraße und der Burg, sowie die beiden ehemaligen Zufahrten von der Dienerstraße aus (Pfeile).
(Zeichnung Christian Behrer, Regensburg).

Abb. 64 Das Zerwirkgewölbe, heutiger Bau aus der Zeit um 1725, im Grundriß (grau); schwarz unterlegt der dazu leicht schräggestellte Grundriß des Vorgängerbaues aus dem Ende des 16. Jahrhunderts (wohl ca. 1570-1590). Ganze Bacheinfassung einschließlich Bräuhaus um diese Zeit in voller Länge neu errichtet. Feine durchgezogene Linien vervollständigen als Rekonstruktion den ergrabenen (schwarzen) Grundriß zu einem Rechteck. Nr. 1 = Reste eines ergrabenen Brunnens (Zeichnung Christian Behrer, Regensburg).

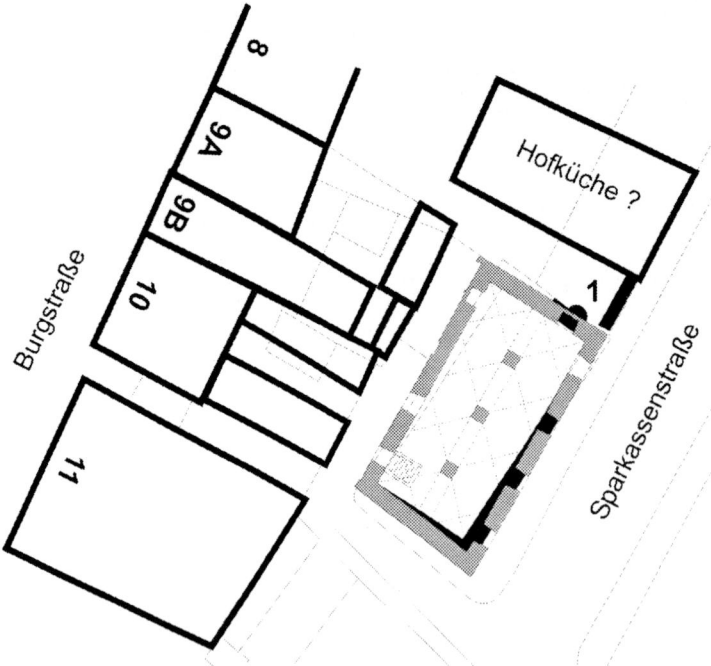

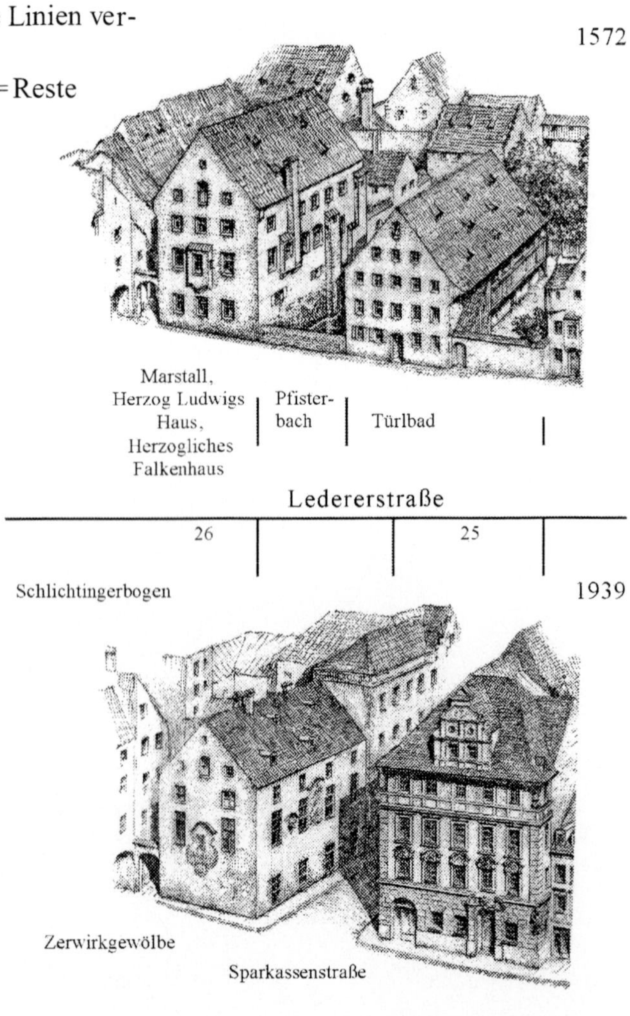

Abb. 65 Ledererstraße 26 und 25, Häuserbuch Graggenauer Viertel S. 152/153.

daß es rückwärts an Burgstraße 10 stößt – beziehungsweise an das Hinterhaus von Burgstraße 10, nämlich Ledererstraße 26 (im 16. Jahrhundert auch „Falkenhaus" genannt) – gehört al-so auch Burgstraße 9 A/B zum verkauften Komplex.
1574 laut Grundbuch (Überschrift) Herzog Albrechts „Haus und Höfel, darin die Lewen sein".

Es kommt aber zwischen 1514 und 1522 auch noch das Haus Burgstraße 10 in den Besitz des Herzogs; denn ab 1522 fehlen alle drei (vier) Häuser in den Steuerbüchern und auf die Bewohner des Hauses Burgstraße 7 folgen jeweils sofort die Bewohner von Burgstraße 11, jenseits des Schlichtingerbogens. Erst ab 1551 kommen regelmäßig Hofbedienstete hier in den Steuerbüchern vor. Im Grundbuch von 1574 ist für alle diese Häuser Herzog Albrecht V. als Eigentümer eingetragen: Nr. 10 Herzog Albrechts Falkenhaus, Nr. 9 Herzog Albrechts anderes Haus und Nr. 8 Herzog Albrechts Haus und Höfel, darinnen die Löwen sind. Es befindet sich also immer noch hinter diesem Haus der Löwenstall oder Löwenhof.
Die Häuser Burgstraße 8 und 9 gelten als kleine Häuser. Sie haben keine Hinterhäuser und nur Burgstraße 9 einen kleinen Hof. Der Hof hinter Burgstraße 8 gehört 1422/27 zum Alten Hof, da der Herzog zustimmen muß, daß aus dem Haus des Freyberger (Burgstraße 8) Fenster und Lichtöffnungen auf diesen Hof gemacht werden. Es ist der spätere Löwenhof.
Die Häuser in der auf dem Sandtner-Modell zu sehenden Größe dürften erst zwischen 1514 und 1570 entstanden sein.
Der Häuserbuchbearbeiter hat das Haus Burgstraße 8 leider in einer Weise mit dem Alten Hof vermengt, daß der Eindruck entsteht, als sei der Alte Hof im 16. Jahrhundert zeitweise in Privatbesitz (des Hans von Winsheim) gewesen.[1]
1381 fehlt die ganze Häusergruppe im StB.
Die Bewohner der Häuser Burgstraße 8 – 10 sind von 1551 bis etwa 1580 nicht mehr auf die einzelnen Häuser aufteilbar, weil sie zu oft untereinander die Reihenfolge wechseln. 1551/I folgt auf den Apotheker Stromair (Burgstraße 7) gleich Onuphrius Moser von Haus 11. 1552/II bis 1557 folgt hinter dem Apotheker die Überschrift „gegenüber", was die folgenden vier Namen vor Moser den Häusern 8 – 10 zuweist. 1564/I, 1565, 1566/I – 1579 folgt auf den Apotheker (ab 1568 Scholl) gleich der Name Falkenhaus und danach mehrere Namen. Erst 1580 rutscht der Name Falkenhaus sozusagen nach un-ten, es steht jetzt schon Lucas Fürst *vor* dem Falkenhaus und bei diesem ab 1581 in der Regel nur noch *ein* Name. Die anderen lassen sich jetzt wieder den Häusern 8 und 9 zuordnen.
Nach diesem Befund werden alle Namen der Bewohner ab 1551/I bis 1571 bei Haus Nr. 10 eingeordnet.

Eigentümer Burgstraße 8:

* Obereigentümer ist immer der jeweilige Herzog, die anderen Personen sind Lehensinhaber
* Kaiser Ludwig und Herzog Stephan [bis 1342 Oktober 20/21]
* Berthold der (Armbrust-)Schnitzer [ab 1342 Oktober 20/21]
* Ulrich der [Armbrust-]sniczzer [bis 1381 März 17]
* Engelhart [messer-]smid[2] [seit 1381 März 17]
    St: 1382, 1383/I-II: -/-/60
    StV: (1383/II) pro stewera domus et uxoris sue.
    gener suus [= des Engelhart] sartor [= Hainrich sneider] inquilinus
    St: 1383/II: -/-/18
* Hainrich (Haincz) sneider (sneyder), 1387 gener Engelhart. 1407-1410/I, 1412-1416 Hainrich (Haincz) Engelhart sneider. 1418 relicta Hainrich Engelhart. 1419 uxor Engelharttin
    St: 1387: -/-/56, 1388: -/3/22 juravit, 1390/I-II: -/3/22, 1392: -/3/-, 1393, 1394: 0,5/-/-, 1395: -/-/60 fur 15 lb, 1396, 1397, 1399, 1400, 1401/I: -/3/-, 1401/II: 0,5/-/- iuravit, 1403, 1405/I: 0,5/-/-, 1405/II: 0,5/-/18 iuravit, 1406, 1407: -/6/4, 1408: -/5/-, 1410/I: -/-/60 fur 8 lb, iuravit, 1410/II: -/-/64 für 8 lb, 1411: -/-/60, 1412: -/-/64 für 8 lb, 1413: -/-/60 für 10 lb, iuravit, 1415: -/-/72, 1416: -/3/6, 1418, 1419: -/-/-

---
[1] HB GV S. 23.
[2] Engelhard messerschmid ist am 17.3.1381 Empfänger einer Urkunde, vgl. BayHStA, Kurbayern Urk. 16243.

* domus Freyberger. 1428 Freyberger [Diener von Herzog Ernst]
    St: 1423: -/-/-, 1428: dedit 6 gulden, 1431: -/-/-
    StV: (1428) pro se, uxore et familia.
* der Freybergerin Kinder Haus [1448 August 19]
* der Freybergerin Haus [1456 Juni 30]
* Hanns von Windshaim (Winsheim, Winsam), 1450, 1456 goltsmid,[1] 1482 der alt [∞ Magdalena, geb. Freyberger]. 1490 relicta die alt von Winßhaim. 1496 relicta Hans von Winshaimin. 1500 relicta die von Winshamin
    St: 1450, 1453-1458: Liste, 1462: -/4/10, 1482: 2/5/14, 1490: 2/3/6, 1496: 2/-/3, 1500: 1/4/24
** Hanns sein [= des Hanns von Winsam des alten] sun. 1486 Hanns von Winßham. 1496, 1500, 1508, 1509, 1514 Hans von Winshaim (Winsham) goltschmid[2] [Weinschenk[3]]
    St: 1482: 1/-/10, 1486: 1/3/19, 1496: 1/-/25, 1500: 1/3/-, 1508, 1509: 1/5/19, 1514: Liste
    StV: (1496) et dedit -/5/18 für pueri Gastl [von Aich]. (1508, 1509) et dedit 1/-/23 für pueri Wergant; et dedit -/-/8 fur pueri Stainmetz.
    et mater [des Hans von Winshaim]
        St: 1486: 2/3/6
    Freibergerin
        St: 1482: nichil
* Herzog Wilhelm IV. [seit 12. September 1514].
** Herzog Albrecht V. [1574].

Bewohner Burgstraße 8:

Knaebel (Knábel) smid. 1371, 1372, 1375 Ulrich Knábel smid
    St: 1368: -/-/64, 1369: -/3/6, 1371: -/10/- gracianus, 1372: -/10/-, 1375: 2,5/-/-, 1377: 1/6/- juravit, 1378, 1379: 1/6/-
    StV: (1371) [Steuer gemeinsam mit pueri Gruberii]; r[aci]o[n]e uxoris et puerorum.
pueri Chunradi (Chunrad)[4] Grůberii (Gruber). 1371 pueri Gruberii
    St: 1368: -/-/86, 1369: 0,5/-/9, 1371: [Steuer gemeinsam mit Ulrich Knábel]
Hainrich Vasolt sporer inquilinus St: 1378: -/-/12 gracianus
Katrey judin St: 1428: dedit 2 gross fur sich und für ir dirn.
Peter Zeyrer platner inquilinus St: 1431: -/-/60 iuravit N.
Ruprecht Teninger, 1462 inquilinus St: 1453, 1454: Liste, 1462: -/3/25
Jackob pogner [Salwurch[5]] St: 1462: -/-/60
Utz Paidlkircher schneider St: 1482: -/-/60

Bewohner ab 1551 vgl. am Ende von Burgstraße 10.

Burgstraße 9 A/B

Lage: 1381, 1386, 1393, 1398, 1409, 1410 vor (bei) der Burg.

Burgstraße 9 A/B:

1342 Oktober 20/21 Kaiser Ludwig und Herzog Stephan, dann Berthold der (Armbrust-)Schnitzer, wie Burgstraße 8 und 10[6] als Hauseigentümer. Des letzteren Nachfolger wird der (Armbrust-)Schnit-

---

[1] Hanns von Winßhaim von 1461 bis 1477 wiederholt Vierer der Goldschmiede, vgl. RP. – Frankenburger S. 273/274.
[2] Der junge Hans von Wißhaim von 1479-1511 ebenfalls wiederholt Vierer der Goldschmiede, vgl. RP. – Derselbe 1503, 1507-1511 auch städtischer Silberschauer und Gewichtszeichner, vgl. R. v. Bary III S. 951 und RP. – Ein Hanns von Windsheim ist 1491-1493 auch Vierer der Büchsenschützen, vgl. RP.
[3] Hanns von Winßhaim 1490 Aufnahme in die Weinschenkenzunft, vgl. Gewerbeamt 1418 S. 6v.
[4] Ganzer Eintrag 1368 am Rand nachgetragen und „Chunradi" über getilgtem "Frid[rich]".
[5] Ein Jacob pogner ist 1462 Vierer der Salwurchen, vgl. RP.
[6] BayHStA, GUM 45, 46.

zer Ulrich, der in den 80er Jahren drei nebeneinanderliegende Häuser oder eher Grundstücke hat, von denen er am 17. März 1381 schon Burgstraße 8 wegverkaufte. Die Zertrümmerung des Komplexes ging weiter:

1381 Oktober 10 Herzog Johann bestätigt „Mertel dem sniczär in der puerg" zu München die Hofstatt, die er von „Ulrich dem sniczaer vor der puerig" gekauft hat und die zwischen des genannten Ulrichs anderem Haus (Burgstraße 10) und Engelharts des (Messer-)Schmieds Häusern (Burgstraße 8) gelegen ist.[1]

1386 Januar 8 Chunrat der Preysinger von Paybrunn, des Herzogs Friedrich Hofmeister, später Viztum in Niederbayern, dann Oberbayern, tritt seinem Nachbarn „Mertlin sniczzer vor der puerg" beziehungsweise „seinem Nachgepawrn vor der Burg" zu München von seiner Hofstätte (Burgstraße 10) 8 Schuh in der Breite und 24 Schuh in der Länge ab, wogegen dieser seine Mauer zwischen beider Hofstätten zu einer gemeinen Mauer macht.[2] Auf diesem schmalen Grundstück dürfte dann das Haus Burgstraße 9 B entstanden sein.

1393 Januar 23 „Mertel [Mercel ?] der sniczer" „vor der purg" verkauft sein Haus „vor der purg", zunächst Otten des Schimels Haus (Burgstraße 10) Hainreichen Payrl dem Sporer.[3] Hainrich der Payr hatte schon ein Ewiggeld (Hypothek) auf dem Haus.[4] Zunächst mußte aber am 15. Februar 1393 noch der Kürschner Hanns Frass zufriedengestellt werden, der das Haus ebenfalls von ihm gekauft hatte.[5]

Vor 1398 aus des Hainrich Paygers des Gürtlers (!) Haus „bey der burg" geht ein Ewiggeld an den Berghofer-Altar in St. Peter.[6]

1398 Oktober 15 der Kirchherr von Zorneding hat ein Ewiggeld auf einem von Herzog Stephan lehenrührigen Haus an der Burgstraße, benachbart dem Haus der Schimlin (Burgstraße 10).[7] Es kann sich nur um Burgstraße 9 A/B handeln, das demnach immer noch Lehen aus der Hand des Herzogs ist.

1399-1401 domus Hawss = Ulrich Ursenperger (StB).

1400 Januar 9 die Eheleute Hainrich und Gatrey Payr[8] zu Ingolstadt verkaufen dem Münchner Bürger Ulrich Ursenperger ihr Haus in München an der Burggasse, zwischen den Häusern Hainrichs des Engelharts (Burgstraße 8) und des Schimels (Burgstraße 10) gelegen um 50 ungarische Gulden.[9] Die Ehefrau des Payr bestätigt den Verkauf, indem ihr Mann am 22. Januar 1400 bei Gericht einen Brief unter dem Siegel des Ingolstädter Bürgers Hanns des Rägkel vorlegt, mit dem die Pairin ihre Zustimmung zu diesem Verkauf gibt.[10]

1403 November 24 Elspet, des Ulrich des Ursenpergers Hausfrau, verkauft mit Hilfe einer Vollmacht ihres Mannes ihr gemeinsames Haus an der Burggasse, zwischen des Engelharts (Burgstraße 8) und Otten des Schimmels Haus (Burgstraße 10) gelegen, Ott dem Schimmel.[11]

1409 August 8 das Haus des Ott Schimmel (hier Burgstraße 9 A/B gemeint) ist dem Haus des „Hainczel des sneider vor der pürg" benachbart (Burgstraße 8).[12]

1410 April 29 das Haus von Ott dem Schimmel (hier gemeint Burgstraße 9 A/B) ist dem Haus von Hainrich dem Schneider „vor der púrg" (Burgstraße 8) benachbart.[13]

1439/I-1441/II domus Schimlin (Scharwerksverzeichnisse).

1448 August 19 die verwitwete Münchner Bürgerin Ursula Schimlin verkauft ihrem Mitbürger, dem Schneider Hanns Sparnegker, ihr kleines Haus mit Hofstatt und Höflein (Burgstraße 9 A/B) vor der Alten Veste, zwischen der Schimlin großem Haus (Burgstraße 10) und der Freybergerin Kinder Haus (Burgstraße 8) gelegen, um 15 rheinische Gulden bar und 2 Gulden Ewiggeld[14]: Er verkauft das Haus dann – offenbar nicht ganz freiwillig – seinem Schwiegersohn Jacob Mindelhaimer.

---

[1] BayHStA, Kurbayern Urk. 16242.
[2] BayHStA, Kurbayern Urk. 16245. – RB X 172. – Vgl. von Andrian-Werburg, Urkundenwesen S. 109/110.
[3] GB II 41/4.
[4] GB II 41/5.
[5] GB II 43/10.
[6] Steueramt 982/1 S. 22v.
[7] BayHStA, Kurbayern Urk. 16263.
[8] Als Gürtler bezeichnet in: Steueramt 632/1 S. 22v.
[9] BayHStA, Kurbayern Urk. 16350.
[10] GB II 151/2.
[11] GB III 19/1.
[12] GB III 88/3.
[13] GB III 96/1.
[14] BayHStA, Kurbayern Urk. 16225.

1456 Juni 12 Der Schneider Spornegker/Sparnegker war ein Hitzkopf. Jetzt muß er Urfehde schwören, weil er, als er das Haus räumen und dem Schwiegersohn übergeben sollte, drohte, er wolle es lieber anzünden.[1]

1456 Juni 30 Erhart Spornegker, Kaplan an der Nikolaus-Kapelle an der Neuhauser Straße, und seine Mutter Agnes, Ehefrau des Schneiders Hanns Spornegker, bestätigen, daß ihnen ihr Schwager beziehungsweise Schwiegersohn Jacob Myndelhaimer für ihr an der Burggasse, zwischen den Häusern der Schimlin (Burgstraße 10) und der Frawnbergerin (gemeint: Freybergerin) (Burgstraße 8) Häuser, gelegenes Haus den Kaufschilling bezahlt habe.[2] 1462 ist ein Sparnegker inquilinus im Haus des Mindelhaimer. Es könnte sich dabei schon um einen Sohn des Schneiders handeln. Die Sparnegkerin hat noch 1482/86 unmündige Kinder (StB). Sie ist der Steuersumme nach, die ungewöhnlich ist, wohl identisch mit der Etalerin von 1490.

1473 Juli 19 der Schreiber Jorg Dyesser und seine Ehefrau Anna Spornegkerin werden vor Gericht mit dem Goldschmied Hanns von Winshaim dem Älteren und seiner Ehefrau Magdalena um drei Fenster aus des Winshaims Haus (Burgstraße 8) in den Hof der Dyesser in der Weise verglichen, daß die Fenster gegen eine Abfindung bestehen bleiben dürfen.[3]

1490, 1496, 1500 domus Etalerin, domus Etaler (StB).

1505 Juli 24 des verstorbenen Bogners Jacob Mündlhaimers Söhne Konrad und Sigmund verkaufen ihr Haus an der Burgstraße, zwischen den Häusern des Cristof Lung (Burgstraße 10) und Hanns von Windshaim (Burgstraße 8) gelegen, an Barbara Urmüllerin (von Lengfeld) um 106 Gulden.[4]

1508-1509 domus Urmüllerin von Lengfeld (StB).

1513 November 23 die Münchner Bürgerin Barbara Urmüller verkauft ihrem Mitbürger Hanns von Winshaim, Goldschmied, und seiner Ehefrau Magdalena ihr Haus an der Burggasse, zwischen den Häusern des Cristoff Lang (Lung) (Burgstraße 10) und des Hanns von Winshaim anderen Haus (Burgstraße 8) gelegen um 118 Gulden.[5]

1513 Dezember 1 der Goldschmied Hanns von Windshaim hat der Barbara Uhrmüllerin ein Ewiggeld von 4 Gulden um 80 Gulden verschrieben, das noch bis 1553 wiederholt weiterverkauft wird.[6]

1514 September 12 Hanns von Winshaim verkauft seinen ganzen Besitz an der Burgstraße (Burgstraße 8 und 9 A/B) an Herzog Wilhelm IV., vgl. bei Burgstraße 8.

1515 September 21 Herzog Wilhelm IV. ist Eigentümer des „weiss heuslen, das vorhin des alten von Winsheim goldschmids gwest". Das Häusel ist dem Haus des Lung von Planegg (Burgstraße 10) benachbart, das nunmehr ebenfalls an den Herzog verkauft wird.[7]

Ab 1522 findet sich das Haus Burgstraße 9 A/B nicht mehr in den Steuerbüchern. Es ist Teil des herzoglichen Besitzes Alter Hof.

1574 laut Grundbuch (Überschrift) „Hertzog Albrechts annders Haus" (da das vorausgehende Haus Burgstraße 10 als „Herzog Albrechts Falkenhaus" bezeichnet wird). Bald danach wird das Haus Burgstraße 9 A/B aber – erstmals in seiner Geschichte – getrennt:

Burgstraße 9 A (nördlicher Teil):
Hier wohnt ab 1580 ein Lucas Fürst, fürstlicher Türhüter, der ab 1585 eine Steuer „de domo" zahlt, ab 1588 „domus Lucas Fürstin". Ihre Stelle nimmt ab 1594 das „domus Johann seidensticker" = Joann Verden oder Werdon ein. Gemeint ist der Herkunftsort „Verdun" in Lothringen. Hanns Werdums Haus wird laut Grundbuch am 11. August 1603 dem Mathes Bermasto Monthoio verkauft, durch die Witwe Verdum und den Lothringer Notar Ryffandbaus Clermont. Monthoio verkauft es am 21. Oktober 1608 weiter an Albrecht Gottbewahr (alles nach GruBu/HB).

Burgstraße 9 B (südlicher Teil):
Der kleinere von beiden Hausteilen (9 B) wird 1574 im Grundbuch so beschrieben: Geörg Dürrn fürstlicher Durchlaucht in Bayern Baugegenschreibers alhie zu München kleines Haus und Hofstatt, zwischen Hannsen von Vertun (9 A), fürstlichen Seidenstickers, und sein, Dirrns anderer, grösserer Be-

---

[1] Urk. B III e Nr. 24.
[2] BayHStA, Kurbayern Urk. Nr. 16271.
[3] BayHStA, Kurbayern Urk. Nr. 16290.
[4] BayHStA, Kurbayern Urk. Nr. 16425.
[5] BayHStA, Kurbayern Urk. Nr. 16412.
[6] Stadtgericht 207/1 (GruBu) S. 371v.
[7] Urk. B II c 274/81.

hausung (Burgstraße 10).¹ Dürr verkauft daraus am 20. September 1595 ein Ewiggeld (GruBu/HB). Dürr hatte also Burgstraße 9 B mit Burgstraße 10 vereinigt. Am 23. März 1596 verkauft das Ehepaar Dürr dieses ihr kleines Haus an den Baumeister Wendel Dietrich, dem zu dieser Zeit das Hinterhaus von Burgstraße 10, nämlich Ledererstraße 26, also das Falkenhaus gehört (GruBu/HB). Wendel Dietrich verkauft das Haus Burgstraße 9 B am 29. Oktober 1598 an Johann Herbst, dessen Erben es 1601 an Mathias Simon, Hofkammerrat, übergeben. Dieser verkauft es am 9. April 1611 an Albrecht Gottbewahr, der seit 1608 bereits den Hausteil Burgstraße 9 A besitzt und damit die beiden Teile des Hauses Burgstraße 9 wieder vereinigt hat (alles nach GruBu/HB).

Eigentümer Burgstraße 9 A/B:

* Kaiser Ludwig und Herzog Stephan [bis 1342 Oktober 20/21]
* Berthold der [Armbrust]sniczer [seit 1342 Oktober 20/21 als Lehensinhaber, wie die folgenden]
* Ull [Armbrust]sniczzer [bis 1381 Oktober 10]
    St: 1375: -/-/-
* Marttein [Armbrust]sniczzer. 1387, 1390/I-II Márckl (Marquart) [!] snyczer [1381 Oktober 10 bis 1393 Januar 23]
    St: 1383/I: -/-/-, 1387: -/-/32, 1390/I-II: -/-/64, 1392: -/3/-, 1393: -/-/-
* Hainrich Payger (Payr, Pair) [zu Ingolstadt] sporer, [∞ Gatrey; 1393 Januar 23 bis 1400 Januar 9]
    St: 1394: -/-/42, 1395-1397: -/-/60 für 10 lb
* domus Hawss [= Ulrich Ursenperger,² seit 1400 Januar 9]
    St: 1399: -/-/32, 1400: -/-/20, 1401/I: -/-/28, 1401/II: 0,5/-/- minus -/-/4 iuravit [gemeinsam mit Ursenperger]
* [Ulrich] Ursenperger inquilinus. 1401/II Ursenperger [∞ Elspet; äußerer Stadtrat; 1400 Januar 9 bis 1403 November 24]
    St: 1400, 1401/I: -/3/-, 1401/II: [Steuer gemeinsam mit domus Haẁss]
* Ott Schimel [seit 1403 November 24 bis 1448 August 19] wie Burgstraße 10
* domus [Ursula] Schimlin. 1445 patrimonium Schimlin (?)
    Sch: 1439/I-II, 1440, 1441/I-II: 1 t[aglon], 1445: 1 diern, dedit
* Hanns Sparenegker (Sparnegker), 1423, 1450 sneyder. 1439/I, 1440 Sparnegker. 1439/II, 1441/I-II, 1458 Sparnegker schneyder [∞ Agnes] [seit 1448 August 19 bis 1456 Juni 30], 1462 inquilinus
    St: 1423: -/3/-, 1450, 1453-1456, 1458: Liste, 1462: -/-/34
    Sch: 1439/I-II, 1440: 1 t[aglon], 1441/I: 1/2 t[aglon], 1441/II: -/-/-
  Hanns von Minndlhaim
    St: 1456: Liste
* Jacob³ Nindhaimer (Mindelhaimer), 1457, 1458 vogler (!), [Bogner; ∞ N., geb. Sparnegker; 1456 Juni 30]
    St: 1457, 1458: Liste
  Spornegkerin, 1482 et pueri [= Etalerin 1490 ?]
    St: 1482: -/2/7, 1486: nichil
  et pueri [= der Sporneckerin]
    St: 1486: -/-/7
* domus Etalerin. 1496 domus Etaler. 1500 domus Etaler h[aus ?]k[necht ?]
    St: 1490: -/-/7 de domo, 1496: -/-/7, 1500: -/1/2
* Konrad und Sigmund, Söhne des Jacob Mündlhaimer sel. [bis 1505 Juli 24]
* domus [Barbara] Urmulnerin von Lengfeld. 1509 relicta Urmúlnerin [1505 Juli 24 bis 1513 November 23]
    St: 1508, 1509: -/-/60
** Hanns von Winshaim, Goldschmied [1513 November 23 bis 1514 September 12]
* Herzog Wilhelm IV. [seit 1514 September 12]
** Herzog Albrechts V. anderes Haus [1574]

---

¹ Stadtgericht 207/1 (GruBu) S. 374r. – HB GV S. 25.
² Der Ursenperger gehört nach Katzmair zu den ersten Bösen der Bürgerunruhen, vgl. Muffat, Kazmair-Denkschrift S. 463, 508. – Im Jahr 1400 war er auch äußerer Stadtrat, vgl. Muffat S. 508.
³ 1456 in der Steuerliste wohl versehentlich „Hanns".

Bewohner Burgstraße 9 A/B:

Epp calciator
    St: 1368: -/-/40 voluntate, 1369: -/-/72 post, 1371: -/-/-, 1372: -/-/75 post
    StV: (1371) [am Rand nachgetragen:] solvit -/-/40 post. (1372) item de anno preterito -/-/35.
relicta Gerhardi St: 1368: -/-/-
Rúdel Hegkmair calciator St: 1377: -/-/12 juravit, 1378, 1379: -/-/12
Jaeger institor inquilinus St: 1378: -/-/-
Hanns sartor inquilinus St: 1379: -/-/12
Kolbeck prúchler St: 1382: -/-/30
Ulrich Schaffschwol St: 1400: -/-/-
Hannsel Kristel sneider St: 1403, 1405/I: -/-/60 fúr 7 lb
Krechel St: 1405/II: -/-/48 iuravit
Klaesin kawfflin St: 1405/II, 1406: -/-/60
Fridel schuster, 1410/I kramer St: 1408: -/5/10, 1410/I: -/3/18 iuravit
Hainrich seydennader St: 1410/II: 0,5/-/4
Hainczel Kraegel St: 1411: -/-/-
relicta Schaeblin St: 1413: -/-/-
uxor Peter Pluttigsflecz (plutdigs flecz, Pluttigflecz). 1431 relicta Petrin Plutigsflecz
    St: 1418, 1419: -/-/28, 1423: -/-/60, 1431: -/-/30
Hanns singer St: 1428: dedit 3 gross fur sich, sein hausfrau und sein swiger.
Michel kaster inquilinus St: 1457: Liste
Contz pogner St: 1496: -/1/2, 1500: -/1/12
Concz wescher St: 1509: -/1/-
Jorg Voburger g[oltsmid][1] St: 1509: -/2/10

Bewohner ab 1551 vgl. am Ende von Burgstraße 10.

Burgstraße 10
(mit Ledererstraße 26 „Marstall", „Herzog Ludwigs Haus")

Ledererstraße 26:

Namen: 1342, 1354, 1391 Marstall. 1392 „gewelbe". 1552 Herzog Ludwigs (II.) Haus. 1564-1592 (Herzog Albrechts V.) Falkenhaus. Nach 1808 Zerwirkgewölbe.[2]
Lage: 1552 am „gäsl bey Hertzog Ludwigs haus".

Hauseigentümer Ledererstraße 26:

1342 Oktober 20/21, 1354 und **1391** „der Marstal genant",[3]
1392 Februar 8 das „gewelbe" genannt.[4]
1515 September 21 Cristoff Lung von Planegg verkauft mit Einverständnis seiner beiden Söhne seine beiden Häuser in München an Herzog Wilhelm IV., nämlich das Eckhaus an der Burgstraße (Burgstraße 10) und „den hindern gemaurten stockh und behausung, auf den pach stossent" (Ledererstraße 26), mit allen seinen Mauern, Stallungen, Höfen, Tropfställen, Grundstücken, Gerechtigkeiten, Ein- und Zugehörungen „herdisshalb des pachs gelegen", also herüberhalb des Stadtgrabens.[5] Von da an gehört also das Marstall-Gebäude wieder den Herzögen. Bemerkenswert ist, daß immer noch ausdrücklich hervorgehoben wird, daß dieser „hintere Stock" von Burgstraße 10, „gemauert" ist.

---
[1] Frankenburger S. 281.
[2] Vgl. auch Stahleder, Haus- und Straßennamen S. 346/347.
[3] BayHStA, GUM 45, 46 (1342). – BayHStA, Kurbayern 16276 (1354), 16283 (1391).
[4] GB II 21/8, 9.
[5] Urk. B II c 274/81.

1552 Juli 16 werden Straßenpflasterungsarbeiten „im gäsl bey Hertzog Ludwigs [II.] haus" durchgeführt.[1]
1564-1592 in den Steuerbüchern „Falckenhaus" genannt.
Dann erfolgt die Trennung. Das Grundbuch nennt
1574 das Vorderhaus an der Burgstraße „Herzog Albrechts [V.] Falkenhaus" und das Hinterhaus Wendel Dietrichs, fürstlichen Durchlaucht in Bayern Hofbaumeisters Haus und Hofstatt, „Hertzog Ludwigs Haus genandt, gelegen am Bach, gegen dem Türlbad über".[2]
1589 Oktober 1 ließ der Herzog von einer Kommission alle seine Bauten in der Graggenau auf Eignung zur Aufnahme des neu zu gründenden Hofbräuhauses untersuchen, unter anderem das „Hennen hauß und daran stossendt Bad Zu Altenhof, Deßgleichen das Müntz- und Valchken- sambt noch annden in der Graggenau Euer fürstlichen Gnaden Zuegehörige Heuser, so man Hertzog Ludwigs Heuser Pflegt zu nennen".[3] Wie es weiter heißt, wurden alle untersuchten Gebäude (auch das Falkenhaus) als ungeeignet erachtet und deshalb der Platz von Hennenhaus und Bad als geeignet für einen Neubau vorgeschlagen.

Das eigentliche Falkenhaus war also das Haus an der Ledererstraße 26. Im Vorderhaus an der Burgstraße (Burgstraße 10) wohnt seit 1564 der Falkenmeister Wolf Stockmair (StB). Seit 1564 steht der Gebäudekomplex Burgstraße 10 mit Ledererstraße 26 in den Steuerbüchern als „Falkenhaus".

Eigentümer Burgstraße 10:

Lage: 1385 „zunächst an dem gaesslein, das hinab fur das Turleinsbad da get". 1391 „bei der vesten". 1392 „vor der pürg, zenachst dez gewelbes" (Ledererstraße 26). 1514 „pei dem alten schloß". 1515 am Eck.
Name: 1564-1592 Falkenhaus.

1381 Oktober 10 das Haus Ulrichs des Schnitzers ist benachbart dem anderen Haus Ulrichs (Burgstraße 9 A/B).[4]
1385 Juni 8 „Ulrich sniczzer", Bürger zu München, verkauft dem Ritter Chunrat dem Preysinger von Paybrunn um 30 Pfund Regensburger Pfennige sein Haus an der Burgstraß, „zenächst an dem gaesslein, daz hinab fur dez Turleinsbad da get" (gemeint ist das Gässlein durch den heutigen Schlichtingerbogen).[5] Konrad der Preisinger war 1385 Hofmeister von Herzog Friedrich, 1391 Viztum von Niederbayern und 1394-1402 Viztum von Oberbayern und Rat des Herzogs Johann.[6]
1385 August 24 die Herzöge Stephan, Friedrich und Johann, Gebrüder, eignen dem Hofmeister Herzog Friedrichs, Konrad dem Preysinger, ein bisher von ihnen lehenrühriges Haus zu München in der Burgstraß, zunächst bei Lyenharts Hayden des Goldschmieds Haus (Burgstraße 11) gelegen, das der genannte Preysinger von dem bisherigen Pfandinhaber, dem Münchner Bürger Ulrich dem Schnitzer, (am 8. Juni 1385) käuflich erworben hat.[7]
1386 Januar 8 Chunrat der Preysinger von Paybrunn, des Herzogs Friedrich Hofmeister,[8] tritt „seinem Nachgepawren vor der Burg" „Mertlin sniczzer vor der puerg" (Burgstraße 9 A/B) zu München von seiner Hofstätte 8 Schuh in der Breite und 24 Schuh in der Länge ab, wogegen dieser seine Mauer zwischen beider Hofstätten zu einer gemeinen Mauer macht.[9]
1387 April 22 das Haus des Goldschmieds Lienhart Haiden (Burgstraße 11) liegt an der Burgstraß „pei des Preisinger haus".[10]
1391 September 26 Chunrat der Preysinger, Vitztum in Niederbayern, verkauft (besser: vertauscht) sein Haus, genannt „der Marstal", in der Stadt München in der Burggasse „bei der vesten", mit zuge-

---
[1] KR 1552 S. 128v.
[2] Stadtgericht 207/1 S. 371r (Ledererstraße 26), 82v (Burgstraße 10). – HB GV S. 156.
[3] Hofbräuhaus München 1589-1989. 400 Jahre Tradition. Festschrift, München 1989, S. 23/25.
[4] BayHStA, Kurbayern Urk. 16242.
[5] BayHStA, Kurbayern Urk. 16241.
[6] Muffat, Kazmair-Denkschrift S. 517.
[7] BayHStA, Kurbayern Urk. 16244.
[8] 1396-1400 auch Pfleger von Freising, vgl. Theodor Wiedemann, Regesten ungedruckter Urkunden, in: OA 11, S. 293 8, 11.
[9] BayHStA, Kurbayern Urk. 16245. – RB X 172.
[10] GB I 228/18.

hörigem Hinterhaus (Ledererstraße 26) und Garten „bis auf den pach" (Pfister- oder Sparkassenbach), den Münchner bürgerlichen Kramers-Eheleuten Ott und Alhaid Schymmel um 450 ungarische Gulden als Gegenleistung für ein anderes Haus in der gleichen Stadt, gelegen in St. Peters Pfarr am Rindermarkt (Rindermarkt 17), zunächst Jacob Ridlers Haus (Rindermarkt 16).[1] Im Gerichtsbuch ist diese Transaktion erst

1392 Februar 8 eingetragen: „haws, gelegen vor der purg, zenaechst dez gewelbes [Ledererstraße 26] bey dez Haydens haws" (Burgstraße 11).[2] Die Preissteigerung könnte auf einen umfangreichen Neubau in der Zeit zwischen 1385 und 1391 deuten. Im Januar 1386 hatte ja der Preysinger noch einen Streifen Grund an den Nachbarn von Burgstraße 9 A verkauft,[3] die Grenze zwischen den Häusern war also noch verschiebbar. Der Preysinger spricht dabei auch von seiner „Hofstätte", während beim Kauf 1385 noch vom „Haus" die Rede war. Der Preysinger hat also wohl nach dem Kauf 1385 das Grundstück für eine Neubebauung abgeräumt und der Grundstücksnachbar von Burgstraße 9 A hat die günstige Gelegenheit wahrgenommen und dem Preysinger noch einen Streifen Grund zur Erweiterung des eigenen Hauses abgehandelt (Burgstraße 9 B).

1392-1398 die St.-Nikolaus-Kapelle (an der Neuhauser Straße ?) hat ein Ewiggeld vom Kramer Ott Schiml (aus seinem Haus).[4]

1393 Januar 23 das Haus von Ott dem Schiml ist dem Haus des „Mertel des sniczers" beziehungsweise Hainrich Payrl (Burgstraße 9 A/B) benachbart.[5]

1398 Oktober 15 das Haus der Schimlin ist dem Haus benachbart, aus dem der Kirchherr von Zorneding ein Ewiggeld hat und das von Herzog Stephan lehenrührig ist, gelegen an der Burgstraße (Burgstraße 9 A/B).[6]

1400 Januar 9 das Haus des Schiml ist dem Haus des Ehepaares Payr von Ingolstadt beziehungsweise Ulrich Ursenberger (Burgstraße 9 A/B) benachbart.[7]

1403 November 24 das Haus des Ott Schiml an der Burggasse ist dem Haus des Ehepaares Elspet und Ulrich Ursenperger (Burgstraße 9 A/B) benachbart, das Ott Schimmel jetzt ebenfalls kauft.[8]

1415 Februar 9 beim Verkauf eines Hauses des Hanns Schiml an der Weinstraße 18* setzt der Schiml als Gewerschaft „sein haus, daz gross, gelegen an der Purchgassn".[9]

1448 August 19 das kleine Haus der Schimlin beziehungsweise nunmehr des Sparnegkers Haus (Burgstraße 9 A/B) ist dem großen Haus der Schimlin (Burgstraße 10) benachbart.[10]

1453-1462 domus Wilhalm von Egenhofen zu Planegg (StB). Wilhelm von Egenhofen war ein Enkel von Hans und Ursula Schiml, Urenkel von Ott und Adelheid Schiml, deren Enkelin Barbara Schiml mit Konrad von Egenhofen verheiratet war, der als Sohn von Herzog Wilhelm III. gilt.

1456 Juni 30 das Haus der Schimlin ist dem Haus der Sparnegker beziehungsweise Myndelhaimer (Burgstraße 9 A/B) benachbart.[11]

1478/79 dürfte das Haus bereits dem Lung zu Planegg gehören, weil schon für diese Jahre der „Lung von Planegk" Steuerzahler ist, aber die Steuer erst später nachzahlt, da er nicht in der Stadt lebt und deshalb den Termin nicht einhalten kann.[12]

1482-1509 domus des Lungen [= Christoph Dyethof genannt Lung] zu Planegg.

1487 Juni 6 Christoff Lung und seine Hausfrau Magdalena [verwitwete Georg II. Pütrichin, geborene von Egenhofen, da Schwester von Wilhelm von Egenhofen] verkaufen dem Bruderhaus 11 Gulden Ewiggeld um 220 Gulden Hauptsumme.[13]

---

[1] BayHStA, Kurbayern Urk. 16283.
[2] GB II 21/8, 9.
[3] BayHStA, Kurbayern Urk. 16245.
[4] Steueramt 982/1 S. 15v.
[5] GB II 41/4.
[6] BayHStA, Kurbayern Urk. 16263.
[7] BayHStA, Kurbayern Urk. 16350.
[8] GB III 19/1.
[9] GB III 158/11.
[10] BayHStA, Kurbayern Urk. 16225.
[11] BayHStA, Kurbayern Urk. 16271.
[12] KR 1479/80 S. 28r (für die Jahre 1478 und 1479).
[13] Stadtgericht 207/1 (GruBu) S. 369v.

1505 Juli 24 das Haus des Cristof Lung ist dem Haus der hinterlassenen Söhne des Jacob Mündelhaimer (Burgstraße 9 A/B) benachbart.[1]

1513 November 23 das Haus des Cristoff Lang (!) ist dem Haus der Barbara Urmüllerin beziehungsweise des Hanns von Windsheim (Burgstraße 9 A/B) benachbart.[2]

1514 September 12 als der Goldschmied Hanns von Windsheim (Sohn) und seine Ehefrau Magdalena ihr Haus (Burgstraße 8 und 9 A/B) verkaufen, stößt dieser Komplex „hinten an das Haus Cristoff Dyethofs, Lung genannt" (Ledererstraße 26 beziehungsweise Burgstraße 10).[3] Dies trifft für Burgstraße 9 A/B zu.

1514 das Stadtbruderhaus hat Einkünfte „aus des Lungen hauß pei dem alten schloß".[4]

1515 September 21 Cristoff Lung zu Planeckh hat mit Rat seiner Söhne dem Herzog Wilhelm IV. seine zwei Häuser verkauft, von denen das vordere ein Eckhaus an der Burggasse ist (Burgstraße 10), gelegen am Eck „gegen dem Gokawer cramer uber" (Burgstraße 11), an der anderen Seite an meines Gnädigen Herrn (= Herzog Wilhelms) „weiss heuslen, das vorhin des alten von Winsheim goldschmids gwest heusern" (Burgstraße 9 B), dazu auch „den hindern gemaurten stockh und behausung auf den pach stossent" (Ledererstraße 26). Alles zusammen mit Mauern, Stallungen, Höfen, Tropfstallen, Gründen, Gerechtigkeiten, Ein- und Zugehörungen „herdisshalb des pachs gelegen", alles freies Eigen.[5]

Damit ist das Haus Burgstraße 10, mit Ledererstraße 26, wieder an den Herzog zurückgekommen. Von 1522 bis 1551 erscheint der ganze Gebäudekomplex vom Alten Hof bis zum Schlichtingerbogen in den Steuerbüchern nicht mehr. Erst ab 1551 sind wieder steuerzahlende Bewohner nachweisbar, deren Zuordnung zu einem der drei (vier) Häuser (Burgstraße 8, 9 A/B, 10 mit Hinterhaus) schwierig ist. Es sind fast ausnahmslos Hofbedienstete, so seit 1558 unter anderem der Falkner oder Falkenmeister Wolff Stockmair, dann bis 1592 sein Nachfolger (Hanns Lew oder Leb, Falkner).

1574 nennt es das Grundbuch (Überschrift) „Hertzog Albrechts etc. Falckhenhaus, Hof und Hindterhaus, geet auf den Pach hinab".

Das Hinterhaus wird unter der Ledererstraße als „Hertzog Ludwigs Haus" eigens aufgeführt, vgl. oben bei Ledererstraße 26.

1593 fehlt der ganze Häuserkomplex in den Steuerbüchern. Ab 1594 erscheinen die Häuser wieder in Privathände verkauft, Burgstraße 10 seit 1. Mai 1594 in den Händen des Baugegenschreibers Georg Dirr („domus Georg Dir"), das Hinterhaus an der Ledererstraße 26 – nunmehr vom Vorderhaus Burgstraße 10 getrennt – in denen des Hofbaumeisters Wendel Dietrich, bei dessen Familie es bis 1639 bleibt. Das Haus Nr. 9 heißt seit 1594 „domus Johann [Werdun] seidensticker".

Der Name „Falkenhaus" findet sich hier letztmals 1592.

Eigentümer Burgstraße 10:

* Kaiser Ludwig und Herzog Stephan II. [bis 1342 Oktober 20/21] wie Burgstraße 8 und 9
* Markgraf Ludwig der Brandenburger [1354 Juni 7] wie Burgstraße 8 und 9
* Perchtold der [Armbrust]sniczer, ∞ Kunigund [1342 Oktober 20/21 bis nach 1354 Juni 7, Lehensinhaber] wie Burgstraße 8 und 9
* Ulrich [Armbrust]sniczzer wie Burgstraße 8 und 9 [bis 1385 Juni 8, Lehens-, Pfandinhaber]
    St: 1368: -/-/-
* Konrad der Preysinger zu Baierbrunn [Ritter, Hofmeister des Herzogs Friedrich, später Viztum von Niederbayern, dann Oberbayern, Pfleger von Freising usw., 1385 Juni 8 bis 1391 September 26]
* Ott Schimbl (Schimel), 1377 kramer (institor). 1410/II-1413 relicta [Alhaid] Schymblin [1413 Wirtin; seit 1391 September 26]
    St: 1392: 17,5/-/-, 1393: 23/-/80, 1394: 12/-/-, 1395: 6/-/- non juravit, 1396: 9/-/- non iuravit, 1397, 1399, 1400, 1401/I: 9/-/-, 1401/II: 18/-/80, 1403: 18/-/80 iuravit, 1405/I: 18/-/80, 1405/II: 20/-/-, 1406: 26/5/10, 1407, 1408: 18/-/-, 1410/I: 13,5/-/-, 1410/II: 18/-/-, 1411: 13,5/-/-, 1412: 18/-/-, 1413: [Steuer gemeinsam mit Hanns Schymel]

---

[1] BayHStA, Kurbayern Urk. 16425.
[2] BayHStA, Kurbayern Urk. 16412.
[3] BayHStA, Kurbayern Urk. 16413.
[4] Zimelie 33 (Stadtbruderhausbuch) S. 10r.
[5] Urk. B II c 274/81.

StV: (1405/II) iuravit die Schimblin. (1407) iuravit die Schimblin nach dez racz haissen. (1410/I) iuravit die Schymblin.

Pferdemusterung, um 1398: Ott Schimel sol haben zway pferd umb 40 gulden und einen erbern knecht und [soll] der stat damit warten.

* Hanns Schimel [Zollner zu Wasserburg, ∞ Ursula von Hausen]. 1423-1431, 1453-1458, 1462 relicta [Ursula] Schymblin

    St: 1406: -/6/- gracianus, 1407: 12/6/10 iuravit, 1408: 12/6/10, 1410/I: 9,5/-/- iuravit, 1410/II: 12/6/11, 1411: 9,5/-/23, 1412: 12/6/11, 1413: 20/-/24 iuravit, 1415: 8/6/-, 1416: 11/5/10, 1418, 1419: vgl. StV, 1423, 1431: -/-/-, 1453-1458: Liste, 1462: 2/-/20

    StV: (1413) [gemeinsame Steuer mit der relicta Schymblin, seiner Mutter Adelhaid]. (1415) die geswŏrn stewr und 16/-/- von der vodern stewr. (1418) hat uns geben sein altew stewr 11/5/10 mit dem geding, daz wir ym ainen zug geben haben auf sein swern. Ist daz er mer swert, daz sol er zu seczen. Swert er mynner, so sol er dannacht bei der alten stewr beleiben. (1419) hat geben 11/5/10 sein voderew stewr und hat nicht gesworn und wenn er her chumbt, so sol er swern alz yn dem vodern puch geschriben stet.

* der [Ursula] Schimlin Haus [1448 August 19]
* domus Wilhalm von Egnhoven [zu Planegg, Sohn von Konrad von Egenhofen und Barbara Schiml; auch Enkel von Hanns und Ursula Schiml]. 1457 domus Wilhalm

    St: 1453-1458: Liste, 1462: 1/-/28

    StV: (1462) dedit Hanns Kray.

** domus des Lungen [= Christoph Dyethof, genannt Lung, ∞ Magdalena, geb. von Egenhofen, Schwester von Wilhalm von Egenhofen, verw. Pütrichin; Stadtoberrichter zu München].[1] 1490-1514 domus Lung (Lŭng)

    St: 1482: 1/4/12, 1486, 1490: 4/2/-, 1496, 1500: 3/4/-, 1508, 1509: 2/1/10, 1514: Liste

    StV: (1482) von seinem erb in der stat; et dedit 1/7/18 von 13 gulden ungarisch der Schimlin caplan auß dem Turlpad; et dedit -/6/- von dem ubrign zins aus dem pad. (1490) dedit Utz pfleger zu Planek.

* Herzog Wilhelm IV. [ab 1515 September 21]
** [Herzog Albrechts V.] Falckhenhaus

    St: 1564/I-1592: -/-/-

Bewohner Burgstraße 10:

Hans kistler inquilinus St: 1368: -/-/15 post
Fridel Gŭghan sneyder inquilinus St: 1368: -/-/20 [am Rand, wieder getilgt:] solvit 1 flor[enus]
Aynger sneyder St: 1369: -/-/45 post
Seicz goltsmid[2] St: 1371: -/3/10, 1372: -/3/2
Engelharcz pruder institor [vgl. Burgstraße 8] St: 1379: -/-/-
Mall institor St: 1379: -/-/-
Ulrich goltsmid St: 1382: -/-/72
Tischmŭndel calciator St: 1383/I-II: -/-/18 gracianus (sub gracia)
Gebl goltsmid[3] St: 1392: -/11/-, 1393: -/14/20
[Hans] Wattenleg (Watenlech) goldschmid[4] St: 1394: -/-/32, 1395: -/-/64, 1396: -/3/6
Ull (Ulrich)) Schafschwol (Schafswol) inquilinus
    St: 1397: -/-/-, 1399: -/5/-, 1401/I-II: -/-/-, 1403: 1/-/- gracianus
Hanns Klyeber (Klieber) goltsmid[5] St: 1415: -/5/-, 1416, 1418, 1419: -/6/20
Chuncz zingiesser inquilinus St: 1415: -/-/60 fur 10 lb
Lucey, dez Schymels diern St: 1416: -/-/-
Asem melczer, 1418 inquilinus St: 1418: -/-/60 fŭr nichil, 1419: -/-/60
Hanns Gynauf goltsmid[1] St: 1423: -/3/-

---

[1] Christoph Dyethoff gen. Lung, Pfleger zu Planegg, ∞ Magdalena von Egenhofen zu Planegg, 1500-1504 Stadtoberrichter zu München, vgl. R. v. Bary III S. 798.
[2] Frankenburger S. 261.
[3] Frankenburger S. 265.
[4] Frankenburger S. 266.
[5] Frankenburger S. 269.

Asem Rottaler St: 1423: -/3/-
Hanns Wedel goltsmid[2] St: 1428: dedit 3 gross pro se, uxore et familia.
der Schimlin kelnerin St: 1428: dedit 1 grossen
des von Freyberg kellnerin St: 1428: dedit 1 gross
Chunrat Ruelant, 1441/I schuster. 1441/II Ruelant schuster inquilinus
    Sch: 1440: 1,5 t[aglon], 1441/I-II: 1 t[aglon]
Hanns gleismaler Sch: 1441/II: 1 t[aglon]
Hanns Turnawer salburch Sch: 1441/II: 1 t[aglon]
Hanns vischer schneyder[3] inquilinus St: 1462: -/3/20, 1486, 1490: -/3/15
Heincz weber káfel inquilinus St: 1462: -/-/60
Sigmund Túntzl kistler[4] St: 1482: -/-/60
Wolfgang schuster
    St: 1490: -/3/15
    StV: (1490) et dedit -/-/7 fur pueri sailer.
Andre Schlegel s[chneider][5] St: 1496: -/7/8
Jorg ratknecht von hof St: 1496: nichil
Hans Sigknhofer tagwercher St: 1496: in camer
Hanns Pfreymer k[istler][6] St: 1500: -/3/-
Contz wescher St: 1508: -/1/12 das jar, 1514: Liste
Jorg Voburger g[oldschmid][7] St: 1508: -/2/10
Walthasar (Balthasar) Harder goltschmid[8]
    St: 1551/II, 1552/I-II: 1/5/28
    StV: (1551/II, 1552/I-II) mer -/-/26 fúr p[ueri] Hundertpfunt (Húndertpfunt).
Hanns hoffkellner St: 1551/II-1553: nihil
Valten Meysl koch. 1564/I Meisl hofkoch. 1564/II-1571 Meysl koch
    St: 1551/II-1553: nihil, 1564/I: nihil, 1564/II, 1565: nihil, hofgsind, 1566/I: -/-/-, 1566/II, 1567/I: -/-/- hofgsind, 1567/II: -/-/-, 1568, 1569: -/-/- hofgsind, 1570, 1571: -/-/-
Lucas Fúrst (Fürst), 1551/II-1565 f[ürstlicher] thúrhueter, 1566/II f[ürstlicher] chamerthúrhueter.
    St: 1551/II-1553: nihil, 1565: 3/6/5, 1566/I: an chamer, 1566/II, 1567/I: 1/-/-, 1567/II: -/-/-, 1568: an chamer, 1569, 1570: 1/-/-, 1571: an chamer
    StV: (1565) soll auffs jar sein geschworne steur machen. (1566/II) ist ime bewilliget worden, das er zu yeder steur merer nit dan 1 fl zegeben schuldig, in bedenckhung, das er gemainer stat mit yberantburtung schafft unnd sonst desst williger etc.; mer ain versessne steur 1 fl. (1567/I) als offt man steurt, raths bewilligung. (1567/II) gibt als offt man steurt 1 fl. (1568) zalt 2/-/-. (1569) so offt unnd wie man steurt als ain búrger.
Thoman Schlapauner (Schlapamer, Schlapámer, Schlapaumer), 1563-1571 lebmaister
    St: 1560, 1561, 1563, 1564/I-II, 1565, 1566/I-II, 1567/I: -/2/-, 1567/II: -/2/- búrger, hofgsind, 1568: -/4/- búrger und hofgsind, 1569-1571: -/4/24
    StV: (1560) mer fúr 1 dopelte unnd 2 ainfach allt steuren 1/1/-. (1564/I) sols zalt haben.
Wolf Stockhmair (Stockhman) valckhner. 1565-1570 Wolff Stockhmair falckhnerin [N.N., verwitwete Khammel]
    St: 1564/I-II, 1565: -/2/-, 1566/I: -/1/5 pauper, 1566/II: -/2/-, 1567/I: -/1/-, 1567/II: -/2/-, 1568: -/4/-, 1569, 1570: -/2/-
    StV: (1564/I-II, 1565) mer fúr p[ueri] Khamel -/-/28. (1564/I) mer ain versessne steur -/2/-; mer fúr di vormundschafft -/-/28. (1566/I) mer für ire khindt vom Khämel -/-/28. (1566/II) und fúr ir khind -/-/28. (1567/I) der zeit mer fúr ire khind -/-/28. (1567/II) mer fur ire khinder -/-/28.

---

[1] Frankenburger S. 270.
[2] Frankenburger S. 270.
[3] Hanns vischer ist 1465, 1469, 1472, 1474, 1477 Vierer der Schneider, vgl. RP.
[4] Sigmund Dantzl/Tuntzl ist 1476 und 1478 Vierer der Kistler, vgl. RP.
[5] Andre Schlegel 1494, 1496, 1498, 1500-1506, 1508, 1509 Vierer der Schneider, vgl. RP.
[6] Hanns Pfreimer/Pfrämer 1489, 1497, 1512 Vierer der Kistler, vgl. RP.
[7] Frankenburger S. 281.
[8] Frankenburger S. 288.

Wolf Stockhmair falckhner [der jüngere ?] St: 1571: -/-/-
infraẃ wittib St: 1571: an chamer, pauper
Gilg Múlauer (Müllauer, Milaẃer), 1564/I-II khelner, 1565-1570 hofkhellner (hofkherler (!))
    St: 1564/I-II: -/3/25, 1565, 1566/I-II: -/3/25 búrger, hofgsind, 1567/I-II: -/3/25, 1568: 1/-/20, 1569-1571: -/3/25
Lenhart Uttnpergerin St: 1571: -/3/25
Ab 1573 kommen neu hinzu:
Jorg falckner[1] 1573 – 1580
holtzschreiber = Gregori Feurleben/Peurwegg/Peurpóckh[2] 1573 – 1579
Anna Simerlin im hennenhauß (Anna Symerlin hennendirn) 1574, 1575
Utz Geuswein/Geußmair ratsknecht 1580 – 1585
Durhamerin 1580
Hanns senfftmaister 1581 – 1587
Hanns pogner 1589, 1590
Hanns Lew falckhner 1589 – 1592

Burgstraße 11

Lage: 1375, 1379, 1385, 1403 „vor der purg (púrg)". 1392/98 „bey der burg".
Name: 20. Jahrhundert Cuvilliés-Haus[3].

Eigentümer Burgstraße 11:

1364 November 5 auf dem Haus des Goldschmieds Hans des Haiden „an der purgk strazz" liegt ein Ewiggeld.[4]
1375 Juli 27 die Witwe Yrngart die Haidnin übergibt ihren Anteil am Haus „vor der purg" ihrem Sohn Lienhart dem Haiden, Goldschmied, und seinen anderen Geschwistern, unter anderem der Schwester Margaret, die mit „Ulrich dem sleuffer" verheiratet ist.[5]
1379 März 22 auch der andere Sohn Thoman der Haiden übergibt seinen Anteil am Haus „vor der púrg" dem Bruder Lienhart dem Haiden.[6] Der Chunrat der Haiden von Hochmuting, der am 24. August 1368 vorkommt, dürfte ein Verwandter sein,[7] da die betreffende Urkunde des Klosters Rott den Münchner Bürgermei-ster Hans Schluder zum Siegler und vier Münchner Bürger als Zeugen hat.
Lienhart der Haiden muß bald in beträchtliche wirtschaftliche Schwierigkeiten gekommen sein. Am 9. Juli 1380 tritt Hainrich der Moroltinger sein Recht auf des Haidens Haus, das einst des Goczen war an Hans den Müncher ab, das er wegen einer Pfandschaft von 20 Pfund Regensburger Pfennigen inne-hatte.[8] Der geringen Summe wegen dürfte es sich um das kleinere Haus (Burgstraße 12 A) handeln. Dem Müncher schuldet der Haiden ebenfalls bereits 30 Pfund Regensburger und 60 Gulden, um die dieser ihn von den Juden lösen soll.[9] 1382 muß Haiden ein Haus beim Wührbad (Hochbrückenstraße) verkaufen.[10]
1385 April 29 der Goldschmied Lienhart Haiden verpfändet seine beiden Häuser (Burgstraße 11, 12 A) „vor der púrg", aneinander gelegen, zunächst Fridreichs des Astaler Haus (Burgstraße 12 B) an Ulrich den jungen Tichtel um 400 Gulden ungarisch und böhmisch. Desgleichen versetzt er ihm 17

---

[1] Jörg falckner 1574, 1577, 1578 „hofgesind".
[2] Feuerleben und Jorg falckner 1574 mit Klammer verbunden und am Rand als „hofgesind" bezeichnet, Peurpóckh auch wieder 1579.
[3] Francois Cuvilliés d. Ä. starb am 14.4.1768 in diesem Haus. Seit 1908 gibt es eine Gedenktafel am Haus.
[4] Hufnagel/von Rehlingen, St. Peter Urk. 39. – MB XIXa 27 S. 33/34.
[5] GB I 66/15, 67/7.
[6] GB I 106/3.
[7] Geiß, Regesten ungedruckter Urkunden, in: OA 13, S. 200.
[8] GB I 125/4.
[9] GB I 125/3, 3. Juli 1380.
[10] GB I 152/5.

Mark Silber.¹ Mit Zustimmung des Tichtel darf Haiden am 10. Juli 1386 das kleinere der beiden Häuser, das zunächst an des Astalers Haus (Burgstraße 12 B) gelegen ist, Öttlein dem Jasperger, dem Schneider verkaufen.² Dieses kleinere Haus geht von nun an eigene Wege (Burgstraße 12).

1385 August 24 das Haus des Goldschmieds Lyenhart Hayden an der Burgstraß ist dem Haus der Herzöge Stephan, Friedrich und Johann beziehungsweise Ulrich des Schnitzers beziehungsweise nunmehr des Hofmeisters Konrad des Preysingers (Burgstraße 10) benachbart.³

1386 Januar 13 hat Haiden auch Schulden bei Niclas dem Ächter von Wasserburg.⁴ Für 268 Gulden muß diesem der Haiden schließlich

1387 April 22 seinen ganzen Besitz verpfänden: sein Haus an der Burgstraße bei des Preisingers Haus (Burgstraße 10) vorn, und hinten bis an den Bach, und dazu den Stadel und Garten an der Ircher-gasse (Ledererstraße), sowie einen Pfandbrief auf das Ungeld zu München, den er hat.⁵ Die Haiden wohnen zwar noch weiterhin in dem Haus, so 1401 „Liendel goltsmid" als inquilinus des Pächters Tömlinger, aber die Familie ist am Ende: 1388 versetzt Lienhartin die Haidenin der Yrmel, des Eysenmans Diern, einen Rock und einen Kittel („sluck") für 5 Schillinge verdienten Lohn und 73 Pfennige geliehenes Geld, worum die Yrmel am 18. September 1388 vor dem Stadtgericht klagen muß.⁶ 1389 verkauft die Haidenin noch einen Krautacker, wohl die letzte Reserve.⁷

1386 Juli 10 erfährt man, daß Haiden zwei nebeneinander liegende Häuser besitzt, ein größeres und ein kleiners. Aus der weiteren Geschichte des kleineren ist zu schließen, daß es im Nachbarhaus Nr. 12 aufgegangen ist, mit dem es zuletzt den Hauseigentümer gemeinsam hatte (Astaler).

Das Haus bleibt in Händen des Salzhändlers Aechter von Wasserburg, der 1391 um 50 Scheiben Salz gegen einen Münchner Bürger prozessiert,⁸ dessen Vetter Hans am 5. Juni 1391 seine Rechte am Besitz von Lienhart dem Hayden und seiner Hausfrau mit Briefen (Urkunden) belegt.⁹

1391 November 24 das Haus des Ottel (Jasperger) beziehungsweise seines Sohnes Jorg (Burgstraße 12 A) liegt zwischen den Häusern des Goldschmieds Hayden (Burgstraße 11) und des Astalers (Burgstraße 12 B).¹⁰

1392 Februar 8 das Haus des Hayden liegt dem Haus des Preysinger beziehungsweise Schimel (Burgstraße 10) benachbart.¹¹

1392 Juli 30 das Haus des Goldschmieds Hayden liegt dem Haus des Ottel Gessperger (Jäsperger) (Burgstraße 12 A) benachbart.¹²

1392-1398 liegt auf „Liendel Haydels haus bey der burg, da der Dömlinger der appotegger inn ist", ein Ewiggeld des Nadler-Altars in St. Peter.¹³

1399 November 8 Hanns der Ächter von Wasserburg klagt gegen Jörg Tömlinger auf Räumung des Hauses, das er von seinem Vetter Niclas dem Ächter selig geerbt habe, dem es um 268 Gulden verpfändet war. Tömlinger bringt vor, er habe um das Haus „gute gewern", die er auch beibringt.¹⁴ Er bleibt da wohnen, steht noch 1401 im Herbst im Steuerbuch (von 1402 ist ein solches nicht vorhanden) bis dann

1403 Juli 24, August 11 die Räumungsklage erneut erfolgt: der Priester Hanns der Ächter, Sohn von Hanns dem Ächter selig, verklagt den Jörg Tömlinger auf Räumung des Hauses, das Lienhart der Hayden Niclas dem Ächter selig versetzt habe und das jetzt noch auf 268 Gulden Pfand stehe.¹⁵ Schon am 24. Juli 1403 teilte der Rat der Stadt Wasserburg der Stadt München mit, daß der Priester Hanns der Ächter, Sohn seines gleichnamigen Vaters, habe wissen lassen, sein Vater habe nach Maßgabe des

---

¹ GB I 214/5.
² GB I 214/7, 223/2.
³ BayHStA, Kurbayern Urk. 16244.
⁴ GB I 223/12.
⁵ GB I 228/18.
⁶ GB I 236/11.
⁷ GB I 239/18.
⁸ GB II 6/11.
⁹ GB II 7/13.
¹⁰ GB II 18/1.
¹¹ GB II 21/8, 9.
¹² GB II 32/2-3.
¹³ Steueramt 982/1 S. 20r.
¹⁴ GB II 148/19.
¹⁵ GB III 12/7.

Gerichtsbuches und des Stadtrechts von München alle Rechte auf Haus, Stadel und Garten des Lienhart Hayden um 268 Gulden erlangt. Der Vater sei gestorben und habe seinem Sohn Zahlungsverpflichtungen hinterlassen. Der Rat von Wasserburg bittet den Rat von München, diesem förderlich zu sein, damit ihm die verbrieften Rechte seines Vaters erhalten bleiben und ihm seine Ansprüche ausgerichtet werden.[1] Die Klage war diesmal offenbar erfolgreich und der Zweck der Räumung ist auch klar:

1403 Oktober 5 der Priester „her Hanns der Áchter" verkauft das Haus „vor der púrg", zunächst des Astaler Kind Haus (Burgstraße 12 A/B), an den Hofmeister Herzog Ernsts, Herrn Parzifal den Zenger.[2]

Die weiteren Hauseigentümer sind dann für eine Weile nur durch die domus-Bezeichnungen in den Steuerbüchern belegt:

1403-1418 domus her Parcifal Zenger, Ritter, Hofmeister Herzog Ernsts (StB).
1419-1439/I domus Machselrainer (StB, Scharwerksverzeichnisse).
1462 domus Rossler (StB).
Schon 1425 wohnt ein anderer Kanzler in dem Haus: Oswald der Tuchsenhauser.
1467 wird die Straße gepflastert „bei dem Roßler".[3]
1479 September 2 „Hanns Roßler cantzler" zahlt 7 Schillinge und 6 Pfennige „von allem, das er im purckfrid auf dato gehabt hat, ausserhalb seines hauß, zinßgelt und ewigen gelt".[4]
1482-1496 domus Rósler (des alten Róslers) (StB).
1509 domus Rósler (StB).
1515 September 21 das Eckhaus Burgstraße 10 des Lung von Planegg, künftig des Herzogs Wilhelm IV., liegt „gegen dem Gokawer cramer uber".[5]
Nach 1515 klafft bis zu dem auch durch das Grundbuch belegten Onuffrius Moser (ab 1550) eine Lücke.
1551-1571 domus Moser (StB).
1563 Januar 3 Onophrius Moser von Pöring, fürstlicher Kastner zu Schwaben, hat aus diesem Haus 25 Gulden Ewiggeld für 500 Gulden Hauptsumme verkauft, ebenso
1563 Oktober 16 (15 Gulden um 300 Gulden).[6]
1574 März 26 Onuphrius Moser und seine Hausfrau Maria verschreiben ihrem Schwiegersohn Christoff Mendt, Weinzahler, 50 Gulden Ewiggeld um 1000 Gulden Hauptsumme aus diesem Haus (GruBu).
1574 laut Grundbuch (Überschrift) des Onophrii Mosers gelassenes Haus, Hof und Hinterhaus, hat eine Stallung und eine Einfahrt auf den Bach hinab, samt dem Überbau auf dem Schwibbogen.
Eine weitere Ewiggeldverschreibung erfolgt
1575 September 20 durch die Witwe Maria Moser (GruBu).
Ab 1576 hat das Haus schon Christof Ment (domus Mennt ab 1580).

Die Eintragungen im Häuserbuch für die Jahre von 1342 bis 1391 sind willkürlich hier eingeordnet und gehören zum Nachbarhaus Burgstraße 10. Auch die Vorbemerkung zu diesem Haus im Häuserbuch ist damit hinfällig.

In dem Haus wird seit mindestens Ende des 18. Jahrhunderts eine Gaststätte – „Zum (bayerischen) Donisl" – betrieben. Eine etwa gar bis ins Mittelalter oder das 16. Jahrhundert zurückreichende Tradition ist aber nicht erkennbar.[7]

Eigentümer Burgstraße 11:

* Hanns des Haiden Goldschmieds Haus [1364 November 5]
* relicta [Yrngart die] Haydenin
    St: 1368: -/6/- semipost, 1369: -/-/-

---

[1] Urk. A VII e Nr. 624.
[2] GB III 15/1-3.
[3] KR 1467/68 S. 108r.
[4] KR 1479/80 S. 28r.
[5] Urk. B II c 274/81.
[6] Stadtgericht 207/1 (GruBu) S. 367v.
[7] Stahleder, Haus- und Straßennamen S. 491.

* Liendel (Lienhart) Hayden (Haydem, Haiden), 1377 goltsmid,[1] [∞ Margarete], 1375 [et] mater eius
    St: 1369: 3/-/24 juravit, 1371, 1372: -/-/-, 1375: 2/-/-, 1377: 3/5/- juravit, 1378: -/-/-, 1379, 1381, 1382, 1383/I: 3/5/-, 1383/II: 5/3/15 [gemeinsam mit Thoman Hayden], 1387: -/-/-, 1388: -/5/10 juravit, 1390/I-II: -/-/80, 1392: -/-/-
    StV: (1379) item de anno preterito.[2] (1388) [Nachtrag:] item t[enetu]r 6,5/-/23; item pro pena 2/-/48; in hoc [anno] solvit 4,5/-/40.
* Thoman Hayden (Haydem) [Bruder von Lienhart Hayden, Söhne von Yrngart der Haydenin]
    St: 1379: -/3/- gracianus, 1382, 1383/I: 0,5/-/-, 1383/II: [gemeinsam mit Lyenhart Hayden] 1388: -/-/40 juravit
  Liendel [Haiden] goltsmid inquilinus
    St: 1401/II: -/-/40 gracianus
* Niclas Aechter [Großer Rat[3]] von Wasserburg und Erben [1387 April 22 bis 1403 Oktober 5]
  Jórig Tomlinger[4] [Apotheker, Pfandinhaber !]
    St: 1401/II: -/-/-
* domus her Parcival Zenger. 1411, 1412, 1415, 1416 domus her Parcival. 1418 domus Parczival Zenger [Hofmeister von Herzog Ernst[5]]
    St: 1405/I-1418: -/-/-
* domus [Wilhelm d. Ä.?] Maechselrayner. 1431 domus Machslrain[er]in. 1439/I domus [Wilhelm d. J. ?] Machselrainer [herzoglicher Rat[6]]
    St: 1419: -/-/-, 1423: die fraw 0,5/-/22, 1431: -/-/-
    Sch: 1439/I: -/-/-
* domus [Hanns] Rossler (Rósler). 1496 domus des alten Róslers. 1500 Hanns Rösler der alt
    St: 1462: nichil, kanczler,[7] 1482, 1486, 1490, 1496, 1500: -/7/4
    StV: (1482) von allem seinem erb im purckfrid. (1486) dedit Oswald sein sun. (1490) dedit Oswald Roßler.
  und sein sun Oswald [Roßler]. 1486, 1490, 1496, 1500 Oswald Rósler [Salzsender[8]]
    St: 1482: 9/1/22, 1486, 1490: 7/5/-, 1496: 9/1/20, 1500: 6/6/17
  Hanns der jung Rósler (Rösler) [Stadtrat[9]]
    St: 1490: 3/4/10 juravit, 1496: 4/4/6, 1500: 3/1/22
* domus Rósler
    St: 1509: anderswo bey Hanns Rósler [vgl. Kaufingerstraße 20/21]
* Hanns Gůckaẘer (Gockauer, Gúckhauer), 1527/II kramer[10]
    St: 1514: Liste, 1522-1526, 1527/I: 5/4/21, 1527/II, 1528, 1529, 1532: 5/1/28, 1540-1542: 2/3/3, 1543: 4/6/6, 1544: 2/3/3
    StV: (1522) hat seiner hausfrau heyratgu zugesetzt.
** Onofferus Moser [von Pöring, Kastner zu Schwaben, ∞ Maria[11]]
    St: 1550: -/4/20 von seinen zinsen
** domus Onofferus (Onoffrius) Mosers, 1556 [herzoglicher] ungelter
    St: 1551/I: -/4/20 von seinen zinsen, 1551/II, 1552/I: 1/5/20 von seinen zinsen, 1552/II: an chamer, 1553, 1554/I-II, 1555-1557: -/1/12, 1558: -/2/24, 1559-1561: -/1/12, 1563: -/1/12 de domo, 1564/I: an chamer, 1564/II: 2/3/15, 1565, 1566/I: 2/3/15 de domo, 1566/II: 2/3/15 de do-

---

[1] Frankenburger S. 262.
[2] Betrag fehlt, da das Blatt beschnitten wurde.
[3] Niclaus Ächter ist 1381 Mitglied des Großen Rats, vgl. R. v. Bary III S. 745.
[4] „Jórig Tomlinger" neben „Liendel goltsmid" angefügt. Jörg Tömlinger 1393-1405 Stadtapotheker, vgl. R. v. Bary III S. 1029.
[5] Vgl. von Andrian-Werburg, Urkundenwesen S. 94.
[6] Sowohl Wilhelm der Ältere als auch Wilhelm der Jüngere von Maxlrain waren herzogliche Räte, ersterer starb 1423, letzterer 1448, vgl. von Andrian-Werburg, Urkundenwesen S. 129/130.
[7] Kanzler Herzog Albrechts III. und IV., vgl. MB XIXa S. 257/258 (1443), 299/304 (1475), MB XX 369 S. 669/675 (1485).
[8] Oswald Rösler ist 1495, 1496, 1503 und 1506 Vierer der Salzsender (Krötler), vgl. RP und Vietzen S. 153.
[9] Vgl. Kaufingerstraße 20*/21* (1508-1527.
[10] Hanns Gukawer Vierer der Kramer 1508, 1509, 1512, 1514, 1516, 1519 ff., vgl. RP.
[11] Onofferus Moser von Pöring, als fürstlicher Kastner zu Schwaben seit 1546 belegt, Bestallung auf Lebenszeit am 5.8.1547 und noch 1576 als solcher belegt, 1556 (herzoglicher ?) Ungelter, vgl. Ferchl, Bayerische Behörden und Beamte S. 978.

mo von zinsen, 1567/I-II: 2/3/15 de domo, 1568: 5/-/-, 1569: 2/3/15 de domo, 1570, 1571: 2/3/15 von zisen

StV: (1553) mer 1/5/25 von zinsn aus seinem haus des vergangen [15]52 jars; mer -/1/12 de domo; mer 1/1/22,5 von zinsn des [15]53ten jars. (1554/I-II) mer -/4/20 von seinen zinsen. (1555-1557) mer 1/3/15 von (seinen) zinsn. (1558) mer 4/-/- von zinsn. (1559, 1560) mer 2/-/- von (sein) zinsn. (1561) mer von zinsen 2/5/25. (1563) mer von zinsen 1/6/19,5. (1564/II) mer ain vesessne steuer 2/3/15. (1568) von seinem hauß und zinsen.

Bewohner Burgstraße 11:

relicta Smidlin inquilina St: 1368: invenitur alibi
Zwircher (?) pewtler inquilinus St: 1387: -/-/16
Fremd sneider, 1390/I inquilinus St: 1390/I: -/-/16, 1397: -/-/60 für 8 lb
Hanns Holczschuch sneyder St: 1399, 1400, 1401/I: -/-/-
Chuncz (Chunrat) Stadler schuster. 1405/I Stadler schuster
  St: 1403, 1405/I: -/3/6, 1405/II: -/-/72 fur 12 lb iuravit, 1406: -/3/6 für 12 lb
Gasper goltsmid inquilinus St: 1405/I: -/-/-
Krechel. 1407, 1408-1419 Krechelin (Krechlin), 1415 chaufflin, 1406-1410/II, 1413 inquilinus (inquilina)
  St: 1406: -/-/48, 1407, 1408: -/-/80, 1410/I: -/-/66 für 11 lb, iuravit, 1410/II: -/-/88 für 11 lb, 1411: -/-/60 für 10 lb, 1412: -/-/80 für 10 lb, 1413: -/-/60 für 10 lb iuravit, 1415: -/3/-, 1416: 0,5/-/-, 1418, 1419: -/-/80
Chuncz tagwercher St: 1423: -/-/60
Hanns goltslacher St: 1423: -/3/-
Steffan Ebser [Hofmeister von Herzog Wilhelm III.[1]]
  St: 1428: dedit 3 rh[einische]gulden pro se et dedit 9 gross für sein hausfrau und fur sein ehalten
  Els ir diern St: 1428: dedit 1 gross
Oswald Tuchsenhawser kanczler[2] St: 1428: dedit 27 gross für sich, sein hausfrau und sein ehalten
der Fráshásser [= Frashauser ?] St: 1428: dedit 5 gross
Hanns Puckel [Weinschenk ?[3]] Sch: 1441/I-II: 1 t[aglon]
Hainreich Keck, 1450, 1453, 1455, 1457, 1458 sneider[4] St: 1450, 1453-1458: Liste
Anthoni Zándl redner[5] St: 1522: nichil
Stefan Daxsperger (Dachsperger, Daxperger), 1523, 1525-1540, 1545-1547, 1552/II-1554/I, 1555, 1556, 1558, 1559 schuster
  St: 1523-1526, 1527/I-II, 1528, 1529, 1532, 1540-1542: -/2/-, 1543: -/4/-, 1544: -/2/-, 1545: -/4/-, 1546-1548, 1549/I-II, 1550, 1551/I-II, 1552/I-II, 1553, 1554/I-II, 1555-1557: -/2/-, 1558: -/4/-, 1559, 1560: -/2/-
Peter Wiser, 1523, 1525 goltschmid[6]
  St: 1523-1525: 2/1/17
  StV: (1523) hat seins schwehern gut zugesetzt.
Hanns Elsasser pogner St: 1527/II, 1528: nichil
Jórg Mair loder St: 1532: 1/2/6
Lorentz peutler St: 1540, 1541: -/2/-
  sein mueter St: 1540, 1541: nihil
Gilg peutler St: 1542: -/-/14 gracion, 1543: -/4/-
Hanns zieglerin St: 1543: -/4/-
Jeronimus Dichtlin St: 1544: -/2/-, 1545: -/4/-
Layttinger rentschreiber. 1553 Ernst Laytinger rentschreiber[1] St: 1551/II-1553: nihil

---

[1] Vgl. von Andrian-Werburg, Urkundenwesen S. 99.
[2] Davor getilgt: Item Oswald kanczler dedit 1 rh. gulden fur sich und hat geben. – Vgl. von Andrian-Werburg, Urkundenwesen S. 59/61.
[3] Ein Hanns Puckel ist 1433 Mitglied der Weinschenken-Bruderschaft, vgl. Gewerbeamt 1411 S. 8v.
[4] Hainrich Kekch ist 1471 und 1474 Vierer der Schneider, vgl. RP.
[5] Anthoni Zandl ist 1522-1531 als Redner (Vorsprech) oder Stadtprokurator belegt, vgl. R. v. Bary III S. 802.
[6] Frankenburger S. 287.

Michel Rengolt, 1555, 1556 ungelter,[2] 1558, 1559 notarius, 1560, 1563, 1564/I, 1565, 1566/I, 1567/I-II camerschreiber
> St: 1554/II, 1555-1557: 2/-/27, 1558: 4/1/24, 1559: 2/-/27, 1560: 1/2/10, 1561: an chamer, 1563: 1/5/11, 1564/I-II, 1565, 1566/I-II, 1567/I-II: -/-/1, 1568: -/-/2, 1569: 1/1/1,5
>
> StV: (1560) von seinem ebigen gelt. (1563) von seim ewig gellt; mer ain versessne steur 1/5/11; mer -/-/1. (1564/I-1567/II) mer von seim ewig(en) gelt 2/-/3,5. (1564/II) mer fúr sein ewig gelt 2/-/3,5. (1568) unnd von seinem ewigen gelt 2/2/3. (1569) von seim ewig gelt.

Andre Zauner, 1558 gwester capellmaister St: 1557, 1558: nihil

Steffan haffnerin
> St: 1557: -/2/-
>
> StV: (1557) mer -/-/28 fúr ir kind.

Wolff Stockhmayr, 1558 falckhenmaister, 1560 falckhner
> St: 1558: -/4/-, 1560: -/2/-
>
> StV: (1558) mer -/1/26 fúr p[ueri] Steffan Kheyml. (1560) mer fúr p[ueri] Khamel -/-/28.

N. procurator St: 1559: nihil

Hainrich goltschmid. 1563-1571 Hainrich Ruedolt goldschmid [von Nürnberg[3]]
> St: 1561, 1563, 1564/I-II, 1565, 1566/I-II, 1567/I-II: -/2/-, 1568: -/4/-, 1569-1571: -/2/27

Anndre Khachler (Kachler), 1565, 1566/I-II ziergadner, 1567/II f[ürstlicher] haußkhellner, 1568, 1569 f[ürstlicher] hofkheller. 1570, 1571 Anndre Khachler f[ürstliche] (hof)khellerin
> St: 1563: 2/1/1, 1564/I-II, 1565, 1566/I: 2/1/1 búrger, hofsind, 1566/II: 2/1/1, 1567/I: 2/1/1 búrger unnd hofsind, 1567/II: 2/1/1, 1568: 4/2/2, 1569-1571: 3/1/22

renntschreiber [Heinrich Lehle[4]]
> St: 1570: -/-/-
>
> StV: (1570) soll von seiner hausfrauen guet nachsteurn.

Thomas Peres St: 1571: -/-/-

Burgstraße 12 A
(mit Sparkassenstraße 11)

Eigentümer Burgstraße 12 A:

Kleines Haus, das zunächst bis 1396 zu Burgstraße 11 gehörte, dann zu 12.

Vor 1380 Juli 9 dem Goczen (Götz) gehörig, dann an die Familie Haiden übergegangen:

1380 Juli 9 Lienhart der Haiden verpfändet das Haus.[5]

1382 Mai 10 dem Haus des Goldschmieds Hayden ist das des Chunrad Prant von Vischpach und anderer Wadler-Erben, von nun an des Fridrich Astalers Haus (Burgstraße 12 B) benachbart.[6]

1385 April 29 Verpfändung beider Häuser (Burgstraße 11, 12 A) durch Lienhart Haiden an Ulrich Tichtel den Jüngeren.[7] Ulrich Tichtel überläßt dann das kleinere Haus (Burgstraße 12 A, „an der Purckstrazz") des Haiden diesem, damit Haiden es

1386 Juli 10 an den Schneider Öttel den Jäsperger verkaufen kann. Nachbar ist der Astaler (Burgstraße 12 B).[8]

---

[1] Ernst Laitinger ist bis 1562 als Rentschreiber in München belegt, vgl. Ferchl, Bayerische Behörden und Beamte S. 675.

[2] Michel Rengolt 1549 Stadtschreiber-Substitut, 1553- 1561 städtischer Schankungelter, vgl. R. v. Bary III S. 788, 879; Fischer, Tabelle 10 S. 18, 23. – Derselbe von 1560 bis 1576 Kammerschreiber, vgl. Fischer, Tabelle 10 S. 18. – Ein Michel Renngolt ist 1551 als Salzsender belegt, vgl. Vietzen S. 151.

[3] Gewerbeamt 1631 S. 87r Nr. 42 „Hainreich Ruetolt von Niernberg". – Frankenburger S. 300/301. – Der Goldschmied Heinrich Ruedolt musste sich 1569 und 1571 bei den Religionsverhören verantworten, vgl. Dorn S. 227, 265.

[4] Rentschreiber in München ist von 1562-1574 Heinrich Lehle, vgl. Ferchl, Bayerische Behörden und Beamte S. 675.

[5] GB I 125/4.

[6] GB I 161/2.

[7] GB I 214/5.

[8] GB I 214/7, 223/2.

1391 November 24 für den unmündigen Sohn Jorg von Ottel des langen Schneiders (Jasperger) und seiner Hausfrau Anna selig und für seinen Sohn Oswald aus erster Ehe, tritt die Großmutter mütterlicherseits des Ottel handelnd auf, nämlich die Hausfrau Elspet des Kürschners Seitz Feuchtmair von Ebersberg. Ottel der Schneider hatte zwei Häuser in München, eines an der Schwabinger Gasse, das andere Haus zwischen des Astalers (Burgstraße 12 B) und des Hayden Goldschmieds Haus (Burgstraße 11) gelegen. Dieses Haus erhält der Sohn Jörg des Ottel nach dem Tod der Mutter zugesprochen.[1]
Ottel (Jasperger), der lang Schneider, heiratet wieder und streitet am 11. Juni 1392 mit seinem Schwager Walther von Schwaben um das Heiratgut.[2]
1392 Juli 30 Ottel Jessperger (Gessperger) der Schneider verpfändet seinem Sohn Jörg um alle Erbschaft und Morgengabe das Haus – Nachbarn wie oben – um 40 Gulden ungarisch.[3]
1393 August 30 die Witwe Agnes des Öttel Schneider selig verpfändet das Haus an der Burgstraße, zunächst dem Haus des Astaler (Burgstraße 12 B) und dem Haus des Hayden (Burgstraße 11) gelegen, ihren Stiefsöhnen für 32 Gulden ungarisch.[4]
1396 Februar 4 die Vormünder der beiden Brüder Jörg und Oswald, Otten des Schneiders Söhne, verkaufen das Haus, zwischen Liendel Hayden (Burgstraße 11) und des Astalers (Burgstraße 12 B) Haus gelegen, dem Eigentümer des Nachbarhauses 12 B, nämlich Fridrich dem jungen [II.] Astaler, Sohn von Erhart Astaler, für den sein Onkel Stephan Astaler als Germage auftritt. Nachbarn: der Hayden (Burgstraße 11) und des Astalers anderes Haus (Burgstraße 12 B).[5]
Damit ist das Haus Burgstraße 12 A mit Burgstraße 12 B vereinigt und geht in diesem Haus auf. Es gibt jetzt nur noch ein Haus Burgstraße 12.

Eigentümer Burgstraße 12 A:

* Gócz goltsmid[6]
    St: 1368: -/3/10 post, 1369: 0,5/-/-, 1371, 1372: -/-/-
* Lienhart der Haiden [seit vor 1380 Juli 9 bis 1386 Juli 10]
* der gelb Ottel sneider. 1390/I-II, 1392, 1393 Óttl (Ott) [Jasperger] sneider. 1395 domus Ott schneider [= Öttel der Jasperger, Schneider, und Erben bis 4.2.1396, ∞ Agnes]
    St: 1387: -/5/10, 1390/I-II: -/10/20, 1392: -/3/-, 1393: 0,5/-/-, 1395: -/-/72
* Jörg und Oswald, Söhne von Ott Jasperger, dem Schneider, unter Vormundschaft [1391 November 24 bis 1396 Februar 4]
* Fridrich [II.] Astaler, Sohn von Erhart ASstaler, dann des Astalers Kind Haus [1396 Februar 4 bis nach 1406]
    Ab ca. 1406 Eigentümer wie Burgstraße 12 B

Bewohner Burgstraße 12 A:

Hainrich Wapp goltsmid[7] St: 1377: 2,5/-/- juravit
Kolb nadler inquilinus St: 1393: -/-/16

Burgstraße 12 B (12)
(ab 1396 mit Burgstraße 12 A, und mit Sparkassenstraße 11)

Lage: 1371, 1382 „vor der púrig (púrg)". 1378/81 „prope castrum".
Name: 20. Jahrhundert Kreittmayr-Haus.[8]

---

[1] GB II 18/1.
[2] GB II 30/10.
[3] GB II 32/2-3.
[4] GB II 52/12, 13.
[5] GB II 107/4.
[6] Frankenburger S. 261.
[7] Frankenburger S. 263.
[8] Wiguläus Aloisius Frhr. von Kreittmayr besaß dieses Haus vom 18.4.1757 bis zu seinem Tod am 27.10.1790, seine Witwe noch bis 1791. Eine Gedenktafel am Haus verweist darauf.

1370 die Baukommission beanstandet an der Burgstraße beim Eysenman „sein lauben".[1]

1371 April 28 Matheis Eysenman hat sein Haus „vor der púrig" dem H[ainrich] dem Waegenler um 700 Gulden verpfändet.[2]

1378/81 geht auch ein Ewiggeld aus dem Haus des Mathäus, genannt Eysenman bei der Burg („de domo Mathei dicti Eysenman prope castrum") an den Wadler-Altar in St. Peter.[3] Eisenman hat aber das Haus möglicherweise über die Witwe Panczirin erhalten. Sie steht nämlich 1368 alleine hier im Steuerbuch, mit dem Vermerk, ihre Steuer „zalt Eberhard Wurm". Erst 1369 steht Eysenman an ihrer Stelle, aber mit dem Vermerk, seine Ehefrau (uxor) zahle auch für den Eberhard Wurm, Eysenman selbst aber auch für die „pueri uxoris". Offenbar sind die uxor Eysenman und die Witwe Panczir iden-tisch. Nach der Verpfändung an Wadler konnte Eysenman das Haus offenbar nicht mehr halten:

1382 Mai 10 die Erbengemeinschaft nach dem Tod des Wadler läßt das Haus „vor der púrg zwischen dez Hayden goltsmid [Burgstraße 11/12A] und dez Puchlers [Burgstraße 13] haus, daz dez Waegenlaers saeligen gewesen ist", durch Chunrad den Prant von Vischpach im Namen aller übrigen Erben verkaufen. Der Käufer ist Fridreich der Astaler.[4]

1385 April 29 das Haus von Fridreich dem Astaler ist dem Haus des Lienhart Haiden (Burgstraße 11) benachbart.[5] Matheis Eysenman, der 1371 mit Wein handelt,[6] 1377 aber auch Goldschmied genannt wird (StB), erwirbt im selben Jahr 1382 vom Kloster Polling dessen Haus Dienerstraße 10.

1386 Juli 10 das Haus des Astaler ist dem Haus des Lienhart Haiden beziehungsweise Öttel Jäsperger (Burgstraße 12 A) benachbart.[7]

1391 November 24 das Haus des Astaler ist dem Haus des Schneiders Ottel (Jasperger) beziehungsweise seines Sohnes Jorg (Burgstraße 12 A) benachbart,[8] ebenso

1392 Juli 30[9] und

1393 August 30.[10]

1396 Februar 4 die Astaler – Friedrich II., Stephan und Erhart – erwerben auch das kleine Nachbarhaus des Lienhart Hayden (Burgstraße 12 A) dazu[11] und stehen bis 1406 in den Steuerbüchern.

Von da an sind die Astaler hier verschwunden. Das Haus kann ihnen aber trotzdem noch eine Weile gehört haben. In den Steuerbüchern findet man an dieser Stelle meist höchstens zwei Personen, in der Regel Frauen mit sehr geringer Steuersumme. 1423 stehen drei Goldschmiede hier, ebenfalls mit kleiner Steuer. Es ist ein Mietshaus, das vom Eigentümer nicht selbst bewohnt wird. Ein Verkauf dürfte zumindest bis 1419 ausgeschlossen sein, da er im Gerichtsbuch stehen müßte.

Wohl aus einer nicht erhaltenen früheren Urkunde übernehmen solche von

1403 Oktober 5 und von

1408 September 1 noch einmal „des Astaler kind haus" beziehungsweise „Fridrichen dez Astalaers haws" als Nachbarhaus des Priesters Hanns des Ächter (Burgstraße 11) beziehungsweise des Goldschmieds Heinrich Püchler (Burgstraße 13).[12]

1418 April 22 Stadtbrand, von dem außer dem sicher bezeugten Haus 16 B auch andere Häuser in der Burgstraße betroffen gewesen sein könnten, was manche Lücke im Hausbesitz erklären könnte. Der nächste sicher bezeugte Hauseigentümer ist Ulrich Grändl, der seit 1439 in den Scharwerksverzeichnissen steht und dessen Witwe Elspet Grändtl

1473 September 7 ein Ewiggeld von 15 Gulden (um 300 Gulden Hauptsumme) verkauft.[13]

1480 August 25 die Witwe Elspet Grändtl verkauft weitere 5 Gulden Ewiggeld (um 100 Gulden Hauptsumme) aus dem Haus (GruBu).

---

[1] Zimelie 9 (Ratsbuch IV) S. 4v.
[2] GB I 19/11.
[3] Hufnagel/von Rehlingen, St. Peter Urk. 60 = MB XIXa 41 S. 56/58.
[4] GB I 161/2.
[5] GB I 214/5.
[6] Wittmann, Urkunden-Regesten, ungedruckt (18.3.1371).
[7] GB I 214/7, 223/2.
[8] GB II 18/1.
[9] GB II 32/2-3.
[10] GB II 52/12, 13.
[11] GB II 107/4.
[12] GB III 15/1-3. – Vogel, Heiliggeistspital, Urk. 215.
[13] Stadtgericht 207/1 (GruBu) S. 364v.

1490/1506 auf Grändls Haus liegt ein Ewiggeld des Heiliggeispitals.[1]

1518 Juni 9 das Ehepaar Sigmund und Anna Hafner verkauft ein Ewiggeld von 5 Gulden für 100 Gulden Hauptsumme aus diesem Haus (GruBu) und

1519 Februar 10 weitere 3 Gulden um 60 Gulden an Agnes die Grändlin (GruBu).

1523/24-1540/41 hat das Heiliggeistspital ein Ewiggeld aus des Niclas Weyssenfelder Haus an der Burggassen. Der letzte Eintrag von 1541 ist wieder getilgt und mit dem Vermerk versehen „khumbt her vom Sigmundt [Haffner].[2]

1534 September 16 Ewiggeldverkauf von 5 Gulden um 100 Gulden Hauptsumme durch das Ehepaar Niclas und Anna Weissenfelder (GruBu).[3]

1543 Dezember 1 Ewiggeldverkauf von 7 Gulden um 140 Gulden Hauptsumme durch die Witwe Anna des Silberkammerers Georg Müller (GruBu). Zwei Tage später –

1543 Dezember 3 – verkauft dieselbe weitere 5 Gulden um 100 Gulden aus dem Haus (GruBu).

1563-1571 „domus Jorg silberchamerin" u. ä. (StB).

1566 September 20 Ewiggeldverkauf von 15 Gulden um 300 Gulden Hauptsumme durch Theophil von Kummerstadt und seine Hausfrau Anna (verwitwete Müller, vielleicht auch verwitwete Weissenfelder) (GruBu).

1574 laut Grundbuch (Überschrift) des Theophil von Khummerstadt Haus, Hof und Stallung, auch Hinterhaus.

Eigentümer Burgstraße 12 B:

* ? relicta Panczirin
    St: 1368: solvit -/13/9 in litera Eberhardi Wurm[4]
* Matheis Eysenman, 1377 goltsmid [Weinhandel, äußerer Stadtrat[5], ∞ relicta Panczirin ?], 1371 cum uxore
    St: 1369: solvit 5,5/-/-,[6] 1371, 1372: 5,5/-/-, 1375: 4/-/40, 1377: 4/-/- juravit, 1378, 1379: 4/-/-, 1381: 2/-/- juravit, 1382: 2/-/-
    StV: (1372) [am rechten Rand nachgetragen und wieder getilgt:] solvit 3,5/-/-.
  uxor sua
    St: 1369: dedit in comput[aci]o[n]e 2,5/-/- et exsolvit cunctum ab Eberhard[i] Wurm.
  pueri uxoris
    St: 1369: -/3/- gracianus, 1371, 1372: -/-/-
* Hainrich Waegenler [Pfandinhaber, seit 1371 April 28]
* Chunrat der Prant von Vischpach für sich und als Vertreter der Erben des Waegenlers selig [bis 1382 Mai 10]
* Fridrich [I.] Asttaler. 1388 patrimonium Fridrici Astalerii
    St: 1383/I: 16/-/-, 1383/II: 24/-/-, 1388: 20/-/-
* Erhart Astoler (Astaler) [Sohn von Friedrich I.]. 1393, 1394 relicta Erhart Astalerin [= Anna, geb. Bart] et puer eius[7]
    St: 1387: 9/-/- iuravit, 1390/I-II: 18/-/-, 1392: 14/4/-, 1393: 6/-/-, 1394: 6/-/- absolutum
* Stephan (Stepfel) Astoler (Astaler)[8] [Bruder von Erhart Astaler]
    St: 1387: 5/-/-, 1390/I: 10/-/- gracianus, 1390/II: 18/-/80 iuravit, 1395: 12/4/18, absolutum, 1396, 1397: 18/6/27, 1399, 1400, 1401/I-II: -/-/-, 1403: 14/-/- minus -/-/18, iuravit, 1405/I:

---

[1] Zimelie 43 (Heiliggeistspital, Salbuch C) S. 57r.

[2] Heiliggeistspital (Rechnungen) 176/18 (1523/24) S.13v erstmals, 176/30 (1540/41) S. 15v letztmals.

[3] Im HB GV S. 30 dieser Eintrag zu spät auf „um 1540" datiert.

[4] Ab „solvit" am rechten Rand nachgetragen.

[5] Matheis Eysenman 1371 Weinhandel, 1377 Goldschmied und äußerer Stadtrat, vgl. R. v. Bary III S. 739. – Frankenburger S. 261, der ihn aber nur bis 1377 nennt.

[6] Vermerk ab „solvit" am rechten Rand nachgetragen.

[7] Eintrag 1394 wieder getilgt.

[8] 1397 Handel mit Baumaterial: Die Stadtkammer zahlt dem alten Püchler Goldschmied (Burgstraße 13) „von Steffan Astalers wegen" 4 Pfund und 60 Pfennige als Aufrechnung seiner Steuer „an dem ziegel, den der Astaler hergeben hat", vgl. KR 1397 S. 39v, und später noch einmal 2 Pfund „dem Astaler umb ziegel, sand, preter, schindeln, estrichpreter, nägel", vgl. KR 1397 S. 70r/v. – Zu den Astalern vgl. Stahleder, Bürgergeschlechter. Die Astaler S. 197/205.

14/-/- mynner -/-/18, 1405/II: 14/-/- iuravit, 1406: 18/5/10

Pferdemusterung, um 1398: Stephan Astaler sol haben zway pferd umb 40 gulden und ein erbern knecht und [soll] der stat damit warten.

* puer (pueri) Erhart Astaler [= Friedrich II. Astaler, Sohn von Erhart Astaler, Neffe von Stephan Astaler]

   St: 1395: 3/-/-, 1396, 1397, 1399, 1400, 1401/I: 4,5/-/-, 1401/II, 1403, 1405/I: 6/-/- gracianus, 1405/II: 4,5/-/- gracianus, 1406: 6/-/- gracianus

* des Astaler kind haus, Fridrichen [II.] dez Astalers haws [1408 September 1]

** Ulrich Grándel (Grandel) [Gewandschneider, Weinvisierer, äußerer Stadtrat[1]]. 1482 relicta (Elspet) Grandlin et pueri. 1486 Grándlin patrimonium [et] pueri Grándl

   Sch: 1439/I-II, 1440, 1441/I-II: 2,5 t[aglon], 1445: 1 diern, dedit
   St: 1450, 1453-1458: Liste, 1462: -/14/18, 1482, 1486: -/4/5

Ludwig Grandel (Grándl, Grandl, Grändel), 1462 sein [= des Ulrich Grandel] sun inquilinus [Gewandschneider, Weinvisierer[2]]

   St: 1455-1458: Liste, 1462: -/10/28, 1482: -/7/-, 1486, 1490: -/4/-, 1496: -/3/5, 1500: -/-/60
   StV: (1496) et dedit -/5/28 für pueri Hanns Castel [= Hanns von Aich].

** Sigmund hafner, 1508, 1509 p[ild]s[nitzer] (p[ild]h[auer]),[3] 1514 maler [∞ Anna]

   St: 1508, 1509: 2/5/28, 1514: Liste

** Niclas Weissenfelder [∞ Anna] [vor 1523/24 – 1540/41]

** relicta Jorg [Müller] silberkamererin.[4] 1561 Jórg silberchamerin [= Anna]

   St: 1540-1546: 1/-/-, 1547: derzeit nihil, 1548: 1/-/-, 1549/I: derzeit nihil, 1549/II: 1/-/-, 1550, 1551/I: -/-/-, 1551/II, 1552/I-II: an chamer, 1553: eingestelt, 1554/I-II: ist eingstelt, 1555-1561: nihil (nichil)
   StV: (1540-1546) für irn beysitz. (1547) gibt jerlichs geding. (1548) ir beysitz, der sich Martini des [15]47ten jars verfallen hat, zalt mer 3 fl von irn beysitz Martini verfallen anno [15]48ten, actum den 30. Januarii anno [15]49ten. (1549/I) hat ain jerlichs geding. (1549/II) mit ainem geding für irn beysitz. (1550, 1551/I) ist eingstelt auf ain[es] rath[s] [Befehl].

** domus Jorg (Georg) silberchamerin. 1564/I-II domus silberchamererin. 1566/I [über der Zeile:] oder Camerstet, 1568 [über der Zeile:] von Chamerstat. 1567/II domus Theophilus von Chumerstat [= Theophil von Kummerstadt, ∞ Anna, verw. Müller, vielleicht auch verw. Weissenfelder]. 1569-1571 domus Theophilen von Cumerstat

   St: 1563-1570: an chamer, 1571: -/-/- hofsind
   StV: (1564/II) adi 18. Januarii zalt für iren beisitz, als offt man steurt 3 fl. (1565) ist ir bewilligt, wann die hochzeit mit dem Camerstater verricht, das sy alsdan die steur bezaln solle oder ir hauswirdt.

Bewohner Burgstraße 12 (B):

Hainrich kastner inquilinus St: 1368: -/-/-

Swienner (Swemmer, Swyenner) mercator inquilinus. 1371 Swienner mercator inquilinus Eysenman[5]

   St: 1369: -/-/21 post, 1371, 1372: -/-/20, 1375: -/-/48, 1377: -/-/12 juravit, 1378, 1379, 1381: -/-/12

Hanns [I.] Tulbeck goltsmid inquilinus[1] St: 1378: -/-/24, 1379: -/-/60 sub gracia

---

[1] Ulrich Grandl ist 1435-1439, 1444, 1449, 1451, 1453-1454, 1456-1458 Pfleger der Siechen auf dem Gasteig, 1459-1467 äußerer Stadtrat, vgl. RP (ab 1459) und R. v. Bary III S. 768/769. – Ulrich ist als Gewandschneider auch 1450 belegt, vgl. KR 1450 S. 54r. – Ein Ulrich Grändl ist 1483 noch Weinvisierer, vgl. R. v. Bary III S. 972.

[2] Ludwig Grandl ist 1462 Vierer der Gewandschneider, 1472-1481, 1490-1502 Weinvisierer, gest. 1502, vgl. R. v. Bary III S. 971 und RP. – 1482, 1484-1489 ein Gabriel Grandl Visierer, ebenda.

[3] StB und BayHStA, München-Ebersberg, Jesuiten Urk. 4. September 1503. – Ein Sigmund Haffner wird 1503 in die Weinschenkenzunft aufgenommen, vgl. Gewerbeamt 1418 S.12v. Vgl. auch Burgstraße 16B. – Ansonsten Sigmund Haffner 1495 Maler, 1502 pildsnitzer genannt, 1495, 1497, 1500-1502, 1508-1518 Vierer der Maler, Glaser und Seidennater, vgl. RP.

[4] Witwe Anna des herzoglichen Silberkammerers Georg Müller.

[5] Der Name war 1371 versehentlich zum Haus Nr. 17 verrutscht, deshalb war der Vermerk „inquilinus Eysenman" nötig.

Hanns sneider St: 1407: 1/-/16
Hanns seydennader St: 1408: -/3/-, 1410/I: -/-/60 fúr nichil
Peter Wólfel fragner St: 1410/II: -/-/60 fúr nichil
relicta Korenvesin St: 1411: -/3/-, 1412: 0,5/-/-, 1413: -/3/- iuravit
Hanns Zóczel sneyder St: 1415: -/-/31 gracianus, 1416: 0,5/-/- iuravit, 1418, 1419: -/5/10
Hanns Klyber goltsmid St: 1423: 0,5/-/-
Gabriel Graispach goldsmid[2] St: 1423: -/-/45 gracianus
Hanns Ginauf goltsmid[3] St: 1428: dedit 4 gross fur sich, sein hausfrau und sein ehalten
Chuncz Deininger St: 1428: dedit 4 gross fur sich, sein weib, sein muter und sein dieren
Ulrich Kún schuster, 1439/II, 1441/I inquilinus Sch: 1439/I-II, 1440, 1441/I: 1,5 t[aglon]
Hanns Árb goltschmid Sch: 1445: 2 ehalten[4]
Hanns Klinger glaser St: 1450: Liste
Erhart [Neupaur ?] tuchscherer,[5] 1455, 1456, 1462 inquilinus
    St: 1453-1458: Liste, 1462: -/3/2, 1482: -/7/15
Hanns Oder (Óder) [Kramer[6]] inquilinus St: 1454, 1455: Liste
Hanns Sevelder goltsmid[7] St: 1458: Liste
Hanns Zinsmeister pey dem jungen Grandel[8] St: 1462: -/-/79
scharsleiffer St: 1482: -/7/27
Jórg Viersteter St: 1486: 3/5/5
Erhard Newpawr [Tuchscherer[9]] St: 1486: -/3/20
Wolffganng Schrot [Goldschmied[10]] St: 1486: -/-/60 gracion
pueri Hans [Castl, Gastl] von Aich metschenk
    St: 1490: anderswo, bey Hanns von Winßhaim [= Burgstraße 8]
Schegknhofer. 1496 relicta Schegknhoferin St: 1490: 1/7/23, 1496: 1/6/6
Wolfgang goltschmid St: 1490: -/3/10
Wolfgang Gráfinger, unus inquilinus St: 1490: -/1/7
Matheis schárschleiffer St: 1490: -/6/19
Peter einkaufer von hof St: 1496: nichil
Hóchnperger (Höchnperger) kramer[11] St: 1496: 1/1/25, 1500: -/4/15
Marx goltschmid St: 1500: 1/2/22
Hans Streicher [Bräu[12]] St: 1500: -/5/10 [Schenkensteuer]
[Georg] Lofrer gwantsneider[13] St: 1500: 1/2/2
Hanns Stángl t[uchscherer][14] St: 1508, 1509: -/4/14
Walthasar [II.] Hundertpfund [später Münzmeister in Augsburg] St: 1522: 2/2/22
Hanns Hipper schneider St: 1522-1526, 1527/I-II: -/2/-
allt schleglin St: 1523: das jar nichil
una inquilina Lorentzin St: 1523: an kamer
maister Hanns schneider. 1529 Hanns schneider. 1532 Hanns Mair schneider
    St: 1528: nichil, 1529: -/-/28 gracion, 1532: -/2/-

---

[1] Frankenburger S. 264.
[2] Frankenburger S. 270/271.
[3] Frankenburger S. 270.
[4] 1445 „ehalten" hinter getilgtem „knecht". – Frankenburger S. 272/273.
[5] Erhart tuchscherer (scherär) ist 1460-1489 wiederholt Vierer der Tuchscherer, vgl. RP.
[6] Vgl. Burgstraße 1.
[7] Hanns Sevelder 1459-1469 wiederholt Vierer der Goldschmiede, vgl. RP. – Frankenburger S. 275.
[8] Ganzer Eintrag am rechten Rand nachgetragen.
[9] Erhart Newpawr ist 1484 und 1495 Vierer der Tuchscherer, vgl. RP.
[10] Frankenburger S. 281.
[11] Contz Hehenperger ist 1495, 1500, 1507 und 1508 Vierer der Kramer, vgl. RP.
[12] Hans Streicher wird am 24.2.1499 als Bräu bezeichnet, vgl. Burgstraße 16A und Wittmann, Urkunden-Regesten, ungedruckt.
[13] Georg Loffrer ist 1507, 1514-1516, 1518 und 1520 Vierer der Gewandschneider, vgl. RP.
[14] Hanns Stänngl ist 1488, 1493, 1495, 1496, 1507, 1510-1512, 1515-1519 Vierer der Tuchscherer, vgl. RP.

Cristoff Mayr schneider
: St: 1540-1542: -/2/-, 1543: -/4/-
: StV: (1540, 1541) et dedit -/-/7 fúr p[ueri] Laideckh. (1540) et dedit -/-/21 fúr 3 nachsteur von dem halben tail, so hinaus komen ist. (1542) mer -/-/7 fúr p[ueri] Laideckh. (1543) mer -/2/10 fúr 3 nachsteur; et dedit -/-/14 fúr p[ueri] Laydeckh, soll hinfúro Veit Linckhahel [Schneider[1]] versteurn.

[Christoph] Fridperger [Hofprokurator] St: 1529: -/3/1
: et mater [Margaret] St: 1529: 1/6/29

Paulus Lachamer poet[2] St: 1540: nihil

Wolff (Wolffgang)[3] Werner (Wernher) peutler
: St: 1540-1542: -/2/-, 1543: -/4/-, 1544: -/2/-, 1545: 1/6/-, 1546-1548, 1549/I-II, 1550, 1551/I: -/6/15
: StV: (1549/I-1551/I) mer -/-/14 fúr p[ueri] schmid peutler. (1549/I-II) mer -/-/24 fúr p[ueri] Hohensin. (1549/II) ad 23. Januarii zalt -/-/72 fúr 3 nachsteur fúr p[ueri] Hohensin.

poet [= Christopherus Pruno[4]] St: 1541-1543, 1545-1547: nihil

Wolffgang wachter zu hoff St: 1544: nihil, hoffgsind

alt Gúckhauerin
: St: 1545: -/5/10, 1546-1548, 1549/I-II, 1550, 1551/I: -/2/20
: StV: (1548-1551/I) mer -/-/15 von (fúr) 6 fl leibting.

Hanns Weckher hofdráxl, 1552/I-II dráxl St: 1551/II, 1552/I-II: -/5/8

Gilg reutter [Hauspfleger[5]] St: 1552/I-II: nihil

Achaci Stigler schneider
: St: 1553: -/-/21 gracion, 1554/I: -/-/21 gracia die ander, 1554/II, 1555-1557: -/2/-, 1558: -/4/-, 1559, 1560: -/2/-, 1561, 1563, 1564/I-II, 1565, 1566/I: -/3/25

Bartlme Hueber sadtler
: St: 1554/II, 1555-1557: -/2/-, 1558: -/4/-, 1559-1561, 1563: -/2/-
: StV: (1554/II, 1555-1557) mer -/1/5 fúr p[ueri] Ostermair. (1558) mer -/2/10 fúr p[ueri] Ostermair. (1559-1561, 1563) mer -/1/5 fúr p[ueri] Ostermair. (1561, 1563) mer fúr seine khind(er) -/-/21.

Örttl, 1564/I secretari St: 1563, 1564/I: nihil, hofgsind

ain esltreyber. 1567/I-1571 Hanns esltreiber
: St: 1564/I: nihil, hofgsind, 1564/II-1567/II: -/-/- hofgsind, 1568: -/-/-, 1569-1571: -/-/- hofgsind

Joachim (Jochim) Haberstockh, 1565, 1567/I-II, 1568 hofprocurator
: St: 1565: -/2/- búrger, hofgsind, 1566/I-II: -/2/-, 1567/I -/2/- búrger, hofgsind, 1567/II: an chamer, 1568: -/4/-
: StV: (1568) mer ain versessne steur -/2/-.

Anndre Eisenhuet schneider[6] St: 1566/II, 1567/I-II: -/2/-, 1568: -/4/-

Jacob Reisch (Ritsch) schneider St: 1569-1571: -/2/-

---

[1] Vgl. Rosenstraße 3.
[2] Meister Paulus Lachamer, bei v. Bary „Pachamer", war 1536-1540 Leiter der städtischen Poetenschule, vgl. R. v. Bary III S. 1035 (vgl. KR).
[3] 1540, 1541 hinter „Wolff" gestilgt „Herman" und „Werner" nach „peutler" angefügt. 1542 und 1544 „Werner" über getilgtem „Herman" übergeschrieben.
[4] Christopherus Pruno 1541-1547 Leiter der städtischen Poetenschule, dann herzoglicher Rat, vgl. R. v. Bary III S. 1035, nach KR.
[5] Vgl. Burgstraße 14.
[6] Der Schneider Andre Eisenhuet musste sich 1569 und 1571 bei den Religionsverhören verantworten, vgl. Dorn S. 230, 263.

Burgstraße 13
(mit Sparkassenstraße 9)

Eigentümer Burgstraße 13:

1382 Mai 10 das Haus des Puchlers ist dem Haus des Chunrad Prant von Vischpach und der anderen Wadler-Erben beziehungsweise nun des Fridreich Astaler (Burgstraße 12 B) benachbart.[1] Die „mater sua" des Peter Püchler und Witwe von Hainrich dürfte identisch sein mit der „uxor" des Hanns Präwscher. Die zeitliche Abfolge passt genau, auch daß nach dem Präwscher das Haus wieder an einen Püchler zurückfällt.
1406 domus Präwscher (StB).
1407-1431 domus Ahaimer(in) (StB).
1408 September 1 Herzog Ernst hat dieses Haus – „an der Purckgassen zenachst an Fridreichen dez Astalaers haws" (Burgstraße 12 B) – nach dem Tod des Goldschmiede-Ehepaares Hainrich und Hayllweig Puechler dem Veit Ahaimer ledig gelassen. Das Ehepaar Püchler hatte zu seinen Lebzeiten aus diesem ihrem Haus ein Ewiggeld an das Heiliggeistspital gestiftet.[2] Dem Veit Ahaimer zusammen mit Hans Schluder und den Städten München und Landsberg stellen die Herzöge Ernst und Wilhelm am 16. Oktober 1410 einen Schadlosbrief wegen einer Bürgschaft von 4000 Gulden aus.[3] Veit von Ahaim ist am 18. Juli 1407 als Pfleger von Freising nachgewiesen,[4] dann ist er 1411 und 1414 Herzog Ernsts und Wilhelms Viztum in Oberbayern.[5]
1415-1431 domus Jörig Püchler (StB). Da das domus Ahaimer und das domus Püchler viele Jahre gleichzeitig in den Steuerbüchern stehen, darf man eine Verwandtschaft annehmen, wahrscheinlich aber auch eine Geschäftsbeziehung zum Hof, deretwegen 1408 der Herzog eingegriffen hat.
1463 Mai 5 eine Erbengemeinschaft nach dem Tod von Jacob Zweng, bestehend aus Nicht-Münchnern, regelt im Haus der Witwe Elspet des Jacob Zweng und seines Sohnes Hanns Hinterlassenschaft.[6]
1463 Mai 7 die Witwe Elspet des Jacob Zweng und ihr Sohn Hanns kaufen vom Heiliggeistspital ein Ewiggeld.[7]
1537 März 9 das Haus des Hanns Zweng ist dem Haus der Witwe Elisabeth Länkoverin beziehungsweise künftig des Herzogs Wilhelm IV. (Burgstraße 14) benachbart.[8] Der jüngere Hanns Zweng ist mit dem Kanzler-Sohn Oswald Rösler von Burgstraße 11 verwandt: Er zahlt 1508/09 die Steuer für dessen unmündige Kinder, ja 1527 wird bei der Herbststeuer neben dem Namen Hanns Zwenng der Name „Rößler" nachgetragen. 1517 bis 1519 ist Hanns Zweng mehrmals Vierer der Salzsender, ab 1510 Mitglied des äußeren Rats und als solcher am 28. März 1519 verstorben.[9]
1563-1565 domus Hanns Zwengen (StB).
1564 Februar 2 die Vormünder des Sohnes (Jacob) des verstorbenen inneren Rats Hanns Zweng teilen das Erbe, unter anderem das Haus in der Burgstraße.[10] Vormünder sind der Stadtrat Georg Gaishofer, verheiratet mit Regina Zweng, der Erzkastner zu Schwaz in Tirol Walther Höchstetter, verheiratet mit Dorothea Zweng, und Andre Sänftl. Erbberechtigt ist auch Anna Zweng, verheiratet mit dem kaiserlichen Pfennig- und Küchenmeister Christoph Zeller. Die genannten Frauen sind wohl alle Schwestern des jüngeren Jacob Zweng, der als letzter seines Namens laut Steuerbuch das Haus besitzt.
1568 steht das domus Jacob Zweng letztmals im Steuerbuch.
1569 domus Doctor Hainrich [Munzinger] (StB).
1574 laut Grundbuch (Überschrift) des Doctor Hainrichen Muntzingers Haus, Hof und Stallung.[11]

---

[1] GB I 161/2.
[2] Vogel, Heiliggeistspital, Urk. 215.
[3] MB XXXV/2 202 S. 266. – Urk. A I a 153.
[4] Geiß, Die Reihenfolgen, in: OA 26, S. 78.
[5] RB XII 92, 95, 96, 106, 157.
[6] BayHStA, Kurbayern Urk. 25443.
[7] Vogel, Heiliggeistspital, Urk. 367 = BayHStA, GUM 2966.
[8] BayHStA, Kurbayern Urk. 16510.
[9] RP 7 S. 82v.
[10] Urk. B II c 482.
[11] Stadtgericht 207/1 (GruBu) S. 362v.

Eigentümer Burgstraße 13:

* Púhler (Búchler, Púchler) goltsmid. 1381, 1396, 1397 Hainrich Púhler goltsmid. 1382-1393 Hainrich Púhler[1] [∞ Heilweig]
    St: 1368: dimidium lb,[2] 1369: -/7,5/- post, 1371, 1372: -/6/-, 1375: 2/-/-, 1377: -/12/- juravit, 1378, 1379, 1381, 1382, 1383/I: -/12/-, 1383/II: 2/-/60, 1387: 2/7/12, 1388: 5/6/24 juravit, 1390/I-II: 5/6/24, 1392: 4/-/-, 1393, 1394: 5/-/80, 1395: 2,5/-/40, 1396, 1397: 4/-/-
* Hanns Prawscher, 1399-1401/I et uxor [= Witwe Püchler ?]
    St: 1399: 4/-/- de uxor[e] et -/12/- sua gracianus [!], 1400-1405/II: -/-/-
  Peter Púher (Puhler) goltsmid
    St: 1401/I: -/6/12, 1401/II: 2/-/32 iuravit
  et mater sua [= des Peter Púhler]. 1401/II und sein muter [= uxor Prawscher ?][3]
    St: 1401/I: -/-/18, 1401/II: -/-/20 fúr nichil, iuravit
* domus Hanns Prawscher
    St: 1406: -/-/-
* domus Achhaimerin. 1408-1423, 1431 domus [Veit] Achhaimer (Achaymer, Ahaymer, Ahamer) [herzoglicher Kammermeister, 1411-1420 Viztum in Oberbayern[4]]
    St: 1407-1419: -/-/-, 1423: -/3/-, 1431: -/-/-
* domus Jorig Púhler. 1423, 1431 domus Púhler (Puchler)
    St: 1415, 1416, 1418, 1419, 1423, 1431: -/-/-
* Jacob Zweng. 1458 relicta Jacob Zwengin. 1462 relicta [Elspet] Zwenigin
    Sch: 1439/I-II, 1440, 1441/I-II: 3 t[aglon], 1445: 4 ehalten, dedit
    St: 1450, 1453-1458: Liste, 1462: [Steuer gemeinsam mit den pueri Jackob Zweng]
  pueri Jackob Zweng inquilini
    St: 1462: 6/5/2, zalt der alt Zweng
* Hanns Zweng (Zbeng) [Sohn von Elspet Zweng, Salzsender, Weinschenk ?, äußerer Stadtrat[5]]
    St: 1482: 4/6/16, 1486, 1490: 5/-/15, 1496: 3/4/5, 1500: 3/2/21, 1508, 1509: 6/-/12, 1514: Liste
    StV: (1508) et dedit -/7/23 fúr pueri Oswald Roslers jüngern kind. (1509) et dedit -/7/23 fúr pueri Rosler junge kind.
  und sein müter [= die Witwe von Jacob Zweng]
    St: 1482: 1/7/25
* Hanns Zwenng [Stadtrat[6]]. 1558, 1559 relicta Hanns Zwengin. 1560 Hanns Zwenngin. 1561 Hannß Zwenngin
    St: 1522: 3/2/6 juravit, 1523-1526, 1527/I: 3/2/6, 1527/II, 1528, 1529: 4/3/7, 1532: 4/3/5, 1540-1542: 5/2/20, 1543: 10/5/10, 1544: 5/2/20, 1545: 10/2/20, 1546-1548, 1549/I-II, 1550, 1551/I-II, 1552/I-II: 5/1/10, 1553, 1554/I-II, 1555, 1556: 4/1/6, 1557: 4/1/6 patrimonium, 1558: 8/2/12, 1559, 1560: 4/1/6, 1561: 4/1/6 matrimonium
    StV: (1558) ist noch unvertailt. (1561) mer folio 94v [Ewiggeld].
  et soror Elspeth
    St: 1522: -/5/17 juravit

---

[1] 1394 und 1395 ist die Reihenfolge der Eintragungen gestört, indem Búchler/Púchler vor Haus 12 B bzw. vor Haus 12A steht. – 1395 hinter „Púchler goltschmid" getilgtes „relicta pueri eius". – Dem alten Puchler goltschmid gebietet das Stadtgericht wegen 4 Pfund und 60 Pfennigen Schulden beim Steffan Astaler, vgl. KR 1397/98 S. 39v. – Frankenburger S. 262.

[2] Steuerbetrag wieder getilgt.

[3] Sie ist vielleicht die „Puchlerin goltsmidin", der die Stadt als einem der Wirte für einquartierte Gäste den Betrag von 5 Pfund 5 Schillingen und 18 Pfennigen schuldet, vgl. KR 1398/99 S. 114v.

[4] Vgl. von Andrian-Werburg, Urkundenwesen S. 105, 110/111.

[5] Hanns Zweng gest. 28. März 1519, 1517-1519 Vierer der Salzsender, 1503-1504 Mitglied der 36, 1510-1519 äußerer Stadtrat, vgl. RP. – Ein Zwenng, ohne Vorname, wird 1503 Mitglied der Weinschenkenzunft, vgl. Gewerbeamt 1418 S. 12r.

[6] 1527/II neben „Hanns Zweng" angefügt „Rößler". Dieser Hans Zweng 1522-1528, 1530-1543 äußerer, 1529, 1543-1556 innerer Stadtrat, vgl. RP.

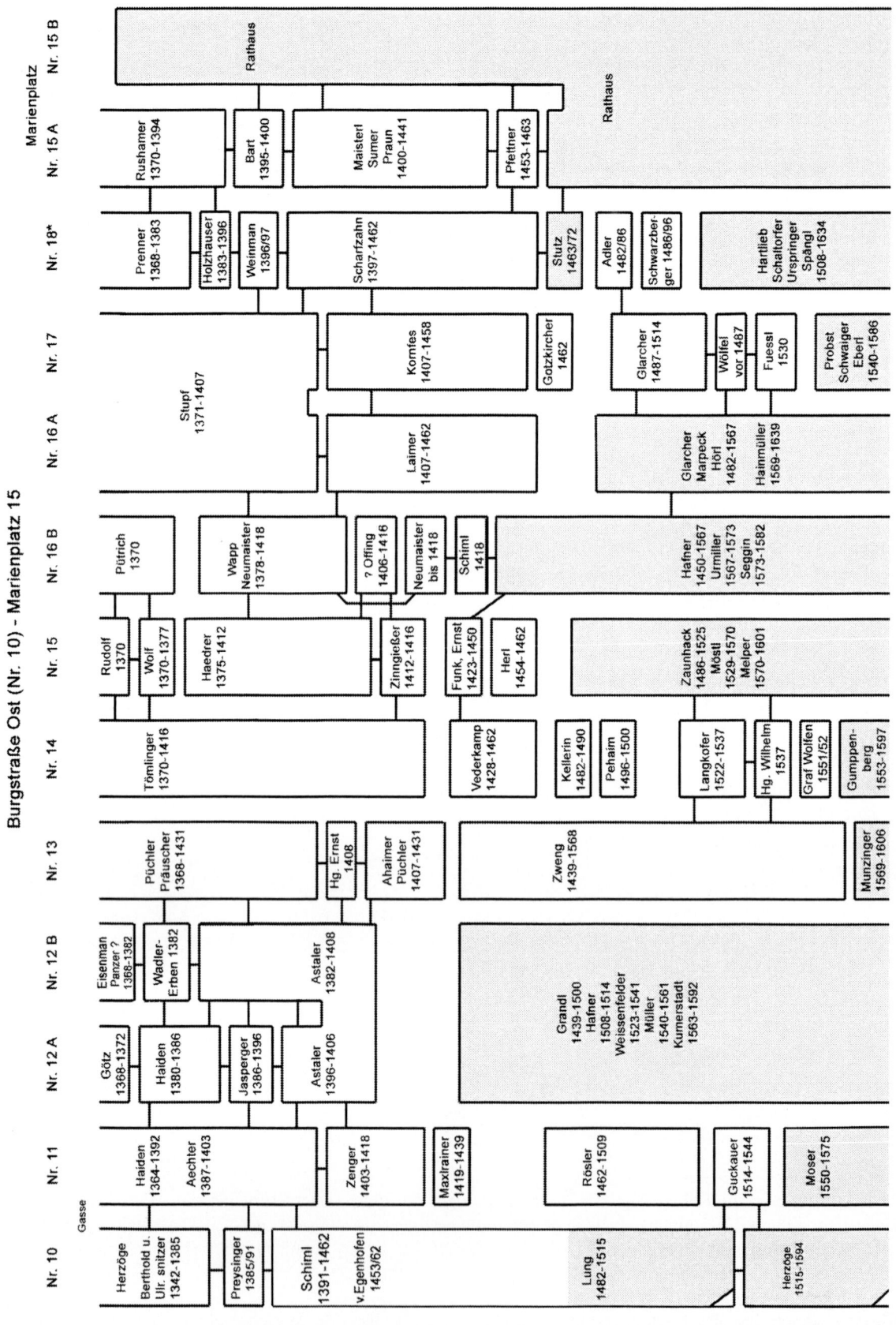

Abb. 66 Hauseigentümer Burgstraße 10 – 18*, Marienplatz Nr. 15.

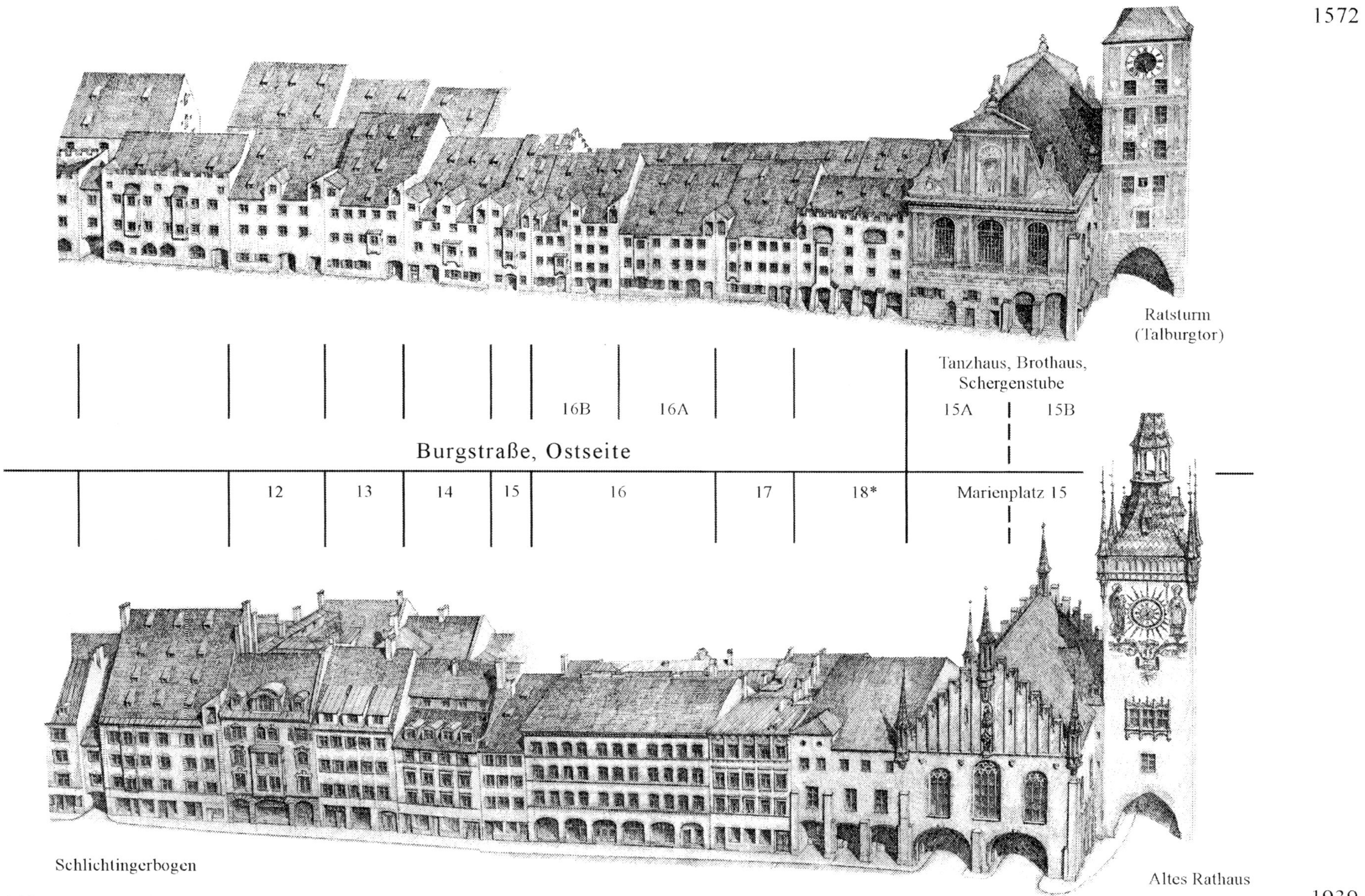

1572

1939

Ratsturm (Talburgtor)

Altes Rathaus

Tanzhaus, Brothaus, Schergenstube
15A | 15B

Marienplatz 15

| 12 | 13 | 14 | 15 | 16B | 16A | 17 | 18* |

16

Burgstraße, Ostseite

Schlichtingerbogen

Abb. 67 Burgstraße Ost Nr. 11 – 18*, Marienplatz 15, Montage aus Häuserbuch Graggenauer Viertel S. 40/41.

* domus Hanns Zwenngen. 1564/I-II, 1565 domus Zwenngen
    St: 1563: 4/1/6 matrimonium, 1564/I-II, 1565: -/-/-
    StV: (1563) mer foli 93v [Ewiggeld[1]]. (1564/I) steuren di vormúnder.
* Jacob Zwenngen (Zwenng)[2] [Sohn von Hanns Zweng, 1564 noch unter Vormundschaft, ab 1567 vgl. Kaufingerstraße 20/21]
    St: 1566/I: 2/3/23 juravit, 1566/II: 2/3/23, 1567/I: -/-/-
    StV: (1566/I-II) mer fúr Hanns Kápfl (Cápfl) von Toltz (Tóltz) folio 93v [Ewiggeld: Cápfer]. (1566/I) ausser seiner hausfrauen guet, dann er der zeit nichts empfangen. (1566/II) soll seiner hausfrauen heuratguet zuesezn. (1567/I) mer fúr Hanns Ropfer von Toltz folio 8v [Ewiggeld], steurt beim schön thurn.
* domus Jacob Zwenng
    St: 1567/II, 1568: -/-/-
** domus Doctor Hainrich [Munzinger]
    St: 1569: -/-/-, 1570, 1571: an chamer

Bewohner Eigentümer Burgstraße 13:

Hánsel Múnicher inquilinus St: 1368: -/5/18 gracianus
Hans Schón inquilinus St: 1372: -/-/60 gracianus
relicta Grawlin inquilina St: 1377: -/6/18 juravit
Swyenner (Swemmer) mercator inquilinus. 1387, 1390/I, 1392, 1393 Swiener káufl inquilinus. 1390/II Swienner káufl
    St: 1382, 1383/I: -/-/12, 1383/II: -/-/18, 1387: -/-/12, 1388: -/-/24 juravit, 1390/I-II: -/-/24, 1392: -/-/18, 1393: -/-/24
Els schloscherin inquilina. 1400 sloscherin inquilina St: 1397: -/3/-, 1400: -/-/60 fúr 10 lb
Hainrich goltsmid inquilinus. 1405/I Hainrich goldslaher goltsmid
    St: 1403, 1405/I: -/11/- minus -/-/2 sein altew stewr (noch alter stewr)
[relicta] Múldorferin St: 1403: -/-/12 fúr nichil
Jorgin (Jorglin) kramerin
    St: 1415: 0,5/-/24, 1416, 1418: -/6/12
    StV: (1415) ir stewr, und wann ir man chumbt, so sol er auch stewrn, ob er burger wil sein. (1416) und wann ir man zu ir siczt wesenlich, sol er auch stewrn. (1418) und wann ir man besenleich her zu ir siczt, so sol er auch stewrn.
Wernstorfferin St: 1418, 1419: -/-/-
Hanns maler inquilinus St: 1423: -/-/45
Hainrich Talmair, dez herczogen marstaler St: 1428: dedit 2 gross fur sich und sein hausfrau
Ludwig seidennaterin[3] St: 1428: dedit 2 gross
Fricz Rumel, 1439/I-II, 1441/I-II sneider (schneider) Sch: 1439/I-II, 1440, 1441/I-II: 1 t[aglon]
Ulrich Kuen schuster Sch: 1441/II: 1,5 t[aglon]
Wilhalm Englschalckin inquilina St: 1462: ist [gar arm[4]], nichil
Warnsteter haubtman St: 1563: nihil, hofgsind, 1564/I-II: -/-/- hofgsind, 1565: -/-/-
Taufkhircher. 1568 herr Taufkhircher f[ürstlicher] rath St: 1567/II, 1568: -/-/-

---

[1] An der angegebenen Stelle nicht auffindbar.
[2] Jacob Zweng wurde 1569 und 1571 bei den Religionsverhören vernommen, vgl. Dorn S. 227, 265.
[3] Am Ende der Spalte steht ein weitere Ludweigin seidennaterinn nachgetragen, „dedit 1 gross". Dieselbe ?
[4] Das „g" wieder getilgt, das „ist" versehentlich stehen gelassen. Der Schreiber wollte wohl ursprünglich schreiben „ist gar arm".

1572

Irchergasse

Rückgebäude zu den Häusern Burgstraße 18* - 11

zu 18*		zu 16	zu 15	zu 14	zu 13	zu 12	zu 11

Sparkassenstraße, vormals, Pfisterbach, Westseite

zu Marienplatz 15	1	3	5	7	9	11	zu Ledererstraße 1 ab 1864

Altes Rathaus

Ledererstraße

1939

Abb. 68 Sparkassenstraße West Nr. 1 – 11 (Rückgebäude von Burgstraße 18* - 11), Häuserbuch Graggenauer Viertel S. 340/341.

Burgstraße 14
(mit Sparkassenstraße 7)

Lage: 1370, 1391 „vor der purg".

1370 April 1 das Haus des Arztes Fridrich dez Tómlingers[1] ist dem Haus von Hainreich Rúdolf beziehungsweise künftig Hainrich Wolf (Burgstraße 15) „vor der púrg" benachbart.[2]
1370 die Baukommission beanstandet „der Tomlingerin ir lauben" an der Burgstraße.[3]
1391 Juli 31 „dew Tomplingerin vor der purg und ir sun Hanß" klagen vor dem Stadtgericht.[4]
1407-1416 domus Fridrich Tömlinger (StB).
1414 März 15 der Bevollmächtigte von Frydrich dem Tömlinger, Hanns Laubinger, verpfändet das Haus des Tömlinger „an der Purckgassen, zw nachst an Hainrich des ka[n]delgiessers haws" (Burgstraße 15) wegen einer Schuld von 108 ungarischen Gulden an Agnes die Astalerin.[5] Dieser Friedrich Tömlinger wird am 8. Oktober 1403 Kammerer des Herzogs Stephan genannt.[6]
1415 August 9 eine weitere Verpfändung durch Fridrich Tömlinger aus seinem Haus „an der Purckgassn, zw nachst an Hainrich des zingiesers haws" (Burgstraße 15) erfolgt an diesem Tag, diesmal an Hanns den Stängel wegen 76 ungarischer Gulden.[7]
Der Schneider Hainrich Vederkamp ist als Hauseigentümer belegt, unter anderem
1450 Oktober 6 als Nachbar der Tochter von Hainrich Funk, Ehefrau von Meister Peter Ernst (Burgstraße 15).[8] Auch
1454 wird Vederkamps Haus an der Burggassen genannt.[9]
1482, 1490 domus Michl kellerin (kelnerin) (StB).
1496, 1500 domus Jan Pehaim (StB).
1522-1541 domus Länkhofer(in) (StB).
1537 März 9 die verwitwete Elisabeth Länkoverin – wahrscheinlich Witwe des 1504 belegten Rentmeisters von Oberbayern, Wolfgang Lanckofer zu Bittlbach[10] – verkauft ihren ganzen Besitz – das Haus „an der Burkhgasse, zwischen Hannsen Zwengens [Burgstraße 13] und Leonharden Mostls [Burgstraße 15] Häusern gelegen", einschließlich eines Stadels bei Unseres Herrn Gottesacker – um 1200 Gulden an Herzog Wilhelm IV.[11]
1551/II-1552 domus Graff Wolffen (StB).
1553-1571 domus Jeronimus Gumppenperger(in) (Martha) u. a. (StB).
1570 Mai 2 Martha von Gumppenberg, geborene von Wintzer, Witwe von Hieronimus von Gumppenberg, verschreibt aus diesem Haus ein Ewiggeld von 10 Gulden um 200 Gulden Hauptsumme an das Heiliggeistspital (Siech- und Rauchstube, Keuche und Kindsstube).[12]
1574 laut Grundbuch „Marthen von Gumppenberg Haus, Hof und Stal".
Am 3. Mai 1597 besitzt das Haus Hans Ott von Pienzenau.[13]

Eigentümer Burgstraße 14:

* Fridrich Tömlinger, Arzt[14] [vor 1370 April 1 bis Tod 1377]
* Tómlingerin. 1394-1400 relicta [Marquard oder Ott] Dómlingerin (Tomlingerin). 1401/I-1406 patrimonium Tómlingerin (Tomlingerin)

---

[1] Vgl. R. v. Bary III S. 1015.
[2] GB I 11/6.
[3] Zimelie 9 (Ratsbuch IV) S. 4v.
[4] GB II 10/13.
[5] GB III 147/13.
[6] RB XI 320.
[7] GB III 166/10.
[8] MB XX 267 S. 389/394 (1450).
[9] Kämmerei 64 S. 5r.
[10] Vgl. Geiß, Regesten ungedruckter Urkunden, in: OA 14, S. 22.
[11] BayHStA, Kurbayern Urk. 16510.
[12] Stadtgericht 207/1 (GruBu) S. 360v.
[13] HB GV S. 34.
[14] Arzt 1360-1362, vgl. R. v. Bary III S. 1014 ff.

St: 1390/I: -/-/-, 1392: -/6/- gracianus, 1393: 4,5/-/- iuravit, 1394: 4,5/-/-, 1395: 2,5/-/- minus -/-/12, absolutum, 1396, 1397, 1399, 1400: 3,5/-/42, 1401/I: -/-/-, 1401/II-1406: nichil

Erasm Tó[m]linger
    Pferdemusterung, um 1398: (Korrig. Fassung): Erasm Tó[m]linger [soll haben] 1 pferd umb 18 gulden [und] selber reit[en].[1]

* domus Fridreich Tömlinger (Tomlinger) [Arzt, 1403 Kämmerer von Herzog Stephan und Arzt[2]]
    St: 1407: dedit 1 ungarischen guld[en], 1408-1415: (dedit) 1 ungarischen guld[en], 1416: -/-/-
    StV: (1407) und sol furbaz all stewr 1 ungarischen gulden geben nach dez racz haissen und all vergangen stewr sind ab. (1408) und den geit [er] all stewr nach dez racz haissen. (1410/I-II, 1412, 1413) (und) den geit er all stewr (stewr) nach dez racz haissen (haysen). (1411) den geit er all stewr alz der rat geseczt hat. (1415) den hat gericht dez Ludweygs goldsmids hausfraw, wann die vert nicht geben wart.

* Hainrich Vederkamp sneider. 1445-1458, 1462 Hainrich Vederkampf (Vederkamp)
    St: 1428: dedit 6 gross, 1431: -/20/8 iuravit, 1450, 1453-1458: Liste, 1462: 2/-/60
    Sch: 1445: 2 ehalten, dedit
    StV: (1428) für sich, sein hausfrau, sein sun und sein knecht; dedit mer 17 gross von andacht wegen für sich und sein hausfrau.

* domus Michl kellerin (kelnerin)
    St: 1482, 1486, 1490: -/1/20
    StV: (1490) dedit rantmeister.

* domus Jan Pehaim St: 1496: in camer, 1500: -/1/5

* domus Lánkhofer. 1528, 1532, 1540, 1541 domus [Elisabeth] Lánkhoferin (Glanckhoferin, Glänckhoferin). 1529 relicta Lánkhoferin[3]
    St: 1522-1526, 1527/I-II: nichil, ist rat, 1528: nichil das jar, 1529, 1532: 2/-/-, 1540, 1541: nihil
    StV: (1529) von irm haus, stadl und beysitz. (1532) für irn beysitz und haus.

* Herzog Wilhelm [seit 1537 März 9]

* domus Graffn (Graff) Wolffn (Wolffgang)
    St: 1551/II-1552/II: nihil

** domus Jeronimus Gumppnpergerin [= Martha, geb. Wintzer]. 1554/II, 1556, 1557 domus Jeronimus von Gumppnperg. 1555, 1558-1571 domus von Gumppnperg
    St: 1553, 1554/I: der zeit eingstelt, 1554/II, 1555-1557: an chamer, 1558: nihil der zeit, 1559: nihil, 1560: nichil, 1561, 1563-1571: an chamer

Bewohner Burgstraße 14:

Caspar [der Dienger] goltsmid,[4] 1369 cum matre St: 1368: -/14/12, 1369: 2/5/18
relicta Ottonis inquilina St: 1368: -/-/-
Jórg kramer St: 1375: 1/-/-
Klaesel [Rorwolf] sóldner inquilinus[5] St: 1403: -/-/-
relicta Hawczingerin inquilina St: 1405/I: 1/-/-, 1405/II: 0,5/-/- iuravit
relicta Muldorfferin (Múldorferin) inquilina St: 1406: -/-/12, 1413: nichil habet
Marttine (Martein) Hofhaltinger (Hofaltinger) [Weinschenk[6]], 1408 inquilinus
    St: 1408: -/10/20, 1410/I: 2,5/-/- iuravit, 1410/II: 3/-/80
    relicta Tannerin. 1410/I-II Tannerin sein [= des Hofaltinger] swiger
    St: 1408: -/-/80 für 10 lb, 1410/I: -/-/60, 1410/II: -/-/80

---

[1] Sonst hier nicht belegt. Er steht für die korrig. Fassung zwischen Stephan Astaler (Haus 12) und Newmaister (Haus 16 B) eingeschoben.
[2] Meister Friedrich Tömlinger 1393-1398 (1406) Stadtarzt, vgl. R. v. Bary III S. 1014 ff.
[3] Die Langkoferin war der Neigung zum Luthertum verdächtig. Sie „war kürzlich (1539) in Augsburg und kaufte die Augsburger deutsche Psalmen, welche jetzt Knaben vor ihrem Hause in München singen", schrieb 1539 der zwinglische Domprediger Wolfgang Musculus in Augsburg an Bucer in Straßburg, vgl. Dorn S. 106 und Dirr, Buchwesen und Schrifttum S. 27.
[4] Frankenburger S. 261.
[5] Klaus oder Klaesel der Rorwolf 1399-1411 als Stadtsöldner belegt, vgl. R. v. Bary III S. 833/834.
[6] Martein Hofoltinger ist um 1414 Weinschenk, vgl. Gewerbeamt 1411 S. 2v.

Nicklas goltsmid [später auch Stadtgoldschmied und Waagmeister[1]], 1411 inquilinus
  St: 1411: -/3/6, 1412: 0,5/-/8
Ludweyg goltsmid St: 1415: 0,5/-/-, 1416: -/5/10
Kúndel cháufflin inquilina St: 1416: -/-/30
  Khatrey ir spil inquilina St: 1416: -/-/-
Hanns Krafft goltsmid[2] St: 1423: -/9/12, 1424: -/3/4 hat zalt
Vilipp St: 1423: -/-/-
Seycz Rayner schreiber St: 1423: -/3/- gracianus
Hainrich des Vederkamps sneider knecht[3] St: 1428: dedit 1 gross
Ludweigin seidennaterin St: 1428: dedit 1 gross
Hanns Graman, 1439/II, 1441/II [tuch]scherer, 1441/I tuchscherer,[4] 1431 inquilinus
  St: 1431: -/-/72 iuravit
  Sch: 1439/I-II, 1440, 1441/I-II: 1 t[aglon]
Polaner maler inquilinus St: 1431: -/-/80 iuravit
relicta Schlutlin, 1431 sneiderin inquilina
  St: 1431: -/-/52 iuravit
  Sch: 1439/I: 0,5 t[aglon]
Kathrey Sanctus. 1439/II, 1441/I Kathrey kaufflin Sch: 1439/I-II: 0,5 t[aglon], 1441/I: -/-/-
Manschein verber Sch: 1441/I: -/-/-
Fridrich Múlperger (Mulperger) [Gewandschneider[5]]
  Sch: 1445: 2 ehalten, dedit
  St: 1450: Liste, 1453-1458: Liste, 1462: 2/7/-
Andre Stadler sneider inquilinus St: 1450: Liste
Hanns Grássel sneider St: 1450: Liste
Larencz tuchscherer[6] St: 1453, 1454: Liste
Fricz Rumel sneider St: 1453: Liste
Ludwig Podaus, 1455 tuchscherer[7] St: 1455, 1456: Liste
Jorg Grim [und] Freymanerin uxori Grim
  St: 1462: -/-/63
  StV: (1462) dedit seiner hausfraw stewr et dedit -/-/40 pro se gracia.
  pueri Freymanner
  St: 1462: -/-/83
  StV: (1462) zalt Hans Eysenman von 12 gulden ebigs gelcz.
Hanns Prúckl
  St: 1482: 2/6/20, 1486: in die camer, 1490: 2/4/10
  StV: (1482) et dedit -/-/64, hat seins swehers erbgut gut zugesetzt. (1490) in die Kammer.
    (1490) dedit Caspar Hunderpfunt.
Lagerin St: 1482: -/-/60
Linhard Heyß St: 1486: -/2/17
Doctor Antoni Pernrieder St: 1490: anderswo im ebigelt
Haintz Aicher kramer. 1496 Hainrich kramer St: 1490: 1/1/19, 1496: -/3/4
Steffan Kien St: 1490: -/2/25
Peter Weis sneider[8] St: 1496, 1500: -/-/60
Linhart Mair s[chuster][9] St: 1500: -/5/20
Hanns Stängl t[uchscherer][10] St: 1500: -/1/12 gracion

---

[1] Frankenburger S. 268.
[2] Frankenburger S. 269.
[3] Ganzer Eintrag am Ende der Spalte nachgetragen und wohl hieher zu ziehen.
[4] Hanns Graman ist 1461 und 1463 Vierer der Tuchscherer, vgl. RP.
[5] Ein Mülperger, ohne Vorname, ist 1460 Vierer der Gewandschneider, der Steuersumme nach wohl dieser, vgl. RP.
[6] Larentz tuchscherer ist 1469 Vierer der Tuchscherer, vgl. RP.
[7] Ludwig Podaws ist 1464-1492 wiederholt Vierer der Tuchscherer, vgl. RP.
[8] Peter Weyss Vierer der Schneider 1495, 1496, 1506-1508, 1511-1515, 1517-1519, vgl. RP.
[9] Linhart Mair ist 1484-1497 wiederholt Vierer der Schuster, vgl. RP.
[10] Hanns Stänngl ist von 1488 bis 1519 wiederholt Vierer der Tuchscherer, vgl. RP.

Doctor Steffan [Gartner, Stadtleibarzt[1]]
    St: 1540-1542: -/-/7, 1543: -/-/14, 1544: -/-/7, 1545: -/-/14, 1546-1548, 1549/I: -/-/7
    StV: (1540-1549/I) von (für) 1 fl (gulden) gelts (gelt). (1540-1542, 1544, 1546-1549/I) mer -/-/7
        von seinem (ainem) anger. (1543, 1545) mer -/-/14 von ainem anger.
Gilg reutter hauspfleger St: 1551/II: nihil
Cristoff Knilling hauspfleger, 1554/II doselbst
    St: 1553, 1554/I: derzeit eingstelt, 1554/II: an chamer, soll burger werden, 1555: -/-/-
    StV: (1555) zaigt an, auff konfftige Liechtmesn zu Straubing kastnbhreiter ze werden, wo nit,
        das er bey ainem rath auffs fürderlichst burgerrecht halber anhalte etc.
Marten Ventt St: 1556, 1557: -/2/-
hauspfleger St: 1560, 1564/II: an chamer

Burgstraße 15
(mit Sparkassenstraße 5)

Lage: 1370 „vor der púrg".

1370 April 1 Hainreich Rúdolf hat sein Haus, gelegen „vor der púrg, ze naechst an dez alten Putreichz hofstatt (Burgstraße 16 B) und zwischen Fridrich dez Tómlingers haus" (Burgstraße 14) Hainrich dem Wolf verkauft.[2]
1392 November 28 des Goldschmieds Haedrer Haus „an der Purchstrass" ist dem der „Gathrein der Newmaisterin", das deren früheren Ehemann Heinrich dem Wapp gehört hatte (Burgstraße 16 B), benachbart.[3]
1412 Februar 22 „Ann die Hádrerin, Ulrich dez Hádrers sáligen witib" verkauft ihr Haus „in der Purckgassen, zu nachst an Hansen dem Offing" (Burgstraße 16 B) „Hainreich dem zingiesser" (Kandlgießer).[4]
1414 März 15 das Haus "Hainrich des ka[n]delgiessers" ist dem Haus des Frydrich des Tömlingers (Burgstraße 14) an der Burggassen benachbart.[5]
1415 August 9 wieder ist „Hainrich des zingiesers haws" dem Haus des Fridrich Tömlinger (Burgstraße 14) „an der Purckgassn" benachbart.[6]
1418/19 fehlt das Haus in den Steuerbüchern, vielleicht infolge Brandschadens beim Stadtbrand, vgl. Burgstraße 16 B).
1450 Oktober 6 die Tochter Barbara des verstorbenen Schneiders Hainrich Funk und ihr Ehemann Meister Peter Ernst, Schneidarzt, besitzen das Haus „an der Purkgassen, tzwischen des Vederkamps [Burgstraße 14] und Vlreichen hafners [Burgstraße 16 B] Häwser".[7]
1454 der Schuster Hanns Herl ist als Eigentümer dieses Hauses belegt.[8]
1508-1525 domus Zaunhack (StB).
1534 Februar 24 Leonhard Mösstl und seine Hausfrau Margaret verkaufen ein Ewiggeld von 20 Gulden um 400 Gulden Hauptsumme aus diesem Haus an das Heiliggeistspital.[9]
1534/35-1570 das Heiliggeistspital hat ein Ewiggeld aus des Organisten Lienhart Möstl Haus an der Burggasse.[10]
1535 Lienhart Möstl ist Eigentümer des Hauses.[11]

---

[1] Dr. Stefan Gartner, Physikus, war von 1534 bis 1549 Stadtleibarzt, vgl. R. v. Bary III S. 1017.
[2] GB I 11/6.
[3] GB I 232/18.
[4] GB III 118/7.
[5] GB III 147/13.
[6] GB III 166/10.
[7] MB XX 267 S. 389/394.
[8] Kämmerei 64 S. 22r.
[9] Stadtgericht 207/1 (GruBu) S. 357v.
[10] Heiliggeistspital (Rechnungen) 176/26 (1534/35) S. 13v erstmals, 176/52 (1570) S. 11v letztmals. Die Spital-Rechnungen bezeichnen ihn als Organisten.
[11] Zimelie 43 (Heiliggeistspital, Salbuch C) S. 66r.

1537 März 9 das Haus des Leonhard Mostl ist dem Haus der Witwe Elisabeth Länkover beziehungsweise künftig des Herzogs Wilhelm IV. benachbart.[1]
1549 März 12 das Ehepaar Leonhard und Margaret Mösstel verkauft ein Ewiggeld von 10 Gulden um 200 Gulden Hauptsumme, ebenso
1555 Dezember 5 (10 Gulden um 200 Gulden),
1566 Februar 14 (5 Gulden um 100 Gulden) (GruBu).
1570 Mai 14 Margaret Zaunhaggin, weiland Leonharden Mösstls Witwe, verkauft dieses ihr Haus dem Goldschmied Isaac Melper und seiner Hausfrau Sara um 1550 Gulden und 10 Gulden Leikauf.[2]
1574 laut Grundbuch (Überschrift) des Isaac Melper Goldschmieds Haus und Stallung.
In der Hand der Melper bleibt das Haus bis zum 12. Januar 1601.

Eigentümer Burgstraße 15:

* Hainrich [II.] Rudolf [Stadtrat,[3] bis 1370 April 1]
* Hainrich Wolf [seit 1370 April 1]
    St: 1371, 1372: 5/-/-, 1375: 4/-/40, 1377: 2,5/-/- juravit
* Ull Haedrer.[4] 1377-1405/II (Ulrich) Haedrer (Hádrer) goltsmid [∞ Anna]. 1406 relicta Ulrich Haedrer goltsmid. 1407-1412 relicta Haed-rerin
    St: 1375: -/13/10, 1377: -/15/- juravit, 1378, 1379, 1381, 1382, 1383/I: -/15/-, 1383/II: 2/6/15, 1387: -/11/18, 1388: 2/7/6 juravit, 1390/I-II: 2/-/-, 1392: -/13/-, 1393, 1394: 2/-/40, 1395: -/5/2, 1396: -/7/18, 1397, 1399, 1400: 1/-/- minus -/-/12, 1401/I: 1/-/- minus -/-/11, 1401/II: -/10/4 iuravit, 1403, 1405/I: -/10/4, 1405/II: 0,5/-/- iuravit, 1406: -/5/10 patrimonium, 1407: -/5/10, 1408: -/3/12, 1410/I: -/-/70, 1410/II: -/3/-, 1411, 1412: -/-/60
    Pferdemusterung, um 1398: (Korrig. Fassung): Hádrer sol haben ein pferd [umb] 16 gulden [und der stat damit] warten.[5]
* Hainrich zingiesser [1414 Kandlgießer] [ab 1412 Februar 22]
    St: 1413: 2/-/- iuravit, 1415: 2,5/-/-, 1416: 3/-/80
* Hainrich Funck (Funch), 1423-1431, 1439/II, 1441/I-II sneyder
    St: 1423: -/14/-, 1424: 0,5/-/20 hat zalt, 1428 dedit 5 gross, 1431: -/13/10 iuravit
    Sch: 1439/I-II, 1440, 1441/I-II: 1,5 t[aglon], 1445: 3 ehalten, dedit
    StV: (1423) darin hat er 40 gulden reinisch verstewrt von seiner hausfrawn kind wegen. (1428) fur sich, sein hausfrau und sein knecht.
* Barbara, des Hainrich Funck Tochter [∞ Meister Peter Ernst, Schneidarzt, 1450 Februar 6]
* Herel schuster. 1450, 1453, 1455, 1456, 1458, 1462 Hanns Herel schuster.[6] 1454, 1457 Hanns Herel, 1450 inquilinus
    Sch: 1445: 2 ehalten, dedit
    St: 1450, 1453-1458: Liste, 1462: -/7/- patrimonium
    StV: (1462) et dedit dez Kupferls erben Michell und Liebel von Fergen -/4/4.
* Zawnhagk. 1490 Conrat Zaunhagk. 1496 Zaunhagk puxmaister.[7] 1500 Conrat Zaunhagk p[uxmaister]
    St: 1486, 1490, 1496, 1500: -/-/10 de domo
    StV: (1490) et dedit für sein sweher -/2/8.
* domus Zaunhagk, 1508, 1509 p[uxnmaister]. 1526-1528 relicta Zaunhackin, 1528 matrimonium
    St: 1508, 1509: -/1/10, 1514: Liste, 1522-1524: -/1/29, 1525: -/1/29 das jar, 1526: 2/4/25 juravit, 1527/I: 2/4/25, 1527/II, 1528: 3/2/8
** Linhart (Lenhart, Leonhart) Móstl (Möstl, Messtl), 1550, 1552/II, 1556, 1568 organist, 1555, 1558 pulvermacher [auch Organist, ∞ Margaret Zaunhagg, bis 1570 Mai 14]. 1569, 1570 Lenhart Mösstlin (Messtlin). 1571 allt Mösstlin und ire tochter

---

[1] BayHStA, Kurbayern Urk. 16510.
[2] Stadtgericht 207/1 (GruBu) S. 357v.
[3] Hainrich II. Rudolf innerer Stadtrat 1362-1376, 1378, äußerer Rat 1377, vgl. R. v. Bary III S. 742.
[4] Haedrer goltsmid ist 1381 Mitglied des Großen Rats, vgl. R. v. Bary III S. 747a. – Frankenburger S. 263.
[5] In der Ur-Fassung des Textes war Hádrer gemeinsam mit dem Goldschmied Hans (Rudolf) bei Burgstraße 5 veranlagt. Hier in der korrig. Fassung ist er am unteren Rand der Seite nachgetragen.
[6] Hanns Herrl 1460 Vierer der Schuster, vgl. RP.
[7] Conrad Zaunhack 1482-1525 Büchsenmeister, 1526 seine Witwe, vgl. R. v. Bary III S. 897.

St: 1529: -/3/15 gracion, 1532: 2/5/-, 1540-1542: 1/5/21, 1543: 3/4/12, 1544: 1/5/21, 1545: 3/4/12, 1546-1548, 1549/I-II, 1550, 1551/I-II, 1552/I-II: 1/5/21, 1553, 1554/I-II, 1555-1557: 2/-/18, 1558: 4/1/6, 1559, 1560: 2/-/18, 1561, 1563, 1564/I-II, 1565, 1566/I-II, 1567/I-II: -/6/27, 1568: 1/6/24, 1569-1571: -/2/-

** Isaac Melper, Goldschmied, und seine Hausfrau Sara [seit 1570 Mai 14]

Bewohner Burgstraße 15:

Rumpf kúrsner St: 1368: 3/-/80
Sigel pader St: 1369: -/9/-
Arnolt carpentarius inquilinus
    St: 1369: -/-/20 post
    StV: (1369) de anno preterito. Item de anno presenti tantum.[1]
Chunrat sartor inquilinus St: 1375: -/-/60
Górig Paeler [Goldschmied[2]] inquilinus St: 1377: -/-/32
Górig kramer inquilinus St: 1379: -/3/18
Ulrich goltsmid inquilinus St: 1379: -/-/27 sub gracia
[Hans] Kraeftel goltsmid[3] inquilinus
    St: 1400: 0,5/-/24 iuravit, 1401/I: 0,5/-/24, 1401/II: -/7/14 iuravit
Chuncz Plabenstain inquilinus, 1401/I et mater St: 1400: -/-/-, 1401/I: -/-/60
Paelerin inquilina St: 1405/I: -/-/32 fúr nichil
Pecz Moser sneider inquilinus St: 1406, 1407: -/-/64 fur (fúr) 8 lb
Perchtold goltsmid,[4] 1408-1411 inquilinus
    St: 1408: -/-/60 fúr 5 lb, 1410/I: -/-/60 fúr 5 lb, iuravit, 1410/II: -/-/60, 1411, 1412: -/-/60 fúr 5 lb
Engel prúchlerin inquilina. 1410/II patrimonium Engel prúchlerin
    St: 1408: -/6/- propter patrimonium, 1410/I: 0,5/-/- iuravit, 1410/II: -/5/10
Hertel zyngiesser inquilinus St: 1410/I: -/-/60 fur 6 lb
Hanns Kun schuster St: 1423: -/3/18
Peter saittenmacher inquilinus et filius Andre St: 1431: -/-/30 gracianus
Chunrat Ruelant schuster, 1439/II inquilinus Sch: 1439/I: 1,5 t[aglon]
Chunrat rotschmid, 1439/II, 1441/I inquilinus
    Sch: 1439/II: 0,5 t[aglon] cum -/-/2, 1440, 1441/I: 0,5 t[aglon]
Hanns Púckel Sch: 1440: 2 t[aglon]
Weinczúrlin inquilina Sch: 1441/I: 0,5 t[aglon]
zw[o] frawen, inquilinae Funck Sch: 1445: dedit -/-/16
Walter Sch: 1445: -/-/-
Larencz rotsmid inquilinus St: 1450: Liste
Hanns Nobel [Kramer[5]], 1454 inquilinus St: 1453, 1454: Liste
Fricz Rumel, 1454-1456, 1458, 1462 sneider,[6] 1462 inquilinus St: 1454-1458: Liste, 1462: -/3/9
Ulrich Herwart goltsmid St: 1457, 1458: Liste
Jorg Labrer [Huter[7]] St: 1458: Liste
Larencz tuchscherer[8] inquilinus St: 1462: -/5/15
Schiferl kursner St: 1482: -/3/25
Wolfgang schuster
    St: 1482: -/2/23
    StV: (1482) et dedit -/3/15 fur pueri Strausdorffer.
Putzin St: 1482: -/1/2
Hanns Stengl [tuch]scherer[1] St: 1482: -/2/7

---

[1] Der ganze Vermerk am rechten Rand nachgetragen.
[2] Frankenburger S. 266.
[3] Frankenburger S. 267.
[4] Frankenburger S. 267.
[5] Vgl. Dienerstraße 13 A.
[6] Wohl der Fritz schneider, der 1474 Vierer der Schneider ist, vgl. RP.
[7] Ein Jorg Labrer ist 1468 und 1469 Vierer der Huter, vgl. RP.
[8] Larentz tuchscherer ist 1469 Vierer der Tuchscherer, vgl. RP.

Neythart kramer St: 1486: -/6/-
Asm Úlman St: 1496: -/2/16
Michel aufleger. 1548 Michel aufflegerin
    St: 1546, 1547: 1/1/22, 1548: 1/4/12 juravit
    StV: (1546, 1547) so sein vater hat abgsetzt; mer -/4/20 gracion von seiner hausfrau heiratguet (heuratguet).
Hanns Mentt [Salzsender[2]] St: 1549/I: 2/6/5 juravit, 1549/II, 1550, 1551/I-II, 1552/I: 2/6/5
ain singer St: 1564/II: -/-/- hofgsind
Wilhelm Stetner koch
    St: 1566/I: -/2/-, 1566/II, 1567/I-II: -/2/- búrger, hofgsind (hoffgesind), 1568: -/-/-
    StV: (1568) ist gen Ispruckh.
Kollman (Colman) lautnist (lautenist) St: 1568, 1569: -/-/- hofgsind, 1571: -/2/-
Wolf von Orlyents statsoldner[3] St: 1569: -/-/1
Isacus (Ysaac)[4] Melperger, 1571 goldschmid [von München[5]]
    St: 1570, 1571: 3/2/15
    StV: (1570, 1571) mer (fúr) p[ueri] Michl Mayr -/-/17,5.

Burgstraße 16 B (Nord)
(mit Sparkassenstraße 3)

Charakter: Wirtshaus, Bräuhaus. Seit 1679 „Zengerbräu".[6]
Lage: 1379 „vor der purkch".

1370 April 1 „dez alten Putreichz hofstatt" (nicht Haus !) ist dem Haus des Hainreich Rúdolf beziehungsweise künftig des Hainrich Wolf (Burgstraße 15) benachbart.[7]
1379 Dezember 15 „Wapp der goltsmit verseczt sein hauz in pfhantschefftweis, daz gelegen ist vor der purkch Hansen dem Zaler" (Marienplatz 14) um 800 Gulden.[8] Er wird schon 1380 erneut vom Stadtgericht dazu aufgefordert, 200 Gulden für die Meschlerin beizubringen.[9] Seine Rettung sind offenbar sein früher Tod und eine Ehefrau mit reicher Abstammung und deren Wiederverheiratung mit einem offenbar ebenfalls wohlhabenden Mann:
1392 November 28 das Haus des Haedrer an der Purchstrass (Burgstraße 15) ist dem Haus der Gathrein der Newmaisterin benachbart, das früher ihrem vorigen Ehemann Hainrich dem Wapp gehört hatte. Der Wapp mußte es dann an Hans den Zaler verpfänden. Nachdem die Witwe die Schuld bezahlt hat, läßt der Zaler den Eintrag aus dem Stadtgerichtsbuch tilgen. Der Gerichtsschreiber macht sich am genannten Tag einen Vermerk in das Buch, da er wahrscheinlich den richtigen Eintrag nicht gleich finden konnte.[10] „Tu aus dem puch [= streiche aus dem Buch] der Gathrein der Newmaisterin haws, daz gelegen ist an der Purchstrass, ze naechst dez Haedrers dez goltsmids haws [Burgstraße 15] und das ir voder wirt saeliger, Hainrich der Wapp, Hansen dem Zaller in pfandesweis gesetzt hat, wann si daz von dem Zaller gar und gaencziclich erledigt und gelöst hat umb all schuld und der Zaler hat [es] aus dem puch selber haissen abtun".[11] Diese Kathrei Wapp-Newmaister war eine Tochter von Ott und Adelheid Schiml (vgl. Burgstraße 10), welch letztere 1390 laut Steuerbuch auch hier bei der Tochter wohnt. Nach dem Tod des Wapp, der um 1390 eingetreten sein dürfte, heiratet die Kathrei den Gast-

---

[1] Hanns Stänngl ist ab 1488 bis 1519 wiederholt Vierer der Tuchscherer, vgl. RP.
[2] Ein Hans Ment ist 1549 als Salzsender belegt, vgl. Vietzen S. 150 nach KR.
[3] Wolf von Orlientz seit 1548 als Stadtsöldner belegt, vgl. R. v. Bary III S. 838/839.
[4] Isacus und Ysaac beidemale vor getilgtes „Thobias" gesetzt.
[5] Gewerbeamt 1631 S. 87r Nr. 47. – Frankenburger S. 298/300.
[6] Stahleder, Haus- und Straßennamen S. 482.
[7] GB I 11/6.
[8] GB I 117/14.
[9] GB I 124/16, 124/11.
[10] Es wäre der Eintrag GB I 117/14 gewesen.
[11] GB I 232/18.

geben Matheis Newmaister.[1] Einer Tochter des Hainrich Wapp, Barbara, verschrieb im übrigen am 25. November 1387 Herzog Stephan 500 ungarische Gulden, wofür er einen alten Brief aus ihrer Hand auf seinem Ungeld zu München hatte.[2]

1405/II, 1407-1416 domus Newmaister (StB).

1407 Oktober 22 das Haus des Matheis Newmaister grenzt an das eine der beiden Häuser des Hanns Stupf beziehungsweise künftig an das Haus des Fleischhackers Hainreich Laimer (Burgstraße 16 A).[3]

1412 Februar 22 das Haus des Hans des Offing ist der Ann Hädrerin beziehungsweise künftig des Hainrich des Zinngießers (Burgstraße 15) benachbart.[4] Wie Offing an das Haus kam, ist unklar (Irrtum des Schreibers ?), da nachher wieder die Newmaister das Haus besitzen. Vielleicht war er nur Pächter (einer Weinwirtschaft ?). 1410 nennt ihn das Steuerbuch bezeichnenderweise nur „in-quilinus". Wie die „domus"-Bezeichnung verrät, bewohnen die Newmaister das Haus zu dieser Zeit nicht selbst.

1418 April 22 Stadtbrand. Dabei wird auch das Haus des Ehepaares Newmaister zerstört und das Ehepaar trennt sich von dem Besitz:

1418 Dezember 13 die Eheleute Matheis und Kathrey Newmaister verkaufen ihrem Schwager beziehungsweise Bruder Hanns Schiml und dessen Hausfrau Ursula (geb. von Hausen) die Brandstatt ihrer Behausung („das uns laider verprunnen") an der Burggasse „umb ain sölich summ geltz, der uns benügt und der wir gäntzlichen von in bezalt sein".[5] Das Haus fehlt dann bis 1423 verständlicherweise in den Steuerbüchern. Ein neuer Hauseigentümer ist erst wieder für 1450 nachweisbar:

1450 Oktober 6 das Haus „Ulreichen hafners" ist dem Haus der Tochter Barbara des Schneiders Hainrich Funk (Burgstraße 15) benachbart.[6] Der Besitzwechsel von Schiml zu Ulrich Hafner ist wohl erst kurz davor erfolgt. Die Ursula Schiml hat sich z. B. 1448 auch von ihrem Haus Burgstraße 9 getrennt. Noch

1454 hat die Schimlin auf dem Haus des Ulrich Haffner eine Hypothek (Ewiggeld) liegen,[7] womit auch gesichert ist, daß es sich beim Haus des Haffner um dieses Haus handelt.

1497/98 das Heiliggeistspital hat ein Ewiggeld aus Georg Hafners Haus.[8]

1499 Februar 24 das Haus des Bierbräuen Jorg Hafner liegt dem Haus von Peter Glarchers Tochter Barbara, verheiratete Conrat Hörlin (Burgstraße 16 A), benachbart.[9]

1530 Juli 19 des [Jörg] Hafners, „yetzn" Sigmund Hafners Haus ist demjenigen der Barbara Glarcher-Hörl-Marpeck beziehungsweise künftig ihrer Söhne aus der Hörl-Ehe (Burgstraße 16 A) benachbart.[10]

1536/37-1549/50 das Heiliggeistspital hat ein Ewiggeld aus des Sigmund Haffners Haus an der Burggasse, das als Leibgeding für seinen Bruder Wolf Haffner gilt.[11]

Die Hafner behalten das Haus bis 1567 und sind auch durch das Grundbuch dafür belegt.

1564/I domus Doctor Pauls Haffner (StB).

1567 April 24 verkauft der Advokat und Prokurator des kaiserlichen Kammergerichts Speyer Dr. Paulus Haffner das Haus dem fürstlichen Rat Hanns[12] Urmiller zu Leutstetten und Frashausen. Zur Entrichtung der Kaufsumme verschreibt der Käufer dem Paulus Haffner ein Ewiggeld von 50 Gulden für 1000 Gulden Hauptsumme.[13] Eingeschlossen ist in den Kauf auch das dazugehörige Bräuhaus.

1573 September 15 die Kuratoren von weiland Hanns Urmiller verkaufen dieses Haus mit Bewilligung der landesfürstlichen Obrigkeit dem Goldschmied Georg Seggin, sonst Unnger genannt, und seiner Hausfrau Anna um 1515 Gulden rheinisch (GruBu).[14]

1574 laut Grundbuch (Überschrift) des Geörgen Seggin, sonst Unnger genannt, Goldschmieds Haus, Hof und Stallung, samt dem Bräuhaus.

---

[1] Vgl. auch Muffat, Kazmair-Denkschrift S. 524.
[2] RB X 214.
[3] GB III 70/10.
[4] GB III 118/7.
[5] BayHStA, Kurbayern Urk. 16280.
[6] MB XX 267 S. 389/394.
[7] Kämmerei 64 S. 22r.
[8] Zimelie 43 (Heiliggeistspital, Salbuch C) S. 57r.
[9] Wittmann, Urkunden-Regesten, ungedruckt (24.2.1499).
[10] GB IV S. 202r.
[11] Heiliggeistspital (Rechnungen) 176/27 (1536/37) S. 35v erstmals, 176/38 (1549/50) S. 42v letztmals.
[12] Im StB steht fälschlich „Wilhelm".
[13] Stadtgericht 207/1 (GruBu) S. 354v.
[14] Georg Zeggin stammte aus Segedein in Ungarn, an der Teissen gelegen, vgl. Frankenburger S. 297/298.

Das Haus Burgstraße 16 B ist seit mindestens um 1390 Gastwirtschaft. Die Kathrey Schiml-Wapp-Newmaister ist eine Gastwirtstochter. Auch die Offing sind Weinwirte ebenso wie Ulrich Haffner. Dessen Nachfolger Jörg Hafner ist Bräu und seit 1496 Mitglied der Weinschenkenzunft, sein Bruder Sigmund Haffner ist seit 1503 Mitglied der Weinschenkenzunft, wobei er aber noch 1497 Zunftgeld für die Aufnahme in die Melber-Zunft (Mehlhändler-Zunft) zahlt, aber gleichzeitig von ihm gesagt wird: „der ist ein prewknecht gewesen".[1] Die Abkürzung „p" hinter Jörg und Cristof im Steuerbuch von 1522 dürfte für „preẃ" stehen, jedenfalls zahlt Cristof 1522 Schenkensteuer. Gegen Ende der Lebenszeit Sigmund Haffners, als sich wohl schon abzeichnet, daß der Erbe Paul dieses Gewerbe nicht ausüben wird, wird der Braubetrieb verpachtet. Als Pächter findet man ab 1551 den Bräu Jörg Holtzmüller in dem Haus.

Eigentümer Burgstraße 16 B:

* des alten [Ludwig II.] Pütrichs Hofstatt [1370 April 1]
* Hainrich Wapp[2] goltsmid. 1379, 1383/I-II, 1388 Wapp goltsmid [Großer Rat, ∞ Kathrey, geb. Schiml[3]]. 1387 Hainrich Wapp. 1390/I Wáppin
   St: 1378, 1379, 1381, 1382, 1383/I: 2,5/-/-, 1383/II: 3/6/-, 1387: 2/-/-, 1388: 4/-/- juravit, 1390/I: 2/-/-
  Ott Schimlin [= Alhait]
   St: 1390/I-II: 8/-/80
* Matheis (Mathias) Newmeister. 1399-1401/I Newmaister [Weinschenk[4], ∞ Witwe Kathrey Wapp, geb. Schiml]
   St: 1392: 12/-/60 gracianus, 1393: 16/-/60 iuravit, 1394: 16/-/60, 1395: 5/-/-, 1396, 1397: 7,5/-/-, 1399-1401/II: -/-/-, 1403: 2/-/40
   Pferdemusterung, um 1398 (Ur-Fassung): Matheis Newmaister sol haben 1 pferd umb 20 gulden und ein trabzewg; (Korr. Fassung): Matheis Newmaister sol haben 2 pferd umb 32 gulden [und] selber reit[en].
* domus Mathias Neẃmaister. 1405/II, 1407-1416 domus Neẃmaister [bis 1418 Dezember 13]
   St: 1405/I: -/17/10, 1405/II: -/13/-, 1406-1408: 2/-/40, 1410/I: -/12/-, 1410/II: 2/-/-, 1411: -/12/-, 1412: 2/-/-, 1413, 1415: -/12/-, 1416: 2/-/-
*? Hanns Offingk [Stadtrat, Weinschenk[5]], 1406-1410/I inquilinus
   St: 1406: 3/-/24, 1407, 1408: 3/-/80, 1410/I: -/22/- iuravit, 1410/II: 3/5/10, 1411: -/22/-, 1412: 3/5/10, 1413: 4,5/-/- iuravit, 1415: 6/-/39, 1416: 8/-/52
   StV: (1408) et dedit -/-/40 gracianus de uxor[e].
* Hanns und Ursula Schiml [Bruder und Schwägerin der Kathrey Schiml-Wapp-Newmaister, seit 1418 Dezember 13; Brandstatt]
* Ulrich haffner [Weinschenk[6]]
   St: 1450, 1453-1455: Liste
* Jorg hafner. 1490, 1500, 1508 prew [Weinschenk[7]], 1482 et frater [Sigmund], 1522 patrimonium
   St: 1455-1458: Liste, 1462: 1/-/20, 1482: -/4/13, 1486, 1490: 2/-/-, 1500: 2/3/15, 1508, 1509: 2/4/11, 1514: Liste, 1522: 5/2/17 patrimonium
   StV: (1482) für sy ped; et dedit -/-/60 für sein hausfraw gracion.

---

[1] Einwohneramt 186/1 nach KR.
[2] Wapp (o. Vorname) ist 1381 Mitglied des Großen Rats, vgl. R. v. Bary III S. 747a. – Frankenburger S. 263.
[3] Tochter von Ott und Alhait Schiml.
[4] Der Newmaister ist um 1414 Weinschenk, vgl. Gewerbeamt 1411 S. 2v.
[5] Hanns Offing ist Bürgermeister vom äußeren Rat am 24.10.1416, vgl. R. v. Bary III S. 756. – Hans Offing um 1414 Weinschenk, 1414 Vierer der Weinschenken, vgl. Gewerbeamt 1411 S. 3v, 10v.
[6] Ulrich haffner ist 1433 und 1451 Mitglied der Weinschenken-Bruderschaft, vgl. Gewerbeamt 1411 S. 9r, 10r.
[7] Jörg hafner handelt auch mit Baumaterial: 1471 erhält er aus der Stadtkammer 13 Pfund und 15 Pfennige „umb 19 mutt kalch" zu 5 ½ Schillingen das Mutt, später noch einmal 3 Pfund 3 Schillinge und 15 Pfennige „uber mutt kalch" (Zahl vergessen) zu je 5 ½ Schillingen, dann weitere 4 Pfund 6 Schillinge für 7 Mutt Kalk und 3 Pfund 3 Schillinge 15 Pfennige um 5 Mutt Kalk usw., vgl. KR 1471/72 S. 83v, 84v, 85r und die folgenden Jahre ebenso. 1490 liefert er 27 ½ Mutt Kalk für 23 Pfund und 10 Pfennige, vgl. KR 1489/90 S. 86r usw. – Jorg haffner 1496 Aufnahme in die Weinschenkenzunft, vgl. Gewerbeamt 1418 S. 8v.

Anna sein swester
   St: 1456: Liste

Angnes sein swester[1]
   St: 1457, 1458: Liste

et frater [= Sigmund hafner, Bruder von Jorg hafner]
   St: 1486: anderswo

* Sigmund hafner, 1490 frater [= des Jörg], 1500 p[ildschnitzer ?] [Weinschenk, äußerer Stadtrat, Maler und Bildschnitzer ?[2]]. 1522 Sigmund hafner patrimonium
   St: 1490: 1/1/27, 1496: 1/7/25, 1500: 2/4/14, 1522: annderßwo
   StV: (1496) darinn seiner hausfrau gut -/5/28 zugesetzt.

* Sigmund hafner. 1557-1571 Sigmund haffnerin
   St: 1526: 2/4/5 juravit, 1527/I: 2/4/5, 1527/II: 3/1/27, 1528: 1/1/27, 1529, 1532: 3/1/27, 1540-1542: 5/5/28, 1543: 11/4/26, 1544: 5/5/28, 1545: 19/1/20, 1546-1548, 1549/I-II, 1550, 1551/I-II, 1552/I-II: 9/4/10, 1553, 1554/I-II, 1555: 16/6/16, 1556: 16/6/16 patrimonium, 1557: 2/3/29 juravit, 1558: 5/-/28, 1559-1561, 1563, 1564/I-II, 1565, 1566/I-II, 1567/I-II: 2/3/29, 1568: 5/-/28, 1569-1571: 2/3/29
   StV: (1527/I) et dedit 1/4/29 [für p[ueri] Laittinger]. (1527/II-1529, 1532) et dedit 1/5/22 (für p[ueri] Laittinger). (1529, 1532) et dedit -/6/5 für seinen bruder(n). (1544) mer -/1/19 für p[ueri] haffner. (1545) mer -/2/10 für p[ueri] haffner. (1546, 1547) mer -/1/5 für p[ueri] haffner. (1551/II) mer -/3/24 für p[ueri] Ramler 3 nachsteur, so vorhin Kirmair gesteurt hat. (1564/II) mer foli 93r [Ewiggeld] für Doctor Pauls hafner. (1565, 1566/I-II) mer für Doctor Pauls (Paule) hafner folio 93r (93v) [Ewiggeld]. (1569) mer für ir leibgeding -/1/15, auff dem hauß. (1570, 1571) mer für ir leibgeding -/1/15.

Cristof hafner, 1526 patrimonium
   St: 1522: -/5/10 schencknsteur gracion, 1523: 2/5/7 juravit, 1524-1526: 2/5/7
   StV: (1524, 1525) et dedit 1/4/29 für p[ueri] Laittinger.

** Doctor Pauls haffner [Advokat am kaiserlichen Kammergericht zu Speyer]
   St: 1557: -/-/-, 1558: 2/3/-
   StV: (1557) zalt am 28. Julii sein gschworne steur, thuet 1/-/45.

Caspar haffner
   St: 1559: 5/-/25
   StV: (1559) mer -/2/10 gracia von wegen seiner hausfrauen zubracht heiratguet.

** domus Doctor Pauls (Paulus) hafner(s) [bis 1567 April 24]
   St: 1564/I-II, 1565: -/-/-
   StV: (1564/I-II) folio 93r [Ewiggeld]. (1566/I-II) steuert folio 93v (93r) im ewigen gelt. (1566/II) adi 28. Aprilis anno [15]67 zalt herr Doctor Pauls hafner von 460 fl 3 nachsteur 5/5/7, hat noch 50 fl [ewigen] gellts, soll er hinfüran als ain frembder versteurn.

** Wilhalm [richtig: Hanns] Urmüller, 1567/I f[ürstlicher] rath [seit 1567 April 24]
   St: 1567/I-II: -/-/-, 1568-1570: an chamer

** domus Wilhalm Uhrmüllers erben [bis 1573 September 15]
   St: 1571: an chamer

** Georg Seggin, sonst Unnger genannt, Goldschmied, und seine Hausfrau Anna [seit 15.9.1573]

Bewohner Burgstraße 16 B:

Ludweig (Ludel) Eysenman goltsmid[3] St: 1368: 6/-/-, 1369: 7/-/- sub gracia, aliquali[ter]
Hainrich Wolf St: 1378: 2,5/-/-
Görig Paeler [Goldschmied[4]] inquilinus St: 1378: -/-/32
Hanns Morr St: 1390/II: 4/-/- gracianus
Peter Eysenreich [Wirt[5]] inquilinus St: 1405/I: -/13/10, 1405/II: 1/-/- iuravit

---

[1] Eintrag 1458 wieder getilgt.
[2] Sigmund haffner 1503 Aufnahme in die Weinschenkenzunft, vgl. Gewerbeamt 1418 S. 12v; 1548-1550, 1552-1555 äußerer Stadtrat, vgl. RP. – Derselbe wie Burgstraße 12 B (1508-1514) ?
[3] Frankenburger S. 260.
[4] Frankenburger S. 266.
[5] Vgl. Weinstraße 3.

Seidel schreiber, 1406, 1410/I, 1413 inquilinus. 1410/II Seydel Rainer inquilinus
    St: 1406: -/-/80 gracianus, 1410/I: -/-/60 gracianus, 1410/II: -/-/80 gracianus, 1411: -/-/60 gracianus, 1412: -/-/80 gracianus, 1413: -/-/60 gracianus

Hanns Lawczinger
    St: 1428: dedit 3 gross
    StV: (1428) fúr sich, sein hausfrau und sein tochter.

Lienhardus Hámerl inquilinus St: 1428: dedit 1 gross

Haincz sneider von Dachaw inquilinus St: 1431: -/-/60

Hainrich Perlacher tagwercher inquilinus St: 1431: -/-/60 iuravit

Els weberin inquilina St: 1431: -/-/15 iuravit

Hanns Weissngater
    St: 1431: dedit -/-/80
    StV: (1431) t[enetu]r (?) 1 nachstewr, die drit nachstewr, et exsolvit.

Hainrich Aicher [Kramer, Weinschenk[1]] inquilinus St: 1486: -/6/22

Ruprecht gúrtler[2] St: 1486: -/4/-

Doctor [Antoni[3]] Pfanzelter St: 1486: im ewigen gelt

Wilhalm Kóschinger seidnnater[4] St: 1490: -/2/16

Utz [Fridperger] sneider. 1508, 1509, 1514 Utz (Ulrich) Fridperger s[neider] (schneider)[5]
    St: 1496: 3/-/16, 1500: 3/5/5, 1508, 1509: 6/2/1, 1514: Liste
    StV: (1500) et dedit -/6/19 fúr pueri Stängl. (1508, 1509) et dedit -/4/3 fúr pueri Stängl (Stangel).

[Thoman] Streicher prew [Weinschenk[6]] St: 1496: -/6/-

Jacob Ostertag s[neider][7] St: 1496: -/-/60

Linhart Schaittenauer wirt[8] St: 1508: -/5/10 [Schenkensteuer]

Peter Veyel p[eitler][9] St: 1509: 1/3/11

Hanns schenckh St: 1514: Liste

Hans Leber prew St: 1514: Liste

Caspar hofmaler. 1523, 1524, 1526-1529 Caspar Klofligl hofmaler. 1525 maister Caspar Klofligl hofmaler. 1532 Caspar Klofligl maler
    St: 1522: -/-/28 gracion, 1523: -/4/18 juravit, 1524-1526, 1527/I: -/4/18, 1527/II, 1528, 1529, 1532: -/4/5

Ulrich Dándl (Dandl, Tandl) schneider
    St: 1523-1526, 1527/I: -/3/1, 1527/II, 1528, 1529, 1532: -/6/14
    StV: (1529) et dedit -/3/25 fúr Herbingerin matrimonium. (1532) et dedit -/3/25 fúr p[ueri] Herbinger.

Sigmund Schwager (Schwaber), 1523-1526 pierprew (prew)
    St: 1523: -/5/10 schencknsteur, juravit, 1524-1526, 1527/I: -/5/10 schennckensteur

Zacharias procurator[10] St: 1524: nichil

Gabriel Mánhart prew St: 1528, 1529, 1532: -/5/10 schencknsteur

relicta Anthoni [I.] Húndertpfúndin. 1540-1544 relicta Hundertpfundtin
    St: 1529: das jar nichil, 1540-1542: 2/3/4, 1543: 4/6/8, 1544: 2/3/4 matrimonium

Peter Egnhofer St: 1540-1542: 1/1/22

Caspar Werder schneider St: 1546-1548, 1549/I: -/4/17

---

[1] Vgl. Burgstraße 16A und 17.
[2] Ruprecht gürtler ist 1489 Vierer der Beutler, Gürtler, Taschner, Ircher, vgl. RP.
[3] So 1496 bei Marienplatz 17.
[4] Wilhalm Kessinger/Kestinger 1487, 1489, 1491, 1492, 1494, 1495 Vierer der Maler, Glaser, Seidennater, vgl. RP.
[5] Ulrich Fridperger 1487 Vierer der Schneider, vgl. RP.
[6] Ein Thoman Streicher ist 1496 Vierer der Brauer, steht aber bei Neuhauser Straße 14 im Steuerbuch, vgl. RP. – Im selben Jahr Thoman Streicher prew Aufnahme in die Weinschenkenzunft, vgl. Gewerbeamt 1418 S. 8v.
[7] Jacob Ostertag 1497 und 1499 Vierer der Schneider, vgl. RP.
[8] Schaittenhawer 1503 Aufnahme in die Weinschenkenzunft, vgl. Gewerbeamt 1418 S. 12v.
[9] Peter Feiel/Veiel 1508, 1510-1514, 1516, 1518, 1519 Vierer der Beutler, Gürtler, Taschner, Ircher, vgl. RP.
[10] Zacharias bei R. v. Bary III S.808 für das Jahr 1525 als Stadtprokurator nachgewiesen.

Cristoff Weis (Weysch, Weyss, Weiß), 1558 brieffschreiber
St: 1548, 1549/I-II, 1550, 1551/I-II, 1552/I-II: -/2/-, 1553, 1554/I-II, 1555-1557: -/2/25, 1558: -/5/20, 1559, 1560: -/2/25

Jorg Dillgar (Tylgar, Tilgar), 1549/II-1555 der jung [Juwelier[1]]
St: 1549/II, 1550, 1551/I-II, 1552/I-II: -/4/25, 1553, 1554/I-II, 1555, 1556: 5/-/-

Jórg (Georg) Holtzmůller (Holtzmüller) preu
St: 1561: -/2/- gratia, 1563: -/6/22 juravit, 1564/I-II, 1565, 1566/I-II: -/6/22

Doctor Vichhauser St: 1563: nihil

Doctor Sebastian. 1565, 1566/I Doctor Sebastian Mayr [Stadtleibarzt[2]]
St: 1564/II, 1565: nichil, 1566/I: -/-/-, 1566/II: nihil

Burgstraße 16 A (Süd)
(mit Sparkassenstraße 3)

Charakter: Bräuhaus.

Bis 1407 mit Burgstraße 17 in der Hand der Familie Stupf, seit 1582 mit Burgstraße 16 B verbunden.

1407 Oktober 22 Hanns der Stupf verkauft das an Matheis Newmaister (Burgstraße 16 B) grenzende Haus (Burgstraße 16 A) an den Fleischhacker Hainrich Laymer[3] (und das andere, an das Haus des Ludwig Scharfzahn (Burgstraße 18*) grenzende Haus (Burgstraße 17) an Ott den Kornves.[4]

1416 September 11 Hainrich des Laymers Haus an der Burggassen ist dem Haus des Ott Kornves (Burgstraße 17) benachbart.[5]

1454 Augustin Laymer ist Hauseigentümer an der Burgstraße. Hanns Weczel hat 5 rheinische Gulden Ewiggeld aus des Laymers Haus an der Burggasse.[6] Er ist Stiefsohn von Hanns Pfettner, Bürger zu Landsberg, mit dem er 1463 noch um die Erbschaft an dem Haus neben dem Münchner Rathaus (vgl. Marienplatz 15) streitet. Ein wohl späterer Augustin Laymer ist 1480 bis 1487 und 1491 bis 1498 als Steuerknecht der Stadt belegt und 1488 bis 1490 auch ein Sigmund Laymer.[7]

1490 vor Mai 30 (Pfingsten) die unmündigen Kinder des Peter Glarcher haben in der Burgstraße zwei nebeneinander liegende Häuser, Burgstraße 16 A und Burgstraße 17, vgl. dort.[8]

1499 Februar 24 die Erbschaft von des verstorbenen Peter Glarchers Kindern wird aufgeteilt. Es handelt sich um die Tochter Barbara, zu dieser Zeit bereits mit dem Gewandschneider Conrat Hörl verheiratet, dazu die Tochter Ursula und den Sohn Hans Glarcher. Das Erbe wird schließlich durch das Los verteilt und durch das Los erhält Barbara Glarcher-Hörl dasjenige Haus mit Hofstatt, das zwischen Jorgen Hafners des Bierbräuen (Burgstraße 16 B) und ihres Vaters anderem Haus (Burgstraße 17) liegt, also das Haus Burgstraße 16 A. Dieses Haus stößt hinten auf den Bach, gegenüber Franz und Ludwig der Ridler Haus (= Tal Nr. 1). Außerdem handelt es sich um dasjenige Haus, „darin zur Zeit Hanns Streicher, Bierbrauer, ist". Das andere Haus, Burgstraße 17, fällt durch das Los der Schwester Ursula Glarcher zu, während der Bruder Hanns zu seinem nicht näher bezeichneten Erbschaftsanteil von der Schwester Barbara noch 110 Gulden rheinisch draufbezahlt erhält.[9]

Aus unbekannten Gründen – entweder durch Tausch unter den Geschwistern oder durch den Tod der Ursula – besitzt aber später der Bruder Hans Glarcher das Haus Burgstraße 17.

---

[1] Jorg der jüngere Tilger verkauft am 15.3.1555 der Stadt für 47 Gulden ein vergoldetes Trinkgeschirr, das die Stadt dann dem Herrn von Liechtnstain verehrt, und im März/April 1555 kauft die Stadt erneut von dem jungen Jorgen Tilgar für 63 Gulden ein Silbergeschirr als Präsent für Dr. Perbinger, vgl. KR 1555/56 S. 91r, 92r. – Frankenburger S. 290.

[2] Doctor Sebastian Mayr war von 1557 bis nach 1560 Stadtleibarzt, vgl. R. v. Bary III S. 1018. Fischer kennt ihn für die Zeit nach 1560 nicht mehr.

[3] GB III 70/10.

[4] GB III 70/9.

[5] GB III 177/3. – Der Käufer Heinrich Laymer steht auch mit dem Kloster Weyarn in Geschäftsbeziehung: kurz vor dem Hauskauf an der Burgstraße hatte ihm der Propst von Weyarn das Klosterhaus im Hacken wegen 57 neuer ungarischer Gulden verpfändet, wahrscheinlich für geliefertes Fleisch, vgl. GB III 65/9.

[6] Kämmerei 64 S. 10r.

[7] R. v. Bary III S. 877.

[8] Zimelie 27a (Stiftungsbuch Reiches Almosen) S. 42r.

[9] Wittmann, Urkunden-Regesten, ungedruckt (24.2.1499) und GruBu.

1499 Februar 25 Barbara (Glarcher-)Hörl verkauft ihrem Bruder Hans Glarcher ein Ewiggeld in Höhe von 10 ½ Gulden um 210 Gulden Hauptsumme aus dem Haus Burgstraße 16 A.[1] Dabei ist sie bereits verwitwet. Sie heiratet danach den Kramer Hanns Marpeck, von dem sie 1540 erneut verwitwet ist (StB). Der Name „Marschalk", der 1524 einmal im Grundbuch steht, dürfte ein Schreibfehler für „Marpeck" sein. In keiner anderen Quelle gibt es an dieser Stelle einen Mann namens „Marschalk". Auch der gleiche Vorname Hans und die gleiche Ehefrau deuten darauf.

1516 Januar 11 der Kramer Hanns Marpeckh und seine Hausfrau Barbara verkaufen ihren Stief- und leiblichen Kindern – Konrad, Wolf, Hanns und Wilhelm – 5 Gulden Ewiggeld um 100 Gulden Hauptsumme (GruBu).

1524 Mai 14 Hanns Marschalckh (!) und seine Hausfrau Barbara verkaufen weitere 3 Gulden Ewiggeld um 60 Gulden Hauptsumme (GruBu).

1530 Juli 19 Barbara [Glarcher-Hörl-]Marpeck übergibt ihren Söhnen aus erster Ehe – Sigmund, Conrat, Wolfgang, Hanns und Wilhelm Hörl – dieses ihr eigen Haus und Hofstatt an der Burggasse. Nachbarn sind das ehemals Oswald Wolfs, jetzt Antoni Fuessl, gehörige Haus (Burgstraße 17) und das ehemals dem [Jörg] Hafner, jetzt Sigmund Hafner, gehörige Haus (Burgstraße 16 B).[2] Ab 1542 (StB) tritt dann der Eisenkramer Wilhelm Hörl als Hauseigentümer auf. Der Marpeck ist um 1540 gestorben.

1542 März 3 Wilhelm Hörl verkauft an des weiland Sigmund Hörls natürliche Tochter Anna ein Ewiggeld von 20 Gulden um 400 Gulden Hauptsumme. Diese Anna ist 1544 mit dem Goldschmied Rochus Lor von Schwaz verheiratet (GruBu).

1557 Januar 18 Wilhelm Hörl verschreibt ein Ewiggeld von 8 Gulden um 160 Gulden Hauptsumme seiner Tochter Anna Moll zur Entrichtung mütterlichen Erbgutes (GruBu). Gleiches geschieht am
1557 Januar 24 (GruBu).

1560 Juli 1 Wilhelm Hörl verschreibt seinem Tochtermann Martino Baltico zu Ulm und dessen ehelicher Tochter, so er bei Barbara Hörlin erworben hatte, 17 Gulden Ewiggeld um 350 Gulden Hauptsumme zur Entrichtung des Heiratgutes (GruBu).

1560 Juli 3 Wilhelm Hörl verschreibt dem Eisenkramer Hanns Friedtinger und seiner Hausfrau Benigna Hörlin 12 Gulden Ewiggeld für 240 Gulden zur Entrichtung des Heiratgutes (GruBu).

1566 September 23 der Eisenkramer Wilhelm Hörl verschreibt die 1516 verkauften 5 Gulden Ewiggeld als Mitinhaber dieses Hauses seines Bruders Sohn Christoffen Hörl, dessen Vater einst dieses Ewiggeld an sich gelöst hatte (GruBu).

1574 April 29 der Bäcker und Stadtrat Sigmund Hainmüller und seine Hausfrau Katharina verkaufen diese Behausung ihrem eheleiblichen Sohn Georg Hainmüller, Bierbrauer, und seiner Hausfrau Katharina, um eine benannte Summe Geldes (GruBu).

Auch zu diesem Haus gehörte eine Bräustatt. Sie wird
1574 im Grundbuch (Überschrift) genannt: „Geörgen Hainmüllers Haus, Stallung und Preuhaus".
Die Hainmüller haben das Haus noch bis 1639 inne.

Das Haus Burgstraße 16 A, das erst 1582 erstmals vorübergehend mit dem Nachbarhaus 16 B vereinigt wird (bis 1618), erhält auch mit dem Bierbrauer Hainmüller erstmals einen Hauseigentümer, der selbst Bierbrauer ist. Bis 1582 war nie einer der Eigentümer der Bräustatt selbst Brauer. Erst 1713 werden die Häuser 16 B und 16 A endgültig von dem Bierbrauer Zenger vereinigt, wobei Zenger allerdings, durch Einheirat, zuerst 1679 das Haus 16 A erwarb, 16 B wurde erst 1713 von ihm hinzugekauft. Der eigentliche „Zengerbräu" war demnach Burgstraße 16 A.

Eigentümer Burgstraße 16 A:

* wie Burgstraße 17
* Hanns Stupf [bis 1407 Oktober 22]
* Hainrich Laymer, 1408, 1428, 1431 carnivex (meczker). 1415 Laymer meczger [Wirt[3]]
    St: 1408: 10/-/-, 1410/I: 7,5/-/60 iuravit, 1410/II: 10/-/80, 1411: 7,5/-/60, 1412: 10/-/80, 1413: 6/-/60 iuravit, 1415: 11/-/60, 1416: 15/-/-, 1418, 1419: 14/-/-, 1423: 10/-/-, 1424: 3/-/80 hat zalt, 1428: dedit 1 rh[einischen] gulden, 1431: 15/-/-

---

[1] Stadtgericht 207/1 (GruBu) S. 351v/352r.
[2] GB IV S. 202r.
[3] Der Laymer gehört um 1430 zu den Wirten an der Burggasse, die Ungeld zahlen, vgl. Steueramt 987.

StV: (1428) fur sich, und 6 gross für sein hausfrau und sein sun und sein ehalten. (1431) nach ains ratz geseczt und macht von kranckhait nicht swern.

Ulrich Laymer
    Sch: 1439/I-II, 1440, 1441/I-II: 4 t[aglon]
  pueri Hanns Laymer (Laimer)[1]
    Sch: 1439/I-II, 1440, 1441/I-II: 1 t[aglon]
* Augustin Laymer (Laimer, Leimer) [Weinschenk[2]]
    St: 1453-1458: Liste, 1462: -/6/24
* Glarher. 1486 Peter Glarher
    St: 1482: 5/-/19, 1486: 5/-/-
    StV: (1486) et dedit sein hausfraw -/1/5 fur irer muter gůt.
* Peter Glarchers sel. Kinder [1490/99]
** Barbara Glarcher, verh. mit [Conrat] Hörl [1499 Februar 25]
** Hanns Marpeckh [Kramer; ∞ Barbara Glarcher-Hörl]. 1540-1542 relicta Marpeckhin
    St: 1522-1526, 1527/I: 2/1/13, 1527/II, 1528, 1529, 1532: 1/2/-, 1540: 1/-/-, 1541: 1/-/- matrimonium, 1542: nihil
    StV: (1541) et dedit -/4/11 von dem, so ir Sigmundt Herl verschafft und Cristoff Herl abgsetzt hat.
* Sigmund, Conrad, Wolfgang, Hanns, Wilhalm Hörl, Söhne von Barbara Glarcher-Hörl-Marpeck [seit 1530 Juli 19]
* Wilhelm Herl [Sohn von Barbara Glarcher-Hörl-Marpeck, Eisenkramer]
    St: 1544: an chamer, 1545: 19/2/3
    StV: (1544) hat termin pis auf Mitfestn, als dan soll mit im gehandelt werden, pürger ze werden oder nit.
** domus Wilhelm Hórl (Hörls, Hárls)
    St: 1564/I-1567/II: -/-/-
** Sigmund Hainmüller und seine Hausfrau Katharina, Bäcker, Stadtrat [bis 1574 April 29]
** Jórg (Geórg) Hamiler (Hainmúller) preẁ [Sohn des vorigen, äußerer Rat[3], ∞ Katharina, seit 1574 April 29]
    St: 1569-1571: -/5/10 schennckhsteur

Bewohner Burgstraße 16 A:

Ulrich Vettinger [äußerer Stadtrat, Goldschmied[4]] St: 1377: 3,5/-/- juravit, 1378, 1379: 3,5/-/-
Hainrich Úlchinger [der Jüngere][5]
    St: 1381: -/-/-
    StV: (1381) solvit 1 lb Mon[acenses] post. Item dedit -/-/36 Mon[acenses] an ainem [...][6], iuravit.[7]
Marttein Glesein [später Bürgermeister[8]], 1392 inquilinus
    St: 1382, 1383/I: -/6/-, 1383/II: -/9/-, 1387: -/5/22, 1388: -/11/14 juravit, 1390/I-II: -/11/14, 1392: 6/-/4,5, 1393: 8/-/6, 1394: 6/-/64, 1395: 2,5/-/-, 1396: 3/6/-
  Hanns Glesein [Bräu ?[9]]
    St: 1390/I: -/-/-, 1390/II: -/-/36 gracianus, 1392: -/-/27, 1393: -/-/-

---

[1] Eintrag 1440 wohl versehentlich zum Haus Marienplatz 15* hinuntergerutscht.
[2] Augustin Laimer ist 1458 Weinschenk, vgl. Gewerbeamt 1411 S. 14r. – 1480-1487 und 1491-1498 ist er Steuerknecht und 1484 auch Baumeisterknecht, vgl. R. v. Bary III S. 877, 996.
[3] Sigmund Hainmiller 1568-1576 und bis ca. 1594 wiederholt äußerer Stadtrat, vgl. Fischer, Tabelle IV S. 3-4.
[4] Ulrich Vettinger ist 1362-1365 äußerer Stadtrat, vgl. R. v. Bary III S. 739. – Frankenburger S. 260.
[5] Hainrich Ulchinger 1381 Mitglied des Großen Rats, vgl. R. v. Bary III S. 747a. – Der ältere Hainrich Ülchinger sitzt bei Kaufingerstraße 27.
[6] Wort unleserlich.
[7] Ab „solvit" Nachtrag am Rand. Die Kürzung vor „iuravit" nicht deutbar (Rr oder Kr, mit Kürzungsbogen?).
[8] Martein Glesein ist im Jahr 1400 als Bürgermeister belegt, vgl. R. v. Bary III S. 755.
[9] Hanns Glesein besitzt 1416 eine Pfandschaft auf Brägeschirr, Braukessel und Bottichen der Brauerei Weinstraße 10, vgl. Stahleder, Bierbrauer S. 129.

Ott calciator inquilinus, 1382 cum uxore. 1387 Óttel schuster inquilinus. 1392 Ott schuster
    St: 1382: -/-/60 gracianus, 1383/I: -/-/60, 1383/II: -/3/-, 1387: -/-/60, 1388: -/-/72 juravit, 1390/I-II, 1392: 0,5/-/-

Chunrat Zaler inquilinus St: 1383/I: -/-/54, 1383/II: -/-/81

Fridrich sartor inquilinus St: 1383/II: -/-/24

Seicz calciator inquilinus St: 1388: -/3/6 juravit, 1390/I: -/3/6, 1390/II: -/-/16 iuravit

Maecz weberin St: 1390/II: -/-/8

Peter Pótschner [Goldschmied[1]] St: 1392: -/-/36

Stephan pyldhawer inquilinus St: 1392: -/-/24 gracianus

Hae[n]sl servus Glesein inquilinus St: 1393: -/-/32 gracianus

Crystan maler St: 1393: -/-/-

Hans goldschmied inquilinus St: 1394: 2,5/-/-, 1395: 3/-/80, 1396: 5/-/-

maister Kristan koch[2] St: 1397: 0,5/-/-

Chunrat Humel carnifex[3] et mater. 1400-1405/I Chunrat Humel et mater (und sein muter). 1405/II, 1406 Chunrat Humel carnivex
    St: 1399, 1400, 1401/I: -/7/18, 1401/II: -/-/80 fur 10 lb, iuravit, 1405/I: -/-/80 fur 10 lb, 1405/II: -/3/- iuravit, 1406: 0,5/-/-

Lawginger schreiber inquilinus St: 1399: -/-/36 fúr nichil

Holer maler inquilinus St: 1400, 1401/I: -/-/60 fur 6 lb, 1401/II: -/3/6 iuravit

relicta Emeichin inquilina St: 1400: nichil habet

Ulrich maler inquilinus St: 1405/I: -/-/72 fur 9 lb

Piber sneider, 1406 inquilinus St: 1406, 1407: 1/-/8

Marttine Hofaltinger [Weinschenk[4]] St: 1407: -/10/20

    relicta Tannerin inquilina [seine swiger] St: 1407: -/-/80 fúr 10 lb

Stepfel Eckler St: 1413: 3,5/-/- iuravit

Hanns Kaltenprunner [Gewandschneider[5]] St: 1450: Liste

Hanns Nógkerl St: 1450: Liste

Chunrat Sehover (Sehofer) [Weinschenk[6]], 1462 inquilinus
    St: 1453-1458: Liste, 1462: -/10/-
    StV: (1462) et dedit -/-/24 gracion seiner hausfraw heirat gut.

Chunrat Reismulner St: 1455-1458: Liste

Ulrich kelner, 1456 inquilinus St: 1455, 1456: Liste

Asm dráchsel St: 1458: Liste

Utz Fridperger schneider[7] St: 1486: 1/6/25, 1490: 1/6/25

Hanns Stengel (Stangl) tuchscherer (scherer)[8] St: 1486, 1490: -/6/19

scherschleyffer St: 1486: -/6/19

Thoman Schleyßhamer [Weinschenk, Gewandschneider][9] St: 1490: 1/1/5

Zayser kramer
    St: 1490: -/3/5
    StV: (1490) et dedit -/7/22 fur den von Rotenhaslach.

H[anns] Póschl [Weinschenk[10]] St: 1490: in die camer, pfant

Sigmund Schwartzperger stewrschreiber[1] St: 1490: nichil

---

[1] Frankenburger S. 266.

[2] Meister Kristan wird am 17.6.1396 als herzoglicher Koch genannt, vgl. RB XI 75.

[3] Dem Chunrat Humel ersetzt die Stadt 1403 Zehrkosten (Wirt ?), vgl. Steueramt 572 (Leibgedingbuch 1402/03) S. 66v.

[4] Martein Hofoltinger ist um 1414 Weinschenk, vgl. Gewerbeamt 1411 S. 2v.

[5] Hanns Kaltenprunner ist 1464, 1470, 1471, 1473, 1475, 1480 Vierer der Gewandschneider, vgl. RP.

[6] Conrat Sehofer (Seehofer) ist 1458 Weinschenk, 1461 und 1469 Vierer der Weinschenken, vgl. RP und Gewerbeamt 1411 S. 13v (1458).

[7] Ulrich Fridperger 1487 Vierer der Schneider, vgl. RP.

[8] Hanns Stänngl ist 1488, 1493, 1495, 1496 usw. Vierer der Tuchscherer, vgl. RP.

[9] Thoman Schleishaimer ist 1489 Mitglied der Weinschenkenzunft, vgl. Gewerbeamt 1418 S. 6r. – Aber 1500 auch Vierer der Gewandschneider, vgl. RP. – Vgl. auch Tal ca. Nr. 3, und Marienplatz 9 B.

[10] Hanns Póschl 1489 Mitglied der Weinschenkenzunft, vgl. Gewerbeamt 1418 S. 4v.

Hans Hawsner. 1500 relicta Hawsnerin St: 1490: 2/5/22, 1496: 2/2/3, 1500: 2/-/11
Cristof Schlesitzer (Slesitzer), 1496-1509 t[uchscherer][2]
    St: 1496: 2/5/15, 1500: 3/2/18, 1508, 1509: 3/2/-, 1514: Liste
    StV: (1496) et dedit -/-/21 fúr pueri Púhlmair.
Ambrosi goltschlaher St: 1496: -/3/23
Hainrich [Aicher] kramer [Weinschenk[3]] St: 1500: -/5/10 [Schenkensteuer]
Sebastian Unkofer sch[reiber] St: 1514: Liste
Sigmund Schwager (Schwaber), 1522 preẃ
    St: 1522: -/5/10 schencknsteur, gracion
    StV: (1522) sol biß jar schwern.
Ulrich Dándl (Dondl) schneider
    St: 1522: -/3/1, 1540, 1541: 1/-/16
    StV: (1540) et dedit -/4/9 fúr p[ueri] Herbinger. (1540, 1541) et dedit 1/6/22 fúr p[ueri] Rentzen. (1540) et dedit -/-/11 fúr p[ueri] Albeg. (1541) mer -/-/11 fúr p[ueri] Albeg.
Alkircherin
    St: 1527/II: -/2/-
    StV: (1527/II) et dedit -/1/5 fúr ire kind.
Gabriel Mánhart preẃ St: 1527/II: -/5/10 schencknsteuer
Katherina inquilina St: 1529: anderßwo
Cristoff Sprintzneckher (Sprintzeckher), 1540, 1542 prew
    St: 1540-1542: -/5/10 schenckhesteur, 1543: 1/3/20 [doppelte] schenckhsteur
Mathes nestler St: 1540-1542: -/2/-, 1543: -/4/-, 1544: -/2/-, 1545: -/4/-
[Magdalena] Fueslin goltschmidin
    St: 1542: -/4/20
    StV: (1542) mer -/-/14 fúr p[ueri] Si[ntz]hauser.
Katherina ibidem St: 1542: -/2/-
Peter Egnhofer
    St: 1543: 2/3/24
    StV: (1543) mer 1/1/14, so Helmaister abgsetzt.
Cristoff Mayrhofer. 1545 Mairhofer procurator[4]
    St: 1544: das jar nich[t]s, 1545: nihil
    StV: (1544) Ursach: ist nach der schreibung der steur zu búrger angenomen.
Conrad Eysnman, 1545-1547 preu[5]
    St: 1544: -/-/14 gracion, 1545: 1/3/20 [doppelte] schenckhsteur, 1546-1548, 1549/I-II: -/5/10 schenckhsteur
Pongratz Praun St: 1546: -/-/21 gracion, 1547: -/-/21 gracion die ander
Jorg Kratwol nestler St: 1546: -/2/-, 1547: -/2/- patrimonium
Wolffgang Scholler [Nestler ?[6]] St: 1547: -/-/21 gracion die erst
Hanns Widman, 1549/I sporer St: 1549/I, 1551/II: -/2/-
Jeronimus Ziegler [Stadt-]poet[7] St: 1549/II: nihil
Andre Schopper [Riemer[8]] St: 1549/II, 1550, 1551/I-II, 1552/I-II: 1/-/1, 1553, 1554/I: -/5/26
Stoffl Schehnerin St: 1550, 1551/I: -/2/-
Caspar Prunhueber, 1552/II-1554/I preu
    St: 1551/I: -/1/5 gracia die erst, 1551/II, 1552/I-II, 1553, 1554/I: -/5/10 schenckhsteur

---

[1] Sigmund Schwarzberger 1490-1510 Steuerschreiber, vgl. R. v. Bary III S. 876. – Vielleicht versehentlich von Burgstraße 18* hierher verrutscht.

[2] Cristoff Slesitzer ist 1485, 1488, 1491, 1494, 1496, 1497, 1499, 1503-1505 und 1511 Vierer der Tuchscherer, vgl. RP.

[3] Hainrich Aicher 1500 Aufnahme in die Weinschenkenzunft, vgl. Gewerbeamt 1418 S. 11r.

[4] Cristoff Mayrhofer 1545 und 1546 als Stadtprokurator belegt, vgl. R. v. Bary III S. 808.

[5] 1544 hinter „Conrad" getilgtes „preu".

[6] Wolfgang Scholler (Schueler) 1549/II-1554/I bei Weinstraße 6. Ein Wolfgang Schueler ist 1560 bei Marienplatz 28/29 Nestler.

[7] Meister Jeronimus Ziegler 1548 bis 1554 Vorsteher der Poetenschule, vgl. R. v. Bary III S. 1036.

[8] Vgl. Marienplatz 12.

Mathes Prunhueber,[1] 1559, 1564/I-1568 preu
    St: 1558: 1/3/20 [doppelte] schenckksteur, 1559-1561, 1563, 1564/I-II, 1565, 1566/I-II, 1567/I-II: -/5/10 schenckhsteur, 1568: 1/6/17,5
    StV: (1558) sambt seiner hausfrau steur. (1567/II) mer für sein hausfrau -/2/27,5. (1568) zuegesetzt seiner hausfrauen guet.
Marten Haynin St: 1551/II: -/1/- pauper
Kilian Rechtaler, 1552/II leermaister[2]
    St: 1551/II, 1552/I-II: -/2/20
    StV: (1551/II-1552/II) mer -/1/19 für seine stieffkhinder.
alt Stúrmin. 1552/II Caspar Stúrmin. 1553, 1554/I Stúrm melblerin. 1554/I Caspar Stúrmin melblerin
    St: 1552/I-II, 1553, 1554/I-II: -/2/-
Hanns reutter, 1553-1556, 1558, 1559 leermaister
    St: 1553, 1554/I-II, 1555-1557: 1/6/5, 1558: 3/5/10, 1559: 1/6/5
    StV: (1559) zalt 3/5/10 für 3 nachsteur am 16. Martii [1560].
Jorg Mánhart preu St: 1554/II, 1555-1557: -/5/10 schenckhsteur
Lienhart Kriechpámer St: 1554/II: -/1/12 gracia die ander
Jorg Gryll
    St: 1556: -/1/26 gracia
    StV: (1556) zalt am 10. Julii an chamer von wegen seins weibs heiratgueth für 3 nachsteur 3/5/3.
Augustin Hengstsberger (Hengstberger, Henndtsperger) [Stuhlschreiber[3]]
    St: 1557: -/-/21 gracia, 1558: -/4/-, 1559, 1560: -/2/-
Caspar zellschneider. 1564/I-1567/II Caspar Werder zeltschneider (zellschneider). 1568 Caspar Werder zellschneiderin
    St: 1560: 1/-/5, 1561, 1563, 1564/I-II, 1565, 1566/I-II: -/5/22, 1567/I-II: 1/1/2, 1568: 2/2/4 patrimonium
    StV: (1561) mer für p[ueri] Gissibl von 10 fl gellts -/3/25. (1563) mer -/3/25 für p[ueri] Gissibl. (1564/I) mehr für p[ueri] Gissibel -/3/25. (1564/II-1567/II) mer für p[ueri] Gissibl -/3/25. (1567/I) zuegesetzt seines schwehern erb.
Jorg Kotmúller [Steinmetz]
    St: 1560: -/-/14 gracia
    StV: (1561) zalt supra folio 52 [= 52v, Graggenau, Stainmetz Jorg Khotmúller -/2/-]
Ulrich Gerl St: 1561: -/-/21 gratianer
Christof Ziegler [Landschftsoberschreiber[4]] St: 1561: zalt hievor
Melchior Annthoni schuelmaister (lernmaister, leermaister)
    St: 1563, 1564/I-II, 1565, 1566/I-II, 1567/I-II. -/2/-, 1568: -/4/-, 1569-1571: -/2/-
Schwartz maler. 1570 Christoff Schwartz maler
    St: 1569: an chamer, 1570, 1571: -/-/-
    StV: (1570) steurt Anndre Griesser für di khinder unnd Wolff Stámel für Christoff Schwartzn.

Burgstraße 17
(bis 1407 mit Burgstraße 16 A und Sparkassenstraße 1)

1370 die Baukommission beanstandet an der Burgstraße beim Stupf „sein lauben in beden seinen häusern".[5]
1392-1398 aus dem „domus Stupfin" hat das Heiliggeistspital ein steuerfreies Ewiggeld.[6]

---

[1] Matheus Prunhueber „oder Mayr" musste sich 1569 und 1571 bei den Religionsverhören verantworten, vgl. Dorn S. 228, 263.
[2] Kilian Rechtaler ab 1554 Stadtprokurator, vgl. R. v. Bary III S. 808.
[3] Vgl. Marienplatz 4*.
[4] Vgl. Marienplatz 27* (1561, 1563).
[5] Zimelie 9 (Ratsbuch IV) S. 4v.
[6] Steueramt 982/1 S. 34r.

1397 September 3 das Haus der Stüpfin ist dem Haus des Hanns Weinman beziehungsweise künftig Ludweig Scharfzand (Burgstraße 18*) benachbart.[1]

1402/03 die Stadt hat während der Zeit der Unruhen Einnahmen aus Hannsen des Stupfen Häusern.[2]

1407 Oktober 22 Hanns der Stupf verkauft sein (anderes) Haus „an der Purckgassen, zenachst Ludweigs des Scharfzancz haus" (Burgstraße 18*) Otten dem Kornvesen.[3] Den Besitzübergang von Stupf zu Kornves bestätigt auch das Salbuch A des Heiligeistspitals. Dort ist es 1390/98 noch des Stupfen Haus. Ein Nachtrag von etwa 1415 sagt: „hat Ott Kórnves".[4] Ott Kornves ist Weinhändler oder Weinwirt, wahrscheinlich beides. Im Jahr 1377 hatte er schon Schulden, weil er 18,5 Eimer Osterweins noch nicht bezahlt hatte.[5] Im Jahr 1431 zahlt ein Ott Kornves Schenkensteuer.

1416 September 11 Ott der Kornves verpfändet wegen 44 ungarischen Gulden Schulden sein Haus „an der Purckgassen, zu nagst an Hainrichen des Laymers haws" (Burgstraße 16 A).[6]

1442 April 18 aus des Ott Kornves Haus an der Burggasse geht ein Ewiggeld an den Tichtel-Altar in der Frauenkirche. Es wird am 16. August 1453 abgelöst.[7]

1449 ist Ott Kornves als Hauseigentümer belegt.[8]

1454 wird „die wagerin in des Kornfes haws" genannt.[9]

1462 domus maister Sigemund [Walch/Gotzkircher][10] (StB).

Nach 1473 Juli 25 obwohl der Eigentümer inzwischen gewechselt hat, dürfte es sich dennoch auf dieses Haus beziehen, wenn der Kaplan der Tichtel-Messe in der Frauenkirche, Michl Hackinger, als solcher investiert am 25. Juli 1473, Stiftungsgut der Tichtel-Messe gegen Ewiggelder des Jorg Ridler und seiner Hausfrau Anna aus dem Haus des Otten Kornves an der Burggasse und aus einem Haus an der Kaufingerstraße vertauscht.[11]

1487 das Heiliggeistspital hat ein Ewiggeld „aus Peter Glarchers haws, das Oswald Wölfls ist gewesen, an der Burckgassen". Es wird mit Nachtrag von 1494 wieder abgelöst.[12]

1490 vor Mai 30 (Pfingsten) die unmündigen Kinder des Peter Glarcher haben in der Burgstraße zwei nebeneinanderliegende Häuser, Burgstraße 17 mit Ulrich Adler (Burgstraße 18*) als Nachbarn, und auf der anderen Seite ihrem eigenen anderen Haus (Burgstraße 16 A) benachbart. Auf dem Haus, „das des Wölfels selig gewesen ist" (Burgstraße 17), liegt ein Ewiggeld des Reichen Almosens, das zu Pfingsten 1490 fällig ist.[13]

1499 Februar 24 das andere (zweite) Haus des verstorbenen Peter Glarcher (Burgstraße 17) liegt seinem ersten Haus (Burgstraße 16 A) benachbart, das jetzt durch das Los seiner Tochter Barbara, verheiratete Hörl, zufällt. Das Haus Burgstraßen 17 aber fällt der Tochter Ursula Glarcher zu.[14] In den Steuerbüchern und -listen von 1508-1514 findet man aber an dieser Stelle den Bruder Hans Glarcher und die Mutter.

1530 Juli 19 das Haus, das früher Oswald Wolf[el] gehörte, jetzt aber dem Antoni Fuessl gehört, ist dem Haus der Barbara Glarcher-Hörl-Marpeck beziehungsweise künftig ihrer Söhne aus der Hörl-Ehe (Burgstraße 16 A) benachbart.[15]

Wegen der langen Wohndauer, des hohen Steuersatzes und des gleichen Berufes, den auch der Nachfolger hat (Schreiber, Notar), käme Sebastian Unkofer als nächster Hauseigentümer in Frage. Sicher ist aber erst wieder der Gegenschreiber Utz Probst ab 1540, ab

---

[1] GB II 128/18.
[2] KR 1402/03 S. 26r.
[3] GB III 70/9.
[4] Vogel, Heiliggeistspital, Salbuch A Nr. 253.
[5] GB I 88/12.
[6] GB III 177/3.
[7] Kirchen und Kultusstiftungen 254. – Stiftungsurkunde der Tichtel-Messe Urkunde D I e 1 - XII Nr. 7, mit Rückenvermerk vom 16.8.1453.
[8] Zimelie 40 (Heiliggeistspital, Salbuch B) S. 19r (Item aus Otten Korenves hauß an der Purckgassen hab wir 20 ß d. ewigs gelcz).
[9] Kämmerei 64 S. 7v.
[10] Meister Sigmund Walch/Gotzkircher von 1440-1475 Stadtleibarzt, vgl. R. v. Bary III S. 1016.
[11] Kirchen und Kultusstiftungen 254 S. 12v. – Mayer ULF S. 519.
[12] Zimelie 43 (Heiliggeistspital, Salbuch C) S. 57r.
[13] Zimelie 27a (Stiftungsbuch Reiches Almosen) S. 42r.
[14] Wittmann, Urkunden-Regesten, ungedruckt (24.2.1499).
[15] GB IV S. 202r.

1546-1549 domus Probst (StB). Sein Nachfolger und wohl Sohn ist dann durch das Grundbuch belegt:
1556 März 30 Sebastian Probst – 1561 „anitzt zu Freising" – verkauft ein Ewiggeld von 15 Gulden um 300 Gulden Hauptsumme. Gleiches geschieht
1557 Januar 5 (20 Gulden um 200 Gulden),
1557 April 20 (10 Gulden um 200 Gulden),
1557 April 27 (5 Gulden um 100 Gulden),
1558 Februar 3 (10 Gulden um 200 Gulden).[1]
1560-1567 domus Probst erben (StB).
1561 Januar 9 weiterer Ewiggeldverkauf durch Sebastian Probst (5 Gulden um 100 Gulden) (GruBu).
1568-1571 domus Zellschneider (StB). Vielleicht ein Gläubiger oder Probst/Schwaiger-Verwandter.
1574 Februar 19 die Vormünder des Sohnes Georg des weiland Georg Schwaiger von Kleindingharting selig verkaufen dieses ihnen auf der Gant heimgegangene Haus, aus dem bisher 55 Gulden Ewiggelder verschrieben sind, an den Stuhl- und Obersteuerschreiber Hanns Öberl und seine Hausfrau Gertrud (GruBu).
1574 laut Grundbuch (Überschrift) des Hannsen Öberls, Obersteuerschreibers, Haus, Hof und Hinterhaus, „hat ain stallung".

Eigentümer Burgstraße 17:

* Lippel (Pfilipp) Stuph (Stúpf, Stueppf) [äußerer Stadtrat[2]]. 1394-1397 relicta Stúpffin. 1399-1401/II patrimonium Stúpfin (Stupfin, Stwpfin)
    St: 1371: 4/-/-, 1372: 5/-/-, 1379, 1381, 1382, 1383/I: 7,5/-/-, 1383/II: 13,5/-/- juravit, 1387: 6/6/-, 1388: 13,5/-/- juravit, 1390/I-II: 20/-/42 (Múnicher), 1392: 12/-/-, 1393, 1394: 16/-/-, 1395: 8/4/-, 1396, 1397, 1399: 12/6/-, 1400, 1401/I-II: -/-/-
* Hanns Stẃpff [Stadtrat, Bürgermeister[3]; bis 1407 Oktober 22]
    St: 1403, 1405/I: 8/-/- gracianus, 1405/II: 15/-/60 iuravit, 1406: 20/-/80
    StV: (1405/II) und wirt zu der nächsten stewr zusëczn sein heiratgut oder waz ym von seins sweher wegen gucz wirt. (1406) aber daz patrimonium von dez Ebners wegen, daz hat er noch nicht gericht.
* Ott Kornvels (Korenvez, Kornves, Kornfes) [Weinhändler, Weinschenk[4]; seit 1407 Oktober 22]. 1458 relicta Kornfesin
    St: 1408: 3/-/80, 1410/I: -/12/- iuravit, 1410/II: 2/-/-, 1411: -/12/-, 1412: 2/-/-, 1413: -/5/- iuravit, 1415: -/10/-, 1416: -/13/10, 1418, 1419: 1/-/8, 1423: 3/6/-, 1424: -/10/- hat zalt, 1428: dedit 13 gross, 1431: -/13/10 schenckenstewr, iuravit 40 lb, 1450, 1453, 1454, 1458: Liste
    Sch: 1439/I-II, 1440, 1441/I-II: 1,5 t[aglon], 1445: nichil
    StV: (1428) fur sich, sein hausfrau und sein diern.
* domus maister Sigemund [Walch oder Gotzkircher, Stadtleibarzt[5]]
    St: 1462: nichil
    StV: (1462) aus dem hauss -/-/48 von 2 gulden [ewigen] gelcz, dez Wagers kind zalt Jorg Giessinger.[6]
* Oswald Wölfel [Weinschenk[7], vor 1487]
* Peter Glarchers Haus, das Oswald Wölfels gewesen ist [1487]
* pueri [Peter] Glarcher
    St: 1490: 2/5/19, 1500: 1/5/18
    StV: (1490) dedit Sigmund Kaltenprunner, haben ir mutergut abgesetzt.

---

[1] Stadtgericht 207/1 (GruBu) S. 348v/349r.
[2] Lippel Stupf 1378-1384 ff. äußerer Stadtrat, vgl. R. v. Bary III S. 743.
[3] Hanns Stupf 1407 als Bürgermeister belegt, vgl. R. v. Bary III S. 756.
[4] Ott Korenves ist 1433 und 1451 Mitglied der Weinschenken-Bruderschaft, vgl. Gewerbeamt 1411 S. 8v, 9v. – 1430 gehört der Kornfes zu den Wirten an der Weinstraße, die Ungeld zahlen, vgl. Steueramt 987.
[5] Meister Sigmund Gotzkircher = Walch war von 1440-1475 Stadtleibarzt und hatte ein freskobemaltes Haus am Marktplatz (!), womit sicher dieses Haus gleich am Eingang zur Burgstraße gemeint ist, vgl. Solleder S. 344, R. v. Bary III S. 1016.
[6] Jörg Giesinger war von 1462-1467 Kammerknecht, vgl. R. v. Bary III S. 860. – Ein Jörg Giessinger war aber 1463 auch Vierer der Zimmerleute, vgl. RP.
[7] Oswold Wölfel ist 1461 Vierer der Weinschenken, vgl. RP 1, Wahl der Handwerksvierer.

* Ursula Glarcher, Tochter von Peter Glarcher [seit 1499 Februar 24]
  Hanns Glarcher, 1509 g[ewandschneider][1], 1508, 1514 et mater
  St: 1508, 1509: 4/3/28, 1514: Liste
  StV: (1508) et dedit -/1/12 gracion fur uxor.
* Antoni Fuesl [1530 Juli 19]
* Utz gegenschreyber. 1542, 1543 Utz Probst gegnschreyber. 1544, 1545, 1550-1556 Ulrich Probst. 1546-1549/II domus[2] Ulrich Probst. 1555 gwester kastngegnschreiber
  St: 1540-1542: -/1/5, 1543: -/2/10 hoffgsind, 1544: -/1/5 de domo, 1545: -/2/10 de domo, 1546-1548, 1549/I-II: -/1/5, 1550, 1551/I-II, 1552/I-II, 1553, 1554/I-II, 1555: -/1/5 de domo, 1556: an chamer
  StV: (1544, 1546-1552/I) mer 4 gulden von seinem ewigen gelt. (1545) mer 8 gulden von seinem ewigen gelt. (1552/II-1555) mer 4/1/26 von seinem ewigen (ewign) gelt.
  Doctor Michel Volckhamer [∞ Barbara, geb. Probst[3]], 1556 rath
  St: 1554/II: nihil, furstlicher rath, 1555: nihil, rath, 1556: nihil, 1557, 1558: nihil, rath, 1559: nihil
** Bastian Probst [zu Freising]
  St: 1557: an chamer
  StV: (1557) zalt am 1. Februari anno [15]58 fúr alles 5 fl.
** Hanns Eberl (Eberlen, Öberl), 1558, 1559, 1561 stuelschreiber, 1564/I, 1566/II schreiber, 1565, 1566/I stuelschreiber, 1568-1571 steurschreiber [Eigentümer erst seit 1574 Februar 19]
  St: 1558: -/4/-, 1559-1561, 1563, 1564/I-II, 1565, 1566/I-II, 1567/I-II: -/2/-, 1568: -/4/-, 1569, 1570: -/5/-, 1571: an chamer
  StV: (1558) seiner hausfrau alte steur.
* domus Probsts. 1567/II domus Probst erben
  St: 1560, 1561: an chamer, 1563: -/1/22,5 anyetzt, 1564/I-II, 1565, 1566/I-II: -/1/22,5 diser zeit (diser zeit vom hauß) (vom hauß der zeit), 1567/I: -/1/22,5 de domo, 1567/II: -/1/22,5 zalt Taser
* domus zellschneider. 1571 domus zellschneiders [Zell schneider ?] erben
  St: 1568-1570: -/-/-, 1571: an chamer
  StV: (1569) steuern di vormúnder.
** Georg Schwaiger von Kleindingharting und Sohn Georg, letzterer noch unter Vormundschaft [bis 1574 Februar 19]

Bewohner Burgstraße 17:

Plóchel kúrsner St: 1368: -/-/-
taschner zuschench inquilinus St: 1368: -/-/15 post
Múttel prewknecht. 1371, 1372 Múttel zuschenchk St: 1369, 1371, 1372: -/-/48
Hainrich platner von Lanczsperg St: 1369: -/-/60 post Ch[...]
Hans sniczzer St: 1371, 1372: -/-/60
Chuncz servus Potschner[4] St: 1393: -/-/24 gracianus
Gasper Perckhofer inquilinus St: 1400: -/-/-
Engelhart goltsmid inquilinus[5] St: 1408: -/5/10, 1410/I: -/-/72 iuravit
Ludweyg Rumpff inquilinus St: 1411: -/-/-
Haincz Werrder [Gewandschneider ?[6]] St: 1412: -/-/-, 1413: nichil habet
Ulreich Kún schuster inquilinus St: 1415: -/-/72, 1431: -/3/- iuravit
Seicz (Seydel) [Rainer] schreiber, 1415, 1416 inquilinus
  St: 1415: -/-/60 gracianus, 1416, 1418, 1419: -/-/80 gracianus

---

[1] Hanns Glarcher ist 1512, 1517-1519 Vierer der Gewandschneider, vgl. RP.
[2] 1546, 1549/II „domus" am linken Rand nachgetragen.
[3] Dr. Michael Volckhamer wurde am 13.11.1559 Kanzler in Straubing, wo er 1574 des Dienstes enthoben wurde. Er starb 1586, während seine Witwe Barbara geb. Propst, noch bis 1618 lebte, vgl. Ferchl, Bayerische Behörden und Beamte S. 1040.
[4] Ganzer Eintrag 1393 zwischen den Zeilen eingefügt.
[5] Frankenburger S. 265.
[6] Vgl. Marienplatz 18 (1395-1410/II).

Eberl schuster inquilinus. 1423 Eberl Ramsser schuster. 1428 Eberhart Ramsár inquilinus
    St: 1419: -/-/80 iuravit, 1423: 0,5/-/-, iuravit auf sein gut, 1428: dedit 6 gross
        StV: (1428) fúr sich, sein hausfrau und ehalten.
Graser schuster inquilinus Sch: 1439/I-II: 0/5 t[aglon]
Caspar Mamendorffer Sch: 1441/I: -/-/-
Peter Wicknhauser Sch: 1445: 1 diern, dedit
Ulrich Smidel [Schneider], 1453 inquilinus St: 1453, 1454: Liste
Chunrat Reismúl[ner] St: 1454: Liste
Chunrat Háwgel St: 1454: Liste
[die wagerin in des Kornfes haws 1454[1]]
Hanns Nóbel (Nobel)]Kramer[2]] St: 1455, 1456: Liste
kistlerin von Praunaw St: 1455: Liste
Larencz rotsmid St: 1455, 1456: Liste
Chunrat Stapfnman [Salzsender ?[3]] St: 1457: Liste
relicta Francz Rueleinin St: 1458: Liste
Linhart Kamrer St: 1500: 1/-/5
Haintz kramer. 1509 Haintz Aicher kramer [Weinschenk[4]] St: 1508: -/2/11, 1509: -/2/10
Wolfgang Fús [Lernmeister[5]] St: 1508: -/5/5
Sewastian Unkhofer, 1525 notari. 1540 relicta Sebastian Unckhoferin. 1541-1553 relicta Unckoferin
    St: 1522-1526, 1527/I: 1/-/1, 1527/II, 1528, 1529, 1532: 1/6/22, 1540-1542: 3/1/26, 1543: 6/3/22, 1544: 3/1/26, 1545: 5/6/6, 1546-1548, 1549/I-II, 1550, 1551/I-II, 1552/I-II: 2/6/18, 1553: -/-/-
        StV: (1552/II) ad 26. Augusti zalt Sebastian Unkhofer von Landshuet per Alban Mayr 4 fl fúr 3 nachsteur. (1553) haben die erben versteurt.
    ir son Erasm. 1553, 1554/I Erasm Unckhofer
        St: 1550: nihil, ist noch unverheirat, 1553, 1554/I: 1/5/-
Púhler St: 1522: annderswo
Peter Wiser, 1526-1529 goltschmid[6]
    St: 1522: 2/-/19, 1526, 1527/I: 2/1/17, 1527/II, 1528, 1529: 1/6/5
    StV: (1522) sol bis jar seins schwehern gut zusetzen.
Hanns Aichenfelder (Aichenfeld), 1524 maler. 1525 Hanns maler
    St: 1523: -/1/5, 1524, 1525: -/2/-
    StV: (1523) sol bis jar schwern.
poet [= Meister Rochus[7]] St: 1524: nichil
Hanns [prew[8]] kamerschreiber St: 1525: nichil
Cristof Melper barbierer St: 1532: an kamer, waigert fúr Unnsern gnedigen herrn
Trautzkircher[9] St: 1560: nichil
Johim Haberstockh [Hofprokurator]
    St: 1561: -/-/1
    StV: (1561) mer folio 93, 94 [Ewiggeld[10]].
Paule (Pauls) Khnollin
    St: 1563, 1564/II: -/2/-
    StV: (1564/II) bei herrn Doctor Perbinger; unnd ain versessne steur -/2/-.

---

[1] Kämmerei 64 S. 7v.
[2] Vgl. Dienerstraße 13 A.
[3] Ein Stapfenman ohne Vorname ist 1445-1447 als Salzsender belegt, vgl. Vietzen S. 147.
[4] Hainrich Aicher 1500 Aufnahme in die Weinschenkenzunft, vgl. Gewerbeamt 1418 S. 11r.
[5] So 1509 bei Rindermarkt 1.
[6] Frankenburger S. 287.
[7] Maister Rochus 1522-1524 Leiter der städtischen Poetenschule, vgl. KR 1522 S. 86r, 87r und KR 1522-1524 ohne Namen unter „Amtleute", vgl. auch R. v. Bary III S. 1035.
[8] Hans Prew 1517-1537 Kammer-, 1513-1535 auch Steuer- oder (Krötel-)schreiber und zeitweise Stadtschreiber-Substitut, gestorben 1539, vgl. R. v. Bary III S. 859, 876, nach RP.
[9] Vielleicht Hans Lorenz Trautzkircher, der nach 1560 bis 1567 Pfleger von Stadtamhof war, vgl. Ferchl S. 991.
[10] An der angegebenen Stelle nicht auffindbar.

Ludwig Taser (Daser), 1564/II, 1565, 1569, 1571 gwester capelmaister, 1566/II capelmaister[1]
St: 1563, 1564/I-II, 1565: 4/2/-, 1566/I: 4/2/- búrger, hofgsind, 1566/II, 1567/I-II: 4/2/-, 1568: 8/4/-, 1569-1571 4/-/10,5
Depfl (Depfer) secretari St: 1564/I-II: -/-/- hofgsind
Widman, 1565, 1566/I trabannt, 1569, 1570 trabanten haubtman
St: 1565, 1566/I, 1569, 1570: -/-/- hofgsind
Hanns Urmüller St: 1566/II: -/-/- hofgsind
Widerspacher St: 1567/I: -/-/-
Pitrich St: 1567/I: -/-/-

Burgstraße 18*

Charakter: Gaststätte. 1550 Fremdenherberger, 6 Pferde. Später Gasthaus „Zum goldenen Stern" und „Zum Schwäbischen Donisl" und „Beim Geiger am Rathaus". Heute Eingangshalle, Treppenhaus und Vorsaal zum Alten Rathaussaal.

1370 die Baukommission beanstandet an der Burgstraße beim Prenner „sein stecken und kellerhaels".[2]
1383 April 23 Jacob der jung Prenner und sein Bruder, der geistliche Herr Hans der Prenner, übergeben ihr Haus, gelegen „in der Purchstrazz ze naest an Liendels dez Ruschaimers haus" (Teil von Marienplatz 15) mit Willen von Jacobs Vormündern dem Peter dem Holczhauser. Peter Holtzhauser verpfändet es sofort wieder an die Witwe Gathrein des (alten) Jacob Prenner um 240 Gulden.[3]
Als Erbschaft nach dem Tod des Holtzhausers 1396 kommt das Haus an Hanns Weinman, der 1397 bei Burgstraße 6 die Erbschaftssteuer (patrimonium) für das Holtzhauser-Erbe zahlt.
1397 September 3 Hans der Weinman verkauft sein Haus „an der Purckgassen, znächst der Stüpfin haws" (Burgstraße 17) Ludweigen dem Scharfzand.[4] Dieser verkauft noch am selben Tag sein bisheriges Haus auf der gegenüberliegenden Straßenseite an seinen Schwager Hans Zaler (Marienplatz 14).
1407 Oktober 22 das Haus „Ludweigs des Scharfzanczs"[5] an der Burggasse ist dem Haus des Hanns Stupf beziehungsweise künftig des Ott Kornves (Burgstraße 17) benachbart.[6] Danach hat noch 1462 Wilhelm Scharfzahn das Haus inne.
1463 April 1 und
1463 April 19 das Haus des Hanns Pfettner (Marienplatz 15 A, Teil des Alten Rathauses) ist dem Haus des Wilhelm Scharfzahn benachbart.[7]
1468 September 10 Andre Stutz verschreibt dem Ehepaar Wilhelm und Magdalena Scharfzahn ein Ewiggeld (Hypothek) von 24 Gulden um 480 Gulden Hauptsumme aus diesem Haus,[8] wohl zur Hinterlegung der Kaufsumme. Das Nachbarhaus (Teil von Marienplatz 15, Altes Rathaus) wechselt fast zur selben Zeit für fast die gleiche Summe den Besitzer. Der Besitzwechsel von Scharfzahn zu Stutz dürfte also im Jahr 1468 erfolgt sein.
1472 Dezember 28 das Ehepaar Anndre und Anna Stutz tritt Lichtrechte für die „newen fronfest" (Teil von Marienplatz 15, Altes Rathaus) „zenagst an unser haus und hofstatt an der Purchgassen, das wir von Wilhalm Scharfzand kauft haben", an die Stadt ab.[9] Die Stadt hat dafür 28 Pfund für (umgerechnet) 32 Gulden rheinisch (= den Gulden zu 7 Schillingen gerechnet) an Gold bezahlt.[10]

---

[1] Ludwig Daser, geb. um 1525 in München, gest. 27.3.1589 in Stuttgart, Komponist, Kapellmeister am Münchner Hof bis er 1559 Orlando di Lasso Platz machen musste, später Hofkapellmeister in Stuttgart, vgl. Riemann Musik Lexikon, Personenteil A-K S. 369.
[2] Zimelie 9 (Ratsbuch IV) S. 4v.
[3] GB I 179/7, 180/1, 2.
[4] GB II 128/18.
[5] Ludwig Scharfzahn handelt u. a. mit Holz. 1403 kauft die Stadt um 36 Pfennige 2 eichene Hölzer von ihm, die für Baumaßnahmen gebraucht werden, vgl. KR 1402/03 S. 86r.
[6] GB III 70/9.
[7] Urk. F I/II Nr. 1 (19.4.) und Nr. 2 (1.4.) Burggasse.
[8] Stadtgericht 207/1 (GruBu) S. 345v.
[9] Urk. F I/II Nr. 3 Burggasse. – Vgl. auch Schattenhofer, Das alte Rathaus S. 36.
[10] KR 1471/72 S. 76r.

1490 vor Mai 30 (Pfingsten) das Haus des Ulrich Adler ist dem Haus der unmündigen Kinder des Peter Glarcher (Burgstraße 17) benachbart.[1]

Wahrscheinlich ist der nächste Hauseigentümer der Notar Sigmund Schwarzberger:

1487 Februar 19 Sigmund Swartzperger stellt „in seinem Haus an der Burggassen" zu München ein Notariatsinstrument aus,[2] was sich

1507 Mai 25 wiederholt.[3] Nach seiner Stellung in den Steuerbüchern von 1486 bis 1496 muß er hierher gehören, da das Nachbarhaus Burgstraße 17 in dieser Zeit fest in der Hand der Familie Glarcher ist. Schwarzberger hat aber am 6. August 1496 bereits ein Haus in der Vorderen Schwabinger Gasse (Residenzstraße).[4] Er ist 1490 bis 1510 Steuerschreiber der Stadt, gleichzeitig kaiserlicher Notar im Freisinger Bistum. 1501/02 versieht er während der Krankheit von Jörg Stubner auch das Amt des Gerichtsschreibers.[5]

1516 Juli 31 Hans Hartlieb der junge (= Hanns von Speier) und seine Hausfrau Agnes verkaufen der Kirche zu Ramersdorf ein Ewiggeld von 10 Gulden um 200 Gulden Hauptsumme.[6]

1543 Contz Schaltorffer wird von Lienhart Urspringer als sein Vorforderer bezeichnet (StB), vielleicht sein Schwiegervater. Das Haus heißt noch 1550 beziehungsweise 1565 des „Saldorffers haus". In diesem Haus betreibt Leonhart Ursprenger eine Herberge („Hotel") mit einer Kapazität von 6 Pferde-Unterstellplätzen, einer der kleinsten Betriebe dieser Art in der Stadt.[7]

1548 August 20 Leonhard Ursprin101ger und seine Hausfrau Margret verkaufen ein Ewiggeld von 5 Gulden um 100 Gulden Hauptsumme (GruBu).

1550/1565 Fremdenherberge des Leonhard Ursprenger in des Saldorffers Haus.

1574 laut Grundbuch (Überschrift) des Hannsen Spänngl, des Rats, Haus, Hof und Hinterhaus. Vgl. jedoch den folgenden Eintrag im Grundbuch:

1580 März 2 die Vormünder von des seligen Leonhard Urspringers Sohn verkaufen dieses Haus dem Stadtrat Hanns Spängl um 1580 Gulden (GruBu).

Das Haus ist das spätere Gasthaus „Zum Schwäbischen Donisl" oder „Beim Geiger am Rathaus" und wurde am 12. April 1862 von der Stadt angekauft.[8] Da 1934/35 das gesamte Erdgeschoß des Alten Rathauses dem Straßenverkehr geopfert wurde, wurden Eingangshalle, Treppenhaus und Vorsaal in das Haus Burgstraße 18* verlegt,[9] das zu diesem Zweck vollständig ausgehöhlt wurde.

Eigentümer Burgstraße 18*:

* Jacob prenner [Großer Rat[10]], 1383/I inquilinus [∞ Kathrei; bis 1383 April 23]
    St: 1368: 2,5/-/-, 1369, 1371, 1372: 3/6/-, 1375: 3/-/- minus -/-/8, 1377: 3/-/- juravit, 1378, 1379, 1381, 1382: 3/-/-, 1383/I: 1/-/-
    StV: (1372) [am rechten Rand und wieder getilgt:] in hoc [anno] t[enetu]r (?) -/-/60.[11]
    relicta prennerin inquilina. 1378 relicta [prennerin]
    St: 1377: -/3/- juravit, 1378: -/-/-, 1383/I: 3/-/72 sub gracia
* Peter Holczhawser (Holczhauser). 1394 Holczhawser. 1396, 1397 patrimonium Peter Holczhawser[12] [seit 1383 April 23]
    St: 1387: 4/-/11, 1388: 8/-/22 juravit, 1390/I-II: 8/-/22, 1392: 10,5/-/-, 1393, 1394: 14/-/-, 1395: 7/-/-, 1396: 10,5/-/-
* Hanns Weinman [Großer Rat[13]] [bis 3. September 1397]
    St: 1396: -/12/- gracianus

---

[1] Zimelie 27a (Stiftungsbuch Reiches Almosen) S. 42r.
[2] BayHStA, KU Tegernsee Fasz. 67 Nr. 1260.
[3] BayHStA, KU Tegernsee Fasz. 76 Nr. 1573.
[4] Wittmann, Urkunden-Regesten, ungedruckt.
[5] R. v. Bary III S. 876.
[6] Stadtgericht 207/1 (GruBu) S. 345v.
[7] Gewerbeamt 1422a (Herbergenverzeichnis).
[8] HB GV S. 42. – Stahleder, Haus- und Straßennamen S. 491, 493, 524.
[9] Schattenhofer, Das alte Rathaus S. 148/149.
[10] Jacob prenner ist 1381 Mitglied des Großen Rats, vgl. R. v. Bary III S. 747a.
[11] Ab „In hoc" ganzer Vermerk am rechten Rand nachgetragen.
[12] 1397 „patrimonium Peter Holczhawser" wieder getilgt.
[13] 1398 Redner des Großen Rats, vgl. R. v. Bary III S. 755.

* Ludwig [I.] Scharfzand (Scharifzand) [Weinschenk, Stadtrat; seit 1397 September 3[1]]. 1423 relicta Scharfzandin et pueri Scharfczand. 1424 relicta Scharffzandin. 1428 die Scharffzand[in]

   St: 1399: 6,5/-/-, 1400: 7,5/-/- voluntate, 1401/I: 7,5/-/-, 1401/II: 13/5/10 iuravit, 1403, 1405/I: 13/5/10, 1405/II: 20/5/- iuravit, 1406-1408: 27,5/-/-, 1410/I: 30/6/12 iuravit, 1410/II: 41/-/16, 1411: 30/6/12, 1412: 41/-/16, 1413: 35/6/12 iuravit, 1415: 35/6/12, 1416, 1418, 1419: 47/5/26, 1423: 36/-/- patrimonium, 1424: 12/-/- hat zalt, 1428: dedit 13 gross

   StV: (1428) für sich und allz ir haws gesind.

   Pferdemusterung, um 1398 (Ur-Fassung): Ludwig Scharffczand sol haben ein pferd umb 18 gulden und ein trabzewg; (Korrig. Fassung): Ludwig Scharffczand sol haben 2 pferd umb 36 gulden und selber reit[en].

* Wilhalm [I.] Scharfzand [Stadtrat[2]], 1431 [et] pueri Scharfzand

   St: 1431: 36/-/28 gracianus, 1450, 1453-1458: Liste, 1462: 12/-/85
   Sch: 1439/I-II, 1440, 1441/I-II: 8 t[aglon], 1445: 5 ehalten, dedit
   StV: (1431) et dedit Wilhalm Scharfczand -/-/45 uxoris gracion.

   junckfraw Barbara [I. Scharfzand[3]]
   Sch: 1439/I-II, 1440, 1441/I-II: 2 t[aglon]

** Andre Stúcz kramer inquilinus [auch Weinschenk ?[4], ∞ Anna, seit 1468 September 10]
   St: 1462: -/-/60

* Ulrich Adler [Metschenk ?, Bäcker[5]]
   St: 1482: 1/5/23, 1486: -/5/10 schencknsteur

* Sigmund Swartzperger, 1496 steurschreiber [Notar[6]]
   St: 1486: -/3/-, 1496: nichil

** Hanns von Speir der jung. 1514, 1522 Hanns Hartlieb der jung (junger) [Metschenk, Weinschenk[7], ∞ Agnes]
   St: 1508: 1/5/5 juravit, 1509: 1/5/5, 1514: Liste, 1522: 1/2/3

* Contz (Conradt) Schaltdorfer (Schaldarffer) [Weinschenk[8]], 1543 patrimonium
   St: 1523-1526, 1527/I: 1/2/4, 1527/II, 1528, 1529, 1532: 1/2/24, 1540-1542: 1/1/22
   StV: (1523-1526) et dedit -/-/28 für p[ueri] Hueber.

** Lienhart (Lenhart) Ursprenger, 1554/II methschenckh [Salzsender[9], ∞ Margaret]
   St: 1543: 2/3/14, 1544: 1/1/29 juravit, 1545: 2/4/-, 1546-1548, 1549/I-II, 1550, 1551/I-II, 1552/I-II: 1/2/-, 1553, 1554/I-II, 1555, 1556: 1/5/5, 1557: 3/3/13, 1558: 6/6/26, 1559: 3/3/13, 1560: 3/3/13 patrimonium
   StV: (1543) seines vorfordern des Schaldorffers alte steur als patrimonium. (1544) mer -/-/14 für p[ueri] Widhauff. (1545) mer -/-/28 für p[ueri] Widhauff. (1546-1552/II) mer -/-/14 für p[ueri] Widhauffn. (1549/II-1552/II) mer -/3/16 für p[ueri] Peham. (1552/I-II) mer -/5/21 für p[ueri] Thondl (Dondl) schneider.[10] (1552/II) Caspar Hueber wirt von Neuharting zalt für 3 nachsteur für p[ueri] Widhauffn, thuet 12 kr, am 6. May. (1553-1556) mer -/3/27 für p[ueri] Peham; mer -/4/16 für p[ueri] Utzn Dondl (schneider). (1554/II-1557) mer -/-/10,5 für p[ue-

---

[1] Ludwig Scharfzahn handelt 1403 mit Holz. 1402, 1415, 1419, 1423 ist er Bürgermeister, vgl. KR 1422 S. 27r, R. v. Bary III S. 755/756. – Im August 1408 kauft die Stadt bei ihm für 9 Schillinge und 10 Pfennige „roten wein, den man geschenkt hat dem bischof von Freisingen", vgl. KR 1408/09 S. 53r. – Um 1414 ist Ludwig Scharfzand Weinschenk, vgl. Gewerbeamt 1411 S. 3v. – 1402, 1415, 1419 und im April 1423 ist Ludwig Scharfzahn als Bürgermeister belegt, vgl. R. v. Bary III S. 755, 756. – Zu den Scharfzahn vgl. Stahleder, Bürgergeschlechter. Die Scharfzahn S. 214/221.

[2] Wilhelm Scharfzahn ist 1449 und 1451 einer der beiden Bürgermeister, vgl. R. v. Bary III S. 758.

[3] Barbara I. Scharfzand, Schwester von Wilhelm I., ist 1450 bereits mit Lorenz Schrenck verheiratet, vgl. Stahleder, Bürgergeschlechter. Die Scharfzahn S. 217.

[4] Ein Andre Stúcz ist 1458 auch Weinschenk, vgl. Gewerbeamt 1411 S. 14v.

[5] Ein Ulrich Adler ist am 17.2.1475 als Bäcker belegt, vgl. Urk. B III c Nr. 54.

[6] Sigmund Schwarzberger 1490-1510 Steuerschreiber, gleichzeitig kaiserlicher Notar im Bistum Freising, vgl. R. v. Bary III S. 876, nach RP 1490-1510. – 1490 vielleicht versehentlich zu Burgstraße 16 A verrutscht.

[7] Johannes Hartlieb 1507 Aufnahme in die Weinschenkenzunft, vgl. Gewerbeamt 1418 S.14v. – 1515 und 1518 Vierer der Schenken, vgl. RP. – 1523-1534 ist Hanns Hartlieb Eichmeister, vgl. R. v. Bary III S. 972.

[8] Conrad Schaltdorffer 1501 Aufnahme in die Weinschenkenzunft, vgl. Gewerbeamt 1418 S. 11v.

[9] Lienhart Ursprenger ist 1554 als Salzsender belegt, vgl. Vietzen S. 151 nach KR.

[10] 1552/II wohl irrtümlich wegen Verletzung des Pergaments an dieser Stelle noch einmal „schneider" angefügt.

ri] Frantz múllner. (1556) mer -/2/10 gracia von wegen seiner hausfrau zubrachten heiratgueth. (1557) zugsetzt seiner hausfrau heiratgueth. (1557, 1559, 1560) mer -/1/17 fúr p[ueri] Peham. (1558) mer -/3/4 fúr p[ueri] Peham. (1557, 1559) mer -/1/26 fúr p[ueri] Dondl. (1558) mer -/3/22 fúr p[ueri] Dondl ; mer 1/5/13 fúr p[ueri] Hundertpfünt; mer 12/3/20 von wegen des Anthoni Danners erben als patrimonium. (1559, 1560) mer -/6/6,5 fúr p[ueri] Hundertpfunt.

** Hannß Spänngl (Spánngl), 1565, 1566/II, 1568-1571 wierdt [auch Salzsender[1], Stadtrat; seit 1580 März 2]

St: 1561, 1563, 1564/I-II, 1565, 1566/I-II, 1567/I-II: 4/5/-, 1568: 9/3/-, 1569-1571: 5/-/-

StV: (1563, 1564/I-II, 1565, 1566/I) mer fúr di(e) alt Diepoltin 1/2/27. (1568) mer fúr p[ueri] Cristoff Auffleger 4/-/20. (1569-1571) mer fúr p[ueri] Auffleger 2/2/6. (1570, 1571) mer fúr p[ueri] Wolf Spángl 1/4/24.

Anthoni [II.] Hundertpfundt [∞ Ursula Spängl]

St: 1549/II: -/4/25 juravit

StV: (1549/II) mer -/-/25 von ainem anger.

Judith Hundertpfundtin [Schwester von Anthoni II.]

St: 1549/II: -/5/16

Ludwig [II.] Hundertpfundts kinder [Neffen/Nichten von Anthoni II. und Judith]

St: 1549/II: -/1/5

Bewohner Burgstraße 18*:

Wilhalm Kremsser [Weinschenk, später Schankungelter] inquilinus[2] St: 1394: -/10/20
Johannsen Wigk inquilinus St: 1396: -/-/80 gracianus, 1397: 0,5/-/- gracianus
[Ulrich] Egkentaler [Wirt, Weinhändler[3]] inquilinus St: 1397: -/11/-
Hans Mornhaimer inquilinus
    St: 1399: 0,5/-/- gracianus
        Pferdemusterung, um 1398: Hans Mornhaimer [sol haben] 1 pferd umb 20 gulden [und] selber reit[en].
Grassel sneider. 1457 Hanns Grássel. 1458 Hanns Grássel sneider St: 1453, 1457, 1458: Liste
Hanns Kefrich [Kistler] inquilinus St: 1454: Liste
    Hainrich Kafreich, 1456 inquilinus St: 1455, 1456: Liste
Els schafflerin inquilina St: 1456, 1457: Liste
relicta Haiderin inquilina et filia St: 1456, 1457: Liste[4]
Jacob peitlerin. 1490 Jacob peitler. 1496 relicta Jacob peitlerin
    St: 1482: -/5/16, 1486, 1490: -/5/-, 1496: -/2/24
Lienhard Heiß St: 1482: -/2/24
Veit kochin St: 1482: -/-/60
mayster Jacob Spindlwager statwerckman[5] St: 1486: nichil
Sigmund Rogeis St: 1486: -/-/60
schaidmacherin
    St: 1486: vacat
    StV: (1486) foli 1/2/25[6].
Jörgin von hof inquilina St: 1486: -/-/60
Gredl schlosserin.1490 Gredl inquilina St: 1486: -/1/25, 1490: -/-/60
Utz Kamrer, 1496 m[etschenk, Weinschenk[1]] St: 1490: 1/7/19, 1496: 3/2/9

---

[1] Hanns Spánngl ist 1561 als Salzsender und Weinschenk belegt, vgl. Vietzen S. 151.
[2] Name 1395 wieder getilgt. – Vielleicht der spätere Schankungelter Wilhalm Kremßer von 1400-1402, vgl. R. v. Bary III S. 878. – Vgl. auch Rosenstraße 6.
[3] Ein Ulrich der Egkentaler führte 1400/1402 österreichischen Wein über Ötting und Mühldorf nach München, 1402/03 wird er zu den Wirten gerechnet, denen die Stadt Geld „von der raiz wegen" schuldete, vgl. KR 1400/1402 S. 43v, 1402/03 S. 100r.
[4] Eintrag „relicta Haiderin" 1458 wieder getilgt.
[5] Meister Jacob Spinnelwager von Memmingen 1484 bis zu seinem Tod am 8. Dezember 1490 Stadt-Oberzimmermann, vgl. KR 1484 S. 84r, R. v. Bary III S. 1002, nach KR.
[6] Dieser Vermerk rechts neben der Schaidmacherin am Rand nachgetragen.

Sigmund Gross St: 1490: -/6/5

Johannes Schawrer (Schaur), 1496 s[chreiber][2]
    St: 1490: -/-/60, 1496: -/2/18, 1500: -/3/15
    StV: (1496) et dedit -/-/18 für pueri wagner; et dedit -/-/29 für pueri Geltin[ger]. (1500) et dedit -/-/14 für p[ueri] Geltinger.

[Hanns] Stosser koch[3] St: 1490, 1500: -/-/60

Oswald Palbein k[ramer][4] St: 1500: -/3/14

Hanns peitler St: 1500: -/-/21

Thoman tagwercher inquilinus St: 1500: -/-/60

Wolfgang Guntersperger p[eitler] St: 1508: -/4/28

Jorg Loffrer [Gewandschneider[5]] St: 1514: Liste

Peter goltschmid St: 1514: Liste

Hanns Koler [Weinschenk[6]] St: 1522: -/5/10 schenckensteur

Paule Schweindl [Wirt[7]] St: 1522: -/2/-

Lorentz peitler St: 1522: -/2/-

Anthoni Zändl (Zándl), 1523-1525, 1527/II, 1528 procurator. 1532, 1540 Zandl procurator.[8] 1541 Zándl procuratorin
    St: 1523-1525: nichil, 1527/I: nichil, procurator, 1527/II, 1528, 1532, 1540: nichil
    StV: (1527/I-1528) (et) dedit -/-/28 für p[ueri] Hueber. (1541) das jar ist sy der steur noch gefreit, rats bevelch.

Hanns Plentinger tuchscherer St: 1523: pfant an kamer

Hanns Ettlinger, 1523 kramer [Weinschenk ?][9]. 1525 Ettlinger. 1526 Ettlinger der allt
    St: 1523: an kamer,[10] 1525: -/2/-, 1526, 1527/I: an kamer
    Hanns Ettlinger vilius. 1526 Ettlinger der jung St: 1525: -/5/27 juravit, 1526: -/5/27

Wilhalm Vogler St: 1525: -/2/-

Michel rotschmid St: 1528, 1529, 1532: -/2/29

padknecht St: 1532: -/2/-

Frantz federmacher St: 1540-1542: -/2/-

Mathes Kreutzhueber (Kreutzer), 1540, 1541 pfeyffer St: 1540-1542: -/2/-, 1543: -/4/-

Ulrich Dondl, 1542-1548 schneider
    St: 1542: 1/-/16, 1543: 2/1/2, 1544: 1/-/16, 1545: 2/1/4, 1546-1548: 1/-/17, 1549/I-II: -/6/4, 1550: -/6/4 patrimonium, 1551/I: -/6/4 patrimonium das ander
    StV: (1542) mer 1/6/20 für p[ueri] Rentz. (1543) mer 3/6/14 für p[ueri] Rentzn. (1544) mer 1/6/22 für p[ueri] Rentzn. (1545) mer 3/6/22 für p[ueri] Rentzn. (1546, 1547) mer 1/6/26 für p[ueri] Rentzn. (1549/I) hat abgsetzt seiner tochter heiratgueth.

Wolff (Wolffgang) Kaltner puechfuerer St: 1544: -/2/28, 1545: -/5/26, 1546-1548, 1549/I: -/2/28

Rumler chamerschreiber.[11] 1552/I Rumler chamersecretari St: 1551/II, 1552/I: nihil

Hanns pusauner St: 1551/II-1554/II: nihil

Hanns Mennt [Salzsender[12]] St: 1552/II: 2/6/5, 1553, 1554/I-II, 1555: 3/1/15

Lienhart Kriechpámer St: 1554/I: -/1/12 gracia die erst

Wolff[13] Sittnhofer peutler
    St: 1555, 1556: -/2/-, 1557: -/2/14
    StV: (1557) zugsetzt seiner schwiger erb.

---

[1] Ulrich Kamrer 1489 Mitglied der Weinschenkenzunft, vgl. Gewerbeamt 1418 S. 4v.
[2] Bei Burgstraße 1 wird er Notar genannt.
[3] Hanns Stosser 1486 Vierer der Köche, vgl. RP.
[4] Palbein 1498, 1501 Vierer der Kramer, vgl. RP.
[5] Jorg Loffrer ist 1507, 1514-1516, 1518, 1520 ff. Vierer der Gewandschneider, vgl. RP.
[6] Hanns Koler 1521 Aufnahme in die Weinschenkenzunft, vgl. Gewerbeamt 1418 S. 18v.
[7] Als solcher 1523 bei Rosenstraße 8 bezeichnet.
[8] Antoni Zandl 1522-1531 als Stadtprokurator belegt, vgl. R. v. Bary III S. 808.
[9] Hanns Ettlinger 1502 Aufnahme in die Weinschenkenzunft, vgl. Gewerbeamt 1418 S. 12r.
[10] Links am Rand nachgetragen: -/2/-.
[11] Nicht bei R. v. Bary III S. 859 genannt. Kein städtischer Kammerschreiber.
[12] Hans Ment ist 1549 als Salzsender belegt, vgl. Vietzen S. 150 nach KR.
[13] 1555 „Wolff" vor getilgtes „Hanns" gesetzt, 1556 wieder „Hanns".

Sebolt Flúckhin St: 1555: -/2/-

Jorg Stumpff (Stúmpf) goltschmid[1]
    St: 1556, 1557: 1/4/26, 1558: 3/2/22, 1559, 1560: 1/4/26, 1561, 1563: 1/-/10

Hanns jäger (jager, jäger) schneider St: 1558: -/4/10, 1559, 1560: -/2/5, 1561, 1563: -/2/13

Hanns Mayr tagwercher scharwachter St: 1558: -/4/-

Michel Ránfftl káfman. 1559 Michel Ranfftl kafman. 1560 Michel kaufmanin
    St: 1558: -/4/-, 1559, 1560: -/2/-

Hainrich Rudolt goltschmid. 1560 Hainrich goltschmid[2] St: 1559, 1560: -/2/-

Pauls ain zimerman St: 1561: -/2/-

ain reutter. 1563 reiter Feyrabennt St: 1561: hofgesind, 1563: nihil, hofgsind

Hartman Peringer (Pieringer, Pöringer), 1564/I-1568 riemer
    St: 1563: -/2/15 juravit, 1564/I-II, 1565, 1566/I: -/2/15, 1566/II, 1567/I-II: -/3/20, 1568: 1/-/10
    StV: (1566/II) zuegesetzt Diepoltin erb.

Hanns Ziegler schneider
    St: 1564/I-II, 1565, 1566/I-II, 1567/I-II: -/2/-, 1568: -/4/-, 1569-1571: -/3/5
    StV: (1564/I) mehr für des Leysmúllers khindt, steurt Leismúllerin. (1564/II-1566/II) mer fúr p[ueri] (Hanns) Ernnst -/1/5. (1567/I) mer fúr Ernst khinder -/1/5. (1567/II) mer fúr p[ueri] Ernst -/1/5. (1568) mer fúr p[ueri] Ernnst -/2/10. (1569-1571) mer fúr p[ueri] Ernnst -/1/12.

Michel Graser seidnater. 1567/II Michel Graser seidnaderin
    St: 1564/I-II, 1565, 1566/I-II, 1567/I-II: -/2/-

Ursula[3] Mairhoferin infraẃ St: 1564/I: -/2/-

Hannß Scheffmanin
    St: 1564/I-II, 1565: -/2/-
    StV: (1564/I) ist búrgerin worden.

Hanns Hueber fuerman zu hof. 1567/I-II, 1568, 1570, 1571 Hanns fuerman zu hof. 1569 Hannß karrner[4] fuerman
    St: 1566/I-II, 1567/I-II: -/2/- búrger, hofgsind, 1568: -/4/- búrger unnd hofgsind, 1569, 1570: -/2/- búrger (und) hofgsind, 1571: -/2/-

Widman trabant St: 1566/II: -/-/- hofgsind und trabant

Jórg (Geórg) Frichtl (Vrithtl) seidnader St: 1568: -/4/-, 1569-1571: -/2/-

Philip Wex (Wáx) khoch. 1571 Wáx khoch zu hoff St: 1569: -/-/21 gratia, 1570, 1571: -/2/-

Marienplatz 15 A (Altes Rathaus)
(Nördlicher Teil des Alten Rathauses)

Lage: 1400, 1461 bei dem Rathaus.

Charakter: Seit mindestens um 1400 Weinschenke. Dann Teil des Tanzhauses, Schergenstube, Altes Rathaus.

Das sogenannte Alte Rathaus bekam seinen heutigen Umfang erst Ende des 15. Jahrhunderts, indem die Stadt um diese Zeit ein benachbartes Haus dazukaufte, das zwischen dem an den Turm angebauten Rathaus und dem Haus Burgstraße 18* stand. Es wird hier mit 15 A bezeichnet:

1370 die Baukommission beanstandet an der Burgstraße bei Lienhart dem Rushaimer „sein daechel" vor dem Haus. Es muß abgetan werden.[5]

1383 April 23 das Haus des Liendel Ruschaimer ist dem Haus der Brüder Jacob und Hans Prenner, danach Peter des Holtzhausers Haus (Burgstraße 18*), benachbart.[6]

Ab 1395 gehört das Haus wohl dem Hans, dann dem Heinrich Bart. Die Bart und Rushamer finden sich auch bei Marienplatz 3* als Eigentümer desselben Hauses.

---

[1] Frankenburger S. 291.
[2] Frankenburger S. 300/301.
[3] „Ursula" über getilgtem „Hannsin".
[4] „Karrner" über der Zeile eingefügt.
[5] Zimelie 9 (Ratsbuch IV) S. 4v (alt), 6v (neu).
[6] GB I 179/7, 180/1.

1400 Dezember 11 Heinreich Bart verkauft „sein haus, gelegen an der Purckgassen zw̓ nachst pei dem Rathaws" (Marienplatz 15 B) Hansen dem Maisterlein oder Maisterl. Zur Widerlegung der Kaufsumme verpfändet Maisterl dem Verkäufer das Haus wieder um 450 gute neue ungarische Gulden. Die Kaufsumme darf er dann in vier Raten zu festgesetzten Terminen bezahlen.[1] 50 Gulden als erste Rate zahlt er am 12. Januar 1401.[2]

1400/1403 in der Zeit der Bürgerunruhen hat die Stadt verschiedene Häuser von Bürgern, die mit den Herzögen Ernst und Wilhelm sympathisierten und aus der Stadt geflohen waren, beschlagnahmt und an andere Brüger verpachtet. So hatte die Stadtkammer denn auch am 29. September 1402 Einnahmen „von Hannsen dem Maisterlein für einen halben zins aus seinem hauz, da etwenn der Rushaimer inngebesen ist und da der stat all jar 5 lb auz gent".[3] Auch das Stadtzinsbuch vermerkt einen Zins an die Stadt aus des Meisterleins Haus „am Rathaus".[4]

Hans Maisterl handelt mit Eisen,[5] aber auch mit Wein.[6] 1400/1402 ist er auch am Weintransport von Ötting und Mühldorf nach München beteiligt.[7] Er ist vielleicht auch identisch mit dem Maisterlin von Keverloh, dessen Tochter 1414 mit einem Hans Holtzhauser verheiratet ist.[8]

Nach dem Tod des Maisterlin – nach 1419 – haben seine unmündigen Kinder das Haus. Eines dieser Kinder dürfte den Hanns Sumer geheiratet haben, der 1423 mit den Maisterl-Kindern eine gemeinsame Steuersumme zahlt (StB). Sicher ist aber Hanns Prawn mit der Tochter Anna von Hanns Maisterl verheiratet. Nach seinem Tod heiratet Anna in zweiter Ehe den Bürger Hans Pfettner von Landsberg. Dieser bewohnt das Haus nicht („domus"!). Er lebt ja in Landsberg. Bei der Steuererhebung von 1462 ist der Hauseigentümer nicht zu erreichen und die Steuerer überweisen den Fall zur weiteren Bearbeitung an die Stadtkammer. Für die Stadt ist die Gelegenheit günstig.

1453-1462 domus Pfettner (von Landsberg) (StB).

1454 vor März 10 die Stadt tritt wegen des Hauses an den Pfettner von Landsberg heran.[9] Der Verkauf zieht sich aber hin, weil Pfettners Erbschaftsverhältnisse offensichtlich nicht geklärt sind. Zwar vermerkt schon

1461 September 4 das Ratsprotokoll unter dem Titel: „Des Maisterls hawß, das der junger Pfettner innhat": „Item ain rat hat das benant hawß von dem Pfettner kaufft umb 600 gulden rh., zu bezalen 300 fl rh. [sofort] oder sy all auf sand Jörgen tage schirst [= 23. April 1462], und umb das übrig, das man im nit zalte, wirdet man im ainen ewigen gelt geben". Man einigt sich auf die Zahlung auf den St.-Georgs-Tag 1462, der Pfettner darf bis dahin auch noch den Hauszins einnehmen. Als Zeuge ist unter anderem der Stiefsohn des Pfettner dabei, der (Augustin) Laymer (aus Burgstraße 16 B).[10]

Doch zwischen dem Stiefsohn Augustin Laymer und dem Pfettner gibt es noch Irrungen um das Haus und die Hofstatt zu München „bei dem Rathaus (Marienplatz 15 B), zenegst an Wilhalmen Scharfzands haws" (Burgstraße 18*) gelegen, „das er den obgenannten meinen Herrn zu München verkauft hat, das ich den benannten Stiefvater in nit verfertigen wollt lassen", das heißt: der Augustin Laymer hat die Übergabe des Hauses an die Käufer, den Stadtrat, nicht zugelassen. Schließlich wird

1463 April 1 das Haus dem Pfettner zugesprochen, ebenso anderes Gut, „das ihm meine [= des Laymer] Mutter, seine [= des Pfettner] Hausfrau selig, zugebracht hat".[11] Der Laymer erhält mehrere Krautäcker und 125 Gulden in Gold. Der Grund dürfte sein, daß das Haus ja nicht von der verwitwe-

---

[1] GB III 6/6.
[2] GB II 158/5.
[3] KR 1400/02 S. 36r, KR 1402/03 S. 33r.
[4] Zimelie 34 (Stadtzinsbuch 1388/1459) S. 3r.
[5] GB II 94/3: 1395 wird Zoll gezahlt von einem Fuhrmann „von dem eysen, daz der Maysterlin chauffet". 1410 „wir haben geben dem Maisterl umb 53 dewchel schineysens zu den wägen", KR 1409/10 S. 70r.
[6] In der Unruhezeit 1398/99 zahlt die Stadtkammer 9 Pfund und 6 Schillinge „dem Maisterl an 7 eimern und 11 trincken welschweins", die man Herzog Ernst und der Herzogin geschenkt hat, vgl. KR 1398/99 S. 69v. Später heißt es noch einmal: 10 Schillinge und 8 Pfennige „haben wir geben Hannsen dem Maisterl umb schenkwein und trinkwein ... den er geen hat auf daz haws" (= Rathaus), ebenda S. 82r, und 1413 zahlt die Stadt dem Hans Maisterl 3 ½ Pfund und 4 Pfennige „umb Rumanier und umb welschwein, den man geschenkt hat", KR 1412/13 S. 37r.
[7] KR 1400/02 S. 42r/v.
[8] GB III 149/11.
[9] KR 1454/55 S. 74r (Spesenabrechnung für eine Delegation nach Landsberg durch die Stadtkammer am Sonntag Invocavit = 10.3.1454) – Schattenhofer, Das alte Rathaus S. 30 Anm. 147.
[10] RP 1 S. 45r.
[11] RP 1 S. 67v. – Urk. F I/II Nr. 2 Burggasse.

ten Laymerin, der ersten Ehefrau, an den Pfettner kam, sondern von seiner zweiten Ehefrau Anna Maisterl, der Besitz also mit den Laymer gar nichts zu tun hatte.

Erst nachdem auch dieses Problem gelöst war, wurde

1463 April 19 die förmliche Verkaufsurkunde zwischen der Stadt und dem Pfettner ausgefertigt: Hanns Pfettner, Bürger zu Landsberg, verkauft das von seiner Hausfrau Anna Praun, Hannsen Maisterls, Bürgers zu München, seligen Tochter, ihm zugekommene Haus in der Burggasse, marktwärts gelegen, zwischen dem Rathaus (Marienplatz 15 B) und dem Anwesen des Wilhelm Scharfzahn (Burgstraße 18*) gelegen, um 600 rheinische Gulden in Gold an die Stadt München.[1]

Wenn man bedenkt, daß wenige Jahre später (1468) das Nachbarhaus Burgstraße 18* (heute Eingangshalle zum Alten Rathaus) für eine Summe von 480 Gulden den Eigentümer wechselte, dann darf man das Pfettner'sche Haus sicher nicht zu klein dimensionieren. Es muß demnach etwa die Ausmaße des Hauses Burgstraße 18* gehabt haben und das ursprünglich neben dem Turm stehende Gebäude dürfte die Ausmaße des späteren Brothauses gehabt haben,[2] also ein langer, aber nur schlanker Bau.

1463 April 20 die Stadt zahlt dem Hanns Pfennter von Landsberg 525 Pfund Pfennige (umgerechnet 600 rheinische Gulden, den Gulden zu 7 Schillingen) „umb das haws, das etwe des Maisterlin gewesen ist".[3]

1464/69 ist das Haus zunächst vermietet: Es heißt „der stat hauß, da der Kolb inne ist" und die Stadt nimmt 11 Pfund 7 Schillinge und 20 Pfennige ein „vom Kolben zinßgelt von der stat hawß, das man vom Pfettner kaufft hat von Georgi [14]64 bis Georgi [14]65",[4] und ab 1467 wird vom Sewold Eglinger „haußzinß von der stat hauß am rathauß" 1470/71 beziehungsweise „von der stat hawß an rathauß gelegen", eingenommen.[5]

1470/80 Bau des Tanzhauses[6] mit Fronfeste (Schergenstube, Stadtgefängnis) und Brothaus.[7]

1472 Dezember 28 das Ehepaar Anndre und Anna Stutz tritt Lichtrechte für die „newen fronfest" (Marienplatz 15 A/B, heute „Altes Rathaus") „zenagst an unser haus und hofstatt an der Purchgassen, das wir von Wilhalm Scharfzand kauft haben" (Burgstraße 18*), an die Stadt ab.[8]

Eigentümer Marienplatz 15 A:

* Lienhart Rúshaimer (Rusheimer, Růshaimer, Růshammer) [äußerer Stadtrat[9]]. 1387, 1392 Rushaimer (Ruesheimer)
    St: 1371: -/-/-, 1372: -/7,5/-, 1382, 1383/I: 5,5/-/-, 1383/II: 8/-/60, 1387: 3/-/-, 1388: 6/-/- juravit, 1390/I-II: 3,5/-/-, 1392: -/15/-, 1393, 1394: 2,5/-/-
    patrimonium Jacobi Rushaimer[i]
    StV: (1383/II) in hoc [anno] solvit Herman Kunig -/5/10 Reg[enspurger]. In hoc [anno] solvit Lyenhart [Rushaimer] 1/-/80 Reg[enspurger]. In hoc [anno] solvit Haimeron Rushaimer -/5/10 Reg[enspurger].
  Hans [III.] Part[10]
    St: 1395: 4/-/40 gracianus, 1396: 25/-/- iuravit

---

[1] Urk. F I/II Nr. 1 Burggasse.
[2] Vgl. Stahleder, Stadtplanung S. 235. – Schattenhofer, Das alte Rathaus S. 341, 103.
[3] KR 1463/64 S. 79v.
[4] KR 1464/65 S. 102v, KR 1465/66 S. 22r.
[5] KR 1467/68 S. 22r, 1468/69 S. 22r, 1469/70 S. 22r, 1470/71 S. 22v.
[6] Wenn im Dezember 1468 die Stadtkammer 6 Schillinge und 6 Pfennige für 16 Maß Wein „auf das tantzhauß, alß hertzog Sigmund von Osterreich hye was zum tantz" bezahlt und im Februar 1469 „zalt umb wein den pfeyffern auf das tantzhawß", vgl. KR 1468/69 S. 77r, 1469/70 S. 73r, dann dürfte es sich um ein herzogliches Tanzhaus gehandelt haben, wenn man nicht annehmen will, daß schon das Maisterlin-Haus – immerhin ein ehemaliges Weinwirtshaus – einen Tanzsaal enthielt.
[7] Stahleder, Chronik der Stadt München Bd. 1 S. 426 (vor 1470 Februar 25) usw. – Schattenhofer, Das alte Rathaus S. 30 ff.
[8] Urk. F I/II Nr. 3 Burggasse. – KR 1471/72 S. 76. – Vgl. auch Schattenhofer, Das alte Rathaus S. 36.
[9] Lienhart Rushaimer 1381-1384 ff. äußerer Stadtrat, 1381 Mitglied des Großen Rats, vgl. R. v. Bary III S. 742, 747.
[10] Hans III. Bart, Cousin von Andre I. Bart, vgl. Stahleder, Bürgergeschlechter. Die Bart S. 318/321 (Hans III.), S. 313/314 (Andre I.).

Andre [I.] Part. 1399 relicta Andre Part
   St: 1397, 1399: 11/-/60
   Pferdemusterung, um 1398: (Ur-Fassung): Andre Part sol haben ain pferd umb 20 gulden und einen erbern knecht; (Korrig. Fassung): Andre Part sol haben 2 pferd umb 36 gulden und einen erbern knecht.
* Hainrich [III.] Bart [bis 1400 Dezember 11]
* Hanns Maisterl [1395 Eisenhändler, 1398/99 Weinhändler, 1411 Weinschenk, Stadtrat[1]; seit 1400 Dezember 11], 1400 inquilinus
   St: 1400: 2,5/-/- voluntate etc., 1401/I: 2,5/-/-, 1401/II: 3/-/80 iuravit, 1403, 1405/I: 3/-/80, 1405/II: 6/-/60 iuravit, 1406-1408: 8/-/80, 1410/I: 6/-/60 iuravit, 1410/II: 8/-/80, 1411: 6/-/60, 1412: 8/-/80, 1413: 10/-/- iuravit, 1415: 10/-/60, 1416: 13/5/10, 1418, 1419: 10/-/-
pueri Hanns Maisterl. 1431 pueri Maisterl
   St: 1423: 5/-/- [Steuer gemeinsam mit Hanns Sumer], 1431: -/-/60 gracianus
*? Hanns Sumer (Súmer) [Sanner, Wirt[2], wohl verh. mit einer Maisterl-Tochter]
   St: 1423: [Steuer gemeinsam mit pueri Hanns Maisterl], 1424: -/13/10 hat zalt, 1428: dedit 17 gross
   StV: (1428) selb fünft, fur sein weib, sein tochter und sein ehalten.
*? Hanns Prawn [Weinschenk[3], ∞ Anna, geb. Maisterl]
   Sch: 1439/I-II, 1440, 1441/I-II: 2 t[aglon]
* domus [Hanns] Pfettner [von Landsberg, ∞ 1. Witwe Laymer, 2. Anna, geb. Maisterl, verwitwete Prawn, bis 1463 April 1]
   St: 1453-1458: Liste, 1462: in kamer
* [Städtische] Fronvesst [seit 1463 April 1]
   St: 1564/I-1571: -/-/-

Bewohner Marienplatz 15 A:

Hainrich Únger. 1369 relicta Úngerin
   St: 1368: -/5/-, 1369: -/7/15
   StV: (1368) solvit 0,5/-/-[4].
Friczz (Fridrich) pechrer St: 1368: -/-/12, 1369: -/-/18, 1371, 1372: -/-/16
gener Palwini. 1369 Chunrat gener Paldwini cum uxore St: 1368: 2/-/-, 1369: 3/-/-
Chunrat Astaler[5] St: 1375: 24/-/-, 1377: 16/-/- juravit, 1378, 1379: 16/-/-
Hainrich Múnndel St: 1375: 3/-/80 juravit
Glinzz (Glins) calciator
   St: 1379, 1381: -/-/-, 1387: -/-/8, 1388: -/-/16 juravit, 1390/I: -/-/16, 1390/II: -/-/-
Nicklas calciator St: 1379: -/-/-
Gerel (Gerl) káufflin, 1388 inquilina St: 1379: -/-/-, 1388: -/-/12 juravit
Hanns Púcher St: 1381: 0,5/-/6 gracianus
Ráuschel calciator. 1382 Rauschel ledrer St: 1381, 1382: -/-/18, 1383/I: -/-/24
kerczenmacher. 1383/II Hanns kerczenmacher St: 1383/I: -/-/12, 1383/II: -/-/18
Graman calciator,[6] 1383/I inquilinus. 1392, 1393 Graman schuster
   St: 1383/I: -/-/18, 1383/II: -/-/27, 1387: -/-/12, 1388: -/-/24 juravit, 1390/I-II: -/-/24, 1392: -/-/18, 1393: -/-/24
kramer maler inquilinus St: 1383/I: -/-/24

---

[1] Hanns dem Maisterl schuldet die Stadt 1404 15 Pfund 6 Schillinge 9 Pfennige für Schenkwein, den sie bei ihm gekauft hatte, vgl. Steueramt 573 (Leibgdingbuch 1404/09) S. 41, vgl. auch KR 1402/03 S. 39r, 1404/06 S. 65v. – 1414 ist Hanns Maisterl Bürger-meister, 1418 innerer Rat, 1413-1415 Kirchpropst von Unserer Lieben Frau, vgl. R. v. Bary III S. 756, 763, 772. – Um 1414 ist Hans Maisterl Weinschenk, vgl. Gewerbeamt 1411 S. 3r.

[2] Der Sanner (!) gehört um 1430 zu den Wirten an der Burggasse, die Ungeld zahlen müssen. Er steht in der Liste hinter dem Kornfes von Burggasse 17, vgl. Steueramt 987.

[3] Hans Prawn 1458 Weinschenk, vgl. Gewerbeamt 1411 S. 14r.

[4] Ab „solvit" Nachtrag am rechten Rand.

[5] Zu den Astalern vgl. Stahleder, Bürgergeschlechter. Die Astaler S. 197/205.

[6] 1394 getilgt: „Graman schúchster".

Tierolt tagwercher inquilinus St: 1383/II: -/-/12
relicta Krúmlin inquilina St: 1387: 3/-/40 iuravit
Gahensneider inquilinus St: 1388: -/-/16 juravit
Heinrich Taler sayler inquilinus St: 1390/I-II: -/12/16
Fricz schuster St: 1392, 1393: -/-/-
Nykel tagwerker St: 1394: -/-/24
Hanns Hofing St: 1400: 3/-/60 iuravit
Haeringk von Lanczberg [ab 1406 Eigentümer bei Kaufingerstraße 23 A]
    StV: (1405/I) davon haben wir eingenomen auf sein stewr 3 ung[arische] gulden, die pringet 2 lb d. und er sol darauf sein hab mit dem ayd verstewrn.
Grẃpp von Lanczberg
    StV: (1405/I) davon haben wir eingenomen -/13/10 in allen den rechten als umb den vorgenanten Haering.
von Jacob des Pirdendorfer hausfron [!]
    StV: (1405/I) haben wir eingenomen an seinen stewrn 3 ung. guldein, die pringent 2 lb.
von Keyl maẃrer StV: (1405/I) haben wir eingenomen aan seinen stewrn -/-/60.
von dem alten Haẃtscheft StV: (1405/I) haben wir eingenomen an seinen stewrn -/-/60.
relicta Weniglin inquilina St: 1423: -/-/45
Setaler [Wirt[1]]. 1439/I-II, 1441/I relicta Setalerin et pueri. 1440 Setalerin. 1441/II relicta Setalerin
    St: 1431: 4/-/- iuravit
    Sch: 1439/I-II, 1440, 1441/I-II: 1 t[aglon]
Walthauser Abenstorffer [Weinschenk ?[2]] St: 1450: Liste
Chunrat Sehover [Weinschenk[3]] St: 1450: Liste
Hanns Kaltentaler [Weinschenk[4]], 1462 inquilinus St: 1453-1458: Liste, 1462: -/10/5
Andre Stucz (Stúcz), 1453 kramer [Weinschenk ?[5]], 1453-1455, 1457, 1458 inquilinus
    St: 1453-1458: Liste
Ludbeig Eyssenman inquilinus St: 1462: -/4/25
Fricz peytlerin inquilina St: 1462: serfit [!]

Marienplatz 15 B (Altes Rathaus)
(Südlicher Teil des Alten Rathauses)

Lage: An die Nordflanke des Ratsturms angebaut.
Charakter: Rathaus, Brothaus, Schergenstube. Dann Teil des Tanzhauses, heute Altes Rathaus.

„Über die Lage des ältesten Münchner Rathauses gibt es kaum einen Zweifel. Es stand bereits an der Ostseite des Marktplatzes, dort, wo sich noch heute der große Saalbau als Altes Rathauses erhebt. In den verhältnismäßig zahlreichen Quellen zur Geschichte Münchens im 14. Jahrhundert ist nie von einer Verlegung des Rathauses die Rede, außerdem bestätigen topographische Angaben diese Behauptung. Nach dem als „liber rufus" bezeichneten Stadtrechtsbuch von 1365 durften fremde Getreidehändler ihr Getreide nur drunten am Markt, „vor meiner Herren der Bürger Hofstatt", d. h. vor dem Rathaus, verkaufen, und im Stadtgerichtsbuch heißt es 1395 von einem Haus, das veräußert wurde, „gelegen vorne am Markt in St. Peters Pfarr gegenüber dem Rathaus".[6]

---

[1] Der Setaller gehört 1430 zu den Wirten an der Burggasse, die Ungeld zahlen müssen, vgl. Steueramt 987.
[2] Es dürfte ein Irrtum sein, wenn zu 1454 Abmstorffer als Hauseigentümer bezeichnet wird, vgl. Kämmerei 64 S. 7v. – Ein Abenstorffer, ohne Vorname, ist 1458 Weinschenk, vgl. Gewerbeamt 1411 S. 14r.
[3] Conrat Seehofer ist 1458 Weinschenk, vgl. Gewerbeamt 1411 S. 13v, 1461 und 1469 Vierer der Schenken, vgl. RP.
[4] Hanns Kaltentaller ist 1459, 1460, 1462-1467, 1470-1474, 1476-1478, 1480 Vierer der Schenken, auch 1458 Weinschenk, vgl. RP und Gewerbeamt 1411 S. 11v (1459), 13r (1458). – Ein Kaltentaler, ohne Vorname, ist 1465-1467, 1474, 1478 und 1479 Weinversucher oder Weinkoster, vgl. R. v. Bary III S. 973.
[5] Ein Andre Stúcz ist 1458 auch Weinschenk, vgl. Gewerbeamt 1411 S. 14v.
[6] Schattenhofer, Das alte Rathaus S. 12.

1377, 1381 und **1388** die 11 Verkaufsläden (Gaden, cubilia), die sich im Erdgeschoß, gegen den Ratsturm zu, befinden, dürften in diesem Haus liegen.[1]

1395 Juli 11 das Haus Marienplatz 16, südlich des Rathausturms, liegt „vorne am marcht in sand Peters pharr vor [= gegen] dem rathaws über".[2] Das Rathaus liegt also auf der anderen Seite, nördlich des Ratsturms.

1400 Dezember 11 das Haus des Heinrich Bart, künftig des Hans Maisterl (Marienplatz 15 A), ist gelegen „in der Purckgassen zw̓ nachst pei dem Rathaus" (Marienplatz 15 B).[3] Auch hier also: das Rathaus wird noch zur Burgstraße gerechnet, liegt nördlich des Ratsturms.

1414 April 22 das Haus des Gabriel Ridler im Tal (Tal 1 und 2) liegt „znächst an dem Rathaus in Unsrer Frawn pfarr".[4] Das Rathaus liegt in der Frauenpfarrei, also nördlich des Ratsturms, durch den ja die Pfarreigrenze verläuft.

1463 April 1 und

1463 April 19 das Haus des Hanns Pfettner (Marienplatz 15 A) ist dem Rathaus benachbart.[5]

1470/80 Bau des Tanzhauses mit Fronfeste (Schergenstube, Stadtgefängnis) und Brothaus.

1472 Dezember 28 das Haus des Ehepaares Anndre und Anna Stutz (Burgstraße 18*) ist der neuen Fronfeste, dem heutigen Alten Rathaus, benachbart.[6]

Der Sprachgebrauch unterstellt noch lange mehrere Häuser unter einem Dach dieses Gebäudes: Man sprach vom Brothaus (neben dem Turm) und von der Fronfeste, dem an das Brothaus anschließenden Teil des Erdgeschosses, wo früher das Bürgerhaus Marienplatz 15 A stand.

Unklar ist, wohin das Haus des Hemerlein vom 29. Februar 1344 zu beziehen ist: Stadtrat und Gemain verkaufen eine Hofstatt (!), die „nyden an dem margkt leit, zunächst an des Hemerleins haus, von der strazz untz hinten auf den bach".[7] Das Haus liegt also unten am Markt und reicht rückwärts bis an den [Sparkassen-] Bach. Dort liegt auch noch ein unbebautes Grundstück (Hofstatt), das bisher der Stadt gehörte und das immerhin von der Straße aus durchgehend bis an den Bach reichte.

Bewohner[8] Marienplatz 15 B (Rathaus):

Gret kauflin underm rathaus. 1396 Gredt kursnerin káufflin
    St: 1395: -/-/60 fúr vier lb, 1396: -/-/45 fur 4 lb
Ulrich schlegl St: 1428: dedit 2 gross, pro se et uxor
Ulrich schlegel St: 1455: Liste
Schlegler (schlegel) St: 1456-1458: Liste

Bewohner Marienplatz 15 A/B (1564/I-1567/I „Fronvesst"):

Diebolt maurer schlegl St: 1564/I-II: -/-/1
Peter Kirchhamer schlegl St: 1565, 1566/I: -/-/1
Jochim Wesstnackher [Schlegel] St: 1566/II: -/-/1
Oswald Osterloer schlegl St: 1567/I-II: -/-/1, 1568: -/-/2, 1569-1571: -/-/1

Nicht eingeordnet werden können die 1482 im Steuerbuch am Ende der Burgstraße aufgeführten Personen, die der Schrift nach nachträglich angehängt wurden. Da zu dieser Zeit das heutige Alte Rathaus (Marienplatz 15 A/B) schon fertig war, können die Namen zu Burgstraße 15 A/B nicht gehören:

---

[1] KR 1377/78 S. 23, KR 1381/82 S. 13, KR 1388/89 S. 8.
[2] GB II 98/6.
[3] GB II 158/5, GB III 6/6.
[4] GB III 149/1.
[5] Urk. F I/II Nr. 1 (19.4.) und Nr. 2 (1.4.) Burggasse.
[6] Urk. F I/II Nr. 3 Burggasse.
[7] Zimelie 15 S. 59r. – Bärmann S. 99 Anm. 20.
[8] Die Namen stehen am Ende der Burgstraße, was ebenfalls beweist, daß sie zum Rathaus nördlich des Ratsturms gehören und nicht auf die Seite des Kleinen Rathauses, sonst würden sie in den Steuerbüchern am Anfang der Inneren Stadt Petri stehen.

Cůntz Swartz torhúter St: 1482: -/2/4 von 2 lb geltz
Marx Sittenpeck St: 1482: -/-/60
Schilherin St: 1482: -/-/16
flosmanin St: 1482: -/-/15 pauper
des zichtigers mater St: 1482: -/-/9 pauper
item Háberl St: 1482: dedit -/-/60 für ain frawn umb ir nachstewr, sind 6 pecher gewesen.
Sigmund glaser St: 1482: -/-/60
Helena St: 1482: -/-/8 pauper
Elß Englhartin St: 1482: -/-/28 das jar
Kúndl Kemmerin St: 1482: -/-/28 das iar
Lipp lezelter St: 1482: -/-/60
Hanns Púchler St: 1482: -/-/60
her Paulsen kóchin St: 1482: -/-/20 das jar
Afra Schrótin St: 1482: -/3/-
Hanns Zacherl vischer St: 1482: -/-/60
Wernle seidennater St: 1482: -/-/60

Läden im Rathaus

Im Rathaus befinden sich in der Mitte des 15. Jahrhunderts 15 Verkaufsläden, die der Stadt gehören und die an Handwerker verpachtet sind. Allerdings werden 1441 nur 11 einzeln genannt. Es sind dies, samt ihres Pachtzinses[1]:

Hanns scherer (tuchscherer) geit [Pachtzins] 1441, 1448/49, 1450, 1451/52, 1453: -/20/-
Michl sayler geit [Pachtzins] 1441, 1448/49, 1450, 1451/52, 1453: -/12/-
Ersinger (Eresinger) sailer geit [Pachtzins] 1441, 1448/49, 1450, 1451/52, 1453: -/12/-
Tolldel (Toldl, Doldl) sayler [Pachtzins] 1441, 1448/49, 1450, 1451/52, 1453: -/12/-
der [Heinrich] Graser geit [Pachtzins] 1441, 1448/49, 1450, 1451/52, 1453: -/10/-
Wilhalm dráchsel (der drágssel, der drachsell, dráxl, vom drágsel) geit
    [Pachtzins] 1441, 1448/49, 1450, 1451/52, 1453: 1/-/-
Haill melblerin geit [Pachtzins] 1441: 1/-/-
Anndre [Tutenhofer] draschel (der Andre drágssel (dráxel), drachsell, dragsell) geyt
    [Pachtzins] 1441, 1448/49, 1450, 1451/52, 1453: -/10/-
[Ulrich] Smidel (Schmidl, Smydl) sneider geit [Pachtzins] 1441, 1448/49, 1450, 1451/52, 1453: -/11/-
[Hans] Seltsam [Taschner] geit [Pachtzins] 1441: -/11/-
der draschell (der alt drachsell, dráxel, dragsell) geit [Pachtzins] 1441, 1450, 1451/52, 1453: -/11/-
der Koppnhofer (Kóppnhofer) geyt [Pachtzins] 1448/49, 1450, 1451/52, 1453: 1/-/-
Haintz von Antzing kramer geyt [Pachtzins] 1448/49: -/12/-
der Schewchendinst gurtler (der Schewchendinst) geyt
    [Pachtzins] 1448/49, 1450, 1451/52, 1453: -/12/-
die alt Wickenhauserin geyt [Pachtzins] 1448/49: -/21/-
Kristan kramer geyt [Pachtzins] 1448/49: -/13,5/-
    Kristan kramerin -/13,5/-, den hat hewr dy Erhart huterin
Urban gbantschneider (der Urban, Urban Has) geyt
    [Pachtzins] 1448/49, 1450, 1451/52, 1453: -/14/15
        Vermerk 1451/52: den [Laden] hat bestanden der Pullinger kramer und geyt davon -/19/- [für] 1
        jar
der [Konrad] Grasser gbantschneider (der Grasser) geyt [Pachtzins] 1448/49, 1450: -/14/15
der Werder [Pachtztins] 1450, 1451/52, 1453: -/21/-
der Fridl kramer [Pachtzins] 1450: -/13/15
Umpach kramer [Pachtzins] 1453: -/13/-
Pullinger kramer [Pachtzins] 1453: -/14/15

---

[1] Alle folgenden Angaben über die Läden nach Liegenschaftsamt 1410.

Facit 1448/89 facit: 23/5/15, 1450 summa: 23/5/15, 1451/52 facit: 23/6/15, 1453: 23/6/-
Dazu 1451/52 von den 38 Brotbänken 28,5/-/-.

1444 sind die 15. Läden nur summarisch aufgeführt mit 11/6/22,5 Ladenzins, desgleichen 1451 mit 23/5/22.

Auch hier zählt das Salbuch-Konzept von 1443/44 zum Teil etwas anders[1]:

Das rathaus und all laden und kräm in dem rathaus zu payden seyten gen sand Peter und gen der schregstuben (!), der sind fünfzehen[2]:
Item der erst laden, als man von dem marckt auf das rathaus get, darin gewonlichen ain tuchscherer ist.
Item der ander laden an derselben zeill, darin Michel sailer ist.
Item der dritt laden an derselben zeilln, darin der Toldel sailer ist.
Item der vierd laden an derselben zeilln, darin der Hans sailer ist.
Item der funft laden an derselben zeilln, darin Haintz Graser ist.
Item der sechst laden an derselben zeilln, darin der Angstleich ist.
Item der sybend laden an derselben zeilln, darin der muntzmaister ist.
Item der achtent laden an derselben zeilln, darin der Andre drachsel ist.
Item der newnt laden an derselben zeilln, darin der [Ulrich] Schmidel schneider ist.
Item der zehent laden an derselben zeilln, darin der Hanß Seltzam taschner ist.
Item der aindelft laden an derselben zeilln, darin der Andre drachsel Tutenhofer ist.

Item der zwelft laden, gegen der obgeschriben seiten uber an dem waghaus[3], darin yetzo die Wickenhauserin ist.
Item der dreytzehent laden darnach an derselben zeilln under dem ratturn, darin der Cristel kramer yetzo ist.
Item der viertzehent laden an derselben zeilln, auch under dem turn, darin der Urban tuchmanger yetzo ist.
Item der funftzehent laden an derselben zeilln, darin der Chuntz Grasser [Gewandschneider] yetzo ist.

Item es ist auch der weberkeller vornen, da man von dem marck hinauf get under dem rathaus, darin man die leinwat mist, an die plaich und zu der mang gehörig, als das hernach bey der mang geschriben stet.

---

[1] Zimelie 30 (Salbuch-Konzept 1443/44) S. 5v/6v.
[2] Die ersten 11 Läden liegen demnach vom Marienplatz aus Richtung Tal gesehen links vom Ratsturm.
[3] Diese folgenden Läden lagen demnach auf der Südseite des Turms, da das Waaghaus außerhalb des Ratsturms neben der Fleischbank stand, also vom Marienplatz aus Richtung Tal gesehen auf der rechten Seite des Turms und damit schon im Angerviertel.

Personenregister

Abel (Abl), Anna 45, 46
Abel (Abl), Veit 46
Abel, pueri 354
Abensberg, Albrecht von, Viztum 313, 316
Abensberg, Johann von, Viztum 313
Abenstorfer, Balthasar, Weinschenk ? 45, 47, 512, 517, 722
Abentheuerin, Hans, Bognerin 252
Abentheurer, Cristof, Bogner 97, 131
Abentheurer, Hans, Stadtbogner 131, 538
Abentheurer, pueri 132
Aberdar, Beutler 449
Abertzhauser, Lienhart 209
Abraham der Jude 283
Achleiter, Konrad, Sporer 146
Ächter
   Hans, Priester 675
   Hans, von Wasserburg 675
   Mathes, Melbler 438, 442
   Niclas, von Wasserburg, Salzsender, Großer Rat 488, 489, 675, 677
   pueri 441
Achtrer, Goldschmied 52, 60
Adeltzhauser, Heinrich 134
Adeltzhauserin, relicta 273, 302
Adeltzhofer, Kathrei 134
Adeltzhofer, Ulrich 134
Adler 514
   Abraham 474, 513, 541
   Anna 539
   Hans 487, 494, 509, 539, 540
   Lienhart, Prüchler 508
   Lienhart, Sporer 125, 213, 218, 328
   Lucas 541
   Martin d. J. 541
   Martin, Prüchler, Weinschenk 540
   Michel 354, 360, 487, 494, 509, 540, 546
   Prüchler 411
   Susanna 534
   Tobias 541
   Ulrich, Metschenk ?, Bäcker 714, 715
Adlpoldner (Adlpurger), Wolf, Tagwerker 57, 250, 257
Adolari, Kanzleischreiber 639
Adolf, pueri 486
Aelbel (Älbel)
   Jörg 39
   Kaspar, Diener 187
   Kaspar, Tagwerker 618
   Ulrich 206
Aemerinck, Ulrich, Pfänderknecht 482
Aemering (Emeringer)
   Anna 531
   Barbara 596
   Jacob, Plattner 531, 532
   Kyrein (Kilian), Plattner 531, 532
Aengstlich 725
Aengstlich, Konrad, Taschner 506
Aengstlich, Kramer 77
Aengstlich, Ulrich, Taschner 451
Aenzinger, Ulrich 431
Aesenhauser *Siehe auch* Assenhauser
Aesenhauser, Konrad, Kornmesser 397, 404
Aesenhauser, Ulrich, Schmied 145

Aesenhofer, Hans 195
Aesnkofer, Kristl 202
Aester, Werndel, mercator 360, 362
Ahaimer, Veit, Kammermeister, Viztum 686, 687
Ahaimerin 687
Aiblinger, Hans, Nagler 120, 124
Aiblinger, Vorsprech 364
Aichenfeld(er), Hans, Maler 538, 594, 712
Aicher
   Heinrich, Kramer, Weinschenk 694, 702, 707, 712
   Jörg, Spängler 251
   Konrad, Kramer 196
   Paul, Schuster 119
Aichmüller, Jörg, Tuchscherer 126
Aichperger, Jörg, Hofgesind 648
Aichsteter, Fridrich, hgl. Rat, Sekretär, Kanzler 332, 333
Aichsteter, Weinschenk 332
Aichstetterin 527
Aichstock
   Hans, Schleifer 33
   Konrad, Bader 379
   Konrad, Schleifer 39, 54
   Konrad, Schlosser 23
   Ulrich, Huter 379, 403
Aigenman, Heinrich, Goldschmied 636
Aigenmanin 118
Aigenmanin, Goldschmiedin 295
Aigner, Margaret 616
Aigner, Peter, Schneider 616
Ainhofer, Elisabeth, Salzsenderin 109, 408
Ainhofer, Hans, Wirt, Salzsender, Stadtrat 407, 408
Ainpet, Naterin 125
Airnschmaltz, Wilhalm, Hofgesind 540
Albeg
   Gabriel, Schneider 452
   Hans, Schneider 340
   Peter, Schneider ? 47
   pueri 405, 707
   Theodrus (Theodo), Schneider 48, 97, 249, 502, 508, 611
Alber, Hans, Weinschenk 366, 368
Albl (Elbl), Thoman, Tagwerker 252
Albrecht III., Herzog 275, 277, 284, 639, 647
Albrecht III./IV., Herzog 677
Albrecht IV., Herzog 142, 276, 434, 640, 646
Albrecht V., Herzog 209, 523, 526, 663, 664, 667, 672
Albrecht, Jacob, Kramer 609, 620
Albrechtin, relicta 426, 430
Albrechtin, Valtin, Dienerin 524
Albrerin, relicta 430, 437
Algeyer (Allgeir), Hans, Schlosser 214, 326, 327, 428
Alhart, Kornmesser 163, 170, 177, 185
Alhart, Lienhart, Tagwerker 58
Alhart, Salzstößel 201
Alhauser, Bote 424
Alkircher
   Alhaid 616
   Heinrich, Prüchler 555, 615, 616
   Heinrich, Schneider 236
   Margaret 616
   pueri 498, 635
Alkircherin 707
Alt, Hans, Kanzleischreiber 354
Altarfer, Konrad, Weinschenk 473
Altdorffer, Albrecht, Kornmesser 401, 402
Altdorffer, Elsbet 401, 402
Altenburg, Michel von 449

Altenperger (Altnperger), Michel, Reiter, Hofgesind 618
Althaimer, Hans, Messerer 125
Altikher (?), Dominicus, Hofsinger 604
Altman 85, 87
    Ainwig 237, 239
    Fridrich, Stadtrat 238, 239
    Hans 82, 204
    Jörg 194, 368, 631
    Ludwig 203, 204, 238, 240
    Perchtolt, Stadtrat 218, 238, 629, 631
Altmanin, Aengel 404
Amareller
    Andre, Schlosser 120
    Katharina 314, 326
    Margaret 315
    Michel, Schlosser, Uhrmacher 314, 315, 316, 326, 327
Ameringin 248
Andorfer
    Agnes 46
    Albrecht, Wirt 574, 577
    Anna 45
    Benedict 468
    Georg 45
    Jörg, Wirt 44, 46
    Maria 45
    Mathes, Salzsender 45, 46
    pueri 46
    Regina 45
    Schuld 567, 579, 582
Andorfer (Antarfer), Heinrich, Schlosser ? 224
Andrein 368, 603
Andres (Endres), Peter, Schneider 538
Angerer
    Anna 370, 371
    Barbara 370
    Hans 370
    Hans, Gstadlmacher 243
    Mathes 370, 371
    pueri 371
    Sara 370
    Wolfgang, Zammacher, Riemer 370, 371
Angermair, Jörg, Koch 85
Angermair, Veit, Kornmesser 182
Angermair, von Ebersberg 362, 363
Angermairin, Kürschnerin 487
Angler
    Elspet 434
    Gabriel, Maler 96, 135, 332, 333, 434, 436
    Katharina 434
    Konrad, Salwurch 150
Angstwurm, Cristof, Hofkoch 550
Angstwurm, Cristof, Kinder 157
Anhartinger, Erhart 329
Anleitter, Heinrich, Sporer 146
Anpacher
    Anna 425
    Brigitha 425
    Martin, Melbler, Kornmesser 425
    Martin, Wirt 504
    Matheus, Weinschenk 479, 505, 506
Anthoni, Melchior, Lernmeister 546, 551, 708
Antznpeck, Martin 512
Anzinger, Hans, Kramer 53
Anzinger, Heinrich, Kramer 33
Anzingerin 129
Apelstorfer, Andre, Schreiber 327
Apfentaler 79
Äpplin, Anna 312, 336

Ärb, Andre, Goldschmied 555, 607, 644
Ärb, Hans, Goldschmied 534, 546, 555, 684
Arbaspeckin 121
Ärbin, Jacobin 546
Ardinger 67, 164
Ardinger, Fridrich, Messerer 52
Ardinger, Herr Balther 63, 64
Arelshofer, Hans, Schneider 305, 339
Arnold (Arnolt, Ornolt)
    Hans, Wirt, Salzstößel 83, 90
    Jörg, Tagwerker 292, 341
    Konrad 387
    Messerer 554
    Obser 116
    Schuster 68, 76
    Ulrich, Kramer 452
    Zimmermann 697
Arnolt *Siehe auch* Ornolt
Arnoltzhofer, Ulrich, Fragner 431
Ärnstin (Ernstin) 417
Ärsinger *Siehe auch* Ersinger
    Margaret 375
    Michel, Maler d. J. 382
    Michel, Salzstößel 102, 242, 249
    Pauls, Kammermeister 375
Arsingerin, relicta 474
Aschhamer, Konrad 248
Aschpeck, Jörg 307
Aschpeck, Michel, Schuster 229, 273, 295, 296
Aschpeckin 360
Äsenhaimer, Ulrich, Stadtsöldner 306, 307
Aspeck, Sigmund, Schneider 152
Aspeck, Ulrich, Schuster 229, 344
Assenhauser, Konrad, Weinschenk 183, 184
Assenhauser, pueri 498
Asslinger, Hans, Hofschnitzer 297
Asslinger, Konrad, Glaser 224, 399
Asslinger, Niklas, Salzstößel 196
Astaler
    Agnes 434, 692
    Andre 257
    Barbara 435
    Elspet 573
    Erhart 605, 634, 681, 682
    Franz 65, 403, 573
    Fridrich 436, 680, 681, 682
    Konrad 721
    Stephan 283, 434, 436, 605, 634, 680, 681, 682
    Wilham 434, 436, 544
Astalerin, Konrad, relicta 403
Astalerin, Stefan 77
Auer 306
    Cristof 584
    Hans 517
    Kaspar, Pflasterer 187
    pueri 504
    Schlosser 69
    Stefan, Schuster 322
    Ulrich, Schmied 145
Auerin 285
Auerin, Hofgesind 650
Auerin, Stefan 307
Aufhaimer, Peter 241
Aufkircher, Sigmund 508
Aufleger 430
Aufleger, Cristof 322
Aufleger, Cristof, pueri 716
Aufleger, Michel 698
Augstainer 499

Augustein, Elisabeth 483
Aumülner, Hans, Salzstößel 33
Aurbach, Dr. 48
Aurpach, Lienhart, Weber 55
Auscher 32, 83
Austrerin *Siehe* Eystrerin
Axthalm, Cristina 295
Axthalm, Wilhalm, Kramer, Metschenk, Branntweiner 295, 296, 360
Aychner, Hans 545
Ayinger
  Decker 343
  Jacob 170, 534
  Schneider 364, 561, 672
  Schuster 345
Ayndl 416
Ayslinger, Weber 106
Balticus, Barbara 704
Balticus, Martinus, zu Ulm 704
Bantly, Henny 651
Benedict, Buchbinderin 171
Benedict, Hans 131
Berg (Perg), Adam, Buchdrucker 85
Berg (Perg), Jörg, Weinschenk 615
Berg (Perg), Liebel von, Salzsender 195
Bern, Frau von 202
Bernhart
  Beutler 322
  Bognerin 145
  Hans, Hofbeutler 645
  Lorenz, Beutler 645
  Martin, Kramer 229, 473
  Zinngießer 380
Bernhartin 256
Betzman, Meister 651
Bogner *Siehe* Pogner
Bscheidl, Schneider 84
Bschorn, Christoph, Stuhlschreiber 503
Bucer 693
Bunnemacher, Helena 309
Bunnemacher, Jakob, Kistler 309, 312
Burckhart, Anthoni 254, 255
Burckhart, Maria 254
Burger
  Anna 616
  Hans, Kinder 574, 577, 616
  Hans, Weinschenk 102, 577, 616
  Heinrich 102
  Jörg, Koch, Weinschenk 574, 577
  Susanna 574, 616
Castl (Kastl, Gastl) 354
  Andre, Handel mit Kuttelfleck 433
  Hans, von Aich, Metschenk, pueri 664, 683, 684
  Hans, von Aich, Metschenk, Stadtrat 370, 371
  Hans, Zinngießer 568, 578
  Konrad, Zinngießer 604
  Michel, Tagwerker 258
  pueri 476
  Salwurch 372, 379
  von Aich, Bräugegenschreiber, Metschenk 370, 371, 524, 557, 560
  Zinngießer, pueri 23
Castlin (Kastlin, Gastlin), Jörg 41
Chorher 396
Christ, Balthasar 341
Christ... *Siehe* auch Krist...
Christane, Kaspar, Kramer 172
Clas *Siehe* auch Klas
Clas, Michel, Huntesmüller 256

Clermont, Ryffandbau, Notar 666
Closner, Lienhart, Seidennater 97, 126
Contzin 257
Cristan *Siehe* auch Kristan
Cristan, Michel 634
Dachauer, Wilhalm, Hofgesind 649
Dachperger, Heinrich 170
Dachpergerin, relicta 546, 599
Dachs (Dax)
  Anna 464, 476
  Michel, Salzsender, Weinschenk, Stadtrat 464, 468, 568
  Oswald, Weinschenk 464, 468
  pueri 111
  Raphael, Weinschenk, Salzsender 464, 468
  Wolf, Federmacher 503, 509
Dächsel, Fridrich, Schlosser 35, 36, 37, 38
Dachsperger (Daxperger), Stefan, Schuster 678
Dachwirt, Schneider 598
Daechselmair, Hannsel 397
Dandl (Dondl), Schneider, pueri 715
Dandl (Dondl), Ulrich, Schneider 702, 707, 717
Dandorfer, Hans, Messerschmied 215
Däntzl 619
Daper, Sporerin 120
Daprer, Hans, Sporer 125, 146, 151, 158
Daprerin, Dorothea 133
Darchinger
  Hans, Sporer? 47
  Hans, Tagwerker 251
  Kathrei 248
  Konrad, Sporer 69
  Konrad, Sporer? 542
  Peter 530
Darfner, pueri 181, 186
Daser
  Balthasar, Scharsachschleifer 56
  Hans, Fischmeister 513
  Ludwig, Kapellmeister 713
  Wolf, Fischmeister 426, 624
Daum
  Hans 155, 156
  Hans, Gewandschneider 151
  Hans, Gewandschneider, Weinschenk? 72
  Ulrich 72
Debis (Debitz, Debig, Dewig), Ludwig, Büchsenmacher 317, 487
Decker
  Hans, Kornmesser 170
  Hans, Plattner 118
  Hans, Saembner 64
  Konrad, Kürschner 35
Deckerin 542
Degnhart, pueri 635
Deininger (Tei-, De-, Te-)
  Hans 475, 478
  Hans d. J., Goldschmied, Stadtrat 632
  Hans, Goldschmied, Weinschenk, Stadtrat 630, 632
  Hansel 396
  Jörg, Goldschmied 615
  Konrad 684
  o. V. 219
  pueri 442, 525
  Ruprecht 647, 664
  Schuster 533
Deisenhofen, Konrad von 420
Deisenhofer, Michel 241
Denck, Hans, Schneider 578, 584
Denckendorfer, Hans, Kornmesser 409

Depfl (Depfer), Sekretär, Hofgesind 713
Deubler, Klas, Salwurch 195
Deuringer, Andre, Uhrmacher 143
Deutz, Sebastian, Küchelbacher 58
Deyrchinger, Mathes, Tagwerker 57
Deysel *Siehe auch* Teisel
Deysel (Deysl, Teisel, Teusl)
    Elisabeth 295
    Hans, Schuster 41, 56, 225, 231, 295, 296, 309
    Katharina 295, 309
    Martin 303
    Martin, Schuster 230, 273
    pueri 107
Deyslin 303
Deyslin, Hans 108
Dick, pueri 337
Dieboltin 381
Diener 614, 615
    Barbara 573
    Elspet 573
    Gilg (Caecilia) 573
    Hans, Maler 537
    Heinrich 32, 89, 106, 576
    Konrad, Stadtoberrichter 573
    Konrad, Stadtrat, hgl. Rat 573, 576, 611
    Wilhalm 573, 576, 611
Dienger, Caspar, Goldschmied 693
Dienstman, Jörg 123
Dienstmanin 120
Diepold 100
Diepoltin 716, 718
Diessen, Perchtolt von 402, 408
Diesser
    Anna 666
    Barbara, Naterin 328
    Jörg, Schreiber 666
    Perchtolt 371
Dietel (Dietl)
    Gregori 90
    Peter, Panzermacher 297, 322, 483
    pueri 635
    Salzstößel 228
    Valtein 129
Dietmarin 313, 315
Dietrich, Wendel, Hofbaumeister 667, 669
Dilchinger , pueri 304
Dilchinger, pueri 209
Dilchingerin, Hans 165
Dilger *Siehe* Tillger
Dischinger, Erhart, Bote 533
Dobing, Ludwig, Büchsenmacher 146
Donauer 212
    Clas 252
    Gabelmacher 57
    Hans 213
    Hans, Salzstößel 102, 382
    Katherina 42
    Peter, Büchsenmacher 315, 316
    pueri 196
Dopfer, Hans, Sekretär 292
Dorfwirt, Hans, Kornmesser 398
Dorn
    Elspet 464
    Fridrich 464
    Hans, Kramer 550
    Jakob, Holzzieher 287, 290
Dornacher, Ulrich, Wirt ? 194
Dornacherin 470
Dornauer (Turnauer), Hans, Salwurch 517

Dornberger, Eustachius, Hofwachter, Hofbote 635
Dornvogt, Sigmund 135
Dornvogtin 69
Drachel, Andre 530
Drächsel (Draechsel, Dräxl, Träxl)
    Anna 239
    Apollonia 239, 245
    Balthasar 51, 239
    Barbara 50
    Brigitha 239
    Cristof, Kartenmacher 587
    Greimolt, Stadtrat 26, 89, 488
    Kaspar, Kistler 245, 312
    Leonora 245
    Lienhart, Kistler 239, 245, 247, 635
    Martin, Salzsender 44, 45, 50, 51
    Niklas 105
    Peter 606, 638, 644
    pueri 596
    Ulrich 51
    Wilhalm, Polzmacher 23
Drächselhamer, Wolfgang, Schuster 331
Drächslin, Andre 133
Drächslin, Maetz, relicta 332, 333
Dreipfund, Bäcker 121
Dremel, Hans 411
Drescher, Hans, Schuster 243
Druckauer, Eberhart 432
Düllingerin, Wilhalm 257
Duncklin, Beckin 473
Durchnpach, Lienhart, Zimmermann 251
Durchnpach, pueri 532, 544
Durchnpach, Schäffler 260
Durchskot, Herman, Kramer 134, 210
Durhamerin 674
Dürn
    Agatha 156
    Georg, hgl. Baugegenschreiber 666
    Jörg 215
    Rosina 215
Dürr, Stefan, Melbler 156, 157
Dürrenpühler, Ulrich 189, 403
Dutzman, Sebastian, Goldschmied 303, 487
Dutzman, Sigmund, Goldschmied 303
Dutzmanin, Sigmund, Goldschmiedin 287
Dyethof, Cristof gen. Lung, zu Planegg, Stadtoberrichter 670, 672
Dysl, Hans, Haubenschmied 243
Dysl, Lienhart, Schuster 73
Dysl, Paul, Messerschmied 212, 250
Ebenhausen, Perchtold von, Küchenmeister 313, 315
Eberhard, Elspet 543
Eberhard, Veit, Schneider 543, 545
Eberl (Öberl)
    Gertrud 710
    Hans, Glaser 341
    Hans, Messerschmied 243
    Hans, Stuhl- und Obersteuerschreiber 710, 711
    Salzmesser 194
    Schuster 68, 106, 116, 307, 317, 533
    von Weilheim 512
Eberspeck, Hans, Kirchherr 500
Ebersperger, Hans 54
Ebersperger, Jörg, Weinschenk 241
Ebersperger, Kaspar, Wirt 85, 197
Ebinger, Jacob 530
Ebnauer, Jakob, Ringmacher 124
Ebner 461, 462, 479, 710
    Anna 114

    Gilg (Caecilia) 573
    Hartmann 74, 75
    Kathrei 173, 176
    Konrad, Stadtrat 573, 576
    Konrad, Weinhändler, Stadtrat 33
    Ulrich 173, 176
Ebrach, Stefan 222
Ebser, Stefan, Hofmeister 678
Echinger, Karl, Hofgesind 103, *Siehe* auch Öhinger
Echinger, Konrad, Sattler 47
Echmaring, Heinrich von 437, 449, 506
Eck, von, d. J. 433
Eckentaler, Ulrich, Wirt, Weinhändler 372, 417, 583, 716
Eckentalerin, relicta 223
Ecker (Eckher) 503
Ecker (Öcker)
    Hans, Salwurch 432, 530, 542
    Jörg d. J. 542
    Jörg, Salwurch 513, 534
    Wolfgang, Schmelzer 508, 542
Eckerin (Deckerin) 542
Eckerin (Öckerin) 542
Eckh, Michel, von Ötting 534
Eckh, Susanna 541
Eckhart, Utz, Käskäufel 382
Eckler, Rudel 273
Eckler, Stephan 706
Edelman, Konrad 584, 586
Ednkhlinger, Hans, Kanzleischreiber 474
Egenburger, Heinrich, Gürtler 118
Egenhofen
    Heinrich von, Schuster 39, 52
    Konrad von 59, 60
    Ott von 409, 417
    Wilhalm von, zu Planegg 670, 672
Egenhofer, Peter 565, 596, 600, 610, 618, 619, 626, 702, 707
Egenhoferin 224
Egerer
    Elspet 543
    Hans, Tuchscherer 519
    Jobst, Tuchscherer 519, 543
    Konrad, Schuster 68
    pueri 359
Egkprecht, Kinder 632
Egling, Heinrich von 386
Eglinger 361, 650
    Andre, Weinschenk 105
    Hofgesind 648
    Lienhart, Weinschenk 103, 104, 114, 115, 336
    Sebolt 720
Eglof, Konrad 517
Eglofstain, Konrad von, Stadtoberrichter 27, 174, 208
Eglofstainer 176
Eglosstain, Thoman von 124
Ehinger 105
    Jacob 517
    Karl, hgl. Provisoner 400
    Konrad, Schlosser 118
    Stefan 39
Eichsteterin 90
Eischer *Siehe* Euscher, Auscher
Eisenhofen, Konrad von, Schneider 614
Eisenhofer, Sigmund, Schulmeister, Stadtschreiber 499, 515
Eisenhuet, Andre, Schneider 130, 509, 544, 545, 685
Eisenhuet, Barbara 544
Eisenhuet, Heinrich, Sporer 117

Eisenman 130, 675
    Anna 99, 105, 475, 476
    Anna, relicta 543
    Barbara 104, 105
    Hans 89, 95, 104, 105, 168
    Hans d. Ä., Weinschenk, hgl. Ungelter, Stadtrat 450, 543, 544
    Hans, Salzsender, Weinschenk, Stadtrat 475, 476, 603, 694
    Hans, Wirt 475, 476
    Jörg 105, 469, 476, 620, 636
    Kaspar, Salzsender 304
    Kaspar, Weinschenk, Salzsender 99, 101, 105
    Kinder 475, 477
    Konrad 168, 509, 510
    Konrad, Bräu 707
    Ludwig 476, 722
    Ludwig d. Ä. 603
    Ludwig d. J. 196
    Ludwig, Goldschmied 603, 701
    Ludwig, Salzsender, Wirt 195
    Ludwig, Weinschenk 33
    Magdalena 99
    Margaret 99
    Maria 105
    Matheis, Goldschmied, Weinhändler, Stadtrat 416, 509, 510, 556, 681, 682
    Plattner 555
    Weinschenk 507
    Wilhalm 132
    Wilhalm d. Ä., Salzsender, Weinschenk 99, 101, 105, 475, 476
    Wilhalm d. J., Salzsender, Weinschenk 104, 105, 217
    Wolfgang 105, 475
Eisenmanin, Hans, Weinschenkin 476
Eisenpergerin 86, 88
Eisenreich 72
    Konrad 236
    Kuntz, Schmied 117
    Peter, uxor 594
    Peter, Wirt 194, 615, 701
    Ulrich, Pfleger 79
Eisenreichin, Peter 351
Elbl, Thoman, Tagwerker 252
Elfinger, Hans, Schuster 54, 69
Elgast, Herman 562
Elisabeth, Herzogin 59, 554, 648, 650
Ellend, Konrad, Schneider 541
Els, Jakob 123
Els, Maurerin 123
Elsasser, Hans, Bogner 527, 595, 600, 678
Elsendorffer, Rudolf, Presbiter 410
Elsnpeckh
    Arsaci 550
    Balthasar, Lernknecht 51
    Balthasar, Scharsachschleifer 41
    Kaspar, Ringmacher 217, 322
    Veit, Scharsachschleifer 41
Elsnpeckhin, Balthasar 217
Emanin 119
Emeichin, relicta 615, 706
Empel, Fragner 272
Emring, Erasm, Lernmeister 84, 129
Endel, Konrad, Kürschner 203, 204, 210
Endel, Seiler 456
Endelhauser 143, 144
    Dorothea 92, 93
    Franz 92, 93
    Georg 86, 92

    Hans, Stadtunterrichter 93
    Jörg, Stadtrat 93
    Katharina 378
    Lorenz, pueri 465
    Lorenz, Salzsender, Wirt 464, 465
    pueri 131
Enderes, Michel, Schreiber 252
Endleich, Hans 201, 404
Endres (Andres), Peter 491
Endres, Peter, Schneider 538
Engel, Metzgerknecht 530
Engelhart 672
    Agnes 659
    Goldschmied 561, 594, 611, 614, 711
    Heinrich, Schmied 658
    Heinrich, Schneider 663
    Lienhart, Goldschmied 561
    Messerschmied 658, 663
Engellant, Konrad, Kornmesser 169, 184
Engellant, Konrad, Weinschenk 182, 184
Engl, pueri 102
Englhartin, Els 724
Englschalch, Kaspar, Balbierer ? 405
Englschalckin, Wilhalm 690
Englsperger, Lienhart, Kramer 433
Enlicher, Jörg, Richtersknecht 58
Enplin, relicta 336
Entholzer, Sebastian, Salzmesser 354
Epp (Öpp), Barbara 480
Epp (Öpp), Hans, Schneider 84, 480, 481, 513
Epp (Öpp), Schuster 668
Erber, Konrad, Weinschenk 208
Erber, Kristan, Buchbinder 54, 69, 124
Erel, Kürschner 533
Erhart
    Bader, pueri 452
    Bote 163
    Bräu 312
    Dräxl 256
    Hans, Tagwerker 73
    Huterin 724
    Kramer 610, 645
    Kramerin 594, 599
    Nagler 242, 249
    Schneider 339, 351, 594
    Schreiber 567
    Schwertfürb 117
    Tagwerker 317
    Tuchscherer 594
Erl (Erle), Ulrich, Schulmeister 252
Erl, Hans, Schäffler 260
Erl, Margaret 260
Erl, Michel, Tagwerker 42
Erlaher, Margaret 38
Erlaher, Vital, Windenmacher, Schlosser 38, 39, 54
Erlaher, Wolfgang, Bäcker 610
Erlinger, Anna 470, 472
Ernst 133
    Andre 351, 359, 620
    Barbara 104, 105
    Gartnerin 423
    Hans, pueri 718
    Kistler 60
    Konrad, Kistler 32
    Meister Peter, Schneidarzt 692, 695, 696
    Sebastian, von Wasserburg 368
Ernst, Herzog 86, 166, 332, 424, 427, 563, 575, 630, 658, 659, 676, 686
Ersinger Siehe auch Ärsinger

Ersinger, Seiler 724
Ertl Siehe Örtel
Eschlbeck, Wilhalm, Weinschenk, Salzsender 438, 497
Eseltreiber, Hans 605
Eßwurm 77, 208
    Anna 205
    Fridrich, Stadtrat 203, 205
    Fridrich, Weinschenk, Stadtrat, Unterrichter 574, 577
    pueri 205
Esterman (Österman), Ursula, Witwe 624
Estinger (Östinger), Barbara 481
Estinger (Östinger), Hans, Sattler 124
Estinger (Östinger), Jörg, Schuster 481, 482
Etaler 666
Etalerin 667
Etnhofer, Anna 585
Etnhofer, Hans, Weinschenk, Salzsender, Stadtrat 585, 586
Ettenhofer, pueri 415
Ettlinger
    Achaci, Weinschenk 171
    Hans d. J. 717
    Hans, Kramer, Weinschenk ? 717
    Hans, Weinschenk, Salzsender 349, 584
    Konrad, Salzsender 224
    Ludwig, pueri 83
Eugenpeck, Hans, Kaplan 183
Euscher, Jakob, Obser, Weinschenk 186
Eyscher, Hans, Obser 399
Eysel, Elspet 143
Eysel, Hans, Goldschmied 143, 144
Eysele
    Jörg d. J., Schneider 533
    Jörg, Schneider 532, 533
    Jörg, Schneiderin 297
    Katharina 532
    Peter, Messerschmied ? 124
Eyselin, Wilhalm 265
Eysenberger, Gotfrid, Bäcker 121
Eysenperger, Hans, Pfeilschmied 24
Eystrerin 128, 223, 229
Faberin, Elena 58
Fachenpock (Vachen-, -peck), Hans, Vorsprech 77
Fachenpock (Vachen-, -peck), pueri 469
Fachenpockh (Vachen-, -peckh), Wolf, pueri 419
Fachenpockin, Peter 77
Fachner, Hans, Kürschner 231
Fachnerin (Vachnerin) 207
Fachnhamer, Schmied 587
Faistenberger, Wolf, Kornmesser 182
Falckhner, Hans, Mesner 277
Falenstich, Konrad, Weinschenk 343, 350, 360
Färber, Ulrich, Tagwerker 41
Farcher, Konrad, Salzsender 312
Farn, Kilian, Schlosser 483
Fasam, Wolf, Hofgesind 483
Fasolt (Vasolt), Heinrich, Sporer 664
Fasolt (Vasolt), Wolf, Bader 323, 389
Fauchner, Ott, Schneider 248, 431, 451
Fauchner, Ulrich, Schneider 404, 473
Fauleisen, Konrad 229
Fauleisin 35
Faustperger, Hans, Messerer 53, 119
Feirabentin, Thomanin, Amme 54
Feler 396
Feler, Fritz, Kornmesser 388, 399
Feler, Jörg, Käufel 196
Feler, Wirt 24
Fellnhamer Siehe auch Velnhamer

Fellnhamer, Hans, Goldschmied 292, 634, 639
Fellnhamer, Philip, Schlosser 213
Felskorn (Selskorn ?), Peter, Plattner 372
Feltlerin, Münzerin 286
Fend (Fendt, Vent)
    Erasmus, Sekretär, hgl. Rat, Kastner 76, 525, 526
    Hans 74, 134
    Hans d. Ä., Weinschenk, Salzsender, Stadtrat 76
    Hans d. J., Stadtrat 76
    Jörg 213
    Martin 695
    pueri 213
    Sebastian 312, 337
    Walpurg 76
Fergen, Liebel von 696
Fergen, Michel von 696
Ferus, Jeremias, Notar 551
Ferus, Johan, Notar 479
Feslmairin, Madl, Plattnerin 317
Feuchtmair, Elspet 680
Feuchtmair, Seitz, von Ebersberg, Kürschner 680
Feurer, Cristof, Schäffler 171
Feurleben (Paurweg, Peurpöckh), Gregori, Holzschreiber 674
Feyrabent, Reiter, Hofgesind 718
Fickher, Mathes, Ratsknecht zu Hof 297
Figgler, Dr., Hofrat 471
Finck (Vinck), Kaspar 521, 523, 587
Finck (Vinck), Magdalena 521, 523
Finger (Vinger), Barbara 301, 336
Finger (Vinger), Jörg 283, 469
Finkin, Els 57
Finsinger *Siehe* Fünsinger
Fischel (Vischel), Ulrich, Schneider 507
Fischer (Vischer)
    Antoni, Goldschmied 365
    Balthasar, Gastgeb 616
    Barbara 616
    Bartlme, Maler 337
    Bartlme, Ringmacher 120
    Gerolt 185
    Hans, Goldschmied 365
    Hans, Messerer 135, 456
    Hans, Schneider 156, 157, 609, 673
    Hans, von Ingolstadt 354
    Hans, Zammacher 373
    Jacob, von Bruck, Barbier 438
    Jörg 257
    Kaspar, Maurer 317, 341
    Lienhart, Amer 78
    Lienhart, Kornmesser, Weinschenk 180, 186
    Lukas, Kornmesser 165
    Peter, Salzstößel 212
    pueri 76, 533
    pueri, zu Ems 120
    Stefan, Hofschneider 640, 644
    Thoman, Riemer 389
    Wolfgang, Zammacher 373
Fischerin (Vischerin), Lienhart, Nadlerin 146
Fischerin (Vischerin), Lienhart, relicta 190
Fischmaister *Siehe* auch Moser
Fischmaister, Balthasar, Hofgesind 85, 500
Fischmaister, Gregori 580, 582
Fischmaister, Jeronimus 580, 582
Flammer, Hans 77
Fleckhamer
    Cristof 46
    Maria 582
    Sebastian 582
    Thoman, Stadtrat 439
Fleischman, Hans, Messerschmied 322
Fleischman, Niclas, Messerschmied 322, 328
Fleischman, pueri 48
Fleugenfeindt, Jörg 502
Fleuger, Hans, Bader 248
Fleuger, Hans, Marktmesser 442, 450
Fleuger, Hansel 416, 442, 572
Fleugerin, Herzogbaderin 340
Fleugerin, relicta 163, 185, 416, 442, 448
Flöhel, Ulrich 403, 437, 449
Flosman, Ann 397
Flosman, Konrad, Scolaris 404
Fluckhin, Sebolt 313, 718
Focanus (?), Hans 252
Forster *Siehe* auch Vorster
Forster, Lorenz, Marktmesser 451
Forster, Stefan, Visiererin 57
Förstlin, Naterin 312
Frag, Hans, Schlosser 323
Fraiding, Jörg, Maler 241
Fränchkinger, Heinrich 299, 448
Franck
    Andre, Hofkellner 551
    Andre, Schuster 54
    Anna 602
    Balthasar, Schuster 231
    Barbara 55, 602
    Cosman, Barbier 383
    Hans, Haubenschmied 146
    Hans, Nagler 242
    Hans, Tagwerker 58
    Hans, Trabant 389
    Heinrich, Schuster 322, 337
    Jörg, Bote 249
    Niclas, Maler 337
    Philip 125
    pueri 94, 209
    Sandwerfer 118, 321
    Sebastian, Barbier, Stadtwundarzt 291, 388, 405, 602, 603
    Veit Cosman, Barbier 602
    Würfelmacher 388
Franckin, Jörg 73
Frantz, Hans, Weber 251, 257
Franzos, Hans, Weinhändler 99, 100
Fras, Jörg, Kürschner 53
Fräshässer (Frashauser ?) 678
Fräshauser, Jörg 301, 317
Fraß, Balthasar, Barbier 438
Frass, Hans, Kürschner 336, 461, 472, 479, 484, 485, 556, 560, 665
Fraunberger 650
Fraunberger, Herr Cristan, zum Haag, hgl. Rat 283, 520, 523
Fraunberger, Herr Jörg, zum Haag, hgl. Rat 521, 523
Fraunberger, Konrad der, zum Haag, Hofmeister 282, 284
Fraunsteterin, Hofgesind 648
Frechtel, Ulrich, Wollschlagerknappe, Hofgesind 650
Frei (Frey)
    Barbara 366, 367
    Elspet 366, 367
    Gabriel 366, 367
    Hans 247
    Hans, pueri 367
    Hans, Schreiber, von Nördlingen, Großer Rat 365, 367
    Jörg, Schlosser 211

Konrad, Kornmesser 396, 409
Stefan, Jäger 85
Wolfgang, Schuster 344
Freidenschussin 296
Freihamer, Jörg 97
Freimetz, Sigmund 359
Freindlin, Jüdin 650
Freisinger
   Amer 416
   Christoph, Notar 355
   Hans, Kramer 134
   Konrad 201, 206, 300, 301
   Konrad, Salzstößel 222
   Perchtold, Schreiber 383
   Ulrich, Fragner, Melbler, Käufel 427, 432
   Ulrich, vector 127
   Wernher, Schneider 236, 248
   Wolfgang 369
Fremd, Schneider 615, 678
Freudensprung, Ulrich, Fragner 417, 438, 444
Freyberg, der von 66
Freyberg, Pankraz von, zu Aschau 319, 321
Freyberger, Hg. Ernsts Diener 658, 659, 664
Freyberger, Magdalena 659
Freymanner
   Jacob, Weinhändler, Stadtrat, Hofmeister 18, 22, 25, 28, 34, 35, 427
   Konrad, Kornmesser, Salzstößel 380
   pueri 380, 694
   Wolf 242
Freymannerin 55, 694
Frichtl, Jörg, Seidennater 718
Fridinger, Prokurator 494
Fridlin, Diemut 301
Fridlin, Johannes 651
Fridlin, relicta 317
Fridlmair, Hans 594
Fridperger
   Anna 319
   Christoph, Hofprokurator 290, 291, 319, 321, 685
   Matheis, Hofprokurator 290, 291
   Ulrich, Schneider 444, 702, 706
Friedrich, Herzog 669, 675
Fries, Barbara, Nadlerin 96, 131
Fries, Heinrich, Jäger 568
Fries, Ulrich 417
Frieshamer, Ulrich, pueri 34
Friesinger, Anna 34
Frießhamer, Utz, Zöllner 306, 307
Frietinger *Siehe auch* Frütinger
   Benigna 704
   Bernhard, Eisenkramer 357, 359
   Felizitas 357
   Hans, Eisenkramer 704
   Hans, Salzstößel 24
   Michael, Eisenkramer 357
Fröleich (Frölich), Heinrich, Schneider 459, 555
Fröleich (Frölich), Schäffler 142
Fröleich (Frölich), Ulrich, Hofgesind 242, 250
Froleich, Hans, Kaltschmied 533
Fröleichin, Käuflin 449, 578
Fröleichin, Schneiderin, relicta 555
Fronpeckh, Gilg, Tagwerker 257
Froschauer (Fröchsauer), Karel, Kramer 336, 348
Fröschl, Anna 252
Fröschl, Jörg 73
Fröschl, Wolf 158
Fröschlin 196
Fröstel, Ulrich, Schlosser 116

Frueauf
   Anna 257
   Felizitas 481
   Hans, Goldschmied, Bürger von Aichach 303, 480, 482
   Konrad 211
   Prokurator 172
Frütinger *Siehe auch* Frietinger
Frütinger, Peter, Kürschner, Wirt, Weinhändler, Stadtrat 53, 65, 66, 533, 554, 599, 627
Fryes, Jörg, Grabenmeister 46
Fuchs, Konrad 185
Fuchs, Küchelbacher 387, 398
Füchsel, Kistler 111
Füchsel, Philip 403
Fuchsmundel, Hans 378
Fuchsmundel, Hans, Kanzler, Propst 332, 333
Fuchsmundlin, Barbara 164, 372
Fuchsmundlin, Gatrey 164
Fuchsmundlin, relicta 487
Fuchspüchler, Heinrich 202, 392, 395
Fuchspüchler, Kathrey 392
Fuchstaler *Siehe* Fuxtaler
Fueß, Sigmund, Schulmeister 132
Füessl
   Antoni 110, 711
   Antoni, Kürschner 502
   Antoni, Schneider 502
   Augustin, Schneider 501, 502, 542
   Barbara 501
   Jacob 498, 506
   Kaspar, Goldschmied 501, 502
   Konrad, Goldschmied 236, 322, 498, 499
   Magdalena, Goldschmiedin 501, 707
   Martha 506
   pueri 110
   Regina 110
Fuesstetter, Jeronimus 503
Fuestetter, Wolf 78
Fugger, Hans Jakob 425
Fülman, Eckhart, Goldschmied, von Lüneburg 562
Funck (Funk)
   Barbara 695, 696
   Hans Davit, Hofgesind 330
   Heinrich, Schmiedknecht 423
   Heinrich, Schneider 692, 695, 696, 697, 699
Fünfschillingin 241
Fünsinger
   Anna 19
   Arnolt 430
   Barbara 557, 618
   Hans, Stadtbote 542
   Heinrich, Schneider 443, 486, 541
   Lorenz, Messerschmied 19, 22, 214
   Sigmund, Metschenk, Weinschenk, Stadtrat 557, 560, 568, 618
Fünsinger (Finsinger) 333
Fürholtz, Koch 118
Fürholtzer, Konrad, Stadtsöldner 336
Fürholtzerin, relicta 510, 511
Fürst, Lucas, hgl. Türhüter 666, 673
Furter, Loder, pueri 51
Furttenpach, Hans, zu Anwalting 435
Fus, Seitz, Schneider 339, 348
Fus, Wolfgang, Lernmeister 712
Fussin, Wolf, relicta 322
Fusstainer, Jörg 490
Fusstainerin 130
Fütrer, Öttel 409

Fuxtaler
    Hans, Münzmeister 239, 240
    Hans, Wirt 83, 238, 240
    Magdalena 238
    Paul, Fronbote 239, 240
    pueri 240, 533, 611
Gabler
    Hans, Goldschmied 633, 636
    Heinrich 644
    N. 633
    Rammeister 69, 207, 223
Gaenslin 416
Gagars, Hans, Kornmesser 418
Gagarseer
    Anna 254
    Elspet 254
    Hans, Wirt 254, 256
    Jörg 254
    Jörg, pueri 222
    Ludwig, Wirt 209, 226, 254, 256
    Maria 222, 254
    Wolfgang 256
Gahensneider 722
Gail, Simon, Floßman 650
Gailer
    Anna 184, 188
    Apollonia 188
    Barbara 188
    Hans d. J., Salzsender 131, 189
    Hans, Salzsender, Weinschenk 188, 189
    pueri 189
    Ulrich, Kornmesser 183, 184, 188, 189, *Siehe* auch Goller
Gailer (Gayler), pueri 633
Gaishofer 343
    Ambrosi, Weinschenk 361, 363
    Anna 362, 363
    Barbara 361
    Georg, Wirt, Salzsender, Stadtrat 350, 362, 364, 686
    Joachim 364, 634
    pueri 364, 422
    Regina 350, 686
Gaisler, pueri 206
Gaismair 156, 157
Gaissel, Salwurch 115, 154
Galhart (Gall), Katharina 498
Galhart (Gall), Peter, Kastner 498, 499
Galp
    Anna 155
    Jakob, Messerschmied 155, 156, 326
    Jörg, Messerschmied 155, 156
    Margaret 155, 156, 326
Gämbs, Bartlme 57
Gampler, Jacob, Salzstößel 411, 455, 456
Gansmair, Kaspar, Riemer 85
Gansmair, Wolf 165
Gansman, Lienhart 203, 205
Gänter, Jörg, Fragner 431
Gärber (Garber), Hans, Schlosser 23
Gärber, Hans, Schlosser 54, 125, 146
Garechtin, Anna 220, 222
Gartner
    Dr. Stefan, Stadtleibarzt 588, 695
    Hans, Mundkoch 637, 638
    Herr Jörg 637, 638
    pueri 200
Gartnerin, Hans, Naglerin 58
Gasper, Goldschmied 678
Gässel, Konrad 580

Gassner, Lienhart 534
Gastinger, Hans, Uhrmacher 326, 327
Gaugk, pueri 292
Gaugkin 397
Gautinger, Schuster 379, 397, 404, 594
Gebel, Goldschmied *Siehe* Gielinger
Gebel, Schuster 512
Gebhart
    Hans, Schuster 55
    Kaspar, Bäcker 551
    Martin, Goldschmied 619, 630, 635
    Michel, Weinschenk 351
    Wilhelm, Lernmeister 187, 483, 503
    Wolf 242, 249
Gebhartin, Martein, Goldschmiedin 619, 634
Gebhartin, Wolfgang 197
Gebwolfin 256
Geckenpeuntner, Hans 594
Gegritz 202
Geiger 159
    Hans, Kormesser 159
    Hans, Kornmesser 161
    Karl 83
    Peter 241
Geigerin, Karl, Weinschenkin 90
Geisenprunner, Ulrich, Kornmesser 164
Geisler
    Andre, Goldschmied 224, 636
    Andre, Steinschneider 224
    Heinrich 224
    Joachim, Wappensteinschneider 496
    Wolfgang, Schreiber 618
Gelb
    Hans, Weinschenk 83
    Magdalena 370, 371
    Sigmund 303
    Thoman, Metschenk 370, 371
Geltinger, Heinrich, Kornmesser 407, 411
Geltinger, pueri 717
Genserin, Jörg 251
Genskopf, Jörg 190
Genskopf, Kornmesser 190
Genspeck, Hans 579
Genstaler, Ulrich, Salzstößel 411, 432
Gerbel, Konrad, Melbler 412
Gerbel, Zinngießer 380
Gerbl, Kaspar 222
Gerhaertel, Ott, Schneider 644
Gerhard, relicta 668
Gerhart (Gerhärtel), Vicenz, Goldschmied 615, 639, 640
Gerhart, Heinrich, Goldschmied 615, 639, 640
Gerhart, Konrad, Schneider 442, 640
Gerhauser, Hans, Kanzleischreiber 297
Gerl, Käuflin 721
Gerl, Ulrich 708
Gernstlin 651
Gerold (Gerolt)
    Amer 443
    Balthasar, Bräu, Stadtrat 232, 233, 236
    Fischer 185
    Fragner, Kornmesser 416
    Hans, Bräu 236
    Hans, Salzstößel 54
    Hans, Schneider 478, 494
    Hansel 410
    Heinrich, Stadtrat 434, 436
    Jörg, Salzstößel 241, 381
    Jörg, Wirt 248
    Konrad, Schuster 23

Niclas 256, 329
Peter 159
Peter, Kornmesser 180, 186
Peter, pueri 161
Pilgreim 328, 329, 331, 337, 339, 436, 482
Schlosser 151
Schneider, pueri 189
Schuster 68
Tagwerker 64
Ulrich 436
Wolfgang, Bräu 232, 233, 248, 257
Gerold (Gerwold), Schneider, pueri 386
Geroltzhofer, Hans, Goldschmied 503, 547
Gerstel, Heinrich, Schreiber 332, 409
Gerstel, Niclas 194, 202, 332, 383, 385, 583
Gerstlin, Hailweig, relicta 332, 333
Geslaecht, Dietel 222, 416, 556, 560
Gessler, Elspet 601
Gessler, Laux, Barbier 438, 587, 601, 602
Gessler, Laux, Barbiererin 550
Gessperger Siehe Jasperger
Geuswein (Geußmair), Ulrich, Ratsknecht 674
Geusweinin, Wolfgang 608
Geyr, Sigmund, Bäcker 73
Geyrsperger, Konrad 244, 246
Geysinger, Sigmund, Sporer 146, 151, 154
Gfaterman, Hans, Wirt 230, 349
Giebinger, Jörg 568, 572
Gielinger, Gebel/Gebhart, Goldschmied, Stadtrat 460, 491, 497, 552, 554, 672
Gienger
   Andre, Weinschenk, Stadtrat 228
   Els 340
   Heinrich, relicta 228
   Heinrich, Weinschenk 351
   Matheis, Salzsender 226, 228
Giesinger
   Hans 135, 236, 410, 512, 545, 606
   Hansel 369, 541
   Jörg, Kammerknecht 710
   Jörg, Zimmermann 710
   Kaspar, Goldschmied, Stadtrat 636
   Ludwig 343, 345
   pueri 405
Giesingerin 128
Gieslin 135
Giesser 133
   Anna 500
   Hans 88
   Ludwig 27, 29
   Ludwig, Münzmeister 88
   Ludwig, pueri 88
   Peter, Münzmeister 86, 88
Giesserin, Peter, Wirtin 88
Giessin, relicta 460
Gigel, Messerer 105, 116
Gilgenstock, Konrad, Salwurch 346
Ginauf, Hans, Goldschmied 608, 672, 684
Ginshamer, Jörg, Silberkammerer 258
Gissibl, pueri 708
Gladsperger, Virgili 321
Glaentzel, Erhart 437
Glaner
   Anna 319
   Jörg, Salzstößel 97
   Jörg, Weinschenk 180
   Jörg, Weinschreiber, -zaler 419, 588
   Lienhart, Tagwerker 58
   Wilhalm, Kürschner 319, 321
   Wilhalm, Wirt zu Petershausen 319
Glaner (Gloner), Eberhart, Goldschmied 35, 52, 61
Glarcher
   Barbara 703, 705, 709
   Hans 703, 709
   Hans, Gewandschneider 595, 711
   Peter 703, 705, 709
   Peter, pueri 709, 710
   Ursula 703, 709
Glassler, Rudolf 443
Gleismaler, Hans 550, 673
Gleissmüller, Hans, Maler 357
Glesein
   Anna 62
   Dietmar, Stadtrat 272
   Gabriel 62
   Hans 63, 244
   Hans, Bräu ? 705
   Margaret 62
   Martin, Wirt, Stadtrat 49, 62, 63, 206, 364, 705
   Peter, Kürschner 63
Glingk, Lienhart 300, 301
Glins, Schuster 721
Glockhner
   Anna 19, 470
   Benedict, Weinschenk, Salzsender, Stadtrat 19, 22, 470, 472
   Joachim 22
   Pauls 472
   pueri 388
   Sixt 472
   Vorsprech von Freising 577
Gnändler, Michel 48, 419
Göbl, Hans, Wachter 58
Godmar (Gotmair), Jörg, Singer 383
Goler, Hans, Käufel 236
Goler, Ulrich 61
Golerin 69, 118, 134
Golkhofer, Eberl 568
Goller Siehe Gailer
Goller, Ulrich, Kornmesser 188
Gollir, Ainwig, Ritter 182, 184, 188, 455
Goltgrübel 566
Goltgrübel, Hans 223
Goltgrübel, Heinrich, Stadtsöldner 207, 223, 351, 431, 443
Goltgrübler, Elspet 634
Goltgrübler, Wolfgang, Bürger zu Freising 634
Goltgrüblin, relicta 423
Goltslacher, Heinrich, Goldschmied 573, 611, 614, 690
Goltslacherinne 606
Gortzerin, relicta 118
Goselshauser, Hans, Glaser 344
Gössl, Sara 541
Gotfrid(er), Fridrich, Salzstößel 208
Götfrider, Konrad, Bäcker 417
Götschel, Bäcker Siehe Pausenberger, Siehe Pausenberger
Gotschl, Sporer 644
Gottbewar, Albrecht 666, 667
Göttinger, Jörg 477
Götz, Cristof, Maurer 42
Götz, Goldschmied 674, 679, 680
Gotzkircher Siehe Walch
Gotzman
   Hans d. J., Weinschenk 346
   Hans, Schneider, Großer Rat 106, 201, 236, 343, 371, 437
   Hans, Schneider, Weinschenk ? 346, 359

Heinrich d. J., Weinschenk 53, 102, 107
Heinrich, pueri 418
Heinrich, Weinschenk 327, 369, 587, 594
Weinschenk 107
Gotzmanin, relicta 102
Gräbl
   Andre 220
   Anna 220
   Augustin, Weinschenk 220, 221
   Elspet 220
   Hans, Marktmesser ? 452
Grabmair, Lienhart, Käskäufel 217
Grabmair, Lienhart, Kistler 217
Grabner, Perchtolt 227
Gracer, Hans, Scherer 72
Graebel, Ulrich, Fragner 431
Graesslein 202
Graetzer, Fridel ?, Nadler 451
Graf
   Jörg, Schuster 57, 172, 226
   Kaplan 132
   Konrad 154
   Konrad, Schlosser 119
   pueri 200
   Rasso ?, von Dachau 534
   Sebastian 617
   Sebastian d. J., Schuster 131, 172, 231
   Sebastian, Schusterin 172
   Ulrich, Sämner 134
   Wolf 692, 693
Grafenreiterin, Dorothea 29
Grafinger
   Hainrich, Zauer 539
   Hans 250
   Hans, Zimmermann 499
   pueri 412
   Wolfgang 684
Graismair, Jakob 85
Graispach 656
Graispach, Gabriel, Goldschmied, Stadtrat 460, 684
Graispach, Konrad 460
Graispachin (Greyspachin) 541
Graman, Hans, Tuchscherer 594, 620, 694
Graman, Schuster 721
Grämerl 394
Grandl
   Agnes 682
   d. J. 684
   Elspet 681
   Gabriel, Visierer 683
   Ludwig, Gewandschneider, Visierer 683
   Ulrich, Gewandschneider, Visierer, Stadtrat 681, 683
Graser, Heinrich 724, 725
Graser, Michel, Seidennater 718
Graser, Schuster 599, 712
Graserin 48
Grasmair, Hans, Würzler 251
Grasmerin 90
Grässel, Hans, Schneider 604, 620, 694, 716
Grässel, Marx, Schneider 340, 478, 555, 562
Grässel, Schneider 277
Grasser
   Erasm, Schnitzer 302, 564, 568, 635
   Hans, Kürschner 297, 313, 628
   Konrad, Gewandschneider 724, 725
   Stefan, Weinschenk 425
Grassing, Hans, Amtmann 388
Grassl, Jakob, Zammacher 154, 158
Grassl, Jörg, Messerschmied 158

Grätz, Barbara, Feilenhauerin 42
Grätz, Michel, Weinschenk 102
Graulin, relicta 525, 690
Grebel, Heinrich 568
Grebmair, Heinrich, Weinschenk 425
Grebmair, Martin 47, 340
Greckin, Clara 229
Gregk, Bartlme, von Ulm 463
Greiltaner, Wolfgang, Messerschmied 503, 636, 645
Greiltaner, Wolfgang, Messerschmiedin 287
Greimold von Wasserburg 52
Greimolt (Greymold) 423
Greimolt (Greymold), Schmied 39
Greimolt (Greymold), Ulrich, Fragner 448
Greimoltin (Greymoltin) 95
Greindltaler *Siehe* Greiltaner
Greiß, Heinrich, Kistler 90
Greissin 603
Grepner, Perchtolt 223
Greul, Ulrich, Fragner 432
Greyffenstein, Hans, Messerschmied 119
Grienperger, Andre, Schulmeister 187
Grieslin, Melchior 172
Griesmülner, Lienhart, Kornmesser 191
Griessel, Ludwig, Spängler 85, 146
Griesser, Andre 708
Griesser, Jörg 425
Grießlin 610, 617
Grill, Jörg 94, 708
Grim, Jörg 694
Grimm, Hans, Kastner 220, 231
Grimm, pueri 144
Grintlaherin, relicta 624
Grintperger, Martin 503
Groll, Hans, Beutler 172
Gropmair, Ulrich, Wirt 513
Groß (Gross)
   Buchbinderin 285
   Jorg, Maurer 286
   Peter, Kürschner 33, 39, 59, 60
   Peter, Zimmermann 286
   Sigmund 717
Grosslin 620
Gruber
   Fridrich, Prüchler 443, 586
   Heinrich, Salzstößel 208
   Konrad, Fragner 387
   Konrad, pueri 664
   Konrad, Salzstößel 203, 208
   Ulrich 449
   Wolfgang, Fuhrmann 340
Gruberin 397
Grüderin, Anna 57
Grueber
   Katharina 570
   Martin, von Landshut, Stadtschreiber 570, 629
   Sebastian, Nagler 34, 41, 42, 213, 217, 226
   Wolfgang, Bettlerknecht 242, 257
Grueberin, Jörg 41
Grundtner, Margaret 155, 156
Grundtner, Wolfgang, Messerschmied 155, 156
Grünerin 403
Grüninger, Heinrich, Schulmeister 515
Grünkle, Weinschenk 52, 107
Grünklein 241
Grünperger, Martin, Einspäniger 78, 134
Gruntler, Hans, Melbler 208
Grünwalder, Hans, Schneider 451
Grünwalt, Sporer 154

Gruober, Hans, Käufel 171
Grupp, von Landsberg 722
Gschechs, Trabant 618
Gschirr
    Hans, Kornmesser 190
    Jörg, relicta 584
    Lienhart, Melbler 382
    pueri 433
Gschmach, Hans, Weinschenk 587
Gschwendler, Georg 342
Gschwenter *Siehe* Schwenter
Guckauer 225
Guckauer, Hans, Kramer 604, 676, 677
Guckauer, pueri 321
Guckauerin 595, 685
Guckenperger, Lienhart 83
Guesselwün, Nadler 451
Gughan, Fridel, Schneider 672
Guknperger, Ulrich, Knecht, Hofgesind 648
Guldein, Ott 189
Guldein, Paule 349
Guldeinin, relicta 599
Gülherin 241
Gumppenberg
    Apollonia von 284
    Jeronimus von 293, 294, 692
    Martha von 692, 693
    Walter von 284, 285
Gumppenberger 131
Gumprecht, Ulrich, Gürtler 125, 134, 140, 201
Gündelkofer 380
Gündelkofer, Konrad, Großer Rat 343
Gündl (Gindl, Gyndl), Gilg, Hofbeutler 645
Gundolfing, Ulrich von, Schreiber 343, 364
Guntersperger
    Hans, Hofsporer 496
    pueri 363, 380
    Sigmund 171
    Wolfgang, Beutler 600, 717
Gunther 402
Günther 222, 437, 567
    Anna 305, 306
    Barbara 203, 205
    Elsbet 427
    Jörg, Decker 450
    Jörg, Käufel 587
    Wilhalm, Weinschenk 139, 140, 203, 205, 232, 233, 273
    Zacharas 429
Güntherin, relicta 329
Güntherin, Wirtin 89, 233
Güpf, Hans, Holahipper 57
Güss
    Barbara 356
    Hans, Weinschenk 356, 358
    Konrad 356, 358
    Konrad, pueri 358
    Peter 356, 358
    Peter, Wirt ? 358
    Schuster 346, 358, 359
Güsser, Hans 336, 572
Güsser, Hans, Gerichtsschreiber, Wirt 500, 501
Güsser, Hans, Unterrichter 321
Güssin 229
Guster, pueri 96, 119
Gütenburg, Hans von 651
Gütenburg, Henny von 651
Gutullin 53
Haber, Fridel im 348, 410

Häberl 724
Haberl, Mathes 617
Häberlein, Konrad, Schmied 113
Habern, Fridrich im 164, 208, 223
Haberstock, Joachim, Hof-, Stadtprokurator 604, 685, 712
Haberstockh, Singer 483
Haching, Ulrich von 423
Hachinger, mercator 64
Hackel, Konrad 487
Häckhl 124
Häckhl, Jörg, Wirt 181, 230
Häckhl, Ulrich, Schuster 482
Häckhlin, Jörg d. Ä., Wirtin 312
Häckhlin, Jörg, d. Ä., Wirtin 120
Hackinger, Michel, Tichtel-Kaplan 709
Hadersperger, Wolfgang, Diener, Türhüter 595, 636
Hädrerin 24
Haeberl
    d. Ä., Schmied 118
    d. J., Schmied 116
    Hans, Schlosser 158
    Herman, Schneider 33
    Konrad, Schmied 143, 144, 163
    Ulrich d. J., Sporer 154
Haedrer, Anna 695
Haedrer, Koch 455
Haedrer, Ulrich, Goldschmied, Großer Rat 379, 628, 695, 696
Haemerlein, Fridrich 98
Haentler, Ulrich 437
Haering (Häring)
    Clas 158
    Georg, Nagler 287
    Heinrich, Zauer, Schneider 535, 536
    Herman 44, 45
    Peter, Hoftrompeter 251, 329
    pueri 68
    Reicher 25, 28
    Ulrich, Koch 487
    Ulrich, von Holzkirchen, Hofgesind 649
    von Landsberg 722
Haeringin, von Holzkirchen 443
Haertel *Siehe auch* Hertel
Haertel, Hans, Käufel 615, 624
Haertel, Kistler 61
Häfely, Marcus, Münzmeister 651
Haffnerin, Margret, Naterin 340
Hafner
    Agnes 701
    Andre, Bräu 244, 246
    Anna 204, 682, 701
    Cristof, Schenk 701
    Jörg, Bräu, Weinschenk 699, 700
    Kaspar 701
    Kaspar, Salzsender, Weinschenk, Bürger zu Ulm 394, 395
    Kunigund 244
    Margaret 205
    Niklas 204
    Paul, Dr., Advokat am kaiserl. Kammergericht Speyer 699, 701
    Peter 204
    Peter, Bierbräu 244, 246, 473
    pueri 47, 701
    Schäffler 69
    Sigmund 246, 422
    Sigmund, Bildschnitzer, -hauer, Maler, Weinschenk, Stadtrat 682, 683, 699, 701

Thoman 77
　Ulrich, Weinschenk 699, 700
　Wolfgang 699
Hafnerin, Hans 213
Hafnerin, Kaspar 432
Hafnerin, Stefan 679
Hägele, Stuhlschreiber 399
Hagenauer 106
Hagenauer, Hans 598
Hagenauer, Jörg 202, 208
Hagenauer, Ulrich 52, 568
Hagenrainer, Konrad 118
Hagin, Heinrich, Tändlerin 225
Hagn, Andre, Schneider 242
Hagnin, Andre, Schneiderin 249
Hagnin, Heinrich 225
Haiburger, Lienhart 47
Haid, von der, Gredl 171
Haidelberger, Hans, Messerschmied 328
Haiden
　Hans, Goldschmied 674, 676
　Irmgart 674, 676
　Jörg, Amtmann 55
　Lienhart, Goldschmied 449, 674, 677, 679, 680
　Margaret 674
　Thoman 561, 674, 677
Haider, Hans, Koch 399
Haiderin, relicta 716
Haim, Kaspar, Schneider 243, 292, 373
Haimer, Michel, Schneider 337
Haimperger, Peter, Schneider 43, 45
Haimperger, Walpurg 43
Haimreiter, Jörg, Melbler 412
Haimreuter (Hainreiter), Wolfgang, Maurer 341, 382
Haindl, pueri 418, 452
Haindlich, pueri 246
Haingartner, Hans, pueri 312
Haingartner, Jacob, Salzstößel 54, 398
Hainlich (Haimlich, Hainrich, Haindel), Paule 395, 404
Hainmüller
　Jörg, Bräu, Stadtrat 704, 705
　Katharina 704
　Sigmund, Bäcker, Stadtrat 704
　Veit, Kornmesser 169
Hainreicher, Konrad 530
Hainrerin 486
Hainrichin, Michel 251
Hainsteter, pueri 422
Hainsteter, Sigmund, Weinschenk, Stadtrat 438
Hainsteterin 571
Hainsteterin, Sigmund, Weinschenkin 438
Haithauser, Ulrich, Schneider 387
Haitvolck, Sattler 35
Haitvolck, Thoman, Großer Rat 403
Haitzer, Lienhart, Melbler 381
Haitzerin, Linhart 373
Haitzinger *Siehe* Heutzinger
Halbachs (Halbags), Maler 170, 388
Halbschuster, Johannes 599
Haldenberger (Halmberger)
　Barbara 413, 440, 441
　Jacob 442
　Joseph 442
　Kaspar d. Ä. 440
　Kaspar d. J., Wirt, Weinhändler 333, 338, 413, 415, 441
　Konrad 113, 143, 144, 189, 437
　Lutz 441
　Maria 285, 333, 336, 338
　relicta 440
　Ulrich, Pfändermeister, Stadtrat 49, 51, 59, 77
Haldenbergerin, Kaspar 441
Hälgenman, Ulrich 208
Haller, Bernhart 272
Haller, Heinrich, Weinschenk 82
Halmesser, Peter 24
Hälshamer *Siehe* Hillesam
Haltzler, Käufel 451
Hamer, Hans, Schmied 145
Hämerl, Fragner, Fütterer 443
Hämerl, Konrad, Seiler, Weinschenk, -händler 46, 339
Hämerl, Lienhard 702
Hamerschmidin, Anna, Naterin 389
Hamersperger, Elspet 238
Hamersperger, Hans, Salzstößel 202, 238, 240
Hampel, Schneider 327
Hamrerin ? 128
Händel, Konrad, Schmied 39
Handel, Martein 340
Händel, Michel, Sporer 146
Händlin 119
Handschuher, Wolf, Wirt 496
Hanneman (Henneman), Hans, Deckenmacher 389
Hanold, Erhart, Hofkoch 344
Hans, Niklas 218, 221
Hansin, Anna 241
Hantmalerin 512, 550
Hantmulner, Sigmund, Schlosser 54
Häppel, Cristof 62
Härbinger, Peter *Siehe* Perbinger, Peter
Harder
　Andre, von Augsburg 619
　Bäcker 579, 581
　Balthasar, Goldschmied 257, 481, 630, 633, 673
　Clas 107
　Cristof 481
　Cristof, Lernmeister ? 508
　Diemut 98, 100
　Elisabeth 481
　Felizitas 633
　Hans 98, 100
　Hans, Prüchler 599
　Heinrich, Plattner 152, 153, 553
　Jörg 95
　pueri 633
　Rosina 254
　Stefan, Kramer 369, 373
　Ursel 22
Harderin 216
Härlin 354
Harlinger, Peter *Siehe* Perbinger, Peter
Hartel, Fritz, Fragner 424
Hartel, Maurer 517, 534
Härtl, Sigmund 24
Hartlieb
　Agnes 557, 714
　Dorothea 275
　Dr. Hans, Leibarzt 275, 277, 284
　Gotthart, Landrichter, Pfleger 275, 293
　Meister Hans 557
　Niclas, Apotheker 557
　Sibilla 275, 557
Hartlieb (von Speyer), Hans d. J., Met-, Weinschenk 714, 715
Hartlieb (von Speyer), Hans, Eichmeister 715
Hartlieb (von Speyer), Hans, Metschenk, Weinschenk, Stadtrat 494, 557, 561
Hartman 380

Hartman, Mathes, Apotheker 151
Hartman, Mathes, Salzstößel 236
Hartmanin 77
Hartmoser, Ulrich, Fragner, Melbler 432
Hartmoser, Ulrich, Käufel 180
Hartschmid
    Barbara 357, 359
    Hans, Gerichtsschreiber 357
    Kaspar 357, 359
    Peter 359
    Veit, Glaser 357, 359
Has (Haß)
    Hans, Zinngießer 37, 372
    Leutwein, von Wasserburg 366, 367
    pueri 544
    Urban, Gewandschneider 543, 544, 724, 725
Haselbeck, Stefan 166, 168
Haselpeck, Franz, von Landshut 614
Hasenegger, Dietrich 194, 201, 222
Hasenegger, Werndel 416
Haslinger, Herr 295
Haslinger, Niklas, Maurer 133
Hatz, Kaspar, Floßmann 58
Hatzler, Lautwein 615
Hatzler, Sixt, Hofmetzger 635
Hatzler, Ulrich, Hofgesind 650
Haubmschmid, Jörg, Schwertfeger 212
Haubmschmid, pueri 509
Haug
    Gastel, Bürger zu Augsburg 356, 358
    Kornmesser, Fütterer 194, 396
    Matheis, Weinschenk, Weinhändler 158, 194, 236, 368
    Stefan, Stadtschlosser 121
    Ulrich, Fragner 32
Häugel, Konrad 712
Haugin, Fragnerin, relicta 426, 437, 443
Hauglin 164
Haunspeck, Peter, Handel mit Kuttelfleck 433
Hausel, Fragner 438
Hausen
    Beatrix von 74, 625
    Clara von 75
    Dorothea von 75, 563, 566, 625
    Franz von, Stadtrat 74, 75, 332, 333, 488, 489
    Gabriel von 74
    Hans von, Stadtrat 74, 75, 563, 566
    Konrad von, d. J. ? 33
    Konrad von, Stadtrat 74, 75, 488, 489, 578
    Ursula von 74, 672
Hauser, Münzer 538
Hausner
    Els 52
    Gerunck 437
    Hans 707
    Macz 52
    Wilhalm 351
Hausnerin 229
Haussel (Heysel), Matheis, Marktmesser 451
Hautscheft, d. Ä. 722
Hautzndorfer, Jörg 398
Hayder, Jörg, Weinschenk 96
Haydin, Andre 61
Haydin, Stefan 257
Haydn, Stefan 186
Haymairin 206
Haynberger, Hans 372
Haynin, Martin 708
Hebenmarckt, pueri 402

Heber, Jörg 372
Hebmstreit, Hans, Glaser, Glasmaler 500
Hecht, Bartlme, Kartenmacher 241, 412
Hecht, pueri 107, 108, 303
Hechtel, Messerer 60, 228
Heckinger, Michel, Kaplan 44
Heckler, Stefan 229
Hefely, Georius 651
Hefenhöhin 32
Hegkmair, Rudel, Schuster 668
Heindl, Michel, Lederer 325
Heindl, Regine 325
Heinkamer, Hans, Maurer 187
Heinrich, Herzog 79, 576
Heiss (Heiß, Heys, Heyß), Fragner 431, 438
Heiss (Heiß, Heys, Heyß), Lienhard 694, 716
Heiss (Heiß, Heys, Heyß), Ulrich, Messerschmied 47, 125
Heisshamer, Wilhalm 388
Heissin (Heussin) 141, 146
Held (Helt)
    Anna 398
    Hofbarbier 308
    Jörg, Schneider 248
    Konrad, Schuster 345
    Ulrich 644
Helfendorfer, Hans, Hofgesind 648
Helgenman, Ulrich 180
Hell, Jakob, Maurer 55
Hell, Ulrich 527
Heller, Hans, Goldschmied 624
Heller, Konrad, Arzt 96
Hellerin 162
Hellgruber, Wolfgang 340
Hellmaister 619, 707
Hellmaister, Adam, Stadtrat 230
Hellmaister, Paul, Weinschenk 230
Hellmaister, pueri 221
Helmsmid
    Hans 118
    Hans, Wirt 46, 95, 106, 169, 416, 583
    Heinrich 118
    Kaspar, Wirt 46, 98, 106, 163
Heltzenberger, Andre 256
Hemerlein 723
Hemmel, Peter, Glasmaler 564
Hendtsperger (Hends-, Hens-), Augustin, Stuhlschreiber 389, 604, 708
Henny, Jacob 651
Herbinger, pueri 602, 702, 707
Herbingerin 702
Herbst, Johann 667
Herbst, Schuster 115
Herbst, Ull, Schuster 451
Herdegen, Konrad 550
Herel *Siehe* auch Herl, Hörl, Herman, *Siehe* auch Herman, Hörl
    Hans, Schuster 695, 696
    Schneider 599
    Stadtsöldner 321
    Ulrich, Schuster 23
Herfart, Michel, Reiter, Abspüler 297
Herkhomerin, Barbara 206
Herl *Siehe* auch Herel, Hörl
Herl (Herman, Härl), Hans, Schneider, Gewandschneider 476, 479, 481
Herlin, Gewandschneiderin 322, 327
Herman *Siehe* auch Herel, Hörl
    Hans, Schlosser 36, 37, 39, 40, 328

Hans, Schneider 398
　　Hofschuster 486, 554
　　Jeronimus 40
　　Kaspar, Wirt 91
　　Margaret 36, 40
Herman (Hörman), Sebastian, Eseltreiber 251
Hermanin, Aengel, Hofgesind 348, 477, 554
Hermanin, Hans, Sesslerin 131
Hertel *Siehe* auch Haertel
Hertel, Heinrich, Zinngießer 409
Hertel, Zinngießer 697
Hertlin 341
Hertlin, Kramer 356
Hertzeisen, Peter, Hofgesind 649
Hertzog
　　Barbara 547
　　Hans, Weinschenk 411
　　Jacob 380
　　Jacob, Buchbinder 251
　　Kaspar 354, 419
　　Prädikant 526
Herwart von Augsburg 298
Herwart, Erhart 80
Herwart, Ulrich, Goldschmied 340, 697
Herzogin, die alt 355
Hesch, Heinrich 158
Hesloher, Benedikt, Buchbinder 197
Hesntaler, Utz, Tagwerker 41, 287
Hessin 241, 249, 388
Heublman (Heiblman), Jörg 193
Heublman (Heiblman), Konrad, Salzstößel 381
Heublman (Heiblman), Ulrich 193
Heublman (Heiblman), Utz, Salzstößel 381
Heutzinger (Hai-, Hey-, Hau-, Häu-)
　　Anna 548
　　Franz, Kramer 471
　　Hans, Gesindekoch 548, 549
　　Hans, Weinschenk 471, 477, 491
　　Heinrich, Weinschenk 470
　　Jacob, Maler 587
　　Jacob, Maler ? 470, 472
　　pueri 471
　　Werndlein 605
　　Werndlein: 222
Heutzingerin, Engel, relicta 605
Heutzingerin, relicta 128, 222, 327, 693
Heysel *Siehe* Haussel
Hicker, Anna 646
Hicker, Mang, von Straubing, Stadt- und Hofapotheker 646, 647
Hiebl, Hans 400
Hiebl, Hans, Kürschner 257
Hiendl, Lienhart, Choralist 58
Hiener, Michel, Schneider 341
Hilgar, Kaspar, Melbler 412
Hill, Perchtolt, Schneider 449
Hillesam (Hildenshaim, Hälshamer), Konrad, Goldschmied 494, 499, 546
Hillesam (Hildenshaim, Hälshamer), pueri 491
Hilpoltzstainer, Konrad, Hofgesind 649
Hilpurger, Ludwig, Fragner 450
Hilpurgerin 118, 247
Hiltenstainer, Wilhalm, Melbler 411, 431
Hiltz, Katharina 337
Hindsperger *Siehe* Güntersperger
Hintermair, Ulrich, Bettelrichter 250
Hinterskircher, Sigmund, Oberrichter 97
Hipper, Hans, Schneider 684
Hirnhamer, Hans, Amer 98

Hirnschell, Michel 511
Hirschpender, Jörg, Nagler 243
Hoch, Ull, Kornmesser 398
Hoch... *Siehe* auch Hoh...
Hochenauer, Anthoni 574, 616
Hochenauer, Hans 160
Hochenauer, Katharina 160
Hochenauer, Susanna 574, 616
Hochenkircher, Hans 507, 517
Hochenloch(er), Aendlein 603
Hochenloch(er), Konrad 545, 603
Höchnperger (Hohenberger), Konrad, Kramer 587, 684
Höchnpergerin 461
Hochprantin 443
Hochreiter, Erhart, Weinschenk 96
Höchsteter, Balthasar, zu Schwaz 364
Höchstetter, Dorothea 686
Höchstetter, Walther, von Schwaz, Erzkastner 686
Hochstrasser, Jörg 603
Hof
　　Hans von, Bäcker 121
　　Herr Michel von 60
　　Sigmund, Schuster 617
　　Ull von, Käufel 615
Hofer
　　Cristof 330, 429, 430
　　Elisabeth 430
　　Els 35, 52
　　Els, Wirtin 68
　　Katharina 430
　　Peter 222, 343
　　pueri 76
　　Regina 428, 430
　　Virgil, Bürger zu Salzburg 428, 430
　　Wiguleus 76, 97
　　Wolfgang, zu Urfar 328, 330, 428, 430
Hoffman, Fridrich 33
Hoffman, Hans, Lernmeister 129, 388
Hoffman, Schuster 545
Hoffmanin, Jörg 48
Hofhaimer, Peter, Steuerknecht 607
Hofing, Hans 722
Hofleich, Konrad, Schmied 117, 145
Hofmair, Jacob, Fragner 380
Hofmair, Perchtold 195
Hofmalerin, Regina 532
Hofman, Perchtold, Fragner 451
Hofoltinger (Hofaltinger)
　　Fridrich, Kornmesser 397
　　Heinrich 163
　　Martin, Weinschenk 53, 460, 693, 706
　　Salzstößel 207
Hofperger 627
Hofperger, Konrad, Schneider 65, 67
Hofprant 35
Hofreiter 499, 511
Hofsingoltinger, Bernhart, Wirt 48, 419
Hofstetter, Balthasar, Futterschreiber 84
Hofstetter, Johannes, Steuerschreiber 609, 617
Hofull, Käufel 68
Hoh... *Siehe* auch Hoch...
Hohenberger *Siehe* Höchnperger
Hohenfelser 468, 567
Hohenrain, Stefan ab dem, Schneider 23
Höhenrainer, Konrad, Schreiber 73, 75
Höhenrainerin, Margaret 74, 75
Hohensin, Konrad, Nagler 230
Hohensin, Peter, Nagler 216, 224
Hohensin, pueri 685

Holenstain, Ulrich, Schneider 164
Holenstainer, Peter, Kistler 47, 53, 64
Holer, d. J., Schäffler 526
Höler, Jörg, Badknecht 41
Holer, Maler 437, 449, 526, 628, 706
Holer, Schäffler 272, 307
Holerin 64
Holipin 432
Höller, Hans, Kornmesser, Wirt 162, 382
Höltzel (Höltzl, Holtz) 164
    Anthoni, Messerschmied 143, 145
    Apollonia 143, 145, 560
    Cristof, Messerschmied 143, 144, 147, 150, 155, 157
    Diemut 155, 157
    Fridrich, Schuster 531, 532, 603
    Fridrich, Wirt 163, 339, 403
    Hans, Maurer 341
    Peter 491
    Schneider 396, 583
    Ulrich 399
Holtzhauser 632
Holtzhauser, Hans 719
Holtzhauser, Peter 713, 714
Holtzhauser, pueri 503
Holtzhay, Bartlme, Hofsattler 536, 537
Holtzhay, Michel 503
Holtzinger, Lenhart, Windenmacher 323
Holtzkirchen, Hans von, Schneider (= Holtzkircher) 339
Holtzkircher
    Dorothea 394, 395
    Gabriel, Salzsender, Wirt 351, 431, 469
    Hans, Schneider 307, 314, 316, 318, 339
    Kaspar, Weinschenk 395, 470, 472
    Ulrich 307
Holtzleiter, Konrad, Kornmesser 170, 177, 185
Holtzmair, Sebastian, Salzstößel 220, 222, 258
Holtzmüller, Jörg, Bräu 703
Holtzmüllner, Hans, Schlosser 146, 243
Holtzner
    Jörg, Zinngießer 380
    Karl, Weinreisser 453
    Kind 468
    pueri 594
    Sebastian, Salzstößel 258
Holtzschuch, Hans, Schneider 127, 562, 678
Holtzschucher, Hans 135, 444
Hopfauerin 441
Hörl *Siehe* auch Herl, Herel
    Adam 102
    Andre 291
    Anna 704
    Apollonia 110
    Barbara 703, 704, 709
    Benigna 704
    Cristof, Tuchmanger, Stadtrat 109, 110, 704, 705
    Elisabeth 183, 185
    Hans 108, 110
    Jörg, Kornmesser 183, 185, 213
    Konrad d. J. 704
    Konrad, Gewandschneider 703
    Konrad, Gschlachtgwander 108, 110
    Peter 157
    Sebastian 321
    Sigmund 108, 110, 157, 704, 705
    Sigmund, Gewandschneider 152, 156, 157
    Sigmund, Stadtrat 110, 290, 291
    Simon, Trabant 73
    Ulrich, Gewandschneider 157
    Wilhalm, Eisenkramer 108, 110, 704, 705
    Wolfgang 108, 110, 704
Hörlin, Sigmund 102
Hörlkoferin 473
Hornaff, Goldschmied, relicta 606
Horndlin, relicta 478
Horsapp, Hans, Gürtler 164
Horsappin, relicta 404
Hort, Hans, Lernmaister 359
Hört, Konrad 206, 343
Hösch, Albert, Schulmeister 236
Hösel, Heinrich 620
Hoy, Werndel 614
Huber
    Asm, Fragner 202, 208
    Hans, Kramer 451
    Hans, Salzstößel 380
    Heinrich, Käufel 410
    Jacob, Schuster 486
    Kornmesser 437
    Margaret 590
    Messerer 116, 587
    Messerschmied 327
    Peter, pueri 54
    Thoman, Gewandschneider, Weinschenk 590
    Ulrich, Weinschenk 518
Hübschwirt, Niclas 68, 77, 102, 397
Hudler 121
    Anna 173, 175
    Elspet 173
    Hans 173
    Hans, Schreiber 176
    Kathrei 173
    Sighart, Salzsender, Weinhändler, Stadtrat 113, 114, 124, 144, 163, 173, 175, 373, 375
Hudlerin 175
Huebel, Hans, Kürschner 257
Huebel, Hans, Weinschenk 399
Hueber
    Achaci 129, 225
    Andre, Visierer 313, 337
    Anna 539
    Apollonia, Seelnonne 290
    Arsaci 360
    Balthasar, Melbler 58, 231
    Balthasar, Weinschenk ? 494
    Barbara 183
    Bartlme, Sattler 483, 611, 685
    Benedict, Riemer 108
    Hans, Fuhrmann zu Hof 718
    Hans, Salzmesser 84
    Hans, Tagwerker 286
    Jörg, Kornkäufel 183
    Jörg, Kornkäufel, Tagwerker 187
    Jörg, Kornmesser 183, 184
    Jörg, Weinschenk 591
    Kaspar, Melbler 369
    Kaspar, von Neuharting, Wirt 715
    Lienhart 48
    Lorenz 591
    Margaret 183, 184, 591
    Mathes, Melbler 212
    Messerer 599
    Michel, hgl. Mundkoch 591
    pueri 715, 717
    Simon, Eisenkramer 25, 34
    Thoman, Gewandschneider, Weinschenk 105, 591
Hueberin 124
Hueberin, Heinrich, Botin 187
Hueberin, Jörg 251

Huefnagl, Wilhalm 42, 56
Hueter, Jacob, Schenk 513
Hügly von Wiel 651
Hülger
   Anna 232
   Hans 183
   Hans, Bräu 232, 233, 432
   Johann, Benefiziat 232, 233
   Konrad, Melbler 183, 184
   Lorenz 232
   Margaret 183, 184
   pueri 378
Hülgerin, Lorenz 233
Hülgerin, relicta 645
Hultzinger, pueri 444
Humblin 491
Humbs, Hans, Kornmesser 169
Humbs, Lienhart, Kornmesser 167, 168
Humbs, pueri 619
Humbsin, Lienhart 171
Humbsin, relicta 402
Humel, Konrad, Metzger 568, 628, 706
Humel, Ulrich, Bogner 398
Humpl, Hans, Kornrührer, Hofgesind 469
Humpl, Thoman, Salzstößel 290
Humplmair, Jörg, Wirt 258
Hundertpfund 303, 458
   Andre, Bäcker 121
   Anthoni, Goldschmied, Münzmeister 257, 630, 631, 632, 633, 716
   Balthasar, Lernmeister 186
   Balthasar, Münzmeister 633, 684
   Elsbet 408
   Felizitas 480, 633
   Gabriel, Goldschmied, Münzmeister 494, 630, 632
   Hans, pueri 221
   Hans, Salzsender, Stadtrat 90, 256
   Judith 633, 716
   Kaspar, Salzsender, Weinschenk, Stadtrat 473, 569, 571, 574, 578, 694
   Ludwig, Kinder (pueri) 633, 716
   Margaret 630, 632
   Münzmeister 482
   Niclas 571
   pueri 633, 673, 716
   Rebecca 631
   Ursula 716
Hundertpfundin, Anthoni 702
Hundertpfundin, Kaspar 571
Hundt, Dr. Wiguleus, hgl. Rat 524
Hundt, Jörg, Hofschneider 304
Hunger, Fridel, Bäcker 417
Hunger, Urban, Weinschenk 83, 130
Hunger, Wolfgang, Wirt 308, 473, 562
Huntesmüller 181, 256
Hunthaimer 89
Hunthaimer, Hofgesind 649
Hunthaimerin 133, 223
Hüntlin, relicta 398
Hupf, Konrad 201
Hupf, Perchtold, mercator 603
Hupfull, Hofgesind 649
Hürlacher, Sebastian, Stadtpfeifer 124
Hurlepain, Hans, Schlosser, Uhrmacher 328, 482, 645
Hurn, Konrad 533
Hütler, Anna, Käuflin 372, 450, 603, 624
Hützgut, Heinrich, Schreiber 341, 344
Hützgutzin, relicta 272
Ickinger, Konrad, Weinschenk 360

Illsung, Jörg, Wirt 394, 395, 401, 402
Illsung, Ursula 394, 395, 401
Impler 206, 570
Impler, Franz 253, 255, 258, 445, 447, 491, 579, 581
Impler, Hans, Tuchhändler, Stadtrat 252, 254, 445, 447
Inglsperger *Siehe* Englsperger
Ingram, Andre, Bäcker 471
Isner 423
Jäger
   Hans, Lederschneider 57
   Hans, Schmid, Barbier 382
   Hans, Schneider 241, 248, 508, 546, 718
   Hans, Tuchknecht 243
   Hans, von Landsberg 509, 510
   institor 583, 668
   Michel 128
Jägermeisterin (Kummersbrucker), Anna, Äbtissin 139
Jaibinger, Konrad 542
Jaibinger, Wilhalm, Schreiber, Weinschenk 409, 424
Jakob der Jude von Landshut 282, 284
Jakob, Mang, Seidenstricker 56
Jakobäa von Baden, Herzogin 269, 271
Jambs, Bartlme 257
Jänni, hgl. Kämmerling 471
Jasperger
   Agnes, Witwe 680
   Anna 680
   Jörg 675, 680
   Oswald 680
   Ott, Schneider 675, 679, 680
   Ulrich, Schreiber 538
Jocher 568
Johann II., Herzog 26
Johann, Herzog 485, 520, 605, 658, 665, 669, 675
Jordan, Wolfgang 617
Jordanin, Els 118
Jörg, Hans, Baccalaureus 251
Jörg, Hans, Schreiber 251
Jörger, Heinrich, Schneider 405, 551
Jörgner 427
   Diemut 252
   Konrad 252, 254, 445, 447
   Ludwig 87
   Wilhalm, Wirt, Stadtrat 79, 86, 87
Judenkopf, Hans 410
Jüngstel, Fragner 448
Kachler, Andre, Zehrgadmer, Hofkellner 78, 134, 503, 553, 554, 679
Kachler, Jakob 306, 307
Kaefer 486
Kaels, Fridrich, Kornmesser 185, 409
Kaemler, Thoman 116
Kaeninger, Schneider 537
Kaepfenberger
   Agnes, Weinwirtin, Getreidehändlerin 563, 566
   Konrad, Salzsender, Weinhändler, Ungelter 413, 563, 566, 627
   Ludwig, von Freising, Salzsender, Stadtrat 563, 566, 625, 627
   Peters (Petronella) 563
Kaergel, Heinrich, Marktmesser 450
Kaes, Hans, Goldschmied 61
Kaetzel, Heinrich 53, 223, 321
Kafreich (Kefrich, Kafrer), Hans, Kistler 617, 620, 716
Kafreich (Kefrich, Kafrer), Heinrich 716
Kagermair, Hans, Sattler 116
Kaiser
   Bäckerin 57
   Cristoff d. J., Schneider 485, 486

Cristoff, Schneider 485, 486, 502
Hans, Schneider 485, 486, 631
Kaspar 485
Peter, Koch 588
Rebecca 485
Regina 485
Ursula 485
Weber 533
Wolf, Tagwerker 287, 297, 503
Kälbel (Kalbl, Kölbel, Khelbl), pueri 419, 433
Kälbel (Kalbl, Kölbel, Khelbl), Sigmund 322
Kälblin, Hofgesind 648
Kalcheder, Jacob, Messerschmied 483
Kalchofer, Hans, Schlosser 54
Kalchofer, Kaspar, Schlosser 54
Kaldorferin, Cristof 257
Kaltenhauser, Hans 197
Kaltenpruner, Hans, Gewandschneider 364, 587, 636, 706
Kaltenpruner, Lienhard 636
Kaltenpruner, Sigmund, Gewandschneider, Weinschenk 594, 710
Kaltentaler, Hans, Weinschenk 722
Kaltner, Wolfgang, Buchführer 337, 717
Kaltzeisen (Kaltzeß), Hans, Kornmesser 186, 413, 418
Kaltzeisen, Lienhart, Weinschenk 372, 594, 617
Kamer, der von 236
Kamerberg, Johan von, Stadtoberrichter 266
Kamerberger, Anna 639
Kamerer
    Bäcker 386
    Hans, Deckenmacher 389
    Lienhart 712
    Tagwerker 399
    Ulrich, Metschenk, Weinschenk 572, 716
    Ulrich, Weinhändler, Wirt, Stadtrat 509, 510, 598
    Ulrich, Weinschenk 580, 581
Kamererin, Hans 622
Kamerloher, Kaspar, Salzstößel, Weinschenk, Zöllner 91
Kamerloher, Wolfgang, Maurer 474
Kameter, Ruprecht 224
Käml, Ursula 636
Kammater *Siehe auch* Kemater, Kemnater, Kemmater
Kammater (Komoltrer), Hans d. J., Sattler 207
Kammater, Hans 118, 125, 222, 272, 339, 343
Kammater, Hans, Sattler 348
Kammater, Hans, Schuster 533
Kamp (Khamp), pueri 371
Kamp, Hans, Riemer 126
Kandler, Jörg, Schuster 538
Kanner, Heinrich, Schuster 117
Kantzler, Hans, Melbler 73
Kantzler, Peter 46
Käpfer, Hans 32
Kapfl, Hans, von Tölz 690
Kapfl, Lienhard, Kramer, Stadtrat 582
Kapler, Benedikt 19, 22
Käpler, Jacob 594
Käpler, Jörg, Kramer 600
Kaplerin 22
Käplerin 503
Kappeler, Konrad 599
Käppelerin 170
Kapser, Konrad, Koch 92, 99, 101
Kapser, Wolfgang, Koch 101
Kärgl, Hans, Goldschmied 360, 578, 610
Kärgl, Wolf, Schlosser 120
Karl (Kärl), Peter, Fragner 195, 202
Kärl, Bartlme, Lernmeister 610

Karl, Schuster 61
Karl, Sebastian, Lernmeister 187
Kärlin, Lienhart 41
Karlstainer, Franz, Glaser 356, 359
Karlstainer, Martin, Glaser 356, 358, 404, 455, 456
Karner, Andre, Kramer 369
Karner, Fridel 431
Karner, Jakob, Schuster 225
Karnerin 388
Kärntner, Erhart, Kramer 135, 210
Karr, Christoph, Tagwerker 432
Karrer
    Heinrich, Fragner 531
    Jacob 531
    Ott, Schreiber 531
    Perchtold 586
Karß, Gabriel, Goldschmied 572
Karst, Hans, Stadtwerkmeister 504, 505
Karthauser
    Bonaventura, Küchenmeister 618, 619
    Bonaventura, Zinngießer 568
    Dr. Alexander, Stadtleibarzt 209, 272
    Regina 618
Kaschauer 651
Kaschauerin (Kasauerin) 223
Käser, pueri 67
Kassauer, Hans, Maler 507
Kassauerin, relicta 327
Kastner
    Agnes 151
    Agnes, relicta 574, 577
    Fridrich 205, 574
    Ges 207
    Hans, Kanzler 205
    Heinrich 683
    Konrad, Salzsender 205
    Martin 205
Kastner (Kaster), Michel 349, 668
Kastnmüller, Jörg, Kornmesser 165
Katzel, Heinrich 229, 460, 603
Katzmair 78, 132
    Agnes 80, 298, 299
    Beatrix 74, 564
    Clara 79, 375
    Elisabeth 80
    Hans 81
    Hans, Stadtrat 78, 80, 81
    Jacob 81, 564, 567, 625, 632
    Jörg 69, 74, 79, 564, 625
    Jörg, Weinschenk, -händler, Stadtrat 79, 80
    Martin, Stadtrat 79, 81
    Niklas, Stadtrat 81
    pueri 81
    Wolf, Maurer 56
Katzmairin 72
Katzmairin (Katzmerin), Hans 542
Katzmairin, Hans, relicta 72
Katzpeck 388
Kauffer, Konrad ?, Ringler 443
Kaufman
    Asm, Gewandmacher 511
    Hans, Goldschmied 510, 511, 524
    Hans, pueri 498, 511, 555
    Heinrich, Weinschenk 510, 511
    Katharina 510
    Klas, Goldschmied 284, 511
Kaufringer, Konrad 25
Keck
    Heinrich, Bäcker 121

Heinrich, Schneider 546, 628, 678
    Margaret 53
    Stefan 555
Keckerman, Konrad, Schneider 486
Keckerman, Schneider 450
Keferloher
    Anna 630
    Hans, Kürschner 297, 322, 408, 588
    Hans, pueri 181
    pueri 399
    Steffan, Weinschenk 408
Kegel, pistor 417
Kegl, Utz, Hauspfleger 131
Kegl, Utz, Tagwerker 129
Keglmair 610
Keglmüller, pueri 181
Keil *Siehe* Keul
Kelermaus 624
Kelhaimer
    Hans, Kornmesser 387, 411, 425
    Heinrich 168, 397
    Jakob 166, 168
    Jörg 166, 168, 431
    Konrad 448
    Konrad, Schneider 351, 507
    Kristein 166
Kelhaimerin, Jakob 168
Keller (Kellner)
    Hans, Büchsenmeister 323
    Hans, Schneider 146, 165, 405, 482, 508, 611
    Hans, Weinschenk 183, 184
    Heinrich, mercator 116
    Jörg, von Wolfratshausen 481
    Kaspar 554
    Margaret 183, 184
    Martin, Schneider 553
    Peter 482
    Peter, Salzstößel, Weinschenk 201, 207, 351, 372
    pueri, von Wolfratshausen 487
    Sattler 116, 117, 123, 157, 207, 387
    Thoman, Melbler 438
    Ulrich 512, 594, 617, 706
Kellmair, Cristof, Tuchscherer 146
Kellnerin 76
Kellnerin, Michel 692, 693
Kemater *Siehe* Kammater, Kemnater
Kemater (Kemmater)
    Hans, Schneider 509
    Heinrich, Schneider 388
    Jacob 386
Kematerin, relicta 586
Kemmater, Jakob 194
Kemmater, Ortel 236
Kemmerin, Kundl 724
Kemnater *Siehe* auch Kammater, Kemater
Kemnater (Kempnater) 378, 421
    Agnes 474
    Erhart 412, 414
    Hans, Kornmesser 191, 196
    Heinrich, Schneider 151, 186, 191
    Prachsewa 412
    Praentel 474
    pueri 449, 553
Kemnater (Pfaeffel), Fridrich 378, 449, 474, 475, 481
Kemnater (Pfaeffel), Fridrich, Weinhändler ? 572, 583
Kemptner 368
Kerber, Hans, Feilenhauer 216
Kern
    Anna 521, 523

Jörg, Wirt 248
Kristan, Weinschenk 521, 523
Lienhard, Beutler, Zöllner 645
Peter 541
Sabina 541
Thoman, Buchbinder 125
Wilhalm, Kartenmacher 248
Wolf, Bote 42
Kern (Kren), Stefan, Schenk ? 635
Keslman, Erasm, Buchführer 483
Keslring, Michel, Schlosser 121, 146
Kest, Peter, Spängler 165, 382
Keul, Hans 141
Keul, Lienhart 141
Keyl, Maurer 722
Khain (Khuen), Hans, Beutler 24
Khamel, Stefan, pueri 673, 679
Khäser, Beckin 222
Kheiss, Dr. 588
Kheiss, Dr., pueri 430
Kheissin, Diepolt, pueri 430
Kheissin, Diepolt, relicta 437
Khiechlmairin, Peter 131
Khlainer, Barbara 412
Khnallig, Anna, Hennendirn 344
Khnollin, Paule 600, 712
Khöbl (Kobl) 272, 623
Khöbl, Anna 441
Khöbl, Cristof, Wirt, Stadtrat 441, 442
Khräl *Siehe* auch Krell
Khräl (Khröl, Kräl), Niclas, Schuster 243, 317, 509
Khrendl, pueri 419
Khriml, pueri 645
Khröll *Siehe* Khräl, Krell
Khümerl
    Anna 266
    Jakob 230
    Joachim 230
    Jörg 230
Kibler, Sigmund, Salzstößel 102
Kidnit, pueri 189
Kiechlmairin, Peter 97
Kiemair, Arnolt, Kornmesser 170
Kiemseer, Kilian, Messerschmied 158, 326, 327
Kiemseer, Konrad, Salzstößel 54
Kiemseer, Lienhart 54
Kien, Stefan 694
Kieninger, Kanzleischreiber 323
Kienwerger, Barbara 313
Kipfinger *Siehe* auch Kupfinger
Kipfinger, Narciß, Schneider 84
Kirchdorfer, Cristof, Tuchscherer 172
Kirchdorfer, Hans, Arzt 379
Kirchdorfer, Niclas, Prokurator, Redner 187
Kirchhamer, Peter, Schlegel 723
Kirchlehner, Jörg, Kürschner 250
Kirchlehnerin, Jörg 373
Kirchmair 456
    Anthoni 498
    Erhart 422
    Hans, Stadtschreiber 300, 301
    Jörg 422
    Jörg, Kornmesser 388
    Lienhart, Bader 55
    Matheis, Weinschenk, Käufel 420, 422
    Mathes, Weinschenk, Eichmeister, Stadtrat 422
    Niclas, Schlosser 250
    pueri 422
    Ulrich, von Augsburg 300, 301

Ursula 300
Kirchmair (Kirmair), Oswald, Schuster 487, 503, 547
Kirchmairin von Landsberg 301
Kirchner (Kirner), Heinrich, Tuchscherer 584, 588
Kirchperger, d. J. 382
Kirchpucher, Fridrich, Kistler 608
Kirmair 701
Kirmair, Heinrich 208
Kistenfieger, Jacob, Glaser 502, 508, 546
Kistler
    Hans 672
    Heinrich 586
    Jeronimus, Trabant 57
    Michel, Schneider 340, 369, 568
    Sattler 456
Kitzinger, Peter, Bürger von Mühldorf 543
Kitzmägl, Ulrich, Goldschmied 405, 482, 555
Klaes, Söldner 61
Klaiber, Lienhart 229
Klain
    Hans Veit 216
    Hans, Tuchscherer 452, 587, 628
    Konrad, Obser 61
    Ulrich, Obser 54, 61
Klain (Clain), Jörg, Schlosser 151
Klaindel 247
Klainin 196
Klainpeck, Ulrich, Obser 54
Klamperl, Barbara 245
Klamperl, pueri 247
Klamperl, Sigmund, Floßmann 245, 247
Klarber, N. 389
Klasin, Michel 610
Klasner (Clasner), Hans, Tagwerker 503
Klasner (Clasner), Lienhart, Seidennater 482
Kleber(ger), Jakob, Schlosser 123, 135
Kleberger, Anna 510
Kleberger, Joseph, hgl. Harnischmeister 510, 511
Klebergerin, Jakob 229
Klebl, Andre, Melbler 191
Kleck, Jobs, Goldschmied 327
Kleuber
    Agnes 440
    Hans 440, 441
    Hans, Kramer, Weinhändler, Stadtrat 299, 346, 347, 564
    Hans, Messerschmied 47
    Hans, pueri 347
    Jacob, Salzsender, Weinschenk, Stadtrat 346, 347
    Konrad, Messerschmied 47
    pueri 82
Kleuberin 106, 111
Klieber, Hans, Goldschmied 634, 672, 684
Kling, Hans 566
Kling, Matheus, Bäckerknecht, hgl. Türhüter 382
Kling, Niclas 68, 403, 566
Klingenfels, Schneider 77, 89, 107
Klinger 141
Klinger, Fridrich, Kornmesser 379, 392, 397, 410
Klinger, Hans, Glaser 47, 684
Klinger, Heinrich 47
Klingseisen, Wilhalm, Salzstößel 249
Klofligl, Kaspar, Hofmaler 702
Klostermair
    Dr. Martin, Stadtleibarzt 160, 162, 355, 600
    Hans 85
    Jörg, Schneider 85
    Katharina 160
Knaebel, Schmied 664

Knaeblin, Lernfrau 122, 128
Knälling, Hofgesind 650
Knälling, Jacob, Goldschmied 608, 610
Knässlin 32, 35
Knaus, Michel, Lautenmacher 102, 130
Knausin, Michel 487
Knebel 199, *Siehe* auch Knöbl
Knebel (Knobel), Hans 33
Knebel, Hans 111
Knebel, Hans, Stadtrat 90, 96
Knebl 192
Knebl, pueri 602
Kneblin 566
Knendl, Hans 83
Kneutting, Cristof von, Stadtoberrichter 595
Kniepäntel 606, 607, 609
Kniepäntel, Hans, Weinschenk ? 163
Kniepäntel, Jörg, Kanzler, Weinschenk ? 496, 497
Kniepäntlin 609
Kniepäntlin, Agnes 601
Knitelsperger, Kind 350
Knitelsperger, Sigmund, Weinschenk ? 350
Knitelspergerin, Weinschenkin 350
Knöbl 94, 193
Knofleich, Hans, Goldschmied 229
Knogler, Jörg, Wirt 48
Knoll, Hans, Stadtsöldner 72
Knöllein, Konrad 457, 459, 524
Knöllein, Pauls, Weinschenk, Salzsender 458, 459, 501
Knoringer 256
Koberger, Stefan, Lernmeister 508
Köbl, Cristan, Steuerknecht 24
Köbl, Oswald 209
Koburger, Goldschmied 52
Koch
    Andre, Kürschner, pueri 169
    Andre, Schneider 50, 51, 146, 186, 373
    Hans, Uhrmacher 487
    Jörg, Weinschenk 226, 584
    Lienhart, Bräu, Weinschenk 237
    Margaret 50
    Melchior, Buchbinder 165, 172, 551
    Ulrich 170
Kochin, Lienhart, Hebam 249
Köchprunner, H., Amer 223, 312, 409
Köl, Fridrich 154
Kolb 720
Kolb, Hans, Weinschenk 594
Kolb, Nadler 116, 379, 387, 680
Kolbeck 598
Kolbeck, Prüchler 668
Kolber, Hans, Diener 297
Kolber, Marx, Schneider 323
Kolegger, Anna 325
Kolegger, Hans, Kramer 325
Koler
    Andre 348
    Hans, Gantladenknecht 123
    Hans, Weinschenk 717
    Hans, Wirt, Stadtrat 123, 126, 129
    Jörg, Karner 58
    Jörg, Wagenheber 58
    Konrad, Beutler 129
Kolerin, Kinder 348
Kolhaufin, Ursula, Federmacherin 628
Kollman, Hoflautenist 698
Kölniss (Kölnisch), Michael, Bürger zu Wasserburg 556
Komoltrer, Hans d. J., Sattler 207
Köpl, Hans, Kürschner 126, 127

Köpl, Margaret 126
Kopp, Hans, Tagwerker 250
Koppenhofer 724
Koppenhofer, Liebel 77, 349, 351, 379, 387
Koppenhofer, Salzstößel 455, 456
Koppin 249
Korenmess (Kornmetz), Kürschner 118, 348
Körndel, Peter, Fragner 196
Kornperger, Jörg, Bäcker 551
Kornves 396
Kornves, Ott, Weinschenk, -händler 95, 339, 617, 709, 710, 712
Kornvesin, relicta 301, 327, 339, 477, 684, 710
Kös, Hans, Schlosser 119
Köschinger (Kestinger), Wilhalm, Seidennater 702
Kostnitz, Ulrich von, Goldschmied 554
Köterlen, Hans 222
Kothmairin, Barbara, Würflerin 251, 257
Kotmüller, Jörg, Steinmetz 708
Kotter, Oswald 617
Kotter, pueri 617
Kraeftel (Kraft), Hans, Goldschmied 606, 615, 694, 697
Kraeftel (Kraft), Plattner, Großer Rat 153
Kraeftel (Kraft), Seidennater 639, 640
Kraegel, Heinrich 562, 668
Kraetzlin 118
Kraft *Siehe* Kraeftel
Kraft, Jörg, Salzsender 82
Kraft, Plattner 115, 150, 152
Kraftin, relicta 629
Kragel, Heinrich 369
Kräler, Jörg, Hofgesind 225
Kräler, pueri 594
Krälerin, relicta 502, 507
Kramer, Heinrich, Gantknecht 381
Kramer, Maler 721
Krangebel, Hans 64
Kransperger, Hans 194
Kransperger, Hans, Knecht des Jörgner 201
Kranvesel, Niclas 448
Kranvesel, Ulrich 299
Krapf, Madlen, Kramerin 617
Krapfel, Konrad 418, 424
Kratwol, Jörg, Nestler 707
Kratwol, Nestler 588
Kratzel, Fritz 135
Kratzer, Johannes, Schreiber der Herzogin Elisabeth 648
Kratzer, Konrad 317
Kraus (Khraus), pueri 304
Kraus, Albrecht, Goldschmied, aus Preußen 499
Kraus, Hans, Käufel 171
Kray, Hans 83, 361, 568, 672
Kray, Heinrich, Apotheker 49, 51
Kraysser, Hans, Münzer 297
Krebs, Heinrich, Goldschmied 213, 229
Krechel 550, 668, 678
Krechlin, Käuflin 486, 678
Krell *Siehe* auch Khräl
    Aelbel, Schuster 145
    Albrecht, Schuster 533
    Arsaci, Sattler 50, 125
    Asem, Sattler 151
    Barbara 123, 151
    Jörg, Schwertfeger 164
    Ulrich 599
Kremser 96
    Kilian 517
    Konrad 356
    Ludwig 301

Urban, Goldschmied 301, 308, 507, 517, 524
Wilhalm, Weinschenk, Ungelter 716
Kremserin 208
Kren, Klas, Krötler? 299
Kreß, Hans, Schneider 405
Kressdorfer, Magdalena 92
Kressdorfer, Martin, Sekretär 92, 94
Kretzin 118
Kreuss, Hainreich, Pfarrer 618
Kreutzer, pueri 193
Kreutzerin, Kaspar 250
Kreutzhueber (Kreutzer), Mathes, Pfeifer 717
Kriechpam(er), Jeronimus, Nestler 337
Kriechpam(er), Lienhart 337, 708, 717
Kriechpamer, Kornmesser 190
Kriechpom, von Passau 302
Kriegpamer, Hans, Tagwerker 250
Krimlin 90
Krinner
    Anna 371
    Augustin 186
    Kaspar, Lernmeister, Eichgegenschreiber 186, 405, 508
    Martin, Hofriemer 209, 370, 371
Krist... *Siehe* auch Crist...
Kristan *Siehe* auch Cristan
Kristan, Koch 706
Kristan, Kramer 724
Kristel
    Bote 416
    Hans, Schneider 468
    Hansel, Schneider 668
    Holzhacker 530
    Jud 338, 339, 437
    Kramer 725
    Lienhart, Obser 208
    Schneider 449, 472, 477, 562, 615
Kristoffin, Elspet, von Augsburg 611
Kröll *Siehe* Krell
Kroll, Schwertfeger 405
Kroll, Ulrich, Kistler 628
Krueg, Kaspar, Goldschmied 225, 341
Krug
    Eberl, Schneider 587
    Johans, Weinschenk, Weinhändler 266, 270
    Wolfgang, Nagler 125
Krugin, relicta 599
Krümbel
    Hans, Kornmesser 374, 377
    Katharina 283, 377
    Peter I., Stadtschreiber 283, 284, 374, 376, 514, 516
    Peter II., Weinhändler, Stadtrat 266, 283, 514, 516
    Peter III., Salzsender 515, 516
Krümblin, relicta 722
Krümmel 104
Kuchenmaister, Lienhart, Weinschenk 372
Kucherl, Asem, Seidennater 537
Kudnit, Jorg, Metzger 327
Kuechlpacher, Kramer 502
Kuffer, Hans, Bäcker 412
Külbinger, Peter 364
Kümerl, Fritz 491
Kümerl, Jörg, Schneider 489, 491
Kümerl, Sigmund, Schneider 491, 499
Kummersbrucker, Anna, Äbtissin (Jägermeisterin) 139
Kummersbrucker, Hans, Jägermeister 139, 140
Kummersbrucker, Konrad 135, 139
Kummerstadt, Anna von 682
Kummerstadt, Theophil von 682, 683

Kumsdorffer, Franzel 343, 345
Kumsdorfferin, relicta 549
Kun, Hans, Schuster 697
Kun, Ulrich, Schuster 603, 628, 684, 690, 711
Kundel, Käuflin 607, 694
Kundel, Messrerin 487
Kundorffer, Wilhalm, Gewandschneider 444
Künig (Kunig), Fridrich, Weinhändler, Braulehen-Inhaber, Stadtrat 406, 407
Künig (Kunig), Herman, Großer Rat 386, 407, 720
Künig (Kunig), Ulrich, Kürschner 301, 317, 379, 407
Künigin 412
Künigin (Kinigin), Kürschnerin 340
Künigin, Barbara 84, 182
Kunter, Konrad, Münzer 506, 572, 624
Kupferl 696
Kupfinger *Siehe* auch Kipfinger
Kupfinger, Cristan 54
Kürschner, Gred, Käuflin 603, 723
Kürsner, Franz, Büchsenmeister 373
Kurtz, Heinrich, Kornmesser 177
Kurtz, Taschner 456
Kurtz, Ulrich, Goldschmied 526, 628
Küßlingstein, Hans, Schneider 147, 150, 610
Labrer, Jörg, Huter 697
Lachamer, Kaspar, Kornmesser 180
Lachamer, Paulus, Stadtpoet 685
Lacher
    Fridrich, Sporer 35, 36
    Hans, Schlosser 36, 37
    Sporer 116, 154, 157
    Ursula 37
    Wilhalm, Schlosser 37
Laecher, Fragner 402, 442, 448
Lägelshaimer
    Jäckel, Scherge 417
    Jakob 163
    Werndel, Salwurch 115
    Werndel, Schmied/Schlosser/Sporer 154
Lagerin 694
Laideck, Peter, Barbier 405
Laideck, pueri 193, 685
Laideck, Sigmund, Buchbinder 131, 216
Laideckhin, Peter 172
Laimerin 133, 256
Laimgeist, Georg, Schneider 325
Laitinger, Ernst, pueri 34
Laitinger, Ernst, Rentschreiber 678
Laitinger, pueri 591, 701
Laitingerin, Ernst 304
Lamenecker, pueri 165
Lamichnicht, Simon 283
Lämpfertzhamer, Cristof, Stadtsöldner 55
Lamprecht
    Andre, Goldschmied 360, 533, 536, 537
    Balthasar 536
    Christoph 536
    Hans 536
    Judith 536
    Kaspar 536
    Katharina 536
    Scholastica 536
Lamprechtin, relicta 403
Lanckhaimer, Albrecht, Hofgesind 649
Lanckhrainer, Jörg, Hauspfleger 524
Lanckofer, Elisabeth 692, 693
Lanckofer, Wolfgang, zu Bittlbach, Rentmeister 692
Landauer, Ulrich, Schuster 190
Landshuter, Hans, Maurer 452

Ländsidlerin 513
Lang
    Goldschmied 484
    Hans, Tagwerker 285
    Jörg, Kutschenknecht 287, 317, 323
    Lienhart, Stadtschreiber 68, 273, 427
Langenwalder (Langwalder, Lengenwalder), Sigmund, Hofprokurator 479
Langenwalder, Hans, Hofgesind 360
Langerhals, Hans 403
Langew Heinrichin 396
Langhans, pueri 426
Langötlin von Schwabing 162
Langöttl, Hans, Melbler 438
Langseisen, Wilhalm 292
Lanngfarter, Ulrich, Maurer 287
Lanstetterin, Steffan 349
Lantman
    Alhayd 535
    Heinrich d. J., Zauer, Schneider 535
    Heinrich, Wirt 535, 539
    Konrad, Hofschneider 535, 536
Lantzinger, Hans, Reiter 341
Lantzinger, Kornmesser 404
Lapeck, Hans 351
Laubfogl 502
Laubinger (Lauginger), Niclas, Schreiber 443, 468, 472, 477, 512, 554, 706
Laubinger, Hans 692
Laufinger, Hans 48
Lauginger, Hans, von Augsburg 658
Laurein, Ulrich, Hofgesind 647
Lautel, Gewandschneider 506, 533, 561
Lauterbach 359
Lauterbeck, Tagwerker 339
Lauterius, Dr. Jörg, Hofprediger 85
Läutwinus, Schreiber 448
Lautzinger, Hans 702
Laymer
    Augustin, Steuerknecht 703
    Augustin, Weinschenk 703, 705, 719
    Hans 705
    Heinrich 283
    Heinrich, Metzger, Wirt 703, 704
    Ulrich 705
Leb (Lob), Ulrich, Koch 241
Lebansorg, Konrad 113, 143, 144
Lebenstain (Leonstain), Graf von 97, 133
Leber, Hans, Bräu 702
Leber, Hans, Gürtler 33
Lebin, Ulrich, Köchin 191
Leble, Sixt, Lernmeister 250
Lebmair, Wolfgang, Schneider 546
Lebman (?), Sebastian, Buchbinder 252
Lechinger, Katharina, relicta 290, 500, 501
Lechinger, Lienhart, Lederschneider 459, 500, 501
Lechinger, Lienhart, Schuster 478, 572
Lechle, Heinrich, Rentschreiber 98
Lechner (Lehner)
    Anna 486
    Anthoni 610
    Bäcker 417
    Georg, Schneider 296
    Hans, Goldschmied ? 54
    Jakob, pueri 102
    Jörg 469
    Jörg, Eichschreiber 84
    Jörg, Tagwerker 258
    Konrad 39

Konrad, mercator 32
Lienhart, Melbler 438
Lienhart, Zimmermann 252
Michel, Scharwachter 186
pueri 603
Sophie 296
Wolfgang, Steinmetz 172
Wolfgang, Zimmermann 187
Lechnerin (Lehnerin) 567
Lederer, Konrad, Kramer 392, 394, 598
Lederer, Perchtolt, Bräu 403
Lehel, Hans, Obser 337
Lehle, Heinrich, Rentschreiber 679
Leismüller, pueri 718
Leitl, Balthasar, Gürtler 322
Lemp, pueri 181
Leng (Linckh), Michel, Glaser 312, 341, 502
Leng, Michel, Glaser 191
Lengenfelder, Oswald, Marktmesser, Salzbereiter 452
Lengenmoser, Jeronimus, Trabant 323
Leo, Ott, Glaser 378
Leonstain *Siehe* Lebenstain
Lerchenfelder
   Andre 423
   Anna 200
   Balthasar, Stadtrat 200, 468
   Felizitas 464, 468
   Georg, Ratsbürger 302, 464, 465
   Kaspar, zu Ammerland, hgl. Rat, Zahlmeister 465, 468
Lerchenfelderin, Balthasar 48
Lerer, Gilg, Goldschmied 636
Lesch
   Albrecht d. Ä., Salzsender 554, 579, 581
   Albrecht d. J., Salzsender, Weinschenk, -händler, Meistersinger 336, 580, 581
   Barbara 580, 582
   Fridel, Weinhändler 579
   Gabriel 579, 581
   Hans 580
   Heinrich, Plattner 158
   Kathrei 579
   Lienhard 580
   Madlen 500
   Martin, Weinschenk 277, 580, 582
   Paule, pueri 418, 580, 581
   Paule, Weinhändler, Weinschenk 579, 581
Lesch (Lechs), Kristel 195, 397, 444
Leschin 225, 454
Leschin, relicta 417
Leschin, Weinschenkin, relicta Albrecht d. Ä. 581
Leu, Hans, Falkner 674
Leupold
   Gabriel, Gewandschneider, Stadtrat 590, 591
   Gabriel, Schneider, Gewandschneider 590
   Jacob, Goldschmied 302, 494, 590, 617, 636
   pueri 415
   Schneider 195, 372, 443
   Sigmund 590
Leupoldin 307, 487
Leutel, Bäcker 579
Leutel, Schneider 185
Leutl, Lienhart, Kornmesser 181
Leutnbeck, Lienhard, Hofgesind 649
Leutner, Jakob, Huter 186
Lexprätel, Hänsel 549
Lexprätel, mercator 460
Leydenfrost, Tagwerker 416
Leyder, Schneider 541

Leyrer, Fridrich, relicta 396
Leytrer 615
Leytrer (Lautrer), Ulrich d. J. 208
Leytrer, Ulrich 379
Leytrerin, relicta 208
Liebel, Kornmesser 163
Liebel, Salzstößel 201, 223
Lieber, Eberhart, von Augsburg 389
Liechtenfels, Heinrich, Knecht, Hofgesind 649
Liechtenstain, Eustachi von, Hofgesind 85
Liechtnstain, Herr von 209
Lienhart
   Goldschmied 523
   Heinrich, Zimmermann 462, 469, 471
   Katrein 469
   Konrad 469, 471
Liephart, Clas 411
Liephart, Ulrich, Stadtsöldner 306, 307
Ligsalz 123, 369
   Andre 187, 201
   Andre, Stadtrat 200
   Anna 199, 200, 205
   Anna, Jungfrau 302
   Asm 174, 176, 198, 199
   Asm, relicta 542
   Dorothea 174, 176, 199
   Elisabeth 200
   Erhart 198
   Felizitas 464
   Hans 83, 198, 576
   Hans, Salzsender, Stadtrat 199
   Hans, zu Ascholding, Tuchhändler, Stadtrat 199
   Jörg 112, 113, 143, 197, 198, 303, 583
   Jörg, zu Berg, Stadtrat 433
   Karl 74, 197, 198, 199, 200, 202, 208, 406, 420, 422, 488
   Kaspar 200, 302
   Kathrei 26, 34, 35
   Ott, von Wasserburg 488, 490
   Rosina 200
   Sara 201
   Schuld 76, 89, 200, 265, 303, 331, 348, 418, 454, 468, 483, 491, 567, 579, 582
   Sebastian, Stadtrat 302, 303, 320, 369
   Sigmund, pueri 199
   Sigmund, Stadtrat 83
   Ursula 302
   Wilhalm 26, 197, 198, 429
   Wolfgang 199, 200
Ligsalzin, Andre 48
Ligsalzin, Hans, relicta 302, 527
Ligsalzin, Karl 130
Linckh *Siehe* Leng
Linckhahel, Veit, Schneider 685
Lindauer, Lienhart, Drechsler 45
Lindmair
   Heinrich, Kornmesser 159, 163, 185
   Linhart, Spießschifter 340
   Martein, K[...] 425
   Pauls, Salzstößel 211, 354
Lindner, Kaspar, Koch 243
Lintwurm, Utz 49
Lipp
   Joachim, Messerschmied 120, 217, 638
   Joseph, Messerschmied 120
   Lebzelter 724
   Margaret 638
   Ulrich, Kornmesser 387, 398
   Wolfgang, Messerschmied 216

Lochhaimer, Fridrich, relicta 460
Lochhauser, Konrad 567
Lochhauserin, relicta 52, 65, 67, 512
Löchler
    Fridrich 35
    Hans 36
    Ursula 36
    Wilhalm 36
Löchner (Löchler), Karl 389
Lockhenburg, Johann von, hgl. Kämmerling 471, 472
Löffler
    Hans 196
    Hans, Goldschmied 640, 644
    Heinrich 312, 339
    Peter, Wirt 47, 82, 95
Löfner
    Anna 342, 349, 350
    Elspet 342
    Hans 342, 350
    Ludwig, Wirt 342, 345, 350
    Margaret 342
    Sigmund 444
    Ulrich 201, 247, 342, 345, 349, 372
Lofrer, Jörg, Gewandschneider 684, 717
Lofrer, pueri 594, 628
Lohmair, Martein, Melbler 412
Lonerstater, Wolfhart, Stadtschreiber 43, 44, 45, 272, 627
Lor, Rochus, von Schwaz, Goldschmied 704
Loter, Konrad, Sporer 214
Lotrer 357
Lott, Hans, Kanzleischreiber 297
Lott, pueri 212
Lott, Ruprecht, Hofbräu 167
Loy, Schneider 538
Lucas, Hans, Melbler 412
Lucas, Jörg, Maurer 41
Ludwice, relicta 332, 333
Ludwig der Bayer, König, Kaiser 18, 139, 575, 651, 657, 663, 664, 667, 671
Ludwig der Brandenburger, Herzog, Markgraf 18, 26, 135, 282, 284, 313, 657, 671
Ludwig II., Herzog 654
Ludwig im Bart, Herzog 232, 384, 535
Ludwig X., Herzog 268
Ludwig, Barbara 99, 101
Ludwig, Mathes, Wirt 34, 99, 101
Ludwig, Pfalzgraf 49
Luft 584
Luft, Peter, Salwurch 151, 312
Lung, Cristof, zu Planegg 668, 670, 672
Lunglmair, Hans 200
Lupergerin, Erhart 584
Lutz, Kornmesser 380
Mack, Andre, Sporer 154, 218
Maekin, Anna 194
Maenchinger 206
Maenher
    Heinrich 66
    Karl 65
    Karl, Stadtrat 66
    Peter 65, 66, 572
Maessinger, Heinrich, Schlosser 151
Maetzel, Weberin 562
Mägerl, Jörg 142
Magerl, Lienhart, Bildhauer 249
Mägerlin, Elspet 142
Mägerlin, Michel 287
Maidensteck, Andre 119, 154

Maidensteck, Andre, pueri 134
Maidensteck, Hans, Sporer 218
Maidensteckin 134
Maidensteckin, Hans 119
Mair (Mayr)
    Alban 712
    Anna 475
    Balthasar, Handschuhmacher 287
    Bräu, pueri 193
    Cristane, Kramer 595, 600
    Cristof 193
    Cristof, pueri 94
    Cristof, Schneider 186, 685
    Cristof, Schuster 546
    Cristof, Tagwerker 258
    Cristof, Weinschenk? 94
    Dr. Sebastian, Stadtleibarzt 292, 365, 703
    Gerbl, Salzknecht 258
    Gerbl, Scheibenmacher 58
    Hans, Kornmesser 191, 196
    Hans, Kramer 458, 460, 587
    Hans, Metzger 290
    Hans, Salzstößel 209, 218, 224
    Hans, Schneider 684
    Hans, Schuster 57
    Hans, Tagwerker, Scharwachter 718
    Hieronimus, Gastgeb 475, 477
    Jörg, Almosenknecht 141
    Jörg, Huter 241
    Jörg, Kastner zu Ingolstadt 79, 82
    Jörg, Loder 678
    Jörg, Ringmacher 213, 323
    Jörg, Schuster 55, 73, 146
    Leonhart, Singer 129
    Lienhart, Schuster 230, 546, 694
    Margaret 487
    Matheus, Barettmacher 323, 509, 551
    Michel 583
    Michel, Buchbinder 42, 57
    Michel, hgl. Mundkoch 590
    Michel, pueri 304, 698
    Pauls 610
    Peter, Nestler 251
    Thoman, Messerschmied 243
    Utz, Melbler 84
    Wendl, Kupferschmied 42, 323
    Wilhalm, Melbler 55
    Wilhelm, Silberkammerer, Wirt 590, 591
Mairhofer
    Cristof, Stadtprokurator 508, 707
    Hans, Weinschenk 96
    Jacob, Beutler 560
    Peter, Weinschenk 92
    Sigmund, Weinschenk 354
    Ulrich, Wirt 190
    Ursula, Infrau 85, 718
Mairin (Mayrin) 119
Mais (Mays), Jörg, Schlosser, Büchsenmeister, -macher 313, 337, 482
Maisel *Siehe* auch Mäusel, Maysel
Maisel, Gewandschneider 184
Maisel, Schneider 33, 39
Maisentaler, Hans, Salzstößel 55, 90, 96
Maister, Hans 40
Maisterl, Anna 719
Maisterl, Hans, Eisen-, Weinhändler, Weinschenk, Stadtrat 719, 721
Maler, Jobst, Weinschenk 230
Maler, Konrad, Kürschner 61

Maleskircher
    Bartlme, Maler 236, 318, 320, 507
    Gabriel, Maler 135, 314, 318, 320
    Kaspar, Weinschenk, Maler 314, 318, 321
    Katharina 314
    Veronica 318
    Wilhalm, Messerschmied 321
Mall, institor 672
Maltzkast 76
Mamendorfer, Kaspar 712
Mamhofer, Utz, Arzt 354
Man, Jörg, Barbier, Stadtarzt 172, 405
Mändel (Mändl)
    Barbara 176
    Elspet 367
    Hans, Schäffler 242, 250
    Hans, Weinschenk 411
    Lienhart 176
    Lienhart, Salzsender, Weinschenk, Stadtrat 72, 175, 176
    Lienhart, Weinschenk 203, 205
    Urban, Salzsender, Weinschenk, Stadtrat 175, 176, 366, 367
Mangas, Konrad 638
Mangold, Dorothea 531
Mangold, Konrad, Schneider 531, 532
Mangoldin, relicta 550
Mänhart
    Els 373
    Gabriel, Bräu 702, 707
    Jörg, Amer 210
    Jörg, Bierbräu 708
    Jörg, Schneider 517, 530
    Maurer, pueri 499
    Thoman, Jäger 58
    Ulrich, Amer 451
Mänhart (Maenhart), Fragner 386
Mänhartin 472
Mansfeld, Dr. Balthasar, Stadtleibarzt 74, 76
Mansfeld, Wolfgang, Weinschenk 76, 365
Marcellin 250
Märckel, Schenk, Schuster 615
Marckel, Schuster 33, 37, 47, 53
Märckhl, Bonifatius, Reiter 287, 290
Märckhl, Niclas, Kürschner 322
Märckl, Hans, Kornmesser 411, 433
Märckl, pueri 371
Märcklin, Hans 426
Marpeck, Barbara 704, 709
Marpeck, Hans, Kramer 704, 705
Marpeck, Kinder 704
Marschalk, Konrad, von Pappenheim, hgl. Rat 649
Marschalk, Peter 465
Marstaler, Heinrich 424
Martein, Fragner 443, 450
Martein, Maler, Großer Rat 605
Marteinin d. Ä. 437
Marteinin, Malerin, relicta 605
Marteinin, relicta 442, 544
Maspangl 551
Massinger, Heinrich 116
Matzinger, pueri 40
Mauler, Haimeran 64
Maulin 194
Maulperger
    Balthasar, Goldschmied 536, 537
    Cristof 61
    Jörg, Goldschmied 537, 547
    Magdalena 536

Maulpergerin, Jorg 329
Maurer
    Diepolt, Schlegel 723
    Eberhart 356
    Erhart 358
    Heinrich 355, 358
    Perchtold 267
    Ulrich 355, 358
Maurerin, Kramerin, relicta 599
Mauritz (Maritz, Moritz)
    Barbara 361
    Bogner 363
    Jörg 361
    pueri 619
    Schneider 361, 363
Maursteter
    Lienhart, Schlosser 24
    Matheis, Schlosser 119
    Stefan 54, 119
    Wolfgang, Windenmacher 125
Mäusel *Siehe auch* Maisel, Maysel, Meuslin, Meisl
Mäusel, Anna 500
Mausel, Hans, Hofgesind 648
Mäusel, Heinrich 35, 500
Mauser, Peter, Schneider 473, 512, 599
Mäuser, Schneider 117
Mauser, Wilhelm 354
Mautner 458
    Asem, Nadler 452
    Hans, Nadler 170, 387, 411, 438, 452
    Hans, Schreiber 635
    Khatrey 397
    Lienhart, Nadler 452, 478
Mautnerin 397
Maximilian I., Herzog, Kurfürst 269
Maxlrain, Veit von 284
Maxlrainer 85
Maxlrainer, hgl. Rat 676, 677
Maxlrainer, Wilhalm 139, 140
Maxlrainerin 83
May (Mayer), Herman, Rotschmied 156, 207
May, Barbara 155, 156
May, Mathes, Rotschmied 156
May, Peter, Rotschmied 89, 155, 156
Mayenfels, Hans, Käufel 452, 534
Mayenfels, Heinrich (Hans ?), Käufel 519
Maysel *Siehe auch* Mäusel, Maisel
Maysel, Hainrich, pueri 61
Meichsner, Peter, Trabant 323
Meilinger, Hans, Schuster 68
Meilinger, Hans, Zimmermann 56
Meilinger, Jörg, Melbler 98
Meirl (Meurl), Barbara 99, 104
Meisl *Siehe auch* Mäusel, Meuslin
Meisl, Pauls 513
Meisl, Valten, Hofkoch 673
Melbler, Dr. Fritz 617
Melbler, Hans, Amer 373
Melper 499
Melper(ger), Isaac, Goldschmied 304, 547, 696, 698
Melper(ger), Sara 696
Melper(ger), Tobias, Goldschmied 635
Melper, Cristof, Barbier, Stadtwundarzt 584, 600, 712
Melper, Mathes, Goldschmied 499, 562
Melper, Mathes, Goldschmied ?, Kastner zu Freising ? 156, 157
Meltzel
    Jacob 494
    Jörg 480, 481

Konrad 480, 481, 494
Margaret, Weinschenkin 481
Meltzer 68
  Asem 672
  Hans, Weinschenk 167
  Jörg 48
  Jörg, Pfleger zu Itter 96
  Kaspar 474
  Perchtold 166, 580
  Ulrich 247
Menpeck, Herman, Weber 396
Menpeck, Stefan, Bräu 244
Ment
  Anna 103
  Apollonia 295
  Cristof, Weinzaler 355, 365, 676
  Hans, Salzsender 226, 297, 348, 365, 698, 717
  Leonhard 295
  Lienhart, Wirt 103, 105
  pueri 107, 303, 348, 476
Mentzinger
  Hans, Seidennater 487
  Margaret 324
  Sebastian, Wirt 48
  Thoman, Messerschmied 324, 325, 328, 489
Mentzinger (Metzinger), Hans, Weinschenk 83
Merbot (Merwot), Heinrich, Schneider 450, 633
Mertz, Margaret 487
Merwoder, Konrad 46, 599
Meschler, Thomel 561, 572
Meschlerin 461, 484, 488, 514, 698
Metlhamer *Siehe* auch Mitlhamer
Metlhamer, pueri 359
Metz, Lenhart, Mesner, Reiter 277
Metzger
  Abraham 549
  Anna 66, 68
  Hans, Schlosser 317, 323, 483
  Lienhart, Weinschenk 66, 68, 217
  Zacharias, Wirt 225
Metzperger, Jakob, Hofkellermeister 306, 307
Meuslin *Siehe* auch Mäusel, Meisl
Meuslin, relicta 561
Meyerl, Lienhart, Amer 164, 171
Meylinger, Schuster 448
Meyrl (Meurl), Jörg, Glaser 340
Michel, Martin, Tagwerker 48
Michl, Cristof, Nagler 120
Mielich, Hans, Maler 626
Mindelhaim, Hans von 667
Mindelhaimer, Jacob, Bogner 665, 666, 667
Mindelhaimer, Konrad 666
Mindelhaimer, Sigmund 666
Minican, Pausania von, Pflegerin von Kranzberg 269, 272
Minig von Tramin 59, 60
Minner 59
Minniklich, Johann 59
Minnsinger, Anna 309
Minnsinger, Hans, Kistler 309, 312
Mintzin, Hans 58
Mitlhamer *Siehe* auch Metlhamer
Mitlhamer, Cristof, Eisenkramer 383
Mittenwald, Ott von, Weinschenk u. a. 177, 468
Mitterkircher, Konrad 52
Mitterkircherin 61, 68
Moching, Hans von, Schneider (= Mochinger) 523
Moching, Ott von, Schröter 521, 523
Mochinger

Hans, Schneider 522, 523, 542
  Konrad, Schuster 451
  Lienhart, Weinschenk 171
  Martin, Schneider 521, 523
Mockh, Silvester 265
Möffl, Michel, Bote 322, 340
Möffl, Michel, Prüchler 337
Moll, Anna 704
Moll, pueri 337
Mollin, Hans 84
Mongas, Hans 163
Monhamer, Nadler 542
Monhaym, Kunz von, Salwurch 123, 125
Monpflaster, Balthasar 503
Monschein, Färber 694
Monscheinin, Els 248, 517
Monthoio, Mathes Bermasto 666
Mörel, Sattler 115
Morenweys 216
Möringer, Heinrich, Kornmesser 169
Moritz, pueri 224
Mörl, Lorenz, Gürtler 380
Morlach 180
Morner, Hans, Koch 185, 587
Mornhaimer, Hans 716
Mornhaimer, Härtel, relicta 465
Moroltinger, Heinrich 674
Morr, Hans 701
Mosauer, Oswald, Weinschenk, Stadtrat 99, 101
Mosentzer, Hans 53
Moser
  Cristof, Fischmeister, Weinschenk 511
  David, von Worms, Goldschmied 494, 499, 546
  Hans, Schuster 606, 638
  Hans, zu Pang, Kramer, Weinschenk, Fischmeister 510, 511, 580, 582, 609
  Jörg, Schlosser 40, 146, 216, 225
  Maria, von Pöring 676
  Onuphrius, von Pöring, Kastner 676, 677
  Peter, Schneider 697
  Schuster 628
  Ulrich, Schuster 606
  Veronica 510, 580
Moser ?, Gregori, Fischmeister 511
Moser ?, Jeronimus, Fischmeister 511
Moshamer
  Michel 502
  pueri 502
  Wolfgang d. J., Goldschmied 502
  Wolfgang, Goldschmied 474, 502, 578, 645
Mosmüller, Wolfgang, Kornmesser 169
Mospurger, Jörg 403
Mösstl, Lienhard, Organist, Pulfermacher 695, 696
Mösstl, Margaret 695
Möstel, Hans, Bader 404
Möstel, Konrad, Salzstößel 206
Motzinger, pueri 40
Muggenthal, Georg Wilhelm von, zu Hexenacker 518, 523
Muggenthalerin, Hofgesind 648
Mühl, von der, Heinrich, Sattler 128
Müldorfer, Hans, Schneider 164, 348, 351, 387, 397, 404, 487
Müldorferin, relicta 690, 693
Mulegker, Hans, Weinschenk 587
Mülhofer, Cristof, Schlosser 248, 328
Mülhofer, Heinrich, Pfänderknecht 368
Müllauer, Gilg, Hofkellner 674
Müller (Miller), Hans 277

Müller (Müllner) 18
Müller (Müllner, Mülner)
  Anna 131
  Anna, Silberkammererin 682
  Balthasar 162
  Barbara 131, 160, 162
  Dorothea 34, 36, 38, 50
  Franz 716
  Fridericus 366
  Fridrich 65
  Georg 631
  Georg, Silberkammerer 682, 683
  Hans 242
  Hans, Bote 257, 287
  Hans, Goldschmied 373, 546
  Hans, Kornmesser 195
  Hans, Schäfflerin 172
  Hans, Schuster 108, 225
  Hans, Truhenknecht 251
  Hans, Wachter zu Hof 285
  Heinrich 403
  Heinrich, Bürger zu Nördlingen 440, 441
  Jacob, Goldschmied 608
  Jacob, von Kleindingharting 220
  Jeronimus, Goldschmied 224, 312, 354, 482, 578
  Jörg, Kornmesser 381
  Jörg, Wirt 421, 423
  Konrad, Kistler 33, 47
  Konrad, von Indersdorf 244, 246
  Lienhart, Schäffler 255
  Lucia 452
  Margaret 102
  Martin, Sporer 146
  Paul, Bäcker 122
  Peter 340
  Ulrich, Kornmesser 53, 180, 379, 411
  Ursula 421, 423
  Valtein, Scharsachschleifer 34, 36, 38, 39, 50, 51
  Werndel 634
  Wolfgang d. J. 162
  Wolfgang, Kornmesser 160, 161, 181
  Zacharias, Taschner 217
Müllnerin, relicta 409
Mülperger
  Asm, Goldschmied 224, 230, 302, 360
  Augustin 360
  Fridrich, Gewandschneider 404, 694
  pueri 302
  Ulrich, Gewandschneider ? 302
Mülrat, Pauls, Schuster 73, 172, 191
Munchen, Heinrich von, Wirt 383, 385
Mundel, Heinrich 721
Münicher
  Hans 113, 143, 144, 152, 153, 166, 378
  Hans d. Ä. 166
  Hans, Stadtrat 168
  Hänsel 690
  Hänslein d. J. 166, 168
  Heinrich 152, 153
  Heinrich, Schuster 449, 554, 561, 572
  Konrad 378
  Konrad, Wechsler 153
  Niclas 152, 153, 378
  Peter 152, 153
  Seiler 599
  Thoman 152, 153, 378
Münserin, Konrad, Wittib 551
Münsperger, Schneider 541
Münsser, Hans 61

Munsterer in valle, Hofgesind 650
Münsterin, Konrad 526
Munstrat, Anna 548
Munzinger, Dr. Heinrich 686, 690
Murer, Ulrich, Fragner 229
Murlinger 568
Murnauer, Sattler 207
Murndel, Bartholome, Pfleger zu Neustadt 565, 567, 626
Murndel, Susanna 565
Murr, Hans 518
Murr, Hans, Amer 450
Murr, Ulrich, Kornmesser 163, 418, 438, 444
Mürrer, Ulrich, Fragner 23
Murrin 196
Musculus, Wolfgang, Domprediger 693
Müttel, Bräuknecht, Zuschenk 711
Mutzhart, Catharina 402
Mutzhart, Wolf, Kornmesser 402
Näderhörn (Noderhiern), Augustin 323
Nadler, Dr. Jeronimus 97
Nadler, Hans 164, 398, 410
Nadler, Heinrich, Kramer 442
Nägel (Nägele(n)), Hans, Kürschner 371, 532, 533
Nägel (Nägele(n)), Matheus, Kürschner 370, 371
Nägel, Bäcker 121, 416
Nagel, Hans 404
Nannhofen, Jörg von, Marschall, Weinhändler, Stadtrat 383, 384, 385
Näpflin, Els 380
Närlmair, Konrad 195
Narziss, Stefan 517
Näthsperger, Lienhart, Bote 56
Nauderer, Hans, Salzsender 58
Neblmair, Jacob, Kornmesser 180, 186, 388, 399
Neblmairin, Appl 258
Neicherot, Hans 196
Neidecker, Franz 96
Neideckher 308
Neideggerin 116
Neidegker, Zacherl, Weinschenk 256
Neithart (Neythart) 455
  Cristof, Wetschkomacher 124
  Hans, Barbier, Stadtwundarzt 171
  Hans, Stadtwundarzt 381
  Kramer 698
  Spängler 399
Neu, Michel, Bogner 519
Neuchinger, Stefan, Tagwerker 212
Neufarer 637
  Anna 639
  Hans, Goldschmied, Weinschenk 507, 542, 639, 644
  Heinrich, Goldschmied 541, 639, 644
  Konrad, Fragner 424
  Martin, Bäcker, Stadtrat 484, 547, 549
  Sibilla 275
  Thoman, Goldschmied 484, 485, 530
Neuhauser
  Johann, Propst, Kanzler 515, 516
  Konrad, Kornmesser 379
  Ulrich, Kornmesser 379
  Ulrich, Maler 480, 481
Neukircher, Jörg, Weinstadelmeister 340
Neumacher, Jakob, Kistler 243
Neumair
  Hans, Loder 47
  Heinrich, Kramer 24
  Jörg, Fragner 433
  Jörg, Kornmesser 191, 382
Neumaister, Kathrei 698

Neumaister, Matheis, Weinschenk 699, 700
Neumaister, Salwurch 372
Neunhauser 232, *Siehe* auch Nonhauser
Neunhauser, Anna 55, 241, 249
Neunhauser, Paul, Salzsender 185
Neupaur, Erhard, Tuchscherer 684
Neupeckh, Albrecht, Schreiber 635
Neuwirt, Konrad, Weinschenk 83
Neytlin, Kramerin 448
Niblung, Konrad, Nadler, Nagler 34, 35, 36
Nickel, Schuster 491, 507, 554
Nickl, Niklas, pueri 46
Nicklas, Schuster 721
Niclas, Goldschmied 486
Niclasin 478
Nidermair 124
  Maurer 41
  Sebastian, Zimmermann 130
  Stefan, Maurer 277, 286
  Wolf, Wirt 175, 177, 595
Niger 236
  Anna 232, 233
  Hailwig 232, 233
  Hans 232, 233
  Hans, Loder ? 233
  Margaret 232, 233
Nissl, Cristof, Kramer 212
Nobel, Hans, Kramer 530, 697, 712
Noder, Hans, Amer 432
Noderer, pueri 169
Nöderlinger, Fragner 32, 106
Nodermair, Hans, Tagwerker 542
Nögkerl, Hans 706
Nonhauser *Siehe* auch Neunhauser
Nonhauser, Wolf, Schuster 56
Norkauerin, Margaret 256
Nortgau, Castl 420, 421
Nortgau, Konrad, von Deisenhofen 420
Nortgau, Thoman, Stadtrat 19, 421
Nortgauin, Gastlin 412
Northofen, Heinrich von 194, 201
Nothaft 98
Nothaft, Junker 349
Nötleich, Ulrich 206
Nötleichin 222
Notz, Anna 545
Notz, Konrad, Schneider 534, 545
Nunenmacher, Jakob, Kistler 245, 247
Nurenberger, Albrecht, Schneider 380, 387, 398
Nürnberger
  Hans 171
  Hans d. J. 141
  Meister Jörg, Geistlicher 59, 60
  o. V. 555
  pueri 602
Nürnberger (Mair), Pauls 610
Nusplinger, Hans, Schneider 312, 340, 478
Nüssel (Komoltrer), Hans d. J., Sattler 207
Nüssel, Hans, Kornmesser 196, 411, 418, 433
Nüssel, Hans, Sattler 128, 550
Nusserin, Anna, Naterin 129, 216
Nüsslein 274, 479, 481, 484
Nyenderthaim, Gürtler 644
Nyssl, Jörg, Kramer 360
Obenin, Barbara 55
Oberhan, Sigmund, Hofsattler 538
Oberhauser, Hans, Schankungelter 424, 587, 615
Oberhofer
  Hans, Wirt 92, 94, 102
  Kinder 92, 94
  Lienhart, Wirt 92
  Maria 92, 94
  Michel, Wirt, Salzsender 92, 94
  pueri 359
  Ursula 92, 93
Oberholzer, Stefan, Sporer 125, 158
Obermair
  Hans, Kornmesser 186, 190
  Hans, Tagwerker 72
  Jörg 132
  Jörg, Tagwerker 97
  Konrad, Schuster 610
  Ulrich 190
  Ulrich, Sporer 322, 328, 494
Obermairin, Cristof 251
Oberndarffer, Ott, Fragner 425
Oberndorfer, Fridrich, Unterrichter 61
Obinger, Paul, Schuster 230, 242
Obingerin, Stefan 251
Obleiter, Heinrich 533
Ochs, Heinrich, von Ingolstadt 306
Ochsl, Melchior 42
Ockertilin, Els 242
Öder
  Erhart, Chorherr 147, 150
  Hans, Kramer 150, 608, 684
  Konrad, Kramer 147, 150
  Konrad, Schneider 32, 95
  Konrad, Tagwerker 368
  pueri 158, 422
  Schneider 550
Ödmüllner
  Liebel, Wirt 48
  Liebhart 360
  Lienhart 360
  Ulrich, Melbler 425
Ödmüllnerin, Lienhart 478
Ofenhauser, Hans, Schuster 53, 306
Ofenhauser, pueri 436
Offelin, Bartlme, Goldschmied, Weinschenk 513
Offensteterin, Hofgesind 648
Offing, Albrecht, Weinschenk, -visierer, Schankungelter 440, 441, 444
Offing, Hans, Weinschenk, Stadtrat 463, 633, 699, 700
Offingin 465
Ohaim, Jörg, Zimmermann 478
Öhinger, Karl, Hofgesind 98
Olching, Stefan von, Messerschmied 230
Öler, pueri 205
Ölhart, Lienhart, Tagwerker 58
Ölhofer, Peter, Sattler 164
Ölhoferin 146
Olkhofer, Hans, Gärtner 132
Oltel 455
Öpp *Siehe* Epp
Öpp, Hans, Schneider 96, *Siehe* auch Epp
Oppenrieder
  Hans, Abenteurer 131
  Hans, Wirt 95
  Jörg, Weinschenk (Wirt) 92, 95
  Ursula 92
Öringen, Heinrich von, Münzmeister 651
Orlients, Wolf von, Stadtsöldner 698
Örlkofer, Hans 58
Örltzhofer, Hans 58
Örtel (Örtl, Ortel, Ertl)
  Glaser, Maler 477, 491
  Hans, Bote 251

Hans, Schulmeister 187
Kornmesser 408, 415
Maler 369
Schlosser 150, 154
Schmied 23, 145
Schneider 549
Sekretär, Hofgesind 685
Wolf, Tagwerker 56
Zimmermann 82, 527, 628
Örtl *Siehe* auch Ertl
Ortlin 208
Ortner, Hans, Schlosser 210, 327
Öschel, Liendel, Kürschner 533
Osterdorffer, Hans, Kornmesser 170, 185, 207, 387, 396, 438
Osterloer, Oswald, Schlegel 723
Ostermair
    Erhart d. Ä., Stadtrat ? 361, 363
    Erhart d. J., Kramer, Weinschenk ? 361, 363, 444
    Erhart, pueri 363
    Gabriel, Nadler 24
    Hans 77
    Hans, Bierbräu 361
    Hans, Weinschenk 410
    Hans, Weinschenk, Bierbräu ? 363
    Lienhart 180
    Lienhart, Weber, Kornmesser 387
    Ludwig, Weinschenk 363
    pueri 322, 483, 550, 611, 685
Ostermairin, Ludwig, relicta 351, 363
Österreicher
    Apollonia 227, 228
    Glaser 229, 344
    Hans, Marstaller 228
    Mathes, Kammersekretär 227, 228
    Michel 227, 228
Österreicherin 206
Ostertag, Jacob, Schneider 340, 478, 702
Ostertag, Lenhart, Buchbinder 317
Östinger (Ostinger), Jörg, Schuhmacher 108
Ostndorffer, Sebastian, Glaser 24, 191, 527
Oswald, Konrad, Hofgesind 649
Oswaldin 534
Oswold, Köchin 134
Otenburgerin, Els 194
Ötl, Hans, Melbler 438
Ott, Hans, Messerschmied 56
Ottenhofer, Jörg, Stadtoberrichter 595
Ottenhoferin, relicta 292, 297, 373, 595
Ottenthuehel, pueri 399
Öttin, Melblerin 224
Öttinger, Hans, Schneider 242
Öttl, Michel, Wirt 48
Ottnwalder, Hans, Messerschmied 124
Pabst, Konrad, Sattler 152
Pachamer *Siehe* Lachamer
Pachhaimer, Heinrich 472, 561
Pachhaimerin (-hamerin) 195, 201
Pachheimer, Schuster 23
Pachl (Pächel), Corbinian, Sattler 373
Pachl (Pachler), Sattler 216
Pachl, Gerbl, Sattler 121
Pachl, Lienhart, Sattler 146, 152
Pachmair
    Andre, Melbler 72
    Heinrich, Schuster 32
    Jörg, Melbler 231
    Michel, Schuster 213
Pachmairin, Jörg 57

Paeler, Jörg, Goldschmied 512, 526, 554, 569, 603, 624, 697, 701
Paelerin 486
Paer (Beyer), Heinrich, Sporer 644
Paesinger 35, 76
Paibrunner, Hans 411
Paidlkircher, Konrad, Schuster 537, 572
Paidlkircher, Konrad, Weinschenk 537
Paidlkircher, Ulrich, Schneider 664
Painkofer, Konrad, Kistler 322
Pair (Bayr), Kuntz schwarz 387
Pair (Payr)
    Anderman 344
    Hans 431
    Hans, Schuster 509
    Konrad 417
    Lienhart, Weinschenk 505, 506
    Nadler 185
    pueri 371
    Seicz 241
    Ulrich, Messerschmied 141, 214
Pair (Payr, Payger, Payrl, Beyer), Heinrich, Sporer 644, 665, 667
Pairin (Payrin), Balthasar 251
Pairin (Payrin), Hans 373
Pairreiter, Marx, Goldschmied 147, 150
Paisweil, Fritz, Schreiber 295, 296, 308, 312, 336, 534
Paitelkircher, Konrad, Schlosser 38
Paitelkircher, Ringler 145
Paitelkircher, Ulrich, Schlosser 145
Palatzhauser, Jacob, Weinreisser 453, 454, 578
Palatzhauser, pueri 453
Palbein (Palwein) 721
    Hans d. J. 470, 471
    Oswald, Kramer 600, 717
    Paul 600, 608
    Ulrich, Kornmesser 409
Palbeinin (Palweinin) 223
Palbeinin (Palweinin), relicta 608
Paldauf, Hans 304
Paldman, Jörg 72
Pallerstain 65
Palmanin 62, 67
Palmarius 336
Palmreiter, Andre, Flaschenmacher 212, 225
Pämferber 304
Pamhauer
    Agnes 49
    Kathrei 49
    Niklas 49, 51
    Wilhalm 49
Pampelhörn, Hans, von Augsburg 611
Panburger, Hans, Kistler 617
Pandernuss, Goldschmied 546
Pandolt, Hans, Salzstößel 90
Pangartner (Paun-, Paum-) 40
Pangartnerin (Paun-, Paum-, Gartnerin), Hans, Köchin 638
Pantz, Hafner 438
Pantzer, Gilg, Maurer 341
Pantzirin, relicta 681, 682
Paos, Hans, Zimmermann 73
Paradeiser, Christoph, Pfleger von Kranzberg 269, 272
Pärbinger *Siehe* auch Perbinger
Pärbinger (Herbinger, Harlinger), Peter, Goldschmied 610
Parch, Barbara 326
Parch, Georg, Plattner 326
Parch, Jakob, Plattner 326

Parstorfer, Andre, Schneider 107, 295, 296, 303, 309, 347, 348
Parstorfer, Elisabeth 295
Part
  Andre 88, 721
  Anna 314, 316, 362, 363
  Arsaci 314, 316
  Balthasar, Weinschenk, Stadtrat 86, 88
  Barbara 435
  Dr. Jörg 87, 89, 133, 156, 157
  Hans 88, 298, 338, 362, 363, 370, 375, 377, 539, 585, 586, 631, 718, 720
  Hans d. J. 88
  Heinrich 86, 160, 161, 177, 374, 375, 377, 378, 463, 718, 721
  Jacob 283
  Kaspar 89, 114, 115, 175, 430, 565, 567, 626
  Katharina 160, 161, 375, 565, 626
  Ludwig 88, 111
  Ludwig, Münzmeister 86
  Magdalena 88, 89
  Ulrich, pueri 631
  Ulrich, relicta 586
Pärtel, Marckel, Kornmesser 180
Partin, Heinrich, relicta 364
Partinger, Jacob, Uhrmacher 211, 482
Partnhauser 162
Partnhauser, Jörg, Melbler 444
Partsch, Lorenz, Nagler 41, 242, 482, 487
Passauer, Hans, K[...] 365
Pasteter, Lienhart, Kornmesser 164, 170
Paternuster, Jakob, Maler 117
Patzinger, Anna 422
Patzinger, Elisabeth 267
Patzinger, Sewold 267
Pauerl, Hans, Fragner 208
Paule, Simon, Bote 57
Paumaister
  Hans 209
  Katharina 127
  Lienhart, Goldschmied 127, 128, 225, 354
  Thoman, Schneider 322
Pauman, Hans, Hauspfleger 295
Paumüller, Ludwig, Weinschenk 373
Paungartner (Pan-, Paum-)
  Anna 183, 184, 384, 386
  Anna, Dienerin 341
  Barbara 176
  Cristof, Kornmesser 196
  Goldschmied 608
  Hans 478, 546
  Herr Jörg, hgl. Rat 426
  Jörg, Schneider 313, 473, 478, 546
  Kaspar, Salzsender, Kornmesser 384, 385, 386
  Lorenz 213
  Obser, pueri 200
  Paul 327
  Peter 176
  pueri 189, 478, 546
  Sigmund, Schneider 509
  Simon, Schneider 191
  Ulrich, Kornmesser 183, 184, 384, 386
  Ulrich, Schlosser 118, 145
  Veit, Pfarrer 384, 386
  Wolfgang, Salzstößel 611
Paungartnerin (Pan-, Paum-) 184
  Schneiderin 313
Paur
  Andre, Bäckerknecht 317
  Cristof, Sporer 212
  Gabriel, Sporer 212, 218, 249
  Gebhart, Ringler 119, 135
  Jacob, Tuchscherer 588
  Kaspar, Fechtmeister 373
  Kaspar, Schlosser 40
  Konrad, Bäcker 359, 550
  Martin, Feilenhauer 103
  Mathes, Sporer 322
  pueri 218
  Urban, Bäcker 548, 549
  Urban, Wirt 103
Paurenermel, Schneider 644
Paurnfeindt, Hans, Goldschmied 297, 473, 555, 634
Paurnfeint, Konrad, Weinhändler? 170, 386
Paurnfeint, Peter 507
Paurnfeintin, Hans, Goldschmiedin 165
Pausch, Konrad, Salzstößel 455, 456
Pausenberger
  Anna 547, 548
  Barbara 547
  Bartlme, Bäcker 547, 549
  Götschel, Bäcker 121
  Gottfried, Bäcker 547, 549
Pautznperger, pueri 162
Pautznpergerin 438
Pautznpergerin, Bartlme, Bäckerin 122
Pautznpergerin, Sebastian 84
Paybrunner, Öttel, Kornmesser 163
Pechrerin, Diemel, Käuflin 77, 207, 537, 572, 587
Peck (Peckh)
  Anna 198
  Christoph, Pfeilschifter 321
  Hans, Barbier 306, 307
  Heinrich, Kornmesser 170, 396
  Katharina 315, 319
  Martein 385, 392, 395
  Peter, Büchsenmacher, Schlosser, Uhrmacher 315, 316, 319, 321
  Sigmund, Gewandschneider 186, 191, 198, 200, 209
  Simon 123
  Ulrich, Obser 190
Peckel, Heinrich, Kornmesser 170
Peckhenstain, der von 542
Peckinger, Rudel 210
Pehaim
  Jan 692, 693
  Niclas, Schneider 341
  Niclas, Tuchmacher 624
  Paule, Wirt 360
  Pauls, Hofgesind 649
  pueri 715
Peirl, Obser 433
Peirlin, relicta 411
Peissenwürfel, Heinrich, Kornmesser 403
Peissenwürfel, Konrad, Kornmesser 403, 410
Peissenwürfel, Ulrich, Kornmesser 396, 403
Peisser, Schuster 448
Pelchinger, Hans, Nadler, Weinstadelknecht 461
Pelhamer, Erhard 119
Pelhamer, Jörg, Wirt 230
Peltz, Kistler 228
Peltzer, Wolfgang, Zimmermann 241, 249
Pemerl *Siehe auch* Pömerl
Pemerl(en) (Pamerlen, Pomerlen), Georg d. Ä., Kornmesser 383
Pemerl(en) (Pamerlen, Pomerlen), Georg d. J., Kornmesser 385, 389
Pemerl, Ottilie 385

Pendl (Pöndl)
   Anna, Pütrich-Nonne 560
   Apollonia 145, 560
   Bartlme, Beutler 337, 546
   Hans, Weinreisser 382
   Hans, Wirt, Kürschner, Stadtrat 560, 561
   Thoman 561
Pendlin, Sigmund, Beutlerin 634
Peninger, Hauptmann 97
Per 171
   Agnes 614
   Barbara 614
   Fridel 513
   Fridrich, Weinschenk, Unterkäufel 577, 614
   Hans 410
   Hans, Weinschenk, Stadtrat 573, 576, 583, 611, 614
   Heinrich d. Ä., Kürschner, Weinschenk, Weinhändler 573, 576, 583, 614
   Heinrich d. J., Weinschenk 614
   Jacob 614
   Jörg, Weinschenk 574, 577
   Perchtold 614
Perbinger *Siehe* auch Pärbinger
Perbinger, Anna 470
Perbinger, Dr. Onufrius, Stadtschreiber, hgl. Rat 102, 597, 598, 607, 608, 629, 712
Perbinger, Sebastian, Metschenk 470, 472
Perchtold, Kaspar 382
Perchtold, pueri 474
Perchtolt, Ulrich, Glaser 340
Perckhamer, Jörg, Sporer 322, 328
Perckhamer, Sixt, Sporer 217, 317, 551
Perckhauser, Christoph, Bildschnitzer 284
Perckhman, Lienhart, Zimmermann 292
Perckhofer 374, 376
   Barbara 573, 585
   Erasm 573, 576, 585, 586, 656
   Hans d. Ä., Stadtrat 584, 586
   Kaspar 711
   Peter, Sattler 340
   Werndel d. Ä., Stadtrat 365, 367
   Wernher, Tuchhändler 298, 299, 305
Peres, Thomas 679
Perger
   Hans, Kistler 236
   Konrad 273
   Konrad, Sporer 146
   Ulrich, Schreiber 317
Pergerin, Valten 129
Pergntaler, Hans 126
Perin, Hans 397
Peringer 236
Peringer (Pieringer), pueri 389, 603
Peringer (Pieringer, Pöringer), Hartman, Riemer 718
Peringer, Ulrich, Salwurch 154
Perlacher, Heinrich, Tagwerker 702
Perlaher, Salzstößel 345
Perlecker, Schneider 47
Perlmaister, Matheis 49, 51
Pernauerin, Hofgesind 648
Pernecker, Schneider 190
Perner, pueri 193
Pernfueß, Stadtprokurator 365
Pernger, Hans 247
Pernger, Konrad, Bäcker 398
Pernger, Rudl 301
Pernger, Zuschenk 68
Pernöder
   Andre, Stadtunterrichter 209
   Benigna 348
   Felitz[itas] 348
   pueri 200, 348
Pernprunner (Piern-, Wern-), Hans, Schlosser 119
Pernprunner, Peter, Schlosser 119
Pernrieder 344
Pernrieder, Dr. Antoni 694
Perntrit, Ulrich, Maler 541
Persfelderin 608
Persfelderin, relicta 97
Perwangerin, relicta 209
Pesel, Tagwerker 163
Peslin, Obserin 163
Pesolt, Tagwerker 336
Pesser, Heinrich 119
Petenpeckh, Jörg, Stuhlschreiber 551
Peter, Bartlme, Kupferschmied 42
Peterin, Ampeth 250
Pettems, Hans von, Schneider 163, 185, 207
Pettinger, Hans, Maurer 507
Pettinger, Jorg 316
Pettinger, Konrad, Fragner 431
Petz *Siehe* auch Pecz
   Barbara, relicta 542
   Hans, Käufel 236
   Konrad, Seidennater 241, 508, 534
   Lorenz, Schuster 47, 398
Petzin, Gredl 48
Peugenberger, Anna 342
Peugenberger, Ludwig, Wirt 342, 345, 350
Peuger, Gabriel, Schneider 507
Peuger, Niclas 524
Peuntner, Georg, Nagler 287
Peuntner, Martin 340
Peurin, Hans, Tagwerkerin 257
Peurl, Andre, Salzstößel 24
Peurl, Thoman, Kornrührer 252
Peuschl, Jakob, Gürtler 73
Peyrl, Jakob, Maurer 56
Peyschl, Sigmund 181
Pfaeffel (Kemnater), Fridrich 449, 474, 475
Pfaeffel (Kemnater), Fridrich, Weinhändler ? 572, 583
Pfaeffel (Pheffel), Weinhändler 572
Pfaffenhofer, Hans 348
Pfaffingerin 273, 368
Pfaifferin, Kristof 229
Pfanzelter, Dr. Antoni 702
Pfauffer, Konrad 410
Pfaundler, Barbara 501
Pfaundler, Wolfgang, Schneider 501, 502
Pfeffl, Ulrich 272
Pfelwetzer, Hans 317
Pfendthueberin, Sigmund 57
Pfendtner (Pfendter, Pfenter)
   Anna 324, 325
   Georg 324, 325
   Heinrich, Käufel 594
   Ulrich, Sattler 324, 325, 369, 381
   Ulrich, Sattler, pueri 328, 491
   Walburga 324, 325
Pfennigman, Augustin 250
Pfennigmanin 224, 571
Pfennigmanin, Hofgesind 648
Pfentter(knecht), Heinrich, Fragner 416
Pferinger, Hilprant 339
Pfettner
   Hans, Bürger von Landsberg 703, 719, 721
   Jakob, hgl. Kammerrat 294
   Kinder 294

N., Stallmeister 91
Pfistermeister, pueri 23
Pflegshändel, Maritz, Sporer 125, 154
Pflegshändlin, Amme 120, 124
Pflegshärl, Hans, Schlosser 213
Pflug, Hans, Kürschner 517
Pfluger, Silvester, Goldschmied 302, 507, 513
Pfrandtner, Hofprokurator 509, 600
Pfreimer (Pfrämer)
    Anna 127, 128, 505
    Balthasar, Kistler 127, 128, 505, 506
    Hans, Kistler 133, 134, 295, 296, 505, 506, 673
    Peter, Kistler, Zöllner 505, 506
    Richilda 505
Pfriemer, Hans, Kuster 90
Pfundtmair
    Daniel, Tuchmanger, Stadtrat 367, 368
    Jörg, Tuchmanger 152, 368
    Marx 368
    Marx, von Landshut 368
    Ulrich, Gewandschneider 368
Pfuntzner, Perchtold, Weinschenk, Stadtrat 463
Pfuntznerin 383
Pfuntznerin, relicta 90
Philip, Hans Jakob, Messerschmied 323
Piber, Jörg, Pflastermeister 90, 133
Piber, Schneider 706
Piburger 553
Piebl, Jörg, Tagwerker 57
Piencnerin 561
Pienzenau, Hans Ott von 692
Pienzenauer
    Afra 103
    Clara 19, 26, 29
    Ulrich 27
    Warmund 656
    Wernher 27, 29
Pierbach, Hans, Trabant 548, 549
Pierman, Ulrich, Bote 250
Piernprunner, Hans, Schlosser 119
Piernprunner, pueri 304
Pierpronnerin 249
Piperl (Pöperl), Jörg, Schneider 509
Piperl, Beatrix 276, 290, 291
Piperl, Thoman, hgl. Rat 275, 290, 291
Pippin 344
Pirchinger
    Christoph, Gerichtsschreiber zu Rosenheim 426
    Kanzleischreiber, Hofgesind 496
    N., Landrichter zu Aibling 426
    Wolfgang, Gerichtsschreiber zu Rosenheim 595
Pirckherin, Kaspar 84
Pirckhner, Carl 604
Pirckl, Balthasar 94
Pirckner, Tagwerker 398
Pircknerin 164, 398, 455, 456
Pirser, Irmgard 652
Pirser, Leutold 652
Pirser, Ulrich 652
Pirserin 301
Pirttendorfer (Pirken-, Pirden-), Jacob 372, 722
Pisenbeck 61
Pissel 116
Piswanger, Fritz, Hofgesind 649
Pitrich 713
Pittinger, Hans 431
Plabenstain 472, 561
Plabenstain d. Ä., Seidennater 443, 477
Plabenstain, Konrad 327, 477, 561, 697

Plabenstain, Seidennater 356, 358, 541, 550, 603, 615, 633
Plaenckin 206
Plaepsch, Schuster 32
Planck
    Anna 29, 110
    Fridrich, Schuster 53, 307
    Hans, Trinkstubenknecht 453
    Lienhart, Barbier 438, 453
    Michel, Barbier, Trinkstubenknecht 453
    Michel, Sporer 216
    Moritz, Kornmesser 382
Planckhenmair, Kaspar, Pfleger von Kranzberg 269
Planckhenmair, Pausania, Pflegerin von Kranzberg 269
Planckin, relicta 443
Plattentaler, Heinrich 442
Plechinger, Hans, Nadler, Unterkäufel 584
Pleintinger, Hans, Tuchscherer 600
Plentinger, Hans, Tuchscherer 171, 610, 717
Plettenberg, Heinrich von 269
Plinthaimer, Heinrich 431
Plöchel, Kürschner 711
Plöderlin, relicta 402
Plum
    Hans, Schmied 157
    Hans, Sporer 52
    Praentel, Kornmesser 177, 185, 451
    Sigel, Sporer 157
Plumberger, Andre, Schneider 513, 578
Plümel, Ulrich 387
Plumin, Diemut 327, 344, 477, 526
Pluom, Fridrich, Stadtrat 360, 362, 369, 389, 394
Pluom, Margaret, Wirtin 392
Plutigsfletz, Peter, relicta 668
Plutigsfletz, Peter, Stadtsöldner 507
Plutmager, Peter, Weinschenk 82
Pockhmair, Jörg, Holzzieher 251
Podaus, Ludwig, Tuchscherer 542, 600, 610, 620, 694
Podmer 68, 89
Podmer, Sigaun 520, 521, 523, 525
Podmer, Stephan, Pfändermeister 368
Pöferl, Hans 541
Pofinger (Poftinger), Konrad 443
Pögel (Pegel), Lienhart, Seiler 236
Pögl, Martin 297
Pogner
    Eberhart 93, 205
    Hans 328
    Jacob, Salwurch 317, 664
    Kaspar, Schneider 69
    Konrad, Kornmesser 398
    Martin 129
    Michel 33
    Philip, Abenteurer 322
    Thoman 170
Polan, Nickel 417
Polaner, Maler 694
Pöler, Hans, Schreiber 164
Pollack, Jan, Maler 318
Pöllelin 249
Pollenmoser, Ulrich, Obser 29, 33
Pollinger (Pullinger), Fridrich 618, 619
Pollinger (Pullinger), Hans (Fritz ?), Kramer 619
Pollinger, Hans, P[...] 595
Pollinger, pueri 169
Pollner (Poldner), Jörg, Schneider 534
Pollner, Agnes 401, 402
Pollner, Christoph 401, 402
Polster, Hans, Weinschenk ? 351

Polster, Wolfgang, Weinschenk 388
Poltz(el), Ludwig 398
Poltz(el), Peter, Kornmesser 400
Poltz, Hans, Bote 258
Poltzmachern (Poltz), Cristof, Kornmesser 381
Pömerl *Siehe* auch Pemerl
Pömerl, Fritz, Weinschenk, Ungelter 170, 424, 460, 542, 545
Pömerlen, Jörg, Kornmesser 131
Pongratz, Hans 425
Pöpel, Hans, Reiter 58
Pöperl, Jörg, Schneider 544, 545
Pöperl, Sara 544
Popfinger (Papfinger), Ulrich, Bürstenbinder 341, 483
Popp, Schneider, pueri 303, 348
Popp, Wilhalm, Schneider 480, 481, 508
Poppenberger, Purckarde 52
Porstl, Jörg, Bäcker (Tuncklpeck) 121
Porttner, Christoph, Ratsbürger zu Regensburg 435
Pörtzel, Hans, Bräu 33
Pörtzel, Koch 646
Pörtzel, Perchtold, Brotknecht, Lämpler, Bräu 384, 385
Pörtzl 272
Pörtzl, pueri 46, 422
Pörtzlin, Gertraut 84, 97
Posch, carnifex 372
Poschendorfer, Franz, Gantknecht 508
Poschendorfer, Franz, Salzstößel 241, 256, 381
Pöschl, Fragner 431
Pöschl, Hans, Weinschenk 706
Pöspfenwert (Pözz-) 299, 396
Pöspfenwert (Pözz-), Jacob, Fragner 272
Pöspfenwert (Pözz-), Jacob, relicta 305
Pöspfenwertin 256
Posser, Hans, Schlosser 217
Posser, Heinrich 217
Posser, Jacob, Schlosser 39, 72
Pötschner 79, 349, 416, 711
    Asm, Landschreiber 457, 459
    der Alte 347
    Eberhard, Stadtrat 623
    Elisabeth 65, 569
    Hans 202, 413, 414, 457, 459, 569, 571, 578
    Hans, Ormeister 623
    Heinrich, Ormeister 623
    Jörg 233, 469
    Kathrei 520
    Ludwig 65, 273, 623
    Ludwig d. J. 569, 570, 621, 623
    Margaret 233, 539
    Maria 428, 464
    Matheis, Salzsender 570
    Mathes, pueri 623
    Peter, Goldschmied 283, 372, 537, 623, 706
    pueri 151, 172
    Sighart 457, 459
    Sigmund II., Stadtrat 365
    Sigmund, Salzsender, Stadtrat 621, 623
    Sigmund, Stadtrat 128
    Ulrich 106, 337
    Ulrich d. Ä. 389
    Ulrich d. J., Großer Rat 459
    Ulrich, Landschreiber 439, 441, 457, 459, 506, 520
    Veit 41, 191, 634
    Wilhalm 459
Pötschnerin, relicta 129, 337, 562
Pott, Jobst, Amtmann 242
Pöttinger, Leo, Schneider 474
Potzmanin 256

Poxperger, Barbara 361
Poxperger, Lienhart, Weinschenk 361, 363
Praentel (Präntel)
    Fragner 327
    Hans, Obser, Fragner 443, 450
    Ulrich, Fragner 449
    Ulrich, Kornmesser 189
Praentel (Präntl), Hans, Kanzleischreiber 48
Praentlin 118
Praentlin (Präntlin), relicta 47
Praentlin, Fridrich 583
Prager, Konrad, Salwurch 518
Praitenaicher, Margaret 616
Praitenaicher, Stefan, Bürger zu Wasserburg 577, 616
Praitschöpferin 610
Prämer, Kürschner 651
Prandtnerin, Dorothea 98, 132
Pranger 431
Pränhartin, Goldschmiedin 542
Pranher, Thoman, Melbler 444
Pränpeck, Hans, Kürschner 489, 490
Prant
    Hans 56
    Konrad, von Fischbach 679, 681, 682
    Martin, Goldschmied 212
    pueri 103, 503
    Wilhelm 375
Pranthamer, Sigmund, Spängler 354, 588, 611
Pranthuber, Lienhart 398
Prantmair, Herman, Schuster 68
Prantmairin 213
Prantstetter, Jörg, Tagwerker 249
Prantstetter, Thoman, Tagwerker 249
Praschner 316
Praucher (Pracher), Hans, Salzmesser, -stößel 379
Praun
    Anna 719
    Francisus, Stadtpoet 513
    Hans, Weinschenk 76, 719, 721
    Jörg 249
    Jörg, Bäckerknecht 398
    Kaspar, Obser 337
    Peter, Küchelbacher 120
    Pongratz 707
    Wolfgang, Schneider 249, 360
Praunauer, Heinrich, Kornmesser 399
Praunin, Wolfgang, Schneiderin 41, 133, 257
Prauntel, Schmied 37
Präuscher, Hans 686, 687
Prechler, Peter, Lern-, Schulmeister 58, 131, 141, 187, 373
Prechtel, Hans, von Lappach, Hofgesind 650
Preid, relicta 397, 438
Preidl 211
Preining (Preuning), Adolf, Barbier 378, 381
Preining (Preuning), Cristof 634
Preis, Hans, Maler 508
Preitgam, Hans, Weinschreiber 419
Prennberger, Ulrich, Schneider 572
Prenner 194
    Hans, Geistlicher 713
    Hans, Messerschmied 502
    Hans, Schneider 307
    Jacob, Großer Rat 713, 714
    Kathrei 713
    Weinschenk 627
Prennerin, Schneiderin 134
Prentmerin 312
Pretschlaipferin 53, 134

Pretstorffer, Hans 372
Pretzstorffer, Hofgesind 649
Preu
    Hans, Kammerschreiber 129, 231, 712
    Niclas, Steinschneider 494
    Veit 518
    Wölfel, Kornmesser 189
Preumaister 68
Preumaister, Hans, Salzsender, Weinschenk, -händler, Stadtrat 91, 93, 233, 346
Preumaister, Heinrich, Weinschenk, Stadtrat 93
Preumaister, Ludwig 93
Preun, Kaspar, Reiter 287
Preynesel 345
Preysing, Hans von 295
Preysinger
    Edelmann 426
    Konrad, Viztum in Oberbayern 65, 66
    Konrad, von Baierbrunn, Hofmeister 665, 669, 671
    Ritter 97
Priesterl, Michel, Knappe 58
Pritelpeck 32
Probst
    Barbara 711
    Hans, Häublmacher 297
    Sebastian 710, 711
    Ulrich, Gegenschreiber 709, 711
Pronner, Dr. Panthaleon 76, 96
Pronner, pueri 224, 619
Pronnmair, Philip, Schuster 341
Prosser, Hans, Schnitzer 33, 170, 398
Prosser, Hans, Tagwerker 252
Prosser, Konrad, Bogner, Schnitzer 380, 398
Protkorb, Michel, Büchsenschifter 97
Prückl, Hans 694
Pruederl, Jörg, Schneider 634
Pruelmair, Wolfgang, Glaser 129, 341
Prugger, Anna 504
Prugger, Erhart 504, 505
Prugkberger, Karel, Schuster 533
Prugker, Peter, Kornmesser, Weinschenk 180, 190, 192, 196
Prugkerin (Brugkerin) 537, 617
Prugkl, Ulrich 584
Prugkmair, Barbara 392, 395
Prugkmair, Heinrich, Wirt 392, 395
Prugkmaister, Gabriel 223
Prumdlin 340
Prundel (?), Mänhart, Hofgesind 648
Prunerin, Hans 257
Prunerin, relicta 379
Prunhueber, Kaspar, Bräu 707
Prunhueber, Lienhard 588
Prunhueber, Mathes, Bräu 708
Prunnenmacher, Jakob, Kistler 245
Prunnenmacher, Leonora 245
Prunner 247
    Albrecht, hgl. Rat 292
    Barbara 56, 266
    d. J. 462
    Dorothea 527
    Hans, Seiler 379
    Konrad, Koch 185, 486
    Lienhart, Pfleger zu Tölz 266
    Ludwig, Schneider 170, 628
    Maria 42
    Philip, Schuster 55, 487
    Stefan 53, 134
Pruno, Christophorus, Stadtpoet, hgl. Rat 84, 478, 685

Pruno, Jeronimus, Landschaftskanzler 433
Pruntaler, Ulrich 256
Pschörn, Hans, Messerer 52
Pschörnin 296
Psecho, Knecht, Hofgesind 649
Püchel 450
Püchelmairin, Anna, von Regensburg 297
Pucher
    Hans 207, 461, 721
    Hansel, Kornmesser 397
    Martin 372, 491
    Martin, Schneider 196
Puchhaim, Hans von, Schneider 151
Püchler (Pühler) 712
    Hailweig 686
    Hans 724
    Heinrich, Goldschmied 686, 687
    Heinrich, Sporer 302, 327
    Jörg 686, 687
    Lienhart, Messerschmied 141
    Lienhart, Wirt 197
    Matheis 23, 119, 158, 217
    Peter, Goldschmied 527, 686, 687
    Ulrich, Sporer 143, 144
Püchlmair, Adam, Schlegel im Falkenturm 187
Püchlmair, pueri 707
Puchmüllner, Barbara 268
Puchmüllner, Heinrich, Kramer 268, 276
Puck, Michel, Naglerin 248
Puckel (Puckl)
    Anna 363
    Augustin, pueri 363
    Hans 678, 697
    Hans, Schuster 530
    Hans, Weinschenk 678
    Konrad, Marktmesser 451
Püdmer (?), Rudel, Käufel 61
Püdmer, Rudel, mercator 64
Puechl, Jörg, Maurer 381
Puechl, Veit, Briefschreiber 628, 634
Puechner, Veit 24
Puelacher (Pueler), Lienhart, Hofsinger 405, 474
Pühel, Hans von 409, 477
Pühel, Hans von, Schenk 229
Pulacher, Haincz 344
Pullinger, Kramer 724
Puntinger, Jörg, Riemer 596
Purckel, Hans, Salzsender, Wirt, Stadtrat 475, 476
Purckhauser, Stefan 336
Pürckl, Hans, Schneider 50
Pürckl, Katharina 50
Purman (Porman), Christoph, Uhrmacher 315, 317
Purman (Porman), Margaret 315
Purolfinger (Purfinger)
    Anna 203, 204, 512
    Hailwig 204
    Hans 383, 423
    Hans, Salzsender 202, 204
    Hans, Weinschenk 406, 407
    Heinrich, Salzsender 202, 204
    Johann 512
Pütrer, Martin 617
Pütrich 241, 417
    Beatrix 290
    Bernhardin 104
    Dorothea 77, 174, 176, 199, 496
    Elisabeth 496
    Franz, Tuchhändler 489, 490, 496
    Hans 497, 500

Hans, zu Deutenhofen, Stadtrat 489, 490, 498
　　Hans, zu Stegen 496, 622
　　Heinrich 531
　　Heinrich, zu Pasing, Stadtrat 569, 570, 621, 622
　　Herman 570
　　Jacob 490
　　Katharina 496
　　Ludwig d. Ä., Stadtrat 568, 570, 698, 700
　　Peter 496
　　Sigmund 318, 490
　　Stefan 490, 496
　　Wolfgang 83, 302
Pütrichin 131
Putzin 697
Rab, Melbler 208
Rab, Prädikand 604
Rabsack, Jörg 95
Rächenperger *Siehe* Rauhenperger
Rackendorfer, Lienhart 301, 507, 524
Rad, Wolfgang, Zammacher 158
Radax, Hans, Zinngießer 54, 608
Radax, Heinrich, Goldschmied 484, 487, 578, 584, 610
Radaxin, relicta 620
Radich (Rattich), Martin, Hofhafner 239, 240, 254
Radich, Katharina 239
Raeleis, Hans, Goldschmied 606
Raenold 509
Raetenmair, Ott, Fragner 423
Raetenmair, Ulrich 423
Rägkel, Hans, Bürger zu Ingolstadt 665
Raid (Rayd, Rait)
　　Asem 617
　　Hans, Bäcker 121
　　Hans, Truckenlader 131
　　Hans, Wirt, Stadtrat 57, 220, 222
　　Jörg 348
　　Konrad, Bäcker 121
　　Mathes 584
　　Perchtolt, Fragner 416
　　pueri 415
Raidel (Raydel), Perchtolt, mercator 408
Raidlin, relicta 396
Rainer
　　Fridrich, Sporer 119, 154, 158
　　Hans, Tuchscherer 372
　　Heinrich, Schuster 533, 606
　　Jacob 456
　　Lienhart 190
　　Seidel (Seitz), Schreiber 207, 517, 694, 702, 711
Ramensatel, Wilhalm, Salzstößel 208
Ramerin, Kartharina 73
Ramler
　　Anna 244, 246
　　Elspet, Hebamme 245, 247, 257
　　Hans, Pfänderknecht 241, 245, 246, 247
　　pueri 216, 701
　　Sixt 245, 271
　　Sixt, pueri 422
　　Wolf, Kistler 129
　　Wolfgang 245, 247
Ramsauer
　　Anna 72
　　Hans, Amer 425
　　Magdalena 92, 94
　　Peter, Weinschenk, Stadtrat 90
　　pueri 82, 105
　　Ulrich, Wirt, Stadtrat 92, 94
Ramsauerin, relicta 524
Ramser, Eberhart, Schuster 484, 485, 712

Ramser, Hans, Fragner, Salzmesser 410, 431
Ranck, Wolfgang, Maurer 242
Ranckh, Bäcker 549
Ränftl, Joseph, Kornmesser 191, 196
Ränftl, Michel, Käufel (Kaufman) 258, 718
Ränhart, Kramerin 135
Räpfer, Hans, pueri 32
Rapp, Blasi, Metschenk 22
Rappin, Blasi, Salzsenderin 22
Rappold (Rappolt)
　　Hans 33
　　Hans, Bürger zu Augsburg 350
　　Heinrich, Ringler 39
　　Sebastian, Kornmesser 181, 186
Rappoltin 237
Räschbeck, Hofgesind 649
Rasp, Hans, Hofgesind 649
Rasp, Konrad 144
Ratenberger, Gilg, Sporer 154, 213
Rätenmair, Hans, Plattner 153
Rätenmair, Heinrich, Plattner 152, 153
Ratgeb, Heinrich, Maler, Zöllner 543, 544
Rauch
　　Jacob, von Hall 579
　　Margaret, von Landshut 522
　　Maurer 473
　　Peter, Weinschenk 568
　　Sigmund, von Landshut 522, 524
　　Wolfgang 152, 158
Rauhenperger 295, 296
Rauhenperger, Hans, Schneider 146, 373
Rausch, Hans, von Aschenburg 218, 225
Rausch, Niclas, Messerschmied 141, 242, 308
Räuschel, Heinrich, Schreiber 409
Räuschel, Schuster, Lederer 721
Rauscher, Heinrich, Holzhacker 380
Rauscher, Ulrich, Schuster 195, 202
Rauschhäring, Perchtold 583
Rebell, Konrad, Schneider 639
Rechperg, der von, Hofgesinde 405
Rechperger, Heinrich, Messerschmied 211, 214, 215
Rechperger, Kunigund 214
Rechtaler
　　Kilian, Lernmeister, Stadtprokurator 473, 513, 579, 708
　　Magdalena 58
　　pueri 165
　　Regina 560
　　Stefan, Kürschner 103, 560
Reckenprunerin, Barbara 88
Refinger, Maler, pueri 506
Regenspurger, Messerer 35
Regenspurgerin 54
Reich, Benedict, Weinschenk? 482
Reichart, Anna 640
Reichel, Amer 451
Reichel, Heinrich, von Wasserburg 305
Reichel, Kornmesser 416
Reichenpacher, -macher, Kramer 545
Reicher, Benedict, Weinschenk 482
Reicher, Perchtold, Bäcker 121
Reicherstorffer (Reichstorffer), Lautenschlager, Hofgesind 226, 439
Reichertshaimer, Fridrich, Pfleger zu Schwaben 203, 205
Reichertzhauser, Andre, Schlosser 37
Reichger, Ulrich 79, 82
Reiff, Franz, Posauner 554
Reiff, Franz, Wirtin 554

Reiff, Sebastian, Hofprokurator 553, 554, 618, 620
Reim, Gregori, Gürtler 126
Reimer, Hans, Tuchscherer 424, 599
Reimer, Hans, von Schwerin, Goldschmied 631, 633
Reimer, Rebecca 631
Reindl, Hans, Furier 474
Reinhart, Büchsenmeister von Nürnberg 440
Reinman, Hans, Taschner 431, 438, 460, 550
Reinman, Jörg, Feilenhauer 243
Reinperger, Hans 327
Reinperger, Heinrich, Schreiber 534
Reintaler
    Andre, Weinhändler, Salzstößel 194, 201
    Heinrich, Wirt 521, 522, 523
    Jörg, Spängler/Schlosser 133, 217
    pueri 522, 523
Reintaler ?, Anna 523
Reintaler ?, Magdalena 523
Reintalerin, relicta 487
Reisacher, Jörg, Kornmesser 186, 190
Reisacher, Wilhalm, Kornmesser 180
Reisch (Ritsch), Jacob, Schneider 685
Reischl (Räuschl)
    Elsbet 167
    Hans, Bäcker 550
    Heinrich 194
    Jeronimus, Goldschmied, Stadtrat 167, 169, 224, 550, 555, 618, 619
    Jörg, Bäcker 122
    Jörg, Weinschenk 167, 168
    Peter, Kornmesser, Weinschenk, Salzstößel 181, 191
    pueri 513
Reischl (Reyschlin), Salzstößlin 72
Reischlin 171
Reischlin, pueri 168
Reisenegk, Konrad d. J. 316, 379, 397, 599
Reisenegk, Konrad, Schneider 307, 314, 327, 332, 333, 489, 490, 557
Reisenegk, Ulrich, Schneider 314, 316, 517
Reisenegkin, relica 213
Reisenegkin, Ulrich, relicta 119
Reisentaler, Andre 229, 336
Reisentaler, Hans, Schneider 384, 385, 398
Reismalerin 336
Reismüller, Hans, Wirt 400
Reismülner, Kaspar, Lautenmacher 296
Reismülner, Konrad 706, 712
Reiss, Matheus, Käskäufel 439, 483
Reiswadel (Reyswadel), Ulrich 387
Reiswadel, Konrad, Zöllner 59
Reiswadel, Ulrich 59, 61
Reiter *Siehe auch* Reuter
Reiter, Martin, Maurer 258
Reiter, Michel 635
Reitling, Hans von, Messerschmied 213
Reitmair (Reitmer), Lienhart, Kramer 24
Reitmor
    Andre d. J., Kramer, Stadtrat 322, 347
    Georg, zu Pasing, Stadtrat 89, 347, 348
    Hans, zu Pasing 348
    Magdalena 89
    pueri 348
Rem, Melchior 55
Remin 55
Renbolt, Sekretär 619
Renboltin, relicta 562, 619
Rengolt, Michel, Ungelter, Notar, Kammerschreiber 478, 628, 679
Rennenweg, Ulrich, Seiler 248

Renner, Peter, Kornmesser 397
Rentz
    Anna 324, 501
    Cristof, Schneider 502
    Hans, Schneider 324, 489, 490, 508
    Jörg, Schneider 501, 502
    pueri 707, 717
Rentzin 286, 538
Resch
    Aindel 409
    Anna 406, 420, 422
    Konrad, Schneider 555
    Maurer 229
    Niclas, Wirt 630
Resch (Rösch), Peter, Koch, Hofgesind 648
Retzer, Elspet 488
Retzer, Stephan, Bürger zu Amberg 488, 489
Reuter, Gilg, Hauspfleger 685, 695
Reuter, Hans 360
Reuter, Meister Hans, Lernmeister 360, 708
Reyffenstain, Ulrich, Kürschner 123, 224
Reyffenstainer, Erhart, Schneider 403
Reyser, Hans, Fragner 431, 438, 452
Reyser, Hans, Glaser 341
Reysner, Konrad 369
Ridler 419
    Abraham 331
    Alex 273
    Anna 44, 110, 199, 394, 395, 709
    Bernhard 110, 134
    Dorothea 496
    Elisabeth 209
    Elspet 427
    Franz 703
    Gabriel 24, 427, 614
    Gabriel d. J., von Johanneskirchen, Stadtrat 331
    Gabriel, von Johanneskirchen, Stadtrat 331
    Jeronimus, Stadtrat 102
    Jörg 44, 292, 709
    Jörg, Stadtrat 97, 108, 110
    Kaspar 96
    Kaspar, Stadtrat 292
    Ludwig 155, 703
    Magdalena 88
    Margaret 233
    Martin 427
    Otmar 110
    Otmar, von Schönbrunn, Salzsender, Stadtrat 428, 429, 430
    Wilhalm 232, 233, 539
Ridlerin, Bernhardin 295, 331
Ridlerin, Jungfrau 90
Ridlerin, Kaspar 124
Ried(er)
    Brigitha 544
    Martin, von Räb 544
    pueri 545
    Thoman d. Ä., Schuster 544, 545
    Thoman d. J., Schuster 534
    Thomann d. Ä., Schuster 24
Rieder, Perchtold 63, 64
Riedl, Kaspar, pueri 67
Riedrer 651
Rieger
    Hans, Amer 34, 191, 388, 508
    Hans, Kornmesser 181
    Katharina 160
    Martin, später Ratsknecht 587
    Wolfgang, Kornmesser 160, 161

Wolfgang, Schneider 191, 312
Riegerin, Lenhart 551
Riegerin, Peter 97
Riel, Benedict, Schneider 373
Rielein, Vincenz, Weinschenk 96, *Siehe* auch Rulein
Riemer, Elspet 244
Riemer, Hans, Schreiber 244, 246, 273
Rienshofer, Konrad 418
Rienshofer, Michel, Weinschenk 190
Rietmair, Fritz 411
Rietmer, Sigmund 247
Rietnburger, Gilg, Schlosser 119
Rill, Benedict, Schneider 172
Rinckenmacher, Seicz 158
Rinckhler, Wolfgang, Steinmetz ? 131
Rinckhlerin, Hans, Maurerin 56
Rinckmaur, Hans, Kantor 56
Rindfleisch, pueri 145, 217
Ringler, Afra, pueri 225
Ringler, Jakob, Gürtler 57
Ringler, Philip, Schlosser 118
Ringwirt, Konrad 403
Ringwirt, Ulrich, Marktmesser, Kornmesser 163, 177, 387, 397, 403, 450
Ringwirt, Ulrich, relicta 397
Rinner (Reimer), Hans, Tuchscherer 418
Rintfleisch, Jörg 517
Rintfleischin, Ulrich, relicta 507
Rishamer, Melcher, pueri 304
Risstaler *Siehe* Rosstaler
Ritter, Kaspar, Buchbinder 503
Rochi, Dr., Hofprokurator 294
Rochlinger, pueri 246
Rogeis, Sigmund 716
Rohner, Thoman, Ungelter 513, 629
Roknkeil, Hans 77
Röll (Roll)
    Hans, Schuster 297, 509, 526, 538
    Hans, Weinschenk 404, 594
    Melbler, pueri 222, 226, 256
    Michel, Melbler 249, 425
    Michel, Wirt 226
    Oswald, Almosenknecht 141
    Oswald, Marktmesser 440, 441
    pueri 423
    Schuster 443
    Wolfgang 80
Röllin, Wolfgang 80, 82, 90
Ropfer, Hans, von Tölz 32, 690
Rorbacher, Hans 588
Rorbeck, Fridrich, Hofgesind 647, 649
Rorbeck, Jobst, Hofgesind 650
Rorer, Nestler 508
Rorer, Thoman, Weinschenk 497, 524
Rorwolf, Klas, Stadtsöldner 624, 693
Rösch
    Anna 238
    Mathes, Bäcker 238, 240
    Sebastian, Salzstößel 247
    Sebastian, Wirt 238, 240
    Sigmund, Salzstößel 245
    Ursula 238
Rosen, von der, Hans, Plattner 326
Rosen, von der, Lienhart, Plattner 326
Rosenberger (Rosn-), Ulrich, Schenk 410
Rosenbergerin, relicta 372
Rosenperger, Schuld 111
Rosenplüd, Perchtold, Salwurch 118
Rosenpusch, Wolfgang 430

Rosenpuschin 72
Roshaimer *Siehe* Rushaimer
Roshaupter (-hapter) 248
Roshaupter (-hapter), Heinrich, Hofgesind 649
Roshaupter (-hapter), Ulrich 340, 634
Roshaupterin (-haptern), Hofgesind 648
Rösler
    Anna 28, 29
    Dorothea 29
    Hans d. Ä., Kanzler 676, 677
    Hans d. J., Stadtrat 28, 29, 677
    Kinder 354
    Mathes, Eisenkramer 156, 157
    Oswald, Salzsender 677, 686
    Peter, Melbler 438
    Schneider 620
Röslmair, Hans, Bader 555
Röslmair, Paul, Tagwerker 34
Rössel, Hans 69
Roßkopf
    Hans 252
    Hans d. Ä., Zammacher 124
    Hans d. J. 126
    Hans, Zammacher ? 323
    Kaspar, Hofriemer 503, 579
Rosslauber, Heinrich 372
Rosstaler
    Barbara 522
    Michel 522
    Sebastian, Priester 522
    Thoman, Kanzler 522, 523
Rost, Seiler, pueri 354, 611
Rostertzsperg, Graf von 383
Rot
    German, Schäffler 256, 273
    Hans, Gewandschneider 595, 645
    Hans, Schneider 482, 645
    Heinrich, von Augsburg 463
    Jörg, Bäcker 260
    Jörg, Melbler 381
    Jörg, Schuster 213
    Konrad, Kramer 389
    Margaret 260
    Ulrich, Rotschmied 134
    Ulrich, Weinschenk, Stadtrat 226, 228
    Wolfgang, Tagwerker 197
    Wolfgang, Zammacher, Riemer 578, 588
Rotmair, Sebastian, Salzmesser 186, 354
Rottaler, Asem 673
Rubenhör, Hans, Feilenhauer 211
Ruckenhauser, Konrad 602
Ruckenhauser, Ulrich (Hans ?) 602
Ruckenhauserin 601, 602
Rudel
    Kornmesser 169
    mercator 222, 228, 240
    Sporer 147, 150
    von Taurling, Schneider 448
Rüdinger, Niklas, Schlosser 38
Rudolf 29, 189, 561
    Bartlme 566
    Bartlme, Großer Rat 299, 462, 469, 479, 497
    Bernhard 365
    Clara 420
    Dr. Bernhard, Hofprokurator 48, 97
    Dr. Thoman 365
    Hans 49, 51
    Hans, Goldschmied 526, 606, 627
    Hans, Goldschmied, relicta 615

Hans, Stadtrat 420, 422, 497, 563, 566, 625, 627
Heinrich 496
Heinrich, am Anger, Stadtrat 488
Heinrich, Stadtrat 287, 489, 497, 563, 566, 695, 696
Joachim 200
Ludwig, von Augsburg 203
Margaret 329, 330
Paul 375
Peter 420, 422
Rosina 200
Ulrich 53
Ursula 420
Zacharas, Stadtrat 461, 479, 497, 566, 625, 627
Rudolfin, Heinrich 598
Rudolfin, Ludwig 200
Rudolt, Heinrich, von Nürnberg, Goldschmied 679, 718
Rudolt, Jeronimus, Steinschneider 588
Rueber, Hans, Feilenhauer 211
Ruedl, Käufel 312
Rueger, Hans, Salzstößel 208
Ruel, Hans, Panzermacher 323, 483
Ruelandt
    Balthasar, Apotheker 435, 436
    Christoph, zu Frauenpüchl 435
    Dr. Hans, Stadtleibarzt 434, 436
    Elisabet 145
    Ernst, Hofkaplan 435, 436
    Hans, Rentschreiber 435, 437
    Jörg 435
    Katharina 434, 435
    Margaret 435
    Maria 435
Ruelandtin 647
Ruelandtin, relicta 24
Ruelant, Konrad, Schuster 317, 673, 697
Ruelantin, Hans 54
Ruelein
    Franz, Eichmeister 431
    Franz, relicta 617, 712
    Franz, Salzsender, Weinschenk, Stadtrat 413, 414
    Hans, Weinschenk, -händler 331, 338, 339, 412, 414, 563, 566
    Heinrich d. Ä. 571
    Heinrich d. J. 206, 571
    Heinrich, von Gemünd 414
    Lorenz, Weinschenk 413, 414, 423
    Vincentz, Weinschenk 93, 96, 415
    Vincenz, Weinschenk 96
Rueleinin 62, 379
Rueperstorfer, Mathes, Schäffler 97, 131, 242
Ruepl, Jörg, Wirt 383
Ruespeckin 72
Ruf, Kaspar 223
Ruff 651
Rügling 130
Rul, Hans, Kornmesser 410
Rumel, Fritz, Schneider 618, 619, 690, 694, 697
Rumel, Hans, Schneider 237, 380, 388
Rumler, Kammerschreiber, -sekretär 717
Rumpf, Kürschner 697
Rumpf, Ludwig 711
Rumpolt, Jörg, Schneider 542, 546, 553
Runding, Niklas 37
Ruppel, Heinrich, Schneider 47
Rürenpfeffer, Heinrich, Schuster 115
Rushaimer 45, 378
    Agnes 338, 339
    Elspet 434
    Haimeran, Bürger zu Aibling 370, 375, 377, 720

    Haimeran, pueri 376
    Jacob d. Ä., Stadtrat 374, 376, 720
    Jacob d. J. 377
    Lienhard, hgl. Futterschreiber 78, 618
    Lienhard, Stadtrat 338, 339, 376, 718, 720
    Oswald, Weinschenk, Unterrichter ? 47, 434, 568
    Urschl selig 375
Rushaimerin, Bräuin 248
Rushamerin, Kupferschmiedin 249
Rusp, Heinrich, Kornmesser 181, 186, 191, 376, 378
Ruswurm, Peter, Sporer 158
Rützgarn, Werndel 339, 599
Rützgarn, Wernlein, Fronbote 599
Ryel *Siehe* Ruel
Ryshamer, Sebastian, Hofgesind 73
Sabina, Herzogin v. Württemberg 268, 271
Sachs (Sax)
    Agnes 214
    Albrecht 96
    Konrad, Maler, Wirt 214, 215
    Ludwig, pueri 216
    Ludwig, Schwertfeger 164, 225
    Perchtolt, Metzger 272
Sachsenhauser, Agnes 652
Sachsenhauser, Irmgrad 652
Sachsenhauser, Liebhard 652
Sachsin, Ludwig, Schwertfegerin 231
Sackerer
    Dorothea 616
    Heinrich, Wirt 102
    Martha 574
    Michel, Gastgeb 373, 574, 577, 616, 617
Saenftl *Siehe* auch Sänftel
Saenftl, Ulrich 443
Saeniftel, Ulrich 403
Säffner, Kristof, Hofgesind 649
Sailer (Seiler), Konrad, Weinschenk 98, 100
Sailer (Seiler), Lienhart, Unterkäufel 171
Sailer, pueri 673
Saldnauer, Lienhart, Kramer ? 317
Salickman
    Abraham, Jude 651
    d. Ä., Jude 650
    Feifel, Jude 650
    Josepp, Jude 650
    Jude 651
Sallerin, Els 55, 84, 129
Salman (Salomon), Jörg, Salzstößel 379, 455, 456
Salman, Jude 282, 284, 651
Saltzburger (Salzperger), Hans 306, 307
Saltzperger, Wolfgang, Weinschenk 444
Saltzpurgerin 107, 207
Salvator, Jakob, Kramer 34, 104, 105
Salwurch, Paul, Kramer 203, 204, 210
Sambs, Wilhalm, Weinschenk 52, 95, 107, 397
Sämer (Samer)
    Hans, Messerschmied 588
    Jakob, Schuhmacher 58
    Jörg, Messerschmied 102, 108, 123, 251
    pueri 638
    Wolf 295
Samslin, Veronica 80
Sanbel, Jude 74, 274, 276, 283
Sanbelin (Sanwelin), Jüdin 304, 338
Sanctus, Kathrey, Käuflin 550, 694
Sandizell, Hans von, hgl. Rat 428, 464
Sandizell, Maria von 459, 464
Sandizeller 83, 232, 457, 468
Sandther, Hans, Schneider 534

Sänftel *Siehe* auch Saenftl, Saeniftel, Senift
　Andre 686
　Anna 303, 413, 441
　Anthoni 188, 413
　Augustin 584
　Barbara 332, 338, 413, 580, 582
　Cristof 582
　Hans 527
　Hans, Kornmesser, Weinschenk, Stadtrat 110, 338, 413, 415
　Jörg 65, 303, 415, 574, 584
　Jörg, pueri 415
　Katharina 303
　Ludwig 591
　Maria 413, 440
　Michel, Käskäufel 297
　Niclas, Chorherr 333, 336, 338, 428
　Obser 507, 517
　Ott, Kirchpropst 650
　Sigmund (Simon) 415
　Sigmund, Weinschenk 332, 338, 413, 415, 440, 441
　Simon, Weinschenk 338, 339, 413, 415
　Ursula 302, 594
　Virgili, pueri 582
Sänftlin, Andre 304
Sänftlin, Hans 83
Sänftlin, Jörg 83
Säniftel, mercator 222
Santmair, Hans, Kürschner 47, 151
Santmülner, Simon 125
Sapper 541
Saur, Peter, Maler 242
Saureberl 598
Saureberlin 223
Saureberlin, relicta 409, 491, 512
Saurer, Peter, Maler 295, 502
Saurlacher, Konrad, ehem. Kornmmesser 359
Saurlacher, Konrad, Kornmesser 182, 184, 190
Saurlaherin 229
Schächinger 523, 524
Schächingerin, Jörg 524
Schächl, Jörg 131
Schaeblin, relicta 668
Schaeperl, Marstaller 649
Schaesstaler, Ulrich 580
Schaffer 607
　　Cristof, Tagwerker 252, 258, 287
　　Jörg, Melbler 440, 444
　　Jörg, Tagwerker 172
Schafferin 23
Schafswol, Ulrich 537, 668, 672
Schaidenreisser, Gertraud 315
Schaidenreisser, Simon 293
Schaidenreysser, Franz 191, 249
Schaitenkircher, Paul, Vikar 142
Schaittenauer, Lienhard, Weinschenk 513, 702
Schalhamer, Wolfgang, Schuster ? 250
Schaller, Hans, Amer 572
Schaller, Martha 329
Schaller, Peter, Plattner 329
Schaltarfer *Siehe* auch Altarfer
Schaltorfer (Saldorfer), Konrad, Weinschenk 714, 715
Schamperger, Mathes, pueri 578
Schändel, Hans 603
Schanderl 349
Schäper, Balthasar 250
Schäperlin 72
Schaprantin, relicta 344, 587
Scharfzahn 610
　Anna 394, 564
　Barbara 564, 715
　Familie 601
　Hans 564, 567
　Kathrei 602
　Ludwig 601, 602, 605, 606, 608, 713, 715
　Magdalena 564
　Martha 564, 625
　pueri 364
　Wilhalm 394, 395, 564, 567, 601, 625, 713, 715
Scharrer, Ott, Käufel 409, 417
Scharrer, Ott, relicta 409
Scharrer, Ulrich, Fragner, Salzmesser 410, 424, 455, 456
Scharrerin 486
Schatzperger, Agatha 401
Schatzperger, Michel, Kornmesser 401, 402
Schäuchel, Heinrich 417
Schauerl (Schaurel), Ulrich 443
Schauerl (Scheuerl), Fragner d. J. 427
Schauerl (Scheuerl), Hans, Fragner 449
Schauerlin (Scheuerlin) 477, 554
　d. J. 301
　Fragnerin 449
　Konrad 308
　relicta 312, 339
Schaufl, Veit, Uhrmacher 634
Schaur
　Elspet 607
　Hans, Notar, Briefschneider 607, 608
　Johannes, Notar, Schreiber 717
　Kartenmacher 248, 388
　Michel, Bote 242
　Niclas 607
　pueri 513
　Salwurch 562
Schechner
　Hans 96
　Konrad, Käufel, Weinschenk 77, 181, 196
　Paul, Fleischhacker, Wirt, Zöllner, Kastner 283, 630, 632
　pueri 632
Schechner (Schenner), pueri 418
Schechnerin, Stoffl 73, 707
Scheckher, Margaret 454
Scheffl, Wilhalm, Prokurator 181
Scheffmanin, Hans 718
Schefhans (Schefhas), Margaret 371, 373
Schefmair, Ulrich, Kornmesser 185
Schegknhofer 684
Scheibenfeil, Anna, relicta 543, 544
Scheibenfeil, pueri 517
Scheibenin, Gebhart, Holahipper 58
Scheibenreifin 249
Scheirerin 170
Scheitrer, Hans, Goldschmied 487, 524
Scheitrerin 236
Schellenberg, Herr von, Hofgesind 294
Schellenberger, hgl. Rat 523, 524
Schellenberger, Hofgesind 648, 650
Schellenberger, Wilhalm, Stadtoberrichter 650
Schemerl, Fragner 396, 430
Schenck
　Andre 599
　Anna 290, 295
　Hans 437, 526, 572, 702
　Hans, Wappenmeister 290, 291, 295, 296
　Heinrich 541
　Margaret, Barettmacherin, Schneiderin, Hofgesind 355, 483, 527

Margaret, Barettmacherin, Weinschenkin 130
Ott, Kornmesser 170
Wilhalm 163, 290, 291
Schenckin, relicta 494, 542
Schennan, Peterman der, Burggraf 282, 284
Schennan, Wernher von 27
Scherer, Dietrich 586
Scherer, Hans, Käufel 412
Schererin, Hans, Hebamme 373
Scherman, Walter 25
Schermer 227
Scheuch, Hans 222
Scheuchendinst, Gürtler 724
Scheuchenstuel, Hans 588
Scheuh, Heinrich 431
Scheurer, Anastasia 538
Scheurl, Asem 249
Scheus, Konrad 360
Scheyrerin, Anastasia 551, 579
Scheyringer, Berthold 369, 370
Scheyringer, Heinrich, Salzstößel 170, 195
Scheyrl, Ull 410
Schick, Andre, Stadtsöldner 202
Schicker, Heinrich, calciator 95
Schiesser
    Elisabeth 167
    Jörg, Schneider 167, 169, 368
    Margaret 639
    Ulrich 639, 644
Schiet, Hans, Eisenhändler, Stadtrat 25, 28
Schiet, Klaes 633
Schiet, Paertel 461, 462, 469, 479, 481, 485
Schifer, Hans, Tagwerker 191
Schiferl, Kürschner 697
Schildt, Hans, Profos 323
Schilherin 724
Schilling
    Dorothea 204
    Elspet 130
    Heinrich, von Ehing, Weinschenk 406, 408
    Perchtold 203, 204
Schillingin 218, 230
Schiltperger, Cristof, Kramer 473
Schiltperger, Michel, Salzstößel 165
Schiml
    Alhaid 670, 698
    Els 388
    Familie 655
    Hans, Zöllner zu Wasserburg 361, 670, 672, 699, 700
    Kathrei 698
    Ott, Kramer 360, 363, 665, 667, 670, 671, 698, 700
    Ursula 74, 665, 699, 700
Schimlin 672
Schinagl, Kaspar 211
Schingalin, Melchior 97
Schinteldach, Hans, Weinschenk 163, 170, 468, 477, 567
Schinteldachin, Käuflin, relicta 321, 487, 615, 620
Schinweis, Konrad, Kammerschreiber 130
Schirlinger, Ott 445, 450, 544
Schirmer, Hans, Salwurch 513, 578
Schittenberger, Anna, von Schittenberg 326
Schlacher (Slaher), Hans, Kürschner 477
Schlachinhaufen 241, 443
Schlachinhaufen, Hans, Tagwerker 48
Schlamp, pueri 368
Schlapamer (-paumer, -pauner), Thoman, Löwenmeister 673
Schlapaner (Schlapender), Thoman, Bogner 297, 503, 513

Schlaucher, Martin, Weinschenk 99, 101
Schlechdorfer 95
    d. J. 482
    Heinrich 239
    Kathrei 203, 204
    Ludwig, Großer Rat 239
    Ludwig, Stadtrat 203, 204, 238
    Ludwig, Weinschenk 240
Schlechdorferin 33
Schlechtzfeld (Slechtzveld), Schneider 61, 403
Schlegel, Andre, Schneider 543, 545, 673
Schlegel, Katharina 545
Schlegel, Weber 404
Schleglin 684
Schleich, Balthasar, Schlosser 36, 40, 146, 242
Schleich, Hans, Goldschmied 619
Schleich, Margaret 36, 40
Schleiffer (Schleyffer), Jörg, Salzstößel 196
Schleiffer, Hans, Weinschenk 578
Schleiffer, Mathes, Tuchscherer 600
Schleiffer, Ulrich 674
Schleißhamer, Thoman, Weinschenk, Gewandschneider 444, 706
Schlemerin, Jörg, Baddirn 58
Schlesitzer
    Arsaci, Tuchscherer 596, 597, 607, 608
    Barbara 532, 596, 607
    Cristof, Tuchscherer 707
    Hans, Tuchscherer, -händler 425, 444
Schlitel (Schlutel), Konrad, Schneider 487, 562
Schlitel (Schlutel), Schuster 487
Schlöscherin (Slöscherin) 624
Schlotmair, Lienhart 206
Schluder 106, 189
    Adam 273, 433, 494
    Anna 173, 420, 422
    Anthoni 435, 437
    Clara 420, 422
    Hans 166, 299, 686
    Hans d. J. 105
    Hans, Bürgermeister 674
    Hans, zu Weilbach 114, 115, 420, 422
    Heinrich 298, 299
    Jörg 420, 422
    Katharina 435
    Konrad 159
    Konrad, Tuchhändler 298, 299, 305
    Magdalena 420, 422
    Peter, Sporer 114, 115
    Regina 428, 430
    Susanna 437
    Ursula 420
Schluderin, Hans 24
Schluderin, Hans, relicta 77, 83
Schluderin, Heinrich 80
Schlumperger, Hans, Schuster 231
Schlutenperger, Konrad, Schneider 473
Schlutin, relicta 694
Schmalholz, Konrad, Weinschenk, Stadtrat 45, 80, 82, 133
Schmaltzhauser, Jakob 212
Schmaltzöder (Smaltzöder), Sigmund 610
Schmälzel, Sporer 157
Schmautzhauser (Schmautzer), Stefan 218
Schmelcher, Balthasar, Wirt 58
Schmeltzer (Smeltzer), Kaspar 474
Schmeltzer (Smeltzer), Nickel 507
Schmerlin (Smerlin), Matheus 610

Schmid (Schmied, Schmidt)
    Andre, Trabant 344, 369
    Apollonia 548
    Arsaci, pueri 395
    Beutler, pueri 636, 685
    Haensel, Kürschner 505
    Hans, Barbier 172
    Hans, Kornmesser 186, 190, 400, 401, 402
    Hans, Plattner 542
    Hans, pueri 193
    Hans, Salzstößel 48, 55
    Hans, Wirt, Salzstößel 90
    Heinrich, Kornmesser 177
    Jörg, Bäcker 548
    Jörg, Barbier 389
    Kaspar, Bäcker 548, 549
    Kaspar, Koch 193
    Katharina 401
    Koch, pueri 209
    Konrad, Einheizer 551
    Konrad, Messerschmied 635, 645
    Lienhart, Bäcker 548, 549
    Lienhart, Holzmesser, Kramer 250
    Lienhart, Messerschmied 57
    Lienhart, Tagwerker 250, 286
    Martin, pueri 399
    Michel, pueri 193
    Michel, Tagwerker 250
    Niclas 193
    Niclas, Trabant 58, 579
    Paertel, Kürschner 504, 505
    Sixt, Salzstößel 381
    Tagwerker 171
    Ulrich, Tagwerker 42
Schmidel
    Heinrich, Kornmesser 387
    Heinrich, Marktmesser 443, 450
    Schneider 397, 555
    Ulrich, Schneider 617, 620, 712, 724, 725
Schmidhamer, Michel, Schlosser 120
Schmidhamer, Ulrich, Kornmesser 182
Schmidhauser, Konrad, mercator 23, 228, 346, 368
Schmidhofer
    Fridrich, Bäcker 547, 548
    Konrad, Bäcker 547, 548
    pueri 321
    Ulrich, Bäcker 548
Schmidin, Amme 34
Schmidlin (Smidlin), relicta 678
Schmidmairin, relicta 494
Schmiecher 585, 586
Schmirber (Smirber), Heinrich, Fragner 430, 437
Schmirber (Smirber), Ott, Fragner 437
Schmittmairin, von Aichach 84
Schmötzerl (Smötzerl), Ulrich 611
Schmuckh, Elisabeth 541
Schnablin, relicta 545
Schnaterpeck, Hans 160, 161, 312
Schnaterpeck, Peter, Kornmesser 160, 161
Schnaterpeckin 171
Schnaupinger, Konrad 39
Schneckh (Schnek), Konrad, Kornmesser 409
Schneckh, Cristof 222, 382
Schneckh, Konrad, Kalkansetzer, Morterkocher 41, 84
Schneggin (Sneggin), relicta 299
Schneider
    Hans, Vogler 58
    Hans, von Holzkirchen 339
    Konrad, Bräu 244, 246
    Michel, Schuster 578
    Ulrich, von Teining 379
Schnepf, Hans 65, 67, 625, 628
Schnepf, pueri 65, 67
Schnepf, Ruprecht 65, 67
Schniep, Ulrich, Uhrmacher 84, 162
Schnitzer, Albrecht 404
Schober, Hans, Schuster 307
Schober, Konrad 307
Schöberl, Hans, Tagwerker 250
Schöffl, Wilhalm, Stadtprokurator 126
Scholderer, Wolfgang 212
Scholl, Mechthild 646
Scholl, Perchtram, Hofapotheker 646, 647
Scholler (Schueler), Wolfgang, Nestler 225
Scholler, Wolfgang, Nestler ? 707
Schön
    Andre, Kramer 595
    Andre, Weinstadelmeister 454
    Hans 690
    Katrey 273, 327
    Konrad 437
Schon, Hans, Maler 130
Schönagl, Doniel 141
Schönauer, Martin, Kanzleischreiber, hgl. Sekretär 82, 129, 479
Schönecker, Pernhart 374
Schönecker, Zöllner 374
Schönegger, Eberl, Kornmesser, Großer Rat 374, 378
Schönhans, Maler 507
Schönperger, Cristof, Kupferschmied 34
Schöntaler (Schonstaler, Schonentaler), Hans, Schlosser/Schmied 37, 39, 117
Schöpfer, Hans, Maler 349, 500, 503, 508, 538
Schöpfer, Hans, Malerin 639
Schöpfer, pueri 500
Schopper, Andre, Riemer, Zammacher 595, 610, 617, 707
Schopper, Kaspar, Riemer 258, 344
Schopser, Andre, Buchdrucker 84
Schopser, Hans, Amer 72, 518
Schorpel, Andre, Sporer 54, 62, 135
Schotler, Konrad, Nagler 472
Schott 78
    Anna 41, 126, 384
    Anna, Küchelbacherin 187, 213
    Barbara 127
    Barbier, pueri 162
    Hans 127
    Hans d. J., Barbier 386
    Hans, Barbier 126, 128, 165
    Hans, Kramer 224
    Jakob 127
    Jörg 127, 187
    Kaspar 127
    Kramer 133
    Maria 127
    pueri 257, 382
    Regina 127
Schott (Schweitzer), Hans, Barbier 381, 384, 385
Schotter, pueri 257
Schöttl
    Alexander, Stadtrat 581, 582, 585, 586
    Heinrich 382
    Heinrich, Baumeister 162
    Heinrich, Silberkammerer, Baumeister 595
    Jörg 582

Maria 582
  Martin, Kramer, Stadtrat 572, 581, 582, 585, 586, 609
  pueri 162
Schottnloer, Mathes, Goldschmied 503, 538
Schrafnaglin 163
Schraivogl, Hans 579
Schraivogl, Hans, Huter 33
Schräl, Elsbeth 44
Schräl, Hans, Weinschenk 128
Schräl, Ludwig, Kürschner 44, 46
Schrälhofer *Siehe* Strälhofer
Schrälin, Ludwig 54
Schram
  Hansel 568
  Jacob, Lautenist 478
  Konrad, Kürschner 404
  pueri 151
  Sebastian, Bäcker 122
Schramin, Jakob 158
Schramperger, Jörg, Melbler 231
Schranck, Hans, Schneider? 365, 405
Schranck, pueri 472, 476
Schreiber
  Hans, Fragner 208
  Heinrich, Salzstößel 201, 223, 379
  Johann, Pfarrer 59, 62, 63, 226, 227
  Kaspar, Hafner 348
  Ulrich 227
Schreiberin, von Dorfen 452
Schreier (Schreyer)
  Hans 645
  Hans, Gürtler 23
  Heinrich 444
  Heinrich, mercator 416
  Rotschmied 550
Schreiner, Melchior, Schuster 579
Schrell *Siehe* Schräl
Schrenck 168
  Agnes 253, 255, 445, 447, 589
  Bartlme 161, 244, 246, 255, 258, 266, 445, 448, 568, 589, 596, 597, 606, 607, 656
  Dorothea 93
  Elisabeth 430, 569
  Hans 160, 161, 258, 552, 553, 621, 623
  Hans, Großer Rat 569, 570
  Jeronimus, Chorherr 513
  Kaspar, Stadtrat, hgl. Rat 328, 330, 428, 430, 437
  Lorenz 258, 715
  Margaret 329, 330
  Matheis 552, 553, 570
  Niclas 586
  Perchtold 165
  Walpurg 76, 406
  Wilhalm 77
Schrenckhamer, Anna 314, 316
Schrenckhamer, Jörg, Salzsender, Weinschenk, Stadtrat 295, 314, 316, 659
Schrenckhamer, Katharina 314
Schrenckhamerin 571
Schrenckin 568
Schrenckin von Notzing 93
Schreyer 444
Schrimm, Ulrich, Sporer 145
Schrobenhauser 534
Schrobenhauser, Lienhard, Schuster 572
Schrot, Afra 724
Schrot, Martin, Goldschmied 494, 534
Schrot, Wolfgang, Goldschmied 684
Schrötl, Dr. 426

Schuechmacher, Hans, von Hamburg, Goldschmied 500, 513, 551
Schueler (Scholler), Wolf, Nestler? 225
Schueler, Jörg, fürstl. Diener 73
Schuelerin, Wolfgang, Nestlerin 251
Schullenhofer, Hailweig 342, 349, 350
Schullenhofer, Hans, Schuster, Stadtrat 341, 344
Schultheis, Wolfgang, Kornmesser 386, 603
Schüpffer, Hans 180
Schupfin 222
Schürffer, Hans, Marktmesser 451
Schürffin, Hoffrau 404
Schüssler, Ulrich 253
Schuster, Fridel, Kramer 486, 668
Schüstl, Hans, Deckenmacher 48
Schütenpfeffer, Konrad 605
Schutz, Heinrich, Bräu 472
Schütz, pueri 120
Schw... *Siehe* auch Sw..., *Siehe* auch Sw...
Schwab (Schwaebel), Zinngießer 442
Schwab (Schwalb), pueri 348
Schwab (Swab)
  Anna 242
  Els 107
  Hans, Amer 431
  Heinrich, Sattler 186
  Konrad, Käufel 207, 223, 272
  Konrad, von Aresing, Salzsender 173
  Kunigund 248
  Margaret 53
  pueri 105
  Ulrich, Salzsender 97
Schwabel, Paule, Kürschner 555
Schwaber, Anna 354
Schwaber, Jörg, Weinzaler 354
Schwaber, Maria 354
Schwäbin (Schwabin, Schwaebin)
  Agnes 417
  Els 369
  Hans, pueri 476
  relicta 542
Schwäbin (Swäbin) 186, 213, 223
Schwäbin (Swaebin), Kauflin 32
Schwabinger, Konrad, Kornmesser 404, 418
Schwäbl, Hans, Maurer 257
Schwager (Schwaber), Sigmund, Bräu 702, 707
Schwaiger
  Asm, Buchführer 473
  Georg, von Kleindingharting 710, 711
  Hans, Kalkansetzer 41
  Hans, Melbler 425, 433
  Hans, Tagwerker 48, 55
  Hans, Taschner 187
  Hans, Vogler 57
  Lienhart, Ungeltsdiener 355
  Sigmund, Kornmesser 191, 382
  Thoman, Melbler 56
  Wolfgang, Melbler 412
Schwaigerin (Swaigerin) 33
Schwalb *Siehe* auch Schwab
Schwalb, pueri 304
Schwalb, Wilhalm, Wirt 165
Schwanckhart
  Elspet 188
  Lienhart, Bierbräu, Kornmesser 186, 188
  pueri 102
  Wolfgang, Tagwerker 186, 373
Schwartnhueber, Hans, Schneider 55

Schwartz (Swarcz)
  Anna 536
  Cristof, Maler 708
  Fridel, Sattler 106
  Fridrich 604
  Hans, Goldschmied 483, 503, 551, 562
  Jörg 54
  Konrad 588
  Konrad, Goldschmied 478, 483, 494, 502, 634
  Konrad, Kramer 249
  Konrad, Torhüter 724
  Madlen 55, 97
  Margaret 53
  Nadler 185
  Sekretär 513
  Sigmund, Hofschuster 536, 537, 542
Schwartzenberg, Christoph von 268, 271
Schwartzman (Swarczman), Fragner 60
Schwartzman, Jude 651
Schwartzmanin 336
Schwartzperger, Sigmund, Notar, Steuerschreiber 622, 623, 706, 714, 715
Schwartzpergerin, relicta 645
Schweickhart
  Albrecht, Kanzleischreiber 360
  Anna 41
  Anthoni, Weinschreiber, Wirt, Salzsender, Stadtrat 418
  Peter, Messerschmied 230
Schweickhartin 478
Schweickhartin, Jörg 354, 419
Schweindl 551
  Anna 471
  Anthoni, Salzsender 470, 472, 498, 499
  Elisabeth 498, 499
  Hans, Glaser 382, 509, 547
  Hans, Stadtrat 290, 498, 499
  Heinrich, Weinschenk 181, 499
  Paul, Wirt 717
Schweindlin 287
Schweitzer, Hans 292
Schweitzer, Hans, Barbier 126, 128, 384
Schwendter, Vincenz, Schlosser, Windenmacher 141, 146, 216
Schwertfeger, Jacob, Messerschmied 487
Schwibicher, Herman, Salzstößel 197
Schyrffryn, Margred 387
Scolari, Giovanni Battista, Goldschmied 131
Seboltin, Katharina 58
Sedelmair (Sedlmair)
  Andre ?, Kornmesser, Weinschenk 170
  Andre, Kornmesser, Weinschenk 181
  Hans 431, 443
  Joachim, Salzsender 231
  Jörg, Tagwerker 57
  Klaus, Fragner 423, 443
Sedlitz, Jan von, Hofmeister 649
Sedlnaur, Kramer 119
Seefelder, Hans, Goldschmied 484, 485, 684
Seefelder, Schuster 241
Seefelderin 555
Seehofer
  Alexander 74
  Cristof 74
  Jörg, Salzsender, Weinschenk 164
  Konrad, Weinschenk 130, 706, 722
  Martin, Salzsender 97, 426
  pueri 101
  Stefan, Weinschenk 96
Seemüller, Marx, Weinanstecher 454
Seemüller, pueri 382
Seemülner, Sigmund, Bäcker 122, 123
Seiboltstorf, Hieronymus von, Viztum 284, 285
Seiboltstorfer 297, 415
Seidl (Seidel)
  Hans, Melbler 412
  Koch 23
  Konrad, Kornmesser 411, 418
  Lienhart, Kornmesser 419
  Ulrich, Schneider 373
Seidlin 396
Seilnpeckin, Hans 218
Seilpeck, Hans, Wirt 225
Seitz, Goldschmied 60, 624, 672
Seitz, Schuster 417, 477, 572, 606, 638, 706
Selbherr, 2. Kanzleischreiber 526
Selhornin, Hans 252
Seltenhaim, Hans 252
Seltzam
  Hans, Taschner 724, 725
  Jacob ?, Taschner 405
  Jacob, Taschner ? 399
  Peter, Taschner 164, 562
Seltzam (?), Fritz, Kistler 248
Semel, Heinrich 25, 28
Semon (?), Sebastian, Buchbinder 252
Senfl, Ludwig, Komponist 293
Senflin, Komponistin 129
Sengenrieder
  Hans 229, 241, 248, 521, 523
  Michel, Glaser 224
  pueri 144
  Schneider 33
Sengenwein, Heinrich 91, 93, 100
Sengenweinin, relicta 545
Sengenwolf, Jörg, Kramer 42
Senift, Herman 364, 578
Sent[...], Martein, Kramer 399
Sentlinger 68, 189
  Agnes 113, 114, 143, 144, 434
  Andre, Stadtrat 64, 66
  d. J., Hofgesind 650
  Elisabeth 65, 209
  Elspet 427
  Franz 19, 26, 34, 337, 339, 426, 429, 436
  Franz, relicta 416
  Hans 112, 113, 114, 143, 144, 427, 429, 650
  Heinrich 384, 497
  Jakob 26, 28, 113, 143, 144
  Jörg 427
  Kathrei 35, 163, 403
  Matheis 19, 26, 28, 62
  Matheis, Pfändermeister, Stadtrat 427, 429
  Matheis, von Päl, Salzsender, Kastner, Stadtrat 301, 426, 429, 434, 436
  Peter 26, 427
  Sighart 26, 429
Sentlingerin, Andre 64
Seperger, Albrecht, Kramer 224
Setaler, Konrad, Kellner, Hofgesind 648
Setaler, Wirt 722
Sewer (Soier), Sebastian, Schuster 302, 344
Sewer, Hans, Zinngießer 47, 158
Sewerin, Asem, relicta 360
Sewerin, relicta 398
Seybolt 222

Seyfrid, Jörg, Türlbader, Aderlasser 645
Seyringer, Ulrich, Hofgesind 34, 78, 129, 133
Sibenhärlin, relicta 599
Siber, Konrad, Propst 295, 296, 522
Siber, Martin 587
Siber, Ulrich 587
Sierchensteiner, Provisoner, hgl. 400
Siessin 130
Sigel (Sigl), Bader 415, 697
Sigel (Sigl), Wolfgang, Koch 130
Sigkenhofer, Hans, Kistler 256
Sigkenhofer, Hans, Tagwerker 399, 673
Sigmund, Herzog 290, 658, 659
Sigmund, Herzog v. Österreich 720
Sigmund, Kathrei, Seilerin 373
Simerl, Anna, Hennendirn 674
Simprecht, Hofgesind 297
Simrerin 302
Sindler, Ulrich, Schmied, Tagwerker 58
Sindlhauser 412
Sindlhauser, Hans, Obser 48
Sindlhauser, Martin, Obser 54
Singer
    Hans 668
    Hans, Goldschmied 494, 507, 524, 550
    Hans, Nadler 452
    Hans, Tagwerker 257
    Hans, von Schrobenhausen 254, 255
    Konrad, Nadler 339
    Nadler 170, 404, 599
Singerl, Gilg 186
Sinn, Messerer 228
Sinter, Cristof, Wundarzt 214, 215
Sintzhauser, pueri 502, 707
Sitel, Heinrich 369, 379
Sitenpeck
    Anna 67
    Apollonia 65
    Heinrich, Bierbräu, Stadtrat 65, 67
    Heinrich, Kramer 67
    Herman 246
    Marx 724
    Thoman, Salzsender, Weinschenk 83, 96
Sitenpeckin, relicta 572, 587
Sitenpeckin, Thoman 67, 388
Sitenpeckin, Wolf, Nestlerin 217
Sittenhofer, Christoph 292
Sittenhofer, Kistler 241
Sittenhofer, Wolfgang, Beutler 717
Sittich, Schneider 477
Sl..., Sm..., Sn... *Siehe* Schl..., Schm..., Schn...
Smidel, Heinrich, Kornmesser 185, 207, 241
Snepp, Hans 64
Soyter, Konrad, Stadtoberrichter 91
Spächter, pueri 508
Spängl
    Anna 192
    Barbara 192
    Hans 192
    Hans, Weinschenk, Salzsender, Stadtrat 714, 716
    Hans, Wirt 192, 193
    Michel, Wirt, Stadtrat 124, 192, 193
    pueri 193
    Ursula 192, 716
    Wolf, pueri 716
    Wolfgang 192, 193
    Wolfgang, Hofgesind 129
Spänglherr, Ull 399
Spänglin 236

Spanhauer, Martin, Kanzleischreiber 355
Spanhofer, Johannes 644
Sparnegker, Agnes 666
Sparnegker, Erhart, Kaplan 666
Sparnegker, Hans, Schneider 603, 665, 667
Sparnhallerin, relicta 598
Spatz, Paul, Vogler 57
Spatz, Segenschmied 48
Spätzl (Spötzl), Stefan, Käskäufel 172
Spatznhauser, Hans, Seidennater 230, 295, 328, 499, 546
Speg, Schuster 533
Sperlin, Ulrich 257
Speyer (Hartlieb), Hans von, Met-, Weinschenk 473, 560, 714, 715
Speyr, Hans von, Maler 607
Speyserin 451
Spiegel, Ott 101
Spiegel, Werndel, Schuster 23
Spilberger 453
Spilberger, Heinrich, Hofgesind 649
Spilberger, secretari 83
Spilmair, Erhart, Schlosser 218
Spindler, Konrad, Kürschner 461, 479, 481, 484
Spindlmacher, Hans 381
Spindlwager, Jacob, von Memmingen, Stadtzimmermann 716
Spindlwagner, Sigmund 41
Spitznperger, Hans, Kürschner 249, 297
Spitzntrat, Valtin, Schneider 383
Spörel (Sporel)
    Amer 339
    Amer, uxor 348
    Fridrich, Amer 107, 223, 449, 599
Sporer, Hans, Maurer 197
Sprenger, Jacob 411
Sprenger, Konrad, Weinschenk 103, 104, 409, 424, 472
Springeinfeur 118
Springer, Hans 24
Springinkle, Ulrich, Sporer/Schlosser 24, 125
Sprintz, Clas, Gewandschneider, Tuchmanger 611
Sprintznecker, Cristof, Bräu 707
Stäb, Lienhart, Käskäufel 108
Stachlerin, Kramerin 403, 572, 587
Stader, Jörg, Amer 77
Stadler 554, 615
    Andre, Schneider 694
    Hans, Melbler 72
    Jörg, Wirt, Salzsender, Stadtrat 34, 92, 94
    Julia 92, 94
    Konrad, Schuster 404, 594, 620, 678
    Lienhart, Melbler 72, 425
    Niclas 554, 578
Stadlman, Hans, Hofschneider 644, 645
Stadlpuechner, Hans, Kramer 212, 226
Staetzer, Leupold 339
Stain, Jörg 53
Stain, Jörg, Goldschmiedin, die alte 635
Stain, Jörg, von Königsberg, Goldschmied 129, 499
Stainauer 399
    Jakob 94
    Jakob, Kürschner 94, 147, 151, 503
    L[...] 438
    Rosina 147, 151
    Ursula 94, 532
    Wolfgang 94
Stainberger, Lienhart, Käufel 108
Staindel, Konrad, Schlosser 35, 36, 37, 38
Staindel, Michel, Rotschmied 568
Staindl, Hans 171

Staindorfer, Barbara 215
Staindorfer, Hans, Messerschmied 215
Staindorfer, Margaret 215
Stainegker, Wolf, Weber 58
Stainer 359
Stainer, Ulrich 194
Staingadmer, Jörg 517
Stainharder, Michel 242
Stainin 349
Staininbrun, Hans 651
Staininger, Hans, Schuster 58
Stainmüller (-müllner), pueri 34, 94
Stainmüllerin 242
Stainmulner, Konrad, Kornmesser 387
Stainpeck, Maler 627
Stainperger, Alex, Sieber 250
Stainperger, Hans, Weinstadelmeister 454, 578
Stainperger, pueri 94, 181
Stainprecher, Stefan, Schneider 487
Stainprügkel, Perchtold 442, 538, 539
Stainprugker, Gedrud 448
Stainprugker, Jordan 448
Stainprugklin, relicta 449, 506, 550
Stämbel, Magdalena 501
Stämbel, Wolf 501
Stämel, Wolfgang 708
Stämpfel, Liebel 542
Stämpfl, Hans 56
Stamsse, Kunz von 241
Stängel 517
Stängel, Heinrich, Bäcker 121
Stängl
    Hans 692
    Hans, Nadler 387, 449
    Hans, Tuchscherer 617, 684, 694, 697, 706
    Hans, Vogler 130
    Mathes, Tuchscherer 588
    pueri 702
Stapf, Kaspar, Weinschenk 107
Stapfenman, Konrad, Salzsender? 370, 712
Starfinger, Jakob, Tagwerker 34
Starich (Starch), Anna 489
Starich (Starch), Dietrich, pueri 490
Starich (Starch), Dietrich, Weinschenk 23
Starich (Starch), Dietrich, Weinschenk, Stadtrat 489, 490, 539, 540, 545
Staringer 422
Staringer, Lienhart 482
Starnberger
    Jörg, Messerschmied 216
    Jörg, Schneider 141, 146
    Kaspar 206
    Konrad 442
    Michel d. Ä. 588
    pueri 206, 598
Starnbergerin, relicta 599
Staudacher, Hans, Salzstößel 257
Staudenmair, Andre 209
Staudenrauch, Ott, Taschner 343
Staudhamer, Jörg, Salzstößel 57
Steckhner, Carl 304
Stefelsperger, Lienhart 340
Stefensperger
    Hans 513
    Johannes 340
    Leonhardus, Notar 267
    Lienhard, kaiserl. Notar, Steuerschreiber, Weinschenk 504, 506
    Margaret 504

Stefflinger 229
Steflskircher, Lienhart 372
Steger
    Anthoni, Zinngießer 578, 624
    Bauer von Puchhaim 381
    Hans 82
    pueri 189
    Sixt, Trabant 251
    Ulrich 162, 181
Steger (Steiger), Wilhalm, Zinngießer, Marktmesser 444, 452
Stegerin, relicta 327, 473
Stelzer, Ulrich 531, 532
Stempfeisen, Eberl 170
Stephan, Herzog 18, 86, 139, 282, 284, 306, 485, 520, 535, 543, 605, 651, 655, 657, 663, 664, 667, 671, 675, 692, 693, 699
Steppacher, Ambrosi, Schneider 24, 40, 373
Stern
    Büchsenmeister 519
    Cristof, Uhrmacher (-richter) 55, 482
    Jörg, Büchsenmeister 58
    Jörg, Schlosser 56
Sternegger, Stefan, Weinschenk 181
Sterneys, Prokurator 129
Sternin, Jörg 41
Sternsecher, Maler 327, 473
Stertz, Jörg, Zimmermann 24
Stertzl (Störtzl), pueri 108, 453
Stesserin 398
Stetner
    Jörg, Salzstößel 111
    Lienhart 351
    Simon, Stadtoberrichter 620
    Ulrich 545
    Wilhalm, Koch 698
Stetzlinger, Ulrich, Hofgesind 649
Stich, Lienhart, Sattler 354
Stich, Thoman, Sattler 146, 354
Stichin, Thoman 108, 217
Stichl, Hans, Käufel 610
Stigler, Achaci, Schneider 286, 503, 685
Stiglitz, Messerer 106
Stiglitz, Peter 55
Stiglitz, Seiler 379, 398, 404, 455, 456
Stiglmair, Albrecht, Fragner 208
Stiglmair, Balthasar, 125
Stiglmair, Hans, Zammacher 124, 158
Stil, Schuster 52, 223, 403
Stinglhamer, Susanna 565
Stirian, Michel, Sporer 534
Stixner, Veit, Marktmesser 454
Stockhamer, Anna 302
Stockhamer, Hans, Fragner, Melbler 425
Stöckhl (Stöckl, Steckhl)
    Balthasar 160
    Balthasar, Glaser 160, 162
    Barbara 160
    Elisabeth 160, 162
    Jakob, Nagler 212, 225, 243
    Jörg, Sporer 217, 225
    Jörg, Trabant 243, 251, 287
    Kaspar, Sporer 225
    Katharina 160, 161
    Mang 160
    pueri 477
    Wolfgang 322
    Wolfgang, Barbier 160, 162
    Wolfgang, Kornmesser 160, 161

Stöckhlin, relicta 460
Stöckhlmüller, Katharina 160
Stöckhlmüller, Wolfgang, Kornmesser 160
Stockhmair, Jeronimus, Falkner 323, 325
Stockhmair, Veit, Falkner 551
Stockhmair, Wolfgang, Falkner 645, 673, 679
Stöcklin, relicta 89
Stoll, Ulrich, Stadtbote 473
Stoltz, Gallus 197
Stoltz, Kaspar, Weinschenk 344
Stör, Jörg, Haubenschmied 24
Störin 53, 69
Stosser, Hans, Koch 717
Stosser, Koch 411, 455
Stosser, Thoman, Koch 443
Stosserin, Hans 530
Stotz
    Anna 254
    Anthoni, Bäcker 254
    Jörg, Bäcker 260
    Margaret 260
Strälhofer, Lienhart, Melbler 433
Strang 191
    Hans, von Moosburg 191, 193
    Hans, Wirt 173, 176
    Martin 191, 192
    Oswald 192
    Ulrich, Weinschenk, Stadtrat 191, 192, 407
    Urban 365, 367
    Ursula 173, 514, 516
Strangin 90, 96
Strasser
    Clas 181
    Hans 645
    Hans, Kramer 128, 600
    Hans, Kramer, Weinschenk ? 349, 617
    Hans, Schneider 486
    Hans, Schuster 117, 336, 451
    Katharina 324
    pueri 193
    Schuster 116, 248
Strassl 114, 115
Strassl, Kastengegenschreiber 231
Straubinger, Heinrich, Schuster 534
Straubinger, Jakob, Schuster 211
Strauch, Andre, Zinngießer 610
Strauch, Herman 172
Straucher, Andre, Zinngießer 483, 534
Straus, Ulrich 47, 507
Strausdorfer, Konrad 107, 207
Strausdorfer, pueri 697
Strauß, Dr. 514
Strausser, Gebl, Koch 185
Streibinger, Wilhalm, Metschenk 236
Streicher 48
    Bernhart 419
    Clara 388
    Hans, Bräu 684, 703
    Kind 103
    pueri 419
    Thoman, Bräu, Weinschenk 702
Strein, Fischerin 126
Streitl, Kaspar, Uhrmacher 323
Strobl
    Abraham, Sekretär 134
    Anna 99, 394
    Cristof, Wirt 99, 394, 400
    Jakob, Pfarrer 371
    Jörg, Tagwerker 290

    Katharina 58
    pueri 193, 206
    Sigmund, Reiter 624
Stroblin 23
Strohacker, Ulrich, Kesselsewer 397
Stromair, Agnes 541
Stromair, Veronica 646
Stromair, Vicentz, Hofapotheker 646, 647
Stubmpeck, Wolf, Lernmeister 186
Stubner, Georg 291
Stubner, Jörg, Gerichtsschreiber 714
Stuel, Andre, Schneider 129, 635
Stumm 490
Stumpf, Anthoni, Trompeter 161
Stumpf, Jörg, Goldschmied 165, 555, 718
Stupf
    Diemut 270
    Gilg 506
    Hans 24, 83, 703, 704
    Hans, pueri 516
    Hans, Stadtrat 709, 710
    Heinrich 177, 185, 274, 276, 389, 400, 401, 430, 461
    Heinrich, Großer Rat 300
    Jacob 501
    Kathrei 24
    Lippel (Pfilipp), Stadtrat 300, 710
    Ludwig 206, 355, 357, 437
    Magdalena 54, 567
    Ulrich iunior 378
    Ulrich, relicta 571, 578
    Ulrich, Stadtrat 299, 300
Stupfin 211, 708
Stupfin, relicta 516
Stur, Haimeran, Kürschner 534
Sturm
    Hans, Kistler 61
    Heinrich, Bäcker 121
    Heinrich, Kistler 61, 64
    Kaspar, Melbler 231, 369, 381
    Lienhard, Schneider 473, 507, 594, 603, 620
    Lienhart, Walcher 108
Sturmin, Kaspar, Melblerin 708
Sturmpeck, Heinrich, Bäcker 121
Stürtzenpecher, Ulrich, Messerer 69
Stürtzer, Jakob 103
Stürtzer, Martin, Wirt 103
Stürtzer, Sigmund 48
Stutz, Andre, Kramer, Weinschenk ? 644, 713, 715, 722
Stutz, Anna 713
Stutz, Lienhart 478
Stützin, Els 57, 217, 251
Sucher, Käufel 107
Sultzpach, Hans von, Schmied 145
Sultzrainer, Konrad, Schneider 185
Sultzrainer, Öttel, Kürschner 526, 533
Sumer, Anna 639
Sumer, Hans, Wirt 719, 721
Sumer, Jörg, Schmied 639
Sümerl, Konrad, Seidennater 542, 550
Sümerl, Lienhart, Weinvisierer 108, 453
Sumerspergerin, Jörg, Maurerin 73
Sun, Ull, Zöllner 345
Sunderhauser
    Hans, Obser 48
    Heinrich 202
    Peter, Salzstößel 237
    Peter, Wirt 351
Sunderreiter
    Niklas, Messerschmied 57, 217, 243

Thoman 217
　Thoman, Messerschmied 211, 229, 344
　Wolf, Spängler 217
　Wolfgang, Stadtsöldner, Salzbereiter 635
Sunenreiterin 287
Sunenreiterin, Niklas 252
Sünn (Synn, Sym), Messerer 35, 116
Süss, Hans 236
Süss, Seidel 584
Süssnkofer, Ulrich, Schneider 555, 562
Sutner, Hans, Schneider 48, 172, 191
Sw... Siehe auch Schw..., Siehe auch Schw...
Swäbel (Swaebel), Hans 35, 223, 229
Swäbel, Saukäufel 345
Swabl, Hans, Tagwerker 603
Swaebl, Konrad 572
Swanvelder, Jörg, Zimmermann 450
Swarb, Kistler 52, 64
Swarsseisen, Klaus 164
Swartz, Glaser 224
Sweigger 550
Swenninger (Tömlinger), Narciß, Stadtwundarzt 59, 308
Swepferman 91
Swertzknopf 399
Swienner (Swemmer), Hans, mercator 549
Swienner (Swemmer), mercator 416, 683, 690
Swindübel, Herman 563
Swindübel, Peters (Petronella) 563
Sybrerin 449
Symon
　Goldschmied 624
　Gürtler 644
　Hans, Maurer 538
　Heinrich, Bäcker 355
　Mathias, Hofkammerrat 667
　Nadler 410, 449, 472
　Nadlerin, relicta 397, 424
　Steinmetz 556
　Ulrich, von Rotenpach 474
Synter, Cristof, Stadtwundarzt 522
Taellinger 202
Taellinger, Fridel 410, 443
Taellinger, Johann 204
Tahensneider, Perchtold 603
Taichsteter, Hans, Weinschenk 219, 221
Taichsteter, Heinrich, Kistler? 636
Taichsteter, Jörg 645
Taler, Heinrich, Seiler 448, 586, 722
Talhaimer, Paul, Chorherr von Isen 585
Talhamer, Magdalena 94
Talhamerin 595
Talhamerin, Hans 242
Talmair (Talmer), Konrad, Salzmesser, Weinkoster 411
Talmair (Talmer), Michel, Melbler 349, 425, 438
Talmair, Heinrich, Marstaller 690
Talmair, Konrad, Fragner 433
Tamer, Paul, Weinschenk 79, 83
Tanhauser 432
Tanhauser (Tonhauser), Andre 39
Tanhauser, Schuld des 111
Tannelin, Käuflin 207
Tanner
　Hans 471
　Hansel 460
　Heinrich, Schuster 23, 64, 69
　Jörg 404
　Martin, Salzmesser 36
　Stefel, Richtersknecht 398
Tanner (Danner), Anthoni 716

Tannerin 460, 636
Tannerin, relicta 53, 693, 706
Tannheim, Albrecht von 656
Tanninger, Melcher, Lermaister 405
Tanpeckin 411
Täntzl, Hans 107
Tarsch 159
Taschner, Fritz, Salzsender 153
Taschner, Zuschenk 711
Tasinger, Fridrich, Prüchler 539, 540, 544, 546
Tätzel, von Nürnberg 656
Tauber, Klaus, Salwurch 164, 195
Taufkircher
　Hans 494
　Heinrich, Schneider 387
　Hofrat 426, 690
　Jörg 494
Täurl (Tauerl), Hans, Beutler 387
Tauschel, Hansel, Bäcker 417
Tausel, Konrad, Schneider 343
Tauter, Heinrich 583
Tauter, Seydl 272
Tauterin, Walpurg 51
Tautschernperger, Götschel, Bäcker 121
Tautz, Schneider 33, 301
Teck, Friedrich von, Herzog 135, 140
Tegernseer 72
Tegernseer, Achaci 96
Teinhofer, Anna, Kornmesserin 401, 402
Teinhofer, Hans, Kornmesser 401, 402
Teinhofer, Hans, Wirt, Salzstößel 354
Teisel Siehe Deysel
Tellinger Siehe auch Taellinger
Tellinger, Cristof, Tagwerker 250
Tellmair, Cristof, Tuchscherer 146
Tenger, Peter, Zimmermann 77
Tennerin, Hans 507
Tennlocher, Heinrich, Fragner 194, 207, 443
Teschler, Jörg, Melbler 73
Teyrn, Barbara 326
Teyrn, Margaret 326
Teyrn, Peter von, Schlosser 326, 327
Thanhäckhl, Hans 42
Thiller, Hans, Kupferschmied 42
Thumatz 445, 447
Thumb (Tum), Seyfrid, von Aibling 412, 417
Thuninger, Wolfgang, Schuster 224, 231
Tichtel 456
　Agnes 46, 69
　Andre 29, 605, 639
　Anna 29, 110
　Dorothea 275
　Franz, Stadtrat, hgl. Rat 25, 27, 29, 33, 108, 109, 266, 283, 401, 650
　Hans 29, 108, 109, 266, 283, 400, 401, 514
　Hans d. J., im Gebirg 366, 367
　Hans, Kornmesser 180
　Jörg 25, 27, 29
　Katharina 283
　Konrad 63, 232
　Konrad, Fragner 387
　Niklas 62, 63, 108, 109, 152
　Ott 27, 29, 497
　Öttel 272
　pueri 189, 399
　Sebastian 401
　Thoman 29
　Ulrich 89
　Ulrich d. Ä., Stadtrat 27, 29, 108, 109, 272, 497

Ulrich d. J., Stadtrat 49, 258, 283, 285, 367, 374, 377,
　　　514, 674, 679
　　Walpurg 29, 514
　　Wilhalm 275, 401
　　Wolf 400
Tichtels Knecht 339
Tichtlin, Jeronimus 678
Tiefsteterin, Melchior 584, 595, 604
Tierolt, Tagwerker 722
Tillger (Tylgar, Dilger)
　　Georg d. Ä., Goldschmied 296, 304
　　Georg d. J., Goldschmied 703
　　Jörg d. Ä., Gold- und Silberhändler 209
　　Jörg d. J., Gold- und Silberhändler 212
　　Maria 296
Tischmacher, Jacob 41, 645
Tischmundel, Schuster 672
Tislin, Pauls 551
Tobler, Peter, Kornmesser 180, 190, 418
Tod, Fridel 410, 572
Tod, Heinrich 223, 450, 486
Tod, Weinschenk 486
Töldel, Bäcker 121, 416
Toldel, Seiler 724, 725
Töllel, Badknecht 241
Töllelin 241
Töllinger, Knecht, Hofgesind 649
Tollinger, Koch 455
Töltzer, Hans 171
Tömlinger
　　Dietel 556, 560
　　Erasm 693
　　Fridrich, Arzt, Kämmerer 692, 693
　　Hans, Stadtarzt 356, 358
　　Jörg 415
　　Jörg, Stadtapotheker 253, 255, 273, 656, 675, 677
　　Ludwig, Stadtrat 253, 255
　　Marquard 113, 114, 692
　　Meister Hans, Arzt ? 601, 602
　　Narciß, Stadtwundarzt 59, 308, 309
　　Ott 253, 692
　　Thoman, Stadtarzt 358
　　Ursula 253
　　Wilhalm 53, 61
Tömlinger (Swenninger), Stefan 309
Tömlingerin 601, 692
Tömlingerin, relicta 89, 135
Tönigel 449
Tönigel, Fragner 443
Tönigel, Kornmesser 386, 396, 417
Töniglin, Fragnerin 424, 426, 431, 443, 451
Torer (vom Thor)
　　Eberhart, von Hornstein 139
　　Erasmus, Oberrichter 83
　　Hans vom, Küchenmeister 290
　　Hans, von Hornstein 139
　　Hans, von Kundelburg 135, 140
　　Konrad 252
　　Konrad, von Eurasburg 445
　　Lienhart vom 290, 291
Torer, Bäcker 550
Tornzway, Seitz, Salwurch 158, 424
Törringer 503
Törsch, Hans, Kornmesser 159, 164
Törsch, Konrad, Schlosser 151
Torsch, Lienhart 102
Traeschel, Hans 615
Traeschel, Peter 550
Traeschel, Thoman 615

Trampl, Adam, Barbier 90, 171, 186, 382
Traubinger, Heinrich, Schuster 307
Trauner, Giglmair, Hofgesind 649
Trautzkircher 712
Trautzkircher, Hans Lorenz, Pfleger 712
Triener, Hans 163
Triener, Konrad, Weinschenk 587
Trinckgelt, Wolfgang, Weinschenk 237
Truchtharinger, Jacob 432
Truhlerin, Andre 285
Trullerin, Elspet, relicta 386, 408, 417
Tuchsenhauser, Oswald, Kanzler 676, 678
Tuchsenhauserin, Jakob 72
Tuecher, Elisabeth 200
Tuecher, Sara 201
Tuecher, Thoman, Stadtrat 200
Tuecherin, Thoman 123, 198
Tuerck, Christan, Hofgesind 648
Tulbeck 33, 53, 126, 358
　　Diemut 98, 103, 104
　　Hans, Goldschmied, Münzmeister, Stadtrat 59, 100,
　　　683
　　Heinrich, relicta 98, 130
　　Heinrich, Stadtrat 59, 100
　　Jacob 64, 77, 255, 447
　　pueri 98, 104
　　Vincenz 104
Tulbeckin, Hans 77
Tulchinger, Heinrich 562
Tulchinger, Herr Hans, Kaplan ? 527
Tumperger
　　Andre, Fragner 424
　　Anthoni, Lebzelter 167, 169
　　Elisabeth 167
　　Fritz, Fragner 432
　　Hans, Kornmesser 167, 169
　　Kaspar 167, 368
　　Magdalena 167, 169
　　pueri 169, 368
　　Wolfgang 167
Tunckel, Konrad, Bäcker 121
Tuntenhauser, Taschner 456
Tuntzl (Dantzl), Sigmund, Kistler 673
Tüntzl, Anna 62
Tüntzl, Hans, Scharsachschleifer 50, 51
Tüntzl, Hans, Schleifer 33
Tüntzlpacher, Hans, Schneider 47
Tuntznauer, Hans, Sattler 534
Türbenter, Ernst 133
Turnauer, Hans, Salwurch 673
Türndel, Jörg, Hofgesind 649
Türndlein, Albrecht, Hofmeister 629
Turnpergerin, Aengel 554
Tutenhofer, Andre, Drechsler 724, 725
Tutenkofer, Andre 410, 424
Tütinger, Heinrich, Kornmesser 164, 170, 418, 425
Tütingerin, relicta 432
Tutsch (Tütsch)
　　Andre 392
　　Barbara d. J. 392
　　Elspet 392
　　Hans 392, 395
　　Khatrey 395
　　Maenhart 392, 395
　　Margaret 395
　　W[...] d. Ä. 241
Übelher, Konrad, Kornmesser 190
Übellohner, Hans, Eichmeister 439
Überäckrer, Jacob, Schuster 380

Ülchinger, Heinrich 73, 74, 85, 87
Ülchinger, Heinrich d. Ä. 396
Ülchinger, Heinrich d. J. 75, 705
Ulm ?, Lienhart, Goldschmied, Weinschenk 521, 523
Ulm, Lienhard, Goldschmied 606
Ulm, Ulrich, Kürschner, Bräu 468, 472, 486, 552, 554
Ulman, Asm 698
Ulmin 478
Ulrich, Herzog v. Württemberg 268
Umpach, Kramer 724
Unckhofer, Erasm 258
Undermoser, Mathes, Bote 172
Unger, Heinrich 721
Unger, Jakob, hgl. Türhüter 297
Unger, Jörg *Siehe* Zeggin
Ungerin 416
Ungspeck, Peter, Sekretär, Kastner 522, 523
Uniger (Uninger), Agnes 166
Uniger (Uninger), Heilweich 165
Uniger (Uninger), Heinrich 165, 166, 327
Unkauf, Lienhart, Maler 508
Unkofer
   Asem 344, 369
   Erasm 712
   Sebastian, relicta 712
   Sebastian, Schreiber, Notar 707, 709, 712
   Sebastian, von Landshut, Notar 712
Unpilt, Hans, Schlosser 344
Unpricht, Hans, Kornmesser 181
Unpricht, Wolfgang, Kornmesser 181
Unprichtin, Kornmesserin 84
Unsin, Cristof, Kürschner 579
Unterholzer 468
Urban, Heinrich, Hofgesind 648
Urmiller (-müller)
   Barbara, von Lengfeld, relicta 647, 666, 667
   Hans, relicta 622, 623
   Hans, zu Leutstetten und Frashausen, hgl. Rat 622, 623, 699, 713
   Wilhalm, hgl. Rat 701
Ursenperger, Elspet 665
Ursenperger, Schneider 449
Ursenperger, Ulrich, Stadtrat 665, 667
Urspringer, Lienhard, Metschenk, Salzsender 714, 715
Urspringer, Margaret 714
Urspringer, Schneider 478
Ursprunck, Hans, Messerer 53
Üsenwang, Ulrich von 532, 603
Utnperger, pueri 23, 34
Uttenhofer, Hans, Goldschmied 480, 555
Uttenpergerin, Lienhart 674
Uttingerin 163
Utz, Martin, Trabant 337
Utz, Schneiderin 453, 458
Utzschneiderin ? 617
Vaist, Hans, Maurer 379, 398
Valeray 68
Valpichler, Jörg, Weinschenk 103
Valpüchler, Marten, Kornmesser 412
Vatersteter, Hänsel 402
Vatersteter, Konrad 449
Vayal, junior 448
Vederkam 397
Vederkamp, Fritz, Kürschner 534
Vederkamp, Heinrich, Schneider 620, 628, 692, 693, 694
Vederkamp, Jacob, Kürschner 517
Veichtmüllner, Lienhart 373
Veichtner, Thoman, Sporer 482
Veit Adam, Bischof 79

Veit, Anna 118
Veit, Bäcker 122
Velber, Hans, Schneider 164
Velberin, Schneiderin 229
Velnhamer *Siehe* auch Fellnhamer
Velnhamer, Schmied 107, 113
Velnhamer, Ulrich, Schmied 117
Vent *Siehe* Fend, Fent
Vent, Bernhart, Wirt 513
Verbenbegk, Fridel, Bäcker 417
Verber
   Hans 216, 583
   Seidel 615
   Wolf, Loder 510
   Wolf, Loder ? 650
Vest, Hans, Hoftrompeter 265
Vest, Koch 216
Veter
   Gabriel, Schneider 534
   Hans 530
   Heinrich, Schneider 378
   Jacob 61
   Jacob, Goldschmied 542
   Peter, von Hof, Sporer 154
   Schuster 526
   Ulrich, Kramer 127
Vettinger, Hans 101
Vettinger, Kathrey 447
Vettinger, Ulrich, Goldschmied, Stadtrat 52, 447, 624, 639, 705
Veyel, Peter, Beutler 702
Vichhauser, Dr. 703
Viechter, Heinrich, Kornmesser 410
Viechter, Konrad 624
Viechtner, Ulrich 397
Viersteter, Jörg 628, 684
Vilser, Stefan, Schneider 308, 452, 458, 478, 628
Vilserin 129
Viperl, Käufel 69
Vischer *Siehe* Fischer
Visierer, Peter, Wirt 226, 227
Vitztum, Peter 170
Voburger, Jörg, Goldschmied 229, 460, 534, 542, 578, 668, 673
Vock, Konrad 437
Vockin, Kathrei 52
Vogel, Heinrich 223
Vogel, Sigmund, Schneider 248
Vogelin, Kunz, Marstaller 649
Vogl
   Anna, Steinschneiderin 483
   Barbara 505
   Cristof, Tagwerker 258
   Hans 505
   Jörg, Schuster 308, 322, 610
   Jörg, Schusterin 286
   Mang, Wirt 505, 506
   Sigmund, Seidennater 425
Vogler
   Fridrich, Kornmesser 185
   Hans, Schneider 197
   Konrad 339
   Mathes, Nagler 131, 133, 225, 242
   Sebastian, Schuster 322, 337
   Wilhalm 717
Voglin, Jörg 73, 249
Voglin, Michel 258
Voglrieder
   Hans 256

Hans, Kornmesser 196
Jörg, Kanzleischreiber 618
Konrad 398, 411
Völckel, Maurer 416
Volckhamer, Dr. Michel, hgl. Rat 711
Völckl, Jörg, Kornmesser 412
Vollenhals, Märkel, Marstaller 649
Volman *Siehe* Fülman
Vorher, Margaret 639
Vorherin 302
Vorster, Hans, Barbier 171
Vorster, Hans, Nagler 119
Vorster, Hans, Schneider 133, 216
Wäbinger, pueri 501
Wachhammer *Siehe* Pachheimer
Wachsmut, Fridel 195
Wäckher(l), Prokurator 405
Wäckherl, Mang, Kanzleischreiber 508
Wadler (Waegendler) 246
Wadler (Waegendler), Heinrich 159, 370, 504, 505, 681, 682
Waechinger, Jakob 207
Waedel, von Morenweis 244, 246
Wagenknecht, Gabriel, Amer 405
Wagenriederin 247
Wager 93, 568
Wager, Kind 710
Wagerin 712
Wagner
    Adam, Schenk 557, 561
    Anna 239
    Apollonia, Nonne 152, 153
    Hans, Scheibenmacher 58
    Heinrich, Goldschmied 562
    Jörg, Schneider 483
    Katharina 240
    Paul, Hofhafner 239, 240
    pueri 717
    Ulrich, Zammacher 152, 153, 158
    Ursula 557
Wagnhueber, Urban, Kramer 97, 152, 165
Waichinger, Jakob 207
Waidhals, Apollonia 239, 245
Waidhals, Daniel, Schneider 239, 245, 247, 297
Walch 18
Walch (Gotzkircher), Meister Sigmund, Stadtleibarzt 709, 710
Walch, Heinrich, Schlosser 349
Walch, Peter, Kornmesser 341, 376, 378
Walcher 247
    Goldschmied 460
    Hans, Fragner 380
    Kürschner 35
    Werkerin, relicta 568
Walcher (Walther), Sigel, Schmied 117
Wald (Walch ?), Peter, Salzstößel 381
Waldecker
    Jörg, von Schliersee 284
    Jörg, zu Walenberg, Hofgesind 650
    Wernher der, hgl. Rat 283, 285
    Wolfgang der, hgl. Rat 284
Wäldel, Haintz 364
Waldhofer (Wallenhofer), Perchtold, Messerer 69
Waler (Waller) 566
Waler (Waller), Hailwig 207
Waler (Waller), Jeronimus, Weinreisser 225, 595
Waler (Waller), Schneider 115
Walggershofer (Walgosshofer), Hans, Taschner 416, 449
Wallder, Konrad 624

Wallder, vector 448
Wallner, Stefan 431
Walpacherin 400
Walpurger, Schreiber 340
Walpurgerin 572
Waltenhofer, Cristof 44, 45
Waltenhofer, Sigmund 44
Walthart, Martin 286
Walthasar, Hans, pueri 598
Walther *Siehe auch* Walcher
    Jörg, Bierbräu 237
    Michel, Amer 433
    Philip, Weinschenk 72, 208
    Sporer 156
    Wolfgang, Weinvisierer 453, 578
Walther (Walter), Dorothea 401, 402
Walther (Walter), Hans 401, 402
Waltherin 72
Waltherin, Kundel 327
Waltzlin, relicta 23
Wamperger, Ula 56
Wan Ull, Metzger 541
Wanger, Jörg 82
Wanmeiser, Hans 410
Wanner, Martin, Schuster 57
Wapp, Barbara 699
Wapp, Heinrich, Goldschmied, Großer Rat 680, 698, 700
Wapp, Kathrei 698
Warnsteter, Hauptmann, Hofgesind 579, 690
Wartenberger, Ulrich 202
Wartenfels, Hans, Schneider 477, 538, 539
Wasserschneider, Thoman 286
Watenlech, Hans, Goldschmied 306, 672
Wäx, Otterjägerin 354
Weber, Heinrich, Käufel 673
Weckher, Alhait 338, 339
Weckher, Hans, Hofdrechsler 685
Weckher, Mechthild 338
Weckherin, ambo 364, 442
Wedel, Hans, Goldschmied 673
Weger, Matheis, Kramer 229
Wei... *Siehe auch* Wey...
Weichinger, Haertel, Fragner 336, 343, 402
Weichs, Ulrich von 256
Weichs... *Siehe auch* Weix...
Weichsner, Heinrich, Goldschmied 535, 537
Weidacher, Konrad, Marktmesser 402, 409
Weidenmair, Hans, Kürschner 373
Weigel 247
Weigel (Weigl)
    Dietel 462, 504, 505
    Hans, Zimmermann 134
    Heinrich, Schneider 451
    Michel, Apotheker 147, 150
    Michel, Apotheker, pueri 418
    Paul 56
    Tagwerker 46
Weiglin, relicta 517
Weiler
    Anna 362, 363
    Cristof 571
    Hans, Stadtrat, Hofgesind 571
    Kaspar, Stadtrat 570, 571, 622, 623
    Lienhard, Kramer, Weinschenk, Stadtrat, Unterrichter 570, 571
    Sigmund, pueri 571
Weilhaimer, Hans 208
Weilhaymer, Lienhart, Sporer 151
Weimer (?), Gilg, Haubenschmied 243

Weindl, Cristof, Melbler 73
Weingartner, Hans 301
Weingartner, Hans, Reiter 217
Weinmair, Albrecht 51
Weinmaister, Ulrich 477, 603
Weinman
    Albrecht 51, 214, 218, 221, 631
    Hans 49
    Hans, Großer Rat 629, 631, 713, 714
    Hans, Maurer 231
    Katharina 629
    Matheis, Weinschenk 219, 221
Weinprennerin, Margaret 118
Weinpuech, pueri 545
Weinsperger, Fridrich, Schneider ? 228
Weinsperger, Schneider 346, 359, 554
Weintzurl, Seitz 534
Weintzurlin 562, 697
Weirater, Konrad, Salzstößel 195
Weirmair Siehe auch Weyrmair
Weirmairin 77, 223
Weisenoder, Lienhard, Kornmesser 388
Weisgärber, Hans, Erben 328
Weisgerber, Hans, Sattler 325
Weisgerber, Katharina 325
Weiß (Weis, Weiss)
    Bürger zu Frankfurt 268
    Cristof 634
    Cristof, Briefschreiber 600, 703
    Hans, Kramer 102
    Hans, Plattner 308, 329
    Hans, Sattler 58, 251
    Hans, Schulmaister 483
    Jacob, Messerschmied 211
    Konrad, mercator 423
    Lienhart, Kramer 186
    Margaret, Schneiderin 485, 486
    Öttel 387
    Peter, Kornmesser 170
    Peter, Schneider 486, 610, 694
    Stefan, Schlosser 23, 118
    Ulrich, Bäcker 191
Weißenburger (Weysenburger), Hans 359
Weißenburger, Alhaid 616
Weißenburger, Hans, Prüchler, Gantknecht 616
Weißenfelder
    Agnes 253, 255, 445, 447, 589
    Anna 682
    Cristof, Salzsender, Stadtrat 78, 204, 205, 227, 228
    Hans, Weinschenk 203, 205
    Jacob, Salzsender 78, 206, 227, 228, 376, 378
    Jacob, Weinschenk, Salzsender, Stadtrat 203, 205
    Jacob, Wirt 253, 255
    Jacob, Wirt, Stadtrat 445, 447, 589, 597
    Jungfrau 297, 439
    Lorenz 483
    Lorenz, pueri 205
    Ludwig 349
    Margaret 203, 205
    Niclas 682, 683
    pueri 82, 363
    Sebastian, Chorherr 204, 227, 228
    Ulrich 597
    Ulrich d. J., Weinschenk 597
    Ulrich, Weinschenk 589
Weissin 301
Weissngater, hans 702
Weißperger, Hans 303
Weitmair, Wolf, Wirt 209, 373

Weix... Siehe auch Weichs...
Weixerin 90
Weixerin, C. 132
Weixner, Peter, Trabant 243
Wekin, Anna 194
Weldte, Lutz, Barbier 640, 646, 647
Weldte, Lutz, Barbiererin, relicta 620
Welser
    Bernhart, pueri 172
    Mathildis 172
    pueri 169, 405
    Ulrich, Barbier 171
Welserin, Ulrich 84
Welshofer, Stefan, Beutler 546
Wendelhauser, Heinrich, Wirt, Stadtrat 86, 87
Wendl, Hans, Goldschmied 538
Wendl, Pfeilschifter 487
Wendlinger 508
Wendlinger, Konrad, Weinschenk 83
Wendlmair Siehe Mayr, Wendl
Wendlmair, Kupferschmied 42
Wenger, Andre, Kistler 646
Wenger, Hans, Kistler 47
Wenig
    Barbara 219, 221
    Bernhart, Goldschmied 469, 634
    David, Salzsender 219, 221
    Hans 219
    Hans, Gürtler 482
    Jörg, Wirt 219, 221
    Ludwig, Kanzleischreiber 78
    Ludwig, Weinschenk, Stadtrat 219, 221
    Magdalena 220
    Peter 220
    Peter, Gürtler 460
    Susanna 219, 221
    Ursula 219, 221
    Wolfgang, Wirt 219, 221
Wenigel 339
    Agnes 308
    Heinrich, Kramer 222
    Konrad, Obser, Fragner 308, 309, 512
    Roßtauscher 416
Wenigin, relicta 337
Weniglin, relicta 722
Wercker, Balthasar 557, 560
Werder 724
    Cristof 55, 256, 322
    Heinrich, Gewandschneider ? 711
    Heinrich, Schneider 405
    Heinrich, Weinschenk 106
    Jörg, Weinschenk, Stadtrat 203
    Kaspar, Schneider 702
    Kaspar, Zeltschneider 708
    Katharina 402
    Konrad 448
    Konrad, Bäcker 417
    Margaret 591
Werderin 591
Werdon (Werdum), Joann, Seidensticker 666
Werndl, pueri 40
Werner (Wernher), Wolfgang, Beutler 636, 685
Wernher, Hans, Salzstößel 90
Wernher, Michel, Plattner 308, 487
Wernle, Seidennater 724
Wernprunner (Piernprunner), pueri 304, 348
Wernprunner, Hans, Schlosser 119
Wernprunner, Peter, Schlosser/Sporer 119, 158

Wernstorfer
  Anna 457
  Urban, ehem. Pfändermeister 27, 29
  Urban, Hofgesind 457, 459, 649
  Veronica 29
Wernstorferin 690
Wersperger, Hans 542, 617
Werta, Hans von, Trabant 243
Wesch, Heinrich 207
Weschpach, Michel 146
Wesslinger, Sattler 247
Westendarfer, Jörg, Kürschner 351
Westerhaimer, Ulrich, Abenteurer 517
Westermair
  Anna 68
  Hans 66, 237
  Kaspar, Wirt 84, 107
  Lucas, Priechler 84, 120, 610
  Margaret 66, 68
  Michel, Bräu 66, 68, 237, 257
  pueri 68, 82, 247
Westermairin, Michel 217, 251
Westermairin, Thoman, Brotknechtin 251
Westerndorfer 247
  Fridrich 159, 161
  Lucia 159
  Wernher 161
  Wilhalm, Weinschenk 475, 477
Westnackher, Jochim, Schlegel 723
Wetzel, Hans 703
Wex (Wäx), Philip, Hofkoch 718
Weygand, Geistlicher ? 525
Weynman, Ulrich, von Wasserburg 305
Weyrmair Siehe auch Weirmair
  Herman, Kornmesser 194, 387
  Konrad 206
  Purckhart 194, 206, 342, 346, 347, 351
  Ulrich, Weinschenk 206, 236
  Ulrich, Weinschenk, Fütterer 397
Weysmair, Hans, Kornmesser 405
Wickenhauser 406
Wickenhauser, Peter 241, 712
Wickenhauserin 724, 725
Widenman, Albrecht, Kornmesser 372, 404, 477
Widenman, Hans 68
Widenman, Wilhalm, Schneider 405
Widerl, Messerschmied 55, 214
Widerspacher 713
Widerspacher, Kaspar, Einspenig 292
Widhauf (Withauff), Matheus 508
Widhauf, pueri 715
Widheusin 351
Widman 126, 354, 386
  Balthasar, Goldschmied 551
  Bernhart, Bote 250
  Cristof, Kornmesser 180
  Cristof, Ungelter 483
  Hans, Kornmesser 180
  Hans, Schneider 538
  Hans, Sporer 129, 707
  Hans, Weinschenk 230
  Jeronimus, Schuster 56
  Jörg, Salwurch 230
  Jörg, Salzstößel ? 242
  Jörg, Tagwerker 40
  Jörg, Weinzaler 365
  Lienhart, Wirt, Salzsender, Stadtrat 114, 124, 175, 176
  Paul, Fuhrknecht, Fuhrmann 243, 258
  pueri 491, 545
  Salzstößel, pueri 365
  Thoman, Schneider 587
  Trabant 618, 713, 718
  Utz, Messerschmied 297
Widmanin, Hans 187
Widmanin, Naterin 172
Widmanin, Ulrich 103, 123
Widnman, Balthasar 53
Widnman, Ulrich, Kramer 53
Wieland, Schuster 381
Wielant, Wolfgang, Beutler 187, 382
Wiener, pueri 158
Wiexer, pueri 422
Wiexerin 297
Wigk, Hans, Weinschenk, Baumaterial-Händler 406, 407, 424
Wigk, Johanns 716
Wigk, Konrad 407
Wilbold, Apotheker 562
Wilbold, Hafner 77
Wilbold, Weber 411
Wilbrecht 215
  Elisabeth 267, 268, 271
  Hans 116, 142
  Hans, Stadtrat 270
  Hans, zu Pasenbach, Stadtrat 267, 271
  Helena 268, 276
  Jakob, zu Sindelsdorf 267, 271
  Konrad, Weinhändler, Stadtrat 266, 270
  Ludwig, Stadtrat, hgl. Rat 266, 267, 271
  Madlen 271
  Thoman, Stadtrat, Weinschenk 266, 270
Wilbrechtin, Hans 24
Wild, Hans, Maurer 62, 130
Wild, Heinrich, Käufel 410
Wild, Schmiedin 217
Wildenroter
  Alexander, Gastgeb 160, 162
  Alexander, Salzsender 108
  Alexander, Weinschenk 382
  Hans, Salzsender 103, 130
Wilhalm, Dr., Hofkaplan 527
Wilhalm, Hofkaplan 332, 333
Wilhalm, Jörg, Zinngießerin 25
Wilhelm III., Herzog 86, 563, 575, 637, 655, 678, 686
Wilhelm IV., Herzog 664, 666, 667, 668, 671, 672, 692
Wilhelm V., Herzog 269, 272
Winckler, Erhart, Tagwerker 42
Winckler, Hans, Drechsler 91
Winckler, Jacob, Schwertfeger 645
Wincklerin, Hans 285
Wincklmair (Winklmair), Hans, Kornmesser 418
Wincklmair (Winklmair), Wolfgang, Kistler 337
Wincklmair, Lienhart 195
Windisch, Mathes, Organist 249, 341
Windner, Vicencz 236
Windshaim, Hans von, Goldschmied 322, 373, 658, 659, 664, 666, 667, 684
Winhart
  Felicitas 591
  Hans 185
  Hans, Glaser 357, 359
  Paul, Schuster 135
  Peter, Schuster 307, 357, 359
  pueri 358

Ulrich 135
Veit, Glaser 357, 359
von Freising 366, 368
Winshaimerin 90
Winthaimer, Erhart, Huter 33
Winzerer
    Jungfrau, von Tölz 277, 294, 316
    Kaspar, Zöllner, Pfleger von Tölz 292, 293, 294, 314, 316, 319
    Kaspar, zu Brannenburg 522, 524
    Martha 293, 692
    Wilhalm 293
Wirffl, Hans, Wirt 487
Wirshauser, Konrad, Weinschenk 69, 317
Wirtzknecht, Heinrich, Schneider 572
Wiser, Hans, Trabant 243
Wiser, Lienhart, Tagwerker 503, 508
Wiser, Peter, Goldschmied 608, 678, 712
Wisler, Niclas, Wirt 478
Wismair, Hans, Kornmesser, Weinschenk 413, 418
Witenpeck, Erhart, Kramer, Weinschenk 473
Withaufin 171
Witiber, Andre, Weinschenk 512
Witl, Hans, Schneider 526, 537, 572
Witscheit
    Adelheid 165
    Heilweich 165
    Heinrich 165
    Konrad 165
    Maehthild 165
    Ulrich 165
Wittenpeck, Erhart, Hafner 44, 45
Wittenpeck, Ursula 44
Wolf
    Fridrich, Kanzler 521
    Hans, Goldschmied 572, 606
    Hans, Weinschenk 171, 186
    Heinrich 49, 51, 169, 283, 624, 696, 701
    Maurer 252
    Sebastian, Schlosser 56, 217
    Ulrich, Wollweber 510, 511
Wölfel 77
    Bräu, Kornmesser 189
    d. J., Fragner 512
    Diemut 464, 556
    Elspet 463, 488, 556
    Hans 488, 490, 556, 572
    Hans d. J. 465
    Hans, pueri 190
    Hans, Salzsender 560
    Hans, Wirt 177
    Hans, Wirt, Weinhändler 462, 463, 465
    Hansel 477
    Jörg 195
    Konrad, Fragner 506
    Oswald, Weinschenk 594, 709, 710
    Peter, Fragner 236, 684
    Sporer 53, 119
    Ulrich, Fragner 196, 202, 587
Wolfel, Konrad, Marktmesser 451
Wolfersperger, Hans, Weinschenk 372
Wolfersperger, Heinrich, Weinschenk 201, 372, 599
Wolflin, Agnes 502
Wolfsperger, Peter, Schenk 517
Wolfsperger, Redner 158
Wolgemut (Wolmud), Hans 118
Wolgemut (Wolmud), Hans, Weinschenk 107, 368
Wolgmut, Ulrich, Nestler 587
Wöllel, Hans, Nagler 34, 56

Wulfing, Konrad 470, 471
Wulfing, Partel, Kammerknecht 387
Wulfing, Thoman, Kürschner 458, 461
Wunder, Fragner 416
Wunn, Michel 195, 223, 359
Wurm
    Cristof, Hofkoch 550
    Eberhard 681, 682
    Hans, servus Impler 206
    Peter 181
Wurmair, Heinrich 207
Wurmin 218
Würtzburger, Anna 36, 38
Würtzburger, Thoman, Schlosser 36, 38, 54
Wurtzel, Hänsel 549
Würtzer, Oswald, Kramer 212
Wynnerin, Margaret 224
Zäch
    Hans, Vogler 483
    Lienhart, Schlosser 243
    Peter, Schlosser 120, 141
    pueri 120
Zacherl
    Andre 73
    Hans, Fischer 724
    Lienhart, Zimmermann 99, 101
    Ottilia 99
Zagel (Zers), Heinrich, Fragner 416, 423, 556, 560
Zaindler, Hans 146
Zaiser (Zayser), Hans, Bäcker 417
Zaissinger, Anna 480
Zaissinger, Lienhart, Weinschenk 209, 480
Zaissinger, Matheis, Goldschmied 480, 481, 555
Zaissingerin 252
Zaissingerin, d. Ä. 635
Zaissingerin, Mathes 130
Zaler
    Aendel 602
    Dorothea 601
    Engel 601
    Franz 208
    Hans 601, 602, 605, 606, 698, 713
    Hansel 601
    Kathrei 601, 602, 658
    Konrad 706
    Ulrich 195, 236
Zalerin 208
Zalerin, relicta 497
Zalpam (?), Fritz, Kistler 248
Zanck (Zangk), Andre 465
Zanck (Zangk), Heinrich 194, 241, 247, 351
Zanckl, Heinrich 378
Zandl, Anthoni, Stadtprokurator 678, 717
Zandlin 634
Zarfati, Isaak 274
Zartman, Herman 68
Zauner, Andre, Kapellmeister 679
Zaunhack, Konrad, Büchsenmeister 620, 695, 696
Zaunhack, Margaret 696
Zeggin (Unger), Jörg, Goldschmied 478, 699
Zeggin, Anna 699
Zehentmair, pueri 169
Zehentmair, Wolf 243
Zehentner
    Fridrich 76, 544
    pueri 430
    Simon (Sigmund), Kornmesser 388, 418
Zehetmair, Thoman 84
Zeiler, Martin, Schreiber 635

Zeiling, Hans 22
Zeiling, Heinrich, Schmied 19, 22
Zeiling, pueri 90, 96
Zeiring, Heinrich 32
Zeiser (Zeisl), Paul, Schlosser 146
Zeller
    Anna 686
    Christoph, kaiserl. Pfennigmeister 686
    Hans 339
    Heinrich 64
    Heinrich, Bräu 344, 468, 472, 491, 620
    Johannes, Schreiber 449
    Konrad, von Leibersdorf, hgl. Zahlmeister 526, 527
    Lienhart, Salzsender, Tuchhändler 298, 305
    Pfennigmeister, hgl. 469
Zellermair
    Anna 376
    Jacoba 376
    Konrad d. J. 399
    Konrad, Kornmesser 399
    Perchtold, Kornkäufel 376, 378
    Ruprecht 399
Zellschneider 710, 711
Zelter, Martin, Reiter 57
Zenger, Hans, zum Tannstein, Pfleger zu Neunburg 283, 284, 514
Zenger, Parzifal, Hofmeister 575, 676, 677
Zerrenmantel 369, 370
Zerrenmantel, Hans, von Ismaning 370
Zerrenmantel, Praentel, von Kessing 370
Zerrenschilt, Hans, Wirt 195, 208
Zers *Siehe* Zagel
Zetnpfening, Cristof, hgl. Pfeifer 73
Zeyrer, Peter, Plattner 664
Ziegler
    Anna 188
    Cristof, Landschaftsoberschreiber 708
    Fridrich 211
    Hans, Schneider 97, 312, 360
    Jeronimus, Stadtpoet 129, 142, 707
    Jörg, Schneider 188
    Konrad, Schneider 47
Zieglerin, Hans 645, 678
Zieglerin, Schäfflerin 56
Zierckhl, Arsati (Schati), Loder 58, 323
Zigl, Sigmund, Gürtler 323
Zillhart, Herr von, Kammerrat, hgl. 469
Zimmermann, Hans, Beutler 322, 483, 550
Zimmermann, Hans, Schäffler 260
Zimmermann, Petronella 260
Zinsmaister, Hans 684
Zinsmaister, Ulrich, Weinschenk 411
Zinsmaisterin 388
Zogaus, Hans, Schuster 46, 69
Zogaus, Urban 61
Zollner
    Andre, pueri 408
    Andre, Salzsender, Stadtrat 102
    Hans 398, 632
    Hans, Fragner 449
    Hans, Weinkoster 452
    Heinrich 201
    Heinrich, Wirt 89
    Michel, Gürtler 388
    Werndel 195, 202
Zolnerin, Hans 69, 195
Zolnerin, Werndel 208, 210
Zörer (Zorrer), Hofprokurator 292, 562
Zossauer, Michel, Schlosser 23

Zotner, Cristof 54
Zotner, Konrad, Fragner 54, 208
Zötzel, Hans, Schneider 684
Zuckhschwerdt, von Erding 395, 402
Zucksaus 651
Zuckswert, Messerer 106
Zunhaimer, Ott, Pfarrer 463, 465
Zünter
    Hans 202, 203, 204
    Hans d. J., Geistlicher 202
    Kathrei 202
    Konrad 210
    Lienhart 202
    Ludwig 202
Zürngast, Anna, aus Landshut 303
Zweng
    Anna 686
    Balthasar 29, 55, 133
    Dorothea 686
    Elspet 28, 29, 687
    Elspet, relicta 686
    Hans 28
    Hans d. Ä., Salzsender, Weinschenk ?, Stadtrat 686, 687
    Hans d. J., Stadtrat 686, 687
    Jacob d. Ä. 686, 687
    Jacob d. Ä., pueri 687
    Jacob d. J., Stadtrat 28, 32, 686, 690
    Jörg 636
    Ludwig 250
    Mathes, Chorherr 28, 32, 293, 294
    Mathes, Chorherr, pueri 636
    Perchtold 556, 560
    pueri 32
    Regina 350, 686
    Sabina 636
Zwengin, zu Schwaz 364
Zwerger, pueri 561
Zwick, Hans, Kornmesser 182
Zwick, Konrad, Salzstößel 182
Zwickauer, Hans 308, 339
Zwickel 416
Zwickel, Hans, Kornmesser, Wirt 177, 184, 387
Zwickel, Konrad, Salzstößel 184, 206, 222, 343, 345
Zwikopf, Cristof, Goldschmied 503
Zwikopf, Stefan, Kramer 128
Zwikopf, Veronica 646
Zwinckher (Zwinckhner)
    Barbara 216
    Hans, Geschmeidmacher 213, 214, 215, 216, 218, 225, 226
    Hans, Geschmeidmacher ? 317
    Jacob, Schwertfeger 323, 534
    Lienhart, Geschmeidmacher 33, 211, 214, 215, 216, 218, 229, 236
    Margaret 215
    pueri 125, 216
    Ulrich, Geschmeidmacher 216
    Wolfgang, Geschmeidmacher 215, 216, 225
Zwircher (?), Beutler 678

Ortsregister

Abensberg 313, 316
Adelzhausen 371
Aesenhausen, Gericht Dachau 43

Agusta 32
Aheim 686
Aibling 370, 375, 412, 417, 426, 658
Aich 370, 371, 664, 683, 684
Aichach 84, 438, 480
Allach 18
Alling 26
Altenburg 449
Amberg 159, 488
Ammerland 468
Andechs 276, 277
Andlau 564
Anger 162
Anglburg 588
Anwalting 435
Anzing 463, 465, 724
Aresing 173
Aschenburg 218, 225
Aschheim 538
Ascholding 199
Au bei München 384
Aubing 444
Augsburg 25, 59, 65, 80, 177, 203, 271, 298, 300, 350, 356, 358, 389, 413, 437, 463, 483, 563, 566, 583, 611, 619, 633, 658, 684, 693
Baierbrunn 91, 665, 669, 671
Benediktbeuern 291
Berg 195, 252, 433
Bergkirchen-Nannhofen 384
Bern 202
Bernried 553
Bittlbach 692
Brannenburg 522
Braunau 712
Bruck 438
Burghausen 189, 435
Dachau 69, 248, 477, 534, 563, 650, 651, 702
Deggendorf 449
Deining 379
Deisenhofen 420
Deutenhofen 489
Diessen 402, 408
Dinkelsbühl 501
Dorfen 452, 591
Dürnstein 522
Ebenhausen 313, 315
Ebersberg 362, 363, 680
Eching 368
Echmaring 437, 449, 506
Eck 433
Egenhofen 39, 52, 59, 68, 409, 417, 670, 672
Eger 89, 115
Egling 386
Eglofstein 27, 124, 174, 208
Ehing 408
Einsbach 173
Eisenhofen 185, 189, 244, 246, 614
Ems 120
Erding 98, 100, 257, 395, 402
Ettal 25
Ettlingen 49
Eurasburg 83, 252, 445
Farchach 320
Feistritz 202
Feldkirchen 142, 557
Feldmoching 198
Finsing 25, 29, 617
Fischbach 679, 681, 682
Flinspach 95

Föhring 696
Fragnstein 275
Frankfurt 268
Frashausen 699
Fraunpüchl 435
Freising 157, 165, 202, 205, 222, 232, 300, 306, 308, 357, 366, 368, 386, 417, 423, 430, 442, 491, 504, 506, 507, 538, 539, 541, 554, 563, 566, 577, 620, 622, 625, 627, 628, 634, 686, 710, 714
Friburg 82
Froburg in Meißen 160
Fürstenfeld 75, 173, 313, 314, 316, 369, 383
Gasteig 99, 104, 155, 175, 214, 501, 510, 531, 590, 683
Gauting 538
Gemünd 414
Giesing 72
Gräfelfing 359
Grafetsch 367
Graggenau 47, 410, 650, 708
Gumppenberg 692
Gundelfing 336, 343, 364
Gütenburg 651
Haag 521
Haber 410
Haber, im 348
Haching 423
Hagenau 208
Haidhausen 32, 538
Hall 579
Hamburg 500, 513
Harmating 156
Hausen 33, 74, 332, 333, 578
Hausen bei Weilheim 563
Heidelberg 49, 51
Hexenacker 518
Hochmutting 674
Hof 615
Höhenkirchen 93
Hohenrain 23
Hohentann 247
Holzkirchen 307, 339, 443, 649
Hornstein 139
Ibbs 486
Ilching 85
Ilmmünster 295, 296, 332, 506, 521
Indersdorf 244, 486
Ingolstadt 39, 79, 82, 306, 354, 384, 535, 626, 655, 665, 667
Innsbruck 221, 698
Isareck 526
Isen 463, 465, 585
Ismaning 370
Itter 96
Jarezöd 77
Jesenwang 180
Kaltenberg 524
Kärnten 139
Keferlohe 719
Kleindingharting 220, 710
Kling 357, 359
Königsberg 129
Königsberg/Preußen 499
Kösching ? 370
Kostentz 606
Kostnitz 301, 537, 554
Kranzberg 269
Kuh, in der 629
Kummersbruck 139, 140
Kummerstadt 682, 683

Kundelburg 135, 140
Landau 177
Landeck, Gericht 26
Landsberg 44, 45, 82, 157, 185, 274, 301, 506, 509, 510, 630, 686, 703, 711, 719, 721, 722
Landshut 250, 282, 284, 285, 368, 401, 402, 522, 524, 595, 614, 629, 712
Lappach 650
Leibersdorf 526
Lengfeld 666, 667
Leonstain 97, 133
Leutstetten 699
Liechtenstein 85
Lindau 588
Linz 125
Lockhenburg 471
Lüneburg 562
Mainz 33, 53
Markt Schwaben 498, 499, 522, 676, 677, 680
Maxlrain 140
Meiletskirchen, Lkr Ebersberg 320
Memmingen 177, 295, 716
Menzing 162, 181
Meran 579
Miesbach 193
Mindelheim 667
Mintraching 142
Mittenwald 177, 468, 609
Moching 521, 523
Monheim 123, 125
Moosburg 191, 193, 204, 227, 228
Moospliening 629
Morenweis 244, 246
Muggenthal 523
Mühldorf 66, 86, 91, 170, 368, 383, 510, 516, 543, 573, 598, 627, 716, 719
Münkheim, Ober-, Unter-, in Württemberg 269
Nannhofen 383, 385
Neuharting 715
Neuhofen 598
Neunburg 64, 448
Neunburg vorm Wald 283, 284
Neuried 544
Neustadt 565
Niedergelting 531
Niederpeuerbach 595
Nördlingen 365, 367, 440, 441
Northofen 194, 201
Notzing 93
Nürnberg 185, 201, 253, 346, 440, 448, 651, 656, 679
Obermosen 44
Oberstorf 220
Olching 230
Öringen 651
Orlients 698
Österreich 368, 720
Ottenhofen 595
Ötting 66, 86, 91, 170, 368, 383, 401, 510, 516, 534, 573, 598, 627, 716, 719
Päl 28, 427, 429
Pang 580
Pappenheim 649
Pasenbach 77
Pasing 368, 622, 630
Passau 245, 302
Pernfels 174
Petershausen 319, 321
Pfaffenhofen 290, 326, 327
Pforzheim 479

Pienzenau 692
Pifliz 598
Planegg 656, 668, 670, 672
Polling 509, 510, 681
Pöring 676, 677
Pöttmes 163, 185, 207
Prennberg 572
Preußen 499
Preysing 295
Puchhaim 151, 381
Pühel 409, 477
Pullach 452
Räb, Gericht Schärding 544
Rain 533
Raitenhaslach 706
Ramersdorf 571, 714
Rattenberg 367, 428
Regensburg 297, 405, 410, 435, 482, 517, 651
Reutlingen 213
Rorbach 650
Rörmoos 224
Rosenheim 109, 426, 595
Rostertzsperg 383
Rotbach 173
Rotenpach 474
Rott 674
Salzburg 428
Sandizell 428, 464
Sauerlach 420
Schäftlarn 154, 156, 157, 420, 644
Schellenberg 87, 294
Schennan 27
Scheyern 47
Schittenberg 326
Schlehdorf 238, 239
Schliersee 147, 284
Schneeberg 273, 274, 282, 292, 304, 305, 306, 308, 313, 514
Schönbrunn 430
Schönna/Tirol 282
Schrobenhausen 254, 255
Schwaben 59
Schwaben, Gericht 428
Schwabing 162, 175, 227, 238, 421, 501, 502, 590
Schwaz 268, 364, 686, 704
Schwerin 633
Sedlitz 649
Sibichhausen 652
Speyer 473, 560, 607, 699, 701, 714, 715
Stadtamhof 712
Stams 241
Starnberg 41, 56, 102, 130, 290, 341, 384, 385, 652
Stegen 622
Straubing 232, 233, 503, 647, 695, 711
Stuttgart 413, 713
Sulzbach 145, 587
Sulzemoos 618
Tal 369
Taurling 448
Teck 135, 140
Tegernsee 338, 538
Teining 560
Tening 560
Teyrn 326, 327
Tibing (Tübingen?) 354
Tirol 282, 284
Tölz 32, 266, 293, 316, 319, 690
Tor, von dem 445
Tramin 59, 60

Traunstein 651
Trient 131
Ulm 61, 177, 394, 395, 396, 463, 704
Unding 500, 501
Ungarn 478
Urfar 330, 428, 430
Üsenwang 531, 532, 603
Venedig 197, 346, 567, 582, 655
Verdun 666
Vierkirchen 384
Walenberg 650
Wasserburg 52, 114, 115, 222, 305, 366, 367, 368, 488, 489, 556, 577, 616, 655, 672, 675, 677
Wäxenberg 435
Weichs 247, 256
Weilbach 79, 420, 422
Weilheim 79, 167, 169, 230, 512, 651
Weipertshausen 652
Weix 90
Wendling 220
Werd 33
Werta (?) 243
Weyarn 703
Wiel 651
Wien 177
Windsheim 90, 96, 131, 322, 373, 658, 659, 664, 666, 667
Wolfratshausen 290, 481, 487, 652
Worms 494, 499, 546
Württemberg 268
Würzburg 355
Ybs 128
Zorneding 665

Berufsregister

Abenteurer 54, 322, 517, 538, 555
Abenteurerin 131
Abspüler 297
Aderlasser 645
Advokat 699, 701
Almosenknecht 141
Amer 34, 72, 77, 98, 107, 164, 171, 191, 210, 223
Amerin 72
Amme 34, 48, 54, 55, 83, 117, 119, 120, 124, 130, 186, 208, 224, 237, 303, 388, 450, 452, 562
Amtmann 55, 242, 381, 388
Angermüllerin 388
Antoniter 295, 296, 309
Apotheker 49, 135, 147, 150, 151, 251, 253, 255, 307, 418, 435, 436, 562, 646, 647, 675
Armbrustschnitzer 361, 398, 411, 651
Armbrustschützenmeister 520, 651
Arzt 96, 295, 296, 354, 379, 404, 584, 588, 602, 692, 693
Ärztin 354, 508
Aufleger 322, 698
Aufschlagschreiber 618
Augenarzt 196, 438
Augenärztin 545
Bäcker 73, 121, 122, 191, 260, 355, 359, 385, 386, 392, 395, 396, 398, 412, 416, 417, 471, 547, 548, 549, 550, 551, 579, 610, 704, 715
Bäckerin 57, 222, 473
Bäckerknecht 191, 317, 382, 398
Bäckerknechtin 56

Backmeister? 549
Baddirn 57, 58
Bader 47, 55, 248, 323, 379, 404, 415, 452, 555, 617, 645, 697
Baderin 72, 340, 341, 398
Badknecht 41, 241, 250, 389, 717
Balbierer 382, 383, 405, 578, 587, 588, 594, 604, 646, 647
Balbiererin 388, 550
Balisterius 652
Balneator 241
Bankknecht 123
Barbier 90, 126, 128, 162, 165, 171, 172, 186, 307, 378, 381, 384, 385, 386, 388, 389, 405, 438, 447, 452, 453, 584, 588, 600, 601, 602, 603, 640, 712
Barbiererin 130, 620
Barettmacher 323, 509, 551
Barettmacherin 130, 355, 478, 483, 527
Bauer 381
Baugegenschreiber 666
Baumaterial-Händler 407
Baumeister 162, 595
Baumeisterknecht 705
Beckin 416
Beisitzer 89
Benefiziat 232, 233
Bettelrichter 250
Bettlerknecht 242, 250, 257
Beutler 24, 129, 172, 187, 205, 294, 322, 337, 382, 387, 404, 446, 449, 451, 478, 483, 546, 550, 560, 562, 600, 636, 645, 678, 685, 702, 716, 717
Beutlerin 551, 568, 634, 722
Bierbräu 33, 64, 66, 67, 68, 77, 83, 188, 189, 193, 232, 233, 236, 237, 244, 246, 248, 257, 272, 312, 344, 351, 361, 363, 384, 385, 403, 432, 468, 472, 473, 491, 518, 552, 554, 620, 684, 699, 700, 702, 703, 704, 705, 707, 708
Bierbräuin 354
Bildhauer 249, 363, 683, 706
Bildschnitzer 284, 302, 568, 634, 683, 701
Blatterarzt 354
Bleicherin 344, 550
Bogner 33, 97, 129, 131, 170, 205, 265, 297, 322, 328, 361, 363, 380, 398, 411, 503, 513, 519, 527, 538, 595, 600, 652, 664, 666, 667, 668, 674, 678
Bognerin 145, 252, 561
Bortenwirkerin 117, 163, 247, 443, 473, 507, 550, 562
Bote 42, 56, 57, 73, 163, 172, 242, 249, 250, 251, 257, 258, 287, 322, 340, 368, 403, 404, 416, 424, 533, 541, 550
Botin 187, 340
Branntweiner 296
Branntweinerin 249
Bräugegenschreiber 370, 371
Bräuin 248
Bräuknecht 170, 190, 301, 396, 443, 517, 711
Briefmaler 237, 341, 388
Briefschneider 607, 608
Briefschreiber 628, 634, 703
Brotknecht 164, 385
Brotknechtin 251
Bruckmeister 223
Bruckmeisterin 249
Brunnenmacher 245
Brunnenmeister 245
Buchbinder 42, 54, 57, 69, 124, 125, 131, 165, 172, 197, 216, 242, 249, 251, 252, 317, 365, 503, 538, 551
Buchbinderin 171, 285
Buchdrucker 84, 85, 480

Buchführer 125, 131, 197, 216, 224, 241, 337, 473, 483, 584, 588, 717
Büchsenmacher 146, 315, 316, 317, 319, 321, 487
Büchsenmeister 58, 195, 250, 313, 323, 337, 373, 383, 440, 519, 620, 696
Büchsenschifter 97
Bürgerknecht 587
Bürgermeister 27, 49, 62, 100, 160, 271, 285, 364, 490, 566, 573, 586, 627, 674, 705, 710, 715, 721
Burggraf 282, 284
Bürstenbinder 341, 349, 483
Bußmeister 459
Calciator 23, 32, 46, 61, 68, 76, 89, 95, 106, 115, 116, 117, 222, 306, 344, 345, 346, 358, 359, 403, 448, 460, 526, 533, 572, 606, 668, 672, 706, 721
Cantor 41, 56, 84
Carnifex 272, 372, 541, 568, 628, 706
Carpentarius 82, 247, 448, 450, 527, 697
Chorherr 147, 150, 293, 333, 336, 513
Cocus 185
Coralist 58
Dechant 463
Deckenmacher 48, 389
Deckenmacherin 57, 273
Decker 343, 450
Diener 297, 381, 461, 479, 503, 595, 610
Diener, hgl. 73, 382
Dienerin 337, 341, 524, 527
Dirn 517, 672, 675, 678
Dirn der Herzogin 648
Doctrix 519
Drechsler 91, 131, 133, 247, 256, 606, 638, 644, 706, 724, 725
Drescher 243
Edelmann 405, 426
Eichgegenschreiber 96, 186, 454, 508, 578
Eichmeister 94, 422, 431, 439, 561, 715
Eichmeister der Weine 22
Eichschreiber 84
Einkaufer 684
Einreisserin 337
Einspenig 78, 134, 292, 405, 498, 591
Eintrager 568, 647
Eisenhändler 26, 719, 721
Eisenkramer 25, 34, 110, 157, 357, 359, 383, 704, 705
Erzkastner 686
Eselbader 371
Eseltreiber 251, 685
Eseltreiber, Hofgesind 290
Falkenmeister 679
Falkner 323, 325, 551, 645, 673, 674, 679
Famulus 507, 650
Färber 216, 249, 252, 395, 510, 583, 615, 650, 694
Färberin 56, 73, 251, 354, 387, 546
Fechtmeister 373
Federmacher 503, 509
Federmacherin 628
Feilenhauer 56, 103, 211, 216, 230, 243
Feilenhauerin 42
Fischer 257, 354, 426, 456, 724
Fischerin 126
Fischmeister 85, 426, 500, 511, 513, 579, 580, 624
Flaschenmacher 212, 225
Flaschenschmied 225
Fleischhacker 272, 630, 703
Fleischschauer 459
Flosmanin 337, 397, 724
Floßmann 58, 245, 247
Floßmannin 242, 249

Forstmeister 290
Fragner 23, 32, 47, 54, 60, 106, 180, 189, 194, 195, 196, 201, 202, 207, 208, 229, 236, 240, 272, 305, 309, 327, 336, 343, 380, 386, 387, 389, 396, 400, 402, 404, 408, 410, 416, 417, 419, 420, 422, 423, 424, 425, 426, 427, 430, 431, 432, 433, 434, 437, 438, 439, 442, 443, 444, 445, 448, 449, 450, 451, 452, 456, 506, 512, 531, 556, 587, 684
Fragnerin 95, 424, 431, 437, 443, 451
Fronbote 171, 240, 417
Fuhrknecht 243
Fuhrmann 258, 340, 491, 718
Furier 474
Fütrerin 550
Fütterer 168, 394, 396, 397, 409, 443
Futterschreiber 78, 84
Futterschreiber, hgl. 618
Gabelmacher 57
Gantknecht 381, 508, 616
Gartner 132
Gartnerin 423
Gastgeb 85, 209, 222, 394, 475, 477, 574, 616
Gastwirt 415
Gegenschreiber 524, 557, 560, 709, 711
Gerber 54
Gerichtsschreiber 82, 357, 500, 501, 520, 714
Geschmeidmacher 211, 213, 214, 215, 216, 218, 225, 226, 229, 236, 317
Gesindekoch 548, 549
Getreidehändler 563
Getreidehändlerin 566
Gewandkäuflin 624
Gewandmacher 511
Gewandschneider 72, 110, 151, 152, 156, 157, 184, 186, 191, 198, 199, 200, 209, 302, 364, 368, 404, 444, 476, 480, 481, 506, 533, 543, 544, 561, 587, 590, 591, 594, 595, 611, 645, 683, 684, 694, 706, 711, 717, 724, 725
Gewandschneiderin 322, 327
Gewichtszeichner 469, 480, 485, 487, 537, 555, 634, 664
Glaser 24, 47, 129, 160, 162, 170, 171, 191, 224, 229, 312, 318, 340, 341, 344, 356, 357, 358, 359, 378, 382, 399, 404, 455, 456, 477, 499, 500, 502, 508, 509, 527, 534, 546, 547, 684, 724
Glaserin 344, 351, 532
Glasmaler 500
Goldschlager 223, 364, 507, 611, 678, 707
Goldschmied 33, 35, 52, 54, 60, 61, 100, 128, 129, 131, 144, 147, 150, 157, 165, 169, 207, 212, 213, 223, 224, 225, 229, 230, 236, 257, 284, 292, 296, 297, 301, 302, 303, 304, 306, 308, 312, 322, 327, 329, 340, 351, 354, 360, 365, 372, 373, 379, 405, 409, 416, 447, 460, 469, 473, 474, 478, 480, 481, 482, 483, 484, 485, 486, 487, 491, 494, 497, 498, 499, 500, 501, 502, 503, 506, 507, 510, 511, 512, 513, 517, 521, 523, 524, 525, 526, 527, 530, 534, 536, 537, 538, 541, 542, 546, 547, 550, 551, 554, 555, 561, 562, 572, 578, 584, 594, 603, 606, 607, 608, 610, 611, 614, 615, 617, 618, 619, 623, 624, 627, 628, 630, 631, 632, 633, 634, 635, 636, 639, 640, 644, 645, 664, 667, 668, 672, 673, 674, 676, 677, 678, 679, 680, 681, 682, 683, 684, 687, 690, 693, 694, 695, 696, 697, 698, 700, 701, 704, 705, 706, 711, 712, 717, 718
Goldschmiedin 33, 165, 287, 295, 542, 635, 707
Goltermacher 82
Goltermacherin 229
Grabenmeister 46
Großer Rat 106, 153, 299, 300, 343, 345, 358, 367, 376, 378, 383, 385, 386, 389, 394, 403, 416, 459, 462, 497, 533, 544, 548, 570, 573, 576, 605, 624, 631, 677, 696, 700, 705, 714, 720

Gschlachtgwander 110
Gstadlmacher 243
Gürtler 23, 33, 52, 57, 73, 118, 125, 126, 134, 145, 164, 171, 201, 322, 323, 380, 388, 404, 460, 482, 587, 588, 594, 599, 644, 665, 702, 724
Gürtlerin 224, 518
Hädrerin 24
Hafner 33, 45, 47, 69, 77, 239, 240, 348, 438, 448
Hafnerin 213, 340, 432
Hammerschmiedin 389
Handschuhmacher 287
Hantmalerin 512
Harnischmeister, hgl. 510, 511
Häubelmacher 297
Haubenmacherin 611
Haubenschmied 24, 34, 41, 146, 212, 243
Haubenstrickerin 611
Hauptmann 97, 498, 690, 713
Hauspfleger 131, 295, 524, 685, 695
Hebamme 73, 131, 172, 248, 249, 257, 265, 344, 369, 373, 381, 519
Heizer 551
Helmschmied 118, 416, 583
Hennendirn 287, 344, 674
Herzogbaderin 340
Hofapotheker 646, 647
Hofbarbier 308
Hofbaumeister 667, 669
Hofbeutler 645
Hofbote 635
Hofbräu 384
Hofdiener 629
Hofdrechsler 685
Hofeinheizer 551
Hofeinkaufer 684
Hoffrau 23, 41, 42, 69, 118, 123, 250, 307, 336, 341, 403, 404, 609, 644
Hofgesind 34, 42, 48, 57, 58, 73, 78, 85, 97, 98, 103, 129, 133, 134, 202, 225, 226, 231, 242, 243, 250, 251, 258, 265, 277, 287, 290, 292, 294, 297, 304, 323, 329, 330, 337, 355, 360, 382, 383, 389, 405, 426, 468, 469, 479, 483, 496, 500, 503, 509, 511, 513, 527, 538, 540, 549, 550, 554, 562, 571, 579, 591, 600, 617, 618, 619, 623, 624, 635, 636, 639, 647, 673, 679, 685, 690, 698, 711, 713, 716, 718
Hofhafner 240
Hofherr 170
Hofkammerrat 667
Hofkanzleischreiber 323
Hofkapellmeister 713
Hofkaplan 332, 435, 530
Hofkellermeister 306, 307
Hofkellner 78, 134, 503, 551, 553, 554, 648, 649, 673, 674, 679
Hofkoch 306, 344, 491, 550, 648, 673, 706, 718
Hofkornrührer 469
Hofküchenknecht 648, 649
Hofküchenmeister 313, 315, 648
Hofkürschner 562
Hoflautenist 698
Hofmaler 702
Hofmalerin 532
Hofmeister 26, 28, 282, 629, 647, 649, 650, 665, 669, 671, 676, 677, 678
Hofmetzger 635
Hofpauker 484, 485
Hofpaukerin 633
Hofpfister 392, 395
Hofprediger 85

Hofprokurator 48, 97, 290, 292, 294, 319, 321, 479, 509, 553, 554, 562, 600, 618, 620, 685, 712
Hofrat 426, 471
Hofratsknecht 297, 673
Hofrichter 268
Hofriemer 371, 579
Hofsattler 536, 537
Hofschlosser 120
Hofschmied 177
Hofschneider 43, 304, 535, 640, 644, 645, 648
Hofschnitzer 297
Hofschuster 322, 468, 478, 486, 513, 536, 537, 542, 545, 554, 578, 617, 638, 650
Hofsinger 405, 604, 698
Hofsporer 213, 494, 496, 551
Hoftrompeter 265, 329
Hoftürhüter 277, 290, 636
Hofwachter 635, 685
Hofwagner 635
Holahipper 57, 58
Holzhacker 317, 380, 387, 399, 530, 562
Holzhändler 713
Holzmesser 24, 34, 56, 250, 286
Holzrichter 33
Holzschreiber 674
Holzschuher 444
Holzzieher 251, 287, 290
Honigler 224
Hosenstrickerin 257
Hosenwascher 202
Hufschmiedknecht 340
Huter 33, 186, 241, 379, 403, 697
Huterin 186, 724
Infrau 41, 42, 57, 58, 131, 187, 258, 287, 503, 674, 718
Inman 57, 58
Institor 222, 583, 668, 672
Involk 225, 258
Ircher 195
Jäger 58, 85, 128, 568
Jägerin 286, 503
Jägermeister 44, 135, 139, 140
Juden 266, 273, 274, 275, 276, 277, 282, 339, 437, 647, 650, 674
Judenzagler 455
Jüdin 274, 304, 664
Kalkansetzer 41
Kaltschmied 206, 533
Kaltschmiedin 55
Kaminkehrer 216
Kämmerer 692, 693
Kammerknecht 68, 123, 387, 491
Kämmerling, hgl. 471, 472
Kammermeister 139, 174, 375, 545, 687
Kammerrat 294, 426
Kammerrat, hgl. 469
Kammerschreiber 130, 478, 679, 712, 717
Kammerschreiberin 129, 231
Kammersekretär 227
Kammertürhüter 673
Kandlgießer 695, 696
Kanzleischreiber 48, 78, 85, 129, 297, 354, 355, 360, 474, 496, 508, 526, 618, 635, 639
Kanzler 332, 496, 497, 522, 523, 635, 676, 677, 678, 711
Kapellmeister 679, 713
Kaplan 56, 59, 85, 183, 187, 189, 666, 672, 709
Karner 58
Karrner 431, 718
Kartenmacher 241, 248, 388, 412, 418, 473, 587
Käskäufel 108, 172, 217, 297, 382, 439, 483

Käskäuflin 297
Kastenbereiter 695
Kastengegenschreiber 231, 711
Kastenknecht 231
Kastner 33, 43, 79, 82, 205, 231, 299, 349, 351, 427, 429, 431, 498, 499, 522, 525, 630, 649, 676, 677, 683, 686
Kastner zu Freising 157
Kastnerin 151, 207, 327
Käufel 55, 61, 68, 69, 77, 107, 108, 171, 180, 181, 196, 207, 208, 223, 236, 258, 272, 284, 312, 397, 409, 410, 412, 417, 420, 422, 425, 427, 450, 451, 452, 519, 534, 556, 584, 587, 594, 599, 610, 615, 673, 690
Käuflin 23, 32, 68, 72, 77, 107, 207, 210, 223, 321, 372, 378, 379, 444, 449, 450, 486, 487, 550, 572, 578, 587, 599, 603, 607, 615, 620, 624, 628, 644, 668, 678, 694, 721, 723
Kaufmann 718
Kellermeister 401, 402
Kellner 491, 512, 617, 674, 706
Kellnerin 64, 105, 340, 397, 491, 673
Kerzler 55
Kerzlerin 53, 55, 119, 237, 251, 410
Kesselsewer (?) 397
Khälblmüller 433
Kirchherr 665
Kirchpropst 721
Kistler 23, 32, 33, 47, 52, 53, 57, 60, 61, 64, 68, 90, 106, 107, 111, 118, 127, 128, 129, 133, 134, 217, 230, 236, 239, 241, 243, 245, 247, 256, 295, 296, 309, 312, 322, 337, 340, 369, 396, 505, 506, 586, 608, 617, 620, 626, 628, 633, 635, 636, 646, 672, 673, 716
Kistlerin 57, 58, 712
Klingenschmied 116, 151
Knappe 58
Knecht 417, 422, 443, 456, 460, 506, 512, 542, 648, 649, 650, 694
Koch 23, 42, 53, 85, 92, 99, 101, 118, 130, 170, 185, 191, 216, 241, 243, 249, 323, 340, 373, 399, 411, 443, 452, 455, 486, 487, 491, 541, 549, 551, 554, 574, 577, 584, 587, 588, 590, 591, 620, 638, 646, 647, 673, 698, 717, 718
Köchin 48, 72, 134, 191, 317, 415, 518, 527, 600, 645, 716, 724
Köchin von Giesing 72
Komponistin 129
Kornkäufel 182, 187, 378
Kornmesser 53, 131, 159, 161, 163, 165, 168, 169, 170, 171, 177, 180, 181, 182, 184, 185, 186, 188, 189, 190, 191, 194, 195, 196, 207, 241, 273, 301, 317, 341, 359, 372, 374, 375, 376, 377, 378, 379, 380, 381, 382, 383, 384, 386, 387, 388, 389, 392, 396, 397, 398, 399, 400, 401, 402, 403, 404, 405, 407, 408, 409, 410, 411, 412, 413, 415, 416, 417, 418, 419, 425, 431, 433, 437, 438, 444, 445, 451, 477, 491
Kornmesserin 84
Kornrührer 252
Kornrührer, hgl. 469
Kramer 24, 33, 34, 37, 42, 45, 53, 55, 67, 68, 77, 97, 105, 119, 127, 128, 133, 134, 135, 150, 152, 165, 172, 186, 196, 203, 204, 210, 212, 222, 224, 225, 226, 229, 249, 250, 252, 286, 295, 296, 299, 317, 322, 325, 336, 346, 347, 348, 349, 356, 360, 361, 363, 369, 373, 380, 381, 389, 392, 394, 397, 399, 425, 433, 438, 442, 444, 451, 452, 460, 471, 473, 482, 486, 502, 530, 550, 571, 572, 581, 582, 587, 595, 598, 600, 604, 608, 609, 610, 617, 620, 636, 644, 645, 668, 671, 676, 677, 684, 693, 694, 697, 698, 702, 707, 712, 715, 717, 721, 722, 724, 725

Kramerin 35, 73, 403, 425, 448, 460, 461, 572, 587, 594, 599, 617, 645
Krapfenbacher 387
Krötelschreiber 372, 504, 506, 712
Krötler 299, 349
Küchelbacher 387, 398
Küchelbacherin 455
Küchenmeister 290, 291, 292, 372, 595, 619
Küchenmeister, hgl. 650
Küchenmeister, kaiserl. 686
Küchlbacher 58, 120
Küchlbacherin 187, 213
Kupferschmied 34, 42, 250, 323
Kupferschmiedin 249
Kupferstecher 480
Kürschner 23, 32, 33, 35, 39, 46, 47, 53, 60, 61, 63, 65, 66, 94, 103, 118, 123, 126, 127, 147, 151, 169, 189, 210, 222, 224, 231, 249, 250, 257, 297, 301, 313, 321, 322, 336, 348, 351, 360, 371, 373, 379, 404, 407, 408, 449, 450, 458, 461, 468, 472, 473, 477, 479, 481, 485, 486, 489, 490, 502, 503, 505, 506, 517, 526, 532, 533, 534, 554, 555, 556, 560, 561, 579, 583, 588, 614, 615, 627, 628, 651, 665, 680, 697, 711
Kürschnerin 265, 340, 487, 603, 723
Kuster 90
Küster 96, 241
Kutschenknecht 287, 290, 317, 323, 538
Lämpler 385
Landhofmeister 268
Landrichter 293, 426
Landschaftskanzler 433
Landschaftsoberschreiber 708
Landschreiber 439, 441, 443, 459, 460, 506, 512, 520, 521, 523, 525, 632
Landsknechtin 248
Laterler 482, 562
Laterner 455
Laternmacher 72, 455
Lautenist 78, 439, 478, 698
Lautenmacher 102, 130, 296, 322
Lautenschlager 90, 226, 388, 604
Lebzelter 169, 724
Lederer 325, 392, 403, 721
Lederschneider 57, 501, 542
Lehenpropst 330, 526, 527
Leibarzt, hgl. 434
Lernfrau 122, 128
Lernknecht 51
Lernmeister 48, 58, 84, 108, 129, 131, 141, 186, 187, 207, 250, 252, 312, 359, 360, 372, 373, 388, 389, 405, 483, 503, 507, 508, 546, 555, 594, 610, 708, 712
Lichtlerin 117, 163, 170, 207
Loder 47, 51, 58, 233, 323, 510, 616, 650, 678
Löwenmeister 513, 673
Löwenmeisterin 296
Löwenwärter 637
Magister ballistrum 652
Maler 61, 96, 107, 116, 117, 130, 135, 157, 170, 230, 236, 241, 242, 272, 295, 306, 307, 312, 317, 318, 320, 321, 322, 327, 332, 333, 337, 339, 349, 357, 359, 382, 388, 396, 397, 399, 411, 425, 434, 436, 437, 445, 449, 450, 473, 477, 480, 481, 491, 500, 502, 503, 506, 507, 508, 512, 513, 526, 533, 537, 538, 541, 543, 544, 554, 555, 567, 572, 578, 587, 599, 603, 604, 605, 606, 607, 620, 626, 627, 628, 634, 683, 690, 701, 706, 708, 712, 721
Malerin 128, 307, 322, 337, 369, 417, 639
Malerin, relicta 340
Mangknechtin 187

Marktmesser 384, 385, 387, 402, 409, 440, 442, 443, 444, 446, 447, 450, 451, 452, 453, 454
Marschall 42, 385, 649
Marstaller 228, 649, 690
Masculus 651
Maurer 41, 42, 55, 56, 62, 82, 130, 133, 171, 187, 196, 197, 229, 231, 242, 252, 257, 258, 267, 277, 285, 286, 287, 317, 341, 348, 355, 356, 358, 379, 381, 382, 398, 416, 452, 473, 474, 475, 477, 507, 513, 517, 534, 538, 539, 554, 568, 722
Maurerin 56, 61, 69, 73, 123, 250, 599
Meistersinger 581
Melbler 33, 55, 56, 58, 72, 73, 84, 98, 156, 157, 164, 183, 191, 208, 212, 222, 226, 231, 249, 256, 349, 369, 373, 380, 381, 382, 398, 411, 412, 415, 418, 425, 431, 432, 433, 438, 440, 442, 444, 455, 456
Melblerin 224, 708, 724
Melzer 247
Mercator 23, 32, 61, 64, 116, 190, 222, 228, 240, 272, 346, 364, 368, 402, 408, 416, 423, 442, 448, 460, 525, 549, 550, 586, 603, 683, 690
Mercatrix 35, 550
Mesner 277, 650
Mesner zum Gollir 170
Messer 68
Messerer 35, 46, 52, 53, 60, 68, 69, 105, 106, 116, 119, 125, 135, 151, 228, 554, 599, 644
Messerin 39
Messerschmied 19, 22, 47, 55, 56, 57, 102, 107, 108, 119, 120, 123, 124, 125, 141, 144, 150, 155, 156, 158, 211, 212, 213, 214, 215, 216, 217, 229, 230, 242, 243, 249, 250, 251, 297, 308, 321, 322, 323, 324, 325, 326, 327, 328, 344, 456, 483, 487, 489, 502, 503, 588, 635, 636, 638, 645, 658, 663
Messerschmiedin 287, 340
Messingschaber 90
Messrerin 61, 248, 487, 562
Metschenk 22, 236, 296, 370, 371, 470, 472, 473, 494, 557, 560, 561, 618, 684, 715, 716
Metzger 217, 249, 290, 327, 630, 703, 704
Metzgerknecht 530
Morterkocher 72, 84, 106, 610
Müller 220, 244, 246, 256, 277
Mundkoch, hgl. 590, 591, 638
Münzer 61, 248, 292, 297, 506, 538, 624, 636
Münzerin 119, 286, 297
Münzmeister 88, 240, 482, 517, 631, 632, 633, 634, 651, 684, 725
Nadler 24, 35, 116, 164, 170, 185, 339, 379, 387, 398, 404, 410, 411, 418, 424, 438, 442, 449, 451, 452, 455, 456, 461, 478, 542, 584, 599, 680
Nadlerin 96, 131, 146, 195, 397, 424, 425, 494
Nagler 34, 35, 36, 37, 39, 41, 42, 48, 53, 55, 56, 107, 119, 120, 124, 125, 131, 133, 208, 211, 212, 213, 216, 217, 224, 225, 226, 229, 230, 242, 243, 248, 249, 287, 340, 472, 482, 487
Naglerin 58, 248
Naterin 24, 33, 47, 72, 125, 129, 171, 172, 186, 210, 216, 236, 241, 242, 248, 250, 257, 273, 312, 325, 328, 340, 389, 398, 399, 400, 425, 451, 550, 572
Nestler 225, 251, 337, 508, 587, 588, 707
Nestlerin 217, 251
Notar 267, 355, 479, 508, 551, 600, 607, 608, 622, 623, 628, 666, 679, 712, 714, 715, 717
Notar, kaiserlicher 504, 506
Obersteuerschreiber 710
Oblater 61, 69, 157, 170, 301, 336, 339, 417, 452
Oblaterin 443

Obser 33, 48, 54, 61, 83, 116, 150, 186, 190, 200, 208, 308, 337, 399, 433, 443, 455, 507, 517, 606
Obserin 163
Obserknecht 210
Ofmaisterin (!) 380
Organist 249, 341, 695, 696
Orgelmeister 123, 171, 372, 517
Ormaister 623
Otterjägerin 354
Panzermacher 128, 230, 297, 322, 323, 483
Papierer 384
Pauker (Hofpauker) 484
Pechrer 721
Pellifex 417
Permenter 131
Pfänderknecht 241, 246, 416, 482
Pfändermeister 29, 49, 51, 68, 77, 102, 368, 427, 429, 459, 595, 649
Pfarrer 25, 62, 64, 140, 226, 338, 371, 385, 463, 500, 501, 530, 553, 557, 609, 618
Pfeifer 73, 224, 295, 486, 717
Pfeiferin 229, 301, 517
Pfeilschifter 321, 487, 647
Pfeilschmied 24
Pfeilwetzer 317
Pfennigmeister, hgl. 469
Pfennigmeister, kaiserl. 686
Pferdehändler 46, 106
Pfister 392, 395, 608, 647
Pfistermeister 304
Pflasterer 187
Pflastermeister 90, 133
Pfleger 522, 686
Pflegsverwalter 293
Physicus 588
Pistor 121, 416, 417, 548, 550
Plattner 37, 53, 61, 107, 115, 116, 117, 118, 152, 153, 154, 157, 158, 164, 195, 285, 308, 317, 325, 326, 327, 329, 372, 444, 483, 487, 498, 509, 513, 531, 532, 542, 552, 553, 554, 555, 562, 615, 628, 664, 711
Plattnerin 277, 317, 450, 451
Plettersetzer 97, 131
Polzmacher 23, 33
Ponivex 33
Posauner 546, 554, 717
Prädikant 526
Presbiter 410
Priester 384, 513, 522
Pritschenmeister 251
Pritschenschlager 251
Profos 323
Prokurator 83, 129, 172, 181, 187, 337, 405, 494, 699
Propst 332, 522, 553, 650
Provisoner, hgl. 400
Prüchler 84, 120, 186, 206, 337, 379, 399, 411, 443, 449, 508, 540, 544, 546, 555, 572, 586, 588, 599, 610, 615, 616
Prüchlerin 449, 502, 610, 697
Pulfermacher 588, 617, 696
Rammeister 69, 207, 223
Rammeisterin 638
Rat, hgl. 96, 109, 199, 271, 284, 285, 290, 292, 294, 316, 330, 333, 377, 426, 464, 465, 468, 478, 523, 524, 525, 527, 570, 576, 597, 649, 677, 690, 699, 701, 711
Rat, kaiserlicher 522
Ratknechtin 453
Ratsknecht 458, 587, 673, 674
Rebeilerin 258
Redner 158, 187, 678

Reiter 42, 56, 57, 58, 217, 241, 258, 277, 287, 290, 295, 297, 341, 474, 503, 509, 618, 624, 718
Rentmeister 520, 692, 693
Rentschreiber 98, 435, 678, 679
Richtersknecht 54, 58, 210, 386, 398
Riemer 85, 108, 126, 258, 322, 344, 370, 371, 389, 503, 588, 595, 596, 610, 617, 707, 718
Ringler 39, 57, 118, 119, 135, 145, 209, 304, 325, 443
Ringlerin 225, 328, 404, 595, 628
Ringmacher 55, 120, 124, 213, 217, 322, 323
Ringmacherin 487
Rinkenmacher 158
Ritter 97
Roßkupler 55
Roßtauscher 416
Roßwachter 48, 55
Rotschmied 37, 54, 89, 95, 117, 134, 145, 154, 156, 158, 207, 211, 229, 380, 383, 385, 398, 404, 456, 457, 458, 460, 550, 568, 610, 645, 697, 712, 717
Saitenmacher 697
Salwurch 102, 115, 116, 118, 123, 125, 128, 147, 150, 151, 154, 158, 164, 195, 207, 230, 312, 317, 346, 372, 379, 424, 432, 513, 517, 518, 530, 534, 542, 562, 578, 664, 673
Salwurchin 346, 513, 518
Salzbereiter 452, 635
Salzhändler 51, 75
Salzknecht 258
Salzlader 230
Salzmesser 36, 84, 186, 201, 322, 354, 379, 410, 411, 431
Salzsender 22, 34, 44, 45, 46, 47, 48, 51, 72, 74, 75, 76, 78, 82, 83, 84, 88, 90, 91, 93, 94, 95, 96, 97, 99, 101, 102, 103, 105, 108, 110, 111, 131, 153, 164, 171, 173, 174, 175, 176, 181, 185, 188, 189, 195, 197, 199, 201, 204, 205, 206, 209, 217, 221, 224, 226, 228, 231, 236, 256, 273, 290, 297, 300, 301, 304, 305, 312, 314, 316, 336, 346, 347, 348, 349, 364, 366, 367, 370, 377, 385, 386, 395, 401, 408, 414, 418, 426, 429, 430, 431, 459, 464, 465, 468, 469, 470, 472, 473, 475, 476, 478, 497, 516, 560, 566, 568, 570, 571, 581, 584, 586, 623, 627, 675, 677, 679, 686, 687, 698, 712, 715, 716, 717
Salzsenderin 198, 408, 490
Salzsmesser 194
Salzstößel 24, 33, 48, 54, 55, 57, 83, 89, 90, 91, 96, 97, 102, 111, 123, 158, 165, 170, 181, 184, 191, 193, 194, 195, 196, 197, 201, 202, 203, 206, 207, 208, 209, 211, 212, 218, 222, 223, 224, 225, 228, 230, 236, 237, 238, 240, 241, 242, 247, 248, 249, 256, 257, 290, 300, 301, 331, 343, 345, 351, 354, 365, 372, 375, 379, 380, 381, 382, 398, 399, 411, 432, 455, 456, 483, 508, 584, 588, 611
Salzstößlin 72
Sämner 53, 64, 134, 241
Sandwerfer 106, 116, 118, 321, 451
Sartor 32, 35, 45, 64, 95, 106, 116, 185, 189, 201, 236, 339, 346, 359, 364, 371, 378, 396, 437, 442, 448, 486, 537, 541, 572, 583, 587, 598, 633, 640, 644, 663, 668, 697, 706
Sattelknecht 186
Sattler 47, 50, 58, 106, 115, 116, 117, 119, 121, 123, 124, 125, 128, 146, 151, 152, 163, 164, 186, 207, 247, 251, 324, 325, 339, 340, 343, 348, 354, 364, 369, 373, 381, 387, 455, 456, 483, 491, 534, 550, 554, 586, 611, 630, 632, 685
Sattlerin 34, 542
Saukäufel 345
Sautreiber 617
Schaffer 58, 123, 287

Schafferin 321, 371
Schäffler 69, 97, 123, 130, 131, 142, 171, 242, 250, 255, 256, 260, 272, 273, 307, 526
Schäfflerin 172, 716
Schaidmacherin 716
Schankungelter 424, 460, 542
Scharfzand-Kaplan 480, 481
Scharsachschleifer 34, 38, 39, 41, 50, 51, 56
Scharwachter 186, 381, 718
Scheibenmacher 58, 258
Schenk 541
Schenkin 494
Scherenschleifer 684, 706
Scherer 53, 72, 586, 609
Schererin 373
Scherge 417
Schergin 456
Schirrmacher 399
Schlegel 249, 388, 723
Schlegel im Falkenturm 187
Schleglin 171, 684
Schleierlerin 53, 170, 185, 545, 599
Schleierweberin 39, 248, 382, 388
Schleierweschin 542
Schleierwirkerin 241
Schleifer 33, 37, 39, 46, 54, 106, 158, 213, 336, 674
Schleiferin 242, 442
Schlosser 23, 24, 32, 35, 36, 37, 38, 39, 40, 54, 56, 69, 72, 116, 117, 118, 119, 120, 121, 123, 125, 133, 135, 141, 144, 145, 146, 150, 151, 154, 158, 203, 210, 211, 213, 214, 216, 217, 224, 225, 226, 242, 243, 248, 250, 314, 316, 317, 321, 323, 325, 326, 327, 328, 337, 344, 349, 482, 483, 487, 587
Schlosserin 690, 716
Schlosserin ? 624
Schmelzer 507, 508, 542, 578, 628
Schmied 22, 23, 33, 35, 36, 37, 38, 39, 58, 107, 111, 113, 116, 117, 118, 123, 144, 145, 147, 151, 154, 155, 156, 157, 163, 171, 177, 193, 286, 382, 387, 395, 399, 449, 542, 587, 639, 644, 664
Schmiedin 34, 438, 478
Schmiedknecht 39, 248, 423
Schneidarzt 695, 696
Schneider 23, 24, 33, 35, 39, 40, 43, 47, 48, 50, 51, 55, 58, 59, 60, 61, 64, 69, 77, 84, 85, 96, 97, 107, 115, 117, 127, 129, 130, 133, 141, 146, 147, 150, 151, 152, 156, 157, 163, 164, 165, 170, 172, 185, 186, 188, 189, 190, 191, 195, 196, 197, 207, 216, 228, 236, 237, 241, 242, 243, 245, 247, 248, 249, 277, 286, 292, 295, 296, 297, 301, 303, 305, 307, 308, 309, 312, 313, 314, 316, 318, 322, 323, 325, 327, 332, 333, 337, 339, 340, 341, 343, 348, 351, 360, 361, 363, 365, 369, 372, 373, 379, 380, 383, 385, 386, 387, 388, 397, 398, 399, 403, 404, 405, 431, 437, 442, 443, 444, 448, 449, 450, 451, 452, 458, 460, 468, 472, 473, 474, 477, 478, 479, 480, 481, 482, 483, 485, 486, 487, 489, 490, 491, 494, 499, 501, 502, 503, 507, 508, 509, 512, 513, 517, 521, 522, 523, 526, 530, 532, 533, 534, 535, 536, 537, 538, 539, 541, 542, 544, 545, 546, 549, 550, 551, 553, 554, 555, 560, 561, 562, 568, 572, 578, 584, 587, 590, 594, 599, 603, 604, 609, 610, 611, 614, 615, 617, 618, 619, 620, 628, 631, 633, 634, 635, 638, 639, 640, 644, 645, 658, 664, 665, 667, 668, 672, 673, 675, 678, 679, 684, 685, 690, 692, 693, 694, 695, 696, 697, 699, 702, 706, 707, 715, 716, 717, 718, 724, 725
Schneider, Hofgesind 648
Schneiderin 34, 41, 47, 97, 125, 133, 134, 164, 165, 229, 241, 249, 257, 277, 297, 313, 382, 449, 453, 458, 483, 485, 527, 584, 617

Schnitzer 33, 170, 363, 387, 398, 404, 418, 452, 484, 485, 520, 545, 587, 604, 635, 651, 657, 663, 664, 667, 669, 671, 711
Schnitzerin 517
Schopperin 42, 57, 85, 217, 250, 266, 286
Schreiber 37, 54, 89, 95, 124, 134, 163, 164, 176, 196, 207, 223, 246, 251, 252, 273, 296, 312, 317, 327, 332, 336, 340, 343, 344, 348, 351, 364, 383, 396, 409, 424, 443, 449, 463, 468, 472, 512, 517, 531, 534, 541, 550, 554, 561, 567, 600, 618, 635, 694, 702, 706, 707, 711, 717
Schreiber der Herzogin 648
Schröter (Schneider) 521, 523
Schuhmacher 58, 108
Schüler 64
Schulklopfer 651
Schulmeister 132, 187, 236, 252, 483, 515, 708
Schuster 18, 23, 24, 33, 35, 37, 39, 41, 46, 47, 52, 53, 54, 55, 56, 57, 58, 64, 68, 69, 73, 107, 108, 117, 118, 119, 128, 131, 135, 145, 146, 172, 190, 191, 195, 202, 207, 210, 211, 213, 216, 223, 224, 225, 226, 229, 230, 231, 241, 242, 243, 248, 250, 252, 256, 273, 295, 296, 297, 302, 306, 307, 308, 309, 317, 322, 327, 329, 331, 336, 337, 339, 341, 344, 345, 348, 357, 379, 380, 381, 397, 398, 404, 417, 443, 449, 451, 473, 477, 478, 481, 482, 484, 485, 486, 487, 491, 501, 503, 506, 507, 509, 512, 526, 530, 532, 533, 534, 536, 537, 538, 546, 547, 554, 555, 561, 572, 578, 579, 594, 599, 603, 606, 610, 611, 615, 617, 620, 628, 634, 638, 668, 673, 678, 684, 690, 694, 695, 696, 697, 706, 711, 712, 721, 722
Schusterin 35, 95, 224, 286, 546
Schützen 503
Schwertfeger 39, 40, 52, 68, 95, 106, 113, 115, 116, 117, 118, 145, 151, 154, 158, 163, 164, 212, 213, 225, 307, 323, 386, 405, 417, 423, 430, 442, 487, 534, 603, 645
Schwertfegerin 231
Scolaris 404
Scriptor 336, 365, 409, 448, 583, 587, 650
Scriptor judicis 386
Seelschwester 72
Seelschwestern 610
Seerichter in Starnberg 652
Segenschmied 48
Segenschmiedknecht 610
Seidennater 61, 97, 102, 126, 134, 229, 230, 241, 248, 295, 318, 328, 336, 356, 358, 399, 405, 424, 425, 443, 468, 472, 477, 482, 486, 487, 499, 507, 508, 517, 534, 537, 538, 541, 542, 544, 546, 550, 555, 561, 603, 615, 633, 639, 640, 645, 668, 684, 702, 718, 724
Seidennaterin 23, 69, 248, 507, 541, 608, 690, 694
Seidensticker 666
Seidenstricker 56
Seiler 46, 98, 100, 177, 236, 248, 339, 354, 379, 398, 404, 448, 455, 456, 568, 586, 611, 722, 724, 725
Seilerin 180, 373
Sekretär 76, 83, 92, 134, 292, 332, 513, 522, 525, 526, 527, 619, 685, 713
Sekretär, hgl. 479
Senftmeister 674
Sensenschmied 301
Servus 409, 416, 423, 537, 561, 648, 706, 711
Sesslerin 131, 250
Sieber 47, 250, 388
Sieberin 251
Silberkammerer, hgl. 258, 590, 591, 595, 682, 683
Silberkammererin 682, 683
Silberschauer 469, 480, 485, 487, 537, 555, 634, 664
Silberscheiderin 513
Singer 129, 474, 668

Singer, hgl. 383
Singer, Hofgesind 483
Sondersieche 99, 104, 175
Spängler 85, 123, 146, 165, 186, 217, 242, 251, 354, 382, 399, 588
Spielgraf in Bayern 161
Spießschifter 340
Spindlmacher 381
Spitalmeister 26
Sporer 24, 36, 47, 52, 53, 54, 62, 69, 98, 112, 113, 116, 117, 118, 119, 124, 125, 129, 135, 142, 143, 144, 145, 146, 147, 150, 151, 152, 154, 156, 157, 158, 197, 210, 211, 212, 213, 216, 217, 218, 225, 229, 249, 250, 302, 317, 322, 325, 327, 328, 389, 482, 494, 534, 542, 551, 644, 664, 665, 707
Sporerin 120, 154, 634
Stadtapotheker 251, 273, 647, 677
Stadtarzt 358, 405
Stadtbader 588
Stadtbogner 538
Stadtbote 473, 541, 542
Stadtglaser 161, 162
Stadtgoldschmied 486, 694
Stadthauspfleger 297
Stadtkoch 101, 191
Stadtleibarzt 76, 209, 272, 292, 365, 434, 588, 600, 695, 703, 710
Stadtoberrichter 83, 91, 97, 174, 208, 573, 578, 595, 620, 650, 672
Stadtpfeifer 124
Stadtpoet 84, 129, 142, 513, 685, 707, 712
Stadtposauner 546
Stadtprocurator 126
Stadtprokurator 365, 473, 508, 513, 579, 604, 678, 702, 707, 717
Stadtrat 18, 22, 26, 27, 29, 32, 33, 34, 51, 62, 63, 65, 66, 67, 75, 76, 77, 79, 80, 81, 82, 83, 87, 88, 90, 93, 94, 96, 97, 100, 102, 109, 110, 128, 129, 168, 175, 176, 192, 193, 199, 200, 205, 206, 221, 222, 224, 228, 230, 236, 237, 238, 239, 254, 255, 270, 271, 272, 290, 292, 300, 302, 303, 316, 320, 331, 344, 346, 347, 348, 350, 363, 364, 365, 366, 367, 368, 370, 371, 376, 377, 378, 383, 385, 394, 407, 408, 414, 415, 418, 421, 422, 427, 429, 430, 433, 436, 438, 439, 442, 447, 460, 464, 468, 472, 473, 476, 490, 497, 499, 516, 540, 543, 549, 554, 560, 561, 563, 565, 566, 567, 570, 571, 576, 577, 578, 582, 584, 586, 591, 598, 619, 623, 631, 632, 636, 667, 677, 682, 683, 686, 687, 700, 701, 704, 705, 710, 714, 715, 716, 719, 720, 721
Stadtschlosser 120, 121
Stadtschreiber 45, 68, 272, 283, 284, 300, 301, 376, 427, 514, 516, 565, 570, 597, 607, 609, 626, 627, 629
Stadtschreiber-Substitut 478, 679, 712
Stadtsöldner 55, 61, 72, 202, 207, 223, 286, 306, 307, 317, 336, 351, 507, 569, 621, 624, 635, 693, 698
Stadtuhrmeister 151, 316, 482
Stadtunterrichter 47, 61, 88, 93, 209, 321, 434, 568, 571, 577
Stadtwaagmeister 694
Stadtwerkmeister 504, 505, 716
Stadtwundarzt 171, 215, 308, 309, 381, 385, 388, 522, 584, 588, 603
Stadtzimmermann 504, 505
Stallmeister 34, 91, 94, 306, 307, 308
Steckenspitzer 187
Steinhauer 207
Steinmetz 172, 207, 229, 247, 312, 460, 507, 552, 556, 560, 606, 708
Steinschneider 224, 494, 588

Steinschneiderin 483, 551
Steuerknecht 607, 703
Steuerschreiber 130, 504, 506, 609, 617, 706, 711, 712, 714, 715
Stuhlschreiber 381, 389, 503, 551, 604, 618, 708, 710, 711
Sudlerkoch 455
Tagwerker 23, 33, 34, 39, 40, 41, 42, 46, 48, 54, 56, 57, 58, 61, 64, 72, 73, 97, 106, 107, 120, 129, 163, 171, 172, 186, 187, 191, 197, 212, 242, 249, 250, 251, 252, 257, 258, 285, 286, 287, 290, 292, 297, 317, 336, 339, 341, 368, 373, 387, 396, 398, 399, 416, 417, 432, 450, 487, 503, 508, 542, 588, 603, 610, 618, 673, 678, 702, 717, 718, 722
Tagwerkerin 242, 250, 257
Tändlerin 225, 258, 277
Taschenschmied 57
Taschner 116, 128, 151, 152, 153, 154, 164, 187, 217, 249, 343, 373, 381, 396, 399, 405, 416, 431, 438, 448, 449, 451, 455, 456, 460, 506, 549, 550, 562, 638, 711, 724, 725
Textor 106
Tischmacher 41, 645
Torhüter 724
Torwärtel 419
Torwärtel, Hofgesind 649
Trabant 57, 58, 73, 243, 251, 287, 323, 337, 344, 369, 389, 548, 549, 579, 618, 713, 718
Trinkstubenknecht 452, 453
Trinkstubenwirt 453
Trompeter 85, 161, 251, 265, 354, 538
Truckenlader 131
Truhenknecht 251
Tuchhändler 199, 254, 298, 305, 425, 490
Tuchknecht 243
Tuchmacher 33, 624
Tuchmanger 109, 110, 152, 156, 198, 200, 367, 368, 611, 725
Tuchscherer 126, 146, 171, 172, 194, 372, 418, 424, 425, 443, 444, 448, 449, 450, 452, 519, 531, 532, 534, 542, 543, 584, 586, 587, 588, 594, 596, 597, 599, 600, 609, 610, 617, 620, 628, 684, 694, 697, 706, 707, 717, 724, 725
Türhüter 555
Türhüter, hgl. 297, 382, 636, 666, 673
Türhüterin 249, 297
Türmer 154
Übersteher 508
Uhrmacher 84, 162, 211, 315, 316, 317, 321, 323, 325, 327, 328, 482, 487, 634, 645
Uhrmeister 117
Uhrrichter 55
Ungeldschreiber 186
Ungelter 170, 440, 478, 483, 513, 543, 545, 566, 615, 628, 629, 679, 716
Ungelter, hgl. 677
Ungeltsdiener 355
Unterkäufel 171, 381, 497, 577
Vector 448
Vergolder 237
Viztum 65, 313, 316, 665, 669, 671, 686, 687
Vogelh[ändler] 129
Vogler 57, 58, 130, 483, 667
Vorsprech 47, 77, 336, 364, 524, 678
Waagmeister 486, 504
Wachter 58, 635, 685
Wachter zu Hof 285
Wachterin 187
Wagenheber 58

Wagenknecht 185, 194, 568, 572, 587
Wagner 57, 58, 96, 129, 131, 236, 444
Wagnerin 187, 258, 382, 417
Walcher 108, 380, 418, 453
Walcherin 327
Wappenmeister, hgl. 290, 291, 295
Wappensteinschneider 496
Wäscher 673
Weber 55, 58, 251, 387, 396, 404, 411, 533, 562
Weberin 58, 317, 348, 398, 404, 702, 706
Weberknapp 257
Wechsler 153
Wegmacher, Hofgesind 304
Weinamer 312, 339, 348, 354, 373, 380, 388, 399, 405, 409, 416, 425, 431, 432, 433, 438, 443, 449, 450, 451, 455, 456, 508, 518, 572, 599
Weinanstecher 277, 452, 454
Weinhändler 26, 33, 63, 66, 80, 87, 93, 95, 100, 105, 158, 168, 170, 173, 176, 201, 223, 236, 238, 239, 266, 270, 346, 364, 368, 372, 385, 386, 407, 414, 415, 417, 463, 465, 510, 516, 533, 563, 566, 571, 572, 576, 579, 581, 583, 598, 627, 681, 682, 709, 710, 716, 719, 721
Weinhändlerin 233
Weinkoster 277, 411, 452, 461, 577, 581, 582, 584
Weinmeister 595
Weinreisser 225, 382, 453, 454, 578, 595
Weinschenk 23, 33, 45, 46, 47, 52, 53, 66, 68, 69, 72, 76, 77, 80, 82, 83, 88, 90, 92, 94, 95, 96, 97, 99, 100, 101, 102, 103, 104, 106, 107, 111, 123, 128, 130, 161, 163, 164, 167, 168, 170, 171, 176, 177, 180, 181, 184, 186, 188, 189, 190, 191, 192, 193, 194, 196, 201, 205, 207, 208, 211, 221, 228, 229, 230, 233, 236, 237, 239, 240, 241, 256, 266, 270, 273, 277, 292, 303, 316, 317, 318, 321, 327, 332, 333, 336, 339, 344, 346, 347, 349, 350, 351, 354, 358, 360, 361, 362, 363, 365, 366, 367, 368, 369, 372, 373, 377, 378, 382, 388, 394, 395, 397, 399, 404, 406, 407, 408, 409, 410, 411, 413, 414, 415, 418, 421, 422, 423, 424, 425, 434, 437, 438, 441, 444, 458, 459, 460, 464, 468, 470, 471, 472, 473, 476, 477, 480, 482, 490, 491, 497, 505, 506, 507, 510, 511, 512, 513, 517, 518, 523, 524, 537, 540, 544, 545, 560, 561, 562, 567, 568, 571, 572, 576, 577, 578, 580, 581, 582, 583, 584, 586, 587, 591, 594, 597, 599, 614, 615, 616, 617, 627, 632, 633, 664, 678, 683, 687, 693, 700, 701, 702, 705, 706, 707, 709, 710, 712, 715, 716, 717, 721, 722
Weinschenkin 87, 90, 102, 130, 350, 425, 566, 581
Weinschreiber 97, 105, 418, 419
Weinstadelknecht 461
Weinstadelmeister 340, 452, 454, 578
Weinungelter 441, 478
Weinunterkäufel 277, 340, 452, 461, 582, 584
Weinversucher 221, 422, 459, 476, 577, 581
Weinvisierer 108, 171, 226, 227, 313, 337, 410, 440, 441, 444, 453, 578, 683
Weinvisiererin 57
Weinwirt 397, 413
Weinzaler 354, 355, 365, 418, 588, 676
Werkerin 568
Wescher 668
Weschin 231
Wetschkomacher 124
Widnschneider 40
Windenmacher 34, 39, 120, 125, 146, 323
Wirt 22, 24, 34, 45, 46, 47, 48, 58, 66, 68, 82, 83, 84, 87, 88, 89, 90, 91, 94, 95, 101, 102, 103, 105, 106, 107, 123, 126, 129, 163, 165, 171, 176, 177, 181, 184, 190, 193, 194, 195, 197, 206, 208, 209, 215, 221, 222, 225, 226, 227, 230, 238, 240, 241, 248, 255, 256, 258, 299, 308, 319, 339, 345, 349, 350, 351, 354, 358, 360, 363,

364, 372, 373, 382, 383, 385, 392, 395, 400, 402, 403, 408, 414, 415, 416, 417, 418, 419, 423, 431, 436, 441, 442, 463, 465, 469, 473, 476, 478, 479, 487, 496, 499, 501, 504, 506, 510, 513, 517, 535, 536, 561, 570, 573, 577, 583, 590, 591, 595, 598, 615, 627, 701, 702, 704, 706, 715, 716, 717, 721, 722
Wirtin 41, 56, 68, 88, 89, 102, 120, 130, 233, 312, 395, 554
Wirtsknecht 106
Wollschlager 77, 444
Wollschlagerknappe 650
Wollweber 510
Wührbaderin 72
Wundarzt 140, 214, 215
Würfelmacher 388
Würfler 307
Würflerin 251, 257, 450
Würzler 158, 185, 218, 251
Zahlmeister, hgl. 465, 468, 469, 526, 527
Zahnbrecherin 285
Zammacher 124, 152, 153, 154, 158, 323, 327, 370, 371, 373, 381, 444, 455, 578, 588, 610
Zauer 535, 536, 539
Zehrgadmer 503, 520, 521, 523, 524, 525, 679
Zeltschneider 708, 710, 711
Zergadmerin 52, 247
Zeugmeister 652
Zeugwart, hgl. 321
Ziegler 97
Zimmermann 24, 55, 56, 68, 73, 77, 96, 99, 101, 108, 124, 130, 134, 187, 241, 242, 249, 251, 252, 286, 292, 322, 339, 341, 348, 349, 399, 450, 462, 469, 471, 478, 483, 499, 508, 517, 546, 550, 584, 628, 710, 718
Zimmermannin 41, 42, 225, 277, 312, 604
Zinngießer 23, 35, 37, 46, 47, 52, 53, 54, 68, 72, 105, 107, 117, 118, 158, 206, 372, 380, 409, 442, 444, 452, 453, 483, 508, 534, 568, 578, 603, 604, 605, 606, 607, 608, 609, 610, 614, 620, 624, 672, 695, 696, 697
Zinngießerin 25, 380, 477
Zöllner 33, 51, 69, 91, 95, 101, 130, 221, 230, 292, 293, 294, 299, 306, 307, 314, 316, 345, 398, 454, 506, 543, 544, 630, 645, 672
Züchtiger 724
Zuckler 594
Zumüllerin, Hofgesind 503
Zuschenk 68, 711

Sachregister

Allerheiligen-Messe 183, 188, 189
Almosenhaus 140
Andreas-Altar 60
Angerkloster 26, 28, 139, 152, 153, 166, 218, 237, 464, 569, 570
Anthonier-Haus 647
Antoniter 295, 296, 309
Apotheke 645
Astalerfenster 436
Augustinerkirche 267
Augustinerkloster 18, 19, 28, 91, 98, 114, 214, 215, 349, 351, 406, 484, 557
Bäckerei 121, 412, 413, 414
Bäckerhaus 112, 113, 143, 412, 547
Badhaus 166
Bäreneck 49
Barfüßerkloster 99, 539, 554
Bart-Altar 143
Bauernmarkt 589, 590
Baumaterial 406, 682
Bayerische Landschaft 320, 324, 329, 330
Beim Geiger am Rathaus 713
Beisitz 89, 129, 285, 297, 373, 426, 439, 473, 511, 562, 608, 623, 683, 693
Bereitschaft 307
Bergwerke 26, 268
Blauententurm 243
Bockkneipe 389
Botenbehausung 324
Branntweinerei 220
Bräuamt 652
Brauerei 243, 705
Bräugeschirr 244
Bräuhaus 104, 231, 232, 698, 703
Braulehen 26, 407
Bräustadel 25
Bräustatt 704
Brotbank 406, 412, 725
Brothaus 165, 383, 384, 454, 720, 722
Brothaus-Stiege 389, 392
Bruderhaus 86, 175, 227, 244, 340
Brunnen 362, 439, 440, 445, 457
Burgeck 601, 602
Bürgerrecht 354
Bürgertrinkstube 445
Burgfried 632
Burgstall 654
Ciphulum 386
Confect 150, 151
Cuvillies-Haus 674
Dechanthof 62, 63, 226
Dienerhaus 638
Domkapitel 300, 357, 366
Egenhofer-Messe 59
Englische Fräulein 269
Essighandel 453, 478
Falkenhaus 637, 654, 668, 669, 671, 672
Falkenturm 187
Filserbräu 231
Fischbank 159
Fischmarkt 165, 419, 420, 445
Fischweiher 460
Franziskanerkloster 366
Frauenbad 141, 635
Frauenfriedhof 226, 237
Frauenkirche 140, 193, 227
Frauenschule 142
Fremdenherberge 43, 45, 64, 66, 78, 79, 91, 92, 98, 99, 103, 104, 218, 220, 360, 362, 389, 406, 407, 412, 414, 419, 421, 573, 574, 713, 714
Friedhof 62, 63, 142
Fronfeste 713, 720, 721, 723
Futterkosten 394
Gasteig-Spital 155
Gasthaus 43, 78, 85, 91
Gaststätte 49, 291, 713
Gesindeschenke 637
Gewandschneiderei 197
Gewölbe 668, 669, 670
Glaserei 355
Goldschmiede 535, 629
Goldschmiedeladen 521
Gollir-Benefizium 160
Gollirkapelle 454
Gollir-Kapelle 182, 183, 184, 187, 188
Greifeneck 159, 160

Greissing 166, 167
Großzoll 321
Gruftgässel 273
Gruftkapelle 274, 275
Habnit 271, 327, 483
Hauptwache 160
Hauskapelle 357
Heiliggeistspital 25, 26, 27, 36, 37, 39, 65, 78, 91, 92,
    98, 114, 127, 143, 155, 165, 166, 167, 174, 175, 183,
    198, 204, 219, 220, 227, 244, 245, 260, 283, 285, 299,
    300, 315, 326, 342, 350, 362, 370, 374, 375, 376, 383,
    384, 389, 392, 394, 406, 421, 440, 469, 498, 515, 531,
    532, 535, 567, 574, 580, 585, 590, 596, 614, 682, 686,
    692, 695, 699, 709
Heiliggeistspital Pfaffenhofen 326, 327
Hennenhaus 654, 669, 674
Herzog Ludwigs Haus 654, 668, 669, 671
Hexenprozeß 425
Hirscheck 65
Hofbad 669
Hofbrauerei 654
Hofbräuhaus 669
Hofkasten 647
Hofmark 332
Impler-Messe 252, 254
Impler-Schrenck-Benefizium 91
Jodoks-Kapelle 182
Judengasse 267, 273, 274, 293
Judenhaus 273, 282, 283
Judenschule 274, 275, 283, 547
Jungfrauengeld 421
Kaisermesse 142
Kalkbrennerei 406
Kalkhandel 700
Kammergericht, kaiserl. 699, 701
Kanzlei 520
Kaplanei Alter Hof 521
Kaplanshaus Alter Hof 526, 527, 530
Karpfensetzlinge 460, 501
Katzmair-Messe 60, 132
Katzmair-Seelhaus 338
Katzmair-Stiftung 79
Kaufingertor 25
Kleubereck 346
Kleubergasse 304
Klosterhäuser 25
Konfekt 647
Korngasse 389, 454
Kornmarkt 159, 182, 187, 197, 369, 370, 373, 374, 383
Kornmesserei 191
Kornmesserhaus 159, 165, 182, 187, 373, 383, 389, 400,
    406, 412
Kornschranne 165, 182, 187, 375, 383, 384, 385, 389,
    392, 394, 401, 454
Kramen 253, 258
Kramerei 150, 151
Kramerzunft 260
Kramladen 392
Krautäcker 375
Kreittmayr-Haus 680
Krieg 322
Krümbleinsturm 518
Kürsenhaus 445, 446
Lädel 534
Läden im Rathaus 724
Landschaftshaus 331, 426, 429, 430, 436, 439
Landschreiberei 520
Leonhard-Altar in St. Peter 370
Löweneck 645

Löwengarten 659
Löwenhaus 637
Löwenstall 646, 655
Löwenzwinger 637
Mang 725
Margaretenstift Alter Hof 521
Marstall 520, 647, 653, 657, 668, 669
Meßstadt 159
Meßstatt 412, 414
Metschenke 469
Metzg 123
Michael-Altar 220
Michaelskapelle 141, 142
Mühle 128
Münzhaus 669
Naglergässel 102
Neckarwein 413
Neufeste 647
Neuhauser Gasse 575
Neumair-Kaplanshaus 141
Neumair-Messe 28
Neustift 267, 276, 549
Neustiftgässel 267, 273
Niger-Messe 232
Nikolaus-Kapelle Neuhauser Gasse 666, 670
Nudelturm 265
Obleiamt 308
Ofen-Messe 156
Ofen-Messe in Unserer Lieben Frau 276
Papier 346
Paradeiserhaus 269
Peterseck 510
Pignus 357
Poetenschule 142, 513, 515, 685, 712
Priesterbruderschaft St. Peter 267, 361, 427, 489
Priesterbruderschaft Unsere Liebe Frau 59, 63, 421
Propstei zu Unserer Lieben Frau 285, 515, 517
Purfinger-Kaplanshaus 141
Purfinger-Messe 203
Purfinger-Stiftung 60
Pütrich-Kapelle 260
Pütrich-Regelhaus 560
Rabeneck 468
Rathaus 718, 722, 725
Ratstrinkstube 445
Rechthaus 373, 375, 454, 455
Reiches Almosen 44, 92, 103, 140, 175, 227, 421, 709
Religionsverhör 582
Ridler-Berghofer-Benefizium 155
Ridler-Messe 50, 440
Ridler-Messe Franziskanerkirche 539
Ridler-Seelhaus 114
Riegereck 160
Roßmarkt 647
Roßschwemme 411
Rudolf-Messe 132
Rüstungen 266
Salzsenderei 197, 202
Salzsendersteuer 22, 51, 58, 105, 131, 181, 189, 217,
    231, 291, 299, 304, 349, 386
Salzstadel 43, 436
Salzstößelei 197, 202
Salzzoll 318
Sankt Benedikt, Freising 357
Schäfflereck 260
Schäfflergasse 55, 321, 322, 459
Schäfflerturm 265, 269
Schafhaus 292, 293, 294
Scharfeneck 551

Schenkensteuer 22, 48, 53, 68, 73, 82, 83, 85, 90, 94, 95, 101, 102, 105, 107, 129, 162, 171, 181, 186, 189, 190, 191, 197, 205, 208, 209, 215, 216, 218, 221, 225, 230, 233, 236, 237, 240, 241, 243, 248, 257, 291, 292, 299, 350, 351, 354, 360, 363, 371, 373, 382, 395, 410, 478, 479, 494, 499, 504, 511, 513, 517, 542, 554, 561, 568, 577, 578, 584, 587, 595, 635, 647, 684, 701, 702, 705, 707, 708, 709, 710, 715, 717
Schergenstube 718, 720, 722, 725
Schlittauer-Messe 214
Schlosserei 34, 37, 325
Schlossergässel 210
Schluders Bad 141
Schluder-Seelhaus 40, 290
Schluder-Stift (Gollir-Kapelle) 188
Schmiede 34, 37
Schmiedhaus 113, 114, 115, 142, 147, 152, 154, 210, 213, 214, 217
Schneiderei 484
Schöneckers Eckhaus 374
Schrammengässel 267
Schranne 159, 160
Schrannengerechtigkeit 373, 389
Schreibergasse 304, 308, 313, 318, 332
Schrenck-Altar 205
Schrenck-Altar in St. Peter 463
Schürfrecht 26
Schusterhaus 253, 258, 283
Schützenfest 346
Schwabinger Gasse, Hintere 355
Schwabinger Tor 265
Schweinsteigen 419
Schwibbogen 676
Seelhaus 72
Sekret 458
Sentlinger-Messe in Unserer Lieben Frau 427
Sentlinger-Messe St. Peter 268
Siechenhaus Gasteig 214, 501, 510, 531, 590, 683
Siechenhaus Schwabing 227, 238, 421, 501, 502, 590
Sonneneck 629
Sonnwendfeuer 319
Spiegelbrunnen 269
Sporerhaus 113, 142, 152
St. Peter 114, 238
St.-Leonhards-Altar St. Peter 504
St.-Nikolaus-Kapelle 366
Stadtbrand 699
Stadtbruderhaus 464
Stadtgefängnis 720
Stadthaus 297
Stadtmauer 575
Stadtschreiberei 625
Stadtschreibergässel 304
Stapfen 34, 43
Starchen Eckhaus 488, 489, 490
Steidlsgässel 57
Stelzen, auf der 531
Stiftgässel 273
Stupf-Altar 78
Synagoge 274, 295

Tanzhaus 718, 720, 722
Tanzhaus-Leuchter 346
Theiss, Fluß 478
Tichtel-Altar Frauenkirche 709
Tichtel-Kaplan 402
Tichtel-Messe St. Peter 401
Tichtel-Messe Unsere Liebe Frau 44
Tichtel-Stiftung 60
Trabzeug 700, 715
Trinkstube 445, 446, 448, 458, 478
Tuchhandlung 197, 365
Tulbeck-Altar 98, 103, 104, 126, 358
Türlbad 669, 672
Türleinsbad 656, 669
Turm beim Krug 265
Unseres Herrn Kapelle 543
Waaghaus 725
Wadler-Altar St. Peter 681
Wappenhaus, hgl. 295
Weberkeller 725
Weckerin Gässel 304
Weiher 501
Weinhandlung 202
Weinmarkt 426, 427, 434
Weinschenke 98, 103, 159, 165, 182, 187, 191, 197, 202, 226, 231, 237, 344, 349, 355, 360, 362, 365, 369, 370, 392, 406, 419, 439, 456, 462, 469, 474, 509, 535, 556, 563, 565, 568, 579, 584, 596, 718
Weinschenken-Benefizium St. Peter 539
Weinstadel 458, 564, 625, 626
Weinstraß 57
Weisse Mönche 397
Welschwein 413
Wilbrecht-Altar St. Peter 463
Wilbrecht-Altar Unsere Liebe Frau 625
Wilbrechtsturm 265
Wilhalms Gässel 304
Wirtshaus 412, 589, 698
Wührbad 674
Wurmeck 370, 373, 375, 377
Würzburger Pfennige 355
Zaglerhütte 455
Zehrgaden 520
Zengerbräu 698
Zerwirkgewölbe 653, 668
Ziegelstadel 436
Zollhaus 25
Zu den drei Kronen 389
Zum bayerischen Donisl 676
Zum Damischen 412
Zum goldenen Stern 713
Zum Großdamischen 412
Zum Jägerkoch 510
Zum Schiff 565
Zum schwäbischen Donisl 713
Zum Steindl 389
Zum Stern 521, 522
Zum Weindstadel 567
Zur goldenen Krone 389
Zwerchgasse 324